DAS GROSSE BUCH DER ÖSTERREICHER

DAS GROSSE BUCH DER ÖSTERREICHER

4500 Personendarstellungen in Wort und Bild

Namen, Daten, Fakten

Zusammengestellt von Walter Kleindel
unter Mitarbeit von Hans Veigl

Kremayr & Scheriau

Für den Benützer

Das Buch, das Sie in Händen halten, bietet erstmals im Zusammenwirken von Text, Bild und Kommentar eine Zusammenschau namhafter Österreicher oder für Österreich und seine Geschichte bedeutsamer Persönlichkeiten. Der Autor hat mit einem Team von Redakteuren aller Fachrichtungen 4500 Personen ausgewählt, deren Daten und Taten recherchiert und in knappe und übersichtliche Form gebracht.
Dabei erhob sich zwangsläufig die Frage nach den Kriterien der Auswahl. Wer sollte in das Große Buch der Österreicher aufgenommen werden? Erste Voraussetzung ist gewiß die Zugehörigkeit zu diesem Staat, dieser Nation. Aber allein schon die Definierung der Staatszugehörigkeit oder Nationalität gerät an so fließende Grenzen, wie sie dieses Österreich im Jahrtausend seit seiner ersten urkundlichen Erwähnung stets gehabt hat. So fanden in dieses Werk nicht nur geborene Österreicher Aufnahme, sondern auch Personen, die diesem Land dienten und dabei einen wesentlichen Teil ihres Lebens in und mit diesem Land verbrachten.
Als klassisches Beispiel eines solchen Falles ist der „edle Ritter", Prinz Eugen von Savoyen, in die Geschichte eingegangen. Ein anderer Wahlösterreicher, als dessen Geburtsort Bonn so gut wie jedem geläufig ist, gehört selbstverständlich auch in dieses Werk: Ludwig van Beethoven.
Die Entscheidung über die Frage, wer in das Buch aufgenommen werden sollte, orientierte sich an der Bedeutung einer Person in ihrem gesellschaftlichen, politischen oder kulturellen Wirken. Es war also die Frage nach der Leistung zu stellen, nach Wirkung bzw. Auswirkung, sei es im Guten oder im Bösen. Weshalb in dieser Auswahl der Vatermörder Johann Parricida und der Räuberhauptmann Grasel ebensowenig fehlen wie der Dollfuß-Attentäter Planetta und der Diktator Adolf Hitler.
Eine dritte Anmerkung der Autoren sei noch gestattet. Wer immer während der mehrjährigen Arbeit an diesem Buch mit dem Manuskript konfrontiert war, dem fielen spontan Namen ein, die fehlten. Das Werk bringt eine Auswahl von rund 4500 Personen aus rund neun Jahrhunderten. Ohne Zweifel gibt es etliche, die zu porträtieren lohnend gewesen wäre. Doch Vollständigkeit wird es in dieser Hinsicht wohl nie geben können. Dennoch wird das Große Buch der Österreicher dem Bedürfnis nach Information gerecht werden und darüber hinaus, dank seiner Gestaltung, dem Benützer vergnügliches Schmökern ermöglichen.
Abschließend eine Bemerkung zum einzelnen Porträt. Die vorgestellten Personen sind weitgehend durch ihre Leistungen charakterisiert. Das Wirken eines Herrschers unterscheidet sich aber grundlegend von dem eines Künstlers oder eines Gelehrten. Daraus ergeben sich Unterschiede in der Darstellung. Sofern Werke angeführt werden, handelt es sich stets nur um eine Auswahl; es konnte nicht Sinn dieses Buches sein, etwa im Anschluß an den Artikel zu Mozart das Köchel-Verzeichnis abzudrucken.

Zur alphabetischen Reihung: Die Umlaute ä, ö, ü werden, wie heute allgemein üblich, wie a, o und u behandelt. Mitunter steht eine Person, wenn der lexikalische Artikel durch Schlagzeile, Bild und Kommentar ergänzt wurde, nicht an dem dem Alphabet entsprechenden Platz auf der jeweiligen Doppelseite. Doch sind zur leichten Auffindung auf jeder linken Seite oben in alphabetischer Reihung sämtliche auf der Doppelseite behandelten Namen angegeben.
Literatur- und Quellenangaben stehen jeweils am Schluß eines Artikels, wobei grundsätzlich den deutschsprachigen Werken – bzw. Übersetzungen – der Vorrang eingeräumt wurde.

Abkürzungen wurden sparsam verwendet. Im folgenden seien sie angeführt:

Ö., ö.	für Österreich bzw. österreichisch
B, K, NÖ, OÖ, S, St, T, V	für die österreichischen Bundesländer, ausgenommen Wien
Bd.	Band
Bde.	Bände
Diss.	Dissertation
eigtl.	eigentlich
geb.	geborene
Hrsg.	Herausgeber
hrsg.	herausgegeben
Jh.	Jahrhundert
Prof.	Professor
s. d.	siehe diese(r)
u. a.	unter anderem(n)
Univ.-Prof. (a. o., o.)	Universitätsprofessor (außerordentlicher, ordentlicher)
verehel.	verehelichte

Verlag und Autor danken den Damen und Herren der Redaktion, insbesondere Helga Zoglmann, Gertrud Pott, Franz Schrapfeneder, Wolfgang Klesl, Karl Kukla und all jenen, die mit ihren Beiträgen durch Daten und Bildrecherche am Gelingen dieses Werkes beteiligt sind.

Juni 1987 *Walter Kleindel*

A

Abel Heinrich · Abel Othenio · Abendroth Irene · Abensberg und Traun Otto Ferdinand · Abraham a Sancta Clara · Achleitner Friedrich · Adalbero von Eppenstein · Adalbero von Wels-Lambach · Adalbert der Siegreiche · Adalbert von Böhmen · Adam Walter · Adamberger Antonie · Adametz Leopold · Adamovich Ludwig · Adams John Quincy · Adamson Joy · Adelheid, Erzherzogin · Adler Alfred

ABEL, Heinrich, * 15. 12. 1843 in Passau, † 23. 11. 1926 in Wien, Jesuitenpater. 1874 zum Priester geweiht, gründete er 1876 die erste Hochschülerverbindung Wiens, die „Austria". Wirkte seit 1891 in Wien als volkstümlicher Prediger, gründete die Kongregation der Kaufmannschaft und führte die Männerwallfahrten nach Klosterneuburg (NÖ) und Mariazell (St) ein. A. war ein tatkräftiger Mitarbeiter der christlichsozialen Bewegung und bekämpfte gemeinsam mit Lueger (s. d.) den Liberalismus.

Richter, M.: P. H. A., S. J., Diss. Wien (1947)

ABEL, Othenio, * 20. 6. 1875 in Wien, † 4. 7. 1946 in Pichl am Mondsee (OÖ), Paläobiologe. 1917–34 Univ.-Prof. in Wien und Begründer der Paläobiologie. Hauptwerke: „Grundzüge der Paläobiologie" (1912) und „Lehrbuch der Paläozoologie" (1920). A. erforschte die Drachenhöhle bei Mixnitz (St), worüber er 1931 ein Werk veröffentlichte.

ABENDROTH, Irene, * 14. 7. 1872 in Lemberg (Galizien), † 1. 9. 1932 in Weidling bei Wien, Sopranistin, die bereits 1889 als Amina in V. Bellinis „La Sonnambula" („Die Nachtwandlerin") an der Wiener Hofoper aufgetreten war. Nach Riga 1891/92 und München 1892–95 war sie 1895–1900 wieder an der Wiener Hofoper tätig. 1900–08 in Dresden, bildete ihre Tosca-Darstellung bei der deutschen Erstaufführung den Höhepunkt ihrer Karriere. Ab 1910 wieder in Wien, wirkte sie auch als Konzertsängerin und Pädagogin.

ABENSBERG und Traun, Otto Ferdinand Graf von, s. Traun

ABRAHAM A SANCTA CLARA (eigtl. Johann Ulrich Megerle), * 2. 7. 1644 in Kreenheinstetten (Baden), † 1. 12. 1709 in Wien, volkstümlicher Prediger und Schriftsteller. Im Herbst 1662 trat der Gastwirtssohn nach dem Besuch der Jesuitenschule in Ingolstadt und des Benediktinergymnasiums in Salzburg in den Wiener Augustiner-Barfüßer-Orden ein und begann im Kloster Mariabrunn bei Wien sein Noviziat. 1666 zum Priester geweiht, ab 28. 4. 1677 kaiserlicher Hofprediger, 1682–89 in Graz und der Steiermark tätig, 1690 Ordensprovinzial. Als einer der bedeutendsten Kanzelredner seiner Zeit geißelte er mit oft deftigen Worten die Schwächen der Menschen. Mehrere seiner Mahnreden erschienen auch gedruckt, so die Pestbußpredigt „Mercks Wienn" (1680) und „Auff, auff, ihr Christen" (1683) – beide dienten Friedrich Schiller als Vorlage für seine Kapuzinerpredigt in „Wallensteins Lager". Sein Hauptwerk „Judas der Ertz-Schelm" wurde 1686–95 in 4 Bänden veröffentlicht. Seine sämtlichen Werke erschienen 1834–54 in 21 Bänden.

Bermann, M.: Alt und Neu-Wien (1880); Bertsche, K.: A. a. S. C. (2. Aufl. 1922); Danszky, E.: Pater Fabelhanns (1950); Kann, R. A.: Kanzel und Katheder (1962)

Abraham a Sancta Clara: „Mercks Wienn". Titelblatt der Ausgabe von 1680

ACHLEITNER, Friedrich, * 23. 5. 1930 in Schalchen (OÖ), Architekt und Schriftsteller. Studierte Architektur und gehörte ab 1955 der „Wiener Gruppe" an. Neben Gedichten und Prosa in oö. Mundart verfaßte er auch Werke über Architektur, u. a. die dreibändige Bestandsaufnahme „Ö. Architektur im 20. Jh." (1981 ff.) sowie „Nieder mit Fischer von Erlach" (1986).

ADALBERO von Eppenstein, Herzog von Kärnten, * um 980, † 9. 11. 1039, Sohn Markwards v. E., Markgraf der Kärntner Mark (Mark an der Mur). 1000 Markgraf der Kärntner Mark, 1012 auch Herzog von Kärnten (nach dem 1011 erfolgten Tod des Saliers Konrad I. [s. d.], wobei dessen Söhne in der Erbfolge übergangen wurden). A., dessen Geschlecht in Kärnten reich begütert war, baute seine Stellung aus, konnte aber den Gegensatz zwischen seiner Familie und den Saliern nicht beseitigen. Ein möglicherweise unbegründeter Vorwurf hochverräterischer Verbindungen zu Ungarn führte zu einem Hochverratsprozeß, in dem er verurteilt wurde. König Konrad II. enthob ihn 1035 seiner Stellung. A.s bewaffneter Widerstand scheiterte. Bis zu seinem Tod lebte er mit seinen Söhnen in der Verbannung. A. wurde in Geisenfeld (Oberbayern) begraben.

Klaar, K. E.: Die Herrschaft der Eppensteiner in Kärnten (1961)

ADALBERO von Wels-Lambach, Graf, * um 1010, † 6. 10. 1090 in Lambach (OÖ), Bischof. Sohn Graf Arnolds II. (s. d.). Der letzte dieses Grafengeschlechts wurde durch Kaiser Heinrich III. 1045 Bischof von Würzburg. 1056 gründete er auf dem Stammschloß seiner Ahnen in Lambach eine Benediktinerabtei. In den Wintermonaten 1075/76 schloß er sich den Gregorianern an und unterstützte den Gegenkönig Rudolf von Rheinfelden. Er förderte besonders die Reformklöster, von denen er auch mehrere gegründet hatte. A. wurde 1883 heiliggesprochen, sein Fest fällt auf den 6. 10.

ADALBERT (der Siegreiche), Markgraf von Ö., * um 990/992, † 26. 5. 1055, Sohn Markgraf Leopolds I. Er folgte seinem am 23. 6. 1018 gestorbenen Bruder Heinrich I. als Markgraf nach und mußte während seiner ganzen Regierungszeit Grenzkämpfe gegen Böhmen, Mähren und Ungarn bestehen, nahm auch an den Ungarnzügen König Heinrichs III. 1042/43 teil. Unter ihm erfolgte die Ausdehnung der Mark nach Osten bis hin zu Leitha und March. Er war, vermutlich in zweiter Ehe, mit Froiza (auch Frowiza), einer Schwester König Peters von Ungarn, verheiratet. A. wurde im Stift Melk (NÖ) beigesetzt, seine Gebeine konnten bei der Öffnung der Grabstätte 1968 identifiziert werden.

Lechner, K.: Die Babenberger (1976); Ausstellungskatalog „Die Babenberger in Ö." (Lilienfeld 1976)

ADALBERT von Böhmen, als Adalbert II. Erzbischof von Salzburg, * um 1145, † 8. 4. 1200 in Salzburg, Sohn König Wladislaws II. von Böhmen und Gertruds, einer Tochter Markgraf Leopolds III. von Ö. Am 1. 11. 1168 zum Erzbischof von Salzburg gewählt. Als Anhänger Papst Alexanders III. trat er gegen die Bestimmungen des Wormser Konkordats vom 23. 9. 1122 auf und ließ sich von Ulrich von Aquileia weihen. Ohne Zustimmung Kaiser Friedrichs I. Barbarossa übte er seine lehensherrlichen Rechte aus und wurde vom Kaiser im August 1169 zum Verzicht auf seine weltlichen Hoheitsrechte gezwungen. Der Kaiser verfolgte schließlich sogar den Erzbischof, und Papst Alexander III. sah sich 1171 gezwungen, Herzog Heinrich II. Jasomirgott von Ö. (s. d.) zu befehlen, dem Erzbischof Schutz vor der kaiserlichen Verfolgung zu gewähren. Auf dem Reichstag zu Regensburg im Juni 1174 setzte Kaiser Friedrich I. Erzbischof Adalbert II. ab. Unter kaiserlichem Einfluß wurde Propst Heinrich von Berchtesgaden zum Erzbischof ernannt, und bis 1177 hatte Salzburg einen „päpstlichen" und einen „kaiserlichen" Erzbischof, da Papst Alexander III. weiterhin Adalbert anerkannte und unterstützte. Durch den Friedensschluß zwischen Kaiser und Papst am 22. 7. 1177 in Venedig mußten beide, Adalbert und Heinrich, auf das Erzbistum verzichten. Kardinal Konrad von Mainz (ein Wittelsbacher) hatte seinen Sitz verlassen müssen und wurde Erzbischof von Salzburg. Nachdem dieser 1183 wieder nach Mainz zurückkehren konnte, belehnte Kaiser Friedrich I. Erzbischof Adalbert mit Salzburg. Ab 1184 führen die Erzbischöfe von Salzburg den Titel „Legat des hl. Apostolischen Stuhles" – in Anlehnung eines 1026 von Papst Johann XIX. ausgesprochenen Privilegs.

ADAM, Walter, * 6. 1. 1886 in Klagenfurt, † 26. 2. 1947 in Innsbruck, Berufsoffizier, Journalist und Politiker des Ständestaates. 1914–18 Generalstabsoffizier, 1934 Bundeskommissär für Heimatdienst, 1934–36 Generalsekretär der Vaterländischen Front, 1936–38 Leiter des Bundespressedienstes im Bundeskanzleramt. Von 1938–43 im KZ Dachau. Neben zahlreichen Artikeln erschien 1947 sein

Buch „Nacht über Deutschland“.

Bärnthaler, I.: Die Vaterländische Front (1971)

ADAMBERGER, Antonie (Toni), * 31. 12. 1790 in Wien, † 25. 12. 1867 in Wien, Schauspielerin. Seit 1807 am Wiener Burgtheater tätig. 1812 verlobte sie sich mit dem Freiheitsdichter Theodor Körner, der 1813 starb. 1817 heiratete sie den

Josef Kriehubers Porträt der Antonie Adamberger als Frau von Arneth (1856)

Numismatiker Joseph von Arneth (s. d.). A. war mit Franz Grillparzer (s. d.) befreundet und verkehrte im Kreis von Karoline Pichler (s. d.).

Zimmer, H.: Theodor Körners Braut (1918); Hartl, G.: Arabesken des Lebens (1963)

ADAMETZ, Leopold, * 11. 11. 1861 in Feldsberg (NÖ, heute Valtice, ČSSR), † 27. 1. 1941 in Wien, Vererbungsforscher. 1898–1932 Prof. an der Hochschule für Bodenkultur in Wien. Er war Mitbegründer der modernen Tierzuchtlehre und verfaßte 1926 sein grundlegendes Werk „Lehrbuch der allgemeinen Tierzucht“.

ADAMOVICH Ludwig, * 30. 4. 1890 in Esseg (Osijek, Kroatien), † 23. 9. 1955 in Wien, Jurist, Verwaltungs- und Verfassungsrechtler. Er war Univ.-Prof. in Prag, Graz und Wien, 1938 Justizminister, 1946–47 Rektor der Univ. Wien, 1946–55 Präsident des Verfassungsgerichtshofes. A. arbeitete an der Bundesverfassung mit und veröffentlichte mehrere verwaltungs- und verfassungsrechtliche Werke.

ADAMS, John Quincy, * 21. 12. 1874 in Wien (?), † 15. 3. 1933 in Wien, Maler. Sohn eines aus Amerika stammenden Tenors der Wiener Staatsoper. Studierte Malerei in Wien, Paris und München. Neben seinen von Whistler beeinflußten Landschaften malte er vor allem Porträts der Wiener Gesellschaft seiner Zeit, so u. a. die Bildnisse der Frau Grete Urban, der Gräfin Schönborn-Rothschild und des Fürsten Liechtenstein.

ADAMSON, Joy (Friederike Viktoria, geb. Gessner), * 18. 1. 1910 in Troppau (Mähren), † 3. 1. 1980, ermordet im Shaba-Wildreservat im Nordwesten Kenias aufgefunden, Tierforscherin. A. studierte in Wien Bildhauerei und Malerei und wanderte 1939 nach Kenia aus. In zweiter Ehe heiratete sie den Wildhüter George A. In exakten Bildern hielt sie die Tier- und Pflanzenwelt Kenias fest und erwarb sich besondere Verdienste durch 700 Porträts von Angehörigen der Stämme Kenias, die sie mit einer ausführlichen völkerkundlichen Beschreibung, auch von deren Schmuck und Waffen, versah (heute im Nationalmuseum von Nairobi ausgestellt). A. wurde durch die Aufzucht der Löwin „Elsa“ weltbekannt. Aus ihren Buch- und Filmeinnahmen stiftete sie den Wohltätigkeitsfonds „Elsa Wild Animal Appeal“, mit dem neue Wildreservate errichtet wurden. 1977 erhielt sie das Ö. Ehrenkreuz für Wissenschaft und Kunst.

ADELHEID, Erzherzogin von Ö., * 3. 1. 1914 Schloß Hetzendorf in Wien, † 2. 10. 1971 in Tulfes (T), Tochter Kaiser Karls I. von Ö.

ADLER, Alfred, * 7. 2. 1870 in Wien, † 28. 5. 1937 in Aberdeen (Schottland), Psychologe und Nervenarzt. Gründete 1910 eine eigene tiefenpsychologische Schule, welche die frühzeitige Fixierung des Individuums in seinem Verhältnis zur Gemeinschaft als Leitlinie nahm. Danach wurden Psychoneurosen als verfehlte Anpassung an die Gesellschaft interpretiert, was zu übersteigerndem Geltungstrieb wie auch zu Minderwertigkeitskomplexen führe. Bereits 1912 hatte er sich von seinem Lehrer Sigmund Freud (s. d.) getrennt, von 1929 an war A. am Pädagogischen Institut in Wien und ab 1932 semesterweise in New York tätig. Er veröffentlichte u. a.: „Studie über Minderwertigkeit von Organen“ (1907), „Praxis und Theorie der Individualpsychologie“ (1918), „Schwer erziehbare Kinder“ (1927) und „Die Technik der Individualpsychologie“ (1930). 1922 gründete er in Wien die „Zeitschrift für Individualpsychologie“ und

Alfred Adler, der Begründer der Individualpsychologie

ABRAHAM A SANCTA CLARA

Der Kanzelprediger Wiens

Abraham a Sancta Clara. Porträt von unbekannter Hand, Ende des 17. Jh.s

„Bei seinen Vorträgen versammelten sich jederzeit eine Masse von Zuhörern aus allen Ständen, und selbst das Landvolk strömte häufig herbei, um seinen geliebten ‚Pater Fabelhanns‘ predigen zu hören“, beschrieb der Lokalhistoriker Moritz Bermann die Wirkung des Kanzelpredigers Abraham a Sancta Clara. „Sein Humor gab ihm gewissermaßen zugleich die Rechte eines lustigen Rathes, er bediente sich jedoch desselben nur, um allen Ständen nützliche, mitunter auch kernige Wahrheiten zu sagen, die sie von einem Anderen nicht leicht ertragen haben würden.“ Nicht leicht ertrug auch der Adel seine landsknechthaften, volkstümlich-sozialkritischen Predigten, für die er sich mitunter auch zu entschuldigen hatte. Luthers Anregung, „dem Volk auf's Maul zu schauen“, hat Abraham a Sancta Clara jedenfalls mutig befolgt.

1935 das „International Journal of Individual Psychology". Sein Schüler und zeitweiliger Mitarbeiter Manès Sperber (s. d.) veröffentlichte mehrere Schriften über Leben und Werk von A., so 1970 „A. A. oder Das Elend der Psychologie".

Orgler, H.: A. A., The man and his work (1947); A. A. zum Gedenken, hrsg. von der Arbeitsgemeinschaft der internationalen Vereinigung für Individualpsychologie (1957)

ADLER, Friedrich, * 9. 7. 1879 in Wien, † 2. 1. 1960 in Zürich, Sohn von Viktor A. (s. d.), Physiker und sozialdemokratischer Politiker. Er studierte an der Universität Zürich und lehrte dort von 1907–11 als Privatdozent für Physik. Gleichzeitig war er Chefredakteur der sozialdemokratischen Zeitschrift „Volksrecht". Von 1911 bis 8. 8. 1914 Parteisekretär in Wien und Führer der „Linken" im Parlament. Sein Rücktritt war ebenso eine Demonstration gegen die Kriegspolitik seiner Partei wie sein Mord an dem Ministerpräsidenten Karl Graf Stürgkh (s. d.) am 21. 10. 1916 im Speisesaal des Wiener Hotels Meissl und Schadn. Von einem Ausnahmegericht zum Tode verurteilt, wurde er zu einer Kerkerstrafe begnadigt und 1918 amnestiert. Im November 1918 lehnte er Angebote zur Führung der Kommunistischen Partei Deutsch-Österreichs ab und war bis 1924 Vorsitzender der Wiener Arbeiterräte, wobei er erfolgreich den Einfluß der Kommunisten bekämpfte. 1919–20 war er Mitglied der Konstituierenden Nationalversammlung, 1920–23 Abgeordneter zum Nationalrat, 1923–40 Sekretär der „Internationale der sozialistischen Arbeiterparteien". 1939 löste er das 1934 von der emigrierten Parteiführung in Brünn gegründete „Auslandsbüro der ö. Sozialdemokraten" auf. A. emigrierte 1940 in die USA und kehrte 1946 nach Europa zurück.

Braunthal, J.: Victor und Friedrich A. (1965); Brügel, W.: F. A. vor dem Ausnahmegericht (1967); Ardelt, R. G.: F. A. (1984)

ADLER, Guido, * 1. 11. 1855 in Eibenschitz (Ivančice, Mähren), † 15. 2. 1941 in Wien, Musikwissenschaftler. Der Begründer der sog. „Wiener Schule" der Musikwissenschaft gab von 1894–1938 die „Denkmäler der Tonkunst in Ö." heraus und 1924 gemeinsam mit einem Team von Musikwissenschaftlern das „Handbuch der Musikgeschichte" (Neuauflage 1975). A. studierte an der Wiener Universität, promovierte 1878 zum Dr. jur. und 1880 zum Dr. phil. und war hier von 1882–85 Privatdozent für Musikwissenschaft. 1885–98 Univ.-Prof. in Prag und 1898–1927 in Wien. Hauptwerke: „Der Stil in der Musik" (1912), „Gustav Mahler" (1916), „Methode der Musikgeschichte" (1919).

ADLER, Hans, * 13. 4. 1880 in Wien, † 12. 11. 1957 in Wien, Schriftsteller. Studierte Jus und war Beamter der nö. Statthalterei in St. Pölten und Wien. Bereits ab 1906 trat er in Wiener Kabaretts mit eigenen Gedichten auf. Veröffentlicht u. a. den Lyrikband „Affentheater" (1920), den Roman „Das Städtchen" (1926) und die Lustspiele „Die Nacht vor dem Ultimo" (1933 gemeinsam mit R. Lothar) und (mit Leo Perutz, s. d.) „Reise nach Preßburg" (1934) und „Morgen ist Feiertag" (1935).

ADLER, Max, * 15. 1. 1873 in Wien, † 28. 6. 1937 in Wien, Soziologe und Theoretiker des Sozialismus. Promovierte 1896 zum Dr. jur. und wurde Rechtsanwalt. 1921 a. o. Prof. für Soziologie an der Universität Wien. A. wurde zum führenden, wenn auch innerhalb der Partei nicht unumstrittenen Theoretiker des Austromarxismus. 1920–23 war er Abgeordneter im Wiener Stadtparlament. Sein Werk „Wegweiser. Studien zur Geistesgeschichte des Sozialismus" erschien 1931 bereits in 5. Auflage. Sein Hauptstreben lag – im Sinne des Neukantianismus – in der Vereinigung der Lehre von Karl Marx mit den kritischen Denkmethoden Immanuel Kants. Er forderte auch eine eigenständige sozialistische Lebensform und eine spezifisch sozialistische Kulturlehre und -interpretation. Hauptwerke: „Kausalität und Teleologie im Streit um die Wissenschaft" (1904), „Marx als Denker" (1908), „Die Staatsauffassung des Marxismus" (1922), „Das Rätsel der Gesellschaft" (1936).

Nußbaum, M.: Kantianismus und Marxismus in der Sozialphilosophie M. A.s (1934); Schroth, H., Exenberger. H.: M. A. Eine Bibliographie (1973); Pfabigan, A.: M. A. (1982)

ADLER, Viktor, * 24. 6. 1852 in Prag, † 11. 11. 1918 in Wien, Arzt, sozialdemokratischer Politiker. Betätigte sich während seines Medizinstudiums in Wien in der deutschnationalen Studentenbewegung und war gemeinsam mit Friedjung (s. d.), Schönerer (s. d.) und Pernerstorfer (s. d.) an der Abfassung des „Linzer Programms" von 1882 beteiligt. Ab 1883 arbeitete er als praktischer Arzt in Wien. Durch seine Bekanntschaft mit Friedrich Engels wurde er 1883 Sozialist und gründete 1886 die Wochenschrift „Gleichheit". Auf dem Einigungsparteitag der Sozialdemokraten in Hainfeld zur Jahreswende 1888/89 gelang ihm gemeinsam mit Pernerstorfer die Vereinigung der radikalen und reformerischen Gruppierungen, und er erreichte die Annahme einer „Prinzipienerklärung". Als nunmehr unumstrittener Führer der Sozialdemokratie gründete er 1889 anstelle der „Gleichheit" das Parteiorgan „Arbeiter-Zeitung" (ab 1. 1. 1895 Tageszeitung), dessen Chefredakteur er auch wurde. An der Abfassung des „Brünner Programms" über das Nationalitätenproblem von 1899 war A. ebenfalls maßgeblich beteiligt. 1905 Mitglied des Abgeordnetenhauses, setzte er sich erfolgreich für die Einführung des (dann 1907 durchgesetzten) allgemeinen (Männer-) Wahlrechts ein. Der leidenschaftliche Verfechter des Friedensgedankens unterstützte jedoch 1914 die Kriegspolitik der Monarchie, was ihn in Gegensatz zu seinem Sohn Friedrich A. (s. d.) brachte. Als Staatssekretär des Äußern in der Provi-

VIKTOR ADLER

Arzt der Armen

Vor den Toren Wiens, ungefähr eine Wegstunde vom Stadtzentrum entfernt, dort, wo die südlichen Hänge des Laaerberges sich in das Wiener Becken erstrecken, lebten und arbeiteten vor hundert Jahren in den Lehmgruben zwischen Trokkenhütten und Ringöfen die Wienerberger Ziegelarbeiter. Es waren „Campagne-Arbeiter", vor allem Tschechen und Slowaken, die hier in kasernenartigen Massenquartieren hausten und der Ringstraßengesellschaft die Bausteine für ihre Palais lieferten. Im Dezember 1888 machte der 36jährige Arzt Viktor Adler erstmals auf das Los der Ziegelarbeiter aufmerksam. In der zwei Jahre zuvor gegründeten Wochenschrift

„Gleichheit" veröffentlichte er eine Artikelserie, in der er die öffentlichen Stellen, vor allem die Gewerbeinspektorate, anklagte, untätig die Entlohnung in Blechgeld, die ständige Überschreitung des Elfstundentages, Kinderarbeit, besonders aber die menschenunwürdigen Behausungen der Ziegelarbeiter hinzunehmen. Doch die Mißstände dauerten fort, die Ausbeutung in den Lehmgruben geschah weiterhin unter den Augen der verantwortlichen Stellen, Lungenschwindsucht, Tuberkulose und Gicht traten bereits bei jungen Arbeitern und Arbeiterinnen auf, und Krankheit war ein Entlassungsgrund. So kam es, daß der Arzt Viktor Adler beschloß, nicht nur die Krankheit, sondern auch deren gesellschaftliche Symptome zu bekämpfen.

sorischen Regierung von Oktober/November 1918 trat er für ein Aufgehen in der deutschen Republik ein. Einen Tag vor Ausrufung der ö. Republik erlag er einem Herzleiden.

Ermers, M.: V. A. (1932); Renner, K.: Im Wandel der Zeiten (1946), Große Gestalten des Sozialismus (1947); Braunthal, J.: Victor und Friedrich A. (1965)

ADLMÜLLER, Fred, * 16. 3. 1909 in Nürnberg, Modeschöpfer. Kam 1929 nach Wien, entwarf ab 1935 Filmausstattungen und stieg zum bedeutenden Modeschöpfer auf. Er bekleidete die Prominenz aus Politik, Theater und Film und war bald über die Grenzen Ö.s hinaus bekannt. 1973 wurde er Prof. an der Hochschule für angewandte Kunst.

AEHRENTHAL, Aloys Leopold Johann Graf Lexa von (seit 1909), * 27. 9. 1854 Groß-Skal (Böhmen), † 17. 2. 1912 in Wien, Politiker. Seit 1877 im diplomatischen Dienst, 1895–98 Gesandter in Bukarest, 1898–1906 Botschafter in St. Petersburg, 1906–12 k. u. k. Außenminister. Unter ihm wurde die Außenpolitik auf dem Balkan wieder aktiv und führte zur Annexion Bosniens und der Herzegowina (1908) und zu einer Abkühlung im Verhältnis Ö.s zu den europäischen Großmächten. Seine friedliche Haltung in der Marokkokrise und im italienischen Tripoliskrieg im Jahr 1911 verschlechterte die Beziehung zu Deutschland und Italien. Er geriet in scharfen Gegensatz zu Generalstabschef Conrad von Hötzendorf (s. d.), der einen Präventivschlag gegen Italien forderte.

Molden, B.: A. Graf A. (1917); Bittner, L., Überberger, H. (Hrsg.): Ö.-u. Außenpolitik 1908–14 (1930)

AFRITSCH, Anton, * 8. 12. 1873 in Klagenfurt, † 7. 7. 1924 in Graz, Sozialpolitiker. Erlernte das Tischlerhandwerk und war danach zwei Jahrzehnte hindurch Redakteur der Zeitschrift „Arbeiterwille". 1908 gründete er in Graz die sozialdemokratische Organisation „Kinderfreunde", deren Obmann er auch wurde. Daneben war A. führend in der Sozialfürsorge tätig. 1920 veröffentlichte er „Ins neue Leben".

AFRITSCH, Josef, * 13. 3. 1901 in Graz, † 25. 8. 1964 in Wien, Gartentechniker und SPÖ-Politiker. Sohn von Anton Afritsch (s. d.). War bis zu seiner Verhaftung im Jahr 1942 beim amtlichen Pflanzenschutzdienst in Wien tätig. 1945–59 Wiener Gemeinderat und Amtsführender Stadtrat für allgemeine Verwaltung, 1959–63 Innenminister, 1963/64 Regierungskommissär für die Wiener Internationale Gartenschau (WIG).

AGNES von Andechs-Meranien, † um 1260, Tochter Herzog Ottos von Meranien und Pfalzgraf von Burgund aus dem Hause Andechs. Heiratete wahrscheinlich 1229 den Babenberger Herzog Friedrich II. Wegen ausbleibender männlicher Nachkommenschaft 1243 von ihrem Mann verstoßen, heiratete sie nach dem Tod des Babenbergers den Herzog Ulrich III. von Kärnten.

AGNES von Böhmen, * 5. 9. 1269 in Prag, † 17. 5. 1296 in Prag, Tochter König Ottokars II. von Böhmen. Heiratete 1289 Herzog Rudolf II. von Ö. (s. d.). Beider Sohn war Johann Parricida (s. d.).

AGNES (Isabella) von Burgund, * um 1270 in Dijon, † um 1323 in Chambly, Tochter Herzog Hugos IV. von Burgund. Zweite Gattin (1284) König Rudolfs I. von Habsburg (s. d.).

AGNES von Habsburg, * 18. 5. 1281 in Wien, † 10. 6. 1364 in Königsfelden im Aargau (Schweiz), Tochter König Albrechts I. (s. d.). 1296 Heirat mit König Andreas III. von Ungarn († 14. 1. 1301). Sie zog sich nach Königsfelden zurück, wo sie, gemeinsam mit ihrer Mutter, im Jahr 1309 an der Stelle der Ermordung ihres Vaters ein Doppelkloster für Minoriten und Klarissinnen stiftete. Von ihren Brüdern oft um politischen Rat befragt, war sie maßgeblich an der Aussöhnung mit Ungarn beteiligt.

AHRER, Jakob, * 28. 11. 1888 in St. Stephan ob Leoben (St), † 31. 3. 1962 in Wien, christlichsozialer Politiker. War von 20. 11. 1924 bis 15. 1. 1926 Finanzminister, anschließend bis 20. 10. 1926 Landwirtschaftsminister in den Regierungen Ramek I und II. 1939 erschienen seine Erinnerungen „Erlebte Zeitgeschichte".

AICHBICHLER, Wilhelmine, s. Vieser, Dolores

AICHER, Anton, * 16. 8. 1859 in Oedt (St), † 5. 2. 1930 in Salzburg, Bildhauer. Ab 1894 Lehrer an der Staatsgewerbeschule in Salzburg. Gründete das Salzburger Marionettentheater, dessen erste Aufführung am 25. 2. 1913 stattfand.

AICHERN, Maximilian, * 26. 12. 1932 in Wien, Bischof. Erlernte den Fleischhauerberuf. Trat 1954 im Stift St. Lambrecht (St) in den Benediktinerorden ein und wurde am 9. 7. 1959 zum Priester geweiht. 1977 Abt, wurde er am 15. 12. 1981 von Papst Johannes Paul II. zum Bischof von Linz ernannt. Kardinal Dr. Franz König weihte ihn am 17. 1. 1982 in Linz zum Bischof.

AICHINGER, Hermann, * 14. 5. 1885 in Vöcklabruck, † 18. 6. 1952 in Wien, Architekt. Studierte von 1907 bis 1910 bei Otto Wagner (s. d.) und gründete danach mit Heinrich Schmid (s. d.) ein Architekturbüro. A. erbaute u. a. das Ö. Verkehrsbüro am Wiener Karlsplatz und Wohnhausanlagen der Gemeinde Wien, so den Reismann-Hof (1924) und den Rabenhof (1925).

AICHINGER, Ilse (verehel. Eich), * 1. 11. 1921 in Wien, Schriftstellerin. Während der NS-Zeit Verfolgung durch die Nazis, nach dem Krieg Medizinstudium. 1948 wurde sie durch ihren Roman „Die größere Hoffnung" bekannt und gehörte der Gruppe 47 an. 1949/50 im Lektorat des S. Fischer Verlages tätig, lebte sie seit 1953 in Oberbayern, danach in Groß-Gmain bei Salzburg. Mehrfach ausgezeichnet, erhielt sie 1952 den Ö. Staatspreis. Von ihren Werken sind erwähnenswert u. a. „Knöpfe" (Hörspiel 1953, Drama 1957), „Der Gefesselte" (Erzählung 1953), „Zu keiner Stunde" (Hörspiel 1957), „Besuch im Pfarrhaus" (Hörspiel 1957), „Wo ich wohne" (Erzählungen und Gedichte 1954, neu aufgelegt 1957/61/63), „Eliza Eliza" (Erzählungen 1965), „Die Schwestern Jouet" (1969), „Nachmittag in Ostende" (1968), „Auckland" (4 Hörspiele 1969), „Meine Sprache und

MARKGRÄFIN AGNES

Die Gründerin des Stiftes Klosterneuburg

AGNES, Markgräfin, * 1075, † 24. 9. 1143 in Klosterneuburg (NÖ), Tochter Kaiser Heinrichs IV. Heiratete 1106 in zweiter Ehe den Babenberger Markgraf Leopold III. von Ö. (s. d.), mit dem sie 18 Kinder hatte, darunter Bischof Otto von Freising (s. d.) und die Herzöge Leopold IV. (s. d.) und Heinrich II. Jasomirgott (s. d.). An ihre Person knüpft sich die „Schleierlegende", die zur Gründung des Stiftes Klosterneuburg geführt haben soll. In erster Ehe war sie mit Herzog Friedrich I. von Schwaben (einem Staufer) verheiratet, der 1105 starb. Dieser Ehe entstammen Herzog Friedrich II. von Schwaben und König Konrad III.

Dienst, H.: A. Herzogin – Markgräfin, Ehefrau und Mutter (1985)

Agnes marchionissa, um 1330, Klosterneuburg, ehemalige Kreuzgangverglasung

ich" (Erzählungen 1976). A. ist mit dem Schriftsteller Günter Eich verheiratet, 1975 erhielt sie den Großen Ö. Staatspreis.

ALBACH, Julius von, * 7. 1. 1840 in Kolomea (Galizien), † 16. 1. 1925 in Klagenfurt, Kartograph. 1875 ersetzte er die bisher übliche Schraffierung auf den Landkarten durch braune Schummerung. Außerdem entwickelte er ein System der direkten Reduktion von größeren und kleineren Maßeinheiten. Bekannt wurde seine „Spezialkarte von Südwest-Ö.".

ALBACH-RETTY, Rosa, * 26. 12. 1874 in Hanau (Hessen), † 26. 8. 1980 in Baden bei Wien, Schauspielerin (die letzte Hofschauspielerin). 1895–1903 am Deutschen Volkstheater in Wien, ab 1903 am Wiener Burgtheater tätig. Erhielt 1958 die Kainz-Medaille und 1960 die Ehrenmedaille der Stadt Wien. Mutter von Wolf A.-R. (s. d.) und Großmutter von Romy Schneider (s. d.).

Rosa Albach-Retty als Aase in Henrik Ibsens „Peer Gynt". Aufführung des Burgtheaters im Ronacher 1952

ALBACH-RETTY, Wolf (Wolfgang), * 28. 5. 1906 in Wien, † 21. 2. 1967 in Wien, Schauspieler. 1926–32 am Wiener Burgtheater, danach überwiegend beim Film tätig, 1959–67 wieder am Burgtheater. Sohn von Rosa A.-R. (s. d.) und Vater von Romy Schneider (s. d.).

ALBAN, Mathias (auch Albanus), * 28. 3. 1621 in St. Nikolaus bei Kaltern (Südtirol), † 7. 2. 1712 in Bozen, Geigenbauer. Er war Schüler des Tiroler Geigenbauers Jakob Stainer (s. d.), und die von ihm verfertigten Instrumente waren sehr geschätzt. Seine Söhne Michael und Joseph waren ebenfalls als Geigenbauer tätig.

ALBERT, Eduard, * 20. 1. 1841 in Senftenberg (Žamberk, Böhmen), † 26. 9. 1900 in Senftenberg, Chirurg. Er war Schüler von Hyrtl (s. d.), Škoda (s. d.), Oppolzer (s. d.) und Rokitansky (s. d.) und lehrte in Innsbruck und Wien. Er führte in Ö. die Antiseptik ein und schuf die Heilstätten in San Pellagio bei Rovigno (Istrien) und in Lauffen bei Bad Ischl (OÖ). 1877–1880 veröffentlichte er sein grundlegendes vierbändiges „Lehrbuch der Chirurgie und Operationslehre", in dem er besonders auf die antiseptische Wundbehandlung einging. Sein bekanntester Schüler war Adolf Lorenz (s. d.).

ALBERT III., Graf von Tirol, * um 1180, † 22. 7. 1253, Vogt der Hochstifte Trient und Brixen (1210), Parteigänger der Staufer. Durch das Erbe der Grafen von Andechs (Unterinntal und Pustertal) und dank einer siegreich beendeten Auseinandersetzung mit Bischof Konrad von Brixen gelang ihm die politische Einigung Tirols. Nach der Heirat seiner Tochter Adelheid mit Graf Meinhard III. von Görz (als I. von Tirol) entstand die erste Landeshoheit Tirols.

Heuberger, R.: Vom alpinen Osträtien zur Grafschaft Tirol, Schlernschriften 27 (1937)

ALBERTI von Enno, Albrecht Graf, * 7. 11. 1889, † 26. 8. 1963 in Klagenfurt, Heimwehrführer. Entstammte dem italienischen Uradel und war der Sohn eines Generalmajors. Bereits während seines Studiums politisch tätig, war er im Ersten Weltkrieg Oberleutnant und bemühte sich in den Umsturztagen 1918 um den persönlichen Schutz Kaiser Karls I. Danach war er Bankbeamter in Kärnten und arbeitete schließlich als Rechtsanwalt in Amstetten (NÖ), wo er auch christlichsozialer Gemeinderat und Stadtrat wurde. Ab 1929 Gauführer von Amstetten und ab 1930 Landesführer von NÖ. 1931 wurde A. aus der Christlichsozialen Partei ausgeschlossen, nahm im Herbst 1933 im Auftrag Starhembergs (s. d.) Verhandlungen mit den illegalen Nationalsozialisten auf und wurde am 12. 1. 1934 verhaftet, als Landesführer enthoben und aus dem Heimatschutz ausgeschlossen. 1937 vom Ehrenrat der Ö. Offiziersvereinigung entlastet, bekannte er sich 1938 zur NSDAP. Ab 1945 wieder in Klagenfurt, wurde er 1950 Vorsitzender des „Rechtsschutzverbandes Kärnten", Landtagsabgeordneter und Klubobmannstellvertreter des VdU, der Vorläuferpartei der FPÖ.

Wiltschegg, W.: Die Heimwehr (1985)

ALBRECHT I., Herzog von Ö., deutscher König, * 1255 (vor dem 3. Juli) in Rheinfelden, † 1. 5. 1308 in Königsfelden bei Brugg an der Aare (Schweiz), ermordet von seinem Neffen Johann, genannt Parricida (Vatermörder) (s. d.). Ältester Sohn Rudolfs I. (s. d.). 1282 Herzog von Ö. und St. (bis 1283 gemeinsam mit seinem Bruder Rudolf II., danach durch den Vertrag von Rheinfelden Alleinregent). 1292 wurde A. bei der deutschen Königswahl übergangen. Da aber die Kurfürsten mit König Adolf von Nassau unzufrieden waren, setzten sie diesen am 23. 6. 1298 ab und wählten am folgenden Tag A. zum deutschen König. In der Entscheidungsschlacht bei Göllheim am Hasenbühl in der Nähe von Worms besiegte A. den abgesetzten Adolf von Nassau, der in der Schlacht fiel. Am 24. 8. 1298 wurde A. in Aachen vom Kurfürsten und Erzbischof von Mainz, Gerhard II. von Eppstein, zum König gekrönt. In entschlossenen Feldzügen 1301/02 beseitigte A. zwar die Opposition der rheinischen Kurfürsten; die Erweiterung der habsburgischen Hausmacht um Böhmen (nach dem Tod König Wenzels III.) gelang ihm vorerst jedoch nicht. Auf dem Weg zur Habsburg, wohin A. die Reichsfürsten geladen hatte, um einen erneuten Kampf gegen Böhmen vorzubereiten, wurde er von seinem 17jährigen Neffen Johann ermordet. A. war der Vormund Johanns gewesen und hatte diesen auch in den habsburgischen Stammlanden „mitregieren" lassen, jedoch hatte Johann immer wieder Ansprüche gegen seinen Onkel erhoben. Die Bestimmung der Rheinfelder Hausordnung vom 1. 6. 1283, an Herzog Rudolf II. (Bruder von A. und Vater Johanns) eine Abfindung zu zahlen, war zu diesem Zeitpunkt noch immer nicht erfolgt, obwohl eine Frist von vier Jahren vorgesehen gewesen und Herzog Rudolf II. schon am 10. 5. 1290 gestorben war.

Kurz, F.: Ö. unter den Königen Ottokar und A. I. (1816); Hagen, C.: Die Politik der Kaiser Rudolf von Habsburg und A. I. und die Entstehung der schweizerischen Eidgenossenschaft (1857)

ALBRECHT II. der Weise, der Lahme, Herzog von Ö. und St, * 12. 12. 1298 auf der Habsburg, † 20. 7. 1358 in Wien, Sohn König Albrechts I. (s. d.). Nach dem Tod seines Bruders Friedrich I. des Schönen (s. d.) regierte er von 1330 an gemeinsam mit seinem Bruder Otto dem Fröhlichen (s. d.) bis zu dessen Tod am 17. 2. 1339, anschließend allein. 1335 erwarb er Kärnten und Krain. Seit 26. 3. 1324 mit Johanna Gräfin von Pfirt, die ihm ein reiches Erbe einbrachte, verheiratet, entstammten der Ehe ab 1339 elf Kinder, von denen vier Söhne und zwei Töchter am Leben blieben. A. war, vermutlich durch eine Vergiftung, seit 13. 1. 1330 an Händen und Füßen gelähmt.

Kurz, F.: Ö. unter Herzog A. dem Lahmen (1819); Eloga, E.: A. II., Diss. Wien (1952)

ALBRECHT III., Herzog von Ö., („mit dem Zopf"), * 9. 9. 1348 in Wien, † 29. 8. 1395 Schloß Laxenburg bei Wien, Sohn Herzog Albrechts II. (s. d.). Nach dem Tod seines Bruders Herzog Rudolfs IV. (s. d.) am 27. 7. 1365 regierte er mit seinem Bruder Leopold III. (s. d.) bis zu dessen Tod am 9. 7. 1386 gemeinsam, danach allein. Mit Kaiser Karl IV. schloß er am 26. 3. 1366 einen Erbvertrag, nachdem er kurz vorher dessen Tochter Elisabeth geheiratet hatte († 19. 9. 1373). Durch den Neuberger Teilungsvertrag vom 25. 9. 1379 mit seinem Bruder Leopold wurde entgegen der Rudolfinischen Hausordnung das Haus Habsburg in eine Albertinische und eine Leopoldinische Linie geteilt; A. erhielt Ö. ober und unter der Enns, Steyr, Hallstatt und das Salzkammergut. Nach dem Tod seines Bruders Leopold übernahm er die Verwaltung der Länder der Leopoldinischen Linie und die Vormundschaft über Wilhelm (s. d.), den Sohn Leopolds. Kulturell ist ihm der Ausbau von St. Stephan und von Maria am Gestade in Wien sowie die Errichtung von Schloß Laxenburg bei Wien zu danken. 1384 fügte A. der von seinem Bruder Rudolf 1365 gegründeten Wiener Universität eine theologische Fakultät hinzu, womit an dieser Hochschule sämtliche damals gelehrten Studienfächer vertreten waren.

ALBRECHT IV., Herzog von Ö., * 19. 9. 1377 in Wien, † 14. 9. 1404 in Klosterneuburg bei Wien, Sohn Herzog Albrechts III. (s. d.); nach dessen Tod (29. 8. 1395) beanspruchte Herzog Wilhelm (s. d.), der älteste der Leopoldinischen Linie und Onkel Albrechts IV., die Gesamtherrschaft über den habsburgischen Besitz, doch kam es durch den Vertrag von Hollenburg an der Donau (NÖ) am 22. 11. 1395 zu einer Verständigung über das Erbe.

ALBRECHT V., Herzog von Ö. (als A. II. deutscher König), * 16. 8. 1397 in Wien, † 27. 10. 1439 in Neszmély bei Gran, Sohn Herzog Albrechts IV. (s. d.). Seit 14. 9. 1404 Herzog von Ö., Regierungsantritt am 13. 10. 1411, die Vormundschaft hatten Herzog Wilhelm (s. d.) und nach dessen Tod Herzog Leopold IV. (s. d.), ein Bruder Wilhelms, inne. Durch die Heirat mit der einzigen Tochter (Elisabeth) Kaiser Sigismunds am 22. 4. 1422 (Erbvertrag vom 28. 9. 1421) zeichnete sich die Ablösung des Hauses Luxemburg durch die Habsburger ab. Am 18. 12. 1437 in Ofen zum König von Ungarn gewählt, wurde A. am 1. 1. 1438 in Stuhlweißenburg gekrönt. Am 27. 12. 1437 war er in Prag auch zum König von Böhmen gewählt und am 29. 6. 1438 im Prager Veitsdom gekrönt worden. Am 18. 3. 1438 wurde er in Frankfurt am Main einstimmig zum deutschen König gewählt (die Stimme Böhmens fehlte, da diese Nachfolge noch nicht restlos geklärt war). Am 29. 4. 1438 nahm A. als Albrecht II. die Wahl an, bedingte sich aber für die Königskrönung in Aachen eine Frist von etwa zwei Jahren aus – bis zur endgültigen Lösung der böhmischen Frage –, da unterdessen eine Opposition Verbindung mit Polen aufgenommen hatte. Die deutsche Königskrone, und damit auch die römische Kaiserwürde, blieb ab nun (mit Ausnahme der kurzen Zeitspanne von 1742–45) beim Haus Habsburg bzw. Habsburg-Lothringen. Während seiner kurzen Regierungszeit verstand A. es, seine Stellung in den Erblanden und im Reich auszubauen und zu festigen. Unnachgiebig blieb er in der Judenfrage, was im Mai und Juni 1420 zur Verfolgung der Wiener Judengemeinde geführt hatte. Nach einem erfolglosen Feldzug gegen die Ungarn von Süden bedrohenden Türken starb König A. II. an der Ruhr. Vier Monate nach seinem Tod wurde sein zweiter Sohn (der erste war bei der Geburt gestorben) Ladislaus Postumus (s. d.) geboren.

Wostry, W.: König A. II., 2 Bde. (1906/07); Hödl, G.: A. II. Königtum, Reichsregierung und Reichsreform 1438–1439 (1978)

ALBRECHT VI., Erzherzog von Ö., * 18. 12. 1418 in Wien, † 2. 12. 1463 in Wien, Sohn Herzog Ernsts (s. d.) aus dem steirischen Zweig der Leopoldinischen Linie. Nach dem Tod des Vaters (10. 6. 1424) übernahm dessen Bruder, Herzog Friedrich IV. (s. d.), die Vormundschaft über die minder-

Bronzestandbild Albrechts V. am Maximilians-Grab in der Innsbrucker Hofkirche

ALBERT VON SACHSEN-TESCHEN

Begründer der Albertina

J. C. Auerbach: Die Hochzeitstafel des Herzogs Albert von Sachsen-Teschen und der Erzherzogin Maria Christine am 8. 4. 1766

ALBERT von Sachsen-Teschen, Herzog, * 11. 7. 1738 in Moritzburg bei Dresden, † 10. 2. 1822 in Wien, eigtl. Albrecht II. Kasimir, Sohn König Augusts III. von Polen und Erzherzogin Maria Josepha (Tochter Kaiser Josephs I.). Besaß als Lehen das Fürstentum Teschen in Schlesien und heiratete am 8. 4. 1766 Erzherzogin Maria (Marie) Christine, die Lieblingstochter Maria Theresias. 1765–80 Statthalter in Ungarn, 1780–92 Generalgouverneur der Ö. Niederlande, 1794/95 Reichsfeldmarschall und Oberbefehlshaber der Reichsarmee. Für seine am 24. 6. 1798 verstorbene Gattin ließ er vom italienischen Bildhauer Antonio Canova (s. d.) das Grabmal in der Wiener Augustinerkirche errichten. 1805 stiftete er für Wien die nach ihm benannte Wasserleitung (von Hütteldorf ins Stadtzentrum). Seine bedeutende Kunstsammlung wurde zum Grundstock der Graphischen Sammlung Albertina in Wien, die mit über einer Million Blättern die bedeutendste Graphiksammlung der Welt darstellt.

Koschatzky, W.: A. v. S.-T. (1982)

jährigen Söhne Friedrich V. (s. d.) und Albrecht VI., auf die er erst nach einem in Wien am 25. 5. 1435 geschlossenen Übereinkommen verzichtete und daraufhin die innerö. Länder an die Brüder übergab. Im Vormundschaftsstreit um Ladislaus Postumus (s. d.) leistete A. im Vertrag von Hainburg am 23. 8. 1440 Verzicht zugunsten seines Bruders Friedrich. In einem Vergleich bezüglich der Verwaltung der habsburgischen Stammländer (30. 3. bis 9. 4. 1446) erhielt A. die ö. Vorlande. 1457 gründete er die Universität Freiburg im Breisgau. Im Nachfolge- und Erbschaftsstreit mit seinem Bruder Friedrich V. (seit 1452 Kaiser Friedrich III.), der nach dem frühen Tod von Ladislaus Postumus ausgebrochen war und in dessen Verlauf er seinem Bruder Ö. unter der Enns und Wien weggenommen hatte, belagerte er diesen schließlich sogar 1462 in der Wiener Hofburg. Erst A.s Tod beendete den Kriegszustand, der, abgesehen von Verwüstungen, auch eine allgemeine Rechtsunsicherheit und den wirtschaftlichen Niedergang herbeigeführt hatte.

ALBRECHT VII., Erzherzog von Ö., * 13. 11. 1559 in Wiener Neustadt, † 13. 7. 1621 in Brüssel, Sohn Kaiser Maximilians II. Erzbischof von Toledo und Koadjutor des Primas von Spanien, 1577 Kardinal. Aus politischen Gründen laisiert, war er 1583–96 Vizekönig von Portugal und ab 1596 Statthalter der Niederlande. Für die südlichen Provinzen der Niederlande gestaltete sich seine Regierungszeit zu einer friedlichen und emporstrebenden Epoche. Am 18. 4. 1599 heiratete er in Valencia Isabella Clara Eugenia, eine Tochter König Philipps II. von Spanien.

ALBRECHT Friedrich Rudolf, Erzherzog von Ö., * 3. 8. 1817 in Wien, † 18. 2. 1895 in Arco (Italien), ältester Sohn Erzherzog Karls (s. d.), des Siegers von Aspern, seit 1847 Herzog von Teschen. Für eine militärische Aufgabe bestimmt, wurde er 1837 Oberst, 1840 Generalmajor und Brigadekommandant in Graz, 1843 Feldmarschalleutnant, 1844 Kommandierender General von NÖ und OÖ. A. trat Ende März 1848 auf eigenen Wunsch zurück und wurde 1849 Divisionsgeneral in Italien, wo er für seine persönliche Tapferkeit bei Novara das Kommandeurkreuz des Maria-Theresien-Ordens erhielt. 1849–54 auch Generalgouverneur der Bundesfestung Mainz, wurde er 1849 Korpskommandant und 1850 Militärkommandant von Böhmen. 1851–60 Militär- und Zivilgouverneur von Ungarn. 1860 Korpskommandant in Italien, 1863 Feldmarschall und 1866 Kommandant der Südarmee. Für seinen Sieg über die italienische Übermacht bei Custoza am 24. 6. 1866 erhielt er das Großkreuz des Maria-Theresien-Ordens, wurde nach der Niederlage von Königgrätz „Kommandant der operierenden Armee" und am 1. 10. 1866 Armeeoberkommandant. Ab 1869 Generalinspekteur des Heeres, widmete er sich insbesondere der Reorganisierung der Armee.

Duncker, C. v.: Feldmarschall Erzherzog A. (1897)

ALBRECHT II. Kasimir von Sachsen, s. Albert von Sachsen-Teschen

ALBRECHTSBERGER, Johann Georg, * 3. 2. 1736 in Klosterneuburg, † 7. 3. 1809 in Wien, Komponist und Musiktheoretiker. 1772 Hoforganist, 1792 Kapellmeister am Wiener Stephansdom. Von seinen Werken ist nur ein kleiner Teil gedruckt worden, in Manuskriptform erhalten sind 26 Messen, 6 Oratorien, 4 Symphonien und zahlreiche Quartette und Trios. A. war ein Freund von Joseph Haydn und zählte Ludwig van Beethoven zu seinen Schülern.

ALDRINGEN, Johann Reichsgraf (seit 1632), * 10. 12. 1588 in Diedenhofen (Lothringen), † 22. 7. 1634 in Landshut (Bayern), Feldmarschall. Aus armen Verhältnissen stammend, war er Diener und Sekretär von Adeligen und trat 1618 in das kaiserliche Heer ein. 1623 Oberst, 1624 Hofkriegsrat, 1625 Regimentsinhaber, 1626 in der Schlacht an der Dessauer Brükke erfolgreich, wurde er 1627 zum Freiherrn, 1628 zum Grafen erhoben. Ab 1628 war er mit diplomatischen Aufgaben betraut. Im März 1632 erhob man ihn in den Reichsgrafenstand. Nach Tillys (s. d.) Tod 1632 übernahm A. den Oberbefehl über das kaiserliche Heer und wurde zum Feldmarschall ernannt. Bei der Verteidigung von Landshut wurde er tödlich verwundet. Da A. kinderlos blieb, erbte sein Schwager Graf Clary seinen Namen, wodurch das Adelsgeschlecht Clary und Aldringen entstand.

ALEXANDER, Peter (eigtl. P. A. Neumayer), * 30. 6. 1926 in Wien, Schauspieler und Sänger. Nach dem Besuch des Reinhardt-Seminars 1946–48 war er bis 1951 am Bürgertheater und 1956–57 am Theater in der Josefstadt tätig. Ab 1954 wirkte er in zahlreichen Filmen mit und ist seit 1969 Fernseh- und Showstar, der auch große Tourneen unternimmt.

ALEXICH, Georg Maria Freiherr von, * 14. 9. 1893 in Wien, † 15. 7. 1949 in Washington (USA), Diplomat und Verwaltungsrechtler. Studierte in Wien und trat nach seiner Promotion 1917 in den diplomatischen Dienst ein. 1929 wurde er außenpolitischer Berater der Bundesführung der Heimwehr, war 1930 vorübergehend Leiter des außenpolitischen Büros der Bundesführung, 1935 Präsidialchef von Vizekanzler Starhemberg (s. d.) und 1936 außerordentlicher Gesandter und bevollmächtigter Minister in Den Haag, 1938 aus dem diplomatischen Dienst entlassen, ging er nach Paris und leitete dort eine chemische Fabrik. 1940 emigrierte er, nachdem ein ihn betreffendes Auslieferungsbegehren gestellt worden war, in die USA. 1943 habilitierte er sich an der Georgetown University in Washington als Prof. für internationales vergleichendes Verwaltungsrecht.

Wiltschegg, W.: Die Heimwehr (1985)

PETER ALTENBERG

Der Bohemien von Wien

„Sind meine kleinen Sachen Dichtungen?! Keineswegs. Es sind Extrakte!" schrieb er einmal. Und: „Ich erfinde nichts, daher bin ich kein Schriftsteller und kein Dichter. Das Leben trägt mir alles zu, und ich habe nichts dabei zu verrichten, als das Zugetragene nicht zu verfälschen . . ." Die Extrakte des Lebens fand er dort, wo er sich zu Hause fühlte: in den Cafés des Jung-Wiener Kreises um Arthur Schnitzler, in den Kabaretts des Jugendstils, in den Varietés der Vorstädte, am Wirtshausstammtisch, im Grabenhotel und am Semmering. Befreundet war Altenberg mit Egon Friedell, Alfred Polgar, Carl Hollitzer und Karl Kraus, der über den Lebenskünstler Altenberg notierte: „Die bequemste Lösung war die Annahme, er sei ein Poseur: er, der zeitlebens nichts anderes getan hat als die Konvention der Vorstellung durchbrechen. Oder er sei ein echter Narr. Denn das Staunen des gesunden Verstandes, dessen niederträchtige Erhabenheit sich hier voll entfaltet, sieht bloß die gelockerte Schraube und fühlt die bewegende Kraft nicht, die den Schaden schuf, um an ihn zu wachsen." Altenberg galt als exzentrischer Bohemien, als „Narr von Wien" und erbarmungsloser Schnorrer. Wache Zeitgenossen wie Anton Kuh sahen in ihm aber auch den „Afrikaforscher der Alltäglichkeit", und Franz Kafka urteilte über den Verfasser impressionistischer Kleinprosa: „Peter Altenberg ist ein Genie der Nichtigkeiten, ein seltsamer Idealist, der die Schönheiten der Welt wie Zigarettenstummel in den Aschenbechern der Kaffeehäuser findet."

Peter Altenberg – „der Poseur" – in typischer Pose

Die topographische Vedute: Jakob Alts Luftbild Wiens

ALLRAM, Josef, * 22. 2. 1863 in Schrems (NÖ), † 19. 12. 1941 in Wien, Lehrer und Schriftsteller. A. wurde „Waldviertler Sepp" genannt, weil er sich um dieses Gebiet besonders annahm. Neben heimatkundlichen Büchern schrieb er auch Theaterstücke und Reisebeschreibungen.

ALT, Franz, * 16. 8. 1824 in Wien, † 13. 2. 1914 in Wien, Sohn von Jakob A. (s. d.), Architektur- und Landschaftsaquarellist. Stand im Schatten seines älteren Bruders Rudolf von A. (s. d.). Von ihm stammt der Zyklus „Wien einst und jetzt", der als sein Hauptwerk gilt.

ALT, Jakob, * 27. 9. 1789 in Frankfurt am Main, † 30. 9. 1872 in Wien, Maler, vorwiegend Aquarellist (Landschaften). Seit 1811 in Wien, Prof. an der Akademie der bildenden Künste.

ALT, Rudolf von (seit 1892), * 28. 8. 1812 in Wien, † 12. 3. 1905 in Wien, Sohn von Jakob A., Aquarellist und Vedutenmaler. Er lernte bei seinem Vater und entwickelte das Aquarell zu einer hohen Kunst. Durch seine genaue, detailreiche Wiedergabe erreichten seine naturalistischen Veduten – ähnlich wie die von Canaletto – einen hohen Wert für die historische Topographie. A. unternahm zahlreiche Reisen und malte 1831 erstmals den Wiener Stephansturm. 1848 Mitglied der Wiener Akademie der bildenden Künste, erhielt er 1892 den Orden der Eisernen Krone III. Klasse, mit dem die Erhebung in den Ritterstand verbunden war. 1874 wurde er Vorstand der Künstlergenossenschaft (Künstlerhaus). 1897 schloß er sich der Wiener Secession als Mitbegründer an und wurde deren Ehrenpräsident.

Rössler, A.: R. v. A. (1909); Hevesi, L.: R. v. A. (1911); Münz, L.: R. v. A. (1954)

ALT, Salome, * 1568 in Salzburg, † 1633 in Wels (OÖ), Salzburger Kaufmannstochter. Mit Erzbischof Wolf Dietrich von Raitenau (s. d.) in einer Scheintrauung vermählt, hatte sie mit ihm 15 Kinder. Sie wohnte im Schloß Mirabell, das der Erzbischof für sie 1606 vor den Toren Salzburgs als „Schloß Altenau" hatte erbauen lassen.

ALTENBERG, Peter (eigtl. Richard Engländer), * 9. 3. 1859 in Wien, † 8. 1. 1919 in Wien, Schriftsteller. Er studierte einige Semester Medizin und arbeitete anschließend als Buchhandelsgehilfe, ehe er sich der Kleinprosa zuwandte. A. veröffentlichte u. a. die Sammelbände: „Wie ich es sehe" (1896), „Was der Tag mir zuträgt" (1901), „Prodromos" (1906), „Märchen des Lebens" (1908), „Bilderbögen des kleinen Lebens" (1909), „Neues Altes" (1911), „Semmering 1912" (1913), „Fechsung" (1915), „Nachfechsung" (1916), „Vita ipsa" (1918) und „Mein Lebensabend" (1919). 1921 gab Egon Friedell (s. d.) „Das Altenberg-Buch" heraus, den Nachlaß publizierte Alfred Polgar (s. d.) 1925; 1932 (2. Aufl. 1963) erschien eine „Auswahl aus seinen Büchern", zusammengestellt von Karl Kraus (s. d.).

Friedell, E.: Ecce Poeta (1912); Kraus, K.: P. A. (1919); Schaefer, C.: P. A. (2. Aufl. 1980); Kosler, H. Ch. (Hrsg.): P. A. Leben und Werk in Texten und Bildern (1981)

ALTENBURGER, Erwin, * 3. 11. 1903 in Mautern (St), † 7. 2. 1984 in Wien, Lederarbeiter, ÖVP-Politiker, Gewerkschafter. 1945 Abgeordneter zum Nationalrat, 1947–49 Bundesminister ohne Portefeuille. Bis 1975 Vorsitzender der Fraktion christlicher Gewerkschafter im ÖGB und Vizepräsident des ÖGB.

ALTMANN, Bischof von Passau, * um 1015 in Westfalen, † 8. 8. 1091 in Zeiselmauer (NÖ). Um 1051 königlicher Kapellan und Propst der Marienkirche in Aachen, 1065 Bischof von Passau, Parteigänger von Papst Gregor VII. und der Verfechter von dessen Reformen, die er in seiner Diözese durchsetzte. In Gegensatz zu König Heinrich IV. geraten (er hatte die Wahl des Gegenkönigs Rudolf von Rheinfelden betrieben), mußte er nach Rom fliehen, als der König im Winter 1077/78 Passau besetzte. 1080 als päpstlicher Vikar zurückgekehrt, mußte er seine Tätigkeit auf das Gebiet Markgraf Leopolds II. von Ö. beschränken. 1083 gründete er das Stift Göttweig (NÖ), 1084 unterstützte er die Gründung des Stiftes Reichersberg am Inn (OÖ). Als Förderer der Kunst nahm A. starken Einfluß auf das kulturelle Leben des damaligen Ö. A. wurde im Stift Göttweig begraben. Kanonisch ist A. nie heiliggesprochen worden, doch schon bald nach seinem Tod und schließlich gegen Ende des 19. Jh. wurde er in den Diözesen Passau, Linz und St. Pölten als Heiliger verehrt (Fest: 8. August).

Fuchs, A.: Der hl. A. (1929); Ausstellungskatalog „900 Jahre Stift Göttweig" (1983)

ALTMANN, Karl, * 8. 1. 1904 in Wien, † 29. 12. 1960 in Wien, Obersenatsrat, KPÖ-Politiker. 1945 Unterstaatssekretär für Justiz in der Provisorischen Staatsregierung, 1945–47 Bundesminister für Elektrifizierung und Energiewirtschaft als einziges Mitglied der KPÖ im Kabinett Figl I. A. trat am 19. 11. 1947 (auf Empfehlung des Politbüros, dessen Mitglied er war) wegen Verschärfung des kalten Krieges zurück.

ALTMUTTER, Franz, * 1746 in Wien, † 21. 1. 1817 in Innsbruck, Maler. Er lebte ab 1771 in Innsbruck, wo er auch gemeinsam mit seinem Sohn Jakob Placidus A. (s. d.) 1815 die Wandgemälde in der Hofburg schuf. A. malte vor allem Altarblätter, Porträts und historische Gemälde.

ALTMUTTER, Jakob Placidus, * 25. 7. 1780 in Innsbruck, † 22. 11. 1819 in Schwaz (T), Sohn von Franz A. (s. d.), Maler. A. war der eigentliche Begründer des Tiroler Sittenbildes. Seine bäuerlichen Sittenbilder, die Darstellungen des Tiroler Volkslebens und des Freiheitskampfes von 1809 sind durch die exakte Wiedergabe der Trachten und Details historisch wertvoll. Gemeinsam mit seinem Vater schuf er 1815 die Wandgemälde in der Hofburg in Innsbruck.

ALTMÜTTER, Georg, * 6. 10. 1787 in Wien, † 2. 1. 1858 in Wien, Technologe. Nach seinem Studium in Wien und Prag war er von 1813–16 am Theresianum in Wien tätig, danach Prof. für Technologie am Polytechnischen Institut (dem Vorläufer der Technischen Universität) in Wien. A. war der Begründer der systematischen Werkzeuglehre und veröffentlichte 1824 „Beschreibung der Werkzeugsammlung des k. k. polytechnischen Institutes für Gewerbsleute und Liebhaber mechanischer Künste". A. war mit Franz Grillparzer eng befreundet.

ALTOMONTE, Bartolomeo, * 24. 2. 1702 in Warschau, † 11. 11. 1783 in St. Florian (OÖ), Sohn von Martino A. (s. d.), Barockmaler. Anfangs Schüler seines Vaters, verbrachte er ab 1717 mehrere Lehrjahre in Italien und lebte seit 1728 in Linz. 1770 wurde A. Mitglied der Wiener Akademie. Seine Hauptwerke, Fresken und Altarbilder, finden sich in NÖ in St. Pölten, Herzogenburg und Seitenstetten, in OÖ in Engelszell, Linz und Wilhering sowie im Stift Admont (St).

ALTOMONTE, Martino, (eigtl. Hohenberg), * 8. 5. 1657 in Neapel, † 14. 9. 1745 in Wien, Barockmaler. Sohn eines Tiroler Bäckers namens Michael Hohenberg. Nach seiner Ausbildung in Rom holte ihn von dort der Beichtvater König Johanns III. Sobieski 1684 nach Polen und empfahl ihm, seinen deutschen Namen abzulegen. In Warschau gewann er mit drei Gemälden über die zweite Türkenbelagerung von Wien (1683) großes Ansehen. 1703 ging er nach Wien und wurde 1707 Mitglied der Kunstakademie. 1720 machte er sich in Linz seßhaft und wurde 1738 Stiftsmaler in Heiligenkreuz. A. malte Deckengemälde und Altarbilder und gilt als einer der bedeutendsten Barockmaler. Er war ein Meister der Architekturperspektive und der Raumillusion. Zu seinen Hauptwerken gehören die Deckengemälde im Stift St. Florian (z. B. im Kaiserzimmer) und in der Salzburger Residenz, im Unteren Belvedere in Wien die Apotheose des Prinzen Eugen sowie das Altarbild des Januarius-Altars im Harrachschen Gartenpalais. A. starb im Heiligenkreuzer Hof in Wien und wurde im Stift Heiligenkreuz begraben.

Klaus, J.: M. A. (1916); Aurenhammer, H.: M. A. (1965)

Martino Altomonte

ALVINCZY, Joseph, Freiherr von Barberek, * 1. 2. 1735 auf Schloß Alvincz (Siebenbürgen), † 25. 11. 1810 in Ofen (Budapest), Feldmarschall. Ab 1750 im ö. Militärdienst. Im Siebenjährigen Krieg zeichnete er sich als Hauptmann, im Bayerischen Erbfolgekrieg als Oberst aus. 1779 Generalmajor und mit dem Maria-Theresien-Orden ausgezeichnet, bestimmte ihn Kaiser Joseph II. zum Taktiklehrer des späteren Kaisers Franz II. (I.). 1789 Feldmarschalleutnant, 1794 Feldzeugmeister, 1796 Hofkriegsrat, 1796/97 gegen Napoleon mit der Armee in Italien wenig erfolgreich, wurde A. Oberkommandierender in Ungarn und 1808 zum Feldmarschall ernannt.

ALXINGER, Johann Baptist, Edler von (seit 1794), (Pseud. Johannes Xilanger), * 24. 1. 1755 in Wien, † 1. 5. 1797 in Wien, Schriftsteller. Dr. jur. und seit 1794 Sekretär am Hoftheater. Schrieb Oden, Lieder und Ritterepen. Außerdem gab er seit 1793 mit Josef Schreyvogel (s. d.) die „Österreichische Monatsschrift" und mit Alois Blumauer (s. d.) den „Wiener Musenalmanach" heraus. Sein dichterisches Schaffen war von Wieland stark beeinflußt. Seine sämtlichen Werke erschienen 1812 (10 Bde.).

AMALIA MARIA, Erzherzogin von Ö., * 22. 10. 1701 in Wien, † 11. 12. 1756 in München, jüngste Tochter Kaiser Josephs I. Seit 5. 10. 1722 mit Kurfürst Karl Albrecht von Bayern verheiratet. Die unberechtigten, von A. unterstützten Ansprüche Bayerns auf das Erbe Habsburgs nach dem Tod Kaiser Karls VI. führten zum Ö. Erbfolgekrieg 1741. Am 24. 1. 1742 wählten die deutschen Kurfürsten einstimmig Karl Albrecht zum römischen Kaiser. Sein früher Tod am 20. 1. 1745 beendete jedoch die kurze Unterbrechung der Kaiserwürde des Hauses Habsburg. Der Sohn Karl Albrechts, Maximilian III. Joseph, schloß schon am 22. 4. 1745 den Frieden von Füssen mit Ö. und erkannte die Pragmatische Sanktion an.

AMANSHAUSER, Gerhard, * 2. 1. 1928 in Salzburg, Erzähler und Essayist. Veröffentlichte zunächst in Zeitschriften und Anthologien. Bekannt wurde er u. a. mit: „Aus dem Leben der Quaden" (1968), „Der Deserteur" (Erzählungen, 1970), „Satz und Gegensatz" (Essays, 1972), „Schloß mit späten Gästen" (1975), „Aufzeichnungen einer Sonde" (Parodien, 1979).

AMBROS, August Wilhelm, * 17. 11. 1816 in Mauth bei Prag, † 28. 6. 1876 in Wien, Musikhistoriker, 1839 Dr. jur., trat 1840 in den ö. Staatsdienst, studierte Musik und wurde Lehrer am Konservatorium in Prag, 1869 Prof. für Musik an der Universität Prag, 1872 im Justizministerium in Wien und Prof. am Konservatorium. A. war auch Kunstgeschichtslehrer von Kronprinz Rudolf. Seinen Ruf als Musikschriftsteller erwarb er durch das 1856 in Prag erschienene Werk „Die Grenzen der Musik und Poesie", das 1872 in Leipzig in 2. Auflage und 1893 in New York in englischer Sprache erschien. Hier erklärte er die Musik als „beseelte Form". Sein Hauptwerk „Geschichte der Musik" blieb zwar unvollendet, ist jedoch bis heute grundlegend. Bde. 1–3 erschienen 1862–68; Bd. 4 wurde 1878 als Fragment von E. Schelle herausgegeben; Bd. 5, eine Beispielsammlung zu Bd. 3, wurde in Leipzig 1882 von O. Kade ediert. 1887–1911 erschien bereits die 3. Aufl. dieses Werks (Nachdruck 1968).

AMBROS, Otto, * 15. 5. 1910 in Klosterneuburg, † 21. 2. 1979 in Wien, Schauspieler und Regisseur sowie Verfasser von Hörspielen und Libretti.

AMBROS, Wolfgang, * 19. 3. 1952 in Wolfsgraben im Wienerwald, Liedermacher. Er wurde 1971 mit seinem Lied „Da Hofa" bekannt und erlangte damit sofort Popularität. 1972 erschien seine erste Langspielplatte „Alles andere zählt net mehr", der weitere folgten, darunter „Es lebe der Zentralfriedhof" (1975), eine Liedersammlung mit Bob-Dylan-Texten (1975), „Wolfgang Ambros 13" (1986). 1974 verfaßte er das Hörspiel „Der Watzmann ruft".

AMBROSI, Gustinus, * 24. 2. 1893 in Eisenstadt, † 1. 7. 1975 in Wien (Selbstmord), Bildhauer und Dichter. War seit seinem 7. Lebensjahr taub. Er schuf, von Michelangelo und Rodin beeinflußt, an die 2400 Skulpturen, darunter über 600 Porträtbüsten und Kolossalplastiken. Neben zahlreichen Auszeichnungen erhielt A. 1932 den Ö. Staatspreis, 1949 den Preis der Stadt Wien und 1963 die Ehrenmedaille der Stadt Wien. A. war auch als Lyriker geschätzt, besonders durch: „Die Sonette an Gott" (1923) und „Das Buch der Einschau" (1960).

AMERLING, Friedrich Ritter von (seit 1879), * 14. 4. 1803 in Wien, † 15. 1. 1887 in Wien, Porträtmaler. Nach dem Besuch der Wiener und der Prager Kunstakademie unternahm er zahlreiche Reisen durch Europa. 1832 wurde A. von Kaiser Franz I. aus Rom mit dem Auftrag, ihn im Krönungsornat zu malen, zurückgeholt. Damit war sein Ruf begründet, und A. wurde zum beliebten und begehrten Porträtmaler der Biedermeierzeit. Er schuf rund 1000 Gemälde (Historien- u. Genrebilder) und Porträts (Aristokratie und etabliertes Bürgertum).

Probszt, G., F. A., der Altmeister der Wiener Porträtmalerei (1927)

AMÉRY, Jean (eigtl. Hans Mayer), * 31. 10. 1912 in Wien, † 17. 10. 1978 in Salzburg (Selbstmord), Schriftsteller, Philosoph und Essayist. Er emigrierte 1938 nach Belgien, war von 1943–45 in NS-Konzentrationslagern und lebte nach dem Krieg überwiegend in Brüssel. Hauptwerke: „Jenseits von Schuld und Sühne" (1966), „Unmeisterliche Wanderjahre" (1971, eine Autobiographie), „Widersprüche" (1971), „Hand an sich legen – Diskurs über den Freitod" (1976).

AMPFERER, Otto, * 1. 12. 1875 in Hötting bei Innsbruck, † 9. 7. 1947 in Hötting bei Innsbruck, Geologe. War lange Zeit Direktor der Geologischen Bundesanstalt in Wien, erforschte

Friedrich Amerling: Mädchen mit gelbem Strohhut

die ö. Alpen, auch durch Erstbesteigungen; von ihm stammen die Theorien der Gebirgsbildung durch Unterströmung und Reliefüberschiebung.

ANDAY, Rosette (verehel. Bünsdorf), * 22. 12. 1903 in Budapest, † 21. 9. 1977 in Wien, Opernsängerin, Altistin. Debütierte 1920 an der Nationaloper in Budapest. Nach einem erfolgreichen Carmen-Gastspiel (1921) von 1921–61 an der Wiener Staatsoper, danach daselbst Ehrenmitglied. Daneben gastierte sie bei den Salzburger Festspielen und in den berühmtesten Opernhäusern der Welt. Beendete 1961 ihre Bühnenlaufbahn.

ANDERGAST, Maria, * 4. 6. 1912 in Brunnthal (Bayern), Schauspielerin. Seit 1914 in Wien. Wirkte ab 1934 in rund 50 Filmen, überwiegend in Hauptrollen, mit. Seit 1945 am Theater in der Josefstadt in Wien. Interpretin und Partnerin von Hans Lang.

ANDERS, Günther (eigtl. G. Stern), * 12. 7. 1902 in Breslau, Kulturphilosoph und Schriftsteller. Studierte Philosophie bei Heidegger und Husserl (s. d.) und promovierte 1923. 1933 zur Emigration gezwungen, lebte er bis 1936 in Paris, danach bis 1950 in den USA und seither in Wien. A. ist Mitinitiator der internationalen Anti-Atombewegung. 1958 besuchte er Hiroshima, und 1961 erschien sein Briefwechsel mit dem Hiroshima-Piloten: „Off Limits für das Gewissen". 1979 erhielt er den Ö. Staatspreis für Kulturpublizistik und 1983 den Adorno-Preis der Stadt Frankfurt. A. veröffentlichte u. a.: „Die Antiquiertheit des Menschen" (4 Essays 1956), „Bert Brecht" (1962), „Der Blick vom Turm" (1968), „Ketzereien" (1982) und „Mensch ohne Welt" (1984).

ANDERSEN, Robin Christian, * 17. 7. 1880 in Wien, † 23. 1. 1969 in Wien, Maler. War 1921 Mitbegründer der Wiener Gobelinmanufaktur, 1922 Mitglied des Hagenbundes, 1932–39 Mitglied der Wiener Secession.

ANDICS, Hellmut, * 25. 8. 1922 in Wien, Journalist und Schriftsteller. A. arbeitete seit 1946 für bedeutende ö., deutsche und Schweizer Zeitschriften und beschäftigte sich vor allem mit der zeitgeschichtlichen Reportage. Ab 1975 war er Leiter der burgenländischen Kultur- und Bildungszentren und von 1980 bis 1986 ORF-Intendant für das Burgenland. Neben zahlreichen Fernsehspielen, etwa der TV-Serie „Ringstraßenpalais", verfaßte er u. a.: „Der Staat, den keiner wollte" (1962), „Der ewige Jude" (1965), „Der Fall Otto Habsburg" (1965), „50 Jahre unseres Lebens, Österreichs Schicksal seit 1918" (1968), „Das österreichische Jahrhundert" (1974, neubearbeitete Aufl. 1986), „Gründerzeit" (1981), „Ringstraßenwelt" (1983) und „Luegerzeit" (1984).

ANDRÁSSY, Gyula (Julius) d. Ä. Graf, * 8. 3. 1823 in Kaschau (Košice), † 18. 2. 1890 in Volosca (Istrien), ö.-u. Staatsmann. Am ungarischen Aufstand von 1848/49 beteiligt, floh A. nach Paris und London und wurde in Abwesenheit zum Tod verurteilt, 1857 aber begnadigt. Seit 1861 Reichsratsabgeordneter, war er gemeinsam mit Franz von Deák maßgeblich an den Verhandlungen zum ö.-u. Ausgleich von 1867 beteiligt. Am 1. 2. 1867 wurde A. erster ungarischer Ministerpräsident und blieb es bis 1871. 1868 erreichte er den Ausgleich in Kroatien, wodurch das Gebiet der Militärgrenze Ungarn eingegliedert wurde. 1870 erreichte er die Neutralität Ö.-U.s im Preußisch-Französischen Krieg. 1871–79 k. u. k. Außenminister, gelang ihm das Dreikaiserabkommen von 1873. 1878 erreichte er die Zustimmung der Großmächte zur Okkupation von Bosnien und der Herzegowina, und 1879 gelang ihm der Abschluß des Zweibundes. A. demissionierte am 8. 10. 1879 und zog sich aus dem öffentlichen Leben zurück.

Wertheimer, E. v.: Graf J. A., 3 Bde. (1910–13)

ANDRÁSSY, Gyula (Julius) d. J. Graf, * 30. 6. 1860 in Töketerebes (Ungarn), † 11. 6. 1929 in Budapest, Sohn von G. A. d. Ä., ungarischer Staatsmann. 1906–10 Innenminister in der ungarischen Koalitionsregierung Wekerle. Als letzter k. u. k. Außenminister (24. 10. 1918 bis 1. 11. 1918) versuchte er vergebens, der Entente am 28. 10. 1918 einen Sonderfrieden anzubieten. Im Oktober 1921 unterstützte A. den gescheiterten Restaurationsversuch Exkaiser Karls I. von Ö. (s. d.) in Ungarn und wurde vorübergehend verhaftet.

Kertész, I.: Graf J. A. und die ö.-u. Monarchie (1934)

ANDRES, Leopold, * 14. 11. 1866 in Linz, † 20. 5. 1950 in Kainbach (St), Kartograph und Geodät. A. war General und für die Organisation der Kriegsvermessungen 1914–18 verantwortlich. Er erneuerte die Balkankartographie und war von 1937–46 Präsident der Ö. Kommission für internationale Erdmessung.

ANDRI, Ferdinand, * 1. 3. 1871 in Waidhofen an der Ybbs (NÖ), † 19. 5. 1956 in Wien, Maler. Nach dem Studium an der Wiener Akademie der bildenden Künste (bis 1891) ging er ins Ausland (u. a. Karlsruhe) und wurde nach seiner Rückkehr nach Wien (1896) Mitglied der Wiener Secession, deren Präsident er 1899/1900 und 1905/06 war. 1919–39 Leiter von Meisterschulen für Malerei, 1939–45 Leiter der Meisterschule für Freskomalerei an der Wiener Akademie.

ANDRIAN-WERBURG, Leopold Freiherr von, * 9. 5. 1875 in Berlin, † 19. 11. 1951 in Freiburg (Schweiz), Diplomat und impressionistischer Lyriker. Großneffe von Viktor Franz A.-W. (s. d.). 1899–1919 im diplomatischen Dienst, 1918 Generalintendant der Wiener Hoftheater. 1938 emigrierte er in die Schweiz. Neben seiner impressionistischen Lyrik schrieb er auch Erzählungen und Novellen. A. war mit Hugo von Hofmannsthal und Hermann Bahr eng befreundet. Großen Erfolg errang er mit der Erzählung „Der Garten der Erkenntnis" (1895); unter seinen Veröffentlichungen über den Ständestaat besonders erwähnenswert: „Österreich im Prisma der Idee" (1937).

ANDRIAN-WERBURG, Viktor Franz Freiherr von, * 17. 9. 1813 in Görz, † 25. 11. 1858 in Wien, liberaler Politiker. Nach dem Jusstudium in Wien von 1834–46 im ö. Staatsdienst tätig. 1848/49 Mitglied des Frankfurter Vorparlaments und Abgeordneter der Frankfurter Nationalversammlung, daneben auch Reichsgesandter der Regierung Schmerling in London. Den Staatsdienst im Neoabsolutismus lehnte er ab und war ab März 1849 nur noch publizistisch tätig. Zunächst erschienen seine Werke anonym, wie etwa „Oesterreich und dessen Zukunft" (Teil 1 1841, Teil 2 1847), von dessen erstem Teil eine zweite Auflage und eine französische Übersetzung im Jahr 1843 erschienen. Das Buch war in Ö. strengstens verboten, und es gelang Metternich nicht, den Autor zu eruieren. Ebenso anonym erschien „Centralisation oder Decentralisation in Ö." (1850), mit einer deutlichen Unterstreichung des föderalistischen Standpunkts.

ANDROSCH, Hannes, * 18. 4. 1938 in Wien, Steuerberater, SPÖ-Politiker. Erwarb auf der Hochschule für Welthandel in Wien das Diplom und das Doktorat der Handelswissenschaften. Gehörte schon früh der SPÖ an und arbeitete in der Steuerberatungskanzlei seines Vaters. Von 1970 bis 19. 1. 1981 war er Finanzminister, ab 1976 auch Vizekanzler. Trat wegen des Vorwurfs der Unvereinbarkeit seiner Steuerberatungskanzlei mit seinem Amt zurück und wurde Stellvertretender Generaldirektor der Creditanstalt-Bankverein und ab Juli 1981 Generaldirektor.

ANGELI, Heinrich von, * 8. 7. 1840 in Ödenburg (Sopron), † 21. 10. 1925 in Wien, Genre- und Porträtmaler. Begann schon 1854 seine Studien an der Wiener Kunstakademie und ließ sich 1862 nach Lehrjahren in Deutschland, Belgien und Holland in Wien nieder und wurde hier 1877 Prof. für Geschichtsmalerei an der Akademie. Beschäftigten ihn anfangs religiöse und historische Themen, wurde A. bald zum geschätzten Porträtisten europäischer Hof- und Aristokratenkreise, u. a. hat er Kaiser Franz Joseph I., Königin Viktoria von England, Kaiser Wilhelm II. und das deutsche Kronprinzenpaar porträtiert.

ANGELO SOLIMAN, * 1726 (?), † 21. 11. 1796 in Wien. „Auf der Burgbastei wandelten zwei Männer, abseits vom Publikum. Beide in reifen Jahren. Der eine, ein Weißer, war in tiffstes Schwarz gekleidet; der andere, ein Schwarzer, in blendendes Weiß; der Stil seiner ganzen Tracht türkisch." Diese auffällige Erscheinung, so berichtet uns der Wiener Schriftsteller Franz Gräffer (s. d.) in seinen Memoiren, war von fürstlicher Abkunft, als 17jähriger Knabe von einem feindlichen Stamm in Afrika geraubt und in Messina, im Besitz einer reichen Marquesa, auf den Namen Angelo Soliman getauft worden. Hier lernte ihn der auf Sizilien stationierte General Fürst Lobkowitz kennen, der ihn in seine Dienste nahm. Danach beim Fürsten Wenzel Liechtenstein dienend, soll er in Frankfurt bei der Krönung Kaiser Josephs II. 1764 im Spiel 20 000 Gulden gewonnen haben. A. S., der eine weltgewandte und gebildete Persönlichkeit war, heiratete die verwitwete Frau von Christiani, worauf ihn der Fürst aus seinem Haus verbannte. Nach dem Tod von Wenzel Liechtenstein 1772 setzte ihm dessen Sohn ein Jahresgehalt aus und stellte ihm und seiner Familie eine Wohnung im fürstlichen Palais zur Verfügung.

Gräffer, F.: Kleine Wiener Memoiren und Wiener Dosenstücke, hrsg. v. A. Schlossar u. G. Gugitz (1918); Bauer, W. A.: A. S. der hochfürstliche Mohr (1922)

ANGERER, Hans, * 9. 11. 1871 in Teichl (K), † 20. 4. 1944 in Klagenfurt, Geograph und großdeutscher Politiker. 1920–28 Abgeordneter zum Nationalrat, 1928–32 Landesrat in Kärnten. A. war auch ein bedeutender Gletscherkundler, der besonders die Pasterze (Großglockner) und die Hochalm-Gruppe erforschte.

ANGERER, Paul, * 16. 5. 1927 in Wien, Komponist. 1953–57 Solobratschist der Wiener Symphoniker und von 1956–63 Chefdirigent des Kammerorchesters der Wiener Konzerthausgesellschaft. Erhielt 1956 den Ö. Staatspreis. Für die Fernsehoper „Paßkontrolle" wurde ihm 1959 der erste Preis beim Salzburger Opernwettbewerb verliehen. 1967–72 Opernchef am Salzburger Landestheater, 1971–82 Leiter des Südwestdeutschen Kammerorchesters Pforzheim. Seit 1982 Prof. an der Hochschule für Musik in Wien. Schrieb Bühnen- und Orchesterwerke, Kammermusik, Oratorien.

ANICH, Peter, * 22. 2. 1723 in Oberperfuß (T), † 1. 9. 1766 in Oberperfuß, Bauer und Kartograph. Nach dem Tod seines Vaters übernahm er mit 19 Jahren den Hof und führte die väterliche Drechslerei weiter. Erst mit 28 Jahren wurde er bei den Jesuiten im nahen Innsbruck, die sein Talent erkannten und ihn bei der Fertigung eines Erd- und eines Himmelsglobus unterstützten, in Mathematik und Physik unterwiesen. An Kaiserin Maria Theresia weiterempfohlen, erhielt A. von dieser den Auftrag, eine Karte Tirols zu entwerfen. Erstmals wurde durch ihn das Problem der Hochgebirgskartographie gelöst. Bei seiner Arbeit hatte A. nicht selten Schwierigkeiten mit seinen recht abergläubischen Landsleuten. Trotz der Mithilfe seines Standesgenossen Blasius Hueber (s. d.) aus Oberperfuß war das 21blättrige Kartenwerk bei seinem Tod nicht vollendet. Erst 1774 erschien es, von Hueber vollendet, als „Atlas Tyrolensis" (heute im Besitz des Tiroler Landesarchivs in Innsbruck). Der vollständige Titel in lateinischer Sprache lautet in der deutschen Übersetzung: „Tirol unter der glücklichen Regierung Ihrer Majestät, der römischen Kaiserin Maria Theresia, chorographisch gezeichnet von Peter Anich und Blasius Hueber, Oberperfußer Bauern, unter der Leitung von Ignaz Weinhart, Professor der Mathematik an der Universität Innsbruck." Die Karten sind im Maßstab von etwa 1 : 103 800 gezeichnet.

ANNA von Tirol, Erzherzogin, * 4. 10. 1585 in Innsbruck, † 15. 12. 1618 in Wien, Tochter Erzherzog Ferdinands II. von Tirol. Heiratete am 4. 12. 1611 Kaiser Matthias.

ANNA Jagello, Prinzessin von Böhmen und Ungarn, * 23. 7. 1503 in Prag, † 27. 1. 1547 in Prag, Tochter von König Wladislaw (V. von Böhmen und II. von Ungarn), Gattin Kaiser Ferdinands I. Am 21. 7. 1515 leisteten Kaiser Maximilian I., stellvertretend für einen seiner Enkel, und A. im Wiener Stephansdom vertraglich das Eheversprechen. 1516 gab dazu Erzherzog Ferdinand (später Kaiser Ferdinand I.) eine entsprechende Willenserklärung ab und heiratete A. am 26. 5. 1521 in Linz, nachdem er bereits Herrscher über die habsburgischen Erblande geworden war. Dieser Ehe entstammten 15 Kinder, darunter Kaiser Maximilian II. und die Erzherzoge Ferdinand von Tirol und Karl von Innerösterreich. Gleichzeitig heiratete damals der neunjährige Sohn König Wladislaws II. von Ungarn, Ludwig, die zehnjährige Maria, eine Enkelin Kaiser Maximilians I. und Tochter Philips I. des Schönen, Königs von Kastilien. Die Trauung dieses Paares fand am 13. 1. 1522 in Prag statt. Diese habsburgisch-jagellonische Doppelheirat vom 21. 7. 1515 in Wien wurde mit den damit zusammenhängenden Verträgen über das Erbfolgerecht Habsburgs in Böhmen und Ungarn zum wesentlichen Grundstein habsburgischer Großmacht.

Bauer, W.: Die Anfänge Ferdinands I. (1907)

ANSCHÜTZ, Auguste, * 7. 7. 1819 in Breslau, † 31. 3. 1895 in Wien, Tochter von Heinrich Johann Imanuel A. (s. d.), Schauspielerin. Spielte Kinderrollen am Wiener Burgtheater und war von 1841–71 ständiges Mitglied dieser Bühne.

ANSCHÜTZ, Heinrich Johann Imanuel, * 8. 2. 1785 in Luckau (Lausitz), † 29. 12. 1865 in Wien, Schauspieler. Von 1821–64 Mitglied des Wiener Burgtheaters; er war dort als Schauspieler und Regisseur tätig. Er beherrschte 114 große Partien, überwiegend Helden- und Vaterrollen, und galt als hervorragender Interpret von Shakespeare-Figuren. Zusätzlich war A. auch als Bühnenschriftsteller tätig.

ANTEL, Franz, * 28. 6. 1913 in Wien, Filmregisseur und -produzent. Arbeitete auch unter dem Künstlernamen François Legrand. Er besuchte 1931/32 die Filmakademie und war 1931–36 Kameraassistent unter Hans Theyer bei der Sascha-Film. 1936 drehte er mit Leo Slezak seinen ersten Film, „Unsterbliche Melodie", ging 1936 als Produktionsleiter zur Terra-Film nach Berlin und 1937 zur Tobis-Film. 1939 war er bei der Wien-Film beschäftigt, wurde 1940 zur deutschen Wehrmacht eingezogen und war in einer Propagandakompanie bei einem Fronttheater tätig. 1944 in russische Kriegsgefangenschaft geraten, wurde er bereits 1945 nach Wien entlassen. 1946 entstand unter seiner ersten Alleinregie „Das singende Haus", mit Hans Moser und Curd Jürgens, für die eigene Kollektiv-Film. Danach arbeitete er als Regisseur für mehrere Filmgesellschaften, darunter für die Sascha- und die Schönbrunn-Film. Ab 1960 bei der Delta-Film, deren alleiniger Gesellschafter er ist. Er machte rund 80 Filme (u. a. „Der Bockerer", mehrfach preisgekrönt, 1981, „Johann Strauß", 1987) und erhielt dreimal die „Goldene Leinwand" für Filme mit über drei Millionen Besuchern.

Fritz, W.: Kino in Ö. 1945–1983 (1984)

ANTESPERG, Johann Balthasar von (seit 1735), * 1682 in Antesberg (Bayern) als J. B. Antesberger, † 31. 8. 1765, Jurist, Philologe. 1721–65 Agent (Anwalt) beim Reichshofrat in Wien. Am 11. 7. 1735 in den Adelsstand mit dem Prädikat „von Antesperg auf Wising" erhoben. (Zu dem von seinem Vater erworbenen Gut Wising in Niederbayern gehörte das Dorf Antesperg.) Schon seit seiner Jugend befaßte sich A. mit der „deutschen Reichs-, Ritter-, Mutter- und Landessprache". Nach 22jähriger Arbeit veröffentlichte er 1734 „Die Kayserliche deutsche Sprachtabelle zur Verbesserung der deutschen Sprache". Unaufhörlich für die Verbesserung der deutschen Sprache tätig, erschien 1741 „Das Josephinische Erzherzogliche A.B.C. Oder Namenbüchlein" (gedruckt in Wien 1744), mit dem er, durch die Widmung an den Thronerben Joseph, einen Durchbruch an den Schulen erhoffte. 1747 erschien A.s „Die Kayserliche Deutsche Grammatik", die bereits 1749 neu aufgelegt wurde.

Mraz, G. (Hrsg.): Das Josephinische Erzherzogliche A.B.C. Oder Namenbüchlein (1980)

ANTONIOLLI, Walter, * 30. 12. 1907 in Mistelbach (NÖ), Jurist. Univ.-Prof. für Staatslehre und Verfassungsrecht in Innsbruck, danach in Wien, 1958–77 Präsident des Verfassungsgerichtshofs.

ANTON VICTOR JOSEPH, Erzherzog von Ö., Hoch- und Deutschmeister, * 31. 8. 1779 in Florenz, † 2. 4. 1835 in Wien, Sohn Kaiser Leopolds II. 1804 übernahm er die Würde des Hoch- und Deutschmeisters, 1809 die des Großmeisters des Deutschen Ordens in Ö. 1816–28 war er Vizekönig des lombardo-venetianischen Königreichs. Er war erfolgreich um den Weiterbestand des Ordens bemüht und verlegte 1809 dessen Sitz von Mergentheim nach Wien. Widmete sich zahlreichen wissenschaftlichen Arbeiten. 1804 wurde er Ehrenmitglied der Akademie der bildenden Künste in Wien.

ANZENGRUBER, Ludwig, * 29. 11. 1839 in Wien, † 10. 12. 1889 in Wien, Volksschriftsteller. Seit 1853 Buchhändlerlehrling in Wien, spielte er ab 1858 bei einer Wandertruppe, war ab 1869 Kanzleischreiber bei der Wiener Polizei und ab 1871 freier Schriftsteller. Er schrieb auch unter dem Pseudonym Ludwig Gruber. Am 5. 11. 1870 wurde im Theater an der Wien „Der Pfarrer von Kirchfeld" uraufgeführt und erreichte einen durchschlagenden Erfolg. 1882–84 gab A. die Zeitschrift „Die Heimat", 1884–89 das humoristische Blatt „Figaro" heraus. Im Mittelpunkt seiner 19 Volksstücke sowie seiner Erzählungen und Romane steht das Leben und Milieu des Alpenbauern und des städtischen Kleinbürgers, deren sittliche Engstirnigkeit A. gesellschaftskritisch nachzeichnete. Hauptwerke: die Volksstücke „Der Meineidbauer" (1871), „Die Kreuzelschreiber" (1872), „Der G'wissenswurm" (1874), „Das vierte Gebot" (1877); die Romane „Der Schandfleck" (1876) und „Der Sternsteinhof" (1885). 1890 gab A. Bettelheim (s. d.) in 10 Bänden A.s Gesammelte Werke heraus, 1921 erschien eine Gesamtausgabe in 7 Bänden, ediert von E. Castle, und bis 1922 eine kritische Gesamtausgabe in 15 Bänden, herausgegeben von Latzke und Rommel. A.s Sohn Karl A. (* 5. 6. 1876 in Wien, † 8. 6. 1927 in Wien) verfaßte ebenfalls Volksstücke und Erzählungen, so „Donauweiberl" (1915), „In großer Zeit" (Volksstück, 1915) und „Unterwegs" (1921).

Kleinberg, A.: L. A. (1921); Weber, F.: A.s Naturalismus (1929)

ARBEO, Bischof von Freising, * um 723 bei Meran (Südtirol), † 4. 5. 783 (784?) in Freising. Einem westbairischen Hochadelsgeschlecht entstammend, war er 763 Abt des Klosters Scharnitz und wurde 764 oder 765 Bischof von Freising. Unter seinen Schriften findet sich das älteste bekannte Schriftwerk in deutscher Sprache, „Abrogans" (um 765), ein in das Althochdeutsche übertragenes lateinisches Glossar. Er gründete die freisingischen Eigenklöster Innichen (769) und Schliersee (779) und führte sein Bistum zu kultureller Höhe. Unter dem Druck von Herzog Tassilo III. von Baiern mußte er als Anhänger der Karolinger 782 oder 783 auf sein Bistum verzichten.

Baesecke, G.: Der deutsche Abrogans (1930); Löwe, H.: Von Cassiodor zu Dante (1973)

ARIBO, Markgraf von Ö., 876 bis 909 urkundlich belegter Markgraf der „Mark an der Donau", der Karolingischen Mark. (Nach ihm ist wohl das Geschlecht der Aribonen benannt.) 882 bestand er einen Konflikt mit den Söhnen und Erben der 871 gefallenen Grenzgrafen Engelschalk und Wilhelm. Sein Herrschaftsgebiet erweiterte A. auch durch Verdrängung der Riedmark- und Traungaugrafen. Unter seinem Vorsitz wurde die Raffelstettner Zollordnung erlassen; sie ist das älteste erhaltene wirtschaftsgeschichtliche Dokument des mittelalterlichen Ö.

ARLT, Ferdinand Ritter von, * 18. 4. 1812 in Obergraupen (Böhmen), † 7. 3. 1887 in Wien, Augenarzt. Promovierte in Prag 1839, wo er 1849 Univ.-Prof. wurde. Seit 1856 Univ.-Prof. in Wien. Er erkannte als erster die Ursache der Kurzsichtigkeit und verfaßte u. a. das 1851–56 in 3 Bänden erschienene Lehrbuch „Die Krankheiten des Auges".

Adler, H.: F. v. A. (1887)

LUDWIG ANZENGRUBER

Der letzte Klassiker des Volksstücks

„Die Vornehmheit hat ihre Tage gehabt; heute geht ein demokratischer Zug auch durch die Kunst", schrieb 1890 Theodor Fontane nach der Berliner Aufführung von Ludwig Anzengrubers Drama „Das vierte Gebot". Als diese Kritik erschien, weilte Anzengruber nicht mehr unter den Lebenden, und auch sein Bestreben, das Theater in Österreich zu reformieren und in den Dienst der Volksaufklärung zu stellen, war gescheitert. An den Wiener Vorstadtbühnen, wo das sozialkritische Volksstück seinen Platz haben sollte, hatten Unterhaltung und Operette ihren Einzug gehalten. Zeitlebens versuchte Anzengruber in seinen Werken Menschenliebe und Menschenwürde als unvereinbar mit einem Glauben darzustellen, der über die tatsächlichen Aufgaben des Lebens hinwegtäuschen will. Die Philosophie des „Steinklopferhanns" – auf humorvolle Weise durch phantasievolle Gleichnisse den Menschen zu veredeln – blieb bis zu seinem frühen Tode auch die seine.

A

Arneth Alfred · Arneth Joseph · Arno, Erzbischof · Arnold Ernst · Arnold II. · Arnstein Benedikt David · Arnstein Nathan Adam · Arnulf von Kärnten · Artaria Domenico · Arthaber Rudolf von · Artmann Ferdinand · Artmann H. C. · Arz von Straußenburg Arthur · Arzberger Moritz · Aschbach Joseph · Aschbrenner Thomas · Ascher Leo · Aslan Raoul · Aspelmayr Franz · Asperger Hans · Ast Lienhart

ARNETH, Alfred Ritter von, * 10. 7. 1819 in Wien, † 30. 7. 1897 in Wien, Historiker. Sohn des Historikers und Numismatikers Joseph v. A. (s. d.) und der Schauspielerin Antonie Adamberger (s. d.). Nach historischen und juristischen Studien 1841 Beamter im Haus-, Hof- und Staatsarchiv in Wien, 1868 dessen Direktor, 1879–97 Präsident der Akademie der Wissenschaften in Wien. Als liberaler Politiker war er 1848 Mitglied der Frankfurter Nationalversammlung, Abgeordneter des nö. Landtages, ab 1869 Mitglied des Herrenhauses. Seinen Ruf als exakter Biograph und Historiker begründete er mit seinem dreibändigen Werk „Prinz Eugen" (1858/59) und der zehnbändigen Biographie „Geschichte Maria Theresias" (1863–79). Große Verdienste erwarb sich A. als Direktor des Haus-, Hof- und Staatsarchivs durch die Erschließung dieses Archivs für die wissenschaftliche Forschung.

ARNETH, Joseph Ritter von, * 12. 8. 1791 in Leopoldschlag (OÖ), † 31. 10. 1863 in Karlsbad (Böhmen), Historiker und Numismatiker. Unter der Anleitung seines Bruders Michael (1771–1859), der Prälat im Stift St. Florian war, studierte er in Linz und danach in Wien, wo er von den numismatischen Vorlesungen besonders beeindruckt war. 1813 trat er in das k. k. Münz- und Antikenkabinett ein und wurde 1840 dessen Direktor. 1827 erschien seine „Geschichte des ö. Kaisertums" und 1845 „Das k. k. Münz- und Antikenkabinett". A. war mit der Schauspielerin Antonie Adamberger (s. d.) verheiratet.

ARNO (auch Arn), Erzbischof von Salzburg, * um 746 in Oberbaiern, † 24. 1. 821 in Salzburg. Entstammt dem bairischen Hochadel. 782 Abt des Klosters St. Amand (Belgien), 785 Bischof von Salzburg (als Nachfolger Virgils), 798 erster Erzbischof von Salzburg. Betrieb die Mission im Südosten, zwischen Drau, Raab und Donau, weshalb er Apostel der Alpenslawen und Awaren genannt wird. Er war auch ein Vertrauensmann Kaiser Karls des Großen, der ihn mehrmals als Königsboten einsetzte. A. initiierte die „Salzburger Annalen", mit denen die ö. Geschichtsschreibung ihren Anfang nahm. Die Salzburger Domschule von St. Peter baute er zu einer Hochschule aus und legte eine Bibliothek mit 150 Handschriften an – die nachweisbar erste Bibliothek Ö.s.

Demmelbauer, G.: A., Diss. Wien (1950); Moldenauer, R.: A. von Salzburg, Diss. Berlin (1956)

ARNOLD, Ernst (eigtl. E. Jeschke), * 12. 2. 1890 in Wien, † 5. 1. 1962 in Wien, Schauspieler und Wienerliedersänger. Er komponierte etwa 800 Lieder, zu denen er auch meist selbst die Texte verfaßte. Bruder von Fritz Imhoff (s. d.).

ARNOLD II. von Lambach-Wels, Markgraf von Kärnten, * ?, † 3. 3. 1050 oder 1056. 1035 erhielt A. von Kaiser Konrad II. die Kärntner Mark (die Mark an der Mur, das Kernland der späteren Steiermark) mit den dazugehörenden Grafschaften verliehen. Da ihn nur sein Sohn Adalbero, Bischof von Würzburg (s. d.), überlebte, folgten in der Kärntner Mark die mit den Lambach-Welsern blutsverwandten Otakare (von Steyr) sowie die Grafen von Formbach-Pitten nach.

ARNSTEIN, Benedikt David (Pseud. Arenhof), * 15. 10. 1765 in Wien, † 6. 1. 1841 in Wien, Dramatiker. War im Hauptberuf Kaufmann und verfaßte daneben etliche Bühnenstücke, u. a.: „Eine jüdische Familienszene" (1782), „Die Nachschrift" (1785), „Die Maske" (1788).

ARNSTEIN, Nathan Adam Freiherr von (seit 1798), * 30. 3. 1748 in Wien, † 6. 9. 1838 in Wien, Bankier. 1774 gründete er gemeinsam mit Bernhard von Eskeles (s. d.) und Salomon von Herz das Bankhaus Arnstein & Eskeles, das 30 Jahre hindurch das Finanzwesen Ö.s entscheidend beeinflußte. A. galt als großer Förderer von Kunst und Literatur. 1795 wurde er für seine Verdienste geadelt, 1798 in den Freiherrenstand erhoben. Seine Gattin Fanny (geb. Itzig) war eine bekannte Schönheit, deren Salon in der Bräunerstraße 9 ein bedeutender geistiger und gesellschaftlicher Mittelpunkt Wiens während des Wiener Kongresses war.

ARNULF von Kärnten, * um 850 in Moosburg (K), † 8. 12. 899 in Regensburg. Illegitimer einziger Sohn von König Karlmann. 876 Markgraf von Kärnten, 887 König des ostfränkischen Reiches, 896 Kaiser. Den Abfall westlicher Reichsteile konnte A. nicht verhindern, er zwang aber 888 Lothringen zur Huldigung und wurde 894 in Oberitalien als König anerkannt. 893 besiegte er Fürst Svatopluk von Mähren. „Curtis Carantana" (=Karnburg) war die Königspfalz in seiner Heimat Kärnten.

Rudolf von Arthaber mit seinen Kindern. Nach einem Gemälde von Friedrich Amerling

ARTARIA, Domenico, * 20. 11. 1775 in Blevio in der Brianza (Lombardei), † 5. 7. 1842 in Wien, Musikverleger, Kunst- und Musikalienhändler. Neffe des Carlo A., der 1770 in Wien eine Kunsthandlung gegründet hatte, der er 1780 einen Musikverlag hinzufügte. A. kam 1790 nach Wien und übernahm Kunsthandlung und Musikalienverlag, die beide auf dem Kohlmarkt 9 etabliert waren, wo sie noch heute unter dem Firmennamen Freytag & Berndt/Artaria aufscheinen. Hatte Carlo A. 1793 die „Zwölf Variationen", das Erstlingswerk Ludwig van Beethovens, verlegt, so war es nun Domenico A. zuzuschreiben, daß die Werke von Haydn, Mozart, Schubert, Gluck und Rossini sowie die Kupferstiche von Schmutzer herausgegeben wurden und der Verlag so Weltruhm erlangte. Als Kunsthändler beschäftigte A. sich vor allem mit kolorierten Kupferstichen und Lithographien sowie zunehmend mit kartographischen Werken, bei deren Herausgabe er von der traditionsreichen ö. Militärkartographie unterstützt wurde. – A.s Sohn August (1806–1893) widmete sich besonders der kartographischen Seite des Unternehmens und nutzte die von seinem Vater 1841 angebahnte geschäftliche Verbindung zum k. k. Militärgeographischen Institut. Seine vier Söhne arbeiteten ebenfalls in dem Familienunternehmen. Mit dem Tod von Heinrich A. jun. 1953 starb die Familie im Mannesstamm aus.

ARTHABER, Rudolf von (seit 1841), * 4. 9. 1795 in Wien, † 9. 12. 1867 in Oberdöbling bei Wien, Fabrikant und Kunstsammler. 1819 übernahm er die väterliche „Kurrentwarenhandlung" am Wiener Stephansplatz, gründete Zweigniederlassungen in Pest, Mailand und Rom und 1826 ein Handelshaus für ö. Manufakturwaren in Leipzig. A. war ein Förderer der ö. Textilindustrie und ein Pionier des Exports ö. Produkte, besonders der „Wiener Shawls". 1837 war er Mitbegründer des Nö. Gewerbevereins. Außerdem war A. ein beachtlicher Kunstkenner und besaß eine umfangreiche Gemäldesammlung. 1850 regte er die Gründung des Ö. Kunstvereins an, dessen erster Präsident er wurde. 1868 gelangte seine Sammlung zur Versteigerung.

ARTMANN, Ferdinand, * 27. 11. 1830 in Prag, † 16. 4. 1883 in Wien, Techniker und Berufsoffizier. Er errichtete in Wien das Militär-Verpflegungsmagazin und die erste Konservenfabrik. Als Techniker konstruierte er u. a. eine Straßenlokomotive und einen Feldbackofen. Von ihm stammen auch die Pläne zur Errichtung einer Stadtbahn in Wien entlang des ehemaligen Linienwalls (1871) und das Projekt zum Bau der Aspang-Bahn. 1880 wurde er Vizepräsident der für diesen Bahnbau gegründeten Gesellschaft „K. k. priv. Eisenbahn Wien –Aspang."

ARTMANN, H. C. (Hans Carl), * 12. 6. 1921 in Wien, Lyriker, Übersetzer und Schriftsteller. Wuchs im Wiener Vorort Breitensee auf, arbeitete nach Kriegsende bis 1949 als Dolmetscher in der US-Armee und studierte vergleichende Sprachwissenschaften. A. wurde bald zum Mittelpunkt der ab 1952 entstehenden „Wiener Gruppe" (Konrad Bayer [s. d.], Friedrich Achleitner [s. d.], Gerhard Rühm [s. d.], Oswald Wiener [s. d.]) und erreichte seinen Durchbruch mit dem im Wiener Vorstadtdialekt verfaßten Band „med ana schwoazzn dintn" (1958). Er ist auch als Übersetzer aus dem Schwedischen, Spanischen, Keltischen und Französischen tätig. Weitere Werke: „Fleiß und Industrie" (1967), „Frankenstein in Sussex" (1969), „Unter der Bedekkung eines Hutes" (1974), „Aus meiner Botanisiertrommel" (1975), „Nachrichten aus Nord und Süd" (1981), „Die Sonne war ein grünes Ei" (1985) und „Im Schatten der Burenwurst" (1986). 1974 erhielt er den Großen Ö. Staatspreis.

ARZ von Straußenburg, Arthur Freiherr, * 16. 6. 1857 in Hermannstadt (heute Sibiu, Rumänien), † 1. 7. 1935 in Budapest, Berufsoffizier. Nach Jusstudium 1878 Eintritt in die ö.-u. Armee. Dem Generalstab zugeteilt, wurde A. 1914 Sektionschef im k. u. k. Kriegsministerium. Als Feldmarschallleutnant nahm er 1914 an der Schlacht bei Limanowa-Lapanow und 1915 an der Schlacht bei Gorlice teil. 1916 Kommandant der 1. Armee im erfolgreichen Feldzug gegen Rumänien. Am 2. 3. 1917 Nachfolger von Conrad von Hötzendorf (s. d.) als Generalstabschef. 1924 veröffentlichte er „Zur Geschichte des großen Kriegs 1914–1918" und 1935 „Kampf und Sturz der Kaiserreiche".

ARZBERGER, Moritz, * 12. 1. 1827 in Wien, † 14. 3. 1892 in Triest, Techniker. Sohn des aus Oberfranken stammenden Johann A. (1778–1835), der als Autodidakt Prof. am Polytechnischen Institut in Wien (Vorläufer der Technischen Universität) gewesen war. A. wurde durch zahlreiche Erfindungen bekannt; u. a. konstruierte er eine automatische Seeleuchte, ein Tieflot und (1874) ein Aneroidbarometer.

ASCHBACH, Joseph Ritter von (seit 1870), * 29. 4. 1801 in Höchst am Main, † 25. 4. 1882 in Wien, Historiker. A. war von 1853–1872 Univ.-Prof. in Wien und erwarb sich besondere Verdienste durch seine vierbändige „Geschichte Kaiser Sigismunds" (1838–45) und seine dreibändige „Geschichte der Wiener Universität im ersten Jahrhundert ihres Bestehens von 1365–1465" (1865–88, 3. Bd. aus dem Nachlaß).

ASCHBRENNER, Thomas, * 24. 7. 1712 in Wolkersdorf (NÖ), † 9. 12. 1789 in Tulln (NÖ), Spitalsschreiber in Wien. Bekannt wurde er durch seine Gelegenheitsdichtungen. 1761 erschien eine Sammlung unter dem Titel „Wienerische Beleuchtung . . .", die zahlreiche kulturhistorisch wertvolle Hinweise enthält.

ASCHER, Leo, * 17. 8. 1880 in Wien, † 25. 2. 1942 in New York, Operettenkomponist. Ursprünglich Jurist, wurde er u. a. Schüler von Franz Schmidt und schrieb 32 Operetten. 1912 wurde „Hoheit tanzt Walzer" in Wien uraufgeführt, das sein bekanntestes Werk blieb.

ASPELMAYR, Franz (auch Asplmayr, Appelmeyer), * um 1728 in Linz, † 29. 7. 1786 in Wien, Komponist. Als Hofmusiker und Ballettkomponist der italienischen Oper in Wien, pflegte er als einer der ersten den galanten Stil der Orchester- und Kammermusik. 1772 vertonte er Rousseaus „Pygmalion" neu und schuf eine Anzahl beliebter Singspiele, u. a. „Die Kinder der Natur" (1780) und „Der Sturm" (1782). In Paris erschienen von ihm schon 1765 mehrere kammermusikalische Werke in Druck.

Riessberger, H.: F. A. Diss. Innsbruck (1954)

ASPERGER, Hans, * 18. 2. 1906 in Wien, † 21. 10. 1980 in Wien, Kinderarzt. Studierte in Wien und promovierte 1931. Neben seiner Tätigkeit als Hilfsarzt an der Universitäts-Kinderklinik beschäftigte er sich mit Heilpädagogik und bildete sich an der Psychiatrischen Univ.-Klinik weiter. 1938 Sachverständiger für Heilpädagogik und Jugendpsychiatrie, wurde er wenig später Dozent und Facharzt für Kinderheilkunde. 1943–45 Unterarzt an der Südostfront, konnte er 1945 der Kriegsgefangenschaft entfliehen. Ab 1945 leitete er die heilpädagogische Abteilung der Universitäts-Kinderklinik, wurde 1952 a. o. Prof. und war 1957–62 in Innsbruck, dann bis zur Emeritierung 1977 in Wien als Ordinarius und Vorstand der Universitäts-Kinderklinik tätig. Zusätzlich leitete er ab 1964 die heilpädagogische Station der SOS-Kinderdörfer. A. hat sich um die Heilpädagogik und die Neuropsychiatrie des Kindesalters besondere Verdienste erworben, mehrere fachwissenschaftliche Arbeiten veröffentlicht und wurde vielfach ausgezeichnet, u. a. mit dem Ehrendoktorat der Universität München.

AST, Lienhart (auch Astl), spätgotischer Bildschnitzer, Bildhauer und Maler aus OÖ, von dem keine näheren Daten bekannt sind. Seine berühmtesten Werke sind die Flügelaltäre von Hallstatt (OÖ, 1515) und Gröbming (St, 1520). Zugeschrieben wird ihm außerdem der Flügelaltar in Gampern (OÖ, um 1490).

RAOUL ASLAN

Der erste Burgtheaterdirektor nach 1945

ASLAN, Raoul, * 16. 10. 1886 in Saloniki, † 17. 6. 1958 in Litzlberg am Attersee (OÖ), Kammerschauspieler. Kam als Sohn eines Armeniers und einer Italienerin 1897 nach Wien. Ab 1906 als Schauspieler an diversen Bühnen engagiert, war er seit 1920 am Wiener Burgtheater, 1945–48 als dessen Direktor. Zusätzlich war er als Regisseur sowie im Rundfunk und beim Film tätig. Als beliebter Darsteller klassischer Helden- und Charakterrollen wurde er vielfach geehrt.

Buschbeck, E.: R. A. und das Burgtheater (1946)

Raoul Aslan als Nathan in „Nathan der Weise" von G. E. Lessing. Aufführung des Burgtheaters 20. 12. 1945

A

ATTERSEE, Christian Ludwig (eigtl. Christian Ludwig), * 28. 8. 1940 in Preßburg (ČSSR), Maler, Musiker und Komponist. Kam 1945 nach Aschach a. d. Donau (OÖ), absolvierte in Linz das Gymnasium und studierte 1957–63 an der Akademie für angewandte Kunst in Wien. Er war einige Zeit auch Aktionist, schuf über 100 Lieder, betätigte sich als Filmemacher und war dreimal ö. Staatsmeister im Segeln. Sein malerisches Werk ist betont phantastisch und überwiegend in Zyklen oder Serien, etwa „Wellenbilder", „Speisebilder", zusammengefaßt.

AUBRY, Blanche, * 24. 2. 1921 in Basel, † 9. 3. 1986 in Wien, Kammerschauspielerin. Nach ihrer Ausbildung kurze Zeit in der Schweiz engagiert, kam sie ans Wiener Volkstheater und hatte 1959 beim Debüt am Wiener Burgtheater in Fritz Hochwälders „Donnerstag" ihren ersten großen Erfolg. Sie beherrschte klassische Rollen ebenso wie moderne. Für ihre Leistung als Dulcinea im Musical „Der Mann von La Mancha" erhielt sie 1968 die Josef-Kainz-Medaille. Am 13. 10. 1985 stand sie ein letztes Mal auf der Bühne; wurde anläßlich ihres 65. Geburtstags Ehrenmitglied des Burgtheaters.

AUENBRUGGER, Johann Leopold, Edler von Auenbrugg (seit 1784), * 19. 11. 1722 in Graz, † 18. 5. 1809 in Wien, Arzt. Studierte in Wien, war ein Schüler Gerhard van Swietens (s. d.) und von 1751–68 am Spanischen Hospital in Wien tätig, zuletzt als Primarius. Seit 1754 stellte er beim Beklopfen der Brustwand unterschiedliche Schallarten fest, die seiner Meinung nach auf verborgene Krankheiten hinwiesen. Sieben Jahre prüfte A. seine Beobachtungen, bis er 1761 seine Erkenntnisse publizierte („Inventum novum ex percussione thoracis humani interni pectoris mortos detangendi"). Der „Perkussion" blieb seitens seiner Kollegen, darunter auch seines Lehrers van Swieten, die Anerkennung versagt, bis der Leibarzt Kaiser Napoleons I., Corvisart, den Wert dieser medizinischen Erkenntnis bestätigte. A., vielfach gebildet, schrieb auch das Libretto zu Salieris 1790 uraufgeführter Oper „Der Rauchfangkehrer".

AUER, Aloys, Ritter von Welsbach, * 11. 5. 1813 in Wels (OÖ), † 10. 7. 1869 in Hietzing bei Wien, Buchdrucker. War 1841–64 Direktor der Hof- und Staatsdruckerei. Er erfand 1853 die selbsttätige Schnellpresse und die automatische Kupferdruckpresse (1858). Veröffentlichte „Geschichte und Beschreibung der k. k. Hof- und Staatsdruckerei", 2 Bde. (1851).

AUER, Erich, * 14. 4. 1923 in Innsbruck, Kammerschauspieler. Seit 1951 am Wiener Burgtheater, 1963 Kammerschauspieler. Auch bei den Salzburger Festspielen und im Film tätig.

AUERNHEIMER, Raoul (Pseud. R. Heimern), * 15. 4. 1876 in Wien, † 6. 10. 1948 in Oakland (Kalifornien), Schriftsteller, Kritiker. Neben erfolgreichen Lustspielen schrieb er auch Feuilletons und biographische Romane, so „Metternich, Staatsmann und Kavalier" (1947) und „Franz Grillparzer, der Dichter Österreichs" (1948). 1906 bis 1933 war er Kritiker der „Neuen Freien Presse". 1938 in einem KZ inhaftiert, gelang ihm 1939 die Emigration in die USA. 1948 veröffentlichte er seine Erinnerungen unter dem Titel „Das Wirtshaus zur verlorenen Zeit".

AUERSPERG, Adolf Carl Daniel Fürst, * 21. 7. 1821 in Prag, † 5. 1. 1885 auf Schloß Goldegg (bei St. Pölten, NÖ), Staatsmann, Bruder von Karl A. (s. d.). Nach dem Jusstudium im Militärdienst, Teilnahme am Krieg von 1859. 1860 im böhmischen Landtag als Vertreter des „verfassungstreuen Großgrundbesitzes", 1867 Oberstlandmarschall von Böhmen, 1869 Mitglied des Herrenhauses. 1870 Landespräsident von Salzburg. 1871–79 ö. Ministerpräsident. Seine Regierung war das letzte Kabinett der altliberalen Ära und scheiterte am Widerstand der eigenen Partei gegen die auf dem Berliner Kongreß vereinbarte Okkupation Bosniens und der Herzegowina. Die bedeutenden Leistungen während seiner Regierungszeit waren: 1872 die Einführung von Geschworenengerichten, 1873 die Wahlrechtsreform und 1875 die Errichtung des Verwaltungsgerichtshofs. 1879 wurde A. Präsident des Obersten Gerichtshofs.

AUERSPERG, Anton Alexander Graf von, s. Grün, Anastasius

AUERSPERG, Herbart VIII. Freiherr von, * 15. 6. 1528 in

CARL AUER VON WELSBACH

Eine neue Epoche der Beleuchtungstechnik

AUER, Carl, Freiherr von Welsbach (seit 1901), * 1. 9. 1858 in Wien, † 4. 8. 1929 auf Schloß Welsbach bei Mölbling (K), Sohn von Aloys A. (s. d.), Chemiker. Studierte in Wien und anschließend in Heidelberg, wo er 1882 promovierte, bei Robert Wilhelm Bunsen. Dann arbeitete er am Chemischen Institut der Universität Wien bei Prof. Adolf Lieben. 1891 erfand er den Gasglühstrumpf, den „Auerstrumpf", der, fabriksmäßig ab 1892 erzeugt, als „Auerlicht" eine neue Epoche der Beleuchtungstechnik einleitete. 1898 stellte er die Osmium-Wolfram-Metallfaden-Glühlampe (Osram) her, 1907 das Cer-Eisen (Auermetall), einen synthetischen Feuerzeugzündstein. In diesem Jahr errichtete er in der Nähe seines Schlosses in Kärnten die erste Fabrik zur Verarbeitung von Thorium und Cer – die Treibacher Chemischen Werke. Außerdem entdeckte A. vier neue Elemente.

Schmahl, E.: Carl A. v. W. (1952)

Plakat für die Internationale Electrische Ausstellung in Wien im August 1833. Im Hintergrund die Rotunde

Wien, † 22. 9. 1575 (gefallen) bei Budatsky (Kroatien), General. Wegen seiner Verdienste bereits 1548 Hauptmann der Uskokensiedlung Zengg (Kroatien), wurde er für seinen Einsatz im Türkenkrieg von 1566 Landeshauptmann von Krain (1566–75). 1569 übernahm er als General das Kommando über die gesamte „Türkengrenze", wo er auch im Kampf fiel. Ferrat Beg führte seinen abgeschnittenen Kopf bei seinem Triumphzug durch Konstantinopel mit. Die Familie A. mußte den Kopf für 6000 Gulden von Ferrat Beg kaufen, der von dem Geld eine Moschee in Banja Luka erbauen ließ. Als Protestant förderte A. die Reformation.

AUERSPERG, Johann Weikhard Fürst (seit 1653), * 11. 3. 1615 auf Schloß Seisenberg (Krain), † 13. 11. 1677 in Laibach, Staatsmann. Ab 1650 Erster Minister und Geheimer Rat, 1653 in den Reichsfürstenstand erhoben und 1654 mit den schlesischen Herzogtümern Münsterberg und Frankenstein belehnt. Der mächtigste Mann am Hof der Kaiser Ferdinand III. (s. d.) und Leopold I. (s. d.). Geriet wegen seiner frankreichfreundlichen Politik in scharfen Gegensatz zu Fürst Lobkowitz (s. d.), was am 10. 12. 1669 auch zu seinem Sturz führte. Zuerst zum Tod verurteilt (wegen hochverräterischer Geheimverhandlungen), wurde A. begnadigt und lebte bis zu seinem Tod auf den Stammsitzen seiner Familie in Krain.

Mecenseffy, G.: Im Dienste dreier Habsburger. Leben und Wirken des Fürsten W. A. (1938)

AUERSPERG, Karl (Carlos) Wilhelm Philipp Fürst, * 1. 5. 1814 in Prag, † 4. 1. 1890 in Prag, Staatsmann. Bruder von Fürst Adolf A. (s. d.). Nach dem Jusstudium im böhmischen Landtag, in Opposition zu Fürst Metternich. Im Neoabsolutismus (nach 1851) lebte er, aus dem öffentlichen Leben zurückgezogen, auf seinen Gütern und wurde seit der Verfassung von 1861 mit kurzen Unterbrechungen bis 1883 wieder im böhmischen Landtag tätig. 1861–67 Präsident des Herrenhauses, 1867/68 ö. Ministerpräsident des sogenannten Bürgerministeriums. Sein liberales Kabinett scheiterte am Gegensatz zu Graf Beusts Politik in der Tschechenfrage und an der Bekämpfung des 1855 abgeschlossenen Konkordats mit dem Hl. Stuhl. 1868 wurde er Oberstlandmarschall von Böhmen. Die liberale Politik seines Bruders Adolf unterstützend, zog er sich 1883 endgültig aus dem öffentlichen und politischen Leben zurück.

AUFFENBERG, Moritz Friedrich, Freiherr von Komarów (seit 1914), * 22. 5. 1852 in Troppau (Opava, ČSSR), † 18. 5. 1928 in Wien, General. Nach Absolvierung der Militärakademie und der Kriegsschule 1880 Hauptmann im Generalstab, 1910 General der Infanterie. Als Berater des Thronfolgers Franz Ferdinand (s. d.) wurde er 1911 Kriegsminister und führte ein neues Wehrgesetz ein. Außerdem baute er die schwere Artillerie aus und führte ohne gesetzliche Bewilligung den 30,5-cm-Mörser ein, der sich im Ersten Weltkrieg bewähren sollte. 1912 trat er zurück und wurde Armeeinspekteur. 1914 war er Kommandant der 4. Armee und errang 1914 den Sieg über die Russen bei Komarów, wofür er in den Freiherrenstand mit dem Titel „von Komarów" erhoben wurde. Verlustreiche Schlachten und das Aufkommen des Verdachts, er hätte seinerzeit das Amt des Kriegsministers mißbraucht, führten noch 1915 zu seiner Absetzung. Ein militärisches Ehrengericht sprach ihn von den Verdächtigungen frei, doch lebte A. fortan als Privatmann. 1920 erschien „Aus Ö.s Teilnahme am Weltkrieg" und „Der Feldzug der 4. ö. Armee am Beginn des Weltkrieges", 1921 seine Autobiographie „Aus Ö.-U.s Höhe und Niedergang, eine Lebensschilderung".

DER LIEBE AUGUSTIN

Wiens erster Volkssänger

„Die gantze Stadt war mit Todten unnd Kranken Leuten angefüllet, ja sogar dasz man nicht Leuth genug haben kunte, die Todten unter die Erde zu bringen, unnd daher es bisweilen geschahe, dasz die mit dem Tode allbereit Ringende, auff die Wägen unter die Todten geleget, unnd mit einander in die hierzu gemachte Gruben geworfen worde, als wie einem Nahmens Augustin, der ein Sack-Pfeiffer gewesen, welcher zwischen der Kays. Burg unnd St. Ulrich auf selbigem Weg wegen eines starken Rausches gelegen, unnd geschlaffen hat, begegnet ist, denn dieser Mensch ist von denen Siechknechten ohne einiges Vermerken auf den Wagen, in Ansehung, dasz Er die böse Krankheit hätte, und in Todts-Zügen allbereit begriffen, geladen, nebenst anderen Todten weggeführet, unnd in eine Gruben geworffen worden . . . ist besagter Mensch, nachdem Er die gantze Nacht unter den Todten ohne Aufhören geschlaffen, erwacht, nicht wissend wie ihm geschehen . . ." So berichtete uns 1694 Johann Konstantin Feigius in seinem Geschichtswerk „Wunderbahrer Adlers-Schwung" vom Schicksal des ersten Wiener Volkssängers, der im Pestjahr 1679 die Seuche überleben konnte. Phantasiereiche Lokalschriftsteller haben später aus dem „Lieben Augustin" eine romantische Figur gestaltet. Zweifelhaft bleibt auch, ob der Erdberger Gastwirtssohn Marx Augustin (* 1643 in Wien, † 10. 10. 1705 in Wien) mit dem berühmten Sackpfeifer identisch ist. Getreu überliefert wurden lediglich Musik und Text des Augustinliedes, das in Notendrukken erst zu Beginn des 19. Jh.s auftaucht und mit den Zeilen beginnt:

Ei du lieber Augustin,
's Geld is hin, 's Mensch is hin,
ei du lieber Augustin,
alles is hin.

Der liebe Augustin. Brunnenfigur von Josef Humplik (1952) in Wien 7, Ecke Neustiftgasse–Kellermanngasse

Schwerdfeger, J.: Vienna Gloriosa (1923); Koller, J.: Das Wiener Volkssängertum in alter und neuer Zeit (1931)

AUGUSTIN, Vinzenz Freiherr von, * 27. 3. 1780 in Pest, † 6. 3. 1859 in Wien, Feldzeugmeister. Als Major bei der Völkerschlacht von Leipzig von den englischen Raketen sehr beeindruckt, überzeugte er den damaligen Generalstabschef Graf Radetzky und baute diese neue Waffe, die in der ö. Armee seit 1808 bekannt war, aus. 1815 hatte A. in einer „Raketenfabrik" auf dem Steinfeld bei Wiener Neustadt bereits 2400 Raketen verschiedenen Kalibers fertiggestellt. 1821 kam in Neapel erstmals sein „Raketeur-Korps" zum Einsatz. A. war auch als Kartograph tätig, entwarf eine Triangulierungs- und Mappierungsinstruktion und schrieb das Lehrbuch „Elementare Geometrie". Aus Gesundheitsgründen mußte A. 1858 um seine Enthebung vom Dienst ersuchen.

AUSCH, Karl, * 8. 2. 1893 in Wien, † 26. 6. 1976 in Wien, Nationalökonom, Sozialdemokrat. Nach der Handelsakademie wurde A. Bankbeamter. 1927–34 Redakteur der Tageszeitung „Das Kleine Blatt". 1937–45 in der Emigration in England. 1946–59 Wirtschaftsredakteur der „Arbeiter-Zeitung", 1952 Generalrat der Oesterreichischen Nationalbank. 1960–63 Vorstandsmitglied der Girozentrale der ö. Sparkassen. Veröffentlichte u. a. 1963 „Erlebte Wirtschaftsgeschichte" und 1968 „Als die Banken fielen".

AUSPITZ, Rudolf, * 7. 7. 1837 in Wien, † 10. 3. 1906 in Wien, Volkswirtschaftler, Politiker und Unternehmer. Nach mathematischen und naturwissenschaftlichen Studien widmete er sich seinen Landgütern und vor allem seiner 1863 gegründeten Zuckerfabrik in Rohatetz in Mähren. Ab 1871 im mährischen Landtag, wurde er 1873 Abgeordneter der Liberalen Verfassungspartei im Reichsrat. Als Befürworter der Okkupation Bosniens und der Herzegowina trennte er sich von seiner Partei. Gemeinsam mit Leopold von Lieben (s. d.) verfaßte er „Untersuchungen über die Theorie des Preises", das 1889 erschien und ein Hauptwerk der ö. Nationalökonomie wurde.

AUSPITZ, Walther, s. Heydendorff

FRIEDRICH AUSTERLITZ
Geschichte in Leitartikeln

AUSTERLITZ, Friedrich, * 25. 4. 1862 in Hochlieben (Böhmen), † 5. 7. 1931 in Wien, sozialdemokratischer Politiker und Journalist. Er war Autodidakt und wurde ein hervorragender Redner. 1895 wurde A. Chefredakteur der „Arbeiter-Zeitung" und Angehöriger des sozialdemokratischen Parteivorstandes, 1919 Abgeordneter zum Nationalrat. Trotz seiner oft scharfen Schreibweise trat er, ebenso wie der mit ihm jahrelang befreundete Karl Kraus (s. d.), für eine gepflegte Sprache im Journalismus ein. 1902 erschien von ihm „Preßfreiheit und Preßrecht", 1907 „Das neue Wahlrecht".

Friedrich Austerlitz

AVA, Klausnerin, genannt Frau Ava, † 7. 2. 1127 in Melk oder Göttweig (NÖ). Sie war die erste namentlich überlieferte deutschsprachige Dichterin und schrieb in schlichtem Stil Werke religiösen Inhalts. Drei Gedichte sind in der Vorauer Handschrift überliefert: „Vom jüngsten Gericht", „Leben Jesu" und „Vom Antichrist". Ihre Autorenschaft am „Johannes" gilt als zweifelhaft, „Von den sieben Gaben des Hl. Geistes" stammt, trotz mehrmaliger Zuschreibung, nicht von ihr, da die Dichtung nicht vor 1130 verfaßt worden ist.

AVANCINUS, Nicolaus, * 1. 12. 1611 in Brez bei Trient, † 6. 12. 1686 in Rom, Jesuit. Er war Provinzial der ö. Ordensprovinz, Historiker und schrieb Schuldramen, vorwiegend in lateinischer Sprache, so seine „Pietas victrix", die 1659 vor Leopold I. prunkvoll aufgeführt wurde. 1655–75 erschienen seine Dramen in einer fünfbändigen Ausgabe.

AVIANO, Marco d', s. Marco d'Aviano

AXMANN, Josef, * 7. 3. 1793 in Brünn, † 9. 11. 1873 in Salzburg, Kupferstecher und Maler. Ab 1811 in Wien, besuchte er elf Jahre die Akademie. Seine ersten Kupferstiche kaufte Herzog Albert von Sachsen-Teschen (s. d.) für seine Sammlung an. 1829 erfand er eine Hochätzungsmethode auf Kupfer und Zink.

AXMANN, Julius, * 12. 4. 1858 in Wien, † 12. 12. 1929 in Wien, christlichsozialer Politiker. 1897–1907 Reichsratsabgeordneter. Ab 1908 im Wiener Gemeinderat tätig. Er gründete eine Produktionsgemeinschaft der Waldviertler Weber, 1899 gemeinsam mit Frass die Angestelltenkrankenkasse „Collegialität" und war einer der ersten Anhänger und engsten Mitarbeiter von Karl Lueger (s. d.).

AYRENHOFF, Cornelius Hermann von, * 28. 5. 1733 in Wien, † 15. 8. 1819 in Wien, Feldmarschalleutnant und Dramatiker. Nach seiner Erziehung in der Jesuitenschule trat er in die ö. Armee ein, zeichnete sich im Siebenjährigen und im Bayerischen Erbfolgekrieg aus. Unter dem Einfluß des französischen Klassizismus und Gottscheds stehend, war er ein unermüdlicher Bekämpfer des „seichten" Wiener Hanswursts. Sein Lustspiel „Der Postzug", 1769 in Wien uraufgeführt, wurde sogar vom Preußenkönig Friedrich II. 1780 als wohlgelungenes lokales Sittenbild gelobt. A. war der Vorläufer der patriotischen Dichtung Ö.s und Begründer der ö. klassizistischen Dramatik. 1789 erschien die sechsbändige Ausgabe seiner „Sämtlichen Werke" (3. Aufl. 1814).

Montag, M.: C. v. A. und seine Verdienste um die Erneuerung des Wiener Theaters (1908); ders.: C. v. A. (1908)

AZZO von Kuenring, von ihm sind keine näheren Angaben bekannt. A. entstammt einer hochfreien bayerischen Adelsfamilie und ist der Ahnherr des bedeutendsten nö. Adelsgeschlechts, der „Edelfreien" Kuenringer. 1056 wird er in einer Urkunde als Ministeriale erwähnt.

Friess, G. E.: Die Herren von Kuenring (1874); Brunner, K.: Die Kuenringer (1980); Ausstellungskatalog „Die Kuenringer" (1981)

BAAR-BAARENFELS, Eduard von, * 3. 11. 1885 in Laibach (Krain), † 14. 3. 1967 in Saalfelden (S), Gutsbesitzer und Heimwehr-Politiker. Der Sohn eines Feldmarschalleutnants absolvierte die Militärakademie in Wiener Neustadt und war im Ersten Weltkrieg Frontoffizier. 1919 heiratete er die Schwester Erzherzog Franz Salvators und bewirtschaftete das Gut Schloß Rohrbach bei Weistrach, Bezirk Amstetten (NÖ). 1929 Bezirksführer des Heimatschutzes, 1932 Landesstabschef, 1934 geschäftsführender Landesführerstellvertreter, 1934/35 Landeshauptmannstellvertreter von NÖ. 1935–36 Bundesminister für Inneres und Sicherheit, von Mai bis November 1936 auch Vizekanzler. 1936–38 Gesandter in Budapest, bis 17. 2. 1938 Frontführerstellvertreter der Vaterländischen Front, Generalkommandant der Frontmiliz und Oberstleutnant. 1938–41 in den Konzentrationslagern Dachau und Flossenbürg, 1941 vorübergehend Lagerarbeiter und danach in führender Stellung im Buna-Werk Auschwitz der IG Farben tätig.

Wiltschegg, W.: Die Heimwehr (1985)

BACH, Alexander Freiherr von (seit 1854), * 4. 1. 1813 in Loosdorf (NÖ), † 12. 9. 1893 auf Schloß Schönberg (NÖ), Rechtsanwalt und Staatsmann. Nach dem Jusstudium neun Jahre im Staatsdienst. 1841 Mitbegründer des liberalen „Juridisch-politischen Lesevereins". 1843 übernahm er die Anwaltskanzlei seines Vaters. Die Märzrevolution von 1848 unterstützte er aktiv und wurde in der Regierung Doblhoff-Dier (s.

ALEXANDER VON BACH

Von den Barrikaden zum Absolutismus

„Einige, wie Doblhoff, Hornbostel, waren gemäßigte, aber ehrliche Liberale. Andere freilich merkten bald ihren Beruf und paßten ihm ihre Gesinnung an, besonders rasch und geschickt fügte sich aber der ‚Barricaden-Minister' Dr. Bach in seine fluchwürdige Rolle, diese elendste Figur der modernen österreichischen Geschichte." So urteilte Ernst Victor Zenker über Bach in seinem 1897 erschienenen Werk „Die Wiener Revolution 1848". Und tatsächlich gelang es Alexander Bach wie keinem zweiten 1848er-Revolutionär, politisch zu reüssieren. Gemeinsam mit Karl Friedrich Kübeck erarbeitete er als Innenminister das Sylvesterpatent vom 31. Dezember 1851, das als „Bachsches System" ab nun die Grundlage des absolutistischen österreichischen Staates bilden sollte.

d.) vom Juli 1848 Justizminister. Während der Oktoberrevolution trat er zurück, wurde jedoch im November Justizminister in der Regierung Schwarzenberg (s. d.) und arbeitete die zentralistische Märzverfassung von 1849 aus. Im April 1849 übernahm er auch die Leitung des Innenministeriums für den erkrankten Franz Graf Stadion (s. d.) und war von Juli 1849 bis 1859 Innenminister. Mit dem Sylvesterpatent Kaiser Franz Josephs I. (1851) wurde die absolute Monarchie wieder eingeführt; sie basierte auf dem „Bachschen System", das die Grundsätze des absolutistischen Staates in 36 Paragraphen (gemeinsam mit Karl Friedrich Kübeck [s. d.] Freiherr von Kübau ausgearbeitet) festhielt. Nach dem Tod des Ministerpräsidenten Felix Fürst zu Schwarzenberg (s. d.) (5. 4. 1852) übernahm der Kaiser selbst die Staatsführung, und B. wurde Präsident der Ministerkonferenz. 1854 in den Freiherrenstand erhoben. Arbeitete am Konkordat von 1855 entscheidend mit. Nach den Niederlagen von Magenta und Solferino wurde B. wegen seiner neuen Innenpolitik (Abbau des Absolutismus) am 21. 8. 1859 vom Kaiser entlassen. 1859–67 Botschafter beim Hl. Stuhl; zog sich dann völlig ins Privatleben zurück. Er war wegen seiner Wandlung vom Liberalen zum konservativen Verfechter des Absolutismus oft negativ beurteilt worden, erwarb sich während seiner Amtszeit dennoch große Verdienste. So führte er eine einheitliche Verwaltungsorganisation durch, reformierte das Rechtswesen und gründete 1852 die „Österreichische Bibliographie".

Löw, H.: A. Frh. v. B. Diss. Wien (1947); Stölzl, Ch.: Die Ära B. in Böhmen (1971)

BACH, Christoph de, * 1768 in Mitau (Kurland), † 12. 4. 1834 in Wien, Kunstreiter und Zirkusdirektor. 1802 ersuchte er zum erstenmal die Behörden, in Wien auftreten zu dürfen, was er auch 1805 und 1806 tat. 1806 erhielt er die Bewilligung zur Errichtung einer hölzernen Reitschule im Wiener Prater. 1808 war, vermutlich von Josef Kornhäusel (s. d.), im Prater der „Circus gymnasticus" fertiggestellt worden, der durch seine Attraktionen zu einer harten Konkurrenz für die anderen Praterbudenbesitzer wurde. 1810–12 und 1820–26 auf Reisen in Europa.

BACH, David Josef, * 13. 8. 1874 in Wien, † 30. 1. 1947 in London, Musikschriftsteller. Gründete 1905 in Wien die „Arbeiter-Sinfonie-Konzerte" und gewann Anton von Webern (s. d.) als Dirigenten. Als verantwortlicher Leiter der 1919 gegründeten sozialdemokratischen Kunststelle versuchte er, die Kunst zu demokratisieren und sie mit der 1926 entstandenen Zeitschrift „Kunst und Volk" weiten Kreisen nahezubringen. Ab 1940 lebte B. in der Emigration in London.

Kotlan-Werner, H.: Kunst und Volk, D. J. B. 1874–1947 (1977)

BACH, Otto, * 9. 2. 1833 in Wien, † 3. 7. 1893 in Unterwaltersdorf (NÖ), Komponist und Kirchenmusiker. Bruder von Alexander von B. 1868–80 Domkapellmeister in Salzburg und Dirigent des Mozarteums, ab 1880 in Wien tätig. Außer geistlicher Musik, Opern und Symphonien schrieb er auch die Bühnenmusik zu Hebbels „Nibelungen".

BACHER, Gerd, * 18. 11. 1925 in Salzburg, Journalist. 1946–50 bei der „Salzburger Volkszeitung", 1950–54 bei den „Salzburger Nachrichten", 1954–58 Chefredakteur des „Bild-Telegraf" und 1958–61 des „Express". 1963–67 Geschäftsführer des Verlags Fritz Molden, 1967–74 und 1978–86 Generalintendant und Geschäftsführer des Österreichischen Rundfunks. Bei seinem zweiten Versuch einer Wiederwahl am 7. 7. 1986 erhielt er vom ORF-Kuratorium 14 Pro- und 20 Gegenstimmen und unterlag damit Thaddäus Podgorski (s. d.), der am 11. 10. 1986 B.s Nachfolge antrat.

BACHER, Rudolf, * 20. 1. 1862 in Wien, † im April 1945, Maler und Bildhauer. Ab 1903 Prof. an der Wiener Akademie der bildenden Künste, Mitbegründer der Wiener Secession.

BACHINGER, Franz, * 31. 10. 1892 in Gaspoltshofen (OÖ), † 16. 7. 1938 in Gaspoltshofen, Landwirt und Landbundpolitiker. 1932 Minister für öffentliche Sicherheit, 1932/33 Minister für innere Verwaltung, 1933 Staatssekretär für Forstwesen.

BACHLECHNER, Josef, * 28. 10. 1871 in Bruneck (Südtirol), † 17. 10. 1923 in Hall (T), Holzschnitzer. Ab 1908 arbeitete er in seiner Werkstätte in Hall. Für den Eucharistischen Kongreß in Wien (1912) schuf er eine vielbeachtete Christusstatue, außerdem Statuen, Kreuzwegstationen, Altäre und Krippen, vorwiegend für Tiroler und Salzburger Kirchen.

BACHLER, Reinhold, * 26. 12. 1944 in Eisenerz (St), Schispringer. Schraubte am 12. 3. 1967 in Vikersund den Schisprung-Weltrekord auf 154 m. 1968 vor Baldur Preiml (s. d.) Olympiazweiter in Grenoble.

BACHMANN, Adolf, * 27. 1. 1849 in Külsam bei Efer (Böhmen), † 31. 10. 1914 in Prag, Historiker und Politiker. Studierte Geschichte und Altphilologie und wurde Gymnasiallehrer. 1875 habilitierte er sich an der Universität Prag und wurde dort 1885 Ordinarius für Ö. Geschichte. Schließlich widmete er sich der Politik, wurde 1901 Abgeordneter des böhmischen Landtags und 1907 des Reichsrats. 1911 Obmann der deutschen Fortschrittspartei in Böhmen und Führer bei den Verhandlungen für einen deutsch-tschechischen Ausgleich. Von seinen historischen Werken sind besonders erwähnenswert: „Geschichte Böhmens bis 1526", 2 Bde. (1899, 1905), und „Lehrbuch der Ö. Reichsgeschichte" (1895), das bereits 1904 in 2. Auflage erschien.

Bachmann, H.: A. B., ein ö. Historiker und Politiker (1962)

BACHMANN, Ingeborg, * 25. 6. 1926 in Klagenfurt, † 17. 10. 1973 in Rom, Schriftstellerin und Lyrikerin. Studierte Philosophie und promovierte 1950. 1952 hielt sie ihre erste Lesung auf einer Tagung der „Gruppe 47". 1951–53 war B. Mitarbeiterin beim Sender Rot-Weiß-Rot, danach lebte sie als freie Schriftstellerin. 1953 erschien ihr Gedichtband „Die gestundete Zeit". 1959/60 war sie die erste Dozentin für Poetik an der Universität Frankfurt und lebte seit 1965 in Rom. Sie erhielt zahlreiche Literaturpreise, so u. a. 1968 den Großen Ö.

INGEBORG BACHMANN

„Die Wahrheit ist dem Menschen zumutbar"

„Kritische Wahrnehmung der geschichtlichen Wirklichkeit" forderte Ingeborg Bachmann in ihren Frankfurter Poetik-Vorlesungen, und mit „Die Zeit zu repräsentieren und etwas zu präsentieren, für das die Zeit noch nicht gekommen ist" umriß sie die Aufgabe des Dichters, der wahrheitsgetreu, unter dem Eindruck der jüngsten Vergangenheit, die zerstörerische geschichtliche Gewalt aufzudecken habe. Denn, so schrieb sie einmal: „Die Wahrheit ist dem Menschen zumutbar."

Ingeborg Bachmann. Zeichnung von Gerda von Stengel (1965)

Staatspreis. 1978 erschien die Gesamtausgabe ihrer Werke, 4 Bde., hrsg. von Ch. Koschel, I. v. Weidenbaum und C. Münster.

Höller, H. (Hrsg.): Der dunkle Schatten, dem ich seit Anfang folge. I. B. – Vorschläge zu einer neuen Lektüre des Werkes (1982)

BACHOFEN, Karl Adolf, Freiherr von Echt (seit 1906), * 12. 3. 1830 in Oelde (Westfalen), † 22. 5. 1922 in Wien-Nußdorf, Unternehmer. Kam 1848 nach Ö. Nach seinem Chemiestudium in Prag (bis 1853) war er in der Zuckerfabrik seines Bruders Clemens in Libesnitz leitend tätig. 1865 kaufte er mit seinen Schwägern die Brauerei in Wien-Nußdorf und baute sie zu einer der bedeutendsten in Ö. aus. Er war auch einer der Gründer der Ornithologischen Gesellschaft. 1906 wurde er mit dem Prädikat „von Echt“ in den Freiherrenstand erhoben. 20 Jahre hindurch war er Bürgermeister von Nußdorf, das ihm zur Hälfte gehörte.

BACQUEHEM, Olivier Marquis de, * 25. 8. 1847 in Troppau (Ö.-Schlesien), † 22. 4. 1917 in Wien, Verwaltungsjurist. 1866 Handels-, 1893 Innenminister, 1895–1917 Mitglied des Herrenhauses, 1895–98 Statthalter der St., 1908–17 Präsident des Verwaltungsgerichtshofs. Er war ein Förderer der Eisenbahnverstaatlichung und setzte sich insbesondere für den Ausbau von Eisenbahn- und Schiffsverkehr ein.

BADENI, Kasimir Felix Graf, * 14. 10. 1846 in Surochów (Galizien), † 9. 7. 1909 in Krasne (Galizien), Staatsmann, Jurist und Großgrundbesitzer. Nach seinem Jusstudium in Krakau trat er 1866 in den ö. Staatsdienst ein und wurde 1879 Statthaltereidelegat und Hofrat in Krakau. 1888–95 Statthalter von Galizien, 1895–97 Ministerpräsident und Innenminister. Er galt als „starker Mann“, da er als Statthalter hart durchgriff (Unterdrückung der Ruthenen). 1896 setzte er eine Wahlrechtsreform durch, die eine fünfte Wählerkurie schuf (die „Allgemeine Wählerklasse“). B. versuchte eine parlamentarische Mehrheit aus Polen, Feudalen, Jungtschechen und Großgrundbesitzern zu bilden und erließ 1897 Sprachenverordnungen für Böhmen und Mähren, die zu monatelangen Tumulten und Unruhen führte und die Arbeit im Reichsrat unmöglich machte. Diese Verordnungen sahen eine doppelsprachige Amtsführung vor und stießen auf die deutsche Opposition in Böhmen und in Mähren. Die anhaltende Opposition der Deutschen sowie Luegers Haltung führten im November 1897 zu seinem Sturz, da er von Kaiser Franz Joseph I. nicht mehr unterstützt wurde.

Kornauth, F.: B. als Ministerpräsident. Diss. Wien (1949); Sutter, B.: Die Badenischen Sprachenverordnungen von 1897, 2 Bde. (1960/1965)

BADURA-SKODA, Paul, * 6. 10. 1927 in Wien, Pianist. Studierte am Wiener Konservatorium und erreichte in wenigen Jahren weltweite Anerkennung als Konzertpianist. Daneben arbeitete er noch mit dem berühmten Schweizer Pianisten Edwin Fischer († 1960) bei dessen Luzerner Sommerkursen zusammen. Als hervorragender Mozart-Kenner verfaßte er gemeinsam mit seiner Gattin das Werk „Mozart-Interpretation, Anregung zur Interpretation der Klavierwerke“, das 1957 erschien und ins Englische, Japanische und Russische übersetzt wurde. Er hat sich nicht nur um die Wiederbelebung des Hammerklaviers verdient gemacht, sondern ist auch einer der wenigen bedeutenden Pianisten, die sich eingehend und mit großem Erfolg mit der wissenschaftlichen Interpretationsforschung beschäftigten. 1966 wurde er Artist-in-Residence an der University of Wisconsin in Madison (USA). Außerdem veröffentlichte er noch „Über das Generalbaßspiel in den Klavierkonzerten Mozarts“ (im Mozart-Jahrbuch 1957), gemeinsam mit seiner Frau einen Band der neuen Mozart-Gesamtausgabe (1965) und mit Jörg Demus (s. d.) „Die Klaviersonaten von Ludwig van Beethoven“ (1970).

BAHR, Hermann, * 19. 7. 1863 in Linz, † 15. 1. 1934 in München, Dichter, Essayist und Kritiker. Er studierte in Wien, in Czernowitz und in Berlin, wo er Kontakte zu den Naturalisten aufnahm und 1890 Mitarbeiter der Zeitschrift „Freie Bühne für modernes Leben“ wurde. Ab 1894 lebte er als freier Schriftsteller in Wien, 1912–18 in Salzburg und ab 1922 in München. 1906/07 war er in Berlin bei Max Reinhardt Regisseur und 1918/19 Erster Dramaturg am Wiener Burgtheater. B. war einer der bedeutendsten Lustspieldichter seiner Zeit und bewies außerdem durch geschliffene Essays einen kritischen Scharf- und Weitblick. Von seinem in Stuttgart 1906 erschienenen Buch „Wien“ wurden 20 Seiten (über die Habsburger) so heftig beanstandet, daß das kleine Bändchen beschlagnahmt wurde bzw. diese Seiten entfernt werden mußten. In seinem 1917 erschienenen „Schwarzgelb“ setzte er sich mit dem Verhältnis Ö.s zu Deutschland auseinander. Als sein berühmtestes Lustspiel gilt „Das Konzert“ (1909), von den Dramen waren vor allem „Die Mutter“ (1891) und „Das Tschaperl“ (1897),

HERMANN BAHR
Vermittler des Neuen

„Niemals und immer derselbe“ formulierte er einmal in einem Versuch einer Selbstcharakterisierung. Hermann Bahr, Schriftsteller, Dramatiker, Romancier, Essayist, Journalist, Philosoph, Regisseur und Kunstkritiker, vertrat fast alle Hauptströmungen seiner Zeit: Er begann als Naturalist, beschäftigte sich mit der Dekadenz und wurde schließlich Impressionist. Politisch dem Neuen aufgeschlossen, wandte er sich als Vertreter des liberalen Bürgertums bald dem Deutschnationalismus zu, entwickelte sich unter dem Einfluß Viktor Adlers zum Sozialisten und wurde später entschiedener Republikaner, Monarchist und betonter Österreicher. Die wichtigste Rolle Hermann Bahrs, der sich auch gerne als „Hebamme der modernen Kunst“ bezeichnete, war wohl aber die des Vermittlers, des Mittlers zwischen Kunst und Publikum, zwischen Österreich und dem übrigen Europa.

Hermann Bahr, der „Herr aus Linz". – Titelblatt einer seiner Essaysammlungen

von seiner Prosa „Drut" (1909), „O Mensch!" (1910) und „Himmelfahrt" (1916) erfolgreich.

Kindermann, H.: H. B. (1954); Daviau, D. G.: Der Mann von Übermorgen (1984)

BAHR-MILDENBURG, Anna (geb. A. v. Mildenburg), * 29. 11. 1872 in Wien, † 28. 1. 1947 in Wien, Kammersängerin, Sopran. Tochter des Majors Belschan v. M. Debüt als Walküre (in Wagners „Walküre") 1895 am Stadttheater in Hamburg, 1897 als Kundry („Parsifal") bei den Bayreuther Festspielen, ab 1898 an der Wiener Hofoper, 1901 Hofopernsängerin. 1909 heiratete sie den Dichter Hermann Bahr (s. d.). 1912 erschien das gemeinsam mit ihrem Mann verfaßte Werk „Bayreuth und das Wagner-Theater". B.-M. war eine bedeutende Wagner-Interpretin mit ausgeprägtem schauspielerischem Talent. Nach ihrer erfolgreichen Bühnenlaufbahn wurde sie 1921 Prof. an der Akademie der Tonkunst in München, dann an der Akademie für Musik in Wien. 1921 erschienen ihre „Erinnerungen".

Stefan, P.: B.-M. (1922)

BAILLET DE LATOUR, Theodor Graf, s. Latour.

BAINSTINGL, Sigmund (auch Panstingl, Bohnstingl), Tiroler, vermutlich aus dem Unterinntal, Spruchdichter aus der zweiten Hälfte des 16. Jh.s Bekannt wurden seine Beschreibungen der Bergwerke von Eisenerz und Vordernberg (St).

BALAJTHY, Robert, * 30. 10. 1855 in Wien, † 10. 8. 1924 (Selbstmord) in Wien, Schauspieler. Gehörte dem Ensemble des Wiener Raimundtheaters an und war von 1910–12 auch am Burgtheater tätig. Berühmt waren seine Bauernrollen.

BALDACCI, Anton Maximilian Freiherr von, * 14. 10. 1762 in Wien, † 9. 7. 1841 in Wien, Staatsmann. 1797 Hofrat der Galizischen Hofkanzlei, ab 1802 im Staatsrat. 1806 Mitverfasser des kaiserlichen Manifests, von 1806–09 tatkräftiger Förderer der Landwehr. 1813–15 Armeeminister und ab 1815 Präsident des General-Rechnungs-Directoriums, wo er die offizielle Statistik begründete.

BALDASS, Ludwig, * 8. 2. 1887 in Wien, † 20. 11. 1963 in Wien, Kunsthistoriker. Er war ab 1926 Univ.-Prof. und Direktor der Gemäldegalerie im Wiener Kunsthistorischen Museum.

BALDAUF, Adam (auch Paltauff), * um 1570 in Meran, † 1631 in Wien, Bildhauer des Frühbarock. 1615–28 arbeitete er in Brixen, dann in Wien. Als Wegbereiter von Meinrad Guggenbichler (s. d.) und der Familie Schwanthaler (s. d.) schuf er vorwiegend Altäre, die allerdings nur noch in Teilen erhalten sind.

BALSER, Ewald, * 5. 10. 1898 in Wuppertal-Elberfeld, † 17. 4. 1978 in Wien, Kammerschauspieler. Seit 1928 am Wiener Burgtheater tätig, spielte alle großen klassischen Bühnenrollen und war auch als Charakterdarsteller beim Film tätig. B. trat bei den Salzburger Festspielen und in mehreren deutschsprachigen Theatern auf. Besonders berühmt wurde er mit seiner Darstellung von Büchners Danton und von Schillers König Philipp II. 1958 Ehrenring der Stadt Wien, 1963 Goldener Schlüssel des Schauspielhauses Düsseldorf, 1967 Grillparzer-Preis, 1968 Kainz-Medaille, 1969 Ehrenkreuz für Wissenschaft und Kunst, 1975 Großes Ehrenkreuz der Bundesrepublik Deutschland.

Ewald Balser in der Rolle des Wallenstein

BAMBERGER, Heinrich von, * 27. 12. 1822 in Prag, † 9. 11. 1888 in Wien, Arzt, Internist. Studierte in Wien, anschließend in Prag, wo er 1847 promovierte. 1851 Assistent von Oppolzer (s. d.) in Wien, 1854–72 in Würzburg, wo er zahlreiche Arbeiten veröffentlichte, so „Lehrbuch der Krankheiten des Herzens" (1857). 1872 Univ.-Prof. in Wien und Nachfolger Oppolzers. 1887 gründete er mit Ernst Fuchs (s. d.) die „Wiener klinische Wochenschrift". Als hervorragender Diagnostiker setzte er die Tradition der Wiener medizinischen Schule erfolgreich fort.

BANFIELD, Gottfried Freiherr von, * 6. 2. 1890 in Castelnuovo (Dalmatien), † 23. 9. 1986 in Triest, Marineexperte. Der von irischen Vorfahren abstammende B. absolvierte nach der Militärrealschule St. Pölten die Militärakademie in Fiume. Im Ersten Weltkrieg Marineflieger, Linienschiffsleutnant, war in 21 Luftkämpfen siegreich und erhielt 1917 das Ritterkreuz des Maria-Theresien-Ordens, da ihm am 31. 5. 1917 der erste „Nachtabschuß" in der Geschichte der Luftwaffe gelungen war. Schon vorher war er als „Adler von Triest" populär geworden, da er am 1. 8. 1916 allein das Bombardement von Fiume verhindert hatte. Nach 1918 spezialisierte er sich auf die Bergung von Schiffen; 1956 erwarb er sich große Verdienste durch die Räumung des Suezkanals. 1984 veröffentlichte er „Der Adler von Triest. Der letzte Maria-Theresien-Ritter erzählt sein Leben".

BANHANS, Anton, * 8. 11. 1825 in Michelob (Böhmen), † 26. 5. 1902 in Wien, Jurist und Politiker. Nach seinem Jusstudium in Prag dort von 1848–59 im Staatsdienst, arbeitete anschließend bis 1867 als Gutsverwalter. 1867 Reichsratsabgeordneter und Sektionschef im Innenministerium. 1870 Akkerbau-, 1871–75 Handelsminister. 1881 Präsident des Nö. Gewerbevereins, 1890–1902 Präsident der DDSG. B. führte in Ö. das metrische Maßsystem ein und war ein Förderer des Eisenbahnwesens, dem er ein einheitliches Betriebsreglement gab.

BÁRÁNY, Robert, * 22. 4. 1876 in Wien, † 8. 4. 1936 in Uppsala (Schweden), Ohrenarzt und Physiologe. Nach seinem Studium in Wien (Promotion 1900) und einem kurzen Aufenthalt in Deutschland war er 1902 an der Wiener Chirurgischen Klinik tätig. 1903–05 Demonstrator und 1905–11 Assistent an der Wiener Ohrenklinik, 1909 Privatdozent für Ohrenheilkunde. Für seine 1906 veröffentlichte Arbeit „Physiologie und Pathologie des Bogengang-Apparates beim Menschen" erhielt B. 1914 den Nobelpreis, der ihn 1916 aus der russischen Kriegsgefangenschaft befreite. Ab 1917 Univ.-Prof. in Uppsala. Mit obigem Hauptwerk schuf er die Grundlage für die Labyrinth-Chirurgie, wodurch die Sterblichkeit bei Gehirnhautentzündungen als Folge von Innenohr-Eiterungen praktisch ausgeschaltet wurde. Zusätzlich entwickelte er neue Untersuchungsmethoden in der Ohrenheilkunde und erweiterte die Erkenntnisse über die Funktion von Gleichgewichtsorgan und Kleinhirn. Weitere Werke: „Die Seekrankheit" (1911) und „Die Radikaloperation des Ohres ohne Gehörgangplastik bei chronischer Mittelohreiterung" (1923) sowie zahlreiche kleinere Publikationen.

BARBARA von Cilli, * zwischen 1390 und 1395, † 11. 7. 1451 in Melnik (Böhmen), Tochter von Graf Hermann II. von Cilli (steirisches Grafengeschlecht), zweite Gemahlin König Sigismunds von Ungarn. 1414 als deutsche und 1437 als böhmische Königin gekrönt. Nachdem sie sich mit ihrem Schwiegersohn König Albrecht II. (s. Albrecht V.) überworfen hatte, geriet sie in dessen Gefangenschaft, konnte aber nach Polen fliehen und setzte dort ihren Kampf gegen Albrecht fort.

BARDOLFF, Carl Freiherr von, * 3. 9. 1865 in Graz, † 17. 5. 1953 in Graz, Berufsoffizier. Der Sohn eines Berufsmusikers studierte nach seiner Militärdienstzeit an der Grazer Universität Jus und promovierte zum Dr. jur. Nach Kriegsschule und Generalstabsausbildung Vorstand der Militärkanzlei des Erzherzog-Thronfolgers Franz Ferdinand, im Ersten Weltkrieg Feldmarschalleutnant und Generalstabschef der 2. Armee, wurde u. a. mit dem Maria-Theresien-Orden und dem Pour le mérite ausgezeichnet. Ab 1919 arbeitete er in Industriebetrieben und war in deutschnationalen Verbänden führend tätig. 1932–37 Vorsitzender des Deutschen Klubs in

Wien, hatte er es bis dahin stets abgelehnt, in den Selbstschutzverbänden und in der Heimwehr führende Positionen zu bekleiden. 1938 wurde er Mitglied des deutschen Reichstags und SA-Oberführer. 1945 stand er auf der Kriegsverbrecherliste, wurde verhaftet und erhielt Schreibverbot. 1938 hatte er seine Erinnerungen „Soldat im alten Ö." veröffentlicht.

BAREUTHER, Ernst, * 19. 1. 1838 in Asch (Böhmen), † 17. 8. 1905 in Freiburg im Breisgau, Jurist und deutschnationaler Politiker. 1871 Abgeordneter des böhmischen Landtags, 1873 des Reichsrats, 1882–85 Mitglied des Wiener Gemeinderats. Der anfangs liberale Politiker wurde zum Führer der „Los-von-Rom-Bewegung" und trat 1898 dem Alldeutschen Verband Schönerers bei. Besonders stark engagierte er sich auch auf seiten der Deutschen in Böhmen und strebte eine enge Anlehnung der Monarchie an Deutschland an.

BARTENSTEIN, Johann Christoph Freiherr von (seit 1733), * 23. 10. 1689 in Straßburg, † 6. 8. 1767 in Wien, Staatsmann. Nach Studien in Straßburg konvertierte er 1715 vom protestantischen zum katholischen Glauben, um in kaiserliche Dienste treten zu können. 1727 protokollführender Sekretär der Geheimen Staatskonferenz, 1733 Geheimer Staatssekretär, wodurch er praktisch zum Leiter der ö. Außenpolitik wurde und den gealterten Prinz Eugen endgültig als Ratgeber Kaiser Karls VI. verdrängen konnte. Die von ihm vorbereitete neue Bündnispolitik (zur Durchsetzung der Pragmatischen Sanktion), verbunden mit einer kurzfristigen Annäherung an Frankreich, war nicht dauerhaft. In den ersten Regierungsjahren Maria Theresias stand er der Herrscherin als ergebener Ratgeber zur Seite, 1753 trat aber der begabtere Kaunitz an seine Stelle. 1753 wurde B. Vizekanzler des „Directorium in publicis et cameralibus" (bis 1761 für Inneres und Finanzen zuständig). 1762 Direktor des Haus-, Hof- und Staatsarchivs, das er sehr förderte. Darüber hinaus war B. Lehrer des späteren Kaisers Joseph II. und auch schriftstellerisch tätig.

Arneth, A.: J. Ch. B. und seine Zeit (1871); Walter, F.: Männer um Maria Theresia (1951); Klingenstein, G.: Kaunitz kontra B. (1974)

BARTH, Josef, * 18. 10. 1745 in La Valetta (Malta), † 7. 4. 1818 in Wien, Anatom und Augenarzt. Setzte in Wien seine Studien fort und wurde 1773 von Maria Theresia an die Universität Wien als Lehrer für Augenheilkunde geholt. 1774 Prof. für Augenheilkunde und Anatomie, arbeitete vor allem an der Behandlung des grauen Stars. Bedürftige Kranke behandelte er in seiner Privatanstalt unentgeltlich. Hier richtete er auch eine anatomische Bibliothek und Präparatesammlung ein. 1791 zog er sich von seiner öffentlichen Tätigkeit zurück.

BARTH, Walter, * 16. 3. 1921 in Graz, † 7. 4. 1945 in Wien (hingerichtet), ö. Freiheits- und Widerstandskämpfer. B. war der Verbindungsmann zwischen der militärischen und der zivilen ö. Widerstandsbewegung in Wien.

BARTSCH, Rudolf Hans, * 11. 2. 1873 in Graz, † 7. 2. 1952 in Graz, Offizier und Schriftsteller. 1932 Ehrenbürger von Graz, 1951 Peter-Rosegger-Preis. Sein umfangreiches Schaffen war durch gefühlsreiche Romane gekennzeichnet, darunter „Zwölf aus der Steiermark" (1908), „Schwammerl" (1912, Schubert-Roman), „Lumpazivagabundus" (1936, Nestroy-Roman); von seinen Novellen sind zu erwähnen: „Vom sterbenden Rokoko" (1909), „Bittersüße Liebesgeschichten" (1910). Seine „Ausgewählte Prosa" erschien 1933 in 6 Bänden.

Hohlbaum, R.: R. H. B. (1923); Lessing, Th.: R. H. B. (1927)

BARWIG, Franz d. Ä., * 19. 4. 1868 in Schönau (Mähren), † 15. 5. 1931 in Wien (Selbstmord), Bildhauer. Kam 1888 nach Wien, wo er an der Kunstgewerbeschule studierte. 1890–1904 als selbständiger Bildhauer tätig, wurde 1904 an die Fachschule für Holzbearbeitung in Villach (K) berufen und war von 1906–22 Leiter der Klasse für Kleinplastik an der Kunstgewerbeschule in Wien. Auf eigenen Wunsch ausgeschieden, lebte er 1925–27 in den USA. Seit 1905 Mitglied der Secession; schuf eine große Zahl von Architektur- und Gartenplastiken.

Gmeiner, A., und Pirhofer, G.: : Der ö. Werkbund (1985)

BASCHANT, Rudolf, * 29. 8. 1897 in Salzburg, † 1. 7. 1955 in Linz, Botaniker, Maler und Graphiker. Schüler von Kandinsky, Klee und Feininger, arbeitete nach seinem Studium 1934–39 als wissenschaftlicher Zeichner an den Universitäten von Halle an der Saale und Innsbruck. Ab 1953 war er in dieser Funktion am Botanischen Garten in Linz tätig.

BASIL, Otto, * 24. 12. 1901 in Wien, † 19. 2. 1983 in Wien, Erzähler und Lyriker, arbeitete auch als Feuilletonist und Redakteur. Gab 1923–25 die Zeitschrift „Das Wort", 1938 (kurzzeitig, da er Schreibverbot erhielt) und 1945–48 „Plan" heraus. Veröffentlichte u. a. den Gedichtband „Sternbild der Waage" (1945) und „Apokalyptischer Vers" (1947).

BATKA, Richard, * 14. 12. 1868 in Prag, † 24. 4. 1922 in Wien, Musikkritiker und -schriftsteller. Lebte seit 1908 in Wien. 1908–19 Musikreferent des „Wiener Fremdenblattes", ab 1909 gemeinsam mit R. Specht Herausgeber des „Merker", außerdem Lehrer an der Wiener Akademie der Tonkunst. 1904 veröffentlichte er Bachs „Notenbüchlein für A. M. Bach", 1909–15 erschien sein dreibändiges Werk „Allgemeine Geschichte der Musik". B. schrieb auch mehrere Opernlibretti.

BATTHYÁNY von Német-Ujvár (= Güssing), Ludwig Graf, * 14. 2. 1806 in Preßburg, † 6. 10. 1849 in Budapest (hingerichtet), ungarischer Ministerpräsident. Diente zuerst in der Armee, wurde aber als Mitglied der Magnatentafel zum Sprecher der Opposition und bildete am 22. 3. 1848 eine liberale ungarische Regierung. Am 10. 6. 1848 erreichte er von Kaiser Franz Joseph I. (s. d.) die Absetzung von Banus Josef von Jellačic (s. d.), bemühte sich erfolglos um eine Union zwischen Ö. und Ungarn und mußte am 12. 9. 1848 zurücktreten. Im Oktober 1848 beteiligte er sich am Kampf gegen die kaiserlichen Truppen, wurde am 8. 1. 1849 in Pest verhaftet und vor ein Kriegsgericht gestellt. Das Urteil wurde am 6. 10. 1849 vollstreckt; zuvor hatte er einen Selbstmordversuch unternommen.

BATTISTI, Cesare, * 4. 2. 1875 in Trient (Trentino), † 13. 7. 1916 in Trient (hingerichtet), Jurist und italienischer Politiker. Ab 1911 italienisch-sozialdemokratischer Abgeordneter im ö. Reichsrat. Bei Ausbruch des Ersten Weltkriegs übersiedelte B. nach Italien und setzte sich vor allem für den Anschluß Italiens an die Entente ein. Als Offizier der italienischen Armee gefangengenommen, wurde er wegen Hochverrats im Castell von Trient hingerichtet. In Italien zum Nationalhelden geworden, feierte die ö. Presse bis hin zur „Arbeiter-Zeitung" B.s Hinrichtung. Ein Hinrichtungsphoto – samt lachendem Scharfrichter – wurde schließlich von italienischer Seite gegen Ö. propagandistisch eingesetzt. Auch Karl Kraus hat das Bild in seinen „Letzten Tagen der Menschheit" aufgenommen.

Gatterer, C.: Unter seinem Galgen stand Österreich (1967)

BAUCHINGER, Matthias, * 3. 9. 1851 in Frankenburg (OÖ), † 9. 4. 1934 in Pöchlarn (NÖ), katholischer Pfarrer (Prälat) in Pöchlarn und christlichsozialer Politiker. 1907–18 Reichsratsabgeordneter bzw. 1918 Abgeordneter in der Provisorischen Nationalversammlung. Mitinitiator des Nö. Bauernbundes, gründete 1898 die Landwirtschaftliche Genossenschafts-Zentralkasse und 1927 die Girozentrale der landwirtschaftlichen Genossenschaften.

BAUDISS, Leo, * 21. 11. 1861 in Prag, * 13. 9. 1914 in Wien, Maschinenbautechniker. Seit 1904 Prof. für Maschinenbau an der Technischen Hochschule in Wien. Er erfand die nach ihm benannte Lenksteuerung für Dampfmaschinen.

BAUER, Alexander, * 16. 2. 1836 in Ungarisch-Altenburg (Magyaróvár), † 12. 4. 1921 in Wien, Chemiker. Seit 1869 Prof. am Polytechnischen Institut in Wien; ihm ist es zu danken, daß aus diesem Institut 1872 die Technische Hochschule wurde. Mit J. Schuler entwickelte er 1877 die Synthese der Primelinsäure und verfaßte „Chemie und Alchemie in Ö." (1885).

BAUER, Ferdinand Freiherr von, * 7. 3. 1825 in Lemberg (Galizien), † 26. 7. 1893 in Wien, Feldzeugmeister. 1841 Leutnant, zeichnete sich auf den italienischen Kriegsschauplätzen 1859 und 1866 aus. 1868 Generalmajor, 1874 Feldmarschalleutnant, 1881 Feldzeugmeister, 1883 Kommandierender General in Wien, ab 1888 Kriegsminister. B. reorganisierte die ö. Artillerie, schuf eine einheitliche Pioniertruppe und führte das 8-mm-Repetiergewehr und das rauchlose Pulver in der ö. Armee ein.

BAUER, Ferdinand Lukas, * 20. 1. 1760 (?) in Feldsberg (NÖ, heute CSSR), † 17. 3. 1826 in Hietzing bei Wien, Botaniker und Forschungsreisender. Nach einer Weltumsegelung 1800 nahm er auch an der Erforschung der australischen Küste teil, wo im Westen der Eyre-Halbinsel das Kap Bauer nach ihm benannt wurde. Von ihm existieren im Naturhistorischen Museum in Wien zahlreiche Pflanzen-, Tier- und Landschaftsbilder.

BAUER, Franziska, s. Hornischer, Fanny

BAUER, Johann Wilhelm, s. Baur

BAUER, Otto, * 5. 9. 1881 in Wien, † 4. 7. 1938 in Paris, sozialdemokratischer Politiker und Publizist. Aus einer Textilfabrikantenfamilie stammend, promovierte er 1906 in Wien zum Dr. jur. und arbeitete ab 1907 als Redakteur der „Arbeiter-Zeitung" und der Zeitschrift „Der Kampf". 1914 zum Kriegsdienst eingezogen, kehrte er 1917 aus russischer Kriegsgefangenschaft nach Wien zurück. Im November 1918 Unterstaatssekretär, 1919 (bis 26. 7.) Staatssekretär für Äußeres. 1919/20 Mitglied der Konstituierenden Nationalversammlung, 1920–34 Abgeordneter zum Nationalrat. B. war wesentlich an der Schaffung der Verfassung 1923 beteiligt. Mit Julius Deutsch (s. d.) leitete er die Kämpfe im Februar 1934 und floh am 13. 2. 1934 in die Tschechoslowakei. In Brünn gründete er das „Auslandsbüro der ö. Sozialdemokraten" und emigrierte im Mai 1938 nach Paris. B., der nach dem Ersten Weltkrieg die Verhandlungen für einen Anschluß an das Deutsche Reich geführt hatte, war der Führer des linken Flügels der ö. Sozialdemokraten. Als Theoretiker des Austromarxismus war er auch dessen Wortführer. B. war der bedeutendste Redner, Journalist und Theoretiker der Sozialdemokratie der Zwischenkriegszeit. U. a. verfaßte er: „Die Nationalitätenfrage und die Sozialdemokratie" (1907), „Der Weg zum Sozialismus" (1919), „Bolschewismus oder Sozialdemokratie" (1920), „Die ö. Revolution" (1923), „Sozialdemokratie, Religion und Kirche" (1927), „Zwischen zwei Weltkriegen" (1937). Eine Werkausgabe erscheint seit 1975.

Braunthal, J.: O. B. (1961); Leser, N.: Zwischen Reformismus und Bolschewismus (1968); Reimann, V.: Zu groß für Ö. (1968)

Johann Christoph Freiherr von Bartenstein. Gemälde von Martin van Meytens

BAUER, Wolfgang, * 18. 3. 1941 in Graz, Dramatiker. Studierte Theaterwissenschaft und Philosophie. Wurde durch seine ersten Stücke „Magic Afternoon" (1968) und „Change" (1969) auf den deutschsprachigen Bühnen bekannt. Peter-Rosegger-Preis 1970. Weitere Stücke: „Silvester oder Das Massaker im Hotel Sacher" (1971), „Gespenster" (1974), „Magnetküsse" (1976), „Memory Hotel" (1979) und „Herr Faust spielt Roulette" (1986).

BÄUERLE, Adolf (eigtl. Johannes Andreas), * 9. 4. 1786 in Wien, † 20. 9. 1859 in Basel, Schriftsteller, Meister der Wiener Lokalposse und des Wiener Volksstücks. 1819–28 war B. Sekretär am Leopoldstädter Theater in Wien, gab von 1806 bis zu seinem Tod die „Wiener Allgemeine Theaterzeitung" heraus und führte von 1819–21 die „Briefe eines Eipeldauers" fort. 1813 schuf er in den „Bürgern von Wien" die Figur des Parapluimachers „Staberl", eine Art Hanswurst, und war ein Vorläufer Ferdinand Raimunds (s. d.). Seine rund 70 Volksstücke und Possen erschienen 1820–26 in sechs Bänden unter dem Titel „Komisches Theater". Von ihm sind auch die Lieder „'s gibt nur a Kaiserstadt, 's gibt nur a Wien" und „Kommt ein Vogerl geflogen". Seine kulturhistorisch interessanten Memoiren erschienen 1858. Unter dem Pseudonym Otto Horn veröffentlichte er auch die Romane „Therese Krones" (1851) und „Ferdinand Raimund" (1855). Wegen seiner großen Schuldenlast floh er Anfang 1859 in die Schweiz.

Schlögl, F.: Vom Alt-Wiener Volkstheater (1884)

BAUERNFELD, Eduard von, * 13. 1. 1802 in Wien, † 9. 8. 1890 in Wien, Dramatiker und Erzähler. Der früh Verwaiste studierte Rechte und war ab 1826 Beamter, ab 1843 in der Lottodirektion angestellt. Von früher Jugend an mit Moritz von Schwind (s. d.) und Franz Schubert (s. d.) befreundet, pflegte später auch enge Kontakte zu Franz Grillparzer (s. d.), Nikolaus Lenau (s. d.), Joseph Schreyvogel (s. d.) und Friedrich Schlegel (s. d.). Politisch interessiert, war er „Wortführer des freisinnigen Bürgertums", als Meister des Gesellschaftsstücks verfeinerte er die Stegreifform der Hanswurstkomödie und wurde zum „Hausdichter" des Wiener Burgtheaters, wo seine Werke rund 1200 Aufführungen erreichten. Neben seinem umfangreichen dramatischen Schaffen schrieb er auch Romane und Gedichte. 1871–73 erschienen seine „Gesammelten Schriften" in zwölf

OTTO BAUER
Politik als Schicksal

„Wenn ich all die großen Männer, denen ich begegnet bin, Revue passieren lasse, so scheint mir Otto Bauer auch heute noch trotz mancher Fehlbeurteilung von überlegenem Intellekt. Was seine intellektuelle Ausrüstung betraf, gehörte er zu den Größten, denen ich je begegnet bin. Er besaß die unglaubliche Gabe, das Gedachte in Worte umzusetzen und sich in einer Art ausdrücken zu können, die dem Intellektuellen nicht als Zumutung erschien und dem Stahlwerksarbeiter begreifbar war. In den größten Versammlungen sprach er, als ob er zu einem einzelnen redete."

Bruno Kreisky,
Zwischen den Zeiten (1986)

Bänden, eine Auswahl aus dem Werk. 1872 wurden seine Erinnerungen „Aus Alt- und Neu-Wien" publiziert, 1893 gab Ferdinand von Saar (s. d.) den „Dramatischen Nachlaß" heraus. Er schrieb auch unter den Pseudonymen Feld und Rusticocampus.

Horner, E.: B. (1910); Verkauf, W.: E. v. B. (1946)

BAUM, Vicki, * 24. 1. 1888 in Wien, † 29. 8. 1960 in Hollywood (USA), Romanschriftstellerin. Studierte zunächst Musik und wurde Harfenistin, 1926 Redakteurin in Berlin. Lebte ab 1931 in den USA. Abgesehen von ihren sehr erfolgreichen Romanen (von denen mehrere verfilmt wurden), schrieb sie auch Drehbücher und Bühnenstücke. Ihre größten Romanerfolge: „Menschen im Hotel" (1929), „Hotel Shanghai" (1937) und „Vor Rehen wird gewarnt" (1951).

BAUMA, Herma, * 23. 1. 1915 in Wien. Erfolgreichste österreichische Leichtathletin (Speerwurf), zählte auch als Handballerin zur Spitzenklasse. Fast 20 Jahre in der Weltelite, holte im Laufe ihrer Karriere insgesamt 17 Landesmeistertitel, 2 Weltrekorde und 3 Europarekorde. Höhepunkte bedeuteten die Olympische Goldmedaille im Speerwurf 1948 in London (Olymp. Rekord 45,57 m) und ihre beiden in Wien aufgestellten Weltrekorde von 48,21 m (29. 6. 1947) bzw. 48,63 m (12. 9. 1948). B. gewann bereits 1934 Silber im Speerwurf bei den Frauen-Weltspielen in London, die eine inoffizielle Weltmeisterschaft darstellten. Letzter Glanzpunkt war der zweite Platz bei den Europameisterschaften 1950 in Brüssel (43,87 m).

Herma Bauma bei ihrem gelungenen Weltrekordversuch (48,63 m) am 12. 9. 1948 im Wiener Stadion

BAUMANN, Friedrich, * 1763 in Wien (?), † 12. 4. 1841 in Wien, Schauspieler und Komiker. 1787–95 am Wiener Leopoldstädter Theater, dann bis 1821 am Burgtheater tätig. War vor allem als Komiker sehr beliebt. Für ihn schrieb Paul Weidmann die Rolle des Adam im „Dorfbarbier", mit der B. einen großen Erfolg hatte.

BAUMANN, Ludwig, * 5. 11. 1853 in Seibersdorf bei Troppau (Ö.-Schlesien), † 6. 2. 1936 in Wien, Architekt. Studierte 1870–74 bei Gottfried Semper (s. d.) am Polytechnikum in Zürich, arbeitete 1875–77 für Heinrich Ferstel (s. d.) in Wien und war anschließend freischaffend. 1907 Burgbauarchitekt. Seine wichtigsten Bauten alle in Wien, bis auf die für die Firma Krupp in Berndorf (NÖ), wie etwa die dortige Kuppelkirche. 1904 baute er die Konsularakademie (heute US-Botschaftsgebäude), 1909–13 das Kriegsministerium (heute Regierungsgebäude), 1907–13 leitete er den Bau der Neuen Hofburg.

Das nach Plänen Ludwig Baumanns 1909–13 erbaute Reichskriegsministerium (heute Regierungsgebäude) am Stubenring

BAUMANN, Oskar, * 25. 6. 1864 in Wien, † 12. 10. 1899 in Wien, Geograph und Afrikaforscher. Studierte in Wien und Leipzig Geographie und Naturwissenschaften und bereiste 1883 Montenegro. 1885 nahm er an der Kongofahrt von Oskar Lenz (s. d.) teil, wobei er den unteren Lauf des Kongo kartierte. 1886 erforschte er die Insel Fernando Pòo (im Golf von Guinea vor der Westküste Kameruns). 1888 begleitete er Hans Meyer bei der Erforschung von Usambara (damals Deutsch-Ostafrika), verlor aber durch Gefangennahme seine Aufzeichnungen und vollendete erst 1890 die Kartierung dieses Landes. Von Jänner 1892 bis Februar 1893 bereiste er das Gebiet südlich des Kilimandscharo und entdeckte, daß der aus den Mondbergen kommende Kagera, der größte Zufluß des Viktoriasees, die langgesuchte eigentliche Nilquelle ist. 1896 wurde B. ö. Konsul in Sansibar. Seine wichtigsten Forschungsberichte sind: „Usambara und seine Nachbargebiete" (1891), „Durch Massailand zur Nilquelle" (1894) und „Der Sansibar-Archipel" (1896–98).

BAUMEISTER, Bernhard (eigtl. Baumüller), * 28. 9. 1827 in Posen (Polen), † 25. 10. 1917 in Baden bei Wien, Schauspieler. Ab 1843 als Schauspieler tätig. 1852 holte ihn Heinrich Laube (s. d.) an das Wiener Burgtheater. 1857 zum Hofschauspieler ernannt, wurde er erst 1892 auf Lebenszeit ans Burgtheater verpflichtet, wo er bis 1915 auftrat.

BAUMGARTNER, Andreas Freiherr von, * 23. 11. 1793 in Friedberg (Böhmen), † 30. 7. 1865 in Hietzing bei Wien, Physiker und Staatsmann. Studierte Mathematik in Wien und wurde 1817 Univ.-Prof. für Physik in Olmütz, 1823 in Wien. 1833 war er Direktor der staatlichen Porzellanfabriken, 1842–48 Leiter der Tabakfabriken, 1846 auch Chef des entstehenden Telegraphenwesens. 1848 in der Regierung Pillersdorf (s. d.) Arbeits-, 1851–55 Handels- und Finanzminister. 1851–65 war B. Präsident der 1847 gegründeten und von ihm stark geförderten Akademie der Wissenschaften in Wien. Seit 1861 Mitglied des Herrenhauses. Als Wissenschaftler verfaßte er mehrere Werke, erfand ein Aräometer zur raschen

Bestimmung der Dichte fester Körper und gab 1826–32 gemeinsam mit A. v. Ettingshausen (s. d.) die „Zeitschrift für Physik und Mathematik" (10 Bände) heraus, die er von 1832–37 allein als „Zeitschrift für Physik und verwandte Wissenschaften" weiterführte.

BAUMKIRCHER, Andreas, Freiherr von Schlaining (seit 1462), * um 1420 vermutlich in Wippach (Krain, heute Vipava), † 23. 4. 1471 in Graz (enthauptet), Söldnerführer. Aus krainischem Rittergeschlecht stammend, diente er Kaiser Friedrich III. und zeichnete sich 1452 bei der Verteidigung von Wiener Neustadt gegen ein ständisches Heer aus. 1453–57 auf seiten König Ladislaus' Postumus stehend, wurde er 1455 Burghauptmann von Preßburg. 1456 erhielt er reichen Besitz aus dem Erbe der Grafen von Cilli. Wieder die Partei des Kaisers ergreifend, wurde er 1458 Obergespan und 1459 Kaiserlicher Rat. 1462 führte er in seinem berühmt gewordenen „Dreitageritt" von Wiener Neustadt nach Prag böhmische Hilfstruppen dem in Wien belagerten Kaiser zu. Um seine Position in Ungarn behaupten zu können, trat er 1463 an die Seite von König Matthias Corvinus (s. d.) und an die Spitze des unzufriedenen steirischen Adelsbundes, der sich im Herbst 1468 gegen den Kaiser erhoben hatte. Im April 1470 sah sich Kaiser Friedrich III. gezwungen, B. freies Geleit für das Erscheinen beim Landtag von Völkermarkt (K) zuzusichern, und vereinbarte mit ihm auch am 30. 6. einen Ausgleich, verbunden mit dem Versprechen der Straflosigkeit. Da B. trotz dieser Begnadigung seine Fehden weitergeführt hatte, ließ ihn der Kaiser ohne Gerichtsverhandlung in Graz hinrichten – zusätzlich waren hartnäckige Gerüchte entstanden, daß B. einen Anschlag auf den Kaiser geplant hätte.

Krones, F.: Die B. (1902)

BAUR, Johann Wilhelm (verschiedentlich auch Bauer), * 1600 in Straßburg, † 1642 in Wien, Miniaturmaler und Radierer. Zuerst in Italien, seit 1637 Hofmaler Kaiser Ferdinands III. in Wien. Auf seinen überwiegend kleinen Bildern malte er Straßenszenen und Schlachten.

BAYER, Hans, * 3. 2. 1903 in Wien, † 5. 5. 1965 in Rom, Volkswirtschaftler. Er studierte in Wien und war 1937/38 und 1945–56 Univ.-Prof. in Innsbruck. B. unterrichtete anschließend in Deutschland. Hauptwerke: „Strukturwandlungen der ö. Volkswirtschaft" (1929), „Ö. Arbeitsrecht" (1937), „Sozialisierung und Planwirtschaft" (1947) und „Technik und Gemeinwirtschaft" (1956).

BAYER, Josef, * 6. 3. 1852 in Wien, † 12. 3. 1913 in Wien, Komponist. Ab 1885 Ballettkapellmeister der Wiener Hofoper. Erzielte mit dem Ballett „Die Puppenfee" (1888) einen beachtlichen Erfolg. B. schrieb insgesamt 22 Ballette, aber auch Bühnenmusik und weniger erfolgreiche Operetten.

BAYER, Josef, * 10. 7. 1882 in Oberhollabrunn (NÖ), † 23. 7. 1931 in Wien, Prähistoriker. Studierte in Wien und war bei der Entdeckung der Venus von Willendorf (7. 8. 1908) einer der anwesenden Wissenschaftler.

Die „Venus von Willendorf"; Kalksteinplastik aus der Altsteinzeit. Bei ihrer Auffindung im Ort Willendorf in der Wachau war der Prähistoriker Josef Bayer anwesend

Er wurde Direktor der Urgeschichtlichen Sammlungen des Naturhistorischen Museums in Wien und gründete das Institut für Eiszeit-Forschung. B. entdeckte die sogenannte Askalon-Kultur (Aschkelon, kanaanäischer Stadtstaat im 2. Jahrtausend v. Chr.). 1927 veröffentlichte er den ersten Band des vielbeachteten Werks „Der Mensch im Eiszeitalter".

BAYER, Karl, * 16. 11. 1834 in Wien, † 20. 8. 1888 in Mödling, Theaterleiter und Possendichter. Ab 1876 war er „Hausdichter", ab 1882 Leiter des Wiener Fürst-Theaters. In seinen zahlreichen Possen beschäftigte er sich ausschließlich mit Situationen und Typen des Wiener Volkslebens.

KONRAD BAYER

Das Ende der Wiener Gruppe

Konrad Bayer im Wiener Literatencafé Hawelka

BAYER, Konrad, * 17. 12. 1932 in Wien, † 10. 10. 1964 (Selbstmord) in Schloß Hagenberg (NÖ), Schriftsteller. Wollte ursprünglich Maler werden, fand aber durch die von ihm 1952 mitbegründete „Wiener Gruppe" zur Schriftstellerei und wurde einer ihrer bedeutendsten Vertreter. Zum Surrealismus neigend, teilte er das Anliegen der Gruppe zur Montage und zum Sprachexperiment. Georg Rühm (s. d.) gab 1977 „Das Gesamtwerk" heraus. Sein Roman „der sechste sinn" erschien postum 1966.

BAYER, Karl von, s. Byr, Robert

BAYER, Karl Josef, * 4. 3. 1847 in Bielitz (Ö.-Schlesien), † 4. 10. 1904 in Rietzdorf (Südsteiermark), Chemiker. Er erkannte den Wert des Rohstoffs Bauxit, erschloß die ersten Lager in Ö. (1956–65 noch in Unterlaussa, OÖ, abgebaut) und entwickelte das nach ihm benannte Verfahren der Tonerde-Erzeugung, die Voraussetzung für die Aluminiumindustrie. Er errichtete Fabriken in Amerika und Rußland sowie im heute jugoslawischen Rietzdorf.

BAYR, Rudolf, * 22. 5. 1919 in Linz, Dramatiker, Lyriker und Erzähler. Studierte in Wien, promovierte zum Dr. phil. 1943. 1948–51 Herausgeber der Zeitschrift „Wiener Literarisches Echo". Ab 1956 für den ORF tätig, 1975–84 Intendant des ORF-Landesstudios Salzburg. Er erhielt mehrere Auszeichnungen, darunter 1954 den Grillparzer-Preis und 1960 den Staatlichen Förderungspreis für Hörspiel.

BEBEDERWA, Bombastus, s. Senn, Johann

BECHER, Alfred Julius, * 1803 in Manchester, † 23. 11. 1848 in Wien (standrechtlich erschossen), Musikkritiker. Sohn eines Hanauer Kaufmanns, studierte Jus und war schon während des Studiums wegen demokratischer Umtriebe in Berlin in Untersuchungshaft. Später Advokat in Elberfeld, wandte er sich der Musik zu und wurde 1838 Professor der musikalischen Theorie in Den Haag. 1840 an der Londoner Akademie tätig, kam 1841 nach Wien und erregte wegen seiner scharfen Kritiken Beachtung und Aufsehen. In den Revolutionstagen von 1848 wurde er Hauptredakteur des Blattes „Der Radikale" und zu einem der Führer der Oktoberrevolution. Vor dem Neutor in Wien wurde er standrechtlich erschossen.

B

BECHER, Johann Joachim, * 6. 5. 1635 in Speyer, † im Oktober 1682 in London, Chemiker. 1660 als kaiserlicher Hofrat nach Wien berufen, schuf er hier das Kommerzialkolleg, das sich mit der Organisation wirtschaftlicher Unternehmungen und neuer Wirtschaftszweige zu beschäftigen hatte. 1667 gründete er die erste Orientalische Handelskompagnie, die bis 1683 bestand, und eine Seidenmanufaktur. B. war der bedeutendste Vertreter des ö. Merkantilismus.

BECHER, Ulrich, * 2. 1. 1910 in Berlin-Schöneberg, Schriftsteller und Dramatiker. Lebte seit 1933 in Ö. und emigrierte 1938 über die Schweiz und Brasilien nach New York, von wo er 1948 nach Wien zurückkehrte. B. ist der Schwiegersohn von Roda Roda (s. d.). Veröffentlichte zahlreiche Romane und Erzählungen, wie „Männer machen Fehler" (1931) und „Geschichten aus Europa" (1936) sowie gemeinsam mit Peter Preses (s. d.) 1949 das Bühnenstück „Der Bockerer" und 1950 „Der Pfeifer von Wien".

BECK, Friedrich, * 20. 4. 1802 in Wien, † 18. 2. 1860 in Wien, Verlagsbuchhändler. B. spielte im Revolutionsjahr 1848 eine bedeutende Rolle als Führer der Wiener Buchhändler. Er verlegte viele Schulbücher und wissenschaftliche Werke.

BECK, Karl, * 1814 in Wien, † 4. 3. 1879 in Wien, Opernsänger, Tenor. Wurde „König der Tenöre" genannt und sang unter Franz Liszts Leitung die Titelpartie bei der Uraufführung von Richard Wagners „Lohengrin" am 28. 8. 1850 in Weimar.

BECK, Karl Isidor, * 1. 5. 1817 in Baja (Ungarn), † 9. 4. 1879 in Währing bei Wien, Lyriker. Von Nikolaus Lenau stark beeinflußt; beschrieb als einer der ersten die Not des Proletariats. 1846 erschienen seine „Lieder vom armen Manne". Außerdem verfaßte er den heute gebräuchlichen Text des Strauß-Walzers „An der schönen blauen Donau".

BECK, Max Wladimir Freiherr von, * 6. 9. 1854 in Wien, † 20. 1. 1943 in Wien, Staatsmann. Promovierte 1878 zum Dr. jur. und trat in den Staatsdienst ein. Unterrichtete Thronfolger Erzherzog Franz Ferdinand (s. d.) in den Staatswissenschaften. 1880–1906 Akkerbauminister, 1906–08 Ministerpräsident. Gegen den Widerstand des Adels setzte er 1906 das allgemeine und gleiche Wahlrecht in Ö. durch. Sein Versuch, einen nationalen Ausgleich mit Böhmen herbeizuführen, scheiterte an allzu umfangreichen demokratischen Zugeständnissen und an der Nachgiebigkeit gegenüber Ungarn. Seit 1900 war B. Sektionschef. 1915–34 Präsident des Obersten Rechnungshofes, 1919–38 auch Präsident der Ö. Gesellschaft vom Roten Kreuz.

Allmeyer-Beck, J. C.: Ministerpräsident Baron B. (1956)

BECK, Wilhelm, * 17. 5. 1822 (möglicherweise auch 1824) in Baja (Ungarn), † 24. 9. 1864 in Pest (Ungarn), Zeichner und Schriftsteller. 1846 gab er das Witzblatt „Der Zeitgeist" heraus, das erste illustrierte Witzblatt der Monarchie, 1848 gemeinsam mit S. Engländer (s. d.) den radikalen „Wiener Charivari".

BECKE, Friedrich, * 31. 12. 1855 in Prag, † 18. 6. 1931 in Wien, Mineraloge und Petrograph. Nach seinem Studium war er 1898–1927 Univ.-Prof. in Wien, 1911–29 auch Generalsekretär der Akademie der Wissenschaften in Wien. B. erfand die nach ihm benannte „Lichtlinie", eine exakte Bestimmungsmethode für Minerale, durch die er diese nach ihren optischen Eigenschaften in 32 Symmetrieklassen einteilte.

BECK-RZIKOWSKY, Friedrich Graf von (seit 1906), * 21. 3. 1830 in Freiburg im Breisgau, † 9. 2. 1920 in Wien, General und Kartograph. 1867–81 Vorstand der Militärkanzlei Kaiser Franz Josephs I., 1881–1906 Chef des Generalstabs, 1906–16 Kapitän der Arcièren-Leibgarde. Wurde vom Volk „Vizekaiser" genannt. Er veranlaßte die Einführung der Photogrammetrie als kartographisches Aufnahmeverfahren und regte 1885 die Generalkarte von Mitteleuropa im Maßstab 1:200 000 an. Mit seinem Wirken begann der Aufstieg der ö. Kartographie.

Glaise-Horstenau, E.: Franz Josephs Weggefährte (1930)

BÉCSI, Kurt, * 30. 5. 1920 in Wien, Schriftsteller und Kulturkritiker. Ab 1950 Dramaturg am Wiener Burgtheater sowie Hochschullehrer. Wurde 1952 mit seinem Drama „Deutsche Passion" bekannt. 1961 erhielt er den Staatspreis.

BEDA-DÖBRENTEI, Gabriel (eigtl. von Döbrentei), * 3. 3. 1912 in Triest, Benediktinerpater, Prediger und Schriftsteller. Bis 1960 Administrator der Wallfahrtskirche Mariazell, dann Weltpriester und Seelsorger der Wiener Jungarbeiter-Bewegung. Wurde vor allem durch seine Predigten bekannt.

BEDUZZI, Antonio Mario Niccoló, * 1675 in Bologna, † 4. 3. 1735 in Wien, Bühnenbildner und Theateringenieur. Nach beruflicher Tätigkeit in Melk (NÖ) wurde er 1708 Theateringenieur in kaiserlichen Diensten. Erbaute das erste Kärntnertortheater (30. 11. 1709 eröffnet, 3. 11. 1761 abgebrannt), das fälschlicherweise oft Domenico Martinelli (s. d.) zugeschrieben wird. Sein Hauptwerk sind die Fresken im Saal des Nö. Landhauses in Wien.

BEER, Adolf, * 27. 2. 1831 in Proßnitz (Mähren), † 7. 5. 1902 in Wien, Historiker und altliberaler Politiker. 1868 Prof. an der Technischen Hochschule in Wien, 1873–97 Reichsratsabgeordneter, 1897–1902 Mitglied des Herrenhauses. B. verfaßte den Entwurf zum Reichsvolksschulgesetz. 1860 erschien sein fünfbändiges Werk „Geschichte des Welthandels".

BEER, Franz Anton, * 3. 11. 1688 in Bregenz, † 1749 in Bregenz, Baumeister (aus der aus Au im Bregenzerwald stammenden Baumeisterfamilie). Erbaute ab 1740 die Klosterkirche Mehrerau (V, 1808 abgebrochen), erweiterte die Pfarrkirche von Bregenz und erbaute dort auch Privathäuser.

BEER, Georg Josef, * 23. 12. 1763 in Wien, † 21. 4. 1821 in Wien, Augenarzt. Studierte zuerst Theologie, dann Medizin und promovierte 1786. Für ihn wurde 1813 ein eigener Lehrstuhl mit Klinik an der Wiener Universität geschaffen. Vor allem seine Staruntersuchungen erregten Aufsehen. Er verfaßte mehrere Werke, darunter „Lehre von den Augenkrankheiten" (2 Bde., 1813–17), von dem auch Übersetzungen ins Englische und ins Französische erschienen.

BEER, Johann, * 28. 2. 1655 in St. Georgen im Attergau (OÖ), † 6. 8. 1700 in Weißenfels (Sachsen), Dichter und Komponist. Ging 1677 zum Theologiestudium nach Leipzig, trat aber noch im selben Jahr in die Hofkapelle in Halle an der Saale als Geiger ein. Mußte 1680 als Protestant auswandern und wurde in Weißenfels Hofmusikus und Bibliothekar. Er schrieb Ritter- und Schelmenromane im Stil Grimmelshausens sowie musiktheoretische Werke und einige Kompositionen. Sein schriftstellerisches Werk erschien anonym und wurde erst 1931 erkannt und zusammengestellt. Hauptwerke: „Der simplizianische Welt-Kucker", 4 Bde. (1677–79), „Das Narrenspital" (1681), „Die teutschen Winter-Nächte" (1682), „Die kurtzweiligen Sommer-Täge" (1683). Ab 1697 verfaßte er mehrere musikalische Streitschriften. Sein Name ist auch als Bähr, Behr, Ber und latinisiert als Ursus und Ursinus überliefert.

Alewyn, R.: J. B. (1932)

BEER, Johann Ferdinand, * 19. 10. 1731 in Au (V), † 1789 in Au, Baumeister. War Baumeister des Stifts St. Gallen in der Schweiz, errichtete mehrere Pfarrkirchen des Stifts und 1779 den Konventbau des Klosters Mehrerau (V).

BEER, Michael, * 1605 in Au (V), † 31. 5. 1666 in Au, Baumeister. Gründete 1657 die Baumeisterzunft in Au im Bregenzerwald. Errichtete 1651–53 die Pfarrkirche Bludesch (V), die Wallfahrtskirche Rankweil (V) und mehrere Kirchen und Klöster in Südwestdeutschland.

BEER, Otto Fritz (oft nur O. F.), * 8. 9. 1910 in Wien, Schriftsteller, Journalist, Übersetzer und Musikkritiker. Schrieb auch Komödien, von denen „Don Juan ist nicht gestorben" (1948) bekannt wurde.

BEER, Rudolf, * 22. 8. 1889 in Graz, † im April 1938 (Selbstmord) in Wien, Schauspieler, Regisseur und Theaterleiter. 1921–24 Leiter des Raimundtheaters in Wien, 1924–33 der Kammerspiele und ab 1933 der

Scala. Er war Lehrer vieler berühmter Schauspieler, so etwa von Hans Holt (s. d.), Hans Jaray (s. d.), Luise Ulrich und Paula Wessely (s. d.).

BEER-HOFMANN, Richard, * 11. 7. 1866 in Wien, † 26. 9. 1945 in New York, Dichter. Nach seiner Jugend in Brünn studierte er in Wien Jus und promovierte 1890. Mit Hugo von Hofmannsthal und Hermann Bahr befreundet, inszenierte er für Max Reinhardt in Wien und in Salzburg. Emigrierte 1938 über die Schweiz nach Amerika, wo er Vorlesungen an mehreren Universitäten hielt. 1893 hatte er die Novelle „Das Kind, Camelias" veröffentlicht, dem mehrere dramatische, erzählerische und lyrische Werke folgten, so u. a. „Der Graf von Charolais" (Drama, 1904), die David-Trilogie „Jakobs Traum", „Der junge David", „Vorspiel zu König David" (1918–33) sowie die nach seiner verstorbenen Frau benannten Memoiren „Paula" (1949). 1963 erschienen „Gesammelte Werke".

BEETHOVEN, Ludwig van, * 16. 12. 1770 in Bonn, † 26. 3. 1827 in Wien, Komponist. Sein Geburtsdatum ist nicht ganz gesichert, doch sehr wahrscheinlich, da sein Tauftag der 17. ist. Entstammt einer Musikerfamilie und trat am 26. 3. 1778 erstmals als Klavierwunderkind auf. 1787 reiste er zu Mozart nach Wien, 1792 folgte die zweite Wien-Reise, und die Stadt wurde zu seinem ständigen Wohnsitz. Er nahm Unterricht bei Salieri (s. d.) und Albrechtsberger (s. d.) und trat am 29. 3. 1795 zum ersten Mal in Wien öffentlich als Pianist auf. Am 6. 10. 1802 verfaßte er das „Heiligenstädter Testament", in dem er auf seine beginnende Taubheit Bezug nahm. Schon 1796 kündigten sich die ersten Hörschwierigkeiten an, die 1818 zu vollständiger Taubheit führten, was ihn zwang, Konversationshefte zu führen. B.s Begräbnis am 29. 3. 1827 fand unter Teilnahme von Prominenz und einer gewaltigen Menschenmenge auf dem Währinger Ortsfriedhof statt. B.s Schaffen, ausgehend von den Vorbildern der Wiener Klassik, Haydn und Mozart, weist weit in die Romantik und hat die Entwicklung der Musik nachhaltig beeinflußt. Er schuf die Oper „Fidelio", die erst in der dritten Fassung ihre endgültige Form bekam, neun Symphonien, zwei Messen, ein Violinkonzert, fünf Klavierkonzerte, 16 Streichquartette, andere Kammermusik, 32 Klavier-, 10 Violin-, fünf Cellosonaten, 91 Lieder u. v. m. In der Symphonie ging B. neue Wege, ersetzte etwa das Menuett durch das Scherzo, erweiterte den Orchesterapparat, fand neue Formen der Verarbeitung des thematischen Materials. In seinen Spätwerken, etwa in den Quartetten ab op. 127, durchbrach er das klassische Formgehäuse durch Überschreitung der Viersätzigkeit.
B. war einer der ersten freischaffenden Komponisten, da der Großteil seiner Kompositionen Widmungs- und Auftragswerke waren. 1809 erhielt er ein Dekret von Erzherzog Rudolf (s. d.), Franz Joseph Fürst Lobkowitz und Ferdinand Graf Kinsky, das ihm eine jährliche Rente in der Höhe von 4000 Gulden zusicherte. Beethovens wichtigste Orchesterwerke mit Uraufführung: 1. Symphonie C-Dur op. 21 (Wien, 2. 4.

1800), 2. Symphonie D-Dur op. 36 (Wien, 5. 4. 1803), Oratorium „Christus am Ölberg" op. 85 (Wien, 5. 4. 1803), 3. Symphonie „Eroica" Es-Dur op. 55 (Wien, 7. 4. 1805), Oper „Fidelio" (unter dem Titel „Leonore") op. 72 (erste Fassung, Wien, 20. 11. 1805), umgearbeitete Fassung des „Fidelio" („Leonore", Wien, 29. 3. 1806), 4. Symphonie B-Dur op. 60 (Wien, 5. 3. 1807), 5. Symphonie c-Moll op. 67, „Schicksals-

LUDWIG VAN BEETHOVEN

Die Emanzipation des Musikers

„Unsere Wohnung ging gegen den Garten, die Zimmer nach der Straße hatte Beethoven gemietet", berichtet Franz Grillparzer von einem Sommeraufenthalt in Heiligenstadt im Jahre 1806. „Meine Brüder und ich machten sich wenig aus dem wunderlichen Mann – er war unterdessen stärker geworden und ging höchst nachlässig, ja unreinlich gekleidet – wenn er brummend an uns vorüberschoß, meine Mutter aber, eine leidenschaftliche Freundin der Musik, ließ sich hinreißen je und dann, wenn sie ihn Klavier spielen hörte, auf den gemeinschaftlichen Gang, und zwar nicht an seiner, sondern unmittelbar neben unserer Türe hinzutreten, und andächtig zu lauschen. Das mochte ein paarmal geschehen sein, als plötzlich Beethovens Tür aufging, er selbst heraustritt, meine Mutter erblickt, zurückeilt und unmittelbar darauf, den Hut auf dem Kopfe, die Treppe hinab ins Freie stürmt. Von diesem Augenblicke an berührte er sein Klavier nicht mehr..." Wie sein erster und getreuer Biograph Anton Schindler 1840 notierte, wurde, durch zunehmende Taubheit bedingt, Beethovens Spiel von den Mitbewohnern nicht immer geschätzt: „Beethoven liebte besonders, in der Abenddämmerung sich an den Flügel zu setzen und zu phantasieren... Wie dieses Spiel geklungen, da der äußere Sinn gar nicht mehr mitwirken konnte, ist überflüssig zu sagen; besonders auf den Streichinstrumenten, die er nicht zu stimmen vermochte, war es für die Mitbewohner eine Ohrenpein."
Oftmals sollte der menschenscheue Ruhelose seinen Wohnsitz noch wechseln; so lebte er mehrmals bei Emanuel Schikaneder im Theater an der Wien, im Pasqualatihaus auf der Mölkerbastei und immer wieder in Heiligenstadt (wo er im Oktober 1802 in Form eines Abschiedsbriefes sein berühmtes Heiligenstädter Testament verfaßte), bis er am 26. März 1827 im Schwarzspanierhaus in der Schwarzspanierstraße 15, während über Wien ein schweres Gewitter niederging, für immer die Augen schloß.

Beethovens erstes Porträt von Willibrord Mähler (1804)

B

Behaim Jörg · Behaim Michael · Behrens Peter · Beirer Hans · Békessy Jancsy · Belcredi Richard · Bellegarde Heinrich · Bellotto Bernardo · Bem Josef · Benatzky Ralph · Benedek Ludwig August · Benedikt Edmund · Benedikt Heinrich · Benedikt Moritz · Benesch Otto · Benk Johannes · Benya Anton · Berchtold Leopold · Berchtold von Kremsmünster · Berczeller Richard · Berg Alban

symphonie" (Wien, 22. 12. 1808), 6. Symphonie F-Dur op. 68, „Pastorale" (Wien, 22. 12. 1808), 7. Symphonie A-Dur op. 92 (Wien, 8. 12. 1813), „Wellingtons Sieg oder Die Schlacht bei Vittoria" op. 91 (Wien, 8. 12. 1813), 8. Symphonie F-Dur op. 93 (Wien, 27. 2. 1814), endgültige (dritte) Fassung der Oper „Fidelio" (Wien, 23. 5. 1814), 9. Symphonie d-Moll op. 125 (Wien, 7. 5. 1824).

Gesamtausgabe, 38 Bde. (1862–65); Sämtliche Briefe, 5 Bde. (1906–08); Marx, A. B.: L. v. B., 2 Bde. (1859); Schindler, A.: B. (1840); Halm, A.: B. (1927); Kobald, K.: B. (1927 und 1959); Riezler, W.: B. (1936 mehrfach wiederaufgelegt); B.-Jahrbuch (seit 1953); Kinsky, K., und Halm, K.: Das Werk B.s (1955); Hess, W.: B. (1956); Rexroth, D.: B. (1982)

BEHAIM, Jörg, 1391 in Wien erwähnt (erste Nennung überhaupt in Ö.), Orgelbauer. Um 1400 errichtete er die große Orgel im Wiener Stephansdom.

BEHAIM, Michael (auch Beham, Beheim), * 27. 9. 1416 in Sülzbach (Württemberg), † 1474 in Sülzbach (ermordet), Meistersinger. War Soldat und 1457–65 Gefolgsmann Kaiser Friedrichs III. Schrieb das „Buch von den Wienern", in dem er die an der Seite des Kaisers miterlebte Belagerung in der Wiener Burg (1462) beschrieb (hrsg. von G. v. Karajan, 1843). B. hielt sich bis 1465 in Wien auf.

BEHRENS, Peter, * 14. 4. 1868 in Hamburg, † 27. 2. 1940 in Berlin, Architekt. Studierte Malerei in Deutschland und war als Architekt Autodidakt. B. beschäftigte sich vor allem mit Industriearchitektur und entwarf für die AEG und die Farbwerke Hoechst Verwaltungsgebäude. 1922 an die Akademie für bildende Künste nach Wien berufen, baute er hier vor allem Wohnhausanlagen der Gemeinde Wien, so den Winarsky-Hof (1924) und den Franz-Domes-Hof (1928) sowie 1929–35 die Tabakfabrik Linz. Ab 1938 war er an der Planung der „Hermann-Göring-Werke" (heute VOEST in Linz) mitbeteiligt. Zu seinen Schülern zählen Mies van der Rohe, Walter Gropius, Le Corbusier und Clemens Holzmeister (s. d.).

BEIRER, Hans, * 23. 6. 1911 in Wiener Neustadt, Kammersänger, Tenor. Debüt 1936 in Linz als Operettentenor, wechselte 1943 in Berlin zur Oper und wurde Heldentenor (Wagner-Rollen). Trat ab 1960 auch an der Wiener Staatsoper auf. Sang auf vielen Bühnen Europas und bei den Festspielen in Salzburg und in Bayreuth.

BÉKESSY, Jancsy (Jean), s. Habe, Hans

BELCREDI, Richard Graf, * 12. 2. 1823 in Ingrowitz (Mähren), † 2. 12. 1902 in Gmunden (OÖ), Jurist und Staatsmann. 1854 Kreishauptmann in Znaim, 1860 Landeshauptmann von Schlesien, 1863 Statthalter-Vizepräsident in Triest, 1864 Statthalter von Prag, 1865–67 Ministerpräsident des sogenannten „Drei-Grafen-Kabinetts". Er hob das Februarpatent von 1861 auf und bemühte sich um eine föderalistische Lösung der Nationalitätenfrage. Eine föderalistische Verfassung sollte nach seinen Vorstellungen in fünf großen Länderkomplexen gelten: in Deutsch-Österreich, Ungarn, Böhmen-Mähren-Schlesien, Polen-Ruthenien und in den südslawischen Gebieten. Der verlorene Krieg von 1866 führte zu seinem Sturz; er trat am 7. 2. 1867 zurück. 1881–95 war er Präsident des Verfassungsgerichtshofs.

BELLEGARDE, Heinrich Graf, * 29. 8. 1756 in Dresden, † 22. 6. 1845 in Wien, Feldherr und Staatsmann. Seit 1771 im ö. Militärdienst, 1796 Feldmarschalleutnant, 1796/97 Generalstabschef von Erzherzog Karl, 1801 General, 1806 Feldmarschall. 1806–08 Gouverneur in Galizien, nahm 1809 an den Schlachten von Aspern und Deutsch-Wagram teil, 1809–13 und 1820–25 Präsident des Hofkriegsrats, 1813–16 Generalgouverneur der Lombardei und Venetiens, 1816 Obersthofmeister des Kronprinzen, ab 1820 Staats- und Konferenzminister und einer der profiliertesten Männer um Kaiser Franz I. Zwischen 1771 und 1814 hatte er an insgesamt 18 Feldzügen teilgenommen. B. war auch Ritter des Ordens vom Goldenen Vlies.

BELLOTTO, Bernardo, s. Canaletto

BEM, Josef, * 1795 in Tarnów (Galizien), † 10. 12. 1850 Aleppo (Syrien), polnischer General. Kämpfte in der polnischen Armee gegen die Russen und ging nach der Niederlage Polens nach Wien. Organisierte in der Oktoberrevolution 1848 mit Wenzel Messenhauser (s. d.) die Verteidigung Wiens. Floh Anfang November nach Ungarn und kämpfte als Kommandierender General erfolgreich bis August 1849 gegen ö. und russische Truppen. Dann floh er in die Walachei und wurde unter dem Namen „Amurat Pascha" türkischer General.

Czetz, J. (Hrsg.): B.s Feldzug in Siebenbürgen in den Jahren 1848 und 1849 (1850)

BENATZKY, Ralph (Rudolph), * 5. 6. 1884 in Mährisch-Budwitz, † 16. 10. 1957 in Zürich, Operettenkomponist. Promovierte zum Dr. phil. und war anschließend Schüler von Felix Mottl (s. d.) in München. B. trat mit seiner Gattin Josma Selim in zahlreichen Wiener Kabaretts auf. 1940 ging er nach Hollywood, 1948 ließ er sich in der Schweiz nieder. Sein größter Erfolg wurde die 1930 in Berlin uraufgeführte Operette „Im weißen Rößl". Er wirkte vor allem in Wien und in Berlin, wo die meisten seiner Operetten uraufgeführt wurden. B. schrieb auch Filmmusik. Hauptwerke: „Liebe im Schnee" (1916), die Revue „Für Dich" (1929), „Meine Schwester und ich" (1931), „Bezauberndes Fräulein" (1933) und „Axel an der Himmelstür" (1936). 1927 wurden seine Oper „Die Blinde" und seine Spieloper „Der lachende Dreibund" uraufgeführt.

Neues Bauen in Österreich. Der von Peter Behrens und Alexander Popp entworfene Skelettbau der Linzer Tabakfabrik (1929–35)

LUDWIG AUGUST BENEDEK

Der geschlagene General

BENEDEK, Ludwig August, Ritter von Felsö-Eör, * 14. 7. 1804 in Ödenburg, † 27. 4. 1881 in Graz, Heerführer. Entstammte einem ungarischen (protestantischen) Adelsgeschlecht und besuchte die Militärakademie in Wiener Neustadt. 1846 bereits Oberst, 1849 Generalmajor, 1850–57 Generalstabschef von Feldmarschall Radetzky, 1852 Feldmarschallleutnant, 1857 Kommandant in Krakau und Lemberg. Er zeichnete sich 1859 mit seinem VIII. Korps in der Schlacht von Solferino aus. 1859 Feldzeugmeister, 1860 Armee- und Landesgeneralkommandant im Lombardo-Venetianischen Königreich, in Kärnten, Krain, Tirol und dem Küstenland, wo er die ö. Armee auf einen vorzüglichen Ausbildungs- und Ausrüstungsstand brachte. 1866 erhielt er gegen seinen Willen das Kommando über die Nordarmee gegen Preußen. Von den Ausrüstungs- und Organisationsmängeln dieser Armee abgesehen, fühlte sich B. dieser Aufgabe nicht gewachsen, da er bisher vor allem in Italien gekämpft hatte. Nach der Niederlage von Königgrätz 1866 wurde B. in Ungnaden entlassen und eine kriegsgerichtliche Untersuchung gegen ihn angestrengt. Obwohl diese bald niedergeschlagen wurde, verzichtete B. auf jede Rechtfertigung und lebte völlig zurückgezogen bis zu seinem Tod in Graz.

Ludwig von Benedek. Lithographie von Eduard Kaiser (1860)

Alter, W.: Feldzeugmeister B. und der Feldzug der k. k. Nordarmee 1866 (1912); Regele, O.: Feldzeugmeister B. (1960)

BENEDIKT, Edmund, * 10. 6. 1851 in Wien, † 1. 2. 1929 in Wien, Jurist. Wurde nach seinem Studium bald einer der bekanntesten Rechtsanwälte Wiens. So war er Verteidiger in der Verhandlung um den Ringtheater-Brand und 1909 im vieldiskutierten Friedjung-Prozeß. 1890–1904 war er Herausgeber der „Juristischen Blätter". Neben juristischen Publikationen arbeitete er am Entwurf zum Strafgesetz und an der Strafprozeßreform mit.

BENEDIKT, Heinrich, * 30. 12. 1886 in Wien, † 26. 12. 1981 in Wien, Historiker. Promovierte 1911 zum Dr. jur. und 1930 zum Dr. phil. War 1914–18 der Nachrichtenabteilung des k. u. k. Armeeoberkommandos zugeteilt. 1946–59 Univ.-Prof. in Wien. 1957 Preis der Stadt Wien, ab 1958 Leiter des Zeitungswissenschaftlichen Instituts der Universität Wien. Verfaßte mehrere Werke, darunter: „Monarchie der Gegensätze" (1947), „Geschichte der Republik Ö." (Hrsg., 1954), „Kaiseradler über dem Apennin" (1964) und „Als Belgien ö. war" (1965).

BENESCH, Otto, * 29. 6. 1896 in Ebenfurth (NÖ), † 15. 11. 1964 in Wien, Kunsthistoriker. Wurde 1936 durch seine Publikation „Ö. Handzeichnungen des 15. und 16. Jahrhunderts" bekannt. 1938–47 Univ.-Prof. in England und in den USA, 1947–61 Univ.-Prof. in Wien. Außerdem war B. von 1947–61 Direktor der Albertina.

BENK, Johannes, * 27. 7. 1844 in Wien, † 12. 3. 1914 in Wien, Bildhauer. Er begann schon 1859 mit seinem Studium an der Wiener Akademie, studierte dann in Dresden und in Rom und errichtete 1872 sein eigenes Atelier in Wien. Zahlreiche Ringstraßenbauten sind mit seinen Plastiken geschmückt. So schuf er allegorische Figuren für die Votivkirche, das Parlament (Giebel), das Burgtheater, das Rathaus, die beiden Museen und für die Neue Hofburg. Von B. stammen auch zahlreiche Ehrengräber und Denkmäler; 1907 schuf er sein berühmtestes: das Deutschmeisterdenkmal vor der Roßauer Kaserne.

BENYA, Anton, * 8. 10. 1912 in Wien, SPÖ-Politiker und Gewerkschafter. 1934 und 1937 in politischer Haft. 1945 Vorsitzender der Gewerkschaft der Metall- und Bergarbeiter (stärkste Teilorganisation im Rahmen des ÖGB bis 1970), 1948 Sekretär des ÖGB, 1956 Abgeordneter zum Nationalrat, 1959 Vizepräsident und 1963 Präsident des ÖGB. Seit 1971 Erster Präsident des Nationalrats; im Dezember 1986 trat B. von diesem Amt zurück.

BERCHTOLD, Leopold Graf, * 18. 4. 1863 in Wien, † 21. 11. 1942 in Schloß Peresznye bei Ödenburg (Sopron), Diplomat und Staatsmann. Trat nach seinem Jusstudium 1894 in den diplomatischen Dienst. 1906–11 Botschafter in St. Petersburg, 1912–15 als Nachfolger Aehrenthals (s. d.) k. u. k. Außenminister. B. versuchte vorerst eine Nichteinmischungspolitik auf dem Balkan zu betreiben; nach den Balkankriegen führte diese Orientierung allerdings zu einer Isolierung der Doppelmonarchie. Nach der Ermordung des Thronfolgers Franz Ferdinand (s. d.) plädierte B. für einen militärischen Feldzug gegen Serbien, formulierte das Ultimatum an Serbien (23. 7. 1914) und drängte erneut auf Krieg. Die Meinungsverschiedenheiten mit dem Ministerpräsidenten und dem Kaiser führten am 13. 1. 1915 zu seinem Rücktritt. Ab 1916 war er Obersthofmeister und Berater von Kaiser Karl (s. d.) und lebte nach 1918 als Privatmann.

Hantsch, H.: L. Gf. B., 2 Bde. (1963)

MORITZ BENEDIKT

Leitartikel für das liberale Bürgertum

BENEDIKT, Moritz, * 27. 5. 1849 in Kwassitz (Mähren), † 18. 3. 1920 in Wien, liberaler Publizist. Als Autodidakt trieb er in Wien verschiedene Studien und war ab 1872 als Journalist tätig. 1908 Chefredakteur und Herausgeber der „Neuen Freien Presse", die unter seiner Leitung zur einflußreichsten Zeitung Ö.s wurde. 1917–18 Mitglied des Herrenhauses.

BERCHTOLD von Kremsmünster, † wahrscheinlich 1326 in Kremsmünster, Benediktinermönch und Historiker. Seit 1292 im Benediktinerstift Kremsmünster (OÖ) nachweisbar. Eine Sammlung geschichtlicher Aufzeichnungen wurde lange Zeit als „Kremsmünsterer Geschichtsquellen" bezeichnet, ehe man vor wenigen Jahrzehnten B.s Autorenschaft feststellte. Außerdem verfaßte er die wertvolle „Historia Cremifanensis", die von der Gründung bis zu Abt Friedrich von Aich reicht, sowie eine Klosterbeschreibung.

Lhotsky, A.: Quellenkunde zur mittelalterlichen Geschichte Ö.s (1963); Zöllner, E. (Hrsg.): Quellen der Geschichte Ö.s (1982)

Leopold Graf Berchtold

BERCZELLER, Richard, * 4. 2. 1902 in Ödenburg (Ungarn), Arzt und Schriftsteller. Studierte Medizin und emigrierte über Afrika in die USA, wo er seit 1941 in New York als Arzt lebt. Schrieb zahlreiche Erzählungen, so „Die sieben Leben des Dr. B." (1966); 1975 gab er gemeinsam mit Norbert Leser (s. d.) „. . . mit Österreich verbunden" heraus, 1971 erschienen seine Memoiren „Time Was".

BERG, Alban Maria Johannes, * 9. 2. 1885 in Wien, † 24. 12. 1935 in Wien, Komponist. Begann 1900 mit autodidaktischen Kompositionsversuchen. War 1904–06 Rechnungsbeamter, lernte aber 1904 Arnold Schönberg kennen und war bis 1910 dessen Schüler. 1907 erstes öffentliches Konzert. Ab 1911 verdiente er seinen Lebensunterhalt mit Kompositionsunterricht, 1914–18 war er Soldat. 1921 vollendete er die Oper „Wozzek" nach dem Drama „Woyzeck" von Georg Büchner, an der er seit 1914 gearbei-

B

Berg Karl · Berg O. F. · Berg Werner · Bergamenter Wilhelm · Bergauer Josef · Berger Alfred · Berger Artur · Berger Johann Nepomuk · Berger Senta · Berger Thaddäus d. Ä. · Berger Thaddäus d. J. · Berger Theodor · Berger-Waldenegg Egon · Berghofer Armand · Bergl Johann Wenzel · Bergler Hans · Bergler Joseph d. J. · Bergmann Joseph

Alban Berg, porträtiert von Arnold Schönberg (um 1910)

tet und mit einer Mischung aus Atonalität und Expressionismus versucht hatte, dem Schicksal des geschundenen, ausgenützten Soldaten gerecht zu werden. Nach einer Aufführung von Werkfragmenten (1923) folgte am 14. 12. 1925 die Uraufführung unter Erich Kleiber an der Berliner Staatsoper. Obwohl B. mit dieser schlagartig bekannt geworden war, erreichte die Oper erst durch die Aufführung in Oldenburg 1929 einen durchschlagenden Erfolg. Seit 1928 arbeitete er an der Vertonung des Dramas „Lulu" nach Frank Wedekinds „Erdgeist". Im Konzept fertig, arbeitete B. bis zu seinem Tode an der Instrumentation. Drei Viertel des dritten Aktes blieben unvollendet, nur einen Klavierauszug, die Singstimmen und Instrumentationsangaben hatte B. hinterlassen. Auf dem Internationalen Musikfest in Zürich 1937 wurde die Oper als Torso erstmals aufgeführt. Gegen den Willen von B.s Witwe Helene vollendete Friedrich Cerha den dritten Akt der Oper, und diese Fassung wurde am 24. 2. 1979 in der Pariser Oper uraufgeführt. B., ein Vertreter der Wiener Schule, gilt als der „Romantiker" des Schönberg-Kreises, der sich von 1925 an auch der Zwölftontechnik bediente. Sein „Wozzek" gilt als Meilenstein der Operngeschichte des 20. Jh.s.

Reich, W.: A. B. (1937); Redlich, H. F.: A. B., Leben und Werk (1963); Scherliess, V.: A. B. in Selbstzeugnissen und Bilddokumenten (1975); Berg, E. A.: Der unverbesserliche Romantiker A. B. (1985)

BERG, Karl, * 27. 12. 1908 in Radstadt (S), katholischer Geistlicher. Studierte in Rom, wurde dort 1933 zum Priester geweiht und erwarb das Doktorat der Theologie. Am 26. 12. 1972 vom Salzburger Metropolitankapitel zum Erzbischof gewählt, übernahm er nach der Bestätigung durch Papst Paul VI. am 17. 1. 1973 die Leitung der Diözese und wurde am 25. 2. 1973 zum Bischof geweiht.

BERG, O. F. (eigtl. Ottokar Franz Ebersberg), * 10. 10. 1833 in Wien, † 16. 1. 1886 in Wien, Schriftsteller und Zeitschriftenherausgeber. B. schrieb zahlreiche Possen und Wiener Volksstücke, die sich großer Beliebtheit erfreuten. 1859 gründete er das Witzblatt „Tritsch-Tratsch", 1862 den „Kikeriki" und 1872 das „Illustrierte Wiener Extrablatt".

BERG, Werner, * 11. 4. 1904 in Wuppertal-Elberfeld, † 7. 9. 1981 in Gallizien (K), Maler und Holzschneider. Studierte ab 1923 an der Wiener Akademie und lebte von 1931 an als Landwirt in Gallizien (K). Sein Werk ist von Emil Nolde und Edvard Munch beeinflußt.

BERGAMENTER, Wilhelm, s. Wiesberg, Wilhelm

BERGAUER, Josef, * 26. 1. 1880 in Laa a. d. Thaya (NÖ), † 20. 7. 1947 in Wien, Schriftsteller und Schauspieler. Wurde nach Beendigung seines Jusstudiums in Wien Gerichtsbeamter, trat aber bereits ab 1907 als Schauspieler auf, wurde später auch Sänger und Vortragskünstler. B. war ein hervorragender Nestroy-, Raimund- und Anzengruber-Interpret. 1941 erschien sein vielbeachtetes Buch „Das klingende Wien" und nach seinem Tod „Auf den Spuren berühmter Menschen in Wien" (1948).

BERGER, Alfred Freiherr von, * 30. 4. 1853 in Wien, † 24. 8. 1912 in Wien, Dramaturg und Schriftsteller. Sohn des Politikers und Univ.-Prof.s Johann Nepomuk B. 1887–90 Sekretär und 1910–12 Direktor des Wiener Burgtheaters, 1898–1910 Direktor des Deutschen Schauspielhauses in Hamburg. Der Neuromantik stark verbunden, schrieb er Dramen, Novellen und Gedichte. B. war mit der Schauspielerin Stella Hohenfels (s. d.) verheiratet. Führte am Burgtheater Stücke von Kleist, Ibsen, Wilde, Hebbel (s. d.), Hauptmann, Schnitzler (s. d.) und Shaw auf und engagierte die Schauspielerin Else Wohlgemuth.

BERGER, Artur, * 27. 5. 1892 in Wien, † 11. 1. 1981 in Moskau, Graphiker und Kunstgewerbler. Absolvierte die Graphische Lehr- und Versuchsanstalt und besuchte ab 1911 die Kunstgewerbeschule in Wien. Arbeitete am Gemeindebauprogramm der Stadt Wien mit und stattete von 1920 bis 1936 über dreißig Filme aus, darunter „Prinz und Bettelknabe" (1920), „Der junge Medardus" (1923), „Café Electric" (1927). Lebte und arbeitete ab 1936 in Moskau.

BERGER, Johann Nepomuk, * 16. 9. 1816 in Proßnitz (Mähren), † 9. 12. 1870 in Wien, Jurist und Politiker. Nach Jus- und Mathematikstudium 1844 Assistent für Natur- und Kriminalrecht an der Maria-Theresianischen Militärakademie. 1848 Abgeordneter der demokratischen Linken in der Frankfurter Nationalversammlung, ab 1849 Anwalt in Wien. 1863 deutschliberaler Reichsratsabgeordneter, 1867–70 Minister ohne Portefeuille im Bürgerministerium. Am 12. 1. 1870 erschien das von ihm verfaßte „Minderheits-Memorandum" in der „Wiener Zeitung", in dem er einen Ausgleich der Nationalitäten forderte. Als das Memorandum abgelehnt wurde, trat er als Minister zurück.

BERGER, Senta, * 13. 5. 1940 in Wien, Filmschauspielerin. Studierte am Reinhardtseminar und trat danach am Theater in der Josefstadt auf, machte jedoch bald internationale Filmkarriere. Anspruchsvolle Rollen verkörperte sie in den Filmen „Wer im Glashaus liebt..." (1971) von Michael Verhoeven und in „Die Moral der Ruth Halbfaß" (1972) von Volker Schloendorff. Bei den Salzburger Festspielen die „Buhlschaft" im „Jedermann".

BERGER, Thaddäus d. Ä., * 21. 9. 1744 Altmanns (NÖ), † 10. 10. 1807 in Wien, Fabrikant. Mit einem Privileg Maria Theresias errichtete er in Penzing bei Wien die erste Seidenbandfabrik. Gegen Ende des

18. Jh.s besaß die Firma Berger & Co. mehrere Fabriken und Häuser in Wien sowie das aufgelassene Klarissenkloster in Graz.

BERGER, Thaddäus d. J., * 18. 8. 1774 in Wien, † 7. 6. 1842 in Wien, Unternehmer. Er führte die von seinem Vater Thaddäus d. Ä. (s. d.) gegründeten Firmen erfolgreich weiter, beschäftigte bald 1 000 Arbeiter und errichtete 1838 die Pottendorfer Garnmanufaktur. Außerdem beteiligte er sich an der Gründung der Oesterreichischen Nationalbank. (Sein Enkel Oskar erhielt 1882 das Prädikat „von Waldenegg“, ein Nachkomme war der Heimwehrpolitiker Egon Berger-Waldenegg, s. d.)

BERGER, Theodor, * 18. 5. 1905 in Traismauer (NÖ), Komponist. Studierte 1926–32 an der Wiener Musikakademie bei Franz Schmidt, lebt in Wien und erhielt 1949 den Musikpreis der Stadt Wien, 1951 und 1959 den Staatspreis. Schrieb Orchesterwerke, Kammermusik sowie Bühnen- und Filmmusik. Besonders bekannt wurden seine Orchesterwerke „Die Legende vom Prinzen Eugen“ (1942) und „Concerto manuale für 2 Klaviere, Marimbaphon, Metallophon, Streicher und Schlagzeug“ (1951).

BERGER-WALDENEGG am Perg und am Reunperg, Egon Baron, * 14. 2. 1880 in Wien, † 12. 9. 1960 in Graz, Heimwehrpolitiker. Der Sohn eines Diplomaten studierte Jus und trat 1902 in den Dienst der nö. Statthalterei, wechselte aber 1907 in den diplomatischen Dienst über. 1914 Legationsrat, meldete sich bei Kriegsausbruch zu seiner Truppe, von wo er 1917 ins Auswärtige Amt zurückberufen wurde. Rüstete 1918 als Rittmeister ab, wurde danach Bankbeamter und trat 1929 der Heimwehr bei. 1930 kaufte er das Schloß Mühlegg in der Gemeinde Gams ob Frauenthal im Bezirk Deutschlandsberg (St). Schließlich Kreisleiter des Kreises Graz-Umgebung, wurde er 1931 in den Pfrimer-Putsch hineingezogen. 1932 legte er die Kreisleitung nieder und war aktiv gegen die nationalsozialistischen Einflüsse tätig. 1934 (10. 4.–10. 7.) Stellvertretender Landeshauptmann der Steiermark, wurde er am 10. 7. 1934 Justizminister und setzte am 25. Juli den Heimatschutz in ganz Ö. in Bereitschaft. Bis Oktober 1935 Justizminister, von 3. 8. 1934 bis 14. 5. 1936 auch Außenminister. 1936–38 war er Gesandter in Rom und bemühte sich dort vergeblich, den reichsdeutschen Einfluß zu bremsen. Durch Mussolini wurde er italienischer Staatsbürger, arbeitete in Rom, gründete 1944 ein „Ö. Büro“ und zog sich 1948 als Privatmann nach Graz zurück.

Wiltschegg, W.: Die Heimwehr (1985)

BERGHOFER Armand (Amendus), * 1. 12. 1745 in Grein (OÖ), † 7. 2. 1825 in Graz, Schriftsteller und Lehrer. Ging 1814 als Direktor der deutschen Hauptschule in Steyr (OÖ) in Pension und lebte dann in Graz. B. war der Natur verbunden und wurde von Wieland „der ö. Rousseau“ genannt. 1783 erschienen seine „Schriften“ (2 Bde.), 1819 seine Selbstbiographie.

Senta Berger als Buhlschaft in Hofmannsthals „Jedermann“

Decken- und Wandmalereien Johann Wenzel Bergls in den „Bergl-Zimmern“ im Schloß Schönbrunn (um 1780)

BERGL, Johann Wenzel, * 1718 in Königinhof (Böhmen), † 15. 1. 1789 in Wien, Maler des Spätbarock bzw. Rokoko. Schüler von Paul Troger (s. d.). Abgesehen von seinen Landschaftsveduten wurde B. vor allem als Freskenmaler bekannt. Seit 1765 malte er überwiegend religiöse Themen. Seine Hauptwerke: Ausmalung der ehemaligen Stiftskirche von Kleinmariazell (NÖ) 1765, Wandmalereien in den unteren Räumen des Maria Theresia gehörenden Schlößchens in St. Veit bei Wien (heute Erzbischöfliches Schloß in Wien, Ober-St. Veit) 1766, Deckenfresko in der Peregrini-Kapelle der Pfarrkirche von Schönbühel (NÖ) 1767, Deckenbemalung in der Pfarrkirche von Seusenstein (NÖ) 1767, Deckenfresko in der Kapelle des Melker Hofes in Wien 1773, Deckenfresko im Lesesaal der Ö. Nationalbibliothek in Wien 1773 und um 1780 Zimmer im Schloß Schönbrunn (Berglzimmer: Goeß- und Giselazimmer und Kronprinzenappartements).

BERGLER, Hans (Pseud. Ottokar Tann-Bergler), * 15. 6. 1859 in Wien, † 29. 7. 1912 in Wien, Bühnenschriftsteller. Überwiegend von Pötzl (s. d.), Chiavacci (s. d.) und Schlögl (s. d.) beeinflußter Schilderer Wiener Sitten und Typen, schuf die Figur des „Herrn von Pomeisl“. Besonders bekannt wurden seine „Wiener Guckkastenbilder“ (1888). War auch als Redakteur tätig und verfaßte überwiegend Kritiken und Feuilletons.

BERGLER, Joseph d. J., * 1. 5. 1753 in Salzburg, † 25. 5. 1829 in Prag, klassizistischer Maler und Radierer. Als Sohn von Joseph d. Ä. (1718–1788), einem der letzten barocken Bildhauer, geboren, arbeitete B. vorwiegend als Historienmaler und Hofmaler in Passau. Als Hauptwerke gelten 35 Bilder aus der böhmischen Geschichte, außerdem Altarbilder, etwa in Schärding, Reichersberg und Freinberg (alle OÖ).

BERGMANN, Joseph von, * 13. 11. 1796 in Hittisau (V), † 29. 7. 1872 in Graz, Historiker. Kam 1814 nach Wien und studierte Philologie, wurde 1826 Lehrer am Gymnasium in Cilli, 1863 Direktor des Münz- und Antikenkabinetts der Ambraser Sammlung. Mitglied der Akademie der Wissenschaften in Wien.

BERGMEISTER, Hermann, * 7. 7. 1869 in Bregenz, † 20. 10. 1938 in Graz, Maler und Graphiker. Vielfach ausgezeichneter Impressionist, war auch als Buchillustrator tätig.

BERLA, Alois (eigtl. Scheichl), * 7. 3. 1826 in Wien, † 16. 2. 1896 in Wien, Schauspieler und Theaterdichter. Überwiegend für das Theater an der Wien tätig, verfaßte rund 130 Bühnenstücke volkstümlichen Charakters, darunter „Der letzte Zopf" (1848) und „Plausch net Pepi" (1878).

BERMANN, Moritz, * 16. 3. 1823 in Wien, † 1. 6. 1895 in Wien, Kunst- und Autographenhändler, Schriftsteller. 1853 gab er das „Ö. Biographische Lexikon" heraus, von dem allerdings nur der 1. Band veröffentlicht wurde. 1863 erschien die erste populäre Geschichte Wiens, „Geschichte der Wienerstadt und Vorstädte", 1880 „Alt- und Neu-Wien" – die Hauptwerke seiner schriftstellerischen und lokalhistorischen Tätigkeit. B. schrieb auch unter den Pseudonymen Berthold Mormann, Moritz B. Zimmermann, Louis Mühlfeld, Julius Marlott.

BERNARD, Karl, * um 1786 in Saaz (Böhmen), † 31. 3. 1850 in Wien, Journalist. Kam 1810 nach Wien, wo er 1810–13 die Theaterzeitschrift „Thalia", 1819–48 die „Wiener Zeitung" und ab 1849 bis zu seinem Tod das konservative Tagblatt „Austria" redigierte. B. schrieb auch die Libretti zu Konradin Kreutzers (s. d.) Oper „Libussa" und zu Louis Spohrs „Faust".

BERNARDIS, Robert, * 7. 8. 1908 in Linz, † 8. 8. 1944 in Berlin (hingerichtet), Generalstabsoffizier und Widerstandskämpfer. War Verbindungsmann zwischen den deutschen Offizierskreisen um Oberst Graf Stauffenberg und der ö. Widerstandsgruppe im Rahmen der deutschen Wehrmacht. Wurde beim Aufstand vom 20. 7. 1944 verhaftet und hingerichtet.

BERNATZIK, Edmund, * 28. 9. 1854 in Mistelbach (NÖ), † 30. 3. 1919 in Wien, Staats- und Völkerrechtler. War Professor an der Universität Wien und maßgeblich an der Entwicklung der ö. Verfassungs- und Verwaltungsrechtswissenschaft beteiligt. Er verfaßte die einzige Quellensammlung zum Verfassungsrecht der ö.-u. Monarchie, die 1906 erschien: „Die ö. Verfassungsgesetze".

BERNATZIK, Hugo Adolf, * 26. 3. 1897 in Wien, † 9. 3. 1953, Ethnologe und Reiseschriftsteller, Sohn von Edmund B. (s. d.). Er war Begründer der angewandten Völkerkunde und nach dem Studium der Medizin, Ethnologie und Anthropologie an den Universitäten Wien und Graz als Prof. tätig. Erkrankte 1951 an Tropentyphus und starb an dieser Krankheit. Von seinen zahlreichen Forschungsreisen, die er gemeinsam mit seiner Frau Emmy unternahm, brachte er wertvolle völkerkundliche Gegenstände mit und verfaßte Bücher über alle seine Expeditionen. Seine Reisen führten ihn vorwiegend in den Sudan, die Dobrudscha, nach Albanien, Senegal, Lappland, Indonesien, Australien und in die Südsee. Hauptwerke: „Der dunkle Erdteil" (1930), „Südsee" (1934), „Zwischen Weißem Nil und Kongo" (1943), „Afrika, Handbuch der angewandten Völkerkunde", 2 Bde. (1947); außerdem war er Herausgeber von „Die große Völkerkunde", 3 Bde. (1939).

BERNATZIK, Wilhelm, * 18. 5. 1853 in Mistelbach (NÖ), † 26. 11. 1906 in Hinterbrühl (NÖ), Maler. Mitbegründer der Wiener Secession und von 1903–05 deren Präsident.

BERNDL, Florian, * 10. 5. 1858 in Großhaselbach (NÖ), † 30. 11. 1934 in Wien, Naturheilkundler. War ein naturliebendes Original und lebte in einer Holzhütte am Bisamberg (NÖ). Als Verfechter einer möglichst natürlichen Lebensweise „gründete" er das Bad am Gänsehäufel, eine bewaldete Strandinsel in der Alten Donau, das man lange Zeit scherzhaft „Berndl-Kolonie" nannte.

BERNER, Felix, * 9. 9. 1738 vermutlich in Wien, † 26. 4. 1787 in Wien, Schauspieldirektor. 1758 gründete er in Vorderösterreich eine Kindertruppe, mit der er in Ö., Deutschland und in der Schweiz Erfolge erzielte. 1770 war er erstmals in Wien, wo er in den nächsten Jahren immer wieder spielte. 1786 errichtete er auf dem Neuen Markt eine stattliche Schauspielhütte mit Podium, Galerien und Logen und hatte großen Zulauf. Seine berühmte Kindertheatertruppe zerfiel nach seinem Tod.

BERNHARD, Thomas, * 9. 2. 1931 im Kloster Heerlen bei Maastricht (Niederlande), Erzähler und Dramatiker. Studierte 1951–57 Musik in Wien und Schauspiel am Salzburger Mozarteum und lebt seit 1965 zumeist auf seinem Bauernhof in Ohlsdorf (OÖ). B. wurde 1957 durch die Veröffentlichung seiner Gedichte bekannt und erreichte 1963 mit dem Roman „Frost" den künstlerischen Durchbruch, dem u. a. folgten: „Amras" (1964), „Verstörung" (1967), „An der Baumgrenze" (1969), „Das Kalkwerk" (1970), „Holzfällen" (1984), „Alte Meister" (1985). Seit 1970 schreibt er auch Dramen, so „Ein Fest für Boris" (1970), „Der Ignorant und die Wahnsinnige" (1972), „Der Theatermacher" (1985) und „Ritter, Dene, Voss" (1986). In seiner pessimistischen Prosa und in seinen Dramen gestaltet er monomane Figuren; seine Hauptmotive sind Krankheit,

ELISABETH BERGNER

München und Berlin über Nacht erobert

„... eine Augen- und Ohrenweide fürs Publikum war Elisabeth Bergner. Die Frau mit den Spitzmausaugen und dem Knabbermund, mit ihrem zwischen kindisch-jappender Aufgeregtheit und leidenschaftlicher Stille wechselndem Wesen ist ein erwachsenes Wunderkind." *Anton Kuh*

BERGNER, Elisabeth (eigtl. Ettel), * 22. 8. 1897 in Drogobytsch (Galizien), † 12. 5. 1986 in London, Schauspielerin. Kam über Wiener Bühnen nach München und Berlin und lebte seit 1933 in England und seit 1939 in den USA. 1951 Rückkehr nach London. Große Erfolge errang sie in den Rollen der Shakespeare-Lustspiele und als Heilige Johanna in B. Shaws Stück. 1924 Beginn der Filmtätigkeit und der Zusammenarbeit mit ihrem späteren Ehemann, dem Regisseur Paul Czinner; berühmte Filme: „Der Geiger von Florenz" (1926), „Fräulein Else" (1929) und „Der träumende Mund" (1932).

RICHARD BERNASCHEK

Anruf aus dem Hotel Schiff

BERNASCHEK, Richard, * 12. 6. 1888 in Budapest, † 18. 4. 1945 im KZ Mauthausen, oö. Schutzbundführer. 1923/24 Landessekretär, ab 1927 Landesleiter des Republikanischen Schutzbundes OÖ. Am Vorabend des 12. Februar 1934 kündigte B. der sozialdemokratischen Parteileitung in Wien eine bewaffnete Aktion im Fall neuerlicher Durchsuchungen durch Heimwehr und Polizei an. Diese Mitteilung wurde von der Exekutive abgefangen, am darauffolgenden Tag das sozialdemokratische Parteiheim „Hotel Schiff" durchsucht und der Bürgerkrieg ausgelöst. Am 12. Februar wurde B. verhaftet und am 3. April aus dem Gefängnis befreit. Er ging nach Deutschland und nahm kurzzeitig Kontakt zu den Nationalsozialisten auf. 1944 wurde er in Linz verhaftet und in das KZ Mauthausen eingeliefert, wo er wenige Tage vor Kriegsende ermordet wurde.

Kykal, I., und Stadler, K. R.: R. B. – Odyssee eines Rebellen (1976)

Wahn, Verfangenheit in sich selbst, die „Hölle des Zusammenseins". 1968 erhielt er den Ö. Staatspreis, 1970 den Georg Büchner-Preis.

BERNHARD II. von Spanheim, Herzog von Kärnten, * zwischen 1176 und 1181, † 4. 1. 1256 vermutlich in Völkermarkt (K). Übernahm nach dem Tod seines Bruders Ulrich II. im Jahr 1202 die Regierung und behielt die staufer-freundliche Haltung seines Geschlechts bei. Systematisch baute er seine Stellung als Landesfürst aus und schuf die Grundlage für den Aufstieg des Herzogtums Kärnten unter seinen Nachfolgern. 1248 beerbte er zum Teil die Andechser, die Herzöge von Meranien waren. In langwierigen Auseinandersetzungen mit den Grafen von Görz und Tirol und den Bischöfen von Bamberg (in K. reich begütert, besaßen sie auch Villach) wußte er sich zu behaupten und erwarb im Lauf seiner Regierung die wichtigsten Alpenübergänge im Süden. 1205 errichtete er in St. Veit an der Glan eine Münzstätte, gründete 1234 das Kloster Mariabrunn bei Landstraß und verlegte um 1250 den Markt Klagenfurt an die heutige Stelle.

BERRY, Walter, * 8. 4. 1929 in Wien, Kammersänger, Baßbariton. Studium in Wien. Seit 1950 an der Wiener Staatsoper, ab 1953 auch bei den Salzburger Festspielen, von 1966 an ständiger Gast an der Met. Ist auch als Liedinterpret tätig.

BERTALI, Antonio, * März 1605 in Verona, † 1. 4. 1669 in Wien, Komponist. Der italienische Kapellmeister kam um 1623 nach Wien. Er schrieb 33 Messen, 10 Requien sowie Opern und Oratorien.

BERTÉ, Heinrich (Henrik), * 8. 5. 1857 in Galgócz (Ungarn), † 23. 8. 1924 in Perchtoldsdorf bei Wien, Komponist. Wurde bekannt durch das Singspiel „Das Dreimäderlhaus", 1916 in Wien uraufgeführt, zusammengestellt aus Schubert-Melodien und nach dem Schubert-Roman von Rudolf Hans Bartsch (s. d.). B. schrieb mehrere Operetten und Ballette.

BERTHOLD I. von Zähringen, Herzog von Kärnten, * um 1000, † 6. 11. 1078 auf der Limburg bei Weilheim. Er war Graf im Breisgau, im Thurgau, in der Ortenau, im Albgau und in Teilen der Baar. Da das ihm zugesagte Herzogtum Schwaben 1057 an Rudolf von Rheinfelden kam, erhielt er 1061 als Entschädigung das Herzogtum Kärnten und die Markgrafschaft Verona, konnte hier aber nie richtig Fuß fassen. Auf seiten der Gegner von Kaiser Heinrich IV. stehend, wurde er am 4. 6. 1077 seiner Würden, Lehen und Güter für verlustig erklärt.

BERTONI, Wander, * 11. 10. 1925 in Codisotto (Italien), Bildhauer. Wurde 1943 als Fremdarbeiter nach Wien deportiert. Studierte in Wien bei Fritz Wotruba. B. erhielt zahlreiche Preise. Bedeutend sind u. a. seine Plastiken „Ikarus" am Flughafen Wien-Schwechat und „Bewegung" vor der Wiener Stadthalle.

Wander Bertoni: Das doppelte D. (Polyester, polychromiert, 1955)

BERWERTH, Friedrich, * 16. 11. 1850 in Schäßburg (Siebenbürgen), † 22. 9. 1918 in Wien, Mineraloge und Petrograph. War ab 1907 Univ.-Prof. in Wien und wurde vor allem durch seine Meteoritenstudien bekannt.

BESCHORNER, Alexander Markus, * 1823 in Leva (Ungarn), † 31. 10. 1896 in Wien, Fabrikant. Der gelernte Spengler war viele Jahre auf Wanderschaft im westlichen Europa und ließ sich dann in Brünn als Spenglermeister nieder. 1860 kam er nach Wien und gründete eine Fabrik, der weitere in Budapest und in Berlin folgten. Er erfand die Herstellung von Metallsärgen aus Zinkblech und erhielt mehrere Auszeichnungen für seine Produkte auf der Pariser Weltausstellung 1867. Einige von ihm geschaffene Sarkophage befinden sich in der Kapuzinergruft in Wien; er konstruierte Beleuchtungskörper und schuf den Ornament- und Figurenschmuck für Oper und Burgtheater.

BESSEL, Johann (Klostername Gottfried), * 5. 9. 1672 in Buchen (Baden), † 22. 1. 1749 im Stift Göttweig, Historiker und Diplomat. Trat nach seinen Studien in den Benediktinerorden in Göttweig ein. 1714 Abt. Förderte nach dem Brand von 1718 den barocken Wiederaufbau des Stiftes. Er war zweimal Rektor der Wiener Universität und verfaßte das unvollendet gebliebene Werk „Chronicon Gotwicense", vom dem 1732 der 1. Band in 2 Foliobänden erschien. B. demonstrierte darin erstmals eine exakte Urkundenforschung. Außerdem bediente sich Kaiser Karl VI. des Abtes mehrmals als Diplomat.

BETTAC, Ulrich, * 2. 5. 1897 in Stettin, † 20. 4. 1959 in Wien, Kammerschauspieler. Seit 1927 Mitglied des Wiener Burgtheaters, erhielt bereits 1934 den Ehrenring des Burgtheaters und war ab 1936 auch als Theaterregisseur und beim Film tätig.

BETTAUER, Hugo, * 18. 8. 1877 in Baden bei Wien, † 26. 3. 1925 in Wien (ermordet), Journalist und Schriftsteller. War 1895 zum evangelischen Glauben übergetreten und verbrachte nach einigen Studiensemestern die Jahre 1904–08 in den USA, wo er erfolgreiche Fortsetzungsromane in Zeitungen veröffentlichte. Wieder in Wien, war er als Journalist tätig und verfaßte frivole, tendenziöse Unterhaltungsromane: 1922 „Die Stadt ohne Juden", 1924 „Die freudlose Gasse" und „Das entfesselte Wien". In G. W. Pabsts Verfilmung von „Die freudlose Gasse" spielte Greta Garbo ihre erste größere Rolle. Ab 1924 gab B. die „Wochenschrift für Lebenskultur und Erotik – Er und Sie" heraus, die er etwas später in „Bettauers Wochenschrift" umbenannte. Seine vordergründig um Aufklärung bemühte Schreibweise führte im September 1924 zu einem Prozeß wegen Vergehens gegen die öffentliche Sittlichkeit. Über B.s Freispruch empörte sich die christlichsoziale und die deutschnationale Presse ebenso wie die seit längerem gegen B. antisemitisch agierenden nationalsozialistischen Blätter. Der 21jährige Nationalsozialist Otto Rothstock verletzte B. am 10. 3. 1925 durch fünf Revolverschüsse so schwer, daß B. wenig später an den Folgen starb.

Hall, M. G.: Der Fall B. (1978); Spira, L. (Hrsg.): Attentate, die Österreich erschütterten (1981)

HUGO BETTAUER

Die Schüsse in der Lange Gasse

Am 10. März 1925 gegen Mittag betrat ein schmächtiger, blonder junger Mann die Redaktionsräume von „Bettauers Wochenschrift" in Wien-Josefstadt, Lange Gasse 5–7. Da der Chefredakteur nicht anwesend war, entfernte sich der junge Mann und kam am Nachmittag nochmals zurück. Bettauer forderte den Besucher auf, ihm in sein Zimmer zu folgen. Was nun geschah, beschrieb später die Augenzeugin Grete Grün: „Da – draußen ein leichter Knall, als ob jemand mit einem Lineal auf den Tisch klatschte... es klatschte wieder und wieder – Schüsse! Drinnen in Bettauers Zimmer. Die Klinke der Tür geht auf und ab... Er kann nicht heraus, eingesperrt, gefangen! Wir rütteln am Schloß. Drinnen klatscht es wieder und wieder..." Schließlich gelang es dem schwerverletzten Hugo Bettauer, die Tür zu öffnen, im Vorraum brach er blutüberströmt zusammen. Der Attentäter, der junge Nationalsozialist Otto Rothstock, schloß sich unterdessen in Bettauers Zimmer ein und vernichtete Briefe und Schriftstücke. Anschließend ließ er sich von der herbeigeeilten Polizei widerstandslos festnehmen." Wenig später bezeichnete die christlichsoziale „Reichspost" den Mordanschlag als „Befreiungstat" eines „Sohnes ehrbarer Schlosser-eheleute", der ein „Volksurteil" vollstreckt habe. Auch die liberale „Neue Freie Presse" zeigte Verständnis für den Mörder, der „aus Empörung über den Mißbrauch des Erotischen" und aus „tiefverletzter innerer Keuschheit" gehandelt habe. Bettauer erliegt am 26. März den Verletzungen, der Attentäter wird im darauffolgenden Prozeß freigesprochen und erhält von der NSDAP genügend Geld, um in Wien eine Dentistenpraxis eröffnen zu können.

B

BETTELHEIM, Anton, * 18. 11. 1851 in Wien, † 29. 3. 1930 in Wien, Literaturhistoriker. Wurde nach seinem Jusstudium in Wien und in München 1881 Feuilletonredakteur der „Neuen Freien Presse", veröffentlichte 1895–97 die „Biographischen Blätter" in 2 Bänden, redigierte 1897–1918 das „Biographische Jahrbuch und Deutscher Nekrolog" und schuf die „Neue Ö. Biographie", die von 1923–30 unter seiner Leitung erschien. B. regte die Gründung des Deutschen Volkstheaters an und war mit zahlreichen Schriftstellern, so mit Rosegger, Saar, Ebner-Eschenbach und Anzengruber, befreundet. Anzengrubers Werke gab er 1920 in 19 Bänden heraus. Seit 1881 war er mit der Schriftstellerin Helene B.-Gabillon verheiratet.

BEUST, Friedrich Ferdinand Freiherr von (Graf seit 1868), * 13. 1. 1809 in Dresden, † 23. 10. 1886 auf Schloß Altenberg (NÖ), Diplomat. Nach dem Jusstudium trat B. 1830 als Diplomat in den sächsischen Staatsdienst. 1849 Außen- und ab 1853 auch Innenminister, schloß er 1866 das Bündnis Sachsens mit Ö. Nach der Niederlage von 1866 wurde er auf Verlangen Bismarcks abgesetzt und trat in ö. Dienste. 1866–71 Außenminister mit dem Titel eines Reichskanzlers, Februar–Juni 1867 ö. Ministerpräsident; führte 1867 den Ausgleich mit Ungarn durch und leitete die konstitutionelle Verfassung ein. Am 6. 10. 1871 trat er zurück, da er für den Eintritt Ö.s an der Seite Frankreichs im Krieg gegen Preußen plädiert hatte. Für seine Verdienste wurde B. ab 1871 Mitglied des Herrenhauses. 1871–78 Botschafter in London, 1878–82 in Paris. 1882 zog er sich zurück und schrieb seine 1887 erschienenen Memoiren „Aus drei Viertel-Jahrhunderten".

Hauptmann, F.: F. F. v. B. (1938); Rumpler, H.: Die deutsche Politik B.s 1848–50 (1973)

BEYER, Josef, * 28. 2. 1843 in Wien, † 21. 8. 1917 in Wien, Bildhauer. Als Zehnjähriger trat er in die vom Bildhauer Anton Dominik von Fernkorn (s. d.) geleitete k. k. Erzgießerei ein, wo er sich in den folgenden zwei Jahrzehnten technisch weiterbildete. 1873/74 studierte er bei Carl Kundmann (s. d.) an der Wiener Akademie. Er schuf zahlreiche Werke für die Wiener Ringstraßenbauten, Reliefs und Figuren an den beiden Museen, am Rathaus, an der Universität, im Parlament und die „Viribus unitis"-Gruppe in der Kuppelhalle der Neuen Hofburg.

BEYSCHLAG, Otto, * 24. 1. 1869 in Nördlingen (Schwaben), † 24. 4. 1945 in Kaumberg (NÖ), Radsportler und Pionier des Automobilismus in Ö. Gemeinsam mit Heinrich Opel gründete er 1893 in Wien die erste Radfahrschule und die Firma Opel & B. Auf dem Hochrad gewann er über 130 Rennen und stellte mehrere Rekorde auf.

BIBER VON BIBERN, Heinrich Ignaz Franz, * 12. 8. 1644 in Wartenberg (Böhmen), † 3. 5. 1704 in Salzburg, Komponist, Kapellmeister und Geiger. Ab 1670 am Hof des Erzbischofs von Salzburg tätig. 1679 Vizekapellmeister, 1684 Kapellmeister und Truchseß, 1690 vom Kaiser in den Adelsstand erhoben. Er erweiterte das Geigenspiel durch Doppelgrifftechniken und schrieb heute verschollene Violinsonaten, Messen und Schuldramen.

BIBL, Viktor, * 20. 10. 1870 in Wien, † 15. 7. 1947 in Attersee (OÖ), Historiker. Promovierte 1893 in Wien, ab 1897 am Nö. Landesarchiv tätig. 1926 Univ.-Prof. in Wien, mit starker deutschnationaler, später nationalsozialistischer Tendenz. Besonders deutlich wird dies in seinen Publikationen (Biographien) und dem 1922–24 erschienenen zweibändigen Werk „Der Zerfall Ö.s".

BICHLMAIR, Georg, * 11. 2. 1890 in Nörting (Bayern), † 9. 8. 1953 in Innsbruck, Jesuit. War als religiöser Schriftsteller und ab 1946 als Herausgeber der Zeitschrift „Der große Entschluß" sowie als vielgehörter Prediger in Wien tätig. Von 1940–49 Provinzial der ö. Ordensprovinz des Jesuitenordens. Hauptwerke: „Urchristentum und katholische Kirche" (1925), „Die Jesuiten" (1933) und „Der Mann Jesus" (1945).

BIEBER, Friedrich Julius, * 24. 2. 1873 in Wien, † 3. 3. 1924 in Wien, Afrikaforscher. Schuster-, dann Buchhändlerlehrling, Autodidakt. Erforschte 1905 und 1909 als erster das Reich der Kaffa in Äthiopien und studierte auch deren Sprache und Kultur. Seine wertvolle Sammlung befindet sich heute im Völkerkundemuseum in Wien. 1923 veröffentlichte er das zweibändige Werk „Kaffa".

BIEBER, Otto, * 18. 7. 1906 in Wien, Afrikaforscher. Der Sohn des Afrikaforschers Friedrich Julius B. (s. d.) arbeitete zunächst als Büromaschinenkaufmann. 1953/54 unternahm er eine erste Expedition nach Tibesti, jenen Teil der Sahara, der schon von seinem Vater erforscht worden war. Über seine zweite Expedition 1955 entstand der Dokumentarfilm „Im Namen Allahs". 1955 besuchte er auf Einladung von Kaiser Haile Selassie I. Äthiopien. 1957 führte ihn eine Expedition durch die Sahara, Südlibyen und Fezzan und 1963 eine weitere in den westafrikanischen Regenurwald von Sierra Leone. Seit 1959 betreut hier sein Sohn Klaus mit Dr. Franz Sitter eine zoologische Station.

BIEDERMANN, Karl, * 11. 8. 1890 in Miskolc (Ungarn), † 8. 4. 1945 in Wien (standrechtlich gehängt), Postsparkassenbeamter und Widerstandskämpfer. War im Ersten Weltkrieg Hauptmann und trat nach Kriegsende in den Dienst der Postsparkasse. 1928 wurde er Heimwehrmitglied sowie Bataillonskommandant im Freiwilligen Schutzkorps. In den Februarkämpfen 1934 als Kompaniekommandant beim Karl-Marx-Hof eingesetzt, trat er später der illegalen NSDAP bei. 1939 von der deutschen Wehrmacht reaktiviert, wurde er 1940 Major und 1944 Kommandeur der Wehrmacht-Ordnungstruppen (= Wachregiment und Heeresstreife) in Wien. B. gehörte der militärischen Widerstandsbewegung um Major Karl Szokoll (s. d.) an und war wesentlich an den geheimen Vorbereitungen zur kampflosen Übergabe Wiens an die Rote Armee beteiligt. Wenige Stunden vor dem Beginn der Aktion wurde er verraten und in Floridsdorf Am Spitz mit Hauptmann Alfred Huth (s. d.) und Oberleutnant Rudolf Raschke (s. d.) aufgehängt.

Wiltschegg, W.: Die Heimwehr (1985); Luža, Radomír: Der Widerstand in Ö. 1938–1945 (1983)

BIEDERMANN, Michael Lazar, * 13. 8. 1769 in Preßburg, † 31. 8. 1843 in Baden, Unternehmer. Kam 1784 nach Wien und betätigte sich als Graveur, später als Juwelier. 1808 wurde er Großhändler und gründete die erste ö. Wollsortierungsfabrik, in der er knapp 3 000 Arbeiter beschäftigte. Außerdem deckte er umfangreiche Fälschungen ö. Banknoten in Deutschland auf. Angesichts eines drohenden Staatsbankrotts lieh er Kaiser Franz I. 300 000 Gulden. Seinen Erben hinterließ er ein Vermögen von 16 Millionen Gulden.

BIEDERMANN, Simon, Ritter von Turony (seit 1860), * 28. 8. 1804 in Wien, † 24. 4. 1864 in Wien, Bankier. Sohn von Michael B. (s. d.). Er gründete das Bankhaus M. L. Biedermann & Co. und war Direktor der Oesterreichischen Nationalbank.

BIEGELEBEN, Ludwig Maximilian Freiherr von, * 14. 1. 1812 in Darmstadt (Hessen), † 6. 8. 1872 in Sauerbrunn bei Rohitsch (Südsteiermark). Ab 1832 im hessischen Staatsdienst; 1842–48 hessischer Geschäftsträger in Wien. 1848 von Heinrich von Gagern als Unterstaatssekretär des Äußeren in das Frankfurter Reichsministerium berufen. 1850–70 Leiter des Departements für deutsche Angelegenheiten im ö. Außenministerium. Als Gegner Bismarcks war B. ein gewandter Verfechter der Vorherrschaft Ö.s im Deutschen Bund. Trat 1871 in den Ruhestand.

Biegeleben, R. v.: L. Freiherr von B. (1930); Wentzcke, P.: L. v. B. (1953)

BIELKA-KARLTREU, Erich, * 12. 5. 1908 in Wien, Diplomat. Ö. Botschafter in Bern 1946–47, in Kairo 1947–48, in Ankara 1952–58, in Bern 1967–72, in Paris 1972–74; Außenminister 1974–76.

BIELOHLAWEK, Hermann, * 2. 8. 1861 in Wien, † 30. 6. 1918 in Wien, christlichsozialer Politiker. Nach der Schlosserlehre wurde er Handelsangestellter. Ab 1886 war er in der christlichsozialen Partei und der Gehilfenbewegung der Handelsangestellten tätig. 1897–1901 und 1907–11 Reichsratsabgeordneter, 1900–18 Wiener Gemeinderat und 1901–05 auch Stadtrat. Leidenschaftlich trat er für das Kleingewerbe ein und war in mehreren Funktionen bei Wohlfahrtseinrichtungen tätig. Insbesondere bei Debatten im Wiener Gemeinderat war er für seine schlagfertigen Zurufe bekannt und gefürchtet.

BIENEK, Gustav Karl, * 14. 12. 1899 in Groß-Siegharts (NÖ), † 30. 11. 1972 in Wien, Schriftsteller. 1945–55 Redakteur der „Arbeiter-Zeitung", 1948 Herausgeber der Zeitschrift „Die Zeit". Schrieb überwiegend historische Romane und Dramen, u. a. „Die Nacht von Olmütz" (Geschichte um die Thronbesteigung Kaiser Franz Josephs I. 1848); „Das Wasserzeichen" (1949); L. Trenker drehte seinen Film „Im Schatten der Dolomiten" nach B.s Roman „Die Flucht des Giovanni Testa". 1948 erhielt B. den Nö. Kulturpreis.

BIENER, Wilhelm (auch Bienner), * vor 1590 in Laupheim (Oberpfalz), † 17. 7. 1651 in Rattenberg (T) (enthauptet), Jurist und Hofkanzler. Promovierte 1610 in Ingolstadt zum Dr. jur. und trat in bayerische Dienste. 1630 im Dienst Kaiser Ferdinands II., der B. Erzherzog Leopold von Tirol als Berater beistellte. 1638 oö. Hofkanzler (auch „Kanzler von Tirol" genannt). Gegen den Widerstand der Stände stärkte er die landesfürstliche Macht und war auch außenpolitisch erfolgreich. Nach dem Tod der verwitweten Erzherzogin Claudia († 1646) wirkte er noch für deren jungen Sohn, Erzherzog Ferdinand Karl, der allerdings unter den Einfluß des ständischen Adels geriet. Eine falsche Anklage wegen Hochverrats und Unterschlagung führte 1650 zu seinem Sturz und einem Prozeß. Trotz unbewiesener Beschuldigungen wurde B. verurteilt und auf Schloß Rattenberg enthauptet – seine Begnadigung war zu spät eingetroffen.

Pfeifer, R.: Kanzler B. (1920); Stolz, O.: W. B. (1950)

BIENERTH-SCHMERLING, Richard Graf (seit 1915), * 2. 3. 1863 in Verona, † 3. 6. 1918 in Wien, Staatsmann. Nach dem Studium am Theresianum trat er 1884 in den Verwaltungsdienst ein und wurde 1897 Ministerialrat und Leiter des Präsidialbüros des Unterrichtsministeriums. 1905 Unterrichts-, 1906–08 Innenminister; führte die Wahlrechtsreform durch. 1908–11 ö. Ministerpräsident, 1911–15 Statthalter von Niederösterreich. Vor allem die Tschechen opponierten gegen sein Beamtenministerium, seine deutschbetonte Sprachen- und Schulpolitik führte immer wieder zu nationalen Differenzen, so daß B.-Sch. im Februar 1909 die Schließung des Reichstags und des böhmischen Landtags verfügte. Im Dezember 1910 trat er zurück, wurde aber mit der Fortführung der Geschäfte bis nach den Wahlen im März 1911 betraut.

THEODOR BILLROTH

Der Weltruhm der Wiener Chirurgie

BILLROTH, Theodor, * 26. 4. 1829 in Bergen (Insel Rügen), * 6. 2. 1894 in Abbazia (Istrien), Chirurg. Promovierte 1852 in Berlin, kam 1853 nach Wien und habilitierte sich 1856. 1860–67 lebte er in Zürich. Seit 1867 in Wien als Univ.-Prof. tätig. 1870/71 in deutschen Lazaretten am Rhein. 1874 gelang ihm die erste Kehlkopf-Exstirpation und 1881 die erste Magenresektion. 1887 wurde B. Mitglied des ö. Herrenhauses. 1893 veranlaßte er den Bau des Hauses der Gesellschaft für Ärzte und des Rudolfinerhauses zur Heranbildung und Ausbildung von Krankenschwestern. Außerdem förderte er die Wiener Freiwillige Rettungsgesellschaft. Der passionierte Musiker war mit Johannes Brahms eng befreundet. Abgesehen von seinen chirurgischen Pionierleistungen, führte B. die sogenannte Mischnarkose mit Äther und Chloroform ein und entwickelte den wasserdichten Verbandstoff, den man „Billroth-Batist" nannte. Er war der bedeutendste Chirurg der Wiener medizinischen Schule und Bahnbrecher auf dem Gebiet der Eingeweidechirurgie. B. verfaßte zahlreiche medizinische Werke, von denen mehrere längere Zeit hindurch ihre Gültigkeit behielten, so: „Die allgemeine chirurgische Pathologie und Therapie" (1863), „Handbuch der allgemeinen und speziellen Chirurgie", 4 Bde. (1865–80) sowie „Krankenpflege im Hause und im Hospital" (1892), das rasch vier Auflagen erreichte.

BILGERI, Georg, * 2. 10. 1873 in Bregenz, † 14. 12. 1934 in Innsbruck, Schipionier. Erfinder des Stemmbogens und der nach ihm benannten B.-Bindung. War in der Monarchie Schi-Militärausbildner und forcierte aus wehrtechnischen Gründen – im Gegensatz zu Zdarskys (s. d.) Ein-Stock-Technik – die Lauftechnik mit zwei Schistöcken, weil sie den Soldaten größere Bewegungsfreiheit gab. Nach dem Ersten Weltkrieg wurde B. Schilehrer und soll im Laufe seines Lebens rund 45 000 Menschen diesen Sport beigebracht haben.

BILLINGER, Richard, * 20. 7. 1890 in St. Marienkirchen (OÖ), † 7. 6. 1965 in Linz, Dichter, vorwiegend Lyriker und Dramatiker. Lebte in Bayern von einem Ehrensold des Landes OÖ. 1924 Preis der Stadt Wien, 1932 Kleist- und 1962 Grillparzer-Preis. Seine wichtigsten Werke: „Rauhnacht" (1931), „Der Gigant" (1937), „Traube in der Kelter" (1950), die Autobiographie „Palast der Jugend" (1951).

BINDER, Franz, * 1. 12.1911 in St. Pölten, Fußballer. War wegen seiner gewaltigen Schußkraft gefürchtet; spielte viele Jahre als Mittelstürmer bei Rapid-Wien. „Bimbo" B. schoß als erster Fußballer der Welt verbürgt mehr als 1 000 Meisterschaftstore in der landeshöchsten Spielklasse. 53 Länderspiele. Ob seiner Popularität wurde ihm auch ein Lied gewidmet: „Wir fahren nach Hütteldorf, da spielt Rapid, heut schießt der Bimbo wieder, komm fahr mit." Später erfolgreiche Trainerlaufbahn.

BINDER, Karl, * 29. 11. 1816 in Wien, † 5. 11. 1860 in Wien, Komponist. War 1839–47 Kapellmeister am Josefstädter Theater und komponierte Melodramen und Operetten. Am berühmtesten wurde seine Parodie auf Richard Wagners „Tannhäuser".

BING, Rudolf (seit 1971 Sir), * 9. 1. 1902 in Wien, Opernleiter. War Buchhändler und studierte an der Wiener Universität. Lebte 1928 in Berlin, 1929–33 wieder in Wien. 1934–49 Leiter der Glyndebourne Opera und Organisator der Festspiele in Glyndebourne, 1947–49 auch Generalmanager der Festspiele in Edinburgh. 1950–72 Opernchef der Metropolitan Opera in New York. Wurde 1971 in den britischen Adelsstand erhoben. B. veröffentlichte 1972 seine Memoiren unter dem Titel „5 000 nights at the Opera".

BIRAGO, Karl Freiherr von (seit 1844), * 24. 4. 1792 in Mailand, † 29. 12. 1845 in Wien, Berufsoffizier und Techniker. B. war Lehrer an der Pionierschule der Armee in Korneuburg (NÖ). Er erfand zerlegbare Böcke und Pontons zur Errichtung von Kriegsbrücken, die in mehreren europäischen Heeren Verwendung fanden.

BIRK, Alfred, * 26. 9. 1855 in Steinbrück (heute Zidani most, Jugoslawien), † 27. 5. 1945 in Prag, Techniker. War Prof. an der Technischen Hochschule in Wien, Fachmann für Straßen- und Eisenbahnbau sowie einer der wenigen Spezialisten für die Geschichte des Straßenbaus. Verfaßte das 1921–24 erschienene sechsbändige „Hilfsbuch der Bauingenieure".

BIRKENSTOCK, Johann Melchior Edler von, * 11. 5. 1738 in Heiligenstadt im Eichsfelde (Mitteldeutschland), † 31. 10. 1809 in Wien, Staatsmann. Nach Jusstudium in Erfurt und Göttingen kam er 1763 nach Wien und wurde in der Staatskanzlei angestellt. Schon Maria Theresia erkannte seine Fähigkeiten auf dem Gebiet des Schulwesens, und unter Kaiser Joseph II. wurde er zum Reformator des ö. Unterrichtswesens. Kaiser Leopold II. übertrug ihm schließlich die alleinige Leitung des gesamten ö. Schul- und Studienwesens. Für Staatskanzler Kaunitz hatte er den überwiegenden Teil der Gesandtschaftsberichte zu verfassen. Das Haus von Hofrat B. in der Erdberger Straße war Treffpunkt der Persönlichkeiten des kulturellen Lebens seiner Zeit. B. besaß eine ansehnliche Bibliothek und eine Kupferstichsammlung.

BIRKMAYER, Walther, * 15. 5. 1910 in Wien, Neurologe und Psychiater. Studierte in Wien, legte 1934 die Lehramtsprüfung für Turnen ab und promovierte 1936 zum Dr. med. 1939 Oberarzt an der Universitäts-Nervenklinik, wurde 1940 Facharzt für Neurologie und Psychiatrie. Zur deutschen Wehrmacht eingezogen, wurde er Stabsarzt an der Ostfront und 1941 verwundet, worauf er 1942–45 Chefarzt des Hirnverletzten-Lazaretts in Wien war. 1945–54 Konsiliararzt für Neurologie an der Kinderklinik Glanzing, 1954–66 Primarius der neurologischen Abteilung des Altersheims in Wien-Lainz. Habilitation 1954, 1963–76 a. o. Prof. 1970 gründete er das Ludwig-Boltzmann-Institut für Neurochemie, das er seither leitet. Verfaßte zahlreiche fachwissenschaftliche Werke und mehr als 330 Artikel, außerdem ist er Mitherausgeber des „Journal of Neural-transmission".

BIRÓ, Josef, * 1858 in Wien, † 26. 12. 1925 in Wien, Industrieller. War ursprünglich Schüler von Friedrich von Schmidt (s. d.) an der Akademie der bildenden Künste in Wien und übernahm 1882 gemeinsam mit seinem Bruder Ludwig die von seinem Vater 1854 gegründete „Eisenkonstruktions- und Brückenbauanstalt". Die angesehene Firma war am Bau der Wiener Stadtbahn und von mehreren Eisenbahnbrücken beteiligt und stellte auch zahlreiche Kunstschmiedearbeiten her, so etwa das Michaelertor der Neuen Hofburg in Wien.

BITTERLICH, Eduard, * 17. 8. 1833 in Dublany (Galizien), † 20. 5. 1872 in Wien, Maler und Bildhauer. Kam früh nach Wien und war hier Schüler von Ferdinand Georg Waldmüller (s. d.). Als Gehilfe von Karl Rahl (s. d.) war er an der Ausgestaltung der Wiener Oper und an mehreren Bauten von Theophil Hansen (s. d.) beteiligt.

BITTERLICH, Hans, * 28. 4. 1860 in Wien, † 5. 8. 1949 in Wien, Bildhauer. 1904–31 Prof. an der Akademie der bildenden Künste in Wien; schuf 1900 das Gutenberg- und 1907 das Kaiserin-Elisabeth-Denkmal in Wien, außerdem zahlreiche Grabmäler und Gedenksteine.

BITTNER, Franz, * 7. 9. 1867 in Wien, † 14. 1. 1926 in Wien, katholischer Priester und christlichsozialer Politiker. 1900–18 Redakteur der Zeitung „Freiheit". Als Pionier der christlichsozialen Bewegung in Ö. gründete er die „Ö. Arbeiter-Kreditkasse" und setzte sich für die Organisation der katholischen Arbeiterschaft ein.

BITTNER, Julius, * 9. 4. 1874 in Wien, † 9. 1. 1939 in Wien, Komponist und Textdichter. War ursprünglich Jurist und bis 1919 als Richter, zuletzt als Oberlandesgerichtsrat in Wien tätig. Zum überwiegenden Teil schrieb er die Texte für seine Opern selbst, verfaßte aber auch Chorwerke, 2 Symphonien und Lieder. Seine wichtigsten Opern: „Die rote Gret" (1907), „Der Musikant" (1909), „Das höllisch Gold" (1916), „Das Veilchen" (1934).

Specht, R.: J. B. (1921); Ullrich, H.: J. B. Reihe ö. Komponisten des 20. Jh.s (1968)

BLAAS, Karl Ritter von (seit 1877), * 28. 4. 1815 in Nauders (T), † 19. 3. 1894 in Wien, Historienmaler. Der Stammvater einer Tiroler Malerfamilie studierte fünf Jahre an der Akademie von Venedig und lebte anschließend in Rom. 1851 Prof. für Historienmalerei an der Wiener Akademie. Der Schule der Nazarener zugehörig, erhielt er 1855 auf der Pariser Weltausstellung für das Gemälde „Karl der Große besucht die Schule der Knaben" einen Preis. B. malte 11 Jahre lang an den Fresken im Heeresgeschichtlichen Museum in Wien (45 Darstellungen aus der ö. Geschichte), wofür er 1877 das Komturkreuz des Franz-Joseph-Ordens, verbunden mit der Erhebung in den Ritterstand, erhielt. Neben zahlreichen Porträts schuf er auch die 24 Fresken in der Altlerchenfelder Kirche in Wien. 1876 gab A. Wolf B.s Autobiographie heraus.

BLAHA, Paul, * 17. 4. 1925 in Marburg (Jugoslawien), Theaterkritiker und Kulturredakteur. Wurde im Zweiten Weltkrieg schwer verwundet. War nach 1945 als Theaterkritiker in Linz und bald danach in Wien als Kulturredakteur tätig. Er wurde 1979 Direktor des Volkstheaters in Wien.

BLASCHKE, Hanns, * 1. 4. 1896 in Wien, † 25. 10. 1971 in Salzburg, Dipl.-Ing., Nationalsozialist. Vom 30. 12. 1943 bis 6. 4. 1945 Bürgermeister von Wien, vorher Vizebürgermeister. Im Oktober 1948 von einem Volksgericht zu sechs Jahren Kerker verurteilt.

BLASEL, Karl, * 16. 10. 1831 in Wien, † 16. 6. 1922 in Wien, Schauspieler und Theaterdirektor. War Sängerknabe an der Wiener Hofoper und begann 1849 in Laibach seine Schauspielerlaufbahn. 1863 wurde er an das Theater an der Wien geholt, 1869 an das Carl-Theater. 1885–89 Direktor des Theaters in der Josefstadt, 1889 des Carl-Theaters. Er bildete gemeinsam mit Knaak (s. d.) und Josef Matras (s. d.) ein erfolg-

Hans Bitterlich: Marmordenkmal der Kaiserin Elisabeth im Volksgarten in Wien (1907)

Karl Ritter von Blaas: Fresken in der Ruhmeshalle des Heeresgeschichtlichen Museums in Wien

reiches Komikertrio und kreierte das geflügelte Kellnerwort „Bitte sehr, bitte gleich!".

BLATZHEIM, Johann von, s. Platzheim

BLAU, Tina, * 15. 11. 1845 in Wien, † 31. 10. 1916 in Wien, Malerin. Studierte in München und Wien bei A. v. Schäffer und E. Schindler (s. d.). Heiratete 1883 den Tier- und Schlachtenmaler Lang, mit dem sie vorwiegend in München lebte. Nach dem Tod ihres Mannes kehrte sie nach Wien zurück und unterrichtete hier an der Kunstschule für Frauen und Mädchen. B. wurde vor allem durch ihre Landschafts- und Blumengemälde bekannt; so schuf sie u. a.: „Frühling im Prater", „Fischau", „Herbst", „Spätsommer" und „Landpartie".

BLAUENSTEINER, Leopold, * 16. 1. 1880 in Wien, † 19. 2. 1947 in Wien, Maler. Studierte 1898–1902 an der Wiener Akademie, 1920 Mitglied des Künstlerhauses, 1938–41 dessen Präsident.

BLAUKOPF, Kurt, * 15. 2. 1914 in Czernowitz (Galizien), Musikschriftsteller und Musiksoziologe. Studierte in Wien und war 1942–47 Mitarbeiter des Rundfunks in Jerusalem. 1954–65 leitete er die Schallplattenzeitschrift „Phono" und war danach Redakteur der Zeitschrift „HiFi-Stereophonie". Darüber hinaus leitete er an der Wiener Musikakademie ein musikpädagogisches Forschungsinstitut. B. veröffentlichte mehrere, auch in Neuauflagen erschienene Werke, darunter: „Musiksoziologie" (1950), „Lexikon der Symphonie" (1952), „Große Dirigenten" (1952), „Große Virtuosen" (1953), „Große Oper, große Sänger" (1955), „Langspielplattenbuch", 2 Bde. (1957), „Symphonie phantastique" (1959), „Gustav Mahler" (1969). Anläßlich seines 60. Geburtstages erschien eine Festschrift (mit Werkverzeichnis, 1975).

BLECHA, Karl, * 16. 3. 1933 in Wien, SPÖ-Politiker. Als Sohn eines Hufschmieds geboren, war er schon während seiner Schul- und Studienzeit politisch tätig. Er war Mitbegründer des Verbandes Sozialistischer Mittelschüler und 1954 dessen erster Obmann. Auch Obmann des Verbandes Sozialistischer Studenten Ö.s (VSStÖ) und Mitinitiator der „Sozialwissenschaftlichen Studiengesellschaft". Baute zu Beginn der sechziger Jahre das „Institut für empirische Sozialforschung" (IFES) auf, dessen Direktor er 1963–75 war, und wurde PR-Berater bei allen Regionalwahlen. War ab 1970 Abgeordneter zum Nationalrat, wurde 1976 gleichberechtigter zweiter Zentralsekretär der SPÖ und intensivierte die Öffentlichkeits- und Bildungsarbeit. 1981 wurde er erster stellvertretender Parteivorsitzender. Seit 1983 ist er Innenminister in den Koalitionsregierungen Sinowatz – Steger, Vranitzky – Steger und Vranitzky – Mock.

BLECHSCHMIDT, Anton, * 5. 7. 1841 in Tschernembl (Krain), † 3. 5. 1916 in Wien, Beamter. Seit 1896 Obmann des Beamtenvereins. Seiner Initiative ist 1909 die Gründung der Versicherung der Privatangestellten zu danken, die Ö. als erstes Land der Welt einführte.

BLECKMANN, Johann Heinrich August, * 16. 2. 1826 in Ronsdorf bei Düsseldorf, † 1891 Mürzzuschlag (St), Stahlindustrieller. 1862 kaufte er von A. Jourmann ein altes Hammerwerk in Mürzzuschlag, modernisierte es, nützte dazu die Wasserkraft und stellte 1863/64 die ersten Tiegelgußöfen auf. Er erzeugte hier den weltberühmten „Phönixstahl" für Klingen, Sensen und Qualitätswerkzeuge. 1868 erweiterte er das Unternehmen um eine eigene Werkzeugfabrik, 1870 kam eine Stahlfassongießerei hinzu. 1874 ließ er den ersten sauren Martinofen aufstellen und erwarb den Neuhammer nahe Mürzzuschlag. 1880 pachtete er von der Familie Schärfenberg das Feinblechwalzwerk Hönigsberg, das er 1892 durch Kauf erwarb. 1889 begann er mit dem Bau

Neue Werkshalle der VEW Ternitz, ehemals Schoeller-Bleckmann Stahlwerke AG

der „Heinrichshütte" sein drittes Streckwalzwerk zu errichten. Seine Söhne Eugen und Walter übernahmen das Werk des Vaters, bauten es weiter aus und errichteten eine 4 km lange Eisenbahnstrecke mit Anschluß an die Südbahn. Im Jahr 1921 versuchten sie durch eine Umwandlung in die „Bleckmann Stahlwerke AG" den Krisen zu begegnen, was allerdings erst durch die Fusion mit der „Schoeller-Stahlwerke AG Ternitz" im Jahr 1924 gelang. Rückwirkend mit 1. 1. 1923 existierte der Betrieb fortan als „Schoeller-Bleckmann Stahlwerke AG".

BLEI, Franz, * 18. 1. 1871 in Wien, † 10. 7. 1942 in New York, Schriftsteller und Essayist. Er gab mehrere literarische Zeitschriften heraus, verfaßte auch kulturgeschichtliche Werke und übersetzte als erster die Werke André Gides ins Deutsche. Von seinen Werken sind u. a. zu nennen: „Erzählung eines Lebens" (1920), „Das große Bestiarium der modernen Literatur" (1924) und „Zeitgenössische Bildnisse" (1940). Vor 1933 ging er nach Mallorca und von dort in die USA.

BLEIBTREU, Sigmund, * 12. 2. 1819 in Friesach (K), † 18. 2. 1894 in Wien, Offizier und Schauspieler. War Regisseur am Josefstädter Theater in Wien, nebenbei als Maler tätig und wurde 1882 Hofburgschauspieler. Verheiratet mit der Schauspielerin Amalie B. (1835–1917). Aus dieser Verbindung stammen die Schauspielerinnen Hedwig B. (s. d.) und Maximiliane B. (1870–1923).

BLÖCHL, Johann, * 12. 7. 1895 in Siegelsdorf (OÖ), † 4. 4. 1987 in Linz, Landwirt und christlichsozialer Politiker. 1931 Abgeordneter zum Nationalrat, 1934–38 Bundeswirtschaftsrat, 1941–45 in politischer Haft, 1945–55 Staatsbeauftragter für das sowjetisch besetzte Mühlviertel.

BLOMBERG, Barbara, * 1527 oder 1528 in Regensburg, † 18. 12. 1597 in Ambrosero (Spanien), Tochter des Gürtlers Wolfgang Plumberger und Geliebte Kaiser Karls V. (s. d.). Aus dieser Verbindung stammt Don Juan d'Austria (s. d.). B. wurde mit einem Offizier verheiratet, der in den Niederlanden stationiert war. Nach dessen Tod 1569 wurde sie wegen ihres sittenlosen Lebenswandels nach Spanien gebracht.

BLUM, Adolph, s. Gleich, Joseph Alois

BLUM, Robert, * 10. 11. 1807 in Köln, † 9. 11. 1848 in Wien (standrechtlich erschossen), Kaufmann und republikanischer Politiker. Gab 1843–47 das politische Taschenbuch „Vorwärts" (5 Bde.) heraus. B. war Vizepräsident des Vorparlaments in Frankfurt, Mitglied des Fünfzigerausschusses und Führer der Linken. Kam im Oktober 1848 im Auftrag der Liberalen nach Wien, um den Aufständischen eine Sympathieadresse zu überbringen. Wurde nach der Einnahme Wiens in einem Kriegsgerichtsverfahren verurteilt und standrechtlich erschossen. Seine Hinrichtung war eine Brüskierung der Nationalversammlung, die Empörung auslöste, gleichzeitig aber auch ein Beweis für deren Machtlosigkeit.

BLUMAUER, Alois (Pseud. Auer), * 21. 12. 1755 in Steyr (OÖ), † 16. 3. 1798 in Wien, Schriftsteller der Aufklärung. War nach seinem Studium ein Jahr lang Jesuit in Wien, dann Freimaurer. 1778 Bücher-Censor bei der Censur-Commission. 1793 übernahm er Rudolf Gräffers Buchhandlung, von der er bereits seit 1789 Anteile

hatte. Besonders bekannt wurde B. durch den gemeinsam mit Josef Franz Ratschky (s. d.) herausgegebenen „Wiener Musenalmanach" (1781–94) und durch seine Vergil-Travestie der Äneis sowie durch die regelmäßig erscheinenden Bücherverzeichnisse, Meisterwerke der Bibliographie. Nach seinem Tod erschienen seine „Sämtlichen Werke" in 8 Bden., hrsg. von K. M. Müller (1801–03).

BOBEK, Hans, * 17. 5. 1903 in Klagenfurt, Geograph. 1949 Prof. an der Hochschule für Welthandel in Wien, 1951–73 Univ.-Prof. in Wien, 1962 Präsident der Ö. Geographischen

ROBERT BLUM
Opfer der Machtlosigkeit

„Am Donnerstag, den 9. November früh 5 Uhr, holte eine Ordonnanz aus dem Schottenstift einen Priester und brachte ihn zu Blum. Der Geistliche fand Blum noch ohne Kenntnis seiner Verurteilung. Blum wollte dem Priester anfangs nicht glauben, als ihm dieser sagte, er sei gekommen, um ihn zum Tode vorzubereiten. Bald aber erschien der Auditor und verkündete ihm das standrechtliche Urteil, nach dessen Verlesung er ihn wieder verließ... Nachdem er nach der Brigittenau, auf eine Wiese gebracht worden war, erfolgte die Hinrichtung um 7½ Uhr. Mit den Worten: ‚Ich sterbe für die deutsche Freiheit, für die ich gekämpft habe, möge das Vaterland meiner eingedenk sein!' bot er sich den Kugeln dar, die ihn niederstreckten."

E. Sparfeld, Das Buch von Robert Blum (1849)

HEDWIG BLEIBTREU
65 Jahre erlebtes Burgtheater

BLEIBTREU, Hedwig, * 23. 12. 1868 in Linz, † 24. 1. 1958 in Wien, Kammerschauspielerin. Tochter von Sigmund B. (s. d.). Nach Schauspiel- und Sprachunterricht war sie an mehreren deutschen Bühnen engagiert, kam 1892 an das Carltheater in Wien und wurde 1893 Mitglied des Wiener Burgtheaters und dort eine der gefeiertsten Tragödinnen. Ab 1923 war sie auch bei den Salzburger Festspielen und beim Film tätig, erhielt 1930 den Burgtheater-Ring.

Doublier, G., und Zeleny, W.: H. B. (1948)

Hedwig Bleibtreu mit Paul Hörbiger in Hermann Bahrs „Der Franzl" (Burgtheater 1940)

Herbert Boeckl: Frau bei Blumentisch (1930)

Gesellschaft. War auch Gastprofessor in den USA und im Iran.

BOBLETER, Carl H., * 5. 7. 1912 in Feldkirch (V), † 24. 10. 1984 in Feldkirch, ÖVP-Politiker. Nach dem Jusstudium war B. in der Creditanstalt tätig; 1938 legte er die Diplomatenprüfung ab. Im Zweiten Weltkrieg im Widerstand engagiert, trat er 1947 in den diplomatischen Dienst ein, war 1948–50 ö. Konsul in Hamburg und in Düsseldorf, ab 1960 bei der OECD in Paris, 1964–68 Staatssekretär im Außenministerium. 1978 ging B. als Botschafter in Pension.

BOCK, Fritz, * 26. 2. 1911 in Wien, Jurist und ÖVP-Politiker. Studierte in Wien Jus, promovierte 1935 und wurde Wirtschaftstreuhänder und Steuerberater. Schon in seiner Jugend politisch engagiert, war er in der katholischen Mittelschülerbewegung, im Reichsbund und in der katholischen Hochschülerschaft tätig. Ab 1934 in der Vaterländischen Front, im März 1938 von den Nationalsozialisten verhaftet und mit dem ersten Transport (1. April) in das KZ Dachau überstellt, wo er bis 1939 in Haft blieb. Anschließend stand er bis 1945 unter Polizeiaufsicht. 1945 Gründungsmitglied der ÖVP, leitete bis 1947 das Generalsekretariat der Partei. 1947–52 Generalsekretär des ÖAAB, 1949–62 Abgeordneter zum Nationalrat, 1952–55 Staatssekretär im Handelsministerium, 1955/56 im Finanzministerium, 1956–68 Handelsminister und 1966–68 auch Vizekanzler. Seit 1969 ist er Präsident des Aufsichtsrates der Creditanstalt-Bankverein. B. hatte auch mehrere Funktionen in wirtschaftlichen und wissenschaftlichen Gremien inne.

BODMERSHOF, Imma, * 10. 8. 1895 in Graz, † 26. 8. 1982 auf Schloß Rastbach bei Krems (NÖ), Schriftstellerin. Tochter des Philosophen Christian Freiherr von Ehrenfels (s. d.). Ihre Hauptwerke sind die Romane „Die Rosse des Urban Roithner" (1950), „Sieben Handvoll Salz" (1958) und „Die Bartabnahme" (1966). B. erhielt 1958 den Ö. Staatspreis.

BOECKL, Herbert, * 3. 6. 1894 in Klagenfurt, † 20. 1. 1966 in Wien, Maler. Studierte zuerst ab 1912 Architektur an der Technischen Hochschule in Wien und war Privatschüler von Adolf Loos. Ab 1935 Prof. für Malerei an der Wiener Akademie der bildenden Künste. 1934 und 1953 erhielt er den Ö. Staatspreis. Malte zahlreiche Bildnisse, Landschaften und Stilleben unter dem Einfluß von Cézanne. 1952 schuf er die berühmt gewordenen Fresken in der Engelskapelle des Stiftes Seckau. Neben zahlreichen Auszeichnungen erhielt er 1964 den Ehrenring der Stadt Wien. Er war ein Hauptvertreter des ö. Expressionismus.

Pack, C.: Der Maler H. B. (1964); Frodl, G.: H. B. (1976)

BOER, Johann Lukas (ursprüngl. Boogers), * 12. 4. 1751 in Uffenheim bei Ansbach (Franken), † 19. 1. 1835 in Wien, Geburtshelfer. Studierte in Würzburg und kam 1771 nach Wien, wo er 1778 Magister chirurgiae wurde. Anschließend studierte er bis 1780 Geburtshilfe und wurde 1789 Leiter des Wiener Gebärhauses. Von 1791 bis 1807 veröffentlichte er grundlegende Werke über sein Fachgebiet und wurde 1808 Univ.-Prof. in Wien. 1794 Ehrendoktor. 1834 erschien sein Hauptwerk „Sieben Bücher über natürliche Geburtshilfe". B. machte aus der Geburtshilfe ein selbständiges medizinisches Spezialfach.

BOHATTA, Hans, * 2. 12. 1864 in Wien, † 30. 10. 1947 in Wien, Bibliothekar und Bibliograph. War jahrzehntelang Direktor der Fürst-Liechtensteinschen Bibliothek. Er veröffentlichte 1906–13 den ersten Schlagwortkatalog des deutschen Sprachgebietes. Gemeinsam mit Michael Holzmann (s. d.) gab er 1906 das „Deutsche Pseudonymen-Lexikon" und das siebenbändige „Deutsche Anonymen-Lexikon" (1902–28) heraus.

BÖHEIM, Wendelin, * 17. 9. 1832 in Wiener Neustadt (NÖ), † 1. 11. 1900 in Wien, Waffentechniker und Berufsoffizier. Zuletzt Hauptmann und Kustos der Waffensammlung des kaiserlichen Hauses. Der Begründer der methodischen Waffenforschung erhob die historische Waffenkunde zu einer selbständigen Wissenschaft. Veröffentlichte 1890 das „Handbuch der Waffenkunde" (Nachdruck 1966).

BÖHLER, Albert, * 28. 8. 1845 in Frankfurt am Main, † 10. 10. 1899 in Wien, Industrieller. Gemeinsam mit seinem Bruder Friedrich (1849–1914) gründete er in Kapfenberg (St) 1870 die Böhler-Werke, die 1899 in „Gebrüder Böhler & Co. AG" umgewandelt wurde. Dort wurde der nach ihm benannte Spezialstahl entwickelt.

BÖHLER, Jörg, * 15. 12. 1917 in Gries bei Bozen, Unfallchirurg. Der Sohn von Lorenz B. (s. d.) studierte in Wien Medizin und promovierte 1941. Im Zweiten Weltkrieg war er Oberarzt bei der deutschen Luftwaffe und wurde 1943 im Kessel von Stalingrad verwundet. 1944 an der 1. Chirurgischen Universitätsklinik in Wien, wurde er unter seinem Vater 1945 zunächst Gastarzt am Wiener Unfallkrankenhaus, 1949 Assistenzarzt und, nach einigen Studienaufenthalten im Ausland, 1951 Facharzt für Unfallchirurgie und Primarius des neueröffneten Unfallkrankenhauses in Linz. 1957 habilitierte er sich an der Wiener Universität und wurde 1964 a. o. Prof. Ab 1970 Primarius des Wiener Unfallkrankenhauses in der Webergasse in Wien 20, danach 1971–83 des Lorenz-Böhler-Unfallkrankenhauses in der Donaueschingenstraße in Wien 20.

BÖHLER, Lorenz, * 15. 1. 1885 in Wolfurt (V), † 20. 1. 1973 in Wien, Chirurg. 1925 gründete er das Unfallkrankenhaus in Wien 20, Webergasse, das zum Vorbild für derartige Krankenanstalten in der ganzen Welt wurde. B. war der Begründer der modernen Unfallchirurgie und entwickelte die Technik der Knochenbruchsbehandlung durch Ruhestellung. Sein Hauptwerk in 3 Bden., „Die Technik der Knochenbruchsbehandlung", erschien in mehreren Auflagen und wurde in viele Sprachen übersetzt. Außerdem gründete und leitete B. das Rehabilitationszentrum Stollhof in Klosterneuburg bei Wien.

Lorenz Böhler

KARL BÖHM

Der letzte Generalmusikdirektor Österreichs

BÖHM, Karl, * 28. 8. 1894 in Graz, † 14. 8. 1981 in Salzburg, Dirigent. 1917 Dirigentendebüt in Graz, 1919 Promotion zum Dr. jur., 1920 Kapellmeister in Graz. 1921 holte ihn Bruno Walter nach München, 1927 Generalmusikdirektor in Darmstadt, 1931 Opernchef in Hamburg, 1933 Debüt an der Wiener Staatsoper mit Richard Wagners „Tristan und Isolde", 1934–43 Direktor der Staatsoper Dresden, 1935 Ernennung zum Prof., 1938 erstmals bei den Salzburger Festspielen, 1943–45 und 1954–56 Direktor der Wiener Staatsoper. Ab 1962 ö. Generalmusikdirektor, der letzte Träger dieses Titels. Ab 1962 bei den Bayreuther Festspielen, ab 1957 an der New Yorker Met. 1964 Ehrenbürger von Salzburg, 1978 von Wien. B. war für seine besonders werkgetreue Interpretation bekannt, da vor allem bei den Werken Mozarts, Bruckners und R. Strauss'. Letzterer widmete ihm seine Oper „Daphne" (1938). B.s Tourneen mit den Wiener Philharmonikern waren stets Welterfolge. Autobiographie: „Ich erinnere mich genau" (1968).

BÖHM, Joseph, * 17. 5. 1833 in Großgerungs (NÖ), † 2. 12. 1893 in Wien, Pflanzenphysiologe. War Univ.-Prof. in Wien und ein Pionier in der Erforschung der pflanzlichen Wasserversorgung und des Saftaufsteigens in den Pflanzen. Veröffentlichte über 50 wissenschaftliche Arbeiten über dieses Thema.

JOHANN BÖHM

Der erste Präsident des Gewerkschaftsbundes

BÖHM, Johann, * 26. 1. 1886 in Stögersbach (NÖ), † 13. 5. 1959 in Wien, Maurer und SPÖ-Politiker. 1928–34 Obmann der Bau- und Holzarbeitergewerkschaft. 1930–34 Abgeordneter zum Nationalrat, 1934 und 1944 in politischer Haft, 1945 Staatssekretär für soziale Verwaltung. Ab 1945 Zweiter Präsident des Nationalrats und erster Präsident des neugegründeten ÖGB, auch Präsident des Hauptverbandes der Sozialversicherungsträger. Erhielt 1951 den Preis der Renner-Stiftung. 1953 veröffentlichte er das zeitgeschichtlich interessante Quellenwerk „Erinnerungen aus meinem Leben".

BÖHM, Karlheinz, * 16. 3. 1928 in Darmstadt, Sohn des Dirigenten Karl B. (s. d.), Schauspieler. Engagements am Burgtheater und am Theater in der Josefstadt, seit 1952 auch beim Film tätig. Nahm 1983 seinen Abschied vom Theater und organisiert seither Hilfsaktionen für die dritte Welt (vor allem Äthiopien).

BÖHM, Max, * 23. 8. 1916 in Teplitz-Schönau (Nordböhmen), † 26. 12. 1982 in Wien, Schauspieler und Komiker. Erster Radio-Quizmaster in Ö. und danach lange Zeit im Ensemble des Kabaretts „Simpl" in Wien tätig, wo er mit Karl Farkas (s. d.) zahlreiche Doppelconférencen gestaltete. Seit 1976 Mitglied des Theaters in der Josefstadt, konnte er sich rasch als blendender Charakterdarsteller profilieren. Erst nach seinem Tod wurde bekannt, daß er auch empfindsame Gedankenlyrik verfaßt hat.

Markus, G.: M. B. Bei uns in Reichenberg (1983)

BÖHM-BAWERK, Eugen Ritter von, * 12. 2. 1851 in Brünn, † 27. 8. 1914 in Kramsach (T), Nationalökonom und Staatsmann. Nach dem Jusstudium 1872 im nö. Finanzdienst, 1880 an der Universität Wien habilitiert, war ab 1884 Ordinarius für Nationalökonomie an der Universität Innsbruck. Ab 1889 im Finanzministerium, mit der Reform der direkten Steuern beschäftigt. 1895, 1897/98 und 1900–04 parteiloser Finanzminister. 1904–14 Ordinarius für politische Ökonomie an der Universität Wien, 1911–14 Präsident der Akademie der Wissenschaften. Mit seinem zweibändigen Hauptwerk „Kapital und Kapitalzins" (1884–89) erlangte der Wirtschaftstheoretiker internationale Anerkennung. Gemeinsam mit C. Menger (s. d.) und F. von Wieser (s. d.) war B.-B. Begründer der ö. Schule der Nationalökonomie (Grenznutzenschule).

200 Jahre Rechtsleben in Wien, Ausstellungskatalog (1985/86)

BÖHM-ERMOLLI, Eduard Freiherr von (seit 1917), * 12. 2. 1856 in Ancona, † 9. 12. 1941 in Troppau, Berufsoffizer. 1875 Leutnant, ab 1880 im Generalstab tätig. 1911 General der Kavallerie und Kommandant des I. Korps (Krakau). 1914/15 Kommandant der 2. Armee in der Offensive gegen Serbien. 1915 gelang ihm die Wiedereroberung von Lemberg (Galizien), 1916/17 Kommandant der Heeresgruppe B.-E. 1917 Sommeroffensive gegen Rußland mit der Einnahme von Czernowitz. 1918 Besetzung der Ukraine und Einnahme von Odessa, anschließend zum Feldmarschall ernannt.

BOLTENSTERN, Erich, * 21. 6. 1896 in Wien, Architekt. Nach dem Studium an der Technischen Hochschule in Wien, u. a. bei Ferstel (s. d.), praktizierte er bis 1928 in Berlin, Barcelona, Wien und Linz. Ab 1934 Assistent von Clemens Holzmeister (s. d.) an der Akademie der bildenden Künste. 1952 wurde B. o. Prof. an der Technischen Hochschule in Wien. Sein Wirken als Architekt umfaßt Wohnhäuser, Industriebauten, Ausstellungsanlagen und Inneneinrichtungen. Zu seinen bedeutendsten Leistungen zählen der Wiederaufbau und die Innenausgestaltung der Wiener Staatsoper (bis 1955) sowie der Bau des Ringturms (1953–55) in Wien.

BOLTZMANN, Ludwig, * 20. 2. 1844 in Wien, † 5. 9. 1906 in Duino bei Triest (Selbstmord), Physiker. Promovierte 1866 in Wien und war 1867–69 Assistent am Physikalischen Institut der Universität. 1869–73 Univ.-Prof. für theoretische Physik in Graz, 1873–78 Univ.-Prof. für Mathematik in Wien, 1878–94 Univ.-Prof. für Experimentalphysik in Graz, 1894–1900 und 1902–04 Univ.-Prof. für theoretische Physik in Wien (1902–04 auch für Naturphilosophie). Vielfach geehrt, trieb ihn eine schwere Krankheit in den Selbstmord. 1873, 15 Jahre vor Hertz, bestätigte er experimentell die elektromagnetische Lichttheorie von Maxwell. Mit Hilfe der Wahrscheinlichkeitsrechnung klärte er den Zusammenhang von Thermodynamik und Mechanik. 1884 fand er für das von J. Stefan empirisch erschlossene Gesetz der schwarzen Strahlung die wissenschaftliche Begründung. Als erster wendete B. die Gesetze der Statistik auf Gasmoleküle an. Außerdem bereitete er den Weg für die Ableitung der Planckschen Strahlungsformel. Seine Hauptwerke: „Über kinetische Gastheorie" (1898), „Über die Prinzipien der Mechanik" (2 Bde., 1897–1904), „Wissenschaftliche Abhandlungen" (3 Bde., 1909).

Ludwig Boltzmann. Lithographie von Rudolf Fenzl (1898)

BOLZANO, Bernhard, * 5. 10. 1781 in Prag, † 18. 12. 1848 in Prag, katholischer Geistlicher, Philosoph und Mathematiker. Wurde 1805 zum Priester geweiht und war 1805–19 Prof. für Religionsphilosophie an der Universität Prag. Auf Grund von Verleumdungen wurde er wegen angeblicher Irrlehre 1819 seines Amtes enthoben, obwohl er schon damals „böhmischer Leibniz" genannt wurde. Als Theologe vertrat er die moralistisch-rationale Richtung; als Philosoph war er von Kant und der Aufklärung beeinflußt, in der Logik schloß er sich den Auffassungen von Leibniz an, wobei er eine scharfe Unterscheidung zwischen dem Logischen und dem Psychologischen forderte; als Mathematiker prägte er scharfe Definitionen der Grundbegriffe und war ein Wegbereiter der Mengenlehre. Seine philosophischen Werke beeinflußten das Denken des 20. Jh.s – der Begründer der Phänomenologie Edmund Husserl (s. d.) erkannte dies als erster und nannte B. 1901 „einen der größten Logiker aller Zeiten". Seine Freunde gaben ohne Namensnennung den überwiegenden Teil seiner Werke heraus, darunter sein Hauptwerk „Wissenschaftslehre", 4 Bde. (1837, Neuaufl. 1914, 1929), „Athanasia oder die Gründe für die Unsterblichkeit der Seele" (1827, 2. Aufl. 1838), „Paradoxien des Unendlichen" (1851, 2. Aufl. 1889, Neuaufl. 1920). Seine Selbstbiographie gab M. J. Fesl 1875 heraus. Schriften hrsg. von der Königlich Böhmischen Gesellschaft der Wissenschaften, 5 Bde. (1830–48), eine etwa 50bändige Gesamtausgabe ist seit 1969 im Erscheinen (Hrsg. E. Winter).

Zimmermann, R.: Über B.s wissenschaftlichen Charakter (1849); Palágy, J.: Kant und B. (1902); Bergmann, H.: Das philosophische Werk B.s (1909, mit vollständiger Bibliographie); Schindler, F.: B. B.s Leben und Wirken (1912); Fels, H.: B. B., sein Leben und seine Werke (1929); Winter, E.: Religion und Offenbarung in der Religionsphilosophie B. B.s (1932)

BONDY, Ottilie (geb. Jeitteles), * 26. 7. 1832 in Brünn, † 5. 12. 1921 in München, Frauenrechtlerin. Gründete gemeinsam mit J. Meynert und Marianne Hainisch (s. d.) den Wiener Hausfrauenverein, den sie 1879–1909 auch leitete. In dieser Zeit schloß sie diesem Verein eine Haushaltungsschule mit einer Gaststätte und eine Stellenvermittlung für Hausgehilfinnen an. B. zählt zu den Vorkämpferinnen der ö. Frauenbewegung.

BORN, Ignaz Edler von, * 26. 12. 1742 in Karlsburg (Siebenbürgen), † 24. 7. 1791 in Wien, Mineraloge und Hüttenfachmann. Ursprünglich Jesuit, trat er bald aus dem Orden aus und wurde Freimaurer. 1776 nach Wien berufen, ordnete er hier die naturkundlichen Sammlungen der Hofmuseen. Leitete als Meister vom Stuhl ab 1782 die Wiener Freimaurerloge „Zur wahren Eintracht" und gab das „Freimaurer-Journal" heraus. Für Mozart wurde B. das Urbild des Sarastro für seine Oper „Die Zauberflöte". Nach 1780 verfaßte B. mehrere politisch-satirische Schriften.

BOROËVIĆ von Bojna, Svetozar, * 13. 12. 1856 in Umetić (Kroatien), † 23. 5. 1920 in Klagenfurt, Berufsoffizier, Feldmarschall. 1914/15 Korps- und Armeekommandant an der Ostfront (Entsatz von Przemysl im Oktober 1914, Schlacht bei Limanowa-Lapanow im Dezember 1914, Winterschlacht in den Karpaten 1915 und Durchbruch bei Gorlice im Mai 1915). 1915–17 Oberkommandierender an der Italienfront, bewährt in sämtlichen Isonzoschlachten, die er auch alle selbst leitete. Meinungsverschiedenheiten mit Conrad von Hötzendorf (s. d.) und die schlechte Versorgungslage der Armee führten zum Mißlingen der letzten, zwölften Offensive im Juni 1918. B. plante im November 1918 die Besetzung Wiens, um die Monarchie zu erhalten.

Bauer, E.: Der Löwe von Isonzo (1985)

BOSCHEK, Anna, * 14. 5. 1874 in Wien, † 18. 11. 1957 in Wien, Gewerkschafterin, Sozialdemokratin. 1891 Spulerin in der Ottakringer Trikotfabrik, im Arbeiterinnenbildungsverein tätig. 1894 Gewerkschaftsangestellte, 1919–34 Abgeordnete zum Nationalrat.

IGNAZ BÖSENDORFER
Der Klavierbauvirtuose

Konzertflügel der heutigen L. Bösendorfer Klavierfabrik AG

BÖSENDORFER, Ignaz, * 28. 7. 1796 in Wien, † 14. 4. 1859 in Wien, Klavierbauer. Gründete 1828 in der Vorstadt Josefstadt eine Klavierfabrik, deren Produkte bald sehr geschätzt wurden und schließlich Weltruf erlangten. B. wurde 1836 der Titel „k. k. Hof- und Kammerklavierverfertiger" zuerkannt.

BÖSENDORFER, Ludwig, * 10. 4. 1835 in Wien, † 8. 5. 1919 in Wien, Klavierbauer. B. führte das Unternehmen des Vaters Ignaz B. (s. d.) erfolgreich weiter und eröffnete mit einem Klavierabend Hans von Bülows 1872 den „Bösendorfer-Saal" im Palais Liechtenstein (1913 abgebrochen, heute Hochhaus) in der Wiener Herrengasse. Der wegen seiner hervorragenden Akustik geschätzte Konzertsaal wurde rasch weltbekannt und zur Stätte zahlreicher Konzerte der musikalischen Weltprominenz. Ludwig B.s Söhne, Alexander und Wolfgang Hutterstrasser, führten die Klavierfabrik als OHG bis 1966 weiter, dann wurde sie in die „L. Bösendorfer Klavierfabrik AG" umgewandelt.

Ludwig Bösendorfer. Lithographie von Rudolf Fenzl (1898)

BOTSTIBER, Hugo, * 21. 4. 1875 in Wien, † 15. 1. 1941 in Shrewsbury (England), Musiktheoretiker. 1904–11 redigierte er das „Musikbuch aus Ö.", 1913–33 Generalsekretär des Wiener Konzerthauses, 1938 emigrierte er nach England. B. war ein führender Haydn-Forscher. 1927 erschien sein dreibändiges Werk „Joseph Haydn".

BOURGUIGNON VON BAUMBERG, Anton Freiherr, * 8. 6. 1808 in Hermannmiestec (Böhmen), † 28. 5. 1879 in Pola (Istrien), Berufsoffizier. 1864–79 Hafen- und Festungskommandant von Pola, 1875 Admiral, der erste der ö. Marine. B. entwickelte die neue Seetaktik für Schraubenschiffe.

BOUVARD, Hugo, * 18. 5. 1879 in Wien, † 20. 2. 1959 in Wien, Maler. War im Ersten Weltkrieg Hauptmann bei den Kaiserjägern und wurde durch seine zahlreichen Gemälde, die Situationen und Personen aus dem Ersten Weltkrieg darstellen, bekannt. Allein im Heeresgeschichtlichen Museum in Wien befinden sich 160, im Kaiserjäger-Museum in Innsbruck 60 Gemälde. 1954 erhielt er den „Goldenen Lorbeer".

BOYKOW, Johann Maria, * 1. 2. 1878 in St. Wolfgang (OÖ), † 22. 7. 1935 in Berlin, Ingenieur und Erfinder. War zuerst Schauspieler und nach seinem Studium in der ö. Kriegsmarine tätig. Bekannt wurde er 1913, als er den „Nord-Drehfehler" des Kreisels feststellte. Seine wichtigsten Erfindungen sind 1914 ein selbsttätiges Bombenabwurfgerät mit Zieleinrichtung für Flugzeuge, 1919 die nach ihm benannte „Meßbildapparatur"; 1923 baute er für den Forscher Amundsen einen Sonnenkompaß. Er konstruierte auch Verbundkameras mit einer Entzerrungseinrichtung für Luftaufnahmen und den sogenannten „Autopiloten" zur automatischen Steuerung von Flugzeugen.

BRADL, Sepp (Josef), * 8. 1. 1918 in Wasserburg (Bayern), † 3. 3. 1982 in Mühlbach am Hochkönig (S), Schispringer. Idol der dreißiger und vierziger Jahre. „Bubi" B. übersprang als erster Mensch die 100-m-Marke (15. 3. 1936 in Planica: 101,5 m). Dem folgte 1938, ebenfalls in Planica, noch ein Weltrekordsprung auf 107 m. Für Deutschland startend, wurde B. 1939 Schisprung-Weltmeister. B. galt als weltbester Vierer-Kombinierer (Langlauf, Sprunglauf, Abfahrt, Slalom) und war Österreichs erster – und für lange Zeit einziger – Schispringer von Weltklasse.

JOHANNES BRAHMS

Ein Hamburger vollendet die „Wiener Klassik"

BRAHMS, Johannes, * 7. 5. 1833 in Hamburg, † 3. 4. 1897 in Wien, Komponist. Der bedeutende Symphoniker gab 1862 in Wien sein erstes Konzert und übersiedelte 1878 endgültig in diese Stadt. Bereits 1863 hatte er die Leitung der Wiener Singakademie übernommen und dirigierte von 1872–75 die Konzerte der Gesellschaft der Musikfreunde. Wien wurde ihm zur zweiten Heimat, zahlreiche seiner Werke entstanden hier sowie in Pörtschach (K), Mürzzuschlag (St) und Bad Ischl (OÖ). B. gilt auch als „Vollender der Wiener Klassik". Neben seinen vier Symphonien sind noch die beiden Klavierkonzerte, das Violinkonzert, das „Deutsche Requiem" und die Kammermusik (Quartette, Quintette, Sextette) hervorzuheben.

Kalbeck, M.: J. B., 4 Bde. in 7 Teilen (1908–21); Geiringer, K.: J. B. (1934); Rehberg, W.: J. B. (1947); Grasberger, F.: J. B. (1952); Neunzig, H. A.: B., der Komponist des deutschen Bürgertums (1976)

BRAND, Ignaz, * 28. 4. 1844 in Znaim (Mähren), † 13. 5. 1916 im Traunsee (Selbstmord), Verleger. Arbeitete in Wien bei Gerold & Comp. als Buchhändler und gründete 1894 mit Unterstützung des sozialdemokratischen Parteivorstandes die „Erste Wiener Volksbuchhandlung – I. Brand". Noch im Gründungsjahr trat der Buchhandlungsgehilfe Hugo Heller (* 1871, † 29. 11. 1923), der später eine bekannte Buch- und Kunsthandlung gründete, in den Verlag ein. B. gab zahlreiche sozialdemokratische Bücher, Broschüren, die Schriftenreihe „Marx-Studien" und ab 1896 das humoristisch-satirische Abendblatt „Neue Glühlichter" heraus. 1909, nach vorangegangener Übernahme durch die Partei, trat B. aus dem Verlag aus. Bis 1934 war der Verlag neben dem Berliner Verlag Dietz für die Arbeiterbewegung von großer Bedeutung.

Schroth, H.: Verlag der Wiener Volksbuchhandlung 1894–1934 (1977)

BRANDAUER, Klaus Maria, * 22. 6. 1944 in Bad Aussee (St), Bühnen- und Filmschauspieler. Spielte nach seiner Ausbildung u. a. in Düsseldorf, am Theater in der Josefstadt und wurde 1972 Mitglied des Wiener Burgtheaters. Trat 1975 erstmals bei den Salzburger Festspielen in Büchners „Leonce und Lena" und 1983 als „Jedermann" auf. Im Film spielte er die Hauptrolle in Klaus Manns „Mephisto" (Regie: István Szabó), der als bester ausländischer Streifen 1982 einen Oscar erhielt, drehte 1983 einen James-Bond-Film, 1985 spielte er den Oberst Redl und verkörperte den Kaiser Nero in „Quo vadis?". 1986 wurde er für die beste Darstellung einer Nebenrolle („Out of Africa") für den Oscar nominiert.

BRANDIS, Franz Adam Graf, * 18. 7. 1639 in Fahlburg bei Lana (Südtirol), † 7. 9. 1695, Historiker. Er war der Enkel des Landeshauptmanns von Tirol, Jakob Andrä B. (* 10. 1. 1569, † 7. 11. 1629) und verfaßte die erste Landesgeschichte Tirols, „Des tyrolischen Adlers immergrünendes Ehren-Kränzl", eine Verschronik (1678, verb. Aufl. 1759). Sehr bekannt wurde auch sein Werk „Fruchtbringender Lorbeerzweig" (1675).

BRANDSTETTER, Alois, * 5. 12. 1938 in Pichl (OÖ), Schriftsteller. Nach dem Studium der Geschichte und der Germanistik promovierte er zum Dr. phil., habilitierte sich 1970 und lehrt seit 1974 an der Hochschule für Bildungswissenschaften in Klagenfurt. Schrieb u. a. die Erzählungen „Überwindung der Blitzangst" (1971), „Ausfälle" (1971), „Zu Lasten der Briefträger" (1974), „Der Leumund des Löwen" (1976), „Die Abtei" (1977), „Vom Schnee der vergangenen Jahre" (1979), „Die Burg" (1986) und „Kleine Menschenkinder" (1987). 1986 gab er „Ö. Erzählungen des 19. Jahrhunderts" heraus.

Arik Brauer: Zwischen Vögeln. Ölbild (1965)

BRAUER, Arik (Erich), * 4. 1. 1929 in Wien, Maler und Liedermacher. War Schüler von Albert Paris Gütersloh und schloß sich nach ausgedehnten Reisen im Orient der Wiener Schule des Phantastischen Realismus an.

BRAUMANN, Franz, * 2. 12. 1910 in Seekirchen (S), Lehrer und Schriftsteller. Erzähler des bäuerlichen Lebensraums. Schreibt Romane und Jugendbücher. 1958 erhielt er den Ö. Staatspreis für Jugendliteratur.

BRAUMÜLLER, Wilhelm Ritter von (seit 1871), * 19. 3. 1807 in Zillbach bei Meiningen (Thüringen), † 25. 7. 1884 in Wien, Buchhändler und Verleger. Als gelernter Buchhändler kam er 1831 nach Wien und arbeitete bei Carl Gerold (s. d.), wo er stiller Teilhaber wurde. 1840 erwarb er mit L. W. Seidel die Möslesche Buchhandlung, trennte sich 1848 aber von seinem Gesellschafter, erhielt den Titel Hof- und später Universitätsbuchhändler. Er verlegte vorwiegend juridische und medizinische Werke (Hyrtl, Rokitansky, Skoda) und erhielt das Ehrendoktorat der medizinischen Fakultät Würzburg. Sein Sohn Wilhelm, der schon am 30. 12. 1889 starb, war seit 1867 Gesellschafter der Firma „Wilhelm Braumüller und Sohn" am Graben 21.

BRAUN, Felix, * 4. 11. 1885 in Wien, † 29. 11. 1973 in Wien, Dichter. Studierte in Wien Germanistik und Kunstgeschichte und promovierte 1908. Als Dozent für Literatur ging er 1928 nach Italien und von dort 1938 nach London. 1951 kehrte er nach Wien zurück, wo er an den Akademien für darstellende und für angewandte Kunst bis 1955 unterrichtete. Der letzte Vertreter des Impressionismus und der Neuromantik in Ö. war mit Hugo von Hofmannsthal (s. d.) und Stefan Zweig (s. d.) befreundet. 1947 Preis der Stadt Wien, 1951 Großer Staatspreis, 1955 Ehrenring der Stadt Wien, 1955 Stifter-Medaille, 1965 Grillparzer-Preis. Unter seinen Romanen nimmt „Agnes Altkirchner" (1927), unter „Herbst des Reiches" 1957 neu erschienen, einen besonderen Rang ein. Außerdem veröffentlichte er „Die Taten des Herakles" (1921, 1948), „Der Stachel in der Seele" (1948), die Autobiographie „Das Licht der Welt" (1949), „Ausgewählte Dramen", 2 Bde. (1963) und zahlreiche Essays und Gedichte. Sehr erfolgreich wurden seine beiden Lyrikanthologien „Der tausendjährige Rosenstrauch" (erstmals 1937) und „Die Lyra des Orpheus" (1951).

BRAUN, Hans, * 14. 5. 1917 in Wien, Bariton, Kammersänger. War Wiener Sängerknabe und studierte in Wien vorwiegend bei Hans Duhan. Debüt 1938 als Almaviva in Königsberg. Seit 1945 an der Wiener Staatsoper, seit 1950 auch bei den Salzburger Festspielen und 1953 in Bayreuth tätig.

BRAUN, Joseph, * 5. 5. 1840 in Budapest, † 25. 9. 1902 in Wien, Journalist und Schriftsteller. Studierte Medizin in Wien und wurde 1860 Journalist. Arbeitete für verschiedene Zeitschriften und wurde Chefredakteur der „Morgenpost", 1869 verantwortlicher Redakteur der „Tagespresse". 1871 gründete er „Die Bombe", verkaufte sie 1881 und gründete die „Wiener Karikaturen". Neben Romanen und Lustspielen schrieb er mehrere Libretti, so etwa 1862 „Flotte Bursche" für Franz von Suppé (s. d.), 1864 „Die keusche Diana" für Karl Millöcker sowie 1871 „Indigo" und 1873 „Carneval in Rom" für Johann Strauß (s. d.).

BRAUN VON BRAUNTHAL, Karl Johann Ritter, * 1802 in Eger (Böhmen), † 26. 11. 1866 in Wien, Lyriker und Dramatiker. Noch vor Vollendung seines 18. Lebensjahrs hatte er die „Antigone" von Sophokles, Oden von Horaz und einen großen Teil von Vergils „Aeneis" neu übersetzt. 1826–29 Erzieher bei Graf Schaffgotsch in Breslau. Schrieb Gedichte und Dramen. 1844 verfaßte er das Textbuch zu Konradin

JOSEF BRATFISCH

Treuer Diener seines Herrn

BRATFISCH, Josef, * 26. 8. 1847 in Wien, † 16. 12. 1892 in Wien, Fiaker. Er war auch Heurigensänger und Kunstpfeifer. Ab 1887 war er Leibfiaker von Kronprinz Rudolf (s. d.) und erledigte zahlreiche Fahrten in einem sogenannten „unnumerierten" Coupé. Kronprinz Rudolf schätzte seine Zuverlässigkeit und Verschwiegenheit und war sogar mehrmals bei B. zu Gast. Außerdem ließ sich der Kronprinz von B. öfter unterhalten, da ihm dessen Vortragskunst sehr gefiel. B. sang besonders gern das Fiakerlied, „Vindobona, du herrliche Stadt", „Wien bleibt Wien" und „Der Schwalbe Gruß".

Kreutzers „Nachtlager von Granada". Schrieb auch unter dem Pseudonym Jean Charles.

BRAUN-FERNWALD, Karl von, * 23. 3. 1823 in Zistersdorf (NÖ), † 28. 3. 1891 in Wien, Gynäkologe. Wandte sich nach seinem Studium dem Fachgebiet der Geburtshilfe zu und wurde bereits 1856 Univ.-Prof. in Wien. Er führte neue Operationsmethoden ein und entwikkelte neue Operationsinstrumente. B. löste die Gynäkologie von der Chirurgie und machte sie zu einem selbständigen Studienfach. 1857 erschien sein „Lehrbuch der Geburtshilfe".

BRAUN-PRAGER, Käthe, * 12. 2. 1888 in Wien, † 18. 6. 1967 in Wien, Schriftstellerin. Die Schwester von Felix Braun (s. d.) lebte 1939–51 in der Emigration in London. Sie schrieb vorwiegend Gedichte und Essays und trat auch als Malerin an die Öffentlichkeit. 1958 den Theodor-Körner-Preis, 1959 den Preis der Stadt Wien.

BREHM, Bruno, * 23. 7. 1892 in Laibach, † 5. 6. 1974 in Altaussee (St), Berufsoffizier (bis 1918), Schriftsteller. Studierte nach 1918 Kunstgeschichte und promovierte zum Dr. phil. Lebte später als freier Schriftsteller in Wien. 1938 zum Ratsherrn ernannt, wurde B. 1941 Präsident der Wiener Kulturvereinigung. Schrieb überwiegend historische Romane mit deutschnationalem Aspekt. Besonders bekannt wurde die sogenannte Weltkriegstrilogie „Apis und Este" (1931), „Das war das Ende" (1932) und „Weder Kaiser noch König" (1933; 1951 unter dem Titel „Die Throne stürzen" neu aufgelegt), „Zu früh und zu spät" (1936); die Trilogie „Das Zwölfjährige Reich" („Der Trommler", „Der böhmische Gefreite", „Wehe den Besiegten allen") 1960. Erhielt 1939 den Ö. Staatspreis und 1961 den Peter-Rosegger-Preis.

BREICHA, Otto, * 26. 7. 1932 in Wien, Kunstkritiker und Kulturmanager. Studierte in Wien und war nach seiner Promotion zum Dr. phil. 1954 als Kunstkritiker und Herausgeber kunst- und kulturgeschichtlicher Werke tätig. So gab er gemeinsam mit Gerhard Fritsch (s. d.) 1964 „Finale und Auftakt. Wien 1898–1914" und „Aufforderung zum Mißtrauen. Literatur, bildende Kunst und Musik in Ö. seit 1945" (1967) sowie ab 1966 die Halbjahresschrift für Literatur, Kunst und Musik „Protokolle" heraus und führte sie seit dem Tod von Fritsch im Jahr 1969 allein weiter. Außerdem veröffentlichte er mehrere Künstlermonographien, so u. a. über „Wolfgang Hutter" (s. d., 1969), „Andreas Urteil" (s. d., 1970), „Fritz Wotruba" (s. d.), „Georg Eisler" (1971), „Peter Pongratz" und „Arnulf Rainer" (s. d., 1972).

BREISKY, Walther, * 8. 7. 1871 in Bern, † 25. 9. 1944 (Selbstmord) in Klosterneuburg bei Wien, Jurist, Ministerialbeamter und christlichsozialer Politiker. 1895–1900 im Dienst der Nö. Statthalterei, 1900–07 im Ministerium für Kultus und Unterricht, 1907–18 im Präsidium des Ministerrates, 1913 Ministerialrat, 1919 Sektionschef in der Staatskanzlei. 1920 Staatssekretär für Inneres und Unterricht, 1920–22 Vizekanzler und mit dem Unterrichtsministerium betraut, 26./27. 1. 1922 einen Tag lang Bundeskanzler. 1923–31 Präsident des Bundesamtes für Statistik (heute Statistisches Zentralamt), wo er vorbildliche Entwicklungsarbeit geleistet hat. 1944 wegen Abhörens des „Feindsenders" BBC vorübergehend verhaftet, setzte er seinem Leben ein Ende.

Weissensteiner, F., und Weinzierl, E. (Hrsg.): Die ö. Bundeskanzler (1983)

BREITNER, Burghard, * 10. 6. 1884 in Mattsee (S), † 28. 3. 1956 in Innsbruck, Chirurg und Schriftsteller. Arzt im Ersten Weltkrieg, betreute in russischer Kriegsgefangenschaft bis 1920 Verwundete. 1928 Univ.-Prof. in Innsbruck und Präsident der Ö. Gesellschaft vom Roten Kreuz. Bei der Bundespräsidentenwahl vom 6. 5. 1951 (der ersten durch das Volk) war er Kandidat des VdU und erreichte 15,41% der Stimmen. Neben fachlichen Werken und seinem „Sibirischen Tagebuch" (1921) verfaßte er auch einige Romane und Dramen.

BREITNER, Hugo, * 9. 11. 1873 in Wien, † 5. 3. 1946 in Clairemont (Kalifornien), sozialdemokratischer Finanzpolitiker. 1922–32 Stadtrat für Finanzen der Gemeinde Wien. Er führte anstelle der sogenannten

Hugo Breitner

Massensteuern mehrere progressive Steuern, die „Breitner-Steuern", ein, so etwa die Branntwein-, Lustbarkeits- und Automobilsteuer. Durch seine Wohnbausteuer begründete er den sozialen Wohnbau der Gemeinde Wien. In den Februarkämpfen 1934 verhaftet, emigrierte er nach seiner Freilassung über Italien in die USA.

BRENDEL, Alfred, * 5. 1. 1931 in Wiesenberg (Nordmähren), Pianist. Nach sorgfältiger Ausbildung debütierte er 1948 in Graz. 1976/77 spielte er in einem Gesamtzyklus alle Beethoven-Sonaten in London, München und Stuttgart. 1977 erschien sein „Nachdenken über Musik" (1983 in englischer Sprache). Er beschäftigt sich vornehmlich mit der Interpretation der Werke Mozarts (s. d.), Liszts (s. d.) und Schuberts (s. d.).

BRENNER, Anton, * 12. 8. 1896 in Wien, † 26. 11. 1957 in Wien, Architekt. Geriet 1916 in russische Kriegsgefangenschaft und kehrte erst 1920 nach Wien zurück, wo er zunächst an der Kunstgewerbeschule und danach an der Kunstakademie bei Clemens Holzmeister (s. d.) studierte. 1926/27 im Stadtbauamt in Frankfurt am Main tätig, arbeitete er 1928 wieder in Wien und lehrte ab 1929 am Bauhaus in Dessau. 1951–53 Prof. für Architektur an der Technischen Hochschule Kharagpur bei Kalkutta (Indien), danach wieder in Wien. Er schuf mehrere Wohnhausanlagen der Gemeinde Wien und war Mitarbeiter an der Wiener Werkbundsiedlung.

Gmeiner, A., und Pirhofer, G.: Der ö. Werkbund (1985)

BRENTANO, Franz, * 16. 1. 1838 in Marienberg bei Boppard am Rhein, † 17. 3. 1917 in Zürich, Philosoph. War der Neffe von Clemens und Bettina B. Studierte Theologie und Philosophie an mehreren deutschen Universitäten und promovierte 1862. 1864 zum Priester geweiht, habilitierte er sich 1866 als Dozent für Philosophie in Würzburg, legte jedoch 1873 als Gegner des Vaticanums Priesteramt und Professur zurück. 1873 nach Wien berufen, wurde er hier das Oberhaupt einer antimetaphysischen Philosophenschule, die insbesondere auf dem Gebiet der Ethik und der Psychologie forschte und einen bedeutenden Schülerkreis anzog, so u. a. Edmund Husserl (s. d.) und Alexino von Meinong (s. d.). B.s Hauptwerke: „Psychologie vom empirischen Standpunkte", 2. Bde. (1874 f.), „Vom Ursprung sittlicher Erkenntnis" (1889) und „Untersuchungen zur Sinnespsychologie" (1907).

BRESGEN, Cesar, * 16. 10. 1913 in Florenz, Komponist. Seit 1939 in Salzburg. Vorübergehend leitete er eine Jugendmusikschule und wurde von Clemens Krauss als Kompositionslehrer an das Mozarteum verpflichtet. 1945 kurzfristig in Mittersill (S) tätig, kehrte er wieder ans Mozarteum zurück. Seine Kompositionen beruhen vielfach auf Volksliedelementen, dessen Erforschung er sich auch verschrieben hat. Besonders bekannt sind seine Märchen- und Jugendopern, wie etwa: „Der Igel als Bräutigam" (1950), „Brüderlein Hund" (1953), „Der Mann im Mond" (1958). Er schrieb auch Kurzopern, Oratorien und Ballette.

Lück, R.: C. B. (1974)

BRESTEL, Rudolf, * 16. 5. 1816 in Wien, † 3. (4.?) 3. 1881 in Wien, Mathematiker und liberaler Politiker. 1844 Prof. für Mathematik an der Universität Wien, 1848–49 und 1864–81 Reichsratsabgeordneter, 1868–70 Finanzminister. Als Finanzminister setzte er den Zinsfuß herab; war ein Gegner des Föderalismus.

BREUER, Josef, * 15. 1. 1842 in Wien, † 20. 6. 1925 in Wien, Internist. Als Physiologe entdeckte er die Selbststeuerung der Atmung und stellte fest, daß der Nervus vagus für diese

Tätigkeit verantwortlich ist. Neurotische und hysterische Störungen behandelte er mit seiner sogenannten kathartischen Methode, die zum Ausgangspunkt von Sigmund Freuds (s. d.) Psychoanalyse wurde. Gemeinsam mit Freud gab B. 1895 „Studien über Hysterie" heraus.

BREUNER, Philipp Friedrich Graf, * 1598, † 22. 5. 1669 in Wien, Fürstbischof von Wien. Sohn von Generalfeldzeugmeister Johann Graf B., Festungskommandant von Raab. Wurde Weihbischof von Olmütz und 1639 Bischof von Wien. Unter ihm wurde der Bau des Bischofshofes (das heutige Erzbischöfliche Palais) 1641 vollendet. Er stiftete den von den Brüdern Pock aus Konstanz gestalteten Hochaltar in der Wiener Stephanskirche (1640 errichtet, 1647 geweiht). Während seiner Amtszeit wehrte er sich gegen den zunehmenden Einfluß des Staates auf die Kirche.

BREVILLIER, Ludwig, * 15. 11. 1800 in Wien, † 12. 2. 1855 in Wien, Industrieller. Jüngerer Bruder von Karl Wilhelm B., der 1823 eine Holz- und Metallschraubenfabrik in Neunkirchen (NÖ) gegründet hatte. Als Mitgesellschafter tätig, übernahm er nach dem Tod des Bruders den Betrieb und baute ihn zu einer Firma von Weltruf aus.

BREZINKA, Wolfgang, * 9. 6. 1928 in Berlin, Pädagoge. Studierte an den Universitäten Salzburg und Innsbruck Pädagogik, Psychologie und Philosophie und promovierte 1951. Anschließend bis 1955 Assistent am Institut für Vergleichende Erziehungswissenschaft in Salzburg, habilitierte sich 1954 in Pädagogik an der Universität Innsbruck. 1957/58 Forschungsstipendiat an amerikanischen Universitäten, 1958–60 Univ.-Prof. in Würzburg und 1960–67 an der Universität Innsbruck. Seit 1967 ist er Prof. für Erziehungswissenschaft an der Universität Konstanz am Bodensee. B. veröffentlichte mehrere Bücher, von denen einige in Übersetzungen und in mehreren Auflagen erschienen sind, so u. a.: „Erziehung als Lebenshilfe" (1957, 8. Aufl. 1971), „Der Erzieher und seine Aufgabe" (1966), „Erziehungsziele, Erziehungsmittel, Erziehungserfolg" (1976), „Grundbegriffe der Erziehungswissenschaft" (3. Aufl. 1977), „Metatheorie der Erziehung" (4. Aufl. 1978), „Die Pädagogik der Neuen Linken" (5. Aufl. 1980).

BRIEGNIEL, Joseph (auch Brigniel), * 1699 in Klagenfurt, † um 1770 in Wiener Neustadt (NÖ), Jesuit und Missionar. Trat in den Jesuitenorden ein und wurde 1723 zum Priester geweiht. 1728 ging er als Missionar nach Paraguay und erwarb sich große Verdienste um die Herausgabe eines Wörterbuchs und einer Grammatik der Abipon-Indianer. Außerdem zeichnete er eine vorzügliche Karte von Paraguay.

BROD, Max, * 27. 5. 1884 in Prag, † 20. 12. 1968 in Tel Aviv, Jurist, Schriftsteller und Kulturphilosoph. Als enger Freund von Franz Kafka (s. d.) entdeckte er früh dessen Talent und gab (allerdings entgegen Kafkas Letzten Willen) nach dem Tod des Freundes dessen unveröffentlichte Werke heraus und interpretierte sie. 1939 emigrierte er nach Palästina und war als Dramaturg in Tel Aviv tätig, wo er ab 1949 Gastvorlesungen hielt. Sein dichterisches Schaffen begann mit dem ersten Band der Romantrilogie „Kampf um Wahrheit": „Tycho Brahes Weg zu Gott" (1916), „Rëubeni, Fürst der Juden" (1925) und „Galilei in Gefangenschaft" (1948). Außerdem verfaßte er „Die Frau, nach der man sich sehnt" (1927), „Der Meister" (1951) und seine Autobiographie „Streitbares Leben" (1960). Über seinen Freund schrieb er die Biographien „Franz Kafka" (1937) und „Franz Kafkas Glauben und Lehre" (1949). Anläßlich seines 65. Geburtstages erschien die Festschrift „Ein Kampf um Wahrheit" (1949). B. war auch als Komponist tätig.

BRODA, Christian, * 12. 3. 1916 in Wien, † 1. 2. 1987 in Wien, Jurist und SPÖ-Politiker. 1934 und 1943 in politischer Haft, promovierte 1940 zum Dr. phil. und 1947 zum Dr. jur. Ab 1948 war er als Rechtsanwalt in Wien tätig. 1957–59 Mitglied des Bundesrates, 1960–66 und 1970–83 Justizminister, 1962–83 Abgeordneter zum Nationalrat. In seiner Amtszeit bemühte er sich um zahlreiche Justizreformen, insbesondere im Bereich des Familien- und Personenrechts. 1962 veröffentlichte er „Demokratie – Recht – Gesellschaft" und 1966 „Die veränderte Gesellschaft und die neuen Aufgaben der Sozialisten". Am 28. 1. 1987 erhielt er in Straßburg den Menschenrechtspreis des Europarats.

200 Jahre Rechtsleben in Wien, Ausstellungskatalog Wien 1985/86

BRODA, Engelbert, * 29. 8. 1910 in Wien, † 26. 10. 1983 in Wien, Physiker und Radiochemiker. Studierte in Wien und Berlin und promovierte 1934. 1938–47 lebte er als politischer Emigrant in England, arbeitete bei der Atomenergieorganisation und unterrichtete in London und in Cambridge. 1955–80 Prof. für physikalische Chemie an der Universität Wien. Der international anerkannte Wissenschaftler veröffentlichte zahlreiche Fachpublikationen. Als Pazifist und deklarierter Friedensfreund war er Jahrzehnte hindurch der Kopf der österreichischen Pugwash-Bewegung, einer übernationalen Abrüstungs-Vereinigung von Wissenschaftlern. Verfaßte u. a. „Ludwig Boltzmann – Mensch, Physiker, Philosoph" (1956). Er war der ältere Bruder des Juristen Christian B. (s. d.).

BRONNEN, Arnolt (eigtl. Arnold Bronner, Pseud. A. H. Schelle-Noetzel), * 19. 8. 1895 in Wien, † 12. 10. 1959 in Ost-Berlin, Schriftsteller. Der dem Expressionismus verbundene B. war in den zwanziger Jahren vorerst mit B. Brecht befreundet, danach deutschnational eingestellt und arbeitete ab 1935 als Dramaturg in Berlin. 1945 kurze Zeit Bürgermeister von Goisern (S), Dramaturg an der Scala in Wien und politisch dem Kommunismus zugewandt. Ging 1955 nach Ost-Berlin. 1954 erschien seine Autobiographie „A. B. gibt zu Protokoll".

BRONNER, Ferdinand, * 15. 10. 1867 in Auschwitz (Galizien), † 27. 3. 1948 in Bad Ischl (OÖ), Schriftsteller und Dramatiker, Vater von Arnolt Bronnen (s. d.). In seinen stark naturalistischen Dramen brachte er als einer der ersten realitätsbezogene Arbeiterdramen heraus. Am bekanntesten wurde die Trilogie „Jahrhundertwende" (1899–1905) und „Vaterland" (1910) sowie sein Roman „Kinder des Volkes" (1929). Schrieb auch unter dem Pseudonym Franz Adamus.

HERMANN BROCH

Literatur am Ende einer Kultur

BROCH, Hermann, * 1. 11. 1886 in Wien, † 30. 5. 1951 in New Haven (USA), Dichter und Kulturphilosoph. War ursprünglich Textiltechniker und leitete von 1916–27 die väterliche Teesdorfer Textilfabrik. B. studierte 1928–31 Mathematik, Philosophie und Psychologie und emigrierte 1938 nach kurzer Haft in die USA, wo er 1949 Prof. für deutsche Literatur an der Yale University, New Haven, wurde. Seit 1918 literarisch tätig, entschloß er sich 1927 zum Verkauf seiner Fabriken und lebte seither als freier Schriftsteller. B. verband in seinem Werk philosophische Erkenntnisse mit dichterischer Gestaltung. Als erster sprengte er die Form des herkömmlichen deutschsprachigen Romans durch eingefügte, meist philosophierende Monologe und wissenschaftliche Essays. Zusätzlich verfaßte er Beiträge zur Kunsttheorie und Studien über Massenpsychologie. Die Idee seiner „totalen Demokratie" war von ethischen Werten getragen und basierte auf einer humanistischen Überzeugung. Seine Sprachkunst wurde insbesondere in seinem Hauptwerk „Tod des Vergil" (1945) deutlich. Außerdem: die Trilogie „Die Schlafwandler" (1931/32), „Die Schuldlosen" (1950), „Der Versucher" (1955). 1951–60 erschienen die „Gesammelten Werke" (8 Bde.).

Koebner, Th.: H. B. Leben und Werk (1965); Somm, W.: H. B., Geist, Prophetie und Mystik (1965); Durzak, M.: H. B. in Selbstzeugnissen und Bilddokumenten (1965)

Hermann Broch 1937

B

Gerhard Bronner (rechts) mit H. Qualtinger und L. Martini in einer Szene des Kabarettprogramms „Glasl vorm Aug" im Theater am Kärntnertor

BRONNER, Gerhard, * 23. 10. 1922 in Wien, Komponist und Kabarettist. Floh 1938 über die Tschechoslowakei und England nach Palästina. 1948 kehrte er nach Wien zurück und war 1955–64 Leiter der „Marietta-Bar" in Wien, 1956–58 auch Direktor des „Intimen Theaters" und 1959 des „Neuen Theaters am Kärntnertor". B. spielte 1950–53 mit Helmut Qualtinger (s. d.) und Carl Merz (s. d.) Kabarett im „Kleinen Theater im Konzerthaus" und trat von 1956–61 gemeinsam mit Georg Kreisler (s. d.), Peter Wehle (s. d.), Louise Martini und Qualtinger in mehreren Programmen auf.

BROWNE, Maximilian Ulysses Reichsgraf von, * 23. 10. 1705 in Basel, † 26. 6. 1757 in Prag (an den Folgen einer Verwundung), Heerführer. Trat früh in ö. Dienste und zeichnete sich ab dem Polnischen Thronfolgekrieg auf zahlreichen Schlachtfeldern aus. 1739 Feldmarschalleutnant und in den Hofkriegsrat berufen sowie Oberbefehlshaber in Schlesien. 1745 Generalfeldzeugmeister. 1746–48 Kommandierender General in Italien, eroberte Guastalla und Parma und besetzte Genua. 1749 Gouverneur von Siebenbürgen, anschließend Generalkommandant in Böhmen und Feldmarschall. Im Siebenjährigen Krieg stand er in der für beide Seiten verlustreichen Schlacht von Lobositz (1. 10. 1756) König Friedrich II. von Preußen gegenüber. In der Schlacht bei Prag (6. 5. 1757) wehrte er unter dem Oberbefehl von Prinz Karl von Lothringen den ersten preußischen Angriff unter General Schwerin tapfer ab, wurde aber schwer verwundet. Mit dem geschlagenen ö. Heer in Prag eingeschlossen, lehnte er die Übergabe der Stadt ab und starb an den Folgen der erlittenen Verwundung.

BRUCK, Karl Ludwig Freiherr von (seit 1849), * 8. 10. 1798 in Elberfeld (Westfalen), † 23. 4. 1860 in Wien (Selbstmord), Kaufmann und Staatsmann. Nach wechselvollen Tätigkeiten als ausgebildeter Kaufmann ließ er sich 1821 in Triest nieder und heiratete 1828 in die begüterte Triester Kaufmannschaft ein. 1833 gründete er im Auftrag der Triester Seeversicherungs-Gesellschaften den „Ö. Lloyd" und gab ab 1835 das „Journal des ö. Lloyds für Handels- und Seeberichte" heraus, das bald internationales Ansehen genoß. 1848 als Abgeordneter von Triest Mitglied der Frankfurter Nationalversammlung. 1849 führte er die Friedensverhandlungen mit Sardinien und bereitete dabei eine Zolleinigung mit Parma und Modena vor, da er überzeugt war, daß eine wirtschaftliche Einigung mit Sardinien und den deutschen Staaten zu einer Vormachtstellung Ö.s in Europa führen müßte. 1949–51 Handelsminister im Kabinett Schwarzenberg, baute er das neue Ministerium auf und das Eisenbahn- sowie das Telegraphennetz aus, senkte die Zolltarife und errichtete Handelsgerichte und Gewerbekammern. Für den Zoll- und Handelsvertrag mit Preußen vom 20. 2. 1853 leitete er die Verhandlungen und war 1853–55 Internuntius in Konstantinopel. 1855–60 Finanzminister. Erfolgreich versuchte er den zerrütteten Staatshaushalt zu sanieren, stabilisierte die Währung und regte die Gründung der Creditanstalt an. Der Krieg von 1859 bereitete seinen Bemühungen ein frühes Ende, und die von ihm ausgeschriebene Anleihe in der Höhe von 200 Millionen Gulden wurde nur mit 70 Millionen gezeichnet. Die Kaiser Franz Joseph I. überreichte Denkschrift (nach seinem Tod unter dem Titel „Die Aufgaben Ö.s" in Leipzig veröffentlicht) enthielt politische Änderungsvorschläge, die gegen die Ansichten einflußreicher Persönlichkeiten gerichtet waren. So wurde B. ungerechtfertigt in den laufenden Prozeß um Unregelmäßigkeiten in der Heeresverwaltung hineingezogen. Sein vorläufiges Entlassungsgesuch wurde vom Kaiser in ungnädiger Form bestätigt, worauf sich B. eine tödliche Halsschnittwunde beibrachte. B.s Nachfolger Ignaz von Plener (s. d.) stellte wenige Monate später durch eine Untersuchung B.s völlige Unschuld fest; es erfolgte eine offizielle Ehrenerklärung.

Charmatz, R.: Minister Frh. v. B. (1916); Ihde, W.: K. L. v. B. (1943); Walter, F.: K. L. v. B. (1956)

Karl Freiherr von Bruck. Lithographie von Josef Kriehuber (1855)

BRÜCKE, Ernst Theodor, * 8. 10. 1880 in Wien, † 12. 6. 1941 in Boston (USA), Physiologe, Enkel von Ernst Wilhelm B. (s. d.). Studierte in Wien und war von 1916–38 Univ.-Prof. in Innsbruck, anschließend in Cambridge (USA). Neben seinen bedeutenden Arbeiten auf den Gebieten der Nerven- und der Muskelphysiologie sowie der zentralen Nervenorgane entwickelte er auch eine Untersuchungsmethode der sogenannten „schwebenden Reizung".

BRÜCKE, Ernst Wilhelm, * 6. 6. 1819 in Berlin, † 7. 1. 1892 in Wien, Physiologe. Be-

ANTON BRUCKNER
„Katzenjammerstil"

„Es ist nicht unmöglich, daß diesem traumverwirrten Katzenjammerstil die Zukunft gehört – eine Zukunft, die wir nicht darum beneiden", schrieb der gefürchtete Musikkritiker Eduard Hanslick 1892 über Bruckners 8. Symphonie. Und dennoch wurde diese Aufführung, vier Jahre vor seinem Tod, zum verdienten Erfolg Anton Bruckners, der mit seinem Orgelspiel in Wien zeitlebens höher geschätzt wurde als mit seinen Kompositionen.

Anton Bruckner. Porträt von F. Bératon (1889)

reits 1849 Univ.-Prof. in Wien und Leiter des Instituts für Physiologie. Er war einer der Schöpfer der neuzeitlichen Phonetik und entwickelte eine Lautschrift. Außerdem beschäftigte er sich eingehend mit Optik und Farbenlehre. 1863 erschien „Neue Methode der phonetischen Transkription" und 1865 „Über Ergänzungsfarben und Kontrastfarben".

BRUCKNER, Anton, * 4. 9. 1824 in Ansfelden (OÖ), † 11. 10. 1896 in Wien, Organist und Komponist. Als Sohn eines Dorflehrers wurde er 1841 Schulgehilfe in Windhaag und anschließend in Kronstorf an der Enns (beide OÖ). 1845 wurde er Lehrer in St. Florian, 1848 provisorischer und 1851 regulärer Stiftsorganist in St. Florian (OÖ). 1855–68 wirkte er als Domorganist in Linz und studierte nebenher in Wien am Konservatorium Musiktheorie. 1864 wurde im Linzer Dom seine Messe in d-Moll uraufgeführt. Nach der Erstaufführung seiner 1. Symphonie am 9. 5. 1868 in Linz übersiedelte er am 1. 10. nach Wien, um die Nachfolge seines Lehrers Simon Sechter (s. d.) am Konservatorium anzutreten. 1869 feierte er große Erfolge als Orgelvirtuose in Nancy und Paris. 1872 wurde in Wien seine Messe in f-Moll uraufgeführt und, ebenfalls in Wien, am 26. 10. 1873 auch seine 2. Symphonie. Am 25. 11. 1875 hielt er seine Antrittsvorlesung als Lektor für Musiktheorie an der Universität Wien (richtiger: für Harmonielehre und Kontrapunkt) und behielt diesen Lehrauftrag bis 1892. Als Organist hatte er internationale Anerkennung erreicht, die ihm auf seinen Konzertreisen (so etwa die von 1871 nach Paris und London) bestätigt wurde. Mit seinen anfänglich von Richard Wagner stark beeinflußten Werken konnte er sich zu Lebzeiten nur schwer durchsetzen, wie die erfolglos gebliebene Uraufführung der 3. Symphonie 1877 beweist. 1886 wurde ihm der Franz-Joseph-Orden verliehen. Wegen seiner Wassersucht wurde B. bereits 1890 als Konservatoriumsprofessor krankheitshalber beurlaubt, 1891 pensioniert. Am 7. 11. 1891 zum Ehrendoktor der Universität Wien ernannt, stellte ihm ab 1895 Kaiser Franz Joseph I. im Schloß Belvedere eine Wohnung zur Verfügung. Seinem Wunsch entsprechend, wurde B. unterhalb der Orgel der Stiftskirche von St. Florian begraben. Die Originalpartituren seiner wichtigsten Werke stellte er testamentarisch der Ö. Nationalbibliothek zur Verfügung. Neben zahlreichen Werken geistlicher Musik, etwa seinem „Tedeum" und den drei Messen, schuf er neun Symphonien, von denen manche in mehreren Fassungen existieren, weshalb die Herausgabe seines Gesamtwerks mit nicht geringen Problemen verbunden ist. Sie wurde 1930–52 erstmals von R. Haas versucht und vom Wiener B.-Forscher Leopold Nowak 1950 abermals begonnen.

Die Bruckner-Orgel in der Stiftskirche von St. Florian

Göllerich, A., Auer, M.: A. B., 4 Bde. in 9 Teilen (1922–37); Orel, A.: A. B. (1925); Auer, M.: A. B., sein Leben und Werk (1931, 6. Aufl. 1966); Haas, R.: A. B. (1934); Tschulik, N.: A. B. im Spiegel seiner Zeit (1955); Loerke, O.: A. B. (1957); Schöny, H.: B.-Ikonographie (1968); Nowak, L.: A. B. (1973); Wagner, M.: B. (1983)

BRUCKNER, Ferdinand (eigtl. Theodor Tagger), * 26. 8. 1891 in Wien, † 5. 12. 1958 in Berlin, Dramatiker. Gründete 1923 in Berlin das Renaissancetheater, kehrte aber 1933 nach Ö. zurück. 1938 emigrierte er in die USA und lebte ab 1951 wieder in Berlin. 1951 Ehrenring der Stadt Wien, 1957 Preis der Stadt Wien. Anfangs Expressionist, schrieb er später realistische Dramen, die sich die Erkenntnisse der Psychoanalyse zunutze machten. In erster Linie beschäftigten ihn historische Persönlichkeiten. Schrieb auch Gedichte und Übersetzungen, so 1949 A. Millers „Der Tod eines Handlungsreisenden". Seine wichtigsten Dramen sind „Krankheit der Jugend" (1924), „Elisabeth von England" (1930), „Timon von Athen" (1932), „Napoleon I." (1937), „Simon Bolivar" (1945), „Pyrrhus und Andromache" (1953) und „Der Kampf mit dem Engel" (1957).

BRUCKNER, Karl, * 9. 1. 1906 in Wien, Jugendbuchschriftsteller. Der gelernte Automechaniker begann erst 1946 mit seiner schriftstellerischen Tätigkeit. Der Großteil seiner Jugendbücher wurde in mehrere Sprachen übersetzt. B. erhielt mehrmals den Preis der Stadt Wien und 1956 und 1961 den Ö. Staatspreis.

BRÜCKNER, Eduard, * 29. 7. 1862 in Jena, † 20. 5. 1927 in Wien, Geograph. Sein Spezialgebiet war die Glaziologie; 1906–27 Univ.-Prof. in Wien. Ab 1906 gab er die Zeitschrift für Gletscherkunde heraus, 1909 veröffentlichte er gemeinsam mit A. Penck „Die Alpen im Eiszeitalter" (3 Bde.).

BRÜGEL, Ludwig, * 6. 2. 1866 in Großmeseritsch bei Brünn, † 1942 im Konzentrationslager, Historiker. Kam früh mit der sozialdemokratischen Bewegung in Verbindung und wurde zum Geschichtsschreiber der Arbeiterbewegung und der Sozialdemokratie. Sein fünfbändiges Werk „Geschichte der ö. Sozialdemokratie" (1922–25) ist heute noch die detailreichste Darstellung der Entwicklungsgeschichte der Partei. Ein weiteres erwähnenswertes Werk ist „Soziale Gesetzgebung von Ö. 1848 bis 1918" (1919).

BRÜLL, Ignaz, * 7. 11. 1846 in Proßnitz (Mähren), † 17. 9. 1907 in Wien, Komponist und Pianist. Studierte in Wien Musik, wo er 1872–78 als Klavierlehrer tätig war; ab 1881 Mitdirektor an den Horákschen Musikschulen. Seinen zeitbedingten Erfolg verdankte er 10 melodiös-volkstümlichen Opern wie etwa: „Der Bettler von Samarkand" (1864), „Das Goldene Kreuz" (1875), „Bianca" (1879), „Gloria" (1886), „Das steinerne Herz" (1888) und „Der Husar" (1898).

Schwarz, H.: I. B. und sein Freundeskreis, mit einem Vorwort von Felix Salten (1922)

BRUNNER, Andreas, * 30. 11. 1559 in Hall (T), † 20. 4. 1650 in Innsbruck, Jesuit und Geschichtsschreiber. War ein gefeierter Prediger in Innsbruck und verfaßte Schuldramen und Bauernstücke. Wegen seines 1626–37 erschienenen Werks „Annales virtutis et fortunae Baiorum" (3 Bde.) wird er oft als bayerischer Geschichtsschreiber bezeichnet.

B

Brunner Karl Heinrich · Brunner Moritz · Brunner Otto · Brunner Sebastian · Brunngraber Rudolf · Bruno von Kärnten · Brunsvick Therese · Brus Günter · Brus von Müglitz Antonius · Brusenbauch Arthur · Buber Martin · Bubna von Littitz Ferdinand · Buchbinder Rudolf · Buchinger Rudolf · Buchsbaum Hans · Buchta Richard · Bucquoi Johann · Bucquoi Karl · Buhl Hermann · Bühler Charlotte

BRUNNER, Karl Heinrich, * 31. 10. 1887 in Wien, † 15. 6. 1960 in Wien, Architekt und Stadtplaner. Studierte in Wien und war hier auch Univ.-Prof. sowie von 1948–52 Stadtplaner. Weltbekannt wurde er durch seine Stadtplanertätigkeit in Chile, Kolumbien und Panama.

BRUNNER, Moritz Ritter von, * 30. 7. 1839 in Wien, † 25. 10. 1904 in Wien, Berufsoffizier und Militärtheoretiker. Er reorganisierte das ö. Pionier- und Geniewesen und ist der Begründer der sogenannten „flüchtigen Befestigung". Er verfaßte grundlegende fortifikatorische Werke und Lehrbücher und war zuletzt Feldmarschalleutnant.

BRUNNER, Otto, * 21. 4. 1898 in Mödling bei Wien, † 12. 6. 1982 in Hamburg, Historiker. Studierte in Wien und war bereits 1931 Univ.-Prof., ab 1954 lehrte er in Hamburg. 1939 erschien sein bedeutendes Werk „Land und Herrschaft", das 1965 die 5. Aufl. erreichte. 1949 erschien neben zahlreichen anderen Veröffentlichungen „Adeliges Landleben und europäischer Geist".

BRUNNER, Sebastian, * 10. 12. 1814 in Wien, † 26. 11. 1893 in Wien, Historiker und Publizist. Er war katholischer Geistlicher (1838 geweiht) sowie Dr. theol. und Dr. phil. und 1843–48 ein enger Mitarbeiter von Fürst Metternich. 1848 gründete er die „Wiener Kirchenzeitung", die er bis 1865 leitete. Im Rahmen der christlichsozialen Bewegung war er einer der dynamischsten Erneuerer des katholischen Lebens, weshalb er auch der „ö. Görres" genannt wurde. In seinen polemischen Schriften wandte sich B. gegen den Josephinismus, den Liberalismus und das Judentum in der Literatur. 1864–77 erschienen seine Publikationen in 18 Bden.

BRUNNGRABER, Rudolf, * 20. 9. 1901 in Wien, † 5. 4. 1960 in Wien, Schriftsteller. War Lehrer und Gebrauchsgraphiker und seit 1931 als freier Schriftsteller tätig. B. verfaßte zahlreiche Tatsachenromane, die in mehrere Sprachen übersetzt wurden, so etwa: „Karl und das Jahrhundert" (1933), „Radium" (1936), „Opiumkrieg" (1939), „Zucker aus Cuba" (1941), „Der tönende Erdkreis" (1951) und „Heroin" (1952). Schrieb auch mehrere Filmdrehbücher, u. a. „Der Prozeß" (1948, preisgekrönt) und für den utopischen Film „April 2000". 1950 Preis der Stadt Wien.

BRUNO (Brun) von Kärnten, s. Gregor V., Papst

BRUNSVICK, Therese Gräfin, * 27. 7. 1775 in Preßburg, † 23. 9. 1861 in Pest (Budapest). War die unverheiratete Schwester des engen Beethoven-Freundes Franz Graf B., dem dieser die „Appassionata" (op. 57) zugeeignet hatte. Lange Zeit galt Gräfin B., der er die Klaviersonate op. 78 widmete – was von der neuesten Beethoven-Forschung jedoch widerlegt wird –, als die „unsterbliche Geliebte" Beethovens (s. d.).

BRUS, Günter, * 27. 9. 1938 in Ardning (St), Aktionist, Graphiker und Schriftsteller. Besuchte 1953–57 die Kunstgewerbeschule in Graz, 1957–60 die Hochschule für angewandte Kunst in Wien und trat 1964 erstmals als Aktionist in Erscheinung (Selbstbemalungen). 1968, nach Kollektivaktionen in Wien, wurde er strafrechtlich verurteilt. Die letzte Aktion („Zerreißprobe") fand 1970 statt. B. schuf seither hauptsächlich Zeichnungen in Verbindung mit Literatur und Musik (Bild-Dichtungen). 1971 erschien sein Roman „Irrwisch", 1984 „Der Geheimnisträger", 1987 „Amor und Amok".

Günter Brus. „Wiener Spaziergang" (Wien 1965)

BRUS von Müglitz, Antonius, * 13. 2. 1518 in Müglitz (Nordmähren), † 28. 8. 1580 in Prag, Bischof. Trat in den Kreuzherrenorden in Prag ein und wurde 1540 zum Priester geweiht. 1552 Großmeister seines Ordens, förderte die Niederlassung der Jesuiten. 1556 Beichtvater Kaiser Ferdinands I., 1558 Bischof von Wien. Er führte Reformen durch und gab 1559 der Kurgeistlichkeit eigene Statuten. 1561 wurde B. Erzbischof von Prag.

BRUSENBAUCH, Arthur, * 24. 11. 1881 in Preßburg, † 18. 1. 1957 in Abtsdorf am Attersee (OÖ), Maler. War zuerst Theatermaler in Siebenbürgen, 1910–15 und 1918–20 Studium an der Wiener Akademie der bildenden Künste, 1920–39 Mitglied der Wiener Secession, seit 1938 Mitglied des Wiener Künstlerhauses. B. schuf Landschaftsbilder, zahlreiche Fresken und Glasfenster in Kirchen und in öffentlichen Bauten in Wien und in Niederösterreich.

BUBNA von Littitz, Ferdinand Graf, * 26. 11. 1768 in Zámrsk (Böhmen), † 6. 6. 1825 in Mailand, Berufsoffizier. Trat 1786 in den ö. Militärdienst und zeichnete sich 1789/90 im Türkenkrieg und dann in den Koalitionskriegen aus. 1796 Rittmeister, 1797 Major und Flügeladjutant, 1799 Generaladjutant von Erzherzog Karl, 1801 Oberst, 1805 Generalmajor, 1809 Feldmarschalleutnant und mit den Friedensverhandlungen in Napoleons Hauptquartier betraut. 1813 erhielt B. nach der Völkerschlacht bei Leipzig das Ritterkreuz des Maria-Theresien-Ordens. 1814 Oberbefehlshaber des ö. Heeres, 1815 besetzte er Lyon und errichtete hier ein Kriegsgericht und ein Generalkommando. 1821 Oberbefehlshaber in der Lombardei,

MARTIN BUBER

Chassidismus als Grunderfahrung des Denkens

BUBER, Martin, * 8. 2. 1878 in Wien, † 13. 6. 1965 in Jerusalem, jüdischer Religionsphilosoph. Der Sohn des in Lemberg geborenen Bankiers und jüdischen Gelehrten Salomon B. (* 2. 2. 1827, † 28. 12. 1906). Studierte in Wien und gab hier 1901–04 die zionistische Zeitschrift „Die Welt" heraus. 1923–33 lehrte B. an der Universität Frankfurt am Main jüdische Religionswissenschaft und Ethik; 1925–38 erschien seine (bis 1929 gemeinsam mit F. Rosenzweig) neue Bibelübersetzung in 15 Bänden, in der er die deutsche Sprachforschung mit der jüdischen Bibelexegese zu vereinen suchte. 1938–51 Prof. für Sozialphilosophie in Jerusalem, beschäftigte sich mit dem ostjüdischen Chassidismus. 1953 Friedenspreis des deutschen Buchhandels, 1960 Sonderpreis des Ö. Staatspreises, 1963 Erasmus-Preis. Von seinen zahlreichen Werken sind zu nennen: „Ich und Du" (1922), „Moses" (1945), „Die Erzählungen der Chassidim" (1950), „Schuld und Schuldgefühle" (1958), seine Autobiographie „Begegnung" (1961).

Nigg, W.: M. B. Weg in unserer Zeit (1940); Kohn, H.: M. B. (1961); Wehr, G.: Der deutsche Jude M. B. (1977)

schlug die Aufstände in Piemont nieder und wurde Generalkommandant.

BUCHBINDER, Rudolf, * 1. 12. 1946 in Leitmeritz (Böhmen), Pianist. Studierte in Wien und gewann im Jahr 1970 den Mozart-Interpretationspreis, 1976 den Grand Prix du Disque für seine Einspielung des gesamten Klavierwerks von Joseph Haydn.

BUCHINGER, Rudolf, * 3. 3. 1879 in Staasdorf (NÖ), † 20. 2. 1950 in Tulln (NÖ), Landwirt und christlichsozialer Politiker. 1919–29 Abgeordneter zum Nationalrat, 1922–26 Landwirtschaftsminister, 1934–38 Bundeswirtschaftsrat, 1945 Staatssekretär für Land- und Forstwirtschaft, 1946–50 Generalrat der Oesterreichischen Nationalbank. B. war ein Pionier des landwirtschaftlichen Genossenschaftswesens.

BUCHSBAUM, Hans, s. Puchspaum

BUCHTA, Richard, * 19. 1. 1845 in Radlów (Galizien), † 29. 7. 1894 in Wien, Afrikaforscher und Photograph. 1878–80 reiste er den Weißen Nil aufwärts bis Uganda und kehrte durch das Land Niam-Niam und Dar Fertit (Libysche Wüste) zurück. B. machte die ersten Photographien von diesem Gebiet, die zusammen mit mehreren seiner Zeichnungen 1881 unter dem Titel „Die oberen Nilländer. Volkstypen und Landschaften“ (160 Blätter) erschienen. Außerdem veröffentlichte er: „Der Sudan und der Mahdi“ (1884) und „Der Sudan unter ägyptischer Herrschaft“ (1888).

BUCQUOI, Johann de Longueval Graf von, * 28. 6. 1741 in Prag, † 12. 4. 1803 in Gratzen (Südböhmen), Gutsbesitzer und Gubernialbeamter. Promovierte 1760 an der Prager Universität (Jus) und wurde 1762 Rat bei der Appellationskammer. 1770 Geheimer Rat, trat er 1771 zurück, um sich seinen Besitzungen zu widmen. 1772 gründete er in Kaplitz (Kaplice, Böhmen) eine Landschule, die für das ö. Volksschulwesen zum Vorbild wurde. 1779 richtete er auf seinen Gütern „Armen-Institute“ ein, durch die er einiges an Not zu lindern vermochte. Daraufhin berief ihn Kaiser Joseph II. 1783 nach Wien, um hier solche Versorgungseinrichtungen zu organisieren. 1784 übertrug ihm der Kaiser die Oberleitung über alle vorhandenen Einrichtungen dieser Art. 1787 zog sich B. von diesem Amt zurück.

HERMANN BUHL

Der Bezwinger des Nanga Parbat

Hermann Buhl (rechts) mit Hans Ertl bei den Vorbereitungen für die Anden-Expedition 1954/55

BUHL, Hermann, * 21. 9. 1924 in Innsbruck, † 27. 6. 1957 am Chogolisa Peak im Karakorum (abgestürzt), Alpinist. Als B. am 3. 7. 1953 im Alleingang den Nanga Parbat besiegte, ging diese damals für unmöglich gehaltene Leistung durch alle Massenmedien. Als erster Mensch den als unbezwingbar geltenden höchsten Gipfel (8 125 m) des westlichen Himalayas zu besteigen, der als „Todesberg der Deutschen“ traurige Berühmtheit genoß – das war schon eine Sensation. Dazu erschwerend der Ausfall seines Seilgefährten, der B. bewog, das Wagnis ganz allein zu vollenden. 1957 bezwang B. (mit Kurt Diemberger) seinen zweiten Achttausender, den 8 047 m hohen Broad Peak. B. war damit der erste Bergsteiger der Welt, der zwei der welthöchsten Gipfel bezwungen hatte. Nach diesem Triumph wandte er sich dem Karakorumgipfel Chogolisa zu, auf dem ihn schließlich der Bergtod ereilte. B.s Seilgefährte Diemberger beschrieb die letzten Minuten: „… Hermann vor mir ist stehengeblieben. 7 300 Meter! Noch immer 300 Meter bis zum Gipfelturm. ‚Wir müssen sofort umkehren! Der Sturm verbläst ja hinter uns die Spur, und dann laufen wir auf die Wächten hinaus!‘ Da, plötzlich durchzuckt es mich wie ein Schlag, alles bebt, die Schneefläche unter mir scheint zu sinken. Entsetzt springe ich im selben Moment nach rechts hinaus, zwei, drei Riesensätze. Ich bin immer noch entsetzt über das, was ich sah: Dicht vor mir der Wächtenrand, von dem kleine Stücke abbrachen. Die Sicht ist jetzt besser, gleich wird Hermann oben auftauchen. Eigentlich müßte er schon da sein … Schleppend tu' ich ein paar Schritte höher. Dann seh' ich's: Da ist seine Spur, ein paar Tritte im Schnee und dann – nichts mehr. Dunkle Tiefe, davor der gezackte Rand eines Wächtenbruchs. Wütend peitscht der Sturm wieder Nebel und Schnee über den Grat. Vor Stunden sind wir da herüber, Hermann und ich. Jetzt gehe ich allein zurück. Mir graut. Irgendwo in den Gletschern am Fuß der Nordwand tut er seinen letzten Schlaf.“

BUCQUOI, Karl Bonaventura de Longueval Graf von, * 9. 1. 1571 in Arras, † 10. 7. 1621 vor Neuhäusel (Ungarn), Feldherr. In spanischen Diensten 1596–98 bewährt, wurde er als Kommandant von Emmerich von den Niederländern 1598 gefangengenommen und nach einem Jahr gegen Lösegeld freigelassen. 1600 Generalwachtmeister, 1602 Generalfeldzeugmeister, 1606 Kriegsrat, 1616 Statthalter von Hennegau. 1618 trat er in kaiserliche Dienste, wurde Geheimer Rat, Hofkriegsrat und Feldmarschall. Er wandte als erster im ö. Heer die defensive Ermattungsstrategie im Kampf gegen die aufständischen Böhmen an und besiegte am 10. 6. 1619 Mansfeld. Im Oktober 1619 verteidigte er Wien gegen Thurn und Bethlen Gabor. 1620 siegte er über Thurn bei Eggenburg und führte nach der Schlacht am Weißen Berg Mähren in die kaiserliche Oberhoheit zurück. 1621 schlug er in Ungarn Bethlen Gabor, zog siegreich in Preßburg ein und fiel vor der von ihm belagerten Festung Neuhäusel. B., der über soldatisches Können und persönlichen Mut verfügte, billigte stets die Plünderungsaktionen seiner Soldaten, die im Verlauf des Dreißigjährigen Krieges die Bevölkerung so hart treffen sollten.

BÜHLER, Charlotte, * 20. 12. 1893 in Berlin, † 3. 2. 1974 in Stuttgart, Psychologin. War 1922 Privatdozentin und 1927–38 Prof. an der Universität Wien; 1939–45 lehrte sie in London, 1945–71 in Los Angeles (USA) und kehrte 1971 nach Deutschland zurück. Gemeinsam mit ihrem Gatten Karl (s. d.) arbeitete sie am Psychologischen Institut der Universität Wien, am Pädagogischen Institut und in der Kinderübernahmestelle der Stadt Wien. Aus dieser Tätigkeit ergaben sich 1924–29 allein 104 Arbeiten, vornehmlich auf dem Gebiet der Kinderpsychologie. 1932 entwickelte sie hier die ersten Kleinkindertests. Ein großer Erfolg wurde ihr Werk „Psychologische Probleme unserer Zeit" (1968).

Charlotte Bühler 1937

Karl Bühler 1927

BÜHLER, Karl, * 27. 5. 1879 in Meckesheim (Baden), † 24. 10. 1963 in Los Angeles (USA), Psychologe. War von 1922–38 Univ.-Prof. in Wien, emigrierte 1939 in die USA. Gemeinsam mit seiner Frau Charlotte (s. d.) leitete B. einen erfolgreichen psychologischen Arbeitskreis. 1961 Preis der Stadt Wien.

BUJATTI, Franz, * 7. 8. 1813 in Wien, † 6. 10. 1897 in Wien, jüngster Sohn von Georg B. (s. d.), Textilindustrieller. Nach Übernahme des väterlichen Betriebes erzeugte er vorwiegend Möbelstoffe, erreichte mit seiner Produktion um 1855 einen Jahreswert von 130 000 Gulden und beschäftigte rund 100 Weber. Er erzeugte billige Damaste ebenso wie teure Brokate und Atlasse.

BUJATTI, Georg, * 30. 6. 1778 im Görzischen (als Bujaty), † 2. 3. 1842 in Wien, Seidenfabrikant. Er war einer der Begründer der Wiener Seidenindustrie. 1826 errichtete er auf dem Schottenfeld bei Wien seine erste Fabrik.

BULLA, Max, * 26. 9. 1905 in Wien, Radrennfahrer. 1929 siebenter Platz bei der Profi-Straßenweltmeisterschaft. 1931 gewann B. die Touristenfahrerwertung (Fahrer, die keiner Nationalmannschaft angehörten) der berühmten Tour de France, wurde Vierter bei der WM. Weiters stehen ein Tour-de-Suisse-Sieg und viele hochkarätige Einzelrennen auf seiner Siegesliste. Später erfolgreicher Geschäftsmann und mit seinem Freund Ferry Dusika (s. d.) bis zu dessen Tod als Seniorensportler und Radsportförderer aktiv.

BUMBALLA, Raoul, * 10. 9. 1895 in Troppau (Ö.-Schlesien), † 25. 7. 1947 in Wien, Journalist. War in der ö. Widerstandsbewegung „O 5" führend tätig. Unterstaatssekretär für Inneres in der Provisorischen Staatsregierung 1945. Mitglied des ersten Bundespräsidiums der ÖVP.

Luža, R.: Der Widerstand in Ö. 1938–1945 (1983)

BÜNKER, Johann Reinhold, * 25. 4. 1863 in Seebach bei Spittal an der Drau (K), † 13. 11. 1914 in Ödenburg (Ungarn), Volkskundler. War lange Zeit Lehrer an der evangelischen Schule in Ödenburg und studierte den Dialekt der Heanzen. Um das Gebiet des heutigen Burgenlandes sehr bemüht, erforschte er dessen Flurnamen und sammelte die dortige Mundart. 1906 erschien „Schwänke, Sagen und Märchen in heanzischer Mundart".

BUOL-SCHAUENSTEIN, Johann Rudolf Graf, * 21. 11. 1763 in Wien, † 12. 2. 1834 in Wien, Diplomat. Entstammte einem ursprünglich Graubündner Adelsgeschlecht. War 1790 Gesandter im Haag, 1792 in Basel und 1794 Direktorialminister beim Reichstag in Regensburg. 1815–22 war er Erster Präsident des Bundestags, dann Gesandter in Karlsruhe und in Stuttgart. 1823 Staatsminister und Präsident der Hofkommission in Wien.

BUOL-SCHAUENSTEIN, Karl Ferdinand Graf, * 17. 5. 1797 in Regensburg, † 28. 10. 1865 in Wien, Sohn von Johann Rudolf B.-S. (s. d.), Diplomat. Schlug 1816 die Diplomatenlaufbahn ein, wurde 1828 Gesandter in Karlsruhe, 1838 in Stuttgart, 1844 in Turin, 1848 in St. Petersburg und 1851 in London. 1852–59 Außenminister und Präsident des Ministerrates (eigentlich der Ministerkonferenz). Er war um die Vormachtstellung Ö.s bemüht, nahm aber im Krimkrieg eine äußerst ungeschickte und schwankende Haltung ein, die schließlich zur Feindschaft mit Rußland führte, die Westmächte jedoch nicht gewinnen konnte. Die Folge war eine Isolierung Ö.s in Europa. Sein Ultimatum löste den Krieg von 1859 mit Sardinien und Frankreich aus; nach der Niederlage wurde B.-S. am 17. 5. 1859 entlassen.

BURCKHARD, Max, * 14. 7. 1854 in Korneuburg (NÖ), † 16. 3. 1912 in Wien, Jurist, Schriftsteller und Burgtheaterdirektor. Ab 1887 Ministerialsekretär im Unterrichtsministerium, 1890–98 artistischer Sekretär, dann Direktor des Wiener Burgtheaters, wo er sich besondere Verdienste um die Aufführung des zeitgenössischen Dramas erwarb (Ibsen, Hauptmann, Hofmannsthal [s. d.], Schnitzler [s. d.]) und bedeutende Schauspieler engagierte (wie etwa Mitterwurzer [s. d.], Sandrock [s. d.], Tressler [s. d.], Bleibtreu [s. d.] und Kainz [s. d.]). Bekannt wurde sein Roman „Die Insel der Seligen" (1908).

BURESCH, Karl, * 12. 10. 1878 in Großenzersdorf (NÖ), † 16. 9. 1936 in Wien, Rechtsanwalt und christlichsozialer Politiker. 1919–34 Abgeordneter zum Nationalrat, 1922–31 und 1932/33 Landeshauptmann von NÖ, 1931/32 Bundeskanzler zweier Kabinette, 1933–35 Finanzminister, 1935/36 Minister ohne Portefeuille (bis 30. 1. 1936), 1936 Gouverneur der Postsparkasse.

Weissensteiner, F., und Weinzierl, E. (Hrsg.): Österreichs Bundeskanzler (1983)

BURG, Ferdinand, s. Ferdinand Karl, Erzherzog von Ö.

BURGER, Johann, * 5. 8. 1773 in Wolfsberg (K), † 28. 1. 1842 in Wien, Arzt und Volkswirtschafter. Studierte in Wien und Freiburg im Breisgau Medizin, wandte sich aber durch den Erwerb eines eigenen Gutes im Jahr 1804 der höheren Kultivierung der Landwirtschaft zu und verfaßte mehrere Schriften über agrarische Teilprobleme. Während des Feldzugs von 1814 war er Direktor eines Militärhospitals und beschäftigte sich mit dem Typhus, worüber er ebenfalls publizierte. 1819/20 erschien sein bedeutendes 2bändiges „Lehrbuch der Landwirtschaft", das übersetzt wurde und bereits 1830 die 3. Auflage erreichte. 1820 wurde er Gubernialrat und mit der steuerlichen Grundabschätzung des Küstenlandes beauftragt. 1825 in dieser Funktion in der Steiermark tätig, 1828 in Mailand, vollendete er 1830 seine Aufgabe im Küstenland. Anschließend mit Katastralaufgaben in Wien betraut, war er um eine Grundsteuerreform bemüht. Außerdem schlug B. als erster 1815/16 eine wechselseitige Hagel- und Brandschadenversicherung in Ö. vor.

BURJAN, Hildegard (geb. Freund), * 30. 1. 1883 in Görlitz (Schlesien), † 11. 6. 1933 in Wien, christlichsoziale Sozialpolitikerin. 1908 Dr. phil. in Zürich, kam 1909 nach Wien, wo sie bereits 1911 die Heimarbeiterinnen organisierte. Im Ersten Weltkrieg baute sie die „Soziale Hilfe" auf, erwarb sich große Verdienste um den Wie-

Karl Buresch 1931

STEPHAN BURIÁN

Der letzte Außenminister der Monarchie

BURIÁN von Rajecz, Stephan (seit 1900 Freiherr, seit 1918 Graf), * 16. 1. 1851 in Stampfen bei Preßburg, † 20. 10. 1922 in Wien, Diplomat und Staatsmann. Nach der Konsularakademie war er im diplomatischen Dienst tätig, 1882–86 Leiter des Generalkonsulats in Moskau, 1887–95 Gesandter in Sofia, 1896 in Stuttgart und 1897–1903 in Athen. 1903–12 k. u. k. Finanzminister, 1913–15 ungarischer Minister am Hof in Wien, 1915/16 k. u. k. Außenminister, 1916–18 wieder k. u. k. Finanzminister und nach dem Rücktritt Graf Czernins vom 18. 4. bis 24. 10. 1918 abermals Außenminister, wobei er erfolglos um einen ehrenvollen Frieden bemüht war. 1919 erschienen seine „Erinnerungen" und 1923 „Drei Jahre aus der Zeit meiner Amtsführung im Kriege".

Christine Busta. Umschlag für den Gedichtband „Die Sternenmühle" (1959)

deraufbau der Bahnhofsmission und um die Mädchenschutzarbeit. 1918 rief sie die Schwesternschaft Caritas Socialis ins Leben und war 1919/20 als erste Frau Abgeordnete im Nationalrat.

Burjan-Domanig, J.: H. B. (1950)

BURKHARD, Markgraf, Burggraf von Regensburg. Nach 970 wird der Burggraf von Regensburg erstmals in einer Urkunde als Markgraf der Ottonischen Mark erwähnt. Da er sich beim Aufstand des Bayernherzogs Heinrich II. des Zänkers gegen dessen Vetter Kaiser Otto II. dem Herzog anschloß, wurde er seines Amtes enthoben. Lebensdaten hat die Wissenschaft nicht erforschen können. Als seine Residenz wird Pöchlarn an der Donau (NÖ) angenommen.

BURNACINI, Lodovico Ottavio Freiherr von, * 1636 (?) in Mantua (?), † 12. 12. 1707 in Wien, Architekt und Bühnenbildner. Sohn des von Kaiser Ferdinand III. 1651 nach Wien berufenen Theaterarchitekten Giovanni B. aus Mantua (1610–1655). Er baute 1655 ein Holztheater am Tummelplatz in Wien (heute das Areal der Nationalbibliothek), das 1683 abgerissen wurde. Für über 100 Opern und Festspiele entwarf er Kostüme, Dekorationen und Bühnenmaschinerien. Die damals führende italienische „Theaterkunst" wandelte er in einen speziellen Wiener Stil ab und wurde dadurch zum maßgeblichen Schöpfer des ö. Theaters. Nahm Umbauten an der Hofburg in Wien und an der Burg von Wiener Neustadt vor sowie an den Schlössern Laxenburg, Ebersdorf und an der Wiener Favorita (heutiges Theresianum). 1687 plante er den Bau der Pestsäule am Graben in Wien.

Biach-Schiffmann: G. und L. B., Theater und Feste am Wiener Hofe (1931)

Innenansicht des 1665 von Lodovico Burnacini erbauten Opern- und Komödienhauses auf der Burgbastei in Wien. Radierung von Franz Geffel

BURSTYN, Gunther, * 6. 7. 1879 in Bad Aussee (OÖ), † 15. 4. 1945 in Korneuburg (NÖ), Techniker. Nach Abschluß eines Ingenieurstudiums war er Offizier im Eisenbahnregiment der ö. Armee (schon sein Vater Adolf B., † 1917, hatte für die Eisenbahn ein Oberbausystem erfunden). B. konstruierte 1911 den ersten geländegängigen Panzerwagen mit drehbarem Geschützturm (Modell im Technischen Museum in Wien), doch wurde diese Erfindung von der Armee nicht in vollem Ausmaß erkannt. Nach dem Ersten Weltkrieg wurde er Baurat und erhielt den Dr. h. c.

BUSCHBECK, Erhard, * 6. 1. 1889 in Salzburg, † 2. 9. 1960 in Wien, Schriftsteller und Dramaturg. 1918–60 Dramaturg am Wiener Burgtheater, 1929–31 Prof. am Reinhardt-Seminar, 1945 provisorischer Leiter und 1949 Ehrenmitglied des Burgtheaters. War ab 1918 Herausgeber der „Blätter des Burgtheaters" und veröffentlichte mehrere Werke, die eng mit dem Theater im Zusammenhang stehen, u. a. „Der Thespiskarren" (1943) und „Mimus Austriacus" (1962).

BUSCHMANN, Alfred, * 21. 7. 1846 in Graz, 18. 8. 1932 in Wien, Eisenbahnspezialist. 1891 gründete er das Eisenbahnmuseum und 1897 das Eisenbahnarchiv in Wien.

BUSEK, Erhard, * 25. 3. 1941 in Wien, Jurist, ÖVP-Politiker. 1975–76 Generalsekretär der ÖVP, seit 1976 Landesparteiobmann der Wiener ÖVP und seit 1978 Vizebürgermeister von Wien.

BUSTA, Christine, * 23. 4. 1915 in Wien, Lyrikerin. Von Beruf Bibliothekarin, erschien 1950 ihr erster Gedichtband „Jahr um Jahr" und 1951 „Der Regenbaum", mit denen sie sofort bekannt wurde. Ihren literarischen Höhepunkt erreichte sie mit den Gedichtbänden „Lampe und Delphin" (1955) und „Die Scheune der Vögel" (1958). 1954 erhielt sie den Trakl-Preis, 1959 und 1964 den Preis der Stadt Wien und 1969 den Ö. Staatspreis.

BUTLER, Walter Graf (seit 1634), irischer Herkunft, † 25. 12. 1635 in Schondorf (Schwaben), Heerführer. Sein Geburtsdatum ist nicht bekannt, es wird um 1600 angenommen. Wann er, wohl als gemeiner Soldat, in kaiserliche Dienste trat, ist nicht belegt. Bezeugt ist er erstmals als Oberstleutnant im Dragonerregiment seines Vetters Jakob B. 1631, als er bei Frankfurt an der Oder in schwedische Gefangenschaft geriet. Nachdem er sich freigekauft hatte, führte er als Oberst ab 1632 sein altes Regiment. Anfangs – entgegen kaiserlichem Befehl auf seiten Wallensteins stehend – schlug er sich auf die Seite der Kaiserlichen, ließ das Schloß von Eger besetzen und organisierte mit anderen Offizieren seines Regiments am 25. 2. 1634 die Ermordung Wallensteins. Dafür wurde er in den Grafenstand erhoben, Inhaber des von ihm befehligten Regiments und erhielt die Wallensteinsche Herrschaft Friedland. Unmittelbar nach der Eroberung von Urach in Schwaben starb er.

BYLANDT-RHEIDT, Artur d. Ä. Maximilian Adrian Graf, * 3. 5. 1821 in Wien, † 21. 2. 1891 in Wien, Berufsoffizier und konservativer Politiker. Als Kadett bei der Infanterie, ging er später zur Artillerie und war ab 1849 im Generalstab. 1874 Feldmarschalleutnant, 1882 Feldzeugmeister, 1876–88 Reichskriegsminister und Feldmarschall. B.-R. machte sich um die Reorganisation der ö. Armee verdient, vor allem in der Artillerie, und führte das Mannlicher-Gewehr ein.

BYLANDT-RHEIDT, Artur d. J. Graf, * 3. 2. 1854 in Prag, † 6. 7. 1915 in Baden bei Wien, feudalkonservativer Politiker, Sohn von Artur B.-R. d. Ä. (s. d.). War im Verwaltungsgerichtshof tätig, dessen Senatspräsident er auch wurde. 1897/98 Ackerbau-, 1898/99 Unterrichtsminister, ab 1900 Mitglied des Herrenhauses. 1902–04 Statthalter von OÖ, 1905/06 Innenminister. Er trat für die Einführung des allgemeinen Wahlrechts ein.

BYR, Robert (eigtl. Karl von Bayer), * 15. 4. 1835 in Bregenz, † 30. 6. 1902 in Baden bei Wien, Berufsoffizier und Schriftsteller. Verfaßte zahlreiche Romane aus dem ö. Militärleben. Besonders bekannt wurden: „Anno Neun und Dreizehn“ (1865) und „Zwischen zwei Nationen“, 3 Bde. (1870).

CALAFATI Basilio (auch Calafatti), * 1. 1. 1800 in Triest, † 27. 5. 1878 in Wien, Schausteller und Praterhüttenbesitzer. Er trat bereits in den zwanziger Jahren des vorigen Jahrhunderts im Prater, vorwiegend als Zauberkünstler und Taschenspieler, auf und war ab etwa 1830 bei Sebastian von Schwanenfeld tätig, dessen Hütte im Prater er am 21. 4. 1834 erwarb. Sein Dampfwagenkarussell „Zum großen Chineser“, für das er am 3. 4. 1840 die Betriebsbewilligung erhielt, hatte ab 1854 (bis 1945) als Mittelpunkt die Riesenfigur eines Chinesen. Mit diesem Ringelspiel wurde C. berühmt; in späteren Jahren übertrug sich sein Name auf die Chinesenfigur.

Pemmer, H., und Lackner, N.: Der Wiener Prater (1935)

CALAFATI

Das Wahrzeichen des Wiener Wurstelpraters

Basilio Calafati war der Namengeber der berühmten Ringelspielfigur im Wiener Wurstelprater

„Das Ringelspiel ‚Zum Chineser‘, außen renoviert, zeigte innen von Feuchtigkeit zerfressene Wände, Moderduft schlug einem beim Betreten der Hütte entgegen. Der arme alte ‚Chineser‘ aber schaute recht griesgrämig an seinem bedenklich zerrissenen Kaftan herunter“, berichteten in den dreißiger Jahren Hanns Pemmer und Ninni Lackner in ihrem Praterbuch über Basilio Calafatis Ringelspielfigur. Doch 1932 erhielt der Alte durch seinen Besitzer Albert Kobelkoff ein neues, prächtiges Gewand, die Halle wurde genau nach dem Vorbild der alten Bemalung erneuert. Am 14. Mai fand vor geladenen Gästen die feierliche Eröffnung statt. Dreizehn Jahre später, am 8. April 1945, vernichtete ein Brand ebenso wie das Varieté Leicht, das Lustspieltheater und den „Eisvogel“ auch dieses Wahrzeichen des Wiener Praters.

CALAMINUS, Georg (eigtl. Roericht oder Röhrig), * 23. 4. 1547 in Silberberg (Schlesien), † 11. 12. 1595 in Linz, Lehrer und Dramatiker. Errichtete 1578 in Linz ein Schultheater und wurde 1595 in Wien zum Poeta laureatus gekrönt. Verfaßte Gedichte und dramatische Werke; besonders bekannt wurde die 1578 entstandene Dichtung „Rudolphus und Ottocarus“.

CALL zu Rosenberg und Kulmbach, Friedrich Freiherr von, * 16. 10. 1854 in St. Pauls bei Bozen, † 27. 5. 1917 in Wien, Rechtsgelehrter. C. war Präsident des Oberlandesgerichts in Innsbruck und arbeitete an zahlreichen Gesetzentwürfen und -reformen mit, auch war er am Zustandekommen der Urheberrechtskonvention mit dem Deutschen Reich wesentlich beteiligt. Erwarb sich besondere Verdienste um das Urheberrecht sowie das Marken- und das Ratengesetz.

CALLES, Sigismund, * 12. 3. 1695 in Aggsbach (NÖ), † 3. 1. 1767 in Wien, Jesuit und Historiker. C. war Univ.-Prof. in Wien und zählt zu den frühen Historikern, die diese Diziplin wissenschaftlich erarbeiteten. Seine Werke „Annales Austriae“ (1750, 2 Bde.) und „Annales ecclesiastici Germaniae“ (1756–69, 6 Bde.) werden heute noch von Historikern geschätzt.

CAMESINA, Albert, Ritter von San Vittore (seit 1869), * 13. 5. 1806 in Wien, † 16. 6. 1881 in Wien, Graphiker und Altertumsforscher. Nach dem Studium an der Akademie der bildenden Künste in Wien arbeitete C. gemeinsam mit Blasius Höfel an der Vervollkommnung des Holzschnitts. Mit Joseph Arneth (s. d.) bearbeitete er die Darstellung des Verduner Altars in Klosterneuburg für die „Studien über mittelalterliche Kunstdenkmale in Ö.“. 1848 begann er mit historischen Forschungen über Wien und war 1853 Mitbegründer des „Alterthumsvereins zu Wien“. Ab 1854 war C. der erste Konservator Wiens. 1863 veröffentlichte er „Niclas Meldeman's Rundansicht der Stadt

Canaletto: Schloßhof (1759/60)

Wien 1529", 1868 „Wiens Bedrängnis im Jahre 1683", 1874 „Regesten zur Geschichte des St. Stephans-Domes". Darüber hinaus veröffentlichte er topographische Beiträge und war um die Herausgabe mehrerer alter Stadtpläne Wiens bemüht.

CANALETTO (eigtl. Bernardo Bellotto), * 30. 1. 1720 (1721?) in Venedig, † 17. 10. 1780 in Warschau, Maler. C. wurde von seinem Onkel Antonio Canal in der zu seiner Zeit in Venedig hochentwickelten Vedutenmalerei ausgebildet und arbeitete in diesem Genre in den folgenden Jahren in Rom, Mailand und Dresden, wo er 1746–58 als Hofmaler tätig war. 1758–60 lebte er in Wien, wo ihn Maria Theresia beauftragte, neun Bilder von Wien und zwei von Schloßhof zu malen. Insgesamt schuf er 17 Veduten von Wien (Kunsthistorisches Museum), die sich durch besondere topographische Treue auszeichnen.

CANEVALE, Isidorus Marcellus Amandus, * 1730 im königlichen Schloß in Vincennes (Frankreich), † 2. 11. 1786 in Wien, Architekt. Er entstammte einer Baumeisterfamilie aus Como (Italien) (Antonio war 1630–34 Bauführer der Dominikanerkirche in Wien, Carlo 1650 Bauführer der Stiftskirche Waldhausen [OÖ] und 1651 der Servitenkirche in Wien). Ab 1760 ist C. als Baumeister in Wien tätig und wurde 1775 gemeinsam mit Ferdinand von Hohenberg (s. Hetzendorf) Hofarchitekt. Seine Hauptwerke sind das Garnisonsspital und das Josephinum in Wien (1785 fertiggestellt) sowie das Lusthaus im Wiener Prater. Nicht gesichert sind mehrere ihm zugeschriebene Umgestaltungen wie etwa das Palais Schönborn in der Laudongasse in Wien.

ELIAS CANETTI

Als vierte Sprache Deutsch

CANETTI, Elias, * 25. 7. 1905 in Rustschuk (Bulgarien), Schriftsteller. Zog 1911 mit seinen Eltern nach England und übersiedelte 1913, nach dem Tod des Vaters, nach Wien. Erst jetzt erlernte er nach dem Spaniolisch seiner Herkunft, nach Englisch und Französisch als vierte Sprache Deutsch. Es blieb die Sprache seiner Dichtung auch im Exil. 1916–24 besuchte er Schulen in Zürich und Frankfurt, studierte danach Naturwissenschaften in Wien und promovierte 1929. 1935 erschien sein Roman „Die Blendung". 1932 war, von K. Kraus beeinflußt, sein Drama „Hochzeit" entstanden, dem die „Komödie der Eitelkeit" (1934) und „Die Befristeten" (1956) folgten. 1960 erschien der erste Teil seiner Untersuchung „Masse und Macht", danach seine autobiographischen Werke „Die gerettete Zunge" (1977), „Die Fackel im Ohr" (1980) und „Das Augenspiel" (1985). C. macht, mit Neigung zum Grotesken, anhand von Grenzfällen den Konflikt zwischen Geist und Wirklichkeit deutlich. 1966 erhielt C. den Preis der Stadt Wien, 1967 den Großen Ö. Staatspreis und 1981 den Nobelpreis für Literatur.

Das von Isidorus Canevale 1781–83 erbaute Lusthaus im Wiener Prater

C

Canisius Petrus · Canon Hans · Canova Antonio · Capistran Johann von · Capra Fritjof · Caprara Enea Silvio · Carabelli-Lunkaszprie Georg von · Carl Karl · Carl Rudolf · Carlone · Carnap Rudolf · Carro Carl von · Caruso Igor Alexander · Cäsar Aquilin Julius · Caspar Mizzi · Castelli Ignaz Franz

CANISIUS, Petrus (eigtl. Pieter Kanijs), * 8. 5. 1521 in Nijmegen, † 21. 12. 1597 in Freiburg (Schweiz), Jesuit, Prediger. 1925 heiliggesprochen und zum Kirchenlehrer erhoben, Fest 27. April. Aus angesehener bürgerlicher Familie stammend, studierte er in Köln Theologie und trat 1543 in den Jesuitenorden ein, 1546 zum Priester geweiht. 1552 traf er in Wien ein, um hier, vor allem an der Universität, den Protestantismus zu bekämpfen. 1551 hatte Kaiser Ferdinand I. das Jesuitenkolleg gegründet, und C. wurde der erste Rektor des Klosters und der Kirche Am Hof. Auf Wunsch Ferdinands I. verfaßte er 1552–55 in Frage-und-Antwort-Form ein Lehrbuch, das gesamte Gebiet der katholischen Religion betreffend, den sogenannten großen, den mittleren und den kleinen Katechismus, die in lateinischer und in deutscher Sprache erschienen: 1555 für Geistliche und gebildete Laien, 1556 für Kinder und das Volk und 1558 für Lateinschulen. Im Pestjahr 1552 kümmerte er sich fürsorglich um die Bevölkerung Wiens, 1553 vom Kaiser zum Hofprediger ernannt, 1554 Rektor der theologischen Fakultät der Universität, 1554 Administrator der Diözese Wien. 1556 verließ C. Wien, nachdem er zum Provinzial der oberdeutsch-ö. Ordensprovinz des Jesuitenordens ernannt worden war. Allerdings besuchte er mehrmals, so 1558, 1560, 1561 und 1562, die Reichshauptstadt. 1571–81 war er Hofprediger in Innsbruck.

Brodrick, J.: P. C., 2 Bde. (1950); Rohrbasser, A.: P. C. (1954)

CANON, Hans (eigtl. Johann von Strašiřipka), * 13. 3. 1829 in Wien, † 12. 9. 1885 in Wien, Maler. Studierte an der Akademie der bildenden Künste in Wien und war Schüler von Ferdinand Georg Waldmüller (s. d.) und Carl Rahl (s. d.). 1849–55 Offizier in der ö. Armee. Malte vorwiegend Genre- und Historienbilder sowie Dekkengemälde, Mythologien und Porträts. 1858 errang er mit dem Gemälde „Fischermädchen" seinen ersten Erfolg. 1873 malte er das Porträt der Burgschauspielerin Charlotte Wolter. Sein berühmtestes Deckengemälde befindet sich im Stiegenhaus des Naturhistorischen Museums in Wien.

Hans Canon: Fischermädchen

CANOVA, Antonio, * 1. 11. 1757 in Possagno bei Treviso (Italien), † 13. 10. 1822 in Venedig, Bildhauer. Entstammte einer Bildhauerfamilie und besaß ab 1773 eine eigene Werkstatt. 1782 schuf er die Marmorgruppe „Theseus als Besieger des Minotaurus", mit der er berühmt wurde und die der Wiener Bankier Graf Fries (s. d.) ankaufte. 1805 wurde das bereits vorher geschaffene Grabmal für Erzherzogin Maria Christine in der Wiener Augustinerkirche aufgestellt, es gilt als Hauptwerk der Empire-Plastik in Ö. 1819 schuf er die Marmorgruppe „Theseus im Kampf mit dem Kentauren", das im Theseustempel im Wiener Volksgarten aufgestellt wurde und später im Stiegenhaus des Kunsthistorischen Museums seinen endgültigen Platz fand.

CAPISTRAN, Johann von (eigtl. von Capestrano), * 24. 7. 1386 in Capestrano in den Abruzzen (Königreich Neapel), † 23. 10. 1456 in Ujlak-Ilok bei Belgrad, Franziskaner, Wanderprediger, 1690 heiliggesprochen (Fest 23. Oktober). Nach dem Studium der Rechte wurde C. 1412–16 von König Ladislaus von Neapel zum Statthalter von Perugia, das Papst Johannes XXII. an diesen verpfändet hatte, bestellt. 1416 trat er in den Franziskanerorden ein und wurde 1418 zum Priester geweiht. Auf Einladung Kaiser Friedrichs III. (s. d.) kam er nach Wien (6. 6.–26. 7. 1451). Seine Predigten, in lateinischer oder italienischer Sprache gehalten, hatten solchen Zulauf, daß er vor der Kirche Am Hof und am Stephansfreithof sprechen mußte. Die dort befindliche hölzerne Kanzel wurde später in Stein nachgebildet und 1752 an der Nordseite des Chors von St. Stephan angebracht. Am 22. 7. 1451 schenkte Kaiser Friedrich III. dem Prediger das Haus der Schwestern des Dritten Ordens des hl. Franz in St. Theobald auf der Laimgrube (Wien 6), wo er das erste Franziskanerkloster in Ö. gründete – 12 Mitbrüder waren mit ihm nach Wien gekommen. Anschließend bemühte er sich in Mähren um die Bekehrung der Hussiten. Von Ende 1454 bis März 1455 wirkte er wieder in Wien und erreichte 1455/56 in Ungarn die Aufstellung eines Kreuzfahrerheers unter Johann Hunyadi, der die Türken am 22. 7. 1456 bei Belgrad besiegte. C. nahm an diesem Kampf selbst teil und starb drei Monate später an Erschöpfung.

Hofer, J.: J. v. C. (1936)

CAPRA, Fritjof, * 1. 2. 1939 in Wien, Physiker. Studierte Theoretische Physik an der Universität Wien und promovierte 1966. Erhielt danach Forschungsaufträge in Frankreich und ging 1968 an die University of California. 1971–74 lehrte er an der Universität London, seither forscht C. an der Berkeley-Universität in den USA. Sein Fachbereich ist die theoretische Hochenergiephysik, daneben beschäftigt er sich mit dem Verhältnis zwischen Physik und Philosophie.

CAPRARA, Enea Silvio Graf, * 1631 in Bologna (Italien), † 3. 2. 1701 in Bologna, Feldmarschall. Trat früh in kaiserliche Dienste und erhielt 1674 sein erstes selbständiges Kommando über ein Reiterkorps am Rhein, wo er bis 1678 an zahlreichen Kämpfen teilnahm. Als Befehlshaber der Reiterei stritt er 1683 gegen die Insurgenten in Ungarn und war auch an der Entsatzschlacht von Wien beteiligt. 1685 nahm er die Festung Neuhäusel im Sturm und drang in der Folge bis an die Grenze von Siebenbürgen vor. 1691 wieder am Rhein, kommandierte er 1694 erneut in Ungarn. Als Vizepräsident des Hofkriegsrats gehörte er zu den Gegnern des Prinzen Eugen (s. d.), mit dem er mehrmals Differenzen hatte.

CARABELLI-Lunkaszprie, Georg von, * 11. 12. 1787 in Pest, † 24. 10. 1842 in Wien, Zahnarzt. Promovierte an der Josephs-Akademie und machte als untergeordneter Feldarzt die Feldzüge von 1809 und 1813 mit. Schließlich wandte er sich der Zahnheilkunde zu, wurde kaiserlicher Leibzahnarzt und erhielt einen Lehrstuhl an der Wiener Universität. Der erste bedeutende Zahnarzt Wiens verfaßte auch das erste brauchbare Lehrbuch dieses Fachgebiets, „Systematisches Handbuch der Zahnheilkunde" (2 Bde., 1831–42).

CARL, Karl (eigtl. Carl Ferdinand von Bernbrunn) * 7. 11. 1787 (1789?) in Krakau, † 14. 8. 1854 in Ischl (OÖ), Schauspieler, Regisseur und Theaterdirektor. Nach einer Ausbildung an der Ingenieurakademie trat er 1805 in die ö. Armee ein, quittierte aber nach vorangegangener Kriegsgefangenschaft 1810 den Dienst und wurde Schauspieler. Nach seinem Debüt 1810 im Theater in der Josefstadt ging er an das Isartortheater in München, dessen Direktor er wurde. 1825 nach Wien zurückgekehrt, pachtete er 1827 das Theater an der Wien und schloß einen Gesellschaftsvertrag mit dem Theater in der Josefstadt, worauf er bis 1845 Direktor beider Bühnen war. Schon 1838 hatte er das Theater in der Leopoldstadt erworben, ließ es von Siccard von Siccardsburg (s. d.) und van der

KARL CARL

Der Direktor als Kapitalist

„Die Produktion betrachtete er als kapitalistisches Objekt; bestellte, was er brauchte, gestattete sich mit den fertigen Stükken die einschneidendsten Veränderungen, um sie für seine Bühnen zu akkomodieren. Die Dichter mußten sich fügen, wenn sie aufgeführt werden wollten."
Friedrich Kaiser

Antonio Canova: Grabmal für die Erzherzogin Maria Christine in der Augustinerkirche in Wien (1805)

Nüll (s. d.) umbauen und eröffnete es 1847 als „Carl-Theater". Trotz wechselvoller geschäftlicher Erfolge hinterließ er ein Vermögen von 700 000 Gulden und ein Haus in der Gloriettegasse in Wien-Hietzing. Er selbst stand oft auf der Bühne und verstand es ausgezeichnet, Künstler für sich zu gewinnen, so etwa den Komiker Wenzel Scholz (s. d.) und Johann Nestroy (s. d.).

CARL, Rudolf, * 19. 6. 1899 in Lundenburg (Mähren), † 15. 1. 1987 in Graz, Schauspieler und Komiker. C. war zunächst in der Eisenbranche tätig, ehe er 1935 ans Theater an der Wien engagiert wurde. Bereits ab 1934 arbeitete er beim Film und wurde (mit mehr als 300 Rollen)

zu einem der meistbeschäftigten Komiker des deutschsprachigen Films.

CARLONE, italienisch-schweizerische Künstler- und Baumeisterfamilie, die im 17. und im 18. Jh. in Ö. tätig war. Acht Familienmitglieder arbeiteten vorwiegend in Niederösterreich, Oberösterreich und in der Steiermark als Baumeister, Stukkateure und Maler.

CARNAP, Rudolf, * 18. 5. 1891 in Ronsdorf bei Wuppertal, † 14. 9. 1970 in Santa Monica (Kalifornien, USA), Philosoph. War 1926–31 Univ.-Prof. in Wien, 1931–36 in Prag und ab 1936 in Chicago. Mitbegründer und Hauptvertreter des logischen Empirismus. Gemeinsam mit Moritz Schlick (s. d.) gehörte er dem Wiener Kreis des Neopositivismus an. 1928 stellte C. als erster eine Konstitutionstheorie der Begriffe mit Hilfe der mathematischen Logik auf und strebte eine logische Syntax der Sprache an. Außerdem begründete er die Logik auf einer umfassend ausgebauten Semantik und entwickelte eine semantische Theorie der Wahrscheinlichkeitslogik. Hauptwerke: „Der logische Aufbau der Welt" (1928), „Logische Syntax der Sprache" (1934), „Introduction to Semantics" (1942), „Einführung in die symbolische Logik" (1954), „Induktive Logik und Wahrscheinlichkeit" (1959) sowie nach seinem Tod „Bedeutung und Notwendigkeit" (1972) und „Grundlagen der Logik und Mathematik" (1973).

Krauth, L.: Die Philosophie C.s (1970)

CARRO, Carl von, * 21. 3. 1846 in Wien, † 22. 3. 1896 in Wien, Schauspieler. War vor allem am Wiener Burgtheater tätig und einer der bekanntesten Rezitatoren seiner Zeit. C. verfaßte auch Dramen und Dialektdichtungen.

CARUSO, Igor Alexander, * 4. 2. 1914 in Tiraspol (Rußland), † 28. 6. 1981 in Salzburg, Psychotherapeut. Als Anhänger Freuds gründete er 1947 den Arbeitskreis für Tiefenpsychologie, der sich zu einer internationalen psychoanalytischen Gesellschaft entwickelte. Seit 1972 lehrte er als o. Prof. für Psychologie sowie als Vorstand des Psychologischen Instituts an der Universität Salzburg. C. schrieb rund 200 wissenschaftliche Arbeiten, darunter die Bücher „Tiefenpsychologie und Daseinswerte" (1948), „Psychoanalyse und Synthese der Existenz" (1952) und „Soziale Aspekte der Psychoanalyse" (1962, 2. erweiterte Aufl. 1972).

CÄSAR, Aquilin Julius, * 1. 11. 1720 in Graz, † 2. 6. 1792 in Weizberg bei Weiz (St), Historiker. Der Augustiner-Chorherr des Stiftes Vorau (St) widmete sich dem Studium der Geschichte und verfaßte die erste umfassende Geschichte der Steiermark: „Beschreibung des k. k. Herzogtums Steiermark" (1773, 2 Bde.). 1786–88 erschien „Staats- und Kirchengeschichte des Herzogtums Steiermark" (7 Bde.), wobei allerdings Bd. 4 bei der Zensurstelle verschwand und nie wieder auftauchte. 1788–90 erschien „Nationalkirchenrecht Österreichs" (6 Bde.).

CASPAR, Mizzi (Marie), * 28. 9. 1864 in Graz, † 29. 1. 1907 in Wien, Halbweltdame. Über sie gibt es wenig verläßliche Angaben. Sicher ist, daß sie mit der bekannten Kupplerin Wolf in Verbindung stand und seit 1886 die Geliebte des Kronprinzen Rudolf (s. d.) war. Ab 1886 besaß sie auf der Wieden ein Haus. Seit dem Sommer 1888 sprach der Kronprinz mit ihr über einen Doppelselbstmord im Husarentempel bei Mödling, worüber sie auch der Polizei Mitteilung machte. Durch die Wolf erfuhr die Polizei über mehrere Besuche Rudolfs bei C. und über verschiedene Äußerungen des Kronprinzen. Dieser bedachte C. auch in seinem Testament.

CASTELLI, Ignaz Franz, * 6. 3. 1781 in Wien, † 5. 2. 1862 in Wien, Dichter. Nach seinem Jusstudium wurde er Beamter der nö. Stände, mußte aber 1809 wegen seiner „Wehr-

Ignaz Franz Castelli. Lithographie von Josef Kriehuber (1835)

mannlieder" vor den Franzosen nach Ungarn fliehen. C. war der Herausgeber mehrerer Unterhaltungsblätter, so 1809/10 des „Sammlers", 1810/11 der „Thalia" und des „Wiener Conversationsblattes". 1811–14 war er Theaterdichter am Kärntnertortheater in Wien und verfaßte rund 200 Theaterstücke, Lustspiele und Operntexte, darunter mehrere Bearbeitungen aus dem Französischen. Außerdem war C. Theaterkritiker und in dieser Eigenschaft ständig für die Dresdner „Abendzeitung" tätig. 1818 gründete er die Künstlervereinigung „Ludlamshöhle", der u. a Grillparzer (s. d.), Saphir (s. d.) und Anschütz (s. d.) angehörten. 1835 erschienen „Gedichte" (6 Bde.), 1843 „Sämtliche Werke" (16 Bde.) und 1844–59 eine Auswahl seiner Schriften in 22 Bänden. 1847 gründete C. den Wiener Tierschutzverein und veröffentlichte das „Wörterbuch der Mundart in Österreich unter der Enns". „Memoiren meines Lebens" (4 Bde.), erschienen 1861/62, ein sehr aufschlußreiches Werk über die Zeit des Wiener Biedermeier, als dessen Hauptvertreter C. gilt.

Stamprech, F., J. C. (1960)

CASTLE, Eduard, * 7. 11. 1875 in Wien, † 8. 6. 1959 in Wien, Literarhistoriker. War 1915–38 und seit 1945 bis zu seiner Emeritierung Univ.-Prof. in Wien und beschäftigte sich insbesondere mit der ö. Literatur des 19. Jahrhunderts. Veröffentlichte u. a.: „Lenau und die Familie Löwenthal" (1902) und das „Geheimnis des großen Unbekannten" (über Ch. Sealsfield, 1934). Herausgeber der Werke von Lenau (1903), A. Grün (1909), Anzengruber (1921), Grillparzer (1924) und Raimund (1924 ff.). C. veröffentlichte das „Reallexikon für deutsche Literaturgeschichte" (1928 ff.) und führte die von Nagl (s. d.) und Zeidler (s. d.) begonnene „Deutsch-ö. Literaturgeschichte" zu Ende.

CAUCIG, Franz (eigtl. Kavčič), * 3. 12. 1762 in Görz, † 18. 11. 1828 in Mariahilf (Wien), Maler. Er kam 1777 nach Wien und studierte an der Akademie der bildenden Künste. Kaiser Joseph II. schickte ihn (1781–88) zur weiteren Ausbildung nach Italien. 1799–1820 Prof. an der Akademie der bildenden Künste in Wien, ab 1820 Direktor der „Maler-, Bildhauer-, Kupferstecher- und Mosaikschule". Ab 1808 war er auch Leiter der k. k. Porzellanmanufaktur. Dem Klassizismus verbunden, maß C. der Farbe wenig Bedeutung bei.

CEBOTARI, Maria (eigtl. Cebotaru), * 10. 2. 1910 in Kischinjow (Bessarabien), † 9. 6. 1949 in Wien, Sopranistin. 1926 Schauspielerin am Moskauer Künstlertheater, Gesangsdebüt 1931 als Mimi unter F. Busch in Dresden, 1931 von Bruno Walter für die Salzburger Festspiele verpflichtet. Sie wurde eine ausgezeichnete Mozart- und Richard-Strauss-Interpretin. 1934 Kammersängerin, ab 1947 Mitglied der Wiener Staatsoper. C. war in zweiter Ehe mit dem Wiener Schauspieler Gustav Diessl verheiratet.

CELAN, Paul (eigtl. Antschel), * 23. 11. 1920 in Czernowitz (Bukowina), † 28. 4. 1970 in Paris (Selbstmord), Lyriker. Nach Studien in Frankreich Lektor und Übersetzer in Bukarest. Emigrierte 1947 nach Wien, ging 1948 von da nach Paris und lebte dort als freier Schriftsteller und Übersetzer. 1948 erschien sein erster Gedichtband „Der Sand aus den Urnen", der dann auch in „Mohn und Gedächtnis" (1952) aufgenommen wurde, in dem sich das Auschwitz-Gedicht „Todesfuge" findet. 1955 wurde die Sammlung „Von Schwelle zu Schwelle" und 1959 „Sprachgitter" aufgelegt. C.s Lyrik, anfangs vom Surrealismus beeinflußt, wird schließlich zu einem Geflecht schwieriger Metaphern, zu logisch nur schwer erfaßbarer Aussage als Ausdruck der Vereinsamung und des Gebrochenseins der Existenz. Bekannt wurden auch C.s Nachdichtungen aus dem Französischen (Rimbaud, Valéry) und Russischen (Blok, Mandelstamm, Jessenin).

CELTIS, Konrad (auch Celtes, eigtl. Konrad Pickel), * 1. 2. 1459 in Wipfeld (Unterfranken), † 4. 2. 1508 in Wien, Humanist, Gelehrter und Dichter. Nach seinen Studien in Köln und in Heidelberg 1477–85 nahm er eine umfangreiche Vortragstätigkeit auf. Am 18. 4. 1487 wurde er von Kaiser Friedrich III. in Nürnberg als erster Deutscher zum Dichter gekrönt

Konrad Celtis

(Poeta laureatus). Kaiser Maximilian I. berief ihn 1497 von Ingolstadt nach Wien, wo er an der Universität lehrte. Abgesehen von Gründungen mehrerer wissenschaftlicher Gesellschaften, sind ihm die ersten grundsätzlichen Leistungen des Humanismus zuzuschreiben. Er machte die Geographie zur Erfahrungswissenschaft und die Geschichtswissenschaft zur exakten akademischen Diziplin. Die Entwicklung des Theaters in Ö. und des lateinischen Dramas ist sein weiteres Verdienst. Die 1501 von Maximilian I. gestiftete Gelehrtengesellschaft „Collegium poetarum et mathematicorum" wurde von C. eingerichtet und zu hohem Ansehen geführt. Neben diesen Tätigkeiten fand er noch Zeit, zahlreiche Dichtungen zu verfassen. 1502 wurde vor Kaiser Maximilian I. in Linz sein lateinisches Stück „Ludus Dianae" aufgeführt. Kurz vor seinem Tod erwarb er eine spätrömische Straßenkarte, die er mit einer letztwilligen Verfügung dem Augsburger Humanisten Konrad Peutinger vermachte (die weltberühmte „Tabula Peutingeriana"). C. wurde am Wiener Stephansfreithof begraben, sein Epitaph ist erhalten, am Nordturm des Stephansdoms befindet sich eine Kopie davon.

CERHA, Friedrich, * 17. 2. 1926 in Wien, Dirigent und Komponist. Studierte Komposition und Violine an der Wiener Musikakademie. 1958 gründete er zusammen mit K. Schwertsik das Ensemble für neue Musik „die reihe", das er auch leitet. Seit 1960 ist er Prof. an der Wiener Musikakademie. Sehr bekannt wurden u. a. „Spiegel I–VII" für Orchester und Tonband (1960–68) und „Langegger Nachtmusik I–II" für Orchester (1969–70). Gegen den Willen der Witwe Berg vollendete er den dritten Akt der Oper „Lulu" von Alban Berg, die in dieser vervollständigten Fassung am 24. 2. 1979 in der Pariser Oper erstmals aufgeführt wurde.

CHARGAFF, Erwin, * 11. 8. 1905 in Czernowitz (Galizien), Biochemiker, Wissenschaftskritiker und Essayist. Studierte in Wien, ging aber 1928 in die USA, wo er sich durch seine Arbeiten auf dem Gebiet der Biochemie an der Columbia University in New York rasch einen Namen machte. Seit 1946 widmete er sich hauptsächlich der Untersuchung der Nucleinsäuren, wobei er stets auf die Gefahren der Genmanipulation hinwies. Bekannt wurde er

durch zahlreiche Publikationen als Wissenschaftskritiker und Essayist. Anläßlich seines 80. Geburtstags wurden erstmals Gedichte von ihm veröffentlicht, gleichzeitig erschien das vieldiskutierte Buch „Zeugenschaft".

CHARLEMONT, Matthias Adolf, * 1820 in Brünn, † 1872 in Wien, Miniaturmaler. Lebte ab 1865 in Wien. Seine drei Söhne waren ebenfalls in Wien tätig: Eduard, * 2. 8. 1848 in Jamnitz (Mähren), † 8. 2. 1906 in Wien, malte vorwiegend Genrebilder und Deckengemälde, sein Hauptwerk sind die Deckenbilder im Foyer des Burgtheaters; Hugo, * 18. 3. 1850 in Jamnitz (Mähren), † 18. 3. 1939 in Wien, malte ebenfalls Genrebilder und Porträts und schuf zahlreiche Illustrationen für das 24bändige

Werk „Die ö.-u. Monarchie in Wort und Bild"; Theodor, * 1. 1. 1859 in Znaim, † 13. 10. 1938 in Wien, war Bildhauer und ein Schüler von Zumbusch (s. d.).

CHARLOTTE, Kaiserin von Mexiko, * 7. 6. 1840 auf Schloß Laeken bei Brüssel, † 19. 1. 1927 auf Schloß Bouchoute bei Brüssel, Tochter König Leopolds I. von Belgien, aus dem Hause Sachsen-Coburg-Saalfeld. Heiratete am 27. 7. 1857 in Wien Erzherzog Ferdinand Maximilian Joseph, den jüngeren Bruder Kaiser Franz Josephs I. (s. d.) und späteren Kaiser Maximilian von Mexiko (s. d.). Vergeblich versuchte sie in Europa Hilfe für ihren Gatten zu finden und fiel 1866 in geistige Umnachtung. Nach der Hinrichtung Kaiser Maximilians in Mexiko 1867 lebte sie auf belgischen Schlössern.

CHARMATZ, Richard, * 1. 2. 1879 in Schlaining (B), † 15. 2. 1965 in Wien, Journalist und Historiker. Er war Autodidakt, erwarb sich aber als liberaler Geschichtsschreiber den Ruf und das Ansehen eines wissenschaftlichen Schriftstellers. Seine Hauptwerke: „Deutsch-ö. Politik", 5 Bde. (1907); „Ö. innere Geschichte von 1848–1907", 2 Bde. (1909); Ö. äußere und innere Politik von 1895 bis 1914" (1918); „Ö. als Völkerstaat" (1918); „Vom Kaiserreich zur Republik" (1946).

CHAROUX, Siegfried, * 15. 11. 1896 in Wien, † 26. 4. 1967 in London, Bildhauer, Maler und Graphiker. Studierte in Wien, u. a. bei Anton Hanak und Hans Bitterlich, und war neben seiner Tätigkeit als Bildhauer auch bei der „Arbeiter-Zeitung" als Karikaturist beschäftigt. Er emigrierte 1935 nach London und arbeitete ab 1940 an den Ö.-Sendungen der BBC mit. 1948 erhielt er den Preis der Stadt Wien und 1966 die Ehrenmedaille der Stadt Wien in Gold. Arbeiten in Stein und Bronze (etwa das Lessing-Denkmal in Wien).

CHAVANNE, Joseph, * 7. 8. 1846 in Graz, † 7. 12. 1902 in Buenos Aires, Geograph. Er unternahm zahlreiche Forschungsreisen, vor allem durch die USA, Mexiko, Westindien, Nordafrika und an den Kongo. Vom Unterlauf des Kongo fertigte er eine wertvolle detailreiche Karte an. 1884–87 gab er einen großen physikalisch-statistischen Handatlas von Ö.-U. heraus.

CHIARI, Hermann, * 6. 12. 1897 in Wien, † 24. 10. 1969 in Wien, Pathologe. Nach der 1915 in Straßburg abgelegten Matura trat er in die k. u. k. Armee ein. In Wien studierte er Medizin und promovierte 1922. Weiterführende Studien in Hamburg und in Berlin, nach seiner Rückkehr nach Wien wurde er 1926 an das Institut für Pathologie der Universität Wien berufen, 1931 habilitiert, übernahm 1936 den Lehrstuhl für Pathologie und wurde Direktor des Pathologisch-Anatomischen Instituts. Insgesamt veröffentlichte er 163 wissenschaftliche Arbeiten und wurde mehrfach geehrt.

Hugo Charlemont: Graf Hoyos in seiner Wohnung im Adeligen Casino

CHIARI, Karl, * 9. 6. 1912 in Wien, † 18. 1. 1982 in Wien, Orthopäde. Studierte in Wien Medizin und promovierte 1936. Zunächst Hilfsarzt, wurde er 1938 Assistent an der Orthopädischen Station der 1. Chirurgischen Universitätsklinik in Wien und 1947 Facharzt für Orthopädie. 1953 Habilitation, 1960 a. o. Prof.; nachdem die Orthopädische Station zur Klinik erhoben wurde, war C. 1962 ihr erster Vorstand. 1967–82 Ordinarius, wurde Ch. vielfach geehrt und verfaßte mehr als 100 fachwissenschaftliche Publikationen.

CHIARI, Karl Freiherr von (seit 1908), * 26. 5. 1849 in Wien, † 14. 5. 1912 in Trautenau (Mähren), Industrieller und Politiker. Sein Vater war der Geburtshelfer Johann Baptist Ch. (* 15. 6. 1817 in Salzburg, † 11. 12. 1854 in Wien), der anfangs als einziger im Medizinerstreit um Semmelweis (s. d.) auf dessen Seite stand. Nach seinem Medizinstudium übernahm er die Verwaltung der Leinen- und Baumwollwarenfabrik E. Oberleithners Söhne in Mährisch-Schönberg, deren Gesellschafter er auch wurde. Nebenbei bewirtschaftete er ein Gut in der Nähe der Fabrik. 1897 wurde er erstmals als Kandidat der Deutschen Volkspartei ins Abgeordnetenhaus gewählt und behauptete sich dort auch 1901 und 1907 gegenüber den Sozialdemokraten. Um den Zusammenschluß aller bürgerlichen deutschen Parteien in Mähren bemüht, gelang ihm die Vereinigung der Deutschen Volkspartei mit den Deutschen Agrariern zum Deutschfreisinnigen Nationalverband. Nach seiner Erhebung in den Freiherrenstand wurde er ins Herrenhaus berufen und schloß sich der Verfassungspartei an. In Wirtschaftsfragen versiert, war er wiederholt Obmann des Budgetausschusses.

CHIARI, Ottokar Freiherr von, * 1. 2. 1853 in Prag, † 12. 5. 1918 in Puchberg am Schneeberg (NÖ), Laryngologe. Sohn des Geburtshelfers Johann Ch. War nach seinem Studium an der Universität Wien als Assistent tätig und wurde 1912 der erste Prof. seines Spezialfachs. Auf dem Fachgebiet der Laryngologie entwickelte er alle größeren Operationsmethoden und verfaßte das „Lehrbuch der Nasen-, Rachen- und Kehlkopfkrankheiten", 3 Bde. (1902–05), sowie „Chirurgie des Kehlkopfes und der Luftröhre" (1916). Außerdem setzte er den längst fälligen Neubau der Laryngologischen Klinik in Wien durch.

CHIAVACCI, Vinzenz, * 15. 6. 1847 in Wien, † 2. 2. 1916 in Wien, Schriftsteller und Bühnendichter. Ursprünglich Eisenbahnbeamter, widmete er sich seit 1887 ausschließlich der Schriftstellerei. Ab 1896 gab er das illustrierte Wochenblatt „Wiener Bilder" heraus. Als kenntnisreicher und humorvoller Sittenschilderer des alten Wiens schuf er die typischen Figuren der „Frau Sopherl vom Naschmarkt" (der er auch 1890 ein Volksstück widmete) und des „Herrn Adabei". Sehr bemüht war er um die Erneuerung des Alt-Wiener Volksstücks und erwarb sich besondere Verdienste um die Herausgabe der Werke von Johann Nestroy (gemeinsam mit Ludwig Ganghofer [s. d.], 12 Bde. 1890/91) und Ludwig Anzengruber (gemeinsam mit Anton Bettelheim [s. d.]). Werke u. a.: „Aus dem Kleinleben der Großstadt" (1884), „Wiener vom Grund" (1887), „Wiener vom alten Schlag" (1895) und der autobiographische Roman „Aus der stillen Zeit" (1874).

CHLADEK, Rosalia, * 21. 5. 1905 in Brünn, Tänzerin und Choreographin. Wurde nach ihrer Ausbildung zur bedeutenden Vertreterin des deutschen Ausdruckstanzes und unternahm mit einer eigenen Tanzgruppe zahlreiche erfolgreiche Gastspiele in ganz Europa. 1930–38 leitete sie die Tanzabteilung der Schule Hellerau-Laxenburg und 1952–70 die der Wiener Akademie für Musik und darstellende Kunst. War als Tanzpädagogin ebenso erfolgreich wie als Tänzerin und Choreographin.

CHLUMBERG, Hans von (eigtl. H. Bardach Edler von Ch.), * 30. 6. 1897 in Wien, † 25. 10. 1930 in Leipzig, Dramatiker. Erhielt schon früh den Literaturpreis der Stadt Wien und schrieb u. a. die Dramen „Der Führer" (1919), „Eines Tages . . ." (1926), „Wunder um Verdun" (1930) sowie das Lustspiel „Das Blaue vom Himmel" (1929). Verunglückte tödlich während einer Theaterprobe in Leipzig.

C

Chlumecký Johann · Chmel Joseph · Chotek von Chotkowa und Wognin Sophie · Chrannest Heinrich · Christ Rudolf · Christalnik Michael Gotthard · Christen Ada · Christian Adolf · Chrobak Rudolf · Chvostek Franz · Cimburgis von Masowien · Čižek Franz · Clam-Gallas Eduard · Clam-Martinic Heinrich · Clam-Martinic Heinrich Jaroslaw · Clary und Aldringen Manfred · Claudia von Medici · Claudia Felizitas · Clerfayt Charles de Croix · Cloeter Hermine · Clusius Carolus · Cobenzl Ludwig · Cobenzl Philipp · Coburg (-Saalfeld) Josias Friedrich · Coch Georg

CHLUMECKÝ, Johann Freiherr von (seit 1889), * 23. 3. 1834 in Zara (Dalmatien), † 11. 12. 1924 in St. Leonhard bei Bad Aussee (St), Gutsbesitzer und Politiker der Gemäßigten Linken. Nach dem Jusstudium in Wien ging er in den Staatsdienst, nahm aber 1865 seinen Abschied. 1869–70 Stellvertreter des Statthalters in Brünn, 1871 Ackerbau-, 1875–79 Handelsminister. 1873–97 Mitglied des Abgeordnetenhauses und einer der Führer der Verfassungspartei, 1885 Zweiter und 1888 Erster Präsident des Abgeordnetenhauses, 1897–1918 Mitglied des Herrenhauses. Ch. gründete 1872 die Hochschule für Bodenkultur in Wien und war sehr um den Ausbau der Staatseisenbahnen bemüht, vor allem um die Umwandlung der k. k. privilegierten Südbahngesellschaft, deren Präsident er auch war, in ein ö. Unternehmen (durch Abtrennung des italienischen Netzes).

CHMEL, Joseph, * 18. 3. 1798 in Olmütz (Mähren), † 28. 11. 1858 in Wien, Historiker. 1816 trat er in das Augustiner-Chorherrenstift St. Florian (OÖ) ein und wurde dort 1826 Stiftsbibliothekar. Ab 1834 als Archivar im Haus-, Hof- und Staatsarchiv in Wien, wurde er 1846 dessen Vizedirektor. Er förderte die urkundliche Erforschung der mittelalterlichen Geschichte Ö.s und begründete in diesem Zusammenhang 1849 die „Fontes rerum Austriacarum" (= ö. Geschichtsquellen) im Rahmen der Akademie der Wissenschaften und das „Archiv für Kunde ö. Geschichtsquellen". Neben anderen Publikationen erschienen von ihm 1854–58 die „Monumenta Habsburgica" (3 Bde.).

CHOTEK von Chotkowa und Wognin, Sophie Gräfin, s. Hohenberg, Herzogin von

CHRANNEST, Heinrich, † um 1322 in Wien, Tuchhändler und Bürgermeister. Seit 1288 in Wien nachweisbar, war mehrere Jahre Ratsherr, 1305–07 Bürgermeister von Wien und 1311 Amtmann in Ö. Ch. war der erste Bürgermeister Wiens, der einem zu Reichtum gekommenen Handwerkergeschlecht entstammte.

CHRIST, Rudolf, * 20. 3. 1916 in Wien, † 21. 4. 1982 in Wien, Tenor. 1949–76 an der Wiener Volksoper tätig.

CHRISTALNIK, Michael Gotthard (auch Christalnigg), * zwischen 1530 und 1540 in Kärnten, † 1595 in St. Veit an der Glan (K), protestantischer Geistlicher und Historiker. Verfaßte 1588 im Auftrag der Kärntner Stände die „Annales Carinthiae", die erste vollständige Geschichte Kärntens. 1612 wurde sie von Hieronymus Megiser unter dessen Namen herausgegeben.

Neumann, W.: M. G. Ch. Kärntens Beitrag zur Geschichtsschreibung des Humanismus (1956)

CHRISTEN, Ada (eigtl. Christiane Frederik, verehel. von Breden), * 6. 3. 1844 in Wien, † 19. 5. 1901 in Wien, Schriftstellerin. In ihrer Jugend war sie Schauspielerin bei Wanderbühnen, bis sie schließlich zum Mittelpunkt eines Wiener Schriftstellerkreises wurde. Bekannt wurde sie durch ihre in Sammelbänden erschienene Lyrik: „Aus der Asche" (1870) und „Aus der Tiefe" (1878), aber auch durch ihren Roman „Ella" (1873) sowie ihre Novellen „Aus dem Leben" (1878) und „Jungfer Mutter" (1892). In ihrer Prosa schuf sie naturalistische Sittenbilder, die Einfluß auf den frühen Naturalismus hatten.

CHRISTIAN, Adolf, * 3. 6. 1934 in Wien, Radrennfahrer. Als Amateur 1954 Gewinner der Österreich-Rundfahrt, Sechster bei der Straßen-WM 1954. Nach erfolgreicher Teilnahme (vierter Platz) an der für Profis und Amateure offenen Europa-Tour 1956 ging der von den Franzosen liebevoll „Cri-Cri" genannte Ch. ins Profilager, wo er im Rennstall von „Campionissimo" Fausto Coppi landete, der Ch. kräftig forcierte. 1957 wurde Ch. dann zur Radsportsensation, als er bei der Tour de France den dritten Platz im Endklassement belegte.

CHROBAK, Rudolf, * 8. 7. 1843 in Troppau (Ö.-Schlesien), † 1. 10. 1910 in Wien, Gynäkologe. Er studierte in Wien und promovierte 1866, wurde 1871 Dozent für Gynäkologie in Wien und lehrte 1885–89 in Prag. Ab 1889 Univ.-Prof. und Vorstand der II. Frauenklinik in Wien. Seine Fachrichtung verdankt ihm zahlreiche Forschungsarbeiten und die Entwicklung der operativen Gynäkologie, wobei er die Technik der Myomoperation revolutionierte.

CHVOSTEK, Franz, * 3. 10. 1864 in Wien, † 17. 4. 1944 auf Burg Groppenstein (K), Internist. Sohn des gleichnamigen Prof.s am Josephinum in Wien (* 21. 3. 1835 in Mistek [Mähren], † 16. 11. 1884 in Wien). Er war ein hervorragender Diagnostiker und von 1903–33 Univ.-Prof. in Wien, begründete die moderne Erbbiologie und -pathologie.

CIMBURGIS von Masowien (auch Cymburgis, Zymburgis von M.), * um 1394 in Warschau, † 28. 9. 1429 in Türnitz bei Lilienfeld (NÖ), polnische Prinzessin. Zweite Gattin (Heirat im Februar 1412 in Bruck an der Mur) Herzog Ernsts des Eisernen von Ö. und St., Mutter Kaiser Friedrichs III. und Großmutter Kaiser Maximilians I. Von ihr wird berichtet, daß sie außerordentliche Kräfte besaß, angeblich mit einer Hand einen beladenen Wagen ziehen und mit der anderen ein Hufeisen brechen konnte.

ČIŽEK, Franz, * 12. 7. 1865 in Leitmeritz (Böhmen), † 17. 12. 1946 in Wien, Maler und Kunstpädagoge. 1903 wurde er Leiter einer „Versuchsschule für den Zeichenunterricht" an der Kunstgewerbeschule in Wien, 1906 Prof., 1908 gründete er die „Jugendklasse", 1914 die Vereinigung „Kunst und Schule" und gab die gleichnamige Zeitschrift heraus. C. war ein Pionier des Zeichenunterrichts und der Begründer des „Jugendkunst-Unterrichts", der ganz besonders im Ausland (England und Amerika) eine große Anhängerschaft fand. 1916 erschien „Papier-, Schneide- und Klebearbeiten".

F. C., Pionier der Kunsterziehung, Ausstellungskatalog (1985)

CLAM-GALLAS, Eduard Graf, * 11. 3. 1805 in Prag, † 17. 3. 1891 in Wien, Heerführer. Sohn des Oberstlandmarschalls von Böhmen, Christian Graf C.-G. Trat 1823 in die ö. Armee ein, wurde 1839 Oberst, 1846 Generalmajor und zeichnete sich 1848/49 auf den italienischen Kriegsschauplätzen aus, worauf er zum Feldmarschalleutnant befördert wurde. Nach seinen Erfolgen gegen die Ungarn erhielt er 1850 das Kommando über das 1. Armeekorps in Böhmen. 1859 bei Magenta und Solferino abermals bewährt, wurde er General der Kavallerie, 1861 Herrenhausmitglied und 1865 Obersthofmeister Kaiser Franz Josephs I. 1866 wurde er in mehreren Gefechten geschlagen, doch lag der Grund des Mißerfolges eher an der obersten Leitung als an seiner Strategie. Obwohl ihn ein Kriegsgericht rehabilitierte, zog er sich auf seine böhmischen Besitzungen zurück.

CLAM-MARTINIC, Heinrich Graf, * 1. 1. 1863 in Wien, † 7. 3. 1932 auf Burg Clam bei Grein (OÖ), Offizier und Staatsmann, Großgrundbesitzer. 1894 in den böhmischen Landtag gewählt, wurde er 1902 Mitglied des Herrenhauses und war ein Vertrauter des Erzherzog-Thronfolgers Franz Ferdinand (s. d.). 1914 als aktiver Offizier an der Front, wur-

de er am 31. 10. 1916 zum Akkerbauminister berufen. Von 20. 12. 1916 bis 23. 6. 1917 Ministerpräsident, bemühte er sich um eine Lösung der Nationalitätenfrage, doch gelang ihm die erhoffte innenpolitische Neuordnung nicht. 1917–18 war er Militärgouverneur in Montenegro.

CLAM-MARTINIC, Heinrich Jaroslaw Graf, * 15. 6. 1826 in St. Georgen (Ungarn), † 5. 6. 1887 in Prag, Politiker. Nach seinem Jusstudium trat er 1848 in den Staatsdienst ein, war 1853–59 Landeschef von Westgalizien, 1860 Reichsratsmitglied. Er war der profilierte Führer des föderalistisch eingestellten, slawenfreundlich und klerikal gesinnten adeligen Großgrundbesitzes. C.-M. erstellte auch das Konzept für die sogenannten Fundamentalartikel von 1871, die einen Ausgleich mit Böhmen herbeiführen sollten.

CLARY und ALDRINGEN, Manfred Graf, * 30. 5. 1852 in Wien, † 12. 2. 1928 auf Schloß Hernau bei Salzburg, Staatsmann. Er trat 1884 in den Staatsdienst ein und war 1896/97 Landespräsident von Ö.-Schlesien, 1898–1918 Statthalter der Steiermark. Als Ministerpräsident eines Übergangskabinetts vom 2. 10. bis 21. 12. 1899 beseitigte er endgültig die Sprachenverordnungen Badenis und leitete erfolgreich Ausgleichsverhandlungen mit Ungarn ein. Parlamentarische Obstruktionspolitik gegen Verhandlungen um ein neues Sprachengesetz führten zu seinem Rücktritt. Als letzter Statthalter der Steiermark richtete er das erste sozialpolitische Referat in einer ö. Statthalterei ein.

Floch-Wagner, E.: M. Graf C. und A. (1952)

CLAUDIA von Medici, * 4. 6. 1604 in Florenz, † 25. 12. 1648 in Innsbruck, Tochter Großherzog Ferdinands I. von Toskana, Enkelin Fürst Cosimos I. von Florenz († 1574). Heiratete 1626 den ursprünglich für den geistlichen Stand bestimmten Erzherzog Leopold V. von Ö. (s. d.), mit dem sie fünf Kinder hatte. Nach dem frühen Tod Leopolds 1632 übernahm sie mit einem fünfköpfigen Ratskollegium (darunter auch Biener [s. d.]) die vormundschaftliche Regierung für ihren 1628 geborenen Sohn Ferdinand Karl. Als Landesfürstin von Tirol war sie mit viel Geschick tätig, verstärkte die Landesverteidigung, erwarb im Norden und Süden Gebiete und förderte die Kunst (Einführung des Barocktheaters) ebenso wie Handel und Handwerk.

CLAUDIA Felizitas, Erzherzogin von Ö.-Tirol, * 30. 5. 1653 in Innsbruck, † 8. 4. 1676 in Wien, Tochter Erzherzog Ferdinand Karls von Ö.-Tirol. Zweite Gemahlin Kaiser Leopolds I. (s. d.), Hochzeit am 15. 10. 1673 in Wien. Die kunstliebende Kusine des Kaisers brachte, da sie keine Brüder hatte, bei ihrer Eheschließung Tirol an die habsburgische Hauptlinie zurück.

CLERFAYT, Charles de Croix Graf, * 14. 10. 1733 auf Schloß Bruille (Belgien), † 19. 7. 1798 in Wien, Heerführer. Trat 1753 in das ö. Heer ein und wurde im Siebenjährigen Krieg Oberst. Im Türkenkrieg von 1788–91 erfolgreich (Sieg bei Calafat), wurde er Feldmarschalleutnant und Feldzeugmeister. Seit dem Ausbruch der Koalitionskriege 1792 Armeekommandant in Belgien und in den Niederlanden, wurde er 1795 Oberbefehlshaber am Niederrhein. Nach seinem Sieg über General Jourdan bei Höchst entsetzte er Mainz und schloß am 21. 12. 1795 (unter dem Druck ungenügender Wintervorbereitung) einen Waffenstillstand, der zu Differenzen mit Außenminister Thugut führte. Daraufhin erbat er im Jänner 1796 seinen Abschied und wurde zum Hofkriegsrat ernannt. C. wurde zwar in keinem von ihm geführten Treffen geschlagen, konnte aber die sich bietenden Vorteile nie zu einem entscheidenden Sieg nützen.

CLOETER, Hermine, * 31. 1. 1879 in München, † 22. 2. 1970 in Weißenkirchen (NÖ), Schriftstellerin. Sie lebte seit 1880 in in Wien und begann 1902 mit ihrer literarischen Tätigkeit. 1907–39 veröffentlichte sie Feuilletons in der „Neuen Freien Presse". In ihren zahlreichen historischen und kulturhistorischen Veröffentlichungen steht vorwiegend die Wiener Lokalgeschichte im Mittelpunkt.

CLUSIUS, Carolus (eigtl. Charles de l'Ecluse), * 19. 2. 1526 in Arras (Frankreich), † 4. 4. 1609 in Leiden (Niederlande), Botaniker. C. war einer der Begründer der beschreibenden Pflanzenkunde, 1573–88 Hofbotaniker Kaiser Maximilians II. (s. d.) sowie Universitätslehrer in Wien und erwarb sich besondere Verdienste mit der Erschließung der ö. Alpenflora; auf Reisen durch ganz Europa entdeckte er bis dahin viele unbekannte Pflanzen. Am 22. 8. 1574 bestieg er gemeinsam mit Paul Fabricius (s. d.) erstmals den Ötscher (NÖ), 1576 brachte er die Kastanie und 1588 den Erdapfel und die Tulpe nach Ö. Außerdem legte er das erste Alpinum an und gestaltete einen Medizinalkräutergarten.

COBENZL, Ludwig Graf, * 21. 11. 1753 in Brüssel, † 22. 2. 1809 in Wien, Staatsmann. 1772–74 bereits Chef der Verwaltung in Galizien, 1774–79 Gesandter in Berlin und 1779–95 in St. Petersburg. Wurde dann bei Friedensverhandlungen maßgeblich eingesetzt – Campoformio 1797 und Lunéville 1801 –, wobei er nicht eben erfolgreich war. 1801–05 Außenminister und Hof- und Staatsvizekanzler. C. verfaßte jene Denkschrift, die Kaiser Franz II. bewog, am 10. 8. 1804 den Titel eines Kaisers von Ö. anzunehmen.

Furnier, A.: Gentz und C. Geschichte der ö. Diplomatie 1801–05 (1880)

COBENZL, Philipp Graf, * 28. 5. 1741 in Laibach, † 30. 8. 1810 in Wien, Staatsmann, Cousin von Ludwig Graf C. (s. d.). Ab 1759 in Brüssel im ö. Verwaltungsdienst eingesetzt, wurde er 1767 Staatsrat und 1772 Hofrat. 1777 begleitete er Kaiser Joseph II. (s. d.) auf dessen Reise nach Frankreich. 1779 schloß er als bevollmächtigter Minister den Frieden von Teschen, worauf er zum Hof- und Staatsvizekanzler ernannt wurde. Seine Differenzen mit Staatskanzler Fürst Kaunitz (s. d.) führten zu dessen Abdankung, und er wurde 1792 Nachfolger von Kaunitz als Hof- und Staatskanzler, außerdem Außenminister. 1793 scheiterte er mit seiner preußenfreundlichen Politik, wurde der Leitung der Staatskanzlei und der auswärtigen Geschäfte enthoben und zum Kanzler der italienischen Provinzen ernannt. 1801–05 war er Botschafter in Paris.

COBURG (-Saalfeld), Josias Friedrich Prinz von, * 26. 12. 1737 in Coburg, † 26. 2. 1815 in Coburg, Heerführer. Seit 1759 im ö. Heer, bewährte er sich im Siebenjährigen Krieg sowie im Türkenkrieg Kaiser Josephs II. (s. d.) und stieg zum Feldmarschall auf. In den ersten Auseinandersetzungen mit Frankreich errang er 1793 die Siege von Aldenhoven und Neerwinden, wodurch er die Ö. Niederlande wieder zurückgewann, geriet aber wegen der Niederlage von Fleurus (1794) mit Außenminister Thugut (s. d.) in Streit und zog sich in seine Heimat zurück.

COCH, Georg, * 11. 2. 1842 in Hesserode (Kurhessen), † 8. 1. 1890 in Konstantinopel, Nationalökonom. C. kam 1869 nach Ö., schuf 1882 das Postsparkassengesetz und gründete das

Das Denkmal Georg Cochs vor dem Gebäude der Postsparkasse in Wien (Hans Scherpe, 1913)

Postsparkassenamt in Wien, dessen Direktor er 1883–86 war. Er entwickelte das gesamte Postscheckwesen, das von Ö. aus zu Weltgeltung gelangte. Ab 1888 lebte er in der Türkei.

COLERUS, Egmont (eigtl. C. von Geldern), * 12. 5 1888 in Linz, † 8. 4. 1939 in Wien, Schriftsteller. Er war Beamter und schrieb mehrere historisch-biographische Romane, wurde aber ganz besonders durch seine Einführungen in die Mathematik und die allgemeinverständlichen Darstellungen der mathematischen Probleme bekannt: „Vom Einmaleins zum Integral" (1934), „Vom Punkt zur vierten Dimension" (1935) und „Von Pythagoras bis Hilbert" (1937).

COLIN, Alexander, * 1527 (1529?) in Mecheln (Belgien), † 17. 8. 1612 in Innsbruck, Bildhauer. Er kam in jungen Jahren nach Deutschland und erhielt 1564 den Auftrag, für das Maximilian-Grabmal in der Innsbrucker Hofkirche zu arbeiten. Von ihm stammen die kniende Figur des Kaisers, die an den Ecken angebrachten Kardinaltugenden und mehrere Reliefs. Ferner schuf er Marmorgrabmäler für Erzherzog Ferdinand II. und dessen Gattin Philippine Welser in der Silbernen Kapelle der Hofkirche sowie mehrere Epitaphe und Freigräber.

COLLALTO, Reinholt Graf, * 1575 in Mantua, † 18. 11. 1630 in Chur (Schweiz), Heerführer. Seit 1599 im kaiserlichen Dienst und in den Türkenkriegen bewährt, stand er ab 1613 im diplomatischen Dienst. Seit 1618 ohne nennenswerte kriegerische Erfolge, wurde er 1624 Präsident des Hofkriegsrats. 1625 Feldmarschall, 1630 Generalleutnant und Kommandant des kaiserlichen Heers im Mantuanischen Erbfolgekrieg. Schwer erkrankt, starb er auf der Heimreise.

COLLIN, Heinrich Joseph von (seit 1803), * 26. 12. 1771 in Wien, † 28. 7. 1811 in Wien, Freiheitsdichter. Nach seinem Studium Beamter bei der Finanzhofstelle und schon 1809 Hofrat. Wegen seiner „Lieder österreichischer Wehrmänner" (1809) wurde er von den Franzosen verfolgt. Neben Freiheitslyrik verfaßte er auch Dramen, so etwa „Coriolan", wozu Ludwig van Beethoven 1807 seine „Coriolan-Ouvertüre" komponierte.

Heinrich von Collin

COLLMANN, Alfred, * 17. 4. 1851 in Wien, † 7. 4. 1937 in Wien, Maschinenbauingenieur und Industrieller. Nach seinem Abschluß am Polytechnischen Institut (Technische Universität) in Wien 1871 erwarb er sich als Diplomingenieur für Maschinenbau in mehreren Maschinenfabriken Deutschlands und der Schweiz praktische Kenntnisse. Nach einem Jahr intensiver Arbeit brachte er 1878 die sogenannte „C.-Steuerung mit Wälzhebelwirkung" für Dampfmaschinen (später die „alte C.-Steuerung" genannt) heraus. Die Vorführung seiner Erfindung auf der Pariser Weltausstellung 1878 fand allgemeine Beachtung und Anerkennung. 1884 machte er sich selbständig und wirkte als freischaffender Ingenieur und Berater von Maschinenfabriken im Inland ebenso wie in Deutschland, Frankreich und Rußland. 1891 erfand er die „einfache (neue) C.-Steuerung", die er ein Jahr später verbesserte. Auf der Pariser Weltausstellung 1900 erhielt er den Grand Prix. 1901 gab es bereits die 1000. Dampfmaschine mit „neuer C.-Steuerung". Anläßlich seines 80. Geburtstages wurde ihm von der Technischen Hochschule in Wien das Ehrendoktorat verliehen.

COLLOREDO-WALDSEE, Hieronymus Joseph Graf, * 31. 5. 1732 in Wien, † 20. 5. 1812 in Wien, letzter souveräner Fürsterzbischof von Salzburg. 1747 Domherr in Salzburg, 1751 in Passau und nach dem Theologiestudium am Collegium Germanicum in Rom 1755 Pfarrer von Staatz (NÖ). 1759 vom Kaiser zum „Auditor Rotae Romanae für die deutsche Nation" ernannt. 1762 Bischof von Gurk, 1772 Erzbischof von Salzburg. Die kirchlichen Reformen Josephs II. (s. d.) unterstützte er, förderte vor allem das Schulwesen und verbesserte die Verwaltung. Nicht zuletzt wegen des Verbots der Volksschauspiele war er in der Bevölkerung nicht besonders beliebt. Im Dezember 1800 flüchtete er vor den Franzosen nach Wien und mußte am 11. 2. 1803 (Reichsdeputationshauptschluß) die weltliche Regierung des säkularisierten Fürstentums niederlegen. 1807 verhinderte er die Unterordnung Salzburgs unter Wien.

COLLOREDO-WALDSEE, Joseph Maria Graf, * 11. 11. 1735 in Regensburg, † 26. 11. 1818 in Wien, Heerführer. Er zeichnete sich im Siebenjährigen Krieg mehrfach aus, wurde 1763 Generalmajor und stieg rasch zum Feldmarschalleutnant und Hofkriegsrat auf. Um die Entwicklung der ö. Artillerie sehr bemüht, wurde er 1778 deren „Generaldirektor" und Feldzeugmeister. Nahm am letzten ö. Türkenkrieg teil und wurde 1789 Feldmarschall. 1809–14 war er Kriegsminister.

COLLOREDO-WALDSEE, Rudolf Graf, * 2. 11. 1585 in Budweis (Böhmen), † 27. 1. 1657 in Prag, Feldherr. Er wuchs am Hof seines Taufpaten Kaiser Rudolfs II. (s. d.) auf und kämpfte, nun bereits im Dienst Kaiser Ferdinands II. (s. d.) stehend, gegen Venedig. 1632 Generalfeldwachtmeister, wurde er nach der Ermordung Wallensteins Feldmarschall und wegen seiner Kaisertreue mit der konfiszierten Herrschaft Opočno des getöteten Grafen Trzka belohnt. 1639 Kommandierender General in Böhmen und 1648 erfolgreicher Verteidiger der Prager Altstadt gegen die Schweden. Nach dem Westfälischen Frieden war er Gouverneur von Prag. Als tapferer, aber auch geschäftstüchtiger Feldherr hatte er für sein Geschlecht ein beachtliches Vermögen erworben.

COLUMBAN (auch Kolumban und Columbanus, eigtl. der Jüngere, da ein älterer Mönch dieses Namens Schottland missionierte), * um 543 in Leinster (Irland), † 23. 11. 615 im Kloster Bobbio (Italien), Missionar, Heiliger (Fest: 23. 11.). Er war Mönch des irischen Klosters Bangor und begab sich mit zwölf Gefährten zwischen 583 und 590 auf das europäische Festland, gründete mehrere Klöster, mußte aber wegen der Feindschaft des gallischen Episkopats und des merowingischen Königshofs weiterziehen. C. wanderte den Rhein aufwärts und kam zu den Alemannen. 610 gründete er in Bregenz ein Kloster (mit einer sehr strengen Regel) und missionierte zwei Jahre lang. 612 mußte er auch von hier weg und zog nach Italien, wo er in der Lombardei das Kloster Bobbio gründete.

Blanke, F.: C. und Gallus (1940)

COMENIUS, Johann Amos (eigtl. Komenský), * 28. 3. 1592 in Nivnice (Südmähren), † 15. 11. 1670 in Amsterdam, Theologe und Pädagoge. Nach dem evangelischen Theologiestudium wurde er 1616 Prediger der Brüderunität in Böhmen. Wegen der einsetzenden Gegenreformation ging er 1628 in das polnische Lissa, wo er 1636 das Gymnasium leitete. 1648 Bischof der Böhmischen Brüder in Lissa. 1650–54 wirkte er in Siebenbürgen, kehrte aber nach Lissa zurück, wo er bis zur Zerstörung der Stadt 1656 blieb. Danach ging er nach Amsterdam, wo er bis zu seinem Tod wirkte. In seinen Schriften, vor allem in seinem pädagogischen Hauptwerk „Didactica magna" (1632), bemühte er sich neben der reinen Didaktik und Methodik des Unterrichts auch um die Schulorganisation und förderte neben dem Fremdsprachenunterricht auch die Pflege der Muttersprache und neben Philosophie und Theologie auch handwerkliche bzw. hauswirtschaftliche Fertigkeiten.

CONRAD von HÖTZENDORF, Franz Freiherr (seit 1910, seit 1918 Graf), * 11. 11. 1852 in Penzing bei Wien, † 25. 8. 1925 in Bad Mergentheim (Württemberg), Heerführer. Nach dem Besuch der Militärakademie in Wiener Neustadt wurde er 1871 Leutnant und nahm als Generalstabsoffizier an der Okkupation Bosniens und der Herzegowina teil. 1888–92 Taktiklehrer an der Kriegsschule der k. u. k. Armee, gab bedeutende militärwissenschaftliche Werke heraus. 1899 Brigadekommandant in Triest, 1903 Kommandant der 8. Infanterietruppen-Division in Innsbruck und Feldmarschalleutnant. Als Vertrauter des Thronfolgers Erzherzog Franz Ferdinand (s. d.) und auf dessen Intervention hin wurde C. 1906 Chef des Generalstabs. Er bemühte sich um die Modernisierung und Verbesserung der Streitkräfte der Monarchie. Seit 1907 forderte er den Präventivkrieg gegen Serbien, was schließlich zu Differenzen mit Außenminister Graf Aehrenthal (s. d.) und im November 1911 zu seinem Rücktritt führte. Auf Drängen Franz Ferdinands wurde er im Dezember 1912 erneut Generalstabschef. Unter dem formellen Oberbefehl des Armeeoberkommandanten Erzherzog Friedrich (s. d.) stehend, leitete C. die Operationen der k. u. k. Armee seit Kriegsausbruch. Obwohl er seine Vorstellungen wegen Differenzen mit der deutschen Heeresleitung nicht realisieren konnte, gelang ihm 1915 der Durchbruch an der Karpatenfront bei Gorlice-Tarnow sowie die Niederwerfung Serbiens. 1917 zum Feldmarschall befördert, trat er als Chef des Generalstabs zurück, da er sich mit den Friedensbemühungen Kaiser Karls (s. d.) nicht identifizieren konnte. Als Befehlshaber der Heeresgruppe Tirol entwarf er den Plan zur Durchbruchsschlacht von Flitsch-Tolmein. Der glücklose Verlauf der Junioffensive 1918 führte schließlich zu seiner endgültigen Abberufung. Er trat am 1. 12. 1918 in den Ruhestand. 1921–25 erschien seine Autobiographie „Aus meiner Dienstzeit 1906–18“ (5 Bde.), 1925 „Mein Anfang“ und 1977 „Private Aufzeichnungen“ (hrsg. von Kurt Peball).

Urbanski, A.: C. v. H. (1936); Regele, O.: Feldmarschall C. (1955)

Alexander Colin: Kniende Figur des Kaisers Maximilian I. auf dem Kenotaph des Maximilians-Grabs in der Hofkirche in Innsbruck

FRANZ CONRAD VON HÖTZENDORF

Vor der Niederlage abberufen

„Ich verbiete mir jeden Pomp bei meinem Begräbnis. Hat mich das Vaterland bei meinen Lebzeiten für einen Dreck gehalten, so genügt es mir auch, nach meinem Tode mit dem Mistwagen zu Grab geführt zu werden“, schrieb er am Ende seines Lebens und nach einem verlorenen Weltkrieg in seinen privaten Aufzeichnungen. Diese bitteren Worte werden verständlich, wenn man den Aufstieg und Fall des mächtigen Feldherrn der Monarchie näher betrachtet: Unter Einfluß von Thronfolger Franz Ferdinand 1906 zum Chef des Generalstabs der gesamten bewaffneten Macht Österreich-Ungarns ernannt, war er bis 1917 eine der bedeutendsten und mächtigsten Persönlichkeiten der Donaumonarchie. Doch seine Karriere endete im März 1917 ebenso rasch, wie sie begonnen hatte. Seine Entlassung bewirkte einen scharfen Gegensatz zu Kaiser Karl, den Conrad nicht als jene kraftvolle Persönlichkeit empfand, die die Monarchie benötigt hätte, aus dem Krieg in einen siegreichen Frieden hineinzufinden. „Ich habe nie um Allerhöchste Gunst, um Titel, Würden, Orden und Ehren gebuhlt“, bemerkte Jahre später Conrad von Hötzendorf, „daß ich aber meine 47jährige Dienstzeit auf diese Weise, als der Öffentlichkeit hingeworfener Sündenbock, beschließen würde, habe ich doch nicht gedacht.“

CONRADS, Heinz, * 21. 12. 1913 in Wien, † 9. 4. 1986 in Wien, Bühnen- und Filmschauspieler, Komiker und Kabarettist. War gelernter Kunsttischler und entwickelte nach 1945 als Conférencier, Rundfunkmoderator und Schauspieler eine für ihn typische Wiener Note. Trat zunächst im Wiener Kabarett Simpl, im Theater in der Josefstadt und am Wiener Volkstheater auf. Schon bald auch beim Film tätig, entwikkelte er sich zu einem Interpreten bekannter Nestroy-Rollen. Ab 1946 wurde er durch seine sonntägliche Rundfunksendung „Was gibt es Neues“ besonders bekannt, ab 1957 moderierte er eine TV-Sendung gleichen Titels. Außerdem war er ein beliebter Interpret von Wienerliedern und Gedichten im Wiener Dialekt.

CONRIED, Heinrich (eigtl. H. Cohn), * 3. 9. 1855 in Bielitz (Ö.-Schlesien), † 27. 4. 1909 in Meran, Schauspieler und Regisseur. Gelernter Weber, 1873/74 Schauspieler am Wiener Burgtheater. 1892–1903 war er Direktor des Irving-Place-Theaters in New York, wohin er mehrere Wiener Schauspieler, wie etwa Mitterwurzer (s. d.)

und Sonnenthal (s. d.) zu Gastspielen holte. 1903–07 leitete er als Direktor die Metropolitan Opera in New York.

CORETH, Anna, * 25. 12. 1915 in Innsbruck, Historikerin und Archivarin. Studierte in Wien Geschichte und Kunstgeschichte, promovierte 1940 und war bis 1944 Assistentin am Institut für ö. Geschichtsforschung. 1946–75 im Haus-, Hof- und Staatsarchiv in Wien tätig, war sie ab 1957 Direktorstellvertreter. Sie veröffentlichte u. a.: „Ö. Geschichtsschreibung in der Barockzeit 1720 bis 1740" (1950) und „Pietas Austriaca. Ursprung und Entwicklung barocker Frömmigkeit in Ö." (1960).

CORETH, Botho, Graf zu Coredo, * 20. 10. 1871 in Welsberg (Südtirol), † 25. 1. 1942 in Hochscharten (OÖ), Gutsbesitzer und Heimwehrführer. Er entstammte dem Tiroler Uradel und war im Ersten Weltkrieg Frontoffizier. 1919 Bürgermeister von Waizenkirchen (OÖ), war er zudem Obmann des Landesverbandes OÖ der Vereinigung katholischer Edelleute, Oberkurator der Landeshypothekenanstalt und Präsident mehrerer Vereinigungen. Nach seinem Beitritt zur Heimwehr war er 1929–36 Kreisführer von Eferding und wurde anläßlich des Pfrimer-Putsches 1931 verhaftet. 1934 Staatsrat, trat 1936 wegen der Phönix-Affäre von seiner Funktion zurück. Von den Nationalsozialisten 1938 verhaftet, wurde ihm der Aufenthalt im Reichsgau Oberdonau verboten.

Wiltschegg, W.: Die Heimwehr (1985)

CORETH, Emmerich, * 3. 11. 1881 in Wien, † 24. 6. 1947 in Seefeld (T), Verwaltungsjurist. War wesentlich an der Verwaltungsreform von Bundeskanzler Dr. Ignaz Seipel (s. d.) beteiligt und schuf 1925 die Verwaltungsverfahrensgesetze. 1926 erschien sein gemeinsam mit E. Mannlicher verfaßtes Werk: „Die Gesetze zur Vereinfachung der Verwaltung". Von 1930–38 war er Mitherausgeber des Ö. Verwaltungsblattes. 1945 war C. Präsident des Verwaltungsgerichtshofes. Seine Verwaltungsverfahrensgesetze wurden auch von anderen Staaten übernommen, so von fast allen Nachfolgestaaten der Monarchie.

CORNER, David Gregor, * 1587 in Hirschberg (Schlesien), † 9. 1. 1648 im Stift Göttweig (NÖ), katholischer Priester und Kirchenliedersammler. War Pfarrer in Retz (NÖ), trat 1625 im Stift Göttweig in den Benediktinerorden ein und wurde 1631 Abt des Stiftes, 1638 Rektor der Universität Wien. Sein großes Verdienst erwarb er sich durch seine umfangreiche Kirchenliedersammlung, die er kurz vor seinem Eintritt in das Stift 1625 unter dem Titel „Groß Catholisch Gesangbuch" veröffentlichte. Diese wichtigste Kirchenliedersammlung des frühen 17. Jh.s erreichte von 1631 bis 1676 sechs Auflagen unter dem neuen Titel „Geistliche Nachtigall der Catholischen Teutschen", und manche Lieder daraus haben sich bis heute erhalten.

CORONINI-CRONBERG, Franz Graf, * 31. 7. 1830 in Wien, † 25. 8. 1901 in St. Peter (Görz), Landespolitiker. Nach einem Jus- und Philosophiestudium trat er 1848 in die ö. Armee ein und machte als Oberstleutnant die Schlacht von Königgrätz (1866) mit. 1867 nahm er seinen Abschied und wurde 1870–77 Landeshauptmann von Görz. 1871 von der Fortschrittspartei in den Reichsrat gewählt, war er 1879–81 Präsident des Abgeordnetenhauses. Nach seinem Rücktritt gründete er den regierungsfreundlichen Club des liberalen Zentrums (C.-Club). 1895 legte er sein Mandat nieder und wurde wieder Landeshauptmann von Görz (bis 1899). Seit 1897 war er Mitglied des Herrenhauses.

CORTI, Axel, * 7. 5. 1933 in Paris, Schauspieler und Filmregisseur. Nach dem Besuch der Arbeitermittelschule wurde er Rundfunksprecher und Schauspieler. Er unterrichtet an der Wiener Filmhochschule, schreibt Drehbücher. C.s frühe Filme befaßten sich bereits mit zeitgeschichtlichen Themen, so „Der Fall Jägerstätter" (1971) und „Ein junger Mann aus dem Innviertel" (1974, gemeinsam mit Georg Stefan Troller). Internationale Erfolge erreichte er mit der Exil-Trilogie „Wohin und zurück" 1986, deren dritter Teil, „Welcome in Vienna", auf den Festivals von Monte Carlo, Tokio, Chicago und San Sebastian ausgezeichnet wurde.

CORTI, Egon Caesar Conte, * 2. 4. 1886 in Agram (Zagreb), † 17. 9. 1953 in Klagenfurt, Offizier und Schriftsteller. Etablierte sich nach dem Ersten Weltkrieg als Verfasser historischer Biographien und Romane. 1924 gelang ihm der erste Erfolg mit „Maximilian und Charlotte von Mexiko" (2 Bde.). Ein Welterfolg wurde sein Buch „Elisabeth, die seltsame Frau" (1934), das in mehrere Sprachen übersetzt wurde und immer wieder neu aufgelegt wird. Von seinem auf 3 Bde. konzipierten Werk über Kaiser Franz Joseph I. konnte er nur „Vom Kind zum Kaiser" (1950) und „Mensch und Herrscher" (1952) vollenden.

CORTI, Pietro, * 9. 2. 1781 in Bergamo (Lombardei), † 4. 8. 1833 in Wien, Kaffeehausbesitzer. Er kam 1795 als Lehrling nach Wien und übernahm 1803 ein in Schwechat bei Wien existierendes Kaffeehaus. 1808 kaufte er in Wien das Milanische Kaffeehaus mit der bekannten Limonadenhütte auf der Burgbastei, 1818 errichtete er das bald wegen der Gartenanlagen und der schönen Aussicht beliebte Kaffeehaus im sogenannten „Paradeisgartl" auf der Löwelbastei. 1823 ließ er nach den Plänen von Peter von Nobile (s. d.) im neu angelegten Volksgarten einen geschmackvollen Salon („Cortisches Kaffeehaus") errichten

FRANZ THEODOR CSOKOR

Konservativer Revolutionär

CSOKOR, Franz Theodor, * 6. 9. 1885 in Wien, † 5. 1. 1969 in Wien, Schriftsteller und Dramatiker. Nach seinem Studium der Kunstgeschichte an der Universität Wien lebte er seit Erscheinen des ersten Lyrikbandes, „Die Gewalten" (1912), als freier Schriftsteller. Während des Ersten Weltkrieges Offizier, erschien 1916 sein erstes Drama, „Die Sünde wider den Geist". 1923–27 Dramaturg am Wiener Raimundtheater, erhielt 1927 den Literaturpreis der Stadt Wien. 1933 protestierte er auf dem PEN-Club-Kongreß in Jugoslawien entschieden gegen die Bücherverbrennungen in Deutschland. 1937 erschien sein bedeutendstes Werk, das Schauspiel „3. November 1918". 1938–46 lebte er in der Emigration in Polen, Rumänien, Jugoslawien und Italien und war in der ö. Befreiungsbewegung tätig. Der Bericht seiner durch Polen und den Balkan führenden Flucht erschien 1947 unter dem Titel „Als Zivilist im Balkankrieg" (1955 neu aufgelegt: „Auf fremden Straßen"). 1947 wurde er Präsident des ö. PEN-Clubs. C. gilt als der bedeutendste Vertreter des expressionistischen Dramas in Ö., daneben verfaßte er auch Gedichte, Novellen und Romane. 1938 erhielt er den Grillparzer-Preis, 1953 den Preis der Stadt Wien, 1955 den Ehrenring der Stadt Wien sowie den Großen Ö. Staatspreis.

(zuletzt 1956 umgestaltet). C.s Kaffeehäuser zählten schließlich zu den elegantesten und beliebtesten Lokalitäten Wiens.

COSSMANN, Alfred, * 2. 10. 1870 in Graz, † 31. 3. 1951 in Wien, Radierer und Kupferstecher. Er gilt als Erneuerer des künstlerischen Kupferstichs und war 1920–30 Prof. an der Graphischen Lehr- und Versuchsanstalt in Wien. Neben über 200 Blättern der Gebrauchsgraphik schuf er auch Briefmarken und Buchillustrationen. 1945 erschien von ihm „Ein Wiener Künstlerleben", 1947 „Die Magie des Kupferstiches".

COUDENHOVE-KALERGI, Richard Nikolaus Graf, * 16. 11. 1894 in Tokio, † 27. 7. 1972 in Schruns (V), Pazifist und Schriftsteller. Er gründete 1923 in Wien die Paneuropa-Bewegung, zu der gleichzeitig sein Buch „Paneuropa", ab 1924 auch eine gleichnamige Zeitschrift, erschien. Darin fordert er den Zusammenschluß aller europäischen Staaten zu einem Staatenbund. 1938 emigrierte C.-K. in die Schweiz und lehrte ab 1940 als Prof. in den USA.

CRANZ, Johann Heinrich Edler von (auch Crantz), 25. 11. 1722 in Luxemburg, † 18. 1. 1797 auf seinem Gut bei Judenburg (St), Physiologe. Nach Abschluß seines Medizinstudiums wurde er zwar Prof. für Physiologie in Wien, beschäftigte sich aber in erster Linie mit Botanik, polemisierte jedoch gegen die herrschenden Ansichten. Sein großes Verdienst erwarb er sich durch sein Werk „Gesundbrunnen der ö. Monarchie" (1777), in dem er als erster alle Heilquellen zusammenstellte und beschrieb – das erste ö. Bäderbuch.

CRUSIUS, Christian, * 14. 5. 1758 in Wien, † 26. 5. 1831 in Wien, Postbeamter und Topograph. Er war ein sehr engagierter Postbeamter und ging als „Controllor der Postwagendirektion" in Pension. In den Jahren 1789–1828 veröffentlichte er ein exakt erarbeitetes „Topographisches Postlexikon aller Ortschaften der k. k. Erbländer" in 25 Bänden.

JOHANNES CUSPINIAN

Humanist am Kaiserhof

CUSPINIAN, Johannes (auch Cuspinianus, eigtl. Spießheimer), * Dezember 1473 in Schweinfurt (Franken), † 19. 4. 1529 in Wien, Humanist. Der Sohn eines Schweinfurter Ratsherrn kam nach seinen Studien 1492 nach Wien, wurde hier 1495 Doctor artium und 1499 Doctor medicinae. 1497–1500 Schulmeister zu St. Stephan, 1500 Rektor der Wiener Universität und ab 1501 mehrmals Dekan der medizinischen Fakultät. 1501–29 Superintendent der Universität Wien. Außerdem war er 1497 Gründungsmitglied der Sodalitas literaria Danubiana, der ersten Wiener Gelehrtengesellschaft, deren Zusammenkünfte ab 1510 meistens in seinem Haus (in der Singerstraße 10) stattfanden. C. war Leibarzt Kaiser Maximilians I. (s. d.) und wurde von diesem mehrmals als Diplomat eingesetzt. So war er auch am Zustandekommen der habsburgisch-jagellonischen Doppelhochzeit von 1515 beteiligt. Erst 1533 wurde in Basel sein landeskundlich-topographisches Werk „Austria" gedruckt, eine Geschichte Ö.s bis in die Zeit C.s. 1540 wurde sein Hauptwerk, das Kaiserbuch von den Römern bis Maximilian I., „De Caesaribus atque Imperatoribus Romanis", verlegt. C. entdeckte auch die Chronik Cassiodors und edierte das Werk des Babenbergers Otto von Freising (s. d.). C. wurde in St. Stephan begraben. Sein Pseudonym fand er aus dem Ortsnamen Spiesheim bei Schweinfurt (Spieß = lat. cuspis).

Das Exlibris des Johannes Cuspinian

Ankwicz-Kleehoven, H.: Der Wiener Humanist J. C. (1959)

CZAPKA, Ignaz, Freiherr von Winstetten (seit 1842), * 24. 2. 1792 in Liebau (Mähren), † 5. 6. 1881 in Wien, Bürgermeister von Wien. Nach seinem Jusstudium in Wien wurde er 1815 Zivil- und Kriminalrichter, 1835 Vizebürgermeister, 1838–48 Bürgermeister von Wien. In seiner Amtszeit machte er sich besonders um das Versorgungswesen der Stadt verdient, verbesserte die Beleuchtung, die er auch auf die Vorstädte ausdehnte, die Wasserversorgung und den Kanalbau. Drei Tage nach Ausbruch der Revolution, am 16. 3. 1848, verließ er fluchtartig die Stadt und wurde auf eigenes Verlangen in den Ruhestand versetzt. 1849 zurückgekehrt, lebte er vorerst als Privatmann, wurde aber 1856 zum Polizeidirektor von Wien ernannt. Nach dem Rücktritt des Polizeiministers Johann Freiherrn von Kempen (s. d.) wurde C. auf eigenes Ersuchen am 4. 12. 1859 seines Postens enthoben. 1861 abermals in den Gemeinderat gewählt, schied er 1863 endgültig aus dem politischen Leben aus.

CZEIJA, Oskar, * 5. 9. 1887 in Wien, † 7. 3. 1958 in Wien, Radiofachmann. Nach dem Jusstudium in der Industrie und als Konzeptsbeamter bei der steirischen Landesregierung tätig. In den Tagen des Zusammenbruchs 1918 wurde C. auf die drahtlose Telegraphie aufmerksam. Er quittierte 1920 seinen Dienst und beschäftigte sich mit diesen neuen Möglichkeiten. Sein Vater hatte die Telephon & Telegraphenfabrik „Czeija, Nissl & Co." gegründet, sich aber aus dem Unternehmen zurückgezogen. Es war ein langer und mühevoller Weg, bis C. am 30. 9. 1924 die ö. Radioverkehrs-AG (RAVAG) gründete, deren Generaldirektor er bis 1938 war. C. war auch Mitbegründer der Radiostationen von Belgrad, Zagreb, Athen und Sofia.

CZERMAK, Emmerich, * 14. 3. 1885 in Datschitz (Mähren), † 18. 4. 1965 in Wien, Lehrer und christlichsozialer Politiker. Er war Gymnasialdirektor, ehe er 1929–32 das Unterrichtsministerium leitete. Außerdem war er bis 1938 Präsident des nö. Landesschulrates und der letzte Obmann der Christlichsozialen Partei. Nach 1945 war C. als öffentlicher Verwalter im Versicherungswesen tätig.

CZERNETZ, Karl, * 12. 2. 1910 in Wien, † 3. 8. 1978 in Wien, Photograph und SPÖ-Politiker. 1949 wurde er Abgeordneter zum Nationalrat, 1955 als Delegierter in die parlamentarische Versammlung des Europarates entsandt. Von April 1975 bis Mai 1978 war er dann Präsident des Europarates.

CZERNIN von und zu Chudenitz, Ottokar Graf, * 26. 9. 1872 in Dimokur (Böhmen), † 4. 4. 1932 in Wien, Diplomat und Staatsmann. Nach seinem Jusstudium in Prag war er mehrere Jahre im diplomatischen Dienst in Paris und in Den Haag tätig. 1903 als Vertreter der Verfassungspartei Abgeordneter im böhmischen Landtag, wurde er 1912 Mitglied des Herrenhauses. Er war stets um eine Versöhnung mit den Tschechen bemüht und gehörte zum Beraterkreis des Erzherzog-Thronfolgers Franz Ferdinand (s. d.), auf dessen Veranlassung hin er 1913 Gesandter in Bukarest wurde. 1916 k. u. k. Außenminister, entwarf er 1916 und 1917 zwei erfolglose Friedensangebote und war auch an den Friedensschlüssen mit der Ukraine (9. 2. 1918), mit Rußland (3. 3. 1918) und mit Rumänien (14. 4. 1918) maßgeblich beteiligt. Einen Sonderfrieden ohne das Deutsche Reich lehnte er ab, weshalb er auch nach dem unglücklichen Ausgang der Sixtus-Affäre im April 1918 zurücktrat. 1920–23 war C. der einzige Abgeordnete der Demokratischen Partei im ö. Nationalrat.

Singer, L.: O. Graf C. (1965)

OTTOKAR GRAF CZERNIN

Letzter Minister des Äußern

„Die Formierung des alten Österreich hinter der energischen und ehrgeizigen Gestalt Czernins jedoch verhinderte einen verlustreichen Separatfrieden und eine rechtzeitige Föderalisierung der Donaumonarchie, das heißt, die erforderliche Nachgiebigkeit nach außen und innen, die das Habsburgerreich vermutlich hätte retten können, freilich mit Einbußen."

Ingeborg Meckling, zitiert nach Jedlicka, L.: Vom alten zum neuen Ö. (2. Aufl. 1977)

CZERNY, Karl, *20. 2. 1791 in Wien, † 15. 7. 1857 in Wien, Klavierpädagoge und Pianist. Er war der Sohn eines Klavierlehrers und nahm 1800–03 Unterricht bei Ludwig van Beethoven (s. d.). Schon mit 15 Jahren war er ein gesuchter Klavierlehrer, bei dem auch Franz Liszt (s. d.) Unterricht nahm. Er komponierte über 1000 Werke, von denen die „Schule der Geläufigkeit" und „Schule der linken Hand" heute noch ihre Bedeutung im Klavierunterricht haben. C. sind viele Mitteilungen über Beethoven zu verdanken.

Dreetz, A.: C. und Beethoven (1932)

CZERWENKA, Oskar, * 5. 7. 1924 in Linz, Kammersänger, Bassist. Debüt im „Freischütz" (Eremit) in Graz 1947, seit 1951 an der Wiener Staatsoper engagiert. Gast an den bedeutendsten Opernhäusern der Welt, so auch erstmals 1958 an der Metropolitan Opera in New York als Ochs von Lerchenau, sowie Mitwirkung bei den Salzburger Festspielen.

CZESCHKA, Carl Otto, * 22. 10. 1878 in Wien, † 10. 7. 1960 in Hamburg, Buch- und Schriftdesigner, Druckgraphiker. Studierte 1894–98 an der Wiener Akademie und war 1902–07 Lehrer an der Wiener Kunstgewerbeschule sowie Mitglied der Klimt-Gruppe und der „Wiener Werkstätte". 1907 wurde er nach Hamburg berufen und war dort bis 1943 Prof. an der dortigen Kunstgewerbeschule. Zahlreiche Ausstellungen, daneben als Graphiker führender Meister der Druckkunst des Jugendstils. In Hamburg war er ein Erneuerer der Kunstpädagogik.

Gmeiner, A., und Pirhofer, G.: Der ö. Werkbund (1985)

CZETTEL, Hans, * 20. 4. 1923 in Wien, † 27. 9. 1980 in Neunkirchen (NÖ), SPÖ-Politiker. Ursprünglich Maschinenschlosser. 1953–69 Abgeordneter zum Nationalrat (als dessen jüngstes Mitglied), 1964–66 Innenminister, ab 1969 Stellvertretender Landeshauptmann von NÖ.

CZIBULKA, Alfons, * 28. 6. 1888 auf Schloß Radboř (Böhmen), † 22. 10. 1969 in München, Berufsoffizier und Schriftsteller. Lebte ab 1918 in München, verfaßte überwiegend historische, auch biographische Romane aus dem alten Ö. Besonders bekannt wurden: „Die Handschuhe der Kaiserin" (1930), „Prinz Eugen" (1936), „Der Kerzelmacher von St. Stephan" (1937) und „Das Abschiedskonzert" (1950).

CZIBULKA, Alphons, * 14. 5. 1842 in Széges-Váralja (Ungarn), † 27. 10. 1894 in Wien, Komponist und Militärkapellmeister. Er komponierte über 300 Orchesterwerke und 6 Operetten. Bekannt wurde er durch seine Monsterkonzerte in der Rotunde im Wiener Prater und 1880 durch einen ersten Preis bei der internationalen Musikkapellenkonkurrenz in Brüssel.

CZIFFRA, Geza von, * 19. 12. 1900 in Arad (Ungarn, heute Rumänien), Filmregisseur. War zuerst Journalist in Wien, wurde dann Dramaturg und schließlich Filmautor und -regisseur. 1945 gründete er in Wien die Cziffra-Film Ges. m. b. H. Außerdem verfaßte er Bühnenstücke, Kurzgeschichten und Gedichte.

CZOERNIG, Karl, Freiherr von Czernhausen, * 5. 5. 1804 in Czernhausen (Böhmen), † 5. 10. 1889 in Görz, Statistiker. Nach seinem Studium trat er in den Staatsdienst und wurde 1841 Direktor des Statistischen Büros in Wien, 1850 Sektionschef. 1852–63 war er Leiter der Zentralkommission zur Erforschung und Erhaltung der Baudenkmäler. 1854 entwarf er das Eisenbahnkonzessions-Gesetz. C. begründete nicht nur die Verwaltungsstatistik in Ö., sondern reorganisierte die ö. Handelsmarine und das Eisenbahnwesen. Außerdem war er ein Förderer der Dampfschiffahrt auf der Donau.

DAFFINGER, Moritz Michael, * 25. 1. 1790 in der Wiener Vorstadt Lichtental, † 21. 8. 1849 in Wien, Maler. Bereits 1802 Schüler an der Akademie für angewandte Kunst in Wien, anschließend Design-Zeichner in der Wiener Porzellanmanufaktur, wo sein Vater Johann († 1796) als Porzellanmaler gearbeitet hatte. Ab 1809 beschäftigte er sich mit Porträtmalerei. Schon während des Wiener Kongresses wegen der Feinheit seiner Darstellung und der Genauigkeit der Wiedergabe geschätzt, war er ab den zwanziger Jahren des 19. Jh.s am Kaiserhof, beim Hochadel und beim Großbürgertum der gesuchteste Porträtist des Vormärz. Nach dem Tod seiner Tochter Mathilde (1841) malte er fast nur noch Blumenbilder. Er schuf insgesamt über 1 000 Porträts und 200 Blumenbilder.

Grünstein, L., M. M. D. und sein Kreis (1923); Pirchan, E., M. M. D. (1943)

DAIM, Wilfried, 21. 7. 1923 in Wien, Psychologe. Er war von 1940 an in der ö. Widerstandsbewegung tätig. 1956 gründete er das private Institut für politische Psychologie. 1958 veröffentlichte er das vielbeachtete Buch über Lanz v. Liebenfels (s. d.) „Der Mann, der Hitler die Ideen gab". Darüber hinaus verfaßte er mehrere Werke über sein Fachgebiet.

DALCROZE, Émile, s. Jaques-Dalcroze

DALLAGO, Carl, * 14. 1. 1869 in Bozen, † 18. 1. 1949 in Innsbruck, Lyriker und Philosoph. Lebte lange Zeit in Norditalien, war in Tirol beim Landesamt tätig. Schrieb naturverbundene, von Nietzsche und Whitman beeinflußte Lyrik und veröffentlichte 1910–26 vor allem in L. v. Fickers (s. d.) Zeitschrift „Der Brenner". Als Philosoph beschäftigte ihn vor allem die chinesische Weisheitslehre. D. veröffentlichte darüber u. a.: „Versuch einer Übertragung von Laotses Taoteking" (1921) und „Mensch und Dasein" (1930).

DALLANSKY, Bruno, * 19. 9. 1928 in Wien, Schauspieler. Nach seiner Ausbildung am Theater in der Josefstadt in Wien engagiert (1955–61), dann in Deutschland und danach am Wiener Burgtheater tätig. Ist mit der Schauspielerin Judith Holzmeister (s. d.) verheiratet.

DALLINGER, Alfred, * 7. 11. 1926 in Wien, Gewerkschafter, SPÖ-Politiker. Schloß sich schon früh der Gewerkschaftsbewegung an und war bereits 1946 Jugendfunktionär im ÖGB und in der SPÖ. 1948 Jugendsekretär in der Gewerkschaft der Privatangestellten, 1954 Kammerrat der Kammer für Arbeiter und Angestellte für Wien, 1955 Leitender Sekretär der Sektion Versicherung in der Gewerkschaft der Privatange-

Moritz Michael Daffinger: Bildnis einer Dame. Aquarellminiatur auf Elfenbein (um 1846)

stellten, 1966 Zentralsekretär dieser Einzelgewerkschaft. 1968 wurde er Obmann der Pensionsversicherungsanstalt der Angestellten, 1974 Vorsitzender der Privatangestelltengewerkschaft und Abgeordneter zum Nationalrat. 1975 Vizepräsident des ÖGB. Nach dem überraschenden Tod von Sozialminister Gerhard Weißenberg (s. d.) wurde er mit 9. 10. 1980 dessen Nachfolger, behielt aber seine Gewerkschaftsfunktionen. Seither Sozialminister, seit Jänner 1987 im Kabinett Vranitzky–Mock.

DAMPIERRE, Henri Duval Graf von, * 1580 auf Schloß Hans bei Metz (Lothringen), † 8. 10. 1620 vor Preßburg, Feldherr. Seit 1602 in ö. Diensten, besiegte 1604 die Aufständischen in Siebenbürgen. 1605 mußte er wegen Meuterei die Festung Gran an die Türken übergeben. 1606 wurde er Oberst. 1616/17 im Krieg Erzherzog Ferdinands (s. d.) gegen die Venezianer erfolgreich, wurde er 1618 Generalleutnant. Am 5. 6. 1619 rettete er mit seinen Kürassieren Kaiser Ferdinand II. (s. d.) in der Wiener Hofburg vor der Gefangennahme durch die protestantischen Stände von NÖ. (Von da an hatte der Regimentsinhaber der Dampierre-Kürassiere das Privileg, jederzeit unangemeldet beim Kaiser erscheinen zu dürfen.) Bei einem kühnen Angriff auf Preßburg fiel D. im Kampf gegen den ungarischen Gegenkönig Gabor Béthlen.

Kretschmer, H.: Sturmpetition und Blokkade Wiens im Jahre 1619. Milit.-hist. Schriftenreihe 38 (1978)

DANEGGER, Theodor, * 31. 8. 1891 in Lienz (Osttirol), † 13. 10. 1963 in Wien, Schauspieler. Bereits 1904–12 am Wiener Burgtheater tätig, dann an Wiener Theatern und an mehreren deutschen Bühnen beschäftigt. 1939 ging er zum Film und wirkte in vielen Filmen mit.

DANHAUSER, Josef, * 19. 8. 1805 in Wien, † 4. 5. 1845 in Wien, Maler. Nach seinem Studium an der Akademie der bildenden Künste in Wien bei Peter Krafft (s. d.) ging er 1826 nach Venedig, mußte aber nach dem Tod seines Vaters 1830 zurückkehren und dessen Möbelfabrik übernehmen. D. wurde durch Möbelentwürfe zum Mitschöpfer des Wiener Vormärz-Möbelstils. Um 1834 arbeitet D. in einem eigenen Malstil, wie die Gemälde „Der reiche Prasser" (1836), „Die Klostersuppe" (1838) und „Die Testamentseröffnung" (1839) zeigen. Über Altar- und Historienmalerei wurde er zum Darsteller des Bürgertums seiner Zeit.

Josef Danhauser: Der reiche Prasser und der arme Lazarus. Ölbild (1836)

Rößler, A.: J. D. (1911 und 1949)

DANKL von Kraśnik, Viktor Graf (seit 1918), * 18. 9. 1854 in Udine, † 8. 1. 1941 in Innsbruck, Heerführer. Der Nachkomme von Andreas Hofer wurde Berufsoffizier, 1897 Oberst und 1912 General. Bei Kriegsbeginn war D. Kommandant der k. u. k. 1. Armee, besiegte am 23./24. 8. 1914 bei Kraśnik die Russen und drang bis Lublin vor. Nach der Kriegserklärung Italiens wurde D. im Mai 1915 Landesverteidigungskommandant von Tirol, war im Frühjahr 1916 an der Südtiroler Ostfront erfolgreich und wurde zum Generaloberst befördert. 1917 zum Kapitän der Ersten Arcièren-Leibgarde ernannt, schied er noch im gleichen Jahr wegen Krankheit aus dem aktiven Dienst.

Pastor, L.: Generaloberst von D. (1916)

DANNEBERG, Robert, * 23. 7. 1885 in Wien, † im Dezember 1942 im KZ Auschwitz, sozialdemokratischer Politiker. Schon ab 1903 hatte er führende Funktionen in der sozialdemokratischen Arbeiterjugend inne und schloß sein Jusstudium ab. 1918 in den Wiener Gemeinderat kooptiert, gehörte er diesem bis 1934 an. 1922 wurde er Landtagspräsident und erwarb sich Verdienste um die Wiener Stadtverfassung von 1931. 1932 wurde er Nachfolger von Hugo Breitner (s. d.) als Finanzreferent. 1929 hatte er gemeinsam mit Bundeskanzler Johannes Schober (s. d.) die Verfassungsreform ausgehandelt, womit sie entsprechenden Absichten der Heimwehr zuvorgekommen waren. Im Februar 1934 vorübergehend verhaftet, arbeitete D. in der illegalen Bewegung weiter, bis ihn die Nationalsozialisten 1938 in das KZ Buchenwald, dann nach Auschwitz brachten. Große Verdienste hat sich D. auch um die Weiterentwicklung der Arbeiterbildungsvereine erworben. Sein 1910 erschienenes „Sozialdemokratisches Programm" erreichte bis 1926 30 Auflagen. Seine Broschüre „Die sozialdemokratische Gemeindeverwaltung in Wien" von 1925 erschien 1929 unter dem Titel „10 Jahre neues Wien" in 4. Auflage und erreichte bis 1931 noch weitere zwei Auflagen.

Kane, L.: R. D. Ein pragmatischer Idealist (1980)

Robert Danneberg

DANZER, Alfons, * 14. 2. 1842 in Temesvár (Banat), † 27. 9. 1899 in Wien, Berufsoffizier und Schriftsteller. Er war auch Kriegsberichterstatter und gründete 1883 die „Armee- und Marinezeitung" sowie 1896 die „Neue Armeezeitung", die nach seinem Tod bis 1919 als „Danzers Armee-Zeitung" weitergeführt wurde.

DANZER, Emmerich, * 15. 3. 1944 in Wien, Eiskunstläufer. Bestach durch seine Eleganz und seine Tanz-Verbindungsschritte. Ö. Sportler des Jahres 1966 und 1967. War dreimal Weltmeister (1966 bis 1968) und damit erfolgreichster Europäer nach dem Krieg. Dazu vier EM-Titel. Seine schwärzeste Stunde erlebte D. bei den Olympischen Winterspielen 1968 in Grenoble, wo er als haushoher Favorit die Pflicht verpatzte und trotz grandioser Kür nur den vierten Platz belegte. Olympiasieger wurde damals sein ewiger heimischer Rivale Wolfgang Schwarz (s. d.).

DA PONTE, Lorenzo (auch Daponte), (eigtl. Emanuele Conegliano), * 10. 3. 1749 in Céneda (heute Vittorio Veneto, Venetien), † 17. 8. 1838 in New York, Librettist, Theaterdichter. Konvertierte vom Judentum zum Katholizismus und nahm bei der Taufe 1763 den Namen des ihn taufenden Bischofs von Céneda, Lorenzo da Ponte, an. 1773 zum Priester geweiht. 1779 wegen revolutionärer Äußerungen und seines liederlichen Lebenswandels aus Venedig verbannt, ging er nach Dresden und 1781 nach

Wien. Dort stellte Kaiser Joseph II. ihn als kaiserlichen Theaterdichter an. 1792 mußte er auch Wien verlassen und gelangte über London 1804 nach New York. Er verfaßte 36 Libretti, vor allem für Salieri und Mozart, darunter „Die Hochzeit des Figaro", „Don Giovanni" und „Così fan tutte".

DARING, Thomas, s. Zischka, Anton

DAUBLEBSKY von Sterneck zu Ehrenstein, Maximilian Freiherr, * 14. 2. 1829 in Klagenfurt, † 5. 12. 1897 in Wien, Marineoffizier. Aus altem böhmischem Adel stammend, trat er nach Absolvierung des Marinekollegiums 1847 in die ö. Kriegsmarine ein. In der Seeschlacht bei Lissa (20. 7. 1866) befehligte er als Linienschiffskapitän die Panzerfregatte „Erzherzog Ferdinand Max", das Flaggschiff von Admiral Tegetthoff (s. d.), der das italienische Admiralsschiff „Rè d'Italia" versenkte. Dafür erhielt D. das Ritterkreuz des Maria-Theresien-Ordens. 1870 Militärhafenkommandant von Pola, 1872 Konteradmiral, bereitete durch eine Erkundungsfahrt in das nördliche Eismeer mit Hans Graf Wilczek (s. d.) die erste ö.-u. Nordpolexpedition vor. 1873–75 Befehlshaber des Mittelmeergeschwaders, wurde er Seearsenalskommandant in Pola und 1883 Vizeadmiral. 1884 Marinekommandant und Chef der Marinesektion des Reichskriegsministeriums, 1888 Admiral. J. von Benko gab 1900 D.s „Erinnerungen 1847–97" heraus.

DAUN, Wirich Philipp Graf von, Fürst von Thiano (seit 1710), * 19. 10. 1669 in Wien, † 30. 7. 1741 in Wien, Feldherr und Vater von Leopold Joseph Graf D. (s. d.). Sohn des Feldmarschalls Wilhelm Graf D., der von der Eifel nach Ö. übersiedelt war. D. diente anfangs im Regiment seines Vaters und zeichnete sich im Türkenkrieg von 1696 erstmals aus. 1701 General im Armeekorps des Prinzen Eugen, 1706 Feldmarschalleutnant und durch drei Monate hindurch Verteidiger Turins, 1707 Feldmarschall und Oberkommandierender in Italien. 1708 Kommandant von Mailand, 1710 im Kampf wenig erfolgreich, schenkte ihm König Karl III. von Neapel dennoch das Fürstentum Thiano. 1713 Vizekönig von Neapel, 1719 Stadtkommandant von Wien, 1725 Statthalter der Ö. Niederlande, 1728 Gouverneur des Herzogtums Mailand, das er 1733 vor den Franzosen räumen mußte. Danach in Ungnade gefallen, erfolgte eine gerichtliche Untersuchung, die ihn jedoch rehabilitierte. Dennoch zog sich D. ins Privatleben zurück.

Wappenplatte am Grabmal Wirich Graf Dauns in der Augustinerkirche in Wien

LEOPOLD JOSEPH DAUN
Maria Theresias Feldherr

Die erste Verleihung des Großkreuzes des Militär-Maria-Theresien-Ordens an Leopold Graf Daun nach dem Sieg bei Kolin 1757. Gemälde von Karl von Blaas

DAUN, Leopold Joseph Graf von, Fürst von Thiano, * 24. 9. 1705 in Wien, † 5. 2. 1766 in Wien, Feldherr, Sohn von Wirich Philipp Lorenz Graf D. (s. d.). Trat in die ö. Armee ein, obwohl er ursprünglich für den geistlichen Stand bestimmt war, 1726 Major, 1727 Oberst, 1737 Generalfeldwachtmeister. D. zeichnete sich im Polnischen Thronfolgestreit, im Türkenkrieg von 1737–39 und im Ö. Erbfolgekrieg 1742 als kluger Heerführer aus. 1739 Feldmarschalleutnant, wurde er in der Schlacht von Krotzka zweimal verwundet. 1745 heiratete er die verwitwete Gräfin Nostitz, geb. Gräfin Fuchs, die Erzieherin und Vertraute Maria Theresias. 1745 in der Schlacht von Hohenfriedberg abermals verwundet, wurde er zum Feldzeugmeister befördert. Er schuf im Rahmen der Maria-Theresianischen Heeresreform 1749 das Reglement für die Infanterie und 1751 für die Kavallerie. 1751 Stadtkommandant von Wien, 1752 Gründer der Militärakademie in Wiener Neustadt, deren Leiter er auch wurde. 1754 Feldmarschall, besiegte er in der Schlacht bei Kolin am 18. 6. 1757 erstmals den Preußenkönig Friedrich II., dem er auch 1758 bei Hochkirch eine Niederlage zufügte. In der Schlacht bei Leuthen 1757 abermals verwundet, erlitt er in der Schlacht bei Torgau 1760 seine letzte Verwundung. D. war der erfolgreichste Gegner des Preußenkönigs. 1761 Staatsminister, 1762 Hofkriegsratspräsident, führte er ab 1763 die zweite Reorganisation des Heeres durch. Für seinen großen Erfolg bei Kolin erhielt D. am 7. 3. 1758 das erste Großkreuz des Militär-Maria-Theresien-Ordens verliehen.

Walter, F.: Männer um Maria Theresia (1951); Thadden, F.-L. von: Feldmarschall D. (1967)

DAVID, Jakob Julius, * 6. 2. 1859 in Mährisch-Weißkirchen, † 20. 11. 1906 in Wien, Journalist und Schriftsteller. Er war einer der Wegbereiter des ö. Naturalismus, schrieb mährische Dorfgeschichten und mehrere Wiener Romane mit starkem Lokalkolorit, in denen er vor allem den harten Lebenskampf der Notleidenden schilderte. Etwa in: „Der Übergang" (1903) oder „Die am Wege sterben" (1906). Gesammelte Werke (7 Bde., 1908/09).

DAVID, Johann Nepomuk, * 30. 11. 1895 in Eferding (OÖ), † 22. 12. 1977 in Stuttgart, Komponist. War Chorknabe im Stift St. Florian. Zuerst Selbststudium, dann 1920–23 an der Musikakademie in Wien. 1924–34 Volksschullehrer und Organist in Wels (OÖ). 1934 Prof. am Konservatorium in Leipzig, dessen Leiter er 1939 wurde. 1945 Prof. am Mozarteum in Salzburg, 1948–63 Prof. an der Musikhochschule in Stuttgart. 1951 erhielt er den Preis der Stadt Wien. D. gilt als führender Polyphonist des 20. Jh.s und steht mit seinem Werk Bach und Bruckner nahe. Neben seinem 1932–52 in 12 Heften erschienenen „Choralwerk für Orgel" schrieb er mehrere Symphonien, geistliche und weltliche Chormusik sowie kammermusikalische Werke. Sein Sohn Thomas Christian D. (* 1925) wurde ebenfalls Komponist, sein zweiter Sohn Lukas Florian D. (* 1934) wurde Geiger und Akademieprofessor.

Klein, R.: J. N. D. (1964)

DAWIDOWICH, Paul Freiherr von, * 1737 in Ofen (Ungarn), † 18. 2. 1814 in Komorn, Feldherr. Bewährte sich als Offizier im Siebenjährigen Krieg und als Major im Bayerischen Erbfolgekrieg, 1783 Grenzoberst. 1788–90 kämpfte er gegen die aufständischen Belgier. 1796 Feldmarschalleutnant, beteiligte sich bis 1805 an zahlreichen Feldzügen gegen die Franzosen. Zum Feldmarschall befördert, wurde er Kommandant der Festung Komorn, wo er auch starb.

DAX, Paul, * um 1503 in Sterzing (?, Südtirol), † 1561, Soldat, Kartograph und Glasmaler. Geburtsort und -jahr sind unsicher, und von seinem Sterbedatum ist nur das Jahr, nicht der Ort bekannt. Nachweisbar ist er 1539 als Bürger von Innsbruck. Als Soldat zeichnete er sich 1527 in Italien, 1529 bei der Ersten Türkenbelagerung Wiens und 1546 mit einem Innsbrucker Bürgeraufgebot bei der Verteidigung der Ehrenberger Klause gegen protestantische Truppen aus. Bekannt sind von ihm Fahnenbilder, die er im Auftrag des Hofes von Innsbruck anfertigte, Festungspläne und kartographische Aufnahmen von Grenzgebieten sowie Glasgemälde im Tiroler Raum.

Jakob Julius David. Radierung von Johann Lindner (1889)

DECKER, Karl, * 5. 11. 1921 in Wien, Fußballer. Startete in der Kriegszeit unter den Fittichen Sepp Herbergers in der deutschen Nationalmannschaft seine internationale Laufbahn. In acht Länderspielen erzielte der Vollblutstürmer ebenso viele Tore. Nach dem Krieg langjähriger österreichischer Teamspieler. Machte sich – nach einem Engagement in Frankreich (Sochaux) – als Trainer einen Namen. War als ö. Teamchef (1958–62) einer der Väter des ö. Erfolgsteams der frühen sechziger Jahre, ein Zeitraum, der als „Decker-Ära" in die heimische Fußballgeschichte einging. 1986 wurde D. mit dem Ehrenring der Stadt Wien ausgezeichnet.

DECKERT, Joseph, * 1843 in Drösing (NÖ), † 23. 3. 1901 in Wien, katholischer Geistlicher. Studierte in Wien und wurde 1867 zum Priester geweiht. Danach als Kooperator in Laa an der Thaya, in Schwechat und in St. Leopold (Wien 2) tätig. Nach der Promotion zum Dr. theol. wurde er 1874 Pfarrer von Weinhaus in Wien-Währing. Er war einer der radikalsten Antisemiten der christlichsozialen Bewegung und verstand es, die alten Ritualmordlegenden mit dem politischen Tagesgeschehen in Verbindung zu bringen. Er kritisierte aber auch die eigenen Reihen und warf beim Katholikentag 1889 der Kirche (und dem Klerus) vor, daß sie sich „. . . mit den eigentlichen Arbeitern wenig oder gar nicht befaßt hat und um das Los dieser Unglücklichen sich bisher viel zuwenig gekümmert hat".

Loidl, F.: Geschichte des Erzbistums Wien (1983)

DECSEY, Ernst Heinrich Franz, * 13. 4. 1870 in Hamburg, † 12. 3. 1941 in Wien, Musikkritiker und Schriftsteller. Er kam früh nach Ö. und studierte u. a. bei Anton Bruckner (s. d.). Als Musikkritiker in Graz und Wien tätig, setzte er sich für die Werke von Hugo Wolf (s. d.) und Anton Bruckner ein. 1920–38 Musikreferent des „Neuen Wiener Tagblattes". 1903–09 erschien seine vierbändige Biographie „Hugo Wolf", weitere Biographien von Anton Bruckner (1919), Johann Strauß und Franz Lehár (1924), Claude Debussy (2 Bde., 1936 u. 1949). Ferner schrieb er kulturhistorische Wiener Romane und die Libretti für die Opern „Dame im Traum" (1935) von Franz Salmhofer (s. d.) und „Kathrin" (1937) von Erich Wolfgang Korngold (s. d.).

DEFREGGER, Franz von (seit 1883), * 30. 4. 1835 in Stronach (Osttirol), † 2. 1. 1921 in München, Maler. Der Tiroler Bauernsohn zeichnete und schnitzte von früher Jugend an. 1860 verkaufte er den väterlichen Besitz und trat nach seinen Studien in Innsbruck, Paris und München 1867 in das Atelier des Münchner Historienmalers Piloty ein. 1878–1910 an der Kunstakademie in München. Seine Genrebilder aus dem Alltagsleben der Tiroler Bauern und seine Historienbilder aus der Geschichte Tirols förderten seine Beliebtheit. Sein Gemälde „Der Salontiroler" (1882) trug ihm schließlich selbst diese Bezeichnung ein. Die wichtigsten Werke: „Speckbacher und sein Sohn" (1868), „Das letzte Aufgebot 1809" (1872), „Das Tischgebet" (1875), „Andreas Hofers letzter Gang" (1878).

Rosenberg, A.: F. v. D. (1911); Hammer, H.: F. v. D. (1940)

Franz von Defregger: Das letzte Aufgebot 1809 (1872)

D

DEGEN, Jakob, * 17. 2. 1761 in Liedertswil (Kanton Basel, Schweiz), † 28. 8. 1848 in Wien, Erfinder und Pionier der Luftfahrt. Kam mit seinem Vater 1772 nach Wien, der als Seidenbandweber von Maria Theresia hierher berufen worden war, um die Seidenbandweberei in Ö. bekannt zu machen. Nachdem er das väterliche Gewerbe erlernt hatte, wandte er sich der Uhrmacherei zu und erwarb 1792 das Meisterrecht, das ihm auch das Bürgerrecht der Stadt Wien eintrug. Mit der Instandhaltung der Uhren in der Wiener Hofburg beauftragt, beschäftigte er sich nebenbei mit den Problemen der mechanischen Flugtechnik (nicht mit der Ballonfahrt). Die ersten Flugversuche im Jahr 1808 waren wenig erfolgreich, doch gelang ihm 1810 mit seinem durch Muskelkraft angetriebenen Schwingenflieger der Flug von Laxenburg nach Vösendorf in einer Stunde. 1812–15 lebte er in Paris als Uhrmacher. Nach Wien zurückgekehrt, beschäftigte er sich, wie schon vorher, mit den Problemen der Drucktechnik. 1816–18 entwickelte er ein Guillochiergerät und das Congravedruckverfahren, mit dem der sogenannte „Banknotendoppeldruck" möglich wurde. Dieses Verfahren machte die häufigen Banknoten- und Wertpapierfälschungen unmöglich, und die Privilegierte Oesterreichische Nationalbank begann – als erste Bank der Welt – bereits 1821 nach diesem Verfahren Banknoten zu drucken. D., vor dem finanziellen Ruin stehend, trat 1822 als erster Werkmeister in die mechanische Werkstätte der Bank ein und diente dem Unternehmen 20 Jahre lang. Sein Doppeldruckverfahren bildet heute noch die Grundlage des Banknotendrucks in der ganzen Welt.

DEGISCHER, Vilma, * 17. 11. 1911 in Wien, Schauspielerin. Erhielt 1920–29 Tanzunterricht und besuchte anschließend bis 1931 das Reinhardt-Seminar in Wien. 1931 spielte sie unter Max Reinhardt (s. d.) am Deutschen Theater in Berlin ihre erste Rolle, die Hermia in „Ein Sommernachtstraum", und war danach an den Reinhardt-Bühnen in Wien und in Berlin tätig. 1935–39 gehörte sie dem Ensemble des Volkstheaters in Wien und seit 1939 dem des Theaters in der Josefstadt an. D. war oft bei den Salzburger Festspielen tätig, und in Filmen verkörperte sie vornehmlich Charakterrollen. Sie war mit Hermann Thimig (s. d.) verheiratet und erhielt mehrere Ehrungen und Auszeichnungen. 1980 erhielt sie als erste nicht am Burgtheater tätige Schauspielerin den Titel Kammerschauspielerin verliehen.

DEHNE, August, * 1795 in Wien, † 12. 10. 1875 in Hütteldorf bei Wien, Hofzuckerbäkker. Sohn des aus Württemberg stammenden Ludwig D., der 1776 am Michaelerplatz neben dem alten Burgtheater eine „Burgtheater-Zuckerbäckerei" gegründet hatte. Nach dem Tod Ludwig D.s am 8. 5. 1799 heiratete seine Gattin Antonia den in der k. k. Hoftheater-Zuckerbäckerei beschäftigten Gottlieb Wohlfahrt. August D. ging bei seiner Mutter in die Zuckerbäckerlehre; 1812–15 diente er als Kadettfeldwebel im italienischen und im französischen Feldzug. Nach dem Tod seiner Mutter 1832 übernahm er den rasch expandierenden Betrieb. 1848 kämpfte er als Hauptmann einer Kompanie Garde gegen die Rebellen. 1857 verkaufte er die Konditorei an seinen ersten Gehilfen Christoph Demel. 1863–71 war D. als Mitglied der Liberalen Mittelpartei Wiener Gemeinderat.

DEINHARDSTEIN, Johann Ludwig, * 21. 6. 1794 in Wien, † 12. 7. 1859 in Wien, Schriftsteller. Wurde bereits während seines Studiums an der Wiener Universität als Lyriker bekannt, 1827 Prof. für Ästhetik am Wiener Theresianum. 1829–49 war D. der Herausgeber der „Jahrbücher der Literatur". 1832–41 Dramaturg und Vizedirektor des Wiener Burgtheaters. Außerdem verfaßte D. auch Theaterkritiken und schrieb neben Gedichten vorwiegend Charakterlustspiele und Künstlerdramen. 1848–57 erschienen seine „Gesammelten dramatischen Werke" (7 Bde.).

DEIX, Manfred, * 22. 2. 1949 in Böheimkirchen (NÖ), Karikaturist. Ausbildung an der Graphischen Lehr- und Versuchsanstalt und an der Akademie der bildenden Künste. Begann Anfang der siebziger Jahre für internationale Zeitschriften als Cartoonist zu arbeiten, veröffentlicht regelmäßig seine Karikaturen im Wiener Wochenmagazin „profil". D. gab mehrere Sammelbände seiner Zeichnungen heraus.

DELLAROSA, Ludwig, s. Gleich, Joseph Alois

DEMEL, Anna, * 4. 3. 1872 in Wien, † 8. 11. 1956 in Wien, Besitzerin der Hofkonditorei am Wiener Kohlmarkt. Christoph D., der 1857 den Betrieb, in dem er als erster Gehilfe tätig war, von August Dehne (s. d.) erworben hatte, starb 1867. Dessen Söhne Josef und Karl führten die Konditorei weiter, danach die Söhne Karls, schließlich ab 1917 Christoph D., da sein Bruder Karl unverheiratet gestorben war. Christoph war mit Anna Siding, der Tochter eines Oberleutnants, verheiratet, ließ sich aber scheiden und ging nach Paris, wo er 1918 starb. Anna Demel-Siding führte ab 1918 den Betrieb allein und erhielt 1952 den für eine Frau seltenen Titel Kommerzialrat verliehen. Nach ihrem Tod übernahm die Nichte Anna D.s und bisherige Gesellschafterin Klára Florentine von Berzeviczy 1957 die Konditorei. Klara von B. starb am 19. 4. 1965, und die Firma ging in fremde Hände über.

DEMEL, Emilie, (gen. Fiakermilli), * 30. 6. 1848 in Chotibor (Böhmen), † 13. 5. 1889 in Wien, Volkssängerin. War eine sehr populäre Persönlichkeit, seit 1874 mit dem Wiener Fiaker Ludwig Demel verheiratet. Hugo von Hofmannsthal (s. d.) setzte ihr in seinem Stück „Arabella" (1933 von Richard Strauss vertont) ein Denkmal, indem er sie beim Fiakerball als Sängerin auftreten läßt.

DEMMER, Fritz, * 6. 4. 1884 in Wien, † 17. 6. 1967 in Wien, Chirurg. Nach seinem Studium im Ersten Weltkrieg als Arzt tätig, führte die automobile Feldchirurgie ein und machte sich durch die Einführung der vereinfachten Asepsis der Hände durch desinfizierte Gummihandschuhe verdient. Ab 1932 war er Univ.-Prof. in Wien und verfaßte zahlreiche wissenschaftliche Arbeiten auf dem Gebiet der Chirurgie.

DEMUS, Jörg, * 2. 12. 1928 in St. Pölten (NÖ), Pianist. Sohn des Kunsthistorikers Otto D. (* 4. 11. 1902 in Harland, NÖ), der Univ.-Prof. und (seit 1946) Präsident des Bundesdenkmalamts in Wien war. D. studierte 1940–45 an der Wiener Musikakademie und debütierte 1943 bei der Gesellschaft der Musikfreunde in Wien. Gewann 1956 den Busoni-Wettbewerb. Neben seiner umfangreichen Konzerttätigkeit (seit 1948), häufig auch auf Originalinstrumenten, unterrichtet er an der Wiener Musikhochschule. Gemeinsam mit Paul Badura-Skoda (s. d.) veröffentlichte er 1970 „Die Klaviersonaten von Ludwig van Beethoven".

DEMUTH, Leopold (eigtl. Pokorny), * 2. 11. 1861 in Brünn, † 4. 3. 1910 in Czernowitz (Bukowina), Bariton. Studierte in Wien und hatte sein Debüt am Stadttheater Halle 1889 als Hans Heiling in Marschners gleichnamiger Oper. Über Leipzig und Hamburg kam er 1897 an die Wiener Hofoper, deren ständiges Mitglied er wurde. Gastspiele in ganz Europa, u. a. Bayreuth (als Sachs und Gunther).

DENGEL, Anna, * 16. 3. 1892 in Steeg (T), † 17. 4. 1980 in Rom, Ärztin und Ordensgründerin. Rief die religiöse Genossenschaft der „Missionsärztlichen Schwestern", die auf allen Kontinenten tätig sind, ins Leben. Außerdem gründete sie Spitäler in Indien, Pakistan, Borneo, Indonesien, Kongo, Ghana, Njassaland, der Südafrikanischen Union sowie in den USA und in Lateinamerika.

Plechl, P. M.: Kreuz und Äskulap (1966)

DENIFLE, Heinrich Suso (Josef Anton), * 16. 1. 1844 in Imst (T), † 10. 6. 1905 in München, Dominikanerpater und Historiker. 1861 trat er in den Dominikanerorden in Graz ein, wurde 1866 zum Priester geweiht und war ab 1870 in Graz für seinen Orden als Lehrer tätig. 1880 wurde er als Generaldefinitor der Dominikaner für Deutschland nach Rom berufen, wo er ab 1883 als Archivar im Vatikan tätig war. D. beschäftigte sich vorerst mit der deutschen Mystik und dann mit der Kultur- und Kirchengeschichte des Mittelalters, edierte mehrere Quellenwerke und gab 1885–1900 gemeinsam mit F. Ehrle das „Archiv für Literatur- und Kirchengeschichte des Mittelalters" (7 Bde.) heraus. Besonde-

ANNA DEMEL

Hüterin einer Wiener Tradition

Interieur der traditionsreichen Konditorei Demel am Kohlmarkt in Wien

„Bei Demel klingt ein ausgestorbener Dialekt auf; das ‚Knautschen'; jene turfbekannte Art, Lauten, die sich aus Gaumen und Nase quetschen, resigniert ihren Weg zu lassen, ohne Sorge darum, ob sie sich zu einem Satzbild fügen oder nicht." *Anton Kuh*

---

res Aufsehen erregte er mit „Luther und das Luthertum in der ersten Entwicklung", dessen erster Teilband 1904 und der zweite 1909 erschien. D. war Mitglied mehrerer Akademien und wurde durch mehrere Ehrendoktorate geehrt.

Grauert, H.: Pater H. D. (1906); Grabmann, M.: Pater H. D. (1907)

DENIS, Michael, * 27. 9. 1729 in Schärding (OÖ), † 29. 9. 1800 in Wien, Jesuit und Hofrat der Wiener Hofbibliothek. Nach dem Besuch des Gymnasiums bei den Jesuiten in Passau trat er 1747 in Wien in den Orden ein und wurde 1756 zum Priester geweiht. 1759–71 Prof. am Theresianum in Wien. 1762 verfaßte er das erste Lesebuch Ö.s, 1772 erschien seine Sammlung „Die Lieder Sineds des Barden", das auch die Kirchenlieder „Hier liegt vor deiner Majestät", „Großer Gott, wir loben dich" und „Tauet Himmel den Gerechten" enthält. Nach Auflösung des Jesuitenordens 1773 war er als Bibliothekar der Garellischen Bibliothek tätig und verfaßte mehrere bibliographische Werke, darunter das 1777 erschienene Werk „Einleitung in die Bücherkunde" (2 Bde., 2. Aufl. 1795). 1791 wurde er Kustos der k. k. Hofbibliothek in Wien und Hofrat. Nun widmete er sich vorwiegend der Bibliographie und der Literaturgeschichte und verfaßte mehrere Werke über dieses Thema. Unter dem Pseudonym „Sined der Barde" veröffentlichte er zahlreiche Gedichte.

Michael Denis. Stich von Jakob Adam

DENK, Wolfgang, * 21. 3. 1882 in Linz, † 4. 2. 1970 in Wien, Chirurg. Studierte Medizin und wurde 1928 Univ.-Prof. in Graz, dann in Wien. D. profilierte sich als namhafter Krebsforscher. 1957 wurde er von ÖVP und FPÖ als Kandidat bei der Bundespräsidentenwahl aufgestellt und unterlag mit 48,9% dem SPÖ-Kandidaten Adolf Schärf (51,1%).

DERMOTA, Anton, * 4. 6. 1910 in Kropa (Slowenien), Tenor. D. war Schüler am Konservatorium in Laibach, wurde in Wien zum Solisten ausgebildet und 1936 von Bruno Walter (s. d.) an die Wiener Staatsoper als lyrischer Tenor verpflichtet (Debüt als Don Ottavio). 1946 Kammersänger, 1966 a. o. Prof. an der Wiener Musikakademie. D. sang auch bei den Salzburger Festspielen und auf allen bedeutenden Bühnen der Welt und gilt als einer der bedeutendsten Mozart-Tenöre der Nachkriegszeit.

DERTIL, Rudolf, s. Drtil

DEUBLER, Konrad, * 26. 11. 1814 in Goisern (OÖ), † 31. 3. 1884 in Goisern, Bauer, Wirt und Bürgermeister. Als Autodidakt hatte er sich erstaunliche Kenntnisse, vorwiegend in der Philosophie angeeignet, was ihm die Bezeichnung „Bauernphilosoph" einbrachte. Als Wirt der „Wartburg" in Goisern wurde er von vielen Schriftstellern und Gelehrten aufgesucht, mit denen er auch in regem Briefwechsel stand (so mit Feuerbach, D. F. Strauß u. a.). Wegen seiner freidenkerischen und republikanischen Gesinnung wurde er 1862–64 nach Iglau verbannt. 1886 gab A. Dodel-Port „Tagebücher, Biographie und Briefwechsel des oberösterreichischen Bauernphilosophen" heraus (2 Bde.).

Dodel, A.: K. D. (1909); Mueller, W.: K. D. Fackelträger in die Freiheit aus Metternichs Zeit (1944)

DEUTELMOSER, Ferdinand, * 6. 3. 1875 in Pilsen (Böhmen), † 14. 1. 1941 in Wien, Berufsoffizier. Im Ersten Weltkrieg Feldpilot und Ballonflieger, später General. 1919 übernahm er die Leitung des Luftverkehrsamtes in Ö. und wurde so zum Begründer der ö. Zivilluftfahrt; später Generaldirektor der Ö. Luftverkehrs-AG.

DEUTLICH, Jeremias, s. Kalbeck, Max

DEUTSCH, Ernst, * 16. 9. 1890 in Prag, † 22. 3. 1969 in Berlin, Schauspieler. Kam vor dem Ersten Weltkrieg nach Wien, danach Prag, Dresden, schließlich Berlin bei Max Reinhardt (s. d.) und (schon ab 1924) auch beim Film. 1931/32 am Wiener Burgtheater. 1933–46 in den USA, lange Zeit in Hollywood tätig. 1947 kehrte er nach Europa zurück und absolvierte zahlreiche Gastspiele an den berühmtesten deutschsprachigen Bühnen, auch am Wiener Burgtheater.

DEUTSCH, Helene, * 9. 10. 1884 in Przemysl, † 29. 3. 1982 in Cambridge (Massachusetts, USA), Psychoanalytikerin. Studierte Medizin in Wien und in München, arbeitete 1912–18 als unbezahlte Assistentin an der Wagner-Jauregg-Klinik für Psychiatrie in Wien, trat 1918 der Wiener Psychoanalytischen Vereinigung bei und wurde in der Zusammenarbeit mit S. Freud (s. d.) zu einer der bedeutendsten Vertreterinnen der psychoanalytischen Schule. D. forschte und publizierte vor allem auf dem Gebiet der weiblichen Sexualität. 1934 emigrierte sie in die USA, wo sie an der Bostoner Universität lehrte. Sie veröffentlichte u. a.: „Zur Psychologie der weiblichen Sexualfunktion" (1925), „The Psychology of Women" (1945) und 1973 ihre Memoiren „Confrontation With Myself".

DEUTSCH, Julius, * 2. 2. 1884 in Lackenbach (B), † 17. 1. 1968 in Wien, sozialdemokratischer Politiker. Gelernter Drucker, studierte Jus und promovierte 1908. Ab 1909 im Zentralsekretariat der Sozialdemokratischen Partei in Wien tätig. Im Ersten Weltkrieg an der Italienfront. 1917 wurde er als Verbindungsmann zwischen Gewerkschaft und Unternehmervertretern ins Kriegsministerium berufen und benützte diese Zeit zum Aufbau einer Vertrauensmännerorganisation innerhalb der Wiener Garnison. 1918/19 Unterstaatssekretär, 1919/20 Staatssekretär für Heereswesen. Er war Mitglied der Konstituierenden Nationalversammlung von

Julius Deutsch

1919/20. 1918–20 stellte er die republikanische Volkswehr auf und setzte darin eine überwiegend sozialdemokratische Führung durch. 1920–32 Parlamentskommissär für Heereswesen, 1920–34 Abgeordneter zum Nationalrat. Nach dem Ausscheiden der Sozialdemokraten aus der Regierung stellte er 1923 den Republikanischen Schutzbund auf, dessen Obmann er wurde. Gemeinsam mit Otto Bauer (s. d.) leitete er die Kämpfe im Februar 1934 und floh danach, wie Bauer, nach Brünn, wo er mit diesem das Auslandsbüro der ö. Sozialdemokraten gründete. 1936–39 nahm er auf republikanischer Seite als General am Bürgerkrieg in Spanien teil. 1939 ging er nach Frankreich und emigrierte von dort 1940 in die USA, wo er in mehreren Emigrationsorganisationen tätig war. 1946 kehrte er nach Ö. zurück und wurde Leiter der sozialistischen Verlagsanstalten. 1951 trat er wegen politischer Meinungsverschiedenheiten zurück. 1960 veröffentlichte er seine Autobiographie „Ein weiter Weg". Außerdem erschienen von ihm u. a.: „Geschichte der ö. Gewerkschaftsbewegung" (1908), „Geschichte der ö. Arbeiterbewegung" (1919), „Der Bürgerkrieg in Ö." (1934) und „Wesen und Wandlung der Diktaturen" (1953).

DEUTSCH, Otto Erich, * 5. 9. 1883 in Wien, † 23. 11. 1967 in Wien, Musikforscher. Er studierte Kunst- und Literaturgeschichte in Wien und Graz und war von 1909–11 Assistent am I. Kunsthistorischen Institut der Wiener Universität. 1919–24 Buchhändler und Verleger, ab 1925 Privatgelehrter. 1926–35 Bibliothekar der Musiksammlung Anthony van Hoboken in Wien. 1928 zum Prof. ernannt, emigrierte er 1939 nach England, wo er bis 1952 Vorlesungen an der Universität Cambridge hielt. 1953 Rückkehr nach Wien. Seine grundlegenden quellenkundlichen Arbeiten, vor allem über Mozart (s. d.) und Schubert (s. d.), brachten ihm den Ruf eines der kompetentesten Kenner der Wiener Klassik ein. Ihm ist der 1951 mit D. R. Wakeling verfaßte „Thematic Catalogue" der Werke Schuberts zu verdanken, das sogenannte „Deutsch-Verzeichnis", nach dem die Werke Schuberts seither bezeichnet werden (Buchstabe D mit nachfolgender Katalognummer). Weitere Werke u. a.: „Franz Schubert. Die Dokumente seines Lebens und Schaffens" (1913/14, 1946 mit Kommentar), „Leopold Mozart" (1936, Neuaufl. 1961), „Schubert. Die Erinnerungen seiner Freunde" (1947).

DEVRIENT, Max, * 12. 12. 1857 in Hannover, † 13. 6. 1929 in Chur (Schweiz), Schauspieler. Er debütierte 1878 am Dresdner Hoftheater und kam 1881 an das Wiener Ringtheater. 1882 am Wiener Burgtheater tätig, wurde er 1910 auf Lebenszeit dessen Mitglied. Ab 1920 auch als Regisseur am Burgtheater tätig, wurde er 1921 Bürger der Stadt Wien. Besonders erfolgreich war er in den Rollen des Mephisto, Wallenstein und Julius Cäsar. D. war mit der ebenfalls seit 1889 am Wiener Burgtheater wirkenden Hofschauspielerin Babette Deutsch-Reinhold (1863–1940) verheiratet.

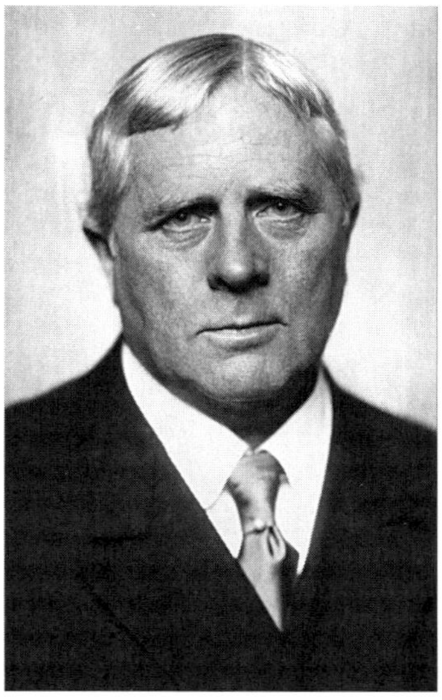

Max Devrient 1916

Bab, J.: Die Devrients (1932)

DIABELLI, Anton (Antonio), * 6. 9. 1781 in Mattsee (S), † 7. 4. 1858 in Wien, Komponist und Musikverleger. Schüler von Michael Haydn (s. d.) in Salzburg. Trat 1800 in das Kloster Raitenhaslach bei Burghausen in Oberbayern ein. Nach der Säkularisierung im Jahr 1803 ging er nach Wien und wurde Klavier- und Gitarrelehrer. 1818 gründete er gemeinsam mit Giovanni Cappi eine Musikalienhandlung mit Musikverlag und machte sich 1826 selbständig. 1852 verkaufte er seinen Musikverlag. War Verleger vor allem der Werke Schuberts (s. d.) und stand auch zu Ludwig van Beethoven (s. d.) in Beziehung. Von seinen Kompositionen (Singspiele, Kirchenmusik, Klaviersonaten und -sonatinen) setzten sich nur die Unterrichtswerke für Klavier durch. Beethoven schrieb ein Variationswerk für Klavier über einen D.-Walzer. („D.-Variationen", op. 120).

DICHAND, Hans, * 29. 1. 1921 in Graz, Journalist und Zeitungsherausgeber. Nach einer Druckerlehre bestand er 1939 die Externistenmatura, danach folgten zwei Jahre Arbeit als Drucker sowie Kriegsdienst. 1945 Mitarbeiter des „Englischen Nachrichtendienstes Graz". Bewarb sich 1946 um den Posten eines Chefredakteurs der „Murtaler Zeitung". 1949–55 Chefredakteur der „Kleinen Zeitung" in Graz, 1955–58 des Wiener „Kurier". Seit 1959 Chefredakteur, danach Miteigentümer und Herausgeber der „Neuen Kronen-Zeitung". D., der auch Kunstfreund und Kunstsammler ist, veröffentlichte die Bücher „Kronen-Zeitung – Geschichte eines Erfolgs" (1977), „Jugendstil-Postkarten" (1978), „Begegnung mit Paris" (1981), „Schiele, Klimt und die anderen" (1985) sowie eine Monographie über Carl Moll (s. d.).

DICHTER, Ernest, * 14. 8. 1907 in Wien, Psychologe und Marktforscher. Studierte in Wien und an der Pariser Sorbonne. Emigrierte 1938 über Paris in die USA, wo er in Marktforschungsinstituten arbeitete und den Werbeslogan „Tiger in Your Tank" erfand. 1946 gründete er das „Institute for Motivational Research" mit Filialen in 15 Ländern, das die Konzerne Chrysler und Esso ebenso wie Regierungen und US-Präsidenten berät. D. schrieb u. a.: „Strategie im Reich der Wünsche" (1960) und „The Naked Manager" (1974). 1977 veröffentlichte er seine Autobiographie „Motivforschung. Mein Leben".

DIENER, Carl, * 11. 12. 1862 in Wien, † 6. 1. 1928 in Wien, Geologe und Paläontologe. Wurde nach seinem Studium in Wien Dozent für Geologie und war als ausgezeichneter Alpinist schon damals ein genauer Kenner der West- und der Ostalpen sowie des Libanon und der Karpaten. 1892 stieß er bei einer fünfmonatigen Erkundungsfahrt bis in das Quellgebiet des Ganges vor. Vom tibetanisch-indischen Grenzkamm brachte er eine wertvolle Fossiliensammlung mit, die er sorgfältig untersuchte. 1893 unternahm er eine Reise nach Spitzbergen, 1897 in den Ural und in den Kaukasus, 1906 nach Mexiko und 1913 nach Japan, Hawaii und Kanada, wodurch er seine Kenntnisse erweiterte, seine Ammonitenerforschung intensivierte und wesentliche Beiträge zu den Epochen der Erdgeschichte lieferte. Außerdem bewies er das Vorkommen von Kalken im Himalaja, die entstehungsgeschichtlich den Hallstätter und Dachsteinkalken entsprechen. Ab 1897 war D. Prof. für Geologie an der Universität Wien, ab 1903 auch für Paläontologie.

DIETMAR der Anhanger, keine Daten bekannt. Er war ein Müllerbursch aus Ried im Innkreis (OÖ). Auf dem 3. Kreuzzug von 1189 soll er als Knappe die mutlos gewordenen Kreuzritter bei der Erstürmung der Festung Ikonion (heute Konya) in Kleinasien dadurch zum Sieg geführt haben, daß er mit einem Bundschuh an seiner Lanze mutig voranstürmte. Für diese Tat soll er zum Ritter geschlagen worden sein und den

Beinamen Anhanger erhalten haben. Die Brunnenfigur vor dem Rathaus in Ried und der Bundschuh im Rieder Stadtwappen erinnern daran.

DIETMAR von Aist, † 1171, Minnesänger. 1139 ist er urkundlich erwähnt. Seine Burg stand in der oö. Riedmark zwischen Ried und Wartberg. Er ist einer der ersten namentlich bekannten Minnesänger Ö.s, und seine Lieder gehören zu den ältesten, die noch nicht von Frankreich beeinflußt sind. In Form und Anschauung zum überwiegenden Teil volkstümlich. Außerdem schrieb er wahrscheinlich das erste „Taglied", ein Stimmungsgedicht über Liebende, die am Morgen voneinander Abschied nehmen, denn von den 56 unter seinem Namen überlieferten Strophen können ihm mit Sicherheit nur 13 bedenkenlos zugeschrieben werden.

Rathke, K.: D. v. A. (1932)

DIETMAYR, Berthold (Karl Josef), * 15. 3. 1670 in Scheibbs (NÖ), † 25. 1. 1739 in Wien, Benediktiner und Gelehrter. Er trat 1687 in das Benediktinerstift Melk ein, studierte in Wien und wurde 1696 zum Priester geweiht. 1700 mit Zweidrittelmehrheit zum Abt gewählt; unter ihm wurde das Stift Melk barockisiert. 1706 war er Rektor der Universität Wien und baute eine Art Gelehrtenakademie auf. 1721 wurde er beim Kaiser und beim Nuntius von einem Kreis Melker Mönche wegen „Verschwendung und ungezügelter Baulust" angeklagt – 50 treue Mönche standen gegen 18 „Aufrührer". B. rechtfertigte schließlich seine Tätigkeit Anfang Jänner 1722. Abt B. war auch Berater der Kaiser Leopold I., Joseph I. und Karl VI.

Ausstellungskatalog Jakob Prandtauer und sein Kunstkreis (1960)

DIETMAYR, Johann Georg, von Dietmannsdorf (seit 1655), * 1608, † 12. 8. 1667 in Wien, Jurist und Bürgermeister von Wien. 1638 erwarb er das Bürgerrecht von Wien, 1639 schloß er seine juridischen Studien mit dem Grad eines Baccalaureus (niedrigster akademischer Grad) ab. 1640 Stadtgerichtsbeisitzer, 1644–48 Stadtrichter. D. war dreimal Bürgermeister von Wien: 1648–54, 1656–59 und 1664 bis zu seinem Tod.

DIETRICH, Josef Freiherr von (seit 1824), * 1780 in Wien, † 21. 7. 1855 in Matzleinsdorf bei Wien, Besitzer eines Fuhrwerksunternehmens. Der Sohn eines einfachen Landkutschers baute sein Unternehmen erfolgreich aus. In den Franzosenkriegen erwarb er sich durch seine Bemühungen um den Nachschub der ö. Armee so große Verdienste, daß er von Kaiser Franz I. 1824 in den Freiherrenstand erhoben wurde. D. besaß in Matzleinsdorf (heute Wiedner Hauptstraße 45–51) ein Palais, in dem er 1837 ein Privattheater etablierte. Der theaterbegeisterte D. unterstützte auch das Leopoldstädter Theater, das Theater in der Josefstadt und das Theater an der Wien.

Dietmar von Aist. Blatt aus der Manessischen Handschrift (nach 1300)

DIETRICH, Oskar, * 5. 10. 1853 in Wien, † 28. 7. 1940 in Oberwölz (St), Gold- und Silberschmied. Von seinem Vater ausgebildet, vervollkommnete er sein Wissen durch einen Aufenthalt in Rom und erhielt 1881 die Gewerbeberechtigung als Goldschmied. Ende der achtziger Jahre war er Alleininhaber der väterlichen Firma. Seine Schmuckstücke, auch die der Jugendstilperiode, waren sehr geschätzt und wurden bei berühmten Ausstellungen (etwa der Pariser Weltausstellung 1900, der Wiener Jagdausstellung 1910 und der Kunstgewerbeausstellung in Paris 1925) viel beachtet. 1931 wurde seine Werkstätte aufgelöst.

Gmeiner, A., und Pirhofer, G.: Der ö. Werkbund (1985)

DIETRICHSTEIN, Adam Graf (seit 1587), * 17. 10. 1527 in Graz, † 15. 1. 1590 in Nikolsburg, Diplomat. Am Hof König Ferdinands I. in Prag erzogen, wurde er Kämmerer und der Vertraute des späteren Kaisers Maximilian II. (s. d.) In schwierigen diplomatischen Missionen eingesetzt, war er am Abschluß des Augsburger Religionsfriedens 1555 beteiligt und bemühte sich 1561 vergeblich bei Papst Pius IV. um das Abendmahl in beiderlei Gestalt und um die Priesterehe. 1563 Gesandter am spanischen Hof und Erzieher der Erzherzöge Rudolf und Ernst (Söhne Maximilians II.) in Madrid; beseitigte die Mißstimmung zwischen dem Kaiser und Philipp II. von Spanien. 1573 oberster Hofmeister König Rudolfs II. (s. d.), erhielt die Herrschaft Nikolsburg in Mähren als kaiserliches Lehen. Seine Gesandtschaftsberichte stellen besonders wertvolle Zeitdokumente dar.

DIETRICHSTEIN, Franz Fürst von (seit 1624), * 22. 8. 1570 in Madrid, † 19. 9. 1636 in Brünn, Bischof von Olmütz und Kardinal. Sohn von Adam Graf D. (s. d.), studierte in Wien und Prag, ab 1588 am Collegium Germanicum in Rom. 1591 Domherr in Olmütz, 1593 Kanoniker in Breslau und Passau, 1594 Propst von Leitmeritz, 1597 zum Priester geweiht. 1599 Ernennung zum Kardinal und Bischof von Olmütz. Als tatkräftige Stütze der Regierungspartei in Mähren förderte er neben der Seelsorge auch die Volksbildung sowie Kunst und Wissenschaft. Von Kaiser Rudolf II. (s. d.) sehr geschätzt, wurde er 1607 Präsident des Geheimen Rates und ein wesentlicher Vermittler im Bruderzwist zwischen Matthias und Rudolf. 1611 krönte er Matthias zum König von Böhmen. Nach dem böhmischen Aufstand von 1618 wurde er 1619 von den Aufrührern vertrieben. 1620, nach der Schlacht am Weißen Berg, wurde er Statthalter und Landeshauptmann von Mähren. Er führte in Mähren die Gegenreformation durch und wurde von Kaiser Ferdinand II. (s. d.) 1624 in den Fürstenstand erhoben. 1635 verlieh ihm der Papst den Titel „Protector Germaniae".

DIETRICHSTEIN, Franz Joseph Fürst, zu Nikolsburg, * 28. 4. 1767 in Nikolsburg, † 8. 7. 1854 in Wien, Kämmerer und Geheimer Rat. Er diente als Generalmajor in der ö. Armee und schloß 1800 mit General Moreau den Waffenstillstand von Parsdorf. 1809 Obersthofmeister von Erzherzog Franz, dem späteren Herzog von Modena. Bis zum Frieden von Schönbrunn (1809) war er Hofkommissär in dem vom Feind besetzten Teil Galiziens.

DIETRICHSTEIN, Moritz Joseph Johann Fürst, * 19. 2. 1775 in Wien, † 27. 8. 1864 in Wien, Hofbeamter. Der Bruder von Franz Joseph Fürst D. (s. d.) trat 1791 in den ö. Militärdienst und wurde als Adjutant von General Mack (s. d.) mit diesem 1798 in Neapel von den Franzosen gefangengenommen. 1815–31 Erzieher des Herzogs von Reichstadt (s. d.), danach Intendant der Hofbühne und Präfekt der Hofbibliothek. 1845 Oberstkämmerer, ging 1848 in den Ruhestand. D. komponierte auch Lieder, Tänze und Menuette, von denen einige sehr bekannt wurden. Da sein Sohn Joseph Moritz vor ihm (1852) starb, erlosch mit D. das uralte Adelsgeschlecht.

DIETRICHSTEIN, Siegmund Freiherr von (seit 1514), * 1484 auf Burg Hartnidstein (?, bei Wolfsberg, K), † 19. 5. 1563 auf Burg Finkenstein (K), Feldherr. Sohn von Pankraz von D., der 1480–97 als Pfleger und Landrichter zu Hartnidstein urkundlich genannt ist und 1506 von Kaiser Maximilian I. (s. d.) das Erbmundschenkenamt in Kärnten erhielt. Siegmund v. D. kam früh an den Hof Kaiser Maximilians I., der ihn sehr schätzte. 1514 kämpfte er gegen Venedig, 1515 gegen aufständische Bauern bei Rann und 1525 in der Steiermark, wobei er Schladming besetzte, jedoch am 3. 7. von den Aufständischen überfallen und gefangengenommen wurde. Auf Burg Werfen (S) entging er knapp der Hinrichtung und wurde schließlich wegen seiner Bemühungen um einen Frieden freigelassen.

DIMMER, Friedrich, * 7. 11. 1858 in Prag, † 7. 3. 1926 in Wien, Augenarzt. Bald nach seinem Studium wurde er Prof. an den Universitäten in Innsbruck, Graz und Wien. In Wien modernisierte er die I. und II. Augenklinik, deren Vorstand er auch war. Erreichte bedeutsame Fortschritte in der Ophthalmoskopie und wies als erster die gelbe Farbe des Grundes der Fovea nach. Sein Hauptwerk, „Der Augenspiegel und die ophthalmologische Diagnose", erschien 1921 in 3. Auflage.

DINGELSTEDT, Franz Freiherr von, * 30. 6. 1814 in Halsdorf (Hessen), † 15. 5. 1881 in Wien, Schriftsteller und Theaterleiter. Nach Philosophie- und Theologiestudium Gymnasiallehrer (bis 1843), dann liberaler Schriftsteller und Bibliothekar des Königs von Württemberg. Erfolgreicher Intendant des Hof- und Nationaltheaters in München 1851–56 und 1857 in Weimar, kam D. nach Wien, 1867–70 Direktor der Hofoper; unter seiner Leitung fand am 25. 5. 1869 die Eröffnung des neuen Hauses am Ring statt; von 1870–81 Direktor des Burgtheaters, das unter seiner Führung eine Blütezeit erlebte. Sein umfangreiches schriftstellerisches Werk erschien 1877/78 in 12 Bdn. D. war mit der aus Prag stammenden gefeierten Sängerin Jenny Lutzer verheiratet (geb. 4. 3. 1816 in Prag, gest. 3. 10. 1877 in Wien), die 1837–43 Mitglied der Wiener Hofoper war.

Franz von Dingelstedt. Radierung von Wilhelm Krauskopf (1880)

Glossy, K. (Hrsg.): F. v. D. Aus der Briefmappe eines Burgtheaterdirektors (1925)

DINGHOFER, Franz, * 6. 4. 1873 in Ottensheim (OÖ), † 12. 1. 1956 in Wien, deutschnationaler Politiker. Nach dem Jusstudium in Graz war er ab 1897 in Linz am Landesgericht tätig. Dem Deutschnationalen Verein angehörend, gründete er in Linz den Deutschen Volksbund. 1901–05 Mitglied des Gemeinderats von Linz, 1905–07 Vizebürgermeister und 1907–18 Bürgermeister von Linz. 1909 erwarb er sich große Verdienste um die Einführung der Schrebergärten in Ö. 1911–18 gehörte er als Abgeordneter der Deutschen Volkspartei dem Reichsrat an. 1913–18 war er auch Abgeordneter im oö. Landtag. 1918/19 Erster Präsident der Provisorischen Nationalversammlung. Mitglied der Konstituierenden Nationalversammlung 1919/20 und des Nationalrates 1920–28, nun als Abgeordneter der Großdeutschen Partei. 1926/27 Vizekanzler, 1927/28 Justizminister. Wegen der Affäre um den ungarischen Kommunistenführer Béla Kun, der von Ö. nicht an Ungarn ausgeliefert, sondern nach Moskau abgeschoben wurde, mußte D. zurücktreten. 1928–38 Präsident des Obersten Gerichtshofs. 1930 veröffentlichte er sein Werk „80 Jahre Oberster Gerichtshof".

DIRKENS, Annie, * 25. 9. 1869 in Berlin, † 11. 11. 1942 in Wien, Sopranistin. Nach ihrer Ausbildung in Berlin kam sie 1896 nach Wien, wo sie am Theater an der Wien auftrat und bald zur gefeierten Operettendiva wurde. 1899 am Theater in der Josefstadt. Nach einem Engagement am Carl-Theater 1905 wieder zurück ans Theater in der Josefstadt. Im Ersten Weltkrieg als Krankenschwester in einem Lazarett verwundet, betrieb sie ab 1919 neben dem Wiener Burgtheater eine Tabaktrafik.

DIRTL, Fritz, * 9. 1. 1928 in Wien, † 11. 6. 1956 in Oberhausen (Ruhrgebiet), Speedwayfahrer der Europaklasse. Kam als bisher einziger Österreicher in ein Speedway-Weltfinale. Allein 1948 feierte D. 73 Rennsiege, fünf heimische Meistertitel zwischen 1948 und 1954 gehen auf sein Konto. D. starb 1956 nach einer Kollision mit seinem ewigen Rivalen Josef Kamper (s. d.).

DIRTL, Willy, * 4. 3. 1931 in Wien, Solotänzer. Seit 1948 an der Wiener Staatsoper tätig, beschäftigt sich auch mit Choreographie und mit Filmarbeiten.

DITMAR, Karl Rudolf, * 3. 5. 1818 in Prenzlau bei Stettin (Brandenburg), † 22. 3. 1895 in Wien, Industrieller. Er kam 1839 als Spenglergehilfe nach Wien und handelte mit Lampen. 1841 gründete er gemeinsam mit seinem Bruder Friedrich die erste Lampenfabrik in Ö. In seinem Todesjahr beschäftigte die Firma „Gebrüder Ditmar" bereits 700 Arbeiter und hatte Niederlassungen in Znaim, Berlin, Mailand und Warschau. 1860 konstruierte er eine Petroleumlampe, die rasch große Verbreitung fand und bei der Weltausstellung in Paris 1878 großen Erfolg erzielte. 1863–66 Wiener Gemeinderat, ab 1873 nö. Landtagsabgeordneter. Er war auch Generaldirektor der Wiener Weltausstellung, Kurator des Handelsministeriums und Mitglied der Donauregulierungskommission.

DITTERS von Dittersdorf, Karl (seit 1773, urspr. Ditters), * 2. 11. 1739 in Wien, † 24. 10. 1799 auf Schloß Rothlhotta bei Neuhof (Böhmen), Violinvirtuose und Komponist. Schon als Knabe spielte er im Orchester der Benediktiner und wurde Page bei Generalfeldzeugmeister Josef Prinz von Hildburghausen, der ihn ausbilden ließ. 1761 wurde er im Wiener Hofopernorchester angestellt. 1765–69 war er Nachfolger Michael Haydns (s. d.) als Kapellmeister des Bischofs von Großwardein (Ungarn). 1770 erhielt er den päpstlichen Orden vom goldenen Sporn und 1773 den Adelsbrief. 1774 schlug er die ihm angebotene Stelle eines Hofkapellmeisters aus, da er mit der Stelle des Kapellmeisters bei Fürstbischof Graf Schaffgotsch (Bischof von Breslau) in Johannisberg (Schlesien) zufrieden war. Dort war er auch als Forstmeister und für ein kleines Privattheater tätig. D. gehörte zu den Begründern der komischen Oper in deutscher Sprache und wurde so zum Konkurrenten Mozarts (s. d.). Neben über 40 Bühnenwerken schrieb er auch Oratorien und Kammermusik. Seine bedeutendsten Oratorien sind: „Esther", „Isaak" und „Hiob", die in den Jahren 1773–86 entstanden; seine Opern „Doktor und Apotheker" (1786), „Betrug durch Aberglauben" (1786), „Liebe im Narrenhause" (1787), „Hieronymus Knicker" (1787) und „Das rothe Käppchen" (1788) haben ihren Platz auf den Spielplänen zum Teil bis heute behalten. 1801 erschien seine Autobiographie.

Krebs, C.: Dittersdorfiana (1900, mit Werkverzeichnis)

DITZ, Johannes, * 22. 6. 1951 in Kirchberg am Wechsel (NÖ), Wirtschaftsfachmann und ÖVP-Politiker. Nach der Handelsakademie ab 1972 Studium an der Hochschule für Welthandel in Wien, Promotion 1978. 1978 trat er in die Vereinigung Ö. Industrieller ein und wurde Referent der Abteilung Finanzpolitik. Seit 1978 Mitglied des Beirates für Wirtschafts- und Sozialfragen (Arbeitsgruppe Budget). 1979 zum wirtschaftspolitischen Referenten der ÖVP bestellt, ist er seit 20. 1. 1987 Staatssekretär im Finanzministerium in der Koalitionsregierung Vranitzky–Mock.

DOBIASCHOFSKY, Franz Josef, * 23. 11. 1818 in Wien, † 7. 12. 1867 in Wien, Maler. Er war Schüler bei Josef von Führich (s. d.) und Leopold Kupelwieser (s. d.) an der Wiener Kunstakademie und in seinem Schaffen von den Nazarenern stark beeinflußt. 1843 trat er mit seinen Bildern, meist religiösen Inhalts, erstmals an die Öffentlichkeit. 1850/51 war er prov. Prof. der Malerei, 1865 wurde er zum Akademischen Rat ernannt. Neben zahlreichen Altarbildern schuf er auch Historienbilder und Fresken. Seine Hauptwerke sind die Wand- und Deckengemälde im Treppenhaus der Wiener Oper und die monumentalen Fresken in der Altlerchenfelder Kirche in Wien. Außerdem gibt es von ihm Altarbilder in nö. Kirchen, etwa in Gföhl, Purk und Obergrafendorf.

DOBLHOFF-DIER, Anton Freiherr von, * 10. 11.1800 in Görz, † 16. 4. 1872 in Wien, altliberaler Politiker. Nach Abschluß des Jusstudiums trat er 1826 in den ö. Staatsdienst ein (bis 1836). Daneben widmete er sich der Bewirtschaftung des Familienbesitzes in Weikersdorf (NÖ). Dem reformfreudigen, liberalen Flügel der nö. Stände angehörend, war er 1848/49 Reichsratsabgeordneter und wurde im Mai Handelsminister, im Juli Innen- und im September Kultusminister. Nach der Oktoberrevolution demissionierte er, da er von den Reaktionären und den Demokraten gleichermaßen angegriffen worden war. 1849–58 Botschafter in Den Haag, 1861–67 Reichsratsabgeordneter und Abgeordneter im nö. Landtag, ab 1867 Mitglied des Herrenhauses. D. verfaßte mehrere landwirtschaftliche Werke, die große Beachtung fanden.

DÖBRENTEI, Beda, s. Beda-Döbrentei, Gabriel

DOBRETSBERGER, Josef, * 28. 2. 1903 in Linz, Jurist, Nationalökonom und Politiker. Wurde nach seinem Studium bereits 1931 Univ.-Prof. Als Minister für soziale Verwaltung (1935/36) nahm er Kontakte zur verbotenen Sozialdemokratie auf. 1938 Prof. in Istanbul, 1942 in Kairo und ab 1946 in Graz. Wurde im Dezember 1946 Mitbegründer der Demokratischen Union – die der KPÖ sehr nahestand – und 1949 deren Bundesobmann. Die Union vereinigte sich für die Wahlen 1949 mit der KPÖ zur Wahlgemeinschaft „Volksopposition". D. veröffentlichte mehrere Werke, so „Die Gesetzmäßigkeit in der Wirtschaft" (1927), „Katholische Sozialpolitik am Scheideweg" (1947) und „Finanzwirtschaft und Finanzpolitik" (1948).

DOBRIZHOFFER, Martin, * 7. 9. 1717 in Graz, † 17. 7. 1791 in Wien, Jesuitenpater, Missionar und Völkerkundler. Als Missionar ausgebildet, ging er 1748 nach Paraguay, wo er 18 Jahre bei verschiedenen Eingeborenenstämmen des Gran Chaco, bei den Abiponen und den Stämmen der Guaraní tätig war. Ließ sich nach seiner Rückkehr nach Europa in Wien nieder und wurde von Maria Theresia als Hofprediger aufgenommen. 1784 erschien in Wien sein Werk „Historia de Abiponibus equestris bellicosaque Paraguariae nationae" (3 Bde.), das später auch in einer englischen und einer deutschen Ausgabe veröffentlicht wurde. Außerdem verfaßte er wertvolle Wörterbücher und sprachwissenschaftliche Abhandlungen über Indianerdialekte. Durch seine noch heute geschätzten Werke leistete er einen wesentlichen Beitrag zur Entwicklung der Völkerkunde.

Österreicher als Erforscher der Erde, Notring Jahrbuch 1956

DOBROWSKÝ, Josef, * 22. 9. 1899 in Karlsbad, † 13. 1. 1964 in Wien, Maler. Studierte an der Wiener Kunstgewerbeschule und an der Akademie der bildenden Künste und erhielt noch als Student den „K. k. Hofpreis erster Klasse". Ab 1919 Mitglied der Wiener Secession, später deren Ehrenmitglied. D., der von der niederländischen Malerei stark beeinflußt war, versuchte vor allem in den Jahren 1920–30 neue Wege in der Kunst zu finden. Er malte u. a. die Gemälde „Aufbau" (1925), „Eichelhof in Nußdorf" (1929), „Mühle im Winter" (1930) und „Die Lehrstunde" (1934).

DODERER, Heimito von, * 5. 9. 1896 in Weidlingau bei Wien, † 23. 12. 1966 in Wien, Schriftsteller. Sohn des Architekten Wilhelm von D. (1825–1900). D. war im Ersten Weltkrieg Dragoneroffizier und geriet 1916 in russische Kriegsgefangenschaft, kam nach Sibi-

Ausrufung der Republik durch den Präsidenten der Provisorischen Nationalversammlung, Franz Dinghofer, am 12. 11. 1918

HEIMITO VON DODERER

Der Roman Wiens zwischen den Kriegen

Die Strudlhofstiege (1910 eröffnet), bekannt geworden durch den gleichnamigen Roman Heimito von Doderers

„Einmal fragte ich Doderer, wie er es schafft, solche Wälzer zu schreiben, rein praktisch. Er sagte: ‚Schau, Quasi, rechne dir aus, das Jahr hat soundso viele Tage. Ich schreibe jeden Tag einige Seiten, wenn man das konsequent durchhält, kommt halt ein dickes Buch heraus!'"

Helmut Qualtinger

rien und kehrte 1920 nach Wien zurück. Er studierte anschließend Geschichte und Psychologie und promovierte 1925. Seit 1923 ausschließlich schriftstellerisch tätig, veröffentlichte er 1930 seinen ersten Roman, „Das Geheimnis des Reichs". Anfänglich Hinneigung zum Nationalsozialismus. Konvertierte 1940 zum Katholizismus. 1939–45 Hauptmann der deutschen Luftwaffe. 1938 war „Ein Mord, den jeder begeht", 1940 der Barockroman „Ein Umweg" erschienen. 1951 gelang ihm mit seinem Roman „Die Strudlhofstiege" der dichterische Durchbruch, 1956 folgte mit „Dämonen" die Fortsetzung und der Abschluß dieser literarischen Darstellung der Wiener Zwischenkriegszeit. Das auf vier Teile konzipierte Werk „Roman No 7", von dem 1963 der erste Teil, „Die Wasserfälle von Slunj", und 1967 das Fragment des zweiten Teils, „Der Grenzwald", erschien, blieb unvollendet. Im Alter wurden D. mehrere Ehrungen zuteil, so 1954 der Deutsche Literaturpreis, 1958 der Große Ö. Staatspreis und 1961 der Preis der Stadt Wien. Weitere Werke: „Die Bresche" (Erzählung, 1924), „Der Fall Gütersloh" (Essay, 1930, Neuaufl. 1960), „Ein Weg im Dunkeln", (Gedichte, 1957), „Die Peinigung der Lederbeutelchen" (Erzählungen, 1959), „Tangenten. Tagebuch eines Schriftstellers 1940–1950" (1964), „Unter schwarzen Sternen" (Erzählungen, 1966); von seinen Romanen seien noch erwähnt: „Die erleuchteten Fenster oder Die Menschwerdung des Amtsrates Julius Zihal" (1950) und „Die Merowinger oder Die totale Familie" (1962).

Weber, D.: H. v. D. Studien zu seinem Romanwerk (1963); Schaffgotsch, X.: Erinnerungen an H. v. D. (1972); Horowitz, M. (Hrsg.): Begegnung mit H. v. D. (1983)

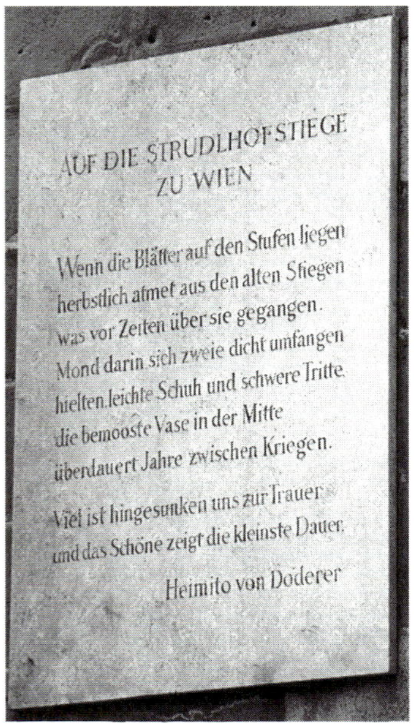

An der Strudlhofstiege angebrachte Doderer-Gedenktafel

DOHNAL, Johanna, * 14. 2. 1939 in Wien, SPÖ-Politikerin. Nach ihrer Lehrzeit war sie als kaufmännische Angestellte tätig und sammelte ihre ersten politischen Erfahrungen bei den Wiener Kinderfreunden. 1972 wurde sie Landesfrauensekretärin der Wiener SPÖ. 1973 in den Wiener Gemeinderat gewählt, setzte sie sich immer stärker für Frauen- und Familienfragen sowie für den Konsumentenschutz ein. Seit 1979 Staatssekretärin im Bundeskanzleramt und vornehmlich mit Frauenfragen betraut; in der Koalitionsregierung Vranitzky–Mock erneut in ihrem Amt bestätigt.

DOLBIN, Benedikt Fred (eigtl. Pollack), * 1. 8. 1883 in Wien, † 31. 3. 1971 in New York, Schriftsteller und Graphiker. Absolvierte die Technische Hochschule in Wien und trat daneben in Kabaretts auf. 1908/09 studierte er bei Arnold Schönberg (s. d.) Komposition. 1918 wurde er mit Carry Hauser (s. d.) und Friedrich Feigl Mitbegründer der Künstlergruppe „Bewegung". Ab 1920 lebte er als freier Schriftsteller und Graphiker in Wien und Berlin. 1935 emigrierte er nach New York. D. wurde vor allem durch seine zahlreichen Karikaturen berühmter Künstler, wie Altenberg, Friedell und Polgar, bekannt.

B. F. D. Ausstellungskatalog Berlin (1958)

DOLLFUSS, Engelbert, * 4. 10. 1892 in Texing bei Melk (NÖ), † 25. 7. 1934 (ermordet) in Wien, christlichsozialer Politiker. Aus kleinbäuerlichen Verhältnissen stammend, studierte er im erzbischöflichen Knabenseminar in Hollabrunn (NÖ), danach kurze Zeit Theologie und später Jus und Nationalökonomie. 1914 meldete er sich freiwillig zum Militärdienst, wurde bei den Kaiserschützen Oberleutnant und erhielt mehrere Kriegsauszeichnungen. 1920 setzte er sein Studium fort und promovierte 1923. 1927 wurde er Direktor der nö. Landes-Landwirtschaftskammer und Sekretär des Nö. Bauernbundes. Er gründete die ö. Landarbeiterversicherung und erwarb sich große Kenntnisse als Agrarfachmann. 1930 Präsident der Verwaltungskommission der ö. Bundesbahnen, 1931/32 Minister für Land- und Forstwirtschaft, 1932 Bundeskanzler und Außenminister. Gestützt auf eine schwache parlamentarische

Mehrheit, nützte er am 4. 3. 1933 eine Geschäftsordnungslücke des Parlaments (die sogenannte „Selbstauflösung des Parlaments") aus und regierte mit Notverordnungen. Nachdem er die politische Opposition systematisch zurückgedrängt hatte, beseitigte er die parlamentarische Demokratie in Ö. und schuf den auf autoritärer Grundlage basierenden Ständestaat. Am 3. 10. 1933 verübte der Nationalsozialist Rudolf Drtil (s. d.) ein Revolverattentat auf D. und verletzte ihn. Die mit Italien (später auch mit Ungarn) geknüpften Kontakte führten zur Abhängigkeit von Benito Mussolini und zur Auseinandersetzung mit der ö. Sozialdemokratie, die in die blutigen Februarkämpfe des Jahres 1934 mündete. Die folgenden Jahre wurden nun von den illegalen Nationalsozialisten Ö.s mit Unterstützung des Dritten Reiches zu Terrormaßnahmen genützt. Dies führte zum Putsch vom 25. Juli 1934, in dessen Verlauf Bundeskanzler D. von den nationalsozialistischen Putschisten im Bundeskanzleramt ermordet wurde. Zwei Schüsse wurden dabei abgegeben, vom Nationalsozialisten Otto Planetta (s. d.) und einem offiziell nicht genannten Polizeibeamten.

Messner, J.: D. (1934); Brook-Shepherd, G.: E. D. (1961); Jagschitz, G.: Der Putsch (1976)

Engelbert Dollfuß in der Uniform der Österreichischen Sturmscharen

ENGELBERT DOLLFUSS

Mit Notverordnungen in den Ständestaat

„Schon bei der ersten Unterredung mit ihm hatte ich ein gutes Gefühl. Endlich ein neuer Mann, der nicht im Geiste eines veralteten Parteiwesens herangewachsen war. Österreichischer Frontsoldat in seiner besten Ausgabe, hatte er den Krieg als Tiroler Kaiserschütze mitgemacht und war sehr schön dekoriert."

Ernst Rüdiger Starhemberg

DOMANIG, Karl, * 3. 4. 1851 in Sterzing (Südtirol), † 9. 12. 1913 in St. Michael bei Bozen (Südtirol), Numismatiker und Tiroler Heimatdichter. Als Numismatiker war er lange Zeit Direktor des kaiserlichen Münz- und Antikenkabinetts. In seinen schriftstellerischen Werken war er der katholischen Geisteswelt eng verpflichtet und gehörte dem Gralbund um Richard von Kralik (s. d.) an. Er schrieb Tiroler Volksstücke und Heimatromane, die heute kaum noch bekannt sind, und gab den „Tyroler Kalender" heraus. 1914 erschienen D.s „Gesammelte Werke" (5 Bde.).

Dörrer, A.: K. D. (1914)

DOMENIG, Günther, * 6. 7. 1934 in Klagenfurt, Architekt. Studierte 1953–59 Architektur an der Technischen Hochschule in Graz. Danach (gemeinsam mit Eilfried Huth) selbständige Tätigkeit als Architekt in Klagenfurt, Graz und Wien. Seit 1980 Prof. an der Technischen Universität Graz. Erhielt u. a. 1981 den Preis des Landes Steiermark für Architektur. D. errichtete neben anderen Bauten: das Pfarrzentrum Oberwart (1965–69), das Bezirkszentrum der „Z" in Wien-Favoriten (1974–79), ein Schuhgeschäft in der Wiener Alser Straße. Er plant seit 1983 Erweiterungsbauten der Technischen Universität in Graz.

DOMES, Franz, * 25. 6. 1863 in Wien, † 11. 7. 1930 in Wien, sozialdemokratischer Politiker und Gewerkschafter. Nach seiner Schlosserlehre trat er in den väterlichen Betrieb ein, war von 1885–88 bei der Festungsartillerie in Olmütz eingerückt, brachte es zum Unteroffizier und wurde 1888 Schlosser im Wiener Artilleriearsenal. Seit 1879 beim Allgemeinen Arbeiterverein, wurde er 1898 Sekretär des Metallarbeiterverbands. 1906–20 Mitglied des Wiener Gemeinderats, 1911–18 auch des Reichsrats. 1918 Obmann des Metallarbeiterverbands, 1919–30 Mitglied des Nationalrats. 1920 Obmann der Gewerkschaftskommission, wurde er am 26. 2. 1920 der erste Präsident der neu errichteten Kammer für Arbeiter und Angestellte für Wien, damit auch Präsident des Ö. Arbeiterkammertags. 1930 veröffentlichte er anläßlich des 40. Jahrestages der Gründung des ö. Metallarbeiterverbands „Denkt an Gestern, denkt an Morgen . . .!", eine Art Autobiographie wie auch eine Geschichte der Gewerkschaftsorganisation.

Georg Raphael Donner: Der Providentia-Brunnen auf dem Mehlmarkt (heute Neuer Markt)

DÖNCH, Karl, * 8. 1. 1915 in Hagen (Westfalen), Baßbariton. Er studierte am Dresdner Konservatorium und debütierte 1936 in Görlitz. Seit 1947 an der Wiener Staatsoper. Viele Gastspiele, u. a. bei den Salzburger Festspielen. 1973–87 Direktor der Wiener Volksoper.

DONIN, Richard, * 4. 6. 1881 in Wien, † 1. 5. 1963 in Wien, Kunsthistoriker. Nach Abschluß seines Studiums war er bis 1931 im Dienst der Nö. Landesregierung tätig. Er veröffentlichte u. a.: „Die Bettelordenskirchen in Ö." (1935), „Geschichte der bildenden Kunst in Wien" (1944), „Der Wiener Stephansdom und seine Geschichte" (1946) und „Zur Kunstgeschichte Ö.s" (1951). 1958 erhielt er den Preis der Stadt Wien.

DONKAN, Rupert, s. Zischka, Anton

DONNER, Georg Raphael, * 24. 5. 1693 in Eßling bei Wien, † 15. 2. 1741 in Wien, Bildhauer. Der Sohn eines Zimmermanns arbeitete kurz beim Hofjuwelier Johann Kaspar Prenner in Wien und ab etwa 1706 als Schüler von Giovanni Giuliani (s. d.) im Stift Heiligenkreuz (NÖ). Ab 1721 sind Arbeiten von ihm in Linz bekannt, seit 1725 in Salzburg. 1726 schuf er Marmorstatuen für Park und Schloß Mirabell. 1729 trat er in den Dienst des Fürstprimas Emmerich Esterházy in Preßburg, der für D. ein eigenes Gußhaus errichten ließ. Dadurch auf den Erzguß spezialisiert (Großplastiken im Dom von Preßburg), intensivierte er seine Tätigkeit für Wiener Auftraggeber. 1737 erhielt er den Auftrag, an die Stelle eines alten Ziehbrunnens am Mehlmarkt (Neuer Markt) einen neuen Brunnen zu setzen. Der Providentia-Brunnen wurde am 4. 11. 1739 enthüllt. D. wurde in Wien ansässig, 1740/41 entstanden sein Andromeda-Brunnen im Alten Rathaus in Wien und sein zweites Hauptwerk, die aus Kärntner Blei gegossene Pietà im Dom zu Gurk. 1740 wurde er zum kaiserlichen Kammerbildhauer ernannt. Von D.s Providentia-Brunnen am Neuen Markt mußten 1770 auf Befehl Maria Theresias (s. d.) die nackten Bleifiguren entfernt werden. Der Bildhauer Johann Martin Fischer (s. d., später Direktor der Akademie der bildenden Künste) erkannte den hohen künstlerischen Wert der Figuren und bewahrte sie vor der Zerstörung; er ließ sie 1801 restaurieren und wieder aufstellen. 1873 wurden die Originalfiguren durch Bronzeabgüsse ersetzt. Die Originale sind heute im Barockmuseum im Unteren Belvedere ausgestellt.

Pigler, A.: G. R. D. (1929); Blauensteiner, K.: G. R. D. (1944)

DOPPLER, Adolf, * 6. 6. 1840 in Prag, † 24. 7. 1916 in Kitzbühel (T), Techniker, Eisenbahnfachmann. Sohn des Physikers Christian D. (s. d.). Studierte Technik in Wien und war seit 1861 bei der Südbahn tätig. Er baute die Arlbergbahn mit Tunnel und Trisannabrücke sowie die Brennerbahn mit sämtlichen Tunnels.

DOPPLER, Christian, * 29. 11. 1803 in Salzburg, † 17. 3. 1853 in Venedig, Physiker und Mathematiker. Der Sohn eines Steinmetzmeisters absolvierte 1822–25 das Polytechnische Institut (heute Technische Universität) in Wien und wurde hier 1829 Assistent und „öffentlicher Repetitor" für höhere Mathematik. 1835 Prof. für Mathematik an der ständischen Realschule in Prag. 1841 veröffentlichte er in der Böhmischen Gesellschaft der Wissenschaften seine Arbeit „Über das farbige Licht der Doppelsterne und einiger anderer Gestirne des Himmels", in der er das Prinzip der Wellenlehre darlegte. Der sogenannte Doppler-Effekt (oder Dopplersches Prinzip) beweist den Einfluß des Bewegungszustandes einer Schall- oder Lichtquelle bzw. ihres Beobachters, etwa das scheinbare Tieferwerden des Pfeiftones einer vorbeifahrenden Lokomotive. So wies D. den Weg zur Bestimmung der Radialgeschwindigkeit der Sterne und schuf die Grundlage für die moderne Astrophysik. (Die Tragweite seines Prinzips wird erst Jahre nach seinem Tod erkannt.) 1847 wurde er Prof. für Mathematik, Physik und Mechanik an der Bergakademie in Schemnitz sowie Bergrat. 1848 kehrte er an das Wiener Polytechnikum zurück und wurde 1850 Prof. für Experimentalphysik. Im gleichen Jahr gründete er das Physikalische Institut der Universität Wien und wurde dessen Direktor.

DOPSCH, Alfons, * 14. 6. 1868 in Lobositz (Böhmen), † 1. 9. 1953 in Wien, Wirtschafts- und Kulturhistoriker. D. wurde bald nach seinem Studium 1900 Univ.-Prof. in Wien, wo er bis 1938 lehrte. 1904–20 war er Herausgeber der „Forschungen zur inneren Geschichte Ö.s" (14 Bde.). Von seinen Werken sind besonders erwähnenswert: „Die Wirtschaftsentwicklung der Karolingerzeit" (2 Bde., 1912/13), „Ö.s geschichtliche Sendung" (1918) und „Verfassungs- und Wirtschaftsgeschichte des Mittelalters" (1928).

DOR, Milo (eigtl. Milutin Doroslovac), * 7. 3. 1923 in Budapest, Schriftsteller. D. wuchs in Belgrad auf und wurde 1943 nach Wien deportiert. Hat – anfangs gemeinsam mit Reinhard Federmann (s. d.) – Romane und Novellen von zumeist zeitgeschichtlicher Thematik geschrieben u. a.: „Unterwegs" (1947), „Tote auf Urlaub" (1952), „Romeo und Julia in Wien" (1954), „Die Verbannten" (1962). D. ist auch Übersetzer aus dem Serbokroatischen, darunter der Werke von Ivo Andrič. 1962 erhielt er den Ö. Staatspreis.

d'ORA, Madame, s. Kallmus, Dora

DÖRFEL, Franz, * 5. 7. 1879 in Komotau (Böhmen), † 26. 4. 1959 in Wien, Betriebswirtschafter und Verkehrsfachmann. Als Prof. an der Hochschule für Welthandel in Wien war er 1921–57 Leiter des Instituts für Verkehrs- und Versicherungswesen und von 1946–51 auch Leiter des Instituts für Fremdenverkehrswirtschaft sowie des Wirtschaftspädagogischen Instituts. 1931–45 gab er die Schriftenreihe der Ö. Gesellschaft für Versicherungswesen heraus. 1952 veröffentlichte er seine „Versicherungslehre".

DÖRMANN, Felix (eigtl. Biedermann), * 29. 5. 1870 in Wien, † 26. 10. 1928 in Wien, Schriftsteller. D. zählte zu den Gründungsvätern des Wiener Kabaretts um die Jahrhundertwende, trat 1906 im Kabarett „Nachtlicht" und danach in vielen anderen Kleinkunstetablissements auf. Schrieb u. a. die Gedichte „Neurotica" (1891), „Sensationen" (1892) und „Gelächter" (1896); die Erzählungen „Der platonische Wüstling" (1920), „Geheimnisvolle Geschichten" (1924) und die Operettenlibretti zu „Ein Walzertraum" (1907) und „Der unsterbliche Lump" (1910).

DORSCH, Käthe, * 29. 12. 1890 in St. Peter bei Nürnberg, † 25. 12. 1957 in Wien, Kammerschauspielerin. Ihr Vater war Lebkuchenerzeuger. Schon mit 16 Jahren war D. Choristin am Nürnberger Stadttheater. 1909 ging sie als Operettensoubrette nach Mainz, 1919 nach Berlin, wo sie auch in ernsten Rollen Erfolg hatte. 1937–40 vorwiegend an Berliner Staatsbühnen. 1927 kam sie erstmals nach Wien, spielte von 1936–39 am Deutschen Volkstheater und ab 1939 am Wiener Burgtheater, vor allem im klassischen Fach (Maria Stuart, Mutter Wolffen, Frau John u. a.). Auch im Film feierte sie große Erfolge („Eine Frau ohne Bedeutung", 1936; „Yvette", 1938; „Mutterliebe", 1939; „Komödianten", 1941). 1953 erhielt sie den Kunstpreis der Stadt Wien. Sie war mit dem Schauspieler Harry Liedtke († 1945) verheiratet.

DOSTAL, Nico, * 27. 11. 1895 in Korneuburg (NÖ), † 25. 10. 1981 in Salzburg, Operettenkomponist. Ursprünglich Kirchenmusiker, wurde er Theaterkapellmeister in Innsbruck, Salzburg und Berlin. 1933 erster durchschlagender Erfolg mit „Clivia" in Berlin. D. war der letzte Vertreter der Silbernen Operettenära, lebte ab 1945 in Wien und Salzburg. Seine größten Erfolge waren: „Die ungarische Hochzeit" (1939), „Manina" (1942), „Zirkusblut" (1951).

DRACH, Albert, * 17. 12. 1902 in Mödling (NÖ), Schriftsteller und Jurist. Nach seinem Studium war er bis 1938 auf dem Familienbesitz, dem „Drach-Hof" in Mödling, als Rechtsanwalt tätig, wohin er nach Emigration und Widerstandstätigkeit in Frankreich 1947 zurückkehrte. Seine schriftstellerischen Leistungen wurden erst durch den 1964 veröffentlichten Roman „Das große Protokoll gegen Zwetschkenbaum" bekannt. Schon 1965 erschien „Die kleinen Protokolle und das Goggelbuch" mit nicht geringerem Erfolg, da er es verstand, groteske Phantasien in die ö. Kanzleisprache – die er als Kunststil verwendet – zu kleiden. Angelehnt an Herzmanowsky-Orlando verfaßte er mehrere Theaterstücke und veröffentlichte auch Lyrik. 1966 erschienen seine Memoiren „Unsentimentale Reise".

DRAPAL, Julia, * 28. 2. 1917 in Wien, Tänzerin und Schauspielerin. Nach ihrer Ausbildung als Schauspielerin trat sie auch als Chansonnette auf und wurde schließlich Tänzerin. 1949–59 Primaballerina an der Wiener Staatsoper. Abgesehen von Auslandsgastspielen war sie mehrmals bei den Salzburger Festspielen, beim Film und als Choreographin tätig.

DRASCHE, Heinrich, Edler von Wartinberg (seit 1870), * 19. 4. 1811 in Brünn, † 24. 7. 1880 in Inzersdorf bei Wien, Industrieller. Nach dem Gymnasium in Brünn ließ ihn sein Onkel Alois Miesbach (s. d.) als Montanfachmann in Wien ausbilden, wo er dessen Ziegelwerke am Laaerberg übernahm und als Alleinerbe seines Onkels großzügig ausbaute. Bald errichtete er im Wiener Becken und in Teilen der ö.-u. Monarchie weitere Ziegelwerke und führte die kontinuierlichen Brennöfen und die Erzeugung feiner Tonwaren ein. Außerdem besaß er mehrere Kohlenbergwerke. Durch die Stadterweiterung Wiens, für die eine Unmenge Ziegel verbraucht wurde, war D. zum reichsten Mann der Stadt geworden. 1861–63 ließ er gegenüber der Oper, am Opernring, nach den Plänen von Theophil Hansen (s. d.) den repräsentativen Heinrichhof errichten und durch Fresken von Carl Rahl (s. d.) und August Eisenmenger (s. d.) ausstatten. (1945 durch Fliegerbomben schwer beschädigt, mußte der Bau ab-

Heinrich von Drasche

Heinrich von Drasche, dessen Ziegel den Doppeladler und seine Initialen trugen

getragen werden, 1956 entstand hier der Opernringhof.) Auf der Pariser Weltausstellung von 1867 errang D. den ersten Preis und erhielt das Komturkreuz des Franz-Josephs-Ordens. 1869 wandelte er seinen Betrieb in die „Wienerberger Ziegelfabriks- und Baugesellschaft" um. Er beschäftigte rund 10 000 Arbeiter, für die er als erster Unternehmer in Ö. Wohnhäuser errichten ließ. Weitere soziale Einrichtungen waren ein Pensionsfonds und eine Krankenfürsorgekasse.

DRAXLER, Ludwig, * 18. 5. 1896 in Wien, † 28. 11. 1972 in Wien, Jurist. War im Ersten Weltkrieg Frontoffizier (Oberleutnant) und studierte danach Jus in Wien und in Innsbruck. 1921 Führer des Sturmzuges Tirol im „Freikorps Oberland" in Oberschlesien, bei dem auch Ernst Rüdiger Fürst Starhemberg (s. d.) war, promovierte 1922 zum Dr. jur. und wurde Syndikus und Vorstandsmitglied einer Großbank. 1928 trat er der Heimwehr bei, wurde 1930 Rechtsanwalt und Rechtskonsulent der Bundesführung der Heimwehr und Anwalt Starhembergs. 1934 Staatsrat und Obmann des innenpolitischen Ausschusses, 1935/36 Finanzminister, 1936 Präsident des Finanzbundes und 1938 Vizepräsident der Bundeshandelskammer. Während des Krieges in verschiedenen Konzentrationslagern, arbeitete er nach 1945 als Rechtsvertreter des Hauses Habsburg.

Wiltschegg, W.: Die Heimwehr (1985)

DRECHSLER, Joseph (auch Traxler), * 26. 5. 1782 in Wällisch-Birken (Böhmen), † 27. 2. 1852 in Wien, Komponist und Kapellmeister. Er studierte in Prag, kam 1807 nach Wien und war 1822–30 Kapellmeister am Leopoldstädter Theater. Ab 1844 bis zu seinem Tod war er Domkapellmeister von St. Stephan in Wien. Er war der Lehrer von Johann Strauß Sohn (s. d.) und als Theaterkomponist wohl der beste Vertreter des volkstümlichen Wiener Musiktheaters, wodurch er zum „Hauskomponisten" von Ferdinand Raimund (s. d.) wurde (z. B. „Brüderlein fein"). D. schuf die Musik zu etwa 30 Opern, Singspielen und Zauberpossen, 10 große und 6 kleine Messen, Kammermusik. Außerdem erschien 1816 in Wien seine „Harmonie- und Generalbaßlehre".

DREGER, Moritz, * 3. 6. 1868 in Wien, † 26. 4. 1939 in Wien, Kunsthistoriker. Nach seinem Studium am Institut für ö. Geschichtsforschung (Promotion 1891) trat D. nach ausgedehnten Reisen in ganz Europa in das Ö. Museum für Kunst und Industrie (heute Museum für angewandte Kunst) ein, in dem er 20 Jahre arbeitete und dort auch stellvertretender Direktor wurde. Erwarb sich bedeutende Verdienste um die wissenschaftliche Bearbeitung der Textilsammlung dieses Museums. 1901–07 Privatdozent an der Universität Wien, 1917–26 Univ.-Prof. in Innsbruck, 1926–36 Prof. an der Technischen Hochschule in Wien. 1914 erschien seine vielbeachtete Arbeit „Baugeschichte der k. k. Hofburg in Wien bis zum 19. Jh." (Band XIV der Ö. Kunsttopographie).

DREHER, Anton d. Ä., * 10. 6. 1810 in Klein-Schwechat, † 27. 12. 1863 in Klein-Schwechat, Industrieller. Nach dem Besuch des Piaristengymnasiums, in dem er besonders gern die antiken Schriftsteller übersetzte, erlernte er bei Meichl in Simmering das Bierbrauen und eignete sich 1832–36 durch Besuche der größten Brauereien in Deutschland und England zusätzliche Kenntnisse an. 1836 übernahm er von seiner Mutter den seit 1794 im Besitz der Familie befindlichen Betrieb in Schwechat (der Vater war 1820 gestorben) und baute die Brauerei systematisch aus. Anfangs verspottete man den „englischen Braumeister", da er die englische Methode der Malzbereitung und die Untergärung des Biers – und damit das Lagerbier – einführte. Die Erzeugung des Lagerbiers (das bis dahin übliche obergärige Bier bereitete stets große Lagerprobleme) wurde ein großer Erfolg und führte zu einer ungeahnten Produktionssteigerung. Waren es im Geschäftsjahr 1836/37 noch 20 560 Eimer Bier, so erzeugte man 1862/63 bereits 391 260 Eimer, für die elf große Lagerkeller vorhanden waren, die 3 500 große Bierfässer aufnehmen konnten. 1850 führte er den Maschinenbetrieb ein, 1861 errichtete er einen Filialbetrieb auf seinem Besitz in Micholoup bei Saaz in Böhmen, 1862 erwarb er eine Brauerei in Steinbruch bei Pest (Budapest), die er nach den neuesten Erkenntnissen ausbaute. Eigene Gleisanlagen verbanden seine Unternehmen mit der Staatseisenbahn. Heute noch kennt man in Italien das „Birra Dreher", das Erzeugnis eines Schwechater Filialbetriebs. Ab 1861 war D. auch politisch tätig, wurde als Bürgermeister von Schwechat Abgeordneter im nö. Landtag und war 1861–63 Reichsratsabgeordneter. Parteiungebunden, vertrat er die liberalen Ansichten des Ministerpräsidenten Schmerling (s. d.).

DREHER, Anton d. J., * 21. 3. 1849 in Schwechat bei Wien, † 7. 8. 1921 in Altkettenhof bei Schwechat, Industrieller. Nach dem frühen Tod seines Vaters Anton D. d. Ä. (s. d.) übernahm ein Direktorium unter der Oberaufsicht des späteren Wiener Bürgermeisters Kajetan Felder (s. d.) die Leitung des Betriebs und vergrößerte ihn durch den Erwerb dreier weiterer Brauereien. Nach dem Akademischen Gymnasium in Wien besuchte D. die Technische Hochschule und führte vom Tag seiner Großjährigkeit (21. 3. 1870) an das väterliche Unternehmen. Am 12. 8. 1870 heiratete er in Simmering Katharina Meichl (14. 11. 1850–17. 2. 1937), die Tochter des Besitzers der Brauerei Simmering, Theodor Meichl. D. erweiterte den väterlichen Betrieb, und 1892 beschäftigte er bereits 1 000 Arbeiter. Er besaß 60 eigene Eisenbahnwaggons und exportierte auch nach Übersee. Im Geschäftsjahr 1891/92 betrugen die Produktionen in Schwechat 550 000, in Steinbruch (Ungarn) 400 000, in Micholoup (Böhmen) 40 000 und in Triest 56 000 Hektoliter Bier; seine Brauerei war zur größten der Welt geworden. Nach dem Eintritt seiner drei Söhne in den Betrieb wurde dieser 1905 in „Anton Drehers Brauerei AG", eine Familienaktiengesellschaft, umgewandelt. 1913 wurde die Fusionierung mit der Brauerei Mautner Markhof zu den „Vereinigten Brauereien Schwechat, St. Marx, Simmering – Dreher, Mautner, Meichl AG" durchgeführt. Seit 1884 Landtagsabgeordneter, war D. 1902–18 auch Mitglied des Herrenhauses.

DREXEL, Karl, * 21. 7. 1872 in Dornbirn (V), † 14. 3. 1954 in Dornbirn, katholischer Geistlicher, christlichsozialer Politiker. Er promovierte zum Dr. der Theologie und lehrte in Dornbirn. 1907–11 christlichsozialer Reichsratsabgeordneter. Im Ersten Weltkrieg Feldkurat, geriet er in russische Kriegsgefangenschaft und wirkte sechs Jahre in sibirischen Kriegsgefangenenlagern, weshalb er auch „Engel Sibiriens" genannt wurde. Später veröffentlichte er ein Buch über seine Lagererlebnisse: „Als Feldkurat in Sibirien". 1920–23 Mitglied des Bundesrats, 1923–29 Abgeordneter des Nationalrats.

DRIMMEL, Heinrich, * 16. 1. 1912 in Wien, Jurist und ÖVP-Politiker. Schon während seines Jusstudiums in der katholischen Hochschuljugend tätig, trat er 1929 der Heimwehr bei und wurde 1934 vom Unterrichtsministerium als Sachwalter der ö. Hochschülerschaft eingesetzt. 1937 ins Unterrichtsministerium berufen,

1938 entlassen. Nach Kriegsdienst und Gefangenschaft 1946 Beamter im Unterrichtsministerium. 1952–54 Leiter der Hochschulsektion, 1954–64 Unterrichtsminister, 1964–69 Vizebürgermeister, amtsführender Stadtrat von Wien und Landeshauptmann-Stellvertreter. Während seiner Amtszeit als Unterrichtsminister war er ein Gegner der Reformer innerhalb seiner Partei und kompromißbereit gegenüber dem Koalitionspartner SPÖ. An der Konkordatsrevision von 1962 beteiligt, trug er wesentlich zur Verwirklichung der Schulgesetze von 1962 bei. Außerdem war er Initiator der Hochschulreform. 1969 wieder im Unterrichtsministerium, zog er sich 1971 aus dem öffentlichen Leben zurück. Veröffentlichte seither mehrere historische Werke und die zeitgeschichtlich interessante Autobiographie „Die Häuser meines Lebens" (1975).

DRTIL, Rudolf (auch Dertil), * 26. 3. 1911 in Wien. War Laufbursche und Kanzleidiener. Seit Februar 1932 in der NSDAP. Der Gefreite des Infanterieregiments Nr. 3 wurde wegen nationalsozialistischer Umtriebe aus dem Bundesheer entlassen. Am 3. 10. 1933 verübte er im Vestibül des Parlamentsgebäudes auf Bundeskanzler Dr. Engelbert Dollfuß (s. d.) ein Revolverattentat. Ein Schuß durchschlug den rechten Oberarm, ein weiterer traf die Herzgegend, prallte aber an einer Rippe ab und verursachte nur eine geringfügige Verletzung.

Botz, G.: Gewalt in der Politik (1983)

DRUDMAIR, Zeno, s. Zoder, Raimund

DUHAN, Hans, * 27. 1. 1890 in Wien, † 6. 3. 1971 in Wien, Kammersänger, Bariton. Studierte in Wien und debütierte 1910 in Troppau. 1914–40 an der Wiener Oper, unternahm Gastspielreisen und war auch bei den Salzburger Festspielen tätig. Ab 1932 Prof. an der Musikakademie in Wien. Galt vor allem als bedeutender Lied- und Oratoriensänger. Auch Komponist, Dirigent und Regisseur.

DUMBA, Nikolaus, * 24. 7. 1830 in Wien, † 23. 3. 1900 in Budapest, Industrieller und liberaler Politiker. Einer reichen

Nikolaus Dumba 1873

griechischen Familie (aus Seres bei Saloniki) entstammend, übernahm er nach dem Besuch des Akademischen Gymnasiums in Wien das von seinem Vater und dessen Brüdern in Wien gegründete Großhandelshaus, das sich mit umfangreichen Exportgeschäften auf dem Balkan befaßte. Außerdem betrieb er die ebenfalls stark exportorientierte „k. k. priv. Baumwollgarn-Spinnerei" in Tattendorf (NÖ), die 1873 rund 180 Arbeiter beschäftigte. D. war auch als liberaler Politiker tätig und gehörte 1870–95 dem nö. Landtag an, 1873–85 war er Reichsratsabgeordneter und 1885–1900 Mitglied des Herrenhauses. Besondere Verdienste erwarb er sich um die Organisation des gewerblichen Unterrichts. Daneben war D. ein Förderer der Kunst, ließ sein Palais am Wiener Parkring von Gustav Klimt (s. d.) und Hans Makart (s. d.) ausgestalten, war ein eifriger Kunstsammler und gehörte in leitenden Funktionen mehreren Kunstorganisationen an. Selbst leidenschaftlicher Sänger von Schubertliedern, war er Vizepräsident des Musikvereins und Vorstand des Wiener Männergesang-Vereins. Die Stadt Wien ernannte ihn 1890 zu ihrem Ehrenbürger.

DUMREICHER, Armand, Freiherr von Österreicher, * 12. 6. 1845 in Wien, † 2. 11. 1908 in Meran, Politiker und Staatsbeamter. Sohn des aus Kroatien stammenden Johann Friedrich D. Freiherr von Ö. (seit 1866) (13. 1. 1815–16. 11. 1880), der ein bedeutender Mediziner war und sich große Verdienste um das militärärztliche Sanitätswesen in Ö. erworben hatte. Nach seinem Studium in Göttingen und Wien trat D. 1869 in den Staatsdienst ein, kam 1871 ins Unterrichtsministerium und wurde 1874 Sektionsrat. Er war mit der Organisation der Gewerbe- und Fortbildungsschulen beauftragt, schuf die ersten Staatsgewerbeschulen in Ö. und unterstellte sie 1881 dem Unterrichtsministerium. Als Vertreter deutscher Interessen wurde er von den Slawen scharf angegriffen, weshalb er 1886 aus dem Staatsdienst ausschied. 1886–94 Mitglied des Reichsrats, bis 1895 Parteivorstand der „Vereinigten Linken". Außerdem verfaßte er mehrere Werke über das Unterrichtswesen.

DUNKLER, Gaudentius Andreas, * 21. 11. 1746 in Piesting (Mähren), † 23. 11. 1829 in Wien, Augustiner-Chorherr. 1768 legte er im Stift Klosterneuburg das Ordensgelübde ab, wurde 1771 zum Priester geweiht und promovierte 1782 zum Doktor der Theologie. Wurde 1795 Bibliothekar des Stifts und 1800 Propst von Klosterneuburg. 1795/96 Dekan der katholisch-theologischen Fakultät der Universität Wien, 1802 auch Rektor. 1801 richtete er im Stift Klosterneuburg Möglichkeiten für das Theologiestudium ein. Während seiner Amtszeit ließ er auf den Gründen des Stifts den später nach ihm benannten Wiener Vorort Gaudenzdorf anlegen.

DU PAQUIER, Claudius Innozenz, * um 1679 (?), † 28. 12. 1751 in Wien, Porzellanerzeuger. Stammte aus den Spanischen Niederlanden und war kaiserlicher Hofkriegsagent. Am 27. 5. 1718 erhielt er von Kaiser Karl VI. (s. d.) ein Sonderprivileg für die Erzeugung von Porzellan und stellte in Wien gegenüber dem Gartenpalais Liechtenstein, im „Gräflich Kueffsteinschen Haus", den ersten Brennofen auf. Es war nach Meißen die zweite Porzellanmanufaktur in Europa. Da er mit dem Meißner Porzellan qualitätsmäßig nicht konkurrieren konnte, verließen ihn 1720 seine Mitarbeiter, zerstörten die Modelle und machten das gelagerte Koalin unbrauchbar. Der Schaden soll 15 000 Gulden betragen haben. Nachdem er im „Gräflich Breunerschen Haus" (Porzellangasse) neu begonnen hatte, beschäftigte er bald 20 Arbeiter an mehreren Brennöfen und verbesserte die Qualität seiner Produkte, die nun auch künstle-

Claudius Innozenz Du Paquier ist der Ahnherr der 1923 wiedereröffneten Augarten-Porzellanmanufaktur in Wien

risch geschmückt wurden. In den vierziger Jahren abermals in Geldnot geraten, bot er sein Unternehmen Kaiserin Maria Theresia (s. d.) zum Kauf an, die es auch am 10. 5. 1744 erwarb. Du P. mußte das Fabrikationsgeheimnis preisgeben und schriftlich niederlegen. Für ein Jahresgehalt von 1500 Gulden erhielt er die Oberaufsicht über die Porzellanmanufaktur. Völlig verarmt, starb er als „erster Erfinder der allhiesigen Borcellain-Fabrique".

DÜRINGER, Annemarie, * 26. 11. 1925 in Basel, Kammerschauspielerin. Seit 1949 am Wiener Burgtheater. Daneben Gastspiele an deutschen Bühnen und Filmtätigkeit.

DUSIKA Ferry (Franz), * 31. 3. 1908 in Wien, † 12. 2. 1984 in Wien, Radrennfahrer. Gewann zwischen 1933 und 1937 zehn Meistertitel im Bahnfahren. Dritter im Fliegerrennen bei der Profi-WM 1932 in Paris, Sieger der Großen Preise von Kopenhagen, Zürich (beide 1933) und Deutschland (1934). D., später erfolgreicher Geschäftsmann, war ein großer Förderer des Radsports und zeichnete in den siebziger Jahren hauptverantwortlich für das Wiederaufleben des brachliegenden Bahn-Radsportes. Initiator des Wiener Radstadions, das ihm zu Ehren „Ferry-Dusika-Stadion" benannt wurde.

DVOŘAK, Max, * 24. 6. 1874 in Raudnitz an der Elbe (Böhmen), † 8. 2. 1921 auf Schloß Grussbach bei Znaim (Mähren), Kunsthistoriker. Studierte in Prag und Wien und habilitierte sich hier 1902. Lehrte ab 1909 als o. Prof. an der Wiener Universität. Wurde 1905 Generalkonservator der Zentralkommission für Erhaltung der Kunst- und historischen Denkmäler. D. war der Begründer der Wiener kunsthistorischen Schule, die er zu einer exakten Wissenschaft machte. Er publizierte u. a.: „Katechismus der Denkmalpflege" (1916) und „Geschichte der italienischen Kunst im Zeitalter der Renaissance" (2 Bde., 1927/28 aus dem Nachlaß). 1924 gab K. M. Swoboda D.s „Kunstgeschichte als Geistesgeschichte" heraus.

EBENDORFER, Thomas (auch Thomas von Haselbach), * 10. 8. 1388 in Haselbach bei Stockerau (NÖ), † 12. 1. 1464 in Wien, Historiker und Diplomat. Aus einer bäuerlichen Familie stammend, studierte er ab 1408 an der Universität Wien und wurde 1421 zum Priester geweiht, war ab 1427 Domherr zu St. Stephan und promovierte 1428 zum Dr. theol. 1433–35 Delegierter beim Konzil von Basel, ab 1435 Pfarrer von Perchtoldsdorf bei Wien, wo er auch begraben ist. Achtmal war er Dekan der theologischen Fakultät (1428–30, 1435, 1437/38, 1447, 1449/50, 1452, 1455 und 1463) und zweimal (1429/30 und 1445) Rektor der Universität Wien. Durch geschicktes Handeln gelang es ihm, die Universität im wesentlichen aus den politischen Wirren der Zeit nach 1440 herauszuhalten. Von König Friedrich IV. (Kaiser Friedrich III., s. d.) gefördert, begleitete er diesen 1451/52 auf der Fahrt zur Kaiserkrönung nach Rom, geriet aber dann in Konflikt mit dem Kaiser. Als Diplomat wegen der politischen Zeitumstände wenig erfolgreich, war er durch seine über 150 Werke ein dem mittelalterlichen Weltbild verhafteter bedeutender Geschichtsschreiber. Er prägte als erster den Begriff „Haus Österreich" und bezeichnete erstmals die Dynastie der ö. Herrscher als „Habsburger". 1449 erschien seine „Cronica Austriae", die wohl wichtigste spätmittelalterliche ö. Geschichtsquelle, da sie viele durch persönliche Erlebnisse untermauerte Details enthält. 1452 folgte „Cronica regnum Romanorum", eine Kaiserchronik, und „Cronica pontificium Romanorum", eine Papstchronik.

Lhotsky, A.: T. E. (1957); ders. (Hrsg.): Cronica Austriae (1967)

EBENHOCH, Alfred, * 18. 5. 1855 in Bregenz, † 30. 1. 1912 in Wien, Jurist und katholisch-konservativer Politiker. Nach dem Jusstudium war er Rechtsanwalt in Linz. 1888–1901 und 1903–12 Reichsratsabgeordneter, 1907/08 Ackerbauminister. Er gilt als Vereiniger der Katholischen Volkspartei (des Hohenwart-Klubs) mit der Partei Dr. Karl Luegers (s. d.) zur Christlichsozialen Partei. Außerdem verfaßte E. patriotische Dichtungen, darunter die Dramen „Querétaro" (1904), „Johann Philipp Palm" (1906) und „Anno Neun" (1909).

EBERHARD von Biburg und Hilpoltstein, als Eberhard I. Erzbischof von Salzburg, * um 1085, † 21. 12. 1164 im Kloster Rein (St). Er studierte in Bamberg und Paris, wurde 1125 Abt des vor den Toren Regensburgs 1109 entstandenen Benediktinerstifts Prüfening und 1133 der erste Abt des von ihm gegründeten Benediktinerklosters Biburg (Landkreis Kelheim, Niederbayern). 1147 Erzbischof von Salzburg, wurde er im 1159 ausgebrochenen Schisma die Hauptstütze von Papst Alexander III. in Deutschland. Wiederholt und vergeblich versuchte er zwischen Kaiser und Papst zu vermitteln. War den monastischen Reformbestrebungen seiner Zeit besonders zugetan und führte ein vorbildliches Leben, deshalb wurde er schon gegen Ende des 12. Jh.s als Heiliger verehrt, wenn auch niemals kanonisiert (Fest 22. Juni).

EBERHARD Graf von Waldburg, als Eberhard II. Erzbischof von Salzburg, * um 1170, † 1. 12. 1246 in Friesach (K). Nach seinem Studium war er Kanoniker in Konstanz und wurde wegen seiner stauferfreundlichen Gesinnung bereits 1196 Bischof von Brixen. Am 20. 4. 1200 wurde er zum Erzbischof von Salzburg gewählt. 1215 nahm er am Laterankonzil teil. Als einflußreiche und auch sehr aktive Hauptstütze der Staufer reiste er 1227, 1230 und 1239 zu Vermittlungsversuchen zwischen Kaiser und Papst nach Italien. Durch sein diplomatisches Geschick wurde er auch zum Vermittler zwischen Kaiser Friedrich II. und dem letzten Babenbergerherzog Friedrich II. von Ö. (s. d.). Im immer stärker werdenden Gegensatz zwischen Papsttum und Staufern wurde er von dem fanatischen päpstlichen Legaten Albert Beheim am 10. 9. 1240 gebannt. E. starb im Exil, sein Leichnam wurde erst 1288 nach Salzburg gebracht. Durch seine kluge und erfolgreiche landeskirchliche Politik wurde er zum „Gründer des Landes Salzburg", zum Begründer der Landeshoheit des reichsfreien geistlichen Fürstentums Salzburg. Nachdem er die Grafschaften im Lungau und im Pongau erworben und 1215 das Salzburger Eigenbistum Chiemsee (Bayern) gegründet hatte, folgte 1218 die Gründung von Seckau und 1224 von Lavant. Außerdem gründete er die Kollegiatsstifte Friesach und Völkermarkt (K) und 1217 in Friesach (K) das älteste Prämonstratenserstift des deutschen Sprachraums. Dem kulturellen Leben ebenfalls verpflichtet, sangen an seinem Hof nachweislich die ö. Minnesänger Ulrich von Liechtenstein (s. d.), Herrand von Wildon (s. d.) und Konrad von Sonneck (s. d.).

Gruber, F.: Erzbischof E. II. von Salzburg, 4 Teile (1878–80, 1884)

EBERL, Anton Franz Josef, * 13. 6. 1765 in Wien, † 11. 3. 1807 in Wien, Komponist, Pianist und Kapellmeister. Gab schon als Kind Klavierkonzerte, unternahm zahlreiche Konzertreisen und lebte 1796–1800 in St. Petersburg. E. war mit Wolfgang Amadeus Mozart (s. d.) befreundet, was dazu führte, daß seine Klaviersonate in c-Moll und Variationenwerke anfangs unter Mozarts Namen erschienen. 1801 wurde in Wien seine Zauberoper „Die Königin der schwarzen Inseln" uraufgeführt. Er schrieb mehrere Opern, Singspiele, Instrumental-, Chor- und Klavierwerke.

Ewens, E. J.: A. E. (1927)

EBERLE, Josef, * 24. 1. 1845 in Falkenau (Böhmen), † 15. 1. 1921 in Wien, Industrieller. War gelernter Lithograph und kam in jungen Jahren nach Wien. Hier erfand er das Brenn-Ätzverfahren für den Steindruck und führte den Notenstich und den Notendruck ein. Außerdem entwickelte er den Spielkartendruck in Ö. und baute ihn zu einem neuen erfolgreichen Industriezweig aus.

EBERLE, Simon von (seit 1798), * um 1756 in Wien, † 24. 12. 1827 in Wien, katholischer Geistlicher und Naturwissenschaftler. Er wandte sich bald naturwissenschaftlichen Studien zu und wurde 1791 dadurch bekannt, daß er für Kaiser Leopold II. mehrere Instrumente für physikalische Übungen zusammenstellte. 1794 richtete er für Kaiser Franz II. in der Hofburg ein astronomisches Observatorium ein, wofür er zum Direktor des physikalischen Kabinetts ernannt wurde. 1795 wurde das „k. k. physikalische und astronomische Kunst- und Natur-Thier-Kabinett" gegründet, dessen erster Direktor er wurde. 1797 schloß E. die Einrichtung dieses Instituts ab, wurde in den Adelsstand erhoben und zum „infulierten Propst" ernannt. 1801 wurde er frühzeitig pensioniert, da er mit den Geldmitteln zu verschwenderisch umging. Daraufhin übersiedelte er in die Josefstadt und baute in der Florianigasse eine Privatsternwarte, um sich weiterhin astronomisch zu betätigen.

EBERSBERG, Joseph Siegmund, * 22. 3. 1799 in Steinabrunn (NÖ), † 27. 10. 1854 in Wien, Journalist und Jugendbuchautor. Vater von Ottokar Franz E. (s. Berg, O. F.). Er studierte in Nikolsburg und in Wien und wurde journalistisch tätig. Da er mit seiner Lyrik und einem Schauspiel („Pauline, oder Liebe und Muth") gescheitert war, wandte er sich mit wachsendem Erfolg dem Jugendschrifttum zu. 1825 gründete er die monatlich erscheinende Jugendschrift „Die Feyerstunden", die bald zum

Wochenblatt wurde und schließlich immer regelmäßiger in den Verkauf gelangte; 1836–41 erschien sie unter dem Titel „Ö. Zuschauer", 1841–56 als politische, gegen das Jahr 1848 gerichtete Zeitschrift „Wiener Zuschauer".

EBERSBERG, Ottokar Franz, s. Berg, O. F.

EBNER, Ferdinand, * 31. 3. 1882 in Wiener Neustadt, † 17. 10. 1931 in Gablitz (NÖ), Kulturphilosoph. Er war Volksschullehrer im Piestingtal und in Gablitz und wurde zum Wegbereiter des katholischen Existentialismus in Ö., nachdem er zuvor eine atheistische Phase durchlebt hatte. Gemeinsam mit Martin Buber (s. d.) ist er auch der Urheber der Philosophie der Ich-Du-Beziehung. E. versucht die Ich-Verschlossenheit zu überwinden, indem er die Existenz des Menschen im Verhältnis vom Ich zum Du begründet sieht. 1920–32 Mitarbeiter des „Brenner"-Kreises unter Ludwig von Ficker (s. d.), der 1921 E.s von der Wissenschaft abgelehntes Hauptwerk „Das Wort und die geistigen Realitäten" veröffentlichte. In Fickers Zeitschrift „Brenner" wurde auch das zweite grundlegende Werk seiner Philosophie, „Zum Problem der Sprache und des Wortes", (1928) abgedruckt. Erst nach 1945 wurde die Bedeutung E.s als einer der wesentlichen Denker Ö.s erkannt. 1949 erschien eine Tagebuch-Auswahl, „Das Wort ist der Weg", ab 1952 seine „Gesammelten Werke". 1963–65 gab F. Seyr „Ferdinand Ebner, Schriften" (3 Bde.) heraus.

Ferdinand Ebner. Lithographie von Hildegard Jone

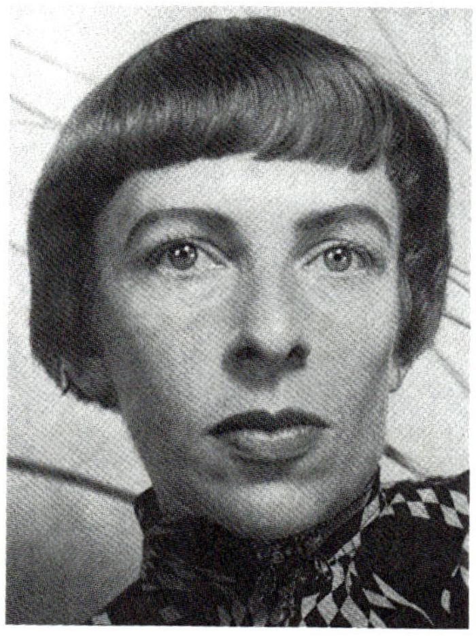

Jeannie Ebner Mitte der fünfziger Jahre

EBNER, Jeannie, * 17. 11. 1918 in Sydney (Australien), Lyrikerin und Erzählerin. Die Nichte des Philosophen Ferdinand E. (s. d.) kam als Kind nach Ö. und lebt hier seit 1950 als freie Schriftstellerin. Las im „Art Club" ihre ersten Gedichte und erreichte ihren literarischen Durchbruch 1954 mit dem Roman „Sie warten auf Antwort". Danach veröffentlichte sie u. a.: „Die Wildnis früher Sommer" (1957, Neufassung 1978), „Protokoll aus einem Zwischenreich" (Erzählungen, 1975), „Sag ich" (Gedichte, 1978), „Drei Flötentöne" (1981). 1968–78 redigierte sie die Kulturzeitschrift „Literatur und Kritik" und erhielt neben anderen Auszeichnungen 1971 den Preis der Stadt Wien.

EBNER-ESCHENBACH, Marie Freifrau von, * 13. 9. 1830 auf Schloß Zdislawitz bei Kremsier (Mähren) als Gräfin Dubsky, † 12. 3. 1916 in Wien, Dichterin. Heiratete mit 18 Jahren ihren Cousin Moritz E. (s. d.), die Ehe blieb kinderlos. Sie lebte abwechselnd auf ihrem Schloß und in Wien, war mit vielen Dichtern ihrer Zeit, darunter mit Franz Grillparzer (s. d.), Friedrich Hebbel (s. d.) und Friedrich Halm (s. d.) bekannt und befreundet, rang aber Jahrzehnte hindurch vergeblich um Anerkennung als Dramatikerin. Erst 1874 gelang ihr mit der satirischen Künstlernovelle „Ein Spätgeborener" der erste große und durchschlagende Erfolg. Ihr überragendes erzählerisches Talent, gepaart mit einer vollendeten Sprache, war erkannt worden: 1876 folgte „Božena, die Magd", 1879 „Lotti, die Uhrmacherin", 1883 „Dorf- und Schloßgeschichten" mit der berühmt gewordenen Hundegeschichte „Krambambuli", 1887 „Das Gemeindekind", 1890 „Unsühnbar" und 1901 „Aus Spätherbsttagen". Ihr dem Realismus verbundenes Werk zeigt eine scharfe Beobachtungsgabe des Menschen und seiner Nöte und Freuden, des Adels wie der einfachen Leute. So wurde ihr auch die Charakteristik einer „Dichterin der Güte" zuteil. Ihre 1880 erschienenen „Aphorismen", die unter dem Titel „Weisheit des Herzens" 1948 erweitert veröffentlicht wurden, beweisen ihre große Lebensweisheit. 1900 verlieh ihr die Universität Wien das Ehrendoktorat der Philosophie. Ab 1911 erschienen „Gesammelte Schriften" (10 Bde.), 1928 „Sämtliche Werke" (12 Bde.).

Bettelheim, A.: M. v. E.-E. Wirken und Vermächtnis (1920)

EBNER-ESCHENBACH, Moritz Freiherr von, * 27. 11. 1815 in Wien, † 28. 1. 1898 in Wien, Berufsoffizier und Erfinder. War Lehrer an der Kriegsschule zu Klosterbruck und Hauptmann im Geniekorps. 1848 heiratete er seine Kusine Marie Gräfin Dubsky, die spätere Dichterin Marie v. E.-E. (s. d.). Außerdem war er Militärschriftsteller und machte mehrere Erfindungen auf dem Gebiet der elektrischen Zündung, des Torpedowesens und der Entwicklung des Scheinwerfers. In seiner militärischen Laufbahn stieg er bis zum Feldmarschalleutnant auf.

ECKHARDT, Fritz, * 30. 11. 1907 in Linz, Schauspieler und Bühnenautor. Sohn des „Apol-

MARIE VON EBNER-ESCHENBACH

Von Grillparzer gelobt

Im Jahr 1847 erhielt Franz Grillparzer ein Heft mit Gedichten zugeschickt. In dem beiliegenden Schreiben bat eine Dame des österreichischen Hochadels um eine Beurteilung. Der Dichter antwortete bald darauf und schrieb, daß „die Gedichte unverkennbare Spuren von Talent" aufwiesen. „Ein höchst glückliches Ohr für den Vers", fuhr Grillparzer fort, „Gewalt des Ausdrucks, eine vielleicht auch nur zu tiefe Empfindung, Einsicht und scharfe Beurteilungsgabe in manchen der satirischen Gedichte bilden sich zu einer Anlage, die Interesse weckt und deren Kultivierung zu unterlassen wohl kaum in der eigenen Willkür der Besitzerin stehen dürfte." So erfreulich das schriftliche Lob für die Verfasserin der Gedichte auch sein mußte, so wenig konnte es den eigentlichen Zweck der erbetenen Beurteilung erfüllen. Die Gräfin Dubsky-Kolowrat, die Stiefmutter der 17jährigen Marie Dubsky, spätere Ebner-Eschenbach, hatte sich im Auftrag der Familie, die an den poetischen Versuchen Maries standesgemäßen Anstoß nahm, an den bekannten Dichter gewandt in der Erwartung, ein vernichtendes Urteil zu erhalten. Doch es trat das Gegenteil ein. Marie sah sich ermuntert, ihre literarischen Bemühungen trotz des Widerstands fortzusetzen.

Marie von Ebner-Eschenbach

lo"-Direktors Viktor E. Besuchte das Reinhardt-Seminar, stieß 1935 zu Stella Kadmons (s. d.) Kleinkunstbühne „Der liebe Augustin", schrieb 1936 für das „ABC" und zwischen 1939–44 anonym für das „Wiener Werkl". Ab 1945 leitete E. den neuentstandenen „Lieben Augustin" sowie 1946–48 das „Wiener Künstlertheater". Seither trat er in zahlreichen Fernsehserien auf, schrieb Drehbücher für die „Tatort"-Reihe und publikumswirksame Theaterstücke, wie etwa „Minister gesucht".

ECKHEL, Joseph Hilarius, * 13. 1. 1737 in Enzesfeld (NÖ), † 17. 5. 1798 in Wien, Jesuit und Pionier der Numismatik. Er erhielt seine Ausbildung bei den Jesuiten, trat dann in den Orden ein und wurde Lehrer am Wiener Jesuitenkolleg. Ab 1772 widmete er sich ausschließlich der Numismatik und gab seine Lehrtätigkeit auf. Nachdem er in Florenz den von Kardinal Leopold von Medici hinterlassenen wertvollen und umfangreichen Münzenschatz geordnet hatte, kehrte er nach Wien zurück und wurde 1774 von Maria Theresia (s. d.) zum Direktor der Sammlung der antiken Münzen des kaiserlichen

Joseph Hilarius Eckhel. Anonym

Münzkabinetts ernannt. 1775 Prof. der Altertümer und der Historischen Hilfsmittel an der Universität Wien, 1776 zum alleinigen Direktor des „Kaiserlichen Münzen- und Antikenkabinetts" bestellt. Er ist der Begründer der wissenschaftlichen Münzenkunde und erwarb sich große Verdienste um das ihm anvertraute Münzkabinett, so daß das Wiener Kunsthistorische Museum heute eine der wertvollsten und vollständigsten Münzsammlungen der Welt besitzt. Seine Werke zählen zu den grundlegenden Publikationen der Numismatik; so u. a. sein Hauptwerk „Doctrina numorum veterum" (8 Bde.) 1792–98, aber auch „Numi veteres anecdoti" (2 Bde.) 1775. Aus E.s Nachlaß veröffentlichte Steinbüchel 1826 „Addenda" zu seinem Hauptwerk.

Kenner, F.: J. H. v. E. (1871)

ECKSTEIN, Bertha Helene (Pseud. Helen Diner, Sir Galahad), * 18. 3. 1874 in Wien, † 20. 2. 1948 in Genf, Schriftstellerin. Lebte in Wien und emigrierte 1938 in die Schweiz. Schrieb die Romane: „Die Kegelschnitte Gottes" (1921), „Boemund" (1938), „Der glückliche Hügel" (um R. Wagner) und „Byzanz. Von Kaisern, Engeln und Eunuchen" (1936). Wiederentdeckt und neu aufgelegt wurde ihr 1932 verfaßtes Werk „Mütter und Amazonen. Von weiblichen Weltreichen".

ECKSTEIN, Gustav, * 19. 2. 1875 in Wien, † 27. 7. 1916 in Zürich, Publizist. Schloß sich bereits früh der Sozialdemokratischen Partei an und wurde Mitarbeiter der Zeitschriften „Kampf" und „Neue Zeit". Ab 1910 unterrichtete er an Parteihochschulen in Berlin und in Wien. E. veröffentlichte u. a.: „Die deutsche Sozialdemokratie während des Weltkriegs" (1917) und „Kapitalismus und Sozialismus" (1920).

EDELMANN, Otto, * 5. 2. 1917 in Wien, Kammersänger, Baßbariton. Studierte an der Wiener Musikakademie und debütierte 1938 in Gera als Figaro. Nach seiner Militärzeit im Zweiten Weltkrieg und längerer Gefangenschaft nahm er 1947 seine Sängerlaufbahn wieder auf. Seit 1949 Mitglied der Wiener Staatsoper, 1948–64 regelmäßig bei den Salzburger Festspielen, zahlreiche Gastspiele an europäischen Häusern (Bayreuth, Mailand), ab 1954 an der Metropolitan Opera in New York, wo er 18 Jahre hindurch immer wieder gastierte. Seit 1975 ist E. Prof. an der Hochschule für Musik in Wien.

Schlinke, St.-M.: O. E. – ein Meistersinger aus Wien (1987)

EDER, Georg, * 2. 2. 1523 in Bayern, † 19. 5. 1587 in Wien, Historiker und Humanist. Er kam bereits 1551 an die Wiener Universität und war elfmal Rektor. 1559 erschien sein „Catalogus Rectorum", eine frühe Geschichte der Universität Wien. Außerdem war er Ratgeber der Kaiser Ferdinand I., Maximilian II. und Rudolf II.

EDER, Helmut, * 26. 12. 1916 in Linz, Komponist. Studierte am Bruckner-Konservatorium in Linz, bei Carl Orff (s. d.) und Johann Nepomuk David (s. d.). 1950–67 als Lehrer (ab 1962

Schloß Eggenberg bei Graz, dessen Bau Johann Ulrich Fürst von Eggenberg 1825 begann

Prof.) für Chorwesen und Komposition am Bruckner-Konservatorium, seit 1967 Prof. für Komposition am Mozarteum in Salzburg. Er schuf Orchesterwerke, Kammermusik, Klavier- und Orgelwerke, Ballette und die Opern „Oedipus" (1958), „Der Kardinal" (1965) und „Die weiße Frau" (1968). 1962 erhielt E. den Ö. Staatspreis.

EDER, Josef Maria, * 16. 3. 1855 in Krems (NÖ), † 18. 10. 1944 in Kitzbühel, Photochemiker. Studierte in Wien bei Boltzmann und wurde ein Pionier der Phototechnik und Photographie. Als Prof. an der Technischen Hochschule in Wien gründete er 1888 die Lehranstalt für Photographie und Reproduktionsverfahren, die heutige Graphische Lehr- und Versuchsanstalt in Wien, der er bis 1922 als Direktor vorstand. Auf dem Gebiet der Photochemie gelangen ihm mehrere Erfindungen, von denen die „Eder-Lösung" (für die Strahlungsmessung) heute noch gültig ist. 1881–96 erschien (gemeinsam mit Valenta) in vier Teilen sein „Ausführliches Handbuch der Photographie" und 1904 in fünf Teilen „Beiträge zur Photochemie und Spektralanalyse".

EDTHOFER, Anton, * 18. 9. 1883 in Wien, † 25. 2. 1971 in Wien, Kammerschauspieler. Nach seiner Ausbildung an mehreren deutschsprachigen Bühnen tätig, 1906 am Raimundtheater, danach am Deutschen Volkstheater in Wien. Seit 1921 wiederholt beim Film. Ab 1929 am Theater in der Josefstadt in Wien, gehörte er zum damaligen berühmten Reinhardt-Ensemble. 1949 erhielt er den Max-Reinhardt-Ring und wurde 1963 Kammerschauspieler. Er war der zweite Gatte von Helene Thimig (s. d.).

EGG, Joseph, * 1820 in Innsbruck, † 1905 in Pozuzo (Peru), katholischer Weltpriester. Er führte 1857 200 Tiroler Auswanderer aus dem Oberinntal nach Peru und bezog 1859 mit ihnen am Ostrand des Hochlands von Zentralperu am Rio Pozuzo, mitten im tropischen Urwald, eine Siedlung gleichen Namens. E. war bis zu seinem Tod nicht nur Seelsorger der Siedler, sondern auch ihr Oberhaupt und ärztlicher Betreuer. (Heute besteht die Siedlung aus mehreren Ortschaften, besitzt eine Kirche und sechs Schulen. Von den rund 2000 Einwohnern sind 360 ö. Herkunft. Seit 1962 besteht in Wiener Neustadt der Verein „Freunde des Tiroler Dorfes Pozuzo".)

EGGENBERG, Johann Ulrich Fürst von, *1568 in Graz, † 18. 10. 1634 in Laibach, Berater und Vertrauter Kaiser Ferdinands II. (s. d.), Sohn von Siegfried Fürst von E., einem eifrigen Verfechter des Protestantismus in der Steiermark. Noch als Protestant in spanischen Diensten, konvertierte er zum Katholizismus und wurde bald ein enger Vertrauter Erzherzog Ferdinands III. (als Kaiser Ferdinand II.), der 1596 die Regierung in Innerösterreich angetreten hatte. Seit 1597 Mundschenk, begleitete E. 1598 den Erzherzog auf dessen Italienreise. 1602 Landeshauptmann von Krain, 1605 im Auftrag Kaiser Rudolfs II. in diplomatischer Mission in Spanien, wurde er 1615 Obersthofmeister des Erzherzogs, Statthalter von Innerösterreich, Hofkammerpräsident und Botschafter beim Hl. Stuhl. Für die Wahl des Erzherzogs zum Kaiser (28. 8. 1619) besonders eifrig tätig, erhielt er als Belohnung 1622 den Orden vom Goldenen Vlies und von den konfiszierten böhmischen Gütern die Herrschaften Krumau, Netolic und Winterberg. 1623 wurde er Reichsfürst und verhinderte 1623/24 die Verwirklichung der spanischen Ansprüche auf die vorderösterreichischen Besitzungen des Hauses Habsburg. 1625 Herzog von Krumau, unterstützte er 1626 den Plan Wallensteins, ein selbständiges kaiserliches Heer zu errichten. Stets auf seiten Wallensteins stehend, zog er sich nach dessen Ermordung (25. 2. 1634) zurück und lebte bis zu seinem Tod in freiwilliger Verbannung in Laibach, ohne jedoch die Gunst Kaiser Ferdinands II. verloren zu haben. 1625 begann er mit dem Bau des Schlosses E. bei Graz, das erst nach seinem Tod fertiggestellt wurde und einen alten Vorgängerbau mit einbezog. Sein Sohn erwarb das Fürstentum Gradisca als Lehen, mit seinem Enkel starb das Geschlecht aus.

Heydendorff, E.: Die Fürsten und Freiherren von E. (1965)

EGGER, Béla (Bernhard), * 18. 5. 1831 in Ofen (Budapest), † 5. 7. 1910 in St. Christophen (NÖ), begraben in Wien, Industrieller und Pionier der Elektrotechnik in Ö. Der gelernte Schlosser und Mechaniker kam 1859 nach Wien und eröffnete 1867 ein Geschäft für mechanische und optische Artikel. Noch vor 1880 wandte er sich der eben entdeckten Starkstrom-Elektrotechnik zu und errichtete auf der Wiener Gewerbeausstellung im Wiener Prater 1880 eine elektrische Bahn. Er installierte mehrere Beleuchtungsanlagen und gründete am 1. 1. 1882 mit seinen drei Brüdern die „Erste österr.-ungar. Fabrik für elektrische Beleuchtung und Kraftübertragung" in der Grünentorgasse auf dem Alsergrund. 1883 sprach ganz Wien von ihm, als er für die Festbeleuchtung der Votivkirche und des Kahlenbergs Marinescheinwerfer benützte. Am 2. 10. 1883 nahm er mit seinem Gesellschafter Friedmann die Fabrikation von Kohlenfadenlampen auf und erfand kurz darauf eine Lampenfassung samt Lichtschalter, der nach ihm benannt wurde. 1885 verlegte er seinen Betrieb in die Spengergasse in Margareten, übersiedelte aber schon 1890 in ein neues dreistöckiges Fabriksgebäude in der Simmeringer Straße (heute Gudrunstraße). 1897 wurden mit Hilfe der nö. Escompte-Gesellschaft seine Fabriken zur „Vereinigten Elektrizitätsgesellschaft, vormals Béla Egger & Co." (= VEAG) zusammengeschlossen. Hier begann 1898 der von ihm entdeckte Ferdinand Porsche seine Tätigkeit. Als Porsche das erste Automobil mit elektrischem Antrieb durch Radnabenmotoren entwickelt hatte, verlangte E. seinen Namen für dieses Produkt, worauf es zum Bruch kam und Porsche zur Firma Lohner wechselte.

EGGER, Ernst, * 1867 in Wien, † 1944 im KZ, Industrieller. Der Sohn von Bela E. (s. d.) wurde Generaldirektor der VEAG (= Vereinigte Elektrizitätsgesellschaft) und gründete durch sein Abkommen mit dem Schweizer Werk „Brown-Boveri & Cie." 1902 die ö. „Brown-Boveri-Werke". Nach 1918 war er für die Ausrüstung von Wasserkraftwerken erfolgreich tätig, wurde 1938 verhaftet und starb in einem Konzentrationslager.

EGGER, Franz Graf, * 16. 2. 1768 in Klagenfurt, † 24. 11. 1836 auf Schloß Rottenstein in St. Georgen am Längsee (K), Gewerke, Sohn von Max Graf E. (s. d.). Als Erbe der Eisenwerke in Treibach (K) führte er dort die ersten Gußeisen-Zylindergebläse in Ö. ein. Zur Herstellung von Schmelztiegeln und einem hochwertigen Münzstahl errichtete er 1807 das erste Gußstahlwerk in Ö. Auf seine Anregung hin wurde das Schulwesen auf dem Land wesentlich verbessert, auch Schulbauten wurden errichtet. Nach dem Niedergang des Erzbergbaus erwarb 1897 Carl Freiherr Auer von Welsbach (s. d.) diese Betriebe und errichtete eine elektrochemische Versuchsanstalt – die Treibacher Chemischen Werke.

EGGER, Joseph, * 16. 8. 1839 in St. Pankraz im Ultental (T), † 20. 6. 1903 in Innsbruck, Historiker. Nach seinem Studium in Innsbruck wurde er 1865 Gymnasialprof. und war wissenschaftlich tätig. 1872–80 erschien seine „Geschichte Tirols von den ältesten Zeiten bis in die Neuzeit" (3 Bde.), 1882 „Die Tiroler und Vorarlberger".

EGGER, Max Thaddäus Freiherr von (seit 1785 Graf), * 1734 in Leoben (St), † 1805 in Wien, Industrieller. 1698 hatte sein Großonkel in Treibach (K) Erzgruben und Eisenwerke erworben, die er übernahm und ausbaute; so gestaltete er den vorhandenen Hochofen zum leistungsfähigsten in Europa aus. 1793 errichtete er in Lippitzbach (K) das erste Eisenwalzwerk in Mitteleuropa. 1799 erwarb er Schloß Tallenstein (auch Thalandstein oder Tallandstein) nördlich von Völkermarkt (K), wo sich wiederholt der Kreis um den Schriftsteller Alois Blumauer (s. d.) traf. E.s Sohn Franz (s. d.) führte das Unternehmen weiter.

EGGER, Rudolf, * 11. 4. 1882 in Bruck an der Mur (St), † 7. 5. 1969 in Wien Archäologe und Historiker. Nach seinem Studium 1929–45 Univ.-Prof. in Wien. Er war der Initiator und langjährige Leiter der Ausgrabungen auf dem Magdalensberg in Kärnten und veröffentlichte darüber bereits 1924 das Werk „Teurnia". Seine ausgewählten Schriften erschienen 1962 unter dem Titel „Römische Antike und frühes Christentum".

EGGER-LIENZ, Albin, * 29. 1. 1868 in Stribach bei Lienz (Osttirol), † 4. 11. 1926 in Zwölfmalgreien bei Bozen (Südtirol), Maler. Er studierte in München und stand anfangs unter dem Einfluß von Franz Defregger (s. d.), danach von Milet. 1905 fand er mit seinem Tryptichon „Wallfahrer" zu seinem eigenen Stil. Seine eigenwillig stilisierten, symbolhaften Darstellungen sind in eine eindrucksvolle impressionistische Form gegossen, die einen monumentalen Charakter nicht entbehrt. Gegen Ende seines Schaffens bevorzugte er eine einfache, aber eindringliche Farbgebung. Grundsätzlich gestaltete er Szenen des schicksalhaften Lebens und des Kriegs. Seine bedeutendsten Werke sind: „Karfreitag" (1894), „Das Kreuz" (1901), „Haspinger" (1909), „Sämann und Teufel" (1909), „Die Namenlosen" (1914), „Mütter" (1922), „Das Tischgebet" (1922); 1924 gestaltete er die Lünetten in der Handelskammer in Innsbruck und 1925 die in der Kriegergedächtniskapelle in Lienz.

Hammer, H.: A. E.-L. (1930); Egger-Lienz, J.: Mein Vater A. E.-L. (1939); Kirschl, W.: A. E.-L. (1977)

EGGERTH, Marta, * 17. 4. 1912 in Budapest, Bühnen- und Filmschauspielerin, Sängerin. Trat schon als ganz junges Mädchen auf Bühnen in Wien,

Budapest und Berlin auf und wurde 1931 für den Film entdeckt. 1934–36 und ab 1938 lebte sie in den USA, wo sie ihre Filmkarriere fortsetzte. E. war mit dem Opernsänger Jan Kiepura verheiratet.

EHN, Karl, * 1. 11. 1884 in Wien, † 26. 7. 1957 in Wien, Architekt. Studierte 1904–07 bei Otto Wagner (s. d.) und arbeitete danach als Architekt bei der Wiener Stadtverwaltung, wo er in den zwanziger Jahren zu einem der Hauptplaner des kommunalen Wohnbaus wurde. Orientiert an den englischen Gartensiedlungen, entstanden die Siedlungen Hermeswiese (1923) und Lindenhof (1924). 1925 erbaute er den Bebel-Hof und 1927–30 sein bedeutendstes Bauwerk, den Karl-Marx-Hof. Nach 1934 erhielt er keine Großbauaufträge mehr und errichtete noch einige Wohnhäuser sowie das Pfarrhaus in der Wiedner Hauptstraße (Wien 4).

„Den Namenlosen" von 1914 gewidmet. Gemälde von Albin Egger-Lienz

EHNN, Bertha, * 30. 11. 1847 in Pest (Budapest), † 2. 3. 1932 in Aschberg (NÖ), Opernsängerin, Sopran. Kam schon als Kind mit ihren Eltern nach Wien, wo sie am Konservatorium studierte. Debüt 1864 in Linz als Agathe, 1865–68 am

Bertha Ehnn 1870

Hoftheater in Stuttgart, 1868–85 Mitglied der Wiener Hofoper; zahlreiche Auslandsgastspiele. Aufgrund ihres ungewöhnlichen Stimmumfangs feierte sie bedeutende Erfolge.

EHRBAR, Friedrich, * 26. 4. 1827 in Hildesheim (Niedersachsen), † 23. 2. 1905 in Hart bei Gloggnitz (NÖ), Klavierfabrikant. Nach dem Tod des Klavierfabrikanten Seuffert, bei dem er gemeinsam mit Heinrich Steinweg (Henry-E. Steinway) als Praktikant eingetreten war, führte er unter seinem Namen das Unternehmen erfolgreich weiter. Als erster in Ö. verwendete er im Klavierbau den Gußrahmen und errang mehrere internationale Auszeichnungen für seine Tätigkeit. 1898 übernahm sein Sohn Friedrich das Unternehmen.

EHRENFELS, Christian Freiherr von, * 20. 6. 1859 in Rodaun bei Wien, † 8. 9. 1932 in Lichtenau bei Krems (NÖ), Psychologe und Philosoph. Nach seinem Studium war er 1868–96 Univ.-Prof. in Wien und 1896–1929 in Prag. Er war Schüler von Franz Brentano (s. d.) und einer der Begründer der modernen Wert- und Gestaltpsychologie. E. legte die nach ihm benannten „Gestaltqualitäten" fest. Mit diesem Begriff bereitete E. die Überwindung der mechanistischen Assoziationspsychologie durch die Ganzheitspsychologie vor. 1897/98 veröffentlichte er sein Werk „System der Werttheorie" (3 Bde.) und 1907 „Grundbegriffe der Ethik". Studierte Musik bei Anton Bruckner (s. d.) und versuchte mit seinen allegorischen Chordramen das Werk Richard Wagners zu erneuern. Er war der Vater von Imma von Bodmershof (s. d.).

EHRENFEST, Paul, * 18. 1. 1880 in Wien, † 25. 9. 1933 in Leyden (Holland), Physiker. Nach seinem Studium wurde er 1912 Univ.-Prof. in Leyden. 1913 erschien sein Werk „Zur Krise der Lichtätherhypothese". Er gilt als Wegbereiter der Atomphysik.

EHRENFREUND, Ubald, s. Tartaruga

EHRENSTEIN, Albert, * 22. 12. 1886 in Wien, † 7. 4. 1950 in New York, Dichter. Studierte Geschichte und Philosophie in Wien und promovierte 1910, gleichzeitig erschienen seine ersten Gedichte in Karl Kraus' „Fackel". 1911 fand er Anschluß an den Berliner „Sturm"-Kreis und wurde bald ein Wortführer des Expressionismus. 1911 veröffentlichte er auch sein von Oskar Kokoschka (s. d.) illustriertes Werk „Tubutsch", 1912 folgte „Der Selbstmord eines Katers" (1919 unter dem Titel „Bericht aus einem Tollhaus" neu aufgelegt). 1920 erschien sein Essayband „Karl Kraus" und 1926 „Menschen und Affen". E. schrieb auch zahlreiche Gedichte und übersetzte Lyrik und Prosa aus dem Chinesischen, außerdem war er ein unerbittlicher Kulturkritiker. 1932 emigrierte er in die Schweiz und 1941 nach New York, wo er verarmt starb.

EHRENSTEIN, Louise, * 17. 3. 1867 in Wien, † 13. 2. 1944 in Wien, Opernsängerin, Sopran. Schon als Kind sang sie Opernarien in bühnenreifer Qualität. Nach ihrer Ausbildung debütierte sie als Carmen 1888 an der Königlichen Oper in Berlin. 1889–1901 an der Wiener Hof-

KARL EHN

Wohnungen für Tausende Wiener

Der nach Plänen von Karl Ehn 1927–30 erbaute Karl-Marx-Hof in Wien-Heiligenstadt mit 1 600 Wohnungen und einer Front von 1 200 m Länge ist eines der typischen Beispiele des Wohnbaus der Gemeinde Wien in der Ersten Republik

E

Ehrentrudis · Ehrlich Georg · Eibenschütz Riza · Eibenschütz Siegmund · Eibl-Eibesfeldt Irenäus · Eichert Franz Xaver · Eifler Alexander · Einem Gottfried von · Eipeldauer · Eis Maria · Eiselsberg Anton · Eisenberg Ludwig Julius · Eisendle Helmut · Eisenmenger August · Eisenmenger Rudolf Hermann · Eisenreich Herbert · Eisler Edmund · Eisler Max · Eisler von Terramare Georg · Eitelberger Rudolf · Eitner Wilhelm · Eitzing Ulrich · Eldersch Matthias

oper. Feierte auch Triumphe bei Gastspielen in Spanien, in Südamerika und in Italien.

EHRENTRUDIS (auch Erentrud, Ehrentraud), Heilige, Fest 30. Juni. † um 718 in Salzburg. Sie war die Nichte des hl. Rupert und kam von Worms nach Salzburg, wo sie die erste Äbtissin des von Bischof Rupert gegründeten Frauenklosters auf dem Nonnberg wurde.

EHRLICH, Georg, * 22. 2. 1897 in Wien, † 1. 7. 1966 in Luzern, Bildhauer und Graphiker. Studierte 1912–15 an der Wiener Kunstgewerbeschule und kehrte nach Studienaufenthalten in Deutschland 1924 wieder nach Wien zurück. Bis 1938 Mitglied des Hagenbundes; nach lithographischen Bibelillustrationen schuf er ab 1926 bildhauerische Arbeiten, vornehmlich Porträtbüsten. 1937 erhielt er auf der Pariser Weltausstellung die Goldmedaille und hielt sich anschließend in London auf, von wo er nicht mehr nach Ö. zurückkehrte. 1944/45 schuf er das Denkmal für die Bombenopfer von Coventry. 1961 erhielt er den Preis der Stadt Wien.

EIBENSCHÜTZ, Riza, * 17. 2. 1870 in Budapest, † 1946 in der Nähe von Wien, Opernsängerin, Mezzosopran. Nach ihrem Studium in Wien debütierte sie 1894 in Leipzig. 1897–99 erfolgreiche USA-Tournee, sang bei der Uraufführung des „Rosenkavaliers" am 26. 1. 1911 an der Dresdner Hofoper die Rolle der Duenna. E. war später als Gesangspädagogin in Wien tätig.

EIBENSCHÜTZ, Siegmund, * 19. 11. 1856 in Budapest, † 19. 2. 1922 in Wien, Dirigent. Studierte in Budapest bei Franz Liszt (s. d.), kam nach Konzertreisen in Europa nach Wien und dirigierte hier oft am Theater an der Wien. 1908–22 war er Direktor des Carltheaters in Wien.

EIBL-EIBESFELDT, Irenäus, * 15. 6. 1928 in Wien, Verhaltensforscher. Studierte in Wien als Schüler von Nobelpreisträger Konrad Lorenz (s. d.). Engagierte sich nach dem Vorbild seines Lehrers früh für die vergleichende Verhaltensforschung und verbrachte zu diesem Zweck einige Zeit auf den Galapagos-Inseln, worüber er auch ein vielbeachtetes Buch veröffentlichte. Ab 1970 Leiter der Arbeitsgruppe Humanethologie am Max-Planck-Institut für Verhaltensphysiologie in Percha am Starnberger See (Bayern) und Univ.-Prof. in München. Seit 1975 Leiter der Forschungsstelle für Humanethologie am Max-Planck-Institut in Seewiesen. Von seinen zahlreichen Veröffentlichungen sind zu nennen: „Grundriß der vergleichenden Verhaltensforschung" (1967), „Liebe und Haß" (1970), „Der vorprogrammierte Mensch" (1973), „Krieg und Frieden aus der Sicht der Verhaltensforschung" (1975), „Menschenforschung auf neuen Wegen" (1976), „Die Malediven" (1986).

EICHERT, Franz Xaver, * 11. 2. 1857 in Schneeberg (Böhmen), † 6. 7. 1926 in Breitenfurt bei Wien, Schriftsteller. Er gründete gemeinsam mit Richard Kralik (s. d.) 1905 die katholische Schriftstellervereinigung Gralbund und gab ab 1906 in Wien die Monatszeitschrift „Der Gral" heraus (1921–37 wurde sie von Muckermann in Münster in Westfalen herausgegeben). E. strebte die katholische Erneuerung der Romantik an und verfaßte überwiegend politische Lyrik für die christlichsoziale Bewegung. Besonders bekannt wurden die Gedichtsammlungen „Kreuz und Schwert" (1907), „Mein Österreich" (1918) und „Der Jugend Sturmgesang" (1925).

Kohler, K.: F. E. – ein Sänger der christlichen Freiheit (1904)

EIFLER, Alexander, Edler von Lobenstein, * 30. 5. 1890 in Wien, † 2. 1. 1945 im KZ Dachau, Schutzbundführer. Seit 1910 Berufsoffizier, zeichnete sich im Ersten Weltkrieg mehrfach aus. Nach 1918 war er bei der Volkswehr und wurde nach der Gründung des Republikanischen Schutzbunds, einer paramilitärischen Formation der Sozialdemokraten, 1923 dessen Stabschef. 1934 verhaftet und zu 15 Jahren schwerem Kerker im großen Schutzbundprozeß verurteilt. 1935 wurde er unter internationalem Druck amnestiert. Als Vertreter der illegalen Sozialisten versuchte er in den Märztagen 1938 eine Verbindung zu offiziellen Regierungsstellen herzustellen, um diese im Kampf gegen den Nationalsozialismus zu unterstützen. Am 16. März 1938 wurde E. verhaftet und in das KZ Dachau überstellt, wo er in der Nacht vom 1. zum 2. Jänner 1945 umgebracht wurde.

Deutsch, J.: A. E., ein Soldat der Freiheit (1947); Magaziner, A.: Die Wegbereiter (1975)

EINEM, Gottfried von, * 24. 1. 1918 in Bern, Komponist. Der Sohn eines ö. Militärattachés war musikalischer Assistent bei den Bayreuther Festspielen und studierte 1941/42 Komposition bei Boris Blacher. 1944 Hauskomponist der Dresdner Staatsoper, lebt seit 1946 in Ö. 1948–51 Direktionsmitglied und ab 1955 Vorsitzender des Kunstrates der Salzburger Festspiele, 1965 Präsident der AKM. Seine Opern, Chor- und Orchesterwerke schuf er im Stil einer gemäßigten Moderne.

Gottfried von Einem

Sein op. 1 ist das Ballett „Prinzessin Turandot", in Dresden 1944 uraufgeführt. Bekannt sind seine Opern „Dantons Tod", nach Büchner (1947), „Der Prozeß", nach Kafka (1953) und „Der Zerrissene", nach Nestroy (1964). Er ist mit der Schriftstellerin Lotte Ingrisch (s. d.) verheiratet, deren Libretto „Jesu Hochzeit" er 1980 vertonte.

Hartmann, D.: G. v. E. (Ö. Komponisten des 20. Jh.s, Bd. XI, 1967)

EIPELDAUER, s. Richter, Josef

EIS, Maria, * 8. 2. 1896 in Prag, † 18. 12. 1954 in Wien, Kammerschauspielerin. Sie war zunächst Administrationsbeamtin beim „Prager Tagblatt", dann in einer Advokatenkanzlei und in einer Bank tätig, ehe sie an der Akademie für Musik und darstellende Kunst in Wien studierte. 1919–25 an der Neuen Wiener Bühne und in den Kammerspielen engagiert, 1926–32 in Hamburg und ab 1932 am Wiener Burgtheater, wohin sie Anton Wildgans (s. d.) geholt hatte. Außerdem spielte sie in mehreren Filmen.

EISELSBERG, Anton Freiherr von, * 31. 7. 1860 auf Schloß Steinhaus bei Wels (OÖ), † 25. 10. 1939 bei St. Valentin bei einem Eisenbahnunglück, Chirurg. Nach dem Gymnasium in Kremsmünster (OÖ) studierte er 1878 an der Universität Wien und promovierte 1884. Anschließend arbeitete er bis 1887 als Operationszögling, dann als Assistent bei Theodor Billroth (s. d.). 1890 habilitierte er sich und ging 1893–1901 ins Ausland, 1901 übernahm er als Vorstand die 1. Chirurgische Univ.-Klinik in Wien. 1903 Hofrat, 1905 Ehrenmitglied des Royal College of Surgeons of Edinburgh. Im Ersten Weltkrieg war er als Chirurg an der Front tätig und trug wesentlich zur Weiterentwicklung der Kriegschirurgie bei. Seit 1890 veröffentlichte er mehrere Abhandlungen über Teilbereiche der Chirurgie, wobei sich seine Forschungen vorwiegend auf das Gebiet der Chirurgie des zentralen Nervensystems, der Schilddrüse und des Magen-Darm-Kanals erstreckten. Außerdem schuf er 1909 gemeinsam mit Julius Hochenegg (s. d.) mehrere Unfallstationen, die Vorbildcharakter hatten. Mehrfach ausgezeichnet und geehrt, war E. der einzige ö. Arzt, der Vorsitzender der „Deutschen Gesellschaft der

Anton Freiherr von Eiselsberg

Chirurgie" wurde. 1938 erschien seine Autobiographie „Lebensweg eines Chirurgen", die mehrere Auflagen erlebte.

EISENBERG, Ludwig Julius, * 5. 3. 1858 in Berlin, † 25. 1. 1910 in Wien, Schriftsteller und Lexikograph. Der Sohn eines Prager Fabrikanten studierte an den Universitäten von Prag, Wien, Heidelberg, Jena und Göttingen. Zum Dr. phil. promoviert, trat er 1886 in den Dienst der Ö. Staatsbahnen, quittierte ihn aber 1901, um als freier Schriftsteller zu arbeiten. 1886–91 war er Mitredakteur der „Allgemeinen Kunstchronik", 1889 begründete er mit Richard Groner (s. d.) das Künstler- und Schriftstellerlexikon „Das geistige Wien" (2 Bde.), das er ab 1891 allein herausgab. Abgesehen von mehreren Biographien erschien von ihm 1903 das „Große Biographische Lexikon der deutschen Bühne im 19. Jahrhundert".

EISENDLE, Helmut, * 12. 1. 1939 in Graz, Schriftsteller. Studierte Psychologie und promovierte zum Dr. phil. Veröffentlichte u. a.: „Jenseits der Vernunft oder Gespräche über den menschlichen Verstand" (1976), „Exil oder Der braune Salon" (1977), „Das nachtländische Reich des Doktor Lipsky" (1979) und die Essaybände „Das Verbot ist der Motor der Lust" (1980) und „Der Narr auf dem Hügel. Landstriche, Flüsse, Städte, Dinge" (1981).

EISENMENGER, August, * 11. 2. 1830 in Wien, † 7. 12. 1907 in Wien, Maler. Studierte 1845–48 an der Wiener Kunstakademie und wurde 1856 von Carl Rahl (s. d.) in dessen Atelier aufgenommen. 1872–1901 Prof. an der Akademie der bildenden Künste in Wien, wo er 1888–90 auch Rektor und 1890–92 Prorektor war. Seine eindrucksvollen Historienbilder und Deckengemälde schmücken zahlreiche Ringstraßenpalais, den Musikvereinssaal, das Parlament und das Rathaus; Sgraffiti an der Rückwand der Universität. Bei mehreren Fassadengestaltungen, so erstmals am Heinrichhof, wandte er die Technik der Wachsfassadenmalerei an. Von E. stammt auch der Entwurf des Figurales der Ein-Gulden-Banknote.

EISENMENGER, Rudolf Hermann, * 7. 8. 1902 in Piskitelep (Siebenbürgen), Maler. Studierte an der Akademie der bildenden Künste bei Prof. Bacher (s. d.). Erhielt zahlreiche Preise, darunter den Rom-Preis (1929), ab 1930 Ausstellungstätigkeit. 1939–45 war E. Präsident des Wiener Künstlerhauses. Bei den Kunstbewerben anläßlich der XI. Olympischen Sommerspiele in Berlin erhielt er den 2. Preis beim Gemäldebewerb für „Läufer vor dem Ziel". Beteiligung an mehreren Wettbewerben, gemeinsam mit Architekten; wurde 1951 a. o. Prof., 1959 o. Prof. an der Technischen Hochschule in Wien und 1961/62 Dekan. Neben mehreren Gemälden schuf er 13 Gobelins und den Eisernen Vorhang der Wiener Staatsoper.

Rudolf Eisenmengers Orpheus-Gemälde auf dem Eisernen Vorhang der nach dem Zweiten Weltkrieg wiederhergestellten Wiener Staatsoper

EISENREICH, Herbert, * 7. 2. 1925 in Linz, † 6. 6. 1986 in Wien, Schriftsteller. Von Doderer (s. d.) und Gütersloh (s. d.) beeinflußt, schrieb er zahlreiche Hörspiele, Romane, Erzählungen, Gedichte und Essays. Bekannt wurde er mit der 1952 erschienenen Erzählung „Einladung, deutlich zu leben", danach folgten die Bände „Böse schöne Welt" (1957) und „Sozusagen Liebesgeschichten" (1957). Sein letztes Werk, „Die abgelegte Zeit", erschien 1985. E. erhielt zahlreiche Auszeichnungen, so u. a. 1958 den Ö. Staatspreis.

Herbert Eisenreich 1965

EISLER, Edmund, s. Eysler

EISLER, Max, * 17. 3. 1881 in Boskowitz (Mähren), † 8. 12. 1937 in Wien, Kunsthistoriker. Nach seinem Studium in Wien, Leyden und Utrecht habilitierte er sich 1914 an der Universität Wien und wurde 1919 Univ.-Prof. Im gleichen Jahr erschien auch sein „Historischer Atlas des Wiener Stadtbildes", die erste wissenschaftlich kommentierte Sammlung der wichtigsten Stadtpläne von Wien. 1920 veröffentlichte er ein Buch über Gustav Klimt (s. d.), außerdem gab er mehrere Faksimilewerke heraus.

EISLER von Terramare, Georg, s. Terramare

EITELBERGER, Rudolf, Edler von Edelberg, * 13. 4. 1817 in Olmütz (Mähren), † 18. 4. 1885 in Wien, Kunsthistoriker. Studierte in Wien Philosophie und Jus und war dann Assistent an der Lehrkanzel für klassische Philologie. 1847 Dozent für Kunstgeschichte und ab 1852 Univ.-Prof. 1864 wurde auf seine Initiative hin das Ö. Museum für Kunst und Industrie (heute Museum für angewandte Kunst) gegründet, das erste dieser Art in Europa. 1868 gründete er die Kunstgewerbeschule (heute Hochschule für angewandte Kunst) und reorganisierte 1872 die Akademie der bildenden Künste. 1864–67 saß er im Wiener Gemeinderat, 1869 erhielt er das Ehrendoktorat der Universität Wien und war Mitglied des Herrenhauses. Gemeinsam mit Heider (s. d.) gab er 1858–60 „Mittelalterliche Kunstdenkmale des ö. Kaiserstaates" (2 Bde.) heraus, 1871–82 erschien sein bedeutendes Werk „Quellenschriften für Kunstgeschichte und Kunsttechnik des Mittelalters und der Renaissance" (18 Bde.), 1879–84 „Gesammelte kunsthistorische Schriften" (4 Bde.).

EITNER, Wilhelm, * 28. 1. 1843 in Iglau (Mähren), † 13. 10. 1921 in St. Christophen (NÖ), Chemiker. Der Sohn eines Tuchmachers absolvierte in Wien die Oberrealschule und studierte Chemie an der Technischen Hochschule. Auf Gerbereichemie spezialisiert, erwarb er in Lederfabriken in Wien und in Prag praktische Kenntnisse. 1874 wurde er nach Wien berufen, um die weltweit erste „Chemisch-technische Versuchsanstalt für Lederindustrie" zu errichten. Ebenfalls 1874 gründete er auch die Fachzeitschrift „Der Gerber". Seine Analysemethoden für Gerbstoffe und seine Forschungsergebnisse auf allen Gebieten der Gerbereitechnologie wurden international bekannt und gelten zum Teil noch heute.

EITZING, Ulrich von, s. Eyczing

Rudolf von Eitelberger

ELDERSCH, Matthias, * 24. 2. 1869 in Brünn, † 20. 4. 1931 in Wien, sozialdemokratischer Politiker. Er stammte aus ärmli-

E

Elisabeth, Kaiserin · Elisabeth von Habsburg · Elisabeth, Erzherzogin · Elisabeth von Görz · Elisabeth von Böhmen und Ungarn · Elisabeth Marie · Elizza Elise · Ellenbogen Wilhelm · Ellert Gerhart · Ellison Otto · Elmar Karl · Elmayer-Vestenbrugg Willy · Elshuber August · Elßler Fanny

Matthias Eldersch

chen Verhältnissen und wurde vorerst Weberlehrling und Gelegenheitsarbeiter. Schon früh im Arbeiterbildungsverein tätig, übernahm er 1892 die Verwaltung des sozialdemokratischen Wochenblattes „Der Volksfreund" in Brünn und wurde dort 1896 Sekretär der Bezirkskrankenkasse, wo er die erste obligatorische Angehörigenversicherung einführte. 1901–11 Mitglied des Reichsrats, ab 1906 mährischer Landtagsabgeordneter, 1911–18 Zentralsekretär der Reichskommission der Krankenkassen in Wien, 1919–20 Staatssekretär für Inneres und Unterricht, 1919–23 Wiener Gemeinderat. 1919–31 Abgeordneter zum Nationalrat, dessen Zweiter Präsident er ab 1923 und Erster ab 1930 war. E. war Pionier des Krankenkassenwesens und widmete sich dem Ausbau der Sozialgesetze in der Ersten Republik.

ELISABETH, Kaiserin von Ö. („Sisi"), * 24. 12. 1837 in München, † 10. 9. 1898 in Genf (ermordet), Prinzessin Elisabeth Amalie Eugenie, zweite Tochter von Herzog Maximilian in Bayern und Prinzessin Ludovika von Bayern. Am 24. 4. 1854 heiratete sie Kaiser Franz Joseph I. (s. d.) in Wien. Der Ehe entstammten: Sophie Friederike (* 5. 3. 1855, † 29. 5. 1857), Gisela (* 15. 7. 1856, † 27. 7. 1932), Rudolf (* 21. 8. 1858, † 30. 1. 1889) und Marie Valerie (* 22. 4. 1868, † 6. 9. 1924). Seit 8. 6. 1867 auch Königin von Ungarn, wurde die besonders naturverbunden aufgewachsene Kaiserin am Wiener Hof nie recht glücklich. Das Hofzeremoniell, die allzu konservative Adelsgesellschaft und nicht zuletzt die offensichtliche Ablehnung durch ihre Schwiegermutter, Erzherzogin Sophie (s. d.), die auch ihre Tante war, führten letztlich zu einer Entfremdung der Ehepartner. E.s Sympathie für die Bestrebungen Ungarns brachte ihr die besondere Verehrung des ungarischen Volks und der Magnaten ein. Sie hielt sich gerne auf dem ungarischen Schloß Gödöllö, aber auch auf Schloß Achilleion auf Korfu auf. Die ungewöhnlich schöne Kaiserin war in jungen Jahren eine hervorragende Reiterin. Nach dem tragischen Tod des Kronprinzen, Erzherzog Rudolf (s. d.), war E. nur mehr selten in Wien und noch mehr auf Reisen als früher. Sie wurde am Ufer des Genfer Sees das Opfer eines anarchistischen Attentäters, des 25jährigen Italieners Luigi Luccheni. Die erst vor wenigen Jahren bekannt

Neue Freie Presse.
Extra-Ausgabe.
№ 12230. Wien, Samstag, den 10. September 1898.

Die Kaiserin ermordet!

Wien, 10. September, 5 Uhr Nachmittags.

Eine entsetzliche, niederschmetternde Nachricht ist soeben eingetroffen. Unsere edle Kaiserin Elisabeth, aus deren Händen die Welt nur Gutes empfing, ist an den Ufern des Genfer Sees, wohin sie gekommen war, um Heilung für ihre Leiden zu finden, von einem Elenden ermordet worden.

Folgende Depeschen sind uns zugegangen:

Genf, 10. September. Kaiserin Elisabeth hatte heute eine Spazierfahrt mit dem Dampfer über den Genfer See unternommen. Als das Schiff in Genf landete und die Passagiere das Schiff verließen, näherte sich der Kaiserin ein Individuum, das ihr ein Dolchmesser in die Herzgegend stieß. Die Kaiserin wurde blutend aufs Schiff gebracht. Da sich ihr Zustand sichtlich verschlimmerte, trug man die Kaiserin ans Land und bettete sie auf eine Tragbare, wo sie den Geist aufgab.

Der Mörder, ein Italiener, wurde von der Menge sofort festgehalten und in Haft gebracht. Er gab an, ein Anarchist zu sein.

Genf, 10. September. Als die Kaiserin ins Hotel gebracht wurde, war sie bereits eine Leiche.

Wien, 10. September. Der Minister-Präsident Graf Thun ist soeben nach Schönbrunn gefahren, um den Kaiser die Unglücksbotschaft mitzutheilen.

Unentgeltlich.

Die Nachricht von Elisabeths Ermordung auf der Titelseite der „Neuen Freien Presse" vom 10. 9. 1898

gewordenen und von Brigitte Hamann edierten Gedichte der Kaiserin zeigen eine im Alter zunehmend antimonarchistische Einstellung E.s.

Tschuppik, K.: E., Kaiserin v. Ö. (1929); Corti, E. C. C.: E., die seltsame Frau (1934, 33. Aufl. 1953); Valotton, H.: E., die tragische Kaiserin (dt. 1950); Haslip, J.: E. v. Ö. (1969); Hamann, B.: E. Kaiserin wider Willen (1982); E. v. Ö. Einsamkeit, Macht und Freiheit, Ausstellungskatalog (1986)

ELISABETH von Habsburg, * um 1437 in Wien, † 30. 8. 1505 in Grodno (Polen), Tochter Herzog Albrechts V. (s. d.). Heiratete am 10. 2. 1454 in Krakau König Kasimir IV. Jagello von Polen († 1492). Sie hatte mit ihrem Gatten sechs Söhne und sieben Töchter, u. a. König Ladislaus V. von Böhmen und Ungarn, die polnischen Könige Johann I. Albrecht, Alexander und Sigismund I., den hl. Kasimir sowie Friedrich, der Erzbischof von Gnesen, Bischof von Krakau und Kardinal war.

ELISABETH von Habsburg, Erzherzogin von Ö., * 9. 6. 1526 in Prag, † 15. 6. 1545 in Wilna. Tochter Kaiser Ferdinands I. (s. d.), heiratete am 6. 5. 1543 in Krakau König Sigismund II. August von Polen († 1572). Nach ihrem Tod heiratete König Sigismund II. 1553 Elisabeths Schwester Katharina. Da der König der letzte Jagellone war, erhoffte das Haus Habsburg durch diese Vermählungen die Ausdehnung seiner Hausmacht.

ELISABETH, Erzherzogin von Ö. (eigtl. Maria Elisabeth), * 13. 8. 1743 in Wien, † 22. 9. 1808 in Linz, sechstes Kind von Maria Theresia (s. d.). E. war durch Pockennarben im Gesicht entstellt, weshalb sie in ein Kloster eintrat. Sie war vom 2. 1. 1781 bis 20. 3. 1806 Äbtissin des von ihrer Mutter gegründeten Damenstifts in Innsbruck. E. wurde in der Jesuitenkirche (dem alten Dom) in Linz begraben.

ELISABETH von Görz, * um 1262 in München, † 28. 10. 1313 in Wien, Tochter Graf Meinhards II. von Görz und Tirol, Herzog von Kärnten. Heiratete 1274 in Wien Albrecht von Habsburg (als Kaiser Albrecht I., s. d.). Sie war stets um einen Ausgleich zwischen ihrem Gatten und den Ständen bemüht und regierte nach seiner Ermordung (1. 5. 1308) durch Johann Parricida (s. d.) als Statthalterin. Nach der Sicherung der Herrschaft für ihre Söhne zog sie sich 1311 in das Kloster Königsfelden bei Brugg im schweizerischen Aargau zurück, das sie an der Mordstelle ihres Gatten – unweit der Habsburg – hatte errichten lassen.

ELISABETH von Luxemburg, * um 1409 in Prag, † 25. 12. 1442 in Raab (Ungarn), Tochter von Kaiser Sigismund (s. d.) und der Gräfin Barbara von Cilli (s. d.). Sie heiratete am 22. 4. 1422, nachdem am 28. 9. 1421 ein Vertrag geschlossen worden war, Herzog Albrecht V. von Ö. (s. d.), den späteren Kaiser Albrecht II. Dieser Ehe entstammten: Anna (* 12. 4. 1432, † 14. 11. 1462), mit Herzog Wilhelm III. von Sachsen und Markgraf von Meißen verheiratet; Georg, der am Tag der Geburt (16. 2. 1435) starb; Elisabeth (* um 1437, s. E. von Habsburg); sowie Ladislaus Postumus (s. d.), der vier Monate nach dem Tod ihres Gatten zur Welt kam. E., 1438 zur Königin von Ungarn gekrönt, brachte durch List die Stephanskrone an sich und ließ ihren knapp drei Monate alten Sohn am 15. 5. 1440 zum König von Ungarn krönen, obwohl die ungarischen Stände den Polenkönig Wladislaw III. gewählt hatten.

ELISABETH Marie, Erzherzogin von Ö., * 2. 9. 1883 in Schloß Laxenburg bei Wien, † 22. 3. 1963 in Wien, Tochter von Kronprinz Rudolf (s. d.). Lehnte sich früh gegen das Hofzeremoniell und die geistige Enge des Hoflebens auf und heiratete mit 19 Jahren, am 23. 1. 1902, den aristokratischen Bonvivant Otto Graf Windisch-Graetz. Obwohl es vier Kinder hatte, lebte sich das Ehepaar bald auseinander. Nach einem langwierigen Prozeß wurde am 26. 3. 1924 die Scheidung ausgesprochen. E. trat der Sozialdemokratischen Partei bei, in der sie sich an der Seite ihres Lebensgefährten, des Sozialdemokraten Leopold Petznek (* 30. 6. 1881 in Bruck an der Leitha, † 27. 7. 1956 in Wien) engagierte. Sie heiratete ihn am 4. 5. 1948 und führte mit ihm eine harmonische Ehe. Aus der „Erzsi", wie sie bei Hof genannt wurde, war die „rote Erzherzogin" geworden.

Weissensteiner, F.: Die rote Erzherzogin (1982)

ELIZZA, Elise (eigtl. Elisabeth Letztergroschen), * 6. 1. 1870 in Wien, † 3. 6. 1926 in Wien, Sängerin, Sopran. Nach frühen Erfolgen 1892 als Operettensoubrette an das Wiener Carltheater engagiert. 1895 wurde sie von Gustav Mahler an die Wiener Hofoper geholt und feierte hier große Triumphe. Von 1919 an war sie als Konzertsängerin und Gesangspädagogin in Wien tätig.

ELLENBOGEN, Wilhelm, * 19. 7. 1863 in Lundenburg (Mähren), † 24. 2. 1951 in New York, Arzt und sozialdemokra-

ELISABETH VON ÖSTERREICH

Die rätselhafte Kaiserin

„Wie sie wirklich war und was an ihr so anziehend und bezaubernd wirkte, das kann kein Meißel und kein Pinsel wiedergeben, das kann nur ihr eigen. Sie wird in der Legende fortleben, nicht in der Geschichte . . .", sagte einst die Landgräfin von Fürstenberg über die Kaiserin Elisabeth, und tatsächlich blieb die Gemahlin Kaiser Franz Josephs für die Geschichtsschreibung die „seltsame Frau", die „tragische Kaiserin".

tischer Politiker. Studierte in Wien und war hier als Arzt tätig. 1896 gemeinsam mit Franz Schuhmeier (s. d.) in den Reichsrat gewählt, vertrat er hier seine Partei bis 1918; 1918 Staatsratsmitglied, 1919–34 Abgeordneter zum Nationalrat. 1919 Staatssekretär und 1919/20 Unterstaatssekretär für Handel und Gewerbe, Industrie und Bauten. E. emigrierte 1938 in die USA und starb im New Yorker Exil. 1921 erschien sein Buch „Sozialisierung in Ö." und 1923 „Faschismus".

Magaziner, A.: Die Wegbereiter (1975)

ELLERT, Gerhart (eigtl. Gertrud Schmirger), * 26. 1. 1900 in Wolfsberg (K), † 8. 5. 1975 in Wolfsberg (K), Schriftstellerin. Sie schrieb zahlreiche, vorwiegend historische Romane sowie Jugendschriften. Besonders geschätzt und mehrfach aufgelegt wurden ihre biographischen Romane „Attila" (1934), „Karl V." (1935), „Wallenstein" (1937), „Michelangelo" (1942) und „Gregor der Große" (1963). Darüber hinaus verfaßte sie auch einige dramatische Werke.

ELLISON, Otto, Edler von Nidlef, * 6. 4. 1868 in St. Pölten (NÖ), † 11. 11. 1947 in St. Stefan ob Stainz (St), Berufsoffizier. Der Sohn eines Offiziers schlug ebenfalls diese Laufbahn ein. Im Ersten Weltkrieg Kommandant der ersten Kaiserjägerbrigade, wurde er 1918 als Generalmajor Kommandant der k. u. k. Luftstreitkräfte und mit dem Maria-Theresien-Orden ausgezeichnet. 1930 Landesstabschef der Heimwehr der Steiermark, 1933 Landeswehrführer des Ö. Heimatschutzes in der Steiermark.

Wiltschegg, W.: Die Heimwehr (1985)

ELMAR, Karl (eigtl. Karl Swiedack), * 22. 5. 1815 in Wien, † 6. 8. 1888 in Wien, Schauspieler und Theaterdichter. Er war ursprünglich Schauspieler, ehe er sich der Schriftstellerei zuwandte und rund 120 volkstümliche Theaterstücke verfaßte, die zum überwiegenden Teil große Publikumserfolge wurden. 1841 errang er mit „Die Wette um ein Herz" im Theater in der Josefstadt seinen ersten Erfolg, sein letzter war das 1882 uraufgeführte Stück „Schön-Wien".

ELMAYER-VESTENBRUGG, Willy, * 27. 5. 1885 in Wien, † 7. 11. 1966 in Wien, Berufsoffizier, Anstandslehrer. Als Sohn von Feldmarschalleutnant Ludwig E. v. V. wurde er nach Abschluß der Militärakademie 1905 Leutnant. Als Reitlehrer beim Dragonerregiment Kaiser Franz Nr. 1 tätig, war er einer der erfolgreichsten Reiter der Armee und errang mehrere Preise. 1914–18 an der italienischen Front. Am 19. 11. 1919 eröffnete er im Wiener Palais Pallavicini seine Tanzschule, von der sogar in Berlin ein Zweiginstitut errichtet wurde. 1935 arrangierte er mit großem Erfolg den „Ball der Stadt Wien" und danach zahlreiche Prominentenbälle, darunter auch den Wiener Opernball. 1957 erschien „Gutes Benehmen wieder gefragt", das mehrere Auflagen erlebte und zum „österreichischen Knigge" wurde.

ELSHUBER, August, * 1. 7. 1890 in Heinrichsbrunn bei Mauthausen (OÖ), † 2. 11. 1956 in Salzburg, Postbeamter und Heimwehrführer. Trat nach der Matura in den Postdienst ein und wurde Postoberinspektor in Bischofshofen (S). 1920 Mitbegründer der Salzburger Heimwehr, 1929 Gauführer des Pongau und 1931 im Zusammenhang mit dem Pfrimer-Putsch verhaftet. 1932–34 Abgeordneter zum Nationalrat (Heimatblock), 1934–36 Landesstabsleiter von Salzburg, Obmann der Arbeiter-Krankenkasse Salzburg und Vizepräsident der Salzburger Beamtenkammer. 1938 wurde er vom Postdienst suspendiert und im Juli 1940 vorübergehend verhaftet. 1945 wurde er wieder in den Postdienst übernommen.

Wiltschegg, W.: Die Heimwehr (1985)

Die junge Kaiserin. Gemälde von J. Schrotzberg

ELSSLER, Fanny (Franziska Elßler), * 23. 6. 1810 in Gumpendorf bei Wien, † 27. 11. 1884 in Wien, Tänzerin. Als Tochter von Florian E. (s. d.) geboren, trat sie schon mit fünf Jahren gemeinsam mit ihren Schwestern Theresia und Anna im Kinderballett des Friedrich Horschelt im Theater an der Wien auf. 1817 wurde dieses Kinderballett aufgelöst, und E. kam an das Kärntnertortheater, wo sie schon 1821 in das Ballettkorps aufgenommen wurde und bis 1825 blieb. Bei ihren anschließenden Gastspielen in Berlin, London und Paris wurde sie von ihrer Schwester Theresia (s. d.) begleitet. Während sie in Wien nur langsam Anerkennung fand, errang sie in

Fanny Elßler (Mitte) im Ballett „Faust", in dem sie 1851 Abschied von der Bühnenlaufbahn nahm

London und später in Paris durchwegs sensationelle Erfolge, die sie bewogen, bis 1840 in Paris ein ständiges Engagement anzunehmen. 1840–42 feierte sie Triumphe in Nordamerika. Bis 1851 trat sie in Wien und auf Tanztourneen in ganz Europa auf und nahm im Juni 1851 mit dem Ballett „Faust" Abschied von ihrer Laufbahn. Mit dem Politiker und Vertrauten Metternichs Friedrich Freiherr von Gentz (s. d.) war sie bis zu dessen Tod (1832) eng befreundet. Nach ihrem Bühnenabschied lebte sie zurückgezogen in bürgerlichem Wohlstand in Wien. E. wurde durch ihre ausgesprochen realistische Darstellung der National- und Charaktertänze bekannt und begründete den Weltruf des Wiener Balletts.

Pirchan, E.: F. E. (1940); Raab, R.: F. E., eine Weltfaszination (1962); Denk, L.: F. E. (1984)

ELSSLER, Florian Johann (Elßler), * 3. 5. 1769 in Eisenstadt, † 12. 1. 1843 in Wien, Musiker und Notenkopist. Der Sohn von Joseph E., der aus Schlesien stammte, Musiker und Kopist war und ab 1760 für Joseph Haydn (s. d.) gearbeitet hatte († 1782 in Eisenstadt), war Kammerdiener und Kopist bei Joseph Haydn und begleitete ihn auch bei dessen Londonreise 1794/95. Mit dem Werk Haydns sehr vertraut, verfaßte er 1805 das sogenannte „Haydn-Verzeichnis".

ELSSLER, Theresia (Elßler), * 5. 4. 1808 in Gumpendorf bei Wien, † 19. 11. 1878 in Meran (Südtirol), Tänzerin. Wie ihre Schwester Fanny (s. d.) war sie von früher Jugend an als Tänzerin tätig und begleitete ihre Schwester auf mehreren Tourneen. Heiratete 1850 in morganatischer Ehe Adalbert Heinrich Wilhelm Prinz von Preußen und wurde von Kaiser Friedrich Wilhelm IV. als Freifrau von Barnim nobilitiert.

EMBEL, Franz Xaver, * 10. 11. 1770 in Florenz, † 31. 7. 1856 in Mödling (NÖ), Topograph. 1787 trat er in die Kameralhofbuchhaltung in Wien ein, wo er mit Ausnahme der Jahre 1790–93 bis 1807 tätig war. Bis zu seiner Pensionierung 1830 war E. Magistratsrat und Stadtoberkämmerer. Abgesehen von seinen Leistungen im städtischen Kassenwesen zählt er durch seine Reiseschilderungen zu den Begründern der Spezialtopographie, in die er als erster Naturschönheiten und Baudenkmäler mit einbezog. 1801 erschien „Fußreise von Wien nach dem Schneeberge" und 1803 „Schilderung der Gebirgs-Gegenden um den Schneeberg in Ö.".

EMPERGER, Friedrich Ignaz von, * 11. 1. 1862 in Prag, † 7. 2. 1942 in Wien, Ingenieur. Sohn des Grazer 1848-Revolutionärs Vinzens Benedikt v. E. (1815–1875). Nach seinem Studium in Prag und in Wien wurde er zum führenden Ingenieur im Stahl- und Eisenbetonbau. Im In- und Ausland wurden nach seinen Plänen zahlreiche Brücken in Eisenbeton errichtet sowie mehrere Wolkenkratzer in Stahlbeton erbaut. E. führte den Stahlbetonbau auch in den Vereinigten Staaten ein. 1900 begründete er die bald anerkannte Fachzeitschrift „Beton und Eisen".

ENDER, Johann Nepomuk, * 3. 11. 1793 in Wien, † 16. 3. 1854 in Wien, Maler. Sohn eines Trödlers und der Zwillingsbruder von Thomas E. (s. d.); trat 1806 gemeinsam mit seinem Bruder in die Akademie der bildenden Künste ein und studierte bei Hubert Maurer. E. war ein Nachfolger der Nazarener und malte vorwiegend Porträts, Genrebilder und Landschaften. War selbst Prof. an der Akademie.

ENDER, Otto, * 24. 12. 1875 in Altach (V), † 25. 6. 1960 in Bregenz, Rechtsanwalt und christlichsozialer Politiker. Nach seiner Promotion 1901 war E. bei Gerichten in Feldkirch und in Wien tätig und ließ sich 1908 als Rechtsanwalt in Bregenz nieder. Zur Führungsspitze der Christlichsozialen Partei Vorarlbergs gehörend, trat er 1918–20 intensiv für den Anschluß Vorarlbergs an die Schweiz ein. 1918–30 sowie 1931–34 Landeshauptmann von Vorarlberg, 1920–34 Mitglied des Bundesrats, 1930 Bundeskanzler, mußte er schon 1931, nach dem Scheitern der Zollunion mit Deutschland, wegen der Affäre um den Zusammenbruch der Credit-Anstalt zurücktreten. 1933/34 Minister für Verwaltungs- und Verfassungsreform und verantwortlich für die Ausarbeitung der von Bundeskanzler Dollfuß (s. d.) proklamierten ständischen Bundesverfassung, der sogenannten Maiverfassung 1934. 1934–38 Präsident des Rechnungshofs, 1938 kurze Zeit von den Nationalsozialisten in Haft genommen. Nach 1945 betätigte sich E. nicht mehr politisch. 1934 veröffentlichte er „Die neue österreichische Verfassung" und 1952 „Vorarlbergs Schweizer-Anschluß-Bewegung 1918 bis 1922".

Otto Ender 1930

Huebmer, H.: O. E. (1957)

ENDER, Thomas, * 3. 11. 1793 in Wien, † 28. 9. 1875 in Wien, Maler, Aquarellist. War der Zwillingsbruder des Johann Nepomuk E. (s. d.). Die Söhne eines Trödlers traten 1806 gemeinsam in die Wiener Akademie der bildenden Künste ein. 1810 erhielt Thomas E. von der Akademie einen Preis für Landschaftszeichnung und unternahm seit 1812 meherere Studienreisen. 1817 erhielt er den von Kaiser Franz I. (s. d.) gestifteten Großen Malerpreis. 1817/18 ermöglichte ihm Fürst Metternich (s. d.) die Teilnahme an der Brasilien-Expedition. 1837–51 Prof. an der Wiener Akademie. Seine besonders realistischen Landschaftsdarstellungen hatten ihn rasch berühmt gemacht. 1839 erschien in Budapest nach seinen Zeichnungen „Die Wundermappe der Donau".

Koschatzky, W.: Th. E. (1964)

ENDERES, Bruno von, * 19. 12. 1871 in Wien, † 17. 10. 1934 in Wien, Verkehrstechniker. Der Fachmann des Eisenbahnbaus war maßgeblich am Ausbau der Wiener Stadtbahn beteiligt. 1918/19 war er Unterstaatssekretär für das Verkehrswesen. Als Historiker des Eisenbahnwesens verfaßte er u. a.: „Die Semmeringbahn – Zum 75. Jahrestag ihrer Eröffnung" (1929) und „Ghega und sein Werk – Wahrheit und Dichtung" (1929).

ENDLICHER, Stephan Ladislaus, * 24. 6. 1804 in Preßburg, † 28. 3. 1849 in Wien, Botaniker und Sprachforscher. Als Sohn eines angesehenen praktischen Arztes begann er 1816 sein Studium. 1823 erwarb er in Pest (Budapest) das Doktorat der Philosophie, 1826 vollendete er als Alumne des erzbischöflichen Seminars zu St. Stephan in Wien das Theologiestudium, schied aber aus dem geistlichen Stand aus. 1828 trat er in den Staatsdienst ein und wurde zunächst Beamter der k. k. Hofbibliothek. Beschäftigte sich intensiv mit Botanik, gab 1836–50 in 23 Teilen das grundlegende Werk „Genera plantarum" heraus, eine umfassende Darstellung des Pflanzenreichs, wurde Univ.-Prof. und Direktor des Botanischen Gartens in Wien. 1844 wurde auf seine Anregung hin das Museum im Botanischen Garten, das heutige Botanische Institut, errichtet. Das bedeutende Ergebnis seiner sprachforscherischen Tätigkeit war das 1845 erschienene Werk „Anfangsgründe der chinesischen Grammatik". Außerdem war E. maßgeblich an der Gründung der Akademie der Wissenschaften 1847 in Wien beteiligt. 1848 schloß er sich der Befreiungsbewegung an, wurde ins Frankfurter Parlament und in den Reichstag von Kremsier gewählt; als Hochverräter von der Regierung kurzzeitig verfolgt.

ENDÖRFER, Jörg (auch Endorfer), * um 1450, † 1508 in Innsbruck, Geschützgießer und Büchsenmeister. Er war einer der ersten dieser Zunft in Mitteleuropa und stand in den Diensten Herzog Sigismunds von Tirol (s. d.) und Kaiser Maximilians I. (s. d.). Wenige ihm zugeschriebene Arbeiten sind erhalten geblieben, mit Sicherheit stammt nur „Die alt' Kattl", eine Büchse, im Musée de l'Armée in Paris von ihm.

ENDRES, Robert, * 8. 10. 1892 in Salzburg, † 6. 4. 1964 in

Thomas Ender: Schloß Weilburg bei Baden (um 1830)

Wien, Historiker. War nach seinem Studium Mittelschulprof. in Wien. Von seinen zahlreichen Werken sind vor allem zu erwähnen: „Handbuch der ö. Staats- und Wirtschaftsgeschichte" (1922), „Republikanische Staatsbürgerkunde" (1925, in 6. Aufl. 1950 als „Ö. Staatsbürgerkunde" erschienen), „Revolution in Ö. 1848" (1947) und „Geschichte Europas und des Orients", 5 Bde. (1948–52).

ENENKEL, Jans, s. Enikel

ENGEL, August, Freiherr von Mainfelden, * 1. 7. 1855 in Wien, † 9. 1. 1941 in Wien, Finanzfachmann. War Beamter im Finanzministerium und stieg bis zum Sektionschef auf. 1914/15 war er Finanzminister im Kabinett Stürgkh und 1916–18 Mitglied des Herrenhauses. Auf ihn geht die Schaffung der Budgetsektion im Finanzministerium zurück. 1914 legte er die Grundzüge der Kriegsfinanzierung fest, was ihm den Namen „Würge-Engel" eintrug. 1917 veröffentlichte er das Werk „Betrachtungen über den staatsfinanziellen Wiederaufbau Ö.s".

ENGELBERT (von Admont), * um 1250 in Wolkersdorf (St), † 10. oder 12. 5. 1331 in Admont, Benediktiner und Gelehrter. Trat 1267 in das Benediktinerkloster Admont (St) ein, in Prag und in Padua erhielt er eine umfassende wissenschaftliche Ausbildung. 1297–1327 war er Abt von Admont. Vielseitig wissenschaftlich tätig, ist sein Lehr- und Methodikbuch „De musica" für die Musikgeschichte von besonderer Bedeutung. Für die spätmittelalterliche Staatsrechtslehre waren seine Werke, „De regimine principum" und „De ortu, progressu et fine Romani Imperii" sehr wichtig, da er darin ein vom Papsttum unabhängiges, gleichberechtigtes Kaisertum an der Spitze einer Weltmonarchie forderte.

ENGELHART, Josef, * 19. 8. 1864 in Wien, † 19. 12. 1941 in Wien, Maler und Bildhauer. Er studierte an der Technischen Hochschule in Wien und an der Kunstakademie in München. Nach einem Aufenthalt in Paris und nach Studienreisen wurde E. 1897 einer der Mitbegründer der Wiener Künstlervereinigung Secession, deren Präsident er 1899/1900 und 1910/11 war. Dem Impressionismus zugewandt, beschäftigte ihn vor allem die Licht- und Farbproblematik. Seine lebensechten

Josef Engelharts Waldmüller-Denkmal (1910) im Wiener Rathauspark

Genrebilder stellen überwiegend Szenen und Typen aus dem alten Wien dar, die von kulturgeschichtlicher Bedeutung sind, so etwa „Die Banda kummt" (1887), „Der Pülcher" (1887), „Ball auf der Höngstatt" (1890) und „Kirschenpflückerin" (1894). Ab 1903 wandte er sich auch der Plastik zu und errichtete den „Karl-Borromäus-Brunnen" (1909), das „Waldmüller-Denkmal" im Wiener Rathauspark (1910) und das „Fiakerstandbild" (1937). Außerdem schuf er Grabdenkmäler und mehrere Porträts (Lueger, Seipel, Girardi). 1943 erschien seine Autobiographie „Ein Wiener Maler erzählt. Mein Leben und meine Modelle".

ENGEL-JÁNOSI, Friedrich, * 18. 2. 1893 in Wien, † 7. 3. 1978 in Wien, Historiker. Im Ersten Weltkrieg als Offizier verwundet, schloß er danach sein Geschichtsstudium ab und war ab 1929 Privatdozent, ab 1935 Univ.-Prof. in Wien und 1936–38 in Rom. 1939 emigrierte er nach England und von dort 1942 nach Washington, USA. Nach Ö. zurückgekehrt, wirkte er 1959–69 an der Universität Wien als Hon.-Prof. Von seinen Veröffentlichungen sind zu erwähnen: „Ö. und der Vatikan", 2 Bde. (1959/60), „Geschichte auf dem Ballhausplatz" (1963), „Vom Chaos zur Katastrophe" (1971) und „. . . aber ein stolzer Bettler" (1974).

ENGELMANN, Eduard sen., * 21. 1. 1833 in Wien, † 6. 11. 1897 in Wien, Fabrikant und Eislaufpionier. Nach seiner Ausbildung am Polytechnikum in Wien (heute Technische Universität) gründete er im Wiener Vorort Hernals eine Wachstuch- und Kunsttapetenfabrik sowie am Franz-Josefs-Kai ein Wachsleinwandgeschäft. 1867 legte er auf einem ihm gehörenden Grundstück in Hernals einen privaten Eislaufplatz an. Als seine Unternehmen 1873 stagnierten, stellte er der Öffentlichkeit seinen Eislaufplatz gegen Eintrittsgeld zur Verfügung. Durch das Interesse der Bevölkerung wurde „der Engelmann", der Eislaufplatz, dem er sich nun ganz widmete, bald populär. Dieses Unternehmen trug wesentlich zur Entwicklung des Eiskunstlaufs in Wien bei.

ENGELMANN, Eduard, * 14. 7. 1864 in Wien, † 31. 10. 1944 in Wien, Eiskunstläufer. Bruder von Christine Engelmann († 1974), die mit Karl Euler um die Jahrhundertwende das europabeste Duo im Paar-

Eduard Engelmann jun.

lauf bildete. Holte 1892 den ersten Europameistertitel für Ö. Weiterer EM-Sieg 1894. E., ein Allroundsportler, wurde auch dreimal Meister im Hochradfahren. Oberhaupt der Engelmann-Dynastie, die sich große Verdienste um den ö. Eiskunstlaufsport erwarb. Im Hauptberuf Bautechniker und Direktor der nö. Landeseisenbahn-Baudirektion, führte E. (mit Josef Fogowitz s. d.) den Bau und die Elektrifizierung der Mariazellerbahn durch. E. plante und baute auch die E.-Arena (1909) als erste Freiluftkunsteisbahn der Welt, die damals mit 3 000 m^2 über die größte Kunsteisfläche verfügte.

ENGELMANN, Helene, * 9. 2. 1898 in Wien, Eiskunstläuferin. Trat als Tochter von Eduard E. (s. d.) ganz in die sportlichen Fußstapfen ihres Vaters. Paarlauf-Weltmeisterin 1913, WM-Zweite 1914, jeweils mit Karl Mejstrik. Nach der kriegsbedingten Sportpause gewann sie

1922 und 1924 mit Alfred Berger die Weltmeisterschaft im Paarlauf. Beide holten sich im gleichen Jahr auch den Olympia-Sieg in Chamonix.

ENGERTH, Eduard Ritter von (seit 1873), * 13. 5. 1818 in Pleß (Preußisch-Schlesien), † 28. 7. 1897 Semmering (NÖ), Maler, jüngerer Bruder von Wilhelm E. (s. d.). Zunächst unterrichtete ihn sein Vater, der Maler Joseph E., ab 1837 studierte er an der Wiener Akademie der bildenden Künste als Schüler von Leopold Kupelwieser (s. d.). 1854 Direktor der Prager Akademie, wurde er 1865 nach Wien berufen und 1871 Direktor der kaiserlichen Gemäldegalerie im Belvedere. 1874–76 war er Rektor und 1876/77 Prorektor der Wiener Akademie. Abgesehen von Fresken in der Altlerchenfelder Kirche sowie an der Kaiserstiege und in der Kaiserloge der Hofoper schuf er Porträts der kaiserlichen Familie und des Adels und behandelte Themen aus der ö. Geschichte und der Bibel. E. verfaßte den ersten Katalog des Kunsthistorischen Museums und war auch als Gemälderestaurator tätig.

ENGERTH, Wilhelm Freiherr von (seit 1873), * 26. 5. 1814 in Pleß (Preußisch-Schlesien), † 4. 9. 1884 in Leesdorf (NÖ), Maschinenbau- und Eisenbahningenieur. Der ältere Bruder von Eduard E. (s. d.) kam nach Erlernung des Maurerhandwerks 1834 nach Wien, wo er mit Hilfe eines Stipendiums am Polytechnischen Institut und an der Akademie der bildenden Künste Architektur zu studieren begann. Daneben studierte er Maschinenbau und wurde 1840 Assistent an der Lehrkanzel für Mechanik und Maschinenbau. 1843 Prof. am Joanneum in Graz, 1850 Technischer Rat für Eisenbahnbetriebsmechanik im Ministerium für Handel und Gewerbe in Wien. Hier war er mit dem Problem der Entwicklung einer Gebirgslokomotive (der wesentlichsten Voraussetzung für Ghegas Plan einer Eisenbahn über den Semmering) konfrontiert. Da das bei einem Wettbewerb preisgekrönte Modell nicht den gewünschten Voraussetzungen entsprach, konstruierte er einen brauchbaren Prototyp für die erste Gebirgslokomotive der Welt, den er 1853 fertigstellte. Seine Konstruktion erreichte für Berg- und Talstrecken eine größere Reibung durch die Verwendung zusätzlicher Räder. Seine „Stütztender-Lokomotive" wurde zum Vorbild für alle weiteren Gebirgslokomotiven. E. hatte eine Achse des gelenkig verbundenen Tenders stützend vor die Feuerbüchse gelegt. 1855 erhielt er auf der Pariser Weltausstellung für seine maschinenbautechnischen Leistungen die Große Goldene Ehrenmedaille. 1860 trat er zur ö.-u. Staatseisenbahngesellschaft über, wurde Zentraldirektor des technischen Diensts und später Stellvertretender Generaldirektor. Als Mitglied der Donauregulierungskommission erfand er 1872 eine Absperrvorrichtung für den Donaukanal, das sogenannte Schwimmtor der Nußdorfer Schleuse, mit dem das Eindringen von Eisschollen (stets mit Überschwemmungsgefahr verbunden) verhindert wurde. 1874 auf Lebenszeit ins Herrenhaus berufen, blieb E. auch nach seiner Pensionierung Beirat des Verwaltungsrats der Staatseisenbahngesellschaft. E. publizierte auf seinem Spezialgebiet zahlreiche Werke, so 1884 „Das Schwimmthor zur Absperrung des Wiener Donaucanales".

Die von Eduard Engelmann jun. erbaute Engelmann-Arena (eröffnet am 10. 11. 1909), die erste Freiluft-Kunsteisbahn der Welt, während eines Schaulaufens im Zweiten Weltkrieg

ENGLÄNDER, Richard, s. Altenberg, Peter

ENGLÄNDER, Sigmund, * 1828 in Wien, † 30. 11. 1902 in Turin, Journalist. 1847 gab er die literarische Zeitschrift „Salon" und 1848 die Tageszeitung „Wiener Katzenmusik" (Charivari) heraus, weswegen er angeklagt und verurteilt wurde. E. konnte jedoch nach London fliehen und war später ein Jahrzehnt hindurch der Reisebegleiter des Dichters Friedrich Hebbel (s. d.)

ENGLISCH, Lucie, * 8. 2. 1906 in Baden bei Wien, † 12. 10. 1965 in Erlangen (Bayern), Schauspielerin. War nach ihrem Schauspielstudium an mehreren Wiener Bühnen engagiert und auch in Berlin, Frankfurt und Zürich tätig. Neben ihrer Theaterarbeit spielte sie in über 100 Filmen.

ENIKEL, Jans (auch Enenkel, Enichel), * um 1230–40 in Wien, † um 1290 (oder 1302?), Bürger von Wien und Geschichtsschreiber. Einer vermögenden Wiener Familie entstammend (sein Vater Konrad war um 1230 Stadtschreiber), wurde er nach seinem Großvater Jans (auch Johannes) genannt: des Herrn Jans Enkel. Ob er mit dem zwischen 1275 und 1302 mehrmals erwähnten Schreiber Johannes identisch ist, konnte die Forschung nicht klären. Er verfaßte eine „Weltchronik" (28 959 Verse) und ein „Fürstenbuch" (4 259 Verse), in dem er im besonderen auf die Geschichte Wiens und Ö.s eingeht. In der Art der mittelalterlichen Chroniken geschrieben, sind seine Werke eher Geschichten als Geschichte, und dennoch bilden sie einen wesentlichen Beitrag zu Geschichte und Kultur der Babenbergerzeit. Durch seine Verwandten mit vielen politischen Vorgängen vertraut, konnte er auch die Archivalien des Wiener Schottenstifts benützen. Das Fürstenbuch stellt überhaupt für manche Ereignisse die einzige Quelle dar. So sind darin die Farben Rot-Weiß-Rot belegt, und zwar durch die Beschreibung der Schwertleite Herzog Friedrichs II. (s. d.) vom 2. 2. 1232.

ENK von der Burg, Michael, * 29. 1. 1788 in Wien, † 11. 6. 1843 in Melk (Selbstmord), Benediktiner und Schriftsteller. Trat 1806 infolge eines Gelübdes, aber gegen eigene Neigung, in das Benediktinerstift Melk ein, studierte hier und in Wien Philosophie und wurde 1811 Prof. am Stiftsgymnasium Melk. Er verfaßte mehrere philosophische Werke und pessimistische Gedichte. Bekannt wurden: „Briefe über Goethes

Faust" (1834) und „Studien über Lope de Vega" (1839). Er war Freund und Berater vieler Dichter seiner Zeit, so etwa von Halm (s. d.), Feuchtersleben (s. d.), Grillparzer (s. d.), Stifter (s. d.), Bauernfeld (s. d.) und Lenau (s. d.)

Rabenlechner, M. M.: Neue Streifzüge eines Bibliophilen (1935)

ENNEMOSER, Josef, * 15. 11. 1787 in Schönau (Südtirol), † 19. 9. 1854 in Egern (Bayern), Tiroler Freiheitskämpfer und Arzt. 1809 war er Leutnant der Passeier Schützen und Schreiber bei Andreas Hofer (s. d.). 1827–36 Prof. für Anthropologie und Psychologie in Bonn, 1837–41 in Innsbruck und 1841–54 in München als Arzt tätig. In mehreren Schriften vertrat er eine mystische Naturphilosophie und beschäftigte sich mit dem tierischen Magnetismus Mesmers (s. d.).

EPP, Leon, * 29. 5. 1905 in Wien, † 21. 12. 1968 in Wien, Schauspieler, Regisseur und Theaterleiter. Wurde in München bei Falckenberg ausgebildet und arbeitete seit 1936 neben seiner Tätigkeit als Schauspieler auch als Regisseur. 1937 gründete er das Theater „Die Insel" in Wien, das er auch nach 1945 wieder leitete. 1948/49 war er Direktor des Renaissancetheaters und 1952–68 Direktor des Volkstheaters. E. pflegte das zeitgenössische Drama und erhielt u. a. die Kainz-Medaille der Stadt Wien.

EPSTEIN, Julius, * 7. 8. 1832 in Agram, † 2. 3. 1926 in Wien, Pianist und Musikpädagoge. Kam früh nach Wien und war Schüler von Anton Halm. 1867–1901 Prof. am Wiener Konservatorium, war mit Johannes Brahms (s. d.) befreundet und unterrichtete u. a. Gustav Mahler (s. d.).

ERGGELET, Johann Fidel Freiherr von (seit 1808), * 1751 in Waldshut (Baden), † 19. 2. 1815 in Wien, Beamter und Finanzfachmann. Durch seine „bei einem Konkurs bewiesenen Fähigkeiten" wurde er von der Bukowinaer Militärverwaltung angestellt und kam in das Gubernium von Galizien. 1789 bereits Rat der fünf Moldau-Kreise, wurde er 1797 Hofrat des Direktoriums in Wien und 1802 in die Vereinigte Hofkanzlei versetzt. Mit der Bankierstochter Josefa von Hanikstein verheiratet, hinterließ er seinem Sohn Rudolf (* 10. 2. 1800, † 30. 1. 1882) ein Millionenvermögen. Dieser vermehrte das Erbe und war Bankier und Direktor der Oesterreichischen Nationalbank.

ERLER, Franz Christoph, * 5. 10. 1829 in Kitzbühel, † 6. 1. 1911 in Wien, Bildhauer und Restaurator. Als Sohn eines Müllers kam er zu einem Bildschnitzer nach Kufstein (T) in die Lehre und 1853 an die Akademie der bildenden Künste in Wien, wo er bis 1861 studierte. Seit 1863 Mitglied des Künstlerhauses, schuf er zahlreiche Bildwerke, Statuen, Altäre und Reliefs, so den Kreuzweg für die Altlerchenfelder Kirche in Wien, Apostelfiguren für die Wiener Votivkirche, Statuen für den Stephansdom, für die Ruhmeshalle des Arsenals und die Festhalle des Wiener Rathauses, für die Freisinger Kapelle, die Stiftskirche von Klosterneuburg (NÖ) und die Stiftskirche von Heiligenkreuz (NÖ). Sein letztes Werk sind 16 Statuen für die Kirche Maria am Gestade in Wien (1903).

ERMACORA, Felix, * 13. 10. 1923 in Klagenfurt, Jurist. Nach seinem Studium lehrt er seit 1957 als Univ.-Prof. in Innsbruck und seit 1964 in Wien. Seit 1959 Mitglied der Menschenrechtskommission des Europarats, 1960–63 auch der Vereinten Nationen. Seit 1971 Abgeordneter zum Nationalrat und Wehrsprecher der ÖVP. Von seinen zahlreichen wissenschaftlichen Publikationen sind zu erwähnen: „Der Verfassungsgerichtshof" (1956), „Ö.s Staatsvertrag und Neutralität" (1957), „Handbuch der Grundfreiheiten und der Menschenrechte" (1963), „Allgemeine Staatslehre" (1970).

ERNST der Tapfere, Markgraf von Ö., * um 1030 (1027?) in Melk (NÖ), † 10. 6. 1075 bei Homburg an der Unstrut. Sohn von Markgraf Adalbert (s. d.) und seit 1055 dessen Nachfolger. Er sicherte die Ostgrenze des Reichs und intensivierte die Besiedlung der Mark. Schließlich realisierte er auch die bereits von seinem Vater begonnene Eingliederung der Neumark (zwischen Fischa, Leitha, March und unterer Thaya) und der Böhmischen Mark (Gebiet an Pulkau und Thaya). Als Dank für die Hilfe gegen die Ungarn erhielt er von König Heinrich IV. das Gebiet von Raabs im nö. Waldviertel. Im Investiturstreit stand er treu auf der Seite Heinrichs IV. und war auch sein Gefolgsmann in der Schlacht gegen die Sachsen bei Homburg an der Unstrut am 9. 6. 1075. E. wurde in diesem Kampf schwer verwundet und starb am darauffolgenden Tag im Lager des Königs. Bei der Öffnung der Babenbergergruft im Stift Melk im Jahr 1968 konnten an seinem Skelett die schweren Verletzungen festgestellt werden.

ERNST der Eiserne, Erzherzog von Ö. und Steiermark, * um 1377 in Bruck an der Mur (St), † 10. 6. 1424 in Bruck an der Mur. Sohn Herzog Leopolds III. (s. d.). 1392–1407 in kinderloser Ehe mit Prinzessin Margarethe von Pommern († 30. 4. 1407 in Bruck an der Mur) verheiratet, vermählte sich im Februar 1412 in Bruck an der Mur mit Prinzessin Cimburgis von Masowien (s. d.), mit der er fünf Söhne und vier Töchter hatte, darunter: u. a. Friedrich, als Herzog von Ö. V., als deutscher König IV. und als Römischer Kaiser III. (s. d.); Margarethe (* um 1416, † 12. 2. 1486), mit Kurfürst Friedrich II. von Sachsen verheiratet; Albrecht VI., Herzog von Ö. (s. d.), und Katharina (* um 1420, † 11. 9. 1493), mit Markgraf Karl I. von Baden verheiratet. Bei der Erbteilung von 1406 wurde E. Herzog der Steiermark. In scharfem Gegensatz zu seinem älteren Bruder Leopold IV. (s. d.) stehend, führte der Streit um die Vormundschaft über Albrecht V. (s. d.) zum Bürgerkrieg, der die Dynastie Habsburg stark schwächte und erst mit dem Tod Leopolds IV. (3. 6. 1411) endete. Nun Alleinherrscher in Innerösterreich, ließ er sich nach altem Brauch am 18. 3. 1414 auf dem Kärntner Zollfeld huldigen – die letzte Herzogseinsetzung dieser Art. Nachdem sein jüngerer Bruder Friedrich IV., Graf von Tirol (s. d.), geächtet worden war, versuchte E. auch in Tirol und den Vorlanden zu herrschen, was aber scheiterte. Nach seinem Tod übernahm Friedrich IV. die Vormundschaft über E.s noch unmündige Söhne Friedrich V. und Albrecht VI. E. wurde in der Gruft der Stiftskirche von Rein (St) begraben.

Herzog Ernst der Eiserne mit seinen Söhnen (Glasfenster, 1424)

ERNST, Erzherzog von Ö., * 15. 6. 1553 in Wien, † 20. 2. 1595 in Brüssel, Sohn von Kaiser Maximilian II. (s. d.) und Bruder der Kaiser Rudolf II. (s. d.) und Matthias (s. d.). Ab 1564 wurde er am spanischen Hof erzogen und bewarb sich 1573 und 1575 vergeblich um den polnischen Thron. 1576 Statthalter von Ö. ob und unter der Enns, förderte er stark die Gegenreformation, 1590 auch Statthalter von Innerösterreich, setzte er diese Bemühungen dort fort. 1594 wurde er Statthalter der Spanischen Niederlande, konnte aber der herrschenden Unruhen nicht Herr werden.

ERNST, Leopold, * 14. 10. 1808 in Wien, † 17. 10. 1862 in Wien, Architekt und Dombaumeister. Kam 1822 an die Wiener Akademie der bildenden Künste und war ein Schüler von Peter Nobile (s. d.). 1840 begann er den Um- und Neubau des Schlosses Grafenegg (NÖ). 1853 wurde er Dombaumeister von St. Stephan. Gemeinsam mit L. Oescher und E. Melly gab er 1846–48 die „Baudenkmale des Mittelalters im Erzherzogtum Österreich" heraus.

ERTL, Dominik, * 12. 4. 1857 in Wien, † 4. 2. 1911 in Wien, Komponist. E. war Regimentskapellmeister bei den Hoch- und Deutschmeistern, ab 1904 auch als Operettendirigent in Wien tätig. Er schrieb über 200 Tänze, Wiener Lieder und Märsche, darunter den „Hoch- und-Deutschmeister-Marsch".

ERTL, Emil, * 11. 3. 1860 in Wien, † 8. 5. 1935 in Graz, Erzähler und Romanschriftsteller. Nach seinem Studium wurde er Bibliothekar und war bis 1922 Direktor der Bibliothek der Technischen Hochschule in Graz. Er war mit Peter Rosegger (s. d.) eng befreundet und gilt als führender Vertreter des ö. Heimat- und Geschichtsromans. Bedeutend ist sein Romanzyklus „Ein Volk an der Arbeit" (4 Bde.): „Die Leute vom blauen Guguckshaus" (1905), „Freiheit, die ich meine" (1908), „Auf der Wegwacht" (1911) und „Im Haus zum Seidenbaum" (1926). In dieser Tetralogie schildert er die Geschichte Ö.s anhand einer Wiener Seidenweberfamilie von 1809 bis 1918. Von seinen weiteren Werken sind zu erwähnen: „Karthago" (1924), „Meisternovellen" (1930) und „Gedichte (1935). E. stellte sich nach dem sogenannten PEN-Club-Skandal von Ragusa gemeinsam mit Jelusich, Corti, Hartlieb, Hohlbaum, Brehm,

Hammerstein, Handel-Mazzetti, Nabl, Strobl u. a. auf die Seite der mit Deutschland sympathisierenden Schriftsteller, die versuchten, das ö. PEN-Zentrum zu sprengen.

Spiel, H. (Hrsg.): Die zeitgenössische Literatur Ö.s (1976)

ESCHERICH, Theodor von, * 29. 11. 1857 in Ansbach (Franken), † 15. 2. 1911 in Wien, Kinderarzt. Er studierte an mehreren deutschen Universitäten und promovierte 1881 in Würzburg. 1889 Univ.-Prof. und Vorstand der Kinderklinik in Graz, ab 1902 in Wien. In beiden Städten baute er die Kinderspitäler aus und gründete in Wien eine Mutterberatungsstelle und die Organisation „Säuglingsschutz". E. erforschte die Stoffwechsel- und Ernährungsvorgänge bei Säuglingen und schuf so die Grundlage für eine rationelle und richtige Säuglingsernährung. Auf ihn geht auch die Gründung der Ö. Gesellschaft für Kinderforschung zurück. Er veröffentlichte zahlreiche wissenschaftliche Arbeiten, darunter „Die Darmbakterien des Säuglings" (1886) und „Die Tetanie der Kinder" (1909).

ESDERS, Stefan, * 6. 7. 1852 in Haren an der Ems (Hannover), † 15. 9. 1920 in Wien, Industrieller. Mit geringen Mitteln errichtete er in Brüssel eine kleine Kleiderfabrik, der bald Zweigniederlassungen in Berlin, Paris, St. Petersburg, Rotterdam und 1895 in Wien folgten. Als erster Unternehmer führte er für seine Angestellten Prämienzahlungen ein und erzielte mit seinem Kleiderhaus in der Wiener Mariahilfer Straße beachtlichen Erfolg. 1909/10 stiftete er die Pfarr- und Wallfahrtskirche Mariä Schmerzen in Wien 19, Kaasgraben. Während des Ersten Weltkriegs unterhielt er ein firmeneigenes Rekonvaleszentenheim.

ESKELES, Bernhard Freiherr von (seit 1822), * 12. 2. 1753 in Wien, † 7. 8. 1839 in Hietzing bei Wien, Bankier. Als Sohn des Rabbiners Baruch E. erhielt er in Amsterdam eine kaufmännische Ausbildung und führte dort bereits 1770 ein eigenes Geschäft. 1774 gründete er in Wien gemeinsam mit Nathan Arnstein (s. d.) das Bankhaus Arnstein & Eskeles. Als in Wien gefälschte „Frankfurter Scheine" auftauchten, entlarvte er die Fälscher und bewahrte so den Staat vor großem Schaden. Schon für die Kaiser Joseph II. und Leopold II. Finanzberater, zeigte erst Kaiser Franz II. (I.) seine Dankbarkeit und erhob ihn 1797 in den Adelsstand, 1810 in den Ritter- und 1822 in den Freiherrenstand. Für die Kriegführung gegen Napoleon stellte er dem Kaiser 1805 und 1809 große Kredite zur Verfügung. Während des Wiener Kongresses verkehrten bedeutende Diplomaten in seinem Salon, so Talleyrand und Wellington. 1816 war er ein maßgebender Mitbegründer der Oesterreichischen Nationalbank und wurde auch deren Direktor und Vizegouverneur. 1819 gehörte er zu den Mitbegründern der Ersten österreichischen Spar-Casse. E. übte großen Einfluß auf den europäischen Geldmarkt aus und rief auch mehrere wohltätige Stiftungen ins Leben. Seinem Sohn Daniel E. (* 1. 10. 1803, † 15. 1. 1876) hinterließ er ein Millionenvermögen. Mit Daniel E. erlosch der Name E.

ESTERHÁZY von Galántha, Nikolaus II. Fürst, * 12. 12. 1765 in Eisenstadt, † 25. 11. 1833 in Como, Diplomat und Heerführer. In ö. Kriegsdiensten zum Feldmarschall aufgestiegen, wurde er später mit diplomatischen Aufgaben betraut. Als die französischen Truppen 1797 Ö. bedrohten, bewaffnete er seine Untertanen, 1809 stellte er erneut ein Freiwilligenkorps auf. Die von Napoleon angebotene ungarische Königskrone lehnte er ab. Seine Prunksucht und sein Mäzenatentum brachten ihn, trotz umfangreichen Gutsbesitzes, in finanzielle Schwierigkeiten. Er faßte die auf verschiedene Schlösser verteilte wertvolle Gemälde- und Kupferstichsammlung zusammen und brachte sie in dem von ihm erworbenen Gartenpalais des Fürsten Kaunitz im Wiener Vorort Mariahilf unter. Diese Sammlung wurde 1871 ungarisches Landeseigentum und Grundstein der ungarischen Landespinakothek. Ludwig van Beethoven (s. d.) schrieb in E.s Auftrag die C-Dur-Messe, Johann Nepomuk Hummel (s. d.) war 1804–11 sein Kapellmeister.

ESTERHÁZY von Galántha, Nikolaus Joseph Fürst, * 18. 12. 1714, † 28. 9. 1790 in Wien, Diplomat und Feldherr. Bruder und Nachfolger von Paul Anton E., wurde „der Prachtliebende" genannt. War Gesandter an mehreren Höfen und k. k. Geheimrat. Im Ö. Erbfolgekrieg zeichnete er sich an der Spitze von 12 000 Ungarn auf den Schlachtfeldern in Schlesien aus, war 1757 in der Schlacht bei Kolin als General am Sieg Dauns (s. d.) beteiligt und wurde 1768 Feldmarschall. Er war ein Förderer von Kunst und Wissenschaft, erbaute Schloß Esterháza südlich des Neusiedler Sees und errichtete in Eisenstadt eine gut geführte Musikschule. Ab 1761 verpflichtete er Joseph Haydn (s. d.) als Kapellmeister.

ESTERHÁZY von Galántha, Paul IV. Fürst, * 7. 9. 1635 in Eisenstadt, † 26. 3. 1713 in Eisenstadt, Heerführer und Palatin von Ungarn. Zeichnete sich 1664 in der Schlacht bei St. Gotthard-Mogersdorf sowie während des ganzen Türkenkriegs besonders aus. 1681 zum Palatin von Ungarn gewählt, erhielt er als Feldmarschall den Oberbefehl an der türkischen Grenze. 1683 nahm er am Entsatz Wiens teil, wirkte 1686 bei der Befreiung Ofens von den Türken mit und trug wesentlich zur Festigung der habsburgischen Herrschaft in Ungarn bei. 1687 wurde er deshalb in den Reichsfürstenstand erhoben und erhielt das Recht, Münzen mit seinem Bildnis zu prägen sowie zu adeln. Auf Burg Forchtenstein (B) legte er

Schloß Esterházy in Eisenstadt, das von Paul IV. Fürst Esterházy erbaut wurde

eine Waffensammlung an und begann in Eisenstadt mit dem Bau des Schlosses, der Bergkirche und des Nonnenklosters. Außerdem komponierte, dichtete und malte er.

ESTERHÁZY von Galántha, Paul Anton II. Fürst, * 11. 3. 1785 in Eisenstadt, † 21. 5. 1866 in Regensburg, Diplomat und Minister. Sohn von Nikolaus II. (s. d.), 1810 ö. Gesandter in Dresden, 1814 in Rom und anschließend bis 1842 Botschafter in London. Als Obergespan des Ödenburger Komitats förderte er in vielfacher Hinsicht die Entwicklung Westungarns. 1848 Außenminister in der Regierung Batthyány, bemühte er sich um eine Verständigung zwischen Ö. und Ungarn, trat aber mit der Regierung im August 1848 von seinem Amt zurück. 1856 war er ö. Botschafter bei der Krönung Zar Alexanders II. in Moskau. Wegen Verschuldung wurde 1860 eine Zwangsverwaltung seines Besitzes durchgeführt.

ESTERLE, Max, * 16. 10. 1870 in Cortina d'Ampezzo, † 4. 1. 1947 in Bezau (V). Nach seinem Studium wurde er zuerst Porträtzeichner und dann ein vielbeachteter Karikaturist. Er lebte in Innsbruck und war viele Jahre Präsident des Tiroler Künstlerbundes.

ETIENNE, Michael, * 21. 9. 1827 in Wien, † 29. 4. 1879 in Wien, liberaler Journalist. Sein Vater war Franzose und Lehrer am Theresianum in Wien. E. besuchte das Wiener Schottengymnasium und war schon in jungen Jahren literarisch tätig. 1848 schrieb er politische Gedichte und Flugblätter und wurde deshalb 1849 verhaftet. 1850–55 lebte er als Korrespondent in Paris; nach seiner Rückkehr nach Wien wurde er Mitarbeiter der „Presse". Gemeinsam mit Max Friedländer (s. d.) und E. Werthner gründete er am 1. 9. 1864 die „Neue Freie Presse", die er bis zu seinem Tod leitete. E. war Mitbegründer der Journalistenvereinigung „Concordia".

Zenker, V.: Geschichte der Wiener Journalistik, I. (1892), II. (1893)

ETTENREICH, Josef Ritter von (seit 1853), * 25. 8. 1800 in Wien, † 4. 2. 1875 in Wien, Fleischhauer und Selcher. Der Sohn eines Gastwirts aus dem Wiener Vorort Neubau hatte es durch Erbschaft und beruflichen Erfolg zu Wohlstand gebracht und sich Anfang 1853 aus dem Berufsleben zurückgezogen. Am 18. 2. 1853 verhinderte E. durch sein Eingreifen ein Attentat auf Kaiser Franz Joseph I. (s. d.) durch den ungarischen Schneidergesellen János Libényi (s. d.) oberhalb des Kärntner Tores. Am nächsten Tag berief der nur geringfügig verletzte Kaiser Josef E. zu sich und verlieh ihm das Ritterkreuz des Franz-Joseph-Ordens. Kurz danach wurde E. in den erblichen Adelsstand erhoben. Am 5. 3. 1853 erhielt er die Große Goldene Salvatormedaille, die höchste Auszeichnung der Stadt Wien, zahlreiche Ehrungen und Auszeichnungen von Städten und Ländern der Monarchie sowie von Papst Pius IX. und mehreren Monarchen folgten. Noch 1853 berief ihn die Erste österreichische Spar-Casse in den Leitungsausschuß. E.

Josef Ettenreich (rechts) und Flügeladjutant Oberst O'Donell verhindern am 18. 2. 1853 ein Attentat auf Kaiser Franz Joseph. Gemälde von Johann Joseph Reiner

wurde 1854–57 Vorsteher, 1858 Kurator und 1859–73 Direktor. Zu seinem Begräbnis (er wurde in Baden begraben) ordnete Kaiser Franz Joseph I. eine feierliche Einsegnung in der Wiener Karlskirche an.

Bensch, F.: Der Mordanschlag auf Kaiser Franz Joseph I. am 18. Februar 1853, in: „Wiener Geschichtsblätter", 1973, Heft 2; Hansen, W. (Hrsg.): Das Attentat auf Se. Majestät Kaiser Franz Josef I. (1978)

ETTI, Karl, * 26. 10. 1912 in Wien, Komponist und Dirigent. Nach seinem Studium an der Wiener Musikakademie war er 1937/38 Kapellmeister der Wiener Sängerknaben. 1938–45 Dirigent an mehreren deutschen Bühnen, 1945–47 an der Wiener Staatsoper tätig. Ab 1945 ständig bei Radio Wien beschäftigt, seit 1948 Chormeister des Wiener Männergesang-Vereins, seit 1962 Prof. an der Wiener Musikhochschule. Neben Chormusik und symphonischen Werken schuf er auch Kammermusikwerke und die Oper „Dagmar" sowie das Oratorium „Artaban" (1964).

ETTINGSHAUSEN, Andreas Freiherr von, * 25. 11. 1796 in Heidelberg, † 25. 5. 1878 in Wien, Physiker. Kam 1809 nach Wien und studierte hier Mathematik und Physik. E. wurde ein Pionier der mathematischen Physik und Prof. an der Ingenieurakademie und Direktor des Physikalischen Instituts an der Universität Wien. Veröffentlichte u. a.: „Vorlesungen über höhere Mathematik" (1827) und „Anfangsgründe der Physik" (1844).

ETTINGSHAUSEN, Konstantin Freiherr von, * 16. 6. 1826 in Wien, † 1. 2. 1897 in Graz, Paläobotaniker. Der Sohn von Andreas von E. (s. d.) wurde bald nach Beendigung seines Studiums Prof. am Josephinum in Wien. Ab 1871 lehrte er als Univ.-Prof. in Graz. Einer der Begründer der Paläobotanik in Ö.

ETZEL, Karl von, * 6. 1. 1812 in Heilbronn, † 2. 5. 1865 in Kemmelbach (NÖ), Eisenbahntechniker und Architekt. Nach seinem Studium und nach Ausbildungsaufenthalten in England und Frankreich kam er 1839 nach Wien. Hier erhielt er den Auftrag, einen Plan zur Vergrößerung der Inneren Stadt auszuarbeiten. E. errich-

IGO ETRICH

Ein Eindecker namens Etrich-Taube

ETRICH, Igo (Ignaz), * 25. 12. 1879 in Oberaltstadt (Böhmen), † 4. 2. 1967 in Salzburg, Pionier des Flugzeugbaus. Gegen Ende des 19. Jh.s befaßten sich in Oberaltstadt der Textilfabrikant Ignaz E. und sein Sohn Igo intensiv mit den Problemen des Fliegens. 1898 erwarben sie aus dem Nachlaß Lilienthals einen Gleiter (heute im Technischen Museum in Wien) und entwikkelten ein Flugmodell. Am 6. 10. 1906 flog ihr Mitarbeiter Franz Wels als erster Mensch in Ö. in 20 m Höhe und mit einer Geschwindigkeit von 13,7 m/sek eine Strecke von 250 m. Wegen des ungeeigneten Fluggeländes übersiedelte E. nach Wien und konstruierte 1907 im

Gebäude der Weltausstellung im Wiener Prater, in der Rotunde, das erste Motorflugzeug Ö.s. Mit diesem „Etrich I", im Volksmund „Praterspatz" genannt, gelangen ihm und seinem Mitarbeiter Karl Illner (s. d.) im Juli 1909 in Wiener Neustadt die ersten 100-m-Flüge. Am 17. 5. 1910 wurde mit dieser Eindeckerkonstruktion („Etrich II") der erste Überlandflug in Ö. durchgeführt. 1911 entstand das erste ö. Militärflugzeug.

Lenotti, W.: Ein Traum vom Fliegen. 200 Jahre Luftfahrt in Ö. (1982)

Kaiser Franz Joseph unterhält sich mit Igo Etrich beim Flugtag in Wiener Neustadt 1910

tete mehrere Hochbauten und das Dianabad. 1857 wurde er Baudirektor der Kaiser-Franz-Joseph-Orientbahn und blieb es auch, nachdem diese mit der Südbahngesellschaft vereinigt worden war. Neben mehreren Eisenbahnstrecken im Bereich der ö.-u. Monarchie gilt die 1864–67 errichtete Brennerbahn als sein bedeutendstes Werk.

EUGEN von Savoyen, Prinz, * 18. 10. 1663 in Paris, † 21. 4. 1736 in Wien, Feldherr und Staatsmann. Der Großneffe von Kardinal Mazarin sollte ebenfalls Geistlicher werden. 1681 wurde er zum Abbé geweiht. Als Soldat von Ludwig XIV. wegen seiner geringen Körpergröße abgewiesen, floh er aus Frankreich und trat 1683 als Kriegsvolontär in die kaiserliche Armee ein. Seine Feuertaufe erlebte er unter Herzog Karl V. von Lothringen (s. d.) in der Entsatzschlacht von Wien am 12. 9. 1683, bei der er sich bereits durch besondere Tapferkeit auszeichnete. Bei der Türkenverfolgung weiterhin tapfer kämpfend, erhielt er am 14. 12. 1683 von Kaiser Leopold I. (s. d.) das Kommando über ein Dragonerregiment. Durch seine Leistung in der Schlacht bei Gran am 16. 8. 1685 wurde er zum Generalfeldwachtmeister ernannt. Am 12. 8. 1687 war er am Sieg bei Mohács wesentlich beteiligt. Bei der Eroberung von Belgrad am 6. 9. 1688 wurde er schwer verwundet. 1693 zum Feldmarschall befördert, kommandierte er 1697 als Oberbefehlshaber die kaiserlichen Truppen im Türkenkrieg und siegte 1697 bei Zenta. Im Spanischen Erbfolgekrieg erkämpfte er zunächst 1701 bei Carpi und Chiari seine ersten Siege und wurde 1703 Präsident des Hofkriegsrats. Danach gelangen ihm gemeinsam mit dem englischen Oberbefehlshaber Herzog von Marlborough die Siege über Frankreich bei Höchstädt (1704), bei Turin (1706), bei Oudenaarde (1708) und bei Malplaquet (1709). Trotz Englands Ausscheiden aus der Koalition leistete er am Oberrhein hinhaltenden militärischen Widerstand, wodurch der Friedensschluß von Rastatt (1714) beeinflußt wurde und Ö. aus dem spanischen Erbe Mailand, Neapel und Sizilien zugesprochen erhielt. 1716–24 war er der erste Generalgouverneur der Ö. Niederlande. Daneben kämpfte er im neuerlichen Türkenkrieg 1716 bei Peterwardein und war 1717 mit der Eroberung von Stadt und Festung Belgrad erfolgreich. E. war ein hervorragender Stratege, plante seine Feldzüge sorgfältig und fügte den Gegnern durch rasche Entscheidungen schwere Niederlagen zu. Immer auch als Diplomat tätig, war er als Präsident des Hofkriegsrats und Vorsitzender der geheimen Staatskonferenz auch Staatsmann, der Ö. als Großmacht einen festen Platz unter den Mächten Europas sicherte. Als treuer und loyaler Diener des Hauses Ö. war er der Ratgeber dreier Kaiser und soll einmal gesagt haben: „Kaiser Leopold I. war mein Vater, Joseph I. mein Bru-

PRINZ EUGEN

Feldherr und Staatsmann des Barockzeitalters

Das Obere Belvedere, das Johann Lukas von Hildebrandt 1721/22 für den Prinzen erbaute. Stich nach Salomon Kleiner (1731)

Im Grunde genommen blieb Prinz Eugen zeit seines Lebens ein einsamer Mensch. Seine Jugend in Paris durfte nur in wenig familiäre Geborgenheit eingebunden gewesen sein, allein und auf sich gestellt, wandte er sich an den Wiener Kaiserhof, um hier seine militärische Karriere zu beginnen. Als er starb, wurde er, wie ein zeitgenössischer Bericht schildert, „mit dem roten Uniform-Kleid seines Regiments nemlich von rotem Scharlach mit Gold bordirt" aufgebahrt und der kleine, zusammengeschrumpfte Mann mit goldschimmernder Perücke, den Rosenkranz um die knochigen Hände gebunden, umbraust vom Glockengeläute Wiens, drei Tage lang zur Schau gestellt. Am 26. April 1736 um vier Uhr nachmittags schließlich wurde „der Leichnam gehoben". „Der gantze Zug, welcher über zwey Stunden dauerte und währenddem welchen alle Glocken in der Stadt geläutet worden", zog vom Palais in der Himmelpfortgasse über Kohlmarkt und Graben zum „Stock am Eysen Platz bis zur Metropolitan Kirche in welcher die Herren Ritter des goldenen Vlieses, die kaiserlichen Herren Geheimen Räthe, und hohe Herren Ministern den Leichnam erwarteten". Verwandte waren keine zugegen, seine drei Damen, mit denen er oft Karten gespielt hatte, werden wohl irgendwo dabeigewesen sein. Sein Kaiser, Karl VI., der dem edlen Ritter seine Herrschaft und die Monarchie verdankte, wohnte der Einsegnung inkognito bei und begab sich anschließend, wie man einem Hofbericht entnehmen kann, „nach dem Lustschloß Laxenburg, alwohin auch Ihre Majestät die Regierende Römische Kayserin und die gesamte Durchleuchtigste Ertz-Herzoginnen mit der übrigen Hofstatt gegen zehn Uhr gefolget seynd, um daselbsten der gewöhnlichen Frühlings-Lust eine Zeit lang zu genießen . . ."

der und Karl VI. mein Herr." E. beschäftigte sich auch mit Kunst und Wissenschaft, stand mit mehreren Gelehrten in brieflichem Kontakt und besaß eine bedeutende Bücher- und Kartensammlung, die heute einen wertvollen Teil der Ö. Nationalbibliothek darstellt. 1696–98 ließ er sich von Fischer von Erlach (s. d.) in der Wiener Himmelpfortgasse ein Stadtpalais (heute Finanzministerium) erbauen, das von Lukas von Hildebrandt (s. d.) 1708–28 vollendet wurde. Dieser erbaute auch die Sommerresidenz, das Schloß Belvedere – das Untere 1714–16, das Obere 1721–23. E. wurde in der Kreuzkapelle des Wiener Stephansdoms begraben.

Arneth, A.: Prinz E. v. S., 3 Bde. (1858); Musulin, J.: Prinz E. v. S. (1963), Braubach, M.: E. Prinz von Savoyen, 4 Bde. (1963–65); Gutkas, K. (Hrsg.): Prinz E. und das barocke Ö. (1985); Mraz, G.: Prinz E. (1985); Broucek, P., Hillbrand, E., u. Vesely, F.: P. E. Feldzüge und Heerwesen (1986)

EUGEN, Erzherzog von Ö., * 21. 5. 1863 in Groß-Seelowitz (Mähren), † 30. 12. 1954 in Meran (Südtirol), Feldmarschall. Enkel von Erzherzog Karl (s. d.), dem Sieger von Aspern. 1894–1923 letzter Hochmeister des Deutschen Ordens, 1908–12 Landeskommandant von Tirol und Vorarlberg, 1914/15 Kommandant der Balkanstreitkräfte, 1915–18 der Südwest-Front. Ab 1918 lebte er einige Zeit in Basel.

Schildenfeld, Z.: Erzherzog E. (1963)

EXL, Ferdinand, * 30. 5. 1875 in Innsbruck, † 28. 10. 1942 in Innsbruck, Schauspieler und Theaterleiter. Erlernte vorerst das Buchbinderhandwerk und erwarb den Meisterbrief. Anfangs spielte er im Pradler Bauerntheater mit, gründete aber 1902 ein eigenes Ensemble, die „Erste Tiroler Bauernspiel-Gesellschaft". Als „Familien-Betrieb" spielte er zunächst in Wilten bei Innsbruck, dann in Innsbruck selbst und schuf bald den eigenwilligen Stil der Exl-Bühne, die auf zahlreichen Gastspielen in Wien, in der Schweiz und in Deutschland beachtliche Erfolge erzielte. Volks- und Bauernstücke von Anzengruber bis Kranewitter wurden in einer ursprünglichen und bodenständigen Art in Originalausstattung gespielt. 1912–22 leitete E. die von ihm gegründeten Innsbrucker Kammerspiele und 1915–20 das Innsbrucker Stadttheater. 1955 löste sich die Exl-Bühne auf. Seine Frau Anna (1882–1955) war auch seine langjährige Partnerin auf der Bühne und leitete diese von 1941 bis zu ihrem Tod gemeinsam mit ihrer Tochter Ilse (1907–1956), die ebenfalls Schauspielerin war.

Prinz Eugen. Gemälde von Johann Gottfried Auerbach

EXNER, Franz, * 28. 8. 1802 in Wien, † 21. 6. 1853 in Padua, Philosoph und Schulreformer. Nach seinem Studium war er 1831–48 Univ.-Prof. in Prag. 1845–47 arbeitete er an der Reform der Gymnasien und des Philosophiestudiums an den Universitäten mit. Er schuf die Grundzüge des öffentlichen Unterrichtswesens, wonach die sechsklassigen Gymnasien in achtklassige umgewandelt wurden. 1848 wurde er Mitglied der Akademie der Wissenschaften in Wien. Seine Söhne waren die Univ.-Prof. Adolf E. (1841–1894) Jurist, Karl E. (1842–1914) und Franz E. (1849–1926) Physiker (letzterer gilt als Begründer der modernen luftelektrischen Forschung), Siegmund von E.-Ewarten (1846–1926) Physiologe.

Wilhelm Exner

EXNER, Wilhelm Franz von, * 9. 4. 1840 in Gänserndorf (NÖ), † 25. 5. 1931 in Wien, Technologe. Der Sohn eines Eisenbahners studierte am Polytechnischen Institut in Wien und war 1862–68 Mittelschullehrer. 1868–79 Prof. an der Forstakademie in Mariabrunn bei Wien, war er 1875 mit der Eingliederung der Akademie in die Hochschule für Bodenkultur beauftragt und wurde Sektionschef. 1879 wurde auf seine Anregung hin das Technologische Gewerbemuseum in Wien gegründet, dessen Direktor er bis 1904 war und in dem er eine Reihe von Lehr- und Versuchsanstalten aufbaute. 1882–97 war E. liberaler Reichsratsabgeordneter, 1905–18 Mitglied des Herrenhauses. An der Gründung des 1918 eröffneten Technischen Museums in Wien war er wesentlich beteiligt. 1920 wurde er zum Obmann des Ö. Normenausschusses ernannt.

EYBL, Franz, * 1. 4. 1806 in Wien, † 29. 4. 1880 in Wien, Maler. Nach seinem Studium an der Wiener Akademie der bildenden Künste wurde er bald ein gefragter Biedermeier-Maler. Neben rund 400 Bildnis-Lithographien und zahlreichen Porträts (vorwiegend Schauspieler) schuf er auch Historienbilder und detailreiche Genrebilder und Landschaftsaquarelle.

EYBLER, Joseph Leopold Edler von, * 8. 2. 1765 in Schwechat (NÖ), † 24. 7. 1846 in Wien, Komponist und Kapellmeister. Studierte Kompositionslehre bei Albrechtsberger (s. d.), wurde 1792 Regens chori bei den Karmeliten, 1794 bei den Schotten. Ab 1801 war er Musiklehrer bei Hof, 1804 Vize- und ab 1824 Hofkapellmeister. Als Nachfolger von Antonio Salieri wurde er von Mozart und Haydn sehr geschätzt. Neben 32 Messen und anderer Kirchen- und Kammermusik schuf E. die Oratorien „Die Hirten bey der Krippe" (1793) und „Die letzten Dinge" (1810) sowie 1802 ein Requiem.

EYBNER, Richard, * 17. 3. 1896 in St. Pölten (NÖ), † 20. 6. 1986 in Wien, Kammerschauspieler und Vortragskünstler. Sein Vater war Bürgermeister von St. Pölten. Im Ersten Weltkrieg Offizier, wurde er danach Bankbeamter. 1929–31 erhielt er Schauspielunterricht im Reinhardt-Seminar, trat aber schon damals mit humoristischen Texten als Vortragskünstler auf. 1930 debütierte er bei den Salzburger Festspielen. Ab 1931 am Wiener Burgtheater, trat er auch im „Jedermann" bei den Salzburger Festspielen und in mehreren Filmen auf. Ab 1947 war E. auch in Sprechrollen der klassischen Operette an Staats- und Volksoper tätig. Allein am Burgtheater hatte er 290 Rollen verkörpert und war vor allem ein Meister der Nebenrollen, so in zahlreichen Nestroystücken.

Richard Eybner in einer seiner letzten Rollen

F

Eyczing Ulrich von · Eysler Edmund · Fabiani Max · Fabri Johann · Fabri Ulrich · Fabricius Paul · Fadinger Stephan · Fahrbach Anton · Fahrbach Friedrich · Fahrbach Joseph · Fahrbach Philipp d. Ä. · Faistauer Anton · Faistenberger Simon Benedikt · Fajkmajer Karl · Falkenhayn Julius · Falkner Julie · Fall Leo

E. war auch ein hervorragender Interpret von Gedichten in Wiener Mundart, insbesondere von Josef Weinhebers „Wien wörtlich". E. stand noch am 6. 6. 1986 auf der Bühne des Burgtheaters. 1986 erhielt er den Ferdinand-Raimund-Ring.

Reitl, J.: R. E. Ich möcht so leben können, wie ich leb (1986)

EYCZING, Ulrich von (seit 1439) (auch Eitzing), * vor 1398, † 20. 11. 1460 in Schrattenthal (NÖ), Ständeführer und Hubmeister (Verwalter des landesfürstlichen Vermögens). Er entstammte einem Rittergeschlecht, das in der Nähe von Ried im Innkreis (OÖ) ansässig war, und wurde durch die Heirat mit Barbara, einer Tochter des Stephan Kraft aus Marsbach (OÖ), vermögend. 1419 erwarb er Besitzungen im Wald- und Weinviertel sowie in Mähren. Als Günstling Herzog Albrechts V. (s. d.), dem späteren König Albrecht II., war er seit 1437 Hubmeister von Ö. Den nachgeborenen Sohn König Albrechts, Ladislaus Postumus, sah er als seinen „natürlichen Herrn" an und fälschte nach dem Tod Albrechts (27. 10. 1439) gemeinsam mit Kaspar Graf Schlick (s. d.), dem Hofkanzler des Königs, dessen Testament (E. wollte außerdem seine Forderung in der Höhe von 12 000 Gulden sichern). 1451 kam durch seine Initiative der Mailberger Bund zustande, ein Adelsbund gegen Kaiser Friedrich III (s. d.). Mit Hilfe des Grafen Ulrich II. von Cilli (s. d.) erzwang er die Entlassung von Ladislaus Postumus aus der Vormundschaft Friedrichs. 1453 gelang es ihm, Ulrich von Cilli zu stürzen und sich den Einfluß auf König Ladislaus Postumus zu sichern, mußte aber 1455 dem wiedererstarkten Cillier weichen, bis dieser am 9. 11. 1456 in Belgrad ermordet wurde. Als König Ladislaus Postumus am 23. 11. 1457 (mit 17 Jahren) gestorben war, wurde E. bald der Führer einer provisorischen ständischen Regierung in Ö. Am 5. 3. 1458 ließ ihn Herzog Albrecht VI. im Rahmen seiner Auseinandersetzung mit dem kaiserlichen Bruder (Friedrich III.) verhaften, mußte ihn aber am 26. 10. an den Kaiser ausliefern, der ihn auf das Schloß Schrattenthal bringen ließ. 1459/60 bemühte sich E. abermals um das Zustandekommen eines Adelsbündnisses, starb aber an der Pest. Die Nachwelt nannte den oft recht skrupellosen E. „Dämon Österreichs".

Schalk, K.: Aus der Zeit des ö. Faustrechts (1917); Lorenz, W.: U. v. E., phil. Diss., Wien 1952

EYSLER, Edmund (eigtl. Eisler), * 12. 3. 1874 in Wien, † 4. 10. 1949 in Wien, Komponist. Als Sohn eines Kaufmanns war er für den Ingenieurberuf bestimmt; durch die Bekanntschaft mit Leo Fall kam er an das Wiener Konservatorium und schloß es mit Auszeichnung ab. Zuerst als Klavierbegleiter im Salon Bertha von Suttners tätig, widmete er Leo Fall sein erstes gedrucktes Werk, den Walzer „Friedensklänge". War Klavierlehrer und Pianist in vornehmen Salons und im Vergnügungsetablissement „Venedig in Wien"; er schrieb das Ballett „Schlaraffenland" und die Oper „Der Hexenspiegel", die beide unaufgeführt blieben. 1903 gelang ihm mit der Operette „Bruder Straubinger" der durchschlagende Erfolg, an dem Alexander Girardi (s. d.) wesentlich beteiligt war. Insgesamt schrieb E. 60 Operetten, die er im traditionellen Wiener Stil komponierte. Mit ihm begann das „silberne Zeitalter" der Wiener Operette. Seine bekanntesten Werke: „Schützenliesl" (1905), „Künstlerblut" (1906), „Der unsterbliche Lump" (1910), „Der lachende Ehemann" (1912), „Hanni geht tanzen" (1915) und „Die goldene Meisterin" (1927), der zweite Höhepunkt und durchschlagendste Erfolg seines Schaffens. „Wiener Musik" (1947) war sein letztes Werk.

Ewald, K.: E. E. (1934); Prosl, R. M.: E. E. (1947)

FABIANI, Max, * 29. 4. 1865 in Kobdil (Küstenland, heute Jugoslawien), † 12. 8. 1962 in Görz, Architekt. Studierte 1882–89 an der Technischen Hochschule in Wien (1889 Dipl.-Ing., 1910 Dr. techn.) und arbeitete 1894–96 im Atelier von Otto Wagner (s. d.) an den Stadtbahnbauten mit. 1898–1910 Assistent, 1910–12 Prof. (für Ornamentik) an der Technischen Hochschule in Wien. Unter seinen zahlreichen Bauten sind besonders erwähnenswert: Haus Artaria am Kohlmarkt (1901/02) sowie die Urania in Wien (1909/10). Auf der Pariser Weltausstellung von 1900 erhielt er den Grand Prix für sein „Kaiserzimmer".

Pozzetto, M.: M. F. – Ein Architekt der Monarchie (1983)

FABRI, Johann, (eigtl. Johann Heigerlein) * 1478 in Leutkirch (Allgäu), † 21. 5. 1541 in Wien, Bischof, Humanist und Diplomat. Als Sohn eines Schmiedes (nach Humanistenart nannte er sich daher nach dem latein. fabri = Schmied) studierte er in Tübingen und Freiburg im Breisgau und erwarb die Doktorgrade in Theologie und Jus. Er wurde Domherr in Basel und stieg bis zum Generalvikar auf. Durch seine scharfen Diskussionen mit Luther und Zwingli wurde Kaiser Ferdinand I. (s. d.)auf ihn aufmerksam und holte ihn 1522 als Beichtvater und Berater nach Wien. Zwischen 1523 und 1529 nahm F. an allen wesentlichen Tagungen über die Glaubensprobleme in Deutschland und in der Schweiz teil. 1524 Koadjutor von Wiener Neustadt, 1530 Bischof von Wien.

FABRI, Ulrich, Daten sind über den in der ersten Hälfte des 16. Jh.s in Dornbirn (V) geborenen Humanisten nicht bekannt. Er schrieb zahlreiche Hymnen in lateinischer Sprache und hat etwa 20 antike Klassiker herausgegeben. F. lehrte an der Universität Wien.

FABRICIUS, Paul, * 1529 in Lauban (Schlesien), † 20. 4. 1589 in Wien, Humanist. Mathematiker und Astronom, betrieb auch botanische und geographische Forschungen und schrieb Lyrik in lateinischer Sprache. Er war Univ.-Prof. in Wien und kaiserlicher Leibarzt. Gemeinsam mit Aichholz und Crusius (s. d.) bestieg er am 22. 8. 1574 erstmals den Ötscher (NÖ), um geographische Ortsbestimmungen zu betreiben. F.s Landkarten von Ö. sind leider verlorengegangen.

STEPHAN FADINGER

Mit 60 000 Bauern gegen Bayern

FADINGER, Stephan, * um 1580 auf dem Fadingerhof in Praz, Gemeinde St. Agatha im Hausruck (OÖ), † 5. 7. 1626 in Ebelsberg bei Linz, Bauernführer. Er wurde 1626 von einem Bauernparlament zum Oberhauptmann des Hausruck- und Traunviertels gewählt und vereinheitlichte geschickt die aufständischen Bauernhaufen. Als „heiliges Recht" gegen den „widernatürlichen Zustand" strebte F. die Befreiung Oberösterreichs von der bayerischen Fremdherrschaft an. Seine Bauernarmee, zeitweilig verbündet mit dem Städtebürgertum, bekämpfte auch die Gegenreformation, trat aber stets entschieden für Ferdinand II. ein, der OÖ zuvor den Bayern als Pfand übergeben hatte. Bei der Belagerung von Linz wurde F. am 28. 6. 1626 durch einen Schenkelschuß schwer verletzt und starb eine Woche später an den Folgen der Verwundung im Hauptquartier der Bauern, dem „christlichen Feldlager" in Ebelsberg bei Linz. Sein Tod wurde zum Wendepunkt im Bauernkrieg. Nachfolger wurde sein Schwager Christoph Zeller, Gastwirt aus St. Agatha, der Oberhauptmann im Mühlviertel und im Machland war und ebenfalls vor Linz, am 18. 7. 1626, fiel. Zwei Jahre nach dem Tod der beiden Bauernführer wurde OÖ mit Ö. wiedervereinigt.

Stephan Fadinger 1624. Anonymes zeitgenössisches Gemälde

FAHRBACH, Anton, * 10. 2. 1819 in Wien, † 2. 12. 1887 in Wien, Flötist und Komponist. Bruder von Joseph (s. d.), Friedrich (s. d.) und Philipp F. d. Ä. (s. d.). War nach seiner Ausbildung zuerst bei Johann Strauß Vater (s. d.), dann bei Joseph Lanner (s. d.) und zuletzt am Wiener Burgtheater Flötist. Komponierte auch einige Walzer.

FAHRBACH, Friedrich, * 1811 in Wien, † 1867 in Wien, Komponist und Kapellmeister. Bruder von Anton (s. d.), Joseph (s. d.) und Philipp F. d. Ä. (s. d.). War Flötist bei Johann Strauß Vater (s. d.) und leitete dann eine eigene Kapelle. 1848 wurde er Militärkapellmeister. Er komponierte mehrere Märsche und Walzer.

FAHRBACH, Joseph, * 26. 8. 1804 in Wien, † 6. 6. 1883 in Wien, Flöten- und Gitarrenvirtuose. Bruder von Anton (s. d.), Friedrich (s. d.) und Philipp F. d. Ä. (s. d.). War zunächst Militärkapellmeister und dann der wohl berühmteste Flötist der Hofkapelle und am Theater an der Wien. Außerdem leitete er eine Musikschule. F. schrieb mehrere Flötenkonzerte und Opernphantasien. Sein Sohn Wilhelm (* 8. 9. 1838, † 13.6. 1866) wurde Theaterkapellmeister und komponierte sechs Singspiele, drei Opern sowie mehrere Lieder.

FAHRBACH, Philipp d. Ä., * 25. 10. 1815 in Wien, † 31. 3. 1885 in Wien, Komponist und Kapellmeister. Bruder von Anton (s. d.), Friedrich (s. d.) und Joseph F. (s. d.). Bereits 1825 engagierte ihn Johann Strauß Vater (s. d.) als Flötist. 1835 gründete er eine eigene Kapelle, mit der er 1838–56 hauptsächlich bei den von ihm geleiteten Hofbällen spielte. 1841–56 Regimentskapellmeister der „Hoch- und Deutschmeister", 1856–65 des Infanterieregiments 14 (Hessen). Bei einem Konzert zum Gedächtnis Joseph Lanners (s. d.) am 19. 3. 1885 erlitt er während des Schönbrunner Walzers einen Schwächeanfall und starb kurze Zeit später. Von ihm stammen rund 150 Kompositionen, darunter beliebte Walzer, Märsche und Potpourris. Sein Sohn Philipp F. d. J. (* 16. 12. 1843, † 15. 2. 1894) wurde ebenfalls Kapellmeister und komponierte Unterhaltungsmusik.

FAISTAUER, Anton, * 14. 2. 1887 in St. Martin bei Lofer (S), † 13. 2. 1930 in Wien, Maler. Studierte an der Wiener Kunstakademie, 1909 mit Schiele (s. d.), Wiegele (s. d.), Gütersloh (s. d.) in der „Neukunstgruppe", war er 1918 Mitbegründer der Salzburger Künstlervereinigung „Der Wassermann", die bis 1926 existierte. Ab 1926 war er in Wien tätig. Von der Kunst Carl Hofers beeinflußt, versuchte er (so ganz deutlich in seinen Fresken), die barocke Tradition in die Moderne zu transponieren. Bedeutend sind seine Fresken: Kirche Morzg bei Salzburg (1921–32) und im Salzburger Festspielhaus (1926), die von den nationalsozialistischen Machthabern 1939 entfernt wurden. Ferner schuf er Porträts, Landschaften und Stilleben. 1923 erschien von ihm „Neue Malerei in Ö., Betrachtungen eines Malers".

Rössler, A.: Der Maler A. F. (1947); Vollmer, F.: A. F. (1955); Fuhrmann, F.: A. F. (1962)

Anton Faistauer: Die Gattin des Malers auf dem roten Sofa. Ölbild

FAISTENBERGER, Simon Benedikt, * 27. 10. 1695 in Kitzbühel (T), † 22. 4. 1759 in Kitzbühel, Maler. Der Letzte der Tiroler Malerfamilie, die in hochbarockem Stil vorwiegend Altar- und Landschaftsbilder schuf. F. war Schüler von J. A. Gumpp (s. d.). Seine Wand- und Deckengemälde sowie Altarbilder befinden sich überwiegend in Tirol, u. a. der Freskenzyklus der Pfarrkirche in St. Johann (1727), Deckengemälde der Liebfrauenkirche in Kitzbühel (1739) und die Chorbilder zu Rattenberg (1758).

FAJKMAJER, Karl, * 12. 8. 1884 in Wien, † 16. 5. 1916 bei Monfalcone (Südfront) gefallen, Verfassungs- und Wirtschaftshistoriker. Nach seinem Studium an der Wiener Universität promovierte er zum Dr. phil. und trat 1907 in den Dienst des Archivs der Stadt Wien. Als Mitarbeiter der vom Altertumsverein herausgegebenen umfangreichen „Geschichte der Stadt Wien " verfaßte er namhafte Beiträge. Um die Organisation der Christlichsozialen Partei sehr bemüht, gründete er die Christlich-deutsche Jungmannschaft in Wien und NÖ, deren Präsident er auch war.

FALKENHAYN, Julius Graf, * 20. 2. 1829 in Wien, † 12. 1. 1899 in Wien, Gutsbesitzer und Staatsmann. War ein konservativer, dem Föderalismus verbundener Politiker. 1871 wurde er Landeshauptmann von OÖ. 1879–95 Ackerbauminister in zwei Regierungen und 1879–99 Reichsratsabgeordneter. 1897 führte er, allerdings nur vorübergehend, eine straffe Geschäftsordnung gegen die Obstruktionspolitik im Reichsrat (die sog. Lex F.) ein. Als Ackerbauminister erwarb er sich große Verdienste um die Ausarbeitung zahlreicher landwirtschaftlicher Gesetzesvorlagen, so etwa das Höferecht- und Viehseuchengesetz und sinnvolle Forstgesetznovellen. F. gehörte auch dem politisch einflußreichen Hohenwart-Klub an.

FALKNER, Julie, * 26. 7. 1867 in Teltsch (Mähren), † 13. 4. 1937 in Gleisdorf bei Graz, Schauspielerin und Operettensängerin. Schon bald nach ihrem ersten Auftritt am Grazer Stadttheater 1890 wurde sie zu einer der gefeiertsten Soubretten ihrer Zeit, die aber dem Grazer Theater zeit ihres Lebens treu blieb. Auch als Schauspielerin in Volksstücken Raimunds (s. d.) und Anzengrubers (s. d.) hatte F. große Erfolge.

FALL, Leo, * 2. 2. 1873 in Olmütz (Mähren), † 16. 9. 1925 in Wien, Komponist, älterer Bruder von Richard F. (s. d.). War der Sohn des Militärkapellmeisters Moritz F. (* 1848, † 1922), nahm schon mit fünf Jahren Violinunterricht und absolvierte das Konservatorium in Wien. Ab 1892 als Kapellmeister in Hamburg und anschließend als Sologeiger am Metropoltheater in Berlin tätig, blieb seinen frühen Opernschöpfungen der Erfolg versagt. Seine erste Operette, „Der Rebell" (1905), zog er nach fünf Aufführungen selbst zurück (1912 in „Der liebe Augustin" umgearbeitet). 1907 hatte er aber dafür einen doppelten Erfolg: in Mannheim mit „Der fidele Bauer" und im Theater an der Wien mit „Die Dollarprinzessin". 1908 konnte er sich durch „Die geschiedene Frau" (Carltheater, Wien) endgültig als Operettenkomponist durchsetzen. Es folgten weitere erfolgreiche Werke, etwa: „Brüderlein fein" (1909), „Die Kaiserin" (1915), „Fürstenliebe" (1916), sein Welterfolg „Die Rose von Stambul" (1916) und „Madame Pompadour" (1922). Von seinen drei nachgelassenen Werken bearbeitete Erich Wolfgang Korngold (s. d.) „Rosen aus Florida" (Uraufführung 1929). Der Melodienreichtum von F.s Operetten und deren Serienerfolge haben viele seiner Lieder zum Allgemeingut gemacht.

Zimmerli, W.: L. F. (1957)

FALL, Richard, * 3. 4. 1882 in Gewitsch (Mähren), † nach 1943 (verschleppt), Komponist, jüngerer Bruder von Leo F. (s. d.). Nach seiner Ausbildung war er mehrere Jahre lang in Hollywood als Filmkomponist tätig. Zurückgekehrt, emigrierte er 1938 nach Frankreich und wurde am 20. 11. 1943 in Richtung Konzentrationslager Auschwitz abtransportiert. Neben seiner Film- und Schlagermusik (etwa „Was machst du mit dem Knie, lieber Hans") schrieb er auch Kammermusik und die Operetten „Wiener Fratz" (1912) und „Großstadtmärchen" (1920).

FALLMERAYER, Jakob Philipp, * 10. 12. 1790 in Tschötsch bei Brixen (Südtirol), † 25. 4. 1861 in München, Historiker, Orientalist. Nach seinem Studium bereiste er erstmals 1831–34 (abermals 1840–42 und 1847/48) den Orient, wurde 1835 Mitglied der Bayerischen Akademie der Wissenschaften und 1848 Univ.-Prof. in München. Wegen seiner Zugehörigkeit zum Frankfurter Parlament wurde er 1849 entlassen und floh in die Schweiz. Ab 1850 lebte er wieder in München als Privatgelehrter. War ein hervorragender Kenner des Orients, zudem ein Meister des Briefschreibens und des Stils, weshalb er „der Fragmentist" genannt wurde. 1845 erschienen „Fragmente aus dem Orient" (2 Bde.), 1861 gab G. M. Thomas „Gesammelte Werke" (3 Bde.) heraus. 1947 erschienen „Schriften und Tagebücher" (2 Bde., Hrsg. H. Feigl [s. d.] und E. Molden [s. d.]).

Jakob Philipp Fallmerayer

FALLON, Ludwig August von, * 27. 11. 1776 in Namur (Ö. Niederlande, heute Belgien), † 4. 9. 1828 in Wien, Berufsoffizier und Kartograph. Kam früh nach Wien und studierte an der Ingenieur-Akademie. 1796 Kadett, 1797 Oberleutnant, 1808 Major, bereits 1813 Oberst und 1815 Direktor der Militär-Triangulierungs- und Catastral-Centralvermessungs-Direktion, 1825 Generalmajor. Mit von ihm konstruierten Meßinstrumenten führte er die militärische trigonometrische Vermessung weiter Teile Ö.s durch. Außerdem schuf er in neun Blättern die „Generalkarte des Kaisertums Ö." im Maßstab 1:864 000. Als Basis für seine Höhenmessungen nahm er den Meeresspiegel an.

FALTIS, Johann, * 4. 6. 1796 in Wölsdorf bei Königinhof (Böhmen), † 18. 2. 1876 in Trautenau (Böhmen), Industrieller. Sein Vater Dominik (* 1768, † 1841), ursprünglich Weber, war Kaufmann im Leinwandhandel. Nach dem Besuch des Gymnasiums in Königgrätz sammelte F. kaufmännische Erfahrungen in Prag und trat 1820 in das väterliche Geschäft ein. Dieses führte er so erfolgreich, daß er schon nach drei Jahren in Trautenau ein eigenes Kolonial- und Farbwarengeschäft eröffnete. Als er von den ersten Versuchen mit mechanischen Flachsspinnmaschinen in Weigelsdorf (NÖ) erfuhr, ließ er 1835 auf eigene Kosten Mechaniker aus England kommen und in Pottendorf (NÖ) eine Werkstatt zur Erzeugung von Flachsspinnmaschinen mit Holzspindeln errichten. Die ersten hier hergestellten Flachsspinnmaschinen ließ er 1836 in seine Fabrik nach Jungbuch (bei Trautenau) bringen. 1841 betrug das jährliche Garnerzeugnis der 229 Arbeiter an die 2 000 Schock. Täglich wurden 1 200 Pfund Flachs von 22 Vorbereitungsmaschinen und 20 Feinspinnmaschinen mit je 100 Spindeln verarbeitet. 1845 wurde der Betrieb erweitert, 1848 in Jungbuch eine zweite Spinnerei errichtet, der 1854 eine dritte folgte – nun arbeiteten 21 600 Spindeln. 1858–60 errichtete er in Trautenau einen Betrieb mit 14 000 Spindeln, dem 1863/64 ein zweiter mit 10 000 folgte. F., der Begründer der mechanischen Flachsgarnspinnerei in Ö., beherrschte, völlig erblindet, knapp vor seinem Tod mit 45 000 Spindeln und 3 200 Arbeitern den gesamten europäischen Flachsmarkt. F. erhielt mehrere Preise und Ehrungen, u. a. bei den Weltausstellungen in Wien (1873) und Paris (1878). Seine Söhne Carl und Fritz konnten das Unternehmen bis zur Jahrhundertwende mit gleichem Erfolg weiterführen, dann allerdings kamen die billigeren Baumwollerzeugnisse auf den Markt.

FANTI, Gaetano, * 1687 in Bologna, † 27. 9. 1759 in Wien, Maler, Spezialist der Architekturmalerei. Wurde 1715 von Prinz Eugen (s. d.) nach Wien berufen und schuf zahlreiche Architekturmalereien in Schlössern und Kirchen, so etwa im Unteren und im Oberen Belvedere, im Stift Klosterneuburg (NÖ), in der Karlskirche in Wien und im Stift Melk (NÖ).

FÄRBER, Heinrich, * 29. 9. 1864 in Neu-Sandez (Galizien), † 1942 in einem Konzentrationslager, Nationalökonom. War zunächst Goldschmied, ehe er sich nationalökonomischen Problemen zuwandte. Er begründete die ergokratische Wirtschaftslehre und die kurzlebige Ergokratische Partei sowie deren Zeitungen, darunter 1930 den „Ergokrat". 1922 erschien von ihm „Kritik der Volkswirtschaftslehre", 1927 „Ergokratie" und 1931 „Das Arbeitslosenproblem".

FARKAS, Karl, * 28. 10. 1893 in Wien, † 16. 5. 1971 in Wien, Kabarettist, Regisseur und Schriftsteller. Ursprünglich für den Kaufmannsberuf bestimmt, ging er nach Beendigung des Gymnasiums als Schauspieler an verschiedene Provinztheater. 1920 nach Wien zurückgekehrt, wurde er als Schauspieler und Regisseur an die Neue Wiener Bühne engagiert, bald darauf an das Kabarett Simpl verpflichtet, wo er zuerst „Schnelldichter" und dann Mitautor und Darsteller wurde. Bekannt wurde er durch die Doppelconférencen mit Fritz Grünbaum (s. d.). 1926–31 Direktor des Wiener Stadttheaters, ab 1927 künstlerischer Leiter des „Simpl", gab er bis 1938 Gastspiele an mehreren Wiener Theatern. 1938–46 über Paris in die USA emigriert. Ab 1946 bis zu seinem Tod war er mit ständig wachsendem Erfolg Leiter des Kabaretts Simpl. Ab 1957 war F. auch fürs Fernsehen mit regelmäßigen Mo-

KARL FARKAS

Der Letzte des klassischen Kabaretts

„Karl Farkas war viel gescheiter, als er sich's anmerken ließ. Er hat sich immer ein wenig unter seinem Wert verkauft und ist immer ein wenig unter sein Niveau gegangen, nur ein wenig, gerade weit genug, um jenen, die seines Niveaus entrieten, nicht zu hoch zu erscheinen und den anderen nicht zu billig. Auf diese Art ist ihm das einmalige Kunststück gelungen, beim ‚breiten Publikum' ebenso beliebt und erfolgreich zu sein wie bei den Intellektuellen. Auf diese Art hat er sich's auch leisten können, bis zum Schluß ‚altmodisches' Kabarett zu machen, und darin bestand eine weitere Einmaligkeit, mit der nur noch er aufzuwarten wußte, im weiten Rund nur noch er allein."

Friedrich Torberg, 1971

nats- und Jahresrückblicken tätig. Er schrieb eine große Zahl von Texten für Revuen und Kabarettszenen sowie Operettentextbücher.

Markus, G.: K. F. Schau'n Sie sich das an. Ein Leben für die Heiterkeit (1983)

FATTY GEORGE (eigtl. Franz Pressler), * 24. 4. 1927 in Wien, † 29. 3. 1982 in Wien, Jazz-Klarinettist. Gehörte zu den prominentesten Vertretern der ö. Jazzszene. Trat mit seiner Combo auch in seinem „Saloon" am Wiener Petersplatz auf (1958–64) und hatte dort viele internationale Jazzgrößen zu Gast.

Fatty George

FEDERMANN, Reinhard, * 12. 2. 1923 in Wien, † 30. 1. 1976 in Wien, Schriftsteller und Übersetzer. Er veröffentlichte seine Romane zumeist gemeinsam mit Milo Dor (s. d.). Besonders bekannt wurden: „Und einer folgt dem andern" (1953), „Romeo und Julia in Wien" (1954), „Das Haus auf dem Hügel" (1960) und „Popen und Bojaren" (1963). War auch Mitherausgeber von Anthologien, Herausgeber der Monatsschrift für Literatur und Kunstpolitik „Die Pestsäule".

FEIGE, Johann Konstantin, * in Löwenberg (Schlesien), † um 1699, Chronist. Unter dem Namen Feigius veröffentlichte er mehrere Werke, darunter 1685 das Heldenepos „Adlerskraft oder Europäischer Heldenkern" (über die Türkenbelagerung Wiens 1683) und 1694 das zweibändige Werk „Wunderbarer Adlers-Schwung", das glaubwürdige Angaben über die Pestzeit enthält.

FEIGL, Hans, * 7. 6. 1869 in Urfahr bei Linz, † 3. 9. 1937 in Wien, Schriftsteller. Studierte in Wien und Prag und arbeitete ab 1899 als Journalist in Wien. Seit 1912 Präsident der von ihm gegründeten Wiener Bibliophilen-Gesellschaft; gab das Jahrbuch der Gesellschaft heraus und machte sich um die Wiener Lokalgeschichte verdient. F. schrieb auch unter dem Pseudonym Neo Apostata.

FELBIGER, Johann Ignaz von, * 6. 1. 1724 in Glogau (Schlesien), † 17. 5. 1788 in Preßburg, katholischer Geistlicher und Schulreformer. Studierte in Breslau Theologie und trat dort in den Orden der regulierten Augustiner-Chorherren ein. 1758 wurde er Abt des Klosters in Sagan (Schlesien). Da er das Niveau des Volksschulwesens zu niedrig fand, beschäftigte er sich intensiv mit einer Reform und verfaßte 1765 das „General-Land-Schul-Reglement" für Schlesien und die Grafschaft Glatz, das vorerst nur für die katholischen Schulen verbindlich war. Maria Theresia (s. d.) bat schließlich König Friedrich II. von Preußen, F. nach Wien reisen zu lassen. Am 1. 5. 1774 traf F. in Wien ein und erarbeitete in kürzester Zeit die am 6. 12. 1774 von Maria Theresia erlassene „Allgemeine Schulordnung für die deutschen Normal-, Haupt- und Trivialschulen in sämtlichen Kayserl. Köngl. Erbländern". Wird darin auch nicht ausdrücklich von der Einführung der allgemeinen Schulpflicht gesprochen, so weist die Formulierung im 12. Abschnitt deutlich auf eine allgemeine Unterrichtspflicht hin, denn wer nicht in der Lage war, „eigene Hauslehrer zu unterhalten", dessen Kinder „gehören ohne Ausnahme in die Schule". F. schuf nun Lehrerseminare und sechswöchige „Präparandenkurse" für künftige Erzieher und veröffentlichte 1775 sein „Methodenbuch". 1778 wurde er in Preßburg Propst und (bis 1782) Oberdirektor des Normalschulwesens für die ö. Staaten. 1782 erhielt er von Kaiser Joseph II. (s. d.) den Auftrag, auch auf das ungarische Schulwesen Einfluß zu nehmen. Als Vertreter der gemäßigten Reform im Sinne einer vorsichtigen Aufklärung war er in ganz Europa bekannt und geschätzt, war aber als Mann der Mitte zahlreichen Anfeindungen ausgesetzt und wurde in seinen letzten Lebensjahren auch von Kaiser Joseph II. nicht mehr konsultiert.

Volkmer, F.: J. I. v. F. und seine Schulreform (1890); Engelbrecht, H.: Geschichte des ö. Bildungswesens, 3 Bde. (1982–84)

FELBINGER, Franz, * 8. 7. 1844 in Hainburg (NÖ), † 15. 7. 1906 in Trebitsch (Mähren), Techniker. Nach dem Abschluß seines Studiums am Wiener Polytechnikum ging er als Konstrukteur in die Vereinigten Staaten. 1872 nach Europa zurückgekehrt, erbaute er 1873 die Standseilbahn auf den Leopoldsberg bei Wien, die anläßlich der Wiener Weltausstellung am 27. 7. 1873 in Betrieb genommen wurde. Sie war 725 m lang und überwand eine Höhe von 343 m, an jedem Seilende befand sich ein Personenwagen mit Stockaufbau mit 100 Sitzplätzen. Durch die Konkurrenz der 1874 eröffneten Zahnradbahn auf den Kahlenberg nahm die Personenfrequenz stark ab, und die Leopoldsberg-Seilbahn wurde daher 1875 eingestellt und abgetragen. 1874/75 erbaute F. die Rohrpostanlagen in Wien, denen ähnliche in München und Hamburg folgten. In seinen späteren Lebensjahren war F. recht erfolgreich als Historien- und Porträtmaler tätig.

FELDER, Andreas, * 6. 3. 1962 in Hall (T), Schispringer. Eines der ö. Sportidole der achtziger Jahre. Weltmeister im Schifliegen 1986 mit der Weltrekordweite von 191 m. 1987 Weltmeister auf der Großschanze, außerdem WM-Zweiter auf der Normalschanze (1985) und in den Mannschaftsbewerben WM-Zweiter 1982 und 1985 sowie WM-Dritter 1987.

FELDER, Cajetan Freiherr von (seit 1878), * 19. 9. 1814 in der Wiener Vorstadt Wieden, † 30. 11. 1894 in Weidling bei Wien, Rechtsanwalt, liberaler Politiker und Bürgermeister von Wien. Vollwaise seit 1826, übersiedelte nach dem Besuch des Stiftsgymnasiums Seitenstetten 1832 nach Wien, wo er ab 1834 an der Universität Wien Jus studierte. 1841 promovierte er und wurde 1845 beeideter Gerichtsdolmetsch, da er sieben Sprachen perfekt beherrschte und sich in weiteren sechs (darunter auch Persisch, Türkisch und Arabisch) gut verständigen konnte. Im Oktober 1848 Wiener Gemeinderat, zog er sich aus Protest gegen die politische Entwicklung 1850 aus jeder öffentlichen Tätigkeit zurück und arbeitete ausschließlich in seiner eigenen Anwaltskanzlei. 1861 Mitglied

Cajetan Felder. Ölporträt von Hans Canon

F

Felder Franz Michael · Fellerer Max · Fellinger Johann Georg · Fellinger Karl · Fellner Ferdinand · Felner Koloman · Felsenstein Walter · Fendi Peter · Fenner von Fenneberg Ferdinand Daniel · Fenz Egon · Ferdinand I.

des frei gewählten Wiener Gemeinderats, wurde er noch im selben Jahr Zweiter und am 21. 10. 1864 zum Ersten Bürgermeister-Stellvertreter gewählt. Nach dem Tod des Großindustriellen Anton Dreher (s. d.) übte er 1863–70 die Vormundschaft über dessen Erbe aus und wurde dadurch Leiter des Schwechater Brauereibetriebes. Am 20. 12. 1868 zum Bürgermeister gewählt, wurde er bei den Wiederwahlen 1871, 1874 und 1877 in seinem Amt bestätigt. Seiner Umsicht und Agilität ist es zuzuschreiben, daß während seiner zehnjährigen Amtsperiode wesentliche Einrichtungen der Stadt Wien verwirklicht wurden: die Fertigstellung der ersten Wiener Hochquellenwasserleitung (1873), die Donauregulierung, die Grundsteinlegung des Neuen Rathauses am Ring, der Zentralfriedhof (1874 eröffnet), das Epidemiespital und die Zentralmarkthallen sowie seine Magistratsreform. Die auf seine Initiative hin entstandene liberale Mittelpartei wurde im Wiener Rathaus tonangebend. Wegen einer Verfahrensfrage von Dr. Karl Lueger (s. d.) arg bedrängt, trat er am 5. 7. 1878 von seinem Amt zurück. Seit 1869 Mitglied des Herrenhauses, war er seither auch stellvertretender und ab 1880 Landmarschall von NÖ. Aus Krankheitsgründen legte er 1884 dieses Amt zurück und diktierte die „Erinnerungen eines Bürgermeisters" (hrsg. 1964 von F. Czeike). Da F. durch seine umfassenden Sprachkenntnisse bei der Wiener Weltausstellung 1873 fast alle prominenten Gäste in deren Landessprache begrüßen konnte, erhielt er den ehrenden Beinamen „polyglotter Bürgermeister". Außerdem beschäftigte sich F. nebenbei als Naturforscher (Entomologe) und besaß eine weltbekannte Sammlung von Käfern und Schmetterlingen, die heute den Grundstock des Tring-Museums in London bildet. In Anerkennung dieser Tätigkeit wurde er 1870 wirkliches Mitglied der kaiserlichen Akademie der Wissenschaften in Wien. Seine umfangreiche Porträtsammlung (über 50 000 Blätter) wurde nach seinem Tod auf Auktionen versteigert.

Sander, H.: Das Leben C. F.s (1876); Häusle, M.: F. C. F. (1926); Czeike, F.: Wien und seine Bürgermeister (1974)

Franz Michael Felder. Tuschezeichnung von Wilhelm Hecht

FELDER, Franz Michael, * 13. 5. 1839 in Schoppernau im Bregenzer Wald, † 26. 4. 1869 in Bregenz, Bauer und Schriftsteller. Geboren als Kleinbauernsohn, bildete er sich nach einer zweiklassigen Volksschule autodidaktisch weiter und übernahm den mit Schulden belasteten Hof seines Vaters. Durch seine gemeinnützige Tätigkeit, aber auch durch seinen Einsatz für ein Netz von bäuerlichen Genossenschaften, gelangte er zu einem beachtlichen Einfluß, der ihm von der klerikalen Seite als revolutionärer Umtrieb ausgelegt wurde. Trotz vieler Anfeindungen wurde er schriftstellerisch tätig und entwickelte sich zu einem bedeutenden Vertreter der ö. Dorfgeschichte. 1863 veröffentlichte er seine erste Erzählung, „Der Nümmamüller", 1865 gründete er in Bezau die Volksbibliothek des Lesevereins des Bregenzer Waldes, und im gleichen Jahr veröffentlichte er in der „Gartenlaube" seine Erzählung „Liebeszeichen". Als Mitbegründer der Partei der Gleichberechtigten 1867 engagierte er sich noch stärker und wurde 1868 mit überwältigender Mehrheit zum Gemeinderat gewählt, da seine „sozialdemokratischen" Ansichten von ihm auf eine ausgesprochen christliche Grundlage gestellt worden waren. 1867 erschien bei Hirzel sein wichtiges Werk „Sonderlinge. Bregenzerwälder Lebens- und Charakterbilder" (2 Bde.) und 1868 „Reich und Arm".

FELLERER, Max, * 15. 10. 1889 in Linz, † 27. 3. 1957 in Wien, Architekt. Studierte bis 1913 an der Technischen Hochschule in Wien und 1913/14 bei J. Hoffmann (s. d.) an der Wiener Kunstgewerbeschule. Nach dem Kriegsdienst war er 1919–26 im Büro von J. Hoffmann in leitender Position tätig, wurde 1926 Assistent an der Akademie der bildenden Künste in Wien und ein enger Mitarbeiter von C. Holzmeister (s. d.). 1932–34 a. o. Prof. an der Akademie, 1934–38 als Nachfolger von J. Hoffmann Leiter der Fachklasse für Architektur und Direktor der Wiener Kunstgewerbeschule. 1937 erhielt F. den Grand Prix Paris. 1938–45 wurde er außer Dienst gestellt. 1945 provisorischer Leiter, 1946–55 Präsident der Akademie für angewandte Kunst in Wien. 1945–51 auch Präsident der Zentralvereinigung der Architekten Ö.s. F. war immer wieder als freischaffender Architekt tätig, nach seinen Plänen entstanden einige Wohnhausanlagen der Gemeinde Wien, die Doppelhäuser in der Werkbundsiedlung (1932), 1928/29 der „Handel-Mazzetti-Hof" in Linz, 1951–53 (zusammen mit C. Appel) das Haas-Haus am Wiener Stephansplatz (1986 abgebrochen). 1955/56 adaptierte F. das Parlamentsgebäude in Wien. Gemeinsam mit E. Wörle und C. Appel baute er nach dem Zweiten Weltkrieg das total zerstörte Wiener Strandbad „Gänsehäufel" wieder auf (Wiedereröffnung 21. 6. 1950).

Gmeiner, A., und Pirhofer, G.: Der ö. Werkbund (1985)

FELLINGER, Johann Georg, * 3. 1. 1781 in Peggau (St), † 27. 11. 1816 in Adelsberg (Krain), Offizier, Freiheitskämpfer und -dichter. Schon in jungen Jahren schrieb er Gedichte und Balladen. 1808 meldete er sich zu der soeben gebildeten Landwehr und wurde bald Leutnant. 1809 an der Piave schwer verwundet, kam er in Gefangenschaft und wurde nach Marseille deportiert. Nach dem Frieden von Schönbrunn wieder in der Heimat, wurde er 1813 Brigadeadjutant und Auditor. 1814 zum Oberleutnant befördert und Revisor in Judenburg (St), wurde er 1815 nach Adelsberg versetzt. Wegen seiner freiheitskämpferischen Dichtung wurde er „der steirische Theodor Körner" genannt. 1819–21 erschienen seine „Gesammelten Werke", hrsg. v. J. G. Kumpf (2 Bde.)

FELLINGER, Karl, * 19. 6. 1904 in Linz, Internist. Studierte Medizin, u. a. bei Wagner-Jauregg (s. d.), Anton Eiselsberg (s. d.) und Julius Tandler (s. d.). 1945 wurde er Univ.-Prof. in Wien und erhielt 1952 für seine Klinik im Allgemeinen Krankenhaus in Wien das modernste Elektronenmikroskop der Welt. Als angesehener Internist erlangte F. bald Weltruf; mehrere ausländische Staatsoberhäupter zählen zu seinen Patienten, so 1961 der indonesische Staatspräsident Sukarno und 1963 König Ibn Saud von Saudi-Arabien. Zahlreiche in- und ausländische Ehrungen wurden ihm zuteil. Schon 1939 hatte er seine „Untersuchung über die Fettleibigkeit" herausgebracht, 1952 sein „Lehrbuch der Inneren Medizin" (2 Bde.). Darüber hinaus ist F. Herausgeber der „Wiener Zeitschrift für Innere Medizin". Heute arbeitet F. intensiv auf dem Gebiet der Geriatrie.

FELLNER, Ferdinand, * 19. 4. 1847 in Wien, † 22. 3. 1916 in Wien, Architekt. War zunächst Schüler seines gleichnamigen Vaters (* 1815, † 1871) und schloß sich 1872 mit seinem Mitschüler Hermann Helmer (s. d.) zu einem Architektenteam, dem Atelier „Fellner & Helmer", zusammen. Stilistisch der Ringstraßenarchitektur verpflichtet, gestaltete er mehrere Wohn- und Geschäftshäuser in Wien, gemeinsam mit Helmer 48 Theater in Mittel- und Osteuropa. So in Wien: 1887/88 das Ronacher, 1887–89 das Deutsche Volkstheater, 1902 die Hauptfassade des Theaters an der Wien und 1912/13 das Konzerthaus sowie 1898/99 das Opernhaus in Graz und 1908–10 das Stadttheater in Klagenfurt. Fellner und Helmer haben als die erfolgreichsten Theaterarchitekten ihrer Zeit den Theaterbau bis zum Zweiten Weltkrieg hin geprägt.

Hoffmann, H.-C.: Die Theaterbauten von F. und Helmer (1966)

FELNER, Koloman (Josef), * 19. 3. 1750 in Pisdorf (OÖ), † 17. 4. 1818 in Lambach (OÖ), Benediktiner und Kupferstecher. Nach dem Besuch des Stiftsgymnasiums in Kremsmünster wurde er Benediktiner im Stift Lambach (OÖ). Neben seiner Tätigkeit als Seelsorger, Stiftsökonom und Chordirektor beschäftigte er sich (übrigens seit früher Jugend an) mit dem Zeichnen. Schüler von Martin Johann Schmidt (s. d.) und Jakob Schmutzer (s. d.), übernahm er als einer der ersten Senefelders (s. d.) lithographische Technik und schuf neben Lithographien auch zahlreiche Kupferstiche, vorwiegend Andachtsbilder und Porträts. Seine umfangreiche Kupferstichsammlung ist im Stift Lambach verwahrt.

FELSENSTEIN, Walter, * 30. 5. 1901 in Wien, † 8. 10. 1975 in West-Berlin, Opernregisseur. Studierte an der Technischen Hochschule in Graz und nahm Schauspielunterricht. Von 1938–40 Oberspielleiter am Stadttheater Zürich, 1940–44 Regisseur am Berliner Schillertheater, ab 1947 Intendant der Komischen Oper in Ost-Berlin. Sein eng der musikalischen Partitur folgendes „realistisches Musiktheater" stand im Gegensatz zur konventionellen Form der Opernwiedergabe. Er übernahm zahlreiche Gastregien, ein Dreijahresvertrag mit dem Wiener Burgtheater scheiterte allerdings 1974 an den dort geltenden Arbeitszeitregelungen.

FENDI, Peter, * 4. 9. 1796 im Wiener Vorort Landstraße, † 28. 8. 1842 in Wien, Maler, Kupferstecher und Graphiker. Als Sohn eines Privatlehrers in ärmlichen Verhältnissen aufgewachsen, war F. seit 1810 Schüler der K. k. Zeichnungsakademie, 1818 kam er als Kabinettszeichner und Kupferstecher an das Münz- und Antikenkabinett, 1836 wurde er zum wirklichen Mitglied der Akademie der bildenden Künste ernannt. F. war einer der Hauptvertreter der Genremalerei des Wiener Biedermeier, wobei die sozialen Nöte („Frierender Bretzlbub" 1829, „Donauüberschwemmung" und „Das Milchmädchen" 1830) ebenso in seinen Werken dargestellt sind wie Szenen aus dem Alltagsleben („Taufgang" 1829, „Kindliche Andacht" 1842). Außerdem schuf er zahlreiche Porträts (auf dem Gebiet der Kinderporträts liegt seine besondere Bedeutung), Erotica, Radierungen und Lithographien.

FENNER VON FENNEBERG, Ferdinand Daniel, * 31. 10. 1818 in Bruneck (Südtirol), † 15. 2. 1863 in Bregenz, Berufsoffizier und Schriftsteller. Als Sohn des Feldmarschalleutnants Franz Philipp F. v. F. wurde er 1837 ebenfalls Offizier in der ö. Armee. Er kritisierte

Peter Fendi: Der Taufgang. Ölgemälde (1829)

die ö. Heeresorganisation, schied 1843 aus der Armee aus und veröffentlichte 1847 sein kritisches Werk „Ö. und seine Armee". 1848 war er führend an der Wiener Oktoberrevolution beteiligt und ging nach deren Scheitern nach Deutschland. Im Mai 1849 übernahm er den Oberbefehl über das pfälzische Volksheer, scheiterte aber bei der Überrumpelung der Festung Landau, worauf er in die Schweiz zog. Hier veröffentlichte er 1849 seine Revolutionserlebnisse unter dem Titel „Geschichte der Wiener Oktobertage". 1851 ging er nach New York und gab dort die in deutscher Sprache erscheinende Zeitschrift „Atlantis" heraus. Geisteskrank kehrte er 1858 nach Europa zurück.

FENZ, Egon, * 19. 6. 1907 in Scheibbs (NÖ), † 6. 5. 1972 in Wien, Arzt, Sprachpsychologe und Schriftsteller. Nach Vollendung seines Studiums ließ er sich in Wien als praktischer Arzt nieder. 1940 veröffentlichte er das Werk „Laut, Wort, Sprache und ihre Deutung", das ihn als Sprachpsychologen bekannt machte und vielfach Anerkennung fand, u. a. bei Josef Weinheber (s. d.). 1932 erschien sein Gedichtband „Der Herr Lipaneder und andere Gedichte", 1962 gab er den Band „Kulturstraße im Wienerwald" heraus. 1968 erschien sein Erinnerungsbuch „Die Uhr am Schottentor".

FERDINAND I., Kaiser, * 10. 3. 1503 auf Schloß Alcalá de Henares bei Madrid, † 25. 7. 1564 in Wien, jüngerer Bruder Kaiser Karls V. (s. d.), Sohn König Philipps I. des Schönen von Kastilien (s. d.). Heiratete am 26. 5. 1521 in Linz Anna von Böhmen und Ungarn bzw. vollzog diese Ehe und löste damit das am 22. 7. 1515 im Wiener Stephansdom gegebene Eheversprechen seines Großvaters Maximilian I. (s. d.) ein.

KAISER FERDINAND I.

Die Türken vor Wien 1529

Peter Stern von Labach, der Kriegssekretär Ferdinands I. und Verteidiger Wiens, führte über die Türkenbelagerung von 1529 ein Tagebuch, das der Wiener Buchdrucker Hyronimus Viëtor kurz nach Abzug der Türken als „Relation" herausbrachte. Darin hielt Stern von Labach Ausfälle und Kämpfe genau fest und beschrieb gewissenhaft die Vorgänge innerhalb der Stadtmauern. Mit dem 27. September 1529 war die Einschließung Wiens vollzogen, „die strassen und paß versperrt / die Prugkhn auf dem Wasser abgebrennt". Ferdinands Kriegssekretär schilderte den schlechten Verteidigungszustand der Stadt und lobte die mutigen Einwohner, die gegen die türkische Übermacht „zur erettung der Christenheit das pesst gethan". Zudem bediente sich der Feind „allerlei fewrwerchs" und „viel haimlicher Pracktikhn", wie die Beschießung der Stadt mit Brandpfeilen und die Anlegung von Minenstollen. Am 4. Oktober, so berichtet Stern von Labach, habe man in der Stadt angefangen, die Proviantrationen zu verringern und „eyner jeden rott gegeben sechs brot und zehn Echterin weyns / ist also die ordnung blyben bis zum endt / hat die knecht bey guter vernunfft behalten". Der letzte große Angriff der Türken fand am 14. Oktober statt, doch die erfolgreiche Verteidigung bewog den Feind zur Umkehr. Die Türken zündeten daraufhin „umb die newndt stundt vor mitternach" ihre Lager an, die Gefangenen wurden „elend niedergehauen" oder in „ewig gefanngkhnus geführt". Als Ursache des Abzugs der Türken vor Wien gab Ferdinands Kriegssekretär Hunger, Proviantmangel, die Nachricht vom Anmarsch der Reichstruppen sowie „auch die streng winterzeit und herttigkeit dits landts" an.

Nach dem Tod seines Vaters und der Internierung seiner Mutter Johanna der Wahnsinnigen war F. am spanischen Hof erzogen worden, mußte aber nach dem Regierungsantritt seines Bruders Karl Spanien verlassen und begab sich 1518 nach Brüssel. Nach seiner Wahl zum römisch-deutschen König 1519 überließ Karl im Vertrag von Worms (28. 4. 1521) seinem 18jährigen Bruder die Herrschaft in den ö. Ländern (die Herzogtümer Ö. ober und unter der Enns, Steiermark, Kärnten und Krain), vorerst ohne Tirol, die Vorlande und die oberitalienischen Besitzungen, die er ihm erst im Vertrag von Brüssel (7. 2. 1522) übergab. Damit war auch die Teilung des Hauses Habsburg in eine ö. und eine spanische Linie vollzogen. Schließlich vertrat F. Kaiser Karl V. bei dessen Abwesenheiten im deutschen Reich. Am 29. 8. 1526 fiel der junge Ungarnkönig Ludwig II. in der Schlacht bei Mohács, und die bestehenden Erbverträge traten in Kraft. Am 22. 10. 1526 wurde Erzherzog F. in Prag zum König von Böhmen gewählt, gegen den ungarischen Nationalismus mußte er sich allerdings noch durchsetzen, obwohl ihn der westungarische Adel am 17. 12. 1526 zum König von Ungarn gewählt hatte. Am 24. 2. 1527 wurde er im Prager Veitsdom zum König von Böhmen gekrönt. Nach Anerkennung der Wahl F.s durch den ungarischen Reichstag wurde er am 3. 11. 1527 in Stuhlweißenburg auch zum König von Ungarn gekrönt. Um die Anerkennung in Ungarn ringend, mußte er auch die Türken, die 1529 bis Wien vorgedrungen waren, abwehren. Am 5. 1. 1531 in Köln zum römisch-deutschen König gewählt, war damit sein Anspruch auf die Kaiserwürde gesichert, und er erhielt im Reich einen mitbestimmenden Einfluß. Seine Königskrönung in Aachen am 11. 1. 1531 war übrigens die letzte an diesem traditionellen Ort. König F. versuchte die katholische Kirche durch die Gegenreformation zu stärken, mußte aber wegen der ständigen Türkengefahr den protestantischen Ständen mehrfach Zugeständnisse machen. Mit dem Passauer Vertrag von 1552 setzte er gegen den Willen Kaiser Karls V. einen Ausgleich mit den protestantischen Fürsten durch und legte damit den Grundstein für den Augsburger Religionsfrieden vom 25. 9. 1555. Am 25. 2. 1554 regelte F. die Erbfolge seines Hauses durch die „Ferdinandeische Hof-(Haus-)Ordnung“ und führte für seine Erbländer eine vorbildliche Verwaltung ein. Nachdem König F. den Religionsfrieden erreicht hatte, zog sich Karl V. aus der Politik zurück, und F. wurde am 12. 9. 1556 sein Nachfolger als Kaiser. Am 15. 3. 1558 erfolgte in Frankfurt am Main die feierliche Anerkennung F.s I. als Kaiser. Bereits 1549 war ihm die Anerkennung seines ältesten Sohnes Maximilian (s. d.) zum König von Böhmen gelungen, 1562 wurde dieser auch zum römischen König und Nachfolger gewählt, hatte aber vorher seinem Vater das Versprechen geben müssen, der katholischen Kirche die Treue zu halten. Nach längerer Krankheit starb F., von den 15 Kindern mit seiner Gemahlin Anna überlebten ihn 13.

Bucholtz, F. B. v.: Geschichte der Regierung F.s I. (1831–38); Bauer, W.: Die Anfänge F.s I. (1907); Lunzer, M.: Die Relation des Peter Stern von Labach über die erste Wiener Türkenbelagerung, in: Die Türken – und was von ihnen blieb (1978); Fichtner, P. S.: F. I. (1986)

FERDINAND II., Kaiser, * 9. 7. 1578 in Graz, † 15. 2. 1637 in Wien, Sohn Erzherzog Karls II. von Innerösterreich (s. d.), Enkel Kaiser Ferdinands I. (s. d.). Um ihn dem in Graz herrschenden starken protestantischen Einfluß zu entziehen, wurde er von seiner Mutter Maria von Bayern 1590 nach dem Tod des Vaters zu den Jesuiten nach Ingolstadt (Bayern) geschickt. Nachdem er 1594 Kaiser Rudolf II. (s. d.) kennengelernt hatte, gestattete ihm dieser die Rückkehr nach Graz. 1595 übernahm er als F. III. das Erbe seines Vaters und regierte in Steiermark, Kärnten und Krain. Da Erzherzog Ferdinand II. von Tirol (s. d.) am 24. 1. 1595 gestorben war (seine Söhne aus der Ehe mit Philippine Welser (s. d.) waren von der Erbfolge ausgeschlossen), übernahm er auch die Regierung in dessen Ländern. Als Verfechter der Gegenreformation wurde unter ihm in ganz Innerösterreich die Ausübung des protestantischen Bekenntnisses praktisch unmöglich, die Protestanten mußten das Land verlassen. Am 23. 4. 1600 heiratete er in Graz Maria Anna von Bayern, mit der er sieben Kinder hatte. Noch zu Lebzeiten Kaiser Mathias' (s. d.) schloß er mit der spanischen Linie des Hauses einen Vertrag, der ihm die Herrschaft in den ö. Erblanden sicherte (20. 3. 1617). Am 29. 6. 1617 wurde F. in Prag zum König von Böhmen und am 1. 7. 1618 in Preßburg zum König von Ungarn gekrönt. Vor seiner Einsetzung zum König von Böhmen hatte er wohl den Majestätsbrief Rudolfs II. bestätigt, doch stellten die protestantischen Stände fest, daß die Zusagen nicht respektiert wurden – so kam es am 23. 5. 1618 zum Prager Fenstersturz und damit zum Beginn des Dreißigjährigen Kriegs. Am 28. 8. 1619 wurde F. in Frankfurt am Main zum Kaiser gewählt und am 9. 9. gekrönt. Mit Unterstützung der Katholischen Liga, der Truppen Tillys (s. d.) und Wallensteins (s. d.) gelang die Unterwerfung und Rekatholisierung Böhmens. Wie gefestigt nun des Kaisers Macht in ganz Deutschland war, zeigt die Erlassung des Restitutionsedikts vom 6. 3. 1629. Der wohl zu mächtig gewordene Wallenstein wurde am 25. 2. 1634 ermordet, inwieweit F. darin verstrickt war, wurde nie restlos geklärt. Der Versuch des Kaisers, durch den Frieden von Prag (30. 5. 1635) mit dem Kurfürsten von Sachsen den Krieg zu beenden, schlug fehl. Kurz vor seinem Tod gelang ihm noch am 22. 12. 1636 die Wahl und Krönung seines Sohnes, Erzherzog Ferdinands IV., zum römisch-deutschen König Ferdinand III. Nachdem seine Gattin Maria Anna am 8. 3. 1616 gestorben war, hatte F. mit 44 Jahren am 2. 2. 1622 die um 20 Jahre jüngere Eleonore von Mantua aus dem Haus Gonzaga geheiratet. Diese Ehe blieb kinderlos, Eleonore starb am 27. 6. 1655.

Kaiser Ferdinand I. Gemälde aus der Ambraser Porträtsammlung

Hurter, F.: Die Geschichte F.s II. und seiner Eltern, 11 Bde. (1851–64); Sturmberger, H.: Kaiser F. II. und das Problem des Absolutismus (1957); Franzl, J.: F. II. Kaiser im Zwiespalt der Zeit (1978)

FERDINAND III., Kaiser, * 13. 7. 1608 in Graz, † 2. 4. 1657 in Wien, Sohn Kaiser Ferdinands II. (s. d.). Als Erzherzog F. IV. Wurde von Jesuiten erzogen und bereits am 8. 12. 1625 in Preßburg zum König von Ungarn und am 26. 11. 1627 in Prag zum König von Böhmen gekrönt. Nach der Ermordung Wallensteins (s. d.) (25. 2. 1634) nominell mit dem Oberbefehl über das kaiserliche Heer betraut (er hatte Kriegswissenschaft studiert), gelang ihm mit Hilfe von Gallas (s. d.) und Piccolomini (s. d.) die Eroberung von Donauwörth und Regensburg sowie der Sieg über die Schweden bei Nördlingen am 6. 9. 1634. Am 22. 12. 1636 zum römisch-deutschen König gewählt und gekrönt, wurde er nach dem Tod seines Vaters am 15. 2. 1637 Kaiser. Der Verlauf des Dreißigjährigen Kriegs zwang F. zu manchen Zugeständnissen in der Kirchenpolitik, die er anfangs im Sinne seines Vaters fortgeführt hatte. Die Bedrohung der habsburgischen Erblande durch die Schweden führte schließlich zu einem Waffenstillstand mit Schweden im Oktober 1643 und zum Beginn der vier Jahre dauernden Friedensverhandlungen in Osnabrück und Münster. Nach dem Westfälischen Frieden von 1648 war das deutsche Reich ein lockerer Staatenbund mit einem Kaiser an der Spitze, dessen Macht jedoch recht zweifelhaft war. F. erreichte am 31. 5. 1653 die Wahl seines erstgeborenen Sohnes Ferdinand zum römisch-deutschen König (s. Ferdinand IV.), doch starb dieser ein Jahr später an den Blattern. Nach diesem Schicksalsschlag zog sich der Kaiser zurück und sorgte nur mehr für die Krönung seines zweitgeborenen Sohnes Leopold zum König von Böhmen und Ungarn. F. III. war dreimal verheiratet. Am 26. 2. 1631 heiratete er in Wien Maria Anna von Spanien († 13. 5. 1646 in Linz). Dieser glücklichen Ehe entstammten sechs Kinder, darunter die Erzherzöge Ferdinand V. (IV.) und Leopold VI. (I.). Anna Maria war ihm außerdem eine zuverlässige Ratgeberin und wurde mehrmals bei Abwesenheit des Kaisers von ihm als Regentin eingesetzt. Am 2. 7. 1648 heiratete F. in Linz Maria Leopoldina von Österreich-Tirol, die aber bei der Geburt des ersten Kindes am 7. 8. 1649 (Erzherzog Karl Josef) starb. Am

Erzherzog Ferdinand II. Gemälde von Francesco Terzio (?)

30. 4. 1651 heiratete er noch einmal, und zwar die prachtliebende Eleonore von Mantua aus dem Haus Gonzaga, die ihn bis 6. 12. 1686 überlebte. Dieser Ehe entstammten drei Töchter und ein Sohn. F. III. hinterließ ein konfessionell geeintes Land und eine straffe, funktionierende Verwaltung. Als echter Musikfreund, er hat auch selbst komponiert, bereitete er der italienischen Oper in Wien eine erste Heimstätte.

Koch, M.: Geschichte des Deutschen Reiches unter F. III., 2 Bde. (1865/66)

FERDINAND IV., deutscher König, * 8. 9. 1633 in Wien, † 9. 7. 1654 in Wien, Sohn Kaiser Ferdinands III. (s. d.), als Erzherzog Ferdinand V. Franz. 1646 als Ferdinand IV. zum König von Böhmen und 1647 zum König von Ungarn gewählt. Anläßlich eines Besuchs mehrerer Kurfürsten bei Kaiser Ferdinand III. in Prag im Oktober 1652 wurde die Wahl F.s zum römisch-deutschen König vereinbart, die dann am 31. 5. 1653 in Augsburg erfolgte. In Regensburg wurde er als F. IV. am 18. 6. 1653 zum König gekrönt. Bereits ein Jahr später starb er an den Blattern, weshalb nach dem Tod des Vaters sein jüngerer Bruder Erzherzog Leopold VI. als Kaiser Leopold I. (s. d.) die Nachfolge antrat.

FERDINAND I., Kaiser von Ö., * 19. 4. 1793 in Wien, † 29. 6. 1875 in Prag, Sohn aus der zweiten Ehe Kaiser Franz' II. (I.). Wurde am 28. 10. 1830 in Preßburg als F. V. zum König von Ungarn gekrönt, nach dem Tod seines Vaters König von Böhmen (am 7. 9. 1836 in Prag gekrönt) und Kaiser von Ö. Ursprünglich sollte er wegen seiner geistigen und physischen Gebrechen von der Thronfolge ausgeschlossen bleiben, doch erreichte Fürst Metternich (s. d.) mit dem Hinweis auf das Legitimitätsprinzip die Nachfolge F.s. Seit 1829 durfte F. an den Sitzungen des Staatsrats teilnehmen, blieb jedoch dabei ein Unbeteiligter. Am 12. 2. 1836 wurde die „Geheime Staatskonferenz" gebildet, die die Leitung der Staatsgeschäfte übernahm. Sie bestand aus F.s Onkel Erzherzog Ludwig, F.s Bruder Erzherzog Franz Karl, Staatskanzler Fürst Metternich und Staatsminister Graf Kolowrat-Liebsteinsky, wobei Erzherzog Ludwig den Vorsitz führte. Somit regierte bis zur Revolution 1848 nicht der Kaiser, sondern die Staatskonferenz unter dem beherrschenden Einfluß Metternichs. Am 13. 3. 1848 wurde Metternich zum Rücktritt aufgefordert und floh nach London. Am 17. 5. 1848 floh auch F. mit seiner Familie nach Innsbruck, kehrte am 12. 8. nach Wien zurück, um im Oktober nach Olmütz zu fliehen. Nachdem auch der Reichstag nach Kremsier verlegt worden war, dankte F. am 2. 12. 1848 in Olmütz zugunsten seines Neffen Franz Joseph (s. d.) ab und lebte bis zu seinem Tod mit seiner Gattin auf dem Prager Hradschin. Er hatte auf Anraten Metternichs am 27. 2. 1831 in Schönbrunn Maria Anna von Sardinien-Piemont (* 19. 9. 1803, † 4. 5. 1884) geheiratet, die ihm eine verständnisvolle Gefährtin und Pflegerin wurde. Außerdem teilte sie des Kaisers Interessen und Neigungen, vor allem Botanik und Musik, aber auch Heraldik und Technologie. F. selbst war äußerst schlicht und von einer Herzlichkeit, die seine Umgebung oft stark beeindruckte – nicht zu Unrecht erhielt er daher den Beinamen „der Gütige".

Ségur-Cabanac, V. de: Kaiser F. I. als Regent und Mensch (1912); ders.: Kaiser F. I., der Gütige, in Prag (1913)

FERDINAND II., Erzherzog von Ö., Graf von Tirol, * 14. 6. 1529 in Linz, † 24. 1. 1595 in Innsbruck, Sohn Kaiser Ferdinands I. Wurde 1548 Statthalter von Böhmen und blieb dies bis

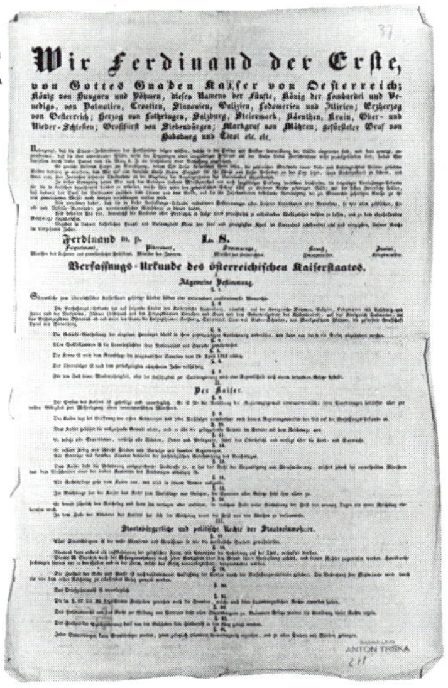

Wir Ferdinand der Erste,
von Gottes Gnaden Kaiser von Oesterreich;

Verfassungs-Urkunde des österreichischen Kaiserstaates.

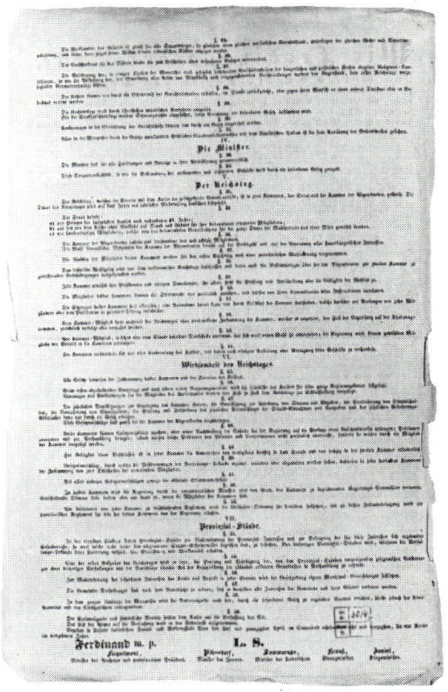

Kaiser Ferdinands I. Patent vom 15. 3. 1848, in dem eine freiheitliche Verfassung angekündigt wird

1567. Im Januar 1557 heiratete er in Augsburg die Patriziertochter Philippine Welser (* um 1527, † 24. 2. 1580, s. d.) in morganatischer Ehe: die Kinder aus dieser Ehe waren nicht nachfolgeberechtigt. 1563 wurde er Landesfürst von Tirol und den Vorlanden. Er führte in seinem Machtbereich die Gegenreformation durch und erlaubte sich, trotz finanzieller Schwierigkeiten, eine glänzende Hofhaltung in Innsbruck. Auf Schloß Ambras legte er eine reichhaltige und wertvolle Kunstsammlung an und erließ, neben einer geänderten Behördenorganisation, 1574 eine Landesordnung. Am 9. 5. 1582 heiratete er in Innsbruck Anna Katharina von Mantua aus dem Haus Gonzaga. 1584 erschien von ihm ein revueartiges Moralitätenstück, „Speculum vitae humanae". Dieses Prosastück in deutscher Sprache wurde für die weitere Entwicklung des ö. Volksstücks von nachhaltiger Bedeutung. 1594 ließ er in Innsbruck das Kapuzinerkloster erbauen. Seine zweite Gattin ging nach seinem Tod in das von ihr gegründete Servitinnenkloster in Innsbruck und wurde unter dem Namen Mater Anna Juliana dessen erste Äbtissin († 3. 8. 1621).

Hirn, J.: Erzherzog F. II. von Tirol, 2 Bde. (1885/87)

FERDINAND III., Großherzog von Toskana, * 6. 5. 1769 in Florenz, † 18. 6. 1824 in Florenz, Sohn Kaiser Leopolds II. und jüngerer Bruder Kaiser Franz' II. (I.). Als sein Vater die Nachfolge Kaiser Josephs II. antrat, übernahm er am 21. 7. 1790 die Regierung im Großherzogtum Toskana. Unbeirrt setzte er die erfolgreiche Reformtätigkeit seines Vaters im Großherzogtum fort und heiratete am 19. 9. 1790 Luise Maria beider Sizilien aus dem Haus Bourbon († 19. 9. 1802 in Salzburg). Obwohl er versucht hatte, sich aus den Kriegswirren der Napoleonischen Zeit herauszuhalten, mußte er im März 1799 das Großherzogtum verlassen. Im Frieden von Lunéville mußte er auf die Toskana verzichten, die in das Königreich Etrurien umgewandelt wurde. Als Ersatz erhielt er die Gebiete Salzburg, Berchtesgaden, Passau und Eichstädt, die er als Kurfürst von Salzburg 1802–05 regierte. Durch den Frieden von Preßburg mußte er 1805 diese Gebiete an Ö. und Bayern abtreten und wurde dafür mit Würzburg und der Beibehaltung des Kurfürstentitels abgefunden. Nach dem Sturz Napoleons konnte er 1814 wieder als Großherzog F. III. in die Toskana zurückkehren. Es gelang ihm, die Kriegsschäden in seinem Land zu beseitigen und bis zu seinem Tod die Toskana aus allen kriegerischen Verstrickungen herauszuhalten.

FERDINAND von Ö.-Este, * 25. 4. 1781 in Mailand, † 5. 11. 1850 auf Schloß Ebenzweier bei Gmunden (OÖ), Sohn von Erzherzog Ferdinand Karl von Ö.-Este (s. d.). Trat 1799 in die ö. Armee ein und wurde Feldmarschall in den Napoleonischen Kriegen. 1805 wurde er von Marschall Ney bei Günzburg geschlagen. 1809 rückte er mit seinem Korps bis Warschau und Thorn vor. 1816–30 war er Oberkommandierender in Ungarn, 1830–46 Statthalter in Galizien, wo er sich im polnischen Aufstand und bei den Bauernunruhen nicht durchsetzen konnte und abtrat.

FERDINAND KARL von Ö.-Este, Herzog von Modena, * 1. 6. 1754 in Wien, † 24. 12. 1806 in Wien, Sohn Maria Theresias, Erzherzog von Ö. Heiratete am 15. 10. 1771 in Modena Herzogin Maria Beatrix von Modena (* 6. 4. 1750, † 14. 11. 1829). Sie war die Letzte aus dem Haus d'Este. Dadurch wurde F. K. zum Erbe von Modena und zum Begründer des Hauses Österreich-Este, das bis 1859 in den Sekundogenituren Modena, Parma und Guastalla regierte.

FERDINAND KARL, Erzherzog von Ö., * 27. 12. 1868, † 10. 3. 1915 in München, Sohn Erzherzog Karl Ludwigs (s. d.) und Bruder von Thronfolger Erzherzog Franz Ferdinand (s. d.). Heiratete 1912 in Chur (Schweiz) die bürgerliche Berta Czuber, die Tochter eines Universitätsprof. und Jugendfreundin des Dichters Robert Musil (s. d.). Infolge dieser heimlichen Heirat wurde sein Name aus der Genealogie des Erzhauses gestrichen und aus der Standesliste des Heeres getilgt, seine Orden und Ehrenzeichen wurden ihm aberkannt. F. K. mußte die Monarchie verlassen und lebte als Ferdinand Burg bis zu seinem Tod in der Verbannung.

FERDINAND Maximilian Joseph, Erzherzog von Ö., s. Maximilian, Kaiser von Mexiko

FERNKORN, Anton Dominik Ritter von (seit 1859), * 17. 3. 1813 in Erfurt (Thüringen), † 16. 11. 1878 in Wien, Bildhauer und Erzgießer. Studierte in München und lebte ab 1840 in Wien. Schuf nach kleinen Anfängen mehrere Brunnen und Porträtbüsten sowie allegorische Figuren in einigen Wiener Palais. 1856 wurde ihm das Gebäude der alten Kanonengießerei auf der Wieden (Gußhausstraße) als Atelier zur Verfügung gestellt. Daraus wurde die „K. k. Kunsterzgießerei", die sich auch der privaten Unterstützung von Kaiser Franz Joseph I. (s. d.) erfreute. 1850 wurde F. durch seinen „Löwen von Aspern" berühmt, 1859 in den Ritterstand erhoben. Seine berühmtesten Werke sind das bronzene Reiterdenkmal für Erzherzog Karl auf dem Wiener Heldenplatz (1856–59) und das Gegenstück für Prinz Eugen (s. d.) (1863–65). Für beide schuf Eduard van der Nüll (s. d.) die Sockel. 1862 folgte noch das Bronzestandbild für Joseph Ressel (s. d.) und 1863 die bronzene Beethovenbüste für den Beethovengang. 1865 erkrankte er und mußte im Jahr darauf die Leitung der Gießerei abgeben. 1868 mußte er in die Irrenanstalt eingeliefert werden.

Pollak, F.: A. D. F. (1911); Aurenhammer, H.: A. D. F. (1959)

FERRA-MIKURA, Vera (eigtl. Gertrud Mikura), * 14. 2. 1923 in Wien, Lyrikerin und Jugendschriftstellerin. 1948 erschien ihr erster Gedichtband, „Melodie am Morgen", sie schrieb dann mehrere Erzählungen und fand schließlich den Weg zum Kinder- und Jugendbuch, mit dem sie große und anhaltende Erfolge erzielte. F.-M. wandte sich als erste ö. Kinderbuchautorin der Gattung der Phantastischen Geschichte zu, und so wurde ihr Kinderbuch „Der alte und der junge und der kleine Stanislaus" (1962) mit seinen Fortsetzungsbänden bereits zu einem Kinderbuchklassiker. Jugendbuchpreis der Stadt Wien: 1956, 1962, 1963, 1964, 1969, 1970, 1973, 1976; Ö. Staatspreis: 1962, 1963, 1964, 1971, 1973. Daneben erhielt sie zahlreiche andere Auszeichnungen.

FERRO, Pasqual von, * 5. 6. 1753 in Bonn, † 21. 8. 1809 in Wien, Arzt. Studierte Medizin in Köln und kam 1775 nach Wien. 1780 führte er die Kaltwasserbehandlung, etwas später die Sauerstoffbehandlung ein. 1782 wurde er Physikus von Wien und erreichte in kurzer Zeit, daß NÖ auf sanitärem Gebiet zur bestorganisierten Region des Habsburgerreiches wurde. 1798–1807 veröffentlichte er die grundlegende „Sammlung aller Sanitätsverordnungen in dem Erzherzogtum unter der Enns" (2 Bde.). F. bemühte sich auch um die Errichtung eines geordneten Rettungs- und Bestattungsdienstes. 1799 führte er die erste Kuhpockenimpfung mit dem von Edward Jenner entwickelten Serum in Wien durch. Er veröffentlichte auch mehrere medizinische Werke.

FERSTEL, Heinrich Freiherr von (seit 1879), * 7. 7. 1828 in Wien, † 14. 7. 1883 in Grinzing bei Wien, Architekt. Besuchte das Polytechnikum in Wien und gleichzeitig bis 1850 die Akademie der bildenden Künste, wo er Schüler von van der Nüll (s. d.) und Siccard von Siccardsburg (s. d.) war. Durch kleinere Arbeiten bekannt geworden (neugotisches Schloß Türnitz bei Teplitz in Böhmen, 1854–57), gewann er die Konkurrenzausschreibung für die

Heinrich von Ferstel

Errichtung der Votivkirche in Wien und führte den Bau auch 1856–79 durch. Seit 1865 Mitglied der Akademie der bildenden Künste in Wien, wurde er 1866 Prof. für Hochbau am Polytechnischen Institut in Wien. Am 15. 12. 1879 wurde F. in den Freiherrenstand erhoben. Er war ein Hauptvertreter des Historismus und einer der großen Baumeister der Wiener Ringstraße. F. übte auf die Architekturentwicklung Wiens und damit der ö.-u. Monarchie einen nicht zu übersehenden Einfluß aus, nicht zuletzt durch seine Schüler wie z. B. Karl von Hasenauer (s. d.). Weitere Hauptwerke: Nationalbank (1860), Museum für Kunst und Industrie (heute für angewandte Kunst) 1868–71, Chemisches Institut der Universität Wien 1869–72, Zentralanstalt für Meteorologie (Hohe Warte) 1870–72, Kunstgewerbeschule (heute Hochschule für angewandte Kunst) 1875–77, Neue Universität 1873–84 und mehrere Ringstraßenpalais.

Wibiral, N.: Die Bauten von H. v. F. (1953); H. v. F. Bauten und Projekte für Wien. Ausstellungskatalog (1983)

FESSLER, Ignaz Aurelius, * 18. 5. 1756 in Zurndorf (Niederungarn, heute B), † 15. 12. 1839 in St. Petersburg, Historiker. Trat 1773 in Mödling bei Wien in den Kapuzinerorden ein, von wo er 1781 nach Wien versetzt wurde. Hier verkehrte er mit Rautenstrauch (s. d.) und machte Joseph II. auf die Zustände in den Klöstern aufmerksam. 1783 wurde F. Dr. theol. und Lektor, bald Prof. für orientalische Sprachen und Hermeneutik an der Universität Lemberg. Als er einer Freimaurerloge beitrat, wurde er aus dem Orden entlassen. Wegen seines tendenziösen Trauerspiels „Sidney" mußte er 1787 nach Breslau fliehen und nahm 1791 den evangelischen Glauben an. 1809 Prof. der orientalischen Sprachen und der Philosophie an der St. Alexander-Newski-Akademie in St. Petersburg. 1820 wurde er evangelischer Bischof. 1809–16 erschienen seine „Gesammelten Werke" (22 Bde.).

FESSLER, Johann Baptist, * 29. 8. 1803 in Bregenz, † 14. 3. 1875 in Wien, Bildhauer. Nach seiner Ausbildung schuf er zahlreiche Porträtbüsten. Besonders bekannt wurden seine vielen Heerführerbüsten für den Heldenberg von Kleinwetzdorf (NÖ). Die Bauplastik der Votivkirche stammt ebenfalls von F., der dafür über 350 Modelle entwarf: Wasserspeier, Menschenköpfe, Tiergestalten aller Art.

FEUCHTERSLEBEN, Ernst Freiherr von, * 29. 4. 1806 in Wien, † 3. 9. 1849 in Wien, Arzt und Philosoph. Nach Abschluß eines Philosophiestudiums an der Theresianischen Akademie studierte er Medizin und ließ sich in Wien als praktischer Arzt nieder. F. verfaßte mehrere, auch lyrische Werke und war mit den bedeutendsten Persönlichkeiten des kulturellen Lebens im Wiener Vormärz bekannt. 1848 reformierte er als Unterstaatssekretär des Unterrichtsministeriums das ö. Unterrichtswesen. Trotz seiner Leistungen zog er sich Ende 1848 aus dem öffentlichen Leben zurück und starb verbittert und verkannt. 1851–53 gab Friedrich Hebbel F.s „Sämtliche Werke" (7 Bde.) heraus.

FEY, Emil, * 23. 3. 1886 in Wien, † 16. 3. 1938 (Selbstmord) in Wien, Berufsoffizier, Politiker und Heimwehrführer. Seit 1908 Berufsoffizier, wurde im Ersten Weltkrieg viermal schwer verwundet und erhielt 1922 den Maria-Theresien-Orden für seine Tapferkeit an der Isonzofront bei Zagora (12. 6. 1915). (Die mit der Ordensverleihung verbundene Erhebung in den Freiherrenstand wurde 1924 von Exkaiserin Zita (s. d.) abgelehnt, von ihrem Sohn Otto (s. d.) aber nach dessen Großjährigkeit am 15. 10. 1934 bestätigt). Ursprünglich bei einer Traindivision, hatte er sich mit 1. 3. 1915 zum k. u. k. Infanterieregiment Nr. 4 „Hoch- und Deutschmeister" versetzen lassen. Nach dem Krieg zuerst national-bürgerlich, wandte er sich dann dem bürgerlich-monarchistischen Lager zu. Bis 13. 2. 1919 war er bei der Volkswehr, nahm auch am Kärntner Freiheitskampf teil und wurde am 26. 11. 1922 Major. Unter seiner Führung wurde 1923 die „Deutschmeister-Heimwehr" gegründet, und im Dezember 1931 gelang ihm die „Vereinheitlichung" der Kriegsverbände der Wiener Heimwehr, wodurch er mit dem ebenso ehrgeizigen Heimwehrführer Fürst Rüdiger von Starhemberg (auch Bundesführer) in scharfe Konkurrenz geriet. Ab 17. 10. 1932 war er in der Regierung Dollfuß Staatssekretär für das Sicherheitswesen, wurde am 10. 5. 1933 Minister dieses Ressorts und war maßgeblich an der Errichtung des Schutzkorps im Juli 1933 beteiligt. Am 21. 9. 1933 Vizekanzler, erhielt er für seinen Einsatz in den Februarkämpfen 1934 eine ö. und eine ungarische Auszeichnung. Dennoch verlor er an Einfluß. Nach dem Mord an Bundeskanzler Dr. Engelbert Dollfuß am 25. 7. 1934 wurde ihm zur Last gelegt, daß er vom Putschplan der Nationalsozialisten frühzeitig erfahren, jedoch nichts dagegen unternommen habe und dann von den Putschisten als „Verhandlungspartner" benützt worden sei.

In dem 1855–60 von Heinrich von Ferstel erbauten Gebäude der Österreichisch-Ungarischen Bank befand sich das Café Central, ein Treffpunkt der Literaten um die Jahrhundertwende. Karl Kraus, Peter Altenberg, Hermann Bahr, Egon Friedell u. a. verkehrten hier

EMIL FEY
Der Weg in den Februar '34

Alle sind gleich vor dem Gesetz,
Vor dem Gesetz dieses Staats,
Doch hinter dem Gesetz ist stets
Für Heimwehr reichlich Platz.
Ja, dazu sagten wir allerlei,
Als unzensuriert wir noch sprachen –
Jetzt überlassen wir das Herrn Fey
Und seiner braven Polizei;
Die werden die Sache schon machen.

Als Jura Soyfer am 9. April 1933 diese Zeilen in der „Arbeiter-Zeitung" veröffentlichte, war über das Blatt bereits die Vorzensur verhängt worden. Verfügt hatte dies Emil Fey, der 1932 als Staatssekretär für das Sicherheitswesen in die Regierung Dollfuß eingetreten war. Nach der Ausschaltung des Parlaments im März 1933 erließ Fey das Verbot des Republikanischen Schutzbundes, verordnete Streikverbot, untersagte die traditionellen Maiaufmärsche und nahm Kurs auf eine offene, gewaltsame Konfrontation mit der Sozialdemokratie. Am 11. Februar 1934, einen Tag vor Ausbruch des Bürgerkrieges in Österreich, prophezeite er bei einer Heimwehrkundgebung in Großenzersdorf: „Wir werden morgen an die Arbeit gehen und ganze Arbeit leisten . . ."

Vom 30. 7. 1934 bis 17. 10. 1935 war er Innenminister in der Regierung Schuschnigg I, wurde am 20. 11. 1935 als Landesführer der Wiener Heimwehr abgesetzt. Da alle politischen Wehrverbände am 10. 10. 1936 aufgelöst wurden, hielt er sich im gesetzlich verankerten Schutzkorps. Vom November 1935 bis 1938 war er Vizepräsident des „Bundes österreichischer Industrieller". Ebenso wie seine Rolle im Dollfuß-Mord ist auch sein Selbstmord vom 16. 3. 1938 nicht restlos geklärt, da verschiedentlich auch die Version einer Liquidierung durch Nationalsozialisten kursiert, was durch die Tatsache, daß er selbst mehrere Wunden aufwies und seine Frau, sein Sohn und das Dienstmädchen ebenfalls umkamen, erhärtet erscheint.

Peball, K.: Die Kämpfe in Wien im Februar 1934, in: Militärhistorische Schriftenreihe Heft 25 (1974); Wiltschegg, W.: Die Heimwehr (1985)

FEYERABEND, Paul, * 13. 1. 1924 in Wien, Philosoph. Nach verschiedenen Studien in mehreren europäischen Städten wurde er 1958 Prof. für Philosophie an der University of California in Berkeley. Ab 1979 lehrte er in Zürich. Als einer der Hauptvertreter des Kritischen Rationalismus setzte er dem Rationalismus seines einstigen Lehrers Karl Popper (s. d.) einen Methodenpluralismus gegenüber, den er vor allem in seinen Schriften „Erkenntnis für freie Menschen" und „Wider den Methodenzwang. Entwurf einer anarchistischen Erkenntnistheorie" verteidigte.

FIAKERMILLI, s. Demel, Emilie

FICHTENAU, Heinrich, * 10. 12. 1912 in Linz, Historiker. Studierte in Wien, promovierte 1936, wurde 1950 a. o. Prof. und 1962 o. Prof. und Vorstand des Instituts für ö. Geschichtsforschung an der Universität Wien. Ab 1950 Mitherausgeber von „Urkundenbuch zur Geschichte der Babenberger". Wichtigste Veröffentlichungen: „Grundzüge der Geschichte des Mittelalters" (1947, 2. Aufl. 1948), „Das karolingische Imperium" (1957), „Von der Mark zum Herzogtum" (1958, 2. Aufl. 1965), „Der junge Maximilian" (1959) und „Das Urkundenwesen in Ö." (1971).

FICKER, Heinrich von, * 22. 11. 1881 in München, † 29. 4. 1957 in Wien, Geophysiker und Meteorologe, Sohn von Ludwig v. F. (s. d.). Nach seinem Studium war er 1911–23 Univ.-Prof. in Graz, 1923–37 in Berlin und 1937–57 in Wien. Außerdem war er Direktor der Zentralanstalt für Meteorologie und Geodynamik sowie 1946–51 Präsident der Akademie der Wissenschaften. Unternahm mehrere Forschungsreisen im Kaukasus und in Zentralasien und Ballonfahrten in den Alpen. F. betrieb in erster Linie Forschungen über die Dynamik der Atmosphäre. 1909 veröffentlichte er „Das Klima von Tirol", 1952 „Wetter und Wetterentwicklung".

FICKER, Julius von (seit 1885), * 30. 4. 1826 in Paderborn (Westfalen), † 10.7. 1902 in Innsbruck, Historiker und Rechtsgelehrter. Nach Jus- und Geschichtsstudium wurde er 1851 Dozent an der Universität in Bonn. 1852–63 Prof. für allgemeine Geschichte und 1863–79 für Reichs- und Rechtsgeschichte an der Universität Innsbruck. Er begründete das auf Urkundenkritik beruhende historische Seminar und legte den Grundstein für die Rechtshistorikerschule der Universität Innsbruck. Getragen von einem katholisch-ö. Standpunkt, vertrat er die großdeutsche Idee. Vor allem seine Werke zur mittelalterlichen Verfassungsgeschichte sind von nachhaltiger Bedeutung: „Vom Reichsfürstenstande", 2 Bde. (1860/61), „Das deutsche Kaiserreich in seinen universalen und nationalen Beziehungen" (1861), „Beiträge zur Urkundenlehre", 2 Bde. (1877/78), „Forschungen zur Reichs- und Rechtsgeschichte", 6 Bde. (1891–1904).

FICKER, Ludwig von, 13. 4. 1880 in München, † 20. 3. 1967 in Innsbruck, Schriftsteller und Kulturkritiker, Sohn von Julius v. F. (s. d.). Mit dem katholischen Kultur- und Geistesleben eng verbunden, gründete er 1910 in Innsbruck die Zeitschrift für Kunst und Kultur „Der Brenner". Das von katholischem Gedankengut getragene literarisch-kulturkritische Organ wurde zum Sprachrohr des ö. Frühexpressionismus und förderte deren Vertreter, wie etwa Däubler und Trakl (s. d.), dessen Schriften im „Brenner" als Erstdruck erschienen. Um F. entwickelte sich der sogenannte „Brenner"-Kreis, der eine Kulturreform aus christlicher Lebenshaltung heraus anstrebte. 1915–19 konnte „Der Brenner" nicht erscheinen, da F. 1914/15 in Beiträgen schärfste Anklagen gegen den Krieg erhoben hatte. (Anfangs halbmonatlich, dann als Jahrbuch erschienen, wurde „Der Brenner" 1954 mit der Folge 18 eingestellt.) 1959 erhielt F. den Großen Ö. Staatspreis.

FICKER, Rudolf von, * 11. 6. 1886 in München, † 2. 8. 1954 in Igls bei Innsbruck, Musikwissenschaftler, Sohn von Julius v. F. (s. d.). Promovierte nach seinem Studium 1913 in Wien und habilitierte sich 1920 in Innsbruck. 1923–27 Univ.-Prof. in Innsbruck, 1927–31 in Wien und 1931–54 in München. Abgesehen von seiner rein musikhistorischen Tätigkeit, war er um eine Wiederentdeckung und -belebung der Musik des Mittelalters bemüht und veröffentlichte musikwissenschaftliche Werke hierzu und zur musikalischen Editionspraxis.

FICKERT, Auguste, * 25. 5. 1855 in Wien, † 9. 6. 1910 in Maria Enzersdorf bei Wien, Sozialreformerin und Frauenrechtlerin. War Volksschullehrerin und kam schon in jungen Jahren mit der Sozialdemokratie in Berührung. 1893 gründete sie den „Allgemeinen ö. Frauenverein", ihr eigentliches Lebenswerk. 1895 errichtete sie die erste Rechtsschutzstelle für mittellose Frauen. Sie kämpfte um die Gleichberechtigung der Frau und setzte sich nachhaltig für deren Anliegen wie etwa Wahlrecht, Berufsvertretung und Zulassung zum Hochschulstudium ein. Gemeinsam mit Rosa Mayreder (s. d.) und Marie Lang (s. d.) gab sie ab 1899 das demokratische Monatsblatt „Dokumente der Frauen" heraus, das ab 1903 unter dem Titel „Neues Frauenleben" erschien (bis 1910). Die Eröffnung (1911) des von ihr angeregten genossenschaftlichen „Einküchenhauses" für berufstätige Frauen erlebte sie nicht mehr.

FICQUELMONT, Karl Ludwig Graf, * 23. 3. 1777 in Dieuze (Lothringen), † 6. 4. 1857 in Venedig, Offizier und Staatsmann. Nach dem Besuch einer französischen Kriegsschule trat er 1792 in den ö. Kriegsdienst ein und war bis 1815 an zwölf Feldzügen gegen Frankreich beteiligt. 1809 Oberst und Generalstabschef von Erzherzog Ferdinand, im Februar 1814 zum Generalmajor befördert. Danach ö. Gesandter: 1816 in Schweden, 1820 in Toskana, 1821 im Königreich beider Sizilien und 1829 in Rußland. 1839 als Vertreter Metternichs nach Wien zurückberufen, wurde er 1840 Staats- und Konferenzminister sowie Chef der Kriegssektion im Außenministerium. Ab 3. 3. 1843 General der Kavallerie. Am 21. 3. 1848 wurde er Außenminister im konstitutionellen Ministerrat, im April ersetzte er den Grafen Kolowrat, einen erklärten Metternich-Gegner, als Minister-

LUDWIG VON FICKER

Der „Brenner"-Kreis

„Der Abend war von der Schriftleitung des ‚Brenner' (Ludwig v. Ficker) veranstaltet worden. Daß die einzige ehrliche Revue Österreichs in Innsbruck erscheint, sollte man, wenn schon nicht in Österreich, so doch in Deutschland wissen, dessen einzige ehrliche Revue gleichfalls in Innsbruck erscheint."
Karl Kraus, Die Fackel, 5. 2. 1913

„Immer tiefer empfinde ich, was der ‚Brenner' für mich bedeutet, Heimat und Zuflucht im Kreise einer edlen Menschlichkeit."
Georg Trakl, 1913

Leopold Figl als ö. Außenminister unterzeichnet mit den Außenministern der vier Signatarmächte am 15. 5. 1955 im Schloß Belvedere in Wien den ö. Staatsvertrag

präsident. Wegen Anfeindungen als Metternich-Freund trat er am 4. 5. 1848 zurück und lebte nur mehr seinen schriftstellerischen Ambitionen.

FIEBRICH, Franz, * 9. 5. 1879 in Wien, † 24. 2. 1935 in Wien, Komponist. Er schuf zahlreiche Wienerlieder, zu denen er auch meistens die Texte schrieb, u. a.: „Draußt in Nußdorf", „Das silberne Kanderl", „O du lieber, alter Steffl".

FIGDOR, Albert, * 16. 5. 1843 in Baden bei Wien, † 22. 2. 1927 in Wien, Bankier und Kunstsammler. Vetter des Gustav Adolf F., dessen Tochter Emilie 1888 die Gattin des späteren Bundespräsidenten Michael Hainisch (s. d.) wurde. Nach dem Tod seiner Verwandten, die seit Jahrzehnten ein Großhandelshaus für Baumwollwaren und eine daran angeschlossene Bank besaßen, fiel das umfangreiche Vermögen der Familie an ihn. An Bankgeschäften wenig interessiert, legte er die ererbten Millionen in wertvollen Kunstgegenständen an und galt als der größte Privatsammler Europas. Auf der nicht unbeträchtlichen Bilder- und Kupferstichsammlung seines Vaters aufbauend, sammelte er alles vom großen Kunstwerk bis zum kunstgewerblichen Gegenstand. F. galt auch als einer der größten Judaica-Sammler Europas, sein Angebot an das Kaiserhaus, die Sammlung geschlossen dem Kunsthistorischen Museum in Wien zu vermachen, scheiterte allerdings. 1895 entdeckte er das Wappenbuch der St.-Christoph-Bruderschaft vom Arlberg, „Codex Figdor" genannt, ein für die Heraldik bedeutendes Quellenwerk. Nach seinem Tod konnte nur ein geringer Teil seiner Schätze in Ö. gehalten werden, 1930 wurde der Großteil in Wien und in Berlin versteigert.

FIGL, Leopold, * 2. 10. 1902 in Rust im Tullnerfeld, † 9. 5. 1965 in Wien, ÖVP-Politiker und Staatsmann. Nach Abschluß des Studiums an der Hochschule für Bodenkultur (Dipl.-Ing.) ergriff F. die politische Laufbahn. 1927–31 Sekretär, 1931–33 Direktor-Stellvertreter und 1934 Direktor des Nö. Bauernbundes, wurde im selben Jahr auch Mitglied des Bundeswirtschaftsrats. 1938–43 und 1944/45 im Konzentrationslager; 1945 wurde die Todesstrafe über ihn verhängt, doch rettete ihn das Kriegsende vor der Vollstreckung. Als Mitbegründer der ÖVP war er 1945–51 deren Obmann; vom 1. 5. bis 15. 10. 1945 Landeshauptmann von NÖ. In der Provisorischen Staatsregierung vom 27. 4. bis 20. 12. 1945 Staatssekretär im Bundeskanzleramt, vom 20. 12. 1945 bis 2. 4. 1953 Bundeskanzler und vom 19. 12. 1945 bis zu seinem Tod Abgeordneter zum Nationalrat. In seinen drei aufeinanderfolgenden Regierungen gelang ihm trotz schwierigster Verhältnisse die Bewahrung der staatlichen Einheit Ö.s und der wirtschaftliche und politische Wiederaufbau des Landes sowie eine Festigung der ÖVP-SPÖ-Koalition. Am 23. 3. 1953 scheiterten seine Verhandlungen zur Bildung seiner vierten Regierung; im ersten Kabinett seines Freundes Julius Raab (Amtsantritt 2. 4.) war F. nicht mehr vertreten. Als Außenminister Karl Gruber am 14. 11. 1953 zurücktrat, wurde F. mit 26. 11. sein Nachfolger. Als Außenminister unterschrieb F. am 15. 5. 1955 den ö. Staatsvertrag. F. war ein harter Verhandlungspartner für die Alliierten, denn noch am Vortag der Unterzeichnung hatte er erreicht, daß der Absatz über die Kriegsschuld Ö.s aus der Präambel des Vertrages gestrichen wur-

LEOPOLD FIGL

Außenminister des Staatsvertrags

„. . . Österreich wird nunmehr als freier, souveräner Staat seinen Platz in der großen Familie der Völker einnehmen und in aktiver Mitarbeit in den weltumfassenden Vertragsorganisationen alles daransetzen, um seinen Beitrag für die internationale Verständigung und den Frieden zu leisten. Mit dem Dank an den Allmächtigen rufen wir aus: Österreichs Volk jubelt, alle Glocken läuten es: Österreich ist frei!"

Leopold Figl am 15. 5. 1955 auf dem Balkon des Schlosses Belvedere

de. Bis 14. 2. 1962 war F. Erster Präsident des Nationalrats (seit 9. 6. 1959). Am 31. 1. 1962 wurde F. wieder zum Landeshauptmann von NÖ bestellt (bis zu seinem Tod). F.s urwüchsige und geradlinige Art machte ihn noch zu Lebzeiten zum beliebtesten Politiker Ö.s. Typisch für seine Spontaneität war die weltweit bekanntgewordene „Maiswette" („Kukuruz-Wette") mit dem sowjetischen Ministerpräsidenten Nikita Chruschtschow bei dessen Besuch in Ö. vom 30. 6. bis 8. 7. 1960. Auf dem väterlichen Bauernhof F.s in Rust hatten die beiden Politiker über das nächste Ernteergebnis eine Wette abgeschlossen: „Wenn es weniger als das Zehnfache wird, verliere ich eine Sau, ist es mehr, muß mir Figl eine geben", äußerte damals Chruschtschow. Am 23. 10. 1961 stand fest, daß das Ernteergebnis zugunsten Ö.s ausgefallen war.

Seltenreich, S.: L. F. (1962); Trost, E.: Figl von Österreich (1972)

FILLITZ, Hermann, * 20. 4. 1924 in Wien, Kunsthistoriker. Nach Studium der Kunstgeschichte an der Universität in Wien promovierte er 1947 zum Dr. phil. 1948-64 Assistent, später Sammlungsdirektor am Kunsthistorischen Museum in Wien, 1959 Habilitation an der Universität in Wien. 1965-67 Direktor des Österreichischen Kulturinstituts in Rom, 1967-75 Ordinarius für Kunstgeschichte an der Universität Basel, seit 1974 Ordinarius für Kunstgeschichte an der Universität Wien. Seit 1982 ist F. Erster Direktor des Kunsthistorischen Museums in Wien. Zahlreiche Veröffentlichungen, u. a.: Die österreichische Kaiserkrone (1959), Die Schatzkammer in Wien (1964).

FINCK, Heinrich, * 1444 (1445?) in Bamberg (?), † 9. 6. 1527 in Wien, Komponist. Etwa 1491–1506 in Krakau tätig und aller Wahrscheinlichkeit nach kurz darauf in der Hofkapelle Kaiser Maximilians I. in Innsbruck. 1517 war er Mitbegründer der Kantorei des Schottenstifts in Wien, 1524 nachweisbar in Salzburg tätig und 1527 Hofkapellmeister Ferdinands I. in Wien. F. war einer der hervorragendsten Musiker seiner Zeit. Von ihm sind drei Messen, Motetten sowie mehrstimmige deutsche Lieder bekannt.

FINGER, Eduard (Edi), * 29. 1. 1924 in Klagenfurt, Sportreporter. Lange Jahre Leiter der ORF-Hörfunk-Sportredaktion, bekannt für seine lebensnahen und emotionsgeladenen Schilderungen. Wurde berühmt durch seinen Torschrei „I wer' narrisch!" nach dem dritten Tor Krankls (s. d.) beim legendären 3:2 über Deutschland im argentinischen Cordoba im Rahmen der Fußball-WM 1978.

FINK, Humbert, * 13. 8. 1933 in Salerno, Schriftsteller und Kulturhistoriker. Kam früh nach Ö. und lebt jetzt in Maria Saal bei Klagenfurt. Seit Erscheinen seines ersten Romans, „Die engen Mauern" (1958), wurde er zunehmend bekannt und veröffentlichte danach neben erzählender Prosa kulturgeschichtliche Reisebeschreibungen. F. gestaltet zahlreiche Rundfunksendungen. Mitorganisator des Ingeborg-Bachmann-Wettbewerbs in Klagenfurt. 1963 erhielt er den Ö. Staatspreis.

FINK, Jodok, * 19. 2. 1853 in Andelsbuch (V), † 1. 7. 1929 in Andelsbuch, Bauer und christlichsozialer Politiker. Als Vorarlberger Landtagsabgeordneter gehörte er 1897–1918 dem Reichsrat an und wurde 1911 Landeshauptmann-Stellvertreter (Statthalter) von Vorarlberg. Überzeugter Demokrat, Berater der christlichsozialen Parteiführung, so etwa von Lueger (s. d.) und Geßmann (s. d.). Im Ersten Weltkrieg Direktor des Volksernährungsamtes, 1918 ins dreiköpfige Präsidium der Provisorischen Nationalversammlung berufen. 1919/20 Vizekanzler in der Regierung Renner, ab 1919 Abgeordneter zum Nationalrat. 1922–29 war er Obmann des christlichsozialen Parlamentsklubs. F. war Gegner aller antidemokratischen Strömungen sowie der Vorarlberger Anschlußbewegung an die Schweiz. Mehrfach trat er für eine enge Zusammenarbeit der beiden großen politischen Lager in der Ersten Republik ein. 1925 erhielt er das Ehrendoktorat der Universität Innsbruck.

FINK, Josef Alois, * 1796 in Andelsbuch (V), † 30. 10. 1845 in Andelsbuch, Mechaniker und Buchbinder. Der besonders talentierte Mechaniker konstruierte u. a. ein Tellurium, das man als Vorläufer des Planetariums bezeichnen kann (im Landesmuseum Ferdinandeum in Innsbruck). In seiner Heimat wurde F. das „Kraftgenie der Mechanik" genannt.

FINKE, Edmund, * 23. 7. 1888 in Wien, † 11. 3. 1968 in Wien, Schriftsteller. Ursprünglich Berufsoffizier, wandte er sich nach dem Ersten Weltkrieg der Schriftstellerei zu und verfaßte zahlreiche, zum Teil recht erfolgreiche Kriminalromane. Schrieb auch Novellen und Essays, u. a. über Josef Weinheber (1950).

FINSTERER, Hans, * 24. 6. 1877 in Weng bei Altheim (OÖ), † 4. 11. 1955 in Wien, Chirurg. Aus ärmlichen Verhältnissen stammend, studierte er unter großen finanziellen Schwierigkeiten und promo-

Jodok Fink

vierte 1902 in Wien. Bis 1909 bildete er sich in Krankenhäusern in Graz und in Innsbruck weiter und habilitierte sich 1913 in Wien. 1914–18 als Stabsarzt im Kriegseinsatz. 1920 Univ.-Prof. in Wien, erregte er 1923 mit der Veröffentlichung seiner Arbeit „Die Methoden der Lokalanästhesie in der Bauch-Chirurgie und ihre Erfolge" internationales Aufsehen. Er veröffentlichte rund 300 wissenschaftliche Arbeiten über Magen- und Darmerkrankungen, wobei er mehrfach auch neue Operationsmethoden, insbesondere der Magenresektion bei Magengeschwüren, beschrieb, die er eingeführt hat. 1947 wurde er Bürger der Stadt Wien. 1952 erschien sein grundlegendes Werk „Die Chirurgie des Dickdarmes".

FIRMIAN, Karl Joseph Graf, * 6. 8. 1716 in Deutschmetz (Südtirol), † 20. 7. 1782 in Mailand, Staatsmann. Nach Studienjahren in Innsbruck und Salzburg studierte er an der Universität Leyden. 1746 trat er in den Staatsdienst und wurde von Maria Theresia 1753 als Gesandter nach Neapel geschickt. 1756 bevollmächtigter Minister und Generalgouverneur der Lombardei. Hier bekämpfte er den geistlichen Despotismus, bemühte sich um einen steigenden Wohlstand der Bevölkerung und war ein großer Förderer von Kunst und Wissenschaft. F. besaß eine wertvolle Kunstsammlung und eine Bibliothek von rund 40 000 Bänden.

FIRMIAN, Leopold Anton Freiherr von, * 27. 5. 1679 in München, 22. 10. 1744 in Salzburg, Bischof. Stammt aus altem Tiroler Adelsgeschlecht. Schon früh zeigte sich sein Fanatismus für den katholischen Glauben. 1718 wurde er Bischof von Lavant, 1724 von Seckau, 1727 von Laibach und noch im selben Jahr Fürsterzbischof von Salzburg. Besonders den Protestanten gegenüber unnachgiebig, erließ er 1731 ein Emigrationspatent, wodurch etwa 22 000 Protestanten das Land verlassen mußten. Verschiedentlich begnügte er sich nicht mit den vorgeschriebenen Abzugsgeldern, sondern ließ den Glaubensgegnern als Rebellen den Prozeß machen, um ihre Güter einziehen zu können.

FIRMIAN, Leopold Ernst Graf, * 22. 9. 1708 in Trient, † 13. 3. 1783 in Passau, Bischof. Nach einer sorgfältigen Ausbildung beschäftigte er sich wissenschaftlich mit der Theologie. 1739 wurde er Bischof von Seckau, 1763 von Passau und erhielt 1772 die Würde eines Kardinals. In seinem jeweiligen Einflußbereich förderte er besonders die Volksmission und die wissenschaftliche Ausbildung der Geistlichkeit. 1769 legte er Maria Theresia eine Denkschrift vor, die schließlich den Anstoß zur Theresianischen Schulreform gab.

FIRMIAN, Leopold Maximilian Graf, * 10. 10. 1766 in Trient, † 29. 11 1831 in Wien, Erzbischof. 1783 Kanoniker in Salzburg und Passau, wurde er 1792 in Salzburg zum Priester geweiht. 1797 Weihbischof von Passau, 1801–18 Bischof von Lavant, wo er die Errichtung eines gemeinsamen Priesterseminars der Diözesen Seckau und Lavant betrieb und besonders die jüngere Geistlichkeit zu theologischen Studien anhielt. 1818 Administrator des Erzbistums Salzburg, 1822 Erzbischof von Wien. 1829 gründete er die „Leopoldinenstiftung" (benannt nach Erzherzogin Leopoldine, Kaiserin von Brasilien, s. d.), den ersten ö. Missionsverein, der die missionarische Tätigkeit in Südamerika unterstützte. 1830 errichtete er auf der Landstraße in Wien die erste Kleinkinder-Bewahranstalt, in der die Kinder berufstätiger Eltern beaufsichtigt wurden. Mit Leopold Maximilian Graf F. starb das alte tirolische Adelsgeschlecht aus.

FIRNBERG, Hertha, * 18. 9. 1909 in Wien, SPÖ-Politikerin. Studierte an der Universität Wien und promovierte 1936 (Dr. phil.). Seit 1928 politisch tätig, war sie 1959–62 Mitglied des Bundesrats, 1963–70 Abgeordnete zum Nationalrat, 1966–83 Vorsitzende der SPÖ-Frauen und stellvertretende Parteivorsitzende. Ab 21. 4. 1970 Regierungsmitglied, übernahm sie das seit 24. 7. 1970 neu geschaffene Bundesministerium für Wissenschaft und Forschung, das sie bis 18. 5. 1983 leitete. Durch ihre Einführung des neuen Universitätsorganisationsgesetzes, neuer Studienrichtungen und Studienordnungen stand sie im Mittelpunkt professoraler wie studentischer Kritik. Mehrfach geehrt, erhielt 1968 den Theodor-Körner-Preis.

FIRTALER, Barthlmä, s. Viertaler

FISCHER, Anton, von Ankern (seit 1868), * 27. 6. 1812 in St. Aegyd am Neuwalde (NÖ), † 7. 4. 1902 in Wien, Industrieller. Er setzte das Werk seines Vaters Daniel F., Hammerherr im oberen Traisental (* 12. 7. 1773, † 30. 6. 1823 gemeinsam mit seinem Vater Jakob), fort, der die ö. Säbelfabrikation begründet und die erste Tiegelgußstahlfabrik Ö.s errichtet hatte. F. erzeugte in seinem Werk die überall geschätzten Anker-Feilen, erweiterte die vorhandenen Betriebe und erwarb 1866 das Werk Aumühl bei Kindberg (St). Für seine Verdienste wurde er 1868 mit „von Ankern" nobilitiert. Neben seinen Bemühungen um die ö. Eisen- und Stahlindustrie verbesserte er die Verkehrswege der Gegend, vor allem die Mariazeller Straße.

FISCHER, Christian, * 1. 7. 1879 in Linz, † 16. 7. 1934 in Graz, Publizist und christlichsozialer Politiker. Ursprünglich Schlosser, dann Wortführer der katholischen Arbeiterbewegung in der Obersteiermark. 1919–23 Abgeordneter zum Nationalrat, 1923–26 Bundesrat. Er schuf in Leoben das erste katholische Arbeitersekretariat in Ö. und war Redakteur des von ihm gegründeten Wochenblattes „Der Arbeiter" (nur für St und K herausgegeben).

FISCHER, Cyrill (Johann), * 12. 7. 1892 in Schwarzenberg (OÖ), † 11. 5. 1945 in Santa Barbara (Kalifornien), Franziskanerpater und Soziologe. Trat 1910 in den Franziskanerorden ein und unterrichtete im Rahmen des Ordens Soziologie. 1924 veröffentlichte er „Die Kinderfreunde-Bewegung", wodurch er nachhaltig auf diese sozialdemokratische Einrichtung aufmerksam machte. 1938 ging er nach Ungarn und von dort in die USA. Er war mit dem Dichter Franz Werfel (s. d.) befreundet und dessen Berater in religiösen Belangen.

FISCHER, Ernst, * 3. 7. 1899 in Komotau (Böhmen), † 1. 8. 1972 in Deutschfeistritz (St), kommunistischer Politiker und Schriftsteller. Sohn eines Berufsoffiziers, studierte Philosophie und war schriftstellerisch tätig. 1920 trat er in die Sozialdemokratische Partei ein und war bis 1927 Redakteur des „Arbeiterwillens" in Graz, 1927–34 Mitarbeiter der „Arbeiter-Zeitung" in Wien. 1934 wurde er Mitglied der Kommunistischen Partei und emigrierte nach Prag, 1939–45 war er in Moskau und dort 1941–45 als Kommentator der Österreich-Sendungen des Moskauer Rundfunks tätig. 1945 nach Ö. zurückgekehrt, wurde er Staatssekretär des Staatsamts für Volksaufklärung, für Unterricht und Erziehung und für Kultusangelegenheiten in der Provisorischen Staatsregierung vom 27. 4. bis 20. 12. 1945. 1945–59 Abgeordneter zum Nationalrat, 1946–69 Mitglied des Zentralkomitees der KPÖ, außerdem 1945–47 Chefredakteur der Tageszeitung „Neues Österreich". Wegen Unterstützung des tschechoslowakischen Reformkommunismus und seiner Kritik an der Sowjetpolitik geriet er in Gegensatz zur Parteiführung und wurde im Oktober 1969 aus der Partei ausgeschlossen. Schrieb u. a.: Der ö. Volkscharakter" (1944), „Franz Grillparzer" (1948), „Von Grillparzer zu Kafka" (1962). 1969 veröffentlichte er sein Buch „Erinnerungen und Reflexionen", 1973 „Das Ende einer Illusion. Erinnerungen 1945–1955".

FISCHER, Heinz, * 9. 10. 1938 in Graz, Jurist und SPÖ-Politiker. Er studierte an der Universität Wien Rechts- und Staatswissenschaften und promovierte 1961. Seit 1959 im Verband Sozialistischer Studenten Wiens tätig, wurde er 1963 Sekretär der SPÖ-Parlamentsfraktion und war 1971–83 sowie ab 1987 Abgeordneter zum Nationalrat. 1977 habilitierte er sich als Dozent für Politikwissenschaft und Parlamentsrecht an der Universität Innsbruck. Im Koalitionskabinett Sinowatz – Steger war er 1983 – Jänner 1987 Bundesminister für Wissenschaft und Forschung.

FISCHER, Johann Martin, * 2. 11. 1740 in Bebele bei Hopfen (Allgäu), † 27. 4. 1820 in der Wiener Vorstadt Laimgrube, Bildhauer. Seit 1760 in Wien, studierte er an der Akademie der bildenden Künste, wurde 1806 Professor und 1815 Direktor der Akademie. Er war der Repräsentant der klassizistisch-josephinischen Epoche auf dem Gebiet der Bildhauerei und schuf eine Vielzahl von Parkfiguren, Brunnen und Heiligendarstellungen, so in den Parks von Schloß Neuwaldegg und Schloß Schönbrunn, in der Michaelerkirche und den Pfarrkirchen von Lichtenthal und Währing. Weiters errichtete er den Mosesbrunnen am Franziskanerplatz in Wien und den Brunnen im Ehrenhof des Josephinums.

Poch-Kalous, M.: J. M. F. (1949)

FISCHER, O. W. (Otto Wilhelm), * 1. 4. 1915 in Klosterneuburg (NÖ), Schauspieler und Regisseur. Begann nach seiner Ausbildung an kleineren Wiener und Münchner Bühnen, wurde 1936 an das Theater in der Josefstadt und 1938 an das Volkstheater in Wien engagiert. 1946–52 Mitglied des Wiener Burgtheaters, wo er u. a. als Schnitzlers (s. d.) „Anatol" brillierte. Aber bald wandte er sich dem Medium Film zu und war in den fünfziger und sechziger Jahren der beliebteste deutschsprachige Filmstar.

Holba, H.: O. W. F. (1964)

FISCHER, Wilhelm Robert, * 19. 4. 1886 in Wien, † 26. 2. 1962 in Innsbruck, Musikforscher. Studierte in Wien und promovierte 1912, habilitierte sich 1915 und wurde 1928 Prof. an der Universität Innsbruck, wo er 1938 von den nationalsozialistischen Machthabern entlassen wurde. 1945–48 Direktor der Musiklehranstalten in Wien, 1948–61 wieder Univ.-Prof. in Innsbruck. Seine besonderen Verdienste liegen in der Erforschung der Wiener Instrumentalmusik um die Mitte des 18. Jh.s. Veröffentlichungen u. a.: „Tanzbrevier" (1925), „Beethoven als Mensch" (1928). F. war Herausgeber der „Denkmäler der Tonkunst in Ö.".

FISCHER von Erlach, Joseph Emanuel, * 13. 9. 1693 in Wien, † 29. 6. 1742 in Wien, Architekt und Maschinenbauer. Als Sohn von Johann Bernhard F. v. E. (s. d.) erhielt er auch von diesem die erforderliche Ausbildung und arbeitete mit ihm zusammen bzw. vollendete dessen Werke. Dies ist auch der Grund, weshalb manche Zweifel bei den ihm zugeschriebenen Bauwerken auftreten. 1713/14 reiste er durch Westeuropa, 1713–19 veröffentlichte er „Prospekte und Abrisse einiger Gebäude in Wien", die Johann Delsenbach gestochen hat. Neben der Architektur beschäftigte er sich mit dem Maschinenbau, vornehmlich den „Feuermaschinen" (Dampfmaschinen), und stellte 1721/22 in Kassel das erste mit Dampf betriebene Pumpenwerk auf, dem weitere in Schemnitz (Ungarn) und 1722 im Garten des Wiener Schwarzenberg-Palais (mit dem ein Springbrunnen betrieben wurde) folgten. 1722 wurde er Hofarchitekt und erhielt 1725 das von seinem Vater innegehabte Amt eines kaiserlichen Oberinspektors des Bauwesens. 1729 wurde er Hofkammerrat. Seine Hauptwerke in Wien: Innenräume des Palais Schwarzenberg (1723), Hofstallungen (1725), Reichskanzleitrakt der Hofburg (1726–30), Winterreitschule (1729–32), Vermählungsbrunnen auf dem Hohen Markt (1729–32), 1726

FISCHER VON ERLACH

Baumeister des Barock

Der Karlsplatz (um 1905) mit der von Johann Bernhard Fischer von Erlach erbauten Karlskirche

FISCHER von Erlach, Johann Bernhard, * 20. 7. 1656 in St. Martin bei Graz, † 5. 4. 1723 in Wien, Baumeister. Nannte sich nach dem ersten Gatten seiner Mutter, Sebastian Erlacher, „von Erlach". Nach seiner Ausbildung als Bildhauer in Graz studierte er Architektur in Prag und ging dann zur Weiterbildung nach Rom und Neapel. 1686 kehrte er nach Graz zurück, baute am Mausoleum in Ehrenhausen mit und unterrichtete den späteren Kaiser Joseph I. (s. d.). 1691 erhielt er den Titel „Architekt des Königs von Ungarn", arbeitete 1693 für den Erzbischof von Salzburg und wurde 1694 „kaiserlicher Hofarchitekt und -ingenieur". 1701 geadelt, reiste er 1704 nach Preußen, Holland und England. 1705 ernannte ihn Kaiser Joseph I. zum kaiserlichen Oberinspektor, womit er an der Spitze des gesamten Bauwesens stand. Der erste große Baumeister des ö. Barock verstand es, den prunkvollen Dekor durch die Aufnahme von frühklassizistischen Stilelementen zurückzudrängen. Besonders deutlich wird dies in seinen streng komponierten Fassaden und dem Versuch, Lang- und Zentralbau harmonisch zu verschmelzen. Zusätzlich war F. v. E. ein Meister der Raumkunst. In seinem groß angelegten Stichwerk von 1721, „Entwurf einer historischen Architektur", vermittelte er erstmals eine universal angelegte Architekturgeschichte. Wichtigste Bauten in der Steiermark: Mausoleum in Graz (1687–99), Hochaltäre in Mariazell (1693–1704) und in Straßengel (um 1699); in Salzburg: Portal des Hofmarstalls (1693/94), sein erster Kirchenbau, die Dreifaltigkeitskirche (1694–1702), Kollegienkirche (1694–1707), Ursulinenkirche (1699–1705), Schloß Kleßheim (1700–09); in Wien: erstes Projekt von Schloß Schönbrunn (1690/91) auf dem Gloriettehügel, dann zweites Projekt (1696–1700), Winterpalais des Prinzen Eugen (Mittelteil und Stiege 1708/09), Palais Lobkowitz (Veränderungen 1709–11), Palais Trautson (1710–12), Böhmische Hofkanzlei (1712–14), Karlskirche (1716–22, von seinem Sohn 1724–39 vollendet); um 1700 entstanden seine Pläne für die Hofbibliothek und das Palais Schönborn-Batthyány, 1687 Sockelrelief für die Pestsäule am Graben; in Niederösterreich: Hauptsaal und Ostflügel des Stiftes Herzogenburg (1716), Sockelreliefs der Pestsäule in Perchtoldsdorf (1713).

Sedlmayr, H.: J. B. F. v. E. (1956, 2. Aufl. 1976); Ausstellungskatalog 1956; Kunoth, G.: Die historische Architektur F. v. E.s (1956) vollendete er die Hofbibliothek, 1739 die Karlskirche. Ab 1730 beeinflußte er den Bau des Stiftes Klosterneuburg (NÖ).

Zacharias, Th.: J. E. F. v. E. (1960)

FISCHHOF, Adolf, * 8. 12. 1816 in Ofen, † 23. 3. 1893 in Emmersdorf (K), Arzt und Politiker. Studierte in Wien Medizin, promovierte 1845 und machte 1846 den Magister der Geburtshilfe, worauf er 1848 Sekundararzt am Allgemeinen Krankenhaus wurde. Durch seine Rede über Preßfreiheit im Hof des Landhauses in der Wiener Herrengasse am 13. 3. 1848 gab er den wahrscheinlich letzten äußeren Anstoß zum Ausbruch der Märzrevolution, wurde Mitglied der Akademischen Legion und Kommandant des Medizinerkorps, am 17. 7. 1848 dann Präsident des Sicherheitsausschusses. Vom 2. 7. bis 20. 12. 1848 leitete er das Sanitätsreferat des Innenministeriums mit dem Titel Ministerialrat. Im Kremsierer Reichstag dem Verfassungsausschuß angehörend, kam er nach dessen Auflösung in Untersuchungshaft, wurde aber freigesprochen. Bis 1875 war er in Wien als praktischer Arzt tätig und übersiedelte dann nach Kärnten. Daneben war er schriftstellerisch tätig, veröffentlichte 1869 „Ö. und die Bürgschaften seines Bestandes" und 1888 „Der ö. Sprachzwist". In seiner umfangreichen publizistischen Tätigkeit beschäftigte er sich überwiegend mit dem Nationalitätenproblem und sah die Lösung in einem föderalistischen Umbau der Doppelmonarchie. Anerkennend und auch spöttisch wurde er der „Weise von Emmersdorf" genannt.

Charmatz, R.: A. F. (1910)

FIXLMÜLLER, Placidus (auch Fixlmillner), * 28. 5. 1721 auf Schloß Achleiten bei Kremsmünster (OÖ), † 27. 8. 1791 in Kremsmünster (OÖ), Benediktiner und Astronom. War der Neffe des Abts Alexander F. (1686–1759), der in Kremsmünster den „Mathematischen Turm" (das erste „Hochhaus" Europas) erbauen ließ. Ging in Kremsmünster in die Schule, studierte dann in Salzburg und trat 1745 in das Benediktinerkloster Kremsmünster ein. Wegen seines Interesses für Mathematik und Astronomie gestattete ihm 1747 sein Onkel die Errichtung eines mathematisch-physikalischen Saals. 1751 wurde er Prof. für Kirchenrecht an der „adeligen Ritterschule zu Kremsmünster". 1759 war der „Mathematische Turm", die Sternwarte des Stifts Kremsmünster, fertig, und F. machte sie umgehend zu einer bedeutenden Forschungsstätte. Er berechnete die Bahn des Uranus, verbesserte astronomische Instrumente und erfand vereinfachte Formeln zur Berechnung astronomischer Werte. Seine Publikationen wurden weit über Ö. hinaus bekannt.

FLATTER, Richard, * 14. 4. 1891 in Wien, † 5. 11. 1960 in Wien, Lyriker, Dramatiker und Shakespeare-Übersetzer. Er studierte in Wien Jus und besuchte nach seiner Promotion das Regieseminar von Max Reinhardt (s. d.). Emigrierte 1938 über England und Australien in die USA. Neben eigenen Werken beschäftigte er sich schon früh mit Shakespeare und schuf die einzige von einer Hand stammende Übersetzung des Gesamtwerkes. Von seinen Dramen sind erwähnenswert „Elisabeth und Dudley" (1954), „Oliver Cromwell" (1955) und die Komödie „Tag der Heimkehr" (1957).

FLECK, Jakob Julius, * 8. 11. 1881 in Wien, † 19. 9. 1953 in Wien, Schauspieler und Filmregisseur. Ursprünglich Schauspieler, der gemeinsam mit A. Kolm die erste ö. Filmproduktionsfirma „Kunstfilm" gründete und dann nur noch als Regisseur tätig war. 1910 produzierten sie den Stummfilm „Die Ahnfrau". In den frühen zwanziger Jahren gründeten sie die Film-Ateliers auf dem Rosenhügel in Wien. 1938 im Konzentrationslager, lebte F. ab 1940 in der Emigration und kehrte 1947 nach Ö. zurück.

Fritz, W.: Geschichte des ö. Films (1969); ders.: Kino in Ö. Der Stummfilm 1896–1930 (1981)

FLEMMING, Marilies, * 16. 12. 1933 in Wiener Neustadt (NÖ), Juristin und ÖVP-Politikerin. Studierte in Wien, hielt sich zu Sprachstudien längere Zeit in Paris und an der Universität Cambridge auf und promovierte zum Dr. jur. Seit 1972 im Ö. Akademikerbund tätig, wurde sie 1973 Landtagsabgeordnete und Gemeinderat in Wien und war im Sozial-, Gesundheits- und Kulturausschuß tätig. 1977–84 Generalsekretärin der Ö. Frauenbewegung, seit 1984 deren Bundesleiterin, Vorsitzende der Ö. Landessektion der Europäischen Frauen-Union und Vorsitzende des Ö. Frauenringes. Seit 20. 1. 1987 Bundesminister für Familie, Jugend und Umweltschutz in der Koalitionsregierung Vranitzky – Mock.

FLESCH-BRUNNINGEN, Hans (Pseud. Vincent Brun), * 5. 2. 1895 in Brünn, † 1. 8. 1981 in Bad Ischl (OÖ), Schriftsteller. Studierte Jus und emigrierte 1938 nach London, wo er für die BBC tätig war. War vor allem Romancier und veröffentlichte u. a.: „Alkibiades" (1935), „Perlen und schwarze Tränen" (1948), „Die Frumm" (1948), „Die Teile und das Ganze" (1969); außerdem gab er 1967 „Die letzten Habsburger in Augenzeugenberichten" heraus. Er war mit der Schriftstellerin Hilde Spiel (s. d.) verheiratet.

FLIGELY, August von, * 26. 9. 1810 in Janow (Galizien), † 12. 4. 1879 in Wien, Berufsoffizier und Kartograph. Wegen seiner Verdienste um die Militärkartographie stieg er bis zum Feldmarschalleutnant auf. War 1853–72 Direktor des Militärgeographischen Instituts in Wien. 1869 führte er die dritte Landesaufnahme für eine zusammenhängende Spezialkarte der Monarchie durch. Auch begründete er die Gradvermessungslehre und modernisierte die Kartenherstellung, wobei er die Heliogravüre und die photographische Kartenreproduktion zur Anwendung brachte. Nach ihm sind der „F.-Fjord" (Grönland) und das „Kap F." (Franz-Joseph-Land) benannt.

FLÖGE, Emilie, * 1874 in Wien, † 1952 in Wien, Modeschöpferin. Gemeinsam mit ihren Schwestern Pauline

Gustav Klimts Porträt der Emilie Flöge (1902)

(† 1918) und Helene führte sie einen der berühmtesten Modesalons des Wiener Jugendstils („Schwestern Flöge"), der 1904 von J. Hoffmann (s. d.) und K. Moser (s. d.) in der Mariahilfer Straße im Hause „Casa Piccola" (wo sich außerdem ein vielbesuchtes Kaffeehaus befand) eingerichtet wurde. Dies war einer der ersten Einrichtungsaufträge für die „Wiener Werkstätte". Gustav Klimt (s. d.), der mit den Schwestern befreundet war, schuf das Firmensignet, Entwürfe für Rechnungsformulare und mehrere Modellkleider. Der Salon existierte bis 1938.

Schweiger, W. J.: Wiener Werkstätte (1982); Gmeiner, A., u. Pirhofer, G.: Der ö. Werkbund (1985)

FLOR, Fritz, * 22. 6. 1905 in Wien, † 13. 4. 1939 bei Petronell (NÖ) durch einen Autounfall, Ethnologe und Heimwehrpolitiker. Studierte in Wien Ethnologie und wurde nach seiner Promotion Assistent an der Universität Wien. Er veröffentlichte mehrere wissenschaftliche Arbeiten und stand mit bedeutenden Wissenschaftlern in enger Verbindung. Außerdem war er aktiv in der katholisch-nationalen „Neuland"-Bewegung tätig und schloß sich 1931 der Heimwehr an. Als Pressereferent forderte er einen radikaleren, „faschistischen" Kurs. Im Herbst 1933 wurde er bei Verhandlungen mit Vertretern der illegalen NSDAP verhaftet, doch nach hundert Tagen wieder freigelassen. Später Mitarbeiter von Dr. Arthur Seyß-Inquart, gab er 1937 dessen Sprachrohr „Alpenländische Korrespondenz" heraus und wurde nach dem Anschluß in dessen Stab berufen. Beauftragt, mit den Kräften, die eine Abtrennung der Slowakei anstrebten, Fühlung aufzunehmen, kam er bei der Rückfahrt von Preßburg bei einem Autounfall ums Leben.

Wiltschegg, W.: Die Heimwehr (1985)

FLORA, Paul, * 29. 6. 1922 in Glurns (Südtirol), Graphiker, Zeichner und Karikaturist. Lebt seit 1928 in Innsbruck und studierte 1942–44 an der Münchner Kunstakademie. Ab 1944 bei den Gebirgsjägern an der Ost- und Südfront, geriet er 1945 in amerikanische Gefangenschaft. Er erhielt mehrere Auszeichnungen und Preise, darunter 1956 den Ö. Staatspreis. Abgesehen von der Veröffentlichung zahlreicher Bücher, ist er auch Mitarbeiter mehrerer Zeitschriften und Zeitungen, so jahrelang der Hamburger Wochenzeitung „Die Zeit". Auch als Buchillustrator erfolgreich tätig.

FLORIAN(US), Heiliger, † 4. 5. 304 in Lauriacum (Lorch bei Enns, OÖ), einziger christlicher Märtyrer Ö.s, Landespatron von OÖ. War Kanzleivorstand des Statthalters von Noricum ripense (Ufernoricum) und lebte bei oder in Cetium (St. Pölten, NÖ) im Ruhestand. Als die Diokletianische Christenverfolgung auch die ö. Provinzen des Römischen Reiches erfaßte, begab F. sich nach Lauriacum, um vor dem Statthalter sein Christentum zu bekennen. Er wurde verurteilt und in der Enns ertränkt. Sein Grab soll sich an der Stelle befunden haben, wo 805 das Augustiner-Chorherrenstift St. Florian (OÖ) gegründet wurde.

FÖDERL, Karl, * 13. 3. 1885 in Wien, † 10. 11. 1953 in Wien, Komponist und Cafetier. Als Sohn eines Schirmmachers wandte er sich bald der Musik zu und wurde Barpianist. Nach dem Ersten Weltkrieg eröffnete er im XVII. Bezirk in der Veronikagasse ein Kaffeehaus, wo er die Gäste mit musikalischen Darbietungen unterhielt. Ab 1925 trat er mit eigenen Kompositionen an die Öffentlichkeit und wurde mit über 800 Kompositionen zu einem der populärsten Wienerliedkomponisten. Zu den bekanntesten zählen: „Wär' die Donau nur a klanes Wasserl", „Ich weiß net, ist Grinzing denn wirklich so schön", „Was weiß denn die Welt, was a Weanaherz fühlt" und die von Hans Moser im Film „7 Jahre Pech" interpretierte „Reblaus".

FÖDERMAYR, Florian, * 18. 4. 1877 in Kronstorf (OÖ), † 7. 3. 1960 in Linz, Gutsbesitzer und christlichsozialer Politiker. 1919–34 Abgeordneter zum Nationalrat, 1929–30 Landwirtschaftsminister (in den Kabinetten Streeruwitz und Schober III), 1934–38 Staatsrat (nach der Verfassung 1934 ein vorberatendes Organ der gesetzgebenden Körperschaften für den Bereich des Bundes).

FONTANA, Oskar Maurus, * 13. 4. 1889 in Wien, † 4. 5. 1969 in Wien, Erzähler, Dramatiker und Theaterkritiker. War nach seinem Studium Universitätslektor und ein Wegbereiter des Expressionismus in Ö. Schon 1916 gab er die expressionistische Anthologie „Die Aussaat" heraus, nachdem er bereits 1910 sein erstes Drama „Das Märchen der Stille" veröffentlicht hatte. 1918 erschien sein erster Roman „Erwekkung", der 1946 unter dem Titel „Die Türme des Beg Begouja" neu aufgelegt wurde. 1945 Mitherausgeber der ersten ö. Tageszeitung nach dem Zweiten Weltkrieg, „Neues Österreich". Als führender Theaterkritiker Wiens übte F. einen bedeutenden Einfluß auf das geistige Leben Ö.s aus. 1946–64 Präsident des Ö. Pen-Clubs, dann Ehrenpräsident.

Paul Flora: Kubin, nächtlich wandelnd, 1980

FOREGGER, Egmont, * 21. 9. 1922 in Salzburg, Jurist und Strafrechtsfachmann. Nach Kriegsdienst und Gefangenschaft studierte er Jus und promovierte 1947. Im Justizdienst tätig, war er zunächst Richter und Staatsanwalt, ab 1974 Leiter der Abteilung für Strafrecht der Sektion II des Justizministeriums und Sektionschef. Ab 21. 1. 1987 als einziger Parteiloser Justizminister in der Koalitionsregierung Vranitzky – Mock. F. veröffentlichte mehrere anerkannte juristische Kommentare.

FORST, Willi (eigtl. Wilhelm Anton Frohs), * 7. 4. 1903 in Wien, † 11. 8. 1980 in Wien, Filmschauspieler und -regisseur. Der Schöpfer des ö. Musikfilms entdeckte mehrere Theaterschauspieler für den Film. F. selbst spielte 1929 in „Atlantic" seine erste große Filmrolle. Besonders erfolgreich waren seine Filme „Maskerade" (1934), „Burgtheater" (1936), „Bel ami" (1939), „Operette" (1940) und „Wiener Blut" (1942).

Dachs, R.: W. F. (1986)

FORST de Battaglia, Otto, * 21. 9. 1889 in Wien, † 2. 5. 1965 in Wien, Kritiker und Kulturhistoriker. Lebte als Kulturkritiker und Essayist in Wien. Veröffentlichte u. a.: „Johann Nestroy" (1932), „Das Geheimnis des Blutes" (1932), gab 1933 „Deutsche Prosa der Gegenwart" heraus, verfaßte „Clemens Brentano" (1945), „Franz Theodor Csokor" (1954), „Ö. Köpfe" (1959).

FÖRSTER, Emil von, * 18. 10. 1838 in Wien, † 14. 2. 1909 in Wien, Architekt. Sohn von Ludwig Christian Friedrich F. (s. d.). Studierte an der Akademie in Berlin und unternahm dann ausgedehnte Studienreisen. 1895 trat er in den ö. Staatsdienst ein und wurde später Ministerialrat. Der italienischen Renaissance besonders zugetan, errichtete er in Wien mehrere Gebäude, darunter das Ringtheater (1873/74), das Verwaltungsgebäude des Giro- und Kassenvereins in der Rockhgasse (1880) und das Dorotheum (1897–99), außerdem führte er Umbauten in der Hofburg durch und leitete die Restaurierung von Schloß Belvedere.

Die Eröffnung der unter Josef Franks Leitung entstandenen Werkbundsiedlung 1932 in Wien. Auf dem Bild vier Einfamilienhäuser des holländischen Architekten Gerrit Rietveldt

FORSTER, Josef, * 10. 8. 1845 in Trofaiach (St), † 23. 3. 1917 in Wien, Komponist. Studierte zuerst am Grazer Technikum, wandte sich dann der Musik zu und lebte in Wien. Er schrieb Kirchen- und Kammermusik, mehrere Ballette und die Opern „Die Rose von Pontevedra" (1893) und „Der Dot Mon" (1902).

FÖRSTER, Ludwig Christian Friedrich, * 8. 10. 1797 in Ansbach (Bayern), † 16. 6. 1863 in Gleichenberg (St), Architekt und Kunstschriftsteller. Sein in München begonnenes Studium setzte er 1819 in Wien fort und arbeitete bei Peter Nobile (s. d.). 1828 leitete er eine Lithographische Anstalt und gründete 1836 die „Allgemeine Bauzeitung", mit der er seine Branche beeinflußte und die viele Jahre ein führendes Fachblatt blieb. Ab 1840 in Wien als Baumeister tätig, lehrte er 1843–46 an der Akademie der bildenden Künste. Schon seit 1836 mit Plänen für die Stadterweiterung Wiens beschäftigt, erhielt er 1858 für einen Entwurf der Ringstraße einen Preis. (1846 war der Däne Theophil Hansen [s. d.] in sein Atelier eingetreten, der 1850 seine Tochter Sophie heiratete.) Dem

Ludwig Förster. Lithographie von Josef Kriehuber

Klassizismus zugewandt, errichtete er in Wien mehrere Bauten, darunter die evangelische Kirche in Wien-Gumpendorf (1846–49), die Schießstätte im Arsenal (1846–49), die Elisabethbrücke über die Wien (1850–54) und die Synagoge in der Leopoldstadt (1853–58).

FORSTER, Rudolf, * 30. 10. 1884 in Gröbming (St), † 26. 10. 1968 in München, Schauspieler. Nach seiner Ausbildung war er bis 1914 in Wien an kleineren Bühnen, dann an den Reinhardt-Bühnen in Berlin und Wien als Charakterdarsteller tätig. Ab 1920 auch beim Film beschäftigt, emigrierte er 1937 in die USA. 1945 nach Europa zurückgekehrt, gab er zahlreiche Gastspiele, darunter auch am Wiener Burgtheater, und filmte wieder.

FORSTNER, August, * 29. 7. 1876 in Wien, † 14. 2. 1941 in Wolfpassing (NÖ), sozialdemokratischer Politiker. Von Beruf Fuhrwerker. Gründete 1899 die Zeitschrift „Die Peitsche", die er auch herausgab und die ab 1904 als „Das Zeitrad" weiter erschien. 1907–18 war er Reichsratsabgeordneter, gehörte 1918 der Provisorischen Nationalversammlung an und war 1919–34 Abgeordneter zum Nationalrat. Außerdem organisierte er den Verband der Transport- und Verkehrsarbeiter und war dessen Zentralobmann. F. war eine der originellsten Persönlichkeiten der Sozialdemokratie in der Ersten Republik.

FOURNIER, August, * 19. 6. 1850 in Wien, † 18. 5. 1920 in Wien, Historiker. Entstammte einer französischen Emigrantenfamilie, studierte in Wien und wurde bereits 1883 Prof. an der Universität Prag. Den Deutsch-Fortschrittlichen angehörend, war er 1891–1901 Mitglied des Reichsrats. 1899–1903 Prof. an der Technischen Hochschule in Wien, 1903–1920 an der Universität Wien. Von seinen Publikationen sind erwähnenswert: „Gentz und Cobenzl" (1880), „Historische Studien und Skizzen", 3 Bde. (1885–1912), „Napoleon I.", 3 Bde. (1886–89) „ Österreich-Ungarns Neubau unter Kaiser Franz Joseph I." (1917).

FRANCHY, Franz Karl, * 21. 9. 1896 in Bistritz (Siebenbürgen), † 19. 2. 1972 in Wien, Berufsoffizier und Schriftsteller. Ursprünglich Offizier in der ö.-u. Armee, lebte er nach dem Ende des Ersten Weltkriegs in Wien. Verfaßte mehrere Romane und Dramen. Sein Drama „Vroni Mareiter" (1938) wurde auch verfilmt. F.s erfolgreichste Romane waren: „Abel schlägt Kain" (1951), „Ankläger Mitmann" (1952), „Maurus und sein Turm" (1961).

FRANK, Josef, * 15. 7. 1885 in Baden bei Wien, † 8. 1. 1967 in Stockholm, Architekt. Studierte an der Technischen Hochschule in Wien, erwarb 1910 den Dr. techn. und war 1919–25 Prof. an der Kunstgewerbeschule in Wien. Gemeinsam mit O. Wlach (s. d.) gründete er 1925 das Einrichtungsgeschäft „Haus und Garten" und wurde 1927 durch das Haus in der Weißenhofsiedlung in Stuttgart bekannt. 1930–32 war er Leiter des Bauprojektes Werkbundsiedlung in Wien und schuf mehrere Wohnhausanlagen der Gemeinde Wien. F. war auch Mitglied der „Wiener Werkstätte". 1934 emigrierte er nach Schweden, wo er vornehmlich für das Kaufhaus Svenskt Term in Stockholm Stoffe, Möbel und Hausrat entwarf. Erhielt 1965 den Ö. Staatspreis.

Schweiger, W. J.: Wiener Werkstätte (1982); Gmeiner, A., u. Pirhofer, G.: Der ö. Werkbund (1985)

FRANKFURTER, Philipp, * um 1450/60 in Regensburg (?), † zwischen 1507 und 1511 in Wien (?), Schwankdichter. Von 1486 bis 1500 in Wien nachweisbar, wird er 1511 als verstorben erwähnt. Schrieb bzw. sammelte um 1450 eine Schwanksammlung mit der Titelgeschichte „Der Pfaff vom Kalenberg" (erstmals 1473 gedruckt), in der er in typisch ö. gefärbter Sprache Laster der Kleriker und Bauern anprangerte. Die gesammelten Schwänke, die im deutschen Sprachraum mehrfach bekannt sind, greifen zum Teil wohl auf historische Ereignisse und Personen des 14. Jh.s zurück. Am Schluß seines Werkes bezeichnet sich F. als Autor des Buches und als Bürger von Wien.

FRANKL, Gerhard, * 12. 5. 1901 in Wien, † 24. 6. 1965 in Wien, Maler. Studierte in Wien Chemie, beschäftigte sich jedoch schon früh als Autodidakt mit Malerei. Durch einen mehrmonatigen Aufenthalt bei Anton Kolig (s. d.) in Nötsch (K) wurde er in den Kreis der „Nötscher Schule" aufgenommen und hatte schon 1922 Ausstellungserfolge. Landschaften, Stadtansichten und Stilleben waren die bevorzugten Motive seiner Ölbilder, Radierungen und Zeichnungen. 1938 emigrierte er nach England. 1965 bewarb er sich in Wien um eine Professorenstelle an der Kunstakademie, deren Besetzung er allerdings durch seinen unerwarteten Tod nicht mehr erlebte.

Tietze, H.: G. F. (1930); Der Maler G. F. Ausstellungskatalog, Wien 1987

LUDWIG AUGUST FRANKL

Ein Dichter des Jahres 1848

„Und hier, während des Wachestehens, im Sinnen und Brüten wie sich alles so urplötzlich verwandelt; wie das noch vor kurzem ungeahnte, still und heiß ersehnte, aber schier nie zu erhoffende nun doch eingetreten; wie über Nacht das verbrauchte Alte zum Fall und die glühende munter aufstrebende Jugend zur Geltung gekommen, webten und fügten sich Frankl die Verse:

Was kommt heran mit kühnem Gange?
Die Waffe blinkt, die Fahne weht,
es naht mit hellem Trommelklange –
die UNIVERSITÄT."

Joseph Alexander Freiherr von Helfert,
Der Wiener Parnaß im Jahre 1848 (1882)

Kaiser Franz I. im Krönungsornat

FRANKL, Ludwig August, Ritter von Hochwart (seit 1876), * 3. 2. 1810 in Chrast (Böhmen), † 12. 3. 1894 in Wien, Arzt und Schriftsteller. Nach Abschluß seines Studiums ließ sich F. als praktischer Arzt in Wien nieder. 1848 schrieb er das erste zensurfreie Flugblatt-Gedicht Ö.s, „Die Universität", das eine Auflage von einer halben Million Exemplaren erreichte und insgesamt 27mal vertont wurde. 1880 erschienen seine „Gesammelten Poetischen Werke" (3 Bde.), daneben verfaßte er volkstümliche Balladen und Biographien über die Großen der Dichtkunst seiner Zeit. F. war auch Direktor des Wiener Musikvereins und gründete die israelitische Blindenanstalt auf der Hohen Warte in Wien.

FRANKL, Viktor E. (Emil), * 26. 3. 1905 in Wien, Neurologe und Psychiater. Der Sohn eines Ministerialbeamten studierte Medizin in Wien und promovierte 1930. Seit 1936 als Facharzt für Neurologie und Psychiatrie tätig, war er ab 1940 Vorstand der Nervenstation des Spitals der Israelitischen Kultusgemeinde in Wien. 1942–45 in verschiedenen Konzentrationslagern inhaftiert, habilitierte er sich 1947 und promovierte 1949 zum Dr. phil. 1955–75 tit. a. o. Univ.-Prof. und Vorstand der neurologischen Abteilung der Allgemeinen Poliklinik; abgesehen von mehreren Gastprofessuren in den Vereinigten Staaten, ist F. seit 1970 Prof. für Logotherapie an der US International University in San Diego (Kalifornien). F. ist der Begründer der Logotherapie, der dritten Richtung (nach Psychoanalyse und der Individualpsychologie) der Wiener Psychotherapeutischen Schule. Schlagartig bekannt wurde er 1946 durch die Veröffentlichung von „Ärztliche Seelsorge" und „Ein Psychologe erlebt das Konzentrationslager", die beide in mehreren Auflagen erschienen. F. schrieb 27 Bücher, die in 20 Sprachen übersetzt wurden, darunter: „Der unbewußte Gott" (1948), „Homo patiens" (1950), „Logos und Existenz" (1951), „Pathologie des Zeitgeistes" (1955) und „Theorie und Therapie der Neurosen" (1956).

Dienelt, K.: Von der Psychoanalyse zur Logotherapie (1973); Fabry, J. B.: Logotherapie für den Laien (1973)

FRANZ I., Kaiser, * 8. 12. 1708 in Nancy, † 18. 8. 1765 in Innsbruck, als Franz III. Stephan Herzog von Lothringen und Großherzog von Toskana. Kam 1723 an den Wiener Hof, um hier erzogen zu werden, da sein Vater ein Vetter der Kaiser Joseph I. und Karl VI. war. 1729 übernahm er die Regierung im Herzogtum Lothringen und erhielt 1730 das französische Lehen Bar hinzu. Nach einigen Reisen kehrte er 1732 nach Wien zurück und wurde Statthalter in Ungarn. Am 12. 2. 1736 heiratete er in Wien Erzherzogin Maria Theresia (s. d.), die ihm sehr zugetan war. 1736 mußte er auf das Herzogtum zugunsten von Stanislaus Leszczynski verzichten und wurde dafür im nächsten Jahr als Nachfolger der Medici Großherzog von Toskana. 1740 wurde er formell Mitregent in den habsburgischen Erblanden und am 13. 9. 1745 in Frankfurt am Main zum römisch-deutschen Kaiser gewählt, am 4. 10. dort gekrönt. Politisch und militärisch ohne Einfluß, ging er seinen naturwissenschaftlichen und sammlerischen Interessen nach. Daneben erwarb er sich Verdienste um die Bewirtschaftung der Familiengüter und um

Medaille mit vier Kindern des Kaiserpaars

finanztechnische Transaktionen. Deswegen wurde er auch 1763 mit der Sanierung der ö. Staatsfinanzen betraut, die er sofort erfolgreich begann und die durch seinen Tod allzu plötzlich unterbrochen wurde. Wenige Tage nach der Hochzeit seines Sohnes Leopold in Innsbruck, noch während der Feierlichkeiten, starb F. an einem Schlaganfall. Sein Leichnam wurde auf der Donau nach Wien gebracht.

Hennings, F.: Und sitzet zur linken Hand (1961); Mikoletzky, H. L.: Kaiser F. I. und der Ursprung des habsburgisch-lothringischen Familienvermögens (1961); Schreiber, G.: F. I. Stephan (1986)

KAISER FRANZ II. (I.)

„Gott erhalte Franz, den Kaiser . . ."

„Im Jahre 1804 legte sich Napoleon, der siegreiche Feldherr und erste Consul der Republik Frankreich den Titel eines Kaisers der Franzosen bei. Dies gab Anlass, dass Kaiser Franz, wohl im Vorgefühl von dem nahen Zusammenbruche des römisch-deutschen Reiches, als auch damit, wenn die deutsche Kaiserkrone von seinem Hause einmal weichen sollte, dieses andern Fürstengeschlechtern nicht nachstehe, den Titel eines Kaisers von Österreich annahm. Am 11. August obigen Jahres wurde das diesbezügliche Patent veröffentlicht. Im nächsten Jahre erhielt Wien den Titel einer römisch und österreichisch kaiserlichen Haupt- und Residenzstadt. Obwohl, wie allerwärts in den Erblanden, auch in Wien diese Veränderung mit großen Feierlichkeiten begangen, dem Kaiser Glückwünsche dargebracht und Dankmessen gelesen wurden, war die Freude darüber in Wien keineswegs allgemein, noch tief."

Eugen Guglia, Geschichte der Stadt Wien (1892)

Gott, erhalte den Kaiser!

1.

Gott! erhalte Franz den Kaiser,
Unsern guten Kaiser Franz!
Lange lebe Franz der Kaiser
In des Glückes hellstem Glanz!
Ihm erblühen Lorber-Reiser,
Wo Er geht, zum Ehren-Kranz!
Gott! erhalte Franz den Kaiser,
Unsern guten Kaiser Franz!

2.

Laß von Seiner Fahnen Spitzen
Strahlen Sieg und Furchtbarkeit!
Laß in Seinem Rathe sitzen
Weisheit, Klugheit, Redlichkeit;
Und mit Seiner Hoheit Blitzen
Schalten nur Gerechtigkeit!
Gott! erhalte Franz den Kaiser,
Unsern guten Kaiser Franz!

3.

Ströme deiner Gaben Fülle
über Ihn, Sein Haus und Reich!
Brich der Bosheit Macht; enthülle
Jeden Schelm- und Buben-Streich!
Dein Gesetz sey stets Sein Wille;
Dieser uns Gesetzen gleich!
Gott! erhalte Franz den Kaiser,
Unsern guten Kaiser Franz!

4.

Froh erleb' Er Seiner Lande,
Seiner Völker höchsten Flor!
Seh' sie, Eins durch Bruder-Bande,
Ragen allen Andern vor;
Und vernehme noch am Rande
Später Gruft der Enkel Chor;
Gott! erhalte Franz den Kaiser,
Unsern guten Kaiser Franz!

Der Text von Joseph Haydns „Kaiserlied" von 1797

FRANZ II. (I.), Kaiser (von Ö.) * 12. 2. 1768 in Florenz, † 2. 3. 1835 in Wien, ältester Sohn Kaiser Leopolds II. (s. d.), als Franz II. der letzte Kaiser des Heiligen Römischen Reiches Deutscher Nation und als Franz I. der erste Kaiser von Österreich. Da er nach seinem Vater Leopold der zweite in der Thronfolge war, kam er mit 16 Jahren nach Wien, um von seinem Onkel, Kaiser Joseph II. (s. d.), persönlich erzogen zu werden. Der eher schwerfällige und biedere Erzherzog ersetzte durch Fleiß und Eifer die von seinem Onkel erwarteten Begabungen und Talente. Schließlich beherrschte er fast alle Sprachen des Habsburgerreichs sowie den so wichtigen Verwaltungsaufbau des Staats. Am 6. 1. 1788 heiratete er in Wien Elisabeth Wilhelmine von Württemberg, die bei der Geburt des ersten Kindes am 17. 2. 1790 starb. Am 19. 9. 1790 vermählte er sich in Wien mit Maria Theresia beider Sizilien aus dem Hause Bourbon, mit der er in 17jähriger Ehe zwölf Kinder hatte, darunter Marie Luise und Ferdinand, den späteren Kaiser. Durch den frühen Tod seines Vaters am 1. 3. 1792 gelangte er in einer recht unruhigen Zeit an die Regierung. Am 8. 6. zum König von Ungarn gekrönt, wurde er am 14. 7. in Frankfurt am Main zum römisch-deutschen Kaiser gewählt und gekrönt und am 9. 8. im Prager Veitsdom zum König von Böhmen gekrönt. Die Koalitionskriege gegen

Erste Ausfahrt Kaiser Franz' I. von Österreich nach gefährlicher Krankheit am 9. 5. 1826. Gemälde von Peter Krafft

Frankreich endeten durchwegs mit ö. Niederlagen und hatten schwere Gebietsverluste zur Folge. Trotzdem bewies der Kaiser Standfestigkeit und beantwortete die eigenmächtige Ernennung Napoleons zum Kaiser der Franzosen am 11. 8. 1804 mit der Errichtung des Kaisertums Österreich. Schließlich begegnete er dem Streben des französischen Usurpators nach der Krone des Reichs durch die Niederlegung der Kaiserwürde am 6. 8. 1806 mit der gleichzeitigen Erklärung, daß das Heilige Römische Reich Deutscher Nation aufgehört habe zu existieren. Der verlorene Krieg von 1809 drängte Ö. aus den Reihen der europäischen Großmächte und führte das Land in den Staatsbankrott von 1811. Hatte auch in der Zwischenzeit der diplomatisch kluge Fürst Metternich die Ehe zwischen Napoleon und Marie Luise, der ältesten Kaisertochter (2. 4. 1810) zustande gebracht, so änderte dies keineswegs die prekäre Situation. Erst am 11. 8. 1813 trat Ö. der letzten Koalition gegen Napoleon bei, die zu den Befreiungskriegen und zur endgültigen Niederwerfung Napoleons I. führte. Die Restitution des alten Kaiserreichs lehnte F. ab und ließ den Ideen Metternichs viel Raum, wenngleich er es auch verstand, hervorragende Ratgeber (so etwa Cobenzl, Colloredo und Stadion) um sich zu versammeln. So wurde der Wiener Kongreß von 1814/15 zu einem gesellschaftlichen Schauspiel Europas und zur Geburtsstunde des Metternichschen Systems. Neben der kulturellen Blüte des Biedermeiers kam es allerdings auch zu sozialen Spannungen und zur politischen Bevormundung des Bürgertums. Der autoritär-konservativ denkende F. unterstützte die vereinbarte Aufrechterhaltung des monarchischen Prinzips und des Status quo in Europa, überschätzte jedoch die Wichtigkeit der Detailarbeit des staatstreuen Bürokraten, der er war. Seinen Untertanen zeigte er sich gern volkstümlich und dokumentierte oft seine Fürsorglichkeit, was ihm einen beachtlichen Beliebtheitsgrad einbrachte. Kaiser Franz I. war nach dem Tod seiner zweiten Gattin (13. 4. 1807) noch zweimal verheiratet: mit Maria Ludovika von Ö.-Este (vom 6. 1. 1808 bis zu deren Tod am 7. 4. 1816) und mit Karolina Augusta Charlotte von Bayern (ab 10. 11. 1816, die ihn überlebte und am 9. 2. 1873 starb). Mit keiner der beiden Frauen hatte er Nachkommen. Zu seinen äußerst begabten Brüdern, den Erzherzogen Karl (s. d.) und Johann (s. d.), bestand nicht immer ein gutes Verhältnis, und es gab manche Spannungen.

Wolfsgruber, C.: F. I. Kaiser von Ö., 2 Bde. (1899); Tritsch, W.: Metternich und sein Monarch (1952); Langsam, W. L.: Franz der Gute (1954); Rauchensteiner, M.: F. und Erzherzog Carl (1972)

FRANZ IV., Herzog von Modena, * 6. 10. 1779 in Mailand, † 21. 1. 1846 in Modena, Erzherzog von Ö., Sohn von Ferdinand Karl von Ö.-Este (s. d.) und Maria Beatrix von Modena. 1814 erhielt er das Erbe, die Sekundogenitur Modena, das wiederhergestellte Herzogtum seines Vaters. 1829 erbte er die Herzogtümer Massa und Carrara dazu. Bei den 1831 ausgebrochenen Carbonari-Unruhen mußte er nach Ö. fliehen, konnte aber mit Hilfe ö. Truppen noch im selben Jahr zurückkehren und sich bis zu seinem Tod behaupten. 1844 konnte er auch Guastalla erwerben.

FRANZ V., Herzog von Modena, * 1. 6. 1819 in Modena, † 20. 11. 1875 in Wien, Erzherzog von Ö., Sohn Franz' IV. (s. d.). Nach dem Tod seines Vaters im Jahr 1846 übernahm er die Regierung, wurde aber 1848 vertrieben. Durch die Siege der Truppen Radetzkys (s. d.) wieder eingesetzt, mußte er allerdings nach der Schlacht von Magenta 1859 sein Land endgültig verlassen, das zum entstehenden Königreich Italien kam.

Die Ankunft von Erzherzog-Thronfolger Franz Ferdinand in Sarajevo

FRANZ FERDINAND, Erzherzog von Ö. (ab 1875 von Ö.-Este), * 18. 12. 1863 in Graz, † 28. 6. 1914 in Sarajevo (ermordet), Erzherzog-Thronfolger, Sohn Erzherzog Karl Ludwigs, Neffe Kaiser Franz Josephs I. Als Erbe von Franz V., Herzog von Modena (s. d.), seit 20. 11. 1875 „von Ö.-Este". F. F.s Mutter Maria Annunciata von Bourbon war lungenkrank und starb, als F. F. acht Jahre alt war. Mit knapp neun Jahren erlegte F. F. sein erstes Wild, was wohl seine spätere Jagdleidenschaft beeinflußt haben dürfte. Der eher verschlossene Knabe wurde streng militärisch erzogen und 1878 zum Leutnant ernannt. 1888 wurde er Major, 1890 Oberst und 1899 General der Kavallerie. Die Frage der Thronfolge hatte Kaiser Franz Joseph I. nach dem Tod seines Sohnes Rudolf ebenso offengehalten wie nach dem Tod des Vaters von F. F. 1896. Obwohl F. F. ab diesem Zeitpunkt Thronfolger war, erfolgte keine formelle Ernennung. Seit 1892 litt F. F. an Lungentuberkulose, die durch ausgedehnte Behandlungen und Reisen bekämpft wurde und die er nicht zuletzt durch seine Willensstärke 1897 ausheilen konnte. 1898 wurde er Stellvertreter des Kaisers im obersten Armeekommando und ein Förderer der vernachlässigten Kriegsmarine. Nach Überwindung zahlreicher Schwierigkeiten und einer am 28. 6. 1900 abgegebenen Verzichtserklärung für die Nachkommen aus seiner morganatischen Ehe (Ausschluß aus dem kaiserlichen Erzhaus) heiratete er am 1. 7. 1900 in der Schloßkapelle von Reichstadt (Böhmen) Sophie Gräfin Chotek, die später zur Herzogin von Hohenberg (s. d.) erhoben wurde. 1913 Generalinspekteur der gesamten bewaffneten Macht, wurden er und seine Gattin in Sarajevo im Anschluß an eine Truppeninspektion von

THRONFOLGER FRANZ FERDINAND

Der erste Tote des Weltkriegs

„Er war kein Grüßer. Nichts hatte er von jener ‚gewinnenden' Art, die ein Volk von Zuschauern über die Verluste beruhigt. Auf jene unerforschte Gegend, die der Wiener sein Herz nennt, hatte er es nicht abgesehen. Ein ungestümer Bote aus Altösterreich, wollte er eine kranke Zeit wecken, daß sie nicht ihren Tod verschlafe. Nun verschläft sie den seinen."

Karl Kraus, Franz Ferdinand und die Talente, „Die Fackel", 10. Juli 1914

Galatafel im Parkett von Schloß Schönbrunn anläßlich des 100-Jahr-Jubiläums des Militär-Maria-Theresien-Ordens. Vordergrund Mitte: Kaiser Franz Joseph I. Gemälde von S. L'Allemand

dem serbischen Nationalisten Princip erschossen, was der äußere Anlaß für die Auslösung des Ersten Weltkriegs war. Durch Franz Joseph von der aktuellen Politik ausgeschlossen, plante F. F. für die Zeit seines Regierungsantritts unter Wahrung einer möglichst starken Zentralgewalt die Umgestaltung der Doppelmonarchie in bundesstaatlichem Sinn. Nach einem Ausgleich mit den Slawen sollte durch die Einführung des allgemeinen Wahlrechts der Einfluß des ungarischen Adels reduziert werden und die Aufteilung nach Volksgruppen bzw. Kronländern den Föderalismus fördern. Mit seinen föderalistisch-trialistischen Ideen geriet er in argen Gegensatz zum Kaiser, der auch dem Ratgeberkreis um den Thronfolger sehr skeptisch gegenüberstand. Dieser „Belvedere-Kreis", so genannt nach dem Wohnsitz F. F.s, dem überwiegend jüngere Politiker angehörten, wurde fälschlich auch als Kriegspartei bezeichnet; der Thronfolger teilte nämlich die Präventivkriegspläne des ihm beigegebenen Beraters Conrad von Hötzendorf (s. d.) keineswegs. Streng katholisch-konservativ eingestellt, führte er ein ausgesprochen glückliches Ehe- und Familienleben.

Clumetzký, L.: Erzherzog F. F.s Wirken und Wollen (1929); Sosnosky, Th.: F. F. (1929); Eisenmenger, V.: Erzherzog F. F. (1930); Winder, L.: Der Thronfolger (1938); Kiszling, R.: Erzherzog F. F. v. Ö.-Este (1953); Kann, R. A.: Erzherzog F. F. Studien (1976); Aichelburg, W.: Erzherzog F. F. und Artstetten (1983); Ders.: Sarajevo 28. Juni 1914 (1983); Holler, G.: F. F. v. Ö.-Este (1982); Weissensteiner, F.: F. F. der verhinderte Herrscher (1983)

FRANZ JOSEPH I., Kaiser von Ö., * 18. 8. 1830 in Schloß Schönbrunn, † 21. 11. 1916 in Schloß Schönbrunn, ältester Sohn Erzherzog Franz Karls (s. d.), erhielt bei der Taufe die Namen Franz Joseph Karl. Er wurde streng erzogen und erhielt eine umfangreiche militärische und humanistische Ausbildung. Schon als Halbwüchsiger beherrschte er die Sprachen der Donaumonarchie und wurde 1843 zum Oberst eines Dragonerregiments ernannt. Das Jahr 1848 unterbrach die noch nicht abgeschlossene Ausbildung. In der Schlacht bei Santa Lucia am 6. 5. 1848, in der Radetzky über die mehr als doppelt so starken Piemontesen unter König Albert von Sardinien siegte, erlebt F. J. die Feuertaufe. Die Abdankung Kaiser Ferdinands I. (s. d.) und der Thronverzicht von F. J.s Vater, unter Mitwirkung der ehrgeizigen Mutter Sophie (s. d.), waren die Voraussetzungen für seine Thronbesteigung am 2. 12. 1848 in Olmütz. Programmatisch nahm der junge Erzherzog den Doppelnamen Franz Joseph an, wurde aber nicht gekrönt. In Ungarn wurde der Thronwechsel nicht anerkannt, da F. J. den Eid auf die ungarische Verfassung und die Krönung ablehnte. Auch löste er den ungarischen Reichstag auf, wodurch es in Ungarn zur Revolution kam. Am 4. 2. 1849 lehnte Ö. die vom Frankfurter Parlament ausgesprochene Wahl eines Oberhaupts aller deutschen Staaten („jede Unterordnung des Kaisers von Ö. unter eine von einem anderen Fürsten gehandhabte Zentralgewalt") ab. Die Verkündung der oktroyierten Märzverfassung vom 7. 3. 1849 und die gleichzeitig erfolgte Auflösung (mit Militärgewalt) des Reichstags von Kremsier machten die Errungenschaften der Revolution zunichte. Der junge Kaiser wurde von Ministerpräsident Felix Fürst zu Schwarzenberg (s. d.) beeinflußt und meinte die Konsolidierung der Donaumonarchie nur mit militärischer Macht und einer zentralistisch organisierten Bürokratie erreichen zu können. Die Märzverfassung trat jedoch praktisch

FRANZ JOSEPH I.

Kakaniens Kaiser

„Überhaupt, wie vieles Merkwürdige ließe sich über dieses versunkene Kakanien sagen! Es war zum Beispiel kaiserlich-königlich und war kaiserlich und königlich; eines der beiden Zeichen k. k. oder k. u. k. trug dort jede Sache und Person, aber es bedurfte trotzdem einer Geheimwissenschaft, um immer sicher unterscheiden zu können, welche Einrichtungen und Menschen k. k. und welche k. u. k. zu rufen waren. Es nannte sich schriftlich Österreichisch-Ungarische Monarchie und ließ sich mündlich Österreich rufen; mit einem Namen also, den es mit feierlichem Staatsschwur abgelegt hatte, aber in allen Gefühlsangelegenheiten beibehielt, zum Zeichen, daß Gefühle ebenso wichtig sind wie Staatsrecht und Vorschriften nicht den wirklichen Lebensernst bedeuten. Es war nach seiner Verfassung liberal, aber es wurde klerikal regiert. Es wurde klerikal regiert, aber man lebte freisinnig. Vor dem Gesetz waren alle Bürger gleich, aber nicht alle waren eben Bürger. Man hatte ein Parlament, welches so gewaltigen Gebrauch von seiner Freiheit machte, daß man es gewöhnlich geschlossen hielt; aber man hatte auch einen Notstandsparagraphen, mit dessen Hilfe man ohne das Parlament auskam, und jedesmal, wenn alles sich schon über den Absolutismus freute, ordnete die Krone an, daß nun doch wieder parlamentarisch regiert werden müsse."

Robert Musil, Der Mann ohne Eigenschaften

nie in Kraft. Mit russischer Unterstützung wurde am 3. 10. 1849 der Widerstand der ungarischen Revolutionäre endgültig gebrochen, und es kam am 26. 6. 1850 zu einer provisorischen Neuordnung Ungarns. Mit dem Sylvesterpatent 1851 kehrte F. J. zum absolutistischen Regierungssystem zurück. Am 18. 2. 1853 verübte der Schneidergeselle Johann Libényi (s. d.) auf der Bastei oberhalb des Kärntnertors ein Messerattentat auf den Kaiser. Joseph Ettenreich (s. d.) überwältigte den Attentäter und hielt ihn bis zur Verhaftung fest. Das außenpolitisch ungeschickte Verhalten Ö.s im Krimkrieg (1853–56) führte zur Entfremdung Rußlands und zur außenpolitischen Isolierung Ö.s. Am 24. 4. 1854 vermählte sich F. J. in der Wiener Augustinerkirche mit Elisabeth in Bayern (s. Elisabeth, Kaiserin von Ö.). Am 18. 8. 1855 wurde mit dem Hl. Stuhl ein Konkordat abgeschlossen, das der Kirche wieder Freiheiten zurückgab, die sie durch den Josephinismus verloren hatte. Am 20. 12. 1857 verfügte F. J. die Schleifung der Wiener Befestigungsanlagen und löste damit eine gewaltige Bautätigkeit (die Ringstraße) aus. Am 21. 8. 1858 wurde dem Kaiserpaar Kronprinz Rudolf (s. d.) geboren. Der Krieg in Italien 1859 endete mit der Niederlage Ö.s und brachte einen weiteren Schritt zur Einigung Italiens. Nun bekannte sich auch F. J. zur konstitutionellen Regierungsform, und der am 5. 3. 1860 einberufene „verstärkte Reichsrat" signalisierte den Beginn der Verfassungsreform, die am 20. 10. mit dem Oktoberdiplom ihren Anfang nahm. Mit der zentralistischen Verfassung, dem Februarpatent vom 26. 2. 1861, wurde Ö. zum konstitutionellen Staat. Den Kampf mit Preußen um die Vorherrschaft in Deutschland entschied am 3. 7. 1866 die Schlacht von Königgrätz, in der Ö. unterlag. Außerdem verlor Ö. weitere Gebiete an Italien. In der Folge wandte sich Ö. mehr seinen innenpolitischen Problemen zu. Am 18. 2. 1867 wurden die Verhandlungen über den Ausgleich mit Ungarn abgeschlossen, am 8. 6. wurde das Kaiserpaar in Budapest feierlich zum König und zur Königin von Ungarn gekrönt. Auch Ö. erhielt nun eine Verfassung, indem F. J. am 21. 12. 1867 das vom cisleithanischen (= ö.) Reichsrat ausgearbeitete „Staatsgrundgesetz über die allgemeinen Rechte der Staatsbürger für die im Reichsrate vertretenen Königreiche und Länder" bestätigte. Der Börsenkrach vom 9. 5. 1873, die Folge der übertriebenen Spekulationswelle der Gründerzeit, unterbrach die friedliche Entwicklung. Den Spannungen auf dem Balkan begegnete man 1878 mit der Okkupation Bosniens und der Herzegowina (mit Zustimmung Preußens). Im Jahr darauf schlossen Ö. und Preußen den Zweibund, dem 1882 Italien beitrat (Dreibund). Das Kernproblem der Monarchie blieb weiterhin die Nationalitätenfrage, die auch durch die Sprachenverordnungen vom 5. 4. 1897 nicht gelöst werden konnte. Privat trafen schwere Schicksalsschläge den Kaiser: Am 30. 1. 1889 beging Kronprinz Rudolf in Mayerling Selbstmord; am 10. 9. 1898 wurde Kaiserin Elisabeth (s. d.) in Genf ermordet. In Ö. kam es inzwischen zur Gründung neuer politischer Parteien und 1907 zur Einführung des allgemeinen Wahlrechts. 1908 wurden Bosnien und die Herzegowina annektiert, was auf dem Balkan für neue Unruhe sorgte. Am 28. 6. 1914 fiel der Thronfolger Franz Ferdinand (s. d.) den Schüssen von Sarajevo zum Opfer, was zu Ö.s Kriegserklärung an Serbien und zum Ersten Weltkrieg führte. F. J. erlebte das Ende des Krieges, den er eigentlich nie wollte, nicht; er starb als der treue Diener seines Reichs und fleißige Beamte, als der er sich selbst immer gesehen hatte, als „letzter europäischer Monarch der alten Schule".

Der alte Kaiser in seinem letzten Lebensjahr

Margutti, A.: Vom alten Kaiser (1921); Redlich, J.: Kaiser F. J. von Ö. (1928); Corti, E. C. C.: Vom Kind zum Kaiser (1950); ders.: Mensch und Herrscher (1952); ders. und Sokol, H.: Der alte Kaiser (1955); Novotny, A.: F. J. I. (1968); Herre, F.: Kaiser F. J. von Ö. (1978); Trost, E.: F. J. I. von Gottes Gnaden Kaiser von Ö., apostol. König von Ungarn etc. (1980); Kaiser F. J. v. Ö. oder der Verfall eines Prinzips. Ausstellungskatalog (1981); Das Zeitalter Kaiser F. J.s, 1. Teil 1848–1880. Ausstellungskatalog (1984)

FRANZ KARL, Erzherzog von Ö., * 7. 12. 1802 in Wien, † 8. 3. 1878 in Wien, jüngerer Sohn Kaiser Franz' II. (I.) und achtes Kind aus dessen zweiter Ehe, Bruder Kaiser Ferdinands I. (s. d.). Heiratete am 4. 11. 1824 in Wien Sophie Friederike von Bayern (s. d.), die eine starke und ehrgeizige Persönlichkeit war. Nach dem Tod seines Vaters war er 1835–48 Mitglied der Staatskonferenz, die die Regierungsgeschäfte für Ferdinand I. führte. Unter dem Einfluß seiner Gattin verzichtete er bei der Abdankung Kaiser Ferdinands im Jahr 1848 zugunsten seines Sohnes Franz Joseph auf die Thronfolge.

Emmer, J.: Erzherzog F. K. (1883)

Erzherzog Franz Karl. Gemälde von Leopold Kupelwieser (1823)

FRÄNZL, Willy, * 5. 6. 1898 in Wien, † 24. 6. 1982 in Wien, Ballettmeister. Seit 1904 als Balleteleve an der Wiener Hofoper, 1922 Solotänzer an der Wiener Staatsoper, 1937 Ballettmeister des Wiener Staatsopernballetts. Gestaltete jahrelang (bis 1981) die Eröffnung des Wiener Opernballs. 1959 Ehrenkreuz für Wissenschaft und Kunst, 1965 Nicolai-Medaille der Wiener Philharmoniker.

FRANZOS, Karl Emil, * 25. 10. 1848 in Czortków (Ostgalizien), † 28. 1. 1904 in Berlin, Schriftsteller und Journalist. Studierte zwischen 1867 und 1872 in Wien und Graz Jus, Philosophie und Geschichte und unternahm dann ausgedehnte Reisen als Journalist, hauptsächlich in die östl. Kronländer der Monarchie, die er „Halb-Asien" nannte. 1877–86 lebte er in Wien. 1884–86 war er Herausgeber der „Neuen Illustrierten Zeitung". In seinen Erzählungen war er ein meisterhafter Darsteller des Lebens der ostgalizischen Juden und der ruthenischen Bauern. Werke u. a.: „Aus Halb-Asien", 2 Bde. (1876), „Die Juden von Barnow" (1877), „Ein Kampf ums Recht", 2 Bde. (1882), „Der Wahrheitssucher", 2 Bde. (1893), „Der Pojaz" (1905).

FREI, Bruno (eigtl. Benedikt Freistadt), * 11. 6. 1897 in Preßburg, Journalist und Schriftsteller. War Redakteur der Wiener Zeitung „Abend" und Korrespondent der Berliner „Weltbühne". Lebte 1940–47 als Emigrant in Mexiko und seither wieder in Wien. F. schrieb u. a. die Bücher „Jüdisches Elend in Wien" (1920), „Das Elend Wiens" (1921), „Hanussen" (1934) und „Carl von Ossietzky".

FREIBERG, Siegfried, 18. 5. 1901 in Wien, † 5. 6. 1985 in Wien, Schriftsteller und Bibliothekar. Nach seinem Studium wurde er Bibliothekar und war zuletzt als Oberstaatsbibliothekar Direktor der Akademie der bildenden Künste in Wien. Ab 1928 veröffentlichte er mehrere Lyrikbände und wurde mit seinen ersten Romanen, „Salz und Brot" (1934) und „Die harte Freude" (1938), bekannt. Nach dem Zweiten Weltkrieg verfaßte er auch Dramen und Hörspiele. Er erhielt mehrere Literaturpreise.

FREINADEMETZ, Joseph, * 15. 4. 1852 in Abtei (Südtirol), † 28. 1. 1908 in Taikia (China), Chinamissionar. Ab 1879 war er in Süd-Schantung unermüdlich tätig und schuf die Grundlage für die damalige Chinamission. Darüber hinaus war er um die Heranbildung einer einheimischen Priesterschaft bemüht. Wurde am 18. 10. 1975 seliggesprochen.

FRENZEL, Hans, * 7. 9. 1894 in Herzogenburg (NÖ), † 25. 8. 1966 in Linz, Jurist und SPÖ-Politiker. Wurde nach Abschluß seines Jusstudiums 1926–38 Marktamtsdirektor in Linz. 1938 vorübergehend inhaftiert, war er 1945–47 Bundesminister für Volksernährung, 1947–53 Vizepräsident und 1953–64 Präsident des Rechnungshofs. 1947 gründete er die Ö. Arbeitsgemeinschaft für Volksgesundheit und war als Präsident der Lebensmittel-Codex-Kommission im Sozialministerium verdienstvoll tätig.

FREUD, Anna, * 3. 12. 1895 in Wien, † 8. 10. 1982 in London, Tochter von Sigmund Freud (s. d.), Psychoanalytikerin. Lebte seit 1938 in London, war um das Werk ihres Vaters sehr bemüht, vertrat seine psychoanalytischen Erkenntnisse und wendete sie auf das Kindesalter an. So beschäftigte sie sich vor allem mit Diagnose und Therapie neurotischer Kinder und Jugendlicher. Im Juni 1971 kam sie erstmals seit 1938 wieder nach Wien zur Eröffnung des 27. Internationalen Psychoanalytischen Kongresses.

FREUD, Sigmund, * 6. 5. 1856 in Freiberg (Mähren), † 23. 9. 1939 in London, Arzt und Neurologe, Begründer der Psycho-

KARL EMIL FRANZOS

Berichte aus „Halb-Asien"

Die Literaturgeschichte berichtet nicht viel über ihn. In Ostgalizien, für ihn in „Halb-Asien" gelegen, geboren, eröffnete er einen publizistischen Feldzug gegen die sozialen und politischen Zustände im Osten und Südosten der Monarchie, der ihm den Ruf eines Tendenzliteraten einbrachte. 1883 schrieb er über seine Aufgabe als Schriftsteller: „Ich ziehe die Schlüsse aus Tatsachen, die mir als Wahrheit feststehen, voll und ganz; ich fälsche keine Tatsachen, um Schlüsse daraus ziehen zu können. Wenn derjenige ein Tendenzschriftsteller ist, der verschweigt oder entstellt, was ihm nicht paßt, dann bin ich wahrlich keiner; wenn es derjenige ist, der durch seine Arbeiten einen ethischen Zweck verfolgt, dann bin ich ein Tendenzschriftsteller."

analyse. Sein Vater, ein Kaufmann, übersiedelte 1859 nach Wien, wo F. Medizin studierte und 1881 promovierte. Schon früh beschäftigte er sich mit der Erforschung des Nervensystems und war 1882–85 als Sekundararzt in verschiedenen Abteilungen des Allgemeinen Krankenhauses in Wien tätig. 1885 Privatdozent für Neuropathologie, ging ein Jahr nach Paris und ließ sich dann in Wien als praktischer Arzt nieder. Durch seine Arbeiten über die Kokainnarkose gab er den Anstoß zur Entwicklung der Lokalanästhesie. 1893 veröffentlichte er gemeinsam mit dem Internisten Josef Breuer (s. d.) „Studien zur Hysterie" und wandte sich schließlich der Erforschung seelischer Erkrankungen zu. 1900 erschien seine „Traumdeutung", der vorerst wenig Beachtung geschenkt wurde. 1902 a. o. Prof., wurde er 1919 o. Prof. der Universität Wien. 1924 zum „Bürger der Stadt Wien" ernannt, erhielt er 1930 den Goethe-Preis der Stadt Frankfurt. 1938 emigrierte er nach London, wo er auch starb. Seine Psychoanalyse, die Lehre vom Unterbewußten, bildet die Grundlage der modernen Tiefenpsychologie und Psychotherapie und war der Ausgangspunkt für die Lehren der Individualpsychologie (A. Adler und C. G. Jung) und der Existenzanalyse. Weitere Hauptwerke F.s sind: „Zur Psychopathologie des Alltagslebens" (1901), „Der Witz und seine Beziehung zum Unbewußten" (1905), „Drei Abhandlungen zur Sexualtheorie" (1905), „Totem und Tabu" (1913), „Vorlesungen zur Einführung in die Psychoanalyse", 2 Bde. (1917–33), „Das Ich und das Es" (1923) und „Das Unbehagen in der Kultur" (1930). Ab 1912 gab er die Zeitschrift „Imago" heraus und ab 1913 das „Jahrbuch der Psychoanalyse". 1942–48 erschienen seine „Gesammelten Werke" (18 Bde.), denen weitere Ausgaben folgten. 1971 wurde in seiner ehemaligen Wohnung in Wien 9., Berggasse 19, ein Museum eingerichtet.

Aus der umfangreichen Sekundärliteratur sei lediglich erwähnt: Jones, E.: Leben und Werk v. S. F., 3 Bde. (1960/61, neu aufgelegt 1985)

FREUNDLICH, Emmi, * 25. 6. 1878 in Aussig (Böhmen), † 17. 3. 1948 in New York, Schriftstellerin und sozialdemokratische Politikerin. War schon früh in der Sozialdemokratie im Genossenschaftswesen tätig und kam 1911 nach Wien. 1919–34 Abgeordnete zum Nationalrat und führend in der Partei tätig, vor allem in den Frauenorganisationen, von denen sie einige mitbegründete. 1921 war sie Präsidentin der internationalen genossenschaftlichen Frauengilde und 1928 als ö. Delegierte die einzige Frau im Völkerbundkomitee. 1934 kurze Zeit inhaftiert, wanderte sie 1939 nach England aus und übersiedelte 1947 nach New York.

FREY, Dagobert, * 23. 4. 1883 in Wien, † 13. 5. 1962 in Stuttgart, Kunsthistoriker. Nach Abschluß seines Studiums wurde er 1913 Lektor für Architekturgeschichte an der Universität Wien und war zusätzlich im Amt für Denkmalpflege tätig. Ab 1921 wurde er Herausgeber der Ö. Kunsttopographie und war 1931–45 in Breslau tätig. 1933 begründete er nach dem deutschen Vorbild der Dehio-Kunsthandbücher die selbständige ö. Reihe der „Kunstdenkmäler Ö.s", die vom Bundesdenkmalamt herausgegeben wurde (und wird). 1945 wurde er Leiter des Instituts für ö. Kunstforschung des Bundesdenkmalamts.

FREY, Erik, * 1. 3. 1908 in Wien, Schauspieler. War nach seiner Ausbildung am Wiener Volkstheater und an mehreren deutschen Bühnen, auch bei Reinhardt (s. d.) in Berlin, tätig. Seit 1935 Mitglied des Theaters in der Josefstadt in Wien, übernahm er ab 1936 auch mehrfach Filmrollen.

FREYTAG, Gustav, * 23. 1. 1852 in Neuhaldensleben bei Magdeburg, † 19. 12. 1938 in Steeg (OÖ), Kartograph. Kam 1866 nach Wien und machte sich nach seiner Ausbildung 1879 selbständig. Er gründete gemeinsam mit Berndt die Kartographische Anstalt Freytag & Berndt. Die in diesem Haus entstandenen Touristenwanderkarten beruhen teilweise auf persönlichen Begehungen F.s. Außerdem hat er eine noch heute angewandte Farbenskala entwickelt.

FRIED, Alfred Hermann, * 11. 11. 1864 in Wien, † 4. 5. 1921 in Wien, Pazifist. Erlernte den Buchhandel und wurde von Bertha von Suttner für die Friedensbewegung gewonnen.

Alfred Hermann Fried

SIGMUND FREUD

Der Begründer der Psychoanalyse

„In vieler Hinsicht war Freuds Schicksal ein typisch österreichisches. Er hat zu Lebzeiten hier niemals jene Anerkennung gefunden, die seinen epochemachenden Forschungen mehr als gebührt hätte. Seiner ersten Vorlesung über die Traumdeutung wohnten insgesamt drei Hörer bei, er wurde nie Ordinarius, stand in der Fakultät, wenn nicht völlig, so doch weitgehend isoliert, war ungezählten, oft geradezu lächerlichen Anfeindungen und Angriffen ausgesetzt. Knapp vor Ende seines Lebens verdichtete sich die aus dem unbewußten Abgrund so vieler Menschen aufsteigende atavistisch-chaotische Aggression, die er selbst so trefflich wiederholt beschrieben hatte, zur unmenschlichsten Bewegung unserer Zeit, und wir müssen uns glücklich schätzen, daß er diesem Wahn nicht zum Opfer fiel, sondern, wenn auch fern der Heimat, so wenigstens noch in Freiheit sterben konnte."

Erwin Ringel

Mitte März 1938 wurde die Wohnung des 82jährigen Begründers der Psychoanalyse als Wissenschaft, Sigmund Freud, von SA-Männern überfallen, sein Paß konfisziert, sein Geld entwendet und seine Bibliothek und Sammlung teilweise zerstört. Mit dem Anschluß war auch die Psychoanalytische Vereinigung liquidiert und Freuds Lebenswerk beendet worden. Am 4. Juni 1938 verließ der Schwerkranke für immer die Stadt, in der er 79 Jahre gelebt und mit der er sich so verbunden gefühlt hatte, um, wie er seinem Sohn nach England schrieb, „in Freiheit zu sterben". Mit Freud ging auch die Psychoanalyse ins Exil. Wenige Tage vor seiner Abreise mußte Freud als Bedingung für ein Ausreisevisum ein Dokument folgenden Wortlauts unterschreiben: „Ich, Professor Freud, bestätige hiermit, daß ich nach dem Anschluß Österreichs an das Deutsche Reich von den deutschen Behörden und im besonderen von der Gestapo mit der meinem wissenschaftlichen Ruf gebührenden Achtung und Rücksicht behandelt wurde, daß ich meiner Tätigkeit ganz meinen Wünschen entsprechend frei nachgehen konnte und nicht den geringsten Grund zu einer Beschwerde habe." Freud erhob keinen Einwand, das Papier zu unterschreiben, fügte jedoch den Satz hinzu: „Ich kann die Gestapo jedermann aufs beste empfehlen."

EGON FRIEDELL

Vom Kabarettisten zum Kulturhistoriker

Am 16. März 1938, drei Tage nach dem proklamierten „Anschluß“, starben laut Totenbeschauungsprotokoll in Wien durch Selbstmord: Major a. D. Emil Fey mit seiner Gattin Malvine und seinem 19jährigen Sohn Herbert, eine 37jährige altkatholische Ingenieursgattin mit ihren beiden Kindern, ein 50jähriger konfessionsloser Rechtsanwalt, ein 52jähriger mosaischer Holzhändler, ein 39jähriger und ein 75jähriger mosaischer Kaufmann, ein 62jähriger katholischer Gemeindearbeiter, eine 48jährige mosaische Fürsorgerin, ein 65jähriger katholischer Direktor, ein 33jähriger katholischer Hilfsarbeiter, eine 39jährige mosaische Privatlehrerin, eine 55jährige evangelische Witwe mit ihrem 26jährigen Sohn und der 60jährige jüdische Schriftsteller und Kulturhistoriker Dr. Egon Friedell.

An jenem 16. März 1938 läutet es gegen zehn Uhr an der Wohnungstür in der Gentzgasse 7. Zwei Männer mit Armbinden und Papieren fordern Einlaß mit den Worten: „Wohnt da der Jud Friedell?“ Während die jungen SA-Männer warten, schließt Egon Friedell die Tür hinter sich, durchquert das Schlafzimmer und nähert sich dem Fenster. Eine Nachbarin berichtet einige Minuten später, sie habe ihn springen sehen. Friedell habe, auf dem Fensterbrett stehend, einem Passanten zugerufen, er solle beiseite treten. Wenig später sei er kopfüber auf dem Pflaster aufgeschlagen.

1892 gab er die Zeitschrift „Die Waffen nieder“ heraus, die ab 1899 unter dem Titel „Die Friedens-Warte“ weiter erschien. Ebenfalls 1892 gründete er die „Deutsche Friedensgesellschaft“ und erhielt 1911 den Friedens-Nobelpreis. Während des Ersten Weltkriegs lebte er in der Schweiz. Rege publizistische Tätigkeit, u. a.: „Pan-Amerika“ (1910), „Handbuch der Friedensbewegung“, 2 Bde. (1904, 2. Aufl. 1911–13), „Die Grundlagen des ursächlichen Pazifismus“ (1913), „Vom Weltkrieg zum Weltfrieden“ (1916), „Mein Kriegstagebuch“, 4 Bde. (1918–20).

FRIED, Erich, * 6. 5. 1921 in Wien, Lyriker, Erzähler und Übersetzer. Emigrierte 1938 nach London, wo er seither lebt. Bekannt wurde er durch sein lyrisches Schaffen, in dem das politisch engagierte Gedicht einen besonderen Platz einnahm, vor allem „Deutschland“ (1944) und „Österreich“ (1946). Sehr bekannt geworden ist sein Roman „Ein Soldat und ein Mädchen“ (1960), die Erzählung „Kinder und Narren“ (1965) sowie seine Gedichtsammlungen „und Vietnam und“ (1966) und „Höre Israel“ (1974). F. ist auch Übersetzer (u. a. Dylan Thomas, Shakespeare, T. S. Eliot, Jakov Lind).

FRIEDEL mit der leeren Tasche, s. Friedrich IV.

FRIEDEL, Xaver (auch Fridelli), * 11. 3. 1673 in Linz, † 4. 6. 1743 in Peking (China), Jesuit und Missionar. Nach seinem Eintritt in den Jesuitenorden bereitete er sich auf eine missionarische Tätigkeit vor. 1704 reiste er nach Tschenkiang und wurde bald vom Kaiser von China mit der Vermessung des chinesischen Reichs beauftragt. Neben seiner Missionstätigkeit schuf er die ersten kartographischen Werke über China, die lange Zeit ihre Gültigkeit behielten.

FRIEDELL, Egon (eigtl. Friedmann), * 21. 1. 1878 in Wien, † 16. 3. 1938 (Selbstmord) in Wien, Schriftsteller und Kulturhistoriker. Studierte in Frankfurt, Heidelberg und Wien Germanistik und promovierte 1904 (Dissertation: „Novalis als Philosoph“). Er war bald vielseitig als freier Schriftsteller, Feuilletonist, Kritiker und Schauspieler tätig. Mit Peter Altenberg (s. d.) und Alfred Polgar (s. d.) eng befreundet, kam er früh mit der literarischen Welt der Jahrhundertwende in Berührung. Er spielte auch Theater und war 1908–10 artistischer Leiter des Theaterkabaretts „Fledermaus“ in Wien. 1919–22 war er als Theaterkritiker tätig, dann holte Max Reinhardt ihn an seine Bühnen in Wien und Berlin, wo er auch größere Rollen spielte (1922–27). Aus seiner intensiven Beschäftigung mit dem Christusproblem entstand die „Judastragödie“, die 1923 im Burgtheater aufgeführt wurde. Neben der feuilletonistischen Tätigkeit übersetzte er Werke aus dem Englischen und Französischen, schrieb zahlreiche Einakter fürs Kabarett, u. a.: „Goethe“ (1908, gemeinsam mit Alfred Polgar), „Ecce Poeta“ (1912, über Peter Altenberg) und gab 1921 das „Altenbergbuch“ heraus. Besonders in der Zeit zwischen den beiden Kriegen beeinflußte F. durch seine Tätigkeit das literarische und kulturelle Leben in Wien nachhaltig. Weit darüber hinaus wurde er durch seine kulturhistorischen Arbeiten bekannt, so durch sein Lebenswerk „Kulturgeschichte der Neuzeit“, 3 Bde. (1927–32), dem 1936 die „Kulturgeschichte des Altertums“, 2 Bde., folgte. Wenige Tage nach dem Anschluß Ö.s. an das Deutsche Reich beging er Selbstmord.

Egon Friedell

Hauge, P.: Der Partylöwe, der nur Bücher fraß. E. F. und sein Kreis (1971); Deucker, K.-P.: Der junge F. (1977)

FRIEDJUNG, Heinrich, * 18. 1. 1851 in Ristin (Mähren), † 14. 4. 1920 in Wien, Politiker und Historiker. Als Sohn eines jüdischen Kaufmanns geboren, studierte er in Prag, Berlin und Wien. 1873 wurde er Prof. für Geschichte an der Wiener Handelsakademie, wurde aber aus politischen Gründen 1879 entlassen. Nunmehr als Journalist tätig, arbeitete er gemeinsam mit Georg Ritter von Schönerer (s. d.) und Viktor Adler (s. d.) das „Linzer Programm“ der Deutschnationalen (veröffentlicht am 1. 9. 1882) aus und redigierte 1883–86 die „Deutsche Wochenschrift“, 1886/87 die „Deutsche Zeitung“, das Organ der Deutschnationalen, 1891–95 Wiener Gemeinderat, durch den Antisemitismus Schönerers mehr und mehr in seiner politischen Tätigkeit beschnitten, schließlich aus der Partei ausgeschaltet. Dafür nahm seine schriftstellerische Tätigkeit zu, nachdem er schon 1877 mit dem Buch „Der Ausgleich mit Ungarn“ Beachtung gefunden hatte. 1897/98 erschien das zweibändige Werk „Der Kampf um die Vorherrschaft in Deutschland 1859–1866“, 1908–12, ebenfalls zweibändig, „Österreich von 1848–1860“, schließlich „Das Zeitalter des Imperialismus 1884–1914“ (3 Bde., 1919–23, beendet von A. F. Přibram). Im Zusammenhang mit der bosnischen Annexionskrise waren ihm gefälschte Dokumente über serbokroatische Umtriebe zugespielt worden, die er veröffentlichte, was zum aufsehenerregenden „Friedjung-Prozeß“ des Jahres 1909 führte. 1919 erschienen noch seine „Historischen Aufsätze“.

FRIEDJUNG, Josef Karl, * 6. 5. 1871 in Nedwieditz nahe Brünn (Mähren), † 25. 3. 1946 in Tel Aviv, Kinderarzt, sozialdemokratischer Politiker. Seit 1882 in Wien, studierte zunächst am Wiener Konservatorium Klavier und Komposition, wechselte nach dem frühen Tod seines Vaters zur Medizin über und promovierte 1895. Nach weiterer Ausbildung in Laibach und Berlin Assistent am Wiener Kinderspital, 1911 Abteilungsvorstand des Ersten öffentlichen Kinder-Kranken-Instituts in Wien, 1920–36 Dozent für Kinderheilkunde an der Universität Wien. Er war der erste Mediziner, der, nach Kontakten mit S. Freud (s. d.), die Erkenntnisse der Psychoanalyse in der Kinderheilkunde anwandte und eine Verbindung zwischen dieser und der Psychologie auf psychoanalytischer Grundlage herstellte. Er war aktiver Sozialdemokrat (seit 1899 Mitglied), gründete 1921 die „Wiener Sozialdemokratische Ärztevereinigung“ und war 1924–34 Wiener Gemeinderat. Als solcher war er ein enger Mitarbeiter von Julius Tandler (s. d.) und setzte sich besonders für das Wohlfahrtswesen und den Jugendschutz ein. Im Februar 1934 verhaftet, wurde ihm 1936 auch die Lehrbefugnis entzogen. 1938 emigrierte er nach Haifa, wo er als Kinderarzt tätig war.

FRIEDLÄNDER, Max, * 18. 6. 1829 in Pleß (Preußisch-Schlesien), † 20. 4. 1872 in Nizza, Journalist. Als Sohn eines wohlhabenden Fabrikanten studierte er in Breslau, Heidelberg und Berlin Jus und war nach seiner Promotion bis 1856 preußischer Justizbeamter am

Stadtgericht von Breslau. Schon als Student publizistisch tätig, wurde er durch die 1848 veröffentlichte Broschüre über den Studententag in Eisenach bekannt. Sein klarer Stil und die Kunst, komplizierte Zusammenhänge verständlich und mit Niveau darzustellen, machten ihn rasch bekannt und brachten ihn schließlich 1856 nach Wien zur „Presse", deren Redaktion er 1857–64 angehörte. Dann gründete er gemeinsam mit seinen Kollegen Michael Etienne (s. d.) und E. Werthner die „Neue Freie Presse", deren erste Nummer am 1. 9. 1864 erschien. Diese deutsch-konstitutionell eingestellte Tageszeitung wurde bald zum populärsten Blatt der Donaumonarchie und wirkte auch darüber hinaus, nicht zuletzt durch die von F. eingeführte volkswirtschaftliche Rubrik „Economist". Zusätzlich war F. Präsident des „Deutschen Journalistentages" und mehrere Jahre hindurch Vorstandsmitglied der „Concordia".

FRIEDLAENDER, Otto, * 31. 3. 1889 in Wien, † 20. 7. 1963 in Waidhofen an der Ybbs (NÖ), Schriftsteller. Studierte Jus und Kunstgeschichte, promovierte zum Dr. jur. und wurde Beamter, später Sekretär der Wiener Handelskammer und Hofrat. Er war Mitbegründer der Ö. Völkerbundliga und engagierter Pazifist. Daneben veröffentlichte er „Letzter Glanz der Märchenstadt" (1948) und „Wolken drohen über Wien" (1949), in denen er in sehr atmosphärischer Schilderung das Wien nach der Jahrhundertwende beschrieb.

FRIEDRICH I. der Katholische, Herzog von Ö., * um 1175 in Wien (?), † 16. 4. 1198 vermutlich in Akkon. Ältester Sohn Herzog Leopolds V. (s. d.) und ab 1194 dessen Nachfolger als Herzog von Ö. Entgegen den Bestimmungen der Georgenberger Handfeste und wahrscheinlich auf Anordnung Herzog Leopolds V. hatte er nur Ö. erhalten, sein Bruder Leopold die Steiermark. Er nahm am Kreuzzug Kaiser Heinrichs VI. teil und starb an Malaria (ebenso wie ein halbes Jahr vorher der Kaiser), wahrscheinlich in Akkon. Sein jüngerer Bruder, Leopold VI. (s. d.), war nun Herzog von Ö. und Steiermark.

FRIEDRICH I. der Schöne, Herzog von Ö., * um 1289 in Wien, † 13. 1. 1330 auf Burg Gutenstein (NÖ), Sohn König Albrechts I. (s. d.), der am 1. 5. 1308 von seinem Neffen ermordet worden war. Der erstgeborene Sohn Albrechts, Rudolf (s. d.), war zwar seit 1306 König von Böhmen, starb aber bereits am 4. 7. 1307. F.s Nachfolge als König war beim Tod seines Vaters keineswegs gesichert, und so wählten auch die deutschen Kurfürsten, um den Einfluß des Hauses Habsburg zurückzudrängen, am 27. 11. 1308 Heinrich von Lützelburg (Luxemburg) als Heinrich VII. zum König. Seit 1306 war F. Herzog von Ö. und Steiermark, aber erst nachdem er auf die deutsche Königskrone verzichtet hatte, wurden ihm seine Besitzungen bestätigt. Schon am 24. 8. 1313 starb König Heinrich VII. während eines Feldzugs in Pisa, und Herzog F. erhob seinen vermeintlichen Anspruch auf die deutsche Königskrone, die ihm von den Wittelsbachern streitig gemacht wurde. So standen sich im Oktober 1314 die beiden Thronanwärter in Frankfurt am Main gegenüber: am rechten Mainufer, in Sachsenhausen, Herzog Ludwig von Bayern, am linken der Habsburger. Am 19. 10. wählten die Gegner des Wittelsbachers in Frankfurt Herzog F. zum König (als F. III.) und krönten ihn am 25. 11. im Bonner Münster. Am 20. 10. 1314 wurde der Wittelsbacher als Ludwig IV. zum König gewählt und daraufhin in Aachen gekrönt. Problematisch waren die rechtlichen Voraussetzungen, denn der Wahlort des Habsburgers war der richtige, doch nicht der Krönungsort, und beim Wittelsbacher war es wieder umgekehrt, so daß die Doppelwahl einen jahrelangen Thronstreit zur Folge hatte. In den habsburgischen Erbländern blieb F.s Königtum natürlich unbestritten. Die Entscheidungsschlacht des Thronstreits fand am 28. 9. 1322 in Mühldorf am Inn statt. Diese letzte große Ritterschlacht auf deutschem Boden endete mit der Niederlage F.s, der als Gefangener auf die Burg Trausnitz bei Landshut (Bayern) gebracht wurde. Der tatkräftige Bruder Leopold (s. d.) bekriegte daraufhin Bayern, so daß König Ludwig 1325 mit F. Verhand-

Friedrich I., Glasfenster aus der ehemaligen Fürstenkapelle in St. Stephan

lungen aufnahm. F. erkannte Ludwig als König an und war bereit, die habsburgischen Besitzungen als Lehen zu empfangen. Damit waren aber die Brüder F.s nicht einverstanden, und F. kehrte freiwillig in die Gefangenschaft zurück. König Ludwig war davon so beeindruckt, daß er am 5. 9. 1325 mit F. einen Vertrag schloß, der einmalig in der deutschen Königs- und Kaisergeschichte ist. F. wurde Mitregent, und gemeinsam führten sie den Titel „römischer König", benutzten ein Siegel und bewilligten gemeinsam die Lehen. Als F.s Bruder Leopold 1326 starb, kehrte F. nach Ö. zurück und regierte in den habsburgischen Erblanden. Da der jüngste Bruder F.s, Otto der Fröhliche (s. d.), die Herrschaft in Ö. verlangte, vereinbarte er mit ihm 1329, daß Otto in den Vorlanden regieren solle. Schließlich zog er sich auf die Burg Gutenstein zurück und übergab die Regierung seinem Bruder Albrecht II. (s. d.). In Gutenstein starb er auch, und bereits am 25. 3. 1330 folgte ihm seine Gattin, Elisabeth von Aragon, die er am 11. 5. 1314 geheiratet hatte. Der Sohn aus dieser Ehe, Friedrich, war im Alter von sechs Jahren 1322 gestorben.

Der Tod Herzog Friedrichs II. an der Leitha (1246). Babenberger-Stammbaum (1489)

FRIEDRICH II. der Streitbare, Herzog von Ö. und Steiermark, * 1211 in Wiener Neustadt, † 15. 6. 1246 im Kampf an der Leitha gefallen, Sohn Herzog Leopolds VI. (s. d.). Trat 1230 mit 19 Jahren die Nachfolge seines Vaters an; er war der zwölfte regierende und letzte Babenberger. Erstmals verwendete er auf einem Amtssiegel am 30. 11. 1230 den Bindenschild als Hauswappen. (Die Wappenfarben Rot-Weiß-Rot wurden erst von Jans Enikel [s. d.] in seinem Fürstenbuch bei der Schilderung der Feierlichkeiten anläßlich der Schwertleite Friedrichs am 2. 2. 1232 im Wiener Schottenstift erwähnt.) 1231 warf er den Aufstand ö. Ministerialen unter den Kuenringern nieder, erweiterte seinen Herrschaftsbereich, erwarb Krain und konnte sich somit ab 1232 auch „Herr von Krain" nennen. Wegen seiner Strenge und oftmaligen Willkürherrschaft war er, zum Unterschied von seinen Vorfahren, nicht sehr beliebt; er hatte auch ständig Differenzen mit Kirchenfürsten, Landadel und Städten. 1236 wurde er von Kaiser Friedrich II. sogar wegen seiner Willkürherrschaft geächtet, behauptete sich aber in Wiener Neustadt, seiner „allzeit getreuen", eroberte 1239 Wien zurück und söhnte sich mit dem Kaiser aus. Im Mai 1241 flüchtete König Béla IV. von Ungarn vor den anstürmenden Mongolen nach Ö., worauf ihm F. Waffenhilfe zusicherte und dafür die westungarischen Komitate Ödenburg, Wieselburg und Eisenburg verpfändet erhielt. Geschickte Aktionen F.s stoppten die Mongolen, die dann im April 1242 ohne Entscheidungsschlacht (ihr Oberkhan war gestorben) abzogen. 1243 wurde die zweite Ehe F.s, ebenso wie die erste, wegen Kinderlosigkeit geschieden, und das Interesse am reichen babenbergischen Erbe stieg. Auch Kaiser Friedrich II. war daran interessiert und begehrte die Nichte F.s, Gertrud (s. d.), zur Frau. Im April 1245 verhandelten Kaiser und Herzog deshalb über die Erhebung der Herzogtümer Ö. und Steiermark zum Königreich Ö. mit Krain als lehenspflichtigem Herzogtum. Am 29. 6. 1245, dem Tag der Hochzeit, erschien die Braut jedoch nicht, da sie mit dem Sohn des Königs von Böhmen verlobt war. Obwohl F. bereits den Königsring erhalten hatte und angeblich auch die Urkunde fertiggestellt war, fand die Erhebung, mangels der vereinbarten Voraussetzung, nicht statt. Auf der anderen Seite glaubte der Böhmenkönig die Heirat seines Sohnes mit der Babenbergerin mit Gewalt erreichen zu müssen und fiel in Ö. ein. F. schlug ihn aber in der Schlacht bei Staatz (NÖ) am 26. 1. 1246. (Die Heirat kam dann doch zustande.) Im Frühjahr 1246 begannen die Grenzstreitigkeiten mit König Béla IV. von Ungarn, der die verpfändeten westungarischen Komitate zurückforderte. Schließlich suchte der Ungarnkönig die Entscheidung in einer Schlacht, die am 15. 6. 1246 an der Leitha (nach neueren Forschungen bei Ebenfurth und nicht bei Wiener Neustadt) stattfand. Bei der Verfolgung der fliehenden Ungarn wurde das Pferd Herzog Friedrichs tödlich getroffen und begrub den Herzog unter sich, der sofort von Feinden umringt und erschlagen wurde. Oberfeldherr Heinrich von Liechtenstein führte die Österreicher anschließend zum endgültigen Sieg. Angeblich soll der Herzog noch während der Schlacht von seinem Schreiber Heinrich gefunden worden sein, nur mehr mit einem Leinenuntergewand bekleidet, das Schwert noch in der Hand. Mit ihm endete die babenbergische Herrschaft in Ö. und der Steiermark – er hinterließ keine Nachkommen und keine Bestimmungen über seine Nachfolge. F. war ein ausgesprochener Freund des Minnesangs, und an seinem Hof lebten zeitweilig Neidhart von Reuenthal, Ulrich von Liechtenstein, der Tannhäuser und Wernher der Gärtner.

Lechner, K.: Die Babenberger (1976); Ausstellungskatalog 1000 Jahre Babenberger in Ö. (1976)

FRIEDRICH III., Kaiser, * 21. 9. 1415 in Innsbruck, † 19. 8. 1493 in Linz, ältester Sohn Herzog Ernsts des Eisernen (s. d.), als Herzog von Steiermark, Kärnten und Krain der V., als römischer König ab 1440 der IV. und als Kaiser ab 1452 der III. Bereits am 2. 2. 1440 (König Albrecht II. war am 27. 10. 1439 gestorben) wurde F. in Frankfurt am Main zum König gewählt. (Gekrönt wurde er erst am 17. 6. 1442 in Aachen.)

Durch den am 22. 2. 1440 nachgeborenen Sohn Albrechts II., Ladislaus Postumus (s. d.), über den F. gemeinsam mit dessen Mutter die Vormundschaft übernahm, entstand ein immer wieder aufflammender Streit um das Erbe Albrechts. 1442–44 unterlag F. im Kampf gegen die Eidgenossen, die Zurückgewinnung der habsburgischen Stammbesitzungen im Aargau mit der Habsburg scheiterte. 1444–71 erschien er bei keinem Reichstag, da er sich der Probleme in den habsburgischen Erblanden annehmen mußte. Diese Vernachlässigung der Reichspolitik führte zu mehreren territorialen Auseinandersetzungen stark gewordener Landesfürsten. Von weittragender Bedeutung war das von seinem Berater Enea Silvio Piccolomini (s. d.) vorbereitete und am 17. 2. 1448 unterzeichnete Reichskonkordat (auch Wiener Konkordat genannt), das praktisch bis 1806 das Verhältnis der „deutschen Kirche" zum Hl. Stuhl regelte. In diesem Zusammenhang gelang F. mit der Errichtung der Bistümer Laibach (1462), Wien (1469) und Wiener Neustadt (1477) die kirchliche Neuordnung Ö.s. 1452 unternahm F. seine Romfahrt, bei der er am 16. 3. Eleonore Helena von Portugal heiratete und am 19. 3. von Papst Nikolaus V. zum Kaiser gekrönt wurde. F. war der erste und auch einzige Habsburger, der in Rom gekrönt wurde, überdies war es die letzte Kaiserkrönung in Rom. Am 6. 1. 1453 bestätigte er das Privilegium maius, die gefälschten Freiheitsbriefe von 1359, dem nun auch die Kurfürsten zustimmten, nachdem sein erster Versuch vom 25. 7. 1442 vergeblich gewesen war. Damit wurden alle Bestimmungen des Privilegs, einschließlich des Titels Erzherzog, gültiges Reichsrecht. Bis zum Tod von Ladislaus Postumus am 23. 11. 1457 hielten die Differenzen innerhalb des Hauses Habsburg an. Daneben gab es ständig Kämpfe mit Matthias Corvinus (s. d.), König von Böhmen und Ungarn, sowie die Auseinandersetzungen mit dem jüngeren Bruder Albrecht VI. (s. d.) bis zu dessen Tod am 2. 12. 1463. Während der zweiten Romreise F.s 1468 war es der steirische Adel, der die Abwesenheit des Kaisers zu einem Aufstand nutzte. Großzügig begnadigte der Kaiser 1470 die Aufständischen, griff aber um so härter im folgenden Jahr durch, als sich Gerüchte über einen auf ihn geplanten Anschlag verhärteten. 1472–83 bedrohten die Türken die Grenzen, und die Einfälle häuften sich. F. bemühte sich um die Sicherung der Zukunft des Hauses Habsburg, indem er versuchte, seinen Sohn Maximilian mit der Erbtochter von Herzog Karl dem Kühnen von Burgund zu verheiraten. Karl der Kühne verlangte jedoch als „Gegenleistung" die römische Königswürde, was der Kaiser verweigerte. F.s angeborene Taktik des Abwartens führte auch hier zum Erfolg, denn der kühne Burgunderherzog geriet durch seine laufenden Fehden in Bedrängnis und vereinbarte das Eheversprechen, das nach seinem Tod (6. 1. 1477) durch die Hochzeit am 19. 8. 1477 eingelöst wurde. König Matthias Corvinus von Ungarn war F.s letzter großer Gegner, er besetzte weite Teile des Landes unter der Enns, belagerte Wien, das er am 28. 5. 1485 auch eroberte und wo er bis zu seinem Tod am 6. 4. 1490 residierte. Maximilian I. (s. d.) zog

Kaiser Friedrich III.

nun gegen die Feinde Habsburgs, da ihm F. die Regierungsgeschäfte übergeben hatte. Den ohne Erben gebliebenen Sigismund von Tirol (s. d.) hatte F. gegen die Zahlung einer Rente zum Verzicht gezwungen und damit nach 125 Jahren den gesamten habsburgischen Länderbesitz wieder in einer Hand vereinigt. Auch konnte er die Erbansprüche auf Böhmen und Ungarn vertraglich wahren. In den letzten Jahren seines Lebens widmete sich Kaiser F. III. seinen Lieblingsbeschäftigungen, der Alchimie, Astrologie und Botanik. Als er im Alter von 78 Jahren starb, war er 58 Jahre Regent in Innerösterreich, 53 Jahre deutscher König und 41 Jahre römischer Kaiser gewesen und hatte alle seine Widersacher überlebt. Die häufig von ihm verwendete Devise „AEIOU", auf Gegenständen ebenso wie auf Gebäuden (Ruprechtskirche in Wien, Burg in Wiener Neustadt, Grazer Dom, Bürgerspitalkirche in Krems), erwuchs wohl aus seiner Beschäftigung mit Magisch-Mystischem. Seine Gemahlin Eleonore war bereits am 3. 9. 1467 gestorben, und von seinen fünf Kindern lebten bei seinem Tod außer seinem Nachfolger, Kaiser Maximilian I., nur noch

KAISER FRIEDRICH III.

Kein Freund der Wiener

„Friedrichs Abneigung gegen die Wiener war schon durch die gezwungene Auslieferung des Thronfolgers Ladislaus, dann durch die auch wieder von Friedrich selbst herbeigeführte, von seinem Bruder Albrecht hinter seinem Rücken unterstützte Burgbelagerung des Jahres 1462 bis zur Unversöhnlichkeit gestiegen, so daß er und sein Sohn nie wieder die Residenz darin aufschlugen und selbst im Grabe dort nicht ruhen wollten."

J. E. Schlager, Wiener Skizzen aus dem Mittelalter (1846)

Friedrichs III. Devise „AEIOU" in der Burg in Wiener Neustadt

Erzherzogin Kunigunde († 6. 8. 1520), die mit dem Bayern-Herzog Albrecht IV. verheiratet war.

FRIEDRICH IV., Herzog von Ö., Graf von Tirol („Friedel mit der leeren Tasche"), * um 1382 in Wien, † 24. 6. 1439 in Innsbruck, Sohn Herzog Leopolds III. (s. d.). Bei der Erbteilung der Leopoldinischen Linie (1402 bzw. 1411) erhielt er Tirol und die Vorlande und verlegte die Residenz von Meran nach Innsbruck. Im Appenzeller Krieg (1403–08) war er Verbündeter des Abts von St. Gallen und mußte am Stoß bei Altstätten am 17. 6. 1405 eine empfindliche Niederlage hinnehmen. Um 1406 heiratete er in Innsbruck Elisabeth von der Pfalz, die nach der Geburt der Tochter Elisabeth (* 27. 12., † 28. 12. 1408) am 31. 12. 1408 starb. Am 24. 2. 1406 erließ er gemeinsam mit seinem Bruder Leopold IV. (s. d.) eine Landesordnung für Tirol, wonach auf den Landtagen Bürger und Bauern gleichberechtigt neben dem Adel und der Geistlichkeit saßen. Immer wieder hatte er Schwierigkeiten mit verschiedenen Adelsbünden, die eine Loslösung vom Haus Habsburg verlangten und die Reichsunmittelbarkeit Tirols anstrebten. Um 1410 heiratete er in Innsbruck Anna von Braunschweig-Göttingen. Da F. den Gegenpapst Johannes XXIII. unterstützte und diesem bei der Flucht aus Konstanz am 20. 3. 1415 half, wurde er von König Sigismund geächtet und am 30. April gefangengenommen. Erst am 30. 3. 1416 gelang ihm die Flucht aus Konstanz, und er konnte mit Hilfe der Bürger und Bauern Tirols seine Herrschaft zurückgewinnen. 1418 in seine Herrschaftsrechte wieder eingesetzt, übernahm er 1424 die Vormundschaft über die Söhne seines Bruders Ernst (s. d.), den späteren Kaiser Friedrich III. (s. d.) und Herzog Albrecht VI. (s. d.). Bald gelang ihm die endgültige Festigung seiner Herrschaft in Tirol. Gestützt auf die Erträge des Schwazer Silberbergbaus, betrieb er eine erfolgreiche Wirtschaftspolitik. Von den Kindern aus seiner zweiten Ehe blieb nur Sigismund (s. d.) am Leben, der später den Beinamen „der Münzreiche" erhielt.

Kramer, H.: Herzog F. IV., in: Tiroler Heimat 17, 1953, u. 21, 1957/58

FRIEDRICH, Erzherzog von Ö. * 4. 6. 1856 in Großseelowitz (Mähren), † 30. 12. 1936 in Ungarisch-Altenburg, Enkel von Erzherzog Karl (s. d.), dem Sieger von Aspern. War Feldmarschall und ein großer Förderer der Landwehr. 1914–16 Armeeoberkommandant, betraute Conrad von Hötzendorf (s. d.) mit der strategischen Leitung des k. u. k. Oberkommandos. Nach dem Ersten Weltkrieg lebte er sehr zurückgezogen.

FRIEDRICH von Sunberg (auch Sonnenburg), * um 1220, † nach 1274, politischer Spruchdichter und Minnesänger. Er stammte wahrscheinlich aus Sonnenburg im Pustertal (Südtirol) und wird als einer der zwölf Meistersinger erwähnt. Seine zwischen 1247 und 1275 entstandenen Spruchdichtungen sind überwiegend in religiös-lehrhaftem Ton gehalten und dokumentieren eine ausgeprägte Gott- und Weltfrömmigkeit.

FRIEDRICH von Villach, * um 1390, zwischen 1415 und 1458 in Villach nachweisbar, Freskenmaler. Seine liebenswürdigen, volkstümlich gehaltenen Fresken entsprechen dem „weichen Stil" der Gotik. Um 1430 entstanden die Fresken in der Pfarrkirche von Mariapfarr (S) und St. Gandolf (K), zwischen 1430–40 die in der Stadtpfarrkirche von Villach (K).

FRIES, Moritz Christian Reichsgraf von, * 6. 5. 1777 in Wien, † 26. 12. 1826 in Paris, Industrieller und Kunstsammler, Sohn von Johann F. (s. d.). Sein älterer Bruder Joseph war ein bekannter Kunstsammler, starb aber schon 1788 mit 23 Jahren und hinterließ ihm den bereits sehr wertvollen Grundstock einer auserlesenen Kunstsammlung. 1794–97 studierte F. in Leipzig, wo er vom Galeriedirektor Lerse ein fundiertes Kunstsachverständnis vermittelt erhielt. 1797 erwarb die Vormundschaft für ihn die Herrschaften Neulengbach und Plankenberg in NÖ. 1812 kaufte er die steirischen Güter des Grafen Trauttmansdorff. F. be-

JOHANN VON FRIES

Ein Mariatheresientaler-Millionär

FRIES, Johann Reichsgraf von (seit 1782), * 19. 5. 1719 in Mühlhausen (Elsaß), † 19. 6. 1785 in Vöslau (NÖ), Bankier und Industrieller. Im Ö. Erbfolgekrieg (1744–48) war F. als Kommis im englischen Kommissariat tätig, das die Übernahme der Subsidiengelder und die Verpflegung der alliierten Truppen durchzuführen hatte. Es war sein Verdienst, im Auftrag von Wenzel Graf Kaunitz (s. d.) den Subsidienrückstand von 100 000 Pfund, den man in London in Frage stellte, nach einjährigen Verhandlungen einzutreiben, eine willkommene Summe für die ö. Staatskasse. Daraufhin belohnte ihn Maria Theresia 1751 mit der taxfreien Verleihung der Niederlagsfreiheit in Wien und einem Privileg zur Errichtung einer Barchent- und Kotzenfabrik in Rabenstein (NÖ). 1752 gründete er in Weißenbach (NÖ) eine Messingfabrik und, nachdem er Direktor der k. k. Seidenfabriken geworden war, 1754 in Oberdöbling eine Samt- und Seidenwarenfabrik, von wo sich die Seidenfabrikation später auf dem Schottenfeld und am Neubau ausbreitete. Von 1756 bis 1776 hatte er das von ihm erdachte „Thalernegotium" inne, durch das er rund 20 Millionen Mariatheresientaler in die Levante lieferte (woran er etwa eine Million Gulden verdiente). Im Siebenjährigen Krieg verwaltete er die französischen Subsidienzahlungen, mußte diese aber auch mehrmals bevorschussen, da sie öfter verspätet eintrafen. So finanzierte er 1759 das Korps des Feldzeugmeisters Laudon nach den Gefechten bei Frankfurt an der Oder. 1759–83 war F. auch Direktor des k. k. Bergwerks-Produkten-Verschleißes, und 1774 handelte er in Brüssel den Zolltarif zwischen den deutschen und den niederländischen Gebieten aus. 1766 gründete er gemeinsam mit Johann Jakob Baron Gontard das Bankhaus Fries & Co., das mit dem verzweigten Großhandlungshaus Fries zusammenarbeitete. Geschickt legte F. seine Millionengewinne in Haus- und Grundbesitz an, erwarb 1761 die Herrschaft Vöslau und 1771 zwei ertragreiche Rittergüter. 1783 ließ er vom Hofarchitekten Ferdinand Hetzendorf von Hohenberg (s. d.) gegenüber der Hofburg ein Palais bauen, das heutige Palais Pallavicini. Sein Tod ist nie geklärt worden, man fand die Leiche auf dem Schloßteich in Vöslau treiben und vermutete, daß ein Anfall von Schwermut ihn zum Selbstmord veranlaßt habe.

Moritz von Fries mit seiner Familie. Gemälde von François Gerard (1804)

saß auch eine 16 000 Bände umfassende Bibliothek und war einer der reichsten Männer des Kaiserreichs. Dem Kaiser streckte er bei der zweimaligen Besetzung Wiens durch die Franzosen größere Geldbeträge für die Zahlung von Kriegskontributionen vor. Der aufwendige Lebensstil seiner Mutter am Genfer See sowie sein eigener Lebensstil und die Geldentwertung, der er zwar geschickt entgegenwirkte, beschleunigten den Abstieg seines vom Vater geerbten Bankhauses. Er verkaufte nacheinander seine Herrschaften und ließ ab 1823 auch seine Sammlungen versteigern. Als letzten Rettungsversuch setzte ihn 1824 ein Familienrat ab und übertrug seinem zwanzigjährigen Sohn Moritz (II.) die Leitung der Bank, der diese 1832 auflöste. Daraufhin übersiedelte F. nach Paris, wo er zwei Jahre später starb.

Fries, A. Graf v.: Die Grafen von Fries (1903)

FRIMONT, Johann Maria Graf (seit 1831), * 3. 2. 1759 in Finstringen (Lothringen), † 26. 12. 1831 in Wien, Heerführer. Aus einem alten Adelsgeschlecht stammend, wurde er auf einem militärisch orientierten College erzogen und trat 1776 als Gemeiner in das ö. Husarenregiment Wurmser ein. Bereits im Bayerischen Erbfolgekrieg wegen seiner Tapferkeit 1778 zum Unterleutnant befördert, wurde er im Türkenkrieg 1788 Rittmeister und stieg in den Koalitionskriegen, in denen er sich auf den Schlachtfeldern Deutschlands und Italiens immer wieder auszeichnete, 1809 zum Feldmarschalleutnant auf. 1813 General der Kavallerie, erhielt er 1815 den Oberbefehl über die ö. Truppen in Oberitalien, wo er den Feldzug gegen Murat einleitete. 1819 Kommandierender General in Venedig, erhielt er 1821 den Oberbefehl über die gegen Neapel eingesetzten ö. Truppen. Seinen geschickten Operationen war der nur kurze Feldzug zu danken, und am 24. März 1821 zog er in Neapel ein. König Ferdinand von Neapel belohnte ihn mit dem Titel eines Fürsten von Antrodocco. 1825 Generalkommandant der Lombardei, schlug er die Unruhen 1830/31 nieder und wurde zum Hofkriegsratspräsidenten ernannt.

FRINT, Jakob, * 4. 12. 1766 in Böhmisch-Kamenitz, † 11. 10. 1834 in St. Pölten, Bischof und Gelehrter. Studierte Rechte und Theologie an der Universität Wien und wurde 1795 zum Priester geweiht. Anschließend Kooperator in Pillichsdorf (NÖ), 1801 Hofkaplan in Wien, 1803 Spiritual des Konvikts in Wien und ab 1804 Univ.-Prof. für Religionswissenschaft. 1808 vorübergehend mit der Pfarre Laa an der Thaya betraut, wurde er 1810 Hof- und Burgpfarrer. 1816 wurde auf seine Initiative hin die „Höhere Bildungsanstalt für Weltpriester zum hl. Augustin“, das Frintaneum, in Wien gegründet, deren Leitung er übernahm. 1827 wurde F. zum Bischof von St. Pölten geweiht. Als Hauptvertreter der katholischen Restauration in Ö. war F. ein bedeutender Gelehrter. 1813–25 gab er die „Theologische Zeitschrift“ heraus; sein „Handbuch der Religionswissenschaft für die Kandidaten der Philosophie“ (3 Teile, 6 Bde.) erschien 1824 bereits in 4. Auflage.

FRISCH, Anton von, * 16. 2. 1849 in Wien, † 24. 5. 1917 in Wien, Urologe. Studierte am Pasteur-Institut in Paris und beschäftigte sich in erster Linie mit der Wutkrankheit. Ab 1874 Univ.-Prof. in Wien, entdeckte er 1882 den Rhinosklerom-Bazillus.

FRISCH, Karl Ritter von, * 20. 11. 1886 in Wien, † 12. 6. 1982 in München, Zoologe und Tierpsychologe. Seit 1919 Prof. (u. a. 1946–50 an der Universität Graz), führte sinnesphysiologische Forschungen besonders an Bienen, aber auch an Fischen durch. Mit seinem 1923 erschienenen Werk „Die Sprache der Bienen“ begründete er seinen Ruf als Verhaltensforscher. 1973 erhielt er, gemeinsam mit Konrad Lorenz (s. d.) und Nikolaus Tinbergen, den Nobelpreis in der Sparte Physiologie oder Medizin. Seine Hauptwerke: „Aus dem Leben der Bienen“ (1927, 4. Aufl. 1948), „Du und das Leben“ (1936), „Tanzsprache und Orientierung der Bienen“ (1965). 1957 erschien seine Autobiographie „Erinnerungen eines Biologen“.

FRISCHENSCHLAGER, Friedhelm, * 6. 10. 1943 in Salzburg, Jurist und FPÖ-Politiker. Der Sohn des Komponisten Friedrich F., der 1918–45 Prof. am Salzburger Mozarteum war, studierte in Wien Rechts- und Staatswissenschaften und promovierte 1969. Assistent am Institut für Völkerrecht der Universität Salzburg, danach am Institut für Politikwissenschaft. Obwohl früh im Ring Freiheitlicher Jugend und im Ring Freiheitlicher Studenten engagiert, wurde er erst 1971 Mitglied der FPÖ. Mitbegründer der politisch-wissenschaftlichen Arbeitsgemeinschaft der FPÖ, „Attersee-Kreis“, 1977 Abgeordneter zum Nationalrat. 1983–86 Verteidigungsminister im Kabinett Sinowatz, danach Klubobmann der FPÖ.

FRISCHMUTH, Barbara, * 5. 7. 1941 in Altaussee (St), Schriftstellerin. Studium der Orientalistik in Graz, Erzerum (Türkei), Debrecen (Ungarn) und Wien. Wurde 1969 durch ihre Erzählung „Klosterschule“ bekannt und veröffentlichte u. a.: „Rückkehr zum vorläufigen Ausgangspunkt“ (1973), „Haschen nach Wind“ (1974), „Die Mystifikation der Sophie Silber“ (1976), „Amy oder Die Metamorphose“ (1978), „Kai und die Liebe zu den Modellen“ (1979), „Bindungen“

Barbara Frischmuth

(1980), „Die Ferienfamilie" (1981), „Herrin der Tiere" (1986). Mitglied des Grazer „Forum Stadtpark".

FRITSCH, Gerhard, * 28. 3. 1924 in Wien, † 22. 3. 1969 in Wien (Selbstmord), Bibliothekar und Schriftsteller. Wurde zuerst als Lyriker bekannt: „Zwischen Kirkenes und Bari" (1952), „Lehm und Gestalt" (1954), „Dieses Dunkel heißt Nacht" (1955). 1956 erschien der Roman „Moos auf den Steinen", 1966 der Benedek-Roman „Feldherr wider Willen" und 1967 der Roman „Fasching". F. war Mitherausgeber der Zeitschriften „Literatur und Kritik" und „Protokolle", Übersetzer (W. H. Auden) und Hörspielautor und erhielt mehrere Literaturpreise.

FRITZ, Samuel, * 9. 4. 1654 in Trautenau (Böhmen), † 20. 3. 1725 in Jeveros (Peru), Jesuit und Missionar. Studierte an der Universität Prag, trat 1673 in den Jesuitenorden ein und wurde Missionar. Ab 1684 war er im unerforschten Urwaldgebiet des oberen Amazonasstroms, den er zweimal zur Gänze befahren hatte, tätig. Er erforschte als erster das Amazonasgebiet sowie Innerbrasilien und fertigte 1691 die erste brauchbare Karte des Amazonas von seinem Ursprung im Hochland von Peru bis zur Mündung im Atlantik an. Dieses Meisterwerk der Kartographie diente noch 150 Jahre später bei der Entscheidung von Grenzstreitigkeiten. F. gründete 40 Siedlungen und wurde als „Apostel der Omaguas" wie ein Heiliger verehrt. Außerdem verfaßte er ein Wörterbuch der Omagua-Sprache, das lange Zeit den nachfolgenden Missionaren beste Dienste leistete.

FRÖHLICH, Anna, Barbara, Josephine und Katharina, vier Schwestern, bei denen sich 1849 Franz Grillparzer (s. d.) einmietete (Spiegelgasse 21) und die ihn bis zu seinem Tod betreuten. Der Dichter hinterließ ihnen seine ganze Habe, sie stifteten den Grillparzer-Preis und gründeten 1879 die „Schwestern-Fröhlich-Stiftung" zur Förderung notleidender Künstler und Wissenschaftler. – Anna (Netti), * 19. 9. 1793 in Wien, † 11. 3. 1880 in Wien, Sängerin und Musiklehrerin. – Barbara (Betti), * 1798 in Wien, † 30. 6. 1878 in Wien, Altistin und Miniaturmalerin, Schülerin und Mitarbeiterin von Moritz Michael Daffinger (s. d.). War als einzige verheiratet. – Josephine (Pepi), * 12. 12. 1803 in Wien, † 7. 5. 1878 in Wien, bekannte Konzertsängerin (Alt) und geschätzte Gesangslehrerin. – Katharina (Kathi), * 10. 6. 1800 in Wien, † 3. 3. 1879 in Wien, die sogenannte „ewige Braut" Franz Grillparzers.

Kathi Fröhlich, Grillparzers „ewige Braut". Porträt von Moritz Michael Daffinger (um 1825)

FRÖHLICH-SANDNER, Gertrude, * 25. 4. 1926 in Wien, Volksschullehrerin und SPÖ-Politikerin. 1947–59 Volksschullehrerin in Wien, wurde in den Wiener Gemeinderat gewählt. 1965 Amtsführender Stadtrat und 1969–84 Vizebürgermeister von Wien. War vor allem auf kulturellem Gebiet sehr aktiv. Aus gesundheitlichen Gründen trat sie 1984 von ihrer Funktion als Vizebürgermeister zurück. Vom 10. 9. 1984 bis Jänner 1987 leitete sie das Ministerium für Jugend, Familie und Konsumentenschutz.

FROHNER, Adolf, * 12. 3. 1934 in Großenzersdorf (NÖ), Maler. Begann mit Objektkunst, Materialbildern und Collagen. Seit 1963 Prof. an der Wiener Kunstakademie, hatte er große internationale Erfolge, so vor allem mit der Biennale 1969 in Saõ Paulo. F. erhielt mehrere Auszeichnungen, darunter 1971 den Ö. Staatspreis für Graphik und 1976 den Kulturpreis des Landes NÖ.

FROMILLER, Josef Ferdinand, * 1693 in Oberdrauburg (K) (?), † 9. 12. 1760 in Klagenfurt, Freskenmaler. Der wohl bedeutendste Freskenmaler des Kärntner Hochbarocks bevorzugte einen auffallenden, schwer wirkenden goldbraunen Ockerton. Neben Fresken schuf er auch mehrere Altarbilder und Kupferstiche. Zu seinen Hauptwerken zählen die Kuppel- und Gewölbeausmalung der Grabkapelle der Wallfahrtskirche Stallhofen aus dem Jahr 1717 (K), 1737 die Fresken in der Stiftskirche Ossiach (K), 1739 die Deckenfresken im großen Wappensaal des Landhauses in Klagenfurt und 1741 das

Rueland Frueauf d. J.: Auffindung des Schleiers, 1505. Flügelbild des Leopold-Altars im Stift Klosterneuburg

Deckengemälde im Südflügel des Stiftsgebäudes von Ossiach (K).

FRONIUS, Hans, * 19. 9. 1903 in Sarajevo (Bosnien), Graphiker und Illustrator. Studierte in Graz und wurde 1923 Mitglied der Grazer Seccesion. In seinem dem gemäßigten Expressionismus zuzuzählenden Stil bevorzugt F. die Darstellung des Menschen in visionärer, ins Metaphysische reichender Art. Illustrierte die dichterischen Werke von Franz Kafka, François Villon, Edgar Allan Poe und erhielt neben anderen Auszeichnungen 1966 den Großen Ö. Staatspreis.

FRONZ, Oskar, * 13. 11. 1861 in Wien, † 29. 3. 1925 in Wien, Schauspieler und Schriftsteller. Nach der Handelsschule nahm er Schauspielunterricht und debütierte 1879 in Teschen. Spielte dann in Meran, Linz und Brünn, 1884–87 am Wiener Carltheater, 1887–91 am Theater an der Wien und 1891–1905 am Deutschen Volkstheater in Wien. 1905 gründete er das Wiener Bürgertheater und übernahm als Direktor die Leitung. F. verfaßte mehrere Volksstücke, Schwänke sowie Operettenlibretti.

FRUEAUF, Rueland d. Ä., * um 1445 in Obernberg (Innviertel, OÖ), † 1507 in Passau, Maler. Zwischen 1470 und 1480 war er hauptsächlich in Salzburg tätig. Vier eindrucksvolle Altartafeln, Marienbilder, sind in der Pfarrkirche von Großgmain (S) erhalten, außerdem noch ein aus Salzburg stammendes Altarwerk und ein Männerbildnis in der Ö. Galerie in Wien. F. setzte das Schaffen von Conrad Laib fort und gestaltete seine Bilder in einer Art verinnerlichtem Realismus.

FRUEAUF, Rueland d. J., * um 1470 in Passau (?), † nach 1545 in Passau, Maler der Donauschule. Aller Wahrscheinlichkeit nach der Sohn von R. F. d. Ä. (s. d.). Er dürfte zwischen 1496 und 1508 in Klosterneuburg ansässig gewesen sein und ausschließlich für das Stift gearbeitet haben. Seine Bilder haben viel Atmosphäre und sind wie Legenden oder Märchen erzählt. Außerdem bilden oft ö. Landschaften den Hintergrund, besonders bei den vier Tafeln des Leopold-Altars (1505), wo die Landschaft um Klosterneuburg deutlich erkennbar ist. Außerdem sind im Stiftsmuseum von Klosterneuburg noch vorhanden: Kreuzigung (1496), jeweils vier Tafeln eines Passionsaltars (um 1498) und eines Johannes-Altars (um 1500) sowie eine Darstellung des hl. Leopold (1507).

FRUWIRT, Ferdinand, * 5. 10. 1812 in Wien, † 1. 3. 1867 in Wien, Industrieller. Sohn von Johann F. (1766–1825), der Hofbüchsenmacher und Gewehrfabrikant war und in Wiener Neustadt, Neunkirchen, St. Aegyd und Freiland Werkstätten besaß. Nach dem Tod seiner Mutter 1836 übernahm Ferdinand F. das Unternehmen. F. stellte in seinen Betrieben hochwertige Waffen her, wurde Armeelieferant und stattete die Militärgewehre mit dem damals modernen Augustinischen Zündschloß aus. Der spätere große Konkurrent Josef Werndl (s. d.) lernte in seinem Betrieb in Steyr die Gewehrschlosserei. 1867 übernahm F.s Sohn Ferdinand jun. (* 16. 12. 1841, † 8. 6. 1892) die väterlichen Betriebe, konnte aber mit der technischen Entwicklung nicht Schritt halten.

FRÜWIRTH, Andreas (Franz), * 21. 8. 1845 in St. Anna am Aigen (St), † 9. 2. 1933 in Rom, Dominikaner und Jurist. War 1880–84 und 1891 Provinzial der ö.-u. Ordensprovinz, 1891–1904 Ordensgeneral und 1907–16 Nuntius in München. Seit 1915 Kardinal, lebte er ab 1917 in Rom und war 1925–27 Großpönitentiar, ab 1927 „Kanzler der Hl. Römischen Kirche". F. war ein hervorragender Kirchenrechtler und Verwaltungsfachmann, außerdem Berater des katholischen Sozialreformers Karl Freiherr von Vogelsang (s. d.).

FUCHS, Albert Hans, * 25. 10. 1905 in Wien, † 29. 11. 1946 in Wien, Kulturhistoriker. Der Sohn des angesehenen Augenarztes Ernst F. (s. d.) studierte an der Universität Wien, promovierte zum Dr. phil. und wandte sich nach dem Februar 1934 den illegalen Kommunisten zu. 1938 emigrierte er über die Tschechoslowakei nach London, wo er im „Austrian Center" tätig wurde. In England gab er 1941 den Sammelband „Dichtung der Emigration" heraus, 1943 folgten „Über ö. Kultur" und die Erinnerungen „Sohn aus gutem Haus". 1949 erschien sein Hauptwerk, die Kulturgeschichte „Geistige Strömungen in Ö. 1867–1918" (Neuaufl. 1984).

FUCHS, Charlotte Gräfin (Maria Karoline, geb. Mollard), * 1681 in Wien, † 1754 in Wien. Seit 1719 verwitwet, genoß sie das besondere Vertrauen der Kaiserin Elisabeth Christine (Gattin Kaiser Karls VI.) und wurde 1728 die Erzieherin ihrer Töchter. Insbesondere Maria Theresia (s. d.) war ihr freundschaftlich verbunden, nannte sie „meine Füchsin" und auch „Mami" und ernannte sie zu ihrer Obersthofmeisterin. Auf ausdrücklichen Wunsch und auf Anordnung Maria Theresias wurde F., als einzige Nicht-Habsburgerin, in der Wiener Kapuzinergruft beigesetzt. Ihr Schlößchen in Rodaun bei Wien bewohnte Hugo von Hofmannsthal (s. d.) und danach Maria Grengg (s. d.).

FUCHS, Ernst, * 14. 6. 1851 in Kritzendorf bei Wien, † 21. 11. 1930 in Wien, Augenarzt. Wurde nach seinem Studium bereits 1881 Univ.-Prof. in Lüttich; 1885 nach Wien zurückberufen, wo er bis 1915 Vorstand der II. Augenklinik war. 1888 war er Mitbegründer der „Wiener klinischen Wochenschrift" und veröffentlichte 1889 sein „Lehrbuch der Augenheilkunde", das bis 1910 in 12 Aufl. erschien und in mehrere Sprachen übersetzt wurde. Er erarbeitete die pathologische Anatomie des Auges, führte neue Operationsmethoden ein und begründete die histologische Fundierung der Krankheitsbilder. Sehr wertvoll ist die von ihm angelegte Sammlung von Augenschnitten.

FUCHS, Ernst, * 13. 2. 1930 in Wien, surrealistischer Maler und Graphiker, Hauptvertreter der Wiener Schule des Phantastischen Realismus. Studierte 1946–50 bei Robin Ch. Anderson und bei Albert Paris Gütersloh an der Wiener Akademie und gründete 1958 eine eigene Galerie. In seinen Werken spiegeln sich mythologische Einflüsse und apokalyptische Visionen, verbunden mit einer starken Ornamentation. Als Prof. an der Akademie trägt er viel zur Förderung und Entdekkung junger Talente bei. Daneben Lehrtätigkeit in Paris und in den USA.

FUCHS, Johann Joseph, s. Fux

FUCHS, Robert, * 15. 2. 1847 in Frauenthal (St), † 19. 2. 1927 in Wien, Komponist. Jüngerer Bruder des weniger bekannten Johann Nepomuk F. (* 5. 5. 1842, † 15. 10. 1899, ab 1880 Kapellmeister der Wiener Hofoper, ab 1893 Direktor des Konservatoriums der Gesellschaft der Musikfreunde), studierte am Wiener Konservatorium, wurde Hoforganist und war 1875–1912 Prof. für Harmonielehre am Konservatorium. Von Johannes Brahms stark gefördert, schuf er neben kammermusikalischen Werken auch zwei Messen und zwei Opern („Die Königsbraut", 1889, „Die Teufelsglocke", 1893). Besonders bekannt geworden sind seine fünf Streicherserenaden. Zu seinen Schülern zählten u. a. Hugo Wolf (s. d.), Gustav Mahler (s. d.) und Franz Schreker (s. d.).

Ernst Fuchs

FUCHSMAGEN, Johannes (auch Fuxmagen), * um 1455 in Hall in Tirol, † 3. 5. 1510 in Melk (NÖ), Diplomat und Humanist. Entstammte einer Haller Ratsbürgerfamilie und studierte ab 1469 in Freiburg im Breisgau. 1472 wurde er Magister, 1478 Dekan der Artistenfakultät und 1484 Licenciat iur. can. Seit 1482 war er landesfürstlicher Sekretär in Innsbruck, wurde 1484 Rat von Herzog Sigmund und 1485 Rat Kaiser Friedrichs III. Als Diplomat unternahm er mehrere Gesandtschaftsreisen, so 1487 nach Venedig, 1488 nach Köln und Brügge, 1489 nach Rom und 1491 nach Ofen. 1492 am kaiserlichen Hof in Linz, kam er 1493 nach Wien, wurde Statthalter der niederösterreichischen Lande und war 1501–10 Rat des „Regiments" (Regierung). Mit vielen namhaften Humanisten bekannt, latinisierte er 1497 seinen Namen in Fusemannus. Er war Mitglied und Vorsitzender der literarischen Vereinigung „Sodalitas literaria Danubiana" und erwirkte 1497 die Berufung des Konrad Celtis (s. d.) und 1501 des Johannes Stabius (s. d.) nach Wien. F. besaß eine reichhaltige Bibliothek und eine eindrucksvolle Sammlung römischer Grabsteine.

FÜGER, Friedrich Heinrich von, * 8. 12. 1751 in Heilbronn (Franken), † 5. 11. 1818 in Wien, Maler. Studierte in Stuttgart, Leipzig, Halle und Dres-

Friedrich Füger: Der steirische Germanikus. Ölgemälde

den und kam 1774 nach Wien. Hier porträtierte er die kaiserliche Familie, ging aber dann nach Rom und Neapel, von wo er 1782 zurückkehrte. 1783–95 Vizedirektor, 1795–1806 wirklicher Direktor der Wiener Akademie, 1806–18 Direktor der kaiserlichen Gemäldegalerie und Schloßhauptmann im Belvedere. In dieser Funktion erwarb er sich große Verdienste um die Bergung mehrerer wertvoller Gemälde in den napoleonischen Kriegen und auch um die oft sehr schwierige Rückführung von Kunstwerken aus „französischem Besitz“. F. war ein vom ö. Adel bevorzugter Porträtist, schuf zahlreiche Miniaturen, aber auch Historienbilder. Grundsätzlich noch dem Barock verpflichtet, geriet er nach der Jahrhundertwende mit seiner traditionellen Malweise in immer stärkeren Gegensatz zur jungen Generation der Romantiker.

FÜHRICH, Josef Ritter von (seit 1861), * 9. 2. 1800 in Kratzau (Böhmen), † 13. 3. 1876 in Wien, Maler und Kupferstecher. Nachdem ihn sein Vater in die Kunst eingeführt hatte, studierte er ab 1819 an der Prager Kunstschule. Mit einem staatlichen Stipendium durch die besondere Förderung Fürst Metternichs 1827–29 in Rom, schloß er sich dem Kreis der Nazarener an und arbeitete gemeinsam mit diesen an den Fresken der Villa Massimo. F. wurde ein Hauptvertreter dieser Kunstrichtung. 1834–40 Kustos der Akademiegalerie in Wien, wurde er 1840 Prof. und begründete die F.-Schule. Da er während der Revolution von 1848 nach Böhmen gegangen war, war nach seiner Rückkehr 1851 die Professur an der Akademie aufgehoben. 1852–65 Leiter einer Meisterschule für Malerei, 1865–72 einer Spezialschule für Historienmalerei. 1861 in den Ritterstand erhoben, wurde er 1875 auch Ehrenbürger der Stadt Wien. Neben zahlreichen Altarbildern in Wiener Kirchen, schuf er auch Fresken, vor allem stammt der Gesamtentwurf zum Freskenzyklus in der Altlerchenfelder Kirche in Wien von ihm. Buchillustrationen und Bilderzyklen für Kunstverlage sind ein weiterer wichtiger Teil seines Gesamtœuvres.

FUHRMANN, Matthias, * um 1690 in Wien, † 20. 10. 1773 in Wien, Theologe und Geschichtsschreiber. Trat früh in den Paulanerorden ein, wurde Provinzial und zum Zeitpunkt seines Todes General der ö. Provinz seines Ordens. Neben seiner seelsorglichen Tätigkeit beschäftigte er sich mit Geschichte. Trotz einiger Irrtümer sind noch immer von Bedeutung: „Alt- und Neu-Wien oder dieser Residenzstadt chronologisch und historische Beschreibung“, 2 Bde. 1738/39, und: „Historische Beschreibung und kurz gefaßte Nachricht von der röm. k. u. k. Residenz-Stadt Wien und ihren Vorstädten“, 4 Teile, 1766–70.

FUNDER, Friedrich, * 1. 11. 1872 in Graz, † 19. 5. 1959 in Wien, katholischer Publizist und Journalist. Sohn eines Bäckermeisters, studierte zuerst Theologie, dann Jus und promovierte zum Dr. jur. Noch als Student begann er 1896 seine journalistische Tätigkeit bei der „Reichspost“, deren Chefredakteur er ab 1902, deren Herausgeber er von 1904–38 war. F. gehörte zum Kreis um den Thronfolger Erzherzog Franz

Friedrich Funder

Josef Führich: Jakob begegnet Rahel. Ölgemälde (1836)

Ferdinand und unterstützte dessen Politik. Mit seiner Zeitung setzte er sich für die Großmachtstellung der Monarchie ein und wurde der Kriegshetze beschuldigt, was dazu führte, daß die Alliierten nach Kriegsende seinen Namen auf die Auslieferungsliste stellten. In der Ersten Republik war er Mitarbeiter und Vertrauter von Prälat Ignaz Seipel. Die Grundsätze des Ständestaates begrüßte er, obwohl er einige Bedenken, vor allem über die Einschränkung der Pressefreiheit, äußerte. 1934–38 Mitglied des Staatsrates, 1938 und 1939 in den KZs von Dachau und Flossenbrück. 1945 gründete er das kulturpolitische Wochenblatt „Die Furche", das er bis zu seinem Tod herausgab. Besonderen Quellenwert haben seine Erinnerungen „Vom Gestern ins Heute" (1952) und „Als Österreich den Sturm bestand" (1957).

FÜRST, Johann, * 17. 4. 1825 in Wien, † 19. 10. 1882 in Wien, Volkssänger und Theaterdirektor. Im Wiener Findelhaus aufgezogen, war er zuerst bei einem Fleischhauer, dann bei einem Knopfdrechsler in der Lehre. Schon mit 16 Jahren zog er als Volkssänger durch die Vorstädte Wiens und gründete 1856 eine eigene Volkssängergruppe. Er wurde rasch in ganz Wien bekannt, so daß er das Schreiersche Affentheater im Wiener Prater erwerben konnte und 1865 zum „Fürst-Theater" umbauen ließ. Es wurde zur Stätte des klassischen Wiener Volkssängertums und konnte sich eines außerordentlich regen Zuspruchs erfreuen. 1865/66 und 1871–77 war F. zudem Direktor des Theaters in der Josefstadt, allerdings mit weit weniger Geschick und Erfolg. Ab 1859 trat er auch als Theaterschriftsteller mit zum Teil recht erfolgreichen Volksstükken in Erscheinung.

FUSSENEGGER, Gertrud, * 8. 5. 1912 in Pilsen (Böhmen), Schriftstellerin. Studierte Geschichte und Kunstgeschichte in Innsbruck und München und promovierte 1934 in Innsbruck zum Dr. phil. Seit 1961 lebt sie in Leonding (OÖ). Sie wurde vor allem durch ihr ausgeprägtes Erzähltalent bekannt. Ihr erster Erfolg war „Geschlecht im Advent" (1937), dem im selben Jahr „Die Mohrenlegende" folgte. 1951 setzte sie ihre Publikationen fort mit „Das Haus der dunklen Krüge" sowie u. a. mit „Zeit des Raben – Zeit der Taube" (1960), „Die Pulvermühle" (1968), mit dem Jugendbuch „Bibelgeschichten" (1972), „Eines langen Stromes Reise" (1976), mit der Autobiographie „Spiegelbild mit Feuersäule" (1979) und „Maria Theresia" (1980). 1976 schuf sie das Libretto zur Oper „Der Aufstand" von Helmut Eder. Unter ihren zahlreichen Ehrungen befinden sich der Adalbert-Stifter-Preis, den ihr das Land Oberösterreich zweimal verlieh, und der Ö. Staatspreis für Jugendbücher.

Gertrud Fussenegger

FÜSTER, Anton, * 5. 1. 1808 in Radmannsdorf (Krain), † 12. 3. 1881 in Wien, Theologe. Studierte in Laibach Philosophie und Theologie, wirkte nach Abschluß des Studiums in Laibach, dann in Triest und war 1839–47 Religionsprof. in Görz. 1847 erwarb er das Doktorat der Philosophie und wurde als Prof. für Religion und Pädagogik an die Universität Wien berufen. 1848 Feldkaplan der Akademischen Legion, wurde er durch seine Rede an den Gräbern der Märzgefallenen bekannt. 1849 mußte er nach Amerika fliehen, von wo er erst 1876 zurückkehrte.

FUX, Johann Joseph (auch Fuchs), * 1660 in Hirtenfeld bei St. Marein (St), † 13. 2. 1741 in Wien, Komponist und Musiktheoretiker. Trat 1680 in die Jesuitenuniversität in Graz ein, floh aber von dort. War 1696–1702 Organist am Wiener Schottenstift und wurde 1698 Hofkompositeur des Kaisers. 1701 erschien in Nürnberg sein Werk „Concentus Musico-Instrumentalis", und ab 1702 komponierte er auch. 1705 Zweiter Kapellmeister am Wiener Stephansdom, wurde er 1713 Vize- und 1715 Hofkapellmeister. Von 1713–15 war er außerdem auch Kapellmeister der Kaiserin Amalie. Mit großem Erfolg wurde 1716 seine Prunkoper „Angelica vincitrice d'Alcina" im Garten der Favorita aufgeführt. 1725 erschien sein „Gradus ad Parnassum", ein vielbeachtetes Kontrapunkt-Lehrbuch. F., der bedeutendste ö. Barockkomponist, wurde der „ö. Palestrina" genannt. Unter seinen kirchenmusikalischen Werken finden sich über 70 Messen und 11 Oratorien. Außerdem schuf er 18 Opern und kammermusikalische Werke.

Johann Joseph Fux. Lithographie

Ließ, A.: J. J. F. (1948)

FUXMAGEN, Johannes s. Fuchsmagen

GABILLON, Ludwig, * 16. 7. 1828 in Güstrow (Mecklenburg), † 13. 2. 1896 in Wien, Schauspieler. Sohn eines Steuersekretärs. G. wandte sich früh dem Theater zu, bereits 1844 debütierte er in Güstrow, 1853 wurde G. von Heinrich Laube (s. d.) an das Wiener Burgtheater engagiert, wo er zuerst als jugendlicher Held, später in Charakterrollen, aber auch in Konversationsstücken außerordentlich erfolgreich war und im Lauf seiner Burgtheaterzeit mehr als 400 Rollen spielte.

GABLENZ, Ludwig Karl Wilhelm, Freiherr von Eskeles, * 19. 7. 1814 in Jena (Sachsen), † 28. 1. 1874 (Selbstmord) in Zürich, Heerführer und Diplomat. Sein Vater war sächsischer General und Gouverneur von Dresden. G. erhielt seine Ausbildung in der Dresdner Ritter-Akademie, wurde Offizier und trat 1833 in die ö. Armee ein. In den Feldzügen von 1848 zeichnete er sich in Italien besonders aus und wurde zum Major im Generalstab befördert. 1849 in Ungarn Generalstabschef und mehrmals verwundet, wurde er zum Oberst der Savoyen-Dragoner befördert. 1850–54 mit diplomatischen Missionen betraut, wurde er Generalmajor und war im ö. Feldzug in den Donaufürstentümern eingesetzt. Auf dem italienischen Kriegsschauplatz von 1859 bewährte er sich und wurde 1862 zum Feldmarschalleutnant befördert. Im Deutsch-Dänischen Krieg 1864 kommandierte er das ö. Armeekorps, mit dem er die Dänen am Danewerk, bei Oeversee und Veile schlug. 1865/66 wurde G. Statthalter in Holstein. Im Krieg von 1866 besiegte er die Preußen am 27. Juni bei Trautenau und errang damit den einzigen Sieg Ö.s in diesem Feldzug gegen die Preußen. 1867 zum lebenslänglichen Mitglied des Herrenhauses ernannt, war er Kommandierender General in Kroatien und Slawonien, 1869 in Ungarn. 1870 wurde G. General der Kavallerie, 1871 trat er in den Ruhestand. Als er in finanzielle Schwierigkeiten geriet und mit Familienproblemen zu kämpfen hatte, nahm er sich das Leben.

GABRIEL, Leo, * 11. 9. 1902 in Wien, † 15. 2. 1987 in Wien, Philosoph. Studierte in Wien und konnte sich wegen seiner Gegnerschaft zum Nationalsozialismus erst nach dem Zweiten Weltkrieg entfalten. War zunächst Gymnasialprof., 1949–72 Univ.-Prof. in Wien und auch lange Zeit Vorstand des Instituts für Philosophie an der Universität Wien. Er vereinte neuthomistische und existenzphilosophische Ansätze zu einer integralen Logik und wandte sich entschieden gegen den Formalismus der modernen Logik. G. war Präsident des Universitätszentrums für Friedensforschung und fand seine internationale Anerkennung und Wertschätzung durch die Berufung zum Präsidenten der Federation Internationale des Societés de Philosophie. Jahrelang Herausgeber der Zeitschrift „Wissenschaft und Weltbild", veröffentlichte er 1953 sein Hauptwerk „Integrale Logik". Außerdem erschien von ihm u. a. „Vom Brahma zur Existenz" (1949), „Logik der Weltanschauung"(1949), „Existenzphilosophie" (1950), „Das neue Welt- und Menschenbild" (1952), „Mensch und Welt in der Entscheidung" (1961); 1964–67 gab er „Nikolaus von Kues, Philosophisch-theologische Schriften" (3 Bde.) heraus.

GAERTNER, Friedrich, * 1. 5. 1882 in Teschen (Ö.-Schlesien), † 6. 2. 1931 in Wien, Nationalökonom. Schon 1909 veröffentlichte er „Der Ausbau der Sozialpolitik in Ö.", worauf man auf ihn als Wissenschaftler aufmerksam wurde. Während des Ersten Weltkriegs leitete er das Ernährungswesen der Monarchie; wurde später ein enger Mitarbeiter und Berater von Prälat Seipel (s. d.) und hatte erheblichen Anteil an der Einführung der Schillingwährung. Nach 1924 widmete er sich dem Ausbau der DDSG.

GAGERN, Friedrich Freiherr von, * 26. 6. 1882 in Mokritz (Krain), † 15. 11. 1947 in Geigenberg (NÖ), Schriftsteller. Besonders seine Jagd- und Tiergeschichten wurden sehr bekannt und erreichten zumeist mehrere Auflagen, so das 1907 erschienene Geschichtenbuch „Im Büchsenlicht" und „Das Grenzerbuch" (1927). Weitere Veröffentlichungen: „Das nackte Leben" (Roman, 1923), „Schwerter und Spindeln" (1939), „Grüne Chronik" (1948).

GAGERN, Maximilian Joseph Ludwig Freiherr von, * 26. 3. 1810 in Weilburg (Nassau), † 17. 10. 1889 in Wien, Staatsbeamter. 1829–33 war er im niederländischen, seit 1843 im nassauischen Staatsdienst tätig und 1844–47 Gesandter. 1848 Mitglied des Vorparlaments und der Frankfurter Nationalversammlung, nahm er auch am Gothaer Nachparlament teil und mußte 1854 den nassauischen Staatsdienst verlassen. 1855–74 als Hof- und Ministerialrat Leiter der handelspolitischen Abteilung des Außenministeriums in Wien, erwarb er sich Verdienste um die Handelspolitik der Monarchie. Danach widmete er sich vornehmlich karitativen Einrichtungen und war ab 1881 Mitglied des Herrenhauses.

GAHEIS, Franz Anton de Paula, * 1. 4. 1763 in Krems, † 4. 2. 1809 in Wien, Pädagoge und Kulturhistoriker. Nachdem er das Buchdruckergewerbe erlernt hatte, studierte er Theologie und Philosophie. Er trat in den „Orden der frommen Schulen" (= Piaristen) ein, wurde aber nie zum Priester geweiht. War an mehreren Hauptschulen tätig, wurde 1788 Direktor der neuen deutschen Hauptschule in Korneuburg (NÖ) und gründete dort im darauffolgenden Jahr eine „Industrie-Anstalt für Mädchen". 1798 von Franz II. nach Wien berufen, war er im Magistrat und bei der „Studien-Revisions-Hofkommission" tätig. 1800 gab er den „Neuen Wiener Musenalmanach" heraus. Mit seinem 1802 veröffentlichten Entwurf, ein Institut für blinde Kinder zu errichten, konnte er sich nicht durchsetzen. G. verfaßte mehrere pädagogische und heimatkundlich-kulturgeschichtliche Werke, darunter „Handbuch einer praktischen Methodik für Schullehrer" (1779) und „Wanderungen und Spazierfahrten in die Gegenden um Wien" (7 Bde., 1797–1808).

MICHAEL GAISMAIR

Rebell in Tirol

„Das einzige militärische Genie unter den Bauern."
Friedrich Engels

GAISMAIR, Michael (auch Gaißmayr, Geißmaar), * um 1490 in Tschöfs bei Sterzing (Südtirol), † 15. 4. 1532 in Padua (ermordet), Tiroler Bauernführer. Sein Vater war Bauer und kleiner Bergbauunternehmer. 1516 war G. Schreiber im Dienst des Landeshauptmanns Leonhard von Völs, dem ranghöchsten Ständevertreter Tirols. Im ersten Halbjahr 1524 wurde er Sekretär des Fürstbischofs von Brixen, Sebastian Sprenz. Am 9. 5. 1525 erhoben sich in Brixen die Bauern gegen die Gewaltherrschaft des Bischofs, und G. wurde am 13. 5. 1525 zum „obersten Feldhauptmann" gewählt. Kurz darauf bestimmte ihn ein gewählter Bauern- und Bürgerausschuß zum Vorsitzenden. Abgesehen von seiner reformerischen Tätigkeit, die er am 14. 5. 1525 in seinem Programm darlegte, war G. auch ein begabter militärischer Führer. Am 17. 8. zur Berichterstattung vor die Regierung in Innsbruck zitiert, mußte er sich einem Verhör unterziehen und wurde sogar eingesperrt. Am 7. 10. gelang ihm die Flucht, und in Protestschreiben warnte er den Hofrat in Innsbruck, wider das Landrecht zu handeln. Gelangte Anfang November über den Vintschgau ins Engadin und verfaßte dort seine „Landesordnung", die er Anfang 1526 an seine Freunde verschickte. Diese sah eine Art demokratische Bauern- und Knappenrepublik auf christlicher Ebene vor, wobei christlich als lutherisch gemeint war und der darin unterstrichene „Gemeinnutz-Gedanke" weniger ein soziales Anliegen darstellte, als vielmehr Gerechtigkeit und die Unterordnung individueller Interessen gegenüber einer Gemeinschaft von Gleichberechtigten forderte. Die für März 1526 geplante Weiterführung des Aufstands in Tirol scheiterte durch Verrat, und G. führte seine Anhänger heimlich durch Tirol nach Radstadt (S), nach erfolgloser Belagerung der Stadt über den Alpenhauptkamm nach Lienz und durch das Pustertal nach Westen – eine hervorragende militärische Leistung. Vom kaiserlichen Heerführer Georg von Frundsberg zu einem Gefecht bei Bruneck gezwungen, mußte sich G. zurückziehen, und in einer geschickten militärischen Aktion überschritt er am 12. 7. die Grenze zur Republik Venedig. In venezianischen Diensten war er mit seinen Leuten ebenfalls militärisch erfolgreich, quittierte aber aus Enttäuschung im August 1527 seinen Dienst. Erwarb 1528 in der Nähe von Padua ein Landgut, übersiedelte aber später nach Padua in einen kleinen Palast der Patrizierfamilie Strozzi. Sein ungebrochener religiöser Eifer (man nannte ihn den „lutherischen Deutschen") und die Tatsache, daß sein Haus immer wieder Treffpunkt antihabsburgischer Agitatoren war, ließen im erzkatholischen Padua gegen ihn Mißtrauen und Feindschaft wachsen. Nachdem er bereits einigen Mordversuchen entgangen war, wurde er am Morgen des 15. 4. 1532 von zwei gedungenen Mördern überfallen und getötet.

Benedikter, H.: Rebell im Land Tirol: M. G. (1970); Bücking, J.: M. G. (1978); Forcher, M.: Um Freiheit und Gerechtigkeit – M. G. (1982)

GALGÓTZY, Anton, * 1. 2. 1837 in Kronstadt (Siebenbürgen), † 5. 11. 1929 in Wien, Heerführer. 1859 Hauptmann im Generalstab, 1866 an der Italienfront im Einsatz. 1869–71 im Militärgeographischen Institut tätig, seit 1870 Major, wurde G. 1872 Generalstabschef im Militärbezirk Kaschau. 1874 Oberstleutnant im Generalkommando von Brünn, 1876 Oberst. 1882 als Brigadier bei den Aufständen in Süddalmatien und der Herzegowina eingesetzt, wurde er anschließend Generalmajor. 1887–91 stellvertretender Generalstabschef und Feldmarschalleutnant. 1891–1905 Korpskommandant und Kommandierender General in Przemyśl, 1905 Generaltruppeninspekteur. G. war eine der populärsten, unbürokratischen Persönlichkeiten der ö. Armee, lieferte Stoff für zahlreiche, zum Teil verbürgte Anekdoten und wurde von seinen Untergebenen auch „Vater G." genannt.

GALL, Josef, * 21. 9. 1820 in Laa an der Thaya (NÖ), † 9. 5. 1898 in Wien, Journalist. Nach abgeschlossenem Jusstudium war er 1841–73 im Staatsdienst tätig. 1848 Oberleutnant der Nationalgarde; es war sein Verdienst, daß die Ferdinandbrükke bei den Kämpfen nicht zerstört wurde. 1851–61 Mitarbeiter bei den Tageszeitungen „Presse", „Ö. Volkszeitung" und „Pest-Ofener Zeitung", gründete 1861 die „Korrespondenz Gall", die er selbst herausgab und redigierte. Mit diesem Informationsblatt vermittelte er den Zeitungen kommunale Nachrichten aus dem Wiener Gemeinderat. 1875 gründete er das „Wiener Kommunalblatt" (heute Rathauskorrespondenz), mit dem er die Kommunalberichterstattung in umfassender Weise publik machte.

GALLAS, Matthias Graf von Campo, Herzog von Lucera, * 16. 9. 1584 in Trient, † 25. 4. 1647 in Wien, Heerführer. Entstammte einer alten Familie, deren Mitglieder bischöfliche Ministeriale waren. 1616/17 in spanischen Diensten im Feldzug gegen Savoyen, trat 1618 in den Dienst der Liga und zeichnete sich bei Stadtlohn 1623 besonders aus. 1627 wurde er in den Reichsfreiherrenstand erhoben. 1629 trat er als Obristfeldwachtmeister in das kaiserliche Heer über und kämpfte im Mantuanischen Erbfolgekrieg. Er war an der Rückeroberung

Böhmens beteiligt, wurde 1631 Generalfeldzeugmeister und 1632 in den Reichsgrafenstand erhoben. Das Vertrauen Wallensteins genießend, wurde er 1633 von diesem zum „Höchstkommandierenden an seiner Statt" (General-Adlatus) befördert. Seit Jänner 1634 gehörte er der Hofpartei an, erhielt die geheimgehaltene Bestallung zum Oberstkommandierenden und betrieb den Sturz Wallensteins. Nach dessen Ermordung erhielt er die Herrschaft Friedland. 1634 eroberte er Regensburg und besiegte am 6. 9. bei Nördlingen Herzog Bernhard von Weimar. 1635–39 nicht sehr erfolgreich, wurde ihm das Oberkommando entzogen, das er 1643 aber erneut erhielt. 1643–45 abermals im Kampf wenig siegreich, enthob man G. wieder, gab ihm aber im Dezember 1646 das Oberkommando zurück. Der General wurde wegen seines auffallend großen Truppen- und Materialverschleißes oft kritisiert und erhielt ab 1638 den bezeichnenden Beinamen „Heerverderber".

GALLMEYER, Josephine, * 27. 2. 1838 in Leipzig, † 3. 2. 1884 in Wien, Schauspielerin, Tänzerin, Soubrette und auch Schriftstellerin. Als uneheliche Tochter des Brünner Theaterdirektors Thiel und der Sängerin Katharina Tomaselli nahm sie den Namen ihres Ziehvaters an. In Brünn schon Kinderrollen spielend, debütierte sie dort 1853 und ging anschließend nach Ungarn. 1856 spielte sie erstmals am Wiener Josefstädter Theater, 1857 unter der Direktion von Johann Nestroy (s. d.) am Carltheater, wurde aber bald von diesem als „zu häßlich" entlassen. 1860–62 unter Friedrich Strampfer (s. d.) in Temesvár tätig, profilierte sie sich für das Volksstück. 1862 nahm sie Strampfer an das Theater an der Wien mit, wo sie bis 1865 blieb. 1865–72 am Wiener Carltheater beschäftigt, erlebte sie den Höhepunkt ihrer großen Karriere als Sängerin und Schauspielerin der Wiener Volksbühne. 1872 wechselte sie in das von Strampfer 1870 neu gegründete Theater in der Tuchlauben über und wurde hier 1874 auch Direktrice, büßte dabei aber fast ihr ganzes Vermögen ein. 1882/83 unternahm sie erfolgreiche Tourneen in

Josephine Gallmeyer

Deutschland und in Amerika. Nach ihrer Rückkehr spielte sie noch im Theater an der Wien und in Graz, wo sie am 1. 1. 1884 zum letztenmal auf der Bühne stand. Sie starb fast völlig verarmt. Obwohl sie der „weibliche Nestroy" genannt wurde, war lediglich ihre darstellerische, nicht jedoch ihre schriftstellerische Leistung von bleibendem Wert. Kurzzeitig erfolgreich waren die Novellen „Aus is'" und „Die Schwestern" sowie das Drama „Aus purem Haß".

Glossy, B., u. Berger, G.: J. G. (1947); Danszky, E. P.: Die Gallmeyer (1953)

GALLUS, Jacobus (auch Handl, Händl, Hähnel, eigtl. Petelin), * zwischen 15. 4. und 31. 7. 1550 in Reifnitz (Unterkrain), † 18. 7. 1591 in Prag, Komponist. War um 1568 Kapellsänger im Stift Melk (NÖ) und ist 1574 als Mitglied der Wiener Hofkapelle nachweisbar. 1579–85 bischöflicher Chordirektor in Olmütz, 1585–91 Kantor an der Kirche St. Johann in Prag. Er schuf kirchenmusikalische Werke, darunter 16 Messen, und war einer der wenigen Vertreter der Musik der Gegenreformation nördlich der Alpen. 1580 erschienen seine Messen in vier Büchern.

GALLUS, Johann, s. Mederitsch, Johann Georg Anton Gallus

GAMSJÄGER, Rudolf, * 23. 3. 1909 in Wien, † 28. 1. 1985 in Wien, Konzertmanager. War ursprünglich Textilchemiker und studierte 1935–39 an der Wiener Musikakademie Gesang. 1945–72 Generalsekretär der Gesellschaft der Musikfreunde in Wien, auch Präsident der „Musikalischen Jugend Ö.s", 1972–76 Direktor der Wiener Staatsoper.

GANAHL, Johann von, * 27. 11. 1817 in Cremona, † 12. 8. 1879 in Mödling (NÖ), Berufsoffizier, Kartograph und Geodät. Wandte sich schon während seiner Offiziersausbildung der Alpinistik und der Kartographie zu. In den Ötztaler Alpen gelangen ihm mehrere Erstbesteigungen. 1857 führte er die erste Basismessung bei Wiener Neustadt durch. 1876 wurde er Präses der ö. Gradmessungskommission und war zuletzt Oberst und Kommandant des Militärgeographischen Instituts.

GANGLBAUER, Cölestin Josef, * 20. 8. 1817 in Thanstetten bei Steyr (OÖ), † 14. 12. 1889 in

Der Loreley-Brunnen neben dem Mittelrisalit der Staatsoper in der Kärntner Straße mit Hanns Gassers Figuren (Hauptfigur, darunter Trauer, Liebe, Rache)

Wien, Benediktiner und Erzbischof von Wien. Der Sohn eines Bauern trat 1830 in das Stiftsgymnasium Kremsmünster ein, legte 1842 die Profeß ab und wurde 1843 zum Priester geweiht. Ab 1846 war er als Gymnasialprof. und Konviktsdirektor tätig, wurde 1875 Prior und 1876 Abt des Benediktinerstifts Kremsmünster. 1881 Erzbischof von Wien, 1884 Kardinal. Er gründete den Kirchenbaufonds, aus dem später der „Allgemeine Kirchenbauverein" wurde, um der in Wien herrschenden Kirchennot begegnen zu können. Ab 1877 Mitglied des Herrenhauses. Außerdem widmete er sich dem Schulwesen und den Hochschulverbindungen und stand der christlichsozialen Bewegung positiv gegenüber.

GÄNSBACHER, Johann Baptist, * 28. 5. 1778 in Sterzing (Südtirol), † 13. 7. 1844 in Wien, Komponist. Studierte ab 1801 in Wien Musik und wurde hier Musiklehrer und war danach in Prag, Dresden und Leipzig tätig. 1810 ging er zur Vervollkommnung seiner Ausbildung nach Darmstadt zu Abbé Vogler und wurde dort Mitschüler und Freund von Carl Maria von Weber und Giacomo Meyerbeer. 1823 wurde er Kapellmeister am Wiener Stephansdom. Neben Kammermusik und Liedern schuf er 35 Messen und sieben Requien im frühklassischen Stil.

GASSER, Hanns, * 2. 10. 1817 in Eisentratten (K), † 27. 4. 1868 in Pest (Ungarn), Maler und Bildhauer. Hatte mit seiner ersten Ausstellung 1838 in Klagenfurt so großen Erfolg, daß er nach Wien ging, an der Akademie der bildenden Künste studierte und innerhalb von zwei Jahren mehrere Preise errang. 1840–50 lebte er überwiegend in Süddeutschland und in Ungarn. 1850/51 Prof. an der Wiener Akademie, in der Folge arbeitete er auch vielfach in anderen Städten der Monarchie und des Auslands. Sein klassizistischer Stil, in dem er seine Bilder und zahlreiche Statuen schuf, wird von Anklängen der Romantik beeinflußt. Besonders erwähnenswert sind die zwölf Steinfiguren (die Monate) für die Stiegenaufgänge im Belvederegarten (1850–52), acht allegorische Figuren für die Vorderfront des Waffenmuseums im Wiener Arsenal (1855), der Donauweibchenbrunnen im Wiener Stadtpark (1858) und die Figur am Marmorsarkophag des hl. Clemens Maria Hofbauer (s. d.) in der Kirche Maria am Gestade (1859–62).

Friedrich Gauermann: Die Feste Hohensalzburg

GASSMANN, Florian Leopold, * 3. 5. 1729 in Brüx (Böhmen), † 20. 1. 1774 in Wien, Komponist, Kapellmeister. Ab dem siebenten Lebensjahr Sängerknabe im Jesuitenkolleg von Komotau, wanderte zwischen 1742 und 1745 durch Italien und komponierte 1757 für das Teatro di San Moisé in Venedig die Oper „Merope". Ab nun schrieb er bis 1762 jedes Jahr eine Oper für die Karnevalsaison. 1763 Ballettkomponist in Wien, 1764 zum Kammerkomponisten, 1772 zum Hofkapellmeister ernannt. 1771 regte er die Gründung der „Musischen Sozietät der Witwen und Waisen" an, deren erste Akademie am 29. 3. 1772 die erste öffentliche Konzertveranstaltung in Wien war. Neben seinem kammermusikalischen Schaffen schrieb er rund 25 Opern und über 50 kirchenmusikalische Werke. Lehrer von Salieri (s. d.) und ein wichtiger Vorläufer der Gluckschen Oper.

GASSNER, Heinrich, * 12. 7. 1885 in Wien, † 7. 1. 1948 in Wien, klassischer Philologe. Nach seinem Studium widmete er sich neben seiner Tätigkeit als Gymnasialprof. der Schulreform. Ab 1919 arbeitete er an der Wiener Schulreform und an der Methodik des altsprachlichen Unterrichts mit. 1924 erschien sein Gymnasiallehrbuch „Austria Romana" in zwei Teilen, das Jahrzehnte hindurch und auch noch nach 1945 verwendet wurde. 1923–38 war G. Landesschulinspektor von Wien, danach dienstenthoben; er wurde 1945 Leiter des Wiener Volksbildungsvereins und der neuen Einrichtung „Theater der Jugend".

GAUDRIOT, Charly, * 12. 3. 1895 in Wien, † 15. 4. 1978 in Wien, Kapellmeister und Komponist von Unterhaltungsmusik. 1928 gründete er ein eigenes Tanzorchester. Diese erste Jazzkapelle in Ö. wurde auch die erste Tanzkapelle von Radio Wien. G. schrieb zahlreiche Schlager und Tanzmusik und leitete viele Jahre das Kleine Rundfunkorchester in Wien.

GAUERMANN, Friedrich, * 20. 9. 1807 in Scheuchenstein bei Miesenbach (NÖ), † 7. 7. 1862 in Wien, Maler und Graphiker. Sohn von Jakob G. (* 3. 9. 1773 in Offingen, Württemberg, † 27. 3. 1843 in Wien), der Kammermaler von Erzherzog Johann (s. d.) war. Zunächst Schüler seines Vaters, besuchte er (1822) kurzfristig die Akademie der bildenden Künste in Wien und bildete sich dann autodidaktisch weiter. 1826 trat er erstmals mit seinen Gemälden vor die Öffentlichkeit und verzeichnete 1830 einen eindrucksvollen Ausstellungserfolg in Wien. Als G. 1836 Mitglied der Akademie der bildenden Künste wurde, galt er bereits als der beliebteste Landschaftsmaler der Biedermeierzeit. Nach 1848 nahm, bedingt durch neue Stilrichtungen und gesellschaftliche Veränderungen, das Publikumsinteresse merklich ab. G. war jedoch der Bahnbrecher der Wiener Landschaftsmalerei und hat es verstanden, eingefangene Stimmungen durch besondere Beleuchtungseffekte zu vertiefen. In seinen Jagdbildern erweist er sich als vorzüglicher Tiermaler. Sein Œuvre umfaßt 1 034 Ölbilder und 569 Handzeichnungen.

Feuchtmüller, R.: F. G. (1962, Neuaufl. 1987); Weninger, P. (Hrsg.): F. G. und seine Zeit (1962)

GAUL, Franz, * 29. 7. 1837 in Wien, † 3. 7. 1906 in Wien, Maler, Karikaturist und Kostümbildner. Sein Vater Franz (* 27. 6. 1802 in Wien, † 18. 11. 1874 in Wien) war Medailleur und Graveur am Hauptmünzamt in Wien und hatte durch seine Methode der Stempelvervielfältigung den Prägedruck vervollkommnet. G. studierte an der Akademie der bildenden Künste in Wien und schuf zunächst eindrucksvolle Schlachtenbilder. Auch als Karikaturist sehr begabt, zeichnete er 1859 eine Serie der Hofschauspieler, die auch reproduziert wurde und große Verbreitung fand. Dann wandte er sich dem Theater zu: war 1868–79 Kostümmaler für beide Hoftheater, 1879–1900 technischer Oberinspektor und Vorstand des Ausstattungswesens der Hofoper. Hier schuf er auch Ausstattungsballette und Festspiele, darunter den großen Erfolg „Die Puppenfee". G. legte eine umfassende Sammlung von Kostümen, Kostümwerken und -blättern an. Stilistisch waren seine Kostümentwürfe bis zuletzt – trotz der neuen Kunstströmungen um die Jahrhundertwende – der Romantik verhaftet.

G

Gause Wilhelm · Gautsch Paul · Gebauer Anton Karl · Gebauer Franz Xaver · Gebhard, Heiliger · Gebhard, Graf von Helfenstein · Gebler Tobias Philipp · Gegenbauer Leopold · Geiger Carl Josef · Geistinger Marie · Geltar · Gentz Friedrich von · Geramb Viktor · Gerhoh von Reichersberg · Gerhold Franz Josef · Gericke Wilhelm

GAUSE, Wilhelm, * 27. 3. 1854 in Krefeld (Rheinland), † 13. 6. 1916 in Stein an der Donau (NÖ), Maler und Illustrator. Studierte 1871–79 in Düsseldorf und kam dann nach Wien, wo er ein vielbeschäftigter Illustrator wurde und für mehrere in- und ausländische Zeitungen arbeitete. Ab 1889 lebte er in Stein an der Donau. Zusätzlich schuf er zahlreiche Bilder aus dem Wiener Volksleben und von Wiener Typen. Besonders bekannt wurden „Hofball" (1898), „Fronleichnamsprozession" (um 1900), „Ball der Stadt Wien" und „Blumenkorso" (1904).

GAUTSCH, Paul, Freiherr von Frankenthurn (seit 1889), * 26. 2. 1851 in Wien, † 20. 4. 1918 in Wien, Staatsmann. Der Sohn eines Polizeikommissärs studierte nach dem Besuch des Theresianums Jus und promovierte 1873. 1874 Beamter im Kultusministerium, ab 1881 Direktor des Theresianums und 1885–93 sowie 1895–97 Unterrichtsminister. Machte sich um verbesserte Unterrichtsmethoden und Studienregelungen verdient. In Krisenzeiten leitete er als Ministerpräsident dreimal Übergangskabinette, 1897/98, 1905/06 und 1911, und mußte hauptsächlich mittels Notverordnungen regieren. 1897 hob er die umkämpften Badenischen Sprachenverordnungen auf und brachte 1906 den Gesetzentwurf zur Einführung des allgemeinen Wahlrechts ein. 1899–1904 war G. Präsident des Obersten Rechnungshofs, 1895–1918 Mitglied des Herrenhauses. Er war ein gewandter Parlamentarier und ein Vertrauensmann Kaiser Franz Josephs I. (s. d.).

GEBAUER, Anton Karl, * 16. 7. 1872 in Bennisch (Ö.-Schlesien), † 30. 5. 1942 in Velden am Wörther See (K), Asienforscher. Beschäftigte sich schon in jungen Jahren mit Asien und unternahm zahlreiche Reisen, darunter 1901 nach Ägypten und Kleinasien und 1906, 1910 und 1913 nach Indien. 1925 erschien sein Buch „Um den Mount Everest" und nach seinem Tod 1943 „Burma, Tempel und Pagoden".

GEBAUER, Franz Xaver, * 1784 in Eckersdorf bei Glatz (Preußisch-Schlesien), † 13. 12. 1822 in Wien, Komponist und Chorleiter. Kam 1810 nach Wien und war hier als Klavierlehrer tätig. 1816 wurde er Regens chori bei den Augustinern und gehörte 1813 zu den Mitbegründern der Gesellschaft der Musikfreunde. 1820 war er Erster Dirigent der Wiener „Concerts spirituels". Er schuf kammermusikalische Werke sowie zahlreiche Lieder.

GEBHARD, Heiliger, als G. II. Bischof von Konstanz, * 7. 8. 949 in Bregenz (?), † 27. 8. 995 in Konstanz. Der jüngste Sohn von Graf Ulrich (Uzo, Udalrich) VI. von Bregenz besuchte die Domschule von Konstanz. Er besaß das besondere Vertrauen von Kaiser Otto II., der ihn 979 zum Bischof von Konstanz ernannte. 983 stiftete G. das Benediktinerkloster Petershausen und stattete es mit Erbgütern sowie aus Rom erbetenen wertvollen Reliquien aus. Er war einer der bedeutenden Verfechter der Klosterreformbewegung seiner Zeit. 1134 selig-, 1259 heiliggesprochen. Der Legende nach soll er an jener Stelle geboren worden sein, an der heute die Wallfahrtskirche auf dem Bregenzer Gebhardsberg steht. Sie wurde 1723 als Kapelle in den Palast der Ruine des ehemaligen Stammsitzes seines Geschlechts eingebaut und 1742 erweitert. G. ist der Landespatron von Vorarlberg.

GEBHARD, Graf von Helfenstein, Erzbischof von Salzburg, * um 1030 (?), † 15. 6. 1088 auf Burg Hohenwerfen (S). Hochadeliger, vermutlich schwäbischer Abstammung, diente er seit 1055 in der kaiserlichen Kanzlei und war 1057–59 Reichskanzler. 1060 wurde er Erzbischof von Salzburg und reorganisierte das Pfarrsystem in seinem Bereich. Die Stellung Salzburgs im Kärntner Raum stärkte er 1072 durch die Gründung des Eigenbistums Gurk. Als Förderer der Kirchenreform um das klösterliche Leben bemüht, gründete er 1074 das Benediktinerstift Admont (St), das bald zu einem wichtigen geistigen und geistlichen Zentrum wurde. Im Investiturstreit war G. ein bedeutender Vertreter der päpstlichen Partei in Deutschland und gehörte auch zu jenen Wählern, die 1076 auf dem Fürstentag von Tribur Rudolf von Rheinfelden zum Gegenkönig wählten. Zur Stärkung seines Machtbereichs ließ er 1077 die Festungen Hohensalzburg, Hohenwerfen (S) und Friesach (K) erbauen. 1079 wurde er von seinem Bischofssitz vertrieben und organisierte in Schwaben und Sachsen eine lebhafte politische und propagandistische Tätigkeit gegen Kaiser Heinrich IV. 1085 setzte der Kaiser Berthold von Moosburg als Gegenbischof in Salzburg ein, doch konnte G. 1086 als Erzbischof nach Salzburg zurückkehren.

Steinböck, W.: Erzbischof G. von Salzburg (1972)

GEBLER, Tobias Philipp Freiherr von, * 2. 11. 1726 in Zeulenroda (Vogtland), † 9. 10. 1786 in Wien, Staatsbeamter und Dramatiker. Studierte in Jena, Göttingen und Halle und trat 1753 aus holländischen Diensten in den ö. Staatsdienst über. Wurde Geheimer Rat und Vizekanzler der Hofkanzlei. Als Anhänger der josephinischen Reformen war er sehr um die Verbesserung der ö. Schulen bemüht. G. übersetzte aus dem Französischen und schrieb zahlreiche Dramen, die 1772 unter dem Titel „Theatralische Werke" (3 Bde.) erschienen. Er gilt als ein Vorläufer Eduard von Bauernfelds (s. d.).

GEGENBAUER, Leopold, * 2. 2. 1849 in Asperhofen (NÖ), † 3. 6. 1903 in Gießhübl (NÖ), Mathematiker. Wurde nach seinem Studium Prof. an der Universität Innsbruck und lehrte ab 1893 in Wien. G. verfaßte grundlegende Arbeiten auf dem Gebiet der Zahlentheorie, der Algebra und der Funktionentheorie und wurde durch die sogenannten „Gegenbauerschen Polynome" bekannt. Sein Sohn Viktor (* 8. 8. 1884 in Innsbruck, † 7. 1. 1939 in Wien) war Hygieniker und erwarb sich große Verdienste um die Seuchenbekämpfung und um den Ausbau der Sozialhygiene im Wien der Zwischenkriegszeit.

GEIGER, Carl Josef, * 14. 12. 1822 in Wien, † 19. 10. 1905 in Wien, Maler. Kam bereits 1835 an die Akademie der bildenden Künste in Wien und war Schüler von Leopold Kupelwieser (s. d.) und Josef Führich (s. d.). War zunächst Buchillustrator und entwarf Ehrendiplome und Huldigungsadressen, später war er als Emailmaler und Freskenrestaurator tätig. Er wirkte auch auf dem Gebiet der Historien- und Sakralmalerei und schuf 1854 den Votivaltar für die Stephanskirche in Wien. Außerdem war er an den Innenausstattungen der Hofoper, des Burgtheaters, der Albertina, der Börse und des Palais Kinsky beteiligt.

GEISTINGER, Marie, * 26. 7. 1836 in Graz, † 29. 9. 1903 in Klagenfurt, Sängerin und Volksschauspielerin. Tochter eines russischen Hofschauspielerehepaars. Bereits mit elf Jahren trat sie in Graz in Kinderrollen auf und erhielt in Wien eine ausgezeichnete schauspielerische und musikalische Ausbildung. 1850 debütierte sie in München, kam 1852 an das Theater in der Josefstadt. 1865 debütierte sie in der Erstaufführung von Offenbachs „Schöner Helena" im Theater an der Wien und hatte einen durchschlagenden Erfolg. 1869 übernahm sie gemeinsam mit Max Steiner die Direktion des Theaters an der Wien, legte diese aber (trotz großer Erfolge) wegen finanzieller Verluste 1875 zurück.

Marie Geistinger

1881–84 absolvierte sie sieben erfolgreiche Tourneen durch die USA. Am 29. 3. 1888 beendete sie als „Therese Krones" im Belle-Alliance-Theater ihre künstlerische Laufbahn. Die „Königin der Operette" starb fast völlig vergessen, nachdem sie in ihrer Glanzzeit nicht nur in allen Offenbach-Operetten brilliert hatte, sondern ebenso erfolgreich als erste Darstellerin von Anzengruber-Stücken wie etwa „Meineidbauer", „Pfarrer von Kirchfeld" und „Kreuzelschreiber" aufgetreten war.

Auch als tragische Heroine wurde sie in der Darstellung von Maria Stuart, Emilia Galotti, Medea, Iphigenie, Elisabeth und Sappho an H. Laubes (s. d.) Stadttheater gefeiert – ein Unikum seltenster Art in dieser Zeit der Rollenspezialisierung.

Pirchan, E.: M. G. (1947)

GELTAR, der. Von diesem im 13. Jahrhundert lebenden Minnesänger ist fast nichts bekannt. Man vermutet, daß er aus kleinem Landadel aus der Gegend um Wien stammt. Die vier von G. erhaltenen Lieder dürften vom realistischen Ton Neidharts von Reuenthal beeinflußt sein.

GENTZ, Friedrich von, * 2. 5. 1764 in Breslau (Schlesien), † 9. 6. 1832 in Weinhaus bei Wien, Staatsmann und politischer Publizist. Studierte Jus in Königsberg, wo er auch Vorlesungen von Kant besuchte, und trat 1785 in den preußischen Staatsdienst ein. Bekannt wurde er durch Übersetzungen von Werken über die Französische Revolution (wie etwa Edmund Burkes „Betrachtungen über die französische Revolution") und durch seine Beiträge in der „Neuen Deutschen Monatsschrift" (1795–98) sowie im „Historischen Journal" (1799–1800), in denen er, von der Berliner Aufklärung beeinflußt, in zunehmendem Maß gegen das Frankreich Napoleons Stellung bezog. Mit der preußischen Politik nicht einverstanden und auch aus privaten Beweggründen folgte er dem Ruf des Wiener Kabinetts und trat 1802 in den ö. Staatsdienst. Seine publizistische Tätigkeit gipfelte in seinem 1804 (1806 in 2. Aufl.) erschienenen Werk „Fragmente aus der Geschichte des politischen Gleichgewichts von Europa", mit dem er auch zum Mittelpunkt der konservativen, antinapoleonischen Agitation wurde. 1809 und 1813 verfaßte er die ö. Kriegsmanifeste. Ab 1810 wurde er zum Vertrauten Metternichs (s. d.) und schließlich auch zum Werkzeug der Metternichschen Politik. Schon auf dem Wiener Kongreß von 1815 Protokollführer und „Sekretär Europas" genannt, hatte er diese Position auch bei allen folgenden europäischen Konferenzen inne. 1818 gründete er die „Wiener Jahrbücher der Literatur". Da er sich gegen kriegerische Interventionen aussprach und dies auch zu begründen verstand, verlor er 1830 das Vertrauen und die Gunst des Fürsten Metternich. In seinen letzten Lebensjahren war er der leidenschaftliche Freund und Förderer der Tänzerin Fanny Elßler (s. d.). G., der von zahlreichen Parteien und auch aus dubiosen Quellen Geld erhalten hatte, galt zu Lebzeiten bereits als Symbol der antiliberalen, konservativen Restauration.

Mann, G.: F. v. G. (1947); Baxa, J.: F. v. G. (1965)

Wilhelm Gause: Hofball

FRIEDRICH VON GENTZ

Der Sekretär Europas

„Der bekannte Gentz, Verfasser der österreichischen Manifeste und der wichtigsten Artikel im ‚Österreichischen Beobachter' wurde wiederholt zum Staatsrat vorgeschlagen und sogar von Metternich selbst empfohlen. – ‚Er hat eine Geliebte und drei Kinder von ihr', war des Kaisers Antwort, und alle Bemühungen blieben vergebens."

Charles Sealsfield, Österreich, wie es ist (1828)

Friedrich von Gentz 1825. Lithographie von Friedrich Lieder

GERAMB, Viktor, * 24. 3. 1884 in Deutschlandsberg (St), † 8. 1. 1958 in Graz, Volkskundler. Nach Abschluß seines Studiums richtete er 1912 die volkskundliche Abteilung am Landesmuseum Joanneum in Graz ein, deren Leiter er bis 1920 blieb. Ab 1918 war er Mitarbeiter am steirischen Volksbildungswerk St. Martin bei Graz und gründete 1931 die Lehrkanzel für Volkskunde der Universität Graz. 1934–37 baute er das steirische Volkskundemuseum aus. Seine wichtigsten Werke sind „Deutsches Brauchtum in Ö." (1924, 3. Aufl. 1948 unter dem Titel „Sitte und Brauch in Ö."), „Um Ö.s Volkskultur" (1946) sowie mehrere Schriften über die steirische Volkskunde. Außerdem gab er ab 1927 die „Quellen zur deutschen Volkskunde" heraus.

GERHOH von Reichersberg, * 1093 in Polling (Bayern), † 27. 6. 1169 in Reichersberg (OÖ), Augustiner-Chorherr und Schriftsteller. Nach seiner Ausbildung in Hildesheim wurde er 1119 Domherr und Lehrer an der Domschule von Augsburg, zog sich aber bald in das Kloster Raitenbuch zurück. 1132 wurde er Propst des Augustiner-Chorherrenstifts Reichersberg. Als treuer Parteigänger von Papst Alexander III. und erklärter Gegner Kaiser Friedrichs I. Barbarossa verhängte der Kaiser über das Kloster die Reichsacht, und G. mußte 1167 vorübergehend ins Exil fliehen. G. hatte das Stift in geistiger und wirtschaftlicher Beziehung zu einer erstaunlichen Blüte geführt. In seinen zahlreichen Schriften setzte er sich mit den Mißständen in der Kirche auseinander, war ein Gegner der aufkommenden Scholastik und ein Vorkämpfer für ein strenges kirchliches Leben. Besonders deutlich wird dies in „De investigatione Antichristi", worin er auch interessante Mitteilungen über den zweiten Kreuzzug macht. In „De quarta vigilia noctis" mahnt er zum Frieden und tadelt die Habsucht und den Hochmut der Kardinäle. Bedeutend sind zudem sein 1144–67 verfaßter vielbändiger Psalmenkommentar und seine Regalienlehre.

Meuthen, E.: Kirche und Heilsgeschichte bei G. v. R. (1959); Claasen, P.: G. v. R. (1960)

GERHOLD, Franz Josef, s. Müller-Guttenbrunn, Adam

GERICKE, Wilhelm, * 18. 4. 1845 in Schwanberg (St), † 27. 10. 1925 in Wien, Dirigent und Komponist. War ein vielbeschäftigter Dirigent, leitete auch zeitweilig die Wiener Gesellschaftskonzerte und wurde 1874 Kapellmeister der Wiener Hofoper. 1884–89 und 1898–1908 war er Dirigent der Bostoner Symphoniekonzerte. Schrieb kammermusikalische Werke und Operetten.

GERL, Franz Xaver, * 30. 11. 1764 in Andorf (OÖ), † 9. 3. 1827 in Mannheim, Sänger (Bassist). War ein Schüler von Leopold Mozart (s. d.) und wurde 1785 Mitglied einer Schauspielergesellschaft, bei der er als Osmin-Darsteller Erfolge feierte. In Regensburg stieß er auf die Truppe von Emanuel Schikaneder (s. d.), mit der er nach Wien ging und 1787–94 am Wiener Freihaustheater auftrat. Hier sang er 1791 den Sarastro bei der Uraufführung von Mozarts „Zauberflöte". Ab 1795 trat G. auf Bühnen in Mannheim und Brünn auf.

GERL, Matthias d. J., * 1713 in Wien, † 1765 in Wien, Baumeister und Architekt. Entstammt einer angesehenen Wiener Architektenfamilie und war Hof- und Direktorialbaumeister. Sein Stil war von Lukas v. Hildebrandt (s. d.) beeinflußt. G. erbaute mehrere Kirchen, 1746 den Klosterneuburger Hof in Wien, führte 1746/47 den Umbau der Pfarrkirche in Simmering durch, baute 1752 die Wiener Neustädter Burg zur Militärakademie um, errichtete den Pfarrhof in Melk (NÖ) und erbaute 1756 die Kirche in Penzing (Wien 14).

GERNGROSS, Alfred (Abraham), * 30. 12. 1844 in Fürth bei Erlangen (Bayern), † 7. 1. 1908 in Wien, Kaufmann und Warenhausbesitzer. Als „Kaufmann aus Frankfurt am Main" kam er nach Wien und gründete 1881 gemeinsam mit seinem Bruder Hugo ein kleines Tuchgeschäft in der Mariahilfer Straße. Dank der raschen Entwicklung der Straße zur größten und frequentiertesten Geschäftsstraße Wiens florierte die Firma sehr bald, und G. ließ sich amtlich den „Betriebsgegenstand ‚Gemischtwarenhandel' genehmigen. Nacheinander wurden insgesamt 13 Häuser erworben, wodurch ein großer Häuserblock für das 1903 erbaute Warenhaus entstand. G. hinterließ ein beachtliches Vermögen, über vier Millionen Kronen. Von seinen vier Söhnen waren bei G.s Tod bereits zwei Gesellschafter des Unternehmens. Am 22. 12. 1911 wurde der Betrieb in eine Aktiengesellschaft umgewandelt.

GERÖ, Josef, * 23. 9. 1896 in Subotica (Wojwodina), † 28. 12. 1954 in Wien, Jurist. Im Ersten Weltkrieg Leutnant, schloß er 1920 sein Jusstudium ab, wurde 1926 Staatsanwalt und war 1934–38 Abteilungsleiter im Justizministerium. Nach 1938 mehrmals in politischer Haft. 1945–49 Staatssekretär und 1952–54 Justizminister; war als Parteiloser von der SPÖ nominiert worden. 1949–52 Präsident des Oberlandesgerichts Wien. G. war ein aktiver Förderer des Sports und 1927–38 Präsident des Wiener, 1945 des Ö. Fußballbundes sowie seit 1946 Präsident des Ö. Olympischen Comités.

GEROLD, Markgraf, † 799. Der schwäbische Graf G., ein Schwager Karls des Großen, wurde 788 als erster Präfekt (= Markgraf) der Karolingischen (Awarischen) Mark an der Donau eingesetzt. G. errichtete seine Residenz in St. Pölten.

GEROLD, Carl, * 12. 6. 1783 in Wien, † 23. 9. 1854 in Wien, Buchhändler und Buchdrucker. War Kaufmannslehrling in Brünn, mußte aber wegen des frühen Todes seines Bruders (1806) Buchhandel und Buchdruckerei erlernen, um 1813 den Witwenbetrieb seiner Mutter übernehmen zu können. 1816 führte er die von Alois Senefelder (s. d.) erfundene Lithographie im Buchdruck ein; Vierthalers (s. d.) Werk „Wanderungen durch Salzburg, Berchtesgaden und Oesterreich" wurde von ihm als erstes Buch mit Lithographien herausgebracht. 1828 erwarb er die Buchhandlung des in finanzielle Schwierigkeiten geratenen Joseph Geistinger. G. bekämpfte den unbefugten Nachdruck von im Ausland verlegten Werken, der seit Joseph II. (s. d.) in Ö. gefördert bzw. stillschweigend geduldet wurde, sowie die Zensur im Vormärz. 1852 rüstete er seine Druckerei mit Dampfkraft aus. Auch im Wiener Zeitungswesen war G. tätig; so erschienen in seinem Verlag u. a.: „Die ostdeutsche Post", „Der Lloyd", „Die Presse" und „Das Fremdenblatt".

Junker, C.: Das Haus G. in Wien 1775–1925 (1925); Mayer, A.: Wiens Buchdruckergeschichte 1482–1882 (1887)

GEROLD, Moriz von (seit 1875), * 21. 11. 1815 in Wien, † 6. 10. 1884 in Wien, Buchdrucker und Verleger. Sohn von Carl G. (s. d.), der gemeinsam mit seinem Bruder Friedrich (1813–85) Gesellschafter der Buchhandlung Gerold & Comp. und Alleininhaber der Druckerei Carl Gerolds Sohn war. Besuchte das Polytechnikum in Wien, erlernte bei Brockhaus in Leipzig den Beruf des Vaters und vervollkommnete in Frankfurt am Main, Paris und London seine Ausbildung. Ende 1848 gründete er gemeinsam mit Ignaz Kuranda (s. d.) „Die ostdeutsche Post" und widmete sich der Herausgabe von Schulbüchern und wissenschaftlicher Literatur. G. war mit der Schriftstellerin Rosa Henneberg verheiratet, und der Salon des Ehepaares war ein Mittelpunkt des geistigen und künstlerischen Wien. Anläßlich des hundertjährigen Firmenjubiläums wurde ihm der Orden der Eisernen Krone III. Klasse verliehen, womit die Erhebung in den Adelsstand verbunden war. Außerdem war G. Vorstand des Vereins ö. Buchhändler, Präsident der Versicherungsgesellschaft „Donau" und Vizepräsident der Allgemeinen Depositenbank.

GERSTL, Richard, * 14. 9. 1883 in Wien, † 4. 11. 1908 (Selbstmord) in Wien, Maler. Studierte an der Wiener Akademie der bildenden Künste bei Griepenkerl (s. d.) und Lefler (s. d.). Zwischen 1902–08 entstanden zahlreiche Ölbilder, die die Moderne vorwegnahmen, so „Selbstporträt" (1902), „Pointillistisches Selbstporträt" (1906) und zahlreiche Landschaften. Sein von van Gogh beeinflußtes Werk wurde erst 1931 auf einer Nachlaßausstellung der Wiener Neuen Galerie öffentlich gezeigt.

GERSTNER, Anton, * 15. 5. 1823 in Fischamend (NÖ), † 1. 2. 1898 in Wien, Zuckerbäcker. Der Sohn eines Müllers erlernte das Handwerk bei einem Zuckerbäcker auf dem Rabensteig, wo auch Ferdinand Raimund (s. d.) Lehrling war. 1847 gründete er am Stock-im-Eisen-Platz einen eigenen Betrieb, den er 1866 in die Kärntner Straße verlegte. 1873 wurde er Hofzuckerbäcker und war Mitbegründer der Zuckerbäcker-Fachschule. Seine Konditorei wurde rasch bekannt und zählte bald zum beliebten Treffpunkt der Wiener Gesellschaft.

GERSTNER, Franz Anton von, * 19. 4. 1796 in Prag, † 12. 4. 1840 in Philadelphia (USA), Eisenbahntechniker. Sohn von Ing. Franz Joseph Ritter von G., der 1811–32 Wasserbaudirektor in Böhmen und ein geschätzter Mathematiker sowie Mechaniker war. Studierte am Polytechnischen Institut in Prag und wurde 1818 Prof. für praktische Geometrie am Wiener Polytechnikum (Technische Universität). Studierte das Eisenbahnwesen in England und widmete sich 1823/24 den Vorarbeiten für den Bau einer Pferdeeisenbahn Gmunden-Linz-Budweis, die schon von seinem Vater als Moldau-Donau-Verbindung angeregt worden war. 1825 übernahm er die Bauleitung dieser Eisenbahn, der ersten öffentlichen auf dem europäischen Kontinent, und vollendete 1828 die 62,2 km lange Strekke von Budweis nach Kerschbaum. Da die Aktionäre die zweite Hälfte der Strecke nach einem billigeren, aber auch unzweckmäßigeren System erbauen wollten, trat er noch im selben Jahr zurück und ging nach England. 1834 baute er die erste Eisenbahnlinie in Rußland, von Zarskoje Selo nach St. Petersburg. 1838 reiste er zu Studienzwecken nach Nordamerika.

GERTRUD von Babenberg, † 1151, Tochter Markgraf Leopolds III. von Ö. (s. d.). War mit König Wladislaw II. von Böhmen verheiratet.

GERTRUD von Babenberg, * 1226, † 24. 4. 1288 im Kloster Seuslitz (Sachsen), Tochter Herzog Heinrichs des Grausamen (s. d.) und Nichte Herzog Friedrichs II. des Streitbaren (s. d.). War mit Markgraf Wladislaw von Mähren, dem Sohn des Böhmenkönigs, verlobt, weshalb sie zur vereinbarten Vermählung mit Kaiser Friedrich II. am 29. 6. 1245 in Verona nicht erschien. Mit der gescheiterten Hochzeit verhinderte sie die bereits beschlossene Erhebung der Herzogtümer Ö. und Steiermark zum Königreich Ö. 1246 heiratete sie schließlich

Richard Gerstl: Die Schwestern Fey (1905)

Markgraf Wladislaw von Mähren, der 1246/47 Herzog von Ö. war, jedoch bereits am 3. 1. 1247 starb. Gemeinsam mit den beiden Schwestern Friedrichs des Streitbaren (Margarete und Konstanze) machte sie daraufhin ihre Ansprüche auf das babenbergische Erbe geltend. Im Sommer 1248 heiratete sie Markgraf Hermann IV. von Baden und ließ sich mit diesem in Mödling (NÖ) nieder. Als Herzog von Ö. und Steiermark konnte er sich nicht durchsetzen und starb am 4. 10. 1250 an einer Vergiftung. G. floh daraufhin zu ihrer Tante Konstanze, der Markgräfin von Meißen. Ende 1252 überredete König Béla IV. von Ungarn die Babenbergerin, seinen Neffen, Fürst Roman von Halics (ein Fürstentum am Rande der Karpaten), zu heiraten. G. wurde aber kurze Zeit nach der Eheschließung verstoßen, worauf sie sich auf die Burg am Kahlenberg bei Wien zurückzog, 1254 ging sie in die Steiermark, residierte in Voitsberg und besaß so wenigstens einen Teil der babenbergischen Eigengüter. 1265 wurde ihr Sohn Friedrich aus der Ehe mit Hermann von Baden aus der Steiermark verbannt, worauf sie 1267 die Steiermark verließ und in das Kloster Seuslitz bei Dresden eintrat. Friedrich wurde ein enger Freund König Konradins von Hohenstaufen und mit diesem am 29. 10. 1268 in Neapel enthauptet.

Ausstellungskatalog „100 Jahre Babenberger in Ö." (1976)

GERTRUD Gräfin von Hohenberg, * um 1230 in Schwaben, † 16. 2. 1281 in Wien, erste Gemahlin Rudolfs I. von Habsburg (s. d.). Nach der Königskrönung Rudolfs am 24. 10. 1273 nahm sie den Namen Anna an. 1277 folgte sie mit ihren neun Kindern dem Gatten nach Wien, übte aber keinen politischen Einfluß aus. Auf ihren Wunsch hin wurde sie im Dom zu Basel am 20. 3. 1281 beigesetzt. 1770 wurden ihre Gebeine in das Kloster St. Blasien im Schwarzwald übergeführt und 1807 von dort in das Stift St. Paul im Lavanttal (K).

Redlich, O.: Rudolf v. Habsburg (1903)

GESSMANN, Albert, * 18. 1. 1852 in Wien, † 7. 7. 1920 in Prein (NÖ), christlichsozialer Politiker und Bibliotheksbeamter. Studierte an der Universität Wien Geschichte und Geographie und promovierte zum Dr. phil. Bereits seit 1870 als Archivar im Kriegsarchiv tätig, war er 1876–1903 Bibliothekar an der Universitätsbibliothek und anschließend Gymnasialprof. Daneben war er politisch tätig, war 1882–88 Wiener Gemeinderat (abermals 1893 bis 1911) und 1891–1911 Reichsratsabgeordneter. Er schloß sich Dr. Karl Lueger an, wurde Mitbegründer der Christlichsozialen Partei und deren „Generalstabschef". 1896 wurde er nö. Landtagsabgeordneter. 1904/05 bemühte er sich um ein allgemeines Wahlrecht, gleichzeitig auch um eine Verfassungsreform, da ihm Ö. als ein Nationalitätenstaat mit weitreichender Autonomie vorschwebte. Als einer der namhaftesten Führer der Christlichsozialen gelang ihm 1907 die Vereinigung seiner Partei mit der Katholischen Volkspartei. 1907 Minister ohne Portefeuille, 1908 Arbeitsminister. 1910 Obmann des christlichsozialen Verbandes im Abgeordnetenhaus, trat nach der Wahlniederlage seiner Partei 1911 von allen Funktionen zurück. 1917–18 war er noch Mitglied des Herrenhauses, zog sich aber nach dem Ende der Monarchie aus der Politik zurück.

GESSNER, Adrienne, * 23. 7. 1896 in Maria Schutz am Semmering (NÖ), † 23. 6. 1987 in Wien, Kammerschauspielerin. Nach ihrer Ausbildung debütierte sie 1916 in den Münchner Kammerspielen und war bald eine gesuchte und vielseitige Schauspielerin, die vor allem in Charakterrollen glänzte. 1919–21 am Wiener Stadttheater, 1921–23 am Raimundtheater, 1923 am Deutschen Volkstheater, 1924–37 am Theater in der Josefstadt. 1939–46 in den USA, wohin sie mit ihrem Gatten Ernst Lothar (s. d.) emigriert war. Ab 1947 wieder im Theater in der Josefstadt, trat ab 1950 auch bei den Salzburger Festspielen auf und wurde 1955 Mitglied des Burgtheaters. Erfolgreich war sie auch in mehreren Filmen. 1950 erhielt sie den Max-Reinhardt-Ring. Veröffentlichte 1984 „Ich möchte gern was Gutes sagen".

GESSNER, Hubert, * 20. 10. 1871 in Wallachisch-Klobouk (Mähren), † 24. 4. 1943 in Wien, Architekt. Studierte bei Otto Wagner (s. d.) und errichtete mit seinem jüngeren Bruder Franz G. (* 15. 9. 1879,

Der von Hubert Gessner 1924 erbaute Reumannhof

† 3. 3. 1975) ein Architekturatelier. G. engagierte sich früh für die Sozialdemokratie und erhielt 1903 den Auftrag, das Arbeiterheim in Wien 10 sowie 1910 das „Vorwärts"-Gebäude zu bauen. Daneben errichtete er zahlreiche Gemeindebauten, so den Reumann-Hof (1924) und den Lassalle-Hof (1925). Für seinen Freund Karl Renner (s. d.) erbaute er 1930 ein Landhaus in Gloggnitz (NÖ). Nach 1934 entstanden nur noch kleinere Projekte, von 1938 an hatte G. Berufsverbot.

GEYLING, Carl Michael, * 24. 2. 1814 im Wiener Vorort Mariahilf, † 2. 1. 1880 in Wien, Glasmaler und Maler. Sohn des Hofdekorationsmalers Andreas G. (1763–1819) und jüngerer Bruder von Josef G. (s. d.). Studierte an der Wiener Akademie der bildenden Künste und war zunächst Landschaftsmaler, 1840 erhielt er den Auftrag, in Laxenburg ältere Glasfenster durch Landschaften auf Glas zu ersetzen, und beschäftigte sich dafür eingehend mit der Glasmalerei. 1843 wurde ihm eine Medaille für die Erzeugung von Musselin- und Spitzenglas verliehen, kurz darauf richtete G. eine leistungsfähige Werkstätte für Glasmalerei ein. Seine berühmtesten Werke finden sich in der Landhauskapelle in Wien (1846), in der Schottenfelder Pfarrkirche (1856), im Stephansdom (1858–79) sowie in der Votiv-, Malteser-, Altlerchenfelder, Deutschordens- und Lazaristenkirche in Wien.

GEYLING, Josef, * 10. 12. 1799 in Wien, † 15. 6. 1885 in Hütteldorf bei Wien, Maler. Sohn des Hofdekorationsmalers Andreas G. und älterer Bruder von Carl Michael G. (s. d.). Arbeitete nach seiner Ausbildung an der Ausmalung und Restaurierung zahlreicher kirchlicher und profaner Bauten in Wien. Auch schuf er mehrere Deckengemälde, so in den Redoutensälen, der Johann-Nepomuk- und der Universitätskirche und im Palais Liechtenstein, außerdem stammen Dekorationsmalereien in Schloß Schönbrunn und in Schloß Laxenburg von ihm. 1853 restaurierte er das Schweizer Tor der Wiener Hofburg.

GEYLING, Remigius, * 29. 6. 1878 in Wien, † 4. 3. 1974 in Wien, Maler, Bühnenbildner und Kunsthandwerker. Nach

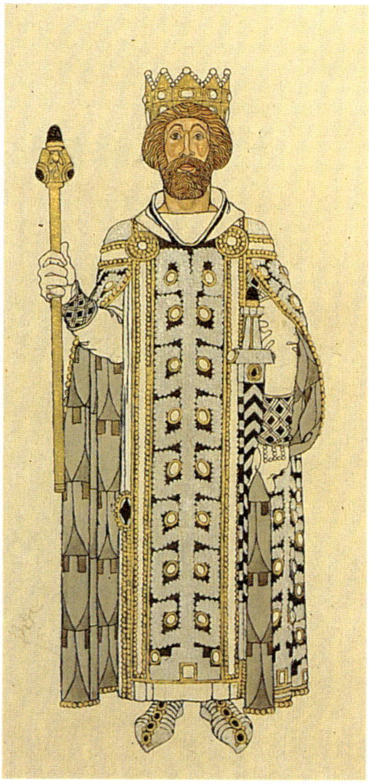

Remigius Geyling: Kostümentwurf für „Die Nibelungen" (1913)

seiner Ausbildung an der Akademie in München fand seine Begabung zunächst in Ölbildern und Buchillustrationen sowie Glasfenstern ihren Ausdruck. Bald wandte G. sich jedoch dem Theater bzw. der Szenengestaltung zu. 1911–13 Ausstattungschef des Wiener Burgtheaters, 1913–22 Leiter der Gesellschaft für Bühnen- und Filmkunst und 1922–45 abermals Ausstattungschef des Wiener Burgtheaters. G. war künstlerischer Beirat des ö. Stummfilms und erfand die Bühnenprojektion, die 1922 erstmals am Wiener Burgtheater angewendet wurde. Der Pionier des modernen Bühnenbildes schuf Ausstattungen für über 400 Theaterstücke sowie auch für mehrere Filme.

Szyszkowitz, G.: R. G., ein Bühnenbildner aus der Stilwende der Secession. Diss. Wien (1960); Schweiger, W. J.: Wiener Werkstätte (1982)

GEYLING, Rudolf, * 14. 2. 1839 in Wien, † 4. 7. 1904 in Ybbs (NÖ), Glasmaler. Sohn des Historienmalers Franz G. (1803–1875) und Neffe Carl Michael G.s (s. d.). Studierte an der Akademie der bildenden Künste und erhielt ein Reisestipendium für Italien, wo er sich 1872/73 aufhielt. Nach dem Tod seines Onkels Carl Michael 1880 wurde er künstlerischer Leiter der „Glasmalerei von Carl G.s Erben". Darüber hinaus war er Leiter des Ateliers für Kunstgewerbe und Maltechniken am Wiener Frauenerwerbsverein. Von ihm stammen zahlreiche Entwürfe für Glasgemälde, u. a. für die Stephanskirche und die Kirche Maria am Gestade in Wien, die Kapelle in Mayerling (NÖ) und die Pfarrkirche in Korneuburg (NÖ), für die Kirchen in Hall und in Steyr (OÖ) und die Pfarrkirche in Leoben (St).

GEYMÜLLER, Johann Heinrich Freiherr von (seit 1824), * 17. 5. 1754 in Basel, † 1. 4. 1824 in Wien, Bankier. Entstammte einem alten Lautenmacher- und Ratsherrengeschlecht. Sein Vater war Arzt, starb schon 1771, weshalb G. sein Medizinstudium aufgeben mußte. Von seinem Vormund, dem in Wien lebenden Schweizer Peter Ochs, der 1763 ein Bankhaus gegründet hatte, empfohlen, trat er hier 1772 ein. 1777 Buchhalter, wurde er 1781 Gesellschafter der Firma, in die auch im selben Jahr sein Bruder Johann Jakob eintrat. 1785 hieß die Firma bereits „Ochs, Geymüller & Comp.", 1804, nach dem Tod von Peter Ochs, „Geymüller & Co.". 1805 ließen die Brüder den Sohn einer Schwester nachkommen (s. Johann Heinrich G. d. J.). In den Napoleonischen Kriegen bewährte sich das Haus besonders. 1806 liehen G. & Co. dem ö. Staat zuerst eine Million Franken und übernahmen dann auch noch die von Napoleon verlangten 32 Millionen Franken Kriegskontribution. 1809 zahlten sie abermals 20

Johann Heinrich von Geymüller. Lithographie von Friedrich Lieder (1828)

Millionen an Napoleon, verlangten aber diesmal die Verpfändung von Staatsgütern. Für diese Verdienste wurden sie 1810 in den Ritterstand erhoben. 1816 Mitbegründer der Oesterreichischen Nationalbank, war G. 1817–23 deren Vizegouverneur. Die Erhebung in den Freiherrenstand mit Datum 31. 3. 1824 erhielt er an seinem Todestag zugestellt. Schon 1798 hatten die Brüder das ehemalige Palais Caprara in der Wallnerstraße erworben und umgestalten lassen. Es wurde rasch zum gesellschaftlichen Mittelpunkt Wiens, Kathi Fröhlich lernte hier Franz Grillparzer kennen. Castelli und Beethoven waren immer wieder Gäste. Namhafte Künstler des In- und Auslands (so etwa auch Rossini) ließen ihre Geldgeschäfte über das „Haus Geyer" laufen. Franz Grillparzer setzte ihm in seinem Gedicht „Abschied von der Hofbibliothek" ein Denkmal:

„Trotz der Handschrift, die für teuer
Jener Schrein uns gibt,
Dünkt ein Wechsel mir, bei Geyer,
Bess'res Manuskript."

G. besaß mehrere Herrschaften und Fabriken, darüber die lukrative Vöslauer Kammgarnfabrik. Nach 1808 ließ er sich das nach ihm benannte Schlössel im Spätempirestil erbauen, in dem heute die Sammlung Sobek mit Altwiener Uhren untergebracht ist. Sein Bruder Johann Jakob ließ sich in Pötzleinsdorf ein Schloß errichten, das heutige Jugendgästehaus der Stadt Wien.

GEYMÜLLER, Johann Heinrich d. J., * 1779 in Basel, † 1848 in Basel, Neffe von Johann Heinrich G. (s. d.) und Johann Jakob G. Nahm den Namen seiner Mutter an. Er führte die Bankgeschäfte seiner Onkel weiter, erwarb Güter und errichtete Fabriken. Sein luxuriöser Lebenswandel verschlang allerdings Unsummen, und die Aussteuer für die sieben Töchter seines Onkels mußte zusätzlich verkraftet werden. Seine ebenfalls verschwenderische Frau Rosalia starb 1834 und erlebte den endgültigen Niedergang des Hauses nicht mehr. Da ihm große Veruntreuungen nachgewiesen wurden, floh er in die Schweiz, wo er vom Wiener Landesge-

Zimmer in dem nach 1808 für den Bankier J. H. Geymüller in Wien-Pötzleinsdorf erbauten Geymüller-Schlössel (heute Biedermeier-Museum)

KARL VON GHEGA

Die Bahn über den Berg

„Hoch an der Brust einer senkrechten Wand, im Innern der Kalkfelsen geht die Bahn. Zu den Waggonfenstern zucken blendende Blitze herein, denn durch große Löcher und Galeriebögen flutet Tageslicht mit märchenhaften Bildern. Abgrund, Schlucht mit Sträßlein und Bächlein. Wald mit Märchengestalten . . .“

Peter Rosegger,
Unser lieber Semmering (1904)

„All die mächtigen Felsengebilde und Bergschluchten erscheinen erst durchgeistigt und menschlich faßbar, wenn wir sie in den Sklavenketten sehen, in die sie der Menschengeist geschlagen hat.“

Vinzenz Chiavacci, etwa 1890,
über die Semmeringbahn

Karl Ritter von Ghega.
Lithographie von Josef Kriehuber

richt 1843 steckbrieflich verfolgt wurde. Er starb völlig verarmt in Basel. Zu Unrecht wird er als Vorbild zu Raimunds „Verschwender“ bezeichnet, denn dieser erschien bereits 1833.

GFÖLLNER, Johannes Maria, * 17. 12. 1867 in Waizenkirchen (OÖ), † 3. 6. 1941 in Linz, Bischof. Wurde 1893 zum Priester geweiht und war Religionsprof. in Linz. Seit 1915 Bischof von Linz.

GHEGA, Karl Ritter von (seit 1851), * 10. 1. 1802 in Venedig, † 14. 3. 1860 in Wien, Ingenieur und Verkehrstechniker. Studierte in Padua und arbeitete bereits 1819 bei der Errichtung der großen Gebirgsstraße in der Nähe von Belluno mit. Nach seiner Promotion 1820 (mit 18 Jahren!) leitete er ab 1824 die Straßen- und Wasserbauten in der Provinz Treviso und 1830–36 die in der Provinz Rovigo. 1833–36 bei der Landesbaudirektion Venedig tätig, 1836–40 Mitarbeit beim Bau von Teilstrecken der Kaiser-Ferdinands-Nordbahn. 1840 Baudirektionsadjunkt für Tirol und Vorarlberg, entwarf er die Pläne für die Gebirgsstraßen durch das Val Sugana und durch das Oberinntal beim Finstermünz-Paß sowie für das Projekt der Kettenbrücke über die Etsch bei Mori. 1842 bereiste er England und Nordamerika, und seine dort gesammelten Erfahrungen bestärkten ihn darin, daß die Überwindung der Eisenbahnstrecke über den Semmering nur mit Adhäsionslokomotiven möglich sei. 1848 wurde G. Generaldirektionsinspekteur, leitete den Bau der Südbahnstrecke bis Laibach und legte den fertigen Plan für den Bau der Semmeringstrecke vor. Trotz heftiger Anfeindungen begann er mit dem Bau der ersten Gebirgsbahn Europas, die er 1854 fertigstellen konnte. Nebenher förderte er die Entwicklung einer entsprechenden Lokomotive (s. Gölsdorf) und wurde 1848 Vorstand der Eisenbahnbau-Sektion, 1850 Vorstand der Generalbaudirektion für die Staatseisenbahnen. Abgesehen von mehreren Publikationen entwickelte er eine wesentlich verbesserte Nivellierlatte und einen Oktanten mit Nonius zum Abstecken von Kurven. Viel Beachtung fand sein „Malerischer Atlas der Eisenbahn über den Semmering“ (1854).

Viadukt der Semmering-Bahn in der Kraussel-Klause. Lithographie von E. Benkert

GIEBISCH, Hans, * 23. 9. 1888 in Brünn (Mähren), † 24. 8. 1966 in Waidhofen an der Thaya (NÖ), Lehrer und Schriftsteller. War Mittelschullehrer und gehörte als Lyriker dem Kreis um Josef Weinheber (s. d.) an. Zusätzlich war er auch literarhistorisch tätig und gab gemeinsam mit Gustav Gugitz (s. d.) 1964 das „Bio-Bibliographische Literaturlexikon Ö.s" heraus. Besonders bekannt wurden seine Gedichtbände „Wenn sich der Tag will neigen" (1934), „Waldviertler Sonette" (1938), „Kranewitt und Heidekraut" (1954) und „Wiener Sonette" (1964).

GIELEN, Josef, * 20. 12. 1890 in Köln, † 19. 10. 1968 in Wien, Schauspieler und Regisseur. Studierte in Bonn und in München und wurde 1923 Oberregisseur des Dresdner Schauspielhauses. 1937–39 in dieser Stellung am Wiener Burgtheater tätig, floh er 1939 vor dem Nationalsozialismus nach Buenos Aires und kehrte 1948 nach Wien zurück. 1948–54 Direktor des Wiener Burgtheaters, wo er auch als Regisseur tätig war. 1957–60 Oberspielleiter der Wiener Staatsoper. 1963 wurde G. Ehrenmitglied des Burgtheaters.

GIELEN, Michael, * 20. 7. 1927 in Dresden, Dirigent und Komponist. Sohn von Josef G. (s. d.). Mit diesem vor den Nazis nach Südamerika in die Emigration ausgewichen. Studierte in Buenos Aires und war dort Pianist und Repetitor. 1951–60 Kapellmeister an der Wiener Staatsoper, 1960–65 Chefdirigent der Oper in Stockholm, 1965–68 in Köln freischaffend tätig, 1969–76 Chefdirigent des Orchestre National de Belgique in Brüssel, seit 1977 Generalmusikdirektor und Leiter der Oper in Frankfurt am Main. G. widmet sich in seinem musikalischen Schaffen – anfangs in der Webern-Nachfolge – vorwiegend der Kammermusik und der modernen Ensemblemusik.

GIESL von Gieslingen, Adolph, * 7. 9. 1903 in Triest, Lokomotivbauer. Als Sohn eines ö. Offiziers geboren (Neffe von Wladimir G. v. G., s. d.), studierte er an der Technischen Hochschule in Wien. Bereits während seines Studiums befaßte er sich mit dem Problem der Blasrohrwirkung im Dampflokomotivenbau, veröffentlichte mit 20 Jahren eine beachtliche Studie über holländische Versuche und wies in seiner Dissertation zum Dr. techn. 1929 durch exakte Berechnungen Bedeutung und Wirtschaftlichkeit solcher Anlagen nach. Während seiner Arbeiten im Konstruktionsbüro der Floridsdorfer Lokomotivfabrik trieb er die Entwicklung der Blasrohranlagen und des Flachschornsteins voran. Im Herbst 1929 ging er in die Vereinigten Staaten, wo er 1930–34 aber nur wenig Gelegenheit zur praktischen Entwicklung seiner Ideen hatte. Nach Ö. zurückgekehrt, wurde er Exportchef bei der Wiener Lokomotivfabrik und konnte während des Zweiten Weltkriegs seinen ersten Flachschornstein entwickeln und 1941 mit Erfolg verwirklichen. 1945 mit der Leitung des Konstruktionsbüros betraut, schied er 1946 aus dem Unternehmen und wurde Honorardozent für Lokomotivbau an der Technischen Hochschule in Wien. Außerdem delegierte ihn das Handelsministerium als Konsulent zu Verhandlungen über einen Industriekredit in die USA, wo er bis 1950 die Industrieabteilung des ö. Marshallplanbüros leitete. In seinen Mußestunden arbeitete er am „Giesel-Ejektor" und setzte ihn im Mai 1949 auf einer Verschublokomotive der Chesapeake & Ohio Railway in Huntington (West-Virginia) in Betrieb. Am 26. 10. 1951 fand die erste Probefahrt einer mit einem Giesel-Ejektor ausgestatteten Schnellzugslokomotive auf der Südbahnstrecke statt. Mit 500 Tonnen Belastung konnte die Fahrzeit leichter eingehalten werden als vorher mit 400 Tonnen. Trotz dem Rückgang des Dampflokomotivbetriebs wurden bis 1966 2 400 Gieselejektoren hergestellt. Diese ö. Erfindung stellt die Vollendung der Dampflokomotivenentwicklung dar.

Slezak, J. O.: Der Giesel-Ejektor (1967)

GIESL von Gieslingen, Wladimir Freiherr, * 18. 2. 1860 in Fünfkirchen (Ungarn), † 20. 4. 1936 in Salzburg, Diplomat und General. Nach diplomatischer und militärischer Ausbildung trat er in den diplomatischen Dienst der Monarchie. 1909–13 Gesandter in Cetinje (Montenegro), anschließend bis Juli 1914 Gesandter in Belgrad. Auf Anweisung von Außenminister Graf Berchtold (s. d.) überreichte G. am 25. 7. 1914 das ö. Ultimatum an Serbien und brach die diplomatischen Beziehungen ab. Im Ersten Weltkrieg diente er als General der Kavallerie.

GILLESBERGER, Hans, * 29. 11. 1909 in Ebensee (OÖ), † 4. 3. 1986 in Wien, Kapellmeister und Chordirigent. War nach seiner Ausbildung 1942–45 Kapellmeister der Wiener Sängerknaben. 1945 wurde er Stellvertretender Chordirektor der Wiener Staatsoper und Leiter des Wiener Schubertbundes. G. gründete 1945 die Wiener Kantorei und wurde 1946 Prof. an der Wiener Musikakademie. 1953 Dirigent des Chors der Wiener Konzerthausgesellschaft und des Wiener Kammerchors, ab 1966 künstlerischer Leiter der Wiener Sängerknaben.

GILM zu Rosenegg, Hermann von, * 1. 11. 1812 in Innsbruck, † 31. 5. 1864 in Linz, Lyriker. War hoher Beamter der ö. Statthalterei in Linz. Bekannt wurde er als Verfasser von Natur- und Liebeslyrik. 37mal wurde sein Allerseelengedicht „Stell auf den Tisch die duftenden Reseden" vertont. 1864/65 erschien die Sammlung „Gedichte" (2 Bde.). Die Gesamtausgabe besorgte Rudolf Greinz (s. d.) 1920.

GINTL, Wilhelm Julius, * 12. 11. 1804 in Prag, † 22. 12. 1883 in Prag, Technologe. War nach seinem Studium Prof. an den Technischen Hochschulen in Graz und in Wien und erwarb sich große Verdienste um den Ausbau des ö. Telegraphennetzes. Außerdem konstruierte er den ersten transportablen Telegraphen und ermöglichte erstmals die Gegen- und Doppelkorrespondenz auf demselben Telephondraht.

GINZKEY, Franz Karl, * 8. 9. 1871 in Pola (Istrien), † 11. 4. 1963 in Wien, Schriftsteller. War zunächst bis 1897 Berufsoffizier und dann bis 1914 Beamter am Militärgeographischen Institut in Wien. Nahm am Ersten Weltkrieg als Offizier teil, lebte dann als freier Schriftsteller in Salzburg, Wien und Seewalchen am Attersee (OÖ).

Franz Karl Ginzkey

1934–38 war G. Mitglied des Staatsrates, der damaligen gesetzgebenden Körperschaft (nach der Maiverfassung 1934). 1932 wurde ihm das Ehrendoktorat der Wiener Universität verliehen, zweimal erhielt er den Bauernfeld-Preis, 1956 den Wappenring der Stadt Salzburg, 1957 den Großen Staatspreis und 1958 den Kunstpreis. Seit 1960 wird als Literaturpreis der G.-Ring verliehen. G. war Mitbegründer der Salzburger Festspiele und gehörte jahrzehntelang dem Kuratorium der Festspiele an. Sein Werk ist der Romantik verhaftet und durch eine geschliffene, einfache Sprache gekennzeichnet. Neben liedhafter Lyrik verfaßte er zahlreiche Romane. Bedeutend sind „Lieder und Balladen" (1951) und „Altwiener Balladen" (1955) sowie seine Romane „Jakobus und die Frauen" (1908), „Der von der Vogelweide" (1912) und „Der Gaukler von Bologna" (1916). Ungewöhnliche Beliebtheit erreichten G.s Kinderbücher „Hatschi Bratschis Luftballon" (1904) und „Florians wundersame Reise über die Tapete" (1928).

GIRARDI, Alexander, * 5. 12. 1850 in Graz, † 20. 4. 1918 in Wien, Volksschauspieler. Sein Vater war ein aus Cortina d'Ampezzo eingewanderter Schlosser. In der väterlichen Schlosserwerkstatt in Graz erlernte er dieses Handwerk und übte es bis zum Tod des Vaters 1868 aus. Erst jetzt konnte er sich seinen Wunsch erfüllen und ging, ohne jemals schauspielerischen oder gesanglichen Unterricht erhalten zu ha-

ALEXANDER GIRARDI

Ein Wiener aus Graz

„Raimundisch war auch sein Gesicht. Nicht so sehr in den Einzelzügen, als in seiner angeborenen Tragikomik darin, daß sich hinter seiner Spitzbüberei der Schmerz, hinter dem Schmerz die Spitzbüberei duckte, daß er in derselben Falte Spaß und Unglück stecken hatte. Wenn man es ruhig und unbewegt, mit den vorwurfsvoll-großen, ängstlich in die Welt erwachten Augen, der wie zu frühem Wissen ungnädig hineingepatzten Knollennase und den domestikenhaft-mokanten Lippenfalten vor sich sah, konnte man nicht glauben, daß seine verborgene Tragik ausgeschöpft sei. Sie hatte aber wohl in diesem Ausdruck gerade ihre Grenze. Eine Nuance mehr – und er wäre parodistisch zerflossen."

Anton Kuh, Girardi (1918)

Alexander Girardi, zusammen mit Marie Geistinger, als Graf Danilo in Franz Léhars „Lustiger Witwe"

ben, zum Theater. Am 1. 6. 1869 debütierte er mit Erfolg mit der Titelrolle in Nestroys „Tritsch-Tratsch" am Sommertheater von Rokitsch-Sauerbrunn. Über Krems, Karlsbad, Ischl und Salzburg kam er 1871 an das neueröffnete Strampfer-Theater in Wien (in den Tuchlauben), wo er, zusammen mit Josephine Gallmeyer (s. d.), durch natürliche Art der Darstellung seine ersten großen Erfolge errang. 1874 an das Theater an der Wien verpflichtet, verkörperte er hier bis 1896 die komischen Rollen in den Operetten von Strauß, Millöcker und Eysler. Am 31. 5. 1896 trat er hier als Zsupan im „Zigeunerbaron" das letzte Mal auf. G. verhalf durch seine Interpretation zahlreichen Kompositionen zu großer Popularität, so auch dem „Fiakerlied" von Ludwig Pick, das er am 24. 5. 1885 erstmals auf dem Praterfest der Fürstin Pauline Metternich in der Rotunde sang. 1892 heiratete G. die Schauspielerin Helene Odilon (s. d.), doch war diese Ehe nicht glücklich und wurde 1896 geschieden. 1893 erwarb G. in Ischl eine Villa. Am 10. 10. 1898 heiratete er Leonie von Latinovicz, die Ziehtochter des Klavierfabrikanten Ludwig Bösendorfer, die genau einen Monat nach ihm starb. 1896/97 war G. am Wiener Carltheater, 1898–1900 als Charakterdarsteller am Deutschen Volkstheater in Wien. Von nun an gastierte er am Raimund-, Johann-Strauß-, Stadttheater und am Theater in der Josefstadt sowie in Berlin, Hamburg und Dresden. Kurz vor seinem Tod debütierte er am 15. 2. 1918 am Wiener Burgtheater als Fortunatus Wurzel in Raimunds „Der Bauer als Millionär". G. war schwer zukkerkrank, und noch knapp vor seinem Tod mußte ihm das linke Bein abgenommen werden. Abgesehen von seinen unübertroffenen Leistungen als Komiker, lag seine Bedeutung vor allem in der Darstellung der Charakterrollen in den Werken Ferdinand Raimunds. Er kleidete sich zeitlebens so typisch, daß man nach ihm eine Hutform benannte.

Nowak, K. F.: A. G. (1908); Holzer, R.: Die Wiener Vorstadtbühnen. A. G. und das Theater an der Wien (1951)

GISELA, Erzherzogin von Ö., * 15. 7. 1856 in Schloß Laxenburg bei Wien, † 27. 7. 1932 in München, Tochter von Kaiser Franz Joseph I. und Kaiserin Elisabeth, heiratete am 20. 4. 1873 Prinz Leopold von Bayern (* 9. 2. 1846, † 28. 9. 1930).

GISKRA, Karl, * 29. 1. 1820 in Mährisch-Trübau, † 1. 6. 1879 in Baden bei Wien, Jurist und liberaler Politiker. Studierte in Wien, promovierte 1840 zum Dr. phil. und 1843 zum Dr. jur. Seit 1846 Supplent der Staatswissenschaften und der politischen Gesetzeskunde an der Universität Wien, war er einer der Wortführer der Sturmpetition im März 1848. 1848/49 Mitglied der Frankfurter Nationalversammlung, 1850 Konzipient, wurde er 1859 Advokat in Brünn. 1861 in den mährischen Landtag gewählt, wurde er zum Führer der Deutschliberalen im ö. Parlament. 1867 Präsident des Abgeordnetenhauses, wurde er am 30. 12. 1867 Innenminister; G. setzte sich entschieden für die Dezemberverfassung ein. Am 20. 3. 1870 trat er zurück, da der Ministerrat die Wahlrechtsreform vertagen wollte. In seiner Amtszeit erreichte er die Trennung von Verwaltung und Justiz und nahm sich intensiv um die Donauregulierung an. Nach seinem Rücktritt war G. ab 1873 wieder als Abgeordneter sowie als Oberkurator der Ersten ö. Spar-Casse tätig.

GIUGNO, Karl, s. Juin, Karl

GIULIANI, Giovanni, * Ende 1663 in Venedig, † 5. 9. 1744 in Stift Heiligenkreuz (NÖ), Bildhauer. Zwischen 1680 und 1690 arbeitete er zuerst bei Andreas Faistenberger (s. d.) in Kitzbühel (T) und dann in München und ließ sich Anfang der neunziger Jahre in Wien nieder. Ab 1694 wirkte er in Stift Heiligenkreuz, wohin er sich 1711 als „Familiaris" zurückzog. Dem Stift hinterließ er seine Sammlung von 118 Tonmodellen sowie sein Vermögen. Georg Raphael Donner (s. d.) war sein Schüler. Von seinen Hauptwerken sind zu nennen: Chorgestühlplastiken in der Stiftskirche Heiligenkreuz (NÖ) 1707, Statuen in der Pfarrkirche von Breitenfurt (NÖ) 1714, rechter Seitenaltar in der Kapelle des Heiligenkreuzer Hofes in Wien 1732 und Dreifaltigkeitssäule im Hof des Stiftes Heiligenkreuz 1737–39.

GLAISE von Horstenau, Edmund, * 27. 2. 1882 in Braunau am Inn (OÖ), † 20. 7. 1946 (Selbstmord) im Lager Langwasser bei Nürnberg, großdeutscher Politiker und Historiker. Als Sohn eines Offiziers absolvierte er die Kriegsschule und tat einige Jahre Dienst als Truppenoffizier. 1913/14 in der kriegsgeschichtlichen Abteilung des Kriegsarchivs in Wien, wurde er nach einer schweren Verwundung ab Juli 1915 als Pressereferent im Armeeoberkommando eingesetzt. Als solcher war er 1915–18 maßgeblich an der Abfassung der Heeresberichte beteiligt. Im Winter 1917/18 war G. Mitglied der ö. Delegation bei den Friedensverhandlungen von Brest-Litowsk. Nach dem Ende des Ersten Weltkriegs studierte er Geschichte an der Universität Wien und leitete als Chefredakteur die „Ö. Wehrzeitung". 1925 wurde er Generalstaatsarchivar und Leiter des Kriegsarchivs in Wien. 1934 Privatdozent an der Universität Wien, war er 1934–35 Mitglied des Staatsrats, damals die gesetzgebende Körperschaft für den Bereich des Bundes. Nach dem Juliabkommen 1936 (mit Hitler) wurde er als Vertreter der „nationalen Opposition" in das Kabinett Schuschnigg (s. d.) als Minister ohne Portefeuille aufgenommen und ab November 1936 mit der sachlichen Leitung der inneren Angelegenheiten betraut. In der Eintagesregierung des Nationalsozialisten Arthur Seyß-Inquart (s. d.) war G. Vizekanzler und ein Mitunterzeichner des Gesetzes über die Wiedervereinigung Ö.s mit dem Deutschen Reich. Nachdem im April 1941 der Staat Kroatien errichtet worden war, ernannte ihn Adolf Hitler zum bevollmächtigten deutschen General in Agram. Im Oktober 1944 wurde er wegen Differenzen mit der Staatsführung seines Amtes enthoben und geriet zu Kriegsende in amerikanische Gefangenschaft. Im Verfahren gegen Seyß-Inquart im Rahmen des Nürnberger Prozesses trat G. als Zeuge der Verteidigung auf. Wegen seiner bevorstehenden Auslieferung an Jugoslawien beging er Selbstmord. G. kam aus dem katholisch-nationalen Lager und über die großdeutsche Bewegung zum Nationalsozialismus. Ab 1929 gab er das Generalstabswerk „Österreich-Ungarns letzter Krieg 1914–18" heraus und verfaßte 1929 „Die Katastrophe", 1930 „Franz Josephs Weggefährte".

Broucek, P.: Ein General im Zwielicht. Die Erinnerungen E. G. v. H.s (2 Bde., 1980, 1983)

GLASER, Eduard, * 15. 3. 1855 in Deutsch-Rust (Böhmen), † 7. 5. 1908 in München, Mathematiker, Astronom und Forschungsreisender. Studierte zunächst am Polytechnikum in Prag und danach an der Universität Wien; arbeitete an der Universitätssternwarte. Zwischen 1882 und 1894 unternahm er vier Reisen durch Südarabien, von wo er wertvolles Material mitbrachte. Durch seine umfangreichen Kenntnisse der altsüdarabischen Inschriften konnte er einen wesentlichen Beitrag zur Erforschung des alten Reiches der Sabäer leisten. Den Großteil seines gesammelten Materials erwarben das Kunsthistorische Museum und die Hofbibliothek in Wien.

Österreicher als Erforscher der Erde. Notring Jahrbuch 1956

GLASER, Julius, * 19. 3. 1831 in Postelberg (Böhmen),

† 26. 12. 1885 in Wien, Jurist, Strafrechtler. Habilitierte sich 1854 für ö. Strafrecht in Wien, wo er auch ab 1860 Univ.-Prof. war. 1871–79 Justizminister im Kabinett Adolf Auersperg, setzte er sich vor allem für eine Reform der ö. Strafgesetzgebung, für eine neue Strafprozeßordnung und für die Abschaffung der Todesstrafe ein. Ab 1879 Generalprokurator. Gemeinsam mit J. Ungar (s. d.) gab er eine „Sammlung von Entscheidungen des k. k. Obersten Gerichtshofes" heraus, die heute noch zu den wesentlichsten Entscheidungssammlungen zählt.

200 Jahre Rechtsleben in Wien, Ausstellungskatalog (Wien 1985/86)

GLASER, Walter, * 31. 7. 1906 in Oberbaumgarten (Böhmen), † 3. 2. 1960 in Wien, Physiker und Mathematiker. Studierte in Wien Physik und wurde hier 1946 Prof. an der Technischen Hochschule. G. war an der Entwicklung des magnetischen Elektronenmikroskops beteiligt und stellte 1943 eine Theorie der Bildentstehung und des Auflösungsvermögens auf wellenmechanischer Grundlage auf. 1952 erschien sein Werk „Grundlagen der Elektronenoptik"; im selben Jahr erhielt er auch den Preis der Stadt Wien. 1954–56 war er Chefphysiker in New York. Als angesehener Fachmann war G. auch Präsident der Deutschen Gesellschaft für Elektronenmikroskopie.

GLAVE-KOLBIELSKI, Karl, * 4. 8. 1752 in Stettin, † 14. 8. 1831 in Ofen, Unternehmer und Finanzberater. Entstammte einer englischen Familie, die wegen ihres katholischen Glaubens im 17. Jh. auswanderte, sein Vater brachte es im preußischen Staatsdienst bis zum Hofrat und vorpommerischen Landphysikus. G.-K. war sehr begabt, studierte an mehreren Universitäten und promovierte 1771 in Halle. Im preußischen Staatsdienst rasch Regierungsrat geworden, warf man ihm in Ostpreußen Bestechlichkeit und Übergriffe vor, weshalb er nach Polen auswich und 1789 in den Dienst des polnischen Königs trat, den er in Finanzfragen beriet. Zusätzlich war er abwechselnd als preußischer und als russischer Agent tätig. Durch die Teilungen Polens büßte er den Großteil seines angesammelten Besitzes ein und entging einer russischen Verhaftung nur durch den Zufall, daß er 1792 wegen Anleiheverhandlungen für Polen in Amsterdam weilte. Ab 1799 wandte er sich verschiedenen geschäftlichen Unternehmungen zu, schmuggelte auch Silber von Rußland nach Ö. und kam mit Fürst Schwarzenberg in Verbindung, dem er einen erfolgversprechenden Plan für dessen Bankgeschäfte vorlegte. Schwarzenberg ermöglichte ihm eine Studienreise nach England, von wo er Pläne und Teile von Spinnmaschinen illegal nach Ö. transportierte. Auch einen Spinnmaschinenmechaniker brachte er mit und errichtete mit kaiserlichem Privilegium im Wiener Vorort Reindorf eine Fabrik. Auch beteiligte er sich an einer neuen Baumwollspinnerei in Ottakring. Der Kriegsausbruch 1805 und der Tod des Mechanikers ließen seine Unternehmen scheitern, und er mußte mit 60 000 Gulden Schulden in Konkurs gehen. Völlig verarmt, entwickelte er oft recht utopische Finanz- und Bankprojekte, konnte aber auch für einige Persönlichkeiten, darunter Erzherzog Karl und Graf Stadion, als Finanzberater tätig sein. Während der französischen Besetzung Wiens 1809 betraute man ihn mit Spionageaufträgen. Angeblich soll er sogar ein Komplott zur Ermordung Napoleons vorbereitet haben, doch distanzierte sich Kaiser Franz I. später ausdrücklich davon. Nach dem Frieden von Schönbrunn erhielt er den geheimen Auftrag, Verbindungen mit England und den spanischen Aufständischen herzustellen, geriet aber in eine Falle französischer Agenten. Um ein Geständnis zu verhindern, verhafteten ihn die Auftraggeber und erfanden dafür verschiedene Vorwände. Ohne ordentliches Gerichtsverfahren war er von 1810 bis zu seinem Tod Staatsgefangener, anfangs in der Festung Leopoldstadt und dann, mit zahlreichen Begünstigungen, in Ofen. Seine Eingaben, Stellungnahmen zu Finanzproblemen und utopischen Aufzeichnungen, wie etwa die Schrift „Nationalburg", umfaßten bei seinem Tod 37 Faszikel, die auf Anordnung Metternichs beschlagnahmt und geheimgehalten wurden.

GLAWATSCH, Franz, * 16. 12. 1871 in Graz, † 21. 6. 1928 in Wien, Schauspieler. Der Sohn eines Tischlers wurde Schriftsetzer und veröffentlichte nebenbei kleine Artikel in der „Grazer Tagespost". 1894 feierte er als Gesangskomiker sein Debüt im „Vogelhändler" in Budweis. 1896 kehrte er nach Graz zurück, wo er von seinem Freund Alexander Girardi (s. d.) sehr gefördert wurde. 1900 kam er an das Wiener Carltheater, von da an das Theater an der Wien und schließlich an das Raimundtheater. Diesem blieb er, abgesehen von einigen Gastspielen in Nord- und Süddeutschland sowie in Paris und Moskau, bis zu seinem Tod treu. Als einer der letzten Vertreter der sogenannten „Thaddädlkomik" verkörperte er auch den Typ des „Urwieners" in all seinen Schattierungen. G.s große Glanzrollen waren der Zsupan im „Zigeunerbaron" und der Oberst Ollendorf im „Bettelstudent".

GLEICH, Joseph Alois, * 14. 9. 1772 in Wien, † 10. 2. 1841 in Wien, Schriftsteller und Theaterdichter. Er studierte Philosophie an der Universität Wien und trat bereits mit 18 Jahren in den ö. Staatsdienst ein. Daneben war er als Schriftsteller (auch unter den Namen Adolph Blum, Ludwig Dellarosa und H. Walden) tätig und verfaßte über 130 Ritter-, Geister- und Schauerromane sowie rund 250 Wiener Volksstücke und Zauberpossen. Dadurch wurde er zum besoldeten Theaterdichter des Theaters in der Leopoldstadt und des Theaters in der Josefstadt, dessen Vizedirektor er auch 1814–16 war. 1820 heiratete Ferdinand Raimund (s. d.) G.s Tochter, die Soubrette Luise G.

GLEISPACH, Johann Nepomuk Graf, * 29. 9. 1840 in Görz, † 22. 2. 1906 in Graz, Jurist und deutschliberaler Politiker. Nach Beendigung seines Jusstudiums trat er in das Landesgericht in Graz ein, brachte es bis zum Präsidenten des Oberlandesgerichts und erwarb sich besondere Verdienste um Anlage und Organisation der Grundbücher in der Steiermark. 1895 wurde G. Justizminister und Mitglied des Herrenhauses.

GLEISPACH, Karl Josef Graf, * 9. 2. 1811 in Korneuburg (NÖ), † 12. 1. 1888 in Graz, altliberaler Politiker. 1848/49 und 1861–65 Mitglied des Abgeordnetenhauses, 1861–70 Landeshauptmann der Steiermark und ab 1867 Mitglied des Herrenhauses. Er war Pionier der autonomen Landesverwaltung der Steiermark, nach deren Vorbild auch alle anderen autonomen Landesverwaltungen in Ö. gestaltet wurden.

GLEISSENBERGER, Virgilius, * 1685 in Salzburg, † 19. 7. 1737 in Ossiach (K), Benediktinermönch und Dichter. Trat früh in den Benediktinerorden ein und wurde 1725 Abt des Benediktinerklosters in Ossiach (K). G. war ein typischer Vertreter der lateinischen Ordensdichtung seiner Zeit; er verfaßte Gedichte mit humorvoller Tendenz, darunter „Medicina contra melancholiam" und mehrere epische Werke, so etwa „De Boleslao rege Poloniae".

GLEISSNER, Heinrich, * 26. 1. 1893 in Linz, † 18. 1. 1984 in Linz, Dr. jur. und ÖVP-Politiker. Nach dem Jusstudium 1930–33 Direktor der oö. Landwirtschaftskammer, 1933/34 Staatssekretär im Landwirtschaftsministerium, 1934–38 und 1945–71 Landeshauptmann von OÖ. 1938/39 im KZ, 1951 Kandidat der ÖVP bei der Bundespräsidentenwahl, wo er beim ersten Wahlgang (erste Wahl durch das Volk) um 0,9 Prozent mehr Stimmen als Theodor Körner erhielt, bei der Stichwahl aber um 4,2 Prozent unterlag. G. war der am längsten amtierende Landeshauptmann Ö.s.

GLÖCKEL, Leopoldine, * 12. 11. 1871 in Wien, † 22. 5. 1937 in Wien, Lehrerin und sozialdemokratische Politikerin. Als Tochter des Direktors der Telephon- und Telegraphenverwaltung in Wien, Josef Pfaffinger, geboren, besuchte sie die Lehrerinnenbildungsanstalt und war 1893–1934 Handarbeits- und Berufsschullehrerin in Wien. Wurde bald Funktionärin in der Sozialdemokratischen Partei und gehörte 1919–34 dem Gemeinderat und Landtag an. Sie war mit dem sozialdemokratischen Politiker und Pädagogen Otto G. (s. d.) verheiratet und unterstützte ihn bei seinen schulreformerischen Plänen und Tätigkeiten. Sie schuf die Wiener Fortbildungsschule für Hausgehilfinnen und übernahm deren Leitung. Diese Schule wurde nach dem Verbot der Partei zu einem Zentrum der illegalen Organisationen. G. war nach den Februarkämpfen 1934 über einen Monat lang in politischer Haft.

GLÖCKNER, Berta, * 26. 12. 1848 in Komorn (Slowakei), † 10. 12. 1916 in Wien, Schauspielerin und Soubrette. Debüt 1869 als jugendliche Naive in Linz, 1870 kam sie ans Carltheater in Wien in Vertretung der Gallmeyer (s. d.) im Soubrettenfach, 1877 an das Theater an der Wien. Später trat sie auch in München, St. Petersburg und Moskau auf. Ihre Tochter Pepi (Josefine) Glöckner-Kramer (* 7. 1. 1874 in Berlin, † 9. 3. 1954 in Wien) war ebenfalls Schauspielerin und Soubrette und trat an mehreren Bühnen in Wien und in Deutschland sowie in zahlreichen Filmrollen auf. Urwüchsige Volkstypen lagen ihr besonders und brachten ihr große Beliebtheit.

GLÖGGL, Franz Xaver, * 21. 2. 1764 in Linz † 16. 7. 1839 in Linz, Musikpädagoge. Besuchte das Musikseminar in Linz und setzte 1784–87 in Wien seine musikalische Ausbildung fort. 1787 Orchesterdirektor am Linzer Theater, 1790–98 dessen Direktor, außerdem 1795–98 Direktor des Hoftheaters in Salzburg. G. gründete 1797 in Linz die erste Musikschule. Ab 1798 war er Domkapellmeister in Linz. G. besaß eine beachtliche Musikalien- und Instrumentensammlung, die 1824 von der Gesellschaft der Musikfreunde in Wien erworben wurde. Außerdem verfaßte er mehrere musiktheoretische Werke, von denen besonders das „Kurzgefaßte Schulbuch der Tonkunst" (1797) sehr bekannt wurde. – Sein Sohn Franz (* 2. 4. 1796 in Linz, † 23. 1. 1872 in Wien) lebte seit 1844 in Wien, war Musikalienhändler und gab 1852–62 die „Neue Wiener Musikzeitung" heraus.

GLOSSY, Blanka, * 6. 11. 1893 in Wien, † 24. 11. 1952 in Wien, Schauspielerin. Tochter des Theater- und Literaturhistorikers Karl G. (s. d.). Wandte sich früh der Bühne zu und wurde bereits 1912 Mitglied des Wiener Burgtheaters, dem sie bis zu ihrem Tod angehörte. Immer mehr dem komischen Fach zugetan, wurde sie eine Interpretin des Altwiener Liedes und wirkte auch in einigen Filmen mit. Zusätzlich war sie eine begabte Graphikerin und besaß eine beachtenswerte Sammlung Altwiener Kulturgegenstände. 1947 erschien das gemeinsam mit G. Berger verfaßte Buch „Josefine Gallmeyer".

Christoph Willibald Gluck am Spinett. Gemälde von Joseph Duplessis

GLOSSY, Karl, * 7. 3. 1848 in Wien, † 9. 9. 1937 in Wien, Theater- und Literarhistoriker. Sohn eines Vergolders, brannte mit 15 Jahren durch und zog ein Jahr lang mit einer Schauspielertruppe durch Ungarn. Schloß später in Krems bei den Piaristen das Gymnasium ab und studierte an der Universität Wien Jus. Nach seiner Promotion zum Dr. jur. trat er 1874 als Konzeptspraktikant beim Wiener Magistrat ein. Gemeinsam mit A. Sauer (s. d.) brachte er 1881 nach Originalmanuskripten „Ferdinand Raimunds sämtliche Werke" heraus. 1881 kam er als Kustos an die Wiener Stadtbibliothek und wurde 1890 Direktor der Stadtbibliothek und des Historischen Museums der Stadt Wien, wo er bedeutende Ausstellungen organisierte. Bereits mit anerkannten Publikationen hervorgetreten, nahm seine schriftstellerische Tätigkeit nach seiner Pensionierung 1904 weiter zu. Wesentlich für ihn ist, daß er erstmals die Archivforschung in den Dienst der Theater- und Literaturwissenschaft stellte. Werke u. a.: „Zur Geschichte der Theater Wiens" (1919), „Das Burgtheater unter seinem Gründer Joseph II."(1926), „40 Jahre Deutsches Volkstheater" (1929). G. war Herausgeber (gemeinsam mit A. Frh. v. Berger, s. d.) der „Österreichischen Rundschau" (54 Bde.) und des „Jahrbuchs der Grillparzer-Gesellschaft" (ab 1891), zu deren Mitbegründern er 1890 zählte.

GLUCK, Christoph Willibald Ritter von, * 2. 7. 1714 in Erasbach bei Berching (Oberpfalz), † 15. 11. 1787 in Wien, Komponist. Sohn eines Forstmeisters. Verließ 17jährig das Elternhaus in Eisenberg bei Komotau und ging nach Prag, um sich eine Stelle als Musiker zu suchen.

OTTO GLÖCKEL

Der republikanische Schulreformer

GLÖCKEL, Otto, * 8. 2. 1874 in Pottendorf (NÖ), † 23. 7. 1935 in Wien, Pädagoge und sozialdemokratischer Politiker. Sein Vater war Unterlehrer in Pottendorf, er selbst maturierte 1892 am Landeslehrerseminar in Wiener Neustadt und kam dann als Volksschullehrer nach Wien. 1897 von Karl Lueger (s. d.) wegen sozialdemokratischer Gesinnung fristlos entlassen, wurde er Beamter in der Unfallkrankenkasse. 1907–18 Reichsratsmitglied, 1918–34 Abgeordneter zum Nationalrat, 1918/19 Unterstaatssekretär für Inneres und 1919/20 für Unterricht. In letzterer Funktion entwickelte und verwirklichte er seine schon 1917 konzipierte große Schulreform. Diese Reform hatte die einheitliche Organisation des gesamten Bil-

Otto Glöckel um 1924

dungswesens zum Ziel. Das 1922 geschaffene Pädagogische Institut der Stadt sollte die hochschulmäßige Ausbildung der Volksschullehrer erproben. G. baute die Sonderschulen für behinderte Kinder aus und setzte unentgeltliche Lehr- und Lernmittel an den Wiener Schulen durch. Unter seiner Leitung entwickelte sich der Wiener Stadtschulrat zum leitenden Zentrum des gesamten Wiener Schulwesens. Am 13. 2. 1934 in seinem Amtszimmer verhaftet, war er bis 29. 10. 1934 in Wöllersdorf in politischer Haft. Seine Frau Leopoldine (s. d.) unterstützte ihn tatkräftig bei seinen schulreformerischen Bestrebungen, die er in mehreren Werken auch veröffentlichte: „Das Tor der Zukunft" (1917), „Schulreform und Volksbildung in der Republik" (1919), „Die ö. Schulreform" (1922), „Drillschule, Lernschule, Arbeitsschule" (1928) und „Selbstbiographie", die erst 1939 erschien.

Immatrikulierte sich an der dortigen Universität für Mathematik und Logik. Um 1735 ging er nach Wien, von da nach Mailand, wo er Schüler von G. B. Sammartini wurde. Erste Opernerfolge (u. a. „Ipermestra", 1744) führten G. nach London, wo er Händel begegnete. Weitere Stationen waren u. a. Hamburg und Kopenhagen. Seit 1752 war G. in Wien ansässig. Dazwischen immer wieder Paris-Aufenthalte. G. schrieb nicht nur „Reformopern", sondern vertonte auch Vaudeville-Komödientexte. 1744 K. k. Hofkompositeur Maria Theresias (s. d.). G. gilt als Erneuerer der ernsten Oper und als Überwinder des gängigen italienischen und französischen Opernstils. Eine seiner Erfolgsopern, die 1777 in Paris uraufgeführte „Armida", erlebte nach G.s Tod 1808 ihre Wiener Uraufführung bei einer Galavorstellung anläßlich der Vermählung Kaiser Franz' I. (s. d.) mit Prinzessin Maria Ludovika (s. d.). Werke u. a.: „Orfeo ed Euridice" (1762), „Alceste" (1767), „Paride ed Elena" (1770), „Iphigénie en Tauride" (1779), einige Instrumentalwerke, Ballette, Oden.

Vetter, W.: C. W. G. (1964)

GLÜCK, Babette Elisabeth, s. Paoli, Betty

GLÜCK, Heinrich, * 11. 7. 1889 in Wien, † 24. 6. 1930 in Wien, Kunsthistoriker. Studierte an der Universität Wien Kunstgeschichte bei Strzygowski (s. d.) und Dvořak (s. d.) und promovierte 1914. 1919 habilitierte er sich für Kunstgeschichte des Orients an der Wiener Universität und wurde 1923 a. o Prof. für Kunstgeschichte des Mittelalters und der Neuzeit. Seit 1928 arbeitete er auch als Kustos im Ö. Museum für Kunst und Industrie. G. engagierte sich für die modernen Richtungen der Malerei und förderte insbesondere Čižek (s. d.) und Kokoschka (s. d.). Er veröffentlichte u. a. „Die christliche Kunst des Ostens" (1923), „Die Kunst des Islams" (gemeinsam mit E. Diez, 1925) und „Der Ursprung des römischen und abendländischen Wölbungsbaues" (aus dem Nachlaß, 1933).

GÖDEL, Kurt, * 28. 4. 1906 in Brünn, † 14. 1. 1978 in Princeton (USA), Mathematiker. Nach seinem Studium war er 1933–38 Dozent für Mathematik an der Universiät Wien, 1939–76 im Institute for Advanced Studies in Princeton, 1951 Ehrendoktorat der Yale University, 1952 der Harvard University, 1953 Prof. an der Princeton University. G. war Mitglied des „Wiener Kreises" und veröffentlichte 1931 in den vom Mathematischen Institut herausgegebenen „Monatsheften für Mathematik und Physik" seine bahnbrechende Arbeit „Über formal unentscheidbare Sätze der Principia Mathematica und verwandter Systeme". Mit der als „Satz des Jahrhunderts" bezeichneten Arbeit lieferte er den „Gödelschen Beweis": daß das menschliche Denken nicht mechanisierbar ist und in der Mathematik keine widerspruchsfreien Theorien existieren („Unvollständigkeitstheorien"). G. war der Begründer der mathematischen Logik und stellte die Grundsätze der Mengenlehre auf.

Hofstadter, D. R.: G., Escher, Bach (1985)

GODL, Stephan, * um 1480, † März 1534 in Mühlau bei Innsbruck, Erzgießer. Wahrscheinlich stammt er aus Hötting bei Innsbruck, doch ist dies nicht gesichert. Seine Werkstatt war über Innsbruck hinaus bekannt, und Kaiser Maximilian I. erteilte ihm mehrere Aufträge; so führte er den Guß zahlreicher Figuren für das Maximiliansgrab in der Innsbrukker Hofkirche durch, die von Gilg Sesselschreiber (s. d.) und Jörg Kölderer entworfen worden waren.

GOEBEL, Carl, * 26. 2. 1824 in Wien, † 10. 2. 1899 in Wien, Maler. Sohn des Historien- und Porträtmalers Carl Peter G. (1791–1823). Wurde bei seinem Großvater Joseph Klieber (s. d.), dem bekannten Bildhauer, erzogen und schon früh an der Wiener Akademie der bildenden Künste unterrichtet. Sehr bald wurde er zu einem gesuchten Porträtmaler und arbeitete an allen größeren Höfen Europas. Außerdem schuf er geglückte Szenen aus dem Wiener Volksleben und eine Reihe Wiener Veduten.

GOËSS, Anton II. Graf (auch Goeß), * 6. 8. 1816 in Strà bei Venedig, † 20. 5. 1887 in Wien, Offizier und Politiker. Wurde zunächst zum Offizier ausgebildet, wandte sich aber später der Politik zu und wurde ein Verfechter eines einheitlichen, konstitutionellen Ö. 1861–76 Landeshauptmann von Kärnten, war er seit 1872 auch Präsident der Kärntner Sparkasse. Ab 1861 Mitglied des Herrenhauses.

GOËSS, Leopold Graf (auch Goeß), * 28. 10. 1848 in Graz, † 22. 7. 1922 in Ebenthal (K), Jurist und Politiker. Bruder von Zeno Vinzenz Graf G. (s. d.). Studierte Jus und wurde Verwaltungsjurist. 1893–97 Landespräsident in der Bukowina, 1897–1904 Statthalter in Triest und dem Küstenland, 1905–18 Mitglied des Herrenhauses. Besondere Verdienste erwarb sich G. bei der Kärntner Volksabstimmung im Jahr 1920.

GOËSS, Zeno Vinzenz Graf (auch Goeß), * 26. 10. 1846 in Graz, † 14. 5. 1911 in Klagenfurt, Offizier und Politiker. Äl-

HERMANN GMEINER

Vater der SOS-Kinderdörfer

GMEINER, Hermann, * 23. 6. 1919 in Alberschwende (V), † 26. 4. 1986 in Innsbruck, Gründer der SOS-Kinderdörfer. Besuchte das Gymnasium in Feldkirch (V) und wurde 1940 zur deutschen Wehrmacht eingezogen, war Gebirgsjäger an der Ostfront, wurde Oberleutnant und sechsmal verwundet, lag zu Kriegsende im Lazarett Bregenz. Maturierte 1948 und studierte anschließend bis 1950 in Innsbruck Medizin. 1949 gründete er ohne Mittel den überparteilichen Verein zum Bau und zur Förderung und Führung von Kinderdörfern mit dem Namen „SOS-Kinderdorf". 1951 konnte in Imst (T) das erste Kinderdorf eröffnet werden. 1956 entstand das erste Kinderdorf im Ausland, in Diessen am Ammersee (Bayern), 1963 das erste in Übersee, in Taigu (Korea). 1959 wurde in Straßburg der euopäische Verband der SOS-Kinderdörfer und 1964 der Weltverband SOS-Kinderdorf International gegründet. G. wurden zahlreiche in- und ausländische Ehrungen zuteil, darunter auch Ehrendoktorate mehrerer Universitäten. G. blieb unverheiratet und hatte seinen ständigen Wohnsitz in Innsbruck. Zum Zeitpunkt seines Todes wurden in 233 Kinderdörfern in 87 Staaten über 50 000 Kinder betreut.

Hermann Gmeiner im SOS-Internationalen Feriendorf Caldonazzo, Trient

Reinprecht, H.: Abenteuer Nächstenliebe. Die Geschichte H. G.s und der SOS-Kinderdörfer (1985)

Carl Goebel: Ausstellung von Kleinplastik in der Marmorgalerie des Unteren Belvedere. Ölgemälde 1870

terer Bruder von Leopold Graf G. (s. d.). Wurde zunächst als Offizier ausgebildet, wandte sich der Politik zu und war 1881–88 Reichsratsabgeordneter des liberalen Großgrundbesitzes. 1897–1909 Landeshauptmann von Kärnten, wobei er mehrere Einrichtungen des Landes förderte, so den Bau des Landeskrankenhauses und des Künstlerhauses in Klagenfurt.

GOLD, Käthe, * 11. 2. 1907 in Wien, Kammerschauspielerin. Nach ihrer Ausbildung war sie 1932–34 am Theater in der Josefstadt engagiert. Sie spielte in Bern, Breslau, München, Berlin und Zürich sowie in zahlreichen Filmen und bei den Salzburger Festspielen. Seit 1947 Mitglied des Wiener Burgtheaters. Besonders große Bühnenerfolge feierte sie als Gretchen, Käthchen, Ophelia, Nora und Blanche („Endstation Sehnsucht") und erwies sich zeit ihres Lebens als besonders vielseitige Darstellerin. G. ist Ehrenmitglied des Burgtheaters.

GOLDEMUND, Heinrich, * 13. 8. 1863 in Kojetín (Mähren), † 2. 3. 1947 in Salzburg, Techniker. Studierte an der Technischen Hochschule in Wien und trat 1890 in den Dienst der Stadt Wien, wo er 1913–20 Stadtbaudirektor war. Danach arbeitete er als Zivilingenieur. G. war auf vielen Gebieten der Stadtplanung tätig und erwarb sich u. a. Verdienste um die Schaffung und Erhaltung von Grünanlagen innerhalb des Stadtgebiets, so etwa die Erweiterung des Türkenschanzparks. Außerdem stammt von ihm ein Projekt zur Erhaltung des Wald-und-Wiesen-Gürtels von Wien und die Anlage der Höhenstraße.

GOLDINGER, Walter, * 15. 3. 1910 in Wien, Historiker und Archivar. Studierte in Wien, wurde Archivar und war am Staatsarchiv tätig sowie als Univ.-Prof. in Wien. Bedeutend sind seine Veröffentlichungen „Geschichte des ö. Archivwesens" (1957) und „Geschichte der Republik Ö." (1962).

GOLDMARK, Karl (Károly), * 18. 5. 1830 in Keszthely (Ungarn), † 2. 1. 1915 in Wien, Komponist. Studierte ab 1844 bei L. Jansa und am Konservatorium in Wien Geige und beschäftigte sich als Autodidakt mit Musiktheorie. Danach lebte er als Geiger und Klavierlehrer in Ödenburg, Budapest und schließlich in Wien. 1865 errang er mit der Ouvertüre „Sakuntala" seinen ersten Erfolg als Komponist, 1875 folgte sein Welterfolg, die Oper „Die Königin von Saba". Weitere Opern: „Merlin" (1886), „Das Heimchen am Herd" (1896), „Ein Wintermärchen" (1907). Auch mit symphonischen Werken hatte er Erfolg: „Ländliche Hochzeit" (1876), „Der gefesselte Prometheus" (1889) und „Aus Jugendtagen" (1913). Daneben noch 2 Sinfonien, 2 Violinkonzerte, Chorwerke, Kammermusik. 1922 erschien seine Autobiographie „Erinnerungen aus meinem Leben".

Keller, O.: K. G. (1901); Várnai, P.: K. G. (1957)

Käthe Gold

GOLDSCHEIDER, Friedrich, * 6. 11. 1845 in Pilsen (Böhmen), † 19. 1. 1897 in Nizza, Fabrikant. Der älteste Sohn des Landwirts und Kaufmanns Moritz G. absolvierte eine kaufmännische Lehre und versuchte früh die Lehm- und Tonlager der Familiengrundstücke nutzbar zu machen. Nach dem Tod seines Vaters am 26. 3. 1865 hieß die Firma „M. Goldscheiders Erben, Gemischte Warenhandlung und Fabrik zur Erzeugung kohlensaurer Wässer". 1873 stellte die Firma bei der Wiener Weltausstellung „Carlin, Oker und feuerfeste Ziegel" aus, 1874 ging die Firma in Konkurs, und Friedrich G. errichtete eine Ziegelei mit Ringofenbetrieb, wo er mit der Fabrikation feuerfester Waren begann. 1877 wandte er sich dem Porzellanhandel zu und gründete 1885 in Wien die „Goldscheider'sche Porzellan-Manufactur und Majolica-Fabrik". Er erzeugte Tafel- und Waschservice, feuerfeste Kochtöpfe, Tabakbehälter und Dekorationsgegenstände. Bei der Leipziger Messe 1887 zeigte er als Spezialität Terrakottawaren in künstlerischer Ausführung. 1892 errichtete er in Paris eine Niederlage zur Bronzefabrikation, 1894 eine weitere Filiale in Leipzig. 1896 trat sein Sohn Walter in die Firma ein. 1938 emigrierte die Familie über England in die USA, wo sie die keramische Produktion wieder aufnahm. Der Wiener Betrieb existierte unter „arisierter" Verwaltung weiter, wurde 1949 an die Familie rückgeführt und 1954 liquidiert.

Goldscheider Keramik. Ausstellungskatalog, Wien 1985/86

GOLDSCHMIDT, Adalbert von, * 5. 5. 1848 in Wien, † 21. 12. 1906 in Wien, Komponist. Studierte am Wiener Konservatorium. Seine Kompositionen, in der Wagner-Nachfolge, verbinden Oper und Oratorium. Meist schrieb er die Texte selbst. Von ihm stammen u. a. das Oratorium „Die sieben Todsünden" (1876, Text von Robert Hamerling [s.d.]), das Musikdrama „Helianthus" (1884), das Oratorien-Drama „Gaea" (1889) und die Operette

„Die fromme Helene" (nach Wilhelm Busch, 1897).

GOLLER, Vinzenz, * 9. 3. 1873 in St. Andrä bei Brixen (Südtirol), † 11. 9. 1953 in St. Michael im Lungau (S), Kirchenkomponist. Gründete 1913 den Kirchenmusikverein „Schola Austriaca". Herausgeber der Zeitschrift „Musica Divina" und der Sammlung „Meisterwerke kirchlicher Tonkunst in Ö." Später wurde er Leiter der kirchenmusikalischen Abteilung der Wiener Akademie für Musik und darstellende Kunst in Klosterneuburg und schloß sich der volksliturgischen Bewegung von Pius Parsch (s. d.) an. Neben Hymnen, Liedern und Motetten schuf er 40 Messen. 1927–44 veröffentlichte er „Die Orgel beim katholischen Gottesdienst" (4 Bde.).

GÖLSDORF, Karl, * 8. 6. 1861 in Wien, † 18. 3. 1916 am Wolfsbergkogel, Semmering (NÖ), Techniker, Lokomotivkonstrukteur. Der älteste Sohn des Maschinendirektors der Südbahn, Louis Adolf G., studierte bis 1884 Maschinenbau an der Technischen Hochschule in Wien. Danach in der Maschinenfabrik der ö.-ungarischen Staats-Eisenbahn-Gesellschaft tätig, wechselte er 1891 in die Generaldirektion der k. k. ö. Staatsbahnen (später Eisenbahn-Ministerium) über und stieg rasch bis zum Sektionschef (1913) auf. Sein großes Verdienst lag in der Weiterentwicklung des Lokomotivbaus, wobei seinen Gebirgslokomotiven weltweite Bedeutung zukommt. 1893 konstruierte er eine einfache Anfahrvorrichtung für Verbundlokomotiven und in der Folge 25 vorbildliche Lokomotivtypen, darunter 1897 die erste leistungsfähige und kurvenbewegliche Gebirgslokomotive, die er bis zum 5- und später 6fach gekuppelten (= 5- bis 6achsigen) Typ weiterentwikkelte. Auch eine Schnellzugslokomotive mit hochliegendem Kessel wurde von G. konstruiert. Mehrfach geehrt, verlieh ihm die Technische Hochschule in Wien 1910 den Dr. techn.

Artikel in der Zeitschrift „Die Lokomotive" 1916 (13. Jahrgang), Heft 4.; Gölsdorf, K.: Lokomotivbau in Alt-Ö. (Nachdruck 1978)

GOLTZ, Alexander Demetrius, * 25. 1. 1857 in Püspökladány (Ungarn), † 14. 5. 1944 in Wien, Maler. Verbrachte seine Jugend in Rekawinkel (NÖ) und Wien und wandte sich früh der Malerei zu. 1873/74 studierte er in München und 1875–77 bei Anselm Feuerbach (s. d.) in Wien. Nach ausgedehnten Studienreisen lebte er ab 1892 in Wien, war 1904–07 Ausstattungschef des Wiener Burgtheaters und 1909/10 der Wiener Hofoper. Er schuf zahlreiche Schauspieler- und Politikerporträts, so von Josef Kainz (s. d.) und Viktor Adler (s. d.), und war auf zahlreichen Ausstellungen vertreten. Stilistisch liegen seine Anfänge bei der Historienmalerei in der Art Feuerbachs, später wandte er sich der Helldunkelmalerei zu.

GOLTZ, Christel, * 8. 7. 1912 in Dortmund, Kammersängerin (Sopranistin), Ehrenmitglied der Wiener Staatsoper. Studierte Tanz und Gesang in München. 1933 debütierte sie als Tänzerin und Choristin in Fürth (Bayern) und kam als Solistin über Plauen, Dresden und Berlin 1950 an die Wiener Staatsoper, wo sie bis 1970 auftrat. Großen Erfolg hatte sie als Leonore in „Fidelio", als Elektra und als Salome und kreierte 1954 die Titelrolle in Rolf Liebermanns „Penelope". Außerdem wirkte sie bei den Salzburger Festspielen mit und gab Gastspiele an den berühmten Opernhäusern in Mailand, Rom, London, Buenos Aires, Paris und an der Metropolitan Opera in New York.

GOLUCHOWSKI, Agenor (d. J.) Maria Adam Graf, * 25. 3. 1849 in Lemberg (Galizien), † 28. 3. 1921 in Lemberg, Sohn von Agenor d. Ä. Graf G. (s. d.), Diplomat und Staatsmann. Trat nach einer ausgezeichneten Ausbildung in den diplomatischen Dienst und wurde ab 1875 in der Nachfolge seines Vaters Mitglied des Herrenhauses. 1883 Botschaftsrat in Paris, später dort Gesandter und danach Gesandter in Bukarest. 1895–1906 Außenminister, setzte er sich für die Erhaltung des Status quo auf dem Balkan ein und erreichte mit den Vereinbarungen von Mürzsteg mit dem Zaren (1903) den Höhepunkt seiner politischen Karriere, obwohl er noch 1906 auf der Algeciras-Konferenz von Kaiser Wilhelm II. als „glänzender Sekundant" bezeichnet wurde. In den Jahren des Ersten Weltkriegs trat er für eine austropolnische Lösung ein, wurde aber in der Öffentlichkeit nicht mehr aktiv.

GOLUCHOWSKI, Agenor (d. Ä.) Romuald Graf, * 8. 2. 1812 in Lemberg (Galizien), † 3. 8. 1875 in Lemberg, Staatsmann. Profilierte sich bereits als Statthaltereirat und war 1849–59 Statthalter in Galizien. 1859/60 Innenminister, vertrat er feudale, föderalistische, doch slawisch-nationale Interessen und setzte sich für den Konstitutionalismus ein. 1860 Staatsminister, schuf er die Grundlagen für das Oktoberdiplom, das jedoch auf den Widerstand der Deutschliberalen und der Ungarn stieß. Da es widerrufen werden mußte, trat er im Dezember 1860 zurück. Von der zentralistischen Verfassung vom 26. 2. 1861 arg enttäuscht, zog er sich, obwohl zum erblichen Mitglied des Herrenhauses ernannt, aus der Politik zurück. 1866/67 und 1871–75 war er wieder Statthalter Galiziens, betrieb die Polonisierung der Provinz und unterdrückte vor allem die Ruthenen sowie die deutsche Kultur.

GOMPERZ, Heinrich, * 18. 1. 1873 in Wien, † 27. 12. 1942 in Los Angeles, Philosoph. Sohn des Wiener Univ.-Prof.s und klassischen Philologen Theodor G. (* 29. 3. 1832 in Brünn, † 29. 8. 1912 in Baden bei Wien). Studierte in Wien und wurde 1920 Univ.-Prof. in Wien. Nach seiner Emigration 1938 Prof. in den USA. Hauptwerke: „Weltanschauungslehre", 2 Bde., (1905, 1908) und „Die indische Theosophie" (1925). Seine Weltanschauungslehre, die er „Pathempirismus" nannte, basiert auf der Erkenntnis, daß das menschliche Bewußtsein nur Vorstellungen und Gefühle enthält.

GORBACH, Alfons, * 2. 9. 1898 in Imst (T), † 31. 7. 1972 in Graz, Jurist und ÖVP-Politiker. War der Sohn eines Eisenbahners und wurde im Ersten Weltkrieg schwer verwundet (verlor ein Bein). Während des Jusstudiums in Graz kam er mit der christlichsozialen Bewegung in Berührung. Promotion zum Dr. jur. 1922. 1928–32 Mitglied des Grazer Gemeinderats, ab 1930 auch des Stadtschulrats. 1933–38 Landesführer der Vaterländischen Front Steiermark, 1935 Mitglied des Landtags und ab 1937 der steiermärkischen Landesregierung. 1938 von den Nationalsozialisten verhaftet, kam er mit dem ersten Transport in das KZ Dachau, wo er bis November 1942 inhaftiert blieb. Im Juli 1944 abermals verhaftet, kam er zuerst in das KZ Flossenbürg, dann nach Dachau, wo er zu Kriegsende befreit wurde. 1945–70 Abgeordneter zum Nationalrat sowie 1945–53 und 1956–61 (in jeweils zwei Gesetzgebungsperioden) dessen Dritter Präsident. 1960–63 Bundesparteiobmann der ÖVP und vom 11. 4. 1961 bis 2. 4. 1964 Bundeskanzler in zwei Kabinetten. Auf dem Parteitag von Klagenfurt 1963 unterlag G. dem reformerischen Flügel der Par-

ERNST H. GOMBRICH

Die Psychologie der Kunst

GOMBRICH, Ernst Hans Josef, Sir (seit 1974), * 30. 3. 1909 in Wien, Kunsthistoriker. Sohn eines Juristen, studierte in Wien Kunstgeschichte und promovierte 1934 bei Julius von Schlosser (s. d.). 1936 trat er als Forschungsassistent in das Warburg-Institut der Universität London ein, veröffentlichte seine „Geschichte der Kunst", die bis 1966 in 11 Auflagen und in 19 Sprachen übersetzt erschien; war 1959–76 Direktor des Instituts. Univ.-Prof. 1950–53 in Oxford, 1956–59 in London, 1959 in Harvard, 1961–63 in Cambridge und 1970–76 in Cornell. G. ist ein Spezialist auf dem Gebiet der Ikonographie und der Kunsttheorie der Renaissance. Er wandte die Ansätze der Psychoanalyse für die kunstgeschichtliche Forschung an. Mehrfach geehrt, erhielt er u. a. 1975 den Erasmus-Preis und wurde 1977 in die Gelehrten- und Künstlervereinigung Pour le mérite gewählt.

tei unter Dr. Josef Klaus (s. d.), der ihn als Bundesparteiobmann und 1964 auch als Bundeskanzler ablöste. Bei der Bundespräsidentenwahl 1965 unterlag G. knapp (mit –1,38%) Franz Jonas (s. d.).

Weissensteiner, F., u. Weinzierl, E. (Hrsg.): Ö. Bundeskanzler (1983)

GÖRLICH, Ernst Josef * 16. 11. 1905 in Wien, † 4. 10. 1973 in Wien, Historiker und Lehrer. Studierte in Wien und wurde Hochschullektor für Esperanto, ab 1945 war er Prof. am Technologischen Gewerbemuseum in Wien. Der Verfasser der burgenländischen Landeshymne schrieb auch mehrere, meist historische Romane und Jugendschriften sowie u. a. „Einführung in die Geschichte der ö. Literatur" (1946), „Handbuch des Österreichers" (1948), „Illustrierte Weltgeschichte" (1956) und „Gegenwartskunde" (1962).

GÖRTSCHACHER, Urban, * um 1485 in Villach, ist er bis gegen 1535 urkundlich nachweisbar, Fresken- und Altarbildmaler. War Nachfolger von Meister Thomas von Villach und schuf in zahlreichen Kärntner Kirchen Fresken, so etwa in: Kaning, St. Radegund im Lesachtal, Möderndorf, Feistritz an der Drau, St. Sigmund im Pustertal und St. Stefan an der Gail (ein Bildstock-Fresko) sowie sein Hauptwerk, das Weltgerichtsfresko von Millstatt von 1513.

GORUP, Eugen Franz, Freiherr von Besánez, * 15. 1. 1817 in Graz, † 24. 11. 1878 in Erlangen, Chemiker. Studierte in Graz, Wien, Padua und München Medizin, dann hier und in Göttingen Chemie. 1849 habilitierte er sich in Erlangen und wurde 1855 Univ.-Prof. Er entdeckte die Proteasen in der keimenden Gerste und verfaßte mehrere Lehrbücher der Chemie, so „Anleitung zur qualitativen und quantitativen zoochemischen Analyse" (1850, 3. Aufl. 1871) und „Lehrbuch der Chemie" (3 Bde.).

GORUP, Ferdinand Johann, Freiherr von Besánez, * 1. 2. 1855 in Saaz (Böhmen), † 15. 4. 1928 in Wien, Jurist und Polizeipräsident. Aus altem kroatischen Adelsgeschlecht, Neffe des Chemikers Eugen Franz G., Freiherr v. Besánez (s. d.). Studierte in Wien ab 1873 Jus, wurde 1880 Konzeptspraktikant der nö. Statthalterei und promovierte 1882 zum Dr. jur. Seit 1883 Konzipient bei der Wiener Polizei, wurde 1887 in die Polizeidirektion berufen und war 1889 mit den Erhebungen über den Tod des Kronprinzen Rudolf betraut. 1908 Hofrat und Stellvertretender Polizeipräsident, 1914–17 Polizeipräsident von Wien. Auf seine Initiative wurde eine Expositur der Staatspolizei am Hoflager eingerichtet. Nach seiner Pensionierung 1917 zog er sich aus dem öffentlichen Leben zurück.

GOTTFRIED (auch von Admont), * um 1100 in Schwaben, † 26. 6. 1165 in Admont (St), Benediktinermönch. Bekannt wurde er erst 1137 (vielleicht auch 1138), als er Abt des Benediktinerstifts Admont wurde und die Hirsauer Klosterreform durchführte. Er war ein hervorragender Prediger und auch schriftstellerisch tätig. Nach dem großen Brand des Stifts im Jahr 1152 bemühte er sich um den Wiederaufbau, vergrößerte die Bibliothek und gründete eine eigene Schreib- und Malstube im Stift.

GOTTHARD, Johann Peter (eigtl. Pázdirek), * 19. 1. 1839 in Drahowitz (Böhmen), † 17. 5. 1919 in Bad Vöslau bei Wien, Komponist. Neben Liedern, Chorwerken und Streichquartetten schrieb er die Oper „Iduna" (1889). Außerdem dirigierte er in Wien den „Orchesterbund" und leitete einen Musikverlag. Gemeinsam mit seinem Bruder Franz gab er das „Universal-Handbuch der Musik-Literatur" heraus, das in den Jahren 1904–10 erschien (34 Bde.).

GOTTLIEB, Anna, * 29. 4. 1774 in Wien, † 4. 2. 1856 in Wien, Opernsängerin (Sopran). Für sie schrieb Wolfgang Amadeus Mozart (s. d.) die Rolle der Pamina in seiner Oper „Die Zauberflöte" (1791). Später war sie auch als Schauspielerin am Leopoldstädter Theater erfolgreich tätig.

GOTTSCHLICH, Hugo, * 30. 10. 1905 in Wien, † 22. 3. 1984 in Wien, Schauspieler. In den dreißiger Jahren zuerst im Kabarett tätig („Wiener Werkel" und „Literatur am Naschmarkt"). Später in den Kammerspielen und im Theater in der Josefstadt, 1946 im Kabarett „Der liebe Augustin", dann im Wiener Volkstheater und im Theater in der Josefstadt engagiert. Seit 1955 Mitglied des Wiener Burgtheaters. War auch in Film und Rundfunk tätig. G. zeichnete sich als Komiker durch eine unverwechselbare Darstellungsweise aus.

GOTTSLEBEN, Ludwig, * 24. 11. 1836 in Wien, † 26. 2. 1911 in Wien, Komiker und Schriftsteller. War der Sohn eines Graveurs und besuchte die Akademie der bildenden Künste in Wien. Er arbeitete auch als Illustrator, veröffentlichte aber bereits 1856 sein erstes Bühnenstück, „Ein Musikant", dem bald andere folgten. 1859 debütierte er als Natzl in Flamms „Eine Wienerin" am Theater an der Wien. Als urwüchsiger, etwas derber Typ und letzter bedeutender Wiener Hanswurst-Komiker wurde er bald zum Publikumsliebling an fast allen Wiener Vorstadtbühnen. 1870 verfaßte er ein Lebensbild von Nestroy, 1910 erschien seine Autobiographie „50 Jahre Komiker".

Die Gozzo-Burg in Krems (NÖ)

GÖTZ, Alexander, * 27. 2. 1928 in Graz, Verkehrstechniker, Jurist und FPÖ-Politiker. Studierte Bauingenieurwesen an der Technischen Hochschule in Graz und schloß 1953 mit dem Dipl.-Ing. ab. Anschließend als Verkehrstechniker in der Grazer Stadtverwaltung tätig, studierte er Jus (Promotion 1956) und Staatswissenschaften (Promotion zum Dr. rer. pol. 1958). Trat bei der Gründung der FPÖ 1953 dieser Partei bei und wurde 1958 Gemeinderat, 1964 Landesparteiobmann der Steiermark und 1965 Landtagsabgeordneter. 1964 Vizebürgermeister von Graz, wurde er 1973 durch ein Koalitionsabkommen mit der ÖVP Bürgermeister. Im September 1978 zum Parteivorsitzenden gewählt, trat er im Dezember 1979 zurück, und nach der Niederlage bei den Grazer Gemeinderatswahlen 1983 legte er auch das Amt des Bürgermeisters zurück.

GOZZO (später von Krems), † 1291 in Zwettl (NÖ). Obwohl er ein angesehener und reicher Bürger der Stadt Krems gewesen sein muß, sind von ihm nur wenige Daten bekannt. Er war „Landschreiber ob der Enns" (procurator Anasi) und muß um 1275 Stadtrichter in Krems an der Donau gewesen sein, da er sich zu diesem Zeitpunkt die nach ihm benannte Stadtburg erbauen ließ. Als verläßlicher Beamter behielt er diese Stellung auch in der Zeit König Přemysl Ottokars II. von Böhmen. 1286 unternahm er eine Pilgerfahrt nach Rom und trat nach seiner Rückkehr 1288 in das Kloster Zwettl ein, wo er auch starb. Nach seinem Tod kam seine Stadtburg in den Besitz der Habsburger.

GRABNER, Hermann, * 12. 5. 1886 in Graz, † 3. 7. 1969 in Bozen (Südtirol), Komponist und Musikpädagoge. Studierte bei Max Reger am Leipziger Konservatorium und wurde 1913 an das Konservatorium von Straßburg berufen. 1919–24 an der Mannheimer Musikhochschule und der Heidelberger Musikakademie, 1924–38 Prof. für Musiktheorie am Leipziger Konservatorium, 1938–46 Prof. an der Berliner Musikhochschule. Zu seinen Schülern zählten u. a. W. Fortner, H. Distler, K. Thomas, W. Maler. G. komponierte in der Nachfolge Regers Orchester- und Orgelwerke, ein Weihnachtsoratorium und die Oper „Die Richterin". Als Musiktheoretiker verfaßte er das „Handbuch der funktionellen Harmonielehre", 2 Bde. (2.

Aufl. 1949), „Anleitung zur Fugenkomposition" (1934), „Die wichtigsten Regeln des funktionellen Tonsatzes" (1935) u. a.

GRAF, Antonie, * 20. 4. 1845 in Wien, † 23. 2. 1929 in Wien, Sportlerin und Schriftstellerin. War Lehrerin und Erzieherin sowie engagiert in der Frauenbewegung tätig. Dem Sport sehr zugetan, gründete sie 1894 die erste Schwimmvereinigung für Frauen in Ö. mit dem Namen „Austria", 1908 den Damenschwimmklub „Wien", dessen Präsidentin sie bis 1923 war. 1912 veröffentlichte sie einen „Wegweiser zur Berufswahl für schulentlassene Mädchen" und „Übersicht über die Unterrichtsanstalten der weiblichen Bevölkerung der ö.-u. Monarchie".

GRAF, Ferdinand, * 15. 6. 1907 in Klagenfurt, † 8. 9. 1969 in Wien, Jurist und ÖVP-Politiker. Studierte Jus und war 1933–38 Direktor des Kärntner Bauernbundes. 1938 wurde er verhaftet und bis 1940 im KZ interniert. 1945 Direktor des Ö. Bauernbundes und Staatssekretär im Innenministerium (bis 1956). In dieser Position baute er systematisch die sogenannte „B-Gendarmerie" (Bereitschaftsgendarmerie) auf, den Kader für das spätere Bundesheer. 1956–61 Bundesminister für Landesverteidigung (der erste in der Zweiten Republik). 1961 bis zu seinem Tod war G. Präsident des Aufsichtsrats der Creditanstalt-Bankverein.

GRAF, Herbert, * 10. 4. 1903 in Wien, † 5. 4. 1973 in Genf, Opernregisseur. Sohn des Musikschriftstellers Max G. (s. d.). Studierte in Wien und promovierte 1925 (Diss.: „Richard Wagner als Regisseur"). Seit 1936 Regisseur, zunächst an deutschen Bühnen, dann in der Schweiz. 1950–60 an der Metropolitan Opera in New York. 1960–63 Operndirektor in Zürich, ab 1965 des Grand Théâtre in Genf. Vornehmlich widmete er sich in seiner Regietätigkeit den Opern von Wolfgang Amadeus Mozart, Richard Wagner und Richard Strauss. G. veröffentlichte auch mehrere Werke in englischer Sprache, von denen „Aus der Welt der Oper" 1960 auch in deutscher Sprache erschien.

GRAF, Max * 1. 10. 1873 in Wien, † 24. 6. 1958 in Wien, Musikhistoriker und Musikschriftsteller. Studierte in Wien (Diss. 1896 „Die Musik der Frau in der Renaissance", 1905 unter dem Titel „Die Musik im Zeitalter der Renaissance" erschienen). 1900–38 Musikreferent der „Wiener Allgemeinen Zeitung", 1902–38 Prof. an der Wiener Musikakademie, emigrierte 1938 nach New York. 1947 nach Wien zurückgekehrt, wirkte er ab 1948 am Mozarteum in Salzburg. Werke u. a.: „Legende einer Musikstadt" (1945), „Moderne Musik" (1946), „Geschichte und Geist der modernen Musik" (1953), „Die Wiener Oper" (1955).

GRAF, Robert, * 17. 7. 1929 in New York (USA), Gastwirt und ÖVP-Politiker, Wirtschaftsexperte. Besuchte in Ö. die Pflicht- und Handelsschule und war 1950–72 Gastwirt am Eisenberg (B). Ab 1972 Exportkaufmann, wurde er 1973 Geschäftsführer des Ö. Wirtschaftsverlags. 1961–66 Abgeordneter zum burgenländischen Landtag, 1966 Abgeordneter zum Nationalrat und bis 1986 Wirtschaftssprecher der ÖVP. 1965 Mitglied der Internationalen Handelskammer, Obmann des Ö. Wirtschaftsbundes Burgenland und Präsident der Kammer der gewerblichen Wirtschaft Burgenland; seit 1969 Vizepräsident des Ö. Wirtschaftsbundes. Ab 20. 1. 1987 Wirtschaftsminister in der Koalitionsregierung Vranitzky–Mock, leitet er ein Ressort, das das frühere Handelsministerium und das frühere Bautenministerium umfaßt.

GRAFF, Michael, * 2. 10. 1937 in Wien, Jurist und ÖVP-Politiker. Studierte nach dem Besuch des Schottengymnasiums in Wien Jus und promovierte 1959. 1960–63 Gerichtspraxis, 1964–66 Sekretär von Bundesparteiobmann und Bundeskanzler Dr. Josef Klaus, 1966/67 Mitglied der ö. Delegation bei der OECD in Paris, seit 1969 Rechtsanwalt in Wien, vor allem Wirtschaftsanwalt und Anwalt der ÖVP. Mit über 85 Prozent der Delegiertenstimmen wurde er auf dem ÖVP-Bundesparteitag in Linz am 6. 3. 1982 zum Generalsekretär der ÖVP gewählt.

GRÄFFER, Franz, * 6. 1. 1785 in Wien, † 8. 10. 1852 in Wien, Buchhändler, Verleger und Schriftsteller. Sohn des Buchhändlers und Verlegers August G. (1762–1816), der auch als Militärschriftsteller bekannt war. G. erlernte den Beruf seines Vaters und trat 1809 freiwillig in die Landwehr ein, wurde verwundet und floh aus französischer Gefangenschaft. 1810 wollte er eine Schlittschuhlaufanstalt in Wien eröffnen, erhielt dazu aber keine Bewilligung. Also wurde er Bibliothekar und Sekretär in verschiedenen Wiener Adelshäusern und ergriff 1812 den Beruf des freien Schriftstellers. 1817 gründete er die Zeitschrift „Der Unbefangene", deren Titel 1818 in „Conversationsblatt" geändert wurde. 1821 legte er die Redaktion dieses literarischen Journals nieder und übernahm 1822 die Leitung des „Literarischen Anzeigers". 1835–37 gab er gemeinsam mit dem Hofsekretär Johann Jakob Heinrich Czikann die sechsbändige „Österreichische National-Encyklopädie" (das erste Ö.-Lexikon) heraus. Werke u. a.: „Kleine Wiener Memoiren" (5 Bde., 1845/46), „Wiener Dosenstücke, nämlich Physiognomien" (2 Bde., 1846), „Josephinische Curiosa" (1848–50), „Zur Stadt Wien" (1849), „Franzisceische Curiosa" (1849, von P. Wertheimer 1912 unter „Alt-Wiener Guckkasten" neu herausgegeben). G. starb verarmt und in geistiger Umnachtung.

GRAN, Daniel, * (Tauftag) 22. 5. 1694 in Wien, † 16. 4. 1757 in St. Pölten (NÖ), Freskenund Altarbildmaler. Nannte sich ab 1732 „della Torre". Wurde zuerst von den Malern Adam Pancraz Ferg und Georg Werle, dessen Tochter er 1723 heiratete, unterrichtet. Anton Franz Fürst von Schwarzenberg (s. d.) ermöglichte ihm eine Studienreise nach Italien, wo er sich vervollkommnete. 1721 malte er die Deckengemäl-

JOHANN GEORG GRASEL

Räuberhauptmann im Biedermeier

Johann Georg Grasel. Stich von Ferdinand Lütgendorf

„. . . was nun die Bestrafung dieses Verbrechers betrifft, so soll der Johann Georg Grasel, da er seine schwersten Verbrechen noch vor dem Eintritt in den Soldatenstand begangen hat, und daher nach den Zivilstrafgesetzen abzuurteilen ist, insbesondere seines an der Anna Maria Schindler zu Zwettl verübten räuberischen Totschlages wegen in Gemäßheit des § 124 und 10 des Gesetzbuches über Verbrechen mit dem Tode durch den Strang bestraft werden."

Auszug aus dem am 18. Jänner 1818 publizierten kriegsgerichtlichen Urteil gegen Grasel und dessen sechs Mitschuldige de im Schwarzenbergschen Jagdschloß Hirschstetten bei Wien, die durch Kriegseinwirkungen verlorengegangen sind; 1724–28 mehrere Deckenfresken im Gartenpalais des Fürsten Schwarzenberg in Wien. 1730 vollendete er die Kuppelfresken im Prunksaal der Hofbibliothek (Ö. Nationalbibliothek), darunter die Apotheose auf Kaiser Karl VI. (s. d.). Ab nun auch vom Hof mit mehreren Aufträgen betraut, arbeitete er 1737–43 hauptsächlich außerhalb von Wien, so in Brünn und Sonntagberg (NÖ). 1744 entstanden die Deckengemälde in der Schönbrunner Schloßkapelle. 1745 übersiedelte er nach St. Pölten (NÖ), arbeitete aber weiterhin in Wien, so 1746/47 an den Wand- und Deckengemälden im Schloß Hetzendorf bei Wien. Abgesehen von diesen Hauptwerken der Fresken- und Wandmalerei schuf er zahlreiche Altarbilder, beispielsweise in den Stiftskirchen von Herzogenburg (NÖ) und Lilienfeld (NÖ). Obwohl er immer außerordentlich gut bezahlt wurde, konnte er mit dem Geld nicht umgehen und lebte in den letzten Lebensjahren (seine Frau starb 1754) in Armut. G. war neben Paul Troger (s. d.) ein Hauptrepräsentant der ö. Barockmalerei und wurde zum Wegbereiter für die nachfolgende Entwicklung zum Spätbarock.

Knab, E.: D. G. (1957)

GRANICHSTAEDTEN, Bruno (Bernhard), * 1. 9. 1879 in Wien, † 30. 5. 1944 in Hollywood, Operettenkomponist. Studierte am Leipziger Konservatorium und wurde Sänger und Kabarettpianist, später Korrepetitor an der Wiener Hofoper. Schrieb Libretti und Musik für die Operetten „Bub oder Mädel" (1908), „Auf Befehl der Kaiserin" (1915), „Walzerliebe" (1918), „Der Orlow" (1925; sein größter Erfolg, im Theater an der Wien uraufgeführt, erreichte 392 Wiederholungen), „Evelyne" (1928), „Reklame" (1930). Übernahm amerikanische Tanzformen in seiner Musik, etwa in „Glück bei den Frauen" (1923) und „Bacchusnacht" (1923). Er schrieb eine Vielzahl von Liedern, so auch „Zuschau'n kann i net" für Ralph Benatzkys (s. d.) Operettenerfolg „Im weißen Rößl", Libretti für Oscar Straus (s. d.) und Filmmusik. 1938 emigrierte G. in die USA.

GRASEL, Johann Georg, * 20. 4. 1790 in Neu Serowitz (Mähren), † 31. 1. 1818 in Wien (hingerichtet), Räuberhauptmann und Deserteur. Sohn eines Wasenmeisters (Abdekkers), der, ebenso wie seine Frau, mehrmals wegen Diebstahls verhaftet wurde und eingesperrt war. 1806 war G. das erste Mal an einem Diebstahl mitbeteiligt. Seinen größten und auch ergiebigsten Einbruch verübte er in der Nacht des 21. 8. 1814 beim Kaufmann Mathias Loidold in Großsieghartss (NÖ); die Beute hatte einen Warenwert von 5343 Gulden. Außerdem wurden ihm zwei Morde (vielleicht auch Totschlag) zur Last gelegt. Das Gebiet seiner umfangreichen Tätigkeiten war das nördliche NÖ. Spätere Legendenbildung machte aus ihm nicht nur einen gefährlichen, sondern auch einen „edlen" Räuber. Am 4. 6. 1815 desertierte er vom Militärdienst; er hatte sich sechs Wochen vorher als Franz Eigner zum 1. Artillerieregiment in Prag anwerben lassen. Steckbrieflich gesucht, wurde er am 19. 11. 1815 in einem Wirtshaus in Mörtersdorf (nördlich von Horn) überwältigt und verhaftet. Da auch mehrere Angehöri-

Daniel Grans: Allegorie auf Mähren. Ölbild

ge seiner Bande gefaßt worden waren, zogen sich die Prozesse jahrelang hin. G. wurde ab Oktober 1816 von einem Militärauditor verhört und von einem Kriegsgericht am 14. 7. 1817 verurteilt. Nach dem nötigen Bestätigungsverfahren wurde ihm und zwei seiner Komplizen das Urteil am 28. 1. 1818 in feierlicher Weise bekanntgegeben. Die Hinrichtung erfolgte am 31. 1. 1818 auf dem Glacis vor dem Neutor (nahe der heutigen Roßauer Kaserne). Daß G. damals erst 23 Jahre alt gewesen sei, wie oft behauptet wurde, ist falsch. Diese Annahme kam dadurch zustande, daß er sich selbst um vier Jahre jünger gemacht hatte.

Bartsch, R.: J. G. G. und seine Kameraden (aus dem Archiv des Grauen Hauses, 1924); Bletschacher, R.: Der G. (1980)

GRASSBERGER, Roland, * 12. 5. 1905 in Wien, Strafrechtler und Kriminologe. Studierte in Wien Jus und promovierte 1928. 1931 habilitierte er sich an der Universität Wien und absolvierte 1931/32 als Stipendiat ein Polizeipraktikum in Washington D. C., New York und Chicago. 1934 Hochschulassistent, wurde er 1938 Sachverständiger für Brandsachen und kurz darauf für Militärgerichte. 1945 Leiter des Instituts für Kriminologie, war er 1948 bis zu seiner Emeritierung 1975 Ordinarius für Strafrecht, Strafprozeß und Kriminologie. 1954/55 und 1960/61 Dekan der rechts- und staatswissenschaftlichen Fakultät, 1962/63 Rektor der Universität Wien. Ab 1946 gab G. die „Kriminologischen Abhandlungen" heraus; schrieb mehrere Fachbücher wie „Die Brandlegungskriminalität" (1928), „Psychologie des Strafverfahrens" (1950) und „Die Unzucht mit Tieren" (1968).

GRASSI, Anton, * 1755 in Wien, † 31. 12. 1807 in Wien, Bildhauer. Sohn eines Galanteriearbeiters, studierte er an der Akademie der bildenden Künste in Wien bei Messerschmidt (s. d.), der ihn wegen seines großen Talents schon 1768 in seinem Haus aufgenommen hatte. Noch während seines Studiums arbeitete er am Figurenschmuck des Schönbrunner Schloßgartens mit. 1778 in der Wiener Porzellanmanufaktur als Modelleur tätig, wurde er 1784 „Modellenmeister". 1792 ermöglichte ihm diese Stelle eine Italienreise, von der er unzählige Entwürfe und Zeichnungen mitbrachte. War er bis dahin noch dem späten Wiener Rokoko verbunden, so wandelte sich sein Stil nun unter dem Einfluß antiker Vorbilder zum Klassizismus hin.

GRATZ, Leopold, * 4. 11. 1929 in Wien, SPÖ-Politiker. Studierte Jus, war zuerst im Landesarbeitsamt Wien beschäftigt und kam 1953 in das Sekretariat des sozialistischen Abgeordnetenklubs im Parlament, wo er 1957 Klubsekretär wurde. 1963 Zentralsekretär der SPÖ, seit 1966 Abgeordneter zum Nationalrat. 1970/71 Unterrichtsminister, 1971–73 geschäftsführender Klubobmann der SPÖ, 1973–83 Bürgermeister von Wien, 1974 stellvertretender Vorsitzender der SPÖ und Landesparteiobmann der SPÖ Wien, ab 1984 Außenminister. Stellte seine Funktion bei der Regierungsumbildung nach der Bundespräsidentenwahl 1986 zur Verfügung, um sich seiner Arbeit als Landesparteiobmann von Wien widmen zu können. Im Dezember 1986 von der SPÖ zum Ersten Präsidenten des Nationalrats nominiert.

GRAZIE, Marie Eugenie delle (auch Delle Grazie), * 14. 8. 1864 in Weißkirchen (Banat), † 18. 2. 1931 in Wien, Erzählerin und Dramatikerin. Wurde in Wien erzogen und erhielt bereits 1883 ein Stipendium der Schwestern-Fröhlich-Stiftung für ihr Drama „Saul". Vertreterin des Realismus, schrieb anfangs gesellschaftskritisch, später orientiert an katholische Wertideale. Dramen u. a.: „Schlagende Wetter" (1900), „Ver sacrum" (1906); Romane: „Heilige und Menschen" (1909), „Die unsichtbare Straße" (1927); daneben Erzählungen, Gedichte („Italienische Vignetten", 1892). 1901 erhielt G. den Bauernfeld-, 1916 den Ebner-Eschenbach-Preis. 1903/04 erschienen ihre „Sämtlichen Werke" (9 Bde.).

GREDLER, Willfried, * 12. 12. 1916 in Wien, Jurist und FPÖ-Politiker. Studierte in Wien Jus, besuchte die Diplomatenakademie und trat in den Staatsdienst ein. Nach 1945 schloß er sich politisch zunächst der ÖVP an. Als Mitbegründer der FPÖ-Vorläuferpartei VdU war er 1953–63 Abgeordneter zum Nationalrat, 1956–63 Klubobmann der FPÖ. 1959–63 Mitglied der ö. Delegation im Europarat, 1963–70 Botschafter beim Europarat in Straßburg, 1970–77 in Bonn, 1977–80 in Peking und für Nordkorea und Vietnam mitakkreditiert. Wurde vom Bundesparteivorstand der FPÖ mit 12 gegen 6 Stimmen als Kandidat für die Bundespräsidentenwahl 1980 nominiert und unterlag dem amtierenden Bundespräsidenten Dr. Rudolf Kirchschläger.

GREGOR, Joseph, * 26. 10. 1888 in Czernowitz (Bukowina), † 12. 10. 1960 in Wien, Theaterwissenschaftler und Schriftsteller. Studierte in Wien und promovierte 1911. 1918 trat er in die Ö. Nationalbibliothek ein und wurde später Generalstaatsbibliothekar. 1922 gründete er hier die Theatersammlung und 1929 das Archiv für Filmkunde und das Bundestheatermuseum. G. war auch Univ.-Prof. in Wien und Präsident der internationalen Richard-Strauss-Gesellschaft. Für Richard Strauss (s. d.) verfaßte er 1938 die Libretti zu „Daphne" und nach einem Entwurf von Stefan Zweig (s. d.) zu „Friedenstag" sowie 1944 nach einem Entwurf von Hugo von Hofmannsthal (s. d.) zu „Die Liebe der Danae". 1926–30 gab er in 12 Mappen die „Denkmäler des Theaters" heraus und ab 1937 die Zeitschrift „Theater der Welt". Von seinen zahlreichen theaterwissenschaftlichen Werken sind zu erwähnen: „Das Wiener Barocktheater" (1922), „Weltgeschichte des Theaters", 2 Bde. (1933, 2. Aufl. 1949), „Richard Strauss" (1939) wurde 1942 ins Französische übersetzt und erreichte 1952 die 3. Aufl.; „Kulturgeschichte der Oper" (1941, 3. Aufl. 1950), „Kulturgeschichte des Balletts" (1944, 2. Aufl. 1946) und „Der Schauspielführer" (6 Bde., 1953–57).

GREGOR, Nora, * 3. 2. 1901 in Görz, † 20. 1. 1949 in Santiago de Chile (Selbstmord), Kam-

Nora Gregor

GREGOR V.

Der erste deutsche Papst

GREGOR V., Papst, um 970 (972?), † 18. 2. 999 in Rom, Sohn Herzog Ottos von Kärnten, Urenkel Kaiser Ottos des Großen. War Hofkaplan bei seinem Onkel König Otto III. Dieser ernannte ihn Ende April 996 in Ravenna (oder Pavia) zum Papst; er wurde am 3. 5. 996 in Rom als Gregor V. gekrönt. G. war der erste Deutsche auf dem Stuhl Petri. Am 21. 5. 996 krönte er Otto III. zum Kaiser, mußte aber vor dem Patrizier Crescentius Nomentanus, der sich zum Herrn der Stadt Rom gemacht hatte, am 29. 9. 996 fliehen. Crescentius erhob Anfang 997 Johannes XVI. Philagathos, einen Griechen, zum Gegenpapst. Als Kaiser und Papst zu Beginn des Jahres 998 nach Rom zurückkehrten, floh der Gegenpapst in die Campagna, wo er entdeckt und grauenhaft zugerichtet wurde. Der aufständische Crescentius wurde in der Engelsburg enthauptet. G. war ein Wohltäter des Volkes, ein Befürworter der Reform von Cluny und bekannte sich zu einem sinnvollen und einvernehmlichen Zusammenwirken von Kaiser und Papst, von weltlicher und geistlicher Macht.

Kühner, H.: Das Imperium der Päpste (1977); Stadler, H.: Päpste und Konzilien (1983) merschauspielerin. Spielte nach ihrer Ausbildung an einigen Wiener Bühnen und bereits ab 1922 in einigen Filmrollen. 1933–37 auch am Wiener Burgtheater tätig, emigrierte sie 1938. Sie war in zweiter Ehe ab 1937 (durch eine kirchliche Dispens ermöglicht) mit dem Heimwehrführer Ernst Rüdiger Starhemberg (s. d.) verheiratet.

GREGORI, Ferdinand, * 13. 4. 1870 in Leipzig, † 12. 12. 1928 in Berlin, Schauspieler und Essayist. Studierte Naturwissenschaften und Medizin, wandte sich jedoch 1891 dem Theater zu. Über deutsche Bühnen gelangte er an das Wiener Burgtheater, wo er von 1901–10 engagiert war, leitete danach die Schauspielschule der Wiener Akademie für Musik und Darstellende Kunst und lehrte ab 1916 als Prof. am Theaterwissenschaftlichen Institut. Als Schauspieler spielte er vor allem Helden- und später Charakterrollen.

GREGORIG, Josef, * 27. 4. 1846 in Bisamberg (NÖ), † 2. 7. 1909 in Maria Enzersdorf (NÖ), Wäscheerzeuger und Gemeindepolitiker. Besuchte die Unterrealschule und die Handelsschule und wurde Wäscheerzeuger. In der Wiener Mariahilfer Straße besaß er ein Geschäft und war ein angesehenes Mitglied der Pfeidlergenossenschaft. In der zweiten Hälfte der achtziger Jahre war er auch politisch tätig, war 1889–1908 Mitglied des Wiener Gemeinderates, 1897–1907 Reichsratsmitglied. Als Christlichsozialer war er ein Gefolgsmann von Karl Lueger (s. d.) und wurde im Wiener Gemeinderat zum Führer der Antisemiten. Deswegen ließ seine Partei ihn fallen, und er gründete daraufhin den „Bund der Antisemiten", dessen Obmann er bis zu seinem Ausscheiden 1904 war.

GREIF, * vor 1273, † nach 1318 in Wien, Stadtrichter. Von ihm sind keine genauen Daten überliefert, obwohl er der Sohn des Otto vom Hohen Markt war, von dem bekannt ist, daß er ebenfalls Stadtrichter in Wien war. G. selbst wurde 1296 Stadtrichter und war 1309 in die Revolte gegen die Habsburger verwickelt. Mit der Tochter des reichen Kremser Bürgers Gozzo (s. d.) verheiratet, residierte er im späteren Passauer Hof bei der Kirche Maria am Gestade. Auf dem Tauschweg hatte er 1302 das Patronat über die Kirche Maria am Gestade erworben. Sein Sohn und dessen Sohn ließen 1330 bis 1335 den Neubau des Chors dieser Kirche errichten.

Katharina Regina von Greiffenberg

GREIFFENBERG, Katharina Regina, Freiin von Seisenegg, * 7. 9. 1633 in Seisenegg (OÖ), † 10. 4. 1694 in Nürnberg, Lyrikerin. Eine der bedeutendsten Lyrikerinnen des Barockzeitalters, schrieb sie überwiegend religiöse Lieder und Sonette. Ihre Hauptwerke sind „Der Teutschen Urania Himmel-abstammend- und Himmel-aufflammender Kunst-Klang und Gesang" (1662) und „Siegessäule der Buße und des Glaubens wider den Erbfeind christlichen Namens aufgestellt" (1675).

Villiger, L.: C. R. v. G. (1952)

GREINZ, Rudolf, * 16. 8. 1866 in Aldrans bei Innsbruck, † 16. 8. 1942 in Innsbruck, Schriftsteller. War besonders vielseitig und schrieb neben seinen sehr bekannt gewordenen Romanen „Das stille Nest" (1907) und „Allerseelen" (1910) zahlreiche Geschichten, Mundartgedichte und Krippenspiele. Außerdem sammelte er Volkslieder und Schnadahüpfeln, wobei er auf die Textüberlieferung Bedacht nahm. Sein jüngerer Bruder Hugo (* 3. 6. 1873 in Innsbruck, † 24. 1. 1946 in Salzburg) war Schriftsteller und Journalist und gab 1899–1902 die Kunstzeitschrift „Der Kyffhäuser" heraus.

GRENGG, Maria, * 26. 2. 1889 in Stein an der Donau (NÖ), † 8. 10. 1963 in Rodaun bei Wien, Erzählerin und Malerin. Absolvierte die Wiener Kunstgewerbeschule und war ab 1923 literarisch tätig. Illustrierte ihre stark heimatbetonten Erzählungen und Romane zum Teil selbst, stattete aber auch mehrere Jugendbücher mit ihren anmutigen, zarten Zeichnungen aus. Sie bewohnte lange Zeit das Rodauner Schlößl, das zeitweilig auch Wohnsitz Hugo von Hofmannsthals gewesen war. Zahlreiche Ehrungen, u. a. 1937 als erste Frau Ö. Staatspreis für Literatur, Kremser-Schmidt-Preis 1956, Preis der Nö. Landesregierung 1960, Ö. Literaturpreis 1963. Romane u. a.: „Die Flucht zum grünen Herrgott" (1930), „Peterl" (1932), „Die Kindlmutter" (1938), „Lebensbaum" (1942), „Das Hanswurstenhaus" (1948), „Der Wunschgarten" (1955).

Thalhammer, H.: M. G. (1933)

GRENSER, Alfred, * 15. 11. 1838 in Leipzig, † 17. 4. 1891 in Wien, Buchhändler und Heraldiker. Wurde in Leipzig als Buchhändler ausgebildet und übersiedelte 1863 nach Wien, wo er sich in seinem Beruf selbständig machte. Wandte sich bald der Heraldik zu und gründete 1870 den Heraldisch-Genealogischen Verein „Adler", der sich ab 1883 „H.-G. Gesellschaft" nannte und heute noch besteht. Nach dem Tod des Münchner Heraldikers Otto Titan von Hefner übernahm er 1870 für längere Zeit auch die wissenschaftliche Aufsicht über die Herausgabe der Lieferungen von Siebmachers großem Wappenwerk. Außerdem verfaßte er für die Publikationen des „Adlers" zahlreiche Fachartikel und Literaturübersichten sowie wissenschaftliche Arbeiten.

GREY-STIPEK, Valerie, * 10. 2. 1845 in Pest, † 20. 2. 1934 in Wien, Schauspielerin und Schriftstellerin. Schon früh hatte sie in Pest Bühnenerfolge, ging dann nach Deutschland und wurde später am Deutschen Theater in St. Petersburg als Schauspielerin gefeiert. 1880 gründete sie in Wien ein eigenes Theater (Grey-Theater) und eine Schauspielschule. An dieser unterrichtete sie das dramatische Fach und unterwies ihre Schüler erstmals in Atemtechnik. Auch Burgschaupieler Josef Kainz (s. d.) und Dr. Karl Lueger (s. d.) nahmen bei ihr Sprechunterricht. Nebenbei auch als Schriftstellerin tätig, hatte sie damit weniger Erfolg, obwohl ihr Drama „Der Schlierach Lois" 1906 aufgeführt wurde.

GRIEBL, Mizzi (Maria), * 27. 2. 1872 in Baden bei Wien, † 8. 6. 1952 in Wien, Soubrette. Hatte in ihrem Fach schon früh Erfolg und war an allen Wiener Operettentheatern, so am Carltheater, am Theater an der Wien und am Johann-Strauß-Theater, tätig. Später auch beim Film beschäftigt.

GRIENAUER, Edwin, * 7. 3. 1893 in Wien, † 20. 8. 1964 in Wien, Bildhauer und Medailleur. Abgesehen von mehreren Großplastiken wurde er durch seine gelungenen Münzstempel bekannt, so etwa mit dem Doppelschilling und dem Fünfschillingstück mit der Mariazeller Muttergottes aus der Zwischenkriegszeit. 1948 erhielt er eine Bronzemedaille für eine Olympiaplakette für den Rudersport.

GRIEPENKERL, Christian, * 17. 3. 1839 in Oldenburg, † 21. 3. 1916 in Wien, Maler. Kam bereits 1855 nach Wien und studierte bei Carl Rahl (s. d.) an der Akademie der bildenden Künste. Arbeitete zuerst mit seinem Lehrer, dann mit Hans Bitterlich (s. d.) zusammen und schuf zahlreiche Fresken in Wiener Palais, den 1945 zerstörten Vorhang (1865–69) und die Fresken im Zuschauerraum der Wiener Oper. 1874–1910 Prof. an der Kunstakademie, war er 1877–1910 auch Leiter einer Spezialschule für Historienmalerei. 1882–85 schuf er den Fries im Sitzungssaal des Parlaments. 1892 vollendete er die von Anselm Feuerbach (s. d.) unfertig hinterlassenen Dekkengemälde in der Akademie der bildenden Künste in Wien. Seine Historienbilder folgen der Malweise von Carl Rahl, sein bevorzugtes Stoffgebiet ist die allegorische Darstellung mit Benutzung der antiken Mythologie.

GRIESBACH, Carl Ludolf, * 11. 12. 1847 in Wien, † 13. 4. 1907 in Graz, Berufsoffizier und Geologe. Trat 1871 in den britischen Militärdienst ein, wurde 1891 Oberstleutnant und nahm 1903 seinen Abschied. An Operationen in Afghanistan, Turkestan und Belutschistan beteiligt, war er von 1878 an auch als Geologe und 1893–1903 als Direktor beim Geologischen Dienst von Britisch-Indien tätig. Schon 1868 in Wien als Geologe beschäftigt, hatte er vor dem Eintritt in den britischen Militärdienst Südafrika bereist. Als Geologe erwarb er sich besondere Verdienste um das ausgedehnte Berggebiet von Kaschmir, von dem er 1891 die ersten Karten veröffentlichte. 1906 publizierte er außerdem eine Geologie von Afghanistan, die großen Anklang fand.

Österreicher als Erforscher der Erde. Notring Jahrbuch 1956

GRILLPARZER, Franz * 15. 1. 1791 in Wien, † 21. 1. 1872 in Wien, Dichter. Entstammte einer Wiener Familie mit bäuerlichen Vorfahren aus NÖ. Sein Vater Dr. Wenzel G. (1760 bis 1809) war Advokat, seine Mutter Anna Franziska, geborene

Sonnleithner (1767–1819), die Tochter des Dekans der juridischen Fakultät und Hofrichters des Schottenstifts, Christoph Sonnleithner (1734–1786). Von 1799 bis 1804 besuchte G. ab der zweiten Klasse das Gymnasium bei St. Anna und begann dann auf der Wiener Universität Philosophie zu studieren. Von 1807 bis 1811 studierte er Rechtswissenschaften, mußte das Studium aber ab 1809 vernachlässigen (Absolutorium erst im November 1813), da er nach dem Tod seines Vaters für den Unterhalt der Familie aufzukommen hatte. Noch unter starker Anlehnung an Schiller entstand 1809 sein erstes Werk, das Trauerspiel „Blanca von Kastilien“, das er, ebenso wie das Schauspiel „Die Schreibfeder“, 1807 begonnen hatte. 1812 nahm er bei Graf Seilern die Stelle eines Hofmeisters an. Vom Februar bis Dezember 1813 arbeitete er als unbesoldeter Konzeptspraktikant in der Hofbibliothek. 1816 lernte er den Burgtheater-Dramaturgen Joseph Schreyvogel (s. d.) kennen, der ihn ermunterte, das Drama „Die Ahnfrau“ fertigzustellen. Dieses wurde am 31. 1. 1817 im Theater an der Wien uraufgeführt. Der Erfolg der Uraufführung des Trauerspiels „Sappho“ am 21. 4. 1818 im Wiener Burgtheater brachte für G. einen Fünfjahresvertrag als „Burgtheaterdramatiker“. Nach dem Selbstmord seiner Mutter unternahm G. 1819 eine Italienreise, auf der das Gedicht „Ruinen des Campo vaccino“ entstand, mit dem er zum ersten Mal Unannehmlichkeiten mit der Zensur hatte. Im Winter 1820 lernte er im Palais des Bankiers Johann Heinrich Geymüller (s. d.) in der Wallnerstraße Kathi Fröhlich (s. d.) kennen. Noch in diesem Jahr vollendete er seine Argonauten-Trilogie „Das goldene Vließ“ („Der Gastfreund“ – „Die Argonauten“ – „Medea“), die am 26. und 27. 3. 1821 im Wiener Burgtheater uraufgeführt wurde. Im Juli 1823 wurde G. Hofkonzipist bei der Allgemeinen Hofkammer. Am 19. 2. 1825 wurde im Wiener Burgtheater das Trauerspiel „König Ottokars Glück und Ende“ uraufgeführt; am 28. 2. 1828 unter großem Beifall und in Anwesenheit von Kaiser Franz I. am Wiener Burgtheater das Trauerspiel „Ein treuer Diener seines Herrn“, das 1825 anläßlich der Krönung von Kaiserin Karoline Auguste zur Königin von Ungarn vom Hof in Auftrag gegeben worden war. Weitere Uraufführungen folgten: am 5. 4. 1831 „Des Meeres und der Liebe Wellen“, am 4. 10. 1834 „Der Traum ein Leben“. Der Durchfall von „Weh dem, der lügt“ (6. 3. 1838, Burgtheater) traf G. so schwer, daß er seine Werke nicht mehr an die Öffentlichkeit brachte. 1832 wurde er Direktor des Hofkammerarchivs in Wien und blieb es bis zu seiner Pensionierung im April 1856. Im Jahr 1844 bemühte G. sich vergeblich um die Stelle des Direktors der Wiener Universitätsbibliothek. Auf der von Eduard von Bauernfeld (s. d.) verfaßten Petition an Kaiser Ferdinand I. vom 11. 3. 1845, mit der hundert Wiener Schriftsteller Klage über die willkürlichen Zensurverfahren erhoben, stand G.s Unterschrift an erster Stelle. Ende 1847 erschien in „Iris, Deutscher Almanach für das Jahr 1848“ die Novelle „Der arme Spielmann“, im Lauf des Jahres 1848 vollendete G. „Ein Bruderzwist in Habsburg“, das aber erst nach seinem Tod, 1872, uraufgeführt wurde. Am 13. 3. 1849 erhielt G. als erster Dichter den Leopoldsorden, und im Juni schrieb er, begeistert von den Erfolgen des Feldmarschalls Radetzky (s. d.) in Oberitalien,

FRANZ GRILLPARZER

Die Flucht vor der Wirklichkeit

„Ein Phänomen ohnegleichen und nur in Österreich möglich! Zur Psychologie Österreichs ist die Biographie Grillparzers unentbehrlich. Man wird diese Biographie jedenfalls schreiben, aber verdorren soll die Hand, die nicht ihre ganze Wahrheit schreiben wird!“

Ferdinand Kürnberger

„Eine gewisse Zurückhaltung wirkt anfröstelnd, wo Grillparzer von sich, seinem inneren oder äußeren Leben berichtet. Es gibt wenige Dichter, Schriftsteller, Künstler und sonstige berühmte Menschen, die durch ihre Selbstbekenntnisse, Briefe und dergleichen uns nicht menschlich näher gerückt, nicht sympathischer würden. Einige der wenigen Ausnahmen ist die nachgelassene Selbstbiographie Grillparzers. Sie spricht so wenig das Gemüth an, daß einem der Dichter nicht blos nicht lieber, sondern auch nicht anschaulicher, nicht lebendiger wird. Der Grund davon ist: Sie eröffnet keinen Blick ins Innerste – in die Tiefe des Herzens. Sie ist sehr karg in allem, was sich auf Gemüthsleben, Liebe, Leidenschaft bezieht.“

Robert Hamerling

„Grillparzer ist ein angenehmer wohlgefälliger Mann . . . Daß er im freien Leben etwas gedrückt erschien, ist natürlich.“

Goethe an Zelter,
Weimar, 11. Oktober 1826

„Romantisch, aber mehr noch österreichisch, war an Grillparzer nur seine Flucht vor der Wirklichkeit. Es geht die Sage, er habe eine ungewöhnliche Intensität der Empfindung und Anschauung besessen, der aber keine ebenso große Denkenergie gegenübergestanden sei; in Wahrheit verhielt es sich gerade umgekehrt: sein Verstand war außerordentlich, aber von keiner ebenbürtigen Gefühlskraft genährt. Es fehlte ihm, banal ausgedrückt, an Courage zu sich selbst.“

Egon Friedell

Franz Grillparzer. Lithographie von Josef Kriehuber (1841)

„Einer meiner Hauptfehler ist, daß ich nicht den Mut habe, meine Individualität durchzusetzen. Über dem Bestreben, es allen recht zu machen und mich ja im Äußerlichen nicht zu sehr von den Andern zu unterscheiden, werde ich endlich wie die Andern, und die Gewohnheit macht gewöhnlich.“

Franz Grillparzer,
Tagebuchblätter 1828

das Gedicht „Feldmarschall Radetzky“, in dem die berühmte Zeile steht: „In Deinem Lager ist Österreich“. Ebenfalls in diesem Jahr schrieb er das Trauerspiel „Libussa“, das ebenfalls erst nach seinem Tod, 1874, zur Uraufführung gelangte. 1849 nahm er bei den Schwestern Fröhlich in der Spiegelgasse 21 Wohnung, wo er bis zu seinem Tod von der „ewigen Braut“ Kathi und deren Schwestern betreut wurde. 1851 entstand das Drama „Die Jüdin von Toledo“ (1873 uraufgeführt); 1853 G.s Selbstbiographie. Im April 1856 ging G. als Hofrat in Pension. Am 29. 3. 1868 erlebte er die letzte Uraufführung eines seiner Werke – des Dramenfragments „Esther“ – im Wiener Burgtheater. Eine Woche nach seinem 81. Geburtstag, am 21. 1. 1872, starb G. in Wien. Mit Stiftsbrief vom 27. 9. 1872 wurde eine Grillparzer-Preis-Stiftung zur Hebung der deutschen dramatischen Produktion ins Leben gerufen, 1891 in Wien die Grillparzer-Gesellschaft gegründet. G. gehört ohne Zweifel zu den großen Dichtern der Weltliteratur. Anläßlich des Erscheinens der ersten Gesamtausgabe der Werke G.s schrieb der Schweizer Dichter Gottfried Keller: „Es ist doch fast jedes Stück eine Entdeckung von Schönheitsfundgruben. Es reicht keiner der letzten 40 Jahre hinan.“ Ausgaben der Werke Grillparzers (Auswahl): Sämtliche Werke, histor.-kritische Ausgabe, von A. Sauer und R. Backmann, 41 Bde. (1909–48, Nachdruck 1972); Gesamtausgabe von St. Hock, 16 Teile (1911). Ausgewählte Werke: hrsg. von O. Rommel, 10 Bde. (1919); hrsg. von E. Rollett und A. Sauer, 9 Bde. (1924); hrsg. von R. Backmann, 5 Bde. (1948).

Vancsa, K.: G.-Bibliographie 1905–37 (1937); Alker, E.: G. (1930, Nachdruck 1968); Reich, E.: G.s dramatisches Werk, (1938); Beriger, L.: G.s Persönlichkeit in seinem Werk (1938); Nadler, J.: F. G. (1949, 2. Aufl. 1952); Müller, J.: F. G. (1966); Politzer, H.: F. G. (1972); Kainz, F.: G. als Denker (1972); Škreb, Z.: G. (1976); Viviani, A.: G.-Kommentar, 2 Bde. (1972/73). Seit 1891 erscheint das Jahrbuch der G.-Gesellschaft.

GRIMM, Ferdinand, * 15. 2. 1869 in Wien, † 8. 11. 1948 in Bad Kreuzen (OÖ), Finanzfachmann. Studierte an der Universität Wien Jus, promovierte 1893 und war ab 1892 bereits im Staatsdienst tätig. 1910 Sektionsrat, 1912 Ministerialrat, 1917 Sektionschef. Er wurde als Finanzberater des Hauses Habsburg nobilitiert. 1918 Unterstaatssekretär, 1920/21 Finanzminister. War am Sanierungswerk von Bundeskanzler Prälat Seipel (s. d.) maßgeblich beteiligt. 1921–38 Präsident des Kreditinstituts für öffentliche Arbeiten und Unternehmungen.

Die Amtsstube Franz Grillparzers im Hofkammerarchiv in Wien

GRIMSCHITZ, Bruno, * 23. 4. 1892 in Moosburg (K), † 13. 6. 1964 in Wien, Kunsthistoriker. Studierte in Wien Kunstgeschichte und wurde hier auch Univ.-Prof. 1939–45 war er auch Direktor der Ö. Galerie und 1940/41 Leiter der Gemäldegalerie im Kunsthistorischen Museum in Wien. Er verfaßte zahlreiche kunsthistorische Werke, so u. a. „Die ö. Zeichnung im 19. Jh.“ (1928); „J. L. v. Hildebrandt“ (1932), „Ferdinand Georg Waldmüller“ (1943), „Wiener Barockpaläste“ (1944), „Das Belvedere in Wien“ (1946), „Wilhelm Thöny“ (1950), „Johann Michael Prunner“ (1958), „Barock in Ö.“ (1960), „Die Altwiener Maler“ (1964) und „Ö. Maler vom Biedermeier zur Moderne“ (1964).

GROËR, Hans Hermann, * 13. 10. 1919 in Wien, Erzbischof von Wien. Studierte in Wien, war 1941–43 bei der deutschen Wehrmacht und wurde am 12. 4. 1942 zum Priester geweiht. 1945 Kaplan in Petronell, wurde er 1946 Studienpräfekt im Erzbischöflichen Knabenseminar in Hollabrunn. 1949 promovierte er zum Dr. theol. und war 1962–84 Religionsprof. am Gymnasium Hollabrunn. Daneben bemühte er sich sehr um den nahen Wallfahrtsort Maria Roggendorf und wurde 1970 dessen Wallfahrtsdirektor und auch der geistliche Leiter der „Legio Mariae“ in Ö. 1974 trat er im Stift Göttweig (NÖ) in den Benediktinerorden ein (Klostername Hermann) und wurde Direktor des Aufbaugymnasiums der Erzdiözese Wien in Hollabrunn. Am 16. 7. 1986 ernannte ihn Papst Johannes Paul II. zum Erzbischof von Wien. Diese Entscheidung beendete die lange Sedisvakanz nach dem Rücktritt von Kardinal Dr. Franz König (s. d.). Am 14. 9. 1986 wurde G. im Wiener Stephansdom zum Bischof geweiht.

GROGGER, Paula, * 12. 7. 1892 in Öblarn (St), † 31. 12. 1983 in Öblarn, Erzählerin und Lyrikerin. G. war bis 1929 Lehrerin. Ihr von Religion und Heimattum geprägtes erstes Werk, der Roman „Das Grimmingtor“ (1926), wurde ein großer Erfolg und im Lauf der Zeit in neun Sprachen übersetzt. Mehrfach ausgezeichnet, erhielt sie 1936 die Medaille der Stadt Wien, 1952 den Peter-Rosegger-Preis, 1955 den Handel-Mazzetti-Preis und 1961 den Ehrenring der Steiermark. Weitere Werke: „Die Räuberlegende“ (1929), „Der Lobenstock“ (1935), „Das Bauernjahr“ (Mundartgedichte, 1947).

Vogelsang, H.: P. G. (1952)

GROHS-FLIGELY, Anton von (seit 1882), * 10. 2. 1825 in Mühlbach (Siebenbürgen), † 18. 3. 1903 in Wien, Apotheker. Nach zwei Jahren verließ er das Priesterseminar in Karlsburg. An der Universität Wien studierte er dann Pharmazie, setzte aber dann seine Studien am Wiener Polytechnikum fort. Dann war er in der Dreherschen Brauerei in Schwechat, in einer Ledergerberei, in der Zuckerfabrikation und schließlich in mehreren Wiener Apotheken tätig. Durch einige Mediziner, darunter Johann Ritter von Oppolzer (s. d.), angeregt, stellte er bisher noch nie verwendete Gelatinepräparate her, die bald auf der ganzen Welt Anwendung fanden. Erst 1870 erhielt er die Konzession zur Führung einer Apotheke, der „Apotheke zur Austria“, in der Währingerstraße 18. 1882 wurde er nobilitiert. Zahlreiche Ehrungen und Auszeichnungen wurden ihm für seine wissenschaftlichen Forschungen zuteil.

GROIS, Alois (Louis), * 1809 in Szárvár (Ungarn), † 8. 4. 1874 in Wien, Sänger (Bassist) und Komiker. War nach seiner Ausbildung zum Bassisten zuerst in Graz und dann am Wiener Carltheater tätig. Hier entwickelte er sich zum Komiker und hatte große Publikumserfolge, auch als Regisseur. 1854, nach dem Tod von Theaterdirektor Carl (s. d.), bildete er zusammen mit Johann Nestroy (s. d.), Wenzel Scholz (s. d.) und Karl Treumann (s. d.) das berühmte Komiker-Quartett des Carltheaters, das vom Publikum mit großer Begeisterung akklamiert wurde.

GRONER, Richard, * 3. 10. 1853 in Wien, † 15. 6. 1931 in Wien, Lokalhistoriker und Journalist. Sohn eines Beamten, trat 1871 in den Dienst der ö. Staatsbahnen und heiratete 1879 Auguste Kopallik (16. 4. 1850 – 7. 3. 1929), die Volksschullehrerin war und mehrere volks- und heimatkundliche Werke sowie Jugendschriften verfaßte. Neben seiner hauptberuflichen Tätigkeit war G. ab 1875 Redakteur des „Familienjournals“ und ab 1881 Mitarbeiter des „Interessanten Blattes“. Gemeinsam mit Ludwig Eisenberg (s. d.) begründete er das ab 1889 erscheinende biographische Jahrbuch „Das geistige Wien“. 1919 erschien die erste Auflage seines Nachschlagewerks „Wien, wie es war“, das, mehrmals erweitert und immer wieder neu aufgelegt, zuletzt 1966 in 6. Auflage erschien.

GROPPENBERGER, Alois, Edler von Bergenstamm (seit 1791), * 1. 8. 1754 in Wien, † 15. 2. 1821 in Wien, Lokalhistoriker und Sammler. 1771 trat er in die nö. ständische Registratur ein, wurde 1791 in den Adelsstand erhoben und war ab 1800 Sekretär des nö. Ritterstandes. Schon früh beschäftigte er sich mit der Geschichte Wiens und sammelte Urkunden, Dokumente, Handschriften und Siegel, die im Laufe der Jahre zu einem ansehnlichen Bestand anwuchsen. 1795 erhielt er den Auftrag, eine Beschreibung aller innerhalb der Wiener Linien gesetzten Grund- und Marksteine durchzuführen. Im Zusammenhang mit dieser Arbeit standen umfangreiche topographische Untersuchungen, deren Ergebnisse heute noch von Wert sind.

GROSS, Gustav, * 12. 6. 1856 in Reichenberg (Böhmen), † 23. 2. 1935 in Wien, Nationalökonom und deutschnationaler Politiker. Studierte in Wien und Berlin Nationalökonomie und wurde Prof. an der Universität Wien. Seit 1889 Reichsratsabgeordneter, wurde er bald zu einem führenden Politiker der deutschnationalen Bewegung, was ihm den Namen „Kronjurist der Deutschen" eintrug. 1911–17 Führer des Deutschen Nationalverbands, war er 1917/18 der letzte Präsident des Reichsrats. Schon seit 1885 war er Leiter des „Deutschen Schulvereins" und wurde 1925 dessen Obmann. Ab 1908 leitete er auch die „Korrespondenz des Deutschen Schulvereins" und war einer der bedeutendsten Wortführer der deutschnationalen Bewegung in Ö. Wichtigste Publikationen: „Die Lehre vom Unternehmergewinn" (1884), „Karl Marx" (1885) und „Wirtschaftsformen und Wirtschaftsprinzipien" (1888).

GROSS, Hans, * 26. 12. 1847 in Graz, † 9. 12. 1915 in Graz, Kriminologe. Nach seinem Studium wurde er Univ.-Prof. in Prag und dann in Graz. Hier gründete er das erste Kriminologische Universitätsinstitut, das schließlich weltweit zum Vorbild wurde. G. war das Haupt der sogenannten „Grazer Schule" der Kriminologie, untermauerte diese wissenschaftlich und errichtete in Graz das erste wissenschaftliche Kriminalmuseum. Ab 1898 gab er das „Archiv für Kriminalanthropologie und Kriminalistik" (heute Archiv für Kriminologie) heraus. Weitere bedeutende Publikationen waren „Handbuch für Untersuchungsrichter", 2 Bde. (1893), „Kriminalpsychologie" (1898) und „Enzyklopädie der Kriminalistik" (1900).

GROSS-HOFFINGER, Anton Johann, * 22. 5. 1808 in Wien, † nach 1873 in Nachod (Böhmen), Schriftsteller. Schrieb auch unter den Pseudonymen A. J. Groß und Hanns Normann. Studierte in München und Wien Jus und gab 1833 in Stuttgart die in Leipzig erscheinende und auf Ö. einwirkende Zeitschrift „Austria – Zeitschrift für Ö. und Deutschland" heraus. 1837 wieder in Wien, gründete er die „Welt- und Nationalchronik", den „Adler" und 1841 das Blatt „Vindobona", das bis 1844 erschien. Nach einigen Wanderjahren ließ er sich 1857 endgültig in Wien nieder. Er verfaßte politische Lyrik und u. a. die Bücher: „Ö., wie es ist" (1833), „Joseph II." (1835–37), „Das galante Wien" (1846), „Wien, wie es ist" (1846) und „Chronik des Jahres 1848" (1848).

GROSSMANN, Stefan, * 18. 5. 1875 in Wien, † 3. 1. 1935 in Wien, Erzähler, Dramatiker und Journalist. Aus einer verarmten jüdischen Familie stammend, verließ er 1892 die Realschule und lebte in den nächsten Jahren in Paris, Berlin und Brüssel. 1897 wurde er Redakteur der „Wiener Rundschau" und trat 1904 in die Redaktion der „Arbeiter-Zeitung" ein. 1906 gründete er die „Wiener Freie Volksbühne" und arbeitete für das sozialdemokratische Witzblatt „Die Glühlichter". 1913 ging er als Feuilletonredakteur zur „Vossischen Zeitung" nach Berlin. 1918 gründete er den „Deutsch-österreichischen Volksbund", der für einen Zusammenschluß Österreichs mit Deutschland eintrat. 1920 schuf er die Wochenschrift „Das Tage-Buch", mußte sich aber aus gesundheitlichen Gründen 1925 aus dem Berufsleben zurückziehen. G. war ein überzeugter Pazifist und Sozialdemokrat und setzte sich für die Freiheit des Geistes ein. Mit Peter Altenberg (s. d.) und Alfred Polgar (s. d.) war er eng befreundet. Seiner schriftstellerischen Tätigkeit war nur ein geringer Erfolg beschieden. Werke u. a.: „Die Gasse" (Geschichtensammlung, 1904), „Chefredakteur Roth führt Krieg" (Roman, 1928). 1930 veröffentlichte G. seine Autobiographie „Ich war begeistert".

GRUBER, Augustin, * 23. 6. 1763 in Wien, † 28. 6. 1835 in Salzburg, Erzbischof. War nach seinem Studium als Lehrer für Katechetik tätig; er beschäftigte sich mit diesem Spezialgebiet der katholischen Theologie so intensiv, daß er zum Begründer der sogenannten Wiener katechetischen Methode wurde. 1823–35 Fürsterzbischof von Salzburg. 1832–34 erschien sein vielbeachtetes „Praktisches Handbuch der Katechetik" in 2 Teilen.

GRUBER, Gregor Maximilian, * 7. 8. 1739 in Horn (NÖ), † 20. 4. 1799 in Wien, Piarist und Historiker. Als Sohn des Ratsbürgers Karl Joseph G. trat G. 1755 in den Piaristenorden ein und nahm 1762 den Namen Gregorius a S. Ignatio an. Er unterrichtete – vor allem im Fach Diplomatik – die adeligen Zöglinge der Savoyischen Ritterakademie und veröffentlichte 1783 sein „Lehrsystem der allgemeinen Diplomatik", was ihm im selben Jahr die Professur für Diplomatik und Heraldik an der Universität Wien eintrug. 1787/88 unterrichtete er Elisabeth von Württemberg, die spätere erste Gemahlin von Kaiser Franz II. (I.), in Geschichte. 1791 wurde er zum Doktor der freien Künste und der Philosophie graduiert. Der bei seinen Schülern äußerst beliebte Universitätslehrer legte den Grundstein zur modernen Urkunden- und Geschichtsforschung in Ö.

GRUBER, Karl, * 3. 5. 1909 in Innsbruck, ÖVP-Politiker. Der Sohn eines Eisenbahners studierte in Innsbruck Elektrotechnik, kam als Ingenieur nach Wien, wurde Postbeamter und studierte nebenher Jus. 1936 promovierte er zum Dr. jur. Im zentralen Verstärkeramt der Postverwaltung am Wiener Schillerplatz tätig, hörte er mit einer kleinen Gruppe im Februar 1938 mehrere Telephongespräche zwischen Berlin und Wien ab und informierte die Bundesregierung. 1938 aus dem Staatsdienst entlassen, nahm er in deutschen For-

FRANZ XAVER GRUBER
Ein Weihnachtslied geht um die Welt

GRUBER, Franz Xaver, * 25. 11. 1787 in Unterweitzberg (OÖ), † 7. 6. 1863 in Hallein (S), Lehrer, Organist und Komponist. Als Sohn eines Leinenwebers geboren, erhielt der musikalisch begabte junge Mann 1805/06 in Burghausen (Bayern) eine musikalische Ausbildung und besuchte 1806–07 einen Vorbereitungskurs für das Lehrfach in Salzburg. Am 12. 11. 1807 wurde er Volksschullehrer in Arnsdorf (S), wo er in der Kirche auch die Mesner- und Organistendienste ausübte. 1816 übernahm er den Kantors- und Organistendienst auch im benachbarten Oberndorf (S). Zu Weihnachten 1818 überreichte ihm der Hilfsgeistliche Joseph Mohr (s. d.) am 24. 12. das Gedicht „Stille Nacht, heilige Nacht" mit der Bitte, eine Melodie für zwei Solostimmen, Chor und Gitarrebegleitung zu schreiben. G. komponierte das Lied in seinem Schulhaus in Arnsdorf und brachte die Niederschrift noch am selben Abend nach Oberndorf. Dort wurde das Lied „Stille Nacht, heilige Nacht" bei der Christmette am 25. 12. 1818 zum ersten Mal aufgeführt. Mohr sang die Tenorstimme und begleitete auf der Gitarre, G. sang die Baßstimme, und der Kirchenchor wiederholte jeweils die Schlußverse. Aus dem Jahr 1820 stammt die älteste erhalten gebliebene Niederschrift des Liedes von der Hand G.s, die Originalpartitur von 1818 ist leider verschollen. 1829 wurde G. Lehrer in Berndorf bei Salzburg, 1833 wurde ihm das Amt eines Chorregenten und Organisten an der Stadtpfarrkirche von Hallein angeboten, wohin er 1835 übersiedelte. Auf eine Anfrage der königlichen Hofkapelle in Berlin zeichnete G. am 30. 12. 1854 die „Authentische Veranlassung zur Composition des Weihnachtsliedes" auf.

schungslaboratorien Zuflucht vor der Gestapo. Nach Innsbruck zurückgekehrt, baute er dort die Widerstandsbewegung auf und wurde einer ihrer maßgebenden Führer. Von 4. 5. bis 20. 10. 1945 Landeshauptmann von Tirol, gründete er die „Demokratische Staatspartei“, die in der ÖVP aufging. Vom 26. 9. bis 19. 12. 1945 Unterstaatssekretär für Äußeres in der Provisorischen Staatsregierung, war er vom 20. 12. 1945 bis 26. 11. 1953 Bundesminister für auswärtige Angelegenheiten. 1946 brachte G. mit seinem italienischen Amtskollegen das Abkommen zum Schutz der Südtiroler Minderheit in Italien, das sogenannte Gruber-De Gasperi-Abkommen, zustande. Ständig mit den harten Verhandlungen um die Probleme des ö. Staatsvertrags konfrontiert, scheidet er wegen seiner Kritik an der Haltung von Spitzenpolitikern seiner Partei 1953 aus dem Amt. 1954–57 Botschafter in Washington, 1957–61 Sonderberater des Generaldirektors der Internationalen Atombehörde, 1961–66 Botschafter in Madrid und kurzfristig in Bonn, von 19. 4. 1966 bis 13. 5. 1969 Staatssekretär im Bundeskanzleramt. 1970–72 abermals Botschafter in Washington und 1972–74 in Bern. G. lehrte auch als Dozent an der juridischen Fakultät der Universität Wien. 1946 veröffentlichte er „Politik der Mitte“, 1953 „Befreiung und Freiheit“ und 1975 seine Erinnerungen unter dem Titel „Ein politisches Leben“.

GRUBER, Ludwig, * 13. 7. 1874 in Wien, † 17. 7. 1964 in Wien, Komponist. Sohn des Gesangskomponisten Anton G. Einer der bekanntesten Vertreter des Wienerliedes. Er schuf über 2000 Lieder, von denen „Mei Muatterl war a Weanerin“ und „Es wird a Wein sein“ besonders populär wurden. Außerdem komponierte er Tänze, Märsche, Filmmusik, eine kaum bekannt gewordene Symphonie und Kirchenmusik sowie das Singspiel „Die Fiakermilli“. 1949 erhielt er den Ehrenring der Stadt Wien.

GRUBER, Max, * 6. 7. 1853 in Wien, † 16. 9. 1927 in Berchtesgaden (Bayern), Hygieniker. Der Sohn des ersten Ohrenheilkundespezialisten Ö.s Ignaz G. (* 1803, † 1872). Wurde nach seinem Studium Univ.-Prof. in Graz, danach in Wien. Mit seinen strengen Maßstäben beeinflußte er maßgeblich die gesamte Sanitätsgesetzgebung in Ö. Durch die „Grubersche Reaktion“ – seine Methode, Infektionskrankheiten, vor allem Typhus, zu erkennen – wurde er auf der ganzen Welt bekannt. Auch entdeckte er die „spezifische Agglutination“ (= Zusammenballung) der Typhusbakterien. G. war Mitherausgeber des ab 1911 erscheinenden „Handbuchs der Hygiene“ und veröffentlichte 1903 „Hygiene des Geschlechtslebens“, das bis 1925 52 Auflagen erlebte.

GRUBER, Reinhard P., * 20. 1. 1947 in Fohnsdorf (St), Erzähler. Lebte 1967/68 als Mönch in Wien und begann anschließend ein Theologiestudium. Seit 1974 Kulturredakteur in Graz. Wurde 1973 durch seinen Roman „Aus dem Leben Hödlmosers. Ein steirischer Roman mit Regie“ bekannt, nachdem 1971 bereits sein Essay „Alles über Windmühlen“ erschienen war. 1979 veröffentlichte er den Roman „Im Namen des Vaters“.

GRUBER, Wenzel, * 24. 12. 1814 in Krukanitz (Böhmen), † 1. 10. 1890 in Wien, Anatom. Studierte an der Universität Prag, promovierte 1842 und wurde Prosektor bei Prof. Hyrtl (s. d.). 1846 kam er an die chirurgisch-medizinische Akademie in St. Petersburg, wurde 1858 Prof. für Anatomie und gründete ein anatomisches Museum. Nach seiner Pensionierung 1888 übersiedelte er nach Wien. G. war einer der berühmtesten Anatomen seiner Zeit und durch seine zahlreichen fachlichen Publikationen auf der ganzen Welt bekannt.

GRUBHOFER, Franz, * 6. 2. 1914 in Dornbirn (V), Angestellter und ÖVP-Politiker. 1945–62 Abgeordneter zum Nationalrat, 1956–61 Staatssekretär für Inneres. Seit 1961 Präsident des Aufsichtsrats der ö. Luftfahrtgesellschaft AUA.

GRÜBL, Raimund, * 11. 8. 1847 in Wien, † 12. 5. 1898 in Wien, Rechtsanwalt, liberaler Politiker, Bürgermeister von Wien. Studierte an der Universität Wien Jus, promovierte 1870 und wurde Rechtsanwalt. 1878 begann er sich politisch zu betätigen und wurde, mit Karl Lueger (s. d.) im politischen Widerstreit, 1880 als Liberaler in den Wiener Gemeinderat gewählt, dem er bis zu seinem Tod angehörte. 1884–90 Mitglied des nö. Landtages, 1891/92 Stadtrat, 1892–94 Stellvertretender Bürgermeister, 1894/95 Bürgermeister von Wien. Nachdem die Gemeinderatswahlen im Frühjahr 1895 für die Liberalen ein erschreckendes Ergebnis gebracht hatten – die christlichsoziale Opposition hatte von den 138 Mandaten 64 errungen –, trat er am 14. 5. 1895 zurück. G. erwarb sich besondere Verdienste um die Eingemeindung der Vororte (1890), um das Schulwesen, die Erweiterung der ersten Wiener Hochquellenwasserleitung und den Ausbau des Wiener Kanalisationssystems.

Raimund Grübl

GRUEBER, Johannes, * 28. 10. 1623 in Linz, † 30. 9. 1680 in Sárospatak (Ungarn), Jesuit und Missionar. Trat in den Jesuitenorden ein und wurde als Missionar ausgebildet, darüber hinaus beschäftigte er sich auch mit Mathematik. Im Rahmen seiner missionarischen Tätigkeit war er 1659–61 am chinesischen Kaiserhof. Dort erwarb er sich Ansehen durch geographische Ortsbestimmungen und Sternberechnungen. Als erster Euopäer kehrte er von China auf dem Landweg zurück, durchquerte Tibet und überschritt den Himalaja. Dabei hielt er sich einige Zeit in der „verbotenen Stadt“ Lhasa und in Kathmandu auf. Seine Handzeichnung des Tempelpalasts Potala in Lhasa war über 200 Jahre lang die einzige Abbildung in der westlichen Welt. Seine Reisebeschreibungen sind heute noch von einigem wissenschaftlichem Wert. In seinen letzten Lebensjahren war er Feldkurat der ö. Armee.

GRUEN, Victor (eigtl. V. David Grünbaum), * 18. 6. 1903 in Wien, † 14. 2. 1980 in Wien, Stadtplaner und Architekt. Studierte Hochbau und Architektur bei Prof. Behrens (s. d.) und arbeitete von 1924–33 in einem Architekturbüro. Daneben engagierte er sich im sozialdemokratischen Kabarett „Die roten Spieler“. 1938 emigrierte G. nach New York, wo er ein eigenes Architekturbüro gründete. In den USA wurde er rasch als „Vater“ des Einkaufszentrums und der Fußgängerzone bekannt. 1950 entstanden die „V. G. Associates“ in Los Angeles, New York und Washington, die er bis 1968 leitete. In Wien gründete er 1973 das „Zentrum für Umweltplanung“ und arbeitete hier auch für das Planungsbüro der Gemeinde Wien.

GRÜN, Anastasius (eigtl. Anton Alexander Graf Auersperg), * 11. 4. 1806 in Laibach (Krain), † 12. 9. 1876 in Graz, Schriftsteller und politischer Lyriker. Besuchte das Theresianum in Wien und studierte Philosophie und Rechtswissenschaften in Graz und Wien. 1831 übernahm er die Verwaltung der ererbten Güter und wurde 1832 Mitglied des Laibacher Landtags. Ab 1839 bekleidete er kein öffentliches Amt mehr, lebte auf seinem Gut Gurkfeld sowie in Graz und Wien und wurde durch seine politische Lyrik zu einem der Führer der liberalen Bewegung in Ö. Im April 1848 in das deutsche Vorparlament gewählt, gehörte er kurz darauf auch der Frankfurter Nationalversammlung an, zog sich aber im September zurück. 1860 in den „verstärkten Reichsrat“ für Krain berufen, wurde er ab 1861 lebenslanges Mitglied des Herrenhauses. 1861–67 wirkte

ANASTASIUS GRÜN

Lyriker des Liberalismus

„Lange hübsche Figur, an die sich aber mit der Zeit ein bedeutender Bauch hängen wird, edle Züge, blondes Haar, spießbürgerliche Manieren, aber ein kräftiges mannhaftes Wort. Geistreicher Mann, vortrefflicher Politiker, sehr liberal in der Theorie, aber nicht ganz frei von aristokratischer Gesinnung, England ist ihm lieber als Frankreich; glühendes herrliches Talent; war eine zeitlang desavoirt von seinen aristokratischen Verwandten wegen seiner freien Denkungsart; geachtet und verehrt von ganz Deutschland und seinen zahlreichen Freunden in Oesterreich; Besitzer einer bedeutenden Herrschaft in Krain, Bräutigam und Kammerherr in futuris.“ *Anonym (Uffo Horn), Oesterreichischer Parnass, bestiegen von einem heruntergekommenen Antiquar (1842)* er im Krainer Landtag, trat aber so stark für das deutsche Element ein, daß er sich wegen der Differenzen mit den Slowenen 1867 in den steiermärkischen Landtag wählen ließ. Seine unerschrockene, nie schwankende Haltung als Politiker und Poet brachte ihm mehrere Ehrungen ein; so wurde er 1864 Ehrenbürger von Wien, 1865 Ehrendoktor der Universität Wien, 1868 Ehrenpräsident der Delegation des Reichsrats und 1871 Ehrenmitglied der Akademie der Wissenschaften. Der politische Lyriker G. war ein Vorkämpfer der Freiheit im Vormärz und überragte in Form und Ausdruckskraft fast alle politischen Dichter seiner Zeit. Sein Werk wurde zum Vorbild der zeitgenössischen Lyrik des „Jungen Deutschland". Bereits 1877 gab L. A. Frankl seine „Gesammelten Werke" (5 Bde.) heraus, 1907 folgte die 10bändige Ausgabe von A. Schlossar und 1909 die von E. Castle. Werke u. a. „Spaziergänge eines Wiener Poeten" (1831), „Schutt" (1835), „Gedichte" (1837), „Der Pfaff vom Kahlenberg" (1850). 1851 gab er den Nachlaß seines Freundes Nikolaus Lenau (s. d.) heraus. Außerdem übersetzte er Werke aus dem Slowenischen und dem Englischen.

Hermens, P.: A. G. (1900); Riedl, F.: A. G. (1909); Wächter, R.: A. G.s politische Dichtung (Diss. 1933)

GRÜNBAUM, Fritz, * 7. 4. 1880 in Brünn, † 14. 1. 1941 im KZ Dachau, Kabarettist, Schauspieler und Bühnendichter. Sohn eines Kunsthändlers, studierte 1899–1903 in Wien Jus, wandte sich aber bald der Kleinkunstbühne zu. 1906 erstes Auftreten in der „Hölle", 1907 nach Berlin engagiert. Dort veröffentlichte er seinen ersten Gedichtband „Liebe? – Mumpitz!". 1914 kehrte er nach Wien zurück und spielte im „Simpl". Im Ersten Weltkrieg war er Offizier und trat ab 1918 wieder im „Simpl" und in anderen Wiener Theatern als Komiker und Kabarettist auf. Ab 1921 wurde er durch seine Doppelconférencen mit dem jungen Karl Farkas (s. d.) populär. Als Kabarettist war er ein Meister der Selbstironie und des zu Herzen gehenden Mutterwitzes. Am 11. 3. 1938 mißlang ihm die Flucht vor den Nationalsozialisten in die Tschechoslowakei, er wurde verhaftet und Ende April in das KZ Buchenwald, danach ins KZ Dachau gebracht, wo er an Tuberkulose erkrankte und starb. Abgesehen von seinen zahlreichen Gedichten und Feuilletons verfaßte er auch mehrere Operettenlibretti, so zu „Die Dollarprinzessin" (1907, gemeinsam mit A. M. Willner), „Der Liebeswalzer" (1908, gemeinsam mit R. Bodanzky) und „Traumexpress" (1931, gemeinsam mit K. Farkas). 1984 erschien der Sammelband „Die Schöpfung und andere Kabarettstücke", 1985 „Die Hölle im Himmel und andere Kleinkunst", hrsg. von P. Genée und H. Veigl.

GRÜNBAUM, Therese, * 24. 8. 1791 in Wien, † 30. 1. 1876 in Berlin, Sopranistin. Tochter des Komponisten Wenzel Müller (s. d.). Sie studierte bei ihrem Vater und trat schon als Kind in Singspielen auf. 1807 feierte sie als Zerlina, später als Donna Anna, ihre ersten Triumphe am Landestheater in Prag (bis 1815). 1816–26 war sie der große Star am Wiener Kärntnertortheater und wurde als „deutsche Catalani" gefeiert. 1827 an der Münchner Hofoper, 1828–30 in Berlin, wo sie eine Gesangschule eröffnete und nur mehr gelegentlich auftrat.

Fritz Grünbaum (ganz links) mit dem späteren Burgschauspieler Otto Schmöle (dritter von links) und Egon Friedell (ganz rechts)

GRÜNBERG, Karl, * 10. 2. 1861 in Focşani (Rumänien), † 2. 2. 1940 in Frankfurt am Main, Rechts- und Wirtschaftshistoriker. Studierte 1881–85 in Wien Jus, promovierte 1886 und eröffnete eine Anwaltspraxis. 1894 habilitierte er sich für Politische Ökonomie an der Universität Wien, 1909 o. Prof. 1924 ging er nach Frankfurt, wo er Direktor des Instituts für Sozialforschung wurde und sich mit Agrarpolitik und der Geschichte des Sozialismus beschäftigte. Seit 1910 war G. Herausgeber des „Archivs für die Geschichte des Sozialismus und der Arbeiterbewegung" (G.-Archiv) und seit 1909 der Sammlung „Hauptwerke des Sozialismus und der Sozialpolitik".

GRÜNBERGER, Alfred, * 15. 10. 1875 in Karlsbad (Böhmen), † 25. 4. 1935 in Paris, christlichsozialer Politiker. 1920/21 war G. Leiter des Staatsamts für Volksernährung, 1921/22 Handelsminister und 1922–24 Außenminister, anschließend Gesandter, zuletzt in Paris.

GRÜNDORF, Karl, * 1. 5. 1830 auf der Riegersburg (St), † 26. 7. 1906 in Wien, Schauspieler und Bühnendichter. War der Sohn eines Liechtensteinschen Verwaltungsbeamten und studierte in Graz Jus und Philosophie, ging aber schon 1850 als Schauspieler und Regisseur zur Bühne. 1856 Theaterdichter am Wiener Carltheater, 1858 in dieser Position und als Schauspieler am Theater in der Josefstadt engagiert. 1860 trat er in das publizistische Büro der Westbahn ein, wurde dort Bürochef und ging 1883 in Pension. 1883–85 Gemeindevertreter von Wien-Fünfhaus sowie Lektor und Bibliothekar des Raimundtheaters. 1891–95 Redakteur und Herausgeber der satirischen Zeitschrift „Hans-Jörgel von Gumpoldskirchen". G. verfaßte als Theaterdichter zahlreiche Possen und Volksstücke, u. a. „Trau, schau, wem" (1856), „Ein Wunderdoktor" (1858), „Opfer der Consuln" (1870) und „Noblesse oblige" (1871); die letzten beiden wurden sogar am Hofburgtheater gespielt. Bereits 1876 erschienen G.s „Gesammelte Bühnenstücke".

GRÜNFELD, Alfred, * 4. 7. 1852 in Prag, † 4. 1. 1924 in Wien, Pianist und Komponist. Nach seiner musikalischen Ausbildung lebte er vorwiegend in Wien und wurde besonders durch den Vortrag seiner Konzertparaphrasen der Walzer von Johann Strauß (s. d.) bekannt. Schrieb auch Opern und Serenaden.

GRÜNMANDL, Otto, * 4. 5. 1924 in Solbad Hall (T), Kabarettist. Studierte 1945–47 an der Technischen Hochschule in Graz, war 1948–65 Textilkaufmann, 1972–81 Leiter der Abteilung Unterhaltung im ORF-Landesstudio Tirol, seither Kabarettist. Seinem ersten Kabarettprogramm „Alpenländische Interviews" (1973, mit Theo Peer) folgten u. a.: „Der Einmann-Stammtisch" (1974), „Ich heiße nicht Oblomow" (1979), „Ich bin ein wilder Papagei" (1982) und „Politisch bin ich vielleicht ein Trottel, aber privat kenn' ich mich aus" (1987). Seine Programme enthalten nach Eigenaussage „private Nummern, politische Nummern, Nullnummern, Gesangsnummern eher nicht, Gymnastiknummern vielleicht, eine Schlußnummer, die aber aus Platzgründen vielleicht schon in der Mitte gegeben wird". G. erhielt 1978 den Deutschen Kleinkunstpreis.

GRÜNNE, Karl Ludwig Graf, * 25. 8. 1808 in Wien, † 15. 6. 1884 in Baden bei Wien, Berufsoffizier. Entstammte der ö. Linie der alten burgundischen Familie Grunne und war der einzige Sohn von General Philipp Ferdinand Wilhelm Graf G.-Pinchard (* 15. 5. 1762, † 26. 1. 1854). 1828 trat er in das Ulanenregiment seines Vaters ein, wurde 1838 Major, 1839 Oberst und Vorsteher des Hofstaats von Erzherzog Stephan. Ab August 1848 in dieser Position bei Erzherzog Franz Joseph, wurde er dessen erster Generaladjutant und General der Kavallerie. Man schrieb ihm den vielfach nachteiligen Einfluß auf den Kaiser in bezug auf Ernennungen und Bestellungen in der Armee zu, so auch die des Feldzeugmeisters Franz Graf Gyulai von Maros-Németh und Nadaska als Kommandant im italienischen Krieg von 1859. In dessen Sturz verwickelt, enthob ihn Kaiser Franz Joseph I. am 20. 10. 1859 der Leitung der Militärkanzlei und ernannte ihn zum Oberststallmeister. Im November 1875 trat er von dieser Position zurück und war 1883/84 Mitglied des Herrenhauses.

GRÜNWALD, Alfred, * 16. 2. 1886 in Wien, † 25. 2. 1951 in New York, Dramatiker und Operettenlibrettist. Schrieb die Operettenlibretti für die Großen der Wiener Operette. 1940 emigrierte er in die USA, wo er bis zu seinem Tod lebte. Libretti u. a. von: „Hoheit tanzt Walzer" (Ascher, 1912), „Rose von Stambul" (Fall, 1916), „Der letzte Walzer" (O. Straus, 1920), „Gräfin Mariza" (Kálmán, 1924), „Die Zirkusprinzessin" (Kálmán, 1926), „Die goldene Meisterin" (Eysler, 1927), „Viktoria und ihr Husar" (Abraham, 1930), „Blume von Hawaii" (Abraham, 1931).

GRUSCHA, Anton Josef, * 3. 11. 1820 in Wien, † 5. 8. 1911 in Kranichberg (NÖ), Erzbischof von Wien, Kardinal. Der Sohn eines Kleidermachers besuchte das Gymnasium und trat 1839 in das Priesterseminar in Wien ein. Vorerst Diakon in Pillichsdorf (NÖ), nach seiner Priesterweihe 1843 dort weiter als Kooperator tätig, 1846 Kooperator in der Pfarre St. Leopold (Wien II.), wurde 1848 zum Wortführer der jungkatholischen Bewegung, die eine freie Kirche in einem freien Staat forderte. Sozialen Fragen gegenüber sehr aufgeschlossen, wurde er bei einem Besuch des Gründers des Katholischen Gesellenvereins, Adolf Kolping, in Wien im Jahre 1852 von diesem bewogen, Wiener Präses des Gesellenvereins zu werden. Als Redner und Prediger, der sich nie scheute, zum aktuellen und politischen Leben in Ö. Stellung zu nehmen, wurde er 1855 zum Domprediger von St. Stephan ernannt. 1862 wurde ihm die Lehrkanzel für Moraltheologie an der Universität Wien übertragen. Im Jänner 1878 bestellte ihn Kaiser Franz Joseph I. zum Apostolischen Feldvikar. Am 24. 2. 1890 wurde er Erzbischof von Wien und Herrenhausmitglied, 1891 Kardinal. Neben seiner Tätigkeit im Katholischen Gesellenverein, wo er „Vater G." genannt wurde, war er sehr um das katholische Vereinsleben und den Kirchenbau bemüht. Letzterer gipfelte in der Einweihung der Kirche St. Anton von Padua im 10. Wiener Gemeindebezirk im Jahre 1901. Als einer der ersten Geistlichen in Ö. aktiv um die Lösung sozialer Fragen bemüht, stand er den Christlichsozialen reserviert gegenüber und auf dem Standpunkt, daß die Kirche auch ohne Hilfe einer politischen Partei oder des Staates ihre Aufgaben erfüllen könne.

Loidl, F., und Krexner, M.: Wiens Bischöfe und Erzbischöfe (1983)

GRUTSCH, Franz Xaver von, * 1. 11. 1810 in Wien, † 18. 12. 1882 in Wien, Schauspieler und Bühnenautor. Wandte sich früh der Bühne zu und trat nach einer kurzen Ausbildung auf verschiedenen Wiener Bühnen auf. Obwohl auch als Theaterautor tätig, erreichte er hier nur geringen Erfolg. Große Verdienste erwarb er sich als Bürgermeister von Hinterbrühl, durch die Gründung der ersten landwirtschaftlichen Fortbildungsschule in Mödling im Jahr 1866, aus der 1869 das Francisco-Josephinum, eine „Bildungsanstalt für den landwirtschaftlichen Mittelstand", wurde.

GSCHNITZER, Franz, * 19. 5. 1899 in Wien, † 19. 7. 1968 in Innsbruck, Jurist und ÖVP-Politiker. Studierte Jus in Innsbruck und wurde 1927 Univ.-Prof. 1945 Präsident des Obersten Gerichtshofs im Fürstentum Liechtenstein. 1945–62 Abgeordneter zum Nationalrat. 1956–61 Staatssekretär im Außenministerium, als Fachmann Referent für die Südtirolfrage. G. arbeitete am Kommentar zum ABGB (hrsg. von H. Klang) mit (6 Bde., 1948 ff.), verfaßte ein „Lehrbuch des ö. bürgerlichen Rechts" (1963) und mehrere Gesetzesausgaben. Darüber hinaus betätigte er sich auch schriftstellerisch und veröffentlichte „Der Inn" (1947), „Schicksal des Genius", ein Schauspiel (1946) und „Tirol, geschichtliche Einheit" (4. Aufl., 1960).

Meinrad Guggenbichler: Schmerzensmann. Lebensgroße Freiplastik aus Holz in der Pfarrkirche von St. Wolfgang (OÖ)

GUARINONI, Hippolyt (auch Guarinonius), * 18. 11. 1571 in Trient, † 31. 5. 1654 in Hall (T), Arzt. War Leibarzt Kaiser Ferdinands II. in Prag und ab 1607 Stiftsarzt und Stadtphysikus in Hall in Tirol. Vorkämpfer für eine umfassende Volksgesundheit, war er auch Bahnbrecher für die erst viel später aufkommende Pastoralmedizin. Der Volksfrömmigkeit des Barockzeitalters wies er den Weg und erbaute die St.-Karl-Kirche in Volders (T). Außerdem beschäftigte er sich mit den Wirkungen von Heilquellen und beschrieb eingehend die Quellen von Volders und Egerdach. Populär waren seine Werke „Die Grewel der Verwüstung menschlichen Geschlechts" (1610), „Pestilentz-Guardien" (1612) und „Hydrooenogamia" (1640).

Grass, F.: H. Guarinonius (1954)

GÜDEN, Hilde, * 15. 9. 1917 in Wien, Kammersängerin (Sopran). Studierte am Wiener Konservatorium und debütierte als Cherubino 1939 in Zürich. 1942 holten Clemens Krauss (s. d.) und Richard Strauss (s. d.) sie an die Bayerische Staatsoper in München, wo sie bis 1947 blieb. 1946 erstmals bei den Salzburger Festspielen. Seit 1947 Mitglied der Wiener Staatsoper, ab 1950 Kammersängerin. 1947–51 auch an der Mailänder Scala, 1952 an der Metropolitan Opera in New York, 1966 an der Deutschen Oper in Berlin. Hervorragende Mozart- und Richard-Strauss-Interpretin, sang auch Operettenpartien.

GUGGENBICHLER, Meinrad, * 17. 4. 1649 in Einsiedeln (Schweiz), † 10. 5. 1723 in Mondsee (OÖ), Bildschnitzer und Bildhauer. Seit 1679 in Mondsee ansässig, wurde er zum Haupt einer bedeutenden Bildhauerwerkstatt des Barockzeitalters im Alpenraum. Er hat es verstanden, die große Tradition der gotischen Schnitzkunst mit den vielfältigen Anregungen des Barock zu vereinen. So beeinflußte er stark die barocke Holzplastik im ö. Raum. Seine bedeutendsten Altäre stehen in den Kirchen von Mondsee, Oberwang und St. Wolfgang (OÖ); in Irrsdorf, Michaelbeuern, Straßwalchen und Lochen (S). Außerdem schuf er mehrere Heiligenstatuen, u. a. für die Kollegienkirche in Salzburg.

Decker, H.: M. G. (1849)

GUGITZ, Gustav, * 9. 4. 1874 in Wien, † 3. 3. 1964 in Rekawinkel (NÖ), Volkskundler und Literarhistoriker. Einer alten Kärntner Familie entstammend, studierte er an der Universität Wien Literatur- und Theatergeschichte. War Privatgelehrter, bis er durch die Inflation sein Vermögen verlor und danach als Antiquar, Korrektor und Bibliothekar seinen Unterhalt verdiente. Schließlich verkaufte er seine rund 6 000 Bände umfassende Viennensia-Bibliothek gegen eine Lebensrente der Stadt Wien, um seinen kulturgeschichtlichen Forschungen und Arbeiten nachgehen zu können. Neben zahlreichen eigenen Werken gab er 1912–21 die „Denkwürdigkeiten aus Alt-Österreich" heraus, die 21 Bände umfaßten. Aus seinem umfangreichen publizistischen Wirken erwähnenswert: „Der Weiland Kasperl" (1920), „Der Spittelberg und seine Lieder" (1924), „Das Wiener Kaffeehaus" (1940), „Bibliographie zur Geschichte und Stadtkunde von Wien" (5 Bde., 1947–58), „Das Jahr und seine Feste im Volksbrauch Ö.s" (2 Bde., 1949/50), „Sagen und Legenden der Stadt Wien" (1952), „Ö.s Gnadenstätten in Kult und Brauch" (5 Bde., 1955–58). Gemeinsam mit Emil Karl Blümml (* 25. 10. 1881 in Wien, † 26. 4. 1925 in Wien) veröffentlichte er: „Alt-Wienerisches" (1920), „Von Leuten und Zeiten im alten Wien" (1922) und „Alt-Wiener Thespiskarren" (1925); gemeinsam mit Hans Giebisch (s. d.): „Bio-Bibliographisches Literaturlexikon Ö.s" (1964). G. schrieb auch unter dem Pseudonym Gustav Litschauer.

GUGLIA, Eugen, * 24. 8. 1857 in Wien, † 8. 7. 1919 in Graz, Historiker und Schriftsteller. Studierte in Wien und promovierte 1882 zum Dr. phil. War 1885–87 Mittelschulprof. in Prag, 1887–93 in Wien, 1893–1901 Prof. am Theresianum in Wien, dann 1901–09 Chefredakteur der „Wiener Zeitung". Daneben unterrichtete er ab 1902 an der Kriegsschule. 1910 habilitierte er sich als Privatdozent für Allgemeine neuere Geschichte in Wien und wurde 1919 in dieser Funktion an die Universität Graz berufen. Publikationen u. a.: „Geschichte der Stadt Wien" (1892), „Friedrich Mitterwurzer" (1896), „Wien. Ein Führer durch Stadt und Umgebung" (1908), „Maria Theresia" (1917).

Friedrich Gulda

GULDA, Friedrich, * 16. 5. 1930, Klaviervirtuose und Komponist. Studierte an der Wiener Musikakademie, gewann 1946 den Genfer Musikwettbewerb. Wurde vor allem durch seine Gesamtaufführungen der Beethoven-Klaviersonaten berühmt. Bedeutender Interpret auch der Werke Mozarts und Debussys. G. wandte sich ab 1956 auch dem Jazz zu. 1971 veröffentlichte er „Worte zur Musik". Als Komponist vertonte er 1951 Morgensterns „Galgenlieder", betätigte sich als Liedermacher, schrieb ernste und Jazzmusik. G. vollzog als einer der ersten den Bruch mit der Konzerttradition und führte E- und U-Musik gleichberechtigt nebeneinander auf.

GUMPP, Christoph, * 28. 5. 1600 in Innsbruck, † 2. 3. 1672 in Innsbruck, Baumeister und Architekt. Verschiedentlich auch d. J. genannt, entstammte er einer eingesessenen Baumeister- und Künstlerfamilie. G. wurde Hofbaumeister in Innsbruck, hatte eingehend den italienischen Theaterbau in Parma und Florenz studiert und erbaute 1629 im Auftrag von Erzherzog Ferdinand (s. d.) die „Dogana" (= Mauthaus) in Innsbruck, den ältesten mitteleuropäischen Theaterbau (heute nur mehr die Fassade erhalten, Kongreßhaus, Rennweg). 1647–49 schuf er die Mariahilferkirche in Innsbruck-Hötting und 1651–65 den Neubau der Stiftskirche von Wilten. Sein Sohn Johann Martin d. Ä. (* 7. 11. 1643, † 3. 7. 1729) war Ingenieur und wurde ebenfalls Hofbaumeister in Innsbruck, wo mehrere Palais von ihm geschaffen wurden. Sein Sohn Johann Anton (* 27. 4. 1654, † 28. 3. 1719 in München) war Hofmaler in München und arbeitete überwiegend in Bayern, aber auch am Deckengemälde der Stiftskirche St. Florian (OÖ).

GUMPP, Georg Anton, * 12. 10. 1682 in Innsbruck, † 19. 12. 1754 in Innsbruck, Baumeister und Ingenieur. Sohn von Johann Martin G. d. Ä. (s. bei Christoph G.). Wurde ebenfalls Hofbaumeister. Er war der bedeutendste Architekt der Baumeisterfamilie G. und verstand es, seinen Bauwerken unter dem Einfluß der Baukunst des italienischen Hochbarock dennoch eine persönliche Note zu verleihen. Von ihm stammen mehrere Erstentwürfe von Bauwerken, die dann in vereinfachter Form ausgeführt wurden, etwa die Expositurkirche Johann Nepomuk am Innrain. 1712–23 erbaute er das Palais Pfaffenberg in Innsbruck, 1715–17 die Heiligenblutkapelle der Stiftskirche von Stams (T) und führte 1729–32 den Umbau dieser Kirche durch. 1725–31 errichtete er das Tiroler Landhaus mit der Georgskapelle.

GÜNTHER, Anton, * 17. 11. 1783 in Lindenau (Böhmen), † 24. 2. 1863 in Wien, Religionsphilosoph und Theologe. Studierte in Prag Philosophie bei B. Bolzano (s. d.) und kam 1810 als Erzieher nach Wien. Vom Kreis um Clemens Maria Hofbauer (s. d.) beeinflußt, studierte er in Raab Theologie und wurde 1820 zum Priester geweiht. Schon mit seinem ersten Werk, der „Vorschule zur spekulativen Theologie" (2 Bde., 1828) erregte er Aufsehen, da er damit eine philosophische Grundlegung der Theologie versucht hatte. Seine neue Auffassung von der Theologie verstand er von einem anthropologischen Ansatz aus und stellte die Vernunft über den Glauben und die Philosophie über die Theologie. Mit seinen antischolastischen Auffassungen begründete er eine einflußreiche theologische Schule des 19. Jh.s, die bald Güntherianismus genannt wurde, obwohl G. nie ein akademisches Lehramt bekleidet hat. Schließlich setzte die päpstliche Kurie in Rom eine Kommission ein, die G.s Lehren zu begutachten hatte. Am 8. 1. 1857 wurden sämtliche Schriften G.s auf den Index librorum prohibitorum (den Index der verbotenen Bücher) gesetzt. Von nun an lebte er sehr zurückgezogen. 1882 erschienen seine „Gesammelten Schriften" (9 Bde.). Seine Schüler begründeten später die Altkatholische Kirche.

GÜNTHER, Mizzi (Maria), * 21. 3. 1879 in Warnsdorf (Böhmen), † 18. 3. 1961 in Wien, Sopranistin, Soubrette. Nach ihrer Ausbildung debütierte sie 1901 am Wiener Carltheater und stieg rasch zur gefeierten Operettendiva auf, die an fast allen großen Wiener Bühnen auftrat und als würdige Nachfolgerin von Marie Geistinger (s. d.) bezeichnet wurde. Ihren größten Erfolg feierte sie als Hanna Glawari in der Operette „Die lustige Witwe". Später trat sie auch auf mehreren Wiener Bühnen als Schauspielerin auf. G. war mit dem Burgschauspieler Fred Hennings (s. d.) verheiratet.

GURLITT, Wilhelm, * 7. 3. 1844 in Rom, † 13. 2. 1905 in Graz, Archäologe. Sohn des Landschaftsmalers Louis G. Studium in Bonn und Göttingen. 1877 Univ.-Prof. in Wien, seit 1890 in Graz, wo er mehrere Ausgrabungen leitete, so die für die Archäologie besonders wertvolle von Poetovio 1891–96 und 1898, einer pannonischen Stadt an der Drau (heute Ptuj, das alte Pettau). Sein wissenschaftliches Hauptinteresse galt jedoch der griechischen und im besonderen der attischen Kultur. Darüber hinaus war G. um das kulturelle Leben der Stadt Graz sehr bemüht.

GÜRT, Elisabeth, * 18. 5. 1917 in Wien, Schriftstellerin. War ursprünglich Lehrerin, bis sie mit ihren Unterhaltungs- und Frauenromanen große Erfolge hatte. Arbeitete auch für Film und Rundfunk. Romane u. a.: „Eine Frau für drei Tage" (1941; wurde auch verfilmt), „Licht, das nie vergeht" (1947), „Ein Boot treibt dahin" (1948), „Besuch aus Wien" (1949), „In drei Wochen kommt mein Mann" (1950).

Am Um- bzw. Neubau des Zisterzienserstiftes Stams (T) war Georg Anton Gumpp 1729–32 maßgeblich beteiligt

GÜRTLER, Alfred, * 30. 10. 1875 in Deutsch-Gabel (Böhmen), † 16. 3. 1933 in Graz, Jurist und christlichsozialer Politiker. Wurde nach seinem Studium Univ.-Prof. in Graz, stand ursprünglich den Deutschnationalen nahe und wurde schließlich zu einer führenden Persönlichkeit der Christlichsozialen Partei. 1919 bis 1930 Abgeordneter zum Nationalrat, gehörte er 1919 als Vertreter der Christlichsozialen der ö. Delegation bei den Friedensverhandlungen in Saint-Germain an. 1921/22 Finanzminister, 1926/27 Landeshauptmann der Steiermark, 1928–30 Präsident des Nationalrats.

GÜRTLER, Josef, * 2. 2. 1862 in Persenbeug (NÖ), † 5. 1. 1947 in Ossiach (K), Schriftsteller und Journalist. Wandte sich schon früh der Schriftstellerei zu und war ein Pionier des katholischen Pressewesens in Ö. 1888 gründete er die erste katholische Familienzeitschrift in Ö., „Immergrün", und begann mit der Veröffentlichung der populärwissenschaftlichen Schriftenreihe „Volksaufklärung", von der bis 1938 223 Einzelhefte erscheinen konnten. Stark verbreitet war sein zweibändiges Zitatenlexikon (1924–30). G. schrieb auch unter dem Pseudonym Karl Herdach und Josef Kunte.

GUSCHELBAUER, Edmund, * 16. 10. 1839 in Wien, † 6. 2. 1912 in Wien, Volkssänger. Kam als lediges Kind der Anna-Maria G. zur Welt und erlernte das Vergolderhandwerk. Schon als Lehrling sang er in kleineren Wirtshäusern und Geselligkeitsvereinen. Arbeitslos geworden, forcierte er seine Sängerlaufbahn und assoziierte sich 1883 mit der Volkssängerin Luise Montag (s. d.) und ab 1888 mit Josef Müller. 1885 sang er zum ersten Mal das Lied vom „Alten Drahrer" von Johann Sioly (s. d.), mit dem er seinen größten Erfolg errang und das ihm auch den Spitznamen „der alte Drahrer" eintrug. G. führte die Sitte ein, den Refrain eines Liedes vom Publikum mitsingen zu lassen. Er verkörperte den Typ des gemütlichen Wieners und trat besonders gern im Frack mit weißen, gewirkten Handschuhen und Stößer (schmalkrempiger Zylinderhut), dazu jedoch in Filzpatschen, auf.

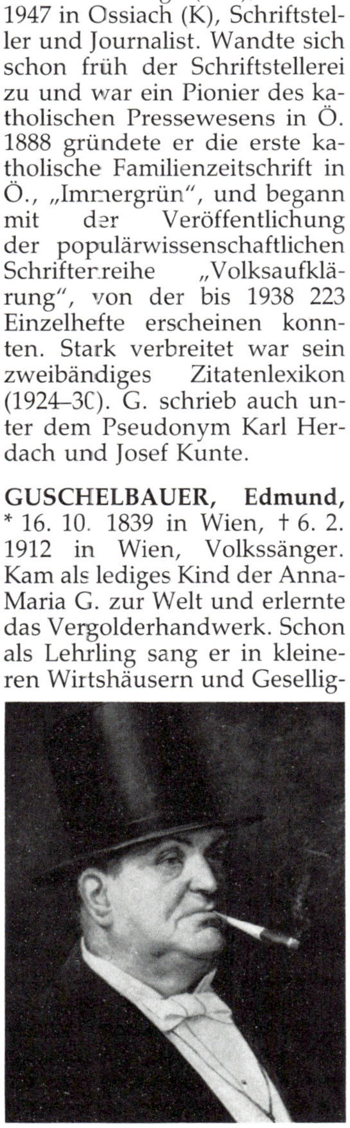

Edmund Guschelbauer

GUSENBAUER, Ilona, * 16. 5. 1947 in Gummersbach (BRD), Leichtathletin (Hochsprung). Ö. Sportlerin des Jahres 1971. Hallen-Europameisterin 1970 (1,88 m, Weltbestleistung), 1971 Europameistertitel in Helsinki. Am 4. 9. 1971 stellte G. vor 30 000 Zuschauern im Wiener Stadion mit 1,92 m einen Weltrekord auf. Als Goldmedaillenanwärterin fuhr G. zu den Olympischen Spielen 1972 nach München, mußte sich dort aber mit der Bronzemedaille begnügen.

GUSINDE, Martin, * 29. 10. 1886 in Breslau, † 18. 10. 1969 in Mödling (NÖ), Ethnologe und Anthropologe. 1911 zum Priester geweiht, widmete er sich den missionarischen Aufgaben seines Ordens, der Steyler Missionare. War 1916–24 Univ.-Prof. an der Katholischen Universität in Santiago de Chile und seit 1949 an der Katholischen Universität in Washington sowie jahrzehntelang Lehrer am Missionshaus seines Ordens in St. Gabriel bei Mödling. Sein größtes Verdienst ist die Erforschung der heute bereits fast ausgestorbenen Ureinwohner Feuerlands, die ihn auch in ihren Stamm aufgenommen haben. 1918–24 unternahm er vier Expeditionen dorthin, die er in seinem Werk „Die Feuerland-Indianer", 3 Bde. (1931–39), beschrieb. Weitere bedeutende Expeditionen waren u. a. die zu den Buschmännern und den Pygmäen in Afrika 1934/35, 1950/51 und 1953. Bei seiner Forschungsreise zu den Negritos auf den Philippinen 1955 entdeckte er einen Pygmäenstamm auf Neu-Guinea. Weitere bedeutende Publikationen: „Die Kongo-Pygmäen" (1942), „Urmenschen im Feuerland" (1947), „Urwaldmenschen am Ituri" (1948), „Die Twa-Pygmäen in Ruanda" (1949), „Die Twiden" (1956) und „Von gelben und schwarzen Buschmännern" (1966).

Ilona Gusenbauer am 16. 10. 1968 bei der Olympiade in Mexiko

GUSSENBAUER, Karl, * 30. 10. 1842 in Obervellach (K), † 19. 6. 1903 in Wien, Chirurg. Studierte in Wien, promovierte 1867 zum Dr. med. und trat als Operationszögling von Theodor Billroth (s. d.) in die 2. Chirurgische Universitätsklinik ein. 1872 Assistent, 1875 nach Lüttich und 1878 nach Prag berufen. Im Oktober 1894 übernahm er als Nachfolger die Klinik seines Lehrers, der er bis zu seinem Tod vorstand. 1902 war er auch Rektor der Universität Wien. 1894 leitete er als erster Ausländer den Kongreß der Deutschen Gesellschaft für Chirurgie in Berlin. G. entwikkelte neue Operationsmethoden und befaßte sich mit den Problemen der Infektion. Von ihm stammte das erste Modell eines verwendbaren künstlichen Kehlkopfes. G. war auch passionierter Bergsteiger (hochtouristische Erschließung der Schober- und der Reichenspitz-Gruppe).

ALBERT PARIS GÜTERSLOH

„Die Tiefe ist außen"

„Er kam immer vom Schreibtisch, er ging nie hin und doch war er schon wieder dort gewesen; ein Mensch, welcher sein Leben lang nie an die Arbeit geht wie ein Gewerbsmann, aber gar niemals wo anders her kommen kann als von ihr."

Heimito von Doderer, 1963

GÜTERSLOH, Albert Paris (eigtl. Albert Conrad Kiehtreiber), * 5. 2. 1887 in Wien, † 16. 5. 1973 in Baden bei Wien, Maler und Schriftsteller. Nach seiner Gymnasialzeit war er Malerschüler bei Gustav Klimt (s. d.) und Schauspieler an mehreren ö. Provinzbühnen, bis ihn Max Reinhardt an das Deutsche Theater in Berlin holte. 1909 stellte er in Wien auf der „Internationalen Kunstschau" erstmals Zeichnungen aus. 1910 veröffentlichte er „Die tanzende Törin", das erste Beispiel eines expressionistischen Romans. Noch 1910 ging er als Kunstberichterstatter nach Paris, studierte dort Malerei bei Maurice Denis und malte 1911/12 seine ersten Ölbilder. Nach Militär- und Kriegsdienst gab er 1918/19 gemeinsam mit Franz Blei (s. d.) die Zeitschrift „Die Rettung" heraus. 1919–21 Oberregisseur am Münchner Schauspielhaus. Zugleich als Bühnenbildner – darunter auch am Wiener Burgtheater – und Schriftsteller tätig, veröffentlichte er 1926 das autobiographische Werk „Die Bekenntnisse eines modernen Malers". 1929–38 Prof. an der Wiener Kunstgewerbeschule, war er 1933–39 und nach Berufsverbot wieder ab 1945 Mitglied, 1950–54 auch Präsident der Wiener Secession. 1945–62 Leiter einer Meisterschule für Malerei an der Akademie der bildenden Künste in Wien, ab 1947 dort Prof. und 1956–59 Rektor. G. ist der geistige Vater der „Wiener Schule des Phantastischen Realismus" und wurde vielfach geehrt, so u. a. 1952 mit dem Großen Ö. Staatspreis für Malerei, 1961 mit dem für Dichtkunst; 1957 erhielt G. den Ehrenring der Stadt Wien; dazu kamen mehrere internationale Auszeichnungen. Sein umfangreiches malerisches Werk umfaßte Handzeichnungen, Gobelinentwürfe, Aquarelle, Stillleben und Landschaftsbilder.

Von seinem dichterischen Werk sind zu erwähnen: „Der Lügner unter Bürgern" (1920), „Kain und Abel. Eine Legende" (1923), „Eine sagenhafte Figur" (1946), „Die Fabeln vom Eros" (1947) und „Sonne und Mond" (1962), ein Lyrikband erschien 1957 unter dem Titel „Musik zu einem Lebenslauf". Eine Auswahl aus seinem Werk veröffentlichte Heimito von Doderer 1963 unter dem Titel „Gewaltig staunt der Mensch".

Doderer, H. v.: Der Fall G. (1929, Neuaufl. 1960); Schneditz, W.: A. P. G. (1958); A. P. G. Autor und Werk (1962)

GUTHEIL-SCHODER, Marie, * 10. 2. 1874 in Weimar, † 1. 10. 1935 (4. 10.?) in Ilmenau (Thüringen), Sängerin (Sopran). Studierte in Weimar und debütierte am Weimarer Hoftheater 1891. Heiratete in erster Ehe 1899 den Kapellmeister des Weimarer Hoftheaters, Gustav G. 1900 holte Gustav Mahler sie an die Wiener Hofoper, wo sie eine gefeierte Mozart- und Strauss-Interpretin wurde. Sie sang aber auch Werke von Arnold Schönberg (s. d.) und war bis 1926 an der Wiener Oper als Sängerin aktiv, dann noch bis 1933 in Wien und Salzburg als Regisseurin. Sie war auch Kursleiterin am Salzburger Mozarteum.

GUTOLF von Heiligenkreuz, Zisterziensermönch und Geschichtsschreiber. Lebensdaten sind nicht überliefert, doch war er nachweisbar 1260–90 Zisterziensermönch in Heiligenkreuz (NÖ). Einige Zeit soll er auch Abt von Marienberg bei Güns (B) gewesen sein. Bezeugt ist er als Beichtvater des Zisterzienserinnenklosters St. Niklas vor dem Stubentor in Wien. War ein Anhänger König Ottokars II. von Böhmen, was seinem Hauptwerk „Historia annorum 1264–1279", der wichtigsten Geschichtsquelle jener Zeit, zu entnehmen ist. Sein Bericht über die Übertragung einer Reliquie von Prag nach Wien, „Translatio sanctae Delicianae", ist für die Geschichtsschreibung Wiens bedeutend, da hier neben einer Beschreibung der Stadt auch wertvolle Hinweise zur Biographie des Paltram vor dem Freithof (s. d.) und dessen Neffen Paltram Vatz zu finden sind. Für die Philologie von Interesse ist seine lateinische Sprachlehre „Summa grammatica".

GUTSMANN, Oswald, * 4. 8. 1727 in Grafenstein (K), † 1790 in Klagenfurt, Jesuit und slowenischer Sprachforscher. Ging in Krems an der Donau (NÖ) zur Schule und trat 1745 in Wien in den Jesuitenorden ein. Nach dem Noviziat wirkte er als Lehrer 1748–51 in Leoben, 1751–54 in Graz, 1759/60 Präfekt des Theresianums in Wien, wurde 1761 Prof. in Neusohl (Slowakei) und lebte nach der Aufhebung des Jesuitenordens in Kärnten. Hier wurde er zum Repräsentanten der sprachlichen Interessen der Kärntner Slowenen und gab 1777 die „Windische Sprachlehre" und 1789 ein „Deutsch-windisches Wörterbuch" heraus. Auch auf die national-kulturellen Bestrebungen der Slowenen übte er starken Einfluß aus.

GUTTENBRUNNER, Michael, * 7. 9. 1919 in Althofen (K), Lyriker und Erzähler. Besuchte die Graphische Lehr- und Versuchsanstalt in Wien, wurde von den Nationalsozialisten mehrfach verhaftet, zum Tode verurteilt und schließlich an die Front geschickt. Veröffentlichte außer mehreren Gedichtbänden auch expressionistische Prosa, übersetzte vor allem aus dem Französischen und gab 1947 die Anthologie „Schmerz und Empörung" heraus. 1954 erhielt er den Trakl-Preis, 1956 den Körner-Preis.

GUTTMANN, Leopoldine, * 8. 2. 1856 in Graz, † 14. 9. 1939 in Wien, Kunstgewerblerin. Studierte in Graz und Wien und errichtete 1901 in Wien ein Spezialatelier für Kunstweberei, Teppich- und Gobelinrestaurierung im Museum für Kunst und Industrie. Aus diesem entwickelte sich später die Gobelinmanufaktur in der Wiener Hofburg. Sie errang zahlreiche in- und ausländische Auszeichnungen.

GYROWETZ, Adalbert, * 19. 2. 1763 in Budweis (Böhmen), † 19. 3. 1850 in Wien, Komponist. Kam 1786 nach Wien, wo seine Werke positiv aufgenommen wurden und er mit Haydn und Mozart Bekanntschaft schloß. Schließlich wurde er Sekretär des Fürsten Ruspoli, bereiste Italien und kam als Kapellmeister über Mailand, Paris und London 1793 nach Wien zurück. Nun trat G. in den Staatsdienst und war 1804–31 Kompositeur und Kapellmeister des Hoftheaters. Von seinen Bühnenwerken hatten besonderen Erfolg: die Opern „Agnes Sorel" (1806), „Der Augenarzt" (1811), das Singspiel „Robert oder Die Prüfung" (1813). Unter seinen rund 500 Werken befinden sich 30 Opern und 40 Ballette, daneben Singspiele, Messen, Symphonien und Kammermusik.

GYULAI, Franz Graf, von Matos-Németh und Nádaska, * 3. 9. 1798 in Pest, † 21. 9. 1868 in Wien, Heerführer. Entstammte einem alten siebenbürgischen Adelsgeschlecht, trat 1816 in den ö. Militärdienst und war 1848, beim Ausbruch der italienischen Revolution, bereits Feldmarschalleutnant. 1848/49 Gouverneur des Küstenlandes, 1849/50 Kriegsminister, 1850 Befehlshaber in Mailand und Feldzeugmeister. Nun auch mit diplomatischen Aufträgen betraut, wurde er 1857 Generalstatthalter des Lombardo-Venezianischen Königreichs. Im Feldzug von 1859 hatte er den Oberbefehl über die ö. Truppen, agierte aber höchst unglücklich. Statt die Sardinier noch vor dem Eintreffen der verbündeten Franzosen anzugreifen, zog er seine Einheiten zurück. Als Folge davon ging die entscheidende Schlacht bei Magenta am 4. 6. 1859 verloren. G. räumte Mailand und zog sich hinter den Mincio zurück. Daraufhin wurde ihm am 16. Juni der Oberbefehl entzogen und G. in den Ruhestand versetzt. Durch mehrere Denkschriften versuchte er die Anschuldigungen gegen ihn zu entkräften.

HAAN, Matthias Wilhelm von, * 17. 9. 1737 in Wien, † 10. 12. 1816 in Wien, Rechtsgelehrter. Entstammte einer alten elsässischen Adelsfamilie, die seit H.s Großvater in Wien ansässig war. Nach dem juridischen Studium trat er in den Staatsdienst ein und wurde 1775 Hofrat der Obersten Justizstelle. 1779 wurde er gemeinsam mit seinen drei Brüdern in den erbländischen Ritterstand erhoben. Unter Kaiser Joseph II. (s. d.) wesentlich an den Justizreformen beteiligt, wurde 1790 Mitglied der „Gesetzcombilations-Hofkommission“, 1792 Vizepräsident des nö. Appellationsgerichts und 1795 oberster Landrichter und Präsident des nö. Landrechts. Ab 1797 Vizepräsident, 1809 Präsident der „Hofkommission in politischen und Justizgesetzsachen“. Das 1796 vom ihm geschaffene „Strafgesetzbuch für Westgalizien“ wurde zur Grundlage für das ö. Strafgesetz von 1803 und trug entscheidend zur Vollendung des Allgemeinen Bürgerlichen Gesetzbuchs von 1811 bei.

HAAS, Arthur Erich, * 30. 4. 1884 in Brünn, † 20. 2. 1941 in Chicago (USA), Physiker und Atomforscher. Machte bald nach Beendigung seiner Studien auf sich aufmerksam, als er 1910 die Bedeutung des Planckschen Wirkungsquantums erkannte und als erster das Quantenkonzept benutzte, um die Konstitution der Atome zu erklären. Wurde Univ.-Prof. in Leipzig, danach in Wien und in London und ging 1935 in die USA, wo er an der Universität von Notre Dame (Indiana) lehrte. 1919–21 erschien seine „Einführung in die theoretische Physik (2 Bde.), 1928 sein großer publizistischer Erfolg „Materiewellen und Quantenmechanik“ (5. Aufl. 1934) und 1937 „Die Welt der Atome“ (4. Aufl.).

HAAS, Christl, * 19. 9. 1943 in St. Johann (T), Schirennläuferin. Dominierte in der ersten Hälfte der sechziger Jahre alle Abfahrtsrennen, ehe sie von Annemarie Moser-Pröll (s. d.) abgelöst wurde. Weltmeisterin 1962, Olympiasiegerin 1964 sowie WM-Zweite in der alpinen Kombination. 1968 Olympia-Dritte in Abfahrt und Kombination.

HAAS, Eduard Ritter von (seit 1868) (Pseud. Teichen), * 15. 9. 1827 in Wien, † 13. 11. 1880 in Nizza, Großindustrieller. Trat mit seinem älteren Bruder Robert in das väterliche Unternehmen ein und hatte sehr bald die alleinige Geschäftsführung inne. 1850 gründete er in Hlinsko (Böhmen) eine Fabrik für Damaste und Samt und in Ebergassing (NÖ) eine für Teppiche und Möbelstoffe. In dieser installierte er 1852 die ersten mechanischen Teppichwebstühle in Ö. 1866 ließ er nach den Plänen der Architekten Siccardsburg (s. d.) und van der Nüll (s. d.) am Wiener Stock-im-Eisen-Platz ein Warenhaus erbauen – das erste Gebäude in Wien, das ausschließlich für den Warenverkauf bestimmt war. Um das Wohl seiner Mitarbeiter bemüht, errichtete er für seine Angestellten einen Pensionsfonds und stellte seinen Arbeitern mietfreie Wohnungen zur Verfügung. Diese Einrichtungen brachten ihm bei der Pariser Weltausstellung 1867 besondere Anerkennung. 1873 war H. kaiserlicher Kommissär in der Leitung der Wiener Weltausstellung.

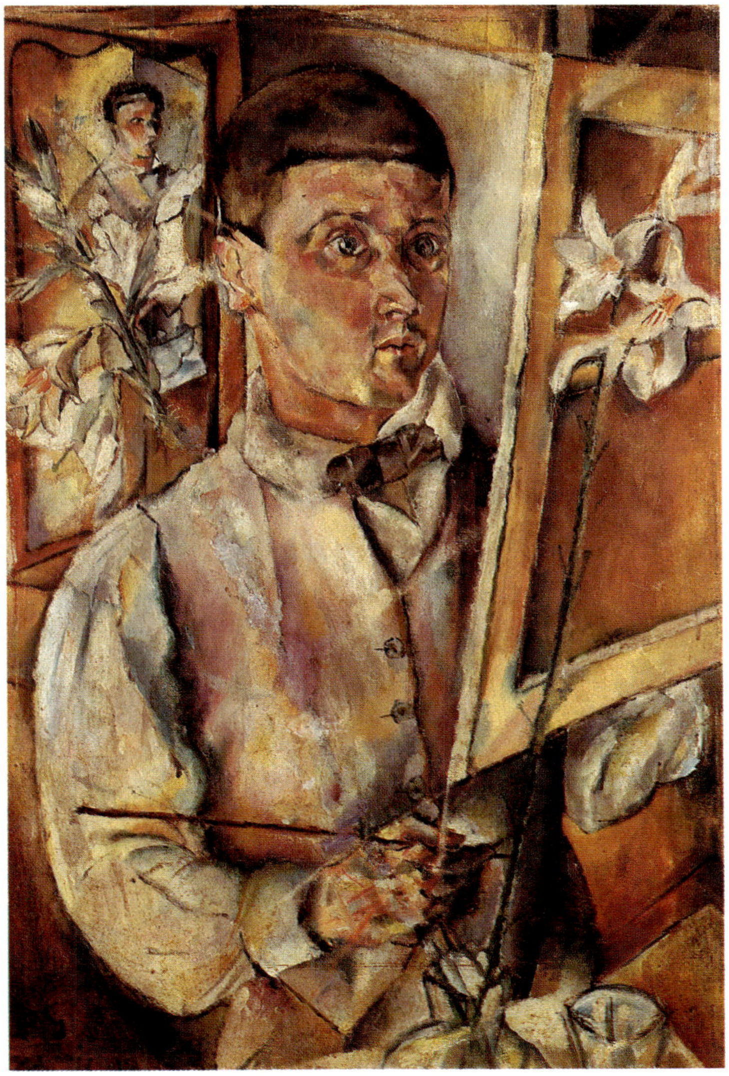

Albert Paris Gütersloh: Selbstbildnis

HAAS, Ernst, * 2. 3. 1921 in Wien, † 14. 9. 1986 in New York, Photograph. 1942–44 Ausbildung an der Graphischen Lehr- und Versuchsanstalt in Wien. Wurde durch eine eindrucksvolle Photoserie von der Ankunft des ersten Heimkehrertransports aus russischer Kriegsgefangenschaft 1949 bekannt, obwohl er schon vorher Aufnahmen aus dem zerstörten Wien gemacht hatte. Schließlich arbeitete er für die Zeitschriften „Magnum“ und „Life“ und lebte seit 1951 in den USA. Als einer der ersten setzte er sich für die Farbphotographie ein und hatte mit seinem Farbbildband „Die Schöpfung“ (1971) einen durchschlagenden Erfolg. Zahlreiche großartige Ausstellungen in berühmten Galerien und Museen. Weitere Bildbände: „In Amerika“ (1975), „Ende und Anfang“ (1975), „Deutschland“ (1976), „Im Himalaja. Pilgerfahrt zum Dach der Welt“ (1978).

HAAS, Philipp, * 7. 6. 1791 in Wien, † 31. 5. 1870 in Bad Vöslau (NÖ), Industrieller. Sein Vater, ein armer Weber in Wien, ließ ihn die Manufaktur-Zeichenschule besuchen, die er jedoch 1807 verlassen mußte. Arbeitete anschließend selbst als Weber. Als er die beginnende Mechanisierung erkannte, bildete er sich in seiner Freizeit in Mechanik und Physik weiter. Als er bei einem Wettbewerb der Manufaktur-Zeichenschule einen Preis gewann, nützte er diese geringen Mittel 1810 zur Errichtung einer eigenen Werkstätte im Vorort Gumpendorf. Systematisch erweiterte er sein Erzeugungsprogramm und baute 1825 eine Abteilung zur Herstellung von Westenstoffen und eine Zeugdruckerei auf. 1831 kaufte er in Mitterndorf (NÖ) eine alte Mühle und richtete eine Handweberei für Möbelstoffe ein. Mitte der vierziger Jahre standen hier bereits 30 mechanische Webstühle; 1845 begann er mit der Erzeugung von Teppichen, durch die er sein Unternehmen wesentlich erweiterte. Außerdem erkannte er die Chancen des Einzelhandels und eröffnete am Wiener Stock-im-Eisen-Platz ein Verkaufslokal. 1850, anläßlich des Jubiläums des 40jährigen Bestehens der Firma, nahm er seine Söhne Robert und Eduard als Teilhaber in die nunmehrige Firma „Philipp H. & Söhne“ auf, von denen Eduard zum expandierenden Firmenchef (s. d.) wurde.

HAAS, Robert Maria, * 15. 8. 1886 in Prag, † 4. 10. 1960 in Wien, Musikforscher. Studierte in Prag, promovierte 1908 und

PHILIPP HAAS
Interieur für die Gründerzeit

„Die Fabrik, in Verbindung mit jenen der Firma zu Mitterndorf und Ebergassing in Niederösterreich, Hlinsko in Böhmen und Bradford in England, erzeugt alle Gattungen Möbelstoffe von Seide, Halbseide und Wolle, Gobelins, Tischdecken, Vorhänge, Fussteppiche etc. Die Firma entstand 1810, wurde aber stets erweitert, so dass gegenwärtig in den Etablissements der Firma zusammen bei 12 000 Spindeln und über 500 verschiedene Webstühle im Gange, und 1 500 Menschen beschäftigt sind. Es werden jährlich 1 000 Zentner Wolle, 5 000 Zentner Baumwolle, 600 Zentner Leinen und 50 Zentner Seide verarbeitet, woraus über 1 Million Ellen verschiedener Stoffe erzeugt werden. Ausser den verschiedenen Wassergefällen von mehr als 300 Pferdekraft sind in den Etablissements zwei große Dampfkessel für Färberei, Schlichterei und Appretur in Verwendung.“

Alt- und Neu-Wien in seinen Bauwerken (1864)

habilitierte sich in Wien 1923. 1920–45 leitete er als Direktor die Musiksammlung der Ö. Nationalbibliothek und war ein Mitbegründer des dortigen Meisterarchivs. Neben anerkannten musikwissenschaftlichen Werken gab er 1930–44 gemeinsam mit A. Orel (s. d.) und L. Nowak (s. d.) das elfbändige Gesamtwerk Anton Bruckners heraus und gemeinsam mit H. Schultz 1937–40 das nachgelassene Werk von Hugo Wolf. Von seinen Werken sind zu erwähnen: „Die Wiener Oper" (1926), „Wiener Musiker vor und um Beethoven" (1927), „Die Musik des Barock" (1929), „Mozart" (1933), „Bruckner" (1934), „Bach und Mozart in Wien" (1951), „Ein unbekanntes Mozartbildnis" (1955).

HAAS, Waltraut, * 5. 6. 1927 in Wien, Bühnen- und Filmschauspielerin. Nach ihrer Ausbildung 1946 erstes Engagement am Linzer Landestheater, 1947 Filmdebüt in dem bereits legendären Nachkriegsfilm „Hofrat Geiger". H. ist seit 1948 an verschiedenen Wiener Bühnen, u. a. am Theater in der Josefstadt, tätig.

HABAKUK, s. Kralik, Emil

HABE, Hans (eigtl. Jancsy [Jean] Békessy), * 12. 2. 1911 in Budapest, † 29. 9. 1977 in Locarno (Schweiz), Schriftsteller und Publizist. Sohn des Zeitungsherausgebers Imre Békessy. 1929–38 Redakteur und Korrespondent in Wien und Prag, lebte ab 1940 als Emigrant in den USA und wurde nach dem Zweiten Weltkrieg amerikanischer Presseoffizier im besetzten Deutschland. 1945 gründete er die amerikanische „Neue Zeitung" in München und war 1946–52 Chefredakteur mehrerer Illustrierter. In den letzten Jahren hatte er in der „Welt am Sonntag" eine ständige Zeitungskolumne. Er war eine schillernde, umstrittene Persönlichkeit, klagte sogar einmal den Dramatiker Friedrich Dürrenmatt wegen Ehrenbeleidigung. Schrieb über 20 „Erfolgsromane" und „Zeitbücher", darunter: „Zu spät?" (1939, als „Staub im September" 1976), „Ob Tausend fallen" (1943), „Weg ins Dunkel" (1951), „Im Namen des Teufels" (1956), „Ilona" (1960), „Die Tarnowska" (1962), „Der Tod in Texas" (1964, über den Kennedy-Mord), „Die Mission" (1965), „Das Netz" (1969), „Wie einst David" (1971), „Palazzo" (1975). 1954 erschien die Autobiographie „Ich stelle mich".

HABECK, Fritz, * 8. 9. 1916 in Neulengbach (NÖ), Schriftsteller. War im Zweiten Weltkrieg Offizier und schloß danach sein Jusstudium ab. 1949 erhielt er das Goethestipendium und war 1953–56 Generalsekretär des Ö. Schriftstellerverbands. H. hatte bereits 1941 mit dem François-Villon-Roman „Der Scholar vom linken Galgen" auf sich aufmerksam gemacht und verfaßte als zeitkritischer Erzähler mehrere bedeutende Werke, darunter auch auf die Geschichte bezogene Jugendschriften. Er erhielt mehrere Auszeichnungen, so 1960, 1961 und 1967 den Preis der Stadt Wien, 1963 und 1967 den Staatspreis. Werke u. a.: „Der Tanz der sieben Teufel" (1950), „Das Boot kommt nach Mitternacht" (1951), „Das zerbrochene Dreieck" (1953), „Der Ritt auf dem Tiger" (1958), „Der Piber" (1965), „Der schwarze Mantel meines Vaters" (1976), „Wind von Südost" (1979); Jugendbücher, u. a.: „Der Kampf um die Barbacane" (1960), „Die Stadt der grauen Gesichter" (1961), „Der Aufstand der Salzknechte" (1967). Außerdem verfaßte er Dramen, Hörspiele und Novellen und ist als Übersetzer tätig.

HABERDA, Albin, * 29. 1. 1868 in Bochnia (Galizien), † 6. 12. 1933 in Wien, Gerichtsmediziner. Studierte in Wien und wurde hier Univ.-Prof. 1927 gab er die Neubearbeitung des 1878 von Eduard von Hofmann (s. d.) verfaßten Werks „Lehrbuch der gerichtlichen Medizin" heraus und erwarb sich damit einen hervorragenden Ruf.

HABERDITZL, Franz Martin, * 19. 12. 1882 in Wien, † 22. 1. 1944 in Wien, Kunsthistoriker. Studierte in Wien bei M. Dvořak (s. d.). Seit 1909 Leiter des Kupferstichkabinetts der k. k. Hofbibliothek. Besondere Verdienste erwarb er sich 1915–38 als Direktor der Staatsgalerie im Schloß Belvedere in Wien (heute Ö. Galerie), die er sinnvoll in drei Abteilungen gliederte: in das bedeutende Barockmuseum (im Unteren Belvedere), die Galerie des 19. Jh.s (im Oberen Belvedere) und in die Moderne Galerie mit der Kunst des 20. Jh.s in der Orangerie und im Kammergarten.

HABERLANDT, Arthur, * 9. 3. 1889 in Wien, † 28. 5. 1964 in Wien, Volkskundler und Ethnologe. Sohn von Michael H. (s. d.), studierte in Wien und war 1924–45 Direktor des Ö. Museums für Volkskunde in Wien. Veröffentlichte mehrere anerkannte Fachwerke und war sehr um die Zusammenhänge der mittel- und osteuropäischen Volkskunde bemüht. Publizierte u. a. „Kulturwissenschaftliche Beiträge zur Volkskunde von Montenegro, Albanien, Serbien" (1917), „Volkskunst der Balkanländer" (1919), „Volkskunde des Burgenlandes" (1935) und „Taschenwörterbuch der Volkskunde Ö.s" (2 Bde., 1953–59).

HABERLANDT, Gottlieb, * 28. 11. 1854 in Ungarisch-Altenburg, † 30. 1. 1945 in Berlin, Botaniker. Sohn des Agrarwissenschaftlers Friedrich H. (* 21. 2. 1826 in Preßburg, † 1. 5. 1878 in Wien), der ab 1872 Prof. an der Hochschule für Bodenkultur war. H. studierte in Wien und war als Univ.-Prof. in Graz und in Berlin tätig. Begründete die physiologische Pflanzenanatomie und entdeckte das Reizleitungssystem der Pflanzen. In Berlin gründete er das Pflanzenphysiologische Institut. Wichtigste Veröffentlichungen: „Physiologische Pflanzenanatomie" (1884), „Das reizleitende Gewebesystem der Sinnpflanze" (1890), „Sinnesorgane im Pflanzenreich" (1901), „Eine botanische Tropenreise" (1926).

HABERLANDT, Michael, * 29. 9. 1860 in Ungarisch-Altenburg, † 14. 6. 1940 in Wien, Völker- und Volkskundler. Bruder von Gottlieb H. (s. d.). Studierte in Wien und wurde 1892 der erste Dozent des neuinstallierten Fachs Völkerkunde an der Universität Wien, später Prof. Erwarb sich besondere Verdienste um die vergleichende Volkskunde; 1894 Mitbegründer des Vereins für Ö. Volkskunde und 1895 des Ö. Museums für Volkskunde. 1900 veröffentlichte er „Kultur im Alltag", 1910–14 „Ö. Volkskunst" (2 Bde.) und 1912–17 „Werke der Volkskunst" (3 Bde.), weiters „Einführung in die Volkskunde" (1924), „Die Völker Europas" (1926) und „Ö., sein Land und Volk und seine Kultur" (1927). H. war ein großer Musikliebhaber und ein enger Freund Hugo Wolfs (s. d.), dem er mit der Gründung des Hugo-Wolf-Vereins zum Durchbruch verhalf.

HABERLER, Gottfried, * 20. 7. 1900 in Purkersdorf bei Wien, Nationalökonom. Studierte in Wien, wo er sehr bald Univ.-Prof. wurde. 1936 erhielt H. eine Berufung für Wirtschaftspolitik und Statistik an die Harvard University in Washington, wo er sich vornehmlich mit der Konjunktur- und Außenwirtschaftstheorie beschäftigte. Besonders bekannt wurde er durch seine frühen Publikationen „Der internationale Handel" (1933) und „Liberale und planwirtschaftliche Handelspolitik" (1934), denen 21 Fachpublikationen und mehr als 100 wissenschaftliche Artikel in englischer Sprache folgten.

HABERT, Johann, * 18. 10. 1833 in Oberplan (Böhmen), † 1. 9. 1896 in Gmunden (OÖ), Kirchenmusiker. Lebte ab 1861 als Organist in Gmunden. 1868–83 gab er die „Zeitschrift für katholische Kirchenmusik" heraus und setzte sich besonders für die instrumentale Kirchenmusik ein. 1889–94 veröffentlichte er „Beiträge zur Lehre von der musikalischen Komposition" (4 Bde.). Er komponierte Messen, Motetten und Kirchenlieder.

HABIG, Peter, * 29. 1. 1839 in Salmünster (Kurhessen), † 4. 1. 1916 in Wien, Hutfabrikant. Entstammte einer alten Leinenweberfamilie und kam 1853 nach Wien. Nach fünfjähriger Lehrzeit wurde er 1858 in Korneuburg (NÖ) als Hutmachergeselle freigesprochen und heiratete 1862 die Inhaberin eines kleinen Geschäfts. 1867 errichtete er eine Hutmacherwerkstätte und errang 1870 auf einer internationalen Ausstellung in Kassel eine Goldmedaille. 1871 nahm er seinen Bruder Carl als Kompagnon in die Firma auf, die ab nun „P. u. C. Habig" hieß. 1873 erhielt er auf der Wiener Weltausstellung abermals eine Auszeichnung, wodurch die Weltgeltung seiner

Erzeugnisse begann. 1874 eröffnete er ein vornehmes Detailgeschäft in der Kärntner Straße, und 1882 errichtete er eine große Fabrik in der Wiedner Hauptstraße. 1888 eröffnete er eine Filiale in Berlin. Von Kaiser Franz Joseph I. zum Hof- und Kammerlieferanten ernannt, gehörten viele Mitglieder der Herrscherhäuser Europas zu seinen ständigen Kunden. In den gewerblichen Gremien aktiv tätig, regte er Prämien für tüchtige Lehrlinge und Treueprämien für über 20jährige Tätigkeit von Gehilfen an.

HABRDA, Johann Freiherr von (seit 1907), * 27. 12. 1846 in Wien, † 1. 5. 1916 in Wien, Jurist, Polizeipräsident. Wurde nach dem Studium 1872 Rechtspraktikant am Wiener Landesgericht und trat 1873 in die Wiener Polizeidirektion ein.

Johann von Habrda

War an den Erhebungen nach dem Brand des Wiener Ringtheaters (1881) ebenso beteiligt wie 1889 an den Vorgängen in Mayerling. Wurde 1892 Polizeirat, 1895 Hofrat, 1896 stellvertretender und 1897–1907 Polizeipräsident von Wien. H. war um die Modernisierung des Polizeiwesens sehr bemüht und führte die Daktyloskopie ein; 1898 gründete er das Polizeimuseum.

HABSBURG-LOTHRINGEN, Otto von (Otto Franz Josef), * 20. 11. 1912 auf Schloß Wartholz in Reichenau (NÖ), ältester Sohn Kaiser Karls I. (s. d.) und letzter Kronprinz (1916–18) der ö.-u. Monarchie. Wuchs in Spanien auf, studierte ab 1929 in Belgien Sozialpolitik und Staatswissenschaften, promovierte 1935. Seit dem 20. 11. 1933 Chef des Hauses Habsburg-Lothringen. Da die Habsburger 1918 auf den Kaiserthron nicht verzichtet hatten, versuchte er im Februar 1938 eine Restauration und forderte Bundeskanzler Schuschnigg (s. d.) auf, angesichts der Hitlerschen Erpressungspolitik, ihm die Regierungsgeschäfte zu übergeben. 1940–46 im Exil in den USA lebend, entfaltete er eine rege politische Tätigkeit und setzte sich für eine Wiedererrichtung Ö.s nach Beendigung des Zweiten Weltkriegs ein. Das Wiederinkraftsetzen der alten ö. Verfassung und damit des Habsburgergesetzes im Jahr 1945 verhinderte seine Rückkehr nach Ö., und er ließ sich 1950 in Bayern nieder. Am 10. 5. 1951 heiratete er in Nancy Prinzessin Regina von Sachsen-Meiningen und übersiedelte 1954 nach Pöcking am Starnberger See. Obwohl ihm die nö. Landesregierung am 8. 5. 1956 die ö. Staatsbürgerschaft bestätigte, das Innenministerium am 8. 2. 1957 den Namen Dr. Otto Habsburg-Lothringen festlegte und er selbst am 21. 2. 1958 seine erste Verzichtserklärung abgab, löste seine am 5. 6. 1961 der Bundesregierung übergebene Loyalitätserklärung vom 31. Mai die sogenannte Habsburger-Debatte aus. Am 20. 7. 1965 stellte die nö. Landesregierung für ihn und seine Gattin einen Staatsbürgerschaftsnachweis aus und am 1. 6. 1966 das Innenministerium einen ö. Reisepaß. Am 31. 10. 1966 reiste er erstmals bei Kufstein für wenige Stunden nach Ö. ein, am 5. 7. 1967 besuchte er Wien. Im Mai 1973 wurde H. als Nachfolger von R. Coudenhove-Kalergi (s. d.) Präsident der Paneuropa-Union. Im Juni 1978 erhielt H. unter Beibehaltung der ö. auch die deutsche Staatsbürgerschaft. 1979 wurde er als Spitzenkandidat der CSU Mitglied des Europaparlaments. H. ist seit Jahrzehnten publizistisch tätig und veröffentlichte u. a.: „Entscheidung für Europa" (1953), „Soziale Ordnung von morgen" (1957), „Im Frühling der Geschichte" (1961), „Karl V." (1967), „Europa – Großmacht oder Schlachtfeld" (1967), „Politik für das Jahr 2000" (1968) und „Idee Europas" (1977).

Werner, A.: O. v. H. (1963); Andics, H.: Der Fall O. H. (1965); Kann, R. A.: Geschichte des Habsburgerreiches 1526–1918 (1977); Wandruszka, A.: Das Haus H. (1978)

HACKHOFER, Johann Cyriak, * 14. 2. 1675 in Wilten bei Innsbruck, † 9. 5. 1731 in Vorau (St), Maler. War ab 1708 Stiftsmaler in Vorau (St) und schuf in der Steiermark eine große Anzahl von Wand- und Deckengemälden sowie Altarbilder. Vor allem auf dem Gebiet der Freskomalerei zählte er zu den hervorragendsten Meistern der ö. Barockmalerei. Wand- und Deckengemälde u. a.: im Stiftsgebäude, der Markt- und der Friedhofskirche in Vorau; im Schloß Festenburg und in den Kirchen von Peggau, Pinggau, Strallegg und St. Johann bei Herberstein. Altarbilder in Hartberg, St. Lorenzen am Wechsel, Leoben, Graz-St. Andrä, Mönichwald, Pöllau und Stubenberg (alle St).

Das Augustiner-Chorherrenstift Vorau, für dessen Stiftskirche, Kapitelsaal und Refektorium Johann Cyriak Hackhofer illusionistische Architekturfresken beisteuerte (1708–23)

HACKHOFER, Josef, * 18. 3. 1863 in Wolfsberg (K), † 8. 9. 1917 in Wien, Architekt. Studierte an der Technischen Hochschule in Wien und arbeitete dann in mehreren Ateliers. Bedeutend sind seine gemeinsam mit Friedrich Ohmann (s. d.) geschaffenen Bauten im Rahmen der Wienflußverbauung und Wienflußeinwölbung sowie die neue Hohe Brücke über den Tiefen Graben und die Marienbrücke über den Donaukanal, die alle in den Jahren 1901–03 entstanden sind. Auch Jugendstil-Villen und Geschäftshäuser entstanden in Zusammenarbeit mit Ohmann. 1892 wurde H. Mitglied des Wiener Künstlerhauses.

HADAMOWSKY, Franz, * 31. 1. 1900 in Rappoltenkirchen (NÖ), Theaterhistoriker und Schriftsteller. War nach seinem Studium 1934–38 Direktor des Wiener Volksbildungsvereins, 1948–65 Staatsbibliothekar an der Ö. Nationalbibliothek und ab 1954 Direktor der Theatersammlung der Ö. Nationalbibliothek. Er veröffentlichte mehrere Werke aus seinem Fachgebiet, u. a.: „Ferdinand Raimund als Schauspieler" (1925), „Die Wiener Faustdichtungen" (1932), „Das Theater in der Wiener Leopoldstadt 1781–1860" (1934), „Barocktheater am Wiener Kaiserhof" (1955), „Reinhardt und Salzburg" (1963), „Richard Strauss und Salzburg" (1964), gemeinsam mit H. Otte „Die Wiener Operette" (1947); weiters „Die Wiener Hoftheater" (1976), „Die Josefinische Theaterreform" (1978) und „Theatergeschichte Wiens" (1987).

HADIK VON FUTAK, Andreas Reichsgraf (seit 1763), * 16. 10. 1710 auf der Donauinsel Schütt (Ungarn), † 12. 3. 1790 in Wien, Feldmarschall. Entstammt einem alten ungarischen Adelsgeschlecht, sein Vater war Rittmeister in einem Husarenregiment. Wurde bei den Jesuiten erzogen, war an mehreren wissenschaftlichen Disziplinen sehr interessiert, trat aber auf Zureden seines Vaters 1732 in ein Husarenregiment ein. Als Führer von Streifkorps zeichnete er sich bereits 1734 unter Prinz Eugen aus und wurde 1744 zum Major befördert. 1756 Feldmarschalleutnant. Am 16. 10. 1757 gelang ihm der kühne Handstreich gegen Preußen mit der 24stündigen Besetzung Berlins und der Erpressung einer Kriegsentschädigung. Diese Aktion gelang ihm ohne eigene Verluste mit nur 2000 Mann Infanterie, 1500 Kavalleristen und vier Geschützen. Maria Theresia verlieh ihm dafür das Großkreuz des Maria-Theresien-Ordens. Wurde 1758 General der Kavallerie, 1762 Befehlshaber der Rheinarmee und siegte am 15. 10. 1762 bei Freiberg. 1764 wurde er Zivil- und Militärgouverneur von Siebenbürgen und 1769 Präsident des Karlowitzer Kongresses. 1772 leitete er die militärischen Maßnahmen zur Okkupation Galiziens. 1774 ernannte ihn der Kaiser zum Feldmarschall und Präsidenten des Hofkriegsrates. Im Bayerischen Erbfolgekrieg und im letzten Türkenkrieg Kaiser Josephs II. kommandierte er die ö. Hauptarmee, mußte aber wegen Krankheit noch vor der Einnahme Belgrads 1789 sein Kommando an Laudon abgeben.

HADSCHIEFF, Michael, * 5. 10. 1963 in Innsbruck, Eisschnelläufer. Sein zweiter Platz bei den Europameisterschaften bzw. dritter Platz bei den Weltmeisterschaften 1987 im Vierkampf (wobei H. den zweiten Platz nur um 17 Hundertstelsekunden verpaßte) bedeuteten die ersten ö. Eisschnellauf-Medaillen nach einer Pause von 49 Jahren. Ö. Sportler des Jahres 1986.

HAENKE, Thaddäus, * 5. 12. 1761 in Kreibitz (Nordböhmen), † 1817 in Cochabamba (Bolivien), Forschungsreisender und Botaniker. Studierte an der Universität Prag Medizin und Naturwissenschaften und nahm 1789–93 an der spanischen Übersee-Expedition teil, blieb aber in Südamerika. Die Hauptgebiete seiner oft jahrelangen Reisen waren Argentinien, Chile, Peru und Bolivien, wo er zahlreiche Pionierleistungen auf dem Gebiet der Länder- und Staatenkunde (vor Alexander von Humboldt) vollbrachte, von denen bis heute nur ein geringer Teil dokumentiert ist. Unter seinen Veröffentlichungen befinden sich die erste Wirtschaftsgeographie von Chile und Peru, erste Karten aus den Gebieten des Gran Chaco und anderen Provinzen. Als erster Europäer erforschte er den Ostabhang der bolivianischen Anden und begründete die Salpeterindustrie Chiles. Außerdem entdeckte er mehrere hundert Pflanzenarten (sie tragen seinen Namen) sowie die Victoria regia (große Wasserrose). Leider sind nur Bruchstücke seiner wertvollen botanischen und völkerkundlichen Sammlungen sowie seiner Tagebücher und Karten erhalten. H. erwarb sich auch als Arzt Verdienste und führte in Südamerika die erste Schutzimpfung gegen Blattern durch. Die Umstände seines Todes während der Bürgerkriegswirren in den spanischen Kolonien sowie Todestag und -ort sind unbekannt.

Österreicher als Erforscher der Erde. Notring Jahrbuch 1956: Stransky, I.: Zur Entdeckungsgeschichte der Victoria regia. Diss. Wien (1951)

HAERDTL, Oswald, * 17. 5. 1899 in Wien, † 9. 8. 1959 in Wien, Architekt, Glaskünstler und Silberschmied. Studierte an der Wiener Kunstgewerbeschule bei Kolo Moser (s. d.); Diplom 1921. 1922 Assistent bei J. Hoffmann (s. d.), wurde er 1935 Leiter einer Fachklasse für industrielle und gewerbliche Entwürfe an der Akademie für angewandte Kunst in Wien. Seine architektonischen Hauptwerke sind Bauten für die Ö. Tabakregie (ab 1929), sein Doppelhaus in der Werkbundsiedlung (1930), die Druckerei der Gebrüder Rosenbaum (1950–52) und das Historische Museum der Stadt Wien (1952/53).

Gmeiner, A., u. Pirhofer, G.: Der ö. Werkbund (1985)

HAEUSSERMAN, Ernst, * 5. 6. 1916 in Leipzig, † 11. 6. 1984 in Wien, Schauspieler, Regisseur und Theaterdirektor. Sohn von Reinhold H. (* 10. 2. 1884 in Stuttgart, † 4. 4. 1947 in Wien), der viele Jahre am Wiener Burgtheater erfolgreich gewirkt hatte und 1946 zum Kammerschauspieler ernannt worden war. E. H. war bereits 1933–39 Mitglied des Wiener Burgtheaters und hatte später auch Theaterwissenschaft an der Universität Wien studiert (Promotion 1966). 1939–42 Assistent von Max Reinhardt (s. d.) in Hollywood, 1946–49 US-Programmdirektor beim Sender Rot-Weiß-Rot, 1953–59 gemeinsam mit Franz Stoß (s. d.) Direktor des Theaters in der Josefstadt, 1959–68 Direktor des Wiener Burgtheaters, ab 1965 Prof. an der Hochschule für Musik und darstellende Kunst in Wien. 1970–77 abermals mit Stoß Direktor des Theaters in der Josefstadt, danach leitete er das Haus allein. Ab 1961 war H. Direktoriumsmitglied der Salzburger Festspiele. Er war mit der Kammerschauspielerin Susi Nicoletti (s. d.) verheiratet. H. war auch publizistisch tätig, so schrieb er u. a. „Die Burg" (1963), „Im Banne des Burgtheaters" (1966), „Karajan" (1968), „Das Wiener Burgtheater" (1975) und „Mein Freund Henry" (1983).

Oswald Haerdtls Historisches Museum der Stadt Wien auf dem Karlsplatz in Wien (1952/53)

HAFFERL, Franz Anton, * 30. 1. 1857 in Wimsbach (OÖ), † 2. 6. 1925 in Bad Ischl (OÖ), Bauingenieur und Techniker. Gemeinsam mit J. Stern gründete er 1906 die Elektrizitätswerke Stern & Hafferl, die große Teile von Oberösterreich und Salzburg elektrifizierten. Darüber hinaus war H. ein Wegbereiter der Photogrammetrie im Vermessungswesen.

HAFFNER, Karl (eigtl. Schlächter), * 8. 11. 1804 in Königsberg (Ostpreußen), † 29. 2. 1876 in Wien, Schauspieler und Dichter. Ging mit 16 Jahren zu einer Wandertruppe, kam Mitte der dreißiger Jahre nach Wien und wurde 1841 Hausdichter des Theaters an der Wien, später des Theaters in der Josefstadt. Er schrieb Gesangspossen und Volksstücke (darunter 1862 „Therese Krones") sowie 1874 das Textbuch zur „Fledermaus" von Johann Strauß. 1845–49 erschien „Ö. Volkstheater" (3 Bde.). Bekannt wurde H. auch mit seinem Roman „Scholz und Nestroy" (3 Bde., 1864–66, Neuaufl. 1946 und 1947).

HAFNER, Josef, * 22. 5. 1799 in Enns (OÖ), † 10. 4. 1891 in Linz, Miniaturmaler und Lithograph. 1827 gründete er in Linz eine eigene Offizin und war hier der erste Lithograph. Er schuf 200 Ansichten und Detailbilder der Stadt Linz und 180 Ortsansichten aus Oberösterreich, Salzburg und der Steiermark. Außerdem stammen von ihm zahlreiche Widmungsblätter und Landkarten. Sehr bekannt wurde sein „Panorama von Linz" (1845). Seine umfangreiche und wertvolle Kunstsammlung befindet sich seit 1905 im Oö. Landesmuseum in Linz.

HAFNER, Philipp, * 27. 9. 1735 in Wien, † 30. 7. 1764 in Wien, Bühnenschriftsteller. Sein Vater war Amtsdiener in der Reichskanzlei und ließ seinen Sohn bei den Jesuiten die Schule besuchen und anschließend ein Jusstudium absolvieren. Beim Wiener Stadtgericht, dem späteren Kriminalgericht, angestellt, fühlte er sich bald zum Theater hingezogen und entwickelte das Stegreifspiel zum sorgfältig gebauten Theaterstück, wodurch es auch literaturfähig wurde. H. gilt als Vater des Wiener Volksstücks. Dem Alkohol zugetan, starb er an Schwindsucht. Trotz seiner kurzen Schaffenszeit schrieb er zahlreiche Volksstücke, u. a.: „Die bürgerliche Dame“ (1763) und „Megära, die förchterliche Hexe“ (1764). 1915 erschienen seine „Gesammelten Schriften“ (2 Bde.).

HAGENAUER, Johann Baptist von, * 22. 6. 1732 in Straß (Oberbayern), † 9. 9. 1810 in Wien, Bildhauer. Studierte an der Wiener Akademie, war bis 1753 Holzschnitzer und wandte sich dann ausschließlich der Bildhauerei zu. 1765 wurde er Hofstatuarius am erzbischöflichen Hof von Salzburg und lebte und arbeitete ab 1773 in Wien, wo er 1774–82 Prof. an der Akademie der bildenden Künste war. 1780 übernahm er als Direktor die „Graveur- und Erzverschneidungsschule“ in Wien. Er schuf mehrere Statuen und Brunnen für den Park von Schloß Schönbrunn, Altäre und Bildwerke für zahlreiche Kirchen, so etwa für die Schottenfelder Kirche in Wien, für die Pfarrkirchen von Böckstein und Kösten (S), in der Stadt Salzburg für die Kirchen in Mülln und am Nonnberg.

HAGENAUER, Wolfgang von, * 16. 10. 1726 in Salzburg, † 16. 12. 1801 in Salzburg, Architekt. Älterer Bruder von Johann Baptist H. (s. d.) und Hofbauverwalter am erzbischöflichen Hof von Salzburg. Nach seinen Plänen entstanden mehrere Kirchen und Altäre im Salzburger Raum, so u. a. in Hallein, Böckstein, Mattsee und Weißbach; Altäre in Goldegg, Seekirchen und Stuhlfelden sowie gemeinsam mit seinem Bruder der Altar von Köstendorf; Türme der Stiftskirche Mattsee, von Hallwang und von Bergheim. Ebenfalls gemeinsam mit seinem Bruder entstanden die Marienstatue am Salzburger Domplatz und das Neutor. Seine Entwürfe sind frei vom Rokoko, er steht stilistisch bereits dem Klassizismus nahe.

HAHNL, Hans Heinz, * 29. 3. 1923 in Oberndorf an der Ebene bei Herzogenburg (NÖ), Kulturjournalist und Schriftsteller. Wurde nach Abschluß seines Germanistikstudiums 1949 Journalist und schrieb zuerst Erzählungen, etwa „Die verschlossenen Türen“ (1956), und Gedichte, später auch Romane, u. a. „Die Einsiedler des Anninger“ (1978), „Die Riesen vom Bisamberg“ (1979). 1984 erschien „Vergessene Literaten“. H. erhielt 1986 den Ö. Staatspreis für Kulturpublizistik.

Brunnen im Ehrenhof des Schlosses Schönbrunn („ruderhaltender Greis“) von Johann Baptist Hagenauer (1776)

HAIDER, Jörg, * 26. 1. 1950 in Bad Goisern (OÖ), Jurist und FPÖ-Politiker. Studierte Jus an der Universität Wien, promovierte 1973 und arbeitete bis 1976 als Assistent am Institut für Staats- und Verfassungsrecht an der Universität Wien. 1970–74 Bundesobmann des Ringes Freiheitlicher Studenten (RFS), 1976–83 Abgeordneter zum Nationalrat. 1983 Landesparteiobmann der Kärntner FPÖ, Landesrat und Mitglied der Kärntner Landesregierung. In scharfem Gegensatz zur Wiener FPÖ und zu Bundesparteiobmann Dr. Norbert Steger (s. d.) stehend, wurde er bei einer Kampfabstimmung am 18. Bundesparteitag der FPÖ in Innsbruck im September 1986 mit Mehrheit zum Bundesparteiobmann gewählt. H.s Wahl beendete aber auch die rot-blaue Koalition in Ö.

HAIDINGER, Wilhelm Karl Ritter von, (seit 1865), * 5. 2. 1795 in Wien, † 19. 3. 1871 in Dornbach bei Wien, Mineraloge und Geologe. Sein Vater war Bergrat in der Hofkammer für Münz- und Bergwesen. Nach dem Besuch des Akademischen Gymnasiums in Wien ging er 1812 nach Graz, wo Prof. Mohs (s. d.) am Joanneum tätig war, mit dem er bis 1822 zusammenarbeitete. 1827–40 leitete er die Porzellanfabrik seiner Brüder in Elbogen an der Eger und wurde dann, nach Wien zurückgekehrt, Leiter der Mineraliensammlung der Hofkammer für das Münz- und Bergwesen. 1845 gründete er die „Gesellschaft der Freunde der Naturwissenschaften“, veröffentlichte 1845 das „Handbuch der bestimmenden Mineralogie“. Unter seiner Leitung entstand die „Geognostische Übersichtskarte der ö. Monarchie“. 1849 gründete er die Geologische Reichsanstalt, der er bis 1866 als Direktor vorstand. 1855 rief er mit Fachkollegen die „Geographische Gesellschaft“ ins Leben. Außerdem entwickelte er eine nach ihm benannte Lupe. In den australischen Alpen östlich von Melbourne wurde ein Gebirgszug, die H.-Kette, nach ihm benannt.

HAINISCH, Marianne (geb. Perger), * 25. 3. 1839 in Baden bei Wien, † 5. 5. 1936 in Wien, Frauenrechtlerin. Mutter von Bundespräsident Michael H. und Begründerin sowie Führerin der Frauenbewegung in Ö. 1870 veröffentlichte sie die Schrift „Zur Frage des Frauenunterrichts“, worin sie die Errichtung von Realgymnasien für Mädchen und die Zulassung von Frauen zum Hochschulstudium forderte. 1902 gründete sie den „Bund ö. Frauenvereine“, dem als Dachorganisation 1914 90 Frauenvereine angehörten. Bis 1918 führte H. den Vorsitz und übernahm nach dem Tod Bertha von Suttners (s. d.) 1914 auch die Leitung der Friedenskommission in deren Bund. Nach dem Ersten Weltkrieg widmete sie sich verstärkt der Friedensbewegung und war aktiv in der Fürsorge tätig. Außerdem war sie die Initiatorin des Muttertags in Ö.

HAINISCH, Michael, * 15. 8. 1858 in Aue bei Schottwien (NÖ), † 26. 2. 1940 in Wien, Jurist, parteiloser Sozial- und Wirtschaftspolitiker, Staatsmann. Der Sohn wohlhabender großbürgerlicher Eltern begann sein Jusstudium in Leipzig und setzte es 1877 in Wien fort, wo er 1882 promovierte. Zuerst 1885–87 in der nö. Finanzprokuratur tätig, dann im Unterrichtsministerium, verließ aber 1890 den Staatsdienst. Nun widmete er sich als Privatgelehrter volkswirtschaftlichen, agrar- sowie bevölkerungs- und sozialpolitischen Fragen und veröffentlichte 1892 „Die Zukunft der Deutschösterreicher“. 1892 schenkte ihm seine Frau einen größeren landwirtschaftlichen Besitz in Jauern bei Spital am Semmering, den er vergrößerte und zum Musterbetrieb ausbaute. Außerdem organisierte er Volksbildungsvereine und setzte sich für ein umfassendes Bildungskonzept und Schulprogramm ein, mit dem er der Entwicklung Jahrzehnte vorauseilte. H. näherte sich kurzzeitig der großdeutschen Bewegung, konnte sich aber mit mehreren von deren Programmpunkten nicht identifizieren. Er engagierte sich auch in sozialen Fragen und vertrat hierin Standpunkte der ö. „Fabier“, blieb jedoch parteilos. Am 8. 12. 1920 wählte die Bundesversammlung, der National- und der Bundesrat, den ersten Bundespräsidenten der Ersten Republik. Nach drei ergebnislosen Wahlgängen einigte man sich über Vorschlag von Leopold Kunschak (s. d.) auf den parteipolitisch unabhängigen H. Erst im fünften Wahlgang wurde er mit 129 von 214 abgegebenen Stimmen zum Bundespräsidenten gewählt. Er blieb dies durch zwei Amtsperioden, bis zum 10. 12. 1928. Bundeskanzler Dr. Johannes Schober (s. d.) berief ihn als Handelsminister am 26. 9. 1929 in seine dritte Regierung. Als man wegen des von ihm vertretenen Getreidemonopols hinter seinem Rücken mit Ungarn verhandelte und seine handels- und agrarpolitischen Ansichten dabei nicht berücksichtigte, trat er am 17. 6. 1930 zurück. Von seinen Veröffentlichungen sind zu erwähnen: „Heimarbeit in Ö." (1906), „Statistik der Deutschösterreicher" (1909), „Die Landflucht" (1924) und der Gedichtband „Aus mein' Leb'n" (Gedichte, 1930).

Weissensteiner, F.: Die ö. Bundespräsidenten (1982)

Michael Hainisch mit seiner Gattin (rechts von ihm) auf seinem Besitz in Jauern bei Spital am Semmering (1928)

HAITINGER, Max, * 20. 4. 1868 in Wien, † 19. 2. 1946 in Klosterneuburg (NÖ), Chemiker. Nach seinem Studium in Wien wurde er Lehrer an der Kadettenschule. H. war der Begründer der modernen Fluoreszenz-Mikroskopie und veröffentlichte zwei grundlegende Werke: „Die Fluoreszenzanalyse in der Mikrochemie" (1937) und „Fluoreszenzmikroskopie" (1938). Für seine wissenschaftlichen Leistungen erhielt er 1937 den Fritz-Pregl-Preis. Sein Bruder Ludwig Camillo (* 23. 10. 1860, † 28. 12. 1945) war ebenfalls Chemiker und Mitarbeiter von Carl Auer von Welsbach (s. d.).

HAJEK, Egon, * 6. 11. 1888 in Kronstadt (Siebenbürgen), † 15. 5. 1963 in Wien, evangelischer Geistlicher und Schriftsteller. Nach seinem Studium wurde er evangelischer Pfarrer und Kirchenrat in Wien. Seit 1938 Prof. an der Wiener Musikakademie. Er veröffentlichte mehrere Romane, geistliche Spiele und Gedichte. Romane u. a.: „Zwischen zwei Welten" (1938), „Meister Johannes" (1939), „König Lautenschläger" (1940), „Wanderung unter Sternen" (Autobiographie, 1956), „Leben J. S. Bachs" (1961).

HAKEL, Hermann, * 12. 8. 1911 in Wien, Erzähler, Dramatiker und Lyriker. War 1940–44 interniert, lebte 1945–47 in Israel, seither wieder in Wien. Bekannt wurde er durch seinen Lyrikband „Ein Kunstkalender in Gedichten" (1936). U. a. erschienen von ihm die Gedichtbände „Und Bild wird Wort" (1947), „1938 bis 1945, Ein Totentanz" (1950), „Hier und dort" (1955); 1949 erschien ein Band Erzählungen „Zwischenstation". Außerdem gab er mehrere Anthologien heraus, u. a.: „Wien von A bis Z" (1953), „Wienärrische Welt" (1961), „Wigl Wogl" (1963).

HALBAN, Josef von (seit 1917), * 10. 10. 1870 in Wien, † 23. 4. 1937 in Wien, Gynäkologe. Nach dem Medizinstudium in Wien bildete er sich als Assistent an mehreren Kliniken in seinem Spezialfach weiter. 1903 Habilitation, ab 1910 Vorstand der Gynäkologischen Abteilung des Krankenhauses Wieden. Bekannt wurde er durch das nach ihm benannte H.sche Schwangerschaftszeichen und durch seine Lehre von der inneren Sekretion der Eierstöcke. H. war mit der Opernsängerin Selma Kurz (s. d.) verheiratet.

HALIRSCH, Friedrich Ludwig von, * 7. 3. 1802 in Wien, † 19. 3. 1832 in Verona, Dichter und Theaterkritiker. Studierte in Wien, gründete 1819 die Zeitschrift „Die Cicade" und war bereits 1823–31 für die „Wiener Theaterzeitung" Burgtheater-Kritiker. 1823 trat er in den Staatsdienst ein, wurde Beamter beim Hofkriegsrat und war mit Aufgaben in Italien betraut. Er schrieb Novellen und Dramen, von denen „Der Morgen auf Capri" (1829) am Wiener Burgtheater und auch an anderen Bühnen mehrmals aufgeführt wurde. H. war mit A. Grün (s. d.), E. v. Feuchtersleben (s. d.), G. Schwab und J. G. Seidl (s. d.) befreundet. 1840 gab J. G. Seidl seinen „Literarischen Nachlaß" heraus (2 Bde.).

HALLER, Johann, * 30. 4. 1825 in St. Martin (Südtirol), † 5. 5. 1900 in Salzburg, Kardinal. Wurde 1848 zum Priester geweiht und gründete in Meran das Knabenkonvikt Johanneum. Ab 1890 Fürsterzbischof von Salzburg, 1895 Kardinal. Machte sich um die Erneuerung der katholischen Universität in Salzburg verdient.

HALM, Friedrich (eigtl. Eligius Franz Joseph Freiherr von Münch-Bellinghausen), * 2. 4. 1806 in Krakau (Galizien), † 22. 5. 1871 in Wien, Dramatiker und Lyriker. Studierte in Wien Jus und trat 1828 in den Staatsdienst ein. Gefördert von seinem einstigen Lehrer Enk von der Burg (s. d.), begann er unter dem Namen H. zu schreiben. Auch sein erstes Drama, „Griseldis", reichte er unter diesem Namen beim Burgtheater 1834 ein. Es wurde mit außergewöhnlichem Erfolg aufgeführt und von zahlreichen deutschsprachigen Bühnen übernommen. Weitere Dramen folgten, u. a.: „Der Sohn der Wildnis" (1842), „Der Fechter von Ravenna" (1854), „Wildfeuer" (1864). 1840 Regierungsrat, 1844 mit dem Titel Hofrat zum ersten Kustos der Hofbibliothek ernannt, wobei man ihn Grillparzer vorzog. Seit 1861 lebenslanges Mitglied des Herrenhauses, leitete 1867–70 als Generalintendant beide Hoftheater. H. war mit seinen farbigen, jedoch epigonenhaften dramatischen Werken einer der beliebtesten Theaterautoren seiner Zeit. Von seinen Novellen wurde „Die Marzipanliese" (1854) besonders bekannt. 1850 erschien sein erster Band „Gedichte", 1856–64 wurden H.s Werke in 12 Bänden von F. Pachler und E. Kuh herausgegeben.

HAMERLING, Robert (eigtl. Rupert Hammerling), * 24. 3. 1830 in Kirchberg am Walde (NÖ), † 13. 7. 1889 in Stifting bei Graz, Dichter. Sohn armer Eltern, nach deren Übersiedlung nach Wien er hier das Gymnasium absolvierte. 1848 war er Mitglied der „akademischen Legion" und widmete sich danach philologischen und naturwissenschaftlichen Studien. 1851 wurde er Hilfslehrer für klassische Sprachen am Akademischen Gymnasium in Wien, lehrte dann in Graz und ab 1855 am Gymnasium von Triest. Wegen Krankheit und auch mangelnder Freude am Beruf trat er 1865 in den Ruhestand und lebte ab nun in Graz. Sein erster Lyrikband, „Ein Sangesgruß vom Strande der Adria", war bereits 1857 er-

Robert Hamerling. Nach einem Gemälde von A. Prinzhofer

schienen, und noch während seiner beruflichen Tätigkeit folgten weitere vier Bände. Mit seinem epischen Gedicht in fünffüßigen Jamben „Ahasver in Rom" (1865) gelang ihm sein Hauptwerk, es erschien 1894 bereits in 21. Auflage und wurde in mehrere Sprachen übersetzt. Weitere Versepen: „König von Sion" (1869), „Amor und Psyche" (1882), „Homunculus" (1887). Weniger erfolgreich war H. als Dramatiker: „Danton und Robespierre" (1870), „Teut" (1872), „Die sieben Todsünden" (1873), „Lord Luzifer" (1880). Sein Künstler- und Liebesroman aus dem alten Hellas, „Aspasia", erschien 1876 in drei Bänden, erreichte bis 1884 drei Auflagen und wurde ebenfalls in mehrere Sprachen übersetzt. 1889 veröffentlichte H. seine Autobiographie „Stationen meiner Lebenspilgerschaft". Wegen seines prunkhaften Stils und seiner in Farben und Pomp schwelgenden Darstellungen wurde er oft mit Hans Makart (s. d.) verglichen.

Landsteiner, C.: Hans Makart und R. H. (1873); Rosegger, P.: Persönliche Erinnerungen an H. (1890); Rabenlechner, M. M.: H.s Leben und Werke, 16 Bde. (1910)

HAMMER, Heinrich, * 19. 3. 1873 in Schruns (V), † 8. 1. 1953 in Innsbruck, Kunsthistoriker. Studierte in Innsbruck und wurde dort Univ.-Prof. Er verfaßte mehrere Künstlermonographien, darunter „Albin Egger-Lienz" (1930) und „Franz von Defregger" (1940), sowie kunstwissenschaftliche Werke wie „Die Paläste und Bürgerbauten Innsbrucks" (1923) und „Alt-Innsbrucker Studien" (1942). Besondere Verdienste erwarb er sich um die Herausgabe des Bandes „Tirol" im Rahmen der „Dehio Handbücher der Kunstdenkmäler Ö.s".

HÄMMERLE, Franz Martin, * 23. 1. 1815 in Dornbirn (V), † 14. 2. 1878 in Dornbirn, Textilindustrieller. Sein Vater Josef Andreas H. war Numerant, ein sogenannter Stempelungskommissär, der noch auf dem Webstuhl die Baumwollstoffe kennzeichnete und protokollierte und den fertigen Ballen mit einem Bleistempel und einem Zeugnis für das Zollamt versah. Der Transport der Vorarlberger Waren erfolgte über bayerisches Gebiet, und mit dieser Maßnahme wurde die Zollfreiheit für die habsburgischen Länder garantiert. H. erlernte das Bleicherei- und Webereigewerbe in Dornbirn. Nach früher Heirat machte er sich 1837 mit vier Handwebstühlen selbständig. 1840 benötigte er für Buchhaltung und Schriftverkehr bereits einen eigenen Angestellten, und 1846 errichtete er eine Färberei. 1860 stellte er in seinem Betrieb eine Rouleaux-Druckerei auf und bedruckte damit als erster in Ö. Barchente mit Mustern. Die Unsicherheiten der kommenden Jahre wirkten sich auch auf die Entwicklung des Unternehmens aus, doch 1861 wandte sich H. einem zweiten Produktionszweig zu und errichtete im Gütle an der Dornbacher Ache eine Spinnerei, in der nach knapp einem Jahrzehnt bereits 21 000 Spindeln liefen. Knapp vor seinem Tod beschäftigte die Firma F. M. Hämmerle rund 600 Arbeiter.

HÄMMERLE, Theodor, * 26. 1. 1859 in Dornbirn (V), † 15. 2. 1930 in Wien, Textilindustrieller. Sohn von Franz Martin H. (s. d.). Studierte an mehreren Hochschulen und kam schließlich nach Wien, um hier die Leitung der Firmenniederlassung zu übernehmen. Schon zuvor hatte er, angeregt durch sein großes Musikinteresse und -verständnis, die Dornbirner Musikschule gegründet; nun wurde er zu einem Mäzen des Wiener Musiklebens. In seiner Wohnung am Franz-Josefs-Kai veranstaltete er über 700 Quartettabende, gründete den Wiener Konzertverein und die Wiener Konzerthausgesellschaft. Außerdem finanzierte er die Drucklegung der Messe in D von Anton Bruckner und besaß eine ansehnliche Sammlung von Musikinstrumenten. H. war aber auch einer der besten Ruderer seiner Zeit und förderte tatkräftig den Sport.

HAMMERLING, Rupert, s. Hamerling, Robert

HAMMER-PURGSTALL, Joseph Freiherr von (seit 1835), * 9. 6. 1774 in Graz, † 23. 11. 1856 in Wien, Orientalist, Dichter, Historiker. Als Sohn des Gubernialrates Joseph von Hammer geboren, kam er 1787 nach Wien und erhielt seine Ausbildung an der neu errichteten Orientalischen Akademie. 1799 als „Sprachknabe" bei der ö. Internuntiatur in Konstantinopel angestellt, wurde er 1802 Legationssekretär für Konstantinopel, nachdem er ein Jahr zuvor den britischen Feldzug in Ägypten mitgemacht hatte. 1807 bei der Hofkanzlei in Wien tätig, wurde er 1811 Hofkanzleirat und 1817 Hofrat. 1835 erbte er von der kinderlosen Gräfin Purgstall die Herrschaft Hainfeld (St) und wurde als H.-P. in den erblichen Freiherrenstand erhoben. 1847–49 Präsident der auf seine Anregung hin gegründeten Akademie der Wissenschaften in Wien. Seine umfassenden Kenntnisse auf dem Gebiet der türkischen, arabischen und persischen Philologie machten ihn zu einem profunden Kenner des Orients, 1809–18 erschien seine Zeitschrift „Fundgruben des Orients", 1827–33 sein Hauptwerk „Geschichte des Osmanischen Reiches" (10 Bde.), 1836–38 „Geschichte der osmanischen Dichtkunst" (4 Bde.), 1837–39 „Gemäldesaal der Lebensbeschreibung großer moslimischer Herrscher" (6 Bde.), 1842–44 in zwei Bänden „Geschichte der Ilchane", um nur einige seiner Hauptwerke zu nennen. Außerdem übersetzte er mehrere Werke aus orientalischen Sprachen. Seine Nachdichtung „Diwan des Hafis" (1812) regte Goethe zum „West-östlichen Divan" an. 1940 erschien, bearbeitet von R. Bachofen von Echt, „Erinnerungen aus meinem Leben 1774–1852".

HAMMERSCHLAG, Peter, * 27. 6. 1902 in Wien, † um 1942 im KZ Auschwitz, Dichter und Kabarettist. Begann schon früh Einakter, Parodien und eine große Anzahl von grotesken Gedichten zu schreiben. 1930 debütierte er in Berlin als Kabarettist, kehrte aber 1931 wieder nach Wien zurück. Mitbegründer der ersten Wiener Kleinkunstbühne „Der Liebe Augustin", in der er auch ab 1931 ständig auftrat. Von 1936–38 schrieb er für die „Literatur am Naschmarkt". 1938 flüchtete H. nach Jugoslawien, kehrte jedoch zu Kriegsanfang wieder nach Wien zurück, wurde von einer Polizeistreife verhaftet und nach Auschwitz deportiert. F. Torberg (s. d.) gab 1972 eine H.-Textsammlung unter dem Titel „Der Mond schlug grad halb acht" heraus.

HAMMERSTEIN-EQUORD, Hans Freiherr von, * 5. 10. 1881 auf Schloß Sitzenthal (NÖ), † 9. 8. 1947 auf Gut Pernleben bei Micheldorf (OÖ), Beamter

JOSEPH VON HAMMER-PURGSTALL

Morgenländische Lyrik für das Abendland

„Herr von Hammer – damals noch nicht mit allen den Würden, Orden und irdischen Gütern überhäuft, die ihm seitdem wohl verdient zuteil geworden sind – war doch schon damals (im Jahre 1813 oder 1814) einer unserer ausgezeichnendsten Gelehrten, und das darf ich mir wohl mit frohem Selbstbewußtsein sagen, ein treuer Freund unseres Hauses."

Caroline Pichler, Denkwürdigkeiten aus meinem Leben

Joseph von Hammer-Purgstall. Lithographie von Adolf Dauthage (1853)

und Dichter. Einem niedersächsischen Adelsgeschlecht entstammend, trat er in den Statthaltereidienst ein. H.-E. war schon früh schriftstellerisch tätig und gründete die Innviertler Künstlergilde, deren Präsident er auch war. 1921 veröffentlichte er den historischen Roman „Ritter, Tod und Teufel", durch den er in weiten Kreisen bekannt wurde, obzwar er schon zuvor romantische Lyrik veröffentlicht hatte. 1928 folgte das Epos „Die Asen". 1933 wurde er Sicherheitsdirektor von OÖ, womit seine politische Laufbahn begann. 1934/35 Staatssekretär für das Sicherheitswesen in der ersten Regierung Schuschnigg, danach im Kabinett Schuschnigg II vom 14. 5.–3. 11. 1936 Justizminister. 1938 von den nationalsozialistischen Machthabern zwangspensioniert, nach dem 20. Juli 1944 ins KZ Mauthausen verbracht, wo er bis Kriegsende blieb.

HANAK, Anton, * 22. 3. 1875 in Brünn, † 7. 1. 1934 in Wien, Bildhauer. 1889–93 Lehrling bei einem Wiener Holzbildhauer, besuchte er nach mehreren Wanderjahren 1898–1904 die Akademie der bildenden Künste in Wien und begann 1905 mit seiner Bildhauertätigkeit. 1911 Mitglied der Secession, 1913–32 Prof. an der Wiener Kunstgewerbeschule, ab 1932 Prof. an der Akademie der bildenden Künste. Als Vertreter des Expressionismus schuf er eindrucksvolle Bauplastiken, Büsten und Denkmäler und arbeitete häufig mit Josef Hoffmann (s. d.) zusammen. Seine erste Bauplastik entstand 1910 für das Gebäude der Druckerei „Vorwärts", dem zahlreiche andere (auch für Hoffmann-Villen) folgten. Ab 1924 erhielt er von der Stadt Wien mehrere Aufträge für Statuen in Wohnhaus- und Parkanlagen der Gemeinde. 1925 schuf er das Kriegerdenkmal „Heldenmutter" und 1928 das Denkmal für die Gefallenen des 15. Juli 1927 auf dem Wiener Zentralfriedhof. 1928 gestaltete er auch die Viktor-Adler-Büste und entwarf das Gesamtkonzept des Denkmals der Republik.

Eisler, M.: A. H. (1921); Schweiger, W. J.: Wiener Werkstätte (1982)

HANAPPI, Gerhard, * 16. 2. 1929 in Wien, † 23. 8. 1980 in

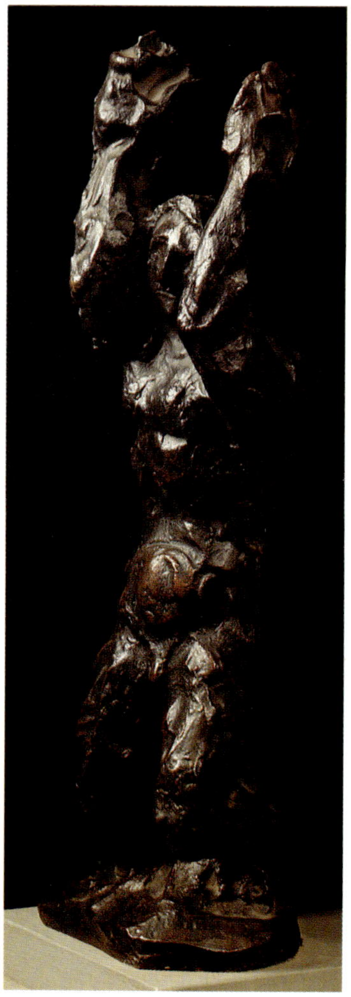

Anton Hanak: Studie zu „Der brennende Mensch" (um 1922)

Wien, Fußballer. Ö. Rekordinternationaler mit 96 Länderspielen. Der Allrounder (er wurde im Team auf fast allen Positionen eingesetzt) debütierte bereits mit 18 Jahren und spielte lange Zeit für Rapid-Wien. Nach Ende seiner Fußballerkarriere (u. a. auch Berufung in die Europaauswahl) arbeitete H. als bekannter Architekt und Sportstättenplaner. Er ist auch der Erbauer des heute nach ihm benannten Rapid-Stadions an der Wiener Westeinfahrt.

HANDEL-MAZZETTI, Enrica von, * 10. 1. 1871 in Wien, † 8. 4. 1955 in Linz, Romanschriftstellerin. Bei den Englischen Fräulein in St. Pölten erzogen, Studium in Wien, seit 1911 in Linz ansässig. Wurde bereits durch ihren ersten Roman, „Meinrad Helmpergers denkwürdiges Jahr" (1900), bekannt und schrieb in der Folge historische Romane mit religiösem Hintergrund; die Zeit der Glaubenskämpfe und religiöse Gegensätze waren ihre Hauptthemen. Sie war eine Hauptvertreterin der katholischen Weltanschauungs-Dichtung. 1914 erhielt H.-M. den Ebner-Eschenbach-Preis. Werke u. a.: „Jesse und Maria" (1906), „Die arme Margaret" (1910), „Stephana Schwertner" (Trilogie, 1912–14), „Der deutsche Held" (1920; neu aufgelegt 1948 unter dem Titel: „Karl von Aspern"), eine Karl-Ludwig-Sand-Trilogie („Das Rosenwunder", „Deutsche Passion", „Das Blutzeugnis", 1925–27), „Die Waxenbergerin" (1934), „Graf Reichard", 2 Bde. (1938/39).

HANDEL-MAZZETTI, Heinrich Freiherr von, * 19. 2. 1882 in Wien, † 1. 2. 1940 in Wien, Botaniker und Forschungsreisender. Vetter der Dichterin Enrica von H.-M. Entstammte einer altö. Offiziersfamilie und studierte in Wien. Nach seiner Promotion bereitete er seine erste Forschungsreise vor, die ihn 1907 nach Kleinasien führte. Weitere Forschungsreisen nach Mesopotamien und Kurdistan (1910) und nach China (1914–19). H.-M. lieferte wertvolle Erkenntnisse über neue Pflanzenarten und kartographische Aufnahmen. Er verfaßte eine Vielzahl von fachwissenschaftlichen Studien und veröffentlichte 1927 seinen Erlebnisbericht „Naturbilder aus Südwest-China".

Österreicher als Erforscher der Erde. Notring Jahrbuch 1956

HANDKE, Peter, * 6. 12. 1942 in Griffen (K), Erzähler, Essayist, Dramatiker. Studierte 1961–65 Jus in Graz. Erste Texte als Mitglied des Grazer „Forum Stadtpark". Wurde mit seinem Roman „Die Hornissen" (1966) und dem Theaterstück „Publikumsbeschimpfung" (1966) bekannt. Entlarvt in seinen Werken Verhaltens- und Sprachformen, Anpassungsmechanismen und die Manipulierbarkeit des Menschen. Gerhart-Hauptmann-Preis 1967, Schiller-Preis 1972, Georg-Büchner-Preis 1973, Franz-Kafka-Preis 1979. Werke u. a.: „Der Hausierer"

Peter Handke

(Roman, 1967), „Kaspar" (Theaterstück, 1968), „Die Innenwelt der Außenwelt der Innenwelt" (Prosa, 1969), „Quodlibet" (Theaterstück, 1970),

Gerhard Hanappi als Rapid-Mittelfeldspieler

„Die Angst des Tormanns beim Elfmeter" (Erzählung, 1970), „Der Ritt über den Bodensee" (Theaterstück, 1970), „Der kurze Brief zum langen Abschied" (Prosa, 1972), „Wunschloses Unglück" (Prosa, 1972), „Falsche Bewegung" (Prosa, 1975), „Die linkshändige Frau" (Prosa, 1976), „Über die Dörfer" (dramatisches Gedicht, 1981), „Nachmittag eines Schriftstellers" (Prosa, 1987).

HANN, Georg, * 30. 1. 1897 in Wien, † 9. 12. 1950 in München, Opernsänger, Bassist. Studierte in Wien und debütierte 1927 an der Staatsoper in München, der er bis zu seinem Tod als ständiges Mitglied im Fach seriöser Baß und Baß-Buffo angehörte. Neben seiner Bühnentätigkeit wurde er auch als Liedsänger bekannt. H. sang als Gast an fast allen großen Bühnen Europas, darunter auch an der Staatsoper in Wien und bei den Salzburger Festspielen.

HANN, Julius von, * 23. 3. 1839 auf Schloß Haus (OÖ), † 1. 10. 1921 in Wien, Meteorologe. Studierte in Wien und war 1877–97 Direktor der Zentralanstalt für Meteorologie in Wien, außerdem Univ.-Prof. in Wien und in Graz. Besonders bekannt wurde H. durch sein Hauptwerk „Handbuch der Klimatologie", das 1883 (3 Bde.) erschien und dem 1887 der „Atlas der Klimatologie" folgte. Er erwarb sich große Verdienste um die Meteorologie und die moderne Klimatographie, wurde mehrfach ausgezeichnet und war der Initiator des Sonnblick-Observatoriums. Außerdem veröffentlichte er „Die Erde als Ganzes, ihre Atmosphäre und Hydrosphäre" (1872) und ein „Lehrbuch der Meteorologie" (1901).

HANNAK, Jacques (Johann Jakob), * 12. 3. 1892 in Wien, † 14. 11. 1973 in Wien, Journalist und sozialdemokratischer Schriftsteller. Kam schon früh zur Sozialdemokratie und war bis 1934 Chefredakteur der Zeitschrift „Arbeit und Wirtschaft". 1938 von den nationalsozialistischen Machthabern verhaftet und in den Konzentrationslagern Dachau und Buchenwald interniert, emigrierte er 1939 nach Belgien, dann nach Frankreich, wo er abermals inhaftiert wurde. 1941–45 in den USA. 1946–61 Redakteur der Wiener „Arbeiter-Zeitung". Zahlreiche Veröffentlichungen, u. a.: „Vier Jahre zweite Republik" (1949), „Im Sturm eines Jahrhunderts" (1952), „Männer und Taten" (1962), „Karl Renner und seine Zeit" (1964). Außerdem gab er heraus: zwei Bände aus dem Nachlaß von Karl Renner (1963), Ausgewählte Reden und Schriften von Oskar Helmer (1963) und Reden und Schriften von Adolf Schärf (1965).

Das von Theophil Hansen 1873–83 erbaute Parlamentsgebäude in Wien

HANS von Judenburg, Maler und Bildschnitzer, ist 1411–24, möglicherweise auch bis 1439 in Judenburg (St) nachweisbar. Er gehörte der Spätphase des „weichen Stils" an und schuf 1421 den Hochaltar der Pfarrkirche von Bozen und um 1420 die Statue „Madonna mit Kind" in der Pfarrkirche von Judenburg (St); eine erhaltene Figur des hl. Petrus in der Kunstsammlung des Stifts St. Lambrecht (St) wird ihm zugeschrieben. Vor Jahrzehnten noch wurde er mit Hans von Tübingen (s. d.) und dem Meister von Großlobming in Zusammenhang gebracht, doch lehnt dies die neuere kunsthistorische Forschung ab.

HANS von Schwaz, Maler, urkundlich 1510 in Schwaz (T) erwähnt, schuf zahlreiche Porträts berühmter Persönlichkeiten seiner Zeit, darunter Kaiser Ferdinand I. (s. d.) mit seiner Gemahlin. Dennoch ist von ihm lediglich bekannt, daß er dem Künstlerkreis um Kaiser Maximilian I. (s. d.) angehörte.

HANS von Tübingen, von ihm ist wenig bekannt, obwohl er ab 1433 als „Maler Hans" und 1449–62 als H. v. T. in Wiener Neustadt mehrmals urkundlich erwähnt wird. Die Identifizierung mit Hans von Judenburg (s. d.) ist ebenso unhaltbar wie die mit dem nicht näher bekannten „Meister der Votivtafel von St. Lambrecht".

HANSEN, Theophil Freiherr von (seit 1884), * 13. 7. 1813 in Kopenhagen, † 17. 2. 1891 in Wien, Architekt. Studierte in Kopenhagen und erhielt 1836 sein Diplom. Studierte danach die Werke Schinkels in Berlin und lebte anschließend acht Jahre in Athen, wo er 1840–43 Prof. an der Polytechnischen Schule war und 1842 seine ersten von der antiken Architektur geprägten Bauten entwarf. 1846 trat er in Wien in das Atelier von Ludwig Förster (s. d.) ein und schuf mit diesem 1850–56 das Waffenmuseum im Arsenal, wo er die neuesten Errungenschaften des Museumsbaus (Heeresgeschichtliches Museum) mit dem ihm eigenen zitierenden Monumentalstil vereinte. Damit berühmt geworden, schuf er als Vertreter des historisierenden Stils des 19. Jh.s mehrere Palais und Ringstraßenbauten, wobei er mit seinem Hauptwerk, dem Parlamentsgebäude (1873–83), seine von Schinkel beeinflußte Idealvorstellung einer Monumentalarchitektur verwirklichte. 1868–74 Prof. an der Akademie der bildenden Künste in Wien, wurden ihm zahlreiche Ehrungen zuteil, darunter das Ehrendoktorat der Universität Wien und 1883 die Ehrenbürgerschaft von Wien. Als seine wesentlichsten Werke gelten: die Kirche am evangelischen Friedhof (1857–58), die Evangelische Schule auf dem Karlsplatz (1860–62), der Heinrichhof (1861–63), sein erster Ringstraßenbau und zugleich ein neuer monumentaler Wohnhaustyp (1945 zerstört), das Musikvereinsgebäude (1867–69), die Akademie der bildenden Künste (1872–77), die Börse (1874–77). H. gestaltete auch die Inneneinrichtungen mehrerer Wiener Palais und Prominentenwohnungen.

HANSLICK, Eduard, * 11. 9. 1825 in Prag, † 6. 8. 1904 in Baden bei Wien, Musikkritiker und Univ.-Prof. Nahm Musikunterricht in Prag, studierte jedoch anschließend an der Universität Wien Jus und promovierte hier 1849. Schon ab 1848 war er als Musikreferent bei der „Wiener Zeitung" tätig. Bekannt wurde er 1854 durch sein Werk „Vom Musikalisch-Schönen. Ein Beitrag zur Revision der Ästhetik der Tonkunst", das bald in mehrere Sprachen übersetzt wurde und immer wieder in neuen Auflagen erschien (zuletzt 1972, 17. Aufl.). 1855 wurde er Musikkritiker für „Die Presse" und ab 1864 für die „Neue Freie Presse" und erlangte durch seine gegen Romantik und Symbolismus gerichteten Kritiken, so als erbitterter Gegner von Anton Bruck-

H

Hantsch Hugo · Hanusch Alois · Hanusch Ferdinand · Happel Ernst · Happisch Leopold · Hardtmuth Joseph · Harell Marte · Harnoncourt Johann Nikolaus · Harrach Aloys Thomas · Harrach Ferdinand Bonaventura · Harrach Friedrich August · Harrer Heinrich · Harruker Johann Georg

Eduard Hanslick

ner und Richard Wagner und Anhänger von Johannes Brahms, Berühmtheit. (Wagner wollte den Beckmesser ursprünglich Hans Lick nennen.) 1856 habilitierte H. sich als Privatdozent für Ästhetik und Geschichte der Musik an der Universität Wien, wurde 1861 a. o. und 1870 o. Prof. Er hatte eine sehr persönliche Auffassung von Musikästhetik und lehnte jede geistige und symbolische Bedeutung der Musik ab. Abgesehen von seinem Hauptwerk bleibt noch zu erwähnen: „Geschichte des Konzertwesens in Wien“, 2 Bde. (1869/70), „Aus meinem Leben“ (1894).

Schäfke, R.: E. H. und die Musikästhetik (1922)

HANTSCH, Hugo, * 15. 1. 1895 in Teplitz-Schönau (Böhmen), † 6. 8. 1972 in Wien, Benediktiner und Historiker. Trat in den Benediktinerorden ein und wurde zum Priester geweiht. Schon früh der Geschichte zugewandt, war er 1935–38 und 1945/46 Univ.-Prof. in Graz, anschließend bis 1965 in Wien. 1938 von den nationalsozialistischen Machthabern verhaftet und bis 1939 in Konzentrationslagern. H. wurde schon in jungen Jahren durch seine publizistische Tätigkeit als Historiker bekannt. Veröffentlichte u. a.: „Der deutsche Bauernkrieg“ (1925), „Die Entwicklung Ö.-Ungarns zur Großmacht“ (1933), „Die Geschichte Ö.s“, Bd. 1 (1937), Bd. 2 (1950), „Die Nationalitätenfrage im alten Ö.“ (1953), „Leopold Graf Berchtold“, 2 Bde. (1963) und „Ö. und Europa“ (1965); außerdem gab er ab 1953 die „Wiener historischen Studien“ und 1962 „Gestalter der Geschicke Ö.s“ heraus.

HANUSCH, Alois, * 1. 2. 1824 in Rietsch (Mähren), † 7. 2. 1899 in Wien, Industrieller. Erlernte das Gürtlerhandwerk und gründete 1847 mit einem Kollegen eine Firma, die sich – bald ausschließlich – mit der Erzeugung von glatten Bronzegegenständen beschäftigte. Da sie die französischen Erzeugnisse unterbieten konnten, eroberten sie bald den Weltmarkt. Der Schöpfer der Wiener Bronze-Industrie erhielt durch die Baukonjunktur der Gründerzeit enormen Aufschwung und arbeitete mit allen bedeutenden Architekten seiner Zeit, so mit Ferstel (s. d.), Hansen (s. d.) und Hasenauer (s. d.), zusammen.

HANUSCH, Ferdinand, * 9. 11. 1866 in Oberdorf bei Wigstadtl (Ö.-Schlesien), † 28. 9. 1923 in Wien, Arbeiterdichter und sozialdemokratischer Politiker. Wuchs als Sohn eines schlesischen Hauswebers in ärmlichen Verhältnissen auf und wurde 1879 Bauhilfsarbeiter. Ab 1891 aktiv in der Arbeiterbewegung tätig, wurde er 1900 Sekretär der eben gegründeten Union der Textilarbeiter in Wien. Durch seine aktive Tätigkeit kam er 1903 in den Vorstand der Ö. Gewerkschaftskommission und wurde zu einem der maßgeblichen Sozialpolitiker. 1907–18 Reichsratsabgeordneter, setzte sich sehr für die Einführung des Achtstundentages ein und erreichte 1916 eine gesetzliche Arbeitslosenunterstützung für Textilarbeiter, 1918 die sechsstündige Arbeitszeit an Samstagen. 1918 Mitglied der Provisorischen, 1919 der Konstituierenden Nationalversammlung, 1920–23 Abgeordneter zum Nationalrat. 1918–20 Staatssekretär für soziale Verwaltung (anfangs für soziale Fürsorge), baute das Sozialministerium vorbildlich auf und entwickelte eine Sozialgesetzgebung, die für mehrere Staaten zum Vorbild wurde. Sein großes Verdienst ist die Neugestaltung des Krankenkassenwesens und der Ausbau der Sozialversicherung; er schuf das Angestelltengesetz, den Kollektivvertrag, das Betriebsrätegesetz und bereitete die Alters-, die Invaliditäts- und die Hinterbliebenenversicherung der Arbeiter vor. 1921 wurde er Direktor der Wiener Arbeiterkammer und begründete dort die Sozialwissenschaftliche Studienbibliothek. Seine Theaterstücke und Erzählungen waren von tiefer Menschlichkeit und von einer klaren kämpferischen Haltung gekennzeichnet. Viel Beachtung fanden seine theoretischen Publikationen „Parlament und Arbeiterschutz“ (1913) und „Sozialpolitik im neuen Ö.“ (1923).

F. H. Der Mann und sein Werk, hrsg. v. d. Ö. Gewerkschaftskommission (1924)

HAPPEL, Ernst, * 29. 11. 1925 in Wien, Fußballer. Langjähriger (1947–1958) Teamverteidiger. Sein Trickreichtum und seine oft auch für die Mitspieler überraschenden Einlagen machten ihn zum Publikumsliebling, das ihn mit „Weltmeister“ und „Aschyl“ titulierte. 1962 startete H. seine Trainerlaufbahn, die ihm mehrere Europapokalsiege (mit Feyenoord Rotterdam und dem Hamburger SV) einbrachte. Mit den Holländern gewann H. 1970 auch den Weltpokal.

HAPPISCH, Leopold, * 1. 4. 1863 in Hernstein (B), † 19. 11. 1951 in Hernstein, Buchdrucker und sozialdemokratischer Sozialpolitiker. War gelernter Buchdrucker und kam früh mit der Sozialdemokratie in Berührung. 1895 gründete er die Sektion Wien der neuen Bewegung „Die Naturfreunde“ und betreute bis 1934 deren vielgelesenes Mitteilungsblatt „Der Naturfreund“. Dann wurde dieser Touristenverein aus politischen Gründen aufgelöst. Durch H. war der Verein zu einer Massenbewegung und einem aus der Zwischenkriegszeit nicht wegzudenkenden Bestandteil der internationalen Arbeiterbewegung geworden.

HARDTMUTH, Joseph, * 20. 2. 1752 in Asparn an der Zaya (NÖ), † 23. 5. 1816 in Wien, Baumeister, Fabrikant und Erfinder. Der Sohn eines Tischlermeisters erlernte bei seinem Onkel, dem Stadtbaumeister Meißl, das Maurerhandwerk. Als sein Onkel 1792 den Auftrag erhielt, das Liechtensteinsche Palais in der Herrengasse umzubauen, entwarf er die Fassade; da sein Onkel bald darauf starb, wurde ihm die Bauleitung übertragen, und H. erhielt wenig später den Titel eines fürstlich-liechtensteinschen Baudirektors. Daneben beschäftigte er sich aber auch mit Erfindungen. So entwickelte er maschinell gepreßte Ziegel sowie das sogenannte „Steingut“, eine Masse zur billigen Herstellung von Speisegeschirr, für das er bereits 1798 ein Privileg erhielt. 1804 bekam er für seine um 1790 gemachte Erfindung des epochemachenden „Bleistifts“ ein Privileg und begann nun erfolgreich mit der Herstellung dieses Schreibstifts, von dem im Jubiläumsjahr der Fabrik, 1829, bereits 2,4 Millionen hergestellt wurden. Für den Kern des Stifts mischte H. Graphit mit Ton und erzielte durch Brennen der Masse verschiedene Härtegrade. 1808 gelang H. die Erzeugung von Tusche, die der bisherigen qualitätsvollen und sehr teuren chinesischen in keiner Weise nachstand.

Inserat der Firma Hardtmuth im „Ver Sacrum“ aus dem Jahr 1900. Entwurf: Kolo Moser

1810 erfand er den künstlichen Bimsstein, dann noch ein besonders haltbares Neapelgelb und eine unzerbrechliche, elastische Schreibtafel. Sein Enkel Franz von H. (1832–96) entwikkelte den „Koh-i-noor-Stift“ mit 17 verschiedenen Härtestufen.

HARELL, Marte (eigtl. Martha Schömig), * 4. 1. 1907 in Wien, Bühnen- und Filmschauspielerin. War nach ihrer Ausbildung am Theater in der Josefstadt und in den Kammerspielen tätig, kam sehr früh zum Film und spielte in zahlreichen Filmen die weibliche Hauptrolle. Verheiratet war sie mit dem Filmregisseur Karl Hartl (s. d.).

HARNONCOURT, Johann Nikolaus, * 6. 12. 1929 in Berlin, Dirigent und Musikforscher. Studierte Violoncello und war 1952–69 Mitglied der Wiener Symphoniker. 1957 gründete er das Ensemble „Concentus Musicus Wien", das auf Originalinstrumenten vor allem Barockmusik interpretiert. Außerdem beschäftigt er sich intensiv mit exemplarischen Aufführungen der Opern Claudio Monteverdis und Wolfgang Amadeus Mozarts (u. a. Inszenierungen an der Züricher Oper). Seit Mitte der siebziger Jahre vielseitige Tätigkeit als Dirigent. Veröffentlichungen: „Musik als Klangrede" (1982), „Der musikalische Dialog" (1984).

HARRACH, Aloys Thomas, Reichsgraf von H. zu Rohrau, * 7. 3. 1669, † 7. 11. 1742, Vizekönig von Neapel. Mit 27 Jahren trat H. die Nachfolge seines Vaters Ferdinand Bonaventura H. (s. d.) als kaiserlicher Botschafter in Madrid an; 1728 wurde er Vizekönig von Neapel (bis 1733), das im Zuge des Spanischen Erbfolgekriegs an Ö. gekommen war. H. war einer der hervorragendsten Staatsmänner unter Kaiser Karl VI. und der bedeutendste der neapolitanischen Vizekönige. Während seiner Regierungszeit wurden in Neapel die Festungsbauten instand gesetzt und die Garnisonen verstärkt, Straßen gebaut und wichtige finanzpolitische Maßnahmen getroffen.

HARRACH, Ferdinand Bonaventura, Reichsgraf von H. zu Rohrau, * 14. 7. 1636, † 15. 7. 1706, kaiserlicher Botschafter in Madrid. Während seiner Aufenthalte in Spanien begann H. Gemälde zu erwerben und wurde damit zum Begründer der „Graf Harrach'schen Gemäldegalerie", der größten privaten Bildersammlung Ö.s, die heute in Schloß Harrach in Rohrau (NÖ) untergebracht ist. 1697 reiste H. im Auftrag Kaiser Leopolds I. noch einmal nach Madrid, wo sein Sohn Aloys Thomas H. (s. d.), der spätere Vizekönig von Neapel, bereits seine Nachfolge als kaiserlicher Botschafter angetreten hatte. Als persönlicher Freund des Kaisers sollte H. den kranken König Karl II., den letzten Habsburger auf dem spanischen Thron, zu einem Testament zugunsten der ö. Linie des Hauses Habsburg bewegen. Leider mißlang die schwierige Mission, und die spanische Krone fiel an den Enkel Ludwigs XIV.

Ferdinand Bonaventura Graf Harrach. Gemälde von Hyacinthe Rigaud (1698)

HARRACH, Friedrich August, Reichsgraf von H. zu Rohrau, * 18. 6. 1696, † 7. 6. 1749, Statthalter der Ö. Niederlande. Sohn von Aloys Thomas H. (s. d.). Als Staatskonferenzminister unter Kaiserin Maria Theresia schloß er die Frieden von Breslau 1742 und von Dresden 1749, die die Schlesischen Kriege beendeten.

HARRER, Heinrich, * 6. 7. 1912 in Hüttenberg (K), Alpinist und Forschungsreisender. War schon während seines Studiums Bergsteiger und Skifahrer und wurde 1937 Weltmeister im Abfahrtslauf bei den akademischen Weltmeisterschaften. Ihm gelang im Team mit Fritz Kasparek und den Bayern Anderl Heckmair und Ludwig Vörg am 21.–24. 7. 1938 die Erstbesteigung der Eiger-Nordwand. 1939 auf einer Erkundungsexpedition im Himalaya, wurde er nach Ausbruch des Zweiten Weltkriegs in Indien interniert. 1944 gelang ihm die Flucht nach Tibet, wo er bis 1951 in Lhasa am Hof des Dalai Lama lebte. H. gilt als bedeutendster Tibet-Kenner der Welt und besitzt eine große Tibet-Sammlung. In erster Ehe war er mit der Tochter des Grönlandforschers Alfred Wegener (s. d.) verheiratet. Von seinen weiteren Expeditionen brachte er wertvolle Erkenntnisse und Forschungsergebnisse mit: 1953 Anden, 1954 Alaska, 1957 Ruwenzori, 1962/63 Neuguinea. 1956 gelang H. noch ein ö. Staatsmeistertitel im Golf. Seine wichtigsten Publikationen sind u. a.: „Sieben Jahre in Tibet" (1952), „Die weiße Spinne" (1958), „Tibet, verlorene Heimat" (1960), „Huka-Huka" (1968).

HARRUKER, Johann Georg Freiherr von (seit 1729) (auch Harruckern), * 1662 in Hellmonsödt (OÖ), † 18. 4. 1742 in Wien, Proviantkommissär. Er trat 1689 in den Dienst der niederösterreichischen Hofkammerbuchhaltung, kam 1692 zum Feldkriegskommissariat und wurde Proviantkommissär. Ab 1697 in maßgeblicher Stellung umsichtig tätig, wurde er von Prinz Eugen (s. d.) zu

Schloß Harrach in Rohrau

Beginn des Spanischen Erbfolgekriegs mit der Organisation des Proviantwesens betraut und zum Feldproviantdirektor ernannt. Eine besondere Leistung erbrachte er bei der Alpenüberquerung des Prinzen und im Türkenkrieg 1714–18. Zum Hofkammerrat ernannt, wurde er 1718 in den erbländischen Adel und 1729 in den ungarischen Freiherrenstand erhoben. Im Komitat Bekes hatte er mehrere Besitzungen und wurde 1732 Obergespan dieser Gespanschaft.

Broucek, P., Hillbrand, E. und Vesely, F.: Prinz Eugen, Feldzüge und Heerwesen (1986)

HARTEL, Wilhelm von, * 29. 5. 1839 in Hof (Mähren), † 14. 1. 1907 in Wien, Altphilologe. Studierte in Wien und wurde Univ.-Prof. 1891 auf Lebenszeit ins Herrenhaus berufen, 1900–05 Minister für Kultus und Unterricht. Er trat für das Hochschulstudium der Frauen ein und bereitete die Reform der Bürgerschule vor. Am Volkslied besonders interessiert, gründete er das „Ö. Volkslied-Unternehmen", die „Wiener Studien" und die „Moderne Galerie", war Direktor der Hofbibliothek und Vizepräsident der Akademie der Wissenschaften.

HARTIG, Franz de Paula Graf, * 5. 6. 1789 in Dresden, † 11. 1. 1865 in Wien, Staatsmann. Sein Vater war ö. Gesandter in Dresden. Trat früh in den ö. Verwaltungsdienst und wurde schon 1825–30 Statthalter der Steiermark. 1830 übertrug man ihm den schwierigen Posten eines Gouverneurs in der Lombardei, den er bis 1840 innehatte. Seine erfolgreiche administrative Tätigkeit in dieser unruhigen Provinz führte 1840 zur Ernennung zum Staats- und Konferenzminister (bis 1848). Als Vertrauter und konservativer Anhänger des Fürsten Metternich (s. d.) stand er der Revolution von 1848 höchst ablehnend gegenüber und verfaßte eine Schrift mit dem Titel „Genesis der Revolution in Ö. im Jahre 1848", die 1849 anonym erschien. In diesem vieldiskutierten Werk klagte er die liberalen Landstände an, die Revolution verursacht zu haben. 1860 wurde er noch Mitglied des verstärkten Reichsrates und nahm lebhaft an den Beratungen zur Neugestaltung Ö.s teil. 1923 gab F. Hartig „Metternich – Hartig. Ein Briefwechsel des Staatskanzlers aus dem Exil 1848–51" heraus.

HARTL, Karl, * 10. 5. 1899 in Wien, † 29. 8. 1978 in Wien, Filmregisseur. War 1938–48 Produktionschef der Wien-Film, ab 1957 der Cosmopol-Film in Wien. Seine berühmtesten Filme waren u. a.: „Berge in Flammen" (1930), „Der Prinz von Arkadien" (1932), „Wen die Götter lieben" (1942) und „Der Engel mit der Posaune" (1948). Er war mit der Filmschauspielerin Marte Harell (s. d.) verheiratet.

HARTMANN, Bischof von Brixen, * um 1090 in Polling bei Passau, † 23. 12. 1164 in Brixen (Südtirol), katholischer Geistlicher, Bischof. 1122–33 Domdekan von Salzburg, 1133–40 Propst des Stifts Klosterneuburg, 1140–64 Bischof von Brixen. Gründete 1142 das Augustiner-Chorherrenstift Neustift bei Brixen. Trotz der Freundschaft mit Kaiser Friedrich I. war er in dessen Kampf mit Papst Alexander III. ein treuer Anhänger des Papstes und eine Stütze der päpstlichen Partei in Deutschland; wurde seliggesprochen.

HARTMANN, Eduard, * 3. 9. 1904 in Laxenburg (NÖ), † 14. 10. 1966 in Wien, ÖVP-Politiker. Studierte in Wien und promovierte zum Dipl.-Ing. Wandte sich schon in jungen Jahren der Agrarpolitik und der Christlichsozialen Partei zu. 1949–62 Abgeordneter zum Nationalrat, Direktor des Nö. Bauernbundes, 1959–64 Landwirtschaftsminister, ab 1965 Landeshauptmann von NÖ und Landesparteiobmann der ÖVP. Am 13. 7. 1960 beschloß der Nationalrat den von ihm lange vorbereiteten und ausgearbeiteten sogenannten Grünen Plan für die ö. Landwirtschaft. Dieses Landwirtschaftsgesetz sah vor, jährlich die Situation in der Landwirtschaft zu erforschen und das Ergebnis der Bundesregierung als Unterlage für entsprechende Maßnahmen zu übergeben. Bei der Eröffnung der Welser Messe am 3. 9. 1960 konnte H. bekanntgeben, daß sich Ö. durch die Leistungen seiner Landwirtschaft selbst ernähren kann.

HARTMANN, Ludo (Ludwig) Moritz, * 2. 3. 1865 in Stuttgart, † 14. 11. 1924 in Wien, Historiker und sozialdemokratischer Volksbildner. Sohn von Moritz H. (s. d.). Studierte ab 1883 an der Universität Wien und promovierte hier 1887 zum Dr. phil. 1889 Privatdozent für Römische und für Mittelalterliche Geschichte, 1903 a. o., 1924 o. Univ.-Prof. Gemeinsam mit Th. Mommsen gründete er 1893 die „Zeitschrift für Sozial- und Wirtschaftsgeschichte". An der Volksbildung sehr interessiert, schuf er 1900 das „Volksheim" Wien-Ottakring, die erste Volkshochschule in Wien, wo „volkstümliche Universitätskurse" abgehalten wurden. Ab 1901 Mitglied der Sozialdemokratischen Partei, gründete er den Verein „Freie Schule" und die Frauenbildungsakademie „Athenäum" sowie den „Deutschen Hochschultag" und die „freisinnigen Salzburger Hochschulwochen". Nach dem Ersten Weltkrieg von V. Adler zum Archivbevollmächtigten für Deutschösterreich bestellt, 1918–20 erster Gesandter der Republik Ö. in Berlin. 1919/20 Abgeordneter zur Konstituierenden Nationalversammlung, bis 1924 Mitglied des Bundesrats. 1897 bis 1915 erschien „Geschichte Italiens im Mittelalter" (4 Bde.).

HARTMANN, Moritz, * 15. 10. 1821 in Dušnik bei Přibram (Böhmen), † 13. 5. 1872 in Oberdöbling bei Wien, Schriftsteller und revolutionärer Politiker. Schon ab 1844 gehörte er jenen Emigranten aus Ö. an, die in ihren politischen Dichtungen die Mißstände des Vormärz kritisierten. 1848 wurde er in die Frankfurter Nationalversammlung gewählt und schloß sich der Linken der Wiener Deputation an. Nach seiner Teilnahme an der Oktoberrevolution gelang ihm die Flucht aus Wien. In der 1849 verfaßten „Reimchronik des Pfaffen Mauritius", einer Satire auf das Frankfurter Parlament, wandte er sich gegen die Schwächen des Liberalismus und prangerte die Taten der Gegenrevolution an. Schrieb Romane, Novellen, Reiseberichte. Ab 1868 lebte er in Wien als Redakteur der „Neuen Freien Presse".

HARTWAGNER, Siegfried, * 12. 11. 1916 in Engerwitzberg (OÖ), Kunsthistoriker. Studierte in Wien und Berlin und wurde Landeskonservator von Kärnten. Mitarbeiter des „Dehio Handbuch der Kunstdenkmäler Ö.s für den Raum Kärnten". Außerdem Verfasser mehrerer speziell den Kärntner Raum betreffender kunst- und kulturgeschichtlicher Werke, darunter „Die mittelalterliche Kunst Kärntens" (1947), „Kunst in Kärnten" (1953) und „Das Zollfeld – eine Kulturlandschaft" (1957).

HARTWICH, Erzbischof von Salzburg, * um 955, † 14. 6. 1023 in Salzburg, entstammte dem Geschlecht der Sponheimer, war ab 991 Erzbischof von Salzburg und erhielt 996 von Kaiser Otto III. das Markt- und Münzrecht für Salzburg. Er erwarb sich große Verdienste um die Erneuerung der Domschule und um das Kloster St. Peter in Salzburg; wurde seliggesprochen.

HASCHEK, Helmut H., * 3. 10. 1930 in Wien, Jurist und Exportkreditfachmann. War neben seinem Jusstudium Angestellter in einer Großhandelsfirma. Promovierte 1954 und trat in die Ö. Kontrollbank ein (ö. Exportfinanzierungsbank), wo er 1959 Prokurist, 1962 Leiter des Sekretariats und des Rechtsbüros und 1965 stellvertretender Direktor wurde. Seit 1968 Vorstandsmitglied, wurde H. 1971 Vorsitzender des Vorstandes und Börserat und ist seit 1972 Generaldirektor. H. hat mehrere internationale Präsidentenfunktionen im Bereich von Exportkreditinstituten wie etwa die „Berner Union" inne; wurde 1974 Lehrbeauftragter an der Diplomatenakademie und an der Wirtschaftsuniversität (seit 1979 Honorarprof.).

HASCHKA, Lorenz Leopold, * 1. 9. 1749 in Wien, † 3. 8. 1827 in Wien, Lehrer und Lyriker. Trat nach dem Schulabschluß in den Jesuitenorden ein und arbeitete in Krems an der Donau (NÖ) als Lehrer. Als der Orden 1773 aufgelöst wurde, trat er aus dem geistlichen Stand aus, wurde in Wien Privatlehrer und verfaßte in der Folge vorwiegend patriotische Lyrik. 1797 Prof. am Theresianum in Wien und Kustos an der Wiener Universitätsbibliothek. Am 12. 2. 1797 (dem Geburtstag des Kaisers) wurde der von ihm verfaßte Text „Gott erhalte Franz, den Kaiser" (Melodie von Joseph Haydn) erstmals öffentlich gesungen.

HASELBÖCK, Hans, * 26. 7. 1928 in Nesselstauden (NÖ), Organist und Komponist. Studium in Wien, Prof. an der Musikakademie (später Hochschule) in Wien. Seit 1985 Prorektor der Musikhochschule in Wien. Durch die Interpretation der großen Orgelwerke erwarb er sich internationales Ansehen. Dreimal Gewinner des Internationalen Orgelconcours in Haarlem, als Solist in der ganzen Welt tätig. Seine kirchenmusikalischen Werke und seine Chormusik haben im In- und Ausland Anerkennung gefunden. Verfaßte Fachartikel über Orgelbau und Orgelspiel sowie „Barocker Orgelschatz in NÖ" (1972).

HASENAUER, Karl Freiherr von (seit 1873), * 20. 7. 1833 in Wien, † 4. 1. 1894 in Wien, Architekt und Oberbaurat. War der Sohn des Hofzimmermeisters Christoph H. und besuchte 1849–54 die Akademie der bildenden Künste in Wien, wo er Schüler von van der Nüll (s. d.) und Siccardsburg (s. d.) war. 1854 erhielt er den Akademiepreis für Architektur und gewann 1861 den dritten Preis beim Bewerb um das Opernhaus. 1867 schuf er die Bauten für die Weltausstellung in Paris und war 1871–73 für die der Wiener Weltausstellung verantwortlich (also auch für die Rotunde). 1872–81 errichtete er gemeinsam mit Gottfried Semper (s. d.) die beiden Hofmuseen, nachdem er sich bei den vorangegangenen Wettbewerben allein (Forumgedanke des Hofburgausbaus mit triumphbogenartigen Verbindungen zu den Hofmuseen, der den Kaiser sehr beeindruckt hatte) nicht durchsetzen konnte. Es folgten: 1874–88 das Burgtheater, 1882–86 die Hermesvilla im Lainzer Tiergarten, 1883/84 das Spital der Barmherzigen Brüder in Wien und ab 1881 bis zu seinem Tod die Neue Hofburg. Außerdem gestaltete er die Architektur der Denkmäler für Admiral Tegetthoff (1886), Maria Theresia (1888) und Franz Grillparzer (1889) sowie einige Villen und Privatbauten. Ab 1884 war er Prof. an der Akademie der bildenden Künste in Wien; 1867–71 Mitglied des Wiener Gemeinderates. H. zählt mit seinem dekorativen und pompösen Neobarock zu den glänzendsten Repräsentanten der historistischen Ringstraßenarchitektur und wird als der „Makart der Baukunst" bezeichnet.

Die von Karl von Hasenauer für Kaiserin Elisabeth 1882–86 erbaute Hermesvilla im Lainzer Tiergarten in Wien

HASENÖHRL, Friedrich, * 30. 11. 1874 in Wien, † 7. 10. 1915 in Vielgereuth (Südtirol), als Offizier gefallen, Physiker. Studierte in Wien, war Schüler von Ludwig Boltzmann (s. d.) und trat 1907 dessen Nachfolge an. Seine Hauptarbeitsgebiete waren Thermodynamik und Quantentheorie. 1904 veröffentlichte er „Zur Theorie der Strahlung bewegter Körper" und stellte damit seine „sensationelle" These auf, die er bei der Untersuchung der Hohlraumstrahlung erkannt hatte. Albert Einstein bestätigte H.s Theorie ein Jahr später und formulierte sie als Äquivalenz von Masse und Energie. Zu H.s Schülern zählten u. a. Erwin Schrödinger (s. d.), Flamm, Herzfeld, Rella und Hans Thirring (s. d.).

HASLAUER, Wilfried, * 29. 11. 1926 in Salzburg, ÖVP-Politiker. Studierte nach Kriegsende und promovierte zum Dr. jur. Trat danach beim Stadtmagistrat Salzburg ein und arbeitete ab 1951 in der Kammer der gewerblichen Wirtschaft. 1961 erstmals in den Salzburger Landtag gewählt, wurde er 1973 Landeshauptmann-Stellvertreter und im April 1977 Landeshauptmann von Salzburg.

HASLINGER, Tobias, * 1. 3. 1787 in Zell bei Zellhof (OÖ), † 18. 6. 1842 in Wien, Kunst- und Musikalienhändler. War Sängerknabe in Linz und kam schon in frühen Jahren mit dem Musikalienhandel in Berührung, da sein Lehrer, der Domkapellmeister Glöggl, Musikalienhändler war. 1810 übersiedelte er nach Wien und wurde Buchhalter in der Musikalienhandlung S. A. Steiner, 1814 Teilhaber, 1826 Eigentümer der Firma, die er zu einer der bedeutendsten Ö.s machte. Alle berühmten Komponisten seiner Zeit (u. a. Beethoven, Schubert, Hummel, Lanner und Strauß Vater) verlegte er und war mit mehreren befreundet, so auch mit Beethoven, wenngleich diese Freundschaft durch eine satirische Lebensbeschreibung H.s, die der Komponist 1825 veröffentlichte, getrübt wurde. Bei der Herstellung der Musikblätter ersetzte H. allmählich die Lithographie durch Stiche von Zinnplatten.

ANTON HASENHUT

Der Thaddädl – die Rolle seines Lebens

„Hasenhut besaß aber auch außerdem eine unwiderstehliche komische Kraft. Man kann ihm nicht vorwerfen, daß er jemals eine Zote gesagt hätte, aber auch das gewöhnlichste wußte er so komisch vorzubringen, daß er mächtig auf unser Zwerchfell wirkte . . ."

Ignaz Castelli, Memoiren

HASENHUT, Anton, * 1. 6. 1766 in Peterwardein (Slawonien), † 6. 2. 1841 in Wien, Schauspieler und Komiker. Als Sohn eines Schauspielers trat er schon früh als Komiker auf der Wanderbühne seines Vaters auf. Ab 1783 durchlief er mehrere Stationen an Provinzbühnen und wurde 1789 von Marinelli (s. d.) an das Theater in der Leopoldstadt engagiert, wo er anfangs wenig Erfolg hatte. Schließlich gelang ihm hier die ebenso eindrucksvolle wie publikumswirksame Gestaltung der Figur des „Thaddädl", der – wiewohl ein Erbe der Commedia dell'arte – zutiefst in der Wiener Volkskomik wurzelt: einen Dümmling mit Fistelstimme und in komischer Kleidung. 1803–19 spielte er am Theater an der Wien und, auf dem Höhepunkt seiner Karriere angelangt, auch als Gast auf mehreren Bühnen in Deutschland. 1819 wurde er noch kurzfristig Chordirektor und Regisseur an der Hofoper, geriet aber immer mehr in Vergessenheit und fristete seine letzten Lebensjahre mühsam als Kopist.

Anton Hasenhut in der beliebten Rolle des Thaddädl. Stich von J. Eder

Der eigenen schöpferischen Tätigkeit H.s, er schrieb mehrere Messen und Kammermusik, war wenig Erfolg beschieden.

HASNER, Leopold, Ritter von Artha, * 15. 3. 1818 in Prag, † 5. 6. 1891 in Bad Ischl (OÖ), Jurist, Nationalökonom und Staatsmann. Studierte in Prag Jus und war bis 1848 bei der Hofkammerprokuratur angestellt. 1848 Redakteur der offiziellen „Prager-Zeitung", 1849 a. o. Prof. für Rechtsphilosophie und ab 1851 o. Prof. für politische Ökonomie an der Universität Prag; galt als einer der hervorragendsten Vertreter der Hegelschen Lehre in Ö., dessen wesentlichste Werke er veröffentlichte: „Grundlinien der Philosophie des Rechts und seiner Geschichte" (1851) und „System der politischen Ökonomie" (1860). 1861 in den böhmischen Landtag gewählt, wurde er Reichsratsabgeordneter (bis 1867) und war 1863–65 Präsident des Abgeordnetenhauses. 1865 nahm er seine Lehrtätigkeit wieder auf und wurde Prof. für politische Wissenschaften; 1867 auf Lebenszeit in das Herrenhaus berufen, war er 1867–70 Unterrichtsminister. Er setzte im Mai 1869 gegen manchen Widerstand das Reichsvolksschulgesetz durch, das eine achtjährige Schulpflicht unter staatlicher Beaufsichtigung vorsah. Zusätzlich bereitete er ein Gesetz zur Neuordnung der Realschule vor und rief an der Universität Innsbruck eine medizinische Fakultät ins Leben. Der Zentralist H. war nur zwei Monate (1. 2. – 4. 4. 1870) Ministerpräsident, da er nicht zu föderalistischen Zugeständnissen bereit war. Anschließend wurde er zum Führer und Sprecher der Verfassungspartei im Herrenhaus gewählt.

HASS, Hans, * 23. 1. 1919 in Wien, Zoologe und Unterwasserforscher. Wandte sich bereits 1937 der Unterwasserforschung zu und führte zahlreiche Expeditionen und Forschungsreisen durch, vor allem in der Ägäis, im Roten Meer und in der Karibik. Besonders eingehend beschäftigte er sich mit den Verhaltensweisen der Haie. 1943 Promotion zum Dr. rer. nat. H. veröffentlichte zahlreiche Forschungsberichte und Fachbücher: „Jagd unter Wasser" (1939), „Unter Korallen und Haien" (1941), „Drei Jäger auf dem Meeresgrund" (1947), „Manta" (1952), „Wir kommen aus dem Meer" (1957) und „Expedition ins Unbekannte" (1961), „In unberührte Tiefen" (1971), „Die Welt unter Wasser" (1973), „Wie der Fisch zum Menschen wurde" (1979). H. drehte auch mehrere Filmdokumentationen: „Pirsch unter Wasser", „Mensch unter Haien", „Unternehmen Xarifa" und „Giganten des Meeres".

HASSINGER, Hugo, * 8. 11. 1877 in Wien, † 13. 3. 1952 in Wien, Geograph. Studierte in Wien und wurde 1905 durch seine Veröffentlichung „Geomorphologische Studien aus dem inneralpinen Wiener Bekken" bekannt. 1931–50 Univ.-Prof. in Wien, 1935–52 Mitherausgeber der „Geographischen Jahresberichte aus Ö.", war er ein unermüdlicher Vorkämpfer der Landesplanung. 1937–51 Präsident der Geographischen Gesellschaft, 1946 Mitbegründer der Akademie-Kommission für Raumforschung und Wiederaufbau. 1949 gründete er den „Notring der wissenschaftlichen Verbände Ö.s". Von seinen zahlreichen Veröffentlichungen sind besonders erwähnenswert: „Geographische Grundlagen der Geschichte" (1931), „Die Geographie des Menschen" (1937), „Boden und Lage Wiens" (1946), „Ö.s Wesen und Schicksal, verwurzelt in seiner geographischen Lage" (1948) und „Ö.s Anteil an der Erforschung der Erde" (1949).

HASSREITER, Josef (auch Haßreiter), * 30. 12. 1845 in Wien, † 8. 2. 1940 in Wien, Ballettmeister und Regisseur. Sein Vater war Chortänzer am Kärntnertortheater. H. erhielt eine ausgezeichnete Ausbildung und hatte bereits 1866 sein erstes Engagement beim Hoftheater in München, war 1868 Erster Solotänzer in Stuttgart und kam als solcher 1870 an die Wiener Oper, wo er dies auch bis 1890 blieb. Er besaß daneben ein eigenes Tanzinstitut und organisierte viele aristokratische Wohltätigkeitsfeste. Auf einem dieser Feste der Fürstin Pauline Metternich 1888 brachte er sein Erstlingswerk, „Die Puppenfee", komponiert von Hofballettdirigent Joseph Bayer, zur Aufführung. 1890 Hofballettmeister, schuf er ein bodenständiges Ensemble und wurde dadurch zum Schöpfer des Wiener Balletts. Sein Werk als Choreograph umfaßt 34 große Ballette und unzählige Tanzeinlagen. Vielfach geehrt, zog er sich 1919 ins Privatleben zurück.

HASWELL, John, * 20. 3. 1812 in Lancefield bei Glasgow, † 8. 6. 1897 in Wien, Maschineningenieur und Lokomotivbauer. Entstammte einer schottischen Familie und war nach dem Studium des Maschinenbaus als Maschinenkonstrukteur tätig. 1837 lernte der Eisenbahnbauer Matthias von Schönerer (s. d.) kennen, der von dessen Chef, dem Maschinenbauer William Fairbairn, beauftragt worden war, für Schönerer die Errichtung einer Maschinenwerkstätte (für die Wien-Raaber Bahn) zu planen. Im Juni 1838 traf H. in Wien ein, und am 27. 4. 1840 konnte die „Erste ö. Lokomotivbau-Anstalt" im Beisein von Erzherzog Johann feierlich eröffnet werden. Nach zehn Monaten hatten 465 Mitarbeiter unter H.s Leitung die erste Lokomotive und vier Tender, 68 achträdrige Personen- und 13 Frachtwagen sowie „zahlreiches Eisenbahn-Kleinmaterial" (darunter 13 hölzerne und 14 gußeiserne Drehscheiben) fertiggestellt. H. entwikkelte in seiner Fabrik auch zahlreiche Werkzeugmaschinen und lieferte ab 1843 hydraulische Pressen für die Papierfabrikation, Schraubenschneidemaschinen, Kräne und Dampfhämmer, die man „Haswell-Hämmer" nannte. 1847 wurde eine neue Dampfmaschine mit 80 PS Leistung aufgestellt und deren Auspuffdampf für die Beheizung des anschließenden Werkstättentraktes genützt. Neben seinen Arbeiten zur Weiterentwicklung der Lokomotiven war H. auch auf dem Gebiet der Werkzeugtechnik bahnbrechend. 1860 konstru-

PATER HASPINGER

Andreas Hofers Generalstabschef

HASPINGER, Joachim (Johann Simon), * 28. 10. 1776 in St. Martin im Gsieser Tal (Südtirol), † 12. 1. 1858 in Salzburg, Kapuzinerpater (Pater Rotbart genannt) und Tiroler Freiheitskämpfer. Für den geistlichen Stand bestimmt, studierte er in Bozen und in Innsbruck, kämpfte aber bereits während des Studiums 1796, 1797 und 1799–1801 in den Reihen der Tiroler Landesverteidiger gegen die Franzosen. 1802 trat er in den Kapuzinerorden ein, wurde 1805 zum Priester geweiht und Prediger im Kloster Schlanders im Vintschgau. Er blieb weiterhin mit der patriotischen Tiroler Bewegung in Verbindung, wurde 1809 Feldpater und Schützenkommandant an der Seite Andreas Hofers (s. d.). H. trug wesentlich zu den Siegen am Bergisel (29. 5. und 13. 8. 1809), gemeinsam mit Peter Mayr in der „Sachsenklemme" (4. 8.) sowie an der Eroberung des Paß Lueg vom 25. 9. bei, durch die er bis Hallein vorstoßen konnte. Nach dem Frieden von Schönbrunn war H. die treibende Kraft für die Fortführung des Volksaufstandes, an dem er bis zu den letzten Kämpfen im Passeier beteiligt war. 1810 von den Bayern geächtet und gesucht, gelangte er nach abenteuerlichen Umwegen über die Schweiz, Italien und mitten durch die französische Armee am 31. 10. 1810 nach Wien. 1812 in geheimen Kundschafterdiensten in Oberitalien, wurde er 1814 Weltpriester und Pfarrer in Traunfeld (NÖ) bis zu seiner Pensionierung 1836. Von da an lebte er in Hietzing bei Wien, begleitete aber als Feldprediger eine Kompanie Tiroler Feldjäger 1848 nach Oberitalien. 1854 ließ er sich im Schloß Mirabell in Salzburg nieder, wo er auch starb.

Kramer, H.: P. J. H., Schlern-Schriften 41 (1938)

ierte er eine hydraulische Schmiedepresse, die erste der Welt, die eine Umwälzung in der Technik der Schmiedearbeiten zur Folge hatte. 1860 hatte H. aber auch den ersten Auslandsauftrag erhalten: bis 1862 lieferte er 85 Lokomotiven und 770 Waggons an Rußland. 1873 verlieh ihm Kaiser Franz Joseph I. das Ritterkreuz des Ordens der Eisernen Krone III. Klasse. Nach nicht ganz 45jähriger Tätigkeit zog sich H. 1882 ins Privatleben zurück.

Kössner, J.: J. H. – seine Lokomotiven und „seine" Lokomotivfabrik in Wien, in: „Eisenbahn", Jahrgang 1985, Heft 4 bis 7

HATHEYER, Heidemarie, * 8. 4. 1919 in Villach, Bühnen- und Filmschauspielerin. Trat schon im Kabarett „Literatur am Naschmarkt" auf und 1936–38 am Theater an der Wien. Nach 1945 folgten Engagements in Düsseldorf, Hamburg und Zürich, nach 1960 kam H. an das Wiener Burgtheater. Beim Film hatte sie mit „Die Geierwally" (1940) großen Erfolg und wiederholte ihn 1955 in „Die Ratten".

HATSCHEK, Ludwig, * 9. 10. 1856 in Těšetice (Mähren), † 15. 7. 1914 in Linz, Erfinder. Als jüngstes Kind einer Bierbrauerfamilie kam er mit dieser nach Linz, wo sein Vater eine Brauerei gründete. In dieser arbeitete er, schied aber 1892 aus, als deren Umwandlung in die Linzer Aktien-Brauerei erfolgte. Nun machte er sich selbständig, kaufte die Einrichtung einer Asbestspinnerei und verlegte das Unternehmen nach Vöcklabruck (OÖ), wo er als „Erste österr.-ungar. Asbestwarenfabrik Ludwig Hatschek" die Produktion aufnahm. Mit dem Absatz von Asbestpappe und Asbestgewebe nicht zufrieden, suchte H. nach neuen Möglichkeiten einer wetterfesten Mischung dieses Materials für Dachplatten. Nach jahrelangen Versuchen gelang ihm mit Portlandzement die gewünschte Lösung. 1900 erwarb er das Patent, und ab 1903 gab er dem Asbestzement den Namen „Eternit", der rasch den Weltmarkt eroberte. Bald mußte er eine große Zahl von Patentprozessen führen, die allerdings alle zu seinen Gunsten endeten. Unermüdlich an seinem Produkt arbeitend, entwickelte er bald auch die Herstellung von „Eternit-Röhren". 1907 gründete er eine Zementfabrik in Gmunden (OÖ) und erhielt 1908 als Anerkennung für seine unternehmerische und erfinderische Tätigkeit den Titel kaiserlicher Rat. Weltweit gibt es heute über 200 Fabriken mit rund 100 000 Beschäftigten, die Eternitерzeugnisse herstellen. Das Unternehmen befindet sich noch heute in Familienbesitz.

HATZFELDT, Melchior Graf von Gleichen und, * 20. 10. 1593 in Crottorf (Hessen), † 9. 1. 1658 in Powitzko bei Trachenberg (Schlesien), Feldherr. Studierte zunächst Theologie, trat aber 1625 in das kaiserliche Heer ein. Profilierte sich in den Feldzügen Wallensteins und stieg rasch zum Generalfeldwachtmeister auf. 1635 wurde er in den Reichsgrafenstand erhoben. 1645 bei Jankau geschlagen, geriet er in schwedische Gefangenschaft, wurde ausgetauscht und nahm ein Jahr darauf seinen Abschied. Im Schwedisch-Polnischen Krieg zum Generalfeldmarschall ernannt, eroberte er Krakau, trat aber wegen einer schweren Erkrankung das Kommando an Montecuccoli (s. d.) ab und zog sich auf sein schlesisches Gut zurück, das er von Kaiser Ferdinand III. 1639 erhalten hatte.

HAUER, Franz von, * 31. 1. 1822 in Wien, † 20. 3. 1899 in Wien, Geologe und Geograph. Studierte 1839–43 an der Bergakademie Schemnitz und unterrichtete ab 1844 am Wiener Montanistischen Museum. Ab 1849 Bergrat und 1866–85 Direktor der Geologischen Reichsanstalt in Wien. Schuf 1867–71 im Maßstab 1:576.000 die 12 Blätter umfassende „Übersichtskarte der ö.-ungarischen Monarchie" und 1875 das grundlegende Werk „Die Geologie und ihre Anwendung". Seine Arbeiten und seine Tätigkeit bilden den Beginn der wissenschaftlichen Geologie in Ö.

HAUGWITZ, Friedrich Wilhelm Graf (seit 1733), * 11. 12. 1702 in Sachsen, † 11. 9. 1765 in Knöritz (Mähren), Staatsmann. Der protestantischen Linie des alten Adelsgeschlechts angehörend, konvertierte er zum Katholizismus und trat 1725 in den ö. Staatsdienst. Als Verwaltungsbeamter in Breslau bewährte er sich so, daß Maria Theresia ihn nach dem Verlust des Großteils von Schlesien 1742 im verbliebenen ö. Teil als Landespräsident einsetzte. In mehreren Denkschriften wies er auf die Mängel der ständischen Verwaltung und auf die Notwendigkeit der Trennung von Verwaltung und Finanz hin und wurde deshalb als Untersuchungskommissär in die einzelnen Länder gesandt (1747 nach Kärnten und Krain). 1749 wurde er als Präsident des neugeschaffenen zentralistischen „Directoriums in publicis et cameralibus" mit der Reorganisation der Staatsfinanzen betraut. Seine Reform bewirkte nicht nur die Liquidierung der Staatsschulden, sondern auch die wirksame Verdrängung des ständischen Einflusses. Er löste die Probleme im Sinne des Merkantilismus und trennte dabei, als überzeugter Anhänger der Aufklärung, erstmals Justiz und Verwaltung. Im hohen Adel hatte er viele Gegner, denen es schließlich 1760 gelang, ihn zu stürzen; dennoch wurde er in den neugebildeten Staatsrat aufgenommen. H. blieb bis zu seinem Tod einer der einflußreichsten und auch treuesten Berater Maria Theresias.

Walter, F.: Männer um Maria Theresia (1951)

HAUS, Anton Freiherr von, * 13. 6. 1851 in Tolmein (Slowenien), † 8. 2. 1917 in Pola (Istrien), Berufsoffizier, Marinefachmann. Nach seiner Ausbildung wurde er aktiver Marineoffizier und nahm 1890–92 an der Weltumseglung der „Saida" teil. 1891 veröffentlichte er die Fachschrift „Grundzüge der Ozeanographie und maritimen Meteorologie". 1901 war H. Kommandant der ö. Marineeinheit bei der Niederwerfung des chinesischen Boxeraufstandes. 1907 Delegierter bei der 2. Haager Friedenskonferenz, 1915 leitete er den Überraschungsangriff auf die italienische Ostküste. H. war der einzige Großadmiral der ö. Marine (1916–17).

HAUSER, Carry (Carl Maria), * 16. 2. 1895 in Wien, † 28. 10. 1985 in Rekawinkel (NÖ), Maler, Graphiker und Bühnenbildner. Studierte in Wien an der Kunstgewerbeschule bei Oskar Strnad (s. d.). H. war ein Vertreter des Expressionismus.

Carry Hauser: „Nächtlicher Wanderer" (1920)

Schon 1919 erschien sein Mappenwerk „Die Insel", durch das er bekannt wurde. Zum streng formbetonten Maler geworden, schuf er viele Buchillustrationen, Porträts und Fresken. H. lebte 1939–47 in der Schweiz und wurde auch durch seine schriftstellerische Tätigkeit bekannt, so u. a.: „Von Kunst und Künstlern in Ö." (1937), „Eine Geschichte vom verlorenen Sohn" (1945), Märchen und Gedichte. Mehrfach geehrt, erhielt er im September 1985 den Ehrenring der Stadt Wien.

HAUSER, Johann Nepomuk, * 24. 3. 1866 in Kopfing (OÖ), † 8. 2. 1927 in Linz, katholischer Geistlicher und christlichsozialer Politiker. Wurde 1889 zum Priester geweiht, war bis

JOSEPH MATTHIAS HAUER

„Deuter des Melos"

HAUER, Joseph Matthias, * 19. 3. 1883 in Wiener Neustadt, † 22. 9. 1959 in Wien, Lehrer und Komponist. Neben seiner Tätigkeit als Lehrer erweiterte er im Selbststudium seine musikalischen Kenntnisse und kam noch vor Arnold Schönberg (s. d.) zu einer eigenständigen Zwölftontechnik, der „Tropenlehre". 1920 veröffentlichte er „Vom Wesen des Musikalischen", die erste theoretische Schrift über die Zwölftonmusik. H.s Methode führte zu einer statischen, monotonen Musik ohne gewollte Dynamik und setzte sich nicht durch. Weitere Schriften: 1923 „Deutung des Melos", 1925 „Vom Melos zur Pauke" und „Zwölftontechnik". Abgesehen von Messen sowie von Kammer- und Orchestermusik, schrieb H. zwei Oratorien, die Oper „Salambo" (nach Gustave Flaubert, 1930) und das Singspiel „Die schwarze Spinne" (nach J. Gotthelf, 1932, uraufgeführt erst 1966).

Joseph Matthias Hauer: Melosdeutung (1921)

1891 Pfarrer, danach Prälat. Schon früh den Christlichsozialen zugewandt, war er 1908–18 Reichsratsabgeordneter und 1908–27 Landeshauptmann von OÖ, darüber hinaus Zweiter Präsident der Provisorischen (1918/19) und der Konstituierenden (1919/20) Nationalversammlung sowie 1919–27 Abgeordneter zum Nationalrat. H. trat für eine Verständigung zwischen den Christlichsozialen und den Sozialdemokraten ein.

HAUSER, Johannes, * um 1440 in St. Georgen im Attergau (OÖ), † 1518 in Mondsee (OÖ), Benediktinermönch und Dichter. 1474 trat H. in Mondsee in den Benediktinerorden ein; er schrieb vor allem Gedichte und Sinnsprüche in deutscher und in lateinischer Sprache, die 1482 zusammen mit einer Bibelübersetzung erschienen. 1485 gab er ein Sachlexikon der Kirchenväter unter dem Titel „Pharetra doctorum" heraus. Überdies betätigte er sich als Sammler von wissenschaftlicher und volkstümlicher Literatur.

HÄUSER, Rudolf, * 19. 3. 1909 in Wien, Ingenieur und SPÖ-Politiker. War nach seiner Ausbildung zum Ingenieur in der Privatwirtschaft beschäftigt. 1962–70 Abgeordneter zum Nationalrat, 1970–76 Vizekanzler und Sozialminister im Kabinett Kreisky.

HAUSHOFER, Marlen, * 11. 4. 1920 in Frauenstein bei Steyr (OÖ), † 21. 3. 1970 in Wien, Schriftstellerin. Ihr vorwiegend erzählerisches Werk umfaßt Romane und Jugendschriften. U. a.: „Das fünfte Jahr" (1951), „Eine Handvoll Leben" (1955), „Die Vergißmeinnichtquelle" (1956), „Die Wand" (1963); Kinder- und Jugendbücher: „Bertls Abenteuer" (1964), „Brav sein ist schwer" (1965), „Schlimmsein ist auch kein Vergnügen" (1970). Sie erhielt 1953 den Staatspreis, 1956 den Theodor-Körner-Preis und 1967 den Kinderbuchpreis der Stadt Wien.

HAUSLAB, Franz Ritter von, * 1. 2. 1798 in Wien, † 11. 2. 1883 in Wien, Berufsoffizier, Kartograph und Maler. Nahm als Fähnrich am Frankreichfeldzug von 1815 teil und wurde 1816 dem Generalquartiermeisterstab zugeteilt, da man sein vielseitiges Können erkannt hatte. Rasch zum Oberst aufgerückt, wirkte er als Lehrer für Topographie an der Ingenieurakademie und war Erzieher der Erzherzöge Albrecht und Franz Joseph. 1848 Generalmajor, befehligte er bei der Einnahme Wiens die Artillerie; 1849 Feldartilleriedirektor in Ungarn, 1854–60 Generalgeniedirektor, 1859 Feldmarschalleutnant und Artilleriechef am italienischen Kriegsschauplatz, 1860–65 Präsident des wissenschaftlichen Komitees im Kriegsministerium, 1866 wieder kurzfristig im Kriegseinsatz. H. war einer der vielseitigsten Offiziere seiner Zeit, arbeitete auch als Geologe und malte Landschaftsbilder und Porträts. In der ö. Kartographie führte er die Flächenfarbentechnik ein. Veröffentlichte Beiträge in der „Ö. militärischen Zeitschrift".

HAUSNER, Otto, * 1827 in Brody (Galizien), † 26. 2. 1890 in Lemberg (Galizien), Grundbesitzer und polnischnationaler Politiker. Studierte in Lemberg, Wien und Berlin Medizin und nahm in Berlin am Märzaufstand sowie in Wien an der Oktoberrevolution 1848 teil. Später ließ er sich als Großgrundbesitzer in Galizien nieder. 1873 Mitglied des galizischen Landtages, ab 1878 Abgeordneter im Reichsrat, wo der Angehörige des Polenklubs als ausgezeichneter Redner hervortrat. H. veröffentlichte auch mehrere Bücher, u. a. „Vergleichende Statistik von Europa", 2 Bde. (1865), „Das menschliche Elend; Entwurf einer Statistik desselben" (1879) und, als heftiger Gegner Deutschlands, „Deutschtum und Deutsches Reich" (1880).

HAUSNER, Rudolf, * 14. 12. 1914 in Wien, Maler der Wiener Schule des Phantastischen Realismus. Studierte in Wien und kam nach anfänglicher Beschäftigung mit dem Expressionismus zum Surrealismus und wurde schließlich zu einem der Hauptvertreter der Wiener Schule des Phantastischen Realismus. Seit 1960 Prof. an der Akademie der bildenden Künste in Wien, erhielt er unter mehreren Auszeichnungen 1970 den Ö. Staatspreis für Malerei. Besonders bekannt wurde er durch seine „Adam-Serie" (ab 1956). In einer sorgfältigen

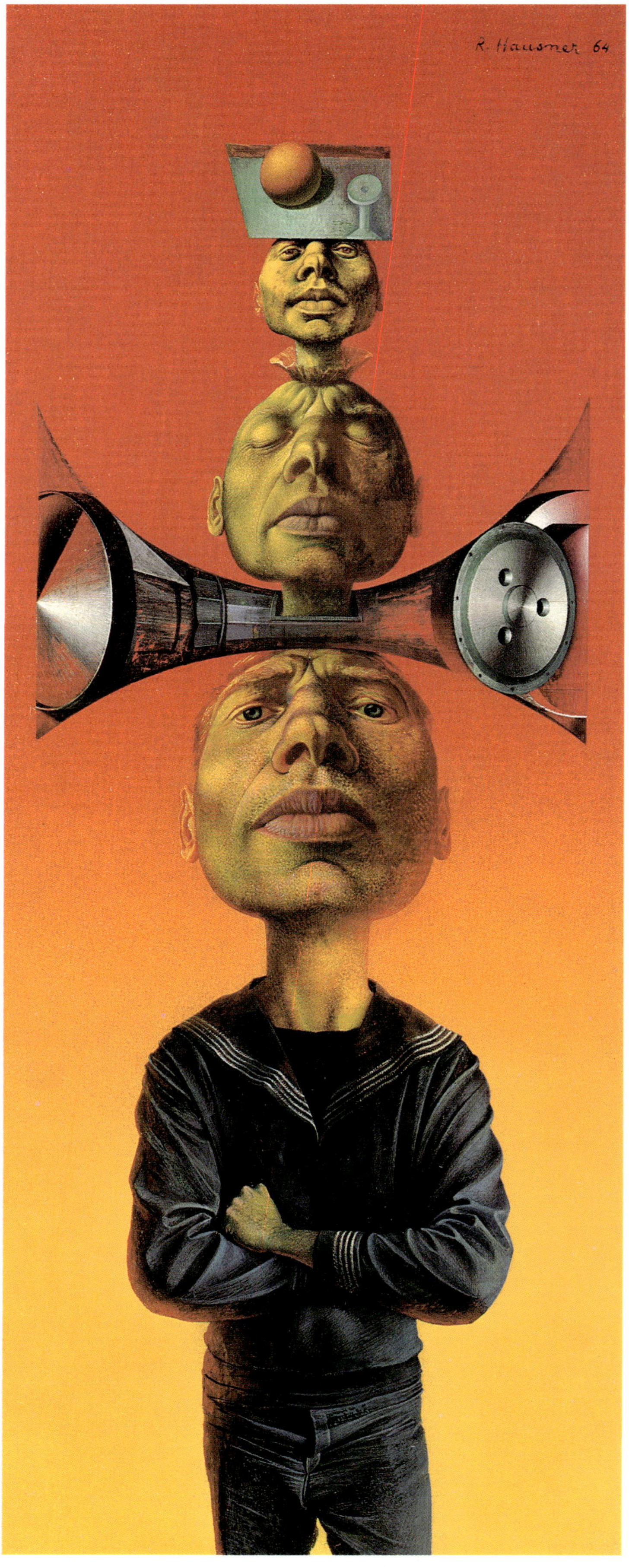

Rudolf Hausner: Gemälde aus der „Adam-Serie" (1964)

und handwerklich vollendeten Arbeitsweise vereinigt er verschiedene Stil- und Ausdrucksformen.

HAWLICEK, Hilde, * 14. 4. 1942 in Wien, AHS-Lehrerin und SPÖ-Politikerin. Studierte in Wien Deutsch und Geschichte, promovierte 1964 zum Dr. phil. und arbeitete anschließend am Institut für höhere Studien auf dem Gebiet Politikwissenschaft. 1965–68 Erster Sekretär des „Ö. Jugendringes", unterrichtete 1968–71 an einem Realgymnasium. 1971–76 Mitglied des Bundesrates, wurde sie 1976 Abgeordnete zum Nationalrat und war in mehreren Ausschüssen tätig; H. ist auch Mitglied des Europarates. Seit 20. 1. 1987 Bundesminister für Unterricht und Kunst in der Koalitionsregierung Vranitzky–Mock.

HAYBERGER, Gotthard (auch Hayperger), * 17. 10. 1699 in Steyr (OÖ), † 7. 3. 1764 in Steyr, Baumeister. Mit seinen kontrastreichen Dekorationen ist er einer der bedeutendsten Baumeister des Übergangs vom Barock zum Rokoko. 1734 erbaute er den Pfarrhof von Molln (OÖ), 1744–50 gestaltete er den Bibliothekssaal des Stiftes St. Florian (OÖ), wobei er nur zu einem geringen Teil die Pläne Jakob Prandtauers (s. d.) verwirklichte. 1747 vollendete er den von Josef Munggenast (s. d.) 1719 begonnenen Bau des Stiftes Seitenstetten (NÖ). Nach seinem Tod wurde ab 1765 sein Plan des Rathauses von Steyr verwirklicht (1778 vollendet) und 1774 nach seinen alten Plänen die Stiftsbibliothek von Admont (St) vollendet.

HAYDINGER, Franz, * 21. 9. 1797 in Margareten bei Wien, † 15. 1. 1876 in Wien, Gastwirt, Bibliophiler und Sammler. Mit zwölf Jahren mußte er die Schule verlassen und in der Gaststätte seines Vaters mithelfen, die er ab 1822 selbst führte (Gasthaus „Zu den zwei weißen Krügeln", Gartengasse 18 in Wien 5). Als Autodidakt hatte er sich weitergebildet und im Laufe der Jahre eine 12000 Nummern umfassende Sammlung (überwiegend Bücher) angelegt, darunter die erste große Viennensia-Sammlung, die Werke über Geschichte, Theatergeschichte, Kostümkunde, aber auch Klassiker-Erstausgaben umfaßte. Da er auf Auktionen in ganz Europa seine Sammlung um Raritäten erweiterte, war er bald sehr bekannt und wurde in späteren Jahren von Experten des In- und Auslandes konsultiert. Seine Viennensia-Sammlung erwarb nach seinem Tod die Wiener Stadtbibliothek.

Rabenlechner, M. M.: F. H. Der Wirt von Margareten (1927)

JOSEPH HAYDN
Geburt der Wiener Klassik

Joseph Haydn. Gouache von J. Zitterer

„Junge Leute . . . werden an meinem Beyspiel sehen können, daß aus dem Nichts doch Etwas werden kann; was ich aber bin, ist alles ein Werk der dringendsten Not."

Joseph Haydn, Lebensskizze vom Jahre 1776

Dennoch äußerte er . . . an seinem 74ten Geburtstag: sein Fach sey gränzenlos: das, was in der Musik noch geschehen könnte, sey weit größer, als das, was schon darin geschehen sey; ihm schweben öfters Ideen vor, wodurch seine Kunst noch viel weiter gebracht werden könnte, aber seine physischen Kräfte erlauben es ihm nicht mehr, an die Ausführung zu schreiten."

G. A. Griesinger, Biographische Notizen über Joseph Haydn 1810

HAYDN, Joseph (Franz Joseph), * 31. 3. 1732 in Rohrau (NÖ), † 31. 5. 1809 in Wien, Komponist. Sein Vater war Wagnermeister und Landwirt, später Marktrichter von Rohrau. Schon von früher Kindheit an durch sein Aufwachsen als Chorknabe von St. Stephan mit der Musik eng verbunden, sah sich H. später als Kapellmeister der Fürsten Esterházy bald veranlaßt, Komponist zu werden. Damals war es Aufgabe des Kapellmeisters, seinem zumeist gleichbleibenden Zuhörerkreis immer wieder Neues zu bieten. Seiner einmaligen Genialität ist es zuzuschreiben, daß er aus der von ihm erwarteten „Unterhaltungsmusik" (der Divertimenti, Tafel- und Ständchenmusik) den bestehenden Instrumentalstil zur Vollendung führte, dem Streichquartett und der Symphonie neue Impulse gab. Zu diesem Zweck vergrößerte er die fürstliche Kapelle von 16 auf 30 Mann und erhielt so den für seine Vorstellungen erforderlichen Klangkörper. Die Höhepunkte seines Schaffens entstanden in seinem sechsten Lebensjahrzehnt, in das die beiden gewaltigen Oratorien „Die Schöpfung" und „Die Jahreszeiten" fallen. Von H. stammt auch die auf Auftrag komponierte ö. Kaiserhymne „Gott erhalte Franz, den Kaiser". H.s treuer Freund und Helfer, sein Kopist Florian Johann Elßler (s. d., Vater der weltberühmten Tänzerin Fanny E., s. d.), verfaßte 1805 das große Haydn-Verzeichnis (H. selbst hatte es 1765 als „Entwurf-Katalog" begonnen), das die Grundlage der H.-Forschung darstellt und auf dem das Hoboken-Verzeichnis basiert. – H.s Leichnam wurde zuerst in Wien begraben und 1820 in die Bergkirche von Eisenstadt übergeführt. Sein Schädel, der auf entwürdigende Weise vom Leichnam getrennt worden war und sich im Besitz des Musikvereins in Wien befand, wurde erst 1954 in Eisenstadt beigesetzt. H. wurde, vor Wolfgang Amadeus Mozart und Ludwig van Beethoven, mit seinem neuen Instrumentalstil der erste Meister der sogenannten Wiener Klassik. Sein äußerst umfangreiches Werk umfaßt 106 Symphonien, 83 Streichquartette, Divertimenti, Ouvertüren, 14 Messen, Klavier- und Violinsonaten, weit über 100 Baryton-Trios (Baryton, ein Cello-Vorläufer, Lieblingsinstrument des Fürsten Paul Anton Esterházy), Kantaten und Chöre, 24 (überwiegend italienische) Opern, 4 Oratorien, darunter „Die sieben Worte Christi am Kreuz" (1796), „Die Schöpfung" (1798) und „Die Jahreszeiten" (1801) und, weniger bekannt, das italienische Oratorium „Il ritorno di Tobia" (1775). Am 23. 12. 1983 wurde auf dem Dachboden eines Hauses in Nordirland ein bedeutendes H.-Autograph gefunden: Kyrie und ein Teil des Gloria der d-Moll-Messe aus dem Jahr 1768. Da diese Messe von H. in seinem Werktagebuch aufscheint, in das von ihm niemals Fragmente eingetragen wurden, nimmt man an, daß auch der Rest in Großbritannien vorhanden oder verschollen ist. H.s wichtigste Lebens- und Werkdaten: 31. 3. 1732: In Rohrau (NÖ) geboren (wahrscheinlich an diesem Tag; getauft am 1. 4.). – 1738: Er kommt nach Hainburg und bewirbt sich als Sängerknabe für St. Stephan in Wien. – 1740–49: Kapellenknabe von St. Stephan; erste Kompositionsversuche. – 1753–57: Schüler bei N. Porpora in Wien. – 1755: seine ersten Streichquartette entstehen. – 1759: Kapellmeister bei Karl Graf Morzin in Lukavec bei Pilsen (Böhmen). H. komponiert seine erste Symphonie. – 26. 11. 1760: Heirat mit Maria Anna Keller († 20. 3. 1800), der Tochter eines Friseurmeisters, die zeitlebens wenig Verständnis für sein

Schaffen aufbringt. – 1761: Zweiter Kapellmeister bei Fürst Paul Anton Esterházy (ab 1762 bei dessen Nachfolger Nikolaus Joseph E.). – 1764: In Paris werden die ersten Werke H.s gedruckt. – 1766: Erster Kapellmeister beim Fürsten Esterházy. – 1767: „Stabat mater". – 1772: „Abschiedssymphonie", 6 „Sonnenquartette". – 1777: die Oper „Il mondo della luna". – 1779: die Oper „La vera costanza"; H.s Symphonien werden in Frankreich aufgeführt. – 1781: die „russischen" Quartette. – 1782: „Mariazeller Messe". – 1785: H. wird Mitglied der Freimaurerloge „Zur wahren Eintracht". Er besucht Mozart in Wien. – 1790: (28. 9.) Nikolaus Joseph Fürst Esterházy stirbt, die Kapelle wird aufgelöst, H. erhält eine Pension und geht nach Wien; Begegnung mit Beethoven; erste Reise nach England (bis Juli 1792). – 1794: zweite Reise nach England. – 1796: Beginn der Arbeit an dem Oratorium „Die Schöpfung". – 1797: Die ö. Kaiserhymne „Gott erhalte Franz, den Kaiser" entsteht und wird am Geburtstag von Kaiser Franz II. am 12. Februar zum erstenmal öffentlich aufgeführt. – 1798: „Nelsonmesse"; (29. und 30. 4.) Uraufführung des Oratoriums „Die Schöpfung" im Palais des Fürsten Schwarzenberg in Wien. – 1799: Beginn der Arbeit an dem Oratorium „Die vier Jahreszeiten"; „Theresienmesse". – 24. 4. 1801: Uraufführung des Oratoriums „Die vier Jahreszeiten" im Palais des Fürsten Schwarzenberg in Wien; „Schöpfungsmesse". – 1802: „Harmoniemesse". – 1803: letztes (unvollendet gebliebenes) Streichquartett, op. 103. – 1805: Das von H.s Kopisten und Helfer Florian Johann Elßler erarbeitete „Verzeichnis aller derjenigen Compositionen, an welche ich mich erinnere . . ." erscheint. – 27. 3. 1808: H. zum letztenmal in der Öffentlichkeit bei einer Aufführung seiner „Schöpfung". – 31. 5. 1809: H. stirbt in Wien.

Kleine Auswahl aus der umfangreichen H.-Literatur, zahlreiche Werke auch in englischer Sprache erschienen: Gesamtausgabe seiner Werke, begonnen von E. Mandyczewski, H. Schultz, K. Päsler und M. Friedlaender 1907–32, fortgeführt von J. P. Larsen und H. C. R. Landon 1950–52, weitergeführt durch das J.-H.-Institut in Köln ab 1958. Hoboken, A. van: J. H., Thematisch-bibliographisches Werkverzeichnis, 2 Bde. (1957 und 1971). Kobald, K.: J. H. (1932); Koch, L.: J. H. (Bibliographie, 1932); Schmid, E. F.: J. H. (1934); Nowak, L.: J. H. (1951); Rutz, H.: H., Dokumente (1953); Jacob, H. E.: J. H. (1959); Geiringer, K.: J. H. (1959); J. H. in seiner Zeit, Ausstellungskatalog (1982); Landon; H. C. R.: J. H. (1982)

HAYDN, Michael (Johann Michael), * 14. (15.?) 9. 1737 in Rohrau (NÖ), † 10. 8. 1806 in Salzburg, Komponist. Jüngerer Bruder von Joseph H. (s. d.). Er dürfte ab 1745 wie Joseph H. Sängerknabe in St. Stephan in Wien gewesen sein, wurde 1757 Hofkapellmeister des Bischofs von Großwardein in Ungarn und 1763 „Hofmusicus und Concertmeister" des Fürstbischofs von Salzburg. 1788 schuf er die erste Komposition für einen Männerchor, wodurch er zum Begründer dieser „Gesanggattung" wurde. Als bedeutender Kirchenkomponist seiner Zeit setzte er die strenge musikalische Auffassung von Johann Joseph Fux (s. d.) fort, stand aber dennoch im Schatten seines Bruders und litt in seinen letzten Lebensjahren sehr unter der Zurücksetzung. Zu seinen Schülern zählen namhafte spätere Komponisten, wie etwa Carl Maria von Weber, Neukomm, Aßmayr und Diabelli. Sein musikalisches Schaffen umfaßt 32 lateinische Messen, 8 deutsche Messen (darunter „Hier liegt vor Deiner Majestät"), viele liturgische Stücke, 1 Oper, 46 Symphonien sowie Instrumentalwerke, Kammermusik, Orgelwerke.

Otter, G., Schinn, Fr. J.: Biographische Skizze von M. H. (1808); Jancik, H.: M. H. (1952)

HAYEK, August von, * 14. 12. 1871 in Wien, † 11. 6. 1928 in Wien, Botaniker. Sohn von Gustav von H. (* 21. 3. 1836 in Brünn, † 11. 1. 1911 in Wien), dem Pionier der Ornithologie in Ö., der 1877–93 ein vierbändiges „Handbuch der Zoologie" veröffentlicht hat. H. wurde nach seinem Studium in Wien Univ.-Prof. und veröffentlichte mehrere grundlegende Werke, darunter „Die Pflanzendecke Ö.-Ungarns" (1914) und „Allgemeine Pflanzengeographie" (1926).

HAYEK, Friedrich August von, * 8. 5. 1899 in Wien, Nationalökonom und Wirtschaftswissenschaftler, Nobelpreisträger. War im Ersten Weltkrieg Fähnrich bei der Artillerie und an der ö. Südfront eingesetzt. Studierte in Wien Jus und Staatswissenschaft, promovierte 1921 zum Dr. jur. und 1923 zum Dr. rer. pol. 1921–26 Staatsbeamter, 1923/24 Assistent an der Universität New York. 1927 gründete er das Ö. Institut für Konjunkturforschung, dem er bis 1931 als Direktor vorstand. 1929 Univ.-Dozent an der Universität Wien für Nationalökonomie, 1931–50 Prof. für Nationalökonomie an der London School of Economics. 1938 erhielt H. die britische Staatsbürgerschaft und promovierte 1944 zum D. sc. (economics). 1950–62 Prof. für Sozial- und Moralwissenschaften an der Universität Chicago, 1962–68 Prof. für Wirtschaftspolitik an der Universität Freiburg im Breisgau, 1970–74 Gastprof. für Nationalökonomie an der juridischen Fakultät der Salzburger Universität. Gemeinsam mit dem Schweden Gunnar Myrdal erhielt er 1974 den Nobelpreis für Wirtschaftswissenschaften in Anerkennung der „bahnbrechenden Arbeiten auf dem Gebiet der Geld- und Konjunkturtheorie und ihrer tiefgründigen Analysen der wechselseitigen Abhängigkeit von wirtschaftlichen, sozialen und institutionellen Verhältnissen". 1977 kehrte er nach Freiburg im Breisgau zurück, da er an der Salzburger Universität zuwenig Zustimmung fand. Von seinen mehr als 50 wissenschaftlichen Publikationen, durchwegs von H.s Neoliberalismus geprägt, sind zu nennen: „Geldtheorie und Konjunkturtheorie" (1929), „Preise und Produktion" (1931), „Der Weg zur Knechtschaft" (1945), „Individualismus und wirtschaftliche Ordnung" (1952) und „Die Verfassung der Freiheit" (1960), „Was der Goldwährung geschehen ist" (1965), „Theorie komplexer Phänomene" (1972).

Haydns Hammerflügel

HAYMERLE, Heinrich Karl Freiherr von (seit 1876), * 7. 12. 1828 in Wien, † 10. 10. 1881 in Wien, Diplomat und Staatsmann. Einer alten Adelsfamilie entstammend, studierte er an der Orientalischen Akademie in Wien. Nahm an der Oktoberrevolution 1848 aktiv teil, wurde gefangengenommen und entging nur durch Fürsprache Schwarzenbergs der kriegsgerichtlichen Erschießung. 1850 Dolmetschadjunkt in Konstantinopel, 1854 Dritter Dolmetsch, 1857 Legationssekretär in Athen, 1861 in Dresden, 1862 in Frankfurt am Main und 1864 ö. Geschäftsträger in Kopenhagen. Um die Beziehungen mit Dänemark nach dem Krieg wieder aufzubauen, wurde H. in dieser Position und im Wiener Außenministerium in den nächsten Jahren immer wieder eingesetzt. 1877 wurde er Botschafter in Rom und 1879 k. u. k. Außenminister. Er pflegte das enge Verhältnis zu Deutschland, brachte das Dreikaiserbündnis vom 18. 6. 1881 zwischen Ö.-Ungarn, dem Deutschen Reich und Rußland zustande und bereitete den Dreibund zwischen Ö.-Ungarn, dem Deutschen Reich und Italien tatkräftig vor, dessen Abschluß er aber nicht mehr erlebte. H. war ein ausgezeichneter Kenner des Orients und bemühte sich stets um die Aufrechterhaltung des Friedens im Orient.

Arneth, A. v.: H. Freiherr von H. (1882)

HAYNAU, Julius Jakob Freiherr von, * 14. 10. 1786 in Kassel (Hessen), † 14. 3. 1853 in Wien, Heerführer. Sohn des späteren Kurfürsten Wilhelm I. von Hessen-Kassel und der in Haynau geborenen Rosa von Lindenthal. Trat 1801 als Leutnant in ö. Dienste, bewährte sich im Feldzug von 1805 und wurde zum Hauptmann befördert. In den Napoleonischen Kriegen Major, 1830 Oberst, 1835 Generalmajor und Brigadier in Italien, 1844 Feldmarschalleutnant und Divisionär in Innerösterreich, 1845 Inhaber des Infanterieregiments Nr. 57. War 1847 Divisionskommandeur in Temesvár, wurde aber bald wegen Unverträglichkeit seines Postens enthoben. Als 1848 in Italien die Revolution ausbrach, stellte er sich freiwillig an die Spitze seines Regiments, wurde Kommandant in Verona und war an den Siegen der ö. Armee beteiligt. Wegen seines brutalen Vorgehens gegen die Aufständischen in Brescia erhielt er den Beinamen „Hyäne von Brescia". Im Mai 1849 wurde H. zum Feldzeugmeister befördert und mit dem Oberkommando in Ungarn betraut. Auch hier kämpfte er erfolgreich gegen die ungarische Revolutionsarmee und trug durch seinen Sieg am 9. 8. 1849 bei Temesvár wesentlich zur raschen Beendigung des Feldzugs bei. Seine Grausamkeit zeigte sich in den Hinrichtungen der Revolutionsführer am 6. Oktober 1849 („Arader Blutgericht"). Zum Befehlshaber der dritten Armee in Ungarn ernannt, geriet er durch seine Eigenmächtigkeiten immer stärker in Konflikt mit dem Ministerium und wurde 1850 zum Abschied aus der Armee veranlaßt.

Schönhals, K. v.: Biographie des Feldzeugmeisters H. (1875); Walter, F.: Von Windischgrätz über Welden zu H. (1959)

HAYPERGER, Gotthard, s. Hayberger

HEBBEL, Friedrich, * 18. 3. 1813 in Wesselburen (Holstein), † 13. 12. 1863 in Wien, Dramatiker. Der große deutsche Dramatiker war Wahlösterreicher, kam 1845 nach Wien und heiratete die Burgschauspielerin Christine Enghaus. In Hamburg beendete er seine ersten Dramen, „Judith" (1840), „Genoveva" (1841), in Paris „Maria Magdalene" (1844). Alle folgenden entstanden in Wien, so u. a.: „Herodes und Mariamne" (1848), „Agnes Bernauer" (1852), „Gyges und sein Ring" (1854), eine Nibelungen-Trilogie (1860) und das Fragment „Demetrius". Von ihm stammt der bekannte Ausspruch: „Dies Österreich ist eine kleine Welt, in der die große ihre Probe hält." H. bewahrte, unter Vorwegnahme der sozialen und existentiellen Thematik des modernen Theaters, den strengen Stil der klassischen Tragödie. 1865–68 erschienen seine „Sämtlichen Werke" (12 Bde.), denen noch zahlreiche historisch-kritische Ausgaben folgten. 1877 veröffentlichte sein Freund E. Kuh H.s Biographie (2 Bde.).

HEBERDEY, Rudolf, * 10. 3. 1864 in Ybbs an der Donau (NÖ), † 7. 4. 1936 in Graz, Archäologe und Epigraphiker. Studierte in Wien, leitete 1898–1913 die erfolgreichen ö. Ausgrabungen in Ephesos und war 1904–09 Direktor des ö. archäologischen Instituts in Athen, anschließend Prof. an den Universitäten Innsbruck und Graz.

HEBRA, Ferdinand Ritter von (seit 1877), * 7. 9. 1816 in Brünn, † 5. 8. 1880 in Wien, Dermatologe. Da ihn sein Vater erst spät legitimierte, scheint er noch als Student unter dem Namen seiner Mutter, Schwarzmann, auf. Nach Schulbesuchen in Judenburg (St) und in Graz studierte er Medizin in Wien und promovierte 1841. Mit seinem 1842 veröffentlichten Werk „Geschichtliche Darstellung der größeren chirurgischen Operationen" machte er erstmals auf sich aufmerksam. H. beschäftigte sich intensiv mit Hautkrankheiten und wurde zum Begründer der Dermatologie in Lehre und Forschung. 1845 errichtete er eine eigene Abteilung für Hautkranke im Allgemeinen Krankenhaus, deren Leitung er übernahm. 1849 a. o. Prof. und 1869 o. Prof. für Dermatologie an der Universität Wien. Auf Studienreisen erforschte er die Lepra. 1856–76 veröffentlichte die Akademie der Wissenschaften seinen umfangreichen „Atlas der Hautkrankheiten". H. gab der Lehre von den Hautkrankheiten eine wissenschaftliche Grundlage und schuf ihre Terminologie, führte die Wasserbettbehandlung ein und entdeckte den Erreger der Krätze.

FRIEDRICH HEBBEL

Der Untergang als dramatische Notwendigkeit

„Auch Hebbel hat als Dichter und Denker diese Weltansicht verkörpert: der Mensch ist schon durch seine Existenz ein tragisches Geschöpf, jedes Individuum bedeutet eine Trennung von der Idee; es muß zerstört werden, um wieder in die Idee aufzugehen. Dieses düstere Thema hat Hebbel unermüdlich variiert, theoretisch in seinen Abhandlungen, praktisch in seinen Dramen."

Egon Friedell

Ferdinand von Hebra. Lithographie von Eduard Kaiser (1856)

HECHT, Robert, * 9. 3. 1881 in Wien, † 30. 5. 1938 im KZ Dachau, Jurist, Staatsbeamter. Nach der Matura 1899 nahm er den evangelischen Glauben an, da ihm die jüdische Religionszugehörigkeit den angestrebten Eintritt in den Staatsdienst verwehrt hätte. 1900 begann er sein Jusstudium an der Universität Wien und promovierte 1905. Anschließend trat er in den Staatsdienst und begann seine Laufbahn als Rechtspraktikant am Bezirksgericht Wien-Leopoldstadt. 1911 Richter in Bad Ischl, rückte als Leutnant 1914 ein und wurde nach fünfmonatigem Frontdienst zum Militärgericht abkommandiert. Zuletzt Hauptmann-Auditor im Kriegsministerium. In diesem Ministerium 1925 Sektionschef, Leiter des Rechtsbüros des Heeresministeriums und Berater und Vertrauter des Heeresministers Carl Vaugoin. Mit dem Ausscheiden dieses Ministers verließ auch H. das Ministerium und wurde vom Bundespräsidenten zum Vizegouverneur des Postsparkassenamtes ernannt. Schon seit 1932 war er juridischer Berater des Bundeskanzlers Dr. Engelbert Dollfuß und dessen Vertrauter. Auf seinen Rat hin wurde das Kriegswirtschaftliche Ermächtigungsgesetz aus dem Jahr 1917 (formell noch nicht aufgehoben) zur Basis des Regierens mit Notverordnungen und diente zur Sanktionierung des autoritären Regimes. (Vom 7. 4. 1933 bis 30. 4. 1934 wurden so 466 Notverordnungen von der Regierung erlassen.) An der Formulierung der „Verfassung 1934" mitbeteiligt, hatten noch zwei Gesetze des Ständestaates H. zum Autor: das Bundesgesetz über die Vaterländische Front und das Bundesdienstpflichtgesetz. Nach dem Tod von Karl Buresch wurde H. 1936 Leiter des Postsparkassenamtes, ohne den Titel Gouverneur zu erhalten. Am 12. 3. 1938 von den nationalsozialistischen Machthabern verhaftet, wurde er bereits mit dem ersten Transport, am 1. April, nach Dachau deportiert.

Huemer, P.: Sektionschef R. H. und die Zerstörung der Demokratie in Ö. (1975)

HEER, Friedrich, * 10. 4. 1916 in Wien, † 18. 9. 1983 in Wien, Historiker und Kulturkritiker. Promotion 1938, danach Kriegsdienst und Widerstandstätigkeit. 1949–61 Redakteur der Wochenzeitschrift „Die Furche" sowie Mitherausgeber der Zeitschrift „Neues Forum", ab 1961 Chefdramaturg am Wiener Burgtheater sowie Prof. für Geistesgeschichte des Abendlandes an der Universität Wien. 1949 Preis der Stadt Wien, 1977 Ehrenkreuz für Wissenschaft und Kunst. Von seinen zahlreichen Publikationen seien erwähnt: „Der Aufgang Europas", 2 Bde. (1949), „Europäische Geistesgeschichte" (1953), „Europa, Mutter der Revolutionen" (1964), „Der

Glaube des Adolf Hitler" (1968), „Scheitern in Wien" (1974), „Europa unser" (1977) und „Karl der Große und seine Welt" (1978).

HEIDER, Gustav Freiherr von, * 15. 10. 1819 in Wien, † 15. 3. 1897 in Wien, Jurist und Kunstwissenschaftler. Studierte in Wien Jus und trat 1842 als Adjunkt an der Bibliothek der Akademie der bildenden Künste seinen Dienst an. H. befaßte sich in erster Linie mit der mittelalterlichen Symbolik und machte schon 1849 mit seinem Buch „Über Tiersymbolik und das Symbol des Löwen in der christlichen Kunst" auf seine Qualitäten aufmerksam. Mit Eitelberger (s. d.) und Hieser gab er 1855 und 1860 „Mittelalterliche Kunstdenkmale des ö. Kaiserstaates" (2 Bde.) heraus, 1855 „Die romanische Kirche in Schöngrabern". Er regte die „Mitteilungen" der Kommission zur Erhaltung und Erforschung der Baudenkmäler an und redigierte deren Jahrbuch 1857–63. 1863 Kunstreferent im Staatsministerium, 1867 Ministerialrat im Unterrichtsministerium, 1873 Sektionschef, 1866–73 war er Präsident der Akademie der Wissenschaften.

HEIGERLEIN, Johann, s. Fabri

HEILINGSETZER, Eduard, * 12. 7. 1905 in Wien, Jurist und ÖVP-Politiker. 1960–61 Finanzminister, ab 1961 bis zu seiner Pensionierung Sektionschef im Finanzministerium.

HEILLER, Anton, * 15. 9. 1923 in Wien, † 25. 3. 1979 in Wien, Organist und Komponist. Studierte an der Wiener Musikakademie, wo er bereits ab 1945 eine Orgelklasse leitete. 1971 Prof. an der Hochschule für Musik. H. war auch Dirigent. Komponierte vor allem geistliche Musik, u. a.: 10 Messen, Kantaten, Motetten, Psalmenvertonungen, ein Kammeroratorium, Partiten und Sonaten für Orgel, ein Orgelkonzert.

HEINE, Albert, * 16. 11. 1867 in Braunschweig, † 13. 4. 1949 in Westerland (Insel Sylt), Schauspieler. Trat nach seiner Ausbildung an mehreren deutschen Bühnen auf und war 1900–05 am Wiener Burgtheater. Von 1910 an arbeitete er hier ständig und war ebenso als Regisseur, 1918–21 auch als Direktor tätig. 1914–37 daneben auch Prof. an der Wiener Akademie für Musik und darstellende Kunst. Ab 1936 war H. Ehrenmitglied des Wiener Burgtheaters.

HEINL, Eduard, * 9. 4. 1880 in Wien, † 10. 4. 1957 in Wien, christlichsozialer und ÖVP-Politiker. Kam schon in jungen Jahren zur Christlichsozialen Partei und war 1919–34 und 1945–49 Abgeordneter zum Nationalrat. 1920/21 und 1930–32 Handelsminister, 1926–38 Präsident der RAVAG (= Radio Verkehrs AG). 1945 Staatssekretär und 1946–48 Bundesminister für Handel und Wiederaufbau. Ab 1948 Vorsitzender des Aufsichtsrats der Creditanstalt-Bankverein. Außerdem war H. Präsident der Liga für die Vereinten Nationen und des Donaueuropäischen Instituts.

HEINRICH, Herzog von Kärnten, † 5. 10. 989. 976 hatte Kaiser Otto II. das Herzogtum Kärnten errichtet (das erste auf ö. Boden) und dem Luitpoldinger Heinrich, einem Sohn Herzog Bertholds von Bayern, übertragen. Der Kaiser hatte damit die Macht des Bayernherzogs Heinrichs II. des Zänkers empfindlich geschmälert, weshalb dieser nach dem Tod H.s das Herzogtum (bis 995) wieder an sich brachte. Das Herzogtum entstand durch die Abtrennung der bayerischen Südostgebiete (Karantanien, die Marken Friaul, Verona, Istrien und Krain).

HEINRICH VI., Herzog von Kärnten, Graf von Tirol, König von Böhmen, * um 1270, † 2. 4. 1335 auf Schloß Tirol bei Meran (Südtirol). Jüngster Sohn Graf Meinhards II. von Görz-Tirol (s. d.). 1295 übernahm er gemeinsam mit seinen Brüdern Otto und Ludwig die Regierung in Tirol und in Kärnten. Anfangs eng mit den Habsburgern verbunden, wandte er sich den Přemysliden zu und heiratete 1306 Anna, die Tochter König Wenzels II. von Böhmen. Nach der Ermordung König Wenzels wurde er gegen den massiven Widerstand Habsburgs am 15. 8. 1307 zum König von Böhmen gewählt, aber schon im Dezember 1310 von Johann, dem Sohn des deutschen Königs Heinrich II., vertrieben. Ab 1310 war er Alleinherrscher in seinen Erbländern, konnte aber seine Finanzen nicht ordnen, obwohl ihm kleinere territoriale Zuwächse gelangen. Im deutschen Thronstreit nahm er eine recht wechselvolle Haltung ein, vermittelte aber 1325 den Vergleich zwischen den Häusern Habsburg und Wittelsbach. Mit ihm starb das Geschlecht im Mannesstamm aus, so daß Kaiser Ludwig IV. das Herzogtum Kärnten am 2. 5. 1335 den Habsburgern verlieh. Seine Tochter aus der zweiten Ehe mit Adelheid von Braunschweig-Lüneburg, Margarete (Maultasch) (s. d.), erhielt das nördliche Tirol.

HEINRICH, Herzog von Mödling, * 1158 in Wien (?), † 1223. Jüngerer Sohn Herzog Heinrichs II. Jasomirgott (s. d.), dem der ältere Bruder Leopold (V.) (s. d.) die Herrschaft Mödling überlassen hatte. Nach dem Tod des Vaters verwüsteten die Brüder in der zweiten Jännerhälfte 1177 bei einem Einfall in Mähren die Provinzen Olmütz und Brünn. Am 1. 7. 1179 heiratete H. Richeza (Richza), die Tochter des Böhmenkönigs Wladislaw II. Um 1180 ist H. als Vogt des bayerischen Klosters St. Emmeram (Regensburg) nachweisbar. 1197 begleitete er Heinrich VI. auf dem Kreuzzug. H. war ein Gönner von Walther von der Vogelweide (s. d.) und brachte Mödling zu einer großen Blüte. (Diese Nebenlinie der Babenberger starb mit dem Sohn H.s, Heinrich d. J., 1236 aus.)

Lechner, K.: Die Babenberger (1976); 1000 Jahre Babenberger in Ö. Ausstellungskatalog (1976)

HEINRICH I. der Starke, Markgraf von Ö., * 994, † 23. 6. 1018 in Melk (?), Sohn und Nachfolger Markgraf Leopolds I., bei dem er schon Mitregent war. Durch zwei Kriegszüge gegen den Polenherzog Boleslaw Chroby 1015 sicherte er die Nordgrenze seines Machtbereichs und vergrößerte seine Mark bis zur Thaya, nachdem er bereits 1002 von König Heinrich II. Ländereien zwischen Dürrer Liesing, Triesting, Kamp und March geschenkt erhalten hatte – die erste belegbare Königsschenkung an eine nicht der Kirche angehörende Person.

Lechner, K.: Die Babenberger (1976); 1000 Jahre Babenberger in Ö. Ausstellungskatalog (1976)

Heinrich II. Jasomirgott, Markgraf (später Herzog) von Ö. Herzog von Bayern, * 2. 4. 1114 in Klosterneuburg bei Wien, † 13. 1. 1177 in Wien, zweiter Sohn aus der zweiten Ehe Markgraf Leopolds III. (s. d.) mit Agnes, der Tochter Kaiser Heinrichs IV. Ende April 1140 mit der Pfalzgrafschaft bei Rhein belehnt, mußte er auf diese verzichten, als er Nachfolger seines früh verstorbenen jüngeren Bruders (Leopold IV. hatte vorher die Nachfolge des Vaters angetreten) am 18. 10. 1141 wurde (Leopold war seit 1139 durch den Streit der Welfen mit dem staufischen Königshaus auch Herzog von Bayern.) Im Mai 1142 heiratete H. Jasomirgott Gertrud, die Witwe Herzog Heinrichs des Stolzen von Bayern und Erbtochter Kaiser Lothars I. Diese Heirat war ein Beschluß des Frankfurter Fürstentages, der damit hoffte, die Differenzen zwischen Welfen und Staufern beilegen zu können, denn Gertruds minderjähriger Sohn (Heinrich der Löwe) hatte auf Bayern verzichtet und dafür das Herzogtum Sachsen erhalten. Mitte Jänner 1143 belehnte König Konrad III. H. mit dem Herzogtum Bayern. Gertrud starb nach der Geburt der Tochter Richardis am 18. 4. 1143, wodurch die Welfenpartei erneut aktiv wurde und die Zuerkennung des Herzogtums Bayern an Gertruds Sohn Heinrich forderte. 16 Jahre zogen sich die Differenzen zwischen Welfen und Staufern hin, in die der Babenberger mit einbezogen war. Im Sommer 1148 heiratete H. Theodora Komnena, die 15jährige Nichte des byzantinischen Kaisers, was dem Babenberger einen gewaltigen Prestigegewinn einbrachte. Nach dem Tod König Konrads III., eines Halbbruders H.s, wurde am 4. 3. 1152 Friedrich (Barbarossa) von Schwaben (Neffe Konrads und somit auch Neffe zu H.) zum König gewählt. Auch die Verhandlungen zwischen Onkel und Neffe dauerten lange, bis H. am 8. 9. 1156 durch seinen Verzicht auf das Herzogtum Bayern die Umwandlung der Markgrafschaft Ö. in ein Herzogtum erreichte. Das am 17. 9. 1156 ausgestellte Privilegium minus ist die erste schriftlich abgefaßte Belehnung durch einen deutschen König und enthält vorher nie gewähr-

Heinrich II. Jasomirgott. Glasfenster im Brunnenhaus des Stiftes Heiligenkreuz (13. Jh.)

te Freiheiten, die das Herauswachsen Ö.s aus dem Verband des Deutschen Reichs ermöglichte. Um diese Zeit verlegte H. seine Residenz von Klosterneuburg in die neuerrichtete Burg Am Hof in Wien. Überhaupt förderte er Wien sehr intensiv, legte 1147 den Grundstein zur Stephanskirche und gründete 1158 das Schottenstift. Im langen Streit zwischen Kaiser Friedrich I. Barbarossa und dem Papst unterstützte er die Politik des Kaisers, geriet aber selbst mit seinen Nachbarn in schwere Auseinandersetzungen. Mit der Steiermark, Ungarn und Böhmen kam es immer wieder zu Differenzen. Mit Ungarn wohl wegen seiner Verwandtschaft zum Königshaus, mit Böhmen aber wegen seiner Rodungsanordnung im Waldviertel und im angrenzenden Nordwald im Mühlviertel. Herzog Sobieslaw II. von Böhmen war mehrmals in Ö. eingefallen, und H. reagierte mit Gegenangriffen. Bei einer solchen Aktion brach er am 29. 11. 1176 mit seinem Pferd auf einer morschen Brücke ein und zog sich einen Schenkelbruch zu, an dessen Folgen er am 13. 1. 1177 in Wien starb. Die ihm später zugedachte Beifügung „Jasomirgott“ stammt nicht von der ihm nachgesagten Redewendung „Ja so mir Gott helfe“, die nicht nachzuweisen ist, sondern eher von einer arabischen Bezeichnung, die er 1147 aus dem Kreuzzug mitbrachte. Nachweisbar ist, daß sie aus dem 14. Jh. stammt und ursprünglich „Jochsamergott“ hieß.

Lechner, K.: Die Babenberger (1976); 1000 Jahre Babenberger in Ö., Ausstellungskatalog (1976); Kleindel, W.: Österreich – ein Herzogtum (1981)

HEINRICH der Grausame, * (?), † Ende 1228 (?). Zweiter Sohn des Babenbergers Herzog Leopold VI. Vermählte sich am 29. 11. 1225 mit Agnes, der Tochter des Landgrafen Hermann von Thüringen und Schwägerin der hl. Elisabeth – zur gleichen Zeit heiratete seine Schwester Margarete den deutschen König Heinrich VII. Während H.s Vater Leopold VI. (s. d.) als Vermittler zwischen Kaiser Friedrich II. und Papst Gregor IX. in Italien tätig war, unternahm H. im Frühjahr 1226 einen Aufstand gegen seinen abwesenden Vater, bemächtigte sich der Burg Hainburg (NÖ) und vertrieb seine Mutter Theodora. Der heimgekehrte Vater stellte die Ruhe bald wieder her, doch dürfte H. noch mehrere Anschläge gegen ihn unternommen haben.

Lechner, K.: Die Babenberger (1976); 1000 Jahre Babenberger in Ö. Ausstellungskatalog (1976)

HEINRICH der Teichner, * um 1310, † um 1375, Spruchdichter. Dürfte aus Kärnten stammen und lebte zeitweilig in Wien. Seine über 700 Spruchgedichte in mittelhochdeutscher Sprache sind zwischen 1350 und 1377 entstanden und sind Lehrgedichte in Reimpaaren, in denen er sich gegen die Auswüchse des Ritterlebens wandte. Für die Sittengeschichte des 14. Jh.s sind sie eine wichtige Quelle und wirkten auf die nachfolgende bürgerliche Spruchdichtung.

HEINRICH der Vogeler, Fahrender, mittelhochdeutscher Dichter aus Tirol. Im höfischen Stil verfaßte er teilweise bzw. bearbeitete er um 1280 „Dietrichs Flucht“ und „Rabenschlacht“.

HEINRICH von Bozen, * um 1250, † 10. 6. 1315 in Treviso (Italien). War ein Taglöhner in Bozen und soll ein heiligmäßiges Leben geführt haben. Wurde später seliggesprochen. Einige seiner Reliquien befinden sich seit 1759 in Bozen, wo 1870 eine Kirche zur Aufbewahrung dieser Reliquien errichtet wurde.

HEINRICH von Burgeis, war vermutlich ein Franziskanermönch aus Brixen oder Bozen, der um die Wende des 13. zum 14. Jh. gelebt hat. Überliefert ist sein zu Anfang des 14. Jh.s entstandenes Lehrgedicht „Der Seele Rat“, eine Predigt, die die Sünden und ihre Vergebung zum Inhalt hat.

HEINRICH von dem Türlin, mittelhochdeutscher Dichter aus K. Er verfaßte nach 1215 den Versroman „Der Aventiure Crône“ (Der Abenteuer Krone), in dem er, ganz im Stil der höfischen Kunstsprache, die vielfältigen Abenteuer des Artus-Ritters Gawan schildert. H.s Versroman „Der Mantel“, von dem nur der Anfang erhalten ist, ist eine Bearbeitung der Sage von dem Zaubermantel, der lediglich einer keuschen Frau paßt.

HEINRICH von Kempen (auch Heinrich Findelkind). War Knecht und gründete 1385 das Hospiz St. Christoph am Arlberg (T). Bereits im ersten Winter des Bestehens der Herberge rettete er mit einem Helfer sieben Menschen das Leben. Kurz zuvor hatte er die St.-Christophorus-Bruderschaft gegründet. Auf seinen sommermonatigen Wanderfahrten durch halb Europa gewann er viele Gönner für seine karitative Tätigkeit. Das 1395 angelegte „Bruderschaftsbuch“ (heute im Haus-, Hof- und Staatsarchiv in Wien) ist eine besonders kostbare und auch eindrucksvolle Dokumentation der Heraldik, da sich in ihm die Gönner mit Wappen und Siegel zu den versprochenen Zahlungen verpflichteten.

HEINRICH von Langenstein (eigtl. Heymbuch oder Hembuche, auch Heinrich von Hessen d. Ä.), * 1325 in Hessen, † 11. 2. 1397 in Wien, Gelehrter und Kirchenschriftsteller. Er war Scholastiker, Astronom, Kirchen- und Staatspolitiker sowie Univ.-Prof. in Paris und in Prag. Als Anhänger Papst Urbans VI. mußte er nach dem Schisma Prag verlassen. Schon 1379 hatte er in seinem Friedensbrief „Epistola pacis“ die konziliare Theorie vertreten, daß notfalls ein Generalkonzil auch von weltlichen Fürsten berufen werden und über dem Papst stehen könnte. Herzog Albrecht III. (s. d.) berief ihn 1384 nach Wien, wo er für die junge, 1365 gegründete Universität wesentliche Aufbauarbeit leistete. Durch seine Gelehrsamkeit verschaffte er ihr auch rasch einen besonderen Ruf und war 1393/94 Rektor. H. verfaßte mehrere theologische und naturwissenschaftliche Schriften.

Lang, P. J.: Die Christologie bei H. v. L. (1966)

HEINRICH von Melk, frühmittelhochdeutscher Dichter und Satiriker. Vermutlich entstammte er einem ritterlichen Geschlecht und dürfte aus Überdruß am weltlichen Leben als Laienbruder in das Kloster Melk (NÖ) eingetreten sein. Um 1160 verfaßte er zwei geistliche Dichtungen, „Erinnerung an den Tod" und „Pfaffenleben", in denen er mit schonungsloser Schärfe und den Mitteln der Satire deutlich kluniazensische Reformgedanken vertrat. Gleichermaßen prangerte er die Mißstände des Klerus und des Rittertums an und vermittelte einen Einblick in das Kulturleben des 12. Jh.s.

HEINRICH von Neustadt, mittelhochdeutscher Epiker, stammte aus Wiener Neustadt. 1312 ist er in Wien als Arzt nachweisbar. Entweder vor 1291 oder nach 1312 verfaßte er den Versroman „Apollonius von Tyrland". Das umfangreiche Werk hat etwa 21000 Verse und ist eine wahrscheinlich nach einer lateinischen Vorlage vorgenommene Bearbeitung des spätgriechischen Liebesromans „Appolonius von Tyrus". Außerdem stammt von ihm das Lehrgedicht „Von Gotes Zuokunft" (Von Gottes Zukunft) in 8000 Versen, das die Wiederkehr Gottes zum Inhalt hat. Eine der hierfür benützten Vorlagen dürfte der „Anticlaudianus" des Alanus ab Insulis sein. (Entsprechend der alten Schreibweise finden wir H.s Namen auch als Heinrich von Neuenstadt.)

HEINRICH, Walter, * 11. 7. 1902 in Haida (Nordböhmen), † 25. 1. 1984 in Graz, Volkswirtschaftler. Studierte an der Universität Wien Staatswissenschaften und promovierte 1925 zum Dr. rer. pol. 1928 habilitierte er sich und wurde 1933 Prof. an der Hochschule für Welthandel. Gehörte dem engsten Kreis um Othmar Spann (s. d.) an und hatte ab 1929 Verbindung zur Heimwehr, für die er viele Vorträge über Staat, Wirtschaft und berufsständische Ordnung hielt und mehrere Broschüren verfaßte. In beratender Funktion war er 1929/30 Generalsekretär der Bundesführung. 1938 vom Lehramt suspendiert, war er eineinhalb Jahre im Konzentrationslager Dachau in Einzelhaft, danach 1941–45 Prokurist eines Wiener Industriekonzerns. 1949–72 wieder Prof. an der Hochschule für Welthandel, Mitbegründer der „Ö. Volkswirtschaftlichen Gesellschaft" und Gründer des Instituts für Gewerbeforschung. Neben vielen wissenschaftlichen Veröffentlichungen gab er die 21bändige Gesamtausgabe der Werke von Othmar Spann heraus. Von den Heimwehrbroschüren wurden bekannt: „Staat und Wirtschaft" und „Gegen den Parteienstaat, für den Ständestaat" (beide 1929, letztere unter dem Pseud. Reinald Dassel).

Pichler, J. H. (Hrsg.): W. H. zum 70. Geburtstag (1973); Wiltschegg, W.: Die Heimwehr (1985)

HEINTEL, Kurt, * 24. 11. 1924 in Wien, Schauspieler. Verbrachte seine Jugend in Berlin und absolvierte nach der Matura die Schauspielschule bei Gustaf Gründgens. 1945–48 beim Sender Rot-Weiß-Rot und am Landestheater in Salzburg tätig, ist er seit 1948 im Theater in der Josefstadt als Charakterdarsteller engagiert.

HEINTSCHEL-HEINEGG, Hanns Georg, * 5. 9. 1919 in Kněžitz (Böhmen), † 5. 12. 1944 in Wien hingerichtet, Dichter und Widerstandskämpfer. Schrieb religiöse und patriotische Lyrik in humanistischem Geist und war ein enger Mitarbeiter in der Widerstandsgruppe des Klosterneuburger Chorherrn Roman Karl Scholz (s. d.). Als diese Gruppe verraten wurde, verhaftete man auch ihn.

Luža, R.: Der Widerstand in Ö. 1938–1945 (1983)

HEISS, Berta, * 13. 1. 1875 in Wien, † 27. 5. 1948 in Wien, Fürsorgerin und Ordensstifterin. War ursprünglich als Fürsorgerin in Wien tätig und gründete 1919 die „Schwesternvereinigung von der hl. Agnes". Die religiöse, aber nicht klösterliche Vereinigung der „Agnesschwestern" hatte die Aufgabe, das Laienapostolat in Form von Familienpflege, Seelsorgehilfe, Kinder- und Jugendfürsorge sowie weitere karitative Arbeit auszuüben. H. gab für den Orden auch ein eigenes Organ, den „Liliengarten", heraus.

HEISTER, Siegbert Graf (seit 1692), * 1646 in Kirchberg an der Raab (St), † 22. 2. 1718 auf seinem Gut in Kirchberg, Heerführer. Entstammte einem alten, in der Steiermark begüterten Geschlecht; sein Vater, Gottfried Freiherr von H., war Vizepräsident des Hofkriegsrats und Feldzeugmeister. 1664 als einfacher Soldat in das Heer eingetreten, war H. 1683 bei der Belagerung Wiens durch die Türken bereits Oberst und Regimentsinhaber. Als Generalfeldwachtmeister verteidigte er 1690 Siebenbürgen gegen Tököly und wurde 1692 in den Grafenstand erhoben und zum Feldmarschalleutnant befördert. 1695 General der Kavallerie, kommandierte er 1697 erfolgreich den rechten Flügel in der Schlacht bei Zenta. 1703 Vizepräsident des Hofkriegsrats und Kommandant von Tirol,

Siegbert Graf Heister. Schabblatt von Christoph Weigel

harmonierte er wenig mit den Ständen und wurde noch im November seines Kommandos enthoben. 1704 Feldmarschall, setzte er durch seinen Sieg bei Tyrnau am 13. 6. dem Aufstand in Ungarn ein Ende, verhielt sich aber unnötig grausam und wurde 1705 abberufen. 1708 abermals in Ungarn eingesetzt, siegte er am 4. 8. bei Trentschin und befehligte als Siebzigjähriger 1716 die gesamte Infanterie gegen die Türken. 1717 mußte er jedoch das Heer krankheitshalber verlassen.

Broucek, P.: Die Kuruzzeneinfälle in Niederösterreich und in der Steiermark 1703–1709, Militärhistor. Schriftenreihe 55 (1985)

HELFERT, Joseph Alexander Freiherr von (seit 1854), * 3. 11. 1820 in Prag, † 16. 3. 1910 in Wien, Historiker und konservativer Politiker. War nach seinem Studium Prof. in Tachau (Böhmen), später Univ.-Prof in Wien. 1848/49 Reichsratsmitglied, 1848–60 Unterstaatssekretär, 1860–65 Leiter der Kultus- und Unterrichtsabteilung im Staatsministerium. 1881 zum Mitglied des Herrenhauses auf Lebenszeit ernannt. H. vertrat eine föderalistische, slawenfreundliche Politik und ließ während seiner Amtszeit eine Reorganisation des Schulwesens durchführen. Große Verdienste erwarb er sich als Historiker durch das von ihm 1854 gegründete Institut für Ö. Geschichtsforschung und die 1892 erfolgte Gründung der Leo-Gesellschaft. Von seinen wichtigsten Werken sind zu erwähnen: „Geschichte Ö.s vom Ausgange des Wiener Oktoberaufstandes 1848", 4 Bde. (1869–86), „Die ö. Volksschule", 2 Bde. (1859–61), „Die Wiener Journalistik im Jahre 1848" (1877), „Der Wiener Parnaß im Jahre 1848" (1882), „Geschichte der ö. Revolution im Zusammenhang mit der mitteleuropäischen Bewegung 1848/49", 2 Bde. (1907–09).

HELL, Maximilian, * 13. (oder 30.) 5. 1720 in Schemnitz (Ungarn), † 14. 4. 1792 in Wien, Jesuit, Mathematiker und Astronom. Sein Vater war Mathematiker; ihm unterstanden alle Wassermaschinen der Bergwerke von Schemnitz. H. trat 1738 in Neusohl (Ungarn) in den Jesuitenorden ein, studierte in Wien Philosophie, Mathematik und Astronomie und wurde 1751 zum Priester geweiht. 1752–54 für den Orden in Neusohl und Klausenburg als Lehrer tätig, erhielt er 1753 den Dr. phil. zuerkannt. 1755 berief ihn Maria Theresia an die Universität Wien, wo er die neuerrichtete Univ.-Sternwarte zu europäischem Rang erhob. 1757 wurde der Lehrstuhl für Mathematik errichtet, dessen erster Professor H. wurde. Die Jahre 1767–70 verbrachte H. auf Einladung des dänischen Königs im nordischen Eismeer, um astronomische Beobachtungen durchführen zu können. H. veröffentlichte von der wissenschaftlichen Welt anerkannte Arbeiten über die Strahlenbrechung, das Nordlicht, Ebbe und Flut und das Eismeer.

HELLER, André (Franz), * 22. 3. 1947 in Wien, Schriftsteller, Entertainer, Liedermacher. Entstammt einer Wiener Fabrikantenfamilie und hat in seinem Paß als Berufsbezeichnung „Poet" stehen. Zunächst durch seine Lieder bekannt geworden, gründete er 1976 mit Bernhard Paul den „Cirkus Roncalli" und schuf 1981 das Varieté-Stück „Flic-Flac". H. organisiert neuerdings aufwendige Spektakel von großer Publikumswirksamkeit, so 1983 in Lissabon sein nach barocken Vorbildern gestaltetes Feuertheater („Teatro del fuego"), das er am 9. 7. 1984 in West-Berlin mit großem Erfolg wiederholte, oder 1986 seine Luftspiele mit vielgestaltigen Ballons.

HELLER, Gustav, * 14. 11. 1857 in Sazau (Böhmen), † 7. 9. 1937 in Wien, Fabrikant. Gemeinsam mit seinem Bruder Wilhelm gründete er 1890 in Wien eine Schokoladen- und Zuckerwarenfabrik, die sehr bald Weltruf erreichte. H. war auch k. u. k. Hof- und Kammerlieferant und in seiner Standesvertretung als Präsident tätig; wurde später Vizepräsident des „Office International du Cacao et du Chocolat" in Brüssel.

HELLER, Johann Florian, * 4. 5. 1813 in Iglau (Mähren), † 21. 11. 1871 in Wien, Arzt und Chemiker. Studierte in Wien Medizin und Chemie und wurde Univ.-Prof. 1844 gründete er das Archiv für physiologische und pathologische Chemie und Mikroskopie und führte die Harnuntersuchung auf Eiweiß und Zucker ein.

HELLMANN, Alois Philipp, * 19. 4. 1841 in Olbersdorf (Ö.-Schlesien), † 29. 5. 1903 in Wien, Apotheker und Journalist. Nach seiner Ausbildung arbeitete er in Apotheken in Graz und Wien und gründete 1868 die Fachzeitschrift „Pharmazeutische Post", die rasch Ansehen gewann. Ab 1869 gab er den „Pharmazeutischen Almanach" heraus.

HELLMER, Edmund Ritter von (seit 1912), * 12. 11. 1850 in Wien, † 9. 3. 1935 in Wien, Bildhauer. War Lehrling bei seinem Onkel, dem Bildhauer Josef Schönfeld, und begann 1866 mit dem Studium an der Akademie der bildenden Künste.

„Flic-Flac" von André Heller, aufgeführt in der Secession. Juni 1981

Bereits 1869 trat er in München mit eigenen Arbeiten an die Öffentlichkeit. 1882–1922 Prof. an der Akademie der bildenden Künste in Wien, war er auch mehrmals deren Rektor und Prorektor. H. schuf eine Vielzahl von Skulpturen für fast alle offiziellen Ringstraßenbauten und zahlreiche Denkmäler, so etwa das Türkenbefreiungsdenkmal im Stephansdom (1882, 1894 vollendet, 1945 zerstört), Goethe-Denkmal (1900) und das Johann-Strauß-Denkmal im Stadtpark (1923). Stilistisch arbeitete er nach klassizistischen Anfängen in barocker Tradition, seine späte Schaffenszeit ist jedoch von einer genremäßigen Auffassung gekennzeichnet.

HELLMESBERGER, Georg, * 24. 2. 1800 in Wien, † 16. 8. 1873 in Neuwaldegg bei Wien, Geiger und Dirigent. Studierte am Konservatorium der Gesellschaft der Musikfreunde in Wien, an dem er schon 1825 Prof. wurde. War Lehrer von Joseph Joachim (s. d.). 1829 Mitglied der Hofkapelle, war er 1830–67 Dirigent der Wiener Hofoper und erster Kapellmeister der 1842 gegründeten Wiener Philharmoniker. H. komponierte mehrere Solostücke, 1 Streichquartett und 2 Violinkonzerte. Seine Söhne Joseph sen. (s. d.) und Georg jun. (* 27. 1. 1830 in Wien, † 12. 11. 1852 in Hannover) erbten das musikalische Talent des Vaters. Georg jun. war schon früh Hofkapellmeister in Hannover und schrieb mehrere Opern (u. a. „Die beiden Königinnen", „Palma") sowie Symphonien und Kammermusik.

Tenschert, R.: Vater H. (1947); Prosl, R. M.: Die Hellmesberger (1947)

HELLMESBERGER, Joseph sen., * 3. 11. 1828 in Wien, † 24. 10. 1893 in Wien, Geiger und Dirigent. Sohn von Georg H. (s. d.). Studierte bei seinem Vater und gründete 1849 ein Streichquartett, mit dem er eine neue Ära der Wiener Kammermusik einleitete. 1851–59 Direktor der Gesellschaftskonzerte und 1851–77 Direktor des Konservatoriums der Gesellschaft der Musikfreunde, wo er außerdem auch Prof. für Violine war. 1855–77 Konzertmeister des Hofopernorchesters, 1877 Hofkapellmeister. Besonders in dem von ihm bis 1891 geführten Streichquartett förderte er vorwiegend weniger bekannte Werke, spielte die Streichquartette Beethovens sowie Franz Schuberts und Johannes Brahms'. Der berühmte Streicherklang der Wiener Philharmoniker wird seiner Geigenschule zugeschrieben. H. war mit einer Tochter des Burgschauspielers Heinrich Austerlitz verheiratet. Beider Sohn Joseph jun. (s. d.) übertraf den Vater an Popularität.

HELLMESBERGER, Joseph jun., * 9. 4. 1855 in Wien, † 26. 4. 1907 in Wien, Dirigent und Komponist. Sohn von Joseph H. sen. (s. d.). Studierte bei seinem Vater Violine und trat schon mit sechs Jahren auf. 1870–87 spielte er 2. Violine im Streichquartett seines Vaters, war 1870–73 Mitglied des Hofopernorchesters, 1874 Konzertmeister am Ringtheater und wurde 1875 zum Militär eingezogen, wo er zuerst Schlagwerker, dann auch Kapellmeister bei den Deutschmeistern war. 1878 Sologeiger in der Wiener Hofoper und der Hofkapelle sowie Prof. für Violine am Konservatorium der Gesellschaft der Musikfreunde. 1881 kurzfristig wieder am Ringtheater tätig, konnte er sich bei der Brandkatastrophe nur mit Mühe retten. 1886 Hofkapellmeister für Ballett und Konzert, 1889 Vizekapellmeister, 1890 erster Hofkapellmeister. 1900 Nachfolger von Gustav Mahler als Dirigent der Wiener Philharmoniker; mußte wegen eines privaten Vorfalls 1903 diese Stelle zurücklegen. Er lebte dann in Stuttgart und kehrte 1905 wieder nach Wien zurück. H. komponierte überwiegend leichte Musik, Lieder, Tanzmusik und Ballette sowie die Operetten „Das Orakel" (1889), „Das Veilchenmädel" (1904) und „Wien bei Nacht" (1905); sein Singspiel „Wiener G'schichten" wurde erst 1934 uraufgeführt.

HELMER, Hermann, * 13. 7. 1849 in Harburg (Bayern), † 2. 4. 1919 in Wien, Architekt. Arbeitete nach seinem Studium in München bei Ferdinand Fellner d. Ä. in Wien. 1872 schloß er sich mit dessen gleichnamigem Sohn (s. d.) zu einem Architektenteam zusammen, das 48 Theaterbauten in Europa entwarf.

HELMER, Oskar, * 16. 11. 1887 in Gáta (Ungarn, heute Gattendorf [B]), † 13. 2. 1963 in Wien, Schriftsetzer und sozialdemokratischer Politiker. Trat 1903 in die Sozialdemokratische Partei ein und arbeitete in der Gewerkschaftsbewegung mit. Mitglied der Gemeindevertretung von Wiener Neustadt und Abgeordneter zum Nö. Landtag. 1920/21 Mitglied der ersten provisorischen burgenländischen, 1921–34 der nö. Landesregierung. 1927–34 Landessekretär der Sozialdemokratischen Partei und Stellvertretender Landeshauptmann von NÖ. Gemeinsam mit Karl Renner, Leopold Kunschak und Robert Danneberg in diesen Jahren um einen Ausgleich der innerpolitischen Gegensätze bemüht. 1934/35 inhaftiert, ebenso im März 1938 und Juli 1944. Gemeinsam mit Leopold Figl erneuerte er 1945 die nö. Landesverwaltung und war einige Monate Stellvertretender Landeshauptmann. 1945–59 Abgeordneter zum Nationalrat. April bis Dezember 1945 Unterstaatssekretär im Ministerium für Inneres, dann bis 1959 Bundesminister für Inneres. 1959–63 Mitglied des Bundesrates und Präsident der Ö. Länderbank. 1945–57 Landesparteiobmann der SPÖ in NÖ, 1945–59 Stellvertretender Vorsitzender der SPÖ. Maßgeblich am Wiederaufbau Ö.s beteiligt; setzte sich entschieden für eine demokratische Zusammenarbeit der Parteien ein. Nach dem Aufstand in Ungarn 1956 erwarb er sich große Verdienste um die Lösung des Flüchtlingsproblems und erhielt dafür den Nansen-Preis. Außerdem veröffentlichte er: „Die niederösterreichische Gemeinde" (1924), „Ö.s Kampf um die Freiheit" (1949), „50 Jahre erlebte Geschichte" (1957) und „Aufbruch gegen das Unrecht" (1964); J. Hannak (s. d.) gab 1963 „Ausgewählte Reden und Schriften" heraus.

HEMALA, Franz, * 17. 11. 1877 in Brünn, † 17. 10. 1943 in Wien, Sozialpolitiker. Studierte in Wien und wandte sich schon in jungen Jahren der Christlichsozialen Partei zu. Er setzte sich sehr intensiv für die christliche Arbeiterjugendbewegung ein, wurde Landessekretär der Gewerkschaft und initiierte den Reichsbund der christlichen Arbeiterjugend Ö.s. 1920–34 Mitglied des Bundesrates. H. veröffentlichte mehrere themenbezogene Bücher, u. a. „Die Gewerkschaften" (1921), „Geschichte der Gewerkschaften" (1922), „Leopold Kunschak" (1931), „Die Gewerkschaften im Wandel der Zeit" (1937).

HEMMA, Gräfin von Friesach-Zeltschach, Heilige, als solche Hemma von Gurk, * um 983, † 1045 in Gurk (K), Gründerin des Benediktinerinnenstifts Gurk. Der Überlieferung nach stiftete sie 1043 nach dem Tod ihres Gatten und ihrer zwei Söhne ihre umfangreichen Besitzungen in Kärnten, Steiermark und Krain zur Gründung des Benediktinerinnenstifts in Gurk und des Benediktinerstifts Admont (St). Urkundlich wird Stift Gurk erst 1066 erwähnt, aber schon 975 stellte Kaiser Otto II. ein Privileg für ein bestehendes Nonnenkloster in Gurk aus. Von 1140 bis um 1180 wurde der Gurker Dom, das bedeutendste romanische Bauwerk Ö.s, erbaut, in dessen 1174 geweihter hundertsäuligen Krypta H.s Leichnam (in einem romanischen Steinsarg) beigesetzt wurde. Wegen zahlreicher Wunder an ihrer Grabstelle wurde sie 1287 selig-, aber erst 1938 heiliggesprochen. Sie gilt als Patronin für Augenkrankheiten und für eine glückliche Entbindung.

Krause, A.: H. von Gurk (1960)

HENCKEL von Donnersmarck, Hugo Graf, * 26. 4. 1811 in Siemianowice (Oberschlesien), † 4. 10. 1890 in Wien, Großgrundbesitzer und Industrieller. War den industriellen Neuerungen gegenüber aufgeschlossen und führte mit großem Erfolg im Lavanttal (K) den Edelobstbau ein. Außerdem förderte er die Industrie in Kärnten und errichtete in Frantschach eine Natronzellstoff-Fabrik und in Zeltweg (St) ein Walzwerk. 1846 erwarb er mehrere Herrschaften, darunter St. Leonhard im Lavanttal und Wolfsberg, zusammen mit dem vorhandenen Erzbergbau und den Hüttenwerken. Dieses Gebiet war seit 1879 durch den Bau der Bahn Unterdrauburg-Wolfsberg (der Anschluß nach Zeltweg erfolgte erst 1900) dem Schienennetz angeschlossen.

HENIKSTEIN, Alfred Freiherr von (seit 1859), * 11. 8. 1810 in Oberdöbling bei Wien, † 29. 1. 1882 in Wien, Berufsoffizier. Er war der Sohn eines jüdischen Bankiers, dessen Vater Adam Albrecht Hönig (1740–20. 12. 1811) Großkaufmann gewesen und für seine Verdienste 1784 mit dem Prädikat „Edler von H." in den erbländischen Adel aufgenommen und 1807 in den Ritterstand erhoben worden war. H. trat früh in die Armee ein, konvertierte und machte rasch militärische Karriere. 1864 wurde er General und Chef des Generalstabs. 1866 versuchte er vergeblich, die Mobilmachung der Nordarmee zu beschleunigen, und hatte schwere Meinungsverschiedenheiten mit dem Kommandierenden Benedek (s. d.). Am Vorabend der entscheidenden Schlacht von Königgrätz wurde er telegraphisch seines Postens enthoben. Die dadurch entstandene Verwirrung in den Kommandostellen trug möglicherweise zur Niederlage bei. H. trat in den Ruhestand, ein kriegsrechtliches Verfahren gegen ihn, Benedek und andere Generäle wurde schließlich vom Kaiser niedergeschlagen.

HENISCH, Peter, * 27. 8. 1943 in Wien, Schriftsteller. Studierte Germanistik und Philosophie an der Universität Wien und lebte danach als Liedermacher, Journalist und Schriftsteller. Er veröffentlichte u. a. die Prosabände „Hamlet bleibt", „Vom Baronkarl" (1972), „Die kleine Figur meines Vaters" (1975, Neuaufl. 1987), „Der Mai ist vorbei" (Roman, 1978), „Pepi Prohaska Prophet" (1986).

HENNINGS, Fred (eigtl. Franz von Pawlowski), * 26. 1. 1895 in Klagenfurt, † 23. 11. 1981 in Wien, Kammerschauspieler und Schriftsteller. War nach seiner Ausbildung 1923–67 Mitglied des Wiener Burgtheaters und beherrschte eine Vielzahl von Rollen. Daneben beschäftigte er sich intensiv mit der Kunst- und Kulturgeschichte Wiens, veröffentlichte mehrere Bücher und hielt Vorträge. Im Zweiten Weltkrieg machte er, bevor die erste Fliegerbombe fiel, 16 000 Photos von den Häusern der Wiener Innenstadt. Seine wichtigsten Veröffentlichungen sind: „Zweimal Burgtheater" (1955), „Und sitzet zur linken Hand" (1962), „Ringstraßen-Symphonie" (3 Bde., 1963/64), „Das barocke Wien" (2 Bde., 1965), „Das josephinische Wien" (1966) und „Solange er lebt" (5 Bde., 1968–71).

HENRICI, Johann Joseph Karl (eigtl. Henrizi, auch Heinrich), * 15. 1. 1737 in Schweidnitz (Preußisch-Schlesien), † 29. 10. 1823 in Bozen (Südtirol), Maler. Als er zur preußischen Artillerie einrücken sollte, setzte er sich über Böhmen nach Wien ab, ging dann nach Venedig und schließlich nach Bozen und Verona. Als Theatermaler hatte er in Böhmen begonnen und bildete sich bald zum Porträt- und Altarbildmaler weiter. Seine Werke, Fresken sowie Altar- und Andachtsbilder vor allem im Südtiroler Raum, sind dem Spätbarock und dem Klassizismus verhaftet.

Tirler-Lutz, A.: Der Bozener Maler J. J. K. H. (1960)

HENSLER, Karl Friedrich (auch Hennsler, Hennseler), * 1. 2. 1759 in Vaihingen (Württemberg), † 24. 11. 1825 in Wien, Theaterdichter und -direktor. Der Sohn eines württembergischen Leibarztes studierte in Tübingen Theologie, wurde 1779 Magister und kam 1784 nach Wien. Seit 1786 Bühnendichter am Theater in der Leopoldstadt, pachtete er 1803 das Theater (Karl Marinelli [s. d.] hatte ihm nach seinem Tod eine jährliche Rente von 600 Gulden ausgesetzt) und führte es bis 1814 und dann noch bis 1817 unter einem anderen Pächter. 1817 übernahm er die Direktion des Theaters an der Wien, 1818 der Bühnen von Preßburg und Baden, 1822 des Theaters in der Josefstadt. H. verfaßte über 200 Bühnenstükke, Singspiele und Possen, von denen die erfolgreichsten „Das Donauweibchen" (1798) und „Die Teufelsmühle am Wienerberg" (1799) waren.

HENZ, Rudolf, * 10. 5. 1897 in Göpfritz an der Wild (NÖ), † 12. 2. 1987 in Wien, Dichter. Schon während seines Studiums in Wien als katholischer Publizist tätig, bekleidete er mehrere ehrenamtliche Stellen in der ö. Kulturszene. 1945–57 Programmdirektor des Ö. Rundfunks, 1947–58 Präsident der Katholischen Aktion und 1967 Präsident des Ö. Kunstrates. Mit seinem Roman „Der Gaukler" (1932) wurde er bekannt, dem u. a. folgten: „Die Hundsmühle" (1939), „Der Kurier des Kaisers" (1941), „Ein Bauer greift an die Sterne" (1939, unter „Peter Anich, der Sternsucher" 1946 neu aufgelegt), „Der große Sturm" (1943, mehrmals neu aufgelegt), „Das Land der singenden Hügel" (1954); außerdem einige Lyrikbände, das Epos „Der Turm der Welt" (1951), mehrere Dramen,

Hemma von Gurk verabschiedet sich von ihrem Gatten, der zur Pilgerfahrt ins Heilige Land aufbricht. Aus dem Hemma-Relief im Gurker Dom, vermutlich von Lienhard Pampstel (um 1515)

darunter: „Kaiser Joseph II." (1937), „Die Erlösung" (1949), „Die große Entscheidung" (1952), sowie seine Autobiographie „Fügung und Widerstand" (1963).

Eschbach, J.: R. H. (1945)

HERBECK, Johann Franz Ritter von, * 25. 12. 1831 in Wien, † 28. 10. 1877 in Wien, Dirigent und Komponist. Studierte in Wien und war als Komponist Autodidakt. 1859 Dirigent der Gesellschaft der Musikfreunde, 1866 Hofkapellmeister, 1869 Kapellmeister der Hofoper, 1870–75 auch deren Direktor, ab 1876 wieder Dirigent der Gesellschaft der Musikfreunde. H. war ein Freund und Förderer Bruckners, entdeckte Schuberts „Unvollendete" und brachte diese Symphonie 1865 zur Uraufführung. Komponierte Lieder, Chormusik und kirchenmusikalische Werke.

Herbeck, L.: J. v. H., ein Lebensbild (1885, mit Werkverzeichnis)

HERBERSTEIN, Siegmund (Sigismund) Freiherr von, * 24. 8. 1486 in Wippach (Slowenien), † 28. 3. 1566 in Wien, Diplomat und Schriftsteller. Stammte aus einer Krainer Nebenlinie der alten steirischen Adelsfamilie. Studierte zunächst an der Universität Wien die Rechte, promovierte 1502 und trat 1506 in das kaiserliche Heer ein. Im Krieg gegen Venedig zeichnete er sich aus, entsetzte 1514 mit seinem Bruder die Festung Maran in Friaul. Kaiser Maximilian I. ernannte ihn zu seinem Rat und sandte ihn schon 1516 in diplomatischer Mission nach Dänemark, anschließend, bis 1518, nach Polen und Rußland. Im Auftrag Kaiser Karls V. war er 1526/27 abermals am Zarenhof, wurde dann in diplomatischer Mission von Kaiser Ferdinand I. mehrfach eingesetzt. 1532 beteiligte er sich am Türkenkrieg und übernahm 1541 eine Gesandtschaft an den Sultan. Anschließend Geheimrat und Präsident des Finanzkollegiums, wurde er 1556 zum Erbkämmerer von Ö. erhoben und zog sich zurück. Große Verdienste erwarb er sich durch die Veröffentlichung seiner Reiseeindrücke vom Zarenreich, „Rerum moscoviticarum commentarii" (1549, in deutscher Sprache 1557), das lange Zeit das wissenschaftliche Hauptwerk über Rußland blieb. Die 1553 erschienene Autobiographie und seine Familiengeschichte sind ebenfalls von kulturgeschichtlichem Wert, da der vielgereiste Mann auch fundierte humanistische Bildung besaß.

Die Steiermark. Brücke und Bollwerk, Ausstellungskatalog Herberstein 1986

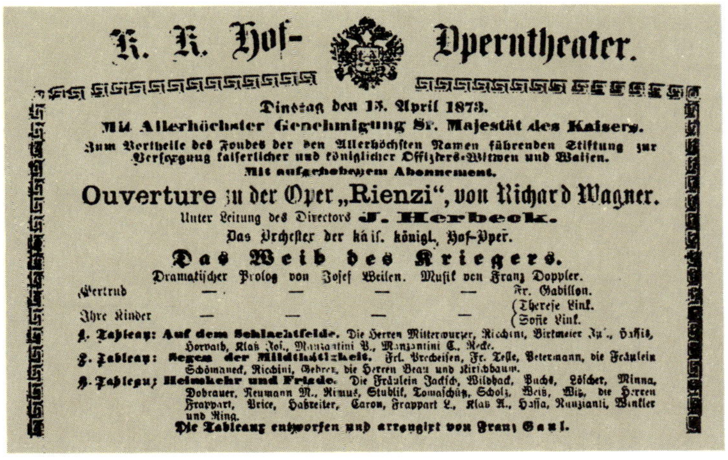

K. K. Hof-Operntheater.
Dinstag den 15. April 1873.
Mit Allerhöchster Genehmigung Sr. Majestät des Kaisers.
Zum Vortheile des Fondes der den Allerhöchsten Namen führenden Stiftung zur Versorgung kaiserlicher und königlicher Offiziers-Witwen und Waisen.
Mit aufgehobenem Abonnement.
Ouverture zu der Oper „Rienzi", von Richard Wagner.
Unter Leitung des Directors J. Herbeck.
Das Orchester der kais. königl. Hof-Oper.
Das Weib des Kriegers.
Dramatischer Prolog von Josef Weilen. Musik von Franz Doppler.
Gertrud — — — — Fr. Gabillon.
Ihre Kinder — — — — Therese Link. Sofie Link.
1. Tableau: Auf dem Schlachtfelde. Die Herren Mitterwurzer, Richini, Birkmeier Jul., Haffis, Horvath, Klaß Jos., Manzantini B., Manzantini C., Recke.
2. Tableau: Segen der Mildthätigkeit. Frl. Brechelsen, Fr. Teste, Petermann, die Fräulein Schömaneck, Richini, Gebrey, die Herren Beau und Kirschbaum.
3. Tableau: Heimkehr und Friede. Die Fräulein Jackich, Wildhack, Buchs, Löscher, Minna, Dobrauer, Neumann M., Rimus, Stublik, Tomaschütz, Scholz, Weiß, Witz, die Herren Frappart, Brice, Haßreiter, Caron, Frappart L., Klaß A., Hassa, Ranzianti, Winkler und Ring.
Die Tableaux entworfen und arrangirt von Franz Gaul.

Programmzettel zu einem Wohltätigkeitskonzert unter der Leitung von Hofoperndirektor Johann Herbeck am 15. April 1873

HERBERSTORFF, Adam Graf (seit 1623) (auch Herbersdorf), * 15. 4. 1585 auf Schloß Kalsdorf (St), † 11. 9. 1629 auf Schloß Orth bei Gmunden (OÖ), Heerführer und Staatsmann. Stammte aus einer steirischen protestantischen Adelsfamilie, die im innerösterreichischen Raum energisch gegen die katholische Restauration auftrat. Er selbst wurde protestantisch erzogen und konvertierte 1616 zum Katholizismus. Als gemäß dem Münchner Vertrag (8. 10. 1619) die Bayern OÖ besetzten, wurde H., Oberst im Liga-Heer, von Herzog Maximilian von Bayern am 20. 8. 1620 als Statthalter eingesetzt. Durch die streng durchgeführte Gegenreformation Kaiser Ferdinands II. verstärkte sich der Widerstand im Lande. Als im Mai 1625 protestantische Bauern das Schloß Frankenburg belagerten, ließ H. auf dem Haushamerfeld 38 angesehene Vertreter des Bauernstandes um ihr Leben würfeln und 17 so „erreichte" Todesurteile durch Erhängen vollstrecken. („Frankenburger Würfelspiel", 15. 5. 1625). Das führte zum oö. Bauernkrieg 1625/26. Bei Peuerbach wurden seine Truppen von den Bauern besiegt, er selbst floh nach Linz, wo er belagert wurde. Schließlich wurden die Bauern niedergerungen, H. blieb weiterhin Statthalter. Nachdem OÖ 1628 an den Kaiser zurückgegeben wurde, ernannte ihn Kaiser Ferdinand II. zum Landeshauptmann von OÖ.

Sturmberger, H.: A. Graf H. (1976)

HERBERT, Franz Paul Freiherr von, * 18. 8. 1819 in Klagenfurt, † 3. 8. 1884 in Feldbach (St), Fabrikant. Die Familie entstammte dem alten Patriziergeschlecht Herverdes aus Rüden in Westfalen. H.s Urgroßvater gründete 1749 in Klagenfurt die erste Bleiweißfabrik in Ö. H. genoß eine gründliche Ausbildung, studierte ab 1834 in Wien, dann in Berlin Physik, Chemie und Mathematik und eignete sich durch ausgedehnte Reisen in Europa eine umfassende Kenntnis in der Bleiweißfabrikation an. Als sein Bruder Edmund 1854 starb (der Vater Albin H. war 1834 gestorben), übernahm er den Betrieb und entwickelte ein Verfahren zur Herstellung eines besonders weißen und feinen Produkts, das hohe Deckkraft besaß. Er baute schließlich auch die sanitären Schutzbestimmungen für seine Arbeiter aus und steigerte die Produktion auf 15 000 Zentner jährlich. Daneben war H. auch politisch tätig, gehörte bereits 1847 dem verstärkten ständischen Ausschuß in Klagenfurt an und war 1861–70 Reichsratsabgeordneter. Aus gesundheitlichen Gründen zog er sich aus der Politik zurück und übergab 1880 den Betrieb seinem Adoptivsohn. H. beschäftigte sich auch mit Philosophie und Geschichte, war ein ständiger Mitarbeiter der Zeitschrift „Carinthia" und maßgeblich an der Errichtung des Naturhistorischen Museums in Klagenfurt beteiligt.

HERBST, Eduard, * 1. 12. 1820 in Wien, † 25. 6. 1892 in Wien, Jurist und deutschliberaler Politiker. Studierte in Wien Jus und promovierte 1843. Trat zunächst in den Staatsdienst und arbeitete in der Finanzprokuratur. 1847 wurde er Prof. für Rechtsphilosophie und Strafrecht an der Universität in Lemberg, 1858 an der Universität in Prag. In den böhmischen Landtag gewählt, wurde er 1861 (bis zu seinem Tod) Reichsratsabgeordneter und ein profilierter Führer der deutschliberalen Bewegung. 1868–70 als Justizminister im sogenannten Bürgerministerium, hatte er großen Anteil am Zustandekommen der „Maigesetze 1868". Dem nationalen

Flügel der Deutschnationalen angehörend, war er gegen die Gleichberechtigung der Slawen und ein entschiedener Gegner der Okkupation Bosniens und der Herzegowina. H. verlor an Bedeutung, als der Abstieg der liberalen Partei nicht mehr aufzuhalten war. Von seinen Veröffentlichungen sind vor allem bedeutsam sein „Handbuch des allgemeinen ö. Strafrechtes", das 1855 in zwei Bänden erschien und bis 1882 sieben Auflagen erreichte, sowie seine Sammlung der grundsätzlichen Entscheidungen des k. k. Obersten Gerichtshofs (1853).

HERDLIČKA, Theodor, * 23. 2. 1840 in Wien, † 3. 7. 1904 in Wien, Schriftsteller und Journalist. 1891 gründete er das zeitkritische Witzblatt „Figaro", dessen Chefredakteur er war. Außerdem schrieb er zahlreiche Possen, Singspiele, Opern- und Operettenlibretti (vielfach auch unter dem Pseudonym Theodor Taube).

HERIBERT von Salurn (eigtl. Anton Mayr), * 1637 in Salurn (Südtirol), † 1700 in Meran, Kanzelredner. Seine volkstümlichen und zu Herzen gehenden Predigten trugen ihm die Bezeichnung „Abraham a Sancta Clara Südtirols" ein. 1693–98 erschienen seine Predigten (3 Bde.), eine Sammlung von Sprichwörtern und Redensarten, von Tagesereignissen und Volksbräuchen. Diese Bücher sind verläßliche kulturgeschichtliche Quellen für den Alpenraum.

HERMANN von Reun (Stift Rein bei Graz), lebte in der zweiten Hälfte des 12. Jh.s, Zisterziensermönch. Über sein Leben ist kaum etwas bekannt, doch seine zahlreichen Predigten sind überliefert. In diesen prangerte er die Mißstände seiner Zeit an.

HERMANN von Salzburg, (auch Johann von Salzburg oder Mönch von Salzburg). Wahrscheinlich ein Benediktiner, der um 1375 im Dienst Erzbischof Pilgrims II. von Salzburg stand. Ob er mit dem 1424 urkundlich nachweisbaren Prior des Stifts St. Peter in Salzburg identisch ist, kann nicht bewiesen werden. Unter dem Namen „Mönch von Salzburg" sind jedenfalls 47 geistliche und 87 weltliche Lieder erhalten. Ihnen kommt durch ihre Mehrstimmigkeit besondere Bedeutung zu, z. B. das „Taglied" und der „Martinskanon". Außerdem war H. der erste namhafte Übersetzer lateinischer Hymnen und Sequenzen in die deutsche Sprache. Diese Lieder wurden 1896 herausgegeben; in den letzten Jahren hat sich Cesar Bresgen (s. d.) um Interpretation und Aufführung dieser Lieder bemüht und 1979 eine neue Ausgabe herausgebracht.

HERRAND von Wildon, mittelhochdeutscher Dichter. Entstammt einem steirischen Ministerialengeschlecht und war der Schwiegersohn des Dichters und Minnesängers Ulrich von Liechtenstein. Er ist zwischen 1248 und 1278 urkundlich nachweisbar. Er spielte als Herr von Wildon (Wildonie, südlich von Graz) in den politischen Wirren seiner Zeit eine nicht unbedeutende Rolle. Sein Werk (Minnelieder, Verserzählungen) stand unter dem Einfluß Walthers von der Vogelweide. K. F. Kummer veröffentlichte 1880 eine Ausgabe, H. Fischer gab 1959 vier Erzählungen H.s heraus.

HERRMANN, Emanuel, * 24. 6. 1839 in Klagenfurt, † 13. 7. 1902 in Wien, Nationalökonom. War viele Jahre Prof. an der Militärakademie in Wiener Neustadt. Am 26. 1. 1869 schlug er der „Neuen Freien Presse" „eine neue Art der Correspondenz mittels der Post" vor, und zwar eine Karte in normalem Briefformat, auf dem das Postwertzeichen bereits aufgedruckt war. Noch im gleichen Jahr wurde die Postkarte unter der Bezeichnung „Correspondenz-Karte" in Ö. eingeführt. Im darauffolgenden Jahr begann man die eine Seite der Karte mit einem Bild zu bedrucken; das war die Geburt der Ansichtskarte.

HERRMANN, Julius, * 13. 12. 1889 in Wien, † 14. 2. 1977 in Wien, Militärkapellmeister. Seit 1918 leitete er die traditionsreiche Deutschmeisterkapelle, die in den Uniformen der k. u. k. Monarchie überall auf der Welt auftrat. Nach 1945 gab sie allein in Nordamerika 2 000 Konzerte. In Wien gehörte sie besonders bei Ballveranstaltungen zu einer ständigen Einrichtung. Zum letzten Mal spielte H. mit seiner Kapelle am 21. 1. 1977 auf einem Ball in den Wiener Sophiensälen.

HERTERICH, Franz, * 3. 10. 1877 in München, † 28. 10. 1966 in Wien, Schauspieler und Regisseur. Wurde 1912 als Heldendarsteller nach Wien an das Burgtheater berufen und war 1923–30 dessen Direktor. Ab 1932 künstlerischer Leiter der Einrichtung „Theater der Jugend". 1948 veröffentlichte er „Das Burgtheater und seine Sendung".

HERTZKA, Emil, * 3. 8. 1869 in Pest, † 9. 5. 1932 in Wien, Musikverleger. Studierte in Wien und übernahm 1907 die Leitung des 1901 gegründeten Musikverlags „Universal-Edition". Sein großes Verdienst liegt darin, daß er die Werke fast aller bedeutenden Komponisten seiner Zeit herausbrachte, so etwa die von Gustav Mahler, Heinrich Schreker, Arnold Schönberg, Anton von Webern, Joseph Marx und Charles Weinberger. Seine Gattin Jella (Yella), * 4. 2. 1873 in Wien, † 13. 11. 1948 in Wien, gründete 1913 die erste höhere Gartenbauschule für Mädchen und war in der Frauenbewegung engagiert. 1938–46 lebte sie in der Emigration.

HERTZKA, Theodor, * 13. 7. 1845 in Pest, † 22. 10. 1924 in Wiesbaden, Nationalökonom, Schriftsteller. War Redakteur der „Neuen Freien Presse" und trat als Volkswirtschaftler und Sozialreformer für eine Bodenreform nach genossenschaftlichem Vorbild sowie für den Freihandel ein. H. engagierte sich auch für den Zionismus. Er veröffentlichte u. a.: „Freihandel. Ein soziales Zukunftsbild" (1890, 10. Aufl. 1897), „Sozialdemokratie und Sozialliberalismus" (1891), „Das soziale Problem" (1912).

HERZ, Heinrich (Henri), * 6. 1. 1803 in Wien, † 5. 1. 1888 in Paris, Pianist und Komponist. Studierte am Conservatoire in Paris und war 1825–35 mit großem Erfolg als Solist tätig. 1842–74 war er Prof. für Klavier am Pariser Conservatoire und gründete 1851 in Wien eine Klavierfabrik. Auf der Pariser Weltausstellung 1855 erhielt er für seine Klaviere den ersten Preis. Er schrieb 8 Klavierkonzerte sowie Rondos, Sonaten und heute noch bekannte Etüden.

HERZ, Peter, * 18. 1. 1895 in Wien, † 7. 3. 1987 in Wien, Librettist, Feuilletonist und Textdichter. Wurde 1926 durch seine Revue „Rund um die Niese" bekannt, der 1931 „Böhmische Musikanten" und 1932 „Prinz Methusalem" folgten, wodurch er Mitschöpfer einer neuen, spezifisch wienerischen Form der Revue war. H. arbeitete mit Franz Lehár (s. d.), Edmund Eysler (s. d.), Bruno Granichstaedten (s. d.), Leo Fall (s. d.), Hermann Leopoldi (s. d.) u. v. a. zusammen. Von seinen zahlreichen Wienerliedertexten sind die bekanntesten „In einem kleinen Café in Hernals" (H. Leopoldi) und „Schön ist so ein Ringelspiel" (H. Leopoldi). 1938–45 lebte er als Emigrant in London, wo er die Kleinkunstbühne „Blue Danube Club" leitete. 1962 veröffentlichte er den Roman „Man hat's nicht leicht", arbeitete in den nachfolgenden Jahren für den Film und verfaßte Hörspiele. 1985 erschienen seine Lebenserinnerungen „Gestern war ein schöner Tag".

HERZ von Rodenau, Johann Jakob, * 20. 3. 1809 in Lemberg (Galizien), † 9. 12. 1873 in Wien, Postfachmann. Er setzte sich vor allem für die Einführung von Briefmarken in Ö. ein; nach seinen Entwürfen wurden 1850 die ersten Marken hergestellt. Von 1868 bis zu seinem Tod war er Generaldirektor der ö.-ungarischen Eisenbahnen.

HERZFELD, Adolf, * 9. 4. 1800 in Hamburg, † 24. 3. 1874 in Wien, Schauspieler. Hatte nach seiner Ausbildung mehrere Engagements an deutschen Bühnen und kam 1829 an das Wiener Burgtheater, dem er bis 1869 als Mitglied angehörte und wo er als Charakterdarsteller, vor allem in komischen Rollen, glänzte.

HERZFELD, Marie, * 20. 3. 1855 in Güns (Köszeg, Ungarn), † 22. 9. 1940 in Mining (OÖ), Schriftstellerin und Übersetzerin. Durch ihre Übersetzungen machte sie die nordische Literatur im deutschen Sprachraum heimisch, vor allem die von ihr 1898 veröffentlichte erste Gesamtübersetzung des Werkes von Jens Peter Jacobsen. Besonders beschäftigte sie sich mit dem Zeitalter der italienischen Renaissance, veröffentlichte 1904 „Leonardo da Vinci“ und 1910–26 in 14 Bänden „Das Zeitalter der italienischen Renaissance. Quellen“. 1904 erhielt sie den Bauernfeld-Preis. Ihr Bruder Karl August (* 12. 7. 1861 in Güns, † 6. 1. 1926 in Wien) war ein anerkannter Gynäkologe, der mit seiner „Praktischen Geburtshilfe“ (1897) eines der besten Lehrbücher auf diesem Gebiet verfaßte.

HERZL, Theodor, * 2. 5. 1860 in Pest, † 3. 7. 1904 im Sanatorium Edlach (NÖ), Schriftsteller und Journalist, Begründer des politischen Zionismus. Kam mit seinen Eltern 1878 nach Wien, studierte hier Jus und promovierte 1884. Während seines Studiums trat er der Burschenschaft „Albia“ bei und sah sich dort erstmals mit dem Antisemitismus konfrontiert. 1884/85 absolvierte er sein Gerichtsjahr in Wien und Salzburg, wurde aber dann freier Schriftsteller. Seine Feuilletons wurden gerne gelesen und seine Gesellschaftsstücke auch am Burgtheater aufgeführt. 1891–94 Korrespondent der „Neuen Freien Presse“ in Paris. Begann sich nach seiner Rückkehr mit dem Zionismus zu beschäftigen; auslösendes Moment war das Erlebnis des Dreyfus-Prozesses in Paris (1894) gewesen. 1896 veröffentlichte er seine programmatische Schrift „Der Judenstaat“. 1902 beschrieb er in seinem Roman „Altneuland“ das Leben in einem zukünftigen Staat der Juden. Trotz Anfeindungen auch aus den Reihen assimilierter Juden entfaltete er eine gewaltige Aktivität und brachte 1897 den ersten Zionistischen Weltkongreß in Basel zustande, der das Programm dieser Bewegung beschloß: die „Schaffung einer öffentlich-rechtlich gesicherten Heimstätte für das jüdische Volk in Palästina“. Schon seit 1896 war er unermüdlich bemüht, durch Gespräche mit europäischen Fürsten und Regierungschefs Interesse und Unterstützung für seine Idee zu finden. 1934/35 erschienen „Zionistische Schriften“ in fünf Bänden, ab 1954 eine Gesamtausgabe seiner Schriften in 20 Bänden in hebräischer Sprache. 1949 wurde H.s Leichnam vom Döblinger Friedhof in Wien nach Jerusalem übergeführt.

Mayer, S.: Die Wiener Juden 1700–1900 (1917); Cohen, I.: Th. H. (1959); Hofmann, M.: Th. H. Werden und Weg (1965); Schoeps, J. H.: Th. H. (1975); Kallner, R.: H. und Rathenau (1976); Zohn, H.: „. . . ich bin ein Sohn der deutschen Sprache nur . . .“ Jüdisches Erbe in der ö. Literatur (1986)

HERZMANOVSKY-ORLANDO, Fritz von, * 30. 4. 1877 in Wien, † 27. 5. 1954 auf Schloß Rametz bei Meran (Südtirol), Schriftsteller und Graphiker. Entstammte einer wohlhaben-

THEODOR HERZL

Der Weg nach Zion

„Ich arbeite seit einiger Zeit an einem Werk, das von unendlicher Größe ist. Ich weiß heute nicht, ob ich es ausführen werde. Es sieht aus wie ein mächtiger Traum. Aber seit Tagen und Wochen füllt es mich aus bis in die Bewußtlosigkeit hinein, begleitet mich überall hin, schwebt über meinen gewöhnlichen Gesprächen, blickt mir über die Schulter in die komische kleine Journalistenarbeit, stört mich und berauscht mich.“ Diese Worte stehen am Anfang von Theodor Herzls Tagebüchern, die er 1895 beginnt und die der „Judensache“, dem Kampf um einen Judenstaat, gewidmet sind. 1895 betrat er den Weg nach Zion und schritt unbeirrt auf ihm weiter bis zum Ende seines Lebens.

Doch Herzl fand auch zahlreiche Gegner seiner Idee im Wien der Jahrhundertwende: Karl Kraus griff sie 1898 in der Broschüre „Eine Krone für Zion“ an, und ein Jahr zuvor hatte Julius Bauer auf den Zionistengründer gedichtet:

„Von Sudermann hat er den Bart,
die Ironie von Heine.
Doch sein Talent von starker Art
gehört ihm ganz alleine.
Er sieht ein Ziel, ein Ziel so weit,
im Träumen wie im Wachen:
Er denkt daran, in dieser Zeit
mit Juden Staat zu machen!“

Auch der Ehrenpräsident der Österreichisch-Israelitischen Union, Sigmund Mayer, urteilte 1917 in seinem Werk über die Wiener Juden: „Herzl, ein glänzender Feuilletonist, war ein Mann edelster und reinster Gesinnung, aber weder Staats- noch Wirtschaftspolitiker. So wurde er der Führer der Bewegung nach einem Ziele, für welches ihm das sachliche Urteil fehlte. . . Aber der unstreitig hoch idealen Gesinnung, welche den Judenstaat schaffen wollte, fehlt die Verknüpfung mit dem praktischen Sinn. Dem Judenstaat werden immer zwei Dinge fehlen: das brauchbare Land und die brauchbaren Juden!“

„*Was* Herzl getan hat“, schrieb der Literaturhistoriker Harry Zohn 1986, „davon berichtet die Geschichte. *Wie* er es getan hat und welche Art von Mensch er war, das finden wir in seiner Broschüre ‚Der Judenstaat‘, in seinem Selbstbildnis, den Tagebüchern, den zionistischen Aufsätzen und Reden, und in denjenigen seiner anderen Schriften, denen die Darstellung einer großen schöpferischen Idee, deren Krone der heutige Staat Israel ist, Unsterblichkeit verliehen hat. In diesen Werken ist auch heute noch das Schlagen eines großen Herzens zu spüren.“

Theodor Herzl. Nach einem Original von L. Blum (1934)

FRITZ VON HERZMANOVSKY-ORLANDO

Berichte aus Tarockanien

„Fritz von Herzmanovsky-Orlando, väterlicherseits von wienerischer und mährischer Abkunft, mütterlicherseits von italienischer und byzantinischer, war schon in früher Jugend den schönen Künsten verfallen – was den Kindern österreichischer Beamtenfamilien nicht selten widerfährt und ihnen manchmal die aussichtsreichsten Karrieren verpatzt. Er war ein Amateur im edelsten und ursprünglichen Verstand des Wortes, ein Liebhaber nicht aus Neigung, sondern aus Phantasie.“

Friedrich Torberg (1957)

Fritz von Herzmanovsky-Orlando: „Genius des Roda Roda“ (1919)

den Familie. In seinen Werken wird in skurril-phantastischer, parodistischer Form, die in der Tradition des ö. Barock und der Wiener Volkskomödie wurzelt, eine absurde ö. Realität dargestellt. H. war mit dem Graphiker Alfred Kubin eng befreundet und schuf selbst viele Zeichnungen. Von seinen Werken seien erwähnt: die Prosawerke „Der Gaulschreck im Rosennetz“ (1924) und „Maskenspiel der Genien“ (1958, bearbeitet von F. Torberg), von seinen Theaterstücken „Kaiser Joseph und die Bahnwärterstochter“ (Urauff. 1957). 1957–63 gab Friedrich Torberg „Gesammelte Werke“ in vier Bänden heraus.

HERZMANSKY, August, * 26. 6. 1834 in Odrau (Ö.-Schlesien), † 5. 12. 1896 in Wien, Kaufmann. Stammte aus einer Weberfamilie, kam 1848 nach Wien und wurde Lehrling in einer Spezereiwarenhandlung. Als Gehilfe wechselte er in die Textilbranche über und arbeitete in der Band- und Spitzenfabrik E. Schopp. 1863 machte er sich in der Kirchengasse in Mariahilf als Gemischtwarenhändler selbständig. Dem damals üblichen „Abhandeln“ setzte er sich erfolgreich zur Wehr und führte knapp kalkulierte (daher billige) feste Preise ein. Eine Neuerung, die für ihn zu einem großen Erfolg wurde, denn schon 1881 verlegte er seinen Betrieb in größere Räumlichkeiten in der Mariahilfer Straße, Ecke Stiftgasse. Knapp vor seinem Tod erwarb er noch das Nachbarhaus in der Stiftgasse, konnte aber die Eröffnung der abermaligen Erweiterung im Jahr 1897 nicht mehr erleben. Seine karitative Tätigkeit gipfelte in dem 1888 anläßlich des 25-Jahre-Jubiläums der Firma gestifteten „Ersten Rekonvalescentenhaus für arme aus den Spitälern Wiens entlassene Kinder“ in Weidlingau-Wurzbachtal bei Wien.

HERZOGENBERG, (Leopold) Heinrich Picot de Peccaduc Freiherr von, * 10. 6. 1843 in Graz, † 9. 10. 1900 in Wiesbaden, Komponist. 1862–64 studierte er am Konservatorium in Wien und übersiedelte 1872 nach Leipzig, wo er 1874 den Bach-Verein gründete. 1885 wurde er als Prof. und Direktor der Abteilung für Komposition an die königliche Hochschule für Musik in Berlin berufen, mußte aber aus gesundheitlichen Gründen 1892 um seine Entlassung ansuchen. Schrieb in der romantisch-klassizistischen Tradition sakrale Musik, Kammermusik, darunter u. a. 5 Streichquartette, 3 Violinsonaten, Klavierstücke sowie ein Requiem für Chor und Orchester und eine Messe.

Das Kaufhaus Herzmansky in der Wiener Mariahilfer Straße, das im Zweiten Weltkrieg den Bomben zum Opfer fiel

HESCHL, Richard, * 5. 7. 1824 in Welsdorf (St), † 26. 5. 1881 in Wien, Anatom. Nach seinem Studium wurde er Univ.-Prof. in Graz, dann in Wien. 1855 machte er durch seine Veröffentlichung „Compendium der allgemeinen und speziellen pathologischen Anatomie“ auf sich aufmerksam. Er erforschte das Gehörzentrum, das nach ihm „Heschlsche-Querwindung“ genannt wird. Außerdem gründete er in Graz das Pathologisch-Anatomische Museum.

HESS, Heinrich Freiherr von, * 17. 3. 1788 in Wien, † 13. 4. 1870 in Wien, Heerführer und Heeresorganisator. Trat 1805 als Fähnrich in die ö. Armee ein, gehörte im Feldzug von 1805 dem Generalquartiermeisterstab an, wurde 1809 Oberleutnant und dem Generalstab zugeteilt. Zeichnete sich 1809 besonders in der Schlacht bei Wagram aus. 1815 Major, 1822 Oberstleutnant, 1829 Oberst, 1831 Chef der Generalstabsabteilung in Oberitalien, 1834 Generalmajor, 1842 Feldmarschalleutnant, 1848 Generalquartiermeister der Armee Radetzkys (s. d.). Hier erwarb er sich große Verdienste um die Erfolge Radetzkys und entwarf auch den kurzen Feldzug gegen die aufständischen italienischen Provinzen, der mit dem Sieg von Novara am 23. 3. 1849 endete. Daraufhin wurde er zum Wirklichen Geheimen Rat und Chef des Generalstabs der gesamten ö. Armee ernannt. Während des Krimkrieges besetzte er 1854 die Donaufürstentümer (Rumänien) und wurde 1859 zum Feldmarschall befördert. 1860 Hauptmann der Trabantenleibgarde, 1861 auf Lebenszeit zum Mitglied des Herrenhauses ernannt.

HESS, Viktor Franz, * 24. 6. 1883 auf Schloß Waldstein bei Peggau (St), † 17. 12. 1964 in Mount Vernon (USA), Physiker und Nobelpreisträger. War nach seinem Studium 1908–20 Dozent an der Tierärztlichen Hochschule und Assistent am Institut für Radiumforschung an der Universität Wien. Dort begann er seine „Untersuchungen der Absorption der Gammastrahlen des Radiums in der Luft“ und stellte bei mehreren Ballonfahrten 1911/12 die Höhen- oder Ultrastrahlen fest. 1919 erhielt er den Lieben-Preis, war 1920/21, 1923–31 Univ.-Prof. in Graz, 1931–37 in Innsbruck, 1937/38 abermals in Graz. 1921–23 errichtete und leitete er in Amerika ein Forschungslabor. 1926 erschien von ihm „Die elektrische Leitfähigkeit der Atmosphäre und ihre Ursachen“, das in der Fachwelt stark diskutiert wurde. 1931 richtete er auf dem Hafelekar bei Innsbruck eine Forschungsstation zur Beobachtung der kosmischen Höhenstrahlung ein. 1936 erhielt H. für seine Erforschung und Entdeckung der kosmischen Strahlen den Nobelpreis für Physik. 1938 nach Amerika emigriert, wurde er Prof. an der Fordham-Universität in New York. 1940 erschien „Die Weltraumstrahlung und ihre biologischen Wirkungen“, mit dem er die Grundlage für die gesamte nachfolgende Strahlungs- und Kernforschung legte. H. entwickelte ein Gerät zur Messung von Gammastrahlen und befaßte sich mit Problemen und Maßnahmen des Strahlenschutzes. 1950 erschienen seine „Persönlichen Erinnerungen“.

Viktor Franz Hess

HETZENAUER, Franz, * 25. 2. 1911 in Kufstein, Jurist und ÖVP-Politiker. Studierte Jus in Innsbruck und wurde dort Staatsanwalt. Ab 1956 Abgeordneter zum Nationalrat, war er 1963–66 Staatssekretär im Justizministerium und 1966–68 Innenminister.

HETZENDORF, Johann Ferdinand (eigtl. Hetzendorfer), Freiherr von Hohenberg (seit 1766), * 7. 2. 1733 in Wien, † 14. 12. 1816 in Wien, Architekt. Sohn des Malers Johann Samuel Hetzendorfer aus Sulzbach (Oberpfalz). Studierte an der Wiener Akademie und trat bereits 1755 mit eigenen Arbeiten hervor, beschäftigte sich auch mit Innen- und Theaterarchitektur. 1757 schuf er den Hochaltar der Kirche von Heiligenkreuz-Gutenbrunn (NÖ) und 1760 die Festausstattung der Redoutensäle in der Wiener Hofburg. 1766/67 war er mit der Innenausstattung des Schönbrunner Schloßtheaters betraut, 1769–72 Prof. an der Akademie der bildenden Künste in Wien; 1772 entwarf er einen Gesamtplan zur Gestaltung des Schönbrunner Schloßparks und erbaute 1775 die Gloriette, 1777 die Obeliskkaskade und 1778 die Römische Ruine. Zwischen 1777 und 1792 schuf er die Hochaltäre in der Lichtentaler Pfarrkirche, in der Augustiner-, der Minoriten- und der Michaelerkirche und führte auch mehrere Umbauten von Wiener Kirchen durch. Ab 1773 Direktor der Akademie der bildenden Künste in Wien.

Hainisch, E.: Der Architekt J. F. H. v. H. (1949)

HEUBERGER, Richard Franz Joseph, * 18. 6. 1850 in Graz, † 28. 10. 1914 in Wien, Komponist. Studierte ursprünglich Technik und wurde Eisenbahningenieur, wandte sich jedoch bald der Musik zu und war 1878–81 Dirigent der Wiener Singakademie. Seit 1881 einer der gefürchtetsten Wiener Musikkritiker, bis 1888 für das „Wiener Tagblatt", dann 1889–95 für die „Münchner Allgemeine Zeitung" und 1896–1901 als Nachfolger von E. Hanslick (s. d.) bei der „Neuen Freien Presse". 1902–09 Lehrer am Wiener Konservatorium. Redigierte von 1904 bis zu seinem Tod die „Neue musikalische Presse". Schrieb neben Instrumentalmusik vor allem Opern und Operetten. Opern: „Abenteuer einer Neujahrsnacht" (1886), „Manuel Venegas" (1889), „Mirjam oder Das Maifest" (1894), „Barfüßele" (1905). 1898 hatte er mit seiner Operette „Der Opernball" einen gewaltigen – und auch bleibenden – Erfolg. Sein Sohn Richard H. jun., Historiker, Univ.-Prof. in Innsbruck, verfaßte neben einer „Allgemeinen Urkundenlehre (1921) mehrere lokalhistorische Werke.

HEUPERGER, Matthäus, * in Hall in Tirol, † 11. 2. 1515 in Wien, Kaufmann und Bürger in Wien. Vielleicht schon seit 1494, urkundlich belegt seit 1498, in Wien als Kaufmann ansässig. 1498 war er Mitglied der wiedergegründeten Fronleichnamsbruderschaft zu St. Stephan, 1501–03 Ratsherr. 1502 ließ er bei Hans Winterburger (s. d.) in Wien das „Heilthumbuch" drucken, ein reich bebildertes Verzeichnis des Reliquienschatzes von St. Stephan (2. Aufl. 1514).

HEURTEUR, Nikolaus, * 22. 5. 1781 in Wien, † 8. 3. 1844 in Wien, Schauspieler und Regisseur. War ursprünglich Beamter, wandte sich aber der Bühne zu und wurde 1802 ohne Schauspielausbildung an das Burgtheater engagiert. 1807–09 in Berlin, 1809–11 am Leopoldstädter Theater, 1811–16 wieder am Burgtheater, 1816–21 Regisseur am Theater an der Wien und 1821–43 abermals am Burgtheater engagiert, wo er u. a. den Jaromir in der Uraufführung von Grillparzers (s. d.) „Ahnfrau" spielte sowie in anderen Heldenrollen auftrat.

HEVESI, Ludwig, * 20. 12. 1842 in Heves (Ungarn), † 27. 2. 1910 in Wien (Selbstmord), Kunstkritiker, Journalist und Schriftsteller. Studierte in Wien Medizin und klassische Philologie, wandte sich aber bald dem Journalismus zu. 1866–75 beim „Pester Lloyd", war er ab 1875 ständiger Redakteur des „Fremdenblattes". Besonders durch seine 35jährige Tätigkeit als Kunstkritiker entstand durch sein engagiertes Eintreten für die moderne Kunst, so für Klimt (s. d.) und die Sezessionisten, eine lückenlose Chronik des Wiener Kunstlebens seiner Zeit. Einen großen Leserkreis hatte er aber auch durch seine humorvollen Feuilletons und seine Reisebücher. Große Bedeutung haben seine Bücher „Ö. Kunst im 19. Jahrhundert" (1903), „Acht Jahre Secession" (1906, Reprint 1984) und „Altkunst – Neukunst" (1909).

J. Hoffmanns Einbandentwurf zu Ludwig Hevesis „Acht Jahre Secession"

Johann Ferdinand Hetzendorfs „Römische Ruine" im Schloßpark von Schönbrunn (1778)

HEYDENAU, Friedrich, * 4. 7. 1886 in Wien, † 10. 8. 1960 in Wien, Berufsoffizier, Schriftsteller. Seine expressionistischen Romane sind wegen ihrer gelungenen Milieuschilderungen von Bedeutung. 1939–47 lebte H. in der Emigration. Werke u. a.: „Sarajewo" (1931), „Der Leutnant Lugger" (1934), „Wuk der Wolf" (1934), „Ö. Rhapsodie" (1951) „Auf und Ab" (1953).

HEYDENDORFF, Walther (eigtl. Auspitz),* 30. 10. 1888 in St. Pölten, † 19. 1. 1974 in Wien, Berufsoffizier und Militärhistoriker. Als Sohn eines späteren Generalmajors geboren, absolvierte er die Militärakademie in Wiener Neustadt und war 1914–18 Frontoffizier. 1920 als Major des Generalstabes pensioniert, danach Tätigkeit als Angestellter. Wurde nach 1930 im Kriegsarchiv Mitarbeiter am Generalstabswerk „Ö.-Ungarns letzter Krieg". Seit 1922 in Wehrverbänden aktiv tätig, wurde er 1933 Kreisführer und Kommandant des 2. Wiener Schutzregimentes und nahm an den Februarkämpfen 1934 teil. Nach dem Rücktritt von Major Emil Fey Heimwehr-Landeswehrführer, wurde er 1937 Bezirksmilizkommandant des 21. Wiener Gemeindebezirks. 1945 Stabschef des Unterstaatssekretärs für Heerwesen, General Franz Winterer, wurde er 1946 Amtsrat im Staatsarchiv, auf Betreiben der Alliierten jedoch enthoben, 1947 wiedereingesetzt. 1953 ging er als Regierungsrat in den Ruhestand, studierte an der Wiener Universität Geschichte und promovierte 1957. H. verfaßte zahlreiche militärhistorische Arbeiten; darunter vor allem von Bedeutung „Ö. und Preußen im Spiegel der ö. Geschichtsauffassung" (1947).

Wiltschegg, W.: Die Heimwehr (1985)

HIDEN, Rudolf, * 19. 3. 1909 in Graz, † 11. 9. 1973 in Wien, Fußballer. Tormann des legendären Wunderteams (s. Sindelar). Ging später als Legionär zu Racing Paris, wurde Franzose und spielte auch im französischen Nationalteam.

HIEBELER, Anton (Toni), * 5. 3. 1930 in Schwarzach (V), † 2. 11. 1984 in Slowenien, Alpinist. Namhafter Bergsteiger und Alpin-Publizist. Zahlreiche Erstbesteigungen, darunter die der Eiger-Nordwand im Winter (1961). Kam bei einem Hubschrauberunglück ums Leben.

HIGATSBERGER, Michael J., * 8. 6. 1924 in Unterbergern (NÖ), Atomwissenschaftler. Wurde nach der Matura zur deutschen Wehrmacht eingezogen und begann als Verwundeter 1944 sein Studium der Physik, Mathematik und Chemie an der Universität Wien. Promotion 1949, anschließend wissenschaftliche Hilfskraft am I. Physikalischen Institut der Universität Wien, 1952 Assistent. 1952–55 in den USA, wo er zuerst a. o. Prof. für Kernphysik, später Prof. für theoretische Physik an der katholischen Universität Washington wurde. 1959 habilitierte er sich an der Universität Wien, wurde 1965 Hon.-Prof. in Graz, 1969 Prof. für Experimentalphysik und 1971 Ordinarius und Vorstand des I. physikalischen Instituts der Universität Wien. Dazwischen und zusätzlich war er immer wieder in inländischen und internationalen wissenschaftlichen Gremien tätig. H. besitzt 70 in- und ausländische Patente zur Kernphysik und verfaßte an die 200 wissenschaftliche Publikationen.

HILBERT, Egon, * 19. 5. 1899 in Wien, † 18. 1. 1968 in Wien, Theaterdirektor. Studierte in Wien Jus und arbeitete dann im Staatsdienst. 1938–45 im KZ Dachau, wurde er 1945 Direktor des Salzburger Landestheaters. 1946–53 Leiter der Bundes-

Egon Hilbert

theaterverwaltung, 1954–59 Leiter des ö. Kulturinstituts in Rom, 1959–63 Intendant der Wiener Festwochen, 1963–64 gemeinsam mit Herbert von Karajan und danach bis 1968 alleiniger Direktor der Wiener Staatsoper.

HILFERDING, Rudolf, * 10. 8. 1877 in Wien, † 11. 2. 1941 in Gestapo-Haft in Paris, sozialdemokratischer Finanzpolitiker und deutscher Finanzminister. War der Sohn eines jüdischen Kaufmanns, studierte in Wien Medizin und war hier bis 1907 als Arzt tätig. Hatte engen Kontakt zu Viktor Adler und wurde ein führender Theoretiker des Austromarxismus sowie durch seine Beschäftigung mit der Nationalökonomie zu einem bedeutenden Finanzpolitiker. 1906 von der SPD an die Parteischule nach Berlin berufen, blieb er ab 1907 ständig in Deutschland. Vorwiegend als Redakteur tätig, war er 1923 und 1928/29 Reichsfinanzminister und emigrierte 1933 nach Frankreich.

HILLEGEIST, Friedrich, * 21. 2. 1895 in Wien, † 3. 12. 1973 in Wien, sozialistischer Gewerkschafter. 1934–38 Leiter der illegalen Gewerkschaftsbewegung, bot er in den Märztagen 1938 der Regierung erfolglos gewerkschaftliche Unterstützung gegen den Nationalsozialismus an. 1945–62 Abgeordneter zum Nationalrat und Bundesvorstand des ÖGB, Gruppe Privatangestellte. 1959–62 Vizepräsident des ÖGB und Präsident des Hauptverbands der Sozialversicherungsträger. 1961/62 Zweiter Präsident des Nationalrats.

HILLER, Johann Freiherr von (seit 1789) * 1748 in oder bei Modena, † 5. 6. 1819 in Lemberg (Galizien), Heerführer. Sohn eines Offiziers, der 1771 nobilitiert wurde. 1763 Kadett, 1768 Unterleutnant, kaufte er 1774 eine Hauptmannsstelle im Warasdiner Grenzinfanterieregiment. Oberstleutnant im Türkenkrieg von 1788–91, wurde ihm für die Verteidigung eines Grenzabschnitts in Kroatien 1788 das Ritterkreuz des Maria-Theresien-Ordens verliehen. 1789 Oberst und in den Freiherrenstand erhoben, 1794 Generalmajor, 1796 Brigadekommandant in der Rheinarmee unter Erzherzog Karl; mußte aus gesundheitlichen Gründen um die Versetzung in den Ruhestand bitten. 1798 in den aktiven Dienst zurückgekehrt, wurde er im Zweiten Koalitionskrieg in der Schlacht bei Zürich verwundet und 1800 zum Feldmarschalleutnant befördert. 1801 kurz Divisionskommandant in Agram, wurde er noch 1801 Militärkommandant von Tirol. 1805 bei der Verteidigung Südtirols bewährt, kehrte er 1807 an die Militärgrenze zurück. Der Höhepunkt seiner militärischen Karriere war sein ruhmreicher Anteil an der Schlacht bei Aspern 1809, wofür er zum Feldzeugmeister befördert wurde und als Kommandierender General an die Militärgrenze zurückkehrte. 1813 Befehlshaber der Armee von Innerösterreich, wurde er im November seines Postens enthoben und ab 1814 Landeskommandierender von Siebenbürgen. Bei den Soldaten sehr beliebt, blieb er innerhalb des Offizierskorps wegen seiner Eigenmächtigkeiten umstritten.

Jeřábek, R.: Die Kämpfe in Südkärnten 1813. Militärhistorische Schriftenreihe 56 (1986)

HILLISCHER, Hermann Theodor, * 4. 5. 1850 in Wien, † 26. 11. 1926 in Wien, Arzt. Sohn des Arbeiterdichters Josef Hermann H. (* 19. 3. 1825 in Wien, † 23. 4. 1897 in Linz), studierte in Wien und promovierte 1876. 1878 errichtete er das erste Kieferspital in Wien, 1884 führte er die graphische Bezeichnung der Zähne ein, 1886 demonstrierte er erstmals in Berlin ein von ihm entwickeltes Schlafgas für längere Operationen und erfand 1889 eine Bohrmaschine für Zahnbehandlungen. Außerdem setzte er sich für die Schul-Zahnpflege ein. Daneben legte er 1899 den Plan einer elektrischen Schmalspurbahn ohne Oberleitung vor, die aber nur auf einer kleinen Versuchsstrecke erprobt wurde.

HILTL, Hermann Ritter von (seit 1902) * 18. 6. 1872 in Olmütz (Mähren), † 15. 8. 1930 in Bad Hall (OÖ), Berufsoffizier. Sein Vater war ebenfalls Berufsoffizier, bei seiner Geburt Oberstleutnant, später General. Nach dem Besuch der Militärakademie in Wiener Neustadt wurde H. 1892 als Leutnant ausgemustert, 1905 Hauptmann, 1907–12 Lehrer an der Infanteriekadettenschule in Wien. Im Ersten Weltkrieg an der serbischen und der italienischen Front eingesetzt, wurde mehrfach ausgezeichnet und auch verwundet. Beförderung zum Oberstleutnant, war der letzte Kommandant des k. u. k. Feldjägerbataillons Nr. 21. Gelangte mit seinen Leuten durch die Vorkommnisse des von Italien einseitig in-

LUKAS VON HILDEBRANDT

Prinz Eugens Baumeister

HILDEBRANDT, Johann Lukas Ritter von (seit 1720) * 14. 11. 1668 in Genua, † 16. 11. 1745 in Wien, Architekt. War der Sohn eines aus Deutschland stammenden Hauptmanns, der in der kaiserlichen Armee gedient hatte. Wurde in Rom bei C. Fontana ausgebildet und war ab 1693 als Architekt tätig. Freiwillig leistete er 1695/96 Militärdienst, machte als Festungsingenieur die Feldzüge des Prinzen Eugen (s. d.) in Piemont mit. 1696 nach Wien gekommen, wurde er hier ansässig, 1698 kaiserlicher Rat, 1701 kaiserlicher Hofingenieur. 1720 geadelt, wurde er 1723, nach dem Tod Fischer von Erlachs (s. d.), Hofbaumeister. Neben Fischer von Erlach war er der bedeutendste ö. Barockbaumeister. Seine Entwürfe, unter italienischem Einfluß, sind weniger streng und lebhafter im Ornament als die Bauten Fischer von Erlachs. Sein grandioser Plan für das 1718 abgebrannte Stift Göttweig (NÖ) wurde nach seinem Tod 1750–65 nur zum Teil verwirklicht. Abgesehen von Umbauten, wie etwa am Schloß Mirabell bei Salzburg, und Erweiterungsbauten, etwa beim Winterpalais des Prinzen Eugen in Wien, stammen von ihm zahlreiche Schloß-, Palais- und Kirchenbauten, so u. a.: Palais Schwarzenberg in Wien (1697–1704), Palais Schönborn in Wien (1706-11), Schloß Schönborn bei Göllersdorf (NÖ) und dortige Kirche (1712–17), Palais Daun (später Palais Kinsky) in Wien (1713–16); 1714–16 Erweiterung des Unteren Belvedere, 1716–21 Piaristenkirche in Wien, 1721–23 Oberes Belvedere, 1717–19 Geheime Hof- und Staatskanzlei (heute Bundeskanzleramt), 1726 Umbauarbeiten am Reichskanzleitrakt der Wiener Hofburg. Dazu kamen noch bedeutende Werke außerhalb von Ö., wie etwa in Würzburg und Pommersfelden.

Grimschitz, B.: J. L. v. H. (1922 und 1959); Kerber, O.: Von Bramante zu H. (1947)

terpretierten Waffenstillstands in italienische Gefangenschaft (bis August 1919). Im Februar 1920 wurde Oberst H. zu einem der Mitbegründer der Frontkämpferbewegung und schließlich zu deren uneingeschränktem Führer.

Hammer, E. v. (Hrg.): Oberst H. (1931)

HILVERDING van Weven, Franz Anton Christoph (auch Hilferding) * 17. 11. 1710 (Tauftag) in Wien, † 29. 5. 1768 in Wien, Tänzer, Ballettmeister und Choreograph. Er begann als Tänzer am Wiener Hoftheater, ging nach Paris, um sich zu vervollkommnen, und kehrte 1735 als Hoftänzer nach Wien zurück. 1742 übernahm er die Tanztruppe des Kärntnertortheaters und wurde 1749 zum Hoftanzmeister ernannt. 1758–64 war er auch Leiter des kaiserlichen Balletts in St. Petersburg und Moskau. 1766 pachtete er das Kärntnertortheater in Wien. H. war der Wegbereiter des Aktionsballetts, verfaßte mehrere Balletteinlagen und Pantomimen und bemühte sich an seinem Theater sehr um das deutschsprachige Lustspiel.

Schloß Halbturn, das Lukas von Hildebrandt für den Grafen Harrach 1709–11 erbaute

HINDELS, Josef, * 10. 1. 1916 in Wien, SPÖ-Politiker. Schon früh in der sozialdemokratischen Bewegung tätig, kam er 1933 in politische Haft; nach seiner Entlassung war er in der Illegalität und arbeitete 1938–45 in der ö. Widerstandsbewegung. Bis 1981 im Rahmen des ÖGB aktiv, verfaßte er zahlreiche politische Broschüren, u. a. „Hitler war kein Zufall" (1962), „Lebt Stalin in Peking?" (1964), „Ö.s Gewerkschaften im Widerstand 1934–45" (1976).

HINTERSEER, Ernst, * 28. 2. 1932 in Kitzbühel, Schirennfahrer. 1960 Olympia-Gold im Slalom (Squaw Valley). Später zweimaliger Profi-Weltmeister, dann Trainer. Ö. Sportler des Jahres 1960. H.s Söhne traten alle in die Rennfahrer-Fußstapfen des Vaters, ohne an ihn heranzukommen.

HINTERSTOISSER, Franz, * 28. 4. 1863 in Aigen (S), † 6. 3. 1933 in Wien, Berufsoffizier und Pionier der ö. Luftfahrt. 1886 Kadett im Pionier-Regiment, 1889 Leutnant, absolvierte 1890/91 den ersten aeronautischen Kurs. 1912 zum Major befördert. H. war der Begründer der ö. Militärluftfahrt und schuf 1910 die erste Fliegerschule. 1904 veröffentlichte er „Aus meinem Luftschiffertagebuch".

HIRSCH, Hans, * 27. 12. 1878 in Zwettl (NÖ), † 20. 8. 1940 in Wien, Historiker. Studierte in Wien, wurde Univ.-Prof. in Prag und in Wien und war ein anerkannter Urkundenforscher. 1929 Vorstand des Instituts für ö. Geschichtsforschung und 1934 Leiter der Südostdeutschen Forschungsgemeinschaft in Wien. Abgesehen von reinen Spezialpublikationen (H. war Mitarbeiter der „Monumenta Germaniae historica"), erschienen u. a. von ihm „Die Klosterimmunität seit dem Investiturstreit" (1913) und „Die hohe Gerichtsbarkeit im deutschen Mittelalter" (1922).

HIRSCHVOGEL, Augustin, * 1503 in Nürnberg, † 5. 3. 1553 in Wien, Kartograph, Geometer und Radierer. Bis 1525 arbeitete er in der Werkstatt seines Vaters Veith H. in Nürnberg als Glasmaler und ging dann nach Venedig, wo er seine kartographischen Kenntnisse erworben haben dürfte. 1536–43 in Laibach, wahrscheinlich schon als Kartograph tätig, schuf er 1542 im Auftrag des Kaisers eine Karte von Oberösterreich (1583 in Antwerpen herausgegeben), die älteste erhaltene Karte eines ö. Landes. Ab 1543 in Wien lebend, erschien im gleichen Jahr in Nürnberg seine „Geometria", 1544 folgte eine Karte von Kärnten und Krain. Dann wandte er sich der Landschaftsradierung zu und schuf etwa 200 Werke. 1547 entstanden zwei Radierungen von Wien, eine vom Norden und eine vom Süden der Stadt aus gesehen. Seine Meisterleistung aus diesem Jahr stellt aber ein auf sechs Platten radierter Rundplan der Stadt Wien dar, der die erste verläßliche kartographische Aufnahme der Stadt ist. Erstmals lag diesem Plan (im Maßstab 1:2000) eine Vermessung zugrunde, die auf einem von H. erdachten Triangulierungssystem basierte. 22 gestochene Stadtansichten verzierten den Plan. 1549 verfaßte er eine Schrift über den Gebrauch seiner Aufnahmequadranten und 1552 eine über die Meßkunst mit Erläuterungen über die Aufnahme der Stadt, der verwendeten Meßgeräte und der angewandten Methode.

HITLER, Adolf, * 20. 4. 1889 in Braunau am Inn (OÖ), † 30. 4. 1945 in Berlin (Selbstmord), Nationalsozialist, Reichskanzler und Führer des Großdeutschen Reichs. War das vierte Kind aus der dritten Ehe des Zollbeamten Alois H. (ursprünglich Schickelgruber), dessen Vater Johann Georg Hiedler (in der Verwandtschaft wurde auch Hütler geschrieben) erst viel später H.s Großmutter heiratete. Zur Zeit der Namensänderung – sie erfolgte im Pfarramt Döllersheim (NÖ) – war H.s Vater bereits 40 Jahre alt. Eindeutig hat H.s Vater die Schreibweise Hitler angenommen, da im Taufschein Adolf H.s in der Rubrik Vater der Vermerk „Alois Schickelgruber, legit. Hitler" steht. 1900–04 besuchte H. die Realschule in Linz, 1904/05 die in Steyr, ohne einen Abschluß zu erreichen. Da 1903 sein Vater und 1907 seine Mutter gestorben war, ging er mit dem ausgezahlten Erbe seines Vaters nach Wien. 1907–13 lebte er hier, wollte Kunststudent werden, wurde aber wegen zu geringer Begabung zweimal von der Akademie der bildenden Künste abgelehnt. Er verbrachte diese Jahre als Bauhilfsarbeiter, Postkartenmaler und Gelegenheitsarbeiter. Die Gedanken der ö. Alldeutschen, vor allem die des Georg Ritter von Schönerer (s. d.), und der Antisemitismus des Karl Lueger (s. d.) beeindruckten H. Auch beeinflußten ihn mystische, pseudoreligiöse, antisemitische Pamphlete und Zeitschriften, so auch die Zeitschrift „Ostara" des Rassenfanatikers Georg Lanz von Liebenfels (s. d.). Aus dieser Lektüre entstanden die Grundlagen seines Antisemitismus und Rassenhasses sowie die Feindschaft gegenüber Marxismus, Liberalismus und dem Vielvölkerstaat der Donaumonarchie. 1913 übersiedelte H. nach München, wohl in erster Linie, um sich dem ö. Militärdienst zu entziehen. Hier lebte er als Staatenloser und meldete sich bei Ausbruch des Kriegs freiwillig zur deutschen Armee, war meist als Meldegänger an der Westfront im Einsatz, wurde Gefreiter, mit dem Eisernen Kreuz zweiter und erster Klasse ausgezeichnet und erlebte 1918, durch eine Gasvergiftung zeitweilig erblindet, im Lazarett das Kriegsende. Von der Reichswehrführung 1919 als Schulungsredner für Soldaten eingesetzt, kam er mit der Deutschen Arbeiterpartei (seit 24. 2. 1920 Nationalsozialistische Deutsche Arbeiterpartei – NSDAP) in Berührung, wurde Mitglied und Werbeobmann. Im Juli 1923 wurde er Vorsitzender der Partei. Der Demonstrationsmarsch zur Feldherrnhalle in München (auch „Hitler-Putsch" genannt) am 9. 11. 1923 scheiterte. H. wurde verhaftet und zu fünf Jahren Festungshaft verurteilt, jedoch Ende 1924 amnestiert. In der Landsberger Haft schrieb er den ersten Band seines autobiographischen Buchs „Mein Kampf", in dem er seine spätere expansive Außenpolitik und seine antisemitische Rassen- und Soziallehre darlegte. Nach der Neugründung der NSDAP (sie war 1923 aufgelöst worden) am 27. 2. 1925 nahm die Anhängerschaft der Partei ständig zu. Um bei der Reichspräsidentenwahl 1932 kandidieren zu können, wurde H. vorher zum braunschweigischen Regierungsrat ernannt und erhielt die deutsche Staatsbürgerschaft. Bei den Reichstagswahlen vom 31. 7. 1932 wurde die NSDAP stärkste Partei und H. am 30. 1. 1933 zum Reichskanzler berufen. Nach dem Tod des Reichspräsidenten Paul von Hindenburg am 2. 8. 1934 vereinigte H. die Ämter des Partei-, Regierungs- und Staatschefs in seiner Person. Mit Notverordnungen und Maßnahmen nach dem „Ermächtigungsgesetz" sowie mit terroristischen Methoden gelang H. rasch die Beseitigung aller politischen Gegner und rechtsstaatlichen Hindernisse, ebenso die Ausschaltung von Gegenkräften innerhalb der Partei (Röhmputsch vom 30. 6. 1934), schließlich die Schaffung eines totalitären Staats unter seiner alleinigen Führung. Im Inneren betrieb H. militärische Aufrüstung und eine Autarkiewirtschaft, nach außen eine revanchistische, expansive Politik (Austritt Deutschlands aus dem Völkerbund 1933; Lossagung von den Rüstungsbeschränkungen des Versailler Vertrags 1935; Besetzung des entmilitarisierten Rheinlands 1936; Bündnis mit Italien 1936; Anschluß Österreichs und der Sudetengebiete 1938; Besetzung der Tschechoslowakei 15. 3. 1939; nach Abschluß des Pakts mit Stalin im August 1939 militärischer Angriff auf Polen am 1. 9. 1939), die zum Ausbruch des Zweiten Weltkriegs führte. Im Verlauf des Kriegs begann H., begünstigt durch rasche Anfangserfolge, in Deutschland und insbesondere in den eroberten Gebieten seine Vernichtungspolitik vor allem gegen die Juden, aber auch gegen „rassisch Minderwertige" in die Tat umzusetzen. Am 20. 7. 1944 mißlang ein Attentat auf H. in dessen Hauptquartier in Ostpreußen. Angesichts der Aussichtslosigkeit der Kriegslage beging H. am 30. 4. 1945 im Bunker der Reichskanzlei in Berlin gemeinsam mit der von ihm am Vortag geheirateten Eva Braun Selbstmord. Die offizielle Todeserklärung erfolgte durch das Amtsgericht Berchtesgaden (der Berghof am Obersalzberg bei Berchtesgaden war sein privater Wohnsitz) am 25. 10. 1956.

Literaturauswahl: Greiner, J.: Das Ende des Hitler-Mythos (1945); Dietrich, O.: 12 Jahre mit H. (1955); Heiber, H.: A. H. (1960); Bullock, A.: H. Eine Studie über Tyrannei (1952, vollständig überarb. Neuausgabe 1967); Daim, W.: Der Mann, der H. die Ideen gab (1958); Heuss, Th.: H.s Weg (1968); Deuerlein, E.: A. H. (1969); Maser, W.: A. H. (1970); Fest, J.: H. (1973); Stierlin, H.: A. H. (1975); Toland, J.: A. H. (1977); Haffner, S.: Anmerkungen zu A. H. (1978)

HITSCHMANN, Hugo Heinrich, * 28. 4. 1838 in Kanitz (Mähren), † 17. 4. 1904 in Wien, Journalist und Verleger. Schon früh in Wien als Journalist tätig, wurde er zum Begründer des modernen land- und forstwirtschaftlichen Zeitungswesens in Ö. Bestehende Fachblätter wurden von ihm erweitert und auf eine moderne, informative Basis gestellt, neue gegründet. Er verlegte bei dem 1748 gegründeten Verlag Georg Fromme in Wien, dessen Teilhaber er später wurde. Der Verlag trug dann auch seinen Namen. 1879 gab er „Vademecum für den Landwirt" heraus, das bis 1891 zehn Auflagen erreichte. Seine wichtigsten Fachblätter waren: „Ökonom", „Ö. Forst- und Jagdzeitung" und die „Allgemeine Weinzeitung".

HLAVAČEK, Anton, * 7. 5. 1842 in Wien, † 16. 1. 1926 in Wien, Landschaftsmaler. Sohn eines armen Webers, der neben seiner Berufsausbildung als Zimmermaler 1859–64 an der Akademie der bildenden Künste in Wien studierte. 1862 Mitglied des Künstlerhauses. 1873 erhielt er auf der Wiener Weltausstellung die Kunstmedaille, 1906 gründete er den „Ö. Künstlerbund". Abgesehen von seinen Dolomiten-Landschaften und den Burgenansichten aus Südtirol und der Wachau, schuf er zwei Kolossalgemälde: „Panorama von Wien und seinen Umgebungen vom Nußberg bei Nußdorf aus" (3 × 6 m, 1878–84) und „Das alte Donaubett bei Wien"; weiters zwei Ansichtsfolgen „Die Donau" und „Schutzhütten".

HÖBARTH, Josef, *17. 3. 1891 in Reinprechtspölla (NÖ), † 16. 12. 1952 in Horn (NÖ), Urgeschichts- und Heimatforscher. War im Hauptberuf Postangestellter. Sammelte Funde der Ur- und Frühgeschichte seiner engeren Heimat. Gründete 1930 das nach ihm benannte Museum in Horn, dessen Direktor er bis zu seinem Tod war. Seine Lebenserinnerungen erschienen 1952 im Mitteilungsblatt der ö. Museen.

HOCH, Adolf, * 17. 6. 1910 in Winterberg (Böhmen), Architekt. Studierte in Wien bei Peter Behrens (s. d.) und erhielt 1948 bei den Olympischen Spielen in London die Goldmedaille für Architektur für das Projekt Schi-Stadion Kobenzl. Außerdem erster Preis für die Neugestaltung des Wiener Karlsplatzes. Nach seinen Plänen wurden das Kurhaus und die Hauptschule in Bad Hall (OÖ), die Marienbrücke und das Lorenz-Böhler-Krankenhaus in Wien errichtet.

HOCHENEGG, Julius, * 2. 8. 1859 in Wien, † 11. 5. 1940 in Wien, Chirurg. Studierte in Wien und promovierte 1884. War zunächst Operationszögling bei Theodor Billroth (s. d.), 1886–90 Assistent, 1889 Privatdozent und 1904 Nachfolger Billroths als Vorstand der 2. Chirurgischen Klinik und Univ.-Prof. Modernisierte die Klinik und gründete gemeinsam mit Anton von Eiselsberg (s. d.) die Unfallstation der 1. Chirurgischen Klinik. 1906 bis 1909 erschien das gemeinsam mit E. Payr verfaßte „Lehrbuch der speziellen Chirurgie" (2 Bde.). H. entwickelte die Krebschirurgie weiter und veröffentlichte mehrere wissenschaftliche Publikationen. Sein jüngerer Bruder Carl (* 27. 10. 1860 in Wien, † 6. 2. 1942 in Wien) war ab 1899 Prof. an der Technischen Hochschule in Wien, richtete dort die Elektronischen Institute ein und erwarb sich bedeutende Verdienste um die Elektrifizierung Wiens.

HOCHSTETTER, Carl Christian, * 11. 3. 1818 in Brünn, † 22. 11. 1880 in Wien, Unternehmer. Sein Vater war evangelischer Geistlicher und als Botaniker bekannt. H. wurde zunächst als Apotheker ausgebildet, arbeitete 1839 in den Salmschen Eisenwerken in Blansko (Mähren), später in einer ungarischen Zuckerfabrik und studierte dann mehrere Jahre an der Universität Berlin. Nach Brünn zurückgekehrt, gründete er zuerst eine Blutlaugensalzfabrik und 1850 gemeinsam mit Josef M. Miller zu Aichholz (s. d.) die „Erste ö. Sodafabrik" in Hruschau bei Mährisch-Ostrau, die bald um eine Tonwarenfabrik erweitert wurde. 1862 Abgeordneter des schlesischen Landtags, übersiedelte 1866 nach Wien. Hier beteiligte er sich an verschiedenen Unternehmungen, u. a. auch an der Perlmooser Zement- und der Floridsdorfer Lokomotivfabrik.

HOCHSTETTER, Ferdinand von (seit 1884), * 30. 4. 1829 in Eßlingen (Württemberg), † 18.7. 1884 in Oberdöbling bei Wien, Geograph und Geologe. Studierte in Maulbronn und in Tübingen und promovierte 1852. Er beteiligte sich an den Arbeiten der Geologischen Reichsanstalt in Wien und führte 1853/54 die geologische Aufnahme des Böhmerwaldes durch und 1855/56 die des böhmischen Mittel-, des Erz- und des Karlsbader Gebirges. 1856 Privatdozent in Wien. Nahm 1857 an der Weltumseglung der „Novara" teil, blieb jedoch in Neuseeland, wo er wissenschaftliche Forschungen betrieb (ein Berg wurde nach ihm „Hochstetter-Dom" genannt). 1860 Prof. am Polytechnischen

Institut in Wien, 1867 Präsident der Geographischen Gesellschaft und 1876 Direktor des Naturhistorischen Museums, wo er die anthropologisch-ethnographische Abteilung errichtete. Für das 1864–66 erschienene Werk „Reise der ö. Fregatte ‚Novara' um die Erde" (3 Bde.) verfaßte er den geologischen Teil. Außerdem veröffentlichte er eine Vielzahl wissenschaftlicher Werke.

HOCK, Carl Freiherr von (seit 1859), * 18. 3. 1808 in Prag, † 2. 1. 1869 in Wien, Philosoph und Nationalökonom. Studierte zunächst in Wien Philosophie und veröffentlichte ab 1832 mehrere philosophische Werke. Später wandte er sich der Nationalökonomie und der Statistik zu, trat in den Staatsdienst und wurde Sektionschef im Finanzministerium. 1857 erschien „Die Finanzverwaltung Frankreichs", mit dem er ebensoviel Erfolg hatte wie 1863 mit „Die öffentlichen Abgaben und Schulden". 1865 wurde er Mitglied des cisleithanischen Staatsrats und arbeitete an der Finanzreform mit. 1868 begann er das Werk „Der ö. Staatsrat 1760–1848, eine geschichtliche Studie", 4 Bde., vollendet 1879 von Bidermann.

HOECHLE, Johann Baptist, * 19. 10. 1754 in Klingnau (Schweiz), † 1. 1. 1832 in Wien, Maler. Stammte aus ärmlichen Verhältnissen und wurde Töpfer, kam über Zwischenstationen an den Hof des Kurfürsten Karl Theodor nach München und nach dessen Tod 1800 nach Wien. 1802 zum Hofmaler ernannt, schuf zahlreiche Genrebilder, Historienbilder und Porträts. Eines seiner bekanntesten Gemälde ist das Bild der Prokuratstrauung der Erzherzogin Marie Louise (s. d.) mit Kaiser Napoleon I., der von Erzherzog Karl (s. d.) vertreten wurde.

HOECHLE, Johann Nepomuk, * 6. 1. 1790 in München, † 12. 12. 1835 in Wien, Maler. Sohn von Johann Baptist H. (s. d.). Begann schon mit sieben Jahren zu zeichnen und wurde vom bayerischen Hofmaler Kobell unterrichtet. Kam 1800 mit seinen Eltern nach Wien und trat 1804 in die Akademie der bildenden Künste ein, wo er bis 1808 bei H. F. Füger (s. d.) studierte. Er wandte sich bald der Schlachtenmalerei zu und nahm 1815 erstmals an einem Feldzug teil, um militärische Szenen und Ereignisse nach der Natur festhalten zu können. H. wurde so zu einem bedeutenden „Bataillenmaler" und verstand es, historische Hauptmomente, oft in Lithographien, festzuhalten. Seine Darstellungen der Schlacht von Aspern sind ein beredtes Zeugnis dafür.

HOEFNAGEL, Jakob, * 1575 in Antwerpen, † um 1630 wahrscheinlich in Holland, Kupferstecher und Miniaturmaler. War 1602 Kammermaler bei

FRITZ HOCHWÄLDER

Die Perfektion des Handwerks

„Die Wiener Luft hat mir Unschätzbares gegeben: Klarheit des Gedankens, Sinn für Form, Theaterblut."

Fritz Hochwälder

HOCHWÄLDER, Fritz, * 28. 5. 1911 in Wien, † 20. 10. 1986 in Zürich, Dramatiker. Ursprünglich Handwerker, emigrierte 1938 in die Schweiz, wo er bis zu seinem Tode lebte. In seinen vielgespielten Dramen stellte er die Gegensätze zwischen Religion und Politik dar, verlegte aber aktuelle Probleme in historische Epochen. Seine Hauptwerke u. a.: „Liebe in Florenz" (1935), „Esther" (1940), „Das heilige Experiment" (1941), „Der Flüchtling" (1945), „Meier Helmbrecht" (1946), „Der öffentliche Ankläger" (1948), „Donadieu" (1953), „Die Herberge" (1956), „Der Himbeerpflücker" (1965), „Der Befehl" (1968). 1968 erschien eine Auswahl seiner Dramen, 1975 sein Drama „Lazaretti" und 1980 der autobiographische Band „Im Wechsel der Zeit". Zahlreiche Ehrungen, u. a. der Ö. Staatspreis, der Grillparzer-, Csokor-, Wildgans-Preis sowie das Ehrenkreuz für Wissenschaft und Kunst.

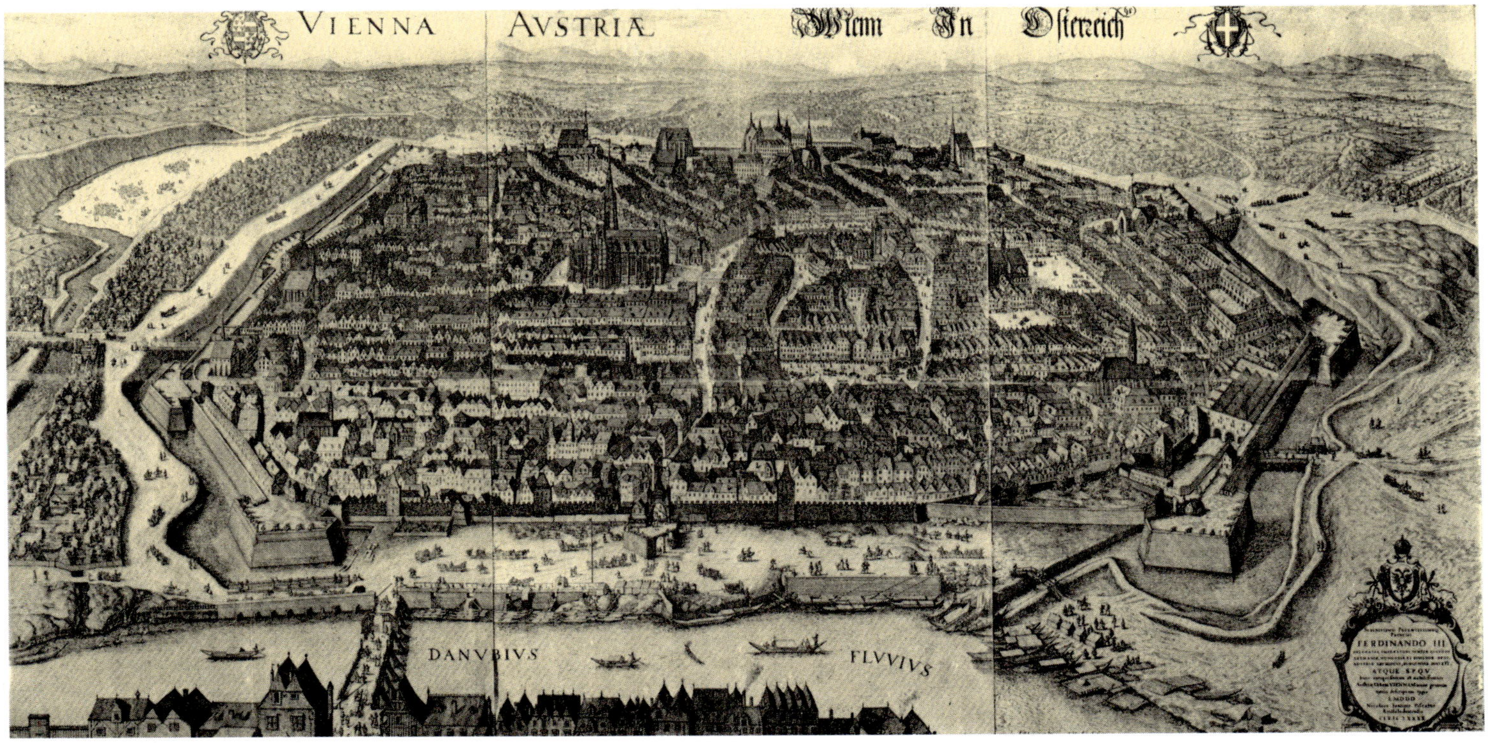

Jakob Hoefnagel: Vogelschau Wiens (1609)

Kaiser Rudolf II. (s. d.) in Prag, heiratete 1605 in Wien die Tochter des kaiserlichen Baumeisters Anton de Mois und schuf 1609 die Ansicht der Stadt Wien, „Vienna Austriae", die erste topographisch brauchbare und zugleich künstlerisch wertvolle Arbeit (gestochen von Nicolaus Visscher in Antwerpen). Ebenfalls in Wien entstand um diese Zeit das aus 180 Pergamentblättern bestehende, gemalte naturwissenschaftliche Werk „Museum des Kaisers Rudolf II." 1614 hatte er in Prag das Bürgerrecht erhalten, schlug sich aber, da er in finanzielle Schwierigkeiten geraten war, auf die Seite des „Winterkönigs" Friedrich von der Pfalz und wurde zum Tod verurteilt. Er konnte allerdings nach Holland fliehen, wo er vermutlich zehn Jahre später starb.

HOERBIGER, Alois, * 17. 2. 1810 in Thierbach (T), † 1872 in Werschetz (Banat), Orgelbauer. Sohn eines Bergbauern, war als Orgelbauer Autodidakt und übte diesen Beruf aus, nachdem er in Atzgersdorf bei Wien ansässig geworden war. Gemeinsam mit seinem Bruder Bartholomäus H. baute er etwa 60 Orgeln, darunter die der Welschen Kirche in Graz und der Altlerchenfelder- und der Johannes-Nepomuk-Kirche in Wien. Später verlegte er seinen Wohnsitz in den Banat. H. war der Großvater von Hanns H. (s. d.).

HOERBIGER, Hanns, * 29. 11. 1860 in Atzgersdorf bei Wien, † 11. 10. 1931 in Wien, Techniker und Maschinenkonstrukteur. Nachdem die Familie nach Werschitz im Banat (s. Alois H.) übersiedelt war, beendete H. dort die Unterklassen der Realschule, konnte aber wegen Geldmangels nicht weiterstudieren und erlernte das Schmiedehandwerk. Nach beendeter Lehrzeit zog er als Wanderbursche nach Wien, wo er ohne Unterstützung der Familie die Staatsgewerbeschule absolvierte. Danach kam er in das Konstruktionsbüro des bekannten Erfinders und Spezialisten des Dampfmaschinenbaus, Alfred Collmann (s. d.), der seine Fähigkeiten förderte. Nach Tätigkeiten in Brünn, Iglau, Budapest und im lothringischen Bergbaugebiet arbeitete er an seiner Erfindung, einem selbsttätigen, reibungsfrei arbeitenden Stahlklappenventil für Gebläsekompressoren und Pumpen, das die alten Lederklappenventile ablösen sollte. 1895 erhielt er das erste Patent auf seine Erfindung und konnte mit finanzieller Unterstützung der Firma Siemens & Halske 1900 in Budapest ein eigenes Unternehmen gründen. Das dort konstruierte „Hoerbiger-Ventil" wurde verbessert und weiterentwickelt, 1903 das Konstruktionsbüro nach Wien verlegt. Dank seiner Erfindung gelangte H. zu einem gewissen Wohlstand, der allerdings nach dem Ersten Weltkrieg durch die Inflation stark beeinträchtigt wurde. Die beiden älteren Söhne Johann Robert H. und Alfred H. arbeiteten mit dem Vater zusammen, und Alfred gründete 1931 in Wien-Simmering eine eigene Fabrik. Nebenbei hatte sich H. auch auf wissenschaftlichem Gebiet versucht und 1913 seine „Glazial-Kosmogonie" („Welteislehre") veröffentlicht, die von der Wissenschaft jedoch nicht anerkannt wurde. H.s jüngere Söhne Paul Hörbiger (s. d.) und Attila Hörbiger (s. d.) wurden berühmte Schauspieler.

HOERNES, Hermann, * 31. 7. 1858 in Venedig, † 17. 1. 1948 in Linz, Berufsoffizier und Flugtechniker. Absolvierte die Pionierkadettenschule in Hainburg und trat 1880 in ein Pionierregiment ein. Studierte 1891–93 an der Technischen Hochschule in Wien und wurde im Ersten Weltkrieg zum Oberst befördert. H. war einer der ersten Ballonfahrer Ö.s und stellte 1890 mit seinem Nachtflug Wien–Posen einen ö. Rekord hinsichtlich Streckenlänge, Zeit und Dauer auf. Er veröffentlichte u. a. „Luftfahrzeuge der Zukunft" (1891), „Lenkbare Ballons" (1902), „Buch des Fluges", 3 Bde. (1911/12), „Die Erfindung des Flugdrachens" (1913).

HOFBAUER, Clemens Maria, * 26. 12. 1751 in Taßwitz bei Znaim (Mähren), † 15. 3. 1820 in Wien, Redemptorist, Heiliger. Als neuntes von zwölf Kindern geboren, war er zunächst Bäckerlehrling in Znaim, besuchte dann das Gymnasium und studierte ab 1772 in Wien Philosophie. 1774 trat er in Rom

Clemens Maria Hofbauer. Zeitgenössischer Stich

in den Redemptoristenorden ein und wurde 1775 zum Priester geweiht. 1787 ging er nach Warschau, wo er 1788 Generalvikar seines Ordens für den Norden wurde und vorwiegend karitativ und als Lehrer tätig war. Nach Aufhebung der deutschen Nationalkirche St. Benno in Warschau kehrte er 1808 nach Wien zurück, wurde Prediger und Beichtvater in der Minoritenkirche, ab 1813 in St. Ursula. Er erreichte auch die Zulassung des Redemptoristenordens in Ö., erlebte aber die Einführung am 18. 4. 1820 nicht mehr. Als moderner Seelsorger wandte er neue Mittel des Wirkens, wie Hausbesuche, Heimabende, an und war ein Erneuerer des religiösen Lebens in Ö. und der geistige Überwinder der josephinischen Aufklärung (weshalb er von der Polizei überwacht wurde). H. wurde zum Wegbereiter des Konkordats von 1855. In Wien war H. der Mittelpunkt des Romantiker- und Konvertitenkreises, des sogenannten Hofbauer-Kreises, der sein geistiges und religiöses Zentrum in der Kirche von Maria Enzersdorf bei Wien hatte. Am 29. 1. 1888 wurde er selig-, am 20. 5. 1909 heiliggesprochen. Er ist seit 1913 zweiter Schutzheiliger der Gesellenvereine, seit 1914 Stadtpatron von Wien. Ursprünglich auf dem Friedhof von Maria Enzersdorf begraben, wurden seine Gebeine 1862 in die Kirche Maria am Gestade überführt und in einem Reliquienschrein beigesetzt.

Hosp, E.: Der hl. K. M. H. (1951); Till, H.: H. und sein Kreis (1951)

HOFER, Andreas, * 22. 11. 1767 in St. Leonhard im Passeier (Südtirol), † 20. 2. 1810 in Mantua (erschossen), Gastwirt und Tiroler Freiheitskämpfer. Seit Beginn des 17. Jh.s hatten seine Vorfahren als „Sandwirte" das Gasthaus „Am Sand" an der Jaufenstraße im Passeiertal bewirtschaftet. 1790 war H. Abgeordneter des Passeiertales im Innsbrucker Landtag, seit 1796 Schützenhauptmann einer Landsturmkompanie im Krieg gegen die Franzosen. Im Frieden von Preßburg (26. 12. 1805) war Tirol den dort bereits seit zwei Jahren herrschenden Bayern zugesprochen worden.

ANDREAS HOFER

Sandwirt – Rebell und Bauernregent

„Morgen am 9. April wird für Gott, Kaiser und Vaterland ausgegangen und jedermann ermahnt, brav dreinzuschlagen."

Hofers erster Aufruf 1809

„Verflucht dieses Land, nicht einmal in Spanien habe ich so etwas gefunden."

Der französische Marschall Lefèbvre nach der Schlacht an der Sachsenklemme

„Die Hände wurden ihm auf den Rücken gebunden, ein Lederriemen um den Hals, ein Strick um die Mitte des Leibes geschlungen. Die rohen Gesellen rissen ihm Haare aus dem Bart, so daß sein Gesicht voll gefrorenen Blutes war. Man brachte ihn nach Mantua, wo er zum Tode verurtheilt wurde, weil man Waffen bei ihm gefunden habe. Das Urtheil wurde am 20. Februar 1810 vollzogen, also zu derselben Zeit, da Napoleon in Wien um die Tochter des Kaisers warb."

F. M. Mayer, Geschichte Österreichs (1901)

Ende Jänner 1809 machte in Wien Erzherzog Johann H. mit dem vom Freiherrn von Hormayr (s. d.) ausgearbeiteten Plan zur Erhebung Tirols bekannt. Die Tiroler sollten sich im Falle einer Kriegserklärung Ö.s an Frankreich gegen die Bayern erheben. Man versprach ihnen militärische Hilfe. Die Abmachungen wurden in Tirol mündlich vorbereitet, und am 8. 4. 1809 erließ H. im Passeiertal den Aufruf zum Kampf. Am 11. 4. errang er auf dem Sterzinger Moos seinen ersten Sieg und bezeichnete sich seither als „einen vom Haus Ö. erwählten Kommandanten". Am 12. 4. wurde Innsbruck von den Franzosen erobert, doch erlitt Feldmarschall Chasteler mit seinen regulären ö. Truppen am 13. 5. bei Wörgl eine Niederlage, und H. übernahm die Leitung der Landesverteidigung Tirols. Er lieferte am 25. und am 29. 5. die entscheidenden Schlachten am Bergisel, wodurch Innsbruck am 30. 5. zurückgewonnen wurde. Nach der unglücklichen Niederlage Erzherzog Karls in der Schlacht bei Wagram kam es am 12. 7. zum Waffenstillstand von Znaim, der die Räumung Tirols und Vorarlbergs zur Bedingung hatte. Am 30. 7. war Innsbruck in der Hand des Marschalls Lefèbvre. Abermals begann die Erhebung der Tiroler, und H. erließ am 11. 8. seine Aufrufe zum Entscheidungskampf. Am 13. 8. siegte er in der dritten und größten Schlacht am Bergisel, zog am 15. in Innsbruck ein und übernahm als Oberkommandant von Tirol die Regierung des Landes. Nach dem Frieden von Schönbrunn am 14. 10. befahl Kaiser Napoleon I. die neuerliche Besetzung Tirols. Am 21. 10. mußte H. sein Hauptquartier nach Steinach verlegen, am 25. 10. war Innsbruck abermals von den Bayern besetzt, am 1. 11. ging die vierte Schlacht am Bergisel verloren, und am 8. 11. legte H. sein Kommando nieder. Von Fanatikern gezwungen, erließ H. am 11. 11. einen neuerlichen Kampfaufruf, und es gelangen den Tirolern bis 8. 12. noch mehrere Erfolge. Das Herannahen starker französischer Truppenverbände erstickte den Widerstand der Tiroler. H. floh, begleitet von seiner Frau, seinem 15jährigen Sohn Hans und seinem Schreiber Kajetan Sweth. Von Franz Raffl (s. d.) verraten, wurden sie in den Morgenstunden des 28. 1. 1810 auf der Pfandleralm gefangengenommen und nach Mantua gebracht, und auf ausdrücklichen Befehl Napoleons wurde H. am 20. 2. 1810 im Festungsgraben von Mantua erschossen. In der Nacht vom 9. auf den 10. 1. 1823 gruben fünf Kaiserjägeroffiziere aus eigenem Antrieb die Gebeine H.s aus und brachten sie am 1. 2. nach Bozen. Unter strenger Geheimhaltung nach Innsbruck transportiert, fand am 21. 2. 1823 die feierliche Beisetzung in der Hofkirche statt. (Die anfängliche Verurteilung der Offiziere wurde am 2. 9. 1823 in eine „angemessene Zurechtweisung" umgewandelt.)

Granichstaedten-Cerva, R.: A. H., seine Familie, seine Vorfahren und seine Nachkommen (1926); Paulin, K.: Das Leben A. H.s (1935, 4. Aufl. 1970); Heichen, W.: A. H. (1939); Kramer, H.: A. H. (1947); Magenschab, H.: A. H. (1983)

HÖFER von Feldsturm, Franz, * 9. 7. 1861 in Komotau (Böhmen), † 22. 1. 1918 in Wien, Berufsoffizier. Absolvierte die Militärakademie in Wiener Neustadt, wurde zeitweise auch in der Militärverwaltung verwendet und stieg rasch zum Oberst auf. 1911 wurde er zum Stellvertreter des Generalstabschefs ernannt und 1915 zum Feldmarschalleutnant befördert. Gleichzeitig war er Sektionschef im Kriegsministerium und verfaßte bis zu seinem Tod die amtlichen Heeresberichte, die schließlich auch nach ihm benannt wurden.

Andreas Hofers Gefangennahme auf der Pfandleralm am 28. Jänner 1810

Josef Hoffmann: Haus Primavesi in der Gloriettegasse in Wien-Hietzing (1913–15)

HOFF, Hans, * 11. 12. 1897 in Wien, † 23. 8. 1969 in Wien, Psychiater und Neurologe. Studierte in Wien, war 1938–42 in Bagdad und dann bis 1949 in den USA tätig, ab 1949 Univ.-Prof. in Wien, Vorstand der Neurologischen Klinik. Abgesehen von zahlreichen wissenschaftlichen Arbeiten und der Mitherausgabe einiger Spezialwerke, veröffentlichte er 1960 „Therapeutische Fortschritte in der Neurologie und Psychiatrie".

HOFFER, Klaus, * 27. 12. 1942 in Graz, Schriftsteller. Lebt als Schriftsteller und Gymnasiallehrer in Graz. Veröffentlichte u. a.: „Halbwege. Bei der Bieresch I" (1979), „Der große Potlatsch. Bei der Bieresch II" (1983), „Am Magnetberg. Ein Fragment" (1981) und „Methoden der Verwirrung" (1986).

HOFFMANN, Johann, * 22. 5. 1802 (1805?) in Wien, † 13. 9. 1865 in Wien, Sänger und Theaterdirektor. Trat 1820 beim Wiener Magistrat ein, nahm aber nebenbei Gesangsunterricht bei einem Bruder der berühmten Tänzerin Fanny Elßler, debütierte 1826 am Hof-Operntheater und trat ab 1828 an mehreren deutschsprachigen Bühnen auf. So auch 1838 in Riga, wo er 1840–44 Direktor wurde. Nach weiteren Stationen kaufte er bei einer Versteigerung 1855 das Theater in der Josefstadt, das er bis 1865 leitete. Kurz darauf ließ er das Thaliatheater erbauen, das am 14. 8. 1856 eröffnet wurde. In diesem Theater erlebte am 28. 8. 1857 Richard Wagners „Tannhäuser" seine Wiener Erstaufführung. Finanzielle Verluste veranlaßten H. 1865, die Leitung des Theaters zurückzulegen.

HOFFMANN, Josef Franz, * 15. 12. 1870 in Pirnitz bei Iglau (Mähren), † 7. 5. 1956 in Wien, Architekt und Kunstgewerbler. Besuchte in Brünn die Höhere Staatsgewerbeschule, war ein Jahr im Militärbauamt tätig und studierte 1892–95 an der Akademie der bildenden Künste in Wien, zuerst bei Hasenauer (s. d.), dann bei Otto Wagner (s. d.), in dessen Atelier er 1896 eintrat. 1897 zu den Mitbegründern der Wiener Secession gehörend, verließ er diese 1905 mit der Klimtgruppe. (Wurde später abermals Mitglied und 1948–50 Präsident dieser Vereinigung.) 1899 Prof. an der Wiener Kunstgewerbeschule, gründete er mit Kolo Moser (s. d.) 1903 die „Wiener Werkstätte", die das internationale Kunsthandwerk nachhaltig beeinflußte (1932 aufgelöst). 1912 gründete er den „Ö. Werkbund". H. gestaltete zahlreiche Ausstellungen und wurde zu einem der führenden Architekten des Jugendstils. Von seinen Bauwerken können hier nur einige genannt werden: Villenkolonie auf der Hohen Warte (1900–04), Sanatorium in Purkersdorf bei Wien (1903–05, ein drittes Stockwerk entstand 1927), Palais Stoclet in Brüssel (1905–11, sein Hauptwerk von internationaler Bedeutung), Villenkolonie Kaasgraben (1912–14), ab 1924 mehrere Wohnhausanlagen für die Gemeinde Wien, 1930 einige Wohnhäuser in der Werkbundsiedlung. Seine großen innenarchitektonischen Leistungen waren die Ausgestaltung des Kabaretts „Fledermaus" (1907), des Verkaufslokals der Ö. Staatsdruckerei (1909) und des Graben-Cafés (1912). H. erhielt zahlreiche in- und ausländische Auszeichnungen und Ehrungen, so u. a. die Ehrendoktorate der Technischen Hochschulen Wien, Berlin und Dresden; 1930 wurde er „Bürger der Stadt Wien".

Kleiner, L.: J. H. (1927); Rochowanski, L. W.: J. H. (1950); Veronesi, G.: J. H. (Mailand 1956); Sekler, E. F.: J. H. (1982)

HOFFMANN, Paul, * 24. 3. 1902 in Barmen (Ruhrgebiet), Kammerschauspieler. Wollte schon früh zum Theater, doch auf väterliches Drängen hin begann er in Würzburg Kunstgeschichte, Germanistik und Philosophie zu studieren. Aus finanziellen Gründen beendete er sein Studium nicht und ging, ohne Ausbildung, zum Theater. Nach mehreren Stationen war er 1950–57 künstlerischer Leiter des Staatsschauspiels in Stuttgart, kam 1959 an das Wiener Burgtheater und war 1968–72 dessen Direktor.

HOFHAYMER, Paulus Ritter von (auch Hofhaimer, Hofheimer, Hoffheimer u. a.), * 25. 1. 1459 in Radstadt (S), † 1537 in Salzburg, Organist und Komponist. Wurde 1480 von Erzherzog Sigismund (s. d.) als Hoforganist nach Innsbruck berufen und war eines der bedeutendsten Mitglieder der Hofkapelle Kaiser Maximilians I. Die ausgedehnten Reisen der Hofkapelle machten ihn sehr bekannt und ermöglichten ihm Begegnungen mit den Großen der Epoche. 1506 lebte er in Passau, 1508–18 in Augsburg, 1519–21 neuerlich in Passau und von 1522 an als Domorganist in Salzburg. H. war der berühmteste Organist seiner Zeit und als Lehrer weithin bekannt. Er führte Heinrich Isaaks (s. d.) Tenorlied-Satztechnik zum Höhepunkt des ausgeglichenen A-cappella-Satzes. H.s Orgelkompositionen sind erst 1929 wieder bekannt geworden. 1539 erschien von H. in Nürnberg „Harmoniae poeticae", eine Sammlung von Oden und weltlichen Liedern.

Moser, H. J.: P. H. (1929); Wessely, O.: Neue Hofhaimeriana (1955)

HOFMANN, Eduard Ritter von (seit 1884), * 27. 1. 1837 in Prag, † 27. 8. 1897 in Igls bei Innsbruck, Mediziner. Studierte in Prag, promovierte 1861, wurde 1865 Privatdozent für Gerichtsmedizin und ging als Univ.-Prof. für forensische Medizin 1869 nach Innsbruck. Ab 1875 lehrte H. an der Universität Wien und war Leiter des Instituts für gerichtliche Medizin sowie dreimal Dekan. 1878 erschien „Lehrbuch der gerichtlichen Medizin" (11. Aufl. 1927). 1881 erwarb er sich große Verdienste bei der Identifizierung der beim Brand des Ringtheaters ums Leben gekommenen Personen. 1889 nahm er die Obduktion der Leiche Kronprinz Rudolfs (s. d.) vor. 1888 wurde er Hofrat und Präsident des Obersten Sanitätsrats. Seine weltweit anerkannte Tätigkeit machte Wien zum „Mekka der gerichtlichen Medizin".

Eduard Hofmann

HOFMANN, Leopold Freiherr von, * 4. 5. 1822 in Wien, † 24. 10. 1885 in Wien, Diplomat. Schon früh im diplomatischen Dienst tätig, war er ein enger Berater von Graf Beust (s. d.), wurde 1867 Sektionschef und 1875 Reichsfinanzminister. Ab 1877 auf Lebenszeit Mitglied des Herrenhauses, wurde er 1880 Generalintendant der Wiener Hoftheater.

HOFMANN, Werner, * 8. 8. 1928 in Wien, Kunsthistoriker. Studierte 1947–50 Kunstgeschichte in Wien, danach in Paris und promovierte 1950. Bis 1955 Assistent an der Albertina in Wien, 1957 Gastdozent an der Columbia University in New York. Begann 1960 mit dem Aufbau der Sammlung des Museums des 20. Jahrhunderts in Wien, das 1962 eröffnet wurde und dessen Leiter er bis 1969 war. Seither ist H. Direktor der Hamburger Kunsthalle. Er verfaßte wichtige Publikationen zur Malerei und Plastik des 20. Jh.s.

HOFMANN von Aspernburg, Edmund Paul Andreas, * 2. (6.?) 11. 1847 in Budapest, † 30. 3. 1930 in Wien, Bildhauer. Studierte an der Wiener Akademie der bildenden Künste und erhielt 1873 für seine Gipsgruppe „Orest, von einer Furie verfolgt" den Reichel-Preis. Seit 1875 Mitglied des Künstlerhauses, schuf er zahlreiche Plastiken für verschiedene Ringstraßenbauten, so u. a. für die Universität, das Parlament, für das Burgtheater und die beiden Museen, die Plastik „Herkules und die Hydra" an der Fassade der Hofburg am Michaelerplatz (1890/91), mehrere Denkmäler und arbeitete 1888–94 an den beiden Brunnen neben dem Maria-Theresien-Denkmal mit.

HOFMANNSTHAL, Hugo von (eigtl. Hugo Laurenz August Hofmann, Edler von H.), * 1. 2. 1874 in Wien, † 15. 7. 1929 in Rodaun bei Wien, Dichter. Sohn eines Bankdirektors. Veröffentlichte schon mit 16 Jahren unter dem Pseudonym Loris seine ersten Gedichte und machte damit Hermann Bahr (s. d.) und Arthur Schnitzler (s. d.) auf sich aufmerksam. Seit 1901 lebte er als freier Schriftsteller im sogenannten „Fuchs-Schlößl" in Rodaun, das Maria Theresia (s. d.) für die Gräfin Fuchs (s. d.) gekauft hatte. H. erneuerte die antike Tragödie und das mittelalterliche Mysterienspiel, schuf meisterhafte Essays und eine formvollendete Lyrik. Seine schöpferische Zusammenarbeit mit dem Komponisten Richard Strauss ist das einzige Beispiel einer so lange andauernden Gemeinsamkeit von Komponist und Librettist in der deutschen Musikgeschichte und durch den Briefwechsel bis in das Jahr 1900 zurückzuverfolgen. Daraus entstanden u. a.: „Elektra" (1904), „Der Rosenkavalier" (1911), „Ariadne auf Naxos" (1912), „Die Frau ohne Schatten" (1919) „Die ägyptische Helena" (1928), „Arabella" (1933). Als Dramatiker hat H. vor allem mit den nach dem Ersten Weltkrieg geschriebenen Komödien „Der Schwierige" (1921) und „Der Unbestechliche" (1923) Bedeutsames hinterlassen. Die Zusammenarbeit mit Max Reinhardt führte zur Gründung der Salzburger Festspiele, für die H. 1922 „Das Salzburger große Welttheater" verfaßte. 1920 war H.s „Jedermann" (entstanden 1911) dort erstmals aufgeführt worden. Kurz nach dem Selbstmord seines Sohnes Franz am 13. 7. 1929 erlag H. einem Schlaganfall und wurde seinem Wunsche gemäß in einer Franziskanerkutte auf dem Friedhof von Kalksburg begraben.

HÖGELMÜLLER, Georg Ritter von, * 6. 2. 1770 in Wien, † 14. 4. 1826 in Wien, Offizier und Versicherungsgründer. H.

HUGO VON HOFMANNSTHAL
Der Frühvollendete

„Die Erscheinung des jungen Hofmannsthal ist und bleibt denkwürdig als eines der großen Wunder früher Vollendung; in der Weltliteratur kenne ich bei solcher Jugend außer bei Keats und Rimbaud kein Beispiel ähnlicher Unfehlbarkeit in der Bemeisterung der Sprache, keine solche Weite der ideellen Beschwingtheit, kein solches Durchdrungensein mit poetischer Substanz bis in die zufälligste Zeile, wie in diesem großartigen Genius, der schon seit seinem sechzehnten und siebzehnten Jahr sich mit unverlöschbaren Versen und einer noch heute nicht überbotenen Prosa in die ewigen Annalen der deutschen Sprache eingeschrieben hat. Sein plötzliches Beginnen und zugleich schon Vollendetsein war ein Phänomen, wie es sich innerhalb einer Generation kaum ein zweites Mal ereignet."

Stefan Zweig,
Die Welt von Gestern (1944)

Hugo von Hofmannsthal knapp vor seinem Tod

trat schon in jungen Jahren in die ö. Armee ein; aufgrund seiner ausgezeichneten Pferdezuchtkenntnisse wurde er bald Oberleutnant. 1805–09 war er beim Zivildienst, 1809 Kompaniekommandant beim 6. Nö. Landwehr-Bataillon. In einem Gefecht bei Wagram am 6. 7. 1809 schwer verwundet, nahm er als Major seinen Abschied. Als Zivilist gründete er 1825 mit Unterstützung eines Proponentenkomitees (dem 12 Fürsten, 23 Grafen und Barone und 24 Industrielle angehörten) eine Brandschadenversicherung, die „K. k. oesterreichische wechselseitige, privilegierte Brandschadenversicherungsanstalt".

HÖGER, Karl, * 3. 10. 1847 in Wien, † 17. 10. 1913 in Wien, Setzer und Gewerkschafter. Er trat als Lehrling in eine Wiener Buchdruckerei ein, wurde Setzer, stieg bis zum Revisor auf und blieb in diesem Betrieb bis 1905. Schon ab 1867 stellte er sich in den Dienst der Arbeiterbewegung und setzte sich für soziale Verbesserungen innerhalb seines Berufsstandes ein. Ab 1873 Funktionär des nö. Buchdruckervereins, strebte er einen Zusammenschluß der Landesvereine an, der 1894 gelang. 1893 war er Präsident des ersten Gewerkschaftskongresses in Wien, 1907–11 Reichsratsabgeordneter. H. bemühte sich um eine bessere Ausbildung der Lehrlinge, förderte die Arbeiterbildung und gründete 1890 den Sängerbund „Freie Typographia".

HÖGLER, Fritz, * 20. 5. 1901 in Laibach, † 25. 8. 1961 in Wien, Musikwissenschaftler. Studierte in Wien und wurde 1938 Leiter der von ihm initiierten Musikschule der Stadt Wien. 1942 Prof. an der Musikakademie. Veröffentlichte u. a. eine Musikgeschichte, 2 Bde. (1949–51), „Wolfgang Amadeus Mozart" (1956), „Josef Haydn" (1959).

HOHBERG, Wolfgang Helmhard Freiherr von, * 20. 10. 1612 in Ober-Thumeritz (NÖ), † 1688 in Regensburg, Epiker und Lyriker. Neben zahlreicher religiöser Lyrik verfaßte er die Epen „Die unvergnügte Proserpina" (1661) und in drei Bänden sein 40 000 Verse umfassendes Hauptwerk, das Kaiser Leopold huldigende Heldenepos „Der habsburgische Ottobert" (1663). H.s „Ottobert" gilt als das einzige große Heldenepos des Barock. 1665 mußte H. als Protestant nach Regensburg auswandern. 1682 erschien seine Enzyklopädie „Georgica Curiosa oder Adeliges Land- und Feldleben".

HOHENBERG, Johann Ferdinand, s. Hetzendorf

HOHENBERG, Martin, s. Altomonte, Martino

HOHENBERG, Maximilian von, * 28. 9. 1902 im Schloß Belvedere in Wien, † 8. 1. 1962 in Wien, ältester Sohn des Thronfolgers Erzherzog Franz Ferdinand (s. d.) und Verwalter des väterlichen Erbes. Ab 1938 längere Zeit im Konzentrationslager. 1945 Bürgermeister von Artstetten (NÖ), erwarb sich große Sympathien und Verdienste durch sein mutiges Eintreten für die Bevölkerung gegenüber der sowjetischen Besatzungsmacht.

HOHENBERG, Sophie Josephine Albina Herzogin von (geb. Gräfin Chotek von Chotkowa und Wognin), * 1. 3. 1868 in Stuttgart, † 28. 6. 1914 (ermordet) in Sarajevo. Am 1. 7. 1900 in Reichstadt (Böhmen) in nicht standesgemäßer (morganatischer) Ehe mit dem Thronfolger Erzherzog Franz Ferdinand von Österreich-Este (s. d.) getraut. Kaiser Franz Joseph I. erhob sie mit Handschreiben am gleichen Tag in den erblichen Fürstenstand mit dem Namen „Hohenberg" und dem Prädikat „Fürstliche Gnaden". (Die Gattin König Rudolfs I. von Habsburg war eine geborene Hohenberg, doch war das Geschlecht schon lange erloschen.) Am 4. 10. 1909 wurde sie zur „Herzogin von Hohenberg" mit dem Prädikat „Hoheit" erhoben. Sie starb an der Seite ihres Gatten beim Attentat in Sarajevo, das den Ersten Weltkrieg auslöste.

HOHENFELS-BERGER, Stella Freifrau von, * 16. 4. 1857 in Florenz, † 21. 2. 1920 in Wien, Schauspielerin. Entstammte einer wohlhabenden Patrizierfamilie und debütierte ohne Schauspielausbildung 1873 am Berliner Nationaltheater, im Mai desselben Jahres am Wiener Burgtheater als Desdemona und wurde daraufhin im September als Mitglied aufgenommen. 1881 Hofschauspielerin. Beherrschte alle großen dramatischen Rollen wie Iphigenie, Käthchen, Minna von Barnhelm, Libussa, Ophelia, Esther und Maria Stuart. 1889 heiratete sie den späteren Burgtheaterdirektor Alfred Freiherr von Berger (s. d.), durfte aber ab der Direktion ihres Gatten im Jahr 1910 nicht mehr auftreten.

Wolfgang Helmhard Freiherr von Hohberg. Stich nach einem Gemälde von Benjamin Block

Sophie Herzogin von Hohenberg

HOHENHEIM, Theophrastus Bombastus von, s. Paracelsus

HOHENLOHE-SCHILLINGSFÜRST, Konrad Prinz zu, * 16. 12. 1863 in Wien, † 21. 12. 1918 in Kammern bei Leoben (St), Staatsmann. Sohn von Konstantin Fürst zu H.-S. (s. d.). Wurde bald Hofrat und Statthalter von Triest, war von 20. 4.–28. 5. 1906 Ministerpräsident und Innenminister, dann bis 1913 wieder Statthalter. 1913–15 Präsident des Obersten Rechnungshofs, 1915/16 Innenminister, 1916 Finanzminister, 1917/18 Erster Obersthofmeister Kaiser Karls und Mitglied des Herrenhauses. Im Sinn eines auch die Polen einbeziehenden Föderalismus setzte er sich für eine Umgestaltung der ö.-u. Monarchie ein und galt als arbeiterfreundlich, was ihm die Bezeichnung „roter Prinz" einbrachte.

HOHENLOHE-SCHILLINGSFÜRST, Konstantin Fürst zu, * 8. 9. 1828 auf Schloß Schillingsfürst bei Rothenburg (Mittelfranken), † 14. 2. 1896 in Wien, Berufsoffizier. Trat 1848 als Kadett in die ö. Armee ein, machte 1849 den Feldzug in Italien mit und wurde 1859 Major und Flügeladjutant Kaiser Franz Josephs I. 1861 Oberstleutnant, 1864 Oberst, 1865 Hofmarschall. 1866 Generalmajor, 1867 Erster Obersthofmeister des Kaisers, Ritter vom Goldenen Vlies und auf Lebenszeit Mitglied des Herrenhauses. 1875 zum Feldmarschalleutnant und 1884 zum General der Kavallerie ernannt, war H.-S. auch Oberst sämtlicher Leibgarden. Besondere Verdienste erwarb er sich um die Ringstraßenbauten und um die Prater-„Regulierung" (der Konstantin-Hügel ist nach ihm benannt).

HOHENWART, Karl Sigmund Graf (eigtl. H. zu Gerlachstein), * 12. 2. 1824 in Wien, † 26. 4. 1899 in Wien, Politiker und Staatsmann. Nach Absolvierung des Theresianums ergriff er die Beamtenlaufbahn, wurde 1866 Landespräsident von Krain und war 1868–71 Statthalter von OÖ. Von 7. 2.–30. 10. 1871 Ministerpräsident und Innenminister, wurde er wegen der mit den Tschechen bereits vereinbarten Fundamentalartikel gestürzt. Damit scheiterte auch der Versuch, über den bestehenden Dualismus hinaus zu einer föderalistischen Lösung in der Donaumonarchie zu gelangen. 1873–97 Reichsratsabgeordneter und 1879–91 Führer der „geeinigten Rechten", dem rechten Zentrum des Reichsrats. 1891 gründete er den „H.-Klub". Diesem gehörten einige streng konservative Fraktionen des Reichsrats an, der böhmische Feudaladel, Deutschklerikale, Slowenen, Kroaten und Rumänen. Mit dieser Mehrheit unterstützte H. die Politik Graf Taaffes. 1885–99 war er Präsident des Obersten Gerichtshofs und wurde ab 1897 Mitglied des Herrenhauses auf Lebenszeit.

HOHENWART zu Gerlachstein, Sigmund Anton Graf von, * 2. 5. 1730 auf Schloß Gerlachstein (Krain), † 30. 6. 1820 in Wien, Jesuit und Erzbischof von Wien. Trat 1746 in Laibach in den Jesuitenorden ein, studierte zuerst in Graz Philosophie, später Theologie und wurde 1759 zum Priester geweiht. Wegen seiner Talente für die wissenschaftliche Laufbahn bestimmt, wurde ihm sein Wunsch, als Missionar nach Indien zu gehen, nicht erfüllt. 1761 Präfekt und Prof. für Universalgeschichte an der Theresianischen Akademie in Wien. Nach Aufhebung des Ordens 1778 berief ihn Maria Theresia als Hauslehrer für Erzherzog Franz an den Hof ihres Sohnes Leopold, des Großherzogs von Toskana, nach Florenz. Als Leopold 1790 Kaiser wurde, kam H. mit der Familie wieder nach Wien. 1792 wurde er vom nunmehrigen Kaiser Franz II. zum Bischof von Triest bestellt. 1794 Bischof von St. Pölten, 1803 Erzbischof von Wien. Hier wirkte er unermüdlich während der schweren Zeit der Franzosenkriege und unterstützte Clemens Maria Hofbauer (s. d.) sehr tatkräftig bei dessen Bemühungen.

Loidl, F., und Krexner, M.: Wiens Bischöfe und Erzbischöfe (1983)

Konstantin Fürst zu Hohenlohe-Schillingsfürst mit seiner Gattin Marie, geb. Prinzessin Sayn-Wittgenstein

HOHENWART zu Gerlachstein, Sigismund Graf von, * 7. 6. 1745 in Cilli, † 22. 4. 1825 in Linz, katholischer Geistlicher und Naturforscher. Wurde 1809 Bischof von Linz; darüber hinaus betrieb H. zahlreiche naturwissenschaftliche Forschungen und legte eine umfangreiche wissenschaftlich geordnete naturwissenschaftliche Sammlung an, die sich heute im Joanneum in Graz befindet.

HÖHNEL, Franz, * 24. 9. 1852 in Zombor (Batschka), † 11. 11. 1920 in Wien, Botaniker. Studierte in Wien und wurde Univ.-Prof. Mit seinem 1880 erschienenen Buch „Die Gerberinden" machte er auf sich aufmerksam; 1887 veröffentlichte er u. a. „Die Mikroskopie der technisch verwendeten Faserstoffe". H. wies auch den sogenannten „negativen Druck" in den Pflanzengefäßen nach und entdeckte das Phelloid, die unverkorkte tote Zellschicht im Korkgewebe. Für die mikroskopische Arbeit konstruierte er neue Apparate; auch auf dem Gebiet der Pilzkunde erwarb er sich einen wissenschaftlichen Namen.

HÖHNEL, Ludwig Ritter von, * 6. 8. 1857 in Preßburg, † 23. 3. 1942 in Wien, Forschungsreisender. 1873 trat er in Fiume in die Marineakademie ein, wurde 1876 Seekadett und 1879 Linienschiffsfähnrich, 1887 Linienschiffsleutnant und brachte es in Anerkennung seiner Forschertätigkeit bis zum Admiral. 1886 wählte ihn Graf Samuel Teleki zu seinem Reisebegleiter für die Erforschung Ostafrikas. Am 5. 3. 1888 entdeckten sie den Rudolf- und am 20. 4. den Stefanie-See. Nach seiner Rückkehr veröffentlichte er u. a. „Zum Rudolph-See und Stephanie-See" (1892). 1892 begleitete er den jungen Amerikaner Astor Chanler nach Kenia, wo er einen Jagdunfall erlitt und zurückkehren mußte. H. machte die ö. Gemse in Neuseeland heimisch.

Österreicher als Erforscher der Erde. Notring Jahrbuch 1956

HOKE, Giselbert, * 12. 9. 1927 in Warmsdorf (Nordböhmen), Maler und Graphiker. Lebt in Grafenstein (K) und schuf vor allem die Fresken im Klagenfurter Bahnhof, in der Lehrerbildungsanstalt Eisenstadt, im Wandelgang der Wiener Staatsoper und im Krematorium in Villach sowie einen Gobelin im Festspielhaus in Salzburg.

HOLAUBEK, Josef, * 5. 1. 1907 in Wien, Polizeipräsident. Erlernte das Tischlerhandwerk und arbeitete in seinem Beruf. 1928–34 Angehöriger der Berufsfeuerwehr der Stadt Wien, war er anschließend mehrmals wegen sozialdemokratischer Tätigkeit in politischer Haft. 1945 Branddirektor von Wien, wurde er 1946 Präsident des Ö. Bundesfeuerwehrverbandes und erwarb sich große Verdienste um den Wiederaufbau der Feuerwehren. War 1947–72 Polizeipräsident und Sicherheitsdirektor von Wien und wurde als Leiter von Polizei und Gendarmerie 1965 ins Innenministerium berufen.

HOLAUS, Simon (auch Hollaus), * 19. 11. 1814 in Schwendau (T), † 9. 4. 1895 in Hippach (T), Volkssänger. Gemeinsam mit L. Rainer feierte er als Tiroler Volkssänger große Erfolge, so auch auf einer Amerikatournee in den Jahren 1839–47.

HOLBEIN von Holbeinsberg, Franz Ignaz, * 27. 8. 1779 in Zistersdorf (NÖ), † 6. 9. 1855 in Wien, Schauspieler, Musiker, Bühnendichter und Theaterdirektor. Sollte in den Staatsdienst treten, zog aber, mit Guitarrespiel und Gesang den Unterhalt verdienend, umher. Daneben schrieb er zahlreiche Theaterstücke. 1809 kurz in Wien als Schauspieler tätig, übernahm er im selben Jahr die Direktion des Theaters in Bamberg und 1812/13 eine weitere Direktion in Würzburg. Als Regisseur und Direktor war er dann in Hannover und Prag tätig und kam 1841 an das Wiener Burgtheater, wo er bis 1849 Direktor blieb. 1848–53 war er Direktor der Wiener Hofoper. Während seiner Zeit als Burgtheaterdirektor führte er dort 1844 die Autorentantiemen ein. 1812 erschien eine Sammlung seiner Stücke in zwei Bänden unter dem Titel „Theater" und 1823 in fünf Bänden „Neuestes Theater".

HOLCZABEK, Wilhelm, * 8. 5. 1918 in Wien, Arzt, Gerichtsmediziner. Studierte in Wien und promovierte zum Dr. med. Wurde Facharzt für gerichtliche Medizin und 1965 Univ.-Prof. in Wien, seit 1973 Vorstand des Gerichtsmedizinischen Instituts der Universität Wien.

HÖLDER, Alfred von (seit 1881), * 14. 8. 1835 in Wimpfen am Neckar (Baden-Württemberg), † 3. 1. 1915 in Wien, Verleger. Seit 1858 in der Beckschen Universitätsbuchhandlung tätig, übernahm er 1860 deren Leitung und stellte ihr einen Verlag zur Seite, in dem er vor allem wissenschaftliche Werke und Zeitschriften verlegte. Ab 1905 war H., der 1881 nobilitiert worden war, auch Buchhändler der Akademie der Wissenschaften. 1911 übernahm H.s Sohn das Geschäft, der 1920 die Buchhandlung an J. Pichler und 1921 den Verlag an die Ö. Industrie- und Handelsbank veräußerte, die auch den Verlag Tempsky und die Schulbuchhandlung A. Pichlers Witwe erwarb. 1922 entstand so die Hölder-Pichler-Tempsky A.G.

Junker, K.: Vom Buchführer zur A.G. (1926)

HOLESCH, Editha, * 9. 6. 1901 in Tullnerbach bei Wien, Schriftstellerin. Schrieb vorwiegend Tierromane, von denen ganz besonders „Der schwarze Hengst Bento" (1937) mehrere Auflagen erreichte. Weitere Werke u. a.: „Der Hund Xingu" (1941), „Tschief" (1948), „Schatten über Itaoca" (1949), „Ruta, die Schäferhündin" (1954), „El Fuego" (1962) und „Die Stute Grisanna" (1979).

HOLEY, Karl, * 6. 11. 1879 in Bodenbach (Böhmen), † 6. 3. 1955 in Wien, Architekt und Dombaumeister. Studierte in Wien und war 1915–39 Generalkonservator des Denkmalamts, danach Dombaumeister von St. Stephan und Prof. an der Technischen Hochschule in Wien.

Giselbert Hoke: „Der Alte von Saager"

Ab 1947 Präsident des Vereins für Denkmalpflege und der Katholischen Akademikergemeinschaft. Machte sich um den Wiederaufbau des Stephansdoms in Wien und des Salzburger Doms nach dem Zweiten Weltkrieg verdient. Nach seinen Plänen wurden auch mehrere Rathäuser, Kirchen, Schulen sowie Wohn- und Industriebauten errichtet.

HOLGERSEN, Alma, * 27. 4. 1896 in Innsbruck, † 18. 2. 1976 in Innsbruck, Schriftstellerin. Dem katholischen Gedankengut verhaftet, schrieb sie Dramen, Romane und Jugendbücher. Mit ihrem Drama „Die verschlossenen Herzen" (1936) gelang ihr der eigentliche Durchbruch. Sie erhielt 1936 den J.-Reich-Preis, 1937 den Dramatikerpreis und 1949 den Preis der Stadt Wien. Ihre bekanntesten Romane sind u. a.: „Kinderkreuzzug" (1940), „Großstadtlegende" (1946), „Berghotel" (1950), „Das Buch von Fatima" (1954), „Weiße Taube in der Nacht" (1963); Jugendbücher u. a.: „Das Mädchen von Lourdes" (1958), „Pietro schreibt dem lieben Gott" (1959), „Kleiner Bruder Kim" (1973).

HOLL, Adolf, * 13. 5. 1930 in Wien, Theologe, Schriftsteller. Studierte am Wiener Priesterseminar, wurde 1954 zum Priester geweiht, 1953–59 Diakon und Kaplan in Wien-Favoriten, danach bis 1973 in Wien-Ottakring (Neulerchenfeld). Univ.-Dozent für Religionswissenschaft an der Universität Wien. Wegen seiner kirchenkritischen Äußerungen verlor er Priesteramt und kirchliches Lehramt. H. veröffentlichte zahlreiche Bücher mit vorwiegend theologischer Thematik. U. a.: „Jesus in schlechter Gesellschaft" (1971), „Tod und Teufel" (1973), „Der letzte Christ. Franz von Assisi" (1979), „Religionen" (1981), „Mitleid im Winter" (1985).

HOLLAUS, Rupert, * 4. 9. 1931 in Traisen (NÖ), † 11. 9. 1954 in Monza, Motorradrennfahrer. Erster und bisher einziger österreichischer Motorrad-Weltmeister. Auf NSU 125 ccm gewann H. 1954 sechs Grand Prix und sicherte sich überlegen vorzeitig den WM-Titel. Starb bei einem Trainingsunfall in der Lesmo-Kurve des Motodroms von Monza. Ö. Sportler des Jahres 1954.

HOLLEIN, Hans, * 30. 3. 1934 in Wien, Architekt. Studierte in Wien, Diplom 1956, Master of Architecture (University of California, Berkeley) 1960. War 1965–70 Redakteur der Fachzeitschrift „Bau" und ab 1967 an der Kunstakademie in Düsseldorf tätig. Große Beachtung

Hans Hollein: Halle des Österreichischen Verkehrsbüros im Opernringhof gegenüber der Wiener Staatsoper (1976–78)

fanden seine Pläne für das Kerzengeschäft Retti in Wien (1964/65), das Ö. Verkehrsbüro (1976–78), die Richard Feigen Gallery in New York (1969), die Medialinien im olympischen Dorf in München (1972), das Museum in Mönchengladbach (1982) sowie seine 1986 erarbeiteten Pläne für ein neues „Haas-Haus" am Wiener Stephansplatz. Daneben hat H. sich in der letzten Zeit auch als Gestalter von großen Ausstellungen profiliert („Traum und Wirklichkeit. Wien 1870 bis 1930").

HOLLENSTEIN, Stephanie, * 18. 7. 1886 in Lustenau (V), † 24. 5. 1944 in Wien, Malerin. Schuf überwiegend Porträts und zahlreiche Landschaftsbilder von großer Expressivität. U. a. Innlandschaft bei Rattenberg, Wald am Arlberg, Das Rheintal, Tor in Dürnstein, Zug mit der Roten Wand. Lebte ab 1918 in Wien.

HOLLER, Anton, * 12. 6. 1826 in Neudorf bei Wildon (St), † 26. 9. 1909 in Graz, Arzt und Geologe. Studierte in Graz Technik, danach in Wien Medizin, promovierte 1855. Als Mediziner wurde er durch die Entwicklung einer Methode zur Herstellung feinster Schnitte durch Hirn und Rückenmark bekannt. Als Geologe entdeckte er die Versteinerungen von Wetzelsdorf (St) und lieferte damit einen wichtigen Beitrag zur ö. Geologie. H. legte eine umfangreiche geologische Sammlung an, die sich heute im Joanneum in Graz und im Geologischen Institut der Universität Graz befindet.

HOLLITZER, Carl Leopold, 11. 3. 1874 in Deutsch-Altenburg (NÖ), † 1. 12. 1942 in Rekawinkel (NÖ), Maler und Karikaturist. Stammte aus reichem Haus und besuchte die Akademie der bildenden Künste. Er schuf Schlachtenbilder, Porträts und Karikaturen (u. a. von Peter Altenberg, Karl Kraus, Hermann Bahr und Egon Friedell), die er zum Teil in den Kabaretts „Nachtlicht" und „Fledermaus" zeichnete, wo er auch als Bänkelsänger auftrat. Auch Bühnenbilder schuf er sowie Entwürfe für den Kaiserjubiläums-Festzug 1908 und für die Neuuniformierung der k. u. k. Armee 1916. H. besaß eine der größten Militariasammlungen Europas, die 1934 versteigert wurde. Seine Uniformsammlung befindet sich im Heeresgeschichtlichen Museum in Wien. In seinem ehemaligen Wohnhaus in Deutsch-Altenburg (NÖ) ist seit 1958 ein C.-L.-H.-Museum eingerichtet.

Schweiger, W. J.: Wiener Werkstätte (1982)

HOLLMANN, Hans, * 2. 2. 1933 in Graz, Regisseur. Promovierte 1956 zum Dr. jur. und nahm danach Schauspielunterricht am Reinhardt-Seminar in Wien. 1975–78 Direktor des Basler Stadttheaters, seither freier Regisseur an allen großen deutschen Bühnen. H. inszenierte u. a. Horváths „Kasimir und Karoline" (1969), Brechts „Die Tage der Commune" (1970), Karl Kraus' „Die letzten Tage der Menschheit" (Basel 1974, Wien 1980).

HOLM, Renate (eigtl. Franke), * 10. 8. 1931 in Wien, Sängerin, Sopranistin. Studierte in Wien und war zunächst im Unterhaltungsfach tätig, wurde dann Filmschauspielerin (Rollen in 12 Filmen), schließlich 1957 Operettensängerin an der Wiener Volksoper und 1960 Opernsängerin im Koloraturfach. Große Erfolge an der Wiener Staatsoper, bei den Salzburger Festspielen (ab 1961) und an vielen bedeutenden europäischen Bühnen.

Hans Holt in einem Sascha-Film der dreißiger Jahre

HOLT, Hans (eigtl. Karl Johann Hödl), * 22. 11. 1909 in Wien, Schauspieler und Regisseur. Debütierte nach seiner Ausbildung 1930 am Deutschen Volkstheater in Wien in Ferdinand Bruckners „Elisabeth von England". 1934–52 und ab 1954 am Theater in der Josefstadt, 1952–54 am Wiener Burgtheater engagiert. Dazwischen immer wieder Filmtätigkeit. Schrieb außerdem Theaterstücke wie etwa „Es wird einmal" (1948) und „Der Zaun" (1951) sowie Gedichte.

HOLUB, Emil, * 7. 10. 1847 in Holitz (Böhmen), † 21. 2. 1902 in Wien, Ethnologe und Forschungsreisender. Studierte Medizin und ging 1872 als Arzt nach Südafrika, um sich die nötigen Mittel für größere Expeditionen in nördlich gelegene Gebiete zu erwerben. 1880 kehrte er mit reichen Sammlungen nach Europa zurück und veröffentlichte 1880/81 „Sieben Jahre in Südafrika, 1872–1879" (2 Bde.) sowie „Die Kolonisation Afrikas" (1881/82). Er lebte mit seiner jungen Frau in Prag und bereitete eine Durchquerung Afrikas vor. 1883 begab er sich nach Kapstadt, konnte aber erst nach Überwindung zahlreicher Schwierigkeiten 1886 bis zum Sambesi vordringen; 1887 kehrte das Ehepaar nach Wien zurück. 1888/90 veröffentlichte er „Von Kapstadt ins Land der Maschukulumbe" (2 Bde.). Seine umfangreiche natur- und völkerkundliche Sammlung verteilte er an mehrere wissenschaftliche Anstalten. 1925 veröffentlichte seine Frau Rosa unter seinem Namen „Elf Jahre unter den Schwarzen Südafrikas" und stellte ihre Unterlagen 1953 für ein Jugendbuch über die Erlebnisse ihres Gatten zur Verfügung. (Frank, M., und Seidler, Ch.: „Ich komme mit nach Afrika".)

HOLZBAUER, Ignaz, * 17. 9. 1711 in Wien, † 7. 4. 1783 in Mannheim, Komponist. Studierte zunächst Jura, dann in Venedig Musik und wurde 1745 Musikdirektor der Wiener Hoftheater. 1750 folgte er einem Ruf als Hofkapellmeister nach Stuttgart, ging 1753 in derselben Funktion nach Mannheim. Er schuf zwölf italienische und eine deutsche Oper („Günther von Schwarz-

Carl Hollitzer. Illustration von Moriz Jung im 2. Programmheft des „Kabarett Fledermaus" (1908)

CARL HOLLITZER

Ein ernster Bohemien

„. . . Märchenhaft die Menschen, die hier von seinem unerbittlichen Stift festgehalten sind, obwohl manche von ihnen sogar noch leben, märchenhaft die Uniformen, die es alle längst nicht mehr gibt, märchenhaft aber vor allem der Lebenszuschnitt dieses Mannes, der Bohemien und Grandseigneur, Forscher und Spötter, ein weltbekannter, oft ins Ausland berufener Fachmann und Experte, ein saftiger Humorist, ein ernster Künstler und in seiner Art so etwas wie ein Zauberer war." *Edwin Rollett, „Neues Österreich", 7. 2. 1954* burg", 1776, eine der ersten großen Opern in deutscher Sprache), von denen nur „Alessandro nell' Indie" (1759) ein großer Erfolg wurde. Außerdem komponierte er Symphonien, Quartette, vierstimmige Messen mit Orchester, Motetten und andere kirchen- und kammermusikalische Werke. Besonders Wolfgang Amadeus Mozart schätzte seine Kompositionen, und die Musikwissenschaft sieht ihn heute als einen Vermittler zwischen Mannheimer und Wiener Schule an.

HOLZBAUER, Wilhelm, * 3. 9. 1930 in Salzburg, Architekt. Arbeitete als Bautechniker, bevor er an der Akademie in Wien Architektur bei C. Holzmeister (s. d.) studierte. Nahm an mehreren Wettbewerben teil und errang einige Preise. Erhielt ein Stipendium nach Amerika, kam an die Yale-Universität und wurde Assistant Prof. Wichtigste Bauten: das neue Opernhaus und das Rathaus in Amsterdam, die Naturwissenschaftliche Fakultät der Universität Salzburg, ein Amtsgebäude in Bregenz, Umbau eines Bauernhofs in eine Kirche in Salzburg-Parsch, mehrere Stationen der Wiener U-Bahn u. a.

W. H. Bauten und Projekte 1953–85 (1986)

Wilhelm Holzbauer: Bildungshaus Salzburg-St. Virgil

HÖLZEL, Eduard, * 8. 10. 1817 in Prag, † 22. 12. 1885 in Salzburg, Verlagsbuchhändler. Sohn eines Eisenhändlers, erlernte in Prag den Buchhandel. 1844 gründete er in Wien die „Kartographische Anstalt Ed. Hölzel", der er bald Filialen in Olmütz, Prag, Budapest und Neutitschein hinzufügte. Als erster führte er in Ö. den Öldruck ein und machte dadurch seine Firma in der ganzen Monarchie bekannt. Schulwandbilder, der durch Generationen bis heute bekannte „Kozenn-Atlas" und Reisebücher waren die Hauptträger des Verlagsprogramms. Sein Sohn Hugo (1852–95) und dann dessen Bruder Adolf (1853–1934) führten das Unternehmen weiter.

HOLZER, Rudolf, * 28. 7. 1875 in Wien, † 17. 7. 1965 in Wien, Schriftsteller und Kritiker. Wurde ab 1905 durch seine Dramen bekannt, darunter u. a. „Hans Kohlhase" (1905), „Gute Mütter" (1913), „Stille Musik" (1914), „Der Himmel voller Geigen" (1933). Arbeitete daneben als Kritiker und war 1924–33 Chefredakteur der „Wiener Zeitung". 1943–49 erschien in drei Bänden „Wiener Volkshumor", 1951 „Die Wiener Vorstadtbühnen". H. verfaßte auch Novellen und zahlreiche Essays. Mehrfach ausgezeichnet, u. a. Grillparzer-, Bauernfeld- und Raimund-Preis.

HOLZER, Wolfgang, * in Stein an der Donau (NÖ) oder in Preßburg, † 15. 4. 1463 in Wien (hingerichtet), Viehhändler und Bürgermeister von Wien. Der Sohn eines Bäckermeisters erwarb durch den Viehhandel ein beträchtliches Vermögen. Ab 1443 in Wien nachweisbar, gehörte er zu den konsequenten Anhängern des Ulrich von Eyczing (s. d.). 1452 wirkte er an der Befreiung des Ladislaus Postumus (s. d.) aus der Vormundschaft Friedrichs III. (s. d.) mit, wurde dafür 1453–56 Münzmeister und 1453–55 Ratsherr. Nach der Vertreibung des Ulrich von Eyczing (Ende 1455) wurde H. verhaftet, gefoltert und zum Verlassen Wiens gezwungen. Nach der Ermordung Graf Ulrichs von Cilli am 9. 11. 1456 (der H.s Vertreibung verfügt hatte) kehrte H. nach Wien zurück und stellte sich auf die Seite Erzherzog Albrechts VI. (eines Bruders des Kaisers). 1462 stürzte er den kaisertreuen Wiener Rat, belagerte den Kaiser in der Wiener Burg und war 1462/63 Bürgermeister von Wien. Von Erzherzog Albrecht VI. (s. d.) nach dessen Machtübernahme enttäuscht, nahm er Verbindung mit dem Kaiser auf, doch mißlang sein Putsch zugunsten des Kaisers. Es gelang ihm die Flucht aus Wien, doch wollte er heimlich nochmals zurückkehren und wurde dabei gefangengenommen. Auf Anordnung Albrechts VI. wurde er am 15. 4. 1463 auf dem Platz Am Hof gevierteilt.

Schalk, K.: Aus der Zeit des ö. Faustrechts 1440–1463 (1919); Czeike, F.: Wien und seine Bürgermeister (1974); Csendes, P.: Wien in den Fehden der Jahre 1461–1463. Militärhistorische Schriftenreihe 28 (1974)

HOLZHAUSEN, Adolf, * 8. 8. 1868 in Wien, † 5. 6. 1931 in Wien, Buchhändler und Verleger. Sohn des Verlegers Adolf H. (* 3. 2. 1827 in Braunschweig, † 30. 9. 1892 in Salzburg), der seit 1864 Alleineigentümer der Manz'schen Buchdruckerei in Wien war. Im väterlichen Betrieb ausgebildet, erlernte H. auch den Satz mit orientalischen Schriften. Nach dem Tod seines Vaters übernahm H. 1892 den Betrieb, stattete ihn mit orientalischen Lettern aus und schloß ihm einen Verlag an, der vorwiegend Kunstbücher und Geschichtswerke herausbrachte. Die Druckerei wurde durch ihre Spezialisierung bekannt, und in der Folge wurden hier Werke in den orientalischen Sprachen, auch im Aramäischen, gesetzt und gedruckt. Nach dem Ersten Weltkrieg wurde H. auch Leiter des Militärgeographischen Instituts. Nach 1918 initiierte H. den wichtigen Zusammenschluß ö. Schulbuchverleger zur Hölder-Pichler-Tempsky AG und 1923 den von Freytag-Berndt mit Artaria. In seinem Berufsstand hatte er mehrere Funktionen inne. Zudem war er ein begeisterter Bergsteiger und trug einiges zur Erschließung der Ostalpen bei. Einen Großteil seines Vermögens stiftete H. als „H.-Legat" der Ö. Akademie der Wissenschaften, vorwiegend für den Druck orientalischer Werke bestimmt.

HOLZKNECHT, Guido, * 3. 12. 1872 in Wien, † 30. 10. 1931 in Wien, Röntgenologe. Studierte in Straßburg, Königsberg und Wien und promovierte 1899. War zunächst Sekundararzt an der Klinik Nothnagel, wo er auch den ersten Röntgenapparat bediente. 1901 veröffentlichte er „Die röntgenologische Diagnostik der Erkrankungen der Brusteingeweide" und wurde 1904 Assistent im Röntgenlaboratorium des Allgemeinen Krankenhauses, wo er sich für Röntgenologie habilitierte. 1905 übernahm er als Primararzt das neuerrichtete „Zentral-Röntgeninstitut im k. k. Wiener Allgemeinen Krankenhaus", gründete eine Schule für Röntgenassistenz und ein physikalisch-technisches Laboratorium (später Prüfanstalt für Radiologie und Elektromedizin), wodurch das Institut als Ausbildungsstätte Weltgeltung errang. 1906 wurde H. Vorsitzender der „Deutschen Röntgen-Gesellschaft", 1916 Univ.-Prof. und 1928 Hofrat, war Ehrenmitglied mehrerer wissenschaftlicher Gesellschaften und Ehrendoktor der Universität Prag. Im Verlauf seiner wissenschaftlichen Arbeiten fand er im Bleigummi den einzigen wirksamen Strahlenschutz. Dennoch starb er an durch Röntgenstrahlen verursachten Schädigungen. Von seinen rund 200 Publikationen sind zu nennen: „Röntgenologie", 2 Bde. (1918/24), „Röntgentherapie" (1922), „Geschichtliche Entwicklung der Strahlenbehandlung und ihre

Bedeutung für die Heilkunde" (1925) und „Handbuch der theoretischen und klinischen Röntgenkunde", 2 Teile (1929).

HOLZLER, Konrad d. Ä. Ritter von (seit 1438), * zwischen 1385 und 1390 vermutlich in Matrei am Brenner (T), † 30. 5. 1442 wahrscheinlich in Wien, Kaufmann und Bürgermeister von Wien. Sohn eines Tiroler Zollbeamten, wurde Kaufmann und trieb mit Frankfurt am Main und Venedig Handel. Ist 1414 erstmals in Wien nachweisbar. Ab diesem Zeitpunkt scheint er bis 1441 immer wieder in öffentlichen Funktionen auf: 1423/24, 1430–33 und 1440/41 war H. Bürgermeister von Wien. 1433 erwarb er die Herrschaft Pöggstall (NÖ) und wurde anläßlich der Krönung Herzog Albrechts V. (s. d.) gemeinsam mit seinem Sohn Konrad (s. d.) 1438 zum Ritter geschlagen. 1441 war H. Mitglied des Regentschaftsrats für den noch unmündigen Ladislaus Postumus (s. d.).

Czeike, F.: Wien und seine Bürgermeister (1974)

CLEMENS HOLZMEISTER

Architekt der Salzburger Festspiele

HOLZMEISTER, Clemens, * 27. 3. 1886 in Fulpmes (T), † 12. 6. 1983 in Hallein (S), Architekt und Bühnenbildner. 1924–57 Prof. an der Wiener Akademie für bildende Künste, 1924–33 auch an der Akademie in Düsseldorf. Sein erster Kirchenbau war 1921–23 die Pfarrkirche in Batschuns (V). Mit der Errichtung des Krematoriums für den Wiener Zentralfriedhof 1923 legte er den Grundstein zu seinem internationalen Ansehen. Er erbaute das alte und das neue Festspielhaus in Salzburg, 1935–39 das Gebäude für die RAVAG (das Funkhaus in Wien) und zahlreiche Kirchen in Ö., Deutschland, Italien und Brasilien, die vor allem durch ihre spezifische Einbeziehung in die landschaftliche oder bauliche Umgebung gekennzeichnet sind. Besondere Anerkennung fand er auch durch die Errichtung (ab 1927) des Regierungsviertels in Ankara (Türkei). Von seinen schriftstellerischen Werken erreichte „Kirchenbau ewig neu" (1950) ebenfalls weltweite Anerkennung.

HOLZLER, Konrad d. J. Ritter von (seit 1438), * um 1415 in Wien, † 1478 in Wien, Bürgermeister von Wien. Der Sohn von Konrad H. d. Ä. (s. d.) war sein ganzes Leben in landesfürstlichen oder städtischen Diensten tätig. 1442–46 Pfleger des Schlosses Neulengbach (NÖ) und ab 1442 Pfandherr des Marktes Herzogenburg (NÖ). 1449 und 1452 Ratsherr von Wien, dreimal Hubmeister (Finanzminister) von Ö. (1452/53, 1455–57 und 1472–77), 1451/52 und 1455 Bürgermeister von Wien. 1457–59 war er in Haft, da ihm Unregelmäßigkeiten vorgeworfen worden waren, wurde jedoch voll rehabilitiert. 1466 und 1468 gehörte er dem Rat der Stadt an und war 1468–72 landesfürstlicher Pfleger von Schloß Laxenburg bei Wien. 1475 scheint er unter den „Genannten" des Kärntnerviertels auf. Am 5. 5. 1478 errichtete er testamentarisch für das Büßerinnenhaus St. Hieronymus in Wien eine reiche Stiftung.

Czeike, F.: Wien und seine Bürgermeister (1974)

HOLZMANN, Michael, * 21. 6. 1860 in Slavětin (Mähren), † 20. 10. 1930 in Wien, Germanist und Lexikograph. Schuf gemeinsam mit H. Bohatta (s. d.) grundlegende Nachschlagewerke, darunter u. a.: „Deutsches Anonymen-Lexikon", 7 Bde. (1902–28), „Deutsches Pseudonymenlexikon" (1906), „Der ö. Parnaß in Wort und Bild" (1913). Außerdem gab er 1900 die „Gesammelten Schriften" von L. Börne heraus.

HOLZMEISTER, Judith, * 14. 2. 1920 in Innsbruck, Kammerschauspielerin. Tochter des Architekten Clemens H. (s. d.). Debütierte nach ihrer Ausbildung am Reinhardt-Seminar und bei Tilla Durieux 1938 am Linzer Stadttheater und kam 1941 an das Deutsche Volkstheater in Wien. Seit 1947 Mitglied des Wiener Burgtheaters, ist sie auch bei den Salzburger Festspielen und bei anderen Gastspielen in bedeutenden Rollen tätig. Dazwischen übernahm sie immer wieder tragende Filmrollen, u. a. in Willi Forsts (s. d.) „Wiener Mädeln". H. ist mit dem Burgschauspieler Bruno Dallansky (s. d.) verheiratet.

HOLZWEBER, Franz, * 20. 11. 1904 in Wien, † 31. 7. 1934 in Wien (hingerichtet), Nationalsozialist. Einer der Führer des nationalsozialistischen Putschversuchs vom 25. 7. 1934, bei dem Bundeskanzler Dr. Engelbert Dollfuß ermordet wurde.

HÖMBERG, Hans, * 14. 12. 1903 in Berlin, † 4. 7. 1982 in Kufstein (T), Schriftsteller, Sprachforscher und Regisseur. Lebte seit 1946 in Kufstein und war jahrzehntelang Mitarbeiter des ORF und vor allem als Autor des Rundfunkfeuilletons „Hömbergs Kaleidophon" bekannt.

HOMMA, Hans, * 24. 4. 1874 in Wien, † 8. 5. 1943 in Wien, Schauspieler. Trat vor allem in Salonstücken, Wiener Volksstücken und Possen auf, so 1905–27 am Deutschen Volkstheater; 1927–38 war er als Spielleiter tätig. Ab 1921 führte er auch bei mehreren ö. Filmen Regie, etwa „Die Venus" (1921), „Das Gespenst auf Mortons Schloß" (1922) und „Pension Groonen" (1924).

HOMOLKA, Oskar, * 12. 8. 1901 in Wien, † 29. 1. 1978 in Sussex (England), Schauspieler. War nach seiner Ausbildung als Charakterdarsteller an mehreren Wiener Theatern engagiert, dann bei Max Reinhardt (s. d.) in Berlin tätig. Seit 1926 auch als Filmschauspieler beschäftigt, emigrierte er 1935 nach Großbritannien, 1939 nach New York und 1940 nach Hollywood; spielte am Broadway und in zahlreichen Filmen. Seit 1959 wieder in London, gab er zahlreiche Gastspiele in Ö. und in der Schweiz (u. a. als Dorfrichter Adam im „Zerbrochenen Krug").

HÖNGEN, Elisabeth, * 7. 12. 1906 in Gevelsberg (Westfalen), Kammersängerin, Altistin. Studierte Violine, Musikwissenschaft und Germanistik in Berlin, debütierte 1933 in Wuppertal und kam 1943 an die Wiener Staatsoper, der sie bis 1963 angehörte. 1957–60 Prof. und Leiterin einer Opernklasse an der Wiener Akademie für Musik und darstellende Kunst. Gastspiele an allen großen Bühnen der Welt und bei den Salzburger Festspielen.

HORAK, Eduard, * 22. 4. 1838 in Holitz (Böhmen), † 6. 12. 1893 in Riva am Gardasee, Klavierpädagoge. Gründete gemeinsam mit seinem Bruder Adolf (* 15. 2. 1850 in Jankowitz, Böhmen, † 14. 1. 1921 in Wien) die „H.-Musikschulen (ab 1940 H.-Konservatorium) in Wien und besaß schließlich vier Klavier-, Orgel- und Gesangschulen. 1876 veröffentlichten die Brüder eine „Klavierschule" in zwei Bänden. 1892 gab Adolf H. gemeinsam mit F. Spigl, der später die H.-Schulen weiterführte, das zweibändige Werk „Der Klavierunterricht, in neue natürliche Bahnen gelenkt", heraus.

HÖRBIGER, Attila, * 21. 4. 1896 in Budapest, † 27. 4. 1987 in Wien, Kammerschauspieler. Sohn von Hanns Hoerbiger (s. d.), dem Schöpfer der „Welteislehre", und Bruder von Paul H. (s. d.). Rückte nach der Matura 1915 zur Feldartillerie ein und wurde Leutnant. 1918 studierte er an der Hochschule für Bodenkultur in Wien, ging aber ohne Schauspielausbildung 1919 an das Stadttheater in Wiener Neustadt (NÖ). Nach zahlreichen Kurzengagements an kleineren Bühnen im deutschen Sprachraum trat er 1928–50 am Theater in der Josefstadt in Wien auf. 1935–38 sowie 1947–50 spielte er bei den Salzburger Festspielen den „Jedermann". 1935 heiratete er die Schauspielerin Paula Wessely (s. d.). Aus dieser Ehe stammen die Schauspielerinnen Elisabeth Orth (geb. 1936), Christiane H. (geb. 1938) und Maresa H. (geb. 1945). 1949–75 Mitglied des Wiener Burgtheaters. Sein Rollenkanon war weit gespannt und reichte vom Nathan bis zu seinem schon legendären Knieriem in Nestroys (s. d.) „Lumpazivagabundus". Neben seiner Theatertätigkeit spielte H. auch in einer Reihe von Filmen. Zahlreiche Ehrungen wurden ihm zuteil.

Attila Hörbiger als Knieriem in Nestroys „Lumpazivagabundus" (Salzburger Festspiele 1962)

HÖRBIGER, Paul, * 29. 4. 1894 in Budapest, † 5. 3. 1981 in Wien, Schauspieler. Sohn von Hanns Hoerbiger (s. d.) und Bruder von Attila H. (s. d.). Er begann 1919 seine Karriere beim Kabarett und war auch „Schrammelsänger". 1926–40 gehörte er dem Ensemble von Max Reinhardt (s. d.) in Berlin an. Seit 1929 spielte er etwa 300 Hauptrollen in Filmen und war oft Partner von Hans Moser (s. d.). Seit 1940 Mitglied des Wiener Burgtheaters, wo er als Charakterkomiker vor allem in Nestroy- und Raimundrollen brillierte. Seit 1943 in der ö. Widerstandsbewegung tätig, Anfang 1945 von der Gestapo verhaftet, wurde er zu Kriegsende von den Besatzern befreit.

Clemens Holzmeisters Seipel-Dollfuß-Gedächtniskirche in Wien 15 (1933/34)

HOREISCHY, Kurt, * 25. 3. 1913 in Wien, † 5. 4. 1945 in Wien (erschossen), Chemiker und Widerstandskämpfer. Studierte in Wien Chemie und wurde Assistent am 2. Chemischen Institut der Universität Wien. Gehörte der ö. Widerstandsbewegung an und wurde, als er in diesem Institut wertvolle wissenschaftliche Instrumente, so vor allem ein Elektronenmikroskop, vor der Zerstörung retten wollte, von einem Nationalsozialisten erschossen.

HÖRL, Joseph Georg, * 22. 8. 1722 in Wien, † 9. 12. 1806 in Wien, Jurist und Bürgermeister von Wien. 1747 trat er in den öffentlichen Dienst und wurde Stadt- und Landgerichtsbeisitzer, 1760 Magistratsrat, 1764 Stadtrichter und 1773 Bürgermeister von Wien. Ab 1778 beriet er Kaiser Joseph II. bei der Umorganisierung der Verwaltung und unterstützte ihn bei seinen Reformen. In H.s Amtszeit begann man 1776 mit der Beleuchtung des Glacis, 1778 mit der Bepflasterung der Straßen mit Granitsteinen, und 1782 pflanzte man die ersten Bäume auf dem bis dahin völlig öden Glacis. 1793 verfügte Kaiser Franz II., daß die einmal gewählten Bürgermeister der landesfürstlichen Städte ihre Funktion auf Lebenszeit auszuüben hätten. Dadurch wurde H., der 1804 (nach 31 Dienstjahren) in den Ruhestand versetzt wurde, der am längsten amtierende Bürgermeister von Wien. Neben der Eröffnung des Allgemeinen Krankenhauses 1784 fallen zahlreiche kulturelle Höhepunkte in H.s Amtsperiode, etwa die Eröffnung des Burgtheaters (1776), des Theaters in der Josefstadt (1781) und des Theaters an der Wien (1801) sowie wichtige Wiener Schaffensperioden Mozarts und Beethovens.

Czeike, F.: Wien und seine Bürgermeister (1974)

Paul Hörbiger (links) mit Hans Moser in dem Film „Hallo Dienstmann"

HÖRMANN, Theodor von (eigtl. Th. Hörmann von Hörbach), * 13. 12. 1840 in Imst (T), † 1. 7. 1895 in Graz, Maler. Trat 1855 in die Genie-Schulkompanie in Krems ein, wurde Offizier und kämpfte 1859 und 1866 gegen die Italiener und die Preußen. 1873–75 besuchte er die Wiener Akademie der bildenden Künste und war anschließend als Zeichen- und Fechtlehrer an der Militärschu-

Theodor von Hörmann: Landschaft mit Esparsettenfeld (um 1893)

le St. Pölten tätig. H. trat 1884 in den Ruhestand, ging 1886 nach Paris und lebte anschließend in Dachau, Znaim und Wien. H. stand mit seinen Städtebildern den französischen Impressionisten nahe und war in seinen Landschaftsdarstellungen von E. Schindler beeinflußt. Volle Anerkennung fand er erst nach seinem Tod durch die Nachlaßausstellung im Wiener Künstlerhaus 1895. Von seinen Werken seien erwähnt: „Am Abend nach der Ernte", „Landschaft mit Strohschober", „Znaim im Winter", „Wirtshausgarten im Herbst".

Braunegger, Th., und Hörmann-Weingartner, M.: Th. v. H. (1979)

HORMAYR zu Hortenburg, Joseph Freiherr von, * 20. 1. 1781 in Innsbruck, † 5. 11. 1848 in München, Diplomat und Historiograph. Aus altem Tiroler Adel stammend, studierte er in Innsbruck Jus und trat 1797 als Praktikant beim Stadt- und Landrecht in Innsbruck ein. 1799/1800 diente er in der Tiroler Landwehr und wurde Hauptmann. 1801 ging er nach Wien und trat 1802 seinen Dienst in der Staatskanzlei an. 1803 Hofsekretär, 1808 Direktor des Geheimen Haus-, Hof- und Staatsarchivs und Hofrat. 1809 beauftragte ihn sein Gönner Erzherzog Johann (s. d.) mit der Vorbereitung einer Volkserhebung in Tirol. H. holte Andreas Hofer (s. d.) zu einer ausführlichen Besprechung mit dem Erzherzog nach Wien. An der Erhebung war er als Hofkommissar beteiligt und leitete die zivile Verwaltung des Landes. Im Juli 1809 kehrte er nach Wien zurück. Seit dem Frühjahr 1812 sammelte er Tiroler Emigrantenführer um sich und bereitete durch den sogenannten „Alpenbund" eine neuerliche Erhebung Tirols vor, wobei er sich abermals auf die Unterstützung durch Erzherzog Johann berufen konnte. Metternich kam dem für den 19. 4. 1813 geplanten Beginn zuvor, ließ H. am 7. 3. verhaften und den Erzherzog am 8. 3. unter Hausarrest stellen. 13 Monate war H. in der Festung Munkács und auf dem Brünner Spielberg in Haft. Danach war er vor allem als Historiograph tätig, Kaiser Franz I. ernannte ihn 1816 zum „Historiographen des Reiches und des kaiserlichen Hauses". Aus Abneigung gegenüber Metternich folgte er 1828 einem Ruf König Ludwigs I. von Bayern nach München und wurde Ministerialrat im Departement des Äußeren. In seinen Veröffentlichungen wurde er nun zu einem harten Kritiker der ö. Politik. 1832 bayerischer Ministerresident in Hannover, 1837–46 in den Hansestädten, 1846 Direktor des bayerischen Reichsarchivs. Von seinen zahlreichen Werken sei en erwähnt: „Geschichte der gefürsteten Grafschaft Tirol", 2 Bde. (1806–08), „Ö. Plutarch", 20 Teile (1807–13), „Geschichte Andreas Hofers" (1816), „Wien, seine Geschicke und seine Denkwürdigkeiten", 9 Bde. (1822–24), ein grundlegendes Werk, in dem erstmals die wichtigen Rechtsurkunden der Stadt einer breiteren Öffentlichkeit zugänglich gemacht wurden, „Das Land Tirol und der Tirolerkrieg 1809", 2 Bde. (1845), „Lebensbilder aus dem Befreiungskrieg" 3 Bde. (1841–44). Daneben verfaßte er vaterländische Balladen und Dramen und war Herausgeber des „Archivs für Geschichte, Statistik, Literatur und Kunst 1810–37" und des „Taschenbuchs für die vaterländische Geschichte", von dem 1811–48 18 Bände erschienen.

Abel, K.: J. H. und die vaterländische Romantik in Ö. (1969)

HORNBOSTEL, Carl Ritter von (seit 1883), * 22. 7. 1825 in Wien, † 8. 2. 1913 in Wien, Brücken- und Eisenbahnbaufachmann. Sohn von Christian Georg H. (s. d.). Studierte am Wiener Polytechnischen Institut Mechanik und arbeitete anschließend in der Wiener Maschinenfabrik H. D. Schmidt. 1848 trat er in die von Ghega (s. d.) geführte Sektion für Staatseisenbahnbetrieb im Ministerium für Handel, Gewerbe und öffentliche Bauten ein. 1851/52 errichtete er die ersten eisernen Brücken, darunter mehrere für Eisenbahnen, in Ö. Anschließend trat er in die Staatseisenbahngesellschaft über, wurde Oberingenieur und Vorstand des Konstruktionsbüros. 1856 Leiter des Brückenbaudienstes und des Maschinenwesens der neu errichteten Kaiserin-Elisabeth-Westbahn, 1874–83 deren Maschinendirektor. Drei Wienflußbrücken – von denen heute keine mehr existiert – entstanden nach seinen Entwürfen, ebenso die im Zug der Donauregulierung 1872–74 erbaute Kaiser-Franz-Josephs-Brücke (1913–23 durch die Floridsdorfer Brücke ersetzt, die in den achtziger Jahren einer Betonbrücke weichen mußte).

HORNBOSTEL, Christian Georg, * 15. 5. 1778 in Wien, † 6. 6. 1841 in Wien, Fabrikant. Sohn des Cornelius Christian Gottlieb H. (1742–1809), der 1768 von Hamburg nach Wien gekommen war und die Seidenfabrik seines Landsmanns Engelbert König in Gumpendorf bei Wien erworben hatte, das Unternehmen zur ersten Seidenfabrik Wiens machte und 1772 für seine Verdienste geadelt wurde. Sorgfältig auf seinen Beruf vorbereitet, trat H. 1807 in den väterlichen Betrieb ein und erbte ihn nach dem Tod des Vaters. Um der Konkurrenz der Seidenfabrikanten der Lombardei entgegenzuwirken, erfand er 1811 einen selbstwebenden Stuhl, so daß für acht in Kombination funktionierende Webstühle nur noch drei Weber nötig waren. 1816 verlegte er die Erzeugung zum Großteil in eine neu erbaute Fabrik in Leobersdorf (NÖ). H. erzeugte als erster in Europa Seidenstoffe auf Maschinenwebstühlen und führte 1823 in Leobersdorf auf 40 dieser Webstühle die Erzeugung von Crêpe-de-Chine-Gewebe in Ö. ein, das jedem Vergleich mit der südfranzösischen „Ursprungsware" standhielt. 1835 hatte er 150 Webstühle in Betrieb und beschäftigte stets um die 600 Arbeiter. Den Betrieb führte ab 1841 sein Sohn Theodor Friedrich von H. (s. d.) mit großem Erfolg weiter. Sein Bruder Gottlieb August H. (1786–1838) war Hausarzt der k. k. Ingenieurakademie in Wien und Schriftsteller sowie Mitarbeiter der „Wiener Zeitschrift". Er verfaßte u. a. sieben Dramen, von denen zwei am Wiener Burgtheater aufgeführt wurden, und war ein Schulkamerad und Freund von Franz Grillparzer.

HORNBOSTEL, Erich Moritz von, * 25. 2. 1877 in Wien, † 28. 11. 1935 in Cambridge (Massachusetts, USA), Musikforscher. Enkel von Theodor Friedrich von H. (s. d.). Studierte Chemie, Physik und Philosophie in Wien und Heidelberg und promovierte 1900 in Wien. 1901 ging er nach Berlin, wo er sich musikethnologischen und tonpsychologischen Forschungen widmete. 1906–33 Leiter des Berliner Phonogrammarchivs, habilitierte sich 1923 an der Universität Berlin, 1925 a. o. Prof. für Musikwissenschaft. 1933 emigrierte er nach New York und wurde Prof. an der School of Social Research. Seine Forschungen über das Richtungshören waren bedeutsam für die Entwicklung der Stereophonie.

HORNBOSTEL, Theodor Friedrich von (seit 1860), * 29. 10. 1815 in Wien, † 2. 6. 1888 in Wien, Seidenfabrikant. Sohn von Christian Georg H. (s. d.). Studierte am Polytechnischen Institut Wien und spezialisierte sich auf dem Gebiet der Mechanik. Nach ausgedehnten Studienreisen in Deutschland und Frankreich übernahm er nach dem Tod des Vaters 1841 gemeinsam mit seinem Bruder Otto die Leitung des Unternehmens. Die Leobersdorfer Fabrik hatte durch die Mechanisierung der Erzeugung große Fortschritte erzielt, doch sank der Beschäftigtenstand bis 1848 auf 100 Mitarbeiter herab. Seit 1845 gehörte H. der Hofkommission für die Wiener Industrieausstellung an, wirkte in Paris (dafür erhielt er das Offizierskreuz der Ehrenlegion) und in London bei der Weltausstellung mit und erwarb sich Verdienste um die Entwicklung der ö. Industrie. Auch auf politischer Ebene war er tätig. 1848 Mitglied des Wiener Bürgerausschusses, von 18. 7.–20. 11. 1848 Handelsminister im Kabinett Doblhoff, 1848/49 Mitglied des Kremsierer Reichstags. 1850–52 war er Präsident der Wiener Handelskammer und Vorsteher des Nö. Gewerbevereins und gründete 1857 die Handelsakademie in Wien, der er bis zu seinem Tod als Verwaltungsrat angehörte. 1860 wurde er durch die Verleihung des Ordens der Eisernen Krone III. Klasse in den Adelsstand erhoben. 1861–85 Direktor der von ihm mitbegründeten Ö. Creditanstalt, anschließend bis zu seinem Tod Präsident ihres Verwaltungsrats. Auch in seiner Glaubensgemeinschaft war H. tätig und seit 1849 Dirigent des Vorstandes der evangelischen Gemeinde Wiens. Auf seine Initiative gehen der Bau der Gumpendorfer Kirche, der Evangelischen Schule und des Matzleinsdorfer evangelischen Friedhofs zurück.

HÖRNIGK, Philipp Wilhelm von (auch Horneck), * 23. 1. 1640 in Frankfurt am Main, † 23. 10. 1714 in Passau, Volkswirtschaftler. Aus seinem Leben ist wenig bekannt, er war ein protestantischer Konvertit und soll 1661 in Ingolstadt zum Doktor der Rechte promoviert worden sein. 1679 scheint er als Begleiter des spanischen Franziskanerpaters und Beichtvaters am Wiener Hof, Christoph Roya von Spinola, auf. Außerdem war er um diese Zeit „Kaiserlicher Principialcommissär" am Reichstag von Regensburg (seit 1663 ein permanent tagender Gesandtenkongreß). 1684 veröffentlichte er „Österreich über alles, wann es nur will", das grundlegende Werk des ö. Merkantilismus (Kameralismus) und zugleich die erste nationalökonomische Darstellung Ö.s. Ab etwa 1690 stand er in den Diensten des Bischofs von Passau. Über die Autorschaft des für Ö. so wesentlichen Buches ist ein Gelehrtenstreit entstanden, der noch nicht zu Ende ist. So wird verschiedentlich behauptet, daß es aus dem Nachlaß seines zwei Jahre vor Erscheinen verstorbenen Schwagers, des vielseitig gebildeten Johann Joachim Becher, stammen könnte und von ihm herausgegeben worden sein soll. Dafür spräche, neben dem Stil, auch, daß die ersten Auflagen (noch 1684 erschien eine zweite, 1685 eine dritte, insgesamt zwölf) anonym (mit der Angabe „Durch einen Liebhaber der Kayserl. Erbland Wolfahrt") und erst die weiteren mit der Autorenangabe P. W. v. H. erschienen sind. Sicher ist, daß H. die weiteren Auflagen auf den letzten Stand gebracht hat. Die Behauptung wird noch erhärtet durch die heute bekannte Tatsache, daß H. eigentlich ausschließlich rechtshistorische Abhandlungen verfaßt hat. So ist der 1708 erschienenen Auflage die „Historische Anzeige von denen Privilegiis des Durchlauchtigsten Erzhauses Österreich" beigebunden. 1983 erschien eine Ausgabe des Werkes, das von H. Knapp mit einer Einleitung und Kommentaren versehen wurde.

HORNISCHER, Fanny (eigtl. Franziska Bauer), * 20. 3. 1845 in Wien, † 26. 2. 1911 in Wien, Volkssängerin. Trat am 18. 10. 1868 in Wien-Neubau, als Nachfolgerin von Antonie Mansfeld (s. d.), zum erstenmal als Volkssängerin auf und eroberte sich sofort die Sympathien des Publikums. Durch ihre attraktive Erscheinung und ihr elegantes Auftreten wurde sie, trotz der oft kräftigen Pointen ihrer Lieder, auch zu den ersten Soireen Wiens engagiert. Rechtzeitig zog sie sich von ihrer Sängerinnenlaufbahn zurück und betrieb in Mariahilf ein Süßwarengeschäft. Außerdem war sie als Wohltäterin bekannt.

HORVÁTH, Ödön von, * 9. 12. 1901 in Susak bei Fiume, † 1. 6. 1938 in Paris, Dichter. Entstammte dem ungarischen Kleinadel und war der Sohn eines Staatsbeamten. Begann 1919 an der Universität München zu studieren, schrieb aber schon ab 1920 für den „Simplicissimus". 1933 emigrierte er nach Ö., lebte in Wien und in Henndorf bei Salzburg und ging 1938 ins Exil in die Schweiz. In den Jahren 1928–38 schrieb er 17 Bühnenwerke, die vor allem seinen Ruhm als Dichter begründeten. Für „Geschichten aus dem Wiener Wald" erhielt er 1931 den Kleist-Preis. In seinem kritischen, lehrhaften Volksstück ebenso wie in seinem erzählerischen Werk wird seine gesellschaftskritische Einstellung deutlich, die sich gegen die kommende Diktatur ebenso

ÖDÖN VON HORVÁTH

Ein Kind seiner Zeit

„Geboren bin ich am 9. Dezember 1901, und zwar in Fiume an der Adria, nachmittags um dreiviertelfünf (nach einer anderen Überlieferung um halbfünf). Als ich zweiunddreißig Pfund wog, verließ ich Fiume und trieb mich teils in Venedig und teils auf dem Balkan herum und erlebte allerhand, u. a. die Ermordung S. M. des Königs Alexanders von Serbien samt seiner Ehehälfte. Als ich 1,20 Meter hoch wurde, zog ich nach Budapest und lebte dort bis 1,21 Meter. War dortselbst ein eifriger Besucher zahlreicher Kinderspielplätze und fiel durch mein verträumtes und boshaftes Wesen unliebenswert auf . . . Mein Interesse für Kunst, insbesondere für die schöne Literatur, regte sich relativ spät (bei einer Höhe von rund 1,70), aber erst ab 1,79 war es ein Drang, zwar kein unwiderstehlicher, jedoch immerhin."

Ödön von Horváth, Autobiographische Notiz (auf Bestellung)

Ödön von Horváth

„Dieser Ödön Horváth, dessen Name so eigenartig nach Mordchronik, Steckbrief, k. k. Armee-Überbleibsel klingt, ist ein Ausnahmefall unter den Exzedenten seines Geschlechts. Ein amorphes Stück Natur; vulgär wie ein Noch-nicht-Literat, souverän wie ein Nicht-mehr-Literat; aus Elementarem und Dilettantischem gemengt."

Anton Kuh

„Dieser Tod ist kein Zufall. Mancher sagte: Dieser Tod paßt zu ihm."

Franz Werfel

wendet wie gegen das Kleinbürgertum und die „Verführung der Jugend". Sein Tod war tragisch; er wurde in Paris auf den Champs-Elysées von einem umstürzenden Baum erschlagen. Von H.s Romanen sind zu erwähnen: „Der ewige Spießer" (1930), „Ein Kind unserer Zeit" (1938), „Jugend ohne Gott" (1938); 1953 wurden die beiden letzteren unter dem Titel „Zeitalter der Fische", einer Bezeichnung H.s für die Zeit zwischen dem Friedensvertrag von Versailles und Adolf Hitler, herausgegeben; von seinen Theaterstücken seien u. a. erwähnt: „Sladek, der schwarze Reichswehrmann" (1930), „Kasimir und Karoline" (1932), „Glaube, Liebe, Hoffnung. Ein kleiner Totentanz" (1932), „Die Unbekannte aus der Seine" (1933), „Figaro läßt sich scheiden" (1934), „Don Juan kommt aus dem Krieg" (1937), „Der jüngste Tag" (1938). Dieter Hildebrandt, W. Huder und Traugott Krischke gaben 1970–71 H.s „Gesammelte Werke" in vier Bänden und 1972 eine Sammlung in acht Bänden heraus.

Strelka, J.: Brecht, H., Dürrenmatt (1962); Hildebrandt, D., und Krischke, T. (Hrsg.): Über Ö. v. H. (1972); Hildebrandt, D.: Ö. v. H. (1975)

HOTZE, Friedrich Freiherr von (eigtl. Johann Konrad Hotz), * 20. 4. 1739 in Richtersweil bei Zürich, † 25. 9. 1799 bei Zürich gefallen, Berufsoffizier. Trat 1758 in württembergische Dienste und kämpfte im Siebenjährigen Krieg. Da er als Offizier von den Preußen abgelehnt wurde, trat er 1768 in russische und 1778 als Major in ö. Dienste. Von Kaiser Joseph II. (s. d.) rasch befördert, kämpfte er im Ersten Koalitionskrieg 1793–95 als Generalmajor am Rhein, befehligte 1796 als Feldmarschalleutnant ein Korps in Süddeutschland und übernahm 1798, nachdem er aus ö. Diensten ausgeschieden war, die Vorbereitungen zur Erhebung der Ostschweiz gegen Napoleon. Im Jahr 1799 übernahm H. im Zweiten Koalitionskrieg den Befehl über das ö. Heer in Vorarlberg, drang mit diesem in die Schweiz ein und fiel in der zweiten Schlacht bei Zürich.

HOVEN, Johann, s. Vesque von Püttlingen, Johann Freiherr

HOYOS-SPRINZENSTEIN, Ernst Karl Graf, * 18. 6. 1830 in Wien, † 21. 8. 1903 in Stixenstein (NÖ), Gutsbesitzer. Trat 1849 unter Radetzky als Leutnant in die ö. Armee ein, mußte aber 1854 den Dienst quittieren, um nach dem frühen Tod des Vaters die Verwaltung des Familienbesitzes zu übernehmen. Ab 1861 auf Lebenszeit Mitglied des Herrenhauses, war er mehrmals dessen Vizepräsident. 1868 schenkte er der Gemeinde Wien die Stixensteiner Quellen, die am Schneeberg auf seinem Gebiet zutage traten; damit ermöglichte er den Bau der Ersten Wiener Hochquellenwasserleitung. Bei der Eröffnung der Wasserleitung wurde H.-S. am 17. 10. 1873 das Ehrenbürgerrecht von Wien verliehen. Große Verdienste erwarb er sich auch mit der Wiederherstellung der seit dem 17. Jh. im Besitz der Familie befindlichen Rosenburg am Kamp (NÖ).

HRADETZKY, Gregor, * 31. 1. 1909 in Krems (NÖ), † 29. 12. 1984 in Bad Kleinkirchheim (K), Paddler und Orgelbauer. Gewann 1936 bei den Olympischen Spielen in Berlin zwei Goldmedaillen (Kajak-Einer über 1000 m, Faltboot-Einer über 10000 m), dazu gehen zwischen 1933 und 1936 vier EM-Titel und 18 nationale Meistertitel auf sein Konto. Legte 1941 die Orgelbau-Meisterprüfung ab und übernahm die Firma seines Vaters. H. war Kremser Ehrenbürger, wurde zum Kommerzialrat ernannt und mit dem Orden des Internationalen Olympischen Komitees ausgezeichnet.

Gregor Hradetzky

Alfred Hrdlička: „Theatralischer Kampf". Radierung (1972)

HRDLIČKA, Alfred, * 27. 2. 1928 in Wien, Maler, Graphiker und Bildhauer. Absolvierte nach der Pflichtschule eine Zahntechnikerlehre. Ab 1946 studierte er an der Akademie der bildenden Künste Malerei und Graphik bei Gütersloh (s. d.) und Dobrowsky (s. d.), erwarb 1953 das Diplom, studierte anschließend Bildhauerei bei Wotruba (s. d.) und machte 1957 das Diplom als akademischer Bildhauer. Seit 1962 freischaffender Künstler. 1963 Leiter der Bildhauerklasse der internationalen Sommerakademie in Salzburg. 1964 vertrat H. als Bildhauer und Graphiker Ö. bei der Biennale in Venedig. 1973/74 Prof. an der Staatlichen Hochschule für bildende Künste in Hamburg, seit 1971 an der Akademie in Stuttgart. Zu seinen bedeutendsten Werken zählen die „Orpheus"-Statue für das Salzburger Festspielhaus (1963), das Renner-Denkmal (1967) in Wien, „Der Plötzenseer Totentanz" (1970) in Berlin, das „Denkmal für Friedrich Engels" (1977–81) in Wuppertal. Seit 1983 arbeitet H. an monumentalen Skulpturen gegen Faschismus und Krieg für Hamburg und für Wien.

Lewin, M.: A. H., das Gesamtwerk (1987)

HUBER, Alfons, * 14. 10. 1834 in Schlitters (T), † 23. 11. 1898 in Wien, Historiker. Studierte 1855–59 in Innsbruck, habilitierte sich 1860 als Dozent und wurde 1863 Univ.-Prof. in Innsbruck, 1887 in Wien. H. war ein namhafter Quellenforscher und veröffentlichte mehrere Werke, u. a.: „Geschichte des Herzogs Rudolf IV. von Ö." (1865), „Geschichte Ö.s", 5 Bde. (1885–96) und „Ö. Reichsgeschichte. Geschichte der Staatsbildung und des öffentlichen Rechts" (1895).

HUBER, Carl Rudolf, * 15. 8. 1839 in Schleinz (NÖ), † 28. 8. 1896 in Wien, Maler und Graphiker. Studierte in Wien und wurde einer der bekanntesten Maler der Makartzeit. Ab 1880 Prof. für Tiermalerei an der Akademie der bildenden Künste in Wien, schuf er überwiegend Tier- und Jagdbilder sowie zahlreiche Porträts berühmter Persönlichkeiten seiner Zeit, darunter auch von Kronprinz Rudolf (s. d.), Johann Strauß (s. d.) und Ferdinand von Saar (s. d.).

HUBER, Wolf, * um 1484 in Feldkirch (V), † 3. 6. 1553 in Passau, Maler und Zeichner. Er ist um 1510 im Salzkammergut und an der Donau urkundlich nachweisbar und war, spätestens ab 1515, Hofmaler des Bischofs von Passau. Neben Albrecht Altdorfer war er der bedeutendste Vertreter der Donauschule. Sein Hauptwerk schuf er 1521 mit dem St.-Annen-Altar in der Stadtpfarrkirche von Feldkirch (V), dessen acht Tafelbilder 1953 restauriert wurden. Von seinen vielen Zeichnungen ist die „Mondseelandschaft" (1510) die bedeutendste. Erwähnenswerte religiöse Bilder sind: „Kreuzerhöhung Christi" (um 1525, Kunsthistorisches Museum in Wien), „Geißelung" und „Dornenkrönung" (1525, Stift St. Florian,

OÖ). Außerdem sind noch erhalten: die Flügelaltäre von Vaduz (Liechtenstein), von Lenz und Tomils in Graubünden (Schweiz) und ein Freskenzyklus in der Wegkapelle in Mondsee (OÖ) von 1516, der 1966 freigelegt wurde.

Heinzle, E.: W. H. (1953); ders.: W. H. Der Sankt-Annen-Altar (1959)

HUBER-FELDKIRCH, Josef, * 16. 3. 1858 in Feldkirch (V), † 26. 7. 1932 auf Schloß Neuburg am Inn (Bayern), Maler. Schuf überwiegend monumentale Bilder religiösen Inhalts. Seine Hauptwerke sind das Glasmosaik am Landgericht in Feldkirch (1904), der Fassadenschmuck der Pfarrkirche von Dornbirn (1923/24) und das Mosaik im Giebel des Hauses der Landesregierung in Bregenz (1924) sowie mehrere Arbeiten an und in Kirchen im westdeutschen Raum.

HUBINEK, Marga, * 20. 5. 1926 in Wien, ÖVP-Politikerin. Studierte Philosophie an der Universität Wien, Promotion 1949. Schon in der Ö. Hochschülerschaft politisch tätig, später in der Frauenbewegung der ÖVP und im ÖAAB. 1959–70 Landtagsabgeordnete und Gemeinderätin in Wien, seit 1970 Abgeordnete zum Nationalrat. Insbesondere mit Umweltfragen befaßt, war sie auch Stellvertretender Bundesparteiobmann der ÖVP. Als Nachfolgerin für den am 21. 1. 1986 verstorbenen Roland Minkowitsch (s. d.) wurde sie am 19. 2. 1986 Zweiter Nationalratspräsident.

HÜBL, Arthur Freiherr von, * 20. 3. 1853 in Großwardein (Ungarn), † 7. 4. 1932 in Wien, Berufsoffizier und Kartograph. War Chemiker, widmete sich neben seinem Beruf als Offizier der Kartographie und war führend auf den Gebieten der wissenschaftlichen Photographie, der Photogrammetrie und der Reproduktionstechnik tätig. H. reformierte die topographische Aufnahme und führte 1896 die Photogrammetrie in der Landaufnahme ein. 1909 führte er den Offsetdruck in der Kartenreproduktion ein und ermöglichte damit die Massenproduktion. Als General war er 1916–18 Kommandant des Militärgeographischen Instituts in Wien. 1920–24 organisierte er die Kartographie in Brasilien.

HÜBNER, Josef, * 26. 4. 1888 in Wien, † 6. 11. 1966 in Graz, Schauspieler und Regisseur. War nach seiner Ausbildung an verschiedenen Theatern engagiert, so auch am Theater in der Josefstadt, am Theater an der Wien und in den Wiener Kammerspielen. Unternahm zahlreiche Tourneen mit Hansi Niese (s. d.) und Alexander Moissi (s. d.). Ab 1950 war er Regisseur am Landestheater in Innsbruck.

Wolf Huber: Kreuzesallegorie

HÜBNER, Josef Alexander Graf von (seit 1888) (eigtl. Hafenbredl?), * 26. 11. 1811 in Wien, † 30. 7. 1892 in Wien, Diplomat und Politiker. Stammte aus einfachen Verhältnissen und zog früh das Wohlwollen Metternichs auf sich, der ihn 1833 in den Staatsdienst aufnahm. Ab 1844 im diplomatischen Dienst, wurde er 1848 drei Monate lang in Mailand von Aufständischen gefangengehalten, worüber er ein Tagebuch veröffentlichte. Danach ö. Botschafter in Paris. 1859 Polizeiminister, dann bis 1867 Botschafter im Vatikan. Ab 1879 war H. Herrenhausmitglied und schrieb zahlreiche Reisebücher und Memoirenbände, so „Der Spaziergänger um die Welt" (1882), „Ein Jahr meines Lebens 1848–49" (1891), „Neun Jahre der Erinnerungen eines ö. Botschafters in Paris 1851–59" (2 Bde., 1904). Sein „Unveröffentlichtes Tagebuch" (40 Bde., 1826–92) befindet sich in der Universität Padua.

HUEBER, Anton, * 27. 9. 1861 in Taus (Böhmen), † 12. 7. 1935 in Wien, Drechsler und sozialdemokratischer Arbeiterführer. Kam früh zur Sozialdemokratischen Partei. 1895 Leiter der Gewerkschaftskommission, 1919–30 Abgeordneter zum Nationalrat, 1930/31 Bundesrat. Gemeinsam mit Ferdinand Hanusch (s. d.) wirkte er am Ausbau der Arbeiterschutz-Gesetzgebung mit und setzte sich sehr früh für den Aufbau des Versicherungswesens der Arbeiterschaft ein. Der Großteil der in seiner Zeit geschaffenen Sozialgesetze geht auf H.s Anregungen zurück.

HUEBER, Blasius, * 1. 2. 1735 in Oberperfuß (T), † 4. 4. 1814 in Inzing (T), Bauer und Kartograph. Erarbeitete mit Peter Anich (s. d.) ein Kartenwerk von Tirol, das 20 Blätter umfaßte und 1774 in Wien in Kupfer gestochen wurde. Außerdem zeichnete er 1782 eine Karte der ö. Landvogtei Ober- und Niederschwaben und 1783 eine Karte von Vorarlberg.

HUEBER, Franz, * 10. 1. 1884 in Grünburg (OÖ), † 10. 7. 1981 in Salzburg, Jurist und Heimwehrpolitiker. Studierte Jus, machte den Ersten Weltkrieg als Oberleutnant mit und war dann Notariatsanwärter bei seinem Schwager in Saalfelden, bis er 1927 Notar in Mattsee (S) wurde. Schon in seiner Jugend politisch aktiv, war er im Deutschen Turnerbund und im Alldeutschen Verband führend tätig. Als Mitbegründer der Heimwehr im Pongau wurde er 1925 Zweiter Landesführer. Vom 30. 9. bis 29. 11. 1930 Justizminister im Kabinett Vaugoin, war er 1930–34 Abgeordneter zum Nationalrat und trat, weil er mit der Politik Starhembergs nicht einverstanden war, 1933 aus der Heimwehr aus. 1938 in der Eintageregierung Seyß-Inquarts abermals Justizminister, danach SA-Brigadeführer, Mitglied des deutschen Reichstages und Unterstaatssekretär im Reichsjustizministerium. 1940–42 Kommandeur einer Flakabteilung und Oberstleutnant, wurde er 1942 Präsident des Reichsverwaltungsgerichts. 1945 stand H. auf der ö. Kriegsverbrecherliste, wurde 1948 von einem Volksgerichtshof wegen Hochverrats zu 18 Jahren Kerker verurteilt; 1950 wurde die Strafe auf 10 Jahre herabgesetzt und H. im Dezember 1950 bedingt entlassen. Zunächst Vertreter, wurde er dann Geschäftsführer einer Konzernfirma der verstaatlichten Industrie. Bis zu seinem 80. Geburtstag war er in Salzburg Gauobmann des Turnerbundes. 1920 heiratete H. die Schwester des damals unbekannten Hauptmanns a. D. Hermann Göring, Paula.

Wiltschegg, W.: Die Heimwehr (1985)

HÜGEL, Karl Alexander Anselm Freiherr von, * 25. 4. 1796 in Regensburg, † 2. 6. 1870 in Brüssel, Forschungsreisender, Botaniker und Diplomat. Studierte ab 1811 in Heidelberg Jus, machte 1813–15 die Feldzüge gegen Napoleon in der ö. Armee mit sowie den von 1821 gegen Neapel und wurde Major. Bis 1824 blieb er Attaché der ö. Gesandtschaft in Neapel, lebte danach als Privatmann in Wien und widmete sich nur noch naturwissenschaftlichen Studien. 1831–37 unternahm er eine ausgedehnte Reise über Nordafrika, Ostindien nach Ceylon, Neuseeland und den Philippinen, von wo er eine reichhaltige naturkundliche Sammlung mitbrachte und 1840–42 das Buch „Kaschmir und das Reich der Siek" (4 Bde.) veröffentlichte. 1849 machte er den italienischen Feldzug unter Radetzky mit, war 1850–59 ö. Gesandter in Florenz, 1860–69 in Brüssel. 1851/52 erschien „Das Kabulbecken und die Gebirge zwischen dem Hindu-Kosch und der Sutlej" (2 Bde.) und 1860 „Der Stille Ozean und die spanischen Besitzungen im Ostindischen Archipel". H. war ein bahnbrechender Erforscher der asiatischen Länder und führte neue Pflanzenarten in Ö. ein. Gemeinsam mit Jacquin (s. d.) begründete er 1827 die Gartenbau-Gesellschaft in Wien, deren erster Präsident er 1837–48 war. Seine rund 32 000 Stück

H

umfassende naturkundliche Sammlung befindet sich im Naturhistorischen Museum in Wien.

Wiesner, J.: K. Freiherr von H. (1901); Österreicher als Erforscher der Erde, Notring Jahrbuch 1956

HUGO I., Graf von Bregenz und Montfort, † um 1230. Sohn des Pfalzgrafen Hugo von Tübingen (und Grafen von Bregenz und Rätien, Schwiegersohn des Grafen Rudolf von Bregenz, bei dessen Tod vor 1152 er durch einen Erbstreit schließlich die Grafschaft Churrätien zugesprochen bekam). Nach dem Tod des Vaters 1182 übernahmen seine Söhne H. und Rudolf die gemeinsame Regierung, ab etwa 1200 regierte H. allein und nannte sich von diesem Zeitpunkt an Graf von Bregenz und Montfort. 1218 gründete er die Johanniterkommende von Feldkirch (V) und deren Niederlassung in Klösterle (V).

HUGO (V.) von Montfort, * 1357, † 4. 4. 1423, Dichter und Minnesänger, aus der Linie der Grafen von Bregenz und Montfort. War auch ö. Landvogt in der Schweiz und zog mit Herzog Albrecht III. von Ö. 1377 gegen die „heidnischen" Preußen. 1395 machte er gemeinsam mit dem Minnesänger Oswald von Wolkenstein (s. d.) eine Pilgerfahrt nach Jerusalem und kam dann in die Steiermark, wo er 1413–23 Landeshauptmann war. H. wurde in Bruck an der Mur begraben; gestorben ist er aber wahrscheinlicher auf seiner Burg Pfannberg, südlich von Fronleiten (St). Er verfaßte Lieder, poetische Briefe sowie politische und lehrhafte Reden, in denen er seine Ansichten über die Zustände in Politik, Kirche und Gesellschaft darlegte. Gemeinsam mit Oswald von Wolkenstein gehört er zu den letzten, späten Vertretern des deutschen Minnesanges.

HÜLGERTH, Ludwig von, * 26. 1. 1875 in Wien, † 13. 8. 1939 in Rottenstein (K), Berufsoffizier und christlichsozialer Politiker. H. kehrte als Oberstleutnant aus dem Ersten Weltkrieg zurück. Nach dem Einfall südslawischer Truppen in Kärnten wurde er am 1. 11. 1918 zum Oberkommandanten und Landesbefehlshaber von Kärnten gewählt und leitete 1918/19 den Kärntner Abwehrkampf. Ab 1920 im Heeresministerium tätig, schied er mit Jahresende 1927 als Feldmarschalleutnant aus dem Heer. Ab 5. 1. 1928 Landesleiter des Heimatschutzverbandes Kärnten und noch im selben Jahr Bundeswehrführer. 1934–36 Landeshauptmann von Kärnten, 1936–38 Vizekanzler in den letzten Regierungen Schuschnigg. Wenige Tage nach der Ernennung zum Vizekanzler wurde er auch Generalkommandant der Frontmiliz (bis 11. 3. 1938).

Wiltschegg, W.: Die Heimwehr (1985)

HUMMEL, Johann Nepomuk, * 14. 11. 1778 in Preßburg, † 17. 10. 1837 in Weimar, Komponist und Pianist. War Schüler von Wolfgang Amadeus Mozart (s. d.), dann von J. G. Albrechtsberger (s. d.) und A. Salieri (s. d.). Schon 1788–93 unternahm er als Klaviervirtuose Konzertreisen nach Dänemark und England. 1804–11 als Nachfolger von Haydn (s. d.) Kapellmeister beim Fürsten Esterházy, 1816–19 Hofkapellmeister in Stuttgart, anschließend in Weimar. Dazwischen konzertierte er mehrmals in Rußland und England. In seinen Kompositionen ist der Einfluß Mozarts erkennbar. Seine Klaviermusik reicht bis zu frühromantischer Virtuosität. 1828 veröffentlichte er eine Klavierschule, „Ausführliche theoretisch-praktische Anweisung zum Pianofortespiel", in der er rationelle Methoden für den Fingersatz darlegte. Neben zahlreichen Klaviersonaten schrieb er sieben zum Teil noch heute gespielte Klavierkonzerte und weniger bekannte Opern, Messen und Ballette.

Brenyovsky, K.: J. N. H. (1934)

HUMPLIK, Josef, * 17. 8. 1888 in Wien, † 5. 4. 1958 in Wien, Bildhauer und Medailleur. Studierte in Wien an der Kunstgewerbeschule und schuf zahlreiche Porträtbüsten, u. a. von Gustav Klimt, Grete Wiesenthal, Anton von Webern, Ferdinand Ebner, Alban Berg, Gustav Mahler, Georg Trakl und Arnold Schönberg sowie einige Großplastiken („Der liebe Augustin", „Der Läufer") und einen Kreuzweg.

HUNA, Ludwig, * 18. 1. 1872 in Wien, † 28. 11. 1945 in St. Gallen (St), Schriftsteller. War bis 1905 Offizier in der k. u. k. Armee und dann freier Schriftsteller. Verfaßte besonders aktionsreiche historische Unterhaltungsromane, von denen die „Borgia-Trilogie" – „Die Stiere von Rom" (1920), „Der Stern der Orsini" (1921), „Das Mädchen von Nettuno" (1922) – am bekanntesten wurde. Mehrmals neu aufgelegt, war sie von der katholischen Kirche auf den Index der verbotenen Bücher gesetzt worden. Außerdem noch erwähnenswert: „Golgatha" (1938), „Die Kardinäle" (1939).

HUNDERTWASSER, Friedensreich (eigtl. Friedrich Stowasser), * 15. 12. 1928 in Wien, Maler und Schriftsteller. Studierte in Wien drei Monate an der Akademie der bildenden Künste und wurde bald der bedeutendste Vertreter des Wiener Surrealismus. Fand auf verschiedenen internationalen Ausstellungen große Anerkennung und erhielt zahlreiche Ehrungen. Seit 1980 leitet er eine Meisterklasse für Malerei an der Akademie. Sein großes Umweltengagement zeigte sich anläßlich der Vorgänge um die geplante Errichtung des Kraftwerks in der Hainburger Au: im Dezember 1984 zerriß er bei einer öffentlichen Pressekonferenz die Verleihungsurkunde des Großen Ö. Staatspreises und stellte den seinerzeit erhaltenen Betrag zur Unterstützung der Demonstranten zur Verfügung. 1983/84 wurde nach seinen Plänen im 3. Wiener Gemeindebezirk ein Öko-Haus erbaut.

Das H.-Haus (1985); Rand, H.: H. als Maler (1986)

HUNGER, Herbert, * 9. 12. 1914 in Wien, klassischer Philologe und Byzantinist. Studierte in Wien und wurde hier Univ.-Prof. Langjähriger Generalsekretär der Akademie der Wissenschaften. Herausgeber des Jahrbuchs der Ö.-Byzantinischen Gesellschaft und der „Wiener byzantinischen Studien". Veröffentlichte u. a. „Lexikon der griechischen und römischen Mythologie" (1953, 2. Aufl. 1959), „Studien zur griechischen Paläographie" (1954), „Byzantinische Geisteswelt" (1958), „Antikes und mittelalterliches Buch- und Schriftwesen" (1961) und „Aus der Vorgeschichte der Papyrussammlung der Ö. Nationalbibliothek" (1962).

HURDES, Felix, * 9. 8. 1901 in Bruneck (Südtirol), † 12. 10. 1974 in Wien, Rechtsanwalt und ÖVP-Politiker. Studierte Jus und wurde Rechtsanwalt. Der Christlichsozialen Partei angehörend, war er 1936–38 Landesrat in Kärnten. 1938/39 und 1944 im Konzentrationslager. 1945 Mitbegründer der ÖVP und ihr erster Generalsekretär (bis 1959), 1945–52 Unterrichtsminister. In dieser Funktion förderte er das „Ö. Wörterbuch". 1945–66 Abgeordneter zum Nationalrat, 1953–59 dessen Erster Präsident. 1959–66 Obmann des ÖVP-Parlamentsklubs. H. veröffentlichte u. a. „Ö. Kulturpolitik" (1948), „Europäischer Solidarismus" (1948) und „Vater unser" (Gedanken aus dem Konzentrationslager, 1950).

HURTER, Friedrich Emanuel von Ammann (seit 1852), * 19. 3. 1787 in Schaffhausen (Schweiz), † 27. 8. 1865 in Graz, Historiker und Historiograph. Studierte in Göttingen protestantische Theologie und wurde 1824 Pfarrer und 1835 Antistes (Vorsteher) in Schaffhausen. Seine Ansichten und Verbindungen zu prominenten Ultramontanen führten zum Konflikt mit der reformierten Kirche, worauf er 1841 seine Ämter niederlegte und 1844 in Rom zum katholischen Glauben übertrat. 1846 berief ihn Fürst Metternich als Hofrat und Reichs-Historiograph nach Wien. 1848 verlor er kurzfristig diesen Posten wegen angeblicher politischer Umtriebe. Von seinen zahlreichen Veröffentlichungen sind für die Geschichte Ö.s von Bedeutung: „Geschichte Kaiser Ferdinands II. und seiner Eltern", 11 Bde. (1850–64), und „Kaiser Ferdinand II." (1865). Sein Sohn Hugo (* 11. 1. 1832, † 11. 12. 1914) trat in den Jesuitenorden ein, wurde Prof. für Dogmatik in Innsbruck und veröffentlichte mehrere theologische Werke.

HUSSAREK, Max, Freiherr von Heinlein (seit 1917), * 3. 5. 1865 in Preßburg, † 6. 3. 1935 in Wien, Jurist und Staatsmann. Studierte in Wien Jus und wurde 1895 Prof. für Kirchenrecht an der Universität Wien. Seit 1892 war er im Unterrichtsministerium tätig und 1911–17 Unterrichtsminister. Von 25. 7. bis 27. 10. 1918 war er der vorletzte Ministerpräsident der Donaumonarchie. In seiner Amtszeit bot Ö.-Ungarn erstmals am 14. 9. 1918 Friedensverhandlungen an. Außerdem war H. der Urheber der am 16. 10. 1918 verkündeten bundesstaatlichen Reform Kaiser Karls („Oktobermanifest"), ein Versuch in letzter Stunde, den Zerfall der Donaumonarchie durch die Bildung von Nationalstaaten unter habsburgischer Herrschaft zu verhindern, der allerdings an der Haltung Ungarns scheiterte. H. war ein Hauptvertreter des Ö. Staatskirchenrechts und veröffentlichte 1897 „Grundriß des ö. Staatskirchenrechts".

Rumpler, H.: M. H. (1965)

HUSSERL, Edmund, * 8. 4. 1859 in Proßnitz (Mähren), † 26. 4. 1938 in Freiburg im Breisgau, Philosoph. Studierte in Prag und in Wien, wurde 1906 Univ.-Prof. in Göttingen und 1916 in Freiburg im Breisgau. H. erkannte als erster die Bedeutung B. Bolzanos (s. d.) und begründete, von diesem ausgehend, die philosophische Richtung der Phänomenologie, im Gegensatz zu dem zu seiner Zeit stark vertretenen Psychologismus in der Logik. Er verstand die phänomenologische Methode als eine Neubegründung der Philosophie, als apriorische Wissenschaft und Grundlage aller Einzelwissenschaften überhaupt. Seine Lehre war von bedeutendem Einfluß auf die Weiterentwicklung der Philosophie, besonders durch Max Scheler und Martin Heidegger, und auf die Literatur- und Kunstwissenschaft. Die wichtigsten Werke sind: „Philosophie der Arithmetik" (1891), „Logische Untersuchungen", 2 Bde. (1900/01), „Ideen zu einer reinen Phänomenologie" (1913), „Vorlesungen zur Phänomenologie des inneren Zeitbewußtseins", hrsg. von Martin Heidegger (1928), „Formale und transzendentale Logik" (1929), „Erfahrung und Urteil" (1939) und „Die Idee der Phänomenologie" (1950). Das H.-Archiv in Löwen verwaltet seinen umfangreichen Nachlaß und gibt seit 1950 eine kritische Gesamtausgabe heraus.

Kraft, J.: Von H. zu Heidegger (1932); Szilasi, W.: Einführung in die Phänomenologie E. H.s (1959); Drüe, H.: E. H.s System der phänomenologischen Psychologie (1963); Diemer, A.: E. H. (2. Aufl. 1965); Herrmann, F.-W. v.: H. und die Meditationen des Descartes (1971); Janssen, P.: E. H. (1976)

HUTER, Jakob, s. Hutter

HUTH, Alfred, * 30. 8. 1918 in Wien, † 8. 4. 1945 in Wien (hingerichtet). Als Hauptmann bei der deutschen Wehrmacht war H. ein führendes Mitglied der militärischen Widerstandsbewegung in Wien. Durch Verrat wurde er gemeinsam mit Major Karl Biedermann (s. d.) und Oberleutnant Rudolf Raschke (s. d.) gefangengenommen und am 8. 4. 1945 in Wien-Floridsdorf, Am Spitz, gehängt.

HÜTTENBRENNER, Anselm, * 13. 10. 1794 in Graz, † 5. 6. 1868 in Ober-Andritz bei Graz, Komponist. Studierte in Wien bei A. Salieri und war mit Ludwig van Beethoven und Franz Schubert befreundet. Schubert schickte ihm 1824 die Originalpartitur seiner 8. Symphonie, der „Unvollendeten", die J. Herbeck (s. d.) bei ihm 1865 fand und noch im selben Jahr uraufführte. 1824–29 und 1831–39 leitete H. den Steiermärkischen Musikverein, außerdem war er als Pianist tätig. Seine Kompositionen stehen stilistisch Carl Maria von Weber nahe. Er schuf 360 Lieder, 165 Chorwerke sowie geistliche Musik und Opern.

Deutsch, O. E.: Schubert. Die Erinnerungen seiner Freunde (1957); Glawischnig, D.: A. H., in: Musik aus der Steiermark, IV, 5 (1969)

HÜTTER, Emil, * 14. 5. 1835 in Wien, † 21. 1. 1886 in Wien, Zeichner, Radierer und Lithograph. War nach Schulabschluß kurze Zeit in der Buchhandlung Gerold in Wien tätig und trat dann in den Dienst des Wiener Magistrats ein. Als Maler und Zeichner war er Autodidakt, schuf aber, wenngleich weniger künstlerisch als topographisch wertvoll, naturgetreue Zeichnungen und Aquarelle von Wien und seiner Umgebung. Etwa 400 Blätter sowie die wertvolle Lithographienfolge der Wiener Stadttore und das vor der Demolierung der Basteien geschaffene „Panorama von Wien" (1858) blieben erhalten. Außerdem stammen die Illustrationen des dreibändigen Werks von Wilhelm Kisch (s. d.), „Die alten Straßen und Plätze Wiens" (1883), von ihm. H. besaß umfangreiches Material zur Geschichte der Stadt Wien.

HUTTER, Jakob (auch Huter), * in Moos bei Sexten im Pustertal, † 25. 2. 1536 in Innsbruck (öffentlich verbrannt), Wiedertäufer. Er bekannte sich früh zum Täufertum und wurde der Führer der Tiroler Wiedertäuferbewegung. 1528 organisierte er die Auswanderung vieler Gleichgesinnter nach Mähren, wo er 1533 die Täufergemeinden zu „Haushaben" und „Bruderhöfen" zusammenschloß, Gütergemeinschaft einführte und den Verzicht auf Familienverband, Privateigentum und Wehrdienst verlangte. Nachdem er die bestehende Spaltung beseitigt hatte, kehrte er im Herbst 1535 nach Tirol zurück, wurde bei Klausen gefangengenommen und in Innsbruck als Ketzer verbrannt. Seine Anhänger nannte man „Hutterische Brüder".

Hruby, F.: Die Wiedertäufer in Mähren (1935); Holzach, M.: Das vergessene Volk (1980)

HUTTER, Wolfgang, * 13. 12. 1928 in Wien, Maler und Graphiker. Studierte an der Wiener Akademie bei seinem Vater Al-

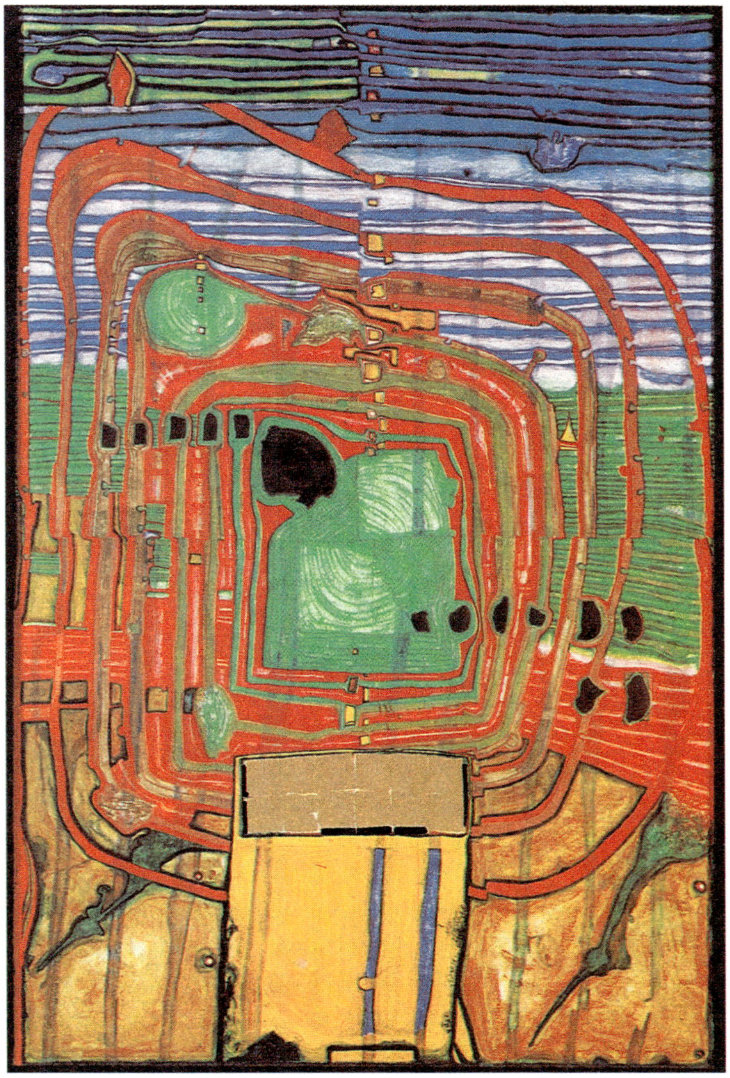

Friedensreich Hundertwasser: Hommage au Tachisme (1961)

Wolfgang Hutter in seinem Atelier

bert Paris Gütersloh (s. d.) und wurde einer der Hauptvertreter der Wiener Schule des Phantastischen Realismus. Seit 1966 Prof. an der Hochschule für angewandte Kunst in Wien. Erhielt 1950 den UNESCO-Preis bei der Biennale in Venedig, 1958 den Förderungspreis der Stadt Wien, 1977 den Preis der Stadt Wien sowie andere Ehrungen. Seine Vorliebe für in minuziöser Kleinarbeit geschaffene Bilder einer Puppen- und Theaterwelt inmitten phantasievoller Gärten machte ihn rasch weltweit bekannt.

HYAM, Johann, * um 1733 in Recles (England), † 1. 5. 1816 in Wien, Artist und Kunstreiter. H. war mit seiner Artistengruppe, bestehend aus Akrobaten, Kunstreitern und Seiltänzern, auf einer Europatournee 1777 nach Wien gekommen. Er wurde hier seßhaft und eröffnete 1780 den ersten stehenden Zirkus in Wien, den „Royal Circuit" gegenüber dem Salesianerinnenkloster am Wiener Rennweg. 1784 versuchte er sich als einer der ersten als Aviatiker. H. war Freimaurer und entwarf die freimaurerische Pantomime „Adonirams Tod". 1797 löste er sein Unternehmen auf und beschäftigte sich mit dem Pferdehandel.

HYE, Anton, Freiherr von Glunek (seit 1869), * 26. 5. 1807 in Gleink (OÖ), † 8. 12. 1894 in Wien, Rechtsgelehrter. Studierte in Wien Jus und war schon 1832 supplierender und ab 1842 o. Prof. der Rechte an der Universität Wien. 1845 schuf er den neuen juridisch-politischen Studienplan und überreichte 1848 bei Hof die Sturmpetition. Im März 1848 war er auch einige Tage Führer aller Studentenkorps, zog sich jedoch wegen zunehmender Radikalisierung von der Akademischen Legion zurück. Am 1. 5. 1848 Generalsekretär des Justizministeriums, befürwortete er die Auflösung der Akademischen Legion, weshalb er vom Volkssicherheitsausschuß am 26. Mai verhaftet, wegen Hochverrats angeklagt, jedoch freigesprochen wurde. Maßgeblich an der Ausarbeitung des Pressegesetzes 1849 und des Strafgesetzbuchs 1852 beteiligt, war er von 27. 6.–30. 12. 1867 Justizminister. 1869 Mitglied des Reichsgerichts, wurde er 1877 auf Lebenszeit Mitglied des Herrenhauses. Wichtige Veröffentlichungen: „Erläuterung des ö. Strafgesetzes" (1855), „Sammlung der Gesetze und Verordnungen im Justizfache" (1848–60) und „Über das Schwurgericht" (1864).

200 Jahre Rechtsleben in Wien. Ausstellungskatalog (1985/86)

HYRTL, Joseph, * 7. 12. 1810 in Eisenstadt, † 17. 7. 1894 in Perchtoldsdorf, Anatom. Der Sohn eines Oboisten in der Kapelle des Fürsten Esterházy kam als Sängerknabe nach Wien, studierte Medizin und promovierte 1835. 1837 Univ.-Prof. für Anatomie in Prag, 1845 in Wien. 1850 gründete er das „Museum für vergleichende Anatomie" und baute das von van Swieten 1745 gegründete „Museum für menschliche Anatomie" aus. Mit seinen Sammlungen zur vergleichenden Anatomie begann er die

Joseph Hyrtl

systematische Forschung auf diesem Gebiet; er versorgte fast alle anatomischen Institute der Welt mit seinen Präparaten, für die er neue Injektionsverfahren entwickelte. 1874 trat er wegen zunehmender Sehschwäche in den Ruhestand und widmete sich der Entwicklung der medizinischen Fachsprache. Sein Vermögen stellte er wohltätigen Zwecken und Einrichtungen zur Verfügung. Von seinen zahlreichen Publikationen sind zu nennen: „Lehrbuch der Anatomie des Menschen" (1846), „Handbuch der topographischen Anatomie" 2 Bde. (1847), „Vergangenheit und Gegenwart des Museums für menschliche Anatomie an der Wiener Universität" (1869) und „Anomatologia anatomica" (1880).

IBACH, Alfred, * 16. 12. 1902 in Saarbrücken, † 16. 6. 1948 in Wien, Dramaturg und Theaterdirektor. Studierte an der Universität München und promovierte 1925 zum Dr. phil. Arbeitete danach als Dramaturg und Schauspieler in Frankfurt am Main, von wo ihn Max Reinhardt (s. d.) nach Berlin engagierte. 1936 übersiedelte er nach Wien, übernahm den E. P. Thal-Verlag und führte diesen als A. I.-Verlag weiter. 1938 wurde er geschäftsführender Direktor des Theaters in der Josefstadt und 1945 neben Steinboeck (s. d.) stellvertretender Direktor und Dramaturg. I. arbeitete auch als Übersetzer.

IGELHOFF, Peter, * 22. 7. 1904 in Wien, † 8. 4. 1978 in Bad Reichenhall (Bayern), Schlagerkomponist. Zuerst Ministerialbeamter. Wurde zu einem erfolgreichen Schlagerkomponisten. Neben zahlreicher Filmmusik schrieb er erfolgreiche Lieder und Chansons sowie das Musical „Geld regiert die Welt".

ILG, Albert, * 11. 10. 1847 in Wien, † 28. 11. 1896 in Wien, Kunsthistoriker. Nach seinem Studium in Wien bei Eitelberger (s. d.) wurde er 1871 Museumsbeamter, 1872 Dozent und 1884 Direktor der Waffensammlung des Kunsthistorischen Museums in Wien. I. wurde zum Mittelpunkt eines Künstler- und Schriftstellerkreises, der von 1885–94 vor allem durch die Flugschrift „Gegen den Strom" in weiten Kreisen des Kulturlebens bekannt geworden war. 1893 war I. Mitherausgeber des Werkes „Kunstgeschichtliche Charakterbilder aus Ö.-Ungarn". Besonders wertvoll für die kunstgeschichtliche Literatur über das österreichische Barock ist seine Monographie „Die Fischer von Erlach" (1895).

ILG, Ulrich, * 7. 4. 1905 in Dornbirn (V), † 9. 5. 1986 in Dornbirn, Landwirt und ÖVP-Politiker. Er wurde 1927 Obmann des Vorarlberger Bauernbundes, 1934 kurze Zeit Staatssekretär für Land- und Forstwirtschaft und Bundesrat. 1934–38 Bundeswirtschaftsrat in der gesetzgebenden Körperschaft des Bundes. 1945–64 Landeshauptmann von Vorarlberg und ÖVP-Landesparteiobmann, anschließend bis 1969 Landesfinanzreferent. Nach dem Zweiten Weltkrieg erwarb er sich um den Wiederaufbau des Landes große Verdienste und war vor allem um die wirtschaftliche und industrielle Weiterentwicklung Vorarlbergs bemüht. 1985 erschien seine Autobiographie „Meine Lebenserinnerungen".

ILGA (auch Hilga und Helga), † um 1115 in Schwarzenberg (V). Der Legende nach soll sie die Schwester der Seligen Merbot und Diedo gewesen sein. Über ihr Leben ist wenig bekannt, sie hauste als gottesfürchtige Klausnerin in Schwarzenberg im hinteren Bregenzerwald. Der dort befindlichen Ilga-Quelle wurde und wird die Heilung von Augenkrankheiten zugeschrieben. I. wurde seliggesprochen.

ILLICH, Ivan, * 4. 9. 1926 in Wien, Zivilisationskritiker und Lateinamerikaexperte. Mußte 1941 aus rassischen Gründen Ö. verlassen. Wurde 1951 katholischer Geistlicher und wirkte als Pfarrassistent in den Slums von New York, ehe er 1956 Vizerektor der katholischen Universität in Ponce (Puerto Rico) wurde. In Mexiko gründete er ein Südamerika-Institut, das von der Amtskirche mißbilligt wurde, weshalb er 1969 auf seine priesterliche Tätigkeit verzichtete. Er veröffentlichte mehrere Bücher, in denen er sich vor allem gegen gesellschaftliche Zwangsinstitutionen und institutionalisiertes Bildungswesen wendete, u. a.: „Entschulung der Gesellschaft" (1972), „Selbstbegrenzung. Eine politische Kritik der Technik" (1974), „Die Nemesis der Medizin" (1975, „Genus. Zu einer historischen Kritik der Gleichheit" (1983).

ILLIG, Udo, * 13. 4. 1897 in Graz, Wirtschaftsexperte und ÖVP-Politiker. Studierte Philosophie, Rechts- und Staatswissenschaften sowie Wirtschaftswissenschaften und promovierte zum Dr. jur., Dr. phil. und Dr. rer.pol. Seit 1922 in der gewerblichen Wirtschaft tätig, war er 1927–32 Abgeordneter zum steiermärkischen Landtag und 1945–53 Mitglied der steiermärkischen Landesregierung. Nach 1945 war I. wesentlich am Aufbau der Handelskammer der Steiermark beteiligt und ein bedeutender Förderer des Fremdenverkehrs. Auf seine Initiative gehen das steirische Fremdenverkehrsgesetz, das gewerbliche Kreditgesetz und das Bergwachtgesetz zurück. War 1953–56 Handelsminister und hatte großen Anteil am Aufschwung des ö. Exports. Sein Nachfolger wurde F. Bock (s. d.).

ILLNER, Karl, * 14. 7. 1877 in Schatzlar (Böhmen), † 6. 8. 1935 in Wien, Mechaniker, Ingenieur und Pilot. War gelernter Mechaniker, kam früh mit dem Flugpionier und Flugzeugbauer Igo Etrich (s. d.) in Verbindung und wurde dessen enger Mitarbeiter, schließlich der Pilot von Etrichs Fluggeräten. Am 8. 8. 1909 gelang ihm mit der „Etrich-Taube", einem der ersten ö. Motor-Eindecker, ein erfolgreicher Flug auf dem Flugfeld von Wiener Neustadt (NÖ). Er flog in vier Meter Höhe 40 Meter weit. Am 17. 5. 1910 absolvierte er mit dem weiterentwickelten Eindecker den ersten längeren Überlandflug von Wiener Neustadt nach Wien. Er flog in 300 m Höhe und benötigte für die Strecke von rund 45 km 30 Minuten. Später stellte er auch einen Höhenweltrekord auf dem Asperner Flugfeld auf.

ILLO, Christian Freiherr von (seit 1627) (eigtl. Ilow), * um 1585 in der Mark Brandenburg, † 25. 2. 1634 in Schloß Eger (ermordet), Heerführer. Vom Beginn des Dreißigjährigen Krieges an diente er in der kaiserlichen Armee und war in der Schlacht bei Stadtlohn 1623 entscheidend am Sieg Tillys (s. d.) beteiligt. Ab 1625 Oberst unter Wallenstein (s. d.), 1631 Generalmajor, 1632 Feldmarschallleutnant, 1633 Feldmarschall. Ab Jahresende 1633 versuchte er Wallenstein zum Abfall vom Kaiser zu bewegen, veranlaßte auch den ersten Pilsner Revers (auch Pilsner Schluß genannt) und wurde gemeinsam mit Wallenstein und Terzka am 18. 2. 1634 geächtet. Beim inszenierten Gastmahl im Schloß Eger am 25. 2. 1634, kurz vor der Ermordung Wallensteins, wurden er, Terzka, Kinsky (s. d.) und Rittmeister Niemann nach heftiger Gegenwehr ermordet.

IMHOFF, Fritz (eigtl. Friedrich Jeschke), * 6. 1. 1891 in Wien, † 24. 2. 1961 in Wien, Operettensänger, Schauspieler und Komiker. Nach Abschluß des Gymnasiums und der Handelsakademie bildete er sich für die Operette aus. 1911 debütierte er im Stadttheater Troppau und war nach den Stationen Baden bei Wien und Brünn ab 1919 am Theater an der Wien engagiert. Abgesehen vom Wiener Burgtheater, trat er in den kommenden Jahren an fast allen Wiener Bühnen auf. I. unternahm auch mehrere Tourneen durch Deutschland und Holland sowie gemeinsam mit dem Tenor Richard Tauber (s. d.) durch die Schweiz und Italien. 1945–48 war er Direktor des Wiener Raimundtheaters. I. wirkte in rund 170 Tonfilmen mit. Sein Pseudonym wählte er, wie er selbst angab, als sein Vater über seine Stimme einmal bemerkte, damit könne er „im Hof" auftreten.

Fritz Imhoff

INAMA-STERNEGG, Fanny von, * 2. 7. 1870 in Innsbruck, † 9. 11. 1928 in Innsbruck, Malerin. Die Tochter von Karl Theodor von I.-St. (s. d.) wurde nach ihrer Ausbildung bei Remigius Geyling (s. d.) eine bekannte und geschätzte Porträtistin; vor allem mit ihren Damen- und Kinderbildnissen erlangte sie einen über Ö. hinausgehenden Ruf. In Innsbruck gründete sie auch eine Malschule.

INAMA-STERNEGG, Karl Theodor von, * 20. 1. 1843 in Augsburg, † 28. 11. 1908 in Innsbruck, Nationalökonom. Studierte in München und promovierte 1865 mit der Arbeit „Die volkswirtschaftlichen Folgen des Dreißigjährigen Krieges für Deutschland". 1868 wurde er an die Universität Innsbruck berufen, 1880 nach Prag und 1881 nach Wien, wo er auch Direktor des Büros für administrative Statistik war. 1884 Sektionschef und Präsident der statistischen Zentralkommission. Organisierte 1890 erstmals eine zentrale Bearbeitung der ö. Volkszählung mit elektrischen Maschinen. 1891 wurde er auf Lebenszeit zum Mitglied des Herrenhauses ernannt. Seit 1881 redigierte er die „Statistische Monatsschrift" und rief die amtlichen Veröffentlichungen „Österreichische Statistik" und „Statistisches Handbuch" ins Leben. Von seinen vielen Veröffentlichungen sind vor allem zu erwähnen: „Über die Quellen der deutschen Wirtschaftsgeschichte" (1877), „Deutsche Wirtschaftsgeschichte", 3 Bde. (1879 bis 1901), „Neue Probleme des modernen Kulturlebens" (1908).

INGRISCH, Lotte, * 20. 7. 1930 in Wien, Schriftstellerin. Verheiratet mit dem Komponisten Gottfried von Einem (s. d.). Erfolgreiche Bühnen- und Fernsehautorin. Schrieb u. a.: „Die Wirklichkeit und was man dagegen tut" (1968), „Vanillekipferln" (1968), „Wiener Totentanz" (1970), „Der Hutmacher" (1972), „Geisterstunde oder Vorleben mit Nachteilen" (1974), „Teerosen" (1977), „Amour noir" (1985).

INNAUER, Anton (Toni), * 1. 4. 1958 in Bezau (V), Schispringer. Olympia-Silbermedaille 1976 auf der Großschanze. Im gleichen Jahr stellte I. mit 174 m und 176 m zwei Weltrekorde im Schifliegen auf. 1977 erneut WM-Silber. 1980, in Lake Placid, holte sich I. die langverdiente olympische Goldmedaille auf der Normalschanze. Der ö. „Sportler des Jahres" 1980 ist der weltweit erfolgreichste Schispringer Ö.s nach dem Zweiten Weltkrieg. Später Sportlehrerausbildung und jüngster FIS-Funktionär.

INNERHOFER, Franz, * 2. 5. 1944 in Krimml (S), Schriftsteller. Als Sohn einer Landarbeiterin geboren, besuchte er nach Abschluß einer Schmiedelehre ab 1966 das Gymnasium für Berufstätige und studierte anschließend an der Universität Salzburg. Radikale Kritik am bäuerlichen Gesellschaftssystem übte er in den autobiographischen Romanen „Schöne Tage" (1974) und „Schattseite" (1975). 1975 Rauriser Literaturpreis. Weiters erschienen: „Innenansichten eines beginnenden Arbeitstages" (1976), „Die großen Wörter" (1977), „Emporkömmling" (1982).

INNERKOFLER, Adolf, * 18. 12. 1872 in Sexten (Südtirol), † 9. 10. 1942 in Wien, Redemptorist, volkstümlicher Erzähler und Dramatiker. Entstammte der berühmten Bergsteiger- und Bergführerfamilie, deren Mitglieder zahlreiche Erstbesteigungen in den Dolomiten durchgeführt haben. I. gehörte dem „Gralsbund" um R. v. Kralik (s. d.) an und erneuerte 1909 die Passionsspiele in Erl (T). Außerdem war er einer der Mitbegründer der „Christlich-deutschen Volksbühne" und verfaßte mehrere volkstümliche Romane, u. a. „Die Brüder von Kirchschlag" (1916), „Ein Opfer des Beichtstuhls" (1922), Volksschauspiele, u. a. „Ein Krippeng'spiel" (1907), „St. Franziskusspiel" (1926), „Freiwaldauer Passion" (1928) und Erzählungen.

INNITZER, Theodor, * 25. 12. 1875 in Neugeschrei bei Weipert (Nordböhmen), † 9. 10. 1955 in Wien, Erzbischof von Wien, Kardinal. War der Sohn eines Fabriksarbeiters und nach der Pflichtschule Lehrling in einer Textilfabrik, bis ihm der Dechant seiner Heimatgemeinde den Besuch des Gymnasiums ermöglichte. 1898 trat er in das Priesterseminar in Wien ein, wurde 1902 zum Priester geweiht und promovierte 1906 zum Dr. theol. 1908–11 Privatdozent, 1911–32 Prof. und ab 1913 auch Inhaber des Lehrstuhls für neutestamentliche Exegese; 1928/29 Rektor der Universität Wien; es gelang ihm, Angriffe nationaler gegen jüdische Studenten zu unterbinden. Wissenschaftlich war I. vornehmlich mit der Herausgabe der „Theologischen Studien der Leo-Gesellschaft" (deren Generalsekretär er ab 1923 war), der Zeitschrift „Seelsorger" und der „Christlich-pädagogischen Blätter" befaßt. 1929/30 Sozialminister im Kabinett Schober III, 1932 Erzbischof von Wien und 1933 Kardinal. 1933 gründete er das Dom- und Diözesanmuseum. Sein Höflichkeitsbesuch bei Adolf Hitler im Wiener Hotel Imperial und der von ihm und den ö. Bischöfen unterschriebene Aufruf zur positiven Stimmabgabe über den „Anschluß" im März 1938 brachte I. harte Kritik ein. I. selbst hoffte auf die Zusage eines kirchenfreundlichen Kurses, mußte aber schon beim Sturm der Hitlerjugend auf das Erzbischöfliche Palais am 8. 10. 1938 erkennen, daß seine Politik gescheitert war. Bereits Ende 1940 richtete er im Erzbischöflichen Palais eine Hilfsstelle für nichtarische Katholiken ein, die trotz großer Schwierigkeiten bis zum Ende des Zweiten Weltkriegs aufrechterhalten werden konnte. 1950 erhielt I. Dr. Franz Jachym (s. d.) als Koadjutor „ad personam" an die Seite gestellt. In seiner Amtszeit wurden in seiner Diözese mehrere Kirchen erbaut und insgesamt 74 neue Pfarren eingerichtet.

Theodor Innitzer

Reimann, V.: I. Kardinal zwischen Hitler und Rom (1967); Weinzierl, E.: Zu wenig Gerechte (1969); Liebmann, M.: Die Geheimverhandlungen zwischen NS und Kirche 1938, in: Ö. in Geschichte und Gegenwart 1982, Heft 1 und 2; Loidl, F., und Krexner, M.: Wiens Bischöfe und Erzbischöfe (1983)

THEODOR INNITZER

Kardinal im Widerspruch

„Der Kardinal-Erzbischof von Wien, Dr. Innitzer, stattete am Dienstag dem Führer im Hotel Imperial in Wien einen Besuch ab und gab seiner Freude über die Vereinigung Deutschösterreichs mit dem Reich sowie den Willen der katholischen Bevölkerung Ausdruck, tatkräftig am deutschen Aufbauwerk mitzuarbeiten."

Amtliche Meldung des Deutschen Nachrichten-Büros vom 5. März 1938

„Der einstündigen Unterhaltung der beiden Männer habe ich nicht beigewohnt, aber Kardinal Innitzer schien sehr befriedigt, als ich ihn wieder in Empfang nahm. Er habe Hitler der Loyalität des katholischen Österreichs versichert, solange und soweit der Kirche die in den Konkordaten verbriefte Freiheit gewahrt sei. Im Kampf gegen den Unglauben und den Bolschewismus werde er ihre vollste Unterstützung finden. Als besondere Herzensangelegenheit habe er Hitler die Betreuung der Jugend dargestellt, die unter keinen Umständen den kirchlichen Organen entzogen werden dürfe. Alle diese Wünsche würden volle Berücksichtigung finden, habe Hitler zugesichert."

Franz von Papen, deutscher Botschafter 1938 in Wien, in seinen Erinnerungen „Der Wahrheit eine Gasse" (1952)

„. . . Am Tage der Volksabstimmung ist es für uns Bischöfe selbstverständlich nationale Pflicht, uns als Deutsche zum Deutschen Reich zu bekennen, und wir erwarten auch von allen gläubigen Christen, daß sie wissen, was sie ihrem Volke schuldig sind."

Erklärung der österreichischen Bischöfe am 18. März 1938

„Er meinte, vielleicht könnte mit seiner Hilfe hier ein neuer Anfang geschehen. Bei den Deutschen war alles schon seit Jahren verfahren. In Deutschland waren Kirche und Nationalsozialismus auf Konfrontationskurs. Innitzer meinte, vielleicht hat die Kirche in Österreich eine Chance, neu anzufangen, mit dem Regime zum Frieden zu kommen . . . Aus diesem Versuch heraus ist das Bemühen Kardinal Innitzers und aller Bischöfe zu verstehen."

Franz Jachym

„Die dramatischen politischen Ereignisse vor allem in der ersten Hälfte von Innitzers Episkopat und seine Verstrickung in sie dürfen nicht dazu führen, daß seine großen Leistungen für die Erzdiözese Wien nicht entsprechend gewürdigt werden. Zu ihnen gehören u. a. die Neugliederung der Katholischen Aktion, der Ausbau der Caritas, die Einberufung einer Diözesansynode 1937, die Gründung der Wiener Katholischen Akademie 1945, der Einsatz von Laien als Religionslehrer und die Neugründung von 70 Pfarren; das war mehr, als seit den Reformen Josephs II. bis zum Tod Erzbischof Piffls 1932 errichtet worden war."

Erika Weinzierl

IRONIMUS, s. Peichl, Gustav

ISAAC, Heinrich (auch Arrigo Tedesco), * um 1450 in Flandern, † 26. 3. 1517 in Florenz, Komponist. Erzherzog Sigismund von Tirol (s. d.) hatte den im Dienst der Medici stehenden, sehr geschätzten Organisten und Komponisten 1484 in seine Hofkapelle berufen. Nach dem Sturz der Medici 1494 und dann endgültig 1497–1514 war er Hofkomponist im Dienst Maximilians I. (s. d.). Die letzten Lebensjahre verbrachte er wieder in Florenz. Neben Messen und Gesängen schuf er eine Vielzahl von Liedern, darunter das bekannte „Innsbruck, ich muß dich lassen".

ISBARY, Rudolf Friedrich Ernst, * 14. 11. 1827 in Leipzig, † 9. 7. 1892 in Wien, Industrieller. Sein Vater entstammte einer griechischen Kaufmannsfamilie, er selbst kam 1844 nach Wien und trat in das Kommissionsgeschäft August Koch & Co. ein. Im Auftrag dieser Firma ging er 1849 nach Livorno, wo er ein Kommissionsgeschäft zum Export ö. Textilien nach Italien, Ägypten und Algier gründete. 1852 kehrte er nach Wien zurück, erwarb die ö. Staatsbürgerschaft und heiratete 1853 die Tochter eines böhmischen Webwarenfabrikanten, mit dem er sich wenig später assoziierte und auf den Export von Schals spezialisierte. Schließlich gründete er Modewarenfabriken in Gumpendorf und Gmünd (NÖ) und entwarf den „Stella-Shawl", die Sensation der Pariser Weltausstellung 1867. Dieser Erfolg führte zur Gründung einer Zweigniederlassung für den amerikanischen Markt in New York. 1862 wurde I. Mitglied des nö. Landtags, 1873 erster Abgeordneter der Wiener Handelskammer im Reichsrat und ab 1889 auf Lebenszeit Mitglied des Herrenhauses. I. hatte auch mehrere öffentliche Funktionen inne, so in der Wiener Handelskammer, deren Präsident er 1883 war.

ISOLANI, Johann Ludwig Hektor Graf, (seit 1634), (auch Isolano), * 1586 in Görz, † im März 1640 in Wien, Heerführer. Der Sohn eines kaiserlichen Offiziers trat schon um 1600 in die kaiserliche Armee ein. 1602 geriet er in türkische Gefangenschaft, konnte aber fliehen. Bei Beginn des Dreißigjährigen Kriegs in Ungarn kämpfend, wurde er auf Empfehlung Wallensteins 1625 Oberst und kommandierte ein Leichtes (bewegliches) Reiterregiment. 1626 entschied er durch seinen Flankenangriff die Auseinandersetzung an der Dessauer Brücke. Als General der gefürchteten Kroatischen Reiter sicherte er 1632 den unentschiedenen Ausgang der Schlacht bei Lützen und wurde von Wallenstein mit Gütern in Böhmen reich beschenkt. I. unterschrieb noch den ersten Pilsner Schluß, dann löste er sich von Wallenstein und erhielt dafür vom Kaiser einige Güter des Friedländers geschenkt.

ISSER von Gaudententhurn, Johanna, * 27. 12. 1802 in Neustift (Südtirol), † 25. 5. 1880 in Innsbruck, Malerin. Sie schuf rund 400 Bilder von Tiroler Burgen und Schlössern, die der englische Maler Th. Allom als Vorlage für viele Stahlstiche verwendet hat. Außerdem stammen von ihr mehrere Sagenbilder und landschaftliche Studien aus ihrer Heimat.

JACHYM, Franz, * 3. 9. 1910 in Wien, † 29. 11. 1984 in Wien, katholischer Geistlicher, Moraltheologe. Seit dem 5. Lebensjahr Waise, wurde im Vinzentinum erzogen, maturierte im Knabenseminar Hollabrunn und wurde 1936 zum Priester geweiht. 1937–45 war J. Zeremoniär und Sekretär Kardinal Innitzers (s. d.); beim Sturm auf das Erzbischöfliche Palais am 8. 10. 1938 wurde er verletzt. 1949/50 Prof. für Moraltheologie an der Universität Wien. Sollte am 23. 4. 1950 im Wiener Stephansdom als Erzbischofkoadjutor von Kardinal Innitzer zum Bischof geweiht werden, erklärte aber während der Zeremonie, daß er sich für dieses Amt als nicht würdig erachte. Am 13. 5. 1950 bestätigte der Vatikan jedoch abermals die Ernennung, und Kardinal Innitzer weihte ihn am 19. 5. in Rom zum Bischof. Innitzer hatte bei seiner Bitte nach einem Koadjutor dem Vatikan J. erst an dritter Stelle vorgeschlagen und dies eigentlich nur auf Wunsch des in Wien residierenden Nuntius, mit dem er nicht harmonierte. Nach dem Tod Innitzers wählte das Wiener Domkapitel den Bischofkoadjutor zu seinem Kapitelvikar. Fortan war J. mit zahlreichen Aufgaben, darunter auch dem Kirchenbau, beauftragt und war auch dem Nachfolger Innitzers, Kardinal Dr. Franz König (s. d.), ein loyaler Mitarbeiter.

Reimann, V.: Innitzer – Kardinal zwischen Hitler und Rom (1967)

JACOBI, Maria, * 12. 3. 1910 in Wien, † 8. 10. 1976 in Wien, SPÖ-Politikerin. Erlernte das Schneiderhandwerk und wurde Gewerbeschullehrerin. Nach dem Februar 1934 arbeitslos, 1936–45 beim Wiener Ullstein Verlag, zuletzt als Prokuristin, tätig. Bereits seit 1924 Mitarbeit in der sozialdemokratischen Arbeiterjugend, 1945–73 Wiener Gemeinderat, ab 1959 Amtsführender Stadtrat für das Wohlfahrtswesen. Sie setzte sich für die Altersversorgung und die Errichtung der ersten Pensionistenheime in Wien ein. Wurde 1975 „Bürger der Stadt Wien".

JACQUIN, Joseph Franz Freiherr von, * 7. 2. 1766 in Schemnitz (Slowakei), † 9. 12. 1839 in Wien, Botaniker. Sohn von Nikolaus Joseph Freiherr von J.

FRANZ JÄGERSTÄTTER

Widerstand aus Gewissensgründen

„Franz Jägerstätter ist ein Beispiel für Widerstand anderer Art. Jägerstätter ist Bauer in St. Radegund, Oberösterreich. Er ist Katholik, und die Zehn Gebote sind für ihn Gesetz, Richtschnur für sein Leben. Er will keine Menschen töten. Jägerstätter verweigert den Militärdienst, auch als man ihm klarmacht, daß sein Beharren auf dieser Verweigerung seinen eigenen Tod herbeiführen werde. Er bleibt dabei: Jägerstätter wird zum Tod verurteilt und hingerichtet."

Hugo Portisch, Österreich II, Der lange Weg zur Freiheit (1986)

(s. d.), beendete 1788 sein Medizinstudium an der Universität Wien und trat im Auftrag des Kaisers eine wissenschaftliche Reise an, von der er 1791 zurückkehrte. Prof. für Chemie und Botanik, wurde 1797 Nachfolger seines Vaters, promovierte allerdings erst 1802 zum Dr. med. 1834 übertrug ihm Kaiser Franz I. die Aufsicht über den für die ö. Flora so wesentlichen Kaisergarten im Belvedere. 1838 trat er in den Ruhestand. Abgesehen von seinen zahlreichen Publikationen erwarb sich J. besondere Verdienste um den Aufbau und die Erweiterung des Botanischen Gartens der Universität Wien.

JACQUIN, Nikolaus Joseph Freiherr von (seit 1806), * 16. 2. 1727 in Leyden (Holland), † 26. 10. 1817 in Wien, Arzt und Botaniker. Sein Vater besaß eine bedeutende Tuch- und Samtmanufaktur in Leyden. J. studierte in Leyden, Löwen und Paris und folgte 1752 einer Einladung van Swietens (s. d.) nach Wien, wo er sein Medizinstudium beendete. 1757–59 unternahm er in kaiserlichem Auftrag eine Reise nach Westindien, von wo er eine umfangreiche Sammlung exotischer Pflanzen für den Garten von Schönbrunn und wertvolle völkerkundliche Objekte mitbrachte. 1763 Bergrat und Prof. für Chemie und Mineralogie in Schemnitz, 1768 Prof. für Botanik und Chemie an der Universität Wien. J. reorganisierte den botanischen „Schulgarten" am Rennweg in Wien 3 und war der Wegbereiter der Entwicklung der Botanik in Ö. und der Botanikerschule Wiens. Zu den wichtigsten wissenschaftlichen Veröffentlichungen zählen u. a.: „Hortus botanicus Vindobonensis" (3 Bde., 1770–76), „Flora Austriaca", (5 Bde., 1773–78) und sein Hauptwerk „Plantarum rariorum horti caesarei Schönbrunnensis descriptiones et icones" (4 Bde., 1797–1804).

Österreicher als Erforscher der Erde. Notring Jahrbuch 1956

JADOT de la Ville-Issey, Jean Nicolas, * 22. 1. 1710 in Lunéville, † 1. 6. 1761 in Ville-Issey bei Commercy (Frankreich), Architekt. Ohne fachliche Ausbildung war er, vermutlich 1737, Hofarchitekt von Herzog Franz Stephan von Lothringen (s. d.) geworden und folgte seinem Gönner nach Wien, als dieser 1745 zum Kaiser gekrönt worden war. Maria Theresia (s. d.) ernannte ihn 1750 zum Hofbauinspektor. Von seinen Plänen für den Ausbau der Hofburg wurde nur die Botschafterstiege verwirklicht. 1748 lieferte er die Pläne für die Redoutensäle, 1750 entwarf er den Kammer- und Kronprinzengarten in Schönbrunn, 1753/54 die Maria-Theresien-Gruft in der Kapuzinergruft, und 1753–55 entstand sein Hauptwerk, die Aula der Alten Universität (heute Akademie der Wissenschaften) am Universitätsplatz, jetzt Dr.-Ignaz-Seipel-Platz. Wenige Monate nach Baubeginn dieses Werkes verließ er auf eigenen Wunsch Wien, weshalb es wegen der auftretenden Schwierigkeiten bei der Bauausführung zu Differenzen mit Maria Theresia kam.

JÄGER, Albert, * 8. 12. 1801 in Schwaz (T), † 10. 12. 1891 in Innsbruck, Benediktiner und Historiker. Zuerst im Rahmen seines Ordens als Wissenschaftler tätig, war er 1846 Prof. für Geschichte in Innsbruck, 1851–69 Univ.-Prof. in Wien und machte sich hier um die Gründung des Instituts für Ö. Geschichtsforschung verdient. 1854–69 war er auch dessen erster Vorstand. Von seinen zahlreichen wissenschaftlichen Veröffentlichungen seien erwähnt: „Tirol und der baierisch-französische Einfall im Jahre 1703" (1844), „Der Streit des Cardinals Nicolaus von Cusa mit dem Herzoge Sigmund von Ö.", 2 Bde. (1861) und „Geschichte der landständischen Verfassung Tirols", 2 Bde. (1881–85).

JÄGER, Gustav, * 2. 2. 1815 in Villach (K), † 7. 4. 1875 in Wien, Alpinist und Schriftsteller. Führte mehrere Erstbesteigungen in den Alpen durch. 1867 errichtete er auf dem Stuhleck ein Schutzhaus und gab von 1868 bis zu seinem Tod die Zeitschrift „Der Tourist" heraus. 1869 war er Mitbegründer des „Ö. Touristenklubs" und trat für weitere Schutzhüttenbauten ein.

JÄGER, Karl Maria, * 23. 10. 1876 in Wien, † 9. 5. 1956 in Wien, Komponist und Textdichter. War auch Schrammelsänger und Gesangshumorist. Er vertonte oder textete über 400 Wienerlieder (z. B. „Fesch und resch") und rund 300 Couplets.

JÄGER von Jaxtthal, Eduard, * 25. 6. 1818 in Wien, † 5. 7. 1884 in Wien, Augenarzt. Sohn von Friedrich J. v. J. (* 4. 9. 1784 in Kirchberg an der Jaxt in Württemberg, † 26. 12. 1871 in Wien), der ebenfalls Augenarzt und in Wien Univ.-Prof. war. Studierte in Wien und wurde Univ.-Prof. für Augenheilkunde. Er führte den Augenspiegel zur Bestimmung des Brechungsvermögens ein und beschäftigte sich mit der Erforschung der Anatomie des Auges, der Dioptrik und der Lehre vom Glaukom. Seine Augenoperationen verschafften ihm Weltruf.

JÄGERSTÄTTER, Franz, * 20. 5. 1907 in St. Radegund im Innkreis (OÖ), † 9. 8. 1943 in Berlin (hingerichtet), Bauer und Wehrdienstverweigerer. J. war überzeugter Katholik und versah in seiner Heimatgemeinde auch den Dienst als Mesner in der Pfarrkirche. Ein hohes Maß an Zivilcourage zeigte er schon bei der Volksabstimmung vom 10. 4. 1938, als er als einziger im Ort mit Nein stimmte. Aus religiösen Gründen hatte er den Dienst in der deutschen Wehrmacht abgelehnt, wurde wegen Wehrdienstverweigerung vor Gericht gestellt und am 6. 7. 1943 zum Tod verurteilt.

Putz, E.: F. J. (1985)

JAGIĆ, Vatroslav von (seit 1908), * 6. 7. 1838 in Varaždin (Kroatien), † 5. 8. 1923 in Wien,

J

Jahoda Marie · Jaksch Erik · Jandl Ernst · Janetschek Ottokar · Jansa Alfred · Janscha Laurenz · Jantsch Heinrich · Jaques-Dalcroze Emile · Jaray Hans · Jarno Josef · Jasper Friedrich · Jauner Franz · Jean Charles · Jedlicka Ludwig · Jelinek Elfriede · Jelinek Hanns · Jellačić von Bužim Joseph

Slawist. Wurde nach seinem Studium bald Prof. in Odessa, Berlin, St. Petersburg und ab 1886 in Wien, wo er das Seminar für slawische Philologie gründete. J. war der eigentliche Schöpfer der modernen Slawistik und gab seit 1876 das „Archiv für slavische Philologie" heraus. Abgesehen von seinen kritischen Ausgaben der ältesten slawischen Texte veröffentlichte er u. a. „Ältere südslawische und russische Erörterungen über das Kirchenslawische" (1895), „Entstehungsgeschichte der kirchenslavischen Sprache" (1900) und „Geschichte der slawischen Philologie" (1911).

JAHODA, Marie, * 26. 1. 1907 in Wien, Sozialpsychologin. Studierte 1926–33 Psychologie in Wien und war danach bis 1936 an der Wirtschaftspsychologischen Forschungsstelle tätig. 1933 erschien die von ihr gemeinsam mit Hans Zeisel und ihrem Mann Paul Lazarsfeld (s. d.) herausgegebene Studie „Die Arbeitslosen von Marienthal. Ein soziographischer Versuch über die Wirkungen langandauernder Arbeitslosigkeit", die besonders im westlichen Ausland zu neuen methodischen Ansätzen in der Sozialpsychologie führte. J. lebt seit 1937 in Großbritannien, wo sie Prof. für Sozialpsychologie an der Universität Sussex war.

JAKSCH, Erik, * 7. 1. 1904 in Wien, † 27. 7. 1976 in Wien, Operettenkomponist. Neben Chansons und Filmmusik schrieb er auch mehrere Operetten, darunter „Millionenhochzeit" (1941), „Veronika" (1944), „Das Paradies ohne Männer" (1951).

JANDL, Ernst, * 1. 8. 1925 in Wien, Gymnasiallehrer und Lyriker. Befaßt sich in seinen Gedichten, orientiert an G. Rühm (s. d.), mit Lautspielen und Sprachreduktion. Veröffentlicht seit 1952. Bekannt wurde er mit dem 1956 erschienenen Gedichtband „Andere Augen" und erreichte mit „Laut und Luise" (1966), „Sprechblasen" (1968) und „Der künstliche Baum" (1970) große Erfolge. Gemeinsam mit Friederike Mayröcker (s. d.) verfaßte er Hörspiele, so u. a. „Fünf Mann Menschen" (1968), für das sie

Ernst Jandl

den Hörspielpreis der Kriegsblinden 1968 erhielten, „Der Gigant" (1969), „Spaltungen" (1970). J. hat mehrere Ehrungen und Literaturpreise erhalten und ist seit 1970 Mitglied der Akademie der Künste.

JANETSCHEK, Ottokar, * 30. 4. 1884 in Heiligenkreuz (NÖ), † 27. 9. 1963 in Perchtoldsdorf (NÖ), Schriftsteller. War Angestellter der Bundesbahn und wurde Bahninspektor. Er schrieb biographische und historische Romane, von denen einige mehrere Auflagen erreichten. U. a.: „Mozart, ein Künstlerleben" (1924), „Der Titan" (Beethoven-Roman, 1927), „Schuberts Lebensroman" (1928), „Der Herzog von Reichstadt" (1929), „Der Napoleonbauer" (Semmeringbahn, 1930), „Kaiser Franz Josef" (1949), „Die Thronfolger" (1950), „Der König und sein Meister" (1952), „Die Primadonna" (1955).

JANSA, Alfred, Edler von Tannenau, * 16. 7. 1884 in Stanislaw (Ostgalizien), † 20. 12. 1963 in Wien, Berufsoffizier. Absolvierte bis 1903 die Kadettenschule und von 1908–11 die Kriegsschule. Im Ersten Weltkrieg im Generalstab, wurde als Oberst vom Bundesheer übernommen. 1930 Generalmajor, 1933 Delegierter Ö s bei der Genfer Abrüstungskonferenz und anschließend Militärattaché in Deutschland. 1935 Sektionschef im Landesverteidigungsministerium, 1936 Chef des Generalstabs und Feldmarschalleutnant. J. versuchte, mit einem raschen Aufbau des Bundesheers und vor allem durch enge Zusammenarbeit mit Italien einen Angriff Deutschlands abzuwehren, den er für 1939 erwartete. Seine Idee eines Landesverteidigungskonzepts und Landesbefestigungssystems konnte nur in geringem Ausmaß realisiert werden. Da J. mit dem Berchtesgadener Abkommen vom 12. 2. 1938 nicht einverstanden war, reichte er seine Pensionierung ein.

JANSCHA, Laurenz, * 30. 6. 1749 in Rodein (Krain), † 1. 4. 1812 in Wien, Maler und Radierer. Studierte an der Wiener Akademie der bildenden Künste und erhielt bereits 1771 drei Preise. 1795 Korrektor für Zeichnen an der Akademie, 1806 Prof. für Landschaftszeichnung. Sehr bekannt wurden seine Stadtveduten und Ansichten von Wiens ländlicher Umgebung, die seit 1785 in Zusammenarbeit mit Carl Schütz (s. d.) und Johann Ziegler (s. d.) entstanden. Außerdem schuf er mehrere eindrucksvolle Ansichten von Böhmen, der ö. Bergwelt und verschiedener Rheingegenden.

JANTSCH, Heinrich, * 7. 3. 1845 in Wien, † 5. 2. 1899 in Wien, Schauspieler und Theaterdirektor. Studierte an der Technischen Hochschule in Wien, gab 1862–66 das „Stenographische Wochenblatt" heraus und bildete sich anschließend in Deutschland zum Schauspieler aus. Danach hauptsächlich als Theaterleiter tätig, kehrte er 1893 nach Wien zurück und erwarb im Prater das Fürst-Theater, das nach ihm J.-Theater genannt wurde, in dem neben Lokalpossen auch klassische Stücke aufgeführt wurden. J. trat daneben weiterhin als Schauspieler auf und schrieb auch einige Stücke, so: „Kaiser Josef und die Schusterstochter" (1874), „Der Herrgottsbruder" (1876) und „Prinzessin Hirschkuh" (1896).

JAQUES-DALCROZE, Emile, * 6. 7. 1865 in Wien, † 1. 7. 1950 in Genf, Komponist und Musikerzieher. Studierte in Wien bei Anton Bruckner (s. d.) und danach in Paris. 1892 Theorielehrer am Konservatorium in Genf. Gründete in Hellerau bei Dresden 1911 die „Bildungsanstalt für Musik und Rhythmus" und kehrte bei Beginn des Ersten Weltkrieges nach Genf zurück, wo er das Institut J.-D. gründete, das er bis zu seinem Tod leitete. Das Institut Hellerau wurde 1925 nach Laxenburg bei Wien verlegt und blieb 1938–45 geschlossen. J.-D. war der Schöpfer der rhythmisch-musikalischen Erziehung und beeinflußte den modernen Ausdruckstanz und das Pantomimentheater. Seine rhythmische Gymnastik wurde schnell bekannt, so daß im Laufe seines Lebens J.-D.-Institute in Berlin, Stockholm, Barcelona, London und Paris entstanden. Außerdem komponierte er Kammermusik und Chorwerke sowie zahlreiche Lieder, von denen mehrere in der Schweiz zum Volksgut gezählt werden. Publikationen u. a.: „Methode J.-D.", 3 Bde. (1906), „Rhythmus, Musik und Erziehung" (1927).

JARAY, Hans, * 24. 6. 1906 in Wien, Schauspieler, Regisseur und Schriftsteller. Debütierte nach seiner Ausbildung an der Akademie für Musik und darstellende Kunst 1923 am Deutschen Volkstheater in Wien, war 1930–38 am Theater in der Josefstadt und 1938–48 in New York tätig. 1948 kehrte er an das Volkstheater in Wien zurück und war ab 1951 wieder am Theater in der Josefstadt engagiert, wo er 1986 Ehrenmitglied wurde. Daneben wirkte er als Prof. am Reinhardt-Seminar und spielte in zahlreichen Filmen. Auch als Schriftsteller war J. erfolgreich. Sehr bekannt wurde sein Roman „Es fehlt eine Seite" (1949). Weiters verfaßte er mehrere Lustspiele, darunter u. a. „Ein feiner Herr"

Hans Jaray

(1932), „Ist Geraldine ein Engel?" (1933) und „Liebesheirat" (1937).

JARNO, Josef (eigtl. Kohner), * 24. 8. 1866 in Budapest, † 11. 1. 1932 in Wien, Schauspieler und Theaterleiter. Arbeitete zunächst in einer Bank, nahm aber dann kurze Zeit Schauspielunterricht bei J. Lewinsky (s. d.) und trat 1885 am Kurtheater von Ischl (OÖ) auf, wo er bis 1899 jeden Sommer als Gast spielte. Nach Stationen in Laibach, Budapest und Berlin übernahm er 1897 das neuerrichtete Sommertheater in Bad Aussee und 1899 die Direktion des Theaters in der Josefstadt, wo er bis 1918 tätig war und sich insbesondere des modernen Dramas, wie etwa der Werke von Ibsen, Strindberg, Schnitzler (s. d.) und Shaw, annahm. 1905 kaufte er das Fürst-Theater in Wien, benannte es in „Lustspieltheater" um und führte die Direktion neben seiner Tätigkeit in der Josefstadt. 1926–31 leitete er die Renaissance-Bühne in Wien, die allerdings in Konkurs ging. J. war seit 1899 mit der Volksschauspielerin Hansi Niese (s. d.) verheiratet.

JASPER, Friedrich, * 22. 1. 1847 in Wien, † 14. 4. 1938 in Wien, Buchdrucker. Erlernte ab 1866 das Buchdruckergewerbe und übernahm 1869 einen kleinen Betrieb, den er bald zu einer Großdruckerei ausbaute. 1872 an der Gründung des Deutsch-ö. Buchdruckervereins und 1899 an der des Reichsverbandes ö. Buchdruckereibesitzer beteiligt. Widmete sich besonders der Aus- und Weiterbildung des Nachwuchses. Er förderte die Gründung der Lehrlingsschule (1874) und arbeitete daneben auch an der Vereinheitlichung der deutschen Rechtschreibung (Duden) mit.

Junker, C.: Ein Wiener Buchdrucker um die Wende des 20. Jh.s (1927)

JAUNER, Franz Ritter von (seit 1889), * 14. 11. 1831 (1832?) in Wien, † 23. 2. 1900 in Wien (Selbstmord), Schauspieler und Theaterdirektor. Sohn des Hofgraveurs Franz J. Studierte zunächst Musiktheorie, wandte sich aber bald dem Theater zu und debütierte 1848 am Pasqualati-Theater, dem er mehrere Jahre angehörte. 1854/55 holte ihn Heinrich Laube (s. d.) für kleinere Rollen ans Wiener Burgtheater; 1856–58 spielte er in Hamburg, 1858 kurze Zeit am Kärntnertortheater, war dann bis 1871 in Dresden tätig. 1871 wurde er an das Wiener Carltheater geholt, wo er 1872 die Direktion übernahm und durch seine Inszenierungskunst das Theater zu einem Höhepunkt führte. 1875 wurde J. provisorischer und 1878 definitiver Direktor der Wiener Hofoper, um die er sich große Verdienste erwarb: So brachte er 1878 die geschlossene Erstaufführung von Richard Wagners „Ring des Nibelungen" heraus und die deutschsprachige Erstaufführung der „Carmen" unter der Leitung des Komponisten; Giuseppe Verdi dirigierte hier sein „Requiem". Auch führte J. die Maskenredoute an der Oper ein, aber all das ermöglichte nicht den Abbau des Defizits, und so verließ J. 1880 die Hofoper und übernahm die Direktion des Ringtheaters, das dem tragischen Brand vom 8. 12. 1881 zum Opfer fiel. J. wurde dafür zur Verantwortung gezogen und verurteilt. 1884–94 künstlerischer Leiter des Theaters an der Wien, wo ihm blendende Johann-Strauß- und Millöcker-Aufführungen gelangen, so auch 1885 die Uraufführung des „Zigeunerbarons". 1894 Mitdirektor in Hamburg, wurde er 1895 Regisseur und kurz darauf abermals Direktor des Wiener Carltheaters. Laufende finanzielle Mißerfolge, in den recht aufwendigen Inszenierungen begründet, brachten J. in drückende Schulden, derentwegen er schließlich Selbstmord beging. Auch seine Gattin, die Schauspielerin Emilie Krall (* 12. 8. 1875 in Wien, † 22. 6. 1900 in Wien), mit der er seit 1895 verheiratet war, nahm sich das Leben.

Laurenz Janscha: Partie aus Heiligenstadt (vor 1795)

Franz Jauner

JEAN CHARLES, s. Braun von Braunthal, Karl Johann

JEDLICKA, Ludwig, * 26. 5. 1916 in Wien, † 29. 4. 1977 in Salzburg, Historiker. Studierte Geschichte, Germanistik, Altertumsgeschichte und Heeresgeschichte in Wien. Zunächst Beamter der Gemeinde Wien, dann Verlagslektor, 1954–61 Kustos am Heeresgeschichtlichen Museum in Wien. 1962 Lehrauftrag für diplomatische Staatengeschichte, 1966 Univ.-Prof. und Vorstand des von ihm gegründeten Instituts für Zeitgeschichte. J. war Begründer einer modernen Zeitgeschichtsforschung in Ö. Zahlreiche Veröffentlichungen, u. a.: „Hoch- und Deutschmeister" (1944), „Maria Theresia in ihren Briefen und Staatsschriften" (1955), „Ein Heer im Schatten der Parteien" (1955), „Der 20. Juli 1944 in Ö." (1965), „Ende und Anfang Ö.s 1918–1919" (zus. mit A. Staudinger, 1969), „Vom alten zum neuen Ö." (1975).

JELINEK, Elfriede, * 20. 10. 1946 in Mürzzuschlag (St), Schriftstellerin. Nach ihrem Studium der Theaterwissenschaft, Kunstgeschichte und Musik in Wien wurde sie 1970 mit ihrem Roman „wir sind lockvögel baby" bekannt. Es folgten das Hörspiel „Wien West" (1972), „Michael. Ein Jugendbuch für die Infantilgesellschaft" (1972), „Untergang eines Tauchers" (1973), „Die Liebhaberinnen" (1975), „Die Ausgesperrten" (1980), „Die Klavierspielerin" (1983), „Oh Wildnis, oh Schutz vor ihr" (1985).

JELINEK, Hanns, * 5. 12. 1901 in Wien, † 27. 1. 1969 in Wien, Komponist. Studierte 1918/19 bei Franz Schmidt (s. d.) und Alban Berg (s. d.) sowie Ende der zwanziger Jahre bei Arnold Schönberg (s. d.). 1934/35 schuf er mit seinem 2. Streichquartett sein erstes durchentwickeltes Zwölftonwerk. Seit 1958 Prof. an der Wiener Musikakademie. 1953 veröffentlichte er „Zwölftonfibel für Klavier", 1958 „Anleitung zur Zwölftonkomposition". Neben Kammermusik schrieb er die „Prometheus-Kantate" (1936), die Operette „Bubi Caligula" (1947) und die „Symphonia brevis" (1950). 1947 erhielt er den Preis der Stadt Wien, 1966 den Großen Ö. Staatspreis.

JELLAČIĆ von Bužim, Joseph Graf (seit 1854) (auch Jelačić, ältere Schreibweise Jellachich), * 16. 10. 1801 in der Festung Peterwardein, † 19. 5. 1859 in Agram (Kroatien), Heerführer, Banus von Kroatien. Entstammte einer alten Grenzeroffiziersfamilie, sein Vater Franz Freiherr von J. (1746–1810) war Divisionskommandant in Peterwardein. Der begabte Knabe erhielt ein Stipendium am Wiener Theresianum, wo er bereits mit 14 Jahren das Examen in höherer Mathematik ablegte. 1819 trat er im Dragonerregiment seines Onkels als Unterleutnant ein, war aber bald wegen einer hartnäckigen Magenkrankheit (die ihn übrigens bis zu seinem Tod begleitete) ans Bett gefesselt. Erst 1825 konnte er wieder zu seinem Regiment zurückkehren und wurde Leutnant, 1831 Hauptmann. Er kämpfte in Italien und zeichnete sich 1835 an der kroatischen Militärgrenze aus. 1837 Major, 1841 Oberstleutnant, 1843 Oberst; am 23. 3. 1848 wurde er zum Generalmajor und Banus (Vizekönig) von Kroatien ernannt. J. zeigte sich als geschickter Politiker und Vertreter der gesamtstaatlichen und kroatischen Interessen, die naturgemäß gegen die ungarischen Unabhängigkeitsbestrebungen gerichtet waren. Nach vergeblichen Verhandlungen überschritt er, inzwischen Feldmarschalleutnant, am 11. 9. 1848 die Grenze nach Ungarn, wurde aber zurückgeworfen. Daraufhin beteiligte er sich im Oktober 1848 an der Belagerung und Befreiung des revolutionären Wiens. Anschließend führte er die kaisertreuen Kroaten gegen die ungarischen Aufständischen und wurde im April 1849 zum Feldzeugmeister und Oberbefehlshaber der kaiserlichen Streitkräfte in Südungarn ernannt. J. wurde mit der Ausübung der Militär- und Zivilgewalt in Kroatien und Slawonien betraut, verlor aber durch den Neoabsolutismus an Bedeutung.

Bauer, E.: J. Graf Jellachich de Bužim (1975); Hauptmann, S.: J.s Kriegszug nach Ungarn 1848 (1975)

JOSEPH JELLAČIĆ
Banus von Kroatien

„Eine der ersten Amtshandlungen Windischgrätz', bevor er die Dictatur niederlegte und dem Ministerium Pillersdorf Platz machte, war die Ernennung des Obersten Jellačić zum Banus von Croatien, unter gleichzeitiger Beförderung zum Feldmarschall-Lieutenant gewesen. Was den jungen Officier, militärisch außer einer ausgiebigen Blamage, die er sich im Kampfe gegen bosniakische Räuber geholt hatte, vollständig unbekannt, empfahl, war, daß er, selbst Croate, mit den Führern der croatischen Nationalbewegung in Verbindung stand, und daß der bis über die Ohren in Schulden steckende Mann . . . als unbedingt kaiserlich, zuverlässig und für Alles zu haben galt."

Maximilian Bach, Geschichte der Wiener Revolution im Jahre 1848 (1898)

JELLINEK, Hermann, * 22. 1. 1822 in Drslavice (Mähren), † 23. 11. 1848 in Wien (hingerichtet), Offizier und Schriftsteller. Schloß sich unter dem Einfluß der Philosophie der Junghegelianer den radikalen Bewegungen des Vormärz an. Er lebte seit 1847 in Wien und veröffentlichte in diesem Jahr „Uriel Acostas Leben und Lehre". Im Revolutionsjahr 1848 schrieb er zahlreiche Leitartikel für die „Ö. Allgemeine Zeitung" und publizierte ab Mitte August für Alfred Bechers (s. d.) Blatt „Der Radikale". Als Teilnehmer an der Revolution wurde er, gemeinsam mit Robert Blum (s. d.) und Becher, standrechtlich erschossen. 1848 erschien von ihm „Kritische Geschichte der Wiener Revolution" und 1849 aus dem Nachlaß „Kritisch-philosophische Schriften". J. war Herausgeber der Hefte „Kritischer Sprechsaal für die Hauptfragen der ö. Politik" (1848).

Studia Judaica Austriaca, Bd. 1 (1974)

JELLINEK, Oskar, * 22. 1. 1886 in Brünn (Mähren), † 12. 10. 1949 in Los Angeles, Schriftsteller. Wurde nach seinem Jusstudium in Wien Richter und emigrierte 1938 über Brünn und Paris in die USA. J. war ein Meister der expressiven heroisch-dramatischen Novelle, orientiert an den großen Prosaepikern des 19. Jahrhunderts. 1950 erschienen „Gesammelte Novellen" und wurden zweimal neu aufgelegt. Novellen u. a.: „Der Bauernrichter" (1925), „Die Mutter der neun" (1926), „Der Sohn" (1928), „Das ganze Dorf war in Aufruhr" (1930), „Die Seherin von Daroschitz" (1933).

JELLOUSCHEK, Karl Johann, * 31. 10. 1887 in Linz, † 6. 8. 1961 in Wien, katholischer Geistlicher und Theologe. Studierte in Wien und wurde 1923 Prof. für Theologie an der Universität Wien, 1945/46 auch Dekan der katholisch-theologischen Fakultät der Universität. Auf seinem Spezialgebiet, der mittelalterlichen Scholastik, war er ein anerkannter Forscher und trug wesentlich zur genaueren Kenntnis dieser Zeit bei.

JELUSICH, Mirko, * 12. 12. 1886 in Semil (Böhmen), † 22. 6. 1969 in Wien, Jurist und Schriftsteller. Wurde vor allem durch seine mehrfach neu aufgelegten, lebendig geschriebenen heroisierenden historischen Romane bekannt, war aber auch Theaterkritiker und Filmdramaturg. Von März bis Juni 1938 war er als Parteigänger des Nationalsozialismus „kommissarischer Leiter" des Wiener Burgtheaters, weshalb er 1945–50 in Untersuchungshaft war. Romane u. a.: „Der Thyrsosstab" (1920), „Cäsar" (1929), „Don Juan" (1931), „Oliver Cromwell" (1933, als Drama 1934), „Hannibal" (1934), „Der Löwe" (1936, über Heinrich den Löwen), „Der Ritter" (1937), „Der Soldat" (1939, über Scharnhorst), „Der Traum vom Reich" (1940, über Prinz Eugen), „Die Wahrheit und das Leben" (1949, über Jesus Christus), „Bastion Europas" (1951), „Talleyrand" (1954), „Der Stein der Macht" (1958), „Schatten und Sterne" (1961) und „Asa von Agder" (1965).

JENNER, Alexander, * 4. 4. 1929 in Wien, Pianist. Studierte an der Wiener Musikakademie, Diplom 1948. Gehörte mit Badura-Skoda (s. d.), Brendel (s. d.), Demus (s. d.), Gulda (s. d.) zu der nach dem Zweiten Weltkrieg internationalen Ruhm erlangenden Gruppe ö. Pianisten. Prof. für Klavier an der Hochschule für Musik in Wien. Tritt in der ganzen Welt als Solist auf. Bösendorfer-Preis 1949, 2. Preis beim Internationalen Genfer Musikwettbewerb 1951/52, 1. Preis beim Internationalen Klavierwettbewerb von Rio de Janeiro 1957.

JENNY, Rudolf Christoph, * 23. 5. 1858 in Stuhlweißenburg (Ungarn), † 18. 2. 1917 in Graz, Berufsoffizier und Volksschriftsteller. War zunächst Schauspieler in Linz und wandte sich dann der Schriftstellerei zu. Bekannt wurde er 1891 durch sein Drama „Oswald von Wolkenstein" und ab 1900 durch die Herausgabe der in Innsbruck erscheinenden satirisch-humoristischen Wochenzeitschrift „Der Tiroler Wastl". Darüber hinaus verfaßte er Volksstücke mit sozialer Thematik, etwa „Not kennt kein Gebot" (1895), sowie Märchenspiele und Epen.

JENULL, Sebastian, * 21. 1. 1777 in Winklern (K), † 28. 12. 1848 in Wien, Jurist, Strafrechtler. Studierte in Graz Philosophie und Jus, promovierte 1802 und wurde Dozent für politische Wissenschaften sowie für ö. Privat- und Kriminalrecht. Im Anschluß an die neue Studienordnung von 1810 wurde J. Prof. für Naturrecht und ö. Kriminalrecht. In diesen Jahren entstand sein bedeutendstes Werk, „Das ö. Criminal-Recht nach seinen Gründen und seinem Geist dargestellt" (1805–15, 3. Aufl. 1837). 1828 Referent bei den Revisionsarbeiten zum Strafgesetzbuch, 1830 Berufung an die Universität Wien, 1833 Regierungsrat der nö. Regierung, 1837 Hofrat, 1838 ordentlicher Beisitzer der Hofkommission in Justizgesetzsachen. 1848 wurde J. Rektor der Universität Wien und war auch maßgeblich an der Gründung des Joanneums in Graz beteiligt.

200 Jahre Rechtsleben in Wien. Ausstellungskatalog (Wien 1985/86)

JERGER, Alfred, * 9. 6. 1889 in Brünn, † 18. 11. 1976 in Wien, Kammersänger, Bariton. Studierte in Wien Musikwissenschaft und wurde zum Dirigenten ausgebildet, war 1913–17 Kapellmeister und debütierte 1917 in Zürich als Sänger. 1919–21 an der Staatsoper in München engagiert, 1921–53 an der Wiener Staatsoper. 1945 war er, vom gesamten Ensemble bestellt, für kurze Zeit Leiter der Wiener Staatsoper und ab 1947 Prof. an der Wiener Musikakademie. J. gastierte bei den Salzburger Festspielen und an allen großen Opernbühnen der Welt. Außerdem war er an der Wiener Volksoper als Regisseur beschäftigt und veröffentlichte mehrere textliche Neubearbeitungen, u. a. von „Don Pasquale" und „Die Fledermaus".

JERGER, Wilhelm Franz, * 27. 9. 1902 in Wien, † 24. 4. 1978 in Linz, Musikwissenschaftler. Studierte an der Musikakademie und an der Universität Wien, promovierte an der Universität Freiburg (Schweiz). 1922 Kontrabassist bei den Wiener Philharmonikern. War musikwissenschaftlich und als Musikpädagoge tätig. 1958–73 leitete er als Direktor das Bruckner-Konservatorium in Linz. Neben fachwissenschaftlichen Abhandlungen verfaßte er „Die Wiener Philharmoniker" (1942).

JERITZA, Maria (eigtl. Maria Marcellina Jedlička), * 6. 10. 1887 in Brünn, † 10. 7. 1982 in Orange (USA), Kammersängerin, Sopran. 1905 Debüt als Elsa in Olmütz, 1907 als Elsa an der Wiener Volksoper, 1911 durchschlagender Erfolg als Stefana in Giordanos „Sibirien" an der Wiener Volksoper. 16. 3. 1912 Debüt als Chrysis in Max Oberleithners „Aphrodite" an der Wiener Hofoper, 1913–35 „Primadonna assoluta" der Wiener Oper, 1921–32 auch der Metropolitan Opera in New York. Lebte seit 1940 in den USA.

Werba, R.: M. J. Primadonna des Verismo (1981)

JERUSALEM, Wilhelm, * 11. 10. 1854 in Dřenitz (Böhmen), † 15. 7. 1923 in Wien, Philosoph. Studierte 1872–76 an der Universität Prag klassische Philologie und beschäftigte sich mit den Schriften des Alten Testaments, des Hebräischen und des Talmuds. 1878 Dr. phil., habilitierte sich 1891 an der Universität Wien, wo er 1920 a. o. und 1923 o. Prof. für Philosophie und Pädagogik wurde. Als Schüler von W. Wundt betonte er vor allem die psychologischen, soziologischen und biologischen Betrachtungsweisen. In der Erkenntnistheorie vertrat er einen empirisch begründeten kritischen Realismus. J. setzte sich vehement für die Einführung der Soziologie an den Hochschulen ein. Er veröffentlichte u. a.: „Lehrbuch der Psychologie" (1883, 7. Aufl. 1922), „Der kritische Idealismus und die reine Logik" (1905) und „Moralische Richtlinien nach dem Kriege" (1918).

Maria Jeritza als Annina in der Operette „Eine Nacht in Venedig" (Wiener Staatsoper, 23. 6. 1929)

Eckstein, W.: W. J., sein Leben und Wirken (1935)

JERZABEK, Vinzenz (eigtl. Jeřabek), * 22. 1. 1875 in Wien, † 7. 2. 1963 in Wien, Volksschriftsteller. War ursprünglich Handwerker. Sittenschilderer Wiens in volkstümlich geschriebenen Geschichten. Besonders bekannt wurden seine Wiener Vorstadt-Geschichten unter dem Titel „Frau Haberditzl" (1923) und „Erlebtes und Erlauschtes aus Wiens Vorstadt" (1956). 1950 erhielt er den Preis der Stadt Wien.

JETTMAR, Rudolf, * 10. 11. 1869 in Zawodzie (Galizien), † 21. 4. 1939 in Wien, Maler und Graphiker. Studierte an der Wiener Akademie der bildenden Künste bei Griepenkerl (s. d.) und Eisenmenger (s. d.) und durchwanderte anschließend Deutschland, die Schweiz und Italien und arbeitete ab 1897 wieder in Wien. War 1898 Mitglied der Secession, wurde 1910 Prof. an der Akademie der bildenden Künste. J. schuf zahlreiche Fresken, die Entwürfe „Verkündigung" und „Schutzengel" für die Glasmosaike der Seitenaltäre in der Kirche Am Steinhof (1908), zahlreiche Ölgemälde, über hundert Radierungen, Buchschmuck sowie Illustrationen für „Jugend" und „Ver sacrum", wobei vor allem die Radierungen das seinem sehr persönlichen Stil und seinen Themen (Kampf der Götter, Kampf der Elemente, Kampf der Menschen) adäquateste Ausdrucksmittel waren.

JIREČEK, Joseph, * 24. 7. 1854 in Wien, † 10. 1. 1918 in Wien, Historiker. Studierte in Wien, wurde dann Univ.-Prof. in Prag und ab 1893 in Wien. Er beschäftigte sich ausschließlich mit der Geschichte der slawischen Völker und verfaßte über die Balkanslawen grundlegende Werke, die heute noch von Bedeutung sind, so u. a. „Geschichte der Bulgaren" (1876) und „Geschichte der Serben", 2 Bde. (1911–1918).

Rudolf Jettmar: „Das alte Wien". Radierung. Jahresmappe der Secession 1909

JOACHIM, Joseph, * 28. 6. 1831 in Kittsee (Ungarn, heute B), † 15. 8. 1907 in Berlin, Violinvirtuose und Komponist. Studierte in Leipzig und kam als „Vertreter des Konzertmeisters" in das Gewandhausorchester. 1849–53 Konzertmeister in Weimar, stand dem Kreis um Franz Liszt (s. d.) nahe. 1853 königlicher Konzertmeister, 1859 Konzertdirektor in Hannover, ab 1868 Direktor der neuerrichteten Musikhochschule in Berlin. J. schuf einige Violinkonzerte und verfaßte gemeinsam mit A. Moser eine dreibändige „Violinschule" (1902–05). Seine Bekanntschaft mit den Großen seiner Zeit ist auch durch die Widmung der F-A-E-Violinsonate, einer Gemeinschaftsarbeit von Johannes Brahms, Robert Schumann und A. Dietrich, im Jahr 1853 belegt.

Moser, A.: J. J. (1898, erweiterte Aufl. in 2 Bden. 1908–10)

JOCHMANN, Rosa, * 19. 7. 1901 in Wien, sozialdemokratische Politikerin. Aus einer Arbeiterfamilie stammend, begann sie sich bald in der Sozialdemokratischen Partei zu betätigen und wurde Sekretärin der Gewerkschaft des Chemischen Verbandes. 1932–34 Frauenzentralsekretär der Sozialdemokratischen Partei, gehörte ab 1933 auch dem Parteivorstand an. Nach dem Februar 1934 zu einem Jahr Kerker verurteilt. 1939 abermals verhaftet, war sie von 1940 bis 1945 im Konzentrationslager inhaftiert. 1945–67 Abgeordnete zum Nationalrat. Vorsitzende des Frauenzentralkomitees der SPÖ. War um die rechtliche und humanitäre Gleichstellung der Frau bemüht. 1981 Ehrenbürger der Stadt Wien, 1981 Dr.-Karl-Renner-Preis, 1982 Fernsehpreis der österreichischen Erwachsenenbildung.

JOCHUM-BEISER, Trude, * 2. 9. 1927 in Lech, Schirennläuferin. Die einzige zweimalige Olympiasiegerin aus Ö. (1948 St. Moritz Kombination, 1952 Oslo Abfahrt), außerdem dreifache Weltmeisterin (1948, 1950, 1952) und zweimal WM-Silber. Ö. Sportlerin des Jahres 1952.

JODL, Friedrich, * 23. 8. 1849 in München, † 26. 1. 1914 in Wien, Philosoph. Studierte ab 1867 an der Universität München Philosophie, Geschichte und Kunstgeschichte und promovierte 1871 zum Dr. phil. Habilitierte sich 1880 an der

Universität München, lehrte ab 1885 als Univ.-Prof in Prag und 1896–1914 in Wien. J. war ein an Ludwig Feuerbach und der englischen Aufklärung orientierter Positivist, in der Erkenntnistheorie kritischer Realist, in der Metaphysik naturalistischer Monist. Auf dem Gebiet der Ethik verband er Gewissensethik mit allgemeiner Wohlfahrt. War volksbildnerisch in der Bewegung „Ethische Kultur" tätig. Veröffentlichte u. a.: „Geschichte der Ethik in der neueren Philosophie", 2 Bde. (1882–1889), „Wesen und Ziel der ethischen Bewegung in Deutschland" (1893), „Lehrbuch der Psychologie", 2 Bde. (1897), „Vom wahren und falschen Idealismus" (1914), „Allgemeine Ethik" (1918, hrsg. von W. Börner). Gemeinsam mit W. Bolin gab J. 1903–11 L. Feuerbachs sämtliche Werke heraus.

JÖRGER von Tollet, Helmhard Freiherr von, † 1631, Protestantenführer. Entstammt einer seit dem 13. Jh. nachweisbaren Familie, die in St. Georgen bei Grieskirchen (OÖ) ansässig war. Seit dem 14. Jh. in mehrere Linien aufgeteilt, wurden die J. angesehene Exponenten der ständischen und der lutherischen Bewegung in NÖ und OÖ. (Hans Frh. v. J. war 1587 mit dem landesfürstlichen Dorf Hernals bei Wien belehnt worden, das bald danach zum Hauptsitz der Protestanten von Wien und Umgebung wurde. 1620 der Acht verfallen, kam sein „erledigtes Reichslehen" an das Wiener Domkapitel.) J. führte seine Familie zum Höhepunkt der Macht, genoß hohes Ansehen und nahm zur Förderung des Protestantismus sogar Verbindungen nach Ungarn, zu G. Bethlen und zu den Türken auf. Nach der Niederlage der Protestanten in der Schlacht am Weißen Berg bei Prag 1620 verlor J. an Einfluß und Macht. (Der abermalige Aufstieg der Familie gelang durch Johann Quintin Graf J., der ein umsichtiger Statthalter in NÖ war und 1705 starb. Die Familie erlosch 1772.)

Wurm, H.: Die J. von T. (1955)

JOHANN von Capistrano, s. Capistran

JOHANN, Erzherzog von Ö., * 20. 1. 1782 in Florenz, † 11. 5. 1859 in Graz, Sohn des Großherzogs Leopold von Toskana, des späteren Kaisers Leopold II. (s. d.). Als unerfahrener 18jähriger von seinem kaiserlichen Bruder Franz II. mit Kommandogewalt ausgestattet, verlor er im Zweiten Koalitionskrieg die entscheidende Schlacht bei Hohenlinden am 3. 12. 1800. 1801 General-Geniedirektor für das ö. Festungs- und Verteidigungswesen, 1836 Feldmarschall. 1805 kämpfte er gegen Bayern und Franzosen, organisierte die Landwehr und 1809 mit Josef von Hormayr (s. d.) den Aufstand in Tirol. 1813 neuerlich im „Alpenbund" einen Tiroler Aufstand vorbereitend, verbot ihm Kaiser Franz I. den Aufenthalt in Tirol, weshalb Johann in der Steiermark tätig wurde. 1811 schuf er durch Schenkungen das „Innerösterreichische Nationalmuseum", das heutige Joanneum in Graz, förderte den wirtschaftlichen und kulturellen Aufbau des Landes. J. erwarb den Brandhof in der Nähe von Mariazell und baute ihn zu einem landwirtschaftlichen Mustergut aus. Viele der heute vorhandenen Einrichtungen gehen auf seine Initiative oder Gründung zurück, etwa die Montanistische Hochschule in Leoben. Am 18. 2. 1829 heiratete er mit kaiserlicher Erlaubnis die Ausseer Postmeisterstochter Anna Plochl, die später vom Kaiser zur Gräfin von Meran erhoben wurde. Am 26. 6. 1848 übernahm J. als Stellvertreter Kaiser Ferdinands I. die Regierungsgeschäfte in Wien. Am 29. Juni wurde er vom gesamtdeutschen Parlament in Frankfurt am Main zum „unverantwortlichen Reichsverweser" gewählt, legte jedoch sein Amt am 20. 12. 1849 nieder. Im Mai 1850 wurde er zum Bürgermeister von Stainz, wo er Besitzungen hatte, gewählt – die erste und einzige zivile Funktion, die er je in der Steiermark innehatte. J. verfaßte die autobiographischen Skizzen „Der Brandnerhof und seine Hausfrau", die 1930 von Alfred Wokaun herausgegeben wurde.

ERZHERZOG JOHANN
Der steirische Prinz

„Wie wohl tut es mir allenthalben hier in Steier so gut und treuherzig aufgenommen zu werden und ohne Scheu und ohne viel Rückhalt; sie wissen es auch, daß ich sie gern habe. Gott gebe mir Gesundheit und Leben, auf daß ich für das Land alles vollbringe und dann gedeihen sehe, was ich im Kopf habe." *Tagebuchaufzeichnung 24. Juni 1811*

Erzherzog Johann

Theiss, V.: Erzherzog J., der steirische Prinz (1950); Wiesflecker, H.: Erzherzog J. (1959); Kramer, H.: Erzherzog J. in Tirol (1959); Magenschab, H.: Erzherzog J. (1981); Hoor, E.: Erzherzog J. von Österreich als Reichsverweser (1981)

JOHANN von Lenzburg, s. Platzheim

JOHANN von Salzburg, s. Hermann von Salzburg

JOHANN SALVATOR, Erzherzog von Ö., * 25. 11. 1852 in Florenz, † 1891 verschollen und 1911 für tot erklärt, jüngster Sohn Großherzog Leopolds II. von Toskana. War für die militärische Laufbahn bestimmt und wurde 1879 Feldmarschalleutnant. 1883 veröffentlichte er die Schrift „Drill oder Erziehung", die unliebsames Aufsehen erregte, weshalb er 1887 seines militärischen Amts enthoben wurde. 1889 verzichtete er von sich aus auf Titel und Rechte eines Erzherzogs und nannte sich Johann Orth, nach Schloß Ort im Traunsee bei Gmunden (OÖ). Ein weiterer Grund für diesen Schritt war seine jahrelange Lebensgemeinschaft mit der Balletteuse der Wiener Hofoper, Milli Stubel (s. d.), die er schließlich 1889 in England heiratete. Da er das Kapitänspatent besaß, unternahm er 1890 mit einem Segelschiff eine Weltreise. Aller Wahrscheinlichkeit nach ist er vor der südamerikanischen Küste mit seinem Schiff untergegangen. Von J. erschien: „Geschichte des k. k. Linien-Infanterie Regiments Nr. 12", 2 Bde. (1877–80) und „Einblicke in den Spiritismus" (1884); außerdem verfaßte er das Textbuch zum Ballett „Die Assassinen".

Heinrich, P.: Erzherzog J. (1901); Schaffelhofer, H.: J. Orth (1952); Weißensteiner, F.: J. Orth (1985)

JOHANNES von Gmunden, * um 1385 in Gmunden, † 23. 2. 1442 in Wien, Astronom, Mathematiker und Humanist. Von ihm ist wenig be-

JOHANN PARRICIDA
Mord im Mittelalter

JOHANN PARRICIDA (= Vatermörder), * 1290 in Prag, † 13. 12. 1313 in Pisa, Sohn Herzog Rudolfs II. (s. d.) von Ö. Gemäß der Rheinfelder Hausordnung vom 1. 6. 1283 war Herzog Rudolf II. von der Mitherrschaft über Ö., Steiermark, Kärnten, Krain und der Windischen Mark ausgeschlossen worden, sollte aber innerhalb von vier Jahren entsprechend entschädigt werden. Rudolf starb bereits 1290, ohne eine Abfindung erhalten zu haben; sein Sohn J. als rechtmäßiger Erbe forderte deshalb von König Albrecht I. (s. d.), seinem Onkel, die ausständige Entschädigung, wurde aber immer wieder vertröstet. Am 1. 5. 1308 wich der König den Forderungen J.s abermals aus, worauf ihn dieser bei Brugg an der Aare in der Nähe der Habichtsburg ermordete. J. floh nach Italien und wurde Mönch in Pisa.

Erzherzog Johann Salvator

kannt; er schrieb stets unter diesem Namen. 1400 immatrikulierte er an der Universität Wien, 1402 erwarb er das Baccalaureat, 1406 wurde er Magister artium und begann seine Lehrtätigkeit. J. vermittelte vor allem die mathematischen und astronomischen Kenntnisse der Antike und der arabischen Kultur. 1413 Dekan; 1417 wurde er zum Priester geweiht und war ab 1435 Pfarrer in Laa an der Thaya (NÖ). Als Astronom verbesserte er die vorhandenen Planetentafeln und arbeitete sie auf den Wiener Meridian um. Propst Georg I. Muestinger von Klosterneuburg war sein Freund und ebenfalls ein begeisterter Astronom, wodurch dieses Kloster Zentrum der astronomischen Forschung wurde. 1421 entstand hier eine Karte Mitteleuropas, das älteste kartographische Dokument Ö.s, und der (vermutlich von J. geschaffene) älteste Stadtplan von Wien, der sogenannte Albertinische Plan. 1435 vermachte J. seine Bücher und Geräte der Fakultät, wodurch er den Bestand der Wiener Universitätsbibliothek wesentlich vergrößerte. J. gab auch den ersten gedruckten Kalender heraus und hinterließ 287 Handschriften.

JOHANNES von Pomuk (auch Nepomuk), * um 1350 in Nepomuk (Böhmen), † 20. 3. 1393 in Prag (in der Moldau ertränkt), als Johannes Nepomuk seit 1729 Heiliger der katholischen Kirche und böhmischer Nationalheiliger. War der Sohn eines deutschen Bürgers namens Wolfflin und trat früh in die Dienste des Erzbischofs von Prag. 1389 Domherr und Generalvikar von Prag, stellte sich in einem kirchenpolitischen Streit zwischen König Wenzel und dem Erzbischof von Prag, Johann von Jenzenstein, energisch an die Seite des Erzbischofs. Gemeinsam mit drei anderen Geistlichen wurde er im Auftrag des Königs verhaftet und gefoltert, schließlich von der Karlskirche in Prag in die Moldau geworfen. J. gilt als Märtyrer der katholischen Kirche und wird, vor allem seit der Gegenreformation, auch in Ö. als „Brückenheiliger" verehrt.

JOHANNES VON POMUK

Der Brückenheilige

„Seine Gestalt, vielfach legendär und durch einen Doppelgänger getrübt, hob sich erst durch die mächtige Propaganda der Jesuiten in der Barockzeit aus dem Dunkel der Vergangenheit in das festliche Licht eines Kultes."

Gustav Gugitz, Fest- und Brauchtumskalender (1955)

JOHANNES von Retz, † nach 1404, Augustiner-Eremit und gelehrter Theologe. Von ihm ist wenig bekannt, obwohl er von 1388 bis 1404 Prof. und Dekan der theologischen Fakultät der Universität Wien war. J. war einer der bedeutendsten Vertreter seines Ordens und auch als hervorragender Prediger bekannt.

JOHANNES von Viktring (auch Johann), * um 1270, † zwischen 1345 und 1347, Zisterzienser und Geschichtsschreiber. Stammte wahrscheinlich aus Lothringen und war ab 1312 Abt des Zisterzienserstifts Viktring bei Klagenfurt. 1330–35 war J. Vertrauter und Geheimschreiber Herzog Heinrichs von Kärnten und Tirol (s. d.) und 1335–42 am Habsburgerhof Herzog Albrechts II. (s. d.); er wurde zu einem der bedeutendsten Chronisten des Mittelalters. Die gewählte Sprache und die eindeutige Verwendung von Originaldokumenten zeichnen sein Werk „Liber certarum historiarum" (6 Bde.) aus. Es beinhaltet die Geschichte von 1211–1343 und wurde vom sogenannten „Anonymus Leobiensis", einem Leobener Dominikanermönch, bis 1348 weitergeführt.

JOHN, Franz Freiherr von (seit 1857), * 20. 11. 1815 in Bruck an der Leitha (NÖ), † 25. 5. 1876 in Wien, Heerführer. Wurde an der Militärakademie in Wiener Neustadt erzogen und trat 1835 als Unterleutnant in die ö. Armee ein. 1845 als Oberleutnant zum Generalquartiermeisterstab (= Generalstab) beordert, bewährte er sich in Italien unter Graf Radetzky (s. d.) und wurde 1848 Hauptmann. Im selben Jahr war er an den Kämpfen in Oberitalien maßgeblich beteiligt und erhielt dafür drei hohe Auszeichnungen, darunter 1850 den Militär-Maria-Theresien-Orden. 1857 Oberst, 1859 Generalstabschef in Südtirol und 1860 Generalmajor. Unter Erzherzog Albrecht gelang ihm durch seine Dispositionen der Sieg über die übermächtigen Italiener in der Schlacht bei Custoza am 24. 6. 1866, wofür er zum Feldmarschalleutnant befördert wurde. Nach dem Debakel der Nordarmee wurde ihm die Leitung des Generalstabs der gesamten Armee übertragen und im September das Kriegsministerium anvertraut. Ab 1867 auf Lebenszeit Mitglied des Herrenhauses, trat er im Jänner 1868 wegen Differenzen mit Ungarn, im Zusammenhang mit dem neuen Wehrgesetz, von seinem Ministerposten zurück. 1869 Landeskommandant in Graz, 1873 Feldzeugmeister und ab 1874 wieder Chef des Generalstabs der gesamten Armee.

JONAS, Franz, * 4. 10. 1899 in Floridsdorf bei Wien, † 24. 4. 1974 in Wien, sozialdemokratischer Politiker. Sohn eines Hilfsarbeiters, erlernte das Buchdruckergewerbe und wurde 1917 zum Militärdienst eingezogen. 1919 diente er in der Volkswehr und nahm aktiv an den Abwehrkämpfen in Kärnten teil. 1919–32 in seinem Beruf als Schriftsetzer tätig. Vertrauensmann der Buchdruckergewerkschaft und Funktionär in der sozialdemokratischen Jugendbewegung. 1933 Sekretär der Sozialdemokratischen Partei in der Floridsdorfer Bezirksparteileitung. Floh im Februar 1934 in die CSSR, kehrte im Juli zurück und war dann 14 Monate in Haft. 1945 in der provisorischen Gemeindeverwaltung des 21. Bezirks tätig, wurde er 1946 Bezirksvorsteher, 1948 Amtsführender Stadtrat und 1951 Bürgermeister und Landeshauptmann von Wien. 1952/53 Bundesrat, 1953–65 Abgeordneter zum Nationalrat, ab 1. 6. 1965 Bundespräsident bis zu seinem Tod, da er 1971 ein zweites Mal gewählt worden war. Seit 1924 war J. bei der Esperanto-Bewegung und ein begeisterter Anhänger dieser „Universalsprache". Während seiner Tätigkeit als Bürgermeister erwarb er sich große Verdienste um den Wiederaufbau und um die Hebung des internationalen Ansehens Wiens („Europa-Gespräche" seit 1958, WIG 1964 u. a.).

Czeike, F.: Wien und seine Bürgermeister (1974); Weissensteiner, F. (Hrsg.): Die ö. Bundespräsidenten (1982)

JONAS, Rudolf, * 31. 3. 1909 in Wien, † 5. 2. 1962 in Wien, Arzt. Bruder von Franz J. (s. d.). War nach seinem Studium in Wien zuerst Expeditionsarzt, und zwar 1935 bei einer Island- und 1938 bei einer Himalaja-Expedition, weshalb er auch zum Gründer der Ö. Himalaja-Gesellschaft wurde. Ab 1946 war er Primarius des Wiener Kinderspitals. Seine Expeditionserlebnisse hielt er in mehreren Reisebüchern fest: „Fahrten in Island" (1948), „Im Garten der göttlichen Nanda" (1948), „Ho, Pasang!" (1954) und „Mit dem Arzt in den Bergen" (1956).

JONKE, Gert Friedrich, * 8. 2. 1946 in Klagenfurt, Schriftsteller. Wurde 1969 mit „Geometrischer Heimatroman" bekannt. Seine „Romane", ineinander verflochtene Textstücke, orientiert u. a. an A. Robbe-Grillet, befassen sich mit der Zerstörung von Natur und Mensch durch eine administrierende Zivilisation. Die Epiloge „Beginn einer Verzweiflung" erschienen 1970. Außerdem u. a.: „Glashausbesichtigung" (1970), „Musikgeschichten" (Erzählungen, 1970), „Die Vermehrung der Leuchttürme" (1971), „Ordentliche Vergleiche" (1971), „Die Magnetnadel zeigt nach Süden" (1972), „Der ferne Klang" (1979), „Erwachen zum großen Schlafkrieg" (1982).

JORDAN, Johann, * 1665 in Gmünd (NÖ), † 18. 4. 1738 in Wien, Briefträger. 1695 erwarb er das Wiener Bürgerrecht und veröffentlichte 1701 „Schatz, Schutz und Schanz des Erzherzogtums Österreichs", eine „sehr genaue und ordentliche Beschreibung aller Gassen, Plätz, Palläst, Häuser und Kirchen", das erste Wiener Gassen- und Straßenverzeichnis, zugleich aber auch das älteste erhaltene „Postbüchel". Darin bezeichnet er sich selbst als „der röm. kays. Majest. Obrist-

Hoff-Post-Ampts Tax-Briefftrager und Burger".

JORDAN, Richard, * 6. 3. 1847 in Wien, † 7. 2. 1922 in Wien, Architekt. Studierte an der Akademie der bildenden Künste in Wien bei Eduard van der Nüll (s. d.) und Friedrich Schmidt (s. d.), bei dem er auch Bauführer wurde. Als selbständiger Architekt war er überwiegend als Kirchenbaumeister tätig, so errichtete er u. a. die Pfarrkirche Hütteldorf (1881/82), die Dominikanerinnenkirche (1885), die Redemptoristenkirche (1886–89), die Pfarrkirche Gersthof (1887–91), die Pfarrkirche Heiligenstadt (1894–98) und die Karmeliterkirche (1898–1901).

JOSEPH I., Kaiser, * 26. 7. 1678 in Wien, † 17. 4. 1711 in Wien, ältester Sohn und Nachfolger Kaiser Leopolds I. (s. d.). Wurde am 9. 12. 1687 nach Anerkennung der Erblichkeit des habsburgischen Königtums von den ungarischen Ständen in Preßburg zum König von Ungarn gekrönt. Am 24. 1. 1690 auf dem Kurfürstentag von Augsburg zum römisch-deutschen König gewählt, wurde er zwei Tage später dort auch gekrönt. Am 5. 5. 1705, nach dem Tod seines Vaters, wurde er Römischer Kaiser und ohne Krönung auch König von Böhmen. Mit seinen umfassenden Kenntnissen über die politischen und wirtschaftlichen Verhältnisse im Reich und in den Erbländern war er um die Straffung der obersten Behörden bemüht. Er führte den Spanischen Erbfolgekrieg weiter und gab dem tüchtigen Prinzen Eugen (s. d.) entsprechend freie Hand. Den Rákóczi-Aufstand in Ungarn schlug er nieder, und die deutschen Verbündeten Frankreichs, die beiden Wittelsbacher Kurfürsten, wies er in die Schranken. Sein Versuch, der kaiserlichen Autorität und dem Reichsgedanken wieder die nötige Geltung zu verschaffen, scheiterte daran, daß er, nach knapp sechsjähriger Regierungszeit, plötzlich an den Blattern starb. Mit 21 Jahren hatte er am 24. 2. 1699 die um fünf Jahre ältere Prinzessin Wilhelmine Amalia von Braunschweig-Lüneburg geheiratet, mit der er drei Kinder hatte. Maria Josepha (* 8. 12. 1699 in Wien, † 17. 11. 1757 in Dresden) heiratete am 20. 8. 1719 Kurfürst Friedrich August II. von Sachsen; der Sohn Leopold Joseph starb im Alter von knapp zehn Monaten; Maria Amalia (* 22. 10. 1701 in Wien, † 11. 12. 1756 in München) heiratete am 5. 10. 1722 Kurfürst Karl Albrecht von Bayern, der 1742–45 als Karl VII. Römischer Kaiser war und für kurze Zeit die habsburgische Herrscherfolge unterbrach. Die Ehen dieser beiden Töchter waren es auch, die aufgrund unrechtmäßiger Erbansprüche den Ö. Erbfolgekrieg auslösten. Nachfolger wurde sein jüngerer Bruder Karl (VI.) (s. d.). J. war sehr musikalisch und hinterließ mehrere Kompositionen.

Ingrao, Ch. W.: Josef I. Der vergessene Kaiser (1982)

Johann Bernhard Fischer von Erlach: Entwurf einer Triumphpforte für Joseph I. (1690)

JOSEPH II., Kaiser, * 13. 3. 1741 in Wien, † 20. 2. 1790 in Wien, ältester Sohn Maria Theresias (s. d.) und Kaiser Franz' I. (s. d.). Wurde am 27. 3. 1764 in Frankfurt am Main zum Römisch-Deutschen König gewählt und am 3. 4. gekrönt, am 18. 8. 1765 Kaiser und am 19. 9. 1765 von Maria Theresia in den Erbländern zum Mitregenten bestimmt, nach dem Tod Maria Theresias am 29. 11. 1780 ohne Krönung Apostolischer König von Ungarn und König von Böhmen. Heiratete am 6. 10. 1760 Prinzessin Maria Isabella von Bourbon-Parma (* 31. 12. 1741 in Buen Retiro bei Madrid, † 27. 11. 1763 in Wien nach der Geburt des zweiten Kindes, Christine, das bei der Geburt am 20. 11. gestorben war; die erstgeborene Tochter Maria Theresia starb achtjährig). Die zweite Ehe (23. 1. 1765) mit Prinzessin Maria Josepha von Bayern (* 20. 3. 1739 in München, † 28. 5. 1767 in Wien) blieb kinderlos. Zu Beginn der Mitregentschaft stand er im Schatten seiner Mutter und des Staatskanzlers Fürst Kaunitz (s. d.), betätigte sich aber außenpolitisch, was durch die Besetzung der Zips 1772 zur ersten Teilung Polens führte und Ö. Galizien einbrachte. 1775 kam es zur Abtretung der Bukowina durch die Türken und 1778/79 zum Bayerischen Erbfolgekrieg, weil J. meinte, nach dem Aussterben der bayerischen Wittelsbacher Erbansprüche durchsetzen zu können – allerdings gewann er dadurch das Innviertel (OÖ). Als Alleinherrscher setzte er die Verwirklichung seines Staatsideals, des „aufgeklärten Absolutismus", fort, der in Ö. Josephinismus genannt wird. Die noch vorhandenen Reste der ständischen Verfassung ersetzte er durch eine Beamtenverwaltung, schaffte die Folter und 1781/82 die Leibeigenschaft in Ö. und in Böhmen ab, milderte die Zensur, führte eine neue Gerichtsordnung und 1787 ein neues Gesetzbuch ein. Sein Toleranzpatent von 1781 gewährte den nichtkatholischen Christen die freie Religionsausübung und sah Einschränkungen nur im Kirchenbau vor. Dieses Patent wurde später auf die Juden ausgedehnt. 1782 setzte er seine kirchenpolitischen Maßnahmen fort, hob bis 1786 von den 2 163 Klöstern in Ö. und in Ungarn 738 auf (jene, die nicht mit Krankenpflege oder Jugenderziehung beschäftigt waren), gründete aus deren Vermögen den Religionsfonds, mit dem er eine intensive Pfarr- und Seelsorgeorganisation finanzierte. Auch Papst Pius VI. konnte an den Reformen nichts ändern, obwohl er dies während eines einmonatigen Aufenthalts in Wien versuchte. 1784 eröffnete J. das Allgemeine Krankenhaus in Wien, das damals modernste und größte Spital der Welt, und im Jahr darauf eine Ausbildungsstätte für Militärärzte, womit er einen weiteren Grundstein für die medizinische Entwicklung in Ö. legte.

JOSEPH II.
Der verhinderte Reformer

„Übrigens ist der Monarch in der politischen Welt ungefähr das, was der Regenbogen in der physischen ist. Jedermann sieht den nämlichen und doch jeder einen anderen in ihm. Der eine sieht ihn als Soldaten, der andere als Gesetzgeber, ein dritter als einen guten Ökonomen, ein vierter als einen gar zu strengen Haushälter, dieser als den aufgeklärten Kirchenreformator, jener als den Verminderer der allgemeinen Andacht und der kirchlichen Rechte, ein anderer als einen wohlwollenden Landesvater und wieder ein anderer als einen zu eifrigen Staatsverbesserer."

Johann Pezzl, Skizze von Wien (1786–90)

„Franz Werfel hat in einem seiner schönsten Gedichte die Kontraste gestellt: Keiner weiß, wie arm er ist, und keiner weiß, wie reich er ist. Auch für Joseph II. gilt die Formel des Dichters. Er wußte lange Zeit nicht, wie arm er war, aber noch weniger wußte er, es werde sich aus dem Schiffbruch seines Daseins soviel Strandgut aufsammeln lassen; noch für drei Vierteljahrhunderte werde die Ausstrahlung, die von ihm ausging, wenn auch mannigfach als gebrochenes Licht, sich widerspiegeln. Seine tiefste Macht konnte er erweisen, seinen Unsterblichkeitsgehalt durch die Legende, die dem Menschlichen entspringt, dem Spruch des Kaisers, der da lautet: ‚Ich war ein Mensch, bevor ich Herrscher war, und das halte ich für meine beste Eigenschaft.'"

Ernst Benedikt

J.s Lieblingsprojekt, die ö. Niederlande gegen Bayern einzutauschen, scheiterte am Widerstand der protestantischen Reichsfürsten, die eine übermächtige katholische Konkurrenz fürchteten. König Friedrich II. von Preußen rief deshalb 1785 den deutschen Fürstenbund ins Leben, dem sich auch Frankreich anschloß, was J. endgültig zur Aufgabe des Projekts zwang. Als Verbündeter Rußlands wurde J. 1788 in einen Krieg gegen die Türkei hineingezogen, den erst sein Nachfolger Leopold II. beenden konnte. 1789 erließ J. ein Steuergesetz, das die revolutionärste Finanzmaßnahme vor der Französischen Revolution darstellte, die Feudalherrschaft ernstlich bedrohte, dafür aber eine Steuergerechtigkeit zum Ziel hatte. Wörtlich ist zu lesen: „Es liegt Uns fern, die Eigentumsrechte der Rittergutsbesitzer anzutasten, aber Unsere Pflicht verlangt es, daß den Abgaben, die die Bauern an ihre Herren gezahlt haben, eine Grenze gesetzt wird." Knapp vor seinem Tod mußte J. einen Großteil seiner Reformen zurücknehmen. Auf seinem schlichten Sarg ließ er die Inschrift setzen: „Hier liegt Joseph II., der in allen seinen Unternehmungen unglücklich war." Nachfolger wurde sein jüngerer Bruder Leopold II., Großherzog von Toskana (s. d.).

Benedikt, E.: J. II. (1936); Winter, E.: Der Josephinismus und seine Geschichte (1943); Maas, F.: Der Josephinismus, 2 Bde. (1951); Walter, F.: Die ö. Zentralverwaltung. 1780–92 (1955); Padover, S. K.: J. II., Revolutionär auf dem Kaiserthron (1969); Magenschab, H.: J. II., Revolutionär von Gottes Gnaden (1980)

Kaiser Joseph II. mit den Krönungsinsignien. Gemälde von Martin van Meytens

JOSEPH Ferdinand Salvator, Erzherzog von Ö., * 24. 5. 1872 in Salzburg, † 26. 8. 1942 in Wien, zweiter Sohn Großherzog Ferdinands IV. von Toskana. War General und im Ersten Weltkrieg an der russischen Front im Einsatz. 1916 des Kommandos enthoben; 1917 wurde er Generalinspekteur der ö. Luftstreitkräfte. Nach der Ausrufung der Republik 1918 verzichtete er auf seinen Titel und die Rechte eines Erzherzogs.

JOSIAS Friedrich Prinz von Coburg, s. Coburg

JUAN d'AUSTRIA, DON (auch Johann von Ö.), * 24. 2. 1547 in Regensburg, † 1. 10. 1578 in einem Feldlager bei Namur, unehelicher Sohn Kaiser Karls V. und der Bürgerstochter Barbara Blomberg (s. d.). J. wurde am spanischen Hof von einem Vertrauten des Kaisers erzogen und 1559 als kaiserlicher Prinz und von König Philipp II. von Spanien als Halbbruder anerkannt. Ursprünglich für den geistlichen Stand bestimmt, wandte er sich aber ab 1568 der militärischen Laufbahn zu. 1569/70 schlug er den Moriskenaufstand in Granada nieder, besiegte am 7. 10. 1571, als Generalkapitän des Mittelmeers an der Spitze der Flotte der Heiligen Liga, die Türken bei Lepanto. Durch diesen Sieg wurde er in ganz Europa als Bewahrer der Christenheit gefeiert. 1573 eroberte er Tunis, 1575 wurde er Statthalter der spanischen Besitzungen in Italien und 1576 Generalstatthalter in den Niederlanden. Ende 1577 versagten ihm die Stände den Gehorsam, und er rief spanische Truppen ins Land, mit deren Hilfe er am 31. 1. 1578 die Aufständischen bei Gembloux schlagen konnte. Seine Aktionen waren stets vom Mißtrauen seines königlichen Bruders begleitet, nicht zuletzt wohl deshalb, da J. den Plan gehabt haben soll, die gefangene Maria Stuart zu befreien und Schottland und England unter seiner Herrschaft zu vereinen.

Wolfhart, H.: D. J. (1964); Petrie, Ch.: D. J. d'A. (1968)

JUAN d'AUSTRIA
Statthalter der Niederlande

„Herzog Albas unbeugsame Härte, die Gelindigkeit seines Nachfolgers Requesens, Don Johanns von Österreich Hinterlist und Tücke und der lebhafte cäsarische Geist des Prinzen von Parma gaben diesem Krieg ebenso viel entgegengesetzte Richtungen, während daß der Plan der Rebellion in dem einzigen Kopfe, worin er klar und lebendig wohnte, immer derselbe blieb."

Friedrich Schiller, Geschichte des Abfalls der Vereinigten Niederlande (1788)

JUCH, Otto, * 25. 2. 1876 in Kirchbichl (T), † 19. 2. 1964 in Wien, Finanzfachmann. Trat in das Finanzministerium ein und wurde Leiter der Kreditsektion, 1929–31 Finanzminister. Er war maßgeblich an mehreren wichtigen finanzpolitischen Entscheidungen in der Ersten Republik beteiligt, so vor allem an der Haager Reparationskonferenz, an der Schaffung und Finanzierung der Großglockner-Hochalpenstraße und der Reorganisation der Creditanstalt-Bankverein.

JUHASZ, Karl, * 13. 10. 1868 in Wien, † 7. 11. 1940 in Mödling bei Wien, Filmpionier. War zuerst als Hutschenschleuderer im Wiener Prater tätig und ab 1898 Besitzer eines Wanderkinos. 1899 eröffnete er im Wiener Prater ein „Zaubertheater mit Kino" und hatte damit großen Erfolg. Schließlich beschäftigte er sich nur noch mit dem neuen Medium Film und erfand verschiedene technische Verbesserungen für das Kino, darunter 1912 ein „Kinoplastikon" im Kabarett „Himmel" (später „Wienzeile-Kino"), eine Art plastischer Film, mit dem er sich jedoch nicht durchsetzte.

Fritz, W.: Geschichte des ö. Films (1969)

JUHOS, Béla von, * 22. 11. 1901 in Wien, † 29. 5. 1971 in Wien, Philosoph. Studierte Mathematik, Physik und Philosophie in Wien und promovierte 1926 bei M. Schlick (s. d.). Lebte während des Zweiten Weltkriegs als Industrieller und Privatgelehrter in Wien und habilitierte sich 1948 bei V. Kraft (s. d.) an der Wiener Universität. Seit 1955 Univ.-Prof. in Wien. J. vertrat, ausgehend von den Thesen des Wiener Kreises, einen konsequenten logischen Empirismus, wobei seine Interessen vor allem der erkenntnislogischen Durchdringung der Physik galten. Er entwickelte auch eine Stufenhierarchie der empirischen Sätze und modifizierte damit kritisch die Thesen R. Carnaps (s. d.) und M. Schlicks über Basissätze. Er veröffentlichte u. a.: „Die erkenntnislogischen Grundlagen der klassischen Physik" (1963, mit H. Schleichert), „Die erkenntnislogischen Grundlagen der modernen Physik" (1967) sowie zahlreiche Abhandlungen über den Wahrscheinlichkeitsbegriff.

JUIN, Karl (eigtl. Giugno), * 2. 3. 1818 in Wien, † 10. 8. 1891 in Wien, Rauchfangkehrer und Dramatiker. Er erlernte das Rauchfangkehrerhandwerk und schrieb nebenbei Possen, Schwänke und mehrere „dramatische Lebens- und Charakterbilder", die zu seiner Zeit sehr beliebt waren. Besonders erfolgreich war er mit: „Servus Herr Stutzerl!" (1853), „Ein Florentiner Strohhut" (1854), „Des Teufels Zopf" (1867) und „Ein Zimmerherr" (1871).

JUNGBLUTH, Robert, * 5. 1. 1928 in Wien, Theatermanager. Besuchte nach seiner Ausbildung zum Lehrer zwei Jahre lang eine Schauspielschule und leitete 1965–68 das Theater an der Wien, anschließend die Wiener Stadthalle, ehe er 1970 Generalsekretär der Bundestheater wurde. Ab 1988 plant er, gemeinsam mit Otto Schenk (s. d.), das Theater in der Josefstadt zu führen.

JUNGNICKEL, Ludwig Heinrich, * 22. 7. 1881 in Wunsiedel (Oberfranken), † 14. 2. 1965 in Wien, Maler und Graphiker. Studierte in München und in Wien und war Schüler von Eisenmenger (s. d.) und Alfred Roller (s. d.). 1911 arbeitete er gemeinsam mit Gustav Klimt (s. d.) an der Ausschmückung des von J. Hoffmann (s. d.) errichteten Palais Stoclet in Brüssel und wurde Prof. an der Wiener Akademie der bildenden Künste. 1937 erhielt er den Großen Staatspreis und 1961 die Ehrenmedaille der Stadt Wien. Bekannt wurde er durch seine vollendeten Tierdarstellungen in fast allen Techniken des graphischen Bereichs, so seine Zyklen „Tiere der Fabel" (1917), „Tierfabeln des klassischen Altertums" (1918) und „Pferde aus der spanischen Hofreitschule in Wien" (1928). Darüber hinaus schuf er Plakate, Kunstgläser, Porträtzeichnungen und Buchillustrationen. J. war Mitglied des Deutschen u. des Ö. Werkbunds sowie des Künstlerhauses.

Schweiger, W. J.: Wiener Werkstätte (1982)

JUREK, Wilhelm August, * 29. 4. 1870 in Wien, † 9. 4. 1934 in Wien, Komponist. Diente als Soldat drei Jahre beim Wiener Deutschmeisterregiment und trat dann in den Staatsdienst als Beamter. Er komponierte über 300 Lieder und Märsche, darunter 1893 den Deutschmeister-Regimentsmarsch, der weit über Ö.s Grenzen hinaus bekannt wurde.

Ludwig Heinrich Jungnickel: „Marabus". Farbholzschnitt (1909)

JÜRGENS, Curd, * 13. 12. 1915 in München, † 18. 6. 1982 in Wien, Bühnen- und Filmschauspieler. 1938–41 am Wiener Volkstheater, 1941–53 Mitglied des Wiener Burgtheaters. Wurde von Willi Forst (s. d.) für den Film entdeckt und wirkte von 1936–79 in 160 Kinofilmen, meist als Hauptdarsteller, mit. 1955 bei den Filmfestspielen in Venedig als bester Schauspieler für die Hauptrolle in Käutners „Des Teufels General" ausgezeichnet, erhielt er danach Angebote aus Frankreich und Hollywood. Weitere Erfolge errang J. mit den Filmen: „Die Helden sind müde" (1955), „Und immer lockt das Weib" (1956), „Duell im Atlantik" (1957), „Der blaue Engel" (1959), „Schachnovelle" (1960), „Bitterer Whisky" (1974). Bei den Salzburger Festspielen trat J. auch jahrelang als „Jedermann" auf. 1966 erhielt er die Kainz-Medaille, 1976 veröffentlichte er seine Erinnerungen unter dem Titel „. . . und kein bißchen weise".

JÜRGENS, Udo (eigtl. Udo Jürgen Bockelmann), * 30. 9. 1934 auf Schloß Ottmanach (K), Liederkomponist und -interpret. Studierte am Konservatorium in Klagenfurt und wurde durch seine Lieder weltbekannt. Reist mit eigener Band als Showstar und Liedersänger durch das deutschsprachige Gebiet. Gewann 1960 als Interpret für Österreich den „Grand Prix d'Eurovision de la Chanson". 1972 komponierte er das Musical „Helden Helden" (nach G. B. Shaw). Erhielt 1985 den Berufstitel Prof. verliehen.

JURIČIĆ, Niklas, Freiherr von Güns (seit 1532), * um 1490 in Zengg (Dalmatien), † ?, Diplomat, Feldherr. Entstammte einer alten adeligen Familie Dalmatiens und trat als Diplomat und Feldherr in die Dienste König Ferdinands I. (s. d.). Zunächst wurde er Hauptmann von St. Veit am Pflaum (Fiume) und dann Pfandherr von Güns (heute Köszeg, Ungarn). Als Sultan Suleiman II. mit 150 000 Mann im Frühjahr 1532 in Ö. eingefallen war, belagerte er ab 7. August die Festung Güns, die J. mit nur 700 Mann so geschickt und tapfer verteidigte, daß die Türken am 29. August wieder abziehen mußten und eine abermalige Belagerung Wiens verhindert wurde. Nachdem Ferdinand I. 1535 mit dem Aufbau der Militärgrenze begonnen hatte, löste J. 1538 den als Verräter entlarvten Johann Katzianer ab und wurde Oberstfeldhauptmann der Krainer Grenze; 1538–44 auch Landeshauptmann von Krain.

JURINAC, Sena (Srebrenka), * 24. 10. 1921 in Travnik (Bosnien), Kammersängerin, Sopranistin. Studierte am Konservatorium in Zagreb und debütierte dort 1942 als Mimi. Kam 1944 nach Wien und ist seither Mitglied der Wiener Staatsoper. Heiratete 1953 den italienischen Bariton Sesto Bruscantini. Sie

Sena Jurinac als Octavian

feierte als Gast an allen großen Opernbühnen Westeuropas und in den USA beachtliche Erfolge. Zu ihrem Repertoire gehören vor allem Mozart- und Richard-Strauss-Partien sowie die Desdemona und die Jenufa. J. ist auch als Oratorien- und Liedsängerin erfolgreich gewesen.

JURISCHITZ, Nikolaus, s. Juričić, Niklas

KADELBURG, Gustav, * 26. 7. 1851 in Pest, † 11. 9. 1925 in Berlin, Schauspieler und Bühnenschriftsteller. Bruder des Schauspielers Heinrich K. (* 14. 2. 1856 in Pest, † 13. 7. 1910 in Marienbad). Erhielt seine Schauspielerausbildung in Wien bei Alexander Strakosch und trat danach auf zahlreichen deutschen Bühnen auf. 1878–1880 als Bonvivant am Stadttheater in Wien, trat er nach 1880 in Berlin auf. Seit 1894 arbeitete K. nur noch als Bühnenschriftsteller. Seine Lustspiele wurden auf allen deutschen Bühnen gespielt. K.s größter Erfolg war das Lustspiel „Im weißen Rößl" (1898), das in der Operettenbearbeitung von R. Benatzky (s. d.) zu einem Welterfolg wurde.

KADMON, Stella, * 16. 7. 1902 in Wien, Schauspielerin, Kabarettistin und Theaterleiterin. Nach ihrer Schauspielerausbildung ging sie auf Anraten von Fritz Grünbaum (s. d.) zum Kabarett. Nach fünfjähriger Tätigkeit in Wien, München und Berlin eröffnete sie am 7. 11. 1931 die Kleinkunstbühne „Der liebe Augustin" im Café Prükkel in der Biberstraße in Wien, wo zunächst Peter Hammerschlag (s. d.) ihr Hausdichter war. Sie hatte damit das erste „zeitkritische" Kabarett in Wien geschaffen, das bis März 1938 bestand. 1947 aus der Emigration zurückgekehrt, eröffnete sie wieder den „Lieben Augustin". 1948 gründete sie das „Theater der Courage", in dem zahlreiche zeitkritische Stücke aufgeführt wurden. 1981 zog sie sich von der Bühnenleitung zurück und erhielt die Ehrenmedaille der Stadt Wien und den Titel Prof. verliehen.

Veigl, H.: Lachen im Keller. Kabarett und Kleinkunst in Wien. Von den Budapestern zum Wiener Werkel (1986)

KAFKA, Franz, * 3. 7. 1883 in Prag, † 3. 6. 1924 in Kierling bei Wien, Dichter. Besuchte das deutsche Gymnasium und die Universität in Prag, wo er 1906 zum Dr. jur. promovierte. Trat danach in eine Versicherung ein, erkrankte an Tuberkulose und wurde 1922 vorzeitig pensioniert. 1904/05 begann sein literarisches Schaffen, doch nur wenige Arbeiten erschienen zu seinen Lebzeiten. Gegen K.s Letzten Willen veröffentlichte sein Freund Max Brod (s. d.) dessen Werke. So waren die Romanfragmente „Der Prozeß" (1925 erschienen, von André Gide und Max Brod dramatisiert, von Gottfried v. Einem zur Oper gestaltet), „Das Schloß" (1926) und „Amerika" (1927) zur Vernichtung bestimmt. Ab 1947 gab Max Brod K.s „Gesammelte Werke" heraus. Im Mittelpunkt von K.s Schaffen steht der Mensch in einer Welt aus einem Nebeneinander unversöhnlicher Gegensätze. Durch eine Vielzahl archetypischer Motive und Situationen (Labyrinthe, Gefangenschaft, Warten auf Einlaß oder Befreiung, Endlosigkeit des Raumes) vermittelt K.s Dichtung ein Bild der menschlichen Existenz überhaupt. K.s Werk hat viele Deutungsversuche hervorgerufen, Surrealisten und Existenzialisten haben ihn für sich reklamiert, psychoanalytische Deutungen fehlten ebensowenig wie Deutungsversuche von seiten marxistischer Denker. Weitere Werke: „Beschreibung eines Kampfes" (1904/05), „Die Verwandlung" (1912), „Das Urteil" (1912), „Der Heizer" (1913), „In der Strafkolonie" (1919), „Ein Landarzt" (1920), „Ein Hungerkünstler" (Erzählungen, 1924), „Beim Bau der chinesischen Mauer" (1931, aus dem Nachlaß herausgegeben von M. Brod und H. J. Schoeps).

Franz Kafka. Letztes Foto (Winter 1923/24)

Brod, M.: Glauben und Lehre (1948); ders.: F. K. Eine Biographie (1954); Beißner, F.: Der Erzähler F. K. (1958); Hemmerle, R.: F. K. (1958); Wagenbach, K.: F. K. (1958); Urzidil, J.: Da geht K. (1964); Janouch, G.: F. K. und seine Welt (1964); Sokel, W.: F. K. – Tragik und Ironie (1964); Kobs, J.: K. (1970); Bezzel, C.: Natur bei K. (1971)

KAINDL, Raimund Friedrich, * 31. 8. 1866 in Czernowitz (Bukowina), † 14. 3. 1930 in Graz, Historiker. Studierte in Prag und in Wien und war ab 1901 Prof. in Czernowitz, ab 1915 Univ.-Prof. in Graz. Er war ein Verfechter der großdeutschen, antipreußischen Geschichtsauffassung und Führer der Karpatendeutschen. 1907–11 erschien sein Hauptwerk „Geschichte der Deutschen in den Karpatenländern" (3 Bde.) und 1926 „Ö., Preußen, Deutschland. Deutsche Geschichte in großdeutscher Beleuchtung". Außerdem verfaßte er 1929 gemeinsam mit Hans Pirchegger, ausgehend von F. M. Mayers „Geschichte Ö.s", „Geschichte und Kulturleben Deutschösterreichs" (3 Bde.).

KAINZ, Josef, * 2. 1. 1858 in Wieselburg (Ungarn), † 20. 9. 1910 in Wien, Schauspieler. Er trat bereits mit 15 Jahren am Fürstlich Sulkowskischen Privat-Theater in Wien auf. Nach seinem ersten Engagement 1875/76 in Marburg (St, heute Jugoslawien) kam er an das neue Stadttheater in Leipzig und spielte, auch als Gast (außer in Wien), an verschiedenen deutschsprachigen Bühnen. Durch die schöpferische Gestaltung seiner Rollen und seine realistische Sprechtechnik wurde er zum berühmtesten Charakterdarsteller (Hamlet, Tasso, Mephisto, Don Carlos, Franz Mohr) des deutschsprachigen Theaters seiner Zeit. Erst nach einer triumphalen Amerikatournee wurde er 1899 als Nachfolger Friedrich Mitterwurzers (s. d.) an das Wiener Burgtheater berufen. In seiner neuen, stilbildenden Art gestaltete er 28 Rollen, die er unvergleichlich beherrschte und durch die er zum Vorbild für spätere Schauspielergenerationen wurde. (Die anläßlich seines 100. Geburtstags im Jahr 1958 von der Stadt Wien gestiftete J.-K.-Medaille, die an Schauspieler und Regisseure verliehen wird, knüpft an die Sonderleistungen der Schauspielkunst an.) Seine letzten Lebensjahre waren durch eher rastlose Gastspielreisen gekennzeichnet. K. heiratete am 3. 7. 1886 die Schriftstellerin Sarah Hutzler (* 1853 in St. Louis [USA], † 24. 6. 1893 in Berlin) und in zweiter Ehe am 8. 7. 1898 die Schauspielerin Margarete Nansen (* 13. 12. 1875 in Berlin, † 12. 2. 1950 in Wien).

Josef Kainz als Leon in „Weh dem, der lügt"

Wiegler, P.: J. K. (1941); Kober, E.: J. K. (1948)

KAISER, Friedrich, * 3. 4. 1814 in Biberach (Württemberg), † 6. 11. 1874 in Wien, Theaterdichter. Wurde am Carltheater in Wien der Vorläufer von Ludwig Anzengruber (s. d.) auf dem Gebiet des Wiener Volksstücks und schrieb über 100 Bühnenstücke (Volksstücke, Possen und Lustspiele), von denen 1850 „Der Rastelbinder" besonders erfolgreich war. Außerdem war er Mitbegründer der Wiener Künstlergesellschaft „Concordia", die als Nachfolgerin der „Ludlamshöhle" von 1840–48 bestand.

KAISERFELD, Moritz, Edler von Blagatinschegg, * 24. 1. 1811 auf Schloß Mannsberg bei Pettau (St), † 14. 2. 1885 auf Schloß Birkenstein bei Birkfeld (St), liberaler Politiker. Nach seinem Jusstudium wurde er

FRANZ KAFKA

Dichter im Niemandsland

„So, wie ich jenes Prag heute noch vor Augen habe, erscheint es mir im Wesentlichen als kafkaeske Stadt. Das mag heutigentags selbstverständlich und fast trivial klingen, aber ich – und nicht nur ich – fühlte das bereits, als Kafka dort noch mit uns weilte. Obzwar Prag in Kafkas Werk höchstens in gelegentlichen Umschreibungen deutlich wird, ist es doch überall in den Schriften enthalten . . . So ließe sich in jeder Gestalt, jeder Situation, jeder Milieuschilderung Kafkas das Pragerische nachweisen . . ."
„Kafka war Prag und Prag war Kafka. Nie war es so vollkommen und so typisch Prag gewesen und nie mehr sollte es dies sein wie zu Kafkas Lebzeiten."

Johannes Urzidil, Da geht Kafka (1966)

„Im Niemandsland zwischen jüdischer Familie, deutscher Sprache, tschechischem Volk angesiedelt, erlebte Kafka sich selbst als Fremdling, Prag als die Stadt der Entfremdung."

Ernst Fischer

„Prag läßt mich nicht los . . . Dieses Mütterchen hat Krallen, da muß man sich fügen oder."

Franz Kafka an Oscar Pollak, 20. 12. 1902

als Liberaler 1848 in den steirischen Landtag gewählt (K. war allerdings ein Gegner des Wiener Radikalismus) und in die Frankfurter Nationalversammlung delegiert. 1861 abermals im steirischen Landtag, wurde er Landeshauptmannstellvertreter und war 1871–84 Landeshauptmann. K. setzte sich für den Aufbau der medizinischen Fakultät an der Universität Graz und für die Erhebung des Joanneums in den Rang einer Technischen Hochschule ein, ebenso trat er für den Ausbau des Eisenbahnnetzes in der Steiermark ein. 1868–70 Präsident des Abgeordnetenhauses, dessen Mitglied er 1861–72 war. Ab 1871 Mitglied des Herrenhauses, zog sich aber aus gesundheitlichen Gründen 1884 von seinen Ämtern zurück.

Krones, F. v.: M. v. K. (1888)

KALBECK, Max (eigtl. Karpeles, Pseud. Jeremias Deutlich), * 4. 1. 1850 in Breslau, † 4. 5. 1921 in Wien, Musikschriftsteller. K. studierte an der Münchner Musikschule und kam auf Empfehlung von Eduard Hanslick (s. d.) 1880 in die Redaktion der „Wiener Allgemeinen Zeitung". 1883 Musikreferent der „Neuen Freien Presse", 1890 der „Wiener Montags-Revue", seit 1886 auch für das „Neue Wiener Tagblatt". Neben Hanslick ein heftiger Gegner von Richard Wagner, Anton Bruckner und Hugo Wolf. K.s Übersetzungen von Operntexten (Mozart, Smetana, Verdi, Puccini und Tschaikowsky) wurden lange Zeit verwendet, werden aber wegen der darin enthaltenen Willkürlichkeiten nunmehr abgelehnt. Seine Aufsätze erschienen auch in Buchform, so „Opernabende", 2 Bde. (1898). Sein Hauptwerk ist die großangelegte Biographie „Johannes Brahms", 4 Bde. (1898–1912, 2. Aufl. 1908–15, Nachdruck 1976).

KALCHBERG, Johann von (eigtl. Kalchegger von Kalchberg), * 15. 3. 1765 in Pichl (St), † 3. 2. 1837 in Graz, Schriftsteller, Bühnendichter. War Kurator am Joanneum in Graz und ein Mitarbeiter Erzherzog Johanns (s. d.) bei der Gründung dieses Museums. In seinen Dichtungen beschäftigte sich K. vorwiegend mit Gestalten aus der ö. Geschichte, und Josef Nadler (s. d.) bezeichnete ihn als den besten ö. Bühnendichter vor Franz Grillparzer (s. d.). Bekannt wurden: „Agnes von Habsburg" (1786), „Die Grafen von Cilli", 2 Bde. (1790–93) und „Maria Theresia" (1793). 1816–17 erschienen seine „Sämtlichen Werke" (9 Bde.) und ab 1879 „Gesammelte Schriften", 4 Bde., hrsg. v. A. Schlossar.

KALENBERG, Josef, * 7. 1. 1886 in Köln, † 8. 11. 1962 in Wien, Kammersänger, Tenor. Studierte in Köln und debütierte dort 1911. Kam über Krefeld, Barmen und Düsseldorf 1927

Josef Kalenberg als Siegfried in Richard Wagners „Götterdämmerung"

an die Wiener Staatsoper, der er bis 1942 angehörte. 1928–36 war er ständiger Gast bei den Salzburger Festspielen und sang 1935 den Tristan unter Arturo Toscanini. 1949 nahm er an der Wiener Volksoper Abschied von seiner Bühnenlaufbahn.

KALLIR-NIRENSTEIN, Otto, * 1. 4. 1894 in Wien, † 30. 11. 1978 in New York, Kunsthändler. Wurde als Sohn eines Rechtsanwalts geboren, nahm 1933 den alten Familiennamen Kallir wieder an und nannte sich K.-N., in der amerikanischen Emigration nur noch Kallir. Lernte zunächst in einer lithographischen Anstalt und wurde bald auf Egon Schiele (s. d.) aufmerksam. 1914–18 Offizier an der Ost- und Südfront, war er am Ende des Kriegs Oberleutnant. Als Mitarbeiter in Galerien und Kunstverlagen edierte er u. a. Werke von Egon Schiele, Alfred Kubin (s. d.) und Gustav Klimt (s. d.) und gründete 1922 die „Neue Galerie", wo er zum Förderer und Wegbereiter der modernen Malerei in Ö., im besonderen von Schiele, Kokoschka (s. d.), Kubin (s. d.), Gerstl (s. d.) u. a. wurde. Er eröffnete seine Galerie mit einer Schiele-Ausstellung. Große Verdienste erwarb er sich 1927 um die Sicherung des Nachlasses von Peter Altenberg (s. d.). 1930 promovierte er in Wien zum Dr. phil. und emigrierte 1938 nach Paris, wo er 1939 die Galerie St-Etienne (in Erinnerung an St. Stephan) gründete. 1939 ging er nach New York, wo er eine Zweigstelle eröffnete, die zum Hauptsitz des Unternehmens wurde. Erst 1954 gelang es ihm, die Amerikaner für moderne ö. Kunst zu interessieren. 1957 verzeichnete er seinen ersten großen Erfolg mit einer Schiele-Ausstellung.

Ausstellungskatalog: O. K.-N. Ein Wegbereiter ö. Kunst (Wien 1986)

KALLMUS, Dora (genannt Madame d'Ora), * 20. 3. 1881 in Wien, † 30. 10. 1963 in Fronleiten (St), Photographin. Das von ihr 1907 gegründete Photoatelier „d'Ora" wurde noch vor dem Ersten Weltkrieg weit über Wien hinaus bekannt. 1927 zog sie nach Paris, wo sie ebenfalls ein Atelier gründete. Ab 1961 lebte sie in der Steiermark. K. wurde vor allem durch ihre Künstlerporträts berühmt.

KÁLMÁN, Emmerich, * 24. 10. 1882 in Siófok am Plattensee (Ungarn), † 30. 10. 1953 in Paris, Operettenkomponist. Studierte in Budapest und lebte danach bis 1938 in Wien, wo seine Hauptwerke uraufgeführt und große Erfolge wurden: „Csárdásfürstin" (1915), „Faschingsfee" (1917), „Gräfin Mariza" (1924), „Die Zirkusprinzessin" (1926), „Der Teufelsreiter" (1932). Zahlreiche Lieder aus seinen Operetten wurden bekannte Schlager, etwa „Tanzen möcht' ich", „Joj Mamám", „Machen wir's den Schwalben nach", „Ganz ohne Weiber geht die Chose nicht", „Die Mädis vom Chantant". Von 1938–40 lebte er in Paris, dann in den USA und ab 1945 wieder in Paris. Sein letztes Werk, „Arizona Lady", wurde von seinem Sohn Charles K. (* 1929 in Wien) vollendet und in Bern 1954 uraufgeführt.

Bistron, J.: E. K. (1932); Oesterreicher, R.: E. K. (1954); Kálmán, V.: Grüß mir die süßen, die reizenden Frauen. Mein Leben mit E. K. (1966)

KALMAR, Rudolf, * 18. 9. 1900 in Wien, † 18. 1. 1974 in Wien, Journalist und Schriftsteller. War der Sohn des Lokalschriftstellers und Redakteurs Rudolf K. (* 2. 12. 1870 in Wien, † 7. 11. 1939 in Wien), der durch seine Wiener Skizzen „Vater Ramsauer" (1919) bekannt geworden war. K. studierte an der Universität Wien Rechts- und Staatswissenschaften, wandte sich schon ab 1919 dem Journalismus zu. 1922–38 Redakteur, ab 1934 Chefredakteur des linksliberalen Blatts „Wiener Tag" und des Montagblatts „Der Morgen", 1938–44 im KZ Dachau. 1945–56 Redakteur, ab 1947 Chefredakteur der Tageszeitung „Neues Österreich", 1957–60 Feuilletonredakteur der „Presse" und ab 1960 Leiter des literarischen Büros der Bundestheaterverwaltung. Ab 1958 Präsident des Presseclubs „Concordia", um den er sich besondere Verdienste erwarb. 1946 erschien sein KZ-Erlebnisbericht „Zeit ohne Gnade", 1949 seine Feuilletonsammlung „Land vom Kahlenberg".

KALMSTEINER, Johann, * 29. 9. 1845 in Sarnthein (Südtirol), † 5. 1. 1897 in Wien, Bildhauer. Studierte in München, Dresden und bei Kaspar von Zumbusch (s. d.) in Wien. Seit 1880 Mitglied des Wiener Künstlerhauses, zeigte er auf der Internationalen Kunstausstellung 1882 in Wien einige beachtenswerte Porträtbüsten. Für die Arkaden der Wiener Universität schuf er mehrere Porträtbüsten und die Plastiken „Biologie", „Hygiene", „Interne Medizin" und „Externe Medizin". Außerdem schuf er Marmorstatuen (der Schauspieler Talma und Kean) für das Vestibül des Wiener Burgtheaters und für die Attika des Finanzministeriums und beteiligte sich an der Ausgestaltung mehrerer Ringstraßenbauten.

KÁLNOKY von Köröspatak, Gustav Sigmund Graf, * 29. 12. 1832 in Lettowitz (Mähren), † 13. 2. 1898 in Prödlitz (Mähren), Diplomat und Staatsmann. Entstammte einem alten siebenbürgischen Adelsgeschlecht aus dem 14. Jh., das 1697 in den ungarischen Grafenstand erhoben worden war. Nach seinen Studien trat K. in die Armee ein, schied aber 1854 als Oberleut-

Gustav Graf Kálnoky

nant aus, um in den diplomatischen Dienst überzuwechseln. War an den ö. Gesandtschaften in München, Berlin und London tätig, wurde Botschaftsrat und Oberstleutnant. 1874 Gesandter in Kopenhagen, 1879 in den Generalsrang erhoben, 1880 Botschafter in St. Petersburg, 1881–95 k. u. k. Außenminister. Er bemühte sich, die Großmachtstellung der Doppelmonarchie zu bewahren, und war um eine friedliche Außenpolitik bemüht, die am 20. 5. 1882 zum Abschluß des Dreibundes zwischen Ö.-Ungarn, dem Deutschen Reich und Italien führte. In der bulgarischen Krise 1885–87 hatte er gegenüber Rußland eine harte Probe zu bestehen, konnte aber die ö. Orient- und Dreibundpolitik geschickt unter Beweis stellen. Außerdem versuchte K. die Balkanstaaten in wirtschaftlicher Hinsicht Mitteleuropa anzupassen.

KALTENBOECK, Bodo, * 15. 12. 1893 in Stuttgart, † 5. 11. 1939 (gefallen), Heimwehrführer. Diente im Ersten Weltkrieg in der k. u. k. Armee und wurde Hauptmann. Nach dem Krieg studierte er und promovierte zum Dr. phil. Bis zur Machtergreifung der Nationalsozialisten 1933 war er in Stuttgart Landesgeschäftsführer der Deutschnationalen Volkspartei. Nach Ö. zurückgekehrt, trat er 1933 der Heimwehr bei, wurde Hauptschriftleiter von deren Tageszeitungen und Standartenträger des Bundesführers. Noch 1934 forderte er ein scharfes Vorgehen gegen den Nationalsozialismus, wandte sich aber bald diesem zu und wurde wegen illegaler Betätigung verhaftet. Er schrieb zahlreiche Lieder und Gedichte über die Heimwehr sowie den Roman „Armee im Schatten – Die Tragödie eines Reiches" (1932, 10. Aufl. 1942, ins Englische übersetzt). Außerdem erschienen: „Deutschland – Österreich, Irrtum und Richtung" (1934), „Der Unfug in der Ortenau" (1936) und „Das törichte Auge, Visionen eines politischen Gefangenen" (1938).

Wiltschegg, W.: Die Heimwehr (1985)

KALTENBRUNNER, Ernst, * 4. 10. 1903 in Ried im Innkreis (OÖ), † 15. 10. 1946 in Nürnberg hingerichtet, nationalsozialistischer Politiker. Der Sohn eines Rechtsanwalts studierte Chemie und Jus und promovierte 1926 zum Dr. jur. Bis 1929 war er Rechtspraktikant und Anwaltsanwärter in Salzburg und in Linz, trat 1932 der SS bei und wurde Mitglied der NSDAP. 1934/35 wegen Hochverrats in Haft, war er 1935–38 Führer der ö. SS. Ab 11. 3. 1938 Staatssekretär für die öffentliche Sicherheit im Land Ö. und SS-Brigadeführer sowie Mitglied des Reichstags. Im Jänner 1943 wurde er Nachfolger des ein halbes Jahr zuvor in Prag ermordeten Reinhard Heydrich und damit Chef des Sicherheitsdiensts der SS, des Reichssicherheitshauptamts, der Sicherheitspolizei und SS-Obergruppenführer. K. war maßgeblich an der sogenannten Endlösung der Judenfrage und der unerbittlichen Verfolgung der Verschwörer des 20. Juli 1944 (Attentat auf Adolf Hitler) beteiligt. Vom internationalen Militärgerichtshof in Nürnberg wurde er am 9. 10. 1946 zum Tod durch den Strang verurteilt.

Reitlinger, G.: Die SS (1957); Spiegelbild einer Verschwörung. Die K.-Berichte an Bormann und Hitler nach dem Attentat vom 20. Juli 1944, hrsg. vom Archiv Peter (1961); Delarue, J.: Geschichte der Gestapo (1964); Höhne, H.: Der Orden unter dem Totenkopf (1967)

KAMEL, Georg Joseph, * 16. 4. 1661 in Brünn, † 2. 5. 1706 in Manila (Philippinen), Jesuit und Naturforscher. Studierte in Brünn, trat in den Jesuitenorden ein und verließ 1685 Europa, um in der Jesuitenmission in Manila auf der Insel Luzon als Arzt und Apotheker zu wirken. Er richtete nach heimatlichem Vorbild die erste Apotheke ein. Daneben widmete er sich der Erforschung der Pflanzen und Insekten auf den Philippinen und erwarb umfangreiche Kenntnisse über die Heilkräuter und Drogen der Eingeborenen. 13 wissenschaftliche Spezialuntersuchungen und zwei größere Studien wurden von ihm bzw. seinen englischen Freunden John Ray und James Petiver veröffentlicht, wobei die von K. angefertigten Handzeichnungen besondere Bewunderung verdienen. Auch die Fülle der philippinischen Orchideenarten wurde von ihm erkannt und sorgfältig beschrieben.

Österreicher als Erforscher der Erde. Notring Jahrbuch 1956

KAMITZ, Reinhard, * 18. 6. 1907 in Halbstadt (Böhmen), ÖVP-Wirtschaftspolitiker. Studierte in Wien Wirtschaftswissenschaft und war 1939–46 Prof. an der Hochschule für Welthandel in Wien. 1952–60 Finanzminister, 1960–68 Präsident der Oesterreichischen Nationalbank. Abgesehen von seinen Qualitäten als Wirtschaftswissenschaftler (er veröffentlichte u. a. „Rationalisierung unter Lohndruck" und „Die ö. Währungspolitik von 1848 bis 1948"), vertrat er während seiner Amtszeit die Theorie der Steuersenkung als einzige richtige Maßnahme der Finanzpolitik.

KAMLER, Heinrich von (seit 1879), * 13. 7. 1836 in Auspitz (Mähren), † 29. 12. 1918 in Wien, Postfachmann. Als Sohn eines Postmeisters geboren, war er zunächst in Mähren und Ungarn im Postdienst tätig. Kam 1864 nach Wien, wurde stellvertretender Leiter im Wiener Hauptpostamt und 1873 Oberpostdirektor für Wien und Umgebung sowie Generalfeldpostdirektor. 1881 Hofrat und Vorstand der neuen Post- und Telegraphendirektion. Vereinigte sinnvoll Post und Telegraphie und war allgemein um die Modernisierung des Postbetriebes bemüht. 1883 richtete er den Postsparkassendienst, 1884 die Postpaketzustellung ein. Die im Jahr 1873 eingeführte Rohrpost und das 1890–95 in staatliche Verwaltung übergegangene Telephonnetz wurden von ihm wesentlich erweitert.

KAMMERER, Paul, * 17. 8. 1880 in Wien, † 23. 9. 1926 in Puchberg am Schneeberg (NÖ) durch Selbstmord, Biologe. Studierte in Wien und versuchte experimentell die Vererbbarkeit einmal erworbener Eigenschaften und Fähigkeiten nachzuweisen, wie dies Lamarck 1809 behauptet hatte. Diesbezügliche Arbeiten K.s mit Salamandern konnten allerdings von anderen Forschern nicht bestätigt werden. Auch seine Versuche mit Geburtshelferkröten blieben heftig umstritten. K. veröffentlichte u. a.: „Allgemeine Biologie" (1915), „Geschlechtsbestimmung und Geschlechtsverwandlung" (1918) und „Das Gesetz der Serie" (1919).

Koestler, A.: Der Krötenküsser. Der Fall des Biologen P. K. (1971)

KAMMERHOFER, Konstantin, * 23. 1. 1899 in Turnau (St), † 6. 10. 1958 in Hannover, Heimwehr-, dann SS-Führer. War der Sohn eines Bauern; im Ersten Weltkrieg geriet er in Gefangenschaft, betätigte sich nach dem Krieg in der völkischen Turnerbewegung und war Geschäftsführer einer Weinkellerei in St. Marein im Mürztal (St). 1927 gründete er eine 200 Mann starke Heimatschutzgruppe und war am 18. 8. 1929 in St. Lorenzen im Mürztal bei einem Überfall auf den Republikanischen Schutzbund wesentlich beteiligt. Der Überfall glich einer Schlacht, drei Schutzbündler wurden getötet, 34 verwundet und 108

PAUL KAMMERER

Experimente im Zwielicht

„Am frühen Nachmittag des 23. September 1926 fand ein Wegmacher auf einem schmalen Pfad des Schneebergs – im südlichen Niederösterreich – die Leiche eines gut gekleideten Mannes in dunklem Anzug. Der Tote lehnte mit dem Rücken gegen den Felshang; seine rechte Hand hielt noch die Pistole umklammert, mit der er sich eine tödliche Kugel in den Kopf geschossen hatte . . .
Damit endete der größte wissenschaftliche Skandal der ersten Hälfte unseres Jahrhunderts. Held und zugleich Opfer dieser Tragödie war einer der brillantesten und unorthodoxesten Biologen seiner Zeit. Er war 45 Jahre alt, als ihn der Druck eines unmenschlichen Establishment und die Belastung durch sein eigenes nur allzu menschliches Temperament zum Selbstmord trieben. Man hatte ihn des schwersten Verbrechens angeklagt, das ein Wissenschaftler begehen kann: experimentelle Ergebnisse gefälscht zu haben. Dennoch würdigte ein Nachruf in ‚Nature', wohl der Welt angesehenster naturwissenschaftlicher Zeitschrift, sein letztes Buch als einen ‚der besten Beiträge zur Evolutionstheorie seit Darwin'."

Arthur Koestler, Der Krötenküsser. Der Fall des Biologen Paul Kammerer (dt. 1972)

Heimwehrmänner verwundet. Ebenso war K. beim Pfrimer-Putsch (s. Pfrimer) 1931 führend tätig. 1932 wurde er Landesleiter und vertrat nachdrücklich das Ausscheiden der steirischen Heimwehr aus der Gesamtbewegung. 1933 wurde die steirische Heimwehr aufgelöst, und K., der Mitglied der NSDAP war, wurde Führer der SA-Brigade Obersteiermark. 1938 Polizeipräsident von Innsbruck und Mitglied des deutschen Reichstags, schließlich Führer des SS-Abschnitts XXXI in Wien und Ratsherr der Stadt Wien. 1940 zum SS-Oberführer, 1943 zum SS-Gruppenführer und Generalleutnant der Waffen-SS befördert, wurde er Höherer SS-Führer und Polizeiführer in Kroatien. In Ö. stand K. auf der 1. Kriegsverbrecherliste, wurde 1945 verhaftet, konnte aber fliehen. In Jugoslawien wurde er in Abwesenheit des Hochverrats angeklagt und für schuldig befunden.

Wiltschegg, W.: Die Heimwehr (1985)

KAMPER, Josef (Pepi), * 3. 4. 1925 in Deutsch-Haslau (N), † 2. 2. 1984 bei Donnerskirchen (B), Motorradrennfahrer. Der „rasende Burgenländer" galt in den fünfziger Jahren als weltbester Sandbahnrennfahrer und errang nicht weniger als 17 Meistertitel. Bildete jahrelang mit seinem Rivalen Fritz Dirtl (s. d.) das führende Speedway-Duo Mitteleuropas, das mühelos alle Stadien füllte.

KAMPF, Karl Heinrich, * 30. 10. 1817 in der Wiener Vorstadt Schottenfeld, † 10. 11. 1886 in Wien-Hernals, Wiener Volkssänger und Komiker. Schon mit 16 Jahren stand er auf der „Pawlatschen" und trat in der Folge in zahlreichen Wiener Lokalen, etwa beim Sperl, im „Grünen Tor" und im „Roten Hahn", auf. Da er im Revolutionsjahr 1848 die Freiheit besang, wurde er zwei Monate lang eingesperrt. Die von ihm gegründete „Volkssängergesellschaft K." lehnte grundsätzlich alles Zotenhafte ab. K. komponierte und textierte mehrere Wiener Lieder.

Koller, F.: Das Wiener Volkssängertum in alter und neuer Zeit (1931)

KANITZ, Otto Felix, * 5. 2. 1894 in Wien, † 29. 3. 1940 im KZ Buchenwald, sozialdemokratischer Pädagoge. Gelernter Installateur, interessierte sich bald für die Politik und fand durch Max Winter (s. d.) Aufnahme als Funktionär in den 1911 gegründeten „Arbeiterverein Kinderfreunde in NÖ". 1919 errichtete er in Gmünd die erste „Kinderrepublik" in Ö. 1922 Dr. phil., 1932 Bundesrat, leitete von 1921–34 die Monatsschrift „Die sozialistische Erziehung". K. veröffentlichte u. a.: „Das proletarische Kind in der bürgerlichen Gesellschaft" (1925), „Kämpfer der Zukunft" (1928).

KANN, Robert A., * 11. 2. 1906 in Wien, † 30. 8. 1981 in Wien, Historiker. Studierte Geschichte in Wien, emigrierte 1939 in die USA. War Univ.-Prof. an mehreren amerikanischen Universitäten und Gastprof. an der Universität Wien. Von seinen zahlreichen Veröffentlichungen sind zu erwähnen: „Kanzel und Katheder" (1960), „Das Nationalitätenproblem der Habsburgermonarchie" (1964) und „Geschichte des Habsburgerreiches 1526–1918" (1974, dt. 1977).

KAPELLARI, Egon, * 12. 1. 1936 in Leoben (St), Bischof. Schloß zunächst ein Jusstudium ab und studierte dann in

VIKTOR KAPLAN

Strom aus dem Strom

KAPLAN, Viktor, * 27. 11. 1876 in Mürzzuschlag (St), † 23. 8. 1934 in Unterach am Attersee (OÖ), Maschinenbauer und Erfinder. Sein Vater war Verkehrsbeamter und später Zentralinspektor der Südbahn. K. studierte an der Technischen Hochschule in Wien Maschinenbau und diente sein Einjährig-Freiwilligen-Jahr bei der k. u. k. Kriegsmarine ab. 1901 Dipl.-Ing. für Motorenbau in der Leobersdorfer Maschinenfabrik, ging 1903 als Konstrukteur an die Technische Hochschule Brünn, wo er sich mit dem Turbinenbau beschäftigte und an der Lehrkanzel für Maschinenbau ein eigenes Turbinenlaboratorium erhielt. Die Ergebnisse seiner wissenschaftlichen Arbeit gipfelten vorerst in der 1905 erschienenen Publikation „Bau rationeller Francisturbinenlaufräder", durch die er 1908 das Doktorat der Technischen Hochschule Wien erlangte. 1912/13 erwarb er mehrere Patente auf dem Gebiet des Turbinenbaus. Eine Berufung an die Technische Hochschule Aachen bewirkte 1913 seine Ernennung zum a. o. Univ.-Prof. in Brünn. 1913–17 kämpfte er um die Anerkennung seiner Erfindung einer neuartigen Turbine, die großes Interesse auch in Amerika fand, aber in der Praxis nicht erprobt werden konnte. Die K.-Turbine brachte durch die verstellbaren, stromlinienförmig gebauten Laufschaufeln auch für Niederdruckkraftwerke (Gefällstufen unter 25 m) eine Steigerung der Drehzahl auf das Dreifache gegenüber den bisherigen Typen und bot damit eine wesentliche Leistungssteigerung der Turbineneinheiten. 1919 wurde von der kleinen Börtel- und Strickgarnfabrik M. Hofbauers Wwe. in Velm bei Gramatneusiedl (NÖ) die erste K.-Turbine in Betrieb genommen. Sie war von der Firma Ignaz Storek in Brünn gebaut worden und hatte einen Laufraddurchmesser von 185 mm. (Heute beträgt dieser im Wolgakraftwerk Kuibyshew, wo die derzeit größte K.-Turbine in Betrieb ist, 9,3 m.) 1923 wurden die ersten 1000-PS-K.-Turbinen der Firma J. M. Voith, St. Pölten, im Kraftwerk Siebenbrunn am Traunfall bei Gmunden (OÖ) in Betrieb genommen. Die internationale Anerkennung auf der Vollversammlung der Weltkraftwerkskonferenz in Berlin 1936 erlebte der Erfinder der modernen Großturbine für Niederdruckkraftwerke nicht mehr – dort wurde erklärt, daß „die Kaplan-Turbine zu den größten Fortschritten zählt, die auf dem Gebiet des Wasserkraftmaschinenbaus je gemacht worden sind". Zu den größten K.-Turbinen Europas gehören auch die des Donau-Kraftwerks Ybbs-Persenbeug, die eine Nutzleistung von jeweils 32 300 kW und eine Maximalleistung von 34 400 kW erbringen, das sind 43 900 bzw. 46 700 PS. Die erste, im Jahr 1919 in Velm in Betrieb genommene K.-Turbine ist in einem Schauraum des Technischen Museums in Wien aufgestellt.

Lechner, A.: V. K, in: „Blätter für Technikgeschichte" 3/1936; Kurzel-Runtscheiner, E.: V. K. Die Revolution im Turbinenbau, in: „Ö. Naturforscher und Techniker", hrsg. von der Ö. Akademie der Wissenschaften 1950; Storek, H.: K. und seine Turbine (1952)

Die erste Kaplan-Turbine, die 1919–55 in Velm (NÖ) in Betrieb war

Salzburg und in Graz Theologie. 1961 zum Priester geweiht, wurde 1964 Hochschulseelsorger in Graz. Am 7. 12. 1981 wurde K. von Papst Johannes Paul II. zum Bischof von Klagenfurt ernannt und vom Salzburger Erzbischof Dr. Karl Berg am 24. 1. 1982 im Klagenfurter Dom zum Bischof geweiht.

KAPFER, Hans, * 5. 9. 1903 in Sollenau (NÖ), Jurist, SPÖ-Politiker. Wurde nach seinem Studium Richter und trat später in das Justizministerium ein, wo er Sektionschef wurde. 1955/56 Justizminister, 1958–62 Präsident des Oberlandesgerichts Wien, 1963 Vizepräsident und 1966–68 Präsident des Obersten Gerichtshofs. K. gab zahlreiche kommentierte Ausgaben ö. Gesetze heraus, so etwa vom „Arbeitsgerichtsgesetz“, vom „Wechsel- und Scheckgesetz“, „Angestelltengesetz“ und „Allgemeinen Bürgerlichen Gesetzbuch“, die alle in zahlreichen Auflagen erschienen sind.

KAPP, Gisbert, * 2. 9. 1852 in Mauer bei Wien, † 10. 8. 1922 in Birmingham, Elektrotechniker. Studierte an der Technischen Hochschule in Wien und war 1905–21 Univ.-Prof. in Birmingham. Schuf die rechnerischen Grundlagen für den Bau von Dynamomaschinen und Wechselstromtransformatoren. Außerdem erfand er den nach ihm benannten Phasenschieber (Vibrator).

KARABAČEK, Joseph Ritter von, * 20. 9. 1845 in Graz, † 9. 10. 1918 in Wien, Orientalist und Numismatiker. Studierte an der Universität Wien und habilitierte sich 1869 für arabische Paläographie, wurde 1874 a. o. Prof. für Geschichte des Orients und war 1885–1915 Ordinarius. 1899–1917 war K. Direktor der Hofbibliothek in Wien und führte wichtige Reformen durch. Auf seine Initiative hin wurde die Wiener Numismatische Gesellschaft gegründet; K. war ein international anerkannter Fachmann der arabischen Papyrologie.

KARAJAN, Theodor Georg Ritter von, * 22. 1. 1810 in Wien, † 28. 4. 1873 in Wien, Historiker. Sohn eines griechischen Kaufmanns, studierte in Wien und trat 1829 in den Hofkriegsrat ein. Ab 1832 im Hofkammerarchiv unter Grillparzer (s. d.) als Direktor tätig, ab 1841 in der Hofbibliothek. 1848 in die Frankfurter Nationalversammlung gewählt, übernahm nach seiner Rückkehr nach Wien 1850 die Lehrkanzel für deutsche Sprache und Literatur an der Universität Wien, legte dieses Amt jedoch ein Jahr später nieder und kehrte 1852 in die Hofbibliothek zurück. 1851 war er Vizepräsident, danach 1866–69 Präsident der Akademie der Wissenschaften. Besonders verdienstvoll waren seine Arbeiten auf dem Gebiet der kritischen Quellenforschung in der Literatur- und Geschichtswissenschaft. U. a. gab er 1843 M. Behaims (s. d.) „Buch von den Wienern“ heraus, verfaßte „Abraham a Sancta Clara“ (1867) und „Kaiser Leopold I. und Peter Lambeck“ (1868).

Nyewald, E.: Th. G. R. v. K., Diss. Wien (1949)

HERBERT VON KARAJAN

Viel Harmonie und manche Dissonanzen

KARAJAN, Herbert (von), * 5. 4. 1908 in Salzburg, Dirigent. Studierte am Mozarteum in Salzburg und danach bei Franz Schalk (s. d.) in Wien. Zunächst Pianist. 1930–34 Kapellmeister, zuletzt Operndirektor in Ulm, dann ab 1935 Generalmusikdirektor in Aachen. Seit 1938 Dirigent an der Berliner Staatsoper. 1941 Dirigent der Berliner Staatskapelle. Nach dem Zweiten Weltkrieg ab 1947 in Wien tätig. 1949 Konzertdirektor auf Lebenszeit der Gesellschaft der Musikfreunde in Wien. 1955 Künstlerischer Leiter der Berliner Philharmoniker. 1956–64 Direktor der Wiener Staatsoper, seit 1957 Künstlerischer Direktor der Salzburger Festspiele. 1967 gründete K. die Salzburger Osterfestspiele. Begann ab 1957 zu inszenieren, vor allem Wagner- und Verdi-Opern. Suchte durch umfassendes Management seine Projekte durch Schallplatten- und Filmverträge finanziell zu stützen. K. hat mit beispielhaften Wiedergaben, u. a. der sinfonischen Werke von Mozart und Beethoven, dem technischen Fortschritt auf dem Gebiet der Stereophonie Rechnung getragen. 1969 hat er die Salzburger Karajan-Stiftung ins Leben gerufen.

Herbert von Karajan

Herzfeld, F.: H. v. K. (1958); Löbl, K.: Das Wunder K. (1965); Haeusserman, E.: K. (1968, Neuaufl. 1978); Prossnitz, G. (Hrsg.): H. v. K. Inszenierungen (1983)

KARALL, Lorenz, * 10. 8. 1894 in Großwarasdorf (B), † 17. 3. 1965 in Walbersdorf (B), Ziegeleibesitzer, Jurist und ÖVP-Politiker. Entstammte der kroatischen Minderheit des Burgenlands und war ab 1927 Landtagsabgeordneter, 1929–34 Landesrat. 1946–56 war K. Landeshauptmann des Burgenlands und ab 1956 bis zu seinem Tod Landtagspräsident. Viele Jahre war K. als Redakteur der im Burgenland erscheinenden kroatischen Zeitung tätig.

KARAS, Anton, * 7. 7. 1906 in Wien, † 10. 1. 1985 in Wien, Zitherspieler und Heurigenbesitzer. K. war gelernter Schlosser und spielte als Autodidakt, ohne Noten lesen zu können, in einem Wiener Heurigenlokal. Weltbekannt wurde er 1948 durch das von ihm komponierte und vorgetragene „Harry-Lime-Thema“ in Carol Reeds erfolgreichem Tonfilm „Der dritte Mann“ (Drehbuch: Graham Greene). Nach einer einjährigen Welttournee eröffnete er 1953 in Wien einen Nobelheurigen, durch den er zu Wohlstand gelangte.

ANTON KARAS

Melodie zum Dritten Mann

„Der Zitherspieler Anton Karas war bis zum Tage, da der Regisseur ihn hörte, eine höchst unbeachtete Kapazität seines Instruments. Er spielte weinseligen Filmleuten beim Sieveringer Heurigen seine Gspaß und Gstanzln vor; nachher kassierte er, was die Gäste freiwillig auf seinem Teller zurückließen. Bis Carol Reed ihn hörte und erkannte, daß der seltsam abrupte, metallische Klang des Saiteninstruments, dessen Namen er nicht einmal wußte, die ganze wehmütig-melancholisch-unerbittliche Stimmung seines Films auszudrücken verstand: Dieses wienerische ‚O du lieber Augustin, alles ist hin!‘ Die Zither des Tonerl aus Sievering charakterisierte das Wien von 1947 besser, als es ein philharmonisches Orchester vermocht hätte, und so nahm Carol Reed das Wagnis auf sich, seinen ganzen Film lediglich von einer Zither und einer einzigen Melodie untermalen zu lassen: dem Harry-Lime-Thema, das die geschickten Finger des Sieveringer Heurigenmusikanten aus den Saiten der Zither zupften und das zu einer gewaltigen Symphonie des Bedrückenden, Hoffnungslosen und Unterweltlichen anschwillt, wenn der Held des Films, Harry Lime, auftaucht. Symbol eines nicht von den vier fremden Mächten, aber von allen guten Geistern verlassenen Wien.“

„Neues Österreich“, 11. März 1950

Alexander Korda und D. O. Selznick zeigen:

DER dritte MANN

Ein London-Film in deutscher Sprache im Verleih der Sascha

Buch: Graham Greene — Bauten: Vincent Korda, John Hawkesworth und Joseph Bato — Photographie: Robert Krasker — Zithermusik, komponiert und gespielt von dem Wiener Anton Karas

Produktion und Regie: Carol Reed

Darsteller:

Martins	Joseph Cotten
Anna	Alida Valli
Calloway	Trevor Howard
Harry Lime	Orson Welles
Kurtz	Ernst Deutsch
Winkel	Erich Ponto
Popescu	Siegfried Breuer
Portier	Paul Hörbiger
Seine Frau	Annie Rosar
Annas Hauswirtin	Hedwig Bleibtreu

Aus dem Programmheft zum Film „Der dritte Mann“

KARASEK, Franz, * 22. 4. 1924 in Wien, † 10. 3. 1986 in Wien, Diplomat und ÖVP-Politiker. Studierte in Wien und in Paris Internationales Recht. Er wurde persönlicher Sekretär der Bundeskanzler Leopold Figl (s. d.) und Julius Raab (s. d.) und war danach als Diplomat im Ausland tätig. 1966 Kabinettchef in der Regierung Klaus, 1970–78 Abgeordneter zum Nationalrat; wurde 1970 auch in die Parlamentarische Versammlung des Europarats gewählt. 1978–84 Generalsekretär des Europarats.

KARCZAG, Wilhelm, * 28. 8. 1857 in Karcag (Ungarn), † 11. 10. 1923 in Wien, Theaterdirektor. K. war auch Bühnenschriftsteller und Journalist, schrieb allerdings ausschließlich in ungarischer Sprache. 1901 übernahm er die Direktion des Theaters an der Wien, wo er eine neue Glanzzeit der Operette einleitete. Daneben war K. von 1908–1921 Leiter des Raimundtheaters und 1917–19 auch noch des Wiener Stadttheaters. Sein Schwiegersohn Hubert Marischka (s. d.) führte das Theater an der Wien nach seinem Tod weiter.

KARGER, Karl, * 31. 1. 1848 in Wien, † 17. 10. 1913 in Wien, Maler. Studierte an der Wiener Akademie der bildenden Künste und bildete sich 1871–78 im Ausland weiter. 1878 hielt er den „Letzten Moment des Wiener Festzuges" anläßlich der Silbernen Hochzeit des Kaiserpaares fest und bekam dafür das Ritterkreuz des Franz-Joseph-Ordens. 1885/86 malte er im Stiegenhaus des Burgtheaters die Deckengemälde „Oberammergauer Theater" und „Moderne Theaterszene", 1888 schuf er Sgraffiti und Majolikamedaillons am Ö. Museum für Kunst und Industrie (heute Museum für angewandte Kunst) und 1890 Deckengemälde im Kunsthistorischen Museum. K. war 1887–1908 Prof. an der Wiener Kunstgewerbeschule.

KARL V., Kaiser, * 24. 2. 1500 in Gent, † 21. 9. 1558 in San Jeronimo de Yuste (Spanien), Sohn von Philipp dem Schönen (s. d.) und Johanna der Wahnsinnigen sowie Enkel Kaiser Maximilians I. (s. d.). In den Niederlanden unter der Vormundschaft seiner Tante Margarete von Ö. (s. d.) als Burgunder erzogen, erbte er nach dem Tod seines Vaters Burgund und die Niederlande und nach dem Tod seines Großvaters, König Ferdinand von Aragon, die Herrschaft in Spanien. Nach dem Tod Maximilians I. bewarb er sich, finanziell unterstützt von den Fuggern, um dessen Nachfolge. Gegen König Franz I. von Frankreich wurde er am 26. 6. 1519 in Frankfurt am Main gewählt, betrat aber erst im Oktober 1520 den Boden des Reichs und wurde am 23. 10. 1520 in Aachen zum deutschen König gekrönt. Mit dem Brüsseler Vertrag vom 7. 2. 1522 überließ er seinem jüngeren Bruder Ferdinand I. (s. d.) endgültig alle ö. Erblande, womit das Haus Habsburg in eine ö. und eine spanische Linie geteilt wurde. Am 10. 3. 1526 heiratete er in Sevilla die Infantin Isabella von Portugal, mit der er fünf Kinder hatte, darunter Philipp II. und Maria, die spätere Gattin Kaiser Maximilians II. (s. d.). Nach mehreren Kriegen gegen Franz I. und den Papst in Italien wurde K. am 22. 2. 1530 mit der „Eisernen Krone" der Lombardei und am 24. 2., ebenfalls in Bologna, von Papst Clemens VII. zum Kaiser gekrönt; es war dies die letzte Kaiserkrönung durch den Papst. Am 5. 1. 1531 erfolgte die Wahl seines Bruders Ferdinand zum römisch-deutschen König, die K. durchgesetzt hatte. Die am 11. 1. 1531 erfolgte Königskrönung war die letzte in Aachen. K. ließ 1521 Mexiko und 1533 Peru erobern, wodurch in seinem Machtbereich tatsächlich „die Sonne nie unterging". In Deutschland war K.s Herrscherzeit durch die Auseinandersetzungen mit den Protestanten geprägt. Seine Politik der kaiserlichen Machtstärkung scheiterte jedoch, und er

Medaille mit Karl V. Münzkabinett des Kunsthistorischen Museums in Wien

überließ seinem Bruder Ferdinand fortan die politischen Entscheidungen. Dieser schloß 1555 mit den protestantischen Fürsten den Augsburger Religionsfrieden. 1555 löste K. die Niederlande aus dem Verband des Reichs und übergab sie seinem Sohn Philipp. Am 16. 1. 1556 übergab er ihm auch die spanische Krone und zog sich in die Villa Estremadura, nahe dem Kloster San Jeronimo de Yuste, östlich von Toledo zurück. Mit einem Brief vom 12. 9. 1556 überließ er seinem Bruder Ferdinand die Kaiserwürde. K. hatte auch außereheliche Nachkommen: Margarete von Parma (s. d.) aus der Beziehung zu Johanna van der Gheenst und Don Juan d'Austria (s. d.) aus der Verbindung mit der Regensburger Bürgerstochter Barbara Blomberg (s. d.).

Rassow, P.: Der letzte Kaiser des Mittelalters (1911); Brandi, K.: Kaiser K. V., 2 Bde. (1937–41); Tyler, R.: Kaiser K. V. (1959); Burckhardt, K. J.: Gedanken über K. V. (1964); Habsburg, O.: K. V. (1979); Lahnstein, P.: Auf den Spuren von K. V. (1979)

KARL V.
Vom Kaiserthron ins Kloster

„Karl der Fünfte hatte der Welt ein außerordentliches Schauspiel gegeben, da er auf einmal

Karl V. als deutscher Kaiser. Holzschnitt (1558)

dem kühnen Phantom einer allgemeinen Herrschaft entsagte, seiner ungeheuren Macht sich freiwillig entlastete und alle seine Kronen einem Sohn übergab, den er nicht einmal liebte. Merkwürdig war die Erscheinung, diesen mächtigen Souverän so viele königliche und kriegrische Geschäfte ohne Rückbehalt gegen Mönchsübungen vertauschen zu sehen. Er beschloß seine erhabene Rolle mit einem gänzlichen politischen Tode, indem er sich vor den Augen der Welt in die Mauern eines Klosters begrub und für eine abschiedne Seele Messen absingen ließ, gleichsam als hätte er aufgehört zu sein . . ."

Friedrich Schiller, Geschichte des Abfalls der Vereinigten Niederlande (1788)

KARL VI., Kaiser, * 1. 10. 1685 in Wien, † 20. 10. 1740 in Wien, Sohn Kaiser Leopolds I. aus dessen dritter Ehe mit Eleonore Magdalena von Pfalz-Neuburg. Der Lieblingssohn Kaiser Leopolds galt als ernster, auch bedächtiger und pedantischer als sein älterer, lebensfroher Bruder Joseph I. (s. d.). Als Zweitgeborener traditionell für den geistlichen Stand bestimmt, erhielt er eine hervorragende Ausbildung. Als König Karl II. von Spanien 1700 kinderlos starb, erlosch die spanische Linie der Habsburger; Kaiser Leopold I. sowie K.s Bruder König Joseph I. übertrugen ihm das Erbrecht auf Spanien; der Kaiser ernannte K. 1703 zum König von Spanien (als Karl III.) Im Spanischen Erbfolgekrieg versuchte K. seine Ansprüche durchzusetzen, konnte sich aber nur in Katalonien behaupten, obwohl er am 2. 7. 1706 in Madrid zum König gewählt worden war. Nach dem Tod seines Bruders Joseph I. trat er die Regierung in den habsburgischen Erblanden an. Am 12. 10. 1711 wurde er in Frankfurt am Main zum römisch-deutschen Kaiser gewählt und am 22. 12. auch gekrönt. Am 26. 1. 1712 traf er in Wien ein und übernahm von seiner Mutter die Regierungsgeschäfte. Am 22. 5. 1712 wurde K. in Preßburg zum Apostolischen König (als K. III.) von Ungarn gekrönt. Seinen Plan, das Reich Kaiser Karls V. wiedererstehen zu lassen, mußte er bald aufgeben, da die politischen Realitäten stärker waren. Die Friedensverträge von Utrecht vom 11. 4. 1713 und Rastatt vom 6. 3. 1714 beendeten den Spanischen Erbfolgekrieg. K. verzichtete auf Spanien, erhielt aber die spanischen Nebenländer: die Niederlande, Mailand, Neapel, Mantua und Sardinien. Inzwischen hatte Kaiser K. VI. am 19. 4. 1713 die Pragmatische Sanktion erlassen, mit der er seine Töchter vor den weiblichen Nachkommen seines ver-

Kaiser Karl VI. Gemälde von J. G. Auerbach (?)

storbenen Bruders Joseph als erbberechtigt erklärte und die Unteilbarkeit der habsburgischen Erbländer bestimmte. Bis zum Februar 1714 hatte ein Jahr lang die Pest gewütet. Allein in Wien gab es 8644 Tote. In Erfüllung eines Gelübdes ließ K. später die seinem Namenspatron Karl Borromäus geweihte Karlskirche in Wien von Johann Bernhard Fischer von Erlach

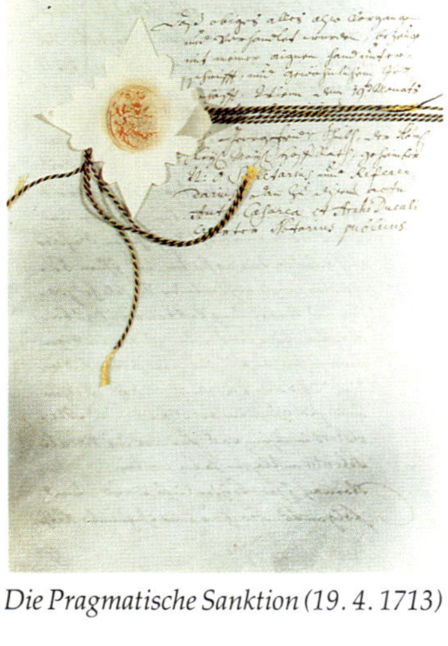

Die Pragmatische Sanktion (19. 4. 1713)

(s. d.) erbauen. 1716 begann K.s erster Türkenkrieg, der dank der Genialität des Prinzen Eugen von Savoyen (s. d.) so günstig verlief, daß der Friede von Passarowitz vom 21. 7. 1718 Ö. einen großen Gebietszuwachs brachte: die Walachei, das Banat und Teile Serbiens und Bosniens. Am 5. 6. 1723 wurde K. in Prag zum König von Böhmen gekrönt. Ab nun bemühte sich K. um die Anerkennung der Pragmatischen Sanktion durch die europäischen Großmächte, wobei er keine Opfer scheute. Das nicht eben glückliche Eingreifen im Polnischen Erbfolgekrieg führte zwar im Vorfrieden von Wien am 3. 10. 1735 zur Anerkennung der Pragmatischen Sanktion durch Frankreich, doch mußte Ö. einige italienische Gebiete an Spanien abtreten. Sogar die vielversprechende Ostindische Handelskompagnie gab er wegen des holländischen Widerstands auf. Im Türkenkrieg 1737–39 gingen die 1718 errungenen Gebiete zum Großteil wieder verloren; Ö. behielt im Frieden von Belgrad vom 18. 9. 1739 nur das Temesvarer Banat. Dennoch war Ö. unter K. zur europäischen Großmacht geworden. K. blieb sein Leben lang von seiner spanischen Zeit geprägt und hielt sich streng an das spanische Hofzeremoniell. Mit ihm erlosch das Haus Habsburg im Mannesstamm.

Tuba, G.: Die Pragmatische Sanktion (1913); Bayern, A. v.: Das Ende der Habsburger in Spanien, 2 Bde. (1929); Redlich, O.: Das Werden einer Großmacht. Ö. von 1700–1740 (1938); Topka, R.: Der Hofstaat Kaiser K.s VI. (1954)

KARL I., Kaiser von Ö. (K. Franz Joseph), * 17. 8. 1887 auf Schloß Persenbeug an der Donau (NÖ), † 1. 4. 1922 in Funchal (Madeira), Sohn Erzherzog Otto Franz Josephs (eines Neffen Kaiser Franz Josephs I., * 21. 4. 1865 in Graz, † 1. 11. 1906 in Wien) und Maria Josefas von Sachsen. K. besuchte das Schottengymnasium in Wien. Nach militärwissenschaftlichen und juridischen Studien diente er als Leutnant bei den Husaren und den Dragonern in Böhmen und in Galizien. Am 21. 10. 1911 heiratete er in Schwarzau am Steinfeld (NÖ) Zita von Bourbon-Parma. Nach der Ermordung des Erzherzog-Thronfolgers Franz Ferdinand (s. d.) am 28. 6. 1914 in Sarajevo rückte K. in der Thronfolge nach. Der Kaiser betraute ihn mit militärischen Aufgaben, hielt ihn aber von politischen Entscheidungen fern. Mit dem Tod Franz Josephs I. am 21. 11. 1916 wurde K. ohne Krönung Kaiser von Ö. und als Karl IV. König von Ungarn (Krönung am 30. 12. 1916 in Budapest). Bei seinem Regierungsantritt bestanden bereits große innen- und außenpolitische Schwierigkeiten, und durch die rasche Krönung in Ungarn verstärkte er den nationalen Widerstand der Tschechen, die sich bei der Entente um die Anerkennung eines selbständigen tschechischen Staats bemühten. Zum baldigen Abschluß eines Friedens entschlossen, setzte er deutliche Maßnahmen: er übernahm den Oberbefehl über die k. u. k. Armee, ersetzte Generalstabschef Conrad von Hötzendorf (s. d.) durch Arz von Straußenburg (s. d.) und erreichte am 12. 12. 1916 einen Friedensappell der Mittelmächte, der aber am 30. 12. von der Entente abgelehnt wurde. Im Februar 1917 nahm er über seinen Schwager Sixtus von Bourbon-Parma, der als belgischer Offizier auf seiten der Entente kämpfte, geheime Friedensver-

Kaiser Karl I. mit Kaiserin Zita und Sohn Otto während des Ersten Weltkriegs

handlungen mit Frankreich auf, ohne auf seinen Bündnispartner Deutschland Rücksicht zu nehmen (Sixtus-Affäre). Die Friedensvermittlung scheiterte vor allem am Widerstand Italiens, zu dessen Kriegszielen die Erwerbung Südtirols gehörte. Noch vor dem militärischen Zusammenbruch zeigten sich deutlich Auflösungserscheinungen der Donaumonarchie. Das sogenannte „Völkermanifest" des Kaisers vom 16. 10. 1918 zur Umwandlung der ö.-ungarischen Monarchie in einen Bundesstaat kam zu spät. Am 21. 10. fand die konstituierende Sitzung der deutschsprachigen Mitglieder des cisleithanischen Abgeordnetenhauses als „Provisorische Nationalversammlung für Deutschösterreich" im Nö. Landhaus in Wien statt, am 3. 11. wurde in der Villa Giusti bei Padua der Waffenstillstand zwischen der ö.-ungarischen Monarchie und der Entente unterzeichnet, am 11. 11. unterzeichnete K. im Schloß Schönbrunn seinen Verzicht „auf jeden Anteil an den Staatsgeschäften". Dann begab er sich mit seiner Familie nach Schloß Eckartsau im Marchfeld, von wo er am 23. 3. 1919 unter britischem Schutz mit seiner Familie in die Schweiz ins Exil ging. Vor dem Grenzübertritt verfaßte er in Feldkirch (V) noch ein, allerdings nicht veröffentlichtes, Manifest, in dem er gegen die am 3. 4. vom ö. Parlament beschlossene Thronentsetzung protestierte und alle getroffenen Maßnahmen für sich und sein Haus für null und nichtig erklärte. Am 26. 3. 1921 versuchte er in Ungarn die Monarchie wieder herzustellen, doch lehnte es der Reichsverweser Admiral Horthy ab, ihm die Macht zu übergeben. Der zweite Restaurationsversuch begann am 20. 10. 1921 in Ödenburg und stützte sich auf königstreues Militär, das jedoch am 24. 10. geschlagen wurde. Das Kaiserpaar wurde im Kloster Tihany interniert. Auf Druck Italiens, Frankreichs und Englands sprach die ungarische Nationalversammlung die Absetzung des Königs aus und beschloß seine Auslieferung. Am 19. 11. 1921 traf K. mit seiner Gattin in der Verbannung auf der Insel Madeira ein, wo K. nach kurzer Krankheit starb. K. hinterließ sieben Kinder im Alter von ein bis zehn Jahren; ein achtes wurde zwei Monate später geboren. Exkaiserin Zita (s. d.) fand mit ihren Kindern zunächst Asyl in Spanien und später in Belgien.

Werkmann, H. v.: Der Tote auf Madeira (1923); Fester, R.: Die Politik Kaiser K.s und der Wendepunkt des Weltkrieges (1925); Polzer-Hoditz, A.: Kaiser K. (1928); Lorenz, R.: Kaiser K. und der Untergang der Donaumonarchie (1959); Brook-Shepherd, G.: Um Krone und Reich. Die Tragödie des letzten Habsburgerkaisers (1968); ders.: Karl I. Des Reiches letzter Kaiser (1976)

KARL II., Erzherzog von Innerösterreich, * 3. 6. 1540 in Wien, † 10. 7. 1590 in Graz. War der jüngste Sohn Kaiser Ferdinands I. (s. d.). Durch die Erbteilung von 1564 wurde er Landesfürst von Innerösterreich (Steiermark, Kärnten, Krain, Görz und Triest) und begründete die sogenannte steirische Linie der Habsburger. Sein Vater sowie sein Bruder Maximilian II. (s. d.) bemühten sich für K. um eine Eheverbindung mit Königin Elisabeth von England, doch scheiterte dies am unterschiedlichen Religionsbekenntnis. Schließlich heiratete er am 26. 8. 1571 in Wien die streng katholische Maria Anna von Bayern (* 21. 3. 1551 in München, † 29. 4. 1608 in Graz), die die gegenreformatorischen Bestrebungen ihres Gatten tatkräftig unterstützte. Dieser Ehe entsprossen 15 Kinder, darunter Erzherzog Ferdinand III., der spätere Kaiser Ferdinand II. (s. d.). Die latente Türkengefahr und die Probleme der Gegenreformation begleiteten K.s ganze Regierungszeit. Schon 1566 hatte er persönlich am Türkenfeldzug seines Bruders Maximilian II. teilgenommen, wobei ihm die Verteidigung der Grenzen Innerösterreichs anvertraut war. Mit seiner Defensionsordnung trug er wesentlich zur Organisation der Militärgrenze bei und erbaute die Festung Karlstadt (Karlovac) in Kroatien. 1572 berief er die Jesuiten nach Graz. Im selben Jahr mußte K. durch die Grazer Religionspazifikation den protestantischen Landständen Religionsfreiheit gewähren, da er große Geldmittel zur Abwendung der Türkengefahr benötigte. Auf dem Landtag zu Bruck mußte K. durch das „Brucker Libell" vom 9. 2. 1578 die Religionsfreiheit mit erweiterten Zugeständnissen wiederholen. (Das 1579 auf einer Konferenz in München beschlossene Programm der Gegenreformation wurde erst von seinem Sohn Ferdinand durchgeführt.) K. verbesserte die Gesetzgebung und gründete 1585 die Grazer Universität. Er ist in der Gruft des Mausoleums der Benediktinerabtei Seckau begraben.

Hurter, F.: Geschichte Kaiser Ferdinands II., 11 Bde. (1850); Loserth, J.: Der Huldigungsstreit nach dem Tode Erzherzog Karls II. 1590–1592 (1898)

KARL, Erzherzog von Ö. (K. Ludwig Johann), * 5. 9. 1771 in Florenz, † 30. 4. 1847 in Wien, Herzog von Teschen, Heerführer. Sohn Kaiser Leopolds II. (s. d.) und jüngerer Bruder von Kaiser Franz II. (I.) (s. d.). K. war von Herzog Albert von Sachsen-Teschen (s. d.) und dessen Gattin Erzherzogin Maria Christine (s. d.) an Kindes Statt angenommen worden und folgte diesen 1791 in die Ö. Niederlande. Für die militärische Laufbahn bestimmt, bewährte er sich als Generalmajor in den Schlachten des Ersten Koalitionskriegs 1792/93. 1793/94 war er Nachfolger seines Adoptivvaters als Generalstatthalter der Ö. Niederlande in Brüssel. Nach der unglücklich verlaufenen Schlacht von Fleurus am 26. 6. 1794 ging ganz Belgien für Ö. endgültig verloren, und K. ging nach Wien, um kriegswissenschaftliche Studien zu betreiben. Am 9. 2. 1796 wurde K. Reichsfeldmarschall und erhielt das Oberkommando über die ö. Rheinarmee. Er drängte die Franzosen über den Rhein zurück und belagerte die Festung Kehl, die am 10. 1. 1797 kapitulierte. Anschließend übernahm er das Kommando über die sich in schlechter Verfassung befindende Armee auf dem italienischen Kriegsschauplatz. K. konnte lediglich möglichst geordnet der französischen Übermacht unter General Bonaparte weichen und schloß am 5. 4. in Judenburg auf dessen Vorschlag einen Waffenstillstand, dem am 18. 4. der Präliminarfrieden von Leoben folgte. Nach dem Friedensschluß von Campoformio am 17. 10. 1797 wurde K. Gouverneur und Generalkapitän von Böhmen und nützte die kurze Zeit des Friedens zur Disziplinierung des Heers. Mit Ausbruch des Zweiten Koalitionskriegs stand K. abermals an der Spitze der Rheinarmee und erfocht die bedeutenden Siege bei Ostrach und Stockach (21. und 25. 3. 1799). Gesundheitlich angeschlagen und wegen Differenzen mit dem Hofkriegsrat und dem Außenminister Thugut (s. d.) legte er am 2. 2. 1800 sein Kommando nieder. Nach der Niederlage der Ö. in der Schlacht von Hohenlinden am 3. 12. 1800 übernahm K. erneut (unter Ausschaltung Thuguts) das Kommando. Am 25. 12. schloß er den Waffenstillstand von Steyr (OÖ) und bereitete damit den Frieden von Lunéville (9. 2. 1801) vor. Am 9. 1. 1801 wurde K. zum Präsidenten des Hofkriegsrats ernannt und begann sofort mit der Reform des gesamten ö. Heerwesens. Im Dritten Koalitionskrieg von 1805 kämpfte er siegreich auf dem italienischen Kriegsschauplatz. Am 10. 2. 1806 mit uneingeschränkten Vollmachten zum Kriegsminister und Generalissimus ernannt, widmete er sich nun einer grundlegenden Heeresreform nach französischem Muster. Auf seine Anregung hin erließ Kaiser Franz I. am 9. 6. 1808 das Patent über die Errichtung der Landwehr, die die militärischen Reserven Ö.s um ein Vielfaches erhöhte. 1809 war K. gegen den Krieg, übernahm aber schließlich das Oberkommando und fügte dem bisher unbesiegten Kaiser Napoleon I. in der Schlacht bei Aspern am 21. und 22. 5. dessen erste Niederlage zu. Die nachfolgende Niederlage K.s in der Schlacht bei Wagram am 5. und 6. 7. führte zum Waffenstillstand. Weil K. diesen gegen den Willen des Kaisers abgeschlossen hatte, mußte er als Oberkommandierender demissionieren. K. begab sich zu seinem Adoptivvater und lebte lange Zeit in Teschen. Auf Wunsch Kaiser Napoleons vertrat K. den Kaiser bei der Prokuratstrauung mit Maria Luise (s. d.) in der Wiener Augustinerkirche am 11. 3. 1810. Am 17. 9. 1815 heiratete K. in Weilburg Henriette von Nassau-Weilburg und führte eine glückliche Ehe. Der Verbindung entstammten vier Söhne und zwei Töchter, darunter Erzherzog Albrecht, der berühmte Feldmarschall (s. d.). Nach dem Tod seines Adoptivvaters (1822) erbte er dessen

Namen und ein großes Vermögen. Als Sieger über Napoleon wurde ihm 1860 ein von Fernkorn errichtetes Denkmal auf dem Wiener Heldenplatz errichtet. Von K.s militärwissenschaftlichen Werken sind erwähnenswert: „Grundsätze der Strategie", 3 Bde. (1814) und „Geschichte des Feldzugs von 1899 in Deutschland und der Schweiz", 2 Bde. (1819), 1893/94 erschienen „Ausgewählte Schriften" (6 Bde.).

Duller, E.: Erzherzog K., 2 Bde. (1844/45); Schneidawind, F.: Das Buch vom Erzherzog K. von Ö. (1860); Angeli, M. v.: Erzherzog C. von Ö. als Feldherr und Heeresorganisator, 5 Bde. (1896–97); Christie, O.: Erzherzog K. von Ö., 3 Bde. (1912); Mertenberger, H., u. Wiltschek, E.: Erzherzog K. (1984)

KARL V. Leopold, Herzog von Lothringen und Bar, * 3. 4. 1643 in Wien, † 18. 4. 1690 in Wels (OÖ), Heerführer. Sohn von Herzog Franz von Lothringen und Neffe Herzog Karls IV. von Lothringen, der ihn zu seinem Nachfolger bestimmt hatte. Onkel und Neffe wurden allerdings 1669 von den Franzosen vertrieben. Nach dem Tod seines Onkels 1675 bot ihm zwar Ludwig XIV. Lothringen wieder an, jedoch zu unannehmbaren Bedingungen, weshalb er im kaiserlichen Kriegsdienst verblieb. Am 6. 2. 1678 heiratete er in Wien Erzherzogin Eleonore Maria Josefa (eine Tochter Kaiser Ferdinands III. und Schwester Kaiser Leopolds I., * 31. 5. 1653 in Wien, † 17. 12. 1687 in Wien), Witwe nach König Michael Korybut von Polen († 10. 11. 1673). Vergeblich bemühte sich K. um den polnischen Thron. Im Sommer 1683 mußte er vor dem Heer Kara Mustafas zurückweichen, kommandierte aber in der Entsatzschlacht von Wien am 12. 9. 1683 das kaiserliche und das Reichsheer umsichtig und erfolgreich. Im anschließenden Türkenkrieg eroberte er 1685 Gran und Neuhäusel, 1686 Ofen und entschied die siegreiche Schlacht von Harsány (nahe Mohács) am 12. 8. 1687. Im Krieg gegen Frankreich gelangen ihm 1689 die wichtigen Eroberungen von Mainz und Bonn. K.s ältester Sohn, Leopold, erhielt durch den Frieden von Rijswijk 1697 das Herzogtum Lothringen von Frankreich zurück.

Wentzke, P.: Feldherr des Kaisers (1943)

Karl V. Leopold, Herzog von Lothringen. Schabblatt von Abraham Bloteling

KARL Alexander, Prinz von Lothringen, * 12. 12. 1712 in Lunéville, † 4. 7. 1780 in Tervuren (Brabant), Heerführer. Enkel von Herzog Karl V. (s. d.) und jüngerer Bruder von Franz Stephan (s. d.), dem Gatten von Maria Theresia (s. d.). Schon früh war er in ö. Kriegsdienste getreten und hatte sich in den Auseinandersetzungen mit den Türken bewährt, worauf er 1742 den Oberbefehl in Böhmen erhielt, verlor aber am 17. 5. die Schlacht bei Chotusitz gegen König Friedrich II. von Preußen. Anschließend war er gegen die Bayern und Franzosen erfolgreich und ging 1744 über den Rhein. Am 7. 1. 1744 hatte er Erzherzogin Maria Anna (die jüngere Schwester Maria Theresias, * 14. 9. 1718 in Wien, † 16. 12. 1744 in Brüssel) geheiratet. In den Auseinandersetzungen mit Preußen zeigte sich, daß er der Strategie des Preußenkönigs kaum etwas entgegenzusetzen hatte. Er verlor 1745 die Schlachten von Hohenfriedberg und Soor, 1757 rettete ihn der Sieg Dauns (s. d.), der den Oberbefehl über die ö. Truppen hatte, bei Kolin aus seiner mißlichen Lage, und nach der Niederlage von Leuthen am 5. 12. 1757 mußte er von seinem Kommando zurücktreten. Seit 1748 war er Statthalter der Ö. Niederlande. 1762 stiftete er die Kunstakademie in Brüssel.

Erzherzog Karl in der Schlacht bei Aspern 1809. Gemälde von Peter Krafft

KARLIK, Berta, * 24. 1. 1904 in Wien, Physikerin. Studierte Physik in Wien und widmete sich der Radiumforschung. 1934 und 1947 erhielt sie den Haitinger-Preis. Besondere Aufmerksamkeit erregte K. in der Fachwelt durch ihre 1943 veröffentlichte Arbeit „Nachweis des Elementes Atom Nr. 85". Sie war bis 1974 Univ.-Prof. in Wien und ab 1947 Leiterin des Instituts für Radiumforschung der Wiener Universität. 1955 erschien ihr vielbeachtetes Werk „Messungen radioaktiver Strahlen".

KARLWEIS, Carl (eigtl. Karl Weiß), * 22. 11. 1850 in Wien, † 27. 10. 1901 in Wien, Bühnenschriftsteller und Eisenbahnbeamter. Trat 1868 in die Dienste der ö.-ungarischen Staatseisenbahn und war ab 1876 Betriebssekretär der Graz-Köflacher Bahn, 1891 wurde er Inspektor im Präsidialbüro der k. k. privaten Südbahn. Schon während seiner Zeit in Graz war K. journalistisch als Theaterreferent und auch schriftstellerisch tätig. Er arbeitete als Feuilletonist beim „Wiener Tagblatt" und bei der „Gartenlaube". Von seinen zahlreichen wienerischen Erzählungen und Romanen sind erwähnenswert: „Wiener Kinder" (1887) und „Ein Sohn seiner Zeit" (1892), außerdem das zusammen mit Hermann Bahr (s. d.) verfaßte Volksstück „Aus der Vorstadt" (1893).

KARLWEIS, Oskar, * 10. 6. 1894 in der Hinterbrühl (NÖ), † 24. 1. 1956 in New York, Schauspieler. Sohn von Carl K. (s. d.). Spielte nach seiner Ausbildung 1919 am Theater in der Josefstadt in Wien und an anderen Wiener Bühnen sowie im Theater am Kurfürstendamm in Berlin. 1938–45 als Emigrant in Paris und New York, wo er gemeinsam mit Karl Farkas (s. d.) auf Exilbühnen und im Rundfunk auftrat. 1950 als Gast bei den Salzburger Festspielen und an Wiener Theatern. K. war auch als Filmschauspieler tätig.

KARPATH, Ludwig, * 27. 4. 1866 in Pest, † 8. 9. 1936 in Wien, Musikschriftsteller. Nach dem Gesangsstudium in Budapest unternahm er mit dem Wiener Männergesangverein eine Amerikatournee und ließ sich 1894 in Wien nieder. 1894–1921 Musikreferent des „Neuen Wiener Tagblattes", 1914–17 Redakteur des „Merker". Ab 1932 war er im Auftrag des Unterrichtsministeriums Konsulent für die Bundestheater. K. war mit vielen Komponisten seiner Zeit, etwa Johannes Brahms, Max Reger, Giacomo Puccini und Gustav Mahler, in enger Freundschaft verbunden.

KARTOUSCH, Louise, * 18. 8. 1886 in Linz, † 13. 2. 1964 in Wien, Schauspielerin und Soubrette. Sie spielte bereits in Linz Kinderrollen und ging 1902 nach Graz, wo sie als Schauspielerin und Sängerin ihre ersten Erfolge feierte. Ihren ersten großen Auftritt hatte sie in Leo Falls „Dollarprinzessin" am 2. 11. 1907 im Theater an der Wien. Durch ihre Mitwirkung wurden mehrere Lehár-Operetten zum Erfolg, etwa „Das Land des Lächelns" und „Die blaue Mazur". Weitere Erfolge auf der Operettenbühne feierte sie in Emmerich Kálmáns

„Herbstmanöver", Franz Lehárs „Idealer Gattin" und Leo Falls „Rose von Stambul" sowie im Schauspiel in Anzengrubers (s. d.) „Pfarrer von Kirchfeld" und „Der G'wissenswurm" und in Raimunds (s. d.) „Verschwender".

KARWINSKY, Carl, Edler von Karwin, * 17. 9. 1883 in Innsbruck, † 10. 4. 1958 in Schruns (V), christlichsozialer Politiker. War im Ersten Weltkrieg Offizier und früh mit der Christlichsozialen Partei verbunden. In der dritten und letzten Regierung Dollfuß war K. ab 10. 7. 1934 Staatssekretär für das Sicherheitswesen und am 25. 7. beim nationalsozialistischen Putschversuch im Bundeskanzleramt anwesend. In der ersten Regierung Schuschnigg 1934/35 Staatssekretär für Justiz.

KÄS, Ferdinand, * 7. 3. 1914 in Brüssel, Berufssoldat. Mitglied der ö. militärischen Widerstandsbewegung und 1945 Feldwebel der deutschen Wehrmacht. Im Auftrag von Major Carl Szokoll (s. d.) nahm er am 2. 4. 1945 in Hochwolkersdorf (NÖ), dem Hauptquartier Marschall Tolbuchins, mit den sowjetischen Kommandostellen Kontakt auf. Studierte Jus, war dann bei der B-Gendarmerie (Bereitschaftseinheit und Vorstufe des Bundesheers) und bis 1963 als Oberstleutnant Leiter der Gendarmerieschule, 1963–79 im Innenministerium. Veröffentlichte „Wien im Schicksalsjahr 1945" (1965).

Luža, R.: Der Widerstand in Ö. 1938–1945 (1983)

KASCHAUER, Jakob, * vor 1409, † zwischen dem 23. 3. und 29. 8. 1463 in Wien, Maler und Bildhauer. Von ihm ist nicht allzu viel bekannt, doch ist er 1429 in Wien erstmals urkundlich erwähnt, und der Besitz von zwei Häusern sowie vorübergehend auch der Feste Hacking bei Wien gilt als gesichert. Zum Wiener Herzogshof dürfte er enge Beziehungen unterhalten haben, was für 1444/45 nachweisbar ist. 1443 schuf er einen Hochaltar für die Domkirche von Freising (Bayern) (von dem einige Figuren erhalten sind), 1449 eine Tafel, möglicherweise auch einen Flügelaltar für die Michaelerkirche in Wien sowie bemalte Schilder, Fahnen und Schlitten, wie aus erhaltenen Rechnungen hervorgeht.

KASIMIR, Luigi, * 18. 4. 1881 in Pettau (St, heute Jugoslawien), † 6. 8. 1962 in Wien, Graphiker, Radierer und Kupferstecher. Als Sohn eines Malers geboren, studierte er 1900–05 an der Wiener Akademie der bildenden Künste und war 1906/07 außerordentlicher Hörer an der Graphischen Lehr- und Versuchsanstalt in Wien. 1908 unternahm er seine ersten graphischen Versuche und befaßte sich im Laufe der Zeit mit allen gängigen Druckverfahren, wobei er die verschiedensten Stichtechniken kombinierte. Unter den von ihm geschaffenen mehreren hundert Blättern befinden sich auch bedeutende Aquarell-Veduten, die sich durch besonders diskrete Verwendung der Farben auszeichnen. Abgesehen von seinen bekannten Blättern, die verschiedene europäische Hauptstädte darstellen, schuf er viele Ansichten von Wien (darunter auch ein Mappenwerk „Wien" mit 12 Radierungen von 1912), aber auch von Salzburg, Dürnstein u. a. ö. Orten. K. zählt zu den produktivsten und bekanntesten Graphikern Ö.s.

Lorenz, A.: L. K. (1944, 2. Aufl. 1949, mit einer Selbstbiographie)

KASPAR, Felix, * 14. 1. 1915 in Wien, Eiskunstläufer. Galt als Sprungphänomen und hatte als erster Doppelsprünge in seiner Kür. Folgte unmittelbar auf Karl Schäfer (s. d.), gewann 1937 und 1938 den WM-Titel und den EM-Titel. 1936 wurde er Olympia-Dritter.

KASSNER, Rudolf, * 11. 9. 1873 in Groß-Pawlowitz (Mähren), † 1. 4. 1959 in Sierre (Schweiz), Schriftsteller und Kulturphilosoph. Obwohl er seit seinem ersten Lebensjahr teilweise gelähmt war, unternahm er viele Reisen, die ihn durch ganz Europa führten. K., der mit Rilke (s. d.) eng befreundet war, hinterließ ein vielschichtiges und umfangreiches Werk, in dem er versuchte, physiognomische Deutungen als Ausdruck des Geistigen nachzuweisen und sich damit auseinanderzusetzen. Von 1938–45 hatte K. Schreibverbot. Seit 1945 lebte er in der Schweiz. Mehrfach ausgezeichnet, erhielt er 1953 auch den Großen ö. Staatspreis. Seine Hauptwerke sind u. a.: „Der Tod und die Maske" (1902), „Von den Elementen der menschlichen Größe" (1911), „Die Chimäre" (1914), „Zahl und Gesicht" (1919), „Das physiognomische Weltbild" (1930), „Physiognomik" (1932), „Buch der Gleichnisse" (1934), „Buch der Erinnerung" (1938), „Umgang der Jahre" (1949), „Das inwendige Reich" (1953), „Der Zauberer" (1955), „Der goldene Drachen" (1957) und der Auswahlband „Geistige Welten" (1958).

Gespräche mit K. (1960); Mayer, G.: Rilke und K. (1960)

Luigi Kasimir. Grinzing 1940

KASTELIC, Jakob, * 4. 1. 1897 in Wien, † 2. 8. 1944 in Wien (hingerichtet), Widerstandskämpfer. Nach Abschluß seines Studiums wurde er Rechtsanwalt in Wien, arbeitete 1934–38 am Aufbau des Ö. Arbeitsdiensts und war Mitbegründer der Ostmärkischen Sturmscharen. Seit dem Frühsommer 1938 organisierte er eine Widerstandsbewegung, die Großösterreichische Freiheitsbewegung. Im April 1940 schloß er sich mit seinen Mitkämpfern den Widerstandsgruppen Lederer (s. d.) und Scholz (s. d.) an, die nun gemeinsam über 1000 Mitglieder zählten. Wenig später wurde K. verhaftet, nach jahrelangem Gefängnisaufenthalt zum Tod verurteilt und im August 1944 durch das Fallbeil hingerichtet.

Romanik, F.: Der Anteil der Akademikerschaft am ö. Freiheitskampf (1946); Molden, O.: Der Ruf des Gewissens, Der ö. Freiheitskampf 1938–45 (1958); Luža, R.: Der Widerstand in Ö. 1938–45 (1983)

KATSCHTHALER, Johann, * 29. 5. 1832 in Hippach (T), † 27. 2. 1914 in Salzburg, Erzbischof. Wurde 1856 zum Priester geweiht, 1900–14 Erzbischof von Salzburg, ab 1903 Kardinal. K. war ein intensiver Förderer des Plans einer katholischen Universität in Salzburg und der kirchenmusikalischen Reformbewegung des Cäcilianismus. 1877–84 erschien sein Werk „Theologia dogmatica catholica specialis" (3 Bde.) und 1893 „Kurze Geschichte der Kirchenmusik".

KATTNIGG, Rudolf, * 9. 4. 1895 in Oberndorf bei Treffen (K), † 2. 9. 1955 in Klagenfurt, Kapellmeister und Komponist. Schüler von J. Marx (s. d.) und F. Löwe an der Wiener Musikakademie. 1922–28 Prof. an der Wiener Musikakademie, 1928–34 Direktor der Musikschule in Innsbruck. Lebte von 1934–39 in Berlin, danach in Wien. K. setzte die Tradition der Wiener Operette fort, so vor allem mit den Werken „Prinz von Thule" (1936), „Balkanliebe" (1937), „Mädels vom Rhein" (1938) und dem großen Erfolg „Bel ami" (1948); außerdem schrieb er die Oper „Donna Miranda" (1953) sowie zahlreiche Orchester- und Chorwerke, Ballette, Symphonien und Filmmusik und bearbeitete die von Karl Zeller nachgelassene Operette „Die Rose vom Wörthersee".

KATZIANER, Hans, Freiherr zu Katzenstein und Flödnig, * Ende des 15. Jh.s auf Burg Katzenstein (Krain), † 27. 10. 1538 auf Schloß Kostainitza (Kroatien) ermordet, Heerführer. 1527 führte er die Truppen aus Krain an und errang im Feldzug gegen Johann Zápolya bedeutende Erfolge, 1528 verteidigte er Kaschau gegen ihn und besiegte ihn schließlich, womit er fast ganz Nordungarn für Ferdinand I. (s. d.) erobert hatte. Bei der ersten Türkenbelagerung von Wien 1529 war er Kommandant der Leichten Reiterei in der Stadt und zeichnete sich bei der anschließenden Verfolgung der Türken aus. 1530 oberster Feldhauptmann in den ungarischen Ländern, bewährte sich 1532 abermals gegen die Türken und vernichtete am 19. 9. die letzten Einheiten im Föhrenwald zwischen Wiener Neustadt und Fischau. Danach als Delegierter bei den Verhandlungen mit der Hohen Pforte eingesetzt, erhielt er 1537 den Oberbefehl über ein Heer gegen die Türken, das zunächst Esseg belagerte, aber am 9. 10. 1537 bei Gorian empfindlich geschlagen wurde. Nur die Steirer und die Kroaten konnten sich aus der Umzingelung der Türken retten, ebenso K. selbst. K. wurde wegen Verdachts des Hochverrats vor Gericht gestellt und in der Wiener Hofburg in zwar ehrenvoller, aber strenger Haft gehalten. Ende Jänner 1538 gelang ihm die Flucht bis nach Kroatien, wo er auf Graf Zrinyis Schloß Kostainitza Zuflucht fand. Von hier aus dürfte er Verbindung mit den Türken aufgenommen haben, und die Wiener Regierung setzte einen Preis auf seinen Kopf aus. Bei einem Bankett auf dem Schloß wurde er von Graf Niklas Zrinyi erstochen, sein abgetrennter Kopf nach Wien gesandt und sein Leichnam in den Schloßgraben geworfen. Hierauf rächte der Sultan seinen ehemaligen Gegner und ließ die Güter des Grafen Zrinyi in Kroatien verwüsten.

Voigt, J.: Der Freiherr H. K. im Türkenkrieg, in: Historisches Taschenbuch, Neue Folge 5. Jahrgang (1844); Kupelwieser, L.: Die Kämpfe Ö.s mit den Osmanen 1526–1537 (1899); Gerhartl, G.: Die Niederlage der Türken am Steinfeld 1532. Militärhist. Schriftenreihe 26 (1974)

KAUER, Ferdinand, * 18. 1. 1751 (Tauftag) in Klein-Tajax (Mähren), † 13. 4. 1831 in Wien, Kapellmeister und Komponist. War nach einer umfangreichen musikalischen Ausbildung zunächst Hofmeister in Rumburg (Böhmen) und dann in Wien abwechselnd Kapellmeister am Theater in der Josefstadt und am Leopoldstädter Theater, danach am Theater in Graz. Als Singspielkomponist sehr gefeiert, war er auch ein Virtuose auf der Flöte und der Klarinette. Er schrieb über 100 Opern und Singspiele, darunter „Das Donauweibchen" (1798), „Die Sternenkönigin" (1801), sowie Kammermusikwerke, Oratorien und Messen.

Manschinger, K.: F. K., Diss. Wien (1929)

KAUFFMANN, Angelika, * 30. 10. 1741 in Chur (Schweiz), † 5. 11. 1807 in Rom, Malerin. Tochter des aus Schwarzenberg im Bregenzerwald (V) gebürtigen Porträt- und Freskenmalers Joseph Johann K., der früh ihr Talent erkannte und sie anfangs auch selbst unterrichtete. Schon mit 16 Jahren malte sie die Apostelbilder (später auch das Hochaltarbild) für die Pfarrkirche Schwarzenberg. 1762 Übersiedlung nach Italien, wo sie in Florenz ihr Selbstbildnis für die Uffizien malte. 1765 wurde sie in die Akademie S. Luca aufgenommen. 1766–81 lebte sie in London, wo sie als Mitglied in die Royal Academy aufgenommen wurde. Nach ihrer Heirat mit dem Maler F. Zucchi ging sie mit diesem nach Venedig und übersiedelte 1782 nach Rom. Hier lernte sie u. a. Kaiser Joseph II. (s. d.) und Johann Wolfgang von Goethe kennen und war gesellschaftlicher Mittelpunkt der „klassischen Romfahrer". Abgesehen von ihren etwas gefälligen, doch sehr naturalistisch wirkenden Porträts, malte sie vorwiegend Themen religiösen, mythologischen und allegorischen Inhalts.

Angelika Kauffmann

KAUFMANN, Harald, * 1. 10. 1927 in Feldbach (St), † 9. 7. 1970 in Graz, Musikwissenschaftler. Studierte in Graz und arbeitete nach seiner Promotion ab 1947 als Musikkritiker und ab 1961 als Kulturredakteur der Tageszeitung „Neue Zeit". 1967 gründete er das Institut für Wertungsforschung an der Grazer Musikakademie, dessen Vorstand er auch war. Initiator der „Studien zur Wertungsforschung", die ab 1968 in Graz erschienen. Er veröffentlichte: „Neue Musik in Steiermark" (1957), „Spurlinien. Analytische Aufsätze über Sprache und Musik" (1969) und „Fingerübungen. Musikgesellschaft und Wertungsforschung" (1970).

WENZEL KAUNITZ

Berater zweier Herrscher

„Außer Theresia und Josef hat seit dreißig Jahren die allgemeine Teilnehmung des österreichischen Publikums niemand so sehr beschäftigt wie der Staatsminister Fürst Kaunitz", urteilt sein ehemaliger Sekretär und Vorleser, der von Kaunitz stark geförderte Johann Pezzl. „Ich irre mich, wenn ich sage, bloß des österreichischen Publikums. Auch der größte Teil des übrigen erleuchteten Europa ist es, der dem Minister seine Achtung und Liebe geschenkt hat; und dies aus innerster Überzeugung. In der Tat ist Kaunitz einzig in seiner Art: eine solche Geradheit, so viel Uneigennützigkeit, jene edle und große Art, die aus allen seinen Handlungen hervorstrahlt, hat man noch bei wenigen Ministern gefunden."

Wenzel Graf Kaunitz

KAUNITZ, Wenzel Anton Graf, Reichsfürst von K.-Rietberg (seit 1764), * 2. 2. 1711 in Wien, † 27. 6. 1794 in Wien, Staatsmann. Sohn des Grafen Maximilian Ulrich von K. und der Gräfin Maria Ernestine Rietberg. Als zweitgeborener Sohn ursprünglich für den geistlichen Stand bestimmt (wurde schon in der Wiege zum Domicellar [= Domschüler] von Münster ernannt), studierte in Wien, Leipzig, Regensburg und Leiden, trat 1735 in den ö. Staatsdienst und wurde von Kaiser Karl VI. (s. d.) zum Reichshofrat ernannt. Ab 1741 mit diplomatischen Aufgaben in Rom, Florenz und Turin betraut, war er 1742–44 Gesandter in Turin. 1744–48 ö. Minister am Hof in den Niederlanden, erreichte er, als die Franzosen einmarschierten, freien Abzug für die ö. Truppen. Auf dem Friedenskongreß von Aachen 1748 war er als kaiserlicher Gesandter tätig und handelte einen für Ö. vorteilhaften Friedensschluß aus. Nach Wien zurückgekehrt, riet er zu einer Allianz mit Frankreich, da er in Friedrich II. von Preußen den gefährlichsten Gegner Ö.s erkannte. In diesem Sinn wirkte er vorerst erfolglos 1750–53 als Botschafter in Paris. 1753 übernahm er als Staatskanzler die Leitung der ö. Außenpolitik und brachte am 1. 5. 1756 durch den Vertrag von Versailles das ö.-französische Bündnis zustande, dem später auch Rußland beitrat. K. genoß das uneingeschränkte Vertrauen Maria Theresias (s. d.), unter Kaiser Joseph II. (s. d.) und später unter Leopold II. (s. d.) ging sein Einfluß zurück, er blieb aber weiterhin im Amt. Nach der Thronbesteigung Kaiser Franz' II. (s. d.) demissionierte K. am 6. 8. 1792 im Alter von 81 Jahren. K. hatte lange Zeit die ö. Außenpolitik mitbestimmt und die Innenpolitik stark beeinflußt. Auf dem Boden des aufgeklärten Absolutismus stehend, hatte er durch sein Organisationstalent und seine große Erfahrung im Verwaltungsbereich maßgeblichen Anteil an den Reformen der Verwaltung und des Wohlfahrtswesens.

Küntzel, G.: Fürst K. als Staatsmann (1923); Nowotny, A.: Staatskanzler K. als geistige Persönlichkeit (1947); Walter, F.: Männer um Maria Theresia (1951), Klingenstein, G.: Der Aufstieg des Hauses K. (1975), Simányi, T.: Kaunitz oder Die diplomatische Revolution (1985)

KAUS, Gina (eigtl. Zinner-Kranz), * 21. 11. 1894 in Wien, † 23. 12. 1985 in Los Angeles, Schriftstellerin. Fand nach dem Ersten Weltkrieg Zugang zu literarischen Kreisen, 1917 wurde ihr Lustpiel „Diebe im Haus" am Burgtheater uraufgeführt. Freundschaften verbanden sie mit Franz Blei (s. d.), Franz Werfel (s. d.), Hermann Broch (s. d.), Robert Musil (s. d.), Alfred Adler (s. d.) und Karl Kraus (s. d.). 1920 heiratete sie den Schriftsteller Otto Kaus, 1924 ging sie nach Berlin, wo sie die Zeitschrift „Die Mutter" und eine Frauenberatungsstelle gründete. 1932 veröffentlichte sie den Roman „Die Überfahrt", 1935 die Biographie „Katharina die Große" und 1939 den Roman „Der Teufel nebenan" (1956 und 1977 unter dem Titel „Teufel in Seide" neu aufgelegt). 1938 emigrierte K. nach Paris, anschließend nach Hollywood. Hier lernte sie Bert Brecht, Hanns Eisler, Fritz Kortner (s. d.) und Vicki Baum (s. d.) kennen. Zwischen 1948 und 1951 lebte sie erneut in Wien und Berlin, um anschließend in die USA zurückzukehren. 1979 erschien ihre Autobiographie „Und was für ein Leben . . ."

KAUTSKY, Benedikt, * 1. 11. 1894 in Stuttgart, † 1. 4. 1960 in Wien, sozialdemokratischer Theoretiker und Schriftsteller, Sohn von Karl K. (s. d.). War Sekretär von Otto Bauer (s. d.), 1921–38 in der Wiener Arbeiterkammer tätig. 1938–45 im KZ, anschließend bis 1950 in Zürich. 1950–57 Leiter der Wirtschaftsschule der Arbeiterkammer Graz, war maßgeblich an der Entwicklung des Parteiprogramms der SPÖ 1958 beteiligt. 1958 bis zu seinem Tod Stellvertretender Generaldirektor der Creditanstalt-Bankverein in Wien. U. a. veröffentlichte er: „Der Kommunismus" (1921), die KZ-Erinnerungen „Teufel und Verdammte" (1946), „Amerikas Arbeiter im Vormarsch" (1951), „Geistige Strömungen im ö. Sozialismus" (1953).

KAUTSKY, Karl, * 16. 10. 1854 in Prag, † 17. 10. 1938 in Amsterdam, Publizist und Theoretiker des orthodoxen Marxismus. War der Sohn eines Theatermalers und schloß sich während seines Studiums an der Universität Wien 1875 der Sozialdemokratie an. 1880 ging er nach Zürich und war dort Mitarbeiter am „Sozialdemokrat". 1881 lernte er in England Marx und Engels kennen, 1883 gründete er die Zeitschrift „Neue Zeit", die er bis 1917 zunächst in Stuttgart, dann in Berlin herausgab. Es war dies das erste wissenschaftliche Organ der deutschen Sozialdemokratie, dessen Herausgabe K., zusammen mit seinen anderen zahlreichen Publikationen, zu einem der einflußreichsten Theoretiker des Marxismus machte. 1885–90 war K. abermals in London, 1891 Verfasser des theoretischen Teils des „Erfurter Programms". K. trat gegen den Revisionismus ebenso wie gegen den linken Radikalismus auf und lehnte die Marx-Interpretation Lenins ab. Er trat 1917 der links von der traditionellen deutschen Sozialdemokratie stehenden USPD bei und war 1918/19 Unterstaatssekretär im deutschen Auswärtigen Amt und Mitglied der Sozialisierungskommission. 1922 kehrte er zur Sozialistischen Partei zurück und lebte 1924–38 wieder in Wien, von wo er nach dem Anschluß nach Amsterdam emigrierte. Zu seinen wichtigsten Veröffentlichungen gehören: „Karl Marx' ökonomische Lehren" (1887, 1927 in 23. Aufl.), „Vorläufer des neueren Sozialismus", 2 Bde. (1895), „Die soziale Revolution" (1902), „Der Weg zur Macht" (1909), „Die Diktatur des Proletariats" (1918), „Wie der Weltkrieg entstand" (1919), „Die materialistische Geschichtsauffassung", 2 Bde. (1927).

Renner, K.: K. K. (1929); Matthias, E.: K. und der Kautskyanismus (1957); Blumenberg, W.: K. K.s literarisches Werk (1960); Kautsky, B. (Hrsg.): K. K. Erinnerungen und Erörterungen (1960); Holzheuer, W.: K. K.s Werk als Weltanschauung (1972)

KAUZ, Franz Florian Anton von (auch Kautz, Khautz), * 21. 5. 1735 in Wien, † 28. 1. 1797 in Wien, Historiker. Widmete sich bereits mit 18 Jahren der Schriftstellerei und veröffentlichte 1755 „Versuch einer Geschichte der ö. Gelehrten". Daneben studierte er Physik, Chemie und Jus. 1772 wurde er in Anerkennung seiner schriftstellerischen Tätigkeit zum Kaiserlichen Rat und Beisitzer der Büchercensur-Hofkommission ernannt. Von seinen Publikationen sind zu erwähnen: „Vollständige Aufklärung der Geschichte des ö. erzherzoglichen Wappenbildes" (1781) und das anonym erschienene Werk „Pragmatische Geschichte der Markgrafschaft Ö.", 2 Bde. (1788).

KEHLMANN, Michael, * 21. 9. 1927 in Wien, Theaterregisseur. Sohn des Beamten und Romanschriftstellers Eduard K. (1882–1955). Studierte Germanistik, Philosophie und Theaterwissenschaften in Wien. Gründete anschließend das Kabarett „Die Grimasse", war Leiter des „Kleinen Theaters im Konzerthaus" und schrieb gemeinsam mit H. Qualtinger (s. d.) und C. Merz (s. d.) zahlreiche Kabarettprogramme. 1950–53 Regisseur in Hamburg, inszenierte er auch am Burgtheater und wurde weiten Kreisen durch seine Fernsehspiele (u. a. J. Roths „Radetzkymarsch") bekannt.

KEIL, Josef, * 13. 10. 1878 in Reichenberg (Böhmen), † 13. 12. 1963 in Wien, Archäologe und Altphilologe. Studierte in Wien und war 1904–27 (davon bis 1919 in Izmir) Sekretär des Ö. Archäologischen Instituts. K. leitete lange Zeit die ö. Ausgrabungen in Ephesos und gab 1923–45 „Forschungen in Ephesos" heraus. 1925–27 und 1936–51 Univ.-Prof. in Wien, war er 1945–59 Generalsekretär der Ö. Akademie der Wissenschaften und 1951–56 Mitdirektor des Ö. Archäologischen Instituts. 1963 erhielt er den Preis der Stadt Wien. Von seinen Publikationen sind erwähnenswert u. a.: „Forschungen in der Erythraia", 2 Teile (1910/12), „Berichte über Reisen in Lydien", 3 Teile (1908–14) und „Ephesos" (ein Führer, 1915).

KELDORFER, Viktor, * 14. 4. 1873 in Salzburg, † 28. 1. 1959 in Wien, Komponist. Studierte in Salzburg und Wien und war 1902–21 Chormeister des Wiener Männergesangvereins, 1922–38 und ab 1945 des Wiener Schubertbundes. 1938–45 hatte er Arbeitsverbot. K. gab die Männerchorwerke von Franz Schubert und Anton Bruckner heraus und schrieb mehrere Chorwerke und Messen. Außerdem war K. schriftstellerisch tätig: „Worte ohne Lieder eines alten Musikanten" (1947), „Klingendes Salzburg" (1949). Sein Sohn Robert K. (* 10. 8. 1901 in Wien, † 13. 9. 1980 in Klagenfurt) war Konzertpianist und Dirigent und komponierte Kammermusik, Chor- und Orchesterwerke.

KELLER, Greta, * 8. 2. 1903 in Wien, † 6. 11. 1977 in Wien, Chansonnette. War eine der ersten Chansonsängerinnen, von der 1928/29 Schallplattenaufnahmen gemacht wurden. Von ihren Platten (mit rund 8 000 aufgenommenen Liedern und Chansons) wurden rund 50 Millionen Stück verkauft. K. lebte lange Zeit in den USA, wo sie auch für die Wiener Küche eintrat und Kochbücher verfaßte.

Greta Keller. Foto 1955

KELLER, Paul Anton, * 11. 1. 1907 in Radkersburg, † 20. 10. 1976 in Graz, Schriftsteller. Lebte bei Graz und erhielt 1955 den Rosegger-Preis. K. wurde 1931 durch seinen Lyrikband „Gesang vor den Toren der Welt" bekannt, verfaßte später aber stark heimatbezogene Prosa und auch Jugendbücher, darunter u. a. „Die Garbe fällt" (1940), „Jahre, die gleich Wolken wandern" (Autobiographie, 1948), „Reisen des Glücks" (1950), „Der Mann im Moor" (1953) und „O Mensch, du wirres Saitenspiel" (1954).

KELSEN, Hans, * 11. 10. 1881 in Prag, † 15. 4. 1973 in Berkeley (Kalifornien), Staats- und Völkerrechtler. Studierte in Prag und in Wien und machte bereits 1911 mit seinem Werk „Hauptprobleme der Staatsrechtslehre" auf sich aufmerksam. 1917–29 Univ.-Prof. in Wien, 1920–29 Mitglied des Verfassungsgerichtshofs und einer der wesentlichen Mitschöpfer der ö. Bundesverfassung von 1920. 1929 Univ.-Prof. in Köln, mußte 1933 Deutschland verlassen und war anschließend in Genf und in Prag, 1940 an der Harvard University und ab 1942 an der University of California tätig. 1934 veröffentlichte er das Werk „Reine Rechtslehre", mit dem er international Anerkennung erlangte, wenngleich die von ihm begründete staatsrechtliche Schule der „reinen Rechtslehre" verschiedentlich umstritten blieb, da er mit seinem kritischen Rechtspositivismus die Rechtswissenschaft von allen ideologischen, politischen und sozialen Elementen zu befreien versuchte. Weitere wichtige Werke: „Vom Wesen und Wert der Demokratie" (1920), „Ö. Staatsrecht" (1923), „Rechtsgeschichte gegen Rechtsphilosophie" (1928) sowie Publikationen in englischer Sprache; 1920–34 Herausgeber der „Ö. Zeitschrift für öffentliches Recht".

Paul Anton Keller. Gemälde von Leo Scheu (1954)

Hans Kelsen

KEMPELEN, Wolfgang Ritter von, * 23. 1. 1734 in Preßburg, † 26. 3. 1804 in Wien, Hofkanzleibeamter und Erfinder. War Bauleiter des königlichen Schlosses in Buda und Verwalter des Salzwesens in Ungarn. K. erfand kunstreiche Automaten, so 1769 eine Schachmaschine in Form einer menschlichen Figur, die hinter einer Kommode saß, auf der sich ein Schachbrett befand. Allerdings soll darin ein Mensch verborgen gewesen sein, der mit großer Geschicklichkeit Schach spielte. K. bereiste mit der Figur England und Frankreich und erregte einiges Aufsehen. Eine ausführliche Beschreibung dieser Maschine erschien 1784 im „Leipziger Magazin für Naturkunde, Mathematik und Ökonomie". Um 1788 baute K. eine Sprechmaschine, die die Stimme eines etwa vierjährigen Kindes nachahmte. 1791 veröffentlichte er, mit 27 Kupfertafeln ausgestattet, „Mechanismus der menschlichen Sprache".

KEMPEN, Heinrich von, s. Heinrich von K.

KEMPEN, Johann, Freiherr von Fichtenstamm, * 26. 6. 1793 in Pardubitz (Böhmen), † 29. 11. 1863 in Schwarzau (NÖ), Heerführer und Polizeiminister. Studierte 1803–09 an der Militärakademie in Wiener Neustadt; 1813 kämpfte er bei Dresden so tapfer, daß er zum Oberleutnant befördert und dem Generalstab zugeteilt wurde. Mit kartographischen Aufgaben betraut, wurde er 1836 Oberst. 1819–32 war er Mitarbeiter der „Ö. militärischen Zeitschrift" und auch schriftstellerisch tätig, außerdem beschäftigte er sich eingehend mit der Erprobung und Einführung des Perkussionsgewehrs. 1844 als Brigadekommandant von Iglau an die Militärgrenze versetzt, unterstützte er 1848 Banus Jellačić (s. d.) gegen die Ungarn. Wurde Feldmarschallleutnant und war 1848/49 Kommandant des Preßburger Militärdistrikts, dann Generalinspektor der Gendarmerie in Wien. Diese im Kaiserreich bisher nur in der Lombardei und in Südtirol existierende Spezialeinheit wurde durch sein Organisationstalent zu einer machtvollen und auch gefürchteten Einrichtung. Er entnahm der Armee vorerst 5 000 Mann, die besser ausgerüstet und ausgebildet sowie auch besser entlohnt wurden, und führte sie der Gendarmerie zu. Im Februar 1851 gab es bereits 13 000 Gendarmen. 1851 wurde er Militärgouverneur von Wien und war 1852–59 Polizeiminister. In dieser Funktion schuf er die oberste Polizeibehörde, die er mit großem Organisationstalent aufbaute.

Das Tagebuch des Polizeiministers Kempen von 1848 bis 1859, hrsg. von J. K. Mayr (1931)

KERNER, Anton, Ritter von Marilaun, * 12. 11. 1831 in Mautern (NÖ), † 22. 6. 1898 in Wien, Botaniker. Nach Abschluß des Medizinstudiums war er zwei Jahre in Wien als Arzt tätig. 1858 wurde K. Prof. für Botanik an der Technischen Hochschule in Ofen (Budapest), 1860 Prof. für Naturgeschichte an der Universität Innsbruck, wo er eine sehenswerte Alpenpflanzenanlage schuf. 1878 wurde er an die Universität Wien berufen und leitete als Direktor auch den Botanischen Garten. K. war der Schöpfer der alpinen Pflanzengeographie und begründete die Pflanzengesellschaftslehre. Von seinen zahlreichen Publikationen sind zu erwähnen: „Das Pflanzenleben der Donauländer" (1863), „Die Kultur der Alpenpflanzen" (1864), „Die Abhängigkeit der Pflanzengestalt von Klima und Boden" (1869) und „Pflanzenleben", 2 Bde. (1890/91).

KERNMAYR, Hans Gustl, * 10. 2. 1900 in Graz, † 9. 10. 1977 in Samerberg (Bayern), Schriftsteller und Drehbuchautor. Wurde durch zahlreiche Unterhaltungsromane und Komödien bekannt, u. a. die Romane „Kamerad Schnürschuh" (1934), „Der Mann, der seine Zeit verkaufte" (1935), „Ewig lebt die Liebe" (1936), „Ländliches Dekameron" (1940), „Der gläserne Berg" (1941) und „Madame Rosa" (1974).

KERNSTOCK, Ottokar, * 25. 7. 1848 in Marburg (St, heute Jugoslawien), † 5. 11. 1928 auf der Festenburg (St), katholischer Geistlicher und Lyriker. Studierte in Graz Jus und trat dann als Chorherr in das Stift Vorau (St) ein. 1871 zum Priester geweiht, wurde er Bibliothekar des Chorherrenstifts und 1889 Pfarrer der Festenburg. Neben archäologischen und historischen Arbeiten waren es vor allem seine spätromantischen Gedichte, die K. bekannt machten. Sie sind in Geist und Sprache der mittelhochdeutschen Lyrik nachempfunden. Sein Gedicht „Sei gesegnet ohne Ende" wurde der Text der ö. Bundeshymne von 1929–38. U. a. erschienen von ihm: „Die wehrhaft Nachtigall" (1900), „Aus dem Zwingergärtlein" (1901), „Unter der Linde" (1905), „Turmschwalben" (1908), „Aus der Festenburg" (1911), „Tagweisen" (1912) und „Der redende Born" (1922).

Floeck, N.: O. K. (1923)

KERSCHAGL, Richard, * 25. 5. 1896 in Wien, † 30. 12. 1976 in Hermagor (K), Volkswirtschaftler. War im Ersten Weltkrieg Leutnant und danach an den Abwehrkämpfen in Kärnten beteiligt. 1919 Promotion zum Dr. jur. und 1922 zum Dr. rer. pol. Seit 1921 Dozent, seit 1930 Prof. an der Hochschule für Welthandel und an der Konsularakademie in Wien. 1929 trat er der Heimwehr bei und war 1933 bis 1934 Kompaniekommandant. 1934–38 Staatsrat, wurde 1938 entlassen und verhaftet, war später in der ö. Widerstandsbewegung tätig. 1945 wieder Prof. an der Hochschule für Welthandel in Wien, mehrmals Rektor und Hon.-Prof. an der Universität Wien sowie Gastprofessor in den USA. K. war auch Präsident der Ö. UNESCO-Kommission. Die wichtigsten Veröffentlichungen: „Theorie des Geldes und der Geldwirtschaft" (1923), „Einführung in die Methodenlehre der Nationalökonomie" (1925), „Finanzwissenschaft" (1935), „Vom Widersinn des Marxismus" (1935), „Volkswirtschaftslehre" (1937) und „Wirtschafts- und Wissenshilfe für Entwicklungsgebiete" (1962).

KERY, Theodor, * 24. 7. 1918 in Mannersdorf an der Rabnitz (B), Lehrer und SPÖ-Politiker. Wurde 1938 nach der Matura zur Wehrmacht eingezogen und war 1947–62 Lehrer in Kobersdorf. 1951 Abgeordneter zum burgenländischen Landtag und 1962 Landesrat für Soziales, Wohnbau und Fremdenverkehr. Seit 1966 Landeshauptmann des Burgenlands.

KESSLER, Herbert, * 2. 2. 1925 in Bludesch (V), Jurist und ÖVP-Politiker. Nach dem Kriegsdienst studierte er ab 1945 Jus an der Universität Innsbruck und promovierte 1949. Ab 1950 Verwaltungsbeamter im Landesdienst, wurde 1957 zum Bürgermeister von Rankweil gewählt. Seit 1954 Mitglied des Vorarlberger Landtags, wurde er 1964 zum Landeshauptmann von Vorarlberg gewählt und 1969, 1974, 1979 und 1984 in seinem Amt bestätigt (bis 8. 7. 1987). Sein Nachfolger ist Martin Purtscher (s. d.).

KEUTSCHACH, Leonhard von, s. Leonhard von K.

KHEVENHÜLLER, Franz Christoph Graf, * 21. 2. 1588 in Klagenfurt, † 13. 6. 1650 in Baden bei Wien, Diplomat und Historiker. Entstammte einem seit dem 11. Jh. in Kärnten ansässigen Adelsgeschlecht und war zunächst Edelknabe am erzherzoglichen Hof in Graz. Nach Universitätsstudien reiste er durch Europa und kehrte 1609 an den Hof zurück. Ab 1616 begann er seine diplomatische Laufbahn als Botschafter am spanischen Hof, wo er dessen Unterstützung für Kaiser Ferdinand II. (s. d.) erreichte. 1631 nach Wien zurückgekehrt, wurde er Obersthofmeister der Kaiserin und war nebenbei schriftstellerisch tätig. Sein wichtigstes Werk ist „Annales Ferdinandei", eine Geschichte Kaiser Ferdinands II. und seiner Zeit von 1578–1637, 12 Bde. (1640–1726).

KHEVENHÜLLER, Ludwig Andreas Graf, * 30. 11. 1683 in Linz, † 26. 1. 1744 in Wien, Heerführer. Enkel von Franz Christoph Graf K. (s. d.). Trat in die ö. Armee ein, wurde Oberst im Dragonerregiment des Prinzen Eugen und bewährte sich in den Türkenkriegen, vor allem bei Peterwardein 1716 und bei der Schlacht von Belgrad. 1718 veröffentlichte er, nun Kommandant von Esseg, das Werk „Instruktionen für Kavallerie und Infanterie", das heute noch militärgeschichtlich von Bedeutung ist. 1734 übernahm er den Oberbefehl in Italien, wurde 1736 zum Feldmarschall befördert und Kommandierender General von Slawonien. Bewährte sich im türkisch-russischen Krieg, war 1741 Stadtkommandant von Wien und führte im Ö. Erbfolgekrieg 1741/42 als Oberbefehlshaber den Gegenstoß gegen den offensiven Karl Albert von Bayern, eroberte Linz und Passau und besetzte 1743 Bayern. Weitere militärwissenschaftliche Veröffentlichungen: „Reglement und Ordnung der kaiserlichen Infanterie" (1737) und „Kurzer Begriff aller militärischen Operationen", ein Handbuch der Kriegskunst, das erst 1757 erschien.

Ludwig Andreas Graf Khevenhüller

Thürheim, A. J.: Feldmarschall L. A. Graf von K.-Frankenburg (1878)

KHEVENHÜLLER-METSCH, Johann Joseph Fürst (seit 1763), * 1706 auf Hochosterwitz (K), † 1776 in Wien, Hofmann und Diplomat. Sein Vater Siegmund Friedrich Graf K. hatte sich die besondere Gunst Kaiser Karls VI. (s. d.) erworben und dadurch seinem Sohn eine steile Hofkarriere vorbereitet. K. studierte an der Wiener Universität Jus und humanistische Fächer, bildete sich an den Universitäten von Leiden und Straßburg weiter, trat 1725 in den Staatsdienst und war mit 19 Jahren bereits nö. Regierungsrat. Wurde 1728 zum Reichshofrat versetzt; heiratete Karoline Gräfin Metsch, die älteste (und vermögende) Tochter des Reichshofratsvizepräsidenten, seines unmittelbaren Vorgesetzten. Nach dem Aussterben des Mannesstamms seiner Gattin fügte er ihren Namen dem seinen bei. 1734 wechselte er in den diplomatischen Dienst und wurde Gesandter in Kopenhagen. 1736 Vertreter der böhmischen Kurie beim Regensburger Reichstag; wurde 1737 mit 31 Jahren Geheimer Rat und kam 1742 als Obersthofmarschall in den Hofdienst. 1744 erhielt K. den Orden vom Goldenen Vlies und wurde 1745 Oberstkämmerer, 1760 Obersthofmeister. Sein penibel geführtes Tagebuch „Aus der Zeit Maria Theresias, 1742–76" (8 Bde.) wurde 1908–72 von Rudolf Graf K.-M. und Hanns Schlitter herausgegeben und bildet eine der wesentlichsten Quellen dieser Zeit.

Walter, F.: Männer um Maria Theresia (1951)

KHLESL, Melchior, (auch Klesl und Klesel) * 19. 2. 1553 in Wien, † 18. 9. 1630 in Wiener Neustadt (NÖ), Bischof von Wien, Staatsmann. Der Sohn eines lutherischen Bäckermeisters wurde während seines Philosophiestudiums von dem Jesuiten Georg Scherer (s. d.) zum Katholizismus bekehrt. 1571 trat er in den Jesuitenorden ein, erhielt 1576 die niederen Weihen und ein Kanonikat in Breslau. 1579 zum Priester geweiht, wurde er Dompropst von St. Stephan und Kanzler der Universität Wien. Schon 1581 veranlaßte er ein kaiserliches Dekret, wonach vor Promotionen das Tridentinische Glaubensbekenntnis abzulegen sei. 1579–1600 war er Passauer Offizial in Wien. 1588 wurde K. Bischof von Wiener Neustadt, 1598 Bischof von Wien (Amtseinführung erst 1602). 1616 Kardinal. Seit 1599 Kanzler des Erzherzogs Matthias (später Kaiser M., s. d.), war K. der stärkste Förderer der Gegenreformation. Er bemühte sich um die Rekatholisierung und wurde zum „Generalreformator" ernannt, auch förderte er die Etablierung zahlreicher Orden. Zwischen 1603–38 wurden elf Orden in Wien seßhaft. Als Berater und Kanzler des Kaisers war er nicht nur der Leiter der kaiserlichen Politik, sondern führte praktisch auch die Regierungsgeschäfte, weshalb man ihn „Vizekaiser" nannte. Wurde zur treibenden Kraft im sogenannten Bruderzwist im Hause Habsburg. 1618 änderte er seine Politik und versuchte die protestantischen Reichsstände für einen Türkenkrieg zu gewinnen, was die Erzherzöge Ferdinand (später Kaiser F. II.) und Maximilian III. jedoch nicht billigten und K. ohne Wissen von Kaiser Matthias verhaften ließen. Zunächst nach Georgenberg (T) gebracht, mußte er sich später in Rom vor einem päpstlichen Gericht rechtfertigen und wurde 1623 freigelassen. Ab 1627 wieder als Bischof von Wien tätig, übte er keinen politischen Einfluß mehr aus.

Melchior Khlesl. Gemälde von H. Carracci (1627)

Hammer-Purgstall, J. v.: K.s, des Cardinals, Directors des geheimen Cabinetts Matthias, Leben. 4 Bde. (1847–51); Kerschbaumer, A.: Kardinal K. (1905); Brandi, K.: Deutsche Geschichte im Zeitalter der Reformation und Gegenreformation (1927, 5. Aufl. 1979 unter dem Titel „Reformation und Gegenreformation")

KIELMANSEGG, Erich Graf, * 13. 2. 1847 in Hannover, † 5. 2. 1923 in Wien, Staatsmann. Sohn des hannoveranischen Staatsministers Eduard Georg Ludwig Graf K. 1870 trat K. in den ö. Verwaltungsdienst und war zunächst in der nö. Statthalterei tätig. Wurde Bezirkshauptmann von Baden bei Wien, war bis 1885 Regierungsrat beim Landespräsidium in der Bukowina. Kam 1886 ins Innenministerium und wurde 1889 Statthalter von NÖ und war um die Vereinigung der Wiener Vororte mit der Stadt bemüht, die schließlich 1890 erreicht wurde. Als das Koalitionsministerium Windisch-Graetz zurücktrat, bildete er ein interimistisches Beamtenministerium, in dem er auch das Innenministerium leitete. Abgesehen von dieser Unterbrechung (19. 6.–30. 9. 1895), war er bis 1911 Statthalter von NÖ. 1917/18 Mitglied des Herrenhauses. Seine Aufzeichnungen „Kaiserhaus, Staatsmänner und Politiker" erschienen 1966 (Hrsg. Walter Goldinger).

KIENBÖCK, Robert, * 11. 1. 1871 in Wien, † 8. 9. 1953 in Wien, Radiologe. Studierte in Wien und war als Radiologe an der Poliklinik sowie als Prof. an der Universität Wien tätig. 1907 machte er mit seinem Werk „Radiotherapie" auf sich aufmerksam. K. war ein Pionier der Röntgenforschung, -diagnostik und -therapie und entwickelte ein Verfahren zur genauen Dosierung der Röntgenstrahlen. 1933–42 erschien sein vielbeachtetes Werk „Röntgendiagnostik der Knochen- und Geisteskrankheiten" (8 Bde).

KIENBÖCK, Viktor, * 18. 1. 1873 in Wien, † 23. 11. 1956 in Wien, Jurist und christlichsozialer Politiker. Wurde nach Abschluß seines Jusstudiums Rechtsanwalt. Als Mitglied der Christlichsozialen Partei war er 1922–24 und 1926–29 Finanzminister sowie 1923–32 Abgeordneter zum Nationalrat. Gemeinsam mit Bundeskanzler

Viktor Kienböck 1944

Prälat Ignaz Seipel (s. d.) gelang ihm ab 1922 die allmähliche Sanierung des Staatshaushalts durch eine systematische Deflationspolitik. 1925 veröffentlichte er „Das ö. Sanierungswerk". 1932–38 Präsident

Die Burg Hochosterwitz (K), seit der Mitte des 16. Jh.s im Besitz der Familie Khevenhüller

der Oesterreichischen Nationalbank, 1937/38 auch im Finanzausschuß des Völkerbunds tätig und als international angesehener Finanzfachmann Teilnehmer an zahlreichen internationalen Konferenzen.

KIENZL, Wilhelm, * 17. 1. 1857 in Waizenkirchen (OÖ), † 3. 10. 1941 in Wien, Komponist und Opernkapellmeister. Studierte in Graz, Prag, Leipzig und Wien, promovierte 1880. Schon 1879 war er Assistent Richard Wagners in Bayreuth gewesen. 1883/84 arbeitete er als Opernkapellmeister in Amsterdam, dann in Krefeld, 1886–89 Dirigent des Steiermärkischen Musikvereins in Graz, 1889 Kapellmeister am Stadttheater in Hamburg und anschließend bis 1893 an der Münchner Hofoper. Ab 1894 wieder in Graz, übersiedelte 1917 nach Wien. Sein größter Erfolg war die Oper „Der Evangelimann", die 1895 in Berlin uraufgeführt wurde. Weitere Opern: „Urvasi" (1886), „Heimar der Narr" (1892), „Don Quixote" (1898), „Der Kuhreigen" (1911), „Das Testament" (1916), „Hassan der Schwärmer" (1925). Schrieb auch Orchester-, Kirchen- und Kammermusikwerke und war in angesehenen Fachzeitschriften als Musikschriftsteller tätig. Interessant und aufschlußreich ist sein Briefwechsel mit Peter Rosegger, der von H. Sittner 1952 herausgegeben wurde.

Morold, M.: W. K., in: Monographien moderner Musiker III (1909); Trambauer, K.: W. K.s Opernstoffe, Diss. Wien (1950)

KIESEWETTER, Raphael Georg, Edler von Wiesenbrunn (Ralph), * 29. 8. 1773 in Holleschau (Mähren), † 1. 1. 1850 in Baden bei Wien, Musikschriftsteller und Musikforscher. War Staatsbeamter im Hofkriegsrat und legte Sammlungen älterer Musikwerke an, die ihn schließlich zu historischen Untersuchungen veranlaßten. 1803 studierte er bei J. G. Albrechtsberger (s. d.) Generalbaß und Kontrapunkt, um sich musiktheoretisch zu bilden. Im Lauf der Jahre wurde er zu einem anerkannten und geschätzten Spezialisten der Musikgeschichte. Hauptwerke u. a.: „Die Verdienste der Niederländer um die Tonkunst" (1826), „Geschichte der europäisch-abendländischen oder unserer heutigen Musik" (1834), „Schicksale und Beschaffenheit des weltlichen Gesanges vom

Wilhelm Kienzl

frühen Mittelalter bis zu der Erfindung des dramatischen Styles und den Anfängen der Oper" (1841).

Kier, H.: R. G. K., Wegbereiter des musikalischen Historismus (1968)

KIESSLING, Franz, * 10. 1. 1918 in Znaim (Mähren), Lyriker. War Beamter und lebt in Wien. Redakteur der Wochenschrift „Offenes Wort", erhielt 1943 den Stifter-Preis, 1950 den Staatspreis und 1962 den Körner-Preis. Besonders bekannt wurden seine Gedichtbände „Das ungefragte Herz" (1948) und „Seht, wie ihr lebt" (1955).

KINDERMANN, Heinz, * 8. 10. 1894 in Wien, † 3. 10. 1985 in Wien, Literatur- und Theaterwissenschaftler. Sohn eines Buchhändlers, studierte in Wien und Berlin und promovierte 1918 in Wien. 1919 trat er in das Unterrichtsministerium ein und betreute dort das Burgtheaterreferat der Bundestheaterverwaltung. 1924 habilitierte er sich an der Wiener Universität, war 1926–36 Prof. für neuere deutsche Literaturgeschichte an der Technischen Hochschule in Danzig, 1936–42 an der Universität Münster Prof. für deutsche Literaturgeschichte und Theaterwissenschaft und 1942–45 sowie 1954–69 Prof. für Theaterwissenschaft an der Universität Wien, wo er das Institut für Theaterwissenschaft gründete. Sein Hauptwerk „Theatergeschichte Europas", 10 Bde. (1957–78), stellt ein international anerkanntes, grundlegendes Werk der Theaterwissenschaft dar. Von seinen zahlreichen Publikationen sind zu erwähnen: „Das Burgtheater" (1939), „Hebbel und das Wiener Theater seiner Zeit" (1943), „Lexikon der Weltliteratur", gemeinsam mit M. Dietrich (1950), „Das Goethebild des 20. Jh.s" (1953); seit 1955 als Herausgeber der Zeitschrift „Maske und Kothurn" tätig, arbeitete er seit Jahren an einer umfangreichen Darstellung der Theatergeschichte aus der Sicht des Publikums, von der die Bände „Theaterpublikum der Antike", „Theaterpublikum des Mittelalters" und „Theaterpublikum der Renaissance" erschienen sind.

KINDERMANN, Joseph Carl, * 4. 3. 1744 in Schambeck bei Ofen, † 16. 10. 1801 in Wien, Kartograph. Studierte zuerst in Wien Medizin, ging jedoch 1768 mittellos auf Reisen, trat in die Holländisch-Ostindische Handelskompagnie ein und machte in dieser bis 1774 Dienst in Kapstadt und auf den Nikobaren. Da sein Vater inzwischen in die Steiermark (nach

Judenburg) gezogen war, wurde auch er hier ansässig, arbeitete 13 Jahre hindurch bei der „Grätzer Zeitung" und beschäftigte sich mit der Geographie und Geschichte des Landes. Anfang 1800 erhielt er von einer Wiener Kunsthandlung den Auftrag, einen „Ö. Nationalatlas" zu schaffen, von dem er aber nur sechs Karten (1801 erschienen) fertigstellen konnte. K. hatte zuvor eine neue Projektionsart für das Kartenbild entworfen, die er als „Einzig mögliche richtige Darstellung der kugelförmigen Oberfläche des Erdballs auf einer ebenen Fläche" publiziert und damit die Anerkennung berühmter Astronomen gewonnen hatte. Von seinen weiteren Publikationen sind besonders erwähnenswert: „Historischer und geographischer Abriß des Herzogtums Steiermark" (1778), „Beiträge zur Vaterlandskunde für Innerösterreichs Bewohner", 2 Bde. (1790) und „Die Provinz Inner-Österreich", 12 Karten (1789 bis 1797).

KINIGADNER, Heinz, * 28. 1. 1960 in Uderns (T), Moto-Cross-Rennfahrer. Erster und bisher einziger österreichischer Weltmeister in dieser Sportart (1984 und 1985 in der 250-ccm-Klasse).

KINK, Franz, * 4. 10. 1790 in Bozen, † 18. 11. 1862 in Kufstein (T), Pionier der Zementgewinnung. Sohn des Tiroler Landesbrückenbaumeisters Johann Martin K. Begann 1822 mit Untersuchungen und Forschungen zur Gewinnung und Verarbeitung von Zement und fand das nötige Rohmaterial im Mergelstein des Weißachtals bei Kufstein (T). 1835–40 und 1849–52 war er Bürgermeister von Kufstein. Sein Sohn Anton (* 14. 6. 1820, † 18. 4. 1868) führte mit wechselndem Geschick das Werk des Vaters weiter und beschäftigte 1852 in den Zementmühlen von Endach bei Kufstein 150 Arbeiter. Auch er war Bürgermeister von Kufstein 1861–64. Martin K. (* 11. 11. 1800, † 7. 11. 1877), der Bruder von Franz, der den Witwenbetrieb übernommen hatte, verkaufte ihn 1872 an die Perlmooser AG.

KINSKY, Wilhelm Graf (seit 1628), † 25. 2. 1634 in Eger (Böhmen) ermordet, Protestantenführer. Entstammte einer altböhmischen Adelsfamilie und gehörte beim Böhmischen Aufstand 1618 zu den 30 gewählten Direktoren. Auf Fürsprache Wallensteins konnte er seine Besitzungen behalten; als er den Übertritt zur katholischen Kirche ablehnte, mußte er 1630 ins Exil nach Sachsen. Ohne Auftrag schaltete er sich in die Verhandlungen Wallensteins über einen Separatfrieden mit Sachsen und Brandenburg ein. Schließlich schloß er sich Wallenstein an und wurde gemeinsam mit diesem und Illo (s. d.) in Eger ermordet.

KIRCHHAIMER, Hans (eigtl. Kellner), * um 1420 in Kirchheim bei Göppingen (Württemberg), † 1468 in Ofen, Arzt und Politiker. Der Sohn eines Bindermeisters kam 1437 nach Wien und praktizierte hier als Arzt, obwohl er erst 1448 zum Doktor der Medizin promovierte. 1455 demonstrierte er gemeinsam mit Michel Puff vor Studenten an einer männlichen Leiche, was damals als Sensation galt. 1461 „Lector ordinarius" der Universität Wien; stand im Bürgerkrieg von 1462/63 auf seiten Erzherzog Albrechts VI. (s. d.) und erreichte die Absetzung des kaiserlich eingestellten Wiener Rats. 1463 Ratsherr, wurde im Zusammenhang mit dem Aufstand Wolfgang Holzers (s. d.) vorübergehend verhaftet und mußte noch im selben Jahr, nach dem Tod des Erzherzogs, Wien verlassen. Es wird vermutet, daß er mit dem bekannten Sammler anatomischer Zeichnungen, Johannes de Ketham (auch Karcham), identisch ist. Diese Sammlung erschien 1491 und enthält die ersten medizinischen Fachillustrationen.

KIRCHSCHLÄGER, Rudolf, * 20. 3. 1915 in Niederkappel (OÖ), Jurist und Diplomat. Wuchs in ärmlichen Verhältnissen auf. Nachdem seine Mutter 1918 und sein Vater 1926 gestorben waren, wurde ihm durch Unterstützung hilfsbereiter Menschen der Besuch der Aufbauschule in Horn ermöglicht, wo er 1935 mit Auszeichnung maturierte. Mit Gelegenheitsarbeiten und Nachhilfestunden finanzierte er sein Studium der Rechts- und Staatswissenschaft an der Universität Wien. Im Dezember 1938 zur deutschen Wehrmacht eingezogen, promovierte während eines verlängerten Urlaubs im Jänner 1940 zum Dr. jur. Wurde als Reserveoffizier im Kriegseinsatz zweimal leicht und einmal schwer verwundet. Nach dem Krieg Richterausbildung, 1947 Richter und Amtsleiter des Bezirksgerichts Langenlois (NÖ). 1954 Landesgerichtsrat am Bezirksgericht Innere Stadt in Wien, wurde am 18. 7. 1954 in die Völkerrechtsabteilung des Außenministeriums berufen, deren Leitung er 1956 übernahm. 1958 a. o. Gesandter und bevollmächtigter Minister. Leistete einen wesentlichen Beitrag zur Auslegung des Staatsvertrags und der immerwährenden Neutralität Ö.s und gehörte zahlreichen Delegationen an. 1963 Kabinettschef des Außenministers, 1967–70 Gesandter in Prag. Wurde als Parteiloser 1970 Außenminister im ersten Kabinett Kreisky. Bei der Bundespräsidentenwahl vom 23. 6. 1974 wurde er als Kandidat der SPÖ mit einer Mehrheit von 51,7% der Stimmen gewählt. Bei seiner Wiederwahl am 18. 5. 1980 erreichte er 79,9% der Stimmen und damit den höchsten Wahlsieg, den jemals ein Bundespräsident erreicht hat. Übergab am Ende seiner Amtszeit, am 8. 7. 1986, die Funktion an seinen Nachfolger Dr. Kurt Waldheim (s. d.). Abgesehen von rechtswissenschaftlichen Beiträgen in Sammelwerken, erschien 1977 eine Auswahl seiner Reden und 1980 „Der Friede beginnt im eigenen Haus".

Weissensteiner, F. (Hrsg.): Die ö. Bundespräsidenten (1982); Schenz, M.: Bundespräsident R. K. (1985)

KIRSCH, August, * 2. 6. 1862 in Wien, † 17. 2. 1931 in Wien, Zeitungsherausgeber. Studierte Jus in Wien und promovierte 1885. 1882 trat er in die Redaktion des von seinem Onkel F. Hummel 1874 gegründeten „Neuigkeits-Weltblatts" ein, dessen Herausgeber und Miteigentümer er 1888 (nach dem Tod des Onkels) wurde. Ab 1908 gab er die „Wiener Illu-

Rudolf Kirchschläger vor der Präsidentschaftskanzlei

strierte Wochenschau" heraus. K. war kaiserlicher Rat und Kommerzialrat und mit dem christlichsozialen Politiker Leopold Kunschak (s. d.) befreundet.

KIRSCHNER, Ferdinand von (seit 1895), * 18. 5. 1821 in Wien, † 3. 3. 1896 in Wien, Architekt. Erlernte bei seinem Vater die Schlosserei und besuchte daneben ab 1834 die Graveurschule und ab 1841 die Architekturschule der Wiener Akademie der bildenden Künste. Ab 1843 studierte er an der Technischen Hochschule in Wien. 1846–48 bereiste er Italien und war dann im Wohnbau tätig. 1858 Hofarchitekt, 1868 Burghauptmann, 1895 Regierungsrat. 1889–93 schuf er nach dem abgeänderten Entwurf Joseph Emanuel Fischer von Erlachs (s. d.) den Michaelertrakt der Wiener Hofburg mit dem überkuppelten Portalbau in der Mitte. Dieser Bau gilt als K.s Hauptwerk.

KIRSTE, Leo, * 8. 3. 1892 in Wien, † 22. 4. 1965 in Wien, Flugzeugtechniker. Studierte in Wien und war 1922–37 Chefkonstrukteur in Paris. 1937 wurde er Prof. für Leichtbau an der Technischen Hochschule in Wien, war 1938–45 seiner Tätigkeit enthoben, 1947/48 Rektor.

KISCH, Egon Erwin, * 29. 4. 1885 in Prag, † 31. 3. 1948 in Prag, Schriftsteller und Journalist. Begann seine journalistische Laufbahn 1905 beim „Prager Tagblatt", war 1906–13 Lokalreporter bei der deutschbürgerlichen Zeitung „Bohemia" und danach Mitarbeiter des „Berliner Tagblattes". Ab 1914 kämpfte er an der Südostfront. K. wurde nach dem Krieg Begründer der Roten Garde in Wien, danach verhaftet und in die Tschechoslowakei abgeschoben. Ab 1921 lebte er in Berlin und unternahm in den folgenden Jahren zahlreiche Reisen, so in die Sowjetunion, nach Afrika, China und Amerika. 1933 wurde er in Berlin verhaftet und neuerlich ausgewiesen. 1935 reiste er als Delegierter des Weltkomitees gegen Krieg und Faschismus nach Australien, wo er interniert wurde. 1939 emigrierte K. über Frankreich und Spanien in die USA und später nach Mexiko. Ab 1946 lebte er als kommunistischer Stadtrat in Prag. Er schrieb neben zahlreichen Sozialreportagen und Reiseberichten auch Essays, Romane und dramatische Werke, so u. a.: „Der Mädchenhirt" (Roman, 1913), „Abenteuer in Prag" (Roman, 1921), „Die gestohlene Stadt" (Roman, 1922), „Die Himmelfahrt der Galgentoni" (Dramatische Legende, 1922), „Soldat im Prager Korps" (Roman, 1923), „Der Fall des Generalstabschef Redl" (1924), „Der rasende Reporter" (1924), „Hetzjagd durch die Zeit" (1925), „Zaren, Popen, Bolschewiken" (1926), „Wagnisse in aller Welt" (1926), „Asien gründlich verändert" (1933), „Abenteuer in 5 Kontinenten" (1936), „Geschichten aus 7 Ghettos" (1939), „Marktplatz der Sensationen" (1946); 1923 gab er die Anthologie „Klassischer Journalismus" heraus.

KISCH, Wilhelm Maximilian, * 18. 5. 1827 in Wien, † 17. 8. 1893 in Wien, Schriftsteller und Lokalhistoriker. War zunächst in der k. u. k. Armee als Jurist tätig und wurde 1865 Hauptmann-Auditor I. Klasse, widmete sich aber nach dem Austritt aus der Armee ausschließlich der Schriftstellerei und war als Viennensia-Forscher tätig. Ab 1871 Herausgeber der Zeitschrift „Wiener Kunsthalle", die nur bis 1873 erschien. K. beschäftigte sich intensiv mit der Sammlung und Deutung von Wiener Sprichwörtern und Redensarten. Als sein wichtigstes gedrucktes Werk gilt „Die alten Straßen und Plätze Wien's und ihre historisch interessanten Häuser" (1883); 1885 erschien der erste Teil des Bandes über die Wiener Vorstädte, dem 1895 nach K.s Tod ein zweiter Band folgte.

KLAHR, Alfred, * 16. 9. 1904 in Wien, † im Juli 1944 in Warschau (erschossen), Journalist und KPÖ-Politiker. Studierte Staatswissenschaften in Wien und promovierte 1928 zum Dr. jur. Arbeitete anschließend in Berlin und Wien als Redakteur der „Roten Fahne". Nach dem Verbot der KPÖ 1933 war K. illegal tätig und wurde 1934 verhaftet. Nach seiner Freilassung ging er über Prag nach Moskau, lebte nach 1938 in Frankreich, wo er interniert wurde und in die Schweiz entkommen konnte. Dort erneut verhaftet und an das von den Deutschen besetzte Frankreich ausgeliefert. 1942 wurde er ins KZ Auschwitz deportiert, doch gelang ihm mit Hilfe des illegalen Lagerkomitees die Flucht. Im Juli 1944 wurde er während des Aufstandes in Warschau erschossen. K. beschäftigte sich seit den dreißiger Jahren besonders mit der Frage der Nationwerdung Ö.s und veröffentlichte darüber ab 1937 eine Artikelserie „Zur nationalen Frage in Ö." im illegalen theoretischen Organ der Kommunisten, „Weg und Ziel". 1939 erschien anonym K.s Buch „Die nationale Frage und Ö.s Kampf um seine Unabhängigkeit".

Franz Klammer auf seiner Siegesfahrt beim Abfahrtslauf der Winterolympiade 1976 in Innsbruck

KLAMMER, Franz, * 3. 12. 1953 in Mooswald (K), Schirennläufer. Abfahrtskönig der siebziger Jahre. Siegte bei insgesamt 24 Weltcup-Abfahrten und wurde 1976 in Innsbruck mit seinem Abfahrts-Olympiasieg zum „Liebling der Nation". Setzte mit seiner Siegesserie bei klassischen Rennen (Doppelsiege am Lauberhorn und am Hahnenkamm 1975–77) neue Maßstäbe. Ö. Sportler der Jahre 1975, 1976 und 1983.

KLANG, Heinrich, * 15. 4. 1875 in Wien, † 22. 1. 1954 in Wien, Jurist. Wurde nach Abschluß seines Jusstudiums Richter und Univ.-Prof. in Wien. Bis 1929 war er Obmann der Bürgerlich-Demokratischen Partei. 1930–35 erschien sein großer Kommentar zum ö. ABGB, dem nach dem Krieg eine vielbeachtete Neuauflage folgte. 1942–45 im KZ Theresienstadt. Nach 1945 reorganisierte er die „Juristische Gesellschaft", gab das Fachblatt „Juristische Blätter" heraus und wurde Senatspräsident des Obersten Gerichtshofs.

KLAUS, Josef, * 15. 8. 1910 in Mauthen (K), ÖVP-Politiker. Als Sohn eines Bäckers geboren, kam er schon früh mit der katholischen Arbeiterbewegung in Berührung und gehörte bald dem Mittelschüler-Kartellverband an. Während seines Jusstudiums an der Universität Wien in mehreren Funktionen der Studentenschaft tätig, promovierte 1934. 1934–36 in der Gewerkschaftsbewegung, 1936–38 in der Arbeiterkammer tätig. War ab Juni 1939 Soldat in der deutschen Wehrmacht. Nach kurzer amerikanischer Kriegsgefangenschaft im Jahr 1945 arbeitete er bis 1948 als Rechtsanwaltsanwärter und danach als Rechtsanwalt in Hallein (S). Nebenher war er aktiv in der Katholischen Aktion tätig. 1949–61 Landeshauptmann von Salzburg; gehörte zu jenen ÖVP-Politikern, die eine Reform der Partei forderten. 1961–63 Finanzminister, danach Bundesparteiobmann der ÖVP und 1964 Bundeskanzler der ÖVP-SPÖ-Koalitionsregierung. Errang im Jänner 1966 durch die Vorstellung seiner „Aktion 20", eines Gremiums von Politikern und Wissenschaftlern, das Konzepte und Entscheidungen für die Zukunft erarbeiten sollte, große

Josef Klaus

Anerkennung. Bei den Nationalratswahlen 1966 erreichte die ÖVP mit 48,35% der Stimmen 85 Mandate – gegenüber 74 der SPÖ und 6 der FPÖ – und damit die absolute Mehrheit, und K. bildete eine ÖVP-Alleinregierung. Als bei der folgenden Nationalratswahl 1970 die SPÖ mit 81 Mandaten (gegenüber 79 der ÖVP) als Sieger hervorging, schied K. aus der aktiven Politik aus. 1971 veröffentlichte er „Macht und Ohnmacht in Österreich", wo er sich auch kritisch mit seiner Regierungstätigkeit auseinandersetzte.

Vodopivec, A.: Der verspielte Ballhausplatz (1970); Reinhold, L.: Geschichte der ÖVP (1975); Huber, W. (Hrsg.): Landeshauptmann K. und der Wiederaufbau Salzburgs (1980); Weissensteiner, F., und Weinzierl, E. (Hrsg.): Die ö. Bundeskanzler (1983)

KLECATSKY, Hans, * 6. 11. 1920 in Wien, Staats- und Verwaltungsrechtler. Nach dem Kriegsdienst 1946/47 im Justizministerium tätig, schloß 1947 sein Jusstudium ab und wurde 1948 Richter. Er spezialisierte sich auf das Staats- und Verwaltungsrecht und war 1947–51 Sekretär am Verwaltungsgerichtshof, 1951–59 im Bundeskanzleramt, zuletzt Sektionsrat und 1959–65 Hofrat beim Verwaltungsgerichtshof. Seit 1965 Univ.-Prof. in Innsbruck, gab gemeinsam mit anderen Rechtswissenschaftlern mehrere Rechtskommentare heraus, so etwa 1958 das „Ö. Staatskirchenrecht" (mit H. Walter). 1966–70 Justizminister in der ÖVP-Alleinregierung; 1970 startete er eine Begnadigungsaktion für Franz Olah (s. d.), hatte aber damit keinen Erfolg. 1967 veröffentlichte er „Der Rechtsstaat zwischen heute und morgen".

KLEIBER, Erich, * 5. 8. 1890 in Wien, † 27. 1. 1956 in Zürich, Dirigent. Studierte am Prager Konservatorium und war bereits 1912–19 Kapellmeister am Hoftheater in Darmstadt, danach in Mannheim und Düsseldorf. 1923–35 Generalmusikdirektor der Berliner Staatsoper, wo er 1925 die Uraufführung von Alban Bergs „Wozzek" dirigierte. 1936–49 überwiegend in Buenos Aires (Argentinien), später auch an den führenden Opernbühnen der Welt als Gastdirigent tätig. K. war nicht nur ein ausgezeichneter Mozart-Interpret, sondern wirkte erfolgreich an der Oper ebenso wie im Konzertsaal, wo er überwiegend die großen symphonischen Werke dirigierte. Sein Sohn Carlos K. (* 3. 7. 1930 in Berlin) studierte in Buenos Aires, begann seine Dirigentenlaufbahn 1952 in La Plata und kam 1954 als Kapellmeister nach Potsdam, 1956 an deutsche Opernhäuser, u. a. München, Düsseldorf. Ab 1966 an der Württembergischen Staatsoper in Stuttgart. Seither Gastdirigent in ganz Europa; vor allem Interpret romantischer Opern.

KLEIN, Franz, * 24. 4. 1854 in Wien, † 6. 4. 1926 in Wien, Jurist. Sohn eines Gold- und Silberschmieds, studierte in Wien Jus und promovierte 1878. Nach seiner Richteramtsprüfung Rechtsanwalt, habilitierte sich 1885 für ö. Zivilprozeßrecht, war 1886–91 Kanzleidirektor der Universität Wien und wurde 1891 in das Justizministerium berufen. Hier arbeitete er die Gesetzentwürfe für die Zivilprozeßordnung und die Exekutionsordnung aus, die 1898 in Kraft traten. Da er, inzwischen Sektionschef im Justizministerium, auch wissenschaftlich tätig war, lehnte er 1897 die Bestellung zum Justizminister ab, leitete aber 1906–08 und 1916 dann doch dieses Ministerium. K. war an zahlreichen Gesetzgebungen, so auch an der Einführung des allgemeinen Wahlrechts, maßgeblich beteiligt und gehörte 1919 als Staatssekretär des Auswärtigen Amtes der ö. Delegation bei den Friedensverhandlungen in Saint-Germain an.

KLEIN, Wilhelm, * 11. 4. 1765 in Allerheim bei Nördlingen (Schwaben), † 12. 5. 1848 in Wien, Pädagoge. Kam 1799 nach Wien und gründete 1804 ein Institut für Blindenerziehung, das 1816 in staatliche Obhut überging. 1829 errichtete er die heute noch bestehende Blinden-Versorgungs- und Beschäftigungsanstalt. Publikationen: „Lehrbuch zum Unterrichte der Blinden" (1819), „Geschichte des Blindeninstituts" (1845) und „Gymnastik für Blinde" (1847).

KLEINER, Salomon, * 12. 4. 1703 in Augsburg, † 15. 3. 1761 in Wien, Kupferstecher und Vedutenzeichner. Seit 1721 in Wien, wo er, als sein frühestes Werk, den Stephansdom zeichnete. K. verfertigte in der Folge bis 1724 eine Reihe von Wiener Veduten, die als Gesamtwerk 1724–37 in Augsburg erschienen. Dann in Mainz und Würzburg tätig, kehrte er um 1727 wieder nach Wien zurück, wo er 1729 mit der großen Serie über das Schloß Belvedere begann. Zehn Teile zu je neun Darstellungen und zwölf Blätter „Belvedere-Menagerie" erschienen 1731–40. 1730 entstanden die Ansichten der Hofbibliothek, die er im Selbstverlag herausbrachte, doch damit große finanzielle Verluste erlitt, weshalb er ab 1737 den Posten eines Prof. am Wiener Theresianum annahm. War zuletzt einer der Illustratoren des ab 1750 erscheinenden vierbändigen Werks „Monumenta Augustae Domus Austriacae".

KLEIN-LOEW, Stella, * 28. 1. 1904 in Przemyśl (Galizien), † 7. 6. 1986 in Wien, Pädagogin und SPÖ-Politikerin. Studierte in Wien Germanistik, Altphilologie und Psychologie und war schon früh in der sozialdemokratischen Jugendorganisation und in der Studentenvereinigung tätig. 1934–38 arbeitete sie illegal in der Partei und emigrierte im Jänner 1939 nach England, wo sie zunächst Hausgehilfin war, ehe sie als Pädagogin tätig sein konnte. 1946 Rückkehr nach Ö., sofort wieder in der SPÖ als Jugend- und Erwachsenenbildnerin tätig, wurde sie Mittelschulprof., später Direktorin einer Schule. 1959–70 Abgeordnete zum Nationalrat. War bis zu ihrem Tod als Bildungspolitikerin tätig. Veröffentlichungen: „Kinder unserer Zeit" (1979) sowie die Memoirenbände „Erlebtes und Gedachtes" (1980) und „Menschen um mich" (1982).

KLENAU, Johann Graf, Freiherr von Janowitz, * 13. 4. 1758

Salomon Kleiner: Der Platz Am Hof in Wien (vor 1733)

in Prag, † 6. 10. 1819 in Brünn, Heerführer. 1775 trat er als Leutnant in ein Infanterieregiment ein, zeichnete sich durch besondere Tapferkeit aus und wurde 1795 Oberst, 1797 Generalmajor. Nach dem Italienfeldzug im Zweiten Koalitionskrieg wurde er 1800 zum Feldmarschalleutnant ernannt. In der Schlacht bei Aspern 1809 führte er tapfer die Vorhut und in der Schlacht bei Deutsch-Wagram ein Armeekorps. Im Feldzug von 1813 kämpfte er bei Leipzig, nahm Dresden ein und ging anschließend mit seinem Korps nach Italien. 1815 wurde er Kommandierender General in Brünn.

KLENNER, Fritz, * 13. 8. 1906 in Wien, Journalist und SPÖ-Gewerkschaftspolitiker. Sohn eines Postbeamten, wurde nach der Matura zunächst Bankbeamter. Schon früh mit der Gewerkschaftsbewegung verbunden, 1945–59 Leiter des Pressereferats des ÖGB, 1956–59 Stellvertretender Generalsekretär des ÖGB, 1958–61 Abgeordneter zum Nationalrat und 1963–72 im Vorstand der Bank für Arbeit und Wirtschaft, anschließend bis 1981 Vorsitzender des Aufsichtsrats der BAWAG. Veröffentlichte u. a.: „Die ö. Gewerkschaften. Vergangenheit und Gegenwartsprobleme", 2 Bde. (1953), „Das große Unbehagen" (1960), „Ewige Freiheit" (1963), „Planpost Freiheit" (1966), „Umdenken tut not!" (1966).

KLIEBER, Joseph, * 1. 11. 1773 auf Schloß Ambras bei Innsbruck, † 11. 1. 1850 in Wien, Bildhauer und Maler. Der Sohn eines Bildhauers besuchte in Innsbruck die „Zeichnungsschule" und kam 1792 nach Wien, wo er seine Kenntnisse erweiterte. Ab etwa 1810 schuf er für die Besitzungen des Fürsten Johann Liechtenstein zahlreiche Flachreliefs, die ihn bekannt machten. 1814 wurde er Geheimer Rat und provisorischer Direktor der Graveur- und Erzverschneiderschule der Wiener Akademie, 1815–45 Direktor dieser Schule. K. wurde häufig zur Ausschmückung von Bauwerken herangezogen und schuf zahlreiche Reliefs und Plastiken an Palais, öffentlichen Gebäuden und Kirchen.

Weißenhofer, A.: J. K., Diss. Wien (1918)

KLIEN, Walter, * 27. 11. 1928 in Graz, Pianist. Studierte an der Wiener Musikakademie. Erwarb mehrere internationale Preise, u. a. Bösendorfer-Preis, Wien, Busoni-Wettbewerb. Spielte seit 1963 mit dem Geiger Wolfgang Schneiderhan (s. d.) im Duo. Solist in der ganzen Welt, Einspielungen aller Klavierwerke von Mozart, Brahms und Schubert.

GUSTAV KLIMT
Bahnbrecher der Moderne

Gustav Klimt: „Danae" (1907/08)

„. . . Klimts künstlerische Persönlichkeit schien abgeschlossen, als die Secession gegründet wurde. Was konnte die neue Bewegung, die tausend fremde Anregungen in die abgesperrte Wiener Atmosphäre einströmen ließ, ihm bringen, der allem Vereinswesen der Künstlerschaft meilenfern stand, der fest in Wien wurzelte und seine Kunst aus der Tradition seiner Stadt zur vollen Reife entwickelt hatte? Sie brachte ihn aus der Bahn, die endgültig vorgezeichnet schien, zerstörte oder erweckte sein innerstes Wesen und schuf den Menschen und Künstler Klimt, den wir kennen . . .

. . . daß der Zauber bald erlosch und Klimts Ideal sich als Utopie erwies, ist menschlich begreiflich, denn auch Künstler leben auf Erden und ihre Vereinigungen bedürfen einer wirtschaftlichen Grundlage. Klimt wurde aus der Secession gedrängt . . ."

Hans Tietze, Gustav Klimts Persönlichkeit (1919)

KLIMT, Gustav, * 14. 7. 1862 in Baumgarten bei Wien, † 6. 2. 1918 in Wien, Maler. Studierte 1876–83 an der Kunstgewerbeschule in Wien und bildete danach mit seinem Bruder Ernst K. (1864–92) und Franz Matsch (s. d.) eine Ateliergemeinschaft. Dieser Zusammenarbeit entsprangen 1888 die Deckengemälde in den beiden Feststiegenhäusern des Burgtheaters und 1891 40 Zwickelbilder im Stiegenhaus des Kunsthistorischen Museums. 1897 zählte K. zu den Gründungsmitgliedern der in Opposition zum „Künstlerhaus" entstandenen Wiener Secession, deren erster Präsident er 1897–99 war. Für das Ausstellungsgebäude, die Secession in Wien (1897/98), entwarf er die (1945 zerstörten) Metalltüren. Dafür malte er auch den „Beethoven-Fries", der sich seit der Restaurierung 1984 wieder am ursprünglichen Platz befindet. K. schuf außerdem Porträts und Landschaftsbilder, 1898–1903 Illustrationen für die Zeitschrift „Ver sacrum" und vor allem für die Universität Wien die Deckengemälde „Philosophie" (1900), „Medizin" (1901) und „Jurisprudenz" (1903), deren symbolistische Tendenz anfangs auf schroffe Ablehnung der Auftraggeber stieß. 1905 spaltete sich die sogenannte „K.-Gruppe" von der Secession ab und veranstaltete 1908 ihre erste eigene Ausstellung, die „Kunstschau". 1905-09 schuf K. den „Stoclet-Fries", ein dekoratives Mosaik für das von Josef Hoffmann (s. d.) erbaute Palais Stoclet in Brüssel, das als Gesamtkunstwerk des Jugendstils legendäre Bedeutung erlangte. 1911 entstand das berühmte Gemälde „Der Kuß". K. hat mit seiner Kunst und der Symbolhaftigkeit seiner Werke nachhaltig die Malerei der Jahrhundertwende beeinflußt und gilt als Hauptvertreter des ö. Jugendstils.

Eisler, M.: G. K. (1920); Fleischmann, B.: G. K., eine Nachlese (1946); Pirchan, E.: G. K. (1956); Novotny, F., und Dobai, J.: G. K. (1967); Nebehay, Ch. M. (Hrsg.): G. K. – Dokumentation (1969); ders.: G. K. Sein Leben nach zeitgenössischen Berichten und Quellen (1969, 2. Aufl. 1976)

KLINGENBECK, Fritz, * 22. 4. 1904 in Brünn (Mähren), Intendant und Schriftsteller. Wurde nach seiner Ausbildung zuerst Ballettmeister in Berlin, Prag und Wien und war 1931–40 an verschiedenen Wiener Theatern tätig. Ab 1932 war K. auch Lehrer am Reinhardt-Seminar in Wien. 1948 Leiter des „Theaters für Vorarlberg" und schließlich Direktor der Bregenzer Festspiele, war er 1962–65 Direktor des Theaters an der Wien. U. a. veröffentlichte er: „Die Tänzerin R. Chladek" (1936), „Unsterblicher Walzer" (1940), „In neuem Glanz das Theater an der Wien" (1963) und „M. Reinhardts Theater in der Josefstadt" (1972); außerdem schuf er mehrere Libretti und Choreographien für Ballette.

KLINGER, Kurt, * 11. 7. 1928 in Linz, Lyriker und Dramatiker. Wurde 1951 durch seinen Gedichtband „Harmonie aus Blut" bekannt. K. arbeitete als Dramaturg und wirkte 1955–58 in Linz, 1960–63 in Deutschland (am Düsseldorfer Schauspielhaus und an den Städtischen Bühnen Frankfurt), 1963/64 in Wien und ging anschließend wieder nach Deutschland. 1955 erhielt er den Ö. Staatspreis für Literatur, 1987 den Anton-Wildgans-Preis. K. veröffentlichte u. a. die Lyrikbände „Auf der Erde zu Gast" (1956), „Entwurf einer Festung" (1970) und „Löwenköpfe" (1977) sowie die Dramen „Odysseus muß wieder reisen" (1955), „Der goldene Käfig" (1959), „La sera", „Die neue Wohnung" (1959) und „Studien im Süden" (1965) sowie das Fernsehspiel „Der Tag der Tauben" (1968).

KLINKOWSTRÖM, Friedrich August von, * 31. 8. 1778 in Ludwigsburg (Pommern), † 4. 4. 1835 in Wien, Offizier, Pädagoge und Jugendschriftsteller. War der Sohn eines schwedischen Oberstleutnants, leistete 1793–1802 preußischen Militärdienst und bildete sich dann (1802–06) an der Dresdner Militärakademie weiter, wo er Kontakte zu den Malern Kaspar David Friedrich und Philipp

Otto Runge unterhielt. 1811 kam er über München nach Wien und wurde Hauptmann in der ö. Armee. 1813 wurde ihm die Bildung eines sächsischen Freiwilligenkorps anvertraut, mit dem er an der Völkerschlacht bei Leipzig teilnahm. Seit 1814 in Wien, verkehrte im Kreis um Clemens Maria Hofbauer (s. d.) und trat zum Katholizismus über. 1814–34 leitete er eine von ihm gegründete Erziehungsanstalt für Knaben in Wien und war Mitarbeiter des „Ö. Beobachters“. 1818–21 gab er das „Sonntagsblatt für die Jugend“ heraus. Betrieb als Autodidakt Malerei. K. schrieb unter dem Pseud. Friedrich Kindmann.

KLOEPFER, Hans, * 18. 8. 1867 in Eibiswald (St), † 27. 6. 1944 in Köflach (St), Erzähler, Lyriker und steirischer Mundartdichter. Als Sohn eines schwäbischen Landvogts geboren, studierte er in Graz Medizin und wurde in Köflach Werksarzt. 1939 erhielt er den Mozart-Preis, 1942 den Raimund-Preis. Veröffentlichte

Hans Kloepfer

mehrere Gedichtbände in steirischer Mundart; daneben Erzählungen, u. a.: „Was mir die Heimat gab“ (1936), „Bergbauern“ (1937), „Verspätete Liebe“ (1942), „Dahoam“ (1942) sowie die Heimatbücher „Sulmtal und Kainachboden“ (1936) und „Joahrlauf“ (1937).

KLOTZ, Petrus (Karl), * 9. 4. 1878 in Kaltern (Südtirol), † 6. 10. 1967 in Wien, Benediktinerpater und Reiseschriftsteller. K. trat früh in den Benediktinerorden ein und war bereits ein bekannter Reiseschriftsteller, als er 1922 zum Abt von St. Peter in Salzburg, dem ältesten Kloster im deutschen Sprachraum, gewählt wurde. Trotz kriegsbedingter Not und des Elends der Nachkriegszeit traute sich der kunstliebende neue Abt das Abenteuer eines Kollegbaues zu. Durch eine Sicherung der bestehenden katholisch-theologischen Fakultät sollte eine gesamtdeutsche katholische Universität entstehen, wozu aber ein Kollegbau für alle Novizen der deutschsprachigen Benediktinerklöster, die hier studieren sollten, notwendig wurde. Am 1. 5. 1926 wurde das „Collegium Benedictinum“ eingeweiht, doch die Abtei war in argen finanziellen Nöten. 1927 wurde St. Peter zur Erzabtei erhoben und K. der erste Erzabt. Da sich die finanzielle Lage weiter verschlechterte, sah sich der Erzabt genötigt, 1931 zu resignieren. Von seinen Werken sind zu erwähnen: „Was ich unter Palmen fand“ (1911), „Vom Nil zum Kap“ (1923), „Unter Tempeln und Pagoden“ (1929), „Mein Weg durch die Völker“ (1951), „Rund um Meere und Menschen“ (1954).

Das älteste Kloster im deutschen Sprachraum, St. Peter in Salzburg, Ausstellungskatalog (1982)

KMENT, Adele, * 13. 8. 1883 in Wien, † 31. 8. 1950 in Wien, Schriftstellerin. Schrieb ausschließlich Heimatromane, von denen besonders bekannt wurden: „Heimat am Schönbrunner Park“ (1932), „Der Weg nach Wien“ (1934), „Herzlieb und Rosenroth“ (1935), „Die Söhne Napoleons“ (1942), „Rund um den Stephansturm“ (Sagen und Legenden, 1946), „Das Haus der guten Chunradin“ (1947).

KMENTT, Waldemar, * 2. 2. 1929 in Wien, Kammersänger, Tenor. Wurde unmittelbar nach seiner Ausbildung 1951 von der Wiener Staatsoper engagiert. Daneben Gast an den großen Opernbühnen Europas und bei Festspielen, u. a. Salzburg und Bayreuth. Vor allem als Mozart-Sänger geschätzt.

KNAACK, Wilhelm, * 13. 2. 1829 in Rostock (Mecklenburg), † 29. 10. 1894 in Wien, Schauspieler. Wurde mit 17 Jahren bei einer Wohltätigkeitsveranstaltung in seiner Heimatstadt als Komiker entdeckt. Nachdem er an mehreren norddeutschen Bühnen aufgetreten war, kam er 1856 durch Vermittlung Heinrich Laubes (s. d.) nach Prag. 1857 holte ihn Johann Nestroy (s. d.) an das Carltheater nach Wien, und K. übernahm, nachdem er recht bald den norddeutschen Akzent abgelegt hatte, die Rollen Nestroys. Mit Karl Blasel (s. d.) und Josef Matras (s. d.) bildete er ein vielumjubeltes Wiener Komikertrio. Ab 1860 gastierte er regelmäßig in Budapest und absolvierte 1882 eine erfolgreiche Tournee durch Nordamerika.

KNAUS, Friedrich von, * 7. 4. 1724 in Stuttgart, † 14. 8. 1789 in Wien, Mechaniker. Wurde 1757 als Hofmechaniker nach Wien berufen. Hier richtete er das Physikalische Hofkabinett ein und wurde dessen Direktor. 1760 konstruierte er – noch vor P. Mitterhofer (s. d.) – einen Schreibautomaten. Sein Modell befindet sich heute im Technischen Museum in Wien.

KNAUS, Hermann Hubert, * 19. 10. 1892 in St. Veit an der Glan (K), † 22. 8. 1970 in Wien, Gynäkologe. Wurde nach seinem Studium zunächst Chirurg und war 1923–34 an der Grazer Universitätsklinik tätig. Danach spezialisierte er sich in der Gynäkologie und wurde 1950 Leiter der gynäkologischen Abteilung des Lainzer Krankenhauses in Wien. 1934 veröffentlichte er „Die periodische Fruchtbarkeit und Unfruchtbarkeit des Weibes“. Gemeinsam mit dem Japaner K. Ogino stellte er die Theorie über die Perioden der Fruchtbarkeit der Frau, das sogenannte „Knaus'sche Konzeptionsoptimum“, sowie über die Empfängnisverhütung auf. 1950 gaben die beiden Wissenschaftler „Die fruchtbaren und unfruchtbaren Tage der Frau“ heraus; das Werk erreichte mehrere Auflagen. Daneben beschäftigte sich K. mit Fragen der Physiologie und Pathologie der Gebärmutter und der Eierstöcke.

KNEISSL, Franz, * 29. 7. 1921 in Kufstein (T), Skifabrikant. Sein Vater war Wagnermeister in Kufstein, erzeugte 1918 die ersten Skier in Ö. und erwarb 1921 die erste eingetragene Schutzmarke für Skier. Im väterlichen Betrieb absolvierte K. eine kaufmännische Lehre, die er 1938 als Volontär in einer Münchner Textilfabrik abschloß. Im Zweiten Weltkrieg war K. als Unteroffizier an der Ostfront und wurde viermal verwundet. 1945/46 in französischer Kriegsgefangenschaft, baute er danach den zerstörten Betrieb seines Vaters wieder auf. 1950 errang Dagmar Rom auf K.-Skiern die ersten WM-Siege. Seit 1977 erzeugt er in seiner Fabrik auch Tennisschläger.

KNEPLER, Georg, * 21. 6. 1906 in Wien, Musikwissenschaftler. Studierte Musik und Komposition bei Hans Gál und Egon Wellesz (s. d.) und promovierte 1931 zum Dr. phil. Begleitete zwischen 1928–30 Karl Kraus (s. d.) bei seinen Vorlesungen als Pianist, emigrierte 1938 nach England, wo er im ö. Exilkabarett „Laterndl“ tätig war, und lebt seit 1949 in der DDR als Musikwissenschaftler. K. veröffentlichte u. a.: „Musikgeschichte des 19. Jahrhunderts“ (1961), „Geschichte als Weg zum Musikverständnis“ (1977), „Karl Kraus liest Offenbach“ (1984).

KNOLL, August Maria, * 5. 9. 1900 in Wien, † 24. 12. 1963 in Wien, Soziologe und katholischer Sozialreformer. Studierte in Wien und machte 1932 mit seiner Veröffentlichung „Der soziale Gedanke im modernen Katholizismus“ auf sich aufmerksam. 1932 war er Privatsekretär von Prälat Ignaz Seipel (s. d.). 1938–45 durfte er seinen Beruf nicht ausüben, nach dem Zweiten Weltkrieg wurde er Univ.-Prof. in Wien. Weitere Publikationen: „Kardinal Piffl“ (1932), „Der Zins in der Scholastik“ (1933), „Von den drei Wesenstheorien der Gesellschaft“ (1949), „Katholische Kirche und scholastisches Naturrecht“ (1961), „Katholische Gesellschaftslehre“ (1966).

KNOLLER, Martin, * 8. 11. 1725 in Steinach am Brenner (T), † 24. 7. 1804 in Mailand, Historien- und Porträtmaler. War an der Wiener Akademie der bildenden Künste ein Schüler von Paul Troger (s. d.), der ihn bei der ersten Ausstellung seiner Werke in Innsbruck kennengelernt hatte. 1755 ging er nach Rom und von dort nach Mailand, wo ihn der Gouverneur Karl Josef Graf Firmian als Hofmaler anstellte. 1758 in Rom und Neapel, wurde er

1760 nach Mailand zurückberufen und zum Prof. an der dortigen Akademie ernannt. K. malte anfangs Deckenfresken im Stil der Troger-Schule, wandte sich aber dann dem Klassizismus zu. Besonders bedeutend sind seine Fresken in der Klosterkirche Volders (T), in der Pfarrkirche Anras (T) und im Palais Fugger in Innsbruck, ferner seine Altarbilder, u. a. in Steinach am Brenner, sowie seine zahlreichen Porträts.

Menghin, A.: M. K. (1887); Popp, J.: M. K. (1904)

KNOLLER, Richard, * 25. 4. 1869 in Wien, † 4. 3. 1926 in Wien, Begründer der Flugwissenschaft. Studierte in Wien und wurde hier Prof. an der Technischen Hochschule. K. richtete ein „Aeromechanisches Laboratorium" mit Windkanälen für Forschungen auf dem Gebiet des Flugwesens ein. Nach ihm ist der „K.-Effekt" (auch Katzmayr-Effekt) benannt.

Joseph Anton Koch: Oberhasli im Berner Oberland (1792–94)

KOBALD, Karl, * 28. 8. 1876 in Brünn (Mähren), † 12. 10. 1957 in Wien, Musikpädagoge und -schriftsteller. Studierte zuerst Jus an der Wiener Universität und daneben bei G. Adler (s. d.) Musikgeschichte und am Wiener Konservatorium Musik. 1906–32 Musikreferent im Unterrichtsministerium, 1932–38 Prof., 1945–47 Präsident der Akademie für Musik und darstellende Kunst. Zahlreiche Veröffentlichungen, u. a.: „Alt-Wiener Musikstätten" (1919 als „Klassische Musikstätten" erschienen, erreichte 1923–74 sieben Aufl.), „Schubert und Schwind" (1921, 1937 als „Schubert und seine Zeit" neu aufgelegt), „Franz Schubert" (1922), „Schloß Schönbrunn" (1924), „Johann Strauß" (1925), „Beethoven" (1926), „Joseph Haydn" (1928), „Wo unsterbliche Musik entstand" (1950).

KOCH, Joseph Anton, * 27. 7. 1768 in Elbigenalp (T), † 12. 1. 1839 in Rom, Landschafts- und Historienmaler. Wuchs als Bauernbub auf und kritzelte schon früh Zeichnungen auf Steine, die dem damaligen Weihbischof von Augsburg zu Gesicht kamen. Dieser ließ ihn in Augsburg ausbilden, und K. vervollständigte seine Lehre in Straßburg und schließlich in Rom. 1812–15 hielt er sich in Wien auf, kehrte aber (seine Gattin war Römerin) nach Rom zurück, wo er das Haupt der deutschsprachigen Künstlerkolonie wurde. Er arbeitete mit den Nazarenern zusammen und schuf klassizistische Ideallandschaften.

Lutterotti, O.: J. A. K. (1939)

KOCH, Matthias, * 3. 11. 1798 in Wien, † 27. 4. 1877 in Baden bei Wien, Bibliothekar und Schriftsteller. Verfaßte mehrere historische Bücher, die besonders das Lokalkolorit einzufangen bemüht sind. Besonders bekannt wurde K. durch seine Flugschriften im Jahr 1848, mit denen er sich als entschiedener Monarchist gegen die Revolution wandte. Noch heute erwähnenswert sind: „Die Donaureise von Linz bis Wien" (1838), „Wien und die Wiener" (1842), „Reise in OÖ und S" (1846), „Genesis der Wiener Revolution" (1850); seine „Geschichte des Deutschen Reiches unter der Regierung Ferdinand III.", 2 Bde. (1865/66) blieb unvollendet.

KÖCHEL, Ludwig Alois Ritter von, * 14. 1. 1800 in Stein an der Donau (NÖ), † 3. 6. 1877 in Wien, Musikforscher und Jurist. Studierte in Wien und war 1827–42 Erzieher der kaiserlichen Prinzen. Danach beschäftigte er sich intensiv mit dem Werk von Wolfgang Amadeus Mozart und veröffentlichte 1862 „Chronologisch-thematisches Verzeichniss sämtlicher Tonwerke Wolfgang Amadeus Mozarts", durch das er weltweit bekannt wurde. Dieses „Köchel-Verzeichnis", nach dessen Numerierung die Mozart-Werke seither angegeben werden, wurde von A. Einstein 1937, mit Ergänzungen 1947, in 6., abermals bearbeiteter Aufl. 1964 herausgebracht. Zu diesem grundlegenden Werk der Mozartforschung gab H. von Hase 1951 „Der kleine Köchel" heraus, von dem 1977 die 9. Aufl. erschien. K. veröffentlichte auch andere musikgeschichtliche Werke, u. a.: „Musik am ö. Hofe" (1856), „Die kaiserliche Hof-Musikkapelle in Wien von 1543–1867" (1869), „J. J. Fux" (1872), „83 Briefe Beethovens" (Hrsg., 1865).

KÖCK, Eduard, * 26. 2. 1882 in Innsbruck, † 3. 11. 1961 in Wien, Volksschauspieler und Theaterleiter. War Mitbegründer der von Ferdinand Exl (s. d.) 1902 gegründeten Exl-Bühne und später, bis zu deren Auflösung 1955, ihr Oberspielleiter. K. zählt zu den bedeutendsten bäuerlichen Darstellern, besonders in Stücken Schönherrs (s. d.) und Anzengrubers (s. d.). Er verfaßte auch mehrere Filmdrehbücher, von denen besonders bekannt wurden: „Glaube und Heimat" (1921) und „Peter im Schnee" (1937). Außerdem gab er 1942 die Festschrift „40 Jahre Exl-Bühne" heraus.

Eduard Köck

Riha, M.: E. K., Diss. Innsbruck (1948)

KOENIG, Alma Johanna, * 18. 8. 1887 in Prag, † 1942 im KZ Minsk, Erzählerin und Lyrikerin. Kam mit ihren Eltern 1888 nach Wien und war 1925–30 mit dem ö. Konsul in Algier, Bernhard Freiherrn von Ehrenfels, verheiratet. Nach dem Scheitern der Ehe Rückkehr nach Wien. Wurde von den nationalsozialistischen Machthabern am 22. 5. 1942 verhaftet. Noch im selben Jahr kam sie im Konzentrationslager Minsk ums Leben. Sie war 1918 durch den Gedichtband „Die Windsbraut" bekannt geworden und erhielt 1925 den Preis der Stadt Wien. Weitere Gedichtbände u. a.: „Die Lieder der Fausta" (1922), „Liebesgedichte" (1930). Prosa: „Der heilige Palast" (1922), „Die Geschichte von Half, dem Weibe" (1924), „Gudrun. Stolz und Treue" (1928), „Leidenschaft in Algier" (1932). Aus dem Nachlaß: „Sonette für Jan" (1946), „Der jugendliche Gott" (1947), „Sahara" (Erzählungen, 1951). K. schrieb auch unter dem Pseud. Johannes Heřdan.

KOENIG, Otto, * 23. 10. 1914 in Wien, Verhaltensforscher. Sohn von Otto König (* 12. 5. 1881 in Wien, † 15. 9. 1955 in Klosterneuburg), der Kulturredakteur der „Arbeiter-Zeitung", Volksbildner und Schriftsteller war. K. war ursprünglich Photograph, ehe er sich der Zoologie und Verhaltensforschung zuwandte und 1945 gemeinsam mit seiner Frau Lilli die Biologische Station Wilhelminenberg in Wien gründete, die er, ebenso wie die später gegründete Außenstelle am Neusiedler See, bis 1984 leitete. Besonders bekannt wurde er durch seine populärwissenschaftlichen Sendereihen im ö. Fernsehen. Wichtige Publikationen: „Das Buch vom Neusiedler See" (1961), „Kif-Kif" (1962) und „Rendezvous mit Tieren" (1965). Lilli K. (* 7. 9. 1918 in Hennersdorf, NÖ), ist Graphikerin und Jugendbuchautorin und schrieb u. a. „Die klaren Augen" (1951), „Gringolo" (1956), ausgezeichnet mit dem Ö. Staatspreis für Jugendliteratur und dem Jugendbuchpreis der Stadt Wien, und „Timba" (1959).

KOERBER, Ernest von, * 6. 11. 1850 in Trient, † 5. 3. 1919 in Baden (NÖ), Staatsmann. Absolvierte nach dem Jusstudium den Gerichtsdienst und trat 1874 in das Handelsministerium ein. War überwiegend mit Verkehrsfragen beschäftigt und wurde 1895 Generaldirektor der Staatseisenbahnen. 1897/98 Handelsminister, 1899 Innenminister, 1900–04 Ministerpräsident und zugleich Innenminister, ab 1902 auch Justizminister. Obwohl er auf wirtschaftlichem Gebiet Erfolge zu verzeichnen hatte, mißlangen seine Versuche um einen Ausgleich der nationalen Gegensätze, weshalb er 1904 auf ungarischen und tschechischen Druck hin zurücktrat. 1915/16 Finanzminister, nach der Ermordung Graf Stürgkhs (s. d.) betraute ihn Kaiser Franz Joseph I. (s. d.) abermals mit dem Amt des Ministerpräsidenten. Nach dem Tod Franz Josephs demissionierte K. am 20. 12. 1916 wegen Differenzen mit Kaiser Karl in Verfassungsfragen.

Sieghart, R.: Die letzten Jahrzehnte einer Großmacht (1932); Novotny, A.: E. v. K., in: Gestalter der Geschicke Ö.s, hrsg. von H. Hantsch (1962)

KOFFLER, Andreas, * 1603 in Krems an der Donau (NÖ), † 12. 12. 1651 in Kwangsi (China) ermordet, Jesuitenpater und Chinamissionar. Trat in den Jesuitenorden ein und entschied sich für die Chinamission. Seit 1640 in China lebend, genoß er am Ming-Kaiserhof wegen seiner ausgezeichneten mathematisch-astronomischen Kenntnisse hohes Ansehen, so daß er mit der Abfassung eines chinesischen Kalenders betraut wurde. Seine „Reisebriefe aus Batavia und China" enthalten wertvolle Informationen, die über seine Tätigkeit als Missionar weit hinausgehen.

KOFLER, Ludwig, * 30. 11. 1891 in Dornbirn (V), † 23. 8. 1951 in Innsbruck, Pharmakologe. Nach dem Studium in Innsbruck wurde er Univ.-Prof. für Pharmakognosie in Innsbruck und beschäftigte sich mit der mikroskopischen Untersuchung von Stoffgemischen und organischen Stoffen. Er erfand mehrere Apparate („K.-Geräte" genannt) und entwickelte gemeinsam mit seinem Sohn die sogenannte „K.-Heizbank", mit der der Schmelzpunkt organischer Stoffe bestimmt werden kann.

KOFLER, Peter Joseph Edler von (seit 1750), * 29. 7. 1700 in Ruffré (Südtirol), † 26. 5. 1764 in Wien, Jurist und Richter. Kam als Student nach Wien und war nach Abschluß seines Jusstudiums in Anwaltskanzleien tätig. 1731 Beisitzer beim Stadtgericht, 1737 bereits Stadtrichter. 1741–44 erstmals Bürgermeister von Wien, anschließend wieder Stadtrichter und von 1752 bis zu seinem Tod

Peter Joseph von Kofler. Pastell aus der Meytens-Schule

abermals Bürgermeister. K. stand dem Kaiserhaus loyal gegenüber, war vorbildlich administrativ tätig und förderte die Wirtschaft der Stadt. 1753 ließ er ein neues städtisches Urbar anlegen, und 1754 organisierte er die erste Volkszählung der Stadt Wien (175 000 Einwohner).

Czeike, F.: Wien und seine Bürgermeister (1974)

KÖGL, Ferdinand, * 17. 5. 1890 in Linz, † 21. 2. 1956 in Wien, Schriftsteller, Musiker und Dramatiker. Wurde 1926 mit der Komödie „Schmiere" bekannt, verfaßte dann weitere Theaterstücke und schrieb schließlich auch Romane. Seine Werke schildern fast durchwegs das Leben der „kleinen Leute". 1950 erhielt er die Ehrenmedaille der Stadt Wien. Von seinen Romanen sind erwähnenswert: „Namenlos" (1932), „Ratten am Theater" (1934), „Die Donaufischer" (1941), „Musik der kleinen Tage" (1946), „Die Gottesgeige" (1948), „Vom Himmel gekommen" (1952); 1945 erschien „Die Silberflöte" (Memoiren eines Philharmonikers, autobiographisch), 1947 der Roman „Roter Reis" (Pseud. Tom Tenk).

KÖHLER, Hans Erich, * 17. 4. 1905 in Teschen-Bodenbach (Böhmen), † 7. 11. 1983 in Herrsching am Ammersee (Bayern), Karikaturist. Arbeitete vor allem in der westdeutschen Zeitung „Die Welt" und schuf 1955 die international bekannt gewordene Karikatur von den ö. Staatsvertragsverhandlungen in Moskau mit dem Zither spielenden Bundeskanzler Raab (s. d.), dem vom Außenminister Figl (s. d.) souffliert wird: „Und jetzt, Raab – jetzt noch d' Reblaus, dann sans waach!"

In der Hamburger Zeitung ‚Die Welt" erschien 1955 H. E. Köhlers Karikatur über die Staatsvertragsverhandlungen von Figl und Raab in Moskau

KOHN, Josef, * 1814 in Wsetin (Mähren), † 17. 9. 1884 in Wien, Möbelfabrikant. Gründete 1867 in seinem Geburtsort eine Möbelfabrik, in der er in ähnlicher Weise wie M. Thonet (s. d.) Bugholzmöbel herstellte. Danach führte er Bugholz auch in andere Zweige der Möbelfabrikation ein und erregte bald mit kompletten Wohnungseinrichtungen auf Ausstellungen international Aufsehen. Seine Produkte zeichneten sich durch vollständige Zerlegbarkeit und einfache Montage aus und waren deshalb für den Export besonders geeignet. Seinen zahlreichen Fabriken waren auch Bildhauerwerkstätten sowie Zeichen- und Modellierschulen angeschlossen; K. war in 17 Großstädten Europas mit eigenen Verkaufshäusern vertreten.

Jacob & Josef K. Bugholzmöbel. Katalog (1916, 3. Aufl. des Nachdrucks 1985)

KOKOSCHKA, Oskar, * 1. 3. 1886 in Pöchlarn (NÖ), † 22. 2. 1980 in Montreux (Schweiz), Maler, Graphiker, Bühnenbildner und Dichter. Besuchte die Kunstgewerbeschule in Wien

und war, damals noch vom Jugendstil beeinflußt, 1907–09 Mitarbeiter der „Wiener Werkstätte“. Bald wandte er sich aber dem Expressionismus zu, stellte 1908 im Rahmen der „Kunstschau Wien“ erstmals aus und arbeitete ab 1910 an der expressionistischen Zeitschrift „Der Sturm“ mit. 1912 begann seine intensive Freundschaft mit Alma Mahler (s. d.), die 1914 schmerzvoll enden sollte. Im Krieg schwer verwundet, kam er anschließend nach Dresden, wo er dann von 1919–24 an der Dresdner Kunstakademie unterrichtete. Zwischen 1923 und 1930 unternahm K. zahlreiche Reisen durch Europa, Nordafrika und den Orient und kehrte 1933 wieder nach Wien zurück. 1934 übersiedelte er nach Prag, wo 1937 sein „Selbstbildnis eines entarteten Künstlers“ entstand. 1938 Flucht nach England. Ab 1953 lebte er in Villeneuve am Genfer See, noch in diesem Jahr gründete er auch die Sommerakademie „Schule des Sehens“ auf der Festung Hohensalzburg, die er bis 1962 leitete. Auch als Schriftsteller war K. bedeutend, bereits 1908 war sein von ihm illustriertes Werk „Die träumenden Knaben“ erschienen, von seinen expressionistischen Dramen wurde „Orpheus und Eurydike“ von Ernst Křenek (s. d.) 1926 als Oper vertont, sein 1909 uraufgeführtes Drama „Mörder Hoffnung der Frauen“ diente 1922 Paul Hindemith als literarische Vorlage. K. entwarf auch Bühnenbilder und Kostüme, so etwa für die „Zauberflöte“ bei den Salzburger Festspielen 1955. Seine Schriften gab H. M. Wingler 1956 heraus.

Plaut, J. S.: O. K. (1948); Wingler, H. M.: O. K. (1956); Bultmann, B.: O. K. (1960); Goldscheider, L.: O. K. (1963)

KOLB, Ernst, * 9. 1. 1912 in Bregenz, † 23. 9. 1978 in Bregenz, Jurist und ÖVP-Politiker. Seit 1945 Abgeordneter zum Nationalrat, 1948–52 Handels-, 1952–54 Unterrichtsminister, 1959–77 Univ.-Prof. an der rechts- und staatswissenschaftlichen Fakultät der Universität Innsbruck.

Oskar Kokoschka: Wien, vom Wilhelminenberg gesehen (1931)

Jörg Kölderer: Illustration aus dem für Kaiser Maximilian I. von Wolfgang Hohenleitner verfaßten „Fischereibuch“ (1504)

KOLBENHEYER, Erwin Guido, * 30. 12. 1878 in Budapest, † 12. 4. 1962 in München, Schriftsteller, Epiker und Dramatiker, auch Kulturphilosoph. Studierte in Wien Philosophie und Naturwissenschaften und promovierte 1903. Nach dem Ersten Weltkrieg verließ er Wien und lebte ausschließlich in Deutschland. 1911 erhielt er den Bauernfeld-Preis, 1926 den Adalbert Stifter-Preis. Mit seiner biologischen Kulturauffassung näherte er sich der Ideologie des Nationalsozialismus („Bauhütte. Grundzüge einer Metaphysik der Gegenwart“, 1925). In seinen Romanen und Dramen stellte er in der jeweiligen Epoche nachgebildeter Sprache Zeitbilder und Porträts der deutschen Vergangenheit dar. U. a.: „Amor Dei“ (Spinoza-Roman, 1908), „Paracelsus“ (Trilogie, 1917–26). 1938–41 erschienen K.s „Gesammelte Werke“ (8 Bde.).

Koch, F.: E. G. K. (1929); Wandrey, C.: K. (1934)

KÖLDERER, Jörg, † 1540, Maler und Architekt. Als Hofmaler und Hofbaumeister von Kaiser Maximilian I. (s. d.) in Innsbruck tätig. Sein malerisches Werk wird als Vorstufe der

OSKAR KOKOSCHKA

Schule des Sehens

„Meine Bilder – das ist ein Bericht, was ich mit den Augen gesehen habe, was ich mit dem Herzen gespürt habe. Ich habe sie gegen das Chaos gemalt. Ich habe nie einer Schule angehört, nie eine Mode nachgeahmt. Ahmt man eine Mode nach, ist man immer 50 Jahre zu spät dran. Ich war immer allein.“

O. K. anläßlich der großen Ausstellung seiner Werke im Wiener Künstlerhaus 1958

Donauschule angesehen. Seine Hauptwerke sind u. a. die Malereien am Goldenen Dachl in Innsbruck (1500), die Illustrationen zum „Fischereibuch" für Kaiser Maximilian I. (1504), die Entwürfe zu den 23 Statuetten (von 100 geplanten) der „Familienheiligen des Hauses Habsburg" für das Maximiliansgrab in Innsbruck (1550 vollendet) und das Tafelbild in der Pfarrkirche von Seefeld (T).

KOLIG, Anton, * 1. 7. 1886 in Neutitschein (Mähren), † 17. 5. 1950 in Nötsch (K), Maler und Zeichner. Studierte in Wien und Paris und wurde Prof. in Frankfurt, Prag und Stuttgart. K. lebte später in Kärnten. 1925 und 1926 erhielt er den Ö. Staatspreis, 1936 die Große goldene Staatsmedaille. Abgesehen von seinen etwa 3000 Zeichnungen und rund 300 Ölbildern, die durch Kriegseinwirkung zu zwei Dritteln vernichtet wurden, schuf er auch Fresken, so 1927 die im Wiener Krematorium und ebenfalls 1927 ein Mosaik am Salzburger Festspielhaus. Sein Freskenwerk sowie das Mosaik wurden später abgeschlagen. Das zentrale Thema in K.s Schaffen war der männliche Akt, die Körperdarstellung, der er durch zahlreiche Bewegungsstudien immer größere Plastizität zu verleihen suchte.

Milesi, R.: K. (1954); Weiermair, P.: A. K. Die Zeichnungen (1984)

KOLLER, Hans, * 12. 2. 1921 in Wien, Jazzmusiker, Klarinettist, Tenor-, Alt- und Baritonsaxophonist. Studierte 1936–39 an der Wiener Musikakademie und kam 1950 nach München, wo er mit Jutta Hipp (Klavier) in einem Quartett spielte und durch Schallplatten in den USA als erster europäischer Jazzmusiker bekannt wurde. 1958 gründete er mit Oscar Pettiford ein Quartett und wurde 1961 Mitglied der European All Stars. 1962 verfaßte er in Wien eine Saxophonschule.

Kraner, D. H.: Die H.-K.-Diskographie 1947–1966 (1967); Schulz, K.: H. K. (1967)

KOLLERITSCH, Alfred, * 16. 2. 1931 in Brunnsee (St), Schriftsteller. Mitbegründer und seit 1968 Präsident der Grazer Künstlervereinigung „Forum Stadtpark", seit 1960 Herausgeber der Zeitschrift „manuskripte". Veröffentlichte u. a. die Romane „Die Pfirsichtöter" (1972), „Die grüne Seite" (1974) und die Lyrikbände „Einübung in das Vermeidbare" (1978), „Im Vorfeld der Augen" (1982), „Augenlust" (1986).

KOLLMANN, Josef, * 23. 10. 1868 in Laibach (Krain), † 16. 6. 1951 in Baden bei Wien, Kaufmann und christlichsozialer Politiker. War 1919–34 Abgeordneter zum Nationalrat, 1919–38 Bürgermeister von Baden bei Wien, 1926 Finanzminister. Auf seine Initiative geht die Errichtung der Spielbank in Baden zurück. 1940 machten ihm die nationalsozialistischen Machthaber erfolglos einen Prozeß wegen angeblichen Mißbrauchs der Amtsgewalt und Veruntreuung des sogenannten „K.-Fonds".

Der Prozeß K., hrsg. von J. K. (1946)

KOLLONITSCH, Leopold Karl Graf (auch Kollonitz, Kollonich), * 26. 10. 1631 in Komorn (Ungarn), † 20. 1. 1707 in Wien, Bischof von Wien, Kardinal. Der Sohn des Kommandanten von Komorn studierte ab 1645 an der Universität Wien, trat 1650 in den Malteserorden ein, ging nach Malta und nahm an den Türkenkriegen teil. 1665 Deputierter des Herrenhauses im Erzherzogtum NÖ, 1666 Bischof von Neutra; begann in Wien Theologie zu studieren und wurde 1668 zum Priester geweiht. 1670 Bischof von Wiener Neustadt, 1672–81 Präsident der ungarischen Hofkammer, half 1679 tatkräftig während der Pestepidemie und 1683 bei der Türkenbelagerung in Wien und erwarb sich durch seinen unermüdlichen persönlichen Einsatz große Verdienste. Nach der Entsatzschlacht um Wien nahm er sich 500 Vollwaisen an und ließ sie auf eigene Kosten erziehen. 1685 Bischof von Raab, 1686 Kardinal, 1692 Staats- und Konferenzminister und Präsident der Hofkammer in Wien; 1695 erreichte er den Höhepunkt seiner Karriere, als er Erzbischof von Gran und Primas von Ungarn wurde. Für Kaiser Leopold I. war K. nicht nur ein kenntnisreicher Berater, sondern auch ein persönlicher Freund.

Maurer, J.: Kardinal Leopold Graf K. (1887)

KOLLONITSCH, Sigismund Graf (auch Kollonitz), * 30. 5. 1677 in Wien, † 13. 4. 1751 in Wien, Erzbischof von Wien. Neffe von Kardinal Leopold Karl Graf K. (s. d.), der ihn bei den Jesuiten in Neuhaus (Böhmen) erziehen ließ. Studierte in Rom Theologie und Philosophie und promovierte dort, anschließend wurde er in Wien zum Priester geweiht. Danach Domherr in Gran und 1709–16 Bischof der kleinen Diözese Waitzen, am Donauknie in Ungarn gelegen, 1716 Bischof von Wien. Gemeinsam mit Kaiser Karl VI. betrieb K. die Erhebung Wiens, das noch immer der Diözese Passau unterstand, zum Erzbistum; das Bistum Wiener Neustadt wurde als Suffraganbistum Wien unterstellt. Schon 1721 war in Rom die Entscheidung gefallen und 1722 auch die Unterstellung Wiener Neustadts bewilligt worden, aber wegen der ausständigen Taxen, die nach Rom zu entrichten waren (der Papst hatte sie sogar auf die Hälfte reduziert), erfolgte die Errichtung des Erzbistums Wien erst mit 14. 2. 1723. K. wurde somit der erste Erzbischof von Wien. 1725 wurden das Viertel unter dem Wienerwald, die Dekanate Bruck an der Leitha und Baden mit den Pfarren Hütteldorf, Purkersdorf, Mauerbach, Sievering, Heiligenstadt, Kahlenberg und Klosterneuburg von Passau abgetrennt. 1727 wurde K. Kardinal und erhielt den Titel „Protector Germaniae" (zum Unterschied vom Salzburger Erzbischof, dem „Primas von Deutschland"). Unter seiner

SASCHA KOLOWRAT
Österreichischer Filmpionier

KOLOWRAT-KRAKOWSKY, Alexander (Sascha) Josef Graf, * 29. 1. 1886 in Glendale (New York), † 4. 12. 1927 in Wien, Filmproduzent und Pionier des ö. Films. Entstammte einer ö. Offiziersfamilie und besuchte das Theresianum in Wien. Für seine Zukunft bestimmend war aber 1909 eine Begegnung mit dem französischen Filmindustriellen Charles Pathé in Paris, durch den er dieses neue Medium kennenlernte und zu seinem Filmschaffen angeregt

wurde. Das 1910 von seinem verstorbenen Vater ererbte Vermögen verwendete er zur Gründung der Sascha-Filmfabrik in Pfraumberg (Böhmen), der 1914 ein zweites Unternehmen in Wien folgte. Als begeisterter Automobilist und Flieger rückte er 1914 als Oberleutnant zur „Autotruppe" ein. Ab 1915 stellte er in der Filmexpositur des k. u. k. Kriegspressequartiers eine Art von Wochenschaufilmen her. Mit dem deutschen Filmpionier Meßter gründete er 1916 die Sascha-Meßter-Filmfabrik, 1918 die Sascha-AG in Wien, deren Präsident er wurde. Abgesehen von seinen eindrucksvollen Kulturfilmen, wie „Gewinnung des Eisens am steirischen Erzberg", „Burg Kreuzenstein" und „Im Auto durch die ö. Alpen", produzierte er auch zahlreiche Spielfilme, durch die er vielen jungen Talenten zum Erfolg verholfen hat und mit denen er Filmgeschichte gemacht hat, so etwa: „Der Millionenonkel" mit Alexander Girardi (1913), „Sodom und Gomorrha" (1922), „Der junge Medardus", nach Arthur Schnitzler (1923) und 1927 „Die Pratermizzi", „Tingeltangel" und „Cafe Electric" mit Willi Forst und Marlene Dietrich.

Hübl, I. M.: S. K. Diss. Wien (1950); Fritz, W.: Kino in Ö. Der Stummfilm 1896–1930 (1981)

Sigismund Graf Kollonitsch. Stich von Gasparo Massi

Amtszeit wurden in Wien mehrere Kirchen errichtet, die Peterskirche 1733, die Piaristenkirche 1735, die Karlskirche 1737, die Pfarrkirche von Ober-St. Veit und das daran anschließende Erzbischöfliche Schloß als Sommerresidenz (1742 fertiggestellt). Auf seinen Wunsch wurde ihm sein Nachfolger Johann Joseph Graf Trautson (s. d.) als Koadjutor zur Seite gestellt.

Loidl, F.: Geschichte des Erzbistums Wien (1983)

KOLOWRAT-LIEBSTEINSKY, Franz Anton Graf, * 31. 1. 1778 in Prag, † 4. 4. 1861 in Wien, liberaler Politiker und Staatsmann. Gehörte dem böhmischen Hochadel an und trat 1799 in den ö. Staatsdienst. 1807 Stadthauptmann von Prag, 1809 Oberstburggraf von Böhmen; K.-L. förderte die kulturellen Bestrebungen der Tschechen, das Studium heimischer Sprache und Geschichte und richtete in Prag das Vaterländische Museum ein. Im Oktober 1826 von Kaiser Franz I. zum Staats- und Konferenzminister ernannt, wurde er das Haupt der liberalen Hofpartei und ein Gegner Metternichs. Er

Franz Graf Kolowrat-Liebsteinsky. Stich nach einem Gemälde von Friedrich Lieder

betrieb eine versöhnliche Politik und nahm großen Einfluß auf die innere Verwaltung und einen Teil des Finanzwesens. Ab 12. 12. 1836 gehörte er neben Metternich und den Erzherzögen Ludwig und Franz Karl, den Brüdern Kaiser Ferdinands I., zur „Geheimen Staatskonferenz", die de facto die Regierungsgeschäfte für den kranken und schwachen Kaiser führte. Dadurch vertieften sich die bereits bestehenden Differenzen zwischen Metternich und K.-L. noch mehr, vor allem weil K.-L. in den Unterdrückungsmethoden Metternichs das Herannahen einer Katastrophe ahnte. Auch sein reformfreudiger positiver Einfluß nahm ab. Von 21. 3.–3. 4. 1848 stand K.-L. an der Spitze eines provisorischen Staatsministeriums, das die Geheime Staatskonferenz ablöste. Nach seinem Rücktritt zog sich K.-L. aus dem öffentlichen Leben zurück.

KOLSCHITZKY, Georg Franz, * 1640 in Polen (?), † 20. 2. 1694 in Wien, Kaufmann und Kurier. Sein Geburtsort ist nicht ganz geklärt, obwohl in älteren Quellen das „Freystädtlein Sambor", das eine in Galizien gelegene polnische Stadt, aber keine Freistadt war, angegeben wird. Hingegen war die südungarische Stadt Sombor (oder Zombor) eine Freistadt. Auch dürfte sein richtiger Name Kulczycki gelautet haben. Als Hilfsdolmetsch in der Equipe des türkischen Großbotschafters Mehmed Pascha kam er 1665 nach Wien. Wegen seiner umfangreichen Sprachkenntnisse wurde er, wohl etwas später, im Belgrader Kontor der unter dem Schutz Kaiser Leopolds I. stehenden Orientalischen Handelskompagnie angestellt. 1678 verließ er diesen Posten, und in diesem Jahr erwähnt ein kaiserliches Dekret (vom 6. Juni) einen „raizischen Orientwaren-Importeur Frantz Georg Goldtschütz", welcher der Kompagnie gedient habe und ein „Polakh" sein solle. Ab nun wurde er gelegentlich zu Kurierdiensten verwendet. 1684 hat er sich mit „khays. türckhischer hofkurier" unterschrieben, nachdem ihm am 10. 1. 1684 (auf Grund seiner Verdienste um die Befreiung Wiens 1683) die Würde eines kaiserlichen Dolmetschers zuerkannt worden war. Diese Verdienste beziehen sich allerdings nur auf einen sicherlich nicht ungefährlichen Gang durch den türkischen Belagerungsring, den er am 13. August angetreten hatte und von dem er am 17. in die Stadt zu-

Anton Kolig: „Sebastian"

rückgekehrt war. Die belagerte Stadt hatte mehrere Kundschafter verwendet, von denen einige nie zurückkehrten, doch K. verstand es, seine Tat populär zu machen, indem er Flugblätter über seinen Kuriergang drucken ließ. K. ist über Jahrhunderte hinweg als erster Kaffeesieder von Wien in die Geschichte eingegangen. Erwiesen ist allerdings, daß schon am 6. 7. 1668 der Raize Dimetrius Domasy in Wien mit Kaffee gehandelt hat und daß der Grieche Johannes Theodat (Diodato) – „welcher in der Zeit der Belagerung alle Brieff aus- und eingetragen, zur Billichen Belohnung die freyheit erhalten, den Caffé in einem offenen Gewölb ausschäncken zu mögen" – ein Kaffeehaus betrieb, K. hingegen in den Jahren bis 1685 mit einem Wanderkessel durch Wien zog und seine „türkische Suppe Kaffeh" anbot. 1686 mietete K. ein Lokal im kleinen Bischofshof (Domgasse 6), und da dieses bald zu klein wurde, eines am Stock-im-Eisen-Platz. Seine damals schon legendenumwobene Persönlichkeit und sein Auftreten in türkischer Kleidung waren der Grund für den Zulauf, den er hatte.

Schweiger, W. J.: Wiener Literatencafés, in: „Die Pestsäule", 1972/Heft 3; Ackerl, I.: Von Türken belagert – von Christen entsetzt (1983)

GEORG FRANZ KOLSCHITZKY

Wiener Melange aus Dichtung und Wahrheit

„Das erste Kaffeehaus in Wien", 1862 von Franz Schams „nachempfunden". Stehend in türkischer Kleidung: Georg Franz Kolschitzky

„Es ist also wohl bezeugt, daß die Einführung des Kaffeegenusses in Wien mit auf jene sogenannten ‚Raizen' und andere Orientalen zurückgeht, die sich bei der Belagerung Wiens Verdienste erwarben, wie jener Theodat und unter anderen der raizische Orientwarenimporteur Koltschitzky, der aber durchaus nicht der einzige und erste gewesen sein muß, der ein Kaffeehaus in Wien eröffnete, aber jedenfalls unter den ersten derjenige, der auch dank anderer persönlicher Eigenschaften seinen Namen auf die Nachwelt zu bringen wußte. Schon in seiner Biographie, die noch im Jahre der Türkenbelagerung erschien, wird erzählt, wie er auf seinem Gang durch das türkische Lager auf einen Aga stößt, der ihm ‚den Türkischen Chavve-Trunk' reichte und vor den Christen warnte. Bald darauf sollte er selbst das Christenvolk mit dem ‚Chavve-Trunk' bekannt machen, den der geschlagene Erbfeind zurückließ, um den Sieger damit angenehm zu unterjochen."

Gustav Gugitz, Das Wiener Kaffeehaus (1940)

KOLUMBAN, Heiliger, s. Columban

KOMORZYNSKI, Egon, * 7. 5. 1878 in Wien, † 18. 3. 1963 in Wien, Musikhistoriker und -kritiker. Bald nach seinem Studium wandte er sich der Musikkritik zu und war später Prof. an der Handelsakademie in Wien. Als Musikhistoriker befaßte er sich vor allem mit Leben und Werk von Mozart (s. d.) und Schikaneder (s. d.). Er veröffentlichte u. a.: „Pamina, Mozarts letzte Liebe" (1941), „Genius zwischen zwei Welten" (über Schubert, 1947), „Emanuel Schikaneder" (1901, Neuaufl. 1951), „Mozart" (1941, Neuaufl. 1955).

KOMZÁK, Karl sen., * 4. 11. 1823 in Netĕchovice (Böhmen), † 19. 3. 1893 in Netĕchovice, Komponist und Kapellmeister. Seit 1865 Militärkapellmeister. Schrieb zahlreiche Tänze, Märsche und Salonorchesterstücke, darunter den heute noch bekannten Erzherzog-Albrecht-Marsch.

KOMZÁK, Karl jun., * 8. 11. 1850 in Prag, † 23. 4. 1905 in Baden bei Wien, Komponist und Kapellmeister. Sohn von Karl K. sen. (s. d.). Besuchte das Konservatorium in Prag und wurde Militärkapellmeister, später Kurkapellmeister in Baden bei Wien. Schrieb beliebte Märsche, Walzer und Potpourris. Von seinen Walzern ist „Bad'ner Madln" der bekannteste.

KONETZNI, Anny, * 12. 2. 1902 in Wien, † 6. 9. 1968 in Wien, Kammersängerin, zuerst Altistin, später Sopranistin. Studierte an den Konservatorien in Wien und Berlin und debütierte 1927 in Chemnitz. 1931–34 an der Berliner Staatsoper, 1934/35 Gast an der Metropolitan Opera in New York, 1935–54 an der Wiener Staatsoper. 1954 Prof. an der Wiener Musikakademie. War ab 1957 gelähmt. Gast an fast allen berühmten Opernhäusern Europas und bei den Salzburger Festspielen, wo sie mit hochdramatischen Partien (u. a. Isolde) große Erfolge feierte. Ihre Schwester war die Sopranistin Hilde K. (s. d.).

KONETZNI, Hilde, * 21. 3. 1905 in Wien, † 20. 4. 1980 in Wien, Kammersängerin, Sopran. Jüngere Schwester der Sopranistin Anny K. (s. d.), studierte an den Konservatorien in Wien und Prag und debütierte 1929 in Chemnitz. 1931/32 in Gablonz, 1932–36 am Deutschen Theater in Prag, 1936–55 an der Wiener Staatsoper, dann Musikpädagogin in Wien. Ab 1936 häufiger Gast bei den Salzburger Festspielen, an der Mailänder Scala, in London und in Buenos Aires sowie an den großen deutschen Opernhäusern. Sie war vor allem als Wagner-Heroine bekannt und geschätzt. Auch als Marschallin im „Rosenkavalier" feierte sie große Erfolge.

KÖNIG, Franz, * 3. 8. 1905 in Warth bei Rabenstein an der Pielach (NÖ), Kardinal. Der Sohn eines Bauern besuchte in Melk das Stiftsgymnasium, dann studierte er an der päpstlichen Universität Gregoriana

Anny Konetzni (links), Hilde Konetzni – beide in der Rolle der Marschallin im „Rosenkavalier" von Richard Strauss

Theologie und Philosophie. Wurde am 27. 10. 1933 in Rom zum Priester geweiht, war zunächst Kaplan in verschiedenen Pfarren NÖ.s und ab 1938 Jugendseelsorger der Diözese St. Pölten, weshalb er auch mit der Gestapo in Konflikt geriet. Nach Kriegsende kurze Zeit Privatdozent für Religionswissenschaften in Wien, ab 1949 Univ.-Prof. für Moraltheologie an der Universität Salzburg. Gab 1951 das dreibändige Standardwerk „Christus und die Religionen der Erde" heraus. Am 31. 5. 1951 zum Bischof-Koadjutor in St. Pölten ernannt; wurde am 10. 5. 1956 Erzbischof von Wien und am 15. 12. 1958 Kardinal. Auf dem II. Vatikanischen Konzil zählte er zu den führenden Persönlichkeiten und nahm in der Folge auch an allen Bischofssynoden teil. 1965 wurde ihm die Leitung des vatikanischen Sekretariats für die Nichtglaubenden übertragen, die er bis 1980 ausübte. K. war stets um intensive Kontakte mit den Nachbarkirchen im Osten bemüht und war der erste Kardinal aus dem Westen, der Osteuropa bereiste. Mit der von ihm ins Leben gerufenen Stiftung „Pro Oriente" erhielt der katholisch-orthodoxe Dialog starke Impulse. Am 16. 9. 1985 genehmigte Papst Johannes Paul II. K.s mehrfach geäußerten Rücktrittswunsch als Erzbischof von Wien. Das Wiener Domkapitel wählte am 17. 9. 1985 Generalvikar Weihbischof Helmut Krätzl zum Diözesanadministrator, bis schließlich am 14. 9. 1986 Hans Hermann Groër (s. d.) zum neuen Erzbischof von Wien geweiht wurde. 1987 erhielt K. den Dr.-Karl-Renner-Preis.

Barta, R.: Kardinal F. K. (1965); Loidl, F.: Geschichte des Erzbistums Wien (1983); Fenzl, A. (Hrsg).: Kardinal K. (1985)

KÖNIGSWARTER, Jonas Freiherr von (seit 1871), * 10. 8. 1807 in Frankfurt am Main, † 23. 12. 1871 in Wien, Bankier. Trat 1829 in ein von seinem Onkel und Schwiegervater Moriz K. (1780–1829) 1810 in Wien gegründetes Bankgeschäft ein und wurde 1855 Verwaltungsrat der Credit-Anstalt. 1858 Direktor der Oesterreichischen Nationalbank, legte diese Funktion bald nieder, um Verwaltungsrat der Kaiser-Ferdinands-Nordbahn, der Theißbahn und Präses der böhmischen Westbahn zu werden, darüber hinaus Ausschußmitglied der DDSG. Als Finanzexperte wurde er Mitbegründer der NÖ. Escomptegesellschaft und der Ö. Creditgesellschaft. 1868 wurde K. zum Präsidenten der Wiener Kultusgemeinde gewählt; er erwarb sich große Verdienste um die Unterstützung von Armen und des israelitischen Blindeninstituts.

Kardinal Franz König

KÖNIGSWARTER, Moriz Freiherr von, * 16. 7. 1837 in Wien, † 14. 11. 1893 in Wien, Bankier. Als Sohn des Jonas K. (s. d.) trat er 1860 als Gesellschafter in den väterlichen Betrieb ein und übernahm 1872 dessen Leitung. Außerdem war er Direktor der Nordbahn, der böhmischen Westbahn und 1879–82 Verwaltungsrat der Credit-Anstalt. 1884–90 Mitglied des nö. Landtags, ab 1879 des Herrenhauses. 1890 nahm er regen Anteil an den Verhandlungen über das Gesetz zur Regelung der Rechtsverhältnisse der israelitischen Religionsgemeinden. K. war auch ein bekannter Kunstsammler. Er besaß die Herrschaften Neudeck, Chodan und Tüppelgrun in Böhmen, Schebetan in Mähren, Niederkreuzstetten in NÖ und zwei Güter in Ungarn. In den letzten Lebensjahren K.s beschränkte sich sein Bankhaus auf die Verwaltung des auf 40 Millionen Gulden geschätzten Vermögens.

KONRAD I., Herzog von Kärnten, † 12. 12. 1011, ein Salier, Sohn Herzog Ottos von Kärnten. K. war seinem Vater 1004 als Herzog von Kärnten gefolgt, konnte sich aber gegen den ansässigen Hochadel, vor allem gegen Adalbero von Eppenstein (s. d.) und dessen mächtigen Verwandten, den Bischof Egilbert von Freising, nicht durchsetzen.

KONRAD II., Herzog von Kärnten, † 20. 7. 1039, auch Konrad der Jüngere genannt, weil er ein Salier und der Vetter Kaiser Konrads II. war. 1035 wurde ihm vom Kaiser das Herzogtum Kärnten verliehen, da Herzog Adalbero von Eppenstein (s. d.) wegen angeblicher hochverräterischer Verbindungen zu Ungarn in einem Hochverratsprozeß verurteilt und seiner Stellung enthoben worden war. Gleichzeitig trennte der Kaiser die Kärntner Mark vom Herzogtum Kärnten und verlieh sie dem Grafen Arnold von Lambach-Wels (s. d.).

KONRAD I., Erzbischof von Salzburg (Graf von Abensberg), * 1075, † 9. 4. 1147 im Salzburger Lungau (Mariapfarr). Schloß sich als Hofkaplan Kaiser Heinrichs IV. dem aufständischen Kaisersohn Heinrich V. an und wurde dafür 1106 zum Erzbischof von Salzburg ernannt. Als es zum Bruch mit Heinrich V. kam, befand er sich 1112–21 auf der Flucht. Er wird als zweiter Gründer der Salzburger Kirche angesehen, da er im Rahmen seiner Reformen (angeregt durch Gerhoh von Reichersberg [s. d.]) 1122 dem Salzburger Domkapitel eine neue Ordnung in der Art einer klösterlichen Verfassung gab, die bis 1514 ihre Gültigkeit behielt und auf mehrere Klöster, so etwa Gurk, Gars und Suben, ausgedehnt wurde. K. förderte auch Kunst und Wissenschaft. Zu seiner Zeit war das Erzbistum Salzburg das größte geistliche Fürstentum des Deutschen Reichs, und die Erzbischöfe waren die weltlichen Herren in ihrem Machtbereich.

Zeillinger, K.: Erzbischof K. I. von Salzburg (1968)

KONRAD II., Erzbischof von Salzburg, * 1115, † 28. 9. 1168 im Stift Admont (St), Babenberger. Sohn Markgraf Leopolds III. von Ö. und Bruder Herzog Leopolds IV., Herzog Heinrichs II. und Bischof Ottos von Freising. 1149–64 Bischof von Passau. Als er am 3. 5. 1159 in seiner Eigenschaft als Stadtherr von St. Pölten (NÖ) Privilegien und Freiheiten verlieh, kam es zum Konflikt mit seinem Bruder Heinrich II. Jasomirgott (s. d.), der darin eine Beeinträchtigung seiner Gerichts- und Vogteirechte sah. Wurde am 29. 6. 1164 Erzbischof von Salzburg, erhielt aber wegen seiner Treue zu Papst Alexander III. von Kaiser Friedrich Barbarossa keine Belehnung. Auf dem Hoftag zu Laufen (Bayern) bannte Kaiser Friedrich I. am 29. 3. 1166 den Erzbischof wegen seiner Papsttreue, konfiszierte seine Güter, die er an Laien weitergab, und forderte Heinrich II. Jasomirgott auf, gegen seinen Bruder vorzugehen. Am 5. 4. 1167 kam es bei Unruhen gegen Erzbischof K. zu einem Brand der Stadt Salzburg, dem fast die ganze Gemeinde zum Opfer fiel. (Der Brand war in der Nacht im Auftrag des Kaisers gelegt worden.) K. floh daraufhin in das Stift Admont, wo er bis zu seinem Tod blieb.

KONRAD von Fussesbrunn (auch Fußesbrunnen), in der Gegend um Feuersbrunn (bei Krems an der Donau, NÖ), zwischen 1182–87 urkundlich nachweisbar. Der mittelhochdeutsche Dichter war einer der ersten Vertreter des geistlichen Epos, verfaßte vor 1210 „Die Kindheit Jesu"; als Quelle benützte er ein lateinisches apokryphes Evangelium. Wurde 1840 von F. Hahn in „Gedichte des 12. und 13. Jahrhunderts", danach 1859 und 1881 veröffentlicht.

KONRAD von Gaming (auch Konrad von Haimburg), * in Hainburg (NÖ), † 17. 8. 1360 in Gaming (NÖ), Kartäusermönch und mittelhochdeutscher Hymnendichter. Er war 1342–50 Prior des Kartäuserklosters Seiz und anschließend bis zu seinem Tod Abt des Kartäuserklosters Gaming (NÖ). Er verfaßte mehrere Marien-Hymnen und Gebete.

KONRAD von Lienz, Minnesänger. Zwischen 1251 und 1269 ist er als Burggraf von Lienz (Osttirol) urkundlich nachweisbar.

KONRAD von Megenberg, * 1309 in Mäbenberg (Franken), † 14. 4. 1374 in Regensburg, Lehrer. 1337–41 Rektor der Stephansschule in Wien, seit 1348 Domherr in Regensburg, 1359–63 Dompfarrer von St. Ulrich. Um etwa 1349–51 verfaßte er das „Buch der Natur", die erste Naturgeschichte in deutscher Sprache, die, obwohl allgemein gehalten, eine erstaunliche Systematik und auch Sagen enthält. Als Grundlage dazu diente ihm das in lateinischer Sprache verfaßte „Liber de naturis rerum" des Thomas von Cantimpré. K. verfaßte auch politisch-historische und moraltheologische Schriften.

KONRADI, Inge, * 27. 7. 1925 in Wien, Kammerschaupielerin. Nach dem Besuch des Reinhardt-Seminars kam sie bereits 1941 an das Volkstheater in Wien und feierte hier ihre ersten Erfolge. Seit 1951 am Wiener Burgtheater, ist sie immer wieder bei den Salzburger Festspielen sowie in Film- und Fernsehrollen tätig. K. gilt als eine der besten Darstellerinnen von Nestroy- und Raimundrollen.

KONT, Paul, * 19. 8. 1920 in Wien, Komponist. Studierte in

K

Konta Robert · Kopitar Bartholomäus · Koplenig Johann · Koppers Wilhelm · Korab Karl · Korbuly Johann Julius · Korda Viktor · Koref Ernst · Koren Hanns · Koren Stephan · Korinek Franz · Kornauth Egon · Körner Theodor · Korngold Erich Wolfgang · Korngold Julius Leopold

Wien und Paris und lebt in Wien. Erhielt mehrere Auszeichnungen, darunter den Preis der Stadt Wien und den Körner-Preis. K. schrieb Lieder (Eichendorff, Weinheber u. a.), Orchesterwerke, Ballette, Film- und Bühnenmusik und die Opern „Lysistrate" (1961), „Traumleben" (1963), das Melodram „Der Sturm" (1968) sowie eine Oper für Schauspieler, „Libussa" (1969). Trat als Dirigent und Pianist bei der Aufführung eigener Werke auf.

KONTA, Robert, * 12. 10. 1880 in Wien, † 19. 10. 1953 in Zürich, Komponist und Musikkritiker. Wurde 1913 Direktor des Neuen Wiener Konservatoriums und gründete 1935 die „Apollinischen Feste", deren Generalsekretär er auch war. 1938 mußte K. emigrieren. Neben Symphonien, Liedern und Instrumentalkonzerten schrieb er 1908 die Oper „Das kalte Herz".

KOPITAR, Bartholomäus, * 23. 8. 1780 in Repnje (Krain), † 11. 8. 1844 in Wien, Slawist, Bahnbrecher der Slawistik in Ö. Besuchte das Gymnasium in Laibach und beendete sein Jusstudium in Wien. Machte mit seinem 1808 erschienenen Werk „Grammatik der slawischen Sprache in Krain, Kärnten und Steiermark" auf sich aufmerksam. 1810 in der Hofbibliothek in Wien angestellt und wurde Kustos; große Verdienste erwarb er sich 1814, als er aus Paris die von den Franzosen 1809 aus der Hofbibliothek mitgenommenen Schätze zurückholte. Später wurde er Prof. an der Universität Wien und Direktor der Universitätsbibliothek.

KOPLENIG, Johann, * 15. 5. 1891 in Jadersdorf, Gemeinde St. Lorenzen (K), † 13. 12. 1968 in Wien, KPÖ-Politiker. Als Sohn eines Kleinhäuslers geboren, absolvierte er eine Schuhmacherlehre und trat 1909 der Sozialdemokratischen Partei bei. Seit 1910 im obersteirischen Industriegebiet gewerkschaftlich tätig, gründete er 1911 in Knittelfeld die sozialdemokratische Arbeiterjugend. Im Ersten Weltkrieg geriet er 1915 in russische Kriegsgefangenschaft und trat 1918 der russischen Kommunistischen Partei (den Bolschewiki) bei. 1920 nach Knittelfeld zurückgekehrt, wurde er 1922 Landessekretär der KP Steiermark. 1924 Mitglied des Zentralkomitees und Generalsekretär der KPÖ, 1928–43 Mitglied des Exekutivkomitees der Komintern. Ab 1933 illegal tätig, emigrierte er 1934 in die Tschechoslowakei, 1938 nach Frankreich und 1939 in die Sowjetunion. Nach seiner Rückkehr im April 1945 war er bis Dezember Staatssekretär in der Staatskanzlei sowie bis 1965 Parteivorsitzender. 1945–59 Abgeordneter zum Nationalrat, von 1965 bis zu seinem Tod Ehrenvorsitzender der KPÖ. 1951 veröffentlichte er seine „Reden und Aufsätze 1924–1950".

KOPPERS, Wilhelm, * 8. 2. 1886 in Menzelen (Rheinland), † 23. 1. 1961 in Wien, katholischer Geistlicher und Völkerkundler. Kam nach seinem Studium nach Wien, wurde hier Univ.-Prof. und gründete 1928 das Institut für Völkerkunde. K. war Mitglied der Steyler Missionsgesellschaft und Vertreter der „Kulturkreis-Lehre" in der Völkerkunde; unternahm 1921/22 mit Martin Gusinde (s. d.) eine Expedition nach Feuerland und veröffentlichte 1924 das Buch „Unter Feuerland-Indianern". 1938/39 ging er auf eine Expedition nach Zentralindien und lebte 1940–45 in der Schweiz, danach wieder in Wien. Außerdem veröffentlichte er u. a. „Geheimnisse des Dschungels" (1947), „Die Bhil in Zentral-Indien" (1948) und „Der Urmensch und sein Weltbild" (1949); 1924–32 gab er die wissenschaftliche Zeitschrift „Anthropos" heraus und begründete 1930 die „Wiener Beiträge zur Kulturgeschichte und Linguistik".

KORAB, Karl, * 26. 4. 1937 in Falkenstein (NÖ), Maler und Zeichner. Machte früh mit seinen Graphiken auf sich aufmerksam und wurde vor allem durch die verhaltene Poesie in seinen Landschaftszeichnungen bekannt. Seine Druckgraphiken vermitteln eindrucksvolle Kompositionen der Landschaft. In seinem Buch „Das Waldviertel", wo er Photographie und Zeichnung zu einem harmonischen Ganzen zusammengefügt hat, kommt dies auch deutlich zum Ausdruck.

KORBULY, Johann Julius, * 29. 1. 1860 in Wien, † 23. 4. 1919 in Wien, Techniker und Erfinder des „Matador"-Baukastens. Wollte ursprünglich Berufsoffizier werden und absolvierte die Pionier-Kadettenschule in Hainburg (NÖ). Als Leutnant nahm er aber 1884 seinen Abschied und betätigte sich als Geometer. Zum Spezialisten für Bahntrassierungen geworden, war er im Gebiet der gesamten Monarchie unterwegs; bei der Errichtung der Grazer Schloßbergbahn war er Bauleiter. Auch im Wasserbau versiert, trat er in den Dienst des Strombauamts Aschaffenburg am Main. Um 1900 erfand er für seine drei Söhne den Holzbaukasten „Matador", mehr durch Zufall und aus pädagogischen Gründen. Ein Freund des Hauses riet ihm, dieses Holzspielzeug patentieren zu lassen, was in den Jahren 1901 und 1902 für Ö., Deutschland, Schweiz, Italien, Frankreich und England geschah. Nach anfänglichen Herstellungsschwierigkeiten errichtete er 1903 in Wien eine eigene Werkstätte und 1905 ein Verkaufslokal am Graben. 1908 konnte er ein 400 Quadratmeter großes Geschäftslokal in der Mollardgasse mieten, 1909 galt das Unternehmen bereits als florierend. 1910 gründete er in Berlin eine Filiale, die bis zum Ausbruch des Ersten Weltkriegs bestand. Zu dieser Zeit war „der Matador" auch schon in Rußland ein gefragtes Spielzeug. Der Erste Weltkrieg schadete dem Unternehmen wenig, 1915 erwarb K. in Pfaffstätten (NÖ) eine alte Mühle, die ab 1919 zum Großbetrieb ausgebaut werden konnte.

KORDA, Viktor, * 19. 8. 1900 in Wien, Komponist und Chordirigent. Studierte in Wien und war Schüler von J. Marx (s. d.). Wurde Musiklehrer, Chorleiter und Mitarbeiter an zahlreichen Schulmusiksendungen des ö. Rundfunks. 1951 erhielt er den Preis der Stadt Wien, 1962 den Körner-Preis. Neben Kammermusik, Chorwerken (darunter „Das Lied von Kaprun"), Orchesterwerken, der Märchenoper „Der Mond ist für alle da" und der burlesken Oper „Herzog Aquavit" gibt es von K. zahlreiche Volksliedbearbeitungen.

KOREF, Ernst, * 11. 3. 1891 in Linz, SPÖ-Politiker und Mittelschullehrer. Trat 1918 der Sozialdemokratischen Partei bei und war 1930–34 und 1945–58 Abgeordneter zum Nationalrat. 1945–57 SPÖ-Landesparteiobmann von Oberösterreich, 1958–65 Mitglied des Bundesrates. Von 1945–62 Bürgermeister von Linz, erwarb sich große Verdienste um den Wiederaufbau der vom Krieg zerstörten Stadt sowie um die Reorganisation zahlreicher kommunaler und sozialer Einrichtungen.

KOREN, Hanns, * 20. 11. 1906 in Köflach (St), † 27. 12. 1985 in Graz, Volkskundler und ÖVP-Politiker. War lange Jahre Landtagspräsident in Graz sowie Univ.-Prof. für Volkskunde. Seine „Reden" erschienen 1966 (2. Aufl. 1976). K. war Initiator des „steirischen herbsts".

KOREN, Stephan, * 14. 11. 1919 in Wiener Neustadt (NÖ), Bankfachmann und ÖVP-Wirt-

Karl Korab: „Kleines Stadtbild" (1968)

schaftspolitiker. Studierte in Wien und promovierte 1945 zum Dipl.-Vw. und 1946 zum Dr. rer. pol. Im Zweiten Weltkrieg 1941 schwer verwundet, wurde er 1945 Mitarbeiter am Ö. Institut für Wirtschaftsforschung und 1965 Univ.-Prof. für Nationalökonomie in Innsbruck. 1967/68 Staatssekretär im Bundeskanzleramt, war er 1968–70 Finanzminister und seit 1968 Prof. an der Hochschule für Welthandel in Wien. Unmittelbar nach seinem Amtsantritt als Finanzminister legte er ein wirtschaftspolitisches Konzept vor, den sogenannten „Koren-Plan", der die Steuergesetzgebung beeinflußte (darunter die 10%ige Politikersteuer) und Maßnahmen gegen das zu erwartende Budgetdefizit 1969 enthielt. 1970–78 Klubobmann der ÖVP im Parlament. Seit 1978 Präsident der Oesterreichischen Nationalbank.

KORINEK, Franz, * 2. 5. 1907 in Schlösslhof (ČSSR), † 2. 7. 1985 in Wien, ÖVP-Politiker. Studierte Jus und promovierte 1931. 1950–66 war er Generalsekretär der Bundeswirtschaftskammer und 1963/64 Finanzminister in der Regierung Gorbach II.

KORNAUTH, Egon, * 14. 5. 1891 in Olmütz (Mähren), † 28. 10. 1959 in Wien, Komponist. Studierte an der Wiener Musikakademie bei Robert Fuchs (s. d.), Franz Schreker (s. d.) und Franz Schmidt (s. d.) und an der Universität und dissertierte 1915 mit „Die thematische Arbeit in Joseph Haydns Streichquartetten seit 1780". 1940–45 Prof. an der Wiener Musikakademie, ab 1945 am Mozarteum in Salzburg, wo er 1946/47 auch stellvertretender Direktor war. 1951 erhielt er den Ö. Staatspreis. K. schrieb überwiegend Kammermusik mit spätromantischem Einschlag.

Müller-Asow, E. H.: E. K. (1941); Reznicek, K.: Romantiker des 20. Jahrhunderts. Ausstellungskatalog der Ö. Nationalbibliothek 1976

THEODOR KÖRNER
Soldat und Demokrat

Theodor Körner (rechts) mit Franz Honner 1945

„Wer dem späteren österreichischen Bundespräsidenten Theodor Körner täglich mittags, ohne Mantel, barhäuptig auch im strengen Winter, begegnete, wie er sich von seinem Amtssitz in der Hofburg zu Fuß zum Rathauskeller begab, um dort ein bescheidenes Mittagsmahl mit einem Freunde einzunehmen, sah diesem Manne mit dem ernsten und offenen Gesicht die Tragödie seines Lebens nicht an. Ein Mannesleben, das sich in strenger Selbstdisziplinierung gestaltet hatte."

Friedrich Heer (1975)

KÖRNER, Theodor Kleofas Gustav, Edler von Siegringen (seit 1901), * 24. 4. 1873 in Uj Szönyi, einem Vorort von Komorn (Ungarn, heute ČSSR), † 4. 1. 1957 in Wien, Berufsoffizier und sozialdemokratischer Politiker. Sohn eines Artilleriehauptmanns. Die aus gesundheitlichen Gründen 1878 erfolgte Frühpensionierung des Vaters verschlechterte die finanzielle Situation des Elternhauses. K. wurde nach dem Abschluß der Militäroberrealschule in Mährisch-Weißkirchen 1891 Pionieroffizier und zeichnete sich bereits 1897 durch Umsicht bei einer Hochwasserkatastrophe in Wien aus. Er wurde rasch befördert und war als Oberst 1917/18 Generalstabschef der 1. Isonzo-Armee. K. wurde 1918 überzeugter Republikaner und trat, nachdem er mit der Auflösung der Militärbürokratie beschäftigt gewesen war, 1919 in die republikanische Armee ein. Leiter der Präsidialabteilung des Staatsamts für Heereswesen, somit der höchste Beamte in der Militärverwaltung und die rechte Hand des sozialdemokratischen Staatssekretärs Julius Deutsch (s. d.). An der raschen Aufstellung des Bundesheeres war K., trotz des Auseinanderbrechens der christlichsozialen-sozialdemokratischen Koalitionsregierung, maßgeblich beteiligt. Der Großdeutsche Johannes Schober (s. d.) bot ihm 1921 die Stelle des Heeresministers an, was K. aber wegen sachlicher Differenzen ablehnte. Heeresminister Carl Vaugoin (s. d.) verfügte 1923 die Umorganisierung des Heeresministeriums, die auch die Auflösung von K.s Amtsstelle vorsah. K. wurde am 1. 2. 1924 zum General ernannt und pensioniert. Sein Abschiedsbefehl war die „Denkschrift über das Heerwesen der Republik", die ihm den Ruf des „roten Generals" einbrachte. Nun begann die politische Karriere K.s. Er trat der Sozialdemokratischen Partei bei, wurde noch im Februar 1924 als Vertreter des Landes Wien in den Bundesrat (bis Februar 1934) und etwas später in die Parlamentskommission für Heeresangelegenheiten entsandt. Ebenfalls 1924 wurde er in die Zentralleitung des im April 1923 gegründeten Republikanischen Schutzbunds aufgenommen und war dort militärischer Berater. Da er mit seinen Forderungen nach einer disziplinierten, auf einen Bürgerkrieg vorbereiteten Schutzbundarmee nicht durchzudringen vermochte, legte er im April 1930 diese Funktion zurück. Als man ihn Anfang 1934 wieder um die Schutzbundführung bat, lehnte er ab und trat gegen den Plan eines gewaltsamen Widerstands auf. Im Februar 1934 verhaftet, war er elf Monate im Gefängnis. Er widmete sich nun militärwissenschaftlichen Studien. Im Frühjahr 1944 starb seine langjährige Lebensgefährtin Antonie v. Latscher, nach dem 20. 7. 1944 war er kurz in Gestapohaft. Am 13. 4. 1945, noch während der Kampfhandlungen im Wiener Raum, wurde er Bürgermeister von Wien und erwarb sich bis 1951 große Verdienste um den Wiederaufbau. Als Kandidat der SPÖ bei der ersten Wahl des Bundespräsidenten durch das Volk, am 27. 5. 1951, errang er im zweiten Wahlgang 51,12% der Stimmen und trat am 21. 6. sein Amt an, das er bis zu seinem Tod ausübte. 1977 gab Ilona Duczynska „Theodor K.: Auf Vorposten. Ausgewählte Schriften 1928–1938" heraus.

Leitner, Th: K. aus der Nähe (1952); Bienek, G. K.: T. K., ein Leben für Ö. (1953); Kollmann, E. C.: T. K. (1973); Jedlicka, L.: Vom alten zum neuen Ö." (1973); Duczynska, I.: Der demokratische Bolschewik (1975); Weissensteiner, F. (Hrsg.); Die ö. Bundespräsidenten (1982)

KORNGOLD, Erich Wolfgang, * 29. 5. 1897 in Brünn, † 29. 11. 1957 in Hollywood (USA), Komponist. Sohn des Musikschriftstellers Julius Leopold K. (s. d.), seit 1901 in Wien, erregte schon mit elf Jahren (1908) mit seiner Klaviersonate in d-Moll Aufmerksamkeit. Seine Pantomime „Der Schneemann", von A. v. Zemlinsky (s. d.) instrumentiert, wurde an der Wiener Hofoper 1910 aufgeführt. Er studierte anschließend in Wien und war 1921–27 Dirigent am Hamburger Stadttheater, wo er 1920 mit seiner Oper „Die tote Stadt" einen Welterfolg hatte. 1927 Prof. an der Musikakademie und Dirigent der Staatsoper. Trat für die Musik von Johann Strauß ein. 1934 holte ihn Max Reinhardt nach Hollywood, wo er vorwiegend für die Filmindustrie arbeitete. Nach 1945 lebte er zum Teil in den USA und in Europa. Weitere Werke u. a. die Oper „Violanta" (1914), „Das Wunder der Heliane" (1927), Instrumentalkonzerte, Kammermusik, Lieder und Klavierwerke. Von seiner Filmmusik wurde vor allem die zu „Robin Hood" bekannt.

Hoffmann, R. St.: E. W. G. (1923); Korngold, Luise: E. W. K. (1967)

KORNGOLD, Julius Leopold, * 24. 12. 1860 in Brünn (Mähren), † 25. 9. 1945 in Hollywood (USA), Musikschriftsteller und -kritiker. Lebte ab 1901 in Wien. Als Kritiker in der

Nachfolge von Eduard Hanslick (s. d.) wirkend, übte er nachhaltigen Einfluß auf das Musikleben aus. 1934 emigrierte er in die USA. Von seinen Veröffentlichungen sind besonders zu erwähnen: „Deutsches Opernschaffen der Gegenwart" (1921), „Die romantische Oper der Gegenwart" (1922).

KORNHÄUSEL, Josef Georg, * 13. 11. 1782 in Wien, † 31. 10. 1860 in Wien, Architekt. Als selbständiger Architekt führte er mit dem für den Baron Puchberg vorgenommenen Umbau des Hauses Weihburggasse 3 (heute Hotel Kaiserin Elisabeth) bereits 1804 seine erste Arbeit aus. 1808 Mitglied der Akademie der bildenden Künste in Wien, 1812–18 Fürstlich Liechtensteinscher Baudirektor. K. wurde durch seine zahlreichen Bauten in Wien und in Baden (NÖ) zum bedeutendsten Vertreter des schon dem Biedermeier nahestehenden Klassizismus. Seine wichtigsten Werke sind u. a.: Emilienhof in Baden (1811), Husarentempel bei Mödling (NÖ, 1812), Rathaus in Baden, sein erster Monumentalbau (1815), Sauerhof in Baden (1820–22), Umbau des Theaters in der Josefstadt (1822/23), der sogenannte „Kornhäuselturm", ein eigenwilliges Wohnhaus in der Seitenstettengasse in Wien, mit dem anschließenden Bau des Hauses Nr. 4 mit eingebauter Synagoge, für die er auch die Kultgegenstände entwarf (1825–27), der Umbau des Schottenstifts in Wien (1826–32), der Göttweiger Hof in Wien (1828–30), Umbauten am Stift Klosterneuburg (NÖ, 1833–42) und das Mechitaristenkloster in Wien (1837).

Tausig, P.: J. K. Ein vergessener ö. Architekt (1916); Herzmansky, H.: J. K. Eine Künstlermonographie, Diss. Wien (1965)

KORNTHEUER, Friedrich Josef, * 15. 2. 1779 in Wien, † 28. 6. 1829 in Wien, Schauspieler. War zunächst Beamter und trat 1803 erstmals in Klagenfurt als Komiker auf. 1804–08 am Wiener Burgtheater, 1808–11 bei Emanuel Schikaneder (s. d.) in Brünn, dann wieder am Burgtheater und am Theater an der Wien engagiert, wurde er 1813–15 Direktor des Theaters in Brünn und kam nach Gastspielen 1819 als Regisseur an das Theater an der Wien und war 1821–28 am Theater in der Leopoldstadt tätig (neben Ferdinand Raimund [s. d.] und Therese Krones [s. d.]). Er war als Lokalkomiker ein ausgesprochener Publikumsliebling und hatte seinen größten Erfolg 1826 als Hohes Alter bei der Uraufführung von Ferdinand Raimunds „Der Bauer als Millionär". Außerdem verfaßte er mehrere Lustspiele, von denen sich „Alle sind verheiratet" als besonders zugkräftig erwies.

Friedrich Josef Korntheuer als Zauberer in Ferdinand Raimunds „Bauer als Millionär"

Gladt, K.: F. J. K. Sein Leben und Schaffen, Diss. Wien (1934)

KORTNER, Fritz, * 12. 5. 1892 in Wien, † 22. 7. 1970 in München, Schauspieler und Regisseur. Erhielt seine Schauspielerausbildung in Wien und kam nach verschiedenen Engagements 1919 nach Berlin an das Deutsche Theater und später zu Leopold Jessner an das Staatstheater. K. wirkte dort und in zahlreichen Ufa-Filmen mit. 1933 emigrierte er in die USA und kehrte 1948 nach Deutschland zurück, wo er bis zu seinem Tod 43 Theaterinszenierungen auf die Bühne brachte und mit diesen die junge Regisseurgeneration um Zadek und Stein beeinflußte. Seine letzte Inszenierung war 1970 „Emilia Galotti" im Theater in der Josefstadt in Wien.

KORTZ, Paul, * 31. 8. 1850 in Wien, † 12. 8. 1906 in Maria Enzersdorf (NÖ), Techniker. Studierte an der Technischen Hochschule in Wien und absolvierte 1872 die Ingenieurschule. War zunächst bei der Anglo-ö. Bank angestellt und mit mehreren Bahnbauten beschäftigt, bis er 1878 in das Wiener Stadtbauamt eintrat. Er wurde 1903 Baurat und damit Vorstand des Studienbüros. K. hatte großen Anteil an zahlreichen öffentlichen Bauten der Stadt. 1886–1900 redigierte er die Zeitschrift des ö. Ingenieur- und Architektenvereins und veröffentlichte 1905/06 das grundlegende Werk „Wien im Anfang des XX. Jahrhunderts" (2 Bde.).

KOSCHAT, Thomas, * 8. 8. 1845 in Viktring bei Klagenfurt, † 19. 5. 1914 in Wien, Komponist und Mundartdichter. War Chorsänger an der Wiener Hofoper und in St. Stephan. K. komponierte eine Vielzahl von heute noch sehr beliebten Kärntner Liedern, zu denen er auch die Texte verfaßte, darunter u. a.: „Verlassen, verlassen bin i". K. schuf auch Männerchorwerke und Singspiele, von denen besonders „Am Wörthersee" (1882) bekannt wurde.

Morold, M.: Das Kärntner Volkslied und T. K. (1895); Krobath, C.: K. (1912)

KOSCHATZKY, Walter, * 17. 8. 1921 in Graz, Kunsthistoriker. Studium der Kunstgeschichte, Geschichte und Philosophie in Graz, das er als Jazzpianist finanzierte. 1956 Direktor der Neuen Galerie am Landesmuseum Joanneum in Graz, 1961–86 Direktor der Graphischen Sammlung Albertina in Wien, wo er sich große Verdienste um Erhaltung und Präsentation der wertvollen Schätze dieser Kunstsammlung erwarb. K. veröffentlichte zahlreiche Artikel und mehrere bedeutende kunstgeschichtliche Bücher, u. a.: „Die Dürerzeichnungen der Albertina" (mit A. Strobl, 1971), „Egon Schiele" (mit E. Mitsch, 1971), „Die Kunst der Graphik" (1972), „Rudolf von Alt" (1975), „Die Kunst des Aquarells" (1982), „Herzog Albert von Sachsen-Teschen" (mit S. Krasa, 1982).

KÖSTNER, Josef, * 9. 3. 1906 in Klagenfurt, † 1. 1. 1982 in Klagenfurt, Bischof. 1931 zum Priester geweiht, erwarb er auch das Doktorat der Theologie. Seit 1945 Bischof der Diözese Gurk-Klagenfurt, trat 1981 aus Altersgründen von seinem Amt zurück.

KOTHGASSER, Anton (auch Kothgassner), * 9. 1. 1769 in Wien, † 3. 6. 1851 in Wien, Glasmaler. Früh verwaist, studierte er an der Akademie der bildenden Künste in Wien und kam als Porzellanmaler 1784 in die Wiener Porzellanmanufaktur, wo er bis 1840 tätig war. Daneben arbeitete er mit dem Glasmaler Samuel Mohn (nach dessen Tod, 1815, mit dessen Sohn Gottlob [s. d.]) eng zusammen und steigerte noch an Feinheit dessen große Kunst. So entstanden von K. minuziös bemalte Trinkgläser, die sog. Ranftbecher, mit detaillierten Stadtansichten, Porträts, Blumen- und Tierbildern.

Gläser mit Transparentmalerei aus der Werkstatt Anton Kothgasser (um 1815–20)

KOTTANNER, Helene (auch Kottanerin, geb. Wolfram), * um 1400 in Ödenburg (Ungarn), † nach 1470. Die Tochter des Kleinadeligen Peter Wolfram heiratete zunächst den ungarischen Patrizier Peter Székeles, der 1402 Ratsherr von Ödenburg und 1408–21 (?) dort auch Bürgermeister war. Nach seinem Tod (um 1430) heiratete sie 1432 den (wahrscheinlich jüngeren) Kammerherrn des Wiener Dompropsts, Johann Kottanner. Seit 1436 am Hof Herzog Albrechts V. von Ö. (s. d.) (ab 1437 als Albrecht II. König von Ungarn und Böhmen), wurde sie die Kammerfrau und Vertraute der Gattin Albrechts, Elisabeth, der Tochter Kaiser Sigismunds. Nach dem Tod Albrechts am 27. 10. 1439 beauftragte die schwangere Königin Elisabeth die K., aus dem schwerbewachten Kronengewölbe der Plintenburg (heute Visegrád, am Donauknie nördlich von Budapest) die ungarische Stephanskrone für ihr noch ungeborenes Kind zu entwenden. In der Nacht vom 21. auf den 22. 2. 1440 gelang der K. dies mit Hilfe eines ungarischen Adeligen und dessen Diener, und sie brachte die Krone über die zugefrorene Donau zur Königin auf die Burg von Komorn, wo eine Stunde später Ladislaus Postumus (s. d.) geboren wurde. Um 1450 schrieb K. darüber in „Denkwürdigkeiten"; es sind dies die ältesten Frauenmemoiren im deutschsprachigen Raum, die sich durch spannenden Erzählstil, Verläßlichkeit und Detailreichtum auszeichnen.

Mollay, K. (Hrsg.): Die Denkwürdigkeiten der H. K. (1971)

KOTTULINSKY, Kunata Graf, Freiherr von Kottulin, Kritzkowitz und Dobzenicz, * 16. 9. 1877 in Chotěboř (Böhmen), † 3. 10. 1939 in Neudau (St), Berufsoffizier und Heimwehrführer. Entstammte dem böhmisch-oberschlesischen Uradel, sein Vater, Adalbert Graf K. (1847–1904), war Kämmerer und Mitglied des Herrenhauses. K. trat in die Armee ein und machte den Ersten Weltkrieg als Rittmeister in einem Ulanenregiment mit. Nach dem Krieg war er Gutsbesitzer in Neudau (St). Trat der Heimwehr bei, wurde 1927 Kreisleiter von Hartberg (St), 1934 geschäftsführender Landesführerstellvertreter, war während der Juli-Unruhen der Nationalsozialisten 1934 Bataillonskommandant. Anschließend Zweiter Vizepräsident des steirischen Landtags, trat 1936 zurück.

Wiltschegg, W.: Die Heimwehr (1985)

Josef Georg Kornhäusel: Aula des Wiener Schottenstifts (1826–32)

KOTZINA, Vinzenz, * 30. 3. 1908 in Neunkirchen (NÖ), Jurist und ÖVP-Politiker. Der Sohn eines Schneiders studierte in Wien und in Freiburg (Schweiz) Jus und promovierte 1935. Der Christlichsozialen Partei nahestehend, wurde er Geschäftsführer des Gewerbebundes in OÖ. 1945 Kammeramtsdirektor in OÖ, 1962 Abgeordneter zum Nationalrat, 1963–66 Staatssekretär im Handelsministerium. 1966 zunächst Bundesminister ohne Portefeuille, leitete er bis 1970 als Bundesminister das Ressort für Bauten und Technik.

KÖVESS von Kövessháza, Hermann, * 30. 3. 1854 in Temesvár (Banat), † 22. 9. 1924 in Wien, Heerführer. Im Ersten Weltkrieg befehligte er die ö. Armee in Siebenbürgen und auf dem westlichen Balkankriegsschauplatz und wurde 1917 Feldmarschall. Am 3. 11. 1918 übertrug ihm Kaiser Karl das Oberkommando über das in Auflösung begriffene ö. Heer.

General Kövess (rechts) bei einem Frühstück mit Zar Ferdinand von Bulgarien und Kronprinz Boris 1916

KOŽELUH, Leopold Anton (auch Kozeluch), * 16. 6. 1747 in Welwarn (Böhmen), † 7. 5. 1818 in Wien, Komponist. Studierte in Prag Jus und Musik (bei F. X. Dušek), wandte sich, als er 1771 mit einem Ballett Erfolg hatte, ganz der Musik zu. 1778 ging er nach Wien, wurde kaiserlicher Kammerkomponist, Lehrer und Musikverleger und schrieb der Zeitmode entsprechende, gefällige Musik, u. a. rund 30 Symphonien, 40 Klavierkonzerte, 6 Violinkonzerte, 80 Klaviertrios und mehrere Opern, darunter „Deborah" (1789), „Didone abbandonata" (1795), „Judith" (1799), die alle in Wien uraufgeführt wurden.

Weinmann, A.: K.-Bibliographie 1784–1802 (1950); Flamm, C.: L. K. Diss. Wien (1968)

KOZENN, Blasius, * 24. 1. 1821 in Schlindorf (St, heute Jugoslawien), † 29. 5. 1871 in Wien-Hernals, Geograph und Kartograph. Besuchte 1834–39 in Cilli das Gymnasium und studierte danach in Graz und Klagenfurt katholische Theologie. 1845 wurde er zum Priester geweiht, studierte 1852/53 an der Universität Wien Mathematik und Physik und wurde Gymnasiallehrer in Laibach, Görz und Olmütz. Arbeitete damals bereits mit dem Verleger E. Hölzel (s. d.) zusammen. 1870 in den vorzeitigen Ruhestand versetzt, begann er mit der Herausgabe geographischer Lehrbücher für Gymnasien und arbeitete vor allem an der Veröffentlichung eines ö. Schulatlasses für Volksschulen, der 1860 erschien. 1861 gab K. einen Atlas für Gymnasien heraus, der seinen Namen trug und zahlreiche Auflagen erlebte. (22. Aufl. 1877, bearbeitet von F. Umlauft, 49. Aufl. 1928, 86. Aufl. [„Hundert-Jahr-Ausg."] 1961, 92. Aufl. 1965).

KOZICH, Thomas, * 24. 3. 1900 in Wien, † 10. 11. 1983 in Wien, Heimwehrführer, später SA-Führer. Besuchte das Gymnasium in Seitenstetten (NÖ) und wurde 1930 Bataillonskommandant im Jägerfreikorps Starhemberg, 1931 Landesstabsleiter des Heimatschutzverbandes Wien. 1932 Austritt aus der Heimwehr, 1934 Führer der illegalen SA in Wien. War einige Zeit im Anhaltelager Wöllersdorf (NÖ) interniert und wurde 1936 wegen Geheimbündelei zu zehn Monaten strengen Arrests verurteilt. 1938–42 Vizebürgermeister von Wien, SA-Brigade- und Sportgauführer. Ab 1942 Hauptmann in der deutschen Wehrmacht. Wurde 1947 vom Volksgerichtshof wegen Hochverrats zu zehn Jahren schweren Kerkers verurteilt. Ab 1956 war er in führenden Wirtschaftspositionen tätig.

Wiltschegg, W.: Die Heimwehr (1985)

KRAFFT, Peter, * 15. 9. 1780 in Hanau (Hessen), † 28. 10. 1856 in Wien, Maler. Studierte 1799–1802 in Wien an der Akademie der bildenden Künste bei Füger (s. d.) und 1802–04 in Paris bei Jacques-Louis David. 1823 wurde er Lehrer an der Wiener Akademie, 1828 Direktor der kaiserlichen Gemäldegalerie und Schloßhauptmann von Schloß Belvedere (wo die Gemäldegalerie untergebracht war). 1839 Ehrenmitglied der Akademie der schönen Künste in Kopenhagen. Er vollzog den Übergang vom Klassizismus zur Malerei des Biedermeier und schuf eine beachtliche Anzahl von Genre- und Historienbildern sowie Porträts, die sich ausnahmslos durch eine natürliche Sachlichkeit auszeichnen. Hauptwerke u. a.: „Der Abschied des Landwehrmannes" (1813), „Völkerschlacht bei Leipzig" (1813), „Siegesmeldung des Fürsten Schwarzenberg nach der Schlacht bei Leipzig, 1813, an die allierten Monarchen" (1817), „Erzherzog Johann als Gemsenjäger" (1817) und „Erzherzog Karl mit seinem Stab in der Schlacht bei Aspern 1809" (1819).

Frodl-Schneemann, M.: J. P. K. (1984)

KRAFFT-EBING, Richard Freiherr von, * 14. 8. 1840 in Mannheim, † 22. 12. 1902 in Graz, Psychiater und Neurologe. Studierte in Heidelberg und Zürich Medizin, promovierte 1863 und wurde 1872 Univ.-Prof. in Straßburg, 1873 Ordinarius für Psychiatrie und Direktor der Landesirrenanstalt in Graz. 1889 übernahm er die Leitung der psychiatrischen Universitätsklinik in Wien. K.-E. gilt als bedeutender Vorläufer der modernen Psychiatrie, auch wenn seine Methoden etwa von Wagner-Jauregg (s. d.) nicht unwidersprochen aufgenommen wurden. Er befaßte sich vor allem mit Nervosität, neurasthenischen Zuständen und Menstruationspsychosen und begründete die moderne Psychopathologie des Geschlechtslebens. K.-E. veröffentlichte u. a.: „Die Melancholie" (1874), „Lehrbuch der gerichtlichen Psychopathologie (1875), „Lehrbuch der Psychiatrie" 3 Bde. (1879/80), „Über Nervosität" (1884), „Psychopathia sexualis" (1886, 17. Aufl. 1924) und „Zur Geschichte der Pest in Wien, 1349–1898" (1899).

KRAFT, Viktor, * 4. 7. 1880 in Wien, † 3. 1. 1975 in Purkersdorf bei Wien, Philosoph und Wissenschaftstheoretiker. War nach seinem Studium Bibliothekar, später Generalstaatsbibliothekar. 1925 veröffentlichte er „Die Grundformen der wissenschaftlichen Methode". 1925–50 a. o. Univ.-Prof. in Wien, stand dem Wiener Kreis nahe und schloß sich dessen Neopositivismus an, um zu einer metaphysikfreien, logisch gesicherten Erkenntnistheorie zu gelangen. 1938–1945 zwangspensioniert. Ab 1950 o. Prof. an der Universität Wien. K.s Arbeiten galten vor allem Fragen der wissenschaftlichen Methodologie und Erkenntnistheorie und nahmen eine Position zwischen dem „Verifikationismus" des Neopositivismus und dem späteren „Falsifikationismus" Poppers (s. d.) ein. Erhielt 1955 den Preis der Stadt Wien. Veröffentlichungen u. a.: „Mathematik, Logik und Erfahrung" (1947), „Die Grundlagen einer wissenschaftlichen Wertlehre" (1937, 1951 neu aufgelegt), „Einführung in die Philosophie" (1950), „Der Wiener Kreis" (1950), „Erkenntnislehre" (1960), „Die Grundlagen der Erkenntnis und der Moral" (1968).

KRAHL, Hilde (eigtl. Kolačný), * 10. 1. 1917 in Brod an der Save (heute Jugoslawien), Schauspielerin. Trat ab 1935 in mehreren Wiener Kleinkunstbühnen mit beachtlichem Erfolg auf, kam dann an die Scala und schließlich an das Theater in der Josefstadt. Später folgten Engagements in Berlin und Hamburg. 1944 heiratete K. den Schauspieler und Regisseur Wolfgang Liebeneiner, 1964 erhielt sie die Kainz-Medaille. Große Erfolge feierte sie u. a. mit W. Borcherts Nachkriegsdrama „Draußen vor der Tür" (Theater der Courage) und mit Brechts „Mutter Courage" am Wiener Burgtheater. Gestaltete auch bedeutende Filmrollen, so u. a. in „Der Postmeister" (1940), „Liebe 47" (1949) und „Das Glas Wasser" (1960).

KRAHULETZ, Johann, * 3. 11. 1848 in Eggenburg (NÖ), † 11. 12. 1928 in Eggenburg, Urgeschichtsforscher seiner engeren Heimat. War Büchsenmacher und auf dem Gebiet der Urgeschichte Autodidakt. 1877 begann er seine urgeschichtliche Sammlung aufzubauen, die dann 1930 von der Stadt Eggenburg übernommen wurde und heute als K.-Museum das meistbesuchte Heimatmuseum NÖ.s ist. Die 1901 gegründete K.-Gesellschaft sorgt für die Erhaltung und Erweiterung der äußerst wertvollen Sammlung.

KRAINER, Josef, * 16. 2. 1903 in St. Lorenzen (St), † 28. 11. 1971 in Graz, Landwirt und ÖVP-Politiker. 1927–36 Obmann der Angestellten- und Arbeiterorganisation der Land- und Forstwirtschaft in der Steiermark. 1945 Landesrat, wurde am 6. 7. 1948 zum Landeshauptmann der Steiermark gewählt und blieb dies bis zu seinem Tod (siebenmalige Wiederwahl). Ab 1965 war K. auch Mitglied des Bundesrats. Mit seiner Person ist der Wiederaufbau des Landes Steiermark nach dem Zweiten Weltkrieg eng verbunden.

KRAINER, Josef jun., * 26. 8. 1930 in Graz, ÖVP-Politiker, Landeshauptmann. Ältester Sohn von Josef K. (s. d.). Studierte Jus an der Universität Graz, promovierte 1954 und erwarb 1955 am Bologna Center der John Hopkins University (= Hochschule für Weltpolitik) mit Auszeichnung das Diplom. Anschließend Assistent des Nationalökonomen Univ.-Prof. Dr. Anton Tautscher in Graz. 1969 lehnte er eine Berufung in die Bundesregierung ebenso ab wie in die Parteiführung. 1969 Direktor des Steirischen Bauernbunds, 1970 Abgeordneter zum Nationalrat, 1971 Landesrat für Bauten und Agrarfragen in der steiermärkischen Landesregierung und 1972 Landesparteiobmann der ÖVP. Seit 1980 Landeshauptmann der Steiermark.

KRALIK, Emil (Pseud. Habakuk), * 9. 11. 1864 in Wien, † 18. 11. 1906 in Wien, sozialdemokratischer Journalist. Humorist und Sittenschilderer Wiens. War Redakteur der „Arbeiter-Zeitung" und des humoristisch-satirischen Arbeiterblattes „Die Glühlichter", das 1889–1915 erschien. 1906 veröffentlichte er „Der Genosse aus Wildwest".

KRALIK, Heinrich von, * 27. 1. 1887 in Wien, † 26. 9. 1965 in Wien, Musikschriftsteller und -kritiker, Sohn von Richard von K. (s. d.). Kritiker beim „Tagblatt" und – nach dem Zweiten Weltkrieg – bei der „Presse". Arbeitete schon in den Anfängen des Rundfunks bei der RAVAG (Radioverkehrs AG) mit und wurde Direktor der Musikabteilung. Zahlreiche Veröffentlichungen, u. a.: „Die Wiener Philharmoniker" (1937), „Aus Hanslicks Wagner-Kritiken" (1947), „Das Buch der Musikfreunde" (1950), „Die Wiener Oper" (1962) und „Richard Strauss – Weltbürger der Musik" (1963).

KRALIK, Richard, Ritter von Meyrswalden * 1. 10. 1852 in Eleonorenhain (Böhmen), † 5. 2. 1934 in Wien, Kulturphilosoph, Literarhistoriker und Publizist. Sohn des Glashüttenbesitzers Wilhelm K. v. M. (1806–1877). Studierte in Wien Jus, in Bonn Philosophie und in Berlin Geschichte. 1905 gründete er die katholische Schriftsteller-Vereinigung „Gral-Bund", die sich die kulturelle Erneuerung im Sinn der katholischen Romantik zum Ziel setzte. Als Lyriker und Dramatiker wenig bedeutend, waren seine kulturhistorischen Werke weit verbreitet. In der Politik christlichsozial, neigte er als Historiker den großdeutschen Anschauungen zu. Von seinem umfangreichen Werk sind erwähnenswert: „Das deutsche Götter- und Heldenbuch", 6 Bde. (1900–04), „Kulturstudien" (1900), „Das 19. Jahrhundert" (1905), „Geschichte Wiens" (1911), „Ö. Geschichte" (1913), „Allgemeine Weltgeschichte

Richard von Kralik

der neueren Zeit", 6 Bde. (1914–23), „Das unbekannte Ö." (1916), „Ö. Kaiserkronen" (1916) und „Tage und Werke", Erinnerungen (1922).

Innerkofler, A.: R. v. K. (1900)

KRAMER, Maria, * 11. 8. 1906 in Perchtoldsdorf bei Wien, Kammerschauspielerin. War nach ihrer Ausbildung ab 1928 am Wiener Burgtheater tätig und spielte sowohl in klassischen wie in modernen Stükken lustige und auch tragische Rollen.

KRAMER, Richard, s. Waldemar

KRANER, Cissy (Gisela), * 13. 1. 1923 in Wien, Kabarettistin. Ist mit dem Komponisten und Textdichter Hugo Wiener (s. d.) verheiratet, dessen Werke sie auch interpretiert. Trat seit 1949 mit großem Erfolg (ihr Mann begleitete sie dabei am Klavier) im Wiener „Simpl" und an anderen Kleinkunstbühnen auf.

KRANEWITTER, Franz, * 18. 12. 1860 in Nassereith (T), † 4. 1. 1938 in Innsbruck, Dramatiker. Studierte zunächst in Innsbruck und hatte dann mit seinen heimatverbundenen Volksstücken große Erfolge. U. a.: „Um Haus und Hof" (1894), „Michael Gaißmayr"

Franz Kranewitter. Foto vor 1918

(1899), „Andre Hofer" (1902), „Wieland der Schmied" (1910), „Die Teufelsbraut" (1911), „Der Honigkrug" (1918), „Bruder Ubaldus" (1919). 1905–25 entstand der Einakterzyklus „Die sieben Todsünden", außerdem schrieb er Lyrik, zum Teil in Tiroler Mundart. 1933 gab die Adolf-Pichler-Gemeinde in Innsbruck K.s „Gesammelte Werke" heraus.

Wagerer, F.: F. K., Diss. Wien (1947); Holzner, J.: F. K. (1985)

KRANKL, Johann (Hans), * 14. 2. 1953 in Wien, Fußballer. Zweiter 1978 bei der weltweiten Wahl zum „Fußballer des Jahres". Rekordschütze der Nationalelf mit 34 Toren in 68 Teameinsätzen. 1978 erhielt er den „Goldenen Schuh" als europabester Torschütze. Europapokalsieger mit dem CF Barcelona.

KRANZLMAYR, Otto, * 17. 11. 1911 in Linz, Jurist und ÖVP-Politiker. Wurde nach seiner Ausbildung Staatsanwalt in Ried (OÖ), 1953 Abgeordneter zum Nationalrat, war 1961–63 Staatssekretär im Innenministerium und 1966–72 Aufsichtsratsvorsitzender des Ö. Rundfunks (ORF).

KRANZMAYER, Eberhard, * 15. 5. 1897 in Klagenfurt, † 13. 9. 1975 in Wien, Sprachwissenschaftler, Mundartforscher und Dialektgeograph. Lehrte als Univ.-Prof. in Wien und war ab 1964 Leiter der „Wiener Wörterbuchkanzlei" sowie (seit 1964) Herausgeber des „Bayerisch-Ö. Wörterbuches". Zahlreiche Veröffentlichungen, u. a.: „Die Namen der Wochentage in den Mundarten von Bayern und Ö." (1929), „Sprachschichten und Sprachbewegungen in den Ostalpen" (1931), „Lautwandel und Lautverschiebungen im gegenwärtigen Wienerischen" (1953), „Historische Lautgeographie des gesamtbairischen Dialektraumes" (1956), „Ortsnamenbuch von Kärnten", 2 Bde. (1956/57).

Peter Krafft: Die Gattin des Künstlers am Schreibtisch

KRATKY-BASCHIK, Anton, * 1821 in Prag, † 28. 8. 1889 in Wien, Zauberkünstler und Schausteller. Als Schüler des damals bekannten Zauberkünstlers Samuel Bellachini hatte er sich die orientalische Beifügung „Baschik" selbst zugelegt. Er gab anfänglich Gespenstervorführungen und Zaubersoireen und kehrte nach einer umfangreichen Tournee, die ihn bis nach England und Amerika geführt hatte, 1862 nach Wien zurück. 1864 eröffnete er auf der Feuerwerkswiese im Wiener Prater ein „Zaubertheater", mit dem er 1868 in eine Schaubude auf dem sogenannten Schauplatz (Ausstellungsstraße) übersiedelte. 1873 eröffnete er im Prater das „Theater für Zauberei", mit dem er im darauffolgenden Jahr in das Schmidtsche zoologische Theater übersiedelte, wo er u. a. „Loreley, die Nixenkönigin" und „Die Teufelsmühle am Wienerberg" spielte.

Pemmer, H., und Lackner, N.: Der Wiener Prater einst und jetzt (1935)

KRAULAND, Peter, * 6. 8. 1903 in Kraubath (St), Rechtsanwalt und ÖVP-Politiker. Wurde nach Abschluß seines Jusstudiums Rechtsanwalt. 1945–49 Bundesminister für Vermögenssicherung und Wirtschaftsplanung. Anschuldigungen im Zusammenhang mit der Verwaltung des Deutschen Eigentums hatten 1949 zur Auflösung des Ministeriums und zu seinem Ausscheiden aus der Regierung geführt. Im Prozeß über die Finanzierung der ÖVP-Parteikasse wurde er am 6. 7. 1954 freigesprochen.

KRAUS, Carl von, * 20. 4. 1868 in Wien, † 9. 4. 1952 in München, Germanist. Studierte in Wien und wurde Univ.-Prof., 1913–17 in Wien, anschließend in München. K. war ein namhafter Erforscher der mittelalterlichen Literatur und veröffentlichte mehrere heute noch gültige Werke, u. a. „Deutsche Gedichte des 12. Jh.s" (1912), „Walther von der Vogelweide"

THEODOR KRAMER

„Erst in der Heimat bin ich ewig fremd"

KRAMER, Theodor, * 1. 1. 1897 in Niederhollabrunn (NÖ), † 3. 4. 1958 in Wien, Lyriker. War Bibliothekar, schrieb überwiegend volksliedhafte Gedichte, in denen er die soziale Not der Ärmsten schilderte. Mit dem Band „Die Gaunerzinke" (1928) wurde man erstmals auf ihn aufmerksam, und er erhielt im selben Jahr den Preis der Stadt Wien, 1931 den J.-Reich-Preis. 1939 emigrierte er nach England und kehrte 1957 wieder nach Wien zurück. 1956 Körner-Preis, 1958 abermals Preis der Stadt Wien. Veröffentlichungen u. a.: „Kalendarium" (1930), „Mit der Ziehharmonika" (1936), „Verbannt aus Ö." (1943), „Die grünen Kader" (1946), „Die untere Schenke" (1946), „Lob der Verzweiflung" (1946).

Suchy, V.: Th. K. (1946)

(1935), „Des Minnesangs Frühling" (1939) und „Deutsche Liederdichter des 13. Jh.s" (1951).

Hartl, E.: C. v. K. Schriftenverzeichnis (1948)

KRAUS, Herbert, * 18. 11. 1911 in Agram (Kroatien), Volkswirtschaftler. Studierte Welthandel und promovierte 1934. War Journalist und initiierte 1945 das „Ö. Forschungsinstitut für Wirtschaft und Politik" in Salzburg sowie die Zeitschrift „Berichte und Informationen". 1949 gründete er die Partei „Verband der Unabhängigen" (VdU), eine Vorgängerpartei der heutigen FPÖ, die bis 1952 bestand. Von 1949–52 war er Bundesparteiobmann des VdU und 1949–53 Abgeordneter zum Nationalrat. Seit 1956 ist K. in der Privatwirtschaft tätig.

KRAUS, Josef, * 23. 2. 1890 in Kronberg, † 11. 7. 1971 in Kronberg (NÖ), Landwirt und ÖVP-Politiker. Als Mitglied der Christlichsozialen Partei war er 1930–34 und 1945–53 Abgeordneter zum Nationalrat, 1934–38 Staatsrat. Wurde 1945 Unterstaatssekretär im Staatsamt für Volksernährung, anschließend Staatssekretär im Landwirtschaftsministerium, 1945–52 Bundesminister für Land- und Forstwirtschaft. 1947–60 Präsident des Ö. Bauernbundes und Bundesparteiobmann-Stellvertreter der ÖVP.

KRAUS, Karl, * 28. 4. 1874 in Jitschin (Jičin, Böhmen), † 12. 6. 1936 in Wien, Sprach- und Kulturkritiker, Dramatiker, Satiriker, Lyriker. Lebte seit 1876 in Wien, studierte an der Universität und machte schon während seines Studiums durch glänzend formulierte Zeitungs- und Zeitschriftenartikel auf sich aufmerksam. 1899 gründete er die Zeitschrift „Die Fackel", die bis zu seinem Tod in zwangloser Folge erschien. Vor allem sein unerbittlicher Kampf gegen Korruption und gegen Sprachmißbrauch trug ihm viel Verehrung, aber auch große Gegnerschaft ein. K. wandte sich aber auch gegen die Verherrlichung der Maschine, die Versklavung von Geist und Natur sowie gegen jede Verfälschung ästhetischer Werte. Die ätzende Schärfe seiner geschliffenen Sprache machte ihn (wie Friedrich Sieburg formulierte) zum „einzigen wirklichen Satiriker in unserem Sprachbereich". K. hielt zahlreiche vielbesuchte Vorträge und Vorlesungen, hier vor allem aus Werken von Nestroy, Offenbach und Shakespeare. Von Shakespeare übersetzte er sieben Dramen und bearbeitete die Werke Nestroys und Offenbachs. Mit seiner Schrift „Nestroy und die Nachwelt" (1912) machte er nachhaltig auf den damals kaum noch bekannten Dichter aufmerksam. Außerdem setzte er sich sehr für junge Talente ein, so für Georg Trakl (s. d.), Franz Werfel (s. d.) und Oskar Kokoschka (s. d.). Von seinen vielen Veröffentlichungen seien genannt: die Essaybände: „Die demolirte Literatur" (1897), „Sprüche und Widersprüche" (1909), „Die chinesische Mauer" (1910), „Untergang der Welt durch schwarze Magie" (1922), „Literatur und Lüge" (1929); seine neunbändige Gedichtsammlung „Worte in Versen" (1916–30); die Dramen: „Die letzten Tage der Menschheit" (1919) (die bisher umfangreichste und zugleich wesentlichste Bühnenfassung inszenierte Hans Hollmann [s. d.] und brachte sie am 15. und 16. 12. 1974 im Neuen Schauspielhaus in Basel zur Aufführung); „Wolkenkuckucksheim" (1923), „Traumtheater" (1924), „Die Unüberwindlichen" (1928). 1947 wurde in Wien die „K.-K.-Gesellschaft" gegründet, 1955–67 erschienen K.s Werke in 14 Bänden, hrsg. von Heinrich Schnitzler (s. d.). Anläßlich des 100. Geburtstags veranstaltete vom 22. bis 26. 4. 1974 die Ö. Gesellschaft für Literatur in Wien eine eindrucksvolle K. K.-Woche.

Liegler, L.: K. K. und sein Werk (1920); Kohn, C.: K. K. (1962, dt. 1966); Schick, P.: K. K. in Selbstzeugnissen und Bilddokumenten (1965); Weigel, H.: K. K. (1968, Neuaufl. 1986); Kerry, O.: K. K. Bibliographie (1970); Pfabigan, A.: K. K. und der Sozialismus (1976)

Karl Kraus

KARL KRAUS

Das Wort als Waffe

„Daß Stil nicht der Ausdruck dessen ist, was einer meint, sondern die Gestaltung dessen, was einer denkt und was er infolgedessen sieht und hört; daß Sprache nicht bloß das, was sprechbar ist, in sich begreift, sondern daß in ihr auch alles was nicht gesprochen wird erlebbar ist; daß es in ihr auf das Wort so sehr ankommt, daß noch wichtiger als das Wort das ist, was zwischen den Worten ist . . . solcherlei geht dem Leser so wenig ein, daß er vor dem klarsten Abbild jenes Erlebnisses, in dem nur die Verbindung von Sprachlichem und Stofflichem ein Rätsel bleibt, strauchelt und den Satz, der alles was in ihm erhalten ist sich selbst verdankt und sich darum von selbst versteht, mißversteht."

Karl Kraus, Die Sprache

„Jedes seiner Worte, jedes seiner Urteile ist zwar eindeutig und unmißverständlich, ist kaum zu widerlegen. Doch die meisten spotten jeder Frage, in wessen Namen, mit welcher Legitimation sie gesagt wurden. Hinter Karl Kraus steht keine Religion, kein System, keine Partei, hinter Karl Kraus steht immer wieder immer nur Karl Kraus. Er ist sich selbst ein geschlossenes System, er ist eine Ein-Mann-Kirche, ist selbst Gott und Papst und Evangelist und Gemeinde dieses Bekenntnisses."

Hans Weigel

„In den Tausenden Seiten von seiner Hand wird man nicht einmal zwischen den Zeilen etwas wie ein kritisches ‚Irrtum vorbehalten' finden. Und natürlich nirgends die Zugabe eines Sich-geirrt-Habens. Denn dazu gehört ein Standpunkt, sei es in der wissenschaftlichen Anschauung, sei es im Moralisch-Politischen, sei es im Künstlerisch-Ästhetischen. Kraus hatte keinerlei solche Standpunkte. Was er schrieb und drucken ließ, war nicht nur druckfehlerlos, sondern auch unfehlbar."

Franz Blei, Zeitgenössische Bildnisse

KRAUS, Wolfgang, * 13. 1. 1924 in Wien, Kulturschriftsteller. Studierte in Wien und promovierte zum Dr. phil. Gründete 1961 mit Unterstützung des Unterrichtsministeriums die „Ö. Gesellschaft für Literatur", die sich vor allem des zeitgenössischen Literaturschaffens annahm und erstmals osteuropäische Schriftsteller im Westen durch Lesungen bekannt machte. Moderator der ORF-Sendereihe „Jour fixe". Veröffentlichungen u. a.: „Der fünfte Stand" (1966), „Die stillen Revolutionäre" (1970), „Kultur und Macht" (1975), „Die verratene Anbetung" (1978), „Die Wiederkehr des Einzelnen" (1980), „Nihilismus heute" (1983), „Die Spuren des Paradieses" (1985).

KRAUSS, Clemens, * 31. 3. 1893 in Wien, † 16. 5. 1954 in Mexiko City, Dirigent. Sohn der Hofoperntänzerin Klementine K. (1877–1938), trat mit neun Jahren als Sängerknabe in die Hofkapelle ein und schloß 1912 sein Studium am Wiener

Konservatorium ab. In Brünn debütierte er 1913 als Chordirektor, war dann in Riga Opernkapellmeister und kam über Nürnberg, Stettin und Graz als Dirigent an die Wiener Staatsoper (1922). Gleichzeitig übernahm er die Leitung der Kapellmeisterschule an der Akademie für Musik und darstellende Kunst. 1923 leitete K. das Tonkünstlerorchester. Führte 1924 die heute Tradition gewordenen Neujahrskonzerte der Wiener Philharmoniker ein. 1924–29 Intendant des Opernhauses und Leiter der Museumskonzerte in Frankfurt am Main. 1926 Debüt bei den Salzburger Festspielen („Ariadne auf Naxos"). 1929–34 auf Betreiben von R. Strauss (s. d.) Direktor der Wiener Staatsoper, 1934–36 der Berliner Oper, 1937–44 Opernintendant in München. 1939 und 1942 leitete er die Salzburger Festspiele. Ab 1947 Dirigent der Wiener Staatsoper und zahlreicher Rundfunk- und philharmonischer Konzerte. Er starb auf einer Konzerttournee durch Mittelamerika. K. war mit Richard Strauss eng befreundet und galt als dessen bester Interpret. Für die Oper „Capriccio" schrieb er sogar unter Mitwirkung des Komponisten das Libretto. K. dirigierte die Uraufführungen folgender Strauss-Opern: „Arabella" (Dresden 1933), „Friedenstag" (München 1938), „Capriccio" (München 1942), „Die Liebe der Danae" (Salzburger Festspiele 1952). Außerdem dirigierte er die Wiener Erstaufführung von Alban Bergs „Wozzek" (1930). K. wurden zahlreiche Ehrungen zuteil, u. a. Ehrenring der Stadt Wien und der Wiener Philharmoniker sowie die Ernennung zum Generalmusikdirektor.

Berger, A.: C. K. (1924, 3. Aufl. 1929); Gregor, J.: C. K. (1953), Pander, O. v.: C. K. in München (1955); Kende, G. K., und Schuh, W. (Hrsg.): Briefwechsel Richard Strauss C. K. (1963, 2. Aufl. 1964)

KRAUSS, Karl Freiherr von, * 13. 9. 1789 in Lemberg (Galizien), † 5. 3. 1881 in Wien, älterer Bruder von Philipp Freiherr von K. (s. d.). Trat nach abgeschlossenem Jusstudium 1809 in den Staatsjustizdienst ein und war 1851–57 Justizminister, danach Präsident des Obersten Gerichts- und Kassationshofs, ab 1867 des Reichsgerichts. K. war ab 1861 Mitglied des Herrenhauses.

KRAUSS, Philipp Freiherr von, * 28. 3. 1792 in Lemberg (Galizien), † 26. 6. 1861 im Schloß Schönbrunn, Finanzfachmann. Jüngerer Bruder von Karl Freiherr von K. (s. d.). Wurde 1812 beim Fiskalamt an-

Clemens Krauss bei einer Probe mit den Wiener Philharmonikern (um 1950)

gestellt, 1817 Gubernialsekretär und 1826 Hofrat bei der allgemeinen Hofkammer in Wien. 1840 Referent im Staatsrat, 1848–51 Finanzminister, schied auf eigenen Wunsch aus und wurde Referent für Finanzwesen im Reichsrat. 1860 Präsident der Obersten Rechnungskontrollbehörde und Vizepräsident des Herrenhauses. Erwarb sich große Verdienste durch Reformen des Steuer- und Zollwesens. Während der Oktoberrevolution 1848 war er als einziger Minister in Wien geblieben und hatte unbeirrt seine Amtsgeschäfte weiter ausgeübt.

KRAUSS, Werner, * 23. 6. 1884 in Gestungshausen (Bayern), † 20. 10. 1959 in Wien, Kammerschauspieler. Sollte Lehrer werden, schloß sich aber einer Wandertruppe an und kam über zahlreiche Provinztheater 1913 an Max Reinhardts (s. d.) Deutsches Theater in Berlin. 1928/29, 1933/34 und ab 1948 wirkte K. am Wiener Burgtheater. Bei der ersten Aufführung von Hugo v. Hofmannsthals „Jedermann" vor dem Salzburger Dom am 22. 8. 1920 spielte

Werner Krauß als Hauptmann von Köpenick

er den Tod. K. war ein hervorragender Charakterdarsteller, spielte auch in zahlreichen Filmen, wie etwa in dem berühmten expressionistischen Stummfilm „Das Kabinett des Dr. Caligari" (1920) oder etwa in „Burgtheater" (1936). K. wurde mehrfach geehrt, so war er seit 1954 Träger des Iffland-Ringes. 1958 veröffentlichte er „Das Schauspiel meines Lebens".

Mühr, A.: Die Welt des Schauspielers W. K. (1927)

KRAVOGL, Johann, * 24. 5. 1823 in Lana (Südtirol), † 1. 1. 1889 in Brixen, Mechaniker und Erfinder. Der früh verwaiste Sohn eines Gerichtskanzlisten erlernte in Imst (T) bei einem Verwandten zunächst das Schlosserhandwerk. Nach Lehr- und Wanderjahren ließ er sich als Meister in Kronburg bei Zams (T) nieder und erfand hier eine Lokomotive mit Preßluftantrieb, deren Verwertung (wie auch die seiner anderen Erfindungen) ihm nicht gelang. Später wurde diese Idee in Paris für Straßenlokomotiven und auch im Bergbau bei Förderwagen angewendet. In München und in Wien versuchte er seine physikalischen und mechanischen Kenntnisse zu erweitern. Schließlich ließ er sich in Wilten (T) als Mechanikermeister nieder, arbeitete auch für die Universität Innsbruck, was ihm den Titel eines Universitätsmechanikers eintrug. Hier erfand er eine Quecksilberluftpumpe. 1867 gelang ihm seine Meisterleistung mit der Erfindung eines „elektrischen Kraftrades" – praktisch des ersten Elektromotors der Welt. So aufsehenerregend diese Erfindung auf der Pariser und der Wiener Weltausstellung auch war, die Ehrungen und die Unterstützung durch Kaiser Franz Joseph I. in der Höhe von 1 000 Gulden wußte K. nicht zu nutzen. Er starb völlig verarmt.

Granichstaedten-Cerva, R.: J. K. Erfinder des Elektromotors (1929)

KRAY, Paul, Freiherr von Krajowa (seit 1790), * 5. 2. 1735 in Käsmark (Ungarn), † 19. 1. 1804 in Pest, Heerführer. Nach Studien in Chemnitz und Wien trat er 1754 in den ö. Militärdienst, zeichnete sich im Siebenjährigen Krieg aus und war im Türkenkrieg von 1788/89 Oberst. 1790 wurde er zum Generalmajor befördert und zum Freiherrn ernannt. 1793–95 im Ersten Koalitionskrieg in den Niederlanden und am Rhein erfolgreich, wurde 1796 Feldmarschalleutnant. Wegen des unglücklichen Feldzuges in Hessen 1797 wurde er vor ein Kriegsgericht gestellt, jedoch gerechtfertigt. Sein Abschiedsgesuch wurde abgelehnt, und K. machte den Zweiten Koalitionskrieg auf dem italienischen Kriegsschauplatz mit, eröffnete siegreich den Feldzug und zwang Mantua zur Kapitulation. 1799 Feldzeugmeister, löste 1799/1800 für acht Monate Erzherzog Karl als Oberbefehlshaber in Deutschland ab. Nach seinen Mißerfolgen bei Stockach (3. 5. 1800) und Möskirch des Oberbefehls enthoben, zog er sich ins Privatleben zurück.

KREBS, Norbert, * 29. 8. 1876 in Leoben (St), † 5. 12. 1947 in Berlin, Geograph. War nach dem Studium Dozent an der Universität Wien und wurde 1917 Univ.-Prof. an mehreren deutschen Universitäten. K. befaßte sich wissenschaftlich vorwiegend mit Länderkunde und veröffentlichte u. a.: „Länderkunde der ö. Alpen" (1913), „Das ö.-italienische Grenzgebiet" (1918), „Die Dachsteingruppe" (1926), „Die Ostalpen und das heutige Ö.", 2 Bde. (1927); nach seinem Tod erschien 1951 „Vergleichende Länderkunde".

Das 1867 von Johann Kravogl entwikkelte „elektrische Kraftrad"

K

KREISKY, Bruno, * 22. 1. 1911 in Wien, Diplomat und SPÖ-Politiker. Als Sohn eines Industriellen geboren, studierte er in Wien Jus und promovierte 1938. Schon ab 1926 im Vorstand der sozialistischen Mittelschüler, ab 1927 in der sozialistischen Arbeiterjugend. Wurde 1934 Vorsitzender der Revolutionären Sozialistischen Jugend. 1935 verhaftet, wurde er im Prozeß gegen die Revolutionären Sozialisten 1936 verurteilt. Im März 1938 neuerlich verhaftet. Im Herbst desselben Jahres gelang ihm die Flucht nach Schweden. In der Emigration war er als Korrespondent verschiedener Zeitungen und in ö. Exilorganisationen tätig. Kehrte 1945 nach Ö. zurück und stellte die diplomatischen Beziehungen zu den skandinavischen Staaten her. 1947–51 im diplomatischen Dienst in Stockholm, anschließend Kabinettsvizedirektor und politischer Berater des Bundespräsidenten Theodor Körner (s. d.). 1953–59 Staatssekretär im Außenministerium, nahm 1955 an den Staatsvertragsverhandlungen teil. 1959–66 Außenminister. Wurde 1959 in der Südtirolfrage vor der UNO aktiv und bemühte sich um die Normalisierung der Beziehungen Ö.s zu Ungarn, Rumänien und Bulgarien. Seit 1956 Abgeordneter zum Nationalrat, 1959 Stellvertretender Parteivorsitzender, 1967 Parteivorsitzender der SPÖ. 1970 Bundeskanzler einer SPÖ-Minderheitsregierung, 1971–83 Bundeskanzler einer SPÖ-Alleinregierung. Da er nach dem Ergebnis der Nationalratswahl 1983 (die SPÖ hatte gegenüber 1979 3,38% der Stimmen und 5 Mandate verloren) zur Bildung einer Koalitionsregierung nicht bereit war,

Bruno Kreisky (links) bei einer Pressekonferenz mit Willy Brandt (Mitte) und Johannes Kunz, damals Pressesekretär, am 8. 7. 1979

trat er von seinen politischen Funktionen zurück. Seine international anerkannten Bemühungen in der Nahostpolitik setzte er danach weiter fort. Innenpolitisch waren K. und sein Stil nicht immer unumstritten, wenngleich es ihm gelang, Arbeitslosen- und Inflationsrate unter Inkaufnahme eines erhöhten Budgetdefizits relativ niedrig zu halten. Die „Ära Kreisky" dauerte vier Regierungsperioden, in denen die SPÖ mit absoluter Mehrheit regierte. K. veröffentlichte mehrere Bücher, von denen „Ö. und Europa" (1963), „Die Herausforderung" (1965) und „Die junge Freiheit – 10 Jahre Staatsvertrag" (1965) besonders zu erwähnen sind. H. Fischer gab 1981 in zwei Bänden „B. K. Reden 1936 bis 1980" heraus. 1986 erschien der erste Band seiner Erinnerungen: „Zwischen den Zeiten. Erinnerungen aus fünf Jahrzehnten".

Reimann, V.: B. K. (1972); Lendvai, P., und Ritschel, K. H.: K. Porträt eines Staatsmannes (1974); Bielka, E., Jankowitsch, P., und Thalberg, H. (Hrsg.): Die Ära Kreisky. Schwerpunkte der ö. Außenpolitik (1983); Weissensteiner, F., und Weinzierl, E.: Die ö. Bundeskanzler (1983)

BRUNO KREISKY

Staatsvertrag als größtes Erlebnis

„Zu Mittag flogen wir nach Hause. Dort wurden wir mit ungeheurem Jubel empfangen. Tausende säumten die Straßen vom Flughafen Bad Vöslau nach Wien. Dieser 15. April 1955 war der größte Tag meines politischen Lebens. Nie wieder, so schien es mir, würde ich ähnliches erleben. Und so ist es bis heute geblieben."

Bruno Kreisky, Zwischen den Zeiten. Erinnerungen aus fünf Jahrzehnten (1986)

KREISLER, Fritz, * 2. 2. 1875 in Wien, † 29. 1. 1962 in New York, Geigenvirtuose, Komponist. Studierte bei Joseph Hellmesberger (s. d.) in Wien, anschließend am Pariser Konservatorium. 1915–25 lebte er hauptsächlich in New York, danach in Berlin, 1933–39 in Paris und schließlich abermals in New York. K. gehörte zu den erfolgreichsten Violinvirtuosen seiner Zeit. Als Komponist schuf er vor allem viele Solostücke für Violine, die er zunächst als Bearbeitungen der Stücke alter Meister ausgab, aber auch heute noch beliebte Salonstücke, u. a. „Caprice Viennois", „Liebesfreud", „Liebesleid", „Schön Rosmarin". Daneben ein Streichquartett, ein Violinkonzert, Kadenzen zu klassischen Violinkonzerten und Operetten: „Apfelblüten" („Apple Blossoms", 1919), „Sissy" (1932).

Lochner, L. P.: F. K. Mit Werkverzeichnis und Bibliographie (1950 New York, 1951 London, 1957 Wien)

KREISLER, Georg, * 18. 7. 1922 in Wien, Kabarettist. Studierte am Wiener Konservatorium, emigrierte 1938 nach Hollywood und kehrte 1955 nach Wien zurück. 1956–58 leitete er gemeinsam mit Gerhard Bronner (s. d.) das „Intime Theater", wo sie gemeinsam mit C. Merz (s. d.), H. Qualtinger (s. d.), P. Wehle (s. d.) und Louise Martini (s. d.) mit dem Programm „Blattl vorm Mund" ein neues, zeitkritisches Wiener Kabarett kreierten. Besonders bekannt wurde K. mit seinen makabren Liedsammlungen „Zwei alte Tanten tanzen Tango", „Seltsame Gesänge" und „Nichtarische Arien". 1958 übersiedelte er mit seiner Frau Topsy Küppers nach München, seit 1975 lebt er in West-Berlin. 1986 erschienen „Worte ohne Lieder", 1987 „Ist Wien überflüssig?" (Satiren).

KREMER, Alfred, Freiherr von Auenrode (seit 1882), * 13. 5. 1828 in Wien, † 27. 12. 1889 in Wien, Orientalist. Studierte in Wien Philosophie und Jus und eignete sich große Sachkenntnisse im Neugriechischen, Arabischen, Hebräischen und Persischen an. Mit einem Stipendium der Akademie der Wissenschaften bereiste er 1849–51 Syrien und Ägypten. Nach seiner Rückkehr Prof. des Vulgärarabischen am Wiener Polytechnikum, ging dann als Erster Dolmetsch an das ö. Konsulat in Kairo, wo er 1858 Vizekonsul und 1859 Konsul wurde, 1862 Konsul in Galatz, 1870 in Beirut, 1872 Ministerialrat und Referent für das Konsularwesen im Außenministerium. 1880/81 Handelsminister. K. war ein weit über Ö.s Grenzen hinaus angesehener Orientalist, seit 1876 auch Mitglied der Akademie der Wissenschaften, und verfaßte eine große Zahl wichtiger Werke, darunter: „Beiträge zur Geographie des nördlichen Syriens" (1852), „Ägypten", 2 Teile (1863), „Geschichte der herrschenden Ideen des Islam" (1868), „Kulturgeschichte des Orients unter den Chalifen", 2 Bde. (1875/77), „Über meine Sammlung orientalischer Handschriften" (1885) und „Studien zur vergleichenden Kulturgeschichte" (1889). 1885 veröffentlichte er „Die Nationalitätsidee und der Staat", in dem er die slawenfreundliche Richtung in der ö. Innenpolitik angriff und bekämpfte.

KREMSER SCHMIDT, s. Schmidt, Martin Johann

KRENDLESBERGER, Hans, * 17. 6. 1925 in Scheibbs (NÖ), Dramatiker und Rundfunkregisseur. Er inszenierte und bearbeitete eine Vielzahl von Hörspielen und schrieb selbst mehrere Theaterstücke, etwa: „Die Aufgabe" (1966), „Die Frage" (1968), „Das Interview" (1969), „Die Monstren" (1973) und „Die Betten" (1974).

KRENN, Franz, * 26. 2. 1816 in Droß (NÖ), † 18. 6. 1897 in St. Andrä-Wördern (NÖ), Kirchenmusikkomponist. Studierte in Wien, wurde Kapellmeister und 1869 Prof. am Wiener Konservatorium. Komponierte eine Vielzahl kirchenmusikalischer Werke, darunter mehrere Messen, Oratorien, Kantaten und Requien sowie einige zu seiner Zeit sehr bekannte Kirchenlieder.

KRENN, Fritz, * 11. 12. 1897 in Wien, † 17. 7. 1964 in Wien, Kammersänger, Baßbariton. Studierte Pädagogik in Wien, nahm aber dann das Gesangsstudium an der Wiener Musikakademie auf und debütierte 1918 an der Wiener Volksoper. 1919/20 in Reichenberg (Böhmen), 1920–25 an der Wiener Staatsoper, 1924–27 in Wiesbaden, 1927/38 an der Berliner Staatsoper, danach wieder in Wien. Gast an allen großen Bühnen Europas und Südamerikas. 1951 Metropolitan Opera in New York, ab 1936 bei den Salzburger Festspielen (Ochs von Lerchenau). In seinen letzten Lebensjahren war K. als Musikpädagoge tätig.

KRESS, Wilhelm, * 29. 7. 1836 in St. Petersburg (Leningrad), † 24. 2. 1913 in Wien, Flugpionier. Kam als Sohn einer aus Hessen stammenden Familie zur Welt und wurde Klavierbauer. 1864 konstruierte er das erste Modell eines Drachenfliegers, das sich jedoch wegen des zu schweren Motors nicht in die Luft erheben konnte. 1873 übersiedelte er, von Frankreich kommend, nach Wien, um hier in seinem Beruf und zusätzlich als Klavierstimmer tätig zu sein. Daneben gingen seine Versuche auf dem Gebiet der Flugtechnik weiter: 1876 gelang ihm mit einem kleinen Drachenfliegermodell der Freiflug, 1877 folgte ein größeres Modell, und 1879 erhielt er das deutsche Patent mit der Bezeichnung „Spielzeug, genannt Aeroveloce". 1880 stellte er seine Erfindung mit der Publikation „Aeroveloce. Lenkbare Flugmaschine, erfunden und beschrieben von W. K." dem Publikum vor. Auf der „Ausstellung der Luftschiffahrt" im Wiener Prater 1888 war K. der einzige, der Modelle im Flug zeigen konnte. Auch Kaiser Franz Joseph I. war beeindruckt und unterstützte ihn ab nun. Ab 1898 wollte K. einen Drachenflieger bauen, der mit einem Piloten aufsteigen konnte. Geplant war er als Wasserflugzeug, und der Tullnerbacher Stausee (heute Wienerwaldsee) war für das Experiment vorgesehen. Das eigentliche Problem stellte das große Gewicht des benötigten Verbrennungskraftmotors dar, und selbst die geeignetste Firma, Gottlieb Daimler in Cannstatt, konnte den nötigen Anforderungen nicht entsprechen. Trotzdem entschloß sich K., die überlastete Maschine am 3. 10. 1901 starten zu lassen. Die unerwartet rasche Erreichung einer hohen Geschwindigkeit brachte es mit sich, daß durch eine schnelle Wendung dem Staudamm ausgewichen werden mußte. Dadurch kippte das Flugzeug ins Wasser und sank. Nach diesem Mißerfolg stellten sich finanzielle Probleme einer Weiterentwicklung des Modells in den Weg. K.s Nachfolger waren, dank der Grundlagen, die K. geschaffen hatte, erfolgreicher.

Nimführ, R.: Erinnerung an W. K. (1914); Kurzel-Runtscheiner, E.: W. K. Ein ö. Pionier der Luftfahrt, in: Blätter für Technikgeschichte 10 (1948)

Baumodell eines Flugapparats von Wilhelm Kreß (1897/98)

ERNST KŘENEK

Zwölfton-, Jazz- und elektronische Musik

„Wir haben uns von der Diktatur des Einfalls befreit."
E. Křenek

KŘENEK, Ernst, * 23. 8. 1900 in Wien, Komponist. Studierte bei Franz Schreker in Wien und in Berlin, heiratete eine Tochter von Gustav Mahler. Erwarb sich 1924–27 am Staatstheater Kassel seine Theaterpraxis als künstlerischer Beirat. Lebte 1928–37 in Wien, wo er sich Anfang der dreißiger Jahre dem Kreis um Arnold Schönberg anschloß und sich mit der Zwölftonmusik beschäftigte. Machte als Komponist alle Stilströmungen bis hin zur Dodekaphonik mit. Seinen ersten Welterfolg errang er mit seiner Jazzoper „Jonny spielt auf", die 1927 in Leipzig uraufgeführt und kurz darauf von über 50 Bühnen übernommen wurde. 1938 ging K. in die USA, wo er 1939–47 Lehrämter an mehreren Hochschulen innehatte. Seit 1966 lebt er in Palm Springs (Kalifornien). Sein vielbeachtetes Cellokonzert wurde am 9. 8. 1983 bei den Salzburger Festspielen uraufgeführt. K. schuf eine Vielzahl von Kammermusikwerken, fünf Symphonien, Instrumentalkonzerte, Klavierwerke. Das Hauptinteresse K.s galt der Oper und dem musikalischen Theater. Hauptwerke: „Der Sprung über den Schatten" (1924), „Orpheus und Eurydike" (Text O. Kokoschka, 1926), „Der Diktator" (1928), die einaktige Märchenoper „Das geheime Königreich" (1928), „Leben des Orest" (1930), „Karl V." (1933), „Ausgerechnet und verspielt" (einaktige Fernsehoper, vom Ö. Fernsehen 1962 uraufgeführt), „Pallas Athene weint" (1955), „Der goldene Bock" (1964), „Das kommt davon oder Wenn Sardakai auf Reisen geht" (Fernsehoper, 1970). K. verfaßte auch musiktheoretische Werke: „Über neue Musik" (1937), „Zwölfton-Kontrapunkt-Studien" (engl. 1940, dt. 1952), „Versuch einer Selbstanalyse", mit Werkverzeichnis (1948), „Zur Sprache gebracht" (gesammelte Essays, 1958).

Saathen, F.: E. K. (1959); Knessl, L.: E. K. (1967); Rogge, W.: E. K.s Opern (1970)

KRETSCHMANN, Theobald (eigtl. Krečman), * 1. 9. 1850 in Vinoř bei Prag, † 16. 4. 1919 in Wien, Geiger und Kapellmeister. War nach einer umfassenden Ausbildung ab 1881 an der Wiener Hofoper tätig. 1889–1902 Kapellmeister an der Votivkirche in Wien. War einer der bedeutendsten Förderer des ö. Cäcilianismus. 1907–14 Kapellmeister an der Wiener Volksoper. Von seinen Kompositionen erwähnenswert die Oper „Die Brautschau". 1910–13 veröffentlichte K. seine Erinnerungen unter dem Titel „Tempi passati" (2 Bde.).

KRETSCHMAYR, Heinrich, * 15. 7. 1870 in Bruck an der Leitha (NÖ), † 21. 7. 1939 in Wien, Historiker. Studierte in Wien und war hier Prof. an der Universität und an der Kunstakademie. 1923–26 war er Leiter der ö. Archivverwaltung. Publikationen u. a.: „Geschichte von Venedig", 2 Bde. (1905 u. 1920), „Maria Theresia" (1925); außerdem gab er mehrere Bände von „Die ö. Zentralverwaltung 1914–1918" heraus, mit Th. Fellner drei Bände der 1. Abt. (1907), mit J. Kallbrunner fünf Bände der 2. Abt. (1925–38).

KRETZENBACHER, Leopold, * 13. 11. 1912 in Leibnitz (St), Volkskundler und Volkstumforscher. Studierte in Graz, wurde Kustos am steiermärkischen Volkskundemuseum und Prof. an der Universität Graz. Seinen unermüdlichen Forschungen sind wesentliche Beiträge zur Volkskunde im Raum Steiermark und Kärnten zu danken, u. a.: „Lebendiges Volksschauspiel in Steiermark" (1951), „Frühbarockes Weihnachtsspiel in Kärnten und Steiermark" (1952), „Weihnachtskrippen in Steiermark" (1953), „Santa Lucia und die Lutzelfrau" (1958), „Die Seelenwaage" (1959), „Heimat im Volksbarock" (1961), „Kettenkirchen in Bayern und Österreich" (1973) und „Windradl und Klapotetz" (1975).

KREUTZ, Rudolf Jeremias (eigtl. Krisch), * 21. 2. 1876 in Roždalowitz (Böhmen), † 3. 9. 1949 in Grundlsee (St), Schriftsteller, Pazifist und Gesellschaftssatiriker. Besuchte in Wien die Kadettenschule und wurde Berufsoffizier. Geriet im Ersten Weltkrieg in russische Gefangenschaft und verbrachte drei Jahre in Sibirien. War Oberstleutnant und zugleich erklärter Pazifist. Sein Roman „Die große Phrase" erschien zuerst in dänischer, in englischer und in schwedischer und erst nach zwei Jahren (1919) in deutscher Sprache. In diesem Roman wendete er sich eindeutig und scharf gegen den Krieg. In den Nachkriegsjahren war er aktiv in einer Friedensbewegung tätig. Alle seine Werke sind satirisch und von einer starken Kritik an Gesellschaft und Kultur gekennzeichnet; Satirenbände u. a.: „Aus dem Affenkasten der Welt" (1914), „Der vereitelte Weltuntergang" (1919); Romane und Novellen u. a.: „Die einsame Flamme" (1921), „Menschen im Schutt" (1923), „Aus Gottes wunderlichem Garten" (1947), „Die Krise des Pazifismus, des Antisemitismus, der Ironie" (1931); 1959 erschien der autobiographische Roman „Ich war ein Österreicher".

KREUTZBERG, Harald, * 11. 12. 1902 in Reichenberg (Böhmen), † 25. 4. 1968 in Muri bei Bern (Schweiz), Solotänzer und Choreograph. Wurde zunächst Zeichner, ehe er bei M. Wigman eine umfassende Tanzausbildung absolvierte. Ab 1930 freier Solotänzer, trat auf den berühmtesten deutschen Opernbühnen auf sowie bei Max Reinhardt (s. d.), der für ihn in Gozzi-Vollmoellers „Turandot" eine Rolle schuf und ihn wiederholt heranzog. Außerdem leitete er ein eigenes Tanzinstitut in Bern und entwarf seine Kostüme selbst. Nach dem Zweiten Weltkrieg lebte er längere Zeit in Seefeld (T). Charakteristisch für ihn wurde der glattrasierte Kopf, den er für die Darstellung des Narren in der Pantomime „Don Morte" kreiert hatte.

Wille, H.: H. K. (1930); Pirchan, E.: H. K., sein Leben und seine Tänze (2. Aufl. 1950)

KREUTZER, Konradin, * 22. 11. 1780 in Meßkirch (Baden), † 14. 12. 1849 in Riga, Musiker. Studierte ab 1804 bei Albrechtsberger (s. d.) in Wien und verbrachte die Jahre 1810–12 auf Konzertreisen. Ab 1812 lebte er als Hofkapellmeister in Stuttgart und Donaueschingen. 1822–40 war er mit Unterbrechungen Kapellmeister am Kärntnertortheater, dann am Theater in der Josefstadt, wo am 13. 1. 1834 seine Oper „Nachtlager von Granada" mit großem Erfolg uraufgeführt wurde. K. schrieb 38 Opern und Singspiele, 10 bühnenmusikalische Werke, 43 Lieder und Liedsammlungen sowie die Musik zu F. Raimunds „Verschwender" (1833).

KREUZER, Franz, * 18. 1. 1929 in Wien, Journalist und SPÖ-Politiker. Wurde nach der Matura 1947 Reporter bei der „Arbeiter-Zeitung". Er stieg über die Stationen Lokalchef, innenpolitischer Redakteur und Ressortleiter 1962 zum Chefredakteur auf und wurde durch die Rundfunkreform 1967 Chefredakteur des Aktuellen Diensts beim ORF. 1974 Intendant für das Zweite Fernsehprogramm, 1984 TV-Informationsintendant. Sein besonderes Verdienst ist die Schaffung der Sendungen „Österreichbild", „Club 2" und „Sport am Montag" sowie seine Gespräche mit namhaften ö. Forschern und Wissenschaftlern. 1966 wurde er mit dem Renner-Preis, 1981 mit der „Goldenen Kamera" ausgezeichnet. Als Nachfolger von Dr. Kurt Steyrer war K. vom Dezember 1985 bis Jänner 1987 Gesundheits- und Umweltminister.

KRIEHUBER, Josef Nikolaus, * 14. 12. 1800 in Wien, † 30. 5. 1876 in Wien, Maler und Lithograph. Der Sohn eines Gastwirts und Weinhändlers studierte 1813–18 an der Wiener Akademie der bildenden Künste, war 1818–22 Zeichenlehrer bei den Kindern des Fürsten Sanguszko in Galizien und schloß seine Ausbildung 1823/24 in Wien ab. K. machte sich zunehmend als Porträtlithograph einen Namen und schuf über 3 000 Werke – wesentlichste Persönlichkeiten des Biedermeier, von Angehörigen des Hofes über Diplomaten und Adelige bis zu Bürgerlichen. Schließlich auch dem Aquarell zugewandt, mußte er, bedingt durch die immer populärer werdende Photographie, den Posten eines Zeichenlehrers am Wiener Theresianum annehmen.

Wurzbach, W.: J. K., Katalog der von ihm lithographierten Porträts (1902)

KRIPS, Josef Alois, * 8. 4. 1902 in Wien, † 13. 10. 1974 in Genf, Dirigent. Studierte an der Wiener Musikakademie und war Schüler u. a. von Felix v. Weingartner (s. d.). 1926–33 Generalmusikdirektor in Karlsruhe, 1933–38 Dirigent an der Wiener Staatsoper, 1938/39 Gastdirigent in Belgrad, hatte 1939–45 Berufsverbot. 1945–50 wieder an der Wiener Staatsoper, hatte Anteil am Entstehen des legendären Mozart-Ensembles der Wiener Oper. Prof. an der Wiener Musikakademie. 1950–54 Chefdirigent des London Symphony Orchestra, 1954–63 des Buffalo Philharmonic Orchestra und Leiter des May-Festivals in Cincinnati, 1963–70 Leiter des San Francisco Symphony Orchestra, 1970–73 Chefdirigent der Wiener Symphoniker. Galt vor allem als Mozart-Interpret.

KRIS, Ernst, * 26. 4. 1900 in Wien, † 27. 2. 1957 in New York, Kunsthistoriker und Psychoanalytiker. Studierte Kunstgeschichte und klassische Archäologie und promovierte 1922. Anschließend am Kunsthistorischen Museum in Wien tätig, lernte er Sigmund Freud (s. d.) kennen, den er zunächst bei dessen Sammlung antiker und orientalischer Kunstobjekte beriet, doch bald selbst bei Helene Deutsch (s. d.) eine Lehranalyse absolvierte. Ab 1930 Mitglied der Wiener psychoanalytischen Vereinigung, übernahm er zusammen mit Robert Waelder die Redaktion der psychoanalytischen Zeitschrift „Imago". 1938 emigrierte er nach London, wo er als Psychoanalytiker tätig war, ab 1940 lebte er in New York und wurde als anerkannter Kinderpsychologe 1951 an die Yale-Universität berufen.

KRISCH, Rudolf, s. Kreutz, Rudolf Jeremias

KRISMANN, Franz Xaver (auch Chrismann, Crismann), * 22. 10. 1726 in Reifenberg (Görz), † 20. 5. 1795 in Rottenmann (St), Orgelbauer. War zunächst Priester, ehe er zum bedeutendsten Orgelbauer des 18. Jahrhunderts in Ö. wurde. U. a. stammen von ihm die Orgeln in der Linzer Jesuitenkirche, im Stift St. Florian, die sogenannte Bruckner-Orgel

Kronrat im Schloß Laxenburg am 22. 3. 1917. Ganz rechts Kaiser Karl I. Zu seiner Rechten und in der Folge die rechten Sitznachbarn: Graf Czernin, Graf Tisza, Graf Clam-Martinic, General Arz, Graf Burián, Freiherr von Krobatin (Vordergrund Mitte), General Freiherr von Marterer

(1770–74), im Stift Admont (St, 1782, 1865 verbrannt), in der Schottenfelder Pfarrkirche in Wien (1790) und in Rottenmann (St, 1795).

KROBATIN, Alexander Freiherr von (seit 1915), * 2. 9. 1849 in Olmütz (Mähren), † 28. 12. 1933 in Wien, Berufsoffizier und Heerführer. Feldzeugmeister in der k. u. k. Armee. 1912–17 Kriegsminister, war danach bis zum Ende des Ersten Weltkriegs an der italienischen Front Armeeführer. Lebte nach 1918 als Privatmann in Wien.

KRONES, Franz, Ritter von Marchland (Pseud. Frank), * 19. 11. 1835 in Ungarisch-Ostra (Mähren), † 17. 10. 1902 in Graz, Historiker. Studierte in Wien Philosophie und Geschichte und war nach seiner Promotion 1857–62 Prof. für ö. Geschichte an der Rechtsakademie in Kaschau, dann Lehrer am Gymnasium in Graz und ab 1865 Univ.-Prof. für ö. Geschichte in Graz. Er veröffentlichte eine Vielzahl historischer Werke, u. a.: „Umrisse des Geschichtslebens der deutsch-ö. Ländergruppe vom 10.–16. Jahrhundert" (1863), „Handbuch der Geschichte Ö.s" 5 Bde. (1876–79), „Grundriß der ö. Geschichte mit besonderer Rücksicht auf Quellen- und Literaturkunde", 4 Abt. (1881–83), „Aus Ö.s stillen und bewegten Tagen. 1810–1812 und 1813–1815" (1892), „Ö. Geschichte für die reifere Jugend", 2 Bde. (1899/1900).

Uhlirz, K.: F. K. (1905)

KRONES, Therese, * 7. 10. 1801 in Freudenthal (Ö.-Schlesien), † 28. 12. 1830 in Wien, Schauspielerin und Soubrette. Kam als Tochter eines Kürschnermeisters zur Welt, der mit seiner Familie eine Wanderschauspieltruppe gegründet hatte. Bereits 1811 war sie in Brünn für Kinderrollen engagiert, kam über Temesvár nach Wien, wo sie 1812 wieder mit ihrem Vater gastierte. 1818 trennte sie sich von der Familie, ging nach Agram, Graz und Laibach und kehrte 1821 wieder nach Wien zurück. Der große künstlerische Durchbruch gelang ihr 1824 mit der Zilly in Adolf Bäuerles (s. d.) Zauberoper „Aline". Mit ihrem Charme und Temperament und der Genialität ihrer Darstellungskunst begeisterte sie das Publikum und wurde zum Vorbild der Soubretten ihrer Zeit. Ferdinand Raimund (s. d.) schrieb für sie die Rolle des Mariandl im „Diamant des Geisterkönigs" (1824) und der Jugend im „Bauer als Millionär" (1826). Mit dieser Rolle erreichte sie den Gipfel ihrer Volkstümlichkeit. Ihr Bild im Kostüm der Jugend war weit verbreitet, es wurde sogar auf Tassen gemalt und in Glas geschliffen. Selbst ihre Bekanntschaft mit dem als Raubmörder entlarvten Severin von Jaroszynski (1827) schadete ihrer Beliebtheit nur vorübergehend. Am 23. 1. 1830 stand sie in „Julerl, die Putzmacherin" das letzte Mal auf der Bühne des Leopoldstädter Theaters, ihr am 26. Jänner begonnenes Gastspiel am Theater an der Wien mußte sie krankheitshalber abbrechen. Noch im selben Jahr starb K., die wohl als die herausragendste weibliche Schauspielerpersönlichkeit des Alt-Wiener Volkstheaters gilt.

Pirchan, E.: T. K. (1942)

KRONFELD, Robert, * 5. 5. 1904 in Wien, † 12. 2. 1948 bei Lasham (England), abgestürzt, Pionier des Segelflugs. Mit seinen selbstkonstruierten Segelflugzeugen „Wien" und „Austria" erzielte er mehrere Weltrekorde. Die „Austria", seine berühmteste Maschine, hatte eine Spannweite von 30 Metern und ging bei den Röhn-Bewerben 1932 durch Absturz zugrunde. „Austria II" war dann ein Doppelsitzer-Segelflugzeug. K. gelang 1929 der erste Gebirgssegelflug über die Rax (NÖ) und 1931 die erste Überquerung des Ärmelkanals. Außerdem erfand er die nach ihm benannte Autowinde für Flugschleppversuche.

Winter, Ph.: R. K. o. J.

KRONSTEINER, Hermann, * 25. 3. 1914 in Losenstein (OÖ), jüngerer Bruder von Josef K. (s. d.). Katholischer Geistlicher und Kirchenmusiker. War neben seiner Tätigkeit als Weltpriester Musiklehrer und komponierte kirchenmusikalische Werke, Messen, Chor- und Orgelwerke, 1938–50 „Lateinisches Proprienwerk".

Therese Krones. Gemälde von Ferdinand Georg Waldmüller

Josef Kriehuber: „Dame mit Kind"

KRONSTEINER, Josef, * 15. 2. 1910 in Losenstein (OÖ), katholischer Geistlicher und Kirchenmusiker. Älterer Bruder von Hermann K. (s. d.). Wurde Domkapellmeister in Linz und Prof. am Bruckner-Konservatorium in Linz. Komponierte Messen, Motetten, Proprien und Kirchenlieder.

KRUCKENHAUSER, Stefan, * 4. 11. 1905 in München, Schitheoretiker. K. beeinflußte jahrzehntelang die Entwicklung des Alpinschilaufs. Der von ihm initiierte Wedelstil machte international Furore und brachte den heimischen Schilehrmethoden weltweite Anerkennung.

KRUPP, Arthur, * 31. 5. 1856 in Wien, † 21. 4. 1938 in Berndorf (NÖ), Großindustrieller. Der deutsche Großindustrielle Alfred K. kam 1843 mit dem Plan nach Wien, in Ö. eine Besteckfabrik zu errichten, um die in seiner Firma entwickelte Löffelwalze einsetzen zu können. Am 25. 5. 1843 gründete er mit dem Textilgroßhändler Alexander Schoeller die „Berndorfer Metallwarenfabrik Schoeller & Co.", deren stiller Teilhaber er war. Alfred K.s Bruder Hermann leitete den Betrieb bis zu seinem Tod 1879, dann übernahm dessen Sohn Arthur K., der in Zürich das Polytechnikum und in Berlin die Technische Hochschule besucht hatte, den Betrieb. 1890 kaufte er die Schoellerschen Anteile des Unternehmens und änderte den Firmennamen in „Berndorfer Metallwarenfabrik Arthur Krupp" um. Bald gründete er in Traisen bei Lilienfeld (NÖ) einen Filialbetrieb, ließ Kochgeschirr aus Reinnickel herstellen und baute die Fabrikation von Messing-Patronenhülsen aus. Schließlich entwickelten die Werke eine Methode des Metallgusses, die für lange Zeit unübertroffen blieb. Von 1897–1918 war K. Mitglied des Herrenhauses. Er stellte auch die Plättchen zur Prägung der neuen Scheidemünze, des Hellers, her. Um die Jahrhundertwende widmete er sich dem Bau von chemischen Apparaten und errichtete 1905 für seinen Betrieb ein großes Elektrizitätskraftwerk. Nun nutzte er auch das Braunkohlevorkommen des Grillenberger Gebietes, von wo er mit einer 3,6 km langen Drahtseilbahn das Brennmaterial bis an die Kohlenbunker der Fabrik befördern ließ. Das Unternehmen war so groß geworden (es stellte jetzt

Klassenzimmer in der Werksiedlung der Kruppschen Metallwarenfabrik in Berndorf (NÖ) im maurischen Stil

täglich 48000 Bestecke her), daß K. es in eine AG unter großer Beteiligung der Credit-Anstalt umwandelte. Im Ersten Weltkrieg mußte die Produktion umgestellt werden, und die Wiederaufnahme der Friedensproduktion nach dem Krieg war wegen des kaum möglichen Exports äußerst schwierig. Zweimal mußte das Unternehmen saniert werden, erholte sich aber wieder in den dreißiger Jahren. K. sorgte auch für soziale Leistungen in seinen Betrieben. Gemeinsam mit der Gemeinde Berndorf erbaute er eine Mädchen- und Knabenschule, deren zwölf Unterrichtsräume in verschiedenen historischen Stilen, sozusagen als Anschauungsmaterial, gehalten sind. 1898, anläßlich des fünfzigjährigen Regierungsjubiläums des Kaisers, stiftete er seiner Belegschaft das „Kaiser-Franz-Joseph-Theater".

Berndorfer Metallwarenfabrik Arthur Krupp AG, eine Firmenschrift (1926)

KÜBECK, Aloys Freiherr von, * 29. 12. 1819 in Wien, † 14. 5. 1873 in Graz, Diplomat. Neffe von Karl Friedrich Freiherr von K. (s. d.). Trat nach dem Studium in den diplomatischen Dienst und war 1859–66 bevollmächtigter Minister Ö.s beim Bundestag und Bundespräsidialgesandter in Frankfurt am Main. Ab 1872 war er Botschafter beim Hl. Stuhl.

KÜBECK, Karl Friedrich Freiherr von Kübau (seit 1825), * 28. 10. 1780 in Iglau (Mähren), † 11. 9. 1855 in Hadersdorf bei Wien, Wirtschaftsfachmann, Staatsmann. Studierte in Wien und Prag und trat 1800 in den Staatsdienst. 1809 Regierungsrat bei der Hofkanzlei, 1814 Referent für Finanzsachen beim Staatsrat, schlug 1815 die Errichtung einer Notenbank (Nationalbank) vor, die dann 1818 auch gegründet wurde. 1821 Staats- und Konferenzrat, beriet Kaiser Franz I. auf mehreren Kongressen. 1839 organisierte er das Generalrechnungsdirektorium, dessen Präsident er auch wurde. 1840 Präsident der Hofkammer, 1841 Vorsteher des Münz- und Bergwesens. K. war ein Verfechter eines staatlichen Eisenbahnnetzes und schuf 1846 alle Grundlagen zur Errichtung des ö. Telegraphennetzes. Im März 1848 kurze Zeit Finanzminister, zog er sich von den Staatsgeschäften zurück, wurde aber im Herbst als Abgeordneter in den Kremsierer Reichstag gewählt. Ende 1849, während des Interims, als Mitglied der Zentralbundeskommission nach Frankfurt am Main entsandt. Wurde 1850 von Kaiser Franz Joseph I. zum Präsidenten des neuerrichteten ö. Reichsrats ernannt. An der Spitze der Verfassungsrevisionskommission stehend und als maßgeblicher Wortführer des Neoabsolutismus, war er an der Beseitigung der Verfassung von 1849 beteiligt. Seine Tagebücher, 1909 herausgegeben, sind wesentliche Quellen für die Geschichte der ersten Hälfte des 19. Jh.s.

Karl von Kübeck. Stich nach einem Gemälde von Josef Kriehuber

Neumayer, J.: Die Entwicklung des Weltbilds K.s, Diss. Wien (1953); Werber, K.: C. Frh. K. v. K., Diss. Graz (1960)

KUBIN, Alfred, * 10. 4. 1877 in Leitmeritz (Böhmen), † 20. 8. 1959 in Zwickledt bei Wernstein (OÖ), Graphiker, Maler und Dichter. Lebte seit 1906 in Zwickledt und schuf ein dem Expressionismus nahestehendes Werk, das durch gespenstische und grauenerregende Motive gekennzeichnet ist, deren Wurzeln in der Kindheit K.s liegen. Sein Werk umfaßt eine Fülle von Zeichnungen, Lithographien und Buchillustrationen. K. illustrierte allein etwa 70 Bücher, darunter vor allem Werke von E. T. A. Hoffmann, E. A. Poe und F. Dostojewskij. Alle seine Bilder sind von einer visionären, düsteren und oft spukhaften, doch höchst eindrucksvollen Aussagekraft getragen. Seine Federzeichnungen spiegeln mit etwas makabrer Ironie zumeist Untergangsstimmungen wider. Er veröffentlichte mehrere Mappenwerke und war auch als expressionistischer Dichter sehr geschätzt: „Die andere Seite" (1909), „Der Guckkasten" (1925), „Vom Schreibtisch eines Zeichners" (1939), „Abenteuer einer Zeichenfeder" (1941), „Nüchterne Balladen" (1949), „Abendrot" (1950), „Phantasien im Böhmerwald" (1951) und seine Autobiographie „Dämonen und Nachtgesichte" (1931, Neuaufl. 1959).

Eßwein, H.: A. K. (1928); Schneditz, W.: A. K. (1956); Otte, K., und Raab, P.: A. K. (1957); Marcks, A.: Der Illustrator A. K. (1977); Bisanz, H.: A. K. – Zeichner, Schriftsteller und Philosoph (1977)

KUBITSCHEK, Wilhelm, * 28. 6. 1858 in Preßburg, † 2. 10. 1936 in Wien, Altertumswissenschaftler und Münzforscher. Nach dem Besuch des Akademischen Gymnasiums in Wien studierte er an der Universität, legte 1879 die Lehramtsprüfung ab und promovierte 1881. Zunächst Gymnasialprof., habilitierte er sich 1887 und wurde a. o. Prof. an der Universität Graz. 1897 Univ.-Prof in Wien und Kustos des kaiserlichen Münzkabinetts, dessen Direktor er 1901–25 war. Schon 1893 hatte er eine Monographie über Vindobona verfaßt und den Hohen Markt als Zentrum des Lagers Vindobona und die Lage des Municipiums in der Gegend des Aspangbahnhofs eindeutig bestimmt. 1904 Generalkonservator für die Antiken der ö. Länder, 1907–13 betreute er das von ihm begründete „Jahrbuch der Altertumskunde" und 1908–27 die „Numismatische Zeitschrift", die unter ihm zu einem führenden und anerkannten Fachblatt wurde. 1916 wurde K. Ordinarius für römische Altertumskunde und Hofrat, 1918 Ordinarius für römische Geschichte. Sein Wirkungsbereich erstreckte sich auf alle Gebiete der klassischen Philologie, der alten Geschichte und der Archäologie. Obwohl er 1929 emeritiert wurde, arbeitete er noch wissenschaftlich bis zu seinem Tod. Weitere Publikationen: „Itinerarstudien" (1919), der gemeinsam mit S. Frankfurter verfaßte „Führer durch Carnuntum" (1923) und „Römerfunde von Eisenstadt" (1926).

KUDLICH, Hans, * 25. 10. 1823 in Lobenstein (Ö.-Schlesien), † 11. 11. 1917 in Hoboken (USA), liberaler Politiker, „der ö. Bauernbefreier". Als Sohn eines wohlhabenden Bauern studierte er in Wien 1840–42 Philosophie und 1842–45 Jus mit ausgezeichneten Beurteilungen. Nahm an der Märzrevolution teil und wurde am 13. 3. 1848 vor dem Landhaus verwundet. Im April und Mai in der Akademischen Legion tätig, mußte er krankheitshalber vorübergehend in seine Heimat zurückkehren. Dort als jüngster Abgeordneter in den Reichstag gewählt, stellte er am 24. 7. 1848 den Antrag auf „Aufhebung des Unterthänigkeitsverhältnisses", der, gegen K.s Willen in der Frage der Entschädigungspflicht abgeändert, am 26. 7. angenommen wurde. Nach langen Beratungen wurde sein Antrag in modifizierter Form am 7. 9. zum Gesetz erhoben und am 9. 9. vom Kaiser bestätigt. Robot und Zehent waren damit in Ö. abgeschafft. Auch die Gegenrevolution tastete dieses Gesetz nicht an. Während der Oktobertage wieder aktiv tätig, erreichte er am 8. 10. die Übergabe des belagerten Zeughauses in Wien (Am Hof) an die Studentenlegion und war vom 12. 10. bis 4. 11. in NÖ und OÖ unterwegs, um ein Aufgebot des bäuerlichen Landsturms zur Unterstützung der Wiener Bürger gegen die kaiserliche Armee zustande zu bringen – allerdings vergeblich. Danach begab er sich zum Reichstag nach Kremsier und entging dort nach dessen Auflösung am 7. 3. 1849 durch eine geglückte Flucht der Verhaftung. Über Leipzig gelangte er nach Frankfurt am Main, wo sein Bruder Hermann Mitglied der deutschen Nationalversammlung war. K. trat in die Dienste der provisorischen revolutionären Regierung in der Pfalz, mußte aber im Juni in die Schweiz fliehen. In Bern, dann in Zürich studierte er Medizin und promovierte 1853. Über Drängen des ö. Gesandten wurde er im

Alfred Kubin: Schlachtfest

April 1853 aus der Schweiz ausgewiesen, ging nach Amerika und ließ sich in Hoboken bei New York als Arzt nieder. Wegen seiner Tätigkeit während der Oktoberrevolution wurde K. am 10. 3. 1854 in Abwesenheit zum Tode verurteilt. In Amerika setzte er sich nachhaltig für die Abschaffung der Sklaverei ein und ergriff leidenschaftlich für Abraham Lincoln Partei. 1867 amnestiert, kehrte er im April 1872 nach Ö. zurück. In Linz stürmisch begrüßt, hielt er eine aufsehenerregende Rede, weigerte sich aber, mit dem obligaten Hoch auf den Kaiser zu schließen. Am 2. 5. wurde ihm in Wien die Ehrenbürgerschaft verliehen, die jedoch auf Antrag des Kaisers am nächsten Tag zurückgenommen werden mußte. Von Ö. enttäuscht, kehrte er 1873 nach Amerika zurück, wo er bis zu seinem Tod lebte. 1873 erschienen von ihm „Rückblicke und Erinnerungen", 3 Bde. (Neuaufl. 1924).

Walter, H.: H. K. (1913); Wenzelides, O.: H. K. (1925); Koberg, K.: H. K. (1926); Prinz, F.: H. K. (1962); H. K. und die Bauernbefreiung in NÖ, Ausstellungskatalog (1983)

KUDRIAFFSKY, Johann von, * 27. 8. 1782 in Wien, † 8. 4. 1840 (Selbstmord), im Donaukanal bei Erdberg aufgefunden, Techniker. War der Sohn des russischen Diplomaten Athanasius v. K. und der Wiener Wirtstochter Katharina Krünes. Studierte 1799–1803 an der Ingenieurakademie in Wien und wurde Kadett. Nachdem er in Enns (1806) und Graz (1811) tätig war, unterrichtete er ab 1813 an der Ingenieurakademie in Wien und hielt Vorlesungen über Zivil- und Festungsbau. Wurde 1815 Hauptmann; von 1818–36 Prof. für Land- und Wasserbaukunst am Wiener Polytechnischen Institut. Ab 1836 hatte er die Oberleitung der Zivilbaudirektion in Wien inne. Als angesehener Fachmann nahm er wesentlichen Anteil an der Regulierung des Donaukanals und des Wienflusses. Der Begründer der Wiener Schule des Brückenbaus errichtete 1810 die Franzensbrücke, erneuerte 1819 die Ferdinandsbrücke (Schwedenbrücke) und baute 1824/25 die Sophienbrücke (Erdberger Brücke), die erste Kettenbrücke über den Donaukanal.

KUEFSTEIN, Hans Ludwig Graf (seit 1634), * 11. 6. 1587, † 26. 9. 1657 in Linz, Literat und Politiker. Entstammte einem alten Adelsgeschlecht und wurde zum Führer der gemäßigten Protestanten in OÖ. Nachdem er zum katholischen Glauben übergetreten war, wurde er Landeshauptmann von OÖ. Verdienstvoll bleibt, daß er 1619–24 den Schäferroman „New verteutschte Schäfferey von der schönen verliebten Diana und dem vergessenen Syreno" des Spaniers Jorge de Montemayor übersetzte und herausgab und damit Ö. als eines der ersten Länder den Zugang zur romanischen Literatur vermittelte.

KUEN, Michael, † 1686 in Bregenz, Baumeister. Die Bregenzerwälder Baumeisterfamilie der Kuen, der M. K. entstammte, errichtete barocke Kirchen-

HANS KUDLICH

Der Bauernbefreier

„Die Reichsversammlung wolle beschliessen:
1. Dass die Einschränkung der persönlichen Freiheit durch das Band der Unterthänigkeit aufzuhören hat.
2. Dass Robot und Zehent, sowie alle anderen, die Freiheit des bäuerlichen Grundbesitzes beschränkenden, nicht privatrechtlichen, sondern aus dem Verhältnisse der Grundherrlichkeit, Bergherrlichkeit, Vogteiherrlichkeit, Schutzobrigkeit, Dorfobrigkeit und des Lehensbandes entspringenden Lasten nicht mehr zu leisten sind.
3. Dass eine aus den Vertretern aller Provinzen gewählte Commission mit Zuziehung des Ministeriums mit thunlichster Beschleunigung über die etwaige Entschädigung und über die Einführung der neuen Gerichtsverfassung Gesetzentwürfe auszuarbeiten habe.
4. Dass die Gerichtsbarkeit und politische Geschäftsführung bis zur Einführung der neuen Gerichtsverfassung von den Patrimonialgerichten inzwischen noch ausgeübt werden soll.

Hans Kudlich

5. Dass darüber zur Beruhigung des Landvolkes eine feierliche Proclamation zu erlassen sei."

Verbesserter Antrag Hans Kudlichs, der in der sechzehnten Sitzung des konstituierten Reichstages vom 8. August 1848 zur Abstimmung kam.

bauten nach dem sogenannten „Vorarlberger Münsterschema". K.s Hauptwerk ist die 1663–76 errichtete Wallfahrtskirche Bildstein (V), bei dem ihm Michael Thumb (s. d.) zur Seite stand.

Sandner, O.: Die K. (1962)

KUES, Nikolaus von s. Nikolaus von Cues

KÜFFERLE, August Josef, * 13. 8. 1844 in Wien, † 25. 8. 1911 in Hinterbrühl bei Mödling (NÖ), Unternehmer. Er war der Enkel des Ignaz K., der aus Konstanz am Bodensee stammte und eine Leinenweberei in Freiwaldau (Ö.-Schlesien) eröffnet hatte. 1866 gründete K. mit seinem Bruder Alois im Wiener Vorort Untermeidling die „Wilhelmsdorfer Malzproduktion und Chokoladenfabrik von Josef Küfferle & Co.". Sie waren bald auf Bonbons spezialisiert und erlangten einen ausgezeichneten Ruf.

KUFFNER, Christoph (auch Kueffner), * 28. 6. 1777 in Wien, † 7. 11. 1846 in Wien, Beamter und Schriftsteller. Im Haus seines Vaters verkehrten die bekanntesten Künstler der Zeit, und so lernte der junge K. auch Mozart und Haydn kennen. Mit 13 Jahren machte er seine ersten poetischen Versuche, die so gelungen waren, daß Haydn ihn bat, einen Text für sein geplantes Oratorium „Die vier letzten Dinge" zu schreiben. 1801 erschienen seine ersten Werke „Der Geliebte im Sarge oder Die Stimme aus dem Grabe" und „Der Bund der Fetten und der Mageren". K. studierte einige Zeit an der Universität Wien und trat 1803 beim Hofkriegsrat in den Staatsdienst. 1831 Staatsratskonzipist. Er wurde zum beliebten Biedermeier-Schriftsteller, Franz Schubert vertonte mehrere seiner Lieder. K. veröffentlichte u. a.: „Spaziergänge im Labyrinth der Geschichte" (1824), „Die Reise des letzten Menschen", 3 Bde. (1837). 1843–47 erschienen „Erzählende Schriften, dramatische und lyrische Dichtungen" (20 Bde.). K. übersetzte „Sämtliche Lustspiele des Plautus, aus dem Latein", 5 Teile (1806).

Badstüber, H.: Ch. K. (1907)

KUFFNER, Moritz Edler von (seit 1878), * 30. 1. 1854 in Wien, † 5. 3. 1939 in Zürich, Industrieller und Alpinist. Hatte von seinem kinderlos verstorbenen Onkel Jakob ein Millionenvermögen und dessen Brauerei in Ottakring geerbt und konnte so seinen Liebhabereien Astronomie und Bergsteigen nachgehen. 1884–86 ließ er oberhalb des Ottakringer Friedhofs eine Sternwarte mit zwei Kuppeln errichten und mit hervorragenden Instrumenten und einer wissenschaftlichen Bibliothek ausstatten. Sie wetteiferte zeitweise mit der Wiener Universitätssternwarte, da K. auch die Drucklegung der in seiner Sternwarte entstandenen wissenschaftlichen Arbeiten finanzierte. Als bekannter Bergsteiger, überwiegend in den ö. und schweizerischen Alpen unterwegs, veröffentlichte er 1884–89 in den Publikationen des Ö. Alpenvereins zahlreiche vielbeachtete Aufsätze.

KUH, Anton, * 12. 7. 1890 in Wien, † 18. 1. 1941 in New York, Journalist und Essayist. War mit Altenberg (s. d.) und Friedell (s. d.) befreundet und anfangs vor allem journalistisch tätig. Gab auch Sonntagsmatineen im Wiener Konzerthaus, auf denen er häufig Stegreifvorträge hielt. Nach einer erbitterten Fehde mit Karl Kraus (s. d.), dem er seinen Vortrag „Der Affe Zarathustras" (1925) widmete, ging er nach Berlin, wo er für die „Weltbühne" und andere Zeitschriften arbeitete. 1933 kehrte er nach Wien zurück und emigrierte 1938 in die USA. K., der unter seinen Freunden mehr als Sprechdenn als Schriftsteller geschätzt wurde, gab zu Lebzeiten einige Essaybände heraus: „Von Goethe abwärts" (1921), „Der unsterbliche Österreicher" (1931), „Physiognomik" (Aphorismen, 1931). 1981 erschien der Sammelband „Luftlinien", 1983 „Zeitgeist im Literatur-Café".

KUH, Emil, * 13. 12. 1828 in Wien, † 30. 12. 1876 in Meran (Südtirol), Literarhistoriker und Schriftsteller. Studierte in Wien Geschichte und Literaturwissenschaften, wurde Bahnbeamter und beschäftigte sich eingehend mit Literaturgeschichte. Wandte sich 1857 endgültig der literarischen Tätigkeit zu, wurde 1861 Feuilletonist der „Ö. Zeitung", 1862 der „Presse", ab 1867 der „Wiener Zeitung". Als Theater- und Literaturkritiker sehr geschätzt, war er ein enger Freund Friedrich Hebbels, gab dessen Werke heraus und verfaßte eine Biographie, 2 Bde. (1887). An Veröffentlichungen u. a. zu erwähnen: „Dichterbuch aus Ö." (1863), „Zwei Dichter Ö.s" (über Grillparzer und Stifter, 1872). 1910 erschienen „Kritische und literarhistorische Aufsätze (1863–1876)".

Höfer, C.: F. Kürnberger und E. K. (1932)

KUHN, Carl Friedrich, * 3. 2. 1807 in Ulm (Württemberg), † 8. 4. 1874 in Wien, Fabrikant. Kam schon als Knabe nach Wien, arbeitete aber dann in England, wo er die Stahlschreibfedererzeugung erlernte. 1843 errichtete er in Wien eine Fabrik zur Erzeugung von Stahlschreibfedern, das erste Unternehmen dieser Art auf dem Kontinent. Seine Produkte waren qualitativ so hervorragend, daß er den traditionsreichen englischen Waren in der ganzen Welt Konkurrenz machen konnte. Wenig später schloß er seinem Unternehmen eine Federhalterproduktion an. Er führte den Federstiel mit Einsteckhülse aus Blech ein, anfangs dünn und aus Perlmutt, Elfenbein oder Glas und reich verziert, später mit größerem Durchmesser und auch aus Holz. 1938 wurde die Firma Carl Kuhn & Co. aufgelöst.

KÜHN, Eusebius Franz (auch Kino), * 10. 8. 1644 in Nonsberg (Südtirol), † 15. 3. 1711 in St. Magdalena (Mexiko), erschossen, Forscher und Kartograph. Trat in den Jesuitenorden ein und wurde Missionar. 1687 ging er nach Mexiko und gründete dort die Jesuitenmission von Kalifornien. Zuerst kartierte er seinen rund 20 000 Meilen langen Reiseweg, wies dann nach, daß Niederkalifornien eine Halbinsel ist, entdeckte die Mündung des Rio Grande und stieß bei seinen Forschungsreisen bis zum Rio Colorado vor.

KUHN, Franz Freiherr von Kuhnenfeld (seit 1852), * 25. 6. 1817 in Proßnitz (Mähren), † 25. 5. 1896 in Strassoldo (Küstenland), Berufsoffizier. Wurde 1837 als Unterleutnant ausgemustert und 1843 als Oberleutnant in den Generalstab übernommen. K. wurde in den Kämpfen von 1848/49 in Italien zum Major befördert; er hatte sich bei Santa Lucia, Custoza und Mailand hervorgetan und wurde mit dem Militär-Maria-Theresien-Orden ausgezeichnet. Anschließend Generalstabschef beim 11. Armeekorps in Ungarn, wurde 1856 Lehrer für Strategie an der Kriegsschule in Wien. Im italienischen Krieg von 1859 Generalstabschef von Feldzeugmeister Gyulai (s. d.). 1866 Kommandant in Tirol, kämpfte erfolgreich gegen Garibaldi. 1867 Feldmarschalleutnant, 1868–74 Kriegsminister. Führte nach 1867 die Auflösung der Militärgrenze durch, war ein Vorkämpfer für die Einführung der allgemeinen Wehrpflicht. 1874 Generalkommandant von Steiermark, Kärnten und Krain und Feldzeugmeister.

KUHN, Richard Johann, * 3. 12. 1900 in Wien, † 31. 7. 1967 in Heidelberg (BRD), Chemiker und Nobelpreisträger. Wuchs in Wien auf und studierte in München Chemie. Promovierte 1922 mit der Arbeit „Über die spezifischen Eigenschaften der Fermente", wurde 1925 Dozent in München, 1926 Prof. an der Technischen Hochschule in Zürich und ab 1928 in Heidelberg, wo er gleichzeitig Direktor am Kaiser-Wilhelm-Institut (ab 1948 Max-Planck-Institut) war. Für seine Forschungen über Vitamine und Carotinoide erhielt er 1938 den Nobelpreis für Chemie. Unter dem Druck der nationalsozialistischen Machthaber mußte er auf die Dotation verzichten, die er erst 1948 erhielt. K. arbeitete über Polyene, Kumulene und Enzyme; nach 1945 konnte er bei Arbeiten mit Bakterien-Wuchsstoffen das Wesen der kompetitiven Hemmung erklären und fand die Struktur von biologischen Membranen. Außerdem erforschte er die Vitamin-B-Gruppe und wies als erster die Verbindung zwischen Vitaminen und Fermenten nach. Neben zahlreichen Ehrungen und Auszeichnungen erhielt er 1958 den Orden Pour le mérite. Abgesehen von Fachartikeln verfaßte er u. a. „Chemie und Kinetik" (1925), „Lehrbuch der Enzyme" (1927) und gab ab 1947 die Zeitschrift „Biochemie" heraus.

Hartmann, H.: Lexikon der Nobelpreisträger (1967)

KULKA, Heinrich, * 29. 3. 1900 in Littau (Mähren), † 6. 5. 1971 in Auckland (Neuseeland), Architekt. Studierte von 1918–24 an der Technischen Hochschule in Wien und war danach Mitarbeiter und später Partner von Adolf Loos (s. d.). Mit diesem arbeitete er gemeinsam am „Kniže"-Verkaufslokal in Paris (1927), an Einfamilienhäusern und an der Werkbundsiedlung Wien (1932). 1938 erhielt K. Berufsverbot und emigrierte über die Tschechoslowakei und England nach Neuseeland, wo er nach 1945 als selbständiger Architekt tätig war. Über seinen Lehrer und Partner A. Loos veröffentlichte er zahlreiche Beiträge in Fachzeitschriften sowie in Zusammenarbeit mit F. Glück und L. Münz 1931 das Buch „Adolf Loos. Das Werk des Architekten".

KUMMER, Karl, * 1. 1. 1904 in Wien, † 15. 8. 1967 in Warschau, christlichsozialer Sozialpolitiker und -reformer. Studierte in Wien und beschäftigte sich bald mit sozialpolitischen Fragen. 1934–38 und ab 1945 war er Arbeitsrechtsspezialist der Wiener Arbeiterkammer. Ab 1945 Bundesreferent für Sozialpolitik des ÖAAB (Ö. Arbeiter- und Angestelltenbund der ÖVP), gründete 1953 das Institut für Sozialpolitik und Sozialreform, dessen Leiter er auch war. Ab 1956 Abgeordneter zum Nationalrat. K. war in all seinen Funktionen bestrebt, die christliche Sozialreform zu fördern und zu verwirklichen.

KUNDMANN, Carl, * 15. 6. 1838 in Wien, † 9. 6. 1919 in Wien, Bildhauer. Studierte zunächst in Dresden, 1853–60 an der Wiener Akademie der bildenden Künste, dann abermals in Dresden und hielt sich 1865–67 mit einem Reisestipendium in Rom auf. Hier entwarf er auch das Schubert-Denkmal für Wien, durch dessen Enthüllung 1872 er schlagartig bekannt wurde. Noch im selben Jahr als Prof. der allgemeinen Bildhauerschule an die Wiener Akademie der bildenden Künste berufen, wirkte er hier bis 1909, wo er zweimal Rektor und mehrmals Prorektor war und einen bedeutenden Einfluß auf die heranwachsende Bildhauergeneration ausübte. Er schuf zahlreiche Bauplastiken für die Ringstraßenbauten, so auch für das Rathaus, das Burgtheater und die beiden Hofmuseen, 1886 das Tegetthof-Denkmal, 1889 das Grillparzer-Denkmal und 1898–1902 den Pallas-Athene-Brunnen vor dem Wiener Parlament.

KUNSCHAK, Leopold, * 11. 11. 1871 in Wien, † 13. 3. 1953 in Wien, christlichsozialer Politiker. In ärmlichen Verhältnissen aufgewachsen, arbeitete er zunächst in einer Setzerei, erlernte schließlich das Sattlergewerbe. Durch den Ausstand der Wiener Tramwayarbeiter 1889 erstmals auf soziale Probleme aufmerksam geworden, beschäftigte ihn der Gedanke nach der Gründung einer christlichen Arbeiterbewegung. Als Papst Leo XIII. 1891 seine Sozialenzyklika „Rerum novarum" veröffentlichte, fand K. in Albert Gessmann (s. d.) tatkräftige Unterstützung. Am 21. 9. 1892 wurden die organisatorischen Voraussetzungen zur Gründung der christlichen Arbeitervereine geschaffen. 1895 gründete K. die Zeitung „Freiheit" (ab 1910 „Christlichsoziale Arbeiterzeitung"), die er bis 1928 selbst redigierte. Am 5. 1. 1896 wurde der erste Parteitag der christlichsozialen Arbeiter abgehalten. Bei den Wahlen 1897 konnten die Christlichsozialen ihre Abgeordnetensitze verdreifachen. 1904 wurde K. Abgeordneter im Wiener Gemeinderat. 1907 im Reichsrat, 1908 im nö. Landtag. Er engagierte sich für die Abschaffung der Sonntags- und Nachtarbeit und setzte sich mit allen Fragen der Armen-, Alters- und Krankenfürsorge auseinander. Wandte sich nach Luegers (s. d.) Tod gegen aufkommende nationalistische Tendenzen in der Christlichsozialen Partei. 1918 zunächst Mitglied der Provisorischen Landesversammlung von NÖ, anschließend bis 1933 Abgeordneter zum Nationalrat. Mitglied des Wiener Gemeinderats bis 1934, ab 1923 auch Stadtrat ohne Ressort und Wortführer der christlichsozialen Opposition. Ab 1927 mahnte K. zur Abschaffung der existierenden Wehrverbände. Eindrucksvoll war seine Rede vor dem Wiener Gemeinderat am 9. 2. 1934, in der er an die beiden Großparteien einen eindeutigen Appell zur Zusammenarbeit und zum gemeinsamen Kampf gegen „die Entartung des deutschen Geistes im Nationalsozialismus" aufrief („. . . ehe Volk und Land an Gräbern steht und weint"). K. war gegen den autoritären Kurs der Regierung Dollfuß und wandelte seine Organisation in einen Verein mit kulturellen Aufgaben im Rahmen der Katholischen Aktion um. Am 27. 4. 1945 unterzeichnete K. gemeinsam mit Karl Renner (s. d.) jene Proklamation, durch die Ö. wieder ein demokratischer Staat wurde. K. war 1945 auch Mitbegründer

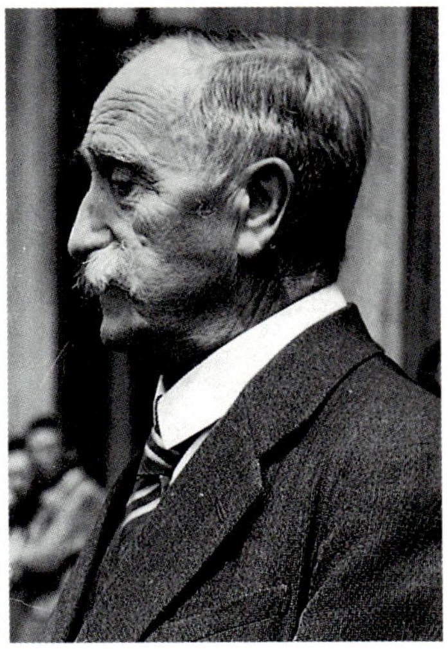

Leopold Kunschak 1945

der ÖVP und des Arbeiter- und Angestelltenbundes. 1945/46 Vizebürgermeister von Wien. Vom 19. 12. 1945 bis zu seinem Tod war er Erster Präsident des Nationalrats. Am 23. 4. 1948 wurde er zum Ehrenbürger der Stadt Wien ernannt. 1965 wurde eine L.-K.-Stiftung ins Leben gerufen. Von K.s Publikationen sind u. a. zu erwähnen: „Arbeiterfrage und Christentum" (1905), „Volkstum und Arbeiterschaft" (1928), „Österreich 1918–34" (1935), „Steinchen am Wege" (1937, Neuaufl. 1952).

Bauer, F.: L. K. als Politiker, Diss. Wien (1950); Stamprech, F.: L. K. (1954); Täubl, F.: L. K., Diss. Wien (1963); Blenk, G.: L. K. und seine Zeit (1966)

KUNZ, Erich, * 20. 5. 1909 in Wien, Kammersänger, Bariton. Studierte in Wien an der Musikakademie und debütierte 1933 als Osmin („Die Entführung aus dem Serail") in Opava (Troppau). Er war 1936/37 in Plauen, 1937–41 in Breslau und seit 1941 an der Wiener Staatsoper, seit 1942 regelmäßig bei den Salzburger Festspielen, vor allem in seinen Glanzrollen als Papageno, Leporello und Figaro. 1943 bei den Bayreuther Festspielen als Beckmesser. Absolvierte nach dem Krieg zahlreiche Gastspiele, u. a. bei den Festspielen in Edinburgh und Glyndebourne, an der Mailänder Scala, der Covent Garden Opera in London und 1952/53 an der Metropolitan Opera in New York. K. war nicht nur ein hervorragender Mozart-Interpret, sondern sang auch Operettenpartien (z. B. in der „Fledermaus") und Wienerlieder.

KUNZ, Johannes, * 2. 1. 1947 in Wien, Journalist und Medienfachmann. 1968 Eintritt in die Redaktion des Aktuellen Dienstes Hörfunk beim ORF. Chef vom Dienst in der Nachrichtenredaktion, Journal-Moderator. 1970–73 Ö.-Korrespondent des Saarländischen Rundfunks, 1973–80 Pressesprecher von Bundeskanzler Kreisky (s. d.). 1980–82 im Verlagswesen tätig. 1982 Leiter der „Wir"-Redaktion, 1984 Leiter der Hauptabteilung Gesellschaft, Jugend und Familie. Seit Oktober 1986 Informationsintendant des ORF.

KUPELWIESER, Karl, * 30. 10. 1841 in Wien, † 16. 9. 1925 in Wien, Jurist und Mäzen. Sohn von Leopold K. (s. d.). Er erwarb sich große Verdienste durch mehrere Stiftungen, so gründete er 1906 das Hydro-Biologische Institut in Lunz am See (NÖ) und das Institut für Radiumforschung in Wien (1910). K. wurde u. a. zum Ehrenmitglied der Akademie der Wissenschaften in Wien ernannt.

KUPELWIESER, Leopold, * 17. 10. 1796 in Piesting (NÖ), † 17. 11. 1862 in Wien, Maler. Im Alter von zwölf Jahren wur-

Leopold Kupelwieser: Die Schubert-Freunde in Atzenbrugg, Scharaden darstellend

de er über Empfehlung von Franz Anton Zauner (s. d.) als Schüler in der Wiener Akademie der bildenden Künste aufgenommen. Schon während seiner Ausbildung fiel die Klarheit seiner Porträtskizzen auf, und die Porträts von Kaiser Franz I., Franz Schubert und seinen Freunden zeigen dies auch deutlich. K., der im Freundeskreis von Schubert (s. d.) verkehrte, unternahm 1823–25 eine Italienreise und hielt sich auch in Rom auf, wo er die Nazarener kennenlernte, deren Stil neben dem Wiener Klassizismus seine Kunst stark beeinflußte. Nach seiner Rückkehr nach Wien schuf er überwiegend Ölgemälde und Fresken religiösen Inhalts. Ab 1836 bis zu seinem Tod war er Prof. an der Wiener Akademie der bildenden Künste. K. schuf Altarbilder und Fresken in Wiener Kirchen sowie das Hochaltarbild in der Stiftskirche von Klosterneuburg (1833) und Glasgemälde im Chor der Altmannsdorfer Pfarrkirche. Seine Hauptwerke sind die Wandmalereien in der Altlerchenfelder Pfarrkirche in Wien (1855–58), die nur zu einem geringen Teil auf die Entwürfe von Josef Führich (s. d.) zurückgehen, und der Freskenzyklus im Festsaal des Statthaltereigebäudes (Nö. Landhaus in Wien) von 1848–50.

Kupelwieser, E.: L. K., Erinnerungen seiner Tochter (1902)

KUPEZKY, Johann (auch Kupetzky), * 1667 in Bösing bei Preßburg, † 16. 7. 1740 in Nürnberg, Porträtmaler. Riß mit fünfzehn Jahren von zu Hause aus und ging nach Wien, wo er sich zum Maler ausbilden ließ, danach nach Rom, wo er zahlreiche Historienbilder und Porträts malte. 1709 nach Wien zurückgekehrt, wurde er bald zum Porträtmaler der Wiener Hofgesellschaft und malte u. a. auch Kaiser Joseph I. (s. d.) und Karl VI. (s. d.). Als Vorbild galt ihm Rembrandt. Zahlreiche Anfechtungen wegen seines Glaubens, er gehörte der Sekte der „Böhmischen Brüder" an, vertrieben ihn schließlich 1723 aus Wien, und K. ließ sich 1726 in Nürnberg nieder.

Safarik, E.: J. K. (1928)

KURANDA, Ignaz, * 1. 5. 1811 in Prag, † 3. 4. 1884 in Wien, liberal-demokratischer Politiker und Schriftsteller. Als Sohn eines Buchhändlers geboren, wandte er sich von diesem Beruf ab und trieb als Autodidakt Studien in Wien, Leipzig, Stuttgart und Brüssel, wo er Mitarbeiter hervorragender Blätter wurde und 1841 das vielbeachtete Wochenblatt „Grenzboten" gründete. Wenig später übersiedelte er nach Leipzig, wo er 1846 sein Werk „Belgien seit seiner Revolution" veröffentlichte. Im selben Jahr wurde am Wiener Burgtheater sein Jugenddrama „Die letzte weiße Rose" (1834) mit beachtlichem Erfolg aufgeführt. 1848 von den Großdeutschen in den Fünfzigerausssschuß und danach für Teplitz (Böhmen) in das Frankfurter Parlament gewählt, kehrte er im Oktober 1848 nach Wien zurück und gründete das politische Journal „Die ostdeutsche Post", das er bis 1860 leitete. Direktor der Nordbahn und Wiener Gemeinderat, 1861–84 Reichsratsabgeordneter. Ab 1872 Präsident der Israelitischen Kultusgemeinde Wien.

Doublier, O.: I. K. (1906)

KÜRENBERGER, der (auch Kürnberger), vorhöfischer Minnesänger. Lebte um die Mitte des 12. Jh.s und stammte aus der Gegend um Linz, seine Stammburg lag bei Wilhering am Kürenberger Wald. Unter seinem Namen sind 15 volkstümlich einfache Lieder in der Manessischen Liederhandschrift (darunter das „Falkenlied") überliefert. Der K. ist der erste namentlich überlieferte Minnesänger Ö.s. Er schrieb in der sogenannten Nibelungenstrophe und stand noch nicht unter dem Einfluß der französischen Troubadours.

KÜRNBERGER, Ferdinand, * 3. 7. 1821 in Wien, † 14. 10. 1879 in München, Schriftsteller und liberaler Publizist. Studierte in Wien und mußte wegen der Teilnahme an der Revolution 1848 nach Deutschland fliehen. 1857 nach Wien zurückgekehrt, wurde er 1867 Sekretär der Schillerstiftung und lebte ab 1877 in Graz. Gemeinsam mit Josef Schöffel (s. d.) trat er für die Rettung des Wienerwaldes ein. Er war ein liberaler Publizist, glänzender Satiriker und Meister der realistischen Prosa. K. verfaßte u. a. die Dramen: „Catilina" (1855), „Firdusi" (1865); die Romane: „Der Amerika-Müde" (Lenau-Roman, 1855), „Der Haustyrann" (1876), „Das Schloß der Frevel", 2 Bde. (hrsg. 1904); außerdem mehrere Novellenbände. 1905 erschien die Sammlung „Fünfzig Feuilletons", 1907 „Dramen" und „Briefe an eine Freundin", hrsg. von O. E. Deutsch, 1910 „Ausgewählte Novellen" und 1910–1914 „Gesammelte Werke", 4 Bde., hrsg. von O. E. Deutsch.

Halpern, J.: F. K., Diss. Wien (1928); Wessely, R.: F. K., Diss. Wien (1948); Immergut, W.: F. K., Diss. Wien (1952)

KURT, Melanie, * 8. 1. 1880 in Wien, † 11. 3. 1941 in New York (USA), Sängerin, Sopranistin. Studierte zuerst Klavier, dann Gesang in Wien und debütierte 1902 in Lübeck als Elisabeth in Richard Wagners „Tannhäuser". 1902/03 in Leipzig, 1905–08 in Braunschweig, 1908–12 an der Königlichen Oper in Berlin und anschließend bis 1915 am Deutschen Opernhaus, 1915–17 an der Metropolitan Opera in New York. In Wagner-Rollen Gast an allen berühmten Opernhäusern. Ab 1919 als Musikpädagogin tätig, zuerst in Berlin, danach in Wien, bis sie 1938 in die USA emigrierte.

KURTH, Ernst, * 1. 6. 1886 in Wien, † 2. 8. 1946 in Bern, Musikforscher und -theoretiker. Studierte in Wien und promovierte 1908. Zunächst als Kapellmeister tätig, habilitierte er sich 1912 an der Universität Bern mit der Arbeit „Die Voraussetzungen der theoretischen Harmonik und der tonalen Darstellungssysteme", die 1913 auch gedruckt wurde. Erschien zugleich im Buchhandel unter dem Titel „Die Jugendopern Glucks bis Orfeo". 1920 wurde er a. o., 1927 o. Prof. an der Universität Bern. K. verfaßte mehrere anerkannte musiktheoretische Werke, u. a.: „Grundlagen des linearen Kontrapunkts" (1917, 5. Aufl. 1956), „Romantische Harmonik und ihre Krise in Wagners ‚Tristan'" (1920, 2. Aufl. 1923), „Bruckner", 2 Bde. (1925), „Musikpsychologie" (1931, 2. Aufl. 1947).

Ferdinand Kürnberger. Lithographie von Carl von Stur

KURZ, Franz, * 2. 7. 1771 in Kefermarkt (OÖ), † 12. 4. 1843 in St. Florian (OÖ), Augustiner-Chorherr und Historiker. Als Sohn eines Schullehrers geboren, studierte er am Generalseminar (Priesterseminar) in Wien und trat 1790 im Stift St. Florian in den Orden ein. 1795 wurde er dort zum Priester geweiht. K. begründete die auf exakte Quellenforschung beruhende Geschichtswissenschaft in Ö. und legte durch seine archivalische Tätigkeit den Grundstein für die Entwicklung der ö. Denkmalpflege. Es ist sein Verdienst, entdeckt zu haben, daß Enns (OÖ) seit 1212 das Stadtrecht besitzt. Veröffentlichungen u. a.: „Beiträge zur Geschichte des Landes Ö. ob der Enns", 4 Bde. (1805–09), „Ö. unter Kaiser Friedrich IV.", 2 Bde. (1812), „Ö. unter den Königen Ottokar und Albrecht I.", 2 Bde. (1816), „Ö. unter König Friedrich dem Schönen" (1818), „Ö. unter Herzog Albrecht III.", 2 Bde. (1827), „Ö. unter Herzog Albrecht IV.", 2 Bde. (1830), „Ö. unter Kaiser Albrecht II.", 2 Bde. (1835).

KURZ, Joseph Felix von (auch Kurtz), * 22. 2. 1717 in Wien, † 20. 2. 1784 in Wien, Schauspieler und Librettist. Trat ab 1737 in Wien als Schauspieler auf und verkörperte in zahlreichen Stegreifkomödien die Rollen des Bernardon (daher auch Kurz-Bernardon genannt) und des Hanswurst. Er gilt neben Stranitzky (s. d.) und Prehauser (s. d.) als Hauptvertreter der volkstümlichen barocken Schauspielkunst in Ö. Außerdem verfaßte er die Texte zu über 300 Singspielen, in denen er die parodistische Note Nestroys (s. d.) vorwegnahm.

1751 schrieb er für Joseph Haydn (s. d.) das Libretto zu dessen Singspiel „Der krumme Teufel“ nach dem Roman „Der hinkende Teufel“ von A. R. Lesage.

KURZ, Selma, * 15. 10. 1874 in Bielitz (Ö.-Schlesien), † 10. 5. 1933 in Wien, Sängerin, Sopranistin. Studierte in Wien und in Paris und debütierte als Mignon in Hamburg 1895. 1896–99 in Frankfurt am Main. Gustav Mahler (s. d.) holte sie 1899 an die Wiener Hofoper, wo sie bis 1927 auftrat. 1922 als Konstanze bei den Salzburger Festspielen, war Gast an allen bedeutenden Opernbühnen Europas. Sie war eine der gefeiertsten Koloratursängerinnen ihrer Zeit. K. war mit dem Gynäkologen Josef von Halban (s. d.) verheiratet.

Goldmann, H.: S. K., der Werdegang einer Sängerin (1933)

KURZMANN, Andreas, * um 1400. Von ihm sind nur wenige Daten bekannt. Er war Mönch im obersteirischen Zisterzienserkloster Neuberg an der Mürz und gilt als letzter Vertreter der geistlichen Dichtung in der Steiermark. K. übersetzte mehrere lateinische Schriften, verfaßte Legenden und ein „Soliloquium Mariae cum Jesu“. In seinen Werken in deutscher Sprache verwendete er dialektgefärbte Reimverse.

KUTSCHERA, Rolf, * 6. 1. 1916 in Wien, Schauspieler und Regisseur. 1940–50 am Wiener Volkstheater engagiert, danach in Deutschland an verschiedenen Bühnen wie auch bei Film und Fernsehen tätig; wurde 1965–1982 künstlerischer Leiter des Theaters an der Wien. K. verfaßte auch mehrere Revuen. Er ist mit der Schauspielerin Susanne Almássy verheiratet.

KUTSCHKER, Johann Rudolf, * 11. 4. 1810 in Klein-Wiese (Ö.-Schlesien), † 27. 1. 1881 in Wien, Erzbischof von Wien. War der Sohn einer einfachen Weberfamilie; er studierte in Olmütz und in Wien und wurde 1833 in Wien zum Priester geweiht. 1834 promovierte er zum Dr. theol. mit einer Dissertation über „gemischte Ehen“ (1838 gedruckt). 1835–52 Prof. für Moraltheologie an der Universität Olmütz, 1843 Kanzler des Olmützer fürsterzbischöflichen Konsistoriums; machte sich auch als Wissenschaftler einen Namen. 1847–50 erschien „Sammlung der Vorschriften, nach welcher sich die Kuratgeistlichkeit zu richten hat“ (4 Bde.), 1851 „Die Lehre vom Schadenersatze“. 1848 lernte ihn Kaiser Franz Joseph I. in

Johann Kupezky: Herrenbildnis

Olmütz kennen und wegen seiner loyalen Haltung im Revolutionsjahr auch schätzen. Er ernannte ihn zum Hofkaplan, 1852 zum k. k. Hof- und Burgpfarrer von Wien. 1856–59 veröffentlichte K. „Das Eherecht der katholischen Kirche nach seiner Theorie und Praxis“ (5 Bde.), das große Beachtung fand. Als Mitarbeiter Kardinal Rauschers (s. d.) hatte K. auch Anteil am Zustandekommen des Konkordats von 1855. 1862 zum Generalvikar, Dompropst und Weihbischof erhoben, erkannte er die Wichtigkeit der bisher eher unzulänglich und auch unregelmäßig erscheinenden „Wiener Consistorial-Currenden“ und ließ ab 1863 das „Wiener Diözesanblatt“ erscheinen. Außerdem war K. 1857–76 als Ministerialrat im Ministerium für Unterricht und Kultus tätig; es ist wohl seiner geschickten Vermittlerrolle zuzuschreiben, daß Ö. der Kulturkampf (wie etwa in Deutschland) erspart blieb. 1876 als Nachfolger Kardinal Rauschers Fürsterzbischof von Wien, 1877 Kardinal.

Eitler, A.: Dr. J. R. K., Kardinal und Fürsterzbischof von Wien, Diss. Wien (1956); Loidl, F.: Geschichte des Erzbistums Wien (1983); Loidl, F., und Krexner, M.: Wiens Bischöfe und Erzbischöfe (1983)

KWAPIL, Johann, * 26. 3. 1822 in Wien (Tauftag), † 24. 2. 1907 in Wien, Volkssänger. Erlernte das Schneiderhandwerk und wurde später Diener bei Lord Buller. Trat das erste Mal 1834 im Rahmen der Gesellschaft Moser (s. Johann Baptist M.) auf und wurde bald ein Publikumsliebling. 1852 löste er sich dann von dieser Gesellschaft, um mit eigenen Darbietungen aufzuwarten. 1853 übernahm er die Direktion des Brigittenauer Vergnügungsetablissements „Universum“. 1862 gründete er mit der populären Volkssängerin Josephine Schmer eine zwölfköpfige Sängergruppe, mit der er durch Italien und Ungarn reiste. 1868 wieder in Wien, beschäftigte er sich nur noch mit der Führung von Singspielhallen.

Pemmer, H., und Lackner, N.: Der Wiener Prater einst und jetzt (1935)

KYRLE, Georg, * 19. 2. 1887 in Schärding (OÖ), † 16. 7. 1937 in Wien, Höhlenforscher, Prähistoriker. Studierte in Wien und war zunächst Pharmazeut, wandte sich dann der Höhlenkunde und der prähistorischen Archäologie zu und wurde zu einem angesehenen Fachwissenschaftler. 1929 a. o. Prof. für Höhlenkunde (Speläologie) an der Universität Wien, später Vorstand der Höhlenkommission beim Bundesministerium für Landwirtschaft und Generalkonservator im Bundesdenkmalamt in Wien. Veröffentlichungen u. a.: „Die zeitliche Stellung der prähistorischen Haufengräber“ (1912), „Urgeschichte des Kronlandes Salzburg“ (1918), „Grundriß der theoretischen Speläologie“ (1923) und „Die Höhlenbärenjägerstation der Drachenhöhle bei Mixnitz“ (1931).

KYSELAK, Josef, * 22. 12. 1799 in Wien-Spittelberg, † 17. 9. 1831 in Wien, Schriftsteller, Alpinist. War Hofkammerbeamter und bereiste weite Teile Ö.s zu Fuß. K. machte sich dadurch „unsterblich“, daß er überall, wo er hinkam, oft auch an schwer zugänglichen, aber weithin sichtbaren Stellen, so etwa an Felswände und Kirchentürme, seinen Namen malte oder eingravierte. K. veröffentlichte 1829 „Skizzen einer Fußreise durch Ö., Steiermark, Kärnten, Salzburg, Berchtesgaden, Tirol und Bayern nach Wien, nebst einer romantisch-pittoresken Darstellung mehrerer Ritterburgen und ihrer Volkssagen, Gebirgsgegenden und Eisgletscher auf dieser Wanderung, aufgenommen im Jahr 1825“, 2 Bde. (Neuaufl. 1922, eine Auswahl zuletzt 1981).

LABOR, Josef, * 29. 6. 1842 in Hořovice (Böhmen), † 26. 4. 1924 in Wien, Pianist und Orgelvirtuose. Von Geburt an blind, studierte in Wien und unternahm ab 1863 ausgedehnte Konzertreisen. War auch ein hervorragender Pianist, komponierte einige Kammermusikwerke. Julius Bittner (s. d.), Arnold Schönberg (s. d.) und P. Wittgenstein (s. d.) zählten zu seinen Schülern.

LACH, Robert, * 29. 1. 1874 in Wien, † 11. 9. 1958 in Salzburg, Musikwissenschaftler und -ethnologe. Studierte an der Universität in Prag und promovierte dort 1902. 1911 trat er in die Wiener Hofbibliothek ein und war bis 1920 Vorstand der Musikabteilung. 1920 a. o. Prof., wurde 1929 Ordinarius für vergleichende Musikwissenschaft an der Universität Wien. Für ihn war die Musik ein Bestandteil der kulturhistorischen und anthropologischen Entwicklung, wodurch er zu einem Förderer der Volksliedforschung wurde. Von seinen zahlreichen Veröffentlichungen sind u. a. zu erwähnen: „W. A. Mozart als Theoretiker“ (1918), „Zur Geschichte des musischen Zunftwesens“ (1923), „Die vergleichende Musikwissenschaft, ihre Methoden und Probleme“ (1924), „Das Konstruktionsprinzip der Wiederholung in Musik, Sprache und Literatur“ (1925), „Geschichte der Staatsakademie und Hochschule für

Musik und darstellende Kunst in Wien" (1927).

LACINA, Ferdinand, * 31. 12. 1942 in Wien, SPÖ-Politiker. Studierte Welthandel und schloß sein Studium 1965 als Diplomkaufmann ab. 1964 trat er in die Kammer für Arbeiter und Angestellte für Wien ein und war überwiegend mit industriepolitischen Aufgaben betraut. 1974 im Beirat für Wirtschafts- und Sozialfragen, 1978 Leiter der Abteilung für Finanzplanung der ÖIAG und 1980 Kabinettschef im Bundeskanzleramt, 1982 Staatssekretär für wirtschafts- und entwicklungspolitische Angelegenheiten, 1984 Bundesminister für Öffentliche Wirtschaft und Verkehr, zu dem 1985 das Ressort der Verstaatlichten Industrie hinzukam. Nach der Regierungsumbildung übernahm er am 16. 6. 1986 das Finanzministerium, das ihm im Jänner 1987 erneut übertragen wurde.

LACKNER, Andreas (auch Lackhner, Lochner), Bildhauer. War ein bedeutender Bildhauer der Donauschule, von dessen Leben wenig bekannt ist. 1518 wird er in Hallein (S) urkundlich genannt, wodurch man annimmt, daß er aus dem Salzburger Raum stammt. Sein Hauptwerk ist der Hochaltar der Pfarrkirche von Abtenau (S) von 1518. Ferner sind Werke von ihm in der Erzabtei St. Peter und im Museum Carolino Augusteum in Salzburg sowie im Kunsthistorischen Museum und der Ö. Galerie in Wien erhalten.

LACY, Franz Moritz Graf von (auch Lascy), * 21. 10. 1725 in St. Petersburg, † 24. 11. 1801 in Wien, Heerführer. War der Sohn des in Irland geborenen russischen Feldherrn Peter Graf von L. und trat, nachdem er bereits ab 1739 in Wien militärisch geschult worden war, 1743 als Fähnrich in die ö. Armee ein. Er kämpfte während des Ö. Erbfolgekriegs in Italien, Schlesien und den Niederlanden sehr tapfer, wurde mehrmals verwundet und 1750 zum Oberst befördert. Bei Ausbruch des Siebenjährigen Krieges bereits Generalmajor, focht er mit Auszeichnung bei Lobositz, Prag, Breslau und Leuthen, avancierte 1757 zum Feldmarschalleutnant und Generalstabschef von Leopold Graf (s. d.). Seine Pläne zur Schlacht von Hochkirch (1758) und zum sogenannten „Finkenflug" von Maxen (1759) führten zu Erfolgen. Trotzdem geriet L. wegen seiner vorsichtigen Taktik immer wieder mit Laudon (s. d.) in Konflikt. 1760 Feldzeugmeister, war L. bei Dresden erfolgreich und drang bis Berlin vor, wofür er zum Feldmarschall befördert wurde. Nach dem Ende des Siebenjährigen Krieges (1763) Generalinspekteur der Armee, war L. mit der Reform der Heeresverwaltung beauftragt und 1766–73 Präsident des Hofkriegsrats. Schon 1765 hatte

Büste des Feldherrn Franz Moritz Graf Lacy

er die Herrschaft Neuwaldegg bei Wien erworben und den Schloßpark zu einer ausgesprochenen Sehenswürdigkeit gestalten lassen. Im Türkenkrieg 1788/89 mußte L. Rückschläge hinnehmen und Laudon das Kommando an der Donaufront überlassen. Trotzdem war sein Einfluß noch mehrere Jahre hindurch bemerkbar.

Kotasek, E.: Feldmarschall Graf L. (1956)

LADISLAUS V. Postumus, * 22. 2. 1440 in Komorn (Ungarn), † 23. 11. 1457 in Prag, Herzog von Ö., König von Ungarn und Böhmen. Nachgeborener Sohn König Albrechts II. (s. d.) und der Luxemburgerin Elisabeth (Tochter Kaiser Sigismunds), die sich nach dem unerwartet frühen Tod ihres Gatten (Oktober 1439) mit Hilfe der Hofdame Helene Kottaner (s. d.) in den Besitz der ungarischen Kroninsignien gebracht hatte. Am 17. 5. 1440 ließ sie ihren drei Monate alten Sohn zum König von Ungarn krönen, während die ungarischen Stände den 16jährigen Wladislaw III. von Polen zu ihrem König ernannten, der eine Zeitlang selbst als Gemahl der 31 Jahre alten Elisabeth vorgesehen gewesen war. Diese hielt aber am Thronanspruch von L. fest. Nach ihrem Tod (1442) wurde die Vormundschaft an L.s Onkel Herzog Friedrich V. (den nachmaligen Kaiser Friedrich III., [s. d.]) übertragen. Nach dem Tod Wladislaws in der Schlacht von Varna (1444) gegen die Türken wäre L. wohl als König anerkannt worden, doch lieferte Friedrich sein Mündel nicht aus. So wählte der ungarische Reichstag den siebenbürgischen Adeligen Johannes Hunyadi zum Reichsverweser (1446); zwei Jahre zuvor hatten die böhmischen Stände Georg Kunstadt auf Podiebrad zum Reichsverweser erhoben. Beide bemühten sich vergebens, Friedrich zu einer Änderung seiner Haltung zu bewegen. In Ö. war Ulrich von Eytzing (s. d.) Führer der ständischen Opposition gegen Friedrich. So kam es, daß L. zum Instrument der verschiedenen politischen Interessen und Mächte wurde, während das Land nördlich der Donau andauernd unter Verwüstungen durch böhmische, mährische, ungarische und einheimische Banden litt, ohne daß Friedrich eingeschritten wäre. Im Frühjahr 1452 wurde L. von Friedrich auf dessen Romzug mitgenommen, mußte aber im September auf der Rückreise in Wiener Neustadt den verbündeten Gegnern Friedrichs übergeben werden, die ihn nach Prag brachten, wo er am 28. 10. 1453 zum König von Böhmen gekrönt wurde. 1457 mit Margarethe, der Tochter König Karls VII. von Frankreich, verlobt, starb L. noch im selben Jahr, möglicherweise durch Gift. Mit ihm erlosch die Albertinische Linie der Habsburger. Zugleich ging auch die Personalunion der österreichischen, böhmischen und ungarischen Länder zu Ende, die als Vorläufer der späteren Donaumonarchie gesehen werden kann.

Kanter, E. W.: Die Ermordung König L.s 1457 (1906)

LAFITE, Carl, * 31. 10. 1872 in Wien, † 19. 11. 1944 in St. Wolfgang (OÖ), Komponist. Sohn des Landschaftsmalers Carl L. (* 4. 6. 1830 in Wien, † 22. 10. 1900 in Wien). Studierte in Wien und war ursprünglich Konzertbegleiter und Chorleiter. 1912–22 Generalsekretär der Gesellschaft der Musikfreunde in Wien. Aus Melodien von Mozart, Beethoven und Schubert stellte er Operetten zusammen („Hannerl", „Der Kongreß tanzt"). Außerdem schuf er Lieder, Chöre und die Opern „Die Stunde", „Der Musenkrieg" und „Das kalte Herz". 1928 veröffentlichte er „Das Schubertlied und seine Sänger". Sein Sohn Peter L. (* 11. 10. 1908 in Wien, † 15. 6. 1951 in Badgastein) war Musikkritiker und gründete 1946 die „Ö. Musikzeitschrift". Seine Gattin Elisabeth führte sie weiter und gründete 1962 den Verlag L.

L'ALLEMAND, Sigismund (Siegmund), * 8. 3. 1840 in Wien, † 23. 10. 1910 in Wien, Maler und Porträtist. War der Neffe des aus Hessen stammenden Friedrich L. (* 24. 5. 1812 in Hanau, † 20. 9. 1866 in Wien), der in Wien vor allem durch seine militärischen Genrebilder und Schlachtenszenen bekannt geworden war. L. studierte in Wien und wurde bald zum hervorragenden Porträtisten des Kaiserhauses, der Hocharistokratie und der Generalität. Ab 1864 Mitglied der Genossenschaft bildender Künstler (Künstlerhaus), wurde er auch als Schlachtenmaler, so durch seine Gemälde aus dem Dänischen Krieg, bekannt.

LAMBECK, Peter (auch Lambecius, Lambeccius), * 13. 4. 1626 in Hamburg, † 4. 4. 1680 in Wien, Historiker. Sohn eines Lehrers, studierte in Amsterdam, Leyden, Paris und Rom Geschichte, dann in Toulouse Rechtswissenschaft, wo er zum Doktor beider Rechte promovierte. 1660 Rektor des Gymnasiums in Hamburg. 1662, auf einer Reise nach Italien, überreichte er in Wien Kaiser Leopold I. (s. d.) seine Werke. In Rom zum katholischen Glauben übergetreten, kehrte er im selben Jahr nach Wien zurück, wurde zum kaiserlichen Historiographen und Vicebibliothekar ernannt und leitete 1663–1680 die Wiener Hofbibliothek. Diese ordnete er neu, erstellte den ersten Katalog und vermehrte sie um seine eigene Bibliothek, etwa 3000 wertvolle Bände, die ihm der Kaiser abkaufte und 1667 von Hamburg nach Wien bringen ließ. 1665 hatte er nach Durchsicht der Bibliothek des Ambraser Schlosses im Auftrag des Kaisers über 2000 Bände nach Wien bringen lassen. Abgesehen davon, daß er 1659 die erste chronologische Literaturgeschichte verfaßte, veröffentlichte er 1665–79 in acht Bänden den Katalog „Comentarii de Augustissima Bibliotheca Caesarea Vindobonensi".

Karajan, T. v.: Kaiser Leopold I. und P. L. (1868)

LAMBERG, Franz Philipp Graf, Freiherr von Ortenegg und Ottenstein, * 30. 11. 1791, † 28. 9. 1848 in Budapest (auf der Kettenbrücke in Pest ermordet), Berufsoffizier. Hatte sich bereits in Italien 1810 als Leutnant bewährt, kämpfte 1814–18 in Frankreich und wurde 1821 Eskadronskommandant. 1842 zum Feldmarschalleutnant ernannt, wurde dann Divisionär in Graz. Wegen seiner Besitzungen in Ungarn saß er (obgleich kein geborener Ungar) an der ungarischen Magnatentafel. In jungen Jahren sympathisierte L. mit der Opposition, doch trennte er sich später von der Revolutionären Partei und wurde, nachdem Palatin Erzherzog Stephan Viktor von Ö. (s. d.) am 21. 9. 1848 seine Würde als Vizekönig von Ungarn niedergelegt hatte, zum Stellvertreter des Kaisers und Generalkommandanten der militärischen Macht ernannt. Wurde von Aufständischen ermordet.

Sigismund L'Allemand: Galadiner anläßlich des Jubiläums des Maria-Theresien-Ordens in Schloß Schönbrunn

LAMEZAN-SALINS, Eduard Graf, * 28. 8. 1835 in Lemberg (Galizien), † 15. 3. 1903 in Wien, Jurist. Kam 1849 nach Wien, absolvierte die Theresianische Ritterakademie und studierte Jus an der Universität. 1858 trat er in den Gerichtsdienst ein und wurde 1872 Staatsanwalt. Während des verheerenden Ringtheaterbrands in Wien am 8. 12. 1881 drang er in das brennende Haus ein und kümmerte sich um die Bergung der Verletzten. Unter diesem Eindruck gründete er gemeinsam mit Hans Wilczek (s. d.) und Jaromir Mundy (s. d.) die „Wiener Freiwillige Rettungsgesellschaft" und wurde 1883 der Leiter der ersten Rettungsstation. 1889 Präsident des Landesgerichts für Strafsachen in Wien, ab 1891 Präsident des Landesgerichts für Zivilrechtssachen in Wien.

LAMMASCH, Heinrich, * 21. 5. 1853 in Seitenstetten (NÖ), † 6. 1. 1920 in Salzburg, Straf- und Völkerrechtler. Studierte in Wien Jus und wandte sich der akademischen Laufbahn zu. 1885 Prof. für Strafrecht, Rechtsphilosophie und Völkerrecht an der Universität Innsbruck, 1889 Univ.-Prof. in Wien. 1899 Mitglied des Herrenhauses, gehörte zu den Beratern Erzherzog Franz Ferdinands (s. d.). 1906–12 entwarf er ein neues ö. Strafrecht. Berater der Delegierten bei den Haager Friedenskonferenzen (1899, 1907) und des Internationalen Gerichtshofs im Haag (dreimal dessen Präsident), wurde bei mehreren internationalen Streitfällen als Experte herangezogen. Als Katholisch-Konservativer gehörte er der pazifistischen Meinl-Gruppe (s. Meinl) an und trat während des Ersten Weltkriegs für eine Verständigungspolitik ein, die, trotz seiner guten Kontakte zu westlichen Staaten, erfolglos blieb. Auch sein Eintreten für die Umwandlung der ö.-ungarischen Monarchie in einen Staatenbund zeitigte keinen Erfolg. L. war der letzte Ministerpräsident der Monarchie (27. 10. bis 11. 11. 1918) und trat als erster im Mai 1919 für ein ständig neutrales unabhängiges Ö. ein. Als Mitglied der ö. Delegation bei den Friedensverhandlungen in Saint-Germain war L. ein deklarierter Gegner der Anschlußbewegung. Von seinen Veröffentlichungen sind u. a. zu nennen: „Die Auslieferung wegen politischer Verbrechen" (1884), „Auslieferungspflicht und Asylrecht" (1887), „Grundriß des ö. Strafrechts" (1899), „Das Völkerrecht nach dem Krieg" (1917), „Der Friedensverband der Staaten" (1919) und „Der Völkerbund zur Bewahrung des Friedens" (1919).

Heinrich Lammasch, der letzte Ministerpräsident der Monarchie

Lammasch, M., und Sperl H. (Hrsg.): H. L., seine Aufzeichnungen, sein Wirken und seine Politik (1922); Benedikt, H.: Die Friedensaktion der Meinl-Gruppe 1917/18 (1963); Huber, F.: H. L. als Völkerrechtsgelehrter und Friedenspolitiker, Diss. Graz (1968); Verosta, S.: Theorie und Realität von Bündnissen (1971)

LAMORMAIN, Wilhelm (auch Lamormaini, eigtl. Germay), * 29. 12. 1570 in La Moire Mannie (Luxemburg), † 22. 2. 1648 in Wien, Jesuitenpater. Wurde in Prag und in Wien erzogen und trat 1590 in den Jesuitenorden ein. 1600 Prof. für Philosophie, 1606 für Theologie und 1614–21 Rektor des Jesuitenkollegiums in Graz. Lebte seit 1623 in Wien, 1624–37 Beichtvater von Kaiser Ferdinand II. (s. d.), dessen Politik der Gegenreformation er maßgeblich beeinflußte. Vor allem das harte Durchgreifen gegen die böhmischen Protestanten, das Restitutionsedikt und die Entlassung Wallensteins sind auf seine Initiative zurückzuführen. 1638 veröffentlichte er „Ferdinandi II. virtutes".

Franzl, J.: Ferdinand II. (1978)

LAMPA, Anton, * 17. 1. 1868 in Pest, † 27. 1. 1938 in Wien, Physiker und Volksbildner. Studierte zuerst an der Hochschule für Bodenkultur in Wien, ab 1888 an der Universität und promovierte 1893. Seit 1891 Vortragender des Wiener Volksbildungsvereins, wurde 1897 Privatdozent für Physik, 1898/99 an der Hochschule für Bodenkultur und 1904 a. o. Univ.-Prof. für Physik an der Universität Wien. 1906–09 gemeinsam mit L. M. Hartmann

(s. d.) Sekretär der volksbildenden Universitätsvorträge. 1909 wurde L. als o. Univ.-Prof. an die Universität Prag berufen, verzichtete jedoch 1919 auf die Lehrkanzel und kehrte nach Wien zurück. 1919–22 Referent der Volksbildungsabteilung im Unterrichtsministerium, 1923–27 Referent für Astronomie, Mathematik und Physik an der Wiener Urania, 1927–36 Präsident dieser Einrichtung. L. war der bedeutendste Theoretiker der Wiener Volksbildung, Mitglied der Königlich Leopoldinischen Akademie der Naturforscher in Halle und der Gesellschaft zur Förderung deutscher Wissenschaft, Kunst und Literatur in Böhmen.

LAMPI, Johann Baptist d. Ä. (eigtl. Lamp), * 31. 12. 1751 in Romeno (Südtirol), † 11. 2. 1830 in Wien, Maler. Erlernte die Malerei zunächst bei seinem Vater Matthias Lamp (1697–1780), dann ab 1768 in Salzburg. Später wirkte er in Verona und Trient und kam 1783 nach Wien. 1787 in Warschau und 1791 am Hof von St. Petersburg beschäftigt, lebte er ab 1797 ständig in Wien, wo er 1799 zum Ehrenbürger der Stadt ernannt wurde. L. war ein gefragter Porträtmaler und vererbte diese Kunst seinem Sohn J. B. L. d. J. (* 4. 3. 1775 in Trient, † 17. 2. 1857 in Wien), der ein Bildnismaler des Wiener Klassizismus wurde.

LANC, Erwin, * 17. 5. 1930 in Wien, SPÖ-Politiker. Früh in Jugendorganisationen der SPÖ tätig, war 1960–66 Mitglied des Wiener Gemeinderats, ab 1966 Abgeordneter zum Nationalrat, 1971 Mitglied des Wiener Landesparteivorstands der SPÖ. 1973 Verkehrs-, 1977 Innen- und 1983/84 Außenminister. Seit 1984 wieder, wie schon vor seiner Ministertätigkeit, in leitender Position der Zentralsparkasse der Gemeinde Wien tätig. Von Jugend auf mit dem Handballsport verbunden, wurde L. Präsident des Ö. Handballverbands und 1984 zum Präsidenten des internationalen Handballverbands gewählt.

LANDESMANN, Heinrich, s. Lorm, Hieronymus

LANDGREBE, Erich, * 18. 1. 1908 in Wien, † 25. 6. 1979 in

Erich Landgrebe

Salzburg, Schriftsteller, Maler und Graphiker. Zwischen 1931 und 1933 Aufenthalt in den Vereinigten Staaten. Im Zweiten Weltkrieg Kriegsberichterstatter. 1936 wurde er mit seinem Erstlingswerk „Adam geht durch die Stadt" bekannt und verfaßte weitere Romane und Erzählbände, u. a. „Von Dimitrowsk nach Dimitrowsk (1948, 1951 unter dem Titel: „Mit dem Ende beginnt es"), „Das Nachtkastl-Buch" (1949), „Die Nächte von Kuklino" (1952), „Ein Maler namens Vincent" (1957) und „Narr des Glücks" (1962). L. lebte überwiegend in Elsbethen bei Salzburg und hat mehrere literarische Preise erhalten.

LANDSTEINER, Karl, * 14. 6. 1868 in Baden bei Wien, † 26. 6. 1943 in New York (USA), Arzt und Serologe, Nobelpreisträger. Studierte in Wien, arbeitete nach seiner Promotion zum Dr. med. (1891) zunächst als Chemiker in Wien, Zürich, Würzburg und München. 1896 Assistent am Hygienischen, 1898–1908 am Pathologisch-Anatomischen Institut der Universität Wien. Im Zuge seiner intensiven Beschäftigung mit dem menschlichen Blut entdeckte er 1901 die Verschiedenheit des Bluts und legte die Blutgruppen A, B und 0 fest. 1908–20 Vorstand der Prosektur am Wilhelminenspital in Wien, ab 1911 Prof. für Pathologie an der Universität Wien. War 1919–22 in Den Haag tätig; da man in Ö. wissenschaftliche Forschungen kaum finanzieren konnte, folgte er 1922 der Berufung an das Rockefeller-Institut für medizinische Forschung in New York, an dem er bis 1939 als Prof. für Pathologie und Bakteriologie lehrte. 1927 entdeckte er (gemeinsam mit P. Levine) die Blutfaktoren M, N und P und war bald darauf in der Lage, 36 Typen des menschlichen Bluts nachzuweisen. 1930 erhielt L. für die Entdeckung der Blutgruppen den Nobelpreis für Medizin. Gemeinsam mit Wiener und Levine entdeckte L. 1940 den Rhesusfaktor. Mit seinen Forschungsergebnissen hat L. der Medizin neue Wege gewiesen und die Bluttransfusion zu einem wirksamen Mittel der Heilung gemacht. Von seinen zahlreichen Veröffentlichungen sind zu erwähnen: „Über die Agglutinationserscheinungen normalen menschlichen Blutes" (1901), „Spezifische Serumreaktionen mit einfach zusammengesetzten Substanzen bekannter Konstitution" (1920), „Die Blutgruppen und ihre praktische Bedeutung besonders für die Bluttransfusion" (1930) und „Der Rhesusfaktor" (1940).

Hartmann, H.: Lexikon der Nobelpreisträger (1967)

Karl Landsteiner in seinem Labor im Rockefeller Institute in New York, um 1930

LANG, Lotte, * 11. 1. 1900 in Wien, † 13. 2. 1985 in Wien,

FRITZ LANG
Pionier des Films

LANG, Fritz, * 5. 12. 1890 in Wien, † 2. 8. 1976 in Beverly Hills (USA), Filmregisseur. Studierte Architektur und Kunstgeschichte. Nach seiner Verwundung im Ersten Weltkrieg begann er Drehbücher zu schreiben, von denen u. a. „Die Hochzeit im Exzentrik Klub" und „Hilde Warren und der Tod" 1917 in Berlin verfilmt wurden. 1919 debütierte er (im selben Jahr wie Murnau) mit „Halbblut" als Regisseur, dem noch im selben Jahr „Der Herr der Liebe", „Die Spinnen" und „Harakiri" folgten. 1921 drehte er „Der müde Tod" und 1922 „Dr. Mabuse, der Spieler". L. wurde zum Pionier des Stumm- wie auch des Tonfilms und zum Schöpfer des expressionistischen Monumentalfilms, so vor allem mit den beiden Teilen der „Nibelungen", Siegfrieds Tod" (1923) und „Kriemhilds Rache" (1924). L. unterwarf Architektur, Kostüme und Darsteller einer strengen ornamentalen Stilisierung. Vor allem in „Metropolis" (1926), geschrieben von seiner Frau Thea von Harbou, war die ganze Welt sozusagen ornamentalisiert. Mit „M" (1930) und „Das Testament des Dr. Mabuse" (1933) knüpfte er wieder an seine Kriminalfilme der zwanziger Jahre an. 1933 emigrierte L., obwohl von den Nationalsozialisten umworben, nach Paris und von dort 1934 nach Hollywood, wo er sein letztes Meisterwerk, „You Only Live Once", drehte. Drei Filme aus der Kriegszeit, „Man Hunt" (1941), „Hangmen also Die" (1942, nach einem Drehbuch von B. Brecht) und „The Ministry of Fear" (1943), stellten das Melodram in den Dienst antinationalsozialistischer Propaganda. Die nach L.s Rückkehr nach Deutschland entstandenen Streifen „Der Tiger von Eschnapur" (1959), „Das indische Grabmal" (1959) und „Die 1000 Augen des Dr. Mabuse" (1960), Remakes von Filmen der zwanziger und dreißiger Jahre, „wirken wie unfreiwillige Parodien auf seine allerersten" (Gregor/Patalas).

Jansen, P. W., und Schütte, W. (Hrsg.): F. L. (1976); Gregor, U., und Patalas, E.: Geschichte des Films 1895–1939, Bd. 1 (1976), Fritz, W.: Kino in Ö. (1981)

Lotte Lang

Bühnen- und Filmschauspielerin. Ihr Vater war Tierarzt in Mistelbach (NÖ), wurde später höherer Ministerialbeamter und in den Adelsstand erhoben. L. war zunächst Sekretärin bei Univ.-Prof. Wagner-Jauregg (s. d.) im Allgemeinen Krankenhaus in Wien, ehe sie Schauspielerin wurde und 1925 in Linz in „Gräfin Mariza" debütierte. Über Hamburg, Brünn, München kam sie 1932 an das Deutsche Volkstheater in Wien, an das Raimundtheater und das Theater in der Josefstadt, wo sie über 50 Rollen spielte. 1936 drehte sie ihren ersten Film, „Unter heißem Himmel", in dem Hans Albers ihr Partner war. L. wurde bei Bühne und Film zur gefeierten Volksschauspielerin und Charakterdarstellerin. Sie war das einzige Ehrenmitglied des Theaters in der Josefstadt, wo sie noch einen Monat vor ihrem Tod als Großmutter in Ödön von Horváths „Geschichten aus dem Wiener Wald" auftrat.

LANG, Marie, * 8. 3. 1858 in Wien, † 14. 10. 1934 in Wien, Frauenrechtlerin. Heiratete in zweiter Ehe den Rechtsanwalt Dr. Edmund L. und war die Mutter des Malers Erwin L., der mit der Tänzerin Grete Wiesenthal (s. d.) verheiratet war. Ende der achtziger Jahre wurde L. durch Rosa Mayreder (s. d.) für die Frauenbewegung gewonnen, wo sie bald eine führende Stellung einnahm. Gemeinsam mit Mayreder und A. Fickert (s. d.) gab sie 1899–1903 die Zeitschrift „Dokumente der Frauen" heraus. L. setzte sich in erster Linie für den Mutterschutz, die rechtliche Gleichstellung unehelicher Kinder und für die Aufhebung des Lehrerinnenzölibats ein. Sie war auch mit Hugo Wolf (s. d.) befreundet, den sie sehr förderte.

LANG, Othmar Franz, * 8. 7. 1921 in Wien, Schriftsteller. Lebt seit Jahren in der Schweiz. Schrieb besonders erfolgreiche Jugendbücher, u. a. „Campingplatz Drachenloch" (1953), „. . . und sie fand heim" (1954), Romane, u. a. „Der Aquarellsommer" (1955), „Alle Schafe meiner Herde" (1964), „Man ist nur dreimal jung" (1977), das erfolgreiche Sachbuch „Die Männer von Kaprun" (1955, 5. Aufl. 1962) sowie Hörspiele. Zahlreiche Auszeichnungen: Theodor-Körner-Preis (1954), Jugendbuchpreis der Stadt Wien (1955), Staatspreis für Jugendliteratur (1961).

Die erste Weltraumrakete startete 1929, in Fritz Langs Film „Die Frau im Mond". Lang engagierte den Raumschiff-Spezialisten Prof. Hermann Oberth, den späteren Erfinder der V 2, und ließ ihn die Rakete für eine filmische Reise zum Mond konstruieren

Johann Baptist Lampi d. Ä.: Josef Anton Leeb, Bürgermeister von Wien

Othmar Franz Lang

LANG von Wellenburg, Matthäus, * 1468 in Augsburg, † 30. 3. 1540 in Salzburg, Diplomat und Kirchenfürst. Entstammte einer verarmten Augsburger Patrizierfamilie und nahm als Geheimschreiber der Kaiser Friedrich III. (s. d.) und Maximilian I. (s. d.) einen glänzenden Aufstieg. Seine ausgezeichnete Bildung und sein Wissen ließen ihn zur einflußreichsten Persönlichkeit am kaiserlichen Hof werden. Sein letzter großer diplomatischer Erfolg war die 1519 meisterhaft organisierte Wahl Karls V. (s. d.) zum römisch-deutschen Kaiser. 1505–23 Bischof von Gurk, 1511 Kardinal, ab 1519 Erzbischof von Salzburg. 1523 unterdrückte er einen Aufstand der Bürger der Stadt Salzburg, 1525/26 die Bauernerhebung in Salzburg. 1529 erhielt er den Titel „Primas von Deutschland". Da er geschickt die von den Bauern (Michael Gaismairs [s. d] Einfluß war erkennbar) verlangte Verabschiedung einer Landesordnung hintertrieb, ebnete er den Weg zu einem landesfürstlichen Absolutismus, weshalb die Geschichte in ihm den eigentlichen Gründer der Landeshoheit der Salzburger Erzbischöfe sieht. Andererseits war er, durch seine zahlreichen kirchlichen Pfründen und Würden, zu einem Renaissancefürsten geworden, dessen Überheblichkeit, Prunksucht und Stolz von seinen Zeitgenossen zum Teil übel vermerkt wurden.

Hauthaller, W.: Kardinal M. L. und die religiössoziale Bewegung seiner Zeit (1895); Legers, P.: Kardinal M. L. (1906); Wagner, H.: M. L. (1956); Ausstellungskatalog „Reformation – Emigration, Protestanten in Salzburg" (1981)

LANGER, Anton, * 12. 1. 1824 in Wien, † 7. 12. 1879 in Wien, Journalist und Volksschriftsteller. Studierte in Wien und arbeitete als Journalist für Bäuer-

L

Langer Karl · Langmann Philipp · Lanner Joseph · Lanz Adolf Josef · Lanz Katharina · Larisch Rudolf von · La Roche Johann Joseph · La Roche Karl · Larwin Hans · Laske Oskar

Anton Langer

les „Theater-Zeitung“. Gründete das Sommertheater „Arena“ in Hernals und verfaßte 1848 das „Barrikadenlied“. 1850–79 gab L. das im Dialekt geschriebene satirische Wochenblatt „Hans-Jörgl von Gumpoldskirchen“ heraus. Veröffentlichungen u. a.: „Der letzte Fiaker“, 3 Bde. (1855), „Die Carbonari in Wien“ (1856), „Wiener Volksbühne“, 4 Bde. (1859–64), „Die Schweden vor Wien“ (1862), „Kaisersohn und Baderstochter“ (1871).

Jagersberger, K.: A. L., Diss. Wien (1948)

LANGER, Karl, Ritter von Edenberg, * 15. 4. 1819 in Wien, † 7. 12. 1887 in Wien, Anatom. Studierte in Wien und promovierte 1842. 1845–47 war er Prosektor unter Josef Hyrtl (s. d.), dem er auch beim Aufbau eines vergleichend-anatomischen Museums half. 1848 Mitglied der Akademischen Legion, 1851 Prof. in Pest (Budapest), 1856 an der Militärärztlichen Akademie (Josephinum); 1865 veröffentlichte er das „Lehrbuch der Anatomie des Menschen“ (ab 2. Aufl.: „Lehrbuch der systematischen und topographischen Anatomie“, 12. Aufl. 1921). Ab 1870 Prof. an der Universität Wien, wurde 1874 Nachfolger von Hyrtl. 1871–74 Dekan, 1875/76 Rektor der Universität Wien. 1879 Fachkonsulent im Unterrichtsministerium; auf seine Anregung hin wurde 1885 das neue Anatomische Institut in der Währinger Straße errichtet.

LANGMANN, Philipp, * 5. 2. 1862 in Brünn (Mähren), † 22. 5. 1931 in Wien, Schriftsteller. War Arbeiter und Autodidakt, studierte 1880–85 an der Technischen Hochschule in Brünn und wurde Fabriksleiter. Ab 1900 lebte er in Wien. Bereits 1893 veröffentlichte er den Novellenband „Arbeiterleben“, hatte aber erst mit seinem Arbeiterdrama „Bartel Turaser“ 1897 einen großen Erfolg, so daß er ab diesem Zeitpunkt als freier Schriftsteller leben konnte. L. veröffentlichte mehrere Dramen, Novellenbände und Erzählungen, die zum Teil recht erfolgreich waren. Verarbeitete in naturalistischer Manier Schicksale aus dem Arbeitermilieu.

LANNER, Joseph, * 12. 4. 1801 in Wien, † 14. 4. 1843 in Ober-Döbling bei Wien, Kapellmeister und Komponist. Als Sohn eines Handschuhmachergesellen geboren, bildete er sich als Autodidakt weiter und war bereits 1813 als Geiger in der Kapelle des Michael Pamer tätig. 1819 gründete er ein Quartett, in dem Johann Strauß Vater (s. d.) die Viola spielte. 1824 wurde das Ensemble zum Orchester erweitert, dann wurde ein zweiter Orchesterverband nötig, den Johann Strauß leitete, der aber wegen Meinungsverschiedenheiten schon 1825 ausschied und ein eigenes Unternehmen gründete. 1829 wurde L. „Musikdirektor der Redoutensäle“ und Kapellmeister des 2. Wiener Bürgerregiments, schuf eine Vielzahl von Tänzen und wurde zum eigentlichen Vater des Wiener Walzers, einer aus den deutschen Tänzen etwa Beethovens und Schuberts entwickelten Form, bestehend aus Introduktion, fünfteiliger Walzerfolge und Koda. L.s Werk umfaßt 208 Nummern, darunter die berühmten Walzer „Hofballtänze“ (1840), „Die Romantiker“ (1841), „Die Schönbrunner“ (1843). L. starb an Typhus. Die 14bändige Gesamtausgabe seiner Werke wurde von E. Kremser 1888/89 herausgegeben.

Rebay, F., und Keller, O.: J. L. (1901); Lange, F.: J. L. und Johann Strauß (1904); Weinmann, A.: Werkverzeichnis J. L.s (1948)

LANZ, Adolf Josef (von Liebenfels), * 19. 7. 1874 in Wien-Penzing, † 22. 4. 1954 in Wien, „Prior der Neutempler“. Sohn eines Lehrers, legte sich das Adelsprädikat „von Liebenfels“ selbst zu, änderte auch sein Geburtsdatum auf 1. 5. 1872 (so auch auf dem Grabstein), nannte sich Dr. Georg L. v. L. und „Meister Jörg“. Seinen Meldezettel füllte er nach seinem Austritt aus dem Stift Heiligenkreuz mit „Georg Lancz von Liebenfels, geboren am 1. 5. 1872 in Messina“ aus. Nach der Matura trat er am 31. 7. 1893 in das Stift Heiligenkreuz (NÖ) als Novize ein, wurde zum Priester geweiht und nahm den Klosternamen Georg an. Aus Neigung zum Templerorden verließ er am 27. 4. 1899 das Stift. Noch als Zisterzienser hatte er 1896 entgegen der Ordensregel Verhandlungen zum Erwerb der Burg Werfenstein an der Donau (bei St. Nikola, NÖ) begonnen, die allerdings erst 1907 abgeschlossen werden konnten.

Deckblatt der Druckausgabe einer Komposition von Joseph Lanner

1900 gründete er die Sekte „Orden des Neuen Tempels“ (Ordinis Novi Templi, ONT), dessen Prior (PONT = Prior Ordinis Novi Templi) er wurde und dessen Programm er 1907 unter dem Titel „Der Orden des Neuen Tempels“ veröffentlichte. Nur blonde und blauäugige Männer durften dem Orden angehören, die nur blonde und blauäugige Frauen heiraten durften. Ab 1905 gab er die Schriftenreihe „Ostara, Briefbücherei der Blonden und Mannesrechtler“ heraus, worin er seine Rassentheorien und antisemitischen Anschauungen darlegte. Im Rahmen einer „Kulthandlung“ hißte Meister Georg (auch Fra Jörg oder Georg) auf seiner Burg zu Weihnachten 1907 erstmals eine Hakenkreuzfahne. Wenn auch nicht in den Farben des späteren Nationalsozialismus, soll sie außer einem roten Hakenkreuz vier blaue Lilien getragen haben. Zu den Lesern der „Ostara“-Hefte“ (darunter August Strindberg, Lord Herbert Kitchener, Karl Kraus [s. d.], Burghard Breitner [s. d.]) gehörte während seines Wiener Aufenthalts auch Adolf Hitler. Da dem „Ostara“-Sammler Hitler noch einige Hefte fehlten, kam es 1909 zu einem Zusammentreffen zwischen den beiden. Große Teile der L.schen Lehren fanden Eingang in Hitlers Gedankengut und Vorstellungswelt. 1918 ging L. nach Ungarn, wo er 1919 nur knapp der Hinrichtung entging. Anschließend reiste er viel, legte die „Ostara“-Hefte neu auf und gründete gemeinsam mit einem Industriellen (der den Tempelorden schon lange unterstützte) den „Lumen-Klub“, der von Hitler 1938 verboten wurde; außerdem erteilte Hitler L. Schreibverbot. L. hat eine Vielzahl von Büchern veröffentlicht sowie die Psalmen übersetzt und einen 15bändigen Bibelkommentar verfaßt („Bibliomystikon“).

Daim, W.: Der Mann, der Hitler die Ideen gab (1958, 2., erw. Aufl. 1985)

LANZ, Katharina, * 21. 9. 1771 in St. Vigil (Südtirol), † 8. 7. 1854 in Andraz (Südtirol), Freiheitskämpferin. Als Tochter armer ladinischer Pächter arbeitete sie als Magd im Dorf Spinges (Südtirol). Am 2. 4. 1797 verteidigte sie die Kirche von Spinges gegen französische Truppen, weshalb man sie auch das „Mädchen von Spinges“ nannte. Ihr Name drang erst 1870 in die Öffentlichkeit, 1882 wurden erstmals Gedenktafeln für sie enthüllt.

Kolb, F.: Das Tiroler Volk in seinem Freiheitskampf 1796/97 (1957)

LARISCH, Rudolf von, * 1. 4. 1856 in Verona, † 24. 3. 1934 in Wien, Graphiker und Schriftkünstler. Studierte in Wien zunächst Musikgeschichte, danach an der Kunstgewerbeschule und wurde 1902 durch F. v. Myrbach (s. d.) als Dozent für ornamentale Schrift und Heraldik an die Kunstgewerbeschule in Wien berufen. Dort, an der von ihm begründeten „Pflegstätte für Schrift und Buchgestaltung“, schuf er die Grundlage für die moderne Schriftgestaltung und wurde schlechthin zum Erneuerer der Schriftkunst. Er entwarf Typensätze, Zierschriften, Titelblätter, Schriftsignete und Exlibris. 1903 schuf L. für die Wiener Staatsdruckerei die „Plinius“-Antiqua, 1905, zum Prof. ernannt, veröffentlichte er „Unterricht in ornamentaler Schrift“, (11. Aufl. 1934). Außerdem erschien von ihm u. a. „Über Zierschriften im Dienste der Kunst“ (1899) und „Beispiele künstlerischer Schrift“, 5 Bde. (1900–26).

Hölscher, E., und Hurm, O.: R. v. L. und seine Schule (1938)

Oskar Laske: „Das Narrenschiff“ (1923)

LA ROCHE, Johann Joseph, * 1. 4. 1745 in Preßburg, † 8. 6. 1806 in Wien, Schauspieler. Trat zuerst in Graz als Schauspieler auf und war ab 1781 am Leopoldstädter Theater in Wien engagiert. L. schuf die komische Figur des Kasperls, mit der er überaus große Erfolge hatte und zum ausgesprochenen Publikumsliebling wurde. Eine Unmenge von Stücken – Burlesken, die unter dem Einfluß der Stegreifkomödien entstanden – wurden ihm auf den Leib geschrieben. „Seine Komik stammte in grader Linie von den berühmten Wiener Hans Würsten her, in ihm lebten alle ursprünglichen Traditionen dieser Maske, lebten die Erinnerungen an Stranitzky wieder auf. Auch er hatte sich die Maske eines Bauern angeeignet, aber die eines österreichischen; und wie Stranitzkys Attribut der Salzburger grüne Hut geworden, so wurde es für Laroche der Brustfleck mit dem aufgenähten roten Herzen.“ (Ed. Devrient).

Gugitz, G.: Der weiland Kasperl (1920)

LA ROCHE, Karl Ritter von (seit 1873), * 12. 10. 1794 in Berlin, † 11. 3. 1884 in Wien, Schauspieler und Sänger. Als Sohn eines Polizeibeamten geboren, studierte er Veterinärmedizin, wandte sich aber bald der Schauspielerei zu und debütierte 1811 in Dresden. 1816 bereits Charakterdarsteller in Lemberg, trat er auch als Opernsänger (u. a. als Figaro, als Leporello und als Kaspar) auf. 1832 gastierte er am Wiener Burgtheater und erhielt 1833 einen lebenslänglichen Vertrag als Hofschauspieler. 1841–74 war er hier auch als Regisseur tätig. Außerdem absolvierte er Tourneen in alle Großstädte der Monarchie. Der wohl populärste Burgschauspieler seiner Zeit glänzte besonders in den Rollen des Franz Moor, König Philipp, Jago, Mephisto, Tartüffe, Shylock und Dorfrichter Adam.

Mautner, E.: K. L. (1873); Laube, H.: Das Burgtheater (1891)

LARWIN, Hans (Johann), * 6. 12. 1873 in Wien, † 17. 11. 1938 in Wien, Maler. Studierte in Wien bei Griepenkerl (s. d.) und Eisenmenger (s. d.) und wurde mehrfach ausgezeichnet, so u. a. 1915 mit dem Preis der Stadt Wien und 1926 mit dem Reichel- und dem Staatspreis. Ab 1930 war er Prof. an der Akademie der bildenden Künste in Wien. L. schuf zahlreiche Genrebilder aus dem Wiener Volksleben und Veduten, Pastell-, Rötel- und Kreidezeichnungen sowie 1913 das Gemälde „Stadtratsitzung von 1907“.

LASKE, Oskar, * 8. 1. 1874 in Czernowitz (Bukowina), † 30. 11. 1951 in Wien, Architekt, Maler, Graphiker und Bühnenbildner. War der Sohn des gleichnamigen Architekten. Studierte in Wien, war ein Schüler Otto Wagners (s. d.), war vorerst als Architekt tätig

JOHANN JOSEPH LA ROCHE

Der erste Kasperl

In einem seiner improvisierten Stücke sagte er von sich: „Ich muß selbst lachen, wenn ich meinen Stammbaum durchsuche. Mein Großvater ein Franzose, mein Vater ein Schwabe, meine Mutter eine Österreicherin, ich ein halber Wiener und ein geborener Preßburger.“ Die Vereinigung so vieler Nationen ist auf La Roches Charakter nicht ohne Einfluß geblieben. Man sprach von ihm als dem „Badener Kasperl“, und er wurde zum Ahnherrn des extemporierenden, improvisierenden Lokalkomikers. Ignaz Castelli hat ihn sehr plastisch beschrieben: Er war von gedrungener, mittlerer Größe, von einer „wahrhaft komischen Pöbelphysiognomie“, hatte „eine Stimme, die zu Hausknechten, Krämern und Nachtwächtern bestimmt war“ und sprach „den breitesten, ordinärsten Wiener Dialekt“. Und Johann Pezzl meinte in seiner „Skizze von Wien“: „Was ist der Kasperl? . . . Fast möchte ich sagen, ein Original-Genie; der einzige Mann in seiner Art. Er kennt so den Geschmack des Publikums, weiß mit seinen Gebärden, Gesichterschneiden, seinem Stegreifwitz, die Hände der in den Logen anwesenden hohen Adeligen, der auf dem zweiten Parterre versammelten Beamten und Bürger und des im dritten Stocke gepreßten Janhagels so zu elektrisieren, daß des Klatschens kein Ende ist . . . Mit einem Wort, der Entrepreneur Marinelli hat alle Ursache, den Schauspieler La Roche als sein lebendiges Kapital zu betrachten, dessen Zinsen ihm das niedlich erbaute Schauspielhaus und ein hübsches Sümmchen in der Tasche eingetragen haben.“

und baute zahlreiche Zinshäuser und Villen. Ab 1904 wandte er sich der Graphik und der Malerei zu und schuf exotische Landschaften und Szenen sowie weltliche und religiöse Historien mit märchenhaftem, expressivem Charakter. Darüber hinaus war L. als Bühnenbildner für Max Reinhardt (s. d.) sowie am Burgtheater tätig und wurde auch zu einem gesuchten und bedeutenden Buchillustrator. Besonders bekannt wurden seine Mappenwerke „Faust-Impressionen" (1919), „Auf der Flucht nach Ägypten" (1921) und „Arche Noah" (1925). 1937 erhielt er den Reichel-Preis und 1948 den Preis der Stadt Wien.

Tietze-Conrat, E.: O. L. (1921); Novotny, F.: O. L. (1954)

LASSER, Josef, Freiherr von Zolheim (seit 1867), * 30. 9. 1815 in Werfen (S), † 19. 11. 1879 in Wien, Jurist und Staatsmann. Studierte in Wien Jus und trat 1839 in den Staatsdienst. Wurde 1848 liberales Mitglied des ö. Reichsrats und der Frankfurter Nationalversammlung und setzte in der Frage der Grundentlastung entgegen dem radikalen Antrag Kudlichs (s. d.) die Entschädigung der Grundherrschaften durch. 1849 Ministerialrat, wurde wichtigster Mitarbeiter Bachs (s. d.). 1859 Sektionschef im Innenministerium, 1860 Minister ohne Portefeuille und mit der provisorischen Leitung des Justizministeriums betraut. 1861–65 Minister für politische Verwaltung, 1868–70 Statthalter von Tirol, 1871–78 Innenminister und der führende Mann des liberalen Kabinetts Auersperg (s. d.). Die Wahlrechtsreform von 1873 war L.s Werk. Aus gesundheitlichen Gründen nahm er am 10. 7. 1878, zwei Wochen nach der Entlassung des Kabinetts Auersperg, seinen Abschied. L. wurde anschließend Mitglied des Herrenhauses auf Lebenszeit.

Müllner, K.: Freiherr J. L. Diss. Wien (1963); 200 Jahre Rechtsleben in Wien. Ausstellungskatalog Wien 1985/86

LASSNIG, Maria, * 8. 9. 1919 in Kappel am Krappfeld (K), Malerin. War Volksschullehrerin in Klagenfurt und fuhr 1941 mit dem Fahrrad nach Wien, um an der Akademie Malerei zu studieren. L. kehrte 1943 nach Klagenfurt zurück, übersiedelte aber 1951 neuerlich nach Wien, ging 1961 nach Paris und 1968 nach New York. L. beschäftigte sich seit 1948 mit Körperbewußtseinsmalerei, mit neokubistischen Konstruktionen und dem Tachismus; in New York wandte sie sich besonders dem Zeichentrickfilm, Womens Art und Bewußtseinsuntersuchungen zu. Seit 1980 lehrt sie als Prof. für Malerei und Zeichentrickfilm an der Hochschule für angewandte Kunst. 1985 Ausstellung ihres Gesamtwerks im Museum des 20. Jh.s in Wien.

Drechsler, W. (Hrsg.): M. L. (1985)

LÁSZLO, Stephan, * 25. 2. 1913 in Preßburg, Bischof. Sein Vater fiel 1914. Er studierte in Wien und wurde 1936 zum Priester geweiht. 1936/37 Kaplan in Scharndorf (B), promovierte 1937 in Wien zum Dr. theol. Anschließend studierte er an der päpstlichen Universität Gregoriana in Rom Kirchenrecht und promovierte 1939 zum Dr. jur. can. 1939 Sekretär der Apostolischen Administratur des Burgenlands, wurde 1948 Kanzleidirektor, 1954 Administrator und 1960 der erste Bischof der Diözese Eisenstadt. Beim 2. Vatikanischen Konzil (1963–66) wurde L. in die Kommission für das Laienapostolat und die Massenmedien gewählt und ist seit 1973 Mitglied der päpstlichen Kongregation für die Evangelisierung der Völker.

LATOUR, Maximilian Graf Baillet von (de), * 1737, † 22. 7. 1806 in Wien, Heerführer. Entstammte einer alten adeligen Familie aus Burgund, die nach dem 1719 zur Grafschaft erhobenen Majorat Latour (damals Luxemburg) heißt. L. trat in jungen Jahren in ö. Dienste, focht als Generalmajor 1789/90 gegen die Brabanter, 1792 bei Tournai und war 1793 als Feldmarschalleutnant am Sieg von Famars maßgeblich beteiligt. 1795 kämpfte er im Elsaß. 1796 Feldzeugmeister unter Erzherzog Karl (s. d.), kehrte 1797 nach Wien zurück und wurde Präsident des Hofkriegsrats.

Maria Lassnig: Komposition in Rosa

LATOUR, Theodor Graf Baillet von, * 15. 6. 1780 in Linz, † 6. 10. 1848 in Wien, ermordet, Feldzeugmeister und Kriegsminister. Sohn von Maximilian Graf B. v. L. (s. d.), trat früh in die ö. Armee ein. In den Befreiungskriegen zeichnete er sich besonders aus, wurde 1815 General und 1846 Feldzeugmeister. Seit April 1848 Kriegsminister in der konstitutionellen Regierung, war er der einzige Vertreter der äußersten Rechten. Er unterstützte die Aktionen des kroatischen Banus Jellačić (s. d.) und wollte diesem, als er vor Budapest geschlagen worden war, ein Wiener Bataillon zur Unterstützung schicken. Dieses meuterte, und so wurde die Oktoberrevolution in Wien ausgelöst. Das Kriegsministerium wurde von den Aufständischen gestürmt, L. gelyncht. Die Ermordung des Kriegsministers war Anlaß für die harte Gegenrevolution.

LATSCHKA, Adam, * 5. 6. 1847 in Blumenthal (NÖ), † 3. 7. 1905 in Purkersdorf (NÖ), katholischer Geistlicher und christlichsozialer Politiker.

THEODOR LATOUR

Das Ende am Laternenpfahl

„. . . Latour war beim Herabsteigen über die Treppe auf den Hof zwar hart bedrängt, aber bisher unverletzt geblieben. Im Hofe nächst dem Brunnen stürzte aber in demselben befindlich gewesene Volk auf die Gruppe los, dieselbe wurde hin und her gedrängt . . . ein Arbeiter schlug dem Kriegsminister den Hut vom Kopfe, andere fingen an, ihm bei den Haaren zu reißen, er suchte sich mit den Händen zu wehren, welche bereits bluteten – endlich gab ihm ein als Arbeiter gekleideter Magyar einen tödlichen Schlag mit dem Hammer von rückwärts auf den Kopf, und ein Mann in einem grauen Rock mit einem Pioniersäbel einen Hieb über das Gesicht, ein andrer einen Bajonettstich durch die Brust, und so empfing er noch viele Wunden mit allerlei Instrumenten, unter dessen er mit den Worten: ‚Ich sterbe unschuldig', seinen Geist aufgab. – – Ein Volksjubel hallte durch die Luft über diese Tat . . . Hierauf knüpften ihn die Mörder mit einer Schnur auf das Fenstergitter. Hier lag der Leichnam etwa zehn Minuten. Die Schnur riß infolge der mit dem Leichnam verübten Schändlichkeiten. – Darauf schleiften sie ihn – mehrmals liegen lassend, – und auf den Ruf: Militär! entfliehend, dann wieder zurückkehrend, aus dem Hofe auf den Platz am Hof vor das Kriegsgebäude, wo sie ihn abermals mit einer Schnur am Gaskandelaber vor der Hauptwache aufknüpften . . . So hing Latour da, Anfangs in Frack und Bluse, dann im Hemd, endlich ganz nackend bis in die späte Nacht."

W. G. Dunder, Denkschrift über die Wiener October-Revolution (1849)

1872 zum Priester geweiht, war er zunächst als Kooperator in Böhmischkrut (NÖ) tätig, dann bis 1880 in Perchtoldsdorf und danach in der Propstei-Pfarre Votivkirche in Wien. 1889 wurde L. in den Wiener Gemeinderat gewählt, dem er bis 1902 angehörte. Als Gegner des Liberalismus setzte er sich für soziale Einrichtungen ein, betreute die 1893 gegründeten Arbeiterinnenvereine und gründete Arbeiterinnenasyle. 1897 wurde er Pfarrer von Wien-Ottakring und errichtete in seinem Pfarrhaus eine Knabenbeschäftigungsanstalt. Ferner regte er die Gründung des „Maria-Josefinum" an, das eine Säuglingsanstalt, einen Kindergarten und eine Schutzstation für Wöchnerinnen umfaßte.

Am 6. 10. 1848 wurde Kriegsminister Latour erschlagen und auf einem Laternenpfahl auf dem Platz Am Hof aufgeknüpft

LAUBE, Heinrich, * 18. 9. 1806 in Sprottau (Schlesien), † 1. 8. 1884 in Wien, Schriftsteller, Dramaturg und Theaterdirektor. Studierte zunächst evangelische Theologie in Halle an der Saale und in Breslau, kam mit der illegal arbeitenden Burschenschaftsbewegung in Berührung und wurde zum politischen Schriftsteller, wobei ihm sein polemisches Talent sehr zu Hilfe kam. Ab 1832 Mitarbeiter bei verschiedenen Zeitungen und des Brockhausverlags, promovierte 1833 an der Universität Jena zum Dr. phil. und wurde Redakteur der Leipziger „Zeitung für die elegante Welt". War Wortführer der literarisch-politischen Bewegung „Junges Deutschland" und wurde wiederholt verhaftet, durfte seine Festungshaft jedoch mit seiner Frau Iduna Budeus (* 13. 12. 1808 in Altenburg [Sachsen], † 19. 8. 1879 in Wien, Frauenrechtlerin und Gründerin des Wiener Frauen-Erwerb-Vereins) auf dem Schloß der Fürstin Pückler-Muskau verbringen. 1842–44 war er abermals für die „Zeitung für die elegante Welt" in Leipzig tätig und wurde 1848/49 Mitglied der Frankfurter Nationalversammlung. 1850 wurde L. als Direktor an das Wiener Hofburgtheater berufen, das durch ihn bis 1867 eine Glanzperiode erlebte. L. pflegte das klassische Drama, das französische Lustspiel und das Gegenwartsstück, besonders Grillparzer. Außerdem verstand er es, große Künstler an das Theater zu binden, etwa Charlotte Wolter (s. d.) oder Sonnenthal (s. d.). 1868 veröffentlichte er „Das Burgtheater", in dem er über seine Erfahrungen berichtete und sein dramaturgisches Konzept darlegte. Als Friedrich Halm (s. d.) Generalintendant der Hoftheater wurde, ging er nach Leipzig zurück, wo er 1869 die Leitung des dortigen Stadttheaters übernahm. 1870 kehrte er nach Wien zurück, um die Direktion des neugegründeten Wiener Stadttheaters (die spätere Volksoper) zu übernehmen, das er mit großem Erfolg bis 1880 leitete. Daneben war L. auch schriftstellerisch tätig und verfaßte Dramen und Erzählungen. 1873 gab L. die erste „Grillparzer-Ausgabe" heraus und veröffentlichte 1884 eine Grillparzer-Biographie. Von H. H. Houben wurde 1908–10 eine 50bändige Ausgabe von L.s „Gesammelten Werken" herausgegeben.

Heinrich Laube

Houben, H. H.: H. L., Leben und Schriften (1906); Altmann, G.: H. L.s Prinzip der Theaterleitung (1908); Kramer, M.: H. L. (1926); Duerst, M.: H. L. als unser Lehrer (1951)

LAUCHEN, Georg Joachim von, s. Rheticus

LAUDA, Niki (Nikolaus), * 22. 2. 1949 in Wien, Autorennfahrer. Weltmeister 1975 und 1977 (beide Male auf Ferrari) und 1984 (auf McLaren) in der „Königsklasse" des Autorennsports, der Formel I. Seine Karriere wurde zweimal unterbrochen: durch einen schweren Unfall am 1. 8. 1976 am Nürburgring und durch seinen Rücktritt 1980. L. gründete eine Fluggesellschaft (Lauda-Air). Als wirtschaftliche Schwierigkeiten auftraten, startete er ein Comeback, das er mit dem WM-Titel 1984 krönte. Endgültiger Rücktritt 1986. Ö. Sportler des Jahres 1977. L. erreichte die meisten Grand-Prix-Punkte aller Zeiten für die WM-Wertung. Kein Rennfahrer außer Juan Manuel Fangio holte öfter den WM-Titel in der Formel I. L. zählt laut einer Gallup-Umfrage neben Ronald Reagan, dem Papst und Muhammad Ali (C. Clay) zu den vier bekanntesten Männern der Welt.

Niki Lauda

L

Laudon Gideon Ernst · Laufberger Ferdinand Julius Wilhelm · Laurentius von Schnifis · Lausecker Karl · Lavant Christine · Lazarsfeld Paul Felix · Lazius Wolfgang · Lecher Ernst · Lechner Auguste · Lechner Leonhard · Lechthaler Josef · Lederer Herbert · Lederer Karl · Lederwasch Gregor

GIDEON ERNST LAUDON

Der Gegenspieler des Preußenkönigs

LAUDON (auch Loudon), Gideon Ernst Freiherr von (seit 1758), * 10. 10. 1716 in Tootzen (Livland), † 14. 7. 1790 in Neutitschein (Mähren), Feldherr. Entstammte einer ursprünglich schottischen Familie und trat 1732 in russische Dienste. An mehreren Feldzügen in Polen und gegen die Türken beteiligt, trat L. 1742 in die ö. Armee ein, wurde Hauptmann im slawonischen Freikorps von Trenck (s. d.) und 1744 schwer verwundet. Schließlich Major und zum Katholizismus übergetreten, wurde L. beim Ausbruch des Siebenjährigen Kriegs Oberstleutnant und, nach dem Rückzug aus Sachsen, 1757 zum Oberst befördert. Nach der Schlacht bei Kolin im „kleinen Krieg an der Elbe" mehrfach bewährt, avancierte L. zum Generalmajor. Für seinen Einsatz bei Domstadtl (nahe Olmütz) am 30. 6. 1758, als er den preußischen Nachschub unterband, wurde er Feldmarschallleutnant. Sein entscheidender Beitrag in der Schlacht von Hochkirch am 14. 10. 1758 brachte ihm das Großkreuz des Maria-Theresien-Ordens und die Erhebung in den Freiherrenstand. Am Tag der Schlacht von Kunersdorf (12. 8. 1759) entriß er den Preußen den be-

Feldmarschall Gideon Ernst Laudon

reits sicher geglaubten Sieg, trennte sich aber dann von den untätigen verbündeten Russen und zog sich in beschwerlichen Märschen nach Ö.-Schlesien und Mähren zurück. Maria Theresia (s. d.) ernannte ihn zum Feldzeugmeister; 1760 erhielt L. das Kommando über ein Korps von 36 000 Mann, welches nach Schlesien vordringen sollte. Er siegte bei Landeshut (23. Juni), erstürmte Glatz, belagerte Breslau vergeblich und verlor die Schlacht bei Liegnitz am 15. August, da die erwartete Unterstützung durch Daun (s. d.) und Lacy (s. d.) ausblieb. 1761 ging L. mit einer vom Hauptheer Dauns unabhängig operierenden Truppe abermals nach Schlesien, wo ihm am 1. Oktober in einem kühnen Handstreich die Erstürmung der Festung Schweidnitz gelang. 1762 erhielt L. infolge gegnerischer Ränke kein Kommando, wurde 1766 in den Hofkriegsrat berufen, 1769 mit dem Generalkommando in Mähren betraut und 1776 Feldmarschall. Beim Ausbruch des Bayerischen Erbfolgekriegs konnte er 1778 die in Böhmen eingedrungenen Preußen geschickt ausmanövrieren. Als Befehlshaber in Kroatien schlug er 1788 die Türken bei Dubitza, erstürmte Novi, eroberte 1789 Türkisch-Gradisca, nahm am 9. Oktober Belgrad ein und beendete, zum Generalissimus ernannt, glorreich den Feldzug. 1790 erhielt L. den Oberbefehl über die gegen Preußen zusammengezogene Armee, starb aber bald darauf. Sein Grabmal befindet sich im Park seines Schlosses in Wien-Mauerbach.

Janko, W. v.: Das Leben des k. k. Feldmarschalls G. E. Freiherr von L. (1869, 2. Aufl. 1903); Kunisch, J.: Feldmarschall L. Jugend und erste Kriegsdienste (1972)

LAUFBERGER, Ferdinand Julius Wilhelm, * 16. 2. 1829 in Mariaschein (Böhmen), † 16. 7. 1881 in Wien, Maler und Graphiker. Studierte 1844–52 in Prag, 1852–59 an der Wiener Akademie der bildenden Künste. Bereits 1856 als Zeichner in der Xylographischen Anstalt von R. von Waldheim (s. d.) in Wien tätig, war ab 1859 auch als Illustrator sehr gefragt und zeichnete für den „Figaro", für die „Illustrierten Blätter" und andere Zeitschriften. 1868 wurde er Prof. für dekorative Malerei an der Kunstgewerbeschule in Wien. Sein großes Verdienst ist die Wiederbelebung der Sgraffito-Technik. Deckengemälde im Kunsthistorischen und im Naturhistorischen Museum (ab 1881) sowie Fresken und Glasfenster in der Votivkirche gelten als seine Hauptwerke. Sein Bühnenvorhang „Tanz und Hochzeit" für Spielopern und Ballette in der Hofoper wurde 1945 zerstört.

LAURENTIUS von Schnifis (auch Schniffis und Schnüffis; eigtl. Johann Martin), * 24. 8. 1633 in Schnifis (V), † 7. 1. 1702 in Konstanz, Dichter. War ursprünglich Hirte, später fahrender Schüler und 1655–62 Hofschauspieler in Innsbruck und Wien. 1665 trat er in den Kapuzinerorden ein. Kaiser Leopold I. (s. d.) krönte ihn zum Poeta laureatus. Die geistliche Schäferdichtung seiner Zeit wandelte er ins Volkstümliche und Religiös-Mystische ab. Seine Lieder vertonte er zum überwiegenden Teil selbst. Vor allem seine Gedichtsammlungen wurden bekannt: „Mirantisches Flötlein" (1682), „Mirantische Wald-Schallmey" (1688), „Mirantische Mayenpfeiff" (1692), „Mirantische Maul-Trummel" (1695).

Groß, H. D.: L. v. Sch., Diss. Wien (1942); Tschulik, N.: L. v. Sch., Diss. Wien (1949)

LAUSECKER, Karl, * 10. 11. 1928 in Wien, SPÖ-Politiker. Trat nach der Matura 1947 in den Bundesdienst. Seit 1948 auch in der Gewerkschaft Öffentlicher Dienst tätig. 1969–73 Mitglied des Wiener Gemeinderats, Landtagsabgeordneter. 1973–77 Staatssekretär im Bundeskanzleramt für den öffentlichen Dienst. 1977–79 Verkehrsminister, 1979–83 Bundesminister für Bauten und Technik. 1983/84 Verkehrsminister.

LAVANT, Christine (eigtl. Christine Habernig, geb. Thonhauser), * 4. 7. 1915 in Groß-Edling bei Wolfsberg (K), † 7. 3. 1973 in St. Stefan (K), Lyrikerin und Erzählerin. Besuchte die Volksschule und eine Klasse Hauptschule und mußte sich viele Jahre hindurch mit Strickarbeiten erhalten. L. lebte, zuletzt halb erblindet und taub, in bescheidenen Verhältnissen in St. Stefan im Lavanttal (K). Als formstrenge Lyrikerin vereinte sie Bildhaftigkeit mit surrealen Elementen zu weltfroher, aber auch bitterer Aussage. Themen ihrer Lyrik sind ihre ärmliche Kindheit, Not, innere Einsamkeit, Sehnsucht nach Liebe. Sie erhielt zahlreiche Preise, u. a. 1954 und 1964 den Trakl-Preis, 1956 den deutschen Lyrikpreis, 1964 den Wildgans-Preis und 1970 den Großen Ö. Staatspreis. Veröffentlichte u. a.: „Die Nacht an den Tag" (1948), „Die unvollendete Liebe" (1949), „Die Bettlerschale" (1956), „Spindel im Mond" (1959), „Der Pfauenschrei" (1962) sowie die Prosabände „Das Kind" (1948), „Das Krüglein" (1949), „Maria Katharina" (1950), „Baruscha" (1952), „Die Rosenkugel" (1956), „Das Wechselbälgchen" (1956), „Das Ringelspiel" (1963).

LAZARSFELD, Paul Felix, * 13. 2. 1901 in Wien, † 30. 8. 1976 in New York, Soziologe, Pionier der empirischen Sozialforschung und des Infratests. Studierte bis 1924 Mathematik in Wien. 1929–33 Mitglied des Psychologischen Instituts der Universität Wien. 1933 publizierte L. gemeinsam mit M. Jahoda (s. d.) und H. Zeisel die Langzeitstudie „Die Arbeitslosen von Marienthal. Ein soziographischer Versuch über die Wirkungen lang andauernder

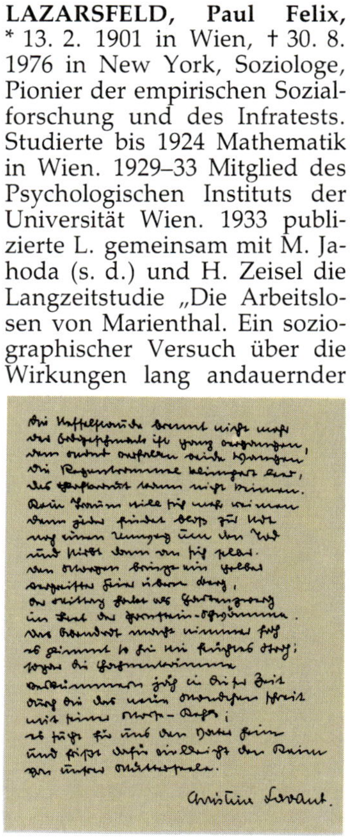

Handschriftliches Gedicht von Christine Lavant

Arbeitslosigkeit". 1934 ging er nach Amerika und wurde Direktor des „Institute for Sociological Radio Research" an der Universität Princeton und 1940 Prof. an der Columbia University in New York. L. förderte sehr die Anwendung mathematischer Modelle in der empirischen Sozialforschung und veröffentlichte wesentliche Beiträge zur Kommunikations- und Meinungsforschung.

LAZIUS, Wolfgang (auch Laz), * 31. 10. 1514 in Wien, † 19. 6. 1565 in Wien, Arzt, Humanist und Historiograph. Studierte die Künste und Medizin und promovierte an der Universität Ingolstadt 1538 zum Doktor der Medizin. Da sein Doktorgrad vorerst in Wien nicht anerkannt wurde, wirkte er als Arzt in Wiener Neustadt, dann als Militärarzt in Ungarn und ab 1540 als Prof. an der medizinischen Fakultät der Universität Wien, wo er auch zweimal Rektor wurde. Von König (später Kaiser) Ferdinand I. (s. d.) sehr geschätzt, wurde er dessen Leibarzt, Rat und Hofhistoriograph. Seine großen und nachhaltigen Leistungen vollbrachte er durch seine stadtgeschichtlichen Forschungen und Veröffentlichungen und durch seine kartographischen Arbeiten. 1545 gab er eine Karte von OÖ und NÖ im Maßstab von etwa 1:700 000 heraus sowie eine Landeskunde unter dem Titel „Interpretatio chorographiae Austriae". 1546 veröffentlichte er die erste Wiener Stadtgeschichte, „Vienna Austriae", die in Basel in vier Bänden gedruckt erschien. Diese trotz mancher Irrtümer grundlegende Forschungsarbeit erlangte durch die überarbeitete und erweiterte Ausgabe in deutscher Übersetzung von Heinrich Abermann (Rektor der Bürgerschule von St. Stephan) im Jahr 1619 eine entsprechende Verbreitung. Dann folgte sein vielbeachtetes Werk „De gentium aliquot migrationibus", eine Ländergeschichte Westeuropas mit besonderer Berücksichtigung Ö.s. Schließlich schuf L. 1561 den ersten Atlas Ö.s, „Typi chorographici Austriae", eine Sammlung von elf Karten über alle ö. Länder. Durch sein Studium in zahlreichen Archiven Ö.s. entdeckte L. die sogenannte „Steirische Reimchronik" des Otacher oûz der Geul (s. d.). Darüber hinaus verfaßte er aber auch mehrere Werke über alte Münzen.

Mayr, M.: W. L. als Geschichtsschreiber Ö.s (1894)

LECHER, Ernst, * 1. 6. 1856 in Wien, † 19. 7. 1926 in Wien,

Ernst Lecher

Physiker. Studierte in Wien und wurde 1893 Univ.-Prof. in Innsbruck, 1895 Univ.-Prof. für Experimentalphysik in Prag und ab 1909 in Wien. L. war ein Bahnbrecher auf dem Gebiet der Radiotechnik und machte mit seiner „Studie über elektrische Resonanzerscheinungen" 1890 auf sich aufmerksam. Er entwickelte eine Methode zur Messung der Länge und der Frequenz elektrischer Wellen, die sogenannten L.schen Drähte. An der Universität Wien richtete er 1912 das neue Physikalische Institut ein und veröffentlichte ein „Lehrbuch der Physik für Mediziner und Biologen" (6. Aufl. 1930).

LECHNER, Auguste, * 2. 1. 1905 in Innsbruck, Jugendschriftstellerin. Verarbeitete vor allem Sagenstoffe. 1956 erhielt sie den Staatspreis für Jugendliteratur. Veröffentlichungen u. a.: „In Laurins Zauberreich (1936), „Die Nibelungen" (1951), „Herr Dietrich reitet" (1953), „Der dunkle Bote aus Muntabur" (1954), „Dolomitensagen" (1955, 2. Bd. 1964), „Das Licht auf Monsalvat" (1961), „Die Abenteuer des Odysseus" (1961), „Die Rolandsage" (1975), „Herkules" (1977).

LECHNER, Leonhard, * um 1553 in Eppan (Südtirol), † 9. 9. 1606 in Stuttgart, Hofkapellmeister und Komponist. Bis 1570 war er Sängerknabe der bayerischen Hofkapelle in München und in Landshut, 1575 Schulkollaborator in Nürnberg, 1584 Hofkapellmeister des Grafen von Hohenzollern in Hechingen, floh von dort schon im nächsten Jahr nach Tübingen und wurde Kapellsänger. Ab 1595 Hofkapellmeister in Stuttgart. L. schuf zahlreiche lateinische Kirchenkompositionen sowie deutsche Motetten und Lieder. Abgesehen von gedruckten Werken sind auch noch handschriftlich eine Johannespassion (vor 1593), das „Hohelied Salomonis" und Motetten, die sogenannten „Deutschen Sprüche von Leben und Tod" (1606), erhalten.

Schreiber, M.: Die Kirchenmusik des Kapellmeisters L. L. (1935)

LECHTHALER, Josef, * 31. 12. 1891 in Rattenberg (T), † 21. 8. 1948 in Wien, Kirchenkomponist und Musikpädagoge. Studierte in Wien bei G. Adler (s. d.) an der Universität und gleichzeitig an der Musikakademie, 1919 promovierte er zum Dr. phil. Ab 1924 an der Wiener Musikakademie tätig, war zuerst Theorielehrer und 1933–38 und ab 1945 Leiter der Abteilung für Kirchen- und Schulmusik. L. gilt als einer der bedeutendsten ö. Kirchenmusiker der ersten Hälfte des 20. Jh.s in der Bruckner-Nachfolge. Schrieb Lieder, Chöre, sieben Messen, ein Stabat mater, eine Choralfantasie für Orgel, Klavier- und Kammermusik. Gemeinsam mit G. Moissl und S. Schnabel gab er „Lieder fürs Leben, Sing- und Musizierbuch für die Jugend" heraus.

Knoflach, E.: Die kirchenmusikalischen Werke J. L.s, Diss. Innsbruck (1962); Tittel, E.: J. L. (1966)

Totenmaske des Komponisten Josef Lechthaler

LEDERER, Herbert, * 12. 6. 1926 in Wien, Schauspieler, Regisseur, Schriftsteller und Theaterdirektor. Studierte Theaterwissenschaften an der Universität Wien (Dr. phil.) und erhielt eine Ausbildung am Konservatorium für Musik und darstellende Kunst; gründete ohne fremde Hilfe und finanzielle Unterstützung 1960 „Herbert Lederers Theater am Schwedenplatz". Das Ein-Mann-Theater bietet 49 Zuschauern Platz, einzige Mitarbeiterin ist die Gattin des Künstlers, die Schauspielerin Erna Perger. 1966 gründete L. in Flachau „Herbert Lederers Theater im Pongau", wo er in

Herbert Lederer in „die b. b. ballade" (1970)

den Sommermonaten spielt. L. verarbeitet selbst die Texte, u. a. von François Villon, H. C. Artmann (s. d.) und Johannes Urzidil (s. d.). Veröffentlichungen: „Kindheit in Favoriten" (o. J.), „Theater für einen Schauspieler" (1973), „Im Alleingang" (1985) und „Bevor alles verweht" (1986), die Geschichte der Wiener Kleinbühnen seit 1945.

LEDERER, Karl, * 22. 12. 1909 in Wien, † 10. 5. 1944 in Berlin (hingerichtet), Widerstandskämpfer. War Finanzbeamter und gehörte ab 1936 den „Ostmärkischen Sturmscharen" an. 1939 entlassen, betätigte er sich führend in der Widerstandsgruppe „Ö. Freiheitsbewegung". L. war neben Karl Roman Scholz (s. d.) und Jakob Kastelic (s. d.) das Haupt einer weiteren Gruppe der ö. Widerstandsbewegung, die sich seit dem Frühsommer 1938 in Wien gebildet hatte. Er wurde 1940 verhaftet und vom Volksgerichtshof zum Tod verurteilt. Von seiner Gruppe wurden bis 1945 240 Widerstandskämpfer abgeurteilt, davon über elf die Todesstrafe verhängt.

Molden, O.: Der Ruf des Gewissens (1958); Luža, R.: Der Widerstand in Ö. 1938–45 (1983)

LEDERWASCH, Gregor, * 1726 in Tamsweg (S), † 16. 6. 1792 in Tamsweg, Fresken- und Altarbildmaler. Entstammte einer großen Malerfamilie, die im Salzburger Lungau im 17. und 18. Jh. ansässig war. L. war auch Mesner der Wallfahrtskirche St. Leonhard ob Tamsweg. Er schuf eine Vielzahl von Altarbildern und Fresken, von denen u. a. zu erwähnen sind im Land Salzburg: in den Kirchen von St. Leonhard ob Tamsweg, St. Michael im Lungau, St. Margarethen, Althofen und in der Schloßkapelle von Moosham; in der Steiermark: in den Kirchen von St. Michael in der

Ober-St, St. Ruprecht ob Murau und St. Stephan ob Leoben, sowie in Ebenthal (K). Von der Familie sind noch erwähnenswert: Christoph L. (1651–1706), der ab 1681 in Salzburg Hofmaler war, und Johann L. (1755–um 1813), der neben seinen Arbeiten in Kirchen im Auftrag Erzherzog Johanns (s. d.) auch Genre- und Trachtenbilder schuf.

LEDÓCHOWSKA, Maria Theresia Gräfin (Pseud. Alexander Halka), * 29. 4. 1863 in Loosdorf bei Melk (NÖ), † 6. 7. 1922 in Rom, Missionarin. Ab 1888 gründete sie mehrere Antisklaverei-Vereine und redigierte seit 1889 die in zehn Sprachen erscheinende Missionszeitschrift „Echo aus Afrika". 1894 gründete sie in Salzburg die „St.-Petrus-Claver-Sodalität für die Afrikanischen Missionen", eine religiöse Genossenschaft, die auch Gelübde abzulegen hat. Als Leiterin dieser Gemeinschaft war sie bis zu ihrem Tod unermüdlich tätig und gründete mehrere Druckereien, um religiöse Bücher in mehreren afrikanischen Sprachen für die Missionen herzustellen. 1928 wurde der Seligsprechungsprozeß eingeleitet, bis die „Mutter der afrikanischen Missionen" schließlich am 18. 10. 1975 von Papst Johannes Paul II. seliggesprochen wurde.

Bielak, V.: M. Th. Gräfin L. (1931); Magnocavallo, M. u. G.: M.Th. L. (1940); Papàsogli, M.: Th. L. (1950)

LEDWINKA, Hans, * 14. 2. 1878 in Klosterneuburg bei Wien, † 2. 3. 1967 in München, Techniker und Autokonstrukteur. Studierte in Wien und konstruierte 1899 das in den späteren Tatrawerken in Nesselsdorf (Mähren) gebaute ö. Automobil mit Namen „Präsident", das einen wassergekühlten Zweizylinder-Boxermotor mit 9 PS hatte. In der Folge führte L. im Autobau das verwindungsfreie Fahrgestell mit Zentralrohrträger, die Einzelradaufhängung und die Schwingachsen ein. 1906 entwickelte er für das Nesselsdorfer Werk einen mittelgroßen Personenwagen. 1917 wurde L. Chefkonstrukteur in der neuen „Ö. Waffenfabrik" in Steyr (OÖ). In den Jahren 1945–51 war L. in der Tschechoslowakei interniert.

LEFLER, Heinrich, * 7. 11. 1863 in Wien, † 14. 3. 1919 in Wien, Maler, Graphiker und Bühnenbildner. Sohn des Malers Franz L. (1831–1898). Nach seinem Studium an der Akademie der bildenden Künste in Wien bei Griepenkerl (s. d.) und in München, begann L., vom Jugendstil beeinflußt, Genre-, Märchen- und Landschaftsbilder zu malen, beschäftigte sich aber nach der Gründung des „Hagenbundes" (1901) zunehmend mit Interieurs (Rathauskeller Wien), Bühnen- und Kostümentwürfen sowie Buchillustrationen.

Heinrich Lefler: Spielkarten (um 1900)

1900–03 war er in der Ära Gustav Mahler (s. d.) Ausstattungschef der Wiener Hofoper, anschließend hatte er dieselbe Funktion am Burgtheater inne.

Hevesi, L.: Acht Jahre Sezession (1906)

LEHÁR, Anton Freiherr von (seit August 1918), * 21. 2. 1867 in Ödenburg (Ungarn), † 12. 11. 1962 in Wien, Berufsoffizier. Sein Vater Franz L. entstammte einer mährischen Familie, wurde Soldat und Regimentskapellmeister; ab 1869 verwendete er die ungarische Schreibweise Lehár. L. trat 1889 in die Infanteriekadettenschule in Wien ein, die er als Jahrgangserster 1893 abschloß. 1894 Leutnant, besuchte 1897–99 die Kriegsschule in Wien und wurde 1898 zum Oberleutnant befördert und 1900 dem Generalstab zugeteilt. 1902 Hauptmann, 1907–10 Lehrer in der Armeeschießschule in Bruck an der Leitha, 1913 Major. Führte bei Kriegsausbruch ein Bataillon eines ungarischen Landsturmregiments. Bereits am 2. 9. 1914 gelang ihm an der Ostfront eine bedeutende Waffentat, für die er am 17. 8. 1918 den Maria-Theresien-Orden, verbunden mit der Erhebung in den Freiherrenstand, erhielt. Am 7. 9. 1914 schwer verwundet, wurde er 1915 Oberstleutnant und war bei der Maioffensive 1916 an der Italienfront erfolgreich im Einsatz. Für kurze Zeit in das Technische Militärkomitee befohlen, setzte er sich sehr für den verstärkten Einsatz des Maschinengewehrs ein. 1917 in der Bukowina, wurde 1918 Regimentskommandant an der Isonzofront und Oberst. Nach dem Zusammenbruch führte L. sein Regiment geschlossen bis nach Steinamanger zurück. Von seinem Bruder, dem Komponisten Franz L. (s. d.), beeinflußt, ging er nach Ungarn, kämpfte dort 1919 gegen die Kräfte „Rotungarns" und zog mit seiner Einheit im November 1919 in Budapest ein. Als General der kaisertreuen Truppen am zweiten Restaurationsversuch Exkaiser Karls (22. –24. 10. 1921) (s. d.) aktiv beteiligt, war er bis 1922 auf der Flucht in der Tschechoslowakei und in Deutschland. Erst 1926 erhielt er eine feste Anstellung als Direktor der ö. „Gesellschaft der Autoren, Komponisten und Musikverleger" im Rahmen der Dachgesellschaft „Verband zum Schutz musikalischer Aufführungsrechte" in Berlin. 1933 von den Nationalsozialisten ausgewiesen, mußte er fluchtartig Berlin verlassen und gründete in Wien den „Chodelverlag", einen Musikverlag, den er 1935 auf Veranlassung seines Bruders Franz an diesen übergab. Darauf erwarb er den Marienhof in Theresienfeld am Steinfeld (NÖ) und wurde Landwirt, mußte aber wegen ständiger Anfeindungen nach dem deutschen Einmarsch 1938 seinen Hof verlassen. Von der Gestapo ständig beobachtet, lebte er dann mit seiner Frau in Wien. Nach dem Tod seines Bruders Franz (1948) kümmerte er sich um dessen Nachlaß. Abgesehen von seinen umfangreichen „Erinnerungen", hat L. in seiner aktiven Militärzeit mehrere militärwissenschaftliche Artikel und Bücher verfaßt.

Lehár, A. v.: Erinnerungen, hrsg. v. P. Broucek (1973)

LEHÁR, Franz, * 30. 4. 1870 in Komorn, † 24. 10. 1948 in Bad Ischl (OÖ), Operettenkomponist. Sohn des Militärkapellmeisters Franz L. Nach seiner Ausbildung als Geiger am Prager Konservatorium trat er in die Kapelle des Infanterieregiments 50, das sein Vater leitete, ein, wurde 1890 Kapellmeister in Losoncz, 1894 Militärkapellmeister in Pola, 1896 in Triest, 1898 in Budapest und 1899–1902 in Wien. Nach seinen Operettenerfolgen „Wiener Frauen" und „Der Rastelbinder" (1902) gab er den Militärdienst auf und widmete sich ausschließlich dem kompositorischen Schaffen. Er führte das

FRANZ LEHÁR

Der Meister der silbernen Operettenära

„Als Lehár in dem slowakischen Städtchen Komorn zur Welt kam, notierte Johann Strauß gerade die ersten Einfälle zu seiner Operette ‚Indigo'. Und als man in Wien den Walzerkönig zu Grabe trug, da setzte Lehár eben zum Sprung an. Das goldene Zeitalter der Operette hatte sich überlebt, das silberne begann."

Alexander Witeschnik, Dort wird champagnisiert oder Vom ruinösen Charme der Operette (1971)

Franz Lehár 1928

Tanzlied in der Operette ein, vereinigte in seiner Musik Wienerisches mit Slawischem und Ungarischem und wurde so zum prominentesten Vertreter der ö. leichten Musik des 20. Jh.s und zum Hauptvertreter der sogenannten silbernen Operettenära. Von Alexander Girardi (s. d.) über Richard Tauber (s. d.) bis zu Johannes Heesters war er mit den Interpreten seiner Musik eng befreundet. Gegen Ende seiner Schaffensperiode näherten sich seine Operetten durch Verkürzung der gesprochenen Dialoge der komischen Oper und dem Singspiel. L. schuf neben seinen Operetten auch eine Vielzahl von Märschen, Walzern und Liedern sowie Filmmusik. Mehrere seiner Operetten wurden von ihm später umgearbeitet und mit neuen Titeln versehen (diese in der Folge in Klammern angeführt): „Der Göttergatte" (1904, „Die ideale Gattin" 1913, „Die Tangokönigin" 1921), „Die Juxheirat" (1904), „Die lustige Witwe" (1905, sein Welterfolg bis in unsere Tage), „Der Graf von Luxemburg" (1909), „Zigeunerliebe" (1910, „Garabonciás" 1942), „Eva" (1911), „Endlich allein" (1914), „Schön ist die Welt" (1931), „Der Sterngucker" (1916), „La Danza delle Libellule" (1922), „Wo die Lerche singt" (1918), „Frasquita" (1922), „Die gelbe Jacke" (1923, „Das Land des Lächelns" 1929), „Paganini" (1925), „Der Zarewitsch" (1927), „Friederike" (1928). Seine komische Oper „Giuditta" wurde zwar 1934 in der Wiener Staatsoper uraufgeführt, doch blieb ihr der große Erfolg versagt.

Decsey E.: F. L. (1924, 2. Aufl. 1930); Knosp, P.: F. L. (1935); Czech, S.: F. L. (1948, unter „Schön ist die Welt" 1957); Peteani, M. v.: F. L. (1950); Schönherr, M.: F. L., Bibliographie zu Leben und Werk (1970); Fle Zi Wi Csá & Co, Die Wiener Operette (Ausstellungskatalog Wien 1985)

Lotte Lehmann als Elsa in Richard Wagners „Lohengrin"

Helmut Leherb vor einer seiner Groß-Fayencen („Europa") der Erdteile-Serie für die Wirtschaftsuniversität Wien

LEHERB, Helmut (eigtl. Leherbauer), * 14. 3. 1933 in Wien, Maler. L. gehört zur zweiten Generation der Wiener Schule des Phantastischen Realismus. 1949–59 Studien an der Akademie für angewandte Kunst und an der Akademie für bildende Kunst in Wien sowie an der Academie des Beaux Arts in Paris, 1952–54 Meisterschüler an der Königlichen Akademie in Stockholm. L. malt in altmeisterlicher Technik visionäre Bilder; Einfluß von Max Ernst im „Manifest der inneren Unruhe" (1963); wie überhaupt das Werk L.s der Spätform des internationalen Surrealismus zuzurechnen ist. Wie bei Salvador Dali wird die Selbstinszenierung zum Happening, wozu auch die Schaufensterpuppen und die ausgestopften, schmuckbehängten Tiere zählen, die wesentlicher Ausdruck seiner künstlerischen Existenz sind. Sein Hauptwerk der letzten Jahre sind die fünf Tafelbilder aus Keramik in der Wirtschaftsuniversität in Wien, die fünf Erdteile darstellend, die L. in Faenza (Italien) nach alter Technik brannte.

LEHMANN, Lotte, * 27. 2. 1888 in Perleberg (Mecklenburg), † 26. 8. 1976 in Santa Barbara (Kalifornien, USA), Kammersängerin, Sopranistin. Studierte in Berlin, debütierte 1910 am Hamburger Stadttheater und war 1914–38 an der Wiener Staatsoper engagiert, wo sie ihre großen Erfolge hatte und als „wienerischste aller Sängerinnen" gefeiert wurde. 1919 sang sie hier die Färberin bei der Uraufführung der Oper „Die Frau ohne Schatten" von Richard Strauss. Ab 1922 auch als Gast auf anderen Opernbühnen tätig, sang sie 1924 in Dresden bei der Uraufführung von „Intermezzo" von Richard Strauss die Christine, 1934/35 an der Metropolitan Opera in New York, wo sie dann auch ab 1938 tätig war. 1945 inszenierte sie an der Met den „Rosenkavalier" und hatte 1951 ihren letzten Auftritt als Konzertsängerin. Veröffentlichte 1937 die Autobiographie „Anfang und Aufstieg", 1948 ebenfalls eine Autobiographie in englischer Sprache, „My Many Lives". Weitere Veröffentlichungen in englischer Sprache: „More than Singing" (1945), „Singing with Richard Strauss" (1964). Erhielt 1963 den Ehrenring der Stadt Wien.

Wessling, B. W.: L. L., mehr als eine Sängerin (mit einer Discographie, 1969)

LEHMDEN, Anton, * 2. 1. 1929 in Neutra (Slowakei), Maler und Graphiker. Kam 1945 nach Wien und studierte hier an der Akademie der bildenden Künste. L. ist einer der Hauptvertreter der Wiener Schule des Phantastischen Realismus. 1953 erhielt er den Preis der Stadt Wien, 1956 den Staatspreis. Nach einer Lehrtätigkeit 1962/63 in Istanbul wurde er 1966 Prof. an der Akademie der bildenden Künste in Wien. L. schuf verschiedene Serien von Aquarellen und Radierungen – immer einem bestimmten The-

Anton Lehmden: Kriegsbild III (1954)

menkreis gewidmet, teils auch unter dem Eindruck früherer Kriegserlebnisse –, die er in Mappen herausgab, sowie Zyklen von Ölbildern, wobei seine Winterlandschaften von besonderem Stimmungsgehalt sind. Alle seine Werke zeichnen sich durch ihre Symbolhaftigkeit und starke Aussagekraft aus.

LEIBENFROST, Franz, * 23. 3. 1790 in Wien, † 19. 7. 1851 in Lainz bei Wien, Kaffeehausbesitzer und Weingroßhändler. Übernahm 1812 von seinem Vater das 1790 gegründete Gasthaus „Jägerhorn" in der Dorotheergasse, in dem u. a. Franz Grillparzer (s. d.) Stammgast war, und wurde zu einem ausgezeichneten Weinfachmann. 1830 erwarb er das berühmte „Silberne Kaffeehaus" in der Plankengasse, in dem die gesamte künstlerische Prominenz Wiens verkehrte. 1831 k. k. Hoflieferant, leistete persönliche und finanzielle Hilfe bei der Donauüberschwemmung von 1830 und der Choleraepidemie von 1831/32. Mehrfach ausgezeichnet, erhielt 1850 als erster das „Goldene Verdienstkreuz mit der Krone".

LEICHT, Ferdinand, * 17. 5. 1870 in Wien, † 24. 12. 1922 in Wien, Varietébesitzer und Komponist. War der Sohn eines Schaustellers, der im Restaurant „Zur weißen Gans" im Wiener Prater ab 1888 Varietévorstellungen gab. Gemeinsam mit seinem Bruder Wilhelm (s. d.) übernahm er 1895 das Gasthaus „Zum schwarzen Tor" im Wiener Prater und gründete dort ein Varieté, das er bis zu seinem Tod führte. Außerdem komponierte er mehrere Wienerlieder, von denen „I und der Mond" noch heute bekannt ist.

Pemmer, H., und Lackner, N.: Der Wiener Prater einst und jetzt (1935)

LEICHT, Wilhelm, * 25. 8. 1876 in Wien, † 18. 4. 1946 in Wien, Schauspieler und Varietébesitzer. Bruder von Ferdinand L. (s. d.). Er trat als Schauspieler am Kaiser-Jubiläums-Stadttheater (= Volksoper) und am Deutschen Volkstheater auf und feierte große Erfolge als Wilhelm Tell, Jason und Pfarrer von Kirchfeld. Nach dem frühen Tod seines Bruders, mit dem er gemeinsam 1895 das Varieté L. gegründet hatte, übernahm er die Leitung des Unternehmens und betätigte sich auch als Conférencier. Unter ihm wurden neben dem Unterhaltungsprogramm auch Goethe und Wedekind gespielt, so daß hier auch Bassermann, Moissi (s. d.), Girardi (s. d.) und Aslan (s. d.) auftraten. Eine ausgesprochene Attraktion waren die Unterschriften prominenter Darsteller an der Außenwand des Lokals. 1945 wurde das Varieté L. beim Brand des Praters zerstört.

Pemmer, H., und Lackner, N.: Der Wiener Prater einst und jetzt (1935)

LEICHTER, Käthe, * 20. 8. 1895 in Wien, † 17. 3. 1942 im KZ Ravensbrück, Schriftstellerin und sozialdemokratische Politikerin. Studierte an den Universitäten Heidelberg und Wien Staatswissenschaften und promovierte 1918. 1924 übernahm sie das Referat für Frauenarbeit in der Wiener Arbeiterkammer. Ab 1933 im Zentralfrauenkomitee der Sozialdemokratischen Partei, 1934 gemeinsam mit ihrem Mann Otto L. (s. d.) Gründungsmitglied der illegalen „Revolutionären Sozialisten". 1938 verhaftet, wurde im Herbst 1939 ins KZ Ravensbrück deportiert. Veröffentlichte u. a.: „Handbuch der Frauenarbeit in Ö." (1930), „So leben wir. Erhebungsmaterial über das Leben der Frau als Arbeiterin und Mutter" (1932).

LEICHTER, Otto, * 22. 2. 1897 in Wien, † 14. 2. 1973 in New York, Journalist und Schriftsteller. Erwarb nach dem Ersten Weltkrieg den Doktorgrad der Universität Wien. Seit 1919 Mitarbeiter der Zeitschrift „Der Kampf". 1925 Redakteur der „Arbeiter-Zeitung" und enger Mitarbeiter O. Bauers (s. d.). 1938 emigrierte er in die USA, wo er nach dem Zweiten Weltkrieg als New-York-Berichterstatter der „Arbeiter-Zeitung" und als UNO-Korrespondent tätig war. Zahlreiche Veröffentlichungen, u. a.: „Die Wirtschaftsrechnung in der sozialistischen Gesellschaft", 2 Bde. (1923), „Die Sprengung des Kapitalismus" (1932), „Ö. 1934 – die Geschichte einer Konterrevolution" (unter dem Pseud. Pertimax, 1935), „Ein Staat stirbt – Ö. 1934–38" (unter dem Pseud. G. Wieser, 1938), „Amerika in der Weltpolitik", 2 Bde. (1947), „Ö.s freie Gewerkschaften im Untergrund" (1963), „Glanz und Ende der Ersten Republik" (1964), „Otto Bauer, Tragödie oder Triumph" (1970). War seit 1921 mit Käthe L. (s. d.) verheiratet.

LEIDESDORF, Maximilian, * 27. 6. 1816 in Wien, † 9. 10. 1889 in Döbling bei Wien, Psychiater. Studierte Philosophie und Medizin in Pisa, promovierte 1837 in Bonn zum Dr. med. und 1838 in Florenz zum Dr. med. et phil. 1848 ging er nach St. Petersburg, habilitierte sich 1857 an der Universität Wien. Gemeinsam mit Heinrich Obersteiner übernahm er 1860 die Leitung der Privatirrenanstalt in Döbling, wurde 1866 a. o. Prof. für Psychiatrie, 1872 Primararzt der Irrenabteilung im Allgemeinen Krankenhaus in Wien, 1875 Vorstand der Psychiatrischen Klinik der nö. Landesirrenanstalt und 1886 Mitglied des Obersten Sanitätsrats. L. brachte den Unterricht im Fach Psychiatrie in ein System. Als Praktiker war er in der Welt anerkannt, hatte u. a. 1876 Sultan Murad V. untersucht und ein Gutachten über den Geisteszustand von König Ludwig II. von Bayern verfaßt. Ab 1868 war L. auch im Vorstand des von ihm, J. G. Riedel (s. d.) und Theodor Meynert (s. d.) gegründeten „Vereins für Psychiatrie und forensische Psychologie". Seit 1867 gab er mit Meynert die „Vierteljahresschrift für Psychiatrie" heraus. Verfaßte das „Lehrbuch der psychischen Krankheiten" (1865).

LEINSDORF, Erich, * 4. 2. 1912 in Wien, Dirigent. Studierte an der Wiener Musikakademie und wurde zunächst Assistent von Bruno Walter und Arturo Toscanini in Salzburg. 1938–45 an der Metropolitan Opera in New York, übernahm 1943 die Leitung des Cleveland Orchestra. 1947–56 Musikdirektor des Philharmonic Orchestra in Rochester (New York), 1955 Direktor der New York City Opera, 1958–62 musikalischer Berater und Dirigent an der Metropolitan Opera in New York, 1962–69 Chefdirigent des Boston Symphony Orchestra, seit 1978 Chefdirigent des Radio-Symphonie-Orchesters Berlin. Gastdirigent in Europa (u. a. Bayreuth) und Amerika.

LEITGEB, Josef, * 17. 8. 1897 in Bischofshofen (S), † 9. 4. 1952 in Innsbruck, Lyriker und Erzähler. L. war von Beruf Lehrer und ab 1945 Stadtschulinspektor in Innsbruck. Er gehörte dem „Brenner-Kreis" an und erhielt 1950 den Staatspreis. Sowohl in seiner Lyrik als auch in seinen Erzählungen sensibler Landschafts- und Naturschilderer. Veröffentlichte u. a. die Gedichtbände „Musik der Landschaft" (1935), „Läuterungen" (1938), „Lebenszeichen" (1951); „Sämtliche Gedichte" erschienen 1953. Prosabände: „Kinderlegende" (1934), „Christian und Brigitte" (1937), „Am Rande des Krieges" (1942), „Von Blumen, Bäumen und Musik" (1947), die Autobiographie „Das unversehrte Jahr" (1948).

Schinagl, H.: J. L., Diss. Innsbruck (1954)

LEITICH, Ann Tizia, * 25. 1. 1897 in Wien, † 2. 9. 1976 in Wien, Schriftstellerin. War viele Jahre Korrespondentin ö. und deutscher Zeitungen in New York und Chikago. Mitglied des Ö. PEN-Clubs. Beschäftigte sich mit der Kunst- und Kulturgeschichte der Stadt Wien und verfaßte Romane und kulturgeschichtliche Werke, u. a.: „Ursula entdeckt Amerika" (1928), „Die Wienerin" (1939), „Wiener Biedermeier" (1940), „Amor im Wappen" (1940), „Verklungenes Wien" (1942), „Vienna Gloriosa" (1948), „Augustissima" (1953, 1963 als „Maria Theresia"), „Der Kaiser mit dem Granatapfel" (1955), „Damals in Wien" (1957), „Metternich und die Sibylle" (1960), „Lippen schweigen, flüstern Geigen" (1960), „Premiere in London" (1962), „Genie und Leidenschaft" (1965), „Eine rätselhafte Frau" (1967).

LE MONNIER, Anton Ritter von (seit 1869), * 1819 in Frankfurt am Main, † 17. 6. 1873 in Wien, Polizeibeamter. Trat 1843 in den ö. Staatsdienst, wurde 1845 Kanzleipraktikant der Polizei-Bezirksdirektion Wieden, 1847 Hofkanzlist, 1848–49 Kanzleidirektor der Zentralkommission beim Armee-Oberkommando in Ungarn, 1851 Oberkommissär und Leiter des neu errichteten Kommissariats Salzburg. 1853–60 Polizeidirektor von Salzburg, dann von Brünn und 1869 Polizeivizedirektor in Wien, 1870 Polizeidirektor. Auf seine Initiative entstand das Institut der Polizeiagenten (= Kriminalbeamten-Referat) und die heute noch bestehende Sektionseinteilung. L. setzte sich auch sehr für die Modernisierung der Wiener Polizei ein und schränkte das Konfidentenwesen ein.

Oberhummer, H.: Die Wiener Polizei, Bd. 1 (1937)

LENAU, Nikolaus (eigtl. Niembsch Edler von Strehlenau), * 13. 8. 1802 in Csatád (Banat), † 22. 8. 1850 in Ober-Döbling bei Wien, Dichter. Ab 1819 studierte er an der Wiener Universität Jus und Medizin. Bald war er mit Franz Grillparzer (s. d.), Ferdinand Raimund (s. d.) und Anastasius Grün (s. d.) bekannt und, da er gut Geige spielte, auch mit Johann Strauß Vater (s. d.) und Joseph Lanner (s. d.). 1831 veröffentlichte er politische Lieder und ging nach Heidelberg, von dort nach Stuttgart, wo er mit dem schwäbischen Dichterkreis Verbindung aufnahm und 1832 einen Gedichtband herausgab, der schon die berühmten „Schilflieder" und Gedichte über die Pußta und die ö. Alpen enthielt. „Europamüde" geworden, fuhr er noch 1832 nach Amerika, kaufte in Pennsylvania ein Landgut, kehrte aber nach einem Jahr enttäuscht zurück. Ab nun lebte er abwechselnd in Wien, im Salzkammergut und in Schwaben. Die unglückliche Liebe zu Sophie von Löwenthal, die er 1834 kennengelernt hatte, steigerte seine vorhandene Zerrissenheit und Ruhelosigkeit und förderte seine Schwermut. Von Goethes „Faust" angeregt, schuf er 1836 seine episch-dramatische Szenenfolge „Faust". In seinen spätromantischen Versepen „Savonarola" (1837) und „Ziska" (1838–42) setzte er sich mit dem Glauben und in „Die Albigenser" (1842) deutlich mit seinen eigenen religiösen Zweifeln auseinander. „Don Juan" (1844) blieb ein dramatisches Fragment, denn noch in diesem Jahr machte sich seine Geisteskrankheit bemerkbar. Er verbrachte seine letzten Lebensjahre in der Heilstätte Ober-Döbling. Sein „Faust" und „Don Juan" inspirierten Franz Liszt (s. d.), Hector Berlioz und Richard Strauss (s. d.) zu musikalischen Werken, sein Amerikaaufenthalt regte Kürnberger (s. d.) zum Roman „Der Amerikamüde" an. Anastasius Grün (s. d.) gab 1851 L.s „Dichterischen Nachlaß" und 1855 „Sämtliche Werke" (4 Bde.) heraus. Von E. Castle stammt eine kritische Ausgabe „Sämtliche Werke und Briefe" (6 Bde., 1910–23).

Castle, E.: N. L. (1902); Bischoff, H.: L.s Lyrik, 2 Bde. (1920/21); Errante, V.: Geschichte eines Märtyrers der Poesie (1948); Vogelsang, H.: N. L.s Lebenstragödie (1952); Turóczi-Trostler, J.: N. L. (1961)

Nikolaus Lenau. Lithographie von Josef Kriehuber (1841)

NIKOLAUS LENAU

Vom armen Niembsch

„Über das unselige Scheinleben in Döbling eilen wir möglichst schnell hinweg; – aber es dauerte über drei volle Jahre! – Einmal hörte man Nachts ein heftiges Weinen in der Zelle; als Dr. Görgen hineilte, antwortete Niembsch in Thränen: ‚der arme Niembsch ist sehr unglücklich!' Es war das letzte Aufflackern des auszitternden Lichtes.
Die großen Märzereignisse des Jahres 1848 gingen, von seinem Bewußtsein unaufgenommen, spur- und wirkungslos an ihm vorüber. Der letzte Heilversuch seines wohlwollenden Freundes, der ihm das begeisterte Wort: ‚Wir sind frei!' entgegenjubelte, glitt an seinem eisigen Stumpfsinne ab. Dagegen hatte er aber auch für den Kanonendonner des Oktobers 1848 kein inneres Gehör und Verständniß mehr.
. . . Am 24. August um 6 Uhr Abends wurde, was von Nikolaus Lenau sterblich war, auf dem stillen einfachen Dorfkirchhofe zu Weidling, wo Lenaus Schwester, Therese Schurz, ein freundliches akazienumschattetes Landhaus besitzt, zur Erde bestattet, unfern der Grabstätte, die der dem Dichter befreundete große Orientalist v. Hammer neben seiner vorausgegangenen Gattin auf demselben Friedhofe für sich bestimmt hat. Im Vorübergehen am Friedhof durchs Gitterthor auf die Gräber darin unter grünem Rasen blickend, hatte Lenau einst traulich heiter zur Schwester gesagt: ‚Gelt, da liegt sich's gut? Da werden vielleicht auch wir dereinst still neben einander liegen!'
. . . Wird die Nachwelt diesen vielleicht nicht so ganz verstehen, wie die Mitwelt, deren eigene Seele in ihm wiederhallt, so wird sie den Dichter doch lieben und ehren, wie wir, als einen der edelsten Märtyrer des ringenden Gedankens, als eines jener erhabenen Sühnopfer, welche, wie Heldenleichen einen Siegeszug, die großen Kampfstadien auf dem Bildungsgange der Menschheit bezeichnen. Sie wird, indem sie die Sühne versteht, nicht zugleich des Trostes so bedürfen, wie wir, die Näherstehenden, ihm wehmüthig Nachblikkenden."

Anastasius Grün (1855)

LENDENFELD, Robert von (eigtl. R. J. Lendlmayr, Ritter von L.), * 10. 2. 1858 in Graz, † 3. 7. 1913 in Prag, Zoologe. Studierte in Graz, wurde Univ.-Prof. in Innsbruck, Czernowitz und Prag; war auch an Hochschulinstituten im englischen Sprachraum tätig. Abgesehen von seinen fachwissenschaftlichen Arbeiten, betrieb er vorwiegend Studien über das Hochgebirge, so über die Alpen (2 Bde., 1896) und über die Hochgebirge der Erde (1899). Mehrere Forschungsreisen führten ihn nach Australien und nach Neuseeland, von wo er wertvolle Erkenntnisse mitbrachte: „Australische Reise" (1896).

Österreicher als Erforscher der Erde. Notring Jahrbuch 1956

LENGAU, der Riese von, s. Winkelmeier, Franz

LENYA, Lotte (eigtl. Karoline Blamauer), * 18. 10. 1898 in Wien, † 27. 11. 1981 in New York, Schauspielerin. Wurde zunächst als Akrobatin und Tänzerin ausgebildet und arbeitete dann als Statistin beim Theater. In Berlin lernte sie den jungen Komponisten Kurt Weill kennen, den sie 1925 heiratete, und feierte 1928 in dessen „Dreigroschenoper", nach dem Text von Bertolt Brecht, als Seeräuberjenny ihren ersten großen Erfolg. 1933 emigrierte sie mit ihrem Mann über Paris nach den USA. Erst nach dem Tod ihres Mannes 1950 trat sie wieder häufiger auf und spielte nach 1960 wieder an deutschen Bühnen.

LENZ, Oskar, * 13. 4. 1848 in Leipzig, † 1. 3. 1925 in Sooß (NÖ), Geologe und Afrikaforscher. Nach seinem Studium nahm er 1874–76 an der Expedition der Afrikanischen Gesellschaft in Deutschland teil und bereiste Westafrika. 1879/80 durchquerte er, als türkischer Militärarzt verkleidet, die Sahara, stieß bis Timbuktu vor und kehrte auf einer neuen Route über Senegal zurück. 1884 erschien sein Buch „Timbuktu". Inzwischen Österreicher geworden, wirkte L. als Geologe an der Geologischen Reichsanstalt in Wien. 1885 Univ.-Prof. in Czernowitz, 1885–87 Teilnehmer an der ö. Kongo-Expedition als Begleiter von Oskar Baumann (s. d.). Von der Kongomündung aus drang er bis Kasongo vor, wurde von Arabern abgedrängt und erreichte über den Tanganjika- und den Njassa-See die afrikanische Ostküste. 1887–1907 war er Univ.-Prof. in Prag.

Österreicher als Erforscher der Erde. Notring Jahrbuch 1959

LEODOLTER, Ingrid, * 14. 8. 1919 in Wien, † 17. 11. 1986 in Wien, Ärztin und SPÖ-Politikerin. Nach dem Studium der Medizin im Spitalsdienst tätig, wurde Primaria im Wiener Sophienspital. 1971 übernahm sie das neu installierte Bundesministerium für Gesundheit und Umweltschutz. Führte während ihrer Amtszeit den Mutter-Kind-Paß ein, wodurch die Säuglingssterblichkeit in Ö. von 23 auf 11 Promille gesenkt werden konnte. Trat 1979 von ihrem Amt zurück.

LÉON, Viktor (eigtl. Viktor Hirschfeld), * 4. 1. 1858 in Wien, † 3. 2. 1940 in Wien, Dramaturg und Librettist. War Dramaturg am Deutschen Volkstheater in Wien und verfaßte mehrere Volksstücke, von denen eigentlich nur „Fräulein Lehrerin" (1905) und „Der große Name" (1909) bekannt wurden. Dafür aber war er als Verfasser oder Mitverfasser von Operettenlibretti bekannt, darunter: „Opernball" und „Wiener Blut" (1898), „Der Rastelbinder" (1902), „Der Göttergatte" (1904), „Die lustige Witwe" (1905), „Der fidele Bauer" und „Die geschiedene Frau" (1908), „Das Land des Lächelns" (mit Beda-Löhner, 1929).

LEONHARD von Görz, Graf, † 12. 4. 1500. Mit ihm starb die Albertinische Linie der Grafen von Görz aus, und der am 27. 4. 1363 geschlossene Erbvertrag zwischen seinem Geschlecht und dem Haus Ö. trat trotz diplomatischer Intrigen Venedigs in Kraft. An Ö. kamen: die „vordere Grafschaft Görz" im Pustertal und die „hintere Grafschaft" mit der Stammburg am Isonzo. Das Pustertal und die Stadt Lienz wurden mit Tirol vereinigt. Wäre Görz venezianisch geworden, hätte Ö. wohl kaum seine Stellung in Triest und Inneristrien behaupten können. Die bereits seit einiger Zeit bestehenden Grenzstreitigkeiten zwischen König Maximilian I. (s. d.) und Venedig nahmen wegen dieses Gebietserwerbs weiter zu.

Wiesflecker, H.: Die Entwicklung der Grafschaft Görz und ihr Erbfall an Österreich, in: MIÖG 56 (1948)

LEONHARD von Keutschach, * 1442 in Kärnten, † 1519 in Salzburg, Erzbischof von Salzburg. Stammte aus dem Kärntner Landadel und wurde 1495 Erzbischof von Salzburg. Seine Reformen galten in erster Linie der Wirtschaft und der Verwaltung. Auf diesem Gebiet leistete er Großes, so kaufte er die verlorengegangenen Städte Pettau und Gmünd zurück und erwarb das Mondseeland und das Gebiet um St. Wolfgang. Mit seiner intensiven Steuerpolitik sanierte er das Erzstift finanziell. Am 23. 1. 1511 lud er Bürgermeister und Rat der Stadt Salzburg zu Tisch und ließ sie verhaften, weil sie sich auf einen Ratsbrief Kaiser Friedrichs III. berufen hatten, der ihnen Rechte gegenüber ihrem Stadtherrn einräumte, die der Erzbischof nicht bestätigen wollte. Er zwang so Salzburgs Bürgerschaft, auf ihre Freiheiten zu verzichten. L. baute die Festung Hohensalzburg, seinen Herrschersitz, weiter aus und ließ eine Drehorgel (den „Stier") einrichten. Eine Niederlage bedeutete für ihn die Bestellung des kaiserlichen Günstlings Matthäus Lang von Wellenburg (s. Lang v. Wellenburg) zu seinem Koadjutor und Nachfolger, der gegen L.s Willen und Einspruch beim Papst die Säkularisierung des Salzburger Domkapitels durchsetzte.

Reformation – Emigration, Protestanten in Salzburg, Ausstellungskatalog (1981)

LEOPOLD I., römisch-deutscher Kaiser, König von Ungarn und Böhmen, * 9. 6. 1640 in Wien, † 5. 5. 1705 in Wien, Sohn Kaiser Ferdinands III. (s. d.). War ursprünglich für den geistlichen Stand bestimmt, doch fiel ihm nach dem Tod seines Bruders Ferdinand IV. (s. d.) die Nachfolge zu (1654). Am 27. 6. 1655 zum König von Ungarn, am 14. 9. 1656 zum König von Böhmen gekrönt, wurde er am 18. 7. 1658 in Frankfurt am Main trotz aller Widerstände der französischen Diplomatie zum Kaiser gewählt. Ziel seiner Politik war es, die kaiserliche Stellung in Europa zu festigen. Im Schwedisch-Polnischen Erbfolgekrieg gelang es seinen Truppen, schwedische Positionen in Pommern und Jütland anzugreifen; Wirren in Siebenbürgen führten zu Verhandlungen zwischen dem Wiener Hof und der Pforte, die allerdings so schleppend verliefen, daß die Türken im Frühjahr 1663 mit dem Angriff begannen und mit der Eroberung der Festung Neuhäusel einen wichtigen Erfolg erzielen konnten. Erst auf dem Reichstag zu Regensburg erlangte L. von den deutschen Fürsten Hilfe, selbst Schweden und Frankreich entsandten Truppen. Am 1. 8. 1664 errang Raimund Graf Montecuccoli (s. d.) bei Mogersdorf nördlich von St. Gotthard einen glänzenden Sieg über das türkische Heer, der schon am 10. 8. zum Frieden von Vasvár (Eisenburg) führte, dessen Bedingungen dem Schlachtensieg freilich nicht entsprachen. Die Hochzeit L.s mit der spanischen Prinzessin Margarete Theresia am 12. 12. 1666 brachte Wien die Aufführung der Prunkoper „Il pomo d'oro" des Francesco Sbarra mit der Musik von Marc' Antonio Cesti, welche über tausend Schaupieler, Sänger, Tänzer, Musiker und Bühnentechniker erforderte und 100 000 Gulden an Kosten verschlang. Mit seinen eigenen musischen Neigungen konnte sich L., der ein begabter Komponist war, nur am Rande beschäftigen, zumal es ihm erst 1671 gelang, eine seit längerem dahinschwelende Verschwörung ungarischer Magnaten, welche die Abschüttelung der habsburgischen Herrschaft zum Ziel hatte, zu unterdrücken. Die Einführung eines absolutistischen Regimes hatte in den nördlichen Komitaten Ungarns wilde Gemetzel zwischen den aufständischen, von den Türken unterstützten „Kuruzzen" und den kaisertreuen Anhängern zur Folge – eine mehr als unangenehme Entwicklung, da gleichzeitig das diplomatische Kräftespiel zwischen Frank-

Kaiser Leopold I. im Krönungsharnisch. Gemälde von Guido Gagnacci

Leopold II. als Großherzog von Toskana mit seinem Bruder Joseph II. Gemälde von Pompejo Batoni (1799)

reich und Ö. in der spanischen Frage in offenen Krieg überging. L. mußte es der Tripelallianz zwischen Holland, England und Schweden überlassen, Ludwig XIV. halbwegs in Schranken zu halten, seine Reichspolitik blieb unentschlossen und hatte katastrophale Folgen, als Ludwig XIV. nach dem Frieden von Nimwegen (1679) mit seinen „Réunionen" begann, sich deutsche Gebiete unter fadenscheinigen Rechtsvorwänden anzueignen. Eine für die ö. Kernlande jedoch tödliche Gefahr begann im Osten aufzusteigen: Obwohl L. den oberungarischen Aufständischen auf dem Ödenburger Reichstag (1681) Zugeständnisse gemacht hatte, entschloß sich deren Anführer Emmerich Tököli zum Anschluß an die Pforte. Seine Ambitionen und nicht zuletzt die französische Diplomatie veranlaßten den ehrgeizigen Großwesir Kara Mustapha 1683, ein über 200 000 Mann starkes Heer vor Wien zu führen. L. flüchtete nach Linz und dann nach Passau; der Polenkönig Johann Sobieski (s. d.) übernahm den nominellen Oberbefehl über die vereinten christlichen Streitkräfte und fügte in der Entsatzschlacht vom 12. September, in der auch der junge Prinz Eugen von Savoyen (s. d.) seine Feuertaufe bestand, den Türken eine vernichtende Niederlage zu. Auch die nachfolgenden Kämpfe verliefen für die kaiserlichen Waffen meist glücklich, und die Siege Herzog Karls von Lothringen (s. d.) sowie von Prinz Eugen führten schließlich den Frieden von Karlowitz (26. 1. 1699) herbei, durch den ganz Ungarn mit Siebenbürgen und dem größten Teil Sloweniens an L. fiel. In den nächsten Jahren überschattete die Frage der spanischen Erbfolge alle anderen Probleme, zumal sich die französische Diplomatie der ö. auch hier als überlegen erwies. L. versuchte, seinem jüngeren Sohn Karl den spanischen Thron zu sichern, doch wurde ihm dies durch Ludwig XIV. zugunsten dessen Enkels Philipp von Anjou streitig gemacht. Der Kriegserklärung L.s schlossen sich Brandenburg, Hannover und die Seemächte an; nach anfänglichen Erfolgen Prinz Eugens bei Carpi und Chiari (1701) bedrohten die Ungarn unter Franz II. Rákóczi, von Ludwig dazu aufgestachelt, neuerlich Ö. und drangen zeitweilig bis nach Wien vor, dessen Vororte durch die Errichtung des Linienwalls gesichert wurden. Nach der Schlacht von Höchstädt (1704), in der Prinz Eugen und Marlborough über die französisch-bayerische Armee siegten, fing L.s Kriegsglück von neuem an zu steigen, doch starb er am 5. 5. 1705 an Brustwassersucht. Er war dreimal verheiratet: zuerst mit der spanischen Prinzessin Margarete Theresia, die ihm eine Tochter Antonie gebar, dann mit Claudia Felicitas (s. d.), Erbtochter von Tirol, schließlich mit Eleonore von Pfalz-Neuburg, die ihm Joseph I. (s. d.), seinen Nachfolger, Karl VI. (s. d.), der 1711 Kaiser wurde, sowie drei Töchter schenkte. Unter L.s Regierung mußten viele Krisen überwunden werden, doch führte der Machtanstieg Ö.s zu einer Blüte in Kunst und Kultur.

Baumstark, R.: Kaiser L. I. (1873); Redlich, O.: Weltmacht des Barock, Ö. in der Zeit Kaiser L.s I. (4. Aufl. 1961); Spielman, J. P.: Leopold I., zur Macht nicht geboren (1981)

LEOPOLD II. römisch-deutscher Kaiser, Großherzog von Toskana, * 5. 5. 1747 in Wien, † 1. 3. 1792 in Wien, dritter Sohn von Maria Theresia (s. d.) und von Kaiser Franz I. (s. d.). Wie sein Bruder Joseph (II., s. d.) hatte auch L. eine sorgfältige Ausbildung erhalten. Wenige Tage nach seiner Hochzeit am 5. 8. 1765 mit Maria Luise von Bourbon-Spanien, die in Innsbruck gefeiert worden war, starb Kaiser Franz I. Vor der Trauung war vereinbart worden, daß L. seinem Vater als Großherzog von Toskana nachfolgen sollte; Franz selbst war das Herzogtum im Wiener Frieden (1735) als Ersatz für sein lothringisches Stammland zugesprochen worden, doch hatte er dort nur mittels Stellvertreter regiert und es auch höchst selten besucht. Dies änderte sich mit L.s Regentschaft. Er zog mit seiner Gemahlin bald nach der Trauung nach Florenz, und im Verlauf seiner 25jährigen Regentschaft gelang es ihm, durch weise Reformen im Sinne der Aufklärung und durch vorzügliche Sorge um die geistige und kulturelle Entwicklung das Land zu hoher Blüte zu führen. Am 1. 3. 1790 verließ er Florenz, um das eher unangenehme Erbe seines verstorbenen Bruders Joseph anzutreten. Durch die Konvention von Reichenbach vom 27. 7. 1790 wurde ein Ausgleich mit Preußen gefunden und der Türkenkrieg mit dem Frieden von Sistowa (2. 8. 1791) beendet. Schon am 30. 9. 1790 war L. in Frankfurt am Main zum Kaiser gewählt und am 15. 11. in Preßburg zum König von Ungarn gekrönt worden; am 6. 9. 1791 erfolgte im Prager Veitsdom die Krönung zum König von Böhmen. Der Haager Kongreß vom Dezember 1790 garantierte Ö. den Besitz Belgiens durch die europäischen Großmächte. Den unzufriedenen Elementen Ungarns legte L. auf dem Preßburger Reichstag sein Regierungsprogramm mit folgenden Worten dar: „ . . . und durch die That bewiesen haben, daß Wir alles, was dahin abzwecket, die Rechte dieses freyen und der Verfassung nach unabhängigen Reiches zu befestigen und zu bestimmen, als einen Zuwachs zu dem Glanze, dem Ansehen und der Festigkeit Unserer Krone betrachten und es für Unsere stäte Pflicht achten, nie durch willkürliche Gewalt, sonder nur durch die Gesetze zu herrschen, denen sich ein freyes Volk mit eigener Beystimmung unterworfen hat." In der Frage der Aufrechterhaltung bzw. Fortführung der Reformen seines Bruders Joseph entschied L. sich für eine Reihe von Kompromissen. Am 6. 7. 1791 richtete er eine Note an alle Souveräne Europas, in der er sie aufforderte, sich der monarchischen Interessen in Frankreich anzunehmen, und am 27. August kam es anläßlich einer Zusammenkunft zwischen L. und König Friedrich Wilhelm II. von Preußen auf Schloß Pillnitz an der Elbe (nahe Dresden) zu einer gemeinsamen Erklärung, dem französischen Königshaus bei Unterstützung durch die europäischen Mächte zu Hilfe zu kommen. Als sein Schwager König Ludwig XVI. und dessen Gattin Marie Antoinette (s. d.) gefangengesetzt wurden, schien auch L. – entgegen seinen ursprünglichen Intentionen – zu einer militärischen Aktion gegen das revolutionäre Frankreich bereit, was durch das am 7. 2. 1792 geschlossene Schutz- und-Trutz-Bündnis zwischen Ö. und Preußen noch unterstrichen wurde. Doch starb L. völlig unerwartet schon drei Wochen später, vermutlich an Rippenfellentzündung und nicht, wie Gerüchte behaupteten, an einem Attentat der Jakobiner oder Freimaurer.

Schultze, A.: Kaiser Leopold II. und die Französische Revolution (1898); Holldack, M.: Die Reformpolitik Leopolds von Toskana, in: MZ 165 (1942); Silagi, D.: Ungarn und der geheime Mitarbeiterkreis Kaiser L.s II. (1961); Wandruszka, A.: Leopold II., 2. Bde. (1964)

L

Leopold I. der Erlauchte, Markgraf · Leopold II. der Schöne, Markgraf von Österreich · Leopold III. der Heilige, Markgraf von Österreich · Leopold IV., Markgraf von Österreich · Leopold I., Herzog von Österreich · Leopold III., Herzog von Österreich · Leopold IV., Herzog von Österreich

LEOPOLD I. der Erlauchte, Markgraf, † 10. 7. 994 in Würzburg. L. entstammte einem fränkischen Adelsgeschlecht, das dem bayerischen Hochadel angehörte. Bischof Otto von Freising (s. d.) leitete den Namen „Babenberger" von Adalbert von Bamberg her; kein Babenberger hat sich je so genannt, die Bezeichnung setzte sich ab Ende des 15. Jh.s durch. Die Beinamen der Babenberger stammen von Ladislaus Sunthaym (s. d.), der sie in den sogenannten „Tabulae Claustroneoburgenses", einem Stammbaum der Babenberger, der im Zusammenhang mit der Heiligsprechung Leopolds III. (s. d.) 1491 in Basel gedruckt wurde, verwendete. Der bei diesem Geschlecht häufig vorkommende Name Leopold wird in den Urkunden der Zeit Luitpold und Leitpold, später Leupolt, geschrieben, woraus sich die heutige Form Leopold entwickelte. L. war ein treuer Gefolgsmann König Ottos I. und begleitete ihn zu dessen Kaiserkrönung (962) nach Rom. 974 rebellierte der Bayernherzog Heinrich II. („der Zänker") gegen Kaiser Otto II.; dem Aufstand hatte sich Markgraf Burchard von der Ottonischen Mark angeschlossen. Nach Scheitern des Unternehmens wurde Burchard die Mark aberkannt und L. übertragen (976). L.s erster Sitz dürfte Pöchlarn an der Donau (NÖ) gewesen sein, denn das Gebiet der Mark erstreckte sich als schmaler Streifen entlang des Stromes, zwischen Enns und Traisen. Seit 985 nützten die Ungarn die unsichere Lage im Inneren des Reiches und stießen immer wieder gegen die östliche Grenzmark vor. Der schwerste Einfall erfolgte 991. Jetzt drang Heinrich, der Markgraf von Bayern, mit einem Aufgebot L.s über den Wienerwald in das Wiener Becken vor und schob die Grenze der Mark (und des Reiches) bis an die Fischa. Es ist anzunehmen, daß L. im Anschluß daran seinen Sitz nach Melk verlegt hat. Am 8. 7. 994 traf ihn auf der Kiliansmesse zu Würzburg ein Pfeilschuß, der gar nicht ihm gegolten hatte; zwei Tage später verschied er.

Lechner, K.: Die Babenberger (3. Aufl. 1985); Ausstellungskatalog 1000 Jahre Babenberger in Ö. (Lilienfeld 1976); Zöllner, H. (Hrsg.): Das babenbergische Ö. (1978); Kleindel, W.: Ö. – ein Herzogtum (1981)

LEOPOLD II. der Schöne, Markgraf von Ö., † 12. 10. 1095 auf der Burg Gars am Kamp (NÖ), Sohn von Markgraf Ernst dem Tapferen (s. d.), trat nach dem Tod seines Vaters (10. 6. 1075) dessen Nachfolge an. Im Investiturstreit zwischen Kaiser und Papst, der bis 1122 dauern sollte, stand L. vorerst auf der Seite König Heinrichs IV., unterstützte aber ab 1078 dessen Gegenkönig Rudolf von Rheinfelden. 1079 fiel Heinrich in die Mark ein und zwang L. zur Unterwerfung. Doch auf einer Versammlung in Tulln (NÖ) im Juli 1081 schwor L. der Herrschaft König Heinrichs ab und vertrieb dessen Anhänger. Als Folge davon übertrug Heinrich die Mark an Herzog Wratislaw II. von Böhmen. Am 12. 5. 1082 kam es bei Mailberg (NÖ) zur Schlacht, in der L. geschlagen wurde, ohne daß dies für L. oder die Mark dauernde Auswirkungen gehabt hätte (nur ein kleiner Grenzstreifen im Norden dürfte an Böhmen-Mähren abgetreten worden sein). Nach der Rückkehr Heinrichs von der Kaiserkrönung in Rom (31. 3. 1084) unterwarf sich L.

Lit. s. Leopold I.

LEOPOLD III. der Heilige, Markgraf von Ö., * um 1075 wahrscheinlich in Melk (NÖ), † 15. 11. 1136 bei einem Jagdunfall. Sohn von Markgraf Leopold II. (s. d.). Übte nach dem Tod seines Vaters (12. 10. 1095) die Regierungsgewalt aus und nahm im Investiturstreit zunächst eine überparteiliche Haltung gegenüber Kaiser Heinrich IV. ein. Die adeligen und geistlichen Ministerialen der Mark standen fest hinter ihrem Landesherrn, der, wie die ältesten urkundlichen Zeugnisse aussagen, unrechtmäßig innegehabte Güter rückerstellte. Im Herbst 1105, unmittelbar vor der kriegerischen Auseinandersetzung zwischen Kaiser Heinrich IV. und dessen Sohn König Heinrich V., stellte sich L., der bisher auf der Seite des gebannten Kaisers gestanden war, gegen diesen; die Gründe für diese „Fahnenflucht" lassen sich heute nur mehr schwer feststellen, eine ursprünglich vielleicht beabsichtigte Vermittlung L.s zwischen Vater und Sohn wurde dadurch zweifelsohne nicht zustande gebracht (Kaiser Heinrich geriet in Gefangenschaft seines Sohnes und starb 1106). Bischof Otto von Freising (s. d.), der Sohn L.s, sagt ausdrücklich, Heinrich V. habe durch das Versprechen, L. seine verwitwete Schwester Agnes zur (zweiten) Frau zu geben, den Babenberger zum Abfall bewogen. Die Vermählung fand 1106 statt. Der Gewinn aus diesem Parteiwechsel war ein ungeheurer: Mit einem Schlag war L. in engste verwandtschaftliche Beziehungen zu den beiden bedeutendsten Fürstenhäusern des Reiches, den Saliern und den Staufern, getreten; der deutsche König (und nachmalige römische Kaiser) Heinrich V. wurde sein Schwager. Um 1113 verlegte L. seine Residenz von Gars am Kamp bzw. von Tulln nach Klosterneuburg, wo ein – nicht ganz zutreffend als „Pfalz" bezeichneter – Residenzbau entstand. Anstelle eines älteren Gotteshauses erbaute er 1114–1136 die heutige Stiftskirche, damals die größte des Landes. 1118/19 übernahm er den Grenzschutz des Reiches im Osten, indem er gegen die Ungarn vorging und wahrscheinlich Eisenstadt zerstörte. 1133 griff er noch einmal gegen die Ungarn zu den Waffen. Sein Ansehen, auch im Reich selbst, stieg immer mehr, was in seiner Vermittlerrolle beim Wormser Konkordat (1122), das den Investiturstreit beendete, deutlich zum Ausdruck kam. Um 1125 gelangte Wien in babenbergischen Besitz. Nach dem Tod seines Schwagers Kaiser Heinrich V. im gleichen Jahr, mit dem das salische Königshaus erlosch, wurde L. nebst weiteren zwei Kandidaten für die Wahl zum deutschen König nominiert, doch lehnte er unter Hinweis auf sein Alter und die große Anzahl seiner Söhne, die Thronstreitigkeiten hervorrufen hätten können, ab. Er zog sich in seine Mark zurück und gründete im Herbst 1133 auf Vermittlung seines Sohnes Bischof Otto von Freising das Zisterzienserstift Heiligenkreuz im Wienerwald; auch Kleinmariazell (Stiftsbrief von 1136) geht auf ihn zurück. L. darf als Begründer der späteren Bedeutung und Größe Ö.s angesehen werden; er wurde 1485 heiliggesprochen und 1663 von Kaiser Leopold I. (s. d.) zum Patron für ganz Österreich erklärt.

Über Geschlecht der Babenberger und Literaturangaben s. Leopold I.; zusätzlich: Kralik, R. v.: Der hl. Leopold (1904); Marco, H.: Markgraf L. der Heilige im Spiegel der zeitgenössischen und nachzeitlichen Historiographie (1962); Röhrig, F.: Der hl. Markgraf L. III. von Ö. (Bavaria Sancta Bd. 2, 1971); Ausstellungskatalog Der hl. Leopold (Klosterneuburg 1985)

LEOPOLD III. VON BABENBERG

Das Leopoldi-Fest

„. . . zu Ehren des Schutzheiligen wurde nämlich die eigentliche Schatzkammer des Ortes: der ‚Klosterkeller', meist schon Vormittags, gleich nach Finalisirung der obliegenden Kirchenpflichten, beinahe gestürmt. Das Reservoir der besten Tropfen des begnadeten Bezirkes, die Walhalla der berühmtesten – – Fässer des engeren Vaterlandes wurde von ungestümen Forschern förmlich belagert, und wenn dann die Patronsenthusiasten (beiderlei Geschlechtes) die übliche Rutschpartie über das tausendeimerige Monstrum vornahmen, da wurde Einem unter dem Halloh der fidelen Menge und angesichts der ob ihrer derouten Toilette verschämten ‚Schnellfahrerinnen' die Bedeutung des heiligen Tages erst recht klar. Zur Steuer der Wahrheit muß übrigens constatirt werden, daß sich die religiösen Touristen nicht auf dieses, freilich legalste Depot des ‚Gerebelten' allein beschränkten, sondern auch die sonstigen christlichen ‚Riesler'-Herbergen, als da sind: ‚Das Schiff', ‚Die Schießstätte', ‚Der Herzogshut' etc. mit ihrem Besuche bedachten, so daß im ganzen Wallfahrtsorte kein vacantes Krügel zu erhaschen und Abends die Passage durch taumelnde Mitglieder des populärsten Illuminatenordens geradezu gefährlich wurde."

Friedrich Schlögl, Wiener Luft (1875)

Markgraf Leopold III. der Heilige. Detail aus dem Babenberger-Stammbaum im Stift Klosterneuburg (1489–93)

LEOPOLD IV. der Freigebige, Markgraf von Ö., Herzog von Bayern, † 18. 10. 1141 im Kloster Niederaltaich (Bayern), Sohn von Markgraf Leopold III. (s. d.), wurde 1137 als Markgraf anerkannt, nachdem seine Mutter Agnes (s. d.) gegen seine älteren Brüder Adalbert und Heinrich II. Jasomirgott (s. d.) für ihn Partei ergriffen hatte. Als der Bayernherzog Heinrich der Stolze dem neugewählten Konrad III. die Huldigung verweigerte, verlieh dieser im Mai 1139 das Herzogtum Bayern an L. Nach dem plötzlichen Tod Heinrichs (Herbst 1139) kam es in ganz Bayern zu schweren inneren Kämpfen und Aufstandsbewegungen, doch konnten die Waffenerfolge L.s das Herzogtum für ihn sichern. Auf der Rückreise in die Heimat starb L. Er wurde als erster Babenberger in Heiligenkreuz, das sein Vater gegründet hatte, begraben.

Über Geschlecht der Babenberger und Literaturangaben s. Leopold I.

LEOPOLD I., Herzog von Ö., * 1293 (?) in Wien (?), † 28. 2. 1326 in Straßburg, dritter Sohn König Albrechts I. (s. d.) und jüngerer Bruder König Friedrichs des Schönen (s. d.). Nach der Ermordung Albrechts (1308) fiel L. die Verwaltung der habsburgischen Vorlande zu. Er nahm die Verfolgung der Mörder seines Vaters auf und hielt im Jänner 1310 ein hartes Strafgericht über sie ab. Nach dem Tod seiner Mutter Elisabeth von Görz-Tirol (1313) wurde er, ohnehin energischer als sein Bruder, unangefochtener Leiter der habsburgischen Familienangelegenheiten. Ein ausgesprochener Gegner der Wittelsbacher, unterstützte er seinen Bruder Friedrich gegen Ludwig von Bayern in der Doppelwahl von 1314. Wenig glücklich war sein Vorgehen gegen die Schweizer Eidgenossen, die ihm am 15. 11. 1315 in der Schlacht bei Morgarten eine vernichtende Niederlage bereiteten. Zur Entscheidungsschlacht zwischen Friedrich und Ludwig bei Mühldorf am Inn (28. 9. 1322) kam L. zu spät; er konnte die Gefangennahme seines Bruders nicht verhindern. Nun schloß L. Bündnisse mit Frankreich und verschiedenen deutschen Bischöfen gegen den Wittelsbacher; schließlich kam es 1325 zu einem Vertrag, demzufolge beide Könige gemeinsam regieren sollten. 1326 starb L.; Ludwig blieb de facto Herrscher im Reich, während Friedrich den Königstitel beibehielt, ohne jedoch in der Politik mehr eine Rolle zu spielen.

Hödl, G.: Herzog L. I. von Ö. Diss. Wien (1964); Ausstellungskatalog Die Zeit der frühen Habsburger (Wiener Neustadt 1979)

LEOPOLD III., Herzog von Ö. und Steiermark, * zwischen 1. 5. und 18. 11. 1351 in Wien (?), † 9. 7. 1386 in der Schlacht bei Sempach, jüngster Sohn Herzog Albrechts II. (s. d.). Nachdem dieser 1358 gestorben war, führte Herzog Rudolf IV. der Stifter (s. d.) die Regierung, auch für seine noch minderjährigen Brüder Albrecht III. (s. d.) und L. Er schloß mit ihnen am 18. 11. 1364 einen Familienvertrag (Rudolfinische Hausordnung), der den gemeinsamen Besitz der ungeteilten habsburgischen Länder festsetzte. Nach Rudolfs frühem Tod (27. 7. 1365) wurden Albrecht und L. von Kaiser Karl IV. mit der gemeinsamen Herrschaft in Ö. und Steiermark belehnt. Am 22. 2. 1365 heiratete L. Viridis Visconti, Prinzessin von Mailand. 1368 unterwarf er Stadt und Landgrafschaft Freiburg im Breisgau, am 22. 5. 1375 die Grafschaft Feldkirch und den inneren Bregenzerwald. Diese Erwerbung stellte praktisch den Beginn des Landes „vor dem Arlberg" dar, da L. sich am 16. 10. 1378 zusätzlich verpflichtete, kein Gebiet der Herrschaft Feldkirch von den übrigen Teilen zu trennen oder zu verpfänden. Mehrere Jahre hindurch hatten die verschiedenen Auffassungen der Brüder zu Uneinigkeit in der Außenpolitik und zu innenpolitischen Spannungen geführt, die – entgegen der Rudolfinischen Hausordnung – durch den Vertrag von Neuberg an der Mürz am 25. 9. 1379 beendet wurden: L. erhielt die Alleinherrschaft über Tirol und die Vorlande, Steiermark, Kärnten und Krain, Istrien, Feltre und Belluno zugestanden. Damit war das „Haus Österreich" bis 1490 in eine Albertinische und eine Leopoldinische Linie geteilt. In den folgenden Jahren erwarb L. weitere Gebiete in Schwaben und Vorarlberg, wodurch er versuchte, einen zusammenhängenden Besitz zwischen den Erb- und den Vorlanden zu erreichen. Am 30. 9. 1382 stellte sich die Stadt Triest unter den Schutz L.s; auf diese Weise hatte Ö. erstmals den Zugang zur Adria gewonnen. Schwäbische und oberrheinische Städte verbündeten sich 1385 mit mehreren Schweizer Städten, um der auf Oberschwaben und die Schweiz ausgreifenden Politik L.s entgegentreten zu können. In der Schlacht von Sempach (im Schweizer Kanton Luzern) unterlag das schwerfällige Ritterheer L.s gegen nur mangelhaft ausgerüstete Bauern, er selbst wurde unerkannt erschlagen.

Bilgeri, B.: Geschichte Vorarlbergs, Band II (1974); Die Zeit der frühen Habsburger, Ausstellungskatalog Wiener Neustadt (1979)

LEOPOLD IV., Herzog von Ö., * 1371, † 3. 6. 1411, zweiter Sohn Herzog Leopolds III. (s. d.). Mit seinem älteren Bruder Wilhelm (s. d.) schloß L. am 30. 3. 1396 den Wiener Vertrag, durch den die Verwaltungsteilung der Leopoldinischen Linie in eine steirische und eine tirolische vorbereitet wurde. 1402 wurde diese Abmachung durch den Vertrag von Bruck an der Mur wiederholt und ergänzend der Anteil der beiden jüngeren Brüder festgelegt. Nach dem Tod Wilhelms (1406) wurde die Aufteilung so geordnet, daß L. Österreich, Kärnten und Krain, Ernst der Eiserne die Steiermark, Friedrich IV. (s. d.) die Vorlande und Tirol verwalten sollte. Die Zwistigkeiten dauerten aber trotz aller Schlichtungsversuche König Sigismunds und der Stände weiter an. Einig waren sich die Brüder nur in ihren Bemühungen, die Vormundschaft über Albrecht V. (s. d.), den Sohn Albrechts IV. (s. d.), zu verlängern, doch wurde ihr Mündel 1411 von Vertretern der Stände entführt. Erst nach dem Tod L.s und nach einer neuen vertraglichen Regelung trat allmählich Ruhe ein.

LEOPOLD V. der Tugendhafte, Herzog von Ö. und Steiermark, * 1157, † 31. 12. 1194 in Graz, ältester Sohn von Herzog Heinrich II. Jasomirgott (s. d.). Auf Wunsch seines Vaters wurde er bereits 1174 von Kaiser Friedrich I. Barbarossa mit dem Herzogtum Ö. belehnt. Am 12. 5. 1174 heiratete er Helene (Ilona), die Schwester von König Bèla III. von Ungarn. Nach dem Tod seines Vaters führte er in der zweiten Jännerhälfte 1177 mit seinem jüngeren Bruder Heinrich von Mödling eine Strafexpedition nach Mähren durch und verwüstete die Provinzen Olmütz und Brünn. Am 24. 2. 1177 wurde er im Lager Friedrichs I. in Candelara bei Pesaro formell abermals mit dem Herzogtum Ö. belehnt. Beim Friedenskongreß in Venedig zwischen Friedrich I. und Papst Alexander III. und dessen Anerkennung durch den Kaiser am 22. 7. 1177 war L. Zeuge. Auf dem Reichstag zu Eger am 1. 7. 1179 regelte Friedrich I. die Grenzstreitigkeiten zwischen Ö. und Böhmen und schob die Grenze Ö.s weit in böhmisch-mährisches Gebiet vor, so daß sie bis zur Thaya bei Drosendorf führte und (Neu-)Bistritz, Landstein und Königsegg sowie das Gebiet südlich von Zlabings zu Österreich kamen. Am 17. 8. 1186 erhielt L. in der berühmten Georgenberger Handfeste von dem an Aussatz erkrankten, kinderlosen Herzog Otakar IV. von Steiermark die Nachfolge in diesem Herzogtum zugesichert. Dem Dritten Kreuzzug, zu dem Friedrich I. im Frühjahr 1189 aufgebrochen war, um Jerusalem und andere heilige Stätten aus den Händen der Ungläubigen zu befreien, schloß sich L. mit dem Hinweis, zum Schutz seines Landes zurückbleiben zu müssen, erst im August 1190 mit einem Großteil seiner Ministerialen an. Das Unternehmen nahm einen unglücklichen Verlauf: Am 10. 6. 1190 hatte den Kaiser beim Baden im kleinasiatischen Fluß Saleph der Schlag getroffen; erst am 12. 7. 1191 gelang die Eroberung der seit drei Jahren belagerten Seefestung Akkon (nördl. von Jerusalem), bei der L. sich durch persönliche Tapferkeit auszeichnete. Die Geschichte vom blutgetränkten Waffenrock des Herzogs und den davon abgeleiteten Landesfarben Rot-Weiß-Rot gehört allerdings ins Reich der Sage. In Akkon kam es auch zu der bekannten Auseinandersetzung zwischen L. und Richard Löwenherz, in deren Verlauf der Engländer ein österreichisches Feldzeichen von einem erstürmten Turm entfernen ließ. Nach diesem Vorfall kehrte L. nach Österreich zurück. Nachdem am 8. 5. 1192 Herzog Otakar IV. von Steiermark gestorben und der Georgenberger Vertrag rechtswirksam geworden war, belehnte Kaiser Heinrich VI. auf dem Reichstag zu Worms (24. Mai) L. und dessen ältesten Sohn Friedrich mit dem steirischen Herzogtum. Mittlerweile hatte König Richard Löwenherz, der wegen der süditalienischen Politik der Staufer zu Heinrich VI., aber auch zu König Philipp August von Frankreich in schwerem Gegensatz stand, bei seiner Rückkehr aus dem Heiligen Land nahe Aquileia Schiffbruch erlitten und, als Pilger verkleidet, versucht, seinen Heimweg fortzusetzen. Am 21. 12. 1192 wurde er in Erdberg bei Wien erkannt und gefangengenommen. L. übergab den Engländer an seinen wichtigsten Ministerialen, Hadmar II. von Kuenring, der ihn auf Burg Dürnstein (NÖ) in Gewahrsam hielt. Ende 1192 befahl Heinrich VI. Herzog L., den König auszuliefern, doch geschah dies erst am 28. 3. 1193 (wobei die Erzählungen um den Sänger Blondel in den Bereich der Sage verwiesen werden müssen). Am 29. 6. 1193 wurde zu Worms der Vertrag zwischen Heinrich und Richard über die Bedingungen der Freilassung geschlossen: Das Lösegeld von insgesamt 100 000 Mark Silber wurde zwischen Heinrich und L. aufgeteilt; erst am 4. 2. 1194 konnte Richard Löwenherz in seine Heimat zurückkehren. L. verwendete seinen Anteil u. a. für die Gründung von Wiener Neustadt als stark befestigtem Bollwerk und für den Ausbau bzw. die Anlage von Befestigungen der Städte Hainburg (NÖ), Friedberg (St), Enns (OÖ) und wohl auch Wien. Als Bestrafung für die Gefangennahme eines Kreuzfahrers verhängte Papst Cölestin III. über L. die Exkommunikation und über seine Länder das Interdikt – das Verbot aller kirchlichen Handlungen –, doch scheint letzteres nicht veröffentlicht worden zu sein. L. starb an den Folgen eines Sturzes vom Pferd, nachdem ihn Erzbischof Adalbert III. von Salzburg vom Kirchenbann losgesprochen hatte.

Über Geschlecht der Babenberger und Literaturangaben s. Leopold I.

LEOPOLD VI. der Glorreiche, Herzog von Steiermark und Ö., * 15. 10. 1176 in Wien, † 28. 7. 1230 in San Germano (Apulien), jüngerer Sohn Herzog Leopolds V. (s. d.). Wahrscheinlich hat noch Leopold V. selbst bestimmt, daß – entgegen der Georgenberger Handfeste – ihm sein älterer Sohn Friedrich I. als Herzog in Ö., L. hingegen als Herzog in der Steiermark nachfolge. Damit sollte wohl ein eventueller „Bruderzwist" vermieden werden. Als Friedrich am 16. 4. 1198 unerwartet auf einem Kreuzzug starb, fiel L. das gesamte Erbe zu. In der Reichspolitik stand er traditionsgemäß auf der Seite der Staufer, doch hinderten ihn die unsicheren Verhältnisse im Norden und Osten seiner Länder an einer aktiveren Teilnahme am deutschen Thronstreit. 1202 gründete er das Zisterzienserstift Lilienfeld (NÖ), im Oktober 1203 heiratete er die byzantinische Prinzessin Theodora. Noch vor 1204 legte er in Wien den Grundstein zu einer Kommende des 1198 in Akkon ins Leben gerufenen Deutschen Ritterordens. Im Jahr 1207 bemühte sich L. um die Errichtung eines Landesbistums mit Sitz in Wien, doch verstand es Erzbischof Eberhard II. von Salzburg gemeinsam mit Bischof Manegold von Passau, den Papst negativ zu beeinflussen. 1212/13 nahm er an den Kämpfen gegen die Mauren in Spanien teil, nachdem er zuvor in Südfrankreich gegen die Albigenser gefochten hatte und vom Abt von Citeaux zum Kreuzritter geweiht worden war. Ende Juni 1217 brach er mit etlichen seiner Ministerialen von Lilienfeld auf, um sich dem Kreuzfahrerheer König Andreas' II. von Ungarn anzuschließen. Mitte September 1217 traf man in Akkon ein und zog weiter nach Ägypten, wo L. sich bei der Eroberung des „Turms von Damiette" am 25. 8. 1218 besonders auszeichnete. Doch noch vor dem endgültigen Fall der Festung im November 1219 ging L. nach Österreich zurück, da ihm seine Anwesenheit in Deutschland vordringlich schien. Wie angesehen damals der Herzog von Ö. war, beweist eine Aufstellung des jährlichen Einkommens deutscher Fürsten in der Chronik von Colmar, die L. im Jahr 1218 mit 60 000 Mark an die zweite Stelle setzte. Vor ihm rangierte nur der König von Böhmen mit 100 000 Mark, nach ihm kamen erst Brandenburg, Köln, Bayern und Salzburg. L. überbrachte dem Stift Lilienfeld (NÖ) aus dem Heiligen Land eine Kreuzreliquie, die heute noch verehrt wird. Er widmete sich nun in verstärktem Maß seiner Residenzstadt Wien, die zu jenem Umfang erweitert wurde, den die Stadt bis weit in die Neuzeit hinein beibehalten sollte. Er verlieh Wien schon vor 1208 und am 18. 10. 1221 ein (erhalten gebliebenes) Stadtrecht, welches ein Stapelrecht mit einschloß, das den Reichtum der Wiener Kaufleute begründete und die Stadt zu einem wichtigen Umschlagplatz für den Südosten machte. Der Hof des Herzogs selbst war zu einem Zentrum des kulturellen Lebens geworden: Minnesänger wie Reinmar der Zweter (s. d.), Neidhart von Reuenthal (s. d.) und Walther von der Vogelweide (s. d.) weilten hier. Walther nannte ausdrücklich den „wünnecliche (= wonnereichen) hof zu Wiene". Daß L. dabei die Reichspolitik keineswegs vernachlässigte, beweist die Verbindung seiner Tochter Margarete mit dem deutschen König Heinrich VII., einem Sohn Kaiser Friedrichs II., im

„Das Vogelschießen zu Brüssel". Gemälde von David Teniers d. J., 1651–56 Kammermaler Erzherzog Leopold Wilhelms, des Statthalters der Niederlande

November 1225, durch welche die Beziehungen zum staufischen Herrscherhaus bedeutend gefestigt wurden. Ab 1226 begann L. im Konflikt zwischen Kaiser Friedrich II. und Papst Gregor IX. zu vermitteln. Als er einen Reichstag in Cremona vorbereitete, empörte sich sein zweitgeborener Sohn Heinrich „der Grausame" gegen ihn, der sich bei seinem Erbteil benachteiligt fühlte. L. kehrte rasch nach Österreich zurück, doch die latente Spannung zwischen Vater und Sohn blieb bis zu Heinrichs Tod 1228 bestehen. Dann bemühte L. sich weiter um den Frieden zwischen Kaiser und Papst, welcher auch am 23. 7. 1230 in San Germano (Apulien) zustande kam. Fünf Tage darauf starb L. in der Vertragsstadt, seine Leiche wurde in das von ihm gegründete Stift Lilienfeld übergeführt. Seine Regierung gilt als der bedeutendste Abschnitt der babenbergischen Epoche.

Über Geschlecht der Babenberger und Literaturangaben s. Leopold I.; zusätzlich: Hantsch, H. (Hrsg.): Gestalter der Geschicke Ö.s (1962)

LEOPOLD V., Erzherzog von Tirol, Bischof von Passau und Straßburg, * 19. 10. 1586 in Graz, † 17. 9. 1632 in Innsbruck, Sohn Erzherzog Karls II. (s. d.) von Innerösterreich. Gegen den Willen Bayerns wurde L. 1598 zum Koadjutor von Passau und 1599 von Straßburg bestellt. Nach Abschluß seines Theologiestudiums in Graz wurde er 1605 Bischof von Passau, 1607 von Straßburg. Im Sommer 1609 ließ ihn sein Onkel Kaiser Rudolf II. (s. d.) in den Erbfolgestreit der nordwestdeutschen Herzogtümer Jülich und Kleve eingreifen, weshalb L. auch die Genehmigung erhielt, ab dem Frühjahr 1610 Truppen anzuwerben. Dieses „Passauer Kriegsvolk" stiftete in der Folge durch Disziplinlosigkeit und Plünderungen einiges Unheil, wenn Verpflegsmangel eintrat oder die Soldzahlungen ausblieben. L.s Eingreifen mit diesen Truppen im Bruderzwist zwischen Rudolf II. und König Matthias (s. d.) beschleunigte nur den Sturz des Kaisers, der L. die Nachfolge im Reich zugedacht hatte. Nach dem Tod seines Vetters Maximilian (2. 11. 1618) übernahm L. Anfang 1619 die Verwaltung von Tirol. In diesem Jahr verteidigte er auch erfolgreich Wien gegen die böhmischen Aufständischen, bekriegte 1621 die protestantisch gesinnten Graubündner und kämpfte anschließend im Elsaß. 1625 gelang es L., von seinem Bruder, Kaiser Ferdinand II. (s. d.), als erbberechtigter Landesherr von Tirol anerkannt zu werden. Vom Papst von seinen geistlichen Aufgaben und Pflichten entbunden, heiratete er am 20. 4. 1626 Claudia von Medici (s. d.), die Tochter des Großherzogs Ferdinand I. von Toskana. Mit ihr begründete er die kurzlebige jüngere Tiroler Linie der Habsburger, die von seinem ältesten Sohn, Ferdinand Karl (1646–1662), weitergeführt wurde und mit seinem jüngsten Sohn, Sigmund Franz, 1665 erlosch. Am 24. 10. 1630 fügte L. durch eine abermalige Vereinbarung mit Kaiser Ferdinand II. den Breisgau, den Sundgau, das Elsaß und die Landvogteien Hagenau und Ortenau seinem Herrschaftsbereich hinzu. Eine große kulturelle Tat setzte er durch die Errichtung des Komödienhauses in Innsbruck (1629/30), eines der ersten im deutschen Sprachraum.

LEOPOLD Wilhelm, Erzherzog von Ö., * 6. 1. 1614 in Graz, † 20. 11. 1662 in Straßburg, jüngster Sohn Kaiser Ferdinands II. (s. d.). Der vielseitig begabte Habsburger wurde bereits 1627 zum Bischof von Halberstadt erwählt und von seinem Vater zum Erzbischof von Magdeburg ernannt, sah sich aber durch den Prager Frieden (1635) gezwungen, letztere Würde an Sachsen abzutreten; hingegen behielt er die ihm von seinem Bruder übertragenen Bistümer Passau und Straßburg. Dazu kam noch 1637 das Bistum Olmütz. 1641 wurde er Hoch- und Deutschmeister. Seine geistlichen Ämter hinderten ihn nicht daran, 1639 in Sachsen und Thüringen gegen die Schweden zu kämpfen, die er 1641 aus der Oberpfalz drängte. 1642 focht er in Schlesien gegen Torstenson, erlitt aber in der Schlacht von Breitenfeld am 2. 11. 1642 eine Niederlage, worauf er das Kommando abgab. 1645 abermals kaiserlicher General, entsetzte er Brünn und vertrieb die Schweden aus Franken. 1646–56 war L. W. Statthalter der Spanischen Niederlande. Nachdem er in den Feldzügen von 1647 und 1650/53 erfolgreich gegen die Franzosen gekämpft hatte, verlor er 1654 fast alle eroberten festen Plätze wieder. 1655 Bischof von Breslau, war er nach dem Tod Kaiser Ferdinands III. (s. d.) am 2. 4. 1657 als Kandidat für diese Würde im Gespräch. In den letzten Jahren seines Lebens widmete er sich ausschließlich der Kunst. Seine umfangreiche und wertvolle Gemälde- und Gobelinsammlung ließ er 1656 nach Wien bringen; sie wurde wertvoller Grundstock des Kunsthistorischen Museums.

LEOPOLDI, Hermann, * 15. 8. 1888 in Wien, † 28. 6. 1959 in Wien, Komponist und Klavierhumorist. Als Pianist ausgebildet, trat er bald als Alleinunterhalter und Varietékapellmeister auf. Ab 1916 im Ronacher als Klavierhumorist. Im Ersten Weltkrieg bei den Deutschmeistern, trat er nach dem Krieg mit seinen Liedern in Nachtlokalen und Bars auf. 1923 gründete er gemeinsam mit Fritz Wiesenthal das „Etablissement L.-W.", in dem auch L.s Bruder Ferdinand auftrat. Allein, später mit seiner Partnerin Betja Milskaja, interpretierte er seine großen Erfolge, darunter: „In einem kleinen Café in Hernals", „Schön ist so ein Ringelspiel", „Überlandpartie", „Ich bin ein stiller Zecher", „Powidltatschkerln", „Schinkenflekkerln", „A guater Tropfen, so dreimal täglich". L. machte Tourneen durch ganz Europa. 1938 wurde er verhaftet und in das KZ Dachau gebracht, konnte aber 1939 nach Amerika emigrieren, wo er mit Helly Möslein als Partnerin auftrat. Mit dieser 1947 nach Wien zurückgekehrt, setzte er seine Vorkriegserfolge fort.

Hermann Leopoldi

LEOPOLDINE, Kaiserin von Brasilien, Erzherzogin von Ö., * 22. 1. 1797 in Wien, † 11. 12. 1826 bei Rio de Janeiro, Tochter aus der zweiten Ehe von Kaiser Franz I. (II., s. d). Von Jugend an naturwissenschaftlich interessiert, heiratete sie, dem Wunsch ihres Vaters entsprechend, am 6. 11. 1817 in Rio de Janeiro Dom Pedro, den Kronprinzen von Portugal, der am 9. 1. 1817 zum Thronerben des Vereinigten Königreichs von Portugal, Brasilien und Algarbien erklärt worden war. Die in Brasilien rasch beliebt gewordene Habsburgerin bemühte sich sehr um die Entwicklung des Landes und unterstützte viele Arme. Ihre Klugheit machte sie auch zum Ratgeber ihres unberechenbaren Gatten; ihr Anteil an der Gründung des selbständigen Kaiserreiches Brasilien – im Zuge der Unabhängigkeitsbewegung der amerikanischen Kolonien – ist daher ein beträchtlicher. In der entscheidenden Sitzung des Staatsrates am 2. 9. 1822, der die Trennung Brasiliens von Portugal beschloß, führte L. den Vorsitz. Politische Spannungen und das Verhalten ihres Gatten waren schließlich ausschlaggebend, daß sie zunehmend von Depressionen geplagt wurde und nach einer Fehlgeburt einem langsamen Siechtum verfiel. Die Ärzte bezeichneten ihr Leiden als „Gallenfieber, begleitet von sehr bedenklichen Symptomen", oder als „Nervenfieber", konnten ihr aber wenig helfen. Als ihr Tod bekannt wurde, trauerte das ganze Land; die Verehrung der ersten Kaiserin Brasiliens ist bis heute geblieben. Abgesehen von Siedlungen, die nach ihr benannt wurden, heißt heute noch die erste gegründete Eisenbahngesellschaft des Landes „Leopoldina". Zu ihrem Andenken stiftete 1829 Kaiser Franz I. die Leopoldinenstiftung zur Förderung der katholischen Missionen in Amerika.

Obry, O.: Grüner Purpur (1958); Prantner, J.: Kaiserin L. von Brasilien (1974)

LERCHER, Ludwig, * 30. 7. 1864 in Hall in Tirol, † 5. 8. 1937 in Innsbruck, Jesuit und Theologe. Studierte in Salzburg Theologie und Philosophie und wurde am 3. 1. 1887 zum Priester geweiht. 1889 trat er in den Jesuitenorden ein, wurde 1891 Dr. theol. und war 1904–10 Spiritual am Theologischen Konvikt in Innsbruck, seit 1916 Prof. an der Universität Innsbruck. L. war ein hervorragender Lehrer der Dogmatik und veröffentlichte mehrere wissenschaftliche Werke; das vierbändige Werk „Institutiones theologiae dogmaticae" (1924–30) wurde zur grundlegenden Arbeit des Theologiestudiums. Weiters veröffentlichte er: „Erhebungen des Geistes zu Gott", 5 Bde. (1908/09) und „Das himmlische Vaterhaus" (1910).

LERNET-HOLENIA, Alexander (eigtl. A. v. Hollenia), * 21. 10. 1897 in Wien, † 3. 7. 1976 in Wien, Lyriker, Erzähler und Dramatiker. War ursprünglich Offizier und lebte dann als freier Schriftsteller abwechselnd in Wien und in St. Wolfgang (OÖ). 1926 erhielt er den Kleist-Preis, 1951 den Preis der Stadt Wien, 1961 den Großen Staatspreis. 1969–72 Präsident des Ö. P.E.N.-Clubs. In seiner Lyrik an Rilke orientiert, als Dramatiker und Romancier Kosmopolit und Schilderer Alt-Ö.s. Lyrik: „Kanzonnoir" (1923), „Die Titanen" (1946), „Germanien" (1946), „Das Feuer" (1949); Dramen: „Demetrius" (1926), „Olla potrida" (1927), „Ö. Komödie" (1927), „Die Frau des Potiphar" (1934), „Radetzky" (1956); Erzählungen, Romane: „Die Abenteuer eines jungen Herrn in Polen" (1931), „Ich war Jack Mortimer" (1933), „Die Standarte" (1934), „Die Auferstehung des Maltravers" (1936), „Beide Sizilien" (1942), „Der 27. November" (1946), „Der Graf von Saint-Germain" (1948), „Der Graf Luna" (1955), „Das Finanzamt" (1956), „Die vertauschten Briefe" (1958); Biographien: „Prinz Eugen" (1960), „Naundorff" (1961).

LESCHETITZKY, Josef Ludwig, * 22. 9. 1886 in Wien, † 7. 5. 1951 in Linz, Komponist und Dirigent. War Generalmusikdirektor und Opernchef des Linzer Landestheaters (1946). Schuf Lieder, symphonische Dichtungen und Opern, darunter sein Frühwerk „Die Perle von Arasthan" (1909).

LESER, Ludwig, * 11. 8. 1890 in Neufeld an der Leitha (Ungarn, heute B), † 30. 10. 1946 in Neufeld, sozialdemokratischer Politiker. Besuchte das Benediktinergymnasium in Ödenburg und wurde Beamter. Er setzte sich nach 1918 für eine Autonomie Westungarns ein und kandidierte 1920 in Budapest für die Sozialdemokraten. Nach dem Ende der Räteregierung verhaftet, verbrachte er ein Jahr im Gefängnis und flüchtete anschließend nach Ö., wo er den Kampf um den Anschluß des B.s an die ö. Republik aufnahm. 1922–34 Landeshauptmann-Stellvertreter des neuen Bundeslandes, emigrierte 1934 in die Tschechoslowakei und wurde während des Krieges nach Wien überstellt und inhaftiert. 1945 hatte L. wesentlichen Anteil am Wiederaufbau des unter den Nationalsozialisten auf Niederdonau (NÖ) und St aufgeteilt gewesenen B.s. Vom 1. 10. 1945 bis 4. 1. 1946 provisorischer Landeshauptmann. Er beschäftigte sich mit Schulfragen sowie eingehend mit Volkskunde und der geschichtlichen Forschung seiner Heimat. 1931 erhielt er dafür das Ehrendoktorat der Universität Heidelberg verliehen. L. veröffentlichte u. a.: „Die burgenländische Schulschande" (1925), „Die politische Gliederung des B.s" (1929), „Die wissenschaftliche Erschließung des B.s" (1931).

LESKOSCHEK, Axl, * 3. 9. 1889 in Graz, † 12. 2. 1976 in Wien, Maler, Graphiker und Kunstkritiker. Studierte ab 1909 Jus in Graz und promovierte 1917. 1919/20 besuchte er die Steiermärkische Landeskunstschule und war Journalist beim Grazer Blatt „Arbeiterwille". 1921–23 studierte er an der Graphischen Lehr- und Versuchsanstalt in Wien. L. war 1923 Mitbegründer der Grazer Secession. 1938 emigrierte er über die Schweiz nach Brasilien, wo er an der Graphischen Lehranstalt in Rio de Janeiro Lehrer für Holzschnitt und Bildkomposition war. 1948 kehrte er nach Ö. zurück. L. schuf zahlreiche Gemälde, Aquarelle, Graphiken und Holzschnittfolgen.

A. L. Ausstellungskatalog, Graz (1971)

LESKY, Albin, * 7. 7. 1896 in Graz, Altphilologe. Studierte in Graz und wurde 1936 Univ.-Prof. in Innsbruck (bis 1948) und 1949–66 in Wien, 1963 Vizepräsident der Akademie der Wissenschaften. Seine Arbeiten umfassen die ganze Antike, in erster Linie beschäftigte sich L. mit Homer und der griechischen Tragödie und Mythologie. Wichtige Publikationen: sein Hauptwerk „Die griechische Tragödie" (1938, 2. Aufl. 1958), „Thalatta" (1947), „Die tragische Dichtung der Hellenen" (1956) und „Geschichte der griechischen Literatur" (1957, 2. Aufl. 1963).

Festschrift anläßlich seines 60. Geburtstages (1956), hrsg. von R. Hanslik und W. Kraus

LESKY, Erna, * 22. 5. 1911 in Hartberg (St), † 28. 11. 1986 in Wien, Medizinhistorikerin. Studierte in Wien, wurde Univ.-Prof. und erwarb sich auf ihrem Gebiet durch mehrere Forschungsergebnisse einen ausgezeichneten Ruf. Ab 1960 Leiterin des Instituts für Geschichte der Medizin in Wien. Von ihren zahlreichen Publikationen sind zu erwähnen: „Arbeitsmedizin im 18. Jh." (1956), „Die Wiener geburtshilflich-gynäkologische Schule" (1961) und „Die Wiener medizinische Schule im 19. Jh." (1965).

LESSIAK, Primus, * 5. 3. 1878 in Köttmannsdorf (K), † 26. 1. 1937 in St. Martin bei Klagenfurt, Sprachforscher. Univ.-Prof. in Prag, in Freiburg in der Schweiz und in Würzburg. L. wurde zum Bahnbrecher der polyglotten Namenkunde und der Dialektgeographie. Seit 1921 gelähmt, arbeitete er dennoch wissenschaftlich weiter und gab die Zeitschrift für deutsche Dialektforschung, „Teuthonista", heraus, in der er einen Großteil seiner Forschungsergebnisse veröffentlichte. 1933 erschien „Beiträge zur Geschichte des deutschen Konsonantismus".

LETZTERGROSCHEN, Elisabeth, s. Elizza, Elise

LEUTHNER, Karl, * 12. 10. 1869 in Padechau (Böhmen), † 8. 5. 1944 in Wien, Journalist und sozialdemokratischer Politiker. War viele Jahre Redakteur der „Arbeiter-Zeitung", 1911–18 Reichsratsabgeordneter, 1919–34 Abgeordneter zum Nationalrat, wo er als leidenschaftlicher Redner bekannt war. L. gehörte zum deutschnationalen Flügel der sozialdemokratischen Parteiführung. Veröffentlichungen: „Volksimperialismus" (1915), „Das Ende der Monarchie" (1919) und „Religion und Sozialdemokratie" (1923).

LEUTHOLD von Säben, Minnesänger der ersten Hälfte des 13. Jh.s. Ist 1220/30 im Eisacktal nachweisbar. L. schuf Minnelieder und Sprüche in der Art des Walther von der Vogelweide, doch sind nur drei Lieder und einige Sprüche von ihm erhalten. In Reimar der Videlaere, der in gleicher Weise dichtete, hatte er einen scharfen politischen Gegner.

LEVITSCHNIGG, Heinrich, Ritter von Glomberg, * 25. 9. 1810 in Wien, † 24. 1. 1862 in Wien, Schriftsteller. Studierte in Wien Philosophie, Jus und Medizin. 1830–34 Offizier, lebte anschließend als freier Schriftsteller in Wien. Ab 1837 Mitarbeiter bei Saphirs (s. d.) Zeitschrift „Der Humorist" und der „Wiener Zeitung". Trat danach als Lyriker und Bühnendichter hervor. Sein „Tannhäuser", vertont von Franz von Suppé (s. d.), gelangte 1852 im Theater an der Wien rund hundertmal zur Aufführung. 1861 gründete er die Zeitschrift „Der Zeitgeist". L. veröffentlichte u. a.: „West-Östlich" (Gedichte, 1846), „Soldatenfibel" (1852), „Wien, wie es war und ist" (1860), „Leyer und Schwert" (1864).

LEWINSKY, Josef, * 20. 9. 1835 in Wien, † 27. 2. 1907 in Wien, Schauspieler. War bereits 1854 am Theater an der Wien tätig, 1858 engagierte ihn Laube (s. d.) an das Wiener Burgtheater, wo er später auch als Regisseur bedeutende Erfolge hatte. L. hatte sich bald zu einem profilierten Charakterdarsteller, vor allem des Intrigantenfachs (sein Franz Moor war berühmt), entwickelt. Später brillierte er auch in komischen Rollen und in Volksstücken. L. zählte auch durch seine hervorragende Sprechtechnik zu einem der besten Rezitatoren seiner Zeit. 1910 erschienen „Kleine Schriften dramaturgischen und theatergeschichtlichen Inhalts", hrsg. von seiner Frau Olga L.-Precheisen (* 7. 7. 1853 in Graz, † 26. 7. 1935 in Wien), in: Schriften der Gesellschaft für Theatergeschichte, Bd. 14.

Richter, H.: J. L. (1926)

LEXA von Aehrenthal, Aloys Graf, s. Aehrenthal, Aloys Graf Lexa von

LEXER, Matthias von, * 18. 10. 1830 in Liesing (K), † 16. 4. 1892 in Nürnberg, Germanist und Lexikograph. Studierte in Graz, Wien und Berlin und war nach seinem Studium 1855–57 Gymnasiallehrer in Krakau. Seit 1860 in Nürnberg ansässig, war er mit der sprachlichen Bearbeitung der „Deutschen Städtechroniken" beschäftigt. 1862 a. o., 1866 o. Univ.-Prof. in Freiburg im Breisgau, ab 1868 in Würzburg und ab 1891 in München. Sein Hauptwerk ist das noch heute gültige „Mittelhochdeutsche Handwörterbuch", 3 Bde. (1869–78) und das „Mittelhochdeutsche Taschenwörterbuch" (1879, 1966 in der 32. Aufl.). Weitere Veröffentlichungen u. a.: „Kärntisches Wörterbuch" (1862), „Über Walther von der Vogelweide" (1873).

LEYKAM, Andreas, * 1752 (?) in Mainz, † 12. 11. 1826 in Graz, Buchdrucker. Kam früh nach Wien, wo er bei Trattner (s. d.) den Beruf des Buchdruckers erlernte. L. erhielt 1781 die Erlaubnis, in Graz eine eigene Druckerei zu errichten, in der er bereits 1785 die „Grätzer Zeitung" drucken ließ. 1793 kaufte er die Leuzendorfer Papiermühle sowie drei Jahre später eine Druckerei und einen Zeitungsverlag hinzu. Seit 1806 galt L. als bedeutendster Buchdrucker der Steiermark. Seine Gründungen, die Buchdruckerei Leykam AG und die Papierfabrik Leykam-Josefsthal AG in Gratkorn bei Graz, existieren noch heute.

Innenansicht der Druckerei Leykam in Graz

LHOTSKY, Alfons, * 8. 5. 1903 in Wien, † 21. 6. 1968 in Wien, Historiker. Studierte in Wien und war 1938–46 am Kunsthistorischen Museum in Wien und ab 1946 als Prof. für ö. Geschichte an der Universität Wien tätig, außerdem viele Jahre Präsident des Instituts für Österreichkunde. L. profilierte sich als hervorragender Quellenkundler und trat für eine Verbindung von Geschichte und Kultur ein. Von seinen zahlreichen Publikationen sind u. a. zu nennen: „Ö. Kultur (1945), „Handschriftliche Denkmäler der Geschichte Ö.s" (1948), „Die Bibliothek Kaiser Friedrichs III." (1950), „Geschichte des Instituts für ö. Geschichtsforschung" (1954), „Quellenkunde der ö. Geschichte" (1961), „Ö. Historiographie" (1962), „Die Wiener Artistenfakultät 1365–1947" (1965) und „Aufsätze und Vorträge", hrsg. von H. Wagner und H. Koller, 4 Bde. (1970–75).

LIBÉNYI, János, * 8. 12. 1831 (Tauftag) in Csákvár (Ungarn), † 26. 2. 1853 in Wien (hingerichtet), Schneidergeselle und Attentäter. War während der Revolutionsjahre 1848/49 Militärschneider in der ungarischen Armee. Am 13. 2. 1853 überfiel er Kaiser Franz Joseph I. in Wien und verwundete ihn mit seinem Messer. Durch das Einschreiten Ettenreichs (s. d.) wurde der Kaiser lediglich leicht verletzt. L. wurde zum Tod verurteilt und durch den Strang hingerichtet. Zum Gedächtnis an das Attentat wurde von H. von Ferstel (s. d.) die Votivkirche errichtet.

LICHAL, Robert, * 9. 7. 1932 in Wien, ÖVP-Politiker. Wurde nach der Matura 1950 Rechnungsbeamter in der Nö. Landesregierung und absolvierte nebenher das Jusstudium, Promotion 1955. Als juristischer Referent an nö. Bezirkshauptmannschaften tätig, wurde er 1968 Obmann der Zentralpersonalvertretung der nö. Landesbediensteten und 1973 Vorsitzender-Stellvertreter der Gewerkschaft Öffentlicher Dienst. 1976–79 Mitglied des Bundesrats, 1979 Abgeordneter zum Nationalrat; war bis 1985 Sicherheitssprecher der ÖVP.

L

Lichnowski Eduard Maria · Lichtblau Ernst · Lieben Adolf von · Lieben Leopold von · Lieben Robert von · Liebenberg Johann Andreas von · Liebenberg Ignaz · Liebitzky Emil · Liebmann Ignaz · Liechtenstein Alfred · Liechtenstein Aloys

Seit 1985 Vorsitzender der Fraktion christlicher Gewerkschafter im ÖGB, seit 20. 1. 1987 Bundesminister für Landesverteidigung in der Koalitionsregierung Vranitzky – Mock.

LICHNOWSKI, Eduard Maria Fürst, * 19. 9. 1789 in Wien, † 1. 1. 1845 in München, Geschichtsschreiber. Entstammt einer alten schlesischen und in Ö. und Preußen begüterten Adelsfamilie, die 1702 in den Freiherrenstand, 1727 in den böhmischen Grafenstand, 1773 in den preußischen und 1846 in den ö. Fürstenstand erhoben wurde; seit 1740 führte die Familie auch den Namen der Grafen von Werdenberg. L. studierte in Göttingen und in Leipzig, mußte sich aber nach dem Tod seines Vaters Franz (1814) um die umfangreichen Besitzungen kümmern. Geschickt verbesserte er die Erträge und führte in der Schafzucht das Merinoschaf im deutschen Raum ein. Gestützt auf seine umfangreiche Bibliothek, beschäftigte er sich immer stärker mit Geschichte und Kunstgeschichte. Sein erstes Ergebnis waren vier reich mit Kupfern ausgestattete Hefte, „Denkmahle der Baukunst und Bildnerey des Mittelalters in dem ö. Kaiserthume" (1817–22), denen schließlich sein großangelegtes Hauptwerk „Geschichte des Hauses Habsburg" folgte. Leider erschienen zwischen 1836–44 nur acht Bände; die Geschichte reichte nur bis Kaiser Maximilian I., doch enthalten die Bücher eine bedeutende Regesten- und Urkundensammlung. Der katholisch-kaisertreu orientierte L. wurde als „Geschichtsschreiber des ö. Kaiserhauses" bezeichnet.

LICHTBLAU, Ernst, * 24. 6. 1883 in Wien, † 8. 1. 1963 in Wien, Architekt. Nach seinem Studium an der Akademie der bildenden Künste in Wien bei Otto Wagner (s. d.) gehörte er dem Kreis um J. Hoffmann (s. d.) an. 1939 emigrierte er in die USA, wo er bis 1951 Lehrer an der Rhode Island School of Design war. In Wien schuf er mehrere Häuser, Wohnhausanlagen der Gemeinde Wien („Julius-Ofner-Hof", 1926, und „Paul-Speiser-Hof", 1929) und ein Doppelhaus in der Werkbundsiedlung.

Gmeiner, A., und Pirhofer, G.: Der ö. Werkbund (1985)

LIEBEN, Adolf von, * 3. 12. 1836 in Wien, † 6. 6. 1914 in Wien, Chemiker, Pionier der organischen Chemie. Der Onkel von Robert von L. (s. d.) studierte in Wien und wurde Univ.-Prof. in Palermo, Turin, Prag und 1875–1906 in Wien. L. entdeckte die nach ihm benannte „L.sche Jodoform-Reaktion" und begründete eine neue, auf der Theorie der Atomverkettung basierende Richtung der organischen Chemie. Ab 1910 war L. Mitglied des Herrenhauses.

Selbstbiographie, in: Festschrift für A. L. zum 50jährigen Doktorjubiläum und 70. Geburtstag. (1906)

LIEBEN, Leopold von, * 7. 5. 1835 in Wien, † 10. 3. 1915 in Wien, Bankier und Finanzfachmann. Bruder des Chemikers A. v. L. (s. d.). Leitete gemeinsam mit seinem Bruder Richard das 1862 gegründete Bankhaus Lieben & Co., das sehr bald in den Kreisen der Hochfinanz und der Industrie großes Ansehen genoß. L. wurde Präsident und Vizepräsident mehrerer bedeutender Aktiengesellschaften und war auch mehrere Jahre als Generalrat der Ö.-ungarischen Bank tätig. Daneben wirkte er als beeideter „Inventur- und Schätzungskommissär" an der Wiener Börse, wurde 1873 k. k. Börsenrat, 1891 Zweiter und 1897 Erster Vizepräsident und 1911 Präsident der Wiener Börse. Sein Nachfolger als Präsident formulierte L.s Tätigkeit in einem Nachruf: „Die Grundpfeiler des heutigen Börsenverkehrs, . . . kurz alles, was in mehr als vier Dezennien Ersprießliches und Nützliches für unsere Börse geschaffen wurde, ist unter seiner sachkundigen Mitarbeiterschaft und vielfach auch auf seine eigene Initiative hin entstanden . . ." In L.s Haus verkehrten namhafte Künstler und Gelehrte, die er auch großzügig förderte.

LIEBEN, Robert von, * 5. 9. 1878 in Wien, † 20. 2. 1913 in Wien, Physiker und Erfinder. Sohn des Bankiers Leopold von L. (s. d.). Im elterlichen Haus stand ihm ein eigenes Laboratorium zur Verfügung. Um sein Wissen auch praktisch zu erweitern, arbeitete er als Volontär bei Siemens-Schuckert in Nürnberg und studierte anschließend bei Exner (s. d.) in Wien und an der Universität Göttingen physikalische Chemie. Bereits mit 18 Jahren gelang ihm die Konstruktion eines Apparats zur photographischen Aufnahme des Auges, eines Drehstrommotors und eines elektromagnetischen Getriebes für den Automobilbetrieb. Daneben beschäftigte er sich intensiv mit den soeben entdeckten Röntgenstrahlen. Nach Wien zurückgekehrt, erwarb er 1904 eine Telephonfabrik, da er die Notwendigkeit und Wirtschaftlichkeit dieser neuen Kommunikationsmöglichkeit erkannt hatte. Zur Überwindung größerer Entfernungen war eine Verstärkereinrichtung nötig. L. entwickelte sein „Kathodenstrahlenrelais", das er 1905 erfolgreich erprobte. L. meldete 1906 für die „L.sche Verstärkerröhre", wie man sie später nannte, das erste Patent für ein „Kathodenstrahlenrelais für Stromwellen bis zu den höchsten Frequenzen" an. 1910 kam eine Glühkathodenröhre mit Gittersteuerung hinzu, die zur wesentlichen Grundlage für die Entwicklung der Radio- und Telephontechnik wurde. Zusätzlich wurde L.s Verstärkerröhre aber auch für die Forschung in der Physik und Physiologie von Bedeutung.

Robert von Liebens Verstärkerröhre

Mache, H.: Ö.s große Physiker und ihre Spitzenleistungen, Schriften des Pädagogischen Instituts der Stadt Wien, Heft 13, o. J.; Ö. Naturforscher und Techniker, hrsg. von der Ö. Akademie der Wissenschaften (1950)

Robert von Lieben

LIEBENBERG, Johann Andreas von, * 29. 11. 1627 in Wien, † in der Nacht vom 9. zum 10. 9. 1683 im belagerten Wien, Bürgermeister. Sein Vater war der 1622 nobilitierte Hofkanzleiregistrator Johann Liebenberger von Liebenberg. Trat früh in die Dienste der Stadt Wien, war ab 1652 Registrator, ab 12. 2. 1653 „gemainer Stadt Expeditor", also Leiter der städtischen Kanzlei. 1655 Mitglied des Äußeren Ratskollegiums, 1660 Oberraithandler und damit Chef der städtischen Rechnungsbeamten. Als solcher war er für das Vermögen der Waisen verantwortlich. L. geriet, ebenso wie sein Nachfolger Andreas Cöler, in den Verdacht, bedeutende Summen aus diesem hinterlegten Vermögen unterschlagen zu haben. Es wurde L. jedoch kein öffentlicher Prozeß gemacht, er mußte allerdings eine Wiedergutmachungsverpflichtung eingehen. Ab 1665 Stadtgerichtsbeisitzer, ab 1675 Mitglied des Inneren Rates, 1678–80 Stadtrichter, seit 1680 Bürgermeister von Wien. Im Pestjahr 1679 erwarb sich L. als verantwortliches Mitglied des „Collegium sanitatis" große Verdienste bei der Durchführung und Überwachung der Seuchenbekämpfung, wofür er den Titel „Kaiserlicher Rat" erhielt. Vor und während der Zweiten Türkenbelagerung überwachte er persönlich die Verteidigungsvorbereitungen und die Schanzarbeiten und nahm sich der Organisation der Bürgerwehr an. Von der höfischen Geschichtsschreibung lange vernachlässigt, erinnerten sich die Bürger Wiens erst zum Jubiläum 1883 an ihren Bürgermeister. So wurde ihm auf der Mölkerbastei ein Denkmal errichtet und an seinem Haus Am Hof eine Gedenktafel angebracht.

Renner, V.: J. A. v. L., der r. k. Majestät Rat und Bürgermeister von Wien (1883); Uhlirz, K.: Zur Biographie des Bürgermeisters L., in: Mitteilungen des Ö. Instituts für Geschichtsforschung 8, 1887; Czeike, F.: Wien und seine Bürgermeister (1974), Altfahrt, M.: Bürgermeister J. A. L. Ausstellung des Wr. Stadt- u. Landesarchivs (1983)

LIEBENBERG, Ignaz, Ritter von Zsittin (seit 1817), * um 1772 in Temesvár als Ignaz Liebmann, † 10. 6. 1844 in Wien, Kaufmann. Kam um 1792 nach Wien und gründete etwa 1800 ein Großhandelshaus, das in kurzer Zeit im Raum NÖ mehrere große Schafzuchtanstalten errichtete. Innerhalb von zwölf Jahren hatte L. mit seinen Wollprodukten einen Umsatz von rund 15 Millionen Gulden erzielt, wobei ein Großteil davon auf das Exportgeschäft entfiel. Für seine vielen wohltätigen Stiftungen wurde L. 1817 in den Adelsstand mit dem Prädikat „von Liebenberg", 1829 in den Ritterstand mit dem Prädikat „von Zsittin" (nach einem Großgrundbesitz im ungarischen Komitat Krassó) erhoben. Sein Sohn Karl Emanuel (1796–1855) führte das Unternehmen weiter und stiftete 1848 für die Krieger des Revolutionsjahrs in Bad Ischl ein Heim. Sein Sohn Leopold (1800–1848) war Direktor der Oesterreichischen Nationalbank.

Schabracke mit dem Hauswappen der Liechtenstein

LIEBITZKY, Emil, * 5. 10. 1892 in Dux (Böhmen), † 12. 4. 1961 in Wien, Berufsoffizier und Militärdiplomat. Absolvierte die Technische Militärakademie in Mödling und wurde 1913 Leutnant. Im Ersten Weltkrieg Artillerieoffizier, wurde mehrfach ausgezeichnet und arbeitete in den letzten Kriegsmonaten als Oberleutnant im Generalstab. Nach 1918 blieb er im aktiven Dienst und studierte nebenher Staatswissenschaften an der Universität Wien. 1926 Major, 1930 Erster Adjutant von Heeresminister Carl Vaugoin (s. d.), 1933–38 Oberst im Generalstab und Militârattaché in Rom. Am 12. 8. 1936 warnte Benito Mussolini L. vor der Aggressionspolitik Adolf Hitlers mit den Worten „Zwanzig Monate hat Ö. noch Zeit" – eine Zeitangabe, die auf den Tag genau stimmte. – Nachdem man L. zuerst in Rom auf Adolf Hitler vereidigt hatte, mußte er kurze Zeit darauf dennoch aus dem aktiven Militärdienst ausscheiden. Als am 15. Juli 1955 das Amt für Landesverteidigung eingerichtet wurde, erhielt L. als Generalmajor dessen Leitung übertragen. Als Organisator des neuen ö. Bundesheers beendete er seine Laufbahn.

Jedlicka, L.: Vom alten zum neuen Ö. (1975)

LIEBMANN, Ignaz, s. Liebenberg von Zsittin

LIECHTENSTEIN, Alfred Prinz von und zu, * 11. 7. 1842 in Prag, † 8. 10. 1907 auf Schloß Frauenthal (St), katholisch-konservativer Politiker und Gutsbesitzer. Nach Beendigung des Rechtsstudiums ab 1864 zunächst Offizier, kümmerte er sich dann aber mehr um seinen Gutsbesitz in Hollenegg (St) und war 1879–86 Reichsratsabgeordneter. Als Befürworter eines konfessionellen Schulwesens gründete er nach der Spaltung der Rechtspartei von Hohenwart (s. d.) 1881 mit seinem Bruder Aloys (s. d.) den deutsch-klerikalen „L.-Klub" und war ab 1887 Mitglied des Herrenhauses. Gemeinsam mit Aloys trat er 1883 bei einer Gewerbeenquete für eine Verkürzung der Arbeitszeit auf 60 Wochenstunden sowie für ein Verbot der Kinder- und Feiertagsarbeit ein.

LIECHTENSTEIN, Aloys Prinz von und zu, * 18. 11. 1846 in Wien, † 25. 3. 1920 in Wien, christlichsozialer Politiker und Sozialreformer. Jüngerer Bruder von Alfred von und zu L. (s. d.). Trat nach Absolvierung des Jusstudiums in das Regiment seines Vaters (Franz, † 1887) ein, wechselte aber 1869 in den diplomatischen Dienst über, wo er als Attaché ab 1870 in München, London und Berlin tätig war. 1873 schied er aus der Diplomatie aus, um sich nur mehr der ö. Innenpolitik zu widmen. 1879–89 und 1891–1911 Reichsratsabgeordneter, war er 1912–18 Mitglied des Herrenhauses. Ab 1875 mit Karl Frh. v. Vogelsang (s. d.) befreundet, trat er 1880 auf dem Parteitag in Linz für einen Zusammenschluß aller Rechten im Reichsrat („Eiserner Ring") ein und gründete gemeinsam mit seinem Bruder Alfred 1881 den deutsch-klerikalen „L.-Klub", eine Vereinigung, die das christlich und sozialreformerisch orientierte Zentrum umfaßte. Schon 1883 stellte L. sich mit seinem Bruder an die Spitze mehrerer Adeliger und forderte auf einer Gewerbeenquete die Verkürzung der Arbeitszeit auf 60 Wochenstunden sowie ein Verbot der Kinder- und Feiertagsarbeit. Wegen seiner sozialen Einstellung wurde er heftig von Parteifreunden und den Liberalen kritisiert und angegriffen, schließlich auch „der rote Prinz" genannt. Wegen L.s Antrag zur Einführung konfessioneller Schulen kam es 1888 zum Bruch mit den Konservativen, und er legte 1889 sein Mandat nieder. Der nun enger gewordene Kontakt zu den antisemitisch orientierten „Vereinigten Christen" und zu Dr. Karl Lueger (s. d.) sowie den Theoretikern der christlichen Soziallehr-

JOHANN ANDREAS LIEBENBERG
Organisator des Widerstands 1683

„Durch die furchtbare Nothlage gedrängt, entwickelten die in Wien Zurückgebliebenen eine fieberhafte Thätigkeit. Im Stadtrathe gieng den Bürgern mit seltener Thatkraft und Hingebung Bürgermeister Andreas von Liebenberg voran. Auf seinen Befehl hatten sogleich alle Häuser je einen Mann zur Schanzarbeit beizustellen, die Pferdebesitzer ihre Gespanne zur Aufführung der Geschütze herzugeben und die Bewohner der Vorstädte mit ihrer Habe und ihren Victualien in die Stadt zu ziehen. Gleichzeitig

wurden Einleitungen zu einer Verproviantierung der Stadt für längere Zeit getroffen und mit der Errichtung der Contrescarpen und der Setzung der Pallisaden begonnen. Um die Bürger zur Mitarbeit aufzumuntern, führte Bürgermeister Liebenberg eigenhändig einen Schiebkarren mit Erde und der Stadtcommandant Graf Starhemberg hielt eine öffentliche Ansprache an die Bevölkerung, worin er zur muthigen Ausdauer aufmunterte."

Karl Weiß, Geschichte der Stadt Wien, Band 2 (1883)

re führte ab 1891 zu seiner Tätigkeit als christlichsozialer Reichsratsabgeordneter, als deren Vertreter L. 1896–1902 im nö. Landtag saß. 1906–18 war er überdies Landmarschall von NÖ. Schließlich kam auf seine Initiative hin 1906 der Zusammenschluß der Katholisch-Konservativen mit den Christlichsozialen zustande; nach dem Tod Luegers war er bis 1918 der Führer der Partei. 1918 trat er von allen Funktionen zurück.

Funder, F.: Aufbruch zur christlichen Sozialreform (1953); Allmayer-Beck, J. C.: Der Konservativismus in Ö. (1959)

LIECHTENSTEIN, Johann Joseph Fürst von und zu, * 26. 6. 1760 in Wien, † 20. 4. 1836 in Wien, Heerführer. Trat 1782 in die ö. Armee ein und zeichnete sich bereits im Türkenkrieg von 1788–91 als Major aus. 1794 Generalmajor. 1799–1809 gegen die Franzosen kämpfend, entschied L. mit seiner Kavallerie in der Schlacht an der Trebbia (Oberitalien, 17.–19. 6. 1799) den Sieg und wurde zum Feldmarschalleutnant befördert. Obwohl er im März 1805 an die Regierung des Fürstentums gekommen war, trat er sie 1806 an seinen Sohn ab. Nach der Niederlage von Austerlitz führte er die Waffenstillstandsverhandlungen und unterzeichnete anschließend den Frieden von Preßburg (26. 12. 1805). Am Sieg von Erzherzog Karl (s. d.) in der Schlacht bei Aspern vom 21. und 22. 5. 1809 maßgeblich beteiligt, konnte L. bei der nachfolgenden Niederlage von Deutsch-Wagram seine Positionen behaupten. Zum Feldmarschall befördert, führte L., nachdem Erzherzog Karl vom Kommando zurückgetreten war, die Verhandlungen, die zum Frieden von Schönbrunn (14. 10. 1809) führten. Nach dem endgültigen Frieden widmete er sich nur mehr gemeinnützigen Unternehmungen und seinen Gütern in Eisgrub (Mähren) sowie in der Nähe von Baden (NÖ).

Criste, O.: Feldmarschall J. Fürst v. L. (1905); Stekl, H.: Ö.s Aristokratie im Vormärz (1973)

LIECHTENSTEIN, Joseph Wenzel Fürst von und zu, * 10. 8. 1696 in Prag, † 10. 2. 1772 in Wien, Heerführer und Diplomat. Trat früh in die ö. Armee ein und zeichnete sich bereits in den Türkenkriegen 1716–18 sowie im Polnischen Thronfolgekrieg aus. 1734/35 unter Prinz Eugen von Savoyen (s. d.) am Rhein kämpfend, wurde L. 1735 ö. Gesandter in Berlin, 1737–41 in Versailles. Im Ö. Erbfolgekrieg kämpfte er in Schlesien und Böhmen, wurde 1745 Feldmarschall und Oberbefehlshaber in Italien, wo er am 16. 6. 1746 die Franzosen bei Piacenza schlug. Er gab den Oberbefehl bald krankheitshalber ab und reorganisierte nach seiner Genesung als Generalartilleriedirektor das ö. Geschützwesen. 1748 erbte er das Fürstentum L.

LIECHTENSTEIN, Karl Eusebius Fürst von und zu, * 12. 9. 1611 in Wien, † 5. 4. 1684 in Wien, Kunstmäzen. War ein ausgezeichneter Kunstkenner und Förderer der Künste, neben Prinz Eugen von Savoyen (s. d.) wohl der bedeutendste des barocken Wien. Zwischen 1670 und 1680 verfaßte er ein umfangreiches Werk über die Architektur und legte den Grundstock zur L.schen Gemäldegalerie, die sein Sohn und Nachfolger Hans Adam L. wesentlich erweiterte und in dem 1694 erworbenen Stadtpalais L. unterbrachte.

LIECHTENSTEIN, Max Fürst von und zu (seit 1623), * 1578, † 29. 4. 1645, Heerführer und Staatsmann. Trat in den ö. Hofdienst ein und wurde Kammerherr und Oberstallmeister von Kaiser Matthias (s. d.). Als Offizier bewährte er sich gegen die Türken bei Kanizsa und Gran, kämpfte anschließend gegen die rebellierenden Bauern und nahm an der Schlacht am Weißen Berg (8. 11. 1620) teil. Danach für kurze Zeit Statthalter in Böhmen, Geheimer Rat und Hofkriegsrat, wurde L. Feldzeugmeister, 1623 in den Fürstenstand erhoben und war 1638 Befehlshaber an der Raab. Im Alter zog er sich in ein Minoritenkloster zurück, wo er als einfacher Mönch starb.

LIECHTENSTEIN-NIKOLSBURG, Hans von, * um 1340, † 1398 in Wien, Grundbesitzer. Entstammte einer Adelsfamilie, der schon im 12. Jh. das Stammschloß Liechtenstein bei Mödling gehörte. L., der seit 1358 urkundlich nachweisbar ist, vermehrte geschickt seinen ererbten Besitz in Mähren (Nikolsburg) sowie in NÖ und in OÖ. Ab 1368 Hofmeister Herzog Albrechts III., baute er dieses Amt zu einer bedeutenden Position aus. Albrecht III. (s. d.) und Leopold III. (s. d.) überließen ihm und weiteren zwei Adeligen sowie zwei Wiener Bürgern 1370–74 für 17 000 Pfund Pfennig jährlich die Einnahmen von NÖ und OÖ, um so das Landesbudget sanieren zu können. L. war auch diplomatisch tätig und wirkte bei den habsburgischen Teilungsverträgen von 1373 und 1379 mit. 1391 erwarb er das Patronat über die Kirche Maria am Gestade in Wien und veranlaßte 1394 den Bau eines neuen Langhauses. Ende 1394 wurde L. in einem Geheimprozeß auf Befehl Herzog Albrechts III. vorübergehend verhaftet und seiner Güter für verlustig erklärt, doch erhielt er 1395 einen Teil wieder zurück.

Falke, J.: Geschichte des fürstlichen Hauses L., Band 1 (1868); Diglskron, C.: Geschichte der Kirche Unserer Lieben Frau am Gestade zu Wien (1882)

Plan der Schlacht von Aspern (21./22. 5. 1809), an der Johann Joseph Fürst Liechtenstein maßgeblich beteiligt war

LIECHTENSTERN, Joseph Max Freiherr von, * 12. 2. 1765 in Wien, † 10. 10. 1828 in Buchholz bei Berlin, Pionier der ö. Kartographie. Schloß seine juridischen Studien an der Universität Wien 1785 ab, wurde 1787 Jurist auf den Fürst Schwarzenbergischen Herrschaften Murau und Frauenburg (St) und übernahm ab 1790 die Verwaltung der Güter des Grafen Thun und des Fürsten Batthyány. Trotzdem fand er Zeit für wissenschaftliche Tätigkeit und gründete 1790 in Wien die „Cosmographische Gesellschaft" und das gleichnamige Institut, das Gelehrte mehrerer Disziplinen zusammenfaßte. Zwischen 1793 und 1797 veröffentlichte er den ersten wirtschaftsgeographischen Atlas, den „Ungarischen Producten-Atlas". Ab 1797 gab er als Organ der Gesellschaft die „Geographisch-statistische Monathsschrift" heraus und wenig später das „Archiv für Geographie und Statistik, ihre Hilfwissenschaften und Litteratur, mit vorzüglicher Rücksicht auf die ö. Staaten", das 1811/12 als „Archiv für Welt-, Erde- und Staatenkunde, ihre Hilfswissenschaften und Litteratur" und ab 1814 als „Allgemeiner Anzeiger historisch-politischen und statistischen Inhalts" erschien. 1797 begann er die trigonometrische Aufnahme des Landes ob der Enns und vollendete mit K. J. Kipferling den von Kindermann (s. d.) begonnenen „Ö. Nationalatlas". Sein Hauptwerk, eine große Karte von Mitteleuropa, von der nur 45 Blätter erschienen, blieb unvollendet. Verschiedene Veröffentlichungen brachte er unter dem Pseud. Klein heraus. L. gilt auch als Vorkämpfer einer staatlichen Statistik in Ö., das Statistische Büro wurde nach seinen Plänen 1829 gegründet.

Galawagen des Fürsten Joseph Wenzel Liechtenstein (Wagenburg von Schönbrunn)

LIEGLER, Leopold, * 30. 6. 1882 in Wien, † 8. 10. 1949 in Wien, Schriftsteller und Literaturkritiker. Eignete sich seine literarische Bildung autodidaktisch an. Freund von Karl Kraus (s. d.). 1899–1913 arbeitete er als Beamter im Finanzministerium, danach als Buchhalter der Akademie der Wissenschaften in Wien. L. wirkte auch als Vortragender an Volkshochschulen und veröffentlichte literaturkritische Artikel in Ludwig von Fickers (s. d.) Zeitschrift „Der Brenner". 1945 wurde L. provisorischer Leiter der Literaturabteilung des ö. Rundfunks in Wien. Er veröffentlichte u. a.: „Karl Kraus und die Sprache" (Vortrag, 1917), „Karl Kraus und sein Werk" (1930, 2. Aufl. 1933), „Zu Goethes Lyrik" (1932). 1925 gab er J. Nestroys „Ausgewählte Werke" heraus.

LIESS, Andreas Karl Friedrich, * 16. 6. 1903 in Klein-Kniegnitz am Zobten (Niederschlesien), Musikschriftsteller und -historiker. Studierte in Wien und promovierte 1928. Anschließend lehrte er am Konservatorium Musikgeschichte, wurde 1964 a. o. und 1972 o. Prof. an der Musikhochschule. 1951 erhielt er den Preis der Stadt Wien und 1956 den Theodor-Körner-Preis. L. veröffentlichte mehrere Biographien und musikgeschichtliche Werke, darunter u. a.: „Claude Debussy", 2 Bde. (1936), „Josef Marx" (1943), „Wiener Barockmusik" (1946), „J. J. Fux" (1948), „Die Musik im Weltbild der Gegenwart" (1949), „Franz Schmidt" (1951), „J. M. Vogl" (1954), „Carl Orff" (1955), „Fuxiana" (1958), „Die Musik des Abendlandes im geistigen Gefälle der Epochen" (1970), „Der Weg nach innen" (1973).

Berger, G.: Die historische Dimension im musikphilosophischen Denken A. L.s und Th. W. Adornos (1971)

LIGNE, Karl Joseph Fürst von, * 12. 5. 1735 in Brüssel, † 13. 12. 1814 in Wien, Heerführer und Diplomat. Entstammte einem alten belgischen Adelsgeschlecht, das sich nach dem Städtchen L. bei Tournai nannte. Er studierte klassische Literatur und Kriegswissenschaften und trat 1755 in ö. Dienste. Als Offizier im Siebenjährigen Krieg bewährt, führte er als Generalleutnant im Bayerischen Erbfolgekrieg die Vorhut. Nach dem Frieden von Teschen (1779) bereiste L. mehrere europäische Länder und war auch im diplomatischen Dienst eingesetzt. Zarin Katharina II. verlieh ihm den Titel eines russischen Feldmarschalls und schenkte ihm ein Landgut auf der Krim. 1789 befehligte er einen Teil des Heeres unter General Laudon (s. d.) bei der Belagerung und Einnahme Belgrads. Als Kaiser Napoleon 1803 die Güter seines Hauses einzog, übertrug L. seine Rechte an seinen Sohn. Als besonders geistvoller Vertreter der Aufklärung stand L. mit den bedeutendsten Männern seiner Zeit im Briefwechsel, so etwa mit Voltaire, Rousseau, Goethe, Wieland, aber auch mit Zarin Katharina II. und König Friedrich II. von Preußen. 1808 wurde er von Kaiser Franz I. (II., s. d.) zum Feldmarschall ernannt. Seine 34 Bände umfassenden Schriften erschienen 1795–1811 in französischer Sprache unter dem Titel „Mélanges militaires, littéraires et sentimentaires", denen sich 1817 in sechs Bänden „Œuvres posthumes" anschlossen. Außerdem veröffentlichte er u. a. 1809 „Vie du prince Eugène de Savoie". Als charmanten Unterhalter nannte man L. „Wiens letzten Kavalier des Rokoko" und „Maître-de-plaisir des Wiener Kongresses". Von ihm stammt der – oft auch falsch zitierte – Ausspruch: „Dieser Kongreß tagt nicht, er tanzt." Außerdem wurde er der „rosarote Prinz" genannt, da seine Vorliebe für diese Farbe so groß war, daß nicht nur er, sondern auch seine Umgebung rosarot gehalten war – die Diener, die Kutschen, sein Schreibpapier und sein (daran heute noch erkennbares) Haus auf der Mölkerbastei.

Thürheim, F.: Feldmarschall K. J. Fürst de L. (1876)

LIHOTZKY, Margarete, s. Schütte-Lihotzky, M.

LIND, Jakov, (eigtl. Jakov Landwirt), * 10. 2. 1927 in Wien, Schriftsteller. Emigrierte 1938 in die Niederlande, wo er im Untergrund lebte, und schlug sich später nach Palästina durch. Seit 1945 lebt L. in London. Im Mittelpunkt seiner Werke stehen Angst, Terror sowie Grotesk-Absurdes. Er schrieb Romane, Hörspiele und Erzählungen, u. a.: „Eine Seele aus Holz" (Erzählung, 1963), „Landschaft in Beton" (Roman, 1963), „Selbstporträt" (Erinnerungen, 1969), „Nahaufnahme" (Hörspiel, 1972), „Der Ofen" (Erzählung, 1973).

LIND, Karl, * 28. 5. 1831 in Wien, † 30. 8. 1901 in Wien, Beamter und Privatgelehrter. Der Sohn eines nö. Buchhaltungsregistrators studierte in Wien und Graz Jus und promovierte 1857 in Graz zum Dr. jur. und war 1855–60 in der Kanzlei des Gerichtsadvokaten Dr. Kajetan Felder (s. d.), des späteren Wiener Bürgermeisters, tätig. 1861 trat er in das Ministerium für Handel und Volkswirtschaft ein, wurde 1882 Sektionsrat im Ministerium für Cultus und Unterricht und 1892 Ministerialrat. Ab 1857 hatte er die Geschäftsleitung des „Alterthums-Vereins" in Wien, des heutigen Vereins für Geschichte der Stadt Wien, inne. L. erwarb sich große Verdienste um die Herausgabe der alten Pläne der Stadt. Seit 1867 redigierte er die „Mitteilungen der k. k. Central-Commission für Kunst- und historische Denkmale". Ihm wurden mehrere in- und ausländische Ehrungen zuteil.

LINDEMAYER, Markus (Kajetan), * 17. 11. 1723 in Neukirchen (OÖ), † 19. 6. 1783 in Neukirchen, Benediktinerpater und Begründer der oö. Mundartdichtung. Der Sohn eines armen Schullehrers kam in die Singschule des Stifts Lambach (OÖ), wo man seine Talente erkannte und förderte. Trat 1746 in den Benediktinerorden ein und wurde 1749 zum Priester geweiht. 1754–59 Prior der Benediktinerabtei Lambach. Auf seinen Wunsch hin wurde er ab 1760 Pfarrer in seinem Geburtsort Neukirchen. L. vollzog in seinen Mundartkomödien mit typisch aufklärerischer Moraltendenz den Übergang vom Barocktheater zum Volksspiel. Erst 1822 erschienen „Sämtliche Dichtungen in oö. Volksmundart".

LINDNER, Robert, * 19. 6. 1916 in Wien, † 6. 6. 1967 in Wien, Kammerschauspieler. Trat nach seiner Ausbildung zuerst am Deutschen Volkstheater, dann am Theater in der Josefstadt auf. Ab 1952 am Wiener Burgtheater, wurde 1963 Kammerschauspieler. War vor allem im Rollenfach des soignierten Bonvivants unübertroffen (Schnitzlers Anatol, Graf Bühl im „Schwierigen", Prinz in Molnárs „Schwan" u. a.).

LINDTBERG, Leopold, * 1. 6. 1902 in Wien, † 18. 4. 1984 in Sils-Maria (Oberengadin), Schauspieler und Regisseur. Nach seiner Ausbildung zum Schauspieler wandte er sich bald der Regie zu und war schon ab 1933 Regisseur am Schauspielhaus Zürich. Als ständiger Gastregisseur am Wiener Burgtheater sowie in Berlin und München war er 1963/64 in Wien auch Prof. am Reinhardt-Seminar und daneben 1963–65 Leiter der Filmschule an der Akademie für Musik und darstellende Kunst, 1965–68 Direktor des Schauspielhauses in Zürich. Erhielt u. a. 1962 die Kainz-Medaille und die Ehrenmedaille der Stadt Wien, 1965 den Grillparzer-Ring. Erfolgreich war L. auch als Filmregisseur. Zu seinen bekanntesten Filmen zählen „Die mißbrauchten Liebesbriefe" (1940), „Die letzte Chance" (1944/45) und „Die Vier im Jeep" (1951).

LINGEN, Theo (eigtl. Franz Theodor Schmitz), * 10. 6. 1903 in Hannover, † 10. 11. 1978 in Wien, Bühnen- und Filmschauspieler. Wurde nach seiner Ausbildung Charakterdarsteller vorwiegend im komischen Fach. L. trat 1929–44 an Berliner Bühnen auf, ab 1948 überwiegend am Wiener Burgtheater.

Theo Lingen

1945 war er kurze Zeit Bürgermeister von St. Gilgen (S). Neben seiner Bühnentätigkeit spielte er rund 200 Filmrollen, oft mit Hans Moser als Partner, und verfaßte auch einige Lustspiele, darunter „Theophanes" (1947). 1964 veröffentlichte er „Ich über mich". Seine erfolgreichsten Filmrollen waren u. a. in: „Walzerkrieg" (1933), „Kleiner Mann – was nun?" (1933), „Tanz auf dem Vulkan" (1938), „Opernball" (1939), „Sieben Jahre Pech" (1940), „Das Fräulein von Barnhelm" (1940), „Frau Luna" (1941, führte auch Regie), „Johann" (1943), „Der Theodor im Fußballtor" (1951), „Pension Schöller" (1960), „Die fromme Helene" (1965) und „Das große Glück" (1967).

Eser, W.: T. L., Komiker aus Versehen (1986)

LIPP, Wilma, * 26. 4. 1925 in Wien, Kammersängerin, Sopranistin. Studierte an der Wiener Akademie und bei Toti dal Monte in Mailand. 1943 debütierte sie in Wien als Rosina

Wilma Lipp als Zerbinetta in Richard Strauss' „Ariadne auf Naxos"

und war ab 1945 Mitglied der Wiener Staatsoper. Sang außerdem als Gast an allen großen Opernhäusern Europas sowie bei den Salzburger und Bayreuther Festspielen. L. absolvierte auch erfolgreiche Konzerttourneen in den USA und Südamerika. Als Gesangspädagogin in Wien und bei der Salzburger Sommerakademie tätig. Sie sang überwiegend Koloraturpartien, darunter als eine ihrer begehrtesten die Königin der Nacht in Mozarts „Zauberflöte".

LIPPERT, Georg, * 27. 1. 1908 in Wien, Architekt. Absolvierte die Technische Hochschule in Wien und war ein Schüler von Clemens Holzmeister (s. d.) an der Meisterschule der Akademie der bildenden Künste. Schuf u. a. den Opernringhof, das Hotel Prinz Eugen, das Winterthur-Bürogebäude neben der Karlskirche, das Gebäude der Bundesländerversicherung, das Diana-Zentrum und das Hoffmann-La-Roche-Gebäude in Wien.

LISOLA, Franz Paul von, Reichsfreiherr (seit 1659), * 22. 8. 1613 in Salins (Frankreich), † 13. 12. 1674 in Wien, Diplomat. Der Sohn eines wohlhabenden Lyoner Kaufmanns trat 1638 in die Dienste Kaiser Ferdinands III. Durch seine Kenntnis fast aller europäischen Staaten und dank seines hervorragenden politischen Talents diente er Ö. vor allem im Kampf gegen die französischen Hegemoniebestrebungen. Während des Nordischen Kriegs brachte er das kaiserliche Bündnis mit Polen und dem Großen Kurfürsten gegen Schweden zustande. Im diplomatischen Dienst tätig, war er u. a. 1640, 1641–45 und 1666–68 Gesandter in England, 1657/58 in Brandenburg, 1662 in Polen, 1664–66 in Spanien und 1672/73 in den Generalstaaten. Zahlreiche Wiederbelebungen habsburgischer Beziehungen und Bündnisse waren seinem Wirken zu verdanken.

Pribram, A. F.: F. P. von L. und die Politik seiner Zeit (1894)

LIST, Guido, * 5. 10. 1848 in Wien, † 21. 5. 1919 in Berlin, Schriftsteller. Von Beruf Kaufmann, widmete er sich nebenbei der Malerei und historischen, archäologischen und anthropologischen Studien. Seit 1870 Sekretär des Ö. Alpenvereins, arbeitete er ab 1877 als freier Schriftsteller. L. versuchte in seinen wissenschaftlich stark angefochtenen Werken vor allem das germanische Altertum wiederzubeleben und beeinflußte damit Lanz von Liebenfels (s. d.). Von seinen historisch-mythologischen Werken seien erwähnt: „Die Burg der Markgrafen der Ostmark" (1877), „Deutsch-mythologische Landschaftsbilder" (1891), „Ostaras Einzug" (1896), „Die Wiederauferbauung von Carnuntum" (1900), „Das Geheimnis der Runen" (1905), „Die Armanenschaft der Ario-Germanen", 2 Bde. (1908–11) und „Das Gesetz der Ursprache der Arier" (1911).

LISZT, Eduard, * 13. 3. 1867 in Wien, † 25. 7. 1961 in Wien, Jurist und Strafrechtler. Bruder von Franz L. (s. d.) und Cousin des Komponisten Franz von L. (s. d.). Studierte in Wien und war 1925–37 Univ.-Prof. in Graz. L. machte den Verbrecher und nicht das Verbrechen zum eigentlichen Gegenstand seiner zahlreichen Forschungen. Von seinen Veröffentlichungen sind u. a. zu erwähnen: „Die kriminelle Fruchtabtreibung", 2 Bde. (1910/11), „Der Einfluß des Krieges auf die soziale Schichtung der Wiener Bevölkerung" (1919), „Die vorsätzlichen Tötungen" (1919), „Vorlesungen über die allgemeinen Lehren des materiellen Strafrechts" (1925) und „Reform der Strafrechtspflege" (1933).

LISZT, Franz von (seit 1859), * 22. 10. 1811 in Raiding (Ungarn, heute B), † 31. 7. 1886 in Bayreuth, Komponist und Pianist. Als Sohn des Rentmeisters der Esterházyschen Schäferei geboren, erhielt er von diesem vom 6. Lebensjahr an den ersten Klavierunterricht. L. durfte 1819 erstmals aufgetreten sein. 1822 wurde er in Wien Schüler von Carl Czerny (s. d.), gab sein erstes Konzert und erhielt von Antonio Salieri (s. d.) theoretischen Unterricht. Nach erfolgreichen Konzerten in Wien und Budapest ging die Familie im Herbst 1823 nach Paris, wo er weiterstudierte und 1824 sein erstes Konzert gab. 1825 wurde seine einzige, einaktige Oper, „Don Sanche", in Paris uraufgeführt. Bald der erklärte und verwöhnte Liebling der Pariser Salons, unternahm er erfolgreiche Konzertreisen durch Europa. 1833 lernte er die um sechs Jahre ältere Comtesse Marie Cathérine Sophie d'Agoult kennen, mit der er ab 1835 in Genf und Italien mehrere Jahre zusammenlebte. Dieser Verbindung entstammten drei Kinder, darunter Cosima, die später Hans von Bülow und danach Richard Wagner heiratete. In Kiew traf er die ukrainische Fürstin Carolyne von Sayn-Wittgenstein, die ihm nach Weimar folgte, wo er 1848–59 als Hofkapellmeister wirkte und dabei Schumann, Wagner, Schubert, Gluck und sogar Heinrich Schütz aufführte. 1849 wurde seine symphonische Dichtung „Tasso" uraufgeführt. 1850 dirigierte er die Uraufführung von Wagners „Lohengrin", 1857 wurden die h-Moll-Sonate, das 2. Klavierkonzert und die „Faust"- und die „Dante"-Symphonie uraufgeführt. Wegen Intrigen um die Uraufführung der Oper „Der Barbier von Bagdad" von Peter Cornelius im Jahr 1858 legte L. seine Tätigkeit als Opernleiter in Weimar nieder und ging 1861 nach Rom. Unter dem Einfluß der Fürstin Sayn-Wittgenstein empfing er 1865 die niederen Weihen eines Abbés. In den Jahren 1862–65 schuf L. unter historischen Einflüssen vor allem geistliche Musik, u. a. die Missa choralis (1865) zur Wiederbelebung Palestrinas und der Gregorianik. 1865 wurde in Budapest sein Oratorium „Die Legende von der heiligen Elisabeth" uraufgeführt, 1873 in Weimar das Oratorium „Christus". 1875 wurde er Präsident der neugegründeten „Landesakademie für Musik" in Budapest. Von ausgedehnten Reisen schwerkrank zu den Bayreuther Festspielen zurückgekehrt, starb er hier. L. schuf über 700 musikalische Werke, war als führender Kopf der „neudeutschen Schule" ein großer Förderer von R. Wagner und revolutionierte die Klaviertechnik. Unter seinen rund 900 Klavierschülern waren Eugen d'Albert, Bülow, Weingartner (s. d.), Sauer (s. d.). L. war auch musikschriftstellerisch tätig, 1880–83 erschienen „Gesammelte Schriften" (6 Bde.). Sein gesamter Briefwechsel wurde 1893–1905 in acht Bänden aufgelegt.

Göllerich, A.: F. L. (1908); Kapp, J.: F. L. (1909, 20. Aufl. 1924); Raabe, P.: F. L., 2 Bde. (1931); Völcker, B.: F. L. (1955); Armando, W. G.: F. L. (1961); Rehberg, P.: F. L. (1961); Stockhammer, R.: F. L. (1961); Kusche, L.: F. L. (1961); Helm, E.: F. L. in Selbstzeugnissen und Bilddokumenten (1972); Weßling, B. W.: F. L. (1973); Schumann, K.: Das kleine L.-Buch (1974)

LISZT, Franz, * 2. 3. 1851 in Wien, † 21. 6. 1919 in Seeheim (Hessen), Jurist und Völkerrechtler. Bruder von Eduard L. (s. d.) und Cousin des Komponisten Franz von L. (s. d.). Studierte in Wien und war ab 1879 Univ.-Prof. an mehreren deutschen Universitäten. L. gilt als der Begründer der deutschen kriminologisch-soziologischen Strafrechtsschule und war ein anerkannter Völkerrechtler. 1889 Mitbegründer der „Internationalen Kriminalisten-Vereinigung". Veröffentlichungen: „Lehrbuch des ö. Strafrechts" (1881, 26. Aufl. 1932), „Das Völkerrecht, systematisch dargestellt" (1898, 12. Aufl. 1925) und „Strafrechtliche Aufsätze und Vorträge, 1875–1904", 2 Bde. (1905).

LITSCHAUER, der, mittelhochdeutscher Dichter. Von ihm ist wenig bekannt, doch dürfte er aufgrund seines Namens aus dem nö. Waldviertel stammen. Gesichert ist nur, daß er in der Mitte des 13. Jh.s das „Lob der sächsischen Freigebigkeit" verfaßt hat.

LITTROW, Heinrich von, * 26. 1. 1820 in Wien, † 25. 4. 1895 in Abbazia (Istrien), Seekartograph und Marineoffizier. Trat in die ö. Marine ein und wurde Linienschiffskapitän. L. beschäftigte sich eingehend mit der Seekartographie und führte 1852 die Hauslabsche Farbenplastik bei den Seekarten ein. Gemeinsam mit Stelczyk schuf er ein hervorragendes Relief der Adria, das auch prämiiert wurde. Später wurde er Direktor der Nautischen Akademie in Triest. Nebenbei war L. auch Dramatiker und Lyriker und schrieb u. a.: „Von Wien nach Triest" (1863), „Die Semmeringfahrt" (1883) und „Aus dem Seeleben" (1892).

LITTROW, Joseph Johann Edler von (seit 1835), * 13. 3. 1781 in Bischofteinitz (Böhmen), † 30. 11. 1840 in Wien, Astronom. Besuchte in Prag die Lateinschule und ab 1798 die Uni-

FRANZ LISZT
Der Virtuose und sein Publikum

„Was aber würde und könnte Liszt nicht sein, wenn er kein berühmter Mann wäre, oder vielmehr, wenn die Leute ihn nicht berühmt gemacht hätten! Er könnte und würde ein freier Künstler, ein kleiner Gott sein, statt daß er jetzt der Sklave des abgeschmacktesten Publikums, des Publikums der Virtuosen ist. Dieses Publikum verlangt von ihm um jeden Preis Wunder und närrisches Zeug; er gibt ihm, was sie wollen, läßt sich auf den Händen tragen und – spielt im Konzert für Beethovens Denkmal eine Phantasie über ‚Robert der Teufel'! Dies geschah aber mit Ingrimm . . . So rächt sich jede Schuld auf Erden! Einst wird Liszt auch im Himmel vor dem versammelten Publikum der Engel die Phantasie über den Teufel vortragen müssen!"

Richard Wagner am 5. 5. 1841 in der „Dresdner Abend-Zeitung"

Franz Liszt. Lithographie von Josef Kriehuber (1838)

Franz Liszt mit Tochter Cosima (1867)

versität, studierte Medizin und Jus. Verließ 1802 die Universität und nahm in Wien den Posten eines Erziehers bei Graf Renard an. Als Autodidakt eignete er sich ein umfassendes Wissen über Astronomie an und wurde 1807 Univ.-Prof. für dieses Fach in Krakau; 1810–16 an der Universität Kasan (Rußland), wo er eine kleine Übungssternwarte einrichtete. 1816–19 an der neugegründeten Sternwarte auf dem Blocksberg bei Ofen (Budapest) tätig; 1819 wurde er an die Universität Wien berufen, wo er auch Direktor der Universitätssternwarte war. L. verfaßte eine allgemeinverständliche Darstellung der Himmelskunde, „Die Wunder des Himmels", 4 Bde. (1834–37). Ab 1821 gab er regelmäßig die „Annalen der Wiener Sternwarte" heraus. Daneben veröffentlichte er wissenschaftliche Werke, wie etwa „Theoretische und praktische Astronomie", 3 Bde. (1821–27), und „Kalendariographie" (1828). Sein Sohn Karl Ludwig von L. (1811–77) wurde ebenfalls Astronom und folgte seinem Vater als Direktor der Wiener Universitätssternwarte.

LOBE, Mira, * 17. 11. 1913 in Görlitz (Schlesien), Kinder- und Jugendbuchautorin. Schrieb zahlreiche erfolgreiche Bücher, vor allem für die Altersgruppe der Sechs- bis Zehnjährigen. Erhielt 1958 und 1965 den Staatspreis, 1961 und 1965 den Preis der Stadt Wien. Veröffentlichungen u. a.: „Anni und der Film" (1952), „Der Tiergarten reißt aus" (1954), „Bärli hupf" (1957), „Titi im Urwald" (1958), „Ich wünsch' mir einen Bruder" (1959), „Ohne Hanni geht es nicht" (1962), „Tapps" (1962), „Bimbulli" (1964), „Die Omama im Apfelbaum" (1965), „Der kleine Drache Fridolin" (1969), „Die Räuberbraut" (1974), „König Tunix" (1979).

LOBISSER, Switbert (Leo), * 23. 3. 1878 in Tiffen (K), † 1. 10. 1943 in Klagenfurt, Maler und Holzschneider. Entwikkelte früh sein Talent zur Malerei und fand später zum Holzschnitt, den er besonders eindrucksvoll beherrschte. Trat 1899 in den Benediktinerorden ein und war bis 1932, als er auf sein Ersuchen in den Laienstand versetzt wurde, am Stiftsgymnasium St. Paul im Lavanttal als Zeichenlehrer tätig. Er schuf neben einer Vielzahl von Landschaften, Aquarellen und Fresken auch Buchillustrationen und Radierungen. Bekannt wurde sein mehrere Jahre hindurch erschienener Kunstkarten-Kalender. 1940 veröffentlichte er seine Autobiographie unter dem Titel „Das Lobisser-Buch".

LOBKOWITZ, August Longin Fürst von, Herzog zu Raudnitz, * 15. 3. 1797 auf Schloß Raudnitz (Böhmen), † 17. 3. 1842 in Wien, Staatsmann. Nachdem er mehrere Verwaltungsstellen in Böhmen innegehabt hatte, wurde er 1826 Gouverneur des Königreichs Galizien. L. förderte die geistigen und materiellen Interessen des Landes, wurde aber, da er die 1831 nach Galizien geflüchteten Polen mit großer Schonung behandelt hatte, 1832 von seinem Posten abberufen. Anschließend Hofkanzler, war er ab 1834 Präsident des Münz- und Bergwesens. Das in Wien entstandene neue Münzgebäude erhielt durch ihn eine vorbildliche Einrichtung und Organisation.

LOBKOWITZ, Georg Christian Fürst, Herzog von Raudnitz, * 14. 5. 1835 in Wien, † 21. 12. 1908 in Prag, föderalistischer Politiker. Sohn des Fürsten August Longin L. (s. d.). War bereits 1860 Bezirkskommissar, wurde in den böhmischen Landtag gewählt und war dort Führer des tschechisch gesinnten Feudaladels. 1871 erster Oberstlandmarschall von Böhmen, war er 1873–84 Reichsratsabgeordneter, dessen erster Vizepräsident er 1881 wurde. Ab 1883 Mitglied des Herrenhauses und ab 1884 wieder Oberstlandmarschall von Böhmen, förderte L. die Gleichberechtigung beider Nationen. 1890 nahm er regen Anteil an den Ausgleichsverhandlungen mit der deutschsprachigen Bevölkerung.

LOBKOWITZ, Johann Georg Christian Fürst von, * 10. 8. 1686, † 4. 10. 1755 in Wien, Heerführer. Trat 1707 in das ö. Heer ein und wurde rasch befördert: 1732 Gouverneur von Sizilien, 1733 Feldmarschalleutnant, 1739 Generalgouverneur von Siebenbürgen. Im Ö. Erbfolgekrieg führte er in Böhmen ein Armeekorps, konnte sich aber wegen seiner zahlenmäßigen Unterlegenheit nur schwer behaupten. Trotzdem gelang es ihm, gemeinsam mit Teilen der Hauptarmee die Franzosen über die Moldau bis nach Braunau zurückzudrängen und in Prag einen Teil der französischen Besatzung am 2. 1. 1743 zur Kapitulation zu zwingen. Anschließend in Italien, vertrieb L. die Spanier aus Rimini und übernahm ab August 1746 in Deutschland ein Kommando, wo er bis zum Frieden von Aachen (18. 10. 1748) blieb.

LOBKOWITZ, Wenzel Eusebius Fürst von, * 30. 1. 1609 auf Schloß Raudnitz (Böhmen), † 22. 4. 1677 ebenda, Staatsmann, ab 1646 auch Herzog von Sagan. Mit selbstgeworbenen Truppen nahm er im kaiserlichen Heer am Dreißigjährigen Krieg teil, stieg rasch auf, wurde 1640 Feldzeugmeister und 1647 Feldmarschall. Für seine Verdienste erhielt er 1646 das Fürstentum Sagan und wurde 1652 Hofkriegsratspräsident. 1658 zeigte er bei der Kaiserwahl Leopolds I. (s. d.) großes diplomatisches Geschick und wurde 1665 Obersthofmeister des Monarchen. Nach dem Sturz seines Rivalen Johann Weikhart Fürst Auersperg (s. d.) im Jahr 1669, an dem er nicht ganz unbeteiligt war, wurde er erster Geheimer Rat und leitender Minister. Als Verehrer König Ludwigs XIV. von Frankreich versuchte er auch in Ö. mit Strenge die absolute kaiserliche Gewalt durchzusetzen und unterdrückte blutig den Aufstand in Ungarn 1670. Als gegen seinen Willen 1672 der Krieg mit Frankreich ausgebrochen war, bat er um seine Entlassung, die vorerst nicht gewährt wurde. Seine zahlreichen Gegner, unter ihnen Kaiserin Claudia Felicitas (s. d.) – er hatte dem Kaiser von dieser Ehe abgeraten –, gaben ihm schließlich die Schuld an der unglücklichen Politik der letzten Jahre und erreichten am 13. 10. 1673 eine Anklage wegen Hochverrats. Er wurde seines in Wien vorhandenen Vermögens für verlustig erklärt und am 17. 10. 1674 auf sein Schloß Raudnitz verbannt. Seine später erfolgte Rehabilitierung hat er nicht mehr erlebt.

Wolf, A.: Fürst W. L. (1869); Redlich, O.: Weltmacht des Barock (4. Aufl. 1961)

LOBMEYR, Ludwig, * 2. 8. 1829 in Wien, † 25. 3. 1917 in Wien, Glasindustrieller. Sein Vater Josef L. (* 17. 3. 1792 in Grieskirchen [OÖ], † 8. 5. 1855 in Wien) hatte 1823 in Wien ein Glasgeschäft gegründet, dem zwei Glasfabriken in Slawonien angeschlossen waren. Seine sorgfältige Ausbildung schloß auch eine praktische Tätigkeit mit ein, alljährlich verbrachte er einige Zeit in den slawonischen Glashütten des väterlichen Betriebes. Schon zu dieser Zeit war er um Neuerungen auf dem Gebiet der Glaserzeugung und der verschiedenen Dekorationstechniken bemüht. 1855 starb der Vater, und er übernahm gemeinsam mit seinem Bruder Josef die Firma. 1858 erwarb er das Meisterrecht, und als sein Bruder 1864 starb, führte er den Betrieb allein weiter. Auf der Pariser Weltausstellung 1867 übertraf er mit seinen farblosen Kristallgläsern und dem qualitativ verbesserten farbigen Kristallglas die gesamte Konkurrenz. Die künstlerischen Formen und der hervorragende Verzierungs- und Figurenschliff übertrafen alles und trugen wesentlich zum Weltruf der Wiener Geschmackskultur bei. Seine Zusammenarbeit mit dem Museum für Kunst und Industrie sowie mit den Künstlern Th. Hansen (s. d.) und später Josef Hoffmann (s. d.) führte zu einer weiteren Wertsteigerung der L.schen Produkte. Der Börsenkrach in den Eröffnungstagen der Wiener Weltausstellung von 1873 drängte die Luxusgegenstände sofort in den Hintergrund, und L. reagierte umgehend und machte der „Gebrauchsware" Platz. Lobmeyr-Luster und -Wandleuchter wurden nicht nur für die Schlösser König Ludwigs II. von Bayern, die Wiener Hofburg, das Schloß Schönbrunn oder die Residenzen von Dresden und München geliefert, sondern waren auch in bescheidener Ausführung in den besseren Bürgerhäusern anzutreffen. L. wurde als erster bürgerlicher Industrieller 1874 ins Herrenhaus berufen. Gelehrte, Künstler, Kaufleute und Politiker verkehrten, immer nach Berufsgruppen getrennt, in seinem gastfreundlichen Heim in der Kärntner Straße. 1874 veröffentlichte L. gemeinsam mit A. Ilg und W. Boeheim „Die

Modernes Lobmeyr-Glas nach einem Entwurf von Wolfgang Hutter

Glasindustrie, ihre Geschichte, gegenwärtige Entwicklung und Statistik".

Schmidt, R.: 100 Jahre ö. Glaskunst (1925); Rath, St.: L. (1962)

LODRON, Paris Graf von, * 18. 2. 1586 in Castelnuovo bei Villa Lagarina (Trentino), † 15. 12. 1653 in Salzburg, Erzbischof. Entstammte einem alten Adelsgeschlecht und studierte an der Jesuitenuniversität Ingolstadt in Bayern. Nach mehreren kleineren geistlichen Pfründen erhielt er 1606 ein Kanonikat in Salzburg. 1615 wurde er unter Erzbischof Markus Sittikus von Hohenems Dompropst von Salzburg und Hofkammerpräsident. Ab 1619 Erzbischof von Salzburg, stellte unmittelbar nach seinem Regierungsantritt die „Salzburger Landschaft" (so nannte man dort die Stände) wieder her. Während des Dreißigjährigen Kriegs betrieb er eine vorsichtige und kluge Politik, so daß dem Erzbistum militärische Aktionen, auch Einquartierungen, erspart blieben. Er hatte zwar die Katholische Liga unterstützt, war ihr aber formell nie beigetreten. Zuschüsse an die Liga und auch an den Kaiser belasteten ihn und das Erzbistum zwar schwer, trotzdem baute er den Dom und die Befestigung Salzburgs aus. Außerdem stiftete er 1623 in Salzburg eine Universität, deren Leitung er dem Benediktinerorden übergab.

Martin, F.: Salzburgs Fürsten in der Barockzeit (2. Aufl. 1952)

LÖFFLER, Bertold, * 28. 9. 1874 in Nieder-Rosenthal bei Reichenberg (Böhmen), † 23. 3. 1960 in Wien, Graphiker und Kunstgewerbler. Besuchte die Zeichenschule in Reichenberg (Böhmen), 1890–1900 die Kunstgewerbeschule in Wien als Schüler von Kolo Moser (s. d.) und war dort später selbst 1907–35 Prof. für dekorative Malerei und Graphik (Lehrer von Oskar Kokoschka [s. d.]). 1902 war er Mitbegründer der Werkstätte „Wiener Keramik", die eine Verkaufsgemeinschaft mit der „Wiener Werkstätte" einging und 1913 mit der Gmundner Keramik fusioniert wurde. Als Graphiker schuf er zahlreiche Buchillustrationen, Plakate und Liebhaber-Einbände sowie Briefmarken- und Banknotenentwürfe (u. a. die 10-Schilling-Note von 1926). 1912 veröffentlichte er das von ihm verfaßte und gezeichnete Bilderbuch „Die sieben Zwerge Schneewittchen's". 1928 wurde L. mit dem Ö. Staatspreis ausgezeichnet.

B. L. Katalog der Hochschule für angewandte Kunst in Wien (1978); Schweiger, W. J.: Wiener Werkstätte (1982)

LOHNER, Helmut, * 24. 4. 1933 in Wien, Bühnen- und Filmschauspieler. Er begann seine Karriere am Theater in der Josefstadt, spielte danach auf deutschen Bühnen sowie am Zürcher Schauspielhaus. Bedeutend ist L. vor allem als Nestroy-Darsteller und auch als Rezitator.

LOHNER, Ludwig, * 15. 7. 1858 in Wien-Liesing, † 14. 7. 1925 in Wien, Unternehmer. Ludwig L.s Großvater Heinrich L. (* 4. 4. 1786 in Mayen/Rheinland, † 25. 2. 1855 in Wien) floh 1811 vor der Einberufung zur Napoleonischen Rheinarmee nach Wien und arbeitete hier als Wagner in der Sattlerei Laurenzi. Sein Sohn Jakob L. (* 7. 10. 1821 in Wien, † 19. 2. 1892 in Wien), der Vater Ludwig L.s, war der Schwiegersohn von Ludwig Laurenzi und faßte die Gewerbe Wagner, Schlosser, Lackierer und Sattler in einem Produktionsbetrieb zusammen, der 1873 den 10 000sten Wagen produzieren konnte. Ludwig L., sein Sohn, besuchte 1868–72 das Jesuitenkolleg in Kalksburg, anschließend die Realschule auf der Schottenbastei und studierte an der Technischen Hochschule Maschinenbau. Nach Auslandsreisen kehrte er 1887 nach Wien zurück und fand den Vater krank und das Unternehmen in einer Krise vor. Die Lage der Firma war durch die internationale Zollpolitik, die die einst bedeutenden Auslandsaufträge enorm reduziert hatte, hervorgerufen worden. Als L. die ersten „Benzinkutschen" sah, bemühte er sich bei Gottlieb Daimler um einen Vertrag zum Einbau dieser damals besten Motoren in ein Automobil. Mit der französischen Firma Lefèbre, die den „Pygmée-Motor" produzierte, kam er schließlich zum Abschluß, und die Firma Jakob Lohner & Co. war 1896 das erste ö. Unternehmen, das Automobile industriell erzeugte. Schließlich fand L. in Ferdinand Porsche (s. d.) einen genialen Konstrukteur, und schon 1898 fuhr das erste Elektromobil „Lohner-Porsche" mit 35 km/h durch die Straßen Wiens. 1900 erregte das neue Gefährt bei der Pariser Weltausstellung entsprechendes Aufsehen. Das Benzinautomobil verdrängte das Elektroauto, daher ließ L. 1909 ein Doppeldecker-Rodelgleitflugzeug herstellen, das schon 1910 bei einer Semmering-Konkurrenz den Preis für den längsten freien Flug (170 m) erhielt. Auch diesmal verstand er es, einen begabten Konstrukteur an sich zu binden, Karl Paulal, der den „Lohner-Pfeilflieger" entwickelte. Dieser Doppeldecker war ein recht konkurrenzfähiges Modell und errang 1912 zwei Höhenweltrekorde. Im Ersten Weltkrieg diente es auch als Flugboot der Marine. Bis 1918 baute L. 685 Land- und Wasserflugzeuge. Eine Kommission der Siegermächte zerstörte noch 1918 die in Bau befindlich gewesenen Flugzeuge im Floridsdorfer Werk, und der Friedensvertrag von Saint-Germain sprach dann auch das Verbot der Herstellung von Flugzeugen aller Art aus. Nach 1918 begann die Familiengesellschaft wieder mit dem Serienbau von Autokarosserien und errichtete einen neuen Produktionszweig: den Waggonbau. Als liberaler Abgeordneter war L. 1911–19 Abgeordneter im Wiener Gemeinderat. Er gehörte zu den Gründern des Ö. Industriellen-Verbandes (1892) sowie des Ö. Automobil- (1898) und Aero-Clubs (1901).

LÖHNER, Ludwig von, * 24. 9. 1812 in Rostok (Böhmen), † 7. 5. 1852 in Marseille (Frankreich), Arzt und Politiker. Wurde nach Abschluß seines Studiums Arzt in Saaz

Elektromobil Lohner-Porsche, Baujahr 1900

(Böhmen) und gehörte, wie viele Ärzte, zu den Führern der Wiener Revolution von 1848. So rief er am 13. März 1848 in einer denkwürdigen Rede die Mediziner für die „Mission Wiens“ auf, „keine politische Revolution durchzukämpfen, um eine soziale Umwälzung zu verhüten“. Gegen die nationalen Bestrebungen der Tschechen gründete er den „Verein der Deutschen aus Böhmen, Mähren und Schlesien“ und erweiterte diesen im Juni 1848 zu einem „Verein der Deutschen in Ö.“. Als Vertreter der Linken im Kremsierer Reichstag verband er geschickt liberale und nationale Programmideen. Nach dem Ende der Oktoberrevolution strebte L. nach einem Verständnis zwischen deutschem und tschechischem Bürgertum und verfolgte den Plan einer Föderalisierung der Monarchie, allerdings unter Ausschluß Ungarns. Als Verfasser historischer Werke schrieb er auch unter den Pseud. L. v. Morajn und L. Rehland.

Sieber, E. K.: L. v. L. (1965)

LÖHNER-BEDA, Fritz, * 24. 6. 1883 in Wildenschwert (Böhmen), † 4. 12. 1942 im KZ Auschwitz, Kabarettist und Schriftsteller. Studierte Jus, engagierte sich für die Ideen des Zionismus und wandte sich in seinen satirischen Gedichtbänden „Getaufte und Baldgetaufte“ und „Israeliten und andere Antisemiten“ gegen Assimilationsbestrebungen. Mitverfasser von zahlreichen Operettenlibretti, so etwa: „Giuditta“, „Friederike“, „Das Land des Lächelns“, „Schön ist die Welt“, „Viktoria und ihr Husar“, „Die Blume von Hawaii“.

LÖHR, Alexander, * 20. 5. 1885 in Turnu-Severin (Rumänien), † 26. 2. 1947 in Belgrad (hingerichtet), Berufsoffizier. Bereits im Ersten Weltkrieg hatte L. maßgeblich Anteil am Aufbau der ö. Fliegertruppe, blieb nach dem Krieg beim Bundesheer und wurde 1930 Oberst, 1935 Generalmajor und 1936 Kommandant der ö. Luftstreitkräfte. Nach dem Anschluß 1938 wurde er sofort als Kommandierender General der Luftwaffe von den neuen Machthabern übernommen. Im Polen-, im Balkan- und im Rußlandfeldzug war er Oberbefehlshaber der Luftflotte 4 Süd, ließ im September 1939 Warschau und im April 1941, auf Befehl Hitlers und ohne Kriegserklärung, Belgrad bombardieren und leitete auch das Luftlandeunternehmen auf die Insel Kreta. Ab 1942 war L. als Befehlshaber Südost für die Besetzungsmaßnahmen auf dem Balkan verantwortlich und organisierte ab 1944 den Rückzug der Heeresgruppe E durch Jugoslawien. Von den Verbindungen mit dem Hinterland abgeschnitten, ging er im Mai 1945 mit den Resten seiner Armee freiwillig in jugoslawische Kriegsgefangenschaft. Nach einem Kriegsverbrecherprozeß in Jugoslawien wegen der Bombardierung Belgrads wurde er verurteilt und erschossen.

Diakow, J.: Generaloberst A. L. (1964); Hnilicka, K.: Das Ende auf dem Balkan 1944/45 (1970)

LOIDL, Franz, * 16. 3. 1905 in Ebensee (OÖ), † 26. 7. 1987 in Wien, katholischer Geistlicher, Kirchen- und Kulturhistoriker. Er studierte in Wien und in Rom Theologie, Geschichte und Kunstgeschichte, war im Zweiten Weltkrieg Gefängnispfarrer, lehrte ab 1950 an der Universität Wien und war 1953–75 Ordinarius für Kirchengeschichte und Patrologie. 1958–65 Direktor des Wiener Diözesanarchivs, war auch volksbildnerisch tätig und wurde zum Päpstlichen Hausprälaten ernannt. Von seinen Veröffentlichungen sind zu nennen: „Menschen im Barock“ (1938), „Abraham a Sancta Clara“ (1938), „Entweihte Heimat, KZ Ebensee“ (1946), „Das Augustinerkloster bei der Wiener Hofburg“ (1946), „Weihbischof Dr. J. B. Schneider“ (1951), „Cölestin Wolfsgruber“ (1959), mit M. Krexner „Wiens Bischöfe und Erzbischöfe“ (1983) und „Geschichte des Erzbistums Wien“ (1983).

LOOS, Adolf, * 10. 12. 1870 in Brünn (Mähren), † 23. 8. 1933 in Kalksburg bei Wien, Architekt. War der Sohn des Bildhauers Adolf L. (1830–79) und besuchte die Staatsgewerbeschule in Reichenberg und in Brünn. 1890 studierte er an der Technischen Hochschule in Dresden, hielt sich 1893–96 in den Vereinigten Staaten auf und kam 1896 nach Wien, um sich hier als Architekt niederzulassen. 1897–1900 verfaßte er zahlreiche Aufsätze, die als Sammelband unter dem Titel „Ins Leere gesprochen“ 1921 erschienen sind. 1898 veröffentlichte er im 1. Jahrgang der Secessionszeitschrift „Ver sacrum“ den Aufsatz „Die Potemkinsche Stadt“, mit dem er gegen die damalige Bauweise polemisierte. In seinen Schriften wandte sich L. gegen das Ornament am Gebrauchsgegenstand. Am 22. 1. 1910 hielt er in Wien seinen berühmtesten Vortrag: „Ornament und Verbrechen“. 1899 schuf er das „Café Museum“ als ersten stilbildenden Bautypus seiner Vorstellungen: sachlich-modern und Wirkung nur durch Flächengliederung und Verwendung edler Materialien erzielend. Abgesehen von seinen Werken im Ausland, baute er in Wien anschließend die Kärntner Bar (1907), das Herrenmodegeschäft Knize am Graben (1909–13) und 1910/11 das sogenannte Looshaus am Michaelerplatz, das Geschäftshaus Goldman & Salatsch, mit dem er den Zweckhausbau revolutionierte. Dieses erste Haus ohne ornamentalen Schmuck erregte die Stadt derart, daß ein Wiener Gemeinderat von einem „Scheusal eines Hauses“ sprach. 1912 schuf er das erste Terrassenhaus Mitteleuropas, das Haus Scheu in Hietzing, sowie mehrere Villenbauten. 1917/18 leistete er freiwillig Kriegsdienst, 1921/22 als Chefarchitekt des Siedlungsamtes für die Gemeinde Wien tätig, war er 1922 an der Siedlung Am Heuberg beteiligt und schuf 1930/31 das Einfamiliendoppelhaus in der Werkbundsiedlung. Zwischen 1922 und 1930 reiste L. viel, hielt sich lange in Frankreich und in der Tschechoslowakei auf. Ab dem Herbst 1932 verschlechterte sich sein Nervenleiden derart, daß er nicht mehr arbeiten konnte, er wurde am Rosenhügel behandelt und starb in einem Sanatorium in Kalksburg. Außer dem bereits erwähnten Sammelband veröffentlichte L., abgesehen von Zeitschriftenartikeln, 1931 „Trotzdem“. F. Glück gab ab 1962 „Sämtliche Schriften“ heraus. 1930 erschien anläßlich seines 60. Geburtstages eine (1985 nachgedruckte) Festschrift.

Glück, F.: A. L. (1931); Kulka, H.: A. L., das Werk des Architekten (1931); Münz, L., und Künstler, G.: Der Architekt A. L. (1964); Czech, H., und Mistelbauer, W.: Das Looshaus (1976, 3. Aufl. 1984); Gravagnuolo, B.: A. L. (1982); Altmann-Loos, E.: Mein Leben mit A. L. (1985)

ADOLF LOOS

Ornament und Verbrechen

„Adolf Loos und ich, er wörtlich, ich sprachlich, haben nichts weiter getan als gezeigt, daß zwischen einer Urne und einem Nachttopf ein Unterschied ist und daß in diesem Unterschied erst die Kultur Spielraum hat. Die andern aber, die Positiven, teilen sich in solche, die die Urne als Nachttopf, und die den Nachttopf als Urne gebrauchen.“

Karl Kraus

„Mein haus . . . erregte richtig ärgernis und die polizei war prompt zur stelle. Solche dinge könne ich wohl zwischen vier wänden abtun, aber auf die straße gehöre so etwas nicht!“

Adolf Loos, Architektur (1910)

„Das Looshaus auf dem Michaelerplatz wäre an sich sehr schön. Nur die Burg paßt nicht dazu. Also weg damit!“

Kikeriki, 19. Oktober 1911

LOOS, Lina (geb. L. Obertimpfler), * 9. 10. 1884 in Wien, † 6. 6. 1950 in Wien, Schauspielerin. War bereits in jungen Jahren als Kabarettistin und Chansonnette in Berlin, in München

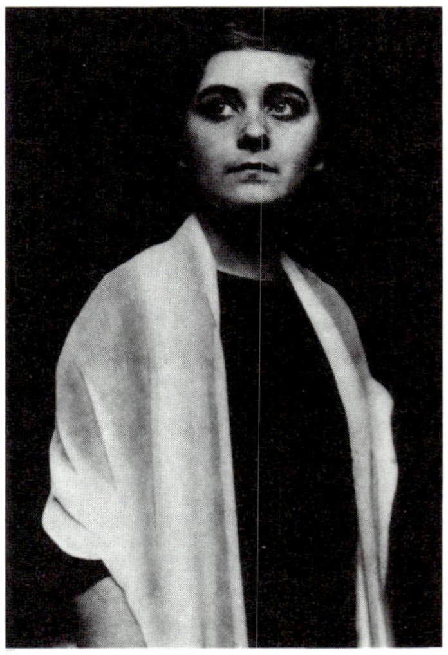

Lina Loos

(„Die elf Scharfrichter") und in Wien tätig. 1902 heiratete sie den Architekten Adolf L. (s. d.). Nach ihrer Scheidung 1905 ging sie nach Amerika, wo sie eine erfolgreiche Schauspielerin wurde. 1914 kehrte sie nach Wien zurück und wurde von Rudolf Beer (s. d.) an das Raimund- bzw. an das Volkstheater engagiert. 1938 zog sie sich gänzlich von der Bühne zurück und war nur noch schriftstellerisch tätig. Über ihre Freundschaft mit Altenberg (s. d.), Friedell (s. d.), Csokor (s. d.), Werfel (s. d.) und anderen berichtete sie in ihrem Erinnerungsband „Das Buch ohne Titel. Erlebte Geschichten" (1947).

LOOSE, Emmy, * 22. 1. 1914 in Karbitz (Böhmen), Kammersängerin, Sopranistin. Studierte am Konservatorium in Prag und debütierte 1939 als Blondchen in Hannover. Seit 1941 Mitglied der Wiener Staatsoper, sang vor allem Mozart-Partien. Als Gast häufig bei den Salzburger Festspielen, den Glyndebourne-Festspielen und an bedeutenden Opernhäusern Europas und Südamerikas tätig. Hatte auch Erfolge als Opernsoubrette.

LORBER, Ferdinand, * 6. 11. 1883 in Wien, † 14. 5. 1957 in Wien, Maler, Kupfer- und Stahlstecher. Schuf nach seiner Ausbildung Aquarelle, Porträts und Radierungen, hauptsächlich Bildnisse und Akte, und war 1933–49 Prof. an der Graphischen Lehr- und Versuchsanstalt in Wien. Besonders bekannt wurde er durch seine zahlreichen Entwürfe für Briefmarken für Ö. und das Fürstentum Liechtenstein.

LORBER, Jakob, * 22. 7. 1800 in Kanischa bei Marburg (Südsteiermark), † 24. 8. 1864 in Graz, theosophischer Schriftsteller. War zunächst Musiker, ehe er sich der Theosophie zuwandte. Seine Ideen wurden von der „Neu-Salem-Gesellschaft" und von der dieser nachfolgenden J.-L.-Gesellschaft aufgegriffen. Veröffentlichungen u. a.: „Briefwechsel Jesu mit Abgarus" (1851), „Erde und Mond" (1852), „Die Haushaltung Gottes", 3 Bde. (1852), „Das große Evangelium Johannis", 5 Bde. (1871–75).

Lutz, W.: Die Gottesbotschaft J. L.s (1924); Lanz von Liebenfels, F.: J. L., 4 Hefte (1926)

LORENS, Carl, * 7. 7. 1851 in Wien-Landstraße, † 12. 12. 1909 in Wien, Volkssänger, Komponist und Liederdichter. Hatte das Anstreicherhandwerk gelernt und war als Gehilfe tätig, ehe er als Stegreifsänger auftrat und 1875 mit dem Lied „D' Mutterliab" seinen ersten großen Erfolg hatte. Da das Lied auch im „Extrablatt" abgedruckt wurde, war es bald sehr bekannt. L. schuf rund 2000 Liedertexte und Melodien, darunter: „Am Wasser, am Wasser bin i z' Haus", „Da fahr'n ma halt nach Nußdorf 'naus", „Jetzt trink' ma no a Flascherl Wein", „Mir san halt Landsleut, linzerische Buam", „Allweil lustig, fesch und munter", „O du alter Stephansturm", „A so a Weiberl is a Freud'". L. gehörte zu den bedeutendsten Wienerlied-Vertretern seiner Zeit.

Koller, J.: Das Wiener Volkssängertum in alter und neuer Zeit (1931)

Adolf Loos: Haus Goldman & Salatsch, Foyer, am Michaelerplatz in Wien (1908)

LORENZ, Adolf, * 21. 4. 1854 in Weidenau (Schlesien), † 12. 2. 1946 in Greifenstein (NÖ), Orthopäde. Der Sohn eines Landwirts und Sattlermeisters ging zunächst in eine Lehre, ehe er das Stiftsgymnasium in St. Paul im Lavanttal (K) absolvierte. Dann studierte er Medizin an der Universität Wien und promovierte 1880. 1884 habilitierte er sich als Chirurg, konnte aber wegen eines Karbolekzems diese Tätigkeit nicht ausüben, weswegen er sich der Orthopädie zuwandte und 1886 im Allgemeinen Krankenhaus in Wien ein „Universitätslaboratorium für orthopädische Chirurgie" einrichtete, bis 1914 eine eigene orthopädische Abteilung gegründet wurde. 1889 a. o. Prof., bis zu seiner Pensionierung 1924 Direktor der Orthopädischen Universitätsklinik in Wien. L. wurde durch die von ihm entwickelten Methoden zum Begründer der modernen Orthopädie. Er schuf das Prinzip des Zurechtknetens der Fehlform, wodurch er erstmals einen Klumpfuß heilen konnte; um krumme Röhrenknochen zu begradigen, erfand er den gezielten, unblutigen Knochenbruch, für die Gelenktuberkulose die Ruhigstellung

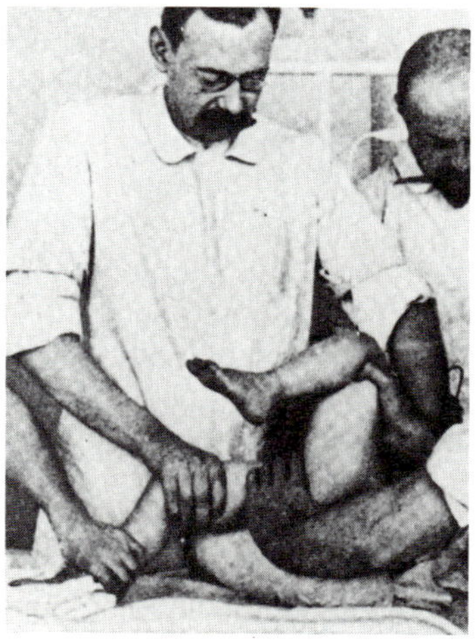

Adolf Lorenz bei der Reposition einer Hüftgelenksluxation

im Gipsverband und für die Wirbeltuberkulose das Gipsbett. Seine „unblutige Einrichtung der angeborenen Hüftverrenkung" brachte ihm Weltruhm. Für den Ausbau der Universitätsambulanz stellte er einen Großteil seines Privatvermögens zur Verfügung. In seinem Ruhestand war er gemeinsam mit seinem Sohn Albert in den Wintermonaten in New York tätig, wofür er zum Ehrenbürger von Newark (N. Y.) ernannt wurde. 1937 veröffentlichte er seine Autobiographie „Ich durfte helfen" („My Life and Work", 1936).

Lorenz, Albert: Wenn der Vater mit dem Sohne (1952)

LORENZ, Alfred Ottokar, * 11. 7. 1868 in Wien, † 20. 11. 1939 in München, Dirigent und Musikforscher. Nach seinem Studium in Wien war er ab 1893 Theaterkapellmeister in Königsberg und in München, 1904 1. Hofkapellmeister in Coburg-Gotha, 1917 Generalmusikdirektor. 1920 übersiedelte er nach München, promovierte 1922 an der Universität von Frankfurt am Main und war ab 1923 Lektor für Musiktheorie und -geschichte an der Universität München. Seine Dissertation wurde 1924 als 1. Band des grundlegenden Werks „Das Geheimnis der Form bei Richard Wagner: I. Der Ring des Nibelungen" veröffentlicht. Es folgten: II: „Tristan und Isolde" (1926), III: „Die Meistersinger" (1930), IV: „Parsifal" (1933). Weitere Veröffentlichungen: „A. Scarlattis Jugendopern", 2 Bde. (1927), „Abendländische Musikgeschichte im Rhythmus der Generationen" (1928).

LORENZ, Friedrich, * 19. 6. 1898 in Wien, † 25. 12. 1964 in Wien, Schriftsteller und Journalist. Seinen ersten Roman veröffentlichte er 1937: „Odysseus und Penelope", es folgten u. a.: „Sokrates" (1938), „Der Gärtner von Ebergöc" (1949), „Der unbekannte Prophet" (1949), „Zwillinge aus einem Ei" (1951), „Die schwarzen Götter" (1951), „Sieg der Verfemten" (1952), „Hippokrates" (1953), „Geheimnisvolle Welt der Strahlen" (1957) und „Leben nach Maß" (1960). Ab 1956 war L. Chefredakteur der Tageszeitung „Neues Österreich".

LORENZ, Josef Roman, Ritter von Liburnau, (seit 1877), * 26. 11. 1825 in Linz, † 13. 11. 1911 in Wien, Naturforscher. Studierte zuerst Jus an der Universität Wien und dann Naturwissenschaften an der Universität Graz, wo er 1853 promovierte. 1851–55 Gymnasialprof. in Salzburg, 1855–61 Naturgeschichtslehrer in Fiume (heute Rijeka), wo man ihm 1857 die Aufforstung des liburnischen Karsts übertrug. 1861 kehrte er nach Wien zurück und war in der landwirtschaftlichen Abteilung des Ministeriums für Handel und Volkswirtschaft tätig. Trat 1868 in das neu geschaffene Ackerbauministerium über, wurde 1873 Ministerialrat, später Sektionschef. 1872 gründete L. die Hochschule für Bodenkultur in Wien sowie die Forstliche Bundesversuchsanstalt in Mariabrunn, die Landwirtschaftlich-Chemische Versuchsanstalt in Wien und die Obst- und Weinbauschule in Klosterneuburg. L. war auch der Vater der ö. Agrarstatistik, Präsident der Ö. Meteorologischen Gesellschaft und Vizepräsident der Geographischen Gesellschaft.

KONRAD LORENZ
Über tierisches und menschliches Verhalten

LORENZ, Konrad, * 7. 11. 1903 in Altenberg an der Donau (NÖ), Tierpsychologe und Verhaltensforscher. Sohn von Adolf L. (s. d.), studierte Medizin (Promotion 1928) und Zoologie (Promotion 1933). Zunächst Anatom, wurde 1940 Univ.-Prof. für Humanpsychologie an der Universität Königsberg, nachdem man auf ihn durch sein Buch „Der Kumpan in der Umwelt des Vogels" (1935) aufmerksam geworden war. 1941 Unterarzt an der Ostfront, 1944–48 in russischer Kriegsgefangenschaft. 1948–50 Leiter des Instituts für Vergleichende Verhaltensforschung auf seinem Gut Altenberg (NÖ) und ab 1950 Leiter des Max-Planck-Instituts für Verhaltensforschung in Buldern, seit 1955 in Seewiesen (BRD). Ausgehend von seinen Studien an freifliegenden Dohlen und Kolkraben sowie später an der Graugans, begründete L. die Verhaltensforschung als Bindeglied zwischen Human- und Tierpsychologie. Sein besonde-

Konrad Lorenz

res Augenmerk galt dem Instinkt und der Ausdrucksbewegung der Tiere. In seinen zahlreichen wissenschaftlichen Veröffentlichungen gelang es ihm, einer breiten Öffentlichkeit die ganze Tragweite seines Fachgebiets zugänglich zu machen. 1973 erhielt er gemeinsam mit Karl von Frisch (s. d.) und dem Holländer Nikolaas Tinbergen den Nobelpreis – übrigens der erste Preis, der an Verhaltensforscher vergeben wurde. Schon 1973 erhob er in seinem Buch „Die acht Todsünden der zivilisierten Menschheit" seine warnende Stimme, wurde 1983 in „Der Abbau des Menschlichen" noch deutlicher und warnte vor einer wahrscheinlichen Vernichtung der Menschheit durch einen Atomkrieg bzw. durch eine Vergiftung der Umwelt. Weitere wichtige Veröffentlichungen: „Die angeborenen Formen möglicher Erfahrung" (1943), „Er redete mit dem Vieh, den Vögeln und den Fischen" (1949), „So kam der Mensch auf den Hund" (1950), „Das sogenannte Böse" (1963), „Über tierisches und menschliches Verhalten", 2 Bde. (1965/66), „Die Rückseite des Spiegels" (1975), „Das Wirkungsgefüge der Natur und das Schicksal des Menschen" (1978) und „Vergleichende Verhaltensforschung" (1978).

LORENZ, Max, * 17. 5. 1902 in Düsseldorf, † 12. 1. 1975 in Salzburg, Kammersänger, Tenor. Studierte in Berlin und debütierte 1927 als Walther von der Vogelweide in Dresden, wo

Max Lorenz als Aegisth in Richard Strauss' „Elektra"

er bis 1931 engagiert war. Danach an der Berliner Staatsoper, 1931–34 Metropolitan Opera in New York, 1941–62 Mitglied der Wiener Staatsoper, ab 1957 auch bei den Salzburger Festspielen. Als Heldentenor, besonders als Wagner-Interpret begehrt, trat ab 1930 bei den Bayreuther Festspielen mehrmals als Tristan und als Siegfried auf. Ab 1940 Gast an zahlreichen Opernbühnen. War auch als Gesangspädagoge tätig.

Herrmann, W.: M. L. (1976)

LORENZ, Ottokar, * 17. 9. 1832 in Iglau (Mähren), † 13. 5. 1904 in Jena (Thüringen), Historiker. Studierte zuerst Jus, wandte sich 1850 aber philosophischen und historischen Studien zu. 1855 veröffentlichte er seine erste Arbeit, „Über das Konsulartribunat", und wurde 1857 Beamter am Haus-, Hof- und Staatsarchiv. 1860 a. o. Prof., 1861 o. Prof. für Geschichte an der Universität Wien. Wegen eines Presseprozesses wurde L. 1865 aus dem Dienst des Staatsarchivs entlassen, worauf er sich nur noch der akademischen Lehrtätigkeit widmete. Schließlich folgte er, nicht zuletzt auch aus Enttäuschung über die tschechenfeindliche Haltung an der Universität, 1885 einem Ruf an die Universität Jena. Er veröffentlichte mehrere historische Werke, darunter: „Die siebente Kurstimme bei Rudolfs I. Königswahl" (1855), „Geschichte König Ottokars II. von Böhmen und seiner Zeit" (1866), „Deutsche Geschichte im 13. und 14. Jh.", 2 Bde. (1863–67), „Deutschlands Geschichtsquellen im Mittelalter von der Mitte des 13. bis zum Ende des 14. Jh.s" (1870, 3. Aufl. in 2 Bdn. 1886/87), „Papstwahl und Kaiserthum" (1874), „Genealogisches Handbuch der europäischen Staatengeschichte" (1895, war bereits in erster Aufl. als „Genealogischer Hand- und Schulatlas" 1892 erschienen), „Staatsmänner und Geschichtsschreiber des 19. Jh.s" (1896) und „Lehrbuch der gesamten wissenschaftlichen Genealogie" (1898).

LORITZ, Urban (Joseph), * 1. 1. 1807 in Wien, † 30. 9. 1881 in Wien, Benediktinerpater. Trat 1825 in das Schottenstift ein und wurde 1830 zum Priester geweiht. Studierte anschließend an der Universität Wien, meldete sich aber 1831 als Seelsorger in das Cholera-spital in Gumpendorf. 1836–41 hielt er an der Universität pädagogische und pastoraltheologische Vorlesungen. 1841 kam er an die Pfarre Schottenfeld, wo er ab 1850 als Pfarrer tätig war. 1853 gründete L. eine Kleinkinderbewahranstalt und versuchte, die in seinem Pfarrbereich vorhandenen sozialen Spannungen auszugleichen. Der volkstümliche und auch originelle Seelsorger erfreute sich großer Beliebtheit.

LORM, Hieronymus (eigtl. Heinrich Landesmann), * 9. 8. 1821 in Nikolsburg (Mähren), † 3. 12. 1902 in Brünn, Schriftsteller. Von Kindheit an kränklich, besuchte er mit Unterbrechungen verschiedene Schulen in Wien, bis er mit 15 Jahren ertaubte und teilweise erblindete. Er bildete sich autodidaktisch weiter und erblindete 1880 vollkommen, trotzdem verständigte er sich durch eine von ihm entwickelte Methode mit der Umwelt. Zuerst veröffentlichte er in Zeitungen und Zeitschriften seine gedankenreiche Lyrik, später zunehmend kritische Schriften, wie 1847 „Wiens poetische Schwingen und Federn". 1873 übersiedelte er nach Dresden und 1892 nach Brünn. Von seinen zahlreichen

Hieronymus Löschenkohl: „Der Spaziergang des Abends am Graben oder Der Schnepfen Strich“ (1784)

Veröffentlichungen sind zu erwähnen: „Ein Zögling des Jahres 1848“, 3 Bde. (1855, 3. Aufl. 1863 als „Gabriel Solmar“), „Gedichte“ (1870, 7. vermehrte Aufl. 1894), „Philosophisch-kritische Streifzüge“ (1873) und „Geflügelte Stunden“, 3 Bde. (1875). Außerdem schuf er eine Vielzahl von Novellen und Novelletten sowie einige Dramen.

Klaar, A.: H. L. (1904); Kreusler: H. L., Schicksal und Werk (1922); Wolken, R.: H. L. (1926)

LÖSCHENKOHL, Hieronymus, * 18. 3. 1753 (Tauftag) in Elberfeld (Herzogtum Berg), † 11. 1. 1807 in Wien, Kupferstecher und Kunsthändler. Stammte aus ärmlichen Verhältnissen, hatte oö. Vorfahren und kam wahrscheinlich Ende der siebziger Jahre nach Wien, wo er 1781 am Hohen Markt ein Lokal zum Verkauf von Kupferstichen eröffnete. Noch in diesem Jahr übersiedelte er auf den Kohlmarkt, wo er bis zu seinem Lebensende eine Kunsthandlung betrieb. L. produzierte eine fast unglaubliche Anzahl von Kupferstichen, die er mit für seine Zeit ungewöhnlich „modernen“ Werbemaßnahmen anbot. Außerdem spezialisierte er sich auf die Fächerherstellung und hatte immer wieder neue Ideen, so etwa bedruckte er Visitenkarten mit der Silhouette des Besitzers. Daneben brachte er über 100 verschiedene Kalender heraus, ließ Notenmaterial herstellen und errichtete eine Knopffabrik und später eine Teppicherzeugung. Bei Ausbruch des Türkenkrieges, 1788, bot er umgehend Landkarten an und gab, selbst über die kleinsten Kampfhandlungen, Kupferstiche heraus, die er fast unmittelbar nach dem Ereignis bereits auf den Markt brachte. Von 1793 an erzeugte er auch Gesellschaftsspiele (Bilderlottos, Karten-, Brett- und Würfelspiele). Ganz abgesehen von seiner vielseitigen, ideenreichen Tätigkeit hatte L. über 700 Bildreportagen in Form von Holzschnitten und Kupferstichen, vorwiegend über öffentliche Vorgänge und aktuelle Ereignisse, geschaffen, die als Kulturdokumente ihrer Zeit – wiewohl grob in der Ausführung – von großem Wert sind.

H. L.: Ausstellungskatalog, Historisches Museum der Stadt Wien (1959); Witzmann, R.: H. L. (1978)

LOSCHMIDT, Joseph, * 15. 3. 1821 in Putschirn (Böhmen), † 8. 7. 1895 in Wien, Physiker. Studierte in Prag und in Wien und wandte sich, da eine Habilitierung aussichtslos erschien, der Praxis zu. 1861 machte L. durch sein Werk „Chemische Studien“ auf sich aufmerksam und entwickelte 1865 die Methode zur Berechnung der Anzahl der Moleküle eines idealen Gases im Normalzustand, die sogenannte L.sche Zahl oder L.sche Konstante. Diese Entdeckung beschrieb er in der wissenschaftlichen Arbeit „Zur Größe der Luftmoleküle“ (1865/66). 1870 stellte er Untersuchungen über den Diffusionskoeffizienten verschiedener Gase an und erkannte schon einige Jahre vor A. Kékulé, daß die aromatischen Verbindungen einen Kern von sechs Kohlenstoffatomen enthalten, dem er aber noch nicht Ringbindung zuschrieb. 1866 wurde L. Privatdozent und war 1872–91 o. Prof. für Physik in Wien.

LÖSCHNAK, Franz, * 4. 3. 1940 in Wien, Gemeindebeamter und SPÖ-Politiker. Trat 1959 in den Dienst der Gemeinde Wien, studierte daneben an der Universität Jus und promovierte 1963. Ab 1964 in der Magistratsabteilung für allgemeine Personalangelegenheiten tätig, wurde Senatsrat der Gemeinde Wien, 1977 Staatssekretär für den öffentlichen Dienst im Bundeskanzleramt und ab 17. 12. 1985 der erste Kanzleramtsminister. Im Jänner 1987 wurde er in seinem Amt bestätigt.

LOTHAR, Ernst (eigtl. Müller), * 25. 10. 1890 in Brünn (Mähren), † 30. 10. 1974 in Wien, Schriftsteller, Regisseur und Theaterkritiker. Studierte Jus und wurde Staatsanwalt, dann Ministerialbeamter. Um die Gründung der Wiener Messe sehr bemüht, erwarb sich auch um die Erhebung der Exportakademie zur Hochschule für Welthandel 1919 große Verdienste, 1933–35 Regisseur am Wiener Burgtheater, trat 1935–38 die Nachfolge von Max Reinhardt (s. d.) als Direktor des Theaters in der Josefstadt an und wirkte auch als Regisseur bei den Salzburger Festspielen. Emigrierte 1938 in die USA, wo er Prof. am Colorado-College wurde; kehrte 1946 wieder nach Wien zurück und war ab 1948 wieder am Wiener Burgtheater tätig. L. war mit der Burgschauspielerin Adrienne Gessner (s. d.) verheiratet. 1908 veröffentlichte er seinen ersten Gedichtband, „Der ruhige Hain“. Weitere Werke: „Der Feldherr“ (1918), „Macht über alle Menschen“, eine Trilogie (1921–24), „Die Mühle der Gerechtigkeit“ (1933), „Die Zeugin“ (1940), „Unter einer anderen Sonne“ (1942), „Der Engel mit der Posaune“ (1943; auch erfolgreich verfilmt), „Heldenplatz“ (1945), „Die Rückkehr“ (1949), „Verwandlung durch Liebe“ (1951), „Die bessere Welt. Essays“ (1955) und „Das Wunder des Überlebens. Erinnerungen und Ergebnisse“ (1960).

LÖWE, Ferdinand, * 19. 2. 1865 in Wien, † 6. 1. 1925 in Wien, Dirigent. Studierte am Wiener Konservatorium bei Anton Bruckner (s. d.) und war schon 1896–98 Dirigent der Wiener Singakademie sowie ab 1897 auch des Kaim-Orchesters in München. 1898 Hofopern-Kapellmeister, 1900–04 Dirigent der Wiener Gesellschaftskonzerte der Gesellschaft der Musikfreunde und 1901 Mitbegründer des Wiener Konzertvereins (der heutigen Wiener Symphoniker), dessen Gastdirigent er auch war. 1905–19 leitete er die Arbeiterkonzerte, 1908–14 war er ständiger Dirigent der Konzerte des Konzertvereinsorchesters in München. 1919 zum Direktor der Staatsakademie für Musik und darstellende Kunst gewählt. L. war um die Herausgabe der Werke Anton Bruckners bemüht und erwarb sich besondere Verdienste um die Aufführung von dessen Symphonien.

LÖWENFELD-RUSS, Johann, * 29. 10. 1873 in Wien, † 12. 1. 1940 in Wien, Jurist und Beamter. Studierte in Prag und Wien Jus und wurde 1896 in der Finanzdirektion Prag angestellt. Ab 1898 im Handelsministerium in Wien tätig, wurde 1916 Ministerialrat und arbeitete ab 1917 im Amt für Volksernährung unter K. Renner (s. d.). In der ersten deutschösterreichischen Regierung vom 30. 10.

1918 war L. Staatssekretär im Staatsamt für Volksernährung und vom 15. 3. 1919 bis 7. 7. 1920 Minister für Volksernährung. 1921 schied er aus dem Staatsdienst aus, um in mehreren Industrieunternehmen zu arbeiten. 1986 erschien „Im Kampf gegen Hunger. Aus den Erinnerungen des Staatssekretärs für Volksernährung 1918 bis 1920".

LÖWENTHAL, Max Freiherr von, * 7. 4. 1799 in Wien, † 12. 7. 1872 in Traunkirchen (OÖ), Postbeamter und Schriftsteller. War Generalpostdirektor und daneben schriftstellerisch tätig (auch unter dem Pseud. Leo Walthen). Er verfaßte mehrere Tragödien und Lustspiele und die Versdichtung „Der Cid" (1831). Auch seine Frau Sophie (* 25. 10. 1810 in Wien, † 9. 5. 1889 in Wien) war schriftstellerisch tätig und schrieb vorwiegend Erzählungen. Sie war (seit 1834) mit dem Dichter Nikolaus Lenau (s. d.) befreundet, betreute diesen während seiner Krankheit und förderte die Herausgabe seiner Werke.

LÖWINGER, Cilli, * 30. 12. 1877 in Perg (OÖ), † 26. 2. 1949 in Wien, Schauspielerin. Als Seniorin der Schauspielerfamilie leitete sie viele Jahre das eigene Theater in Wien, das sich um das volkstümliche Bauernstück große Verdienste erwarb und im Lauf der Zeit auch beim Film und später im Fernsehen Eingang gefunden hat. Die „L.-Bühne" ist im Lauf der Jahre zum Inbegriff des Bauerntheaters geworden. Die Hauptrollen wurden und werden fast ausschließlich von Mitgliedern der Familie, wie Gretel, Liesel, Sepp, Paul (s. d.) und Sissi gespielt. Eine zweimalige Berufung an das Burgtheater hatte L. aus Familiengründen abgelehnt.

LÖWINGER, Paul, * 10. 11. 1904 in Tulln (NÖ), Schauspieler. Der Sohn von Cilli L. (s. d.) war der populärste Vertreter der Schauspielerfamilie L., der durch seine Komik einen eigenen Stil kreierte. Er schrieb zahlreiche Lustspiele für die L.-Bühne, darunter die Erfolgsstücke „Wastl unter den Räubern" (1937) und „Komm zurück, Barbara" (1942). Seit 1947 ist L. Direktor der L.-Bühne in Wien.

LÖWY, Siegfried, * 1. 11. 1857 in Wien, † 8. 5. 1931 in Wien, Schriftsteller. Absolvierte das Gymnasium in Wien, die Gewerbeakademie Mühlhausen im Elsaß und studierte Nationalökonomie. L. lebte danach als freier Schriftsteller und Theaterkritiker in Wien. Er schrieb Liedtexte für C. M. Ziehrer (s. d.) und Franz von Suppé (s. d.) und beschäftigte sich mit der Wiener Theatergeschichte. Er veröffentlichte u. a.: „Aus Wiens großer Theaterzeit" (1921), „Rund um Johann Strauß" (1925), „Das Burgtheater im Wandel der Zeiten" (1926).

LUCA, Ignaz de, * 29. 1. 1746 in Wien, † 24. 4. 1799 in Wien, Staatsrechtler. Nach dem Jesuitengymnasium studierte er Jus an der Universität Wien und hielt bereits 1768 Privatvorlesungen über politische Wissenschaften. Seit 1770 war L. Lehrer der Politik an der Savoyischen und der Theresianischen Ritterakademie, 1771 ging er als o. Prof. an das Lyzeum in Linz, wurde 1779 o. Prof. in Innsbruck. Seit 1775 Beisitzer der Studienhofkommission, der Kommerz- und der Polizeikommission. Im Ruhestand widmete er sich nur noch seiner schriftstellerischen Tätigkeit und arbeitete in der ö. Lexikographie und Statistik. 1795 wurde er zum Prof. der allgemeinen europäischen und im besonderen der ö. Staatskunde ernannt. Von seinen zahlreichen Veröffentlichungen sind u. a. zu erwähnen: „Das gelehrte Ö.", 2 Bde. (1776–78), „Landeskunde von Ö. ob der Enns" (1786), „Beschreibung der k. k. Residenzstadt Wien" (1785), „Ö. Staatenkunde", 3 Bde. (1786–89), „Politischer Codex", 14 Bde. (1789–95), „Geographisches Handbuch von dem ö. Staate", 6 Bde. (1790–92), „Justiz-Codex", 10 Bde. (1793–1801), „Topographie von Wien" (1794) und „Praktische Staatskunde von Europa" (1796).

LUCCA, Pauline, * 25. 4. 1841 in Wien, † 28. 2. 1908 in Wien, Sopranistin. War italienischer Abstammung, studierte in Wien und wurde zunächst Choristin an der Wiener Hofoper. 1859 Solodebüt in Olmütz, kam über Prag 1861 nach Berlin, 1863 an die Covent Garden Opera in London, war

Pauline Lucca

1868/69 in Rußland, 1872 in Paris, 1872–74 in den USA und 1874–89 an der Wiener Hofoper. 1889 zog sie sich von der Bühne zurück. L. war eine der berühmtesten Sängerinnen ihrer Zeit. Sie beherrschte rund 60 Partien und bestach auch durch ihr schauspielerisches Talent. Sie galt als eine der besten Carmen ihrer Epoche.

Jansen-Mara, A., und Weisse-Zehrer, D.: Die Wiener Nachtigall. Der Lebensweg der P. L. (1935)

LUCHSPERGER, Lorenz, † 1501 in Wiener Neustadt (NÖ), Bildschnitzer. Ab 1486 ist L. urkundlich nachweisbar. Ihm und seiner Werkstatt werden die Apostelstatuen und die Verkündigungsgruppe im Dom zu Wiener Neustadt (NÖ) zugeschrieben. Sie sind Hauptwerke der ausdrucksstarken, sogenannten Barockgotik in Ö. Von ihm und seiner Werkstatt ist sonst nur sehr wenig bekannt.

Oettinger, K.: L. L. (1935)

LUCKA, Emil, * 11. 5. 1877 in Wien, † 15. 12. 1941 in Wien, Schriftsteller. Wurde nach philosophischen und kulturhistorischen Studien Beamter, später freier Schriftsteller. Abgesehen von psychologischen und kulturphilosophischen Werken verfaßte er auch Romane, Novellen und Dramen, in deren Mittelpunkt meist die Verbindung von Seele und Natur stehen. Veröffentlichungen u. a.: „Otto Weininger" (1905), „Tod und Leben" (1907), „Grenzen der Seele", Essays (1916), „Am Sternbrunnen" (1925), „Michelangelo" (1930), „Der blutende Berg" (1931) und „Der Impresario" (1937).

LUDWIG, Erzherzog von Ö., * 13. 12. 1784 in Florenz, † 21. 12. 1864 in Wien, jüngerer Sohn von Kaiser Leopold II. (s. d.). Kaiser Franz I. (II., s. d.) hatte in seinem Testament seinen jüngeren Bruder L. an die Spitze der Geheimen Staatskonferenz gestellt, jene Instanz, die für den kränklichen Kaiser Ferdinand (s. d.) ab 1835 die Regierungsgeschäfte führte. Als Vertreter des Absolutismus ließ L. Fürst Metternich (s. d.) reichlich freie Hand, erkannte aber in den Tagen der Märzrevolution die Notwendigkeit der endgültigen Trennung vom Staatskanzler, dem Symbol für Unterdrückung und Unfreiheit. Er forderte ihn in den Abendstunden des 13. 3. 1848 auf, zurückzutreten. Nach der Revolution zog sich L. aus dem öffentlichen Leben zurück.

LUDWIG, Christa, * 16. 3. 1928 in Berlin, Kammersängerin, Altistin. Studierte bei ihrer Mutter, der Altistin Eugenia Bassalla, und an der Musikhochschule in Frankfurt am Main. Debütierte 1946 als Orlowski in Frankfurt, war 1952–54 in Darmstadt, 1954 in Hannover und ab 1955 an der Wiener Staatsoper. 1954–74 bei den Salzburger Festspielen mit den großen Mozart- und Richard-Strauss-Partien erfolgreich, erstmals 1959 an der Metropolitan Opera in New York. Gastspiele an allen großen Opernhäusern in Westeuropa und Übersee. L. ist auch eine bedeutende Oratorien- und Konzertsängerin. War mit dem Opernsänger Walter Berry (s. d.) verheiratet, seit 1970 mit dem Regisseur P. E. Deiber.

Christa Ludwig als Carmen

Praterfahrt des Bürgermeisters Karl Lueger. Gemälde von Wilhelm Gause (1909)

LUDWIG, Ernst, * 19. 1. 1842 in Freudenthal (Ö.-Schlesien), † 14. 10. 1915 in Wien, Chemiker. Studierte ab 1861 an der Universität Wien und promovierte 1863 zum Mr. pharm., 1864 zum Dr. chem. Wurde Univ.-Prof. in Wien und untersuchte eingehend die Wirkungen der Heilquellen sowie der Gifte und Gegengifte. Darüber hinaus stellte er die Gerichtsmedizin auf eine wissenschaftliche Grundlage. Wichtige Veröffentlichungen: „Medizinische Chemie“ (1885), „Chemie und Rechtspflege“ (1892) und „Chemie“ (1909).

LUDWIG, Paula, * 5. 1. 1900 in Altenstadt (V), expressionistische Lyrikerin, auch Malerin. Entstammt einer bäuerlichen Familie und wurde durch ihren Lyrikband „Die selige Spur“ 1919 bekannt. 1933 verließ sie Ö. aus politischen Gründen, ruhelos von einem Land ins andere ziehend, bis sie sich 1938 bis zu ihrer Rückkehr nach Ö. 1953 in Südamerika niederließ. U. a. veröffentlichte sie: „Der himmlische Spiegel“ (1926), „Dem dunklen Gott“ (1931), „Traumlandschaft“ (1934), „Buch des Lebens“ (Erinnerungen, 1936), „Gedichte“ (Auswahlband, 1958) und „Träume“ (1962).

LUDWIG, Siegfried, * 14. 2. 1926 in Wostitz bei Nikolsburg (ČSSR), Landeshauptmann und ÖVP-Politiker. Studierte bis 1953 als Werkstudent Jus und ist seit 1954 in der nö. Landespolitik tätig. Seit 1964 Mitglied des nö. Landtags, seit 1968 Finanzreferent; 1969 wurde er Landeshauptmann-Stellvertreter und 1980 Landeshauptmann von NÖ. Bei den Landtagswahlen 1983 errang die ÖVP unter ihm mit 55% der Stimmen den größten Wahlsieg. L. setzte sich nachdrücklich für eine eigene nö. Landeshauptstadt ein und initiierte eine Volksbefragung (1. und 2. 3. 1986), die eine Mehrheit für St. Pölten ergab und durch einstimmigen Beschluß des nö. Landtags am 10. 7. 1986 zur Landeshauptstadt erklärt wurde.

LUDWIG, Vinzenz Oskar, * 18. 6. 1875 in Niederhillersdorf (Ö.-Schlesien), † 22. 1. 1959 in Langenzersdorf (NÖ), Klosterneuburger Chorherr und Historiker. Trat nach dem Besuch des Gymnasiums in Olmütz 1894 in Klosterneuburg in den Orden der Augustiner Chorherren ein und wurde 1899 zum Priester geweiht. Vorerst als Seelsorger in Wien tätig, wurde er 1901 Prof. an der theologischen Hauslehranstalt. 1909 promovierte er zum Dr. phil., war 1913–29 Bibliothekar des Stifts Klosterneuburg, legte die Lehramtsprüfung ab und lehrte 1918–38 als Prof. für Geschichte und Geographie am Akademischen Gymnasium in Wien. 1908–20 gab er das „Jahrbuch des Stiftes Klosterneuburg“ heraus und veröffentlichte mehrere historische Werke, u. a.: „Eine Biedermeierreise“ (1914), „Alt-Wiener Biedermeier-Musikanten“ (1924), „Stadt und Stift Klosterneuburg“ (1927), „Wachauer Vagantenbrevier“ (1933), „Hoch vom Leopoldsberg“ (1939), „Wiens Akropolis“ (1948), „Klosterneuburg“ (1951) und „Der Leopoldsberg“ (1952); sein Hauptwerk, „Klosterneuburg, Kulturgeschichte eines ö. Stiftes“, erschien 1951.

LUDWIG SALVATOR, Erzherzog von Ö., * 4. 8. 1847 in Florenz, † 12. 10. 1915 in Brandeis (Böhmen), zweiter Sohn von Großherzog Leopold II. (s. d.) von Toskana. L. S. war Naturwissenschaftler und Forschungsreisender, der sich besondere Verdienste um die Kenntnisse des Mittelmeers erwarb und seine Ergebnisse in mehreren Werken, allerdings anonym, veröffentlichte. Seine Schriften hat er selbst mit eindrucksvollen Illustrationen versehen: „Die Karawanenstraße von Ägypten nach Syrien“ (1879), „Helgoland“ (1890), „Die Balearen in Wort und Bild“, 7 Bde. (1869–91, Neuaufl. 1897, 2 Bde.), „Die Liparischen Inseln“ (1893–96), „Sommertage auf Ithaka“ (1903) und „Wintertage auf Ithaka“ (1905).

Woerl, L.: Erzherzog L. S. aus dem ö. Kaiserhaus als Forscher des Mittelmeeres (1899)

LUEGER, Karl, * 24. 10. 1844 in Wien, † 10. 3. 1910 in Wien, christlichsozialer Politiker und Bürgermeister von Wien. Der Sohn eines Saaldieners studierte an der Universität Wien Jus, promovierte 1870 und wandte sich der Advokatenlaufbahn zu. Nachdem er in seiner Jugend mit den Demokraten sympathisiert hatte, trat er 1872 dem „Landstraßer Bürgerklub“ bei und wurde 1875 als Liberaler in den Wiener Gemeinderat gewählt. Als es zu Differenzen mit Bürgermeister Cajetan Felder (s. d.) kam, mußte L. ausscheiden. Nach neuerlichem Einzug in den Wiener Gemeinderat 1878 bedrängte er Felder in einer Verfahrensfrage derart, daß dieser zurücktrat. 1882 änderte L. seinen politischen Standpunkt, und mit Blickrichtung auf das Wiener Kleinbürgertum verstärkte er seine antisemitische Politik. Auch stellte

KARL LUEGER

„Erbaut unter dem Bürgermeister Lueger“

„In den Drei-Engel-Sälen auf der Wieden sah und hörte ich 1894 Lueger zum ersten Male als Redner. Der breitschultrige schöne Mann von dem brünetten Typus der Wiener war ein Bild, wie aus einer Handzeichnung von Altdorfer geschnitten. Er agierte während des Sprechens sparsam, jedoch in dem Gestus, den er an Höhepunkten der Rede gebrauchte, namentlich wenn sie sich zu Anklage oder feierlicher Beteuerung erhob, war eine klassisch pathetische Note. Seine klare Stimme durchdrang auch den schlimmsten Tumult. Seine Rhetorik bewegte sich in einfachen Sätzen. Er hatte die Gabe, die Dinge so beim Namen zu nennen, daß sie auch der einfachste Mann sofort verstand . . . über seine Kritik an damaligen üblen Auswüchsen des Geschäftslebens erklärte er: ‚Die Juden sollen nicht so zimperlich sein, wenn einer über die Juden schimpft. Ist der Jude gut, so geht es ihn nichts an, ist er schlecht, so hat er es verdient.‘“

Friedrich Funder,
Von Gestern ins Heute (1952)

er ab 1883 das von ihm geprägte Schlagwort „ö. christliche Volkspartei" in den Mittelpunkt seiner Politik und wurde als demokratischer Linksliberaler zum Führer der von Vogelsang (s. d.) vorbereiteten „Vereinigten Christen". 1885 mit knapper Mehrheit in den Reichsrat gewählt, übernahm er nach der Gründung des Christlichsozialen Vereins ab 1887 dessen Führung und wurde 1890 in den nö. Landtag gewählt. 1893 gab er dem Verein den Namen „Christlichsoziale Partei" und straffte die Organisation. Bei den Wiener Gemeinderatswahlen vom September 1895 errang L. mit seiner Partei die Zweidrittelmehrheit und wurde Vizebürgermeister. Viermal wurde er in den kommenden eineinhalb Jahren zum Bürgermeister gewählt, doch erreichte er nie die Bestätigung durch den Kaiser, denn Adel, Großbürgertum und hohe Geistlichkeit sahen in ihm einen „demagogischen Umstürzler". L. wurde insgesamt siebenmal zum Bürgermeister gewählt. Seine nur 13jährige Amtszeit sollte genügen, Wien zu einer modernen Weltstadt zu machen sowie Maßnahmen zu setzen, die jahrzehntelang ihre Gültigkeit behielten. Seine Leistungen: 1897–1902 Elektrifizierung und Verstaatlichung der Straßenbahn, 1899 Kommunalisierung der Gaswerke, 1900–10 Errichtung der Zweiten Hochquellenwasserleitung, 1902 Kommunalisierung der Elektrizitätswerke, 1902–04 Bau des Lainzer Versorgungshauses, 1902–07 Bau der Heil- und Pflegeanstalt Am Steinhof, 1905 Gründung der Zentralsparkasse; 1905 schuf er den Wald- und-Wiesen-Gürtel um Wien, gründete die Städtische Bestattung und errichtete mehrere sanitäre Einrichtungen, Schulen, Volksbäder und Markthallen; 1904 schloß er Floridsdorf als 21. Bezirk an Wien an. L. war eine äußerst integre Persönlichkeit, sehr populär und besaß eine überragende Rednergabe.

Kralik, R. v.: K. L. und der christliche Sozialismus (1933); Kuppe, R.: K. L. und seine Zeit (1933); Burger, E.: Die Frage der Bestätigung K. L.s zum Bürgermeister von Wien, Dissertation Wien (1952); Skalnik, K.: K. L. (1954); Schnee, H.: K. L. (1960); Hawlik, J.: Der Bürgerkaiser (1985)

LUGGER, Alois, * 11. 7. 1912 in Brixen (Südtirol), Jurist und ÖVP-Politiker. Studierte in Innsbruck Rechts- und Staatswissenschaften, Promotion zum Dr. jur. und Dr. rer. pol. 1935 Rechtsanwalt in Innsbruck, trat 1936 in den Verwaltungsdienst des Landes, den er 1938 verlassen mußte. Nach dem Kriegsdienst ab 1947 Mitglied der Tiroler Landesregierung, gehörte ab 1953 dem Innsbrucker Stadtrat an und war ab 1956 Bürgermeister von Innsbruck. Bei der Bundespräsidentenwahl 1974 kandidierte L. für die ÖVP, unterlag aber (mit 48,34%) dem parteilosen Dr. Rudolf Kirchschläger, der mit 51,66% gewählt wurde.

LUGMAYER, Karl, * 25. 2. 1892 in Ebensee (OÖ), † 16. 4. 1972 in Wien, Philosoph, Volksbildner und ÖVP-Politiker. Studierte an der Universität Wien und promovierte zum Dr. phil. 1923 entwarf er das „Linzer Programm" der Christlichsozialen Partei. War mehrere Jahre Volksbildungsreferent für NÖ und ab 1934 für Wien. 1934–38 Mitglied des Bundeskulturrats, der zweiten gesetzgebenden Körperschaft für den Bereich des Bundes im Ständestaat. 1945 Unterstaatssekretär im Unterrichtsministerium. 1945–59 Mitglied des Bundesrats; Univ.-Prof. an der Hochschule für Bodenkultur. 1946 entwarf er das „Wiener Programm des ÖAAB", dessen stellvertretender Bundesobmann er 1952–55 war. L. setzte sich vor allem für die Verbreitung der Sozialenzykliken der Päpste ein und veröffentlichte mehrere Werke, u. a.: „Der Gewinnwirtschaft Werden" (1922), „Das Linzer Programm der christlichen Arbeiter" (1924), „Leos XIII. Lösung der Arbeiterfrage" (1927), „Grundrisse zur neuen Gesellschaft" (1927), „Urkunden zum Arbeiterrundschreiben Leos XIII." (1927), „Sein und Erscheinung", Bd. 1 (1945), „Staatslehre in Glaube und Wissenschaft", Bd. 2 (1947), und „Philosophie der Person" (1956).

LUICK, Karl, * 27. 1. 1865 in Floridsdorf bei Wien, † 20. 9. 1935 in Wien, Philologe. Studierte in Wien und promovierte 1899 sub auspiciis Imperatoris. L. machte sich sehr rasch einen Namen als Anglist und war Univ.-Prof. in Graz und in Wien. Besondere Anerkennung erwarb er sich mit seinen Darstellungen des gesetzmäßigen Ablaufs jeder Sprachenentwicklung und mit den Arbeiten über englische und deutsche Phonetik. Seine wichtigsten Veröffentlichungen waren: „Deutsche Lautlehre mit besonderer Berücksichtigung der Sprechweise Wiens und der ö. Alpenländer" (1904) und „Historische Grammatik der englischen Sprache" (1914). L. war auch Herausgeber der „Wiener Beiträge zur englischen Philologie".

LUITPOLD, frühmittelalterliche Form von Leopold, s. d.

LUITPOLD, Josef (eigtl. J. L. Stern), * 16. 4. 1886 in Wien, † 13. 9. 1966 in Wien, Arbeiterdichter und Volksbildner. Stand schon in seiner Jugend dem Arbeiterbildungsgedanken der Sozialdemokratie nahe und war ursprünglich als Journalist Redakteur der Zeitschriften „Der Strom" und „Glühlichter". Er reformierte die Arbeiter-Bibliothek in Wien, war Leiter der „Freien Volksbühne" und Direktor der Wiener Arbeiterhochschule. 1934–38 lebte er als Emigrant in der Tschechoslowakei, 1938–40 in Frankreich und schließlich 1940–48 in den USA. Nach Ö. zurückgekehrt, war er 1948–54 Rektor der Arbeiterhochschule Weinberg in OÖ. 1954–59 Bildungsreferent des ÖGB. Schrieb mehrere Dramen und Spiele und veröffentlichte Lyrik, wie: „Herz im Eisen" (1917), „Die Rückkehr des Prometheus" (1927) und „Die neue Stadt" (1928). Außerdem übersetzte er afrikanische und amerikanische Negerlyrik („Afrika singt", 1929). Seine Gesammelten Werke erschienen unter dem Titel „Das Sternbild", 7 Bde. (1954).

LUKSCH, Richard Joseph, * 23. 1. 1872 in Wien, † 21. 4. 1936 in Hamburg, Bildhauer. Wurde in München ausgebildet und übersiedelte 1900 wieder nach Wien, wo er Mitglied der Secession wurde und sich an allen Ausstellungen beteiligte (z. B. mit Mosaiken und einer Brunnengruppe). Mit der „Klimt-Gruppe" schied er 1905 aus der Secession aus und folgte 1907 einer Berufung nach Hamburg als Prof. an die dortige Kunstgewerbeschule, wo er bis zu seinem Tod lebte. Während seines Wiener Aufenthalts schuf er 1905 die Portalfiguren für die Handelsakademie in Wien 8, 1906 eine Marmorbüste Kaiser Franz Josephs I. für das Vestibül des Ö. Postsparkassenamts sowie Statuen der Landespatrone für die Kirche Am Steinhof. Charakteristisch für sein Werk ist die Verwendung verschiedenster Werkstoffe wie Erz, Silber, Stein, Porzellan, Holz u. a.

LUMPERT, Anton, * 13. 11. 1757 in Köglen im Lechtal (T), † 10. 4. 1837 in Wien, Jurist. Nach dem Schulbesuch in Innsbruck kam L. 1780 nach Wien und studierte Jus. 1786 trat er in den von Kaiser Joseph II. (s. d.) reorganisierten Wiener Magistrat ein. Wurde 1791 Sekretär, 1795 Kriminalrat, 1814 Vizebürgermeister und 1823 Bürgermeister von Wien. Da L. in Verwaltungsangelegenheiten nicht versiert war, kam es während seiner Amtszeit auch zu einer merkbaren Bevormundung des Magistrats durch die Regierung. Zudem bedrohte 1830 eine der größten Donauüberschwemmungen die Stadt Wien, und 1831/32 brach eine Choleraepidemie aus, so daß sich L.s Schwierigkeiten mehrten und ihn Kaiser Franz I. (II., s. d.) veranlaßte, 1834 in den Ruhestand zu treten.

LUNTZ, Victor, * 8. 3. 1840 in Ybbs an der Donau (NÖ), † 12. 10. 1903 in Wien, Architekt. War nach seinem Studium an der Technischen Hochschule in Wien Schüler von Eduard van der Nüll (s. d.) und August Siccard von Siccardsburg (s. d.) an der Akademie der bildenden Künste. Dann arbeitete er im Atelier von Friedrich von Schmidt (s. d.), wodurch er am Bau des Neuen Rathauses beteiligt war. Ausgehend von der Neorenaissance kam er über gotische Formen zu frühchristlichen und romanischen Vorbildern, und dieser Stil bildete dann die Grundlage für seine eigenen monumentalen Neuschöpfungen auf dem Gebiet des Kirchenbaus. 1885 wurde er Nachfolger von Heinrich Ferstel (s. d.) an der Lehrkanzel für altchristliche und mittelalterliche Baukunst an der Technischen Hochschule in Wien, 1892 Prof. und Leiter einer Spezialklasse für Architektur an der Akademie der bildenden Künste in Wien, was er bis zu seinem Tod blieb. 1887–93 er-

Karl Lütgendorf in einer IRONIMUS-Karikatur: „Akute Haaresreform"

baute er die Herz-Jesu-Basilika in Wien-Kaisermühlen. 1898 begann er die Kaiser-Jubiläums-Kirche am Mexikoplatz, die Dombaumeister August Kirstein 1913 vollendete. Besonders hervorzuheben sind seine Restaurierungen gotischer Kirchen, wie etwa Maria am Gestade, deren Turmhelm L. auch neu aufbaute, sowie die Freilegung und der Anbau der Minoritenkirche.

LUSCHAN, Felix von, * 11. 8. 1854 in Oberhollabrunn (NÖ), † 7. 2. 1924 in Berlin, Völkerkundler und Sozialanthropologe. Studierte Medizin und wurde Arzt. Ab 1880 unternahm er ausgedehnte Forschungsreisen auf den Balkan, nach Kleinasien und nach Nord- und Südafrika. Von 1890–1922 war er Prof. in Berlin. Von seinen Forschungsreisen brachte L. viel Material und umfangreiche Aufzeichnungen mit. Von seinen Veröffentlichungen sind u. a. zu erwähnen: „Völker, Rassen, Sprachen" (1922), „Die Altertümer von Benin", 3 Bde. (1919) und „Ausgrabungen in Sendschirli", 5 Bde. (1893 bis 1925).

LUSCHIN-EBENGREUTH, Arnold von (seit 1873), * 26. 8. 1841 in Lemberg (Galizien), † 6. 12. 1932 in Graz, Rechtshistoriker und Numismatiker. Studierte Jus an der Universität Wien und promovierte 1866. Trat in das Münz- und Antikenkabinett ein, übersiedelte aber 1867 nach Graz an das Steiermärkische Landesarchiv und war 1869–1912 Prof. an der dortigen Universität. L. wurde zum Altmeister der wissenschaftlichen Erforschung der ö. Münz- und Geldgeschichte des Mittelalters. Einen Teil seiner wertvollen privaten Münzsammlung übergab er dem Wiener Münzkabinett. Von seinen bedeutenden Arbeiten sind u. a. erwähnenswert: „Die Entstehungszeit des ö. Landesrechtes" (1872), „Geschichte des älteren Gerichtswesens in Ö. ob und unter der Enns" (1879), „Ö. Reichsgeschichte", 2 Bde. (1895/96, 2. Aufl.: „Handbuch der ö. Reichsgeschichte", 1914 ff.), „Wiens Münzwesen, Handel und Verkehr", 2 Bde. (1897–1902), „Grundriß der ö. Reichsgeschichte" (1899), „Allgemeine Münzkunde und Geldgeschichte des Mittelalters und der neueren Zeit" (1904) und „Die Münze" (1906, 2 Aufl.: „Grundriß der Münzkunde", 1918).

LUSTIG-PREAN, Karl, * 20. 1. 1892 in Prachatitz (Böhmen), † 22. 10. 1965 in Wien, Musikpädagoge und Theaterleiter. War ursprünglich Berufsoffizier und nach dem Ersten Weltkrieg Journalist und Theaterleiter, so 1919–34 Theaterdirektor in Wien, Bozen und Graz, 1934/35 Direktor und Regisseur der Wiener Volksoper. 1938–48 lebte er in Brasilien in der Emigration, war ab 1949 Direktor des Konservatoriums der Stadt Wien. L.-P. veröffentlichte u. a.: „Briefe an eine junge Mutter" (1916), „Blutgerüst" (1918), „Die Krise des Gegenwartstheaters" (1929), „1000 europäische Schicksale" (1943 in portugiesischer Sprache) und „L.-P.s Lachendes Panoptikum" (1952).

LÜTGENDORF, Karl, * 15. 10. 1914 in Brünn, † 9. 10. 1981 in Schwarzau im Gebirge (NÖ), Berufsoffizier. 1956 Oberstleutnant im Generalstab, 1966 Brigadier. 8. 2. 1971–31. 5. 1977 Bundesminister für Landesverteidigung. Trat im Zusammenhang mit einem versuchten Export von 600 Scharfschützengewehren und 400 000 Schuß Munition nach Syrien als Verteidigungsminister zurück.

LUTTEROTTI zu Gazzolis und Langenthal, Karl von, * 17. 2. 1793 in Bozen, † 20. 7. 1872 in Imst (T), Beamter und Mundartdichter. Neben seiner Tätigkeit als Beamter in Imst legte er eine vorbildliche Sammlung von Volkstrachten und Volksliedern sowie ein mustergültiges Tiroler Herbarium an. 1854 veröffentlichte er sein Hauptwerk „Gedichte im Tiroler Dialecte".

LUTTEROTTI, Otto R., * 14. 1. 1909 in Innsbruck, Kunsthistoriker. Studierte in Innsbruck und war dort ab 1945 selbst Univ.-Prof. Große Beachtung erlangte er durch sein 1939 erschienenes Werk „J. A. Koch, 1768–1839" (Neuaufl. 1985), in dem er eine grundlegende Wertung der romantischen Malerei vornahm. L. veröffentlichte mehrere Werke, u. a.: „Große Kunstwerke Tirols" (1951), „Die Wandgemälde im Schloß Runkelstein bei Bozen" (1954), „Das Goldene Dachl zu Innsbruck" (1956), „Der Sterzinger Altar" (1967) und „Die Wandgemälde von St. Prokulus in Naturns" (1967).

LUTZ, Oswald, * 23. 4. 1908 in Wien, † 1. 12. 1974 in Bregenz, Komponist. Studierte in Wien und lebte ab 1945 in Vorarlberg, wo er auch Prof. wurde. Neben kammermusikalischen Werken schuf er drei Symphonien, fünf Messen, die Festspielfanfare für die Bregenzer Festspiele und das Ballett „Raskolnikow" nach dem Roman von F. Dostojewski.

LUTZER, Jenny, * 4. 3. 1816 in Prag, † 3. 10. 1877 in Wien, Sängerin, Koloratursopran und Soubrette. Heiratete 1843 den späteren Hofoperndirektor Franz Freiherrn von Dingelstedt (s. d.). Sie studierte am Wiener Konservatorium und debütierte 1832 in Prag. Ab 1836 am Wiener Kärntnerthor-Theater. L. wurde auch die „Böhmische Nachtigall" genannt.

LUX, Josef August, * 8. 4. 1871 in Wien, † 23. 3. 1947 in Anif bei Salzburg, Schriftsteller. Studierte in Wien, München, Paris und London und war Mitbegründer der „Bildungsschule" in Dresden-Hellerau und der „Kralik-Gesellschaft" in Wien. Nach 1906 ging er nur noch seinen schriftstellerischen Neigungen nach und förderte die religiöse Laienspielbewegung. 1930 wurde er Leiter der „Lux-Spielleute Gottes". In seinen Romanen nahm er stets eine bewußt religiös-katholische Haltung ein und schrieb in einem betont ö. Stil. Ab 1939 im KZ Dachau. Von seinen, vielfach biographischen, Werken sind zu erwähnen: „Wiener Sonette" (1900), „Franz Schuberts Lebenslied" (1914), „Das große Bauernsterben" (1915), „Wanderung zu Gott" (1926, autobiographisch), „Beethovens unsterbliche Geliebte" (1926), „Franz Liszt" (1929), „Dichter und Dame" (1946) und „Land tragischen Glaubens" (1947); von seinen zahlreichen Dramen und Mysterienspielen sind besonders hervorzuheben: „Der Spielmann Gottes" (1930), „Festspiel der hl. Elisabeth" (1931), „Ludwig, der Narr" (1933), „Die Schwestern Fröhlich" (Lustspiel, 1931) und „Die 3 Salzburger Hanswurste" (1932).

MACH, Ernst, * 18. 2. 1838 in Turas (Mähren), † 19. 2. 1916 in Haar bei München, Physiker und Philosoph. Studierte in Wien Physik und Mathematik und habilitierte sich 1861 an der Universität Wien als Privatdozent. 1864 o. Prof. für Mathematik in Graz, 1867 für Physik in Prag, 1895–1901 an der Universität Wien. Neben seinen naturwissenschaftlichen Leistungen galt sein Interesse der Philosophie. Die von ihm vertretene sinnesphysiologische Lehre, worin alles auf Erfahrung beruht und jede Metaphysik abgelehnt wird, strebt eine rein funktionelle Betrachtungsweise an, womit M. ein Vertreter des Empiriokritizismus ist, der den Neopositivismus ent-

Ernst Mach

scheidend beeinflußte. In der Physik wurde das M.sche Prinzip zum Wegbereiter der Allgemeinen Relativitätstheorie. Seine analytische Methode wandten Einstein und Heisenberg in der Physik, der „Wiener Kreis" in der Philosophie an. Die nach ihm benannte M.sche Zahl (oder M.-Zahl) bezeichnet das Verhältnis der Geschwindigkeit eines Körpers zur Schallgeschwindigkeit. Zudem verbesserte er das stroboskopische Verfahren und erforschte auch die Bewegung von Festkörpern mit Überschallgeschwindigkeit (M.scher Kegel). Seine positivistisch-kritische Methode wandte M. auch auf den Marxismus an, was Lenin bewog, in seiner Schrift „Materialismus und Empiriokritizismus" (1909) den „Machisten" den Kampf anzusagen. Von M.s zahlreichen wissenschaftlichen Werken seien erwähnt: „Kompendium der Physik für Mediziner" (1863), „Die Geschichte und die Wurzel des Satzes der Erhaltung der Arbeit" (1872), „Grundlinien der Lehre von den Bewegungsempfindungen" (1875), „Die Mechanik in ihrer Entwicklung, historisch-kritisch dargestellt" (1883), „Beiträge zur Analyse der Empfindungen" (1886, 4. Aufl. unter dem Titel „Die Analyse der Empfindungen und das Verhältnis des Physischen und Psychischen" erschienen), „Die Prinzipien der Wärmelehre, historisch-kritisch entwickelt" (1896), „Erkenntnis und Irrtum" (1905), „Leitgedanken meiner naturwissenschaftlichen Erkenntnislehre" (1915), „Kultur und Mechanik" (1916). In seinem letzten Werk findet sich auch M.s aufklärerische These, die Wissenschaft habe dem Menschen zu dienen, und zwar allen Menschen, nicht nur einer kleinen, privilegierten Minderheit.

Henning, H.: E. M. als Philosoph, Physiker und Psychologe (1915); Lampa, A.: E. M. (1918); Dingler, H.: Die Grundgedanken der M.schen Philosophie (1924); Becher, E.: E. M. (1929); Mises, R.: E. M. (1938); Heller, K. D.: E. M., Wegbereiter der modernen Physik (1964)

MACHATSCHEK, Fritz, * 22. 9. 1876 in Wischau (Mähren), † 29. 9. 1957 in München, Geograph. Nach Abschluß des Studiums spezialisierte sich M. auf die Geomorphologie und die Eiszeitforschung. Wurde mit seinen Werken „Gletscherkunde" (1902) und „Geomorphologie" (1919, 7. Aufl. 1957) bekannt. 1928–34 Univ.-Prof. in Wien, 1935–46 in München, 1949–51 in Argentinien. Weitere wichtige Veröffentlichungen: „Länderkunde von Mitteleuropa" (1925) und „Das Relief der Erde", 2 Bde. (1938–40).

MACHE, Heinrich, * 27. 4. 1876 in Prag, † 1. 9. 1954 in Wien, Physiker. War bis 1946 Univ.-Prof. in Wien; erhielt mehrere Auszeichnungen von der Akademie der Wissenschaften. Die nach ihm benannte M.sche Einheit, ME, ist die alte Meßeinheit für die Radioaktivität (insbesondere von Heilquellen), die nach der Stärke der Radium-Emanation gemessen wurde. Veröffentlichungen u. a.: „Die Physik der Verbrennungserscheinungen" (1918), „Grundlagen der Wärmelehre" (1936) und „Ö.s große Physiker und ihre Spitzenleistungen" (o. J.).

MACHEINER, Eduard, * 18. 8. 1907 in Fresen (St), † 16. 7. 1972 in Salzburg, Erzbischof. Promovierte nach der Priesterweihe zum Dr. theol. und trat am 30. 6. 1969 die Nachfolge von Erzbischof Dr. Andreas Rohracher (s. d.) an.

MACHLUP, Fritz, * 15. 12. 1902 in Wiener Neustadt, Nationalökonom. Promovierte 1923 an der Universität Wien, arbeitete von 1922–35 in der Papierindustrie und publizierte zahlreiche fachspezifische Arbeiten. 1935 emigrierte er in die USA, wo er Wirtschaftswissenschaften in Princeton und in New York unterrichtete. M. war auch Präsident der American and International Economic Association.

MACK, Karl, Freiherr von Leiberich, * 24. 8. 1752 in Nennslingen (Franken), † 22. 10. 1828 in St. Pölten (NÖ), Heerführer. Trat 1769 in ö. Militärdienste und war 1778 Adjutant bei Kinsky, dann bei General Lacy (s. d.). Bewährte sich im Türkenkrieg, wurde Major und 1789 kaiserlicher Flügeladjutant, nach dem Fall Belgrads Oberst. 1792/93 Generaladjutant von Prinz Josias von Coburg in den Niederlanden, 1794 Generalquartiermeister, 1797 Feldmarschalleutnant, übergab ihm der König von Neapel den Oberbefehl über seine Truppen gegen die Franzosen. Anfangs erfolgreich, besetzte M. sogar Rom, mußte sich aber vor der in der Engelsburg zurückgebliebenen französischen Besatzung zurückziehen. Der von ihm ausgehandelte Waffenstillstand führte in Neapel zu einem Aufruhr, und M. brachte sich bei den Franzosen in Sicherheit. 1799 gelang es ihm, aus Paris zu entkommen. Im Dritten Koalitionskrieg mit einem Kommando in Süddeutschland betraut, drang M. bis an die Iller vor. In Ulm wurde er am 17. 10. 1805 zur Kapitulation gezwungen und übergab seine 23 000 Mann starke Armee dem Feind, was wohl mit ein Grund für die nachfolgende Niederlage von Austerlitz war. Auf Ehrenwort entlassen, kehrte M. nach Wien zurück, wo er vor ein Kriegsgericht gestellt und zum Tod verurteilt wurde. Vom Kaiser zu 20jähriger Festungshaft begnadigt, wurde er durch die Vermittlung von Erzherzog Karl (s. d.) 1808 aus der Haft entlassen und 1819 restlos begnadigt. Seine Rechtfertigungsschrift über die Kapitulation von Ulm wurde in Raumers „Historischem Taschenbuch" (1873) veröffentlicht.

MADER, Christoph (Johann Ch.), * 1697 bei Leitmeritz (Böhmen), † 14. 8. 1761 in Wien, Bildhauer. 1725–36 Hofbildhauer des Prinzen Eugen von Savoyen (s. d.), war ein vielbeschäftigter Bauplastiker des barocken Wien. Schuf u. a. die Giebelskulpturen der Piaristenkirche in Wien (1752). Sein Hauptwerk sind die Reliefs der

JOSEPH MADERSPERGER

Ein österreichisches Erfinderschicksal

MADERSPERGER, Joseph, * 6. 10. 1768 in Kufstein (T), † 2. 10. 1850 in Wien, Schneidermeister und Erfinder. Lernte und arbeitete bei seinem Vater und reiste mit diesem, nachdem ein Brand das Vaterhaus vernichtet hatte, 1790 nach Wien, wo er bis zu seinem Tod blieb. M. beschäftigte sich mit der Idee, eine brauchbare Nähmaschine zu bauen, und investierte Jahre hindurch Geld und Freizeit in seine Entwicklung. 1815 erhielt er das Privileg auf seine Erfindung, doch erlosch dieses nach drei Jahren, da M. die nötigen Taxen nicht restlos bezahlen konnte. 1839 schenkte er seine Nähmaschine dem Polytechnischen Institut in Wien und ersuchte 1840 den Nö. Gewerbeverein um Unterstützung

für seine Erfindung, worauf ihm die Bronzene Medaille für seine „als sinnreich erkannte Erfindung" verliehen wurde. M. fand auch sonst keine Gönner und Förderer, so daß ein Amerikaner später seine Erfindung erfolgreich ausnützen konnte. Einen Monat vor seinem Tod mußte er mit seiner Frau als Obdachloser in das Versorgungshaus von St. Marx übersiedeln. M.s Erfindung bestand in dem grundlegenden Einfall, das Öhr in die Spitze der Nadel zu verlegen; mit Hilfe der unter dem Stoff geführten Nähhand konnte der Kettelstich ausgeführt werden. Zusätzlich verwendete er einen endlosen Faden. Seine Nähmaschine befindet sich heute, noch immer betriebsfähig, im Wiener Technischen Museum.

Granichstaedten-Cerva, R.: J. M. (1925); Lüth, E.: J. M. oder Der unscheinbare Genius (1933); Eger, R.: Genie ohne Erfolg, Schicksale großer Erfinder (1957)

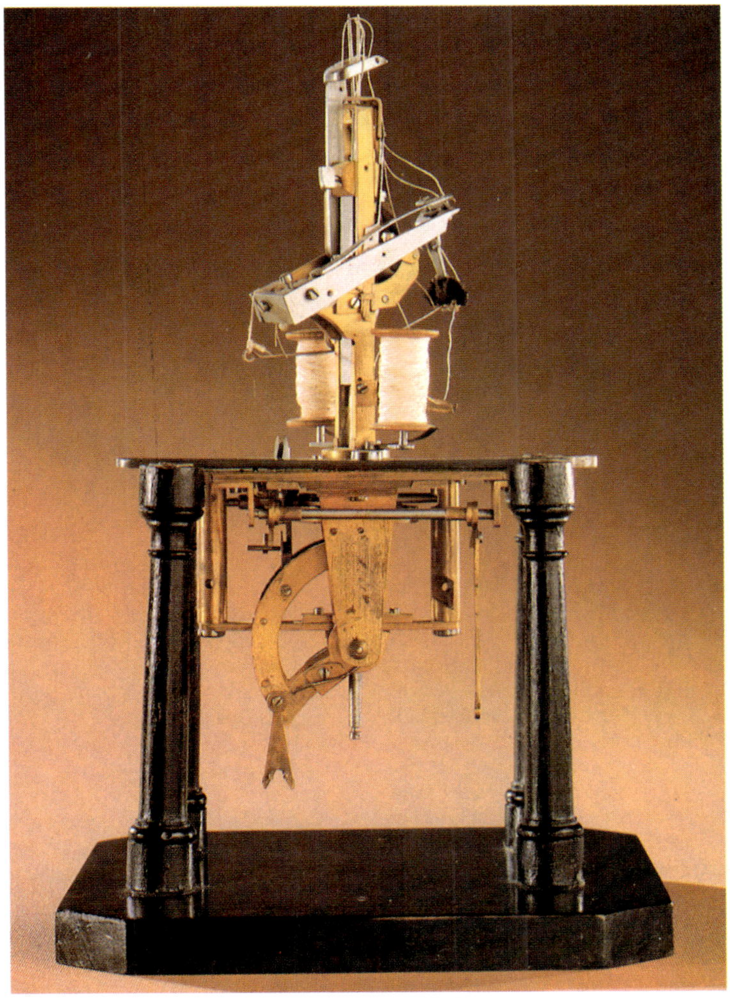

Der als „Hand" bezeichnete Teil von Joseph Madersspergers Nähmaschine. Der dazugehörige Rahmen ist nicht erhalten geblieben

beiden Triumphsäulen der Wiener Karlskirche (1728–30), die nach dem Vorbild der Antike als Spiralbänder um die Säulen herumlaufen und Szenen aus dem Leben des hl. Karl Borromäus darstellen. 1746 gestaltete er eine barocke Kreuzigungsgruppe für den Kreuzgang des Salesianerinnenklosters am Wiener Rennweg (wurde 1945 mit zwei Flügeln des Kreuzgangs zerstört, später wiederhergestellt).

MAGNUS von Reichersberg, † 12. 4. 1195 in Reichersberg (OÖ), Augustiner-Chorherr. Aufbauend auf den von Gerhoh von Reichersberg (s. d.) erarbeiteten Annalen des Stifts, verfaßte er ab etwa 1171 eine „Chronica" von Reichersberg und begann auch eine neue Fassung der Annalen, die leider unvollendet geblieben ist. Sein Werk ist eine bedeutende Quelle zur mittelalterlichen Geschichte und enthält wertvolle zeitgenössische Mitteilungen.

Lhotsky, A.: Quellenkunde zur mittelalterlichen Geschichte Ö.s (1963)

MAHLER, Gustav, * 7. 7. 1860 in Kalischt (Böhmen), † 18. 5. 1911 in Wien, Komponist und Dirigent. Bereits 1876 entstanden seine ersten Kompositionen. M. besuchte das Konservatorium in Wien, die Universität und studierte privat bei Anton Bruckner (s. d.), dem er auch freundschaftlich verbunden war. 1880 begann er seine Dirigentenlaufbahn in Bad Hall (OÖ), danach war er 1881 Dirigent in Laibach, 1882 in Olmütz, 1883 am Wiener Carl-Theater, 1883–85 Musikdirektor in Kassel, 1885 2. Kapellmeister am deutschen Landestheater in Prag, 1886–88 in Leipzig, wo er häufig für A. Nikisch einspringen mußte. 1888–91 Operndirektor in Budapest, 1891–96 1. Kapellmeister am Hamburger Stadttheater, nebenbei auch Gastdirigent. 1897 an die Wiener Hofoper berufen, debütierte er hier am 11. 5. mit „Lohengrin". 1897–1907 war er Direktor der Hofoper. Er führte das Haus zu einer nie vorher erreichten künstlerischen Höhe. Zum erstenmal wurden Wagner-Opern strichlos aufgeführt, und gemeinsam mit dem genialen Bühnenbildner Alfred Roller (s. d.) gelangen M. szenisch wie musikalisch vollendete Inszenierungen. Zusätzlich zu seiner eigenständigen „modernen" Regieführung baute er ein hervorragendes Sängerensemble auf. Sein Hang zum Perfektionismus war es wohl auch, der trotz M.s großer Erfolge zu Zwistigkeiten und schließlich 1907 zur Lösung des Vertrags führte. Am 15. 10. 1907 dirigierte M. in der Wiener Hofoper zum letztenmal („Fidelio"). Von 1898 bis 1901 leitete M. auch die Philharmonischen Konzerte in Wien. Im Herbst 1907 nahm er die Berufung an die New Yorker Metropolitan Opera an und übernahm 1909 auch die musikalische Leitung der New Yorker Philharmonischen Gesellschaft. Ein schwerer Herzfehler zwang ihn 1911 zur Rückkehr nach Wien, wo er nach einem Kurzaufenthalt in Paris todkrank ankam. M. hatte durch seine kompromißlose Hingabe an das Werk neue Maßstäbe als Operndirektor und als Dirigent gesetzt. Er führte die Sänger von routinemäßiger Schablone zu darstellerischer Leistung. Oft galt ihm darstellerische Ausgewogenheit mehr als rein stimmliche Perfektion. Als Komponist wird M. der Spätromantik zugeordnet. Er hat in seinem symphonischen Werk absolute Musik, Programmusik und

Gustav Mahler im Foyer der Hofoper 1911

GUSTAV MAHLER

Zu groß für die Wiener Oper

„Der neue Dirigent soll bereits so effektive Proben seiner Tatkraft abgelegt haben, daß schon fleißig gegen ihn intrigiert wird."

Karl Kraus, Breslauer Zeitung, 16. Mai 1897

„Es läßt sich nicht leugnen, daß der derzeitige Direktor der Hofoper als neuer Besen in gewisser Richtung gut kehrt . . .
Übrigens muß Beethoven ein recht unvollkommenes Talent zum Orchestrieren besessen haben, denn er schrieb die Coriolan-Ouvertüre ohne Es-Klarinette, die muß jetzt Mahler dazu schreiben . . .
Wenn Herr Mahler Korrekturen anbringen will, dann soll er sich Mendelssohn oder Rubinstein dazu wählen – am Ende lassen sich das die Juden nicht gefallen – aber unseren Beethoven soll er fein in Ruhe lassen. Er gefällt und erbaut uns auch ohne Es-Klarinette und dem Mahler . . ."

E. Th., Die Judenherrschaft in der Wiener Hofoper, Deutsche Zeitung, 4. November 1898

„Das Publikum der Philharmoniekonzerte – es ist das Beste gewöhnt – ließ nach jedem Stück, ja nach jedem Satz der ‚Eroica' seiner Begeisterung freien Lauf und wurde nicht müde, den neugewonnenen Feldherrn unserer altbewährten Elitetruppe immer und immer wieder hervorzurufen. Anfang gut, Alles gut.

Eduard Hanslick, Neue Freie Presse, 7. November 1898

„Lieber Freund! Ich bin so angeekelt von der Haltung der Wiener Presse, und vor allem, daß das Publikum (sich) so ganz ins Schlepptau nehmen ließ, daß ich gar nicht darüber wegkomme. Wie schön wäre es, den Leuten den ganzen Krempel vor die Füße schmeißen zu können."

Mahler an Richard Strauss, 18. Februar 1902

„. . . Wir haben unsere Oper. Unsere Oper mit einem Orchester, das Direktor Mahler zu einem einheitlichen herrlichen Instrument gestaltet hat, unsere Oper mit ihrem Dirigenten, der allenthalben höchstes Interesse und uneingeschränkte Bewunderung erweckt, wo immer er seinen Taktstock regt . . .
Und trotzdem läßt man diesen Mann einfach weggehen. Und wie viele freuen sich nicht noch darüber. Aber das ist ja nur natürlich, daß die sich freuen, die es schließlich zu dem gebracht haben, was sich nun vollzieht."

Max Burckhard, Neue Freie Presse, 16. Juni 1907

„Ich gehe, weil ich das Gesindel nicht mehr aushalten kann."

Mahler, Juli 1907, an A. Berliner

M

Mahler-Werfel Alma Maria · Maier Fritz Franz · Maierhofer Ferdinand · Maikl Georg · Mailly Anton · Maisel Karl · Makart Hans · Maleta Alfred · Malfatti Johann

Folklore zusammengefaßt. Ungewöhnlich in Form und Satztechnik, sehr intensiv, hat diese Musik auf Zemlinsky (s. d.), Berg (s. d.) u. a. große Wirkung ausgeübt. M. schrieb zehn Symphonien, wobei die letzte unvollendet blieb. Am 20. 11. 1889 wurde seine 1. Symphonie in D-Dur in Budapest uraufgeführt, die 9. in D-Dur, 1909/10 geschrieben, unter der Leitung Bruno Walters (s. d.), am 26. 6. 1912 in Wien erstmals gespielt. Die Partitur-Skizzen-Mappe zur unvollendeten 10. Symphonie wurde 1924 veröffentlicht. 1898 erschien gedruckt „Das klagende Lied", das von ihm als Opus 1 bezeichnet wurde. Ferner entstanden 1883–85, u. a. nach eigenen Texten, vier „Lieder eines fahrenden Gesellen", 1892–95 zwölf Lieder aus „Des Knaben Wunderhorn", 1901–04 fünf „Kindertotenlieder" nach Texten Friedrich Rückerts und 1908 „Das Lied von der Erde". Auf Anregung von Bruno Walter wurde 1955 in Wien eine Internationale Gustav-Mahler-Gesellschaft gegründet, und seit 1966 wird eine Gustav-Mahler-Ehrenmedaille vergeben. Eine große Rolle spielte im Wiener Kulturleben bis 1938 M.s Gattin Alma Maria (s. u. Mahler-Werfel).

Adler, G.: G. M. (1916); Roller, A.: Die Bildnisse von G. M. (1922); Mahler, Alma: G. M. Briefe (1924); Walter, B.: G. M. (1936); Mahler, Alma: G. M. Erinnerungen und Briefe (1940); Schibler, A.: Zum Werk G. M.s (1955); Verzeichnis der Werke (1958); G. M. im eigenen Wort – im Wort der Freunde (1958); Schreiber, W.: G. M. (1971); Blaukopf, K.: M. (1969); ders.: M. Eine Dokumentarbiographie (1976); Floros, C.: G. M., 2 Bde. (1977)

MAHLER-WERFEL, Alma Maria, * 31. 8. 1879 in Wien, † 11. 12. 1964 in New York, Schriftstellerin. Als Tochter des bekannten Wiener Landschaftsmalers Jakob Emil Schindler (s. d.) geboren, heiratete sie 1902 Gustav Mahler (s. d.) und lernte nach dessen Tod im April 1912 Oskar Kokoschka (s. d.) kennen, der ihr in den folgenden drei Jahren über 400 Briefe schrieb. Zeugnis dieser heftigen Beziehung bleibt Kokoschkas Doppelbildnis aus dem Jahr 1913, „Die Windsbraut". 1915 heiratete M.-W. den Architekten Walter Gropius, von dem sie sich 1918 scheiden ließ und 1929 den Dichter Franz Werfel (s. d.) heiratete, mit dem sie über Frankreich und Spanien 1940 in die USA emigrierte. Sie veröffentlichte Briefe und Erinnerungen an Gustav Mahler (1924 und 1940) und 1960 ihre Autobiographie „Mein Leben".

MAIER, Fritz Franz, * 19. 7. 1844 in Znaim (Mähren), † 15. 12. 1926 in Wien, Schiffskonstrukteur und Erfinder. Als Sohn eines Regimentsarztes geboren, entdeckte er schon früh sein Interesse am Schiffbau. Dieses Fach studierte er an der Technischen Hochschule in Wien und schloß es mit dem Diplom eines Schiffbauingenieurs ab. Seine praktischen Erfahrungen erwarb er sich auf verschiedenen Werften, zuerst in Triest, anschließend vier Jahre auf Werften in den USA, dann in Budapest, Steyr und Prag sowie in England und Schottland. Kaiser Franz Joseph holte den inzwischen anerkannten Fachmann nach Wien, als Vertreter Ö.s in der internationalen Studienkommission zur Untersuchung der Schiffbarkeit der sibirischen Flüsse. Nach zwei Jahren wurde er Leiter der Flußregulierungen in Bosnien und der Herzegowina und entwickelte dabei kentersichere Boote, die sogenannten „Drina-Boote", die noch heute nach M.s Plänen gebaut werden. 1898 legte er seine Ämter im Staatsdienst nieder und widmete sich intensiv der Entwicklung einer neuen Schiffsform. 1905 waren seine theoretischen Arbeiten und Experimente beendet. Er hatte eine Form des Schiffsrumpfs entwickelt, bei der sich Wasserwiderstand und Kraftverbrauch des Motors verringerten. Seine

Alma Mahler als Dreißigjährige

ersten Modellschleppversuche hatten ebenso Erfolg wie ein nach seinen Plänen erbautes Rennboot, doch fand sich keine Werft bereit, die neue „Maier-Form" anzuwenden. Der Ausbruch des Ersten Weltkriegs und der Zusammenbruch der Monarchie 1918 verhinderten die Realisierung des bereits gefaßten Plans der k. u. k. Kriegsmarine, Torpedoboote nach der Maier-Form zu bauen. Der bislang wohlhabende Erfinder war arm geworden und mußte von seinen beiden Söhnen unterstützt werden. Als 1926 die Hamburger Schiffbau-Versuchsanstalt mit einem Fährschiff nach der neuen Form beachtlichen Erfolg erzielte, war der Bann gebrochen. Die Nachricht über einen größeren Auftrag erreichte Wien einen Tag nach dem tödlichen Leuchtgasunfall M.s. Dessen Söhne setzten jedoch M.s Werk 1927 durch die Gründung der „Maier-Schiffsform Verwertungsgesellschaft Bremen–New York" fort.

Descovich, E.: F. F. M. und seine Schiffsform, Blätter der Technikgeschichte, Heft 1 (1932)

MAIERHOFER, Ferdinand, * 9. 4. 1881 in Graz, † 6. 6. 1960 in Wien, Kammerschauspieler. War nach seiner Ausbildung an verschiedenen Provinzbühnen engagiert, bis J. Jarno (s. d.) ihn 1907 an das Theater in der Josefstadt nach Wien holte. 1913 am Landestheater in Graz, kam er 1918 als Nachfolger von Alexander Girardi (s. d.) an das Carltheater in Wien und wurde 1919 an das Burgtheater berufen, wo er als Charakterkomiker beachtliche Erfolge feierte.

Handl, J.: F. M. (1955)

MAIKL, Georg, * 4. 4. 1872 in Zell am Ziller (T), † 22. 8. 1951 in Wien, Kammersänger, Tenor. Studierte in Wien und debütierte 1899 in Mannheim als Tamino. War 1904–44 Mitglied der Wiener Staatsoper, 1906–10 als Gast beim Mozart-Fest in Salzburg und ab 1920 bei den Salzburger Festspielen. War vor allem im lyrischen Fach tätig. 1950 nahm er Abschied von seiner Bühnenlaufbahn.

MAILLY, Anton, * 19. 8. 1874 in Görz, † 30. 5. 1950 in Wien, Schriftsteller. War Beamter im Handelsministerium und beschäftigte sich eingehend mit der Sammlung von Sagen. M. gilt als Begründer der Rechtssagenforschung. Er veröffentlichte u. a.: „Katholische Rosenkreuzerei" (1921), „Sagen aus Friaul und den Julischen Alpen" (1922), „Niederösterreichische Sagen" (1926), „Deutsche Rechtsaltertümer in Sage und Brauchtum" (1929) und „Sagen aus dem Burgenland" (1931).

MAISEL, Karl, * 3. 11. 1890 in Wien, † 13. 3. 1982 in Wien, Gewerkschafter und SPÖ-Politiker. War gelernter Maschinenschlosser und schon in jungen Jahren in der Gewerkschaftsbewegung und in der Sozialdemokratie politisch tätig. 1926–34 und ab 1945 Obmann der Gewerkschaft der Metall- und Bergarbeiter, 1932–34 auch Wiener Landtagsabgeordneter. 1945–56 Bundesminister für soziale Verwaltung, 1945–59 Abgeordneter zum Nationalrat, 1948–59 Vizepräsident des ÖGB. 1956–64 Präsident der Arbeiterkammer. M. war auch Mitglied des Parteivorstands der SPÖ und Vorsitzender der Fraktion sozialistischer Gewerkschafter im ÖGB. Während seiner Amtszeit als Sozialminister entstand das Allgemeine Sozialversicherungsgesetz (ASVG).

MAKART, Hans, * 18. 5. 1840 in Salzburg, † 3. 10. 1884 in Wien, Historienmaler. Nachdem sein Vater, ein Gelegenheitsmaler und Zimmeraufseher im Schloß Mirabell, 1849 gestorben war, kam M. 1858 nach Wien. Sein Studium an der Wiener Akademie dauerte nicht lange, da er wegen „gänzlicher Untalentiertheit" entlassen wurde. Nach Salzburg zurückgekehrt, studierte er 1861/62 gemeinsam mit Defregger (s. d.) und Lenbach bei Piloty an der Münchner Akademie, wo seine ersten Historienbilder entstanden. 1867/68 malte er das dreiteilige Werk „Die sieben Todsünden", später in „Pest in Florenz" umbenannt. M. wurde 1869 von Kaiser Franz Joseph nach Wien berufen, wo man ihm im Nebengebäude der ehemaligen Eisengießerei in der Gußhausstraße auf Staatskosten ein Atelier einrichtete. Die „Abundantia Bilder" gehören zu seinen ersten Wiener Arbeiten. 1870 schuf er die Deckengemälde im Palais Dumba und arbeitete an seinem ersten großen Hauptwerk, „Venedig huldigt der Caterina Cornaro". Danach mehrmals auf Reisen, entstand 1878 „Einzug Karls V. in Antwerpen", das ganz Wien in Erstaunen versetzte, da mehrere dargestellte Personen, vor allem Frauen, Gesichtszüge von Persönlichkeiten aus der Wiener Gesellschaft trugen. 1879 wurde er Prof. an der Wiener Akademie der bildenden Künste und leitete eine Spezialschule für Historienmalerei. Der Höhepunkt seines Lebens war der von ihm arrangierte Huldigungsfestzug anläßlich der Silbernen Hochzeit des Kaiserpaares am 27. 4. 1879. 14 000 Teilnehmer in historischen Kostümen (darunter auch M. selbst), zum Teil auf großen Wagen (u. a. die Zünfte), zogen über die Ringstraße und an der von Otto Wagner (s. d.) für das Herrscherpaar und die Angehörigen des Kaiserhauses vor dem Äußeren Burgtor errichteten Tribüne vorbei. 50 000 Zuschauer auf Tribünen und 500 000 entlang der Ringstraße bewunderten das Schauspiel, das bald nur mehr „Makart-Festzug" genannt wurde. 1881 erhielt er den Auftrag zur Ausgestaltung des Stiegenhauses im Kunsthistorischen Museum. In seinen letzten Lebensjahren entstanden noch einige großformatige Bilder, wie „Jagdzug der Diana", „Der Sommer" (zerstört) und „Der Frühling", mit denen er seinen Stilwandel zum weniger Dekorativen vollzog. Darüber hinaus schuf M. zahlreiche Porträts, überwiegend von Frauen, von Persönlichkeiten der Wiener Gesellschaft und der Aristokratie. Sein Atelier, ebenso dekorativ-überladen gestaltet wie seine Bilder, war oft Schauplatz festlicher Inszenierungskunst. Sein Stil, der hervorragend in die Gründerzeit paßte, war von einer dekorativ-theatralischen Überladenheit und Farbenpracht getragen und beeinflußte Mode und Wohnstil, so daß man von einer Makartzeit spricht.

Hans Makarts Atelier in der Gußhausstraße. Gouache von Rudolf von Alt

H. M. Ausstellungskatalog, Salzburg 1940; Pirchan, E.: H. M. (1954)

HANS MAKART

Der Maler des Historismus

„Der imposante Festzug, welcher heute (27. April 1879) in den Mittagsstunden über die Wiener Ringstraße an Ihren Majestäten dem Kaiser und der Kaiserin vorbeizog, um Allerhöchstdenselben aus Anlaß des fünfundzwanzigsten Jahrestages Allerhöchstihrer Vermählung zu huldigen, bot ein Schauspiel glänzendster Art, ein Schauspiel, wie es seit Jahrhunderten wohl in keiner der europäischen Hauptstädte gesehen wurde. Imposant durch die riesige Anzahl der Theilnehmer, genial in dem Entwurfe des Ganzen und der einzelnen Gruppen, treu im Geiste der Makart'schen Entwürfe von Künstlern hohen Ranges durchgebildet und ausgeführt, glänzend in allen Theilen."

Wiener Zeitung, 28. April 1879

Makart im Kostüm des von ihm 1879 arrangierten Huldigungsfestzugs

MALETA, Alfred, * 15. 1. 1906 in Mödling (NÖ), Jurist und ÖVP-Politiker. Studierte in Graz und war nach seiner Promotion Gerichts- und Anwaltspraktikant in Linz. Nebenher schon im Rahmen der christlichsozialen Bewegung politisch tätig, war er Erster Sekretär der oö. Kammer für Arbeiter und Angestellte und des Landeskartells des Gewerkschaftsbundes. 1938–41 in den KZ Dachau und Flossenburg, dann Soldat an der Ostfront und auf dem Balkan. 1945–70 Abgeordneter zum Nationalrat, 1951–60 Generalsekretär der ÖVP, 1960–71 Obmann des ÖAAB und stellvertretender Bundesparteiobmann der ÖVP, 1961/62 Dritter, 1962–70 Erster, 1970–75 Zweiter Präsident des Nationalrats. 1955–66 war M. Vizepräsident der christlich-demokratischen Parteienvertretung Europas (N. E. I.). Er veröffentlichte mehrere Werke, darunter: „Der Sozialist im Dollfuß-Ö." (1936), „Gedanken über die Politik" (1946), „Christliche Demokratie in der pluralistischen Gesellschaft" (1962), „Gesammelte Reden und Aufsätze" (1967) und „Entscheidung für Morgen" (1968).

MALFATTI, Johann, Edler von Montereggio (seit 1837), * 12. 6. 1775 in Lucca (Italien), † 12. 9. 1859 in Hietzing bei Wien, Arzt. Studierte in Bologna und in Padua und wurde vom Leiter des Allgemeinen Krankenhauses knapp vor Studienende nach Wien berufen, wo er 1797 promovierte. Bis 1802 Sekundararzt im Allgemeinen Krankenhaus; eröffnete dann eine Privatpraxis und wurde sehr bald ein beliebter und äußerst geschätzter praktischer Arzt. 1809 veröffentlichte er das vielbeachtete Werk „Entwurf einer Pathogenie aus der Evolution und Revolution des Lebens", mit dem er den Versuch unternahm, Krankheiten in ihrem Verhältnis zum Alter zu untersuchen. 1810 wurde M. Leibarzt der Erzherzogin Beatrix von Este. Während des Wiener Kongresses wurde er von Diplomaten und Fürsten konsultiert, gehörte 1827 zu den behandelnden Ärzten von Ludwig van Beethoven (s. d.) und betreute 1830 den Herzog von Reichstadt (s. d.). M. vollzog den Zusammenhang zwischen Medizin und Naturphilosophie und behandelte Lähmungserscheinungen mit magnetischem Heilschlaf. Große Verdienste erwarb er sich um die Entdeckung der Heilquellen in Bad Vöslau und in Bad Ischl. 1837 gründete er die „K. k. Gesellschaft der Ärzte" in Wien, deren erster Präsident er wurde, legte jedoch diese Würde 1841 aus Protest gegen die neuentstandene medizinische

Schule um Rokitansky (s. d.) zurück. M.s naturphilosophische Schriften sind von seinen Freunden Schelling, Oken und Hufeland geprägt.

MALLY, Ernst, * 11. 10. 1879 in Krainburg (Krain), † 8. 3. 1944 in Schwanberg (St), Philosoph. Studierte in Graz, wo er dann lange Zeit Univ.-Prof. war. M. zählt zu den bedeutendsten Vertretern der Gegenstandsphilosophie und veröffentlichte mehrere Werke, u. a.: „Gegenstandstheoretische Grundlagen der Logik und Logistik" (1912), „Grundgesetze des Sollens" (1926), „Erlebnis und Wirklichkeit" (1935), „Anfangsgründe der Philosophie" (1938) und „Wahrscheinlichkeit und Gesetz" (1938).

MALZACHER, Hans, * 14. 10. 1896 in Traisen (NÖ), † 16. 10. 1974 in Villach (K), Industriemanager. Als Sohn eines Werksdirektors geboren, studierte er an der Montanistischen Hochschule in Leoben, wurde Dipl.-Ing. und erwarb den Dr. montan. und den Dr. techn. Sein umfangreiches Wissen ließ ihn rasch aufsteigen: 1920 Betriebsassistent in Traisen, 1929 Direktorstellvertreter der Schoeller-Bleckmann Stahlwerke AG, 1930 Werksdirektor in Ternitz. 1927 war er dem Heimatschutz beigetreten, 1928 Gauleiter von Gloggnitz geworden, 1932 Mitglied der nö. Landesführung. 1932 Konsulent im Handelsministerium und Industriekonsulent der Creditanstalt-Bankverein, 1934 Zentraldirektor der Lapp-Finze AG, 1936 Generaldirektor der Simmering-Graz-Pauker AG, 1938 NSKK-Standartenführer, 1941 Generaldirektor der Reichswerke Hermann Göring in Linz, 1942 Generaldirektor der Berg- und Hüttenwerksgesellschaft in Teschen und der Waffen-Union (Škoda) in Brünn sowie Wehrwirtschaftsführer und Mitglied des Reichsrüstungsrats, 1945 Rüstungsbevollmächtigter Südost (Schlesien, Protektorat Böhmen und Mähren, Österreich und Norditalien) des Ministeriums Speer. Stand auf der ersten Kriegsverbrecherliste Ö.s, wurde aber von der amerikanischen Besatzungsmacht im Juni 1945 als Generaldirektor der Hütte Linz und der Stickstoffwerke eingesetzt. Im Oktober 1945 verhaftet, verbrachte er 26 Monate in verschiedenen Lagern. Ab Dezember 1947 Berater der Creditanstalt-Bankverein, 1949 Vorsitzender des Aufsichtsrats der Tiroler Röhren- und Metallwerke in Hall, der Jenbacher Werke, der Maschinenfabriken Andritz AG, der Hübner-Vamag AG, der Martin Miller AG, der VOEST, der Steyr-Daimler-Puch AG sowie Geschäftsführer der Neuzeughammer Ges.m.b.H. 1957–66 Prof. an der Montanistischen Hochschule in Leoben, danach Aufsichtsrat der Bank für Kärnten und der Lapp-Finze AG in Kalsdorf. 1968 veröffentlichte er „Begegnungen auf meinem Lebensweg".

Wiltschegg, W.: Die Heimwehr (1985)

MÄLZEL, Johann Nepomuk (auch Mälzl), * 5. 8. 1772 in Regensburg, † 21. 7. 1838 auf einer Ozeanreise, Instrumenten- und Automatenmacher, Erfinder. Kam 1792 nach Wien und wurde 1808 Hofkammer-Maschinist. Er konstruierte ein Panharmonicon, für das L. v. Beethoven (s. d.) ursprünglich seine Ouvertüre „Auf Wellingtons Sieg" komponiert hat. 1816 erfand M. ein nach ihm benanntes Metronom, nach dem noch heute die meisten Tonangaben erfolgen. Außerdem konstruierte er Hörrohre, einen Trompeten-Automaten und ein Orchestrion. 1824 schuf er eine sprechende, mit „Schlafaugen" versehene Spielzeugpuppe.

MANDL, Felix, * 8. 11. 1892 in Brünn, † 15. 12. 1957 in Wien, Chirurg. Studierte in Wien und wurde Univ.-Prof. und Primararzt. 1938 emigrierte M. und lebte 1939–47 in Jerusalem. 1947 kehrte er nach Wien zurück und war bis zu seinem Tod Vorstand der Chirurgischen Abteilung am Franz-Josefs-Krankenhaus in Wien sowie Gemeinderat. 1948 war M. Vizepräsident des International College of Surgeons (USA). Wichtige Veröffentlichungen: „Chirurgie der Sportunfälle" (1925), „Erste Hilfe bei Unfällen" (1930), „Theorie und Praxis der Krebskrankheit" (1932), „Der Kampf gegen die Krebskrankheit" (1950).

MANDL, Fritz, * 9. 2. 1900 in Wien, † 8. 9. 1977 in Wien, Heimwehrpolitiker und Industrieller. Sohn eines Generaldirektors, diente 1918 als Einjährig-Freiwilliger und übernahm später als Besitzer der Patronenfabrik Lichtenwörth und der Messingwerke Achenrain die Generaldirektion der Hirtenberger Patronenfabrik AG und der Grünbacher Steinkohlenbergwerke. Seit 1929 war er bei der Heimwehr und mit Rüdiger Starhemberg (s. d.) eng befreundet. 1933 stand er im Mittelpunkt der „Hirtenberger Waffenaffäre" – italienische Waffen, für die ungarische Horthy-Regierung bestimmt, waren als altö. Kriegsmaterial deklariert und von der Hirtenberger Patronenfabrik „repariert" weitergeleitet worden. 1935 Landtagsabgeordneter und Vorsitzender des Landesverbands NÖ des Industriellenbundes, 1938 Vizepräsident der Landeshandelskammer NÖ. Nach dem Anschluß mußte er seine Werke an die Wilhelm-Gustloff-Stifung zwangsverkaufen. Emigrierte nach Argentinien, war auch dort industriell tätig. Nach seiner Rückkehr 1945 wurde ihm sein Besitz zurückgestellt.

Wiltschegg, W.: Die Heimwehr (1985)

MANDL, Hans, * 28. 9. 1899 in Szegedin (Ungarn), † 23. 10. 1970 in Wien, Pädagoge und SPÖ-Politiker. Nach Beendigung der Lehrerbildungsanstalt 1918 noch zum Kriegsdienst eingezogen, ab 1919 Volksschullehrer in Wien. 1922 Mitglied der Sozialdemokratischen Partei, wirkte bis 1934 (und ab 1946) aktiv bei den „Kinderfreunden". Seit 1929 war M. Dozent am Pädagogischen Institut, wurde aber 1934 aus politischen Gründen rückversetzt und war ab 1936 als Hauptschullehrer tätig. 1942 verhaftet und 1943 strafweise noch Lodz (Polen) versetzt. 1945 als Bezirksschulinspektor intensiv um den Wiederaufbau des Pflichtschulwesens bemüht, wurde er 1946 in den Wiener Stadtschulrat berufen und 1949 Landesschulinspektor für Berufsschulen. 1949–65 Amtsführender Stadtrat, ab 1954 Mitglied von Gemeinderat und Landtag. 1959–64 war M. auch Vizebürgermeister und 1964/65 Landeshauptmann-Stellvertreter.

MANDL, Michael Bernhard (auch Mändl), * um 1660 in Prag, † 23. 4. 1711 in Salzburg, Bildhauer. Einer der bedeutendsten ö. Bildhauer, der, vom italienischen Barock beeinflußt, bedeutende Werke vorwiegend in Salzburg schuf: vor allem die Skulpturen in der Dreifaltigkeits- und der Kollegienkirche sowie den Pferdebändiger der Hofstallschwemme (1695) und die Statuen des hl. Petrus und hl. Paulus vor dem Salzburger Dom (1698).

MANDYCZEWSKI, Eusebius (eigtl. Eusebie Mandicevschi), * 18. 8. 1857 in Czernowitz (Bukowina), † 13. 7. 1929 in Sulz (NÖ), Musikforscher. Studierte in Wien bei Hanslick (s. d.) und wurde 1887 Archivar der Gesellschaft der Musikfreunde. Ab 1897 war er Prof. am Wiener Konservatorium. War mit Johannes Brahms (s. d.) befreundet und erwarb sich große Verdienste um die Gesamtausgabe der Werke von Joseph Haydn, Franz Schubert und Johannes Brahms. Außerdem komponierte er u. a. orthodoxe Messen, Kantaten, Chöre und Lieder.

MANKER, Gustav, * 29. 3. 1913 in Wien, Regisseur, Bühnenbildner und Theaterleiter. Nach seiner Ausbildung am Reinhardt-Seminar in Wien kam er 1938 ans Deutsche Volkstheater in Wien, wo er 1942 Ausstattungschef wurde. Nach dem Krieg arbeitete er an allen großen Bühnen Wiens als Regisseur und Bühnenbildner; vor allem in der Josefstadt und in den Kammerspielen, aber auch an besonders engagierten Bühnen wie „Die Insel" und die „Renaissance-Bühne". 1968–78 war M. Direktor des Volkstheaters in Wien.

MANN, Johann Georg, s. Monn, Matthias Georg

MANNLICHER, Ferdinand Ritter von, * 30. 1. 1848 in Mainz, † 20. 1. 1904 in Wien, Waffentechniker. Kam 1857 nach Wien und war bis 1886 Oberingenieur bei der Kaiser-Ferdinands-Nordbahn. Seit 1878 beschäftigte er sich mit der Konstruktion eines Hinterlader-Repetiergewehrs. Das Gewehr wurde wegen seiner Treffsicherheit und Feuergeschwindigkeit weltweit bekannt. Der Mehrlader mit Geradezugverschluß wurde zuerst mit 11-mm-, später mit 8-mm-Kaliber hergestellt. 1886 wurde das M.-Repetiergewehr in der ö.-ungarischen Armee eingeführt. Erstmals in der „Praxis" im chilenischen Bürgerkrieg von 1890 verwendet, fand es bald Eingang in die Armeen zahlreicher Staaten.

MANOWARDA (von Jana), Josef, * 3. 7. 1890 in Krakau, † 23. 12. 1942 in Berlin, Opernsänger, Bassist. Sohn des Generals Eberhard M. v. Jana (* 23. 11. 1847 in Brody [Galizien], † 1. 5. 1915 in Wien). Bereitete sich zunächst auf die Diplomatenlaufbahn vor, studierte in Graz Philosophie und Gesang und debütierte hier auch 1911. 1915–18 an der Wiener Volksoper, 1918/19 in Wiesbaden, von 1919–42 Mitglied der Wiener Staatsoper. Ab 1922 häufig bei den Salzburger Festspielen, gastierte 1931, 1934 und 1939 bei den Festspielen in Bayreuth. Ab 1935 trat er an der Berliner Staatsoper, in Amsterdam, Brüssel, Rom, Budapest und an der Mailänder Scala auf. 1932–35 war er zudem Prof. an der Wiener Musikakademie. Seine großen Rollen waren König Philipp, Osmin, Gurnemanz und Alfonso.

Josef Manowarda als Philipp

MANSFELD, Antonie (auch Mannsfeld, eigtl. Montag), * 1836 in Wien, † 22. 10. 1875 in Lainz bei Wien, Operetten- und Volkssängerin. Sie kam als Kind einfacher Leute zur Welt und wählte den Künstlernamen nach ihrem bevorzugten Textdichter Ferdinand Mansfeld (1824–1869). Vom Volkssängermäzen Haberlandtner, einem Harz- und Pechhändler, der auch Präsident des Wiener Trabrennvereins war, gefördert, trat sie zuerst in dessen Privatsoireen auf und wurde bald als neue Diva vergöttert. Besonders erfolgreich war sie mit leicht frivolen Liedern, etwa „Vergißmeinnicht", „Legt mich — ins Grab" und den „Gfrettstanzeln". Im Verlauf ihrer Karriere trat sie dann auch vor gehobenerem Publikum auf, so etwa auf einer Soiree in Salzburg, bei der auch Kaiser Napoleon III. anwesend war.

Koller, J.: Das Wiener Volkssängertum in alter und neuer Zeit (1931)

MANTLER, Karl, * 13. 1. 1890 in Wien, † 4. 8. 1965 in Wien, Gewerkschafter und SPÖ-Politiker. War gelernter Fleischhauer, stieß früh zur Sozialdemokratie und war ein aktiver Gewerkschafter. 1937/38 in politischer Haft und 1939–45 im Konzentrationslager. 1945 Gewerkschaftssekretär, 1945–49 Mitglied des Bundesrats, 1947–49 Staatssekretär im Bundesministerium für Vermögenssicherung und Wirtschaftsplanung. 1949–56 Präsident des ö. Arbeiterkammertags.

MARBOE, Ernst, * 26. 1. 1909 in Wien, † 28. 9. 1957 in Wien, Staatsbeamter und Schriftsteller. War als Ministerialrat Leiter der Kulturabteilung im Bundespressedienst und der Bundestheaterverwaltung. 1949 gründete er die Austria-Wochenschau, deren Geschäftsführer er bis zu seinem Tod war. Von seinen Veröffentlichungen wurde besonders „Das Österreich-Buch" bekannt, das 1948 erstmals erschien, ins Englische und Französische übersetzt wurde und mehrere Auflagen erlebte. Gemeinsam mit Rudolf Brunngraber (s. d.) schrieb er das Drehbuch zu dem ö. Film „1. April 2000". 1955 erschien sein Roman „Yes, Oui, O. K., Njet".

MARBOT, s. Merbot

MARCH, Arthur, * 23. 2. 1891 in Brixen (Südtirol), † 17. 4. 1957 in Bern, Physiker. Studierte in Wien, habilitierte sich sehr rasch und wurde Univ.-Prof. in Innsbruck. Sein Spezialgebiet war die Quantentheorie, in die er die neue Konstante der „kleinsten Länge" einführte. Von seinen Veröffentlichungen sind u. a. zu erwähnen: „Grundlagen der Quantenmechanik" (1930), „Einführung in die moderne Atomphysik" (1933), „Natur und Erkenntnis" (1948) und „Der Weg des Universums" (1948).

MARCHET, Gustav, * 29. 5. 1846 in Baden (NÖ), † 27. 4. 1916 in Schlackenwerth (Böhmen), Agrarwissenschaftler und Politiker. Wurde bald nach Beendigung seines Studiums in Wien 1872 Prof. an der Forstakademie in Mariabrunn bei Wien und ab 1875 an der Hochschule für Bodenkultur in Wien. 1891–97 und 1901–07 Reichsratsabgeordneter der Deutschen Fortschrittspartei. M. gilt als ein Bahnbrecher für die Errichtung der Raiffeisenkassen in Ö. 1906–08 Unterrichtsminister, reformierte sinnvoll die Maturaordnung und schuf die Realgymnasien. 1906 errichtete er die Alters- und Invalidenversicherung für Privatbeamte. Ab 1907 war M. Mitglied des Herrenhauses. In seinen Veröffentlichungen beschäftigte er sich mit Gewerbe- und Agrarfragen, u. a.: „Zur Reform der ö. Gewerbegesetzgebung" (1878), „1848–88, Rückblick auf die Entwicklung der ö. Agrarverwaltung" (1889).

MARCO d'AVIANO (eigtl. Carlo Cristofori), * 17. 11. 1631 in Aviano, † 13. 8. 1699 in Wien, Kapuzinerpater. Der aus Venetien stammende Bußprediger wirkte auch als Missionar und Diplomat. Im Entsatzheer

SIEGFRIED MARCUS

Pionier des Kraftfahrwesens

Das 1888 nach Plänen von Siegfried Marcus gebaute Automobil

MARCUS, Siegfried, * 18. 9. 1831 in Malchin (Mecklenburg), † 1. 7. 1898 in Wien, Mechaniker und Erfinder. Erlernte in Hamburg das Mechanikerhandwerk und arbeitete 1848–52 in der Firma Siemens & Halske in Berlin, wo er sich auf dem Gebiet des Telegraphenwesens große Kenntnisse erwarb. Zusätzlich bildete er sich durch Selbststudium in Chemie und Elektrotechnik aus. 1853 übersiedelte er nach Wien, arbeitete zuerst beim Hofmechaniker Kraft und ab 1855 am Physikalischen Institut der Universität. Er konstruierte und erdachte hier mehrere Apparate, die als Lehrmittel im Institut verwendet wurden. Insgesamt erwarb er im Laufe der Zeit 38 Patente, von denen fünf dem Gebiet der Telegraphie zuzurechnen sind. 1860 gründete er eine eigene Werkstätte. Unter den vielen Erfindungen, auf die M. Patente erwarb, befand sich auch ein magnetisch-elektrischer Zündapparat (Patent 1864), dessen sich die Marine und die Pioniere sofort bedienten. Selbst in der preußischen und der russischen Armee war diese neue Zündmechanik bald gefragt. Seine bekannteste Leistung bestand jedoch in der Entwicklung des „Benzin-Automobils". Das erste Modell eines eher Straßenfahrzeug zu nennenden Autos war ein Handwagen, der durch den Einbau eines Zweitaktmotors auf umständliche Art in Gang zu setzen war. Dieses 1870 entwickelte, primitive Fahrzeug besaß einen atmosphärischen Benzinmotor ohne Kompression sowie eine elektrische Zündung. Da sich M. um die industrielle Auswertung seiner Erfindungen wenig gekümmert hatte, baute 1888 (nicht 1875) nach seinen Plänen die Maschinenfabrik Märky, Bromovsky & Schulz in Adamsthal (Böhmen) einen Wagen mit Viertakt-Benzinmotor und Spritzbürstenvergaser, bei dem erstmals eine magnetelektrische Zündung verwendet wurde. Allerdings blieb dieses Fahrzeug eine Einzelanfertigung. M. war auch Lehrer des Kronprinzen Rudolf auf dem Gebiet der Experimentalphysik und legte in der Wiener Hofburg vom Zimmer der Kaiserin Elisabeth zu dem ihrer Kammerfrau eine Klingelleitung – aller Wahrscheinlichkeit nach die erste derartige Leitung in Wien.

S. M., hrsg. vom Technischen Museum, Wien (1928); Goldbeck, G.: S. M. (1961); Seper, H.: Geschichte der ö. Kraftfahrt (1968)

während der Zweiten Türkenbelagerung Wiens 1683 war er päpstlicher Legat, verstand es, durch seine zündenden Predigten die Begeisterung für die gemeinsame Sache zu wecken und versöhnlich auf die rivalisierenden Feldherren einzuwirken. Vor Beginn der entscheidenden Schlacht am 12. 9. 1683 las er auf dem Kahlenberg (dem heutigen Leopoldsberg) eine Messe. Als Vertrauter Kaiser Leopolds I. (s. d.) nahm er auch auf die ö. Politik Einfluß.

Heyret, M.: P. M. von A. (1931)

MARCUS SITTICUS, s. Markus Sittikus

MARDAYN, Christl, * 8. 12. 1901 in Wien, † 30. 7. 1971 in Wien, Operettensängerin und Schauspielerin. Trat nach ihrer Ausbildung an mehreren Wiener Bühnen auf und war auch beim Film tätig. M. war auch lange Zeit Prof. am Konservatorium der Stadt Wien.

MAREK, Bruno, * 23. 1. 1900 in Wien, SPÖ-Politiker, Wiener Bürgermeister. Nach Kriegsdienst 1918 zunächst kaufmännischer Angestellter, zwischen 1924–34 Angestellter der Wiener Messe AG. Im Februar 1934 entlassen und inhaftiert. Seit 1918/19 Mitglied und Funktionär der Sozialdemokratischen Partei, wurde nach 1945 Bezirksobmann, später Mitglied der Wiener Landesleitung. Seit November 1945 Abgeordneter des Wiener Gemeinderats, war 1949–1965 Erster Präsident des Wiener Landtags. 1965–70 Bürgermeister von Wien. M. trat im November 1970 in den Ruhestand.

MARGARETE von Ö., * 10. 1. 1480 in Brüssel, † 1. 12. 1530 in Mecheln (Belgien), Tochter aus der Ehe Maximilians I. (s. d.) mit Maria von Burgund (s. d.). Nach dem Tod seiner Gattin (1482) wurde Maximilian gezwungen, seine kleine Tochter an Frankreich auszuliefern, wo sie als zukünftige Gattin des Dauphins Karl erzogen werden sollte, doch kehrte M. nach der Heirat Karls mit Anna von Bretagne 1493 in die Niederlande zurück. 1497 ehelichte sie den Infanten Juan von Kastilien, der aber nach einem halben Jahr starb, 1501 Herzog Philibert II. von Savoyen, welcher 1504 das Zeitliche segnete. Nachdem M.s Bruder König Philipp der Schöne (s. d.) 1506 gestorben war, setzte Maximilian I. sie als Erzieherin von dessen Kindern, unter ihnen die späteren Kaiser Karl V. (s. d.) und Ferdinand I. (s. d.), ein und ernannte sie im März 1507 zur Regentin der Niederlande. Ihre Residenz in Mecheln wurde bald zu einem geistigen und politischen Zentrum. Am Frieden von Cambrai (1529), dem sogenannten „Damenfrieden", der den Krieg zwischen Frankreich und Karl V. beendete, hatte M. wesentlichen Anteil. Sie war nicht nur eine geschickte Regentin an der Westflanke des Reiches und eine Wahrerin der Interessen des Hauses Habsburg, sondern auch eine äußerst gebildete Frau, weshalb sie von der Geschichte die ehrende Bezeichnung „Grande Dame der Renaissance" erhalten hat.

Strelka, J.: Der burgundische Renaissancehof M.s von Burgund (1957); Winker, E.: M. von Ö. (1966)

MARGARETE (Maultasch), Herzogin von Kärnten, Gräfin von Tirol, * 1316, † 3. 9. 1369 in Wien, einzige überlebende Tochter Herzog Heinrichs von Kärnten, Graf von Tirol (s. d.) und der Adelheid von Braunschweig. Ihr Beiname kommt kaum vom Schloß Maultasch bei Terlan in Südtirol, eher von der angeblichen Mißbildung ihres Mundes. Schon im September 1331 wurde die 15jährige M. mit dem Luxemburger Johann Heinrich, Sohn König Johanns von Böhmen, verheiratet. Durch diese Ehe wollten sich die Luxemburger das reiche Erbe M.s sichern, doch aufgrund eines habsburgisch-wittelsbachischen Geheimvertrags belehnte Kaiser Ludwig IV. nach dem Tod Herzog Heinrichs (1335) die Habsburger mit Kärnten und Südtirol. Während das Erbe in Kärnten problemlos angetreten werden konnte, widersetzte sich Südtirol, wo M. auch eine luxemburgische Streitmacht zur Verfügung stand, den Habsburgern. In Nordtirol wuchs die antiluxemburgische Stimmung allerdings zusehends, da Johann Heinrich zu viele Ratgeber und Günstlinge aus seiner Heimat mitgebracht hatte. Im November 1341 vertrieben die Tiroler Landstände den „Fremdling", und M. nahm dies zum Anlaß, sich von ihrem Gatten zu trennen. Am 10. 2. 1342 heiratete sie ohne kirchliche Scheidung oder Dispens Markgraf Ludwig von Brandenburg, einen Sohn Kaiser Ludwigs IV., was dem Kaiser, der die erste Ehe geschieden hatte, sowie den Ehegatten den päpstlichen Bann einbrachte. Erst 1359, nach nochmals vollzogener Trauung, ließ sich die Kirche besänftigen; zweifelsohne war Herzog Albrecht II. (s. d.) dabei mit im Spiel, der so den Übergang Ti-

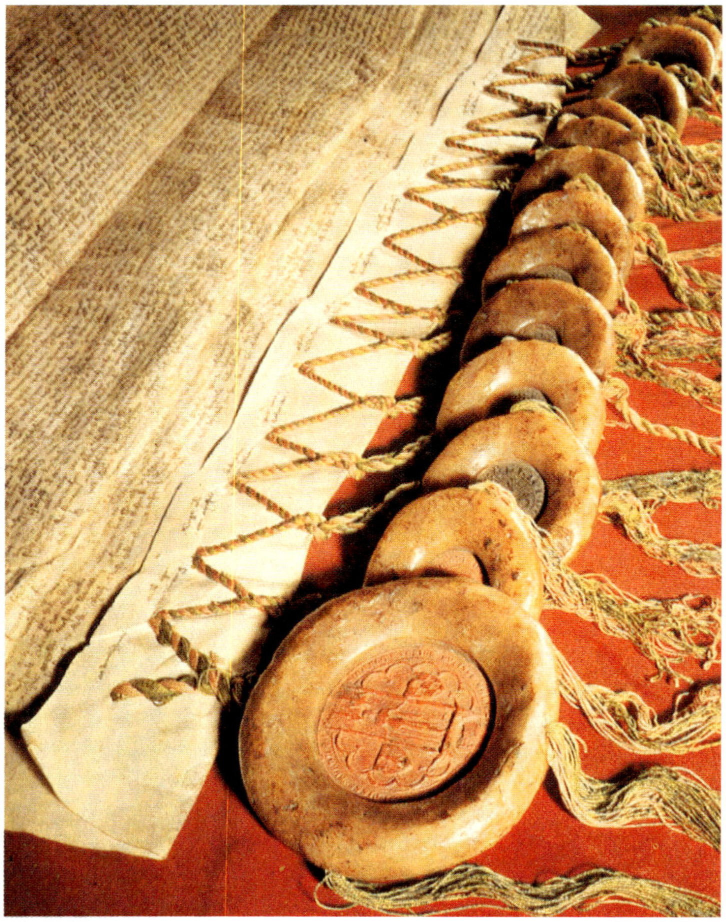

Urkunde zwischen Margarete Maultasch und Rudolf IV., durch die die Grafschaft Tirol an Habsburg fiel (26. 1. 1363)

MARGARETE MAULTASCH
Die häßliche Herzogin

„Sie sah älter aus als ihre zwölf Jahre. Über einem dicklichen Körper mit kurzen Gliedmaßen saß ein großer, unförmiger Kopf. Wohl war die Stirn klar und rein, und die Augen schauten klug, rasch, urteilend, spürend; aber unter einer kleinen, platten Nase sprang der Mund äffisch vor mit ungeheuren Kiefern, wulstiger Unterlippe. Das kupferfarbene Haar war hart, spröde, ohne Glanz, die Haut kalkig grau, bläßlich, lappig . . .
Ehrfürchtig starrte das Volk sie an, grüßte sie wie das Sanktissimum, hob die Kinder hoch, daß sie ihre zukünftige Fürstin sähen.
War sie vorbei, schaute man sich an, feixte. ‚Das überworfene Maul! Wie eine Äffin!' höhnten Frauen, die unansehnlich waren und dürftig von Gestalt, Schöne hatten Mitleid. ‚Die Arme! Wie häßlich sie ist!'
So zog das Kind durch das Land, kalkig, blaß, dicklich, ernsthaft, schwer von Pomp wie ein Götzenbild."

Lion Feuchtwanger, Die häßliche Herzogin Margarete Maultasch (1923) rols in habsburgischen Besitz vorbereitete. Nach dem Tod ihres letzten Sohnes, Meinhard, im Jänner 1363 – ihr Gatte Ludwig war bereits 1361 gestorben –, übergab M. Tirol formell an Rudolf IV. (s. d.), führte aber in dessen Namen die Regierungsgeschäfte weiter. Rudolf behauptete sich geschickt gegen die Widerstände des Tiroler Adels und gegen die Ansprüche der Wittelsbacher; M. verzichtete im Oktober 1363 – sicher nicht ganz freiwillig – auch auf die Regierung. Sie begab sich nach NÖ, später nach Wien, und lebte dort bis zu ihrem Tod sehr zurückgezogen.

Huber, A.: Die Vereinigung Tirols mit Ö. (1863); literarisch behandelt wurde M.s Schicksal von L. Feuchtwanger in seinem Roman „Die häßliche Herzogin Margarete Maultasch" (1923)

MARGARETE von Parma, * 28. 12. 1522 in Oudenaarde (Belgien), † 18. 1. 1586 in Ortona (Italien), Tochter Kaiser Karls V. (s. d.) aus einer flüchtigen Beziehung mit der niederländischen Zofe Johanna van der Gheenst. Sie wurde unter Aufsicht ihrer Tante Margarete von Ö. (s. d.) erzogen und von Kaiser Karl V. 1529 anerkannt. 1533 heiratete sie Herzog Alessandro Medici von Florenz, einen Neffen von Papst Clemens VII., der jedoch bald ermordet wurde. 1538 vermählte M. sich mit Herzog Ottavio Farnese von Parma und Piacenza. Nachdem ihr Halbbruder Philipp II. die Regierung in Spanien übernommen hatte, ernannte er sie 1559 zur Generalstatthalterin der Niederlande. Ihre Regierungszeit fiel in die unruhige Epoche der Opposition des protestantischen Adels gegen die katholische spanische Regierung. Nachdem ihre auf Ausgleich ausgerichtete Politik scheiterte, entsandte Philipp II. den Herzog Alba in die Niederlande, was M. als schwere Beeinträchtigung ihrer Würde

Margarete Maultasch

Margarete von Parma. Gemälde eines niederländischen Malers nach Anthonis Mor (um 1560)

empfand. 1567 entsagte sie ihres Amtes. Auf Bitten ihres Bruders übernahm sie 1580 gemeinsam mit ihrem inzwischen als Feldherrn berühmt gewordenen Sohn Alexander von Parma erneut die Regentschaft. Gegen die niederländischen Aufständischen wiederum erfolglos, legte M. im Juli 1583 ihre Regentschaft endgültig nieder und kehrte nach Italien zurück.

Rachfahl, F.: M. von P. (1898)

MARGARETE, Herzogin von Ö., Königin von Böhmen, * 1205, † 28. 10. 1266 in Krumau am Kamp (NÖ), Schwester Herzog Friedrichs II. des Streitbaren (s. d.), des letzten Babenbergers. M. war mit König Heinrich VII., dem Sohn Kaiser Friedrichs II., verheiratet und lebte nach dessen Tod (1242) bei den Dominikanerinnen in Trier. Anfang 1247 hatten die noch lebenden babenbergischen Prinzessinnen (neben M. ihre Schwester Konstanze und ihre Nichte Gertrud [s. d.]), gestützt auf das Privilegium minus, ihre Erbansprüche auf die ö. Länder geltend gemacht, worauf 1248 Papst Innozenz IV. als Schiedsrichter angerufen wurde, der Gertrud als erbberechtigt erklärte. Am 11. 2. 1252 heiratete M. im Alter von 47 Jahren den 22jährigen Ottokar Přemysl II. (s. d.), ab 1253 König von Böhmen, in der Burgkapelle von Hainburg (NÖ). Mit dieser Ehe, für die der Papst wegen des zu nahen Verwandtschaftsverhältnisses erst seine Dispens erteilen mußte, sicherte sich Ottokar seine Herrschaft in Ö. und nannte sich Herzog von Ö. und Steiermark. Mit Zustimmung von Papst Urban IV. löste er die Ehe mit M. am 25. 10. 1261. M. zog sich darauf nach Krumau am Kamp zurück.

Lechner, K.: Die Babenberger (1976); Ausstellungskatalog 1000 Jahre Babenberger in Ö., Lilienfeld (1976)

MARGARÉTHA, Eugen, * 6. 7. 1885 in Perchtoldsdorf (NÖ), † 25. 5. 1963 in Wien, Wirtschaftswissenschaftler und ÖVP-Politiker. Studierte in Wien und promovierte zum Dr. jur. War Generalsekretär des Industriellenverbands und 1945–52 Abgeordneter zum Nationalrat, 1949–52 Finanzminister und 1952–60 Präsident der Oesterreichischen Nationalbank.

MARGINTER, Peter, * 26. 10. 1934 in Wien, Staatsbeamter und Schriftsteller. Studierte Jus in Wien und war mehrere Jahre Kulturattaché in Ankara und in London. M. ist als Syndikus in der Industrie tätig. Bereits mit seinem ersten Roman, „Der Baron und die Fische" (1966), machte er nachhaltig auf sich aufmerksam. Es folgten „Der tote Onkel" (1967), „Leichenschmaus" (1969), „Königrufen" (1973), „Zu den schönsten Aussichten" und „Der Kopfstand des Antipoden" (1985). Ebenso erfolgreich waren seine Kinderbücher „Pim" (1973) und „Wolkenreiter und Sohn" (1977), M. schreibt skurrile, phantastische Prosa in der Art von Herzmanovsky-Orlando (s. d.). Mehrere Auszeichnungen, u. a. Anton-Wildgans-Preis 1970.

MARGULES, Max, * 23. 4. 1856 in Brody (Galizien), † 4. 10. 1920 in Perchtoldsdorf (NÖ), Physiker, Chemiker und Meteorologe. Studierte in Wien, u. a. bei Boltzmann (s. d.), und war 1877–1906 an der Zentralanstalt für Meteorologie und Geodynamik in Wien tätig. 1905 veröffentlichte er seine berühmte Arbeit „Über die Energie der Stürme" und lebte ab 1906 als Privatgelehrter. M. wurde zu einem bedeutenden Theoretiker der Meteorologie, erforschte die atmosphärischen Gezeiten und stellte Theorien zur Polarfront und über die Luftdruckwellen auf. Außerdem fand er, völlig unabhängig von der zeitgenössischen Entwicklung, die Differentialgleichung und deren erste einfache Lösung.

MARIA, Königin von Ungarn, * 17. 9. 1505 in Brüssel, † 18. 12. 1558 in Cigales bei Valladolid (Spanien), Tochter König Philipps I. des Schönen von Kastilien (s. d.), Schwester der Kaiser Karl V. (s. d.) und Ferdinand I. (s. d.). Wuchs unter der Obhut ihrer Tante Margarete von Ö. (s. d.) an deren Hof in Mecheln auf und wurde bereits 1506 von ihrem Großvater Kaiser Maximilian I. (s. d.) dem damals noch ungeborenen Sohn König Wladislaws II. von Böhmen und Ungarn versprochen. Im Rahmen des Wiener Fürstenkongresses wurde am 22. 7. 1515 in der Wiener Stephanskirche feierlich das offizielle Verlöbnis M.s mit dem neunjährigen Ludwig begangen; am 13. 1. 1523 fand die Trauung in Prag statt. Die immer größer werdende Türkengefahr überschattete die junge Ehe, und unmittelbar nach der Schlacht bei Mohács, in der das weit unterlegene Heer König Ludwigs vernichtend geschlagen worden war, ertrank dieser auf der Flucht am 29. 8. 1526. Da nun der Erbfall für Habsburg eintrat, wurde Ferdinand I. am 23. 10. 1526 zum König von Böhmen und Ungarn gewählt, in Ungarn aber kam es mit der Wahl Johann Zápolyas zum Gegenkönig zu langwierigen Kämpfen, wobei M. ihren Bruder tatkräftig unterstützte. Nach dem Tod Margaretes übertrug Karl V. ihr 1531 die Statthalterschaft in den Niederlanden, die sie zu wirtschaftlicher und kultureller Hochblüte führte. Als Karl abdankte, legte auch M. ihr Amt nieder und zog sich mit ihm nach Spanien zurück.

MARIA, Herzogin von Burgund, * 13. 2. 1457 in Brüssel, † 27. 3. 1482 in Brügge, Erbtochter Herzog Karls des Kühnen von Burgund. Schon 1462 trug sich Kaiser Friedrich III. (s. d.) mit dem Gedanken, seinen Sohn Maximilian (s. d.) mit M. zu verheiraten, um dem Haus Habsburg und auch dem Reich den Besitz Burgunds zu sichern. Im Herbst 1473 verhandelte der Kaiser mit dem Herzog, doch wollte Karl die Zusicherung, Friedrich als Kaiser nachzufolgen, sowie die Erhebung Burgunds zum Königreich, was Friedrich III. nicht zugestehen konnte. Nach dem Tod Karls kam am 21. 4. 1477 die Trauung durch Prokuration zustande, und am 18. 8. fand in Gent die feierliche kirchliche Hochzeit zwischen M. und Maximilian statt. Die sogenannte „Burgundische Heirat" ist die erste der später sprichwörtlich gewordenen Habsburgerheiraten. M. starb an den Folgen eines Sturzes vom Pferd, nachdem sie noch am 24. 3. 1482 ihre Kinder Philipp (s. d.), den späteren Vater Kaiser Karls V. (s. d.), und Margarete (s. d.), die nachmalige Generalstatthalterin der Niederlande, als Gesamterben ihres Besitzes eingesetzt und Maximilian zum Vormund für Philipp bestimmt hatte.

Hommel, L.: Marie de Bourgogne (4. Aufl. 1951), Wiesflecker, H.: Kaiser Maximilian I., Band 1 (1971)

MARIA AMALIA, Erzherzogin von Ö., s. Amalia Maria

MARIA ANTONIA, Erzherzogin von Ö., s. Marie Antoinette

MARIA CHRISTINE, Erzherzogin von Ö., * 13. 5. 1742 in Wien, † 24. 6. 1798 in Wien, fünftes Kind und Lieblingstochter Maria Theresias (s. d.). Heiratete am 8. 4. 1766 in Wien Herzog Albert II. von Sachsen-Teschen (s. d.), der 1765–80 Statthalter in Ungarn und anschließend bis 1792 Generalgouverneur der Ö. Niederlande in Belgien war. Das Regentenpaar hatte sich gezwungen gesehen, den Aufständischen die Rücknahme der kaiserlichen Verordnungen zuzusichern, worauf es von Leopold II. (s. d.) abberufen wurde. Anschließend übernahm Albert als Reichsfeldmarschall den Oberbefehl über die Reichsarmee. Für seine verstorbene Gattin ließ er durch Antonio Canova (s. d.) 1798–1805 das berühmte Grabmal in der Wiener Augustinerkirche errichten.

MARIA KAROLINE, Erzherzogin von Ö., * 13. 8. 1752 in Wien (Schloß Schönbrunn), † 7. 9. 1814 im Schloß Hetzendorf bei Wien, 13. Kind von Maria Theresia (s. d.). Sie heiratete am 12. 5. 1768 in Caserta König Ferdinand IV. von Neapel, der am 8. 12. 1816 als Ferdinand I. die Kronen Neapels und Siziliens zum „Königreich beider Sizilien" vereinigte. M. K. galt als herrschsüchtig; sie nahm großen Einfluß auf die Regierungsgeschäfte. Insbesondere nach dem Tod ihrer Schwester Marie Antoinette (s. d.) ging sie mit so großer Härte gegen die Liberalen vor, daß sie – nicht zuletzt auch wegen der Bündnispolitik ihres Gatten – mit ihrer Familie 1798 vor einem französischen Heer nach Sizilien flüchten mußte. Nach Neapel zurückgekehrt, gingen sie und Ferdinand 1806 abermals nach Sizilien, wo sich ihr Mann mit Hilfe der Engländer behaupten konnte. M. K. aber begab sich 1813 über Konstantinopel nach Wien. Im Mai 1814 nahm sie im Schloß Hetzendorf ihren Wohnsitz, wo sie

Maria von Burgund. Gemälde von Niklas Reiser (?) (um 1500)

Erzherzogin Maria Christine. Selbstbildnis

im September starb. Sie hatte 17 Kindern das Leben geschenkt, von denen das erstgeborene, Maria Theresia von Bourbon-Neapel (1772–1807), die zweite Gattin von Kaiser Franz I. von Ö. (II., s. d.) wurde.

Helfert, J. A. v.: Königin K. von Neapel und Sizilien im Kampf gegen die französische Weltherrschaft (1878); Corti, E. C. C.: Ich, eine Tochter Maria Theresias (1950)

MARIA LUDOWIKA, Kaiserin von Ö., * 14. 12. 1787 in Monza (Lombardei), † 7. 4. 1816 in Verona, Tochter von Erzherzog Ferdinand von Ö.-Modena d'Este (s. d.). Ihr Vetter, Kaiser Franz I. von Ö. (II., s. d.), heiratete sie am 6. 1. 1808, neun Monate nach dem Tod seiner zweiten Gattin. Die 21jährige Prinzessin (Franz war damals 40 Jahre alt) war an Schwindsucht schwer erkrankt und kam 1810 nach Karlsbad, wo ihr erstes Zusammentreffen mit Goethe stattfand. Bereits 1815 schien ihr Gesundheitszustand derart gebessert, daß M. L. an zahlreichen Festen des Wiener Kongresses teilnehmen konnte. Nach einem Rückfall starb sie auf einer Reise durch die wiedergewonnenen Provinzen Lombardo-Venetien. M. L. war eine erbitterte Gegnerin Kaiser Napoleons I.; die sogenannte Kriegspartei am Wiener Hof fand in ihr tatkräftige Unterstützung.

Erzherzogin Maria Karoline. Miniatur

MARIA LUISE, Erzherzogin von Ö., Kaiserin der Franzosen, Herzogin von Parma, * 12. 12. 1791 in Wien, † 17. 12. 1847 in Parma, älteste Tochter Kaiser Franz' I. (II., s. d.) aus dessen Ehe mit Maria Theresia von Bourbon-Neapel. Nach der Niederlage Ö.s 1809 wurde sie auf Anraten Metternichs (s. d.) mit Kaiser Napoleon I. am 2. 4. 1810 in Paris vermählt. Da M. L. in einer Atmosphäre des Franzosenhasses groß geworden war, fand sie sich nur schwer am Pariser Hof zurecht. Am 20. 3. 1811 gebar sie einen Sohn, der Napoleon Franz Josef Karl getauft wurde und vom Vater zum „König von Rom" erhoben wurde (s. Reichstadt, Herzog von). Nach der Niederlage Napoleons verließ M. L. am 29. 3. 1814 Paris und kehrte mit ihrem Sohn nach Wien zurück. Durch den Vertrag von Fontainebleau vom 11. 4. 1814 behielt sie den Titel Kaiserin und bekam die Herzogtümer Parma, Piacenza und Guastalla in Norditalien zugewiesen, die sie von 1816 an bis zu ihrem Ableben regierte. Nach Napoleons Tod (5. 5. 1821) heiratete M. L. am 7. 9. 1822 heimlich ihren Obersthofmeister Feldmarschalleutnant Adam Adalbert Graf von Neipperg (s. d.), dem sie bereits 1819 einen Sohn (1864 zum Fürsten Montenuovo erhoben) geboren hatte. Nach Neippergs Tod (1829) ehelichte sie am 17. 2. 1834 Karl Graf von Bombelles. Sie wurde am 25. 1. 1848 in der Kapuzinergruft beigesetzt.

Aretz, G.: M. L. (1936); Bourgoing, J. de: Das Herz der Kaiserin (1937); ders.: M. L. von Ö. (1949); Bertaut, J.: M. L. (1940); Briefe der M. L. an Napoleon 1813–15 (1960); Schiel, I.: M. L. (1984)

MARIA THERESIA, Erzherzogin von Ö., Königin von Ungarn und Böhmen, * 13. 5. 1717 in Wien, † 29. 11. 1780 in Wien, älteste Tochter Kaiser Karls VI. (s. d.), war nie Kaiserin, wenngleich sie die Geschichte so nennt. Sie wuchs unbeschwert auf, sprach im Wiener Dialekt und hatte ab ihrem elften Lebensjahr die Gräfin Charlotte Fuchs (s. d.) als Erzieherin, mit der sie bald ein besonderes Vertrauensverhältnis verband, das bis zum Tod der Gräfin, 1754, andauerte. Am 12. 2. 1736 heiratete sie den am Wiener Hof lebenden Herzog Franz Stephan von Lothringen (s. Franz I., Kaiser), den sie seit 13 Jahren kannte. Nach dem überraschenden Tod ihres Vaters mußte sie, kaum darauf vorbereitet, gemäß der Pragmatischen Sanktion die Regentschaft in den habsburgischen Erblanden antreten. Ohne die nötigen Geldmittel und ohne schlagkräftiges Heer hatte sie sich den Herausforderungen gleich mehrerer Kriege zu stellen: 1740–42 dem Ersten Schlesischen Krieg, 1741–48 dem Ö. Erbfolgekrieg, 1744/45 dem Zweiten Schlesischen Krieg und etwas später, 1756–63, dem Siebenjährigen oder Dritten Schlesischen Krieg. Besonders in den Feldzügen 1740–48 glaubten ihre Gegner, die junge Erzherzogin, die noch dazu bereits acht Kindern das Leben geschenkt hatte, leicht bezwingen zu können. Doch war M. Th. am 25. 6. 1741 zur Königin von Ungarn und am 12. 5. 1743 zur Königin von Böhmen gekrönt worden und hatte gezeigt, daß sie es verstand, gute

Kaiserin Marie Louise wird vom Obersthofmeister Fürst Trauttmansdorff dem französischen Marschall Berthier übergeben. 1810. Ausschnitt aus einem Gemälde von J. N. Hoechle

und treue Berater um sich zu sammeln, die ihr bei ihren schweren Entscheidungen zur Seite standen. So konnte sie sich durchaus behaupten, wenngleich sie 1742 im Frieden von Breslau auf das vom Preußenkönig Friedrich II. geraubte reiche Schlesien verzichten mußte und im Frieden von Aachen (1748) Parma, Piacenza und Guastalla verlorengingen. Am 10. 10. 1745 war ihr Gatte als Franz I. (s. d.) zum Kaiser gewählt worden; sie selber war „nur" die Gemahlin des Kaisers. In den Erblanden regierte sie, ihr Gatte war dort Mitregent. Äußere Bedrohungen erzwangen Reformen im Inneren, die Graf Haugwitz (s. d.) zum genialen Vater hatten. Die Justiz- und Verwaltungsreform M. Th.s ab 1749 brachte eine Zentralisierung und Neuorganisation in den ö. Ländern auf diesen beiden Gebieten. Im Prinzip wurden zwei Zentralstellen geschaffen: die Oberste Justizstelle, welche die Funktion des Obersten Gerichtshofs und des Justizministeriums ausübte, und das „Directorium in publicis et cameralibus" als oberste Behörde für die politische und die Finanzverwaltung. Noch 1749 hatte auch die Reorganisation der Armee durch Graf Daun (s. d.) begonnen, die das Disziplinarrecht humanisierte und den Beschwerdeweg festlegte. 1752 wurde die Mariatheresianische Militärakademie in Wiener Neustadt gegründet. Für die Beilegung der latenten Konflikte zwischen den Wiener Hofstellen, den ungarischen Ständen und den südungarischen Serben kam es zur Einrichtung einer „Hofdeputation in Banaticis, Transsylvanicis et Illyricis". Nachdem Friedrich II. von militärischen Vorbereitungen in Ö. erfahren hatte, deren Ziel die Wiedergewinnung Schlesiens war, überschritten seine Truppen im August 1756 wieder die ö. Grenzen. Dieser Siebenjährige Krieg weitete sich schließlich zur globalen Auseinandersetzung aus, da Staatskanzler Fürst Kaunitz (s. d.), der seit 1753 Ö.s Außenpolitik leitete, das europäische Kräfteverhältnis durch entsprechende Bündnisse umgestaltet hatte und nun auch der Kampf um die Vorherrschaft Englands bzw. Frankreichs in den Kolonien und auf den Weltmeeren ausgetragen wurde. Der Preußenkönig siegte vor Prag, Roßbach, Leuthen, Zorndorf und Torgau, mußte aber auch schwere Niederlagen (Kolin, Hochkirch und Kunersdorf) hinnehmen. Den Sieg von Kolin vom 18. 6. 1757 bezeichnete M. Th. sogar als „Geburtstag der Monarchie"; sie stiftete aus diesem Anlaß die höchste militärische Auszeichnung Ö.s, den „Militär-Maria-Theresien-Orden". Im weiteren Verlauf des Krieges wurde Ö. von seinen Verbündeten, in erster Linie von Frankreich, das ja seinerseits in Amerika gegen England unterlag, fast gänzlich im Stich gelassen und stand beinahe am Ende seiner militärischen und wirtschaftlichen Kräfte. Im Frieden von Hubertusburg (15. 2. 1763) verzichtete Ö. endgültig auf Schlesien, die dadurch bestätigte Großmachtstellung Preußens aber vertiefte den preußisch-ö. Gegensatz, der nach wenig mehr als hundert Jahren (1866, auf dem Schlachtfeld von Königgrätz) besonders deutlich hervortreten sollte. Am 27. 3. 1764 wurde M. Th.s ältester Sohn Joseph II. (s. d.) zum römischen König gewählt; nach dem Tod seines Vaters (18. 8. 1765) folgte er ihm in der Kaiserwürde. Als Mitregent in den ö. Erblanden hatte Joseph aber nur in militärischen und außenpolitischen Angelegenheiten Einfluß. Gegen M. Th.s Willen kam es 1772 zum Erwerb Galiziens und 1775 zu dem der Bukowina, schließlich noch durch den von ihrem Sohn ausgelösten Bayerischen Erbfolgekrieg 1778/79 zur Angliederung des Innviertels an Ö., womit das Staatsgebiet der Monarchie 610 000 Quadratkilometer umfaßte. Ein großes Anliegen hatte M. Th. schon 1774 mit der Einführung der Allgemeinen Schulordnung verwirklicht, wodurch das Schulwesen in

Das Paradebett Maria Theresias

MARIA THERESIA

Die Idee vom österreichischen Zentralstaat

„In Wien war alles schön. Viel Geld und viel Luxus. Aber infolge der Frömmelei der Kaiserin war es außerordentlich schwer, sich Cytherens Freuden zu verschaffen, besonders für Fremde. Eine Legion erbärmlicher Spitzel, die man mit dem schönen Namen Keuschheitskommissäre schmückte, waren die unerbittlichen Verfolger aller Mädchen. Die Herrscherin besaß in bezug auf die sogenannte illegitime Liebe nicht die erhabene Tugend der Duldsamkeit; fromm bis zur Bigotterie, glaubte sie sich ein großes Verdienst vor Gott zu erwerben, indem sie den natürlichsten Trieb beider Geschlechter auf das kleinlichste verfolgte . . ."

Giacomo Casanova, Erinnerungen

„. . . künftig soll keinen juden wie sie nahmen haben zu erlauben hier zu sein, ohne meiner schriftlichen Erlaubniss, ich kenne keine ärgere pest vor den staat als dise nation wegen betrug wucher und geldvertrag leut in Bettelstandt zu bringen all üble handlung ausüben die ein anderer ehrlicher man verabscheut, mithin so vil sein kan von hir abzuhalten und zu vermindern mir eine tabelle einzuhandeln wie vill juden hir sein wo sie wohnen alle quatember selbe widerholen was zu oder abgefallen."

Maria Theresia (1777)

„Mit dem österreichischen Erbfolgekrieg fand die jahrhundertealte Gepflogenheit, mit privatrechtlichen Begriffen staatliche Machtansprüche zu vertreten, ihr Ende. In dem Reich, das Maria Theresia von ihrem Vater empfing, lebte noch die Lehre vom Patrimonialstaat, die Fiktion des landesfürstlichen Eigentums. In dem Reich, das sie ihrem Sohn hinterließ, fühlte sich der Monarch nur mehr als erster Diener."

Heinrich Benedikt, Monarchie der Gegensätze (1947)

Trivial-, Haupt- und Normalschulen gegliedert wurde und in die Hand des Staates kam. Zusätzliche Lehrerbildungsanstalten und wohldurchdachte Lehrpläne ermöglichten eine wesentliche qualitative Verbesserung des Bildungsweges. Durch den Theresianischen Kataster von 1751 erreichte M. Th. mit der Beseitigung der grundherrlichen Steuereinhebung und der Einschränkung der Patrimonialgerichtsbarkeit eine gewisse Erleichterung für den Bauernstand. Auch im kirchlichen Bereich kam es durch die Besteuerung des Kirchenguts, durch das Verbot für die Kirche, neuen Grundbesitz zu erwerben und weitere Klöster zu gründen sowie durch sinnvolle Reduzierung der Feiertage zu Änderungen. Zusammen mit der Einschränkung der Dominanz der Kirche im Schulwesen schuf sie die Anfänge für die Unterordnung der Kirche unter den Staat. Der Jesuitenorden wurde aufgehoben. In ihrer zweiten Reformperiode, während der Friedenszeit ab 1763, hat M. Th. sich fast ausschließlich der Wohlfahrt des Volkes zugewandt. Aus der überkommenen feudalen Ländermasse Ö.s gestaltete sie einen einheitlichen modernen Verwaltungs- und Beamtenstaat und schuf eine zentrale Staatsgewalt. Zudem war sie sehr um Handel, Gewerbe, Industrie und Verkehr bemüht, förderte deren Entwicklung und Konkurrenzfähigkeit. In ihre Zeit fällt die Gründung der Wiener Börse (1769), 1762 wurden erstmals „Bancozettel", also Papiergeld, ausgegeben, ab 1751 der Maria-theresientaler geprägt. Schließlich ließ M. Th. 1771 die erste Volkszählung in Ö. und in Ungarn durchführen, die im darauffolgenden Jahr vorlag und 18875099 Einwohner ergab. Daneben war sie eine verständige und sorgende Mutter für ihre 16 Kinder, von denen allerdings eine Tochter bei der Geburt und zwei im Kindesalter starben; vier Söhne und sechs Töchter überlebten sie. Kein Wunder, daß sie auch eine erfolgreiche Heiratspolitik zu betreiben verstand, die ihr den Namen „Schwiegermutter Europas" eintrug. Sie hatte ihre Kinder nach Parma, Modena, Neapel und nach Paris verheiratet. Kaum eine Herrscherin hat zu Lebzeiten (und in der Geschichte) soviel Popularität erreicht wie M. Th., und kaum eine Regentin vor ihr hat eine so umfangreiche Korrespondenz gepflogen. Der 1867/68 veröffentlichte Briefwechsel mit ihrem Sohn Joseph umfaßt drei Bände, die Briefe an ihre Tochter Marie Antoinette (s. d.), zum Großteil ein geheimer Briefwechsel (hrsg. von P. Christoph 1980), vermitteln besonders unmittelbare Eindrücke von der klugen und tieffühlenden Persönlichkeit dieser Habsburgerin.

Maria Theresia im Kreise ihrer Familie. Gemälde aus der Werkstatt Martin van Meytens

Wolff, A.: Ö. unter M. Th. (1855); ders.: Aus dem Hofleben M.Th.s (1858); Arneth, A. v: Geschichte M.Th.s, 10 Bde. (1863–79); Khevenhüller-Metsch, H. v.: Aus der Zeit M. Th.s, 7 Bde. (1907–25); Guglia, E.: M. Th., 2 Bde. (1917); Andreas, W.: Das theresianische Ö. und das 18. Jh. (1930); Kretschmayr, H.: M. Th. (2. Aufl. 1938); Walter, F.: In der Zeit M. Th.s (1938); ders.: Männer um M. Th. (1951); ders.: Die theresianische Staatsreform von 1749 (1958); Otruba, G.: Die Wirtschaftspolitik M. Th.s (1963); Friedrich der Große und M. Th. in Augenzeugenberichten, hrsg. von H. Jessen (1965); Vallotton, H.: Kaiserin M. Th. (1968); Mraz, G. und G.: M. Th. (1979); Ausstellungskatalog M. Th. und ihre Zeit (Schloß Schönbrunn 1980)

MARIE ANTOINETTE (eigtl. Maria Antonia), Erzherzogin von Ö., Königin von Frankreich, * 2. 11. 1755 in Wien, † 10. 10. 1793 in Paris, jüngste Tochter Maria Theresias (s. d.). Sie wurde am 16. 5. 1770 mit dem späteren König Ludwig XVI. von Frankreich in Versailles verheiratet. Als Habsburgerin von Anfang an von den Franzosen wenig geliebt, wurde diese Abneigung durch ihre Mißachtung des Hofzeremoniells noch gefördert. Völlig unbeteiligt wurde M. A. 1785 in den Skandal um die „Halsbandaffäre" hineingezogen und beschuldigt, sich durch eine Liebschaft mit dem sittenlosen Kardinal Louis Prinz von Rohan-Guéméné in den Besitz eines kostbaren Diamanthalsbandes gebracht zu haben. Als erklärte Gegnerin der französischen Nationalversammlung und der konstitutionellen Ver-

MARIE ANTOINETTE

Tragödie einer Königin

„Dieser gute, aber willensschwache König bedurfte der führenden Hand. Seine Gemahlin, schön, jung, aktiv und ehrgeizig, erlangte eine große Macht über ihn. Jedoch muß man sagen, daß die Tochter Marie-Theresias sich zu sehr oder zu wenig ihrer Mutter erinnerte; sie gewährte ihrem Leichtsinn auch in der Herrschaft zu viel Spielraum und verfügte über die Macht nur, um Männer damit zu bekleiden, die den Untergang des Staates und ihren eigenen verursachten."

François Auguste Mignet, Geschichte der Französischen Revolution 1789–1814 (1824) fassung war sie an der Erhaltung der Monarchie in Frankreich persönlich interessiert und pflog entsprechende Kontakte. Nach dem Sturm auf die Tuilerien (1792) wurde sie wegen ihrer Verbindungen mit dem Ausland verhaftet und im Temple, dann, von der Familie getrennt, in der Conciergerie gefangengehalten. Wenige Monate nach der Hinrichtung ihres Gatten Ludwig (21. 1. 1793) wurde die „Witwe Capet", nachdem sie ihren Bruder Kaiser Franz II. (s. d.) um Hilfe gebeten hatte, vom Revolutionstribunal des Landesverrats und der Verschwörung für schuldig befunden. Unter dem Gespött der Massen wurde das Todesurteil durch die Guillotine vollzogen.

Leroy, A.: M. A. (1946); Walter, G.: M. A. (1948); Belloc, H.: M. A. (1952)

MARIE LOUISE, s. Maria Luise

MARINELLI, Karl Edler von (seit 1801), * 1745 in Wien (Tauftag 12. 9.), † 28. 1. 1803 in Wien, Schauspieler, Theaterdichter und -leiter. Ging 1761 zur Schulzschen Gesellschaft, einer Theatertruppe in Baden bei Wien, die 1764 nach Schulz' Tod von Matthias Menninger (s. d.) als Prinzipal geführt wurde und die auch in Brünn, Preßburg, Pest und ab 1769 im Czerninschen Garten in der Wiener Leopoldstadt spielte. M. war in dieser Gesellschaft nicht nur als Schauspieler tätig, sondern schrieb für sie auch mehrere Stücke, mit denen er zum Begründer der Wiener Lokalposse wurde; so u. a.1774 „Der Ungar in Wien" und „Der Schauspieler". 1777 wurde M. Kompagnon der Menninger-Gesellschaft, 1780 übernahm er die alleinige Direktion der Wandertruppe. Sofort bewarb er sich um ein Theaterprivileg und eröffnete am 20. 10. 1781 in der Leopoldstadt (an der Stelle des späteren Carltheaters) ein Theater, die erste „stehende" Volksbühne Wiens. Hier engagierte er La Roche (s. d.), der am Leopoldstädter Theater die Figur des Kasperls entwickelte. Für M.s Theater arbeiteten auch die Gebrüder Baumann und Anton Hasenhut (s. d.), der Schöpfer des Thaddädls. M.s Stücke „Aller Anfang ist schwer" (1781) und „Don Juan oder Der steinerne Gast" (1783) wurden im Leopoldstädter Theater große Erfolge.

Erzherzogin Maria Antonia

Holzer, R.: Die Wiener Vorstadtbühnen (1951)

MARINELLI, Wilhelm, * 26. 11. 1894 in Wien, † 16. 4. 1973 in Wien, Zoologe. Mußte sein Studium an der Universität Wien unterbrechen, um im Ersten Weltkrieg seinen Wehrdienst zu leisten, wurde 1920 Assistent am II. Zoologischen Institut der Universität Wien und promovierte 1923. Ein Rockefeller-Stipendium ermöglichte M. einen zweieinhalbjährigen Aufenthalt in Amerika; 1929 studierte er an der Universität Cambridge (England). 1930 Habilitation in Wien, 1945 a. o. Univ.-Prof. und Vorstand der Morphologischen Abteilung. 1952–67 o. Univ.-Prof. und Vorstand des I. Zoologischen Instituts. Besondere Verdienste erwarb sich M. als Volksbildner, war seit 1919 als Vortragender wie als Organisator tätig. M. hatte auch führende Positionen in mehreren wissenschaftlichen Gesellschaften inne. Wichtige Veröffentlichungen: „Die Abstammung des Menschen" (1948), „Vergleichende Anatomie und Morphologie der Wirbeltiere" (1963).

MARINONI, Johann Jakob Edler von (seit 1726), * 9. 2. 1676 in Udine, † 10. 1. 1755 in Wien, Astronom und Geometer. Als Sohn wohlhabender Eltern geboren, studierte er zuerst in seiner Heimatstadt und kam 1696 nach Wien. Nach zweijährigem Universitätsstudium promovierte er zum Dr. phil. und wurde Mathematiklehrer. 1703 von Kaiser Leopold I. (s. d.) zum Hofmathematiker ernannt, entwarf er 1704 den von Prinz Eugen geforderten Befestigungswall um die Wiener Vororte, den sogenannten Linienwall. 1706 schuf er gemeinsam mit Leander Anguissola die erste kartographische Aufnahme des Gebiets zwischen den Basteien Wiens und dem Linienwall. 1714 erfand er einen Meßtisch und eine planimetrische Meßwaage. 1717–20 Unterdirektor, ab 1720 Direktor der Militär-Ingenieur-Akademie, zudem auch Lehrer von Maria Theresia, 1719 „kaiserlicher Hofmathematiker". M. ist die Einführung des Klaftermaßes mit dezimaler Unterteilung zu verdanken. Er führte 1722 die Vermessung des Herzogtums Mailand durch, die erste Katastervermessung in Europa. 1728 erwarb er ein einstöckiges Haus auf der Wiener Mölkerbastei und ließ auf dessen Dach einen zweistöckigen Turm errichten, um in diesem eine Sternwarte einzurichten – das erste astronomische Observatorium Wiens. Die Instrumente dieser Sternwarte vererbte er Maria Theresia. M. verfaßte auch eine Reihe wissenschaftlicher Werke, u. a.: „Die Privatsternwarte und ihre Astronomischen Instrumente" (1745), „Ichnographie" (1751), „Ichnometrie" (1775).

MARISCHKA, Ernst, * 2. 1. 1893 in Wien, † 12. 5. 1963 in Chur (Schweiz), Operettenlibrettist und Regisseur. Bruder von Hubert M. (s. d.). Verfaßte neben seiner umfangreichen Librettistentätigkeit auch mehrere Drehbücher und war als Filmproduzent tätig. Arbeitete auch mit seinem Bruder Hubert zusammen und vertrat gemeinsam mit ihm die typisch wienerisch-altö. Tradition, wobei das unterhaltende Moment im Vordergrund stand. Für Bruno Granichstaedten schuf er mehrere Operetten-Libretti, u. a.: „Die Bacchusnacht" (1923), „Der Orlow" (1924), „Das Schwalbennest" (1926), „Die Königin" (1927) und „Reklame" (1930); mit seinem Bruder Hubert zusammen „Sissy" (Fritz Kreisler, 1932) und „Die Strauß-

Johann Jakob Marinoni

buben“ (1946). Besonders erfolgreich wurden seine Filme „Hannerl“, „Wiener G'schichten“ und die „Sissy“-Serie. 1951 veröffentlichte er den Roman „Urlaub ins Jenseits“.

MARISCHKA, Hubert, * 27. 8. 1882 in Wien, † 4. 12. 1959 in Wien, älterer Bruder von Ernst M. (s. d.), Schauspieler, Operettentenor, Regisseur, Librettist und Filmproduzent. Von Viktor Léon (s. d.) in Brünn entdeckt, empfahl er den jungen Sänger Wilhelm Karczag (s. d.), dem Direktor des Theaters an der Wien. Als Peperl in „Wiener Blut“ debütierte M. am 5. 9. 1908 als Operettentenor, zwei Monate später wurde er allerdings wegen „Talentlosigkeit“ gekündigt. M. ging zunächst ans Carltheater und heiratete Lizzi, die Tochter seines Entdeckers Viktor Léon. Ab 1912 spielte er am Theater an der Wien mit Riesenerfolg die Helden in sämtlichen Lehár-, Fall- und Kálmán-Operetten. Er heiratete 1921 die Tochter seines Mitentdeckers Karczag, Lilian, und wurde Mitdirektor des Theaters an der Wien, 1926 Leiter des Stadttheaters und des Raimundtheaters, war ab 1927 Besitzer des Theaters an der Wien sowie bis 1934 Präsident des Verbandes der ö. Theaterdirektoren. Im Theater an der Wien hatte M. fast sämtliche Kálmán-, Lehár- und Oscar-Straus-Operetten herausgebracht, darin gespielt, gesungen und auch meist selbst inszeniert. Die Premieren zählten zu den bedeutendsten Bühnenereignissen des Operettengenres. Gemeinsam mit seinem Bruder Ernst arbeitete er auch als Librettist, so schrieben sie „Sissy“ (1932) und „Die Straußbuben“ (1946). Die Libretti der Operetten „Die Walzerkönigin“ (1948), „Rendezvous am Wörthersee“ (1948), „Abschiedswalzer“ (1949), „Liebesbriefe“ (1955) und „Deutschmeisterkapelle“ (1958) wurden auch von M. verfaßt. Ab 1949 leitete M. die Operettenklasse der Akademie für Musik und darstellende Kunst in Wien. Die Brüder M. sind zudem auch zu den Begründern der ö. Filmproduktion zu zählen.

Holzer, R.: Die Wiener Vorstadtbühnen (1951)

MARK, Hermann Franz, * 3. 5. 1895 in Wien, Chemiker. Studierte in Wien Chemie und Physik und promovierte 1921 zum Dr. rer. nat. Danach folgten Forschungsarbeiten und Lehrtätigkeit in Deutschland. Von 1932–38 Univ.-Prof. für Chemie an der Universität Wien. 1938 emigrierte er nach Kanada, später in die USA, wo er am Politechnic Institute of New York unterrichtete. M. war auch Gründer und Direktor des Polymer Institute. Seine Forschungstätigkeit bildete die Voraussetzung zur Herstellung von Plastik und zahlreichen Kunstfasern. Unter seinen vielen Auszeichnungen finden sich auch 40 Ehrendoktorate.

MARKUS SITTIKUS, Graf von Hohenems (auch Mark Sittich), * 24. 6. 1574 in Hohenems (?), † 9. 10. 1619 in Salzburg, Kirchenfürst. War der Sohn des Söldnerführers Jakob Hannibal von Hohenems und Neffe des hl. Karl Borromäus. Studierte am Jesuitenkolleg in Ingolstadt (Bayern) und erlangte mehrere geistliche Pfründen. 1602 erhielt er Sitz und Stimme im Salzburger Domkapitel und wurde 1612 als Kandidat Herzog Maximilians von Bayern (dieser hatte wegen der wachsenden Differenzen M. S.s Vorgänger, Wolf Dietrich von Raitenau [s. d.], gefangengenommen und abgesetzt) zum Erzbischof von Salzburg gewählt. Allerdings verweigerte auch M. S., wie schon sein Vorgänger, den Beitritt zur Katholischen Liga, einem 1609 gegründeten Schutzbündnis zwischen Herzog Maximilian und den süddeutschen Bischöfen, dem sich die drei geistlichen Kurfürsten und die meisten katholischen Reichsstände anschlossen. Das Bündnis stellte eine Reaktion auf die ein Jahr zuvor gegründete protestantische „Union“ dar. Die Fronten für den 1618 ausbrechenden Dreißigjährigen Krieg waren somit geschaffen. M. S. führte in seinem Machtbereich mit großer Härte die Rekatholisierung der zahlreichen protestantischen Untertanen durch. Der prachtliebende Kirchenfürst begann 1614 mit dem Bau des Doms von Salzburg (bis 1628), stiftete 1617 ein Gymnasium zur Verbesserung des heranzuziehenden Klerus (wurde später Universität) und errichtete den Hauptbau und den Nordflügel der erzbischöflichen Residenz. Außerdem ließ er außerhalb von Salzburg das Lustschloß Hellbrunn (1613–19) mit seinen Wasserspielen und großzügigen Parkanlagen erbauen.

Kay, J.: Der Erzbischof von Salzburg (1933); Welti, L.: M. S. und Wolf Dietrich (1952); Martin, F.: Salzburgs Fürsten in der Barockzeit (2. Aufl. 1952)

MARMOREK, Oskar, * 9. 4. 1863 in Skala (Galizien), † 7. 4. 1909 in Wien (Selbstmord), Architekt und Zionist. Absolvierte 1885 die Technische Hochschule in Wien und vollendete seine Studien durch Praxisjahre in Paris, wo er u. a. bei der Weltausstellung 1889 mitwirkte. Nach Wien zurückgekehrt, arbeitete er vorwiegend für Großausstellungen, so etwa für die Wiener Musik- und Theaterausstellung 1892 und die Vergnügungsanlage „Venedig in Wien“ (1900). M. schuf Entwürfe für das Cottageviertel in Wien sowie mehrere Privathäuser. 1907 wurde nach seinem Plan die Synagoge in Wien-Döbling erbaut. Seit längerer Zeit mit Theodor Herzl (s. d.) bekannt, sympathisierte er mit dem Zionismus und berief gemeinsam mit Herzl und Nordau (s. d.) den ersten Zionistenkongreß 1897 nach Basel ein. In seinem Roman „Altneuland“ setzte ihm Herzl ein Denkmal in der Gestalt des Architekten Steineck.

Lustgarten von Schloß Hellbrunn, das sich Erzbischof Markus Sittikus 1613–19 erbauen ließ

MARRIOT, Emil (eigtl. Emilie Mataja), * 20. 11. 1855 in Wien, † 5. 5. 1938 in Wien, Schriftstellerin. War die Schwester von Heinrich Mataja (s. d.) und Viktor Mataja (s. d.). Ihre eindrucksvollen realistischen Erzählungen wurden von Paul Heyse und L. von Sacher-Masoch (s. d.) gefördert. War 1874 kurzzeitig mit K. E. Franzos (s. d.) verlobt; M. trat für die Rechte der Frau ein und verstand es, mit psychologischem Feingefühl die Probleme der bürgerlichen Moral und der Alltagskonflikte zu schildern. 30 Jahre hindurch schrieb sie als Feuilletonistin für die „Wiener Allgemeine Zeitung“. Abgesehen von Novellen, 2 Bde. (1887), schrieb sie u. a. die Romane: „Familie Hartenberg“ (1883), „Der geistliche Tod“ (1884), „Die Unzufriedenen“ (1888), „Caritas“ (1895), „Seine Gottheit“ (1896), „Junge Ehe“ (1897), „Auferstehung“ (1898), „Anständige Frauen“ (1906), „Der abgesetzte Mann“ (1916) und „Das Sündengesetz“ (1920).

MARSCH, Fritz, * 1. 6. 1926 in Graz, SPÖ-Politiker. Studierte nach der Matura an der Hochschule für Welthandel und war 1944/45 Soldat bei der deutschen Wehrmacht. 1959 wurde er Landesparteisekretär der SPÖ NÖ, 1970 vom Parteivorsitzenden Bruno Kreisky (s. d.) in das Zentralsekretariat berufen. Seit Juni 1970 Zentralsekretär der SPÖ sowie Mitglied des Bundesparteivorstands und des Parteipräsidiums. 1975–81 wurde ihm Karl Blecha (s. d.) als zweiter Zentralsekretär zur Seite gestellt, nach diesem im September 1984 Peter Schieder. Seit Jänner 1987 arbeitet Heinrich Keller im Zentralsekretariat mit.

MARTIN, Franz, * 22. 9. 1882 in Salzburg, † 5. 12. 1950 in Salzburg, Historiker. Widmete sich schon während seines Studiums der Geschichte seines

M

Heimatlandes und trat danach in das Salzburger Landesarchiv ein. Von 1920–38 und von 1945 bis zu seinem Tod war er Vorstand der Gesellschaft für Salzburger Landeskunde. 1924–50 leitete er das Salzburger Landesarchiv. Von seinen zahlreichen Publikationen, die sich ausschließlich mit der Kunst und Geschichte Salzburgs beschäftigen, seien u. a. erwähnt: „Salzburg" (1923), „Wolf Dietrich von Raitenau" (1925), „Kleine Landeskunde von Salzburg" (1938, 4. Aufl. 1971), „Salzburger Straßen" (1940), „Salzburgs Fürsten in der Barockzeit" (1952); außerdem war er 1938 und 1949 Verfasser des Bandes „Salzburg" der Dehio-Handbücher.

MARTIN von Tours, Heiliger, * um 316 in Sabaria (heute Szombathély, Ungarn), † 8. 11. 397 in Candes (Frankreich). Wurde als Christ von seinem Vater, einem römischen Tribun, gezwungen, im römischen Heer Dienst zu tun. Hier stieg er in höhere Ränge auf, verleugnete aber nie seinen Glauben. Nach seinem Abschied wurde er von den Arianern in seiner Heimat verfolgt, ging nach Italien und später nach Frankreich. Wurde 371 Bischof von Tours. Nach seinem Tod wurde er der bedeutendste Heilige des merowingisch-fränkischen Reichs. Sein Festtag (11. November) ist von alters her nicht nur ein Tag, um den sich viele Bräuche ranken, sondern als erster Wintertag auch der Beginn eines neuen Wirtschaftsjahrs der Bauern. „Zu Martini" war ein alter Rechts- und Zinstermin und der Tag des Dienstbotenwechsels. Der hl. Martin ist der Landespatron des Burgenlands.

MARTINAK, Eduard, * 5. 9. 1859 in Varaždin (Kroatien), † 3. 8. 1943 in Graz, Pädagoge und Psychologe. Studierte Pädagogik und Psychologie, wandte sich aber bald ausschließlich der Psychologie zu und wurde zu einem der Hauptvertreter der sogenannten „Grazer Schule". War Univ.-Prof. in Graz und verfaßte grundsätzliche Beiträge zur modernen Begabungsprüfung. 1919–21 war M. im Unterrichtsministerium mit der Reform der Mittelschulen betraut. 1930–37 gab er gemeinsam mit R. Meister (s. d.) die „Ö. Vierteljahreshefte für Erziehung und Unterricht" heraus. Von seinen Veröffentlichungen sind u. a. zu erwähnen: „Zur Psychologie des Sprachlebens" (1898), „Psychologische Untersuchungen zur Bedeutungslehre" (1901); 1929 gab er die „Psychologischen und pädagogischen Abhandlungen" heraus.

MARTINELLI, Domenico, * 30. 11. 1650 in Lucca, † 11. 9. 1718 in Lucca, Baumeister. 1673 war M. zum Priester geweiht worden, hatte sich aber schon während seiner Theologiestudien intensiv mit der Zeichenkunst und der Architektur beschäftigt. 1690–99 arbeitete er in Wien und hatte wesentlichen Anteil an der Errichtung der Palais Harrach, Kaunitz und Liechtenstein. Etwa 1702 dürfte er abermals in Wien tätig gewesen sein und das Palais Starhemberg in der Dorotheergasse zu bauen begonnen haben. Fälschlich wurden ihm auch zahlreiche andere Bauten in Wien, wie etwa das Kärntnertortheater, zugeschrieben. Durch seine blockförmigen und klar gegliederten Bauten beeinflußte er wesentlich die „nordische" Barockarchitektur.

MARTINELLI, Ludwig, * 9. 8. 1832 in Linz, † 13. 6. 1913 in Bad Gleichenberg (St), Schauspieler. Wählte ursprünglich den Beruf seines Vaters und wurde Maler. Als Schüler von G. F. Waldmüller (s. d.) wurde er in das Atelier des Hofburgtheatermalers Moritz Lehmann aufgenommen. Als er 1856 als Dilettant in Innsbruck in einer Nestroy-Posse auftrat, hatte er so großen Erfolg, daß er 1857–60 an das Vorstadttheater in der Au in München engagiert wurde. 1860–64 wirkte er als Schauspieler und Oberregisseur am Grand Théâtre in Amsterdam und wurde 1864 als Charakterdarsteller nach Graz engagiert, wo er sich als Darsteller von Nestroy- und Raimund-Rollen profilierte. 1873–76 am Theater an der Wien und am Carltheater, 1876–85 am Deutschen Landestheater in Prag engagiert, war er 1885 Oberregisseur am Wiener Carltheater. Ab 1889 am Deutschen Volkstheater in Wien, wurde er zum hervorragenden Darsteller der großen Anzengruber-Rollen.

MARTINI, Karl Anton, Freiherr zu Wasserburg (seit 1779), * 15. 8. 1726 in Revò (Südtirol), † 7. 8. 1800 in Wien, Jurist. Entstammte einer 1641 geadelten Familie, studierte in Trient und Innsbruck und vollendete 1747 sein Jusstudium in Wien. Reiste dann durch Europa und war 1752/53 der kaiserlichen Gesandtschaft in Madrid zugeteilt. 1754 nach Wien zurückgekehrt, erhielt er an der Universität die Lehrkanzel für Naturrecht und Geschichte des römischen Rechts. 1758 Beisitzer der Büchercensurs-Hofkommission, wurde er 1762 Vorsitzender der Studien-Hofkommission. 1761–73 unterrichtete er in Rechts- und Staatswissenschaft die Erzherzoge Joseph, Leopold, Ferdinand und Maximilian sowie in Statistik die Erzherzogin Maria Karoline. 1782 Staatsrat „in inländischen Geschäften", überließ seinen Lehrstuhl an der Universität seinem Schüler F. A. Zeiller (s. d.). 1785–87 im Auftrag Kaiser Josephs II. in Mailand und den Niederlanden mit der Durchführung der eingeführten Gerichtsverfassung betraut, wurde er 1787 Vizepräsident der obersten Justizstelle. 1790 von Kaiser Leopold II. zum Präsidenten der obersten Justizstelle ernannt, leitete er auch die neu zusammengestellte „Hofkommission in Gesetzsachen". M. verfaßte ein Gesetzbuch für Galizien und leistete wesentliche Vorarbeiten für das von Zeiller verfaßte „Allgemeine Bürgerliche Gesetzbuch".

MARTINI, Martin (eigtl. von Richthofen), * 1614 in Trient (Südtirol), † 6. 6. 1661 in Hantschou (China), Jesuit und Chinamissionar. Entstammte einer alten deutschen Familie und trat 1631 in den Jesuitenorden ein. 1643 ging er als Missionar nach China, wurde dort Superior und war als Procurator missionis tätig. Als er von seinem Orden vorübergehend nach Rom zurückberufen wurde, fiel er auf der Reise Seeräubern in die Hände, die ihn zwei Jahre gefangenhielten. Neben seiner missionarischen Tätigkeit entwickelte er sich zu einem der besten Geographen des 17. Jh.s und wurde „Vater der geographischen Kenntnis von China" genannt. Aufgrund alter chinesischer Karten und Schriften stellte er eigene Beobachtungen und Messungen sowie astronomische Ortsbestimmungen an und veröffentlichte 1655 in Wien den „Atlas Sinensis", der lange Zeit „die vollständigste geographische Einzelbeschreibung von China" blieb.

Österreicher als Erforscher der Erde. Notring Jahrbuch 1956

MARTINITZ, Jaroslaw Borsita Graf von (seit 1621), * 6. 1. 1582 in Smečno (Böhmen), † 21. 11. 1649 in Prag, Verwaltungsbeamter. Der Sohn eines Kämmerers von Kaiser Rudolf II. studierte in Siena, wurde Kreishauptmann, verzichtete aber während des Bruderzwists im Haus Habsburg auf seine Ämter und wurde unter Ferdinand II. 1617 Burggraf von Karlstein und einer der königlichen Statthalter in Böhmen. Als ein von den Protestanten meistgehaßten Würdenträger wurde er mit Slawata und dem Schreiber Fabricius am 23. 5. 1618 von einem Dutzend aufgebrachter Adeliger vom Fenster des Prager Schlosses etwa 17 m tief in den Schloßgraben geworfen (der Prager Fenstersturz, der schließlich den Dreißigjährigen Krieg auslöste). Wie durch ein Wunder kaum verletzt, gelang ihm die Flucht nach München. 1621 wurde M. in seinem Burggrafenamt wieder bestätigt, 1623 Oberlandrichter, 1625 Landkämmerer und 1638 Oberburggraf in Böhmen. Bei der Eroberung Prags kurz vor Abschluß des Westfälischen Friedens (1648) geriet er kurzfristig in schwedische Gefangenschaft.

Wolf, A.: Geschichtliche Bilder aus Ö. (1878); Sturmberger, H.: Aufstand in Böhmen (1959); Wedgwood, C. V.: Der Dreißigjährige Krieg (1967)

MARX, Joseph, * 11. 5. 1882 in Graz, † 3. 9. 1964 in Graz, Komponist. Studierte an der Universität Graz Musikwissenschaft und promovierte 1909. 1914–52 Prof. für Musiktheorie und Komposition an der Wiener Musikakademie, leitete er diese 1922–25. 1947–57 war er Honorarprof. für Musikwissenschaft an der Universität Graz sowie Musikkritiker der „Wiener Zeitung". Als Liederkomponist stark von Hugo Wolf (s. d.) beeinflußt, schuf er eine große Zahl von Liedern, darunter auch mehrere mit Streichquartett- und Orchesterbegleitung. Besonders bekannt wurden sein „Italienisches Liederbuch“, nach Texten von Paul Heyse (1912), und die Orchestergesänge „Verklärtes Jahr“ (1932). M. schuf auch kammermusikalische Werke, Klavierstücke und Symphonien. Von seinen musikwissenschaftlichen Werken sind zu erwähnen: „Regelbücher für Harmonielehre und Kontrapunkt“ (1933–35), „Betrachtungen eines romantischen Realisten“ (1946), „Weltsprache Musik“ (1964).

Bistron, J.: J. M (1923); Liess, A.: J. M. (1943); Werba, E.: J. M. (1964); Kaufmann, H., in: Über das Musikleben der Gegenwart (hrsg. von R. Stephan, 1968)

MÄRZ, Eduard, * 21. 12. 1908 in Lemberg, Wirtschaftswissenschaftler. Kam früh nach Wien, wo er schon während seiner Mittelschulzeit in der sozialistischen Bewegung tätig war. Begann 1930 sein Studium, emigrierte 1938 nach Amerika, wo er in der US-Marine diente, und promovierte 1947 in Harvard. Im gleichen Jahr wurde er Prof. für Nationalökonomie an der University of Massachusetts, danach lehrte er in New York. 1953 kehrte er nach Ö. zurück, wo er am Institut für Wirtschaftsforschung und in der Wiener Arbeiterkammer tätig war. Ab 1968 lehrte er an der Hochschule für Sozial- und Wirtschaftswissenschaften in Linz und war 1971–73 Gastprof. in Salzburg. M. publizierte zahlreiche Bücher zur ö. Wirtschaftsgeschichte, darunter „Ö. Industrie- und Bankpolitik in der Zeit Franz Josephs I.“ und „Ö. Wirtschaft zwischen Ost und West“.

MÄRZENDORFER, Ernst, * 26. 5. 1921 in Oberndorf (S), Dirigent und Komponist. Studierte in Graz, war 1940–53 Kapellmeister am Grazer Opernhaus und übernahm 1953 die Leitung des Orchesters am Salzburger Mozarteum. Ab 1954 wirkte er auch bei den Salzburger Festspielen mit, war 1958–62 an der Deutschen Oper in Berlin, ab 1962 Gastdirigent an der Wiener Staatsoper (seit 1969 Kapellmeistervertrag) und an der Wiener Volksoper. Außerdem Gastdirigent in Graz und an der New Yorker City Opera. M. schuf auch mehrere kammermusikalische Werke und Klavierkonzerte sowie das erfolgreiche Ballett „Teufelslegende“ (1944).

MASSARY, Fritzi (eigtl. Friederike Massaryk), * 21. 3. 1882 in Wien, † 30. 1. 1969 in Los Angeles (USA), Operettensängerin, Sopranistin. Debütierte bereits mit 16 Jahren in Wien und stieg rasch zu einer der

Fritzi Massary

gefeiertsten Operetten- und Revuestars auf. 1898 trat sie auch in Rußland auf, ab 1904 war sie häufig in Berlin beschäftigt, wo sie am Metropol-Theater mehrere Hauptrollen in Operetten von Oscar Straus (s. d.), Franz Lehár (s. d.) und Leo Fall (s. d.) verkörperte. Ab 1918 war sie mit dem Schauspieler und Komiker Max Pallenberg (s. d.) verheiratet. 1933 emigrierte sie in die USA und war ab 1938 auch in London tätig.

Bie, O.: F. M (1920); Schneidereit, O.: F. M. (1970)

MATAJA, Emilie, s. Marriot, Emil

MATAJA, Heinrich, * 14. 3. 1877 in Wien, † 23. 1. 1937 in Wien, Rechtsanwalt und christlichsozialer Politiker. Studierte in Wien Jus, wurde Rechtsanwalt und war für die Christlichsoziale Partei tätig. 1913–18 Reichsratsabgeordneter, 1918–30 Abgeordneter zum Nationalrat, 1918/19 Staatssekretär des Inneren und 1924–26 Außenminister. Der dem rechten Flügel seiner Partei angehörende M. war ein erfolgreicher Versammlungsredner und versuchte als Außenminister, Ö. aus der Spielballsituation der Großmächte herauszuhalten. Sein 1925 unternommener Versuch, einen engeren Anschluß an die Donaustaaten zu erreichen, scheiterte am großdeutschen Partner in der Regierungskoalition ebenso wie an den Nachfolgestaaten, die eine Neuauflage der habsburgischen Nationalstaatenidee befürchteten. Da sich auch Italien lautstark zu Wort meldete und M. außerdem in einen Bankenskandal verwickelt war, trat er zurück. Erst im Ständestaat gelangte er als strikter Anschlußgegner wieder zu hohem politischem Ansehen. M. war der jüngere Bruder von Viktor M. (s. d.) und Emilie M. (s. d.).

MATAJA, Viktor, * 20. 7. 1857 in Wien, † 19. 6. 1934 in Wien, Nationalökonom. Wurde zunächst Kaufmann, studierte dann 1878–82 an der Universität Wien und habilitierte sich hier 1884. 1890 a. o. Prof., 1892 o. Univ.-Prof. und Nachfolger Böhm-Bawerks (s. d.) in Innsbruck. 1897 lehrte er in Wien. Bereits 1892 Ministerialrat und Vorstand des Handelsstatistischen Amts im Handelsministerium, zwischen 1908 und 1917 dreimal Handelsminister. 1917 Minister ohne Portefeuille, 1917/18 erster Minister für soziale Fürsorge. Unter seinen zahlreichen Veröffentlichungen nimmt das Werk „Die Reklame“ einen besonderen Platz ein, denn durch diese Publikation gilt er als Begründer der modernen Werbewirtschaft. Von Menger (s. d.) beeinflußt, schrieb er u. a.: „Der Unternehmergewinn“ (1884), „Das Recht des Schadensersatzes vom Standpunkte der Nationalökonomie“ (1888), „Großmagazine und Kleinhandel“ (1891), „Die Regelung der Valuta in Ö.-Ungarn“ (1892). M. war der Bruder von Emilie M. (s. d.) und Heinrich M. (s. d.).

MATEJKA, Viktor, * 4. 12. 1901 in Korneuburg (NÖ), Kulturpolitiker. Studierte Geschichte an der Universität Wien und promovierte 1925 zum Dr. phil. Als Kulturpolitiker in der Wiener Arbeiterkammer und bis 1936 als Obmannstellvertreter der Wiener Volkshochschulen tätig; wurde am 1. 4. 1938 mit dem ersten Transport ins KZ Dachau deportiert, wo er bis 1944 inhaftiert blieb. 1945–49 Wiener Stadtrat für Kultur und Volksbildung einer Koalitionsregierung aus SPÖ, ÖVP und KPÖ. M. war mit O. Kokoschka (s. d.), F. Th. Csokor (s. d.) und vielen anderen Künstlern befreundet. 1983 erschienen seine Erinnerungen unter dem programmatischen Titel „Widerstand ist alles“.

MATEJKA-FELDEN, Gerda, * 29. 4. 1901 in Dehlingen (Elsaß), † 27. 12. 1984 in Wien, Malerin und Graphikerin. Studierte ab 1914 an der Staatlichen Kunstschule Dresden, besuchte 1918 die Künstlerkolonie Worpswede (Niedersachsen) und studierte anschließend bis 1924 an der Akademie der Graphischen Künste in Leipzig. Sie lebt seit 1924 in Wien und unterrichtete ab 1932 an der Volkshochschule und der Urania. 1938 erhielt sie Berufsverbot, lehrte von 1945–71 als Prof. für Kunsterziehung an der Akademie der bildenden Künste; 1958 gründete M.-F. die „Wiener Kunstschule“. Sie war mit Viktor M. (s. d.) verheiratet.

G. M.-F. Ausstellungskatalog Wien (1983)

MATERNA, Amalie, * 10. 7. 1847 in St. Georgen (St), † 18. 1. 1918 in Wien, Opernsängerin, Sopranistin. Erhielt schon als Kind in Graz Stimmausbildung und debütierte dort als Soubrette 1864. Danach am Wiener Carltheater tätig, kam sie 1869 an die Wiener Hofoper, wo sie zur Primadonna aufstieg. Hier lernte sie auch Richard Wagner kennen, der sie 1876 für Bayreuth zur ersten Brünnhilde bestimmte, die ihre bedeutendste Partie wurde. 1882 sang sie dort die Kundry. 1884/85 an der Metropolitan Opera in New York, sang sie dort ebenfalls erstmals die Brünnhilde. Ab 1894 war sie Mitglied der Damrosch Opera Company, einer erfolgreichen Operngesellschaft in New York, die bis 1900 existierte. Durch ihre tragende, dramatische Stimme wurde sie zum Prototyp der Wagner-Heroine. Ab 1902 wirkte sie in Wien als Gesangspädagogin.

MATHES, Paul, * 20. 1. 1871 in Wien, † 24. 6. 1923 in Innsbruck (Selbstmord), Gynäkologe. Studierte in Wien und wurde Univ.-Prof. in Graz, wo er 1913 eine strahlentherapeutische Station errichtete und leitete. Ab 1915 war er in Innsbruck tätig. M. war der erste, der die Bedeutung des konstitutionellen Moments in der Frauenheilkunde erkannte und mit Nachdruck dafür eintrat. Für die von ihm entwickelte und erfolgreich erprobte Therapie stellte er exakte Richtlinien auf.

MATRAS, Josef, * 1. 3. 1832 in Wien, † 30. 9. 1887 in Kaltenleutgeben (NÖ), Volkssänger und -schauspieler. Als Sohn eines Schneidermeisters geboren, sollte er bei seinem Onkel das Hotelfach erlernen. Von Johann Baptist Moser (s. d.) entdeckt, trat er 1852 bei der Volkssängergesellschaft Kwapil auf und war bis 1855 an verschiedenen Wanderbühnen tätig. Nach Wien zurückgekehrt, lernte er 1858 Johann Fürst (s. d.) kennen und hatte zusammen mit ihm große Erfolge. Ab 1862 im Fürst-Theater im Prater engagiert, war er anschließend bis 1879 am Carltheater als Komiker – auch in Operetten – sehr erfolgreich. Seine Glanzrollen waren vor allem in Nestroy-Stücken: Gluthammer in „Der Zerrissene“, Melchior in „Einen Jux will er sich machen", aber auch der Fürst Casimir in Jacques Offenbachs „Prinzessin von Trapezunt". M. war einer der beliebtesten Volksschauspieler seiner Zeit und wurde oftmals mit Scholz (s. d.) verglichen.

Holzer, R.: Die Wiener Vorstadtbühnen (1951)

MATSCH, Franz von (seit 1912), * 16. 9. 1861 in Wien, † 4. 10. 1942 in Wien, Maler und Bildhauer. Arbeitete nach seiner Ausbildung an der Kunstgewerbeschule in Wien 1883–92 mit Gustav Klimt (s. d.) und Ernst Klimt in einem Atelier. 1893–1901 war er Prof. für Malerei an der Kunstgewerbeschule. Seine Hauptwerke sind die Deckenfresken (Griechisches Theater, Mittelalterliches Mysterienspiel) im Wiener Burgtheater, die Ausschmükkung der Aula der Universität Wien sowie Malereien in der Hermesvilla für Kaiserin Elisabeth und nicht zuletzt die von ihm 1911–14 geschaffene „Anker-Uhr" am Hohen Markt in Wien. Diese von ihm erdachte und auch ausgeführte Kunstuhr läßt zwölf bedeutende historische Figuren im Abstand von jeweils einer Stunde am Betrachter vorbeiziehen. Diese Figuren sind etwa 2,70 m hoch, in Kupfer getrieben und bemalt, und sie werden beim Vorbeiziehen um zwölf Uhr von einer entsprechenden Musik begleitet. Durch Kriegseinwirkungen 1945 beschädigt, wurde die Anker-Uhr 1956 vollständig restauriert.

Matsch, F. v.: Die Kunstuhr des Anker in Wien (1915)

MATSCH, Franz von, jun., * 24. 1. 1899 in Wien, Diplomat. Trat nach Abschluß des Studiums in den diplomatischen Dienst und war 1947–53 Generalkonsul in New York. 1955 Leiter der ö. Delegation der Atomenergie-Kommission in Genf, 1956–64 ständiger Vertreter Ö.s bei den Vereinten Nationen in New York, 1961–63 zudem Vorsitzender der Weltraumkommission der UNO.

MATTHÄUS Lang von Wellenburg, s. Lang von Wellenburg

MATTHIAS I. Corvinus, König von Ungarn, * 27. 3. 1443 in Klausenburg (Siebenbürgen), † 6. 4. 1490 in Wien. Kam nach dem Tod seines Vaters Johann Hunyadi in die Gefangenschaft des Böhmenkönigs Wladislaw und wurde nach dessen Ableben zum König von Ungarn gewählt (24. 1. 1458). Focht erfolgreich gegen die Türken und gegen Friedrich III. (s. d.). Seine Ansprüche auf Böhmen konnte M. nicht durchsetzen, doch nahm er die Anerkennung Wladislaws II. durch Friedrich zum Anlaß für eine militärische Aktion gegen NÖ, in deren Verlauf Wien (1485) und Wiener Neustadt (1487) in die Hände des Ungarn fielen. M. war ein Freund der Wissenschaften und der schönen Künste, seine Regierung jedoch willkürlich und hart. M.s beide Ehen blieben kinderlos.

Feßler, C.: M. C. (1806); Ackerl, I.: König M. C. (1985)

MATTHIAS, Kaiser, * 24. 2. 1557 in Wien, † 20. 3. 1619 in Wien, Erzherzog von Ö., dritter Sohn Kaiser Maximilians II. (s. d.). Wurde am spanischen Hof erzogen und 1578 zum Generalstatthalter der Niederlande gewählt. Ohne jeden Einfluß, legte er sein Amt bereits 1580 nieder und kehrte, nachdem ihn sein Bruder Rudolf II. (s. d.) ausgelöst hatte, nach Wien zurück. Dieser wies ihm Linz als Wohnsitz zu und übergab ihm 1594 die Statthalterschaft in Ö. M.s gegenreformatorische Maßnahmen führten vom Herbst 1594 bis zum September 1597, vor allem in OÖ, zu Bauernunruhen. Zusätzlich hatte er als Befehlshaber der kaiserlichen Armee gegen den übermächtigen türkischen Gegner einen aussichtslosen Kampf zu führen. Ab 1599 war Melchior Khlesl (s. d.), der spätere Kardinal, sein vertrauter Ratgeber. Ab dem Sommer 1600 verschlechterte sich der psychische Zustand Kaiser Rudolfs II. bedenklich, und da Erzherzog Ernst (s. d.), der rechtmäßig nächste Nachfolger, 1595 gestorben war, drängte M. auf eine Regelung der Nachfolge. Energisch forderte er am 30. 4. 1605 in Linz Rudolf II. erfolglos auf, die Nachfolge zu regeln, und am 25. 4. 1607 wurde M. zum Oberhaupt des Hauses Habsburg ernannt, womit der verhängnisvolle „Bruderzwist in Habsburg" ausbrach. M. beendete den Aufstand der Ungarn unter deren Magnaten Stephan Bocskai und zwang seinen Bruder Rudolf, ihm im Vertrag von Lieben (bei Prag), 1608, die Herrschaft in Ö., Ungarn und Mähren abzutreten. Am 29. 11. 1608 wurde M. in Preßburg zum König von Ungarn gekrönt. Er bestätigte die früheren Religionskonzessionen, doch huldigten ihm die ö. Stände erst, als er 1609 ihre Forderungen nach Religionsfreiheit anerkannt hatte. Nachdem 1611 das „Passauer Kriegsvolk" des Erzherzogs Leopold (s. d.) in Böhmen eingedrungen war, riefen die böhmischen Stände M. zu Hilfe. Dieser zog nach Zerstreuung der Truppen Rudolfs in Prag ein, wo er am 23. 5. 1611 zum König von Böhmen gekrönt wurde. Am 4. 12. 1611 heiratete M. seine Cousine Erzherzogin Anna (s. d.), auf

Franz von Matsch: Interieur des alten Burgtheaters (1888)

deren Initiative hin die Kapuziner nach Wien kamen und in der Folge die „Kapuzinergruft" entstand. Die harmonische Ehe blieb kinderlos. Nach Rudolfs Tod am 20. 1. 1612 wurde M. in Frankfurt am Main zum Kaiser gewählt; die „offizielle" Politik leitete Khlesl. Als M. im Zeichen des katholisch-protestantischen Gegensatzes 1617 die Katholische Liga ebenso wie die Protestantische Union auflösen wollte, achtete keine Seite auf dieses Vorhaben. Zudem wurde Kaiser M. kränklich und willigte in die Nachfolge seines Vetters, des nachmaligen Kaisers Ferdinand II. (s. d.), als König von Böhmen (1617) und Ungarn (1618) ein. Khlesls Maßnahmen gegen die Protestanten in Böhmen führten schließlich zum Aufruhr, die zum Prager Fenstersturz vom Mai 1618, zur Entmachtung Khlesls, aber auch zum eigentlichen Beginn des Dreißigjährigen Kriegs führten.

Wilz, L.: Die Wahl des Kaisers M. (1911); Pick, F.: Der Prager Fenstersturz 1618 (1918); Sturmberger, H.: Aufstand in Böhmen (1959); Hummelberger, W.: Erzherzog M. in den Niederlanden (1965); Bauer, S.: Franz Grillparzer, Ein Bruderzwist in Habsburg (Dichtung und Wirklichkeit 9, 1969)

Kaiser Matthias als böhmischer König im Krönungsornat. Gemälde aus der Aachener Werkstatt (um 1611)

MATZ, Johanna, * 5. 10. 1932 in Wien, Kammerschauspielerin. Nach ihrer Ballett- und Tanzausbildung bei Toni Birkmeyer und Grete Wiesenthal (s. d.) absolvierte sie das Reinhardt-Seminar und wurde bereits 1950 von B. Viertel (s. d.) ans Wiener Burgtheater engagiert, wo sie in den folgenden Jahren u. a. das Käthchen von Heilbronn, die Louise in „Kabale und Liebe", aber auch Schnitzler-Rollen („Anatol" und „Liebelei") mit Erfolg spielte. 1951 startete sie ihre Filmkarriere unter der Regie von E. Marischka (s. d.) und wurde 1953 auch von Regisseur O. Preminger (s. d.) nach Hollywood geholt. Auch im Fernsehen war sie wiederholt tätig, so etwa in Horváths „Geschichten aus dem Wiener Wald", wo sie die Marianne spielte.

MAUER, Otto, * 14. 2. 1907 in Brunn am Gebirge (NÖ), † 3. 10. 1973 in Wien, Priester, Publizist und Kunstförderer. War bereits in früher Jugend im katholischen Bund „Neuland" engagiert. Studierte Theologie in Wien und Münster und wurde 1931 zum Priester geweiht, danach arbeitete er als Kaplan und Religionslehrer in NÖ und Wien. Später wurde er Akademiker- und Künstlerseelsorger sowie Domprediger von St. Stephan und erzbischöflicher Konsistorialrat. 1945–54 war er Sekretär der Katholischen Aktion, gab ab 1946 die Monatsschrift „Wort und Wahrheit" heraus, in der unter anderem Otto Schulmeister (s. d.), Igor Caruso (s. d.), Ernst Topitsch (s. d.), Adam Wandruszka (s. d.), Erich Zöllner (s. d.), Friedrich Heer (s. d.) und Hans Sedlmayr (s. d.) mitarbeiteten. 1954 gründete er die Galerie St. Stephan, in der er bis 1963 Werke der Maler Hollegha, Mikl (s. d.), Prachensky, Rainer (s. d.), Urteil (s. d.) u. a. erstmals der Öffentlichkeit präsentierte. M. wurde zum Monsignore ernannt; 1961 drängte das Erzbischöfliche Ordinariat auf Namensänderung der avantgardistischen Galerie, die nun „Galerie nächst St. Stephan" genannt wurde. Von M.s Publikationen sind besonders zu erwähnen: „Auferstandene" (1935), „Das verborgene Antlitz" (1936) und „Kunst und Christentum" (1946).

Leser, N.: O. M., in: Grenzgänger, Bd. 1 (1981); Fleck, R.: Avantgarde in Wien. Die Geschichte der Galerie nächst St. Stephan. Wien 1954–82 (1982)

MAUERMANN, Max, * 22. 7. 1868 in Tarnowitz (Oberschlesien), † 1. 7. 1929 in Wien, Stahlwerksingenieur und Erfinder. Absolvierte die Gewerbeakademie in Breslau und trat dort in die Bismarck-Hütte ein. Ab 1899 war er bei den Phönix-Stahlwerken Johann E. Bleckmann in Mürzzuschlag beschäftigt und erforschte hier die Herstellung von nichtrostendem Stahl. 1912 gelang ihm die Herstellung von nichtrostendem Chrom-Nickel-Stahl, und bei der Adria-Ausstellung im Jahr 1913 führte er seine Erfindung der Öffentlichkeit vor. Später wurde M. Stahlwerksleiter und Direktor der „Schoeller-Bleckmann AG". Ab 1924 wurde wegen des Prioritätsrechts von den Krupp-Werken ein Patentprozeß angestrengt, dessen positiven Ausgang M. nicht mehr erlebte. Am Tag nach seinem Begräbnis, am 4. 7. 1929, wurde das Urteil zugunsten von M.s Patent gefällt.

MAULBERTSCH, Franz Anton (auch Maulpertsch), * 8. 6. 1724 in Langenargen am Bodensee (Baden-Württemberg), † 8. 8. 1796 in Wien, Maler. Der Sohn eines Malers erlernte in der väterlichen Werkstatt die Grundbegriffe der Malerei, kam 1739 nach Wien und studierte an der Akademie der bildenden Künste. Sein erstes großes Werk entstand um 1750–52, der große Freskenzyklus „Allegorie der Zeit" im Schloß Kirchstetten (NÖ). Eines seiner Hauptwerke ist die Ausmalung der Piaristenkirche Maria Treu in Wien (1752/53). 1759 wurde er Mitglied an der Wiener Akademie der bildenden Künste, 1770 Prof. M. schuf nicht nur Deckengemälde in Kirchen, Schlössern und Klosterbibliotheken Ö.s, sondern auch in Böhmen, Mähren und Ungarn. Anfangs von P. Troger (s. d.), aber auch von der italienischen Malerei und von Rembrandt beeinflußt, wurde er ein Hauptvertreter der ö. Malerei des Spätbarock, leitete aber in seinem Alterswerk zum Klassizismus über. Besonders erwähnenswert sind u. a. noch: Fresken in der Alten Jesuitenkirche Am Hof (heute: „Zu den neun Chören der Engel") in Wien (1753), Deckenfresken in der Pfarrkirche Heiligenkreuz-Gutenbrunn (NÖ), Decken- und Altarfresken in der Pfarrkirche Sümeg (Ungarn, 1757/58), Fresken in der Jesuitenkirche in Komorn (Ungarn, heute ČSSR, 1760). Die Fresken in der Pfarrkirche Schwechat bei Wien (1764) wurden im Zweiten Weltkrieg vernichtet; Fresken im Schloß Halbturn (1765), Decken- und Wandgemälde in der ehemaligen Karmeliterkirche in Stuhlweißenburg (Ungarn, 1767), Renovierung der Fresken Daniel Grans (s. d.) in der Wiener Hofbibliothek (1769), Decken- und Wandgemälde in der Hofkammerkapelle im Leopoldinischen Trakt der Wiener Hofburg (1772), Hochaltarfresko der Augustinerkirche in Korneuburg (NÖ), Deckenfresken im Riesensaal der Innsbrucker Hofburg (1775/76) und Decken- und Wandgemälde im Erzbischöflichen Palast von Kalocsa (Ungarn, 1783/84).

Garas, K.: F. A. M. (1960); Ausstellungskatalog F. A. M. (1974)

Franz Anton Maulbertsch: Verherrlichung der Muttergottes mit den Vertretern des Alten und Neuen Bundes. Deckengemälde in der Piaristenkirche Maria Treu in Wien (1752)

MAURACHER, Hans, * 1. 7. 1885 in Kaltenbach (T), † 27. 7. 1958 in Graz, Bildhauer und Krippenschnitzer. Nach seiner Ausbildung an der Münchner Kunstgewerbeschule und an der Akademie in Düsseldorf lebte M. in Graz und schuf zahlreiche Porträtbüsten (darunter von Max Mell [s. d.], Anton Wildgans [s. d.], Wilhelm Thöny [s. d.] und Peter Rosegger [s. d.]), Kriegerdenkmäler (überwiegend in der St, so in St. Margarethen bei Silberberg [heute Noreia], Fürstenfeld, Fohnsdorf und Radkersburg), Denkmäler (u. a. das Peter-Rosegger-Denkmal in Graz) und Weihnachtskrippen (vor allem die in der Grazer Lech-Kirche und die R.-Mayr-Krippe im Salzburger Museum Carolino Augusteum).

MAURER, Andreas, * 12. 9. 1919 in Trautmannsdorf (NÖ), Landwirt und ÖVP-Politiker. War nach dem Kriegsdienst ab 1946 politisch aktiv als Ortsbauernrat tätig und wurde 1959 Abgeordneter des nö. Landtags. 1965 wurde M. in die nö. Landesregierung berufen und war 1966–81 Landeshauptmann von NÖ.

MAUTHE, Jörg, * 11. 5. 1924 in Wien, † 29. 1. 1986 in Wien, Journalist, Schriftsteller und Kulturpolitiker. Als Sohn eines Journalisten der Tageszeitung „Presse" geboren, studierte er an der Universität Wien Kunstgeschichte und promovierte 1947. Anschließend war er bis 1950 Kunstkritiker bei der Wochenzeitschrift „Die Furche" und 1950–55 Leiter der Wortabteilung im Sender „Rot-Weiß-Rot", wo er die Radiofamilie „Floriani" und den „Watschenmann" ins Leben rief und gestaltete. Nach Auflösung des Senders veröffentlichte er den „Watschenmann" in der Tageszeitung „Kurier". Später Programmplaner im Ö. Fernsehen, schuf bzw. verfaßte u. a. die erfolgreichen Fernsehserien „In eigener Sache" und „Familie Merian". 1978 berief ihn die ÖVP als Gemeinde- und Stadtrat in das Wiener Rathaus. M., ein engagierter Naturschützer, nahm an der Besetzung der Stopfenreuther Au im Dezember 1984 teil. Gelegentlich war M. für die Tageszeitung „Presse" als Kunst- und Kulturkritiker tätig. Er veröffentlichte auch mehrere Bücher. Abgesehen von seinem immer wieder neu aufgelegten Bändchen „Wiener Knigge", schrieb er die Romane „Die große Hitze oder Die Errettung Ö.s durch den Legationsrat Dr. Tuzzi" (1974) und „Die Vielgeliebte" (1979). Posthum erschien 1986 „Demnächst", eine Sammlung autobiographischer Notizen aus seinem letzten Lebensjahr. M. war auch Herausgeber des „Wiener Journals".

MAUTHNER, Fritz, * 22. 11. 1849 in Hořitz bei Königgrätz (Böhmen), † 28. 6. 1923 in Meersburg (Baden-Württemberg), Schriftsteller und Sprachphilosoph. Studierte 1869–73 Jus in Prag und wurde danach Schriftsteller und Theaterkritiker. Ab 1876 in Berlin tätig, gab er verschiedene Zeitschriften heraus und zählte seit 1889 zu den Mitbegründern und Mitarbeitern der Berliner „Freien Bühne". Seit 1905 lebte er als freier Schriftsteller in Freiburg im Breisgau und ab 1919 in Meersburg am Bodensee. M. wurde früh mit seiner Parodiensammlung „Nach berühmten Mustern" (1897) bekannt, schrieb satirische Romane, wandte sich aber bald in seinen theoretischen Schriften der Sprachphilosophie und -kritik zu. Vertrat eine „agnostische Mystik", die Sprache galt ihm als unvollkommenes Werkzeug des Denkens, der Erkenntnis, des Beschreibens und Erklärens. Er veröffentlichte u. a.: „Der neue Ahasver", 2 Bde. (Roman, 1882), „Berlin W", 3 Bde. (Roman, 1886–90), „Hypathia" (Roman, 1892), „Beiträge zu einer Kritik der Sprache", 3 Bde. (1901/02, 3. Aufl. 1923), „Wörterbuch der Philosophie", 2 Bde. (1910, 2. Aufl. in 3 Bden. 1923/24), „Der letzte Tod des Gautama Buddha" (Roman, 1913, Neuaufl. 1921), „Der Atheismus und seine Geschichte im Abendlande", 4 Bde. (1920–23). 1918 publizierte er seine „Erinnerungen", die 1969 unter dem Titel „Prager Jugendjahre" neu aufgelegt wurden.

MAUTHNER, Ludwig, * 13. 4. 1840 in Prag, † 20. 10. 1894 in Wien, Augenarzt. Wurde nach seinem Studium 1869 Ordinarius für Augenheilkunde in Innsbruck, später in Wien, Vorstand der Augenabteilung der Allgemeinen Poliklinik und der I. Augenklinik der Universität Wien. Durch sein „Lehrbuch der Ophthalmoskopie" (1868) machte M. die Fachwelt auf sich aufmerksam. Dieses Gebiet und die Refraktionslehre waren seine Spezialgebiete im Fach der Augenheilkunde. Außerdem war er ein hervorragender Chirurg. Nach ihm ist die M.sche Membran benannt, und er führte die Sklerotomie beim Glaukom (Operationsmethode bei grünem Star) ein. Veröffentlichte u. a.: „Vorträge aus dem Gesamtgebiet der Augenheilkunde", 2 Bde. (1878–89), „Diagnostik und Therapie der Augenmuskellähmungen" (1889).

MAUTHNER, Ludwig Wilhelm, Ritter von Mauthstein (seit 1849), * 14. 10. 1806 in Raab (Ungarn), † 8. 4. 1858 in Wien, Arzt und Pädiater. Studierte an der Universität Wien und promovierte 1831. Wurde als Militärarzt ausgebildet und erwarb sich während der Wiener Choleraepidemie und der Typhusepidemie in Galizien große Verdienste, quittierte aber 1836 den Militärdienst, um sich in Wien als „Volksarzt" niederzulassen. 1837 gründete er in der Vorstadt Schottenfeld das erste Kinderspital in Wien, in dem kranke Kinder armer Eltern kostenlos behandelt wurden. 1839 habilitierte sich M. auf dem Gebiet der „Pflege gesunder und kranker Kinder" und vergrößerte 1842 das Kinderspital zum Anna-Kinderspital, das 1848 in das heutige St.-Anna-Kinderspital in der Kinderspitalgasse übersiedelte. 1851 wurde M. zum a. o. Univ.-Prof. für Kinderheilkunde ernannt. 1853 veröffentlichte er „Kinder-Diätetik. Anleitung zur naturgemäßen Pflege und Erziehung des Kindes".

MAUTNER, Franz Heinrich, * 8. 6. 1902 in Wien, Literarhistoriker. Emigrierte 1939 in die USA und lehrte dort am Swarthmore College, Pennsylvania. Er veröffentlichte u. a.: „Johann Nestroy und seine Kunst" (1937), „Lichtenberg" (1968), „Wort und Wesen" (1972) und „Nestroy" (1974).

ADOLF IGNAZ MAUTNER

Ein Bierbrauer der Gründerzeit

MAUTNER, Adolf Ignaz, Ritter von Markhof (seit 1872), * 26. 10. 1801 in Smiřitz (Böhmen), † 24. 12. 1889 in Wien, Brauereibesitzer. Kam 1840 nach Wien und pachtete, als vierter Unternehmer innerhalb kurzer Zeit, vom Bürgerspital die St. Marxer Brauerei. Es galt, sich gegen den übermächtigen Dreher (s. d.) in Klein-Schwechat durchzusetzen, und so entschloß er sich, untergäriges Bier herzustellen. Zunächst war es das sogenannte „Abzugbier", das von den Gärbottichen in Lagerfässer abgezogen wurde, um hier den Gärprozeß zu beenden. Damit ersparte er den Wirten das Nachgären in ihren Kellern. Der nächste Schritt war die möglichst lange Lagerzeit, weshalb er im ersten Kalenderviertel über den Bedarf hinaus produzierte und den Vorrat in Eiskellern aufbewahrte. Dadurch war M. bis in den Mai hinein lieferfähig. 1843 entwickelte er eine Methode, auch den ganzen Sommer über hochwertiges Abzugbier herzustellen. Die von ihm erdachten Kühlapparate bestanden vorwiegend aus einem Rohrsystem, durch das Eisstückchen flossen und in denen in Gärbottichen Eisschwimmer angebracht waren. Sein „Normal-Bierlagerkeller System Mautner" fand bald auch im Ausland Nachahmung. Bei der Wiener Gewerbeausstellung 1845 erwarb M. eine Dampfmaschine, die er produktionssteigernd einsetzte und die über ein halbes Jahrhundert hindurch in Betrieb war. M. überflügelte, außer Dreher, alle Braumeister von Wien und Umgebung und steigerte rasch seine Produktion: Waren es 1840 noch 36 000 Hektoliter jährlich, stieg die Produktion bis 1876 auf 167 360 Hektoliter. Die Umstellung auf untergäriges Bier hatte einen fühlbaren Mangel an Hefe für die Bäcker zur Folge, und schon ab 1846 erzeugte M. Preßhefe, die aber den Qualitätsansprüchen nicht entsprach. Schließlich sicherte sich M. die Mitarbeit eines jungen Chemikers, seines späteren Schwiegersohns Julius Reininghaus aus Westfalen, der 1850 eine zufriedenstellende Kunsthefe entwickelte. Sehr bald setzte sich dieses „Wiener Verfahren" international durch. M. errichtete in Simmering und in Floridsdorf Zweigbetriebe und konnte 1857 in St. Marx das „Bräuhaus mit Braugerechtigkeit, das Wirtshaus mit Schankgerechtigkeit, das Backhaus mit der Backgerechtigkeit, die Schmiede, das Versorgungshaus, die Gärten und Äcker" für 275 000 Gulden erwerben. Die Brauereiabfälle verwertete M. in einer eigenen Spiritusbrennerei. 1876 übergab er die umfangreich gewordenen Unternehmungen seinem ältesten Sohn, Carl Ferdinand, allerdings ausgenommen die Preßhefe- und Spiritusfabrik in Floridsdorf, die von ihrer Gründung an von seinem drittältesten Sohn, Georg Heinrich, geleitet wurde. Zahlreiche Stiftungen gehen auf M. zurück, so Waisen- und Altersheime in ganz Ö. und das M.-Markhofsche Kinderspital in Wien. 1881 wurde er Ehrenbürger von Wien.

Adolf Ignaz Mautner. Lithographie von F. Würbel (um 1870)

MAUTNER MARKHOF, Manfred, * 17. 9. 1903 in Wien, † 4. 1. 1981 in Wien, Großindustrieller. Enkel von Adolf Ignaz M. (s. d.). Stand jahrzehntelang dem großen Familienkonzern vor. Zusätzlich übte er eine Vielzahl von Funktionen in wirtschaftlichen und kulturellen Einrichtungen aus. So war er Obmann der Bundessektion Industrie der Kammer der gewerblichen Wirtschaft, Vizepräsident der Vereinigung ö. Industrieller, Oberkurator der Ersten ö. Spar-Casse und Präsident des Instituts für Wirtschaftsforschung, des Autofahrerklubs ÖAMTC, des Wiener Trabrenn-Vereins, der Wiener Konzerthausgesellschaft, des Instituts zur Förderung der Künste in Ö. und außerdem Delegierter des Internationalen Olympischen Comités für Ö.

MAXIMILIAN I., Kaiser, * 22. 3. 1459 in Wiener Neustadt, † 12. 1. 1519 in Wels (OÖ), Erzherzog von Ö., einzig überlebender Sohn von Kaiser Friedrich III. (s. d.). Die von seinem Vater schon von langer Hand geplante Heirat mit der Erbtochter Maria von Burgund (s. d.) konnte erst nach dem Tod ihres Vaters Herzog Karls des Kühnen (5. 1. 1477) in Gent erfolgen. Das reiche Erbe mußte M. allerdings im Kampf gegen König Ludwig XI. von Frankreich behaupten. Wohl besiegte er in der Schlacht von Guinegate am 7. 8. 1479 die überlegene französische Streitmacht, doch mußte er nach dem frühen Tod seiner Gattin, die bei einem Jagdunfall ums Leben gekommen war (27. 3. 1482), im Frieden von Arras (23. 12. 1482) dulden, daß seine erst zweijährige Tochter Margarete (s. d.) mit dem französischen Dauphin, dem späteren König Karl VIII., verlobt und ihr Artois, Flandern und das Herzogtum Burgund zur Mitgift gegeben wurden! Am 16. 2. 1486 in Frankfurt am Main zum römischen König gewählt und am 9. 4. in Aachen gekrönt, mußte M. sich vorerst noch immer mit Frankreich und der Opposition der niederländischen Stände auseinandersetzen. Die Bürger von Brügge, die ihm eine englandfreundliche Handelspolitik vorwarfen, nahmen ihn durch List gefangen (Februar 1488); erst nach Eintreffen eines Reichsheers ließ man ihn Monate später wieder frei. Am 19. 3. 1490 dankte Herzog Sigismund (s. d.) zugunsten M.s in Tirol ab, wodurch dieses wichtige Verbindungsstück zwischen Burgund und den Donauländern, das durch die leichtsinnige Politik Sigismunds fast an Bayern verkauft worden wäre, wieder gesichert wurde. Innsbruck und Tirol wurden in der Folge zum Lieblingsaufenthalt M.s. Als am 6. 4. 1490 der seit 1485 in Wien residierende König Matthias Corvinus von Ungarn (s. d.) starb, schickte sich M. unverzüglich an, die Situation in seinem Sinn zu regeln: Von Anfang August bis Mitte Oktober hatte er alle ungarischen Besatzungen auf ö. Gebiet entweder besiegt oder vertrieben und war bis Stuhlweißenburg vorgedrungen. Einem weiteren Eroberungszug durch Ungarn stand allerdings der Mangel an Geld – und somit auch an Söldnern – im Wege, doch sah der Friede von Preßburg (1491) den Anspruch M.s auf die Stephanskrone vor, falls sein Gegenkandidat König Wladislaw II. von Böhmen oder dessen Söhne ohne männliche Erben sterben sollten. In der Folge faßte M. die nieder- und innerösterreichischen Länder wie auch Tirol und die Vorlande zu einer höheren Verwaltungseinheit zusammen. 1490 wurden für Tirol, 1493 für die inner- und niederösterreichischen Gebiete zentrale Verwaltungsbehörden, die den Namen „Regiment“ führten, eingerichtet. 1498 wurde ein Hofrat als oberste Justiz- und Verwaltungsstelle gegründet, ebenso eine Hofkammer als Finanzbehörde, auch die Hofkanzlei wurde neu organisiert. M. versuchte auch in der Bretagne Fuß zu fassen und wollte durch seine Vermählung mit Anna, der Erbtochter des letzten Herzogs, „per procuratorem“ – durch einen Stellvertreter – dieses Land an sich bringen. Doch die Franzosen eroberten die Bretagne, Anna ehelichte den französischen König Karl VIII., was M. als „Brautraub“ empfand; außerdem wurde die Verlobung Karls mit Margarete (s. d.) von 1482 gelöst und die Habsburgerin in Frankreich gefangengehalten. Im Frieden von Senlis (23. 5. 1493) verblieb M. der Großteil des Burgundererbes; Margarete kehrte in die Niederlande zurück. Nach dem Tod seines Vaters, Kaiser Friedrichs III. (s. d.), am 19. 8. 1493 war M. Alleinherrscher über den gesamten habsburgischen Besitz. Am 16. 3. 1494 heiratete er in Innsbruck Bianca Maria, die Tochter des Herzogs Galeazzo Maria Sforza von Mailand, die ihm die willkommene Mitgift von 300 000 Dukaten einbrachte. Im Sommer 1493 fielen die Franzosen unter König Karl VIII. in Italien ein und konnten wichtige Positionen im Norden der Halbinsel behaupten. Zu dieser Zeit wollte M. auch die Verfassung und Verwaltung des Reichs neu ordnen: Am 26. 3. 1495 proklamierte er auf dem Wormser Reichstag den „Ewigen Landfrieden“. Damit erklärte M. das feudale Fehderecht und die bewaffnete Selbsthilfe des Adels für rechtswidrig und verwies die Erledigung schwerer Verbrechen an die einzelnen Territorialstaaten. Außerdem wurde das königliche Kammergericht in ein „Reichskammergericht“ als oberste Justizbehörde umgewandelt; es blieb bis zur Auflösung des Heiligen Römischen Reiches Deutscher Nation bestehen (1806). Die Einführung des „gemeinen Pfennigs“, einer Art Reichssteuer, sollte der Erhaltung des Gerichts und des Reichsheeres dienen, die Errichtung von sechs Verwaltungskreisen (1512 auf zehn erhöht) zur Übersichtlichkeit beitragen. Auch wenn M. mit seiner geplanten Zentralisierung am Partikularismus der Länder scheiterte, hat er doch den ersten wesentlichen Schritt in diese Richtung getan. Inzwischen hatte sich gegen Karl VIII. von Frankreich am 31. 3. 1495 die Liga von Venedig gebildet, doch blieb ihr der Erfolg versagt. 1499 kam es zu einer für M. verlustreichen Auseinandersetzung mit den Schweizern, die seinen Versuch, die Reichsreform auf die Eidgenossenschaft auszudehnen, nicht hinnehmen wollten. Im Frieden von Basel (22. 9. 1499) schieden die Eidgenossenschaft und mit ihr verbündete Orte de facto aus dem Reich aus, wenn auch die staatsrechtliche Zugehörigkeit bis 1648 bestehenblieb. Durch den Tod des letzten Görzer Grafen Leonhard (s. d.) am 12. 4. 1500 fielen M. gemäß dem Erbvertrag von 1363 die Grafschaft Görz, Gradiska, Gebiete im Pustertal (in Ost- und Südtirol) sowie Krain und Friaul zu. Dadurch erhöhten sich auch seine Differenzen mit Venedig, und im Jahr 1504 mußte M. den französischen König mit Mailand belehnen, womit die Zugehörigkeit des Herzogtums zum Reich wenigstens dem Schein nach gewahrt blieb. Im bayerisch-pfälzischen Erbfolgekrieg griff M. auf der Seite seines Schwagers Herzog Albrecht IV. von Bayern-München ein und gewann am Wenzenberg (12. 9. 1504) die Herrschaften Kitzbühel, Rattenberg und Kufstein im Unterinntal. Der „Königsspruch“ vom 30. 7. 1505 auf dem Reichstag zu Köln beendete diesen Erbfolgestreit; M. erhielt nicht nur die Neuerwerbungen bestätigt, sondern auch das Mondseegebiet mit St. Wolfgang (OÖ) sowie Neuburg am Inn, Rannariedl und Neuhaus an der Mühl in OÖ. Auf diesem Reichstag zeigte sich deutlich, daß M. auf dem Höhepunkt seiner Macht und seines Ansehens angelangt war. Der Krieg mit Venedig ging jedoch weiter, so daß M. auch nicht zur geplanten Kaiserkrönung nach Rom reisen konnte. Da nahm er am 4. 2. 1508 im Dom von Trient den Titel „erwählter römischer Kaiser“ an. Seine Tochter Margarete (s. d.) brachte die Liga von Cambrai (zwischen M., Frankreich, dem Papst und Spanien) gegen Venedig zustande, die allerdings kaum militärischen Erfolg zeitigte. In den Erblanden führte M. seine Reformgedanken weiter. Von weittragender Bedeutung war sein am 23. 6. 1511 erlassenes „Landlibell“, das als Verfassungsgesetz die Sonderstellung Tirols unterstrich und dem Land die Grundlage zur eigenen Landesverteidigung schuf, die bis 1805 in Geltung blieb. In den letzten Regierungsjahren M.s spielte die Ostpolitik wieder eine größere Rolle: Am 22. 7. 1515 wurde im Wiener Stephansdom die feierliche Doppelhochzeit unter den habsburgischen und jagellonischen Thronanwärtern begangen, die – nach jahrelangen diplomatischen Vorbereitungen – die erbrechtlichen Ansprüche des Hauses Habsburg auf Böhmen und Ungarn bekräftigte (s. Ferdinand I.). Nachdem in der Liga von Cambrai mehrmals die Fronten gewechselt worden waren, konnten die Auseinandersetzungen mit Venedig endlich beendet werden: Pordenone und Verona gingen verloren, dafür wurden das Gebiet um Cortina

Kaiser Maximilian I. vor 1508. Gemälde von Bernhard Strigel

d'Ampezzo sowie die „Welschen Confinen" Ala, Riva, Torbole, Rovereto und einige andere Orte erworben. Tirol wurde von M. zur „gefürsteten Grafschaft" ernannt. Vom 15. 1. bis 6. 6. 1518 fand im Zusammenwirken der ständischen Vertreter der ö. Erbländer in Innsbruck wieder ein gemeinsamer Ausschußlandtag statt, der eine neue Verwaltungsordnung vorbereiten sollte, die aber zu Lebzeiten M.s nicht mehr zur Ausführung kam. Auf einer Reise nach Wien erkrankte er in Wels und verfaßte dort am 30. 12. 1518 sein Testament, mit höchst eigenwilligen Bestimmungen für seine Bestattung. Er starb am 12. 1. 1519 und wurde – nach einer Trauerfeier im Wiener Stephansdom – seinem Wunsch gemäß in der Burgkapelle zu Wiener Neustadt bestattet, da sein geplantes Grabmal in der Innsbrucker Hofkirche noch nicht fertiggestellt war. Ohne seine persönliche Tapferkeit schmälern zu wollen, lag M.s Stärke nicht sosehr auf militärischem Gebiet als vielmehr in seiner Heirats- und Vertragspolitik, durch die er die habsburgische Hausmacht mehrte und den Grundstein für die Weltgeltung des Hauses Habsburg legte. Seine Reichspolitik entsprach den Traditionen Kaiser Karls des Großen und Ottos des Großen. Der „letzte Ritter" hatte sich in seinen letzten Lebensjahren sogar mit dem Gedanken getragen, sich selbst zum Papst wählen zu lassen, um die geistliche mit der weltlichen Macht in einer Hand zu vereinen. M. besaß aber auch enge Beziehung zu Kunst und Kultur: im Ambraser Heldenbuch ließ er die alten Heldenepen aufschreiben; er pflog engen Kontakt mit den bedeutendsten Gelehrten und Künstlern seiner Zeit und förderte nachhaltig die Entwicklung des Humanismus. Zudem war M. selbst schriftstellerisch tätig und verfaßte gemeinsam mit seinem Sekretär Marx Treitzsaurwein den autobiographischen „Weißkunig" (1514), der allerdings unvollendet blieb und lediglich die Geschichte seines Vaters und seiner Jugend schildert. In seinem zweiten Buch, dem „Theuerdank", zusammen mit Melchior Pfintzing verfaßt und in einer bibliophilen Ausgabe von 40 Exemplaren 1517 gedruckt, beschreibt M. in Form eines allegorischen Rittergedichts seine Brautfahrt zu Maria von Burgund sowie die Kämpfe um die Erbschaft seiner Gemahlin.

Mayer, Th.: Die Verwaltungsorganisation M.s I. (1920); Baldass, L.: Der Künstlerkreis Kaiser M.s (1923); Breitner, E.: M. I., der Traum von der Weltmonarchie (1939); Winkler, W.: Kaiser M. I. (1950); Schubert, F. H.: Die Reichstage Kaiser M.s I. im Urteil des 17. Jh.s (1958); Fichtenau, H.: Der junge M. (1958); Buchner, R.: M. I. (1959); Silva-Tarouca, E.: Schöpfer und Vollender am Weltbild der Casa d'Austria (1960); Ausstellungskatalog M. I. (1969); Wiesflecker, H.: Kaiser M. I., 4 Bde. (1971–81)

MAXIMILIAN II., Kaiser, * 31. 7. 1527 in Wien, † 12. 10. 1576 in Regensburg, Erzherzog von Ö., ältester Sohn Kaiser Ferdinands I. (s. d.). M. verbrachte seine Kindheit in Innsbruck und bediente sich auch in seinen späteren Lebensjahren gern der Tiroler Mundart. Kaiser Karl V. (s. d.) holte seinen Neffen an den spanischen Hof, wo er am 13. 9. 1548 seine Cousine Maria heiratete. Während der Abwesenheit Karls V. regierte M. 1549–51 als Vizekönig von Spanien. 1552 wurde er Gubernator von Ungarn. 1562 erfolgte M.s Krönung zum römischen König und zum König von Böhmen, 1563 jene zum König von Ungarn. Nach dem Tod seines Vaters Ferdinand wurde M. am 25. 7. 1564 zum Kaiser gekrönt. Wie wohl nur wenige seiner Zeitgenossen ahnte M. die schweren Folgen eines Glaubenskampfes für das Reich voraus: Er verurteilte die Unterdrückung der Protestanten und ließ sich in seiner Versöhnungspolitik nicht beirren. Immer wieder mit der Türkengefahr konfrontiert, brachte M. kaum eine Unterstützung oder eine einheitliche Abwehr der Katholiken gegen die Osmanen zustande, doch konnte er nach dem Tod Sultan Suleimans II. mit dessen Sohn am 17. 2. 1568 einen Waffenstillstand schließen, der den beiderseitigen Besitzstand garantierte. In diesem Jahr bewilligte er auch den ö. Ständen die freie Religionsausübung. Zur Sicherung seiner Nachfolge ließ er schon 1575

Golddegen Kaiser Maximilians II.

Der von Erzherzog Maximilian III. 1616 gestiftete österreichische Erzherzogshut

seinen Sohn Rudolf (s. d.) zum König von Böhmen wählen.

Oberleitner, K.: Aufzeichnungen zur Geschichte M.s II. (1859); Bibl, V.: Die Korrespondenz M.s II., 2 Bde. (1916–21); ders.: M. II., der rätselhafte Kaiser (1929)

MAXIMILIAN (III.), „der Deutschmeister", Erzherzog von Ö., * 12. 10. 1558 in Wiener Neustadt, † 2. 11. 1618 in Wien, Sohn Kaiser Maximilians II. (s. d.). Er war seit 1585 Hochmeister des Deutschen Ordens und hatte 1586 versucht, König von Polen zu werden. 1593–96 Regent in Innerösterreich, wurde M. am 8. 7. 1602 Gubernator und vom 20. 1. 1612 an bis zu seinem Tod Landesfürst von Tirol. 1616 stiftete er den ö. Erzherzogshut. Obwohl in Wien gestorben, beweist seine Verbundenheit mit Tirol, daß er im Maximilian-Mausoleum im Dom St. Jakob zu Innsbruck bestattet wurde.

MAXIMILIAN, Kaiser von Mexiko (eigtl. Ferdinand Maximilian), * 6. 7. 1832 in Wien (Schloß Schönbrunn), † 19. 6. 1867 in Querétaro (Mexiko), Erzherzog von Ö. Zweiter Sohn von Erzherzog Franz Karl (s. d.), dem Sohn von Kaiser Franz I. von Ö. (II., s. d.), und jüngerer Bruder von Kaiser Franz Joseph I. (s. d.). Schon früh für die Marine erzogen, unternahm M. 1850–52 umfangreiche Reisen, wurde 1853 Korvettenkapitän, am 1. 10. 1854 Konteradmiral und Oberkommandierender der ö. Kriegsmarine. Nach dem Rücktritt von Feldmarschall Radetzky (s. d.) war er 1857–59 Generalgouverneur des Lombardo-Venetianischen Königreiches, geriet aber wegen seiner liberalen Versöhnungspolitik immer mehr in Gegensatz zu seinem kaiserlichen Bruder und zog sich nach dem Verlust der Lombardei (1859) mit seiner Gemahlin Prinzessin Charlotte von Belgien (s. d.), die er am 27. 7. 1857 in Wien geheiratet hatte, auf das nach seinen Plänen erbaute Schloß Miramare bei Triest zurück. Anfang Juli 1863 bot ihm hier eine Abordnung der konservativ-kirchlichen Partei unter der Führung von Erzbischof Pelagio Antonio de Lavastida von Mexiko-City die mexikanische Kaiserkrone an. Dahinter standen diplomatische Aktivitäten Kaiser Napoleons III. von Frankreich, doch nahm M., ohne die Hintergründe zu erkennen, das Angebot der konservativen Minderheit Mexikos an. Der dortige Regierungsausschuß proklamierte daraufhin den Sturz der Republik und die Errichtung der Monarchie. Am 9. 4. 1864 verzichtete M. auf seine Rechte als Erzherzog von Ö. und Mitglied des Hauses Habsburg-Lothringen und empfing tags darauf aus den Händen der Führer der klerikalen Partei die mexikanische Krone. Am 14. 4. 1864 verließ er mit seiner Gattin auf der Fregatte „Novara" Triest und traf am 28. 5. in Vera Cruz ein. Bald erkannte M., daß die monarchistische Partei keineswegs den Willen des Landes repräsentierte; er vermochte sich nicht gegen die Anhänger des rechtmäßigen Präsidenten Benito Juarez durchzusetzen. Als

1866 Frankreich seine Besatzungstruppen auf Drängen der Vereinigten Staaten von Nordamerika aus Mexiko zurückzog, wurde M.s Situation völlig aussichtslos. Seine Gattin reiste zu Kaiser Napoleon III. und bat diesen vergebens um Hilfe. Sie verfiel in geistige Umnachtung, konnte nicht mehr nach Mexiko zurückkehren und wurde, nach kurzem Aufenthalt auf Schloß Miramare, nach Belgien gebracht, wo sie hochbetagt erst am 19. 1. 1927 starb. Im Oktober 1866 entschloß sich M. zur Abdankung, wurde aber von der monarchistischen Partei zum Verbleiben überredet und übernahm den Oberbefehl über die in der Stadt Querétaro stationierten Truppen. Querétaro wurde am 15. 5. 1867 von den Republikanern eingenommen; M. geriet in Gefangenschaft und wurde nach einem Militärgerichtsprozeß mit zwei seiner Generäle am 19. 6. 1867 auf dem „Cero de las Campanas" vor Querétaro erschossen. Erst nach langwierigen Verhandlungen konnte der Leichnam des Kaisers auf der Fregatte „Novara" in die Heimat gebracht werden, wo M. am 17. 1. 1868 im Hafen von Triest eintraf.

Corti, E. C. C.: M. und Charlotte von Mexiko, 2 Bde. (1924); Daniek, E.: Sie zogen nach Mexiko (1964); Gamillscheg, F.: Kaiseradler über Mexiko (1964); Haslip, J.: M., Kaiser von Mexiko (1972); Ausstellungskatalog M. von Mexiko (1974)

Maximilian, Kaiser von Mexiko. Zeitgenössisches Porträt

KAISER MAXIMILIAN VON MEXIKO

Rebellenhinrichtungen 1865

„‚. . . Sie sind ein treuer christkatholischer Priester, und als solchen richte ich eine ernste Frage an Sie. Man sagt mir, es sei meine Pflicht als Christ, mit voller Strenge zu handeln, und jeden mit den Waffen in der Hand Gefangenen als Rebellen erschießen zu lassen. Ich frage Sie als Priester, ist das meine Pflicht?'
Ich war bis in die tiefste Seele erschreckt. Tränen brachen aus meinen Augen. Ich fiel auf die Kniee, und in meiner Ergriffenheit umfaßte ich die Kniee des Kaisers. Ich weiß nicht, was ich gestammelt habe, nur weiß ich, daß ich sagte: Die christliche Religion ist die Religion der Liebe und nicht des Hasses oder der Rache. Was hier Ew. Majestät geraten wird, ist das Gegenteil von Christentum. Dann beschwor ich den Kaiser, bei allem was ihm auf Erden oder im Himmel heilig, diesen Rat abzuweisen.
Der Kaiser sagte, er werde sich's überlegen und ging fort. Dann haben die anderen doch recht behalten, und das andere wissen Sie ohnehin."

Bericht von Pater Dominik Bilimek über Kaiser Maximilians Martialgesetz vom 3. Oktober 1865, das die Tötung mexikanischer Rebellen anordnete und als eine der Veranlassungen zu seinem eigenen tragischen Ende angesehen wird. Zitiert nach: Eduard Sueß, Erinnerungen. (1916)

MAXIMILIAN Franz Xaver Joseph, Erzherzog von Ö., * 8. 12. 1756 in Wien, † 27. 7. 1801 im Schloß Hetzendorf bei Wien, Kurfürst und Erzbischof von Köln. Als jüngster Sohn von Maria Theresia (s. d.) sehr sorgfältig erzogen, war M. ursprünglich für die Statthalterschaft in Ungarn bestimmt, mußte 1778 aber aus gesundheitlichen Gründen die militärische Laufbahn aufgeben und sich, zunächst widerwillig, auf den geistlichen Stand vorbereiten. 1769 wurde er Koadjutor seines Onkels Karl von Lothringen, 1780 Koadjutor von Maximilian Friedrich, Kurfürst von Köln und Bischof zu Münster, dessen Ämter und Würden er 1784 übernahm. M. regierte sein Land sehr klug im Sinne der Aufklärung. Sein besonderes Interesse galt der Neuordnung des Finanz-, Justiz- und Schulwesens. 1785 kam es im Streit um die Errichtung einer päpstlichen Nuntiatur zu Differenzen mit Papst Pius VI., 1786 eröffnete er die Universität Bonn. 1794 flüchtete er vor den französischen Revolutionstruppen; seine weiteren Lebensjahre verbrachte M. im Schloß Hetzendorf bei Wien.

Braubach, M.: Maria Theresias jüngster Sohn M. F., letzter Kurfürst von Köln und Fürsterzbischof von Münster (1961)

MAY, Hans (eigtl. Johann Mayer), * 11. 7. 1886 in Wien, † 31. 12. 1958 in London, Komponist. Studierte an der Wiener Musikakademie und wurde Theaterkapellmeister. 1933 emigrierte er nach England und wurde später in London ansässig. Bekannt wurde er durch die Begleitmusik zum Stummfilm „Ein Sommernachtstraum" (1925). Er wandte sich dann dem Tonfilm zu und hatte auch hier großen Erfolg mit „Wien, Du Stadt der Lieder" (1930) und „Ein Lied geht um die Welt" (1933), dessen Titellied zu einem Schlager wurde. M. schrieb eine Vielzahl von Schlagern, so etwa „Veronika, der Lenz ist da" (1928).

MAYER, Anton, * 18. 9. 1838 in Gumpendorf bei Wien, † 14. 12. 1924 in Wien, Historiker. Studierte zuerst Jus an der Universität Wien, dann Geschichte und Kunstgeschichte und promovierte 1870 an der Universität Jena. M. trat in die nö. Statthalterei ein und übernahm die Redaktion mehrerer heimatkundlicher Veröffentlichungen, darunter 1888–96 die Herausgabe der „Topographie von Niederösterreich". 1895 zum Leiter des nö. Landesarchivs und der nö. Landesbibliothek aufgestiegen, übernahm er die redaktionelle Betreuung der „Quellen zur Geschichte der Stadt Wien" und 1909 des grundlegenden und umfangreichen Werks „Geschichte der Stadt Wien", für das er, wie auch für „Die Ö.-ungarische Monarchie in Wort und Bild", mehrere wertvolle Beiträge verfaßte. Weiters publizierte M. u. a.: „Der Maler J. M. Schmidt" (1879), „Wiens Buchdrucker-Geschichte 1482–1882", 2 Bde. (1883–87).

MAYER, Carl, * 20. 2. 1894 in Graz, † 1. 7. 1944 in London, Schauspieler und Dramaturg. Wandte sich nach seiner Ausbildung als Schauspieler der Dramaturgie zu und wurde ab 1919 zu einem der bedeutendsten Drehbuchautoren des Stummfilms. Er hatte durch das Drehbuch „Das Cabinett des Dr. Caligari" (1919) ganz besonders auf sich aufmerksam gemacht und begründete damit den expressionistischen Film. Seine Drehbücher waren bereits präzise Regieentwürfe. 1932 wanderte er nach England aus und machte dort als erster den bis dahin starren Aufnahmeapparat (Kamera) beweglich. Seine berühmtesten Drehbücher sind: „Hintertreppe" (1921), „Sylvester" (1924, das erste gedruckte Drehbuch überhaupt), „Am Ende der Welt" (1926), „Ariane" (1931) und „Der träumende Mund" (1932).

Fritz, W.: Kino in Ö. Der Stummfilm 1896–1930 (1981)

MAYER, Franz Martin, * 20. 2. 1844 in Plan (Böhmen), † 15. 9. 1914 in Graz, Historiker. War nach seinem Studium Gymnasialprof. in Graz und ab 1875 Dozent für ö. Geschichte an der Universität Graz. 1874 erschien sein bedeutendes zweibändiges Werk „Geschichte Ö.s mit besonderer Rücksicht auf Kulturgeschichte" (5. Aufl., 3 Bde., 1958–65, als „Mayer–Kaindl–Pirchegger: Geschichte und Kulturleben Ö.s" erschienen, wobei Anton Adalbert Klein den 3. Bd. verfaßte). Außerdem veröffentlichte M. 1898 „Geschichte der Steiermark, mit besonderer Rücksicht auf das Kulturleben".

MAYER, Hans, * 7. 2. 1879 in Wien, † 28. 10. 1955 in Wien, Finanzwissenschaftler. Studierte in Wien und war hier bis 1949 Univ.-Prof. War ein Hauptvertreter der ö. Schule der Nationalökonomie und wurde durch mehrere Auslandsberufungen weit über die Grenzen Ö.s hinaus bekannt. 1927–32 gab er „Die Wirtschaftstheorie der Gegenwart" und ab 1929 die „Zeitschrift für Nationalökonomie" heraus. 1932 veröffentlichte er das vielbeachtete Werk „Die Wirtschaftstheorie der Gegenwart".

MAYER, Johann, s. May, Hans

MAYER, Johannes, s. Améry, Jean

MAYER, Josef, * 9. 8. 1868 in Taufkirchen an der Pram (OÖ), † 23. 7. 1940 in Taufkirchen, Landwirt und deutschnationaler Politiker. Übernahm zunächst die väterliche Landwirtschaft und war später auch Gastwirt in seinem Heimatort. Kam mit der deutschnationalen Bewegung in Berührung und wurde in der ersten deutsch-ö. Regierung 1918/19 Staatssekretär für Heerwesen. 1919/20 Abgeordneter zum Nationalrat, 1920–24 Mitglied des Bundesrates.

MAYER, Ludwig, * 7. 7. 1834 in Kaniów Stary (Galizien), † 16. 2. 1917 in Wien, Maler. Studierte an der Wiener Akademie der bildenden Künste und war ein Schüler von Leopold Kupelwieser (s. d.). 1862 malte er die Hochaltarbilder für die Pfarrkirche Aspern (heute Wien 22), danach Fresken für die Brigittakirche (Wien 20). Sein Hauptwerk sind die 1885 entstandenen Fresken im Gemeinderatssitzungssaal des Neuen Rathauses, die Themen aus der Wiener und der ö. Geschichte zum Inhalt haben.

Erzherzog Maximilian Franz, jüngster Sohn Maria Theresias. Miniatur

MAYER, Theodor Heinrich, * 27. 2. 1884 in Wien, † 3. 11. 1949 in Wien, Schriftsteller. Studierte Pharmazie und Chemie in Wien und übernahm 1907 die väterliche Apotheke, die er aber 1924 verkaufte, um sich ganz der Schriftstellerei widmen zu können. 1940 veröffentlichte er das Buch „Von einem Haus und einer Apotheke", in dem er die Geschichte der alten Petrus-Apotheke in Erdberg erzählt. In seinen zahlreichen und zu seiner Zeit vielgelesenen Romanen stehen die Welt der letzten Jahrzehnte Altösterreichs und die Welt der Technik im Mittelpunkt. U. a.: „Typhus" (1920), „Prokop, der Schneider" (1922), „Cyprian, der Abenteurer" (1924), „Die letzten Bürger" (1927), „Die Bahn über den Berg" (1928, Neuaufl. 1946), „Minister Bruck" (1929), „Königgrätz" (1931), „Deutscher im Osten" (1932), „Im Banne der Jahrhunderte" (1935), „Der Adjutant des Prinzen" (1937), „Sudeten" (1938), „Menschenland" (1946) und die Novellenbände „Von Maschinen und Menschen" (1915), „Der Braumeister der Laimgrube" (1946), „Berge und Wunder" (1948) und „Maria-Hilferstraße" (1949).

MAYER-GUNTHOF, Franz Josef, * 18. 8. 1894 in Mährisch-Trübau, † 2. 2. 1977 in Wien, Industrieller. Im Ersten Weltkrieg in russische Kriegsgefangenschaft geraten, gelang ihm 1918 die Flucht aus Sibirien. In der Zwischenkriegszeit war er, wie sein Vater, in der Textilindustrie tätig; nach der nationalsozialistischen Machtübernahme war er wegen Verdachts des Hochverrats einige Zeit im KZ Mauthausen und gegen Kriegsende im Polizeigefangenenhaus in Wien inhaftiert. Als eines der ersten Mitglieder der ÖVP wurde M.-G. 1945 mit der öffentlichen Verwaltung der Vöslauer Kammgarnfabrik betraut, der er bis 1971 als Generaldirektor vorstand. Seit 1960 war er Präsident der Vereinigung Ö. Industrieller; war Vizepräsident des Ö. Wirtschaftsbunds und der Wiener Börsenkammer.

MAYR, Franz, Freiherr von Melnhof (seit 1867), * 23. 8. 1810 in Leoben (St), † 28. 12. 1889 in Leoben, Gewerke. Sein Vater war in Leoben als „Adlerwirt" zu Wohlstand gekommen und hatte 1830 den Waasenhammer in Leoben gekauft. Es folgten Hämmer und Hütten in Kapfenberg sowie 1836 die Franzenshütte, die Keimzelle des späteren Stahlwerks Donawitz und Ausgangspunkt der Donawitzer Gußstahlindustrie. Die ersten Versuche, Stahl zu erzeugen, waren recht unbefriedigend, bis schließlich der Sohn Franz M., der nach der Bergakademie in Schemnitz zehn Jahre in England Erfahrungen gesammelt hatte, in den Betrieb eintrat. 1841 wurde in Donawitz ein Streckwalzwerk errichtet und 1843 die Carolihütte. Seit dem Tod des Vaters 1847 war M. Alleineigentümer und begann mit dem systematischen Ausbau des Werks. 1850 stellte er auf Dampfbetrieb um, seit 1853 erzeugte er Zementstahl und seit 1856 Glühstahl. Im Erlachhammer in Kapfenberg errichtete er die ersten Tiegelstahlöfen auf ö. Boden, die Rohstahl zu Flußstahl umschmolzen (Vorläufer des Gußstahlwerks Böhler). Mit den modernen Martinöfen hatte er weniger Glück, doch um so mehr mit den 1859 aufgestellten Schmelzöfen mit Siemensscher Regenerativfeuerung. In Vordernberg erwarb er ein Radwerk, das ihm Holzkohlenroheisen lieferte, und die Seegrabener Kohlengruben für sein Brennmaterial. 1872 verkaufte M. seine Anteile um 5,25 Mio. Gulden. 1891 wurden M.s Werke in die Alpine Montangesellschaft eingegliedert, die Kapfenberger Anlagen wurden 1894 von den Böhler-Werken übernommen. Der steirische Wirtschaftspionier war karitativ tätig, stiftete ein Asyl für die Kinder Leobens und schenkte dem Land Steiermark das Schloß Ehrnau zur Errichtung eines Siechenhauses.

Kloepfer-Riehl: Das steirische Eisenbuch, Bd. 1 (1937); Ausstellungskatalog Erz und Eisen in der Grünen Mark (1984)

MAYR, Michael, * 10. 4. 1864 in Adlwang (OÖ), † 21. 5. 1922 in Waldneukirchen (OÖ), Historiker und christlichsozialer Politiker. War der Sohn eines

Michael Mayr

Gutsbesitzers, studierte in Wien Geschichte und Geographie und promovierte hier 1890. Habilitierung für ö. und allgemeine Geschichte 1895. Kurze Zeit im Archiv des Finanzministeriums tätig, 1892 ins Statthaltereiarchiv nach Innsbruck berufen, 1897 dessen Leiter (bis 1920). 1900 Univ.-Prof. für Staatsrecht. Trotz Förderung durch Ludwig von Pastor (s. d.) wurde er nicht dessen Lehrstuhlnachfolger. Als Kompromißkandidat der Konservativen und Christlichsozialen wurde er 1907 in den Reichsrat entsandt, 1908 in den Tiroler Landtag, 1911 nicht wiedergewählt. Erst 1918 begann abermals seine politische Tätigkeit, als er vom Tiroler Landtag beauftragt wurde, Kontakte zur Schweiz aufzunehmen und ab 1919 die „Tiroler Gesandtschaft" in Bern zu leiten. 1919/20 Staatssekretär für Verfassungs- und Verwaltungsreform, 1919 in die Verfassungsgebende Nationalversammlung gewählt. 1920–22 Abgeordneter zum Nationalrat, von Juli bis November 1920 Vorsitzender im Proporzkabinett, das bis zu den Oktoberwahlen die Geschäfte geführt hatte, im Oktober und November auch Staatssekretär für Äußeres. Da die Christlichsozialen bei der Oktoberwahl 85 Mandate erreichten, wurde M. vom Nationalrat am 20. 11. 1920 zum Bundeskanzler gewählt. Mit vier Christlichsozialen und acht parteilosen Beamten als Regierungsmannschaft versuchte M. seine schwere Aufgabe zu lösen. Wirtschaftlich und politisch war die Situation Ö.s keineswegs erfreulich. Zusätzlich hatte er den Restaurationsversuch des Exkaisers Karl in Ungarn zu überstehen (März/April 1921), der innen- und außenpolitische Verwicklungen hervorrief. Das nachhaltigste Problem war aber die in den Bundesländern stark in den Vordergrund getretene Anschlußfrage, die demonstrative Ausmaße angenommen hatte. In Tirol war schon im Mai 1920 eine „Anschlußkommission" gemäß eines Beschlusses des Landtags gebildet worden, und im November folgte Salzburg diesem Beispiel. Die in Tirol im April 1921 durchgeführte Volksabstimmung ergab eine überwältigende Mehrheit für den Anschluß an Deutschland; ebenso die in Salzburg. Weitere Abstimmungen wurden verhindert. M. trat mit seinem Kabinett am 21. 6. 1921 zurück. Die Entente hatte unmißverständlich gedroht, die Hilfsmaßnahmen einzustellen; auch innenpolitisch durfte M. auf kein Verständnis hoffen. Als Historiker verfaßte M. u. a.: „Wolfgang Lazius als Geschichtsschreiber Ö.s" (1894), „Erinnerungen an Andreas Hofer" (1899), „Die politischen Beziehungen Deutschtirols zum italienischen Landestheile" (1901), „Der italienische Irredentismus. Seine Entstehung und seine Entwicklung vornehmlich in Tirol" (1916). M. war von 1904–20 Herausgeber der „Forschungen und Mitteilungen zur Geschichte Tirols und Vorarlbergs".

Heuberger, R.: M. M. (1929); Richter, I.: M. M. als Historiker und Politiker, Diss. Wien (1959); Weissensteiner, F., und Weinzierl, E. (Hrsg.): Die ö. Bundeskanzler (1983)

MAYR, Richard, * 18. 11. 1877 in Henndorf bei Salzburg, † 1. 12. 1935 in Wien, Kammersänger, Bassist. Studierte zunächst in Wien Medizin, daneben Gesang am Wiener Konservatorium. 1902 debütierte er als Hagen in Bayreuth und war anschließend bis zu seinem Tod Mitglied der Wiener Hof- bzw. Staatsoper. Außerdem war er oft bei den Salzburger Festspielen tätig und sang 1924–31 an der Covent Garden Opera London und 1927–30 an der Metropolitan Opera in New York. Abgesehen von seiner Glanzrolle als Ochs von Lerchenau, brillierte er als Sarastro, Leporello, Figaro, Gurnemanz und Pogner.

Richard Mayr als Ochs von Lerchenau im „Rosenkavalier"

MAYREDER, Rosa, * 30. 11. 1858 in Wien, † 19. 1. 1938 in Wien, Schriftstellerin und Frauenrechtlerin. War zunächst Malerin. Sie gehörte von 1893–1903 dem Allgemeinen Ö. Frauenverein als Vizepräsidentin an. Auch war sie die ö. Vorsitzende der Internationalen Frauenliga für Frieden und Freiheit. Als Freundin und Förderin von Hugo Wolf (s. d.) verfaßte sie 1895 das Textbuch zu dessen Oper „Der Corregidor". Außerdem veröffentlichte sie mehrere Romane, Novellen und Gedichte sowie Essays und kritische Schriften zum Frauenproblem. U. a.: „Aus meiner Jugend" (1896), „Zur Kritik der Weiblichkeit", 2 Bde. (1905, Neuaufl. 1922), „Die Frau und der Internationalismus" (1922), „Geschlecht und Kultur"

PETER MAYR

Der Wirt an der Mahr

MAYR, Peter, * 15. 8. 1767 in Riffian bei Bozen (Südtirol), † 20. 2. 1810 in Bozen (standrechtlich erschossen), Gastwirt und Tiroler Freiheitskämpfer. „Der Wirt an der Mahr" war Tiroler Schützenkommandant und ein treuer Waffengefährte Andreas Hofers (s. d.) im Tiroler Freiheitskampf von 1809, insbesondere in den Bergisel-Schlachten. M. hatte noch nach dem Waffenstillstand den bewaffneten Widerstand bei Brixen und Klausen fortgesetzt. Wegen Bruchs des Waffenstillstandes verhaftet, wurde er von einem französischen Kriegsgericht zum Tod verurteilt und erschossen.

Psenner, J.: P. M., Wirt an der Mahr (1907); Rosegger, P.: P. M. (Roman, 1891)

Peter Mayrs Verhaftung. Gemälde von F. Schmutzer

ROSA MAYREDER

Mehr Rechte der Frau in Kultur und Gesellschaft

„Rosa Mayreder lehnte sich dagegen auf, daß man durch die Forderung nach Harmonie zwischen den Geschlechtern Frauen den einen Anspruch auf größere Rechte aberkannte. Sie sah in der Frauenbewegung eine Folge der Industrialisierung, deren geänderter Wirtschaftskreislauf mit der herkömmlichen Häuslichkeit zwangsläufig in Konflikt geriet. Wenn Geschäftsleute plötzlich zusperren mußten und Arbeiter entlassen wurden, dann wollte auch die Hausfrau wissen, welche Kräfte hier ihre häusliche Geborgenheit zerbrachen."

William M. Johnston, Österreichische Kultur- und Geistesgeschichte (dt. 1974)

(1923), „Mensch und Menschlichkeit" (1928), „Der letzte Gott" (1933) und ihre Jugenderinnerungen „Das Haus in der Landskrongasse", die erst 1948 erschienen.

MAYRHOFER, Johann, * 3. 11. 1787 in Steyr (OÖ), † 6. 2. 1836 in Wien (Selbstmord), Lyriker. Studierte zuerst Theologie, später Jus und wurde Zensurbeamter. 1814 lernte er Franz Schubert (s. d.) kennen, mit dem er 1818–20 zusammenwohnte. M. schrieb zahlreiche Liedertexte, die Schubert vertonte, sowie das Singspiel „Die beiden Freunde in Salamanca" und den Text der Oper „Adrast". 1829 veröffentlichte M. „Erinnerungen an Franz Schubert". Neben Goethe und Wilhelm Müller ist M. der von Franz Schubert meistvertonte Dichter.

List, F.: J. M., ein Freund und Textdichter Franz Schuberts, Diss. München (1921); Deutsch, O. E. (Hrsg.): Schubert, Erinnerungen seiner Freunde (1905)

MAYRÖCKER, Friederike, * 20. 12. 1924 in Wien, Schriftstellerin. Wurde nach ihrer Ausbildung 1946 Englischlehrerin in Wien und kam 1956 mit der „Wiener Gruppe" in Verbindung. Schrieb experimentelle Lyrik und Kurzprosa. 1956 machte sie durch ihre erste Veröffentlichung, „Larifari" (Kurzprosa), auf sich aufmerksam. Bald kam zu Prosa und Lyrik auch das Hörspiel. 1966 erreichte sie mit „Tod durch Musen. Poetische Texte" einen bedeutenden Erfolg. Mehrfach ausgezeichnet, erhielt den Großen Ö. Staatspreis für Literatur (1982) und den Anton-Wildgans-Preis. Veröffentlichungen u. a.: „Sägespäne für mein Herzbluten" (1967), „Minimonsters Traumlexikon" (1968), „Fantom Fan" (1971), „Das Licht der Landschaft" (1975), „Fast ein Frühling des Markus M." (1976), „rot ist unten" (Gedichte und Hörspiele, 1977), „Heiligenanstalt" (1978). Hörspiele (gemeinsam mit Ernst Jandl [s. d.]): „Fünf Mann Menschen" (1968), „Der Gigant" (1969), „Spaltungen" (1970).

MAYSEDER, Joseph, * 26. 10. 1789 in Wien, † 21. 11. 1863 in Wien, Violinvirtuose und Komponist. Studierte ab 1798 Violine bei Ignaz Schuppanzigh (s. d.) und trat am 24. 7. 1800 erstmals als Geiger vor die Öffentlichkeit. 1810 Konzert- und Solospieler am Hofoperntheater und 1816 Mitglied der Hofmusikkapelle. 1835 Kammervirtuose, 1836 Violindirigent der Hofkapelle. M. war ein hervorragender Geiger, dem auch Nicolo Paganini Anerkennung zollte. Auch Beethoven (s. d.), Schubert (s. d.) und Weber gehörten zu seinen Bewunderern. Für die von ihm veranstalteten Wohltätigkeitskonzerte, die sogenannten „Bürgerspitalkonzerte", erhielt er von der Stadt Wien die Goldene Salvatormedaille. M. war Mitglied in- und ausländischer Musikvereinigungen und erfuhr mehrfach Ehrungen. Zu seinen Schülern zählte Hugo Wolf (s. d.). Außerdem war M. als Komponist

Friederike Mayröcker

von Kammermusikstücken und Violinkonzerten sehr geschätzt.

Hellsberg, E.: J. M., 2 Bde. (1955)

MEDELSKY, Charlotte (Caroline, genannt Lotte), * 20. 5. 1880 in Wien, † 4. 12. 1960 in Nußdorf am Attersee (OÖ), Schauspielerin. Nach ihrer Ausbildung wurde sie bereits 1896 von Max Burckhard (s. d.) an das Wiener Burgtheater geholt, hatte als Gretchen in Goethes „Faust" ihren ersten beachtlichen Erfolg und wurde bereits 1899 Hofschauspielerin, wenngleich ihr erst nach der erreichten Großjährigkeit 1901 das Dekret ausgestellt werden konnte. 1924 Ehrenmitglied des Burgtheaters. 1947 wurde sie Prof. am Reinhardt-Seminar. M. brillierte ebenso in großen Klassikerrollen wie in modernen Dramen (vor allem in den Stücken Gerhart Hauptmanns). Gleichzeitig war sie der Urtyp des Wiener Mädels. Ihre Tochter Liselotte M. (* 17. 9. 1907 in Wien) ist seit 1936 Mitglied des Burgtheaters.

Buschbeck, E.: Die M. (1922); Strentzsch, L.: L. M., Diss. Wien (1947)

MEDERITSCH, Johann Georg Anton Gallus (genannt Johann Gallus), * 27. 12. 1752 in Wien (Tauftag), † 18. 12. 1835 in Lemberg (Galizien), Komponist. War ein Schüler von Georg Christoph Wagenseil (s. d.) und wurde Theaterkapellmeister, 1781/82 in Olmütz, 1796–98 in Wien, 1798 in Ofen (Budapest) und ging 1811 nach Lemberg. M. war ein Freund von Mozarts jüngerem Sohn, Wolfgang Amadeus, dem er auch seinen Nachlaß überließ. Klavierlehrer von Franz Grillparzer. Seine Hauptwerke sind die Musik zum Schauspiel „Macbeth" (Wien 1796) und der erste Akt der Oper „Babilons Piramiden" nach dem Text von Emanuel Schikaneder (Wien 1797), vier Messen, weitere sechs Singspiele. Außerdem schuf er Streichquartette, Klavierstücke und Schauspielmusik.

MEGERLE, Johann Ulrich, s. Abraham a Sancta Clara

MEGISER, Hieronymus, s. Christalnik, Michael Gotthard

MEINHARD I., Graf von Tirol, als M. III. Graf von Görz, † 22. 7. 1258. War seit 1237 mit Adelheid, der Tochter Alberts III., des letzten Grafen von Tirol (s. d.), verheiratet; erbte nach dessen Tod am 22. 7. 1253 Südtirol. Ende 1246 ernannte ihn Kaiser Friedrich II. (s. d.) zum Statthalter der Steiermark. Am 8. 9. 1252 wurden Albert und M. in einer Schlacht bei Greifenburg (K), das sie überraschend belagert hatten, von Philipp von Spanheim, dem „Erwählten des Erzbistums Salzburg" und Sohn von Herzog Bernhard von Kärnten, vernichtend geschlagen. Im Frieden von Lieserhofen am 27. 12. 1252 wurde dem Streben der Görzer Grafen nach dem Herzogtum Kärnten Einhalt geboten.

MEINHARD II., Graf von Tirol, als M. IV. Graf von Görz, * 1237, † 1. 11. 1295 in Greifenburg (K), Sohn von Graf M. I. (s. d.). Als Folge der Niederlage seines Vaters wurden er und sein Bruder Albert auf der Salzburger Burg Hohenwerfen als Geiseln gehalten und erzogen. 1259, ein Jahr nach dem Tod des Vaters, trat er sehr zielstrebig die Herrschaft in Görz und Tirol an und heiratete die Wittelsbacherin Elisabeth, die Witwe König Konrads IV. Durch sie konnte er im Oberinntal leichter Fuß fassen; durch diese Heirat kam eine Verbindung zu Rudolf von Habsburg (s. d.) zustande. 1263/64 erwarb er von seinem Onkel Gebhard von Hirschberg und dessen Sohn die bedeutende Grafschaft im Inntal. Um 1270 ließ er, gemeinsam mit seinem Bruder Albert, in Meran nach Trientiner Vorbild einen Adlergroschen prägen. Am 4. 3. 1271 kam es auf Schloß Tirol zur Erbeinigung zwischen den Brüdern, wonach M. den Tiroler und Albert den Görzer Besitz (Görz, Istrien und das Pustertal) erhielt. M. waren durch seine Ehe die staufischen Besitzungen in Nordtirol zugefallen, wodurch das Landesfürstentum, die Grafschaft Tirol, das Land an der Etsch, begründet war. Die Grenze bildete die Mühlbacher Klause, doch mußte M. noch harte Kämpfe mit den Bischöfen, vor allem mit dem Bischof von Trient und jenen Bischöfen, deren Hochstiftsvogteien er innehatte, bestehen, bis die Landeshoheit endgültig erreicht war. 1272 gründete er die Zisterzienserabtei Stams (T), obwohl der Stiftsbrief erst 1275 ausgestellt wurde. Im Zusammenhang mit den Kämpfen gegen König Přemysl Ottokar II. von Böhmen (s. d.) besetzte er im Sommer 1276 fast kampflos Kärnten, Krain und die Steiermark und wurde Statthalter von Kärnten. Als Philipp von Spanheim, der letzte des Geschlechts, am 21. 7. 1279 starb, fiel Kärnten als freies Lehen an das Reich. König Rudolf von Habsburg übertrug ihm die Verwaltung Kärntens und verpfändete ihm Krain und die Windische Mark (Bestätigung 1282 am Reichstag zu Augsburg). Am 1. 2. 1286 belehnte ihn König Rudolf mit dem Herzogtum Kärnten. M. gilt nicht nur als Schöpfer des Landes Tirol, sondern er gab dem Land auch eine straffere Verwaltungsorganisation.

Wiesflecker, H.: M. II. (1956)

MEINHARD III., Graf von Tirol, * 9. 2. 1344 in Tirol, † 13. 1. 1363 auf Schloß Tirol bei Meran (Südtirol), Sohn von Margarete (Maultasch) von Tirol (s. d.) aus der Ehe mit Kurfürst Ludwig V. von Brandenburg, Herzog von Bayern. Als einziger Sohn war er zugleich auch der letzte Meinhardiner. Von Kindheit an kränklich, heiratete er am 4. 9. 1359 in Passau die zwei Jahre ältere Herzogin Margarete von Ö., die Tochter Herzog Albrechts II. (s. d.). Sein früher Tod veranlaßte Margarete Maultasch, die Herrschaft über Tirol an Herzog Rudolf IV. (s. d.) abzutreten.

Die Fabrik von Julius Meinl in Wien-Ottakring. Nach einer Zeichnung von Erwin Pendl

MEINL, Julius, * 18. 1. 1869 in Wien, † 16. 5. 1944 auf seinem Gut Alt-Prerau (NÖ), Großindustrieller. Sein Vater Julius M. (1824–1914) hatte 1862 am Laurenzerberg in Wien ein Kolonialwarengeschäft gegründet und sich bald mit dem Verkauf von geröstetem Kaffee beschäftigt. M. absolvierte in Wien die Handelsakademie, leistete als Einjährig-Freiwilliger seinen Wehrdienst ab, volontierte in London und trat 1889 in das väterliche Geschäft ein. Dieses befand sich, nun etwas vergrößert, am Fleischmarkt, und 1894 wurde in der Neustiftgasse die erste Filiale mit angeschlossener Fabrik eröffnet. Seit 1890 wurden die ersten Meinl-Kaffeeplakate affichiert. 1901 besaß die Firma bereits 16, 1909 48 Filialen im Gebiet der ö.-ungarischen Monarchie. 1907 wurde eine firmeneigene Fortbildungsschule für Lehrlingsausbildung errichtet. Seit 1900 importierte M. Lebensmittel aus Übersee und erwarb 1910 ein 20 000 Quadratmeter großes Areal (heute Julius-Meinl-Gasse) an der Vorortelinie in Ottakring, um eine Lebens- und Genußmittelfabrik zu errichten. M. verfügte nun über genügend Lagerräume sowie Wein- und Ölkeller und erzeugte als erster in Ö. Marmelade und Orangenjam. Die günstige Lage des Betriebs ermöglichte den direkten Anschluß an die Vorortelinie und damit den Transport der Waren auf sein Fabriksgelände. Außerdem war M. einer der ersten, der seinen Lokaltransport mit eigenen Lastautos durchführen ließ. Zusätzlich richtete er 1912 an der Weltbörse für Kaffee ein eigenes Importbüro ein. Im Dezember 1915 gründete er eine „Politische Gesellschaft", die bald „Meinl-Gruppe" genannt wurde und der u. a. Univ.-Prof. Heinrich Lammasch (s. d., der letzte Ministerpräsident der Monarchie) und der Historiker Oswald Redlich (s. d.) angehörten. In Diskussionsabenden wurden Friedensinitiativen zur Beendigung des Weltkriegs abgehalten, Memoranden verfaßt und Verhandlungsreisen in die Schweiz und nach Berlin vorbereitet. Die Bemühungen der Gruppe scheiterten am Widerstand des Deutschen Reichs. 1918 rief M. in der Schweiz eine Hilfsaktion für hungernde ö. Kinder ins Leben und verhandelte mit den Westmächten über Lebensmittellieferungen an Ö. Für seine Filialen in den Nachfolgestaaten der Monarchie errichtete er eigene Erzeugungsstätten, die unter seiner Oberleitung standen. 1931 führte er die Fünftagewoche ein, bis 1938 gliederte er weitere elf Gesellschaften in seinen Konzern ein. M. wurde 1933 zum königlich-dänischen Generalkonsul ernannt.

Benedikt, H.: Die Friedensaktion der Meinlgruppe 1917/18 (1962)

MEINONG, Alexius, Ritter von Handschuchsheim, * 17. 7. 1853 in Lemberg (Galizien), † 27. 11. 1920 in Graz, Philosoph. Studierte bei Brentano (s. d.) und wurde 1882 a. o. Univ.-Prof und 1889 o. Univ.-Prof. in Graz. Als Schöpfer der „Gegenstandstheorie" wurde er zum Haupt der sogenannten „Grazer Schule", die durch M.s „Philosophische Sozietät" die realitätsbezogene, kritische Erkenntnistheorie förderte und die Philosophie zur exakten Wissenschaft machen wollte. Trug wesentlich zur Entwicklung der modernen Denkphilosophie bei. 1894 erreichte M. an der Universität Graz die Errichtung des experimentalpsychologischen Instituts, das erste dieser Art in Ö. Bedeutende Schüler M.s und der „Grazer Schule" waren: Ehrenfels (s. d.), Höfler, Mally (s. d.), Martinak (s. d.), Weinhandl und F. Weber. Von seinen zahlreichen Publikationen sind u. a. zu erwähnen: „Über philosophische Wissenschaft und ihre Propädeutik" (1885), „Psychologisch-ethische Untersuchungen zur Werttheorie" (1894), „Über Annahmen" (1902), „Untersuchungen zur Gegenstandstheorie" (1904), „Gesammelte Abhandlungen", 2 Bde. (1913/14), „Über Möglichkeit und Wahrscheinlichkeit" (1915) und „Über emotionale Präsentation" (1917). Gesamtausgabe, hrsg. v. R. Haller und R. Kindinger, 1968 ff.

Martinak, E.: M. als Mensch und Lehrer (1925); M.-Gedenkschrift (1952)

MEINRAD, Josef (eigtl. Moučka), * 21. 4. 1913 in Wien, Kammerschauspieler. Besuchte zuerst ein Priesterseminar, entschloß sich dann aber für den Schauspielerberuf. Nach Abschluß seiner Ausbildung trat er ab 1934 an mehreren Wiener Kleinkunstbühnen, darunter im „Wiener Werkl" und im Kabarett „ABC", auf. Nach dem Zweiten Weltkrieg begann er seine eigentliche Schauspielerlaufbahn 1946 am Theater „Die Insel" und 1947 am Wiener Burgtheater. Als Charakterdarsteller feierte er überragende Erfolge in komischen und ernsten Rollen, in Nestroy-Stücken (als Weinberl, Schnoferl) und in zahlreichen Klassikern (als Wurm, Zettel, Malvolio). Daneben war M. vielfach in Filmen und beim Fernsehen tätig und etablierte sich zusätzlich im

Musikfach, ganz besonders durch seine hervorragende Leistung als Don Quichote in „Der Mann von La Mancha". M. wurde mit der Kainz-Medaille ausgezeichnet und ist Träger des Iffland-Rings, den er von Werner Krauß (s. d.) übernommen hat.

Weigel–Melchinger–Rühle: J. M. (1962)

MEISEL, Heribert, * 15. 10. 1920 in Baden (NÖ), † 31. 10. 1966 in Wien, Sportjournalist. Wegbereiter des modernen Sportjournalismus, berühmt für seine fundierten und doch von Lebendigkeit strotzenden Reportagen, die den Hörer mitleiden und mitjubeln ließen. Gestalter zahlreicher Radio- und Fernsehdokumentationen, Gründer des heute bereits legendären TV-„Sport-Stammtisches".

MEISL, Hugo, * 16. 11. 1881 in Wien, † 17. 2. 1937 in Wien, Sportjournalist. 1914–37 ö. Fußball-Verbandskapitän, dem die Wiener Sportjournalisten 1931 im Ring-Café das sogenannte „Schmieranski-Team" abrangen, das in der Folge als „Wunderteam" – mit Matthias Sindelar (s. d.) als Mittelstürmer – einen einmaligen Siegeszug startete und bis heute die erfolgreichste Zeit des heimischen Fußballs geblieben ist. M. gilt auch als Schöpfer des Mitropa-Cups, der begehrtesten Club-Trophäe der Zwischenkriegszeit, die in ihrer Bedeutung an die heutigen Europapokalbewerbe heranreicht.

MEISL, Karl, * 30. 6. 1775 in Laibach (Krain), † 8. 10. 1853 in Wien, Theaterdichter. War Rechnungsrat und als Vorläufer von Ferdinand Raimund (s. d.) neben Gleich (s. d.) und Bäuerle (s. d.) ein bedeutender Hauptvertreter der Wiener Lokalposse und des Volksstücks. Die Glanzrollen in seinen Stükken wurden u. a. von Nestroy (s. d.), Scholz (s. d.), Raimund (s. d.) und Carl (s. d.) erfolgreich verkörpert. Er war Hausdichter des Leopoldstädter Theaters in Wien und entwikkelte aus der damals sehr beliebten Kasperliade das volkstümliche Lustspiel. M. schrieb rund 200 Stücke, von denen er zahlreiche unter dem Titel „Theatralisches Quodlibet" (6 Bde., 1820) und „Neuestes theatralisches Quodlibet" (4 Bde., 1824) veröffentlichte. 1909 erschienen „Ausgewählte Werke" (2 Bde.), hrsg. von Otto Rommel.

Fürst, R. (Hrsg.): Raimunds Vorgänger: Bäuerle, M., Gleich (1907)

MEISSNER, Alexander, * 14. 9. 1883 in Wien, † 3. 1. 1958 in Berlin, Hochfrequenztechniker. Studierte in Wien und erfand, unabhängig von den gleichzeitig erfolgten Entwicklungen, die Rückkopplung zur Erzeugung ungedämpfter elektrischer Schwingungen und führte den Überlagerungsempfang ein. M. erhielt 1925 als erster die Goldene Hertz-Medaille verliehen.

MEISSNER, Leopold Florian, * 10. 6. 1835 in Wien, † 29. 4. 1895 in Wien, Polizeibeamter, Jurist und Schriftsteller. Nach Quittieren des Polizeidiensts war M. in Wien als Rechtsanwalt tätig. Daneben verfaßte er zahlreiche Skizzen und Erzählungen, in denen er sehr lebensnah Leben und Sitten in Wien schildert. 1892–94 veröffentlichte er „Aus den Papieren eines Polizeikommissärs" (5 Bde.). Nach einer Erzählung M.s wurde der Text der Oper „Der Evangelimann" von Wilhelm Kienzl (s. d.) gestaltet. M. war ab 1863 mit der Frauenrechtlerin und Schriftstellerin Franziska M., geb. Diemer (1841–1919) verheiratet.

MEISSNER, Paul Traugott, * 23. 3. 1778 in Mediasch (Siebenbürgen), † 9. 7. 1864 in Neuwaldegg bei Wien, Heizungstechniker und Erfinder. War zuerst Magister der Pharmazie und wurde auf diesem Gebiet durch sein 1814 veröffentlichtes Werk „Vorschläge

Hugo Meisl

zu einigen neuen Verbesserungen pharmazeutischer Operationen und dazugehöriger Apparate" bekannt. Schließlich wurde er Prof. für technische Chemie am Polytechnischen Institut in Wien (Vorläufer der Technischen Universität). Durch ein von ihm erfundenes und nach ihm benanntes Heizungssystem ist er Begründer der modernen Luftheizungstechnik. Außerdem erfand er den sogenannten „Wiener Sparherd" und stellte als erster taugliche Versuche zur Beheizung von Dampfschiffen und Eisenbahnwaggons an. Von seinen wissenschaftlichen Veröffentlichungen seien u. a. erwähnt: „Handbuch der allgemeinen und technischen Chemie", 5 Bde. in 10 Abteilungen (1819–33), „Die Heizung mit erwärmter Luft, systematisch bearbeitet" (1821, 3. Aufl. 1826), „Chemische Äquivalenten- oder Atomenlehre", 2 Bde. (1834), „Neues System der Chemie, zum Leitfaden eines geregelten Studiums dieser Wissenschaft bearbeitet", 3 Bde. (1835–38).

MEISSNER-BLAU, Freda, * 11. 3. 1927 in Dresden, als Tochter ö. Eltern, die bald danach nach Ö. zurückkehrten. 1945 ging sie zu ihrem bereits 1938 aus politischen Gründen nach England emigrierten Vater und wurde Lernschwester am King's College Hospital in London. 1953 heiratete sie den französischen Chemiker Georges Pawloff, hatte mit diesem drei Kinder und lebte fünf Jahre in Belgisch-Kongo (heute Zaïre). Danach bei der UNESCO tätig, 1962–68 Generalsekretärin des Instituts für Höhere Studien in Wien. 1969 ließ sie sich scheiden, heiratete 1970 den ehemaligen Chefredakteur der „Arbeiter-Zeitung", Paul Blau, und kehrte mit diesem 1972 nach Wien zurück. Anschließend Referentin für Arbeiterbildung bei der ÖMV (Ö. Mineralöl-Verwaltung), engagierte sie sich ab 1976 zunehmend auf den Gebieten des Natur- und Umweltschutzes, der Menschenrechte und in der Friedensbewegung. 1985 erhielt sie den ö. Naturschutzpreis. Aus der SPÖ ausgetreten, kandidierte sie bei der Bundespräsidentenwahl 1986 und erhielt im ersten Wahlgang 259 471 Stimmen (= 5,5%). Um eine Einigung der grün-alternativen Gruppierungen bemüht, kandidierte sie bei der Nationalratswahl 1986 mit der Liste „Grüne alternative Liste Freda M.-B.", erzielte 4,82% der abgegebenen Stimmen und erreichte 8 Mandate.

MEISTER, Richard, * 5. 2. 1881 in Znaim (Mähren), † 12. 6. 1964 in Wien, Pädagoge, Philologe und Kulturphilosoph. Studierte in Wien ab 1899 Philologie und Philosophie und promovierte 1904. Er war 1923–38 a. o. Univ.-Prof. für Klassische Philologie in Graz und Lehrstuhlinhaber für Pädagogik in Wien, 1938–45 für Klassische Philologie und von 1945–56 o. Prof. für Pädagogik und Kulturphilosophie und Vorstand des Pädagogischen Seminars. 1949/50 war er Rektor der Wiener Universität. 1945–51 Vizepräsident, 1951–63 Präsident der Ö. Akademie der Wissenschaften. Außerdem war er ab 1959 Obmann der Akademie-Kommission zur Schaffung des Ö. Wörterbuchs und gründete 1961 die „Ö. Kommission für die Orthographiereform", deren Vorsitzender er bis zu seinem Tod blieb. Abgesehen von seiner wissenschaftlichen Tätigkeit erwarb sich M. auch große Verdienste als Wissenschaftsorganisator. 1930–37 Mitherausgeber der „Ö. Vierteljahreshefte für Erziehung und Unterricht" und ab 1948 Herausgeber der „Wiener Zeitschrift für Philosophie, Psychologie und Pädagogik". Von seinen vielen wissenschaftlichen Veröffentlichungen seien u. a. erwähnt: „Die Bildungswerte der Antike und der Einheitsschulgedanke" (1920), „Ein Umblick über die Aufgabe der Erziehungsgeschichte" (1924), „Die Idee einer ö. Nationalerziehung unter Maria Theresia" (1946), „Geschichte der Akademie der Wissenschaften in Wien 1847–1947" (1947), „Zonengliederung der Kultur" (1951). Der Universitätsbund Alma Mater Rudolphina stiftete 1968 die „Richard-Meister-Medaille" für besondere Verdienste „auf dem Gesamtgebiet der Kultur" an Persönlichkeiten, „die mehr geleistet haben, als auch die peinlichste Pflichterfüllung auferlegt".

Festschrift R. M. (1961)

MEITNER, Lise, * 7. 11. 1878 in Wien, † 27. 10. 1968 in Cambridge (Großbritannien), Kernphysikerin. Studierte in Wien und promovierte als zweite Frau in der Geschichte der Universität im Fach Kernphysik. 1907 ging sie nach Berlin, wo sie mit Otto Hahn zusammenarbeitete. War 1912–15 Assistentin von Max Planck. 1918 entdeckte sie gemeinsam mit Otto Hahn das Element „Protactinium" und konnte 1925 den Nachweis erbringen, daß Gammastrahlen erst nach einer Kernumwandlung auftreten.

1926 gelang ihr der Nachweis transuranischer Elemente. Ab 1926 war sie an der Universität Berlin als Prof. tätig und emigrierte 1938 nach Dänemark und später nach Schweden, wo sie in Stockholm bis 1946 am Nobel-Institut und als Prof. an der Ingenieurwissenschaftlichen Akademie tätig war. Gemeinsam mit ihrem Neffen O. R. Frisch lieferte sie die erste theoretische Erklärung der von Otto Hahn entdeckten Uranspaltung und prägte dafür den Begriff „Kernspaltung". Beide errechneten erstmals die hohe, bei der Kernspaltung freiwerdende Energie. Ab 1961 Prof. an der Universität Cambridge. Zahlreiche Auszeichnungen, u. a. Lieben-Preis der Akademie der Wissenschaften (1925), der Preis der Stadt Wien (1947), Max-Planck-Medaille (1949), Enrico-Fermi-Preis (1966). Von ihren wissenschaftlichen Veröffentlichungen sind u. a. noch zu erwähnen: „Der Aufbau der Atomkerne" (gemeinsam mit M. Delbrück, 1935), „Zur Struktur der Atomkerne" (1949).

Lise Meitner

MEIXNER, Johann, * 3. 1. 1819 in Rothfloß (Böhmen), † 23. 8. 1872 in Gleichenberg (St), Bildhauer. Stammte aus armen Verhältnissen und kam 1836 nach Wien, wo er ab 1841 die Akademie der bildenden Künste besuchte. Bekannt wurde er durch die 1848 nach der Einnahme von Mailand gestaltete Büste des Feldmarschalls Radetzky (s. d.). Neben zahlreichen Porträtbüsten schuf M. auch Fassadenplastiken, so etwa für die Hietzinger Pfarrkirche (Wien 13) und um 1858 Figuren für die Attika des Westbahnhofs in Wien (im Zweiten Weltkrieg zerstört) sowie die Marmorstatuen für den Danubiusbrunnen (Inn, Save, Theiß, Mur, Salzach, March, Enns, Traun und Donau) in den Jahren 1865–69. 1871 errichtete er das Bronzestandbild Kaiser Maximilians von Mexiko vor der Hietzinger Pfarrkirche in Wien. Er zählte 1861 zu den Gründungsmitgliedern des Wiener Künstlerhauses. M. gilt als typischer Vertreter der Ringstraßenarchitektur und -plastik.

Kapner, G.: Freiplastik in Wien (1970)

MELAN, Ernst, * 16. 11. 1890 in Brünn (Mähren), † 10. 12. 1963 in Wien, Techniker. Sohn von Joseph M. (s. d.). Studierte in Wien und wurde 1926 Prof. an der Technischen Hochschule, 1952/53 Rektor. Er schuf die technischen Bühneneinrichtungen beim Wiederaufbau der Wiener Staatsoper nach 1945. M. war Herausgeber der „Ö. Bauzeitschrift" und des „Ö. Ingenieur-Archivs", außerdem veröffentlichte er das Lehrbuch „Der Brückenbau", 3 Bde. (1946–49), „Einführung in die Festigkeitslehre". (3. Aufl. 1948) und „Einführung in die Baustatik" (1950).

MELAN, Joseph, * 18. 11. 1853 in Wien, † 6. 2. 1941 in Prag, Techniker und Brückenbau-Ingenieur. Studierte in Wien und wurde Prof. an den Technischen Hochschulen in Wien, Brünn und Prag. Er entwickelte eine neue Bauweise mit Stahlbeton und starrer Bewehrung, die sich bei Bogenkonstruktionen international bewährte („M.-Bauweise"). M. entwarf zahlreiche Brückenbauten in Europa und in Amerika. 1900–1917 (3. Aufl. 1922–27) erschien sein Hauptwerk „Der Brückenbau", (3 Bde.), das weit über Ö.s Grenzen hinaus in der Fachwelt bekannt wurde.

MELAS, Michael Friedrich Benedikt Freiherr von, * 12. 5. 1735 in Radeln bei Schäßburg (Siebenbürgen), † 31. 5. 1806 in Elbeteinitz (Böhmen), Heerführer. Trat 1752 als Kadett in die Armee ein und nahm als Adjutant von Feldmarschall Daun (s. d.) am Siebenjährigen Krieg teil. 1781 Oberst, 1789 Generalmajor, wurde M. im Ersten Koalitionskrieg Feldmarschallleutnant (1794). Zuerst bei der Rheinarmee, war er ab 1797 in Italien, wo er auch eine Zeitlang den Oberbefehl innehatte. Im Zweiten Koalitionskrieg kämpfte er gemeinsam mit der russischen Armee Suworows und besiegte 1799 die Franzosen bei Cassano, an der Trebbia und bei Novi Ligure. Sein Einfall in die Provence wurde durch die überraschende Überschreitung des Großen St. Bernhard durch Napoleon vereitelt, der nun in seinem Rükken stand. In der Schlacht bei Marengo (14. 6. 1800) besiegte M. zunächst Napoleon, verließ aber zu früh das Schlachtfeld, so daß eine völlige Niederlage die Folge war. M. schloß voreilig die Konvention von Alessandria, wodurch er Italien räumen mußte. Noch im selben Jahr zum Kommandierenden General in Böhmen ernannt, zog er sich 1803 in den Ruhestand zurück.

Möckesch, V.: General M. Freiherr v. M. (1900)

MELDEMANN, Niklas (auch Meldeman), * in Nürnberg (?), † in Nürnberg, Drucker und Verleger. Reiste am 25. 10. 1529 nach Wien, um einen Holzschnitt der Türkenbelagerung anzufertigen. Von einem ungenannt gebliebenen Maler, der während der Belagerung in Wien gewesen war, erwarb er einen Rundblick Wiens, vom Stephansdom aus gesehen, der ihm als Vorlage für seinen Holzschnitt diente, der dann 1530 in Nürnberg veröffentlicht wurde.

MELICHAR, Alois, * 18. 4. 1896 in Wien, † 9. 4. 1977 in München, Komponist und Dirigent. Studierte an der Wiener Musikakademie bei Joseph Marx (s. d.) Theorie, außerdem Klavier und Pauke, anschließend bei Franz Schreker (s. d.) an der Berliner Musikhochschule. 1927–33 Hausdirigent und musikalischer Berater der Deutschen Grammophon Gesellschaft. Schuf u. a. die Filmmusik zu vier Benjamino-Gigli-Filmen und 1940 zum Michelangelo-Film von C. Oertel. 1945–49 Dirigent der Wiener Philharmoniker und der Wiener Symphoniker, 1946–49 auch Leiter der Abteilung Moderne Musik beim Wiener Sender Rot-Weiß-Rot. Außerdem komponierte er mehrere Chor- und Orchesterwerke. M. war auch als Musikschriftsteller tätig und polemisierte in seinen Büchern meist gegen die neue Musik. U. a. veröffentlichte er: „Die unteilbare Musik" (1952), „Überwindung des Modernismus" (1954, 3. Aufl. 1956), „Musik in der Zwangsjacke" (1958) und „Schönberg und die Folgen" (1960).

Korn, P. J.: Apropos Zwangsjacke. Eine Analyse der Angriffstaktik gegen A. M. (1959)

MELL, Alexander, * 17. 2. 1850 in Prag, † 30. 9. 1931 in Wien, Blindenpädagoge. War 1886–1919 Direktor des Blindenerziehungsinstituts in Wien und wurde 1914 Inspektor der ö. Blindenanstalten. M. gliederte dem Blindeninstitut eine Druckerei für Blindenschrift an und schuf eine Blindenbibliothek sowie Organisationen für die Blindenfürsorge. 1904 veröffentlichte er die „Geschichte des k. k. Blindenerziehungsinstituts in Wien 1804–1904" und war Mitherausgeber der Zeitschriften „Der Blindenfreund" und „Eos" sowie von „Enzyklopädisches Handbuch des Blindenwesens", 2 Teile (1899/1900). M.s Sohn war Max Mell (s. d.).

MELL, Max, * 10. 11. 1882 in Marburg (Südsteiermark), † 13. 12. 1971 in Wien, Dichter. Wuchs in Wien auf, studierte hier Philologie und promovierte 1905. Er war Lyriker, Erzähler und Dramatiker und versuchte durch seine Mysterienspiele das religiöse volkstümliche Legendenspiel zu erneuern. Alle seine Werke sind formstreng und in der Sprache an der Diktion der alten Sprachen orientiert. M. verschmolz das Erzählgut seiner steirischen Heimat mit dem des ö. Humanismus. Meisterhaft übersetzte er 1911 die Briefe des Enea Silvio Piccolomini. M. hat mehrere Auszeichnungen erhalten, darunter 1914 den Bauernfeld-Preis, 1927 den Preis der Stadt Wien, 1929 und 1940 den Grillparzer-Preis, 1935 den Burgtheater-Ring, 1937 den Mozart-Preis, 1951 den Rosegger-Preis, 1954 den Großen Staatspreis und 1957 die Stifter-Medaille. Von seinen Lyrik-Bänden wurde vor allem „Das bekränzte Jahr" (1911) bekannt, von seinen Mysterienspielen: „Das Wiener Kripperl von 1919" (1921), „Das Apostelspiel" (1922), „Das Schutzengelspiel"

(1923), „Das Nachfolge-Christi-Spiel“ (1927). Prosawerke u. a.: „Barbara Naderers Viehstand“ (1914), „Das Donauweibchen“ (1938), „Steirischer Lobgesang“ (1938). Dramen: „Die Sieben gegen Theben“ (1932), „Das Spiel von den deutschen Ahnen“ (1935), „Der Nibelunge Not“, 2 Teile (1942 und 1951), „Jeanne d'Arc“ (1956), „Paracelsus und der Lorbeer“ (1964). Außerdem veröffentlichte er als Herausgeber: „Die ö. Lande im Gedicht“ (1916), „Haus- und Volksbuch deutscher Erzählungen“ (1936), „Mozarts Briefe“ (1937), „Stimme Österreichs“ (1938), „Alpenländisches Märchenbuch“ (1946). 1962 erschienen seine „Gesammelten Werke“ (4 Bde.).

Emich, I.: M. M. Der Dichter und sein Werk (1957); Stahel, R.: M. M.s Tragödien (1967)

Niklas Meldemanns Rundplan von Wien während der Ersten Türkenbelagerung. Holzschnitt (1530)

MEMELAUER, Michael, * 23. 9. 1874 in Schaching bei Hohenberg (NÖ), † 30. 9. 1961 in St. Pölten, Bischof. Studierte in St. Pölten, wurde 1897 zum Priester geweiht und war als Kaplan in verschiedenen nö. Orten tätig. In St. Pölten zuerst Domkurat, wurde er 1925 Prälat und am 20. 6. 1927 als Nachfolger von Bischof Roeßler Bischof von St. Pölten. Er war jahrelang der älteste Bischof Ö.s; in seinen letzten Lebensjahren stand ihm Koadjutor Franz Zak (s. d.) zur Seite, der ihm auf den Bischofsstuhl folgte.

MENAPACE, Richard, * 20. 12. 1914 in Tramin (Südtirol), Radrennfahrer. Legendärer Sportler der Nachkriegszeit. Gewann 1949 die erste Österreich-Radrundfahrt mit dem Rekordvorsprung von 40 Minuten. Wiederholte 1950 den Rundfahrtsieg. Als Profi 1937 Gewinner des Rad-Klassikers Mailand–München. 1947 Fünfter bei „Quer durch Österreich“.

GREGOR MENDEL

Entdeckungen im Klostergarten

Gregor Mendel

MENDEL, Gregor Johann, * 22. 7. 1822 in Heinzendorf (Ö.-Schlesien), † 6. 1. 1884 in Brünn (Mähren), Augustinerpater und Vererbungsforscher. Trat 1843 in das Augustinerkloster in Brünn ein, dessen Abt er 1868 wurde. Schon früh beschäftigte er sich mit botanischen Untersuchungen, weshalb er auch Naturwissenschaft studierte und 1854 Lehrer für Naturgeschichte an der Oberrealschule in Brünn wurde, was er bis zu seiner Wahl zum Abt 1868 auch blieb. Innerhalb von acht Jahren führte er über 10 000 Kreuzungsversuche durch (zunächst mit Gartenerbsen, dann auch mit Gartenbohnen) und leitete daraus Gesetze für die Vererbung einfacher Merkmale ab (M.sche Gesetze). Seine wissenschaftlichen Erkenntnisse veröffentlichte er in seinen beiden Hauptwerken: „Versuche über Pflanzenhybriden“ (1866) und „Über einige aus künstlicher Befruchtung gewonnene Hieracium-Bastarde“ (1870). Darin stellte er drei Grundregeln für die Weitergabe von Erbanlagen auf: das sogenannte Uniformitätsgesetz, das Spaltungsgesetz und das Gesetz der freien Kombinierbarkeit der Erbfaktoren. Diese Erkenntnisse gerieten in Vergessenheit, und erst 1900 wurden sie von Erich von Tschermak (s. d.) wiederentdeckt und ihre Bedeutung für die Pflanzenzüchtung erkannt. 1901 veröffentlichte Erich von Tschermak M.s Hauptwerk von 1866 neu.

MENGER, Anton, Edler von Wolfensgrün, * 12. 9. 1841 in Maniów (Galizien), † 6. 2. 1906 in Rom, Jurist und Rechtsgelehrter. Studierte an der Universität Wien Jus und wurde Univ.-Prof. M. war auch auf dem Gebiet der Sozialpolitik tätig und erarbeitete den autoritär-sozialistisch-visionären Gedanken eines „volkstümlichen Arbeiterstaates“, der den besitzlosen Klassen dienen sollte. Er veröffentlichte u. a.: „Die Zuverlässigkeit neuen tatsächli-

Anton Menger

chen Vorbringens in den höheren Instanzen" (1873), „System des ö. Zivilprozeßrechts" (1876) und „Das Recht auf den vollen Arbeitsertrag in geschichtlicher Darstellung" (1886), „Neue Staatslehre" (1903) und „Volkspolitik" (1906). War ein Bruder von Carl M. (s. d.) und Max M. (s. d.).

MENGER, Carl, Edler von Wolfensgrün, * 23. 2. 1840 in Neu-Sandez (Galizien), † 26. 2. 1921 in Wien, Nationalökonom. Studierte in Wien und Prag Rechts- und Staatswissenschaften, habilitierte sich 1872 in Wien für Nationalökonomie und wurde 1873 Prof. für politische Ökonomie. Er wurde zum namhaften Vertreter der ö. Schule der Volkswirtschaftslehre und war vor allem ein bedeutender Theoretiker der Grenznutzenschule. Außerdem stammen von ihm grundsätzliche Beiträge zur Methodenlehre und zum Wertproblem der Nationalökonomie. Seine Schüler E. v. Böhm-Bawerk (s. d.) und F. v. Wieser (s. d.) wirkten in seinem Sinn weiter. 1876 wurde M. Lehrer von Kronprinz Rudolf (s. d.) und begleitete diesen 1877/78 auf dessen Studienreisen durch Europa. 1878 nahm er seine Lehrtätigkeit an der Wiener Universität wieder auf. 1900–18 Mitglied des Herrenhauses. 1871 erschien sein grundlegendes Werk „Grundsätze der Volkswirtschaftslehre", das zum Ausgangspunkt der ö. Schule der Nationalökonomie wurde. Ferner veröffentlichte er u. a.: „Untersuchungen über die Methode der Sozialwissenschaften und der politischen Ökonomie insbesondere" (1883), „Die Irrtümer des Historismus in der deutschen Nationalökonomie" (1884), „Zur Kritik der politischen Ökonomie" (1887), „Beiträge zur Währungsfrage in Ö.-Ungarn" und „Der Übergang zur Geldwährung" (beide 1892). M. war ein Bruder von Anton (s. d.) und Max (s. d.) M.

Carl Menger

MENGER, Max, Edler von Wolfensgrün, * 10. 9. 1838 in Neu-Sandez (Galizien), † 30. 8. 1911 in Mondsee (OÖ), Jurist und Politiker. Studierte in Wien Jus und wurde 1871 Rechtsanwalt in Wien. Seit 1869 Mitglied des schlesischen Landtags, war 1871 und 1874–1907 Reichsratsabgeordneter. 1882–85 gehörte er dem Wiener Gemeinderat an. Als Abgeordneter galt M. als Fachmann auf den Gebieten Genossenschaftswesen, Gewerbe- und Steuerfragen. Der liberale Politiker gründete den „Deutschen Verein" und war ein Kenner des Nationalitätenproblems in Ö. Außerdem war er Mitglied des Klubs der vereinigten deutschen Linken. Er war auch schriftstellerisch tätig und veröffentlichte u. a.: „Über Vorschußvereine" (1870), „Die Wahlreform in Ö." (1873), „Der böhmische Ausgleich" (1891) und „Die Reform der direkten Steuern in Ö." (1895). War der Bruder von Anton M. (s. d.) und Carl M. (s. d.).

CARL MENGER

Die österreichische Schule der Nationalökonomie

„. . . ihre besten Vertreter, vor allem die drei Erzväter Menger, Wieser, Böhm-Bawerk, waren in ihrer Art originelle und fruchtbare Denker. Über den Durchschnitt des Universitätsbetriebes ragten sie unübersehbar hervor. Sie besaßen umfassende Kenntnisse, hohen formalen Scharfsinn, außergewöhnliches Geschick in der Anordnung von Fakten, im Vortrag von Raisonnements. Sie waren nicht nur klare Schriftsteller, sondern auch klare, fesselnde Sprecher, vortreffliche Lehrer. So konnten sie eine zahlreiche Schule heranziehen, so gaben sie vielen Studenten, die sich nachmals ganz anderen Anschauungen zuwandten, die erste Anregung zu nationalökonomischem Denken."

Albert Fuchs, Geistige Strömungen in Österreich 1867–1918 (1949)

MENGHIN, Alois, * 31. 1. 1856 in Tramin (Südtirol), † 1. 1. 1918 in Meran, Lehrer und Heimatkundler. Neben seinem Beruf als Lehrer betätigte er sich als Heimatforscher und veröffentlichte mehrere heimatbezogene Erzählungen und historische Werke: 1884 erschien der Sagenband „Aus dem deutschen Südtirol", 1889 „Geschichte von Tirol und Vorarlberg", 1899 „Tirols Ruhmesblatt in der Weltgeschichte", 1900 „Meran und Umgebung" und 1908 „Andreas Hofer und das Jahr 1809". M. war Kunstberater des Thronfolgers Franz Ferdinand (s. d.) und konservativer Gemeindepolitiker. Er war der Vater von Oswald M. (s. d.).

MENGHIN, Oswald, * 19. 4. 1888 in Meran (Südtirol), † 29. 11. 1973 in Chivilcoy (Provinz Buenos Aires), Frühgeschichtsforscher. Sohn von Alois M. (s. d.). Studierte in Wien und war bereits ab 1914 Herausgeber der „Wiener prähistorischen Zeitschrift". Hier zum Univ.-Prof. ernannt, entwickelte er ein (heute längst überholtes) Kulturkreis-System. 1921 veröffentlichte er „Urgeschichte Niederösterreichs" und 1931 „Weltgeschichte der Steinzeit". In der nationalsozialistischen Eintageregierung 12./13. 3. 1938 unter Seyß-Inquart (s. d.) war M. Unterrichtsminister. Ab 1948 lebte er in Buenos Aires (Argentinien).

MENNEL, Jakob (auch Menl), * 1460 in Bregenz, † 1532, Geschichtsschreiber. Der Geschichtsschreiber am Hof Kaiser Maximilians I. (s. d.) verfaßte 1507 eine Chronik der Habsburger und 1522 das „Seel- und Heiligenbuch Kayser Maximilians Altvorderen". Außerdem schrieb er mehrere Bücher in lateinischer Sprache über das Schachspiel.

MENNINGER, Johann Matthias, * um 1733 vermutlich in Bayern, † 15. 1. 1793 in Wien, Schauspieler und Theaterdirektor. Sein Aufstieg begann, als er 1766 die Schauspielerin Josefa Schulz, die Witwe des Theaterprinzipals Johann Schulz, heiratete und die Leitung ihrer Schauspieltruppe übernahm. Insbesondere durch Johann La Roche (s. d.), der die Figur des Kasperl verkörperte, wurde die Truppe bald sehr beliebt und spielte nun in den Sommermonaten in Baden, und in den Wintermonaten wurden Gastspiele in anderen Städten, wie Brünn und Preßburg, absolviert. 1769 spielte die M.-Truppe, auch die „Baadenerische" genannt, erstmals in der Wiener Leopoldstadt, 1775 erbaute die Stadt Baden für M. ein eigenes Theater. 1777 schuf er für seine Truppe im Czerninschen Garten in der Leopoldstadt eine eigene Bühne, die er 1779 eröffnete. Sein Kompagnon war Karl Marinelli (s. d.), der 1780 alleiniger Direktor des „k. k. privilegierten Theaters in der Leopoldstadt" wurde.

Blümml-Gugitz: Alt-Wiener Thespiskarren (1925); Holzer, R.: Die Wiener Vorstadtbühnen (1951)

MENSDORFF-POUILLY, Alexander Graf, Fürst Dietrichstein zu Nikolsburg (seit 1869), * 4. 8. 1813 in Coburg, † 14. 2. 1871 in Prag, Berufsoffizier und Staatsmann. Entstammt einem ursprünglich lothringischen Adelsgeschlecht, das sich nach der gleichnamigen Besitzung an der Saône Pouilly nannte und 1818 in den ö. Grafenstand erhoben worden war. M.-P. war der Sohn des Generals Emanuel Graf M.-P. (1777–1852) und trat 1829 in die ö. Armee ein. 1836 Rittmeister, wurde 1844 Major und kämpfte 1848/49 erfolgreich in Italien und in Ungarn. 1849 Oberst, 1850 Generalmajor, 1851 ö. Kommissar in Schleswig-Holstein, 1852 Gesandter in Petersburg, 1853 Brigadier, 1858 Feldmarschalleutnant. Während des polnischen Aufstands 1863 war er Generalgouverneur von Galizien und zeichnete sich sowohl durch Energie wie durch Humanität aus. 1864 wurde er Außenminister und machte alle Wandlungen der ö. Politik mit, scheiterte aber an seinen Gegnern, als er von einem Doppelkrieg abriet und eine Versöhnung mit Italien anstrebte. Im November 1866 legte er sein Amt nieder, wurde 1870 Kommandierender General in Agram und kurz darauf in Prag. Als Gatte der Gräfin Alexandrine von Dietrichstein, der Erbin von Fürst Joseph von Dietrichstein, erhielt er nach dessen Tod 1869 den Titel Fürst Dietrichstein zu Nikolsburg übertragen.

MERBOT (auch Marbot), Seliger. † 23. 3. 1123 in Alberschwende (V). War zuerst Mönch in Mehrerau und danach Seelsorger in Alberschwende, wo er von Ansiedlern erschlagen wurde. Der Legende nach war M. ein Abkömmling der Grafen von Bregenz. Über seinem Grab in Alberschwende wurde schon im Mittelalter eine Kapelle erbaut, die 1752 renoviert wurde.

MERCY, Claudius Florimund Graf von (seit 1720), * 1666 in Longwy (Lothringen), † 29. 6. 1734 bei Parma (gefallen), Heerführer. Trat 1682 in die ö. Armee ein und erwarb sich 1683 bei der Entsatzschlacht von Wien Verdienste, worauf er zum Leutnant befördert wurde. Bewährte sich 1684–90 bei den Feldzügen in Ungarn abermals und stieg bis 1701 zum Oberstleutnant auf. Im Spanischen Erbfolgekrieg war er immer wieder erfolgreich, wurde auch mehrmals gefangengenommen, doch stets ausgetauscht. 1705 Generalmajor; drängte die französischen Truppen von Pfaffenhofen bis nach Straßburg zurück. 1707 Feldmarschalleutnant. Im Türkenkrieg von 1716–18 war er an mehreren Siegen des Prinzen Eugen beteiligt und wurde 1720 Gouverneur von Temesvár. Hier vollbrachte er einige kolonisatorische Leistungen und erwarb sich große Verdienste um die Kultur im Banat. 1733 Generalfeldmarschall, erhielt den Oberbefehl in Italien und fiel beim Angriff auf das befestigte Schloß Crocetta bei Parma. Da er keine Kinder hatte, erbten seine Adoptivsöhne Antoine (starb 1767 als Generalgouverneur in Esseg) und Florimund (s. d.) Lehen und Grafentitel.

Claudius Florimund Graf von Mercy

MERCY, Franz Freiherr von, * in Longwy (Lothringen), † 3. 8. 1645 bei Allerheim (gefallen), Heerführer. Trat zuerst in bayerische, später in kaiserliche Dienste und kämpfte unter Piccolomini bei Leipzig 1631. Wurde 1633 Oberst und verteidigte 1634 monatelang Rheinfelden; 1635–37 war er als Generalwachtmeister an der Belagerung von Kolmar beteiligt. 1643 bei Tuttlingen sehr erfolgreich, wurde er zum Feldmarschall befördert und erhielt den Oberbefehl über das vereinigte kaiserliche und bayerische Heer. Am 5. 5. 1645 schlug er bei Mergentheim General Turenne, mußte aber vor einer herannahenden Übermacht gegen Nördlingen zurückweichen und fiel in der Schlacht bei Allerheim.

MERCY D'ARGENTEAU, Florimund Graf, * 20. 4. 1727 in Lüttich (Belgien), † 25. 8. 1794 in London, Diplomat. Adoptivsohn von Claudius Florimund M. (s. d.). Schon während seiner Ausbildung zeigte sich seine Begabung für den diplomatischen Dienst. Durch Staatskanzler Kaunitz (s. d.) sehr gefördert, wurde er zum Vertrauten Maria Theresias (s. d.) und war Botschafter bei Zar Peter III. und Zarin Katharina in St. Petersburg. 1780 wurde M. Gesandter in Paris, war der Ratgeber von Königin Marie Antoinette (s. d.) und spielte zu Beginn der Französischen Revolution eine recht undankbare, wenn auch entscheidende Rolle. 1790 ging er als Gesandter nach London. Seine Korrespondenzen und Berichte sind eine wichtige Quelle für die Geschichte seiner Zeit, vor allem die Berichte an Maria Theresia und an Kaiser Joseph II. (s. d.), die der Historiker A. Arneth (s. d.) 1889–91 herausgab.

MERIAN, Matthäus d. Ä., * 22. 9. 1593 in Basel, † 19. 6. 1650 in Langenschwalbach (Hessen), Kupferstecher und Radierer. Erhielt seine Ausbildung 1606–09 in Zürich und übernahm 1624 nach Reisen durch Frankreich, Deutschland und die Niederlande und einem Aufenthalt in Basel (1619–24) in Frankfurt am Main den Verlag seines Schwiegervaters. Die Firma vertrieb Kupferdrucke in Büchern und Einzelblättern, und M. gewann vor allem aus diesen Beständen – und nur zum geringen Teil aus Originalen – die Vorlagen für seine topographischen Radierungen. Von Bedeutung sind vor allem seine Städtebilder in der europäischen Topographie „Theatrum Europaeum", seine Stadtpläne von Basel (1615), Köln (1620) und Frankfurt am Main (1628) und für Ö. die „Topographia Provinciarum Austriacarum" vom Jahr 1649. Darin sind auch Wiener Veduten enthalten, etwa St. Stephan und das Neugebäude, und die erste erhaltene Ansicht eines Vororts (Hernals).

MERKT, Eduard, * 20. 2. 1852 in Wien, † 15. 9. 1908 in Wien, Journalist und Liederschreiber. Ursprünglich Kellner, wurde Mitarbeiter von mehreren Wiener Witzblättern, so u. a. von „Die Bombe", „Der grade Michl", „Fliegende Blätter", „Kikeriki", „Wiener Bilder". Zusätzlich schrieb er, nachdem er den Volkssänger Kwapil (s. d.) kennengelernt hatte, rund 800 Wiener Volkslieder, darunter das bekannte „Da war's a Freud', in Wean a Weaner z'sein". Unter dem Titel „Wiener Liederschatz, zwei Jahrhunderte Wiener Lied" gab er eine kenntnisreiche Sammlung des Wienerliedes heraus.

Matthäus Merian d. Ä.: Wien aus der Vogelschau (um 1642)

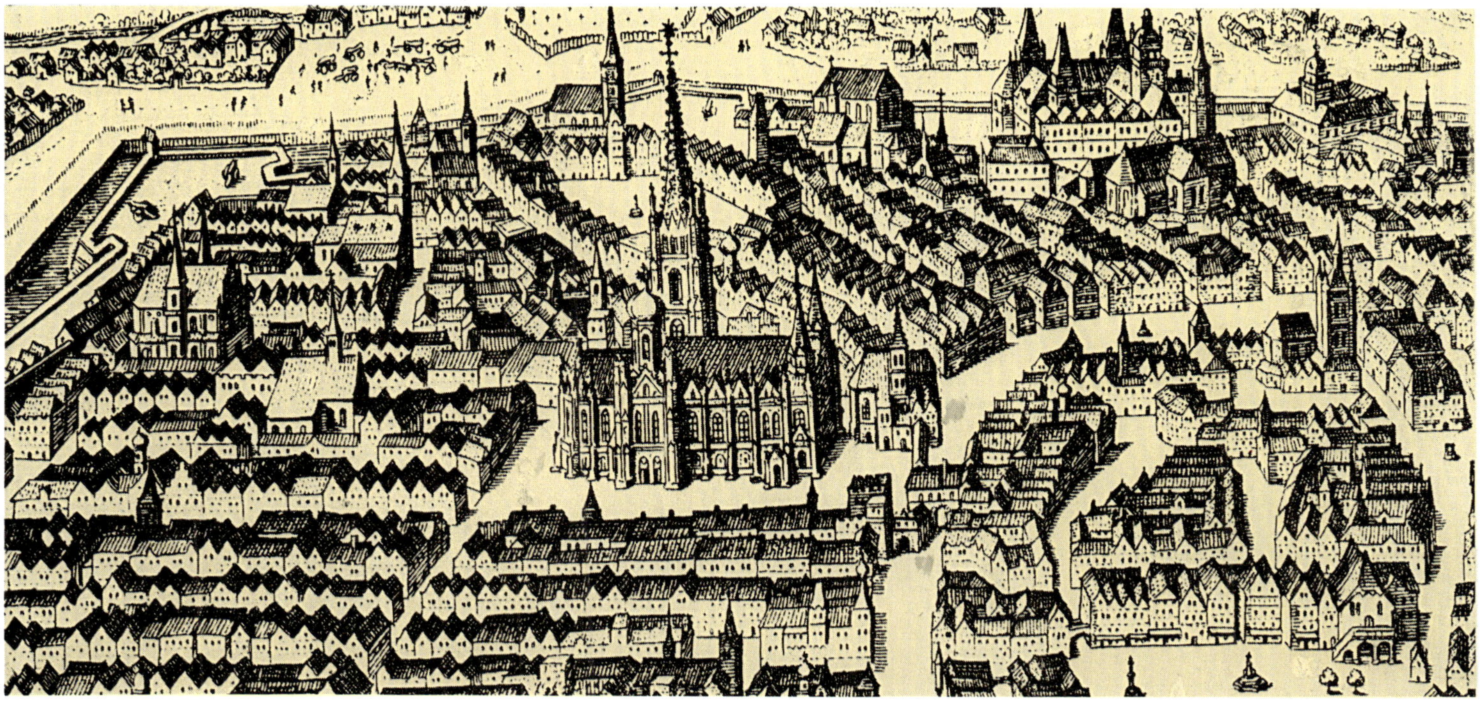

M.s Texte wurden u. a. von Ziehrer (s. d.), Schrammel (s. d.), Lehár (s. d.) und Drescher vertont.

Koller, J.: Das Wiener Volkssängertum in alter und neuer Zeit (1931)

MERŠIĆ, Mate, s. Miloradić, Martin

MERZ, Carl (eigtl. Czell), * 30. 1. 1906 in Kronstadt (Siebenbürgen), † 31. 10. 1979 in Kirchberg (NÖ), Schriftsteller und Kabarettist. War ursprünglich Schauspieler und trat auch als Conférencier auf, ehe er 1933–35 u. a. in der „Literatur am Naschmarkt" zum maßgebenden Pionier der Wiener Kleinkunstbühne wurde. 1945–47 im „Lieben Augustin" tätig, wo er 1946/47 auch Direktor war. M. verfaßte zusammen mit Kehlmann (s. d.), Bronner (s. d.), Wehle (s. d.), Nachmann und Qualtinger (s. d.) zahlreiche Texte für Kabarettprogramme des „Neuen Theaters am Kärntnertor", so für „Brettl vorm Kopf", „Blattl vorm Mund", „Glasl vorm Aug", „Dachl überm Kopf" (1952–60) und die Travnicek-Dialoge von Qualtinger und Bronner. Außerdem schrieb er Drehbücher und war für Rundfunk und Fernsehen tätig. Von seinen Veröffentlichungen seien u. a. erwähnt: „Eisrevue" (1959), „Traumwagen aus zweiter Hand" (mit Helmut Qualtinger, 1961), „Blattl vorm Mund", 2 Bde. (gemeinsam mit Qualtinger, 1961), „Glasl vorm Aug" (1962, mit Qualtinger und Bronner), „Der Herr Karl" (mit Qualtinger, 1962), „Alles gerettet" (1963), „Die Hinrichtung" (1965), „An der lauen Donau" (1965).

MESMER, Franz Anton, * 23. 5. 1734 in Iznang am Bodensee (Vorderösterreich), † 5. 3. 1815 in Meersburg am Bodensee, Arzt. Er besuchte das Priesterseminar in Dillingen und studierte in Ingolstadt Theologie, dann Naturwissenschaften und in Wien Medizin. Hier ließ er sich um 1765 als Arzt nieder und wurde 1766 bekannt durch seine Veröffentlichung „De planetarum influxu in corpus Humanum", in der er nachzuweisen versuchte, daß die Himmelskörper durch ihre gegenseitigen Anziehungskräfte einen Einfluß auf unser Nervensystem ausüben. 1771 kam er zu der Erkenntnis, daß man durch Magnetismus heilen könne, da eine dem Magnet vergleichbare Kraft, die er „tierischen Magnetismus" nannte, im Organismus vorhanden sei. 1775 verfaßte er „Sendschreiben an einen auswärtigen Arzt über die Magnetkur", ging daraufhin kurze Zeit nach München und errichtete nach seiner Rückkehr in Wien ein Hospital, um seine Heilmethode anwenden zu können. Eine Schwindelei veranlaßte ihn, 1778 Wien zu verlassen und nach Paris zu gehen, wo seine Heilmethode zur Mode wurde. Mehrere ihm zugeschriebene Sterbefälle hochgestellter Persönlichkeiten veranlaßten ihn, nach Deutschland zurückzukehren. Der Grundgedanke des „Mesmerismus", daß eine direkte oder durch Gegenstände übertragbare Kraft im menschlichen Organismus aktivierbar sei, wurde nicht verstanden und später von vielen Scharlatanen spekulativ ausgebeutet.

Kerner, J.: F. A. M. (1856); Kiesewetter, F.: F. A. M. Leben und Lehre (1893); Tischner, N.: F. M. (1928); Stefan Zweig schrieb über M. den Roman „Heilung durch den Geist" (1931); Van Look, N.: F. A. M., Reinhold Schneider (1969)

MESSENHAUSER, Wenzel Georg (Cäsar), verwendete als Pseud. Wenzeslaus (Wenzeslaw) March, * 4. 1. 1811 in Proßnitz (Mähren), † 16. 11. 1848 in Wien, Kommandant der Nationalgarde in Wien 1848 und Schriftsteller. M. wurde ab 1819 in einem Knabenerziehungshaus erzogen und trat 1829 in das Infanterieregiment Kaiser Franz als Soldat ein, wurde 1830 Gefreiter und durch seine Abhandlung „Über die schiefe Schlachtordnung" 1833 zum Fähnrich befördert. 1840 kam er als Leutnant nach Wien, wo er zum Regiment Hoch- und Deutschmeister versetzt wurde. Schriftstellerisch tätig, erhielt er den Auftrag, die Geschichte des Regiments zu schreiben, worauf er 1845 zum Oberleutnant befördert wurde. Beim Ausbruch des Aufstandes in Polen (1846) wurde er mit seinem Regiment nach Krakau versetzt und ließ sich zu Beginn der Revolution von 1848 von der Bürgerschaft von Lemberg in das Komitee zur Organisation der Bürgerwehr wählen. Daraufhin mit Arrest bestraft, nahm M. seinen Abschied und kehrte nach Wien zurück. Am

WENZEL MESSENHAUSER

Letzter Aufruf

Mitbürger!
Es ist notorisch festgesetzt, daß unsere ungarischen Brüder der Waffen-Uebermacht unterlegen sind. Die heldenmüthigen Vertheidiger Wiens haben vor den Augen der Welt ihre Ehre bisher glänzend erhalten.
Wäre die Möglichkeit eines siegreichen Widerstandes denkbar, Mitbürger! Eure Vertreter würden mit Euch kämpfen, würden nicht von Uebergabe sprechen, aber uns fehlt Munition und Proviant.
Mit Eurer todesmuthigen Kampfbegier können wir Euch wohl zur Schlachtbank führen, zum Siege aber gegen diese wohlgerüstete Armee, gegen diese 100 Feuerschlünde nimmermehr.
Darum, heldenmüthiges Volk von Wien, sei so groß in deinem Falle, als du es in der Erhebung warst.
Für die Freiheit leben ist größer, als tollkühn unsere Zukunft durch uns und mit uns vernichten. Wir haben die Ehre gerettet, darum ist nichts verloren.
Volk von Wien, während man glauben machen wollte, es herrsche Anarchie in unsern Mauern, war die Ordnung durch Euere bewunderswürdige Mäßigung von Euch selbst erhalten. Arbeiter, Ihr habt bis jetzt Euch als der Freiheit werth gezeigt, schändet im letzten Augenblicke nicht Euren Ruhm, Eure Ehre. Legt die Waffen nieder, denn wir müssen es thun, stürzt Euch nicht tollkühn ins Verderben, erhaltet Euch dem Vaterlande.
Hört die Stimme Eurer Vertreter, die, wie Ihr selbst, Männer aus dem Volke sind, denen Euer Leben, Eure Ehre heilig und theuer ist.
Legt die Waffen nieder, und zeigt den einrückenden Waffenmännern, daß der wahre Heldenmuth sich dem Unabwendbaren männlich fügt. Zeigt, daß Ihr der Freiheit werth seid und sie wird, sie muß Euch werden.

Wien am 31. October 1848
Das Ober-Commando
Messenhauser,
prov. Ober-Commandant.
Fenneberg,
Ober-Commandanten-Stellvertreter.

Der Gemeinderath
Stifft,
Vorstands-Stellvertreter.
Carl Pranter,
Gemeinderath.

Die Hinrichtung Wenzel Messenhausers im Stadtgraben am 16. 11. 1848

12. 10. 1848 vom Innenministerium zum provisorischen Oberkommandanten der Nationalgarde für Wien und „die Umgegend" ernannt, organisierte er die Verteidigung der Stadt und bemühte sich erfolglos, zwischen konservativen und radikalen Kräften zu vermitteln. Als Wiens Vorstädte von den Truppen unter Fürst Windisch-Graetz (s. d.) eingenommen worden waren, entschloß er sich am 29. Oktober zur Kapitulation. Von seinen Offizieren überredet, führte er, auf die anrückenden ungarischen Revolutionstruppen hoffend, den Kampf fort. Nach der Einnahme der Stadt stellte er sich am 5. 11. 1848 dem Stadtkommandanten und wurde verhaftet. Des Bruches der Kapitulation angeklagt, wurde M. verurteilt und im Stadtgraben am 16. 11. standrechtlich erschossen. Ein Großteil seiner Novellen erschien 1847 unter dem Titel „Wildnis und Parkett" (3 Bde.); „Ernste Geschichten", 2 Bde. (1848) und „Erzählungen des ö. Hausfreundes" (1848). Im Revolutionsjahr gab er auch „Die Volkstribüne" heraus.

Nitschner, J.: W. M. (1849); Ehnl, M.: W. C. M. (1948)

MESSERSCHMIDT, Franz Xaver, * 6. 2. 1736 in Wiesensteig (Württemberg), † 19. 8. 1783 in Preßburg, Bildhauer. Studierte in München, dann in Graz und ab 1752 in Wien, wo er 1769–74 Prof. an der Akademie der bildenden Künste war. Ab 1777 lebte er in Preßburg. Nach Raphael Donner (s. d.) war M. der bedeutendste Bildhauer seiner Zeit und vollzog den Übergang vom Barock zum Klassizismus. M. schuf Fassadenplastiken, etwa am Savoyischen Damenstift in Wien (1767), Standbilder, u. a. von Maria Theresia und Franz I. (im Barockmuseum) und Porträt-Büsten, u. a. von van Swieten (s. d.) im Allgemeinen Krankenhaus. Berühmt wurde seine Serie von „Charakterköpfen", physiognomische Studien, heute im Historischen Museum der Stadt Wien, mit denen er äußerst eindrucksvoll die verschiedenen Charaktere in allen möglichen Stimmungen darstellte.

Hevesi, L.: F. M. (1909); Kris, E.: Die Charakterköpfe des F. X. M. in Ö. Jahrbuch (1932)

MESSMER, Josef, * 1732 in Vorderösterreich, † ?, Pädagoge. War Lehrer der Kinder Maria Theresias und wurde im Rahmen der maria-theresianischen Schulgesetzgebung zum umsichtigen Schulreformer. 1771 wurde er Direktor der Bürgerschule zu St. Stephan in

Franz Xaver Messerschmidt: „Der Griesgrämige". Aus der Reihe physiognomischer Studien

Wien, der ersten allgemeinen Schule in Ö., wo er die Lehrmethoden so entschieden verbesserte, daß Maria Theresia diese Schule zur „Normalschule" und zum Vorbild aller ö. Schulen erklärte, zugleich auch zur Lehrerbildungsanstalt. 1772–79 war M. der erste Leiter des am 13. 6. 1772 gegründeten „Verlags der deutschen Schulanstalt". Da das Unternehmen „keine Quelle der Staatsfinanzen sein sollte", mußten 25 Prozent der jährlich aufgelegten Publikationen als „Armenbücher" kostenlos abgegeben werden. Vier Jahre nach der Gründung umfaßte das Verlagsprogramm bereits 48 Titel.

METASTASIO, Pietro (eigtl. Pietro Antonio Domenico Bonaventura Trapassi), * 3. 1. 1698 in Rom, † 12. 4. 1782 in Wien, Dichter. Verfaßte 1713 seine erste Tragödie, studierte Jus und empfing die niederen Weihen. Seit 1719 verfaßte er Libretti und war bereits sehr bekannt, als ihn Kaiser Karl VI. (s. d.) 1730 nach Wien berief, wo er Hofdichter wurde und bis zu seinem Tod lebte. Seine Libretti sind durchwegs von sprachlichem Wohllaut und der Musik angepaßt und von den damals bedeutendsten Komponisten vertont worden, u. a. von Christoph Willibald Gluck (s. d.) und Wolfgang Amadeus Mozart (s. d.). 1780–82 erschienen seine „Gesammelten Werke" (12 Bde.), und 1910 gab R. M. Schenk eine Auswahl in deutscher Sprache heraus.

Apollonio, M.: M. (1950); Vani, M.: M. (1960)

METTERNICH-WINNEBURG, Clemens Wenzel Lothar Fürst (seit 1813), * 15. 5. 1773 in Koblenz am Rhein, † 11. 6. 1859 in Wien, Diplomat und Staatsmann. Sohn von Franz Georg Karl M. (s. d.). Studierte 1788–90 in Straßburg und in Mainz, heiratete in Wien am 27. 9. 1795 Maria Eleonora Gräfin Kaunitz, die Enkelin des Staatskanzlers Kaunitz (s. d.), wodurch er einen ansehnlichen Gutsbesitz und einen Platz in Ö.s Diplomatie und Gesellschaft erwarb. 1797 begann seine diplomatische Laufbahn als Gesandter des westfälischen Grafenkollegiums beim Rastatter Friedenskongreß. 1801 Gesandter in Dresden, 1803–05 in Berlin, wurde er 1806–09 Botschafter in Paris. Bei Ausbruch des Krieges von 1809 wurde er anfangs von Kaiser Napoleon I. zurückgehalten und erst am 2. Juli an die ö. Vorposten übergeben. Am 7. 10. 1809 Außenminister und Leiter der Staatskanzlei, vermittelte er im darauffolgenden Jahr die Vermählung der Kaisertochter Maria Luise (s. d.) mit Napoleon. 1813 war M. Initiator und Hauptakteur der Koalition gegen Napoleon. Nach der Völkerschlacht bei Leipzig wurde er in den ö. Fürstenstand erhoben und behielt die erlangte diplomatische Führung Europas fest in der Hand. Der „Kutscher Europas" dominierte auch als Präsident des Wiener Kongresses 1814/15, stellte ein neues, stabiles Kräftegleichgewicht in Europa her und stärkte die führende Stellung Ö.s im Rahmen des Deutschen Bundes und in Italien. Nach dem Pariser Frieden vom 20. 11. 1815 erhielt M. von den vielen wiedereingesetzten Fürsten Europas beträchtliche Geschenke. Der von ihm 1817 begründeten „Heiligen Allianz" gegen alle liberalen Bestrebungen in Europa folgten die Fürstenkongresse von Aachen (1818), Karlsbad (1819), Troppau (1820), Laibach (1821) und Verona (1822), die die Höhepunkte seiner Politik markierten. Er war die treibende Kraft der Restaurations- und Legitimitätspolitik; liberale, nationale, aber auch josephinische Prinzipien schienen ihm

FÜRST METTERNICH

Der Kutscher Europas

„Metternich hat Verstand, Gewandtheit, Liebenswürdigkeit; es fehlt ihm an Tiefe, an Kenntnissen, an Arbeitsamkeit, an Wahrhaftigkeit. Er liebt Verwicklungen, weil sie ihn beschäftigen und es ihm an Kraft, Tiefe und Ernst fehlt zur Geschäftsbehandlung im großen und einfachen Stil. Er bringt auch oft durch seinen Leichtsinn, seine Geschäftsabneigung, seine Unwahrheit welche hervor, ohne es zu wollen. Er ist kalt und daher abgeneigt, die edleren Gefühle im Menschen anzusprechen. Daher kam es, daß dem österreichischen Heer alle Begeisterung fehlte, die allein zur Selbstaufopferung und zur Ausdauer im Unglück führt. Seine Fehler verhindern, daß er nicht den großen Einfluß, die feste Stellung gegen seinen Herrn und gegen das Publikum erlangt hat und behauptet, den er brauchen würde, um die Schwäche, das Vorurteil des ersteren unschädlich zu machen, die manigfaltigen, geheimen Einwirkungen zu vernichten und um das letztere kräftig zu beherrschen. Er muß mit dem einen und dem anderen unterhandeln und Mittelwege einschlagen, die äußerst verderblich sind."

Aus dem Tagebuch des Reichsfreiherrn vom Stein während des Wiener Kongresses (1815)

Pietro Metastasios Sarg in der Gruft der Michaelerkirche in Wien

nicht nur fremd, sondern ausgesprochen gefährlich. Sein Grundsatz, „daß es den Fürsten allein zustehe, die Geschicke der Völker zu leiten, und daß die Fürsten für ihre Handlungen niemand außer Gott verantwortlich seien", sollte überall gelten. Erst 1821 offiziell zum Haus-, Hof- und Staatskanzler ernannt, hatte M. die Leitung der ö. Innen- und Außenpolitik schon weit früher in der Hand, obwohl er innerhalb der kaiserlichen Familie, besonders in den Erzherzogen Karl (s. d.) und Johann (s. d.) sowie in Staats- und Konferenzminister Graf Kolowrat (s. d.) gewichtige Gegner besaß. Volkssouveräne und liberale Bestrebungen unterdrückte er mit den Mitteln der Zensur und Polizei, den Grundpfeilern des Metternichschen Systems. 1826 hatte er den Vorsitz der Ministerkonferenz für die inneren Angelegenheiten übertragen bekommen und somit die oberste Leitung des gesamten Staatswesens erhalten. Nach dem Tod von Kaiser Franz I. (II., s. d.) wurde für den schwachen Kaiser Ferdinand I. (s. d.) ein Regentschaftsrat zur Führung der Staatsgeschäfte eingesetzt. Diese „Geheime Staatskonferenz" reduzierte M.s Machtstellung ein wenig. Obwohl M.s Position in den folgenden 13 Jahren innen- wie außenpolitisch schwächer wurde, blieb er das Symbol für Unterdrückung und Unfreiheit. Im Grunde hatte sich sein System längst überlebt, so daß es für den Hof kein Problem darstellte, ihn bei Ausbruch der Revolution 1848 fallenzulassen. Am 13. 3. 1848 trat er zurück und floh über Dresden nach London. Im November 1849 übersiedelte er nach Brüssel und von dort im Juni 1851 auf sein Schloß Johannisberg im Rheingau. Im September 1851 kehrte er nach Wien zurück. Nachdem M.s erste Gattin Maria Eleonora Gräfin Kaunitz am 19. 3. 1825 gestorben war, heiratete er noch zweimal: drei Söhne und drei Töchter überlebten ihn. Sein Sohn Richard (s. d.) gab gemeinsam mit A. von Klinkowström 1880–84 „Aus M.s nachgelassenen Papieren" (8 Bde.) heraus.

Meyer, A. O.: Fürst M. (1924); Srbik, H. v.: M., 3 Bde. (1925–54); Corti, E. C. C.: M. und die Frauen., 2 Bde. (1948); Auernheimer, R.: M. (1947); Tritsch, W.: M. und sein Monarch (1952); Grobauer, F. J.: M., der Kutscher Europas (1959); Kissinger, H.: Großmacht Diplomatie (1962); Berglar, P.: M. (1973); Vallotton, H.: M. (1976); Hartau, F.: Clemens Fürst v. M. in Selbstzeugnissen und Bilddokumenten (1977)

Clemens Fürst Metternich. Gemälde von Sir Thomas Lawrence

METTERNICH-WINNEBURG, Richard Klemens Fürst von, * 7. 1. 1829 in Wien, † 1. 3. 1895 in Wien, Diplomat. Sohn aus zweiter Ehe des Staatskanzlers mit Antoinette Freiin von Leykam, die, zur Gräfin von Beilstein erhoben, fünf Tage nach der Geburt Richards starb. In seiner Jugend ein Spielgefährte Franz Josephs (s. d.), wurde er von A. Stifter (s. d.) in den Naturwissenschaften unterrichtet und studierte 1844–47 an der Universität. M. kam als Attaché in Paris und London zum Einsatz; er und seine gebildete Gattin Pauline M. (s. d.) verkörperten schließlich das ideale Diplomatenehepaar. 1855 Legationssekretär bei der ö. Gesandtschaft in Paris, wurde er 1856 außerordentlicher Gesandter und bevollmächtigter Minister Ö.s am sächsischen Hof. Während des italienischen Krieges 1859 nach Verona berufen, um bei Kaiser Franz Joseph I. das Referat der auswärtigen Angelegenheiten zu übernehmen, wurde M. im Dezember 1859 Botschafter in Paris und blieb dies bis zum Sturz des Kaiserreiches 1870. Trotz gesellschaftlicher Erfolge gelang es M. nur selten, den wankelmütigen Napoleon III. im Sinne der Wiener Diplomatie zu beeinflussen. Ab Ende 1871 war er nicht mehr politisch tätig. Lange Zeit beschäftigte er sich mit der Herausgabe des schriftlichen Nachlasses seines Vaters Clemens M. (s. d.).

METTERNICH-WINNEBURG-BEILSTEIN, Franz Georg Karl Fürst (seit 1803), * 9. 3. 1746 in Koblenz am Rhein, † 11. 8. 1818 in Wien, Diplomat. Wurde 1768 mit einer diplomatischen Mission nach Wien betraut und auf Betreiben von Staatskanzler Fürst Kaunitz (s. d.) zum ständigen trierschen Gesandten ernannt. 1790 Wahlbotschafter bei der Wahl und der Krönung Kaiser Leopolds II. (s. d.), 1791–94 dirigierender Minister in den Niederlanden, danach floh die Familie vor der Französischen Revolution nach Wien. 1810 vertrat er seinen Sohn Clemens M. (s. d.) als stellvertretenden Außenminister.

METTERNICH-WINNEBURG-SÁNDOR, Pauline Fürstin, * 25. 2. 1836 in Wien, † 18. 9. 1921 in Wien, Tochter von Moritz Graf Sándor de Slavnicza und dessen Gattin Leontine Prinzessin M., einer Tochter von Clemens M. (s. d.). Sie heiratete 1856 Richard Fürst M. (s. d.), einen Bruder ihrer Mutter, so daß sie gleichzeitig Nichte ihres Gatten und Schwiegertochter sowie Enkelin des Staatskanzlers war. Nach einer sorgfältigen Erziehung bildete sie sich auf ausgedehnten Reisen weiter. Während der Tätigkeit ihres Gatten als Botschafter in Paris wurde sie eine Freundin von Eugenie, der Gattin Kaiser Napoleons III. 1870 nach Wien zurückgekehrt, machte sie das Palais M. zu einem bedeutenden Mittelpunkt des Wiener Gesellschaftslebens. Als Organisatorin von karitativen Veranstaltungen, so von Praterfesten, des ersten Blumenkorsos am 29. 5. 1886 in Wien und der „Internationalen Musik- und Theaterausstellung" 1892, fand sie von den siebziger Jahren bis in den Ersten Weltkrieg hinein ihren Lebensinhalt. Besonders den von ihr ins Leben gerufenen Institutionen zur Linderung der Not der Armen, aber auch der Poliklinik, der Wiener

Pauline Fürstin Metternich 1860. Nach einem Gemälde von Franz Winterhalter

Freiwilligen Rettungsgesellschaft und der Gesellschaft zur Erforschung der Krebskrankheit flossen namhafte Beträge zu. Ab 1897 führte sie den Namen M.-Sándor. 1920 veröffentlichte sie die Autobiographie „Geschehenes, Gesehenes, Erlebtes".

Wassilko, Th.: Fürstin Pauline M. (1958)

Martin van Meytens (Werkstatt): Die Krönung Josephs II. in der Frankfurter St. Bartholomäuskirche am 3. 4. 1764

MEYNERT, Hermann Günther, * 20. 12. 1808 in Dresden, † 10. 3. 1895 in Wien, Schriftsteller. Kam 1836 nach Wien, wo er als Nachfolger Saphirs (s. d.) für Bäuerles „Wiener Theaterzeitung" arbeitete. Ab 1841 Theaterkritiker, war er 1848 in mehreren Redaktionen, so beim „Ö. Soldatenfreund", tätig, zog sich jedoch nach dem Revolutionsjahr aus der Politik zurück. Er verfaßte mehrere populärwissenschaftliche historische Bücher, manchmal auch unter dem Pseud. „Janus". U. a.: „Franz I., Kaiser von Ö., und sein Zeitalter" (1834), „Neuer Plutarch", 5 Bde. (Hrsg., 1842–53), „Geschichte Ö.s, seiner Völker und Länder", 5 Bde. (1843–53), „Geschichte der k. k. ö. Armee", 4 Bde. (1852–54), „Kaiser Joseph II." (1862).

MEYNERT, Theodor, * 15. 6. 1833 in Dresden, † 31. 5. 1892 in Klosterneuburg bei Wien, Psychiater. Der Sohn des Schriftstellers Hermann Günther M. (s. d.) kam mit acht Jahren nach Wien, studierte hier Medizin und promovierte 1861. 1865 habilitierte er sich bei Prof. Rokitansky (s. d.), der ihn sehr förderte. 1866 richtete man für ihn eine eigene Prosektorstelle an der nö. Landesirrenanstalt ein, 1873 wurde M. o. Univ.-Prof. Er betrieb umfangreiche Forschungen über Bau und Funktion des Gehirns, wies die Verschiedenartigkeit der einzelnen Hirnrindenregionen nach und schuf so die Strukturlehre der Großhirnrinde. Die pathologische Hirnanatomie war für ihn die Grundlage der Psychiatrie und der Behandlung von Geisteskrankheiten. Wesentlichste Veröffentlichungen: „Der Bau der Großhirnrinde und seine örtlichen Verschiedenheiten nebst einem pathologischen anatomischen Korollarium" (1869) und „Psychiatrie, Klinik der Erkrankungen des Vorderhirns" (1884).

MEYRINK, Gustav (eigtl. Meyer), * 19. 1. 1869 in Wien, † 4. 12. 1932 in Starnberg (Bayern), Schriftsteller. Sohn eines württembergischen Ministers und der bayerischen Hofschauspielerin Marie Meyer. Besuchte in Prag die Handelsakademie und besaß dort später ein Bankgeschäft. 1903 leitete er in Wien die Zeitschrift „Der liebe Augustin" und schrieb für den „Simplicissimus". Er lebte dann in München und wurde 1927 Buddhist. Schrieb Satiren, in denen er die Plattheit des Spießertums geißelte, so: „Des deutschen Spießers Wunderhorn", 3 Bde. (1909–13). Bekannt wurde er vor allem durch seine romantisch-okkulten Novellen in der Nachfolge von E. T. A. Hoffmann und E. A. Poe. Viele davon spielen im Kolorit der Sagenwelt des alten Prag. U. a.: „Das Wachsfigurenkabinett" (1907), „Der Golem" (1915), „Fledermäuse" (1916), „Das grüne Gesicht" (1916), „Walpurgisnacht" (1917), „Goldmachergeschichten" (1925), „Der Engel vom westlichen Fenster" (1927). 1917 erschienen „Gesammelte Werke" in sechs Bänden.

Sperber, H.: Motiv und Wort bei M. (1918); Frank, E.: G. M. (1957); Schödel, S.: Studien zu den phantastischen Erzählungen G. M.s, Diss. Erlangen (1965); Keyserling, A.: „Die Metaphysik des Uhrmachers von G. M. (1967)

MEYSELS, Theodor Friedrich (eigtl. Meisels), * 2. 11. 1899 in Wien, † 1. 6. 1963 in Wien, Schriftsteller und Journalist. Studierte in Wien und promovierte zum Dr. phil. Lebte 1938–46 in Jerusalem. Abgesehen von weniger bekannt gewordenen Romanen schrieb er wertvolle kulturgeschichtliche Sachbücher, u. a. „Bummel durch Alt-Wien" (1948), „Die Wiener Landpartie" (1949), „Auf Römerstraßen durch Ö." (1960) und „Via Sacra, die Pilgerstraße nach Mariazell" (1962).

MEYTENS, Martin van, * 24. 6. 1695 in Stockholm, † 23. 3. 1770 in Wien, Porträtmaler. War holländischer Herkunft und 1721–23 erstmals in Wien, um sich 1730 endgültig hier niederzulassen. 1730 kaiserlicher Kammermaler, unter Maria Theresia (s. d.) wurde er Hofmaler und 1759 Direktor der Akademie der bildenden Künste. M. war ein sehr geschätzter Porträtist und Emailmaler (Miniaturen), der eine große Anzahl von Porträts, darunter viele von Maria Theresia und ihrer Familie, schuf.

MICHAEL von Wiener Neustadt, * um 1350 in Wiener Neustadt, † nach 1402, Baumeister und Steinmetz. War um 1380–85 in Wiener Neustadt (NÖ), vor allem mit Bauarbeiten an der Burg und der Spinnerin am Kreuz, tätig. Im Auftrag Herzog Albrechts III. (s. d.) baute er ab 1386 das Schloß Laxenburg bei Wien um. Nach eigenen Entwürfen begann er 1394/95 den Bau des gotischen Langhauses der Kirche Maria am Gestade in Wien. 1399 wieder in Wiener Neustadt, ist er 1402 in Klosterneuburg bei Wien nachweisbar. Die lange aufrechterhaltene Vermutung, er sei auch am Bau des Wiener Stephansdoms beteiligt gewesen, entbehrt nach neuesten Forschungen jeglicher Grundlage. M. gilt als einer der führenden Meister der Baukunst der Spätgotik in Wien und NÖ. Sein Sohn Martin, der den Mädchennamen seiner Mutter, Knab, angenommen hatte, war 1422–29 Stadtschreiber in Wien.

MICHEL, Robert, * 24. 2. 1876 in Chabeřice (Böhmen), † 12. 2. 1957 in Wien, Schriftsteller und Offizier. War als Offizier im Kriegsarchiv in Wien tätig und leitete 1918 gemeinsam mit Hermann Bahr (s. d.) und Max Devrient (s. d.) das Wiener Burgtheater. M. schuf eine Vielzahl von Romanen und Novellen, in denen er Motive aus seiner böhmischen Heimat wie auch eigene Soldatenerlebnisse verarbeitete. War mehrfach ausgezeichnet, erhielt u. a. den Stifter- und den Kleist-Preis sowie den Preis der Stadt Wien. Veröffentlichungen u. a.: „Der steinerne Mann" (1909), „Auf der Südostbastion unseres Reiches" (1915), „Die Häuser an der Džamija" (1915), „Jesus im Böhmerwald" (1927), „Die geliebte Stimme" (1928), „Die Burg der Frauen" (1934), „Vom Hanswurst zum ersten Mann im Staat" (ein Potemkin-Roman, 1935), „Halbmond über der Narenta" (1940), „Ringelspiel" (1942), „Die Augen des Waldes" (1946), „Die allerhöchste Frau" (1947) und „Die Wila" (1948).

Robert Michel 1936

MIESBACH, Alois, * 1. 1. 1791 in Röschitz (Mähren), † 3. 10. 1857 in Baden (NÖ), Industrieller. Studierte Ingenieur- und Bauwesen, später Ökonomie. Machte 1808/09 in den Napoleonischen Kriegen Dienst und kämpfte in den Schlachten von Wagram und Znaim. Nach den Kriegen wurde M. Ökonomiebeamter bei Fürst Kaunitz-Rietberg-Questenberg und begleitete diesen als Sekretär auf diplomatischen Reisen nach Madrid und Rom. 1819 nach Wien zurückgekehrt, quittierte er seinen Dienst bei Fürst Kaunitz und pachtete auf dem Wienerberg eine Ziegelei, da er sich schon während seines Aufenthalts in Rom für die Technik dieses gebrannten Bausteins interessiert und dessen Bedeutung für den Ausbau der Stadt Wien erkannt hatte. Er führte die Kohlenfeuerung ein und erreichte dadurch nicht nur eine Qualitätsverbesserung, sondern auch eine kostensparende Produktion. 1820 pachtete er die Ziegelei in Inzersdorf dazu und erweiterte 1823 das Gelände. M. erzeugte jährlich etwa 1,5 Millionen Stück Ziegel; er setzte neue Ziegelformmaschinen ein und erzeugte schließlich auch maschinengepreßte tönerne Rohre, Hohlziegel und Drainageröhren. Zur Sicherstellung der immer größer werdenden Brennstofflieferungen erwarb er 1830 das Kohlebergwerk Zillingdorf bei Wiener Neustadt (NÖ), dem bald Lichtenwörth (NÖ) und Thallern (NÖ) folgten. Seinen Neffen Heinrich Drasche (s. d.) ließ er als Montanfachmann ausbilden und übertrug ihm die Leitung seiner Kohlebergwerke. 1826 erwarb er die Herrschaft Inzersdorf und 1830 Steinhof sowie in der Folgezeit die Ziegeleien Vösendorf (1847), Laaerberg (1850), Guntramsdorf (1852) und 1853 Biedermannsdorf und Stammersdorf. Schon 1847 hatte er den Wiener Neustädter Kanal gepachtet und nutzte diesen für ihn günstig gelegenen Wasserweg für seine Transporte. Durch seine Kohlelieferungen nach Wien sank hier der seit 15 Jahren enorm gestiegene Holzpreis. M. besaß auch die ungarischen Ziegeleien Rakós, Pest und Ofen. Knapp vor seinem Tod umfaßte sein Industrieimperium 9 Großziegeleien mit 42 Brennöfen; er beschäftigte 4743 Ziegeleiarbeiter und produzierte jährlich etwa 117,5 Mio. Ziegel (Gegenwert 2 Mio. Gulden; in der 1850 in Inzersdorf gegründeten Terrakottafabrik waren an die 200 Arbeiter beschäftigt, die jährlich Waren im Wert von 600000 Gulden erzeugten, und in seinen 30 Bergbaubetrieben in OÖ, in St, in Krain, Böhmen, Mähren, Ungarn und Polen beschäftigte er rund 2350 Bergleute, die jährlich 200000 Tonnen Kohle und als Nebenprodukt Alaun förderten, Wert rund 2 Mio. Gulden). Bereits 1845 war er der größte Ziegelfabrikant und einer der führenden Kohleproduzenten der gesamten Monarchie. M. zählte auch zu den ersten Mitgliedern des 1839 gegründeten Nö. Gewerbevereins und wurde 1857 Vizepräsident der Nö. Handels- und Gewerbekammer. Erbe des gewaltigen Vermögens war sein Neffe H. Drasche.

Merk, G.: Zwei Pioniere der ö. Industrie: A. M. und Heinrich Drasche (1966)

MIGAZZI, Christoph Anton Graf, * 14. 10. 1714 in Triest, † 14. 4. 1803 in Wien, Erzbischof. Er entstammte einem alten Tiroler Adelsgeschlecht, das bis ins 11. Jh. zurückreicht. 1723 Page am Hof des Fürstbischofs von Passau Kardinal Lamberg, der ihn 1732 zum Theologiestudium ins Collegium Germanicum der Jesuiten nach Rom sandte. Von dort zurückgekehrt, erhielt er ein Kanonikat in Brixen, danach eines in Trient und zwei Priorate in Val Sugana (Südtirol). Aufgrund seiner Leichenrede auf Kaiser Karl VI. (1740) ernannte ihn Kaiser Franz I. 1745 zum Auditor Deutscher Nation an der Rota Romana – zum Richter am Obersten Gerichtshof der römischen Kurie. Am 10. 10. 1751 wurde M. zum Bischof geweiht; war als Koadjutor für den greisen Erzbischof von Mecheln in den Ö. Niederlanden (Belgien) bestimmt, doch setzte Maria Theresia ihren Wunsch durch, ihn als kaiserlichen Gesandten nach Madrid zu entsenden. Am 22. 3. 1756 wurde er Koadjutor des Bischofs von Waitzen (Oberungarn) und erhielt auf Lebenszeit die Administration des Bistums, und noch im gleichen Jahr, nach dem Tod des Bischofs, wurde M. Ordinarius der Diözese. Nach dem Tod Fürsterzbischof Trautsons (s. d.) wurde er 1757 als Fürsterzbischof von Wien feierlich eingesetzt. Am 23. 11. 1761 zum Kardinal ernannt, sah er sich in den folgenden Jahren mit zahlreichen staatlichen Eingriffen in kirchliche Angelegenheiten konfrontiert, die schon unter Maria Theresia begonnen hatten. Mit großem Mut, wenn auch vergeblich, trat er für die Rechte der Kirche ein. Als M. starb, hatte er unter vier Kaisern und fünf Päpsten gedient.

Wolfsgruber, C.: Ch. A. Kardinal M. (1897); Loidl F.: Geschichte des Erzbistums Wien (1983); ders. und Krexner, M.: Wiens Bischöfe und Erzbischöfe (1983)

MIGSCH, Alfred, * 5. 11. 1901 in Wien, † 18. 10. 1975 in Wien, Jurist und SPÖ-Politiker. Studierte in Wien Jus. 1944/45 im KZ Mauthausen. 1945–66 Abgeordneter zum Nationalrat, 1947–49 Bundesminister für Energiewirtschaft. M. war auch schriftstellerisch tätig und veröffentlichte u. a.: „Ein Volk kämpft um sein Leben" (1949), „Anschlag auf Ö." (1959), „Parlament ohne Opposition" (1963) und „Adolf Schärf in seiner Zeit" (1965).

MIKL, Josef, * 8. 8. 1929 in Wien, Maler. Studierte an der Wiener Akademie der bildenden Künste und erhielt mehrere Preise. Zahlreiche Ausstellungen im In- und Ausland, darunter 1964 im Museum des 20. Jh.s in Wien, machten ihn international bekannt. So schuf er 1959 ein Fenster für die Friedenskirche von Hiroshima, für das er auch den ersten Preis erhalten hatte. M. ist ein Hauptvertreter der abstrakten Malerei und Graphik in Ö. Nebenbei war er auch als Bühnen- und Kostümbildner tätig.

MIKLAS, Wilhelm, * 15. 10. 1872 in Krems (NÖ), † 20. 3. 1956 in Wien, Gymnasialprof. und christlichsozialer Politiker. Studierte an der Universität Wien Geographie, Geschichte und Germanistik und trat nach der Promotion 1895 in den Schuldienst ein. 1905 Direktor des Gymnasiums in Horn

Bundespräsident Wilhelm Miklas (ganz rechts) bei der 60-Jahr-Feier der Wiener Sicherheitswache (15. 6. 1929)

(NÖ), mit 33 Jahren der jüngste Mittelschuldirektor der Monarchie. Schon vorher Mitglied der Christlichsozialen Partei, war er 1907–18 Reichsratsabgeordneter und ab 1908 auch Mitglied des nö. Landtags. 1918/19 gehörte er der Provisorischen Landesversammlung NÖ.s und dem Staatsrat an. In den ersten Stunden der Provisorischen Nationalversammlung, dem Staatsrat, vertrat M. zunächst den Standpunkt der Beibehaltung der Monarchie, doch wurde auf seinen Vorschlag und Antrag als Staatsfarben das historische Rot-Weiß-Rot bestimmt. Am 11. 11. 1918 stimmte er als einziger Abgeordneter gegen den Artikel 2 des Gesetzentwurfs zur Ausrufung der Republik, der lautete: „Deutschösterreich ist ein Bestandteil der Deutschen Republik." In der Sitzung der Provisorischen Nationalversammlung am 12. 11., unmittelbar vor Ausrufung der Republik, erklärte er im Namen seiner Partei, man hätte zwar einer Volksabstimmung den Vorrang gegeben, „doch wollen wir, um die Einigkeit der deutschösterreichischen Volksvertretung in diesem geschichtlichen Augenblick nicht zu gefährden, von der Stellung eines Antrags absehen". 1918–28 Abgeordneter zum Nationalrat, 1919/20 Unterstaatssekretär für Kultus und 1923–28 Erster Präsident des Nationalrats. Am 9. 2. 1919 wurde M. bei einer christlichsozialen Wählerversammlung in St. Leonhard bei Horn (NÖ), die von Deutschnationalen und Sozialdemokraten gesprengt worden war, schwer verletzt. Bei der Bundespräsidentenwahl am 5. 12. 1928 durch die Bundesversammlung erhielt M. zuerst 94, Karl Renner 91 und der Wiener Polizeipräsident Johann Schober 25 Stimmen, ein Wahlergebnis, das dem Stärkeverhältnis der Parteien (Christlichsoziale, Sozialdemokraten und nationales Lager) entsprach. Da beim nächsten Wahlgang die Sozialdemokraten leere Stimmzettel abgaben, die für ungültig erklärt wurden, war M. gewählt. Das Amt des Bundespräsidenten war in der Ersten Republik noch sehr eingeschränkt und erstreckte sich praktisch nur auf Repräsentationspflichten. Erst die Verfassungsreform vom Herbst 1929 ermächtigte zu mehr Einfluß. Nun konnte M. Regierungen ernennen und ihres Amtes entheben, den Nationalrat auflösen und Notverordnungen erlassen. Auch die Wahl durch das Volk war vorgesehen, doch da die nächste Bundespräsidentenwahl bereits am 9. 10. 1931 erfolgen sollte und die Zeit innenpolitisch unruhig war, zudem noch aufgeheizt durch den Pfrimer-Putsch vom 12./13. 9. 1931, wurde die Wahl von der Bundesversammlung durchgeführt. Mit 109 gegen 93 leere Stimmzettel wurde M. wiedergewählt. Daß M. in den Krisentagen des März und April 1933 die verfassungsmäßigen Schritte zur Rettung der Demokratie unterlassen hatte, ist sicher nicht entschuldbar, durch die bitteren „Lehrjahre" der Ersten Republik jedoch erklärbar. Dennoch gab er Dollfuß Ende November 1933 zu verstehen (als dieser wegen der Aufnahme von Landbundmännern in die Regierung demissionieren wollte, um so eine neue Regierung bilden zu können), daß er keineswegs garantieren könne, ihn noch einmal zum Bundeskanzler zu ernennen. M. spielte in jenen Tagen sogar mit dem Gedanken, von seinem Amt zurückzutreten. War seit der Selbstausschaltung des Parlaments sein Verhältnis zu Dollfuß äußerst distanziert, so wurde es unter dessen Nachfolger Schuschnigg noch unpersönlicher. Da die sogenannte Maiverfassung 1934 in ihren tatsächlichen Auswirkungen nie zum Tragen kam, nahm M. den Ablauf seiner Amtsperiode im Oktober 1935 zum Anlaß, an Schuschnigg heranzutreten, und machte ihn aufmerksam, daß diese Verfassung als illegal anzusehen sei, solange darüber keine Volksabstimmung stattgefunden habe. Er ging noch weiter und bezeichnete die Verfassung 1934 als das Werk einer Revolution; er könne sich nur schwer entschließen, als Platzhalter gemäß dem Verfassungsüberleitungsgesetz im Amt zu bleiben. Schuschnigg versprach die rasche Verwirklichung der Verfassungsbestimmungen, doch dabei blieb es. Der politisch machtlose Bundespräsident wuchs in den kritischen Märztagen des Jahres 1938 über sich hinaus. Von allen Seiten verlassen, leistete er dem unter militärischem Druck erfolgten Ultimatum Deutschlands noch stundenlang Widerstand, bis er die Regierung Dr. Arthur Seyß-Inquart um Mitternacht des 11. März ernannte. Am 13. März weigerte er sich, das „Anschlußgesetz" zu unterschreiben, und trat zurück.

Lang, H. V.: Bundespräsident M. und das autoritäre Regime 1933–38. Diss. Wien (1972); Weissensteiner, F. (Hrsg.): Die ö. Bundespräsidenten (1982)

MIKLOSICH, Franz Ritter von (seit 1862), * 20. 11. 1813 in Pichelberg bei Luttenberg (Südsteiermark), † 7. 3. 1891 in Wien, Sprachforscher und -philosoph. Studierte in Wien und wurde zum Begründer der modernen Slawistik. 1850–56 Univ.-Prof. in Wien, wurde 1862 Mitglied des Herrenhauses. M. erschloß die rumänische und die albanische Philologie sowie die Zigeunersprache. Außerdem schuf er vorbildlich erarbeitete lexikographische und sprachwissenschaftliche Werke, darunter: „Vergleichende Grammatik der slawischen Sprachen", 4 Bde. (1852–75, 1926 nachgedruckt), „Etymologisches Wörterbuch der slawischen Sprachen" (1886) und „Über die Mundarten und Wanderungen der Zigeuner Europas", 12 Teile (1872–81).

MIKOLETZKY, Hanns Leo, * 9. 11. 1907 in Esseg, † 9. 3. 1978 in Wien, Historiker. Studierte in Wien, wurde zunächst Bibliothekar und trat 1947 als Archivar in das Ö. Staatsarchiv ein. 1950–67 Direktor des Finanz- und Hofkammerarchivs in Wien, 1968–72 Generaldirektor des Ö. Staatsarchivs. 1947 Univ.-Dozent für mittelalterliche Geschichte und Quellenkunde, 1963 a. o. Univ.-Prof. in Wien. Verfaßte mehrere historische Werke, darunter u. a.: „Kaiser Heinrich II. und die Kirche" (1946), „Die Regesten des Kaiserreiches unter Otto II." (1950), „Geschichte lebt" (1957), „Europa und die Geschichte" (1960), „Kaiser Franz I. Stephan und der Ursprung des habsburgisch-lothringischen Familienvermögens" (1961), „Ö. Zeitgeschichte" (1962, 3. erg. Aufl. 1969, unter dem Titel „Ö. im 20. Jh."), „Ö. – das große 18. Jh." (1967) und „Ö. – das entscheidende 19. Jh." (1972).

Festschrift H. L. M. in: Mitteilungen des Ö. Staatsarchivs, 25. Bd., 1972

MILANI, Johann Evangelist, * 1729 in Ferrara, † 12. 4. 1808 in Wien, Kaffeehausbesitzer. M., seit 1769 in Wien nachweisbar, errichtete 1770 Ecke Kohlmarkt-Wallnerstraße ein Kaffeehaus. Das großzügig ausgestattete Lokal war über die Stadtgrenzen Wiens hinaus bekannt und wurde von allen Reiseschriftstellern lobend erwähnt. In den Jahren 1780–90 erreichte es seinen gesellschaftlichen Höhepunkt. Weiters betrieb er auf der Bastei vor dem alten Burgtor ein Kaffeehaus, die sogenannte Ochsenmühle. Trotz der Beliebtheit seiner Lokale konnte er keine finanziellen Erfolge verbuchen und mußte 1795 den Ausgleich anmelden. Der Cafétier Peter Corti nahm sich schließlich seiner an und übernahm 1808 das Kaffeehaus.

MILDE, Vincenz Eduard, * 11. 5. 1777 in Brünn, † 14. 3. 1853 in Wien, Erzbischof, Pädagoge. Studierte zunächst Philosophie, Mathematik und Physik in Olmütz und in Wien, trat aber 1794 in das Wiener Priesterseminar ein. 1798 wirkte er bereits als Katechet in der Pfarre Altlerchenfeld, da er für die Priesterweihe noch zu jung war. 1800 zum Priester geweiht, wurde er Kooperator an der Kirche Am Hof und 1802 an der Haupt- und Normalschule zu St. Anna, die zugleich Lehrerseminar war. 1805 von Kaiser Franz I. (II., s. d.) zum Hofkaplan ernannt, überantwortete ihm dieser 1806 die neuerrichtete Lehrkanzel für Erziehungswissenschaften an der Universität Wien. Wegen seiner angegriffenen Gesundheit mußte er 1810 seine Lehrtätigkeit aufgeben und wurde Pfarrer in Wolfpassing an der Hochleithen (NÖ). 1811–13 erschien sein „Lehrbuch der allgemeinen Erziehungskunde zum Gebrauche der öffentlichen Vorlesungen" (2 Bde.). Er erregte damit großes Aufsehen, da er der Psychologie als Grundlage und Quelle der Erziehungswissenschaft große Bedeutung zumaß. 1814 Pfarrer von Krems an der Donau (NÖ), leitete er gleichzeitig die dortige philosophische Lehranstalt. 1823 Bischof von Leitmeritz in Nordböhmen, am 28. 12. 1831 Erzbischof von Wien, der erste nichtadeliger Herkunft. M. förderte vor allem die karitativen Einrichtungen. Während der Revolution von 1848 nahm er eine abwartende bis ablehnende Haltung ein und zog sich auf Schloß Kranichberg (NÖ), die Sommerresidenz der Wiener Bischöfe, zurück. Obwohl man ihm dies, auch aus katholischen Kreisen, übelnahm, wurde er bis zu seinem Tod als umsichtiger und reformfreudiger Kirchenfürst geachtet.

Bauer, M.: V. M. (1928); Holtstiege, H.: Die Pädagogik V. E. M.s (1971); Loidl, F.: Geschichte des Erzbistums Wien (1983); ders. und Krexner, M.: Wiens Bischöfe und Erzbischöfe (1983)

MILDER, Pauline Anna (auch Milder-Hauptmann), * 13. 12. 1785 in Konstantinopel, † 29. 5. 1838 in Berlin, Opernsängerin, Sopranistin. Ihr Vater war bei der ö. Gesandtschaft in Konstantinopel als Konditor angestellt. Sie kam in ihrer Jugend nach Wien und war zunächst in untergeordneten Dienstverhältnissen tätig, ehe Emanuel Schikaneder (s. d.) ihre Stimme entdeckte und sie von Tomaselli und Salieri (s. d.) ausbilden ließ. Bereits 1803 debütierte sie, von Schikaneder engagiert, am Theater an der Wien. Ihre prächtige Stimme vereinte sich mit einem hervorragenden darstellerischen Talent, so daß sie sofort außerordentliche Erfolge hatte. Ludwig van Beethoven schrieb für sie die Rolle der Leonore in seinem „Fidelio", die sie auch bei der Uraufführung 1805 (ebenso 1814 bei der Erstaufführung der Endfassung) sang. 1805 ans Hoftheater (Kärntnertortheater) verpflichtet, wurde sie hier 1808 Primadonna assoluta. Kaiser Napoleon bot ihr während seines Wiener Aufenthalts im Jahr 1809 einen Vertrag für Paris an, den sie jedoch ablehnte. 1812 kam sie über Breslau nach Berlin, wo sie 1816–29 Primadonna an der königlichen Oper war und große Triumphe feierte. Als beste Gluck-Interpretin ihrer Zeit trug sie wesentlich zur Berliner Gluck-Renaissance bei. 1829 löste sie wegen eines Streits mit dem Theaterdirektor ihren Vertrag und glänzte in diesem Jahr noch einmal bei der Wiederaufführung von J. S. Bachs Matthäuspassion durch Mendelssohn-Bartholdy in Berlin. 1831 trat sie von der Bühne ab. M. galt als eine der berühmtesten Sängerinnen ihrer Zeit.

MILDNER, Johann Joseph, * 1764, † 11. 2. 1808 in Gutenbrunn (NÖ), Glasschleifer und Optiker. War ein besonders begabter Meister seines Fachs und wurde bekannt durch seine mit Goldradierungen und Polychromierungen verzierten Hohlgläser, nach der Art der Zwischengoldgläser hergestellt. Bemerkenswert ist, daß alle seine Gläser von ihm signiert wurden.

Johann Joseph Mildner: Becher mit Doppelwandmedaillon (um 1790)

MILDORFER, Josef (auch Mülldorfer), * 13. 10. 1719 in Innsbruck, † 8. 12. 1775 in Wien, Maler. Kam früh nach Wien und war ein begabter Schüler von Paul Troger (s. d.). Ab 1751 lehrte er als Prof. an der Wiener Akademie der bildenden Künste. M. zeichnete sich besonders als Fresken- und Altarbildmaler aus. Seine Hauptwerke sind u. a. die Fresken der Maria-Theresia-Krypta in der Wiener Kapuzinergruft, die Kuppelfresken und Altarblätter in der Wallfahrtskirche Hafnerberg (NÖ) sowie die Fresken im Sommerrefektorium des Stifts Seitenstetten (NÖ) und im Kapitelsaal und Refektorium des Neuklosters in Wiener Neustadt (NÖ).

MILLENKOVICH, Max, s. Morold

MILLENKOVICH, Stephan von, s. Milow

MILLER zu AICHHOLZ, Victor von (seit 1865), * 21. 10. 1845 in Wien, † 14. 5. 1910 in Wien, Großindustrieller, Numismatiker. Sein Vater Joseph Maria M. (* 23. 1. 1797 in Cles, Südtirol, † 3. 2. 1871 in Wien) wurde als Zwölfjähriger von Andreas Hofer für tapfere Botengänge ausgezeichnet und hatte 1827 in Wien die Firma J. M. Miller & Co. gegründet sowie in Böhmen und NÖ Rohrzucker-, Soda-, Schafwoll-, Baumwoll- und Papierfabriken errichtet, weshalb er für seine Verdienste um die ö. Wirtschaft 1865 in den Ritterstand mit dem Prädikat „von und zu Aichholz" (Stammsitz der Familie in Lana bei Meran) erhoben wurde. M.-A. absolvierte sein Chemiestudium an den Universitäten von Wien, Zürich und Heidelberg und trat danach in die von seinem Vater gegründete „Erste ö. Sodafabrik" im schlesischen Hruschau ein. Dort wurde er auch Bürgermeister und schuf mehrere soziale Einrichtungen. Nach Wien zurückgekehrt, schuf er in 20jähriger intensiver Sammlertätigkeit und durch den Einsatz beträchtlicher Geldmittel eine beachtliche Münzensammlung, die drittgrößte private der Monarchie. (Allein 15 000 Münzen aus dem ö. Teil der Sammlung übergab später sein Sohn dem Münzkabinett des Kunsthistorischen Museums in Wien.) Zusätzlich begann er, eine wissenschaftliche Zusammenstellung aller Prägungen ö. Münzen von 1519–1896 zu verfassen, die nach seinem Tod durch August von Loehr vollendet und veröffentlicht wurde. M.-A. war auch ein guter Pianist, Verehrer von Johannes Brahms (s. d.) und Gründer der Brahms-Gesellschaft in Wien.

MILLÖCKER, Karl Joseph, * 29. 4. 1842 in Wien, † 31. 12. 1899 in Baden bei Wien, Kapellmeister und Komponist. Sohn eines Goldschmieds, studierte er am Konservatorium der Gesellschaft der Musikfreunde in Wien und war bereits mit 16 Jahren Flötist im Orchester des Theaters in der Josefstadt, das damals von Franz von Suppé (s. d.) geleitet wurde. Dieser vermittelte ihn 1864 als Theaterkapellmeister nach Graz, von wo er 1866 nach Wien zurückkehrte und von Friedrich Strampfer (s. d.) an das Wiedner Theater engagiert wurde. Nach einem kurzen Aufenthalt in Budapest im Jahr 1868 war er im selben Jahr auch kurz am Harmonietheater in Wien tätig. 1869–83 Kapellmeister am Theater an der Wien. Bereits 1865 hatte er das Singspiel „Der tote Geist" komponiert, doch mit diesem und einigen weiteren Werken keinen Erfolg. Mit „Das verwunschene Schloß" gelang ihm am 23. 3. 1878 der Durchbruch, und mit „Gräfin Dubarry" (1879) und „Die Jungfrau von Belleville" (1881) setzte er den Weg zur Berühmtheit fort. Sein Welterfolg „Der Bettelstudent" wurde am 6. 12. 1882 im Theater an der Wien uraufgeführt. Den Text lieferten, wie schon für die vorangegangenen Werke, F. Zell und R. Genée. Nach weniger erfolgreichen Werken schuf er noch die großen Erfolge „Gasparone" (1884), „Der arme Jonathan" (1890) und „Das Sonntagskind" (1892). Neben Johann Strauß Sohn und Franz von Suppé war M. der dritte große Meister der klassischen („goldenen") Wiener Operettenära. Er schuf insgesamt 19 Operetten und die Musik zu 70 Possen und Volksstücken, außerdem gab er monatlich Hefte mit Klavierstücken heraus. M. war eng mit dem Dichter Ludwig Anzengruber (s. d.) und dem Schauspieler Alexander Girardi (s. d.) befreundet.

Preiss, C.: K. M., in Wochenschrift für Kunst und Musik", 3 (1905); Schreiber, F., in „Ö. Biographie", 8 (1935)

MILORADIĆ, Martin (eigtl. Mate Meršić), * 19. 9. 1850 in Frankenau (B), † 15. 2. 1928 in Kroatisch Kimling (Ungarn), katholischer Geistlicher und Dichter der burgenländischen Kroaten. M. war aber auch durch seine philosophischen und naturwissenschaftlichen Schriften als Gelehrter anerkannt. Sein großes Verdienst erwarb er sich jedoch durch die Bemühungen um das kroatische Volkstum im Burgenland. So verfaßte er die Hymne der Volksgruppe und war viele Jahre Redakteur des 1864 gegründeten kroatischen Volkskalenders. 1933 erschien ein Auswahlband seiner Lyrik (1955 neu herausgegeben).

Benesics, M.: M. M., Diss. Wien (1963)

MILOW, Stephan (eigtl. Millenkovich, Stephan von), * 9. 3. 1836 in Orschowa (Banat), † 12. 3. 1915 in Mödling (NÖ), Berufsoffizier, Kartograph und Schriftsteller. Der Freund von Kürnberger (s. d.) und Saar (s. d.) schrieb vor allem Gedichte und Erzählungen. Lyrikbände u. a.: „Gedichte" (1865), „Fallende Blätter" (1903), „Abendrot" (1912); Erzählungen „Verlorenes Glück" (1866), „Arnold Frank, ein Lebensbild" (1885) und „Erste und letzte Liebe" (1913). M. war der Vater von Max v. Millenkovich (s. unter Morold, Max).

Stein, J.: S. M. (1916); Kodera, E.: S. M., Diss. Wien (1951)

MILTNER, Franz, * 28. 10. 1901 in Wien, † 23. 7. 1959 in Wien, Archäologe. Studierte in Wien und war bereits 1923–32 an den Ausgrabungen in Carnuntum (bei Petronell, NÖ) beteiligt. 1933 und 1940–45 war er Univ.-Prof. in Innsbruck, ab 1954 Prof. am Ö. Archäologischen Institut. Leitend beteiligt war er auch an folgenden Ausgrabungen: 1926–32 und wieder ab 1954 in Ephesos, 1930–32 in Izmir, in Lavant (K) ab 1948 und in Aguntum (K) 1950–56. Seinen ebenso umsichtigen wie ausdauernden Leistungen dankt die ö. Archäologie zahlreiche weltweit anerkannte Forschungsergebnisse. Ab 1937 gab er die Zeitschrift „Klio" heraus; zu seinen wichtigsten Veröffentlichungen zählen u. a. „Römerzeit in ö. Landen" (1948) und „Ephesos, Stadt der Artemis und des Johannes" (1958).

MINKOWITSCH, Roland, * 13. 1. 1920 in Spittal an der Drau (K), † 21. 1. 1986 in Wien, Landwirt und ÖVP-Politiker. Wurde nach dem Zweiten Weltkrieg Landwirt in Mannersdorf an der March (NÖ) und Bauernbund-Politiker. Seit 1963 Abgeordneter zum Nationalrat, 1968–70 Staatssekretär im Innenministerium, 1970–80 Obmann des ÖVP-Bauernbundes, seit 1975 Zweiter Präsident des Nationalrats. Während seiner Tätigkeit als Präsident des Bauernbundes führte er Bauerndemonstrationen gegen die Regierung in Wien selbst an.

MINOR, Jakob, * 15. 4. 1855 in Wien, † 7. 10. 1912 in Wien, Literarhistoriker, Essayist. Studierte in Wien und wurde, nachdem er bereits in Mailand und Prag Universitätslehrer gewesen war, ab 1885 Prof. an der Universität Wien. Abgesehen von zahlreichen Essays, verfaßte er eine Reihe literarwissenschaftlicher Werke, darunter u. a.: „Chr. Felix Weiße" (1880), „Johann Georg Hamann" (1881), „Die Schicksalstragödie in ihren Hauptvertretern" (1883), „Beiträge zur Geschichte der deutschen Literatur in Ö." (zusammen mit anderen Autoren, 1884), „Schiller", 2 Bde. (1890), „Neuhochdeutsche Metrik" (1893), „Die Ahnfrau und die Schicksalstragödie" (1898), „Goethes Faust", 2 Bde. (1901). Verdienstvoll war auch die Herausgabe der Werke von Novalis (1907) und von Ferdinand von Saar, 12 Bde. (1908). 1914 erschien ein „Verzeichnis der Schriften J. M.s".

MISES, Ludwig Edler von, * 29. 9. 1881 in Lemberg (Galizien), † 10. 10. 1973 in New York, Volkswirtschaftler. Studierte in Wien und trat in die Kammer für Handel, Gewerbe und Industrie ein. Seit 1918 Prof. an der Universität Wien. 1926 gründete er das Institut für Konjunkturforschung. M. emigrierte 1938 zunächst nach Genf, las dort über internationale Wirtschaftsbeziehungen und ging dann nach Mexiko, wo er ebenfalls an Universitäten tätig war, 1940 reiste er nach den USA und wurde Mitglied des Nationalen Büros für Wirtschaftsforschung in New York. M., ein Vertreter der Wiener Schule der Nationalökonomie, zählte zu den bedeutendsten Kritikern der Planwirtschaft. Von seinen zahlreichen wissenschaftlichen Veröffentlichungen sind u. a. zu erwähnen: „Theorie des Geldes und der Umlaufsmittel" (1912), „Nation, Staat und Wirtschaft" (1919), „Die Gemeinwirtschaft. Untersuchungen über den Sozialismus" (1922), „Liberalismus" (1927), „Kritik des Interventionismus" (1929), „Grundprobleme der Nationalökonomie" (1933) sowie mehrere Bücher in englischer Sprache, darunter „Human action" (1949) und „Theory and history" (1957). War der ältere Bruder von Richard v. M. (s. d.).

MISES, Richard Edler von, * 19. 4. 1883 in Lemberg (Galizien), † 14. 7. 1953 in Boston (USA), Mathematiker. War der jüngere Bruder von Ludwig v. M. (s. d.). Studierte in Wien und war Prof. an den Universitäten von Straßburg, Dresden, Berlin, Istanbul und Harvard. Er beherrschte fast alle Spezialgebiete der angewandten Mathematik und insbesondere der Wahrscheinlichkeitsrechnung. M. lieferte zu diesen Gebieten eine Vielzahl von Beiträgen.

MISSON, Josef (Klostername Cölestin), * 14. 3. 1803 in Mühlbach am Manhartsberg (NÖ), † 28. 6. 1875 in Wien, Piaristenpater und Mundartdichter. Trat 1823 in den Piaristenorden ein und wirkte als Gymnasiallehrer und Bibliothekar in Krems, Wien und Horn. Zusätzlich nahm er sich der nö. Mundart, besonders der „ui"-Mundart des Weinviertels, an. Sein großangelegtes Epos in dieser Mundart, in Hexametern, „Da Naz, a niederösterreichischer Bauernbui, geht in d' Fremd'", blieb Fragment, acht Gesänge erschienen 1850 und wurden mehrmals neu aufgelegt, zuletzt 1968.

MISSONG, Alfred, * 9. 3. 1902 in Höchst (Hessen), † 7. 6. 1965 in Mistelbach (NÖ), katholischer Publizist und Journalist. 1938 in politischer Haft, emigrierte anschließend (bis 1941). 1945 gründete er die „Ö. Monatshefte", die er bis 1950 als Chefredakteur leitete. Ab 1950 war er ö. Presseattaché in Düsseldorf, Bonn, Rom und zuletzt in Bern. Veröffentlichte 1933 „Heiliges Wien", ein Buch über die Kirchen Wiens, durch das er sehr bekannt wurde (Neuaufl. 1948). Außerdem erschienen: „Die ö. Nation" (1946), „Proletariat und Materialismus" (1948), „Die Weltverpflichtung des Christen" (1948).

MITIS, Oskar, * 1. 6. 1874 in Wien, † 22. 8. 1955 in St. Johann in Tirol, Historiker, Urkundenforscher. Studierte in Wien, wandte sich bald der Urkundenforschung zu und fand als Univ.-Prof. und Fachwissenschaftler große Anerkennung. Sehr bekannt wurde sein Werk „Das Leben des Kronprinzen Rudolf", das 1928 erschien (Neuaufl. 1971). Ab 1950 gab er gemeinsam mit Heinrich Fichtenau (s. d.) und Erich Zöllner (s. d.) das „Urkundenbuch zur Geschichte der Babenberger in Ö." heraus. Weitere Veröffentlichungen u. a.: „Beiträge zur neueren Geschichte Ö.s" (1906), „Studien zum älteren ö. Urkundenwesen" (1912), „Die Siegel der Babenberger" (1954).

MITSCHA-MÄRHEIM, Herbert, * 7. 2. 1900 in Wien, † 8. 12. 1976 in Wien, Archäologe und Frühgeschichtsforscher. Studierte in Wien und spezialisierte sich auf die Zeit der Völkerwanderung und das erste vorchristliche Jahrtausend in Ö. sowie auf die genealogische Forschung der Babenberger. War a. o. Univ.-Prof. in Wien. Von seinen rund 160 Veröffentlichungen sind zu erwähnen: „Der Oberleiserberg" (1927), „Die frühmittelalterlichen Gräberfunde von Mistelbach" (1941), „Der Awarenfriedhof von Leithaprodersdorf" (1957), „Dunkler Jahrhunderte goldene Spuren" (1963), „Archäologisches und Historisches zur Slawensiedlung in Ö." (1966).

MITTERER, Erika (vereh. Petrowsky), * 30. 3. 1906 in Wien, Lyrikerin und Erzählerin. Stand 1924–26 mit Rainer Maria Rilke (s. d.) in Briefverkehr, daraus entstand 1950 der „Briefwechsel in Gedichten". M. erhielt mehrere Preise, darunter 1930 den J.-Reich-Preis und 1948 den Preis der Stadt Wien. Schrieb klangvolle, formstrenge Lyrik. Sie veröffentlichte u. a. die Gedichtbände: „Dank des Lebens" (1930), „Gesang der Wandernden" (1935), „Zwölf Gedichte 1933–45" (1946), „Gesammelte Gedichte" (1956); Romane und Erzählungen: „Höhensonne" (1933), „Begegnung im Süden" (1941), „Der Fürst der Welt" (1940), „Die Seherin" (1942), „Wir sind allein" (1945), „Die nackte Wahrheit" (1951), „Kleine Damengröße" (1953), „Wasser des Lebens" (1953), „Tauschzentrale" (1958); sowie das Drama „Charlotte Corday" (1932).

MITTERER, Ignaz, * 2. 2. 1850 in St. Justina bei Aßling (Osttirol), † 18. 8. 1924 in Brixen (Südtirol), Priester und Kirchenkomponist. Wurde nach Abschluß seiner theologischen und musikalischen Ausbildung Domkapellmeister in Regensburg (Bayern) und 1885 Musikdirektor der Kathedrale von Brixen (Südtirol), später auch Domherr. War ein Anhänger des Cäcilianismus und schuf 34 Messen, zahlreiche Requien und Kirchenlieder, darunter „Auf zum Schwure". Außerdem verfaßte er mehrere kirchenmusikalische Lehrbücher.

MITTERER, Otto, * 22. 10. 1911 in Wien, Uhrengroßhändler und ÖVP-Politiker. 1952/53 und 1956–76 Abgeordneter zum Nationalrat, 1954–56 Mitglied des Bundesrates, 1968–70 Bundesminister für Handel, Gewerbe und Industrie. War auch Obmann der Sektion Handel der Kammer der gewerblichen Wirtschaft in Wien sowie im Rahmen der ÖVP Bundesobmannstellvertreter und Obmann des Parlamentsklubs des Ö. Wirtschaftsbundes.

PETER MITTERHOFER
200 Gulden für die erste Schreibmaschine

MITTERHOFER, Peter, * 20. 9. 1822 in Partschins (Südtirol), † 27. 8. 1893 in Partschins, Tischler und Erfinder. Sein Vater war Tischler und hatte ein kleines Sägewerk gepachtet. M., der das väterliche Handwerk erlernte, war auch musikalisch sehr begabt. Geschickt baute er neuartige Musikinstrumente und wurde so als Sänger und Musikant, ja auch als Gelegenheitsdichter über seinen Heimatort hinaus bekannt. Nach mehreren Wanderjahren 1862 heimgekehrt, arbeitete er an der Verwirklichung eines Schreibapparats. Von 1864–69 entstanden vier Modelle, von denen bereits das erste brauchbare Ergebnisse lieferte. Waren die Modelle eins und zwei, abgesehen von Typenhebel und Typenhebelkorb, noch aus Holz, so konstruierte er die beiden nächsten schon aus Metall. Für die nötigen Verbesserungen fehlte es ihm aber an Geld, und er entschloß sich 1866, mit dem dritten Modell zum Kaiser nach Wien zu wandern, zu Fuß natürlich. Lang mußte er warten, bis man ihm die vom Kaiser bewilligten 200 Gulden zur Weiterarbeit übergab. M. verbesserte seine Erfindung und ging 1870 neuerlich nach Wien. Dieses vierte Modell wurde von den Behörden bestaunt, seine Ausführung gelobt, der tatsächliche Wert und die Möglichkeit der industriellen Fertigung jedoch nicht erkannt. Kaiser Franz Joseph I. kaufte das Modell für 150 Gulden, doch nur, um es der Sammlung des Wiener Polytechnischen Instituts (heute Technische Universität) als Kuriosum zu übergeben. M. lebte anschließend bis zu seinem Tod in seiner Heimatgemeinde und hatte wohl erkannt, daß er selbst zur Verwirklichung seiner Idee nichts mehr beitragen könne. Dafür tat dies 1868, noch vor M.s Tod, ein Amerikaner, der während seines Studiums in Wien M.s Modell kennengelernt hatte. M.s Maschinen befinden sich heute im Technischen Museum in Wien, in Dresden und in Meran.

Granichstaedten-Czerva, R.: P. M. (1924); Hudik, A.: P. M., in: Blätter für Technikgeschichte 23 (1961)

MITTERWURZER, Friedrich, * 16. 10. 1844 in Dresden, † 13. 2. 1897 in Wien, Schauspieler. War der Sohn des Heldentenors und Wagner-Freundes Anton M. (* 12. 4. 1818 in Sterzing [Südtirol], † 2. 4. 1876 in Wien). Er stand mit 17 Jahren in Meißen zum erstenmal auf der Bühne und debütierte 1866 als Petruchio in „Der Widerspenstigen Zähmung" in Graz, gastierte 1867 u. a. als Hamlet am Wiener Burgtheater. 1869–71 bei Heinrich Laube (s. d.) in Leipzig, engagierte ihn Dingelstedt (s. d.) 1871 an das Burgtheater. 1879–84 Oberregisseur am Wiener Stadttheater, hatte er 1884/85 die künstlerische Leitung des Carltheaters inne, dem er vergeblich einen ernsten Spielplan zu geben versuchte, und unternahm 1886–94 Gastspielreisen, von denen er wieder an das Burgtheater zurückkehrte und dem er bis zu seinem Tod angehörte. M. war ein eindrucksvoller Charakterdarsteller „brüchiger Charaktere", wobei ihm das Zwiespältig-Dämonische, das Pathologische durch Maske und Stil besonders gut gelang. Seine klassischen Glanzrollen waren Faust, Mephisto, Richard III., Wallenstein und Franz Moor. Oft bezeichnete man ihn als einen der Bahnbrecher der Natürlichkeit in der Schauspielkunst, als den vollkommenen Interpreten des wirklichen Lebens.

Guglia, E.: F. M. (1896); Burckhard, M.: A. F. M. (1906)

Friedrich Mitterwurzer als Wallenstein

MOCK, Alois, * 10. 6. 1934 in Euratsfeld bei Amstetten (NÖ), ÖVP-Politiker. Der Sohn eines Landwirts studierte in Wien Jus und promovierte 1957. 1958 trat er in den Staatsdienst, arbeitete zunächst im Unterrichtsministerium und, nach Auslandsstudien in Bologna und in Brüssel, ab 1961 im Bundeskanzleramt. 1962–66 an der ö. Vertretung bei der OECD in Paris tätig, wurde er 1966 Kabinettchef von Bundeskanzler Josef Klaus (s. d.). 1969/70 Unterrichtsminister, 1970 Abgeordneter zum Nationalrat, 1971 Bundesobmann des ÖAAB, 1978 geschäftsführender Klubobmann der ÖVP; 1979 wurde er Bundesparteiobmann der ÖVP. Als Oppositionsführer im Parlament erreichte er ab 1984 ein Ansteigen der Wählerstimmen der ÖVP bei Landtags- und Gremialwahlen. Im Juli 1979 wurde M. von der EDU, der Europäischen Demokratischen Union, zum Vorsitzenden gewählt und seither mehrmals in diesem Amt bestätigt. 1983 wurde er zum Ersten Vorsitzenden der von ihm mitinitiierten IDU, der Internationalen Demokratischen Union, dem Gegenstück zur Sozialistischen Internationale, gewählt. Seit Jänner 1987 in der Koalitionsregierung Vranitzky–Mock Vizekanzler und Außenminister.

MODESTUS, Heiliger, Salzburger Chorbischof, Apostel Kärntens. Vor 767 kam M. im Auftrag des Bischofs Virgil von Salzburg mit vier Priestern zu den Karantaner Slawen, um sie zu missionieren und weihte die von ihm gegründete Kirche Maria Saal (K). Neben anderen Kirchen gründete er noch weitere zwei Hauptkirchen, eine in St. Peter im Holz (K) und eine im Ingeringtal in der Obersteiermark. Ein vermauerter vorromanischer Tischaltar in der Kirche von Maria Saal ist sein Hochgrab.

MOHN, Gottlob Samuel, * 4. 12. 1789 in Weißenfels, † 2. 12. 1825 in Laxenburg (NÖ), Glasmaler. Lernte zunächst bei seinem Vater Samuel M. (1761–1815), der in Dresden Porzellan- und Glasmaler war. Die Wappenfenster in der Kirche Maria am Gestade in Wien (1806) zählen zu seinen Hauptwerken. Ab 1807 schuf er Trinkgläser mit Wiener Ansichten und 1813 die Glasfenster im Thron- und im Speisesaal der Franzensburg in Laxenburg (NÖ) sowie 1820 die Glasfenster in der Wiener Ruprechtskirche. 1824 wurde er zum „Schloßmaler" in Laxenburg ernannt. Sein Bruder Ludwig M. (* 3. 8. 1797 in Halle an der Saale [Sachsen], † 19. 1. 1857 in

Wien) folgte Gottlob M. nach Wien, wo er eine lithographische Anstalt gründete und sich als Radierer und Zeichner von Wiener Stadtansichten einen Namen machte.

MOHR, Joseph, * 11. 12. 1792 in Salzburg, † 4. 12. 1848 in Wagrain (S), katholischer Geistlicher. Als uneheliches Kind geboren, nahm sich der Salzburger Domvikar Johann Nepomuk Hiernle seiner an und ließ ihn ausbilden. M. studierte Theologie in Salzburg und wurde 1815 zum Priester geweiht. 1815–17 Hilfsgeistlicher in Mariapfarr (S), kam anschließend zum Aushilfsdienst nach Oberndorf bei Salzburg, wo ihn bald enge Freundschaft mit dem Organisten der Kirche und Lehrer im benachbarten Arnsdorf, Franz Xaver Gruber (s. d.), verband. Am 24. 12. 1818 übergab er diesem den Text des Gedichts „Stille Nacht, heilige Nacht", mit der Bitte, eine Melodie zu verfassen. In der Christmette 1818 wurde dieses Lied, vom Komponisten auf der Gitarre begleitet, zum erstenmal gesungen. Bald wurde es über die Grenzen Salzburgs und Ö.s hinaus bekannt. Wegen eines aufsässigen Pfarrprovisors mußte M. Oberndorf verlassen und war 1819–27 Hilfsgeistlicher in mehreren Salzburger Pfarreien. 1827–37 Pfarrvikar in Hintersee und ab 1837 in Wagrain.

Peterlechner, F.: Stille Nacht, heilige Nacht (1916); Waggerl, K. H.: J. M., der Schöpfer des Liedes Stille Nacht (1948); Gassner, J.: F. X. Grubers Autographen von „Stille Nacht, heilige Nacht" (1958); Bayr, R.: Stille Nacht, heilige Nacht (o. J.)

MOHS, Friedrich, * 29. 1. 1773 in Gernrode (Deutschland), † 29. 9. 1839 in Agordo (Venetien), Mineraloge. Studierte an der Universität Halle an der Saale Naturwissenschaften. 1802 kam er nach Wien, wo man ihn, auf seine Fähigkeiten und sein Wissen auf dem Gebiet der Mineralogie und der Geologie aufmerksam geworden, mit Untersuchungen in mehreren Ländern der Monarchie beauftragte. 1811 wurde er mit Erzherzog Johann (s. d.) bekannt, der ihn zu einer geognostischen Reise durch die Steiermark veranlaßte. Wurde 1812 Prof. für Mineralogie am neugegründeten Joanneum in Graz. 1816–18 auf Reisen, die ihn bis Schottland führten. Mit Bewilligung Erzherzog Johanns nahm er dann eine Professur in Freiberg (Sachsen) an, ab 1826 lehrte er als o. Univ.-Prof. in Wien. M. wurde zum Begründer der wissenschaftlichen Mineralogie in Ö., entwarf ein neues Mineralsystem, eine Härteskala und verfaßte mehrere grundlegende Werke, u. a.: „Versuch einer Elementarmethode zur naturhistorischen Bestimmung und Erkenntnis der Fossilien" (1812), „Die Charaktere der Klassen, Ordnungen, Geschlechter und Arten, oder die Charakteristik des naturhistorischen Mineralsystems" (1820), „Grundriß der Mineralogie", 2 Teile (1822–24), „Leichtfaßliche Anfangsgründe der Naturgeschichte des Mineralreiches" (mit Kupfern, 1832) und „Lehrbuch der Mineralogie" (1835).

Peter Mitterhofers aus Holz gefertigtes Modell einer Schreibmaschine (1864)

MOJSISOVICS, Edmund, Edler von Mojsvár, * 18. 10. 1839 in Wien, † 2. 10. 1907 in Mallnitz (K), Geologe und Paläontologe. Studierte in Wien und gründete 1862 den Ö. Alpenverein, den ersten dieser Art in Europa. 1864 promovierte er zum Dr. jur., wurde 1870 Chefgeologe und Bergrat an der Geologischen Reichsanstalt, deren Vizedirektor er 1892 wurde. Gab ab 1880 die „Beiträge zur Paläontologie Ö.-Ungarns" heraus und veröffentlichte mehrere fachwissenschaftliche Werke, darunter „Das Gebirge um Hallstatt", 1. Teil (1873), „Die Dolomitenriffe von Südtirol und Venetien" (1878), „Grundlinien der Geologie von Bosnien-Herzegowina" (1880), „Die Cephalopoden der Hallstätter Kalke", 2 Bde. (1893).

MOJSISOVICS, Roderich, Edler von Mojsvár, * 10. 5. 1877 in Graz, † 30. 3. 1953 in Graz, Komponist. War 1912–31 Direktor des Steiermärkischen Musikvereins (ab 1920 Konservatorium) und 1932–35 und ab 1944 Lektor an der Universität Graz. Von 1935–44 war er in Deutschland tätig. Abgesehen von einigen Opern, so „Der Zauberer" und „Die Locke", schuf er fünf Symphonien, zahlreiche kammermusikalische Werke, Klavier- und Violinkonzerte, Orgel- und Chorwerke.

Morold, M.: R. M. (1924); Haidmayer, K.: R. von M., Diss. Graz (1951)

MOLDEN, Berthold, * 20. 1. 1853 in Bielitz-Biala (Ö.-Schlesien), † 15. 2. 1942 in Wien, Journalist. Studierte in Paris und in Wien und war anschließend in Paris als Korrespondent für ö. Zeitungen tätig. Später Redakteur bei der „Wiener Allgemeinen Zeitung" und dem „Fremden-Blatt"; gehörte dem Beraterkreis um Thronfolger Franz Ferdinand (s. d.) an. 1918–38 verfaßte er die Leitartikel für die „Große Volkszeitung". M. schrieb unter anderem die Bücher: „Bemerkungen zur orientalischen Frage" (1896), „Drängende Fragen. Die Orientkrise und ihre Folgen für Ö.-Ungarn und das Deutsche Reich" (1913).

MOLDEN, Ernst, * 30. 5. 1886 in Wien, † 11. 8. 1953 in Wien, Publizist, Historiker und Diplomat. Studierte ab 1906 in Wien und Berlin Jus, dann Geschichte und promovierte 1911 in Wien summa cum laude. Anschließend bis 1914 Honorardozent am Eötvös-Universitätskollegium in Budapest. 1916 zum Regiment Hoch- und Deutschmeister eingezogen, 1917 beurlaubt und als Vertreter des Telegraphen-Correspondenzbureaus an die ö.-ungarische Gesandtschaft nach Kopenhagen delegiert. Nach dem Zusammenbruch 1918 wurde er als Presseattaché nach Den Haag versetzt, bald aber aus Einsparungsgründen aus dem Dienst entlassen. Seit 1921 in der Redaktion der „Neuen Freien Presse" tätig, 1924–38 deren Stellvertretender Chefredakteur, 1930–38 auch Vortragender bei der RAVAG. 1938 zunächst Archivar bei der Wirtschaftszeitung „Süd-Ost-

ALEXANDER MOISSI

Der Jedermann der Ersten Republik

MOISSI, Alexander, * 2. 4. 1880 in Wien, † 22. 3. 1935 in Wien, Schauspieler. Er wurde im Wiener Grandhotel als Sohn eines albanischen Kaufmanns und einer Italienerin geboren, stammte aber aus Triest, das oft als Geburtsort angegeben wird. Mit 18 Jahren kam er nach Wien, um hier Gesang zu studieren, wurde aber von Josef Kainz (s. d.) für das Theater entdeckt. Ab 1903 am Deutschen Theater in Prag engagiert, kam er 1904 nach Berlin, wo Max Reinhardt (s. d.) sein Talent erkannte und förderte. Anschließend trat er häufig in Wien und bei den Salzburger Festspielen auf. M. war einer der hervorragendsten und erfolgreichsten Schauspieler seiner Zeit, galt als unvergleichlicher Charakterdarsteller und verstand es, seine klangvolle, weiche Stimme gekonnt einzusetzen. Die seelisch zerrissenen Charaktere lagen ihm besonders gut, und seine Verkörperung des Jedermann und des Hamlet gingen in die Theatergeschichte ein.

Faktor, E.: A. M. (1920); Böhm, H.: M. (1927); Rohracher, I.: Leben und Wirken des Schauspielers A. M., Diss. Wien (1951)

Echo", kam dann zu „Europakabel" nach Amsterdam. 1945 setzte er die Neugründung der Tageszeitung „Presse" durch, die seit Oktober 1949 unter dem Titel „Die Presse" erscheint und deren Herausgeber und Chefredakteur er bis zu seinem Tod blieb. Abgesehen von seiner journalistischen Tätigkeit, verfaßte er mehrere historische Werke, darunter: „Die Orientpolitik des Fürsten Metternich" (1913), „Fallmerayers Schriften und Tagebücher" (1913), „Radetzky" (1915), „Zur Geschichte des ö.-russischen Gegensatzes" (1916) und „Ein ö. Kanzler: Metternich" (1917). M. war seit 1916 mit der Schriftstellerin Paula von Preradovic (s. d.) verheiratet.

Sauer, B.: Dr. E. M., Versuch einer Biographie. Diss. Wien (1966)

MOLDEN, Fritz, * 8. 4. 1924 in Wien, Publizist, Zeitungsherausgeber und Verleger. Jüngerer Sohn von Ernst M. (s. d.). War nach 1938 mehrmals als Widerstandskämpfer in politischer Haft. Wurde Zeitungsherausgeber und Druckereibesitzer. Gab 1953–61 „Die Presse", 1958 den „Bild-Telegraph" und den „Express" heraus. Ließ 1961–63 das Pressehaus erbauen, das neben einer Druckerei zahlreiche Zeitungsredaktionen beherbergte. 1964 gründete er den Verlag Fritz Molden, mit dem er 1970, nach dem Verkauf des Pressehauses, für kurze Zeit in die Innere Stadt und sodann nach Grinzing übersiedelte. Über ein Jahrzehnt als Verleger erfolgreich, geriet er zunehmend in Schwierigkeiten und mußte 1982 den Konkurs seines Verlages anmelden. 1976 veröffentlichte er den ersten Band seiner Memoiren unter dem Titel „Fepolinski & Waschlapski auf dem berstenden Stern", 1980 den zweiten Band, „Besetzer, Toren, Biedermänner". 1984 erschien „Der Konkurs", 1986 „Die Österreicher oder Die Macht der Geschichte".

MOLDEN, Otto, * 13. 3. 1918 in Wien, Publizist und Politiker. Älterer Sohn von Ernst M. (s. d.). War nach 1938 mehrmals in politischer Haft. 1945 gründete er das „Europäische Forum Alpbach" und das „Ö. College". 1950 war er Initiator des Forschungsinstituts für Europäische Gegenwartskunde,

Kurt Moldovan: Südliche Landschaft. Lithographie (1972)

1962 Gründer und Leiter der EFP, der Europäischen Föderalistischen Partei, die bei den Nationalratswahlen 1962 21 535 Stimmen (0,48%) erhielt. M. veröffentlichte u. a.: „Erkenntnis und Aktion" (1955), „Der Ruf des Gewissens" (1958), „Geist und Gesicht der Gegenwart" (1962).

MOLDOVAN, Kurt, * 22. 6. 1918 in Wien, † 16. 9. 1977 in Wien, Maler und Graphiker. Veröffentlichte bereits 1947 „Zeichnungen" und erhielt 1953 und 1957 jeweils den ersten Preis im ö. Graphikwettbewerb sowie 1958 den Staatspreis und den Preis der Stadt Wien. Besonders bekannt wurden seine graphischen Zyklen „Krieg" (1951), „Tierkreis" (1956) und „Antike Szenen" (1962) sowie die Pinselzeichnungen „Wien" (1958). Außerdem schuf M. zahlreiche Buchillustrationen und Bühnenbilder.

Schmeller, A.: K. M. (1957)

MOLISCH, Hans, * 6. 12. 1856 in Brünn, † 8. 12. 1937 in Wien, Botaniker und Pflanzenphysiologe. Studierte ab 1875 in Wien Naturwissenschaften und war 1889–1928 Univ.-Prof. sowie 1931–37 Vizepräsident der Akademie der Wissenschaften. 1897/98 unternahm er eine botanische Forschungsreise um die Erde, lehrte 1922–25 in Japan und 1928/29 in Indien. Führend in der mikroskopisch-experimentellen Botanik tätig, wurde er einer der Mitbegründer der Mikrochemie der Pflanzenkörper. M. verfaßte mehrere grundlegende Werke seines Fachgebiets, u. a.: „Leuchtende Pflanzen" (1904), „Mikrochemie der Pflanzen" (1913), „Pflanzenphysiologie als Theorie der Gärtnerei" (1916, 2. Aufl. 1921), „Anatomie der Pflanze" (1920, 6. Aufl. 1954), „Die Lebensdauer der Pflanze" (1930), „Als Naturforscher in Indien" (1930), „Pflanzenchemie und Pflanzenverwandtschaft" (1933), „Autobiographie" (1934) und „Über den Einfluß einer Pflanze auf die andere (Allelopathie)" (1937).

MÖLK, Joseph Adam von (auch Mölck und Mölckh), * um 1714 in Wien, † 18. 2. 1794 in Wien, Fresken- und Altarbildmaler. Arbeitete nach seiner Ausbildung zuerst in Bayern und Württemberg, dann aber ausschließlich in Ö. 1750–61 in Tirol, wo er zum Hofkammermaler ernannt wurde, seit 1764 in der Steiermark, in NÖ und Wien. Zuerst von der italienischen perspektivischen Illusionsmalerei beeinflußt, später von M. J. Schmidt (s. d.), schuf er in 44 Kirchen und Schlössern Fresken und Altarbilder. M. war ein Meister der barocken Scheinarchitektur. Seine bedeutendsten Werke befinden sich in den Kirchen von Hall in Tirol, Sterzing, Matrei, Schlanders und Lienz, in der Stadtpfarrkirche von Klagenfurt, in der Servitenkirche in Wien, in der Mariahilfkirche von Graz, in den Kirchen von Frohnleiten, Weizberg, Maria Lebing, Hartberg, Arnsdorf, Langegg, Adriach, Pernegg, Thörl, Straß und Köflach, in Winklern und in Groß-Siegharts.

MOLL, Balthasar Ferdinand, * 4. 1. 1717 in Innsbruck, † 3. 3. 1785 in Wien, Bildhauer. Sohn des Bildhauers Nikolaus M. (s. d.). Seit 1741 in Wien nachweisbar, studierte er an der Akademie der bildenden Künste. 1745 erhielt er die Goldene Medaille der Akademie und war dann 1751–59 dort auch

Balthasar Ferdinand Molls Doppelsarkophag für Maria Theresia und ihren Gatten Kaiser Franz I. in der Kapuzinergruft in Wien (1753)

Carl Moll: Der Naschmarkt in Wien (1898)

Prof. M. schuf zahlreiche Porträtbüsten und Grabmäler sowie 20 prächtige Schausärge in der Kapuzinergruft, darunter sein Hauptwerk, den Doppelsarkophag aus Zinn für Maria Theresia und ihren Gatten Kaiser Franz I. (1753); im selben Jahr jenen für Kaiser Karl VI. und 1755 jenen für Kaiser Matthias und dessen Gattin Anna. 1781 schuf er das erste Reiterstandbild in Wien, das in Bleiguß hergestellte Denkmal für Kaiser Franz I., das ursprünglich im Paradeisgartel auf der Bastei und später im Burggarten aufgestellt wurde.

MOLL, Carl, * 23. 4. 1861 in Wien, † 13. 4. 1945 in Wien (Selbstmord), Maler und Graphiker. Studierte an der Wiener Akademie der bildenden Künste 1880/81 bei Emil Jakob Schindler (s. d.), dessen Witwe er heiratete. Bekannt wurde er vor allem durch sein Gemälde „Römische Ruine in Schönbrunn" (1892), für das er anläßlich der Ausstellung im Wiener Künstlerhaus auch die Silberne Medaille erhalten hatte. M. schuf, dem Impressionismus verbunden, eine Vielzahl von Landschaften und Stilleben („Naschmarkt", 1898), aber auch Holzschnitte für die Zeitschrift „Ver Sacrum". 1897 Gründungsmitglied der Künstlervereinigung Secession, wurde er 1900/01 auch deren Präsident und trat 1905, gemeinsam mit der Klimt-Gruppe, wieder aus, 1930 kehrte er jedoch wieder zur Secession zurück. Im selben Jahr veröffentlichte er auch eine mit Illustrationen ausgestattete Monographie über seinen Lehrer und Freund Emil Jakob Schindler.

MOLL, Carl Ehrenbert Freiherr von, * 21. 12. 1760 in Thalgau (S), † 1. 2. 1838 in Augsburg (Bayern), Naturforscher. Erwarb sich als Naturforscher so große Verdienste, daß mehrere Tier- und Pflanzengattungen nach ihm benannt wurden. Von 1797–1803 gab er einige Jahrbücher und Annalen zur Salzburger Landeskunde heraus; 1803/04 Direktor der Salzburger Landesregierung; anschließend lebte er in München. 1829–35 veröffentlichte er „Mitteilungen aus meinem Briefwechsel" (4 Bde.), die wertvolle Hinweise zur Salzburger Landeskunde und über seine Tätigkeit als Naturforscher enthalten.

MOLL, Nikolaus, * 5. 3. 1676 in Blumenegg (V), † 20. 4. 1754 in Innsbruck, Bildhauer. Ahnherr einer Tiroler Bildhauerfamilie und Vater von Balthasar Ferdinand M. (s. d.). Schuf zahlreiche Werke in Innsbruck, darunter die reichgeschmückte Barockkanzel in der St.-Jakobs-Kirche, Standbilder der ersten Statthalter Tirols im Sitzungssaal des Landhauses sowie Fassadenfiguren und den St.-Anna-Altar in der Stiftskirche Wilten.

MÖLLER, Joseph (auch Moeller), * 21. 3. 1848 in Pápa (Ungarn), † 4. 10. 1924 in Graz, Pharmakologe. Studierte in Wien, wo er 1884–86 Univ.-Prof. war. 1886–93 lehrte er in Innsbruck, 1893–1908 in Graz und 1908–16 wieder in Wien. Bedeutung erlangte M. auf dem Spezialgebiet der Pharmakognosie und der Lebensmittelkunde, die er durch seine außerordentlich exakten mikroskopischen Untersuchungen auf eine wissenschaftlich gesicherte Grundlage stellte. Von seinen Veröffentlichungen sind u. a. zu erwähnen: „Mikroskopie der Nahrungs- und Genußmittel aus dem Pflanzenreich" (1885), „Lehrbuch der Pharmakognosie" (1889), „Pharmakognostischer Atlas" (1892) und „Lehrbuch der Arzneimittellehre" (1893), außerdem gab er gemeinsam mit E. Geißler die „Realenzyklopädie der gesamten Pharmazie", 10 Bde. (1886–91), heraus.

MOLTERER, Anderl (Andreas), * 8. 10. 1933 in Kitzbühel, Schirennläufer. „Der weiße Blitz aus Kitz" zählte mit Sailer (s. d.), Hinterseer (s. d.), Pravda (s. d.) und Hias Leitner zum „Kitzbüheler Schi-Wunderteam". Obwohl er zehn Meistertitel gewann und vierfacher Hahnenkamm-Sieger wurde, mußte sich der „ewige Pechvogel" bei Olympischen Spielen und Weltmeisterschaften stets mit Ehrenplätzen begnügen. WM-Dritter 1954 im Riesentorlauf, bei der Olympiade 1956 Zweiter im Riesentorlauf, Dritter in der Abfahrt.

MÖNCH von Salzburg, s. Hermann von Salzburg

MONN, Matthias Georg (eigtl. Johann Georg Mann), * 9. 4. 1717 in Wien, † 3. 10. 1750 in Wien, Komponist und Organist. Als Komponist vor allem mit seinen Symphonien einer der Wegbereiter der Wiener Klassik (durch Wegfall des Generalbasses, zentrale Stellung der Streicher, Begleitfunktion der Bläser). Er schrieb 16 Symphonien, 6 Streichquartette, Partiten für Streicher bzw. Orchester, Konzerte, ein Divertimento für Cembalo und Orchester, je ein Violin- und Violoncellokonzert, 14 Sonaten für Cembalo, 4 Violinsonaten, 3 Messen.

Philipp, R.: Die Messenkompositionen der Wiener Vorklassiker G. M. M. und G. Chr. Wagenseil. Diss. Wien (1938)

MONTAG, Luise (eigtl. Aloisia Pintzker), * 13. 4. 1849 in Wien, † 20. 3. 1927 in Wien, Volkssängerin. Debütierte 1866 im Gasthaus Harner am Tabor und wurde rasch bekannt. Ihr perlender Sopran und ihre Jodelkunst brachten ihr den Beinamen „Lercherl" ein. Durch ihre großen Erfolge konnte sie in Dornbach zwei Villen erwerben und assoziierte sich 1883 mit dem Volkssänger Edmund Guschelbauer. Schwere Schicksalsschläge (beide Söhne waren im Ersten Weltkrieg gefallen, der Lebensgefährte hatte sie verlassen, und ihr Vermögen hatte sie durch die Inflation verloren) führten zu einem Nervenzusammenbruch. Sie starb in der Heil- und Pflegeanstalt Am Steinhof.

Koller, J.: Das Wiener Volkssängertum in alter und neuer Zeit (1931)

MONTECUCCOLI, Raimund Fürst (seit 1679), * 21. 2. 1609 auf Schloß Montecuccoli bei Modena, † 16. 10. 1680 in Linz, ö. Heerführer. Aus einem alten Grafengeschlecht stammend, trat M. 1625 unter seinem Onkel Generalfeldzeugmeister Ernst Graf von M. in ö. Militärdienste. Er bewährte sich in den Schlachten von Breitenfeld (1631), Lützen (1632), bei Nördlingen (1634) und bereits als Oberst bei Wittstock (1636). Bei Brandeis in Böhmen (1639) verlor er die Schlacht und geriet verwundet in schwedische Gefangenschaft, während der er sein erstes kriegstheoretisches Werk, „Trattato della Guerra", schrieb. 1642 ausgewechselt, siegte er bei Troppau und entsetzte Brieg. 1644 Feldmarschalleutnant und Hofkriegsrat, kämpfte M. 1645 gegen Fürst Rákóczi von Siebenbürgen und schlug die Schweden 1647 in Schlesien, wofür er zum General der Kavallerie befördert wurde. Nach dem Friedensschluß von 1648 wurde er oft von Kaiser Ferdinand III. (s. d.) für diplomatische Missionen verwendet. 1658 Feldmarschall und Oberkommandierender des kaiserlichen Heers, vertrieb er gemeinsam mit Brandenburg 1658–60 die Schweden aus Norddeutschland. 1661–64 verteidigte er mit unterschiedlichem Erfolg die ungarische Grenze gegen die Türken, konnte diese aber in der Schlacht bei Mogersdorf (B) am 1. 8. 1664 vernichtend schlagen, obwohl das osmanische Heer etwa fünffach überlegen war. Dadurch verhinderte M. den Vormarsch der Türken, die auch unmittelbar darauf zu einem Friedensschluß bereit waren, auf ö. Gebiet. 1668 Präsident des Hofkriegsrats, trieb er, als Ludwig XIV. Holland angriff, den französischen Marschall Turenne 1673 bis über den Rhein zurück, 1675 drang M. sogar bis in elsässisches Gebiet vor. Im selben Jahr zog er sich aus dem aktiven Dienst zurück, wurde 1679 in den Reichsfürstenstand erhoben. M. war ein ausgezeichneter Taktiker sowie Kriegs- und Militärhistoriker, der durch seine Tätigkeit als Reformer, Organisator und Ausbilder der ö. Armee zum Schöpfer des ersten stehenden Heers in Ö. wurde. Von seinen zahlreichen Schriften erschien 1899/1900 eine vierbändige Auswahl.

Senesi, J.: R. M. (1933); Stöller, F.: R. M., in: Gestalter der Geschicke Ö.s, hrsg. von H. Hantsch (1962); Peball, K.: Die Schlacht bei St. Gotthard/Mogersdorf 1664. Militärhistor. Schriftenreihe 1 (1964); Ausstellungskatalog R. M. (Hafnerbach 1980)

MONTENUOVO, Alfred Fürst von, * 16. 9. 1854 in Wien, † 6. 9. 1927 in Wien, Hofbeamter. War Sohn des Generals Wilhelm Albrecht Fürst von M. (1821–1895), der der Ehe Erzherzogin Maria Luises (s. d.) mit A. Graf Neipperg (s. d.) entstammte. M. trat 1898 in den Dienst des Kaiserhofs und war ab 1909 Erster Obersthofmeister. Er galt als Protegé Gustav Mahlers (s. d.) bei dessen Bestellung zum Direktor der Wiener Hofoper und war ein entschiedener Gegner von Thronfolger Franz Ferdinand (s. d.), dessen unzeremonielles Begräbnis auf M.s Einfluß bei Kaiser Franz Joseph (s. d.) zurückgeführt wird. 1917 wurde er von Kaiser Karl (s. d.) entlassen.

MONTI, Alois, * 13. 10. 1839 in Abbiategrasso bei Mailand, † 30. 10. 1909 in Wien, Kinderarzt. Der Sohn eines hohen italienischen Richters studierte an der Universität Wien Medizin und promovierte 1862, das gleichzeitige Chemiestudium schloß er 1863 mit der Promotion zum Dr. phil. ab. M. wandte sich der Kinderheilkunde zu und wurde Assistent am St.-Anna-Kinderspital. 1870 habilitierte er sich als Privatdozent und leitete nach der Gründung 1872 die 2. Kinderabteilung an der Wiener Poliklinik. 1887 a. o. Univ.-Prof., 1893 Direktor der Allgemeinen Poliklinik. Mit großem Erfolg wandte er hier moderne Heilmethoden an und bekämpfte Tuberkulose und Diphtherie. M. war um eine gründliche Ausbildung von Kinderärzten bemüht.

MOOG, Heinz, * 28. 6. 1908 in Frankfurt am Main, Kammerschauspieler. Charakterdarsteller, der seit 1943 Mitglied des Wiener Burgtheaters ist. M. war vor allem als Interpret düsterer und zwielichtiger Charaktere erfolgreich. Ab 1948 auch bei den Salzburger Festspielen sowie bei Film, Radio und Fernsehen tätig.

MOOSBRUGGER, Andreas (Klostername Caspar), * 15. 5.

LUISE MONTAG

Lebensroman einer Volkssängerin

„Der Lebenslauf der Luise Montag ist einem Roman zu vergleichen. Früh verlor sie ihre Eltern. Der Vater war ein strammer Burggendarm, die Mutter eine Wäscherin. Als die Kunst noch nichts abwarf, mußte Luise Strohhüte und Kleider nähen. Nachdem sie ihr Ziel erreicht hatte und als Sängerin und Salonjodlerin – so lautete der merkwürdige Terminus technicus für dieses Fach – Triumphe feierte, schien es, als müßte die Sonne des Glücks ewig strahlen und Wärme spenden. Von ihrem Triller sprach ganz Wien. Ihre Stimme soll wie die der Adelina Patti vier Oktaven umspannt haben . . . Die Augen lachten und leuchteten von Lebensfreude und Sinneslust. Das war die Montag! Vor jedem Auftreten überfiel sie ein maßloses Lampenfieber. Sie zitterte wie eine Anfängerin und wurde erst frei, wenn sie einige Takte gesungen hatte. . . . Im Krieg, da ihre Söhne einrücken mußten, setzte sich die Montag zur Ruhe. Nun nahm das Glück von ihr Abschied. Schlag auf Schlag folgte. Janeczek, ihr Gatte, mit dem sie jahrzehntelang das glücklichste Familienleben führte, ließ sich als 70jähriger Mann von einer Ballettdame einfangen und heiratete sie auch. Kurz darauf starb er und die Montag kam um ihre Pension. Dann folgte der härteste Schlag. Ihre beiden Söhne fielen im Weltkrieg und nun stand die Bedauernswerte allein und verlassen auf der Welt. Um den Lebensunterhalt zu bestreiten, verkaufte sie die beiden Villen. Es kam die Inflationszeit, das Geld zerfloß und der Ertrag ihrer Lebensarbeit ward vernichtet . . . Am 20. März 1927 befreite sie ein sanfter Tod von aller Erdenpein. Das letzte Kapitel eines seltsamen, erschütternden Romans war abgeschlossen."

Die Volkssängerin Luise Montag

Josef Koller

1656 in Au im Bregenzerwald, † 26. 8. 1723 im Kloster Einsiedeln (Schweiz), Architekt. Lernte 1670–73 in der Auer Meisterzunft und wurde dann Architekt des Klosters Einsiedeln, war aber auch für andere Klöster in der Schweiz tätig.

Birchler, L.: Einsiedeln und sein Architekt Caspar M. (1924)

MORALT, Rudolf, * 26. 2. 1902 in München, † 16. 12. 1958 in Wien, Kapellmeister und Dirigent. Studierte in München und kam 1937 nach Graz, wo er bis 1940 Direktor der Grazer Oper war. 1938–40 Gastdirigent an der Wiener Staatsoper, ab 1940 ständiger Dirigent des Hauses.

MORAVEC, Fritz, * 27. 4. 1922 in Wien, Alpinist und Reiseschriftsteller. War ursprünglich Mechaniker und wurde später Berufsschullehrer. Gründete und leitete die Großglockner-Alpinistenschule. Führte mehrere erfolgreiche Expeditionen durch, so 1954 in den Zentral-Himalaja, 1955 Ruwenzori, 1956 Gasherbrunn II, 1958 Spitzbergen, 1959 Dhaulagiri, 1965 Anden. M. veröffentlichte über seine Reisen und Bergerlebnisse mehrere Bücher, u. a.: „Weiße Berge – schwarze Menschen" (1958, 3. Aufl. 1961), „Dhaulagiri – Berg ohne Gnade" (1960), „Gefahren und Gefährten" (1961).

MORAWETZ, Franz, * 1789 in Raudnitz (Böhmen), † 12. 3. 1868 in Wien, Dampfbadbesitzer. Entstammte einer jüdischen Händlerfamilie, war Tuchscherer und führte als erster in Ö. das Dekatieren des Tuches durch (ein Verfahren, in dem durch Dämpfe Wollstoffe nadelfertig gemacht werden); gründete in Prag eine Dekatieranstalt. Durch einen russischen Major verfiel er auf die Idee, ein „russisches Bad zu eröffnen". 1826 übersiedelte er nach Wien, um diese Idee zu verwirklichen. Mit unzulänglichem Kapital und einem schweren Augenleiden, das rasch zu seiner Erblindung führte, errichtete er zunächst eine Tuchschererwerkstatt, dann gelang ihm der Bau eines Dampfbads. Am 14. 1. 1838 wurde das Sophienbad (nach Erzherzogin Sophie benannt) in der Marxergasse eröffnet. Der zunehmende Erfolg ließ ihn eine kühne Erweiterung vornehmen. Nachdem das Bad bereits mit Marmorwannen und chinesischen Malereien ausgestattet worden war, ließ M. durch die Architekten van der Nüll (s. d.) und Siccardsburg (s. d.) den Mittelsaal in eine Schwimmhalle umbauen. Das Wasser wurde

Raimund Fürst Montecuccoli

in Röhren vom Donaukanal zugeführt, gefiltert und erwärmt. Außerdem sollte diese nur im Sommer benutzbare Schwimmhalle im Winter für Veranstaltungen zur Verfügung stehen. Um diese Pläne realisieren zu können, trat M. 1844 seine Rechte an eine Aktiengesellschaft ab, deren Direktor er wurde. 1846 konnte die Schwimmhalle eröffnet werden, und schon im Winter 1846/47 fand in den „Sophiensälen" der erste Ball statt. Bald gestalteten sich die Ballveranstaltungen in den Sophiensälen, vor allem zur Faschingszeit, zu einer vielbesuchten Attraktion Wiens. M., durch die Sophiensäle reich geworden, betätigte sich als Wohltäter und wurde 1863 mit der großen Salvator-Medaille geehrt.

Vogel, J.: Das Sophienbad des F. M. in Wien (1845)

Der große Mittelsaal der „Sophiensäle", einst Schwimmhalle (eröffnet 1846) des von Franz Morawetz 1838 gegründeten Sophienbads

MORGAN, Paul (eigtl. Georg Paul Morgenstern), * 1. 10. 1886 in Wien, † 10. 12. 1938 im KZ Buchenwald, Librettist und Kabarettist. Studierte Schauspiel bei Ferdinand Gregori (s. d.) an der Wiener Theaterakademie und spielte danach zahlreiche Komikerrollen in der ö. Provinz. 1914 trat er erstmals im Wiener „Simplicissimus" als Conférencier auf. 1917 ging er nach Berlin und eröffnete gemeinsam mit Kurt Robitschek und Max Hansen das „Kabarett der Komiker". 1933 kehrte er nach Wien zurück, wo er in zahlreichen Revuen auftrat und auch wieder in Kabaretts konferierte. 1938 wurde er nach Dachau, danach ins KZ Buchenwald deportiert, wo er an Entkräftung starb. M. schrieb einige Lustspiele und zahlreiche Kabarettbücher sowie die Erinnerungsbände „Stiefkind der Grazien: Tagebuch eines Spaßmachers" (1928) und „Prominententeich" (1934).

Budzinski, L.: Das Kabarett (1985)

MORGENSTERN, Soma, * 3. 5. 1896 in Buzanov bei Tarnopol, † 19. 4. 1976 in New York, Erzähler. Emigrierte 1938 von Wien in die USA, lebte ab 1941 in New York. M. schrieb u. a. die Romane: „Der Sohn des verlorenen Sohnes" (1935), „Pastorale" (1947), „Der verlorene Sohn" (1963), „Die Blutsäule" (1964).

MORITZ, Herbert, * 30. 3. 1927 in Salzburg, Journalist und SPÖ-Politiker. Studierte Zeitungswissenschaft, Geschichte und Germanistik an den Universitäten Innsbruck und Wien und promovierte 1950. Schon seit 1945 in der Redaktion des SPÖ-Organs „Demokratisches Volksblatt" (Salzburg) tätig, wurde er 1956 mit der Vertretung des Chefredakteurs Josef Kaut beauftragt. 1969 in den Salzburger Landtag gewählt, wurde er Landesrat für Kultur, 1976 Stellvertretender Landeshauptmann von Salzburg und 1978 Landesparteiobmann der SPÖ. Von 1984 bis Jänner 1987 Bundesminister für Unterricht und Kunst.

MÖRL-PFALZEN, Anton, * 30. 1. 1883 in Brixen (Südtirol), † 13. 12. 1958 in Innsbruck, Beamter und Schriftsteller. Studierte Jus und wurde Landesbeamter, 1933–38 war er Sicherheitsdirektor und Landesoberschützenmeister von Tirol. 1940 im KZ Dachau inhaftiert. M.-P. war auch als Schriftsteller tätig und veröffentlichte mehrere Bücher zu historischen und naturhistorischen Themen, so u. a.: „Die Schlacht bei Lissa" (1906), „Das

Ende des Kontinentalismus in Ö." (1913), „Das Wesen der Strahlung" (1921), „Die Standschützen im Weltkrieg" (1934), „Das astronomische Weltbild der Antike" (1947), „Die große Weltordnung" (1947–52) sowie „Erinnerungen aus bewegter Zeit Tirols 1932–45" (1955).

MORO, Gotbert, * 18. 2. 1902 in Hermagor (K), Historiker und Kärntner Heimatforscher, Sohn des Dialektdichters Hugo M. und Bruder des Volkskundlers Oswin M. (1895–1941). Studierte in Graz und wurde Archivar, später Direktor des Kärntner Landesarchivs und des Landesmuseums für Kärnten in Klagenfurt sowie Hon.-Prof. an der Universität Graz. M. erwarb sich große Verdienste um die Erforschung der Kärntner Landeskunde und veröffentlichte eine Vielzahl heimatgeschichtlicher Werke, u. a.: „Geschichte der Stadt Villach" (1940), „Erläuterungen zum historischen Atlas der ö. Alpenländer" (1950), „Die Kärntner Chronik des Paracelsus" (1955), „Zur Musikgeschichte Kärntens" (1956); war auch Herausgeber bzw. Mitarbeiter von: „Kärntner Heimatblätter" (1951–56), Buchreihe des Landesmuseums für Kärnten (1954–60), „Kärntner Museumsschriften" (1954–60), „Kärntner Heimatatlas" (1959/60), „Paracelsus Schriftenreihe" (ab 1953) und „Archiv für vaterländische Geschichte und Topographie; Carinthia I" (1960).

Festschrift für G. M. (1962)

MOROLD, Max (eigtl. Max von Millenkovich), * 2. 3. 1866 in Wien, † 5. 2. 1945 in Baden (NÖ), Burgtheaterdirektor, Musik- und Theaterkritiker. Sohn von Stephan von Millenkovich, der als Schriftsteller unter dem Namen Milow (s. d.) publizierte. Studierte in Wien und wurde Beamter im Unterrichtsministerium. 1917/18 Burgtheaterdirektor. Abgesehen von seiner Tätigkeit als Kritiker, verfaßte er mehrere Werke über Richard Wagner und u. a. „Das Kärntner Volkslied und Thomas Koschat" (1895), „Ferdinand von Saar" (1909), „Anton Bruckner" (1912), „Hugo Wolf" (1912), „Über Franz Liszt" (1913) und „Die ö. Tonkunst" (1918) sowie Opernlibretti.

MORRÉ, Karl, * 8. 11. 1832 in Klagenfurt, † 20. 2. 1897 in Graz, Landesbeamter und Volksschriftsteller. Kam 1848 in die Steiermark und wurde Beamter, schließlich Landtagsabgeordneter und von 1886 bis zu seinem Tod Reichsratsabgeordneter der Deutschnationalen. Als Schriftsteller verfaßte er sozialreformerische Schriften, wurde aber bekannt durch seine zahlreichen Volksstücke, Schwänke und Possen, die er im Stil Ludwig Anzengrubers (s. d.) und in leicht abgewandeltem steirischen Dialekt schrieb. Darunter die bekanntesten: „Familie Schneck" (1879), „'s Nullerl" (1885).

MOSEL, Ignaz Franz Edler von (seit 1818), * 1. 4. 1772 in Wien, † 8. 4. 1844 in Wien, Komponist und Musikschriftsteller. Leitete 1812–16 die jährlichen Musikfeste, die zur Gründung der Gesellschaft der Musikfreunde führten. 1821 Vizedirektor der Hofbühnen, ab 1823 erster Kustos der Hofbibliothek. M. regte Franz Grillparzer zur Textdichtung „Melusine" an, die Ludwig van Beethoven vertonen sollte, wozu es aber nicht kam. 1812 soll er als erster, abgesehen vom Landgrafen von Hessen, mit dem Taktstock dirigiert haben. Er schrieb Orchesterwerke, Lieder, Kirchenmusik und die Opern „Die Feuerprobe" (1811), „Salem" (1813), „Cyrus und Astyages" (1818). Auch als Musikschriftsteller war er tätig, veröffentlichte u. a.: „Versuch einer Aesthetik des dramatischen Tonsatzes" (1813), „Über die Oper" (1821), „Über das Leben und die Werke des Antonio Salieri" (1827).

Antonicek, Th.: I. v. M., 2 Bde., Diss. Wien (1962)

MOSENTHAL, Salomon Hermann von (seit 1871), * 14. 1. 1821 in Kassel (Hessen), † 17. 2. 1877 in Wien, Schriftsteller. Schrieb auch unter dem Pseud. Friedrich Lechner. M. übersiedelte 1841/42 nach Wien, wo er Beamter im Unterrichtsministerium wurde. Er schrieb historische Romane und Gesellschaftsdramen, bekannt wurde er aber vor allem mit seinen Operntextdichtungen, so mit den Libretti: „Die lustigen Weiber von Windsor" (Otto Nicolai, 1849), „Die Königin von Saba" (K. Goldmark, 1875), „Die Makabäer" (A. Rubinstein, 1878).

MOSER, Albert, * 16. 7. 1920 in Graz, Kulturmanager. War 1947–64 Generalsekretär des Musikvereins für Steiermark und der Grazer Sommerspiele. 1961–63 Generalsekretär der Wiener Staatsoper, 1963–73 Direktor der Wiener Volksoper, danach Generalsekretär der Gesellschaft der Musikfreunde. Seit 1983 Präsident der Salzburger Festspiele.

MOSER, Daniel, Ritter von Ebreichsdorf (seit 1606), * 30. 10. 1570 in Wien (?), † 23. 10. 1639 in Wien, Gegenreformator. War zunächst Soldat und kämpfte in Frankreich

HANS MOSER

Die Physiognomie des kleinen Mannes

Von der „Budapester Orpheumsgesellschaft" aus der Wiener Praterstraße war er hergekommen, wo er in seiner Frühzeit, am unteren Ende des Theaterzettels stehend, Kellner, Möbelpacker und Dienstmänner spielte. „Seine Funktionen waren: zuzuschauen, herumzustehen, sich sein Teil zu denken und hie und da aufbrausend sein Eigenrecht zu reklamieren. Und wer", schrieb Anton Kuh, „verkörperte sie meisterlicher in sich als der unvergeßliche Name 8 oder 9 des Programms: Hans Moser." 1921 hatte sich der wenig erfolgreiche Einundvierzigjährige zögernd in der Direktion des Innenstadtkabaretts „Max und Moritz" gemeldet. Ein Kollege war erkrankt, und Ersatz wurde dringend gesucht. Mosers unstillbarer Geltungsdrang sowie die Tatsache, daß manche Kabarettisten mit einer Solonummer 10 Gulden pro Abend verdienten, ließen den Dritten-Akt-Komiker nicht ruhen, bis auch er einen solchen Einzelvortrag halten durfte. Nach der Pause trat er durch den Zuschauerraum herein, schäbig gekleidet und recht naturalistisch mosernd, setzte er sich an den Tisch eines einzelnen Kabarettbesuchers und begann zu erzählen: „Ich bin der Hausmeister vom Siebenerhaus . . ." Während des Redens wurde ihm aber unheimlich zumute, denn keiner der Besucher des „Max und Moritz" lachte, im Gegenteil: man zischte ihm entrüstet zu, leiser zu sprechen und das Programm nicht fortwährend zu stören. Moser fühlte sich jedoch kontraktlich verpflichtet, seinen Monolog fortzuführen, obwohl der Direktor bereits heftig abwinkte und die Musik hastig einzusetzen begann, um die allgemeine Verwirrung zu übertönen. Da Moser nun erst recht seine kräftige Stimme steigerte, warfen schließlich beherzte Kabarettbesucher den Störenfried hinaus, denn man hielt ihn für den Hausmeister des Siebenerhauses . . .
Erst im November 1923, in der Karl-Farkas-Revue „Wien gib acht" wurde der grantelnde Kleindarsteller über Nacht berühmt. „Eine Überraschung", schrieb die „Stunde" nach der Premiere, „ist Hans Mosers Leistung. Dieser Episodist, dessen nun so seltene Begabung ganz im Wiener Volkstum wurzelt, hat in der Figur eines Dienstmannes und in einer sehr heiteren und witzigen Szene als Pompes-funèbres-Arrangeur Gelegenheit, sein noch immer viel zu wenig gewürdigtes Talent zu zeigen." „Das Ganze dauert zehn Minuten und gehört, wiewohl Theater, folgerichtig aufs Varieté", berichtete Anton Kuh. „Es ist nämlich die Artistenleistung eines Humors, dessen Herzschlag das ‚Sich-Zeit-Lassen' ist und dessen Gefilde der anderen Ungeduld. Zu Raimunds und Nestroys Zeiten war dieser Gegensatz noch kein sozial betonter. Hans Moser, ihr Epigone, ist eine magische Verknüpfung aus Hobellied und 8-Stunden-Tag. Mit solchen kleinen Leuten ist nicht gut Kirschen essen."

und in den Niederlanden. Im Türkenkrieg von 1596 zeichnete er sich aus und kehrte 1597 nach Wien zurück. 1599 wurde er Steuereinnehmer, 1600 Mitglied des Äußeren Rates und 1606 Stadtrichter. 1609–13 war M. zum erstenmal Bürgermeister von Wien; als solcher griff er hart gegen die Protestanten durch. Anschließend im Inneren Rat tätig, wurde er 1616–23 abermals Bürgermeister. 1619 rettete er, als die protestantischen Landesherren in die Burg eingedrungen waren, die Situation, indem er die Dampierre-Kürassiere beim Fischertor einließ. 1626–37 wieder Bürgermeister von Wien, ließ er 1626 das „Wappenbuch" anlegen und vertrieb 1627 die protestantischen Prediger aus der Stadt. 1638 Landrechtsbeisitzer, kaufte er 1639 die Herrschaft Ebreichsdorf. M. war ein Vorkämpfer der Gegenreformation.

Czeike, F.: Wien und seine Bürgermeister (1974)

Hans Moser in einer Drehpause

MOSER, Hans (eigtl. Jean Julier), * 6. 8. 1880 in Wien, † 19. 6. 1964 in Wien, Schauspieler und Komiker. Sohn des akademischen Malers Franz Julier, der ihm sein Atelier übergeben wollte. M.s Theaterleidenschaft veranlaßte ihn aber, eine „Theaterschule" zu besuchen. Da ein entfernter Verwandter, Josef Moser, Chargenspieler am Wiener Burgtheater war, legte er sich dessen Namen zu und versuchte sich an kleinen und kleinsten Provinzbühnen. 1902 holte ihn der Direktor des Theaters in der Josefstadt, Josef Jarno (s. d.), von einem Gastspiel in Laibach nach Wien, wo er als Lehrjunge Poldl in „Die Deutschmeister sind da" auftrat und bis 1907 blieb. M. fühlte sich schon früh zu Komikerrollen hingezogen, und so kam er zum Kabarett und Varieté, wo er 1923 mit seinem „Dienstmann" seinen ersten großen Erfolg feiern konnte, dem bald der „Krankenkassenpatient" folgte. Hubert Marischka (s. d.) holte ihn 1924 an das Theater an der Wien, Max Reinhardt (s. d.) 1925 an das Theater in der Josefstadt und ans Deutsche Theater in Berlin, mit dessen Ensemble er Tourneen bis nach Nord- und Südamerika mitmachte. 1931 verpflichtete Reinhardt M. erneut ans Deutsche Theater in Berlin, wo er in Ödön v. Horváths „Geschichten aus dem Wiener Wald" gemeinsam mit Peter Lorre, Lucie Höflich, Carola Neher und Paul Hörbiger (s. d.) auftrat. Bereits 1921–28 war M. beim Stummfilm beschäftigt, und ab 1930 spielte er in insgesamt 124 Tonfilmen, durch die er zum eigenwilligen Darsteller Wiener Originale wurde. Seine große Fähigkeit als Charakterdarsteller wurde in Wien erst nach dem Zweiten Weltkrieg erkannt und gewürdigt. 1961 spielte M. „Das hohe Alter" in „Der Bauer als Millionär" bei den Salzburger Festspielen, 1963 erfolgte sein letzter Auftritt: im Theater an der Wien verkörperte er den Polizeikonzipienten in Molnárs „Liliom". Spät wurde er auch geehrt, 1950 erhielt er den Ehrenring der Stadt Wien, 1961 die Josef-Kainz-Medaille und 1963 den Titel Kammerschauspieler.

Fontana, O. M.: Hans Moser, Volkskomiker und Menschendarsteller (1965); Marcus, G.: H. M., Ich trag' im Herzen drin ein Stück vom alten Wien (1980); Schulz, H.: H. M. (1980); Veigl, H.: Lachen im Keller. Kabarett und Kleinkunst in Wien (1986)

MOSER, Johann Baptist (eigtl. Müller), * 25. 9. 1799 in Wien, † 6. 12. 1863 in Wien, Volkssänger. Sollte eigentlich Lehrer werden, brach jedoch sein Studium ab und bereiste als Reisebegleiter Westeuropa. 1829 gründete er eine eigene Gesellschaft und führte anstelle der Harfe das Klavier als Begleitinstrument ein. Er gilt seither als Reformator des Wiener Volkssängerwesens. So schaffte er das unwürdige Geldabsammeln mit dem Teller ab und räumte mit dem Harfenistentum auf. Er dichtete und komponierte eine Vielzahl von Wiener Liedern, die er in besseren Lokalen, etwa dem „Café Sperl", dem Zweiten Kaffeehaus in der Prater Hauptallee und im „Grünen Tor", vortrug. Zusätzlich schuf er volksstückhafte Szenen, die er „Konversationen" nannte. Seine „gehobeneren" Lieder waren sehr geschätzt, so daß 74 davon unter dem Titel „Wiener Lokalgesänge" von Tobias Haslinger (s. d.) verlegt wurden.

Koller, J.: Das Wiener Volkssängertum in alter und neuer Zeit (1931); Spiehs, H.: Der Volkssänger J. B. M. Diss. Wien (1934)

MOSER, Kolo (Koloman), * 30. 3. 1868 in Wien, † 18. 10. 1918 in Wien, Maler und Graphiker. Studierte 1886–92 an der Wiener Akademie der bildenden Künste und anschließend bis 1895 an der Kunstgewerbeschule in Wien, wo er selbst 1899 Lehrer und ab 1900 Prof. wurde. 1897 Gründungsmitglied der Wiener Secession, trat er 1905 mit der Klimt-Gruppe aus. Gemeinsam mit Josef Hoffmann (s. d.) und Fritz Wärndorfer gründete er 1903 die „Wiener Werkstätte", später auch den „Ö. Werkbund". M. wurde zum Erneuerer des Kunstgewerbes und entwarf vor allem Möbel, Schmuck, Gläser und Bühnenbilder. Als Graphiker schuf er Plakate, Buchillustrationen und Briefmarkenentwürfe, wobei er 1906 erstmals Landschaftsmotive verwendete. Außerdem war er Redakteur der Secessions-Zeitschrift „Ver Sacrum" und arbeitete für die „Wiener Mode". Für die von Otto Wagner (s. d.) erbaute Kirche Am Steinhof schuf er den Hochaltar und die Glasmalereien der Fenster. 1902 veröffentlichte M. „Flächenschmuck" und 1912 „Bühnendekorationen zu Bittners Oper ‚Der Bergsee'". In seinen letzten Lebensjahren wandte er sich ausschließlich der Malerei zu.

Fenz, W.: K. M., Diss. Graz (1969); Schweiger, W. J.: Die Wiener Werkstätte (1982)

MOSER, Stephan, s. Zapletal, Joseph

MOSER-PRÖLL, Annemarie, * 27. 3. 1953 in Kleinarl (S), Schirennläuferin. Die „beste Schirennläuferin aller Zeiten"; ihre dominierende Stellung ist bestenfalls mit jener der Deutschen Christl Cranz in den dreißiger Jahren vergleichbar. Ö. Sportlerin der Jahre 1973, 1974, 1975, 1977, 1978, 1979, 1980. Sie gewann den Gesamt-Weltcup in den Jahren 1971–74 en suite (davon 1973 mit dem Punkterekord von 297 Punkten) sowie 1979. Die Weltcup-Abfahrtstrophäe gewann sie 1971–75 sowie 1978 und 1979. Insgesamt feierte sie Siege in 63 Weltcup-Rennen (davon 36 in Abfahrten). Als haushohe Favoritin fuhr sie zu den Olympischen Winterspielen 1972 nach Sapporo, mußte sich dort aber – unter den Belastungen des Schranz-Skandals – hinter der Schweizerin Nadig jeweils mit der Silbermedaille in Abfahrt und Riesentorlauf begnügen. Bei den Weltmeisterschaften 1974 und 1978 siegte sie in der Abfahrt, 1972 und 1978 in der WM-Kombination. 1980 in Lake Placid wurde dann „Annamirls"

Kelchglas nach einem Entwurf Kolo Mosers

Annemarie Moser-Pröll

Olympiatraum wahr. Die Goldmedaille in der Abfahrt krönte ihre einzigartige Karriere.

MOTTL, Felix, * 24. 8. 1856 in Wien, † 2. 7. 1911 in München, Dirigent und Komponist. Studierte am Wiener Konservatorium bei Bruckner (s. d.) und J. Hellmesberger sen. (s. d.) und wurde 1880 Hofkapellmeister in Karlsruhe, wo er 1893 zum Generalmusikdirektor ernannt wurde. Das Karlsruher Hoftheater erlebte unter ihm eine Glanzzeit; 1890 führte er hier zum erstenmal Hector Berlioz' „Les Troyens" vollständig auf. Feierte ab 1888 große Erfolge bei den Bayreuther Festspielen. 1903 ging er als Generalmusikdirektor nach München, übernahm 1904 die Direktion der Königlichen Akademie der Tonkunst und wurde 1907 Direktor der Hofoper. M. war einer der bedeutendsten Wagner-Interpreten sowie Mitbegründer des „Wiener Akademischen R.-Wagner-Vereins". M. komponierte mehrere Tanz- und Festspiele sowie Opern, Lieder und Streichquartette.

MOZART, Konstanze, * 5. 1. 1762 in Zell im Wiesental (Baden-Württemberg), † 6. 3. 1842 in Salzburg. Tochter des Musikers Fridolin Weber († Oktober 1779 in Wien). Sie lernte Mozart (s. d.) während dessen Mannheimer Aufenthalts (30. 11. 1777–14. 3. 1778) kennen. Am 4. 8. 1782 heiratete sie Mozart in Wien und gebar ihm sechs Kinder, von denen nur zwei Söhne, Karl (1784–1858) und Franz Xaver Wolfgang (1791–1844), am Leben blieben. Nach Mozarts Tod (5. 12. 1791) war sie in finanziellen Schwierigkeiten. Die Hofkammer gewährte ihr eine jährliche Gnadenpension (13. 3. 1792), daneben verdiente sie am Verkauf von Partiturkopien und durch die Einnahmen aus Benefizkonzerten. Am 26. 6. 1809 heiratete sie in Preßburg den in dänischen diplomatischen Diensten stehenden Georg Nikolaus Nissen (s. d.) und lebte mit ihm ab 1820 in Salzburg.

MOZART, Leopold (Johann Georg Leopold), * 14. 11. 1719 (Tauftag) in Augsburg, † 28. 5. 1787 in Salzburg, Komponist und Kapellmeister. Erhielt am Salvatorgymnasium in Augsburg eine umfassende Ausbildung, ging 1737 an die Universität Salzburg, mußte aber 1739/40 sein Studium aufgeben und wurde Kammerdiener und Musicus bei Graf Thurn-Valsassina und Taxis, dem Präsidenten des Salzburger Konsistoriums, 1743 nahm Fürsterzbischof Leopold Anton Freiherr von Firmian M. in die fürsterzbischöfliche Hofkapelle als Geiger auf. 1757 Hofkomponist, 1763 Vizekapellmeister. 1756 veröffentlichte er „Versuch einer gründlichen Violinschule", die ein wichtiges Quellenwerk ist und in zahlreichen Auflagen erschien. M. komponierte mehrere Symphonien, Oratorien, Kirchenmusik und Klaviersonaten. In seiner Musik verband M. ö. Eigenart mit der norddeutschen Schule etwa Ph. E. Bachs. Die früher Joseph Haydn zugeschriebene „Kindersymphonie" (um 1760) stammt von ihm. 1759 entstand „Nannerls Notenbuch". Seine eigentliche Bedeutung liegt in der erzieherischen und musikalischen Betreuung seines Sohnes Wolfgang Amadeus M. (s. d.), mit dem er, zusammen mit dessen älterer Schwester Nannerl (s. d.), zahlreiche Konzertreisen durch Europa unternahm. M.s Briefe an seine Tochter wurden 1936 von O. E. Deutsch und B. Paumgartner herausgegeben.

MOZART, Nannerl (Maria Anna), * 30. 7. 1751 in Salzburg, † 29. 10. 1829 in Salzburg, Pianistin. Schwester von Wolfgang Amadeus M. (s. d.) und Tochter von Leopold M. (s. d.). War eine bedeutende Pianistin und begleitete ihren Bruder auf seinen ersten Konzertreisen. Sie heiratete 1784 den Freiherrn Johann B. v. Berchtold zu Sonnenburg, der 1801 starb, worauf sie als Klavierlehrerin tätig war. Nach der Heirat ihres Bruders (1782) zerbrach das bisher enge Vertrauensverhältnis zwischen Wolfgang Amadeus und Nannerl. M. erblindete einige Jahre vor ihrem Tod. 1958 wurden Nannerl M.s „Tagebuchblätter, mit Eintragungen ihres Bruders Wolfgang Amadeus" von W. Hummel herausgegeben.

Hummel, W.: Nannerl (1952)

MOZART, Wolfgang Amadeus (Johannes Chrysostomus Wolfgangus Theophilus; M.

WOLFGANG AMADEUS MOZART

„. . . der größte Komponist, den ich kenne"

„Ich sage Ihnen vor Gott als ehrlicher Mann, Ihr Sohn ist der größte Komponist, den ich von Person und dem Namen nach kenne."

Joseph Haydn zu Leopold Mozart (11. Februar 1785)

„Überhaupt irrt man, wenn man denkt, daß mir meine Kunst so leicht geworden ist. Ich versichere Sie, lieber Freund! niemand hat so viel Mühe auf das Studium der Komposition verwendet als ich. Es giebt nicht leicht einen berühmten Meister in der Musik, den ich nicht fleißig, oft mehrmal durchstudirt hätte."

Aus einem Schreiben Mozarts an den Prager Kapellmeister Johann Baptist Kucharz

„Genießend oder schaffend, kannte Mozart gleich wenig Maß und Ziel. Ein Teil der Nacht noch im Bett, ward ausgearbeitet. Dann machte er, von zehn Uhr an, zu Fuß oder im Wagen abgeholt, die Runde seiner Lektionen, die in der Regel noch einige Nachmittagsstunden wegnahmen . . . und wenn er nun, durch diese und andere Berufsarbeiten, Akademien, Proben und dergleichen abgemüdet, nach frischem Atem schmachtete, war den erschlafften Nerven häufig nur in neuer Aufregung eine scheinbare Stärkung vergönnt. Seine Gesundheit wurde heimlich angegriffen, ein je und je wiederkehrender Zustand von Schwermut wurde, wo nicht erzeugt, doch sicherlich genährt an eben diesem Punkt und so die Ahnung eines frühzeitigen Todes, die ihn zuletzt auf Schritt und Tritt begleitete, unvermeidlich erfüllt. Gram aller Art und Farbe, das Gefühl der Reue nicht ausgenommen, war er als eine herbe Würze jeder Lust auf seinen Teil gewöhnt. Doch wissen wir, auch diese Schmerzen rannen, abgeklärt und rein, in jenem tiefen Quell zusammen, der, aus hundert goldenen Röhren springend, im Wechsel seiner Melodien unerschöpflich, alle Qual und alle Seligkeit der Menschenbrust ausströmte."

Eduard Mörike, Mozart auf der Reise nach Prag (1856)

„W. Amad. Mozarts sterbliche Hülle wurde auf dem Gottesakker vor der St. Marxer Linie begraben; aber die Stelle ist leider nicht mehr anzugeben. Seine Witwe verfiel unmittelbar nach seinem Tode selbst in eine gefährliche Krankheit. Baron Swieten besorgte die Bestattung Mozarts, und da er dabei nur die größtmöglichste Ersparnis für die hinterlassenen Familienglieder berücksichtigte, so wurde der Sarg in ein gemeinschaftliches Grab eingesenkt, und selbst der kleine Aufwand eines Steines, den die Witwe zur Bezeichnung der Stelle so gern gesetzt hätte, mußte vermieden werden. Mozart starb am 5. Dezember 1791, und die Leichname wurden damals nach der Angabe des Totengräbers in der dritten und vierten Reihe vom Kreuze an gerechnet, welches auf dem St. Marxer Kirchhofe steht, begraben. Der Fleck, auf welchem Mozarts Körper verwest ist, kann jetzt, nach siebzehn Jahren, nicht mehr bestimmt werden, weil die Gräber periodisch umgegraben werden . . ."

Vaterländische Blätter, 1808, Nr. 31

nannte sich in Italien von 1770 an Wolfgango Amadeo und von etwa 1777 an Wolfgang Amadé), * 27. 1. 1756 in Salzburg, † 5. 12. 1791 in Wien, Komponist. Einer der Hauptvertreter der Wiener Klassik. Deutsche und italienische Elemente des Spätbarocks und Rokokos bildeten die Grundlage für einen eigenen, sehr persönlichen und unnachahmlichen Kompositionsstil. Dieser bringt innerhalb der beibehaltenen Sonatenform mehr als zwei Themen, größere Bezugsdichte innerhalb des Satzes und innerhalb des ganzen Werkes zwischen einzelnen Sätzen, reichere Klangdifferenzierungen durch Instrumentation. In seinen bedeutendsten Opern knüpfte M. an die Opera buffa und das deutsche Singspiel an und erreichte in den Ensembles und Finales absolute Höhepunkte des europäischen Musikschaffens. Anfang Februar 1761 komponierte M. sein erstes Werk, ein Andante für Klavier, und trat kurz danach mit einem Menuett an die Öffentlichkeit. Ab 1762 unternahm der Sechsjährige, begleitet von Vater und Schwester, Konzertreisen als Pianist, bei welchen er auch seine Kompositionen vortrug. Am 13. 10. 1762 spielte er vor Maria Theresia in Wien. 1765 schrieb er seine ersten drei Symphonien. 1769 Konzertmeister bei Erzbischof Hieronymus Graf Colloredo (s. d.) in Salzburg. 1770 in Rom von Papst Klemens XIV. zum Ritter vom Goldenen Sporn ernannt. Am 11. 4. 1770 hörte M. in der Sixtinischen Kapelle das „Miserere" von Gregorio Allegri (das nicht kopiert werden durfte) und schrieb es nachher aus dem Gedächtnis nieder. Von September 1777 bis Ende 1778 ging er mit der Mutter auf Reisen, u. a. nach Mannheim und Paris (in Mannheim lernte er Aloysia und Konstanze Weber, seine spätere Frau, kennen; in Paris starb die Mutter). Jänner 1779 bis Juni 1781 als Konzertmeister und Hoforganist wieder im Dienst des Erzbischofs von Salzburg. Nach einem Aufenthalt in München (6. 11. 1780–12. 3. 1781), bei welchem er am 29. 1. seinen „Idomeneo" zur Uraufführung brachte, mußte M. auf Weisung des Erzbischofs nach Wien, wo es dann am 8. 6. zum Bruch mit dem Erzbischof kam. M. blieb fortan in Wien. Am 4. 8. 1782 heiratete M. Konstanze Weber, mit der er sechs Kinder hatte, von denen jedoch nur zwei Söhne am Leben blieben. In Wien Freundschaft mit Haydn (s. d.), dem er sechs Streichquartette (entstanden 1782–85) widmete. 1787 zum „k. k. Kammer-Kompositeur" ernannt. 1786 und 1787 feierte M., jeweils in Prag, mit „Figaros Hochzeit" und „Don Giovanni" Triumphe. 1788 entstanden in rascher Aufeinanderfolge die drei großen Symphonien in Es-Dur, g-Moll und C-Dur (Jupitersymphonie). Im Jänner 1790 wurde die im Auftrag des Kaisers komponierte Oper „Così fan tutte" erstaufgeführt. Für die Krönung Kaiser Leopolds II. schrieb M. zwei „Krönungskonzerte" (KV 459 u. KV 537) und führte sie am 15. 10. 1790

Der junge Mozart. Miniatur von Johann Nepomuk della Croce

in Frankfurt am Main selbst auf. Im letzten Lebensjahr entstanden die Opern „La clemenza di Tito" und „Die Zauberflöte", letztere auf Anregung Emanuel Schikaneders (s. d.). M. starb am 5. 12. 1791 an den Folgen einer Niereninsuffizienz. Das von Graf Walsegg-Stuppach anonym in Auftrag gegebene Requiem konnte er nicht mehr vollenden. Sein Leichnam wurde in einem Schachtgrab auf dem Friedhof St. Marx bei Wien beigesetzt; seine Begräbnisstätte ist daher unbekannt. M. hinterließ weit über 600 Werke, darunter 19 Opern und Singspiele, Symphonien, Divertimenti, Kammermusik in verschiedener Besetzung, Klavier- und Violinkonzerte, Konzerte für Blasinstrumente, Konzertarien, Lieder, Messen, geistliche Musik. L. Ritter von Köchel veröffentlichte 1862 ein „Chronologisch-thematisches Verzeichnis sämtlicher Tonwerke W. A. M.s" (abgekürzt: KV). Die Melodie der ö. Bundeshymne der Zweiten Republik wird M. zugeschrieben. Seine Autorschaft scheint nicht ganz gesichert, da das Lied in seiner Handschrift nicht überliefert ist. Im Erstdruck von 1792 ist es der (in Originalhandschrift vorhandenen) „Freimaurerkantate" angefügt. Das Konzert für Klavier und Orchester (KV 386) wurde erst am 6. 5. 1980 in München durch Paul Badura-Skoda mit dem Münchner Kammerorchester unter Hans Stadelmair komplett uraufgeführt, da der Schluß des Rondos erst im Nachlaß von Franz X. Süßmayr (s. d.) gefunden worden war. Am 29. 7. 1980 konnte im Rahmen der Salzburger Festspiele die seit Jahren verschollen gewesene „Janitscharenmusik" aus der Oper „Die Entführung aus dem Serail" wieder aufgeführt werden. Sie war vom Salzburger Musikwissenschaftler Gerhard Kroll in einem Berliner Archiv aufgefunden worden. Im Dezember 1986 wurde in Prag eine unvollendete Orgelphantasie (KV 528 a) aufgefunden, die M. dort 1787 komponierte. – Mozarts Söhne: Carl Thomas, * 21. 9. 1784 in Wien, † 31. 10. 1858 in Mailand, war Steuerbeamter; Franz Xaver Wolfgang (später Wolfgang Amadeus), * 26. 7. 1791 in Wien, † 29. 7. 1844 in Karlsbad (Böhmen), war Pianist, Kapellmeister und Komponist und

Das Haus Domgasse 5 in Wien. Hier wohnte Mozart 1784–87 und schrieb in dieser Zeit seine Oper „Die Hochzeit des Figaro"

lange Zeit in Lemberg tätig. Mit dem Tod beider erlosch die Familie M.

Einstein, A.: M. (1945); Abert, H.: W. A. M., neubearb. u. erw. Ausgabe der M.-Biographie von O. Jahn (1955/56); Paumgartner, B.: M. (1973); Schenk, E.: M. (1975); Hildesheimer, W.: M. (1977)

MUCH, Matthäus, * 18. 10. 1832 in Göpfritz (NÖ), † 17. 12. 1909 in Wien, Frühgeschichtsforscher und Kulturhistoriker. Studierte in Wien und Graz und war ab 1876 Sekretär der Wiener Anthropologischen Gesellschaft. M. war der Wegbereiter der frühgeschichtlichen Forschung in Ö. und rief die Pfahlbauforschung in Ö. ins Leben. Seine umfangreiche und bedeutende Sammlung wurde zum Grundstock des Lehr- und Forschungsapparats des Urgeschichtlichen Instituts der Universität Wien. 1894 schuf er eine Wandtafel „Vor- und frühgeschichtliche Denkmäler aus Ö.-Ungarn" und veröffentlichte außerdem u. a.: „Die Frauen in der Urgeschichte" (1883), „Die Kupferzeit in Europa" (1886) und „Sammlung von Abbildungen vor- und frühgeschichtlicher Funde aus den Ländern der ö.-ungarischen Monarchie" (1889).

MUCHA, Alfons, * 24. 7. 1860 in Eibenschitz (Mähren), † 14. 7. 1939 in Prag, Maler, Graphiker und Kunstgewerbler. Studierte ab 1883 in München, danach in Paris, wo er mit seinen Plakaten für die berühmte Schauspielerin Sarah Bernhardt Aufsehen erregte und damit zu einem der Begründer der französischen „Art Nouveau" wurde. 1904 ging er in die USA, wo er an verschiedenen Kunsthochschulen unterrichtete. 1910 kehrte er nach Böhmen zurück und begann die Arbeit an seinem Zyklus „Slawische Epopöe". M. schuf auch zahlreiche Buchillustrationen, Möbel, Theaterdekorationen und Glasmalereien. Mit seiner floral-ornamentalen Linienführung wurde er aber vor allem ein Pionier des Jugendstilplakats (Plakat für Sarah Bernhardt, Moët et Chandon 1899 u. a.), und auf diesem Gebiet der angewandten Kunst liegt auch seine eigentliche Bedeutung.

MUCHAR, Albert (Anton) von, * 22. 11. 1786 in Lienz (Osttirol), † 6. 6. 1849 in Graz, Historiker. Trat 1805 im Stift Admont (St) in den Benediktinerorden ein, studierte in Graz und wurde dort 1835 o. Univ.-Prof. M. war der Initiator der steirischen Landesgeschichtsforschung („Historiker der Steiermark"). Von seinen Veröffentlichungen sind zu erwähnen: „Das römische Noricum", 2 Bde. (1825/26), „Das Tal und Warmbad Gastein" (1834) und „Geschichte des Herzogtums Steiermark", 9 Bde. (1845–74).

Kriegelstein-Sternfeld, B.: Der Historiker A. v. M., Diss. Graz (1949)

MUEHL, Otto, * 16. 6. 1925 in Grodnau (B), Maler und Aktionist. 1952 legte er die Lehramtsprüfung für Deutsch und Geschichte an der Universität Wien ab, studierte anschließend an der Akademie der bildenden Künste und arbeitete daneben als Zeichentherapeut im Therapieheim für Kinder. Ab 1961 unternahm er mit Brus (s. d.), Nitsch (s. d.) und Wiener (s. d.) erste Aktionen. Seit 1966 enge Zusammenarbeit mit Brus. 1968 entstand „Kunst und Revolution", eine Aktion, für die M. zu einem Monat Gefängnis verurteilt wurde. M. lebt seither in seinem Therapiezentrum im Burgenland.

MÜHLFELD, Louis, s. Bermann, Moritz

MÜHLHER, Robert, * 22. 2. 1910 in Wien, Literarhistoriker. Studierte in Wien und war 1938 an der Ö. Nationalbibliothek tätig. 1954–80 Univ.-Prof. in Graz. 1948 gab er „Um Zeitliches und Ewiges. Ö.s kämpferische Lyrik" heraus und 1950/51 „Meisterwerke der Weltliteratur" (15 Bde.), 1951 „Dichtung in der Krise".

MUHRI, Franz, * 21. 10. 1924 in Steyeregg (St), KPÖ-Politiker. Nach der Volksschule wurde er Oberbauarbeiter bei der Graz-Köflacher Eisenbahn, später Bauarbeiter und danach Lohnverrechner. Arbeitete schon 1939 im illegalen Kommunistischen Jugendverband, wurde 1942 zur Wehrmacht eingezogen, desertierte 1943, schloß sich der Widerstandsgruppe auf der steirischen Koralpe an und lebte bis Kriegsende als U-Boot. Ab 1945 wieder aktiv in der KPÖ tätig, wurde er 1961 zum Mitglied des Zentralkomitees und 1965 als Nachfolger von J. Koplenig (s. d.) zum Vorsitzenden der KPÖ gewählt.

MULIAR, Fritz, * 12. 12. 1919 in Wien, Schauspieler und Kabarettist. Als uneheliches Kind geboren, wurde er mit 5 Jahren vom jüdischen Juwelier Mischa M. adoptiert. Nach seiner Ausbildung am Konservatorium der Stadt Wien trat er bereits 1936 im Kabarett „Der liebe Augustin" in Wien auf, war danach im Landestheater Innsbruck und im Wiener „Simpl" tätig. 1940 wurde er zur deutschen Wehrmacht eingezogen, hatte aber bald Kontakt zur Résistance in Frankreich und wurde 1942 nach fünfmonatiger Einzelhaft wegen „Betätigung gegen das Deutsche Reich, Zersetzung der Wehrkraft und Beleidigung des Führers in 36 Fällen" zu fünf Jahren Haft verurteilt. Ende 1945 war M. am Klagenfurter Landestheater als Operettenbuffo, danach an mehreren Wiener Bühnen, ab 1964 am Theater in der Josefstadt und zuletzt am Wiener Burgtheater engagiert, wo er besonderen Erfolg in Nestroy-Stücken hatte. Daneben war er vielfach bei Film, Fernsehen und als Vortragskünstler tätig. Mehrfach geehrt, erhielt er 1975 den Titel Prof. und 1984 den Nestroy-Ring. M. ist in zweiter Ehe mit Franziska Kalmar, der ersten ö. Fernsehsprecherin, verheiratet.

MÜLLER, Adam Heinrich, Ritter von Ritterdorf (seit 1826), * 30. 6. 1779 in Berlin, † 17. 1. 1829 in Wien, staatswissenschaftlicher Publizist. War 1805 in Wien zum katholischen Glauben übergetreten und hatte 1811 vielbeachtete Vorlesungen gehalten. 1813 trat er in den ö. Staatsdienst und war 1816–26 ö. Generalkonsul in Leipzig. Auf Vorschlag Metternichs in den Ritterstand erhoben, war er ab 1827 Hofrat in der Staatskanzlei. Als einer der Hauptvertreter der „politischen Romantik" war er mit Novalis, Friedrich Schlegel (s. d.), Clemens Maria Hofbauer (s. d.) und Friedrich von Gentz (s. d.) befreundet. M. bezeichnete den Staat als die „ewige Allianz der Menschen untereinander". Durch die Schule Othmar Spanns (s. d.) wurden seine Werke der Vergessenheit entrissen, u. a.: „Elemente der Staatskunst" (1809, Neuausg. 1922) und „Versuch einer neuen Theorie des Geldes" (1816, Neuausg. 1922), außerdem „Lehre vom Gegensatz" (Neuausg. 1904), „Vorlesungen über deutsche Wissenschaft und Literatur" (1806) und „Von der Notwendigkeit einer theologischen Grundlage der gesamten Staatswissenschaften und der Staatswirtschaft insbesondere" (1819, neue Aufl. 1898).

Baxa, J.: A. M.s Philosophie, Ästhetik und Staatswissenschaft (1930); Aris, R.: Die Staatslehre A. M.s in ihrem Verhältnis zur deutschen Romantik (1929)

MÜLLER, Adolf d. Ä. (eigtl. Matthias Schmid), * 7. 10. 1801 in Tolna (Ungarn), † 29. 7. 1886 in Wien, Bühnenkomponist. Arbeitete zunächst als Schauspieler in Prag, Lemberg und Brünn, danach ab 1823 am Theater in der Josefstadt in Wien. 1825 begann seine Laufbahn als Bühnenkomponist. Seine Parodie-Opern, etwa „Schwarze Frau" (1826), hatten großen Erfolg. Seine heiteren Opern, Singspiele und Possen waren im Stammrepertoire vieler Wiener Theater. 1827 Kapellmeister am Kärntnertortheater, 1838 am Theater in der Leopoldstadt. Ab 1847 war er am Theater an der Wien tätig. M. schrieb die Musik zu rund 600 Bühnenwerken, u. a. auch zu den Stücken Nestroys (s. d.).

MÜLLER, Anton (Pseud. Bruder Willram), * 10. 3. 1870 in Bruneck (Südtirol), † 16. 2. 1939 in Innsbruck, katholischer Geistlicher und Volksschriftsteller. Wurde 1892 zum Priester geweiht, anschließend Religionsprof. in Innsbruck, später Prälat. M. war auch als Volksprediger bedeutend und erwarb sich große Verdienste um das Passionsspiel in Brixlegg (T). Außerdem verfaßte er Kriegslyrik („Der hl. Kampf", 1916) und mehrere volkstümliche Dichtungen: „Kiesel und Kristall" (Gedichte, 1895), „Blütenstaub und Blättergold" (Gedichte, 1903), „Das Passionsspiel von Brixlegg" (1903), „Bilder auf Goldgrund" (1913), „Aus Herz und Heimat" (1919) und „Unter morgenländischem Himmel" (1923).

Köchling, M.: Bruder Willram (1919)

MÜLLER, Hermann Franz, * 25. 10. 1866 in Wien, † 23. 10. 1898 in Wien, Arzt. Studierte in Graz Medizin und promovierte 1889. Er beschäftigte sich mit der Frage der Blutbildung, war 1892–94 Assistent an der Medizinischen Klinik in Wien, 1895 bei Prof. H. Nothnagel (s. d.) und habilitierte sich 1896 als Dozent für innere Medizin. 1897 wurde er klinisches Mitglied einer wissenschaftlichen Kommission, die zum Studium der Pest nach Indien ging. Nach seiner Rückkehr war er wieder Assistent an der I. Medizinischen Klinik und beschäftigte sich intensiv mit der Auswertung dieser Forschungsexpedition. In einem abgesonderten „Pestzimmer" arbeitete er an den von ihm angelegten Pestkulturen und gab 1898 die grundlegende Monographie „Klinische Untersuchungen über die Beulenpest in Bombay im Jahre 1897" heraus. Als sich sein Laboratoriumsdiener infiziert hatte, betreute er ihn bis zu dessen Tod am 19. 10. 1898. Bei der Pflege erkrankte auch M. und starb an einer Pestpneumonie. M. gilt als Entdekker des Pestbazillus.

MÜLLER, Johann Baptist, s. Moser

MÜLLER, Otto, * 3. 3. 1901 in Karlsruhe, † 10. 2. 1956 in Salzburg, Verleger. War 1930–37 Leiter des Verlages Anton Pustet in Salzburg und gründete 1937 dort seinen eigenen „Otto Müller Verlag". Ausschließlich dem katholischen Schrifttum verpflichtet, erhielt er 1940 Berufsverbot und mußte seinen Verlag sperren. 1945 wiedereröffnet, verlegte er neben Werken der katholischen Theologie auch Bücher von Paul Claudel, Paula von Preradović (s. d.), Josef Leitgeb (s. d.), Karl Heinrich Waggerl (s. d.), Georg Trakl (s. d.) und Josef Weinheber (s. d.). Einen ausgesprochenen Bestseller-Erfolg erreichte er mit der deutschen Ausgabe von Guareschis „Don Camillo und Peppone".

MÜLLER, Wenzel, * 26. 9. 1759 in Türnau (Mähren), † 3. 8. 1835 in Baden (NÖ), Kapellmeister und Komponist. War Schüler des Singspielkomponisten Karl Ditters von Dittersdorf (s. d.) und wurde 1786 Theaterkapellmeister am Leopoldstädter Theater in Wien, wo er, der bereits seit 1782 Erfolge als Bühnenkomponist hatte, auch zur Komposition verpflichtet war. Abgesehen von den Jahren 1807–13, wo er Operndirektor am Prager Landestheater war, blieb er bis zu seinem Tod diesem Theater treu. M. schuf über 200 Zauberopern, Possen und Singspiele, worunter 1790 „Das Sonnenfest der Brahminen" sein erster und das „Das Neusonntagskind"

Josef Müllner: Lueger-Denkmal in Wien

(1793) sein durchschlagender Erfolg waren. Letzteres wurde im Leopoldstädter Theater rund 250mal aufgeführt und besonders durch das Lied „Wer niemals einen Rausch gehabt" weit über Ö.s Grenzen hinaus bekannt. Seinen Höhepunkt als Bühnenkomponist erreichte er 1828 mit der Vertonung von Ferdinand Raimunds „Alpenkönig und Menschenfeind" („So leb denn wohl, du stilles Haus") sowie mit den Musiken zum „Barometermacher auf der Zauberinsel" (1823) und zur „Gefesselten Phantasie" (1827). M.s „Kommt ein Vogerl geflogen" ist ein heute noch beliebtes Volkslied.

Krone, W.: W. M. Diss. mit Werkverzeichnis, Berlin (1906); Raab, L.: W. M (1928)

MÜLLER-EINIGEN, Hans (eigtl. Hans Müller), * 25. 10. 1882 in Brünn (Mähren), † 8. 3. 1950 in Einigen (Schweiz), Schriftsteller. Bruder von Ernst Lothar (s. d.), lebte seit 1930 in Einigen, zeitweilig auch als Filmdramaturg in Hollywood (USA). Schrieb den Text zur Operette „Im weißen Rößl" (1931) und mehrere Schauspiele, Lustspiele und Dramen, von denen „Das Wunder des Beatus" (1910) und „Die Sterne" (1919) bekannt wurden. Außerdem veröffentlichte er mehrere Gedichtbände und die Romane „Das Glück, da zu sein" (1940) und „Jugend in Wien" (1945). Seine Autobiographie „Geliebte Erde" erschien 1938.

MÜLLER-GUTTENBRUNN, Adam, * 22. 10. 1852 in Guttenbrunn (Banat), † 5. 1. 1923 in Wien, Schriftsteller und Feuilletonist. Studierte in Hermannstadt und Wien und lebte 1873–79 in Linz als Beamter, um dann endgültig in Wien ansässig zu werden. Wurde ab 1881 durch mehrere Schauspiele bekannt, später durch die beiden kulturgeschichtlichen und volkskundlichen Würdigungen seiner Heimat: „Glokken der Heimat", „Der große Schwabenzug". 1893–96 war er Direktor des neu eröffneten Raimundtheaters in Wien, 1898–1903 des neuerbauten „Kaiser-Jubiläums-Stadttheaters" (der heutigen Volksoper). 1910 regte er den Deutsch-ungarischen Kulturrat an und war 1919/20 deutschnationaler Abgeordneter zum Nationalrat. Ab 1886 gab er mehrere Jahre hindurch den „Kalender des Deutschen Schulvereins" heraus. Schrieb auch unter den Pseud. Ignotus, Franz Josef Gerhold und Vetter Michel. Von seinen zahlreichen Veröffentlichungen seien u. a. erwähnt: „Das Wiener Theaterleben" (1890), „Im Jahrhundert Grillparzers" (1893), „Erinnerungen eines Theaterdirektors" (hrsg. v. R. Meinhard, 1924), „Der Roman meines Lebens" (hrsg. v. Roderich M.-G., 1927); Romane u. a.: „Von Eugenius bis Josephus", 3 Bde. (1913–17), „Auf der Höhe" (Lenau-Trilogie, 1921). Sein Sohn Herbert M.-G. (* 5. 6. 1887 in Wien, † 10. 4. 1945 in Klosterneuburg [NÖ]) war ebenfalls als Schriftsteller tätig. Unter dem Einfluß von K. Kraus (s. d.) gab er von 1926 an die satirische Zeitschrift „Das Nebelhorn" heraus und schrieb auch zahlreiche Romane, Erzählungen und Bühnenwerke, u. a.: „Zeit aus den Fugen" (1934), „Mensch und Erde" (1937), „Der Weg zur inneren Freiheit" (1937).

MÜLLER-PREIS, Ellen, * 6. 5. 1917 in Berlin, Fechterin. Ö. Sportlerin des Jahres 1949. Ihre sensationelle Laufbahn währte 34 Jahre – von 1928–62. Gewann Olympia-Gold 1932 in Los Angeles, 1936 in Berlin und 1948 in London gab es Bronze. Insgesamt nahm M.-P. an fünf Olympischen Spielen teil, was einmalig in der Sportgeschichte ist. Dazu holte sich die spätere Fechtlehrerin am Reinhardt-Seminar noch vier Weltmeistertitel (1932, 1947, 1949, 1950).

MÜLLNER, Josef, * 1. 8. 1879 in Baden (NÖ), † 25. 12. 1968 in Wien, Bildhauer. Studierte 1896–1903 an der Wiener Akademie der bildenden Künste und war ein Schüler von Kaspar von Zumbusch (s. d.). Erhielt 1903 den Rom-Preis, ebenfalls 1903 entstand sein erstes Werk, die Sandsteingruppe „Heilige Familie" am Herz-Jesu-Kloster in Wien-Döbling. 1910 a. o. Prof., 1912–39 o. Prof. und Leiter der allgemeinen Bildhauerschule an der Wiener Akademie der bildenden Künste. Zu seinen Arbeiten zählen u. a.: das Lueger-Denkmal (1916), das Heldendenkmal für die gefallenen Studenten in der Aula der Universität (1922) und „Der Sieger" vor dem Theseustempel im Wiener Volksgarten.

Kapner, G.: Freiplastik in Wien (1970)

MÜNCH-BELLINGHAUSEN, Eligius Franz Joseph Freiherr von, s. Halm, Friedrich

MUNDY, Jaromir von, * 3. 10. 1822 auf Schloß Eichhorn (Mähren), † 23. 8. 1894 in Wien (Selbstmord), Offizier und Arzt. Studierte zunächst Theologie, wandte sich aber 1843 der Offizierslaufbahn zu. Machte die Feldzüge von 1848 und 1849 mit, nahm 1856 als Hauptmann seinen Abschied. Studierte in Würzburg Medizin, wurde 1859 zum Dr. med. promoviert und wandte sich der Irrenheilkunde zu. Für den Feldzug von 1859 ließ er sich reaktivieren und besuchte anschließend zahlreiche Irrenanstalten Europas. 1866 bemühte er sich um das Militärsanitätswesen in Ö. und betätigte sich im Deutsch-Französischen Krieg von 1870/71 in einem Pariser Lazarett. 1872 kehrte M. nach Wien zurück und wurde a. o. Univ.-Prof. für Militärsanitätswesen. 1875 Generalchefarzt des Malteser-Ritterordens, im Serbisch-Türkischen Krieg 1876/77 Organisator des Vereins „Roter Halbmond" in Konstantinopel. 1881 war er nach dem Gründer Hans Graf Wilczek (s. d.) einer der Hauptorganisatoren der „Wiener Freiwilligen Rettungsgesellschaft". 1885/86 nahm er in Serbien am Serbisch-Bulgarischen Krieg teil. M., der bereits auf der Weltausstellung in Paris 1867 einen für Verwundetentransporte konstruierten Pferdewagen vorstellte, gilt als Begründer des heutigen Rettungswesens. Er veröffentlichte auch mehrere wissenschaftliche Werke, so 1882 „Die Militär-Sanität der Zukunft".

MÜNICHREITER, Karl, * 27. 9. 1891 in Wien, † 14. 2. 1934 in Wien (standrechtlich gehenkt), Schutzbundkommandant. Er kämpfte während der Februarunruhen 1934 in Hietzing und fiel schwerverwundet in die Hände der Exekutive. Wurde durch ein Standgericht zum Tod verurteilt und am 14. Februar gehenkt.

Widerstand und Verfolgung in Wien, Bd. 1, 1934–1945 (1975)

MUNGGENAST, Franz, * 1724 in St. Pölten (NÖ), † 1748 in St. Pölten, Baumeister. Sohn von Josef M. (s. d.). Arbeitete seit 1743 an der Stiftskirche von Herzogenburg (NÖ) mit, errichtete 1745 den Kalvarienberg in St. Pölten und 1747/48 den Gartenpavillon des Stiftes Melk.

MUNGGENAST, Josef, * 5. 3. 1680 in Schnann (T), † 3. 5. 1741 in St. Pölten (NÖ), Baumeister. Lernte als Polier bei seinem Onkel Jakob Prandtauer (s. d.) 1712–17 beim Bau der Wallfahrtskirche Sonntagsberg (NÖ), die er dann in den Jahren 1718–32 allein fertigstellte. 1718 Stiftsbaumeister von Seitenstetten, 1722 von Zwettl (beide NÖ). Nach dem Tod seines Onkels (1726) vollendete er dessen begonnene Bauwerke, darunter die Stifte Melk (NÖ), Herzogenburg (NÖ) und die Propstei in St. Pölten. Abgesehen vom Umbau des Stifts Seitenstetten errichtete er nach den Plänen Steinls (s. d.) 1722–27 den Turm der Stiftskirche Zwettl sowie 1728–33 den von Stift Dürnstein (NÖ). Sein Hauptwerk ist das 1730–40 erbaute Stift Altenburg (NÖ) mit der Neugestaltung der dortigen Stiftskirche (1730–33). 1736–40 errichtete er Stift Geras (NÖ) und 1739 die Prälatur in St. Pölten. M. baute aber auch Dorfkirchen wie etwa 1718 Göstling und 1730 Pottenbrunn, Meierhöfe und Bürgerhäuser wie u. a. in St. Pölten und Retz (NÖ) sowie Straßen-, Brücken-, Wasser- und Festungsanlagen. Er war zugleich Bauunternehmer, Techniker und Künstler. Auch sein Bruder Sigismund (1694–1770) war Baumeister und wanderte 1728 nach Luxemburg aus, wo er ein bedeutender Barockarchitekt wurde. Ebenso wurden seine Söhne Franz (s. d.) und Matthias (s. d.) Baumeister, wenngleich sie an die künstlerischen Leistungen ihres Vaters nicht herankamen.

Mungenast, E.: J. M. (1963)

MUNGGENAST, Matthias, * 1729 in St. Pölten, † im April 1798 in St. Pölten (NÖ), Baumeister. Jüngerer Sohn von Josef M. (s. d.), erlernte den Beruf bei seinem Vater. Er arbeitete zunächst für das Stift Herzogenburg (NÖ), errichtete 1764–67 den Turm der Stiftskirche und 1769/70 den Hochaltar. M. baute in NÖ auch mehrere Pfarrkirchen.

MURKO, Matthias, * 10. 2. 1861 in Drstela (Untersteiermark), † 11. 2. 1952 in Prag, Slawist. Kam nach seinem Studium 1889 in das Außenministerium in Wien und wurde Lehrer am Theresianum. 1896 Prof. an der Konsularakademie, 1902 Univ.-Prof. in Graz, 1917 in Leipzig und 1920 in Prag. M. war der Nestor der „Ö. Schule der Slawistik" und erwarb sich große Verdienste um die vergleichende Literaturgeschichte und die Volkskunde, außerdem begründete er die Schriftenreihe „Slavica". Wichtige Veröffentlichungen u. a.: „Geschichte von den sieben Weisen" (1890) und „Die Geschichte der alten südslawischen Literaturen" (1908).

MUSCHIK, Johann, * 20. 8. 1911 in Wien, † 2. 10. 1979 in Wien, Publizist und Kunstkritiker. Er prägte 1956 den Begriff „Wiener Schule des Phantastischen Realismus". M. erhielt 1954 den Kritikerpreis der Biennale in Venedig, 1957 den Theodor-Körner-Preis und 1972 das Silberne Ehrenzeichen für Verdienste um das Land Wien.

MUSGER, August, * 10. 2. 1868 in Eisenerz (St), † 30. 10. 1929 in Graz, katholischer Geistlicher und Erfinder. Studierte in Graz Theologie und wurde 1890 zum Priester geweiht. Danach Kaplan, später Präfekt in Graz. Nachdem er

August Musger

die Lehramtsprüfungen abgelegt hatte, unterrichtete er am Knabenseminar Zeichnen, Mathematik und Physik. Mit seinem physikalisch-technischen Talent erfand er die Zeitlupe, deren Prinzip auf einer Spiegeltrommel als Ausgleichsorgan beruhte. 1904 meldete er für seinen „Serienapparat mit Spiegelrad" ein Patent an und beauftragte den Grazer Ingenieur Löffler mit der Herstellung seines Apparats, der am 19. 7. 1907 erstmals vorgeführt wurde. 1914 brachte die Dresdner Firma Ernemann ein Zeitlupengerät heraus, zunächst ohne Wissen M.s. 1916 meldete er ein zweites Patent an, einen „Kinematographen", bei dem der Spiegelausgleich durch zwei Zylinderkränze erfolgen sollte. Bedingt durch Kriegs- und Umbruchjahre, wurde M. erst 1921 das Patent erteilt. Dieses Modell befindet sich heute im Technischen Museum in Wien.

Schrott, P. v.: A. M., in: „Blätter der Technikgeschichte", Heft 4 (1938)

MUSIL, Alois, * 30. 6. 1868 in Rychtářow (Mähren), † 12. 4. 1944 in Neuhof (Böhmen), Orientalist. Studierte Theologie in Olmütz und wurde 1891 zum Priester geweiht. Ab 1895 beschäftigte er sich mit dem Studium der orientalischen Sprachen bei den Dominikanern in Jerusalem, danach lebte er in Beirut, London, Cambridge und Berlin. Seit 1902 Univ.-Prof. in Olmütz, unternahm er ab 1896 zahlreiche Forschungsreisen in den Nahen Osten, wo ihm die Entdeckung mehrerer Wüstenschlösser gelang und er Kontakte zu Beduinenstämmen aufnehmen konnte. Danach folgten kartographische, topographische und geologische Forschungen in Arabien. 1914/15 bemühte er sich (als Gegenspieler von Lawrence) um eine Koalition zwischen Arabern und den Mittelmächten. M. war ein Vetter zweiten Grades von Robert M. (s. d.).

Feigl, E.: M. von Arabien

MUSIL, Robert, * 6. 11. 1880 in Klagenfurt, † 15. 4. 1942 in Genf, Dichter. Besuchte Militärschulen, 1897 die Technische Militärakademie in Wien, brach aber 1898 die Offiziersausbildung ab, um an der Technischen Hochschule in Brünn, wo sein Vater Prof. war, Maschinenbau zu studieren. 1901

Robert Musil

legte er die Ingenieurprüfungen ab, ging 1903 nach Berlin, wo er Philosophie und Psychologie studierte und 1908 dissertierte. 1901 bereits schriftstellerisch tätig, erwähnte er schon im Oktober 1905 in seinen Tagebüchern den Plan zum Roman „Der Mann ohne Eigenschaften". 1906 veröffentlichte er den Roman „Die Verwirrungen des Zöglings Törleß", der sofort ein Erfolg wurde. 1911–14 Bibliothekar an der Technischen Hochschule in Wien, diente 1914–18 als Offizier, zuletzt als Hauptmann an der italienischen Front. 1918–22 Beamter in Wien, 1921–31 Theaterkritiker und Essayist, hauptsächlich arbeitete er jedoch am „Mann ohne Eigenschaften". 1923 erhielt er für sein Drama „Die Schwärmer" (1921) den Kleist-Preis, 1924 für die Erzählungen „Drei Frauen" den Kunstpreis der Stadt Wien, 1929 wurde er in Berlin mit dem Gerhart-Hauptmann-Preis ausgezeichnet. 1930 erschien der erste Band des Romans „Mann ohne Eigenschaften": „Eine Art Einleitung", „Seinesgleichen geschieht". Trotz großen Erfolgs blieben die finanziellen Sorgen bestehen. Erst eine 1932 gegründete Musil-Gesellschaft in Berlin ermöglichte M. die Weiterarbeit. 1933 erschien Band 2, Teil 1, „Ins Tausendjährige Reich". 1934–38 übernahm die in Wien gegründete Musil-Gesellschaft (die Berliner war 1933 verboten worden) die finanzielle Unterstützung. 1936 veröffentlichte M. die Prosastücke „Nachlaß zu Lebzeiten". 1938 emigrierte M. nach Zürich – seine Werke wurden in Deutschland und Ö. verboten. 1939 übersiedelte M. nach Genf und war auf die Hilfe eines kleinen Freundeskreises angewiesen. 1943 gab seine Witwe Martha Musil den unvollendeten Nachlaßteil des Romans „Der Mann ohne Eigenschaften" im Selbstverlag heraus. 1952 erschien die von Adolf Frisé edierte dreibändige Gesamtausgabe. M. war inzwischen in Vergessenheit geraten. Der Fragment gebliebene Roman als M.s Hauptwerk, an dem dieser etwa von 1920 an bis zu seinem Tod unablässig arbeitete, hat M.s Weltruhm begründet. Er spielt in „Kakanien", der ö.-ungarischen Monarchie vor 1913, in einem „besonders deutlichen Fall der modernen Welt", wo die Auflösung der Wirklichkeit am weitesten fortgeschritten ist. Hier kann sich ein schöpferischer „Möglichkeitssinn" entfalten, der „Material zu einer neuen Moral" liefert. M. bedient sich in seinem insgesamt als essayistisch anzusehenden Roman der verschiedensten Gestaltungsmittel. Außer den bereits erwähnten Werken M.s noch u. a.: „Vereinigungen" (Novellen, 1911), „Vinzenz und die Freundin bedeutender Männer" (Posse, 1924), Rede zur Rilke-Feier (1927), „Der Dichter und seine Zeit" (1936), „Über die Dummheit" (1937).

Der von Josef Munggenast 1730–33 umgestaltete Innenraum der Stiftskirche von Altenburg (NÖ)

Berghahn, W.: Die essayistische Erzähltechnik R. M.s, Diss. Bonn (1956); Flinker, M.: R. M. (1958); Strelka, J.: Kafka, M., Broch (1959); Dinklage, K. (Hrsg.): R. M., Leben, Werk, Wirkung (1960); Kaiser, E., und Wilkins, E.: R. M. (1962); Berghahn, W.: R. M. in Selbstzeugnissen und Bilddokumenten (1963); Baumann, G.: R. M. (1965); Albertsen, E.: Ratio und „Mystik" im Werk R. M.s (1968); Thöming, J.: M.-Bibliographie (1968); Hagmann, F.: Aspekte der Wirklichkeit im Werke R. M.s (1969)

MUSULIN, Janko, * 12. 8. 1916 in Wien, † 6. 3. 1978 in Wien, Journalist und Schriftsteller. Studierte an der Hochschule für Bodenkultur in Wien und war aktiv in der ö. Widerstandsbewegung tätig. Ab 1945 als Journalist vor allem bei der Wochenzeitung „Die Furche", der Tageszeitung „Die Presse" und der literarischen Monatsschrift „Neue Rundschau" tätig. Veröffentlichte u. a.: „Die kranke Weltmacht" (1969), „Traumstraßen durch Deutschland" (1975), „Das große Buch der Jagd in Österreich" (1977).

MYRBACH, Felician, Freiherr von Rheinfeld, * 19. 2. 1853 in Zaleszczyki (Galizien), † 14. 1. 1940 in Klagenfurt, Maler und Illustrator. Wurde Berufsoffizier und studierte daneben an der Akademie der bildenden Künste unter Eisenmenger (s. d.). Als Hauptmann war er 1878 Zeichenlehrer an der Kadettenschule in Wien. 1881–94 lebte er in Paris und wurde 1897 als Prof. für das Illustrationsfach an die Kunstgewerbeschule in Wien berufen, dessen Direktor er dann 1899–1905 war. Ursprünglich Mitglied des Künstlerhauses, schloß er sich 1897 bei der Gründung der Wiener Secession dieser Gruppe an und war 1903 deren Präsident. Während seiner Tätigkeit für die Kunstgewerbeschule konnte er namhafte Künstler für die Schule verpflichten, wie etwa Josef Hoffmann (s. d.), Kolo Moser (s. d.), Alfred Roller (s. d.), Rudolf Larisch (s. d.) u. a. 1905 ging er ins Ausland und lebte bis 1914 in Paris und anschließend bis 1938 in Barcelona. M. war als Buchillustrator sehr geschätzt und arbeitete als Zeichner auch an der „Ö.-ungarischen Monarchie in Wort und Bild" (1885 ff.) mit.

ROBERT MUSIL

Die Auflösung der Wirklichkeit

„Ich war mit Musil befreundet . . . Es war ein ungeheuer komplexer Geist, messerscharf und klar, ein Schriftsteller von geradezu lateinischer Prägung, und der ‚Mann ohne Eigenschaften' war ein ganz großer Wurf. Gewiß überwiegt darin das Schriftstellerische über dem Dichterischen, d. h. es ist das ganze Werk ins präzis Rationale gehoben. Hofmannsthal sagte: ‚Die Tiefe muß man verstekken. Wo? An der Oberfläche', und genau das war Musils Grundprinzip."

Hermann Broch (1948)

„Der Roman leistet ehrenvollen Widerstand und schlägt mich immer wieder zurück, wenn ich ihn zu bewältigen hoffe; so daß ich trübe Arbeitswochen hinter mir und um mich habe."

Robert Musil, Dezember 1934

„Man muß die Öffentlichkeit aufrufen und sie ermahnen, daß sie sich nicht durch Teilnahmslosigkeit schuldig mache an der Verkümmerung eines dichterischen Unternehmens, dessen Außerordentlichkeit, dessen einschneidende Bedeutung für die Entwicklung, Erhöhung, Vergeistigung des deutschen Romans außer Zweifel steht."

Thomas Mann, Aufruf zur Gründung der Robert-Musil-Gesellschaft (1934)

„Der Roman, der Musils Namen in der literarischen Welt weithin bekannt machte, blieb ein Torso; sein Verfasser schrieb voll pessimistischer Voraussicht ein Büchlein ‚Nachlaß zu Lebzeiten', als fühlte er, daß er zu keinem Ende käme."

Franz Theodor Csokor, Gedenkrede zu Musils 80. Geburtstag

N

Nabl Franz · Nádasdy Franz · Nádasdy Franz Leopold · Nadler Josef · Nagel Ignaz · Nagel Robert · Nagl Franz Xaver · Nagl Johann Willibald · Napoleon II. Franz Joseph Karl · Natter Heinrich · Natterer Johann · Natterer Josef · Nausch Walter · Nausea Friedrich

NABL, Franz, * 16. 7. 1883 in Lautschin (Böhmen), † 19. 1. 1974 in Graz, Erzähler und Dramatiker. Studierte in Wien Jus, Philosophie und Germanistik. 1924–27 Journalist in Graz, seit 1934 freier Schriftsteller. Das nö. Voralpenland wurde N. zur Heimat, wenngleich er auch in Wien, Baden und ab 1934 in Graz lebte. Hauptwerk ist sein Roman „Ödhof". Eindrucksvoll in seinem erzählerischen Werk ist die Zeichnung einfacher Menschen der Voralpenregion und die Vermittlung tiefempfundener Lebensweisheit. N. gilt als Nachfahre des ö. Realismus. Er erhielt mehrere Auszeichnungen und Ehrungen: 1921 Bauernfeld-Preis, 1952 Lyrikerpreis der Stadt Wien, 1953 Peter-Rosegger-Preis, 1957 Staatspreis für Literatur, 1958 Ehrenring der Steiermark, 1963 Adalbert-Stifter-Medaille. Aus seinem umfangreichen Werk seien erwähnt: „Noch einmal" (Drama, 1905), „Hans Jäckels erstes Liebesjahr" (Roman, 1908), „Der Ödhof", 2 Bde. (Roman, 1911), „Grab des Lebendigen" (Roman, 1917, als „Die Ortliebschen Frauen", 1936), „Kindernovelle" (Erzählungen, 1932), „Ein Mann von gestern" (Roman, 1935), „Der Fund" (Erzählung, 1937), „Die Weihnachten des Dominik Brackel" (Erzählung, 1938), „Mein Onkel Barnabas" (Erzählung, 1943), „Johannes Krantz" (zwei Erzählungen, 1948). „Ausgewählte Werke" in vier Bdn. erschienen 1965.

Rieder, J.: Das epische Schaffen F. N.s. Diss. Wien (1949)

Franz Nabl

NÁDASDY, Franz Graf, * ?, † 30. 4. 1671 in Wien. Entstammte einem alten ungarischen, ursprünglich kroatischen Adelsgeschlecht, war ein Günstling Leopolds I. (s. d.) und oberster Kronrichter. N. besaß mehrere Schlösser, darunter Pottendorf (NÖ) und Lockenhaus (B), sowie ausgedehnte Besitzungen, die ihm den Beinamen „ungarischer Krösus" einbrachten. Im April 1671 führte ein Verrat zur Aufdeckung eines Komplotts gegen Leopold I. wegen dessen zentralistischen und gegenreformatorischen Maßnahmen in Ungarn, Kroatien und in der Steiermark. Als einer der Führer dieser „Magnatenverschwörung" wurde N. in seinem Schloß in Pottendorf verhaftet und in der Bürgerstube des Wiener Rathauses am 30. 4. 1671 enthauptet. N. war ein überaus gebildeter Mann, der u. a. 1659 in erweiterter Auflage das Werk des Grafen Petrus Révay „De monarchia et S. Corona regni Hungariae" herausgab.

Lilek, E.: Kritische Darstellung der ungarisch-kroatischen Verschwörung und Rebellion 1663–1671, 2 Bde. (1928–30)

NÁDASDY, Franz Leopold Graf (eigtl. Nádasdy auf Fogáras), * 30. 9. 1708 in Radkersburg (St), † 22. 3. 1783 in Karlstadt (Karlovac, Kroatien), ö. Heerführer, Enkel von Franz Graf N. (s. d.). Bewährte sich bereits in den Feldzügen der Jahre 1734–39 in Italien, Ungarn und am Rhein als Oberst eines Husarenregiments. Im Ö. Erbfolgekrieg Kavalleriegeneral, war er im November 1741 bei Neuhaus in Böhmen erfolgreich, schlug 1743 die Bayern bei Braunau am Inn (OÖ), leitete 1744 den erfolgreichen Übergang des Heeres von Prinz Karl von Lothringen (s. d.) über den Rhein und bemächtigte sich der Linien von Lautenburg und Weißenburg. Im Mai 1745 verlor er zwar das Gefecht bei Hirschberg, eroberte aber während der Schlacht bei Trautenau am 30. 9. 1745 das preußische Lager, wobei er die Kriegskasse und das Zelt Friedrichs II. erbeutete. 1746 errang er auf dem italienischen Kriegsschauplatz die Siege von Guastalla und Piacenza, durch die sich Ö. in der Lombardei behaupten konnte. 1754 General der Kavallerie und Kommandant von Ofen (Budapest), wurde N. 1756 zum Banus von Kroatien ernannt. Im Siebenjährigen Krieg errang er an der Spitze der kroatischen Truppen bedeutende Erfolge, war entscheidend an den Siegen von Kolin (18. 6. 1757) und Moys (7. 9. 1757) beteiligt und eroberte am 12. 11. 1757 die starke Festung Schweidnitz. In der Schlacht von Leuthen am 5. 12. 1757 durchschaute er als einziger das Manöver des Preußenkönigs, wurde aber lange nicht unterstützt, weshalb er den Ausgang der Schlacht nicht beeinflussen konnte. 1758 von Maria Theresia (s. d.) zum Feldmarschall befördert, zog er sich in den Banat zurück. N. kommandierte noch im Bayerischen Erbfolgekrieg von 1778/79 die Truppen in Galizien.

NADLER, Josef, * 23. 5. 1884 in Neudörfl (Böhmen), † 14. 1. 1963 in Wien, Literarhistoriker. Promovierte 1908 zum Dr. phil. und wurde 1912 Univ.-Prof. in Freiburg in der Schweiz, 1925 in Königsberg und 1931–46 in Wien, dann wegen nationalsozialistischer Tendenzen kurzzeitig seiner Lehrtätigkeit enthoben, später (teilweise) rehabilitiert. Er führte als erster die stammesgeschichtliche und landschaftsbedingte Betrachtungsweise in die deutsche Literaturgeschichte ein und dokumentierte dies in seinem Hauptwerk „Literaturgeschichte der deutschen Stämme und Landschaften" (4 Bde., 1912–28, 3. Aufl. 1929–32, 4. Aufl. unter dem Titel „Literaturgeschichte des deutschen Volkes", 4 Bde., 1938–41, 6. Aufl. 1961 als „Geschichte der deutschen Literatur"). Neben mehreren Ehrungen erhielt N. auch den Keller-, den Kant- und den Mozart-Preis. Veröffentlichungen u. a.: „Eichendorffs Lyrik" (1908), „Entwicklungsgeschichte des deutschen Schrifttums" (1914), „Das ö. Volksstück" (1921), „Literaturgeschichte der deutschen Schweiz" (1932), „Buchhandel, Literatur und Nation in Geschichte und Gegenwart" (1932), „Literaturgeschichte Ö.s" (1948), „Franz Grillparzer" (1948), „Johann Georg Hamann" (1949), „Josef Weinheber" (1952), seine wissenschaftliche Autobiographie „Kleines Nachspiel" (1954). 1949/50 gab er die Werke von J. G. Hamann heraus und 1953–56 die von Josef Weinheber (s. d.).

Rumpf, W.: J. N. (Bibliographie, 1934); Szérelmes, R.: J. N. zum 75. Geburtstag (1959)

NAGEL, Ignaz, * 29. 7. 1831 in der Wiener Vorstadt Schottenfeld, † 31. 12. 1872 in Wien-Fünfhaus, Volkssänger. War Meerschaumdrechsler und trat nach seiner Militärdienstzeit in die Gendarmerie ein, später war er Trafikant, seit 1861 auch als Volkssänger tätig. Er verfaßte auch Liedertexte. Ab 1862 trat er gemeinsam mit Anton Amon auf. Seine Texte auf Melodien von Johann Strauß, etwa „Lob der Frauen", fanden besonders großen Anklang.

Koller, J.: Das Wiener Volkssängertum in alter und neuer Zeit (1931)

NAGEL, Robert, * 28. 9. 1875 in Wien, † 23. 1. 1945 in Wien, Literarhistoriker und Schriftsteller. Neben seiner wissenschaftlichen Tätigkeit als Wegbereiter der deutschen Literaturgeographie verfaßte er zahlreiche Volksstücke, Romane und Übersetzungen (u. a. Strindbergs). Von seinen wissenschaftlichen Veröffentlichungen sind besonders erwähnenswert: „Die Hauptwerke der deutschen Literatur" (1904), „Deutscher Literatur-Atlas" (1907); für den „Deutschen Kultur-Atlas", der ab 1929 erschien, schuf er die literarischen Karten.

NAGL, Franz Xaver, * 26. 11. 1855 in Wien, † 4. 2. 1913 in Wien, Erzbischof und Kardinal. Nach dem Besuch des Knabenseminars in Seitenstetten studierte er in St. Pölten und wurde 1878 zum Priester geweiht. Nach weiteren Studien in Wien und an der päpstlichen Universität Gregoriana promovierte N. in Wien 1882 zum Dr. theol. Ab 1883 lehrte er am St. Pöltener Priesterseminar Thomistische Philosophie und wurde 1885 Hofkaplan. 1889 betraute ihn der Kaiser mit dem Amt des Rektors der „Anima", der „Deutschen Nationalstiftung S. Maria dell'Anima" in Rom. Ein schwieriges Amt, da er die kirchlichen Belange der deutschsprachigen Bistümer bei der römischen Kurie zu vertreten hatte. Nach zehn Jahren erbat er krankheitshalber seine Ablösung und wurde 1902 zum Bischof von Triest ernannt. 1910 wurde N. zum Koadjutor für den 90jährigen kränklichen Kardinalerzbischof Anton Josef Gruscha (s. d.) bestellt, wobei

Franz Joseph I. den beliebten Weihbischof und Generalvikar Godfried Marschall überging. 1911 Fürsterzbischof von Wien. Der XXIII. Internationale Eucharistische Kongreß, der vom 12.–15. 9. 1912 in Wien abgehalten (und von ihm organisiert) wurde, war der Höhepunkt von N.s Amtszeit. Zwei Monate vor seinem Tod wurde er zum Kardinal bestellt.

Loidl, F.: F. X. Kardinal N. (1967); ders.: Geschichte des Erzbistums Wien (1983); ders. und Krexner, M.: Wiens Bischöfe und Erzbischöfe (1983)

NAGL, Johann Willibald, * 11. 5. 1856 in Natschbach (NÖ), † 23. 7. 1918 in Diepolz (NÖ), Literarhistoriker, Dialektdichter und -forscher. Wurde nach seinem Studium Dozent an der Universität Wien. Abgesehen von seinen Dialektforschungen, setzte er sich nachhaltig für die Pflege der ö. Volkssprache ein. 1895–1907 war er Herausgeber der Zeitschrift „Deutsche Mundarten" und veröffentlichte außer Dialektdichtungen mehrere wissenschaftliche Werke, darunter „Grammatik des nö. Dialekts" (1886), „Vokalismus der bayerisch-ö. Mundart" (1895), „Geographische Namenskunde" (1903); gemeinsam mit Jakob Zeidler (s. d.), von E. Castle (s. d.) später fortgeführt, gab er ab 1899 „Deutsch-ö. Literaturgeschichte" (4 Bde.) heraus. Das Dialekt-Epos „Der Fuchs Roáner" (1889) ist als sein literarisches Hauptwerk anzusehen.

Die Hochzeitstafel anläßlich der Vermählung Maria Theresias mit Franz Stephan von Lothringen. Vorne rechts in Magnatentracht Feldmarschall Graf Nádasdy. Gemälde von Martin van Meytens (?)

NAPOLEON II. Franz Joseph Karl, s. Reichstadt, Herzog von

NATTER, Heinrich, * 16. 3. 1844 in Graun (Vintschgau, Südtirol), † 13. 4. 1892 in Wien, Bildhauer. Kam in den achtziger Jahren des 19. Jh.s nach Wien und wurde hier rasch bekannt. Seine bedeutendsten Denkmäler sind: Haydn-Denkmal in Wien (1887), Walther-von-der-Vogelweide-Denkmal in Bozen (1889) und das Andreas-Hofer-Denkmal auf dem Bergisel in Innsbruck (1893). Außerdem schuf er Porträtstatuen für das Burgtheater und Porträtbüsten für die Arkaden der Wiener Universität.

Natter, Ottilie: H. N. (1914)

NATTERER, Johann, * 9. 11. 1787 in Laxenburg (NÖ), † 17. 6. 1843 in Wien, Zoologe und Forschungsreisender. Der Sohn eines kaiserlichen Falkenjägers wurde bei den Piaristen in Wien ausgebildet und wandte sich schon in seiner Jugend der Naturgeschichte zu. Angeregt durch die Sammlung „vaterländischer Vögel", die sein Vater angelegt hatte und die von Kaiser Franz II. (s. d.) 1794 angekauft worden war, erlernte er von seinem Vater die Kunst der Tierpräparierung. Er studierte an der Universität Wien und unternahm zahlreiche Reisen, von denen er stets mit mehreren Präparaten für das kaiserliche Naturalienkabinett zurückkehrte. Wurde 1816 Assistent am zoologischen Museum und nahm 1817 an der Hochzeitsfahrt der Erzherzogin Leopoldine (s. d.) nach Brasilien teil, um anschließend bis 1836 das Land zu durchforschen. Von dort brachte er eine reiche Sammlung nach Wien zurück: 12 293 Vögel, 24 000 Insekten sowie zahlreiche Säugetiere, Reptilien und Fische, die im Naturalienkabinett (heute Naturhistorisches Museum) aufgestellt wurden. Dem Wiener Völkerkundemuseum übergab er eine wertvolle Sammlung von Schmuck- und Gebrauchsgegenständen. Bei einem Brand des Naturalienkabinetts im Oktober 1848 ging leider ein Großteil von N.s Sammlung verloren.

NATTERER, Johann, * 13. 10. 1821 in Wien, † 25. 12. 1900 in Wien, Photochemiker und Physiker, Arzt. Neffe von Johann N. (s. d.) und jüngerer Bruder von Josef N. (s. d.). Studierte Medizin und wurde Arzt: war 1861–79 Mitglied des Wiener Gemeinderats. Sein Hauptverdienst lag auf dem Gebiet der Photochemie. Gemeinsam mit seinem Bruder Josef verbesserte er 1840/41 die Silberplatten Daguerres, wodurch diese, mit Hilfe eines von Josef Petzval (s. d.) konstruierten photographischen Objektivs, für Momentaufnahmen (zum erstenmal von den Brüdern N. gemacht) geeignet waren. Ihm gelangen auch die ersten Reproduktionen, außerdem führte N. 1844 die erste Verflüssigung von Kohlensäure durch.

NATTERER, Josef, * 28. 5. 1819 in Wien, † 17. 12. 1862 in Khartum (Sudan), Forschungsreisender. Neffe von Johann N. (s. d.). Zunächst arbeitete er mit seinem Bruder Johann (s. d.) zusammen, unternahm aber 1855–58 mehrere Expeditionen und Forschungsreisen durch Nubien und Mittelafrika. Auf diesen Reisen erwarb er eine große Zahl von Tieren für den Wiener Tiergarten in Schönbrunn. Starb während einer ausgedehnten Reise durch den Sudan.

NAUSCH, Walter, * 5. 2. 1907 in Wien, † 11. 7. 1957 in Obertraun (OÖ), Fußballer. Rechter Läufer des Wunderteams (s. Sindelar), „Gentleman-Fußballer". Insgesamt spielte N. 51mal in der Nationalmannschaft. Später Betreuer, 1948–54 Bundeskapitän.

NAUSEA, Friedrich (eigtl. Grau), * 1496 in Waischenfeld bei Bamberg (Oberfranken), † 6. 2. 1552 in Trient (Italien), Bischof. Der Sohn eines Wagners war ein begeisterter Humanist und latinisierte seinen Namen; studierte zunächst an der Universität Leipzig, dann ab 1518 in Padua und schloß 1523 als Dr. jur. seine Studien ab. 1524 wurde er Sekretär des Kardinals Lorenzo Campeggio, der als päpstlicher Legat zur Beilegung des Reformationsstreits nach Deutschland entsandt worden war. Für seine Verdienste ernannte ihn der Kardinal zum päpstlichen Notar und lateranensischen Grafen. 1525 Pfarrer in Frankfurt am Main, wurde aber von den Protestanten vertrieben; 1526 Domprediger in Mainz. 1534 erwarb er in Siena das theologische Doktorat und übersiedelte 1535 als Hofprediger nach Wien. König Ferdinand I. (s. d.) verlieh ihm als Entlohnung die Pfarren Asparn an der Zaya und Mistelbach (NÖ). Abgesehen von der Advent- und der Fastenzeit, wo er am Kaiserhof seine Predigten hielt, lebte er in Mainz und übersetzte dort sein großes Homilienwerk ins Deutsche. 1538 erwählte ihn der Wiener Bischof Fabri zu seinem Koadjutor; 1541 trat er dessen Nachfolge an. N. war um die Reform des Katholizismus sehr bemüht, veröffentlichte 1543 den „Catechismus catholicus", konnte aber die Ausbreitung des Protestantismus nicht aufhalten. N. setzte sich für die Abhaltung eines Konzils ein und nahm ab August 1551 am Konzil von Trient teil, wo er eine Lockerung des Zölibats und den Laienkelch befürwortete.

Gollob, H.: F. N. Bischof von Wien (1952); Metzner, J.: F. N. (1884); Loidl, F.: Geschichte des Erzbistums Wien (1983); ders. und Krexner, M.: Wiens Bischöfe und Erzbischöfe (1983)

NAWIASKY, Hans, * 24. 8. 1880 in Graz, † 11. 8. 1961 in St. Gallen (Schweiz), Staatsrechtler. Studierte in Graz und in Wien und wurde hier Univ.-Prof., lehrte dann in München und später in St. Gallen. Er arbeitete an der Ö. Bundesverfassung von 1920 mit und war der Begründer der Schweizer Verwaltungskurse, die er auch leitete. 1952–57 war er Präsident des Weltbunds der Ö. im Ausland. Von seinen zahlreichen Veröffentlichungen sind u. a. zu erwähnen: „Deutsches und ö. Privatrecht" (1909), „Der Bundesstaat als Rechtsbegriff" (1920), „Allgemeine Rechtslehre" (1941), „Allgemeine Staatslehre", 4 Bde. (1945–54), „Grundgedanken des Grundgesetzes für die Bundesrepublik Deutschland" (1950).

NEBEHAY, Gustav, * 26. 6. 1881 in Wien, † 7. 9. 1935 in Marienbad (Böhmen), Kunsthändler. Erlernte den Buchhandel und gründete in Leipzig gemeinsam mit H. Boerner das Antiquariat C. G. Boerner, das für seine Auktionen alter Graphik berühmt wurde, da N. sich zu einem Spezialisten auf diesem Gebiet entwickelt hatte. 1916 eröffnete er in Wien eine Kunsthandlung. N. war mit Klimt (s. d.) und Schiele (s. d.) befreundet und förderte auch junge Künstler.

NEDBAL, Oskar, * 26. 3. 1874 in Tábor (Böhmen), † 24. 12. 1930 in Zagreb (Selbstmord), Komponist und Dirigent. Studierte 1885–92 am Prager Konservatorium und war Mitbegründer und Bratschist des Böhmischen Streichquartetts. 1896–1906 Dirigent der Böhmischen Philharmonie in Prag. 1906 kam er nach Wien und leitete bis 1919 das Tonkünstlerorchester, vorübergehend war er auch Kapellmeister an der Wiener Volksoper. Am 25. 10. 1913 feierte er mit der Uraufführung seiner Operette „Polenblut" im Wiener Carltheater einen großen Erfolg. Ab 1920 als Gastdirigent tätig, wurde er 1923 Direktor des slowakischen Nationaltheaters in Preßburg. N. schuf Kammer- und Orchestermusik, Opern, Ballettmusik und Lieder.

Květ, J.: O. N. (1947); Šulc, M.: O. N. (1958)

NEDER, Johann Michael, * 29. 4. 1807 in Wien, † 30. 9. 1882 in Wien, Schuhmachermeister und Volksmaler. Der Sohn eines Schuhmachermeisters erlernte das Handwerk bei seinem Vater und besuchte 1821–29 als Schüler von G. F. Waldmüller (s. d.) die Akademie der bildenden Künste in Wien. Neben seinem Beruf als Schuhmacher malte er in naiver Manier Genrebilder aus dem Wien der Biedermeierzeit. Vor allem beschäftigte er sich in seinen Bildern mit dem Volksleben der Wiener Vorstädte und Vororte, dessen kleinbürgerliches Milieu seine eigene unmittelbare Umgebung war. 1848 war er Leutnant der Nationalgarde. Zahlreiche Bilder befinden sich im Historischen Museum der Stadt Wien und in der Galerie des 19. Jh.s in Wien.

NEFF, Dorothea, * 21. 2. 1903 in München, † 27. 7. 1986 in Wien, Schauspielerin. Spielte ihre ersten Rollen in Regensburg und trat bei der Uraufführung von Brechts „Mann ist Mann" in Gera auf. 1931 wurde sie als Heldin und Charakterdarstellerin ans Staatstheater in München engagiert. 1938 kam sie nach Wien an das Deutsche Volkstheater und wurde hier rasch zu einer profilierten Charakterdarstellerin. Daneben wirkte sie in zahlreichen Filmen und Hörspielen mit. 1963 erhielt sie die Kainz-Medaille. Seit 1967 erblindet, stand sie dennoch weiterhin auf der Bühne und begeisterte durch ihre Selbstdisziplin und ihr ungebrochenes schauspielerisches Können, so in Brechts „Mutter Courage" am Volkstheater. Während der NS-Zeit versteckte N. in den Kriegsjahren 1941–45 eine jüdische Freundin in ihrer Wohnung und rettete ihr dadurch das Leben.

NEHER, Caspar, * 11. 4. 1897 in Augsburg (Bayern), † 30. 6. 1962 in Wien, Bühnenbildner. Sein künstlerischer Weg führte ihn nach den Stationen Berlin, Frankfurt a. M., Hamburg und Zürich nach dem Zweiten Weltkrieg nach Österreich, wo er mit dem Regisseur O. F. Schuh ein ideales Team bildete, das legendäre Inszenierungen schuf. Seit 1947 arbeitete er für die Salzburger Festspiele, vor allem in der Felsenreitschule, sowie in Wien für die Staatsoper, das Theater an der Wien und den Redoutensaal. Brecht, mit dem N. seit den zwanziger Jahren zusammengearbeitet hatte, nannte ihn den „größten Bühnenbauer unserer Zeit". So forderte er die „Bühne ohne Guckkasten" und strebte ein antiillusionistisches Theater an. Daneben war N. auch als Librettist tätig.

NEHR, Alexander, * 30. 1. 1855 in Baja (Ungarn), † 29. 2. 1928 in Wien, Kunstschlosser. Arbeitete seit 1873 in Wien als Kunstschlosser und schuf 1882 nach dem Modell einer Rüstung Kaiser Maximilians I. (s. d.) den „Rathausmann" für den Hauptturm des Neuen Rathauses in Wien.

NEIDHART von Reuenthal (auch Neidhardt und Nithart), * zwischen 1180 und 1190 in Bayern, † um 1245, vermutlich in Ö., Minnesänger und Ritter. Er lebte wahrscheinlich schon zu Ende des 12. Jh.s am Hof der Babenberger in Wien und nahm 1217–19 am Kreuzzug Herzog Leopolds VI. von Ö. (s. d.) teil. Herzog Friedrich II. der Streitbare (s. d.), zugleich

ALOIS NEGRELLI

Suezkanal – Verbindung zweier Meere

NEGRELLI, Alois Ritter von Moldelbe, * 23. 1. 1799 in Primiero (Trentino), † 1. 10. 1858 in Wien, Techniker. Er machte sich nach seinem Studium bereits 1822 mit Wasserbauten am Inn einen Namen und wurde zum bedeutendsten Eisenbahn-, Wasser- und Straßenbau-Ingenieur seiner Zeit. 1826 führte er Verhandlungen über die Rheinregulierung, und 1832–40 errichtete er in der Schweiz zahlreiche Bauten, darunter die Münsterbrücke in Zürich und die erste Bahnlinie in der Schweiz von Zürich nach Baden. Ab 1840 baute er Teile der Nordbahnstrecke und die Eisenbahnlinie Wien–Salzburg. 1846–56 erarbeitete er die Pläne zur Errichtung des Suezkanals, die später der Franzose Ferdinand de Lesseps verwirklichte, doch blieb bei der Eröffnung des Kanals im Jahr 1869 N.s Name unerwähnt. Erst in einem Prozeß, den N.s Tochter 1888–1905 in Paris führte, wurde sein Lebenswerk anerkannt. 1848 übernahm N. die Leitung der Sektion Eisenbahnen im Arbeitsministerium, wurde 1849 Direktor der Oberbaubehörde in Lombardo-Venetien und 1856 Generalinspekteur der ö. Eisenbahnen. N. war leitend an der Entwicklung des Bahnbaus in Ö., in der Schweiz, in Württemberg und in Sachsen beteiligt. Seinem Einfluß ist es auch zu danken, daß die Semmering-Bahn nach den Plänen Ghegas (s. d.) errichtet wurde.

Alois von Negrelli. Lithographie von August Prinzhofer (1845)

Birk, A.: A. von N., 2 Bde. (1915–25); Negrelli, N.: Die Lüge von Suez (1940)

„Reigen". Fresko (um 1400) aus dem 1979 in einem Haus in den Tuchlauben in Wien entdeckten Freskenzyklus, der Szenen aus dem Werk des Neidhart von Reuenthal zeigt

der letzte Babenberger, belehnte ihn mit einem Gut bei Melk (NÖ). In Handschriften sind von ihm 68 einstimmige Lieder erhalten, die im Band 71 der „Denkmäler der Tonkunst in Ö." (1930) veröffentlicht wurden. Er verfaßte frohe Tanzweisen, Sommer- und Winterlieder mit Volksliedcharakter sowie Kreuzfahrerlieder. Sein oft derber Realismus widerspiegelt die Zustände seiner Zeit, womit er auch die „dörperliche Poesie", die Dorfpoesie, begründete und am Ende des hochmittelalterlichen Minnesangs steht. In der spätmittelalterlichen Schwanksammlung „Neidhart Fuchs" lebt er weiter. Im August 1979 entdeckte man im Haus Tuchlauben 19 in Wien einen Neidhart-Freskenzyklus, der aus der Zeit um 1400 stammt und die älteste erhaltene profane Wandmalerei Wiens darstellt.

Pfeiffer, C.: Die dichterische Persönlichkeit N.s v. R. (1903); Singer, S.: N.-Studien (1920); Wiessner, E.: Kommentar zu N.s Liedern (1954); ders.: Vollständiges Wörterbuch zu N.s Liedern (1954); Winkler, K.: N. (1956); Simson, E.: N. v. R. Geschichte der Forschung und Bibliographie (1968); Fritz, G.: Sprache und Überlieferung der N.-Lieder in der Berliner Handschrift (1969)

NEILREICH, August, * 12. 12. 1803 in Wien, † 1. 6. 1871 in Wien, Botaniker. Der Sohn wohlhabender Eltern studierte an der Universität Wien Philosophie und Rechtswissenschaft und promovierte 1828 zum Dr. jur. Trat beim Zivilgericht des Wiener Magistrats ein, wurde 1847 Zivilgerichtsrat und 1850 Oberlandesgerichtsrat. Nachdem er an Tuberkulose erkrankte, trat er 1857 in den Ruhestand und widmete sich verstärkt der Botanik. Gegen seinen Willen wurde er 1859 in den Direktionsvorstand der Ersten ö. Spar-Casse gewählt, legte das Amt aber aus gesundheitlichen Gründen 1866 nieder. Um so eifriger widmete er sich den botanischen Studien und konnte einige Lücken in den Kenntnissen der heimischen Flora schließen. Bedeutend waren seine Werke „Flora von Wien" (1846) und „Flora in Niederösterreich" (1858/59).

NEINER, Johann Valentin (eigtl. Neuner), * 29. 6. 1679 in Wien, † nach 1748 in Wien, volkstümlicher Satiriker. Wenn auch überwiegend satirisch geschrieben, haben seine Werke für die Wiener Lokal- und Kulturgeschichte einen beachtlichen Quellenwert. War mit J. A. Stranitzky (s. d.) befreundet und schrieb für ihn „Hannß Wursts Lustige Reiß-Beschreibung aus Saltzburg in verschiedene Länder" (1717–19). Er schrieb in der Nachfolge von Abraham a Sancta Clara (s. d.), dessen Namen er sich auch bediente, und veröffentlichte seine Werke überwiegend anonym, darunter u. a.: „Curioser Narrenkalender" (ab 1707) und „Neu ausgelegter Curioser Tändel-Marckt der jetzigen Welt" (1734 und 1748).

Wannemacher, A.: J. N. (1938); Gugitz, G.: Neue Dokumente zu J. V. N.s Leben, in: Unsere Heimat (1951)

NEIPPERG, Adam Adalbert Graf von, * 8. 4. 1775 in Wien, † 22. 2. 1829 in Parma, Heerführer, Enkel von Wilhelm Reinhard Graf N. (s. d.). Er wurde auf der Karlsschule in Stuttgart erzogen, trat 1790 in die ö. Armee ein, erwarb sich im französischen Revolutionskrieg seine ersten Verdienste und wurde am 14. 9. 1794 bei Doelen schwer verwundet. Nach einem Jahr wieder bei der Armee, kämpfte N. 1796–1801 und 1805 in Italien. 1809 Generalmajor, war er 1811–13 ö. Gesandter am schwedischen Hof. Im Freiheitskampf von 1813 an der Spitze einer Brigade stehend, wurde er im Oktober 1813 zum Feldmarschalleutnant befördert. Am 14. 1. 1814 schloß er in Neapel den Allianzvertrag mit König Murat und rückte anschließend in der Lombardei ein, wo er ab Juni in der Nähe von Pavia eine Division kommandierte. Ab Juli 1814 begleitete er Erzherzogin Maria Luise, die ehemalige Kaiserin von Frankreich (s. d.), auf ihren Reisen und vertrat auf dem Wiener Kongreß ihre Interessen. 1815 wurde er von ihr zum Oberstallmeister und Oberkommandanten der Streitmacht von Parma ernannt. Im Krieg zwischen Ö. und Neapel (1815) befehligte N. das 1. Armeekorps und zog am 21. Mai in Neapel ein. 1816 Oberhofmeister und Außenminister der Erzherzogin, wurde er 1817 von Kaiser Franz I. (II., s. d.) zum Wirklichen Geheimen Rat ernannt. Am 7. 9. 1821 heiratete er in Parma Erzherzogin Maria Luise. Dieser morganatischen Ehe entstammt der Sohn Wilhelm Albrecht (* 9. 8. 1821), der zunächst den Titel eines Grafen, ab 1864 eines Fürsten von Montenuovo (Neuberg) erhielt.

NEIPPERG, Wilhelm Reinhard Graf von (seit 1726), * 27. 5. 1684, † 26. 5. 1774 in Wien, Heerführer. Entstammte einem alten schwäbischen Rittergeschlecht und war der Sohn des kaiserlichen Feldmarschalls Eberhard Friedrich Freiherr von N. (1655–1725). N. trat 1702 in die Armee ein und wurde 1717 Oberst eines Infanterieregiments, nachdem er sich im Türkenkrieg bei Temesvár (1716) und Belgrad (1717) besonders ausgezeichnet hatte. 1723 Generalmajor, war er Erzieher von Herzog Franz Stephan von Lothringen (s. Franz I.), dem späteren Kaiser. 1730 Kommandant von Luxemburg, 1733 Feldmarschalleutnant am italienischen Kriegsschauplatz, 1735 Feldzeugmeister und 1737 Gouverneur von Temesvár. Im Türkenkrieg schloß er ohne Vollmacht und auch voreilig am 1. 9. 1739 den ungünstigen Frieden von Belgrad, wofür er zu Festungshaft verurteilt wurde. 1741 erhielt N. in Schlesien den Oberbefehl und verlor am 10. 4. die Schlacht von Mollwitz, worauf er abberufen wurde. 1753 Kommandierender General, wurde er 1755 Hofkriegsratspräsident.

Regele, O.: Die Schuld des Grafen von N. am Belgrader Frieden 1739 und an der Niederlage von Mollwitz, in: MÖSTA 7 (1954)

NEISSER, Heinrich, * 19. 3. 1936 in Wien, Jurist und ÖVP-Politiker. Studierte in Wien Jus und promovierte 1959. 1961–66 Sekretär im Präsidium des Verfassungsgerichtshofs, 1966–73 Beamter im Bundeskanzleramt (bis 1970 Berater von Bundeskanzler Dr. Josef Klaus [s. d.]), 1969/70 Staatssekretär, anschließend im Verfassungsdienst tätig. 1974 Leiter der Stabsstelle in der Vereinigung Ö. Industrieller, 1981–84 Bundesgeschäftsführer des Management Clubs, seit 1975 Abgeordneter zum Nationalrat. Seit 20. 1. 1987 bekleidet er die neugeschaffene Funktion des zweiten Kanzleramtsministers in der Koalitionsregierung Vranitzky–Mock.

NELBÖCK, Johann, s. Schlick, Moritz

NÉMETH, Maria, * 13. 3. 1897 in Zalaszentgrót (Ungarn), † 28. 12. 1967 in Wien, Kam-

Johann Michael Neder: Kutscherstreit

mersängerin, Sopranistin. Studierte in Budapest und Neapel und debütierte 1923 in Budapest. 1924–42 an der Wiener Staatsoper tätig, wurde sie 1932 Kammersängerin und war ab 1953 Gesangspädagogin in Wien. Als Gast auch bei den Salzburger Festspielen, an der Covent Garden Opera in London, an der Mailänder Scala sowie in Paris, Rom, Berlin und München. Sie war eine bedeutende Mozart-Interpretin (Königin der Nacht, Konstanze, Donna Anna) sowie eine gefeierte Turandot und Tosca.

NENNING, Günther, * 23. 12. 1921 in Wien, Journalist und Schriftsteller. Wurde nach der Matura zur deutschen Wehrmacht eingezogen und studierte nach Kriegsende in Graz, 1949 Promotion Dr. phil., 1959 Dr. rer. pol. Ab 1950 Redakteur bei der sozialistischen Tageszeitung „Neue Zeit" in Graz und Vorsitzender der Journalistengewerkschaft. Seit 1958 Mitherausgeber der von Friedrich Torberg gegründeten Kulturwochenschrift „Forum", ab 1965 Eigentümer und Chefredakteur, 1974 in gemeinschaftlichem Eigentum, seit 1982 Herausgeber und Geschäftsführer. „Wegen politischer Aktionen gegen die Partei" wurde er in der dritten Schiedsgerichtsverhandlung des SPÖ-Parteigerichts in Wien am 18. 4. 1985 aus der SPÖ ausgeschlossen, was der SPÖ-Bundesparteitag am 13. 11. bestätigte. Am 12. 11. 1985 wurde N. auch aus dem ÖGB ausgeschlossen; danach wandte er sich der grünalternativen Bewegung zu. Von seinen zahlreichen Veröffentlichungen sind u. a. zu erwähnen: „Anschluß an die Zukunft" (1963), „Sozialdemokratie" (1964), „Richter und Journalisten" (1965), „Öffnung oder Untergang" (1965); außerdem gab er Grünbergs „Archiv für die Geschichte des Sozialismus und der Arbeiterbewegung" heraus.

NESTROY, Johann Nepomuk, * 7. 12. 1801 in Wien, † 25. 5. 1862 in Graz, Dramatiker, Sänger und Schauspieler. War der Sohn des Hof- und Gerichtsadvokaten Dr. Johann N. und trat 1814 als „Konzertspieler auf dem Pianoforte" auf. 1817–21 studierte er an der Universität Wien zuerst Philosophie, dann zwei Semester Jus. 1818 sang er die Baßsolopartie in Händels „Timotheus" im Redoutensaal in Wien, trat auf Liebhaberbühnen auf und debütierte erfolgreich 1822 als Sarastro am Hoftheater nächst dem Kärntnertor. 1823–25 am Deutschen Theater in Amsterdam engagiert, 1825/26 an das Nationaltheater in Brünn verpflichtet, hatte er hier erstmals Schwierigkeiten mit der Zensur, und die Polizei annullierte seinen Vertrag. 1826–31 war er in Graz und Preßburg sowie als Gast in Wien engagiert. N. beherrschte 1826 63 Opernpartien und 49 Sprechrollen, entwickelte sich jedoch bald zum Sprechtheater hin, wo er durch Extemporieren und Dialektrollen auffiel. 1827 feierte er mit „Der Zettelträger Papp" – er spielte selbst die Titelrolle – sein Debüt als Lokalpossendichter. Im August 1829 am Theater in der Josefstadt tätig, debütierte er mit „Der Tod am Hochzeitstage". 1830 versuchte er zum letztenmal, als Gastsänger am Kärntnertortheater im Opernfach Karriere zu machen. Seinem Rollentagebuch entnimmt man, daß er in diesem Jahr sieben Gesangspartien und 226 Sprechrollen erarbeitet hatte. Nach seinem zweiten Gastspiel am Theater in der Josefstadt im März 1831 und einem kurzen Aufenthalt in Lemberg erhielt er vom Theaterdirektor Carl (s. d.) für sich und seine Lebensgefährtin Marie Weiler (seine Frau Wilhelmine, mit der er seit 1823 verheiratet war, hatte ihn 1827 verlassen) einen Vertrag für das Theater an der Wien, der ihn 1832 als Komiker und Bühnenautor verpflichtete. Am 11. 4. 1833 wurde „Der böse Geist Lumpazivagabundus" uraufgeführt, wobei N. den Schuster Knieriem, Wenzel Scholz (s. d.) den Schneider Zwirn und Direktor Carl den Tischler Leim spielten. 1834 wandte sich N. vom Zauberstück ab und schrieb ab nun nur mehr Lokalpossen, Parodien und satirische Volksstükke. Nach der Uraufführung von „Zu ebener Erde und erster Stock" am 24. 9. 1835 bezeichnete die Kritik sein Werk als eine „Umwälzung" und forderte von N., am „neuen Volksstück" festzuhalten. Mit Direktor Carl übersiedelte N. 1839 in das Leopoldstädter Theater, wo sie gemeinsam große Erfolge verzeichnen konnten. Am 16. 12. 1840 wurde „Der Talisman" uraufgeführt, worin N. den Titus Feuerfuchs und Carl den Spund spielten. (Mit diesem Stück kennzeichnet die Wissenschaft das Erlöschen der reinen Singspieltradition.) Einen besonders lang anhaltenden Erfolg brachte 1842 die Uraufführung von „Einen Jux will er sich machen" mit N. als Weinberl und Scholz als Melchior, in der Leopoldstadt ebenso wie im Theater an der Wien. Nach dem Tod von Direktor Carl übernahm N. 1854 die Direktion des von ihm gepachteten Carltheaters, die er bis 1860 innehatte. Danach übersiedelte N. nach Graz. Hier spielte er noch am neuen Theater am Franz-Josephs-Quai und schuf 1862 die Stücke „Frühere Verhältnisse" und „Häuptling Abendwind". Am 18. Mai erlitt er einen Schlaganfall, an dessen Folgen er eine Woche später starb. In seinen Werken, rund 80 Theaterstücken, spiegelt sich eine tiefe Lebensweisheit wider, und seine geistvolle Ironie unterstrich er ebenso durch eine geschliffene Hochsprache wie durch einen urwüchsigen, aber wohlklingenden Wiener Dialekt. Vom traditionsreichen Wiener Volksstück ausgehend, brachte er das Wiener Volkstheater zur Vollendung. Zu seinen Lebzeiten standen oft über 20 seiner Werke gleichzeitig auf dem Spielplan der Wiener Bühnen, um so rascher vergaß man ihn. Wohl wurde vom 1. Jänner bis

JOHANN NESTROY

Die Abgründe der Wiener Seele

Unter den Vorstadttheater-Dichtern steht Nestroy obenan, d. h. die massivste Gemeinheit hat in diesem Genre ihren Gipfelpunkt erklommen, und wird sich wohl nächstens bequemen, herabzusteigen. Die destillirte Grobheit eines Fiackers, Hausmeisters und Schiffknechtes, die Sittsamkeit einer Bordellwirthin und eine angemessene Portion Witz: das sind die Elemente der Nestroy'schen Poesie, welche sich glücklicher Weise ihrem Verfalle nähert."

Anonym (Josef Tuvora), Briefe aus Wien. Von einem Eingebornen, II. Band (1844)

„Ein Menschenalter lang genoß Nestroy in seiner Vaterstadt durch die hinreißende Komik seiner endlosen schlenkernden Gliedmaßen und blechern schnarrenden Zungenvoltigen, durch seine schlagenden geistesgegenwärtigen Extempores und zähen drolligen Kämpfe mit der Zensur und schließlich auch durch eine lange Reihe glücklich zusammengestellter Gelegenheitspossen eine große und ununterbrochene Popularität. Dies war die eine Hälfte Johann Nestroys, seine äußere Hülle, die von der Welt, und zumal der wienerischen, so oft und gern für den ganzen Menschen genommen zu werden pflegt. Daneben aber gab es noch einen zweiten Nestroy, einen sokratischen Dialektiker und kantischen Analytiker, eine shakespearisch ringende Seele, die mit einer wahrhaft kosmischen Phantasie das Maßsystem aller menschlichen Dinge verzerrte, um diese eben dadurch erst in ihren wahren Dimensionen aufleuchten zu lassen."

Egon Friedell, Kulturgeschichte der Neuzeit (1922)

„Bis zum Lorbeer versteig' ich mich nicht. G'fallen sollen meine Sachen, unterhalten – lachen sollen die Leut', und mir soll die G'schicht a Geld tragen, daß ich auch lach', das ist der ganze Zweck. G'spaßige Sachen schreiben und damit nach dem Lorbeer trachten wollen, das is grad so, als wenn einer Zwetschenkrampuss' macht und gibt sich für einen Rivalen von Canova aus."

Johann Nestroy

Szene aus Johann Nestroys „Staberl, der konfuse Zauberer“. Stich nach J. Ch. Schoeller

18. Februar 1881 am Carltheater ein großer N.-Zyklus gegeben, wobei 20 Stücke an 48 Abenden zur Aufführung gelangten, doch erst 1890/91 erschien die erste Gesamtausgabe (12 Bde.). 1901 wurde erstmals am Wiener Burgtheater eine Nestroy-Posse, „Lumpazivagabundus“, aufgeführt, und Karl Kraus (s. d.) bemühte sich anschließend nachhaltig, auf den Wert der Werke N.s aufmerksam zu machen, wodurch es zu einer N.-Renaissance kam. 1924–30 erschien die von Otto Rommel (s. d.) herausgegebene historisch-kritische Gesamtausgabe (15 Bde.), von der 1948/49 eine sechsbändige Auswahl folgte. V. Chiavacci (s. d.) und L. Ganghofer gaben „Gesammelte Werke“ 1890/91 heraus (12 Bde.), 1961 stellte Hans Weigel (s. d.) eine Auswahl zusammen, eine historisch-kritische Ausgabe erscheint seit 1977. Von den im Text nicht erwähnten Stücken seien noch genannt: „Die Verbannung aus dem Zauberreiche“ (1829), „Der konfuse Zauberer“ (1832), „Robert der Teuxel“ (1833), „Die beiden Nachtwandler“ (1836), „Das Haus der Temperamente“ (1837), „Das Mädel aus der Vorstadt“ (1841), „Nur Ruhe!“ (1843), „Der Zerrissene“ (1844), „Freiheit in Krähwinkel“ (1848), „Höllenangst“ (1849); von seinen Parodien seien genannt: nach Hebbels „Judith und Holofernes“ (1849), nach Richard Wagners „Tannhäuser“ (1857) und „Lohengrin“ (1859).

Kraus, K.: N. und die Nachwelt (1912); Rommel, O.: N. und die Wiener Volkskomik, im 15. Bd. der Gesamtausgabe (1930); Forst de Battaglia, O.: J. N. (1932, 2. Aufl. 1962); Bührmann, N.: J. N. Parodien (1935); Mautner, H. F.: N. (1937); Marinovic, W.: Der Witz bei N., Diss. (Wien 1951); Weigel, H.: J. N., in: Flucht vor der Größe (1960); Basil, O.: N. in Selbstzeugnissen und Bilddokumenten (1967)

NEUBERG, Erich, * 12. 8. 1928 in Wien, † 10. 1. 1967 in Wien (Selbstmord), Regisseur. Begann seine Laufbahn am Theater am Parkring, wurde bekannt durch seine Nestroy- und Ibsen-Inszenierungen und arbeitete anschließend als Oberspielleiter für das Fernsehen, wo er u. a. auch den legendär gewordenen „Herrn Karl“ mit Helmut Qualtinger (s. d.) inszenierte. Nach seinem Tod wurde der Erich-N.-Preis für Regisseure vom ORF gestiftet.

NEUBURGER, Max, * 8. 12. 1868 in Wien, † 15. 3. 1955 in Wien, Medizinhistoriker. Studierte Medizin an der Universität Wien und promovierte 1893. Zunächst Sekundararzt am Rudolfsspital, später Assistent an der Wiener Poliklinik; habilitierte sich 1898 für Geschichte der Medizin. 1904 a. o. Univ.-Prof., 1917 o. Prof. an der Universität Wien. Auf seine Initiative hin wurde 1914 das Institut für Geschichte der Medizin gegründet, zu dem seine seit 1906 angelegte Sammlung von Apparaten, Instrumenten, Büchern und Bildern den Grundstock bildete. 1920 konnte die wertvolle Sammlung in das Josephinum übersiedeln. Wichtigste Veröffentlichungen: „Geschichte der Medizin“, 2 Bde. (1906–10), „Entwicklung der Medizin in Ö.“ (1918), „Das alte medizinische Wien“ (1921) und „Die Wiener medizinische Schule im Vormärz“ (1921).

NEUGEBAUER, Alfred, * 27. 12. 1888 in Wien, † 14. 9. 1957 in Wien, Schauspieler. War nach seiner Ausbildung an mehreren Wiener Bühnen engagiert, so unter der Direktion Max Reinhardts (s. d.) am Theater in der Josefstadt und ab 1946 am Burgtheater. Seit 1935 auch Prof. am Reinhardt-Seminar in Wien. Vor allem in den dreißiger Jahren war N. neben seiner Bühnentätigkeit häufig beim Film beschäftigt.

NEUHAUSER, Albert, * 12. 5. 1832 in Innsbruck, † 18. 1. 1901 in Innsbruck, Glasmaler. Begründete nach seiner Ausbildung in München 1861 mit G. Mader und J. Vonstadl die Innsbrucker Glasmalereianstalt und 1877 eine Mosaikwerkstätte, die beide bald Weltruf erlangten. Abgesehen von der Heranbildung einer Vielzahl von Schülern, schuf er eine große Anzahl von Glasfenstern und Mosaiken im Nord- und Südtiroler Raum.

NEUKOMM, Sigismund Ritter von, * 10. 7. 1778 in Salzburg, † 3. 4. 1858 in Paris, Komponist und Dirigent. War zunächst Schüler von Michael Haydn (s. d.) in Salzburg und dann von Joseph Haydn (s. d.) in Wien. 1806 ging er als Kapellmeister an das Deutsche Theater in St. Petersburg und wurde später Pianist bei Talleyrand, den er auch zum Wiener Kongreß begleitete. 1816 reiste er mit dem Herzog von Luxemburg nach Rio de Janeiro, von wo er 1821 nach Portugal fuhr. Danach lebte er abwechselnd in London und in Paris. N. schuf 10 Opern, darunter „Die neue Oper oder Der Schauspieldirektor“ (1804), mehrere Oratorien, Orchester- und Kammermusikwerke sowie Kirchenmusik, darunter 15 Messen, und rund 200 Lieder in verschiedenen Sprachen.

Seebohm, A.: Das deutsche Klavierlied S. N.s. Diss. Wien (1968); Pellegrini-Brandacker, G.: Ritter S. v. N. und seine Oratorien, 2 Teile (1973); Angermüller, R.: S. N., Werkverzeichnis, Autobiographie, Beziehungen zu seinen Zeitgenossen (1977).

NEUMANN, Franz Ritter von, * 16. 1. 1844 in Wien, † 1. 2. 1905 in Wien, Architekt. Studierte an der Technischen Hochschule und an der Akademie der bildenden Künste in Wien und war Schüler von van der Nüll (s. d.), Siccardsburg (s. d.) und Friedrich Schmidt (s. d.), dessen langjähriger Mitarbeiter er wurde. Dadurch war er bis 1883 auch am Bau des Neuen Rathauses in Wien mitbeschäftigt. Anschließend erbaute er die „Arkadenhäuser“ neben dem Rathaus, 1896–1901 die Antonius-Pfarrkirche (Wien 10), ab 1904 die Pfarrkirche „Zum hl. Leopold“ (Wien 21, Donaufeld) sowie die Habsburgwarte auf dem Hermannskogel (1888). Sein Historismus wandelte Architekturformen der deutschen Renaissance und des Barock ab.

NEUMANN, Johann Philipp, * 27. 12. 1774 in Trebitsch (Mähren), † 3. 10. 1849 in Wien, Bibliotheksfachmann und Physiker. Studierte Physik und war 1815–45 Prof. am Polytechnischen Institut in Wien (heute Technische Universität). 1816 gründete er die Bibliothek des Instituts, die er 27 Jahre lang leitete. 1826 führte er den raumsparenden „numerus currens“ ein, die fortlaufende Numerierung der Neuerwerbungen bei der Bestandsaufnahme der Bücher anstelle der bisher üblichen sachlich gegliederten Aufstellung und Registrierung. Außerdem dichtete er den Text zur „Deutschen Messe“ von Franz Schubert.

NEUMANN, Karl Eugen, * 18. 10. 1865 in Wien, † 18. 6. 1915 in Wien, Indologe. Sohn des Theaterdirektors Angelo N. (* 18. 8. 1838 in Wien, † 20. 12. 1910 in Prag). Besuchte 1879–82 die Handelsschule in Leipzig und unternahm anschließend, um Sprachen zu lernen, ausgedehnte Reisen nach England und Italien. Seit 1884 beschäftigte er sich mit dem Buddhismus und studierte ab 1897 Indologie und Religionswissenschaften an den Universitäten Berlin und Halle. Nach der Promotion 1891 lebte N. wieder in Wien und widmete sich der Übersetzung buddhistischer Texte, vor allem aus dem Pali-Kanon, die heute wissenschaftlich zum Teil als überholt gelten. Er veröffentlichte neben seinem Hauptwerk „Die Reden Gotamo Buddhos“, 4 Bde., 1896–1905 erschienen, u. a.

„Die Lieder der Mönche und Nonnen Gotamo Buddhos" (1899), „Die letzten Tage Gotamo Buddhos" (1911).

NEUMANN, Paul, * 13. 6. 1875 in Wien, † 9. 2. 1932 in Wien, Arzt und Schwimmer. Gewann am 11. 4. 1896 bei den ersten Olympischen Spielen der Neuzeit in Athen die erste olympische Goldmedaille für Österreich (Schwimmen 500 m Kraul). N. erwarb später als Mediziner großes Ansehen. Er trat schon zu Beginn unseres Jh.s für eine regelmäßige schulärztliche Betreuung ein.

NEUMANN, Robert, * 22. 5. 1897 in Wien, † 3. 1. 1975 in München, Schriftsteller, Lyriker, Gesellschaftskritiker und Parodist. Studierte zunächst Medizin, Chemie und später Germanistik in Wien. Wurde dann Buchhalter in einer Bank, Inhaber einer Lebensmittelimportfirma, Frachtaufseher auf einem holländischen Dampfer und Schwimmlehrer, ehe er sich als freier Schriftsteller niederließ. 1934 emigrierte er nach England, lebte danach im Tessin sowie später in München. In 24 Sprachen übersetzt, schrieb er in Deutsch, Englisch und Französisch. Besonders berühmt wurde er als Verfasser literarischer Parodien. N. war Ehrenpräsident des ö. P.E.N.-Clubs und Vizepräsident des internationalen P.E.N.-Clubs. Von seinen zahlreichen Werken seien erwähnt: seine Parodien „Mit fremden Federn" (1927) und „Unter falscher Flagge" (1932); von seinen Romanen und Erzählungen: „Die Pest von Lianora" (1927), „Sintflut" (1929), „Die Macht" (1932), „An den Wassern von Babylon" (1939), „Kinder von Wien" (1948), „Die Freiheit und der General" (1958), „Die dunkle Seite des Mondes" (1959), „Olympia" (1961), „Festival" (1962), „Oktoberreise mit einer Geliebten" (1970) sowie die Memoirenbände „Mein altes Haus in Kent" (1957), „Ein leichtes Leben" (1963) und „Vielleicht das Heitere" (1968).

NEUMANN von Wasserleonburg, Anna, * 1535 in Villach, † 18. 12. 1623 in Murau (St). Sechsmal verheiratet, zuletzt Gräfin zu Schwarzenberg, blieb sie in der Überlieferung die Anna N. Ihr Vater war Handelsherr und ein wohlhabender Bürger in Villach, erwarb das Adelsprädikat und nannte sich nach dem 1522 erworbenen Schloß Wasserleonburg im Gailtal. Sein ansehnliches Vermögen verwaltete nach seinem Tod im Jahr 1536 seine Frau Barbara. 1557 heiratete seine Tochter Anna N. Johann Jakob von Thannhausen, der aber schon 1560 starb. 1565 vermählte sie sich mit Christoph von Liechtenstein, durch den ihr nach dessen Tod 1580 die Herrschaft Murau zufiel. Da inzwischen auch ihre Mutter und ihre vier Brüder gestorben waren, verfügte sie über ein ansehnliches Vermögen und großen Grundbesitz. Bedeutende Persönlichkeiten zählten zu ihren Schuldnern, so auch der Bischof von Bamberg. 1581 heiratete sie abermals, und zwar Ludwig Freiherr von Ungnad zu Sonegg, der mit knapp 20 Jahren Abt des Zisterzienserstifts Rein bei Graz wurde, doch dann in den Hof- und Kriegsdienst eintrat. Zum Anhänger der Lehre Luthers geworden, war er schließlich der Wortführer der protestantischen Stände der Steiermark, starb aber schon 1584. 1586 heiratete sie ihren Gutsnachbarn Carl Freiherrn von Teuffenbach, der 1610 starb. Kurz danach vermählte sie sich mit Graf Ferdinand von Salamance-Ortenburg, der nach fünf Jahren starb. Schließlich heiratete sie als Greisin 1617 in sechster Ehe den Reichsgrafen Georg Ludwig zu Schwarzenberg. Mit einer Donationsurkunde vom 20. 10. 1617 übertrug sie diesem Stadt und Herrschaft Murau mit allem Zubehör. Sie war eine reiche Frau geworden, verfügte über Besitzungen in der Steiermark, in Kärnten und Krain, und unter ihren Schuldnern befand sich auch das Kaiserhaus, dessen Schuld bei ihrem Tod 220 000 Gulden betrug. Bei ihr legten aber auch die Bürger von Murau gerne ihre Ersparnisse an, da sie exakt und pünktlich die Zinsen zahlte. Genauso penibel verhielt sie sich aber auch gegen ihre Schuldner, was ihr wiederum üble Nachrede einbrachte. Die Ungewöhnlichkeiten zu ihren Lebzeiten setzten sich auch noch nach ihrem Tod fort. Da sie als Protestantin gestorben war, konnte sie nicht in der Stadtpfarrkirche beigesetzt werden, obwohl der Bischof von Salzburg ein kirchliches Begräbnis gestattet hatte. In der Elisabethkirche mußte für die Beisetzung eigens eine Nische ausgebrochen werden, damit der Kopf des Leichnams außerhalb der Kirche zu liegen käme. Erst 1873 wurde ihr Leichnam in der Murauer Kapuzinerkirche beigesetzt.

Bergmann, J.: Anna Gräfin zu Schwarzenberg geb. Neumann zu Wasserleonburg; Jahne, L.: A. N: (Abschriften von Artikeln), beide Schwarzenbergische Archive, Murau; Wieland, W.: A. N. v. W. (1986)

NEUNER, Johann Valentin, s. Neiner

NEURATH, Otto, * 10. 12.1882 in Wien, † 22. 12. 1945 in Oxford, Philosoph, Soziologe und Volksbildner. Studierte in Wien Mathematik, Physik und Germanistik und gründete 1925 das Ö. Gesellschafts- und Wirtschaftsmuseum (Neugründung 1948). 1919 war N. in der bayerischen Räteregierung aktiv, stand nach seiner Rückkehr nach Wien Max Adler (s. d.), Otto Bauer (s. d.) und Josef Popper-Lynkeus (s. d.) nahe. Als Philosoph einer der Führenden des neopositivistischen „Wiener Kreises", neben M. Schlick, R. Carnap, V. Kraft, H. Hahn (s. diese). Prägte und beeinflußte 1919–34 entscheidend die Arbeiterbildung in Ö. Gemeinsam mit dem Meister des Holz- und Linolschnitts Gerd Arntz entwickelte er die „Wiener Methode der Bildstatistik", die sich als internationale Bildersprache „ISOTOPE" (International System of Topographic Picture Education) vor allem in England und in den USA durchsetzte. 1934 emigrierte er nach Holland und von dort 1941 nach England. Veröffentlichungen u. a.: „Wissenschaftliche Weltauffassung: Der Wiener Kreis", gemeinsam mit R. Carnap u. H. Hahn (1929), „Empirische Soziologie" (1931), „Einheitswissenschaft und Psychologie" (1933), „Bildstatistik nach Wiener Methode in der Schule" (1933), „Was bedeutet rationale Wirtschaftsbetrachtung?" (1935).

Stadler, F.: Arbeiterbildung in der Zwischenkriegszeit. O. N. – Gerd Arntz (1982)

NEUSSER, Edmund, * 1. 12. 1852 in Swoszowice bei Krakau, † 30. 7. 1912 in Bad Fischau (NÖ), Internist. Begann sein Medizinstudium in Krakau, ging nach Wien und promovierte hier 1877. Wegen beruflicher Schwierigkeiten studierte er vorübergehend in Straßburg Chemie, um sich schließlich in Paris intensiv dem Studium der internen Medizin zu widmen. Nach Wien zurückgekehrt, begann er 1888 an der Universität innere Medizin zu lehren. War vorübergehend Leibarzt von Fürst Ferdinand in Sofia, wurde 1889 Primararzt in der Rudolfsstiftung, 1893 o. Univ.-

OTTO NEURATH
Gesellschaftswissenschaften in Bildern

„Die Gegenwart fordert von uns allen verstandesmäßige Erfassung gesellschaftlicher Zusammenhänge. Man kann heute nicht mehr die Allgemeinbildung auf Lesen, Rechnen, Schreiben und einige Kenntnisse auf dem Gebiet der Naturwissenschaften, der Literatur und der Geschichte beschränken; es gilt auch, die gesellschaftlichen Vorgänge zu erläutern und ihr Werden verständlich zu machen. Freilich, die Pädagogik dieses Gebietes steckt noch in den Kinderschuhen . . . Der moderne Mensch ist durch Kino und Illustrationen sehr verwöhnt. Einen großen Teil seiner Bildung empfängt er in angenehmer Weise, zum Teil während seiner Erholungspausen, durch optische Eindrücke. Will man gesellschafts-wissenschaftliche Bildung allgemein verbreiten, so muß man sich ähnlicher Mittel der Darstellung bedienen."

Otto Neurath

Prof. für Pathologie und Therapie sowie Vorstand der II. medizinischen Univ.-Klinik in Wien. Er war ein hervorragender Kliniker und Diagnostiker, zudem ein ausgezeichneter Pianist.

NEUSTÄDTER-STÜRMER, Odo, * 3. 11. 1885 in Laibach (Krain), † 19. 3. 1938 in Hinterbrühl (NÖ) (Selbstmord), Heimwehrführer und Ständestaatpolitiker. Nach dem Jusstudium trat er 1912 als Beamter in der Statthalterei des Küstenlands in Triest ein. Im Ersten Weltkrieg Oberleutnant, arbeitete er ab 1919 in der Zivilverwaltung, wurde Beamter in OÖ, 1920 Anschlußkommissär der Bezirke Ried, Schärding und Braunau. Ab 1930 Ideologe der Heimwehr, veröffentlichte eine Propagandaschrift des Heimatblocks für die Nationalratswahl sowie die Broschüre „Der Ständestaat Ö.", in der er die Grundzüge der späteren Maiverfassung und der berufsständischen Organisation (Staatsrat, Bundeswirtschaftsrat, Bundeskulturrat und die sieben Berufsstände) festlegte. Nach italienisch-faschistischem Vorbild betrieb er die Zusammenfassung von Arbeiter- und Unternehmerverbänden in eine einzige Organisation. 1931 Abgeordneter zum Nationalrat (Nachfolger Starhembergs), 1933 Klubobmann. 1933/34 Staatssekretär für Arbeitsbeschaffung, Arbeitsdienst, Straßenwesen und Fremdenverkehr, 1934/35 Sozialminister und mit dem berufsständischen Aufbau betraut. Beim nationalsozialistischen Putschversuch im Juli 1934 verhandelte er im Auftrag der Regierung mit den eingeschlossenen Putschisten und machte im anschließenden Militärgerichtsprozeß gegen sie falsche Aussagen. 1936 Gesandter in Budapest. Gemeinsam mit Emil Fey (s. d.) wandte er sich gegen Fürst E. R. Starhemberg (s. d.). 1936/37 Innen- und Sicherheitsminister. In wachsender Anlehnung an das nationale Lager initiierte er gemeinsam mit E. Glaise-Horstenau (s. d.) die Gründung des „Deutsch-Sozialen Volksbundes", die auch zu seiner Enthebung aus der Regierung beitrug. Beging Selbstmord, offenbar aus Angst vor den Nationalsozialisten wegen seines Verhaltens im Juli 1934.

Wiltschegg, W.: Die Heimwehr (1985)

NEUTRA, Richard, * 8. 4. 1892 in Wien, † 16. 4. 1970 in Wuppertal (BRD), Architekt. Studierte in Wien bei Otto Wagner (s. d.) und Adolf Loos (s. d.), von denen er stark beeinflußt wurde. 1920–22 arbeitete er in Berlin und in der Schweiz, ab 1923 in den USA bei Frank Lloyd Wright, seit 1925 in Los Angeles selbständig. Er war einer der ersten Architekten, der nach 1930 den sogenannten „Internationalen Stil" entwickelte. Unter Berücksichtigung von ökologischen und biologischen Erkenntnissen schuf er eine dem individuellen Lebensstil angepaßte Wohnbauweise, die in Landschaft, Wohnraum und Leben der Bewohner eine Einheit erblickt. 1927/28 entstand sein erstes bedeutendes Bauwerk in den USA: das Lovell House in Los Angeles. Er errichtete Wohnbauten, Schulen und Siedlungen (so arbeitete N. 1932 an der Wiener Werkbundsiedlung mit) und wurde Vorsitzender der Planungskommission im Staat Kalifornien, später Stadtplaner von Caracas (Venezuela). Mehrfach ausgezeichnet, erhielt er 1958 den Preis der Stadt Wien und lebte von 1966–69 wieder in seiner Geburtsstadt. Sein Gedankengut wird durch die R.-Neutra-Institute in Zürich und Los Angeles weiter gepflegt, in Klosterneuburg etablierte sich die R.-Neutra-Gesellschaft. Zu seinen wichtigsten Veröffentlichungen zählen: „Wie baut Amerika?" (1926), „Amerika, die Stilbildung des neuen Bauens in den Vereinigten Staaten" (1930), „Bauten und Projekte" (1951), „Wenn wir weiterleben wollen" (1956), „Mensch und Wohnen" (1956) und „Auftrag für morgen" (1962).

Boesiger, W.: R. N. (I, 1951, II, 1957); Bildband R. N. 1950–60 (1960)

Arnulf Neuwirth: Elysium an der Thaya (1970–74)

Richard Neutra: Desert House

NEUWIRTH, Arnulf, * 4. 1. 1912 in Gablitz (NÖ), Maler, Graphiker und Kunstkritiker. Nach 1945 als Karikaturist tätig, Prof. an der Modeschule der Stadt Wien in Hetzendorf, 1946 Mitbegründer und 1950 Präsident der Wiener Künstlergruppe „Der Kreis". Zahlreiche internationale Ausstellungen waren seinen Werken gewidmet. 1966 wurde N. mit dem Preis der Stadt Wien ausgezeichnet. Neben zahlreichen Ölbildern und Zeichnungen schuf er, angeregt durch verschiedene Reisen, Collagen ferner Zonen, die in phantastischer und anekdotischer Art eine überhöhte Exotik vermitteln. Er ist ein Vertreter des Phantastischen Realismus. N. lebt seit einiger Zeit im nö. Waldviertel.

Waissenberger, R.: A. N. – Malerei und Collage (1967)

NEUWIRTH, Josef, * 5. 6. 1855 in Neugarten (Böhmen), † 25. 4. 1934 in Wien, Kunst- und Kulturhistoriker. Studierte an der Deutschen Universität Prag, wo er 1894 auch Prof. der Kunstgeschichte wurde. 1899–1926 o. Prof. für Kunstgeschichte an der Technischen Hochschule in Wien, wo er auch das Fach Denkmalpflege einführte. Zu seinem umfangreichen kunsthistorischen Forschungswerk zählen u. a. die Schriften: „P. Parler von Gmünd" (1891), „Das Kunstle-

N

Newald Julius von · Nicoletti Susi · Niederl Friedrich · Niese Hansi · Nikisch Arthur · Nikolaus von Cues · Nikolaus von Dinkelsbühl · Nikolaus von Verdun · Nilius Rudolf · Nissen Georg Nikolaus · Nissl Franz · Nitsch Hermann · Nittel Heinz · Nobile Peter von · Noldin Hieronymus · Noorden Karl von · Nordau Max

ben in Ö.-Ungarn 1848–98" (1898), „Adalbert Stifter und die bildende Kunst" (1903), „Baukunst des Mittelalters" (1904), „Illustrierte Kunstgeschichte", 2 Bde. (1912) und „Bildende Kunst in Ö." (1918).

NEWALD, Julius von (seit 1874), * 11. 4. 1824 in Neutitschein (Mähren), † 17. 8. 1897 in Wien, Rechtsanwalt und Kommunalpolitiker. Studierte an der Universität Wien und promovierte 1858 zum Dr. jur. Ab 1864 Gemeinderat, schloß er sich der rechtsliberalen Mittelpartei an und wurde 1868 Zweiter, 1869 Erster Bürgermeister-Stellvertreter. 1878 zum Bürgermeister von Wien gewählt, wurde er 1881 in seinem Amt bestätigt. Nach dem Ringtheaterbrand 1881 wurde er aus den Reihen der Gemeinderäte heftig angegriffen, weshalb er im Jänner 1882 von seinem Amt zurücktrat. In seine Amtszeit fällt die Donauregulierung, der Bau der Hochquellenwasserleitung und der Neubau des Wiener Rathauses.

Julius von Newald

NICOLETTI, Susi, * 3. 9. 1918 in München, Kammerschauspielerin. Ausbildung als Tänzerin und Schauspielerin; war Erste Solotänzerin an der Münchner Oper, wandte sich dann dem Schauspiel zu und kam 1940 an das Wiener Burgtheater, wo sie u. a. die Katharina in „Der Widerspenstigen Zähmung" und Shaws Cleopatra spielte. Zeitweilig war sie auch am Theater in der Josefstadt tätig und errang daneben auch Erfolge im Film, so bereits 1939 in „Mutterliebe", aber auch später in Filmlustspielen wie „Hallo Dienstmann" (1951) oder in der Verfilmung von Thomas Manns „Bekenntnisse des Hochstaplers Felix Krull" (1957). Seit 1954 ist sie Prof. am Reinhardt-Seminar. N. war von 1954 bis zu dessen Tod 1984 mit Ernst Haeusserman (s. d.) verheiratet.

NIEDERL, Friedrich, * 15. 7. 1920 in Treglwang (St), Jurist und ÖVP-Politiker. Entstammte kleinbäuerlichen Verhältnissen und schlug sich als Hilfsarbeiter durch, ehe er 1939 maturierte und eine Anstellung bei der Bezirkshauptmannschaft Liezen bekam. 1940 wurde er zu den Gebirgsjägern eingezogen, 1944 Leutnant. 1948 begann er in Graz Jus zu studieren und promovierte 1951. 1960 Bezirkshauptmann in Feldbach, trat 1963 in die Landespolitik ein, wurde 1970 stellvertretender Landeshauptmann und war 1971–80 Landeshauptmann der Steiermark.

NIESE, Hansi (Johanna), * 30. 1. 1875 in Wien, † 1. 5. 1934 in Wien, Volksschauspielerin. War die Tochter eines Papierfabrikanten und trat bereits mit elf Jahren in einem Gasthaus in Speising auf, 1889 spielte sie beim „Schwender" und wurde, ohne jemals Schauspielunterricht erhalten zu haben, 1891 als Naive an das Stadttheater Znaim engagiert. In kurzer Zeit entwickelte sie einen eigenen Stil und kam über verschiedene Provinztheater 1893 als Soubrette an das von Adam Müller-Gutenbrunn (s. d.) neugegründete Raimundtheater nach Wien, wo sie u. a. als Salome Pockerl brillierte. 1898 gastierte sie mit Erfolg als Christine in Schnitzlers „Liebelei" am Neuen Theater in Berlin. Als 1899 ihr Gatte Josef Jarno (s. d.) die Direktion des Theaters in der Josefstadt übernommen hatte, kam sie mit ihm an diese Bühne, wo sie sich auch zur Charakterkomikerin und Menschendarstellerin großen Formats entwickelte. Auch in der Wiener Operette feierte sie Triumphe, so 1907 als „Försterchristl". Mit Alexander Girardi (s. d.) als idealem Partner war sie in Raimund- und Anzengruber-Stücken erfolgreich, aber auch die tragischen Frauengestalten G. Hauptmanns, seine Frauen aus dem Volke wie die Rose Bernd oder die Frau John aus den „Ratten", zählten zu ihrem Repertoire. Auch in zahlreichen Filmrollen überzeugte sie durch ihre urwüchsige Darstellungsart. N. gilt als die letzte große Volksschauspielerin des ö. Theaters.

NIKISCH, Arthur, * 12. 10. 1855 in Lébényi-Szentmiklós (Ungarn), † 23. 1. 1922 in Leipzig, Dirigent. Studierte am Wiener Konservatorium und war ein Schüler von Joseph Hellmesberger sen. (s. d.). 1874–77 Geiger im Hofopernorchester, 1878–88 Zweiter Kapellmeister am Stadttheater Leipzig, 1889–92 in Boston, 1893–95 Operndirektor und Erster Kapellmeister der Budapester Oper, ab 1895 Dirigent des Leipziger Gewandhausorchesters. Außerdem war er Nachfolger Hans Bülows in Berlin, Gastdirigent in Hamburg und St. Petersburg und dirigierte an allen großen Opernhäusern Europas und den USA. 1905/06 Operndirektor und Prof. am Leipziger Konservatorium. Seine Interpretationen der Werke von Schumann, Liszt, Wagner, Bruckner, Brahms u. a. waren allgemein anerkannt.

NIKOLAUS von Cues (auch Nicolaus Cusanus, eigtl. Nikolaus Criffts oder Krebs), * 1401 in Cues an der Mosel, † 11. 8. 1464 in Todi (Italien), Theologe, Humanist und Philosoph. War zunächst Rechtsberater in Mainz, 1430 Priester, 1431 Dekan in Konstanz, 1448 Kardinal und 1450 Bischof von Brixen. Er erneuerte das Ordensleben und führte zahlreiche Reformen durch. In Brixen kämpfte er mit Herzog Sigismund von Tirol (s. d.) um die Freiheit des Hochstifts, mußte 1458 weichen und wurde von Pius II. nach Rom berufen und zum Generalvikar ernannt. Nach seiner Rückkehr wurde N. von Herzog Sigismund in Bruneck belagert, worauf er 1464 seine Diözese verließ.

NIKOLAUS von Dinkelsbühl (eigtl. Nikolaus Pruntzlein), * um 1360 in Dinkelsbühl (Franken), † 17. 3. 1433 in Wien, katholischer Theologe. Kam als hochgebildeter Scholastiker an die Universität Wien, hielt hier 1390–98 und 1402–05 mathematisch-physikalische Vorlesungen und war dreimal Dekan der theologischen Fakultät. 1422–24 lebte er im Kloster Melk und kehrte dann wieder nach Wien zurück. Die Universität Wien und Herzog Albrecht V. von Ö. (s. d.) betrauten ihn mehrmals mit diplomatischen Missionen. Sein Einfluß an der Universität war so groß, daß sie durch sein Wirken zum Zentrum der Scholastik und Rechtslehre im 15. Jh. wurde. Außerdem war N. der Urheber der Klosterreformbewegung in Ö.

NIKOLAUS von Verdun, * vor 1150 in Verdun (Lothringen), † nach 1205, Goldschmied und Emailkünstler. Von dem lothringischen Künstler ist wenig bekannt, sicher ist nur, daß er in Klosterneuburg tätig war und hier 1181 den heute nach ihm benannten Altar in der Leopoldskapelle des Stifts vollendet hat. Er war wohl der Hauptmeister der romanischen Schmelzkunst und verwendete als einer der ersten Künstler byzantinische Formvorstellungen, die er mit frühgotischer Linienführung verband, wodurch er auch den Naturalismus der Gotik vorwegnahm. Bis 1330 waren die Emailtafeln die Verkleidung des Ambo, der Kanzelbrüstung, am Lettner der romanischen Stiftskirche gewesen. Nach einem Brand der Kirche in diesem Jahr wurde das Kunstwerk um sechs Tafeln erweitert und zu einem Flügelaltar umgebaut. Der Altar stellt nun eine Gesamtschau des göttlichen Heilplans von der Uroffenbarung bis zur Vollendung am Ende der Zeiten dar. Er besteht aus 980 sichtbaren Einzelteilen, die mit über 3000 Schrauben befestigt sind. 51 Bildtafeln und 68 Randzierleisten beinhalten 48 verschiedene Motive. N. verwendete hauptsächlich die Grubenschmelztechnik, eine sehr alte Emailtechnik, bei der auf einer Metallplatte alle Stellen, die Email aufnehmen sollen, mit einem Stichel ausgehoben wurden. Weniger häufig praktizierte er die Zellenschmelztechnik, bei der auf die Grundplatte metallene Stege aufgelötet wurden und die Zwischenräume mit Schmelzfluß zu füllen waren. Der Verduner Altar ist eines der bedeutendsten Emailkunstwerke des Abendlands.

Röhrig, F.: Der Verduner Altar (1955); ders.: Der Verduner Altar (1980)

NILIUS, Rudolf, * 23. 3. 1883 in Wien, † 31. 12. 1962 in Bad

Ischl (OÖ), Dirigent und Komponist. Studierte am Wiener Konservatorium. Ab 1912 Dirigent, 1928 Direktor des Wiener Tonkünstlerorchesters und des Singvereins der Gesellschaft der Musikfreunde in Wien. 1921 gründete er die Philharmonischen Kammerorchesterkonzerte. Zusätzlich war er Prof. am Neuen Wiener Konservatorium, Konzertdirektor der Wiener Orchestervereinigung und Dirigent der Wiener Konzerthausgesellschaft. N. schuf Orchesterwerke, Chorstücke und kirchenmusikalische Werke.

NISSEN, Georg Nikolaus, * 22. 1. 1761 in Hadersleben (Nord-Schleswig), † 24. 3. 1826 in Salzburg, Diplomat. Kam 1793 nach Wien und war hier als dänischer Diplomat tätig. 1809 heiratete er die Witwe Wolfgang Amadeus Mozarts, Konstanze. Ab 1820 lebte er in Salzburg. Sein besonderes Verdienst war die von ihm verfaßte, besonders materialreiche Biographie über Mozart, die Konstanze Nissen-Mozart nach seinem Tod 1828 veröffentlichte.

NISSL, Franz, * 1. 9. 1852 in Budweis (Böhmen), † 30. 4. 1942 in Wien, Elektrotechniker. Studierte Physik an der Technischen Hochschule in Wien und beschäftigte sich bald mit der Nachrichtentechnik. Nach Plänen Graham Bells baute er das erste Telefon in Ö. und übernahm die Leitung des 1881 in Budapest eröffneten Telefonnetzes. 1884 beteiligte er sich an der von K. Czeija gegründeten Telegraphenwerkstätte (Czeija & N.), die 1898 den Auftrag zur Errichtung der ersten Wiener Telefonzentralen erhielt. 1923 war N. führend am Bau der Rundfunksender und Empfangsgeräte beteiligt.

NITSCH, Hermann, * 29. 8. 1938 in Wien, Aktionist. Besuchte von 1953–58 die Graphische Lehr- und Versuchsanstalt in Wien. 1957 schuf er ein „Orgien Mysterien Theater". 1963–66 zahlreiche Aktionen in Wien, teilweise auch in Gemeinschaft mit Bruhs (s. d.) und Schwarzkogler, die oftmals auch die Polizei beschäftigten. 1967 wurde eine seiner Aktionen erstmals verfilmt. N. lebt auf Schloß Prinzendorf (NÖ), wo er auch Aktionen veranstaltet.

NITTEL, Heinz, * 29. 10. 1930 in Wien, † 1. 5. 1981 in Wien (ermordet), SPÖ-Politiker. 1976 wurde er Amtsführender Stadtrat für städtische Dienstleistungen und Konsumentenschutz

Arche Noah. Bildtafel aus dem Verduner Altar des Nikolaus von Verdun (1181 beendet)

und war auch Präsident der Ö.-Israelischen Gesellschaft. Als er am 1. 5. 1981 zu den Maifeierlichkeiten der SPÖ fahren wollte, wurde er vor seinem Wohnhaus von einem Angehörigen der palästinensischen Terrorgruppe „Al Asafa" erschossen. Es war dies der erste Politikermord in der Zweiten Republik.

NOBILE, Peter von, * 11. 10. 1774 in Tesserete bei Campestre (Tessin, Schweiz), † 7. 11. 1854 in Wien, Architekt. Nach Studien in Triest, Rom (wo er sich nicht nur mit den Bauten der Antike, sondern auch mit den Theorien Vitruvs, Vignolas und Palladios beschäftigte) und Wien war er dann in Triest tätig, wo er 1807 städtischer Baudirektor wurde. 1819 als Direktor der Architekturabteilung an die Akademie der bildenden Künste nach Wien berufen,

Peter von Nobiles Theseus-Tempel im Volksgarten in Wien (1820–23)

schuf er hier 1820–23 den Theseus-Tempel und 1821–24 das Äußere Burgtor. 1824/25 erbaute er das Ständetheater in Graz und war dann für Fürst Metternich (s. d.) in Königswart und Johannisberg tätig. 1836/37 gestaltete er den zwei Sock hohen Festsaal der Technischen Hochschule in Wien; das Landesgericht in Wien (1831–39) dürfte nach seinen Entwürfen errichtet worden sein. N. war der führende Architekt des Wiener Spätklassizismus und der Lehrer fast aller Wiener Architekten der zweiten Hälfte des 19. Jh.s, die dann die Ringstraßenbauten schufen.

Wagner-Rieger, R.: Wiens Architektur im 19. Jh. (1970)

NOLDIN, Hieronymus, * 30. 1. 1838 in Salurn (Südtirol), † 7. 11. 1922 in Wien, Jesuit und Moraltheologe. Trat in den Jesuitenorden ein und war 1886–1909 Univ.-Prof. in Innsbruck. Seine letzten Lebensjahre verbrachte er in Wien-Lainz. 1886–90 redigierte er die „Zeitschrift für katholische Theologie". N. war ein hervorragender Moraltheologe, dessen Werke Jahrzehnte hindurch die verbindlichen Lehrbücher für Theologiestudenten darstellten und eine erstaunliche Auflagenhöhe erreichten: „Summa theologiae moralis", 3 Bde. (1899, 22. Aufl. 1934, Nachdruck 1945), „De sexto praecepto" (1898, 25. Aufl. 1932) und „De Censuris" (1899, 24. Aufl. 1931).

Hatheyer, F.: H. N. (1923)

NOORDEN, Karl von, * 13. 9. 1858 in Bonn, † 26. 10. 1944 in Wien, Internist. Der anerkannte Spezialist für Stoffwechselerkrankungen war (als Nachfolger Nothnagels, s. d.) 1906–13 und ab 1930 Univ.-Prof. in Wien. Von 1930 an leitete er die Abteilung Stoffwechselerkrankungen und die Diätküche des Lainzer Krankenhauses. Er begründete die Diätetik als Wissenschaft und erforschte Krankheiten des Magen-Darm-Trakts. Von seinen vielen wissenschaftlichen Veröffentlichungen sind u. a. zu erwähnen: „Lehrbuch der Pathologie des Stoffwechsels" (1893), „Die Zuckerkrankheit und ihre Behandlung" (1895), „Handbuch der allgemeinen Diätetik" (1921) und „Alte und neuzeitliche Ernährungsfragen" (1931).

NORDAU, Max (eigtl. Simon Maximilian Südfeld), * 29. 7. 1849 in Pest, † 22. 1. 1923 in Paris, Arzt, Schriftsteller und zionistischer Politiker. Studierte an der Universität Budapest Medizin und promovierte 1876. Arbeitete danach als Journalist beim „Pester Lloyd“. 1880 übersiedelte er nach Paris, wo er als Arzt, Schriftsteller und zudem für die „Neue Freie Presse“ als Korrespondent tätig war. Von den Ideen Theodor Herzls (s. d.) begeistert, war er einer der Mitbegründer des Zionismus und engagierte sich ab 1895 bei den ersten Zionistenkongressen, geriet aber 1911 in politischen Gegensatz zu den meisten übrigen zionistischen Politikern. N. lebte danach in Madrid, London und Paris. Er veröffentlichte u. a.: „Die conventionellen Lügen der Kulturmenschheit“ (1884), „Zionistische Schriften“ (1909, 2. Aufl. 1923) und „Menschen und Menschliches von heute“ (1915) sowie den Roman „Die Krankheit des Jh.s“, 2 Bde. (1889).

NORDMANN, Johann (eigtl. Rumpelmayer), * 13. 3. 1820 in Landersdorf bei Krems (NÖ), † 20. 8. 1887 in Wien, Schriftsteller und Journalist. Studierte in Wien, schrieb Beiträge für Blätter wie „Der Wanderer“, „Der Humorist“, „Oe. Morgenblatt“ und lernte A. Grün (s. d.), N. Lenau (s. d.) sowie A. Stifter (s. d.) kennen. 1848, als Freund Messenhausers (s. d.), war er Angehöriger der Akademischen Legion und hauptsächlich als Redakteur und Journalist für engagierte satirische Blätter wie den „Radikalen“ tätig. N. führte nach Pariser Vorbild die sogenannten Wochenplaudereien (Feuilletons) in der Wiener Presse ein und entwickelte die touristische Journalistik in Ö. 1853 gründete er die Zeitschrift „Salon“, das „Wiener Kunstblatt“ und war ab 1869 Redakteur der „Neuen Freien Presse“ und 1873–79 zugleich Herausgeber der „Neuen Illustrirten Zeitung“. Von seinen zahlreichen Veröffentlichungen seien erwähnt: „Die Liguorianer! Ihre Constitution und Correspondenz“ (1849), „Zwei Frauen“ (1850), „Frühlingsnächte in Salamanca“ (1857, 3. Aufl. 1880), „Ein Wiener Bürger“ (1860, 2. Aufl. 1882), „Wiener Stadtgeschichten“ (1869), „Der zerbrochene Spiegel“ (1870). N. schrieb auch Beiträge für „Die Ö.-ungarische Monarchie in Wort und Bild“ (24 Bde., 1886–1902).

NÖSTLINGER, Christine, * 13. 10. 1936 in Wien, Jugendbuchautorin. Studierte an der Wiener Kunstakademie und veröffentlichte Lyrik, Mundarttexte und Romane. Wurde durch „Die feuerrote Friederike“ bekannt und begründete damit erfolgreich eine neue, engagierte Form des Jugendbuchs. N. schrieb u. a.: „Die Kinder aus dem Kinderkeller“ (1971), „Achtung! Vranek sieht ganz harmlos aus“ (1974), „Maikäfer, flieg!“ (Neuausg. 1978), „Rosa Riedl Schutzgespenst“ (1979), „Rosalinde hat Gedanken im Kopf“ (1981), „Hugo, das Kind in den besten Jahren“ (1983). Sie erhielt zahlreiche Ehrungen und Auszeichnungen, so den Ö. Staatspreis und den Hans-Christian-Andersen-Preis, die höchste Auszeichnung für Jugendbuchautoren. Für „Wir pfeifen auf den Gurkenkönig“ erhielt sie 1973 den Deutschen Jugendbuchpreis.

NOTBURGA, Heilige, * um 1265 in Rattenberg am Inn (T), † 14. 9. 1313 auf Schloß Rottenburg bei Achensee (T), Dienstmagd. Die Tochter eines Hutmachers trat als Küchenmagd in die Dienste des Ministerialengeschlechts Rottenburg. Da sie sich sehr um die Armen annahm, mußte sie das Schloß verlassen und diente dann bei einem Bauern in Eben am Achensee, wo sich das Wunder der über ihr schwebenden Sichel ereignet haben soll (als Zeichen, daß der Sonntag und der Feierabend arbeitsfrei sein und geheiligt werden sollten). Auf die Rottenburg zurückgeholt, diente sie dort bis zu ihrem Tod und wurde in der Pfarrkirche Eben (einer Eigenkirche der Rottenburger) bestattet. Bei Ausgrabungen 1731 wurde ihr Skelett gefunden und in einem Glasschrein am Hochaltar aufgestellt. Sie gilt vor allem als Patronin der Dienstboten und der Armen.

Hattler, F. X.: Hl. N. (7. Aufl. 1914); Kiel, R.: N. (4. Aufl. 1912); Pfaundler, W.: Sankt N., eine Heilige aus Tirol (1962); Kramer, M.: Sankt N. (1962)

NOTHNAGEL, Hermann, * 28. 9. 1841 in Alt-Lietzegöricke (Brandenburg, Polen), † 7. 7. 1905 in Wien, Internist. Studierte in Berlin und promovierte 1863. 1866 habilitierte er sich für Innere Medizin in Königsberg und wurde nach mehreren Stationen, so Berlin, Breslau, Freiburg, Zürich und Jena, 1882 als Vorstand der I. medizinischen Klinik nach Wien berufen. Durch seine experimentellen Methoden führte er die innere Medizin in Wien zu Weltruf; er erkannte als erster die Bedeutung des Blutdrucks für bestimmte Krankheiten. N. veröffentlichte bahnbrechende Arbeiten über Physiologie und Pathologie des Nervensystems sowie des Darms; 1894–1908 gab er das „Handbuch der speziellen Pathologie und Therapie“ heraus (24 Bde.), weitere wichtige Publikationen: „Handbuch der Arzneimittellehre“ (1870), „Topische Diagnostik der Gehirnkrankheiten“ (1879).

Neuburger, M.: H. N. (1922)

NOWAK, Leopold, * 17. 8. 1904 in Wien, Musikforscher. War Sängerknabe und studierte in Wien, u. a. bei Franz Schmidt (s. d.). 1927 promovierte er und habilitierte sich 1932 mit der Arbeit „Grundzüge einer Geschichte des Basso ostinato“, die im selben Jahr auch gedruckt erschien. 1946–69 leitete er die Musiksammlung der Ö. Nationalbibliothek. N. ist Haydn- und

EDUARD VAN DER NÜLL

Das Opernhaus am Ring

„. . . Die Lage und Richtung der Mittelachse des Operntheaters war schon durch die Orientirung fixirt, es müsse die Hauptfronte und Zufahrt an der Ringstraße liegen, die Gesammtzahl aller zum Betriebe der Theater-Intendanz nothwendigen Nebenlocalitäten aber nebst den grossen Magazinsräumen für die Decorationen den Bühnenraum umgeben. Das Theater steht zur Hälfte in dem alten Stadtgraben; sowohl das Streben, die Hauptform des eigentlichen Theaterkörpers zur Geltung zu bringen, als auch die Erreichung des Zweckes, die Nebentracte sammt den beiden Höfen dort zu gruppiren, wo sie von wirklichem Nutzen sind, und durch die Terassen und ihren Gartenanlagen, mit dem Alignement der Längenfaçade und dem Hauptkörper des Theaters in Verbindung zu bringen, haben auf den Entwurf des Grundrisses den wesentlichsten Einfluss geübt. Nachdem die Sohle des ehemaligen Stadtgrabens für die beiden grossen Höfe beibehalten wurde, war man dadurch in den Stand gesetzt, den Souterrains Luft und Licht zuzuführen . . . Vermöge der in Wien noch immer zu kostspieligen Ausführung in Stein wegen Mangel eines ganz passenden Materials ist dieser Bau nur theilweise bei den Arcaden und Auffahrten ein Quader- sonst durchgängig ein Verkleidungsbau. Im Styl schliesst er sich jener Periode der Renaissance

Eduard van der Nüll 1851. Lithographie von Josef Kriehuber

an, in welcher die organische Gliederung des Gewölbes noch nicht ausgeschlossen erscheint. Der Zuschauerraum behält die Hauptform der Plateau- und Logenreihen der italienischen Anordnung bei; Balkon und tiefe Amphitheater in den oberen Galerien werden vermieden. Auf die Bedürfnisse einer zweckmässigen Heizung, Ventilation, Beleuchtung und Beseitigung jeder Gefahr bei ausbrechendem Feuer auf dem Bühnenraume wurde ganz besondere Rücksicht genommen. . . . Zu Ende des Dezember 1861 begannen die umfassenden Erdarbeiten.“

Eduard van der Nüll über den Bau der Wiener Oper (1864)

Das neue Wiener Opernhaus nach seiner Fertigstellung

Bruckner-Spezialist und der wissenschaftliche Leiter der Anton-Bruckner-Gesamtausgabe. Von seinen Veröffentlichungen seien u. a. erwähnt: „Das deutsche Gesellschaftslied in Ö. 1480–1550" (1930), „Franz Liszt" (1936), „Te Deum laudamus, Gedanken zur Musik Anton Bruckners" (1947), „Joseph Haydn" (1951, 3. Aufl. 1966), „Gegen den Strom. Leben und Werk von E. N. v. Reznicek" (gemeinsam mit F. v. Reznicek, 1960) und „Anton Bruckner, Musik und Leben" (1973).

Grasberger, F. (Hrsg.): Bruckner-Studien. Festschrift zu N.s 60. Geburtstag (1964)

NÜCHTERN, Hans, * 25. 12. 1896 in Wien, † 9. 1. 1962 in Wien, Schriftsteller, Regisseur und Dramaturg. Dr. phil, war Prof. am Reinhardt-Seminar in Wien und 1924–38 und ab 1946 wieder Leiter der literarischen Abteilung der RAVAG bzw. des Ö. Rundfunks. Neben Novellenbänden veröffentlichte er auch Lyrik: „Wie mir's tönt von ungefähr" (1918), „Gesang vom See" (1932), „Perchtoldsdorfer Frühling" (1934), „Passion der Stille" (1946), „Hornwerk und Glockenspiel" (1947), „Zwischen den Zeiten" (1950) und „Der steinerne Psalter" (1961) sowie mehrere Romane, so: „Der Haß gegen die Stadt" (1921), „Die ewige Melodie" (1947, 1955 unter „Die goldene Orgel" neu aufgelegt), „Das Herz des Hidalgo" (1946) und „Das Wunder von Mundisheim" (1953). 1936 wurde sein „Spiel von den vier Rittern und der Jungfrau" im Burgtheater aufgeführt.

NÜLL, Eduard van der, * 9. 1. 1812 in Wien, † 4. 4. 1868 in Wien (Selbstmord), Architekt. Studierte an der Wiener Akademie der bildenden Künste bei Nobile (s. d.) und unternahm anschließend mit seinem Freund August Siccard von Siccardsburg (s. d.) 1839–43 Reisen durch Italien, Frankreich und Deutschland. 1845 als Nachfolger L. Försters (s. d.) Prof. für Architektur und Ornamentik an der Akademie der bildenden Künste in Wien. Mit Siccardsburg ging er eine Architektengemeinschaft ein, wobei er mehr für die Ästhetik der Architektur, Siccardsburg hingegen mehr für die Technik zuständig war. Ihre bedeutendsten Werke stehen in Wien, mit denen sie auch die bauliche Entwicklung der Stadt wesentlich beeinflußten: Schutzengel-Brunnen (1843–46), Sophienbad (1845) und Carltheater (1846/47), Arsenal (1849–55), Hofoper (1861–69) und das Haas-Haus am Graben (1866–68). Allein schuf N., dessen Bauten heute zum „romantischen Historismus" gezählt werden, die Einrichtung der Altlerchenfelder Pfarrkirche (1848–61), den Sockel für das Erzherzog-Karl-Denkmal am Heldenplatz und den für das gegenüberliegende Denkmal für Prinz Eugen (1860–65) sowie das Palais Larisch-Moennich (1867/68). Der zu Gemütsdepressionen neigende N. konnte die während des Baus der Hofoper geäußerten, zum Großteil verständnislosen Kritiken nicht länger ertragen und beging Selbstmord.

Wagner-Rieger, R.: Wiens Architektur im 19. Jh. (1970)

NUSSBAUMER, Otto, * 31. 3. 1876 in Wilten bei Innsbruck, † 5. 1. 1930 in Salzburg, Physiker und Erfinder. Sein Vater war Stationsvorstand in Leoben, so daß N. bereits mit acht Jahren das Morsealphabet beherrschte. Schon während seines Studiums an der Technischen Hochschule bei Prof. Konstantin von Ettingshausen (s. d.) in Graz zeigte sich seine Begabung für die Elektrotechnik. Nach Abschluß des Studiums arbeitete der Dipl.-Ing. als Konstrukteur im Laboratorium seines Professors. Am 15. 6. 1904 gelang ihm dort mit Hilfe eines selbstgebauten Detektors erstmals eine drahtlose Musikübertragung. Sowohl Sender als auch Empfänger wiesen noch große Unvollkommenheiten auf, doch war im Prinzip das Problem gelöst. Die Vervollkommnung wurde in Ö. nicht weiter verfolgt, so daß die Rundfunkübertragung auf Grund dieser Erfindung im Ausland entwickelt wurde. Da eine Förderung unterblieb und ihm auch die erstrebte Lehrkanzel versagt blieb, trat N. 1907 in den Staatsdienst, wurde elektrotechnischer Sachverständiger bei der Statthalterei Graz und 1908 Leiter der Abteilung für Maschinenbau und Elektrotechnik der Statthalterei Salzburg. Die Ehrungen anläßlich der 25-Jahr-Feier der ersten Rundfunkübertragung konnte er wegen einer schweren Krankheit nicht selbst entgegennehmen.

OBERCHRISTL, Florian, * 4. 5. 1876 in Kefermarkt (OÖ), † 11. 9. 1951 in Linz, katholischer Geistlicher und Kunsthistoriker. Neben seiner Tätigkeit als Priester (zuletzt als Domdechant von Linz) war O. als lokaler Kunsthistoriker tätig. 1922–27 redigierte er die „Christlichen Kunstblätter". Außerdem veröffentlichte er u. a.: „Der gotische Flügelaltar und die Kirche Kefermarkt" (1904), „Der Mariä-Empfängnisdom in Linz" (1923) und „Glockenkunde der Diözese Linz" (1941).

OBERHAMMER, Vinzenz, * 23. 11. 1901 in Innsbruck, Kunsthistoriker. Studierte in Innsbruck und war dort bis 1955 Univ.-Prof. 1938–54 Kurator des Museums Ferdinandeum in Innsbruck, 1955–66 Direktor des Kunsthistorischen Museums in Wien. Von seinen Veröffentlichungen seien u. a. erwähnt: „Die Bronzestandbilder des Grabmales Maximilians I. in der Hofkirche zu Innsbruck" (1934), „Der Altar von Schloß Tirol" (1948), „Gotik in Tirol" (1950) und „Die Gemäldegalerie des Kunsthistorischen Museums in Wien", 2 Bde. (1959/60).

OBERHUBER, Oswald, * 1. 2. 1931 in Meran (Südtirol), Maler, Graphiker und Bildhauer. Besuchte 1945–49 die Kunstgewerbeschule in Innsbruck und studierte in Stuttgart, anschließend in Wien bei Wotruba (s. d.). Entwarf in den sechziger Jahren sein Konzept der „permanenten Veränderung" in der Kunst. 1973–77 Assistent und Leiter der Galerie nächst St. Stephan, seit 1973 Prof. und 1979–87 Rektor an der Hochschule für angewandte Kunst. Er schuf zahlreiche Selbstporträts, Pop-Figurationen, Zeichnungen, Raum- und Lichtinstallationen mit Malerei. 1985 veröffentlichte O. „Lust auf Worte. Texte aus drei Jahrzehnten".

OBERHUBER, Richard Peter, * 3. 2. 1906 in Zeltweg (St), Maler, Graphiker und Kunstschriftsteller. Studium der Malerei und Innenarchitektur in Wien und München. 1945 wurde er zum Leiter der Kunstgewerbeschule in Graz ernannt, wo er auch die „Werkbundgemeinschaft" gründete. Viele seiner Werke befinden sich in der Albertina und in der Neuen Galerie in Wien sowie in Wiener und Grazer öffentlichen und privaten Sammlungen. Von seinen Veröffentlichungen seien u. a. erwähnt: „Zur Wiedererrichtung der Sezession (Graz)" (1945), „Der Künstler und seine Aufgabe in der Zeit" (1946), „Edle Form und Zweckform" (1947) und „Kunsterziehung" (1947).

OBERHUMMER, Eugen, * 29. 3. 1859 in München, † 4. 5. 1944 in Wien, Geograph. Studierte Naturwissenschaften, klassische Philologie und Geographie in München und Berlin, wurde 1902 nach Wien berufen und lehrte hier bis 1931 an der Universität. O. war ein führender Forscher der Geschichte der Geographie und der Kartographie, insbesondere auf dem Spezialgebiet der Stadtpläne und der Alpenkarten. Wegweisend waren seine Untersuchungen der geographischen Namenkunde („Austria" und „Australia", 1929) sowie der Sprach- und Religionsgeographie. Von seinen zahlreichen Veröffentlichungen sind für Ö. besonders bedeutend: „Wolfgang Lazius . . ." (1906) und „Die Brixener Globen von 1522 . . ." (1926).

Festschrift anläßlich seines 80. Geburtstages (1939)

OBERKOFLER, Anton, * 14. 6. 1828 in Jenesien bei Bozen, † 10. 1. 1912 in Bozen, katholischer Geistlicher und lokaler Kulturhistoriker. (O. schrieb auch unter dem Pseud. Alexius Wohlgemuth.) 1852 zum Priester geweiht, gründete er 1862 das „Tiroler Volksblatt", das er bis 1893 leitete. War um die Erhaltung des Tiroler Volkslebens und des Brauchtums bemüht und kämpfte engagiert

Oswald Oberhuber: Detail zum Projekt „Paradiesgarten" (1983)

gegen die liberalen Schulgesetze. Er veröffentlichte u. a.: „Bilder aus dem Tiroler Volksleben", 2 Bde. (1859). „Spiegelbilder aus dem Volksleben" (1861), „Pustertaler" (1874) und „Erlebtes und Vernommenes" (1906).

OBERKOFLER, Joseph Georg, * 17. 4. 1889 in St. Johann im Ahrntal (Südtirol), † 12. 11. 1962 in Innsbruck, Schriftsteller und Jurist. Studierte in Innsbruck und war zunächst als Verlagsredakteur tätig. Im Katholizismus verankert, schuf er eine Vielzahl von Erzählungen und Romanen, die seine große Heimatliebe und Heimatverbundenheit zum Ausdruck bringen. U. a. erschienen die Werke: „Die Knappen von Prettau" (1921), „Sebastian und Liedlieb" (1925), „Drei Herrgottsbuben" (1934), „Nie stirbt das Land" (Gedichte, 1937), „Das Stierhorn" (1938), „Der Bannwald" (1939), „Die Flachsbraut" (1942), „Und meine Liebe, die nicht sterben will" (Gedichte, 1948), „Wo die Mutter ging" (Erinnerungen, 1960), „Ehe der Schatten fiel" (Jugenderinnerungen, 1964).

Haindl, L.: Das epische Werk J. G. O.s, Diss. Innsbruck (1949)

OBERSTEINER, Heinrich, * 13. 11. 1847 in Wien, † 19. 11. 1922 in Wien, Neurologe. Sohn eines Arzts. Studierte in Wien Medizin und promovierte 1870. Ab 1872 leitete er gemeinsam mit Maximilian Leidesdorf (s. d.) die von seinem Vater mit diesem geführte Privatirrenanstalt in Döbling, habilitierte sich 1873 für Anatomie und Pathologie des Zentralnervensystems, wurde 1880 a. o. Univ.-Prof. und 1898 o. Univ.-Prof. Aus eigenen Mitteln gründete er 1882 das Neurologische Institut der Universität Wien und gab ab 1892 die Forschungsberichte des Instituts in 22 Bänden heraus. O. arbeitete intensiv über die nach ihm benannten Lymphräume um die Nervenzellen im Gehirn und über die Hirngefäße. Seine wertvolle und umfangreiche neurologisch-psychiatrische Sammlung und Fachbibliothek stiftete er 1905 der Universität Wien. Er veröffentlichte u. a. „Anleitung beim Studium des Baues der nervösen Central-Organe" (1868), „Die Lehre vom Hypnotismus" (1893) und „Die progressive allgemeine Paralyse" (1908).

OBSIEGER, Robert, * 23. 9. 1884 in Lundenburg (Mähren), † 27. 11. 1958 in Wien, Kunsthandwerker und Keramiker. Wurde Prof. an der Akademie für angewandte Kunst in Wien und Leiter der Wienerberger Werkstättenschule für Keramik. 1952 erhielt er den Preis der Stadt Wien. O. schuf eine

HERMANN OBERTH

Beginn der Weltraumfahrt

OBERTH, Hermann, * 25. 6. 1894 in Hermannstadt (Siebenbürgen), Raketenforscher, Raumfahrtpionier. Studierte in Wien und arbeitete seit 1910 an einem Rückstoßantrieb und an einer ferngesteuerten Rakete. Bereits 1917 entwarf er eine Großrakete mit einer Nutzlast von 10 Tonnen, wobei er als Treibstoff Alkohol und Sauerstoff verwendete. 1923 beschrieb er die wesentlichen Elemente und Voraussetzungen für heutige Raketen und führte 1938–40 Raketenversuche an der Technischen Hochschule in Wien durch. 1941 wurde er an die Heeresversuchsanstalt in Peenemünde (Norddeutschland) verpflichtet. Seit 1955 in den USA, arbeitete er 1955–58 in Huntsville. Der Pionier der Weltraumfahrt veröffentlichte u. a.: „Die Rakete zu den Planetenräumen" (1923, 3. Aufl. 1939 unter „Wege zur Raumschiffahrt", 1974 nachgedruckt), „Menschen im Weltraum" (1954), „Stoff und Leben" (1959).

Vielzahl von Werken an öffentlichen und privaten Wohnhausanlagen und in öffentlichen Gärten Wiens.

OCWIRK, Ernst, * 7. 3. 1926 in Wien, † 23. 1. 1980 in Kleinpöchlarn (NÖ), Fußballer. Modellathlet, eleganter Techniker, glänzender Stratege. Sportler des Jahres 1951. Der letzte große ö. offensive Mittelläufer vor der Einführung des WM-Systems. Langjähriger Kapitän der Nationalmannschaft, insgesamt 62 Länderspiele. „Ossi" war auch zweimal Kapitän der Europaauswahl.

ODILON, Helene (eigtl. Petermann), * 31. 7. 1865 in Dresden, † 9. 2. 1939 in Baden (NÖ), Schauspielerin. Spielte ab 1881 Theater in Chemnitz, Lübeck, Berlin und Hamburg und trat 1891 erstmals am Deutschen Volkstheater in Wien

Helene Odilon

auf, wo sie als „Salondame" auf der Bühne und als erotische Grande dame durch ihre privaten Skandale rasch Berühmtheit erlangte. Eine ihrer Glanzrollen war die Dubarry. O. war in erster Ehe mit Alexander Girardi (s. d.) verheiratet. Ihre Gastspiele in Berlin, London und den USA (1902) gestalteten sich zu großen Triumphen. 1903 erlitt sie einen Schlaganfall, der ihre Karriere beendete. Hermann Bahr (s. d.) hatte 1898 für sie die Rolle der Lona Ladinser in dem Schauspiel „Der Star" geschrieben, die einer Selbstdarstellung O.s gleichkam.

Holzer, R.: Die Wiener Vorstadtbühnen (1951)

OERLEY, Robert, * 24. 8. 1876 in Wien, † 15. 11. 1945 in Wien, Architekt, Kunstgewerbler und Maler. Besuchte die Kunstgewerbeschule in Wien, war als Architekt jedoch Autodidakt. Baute ab 1904 verschiedene Miethäuser in Wien, 1908 das Sanatorium Auersperg, 1910 die „Kleine Bühne" in der Wollzeile (jetzt Kabarett „Simpl") und nach dem Ersten Weltkrieg auch Wohnhausanlagen der Gemeinde Wien, darunter 1924/25 den Hanuschhof und 1927–30 den George-Washington-Hof. 1907–39 Mitglied der Wiener Secession, war er 1911/12 auch deren Präsident und 1935 Mitglied des Fachbeirats für Stadtplanung. 1935 entwarf er die Wohnungseinrichtung für Richard Strauss (s. d.). Darüber hinaus war O. als Aquarellmaler und Lithograph tätig.

Uhl, O.: Moderne Architektur in Wien von Otto Wagner bis heute (1966)

OETTINGER, Karl Norbert Julius, * 4. 3. 1906 in Wien, † 8. 5. 1979 in Erlangen, Kunsthistoriker. Studierte in Wien und war hier bis 1954 Univ.-Prof., danach lehrte er in Erlangen. Seine großen Verdienste sind die Entdeckung der Reste der Babenbergerpfalz in Klosterneuburg bei Wien, die Leitung der Ausgrabungen der romanischen Baureste des Doms von St. Stephan und die Entdekkung der Taufsteinbekrönung vom Stephansdom, die lange Zeit als Schalldeckel der Kanzel Verwendung fand, worüber er 1949 „Das Taufwerk von St. Stephan in Wien" veröffentlichte. Weitere Werke: „Lorenz Luchsperger" (1935), „Das Wienerische in der bildenden Kunst" (1948), „Anton Pilgram" (1950), „Das Werden Wiens" (1951) und „Die Bildhauer Maximilians am Innsbrucker Kaisergrabmal" (1966).

OFNER, Harald, * 25. 10. 1932 in Wien, Jurist und FPÖ-Politiker. Trat 1947 als Starkstrommonteur-Lehrling bei Siemens-Schuckert ein und legte 1951 die Facharbeiterprüfung ab. Neben seinem Beruf holte er die Matura nach und studierte an der Universität Wien Jus; Promotion 1958. 1965 legte er die Richteramtsprüfung ab und wurde 1966 Rechtsanwalt. 1975 Gemeinderat und Erster Vizebürgermeister der Stadt Mödling, 1979–83 Abgeordneter zum Nationalrat, Verkehrs- und Sicherheitssprecher der FPÖ. 1983 bis Jänner 1987 Justizminister.

OFNER, Julius, * 20. 8. 1845 in Horschenz (Böhmen), † 26. 9. 1924 in Wien, Sozialpolitiker und -philosoph, Jurist. Studierte in Wien Jus und wurde Rechtsanwalt. 1901–18 bürgerlich-demokratischer Reichsratsabgeordneter, machte er sich als Sozialpolitiker einen Namen. 1919 gehörte er zu den Mitbegründern der Demokratischen Partei. 1887–89 gab er den Urentwurf und die Beratungsprotokolle zum Allgemeinen Bürgerlichen Gesetzbuch (2 Teile) heraus. Weitere Veröffentlichungen: „Das soziale Rechtsdenken" (1923) und seine Aufsatzsammlung „Recht und Gesellschaft" (1931).

OHMANN, Friedrich, * 21. 12. 1858 in Lemberg (Galizien), † 6. 4. 1927 in Wien, Architekt. Studierte an der Technischen Hochschule in Wien bei Heinrich Ferstel (s. d.) und an der Akademie der bildenden Künste in Wien bei Friedrich Schmidt (s. d.). 1897–1903 Mitglied der Wiener Secession, wurde er 1899 als Leiter des Ausbaus der Neuen Hofburg nach dem Tod Hasenauers (s. d.) nach Wien berufen. 1902 errichtete er das Gewächshaus im Burggarten. 1903–07 gestaltete er gemeinsam mit Josef Hackhofer (s. d.) die Wienflußregulierung mit dem Wienflußportal im Stadtpark im sezessionistischen Stil, 1907 die Architektur und Parkanlage für das Kaiserin-Elisabeth-Denkmal im Volksgarten. Neben O. Wagner (s. d.) war O. 1904–23 auch Leiter der Meisterklasse für Architektur an der Akademie der bildenden Künste in Wien.

Hevesi, L.: Acht Jahre Secession (1906); Feldegg, F. v.: F. O. Entwürfe und ausgeführte Bauten, 2 Bde. (1906–1914)

OKOPENKO, Andreas, * 15. 3. 1930 in Kaschau (Tschechoslowakei), Lyriker und Erzähler. Lebt seit 1939 in Wien. Studierte Chemie, gehörte 1950/51 dem Arbeitskreis der „Neuen Wege" an, 1951–53 Herausgeber der Zeitschrift „publikationen". Mitglied der „Grazer Autorenversammlung". Schreibt satirische Lyrik. Machte 1957 mit dem Gedichtband „Grüner November" auf sich aufmerksam. Abgesehen von mehreren Hörspielen, die mit Erfolg ausgestrahlt wurden, veröffentlichte er u. a.: „Seltsame Tage" (Gedichte, 1963), „Die Belege des Michael Cetus" (Erzählung, 1967), „Warum sind die Latrinen so traurig? Spleengesänge" (1969), „Lexikon einer sentimentalen Reise zum Exporteurtreffen in Druden" (Roman, 1970), „Orte wechselnden Unbehagens" (Gedichte, 1971), „Der Akazienfresser. Parodien, Hommagen, Wellenritte" (1973), „Warnung vor Ypsilon" (Geschichten, 1974) und „Vier Aufsätze" (1979).

OLAH, Franz, * 13. 3. 1910 in Wien, Gewerkschaftspolitiker. Gelernter Klaviermacher, kam früh mit der Gewerkschaftsbewegung und der Sozialdemokratie in Berührung. Am 1. 4. 1938 befand er sich im ersten Transport politischer Häftlinge in das Konzentrationslager Dachau. 1948–61 und 1962–66 Abgeordneter zum Nationalrat, bis 1964 als Mitglied der SPÖ, dann als Parteiloser. 1949–57 Vorstand der Gewerkschaft der Bau- und Holzarbeiter, 1955–59 Vizepräsident und 1959–63 Präsident des ÖGB, 1959–61 Zweiter Präsident des Nationalrats, 1963/64 Innenminister, wurde 1964 aus der SPÖ ausgeschlossen und gründete 1965 die „Demokratische Fortschrittliche Partei" (DFP), die bei der Nationalratswahl 1966 148 521 Stimmen (= 3,28%), aber kein Man-

Friedrich Ohmann: Gewächshaus im Burggarten (1902)

dat erhielt. Im Zusammenhang mit dem vierten Lohn-und-Preis-Abkommen im Oktober 1950 brach eine große Streikbewegung aus, an der auch Kommunisten beteiligt waren. Unter persönlichem Einsatz führte O. damals Bau- und Holzarbeiter gegen die Streikenden. Am 22. 10. 1961 legte er sein Abgeordnetenmandat nieder, da bei den Budgetverhandlungen im Koalitionsausschuß die Forderungen des ÖGB unberücksichtigt blieben. Zur Festigung der Sozialpartnerschaft schloß er am 28. 12. 1961, als Präsident des ÖGB, mit dem Präsidenten der Bundeskammer der gewerblichen Wirtschaft, Ing. Julius Raab (s. d.), das sogenannte Raab-Olah-Abkommen. Nach parteiinternen Auseinandersetzungen wurde er als Innenminister am 17. 9. 1964 abberufen, O. legte seine ÖGB-Funktionen nieder (obwohl der ÖGB ausdrücklich feststellte, daß er im Zusammenhang mit der Finanzierung der „Kronen-Zeitung" nicht geschädigt worden sei, und wurde am 4. 11. 1964 aus der SPÖ ausgeschlossen. Am 30. 1. 1969 begann der Prozeß wegen Untreue gegenüber dem ÖGB, der am 28. 3. mit O.s Verurteilung zu einem Jahr Kerker endete. Bei den Wiener Gemeinderatswahlen vom 27. 4. 1969 errang seine erstmals kandidierende Partei DFP drei Mandate. O. wurde jedoch bei der Gemeinderatssitzung vom 13. 6. gewaltsam von der Rathauswache entfernt. Am 1. 10. 1970 trat er seine einjährige Haftstrafe an; das vom ehemaligen Justizminister Dr. Hans Klecatsky (s. d.) ausgegangene Gnadengesuch wurde vom Wiener Landesgericht am 17. 12. abgelehnt. Wegen seiner Verurteilung legte er am 14. 7. 1971 seine Funktion als Obmann der DFP zurück. O. lebt heute als Privatmann in Baden (NÖ).

OLBRICH, Josef Maria, * 22. 12. 1867 in Troppau (Ö.-Schlesien), † 8. 8. 1908 in Düsseldorf (Rheinland), Architekt, Maler und Kunstgewerbler. Studierte an der Akademie der bildenden Künste in Wien und war Schüler von Karl von Hasenauer (s. d.) und Otto Wagner (s. d.). O. zählt neben O. Wagner und J. Hoffmann zu den Begründern der Wiener Secession, deren Ausstellungsgebäude er 1897/98 errichtete. 1899 vom Großherzog von Hessen als Haupt einer Künstlergruppe nach Darmstadt berufen, übte er nachhaltigen Einfluß auf die Erneuerung der deutschen Architektur aus. In Darmstadt entstanden auch seine späteren Hauptwerke: das Ernst-Ludwig-Haus, die Villen der Mathildenhöhe und der Hochzeitsturm. 1907 wurde er Gründungsmitglied des Deutschen Werkbunds. Daneben errichtete er mehrere Bauten in Wien und in NÖ, darunter 1900 die Villa von Hermann Bahr (s. d.) in Hietzing, und war 1900 für die innenarchitektonische Ausgestaltung der Pariser Weltausstellung verantwortlich. O. veröffentlichte viele seiner Entwürfe in Buchform, so erschienen 1899 seine „Ideen" (53 Blatt Architekturstudien), 1901–14 „Architektur", 3 Bde., 1905 „Neue Gärten" und 1907 „Der Frauen-Rosenhof".

Lux, J. A.: J. M. O. (1919); Veronesi, G.: J. M. O. (1948); Uhl, O.: Moderne Architektur in Wien von Otto Wagner bis heute (1966); Wagner-Rieger, R.: Wiens Architektur im 19. Jh. (1970)

OLSZEWSKA, Maria (eigtl. Berchtenbreiter, verehel. Schipper), * 12. 8. 1892 in Ludwigsschwaige (Bayern), † 17. 5. 1969 in Klagenfurt, Sängerin, Altistin. Studierte in München und debütierte dort als Operettensängerin. Ab 1915 Opernsängerin. Über Krefeld, Leipzig und Hamburg kam sie 1921 nach Wien, wo sie 1921/22 und 1925–28 an der Staatsoper auftrat. Nach mehreren Gastspielen, darunter an der Mailänder Scala und 1932–35 an der Metropolitan Opera in New York, kehrte sie 1947 nach Wien zurück, wo sie bis 1949 Prof. an der Akademie war.

OPPENHEIMER, Max, * 1. 7. 1885 in Wien, † 19. 5. 1954 in New York, Maler und Graphiker. Studierte in Wien und Prag, beteiligte sich 1908 in Wien an der „Kunstschau" und war mit Kokoschka (s. d.), Schiele (s. d.), Gütersloh (s. d.) und Altenberg (s. d.) befreundet. „Mopp", wie er sich nun nannte, war ein Vertreter des Expressionismus und wurde vor allem durch Porträts, u. a. von Altenberg, Schönberg (s. d.) und Schnitzler (s. d.), bekannt. 1911–15 lebte er in Berlin, wo er für Herwarth Waldens Avantgarde-Wochenschrift „Die Aktion" arbeitete. Als „entarteter" Künstler floh er 1938 in die Schweiz und emigrierte 1939 nach New York. Zu seinen Hauptwerken zählen auch seine großangelegten figurenreichen Gemälde „Die Symphonie" (1923) und „Menschen finden ihren Maler" (1938) sowie Darstellungen aus dem ärztlichen Milieu und der Sportwelt.

Max Oppenheimer („Mopp"): Porträt von Adolf Loos (um 1910)

Michel, W.: M. O. (1911); Stix, A., und Osborn, M.: Das graphische Werk von M. O. (1931)

OPPENHEIMER, Samuel, * 1635, vermutlich in der Pfalz, † 3. 5. 1703 in Wien, Hofbankier und Heereslieferant. 1680 kam er von Worms nach Wien und versorgte das ö. Heer in den Türkenkriegen und im Spanischen Erbfolgekrieg mit Munition und Proviant. Prinz Eugen von Savoyen nannte ihn sogar den „Retter aus Türkennot". Am 1. 1. 1683 wurde er wegen Übervorteilung des Fiskus verhaftet, mußte aber weiterhin seine Verpflichtungen als Heereslieferant erfüllen. Gegen die Verpflichtung, das Entsatzheer von Wien zu versorgen, wurde er nach über einem halben Jahr freigelassen. Bis Ende 1683 lieferte er 100 000 Handgranaten, 2 000 Bomben und 100 Zentner Pulver sowie Mehl, Getreide und Proviant verschiedener Art. Dafür unterhielt er eine Donauflotte von acht Schiffen mit einer Besatzung von 52 Mann. Im Rahmen einer Aktion gegen die Juden in Wien kam es am 22. 7. 1700 zu Ausschreitungen und Plünderungen, die auch vor dem Haus des Hofbankiers nicht haltmachten. O. bezifferte seinen Schaden mit etwa 100 000 Gulden. Mit seinem Tod setzte der Niedergang seines Bankhauses ein – zu diesem Zeitpunkt schuldete ihm der Staat rund 6 Mio. Gulden. O. war ein Verwandter von Joseph O., der ab 1717 in Frankfurt am Main und in Mannheim höchst einflußreiche Wechselgeschäfte tätigte, unter dem Namen „Jud Süß" bekannt wurde und durch Wilhelm Hauff und L. Feuchtwanger in die Literatur einging.

Grunwald, M.: S. O. und sein Kreis (1913)

OPPOLZER, Johann Ritter von (seit 1869), * 3. 8. 1808 in Gratzen (Böhmen), † 16. 4. 1871 in Wien, Arzt. Nach dem frühen Tod seiner Eltern verdiente er sich seinen Unterhalt während der Schul- und Studienzeit in Prag als Privatlehrer und promovierte 1835. Bis 1839 war er Assistent an der Prager Klinik, dann ließ er sich als praktischer

Arzt nieder und wurde 1841 o. Prof. und Primararzt am Allgemeinen Krankenhaus in Prag. 1848 Prof. für spezielle Pathologie und Therapie an der Universität Leipzig; 1850 folgte er einem Ruf nach Wien, wo er eine moderne physiologische Heilkunde gegen die hier etablierte symptomatische Pathologie vertrat. Als Lehrer bald ebenso beliebt wie als praktischer Arzt, führte er die medizinische Fakultät zu einer beachtlichen Blüte. Bei einer Typhusepidemie infizierte er sich im Krankenhaus und starb an den Folgen. Wichtige Veröffentlichungen : „Über bewegliche Nieren" (1846), „Die Krankheiten der Speiseröhre" (1851), „Vorlesungen über die Krankheiten des Herzens und der Gefäße" (1867), „Vorlesungen über die Krankheiten der Mundhöhle, der Speicheldrüsen, des Rachens und der Speiseröhre" (1872), „Vorlesungen über spezielle Pathologie und Therapie", 2 Bde. (1866–72).

Schönbauer, L.: Das medizinische Wien (1947); Lesky, E.: Die Wiener medizinische Schule im 19. Jh. (1965)

OPPOLZER, Theodor Ritter von, * 26. 10. 1841 in Prag, † 26. 12. 1886 in Wien, Astronom und Mathematiker, Sohn von Johann v. O. (s. d.). Kam mit seinem Vater 1850 nach Wien und studierte auf dessen Wunsch Medizin. Nebenbei belegte er aber auch Vorlesungen über Astronomie und machte bereits 1861 mit seiner wissenschaftlichen Arbeit „Über die Bahn des Kometen I" auf sich aufmerksam. 1865 Promotion zum Dr. med., widmete sich nun ganz der Mathematik und der Astronomie. In seinem Haus im 8. Bezirk errichtete er eine Privatsternwarte und veröffentlichte seine Beobachtungen in den Schriften der Akademie der Wissenschaften. 1870 a. o. Prof., 1875 o. Prof. für theoretische Astronomie und höhere Geodäsie in Wien. 1870–80 veröffentlichte er sein vielbeachtetes „Lehrbuch zur Bahnbestimmung der Kometen und Planeten" (2 Bde.). 1872 wurde O. Mitglied der Kommission für europäische Gradmessung, 1873 Vorstand des k. k. Gradmessungsbüros. Insgesamt veröffentlichte er 320 Arbeiten über die Bahnberechnung verschiedener Kometen und Planeten sowie über Gradmessungen und Fragen der theoretischen Astronomie. Sein bedeutendstes Werk, „Canon der Finsternisse" (1887), enthält seine Berechnungen aller seit 1207 v. Chr. eingetretenen und bis 2163 zu erwartenden Sonnen- und Mondesfinsternisse.

Ö. Naturforscher und Techniker, hrsg. von der Ö. Akademie der Wissenschaften (1951)

Josef Maria Olbrichs Gebäude der Wiener Secession (1897/98) nach der Restaurierung (1986)

Johann von Oppolzer

OREL, Alfred, * 3. 7. 1889 in Wien, † 11. 4. 1967 in Wien, Musikwissenschaftler. Studierte in Wien, promovierte 1919 und habilitierte sich 1922. Bereits 1918 wurde er Leiter der Musikabteilung der Wiener Stadtbibliothek und war dies bis 1940, dann gründete er das Institut „Wiener Musikforschung der Stadt Wien", das er bis 1945 leitete. Seit 1929 war er Prof. an der Universität Wien. Von seinen Veröffentlichungen seien u. a. erwähnt: „Ein Wiener Beethovenbuch" (1921), „Unbekannte Frühwerke Anton Bruckners" (1921), „Anton Bruckner" (1925), „Aufsätze und Vorträge" (1939), „Grillparzer und Beethoven" (1940), „Mozarts deutscher Weg (1941), „Mozart in Wien" (1944), „Hugo Wolf" (1947), „Johannes Brahms" (1949), „Musikstadt Wien" (1953), „Mozart, gloria mundi" (1956). Außerdem gab er einige Schriftenreihen heraus.

Festschrift für A. O., hrsg. von H. Federhofer (1960)

OREL, Anton, * 17. 9. 1881 in Wien, † 11. 7. 1959 in Wien, Soziologe und Publizist. Studierte in Wien und wurde zum Führer der katholischen Sozialreformbewegung. Im Sinn Vogelsangs (s. d.) gründete er 1905 den „Bund der Arbeiterjugend Ö.s." und reformierte die Gewerbeschulen. Sein Bund, eine antikapitalistische Bewegung, ging 1907 in den „Verband der christlichen Jugend Ö.s." auf. Die sich daraus ergebenden Konflikte führten zum Austritt O.s und seiner Anhängerschaft aus der Christlichsozialen Partei. 1923 Wiener Gemeinderat der Christlichsozialen, wurde er 1925 abermals aus der Partei ausgeschlossen. Wegen seiner erklärten unternehmerfeindlichen Einstellung wurde er 1931 von der ö. Bischofskonferenz öffentlich getadelt. 1943/44 verbüßte er eine von den nationalsozialistischen Machthabern verhängte Festungshaft. Von seinen zahlreichen Veröffentlichungen sind zu erwähnen: „Der Alkoholismus" (1908), „Kapitalismus, Bodenreform und christlicher Sozialismus" (1909), „Geschichte der christlichen Jugendbewegung" (1910), „Leos XIII. soziales Werk" (1913), „Das Grundproblem der Kultur", 2 Bde. (1919, Pseud. Johannes Aquila), „Handbuch der christlichen Gesellschaftslehre" (1920), „Vogelsangs Leben und Lehren" (1922) und „Oeconomia perennis", 2 Bde. (1930). Außerdem war er Herausgeber bzw. Redakteur der Zeitschriften: „Die Arbeiterjugend" 1906–09, „Unsere Jugend" 1909–12, „Unsere Saat" 1912–18, „Der Volkssturm" 1918–24 und 1938, „Das neue Volk" 1924–36.

Anton Orel 1951

Görlich, E. J., Knoll, A. M., und Stachelberger, F.: A. O. (1952)

ORLIK, Emil, * 21. 7. 1870 in Prag, † 28. 9. 1932 in Berlin, Maler, Graphiker und Bühnenbildner. Studierte ab 1889 in München und war 1896/97 Mitarbeiter der Zeitschrift „Jugend". Seit 1899 Mitglied der Wiener Secession, verließ er diese 1905 gemeinsam mit der

Klimt-Gruppe wieder. Ab 1905 Prof. am Kunstgewerbemuseum in Berlin, zählte O. auch zu den dekorativen Mitarbeitern des 1907 von der Wiener Werkstätte gegründeten Kabaretts „Fledermaus". Darüber hinaus war er einer der bedeutendsten Bühnenbildner Max Reinhardts (s. d.) am Deutschen Theater in Berlin. Seine Gemälde und Zeichnungen waren stark von der japanischen Kunst geprägt, die er anläßlich eines langen Aufenthalts in Ostasien studiert hatte.

Hevesi, L.: E. O., in: Acht Jahre Secession (1906)

ORSOLICS, Johann, * 14. 5. 1947 in Neuberg (B), Boxer. Zwischen 1967 und 1973 Kassenmagnet der Wiener Stadthalle. Europameister im Superleicht- und Weltergewicht.

ORTH, Johann, s. Johann Salvator, Erzherzog von Ö.

OSPEL, Anton, * 2. 6. 1677 (Tauftag) in Klösterle am Arlberg (V), † 2. 4. 1756 in Wien, Architekt. War von 1715 bis 1735 als Architekt in Wien, NÖ und Böhmen nachweislich tätig. 1715 trat er als „Stuckhauptmann" der Wiener Feuerwehr in die Dienste der Stadt und wurde 1718 als „Fürstlich Liechtensteinischer Ingenieur" bezeichnet. In frühklassizistischem Stil erbaute er in Wien einige Bürgerhäuser sowie u. a. 1722/23 die Waisenhauskirche (Wien 9), 1724–28 die Pfarrkirche St. Leopold (Wien 2) und 1731/32 das Zeughaus Am Hof, die heutige Feuerwehrzentrale. Außerdem war er Pyrotechniker und veranstaltete am 17. 11. 1732 zu Ehren Kaiser Karls VI. im Wiener Prater ein Feuerwerk. 1734 und 1745 führte er weitere Feuerwerksveranstaltungen durch.

ÖSTERREICHER, Rudolf, * 19. 7. 1881 in Wien, † 23. 10. 1966 in Wien, Bühnenschriftsteller und Operettenlibrettist. Wurde durch sein Lustspiel „Lori Pollinger" (1909) bekannt. Von seinen weiteren Lustspielen seien erwähnt: „Garten Eden" (1926), „Geld auf der Straße" (1928). Von seinen Operettenlibretti: „Ihr Adjutant" (1910), „Die Faschingsfee" (1917), „Die Sacher-Torte" (1929), „Brillanten aus Wien" (1942). Außerdem verfaßte er mehrere Filmdrehbücher und 1945 das Werk „Emmerich Kálmán".

OSTRY, Vinzenz Ludwig, * 19. 7. 1897 in Wien, † 28. 11. 1977 in Wien, Publizist, Rundfunk- und Fernsehkommentator. Wurde bald nach Studienabschluß politischer Chefredakteur beim „Wiener Tag" sowie 1924 Gründer und erster Chefredakteur der Nachrichtenabteilung der RAVAG. 1938 in politischer Haft, war er 1946–51 Chefredakteur der Austria-Presseagentur, 1951–55 Direktor der Sendergruppe Rot-Weiß-Rot, bis 1959 Vorsitzender der Journalistengewerkschaft und bis 1966 Leiter des Presse- und Informationsdiensts des Bundespräsidenten.

OTACHAR (Otacher) oûz der Geul, * um 1265, † 27. 9. 1320 (auch Ottokar von Steiermark), Geschichtsschreiber und Dichter. Entstammte dem Geschlecht der Herren von Strettweg (bei Judenburg) und stand im Dienst der Liechtensteiner. Wahrscheinlich war er zumindest zeitweise ein Fahrender, er ist jedoch 1287 erstmals und ab 1304 urkundlich in der Steiermark seßhaft nachweisbar. An Kriegszügen beteiligt, unternahm er auch mehrere diplomatische Reisen. Als Geschichtsschreiber erlangte er einige Bedeutung, obwohl sein „Buch der Kaiser", eine Weltchronik, verlorengegangen ist. Seine „Steirische Reimchronik" hingegen ist erhalten und stellt das umfangreichste Geschichtswerk des Mittelalters in deutscher Sprache dar. Im Stil des höfischen Epos geschrieben, umfaßt es 98595 Verse und berichtet, nach historischen Quellen und dichterischen Überlieferungen, über die Geschichte Ö.s und der Steiermark von 1246 bis 1309, wobei die Reichsgeschichte ab 1250 mit einbezogen ist. Das um 1305 begonnene Werk war ursprünglich noch umfangreicher, da einige Textlücken bestehen und es auch vor dem Schluß abbricht (1318 abgeschlossen). Text in J. Seemüller, „Deutsche Chronik", 5 Bde. (1890–93). Grillparzer hat O. in „König Ottokars Glück und Ende" irrtümlich als Ottokar von Horneck auf die Bühne gebracht.

Loehr, M.: Der steirische Reimchronist (1946); Kranzmayer, E.: Die steirische Reimchronik O.s (1950); Lhotsky, A.: Quellenkunde zur mittelalterlichen Geschichte Ö.s (1963)

OTAKAR I., Markgraf der Steiermark, † 1064, verwaltete nach dem Aussterben des Wels-Lambacher Grafenhauses um 1050 die Karantanenmark an der mittleren Mur. O. entstammte einem in der Chiemseegegend und im Traungau (OÖ) ansässigen bayerischen Grafengeschlecht, dessen Hauptsitz die an der Mündung der Steyr in die Enns um 980 errichtete Stiraburg, auch Styraburg (Steyr, OÖ) war, nach der sich die Otakare später „marchiones de Stire", Markgrafen von Steier, nannten und so der Steiermark den Namen gaben. Ein Zusammenhang des Geschlechts mit den sogenannten „älteren Otakaren" aus der Karolingerzeit ist wahrscheinlich.

Krones, F.: Die Markgrafen der Steiermark (1898); Pferschy, G. (Hrsg.): Das Werden der Steiermark (1980); Koren, H., Brunner, W., und Gänser, G.: Steirischer Geschichtskalender (1982)

OTAKAR II., Markgraf der Steiermark, † 1122, Sohn von

OSWALD VON WOLKENSTEIN

Der letzte Minnesänger

OSWALD von Wolkenstein, * 2. 5. 1377 auf Schloß Schöneck oder Trostburg im Grödental (Südtirol), † 2. 8. 1445 auf Burg Hauenstein bei Kastelruth (nordöstlich von Bozen, Südtirol), Minnesänger. Entstammte einem alten Südtiroler Rittergeschlecht und stand bereits mit zehn Jahren im Dienste Herzog Albrechts III. (s. d.), diente dem Deutschen Ritterorden und anderen Herren und kam so durch viele Länder Europas sowie bis nach Armenien und Persien. In die Heimat zurückgekehrt, unternahm er schon 1395 mit Graf Hugo von Montfort (s. d.) eine Fahrt nach Jerusalem, von wo er 1401 zurückkehrte und mit König Ruprecht von der Pfalz nach Italien zog. Danach bereiste er Westeuropa und England. Wieder in der Heimat, schloß er sich dem 1406 gegründeten Bund der Tiroler Landstände gegen Herzog Friedrich IV. (s. d.) an. 1419 nahm er noch an einem Kriegszug gegen die Hussiten teil und lebte danach auf seiner Burg Hauenstein. O. beherrschte zehn Sprachen, die er manchmal gleichzeitig in seinen Werken verwendete. Als letzter Vertreter des deutschen Minnesangs vermittelte er den geregelten mehrstimmigen Satz der westlichen Gesangskunst nach Mitteleuropa und war der Schöpfer des Individuallieds. Er beherrschte die Mehrstimmigkeit ebenso wie die damaligen Erkenntnisse des Kontrapunkts. Ab etwa 1400 schuf er seine 125 Werke, Liebes- und geistliche Lieder und Gesänge, in die er seine Reiseerlebnisse einbrachte. Auch drastische Trink- und burleske Tanzlieder sowie politische Streitlieder befinden sich unter seinen Werken. Besonders bekannt wurde seine Vogelstimmenmotette „Der may mit lieber zal". Eine Handschrift seiner Werke aus dem Jahr 1425 befindet sich in der Ö. Nationalbibliothek. 1902 erschienen im Rahmen der „Denkmäler der Tonkunst in Ö." (Bd. IX/1), von J. Schatz und O. Koller herausgegeben, „Geistliche und weltliche Lieder"; 1962 „Die Lieder O.s von W.", hrsg. von K. K. Klein, W. Weiß und N. Wolf, in der „Altdeutschen Textbibliothek", neu bearbeitet 1975; „O. v. W., Liederbuch", hrsg. von H. Ganser und R. Herpichböhm; „Die Lieder O.s von W.", neu übertragen und kommentiert von K. J. Schönmetzler (1979).

Schatz, J.: Sprache und Wortschatz der Gedichte O.s (1930); Lester, C. H.: Zur literarischen Bedeutung O.s (1949); Engelmann, A.: O. v. W., Diss. München (1951); Mayr, N.: Die Reiselieder und die Reisen O.s v. W. (1961); Pelnar, J.: Die mehrstimmigen Lieder von O. v. W., Diss. München (1977)

O. I. (s. d.). Stand im Investiturstreit auf der Seite des Papstes, im Gegensatz zu seinem Bruder Adalbero, der den Kaiser unterstützte und 1086 oder 1087 im Kampf gegen O. fiel. Nach dem Aussterben der Eppensteiner (1122) kam der Großteil dieses Erbes an O. II.: das Gebiet von Neumarkt und Murau mit der Vogtei über das Stift St. Lambrecht sowie weitere Gebiete im Enns-, Mur- und Mürztal. Sein Sohn Leopold der Starke, Markgraf von 1122–29, verfolgte die von O. begonnene Ausbildung der Landeshoheit weiter.

Lit. s. bei Otakar I.

OTAKAR III., Markgraf der Steiermark, * 1124, † 31. 12. 1164, Sohn von Markgraf Leopold dem Starken (s. bei Otakar II.) und ab 1130 Markgraf. Er setzte die begonnene Machterweiterung zielstrebig fort, wobei ihm das Aussterben mächtiger Adelsgeschlechter zustatten kam: 1147 folgte er dem letzten Spanheimer, Graf Bernhard von Spanheim-Marburg, in Besitz und Amt, wodurch das Unterland südlich der Mur und zu beiden Seiten der Drau otakarisch wurde. 1158 starb vor Mailand der letzte Formbacher, Ekbert III., so daß O. die Grafschaft Pitten (NÖ) und die Gebiete zu beiden Seiten des Semmerings und des Wechsels zufielen. Er baute die Paßstraße über den Semmering aus und gründete 1160 ein Hospital (= Spital am Semmering). O. konnte sich in jeder Beziehung als steirischer Landesfürst fühlen, der Mauten und Zölle einhob sowie eigene Münzen prägte; eine neugegründete Stadt erhielt den bezeichnenden Namen Fürstenfeld. Als er nach seinem Tod nur einen Sohn, Otakar (IV., s. d.), hinterließ, kam es sehr rasch zu Adelserhebungen.

Lit. s. bei Otakar I.

OTAKAR IV., Markgraf und Herzog der Steiermark, * 1163, † 8. 5. 1192. Die vormundschaftliche Regierung für O. hatte sich in Kämpfen im Traungau, in der Mark Pitten und im Süden durchgesetzt und die bereits erreichte Machtstellung der Otakare gefestigt. Das Jahr 1180 brachte einen Wendepunkt in der Geschichte der Steiermark, als Kaiser Friedrich Barbarossa Herzog Heinrich den Löwen der Herzogtümer Sachsen und Bayern entsetzte und O. zum Herzog der Steiermark ernannte. Hier ging es nicht nur um eine persönliche Rangerhöhung O.s, sondern vielmehr um die Schaffung eines neuen Herzogtums, dessen alle noch bestehenden rechtlichen Bande zu Kärnten und Bayern gelöst wurden. Als der kinderlose O. aber auf einem Kreuzzug an Aussatz erkrankte, schloß er, um seinem Land einen Thronstreit zu ersparen, am 17. 8. 1186 auf der Burg Georgenberg bei Enns mit dem Babenberger Herzog Leopold V. (s. d.) mehrere Abmachungen über die Nachfolge der Babenberger im Herzogtum Steiermark. Eine davon, die „Georgenberger Handfeste", hielt die Sonderrechte der steirischen Ministerialen und Klöster fest. Dieser Vertrag ist die älteste und zugleich wichtigste verfassungs- und verwaltungsrechtliche Urkunde Ö. s. Nach dem Tod O.s 1192 wurde Leopold V. von Barbarossas Sohn Heinrich VI. mit dem Herzogtum Steiermark belehnt.

Lit. s. bei Otakar I.

OTT, Elfriede, * 11. 6. 1928 in Wien, Schauspielerin. Nach ihrer Ausbildung bei Lotte Medelsky (s. d.) kam sie 1944 an das Burgtheater, wurde 1950 an das Landestheater in Graz engagiert und kam 1954 an das Theater in der Josefstadt. Dazwischen trat sie auch im Kabarett „Simpl" in Wien auf, gastierte in Operetten, absolvierte erfolgreiche Rezitationstourneen und profilierte sich auch als Sängerin altwienerischer Chansons und Couplets. Auch für das Fernsehen ist O. häufig tätig. 1975 veröffentlichte sie „Phantasie in Ö-Dur".

OTTENTHAL, Emil, * 15. 6. 1855 in Sand in Taufers (Südtirol), † 5. 2. 1931 in Wien, Historiker. Studierte in Innsbruck und in Wien Geschichte, wurde Univ.-Prof. in Innsbruck, ab 1904 in Wien, wo er auch 1903–26 Vorstand des Instituts für ö. Geschichtsforschung war. Außerdem Mitarbeiter der „Monumenta Germaniae Historica" und gemeinsam mit O. Redlich (s. d.) Herausgeber der „Archiv-Berichte aus Tirol", 3 Bde. (1888–1903).

OTTILLINGER, Margarethe, * 6. 6. 1919 in Wien, Wirtschaftsexpertin. Studium an der Hochschule für Welthandel in Wien, erwarb 1940 das Diplom und promovierte 1941 zum Dr. rer. merc. 1942 Leiterin der statistischen Abteilung Eisen, Außenstelle Südost der Reichsregierung. Trat 1945 in die Bundeskammer der gewerblichen Wirtschaft ein, wurde 1946 Konsulentin für Wirtschaftsfragen beim Minister für Vermögenssicherung und Wirtschaftsplanung, Dr. Peter Krauland, und 1947 Leiterin der Planungssektion (der jüngste Sektionschef). Durch eigenartige politische Umstände wurde sie am 5. 11. 1948 von der sowjetischen Besatzungsmacht an der Ennsbrücke verhaftet (auf einer Dienstfahrt mit ihrem Minister). Bis 1955 in verschiedenen sowjetischen Lagern gefangengehalten, kehrte sie schwerkrank nach Ö. zurück, wurde 1956 vom Obersten Sowjet rehabilitiert. 1956–79 in der ö. Wirtschaft in leitenden Positionen tätig: als Vorstandsvorsitzende der ÖMV, Geschäftsführerin der „Erzbergbau Radhausberg Ges. m. b. H." sowie als Aufsichtsrat der ÖROP und der „Martha-Erdöl Ges. m. b. H.". 1983 erschienen ihre Erinnerungen: „Der Fall O. Eine Frau im Netz politischer Intrigen".

OTTO der Fröhliche, Herzog von Ö., * vor dem Oktober 1301 in Wien, † 16. 2. 1339 in Neuberg (St), jüngster Sohn König Albrechts I. (s. d.). In seiner ersten Ehe mit Prinzessin Elisabeth von Niederbayern († 1330) verheiratet, führte O. eine lebenslustige Hofhaltung, die ihm den Beinamen „der Fröhliche" eintrug. 1327 gründete er das Zisterzienserkloster Neuberg an der Mürz (St). 1329 wurde ihm die Verwaltung der Vorlande zugesprochen, doch hielt er meistens in der Steiermark hof, wo er sich als Förderer der schönen Künste verdient machte. Nach dem Tod König Friedrichs I. des Schönen (s. d.) am 13. 1. 1330 trafen O. und sein Bruder Albrecht II. (s. d.) mit Ludwig von Bayern ein Abkommen, in dem dieser als deutscher König anerkannt wurde. Rasches Handeln sicherte O. im Sommer 1335 die Erwerbung Kärntens für das Haus Ö.

Ausstellungskatalog Die Zeit der frühen Habsburger (Wr. Neustadt 1979)

OTTO II. von Andechs-Meran, † 1248, der letzte aus dem Geschlecht der Andechser Grafen,

OTTO VON FREISING

Ringen zwischen Welt- und Gottesreich

OTTO, Bischof von Freising, * um 1112 (wahrscheinlich in Klosterneuburg, NÖ), † 21. 9. 1158 im Kloster Morimond in Burgund, Zisterzienser und Geschichtsschreiber. Sohn von Markgraf Leopold III. (s. d.) und der Kaisertochter Agnes (s. d.). Um 1122 wurde O. Propst des Stifts Klosterneuburg, ging aber bald zum Studium nach Paris, ließ sich 1132 in das Zisterzienserkloster Morimond aufnehmen, dessen Abt er 1133 wurde. 1133 gründete Leopold III. auf Betreiben O.s das Stift Heiligenkreuz (NÖ) und besiedelte es mit Mönchen aus Morimond. Am 9. 10. 1138 wurde O. Bischof von Freising. Er fand ein recht reformbedürftiges Bistum vor und führte eine Vielzahl von Neuerungen ein, die das geistliche Leben ebenso betrafen wie die Verwaltung. 1147 nahm er am Zweiten Kreuzzug teil. Sein Bericht über den Hoftag zu Regensburg am 8. 9. 1156 schildert ausführlich die Vereinbarungen zwischen Kaiser Friedrich I. und O.s Bruder Heinrich Jasomirgott (s. d.), betreffend die Erhebung der Markgrafschaft Ö. zum Herzogtum („Privilegium minus"). O. war auch ein bedeutender Historiker, in dessen Werken die mittelalterliche Geschichtsschreibung ihren Höhepunkt erreichte: 1143–46 verfaßte er eine Weltchronik „Chronica sive historia de duabus civitatibus", ab 1157 schrieb er an den „Gesta Friderici", der Geschichte Friedrichs I. Barbarossa, die auf persönliche Anregung des Kaisers hin entstanden ist.

Bischof Otto von Freising. Detail aus dem Babenberger-Stammbaum

Hashagen, J.: O. v. F. (1900); Schmidlin, J.: Die geschichtsphilosophische und kirchenpolitische Weltanschauung O.s v. F. (1906); Pozor, H.: Die politische Haltung O. v. F. (1937); Fischer, J. A. (Hrsg.): Festschrift O.s v. F. (1958)

die im 12. Jh. von Brixen die Grafschaften im Unterinntal und Pustertal als Lehen erhalten hatten. Er erhob 1239 Innsbruck zur Stadt und förderte deren Entwicklung. Nach O.s Tod fiel sein gesamter Besitz an Albert III. (s. d.).

OTTO vom Hohen Markt, * um 1220 in Wien, † 1273 in Wien, Stadtrichter und Stammvater der Wiener Bürgerfamilie „Greif". 1255, 1262 und 1265 war O. Stadtrichter von Wien, gemeinsam mit seinem Bruder Münzmeister und angesehener Bürger, der das Bürgerspital vor dem Kärntnertor stiftete. Er wurde im Stift Heiligenkreuz bestattet. Sein Sohn, der bereits als „Greif" bekannt wurde (geb. vor 1273, gest. nach 1318 in Wien), war mit der Tochter des Kremser Stadtrichters Gozzo (s. d.) verheiratet und 1296 als Stadtrichter am Passauer Platz ansässig. 1309 beteiligte er sich an einer Revolte gegen Herzog Friedrich I. (s. d.).

OTTOKAR II. Přemysl, König von Böhmen, Herzog von Ö., * um 1230, † 26. 8. 1278 (gefallen in der Schlacht bei Dürnkrut und Jedenspeigen, NÖ), Sohn von König Wenzel I. von Böhmen und durch seine Mutter ein Enkel des Staufers König Philipp von Schwaben. Schon 1246 wollte Wenzel die Verehlichung O.s mit der Babenbergerin Gertrud (s. d.), einer Nichte Herzog Friedrichs II. des Streitbaren (s. d.), erzwingen, doch wurden seine Truppen bei Staatz (NÖ) von Friedrich besiegt. Friedrich II. fiel allerdings noch im Juni dieses Jahres in der Schlacht an der Leitha gegen die Ungarn. Unter dem Eindruck der allgemeinen Unruhe und Unsicherheit im Lande wandte sich der ö. Adel auf der Suche nach einem starken Landesherrn an den böhmischen Kronprinzen O., der im Herbst 1251 in Ö. einrückte und sich rasch allgemein durchsetzte. Zur Legitimierung seiner Herrschaft heiratete O. am 11. 2. 1252 in der Burgkapelle von Hainburg (NÖ) Margarete, Königin-Witwe und Schwester des letzten Babenbergers, Friedrich II. Nun nahm Gertrud wieder den Kampf um das babenbergische Erbe auf und versicherte sich der Hilfe der Ungarn. Im Frieden von Ofen (1254) verzichtete O., der ein Jahr zuvor seinem Vater als König von Böhmen gefolgt war, auf die Steiermark zugunsten König Belas IV. von Ungarn. Da dessen Herrschaft dort nur wenig Anklang fand, kam es erneut zum Krieg: Am 12. 7. 1260 wurde Bela in der Schlacht von Groißenbrunn auf dem Marchfeld besiegt und trat im ersten Frieden von Wien (31. 3. 1261) die Steiermark an O. ab. 1261 löste O., mit Zustimmung des Papstes, die Ehe mit Margarete und heiratete eine Enkelin des Ungarnkönigs. Nach dem Tod König Konrads IV. (1254) war O. bemüht, die chaotischen Verhältnisse in Deutschland zu seinen Gunsten auszunützen. 1262 ließ er sich gegen alle Rechtsordnung von Richard von Cornwall, einem der beiden deutschen Scheinkönige, schriftlich mit den babenbergischen Ländern belehnen. Aus militärischen Überlegungen gründete er am alten Marchübergang 1268 Marchegg als östlichste Stadt in NÖ. Der Adel in Ö. und in

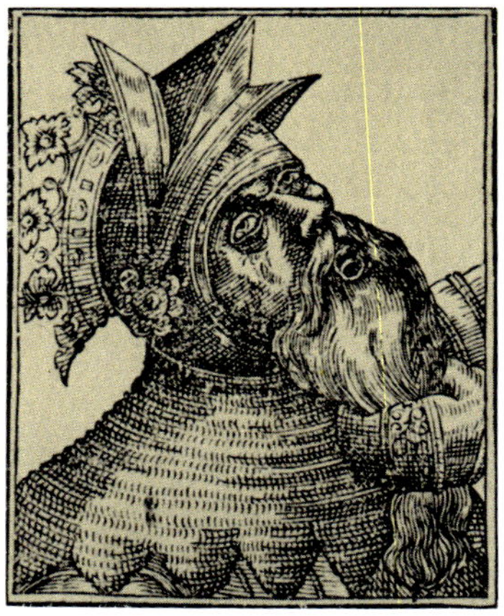

Ottokar II. Přemysl, König von Böhmen. Holzschnitt

der Steiermark verfolgte O.s Machtzunahme mit Mißtrauen, zumal O. auch viele wichtige Ämter an landfremde Böhmen und Mähren vergab. 1268 wurden zahlreiche steirische Adelige verhaftet. Diese Politik der Härte konnte nur so lange erfolgreich sein, als sich zu den inneren Widerständen kein äußerer Feind gesellte. Nach dem Tod Ulrichs III. (s. d.) fielen Kärnten und Krain testamentarisch an O., so daß nunmehr dessen Herrschaft von den Sudetenländern bis zur Adria reichte. Als stärkster Rivale Rudolfs I. von Habsburg (s. d.) erkannte O. dessen Wahl zum deutschen König (29. 9. 1273) nicht an und verweigerte die Huldigung, worauf über ihn die Reichsacht verhängt wurde. Als die Heere Rudolfs in Ö., Steiermark und Kärnten einrückten, fielen der Adel und die meisten Städte rasch von O. ab. 1276 verzichtete er auf die ö. Länder, erhielt aber Böhmen und Mähren als Lehen wieder übertragen. Rudolf erließ einen Landfrieden und stattete die ö. Städte mit zahlreichen Privilegien aus; Wien wurde die Reichsunmittelbarkeit bestätigt. Die Erfolge Rudolfs schienen den deutschen Kurfürsten bedenklich, und auch O. knüpfte wieder Verbindungen zu seinen noch immer zahlreichen Anhängern. So war eine militärische Entscheidung unausbleiblich: Am 26. 8. 1278 errang Rudolf über O. auf dem Marchfeld, zwischen Dürnkrut und Jedenspeigen, einen vollständigen Sieg; auf der Flucht wurde der Böhme von persönlichen Feinden erschlagen. Am 14. 12. 1976 entdeckte man hinter dem Hauptaltar des St.-Veit-Doms zu Prag seine Grabstätte.

Lorenz, O.: Geschichte König O.s II. und seiner Zeit (1866); Novotny, V.: Beiträge zur Geschichte O.s II., in: Mitteilungen des Instituts für ö. Geschichtsforschung, Bd. 31 (1910); Lhotsky, A.: Geschichte Ö.s seit der Mitte des 13. Jhs (1967). Ausstellungskatalog 700 Jahre Schlacht bei Dürnkrut und Jedenspeigen 1278–1978 (1978)

OTTOKAR, Markgraf der Steiermark, s. Otakar

OTTOKAR von Steiermark, s. Otachar oûz der Geul

PAALEN, Bella, * 9. 7. 1881 in Paszthó (Ungarn), † 28. 7. 1964 in New York, Sängerin, Altistin. Studierte bei Rosa Papier (s. d.) in Wien und debütierte 1904 in Düsseldorf. 1905/06 in Graz, 1906–37 an der Wiener Staatsoper. In diesen Jahren sang sie auch erfolgreich als Gast an den bedeutendsten Bühnen Englands, Hollands, Spaniens und der Tschechoslowakei sowie bei den Salzburger Festspielen. 1939 ging sie in die USA, wo sie als Gesangspädagogin wirkte.

KÖNIG OTTOKAR II.

Des Böhmenkönigs Glück und Ende

OTTOKAR:
Die Böhmen fechten halt, wie man wohl ficht
Für einen Ungeliebten, notgedrungen.
Die Östreichsmänner und die Steirer aber,
Die sonst nur träg mir ihren Dienst erwiesen,
In Todesengel scheinen sie verwandelt,
Und jeder ist ein Held nun wider mich.
Der Zahltag ist erschienen und sie zahlen!

Franz Grillparzer, König Ottokars Glück und Ende, fünfter Aufzug

„. . . Als Ottokar die Untreue seines Feldherrn, die Unordnung und Bestürzung seiner Völker, und eine unvermeidliche Niederlage wahrnahm, sprengte er, von wenigen seiner Freunde begleitet, unter die Feinde, und war entschlossen einen rühmlichen Tod der schändlichen Flucht vorzuziehen. Seine Begleiter wurden bald niedergemacht, und ihm das Pferd unter dem Leibe erstochen; er wurde also gefangen. Zum Unglück gerieth er seinen geschwornen Feinden in die Hände. Es waren österreichische und steyermärkische Edelleute, deren Anverwandten der König, der Verrätherey wegen, Güter und Leben genommen hatte. Um sich zu rächen, faßten sie den barbarischen Entschluß, den Gefangenen zu tödten. Sie rissen ihm die königliche Kleidung von dem Leibe, entblößten ihn ganz, durchstachen ihm den Unterleib, und ermordeten den größten und tapfersten König seines Jahrhunderts auf schändliche und grausame Art. Rudolphen soll diese Hinrichtung Ottokars sehr zu Herzen gegangen seyn."

Franz Martin Pelzel, Kurzgefaßte Geschichte der Böhmen (1779)

Bella Paalen

PAAR, Eduard Maria Nikolaus Graf, * 5. 12. 1837 in Wien, † 1. 2. 1919 in Wien, Generaladjutant. Entstammte einem alten, ursprünglich aus Italien kommenden Grafengeschlecht, das seit 1596 das Postmonopol in Ö. besaß (bis 1722 bzw. 1813). P. trat 1857 als Leutnant in das 1. Ulanenregiment ein, wurde 1859 Oberleutnant, dann Hauptmann und nahm am Feldzug von 1859 gegen Italien teil. 1866 Rittmeister, noch im selben Jahr Major und Flügeladjutant von Kaiser Franz Joseph I. (s. d.). 1869 Oberstleutnant, 1874 Oberst, 1879 Generalmajor und Kommandant der 4. Kavalleriebrigade, 1884 Feldmarschalleutnant, wurde er 1887 Erster Generaladjutant des Kaisers, was er bis zu dessen Tod blieb. 1891 wurde er noch zum General der Kavallerie, 1916 zum Generaloberst befördert. P., seit seiner Jugend mit Franz Joseph befreundet, übte als Generaladjutant starken Einfluß auf Entscheidungen des Kaisers aus.

PABST, Georg Wilhelm, * 27. 8. 1885 in Raudnitz (Böhmen), † 29. 5. 1967 in Wien, Schauspieler und Filmregisseur. War nach seiner Ausbildung zunächst Schauspieler und ab 1919 Regisseur an der „Neuen Wiener Bühne". 1921 gründete er eine Filmgesellschaft und führte ab 1923 selbst Regie. Sein erster großer Erfolg war der Film „Die freudlose Gasse" (1925). Mit dem ihm eigenen psychologisch-realistischen Stil, verbunden mit sozialem Engagement, beeinflußte er maßgeblich die Entwicklung des deutschen Stumm- und frühen Tonfilms. Mit der Verfilmung von Brechts „Dreigroschenoper" erreichte er 1931 den Höhepunkt seiner Regielaufbahn. 1933 emigrierte er nach Paris und wirkte 1934–36 in Hollywood. 1945 nach Wien zurückgekehrt, gründete er abermals eine Filmproduktionsfirma. Von seinen bedeutendsten Filmen sind zu nennen: „Geheimnisse einer Seele" (1925), „Die Liebe der Jeanne Ney" (1927), „Die Büchse der Pandora" (1928), „Tagebuch einer Verlorenen" (1929), „Westfront 1918" (1930), „Kameradschaft" (1931), „Don Quichotte" (1933), „Komödianten" (1941), „Paracelsus" (1943), „Der Prozeß" (1948), „Der letzte Akt" (1955), „Es geschah am 20. Juli" (1955) und „Durch die Wälder, durch die Auen" (1956).

Georg Wilhelm Pabst

Schauer, P. A.: Ziffern und Zahlen zur Urgeschichte des ö. Films (1960); Fritz, W.: Kino in Ö. Der Stummfilm 1896–1930 (1981)

PACASSI, Nikolaus Freiherr von (seit 1769), * 5. 3. 1716 in Wiener Neustadt (NÖ), † 11. 11. 1790 in Wien, Architekt. Nach dem Akademiebesuch wurde er 1745 Unterbaumeister am Wiener Hof, 1748 Hofarchitekt, 1753 erster Architekt am Hofbauamt, und 1760 erhielt er den Titel Oberhofarchitekt. 1764 habilitiert, wurde er 1768 Mitglied der Akademie der bildenden Künste in Wien und 1769 Freiherr. P. war der repräsentativste Architekt Ö.s zur Zeit Maria Theresias. Seinen Fassaden von klassizistischer Einfachheit steht ein zartes Rokoko der Innenräume gegenüber. Er begann seine Bautätigkeit 1742 mit dem Ausbau von Schloß Schönbrunn und ab 1743 mit dem Umbau von Schloß Hetzendorf. 1753 baute er das Theresianum um und errichtete das Theater in Laxenburg bei Wien, 1755–63 die Gardekirche am Rennweg, 1761–63 den Neubau des Kärntnertortheaters. 1757–59 restaurierte er die Alte Universität, 1761–65 erweiterte er das Schloß Laxenburg, führte 1761–63 am Schloß Belvedere Umbauten durch, errichtete die Arcierengarde-Kaserne, den Postpferdestall am Heumarkt und in Simmering einen Ziegelofen. 1762–77 erneuerte er das Erzbischöfliche Schloß in Ober-St. Veit bei Wien, 1763–69 setzte er die Hofbibliothek instand, 1764–66 war er mit der Innengestaltung des Amalientrakts der Wiener Hofburg beschäftigt. 1765 errichtete er das Trauergerüst für Kaiser Franz I. (s. d.), 1766 gestaltete er die Innenräume des Palais der Ungarischen Garde um, 1767 baute er die Geheime Hofkanzlei (Bundeskanzleramt) um und errichtete die beiden Flügelbauten der Hofbibliothek als Abschluß des Josefsplatzes. Neben dieser umfangreichen Bautätigkeit in Wien errichtete er auch einige Bauten in Innsbruck, Klagenfurt, Preßburg, Prag und Mailand und vergrößerte die Burg von Wiener Neustadt (NÖ).

Einer der von Nikolaus von Pacassi 1767 erbauten Seitenflügel der Hofbibliothek auf dem Josefsplatz in Wien

PACHER, Friedrich (auch Lebenpacher), * um 1430/35 wahrscheinlich in Neustift (Südtirol), † nach 1508 in Bruneck (Südtirol), Maler. Sein verwandtschaftliches Verhältnis zu Michael P. (s. d.) ist ungeklärt, jedenfalls half er diesem bei seinen Frühwerken, so bei der Innenausschmückung und den Fresken von Neustift bei Brixen, der Stiftskirche von St. Paul im Lavanttal (K) und beim Altar in der Kirche von St. Wolfgang am Wolfgangsee (OÖ). Allein schuf er die Fresken in der Wallfahrtskirche St. Korbinian bei Aßling im Pustertal, in Neustift, Sterzing und Brixen sowie Altäre in den genannten Orten (alle Südtirol).

PACHER, Michael, * zwischen 1430–35 wahrscheinlich in Neustift bei Brixen oder Bruneck (Südtirol), † 1498 vermutlich in Salzburg, Maler und Bildschnitzer. Nachweisbar ist er 1467–96 als Bürger und Meister einer bedeutenden Altar-Werkstätte in Bruneck und 1496–98 in der Stadt Salzburg. Die Kunst des gotischen Flügelaltars hat P. zur Vollendung gebracht, indem er Malerei und Plastik gleicherweise und gleichwertig zu einem Gesamtkunstwerk zusammenfügte. Nur zum Teil sind die zwischen 1471 und 1475 entstandenen Altäre von St. Lorenzen bei Bruneck und Gries bei Bozen (beide Südtirol) noch erhalten. Von seinem Hauptwerk, dem Hochaltar in der Pfarrkirche von St. Wolfgang am Wolfgangsee (OÖ), existiert sogar noch der Vertrag, der zwischen ihm und dem Abt des Klosters Mondsee (OÖ), Benedikt II. Eck von Piburg, am 13. 12. 1471 abgeschlossen wurde. Abgesehen von der detailreich beschriebenen Gestaltung findet sich darin auch der Satz „Item so er gelts bedarf, sol er uns schiken albeg ain quittung" – die wohl sehr frühe Vereinbarung eines Vorschusses. Ebenso wurde der Versandweg und dessen Kostenaufteilung festgehalten und „was aber auf dem weg zebrochen wurd, sol er widerumb gancz machen". 1481 wurde der P.-Altar in P.s Werkstatt verpackt, auf Ochsenkarren verladen und durch das Pustertal über den Brenner nach Innsbruck und Hall gebracht, wo er auf dem Inn bis Braunau verschifft und dann auf Wagen verladen, in das „Aberseeische gepürg" geschafft wurde. Der 1483 erbaute Altar für Neustift (Südtirol) befindet sich heute in der Pinakothek in München, vom 1495–98 gestalteten Hochaltar für die Franziskanerkirche in Salzburg ist nur mehr die Marienfigur erhalten. Außerdem schuf P. verschiedene Fresken, so die in der Stiftskirche von St. Paul im Lavanttal (K), in Neustift bei Brixen und in Innichen (Südtirol). Zwei seiner Gemälde, „Die Geißelung Christi" und „Die Vermählung Mariae" (beide etwa um 1485 geschaffen), befinden sich in der Gemäldegalerie des Kunsthistorischen Museums in Wien. P. war der Hauptmeister der ö. Spätgotik und in Ansätzen ein Vorläufer der Renaissance.

Glück, G.: Die Gemäldegalerie des Kunsthistorischen Museums in Wien (1923); Schwabik, A.: M. P.s Grieser Altar (1933); Hempel, E.: Das Werk M. P.s (1938, 6. Aufl. 1952); Schürer, O.: M. P. (1940); Stiassny, R.: M. P.s St. Wolfganger Altar (1949); Hollnsteiner, F. X.: M. P. (1948, 2. Aufl. 1966)

PACHINGER, Anton Maximilian, * 22. 11. 1864 in Linz, † 30. 11. 1938 in Wien, Volkskundler. Studierte Kunstgeschichte und war ein eifriger Sammler, insbesondere von Amuletten, mit denen er sich eingehend beschäftigte. Zu seinem Freundeskreis gehörte u. a. Kubin (s. d.), Gugitz (s. d.), Roda Roda (s. d.) und Herzmanovsky-Orlando (s. d.), der P. mehrmals als literarische Vorlage verwendete – so als Rat Großkopf und als Xaver Naskrückl. Über seine Tätigkeit veröffentlichte P. mehrere Werke, darunter: „Die Mutterschaft in der Malerei und Graphik" (1906), „Glaube und Aberglaube im Steinreich" (1912) und „Lexikon der Amulette und Talismane" (1926).

PAHLEN, Kurt, * 26. 5. 1907 in Wien, Dirigent und Musikschriftsteller. Studierte am Konservatorium in Wien und an der Universität Wien, wo er 1929 promovierte. Anschließend Dozent an Wiener Volkshochschulen und Dirigent von Symphoniekonzerten, an der Wiener Volksoper sowie an anderen europäischen Bühnen. Emigrierte 1938 nach Argentinien und wurde 1939 Chefdirigent der Filarmónia Metropolitana in Buenos Aires, 1949 Dozent an der Universität von Montevideo, 1957 Direktor des

Michael Pachers Hochaltar in der Pfarrkirche von St. Wolfgang am Wolfgangsee (1481)

Teatro Colón in Buenos Aires. Anfang der siebziger Jahre ließ er sich in Männerdorf im Kanton Zürich nieder, blieb aber weiterhin als Gastdirigent und -dozent tätig und wurde Prof. am internationalen Opernstudio des Opernhauses Zürich. Er veröffentlichte eine Vielzahl von musikgeschichtlichen und musikinterpretierenden Werken, darunter u. a.: „Musikgeschichte der Welt" (1947, in mehrere Sprachen übersetzt), „Musik. Eine Einführung" (1956), „Tschaikowsky" (1959), „Musiklexikon der Welt" (1961), „Oper der Welt" (1963), „Sinfonie der Welt" (1967), „Große Sänger unserer Zeit" (1971), „Musik hören, Musik verstehen" (1976); seit 1978 Hrsg. der Taschenbuchreihe „Opern der Welt".

PAHR, Willibald, * 5. 6. 1930 in Wien, Jurist und Politiker. Studierte in Wien und trat in den Staatsdienst. Als Parteiloser wurde er am 1. 10. 1976 Außenminister in der sozialistischen Alleinregierung, was er bis 1983 blieb. Danach ö. Botschafter in Bonn.

PAILLER, Wilhelm, * 23. 3. 1838 in Linz, † 17. 3. 1895 in St. Peter am Wimberg (OÖ), Augustiner-Chorherr, Dramatiker und Volkskundler. Trat in den Orden der Augustiner-Chorherren ein, wurde im Stift St. Florian Prof. und betreute als Kustos die wertvolle Kunstsammlung des Stifts. Auch beschäftigte er sich eingehend mit den im Volkstum verwurzelten Passions-, Weihnachts- und Krippenspielen und verfaßte selbst mehrere Schauspiele. U. a. veröffentlichte er: „Das Passionsspiel zu Brixlegg" (1868), „Schauspiele", 3 Bde. (1871), „Volkstümliche Krippenspiele" (1875) und gab „Weihnachtslieder und Krippenspiele aus Oberösterreich und Tirol", 2 Bde. (1881–83), heraus.

PALACKÝ, František, * 14. 6. 1798 in Hotzendorf/Hodslavice (Mähren), † 26. 5. 1876 in Prag, Historiker, Politiker und tschechischer Landeshistoriograph. Studierte in Preßburg, Wien und Prag und wurde 1823 dort Landeshistoriograph. Als überzeugter Vertreter des Austroslawismus war P. 1848/49 Führer der slawischen Partei auf dem Kremsierer Reichstag, erster Exponent der Alttschechen im böhmischen Landtag und 1861–76 Mitglied des Herrenhauses. P. lehnte entschieden eine Vertretung der Böhmen auf der Frankfurter Nationalversammlung ab, betonte die Notwendigkeit der Existenz Ö.s und entwickelte Pläne zur Reorganisation des ö. Kaiserstaats, wobei er im Föderalismus die einzige gangbare Form sah. Im ö.-ungarischen Dualismus 1867 ahnte P. bereits den Untergang der Monarchie voraus, prophezeite aber ein Weiterleben der tschechischen Nation. 1866 veröffentlichte P. „Ö.s Staatsidee" (Nachdruck 1972).

PÁLFFY von Erdöd, Johann Graf, * 1663, † 1751, Heerführer. Entstammte einem alten ungarischen Adelsgeschlecht. War zunächst Oberst eines Husarenregiments und wurde 1697 Generalfeldwachtmeister. Während des Spanischen Erbfolgekriegs war P. an dem entscheidenden Sieg bei Höchstädt (1704) beteiligt und bekämpfte dann die Aufständischen in Ungarn, die sich am 21. 6. 1707 unter Franz II. Rákóczi zusammengeschlossen hatten. Inzwischen Banus von Kroatien, Dalmatien und Slawonien sowie General der Kavallerie, schlug P. sie am 22. 8. 1708 bei Neutra, das er am 24. einnahm. P. war wesentlich an den langen Verhandlungen zum Frieden von Szatmár vom 29. 4. 1711 beteiligt, der den Rebellen Amnestie zusicherte und die ungarische Glaubensfreiheit bestätigte. Dafür wurde P. von Kaiser Karl VI. (s. d.) zum Feldmarschall und Geheimen Rat befördert. Im Türkenkrieg 1716–18 war er an mehreren Ruhmestaten des Prinzen Eugen (s. d.) mitbeteiligt, so auch an der Belagerung und Eroberung von Belgrad. P., der

FRANTIŠEK PALACKÝ
Österreich als Notwendigkeit

„Wahrlich, existierte die österreichische Monarchie nicht schon längst, man müßte im Interesse Europas, im Interesse der Humanität selbst sich beeilen, sie zu schaffen."
F. Palacký am 11. April 1848

„Wir müssen Oesterreich so errichten, daß die Völker gern in Oesterreich existieren, das sei die uns leitende Idee."
Auf dem Reichstag von Kremsier, Jänner 1849

auch Ritter des Goldenen Vlieses war, wurde schließlich Palatin von Ungarn.

PALISA, Johann, * 6. 12. 1848 in Troppau (Ö.-Schlesien), † 2. 5. 1925 in Wien, Astronom. Studierte in Wien und wurde 1871 Leiter der Marinesternwarte in Pola und später Direktor am Wiener Observatorium. Er entdeckte insgesamt 120 Planetoiden und schuf gemeinsam mit F. Wolf das große und heute noch geschätzte Sammelwerk der „Wolf-P.-Sternkarten". 1902 veröffentlichte er „Sternlexikon von −1° bis +19° Deklination".

PALLENBERG, Max, * 18. 12. 1877 in Wien, † 26. 6. 1934 bei einem Flugzeugabsturz in der Tschechoslowakei, Schauspieler. Nach seiner Ausbildung schloß er sich vorerst einer Wandertruppe an und wurde 1904 an die Jarno-Bühnen in Wien engagiert, wo er sich zum Charakterkomiker entwickelte. 1914 holte ihn Max Reinhardt (s. d.) nach Berlin, wo er seinen künstlerischen Durchbruch hatte. P. absolvierte zahlreiche Gastspielreisen und war auch mehrfach beim Film tätig, so 1931 in Polgar/Kortners „Der brave Sünder". Er beherrschte meisterhaft eine Vielzahl von Rollen, die von Brecht/Piscators braven Soldaten Schwejk über Liliom, Peachum, Rappelkopf, Harpagon bis zum Mephisto in Reinhardts Salzburger „Faust"-Inszenierung reichten. P. war seit 1918 mit der Operettendiva Fritzi Massary (s. d.) verheiratet.

Polgar, A.: M. P. (1921)

PALTAUF, Richard, * 9. 2. 1858 in Judenburg (St), † 21. 4. 1924 in Semmering (NÖ), Anatom und Pathologe. Der Sohn eines Arztes studierte in Graz Medizin und promovierte 1880. 1883 kam er nach Wien, habilitierte sich 1888 für pathologische Anatomie, wurde 1892 a. o. und 1898 o. Univ.-Prof. für allgemeine Pathologie und pathologische Histologie. Hatte bereits 1893 das Histologisch-Pathologische Institut und die pathologisch-anatomische Prosektur des Rudolfsspitals übernommen und im Frühjahr 1893 am Pasteur-Institut in Paris die neuen Methoden der Serumtherapie studiert. Nach seiner Rückkehr aus Paris gründete er 1894 in Wien die Schutzimpfungsanstalt gegen Wutkrankheiten und das Serotherapeutische Institut am Rudolfsspital. 1908 wurde auf seine Initiative hin das Institut für allgemeine und experimentelle Pathologie mit dem staatlichen Serotherapeutischen Institut zusammengeschlossen. Durch die von P. eingeführte Bakteriologie und Serologie erreichte die Wiener experimentelle Medizin eine Blütezeit. Gemeinsam mit anderen Medizinern veröffentlichte er mehrere wissenschaftliche Abhandlungen, so mit Anton von Eiselsberg „Zur Ätiologie des Rhinoskleroms" (1886).

Lesky, E.: Die Wiener medizinische Schule im 19. Jh. (1965)

PALTAUF, Rudolf, * 16. 12. 1862 in Wien, † 11. 3. 1936 in Wien, Jurist und Staatsbeamter. Trat nach Studienabschluß in Wien in den Staatsdienst und wurde am 20. 11. 1920 zum Justizminister bestellt. P. übte dieses Amt in der zweiten Amtsperiode von Bundeskanzler Michael Mayr (bis 21. 6. 1921), in der Regierung Schober I (bis 26. 1. 1922), in der Ein-Tages-Regierung Breisky (26./27. 1. 1922) und in der Regierung Schober II aus (bis 31. 5. 1922).

PALTAUFF, Adam, s. Baldauf

PALTRAM vor dem Freithof, * um 1220 in Wien, † im Winter 1287/88 vor Akkon (Palästina), Ritter und Amtmann. Er war Wiener Bürger und entstammte einer angesehenen Familie. Als prominenter Parteigänger König Ottokars II. von Böhmen (s. d.) wurde er von König Rudolf I. von Habsburg geächtet (s. d.) und floh 1278 nach Niederbayern. P. war ein großzügiger Förderer des Zisterzienserordens und starb auf einer Pilgerreise im Heiligen Land.

PANSI, Herbert, * 8. 3. 1920 in Ettendorf (Südkärnten), Gewerkschafter und SPÖ-Politiker. War ursprünglich Forstarbeiter, ehe er in der Kärntner Landarbeiterkammer (1955–71 Präsident) und Gewerkschaft tätig wurde. 1961–80 Vorsitzender der Gewerkschaft der Arbeiter in der Land- und Forstwirtschaft. Seit 1964 Abgeordneter zum Nationalrat, 1975 Stellvertretender Obmann des SPÖ-Parlamentsklubs, 1979 (24. 1.–5. 6.) Dritter Präsident des Nationalrats.

PAOLI, Betty (eigtl. Babette Elisabeth Glück), * 30. 12. 1814 in Wien, † 5. 7. 1894 in Baden (NÖ), Erzählerin, Lyrikerin und Essayistin. Kam aus ärmlichen Verhältnissen und mußte sich ihren Lebensunterhalt als Erzieherin und Gesellschafterin in adeligen Familien verdienen. Schließlich auch Burgtheaterreferentin und als Journalistin tätig, wurde sie zu einer der bedeutendsten Dichterinnen des ö. Biedermeier. Vor allem ihre formvollendete Lyrik fand viel Anklang und wurde von Franz Grillparzer (s. d.) gewürdigt und geschätzt. Ihre Innerlichkeit verband sich in allen ihren Werken mit einer erstaunlich kritischen Einstellung. War mit Nikolaus Lenau (s. d.) und Adalbert Stifter (s. d.) befreundet. Von ihren Werken seien erwähnt: Lyrik: „Gedichte" (1841), „Nach dem Gewitter" (1843), „Romancero" (1845), „Neue Gedichte" (1850), „Lyrisches und Episches" (1856), „Neueste Gedichte" (1869), „Gedichte" (aus dem Nachlaß, 1895); Prosa: „Die Welt und mein Auge", 3 Bde. (Erzählungen, 1844), „Wiens Gemäldegalerien" (1865), „Julie Rettich" (1866), „Grillparzer und seine Werke" (1875); 1908 gab H. Bettelheim-Gabillon „Gesammelte Aufsätze" heraus.

Bettelheim-Gabillon, H.: B. P., in: Jahrbuch der Grillparzer-Gesellschaft, 10. Jahrgang (1900); Missbach, R.: B. P., Diss. München (1923)

PAPIER, Rosa, * 18. 9. 1858 in Baden (NÖ), † 9. 2. 1932 in Wien, Kammersängerin, Mezzosopranistin. Studierte in Wien und debütierte 1881 im Theater an der Wien. Noch im selben Jahr an die Hofoper engagiert, 1889 Kammersängerin, mußte aber wegen eines Halsleidens 1891 ihre aktive Karriere abbrechen. Danach war sie als Gesangspädagogin am Konservatorium der Gesellschaft der Musikfreunde tätig, wo sie große Ausbildungserfolge hatte. Anna Bahr-Mildenburg (s. d.) gehörte zu ihren Schülern. P. war die Mutter von Bernhard Paumgartner (s. d.).

PAPPENHEIM, Gottfried Heinrich Graf zu, * 29. 5. 1594 auf Burg Treutlingen (Mittelfranken), † 17. 11. 1632 in Leipzig, Heerführer. Bereiste nach Beendigung seiner Studien Tübingen, Frankreich, England, Spanien und Italien, kehrte 1614 nach Deutschland zurück, trat zum katholischen Glauben über und wurde von Kaiser Matthias (s. d.) zum Reichshofrat ernannt. Wenig später diente er dem Kurfürsten Maximilian von Bayern, dem Oberhaupt der Katholischen Liga, im Kürassierregiment seines Stiefvaters Adam Graf Herberstorff (s. d.). 1620 zog er als Oberstleutnant mit dem bayerischen Hilfskorps gegen Böhmen und trug entscheidend zum Sieg am Weißen Berg (8. 11. 1620) bei: Erst am nächsten Vormittag wurde er mit 20 Verwundungen gefunden. 1623 auf dem Reichstag von Regensburg vom Kaiser persönlich zum Ritter geschlagen, erhielt P. ein Kürassierregiment, das fortan seinen Namen trug. 1623–26 an die Spitze der spanischen Reiterei in der Lombardei beordert, rief ihn Kaiser Ferdinand II. (s. d.) zur Niederschlagung des oö. Bauernaufstands wieder zurück. 1629 General der Kavallerie, hatte P. an der Erstürmung Magdeburgs am 20. 5. 1631 wesentlichen Anteil. In der Schlacht auf dem Breitenfeld bei Leipzig (17. 9. 1631) trug er durch sein ungestümes Vorgehen zur Niederlage Tillys (s. d.) bei. Hierauf kämpfte P. mehr auf eigene Faust am Niederrhein und in Westfalen, bis ihn Wallenstein (s. d.) zur Hauptarmee rief. In der Schlacht bei Lützen am 16. 11. 1632 wurde P. durch zwei Musketenkugeln verwundet und starb am nächsten Tag in der Pleißenburg in Leipzig.

Herold, R.: G. H. Graf zu P. (1906); Heilingsetzer, G.: Der oö. Bauernkrieg 1626, in: militärhistor. Schriftenreihe 32 (1976)

Rosa Papier als Sieglinde

P

Paracelsus · Paradis Maria Theresia von · Pargfrieder Josef Gottfried · Parhamer Ignaz · Parsch Pius · Partl Alois · Paryla Karl · Pasqualati und Osterberg Amalia · Pastor Ludwig

PARACELSUS

Der Beginn der modernen Heilkunde

PARACELSUS (eigtl. Theophrastus Bombastus von Hohenheim), * 10. 11. 1493 in Einsiedeln (Schweiz), † 24. 9. 1541 in Salzburg, Arzt, Naturforscher und Philosoph. Sein Vater war Arzt und Chemiker und vermittelte seinem Sohn die ersten Grundkenntnisse. 1502 übersiedelte die Familie nach Villach (K), wo der Vater als Arzt wirkte. P. besuchte die Klosterschule von St. Paul im Lavanttal, war 1509/10 Scholar in Wien, kehrte 1512 nach Villach zurück und begann sein Medizinstudium in Ferrara, wo er 1516 zum „Doctor beyder arzneyen" promovierte. Anschließend Feldarzt im Krieg gegen Venedig; reiste durch große Teile Europas und kehrte 1524 nach Villach zurück. 1526 ließ er sich in Salzburg als praktischer Arzt nieder, mußte aber, da er mit den aufständischen Bauern sympathisierte, die Stadt verlassen. Über Straßburg kam er 1527 nach Basel, wo er Stadtarzt und „Honorarprofessor" wurde. Wegen zunehmender Anfeindungen mußte er 1528 auch Basel verlassen und reiste über Colmar nach Nürnberg. Hier veröffentlichte er 1529 seine Syphilis-Schriften und das „Spitalbuch" und verwendete in politisch-astrologischen Schriften erstmals den Namen P. Auf Drängen der Fugger wurden jedoch weitere Veröffentlichungen P.s verboten. Über Bayern und

Paracelsus

Vorarlberg erreichte er 1531 St. Gallen (Schweiz). 1533 wanderte er als Arzt und Laienprediger durch das Appenzeller Land und 1534 durch Tirol, wo er in Innsbruck „Von der Bergsucht" und in Sterzing das „Büchlein von der Pest" veröffentlichte. Über Ulm und München kam er 1537 nach Eferding (OÖ), wo er die letzte Fassung seiner Schrift „Von den Tatarischen Krankheiten" herausgab. Im Mai 1538 war er wieder in Villach, hielt sich 1540 in Klagenfurt auf, wo ihn eine Berufung des Fürsterzbischofs von Salzburg erreichte; dort wirkte er bis zu seinem Tod. In gewissem Sinn kann P. als Begründer der Chemotherapie angesehen werden, weil er Mineralien vermehrt in den Arzneischatz einführte. Er brach radikal mit den althergebrachten Erkenntnissen und Methoden, forderte eine naturgemäße Lebensweise und die Erhaltung und Pflege der natürlichen Lebenskraft. Er glaubte, daß bestimmte chemische und vitalisierende Kräfte im menschlichen Körper wirkten; er förderte auch das Wissen um die seelischen Krankheiten und ahnte bereits den verheerenden Vorgang der Wundinfektion. Die Chirurgie war für ihn eine gleichberechtigte medizinische Disziplin, auch anerkannte er die im Volkstum verwurzelten und überlieferten Heilmittel. In seinen zahlreichen Schriften beschrieb er systematisch viele Krankheiten und Heilmethoden, aber auch theologische und religionsphilosophische Probleme. Die „erste" Gesamtausgabe erschien unter dem Titel „Bücher und Schriften . . .", hrsg. von Josef Huser, 10 Bde., Basel 1589–91. „Sämtliche Werke", zwei Abteilungen zu je 14 Bdn., hrsg. von Karl Sudhoff, 1922–61. 1932 gab Bernhard Aschner „Sämtliche Werke", 4 Bde., heraus.

Spunda, F.: P. (1925); Gundolf, F.: P. (1928); Peuckert, E.: P. (1941); Moro, G.: Die Kärntner Chronik des P. (1955); Pagel, W.: Das medizinische Weltbild des P. (1962); Kaiser, E.: P. in Selbstzeugnissen und Bilddokumenten (1969)

PARADIS, Maria Theresia von (auch Paradies), * 15. 5. 1759 in Wien, † 1. 2. 1824 in Wien, Pianistin und Komponistin. War die Tochter eines nö. Regierungsrats und erblindete im Alter von knapp drei Jahren. Ihre Eltern förderten ihr musikalisches Talent, und mit sieben Jahren sang sie in der Augustinerkirche in Wien vor ihrer Taufpatin und Förderin Maria Theresia (s. d.) das „Stabat mater" von Pergolesi, wobei sie sich selbst auf der Orgel begleitete. Davon sehr beeindruckt, setzte ihr Maria Theresia ein Jahresgehalt aus. Sie studierte dann bei hervorragenden Lehrern, u. a. bei A. Salieri (s. d.) und L. Koželuh (s. d.), und beherrschte aus dem Gedächtnis etwa 60 Klavierkonzerte. 1783–86 absolvierte sie eine erfolgreiche Konzertreise nach Paris, London, Brüssel und an mehrere deutsche Höfe. Abgesehen von Klaviermusik und Liedern, komponierte sie das Melodram „Ariadne und Bacchus" (1791), das Singspiel „Der Schulkandidat" (1792) und die Zauberoper „Rinaldo und Alcina" (1797). Auch Mozart (s. d.) komponierte für sie 1784 ein Klavierkonzert. Besondere Verdienste erwarb sie sich durch die Gründung einer Musikschule in Wien, an der sie mit Erfolg unterrichtete.

PARGFRIEDER, Josef Gottfried Ritter von (seit 1858) (auch Pargfrider), * 1775, † 29. 1. 1863 in Wien, Armeelieferant. Unbestätigt ist die Überlieferung, daß er der Sohn von Kaiser Joseph II. und einer schönen Jüdin war, widersprüchlich auch sein Lebensweg. So soll er in Znaim eine kleine Krämerei betrieben haben, ehe er Armeelieferant wurde und von den Behörden den Auftrag erhielt, der Armee in den Feldzügen von 1848 und 1849 als Lieferant an die Front zu folgen. Schon 1833 hatte er die Herrschaft Kleinwetzdorf (bei Ziersdorf, nordwestlich von Wien) gekauft und das Schloß ausbauen lassen. Seine raschen Lieferungen bewirkten, daß er von bedeutenden Feldherren, etwa Feldmarschall Graf Radetzky, als Armeelieferant wie auch als privater Darlehensgeber sehr geschätzt wurde. Aus Verehrung und Bewunderung (wie er selbst schrieb) für die Leistungen der ö. Armee in den Jahren 1848/49 ließ er 1849 in spätklassizistischem Stil auf seinem Gut den „Heldenberg" anlegen, der eine würdevolle Gedenkstätte werden sollte. Eine Säulenhalle, ein Mausoleum und drei Alleen mit 200 überlebensgroßen, gußeisernen und steinernen Büsten und Statuen ehrten die Helden der Armee sowie die Habsburger von König Rudolf I. bis Kaiser Franz Joseph I. Die Krönung seiner Weihestätte bildeten die Grabstätten für die Feldmarschälle Maximilian Freiherr von Wimpffen (s. d.) und Graf Radetzky (s. d.), die beide durch erhaltene Darlehen zu diesen letzten Ruhestätten verpflichtet worden waren. Auf etwas skurrile Weise wurde P. selbst bestattet: in der untersten, schwer zugänglichen Gruft, in Ritterrüstung mit geschlossenem Visier auf einem Stuhl sitzend. Noch zu Lebzeiten P.s wollte Kaiser Franz Joseph I. den Heldenberg kaufen, doch schenkte P. 1858 den Besitz dem Kaiser, der ihn später an die Armee weitergab.

Pargfrider, G. J.: Der Heldenberg im Park zu Wetzdorf (NÖ) (1858); Kandelsdorfer, K.: Der Heldenberg und Schloß Wetzdorf (1887, 3. Aufl. 1894)

PARHAMER, Ignaz, * 15. 6. 1715 in Schwanenstadt (OÖ), † 1. 4. 1786 in Wien, Jesuit und Pädagoge. Trat 1734 in den Jesuitenorden ein, wurde 1744 zum Priester geweiht, war 1745 Katechet in Graz und ging 1746 nach Wien. Hier promovierte er und übernahm ab 1747 den Religionsunterricht an den Trivialschulen. 1750–52 veröffentlichte er in drei Teilen seinen „Historischen Katechismus". 1754 Missionar der Diözese Wien, bis 1756 Obervorsteher aller Missionen in Ö. und Ungarn. Ab 1758 Beichtvater von Kaiser Franz I. (s. d.); erwarb sich besondere Verdienste als Leiter des Waisenhauses am Wiener Rennweg (worüber er 1776 ein Buch veröffentlichte) und wurde 1777 infulierter (zum Tragen der Mitra berechtigter) Propst von Drozo in der Diözese Erlau

(Ungarn). Weitere Werke: „Das fromme Kind" (1744, 2. Aufl. 1748), „Schulregeln für Eltern, Kinder und Lehrer" (1750) und „Katechismus für die drei Schulen mit den gewöhnlichen Gesängen" (1758; auch ins Ungarische, Böhmische und Illyrische übersetzt).

PARSCH, Pius (Johann), * 18. 5. 1884 in Olmütz (Mähren), † 11. 3. 1954 in Klosterneuburg (NÖ), Augustiner-Chorherr. Trat 1904 in das Chorherrenstift Klosterneuburg ein und wurde 1909 zum Priester geweiht. Bis 1913 in der seelsorglichen Praxis tätig, übertrug ihm das Stift die Lehrkanzel für Pastoraltheologie. 1914 meldete er sich als Feldgeistlicher an die Front. 1919 hielt P. seine erste Bibelstunde, 1921 die erste Liturgiestunde und 1922, zu Christi Himmelfahrt, die erste Betsingmesse in deutscher Sprache. So verwirklichte er seinen Grundgedanken der Einheit von Bibel und Liturgie, aus dem sich bald die Volksliturgische Bewegung ergab. Zur Herausgabe von Meßtexten und volksliturgischen Schriften hatte er in Klosterneuburg auch einen Verlag mit angeschlossener Druckerei gegründet. 1938 wurden die Chorherren von den nationalsozialistischen Machthabern aus dem Stift vertrieben; 1941–46 wirkte P. in der Pfarre Wien-Floridsdorf. 1943 anerkannte auch Papst Pius XII. die volksliturgische Idee. Nach dem Eucharistischen Kongreß in Barcelona 1952 erlitt P. einen Schlaganfall, von dem er sich nicht mehr erholte. Das II. Vatikanische Konzil stützte sich mehrfach auf die Anregungen P.s. Von seinen zahlreichen Veröffentlichungen sind zu nennen: „Das Jahr des Heils", 3 Bde. (1923, 14. Aufl. 1958), „Meßerklärung" (1930), „Volksliturgie" (1944), „Die liturgische Predigt", 10 Bde. (1948–55), „Brevierklärung" (1949); außerdem gab er ab 1926 die Zeitschrift „Bibel und Liturgie" und 1928–52 „Lebe mit der Kirche" heraus.

PARTL, Alois, * 13. 1. 1929 in Afing bei Kematen (T), ÖVP-Agrarpolitiker. Entstammt einer Bauernfamilie und arbeitete bis 1948 am väterlichen Hof, holte dann die Matura nach und studierte ab 1950 an der Hochschule für Bodenkultur in Wien, Dipl.-Ing. und Dr. Anschließend in der Agrarpolitik tätig, wurde er 1970 Agrarlandesrat in der Tiroler Landesregierung. 1982 stellvertretender Obmann der Tiroler ÖVP, am 5. 3. 1987 vom Landtag zum Landeshauptmann von Tirol gewählt. Trat die Nachfolge von dem aus gesundheitlichen Gründen zurückgetretenen Landeshauptmann Eduard Wallnöfer (s. d.) an.

PARYLA, Karl, * 12. 8. 1905 in Wien, Schauspieler und Regisseur. Begann in Wien am Raimund- und Volkstheater, spielte später auf Bühnen in Deutschland, u. a. am Landestheater Darmstadt, und war ab 1933 am Theater in der Josefstadt engagiert. 1938 emigrierte er in die Schweiz und trat am Schauspielhaus Zürich auf. Nach seiner Rückkehr nach Wien leitete er gemeinsam mit Wolfgang Heinz das „Neue Theater in der Scala". Nach dessen Schließung 1956 übernahm er zahlreiche Gastregien vor allem an deutschen Bühnen und arbeitete beim Film. In den achtziger Jahren inszenierte er erfolgreich Dario-Fo-Straßentheateraufführungen. Als Schauspieler ist P. besonders auf Nestroy- und Brecht-Rollen spezialisiert.

PASQUALATI und Osterberg, Amalia Freifrau von, * 19. 5. 1818 in Wien, † 18. 3. 1903 in Wien, Schauspielerin und Theatergründerin. Von Jugend an theaterbegeistert, wurde sie früh an das Theater in der Josefstadt engagiert. Nach ihrer Heirat (1839) finanzierte ihr Gatte, Johann Baptist Freiherr von P., Theateraufführungen vor geladenem Publikum. Bald wurde daraus das sogenannte P.-Theater im Schönborn-Palais in Wien 8. Lustspiele und Possen, seltenere Schauspiele (so von Raimund, Nestroy, Kotzebue, Scribe, Bayard u. a.) sowie Opern und Operetten wurden hier gespielt. 1860 erhielt sie die Bewilligung zur Errichtung eines öffentlichen Theaters und gründete 1866 das Harmonietheater, in dem Millöcker (s. d.) und der junge Anzengruber (s. d.) engagiert wurden. Dieses Theater bzw. dieser Theatersaal, der sich in einem Zinshaus in der Wasagasse 33 (Wien 9) befand, wurde von Otto Wagner (s. d.), als er noch im Stil des Historismus baute, errichtet und konnte auch als Freilichttheater Verwendung finden, da sich der Saal zum Garten öffnen ließ. Wie schon 1862 das P.-Theater, mußte P. aus finanziellen Gründen 1867 das Harmonietheater schließen.

Pemmer, H.: Das Harmonietheater (1966)

Karl Paryla

PASTOR, Ludwig Freiherr von (seit 1916), * 31. 1. 1854 in Aachen, † 30. 9. 1928 in Innsbruck, Historiker und Diplomat. Studierte in Löwen, Bonn, in Frankfurt am Main bei Janssen, in Berlin, Wien und Graz; wurde 1886 a. o., 1887 o. Prof. an der Universität Innsbruck.

Josef Gottfried Pargfrieders „Heldenberg" in Kleinwetzdorf (NÖ)

JOSEF GOTTFRIED PARGFRIEDER

Nekropolis an der Franz-Josefs-Bahn

„Schon im Jahre 1846 erhielt Gutsbesitzer Pargfrider von der Landesregierung die Erlaubnis, sich in seinem Garten unter der Bedingung eine Gruft erbauen zu dürfen, daß selbe 6000 Klafter von jeder menschlichen Wohnung, hermetisch verschlossen, darüber keine Kapelle erbaut und sodann als die Ruhestätte eines katholischen Christen kirchlich eingeweiht werde. Die Einweihung wurde nach dem Wunsche des Herrn Pargfriders am 22. Jänner 1850 von Dechant Ignaz Kainz von Hausleiten vorgenommen. Die Gruft befindet sich rückwärts vom Schloß auf einer Anhöhe und ist mit einem hohen Steinobelisk versehen. Um die Gruft hat sich nach und nach ein prächtiges Siegesdenkmal erhoben. Alle Feldherren und Krieger, die sich 1848 bis 1849 in Italien und Ungarn ausgezeichnet hatten, alle Herrscher von Rudolf von Habsburg bis Kaiser Franz Josef, alle hervorragenden Staatsmänner und Feldherren, erhielten in langen Alleen ihre Büsten. Freiherr von Wimpffen, k. k. Feldmarschall, starb am 28. August 1854 in Wien und wurde am 1. September in der Gruft zur linken Seite beigesetzt, denn die rechte Seite war für Radetzky bestimmt, der sie noch bei Lebzeiten von außen sah. Hinabsteigen wollte er nicht."

A. Kleebinder, Feldmarschall Graf Josef Radetzky. Seine Ruhestätte in Wetzdorf an der Franz-Josef-Bahn

1901 Direktor des Ö. historischen Instituts in Rom, 1920 Geschäftsträger und ab 1921 Gesandter Ö.s beim Heiligen Stuhl. Für sein international anerkanntes Hauptwerk „Geschichte der Päpste seit dem Ausgang des Mittelalters“ (16 Bde., 22 Teile, 1886–1933) betrieb er umfassende Quellenstudien, vor allem im Archiv des Vatikans, dessen Öffnung 1883 er sehr gefördert hatte. Seine 1950 erschienenen „Tagebücher, Briefe und Erinnerungen“ sind als bedeutendes Quellenwerk zu werten. Weitere wichtige Veröffentlichungen: „Die kirchlichen Reunionsbestrebungen während der Regierung Karls V.“ (1879), „Johann Janssen“ (1892), „August Reichensperger“, 2 Bde. (1899). Außerdem bearbeitete und vollendete er Johann Janssens „Geschichte des deutschen Volkes“ (8 Bde.). Seine Selbstbiographie erschien im 2. Band des Werks „Geschichtswissenschaft der Gegenwart in Selbstdarstellungen“ (1926).

PATER HILARION, s. Richter, Josef

PATZAK, Julius, * 9. 4. 1898 in Wien, † 26. 1. 1974 in Rottach-Egern am Tegernsee (Bayern), Kammersänger, Tenor. Studierte zunächst bei E. Mandyczewski (s. d.) und Franz Schmidt (s. d.) in Wien Kontrapunkt und Komposition, um Dirigent zu werden. Schließlich Kirchenmusiker und Kapellmeister. War als Sänger Autodidakt und feierte 1923 in Reichenberg als Radames sein Debüt. 1927/28 in Brünn, 1928–45 an der Münchner Staatsoper,

Julius Patzak als Palestrina

wo er zum gefeierten Mozart-Interpreten wurde. Auch regelmäßiger Gast bei den Salzburger Festspielen. 1945–59 an der Wiener Staatsoper und weiterhin bei den Salzburger Festspielen. 1948 Prof. an der Wiener Musikakademie. Er glänzte als Florestan im „Fidelio“, dann vor allem in der Titelpartie in Pfitzners „Palestrina“ und als Evangelist in den Bach-Passionen. Als Konzertsänger war er als Interpret von Gustav-Mahler-Liedern und von Wienerliedern geschätzt.

PAULI, Wolfgang, * 25. 4. 1900 in Wien, † 15. 12. 1958 in Zürich, Physiker, Quantentheoretiker, Nobelpreisträger. Sein Vater Wolfgang P. (gest. 1955) war Mediziner, hatte ab 1913 die erste Lehrkanzel für physiologisch-chemische Biologie an

Wolfgang Pauli

der Universität Wien inne und war hier ab 1922 Leiter des neuen Instituts für medizinische Kolloidchemie. P. studierte in Wien und München und war bereits 1922 Assistent in Göttingen bei Max Born, dann in Kopenhagen bei Nils Bohr, 1923 Dozent in Hamburg, wo er das nach ihm benannte Ausschließungsprinzip (auch P.-Prinzip genannt) für den Schalenbau der Atome veröffentlichte. Es bildet die Grundlage der heutigen Metallphysik, und P. erhielt dafür 1945 den Nobelpreis. 1928 Prof. an der Technischen Hochschule in Zürich, hielt sich mehrmals in den USA auf und wurde durch seine Gastvorlesungen, so 1935/36 und 1940–46 in Princeton, sowie durch seine umfassende wissenschaftliche Korrespondenz weltbekannt. P. erarbeitete wesentliche Beiträge über spezifische Wärme und elektrische Leitfähigkeit, stellte eine eigene nichtrelativistische Wellengleichung auf und entdeckte 1931 das Neutrino. Gemeinsam mit Werner Heisenberg schuf er 1929 die Quantenfeldtheorie, mit der er sich auch weiterhin beschäftigte. 1946 nach Zürich zurückgekehrt, wandte er sich zusätzlich der Teilchenphysik zu. Von seinen Veröffentlichungen seien noch erwähnt: „Relativitätstheorie“ (1921), „Quantentheorie“ (1926), „Meson of Nuclear Forces“ (1946), „Der Einfluß archetypischer Vorstellungen“ (1952) und „Albert Einstein“ (1955). Hrsg. der „Physical Review“ 1945–47.

Hartmann, H. Lexikon der Nobelpreisträger (1967)

PAULITSCHKE, Philipp, * 25. 9. 1854 in Czermakowitz bei Mährisch-Kromau, † 11. 12. 1899 in Wien, Geograph und Völkerkundler. Studierte in Wien, wurde zunächst Gymnasiallehrer für Latein und Griechisch in Znaim, Graz und Wien, promovierte in Wien zum Dr. phil. und wurde hier Privatdozent. 1880 führte er in Ägypten und in Nubien Höhenmessungen durch und unternahm 1885 eine Expedition von Aden nach Abessinien. In bisher unbekannte Gebiete vorstoßend, entdeckte er u. a. das Naturwunder von Alêjo-Díble, das er Franz-Josephs-Schlucht nannte. Noch 1885 erschien von ihm „Die Sudanländer nach dem gegenwärtigen Stand der Kenntnis“. P. beherrschte fast alle europäischen Sprachen, das Arabische und die am Osthorn Afrikas gebräuchlichen Negerdialekte. Er sollte als erster auf die geplante Lehrkanzel für Ethnographie an der Universität Wien berufen werden, doch starb er an einem Leberleiden als Folge einer Infektion, die er sich auf seiner Afrikaexpedition zugezogen hatte.

Österreicher als Erforscher der Erde. Notring Jahrbuch 1956

PAULSEN, Max, s. Petersen, Peter

PAUMGARTNER, Bernhard, * 14. 11. 1887 in Wien, † 27. 7. 1971 in Salzburg, Dirigent, Komponist und Musikforscher. Sohn der Kammersängerin Rosa Papier (s. d.) und durch seine erste Ehe der Schwiegersohn von Peter Rosegger (s. d.). Studierte in Wien Jus und bei Bruno Walter (s. d.) Musik. 1917–38 und 1945–59 war P. Direktor des Mozarteums in Salzburg und an der Gründung der Salzburger Festspiele mitbeteiligt. Ab 1922 stand er dem Mozarteum-Orchester vor, 1938–45 leitete er ein Forschungsinstitut (über italienische Barockmusik) der Universität Wien in Florenz und gründete 1945 die Camerata academica. 1949 wurde er Prof. an der Wiener Musikakademie und gründete und leitete die Internationalen Sommerkurse am Salzburger Mozarteum. P. erhielt mehrere in- und ausländische Ehrungen und Auszeichnungen. Als Komponist schuf er Orchesterwerke, Opern, Singspiele und

Bernhard Paumgartner um 1930

Ballette sowie Lieder und Bühnenmusik. Als Musikhistoriker intensive Beschäftigung mit Mozart, veröffentlichte 1940 eine vielbeachtete Mozart-Biographie, die in mehrere Sprachen übersetzt wurde und 1973 in 7. Auflage erschien. Weitere Veröffentlichungen u. a.: „Die Schubertianer“ (1928), „Leopold Mozarts Briefe an seine Tochter“ (1936, gemeinsam mit O. E. Deutsch), „Schubert“ (1945), „Georg Friedrich Händel“ (1947), „Johann Sebastian Bach“ (1950), „Das instrumentale Ensemble“ (1966), „Salzburg“ (1966).

PAUSPERTL, Karl (eigtl. P. von Drachenthal), * 18. 10. 1897 in Plevlje (Bosnien), † 6. 4. 1963 in Wien, Komponist und Dirigent. Studierte an der Wiener Musikakademie bei Franz Schmidt (s. d.) und Clemens Krauss (s. d.) und wurde dann Theaterkapellmeister, Chordirektorassistent an der Wiener Staatsoper und Erster Kapellmeister am Wiener Burgtheater. 1934–38 Leiter der „Deutschmeisterkapelle". Dirigierte auch im Rundfunk. Für die Bühne bearbeitete er die Operetten „Die große Unbekannte" von Franz von Suppé (1925), „Das Spitzentuch der Königin" (1927) und „Prinz Methusalem" (1931) von Johann Strauß sowie „Der König ihres Herzens" nach Jacques Offenbach (1930). Außerdem komponierte er Orchesterwerke, vornehmlich der Unterhaltungsmusik, Militärmärsche und die Musik für 54 Kulturfilme.

PAWLIK, Eva, * 4. 10. 1927 in Wien, † 31. 7. 1983 in Wien, Eiskunstläuferin. Europameisterin 1949, Olympia- und WM-Zweite 1948. Ging nach Abschluß ihrer Amateurlaufbahn zur Eisrevue. Später TV-Kommentatorin.

PAYER, Julius Ritter von (seit 1874), * 2. 9. 1842 in Teplitz-Schönau (Böhmen), † 29. 8. 1915 in Veldes (Krain), Polar- und Alpenforscher, Kartograph. Sohn eines Kapitänleutnants, an der Wiener Neustädter Militärakademie ausgebildet, trat 1859 in die ö. Armee ein. 1866 zeichnete er sich in der Schlacht bei Custoza aus und eroberte zwei piemontesische Geschütze. 1868 wurde P. als Oberleutnant in das Militärgeographische Institut nach Wien berufen, um an der dritten Landesaufnahme Ö.-Ungarns mitzuarbeiten. Seit 1863 hatte sich P., der in Norditalien stationiert war, als Erforscher der Ortler- und der Adamellogruppe sowie mit 30 Erstbesteigungen als Bergsteiger einen Namen gemacht. Außerdem war er durch seine Mappierungsarbeiten auf dem Gebiet der Alpenkartographie bahnbrechend gewesen. Sein Bekanntheitsgrad führte dazu, daß man ihn für die zweite deutsche Nordpolexpedition 1869/70 verpflichtete. An das Militärgeographische Institut zurückgekehrt, wurde er gemeinsam mit Karl Weyprecht (s. d.) zum Leiter der ö.-ungarischen Nordpolexpedition 1872–74 bestellt. Am 30. 8. 1873 entdeckten sie, ihr Schiff war bereits vom Eis umschlossen, eine Inselgruppe, die sie „Kaiser-Franz-Josephs-Land" nannten und die P. bis über den 82. Grad nördlicher Breite hinaus erforschte. Nach ihrer abenteuerlichen Rückkehr am 25. 9. 1874 vielfach geehrt und ausgezeichnet, nahm P. am 1. 10. 1874 Abschied von der Armee. Obwohl im Gletscherlicht auf einem Auge erblindet, wandte er sich der Malerei zu, auch seine Bücher illustrierte P. selbst. 1874–90 in Paris lebend, schuf er 1892 das berühmte Ölgemälde „Nie zurück" und weitere Bilder von der Nordpol-Expedition. Am 26. 5. 1912 erlitt er einen schweren Schlaganfall, an dessen Folgen er bis zu seinem Tod zu leiden hatte. 1914 rief er leidenschaftlich zum Frieden auf. P. veröffentlichte zahlreiche Aufsätze in „Petermanns Mitteilungen" und in den „Mitteilungen der Wiener Geographischen Gesellschaft" sowie: „Die Ortleralpen", 4 Teile (1867–72), „Die ö.-ungarische Nordpolexpedition in den Jahren 1872–74 . . ." (1876), „J. P.s Bergfahrten" (hrsg. v. W. Lehner, 1920), „Die Entdeckung des Kaiser-Franz-Josephs-Landes" (hrsg. 1929).

Payer-Weyprecht-Gemeinde (Hrsg.): Ö. in der Arktis (1949); Müller, M.: J. v. P. (1956); Reichhardt, E. (Hrsg.): Das Tagebuch des Maschinisten Otto Krisch (1973)

JULIUS VON PAYER

Im ewigen Eis der Arktis

Illustrirtes Wiener Extrablatt.

№ 263. Wien, Freitag, 25. September 1874. 3. Jahrgang.

Die Führer der Nordpol-Expedition.

Julius von Payer (links) und Karl Weyprecht auf der Titelseite des „Illustrirten Wiener Extrablatts"

„Totenstille herrscht im Umkreis über den Gestalten des Eises, die ihre bleichen Glieder überallhin ausdehnen und das ganze große Eismeer in ein riesiges Leichentuch verwandeln. Es ist die unvergleichliche Totenstille des Eismeeres. Bleigrau und sonnenlos liegt der Himmel darüber, kein Lüftchen regt sich. Zögernd schmilzt der Schnee und dieses bleiche vergängliche Nichts des hinfälligen Eises bildet dennoch eine Welt voll Kerker und Hindernissen für die Kraft und Einsicht von dreiundzwanzig Menschen!"

Aus Julius von Payers Tagebuch (1874)

PAYER von Thurn, Rudolf, * 27. 9. 1867 in Nagy-Becskerek (Banat), † 18. 6. 1932 in Wien, Literarhistoriker. Studierte in Wien Germanistik und Orientalistik und war vor allem ein Goethe-Forscher. 1894 gründete er den Wiener Goethe-Verein, dessen Chronik er ab diesem Jahr führte. 1919–23 war er der letzte Direktor der „Habsburg-lothringischen Familien-Fideikommiß-Bibliothek" in Wien. In seinen Werken beschäftigte er sich hauptsächlich mit der ö. Literaturgeschichte und ihren Repräsentanten, wie Joseph Schreyvogel (s. d.), Grillparzer (s. d.), Hamerling (s. d.) u. a. Veröffentlichungen u. a.: „Grillparzers Ahnen" (1915), „Der historische Faust im Bilde" (1917), „Joseph II. als Theaterdirektor" (1920), „Der Orden vom Goldenen Vlies" (1926), „Goethe, ein Bilderbuch" (1931). 1908–10 gab er „Wiener Haupt- und Staatsaktionen" (2 Bde.) heraus.

PÁZDIREK, Johann Peter, s. Gotthard

PÁZMÁNY, Peter, * 4. 10. 1570 in Großwardein (Ungarn), † 19. 3. 1637 in Preßburg, Kirchenfürst. Entstammte einer vornehmen calvinistischen Familie und konvertierte 1584 zum katholischen Glauben. 1587 trat er in den Jesuitenorden ein, dem er bis 1616 angehörte. 1603–16 Univ.-Prof. in Graz, seit 1607 im Dienst des Erzbischofs von Gran, dem er 1616 nachfolgte; 1629 wurde er Kardinal. 1619 gründete P. ein Priesterseminar in Tyrnau (Ungarn), 1623 in Wien das Pazmaneum zur Heranbildung ungarischer Geistlicher und 1635 die Universität in Tyrnau. P. war der Erneuerer der katholischen Kirche in Ungarn und setzte die Gegenreformation durch. Außerdem hatte er einen nicht unbedeutenden politischen Einfluß am Wiener Hof, da er in Ungarn eine beachtliche Stütze der Habsburger war. P. war auch als Schriftsteller (ausschließlich religiöser Themen) tätig und der Neuschöpfer der ungarischen „Literatursprache".

Ausgehend von der dreibändigen Biographie von Fraknói (1868–72), gab F. Schwicker in deutscher Sprache eine einbändige Ausgabe (1888) heraus.

PECHE, Dagobert, * 3. 4. 1887 in St. Michael im Lungau (S), † 16. 4. 1923 in Mödling (NÖ), Architekt, Graphiker und Kunstgewerbler. Studierte 1906–10 an der Technischen Hochschule in Wien bei Ferstel (s. d.) und 1908–11 an der Akademie der bildenden Künste in Wien, wo seine graphische und kunsthandwerkliche Begabung erkannt wurde. Unternahm danach Studienreisen nach England, wo er von Beardsley beeinflußt wurde, und hatte 1913 seinen ersten Erfolg bei der Ausstellung im Ö. Museum für Kunst und Industrie. Josef Hoffmann (s. d.) beauftragte ihn 1914 mit der Einrichtung der Ö. Abteilung bei der Internationalen Kunstausstellung in Rom. 1915 trat er in die „Wiener Werkstätte" ein und leitete 1917–19 deren Züricher Filiale. P. beeinflußte mit seinem Einfallsreichtum die Innenarchitektur ebenso wie die Tapetenindustrie, den Stoffdruck, die Goldschmiedekunst und die Möbelformen. Einen Großteil seiner Entwürfe besitzen das Ö. Museum für angewandte Kunst und die Albertina in Wien.

Eisler, M.: D. P. (1925); Schweiger, W. J.: Die Wiener Werkstätte (1982)

PEEZ, Alexander Ernst Freiherr von (seit 1899), * 19. 1. 1824 in Wiesbaden, † 12. 1. 1912 in Weidling bei Wien, liberaler Wirtschaftspolitiker, Fabrikant. Nach Abschluß des Jusstudiums in Deutschland ging P. nach Ö., wurde ein umsichtiger Industrieller und beschäftigte sich eingehend mit der Wirtschaftspolitik seiner Zeit. Besonders eindringlich trat er für eine mitteleuropäische Schutzzollpolitik und eine deutsch-ö. Zollunion ein, um dem wirtschaftlichen Übergewicht Englands wirksam entgegentreten zu können. P. war auch Mitbegründer des Industriellen Clubs, des späteren Ö. Industriellenverbandes, dessen Präsident er lange Zeit war. 1876–85 und 1890–95 war P. Reichsratsabgeordneter und wurde 1902 in das Herrenhaus berufen. P. erwarb sich Verdienste um die Gründung der Postsparkasse und regte 1903 den Bau des Hauses der Industrie am Wiener Schwarzenbergplatz an.

PEICHL, Gustav, * 18. 3. 1928 in Wien, Architekt und Karikaturist (Ironimus). Studierte an der Akademie der bildenden Künste in Wien u. a. bei Clemens Holzmeister (s. d.). Nach seinen Plänen wurde der Ö.-Pavillon auf der New Yorker Weltausstellung 1964 erbaut sowie mehrere Landesstudios des ORF. Seit 1973 Prof. an der Akademie der bildenden Künste in Wien, 1987/88 Rektor. 1971 Großer Ö. Staatspreis, 1975 Reynolds Memorial Award. Jüngste Bauwerke: Bundeskunsthalle Bonn, Museum Städelsches Kunstinstitut Frankfurt, IBA Berlin – Umweltschutzbauwerk Tegel (alle 1987). P. ist Mitglied des Ö. Kunstsenats.

Dagobert Peche: Deckeldose (1913)

PEMMER, Hans * 22. 7. 1886 in Wien, † 5. 5. 1972 in Wien, Lehrer und Heimatforscher. Wurde nach Absolvierung der Lehrerbildungsanstalt Hauptschullehrer und war bis 1938 Direktor einer Hauptschule in Wien. Neben pädagogischen Aufsätzen beschäftigte er sich mit Wiener Heimatforschung und veröffentlichte 1924 „Der Wiener Zentralfriedhof", dem einige andere Friedhofsmonographien folgten. 1933 gründete er in seiner Wohnung das „Pratermuseum", das er später der Gemeinde Wien schenkte (1964 im Planetarium eröffnet). 1935 veröffentlichte er gemeinsam mit Ninni Lackner „Der Wiener Prater einst und jetzt". Sein großes und alleiniges Verdienst war es, den St. Marxer Friedhof für die Nachwelt erhalten zu haben. P. beschäftigte sich auch mit der Wiener Theatergeschichte, mit Wiener Gast- und Vergnügungsstätten und der Topographie des Bezirks Landstraße. 1949–60 war er Vorsitzender der Arbeitsgemeinschaft der Wiener Heimatmuseen, 1966 wurde er Ehrenmitglied des Vereins für Geschichte der Stadt Wien.

PENZ, Franz de Paula, * 1. 4. 1707 in Navis (T), † 12. 3. 1772 in Telfs (T), Weltpriester und Kirchenarchitekt. Wurde zunächst katholischer Geistlicher und beschäftigte sich dann mit Kirchenarchitektur, führte Barockisierungen durch und schuf im Sinn des Rokoko die für viele Tiroler Dorfkirchen typische Bauform – einschiffig, zweitürmig und mit einer Folge von Flachkuppeln gedeckt. Seine berühmtesten Tiroler Bauwerke sind die Pfarrkirche von Fulpmes (1746/47), die Pfarrkirche von Wilten bei Innsbruck, gemeinsam mit Josef Stapf (1751–56), die Pfarrkirche von Steinach (1763), die Kreuzkirche bei Pill (1764–66) und die Pfarrkirche von Neustift (1768–80).

PEPÖCK, August, * 10. 5. 1887 in Gmunden (OÖ), † 5. 9. 1967 in Gmunden, Kapellmeister und Komponist. Studierte bei R. Heuberger (s. d.) und R. Fuchs (s. d.) in Wien und war dann als Theaterkapellmeister tätig. Ab 1926 lebte er als freischaffender Komponist abwechselnd in Gmunden und in Wien. 1937 hatte er mit seiner Operette „Hofball in Schönbrunn" einen großen Erfolg. P. schuf Chorwerke, Kirchenmusik, Bühnen- und Filmmusik sowie die Operetten „Mädel ade!" (1930), „Trompeterliebe" (1934), „Der Reiter der Kaiserin" (1941), „Eine kleine Liebelei" (1943), „Frühling in Wien" (1947) und „Faschingsnacht" (1948).

PEREIRA, Heinrich Freiherr von (seit 1812), * 22. 7. 1773, † 23. 9. 1835 in Baden (NÖ), Bankier. Entstammte einer ursprünglich portugiesischen Familie. P. lebte seit 1800 in Wien und heiratete 1802 Henriette von Arnstein (* 29. 11. 1780 in Berlin, † 13. 5. 1859 in Wien), die Tochter des Bankiers Nathan Adam von Arnstein (s. d.), der seinen Schwiegersohn 1810 adoptierte. Mit seinem Bankhaus in der Wiener Bräunerstraße wurde er bald zu einem der bedeutendsten Bankiers des Vormärz, der zahlreiche Staatsanleihen gewährte. Seine Gattin war hochgebildet und eine bedeutende Mäzenatin. Sie gestaltete ihr Palais zum führenden literarischen Salon, der während des Wiener Kongresses zum Mittelpunkt des diplomatischen Lebens wurde. Ihr genau geführtes Tagebuch ist eine wertvolle kulturgeschichtliche Quelle. Sein Sohn Ludwig Freiherr von P.-Arnstein (* 21. 8. 1803, † 8. 9. 1858) verwaltete das ererbte Millionenvermögen und war ab 1834 gemeinsam mit B. Freiherr von Eskeles (s. d.) Gesellschafter des Bankhauses Arnstein & Eskeles. War am Aufbau des ö. Eisenbahnnetzes mitbeteiligt und ließ sich von L. Förster (s. d.) ein Palais in Wien errichten.

PERINET, Joachim, * 20. 10. 1763 in Wien, † 4. 2. 1816 in Wien, Schauspieler und Theaterdichter. 1781 schloß er sich einer Schriftstellergruppe an, die durch Gratisvorstellungen literarischer Theaterstücke den Geschmack des Vorstadtpublikums zu bilden versuchte. 1782–85 spielte er an einer Dilettantenbühne in Neustift, 1785–97 am Leopoldstädter Theater unter Direktor Marinelli (s. d.), 1798–1803 am Theater auf der Wieden, 1803–06 abermals am Leopoldstädter Theater, 1806/07 mit Emanuel Schikaneder (s. d.) in Brünn, 1808 wieder am Leopoldstädter Theater. Außerdem war er als bedeutender Theaterdichter und Bearbeiter einer der Begründer des Wiener Volksstücks. Er selbst verfaßte an die hundert, die ab 1790 den Spielplan der Wiener Bühnen beherrschten. Possen von Philipp Hafner gestaltete er zu Singspielen um, indem er Musiknummern einfügte, die Wenzel Müller (s. d.) vertonte. Von diesen wurden besonders bekannt: „Kaspar der Fagottist oder die Zauberzither" (1791), „Das neue Sonntagskind" (1794), mit dem heute noch bekannten Lied „Wer niemals einen Rausch gehabt", „Die Schwestern von Prag" (1794, nach Hafner) und „Der Feldtrompeter" (1808). 1808/09 gab er die „Briefe der Tulbinger Resel an ihren Herrn Vetter, den jungen Eipeldauer . . ." heraus. P. war auch als Polemiker und Satiriker berüchtigt. So schrieb er eine Broschüre gegen die „Jesuitenplage" und parodierte zahlreiche Stücke seiner Zeit. Die Meinung der kritischen Zeitgenossen über den volksnahen Schriftsteller war allerdings geteilt: „Wie lange wird Herr Perinet zur Schande der österreichischen Literatur noch sein Unwesen treiben?" fragte ein Kritiker 1807. Doch seine Stücke fanden Gefallen, und selbst Theaterdirektor Goethe mußte dessen Werke, wenn auch grollend, in Weimar aufs Hoftheater bringen.

Holzer, R.: Die Wiener Vorstadtbühnen (1951)

PERKONIG, Josef Friedrich, * 3. 8. 1890 in Ferlach (K), † 8. 2. 1959 in Klagenfurt, Schriftsteller. Unterrichtete an der Lehrerbildungsanstalt in Klagenfurt und verfaßte zahlreiche realistische Erzählungen und Romane, die durchwegs im Gebirgs- und Grenzland seiner Heimat spielen. U. a.: „Die stillen Königreiche" (1917),

Josef Friedrich Perkonig

Gustav Peichl: ORF-Landesstudio Burgenland, Eisenstadt (1984)

„Heimat in Not" (1921), „Bergsegen" (1928, unter dem Titel „Auf dem Berge leben" 1934 neu erschienen), „Mensch, wie du und ich" (1932), „Der Honigraub oder Der Hügel St. Joseph" (1935), „Nikolaus Tschinderle, Räuberhauptmann" (1936), „Patrioten" (1950), „Heller Bruder, dunkle Schwester" (Erzählung, 1951), „Ein Laib Brot, ein Krug Milch" (Novellen, 1960), die Autobiographie „Im Morgenlicht" (1947). „Ausgewählte Werke", 8 Bde., hrsg. von der J.-F.-P.-Gesellschaft (1965–70).

PERLES, Moritz, * 25. 12. 1844 in Prag, † 25. 2. 1917 in Wien, Verleger. Erlernte den Buchhandel in Prag, Wien und Mannheim und gab ab 1866 das „Adressbuch für den ö. Buch-, Kunst- und Musikalienhandel" heraus. 1869 gründete P. eine Buchhandlung samt Verlag und brachte hauptsächlich wissenschaftliche Zeitschriften, Nachschlagewerke und Enzyklopädien heraus. So erschien u. a. die bedeutende „Wiener Medizinische Wochenschrift" ab 1889 in seinem Verlag. Nach dem Tod P.' wurde der Verlag von dessen Söhnen Oskar und Ernst P. bis 1938 weitergeführt.

PERNERSTORFER, Engelbert, * 27. 4. 1850 in Roßau bei Wien, † 6. 1. 1918 in Wien, Politiker und Journalist. Als Sohn eines verarmten Schneidermeisters geboren, wurde er nach seinem Studium Privatlehrer und war 1875/76 auch am Akademischen Gymnasium in Wien tätig. Schon während seines Studiums gehörte er einer nationalen Studentenverbindung an und wurde Vorstandsmitglied des 1871 gegründeten „Lesevereins der deutschen Studenten in Wien". In Opposition zum Liberalismus entstand 1879 der Deutschnationale Verein, den P. durch ein nationales, demokratisches und soziales Programm zu einer Volkspartei gestalten wollte. Ab 1881 Redakteur und gemeinsam mit Georg Schönerer (s. d.) Herausgeber der „Deutschen Worte". War 1882 an der Konzipierung des „Linzer Programms" der Deutschnationalen beteiligt und legte 1883 seine Stelle als Obmann des Deutschnationalen Vereins wegen der immer stärker werdenden antisemitischen Tendenzen Schönerers nieder. Da P. die „Deutschen Worte" nun allein herausgab, ließ Schönerer die „Unverfälschten Deutschen Worte" erscheinen, worauf der Bruch 1891 endgültig vollzogen wurde. 1885–97 und 1901–18 war P. Reichsratsabgeordneter, zunächst der deutschnationalen Gruppe Steinwender angehörend, dann unabhängig und ab 1896 als Mitglied der Sozialdemokratie (im deutschnationalen Flügel). Seit der gemeinsamen Schulzeit am Schottengymnasium mit V. Adler (s. d.) eng befreundet, war er schon als „wilder" Abgeordneter, gemeinsam mit Kronawetter (s. d.), ein Anwalt der Arbeiterschaft und später auch in der Volkshochschulbewegung in Wien aktiv tätig. 1906 Mitbegründer der „Freien Volksbühne" in Wien, 1907 Vorsitzender der sozialdemokratischen Fraktion im Reichsrat und der erste sozialdemokratische Vizepräsident des Abgeordnetenhauses. Ab 1911 war P. Mitherausgeber der kulturpolitischen Zeitschrift „Der Strom".

Modl, A.: Die politische Entwicklung E. P.s, Diss. Wien (1947)

PERNTER, Hans, * 3. 10. 1887 in Wien, † 25. 7. 1951 in Bad Ischl (OÖ), Ministerialbeamter und christlichsozialer Politiker. Trat nach Beendigung seines Jusstudiums in den Staatsdienst, war 1934–36 Staatssekretär und 1936–38 Bundesminister für Unterricht in den fünf Kabinetten Schuschniggs. 1938–41 in Konzentrationslagern, dann in der ö. Widerstandsbewegung tätig. 1945 Abgeordneter zum Nationalrat, geschäftsführender Parteiobmann der ÖVP sowie Vorsitzender des Verbandes geistig Schaffender. 1932–38 und seit 1945 war P. Leiter der Kunstsektion im Bundesministerium für Unterricht. Außerdem war er der Initiator der verdienstvollen Aktion „Ö. Kinder ins Ausland", durch die nach dem

Engelbert Pernerstorfer

Zweiten Weltkrieg viele unterernährte Kinder im Ausland freundliche Aufnahme fanden.

PERUTZ, Leo, * 2. 11. 1884 in Prag, † 25. 8. 1957 in Bad Ischl (OÖ), Schriftsteller. Kam früh nach Wien, lebte hier bis 1938, emigrierte nach Palästina und kehrte 1950 wieder nach Ö. zurück. Neben einigen Dramen schuf er phantastische Romane, die zum Teil in historischem Milieu spielen. U. a.: „Die dritte Kugel" (1915), „Zwischen neun und neun" (1918), „Die Geburt des Antichrist" (1921), „Der Meister des jüngsten Tages" (1923), „Turlupin" (1924), „Der schwedische Reiter" (1936), „Nachts unter der steinernen Brücke" (1953) und aus seinem Nachlaß „Der Judas des Leonardo" (1959). Im August 1986 erwarb die Deutsche Bibliothek in Frankfurt/M. P.s Nachlaß für ihr Exilarchiv.

PETELIN, Jacobus, s. Gallus

PETER, Friedrich, * 13. 7. 1921 in Attnang (OÖ), FPÖ-Politiker. Wurde zunächst Lehrer, dann Sonderschuloberlehrer in Linz. War 1958–78 Bundesparteivorsitzender der FPÖ, von 1970–86 Klubobmann seiner Partei im Parlament und nahm am 4. 4. 1986 seinen Abschied von der Politik. P. galt als Weichensteller der FPÖ in Richtung „rot-blauer" Koalition, geriet wegen seiner Zugehörigkeit zu einem Sonderkommando der Waffen-SS ins Kreuzfeuer der Kritik, und auch seine Bestellung zum Vorstandsvorsitzenden der Verbundgesellschaft im April 1986 war von heftigen Mißfallenskundgebungen des nationalen FPÖ-Parteiflügels begleitet.

PETERMANN, Reinhard, * 21. 1. 1859 in Freudenthal (Ö.-Schlesien), † 26. 2. 1932 in Wien, Journalist und Lokalhistoriker. War zunächst Versicherungsangestellter und veröffentlichte danach zahlreiche Artikel zur Wiener Stadtgeschichte in der „Neuen Freien Presse", in der „Wiener Zeitung" und im „Neuen Wiener Tagblatt". Er publizierte auch die Bücher „Wien im Zeitalter Franz Josephs I." (1908) und „Wien von Jahrhundert zu Jahrhundert" (1927). Seinen populären Wiener Stadtführer gab Eugen Guglia (s. d.) 1908 heraus.

PETERSEN, Peter (eigtl. Max Paulsen), * 18. 11. 1876 in Hamburg, † 11. 3. 1956 in Wien, Schauspieler und Regisseur. Kam nach seiner Ausbildung bereits 1898 an das Wiener Burgtheater, wo er bis 1923 als Charakterdarsteller und Regisseur große Erfolge hatte und 1923/24 auch Direktor war. Von 1947 bis zu seinem Tod abermals als Schauspieler und Regisseur am Burgtheater tätig. Er war mit der Kammerschauspielerin Hedwig Bleibtreu (s. d.) verheiratet und viele Jahre Prof. an der Akademie für Musik und darstellende Kunst in Wien.

PETTENKOFEN, August Ritter von (seit 1874), * 10. 5. 1822 in Wien, † 21. 3. 1889 in Wien, Maler und Lithograph. 1834–40 Studium an der Akademie der bildenden Künste in Wien als Schüler Kupelwiesers (s. d.). Diente anschließend kurze Zeit als Kadett in einem Dragonerregiment, wandte sich aber Anfang der vierziger Jahre endgültig der Malerei zu. Zuerst im Stil des Biedermeier arbeitend, illustrierte er als Kriegsmaler 1848 zahlreiche Szenen aus dem ungarischen Feldzug. Ab 1852 zunehmend impressionistisch malend, schuf er eine Vielzahl von Landschaften, Dorfszenen – vor allem aus Szolnok – und Darstellungen aus dem Wiener Volks- und Soldatenleben. 1866 wurde er Mitglied der Wiener Kunstakademie. Ab 1870 schuf er großteils Bilder aus dem Volksleben Südtirols und Italiens, insbesondere Venedigs. P. war auch als Illustrator und Karikaturist tätig. Seine bekanntesten Bilder sind u. a. „Mutter" (1843), „Verwundetentransport" (1853), „Ungarische Freiwillige" (1853), „Duell in der Au" (1882), „Der Apotheker" (1885) und „Venezianischer Straßenkampf" (1887).

Weixlgärtner, A.: A. von P., 2 Bde. (1916)

PETZNEK, Leopold, s. unter Elisabeth Maria, Erzherzogin von Ö.

PETZOLD, Alfons, * 24. 9. 1882 in Wien, † 26. 1. 1923 in Kitzbühel (T), Schriftsteller. Entstammte einer armen Arbeiterfamilie, verlor früh den Vater und wurde durch den Tod seiner Mutter im Jahr 1902 auch zeitweilig obdachlos. Von Jugend an kränklich, wurde er zudem lungenkrank. Er brachte sich mühsam als Bauhilfsarbeiter, Heizer, Kohlenträger, Metallschleifer, Fensterputzer und Gelegenheitsarbeiter durch. Seine politische Entwicklung führte ihn über Lueger (s. d.) und die Deutschnationalen zur Sozialdemokratie. Franz Karl Ginzkey (s. d.) entdeckte sein dichterisches Talent und förderte ihn. P. fand auch noch andere Gönner, und auch von seiten der Sozialdemokratischen Partei kam Hilfe. Ein ermöglichter Aufenthalt in der Lungenheilstätte Alland (NÖ) verbesserte sein schweres Leiden nicht. Sensible Lyrik und religiös-humanitäre, sozial engagierte Prosa kennzeichnen sein Werk. Aus seinem lyrischen Werk sei erwähnt: „Trotz alledem!" (1910), „Seltsame Musik" (1911), „Der Ewige und die Stunde" (1912; P. erhielt 1914 dafür den Bauernfeld-Preis), „Der heilige Ring" (1914), „In geruhigter Stunde" (1916), „Franziskus von Assisi" (1917), „Der Dornbusch. Revolutionslyrik" (1919), „Einkehr" (1920), „Das Buch von Gott" (1921), „Das Irdische" (1921), „Der Pilgrim" (1922), „Totentanz" (1923); aus dem Prosawerk u. a.: „Memoiren eines Auges" (1912), „Erde" (1912), „Von meiner Straße" (1917), „Der feurige Weg" (1920), „Menschen im Schatten" (1921), „Der Totschläger" (1921), „Sevarinde" (1923); aus dem Nachlaß: „Pfad aus der Dämmerung" (1948). Wesentlich sind auch seine autobiographischen Werke: „Aus dem Leben und der Werkstätte eines Werdenden" (1913), „Drei Tage" (1916), „Das rauhe Leben" (1920, in Auswahl 1964); „Gesammelte Werke", 7 Bde. (1948–53).

Wilhelm, G.: A. P. (1930)

PETZVAL, Josef Max Ritter von (seit 1877), * 6. 1. 1807 in Szepesbéla (Ungarn), † 17. 9.

MAX PERUTZ
Nobelpreis für Proteinforschung

PERUTZ, Max Ferdinand, * 19. 5. 1914 in Wien, Chemiker. Stammt aus einer Textilindustriellenfamilie, sollte ursprünglich Jurist werden und das väterliche Unternehmen übernehmen. Einer seiner Lehrer weckte jedoch sein Interesse an Chemie, weshalb er an der Universität Wien zunächst anorganische Analyse studierte, sich aber bald der organischen Chemie und der Biochemie zuwandte. Auf Prof. F. G. Hopkins in Cambridge aufmerksam geworden, ging er 1936 an das dortige Cavendish-Institut, 1947 war er bereits Abteilungsleiter des neu errichteten Medizinischen Forschungsrates für Molekularbiologie unter John Cowdery Kendrew und kurz darauf Leiter des Instituts für Molekularbiologie, an dem er heute noch forscht. Gemeinsam mit Kendrew gelang es ihm, die Struktur einer langen Reihe von Proteinmolekülen mit Hilfe von gebrochenen Röntgenstrahlen zu bestimmen. Mittels Röntgenstrukturanalyse ermittelten sie auch den räumlichen Aufbau des Hämoglobinmoleküls. Für ihre Leistungen erhielten sie 1962 den Nobelpreis für Chemie.

Hartmann, H.: Lexikon der Nobelpreisträger (1967)

1891 in Wien, Mathematiker und Pionier der Photographie. Der Sohn eines Volksschullehrers studierte an der Universität Budapest und schloß 1828 mit dem Ingenieurdiplom ab. 1832 erwarb er den Dr. phil. und wurde 1835 Prof. für höhere Mathematik und 1837 Ordinarius an der Universität Wien. Da er es verstand, seine wissenschaftlichen Vorlesungen praxisnah zu gestalten, war er bald einer der beliebtesten Lehrer. In seiner Sommerwohnung im alten Kamaldulenserkloster auf dem Kahlenberg richtete er sich verschiedene Werkstätten ein, so auch ein Laboratorium für photographische Untersuchungen. 1840 berechnete er das erste Porträtobjektiv und 1850 ein lichtstarkes Landschaftsobjektiv, das spätere „Orthoskop". Danach konstruierte er Linsen mit 40facher Lichtstärke, die sogenannten „P.-Linsen", mit denen die ersten Momentaufnahmen gemacht werden konnten. Außerdem berechnete er höchst leistungsfähige Feldstecher und konstruierte neue Scheinwerfer. Ab 1860 beschäftigte er sich auch mit dem Problem der Akustik, wodurch er mit Christian Doppler (s. d.) in Streit geriet, den ein Schüler P.s, E. Mach (s. d.), schlichten konnte. Vom materiellen Erfolg seiner durch Voigtländer (s. d.) ausgenützten Erfindungen hatte P. wenig, da er es verabsäumt hatte, sich rechtlich abzusichern. P. war ein beachtlicher Sportler, galt eine Zeitlang als der beste Fechter Wiens und war auch Ringer. Das von ihm verfaßte umfangreiche Werk über die Optik ist nie erschienen, da bei einem Einbruch in seine Wohnung auf dem Kahlenberg das Manuskript gestohlen wurde und er nicht bereit war, es neuerlich zu schreiben.

Erményi, L.: Dr. J. P.s Leben und wissenschaftliche Verdienste (2. Aufl. 1903); Habacher, M.: Ö. Erfinder (1964)

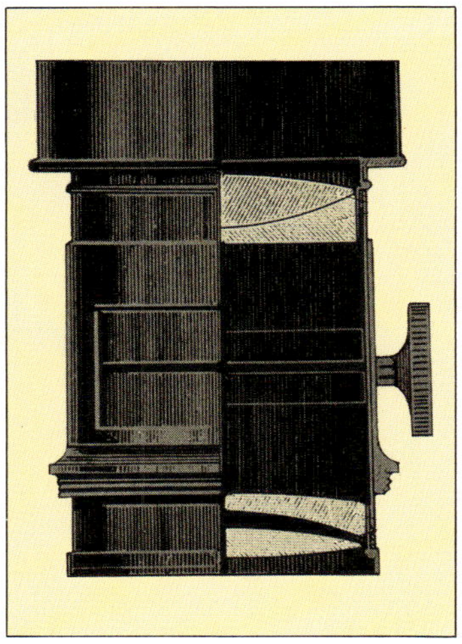

Das Petzval-Porträtobjektiv mit vier Glaselementen (1840)

August von Pettenkofen: Das verbotene Bad (1885)

PEUERBACH, Georg von (auch Purbach, eigtl. Aunpeck), * 30. 5. 1421 in Peuerbach (OÖ), † 8. 4. 1461 in Wien, Humanist, Mathematiker und Astronom. Studierte in Wien und reiste anschließend durch Deutschland, Frankreich und Italien. In Ferrara, Bologna und Padua hielt er astronomische Vorlesungen und wurde 1454 Astronom von König Ladislaus von Ungarn. Als er von den Universitäten Wien und Padua ein Angebot zu lehren erhielt, entschied er sich für Wien, wo er bis zu seinem Tod tätig war. Als bedeutendster Mathematiker und Astronom seiner Zeit war P. ein Wegbereiter des kopernikanischen Weltbildes. Er führte als erster im Abendland den Sinus in der Trigonometrie ein, entdeckte das „quadratum geometricum" für Höhen- und Entfernungsmessungen und errechnete Tafeln der Sonnen- und Mondfinsternisse. Sein Werk über die Planetenbewegungen, „Theoriae novae planetarum", wurde mehrmals gedruckt.

PEUERL, Paul (auch Bäurl, Bäwerl, Beuerl, Payerl und Peyerl), * um 1570/80, † nach 1625, Organist und Komponist. War 1602–09 Organist in Horn (NÖ) und anschließend bis 1624 an der evangelischen Schulkirche in Steyr (OÖ). Er verlor seine Stelle in Steyr, als dieses Gotteshaus an die katholische Kirche zurückgegeben wurde. Nebenbei beschäftigte sich P. dort auch als Orgelbauer. Er war der früheste ö. Meister der mehrstimmigen Orchestersuite (Variationssuite, meist mit einer Intrada als Einleitung, mit gleichem motivischem Material in allen Sätzen), was er mit seinem in Nürnberg 1611 gedruckten Werk „Newe Padouan, Intrada, Däntz vnnd Galliarda" dokumentierte. Außerdem erschien von ihm: „Weltspiegel" (1613), „Ettlich lustige Padouanen" (1620, enthält 40 Tänze und 2 Canzonen) und „Gantz Neue Padouanen . . ." (1625). Eine Ausgabe seiner Werke gab K. Geiringer in „Denkmäler der Tonkunst in Ö", XXXVI, 2 (Bd. 70), 1929 heraus.

Geiringer, K.: P. P. (1929); Wessely, O.: Neues zur Lebensgeschichte P. P.s (Jahrbuch des oö. Musealvereins XCV, 1950)

PEZ, Bernhard, * 22. 2. 1683 in Ybbs an der Donau (NÖ), † 27. 3. 1735 in Melk (NÖ), Benediktinermönch und Historiker. Ging in Wien und in Krems (NÖ) zur Schule und trat 1699 im Stift Melk in den Benediktinerorden ein. Hier vervollkommnete er seine Studien und studierte dann Theologie in Wien. P. betrieb umfangreiche Quellenstudien, vor allem über die Geschichte seines Ordens, und wurde Bibliothekar des Stifts. 1723–33 gab er mehrere kirchliche Texte aus dem Mittelalter heraus, 1716 erschien „Bibliotheca Benedictino-Mauriana", 1721–29 „Thesaurus anecdotorum novissimus" (6 Bde.) und 1923–33 in 13 Teilen „Bibliotheca ascetica". War der ältere Bruder von Hieronymus P. (s. d.).

PEZ, Hieronymus, * 24. 2. 1685 in Ybbs an der Donau (NÖ), † 14. 10. 1762 in Melk (NÖ), Benediktinermönch und Bibliothekar, Historiker. Trat in den Benediktinerorden im Stift Melk ein und wurde von seinem älteren Bruder Bernhard P. (s. d.) stark beeinflußt. Besonders wertvoll war seine Tätigkeit als Sammler erzählender Quellen zur ö. und zur salzburgischen Geschichte. Nach dem Tod seines Bruders wurde er Bibliothekar des Stifts. Bedeutend waren seine Veröffentlichungen: „Scriptores rerum Austriacarum", 3 Bde. (1721–45) und „Historia S. Leopoldi Austriae Marchionis" (1747).

PEZZL, Johann, * 30. 11. 1756 in Mallersdorf (Bayern), † 9. 6. 1823 in Oberdöbling bei Wien, Schriftsteller. Studierte 1776–80 in Salzburg Jus und publizierte ab 1780 die „Briefe aus dem Noviziat" (abgeschlossen in vier Bänden, 1783). 1781–84 in Zürich Übersetzer, über Vermittlung seiner Freimaurerloge 1784 Sekretär und Bibliothekar bei Staatskanzler Fürst Wenzel Kaunitz (s. d.). Er verkehrte im Kreis der josephinischen Aufklärer und schrieb in diesem Sinne auch politische Satiren. 1791 wurde er in der Hofchiffrierkanzlei angestellt. P. betätigte sich nebenbei als Topograph und Kulturschriftsteller Wiens und veröffentlichte mehrere Werke, die bis heute wertvolle kulturgeschichtliche Quellenwerke darstellen, darunter: „Skizze von Wien“, 6 Hefte (1786–90, mehrmals neu aufgelegt, zuletzt 1923 als kommentierte Ausgabe, hrsg. von G. Gugitz und A. Schlossar), „Neue Skizze von Wien“, 3 Hefte (1805–12), „Wien mit Umgebungen und dessen Merkwürdigkeiten, oder unterrichtender Wegweiser für Fremde“ (1821) und „Mahlerische Darstellung der Stadt Wien oder Kurzgefaßte Geschichte derselben“ (1822). P., der zu den bedeutendsten Aufklärern Wiens zählte, veröffentlichte auch sozialkritische Schriften, die erst von der jüngsten Forschung wiederentdeckt wurden, so: „Faustin oder Das philosophische Jahrhundert“ (1783, 5. Aufl. 1788), „Schatten und Licht, Epilog zu den Wiener Maurerschriften“ (1786), „Vertraute Briefe über Katholiken und Protestanten“ (1787).

Bodi, L.: Tauwetter in Wien. Zur Prosa der ö. Aufklärung 1781–1796 (1977)

PFALZ, Anton, * 4. 12. 1885 in Deutsch-Wagram (NÖ), † 11. 11. 1958 in Zipf (OÖ), Mundartforscher und Dialektgeograph. Studierte in Wien und wurde hier Univ.-Prof. 1913 veröffentlichte er „Die Mundart des Marchfeldes“ und wurde durch die „Beiträge zur Kunde der bayrisch-ö. Mundart“, die er ab 1919 veröffentlichte, zum anerkannten Spezialisten und Dialektforscher. 1925 folgten „Grundsätzliches zur deutschen Mundartforschung“ und 1930 „Das deutsche Gesellschaftslied in Ö. von 1480 bis 1550“. Ab 1929 Herausgeber der „Arbeiten zur bayrisch-ö. Dialektgeographie“.

PFLANZER-BALTIN, Karl, * 1. 6. 1855 in Pécs (Fünfkirchen, Ungarn), † 8. 4. 1925 in Wien, General. Absolvierte die Theresianische Militärakademie und wurde 1875 Leutnant. 1878–80 Besuch der Kriegsschule, wurde anschließend im Generalstabsdienst verwendet. Als Major ab 1891 Lehrer an der Kriegsschule, 1896 Generalstabschef in Lemberg, 1907–11 als Feldmarschalleutnant in Brünn stationiert, wurde P. 1912 zum General der Kavallerie ernannt. Bewährte sich im Ersten Weltkrieg als „Verteidiger der Karpaten“ und wurde 1916 Generaloberst. Nach der erfolgreichen russischen Offensive an der Ostfront von seinem Kommando enthoben; 1917 wurde er Mitglied des Herrenhauses. Im Juli 1918 wurde P. die Führung der ö. Streitkräfte in Albanien übertragen, nachdem Franzosen und Italiener offensiv geworden waren. Nach Anfangserfolgen der Armeegruppe Albanien trat P. im November 1918 den Rückzug an. Er erhielt für die Wiedereroberung Galiziens und der Bukowina 1915/16 das Kommandeurkreuz des Militär-Maria-Theresien-Ordens verliehen.

IDA PFEIFFER
Weltreisende im Biedermeier

PFEIFFER, Ida Laura, * 14. 10. 1797 in Wien, † 27. 10. 1858 in Wien, Forschungsreisende. Begann ab 1835 ein selbständiges Reise- und Forscherleben. Insgesamt legte sie 150 000 See- und über 25 000 Landmeilen auf ihren Reisen zurück: 1842 in den Orient; 1846–48 Brasilien, Gesellschaftsinseln, Tahiti, Hongkong und Ceylon; 1851 unternahm sie eine zweite Weltreise, die zugleich die erste Weltumseglung einer Frau war, nach Südafrika, Java, von San Francisco zurück nach Wien; 1856 reiste sie nach Madagaskar, wo sie lange gefangengehalten wurde und mit einer tödlichen Krankheit nach Wien zurückkehrte. P., die von Alexander von Humboldt sehr geschätzt wurde, brachte von ihren Reisen stets umfangreiche ethnologische und zoologische Sammlungen in die Heimat mit. Ihre Reisebeschreibungen und -berichte wurden in mehrere Sprachen übersetzt: „Reise einer Wienerin in das Hl. Land . . .“, 2 Bde. (1844, Neuaufl. 1969), „Eine Frauenfahrt um die Welt“, 3 Teile (1850) und „Meine zweite Weltreise“, 4 Teile (1856). 1861 gab ihr Sohn Oskar P. „Reise nach Madagaskar“ (2 Bde.) heraus.

Ida Pfeiffer um 1856

PFRIMER, Walter, * 22. 12. 1881 in Marburg (Untersteiermark, heute Jugoslawien), † 30. 5. 1968 in Judenburg (St), Rechtsanwalt und Heimwehrpolitiker. Studierte in Graz und wurde Rechtsanwalt in Judenburg. 1917 gründete er aus Vertretern aller bürgerlichen Parteien den „Deutschen Volksrat für Obersteiermark“ und rief 1918 die Ortswehren ins Leben, aus denen der bewaffnete „Selbstschutz“ entstand. 1922 gründete er mit Ing. Hanns Rauter (s. d.) den „Selbstschutzverband Steiermark“. Im Juli 1927 erzwang er durch einen bewaffneten Aufmarsch den Abbruch des sozialdemokratischen Verkehrsstreiks. 1928 Zweiter Bundesführer der Heimwehr; mußte im September 1930 gemeinsam mit Richard Steidle (s. d.) als Bundesführer abtreten, doch ernannte ihn Fürst Starhemberg (s. d.) im Mai 1931 zu seinem Stellvertreter. Am 12./13. 9. 1931 löste P. unter dem Vorwand sozialdemokratischer Unruhen einen Aktionsplan zur „Ergreifung der Macht im Staate“ aus. Der Putschversuch brach jedoch zusammen, da die radikale „steirische Heimwehr“ weder von der Bevölkerung noch von den anderen Heimwehren unterstützt wurde. Allerdings leisteten die Behörden und die steirische Landesregierung keinen Widerstand und sympathisierten mit den Putschisten. 14 000 schwerbewaffnete Heimwehrmänner waren in den Putsch verwickelt, ein Überfall auf das Kapfenberger Arbeiterheim forderte zwei Tote, bei Pernegg wurde ein Heimwehrmann bei einer ähnlichen Aktion getötet. 70 Putschisten wurden verhaftet, 34 Maschinengewehre, 2 217 Gewehre, 1 000 Stahlhelme, 500 Bajonette und große Mengen an Munition wurden beschlagnahmt. „Staatsführer“ P. flüchtete nach Marburg, kehrte von dort Anfang Dezember nach Ö. zurück und wurde in einem Hochverratsprozeß am 18. 12. 1931 von den Geschworenen freigesprochen. Am 8. 5. 1932 trat er aus dem steirischen Heimatschutz aus und übernahm die Führung des „Deutschen Heimatschutzverbands“; am 20. 5. 1932 schloß P. mit Hitler ein „Abkommen“ und erklärte am 25. 5., daß er nur noch Weisungen aus München (der Zentrale der NSDAP) entgegennehmen werde. Am 24. 2. 1933 trat er der NSDAP bei und wurde 1938 Mitglied des Reichstags. War 1945–47 inhaftiert, das Verfahren gegen ihn wurde jedoch eingestellt, und ab 1948 war er wieder in Judenburg als Rechtsanwalt zugelassen.

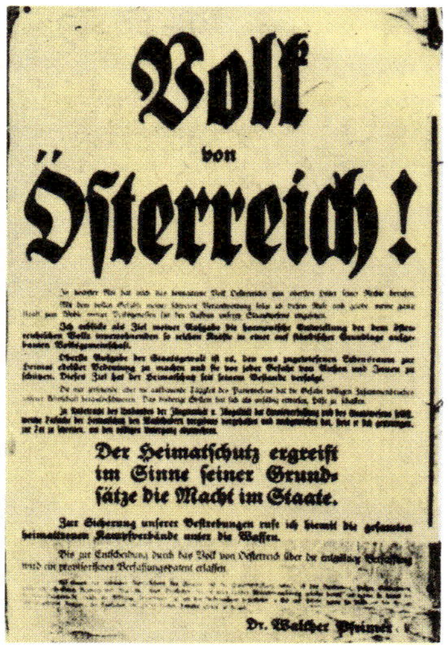

Walter Pfrimer und sein Aufruf zum Staatsstreich (13. September 1931)

Botz, G.: Gewalt in der Politik (1976); Wiltschegg, W.: Die Heimwehr (1985)

PFUNDMAYR, Hedy, * 1. 2. 1899 in Wien, † 5. 11. 1965 in Wien, Tänzerin und Choreographin. Kam im Alter von fünf Jahren an die Wiener Staatsoper, wo sie ausgebildet wurde und es bald zur Solotänzerin, Ballettmeisterin und ersten Mimikerin brachte. P. war bis 1945 aktiv, absolvierte mehrere Gastspielreisen und war auch als Choreographin beim Film tätig. Seit 1930 besaß sie ein Tanzstudio, dem ab 1949 eine Mannequinschule angeschlossen war.

PHILIPP I. der Schöne, König von Kastilien, * 22. 7. 1478 in Brügge, † 25. 9. 1506 in Burgos (Spanien), Sohn Maximilians I. (s. d.) und Marias von Burgund (s. d.). Nach dem frühen Tod seiner Mutter erbte er 1482 die burgundischen Länder, die wegen Ph.s Minderjährigkeit von seinem Vater regiert wurden. 1496 heiratete er in Lille die noch nicht 17jährige Infantin Johanna von Kastilien-Aragon, die Tochter König Ferdinands von Aragon und der Isabella von Kastilien. Nach dem Tod Isabellas (1504) nahm Ph. den Titel eines Königs von Kastilien an, doch wurde ihm dieser von seinem Schwiegervater zugunsten Johannas streitig gemacht. 1505 ging Ph. mit seiner Gemahlin selbst nach Kastilien und wurde neben Johanna als König anerkannt, doch starb er wenige Monate später an einer Fiebererkrankung. Seine Gattin Johanna, die schon jahrelang an Anfällen geistiger Störungen litt, verfiel dem Wahnsinn und lebte zurückgezogen in Tordesillas bis zu ihrem Tod. Ph.s Söhne waren die späteren Kaiser Karl V. (s. d.) und Ferdinand I. (s. d.).

Prawdin, W.: Ph. der Schöne (1938)

König Philipp I. der Schöne. Brustbild nach dem Meister der Magdalenenlegende

PHILIPP von Spanheim, † 21. 7. 1279, „erwählter" Erzbischof von Salzburg. Sohn Herzog Bernhards von Kärnten (s. d.). Gegen den Willen von Papst Innozenz IV. wurde Ph. 1247 vom Salzburger Domkapitel in einer Doppelwahl zum Erzbischof von Salzburg gewählt, doch lehnte er die Weihen ab, da er seine Erbansprüche in Kärnten und Krain wahren wollte. Dazu wandte er sich an Ottokar II. Přemysl (s. d.) um Hilfe; sein Gegenkandidat Ulrich von Kirchberg suchte diese bei den Ungarn. 1269 starb Ph.s Bruder Ulrich (s. d.) kinderlos, nachdem er die spanheimischen Länder testamentarisch Ottokar vermacht hatte, weshalb auch Ph. die Ungarn um Unterstützung bat. Nach schweren Kämpfen zwischen Ottokar und dem Ungarnkönig Stephan V. verzichtete Ph. am 14. 7. 1271 im Frieden von Wien auf seine Ansprüche, während Stephan die Herrschaft Ottokars in Kärnten und Krain anerkannte. Als Ph. starb, fiel Kärnten als freies Lehen an das Reich zurück; 1286 wurde Graf Meinhard II. von Görz-Tirol (s. d.) von König Rudolf I. (s. d.) mit dem Herzogtum Kärnten belehnt und ihm die Verwaltung Krains übertragen.

PHILIPPOVICH, Eugen, Freiherr von Philippsberg, * 15. 3. 1858 in Wien, † 4. 6. 1917 in Wien, Nationalökonom. Cousin von Joseph Ph. (s. d.) und Franz Ph. (s. d.). Studierte in Wien und habilitierte sich 1884, wurde 1885 a. o. Univ.-Prof. und 1888 o. Univ.-Prof. für Nationalökonomie an der Universität Freiburg im Breisgau und lehrte ab 1893 bis zu seinem Tod in Wien. Ph. gehörte als Nationalökonom der von C. Menger (s. d.) gegründeten und von seinen Nachfolgern F. Wieser (s. d.) und E. v. Böhm-Bawerk (s. d.) weitergeführten „Ö. Schule" an. Seit 1909 war er Mitglied des Herrenhauses. Als sozial engagierter Politiker wurde Ph. zum geistigen Führer der 1896 gegründeten Sozialpolitischen Partei. Er zählte auch zum Kreis der Wiener Fabier, war Mitglied des Vereins für Sozialpolitik und veröffentlichte über die soziale Frage kritische Aufsätze, wie: „Wiener Wohnungsverhältnisse". Er verfaßte auch eine Vielzahl von wissenschaftlichen Werken, darunter: „Die Bank von England im Dienste der Finanzverwaltung des Staates" (1884), „Über Aufgabe und Methode der politischen Ökonomie" (1886), „Wirtschaftlicher Fortschritt und Kulturentwicklung" (1892), „Allgemeine Volkswirtschaftslehre" (1893); als seine Hauptwerke gelten: „Grundriß der politischen Ökonomie", 2 Bde. (1893/1907), „Volkswirtschaftspolitik", 2 Bde. (1899/1907) und „Die Entwicklung der wirtschaftspolitischen Ideen im 19. Jh." (1910).

PHILIPPOVICH, Franz, Freiherr von Philippsberg (seit 1860), * 12. 10. 1820 in Gospić (an der Militärgrenze in Kroatien), † 9. 6. 1903 in Wien, Heerführer, jüngerer Bruder von Joseph Freiherr von Ph. (s. d.). Trat 1836 als Kadett in die Armee ein, wurde 1848 Hauptmann, machte den Feldzug in Italien und Südtirol mit, 1849 den in Ungarn im Generalquartiermeisterstab. 1850 in der Militärkanzlei des Kaisers, nahm 1859 als Oberst am Feldzug gegen Italien im kaiserlichen Hauptquartier teil. 1861 wurde er Brigadier, 1862 Generalmajor und Festungskommandant von Ragusa, 1865 Feldmarschalleutnant, Statthalter und Kommandierender General in Dalmatien, 1869 Militärkommandant in Kaschau, 1874 wurde Ph. Feldzeugmeister und Kommandierender General in Brünn. 1877 Chef der Grenzverwaltungsbehörde von Agram, hatte die Auflösung der ehemaligen Militärgrenze und ihre Vereinigung mit Kroatien durchzuführen.

PHILIPPOVICH, Joseph Freiherr von Philippsberg (seit 1860), * 28. 4. 1819 in Gospić (an der Militärgrenze in Kroatien), † 6. 8. 1889 in Prag, Heerführer. Sohn eines Grenzstabsoffiziers bosnischer Abstammung. Trat 1834 als Kadett in ein Pionierkorps ein, wurde 1839 Unterleutnant und dann in den Generalquartiermeisterstab versetzt. 1848 Major, kämpfte Ph. 1848/49 unter Jellačić (s. d.) in Ungarn und wurde 1850 Oberstleutnant, 1853 Oberst und Kommandant des 5. Grenzregiments. 1859 kämpfte er als Generalmajor in der Schlacht von Solferino, wurde 1860 in den Freiherrenstand erhoben und war 1866 in der Nordarmee, wo er nach der Sicherung des Donauübergangs bei Preßburg zum Feldmarschalleutnant ernannt wurde. 1874 Feldzeugmeister, erhielt Ph. 1878 den Oberbefehl über die Truppen, die zur Okkupation Bosniens und der Herzegowina ausrückten. Nach heftigem Abwehrkampf der Türken nahm er am 19. 8. Sarajewo ein und beendete im September den Feldzug. Ab 1882 Oberbefehlshaber über das VIII. Armeekorps in Prag.

PIATNIK, Ferdinand, * 14. 10. 1819 in Ofen (Budapest), † 20. 7. 1885 in Bad Vöslau (NÖ), Unternehmer. Sein Vater war Kämmerer beim Grafen Nádasdy. 1835–39 lernte er bei einem Kartenmaler in Ofen und ging dann nach Wien, wo er 1839 in die 1834 gegründete

Kartenmalerei Moser eintrat. 1844 übernahm er die Firma und führte sie unter eigenem Namen weiter. 1862 übersiedelte er den außerordentlich florierenden Betrieb in das eigene Haus Kaiserstraße 56, das 1880 zum modernen Betrieb erweitert wurde. Die rein handwerkliche Herstellung von Spielkarten hatte in der Zwischenzeit der industriellen Fertigung Platz machen müssen, und P. hatte es verstanden, die Umstellung zur mechanisch-maschinellen Produktion rechtzeitig zu erkennen und zu nutzen. In allen Ländern der ö.-ungarischen Monarchie gab es praktisch nur Tarock- und „Doppeldeutsche" Spielkarten der Firma Piatnik. 1882 traten die beiden älteren Söhne Ferdinand und Adolf in die Firma ein, 1890 kam der Sohn Rudolf hinzu, worauf die Firma in „Ferdinand Piatnik & Söhne" umbenannt wurde; als solche existiert sie noch heute. Der Umfang des Unternehmens war 1880–90 derart angewachsen, daß 1891 ein neues Fabriksgebäude im 13. Wiener Gemeindebezirk und Filialen in zahlreichen Städten der Monarchie eröffnet wurden.

Granichstaedten-Cerva, R., Mentschl, J., und Otruba, G.: Altö. Unternehmer (1969)

PICCAVER, Alfred, * 5. 2. 1884 in Long Sutton/Lincolnshire (England), † 23. 9. 1958 in Wien, Kammersänger, Tenor. Spanischer Abkunft, kam mit seinen Eltern als Kind in die USA, wo er Elektrotechnik studierte und zeitweise mit Edison zusammenarbeitete. Während einer Europareise entdeckte Angelo Neumann seine Stimme und engagierte ihn an das Deutsche Theater in Prag, wo er 1907 debütierte. 1910 erstmals in Wien, war 1912–37 an der Wiener Hof- bzw. Staatsoper. Besonders als Verdi- und Puccini-Interpret gefeiert. War auch Gast bei den Salzburger Festspielen sowie in Berlin, München, London und Paris und unternahm Amerikatourneen. 1939 emigrierte er nach London, wo er Konzerte gab und gesangspädagogisch tätig war. 1955 kehrte er nach Wien zurück.

Alfred Piccaver als André Chenier

PICCOLOMINI, Enea Silvio (auch Aeneas Silvius), * 18. 10. 1405 in Corsignano (heute Pienza) bei Siena, † 15. 8. 1464 in Ancona, Papst (Pius II., 1458–64), Humanist, Historiograph, Diplomat. Entstammte einer alten italienischen Adelsfamilie, studierte in Siena und Florenz und war bereits in jungen Jahren äußerst gebildet. 1431–42 war er beim Konzil zu Basel Sekretär mehrerer Kardinäle und lebte um 1437 erstmals in Wien. Vom April 1438 stammt sein berühmter Brief, in dem er ebenso ausführlich wie kritisch Wien und das Wiener Volksleben schilderte – übrigens die älteste Beschreibung Wiens. 1442 trat er in die Dienste König Friedrichs IV. (des späteren Kaisers F. III.), dessen Geheimschreiber und Rat er bis 1455 blieb und der ihn im selben Jahr nach Frankfurt am Main zum Dichter krönte. Ab 1444 war er ein bevorzugter Vertrauensmann Friedrichs, wurde 1445 Geistlicher und war danach Pfarrer in Sarnthein (Südtirol), Aspach (OÖ), Irdning und Altenmarkt (St), 1447 Bischof von Trient. 1448 war er am Abschluß des Wiener Konkordats ebenso beteiligt wie an der Kaiserkrönung Friedrichs III. 1452. 1455 verließ er den kaiserlichen Dienst, wurde 1456 Kardinal, 1458 als Pius II. Papst. Vergeblich bemühte er sich um das Zustandekommen eines Kreuzzugs gegen die Türken, die 1453 Konstantinopel erobert hatten. P. war ein Förderer des Humanismus in Ö. und brachte Nikolaus von Cues (s. d.) und Johannes Capistran (s. d.) nach Wien. Er verfaßte eine Vielzahl von Briefen, Traktaten (etwa über die Reichsidee) sowie Dichtungen und historische Werke: „Historia Friderici III." (1454–58), eine Geschichte Ö.s mit Materialien aus der Zeit Friedrichs III. Max Mell (s. d.) hat 1911 P.s Briefe übersetzt und, mit einer Einleitung versehen, herausgegeben.

Buyken, T.: A. S. P. (1931); Paparelli, G.: P. (1950); Diener, H.: E. S. P.s Weg von Basel nach Rom (Festschrift für G. Tellenbach, 1969); Lhotsky, A.: Aeneas Silvius und Ö. (in Reden und Vorträge, Bd. 3, 1972)

PICCOLOMINI, Johann Norbert Graf, * um 1651, † 9. 11. 1689 in Prizren (Jugoslawien), Heerführer. Zählte zu den bedeutendsten Feldherren des von Markgraf Ludwig von Baden geführten Feldzugs gegen die Türken 1689. Nach dem Sieg bei Niš am 24. 9. 1689 zog P. mit einem kleinen Korps gegen Süden und gelangte bis Skopje. Er wollte die Balkanslawen zu einer Erhebung gegen die Türken veranlassen, starb aber unerwartet. Er erreichte, daß sich viele serbische Familien, geführt von ihrem Patriarchen Arsen Černojevič, unter den Schutz des Kaisers stellten und sich in Südungarn ansiedelten.

PICCOLOMINI, Octavio, Herzog von Amalfi (seit 1639), * 11. 11. 1599 in Florenz, † 10. 8. 1656 in Wien, Heerführer. Er begann seine Laufbahn in Italien bereits 1615, begab sich 1620 nach Böhmen und wurde 1627 Kapitän der Leibgarde Wallensteins (s. d.). 1630 zeichnete er sich im Mantuanischen Erbfolgekrieg aus und kehrte dann wieder zu Wallenstein zurück, wo er mit seinem Kürassierregiment, so etwa in der Schlacht bei Lützen (16. 11. 1632), beachtliche Erfolge erzielte. Inzwischen Generalwachtmeister, war er neben Gallas (s. d.) einer der Führer der Verschwörung gegen Wallenstein und berichtete dem Kaiserhof über die geheimen Pläne des Feldherrn, dessen fast uneingeschränktes Vertrauen er besessen hatte. Nach Wallensteins Ermordung wurde P. mit dessen Herrschaft Nachod belohnt. 1634 besiegte er gemeinsam mit Gallas die Schweden bei Nördlingen und erhielt für seine Dienste gegen die Niederländer 1639 vom spanischen König das Herzogtum Amalfi. P. wurde Geheimer Rat Kaiser Ferdinands III. (s. d.). 1642/43 mußte er Niederlagen hinnehmen, weshalb er in spanische Dienste trat und in den Niederlanden gegen die Schweden und die Holländer kämpfte. 1648 rief ihn der Kaiser zurück, ernannte ihn zum Feldmarschall und erteilte ihm

ENEA SILVIO PICCOLOMINI

Wien – kritisch betrachtet

„. . . Der Bürger Häuser sind hoch und geräumig, wohlgeziert, gut und fest gebaut; ein angenehmer Hofraum, mächtige Zimmer, die sie Stuben nennen und heitzen, denn der Winter ist sehr rauh. Überall sind Fenster von Glas und Türen und Gitter meist von Eisen, die Vögel singen in den Stuben und man erblickt zahlreiches und köstliches Gerät. Den Rossen und jeder Gattung Zugvieh öffnen sich weite Ställe. Die Häuser tragen ihre Giebel hoch, sie sind mit Geschmack und Pracht verziert, meist von innen und außen bemalt, durchaus von Stein, die Dächer aber leider meist mit Schindeln, wenige mit Ziegeln gedeckt. Wo du zu einem Bürger gehest, meinst du in eines Fürsten Haus zu treten. Die Häuser der Prälaten und des hohen Adels sind frei und der Stadtmagistrat hat keine Gerichtsbarkeit in ihnen. Die Keller sind so tief und so weit, daß das allgemeine Sprichwort gilt, es gebe ein oberirdisches und ein unterirdisches Wien. Die Straßen und Gassen sind mit hartem Gestein gepflastert, das den Wagenrädern sehr gut widersteht. Dem Herrn des Himmels und der Erden und seinen Heiligen sind herrliche Kirchen erbaut, aus behauenen Steinen, groß und hell und mit herrlichen Säulenordnungen, vielen und kostbaren Reliquien, mit Gold, Silber und Edelgestein, reichem Kleinod und Kirchengerät . . ."

Aus einem Brief vom April 1438 an einen Freund in Basel, Übersetzung aus: J. v. Hormayr, Wien, seine Geschichte und seine Denkwürdigkeiten (1823)

den Oberbefehl über seine Armee. Nach dem Westfälischen Frieden kaiserlicher Generalbevollmächtigter bei den Friedensexekutionsverhandlungen in Nürnberg, erhielt P. 1654 das Herzogtum Münsterberg und wurde in den Reichsfürstenstand erhoben.

Elster, O.: P.-Studien (1911); Srbik, H. v.: Wallensteins Ende (1920, 2. verm. Aufl. 1952)

PICHLER, Adolf von Rautenkar (seit 1877), * 4. 9. 1819 in Erl (T), † 15. 11. 1900 in Innsbruck, Schriftsteller und Naturforscher. Studierte in Innsbruck und Wien Medizin und Naturwissenschaften und nahm 1848 in Wien an der Revolution teil, eilte jedoch in die Heimat, als Südtirol von Italien bedroht wurde, und nahm an einigen Gefechten teil. Darüber veröffentlichte er 1849 „Aus dem wälschtirolischen Kriege" und 1850 „Aus den März- und Oktobertagen zu Wien 1848" (beide 1903 unter dem Titel „Das Sturmjahr" erschienen). 1849 Gymnasiallehrer in Innsbruck, 1867–90 Prof. für Mineralogie und Geologie an der Universität Innsbruck. Abgesehen von einigen fachwissenschaftlichen Veröffentlichungen, war P. der Begründer der Tiroler Volksschauspiel-Forschung und verfaßte eine Vielzahl von realistischen Erzählungen, die fast ausnahmslos in seiner Heimat spielen und durch die er zum bedeutendsten Dichter Tirols des 19. Jh.s wurde. Bekannt wurde er durch die von ihm 1846 herausgegebene Lyrik-Anthologie „Frühlieder aus Tirol". Erzählungen: „Aus den Tiroler Bergen" (1862), „Marksteine" (1874), „Der Einsiedler" (1896), „Allerlei Geschichten aus Tirol" (1897), „Jochrauten" (1897/98), „Gesammelte Erzählungen", 6 Bde. (1897/98), „Gesammelte Werke", 17 Bde. (1901–08), „Ausgewählte Werke", 2 Bde. (hrsg. von Kranewitter, 1928).

Prem, F.: A. P. (1901); Wackernell, J. E.: A. P. (1925)

PICHLER, Anton Andreas, * 14. 6. 1770 in Wien, † 24. 7. 1823 in Wien, Buchdrucker und Verleger. Erlernte bei J. Th. Trattner (s. d.) das Buchdruckerhandwerk und kaufte 1793 einen eigenen Betrieb auf der Landstraße, dem er bald einen Verlag anschloß. Vor allem seine deutschen und lateinischen Klassikerausgaben waren bald sehr gefragt. P. verlegte auch die Werke seiner Schwägerin Karoline Pichler (s. d.) und 1809 unter Druck der französischen Besatzungsmacht ebenso die des Freimaurers Blumauer (s. d.). Seine Frau Elisabeth P. (* 27. 4. 1783 in Wien, † 22. 10.

Die Dichterkrönung des Enea Silvio Piccolomini. Aus Pinturicchios Freskenzyklus im Dom von Siena (1502–05)

1865 in Wien) führte den Betrieb unter dem Namen „A. Pichlers sel. Witwe" weiter, erwarb 1836 eine Schnellpresse und 1845 eine Stereotypie. 1837 wurde in ihrem Verlag das bedeutende Werk von F. Raffelsperger (s. d.), „General-Postkarte des Kaiserthumes Ö.", gedruckt. 1851, nach dem Eintritt ihres Sohnes Franz (* 20. 8. 1808 in Wien, † 9. 11. 1891 in Wien), nannte sich das Unternehmen, das nunmehr auf Schulbücher spezialisiert war, „A. P.s Witwe & Sohn". Franz P. verkaufte die Druckerei schließlich an W. Köhler und baute den Lehrbuchverlag weiter aus, dem er 1872 eine Lehrmittelanstalt anschloß. Sein Enkel Franz P. (* 31. 7. 1845 in Wien, † 7. 12. 1927 in Wien) lernte in der Beck'schen Universitätsbuchhandlung und trat 1866 in die Firma ein, deren Leitung er 1875 übernahm und die nun neben Unterrichtsliteratur die Sammelreihen „Reins Pädagogische Studien", „Lindners Pädagogische Klassiker" und „P.s Jugendbücherei" verlegte. 1922 wurde der Schulbuchverlag an die 1922 entstandene Hölder-Pichler-Tempsky AG angeschlossen, den restlichen Verlag sowie die Buchhandlung führte P. mit seinen Söhnen unter der traditionsreichen Firmenbezeichnung „A. P.s Witwe & Sohn" weiter.

Gugitz, G.: Ein Deusch-Böhme als literarischer Parteigänger der Franzosen im Jahre 1809 (1909/10); Junker, C.: Vom Buchführer zur AG. 200 Jahre Wiener Buchhändlergeschichte (1926); Fontana, O. M.: 100 Jahre Hauptverband der ö. Buchhändler im Spiegel der Zeit (1960)

PICHLER, Ernst, * 30. 4. 1908 in Allentsteig (NÖ), Hornist und Komponist. Studierte an der Wiener Musikakademie Horn und Komposition bei Franz Schmidt (s. d.) und beendete 1929 sein Studium. Danach Erster Hornist im Athener Symphonieorchester und Lehrer an der dortigen Musikakademie. Später zwei Jahre an der Wiener und anschließend an der Berliner Volksoper tätig. Erst 1948 kehrte er aus russischer Kriegsgefangenschaft zurück und trat als Erster Hornist in das Vorarlberger Funkorchester ein. Seit 1959 Lehrer an der Musikschule in Bregenz. Bemühte sich um die Weiterbildung in der Militärmusik. Von seinen Kompositionen, für die er schon 1940 ausgezeichnet wurde, ist besonders das Streichquartett Nr. 1, „Freu dich, o meine Seele" (für das er den Haydn-Preis erhielt), bekannt.

PICHLER, Franz, * 18. 2. 1866 in Weiz (St), † 28. 8. 1919 in Weiz, Techniker. War Elektroingenieur und wurde zu einem Pionier der Elektrotechnik. Bereits 1891 errichtete er am Oberlauf des Weizbaches ein kleines Elektrizitätswerk, die erste Mehrphasenanlage in der ö.-ungarischen Monarchie. (Aus diesem entwickelten sich 1921 die Elin-Werke in Weiz.) In der Folge baute er u. a. die ersten Hochdruck-Wasserkraftwerke in der Steiermark. Konstruierte den automatischen Schlupfregler für Holzschleifventile der Papierindustrie.

PICHLER, Günter, * 9. 9. 1940 in Kitzbühel (T), Geiger. Studierte an der Wiener Musikakademie und ist seit 1970 Primarius des Alban-Berg-Quartetts in Wien. Außerdem Prof. für Violine an der Wiener Musikhochschule. Das Alban-Berg-Quartett hat vor allem durch seine Interpretation der späten Beethoven-Quartette Weltruhm erlangt.

PICHLER, Karoline, * 7. 9. 1769 in Wien, † 9. 7. 1843 in Wien, Schriftstellerin. Erhielt von ihrem Vater, Hofrat Greiner, dessen Haus ein Mittelpunkt des geistigen Lebens im josephinischen Wien war, eine umfassende Erziehung und trat 1800 erstmals als Schriftstellerin in Erscheinung. Seit 1804 lebte sie mit ihrer Familie wieder im Elternhaus, das nun neuerlich zu einem Treffpunkt der Persönlichkeiten des schöngeistigen Wien ihrer Zeit wurde.

Franz Grillparzer (s. d.), Nikolaus Lenau (s. d.), Otto Nicolai sowie Dorothea und Friedrich Schlegel verkehrten hier. Karoline P.s Salon wurde weit über die Grenzen Ö.s hinaus bekannt. P.s Romane gelten als Vorläufer des historischen Romans, ihr Briefroman „Agathokles" (1808) wurde auch von Goethe geschätzt. Ihre „Denkwürdigkeiten aus meinem Leben" (4 Bde., 1844) liefern ein lebendiges Bild des Wiener Kulturlebens jener Zeit und sind heute noch eine wesentliche Quelle zum Verständnis von Vormärz und Biedermeier. Noch zu ihren Lebzeiten begann die Ausgabe ihrer „Sämtlichen Werke", die 60 Bände füllte, zu erscheinen (1828–44). Außerdem erwähnenswert die Romane: „Olivier", 2 Teile (1802), „Leonore, ein Gemälde aus einer großen Welt", 2 Teile (1804), „Agathokles" (1808), „Die Belagerung Wiens im Jahre 1683", 3 Bde. (1824), „Friedrich der Streitbare", 4 Bde. (1831); Erzählungen", 2 Bde. (1812), „Dramatische Dichtungen", 3 Bde. (1822), „Zeitbilder", 3 Bde. (1839–41).

Jansen, L.: K. P.s Schaffen und Weltanschauung im Rahmen ihrer Zeit (1936); Prohaska, G.: Der literarische Salon der K. P., Diss. Wien (1947)

KAROLINE PICHLER
Ein Salon im Vormärz

Karoline Pichler mit 16 Jahren. Lithographie von Johann Stadler (1843)

„Es gab eine Zeit, noch liegt sie nicht allzuweit hinter uns, es waren die drei ersten Jahrzehnte des neunzehnten Jahrhunderts, da galten der Stephansturm und die Dichterin Karoline Pichler als Hauptmerkwürdigkeiten von Wien. Beide mußte man gesehen haben, wollte man von Wiener Eigenart und Wesen etwas wissen und wenn sie auch nicht ebenbürtig waren, so waren sie doch gleicherweise Anziehungspunkte für die Fremden. Was man in Karoline Pichlers Heim kennen lernen konnte, das war eben jene echte Wiener Geselligkeit, die bei ihr in voller Blüte stand, an der alle Gebildeten gleichermaßen teilnahmen, und die heute mit ihren Trägern längst der Vergangenheit angehört."

Emil Karl Blümml,
Vorwort zu Karoline Pichlers „Denkwürdigkeiten" (1914)

PICHLER, Walter, * 1. 10. 1936 in Deutschofen (Südtirol), Maler, Graphiker und Bildhauer. Absolvierte die Gewerbeschule in Innsbruck und stellte erstmals 1963 in der Galerie nächst St. Stephan aus. Danach folgten die Ausstellungen: „Visionary Architecture" gemeinsam mit H. Hollein (s. d.) und R. Abraham im Museum of Modern Art in New York (1967), Kunsthalle Hamburg (1972), Kestner-Gesellschaft Hannover (1977), Haus der Kunst München (1978). 1982 nahm er an der Biennale in Venedig teil. P., der in Jennersdorf (B) lebt, gestaltet auch Bücher für den Residenz-Verlag.

PICKEL, Conrad, s. Celtis, Konrad

PIFFL, Friedrich Gustav, * 15. 10. 1864 in Landskron (Böhmen), † 21. 4. 1932 in Wien, Augustiner-Chorherr, Erzbischof. Als Sohn eines Buch- und Papierhändlers geboren, trat er 1883 in das Chorherrenstift Klosterneuburg ein. 1888 zum Priester geweiht, wirkte er bis 1892 als Kooperator in Floridsdorf und Heiligenstadt überwiegend in der Arbeiterseelsorge. 1890 gründete er den Mariazeller-Verein und 1891 die „Zeitung für Stadt und Land". 1892 Prof. für Moraltheologie und Soziologie an der theologischen Hauslehranstalt des Stifts Klosterneuburg. P. war ein ausgesprochener Volkspriester und um die Lösung der sozialen Frage sehr bemüht; so besaß er enge persönliche Verbindungen zum christlichsozialen Arbeiterführer Leopold Kunschak (s. d.) und zu Prälat Franz Martin Schindler (s. d.). 1902 wurde P. Verwalter der Stiftsgüter in Ungarn und 1907 Propst des Stifts Klosterneuburg. Mit Thronfolger Erzherzog Franz Ferdinand (s. d.) als Befürworter wurde P. von Kaiser Franz Joseph (s. d.) am 1. 4. 1913 zum Fürsterzbischof von Wien ernannt; ein Jahr später zum Kardinal. Noch 1913 verlieh ihm die Universität Wien das Ehrendoktorat der Theologie. Am 22. 11. 1918 ermahnte er die Katholiken zu unbedingter Treue gegenüber der neuen Staatsform und wiederholte diese Forderung in einem Hirtenbrief am 23. 1. 1919. Gleichzeitig legte er den Fürstentitel zurück. Unter großem persönlichen Einsatz rief er in der schweren Nachkriegszeit eine eindrucksvolle Caritashilfe ins Leben und vermittelte Tausenden von Kindern Erholungsaufenthalte in der Schweiz und in Holland. 1918 gründete er das „Wiener Kirchenblatt", 1919 das „Kleine Volksblatt", und 1927 erließ er neue Richtlinien für die Katholische Aktion, in die verschiedene Vereine eingegliedert wurden. 1922 war ihm die Apostolische Administratur des neu entstandenen Burgenlandes übertragen worden.

Knoll. A. M.: Kardinal F. G. P. und der ö. Episkopat zu sozialen und kulturellen Fragen (1932); Tzöbl, J. A.: Kardinal P. (1932); Loris, A.: Der Volksbischof Kardinal F. G. P. (1933); Liebmann, M.: Die Rolle Kardinal P.s in der ö. Kirchenpolitik seiner Zeit. Diss. Graz (1960); Rennhofer, F.: F. G. Kardinal P. (1967); Loidl, F.: Geschichte des Erzbistums Wien (1983); ders. und Krexner, M.: Wiens Bischöfe und Erzbischöfe (1983)

PIFFL-PERČEVIĆ, Theodor, * 17. 9. 1911 in Meran, ÖVP-Politiker. Studierte Jus und war schon während seines Studiums in der christlichsozialen Bewegung tätig. 1938 sowie 1939/40 in politischer Haft, wurde P.-P. nach 1945 Stellvertretender Amtsdirektor der steirischen Landwirtschaftskammern, 1960 Abgeordneter zum Nationalrat. 1964–69 Unterrichtsminister; er scheiterte an den eingebrachten neuen Schulgesetzen, vor allem am neunten Schuljahr, und trat von seinem Amt zurück. P.-P. ist Präsident des Stiftungsfonds Pro Oriente Wien.

PILGRAM, Anton, * um 1450/60 wahrscheinlich in Brünn, † 1515 in Wien, Baumeister, Bildhauer und Steinmetz. War in seinen Wanderjahren in Südwestdeutschland tätig, und zwar um 1482–85 in Heilbronn, danach in Öhringen und Rottweil. 1502–10 war er in Brünn beim Bau von St. Jakob beteiligt und errichtete das Portal des Rathauses, ehe er 1511 in die Bauhütte des Wiener Stephansdoms eintrat. 1512 kam es zu Differenzen mit der Steinmetzbruderschaft, und 1513 wurde P. Mitglied der Fronleichnamsbruderschaft. Durch seinen modern-realistischen Entwurf der Orgelbühne, die er 1513 vollendete, hatte er seinen Vorgänger verdrängt. 1514/15 vollendete er die Kanzel mit den Büsten der vier Kirchenväter. Auch Profanbauten zählten zu seinen Werken, wie der 1513 begonnene spätgotische Neubau des Landhauses in der Wiener Herrengasse mit der Landhauskapelle. P. brachte am Orgelfuß (1513) und unter der Kanzeltreppe (1515) sein Selbstbildnis an, letzteres ist als „Fenstergucker" berühmt geworden.

Schlosser, J.: Die Kanzel und der Orgelfuß zu St. Stephan in Wien (1925); Oettinger, K.: A. P. und die Bildhauer von St. Stephan (1951)

PILGRIM, Heiliger, † 20. 5. 991, Bischof von Passau. Entstammte dem Aribonengeschlecht, dem schon Aribo (s. d.), der letzte karolingische Grenzgraf der Donaugrafschaften, angehörte, welcher vielleicht in der Gestalt des Rüdiger von Bechelaren (= Pöchlarn, NÖ) weiterlebte. Erhalten ist eine Urkunde Kaiser Ottos II. vom 22. 7. 976 aus Regensburg, mit der dieser Bischof P. die Klöster St. Florian und Kremsmünster in OÖ sowie St. Pölten in NÖ als Besitztum und Eigenklöster der Passauer Kirche bestätigte. Seit 971 Bischof von Passau, versuchte P. zwischen 972 und 977 vergeblich, aus dem Bistum Passau eine von Salzburg unabhängige Kirchenprovinz für den Raum Ö., Mähren und Ungarn, in dem er eine umfangreiche Missionstätigkeit entfaltete, zu schaffen. Dies gelang ihm auch nicht durch die „Lorcher Fälschungen", unechte Papsturkunden, die belegen sollten, daß das Bistum Passau die rechtliche Fortführung eines frühchristlichen Bischofssitzes Lorch (= Enns) sei. Zwischen 983 und 991 regelte er auf den Synoden von Lorch, Mautern und Mistelbach (bei Wels) die kirchlichen Verhältnisse der Mark nach den Ungarnstürmen. Seine Missionstätigkeit wird durch die zahlreichen Kirchen in NÖ und OÖ belegt, die dem hl. Stephan, Dompatron von Passau, geweiht sind. Der Überlieferung nach soll P.s Schreiber Konrad das Nibelungenlied „mit lateinischen Buchstaben" aufgezeichnet haben; P. selbst soll der Onkel von Krimhilde und ihren Brüdern gewesen sein.

Wodka, J.: Kirche in Österreich (1959)

PILLERSDORF, Franz Freiherr von, * 1. 3. 1786 in Brünn (Mähren), † 22. 2. 1862 in Wien, Jurist und Staatsmann. Studierte in Wien Staats- und Rechtswissenschaften und trat 1805 in den Staatsdienst. 1808 Offizial beim Staats- und Konferenzrat, 1811 Sekretär in der Hofkammer, 1824 Vizepräsident der Hofkammer und 1842 Kanzler der vereinigten Hofkanzlei. P. war ein liberaler Beamter und Gegner des Metternichschen Systems. Am 20. 3. 1848 wurde er Innenminister und arbeitete die nach ihm benannte konstitutionelle April-Verfassung (25. 4. 1848) aus. Seit 4. 5. 1848 Ministerpräsident, mußte er aber wegen des sich radikalisierenden Widerstands der demokratischen Kräfte Wiens, wie auch der Forderung des Hofs, seine Verfassung zurücknehmen und am 8. 7. zurücktreten. Daraufhin 1848/49 Reichstagsabgeordneter, fiel er beim jungen Kaiser in Ungnade und wurde 1852 aus den Reihen der Wirklichen Geheimen Räte gestrichen. Vergeblich hatte er sich im Olmützer Hoflager auch für eine schonende Behandlung Wiens eingesetzt. 1861 wieder in die Ehrenrechte und Würden eingesetzt, wurde er Reichsratsabgeordneter und Obmann des Finanzausschusses. 1849 veröffentlichte P. „Rückblicke auf die politische Bewegung in Ö. in den Jahren 1848–1849", 1851 „Die ö. Finanzen beleuchtet", und 1863 erschien „Handschriftlicher Nachlaß des Freiherrn v. P."

Anton Pilgrams Kanzel im Dom von St. Stephan in Wien (1515)

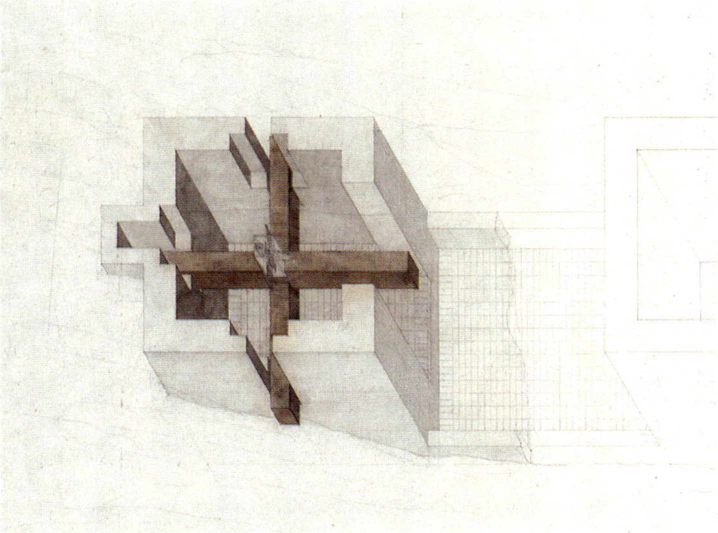

Walter Pichler: Kapelle (1976)

PILLWEIN, Benedikt, * 26. 11. 1779 in Obersulz (NÖ), † 27. 1. 1847 in Linz, Beamter und Geschichtsschreiber. Studierte Rechtswissenschaften und wurde Beamter in Salzburg und dann in Linz. Nebenher beschäftigte er sich mit der Geschichte und Kultur von Salzburg und von Oberösterreich und veröffentlichte mehrere Werke, darunter: „Geschichte, Geographie und Statistik des Erzherzogthums Ö. ob der Enns und des Herzogthums Salzburg", 10 Bde. (1827–39), „Erzählungen, Volkssagen und Schilderungen aus OÖ. und Salzburg", 5 Teile (1827–39), „Sagenwelt aus der ö. Monarchie", 6 Bde. (1837–45) und „Linz einst und jetzt . . .", 2 Bde. (1846).

PIPPAL, Hans Robert, * 4. 4. 1915 in Wien, Maler und Kunsthandwerker. Als Autodidakt schuf er eine Vielzahl von Porträts und Landschaftsbildern. Darüber hinaus war er als Illustrator tätig, schuf Mosaiken an Wiener Gemeindebauten, Gobelins im Wiener Burgtheater und Wandmalereien im Flughafen Wien-Schwechat.

PIRCHAN, Emil, * 27. 5. 1884 in Brünn, † 20. 12. 1957 in Wien, Architekt, Maler, Bühnenbildner und Schriftsteller. Sohn des Historienmalers Emil P. (* 21. 5. 1844 in St. Kathrein [Mähren], † 22. 6. 1928 in Wien), studierte als Schüler Otto Wagners (s. d.) und war hier vielseitig tätig, so als Bühnenbildner des Wiener Burgtheaters, als Prof. für Bühnenbildwesen an der Akademie der bildenden Künste und als Essayist und Biograph. Er veröffentlichte (abgesehen von mehreren Romanen und Spielen) vor allem Monographien und Anekdotensammlungen, wie: „Faustbrevier" (1918), „Bibelbrevier" (1918), „Bühnenbrevier" (1938), „Künstlerbrevier" (1939), „Unsterbliches Wien" (1939), „Fanny Elßler" (1940),

P

Pirquet Clemens · Pirquet Guido · Pisa Karl · Pittel Adolph · Pittermann Bruno · Pittioni Richard · Pius II. · Planetta Otto · Plank Andreas · Plattensteiner Richard · Platzheim Johann von · Pleier, der · Plener Ernst · Plener Ignaz · Pleyel Ignaz Joseph · Pleyel Joseph Stephan · Plischke Ernst Anton

„Die lachende Maske" (1940), „Harald Kreutzberg" (1941), „Gustav Klimt" (1942), „Hans Makart" (1942), „Therese Krones" (1942), „Moritz Daffinger" (1943), „Marie Geistinger" (1946), „Bühnenmalerei" (1946), „2000 Jahre Bühnenbild" (1949), „Maskenmachen und Schminken" (1951), „Kostümkunde" (1952), „300 Jahre Wiener Operntheater" (1953) und „Otto Wagner" (1956).

PIRQUET, Clemens, Freiherr von Cesenatico, * 12. 5. 1874 in Hirschstetten (NÖ), † 28. 2. 1929 in Wien (Selbstmord), Kinderarzt. War der Sohn des Reichsratsabgeordneten Peter Freiherr von P. und absolvierte das Theresianum. Dann studierte er Theologie in Innsbruck, Philosophie in Löwen und Medizin in Wien und in Graz, promovierte 1900 und trat 1901 in die Berliner Kinderklinik ein. 1902 Assistent an der Wiener Kinderklinik, habilitierte sich 1908 als Privatdozent für Kinderheilkunde an der Universität Wien. 1909 erhielt er den pädiatrischen Lehrstuhl an der John Hopkins University in Baltimore, 1910 in Breslau und 1911 in Wien (Vorstand der Universitäts-Kinderklinik). P. erforschte zahlreiche Kinderkrankheiten, begründete 1903 die Lehre von den Allergien, wobei er diesen Begriff erstmals anwendete, 1905 die Lehre von der Serumkrankheit und erfand 1907 die nach ihm benannte Tuberkulin-Hautreaktion. Durch sein Ernährungssystem NEM (= Nahrungs-Einheit-Milch, 1 NEM = 1 g Milch) wurde er ein Bahnbrecher der modernen Ernährung. Nach dem Ersten Weltkrieg leitete er die amerikanische Hilfsaktion für ö. Kinder und wurde an die Spitze des Völkerbundkomitees für Säuglingsfürsorge nach Genf berufen. Die wichtigsten Veröffentlichungen sind: „Die Serumkrankheit" (1905), „Klinische Studien über Vakzination und vakzinale Allergie" (1907), „Kutane Tuberkulinreaktion" (1908), „Allergie" (1910), „Das Bild der Masern auf der äußeren Haut" (1913) und „System der Ernährung" (1917–20).

Clemens von Pirquet

Fischer, I.: Biographisches Lexikon der hervorragenden Ärzte der letzten 50 Jahre (1932); Ö. Naturforscher, Ärzte und Techniker, hrsg. von F. Knoll (1957)

PIRQUET, Guido, Freiherr von Cesenatico, * 30. 3. 1880 in Hirschstetten (NÖ), † 17. 4. 1966 in Wien, Raketenfachmann. Kam als Sohn des Reichsratsabgeordneten Peter Freiherr von P. auf dessen Gut in Hirschstetten zur Welt und war der jüngere Bruder von Clemens von P. (s. d.). Studierte an den Technischen Hochschulen von Wien und Graz und schloß als Diplomingenieur sein Studium ab. Danach war er hauptsächlich auf den Gebieten der Wärmetechnik und des Landmaschinenbaus tätig. Da seine Interessen und sein Wissen fast den gesamten Bereich der Naturwissenschaften umspannten, wurde er in den zwanziger Jahren Obmann des Technischen Überprüfungskomitees des Ö. Erfinderverbands. Seine bedeutendsten Leistungen erbrachte er aber durch Arbeiten auf dem Gebiet der Raumfahrt, wo er sich vor allem mit Wirkungsgrad und Thermodynamik des Raketenantriebs beschäftigte. Auch auf die Möglichkeit eines bemannten künstlichen Erdsatelliten wies er früh hin und berechnete entsprechende Umlaufbahnen. 1928 veröffentlichte er in der Zeitschrift „Die Rakete" eine Artikelserie unter dem Titel „Interplanetare Fahrtrouten", in der er beträchtliche „Fahrzeitverkürzungen" durch neue Bahnen bewies. Mathematische Gründlichkeit und exakte technische Zeichnungen unterstrichen seine Darstellung. P.s Berechnungen waren so exakt, daß 33 Jahre später, am 12. 2. 1961, die Sowjetunion nach seinen Plänen den Start zur Venus erfolgreich durchführte. Ebenso wesentlich war sein Beitrag „Die ungangbaren Wege zur Realisierung der Weltraumschiffahrt" in W. Leys Buch „Die Möglichkeiten der Weltraumfahrt" (1928) und sein Vortrag „Zur Nomenklatur der Gewichtswerte von Stufenraketen", den er auf dem 5. Internationalen Astronautischen Kongreß 1955 hielt und der im Bericht des Kongresses veröffentlicht wurde. P. erhielt mehrere in- und ausländische Ehrungen und Auszeichnungen.

Kaiser, H. K.: G. P., in: „Weltraumfahrt, Zeitschrift für Raketentechnik" 1955, S. 57

PISA, Karl, * 26. 3. 1924 in Wien, Journalist und ÖVP-Politiker. Trat 1945 in den ÖVP-Pressedienst ein und war später auch im Ö. Wirtschaftsverlag tätig. Ab 1958 in der ÖVP-Bundesparteileitung, wurde 1961 Bundespressereferent. 1967/68 Leiter der Hauptabteilung „Politik und Zeitgeschichte" des Ö. Rundfunks, war 1968/69 Staatssekretär für Information im Bundeskanzleramt. Veröffentlichungen: „Ö., sein Weg nach Europa" (1958), „Julius Raab – Verantwortung für Ö." (1961), „Ö. 1970 – Herausforderung und Antwort" (1963). Außerdem veröffentlichte er Biographien über Schopenhauer (1977) und über Toqueville; sein jüngstes Buch, „Österreich – Land der begrenzten Unmöglichkeiten", erschien 1985.

PITTEL, Adolph Freiherr von, * 17. 3. 1838 in Josefstadt (Böhmen), † 6. 1. 1900 in Wien, Bauunternehmer und Industrieller. Absolvierte die Ingenieurakademie in Klosterbruck (Mähren) und wurde in das Geniekorps aufgenommen. 1869 quittierte er den Dienst als Hauptmann und gründete 1870 in Pottenstein, 1872 in Weißenbach an der Triesting (NÖ) eine Zementfabrik, aus der sich 1878 das Bauunternehmen P. & Brausewetter entwickelte. Kurz danach errichtete er auch eine Kunststeinfabrikation, die er nach 1890 durch Exposituren in Baden und in Wiener Neustadt erweiterte. In Weißenbach selbst errichtete er Wohnhäuser und Wohlfahrtseinrichtungen für seine Arbeiter und eine Kirche aus Kunststein. P. baute auch die Befestigungsanlagen von Krakau und von Przemyśl. 1895 wurde die Weißenbacher Zementfabrik mit der Kaltenleutgebener AG fusioniert. P. wurde Vizepräsident des Aufsichtsrats. 1899 gründete er in Eichau eine Portlandzementfabrik.

Granichstaedten-Cerva, R., Mentschl J., und Otruba, G.: Altö. Unternehmer (1969)

PITTERMANN, Bruno, * 3. 9. 1905 in Wien, † 19. 9. 1983 in Wien, Fachschullehrer, SPÖ-Politiker. 1929 Sekretär der Arbeiterkammer in Klagenfurt (1945 in Wien), 1934 in politischer Haft, 1945 Abgeordneter zum Nationalrat, 1945–57 Sekretär des Parlamentsklubs der SPÖ, 1957–67 Vorsitzender der SPÖ. 1957–66 Vizekanzler, 1959–66 auch mit der Leitung der Verstaatlichten Unternehmungen (auf Ministerebene) betraut, 1953–70 Obmann des Parlamentsklubs der SPÖ. 1964–76 Präsident der Sozialistischen Internationale. Zog sich 1971 aus der Politik zurück. 1962 gab er das zweibändige Werk „Mensch und Staat" heraus.

Fischer, H.. und Gratz, L. (Hrsg.): B. P. – ein Leben für die Sozialdemokratie (1985)

PITTIONI, Richard, * 9. 4. 1906 in Wien, Frühgeschichtsforscher. Studierte in Wien und war hier 1946–76 Univ.-Prof. Er erwarb sich große Verdienste um die planmäßige Erforschung der ö. Früh- und Urgeschichte. Von seinen Veröffentlichungen sind zu nennen: „La tène in NÖ" (1930), „Bibliographie zur Urgeschichte Ö.s" (1931–40), „Vom ältesten NÖ" (1946), „Aus schriftloser Zeit" (1947), „Urzeitlicher Siedlungsraum in Ö." (1947), „Erlebte Welt" (1948), „Geschichte aus Stein und Erz" (1950) und „Urgeschichte des ö. Raumes" (1954).

PIUS II., Papst, s. Piccolomini, Enea Silvio

PLANETTA, Otto, * 2. 8. 1899 in Wischau (Mähren), † 31. 7. 1934 in Wien (gehenkt), Attentäter. Nach acht Schuljahren Ausbildung zum Handelsangestellten, rückte 1916 freiwillig ein und meldete sich nach dem Zusammenbruch der Monarchie 1918 zur Volkswehr, danach zur Gendarmerie, war Stabswachtmeister im Infanterieregiment Nr. 4. Trat 1929 der NSDAP bei und stand mit Fridolin Glaß und Franz Holzweber (s. d.) an der Spitze des im September 1932 gegründe-

Otto Planetta

ten „Deutschen Soldatenbundes zur Erfassung der Nationalsozialisten im österreichischen Bundesheer". Als Arbeitsloser führend bei Aufstellung und Einsatz der SS-Standarte 89, verübte er am 25. 7. 1934 ein tödliches Attentat auf Bundeskanzler Engelbert Dollfuß (s. d.). Der Militärgerichtshof verurteilte P. zum „Tod durch den Strang", das Urteil wurde am 31. 7. 1934 vollstreckt. Der von P. eingebrachte Gnadenantrag wurde von Justizminister Berger-Waldenegg (s. d.) nicht weitergeleitet, da Bundespräsident Miklas (s. d.) sich gegen eine Begnadigung ausgesprochen hatte.

PLANK, Andreas, * 1356 im Waldviertel (?), † 9. 6. 1435 in Wien, katholischer Geistlicher und Kanzler. War zunächst 1391 Pfarrer in Maigen, 1402 in Mödling und 1403 in Gars-Eggenburg. 1403 wurde P. Notar von Herzog Albrecht IV. (s. d.), war bis 1404 Kanzler und 1404–07 Erzieher Albrechts V. (s. d.) und half entscheidend mit, diesen aus der Vormundschaft seiner Onkel Leopold IV. (s. d.) und Ernst (s. d.) zu befreien. 1407–11 lehrte er an der Universität Padua. 1414 gründete er bei der St.-Dorothea-Kapelle, dessen Rektor er seit 1406 war, ein Chorherrenstift, das 1786 unter Joseph II. aufgehoben wurde. An der Stelle des Klosters befindet sich heute das Dorotheum in Wien-Innere Stadt.

PLATTENSTEINER, Richard, * 18. 3. 1878 in Wien, † 18. 7. 1956 in Wien, Volksschriftsteller. Schrieb auch unter dem Pseud. Robert Palten. Studierte in Wien Philosophie und war ab 1898 auch als Vortragskünstler tätig. Besondere Verdienste erwarb er sich um die Verbreitung der Werke von Peter Rosegger (s. d.) und Franz Stelzhamer. Er verfaßte volkstümliche Erzählungen, Mundartdichtungen und Volksstücke, darunter u. a.: „Franz Stelzhamer" (Roman, 1903), „Peter Rosegger" (Roman, 1906), „Der Schusterfranzl" (Erzählung, 1908), „Frau Not" (Volksstück um Stelzhamer, 1908), „Der Grillparzer Franz und seine Kathi" (Drama, 1916), „Das Lied vom Steffel" (1916), „Ein deutscher Ekkehard" (Roman um P. Rosegger, 1928), „Dennoch Brüder" (Vorträge, 1937), „Was mich angeht" (Gedichte, 1939), „24 Wiener Gedichte" (1943).

PLATZHEIM, Johann von (auch Blatzheim, eigtl. Johann Ribi), * in Lenzburg, (Schweiz, damals habsburgisch), † 1374, katholischer Geistlicher. War ein einflußreicher Berater von Herzog Rudolf IV. von Habsburg (s. d.), bewährte sich als weitblickender Staatsmann und war Statthalter von Vorderösterreich. Auf seine Initiative geht die Gewinnung Tirols 1363 und die Erstellung des gefälschten Privilegium maius zurück. 1359–64 (als Johann von Lenzburg) Bischof von Gurk und ab 1364 von Brixen.

Pittioni, A.: Bischof Johann von Gurk und Brixen, ein ö. Kanzler und Kirchenfürst des 14. Jh.s. Diss. Wien (1927)

PLEIER, der, mittelhochdeutscher bürgerlicher Dichter. War ritterlichen Standes und stammte aus der Salzburger Herrschaft Pleien in der Gegend von Schärding und schrieb zwischen 1250 und 1280 drei umfangreiche Versromane im Stil des höfischen Epos. Von ihm selbst ist kaum etwas überliefert. 1861 erschien „Meleranz", 1885 „Tandareis und Flordibel", 1892 „Garel von dem blühenden Tal", alle drei Artusromane.

Seidl, O.: Der Schwan von der Salzach (1909)

PLENER, Ernst Freiherr von, * 18. 10. 1841 in Eger (Böhmen), † 29. 4. 1923 in Wien, liberal-konservativer Politiker. Sohn von Ignaz von P. (s. d.). Studierte in Wien und in Berlin und trat 1865 in den diplomatischen Dienst. War an den Botschaften in Paris und London tätig und nahm 1873 als Legationssekretär seinen Abschied, um in die Politik zu gehen. 1873–95 Reichsratsabgeordneter, schloß er sich dem Klub der Linken an und wurde bald zum namhaften Führer der Deutschliberalen. Als 1888 die Partei der „Vereinigten Deutschen Linken" entstand, wurde P. deren unumstrittener Obmann. 1893–95 Finanzminister im Koalitionsministerium Windisch-Graetz, trat 1895 aus der Partei aus und war dann 1895–1918 Präsident des Rechnungshofs. 1911–21 veröffentlichte P. seine „Erinnerungen" (3 Bde.) und 1911 seine „Reden 1873–1911". Darüber hinaus publizierte er u. a.: „Die englische Fabrikgesetzgebung" (1871), „Englische Baugenossenschaften" (1873) und „Ferdinand Lassalle" (1884).

PLENER, Ignaz Freiherr von (seit 1907), * 21. 5. 1810 in Wien, † 17. 2. 1908 in Wien, rechtsliberaler Politiker. Studierte in Wien Jus und ging 1832 in den Staatsdienst, 1844 Finanzrat in Eger, wurde er mehrfach in finanztechnischen Fragen verwendet und 1852 als Hofrat und Abteilungsleiter der Finanzlandesdirektion Preßburg eingesetzt. 1857 Finanzlandesdirektor in Lemberg, 1859 Berufung in den ständigen Reichsrat und Geheimer Rat. 1860–65 Finanzminister; führte eine Reihe von Reformen durch. Auf sein Ersuchen seines Postens enthoben, wurde er im liberal-zentralistischen Bürgerministerium Giskra 1867–70 Handelsminister und führte von 15. 1. bis 3. 2. 1870 interimistisch das Präsidium des Kabinetts. 1861–73 Reichsratsabgeordneter, danach Mitglied des Herrenhauses. P. war als Liberaler erklärter Gegner der absolutistischen und föderalistischen Politik.

PLEYEL, Ignaz Joseph, * 1. 6. 1757 in Ruppersthal (NÖ), † 14. 11. 1831 auf einem Landgut bei Paris, Komponist. War Kompositionsschüler von Joseph Haydn (s. d.) und wurde 1777 Kapellmeister beim Grafen Erdödy. Nach einer längeren Studienreise in Italien wurde er 1783 Zweiter und 1789 Erster Kapellmeister am Straßburger Münster, verlor diese Stellung aber durch die Französische Revolution. 1791 nahm er eine Einladung nach England an, übersiedelte 1795 nach Paris, wo er eine Musikalienhandlung gründete, die bis 1834 existierte. 1807 gründete er eine Pianoforte-Fabrik, die unter dem Namen P. Wolff & Cie. noch nach seinem Tod lange Zeit weiterbestand. P. schuf Symphonien, Streichquartette im Stile Haydns sowie weitere kammermusikalische Werke, Klavier-, Violinsonaten und zwei Opern; „Die Fee Urgèle" für das Marionettentheater in Esterháza (1776) und „Ifigenia in Aulide" (1785). Außerdem verfaßte er eine Klavierschule (1797).

Klingenbeck, J.: I. P. und seine Kompositionen für Streichquartett, Diss. München (1926); ders.: I. P. Sein Streichquartett im Rahmen der Wiener Klassik (1962); Lebermann, W.: I. J. P. (1973)

PLEYEL, Joseph Stephan, * 18. 12. 1788 in Straßburg, † 4. 5. 1855 in Montmorency bei Paris, Instrumentenbauer, Musikverleger und Komponist. Sohn von Ignaz Joseph P. (s. d.). Er war Schüler seines Vaters, hatte mit seinen Kompositionen jedoch wenig Erfolg. Dafür führte er die väterliche Klavierfabrik, die er 1824 übernommen hatte, zu großer Blüte. Eine Zeitlang arbeitete er mit Fr. Kalkbrenner zusammen, der ihm die Bekanntschaft mit F. Chopin vermittelte. 1838 eröffnete er den bekannten Konzertsaal „Salle Pleyel" in Paris.

PLISCHKE, Ernst Anton, * 26. 6. 1903 in Klosterneuburg bei Wien, Architekt. Studierte in Wien bei O. Strnad (s. d.) und P. Behrens (s. d.) und erbaute in den Jahren 1930–33 die Arbeitsämter in Liesing, Gmünd und Amstetten (alle NÖ). 1939 emigrierte er nach Neuseeland, wo er zuerst als Stadtplaner tätig war und dann in Wellington öffentliche Gebäude, Kirchen und Jugendzentren errichtete. 1963–73 Prof. an der Akademie der bildenden Künste in Wien, 1965/66 Rektor. P. erhielt zahlreiche Ehrungen und Auszeichnungen, darunter den Ö. Staatspreis (1935) und den Preis der Stadt Wien (1961).

Ernst A. Plischke: Einfamilienhäuser mit Wohnterrassen. Entwurf 1939

PLOCHL, Anna, s. bei Johann, Erzherzog von Ö.

PLÖSSL, Simon, * 19. 9. 1794 in Wien, † 29. 1. 1868 in Wien, Feinmechaniker und Optiker. Der Sohn eines Tischlers erlernte zunächst das Drechslerhandwerk, trat aber dann als Lehrling in die optische Werkstätte des J. F. Voigtländer (s. d.) ein. Er erlernte das Schleifen von Linsen, Brillen- und Lupengläsern und brachte es zu außergewöhnlicher Fertigkeit. 1828 eröffnete er eine eigene optisch-mechanische Werkstätte und zählte bald auch Wissenschaftler, wie etwa den Direktor des Botanischen Gartens, F. J. Jacquin (s. d.), und den Direktor der Wiener Sternwarte, J. J. Littrow (s. d.), zu seinen Kunden. Er besuchte die Vorlesungen der beiden Gelehrten und erweiterte seine Kenntnisse und begann schließlich Linsen und Lupen für Mikroskope zu schleifen. 1830 hatte er sein erstes Mikroskop fertiggestellt, das mit 25- bis 500facher Vergrößerung arbeitete und bald als „P.-Mikroskop" in ganz Europa bekannt wurde. 1832 stellte er nach den Plänen Littrows das erste dialytische Fernrohr her, das nicht, wie bisher üblich, innen verkittet war, sondern zwischen der positiven und der negativen Linse einen Luftzwischenraum hatte. 1850 stellte er das größte Instrument in seiner Werkstatt her: einen Refraktor (ein Fernrohr mit achromatischen Sammellinsen als Optik) für die Sternwarte in Konstantinopel, den der Wiener Hof dem Sultan zum Geschenk machte. P. erhielt zahlreiche in- und ausländische Auszeichnungen und Ehrungen; er starb an den Folgen eines Betriebsunfalls, als ihm eine herabfallende Glasplatte die Pulsader und die Nerven der Handwurzel durchtrennte.

Habacher, M.: Ö. Erfinder (1964)

PÖCH, Rudolf, * 17. 4. 1870 in Tarnopol (Galizien), † 4. 3. 1921 in Innsbruck, Arzt, Anthropologe, Ethnograph und Forschungsreisender. Studierte Medizin (Promotion 1895) und beschäftigte sich anschließend mit der Pestepidemie in Indien. 1904–06 erforschte er die Gesänge der Papua und erbrachte den ersten exakten Nachweis von der Existenz von Zwergvölkern in Neu-Guinea. 1907–09 führte er in Südafrika umfangreiche Untersuchungen über die Buschmänner durch. 1910 veröffentlichte er sein grundlegendes Werk „Die Pest" (gemeinsam mit H. F. Müller [s. d.]), 1907 „Reisen in Neu-Guinea in den Jahren 1904–1906" und 1915 „Studien an Eingeborenen aus Neusüdwales". Von 1919 an lehrte er Anthropologie an der Universität Wien.

PODGORSKI, Thaddäus, * 19. 7. 1935 in Wien, Journalist, Generalintendant des ORF. War zunächst als Kabarettist tätig. 1953–55 Sprecher und Reporter im Sender Rot-Weiß-Rot, 1955–58 Reporter beim ORF sowie leitender Redakteur der Zeit im Bild; seit 1958 ausschließlich beim Fernsehen tätig. 1972 wurde P. Chefredakteur der Sportredaktion sowie Gestalter mehrerer Sendereihen. Große Popularität erreichte seine Sendung „Seinerzeit". Am 7. 7. 1986 wurde er als Nachfolger Gerd Bachers (s. d.) zum neuen Generalintendanten des ORF gewählt.

POELL, Alfred, * 18. 3. 1900 in Linz, † 30. 1. 1968 in Wien, Kammersänger, Bariton. Studierte Medizin und wurde Arzt, begann dann ein Gesangstudium in Wien, u. a. bei Manowarda (s. d.), und debütierte 1929 in Düsseldorf, wo er bis 1939 blieb und dann Mitglied der Wiener Staatsoper wurde. Ab 1941 auch Gast bei den Salzburger Festspielen sowie an der Mailänder Scala, der Covent Garden Opera in London, der Grand Opéra Paris und mehrfach bei den Festspielen von Glyndebourne. P. galt als hervorragender Mozart-Interpret, war aber auch als Lieder- und Oratoriensänger erfolgreich.

POHL, Helga, * 30. 5. 1921 in Wien, † 31. 5. 1963 im Ägäischen Meer, von einem Hai getötet, Schriftstellerin. Lebte in Zeltweg (St). Schrieb erzählende Prosa, vor allem für Jugendliche. Erhielt 1958 den Jugendbuchpreis der Stadt Wien. Von ihr erschienen u. a.: „Wenn dein Schatten 16 Fuß mißt, Berenike" (1955), „Gold" (1958), „Laïs oder die Liebeskunst" (1962) sowie ihre durchwegs erfolgreichen Jugendbücher „Flip fliegt durch Paris" (1954), „Tonio und sein Esel" (1955), „Abenteuer in Zürich" (1956), „Der Elefant von Amsterdam" (1958), „Unter dem Himmel von Wien" (1959), „Tine Kristandt" (1963).

ALOIS PODHAJSKY
Ein Leben für die Lipizzaner

PODHAJSKY, Alois, * 24. 2. 1898 in Mostar (Herzegowina), † 23. 5. 1973 in Wien, Leiter der Spanischen Hofreitschule. Beschäftigte sich mit Dressurreiten und errang 1936 die Bronzemedaille bei den XI. Olympischen Sommerspielen in Berlin in der „Dressurprüfung Reiten". 1939 wurde er Leiter der Spanischen Hofreitschule in Wien und Oberst; nahm 1965 seinen Abschied. In den letzten Wochen des Zweiten Weltkriegs rettete er die Lipizzanerhengste aus dem bombardierten Wien. P. verfaßte mehrere Bücher, u. a.: „Die Spanische Hofreitschule Wien" (1948), „Ein Leben für die Lipizzaner" (1960), „Triumph der Lipizzaner" (1961) und „Meine Lehrmeister – die Pferde" (1967).

Alois Podhajsky

POLGAR, Alfred, * 17. 10. 1873 in Wien, † 24. 4. 1955 in Zürich, Theaterkritiker, Dramatiker und Essayist. War schon früh publizistisch tätig und hatte sich anfangs der literarischen Kleinkunst verschrieben, fand aber bald zum Feuilleton und zur Theaterkritik. Von 1927–33 lebte er in Berlin, danach bis 1938 wieder in Wien. Schrieb bei der „Weltbühne" und beim „Tagebuch" in Berlin. 1938 emigrierte er über Frankreich in die USA und lebte ab 1949 vorwiegend in der Schweiz. 1954/55 war er literarischer Beirat des Theaters in der Josefstadt. Mehrfach geehrt, erhielt er u. a. 1951 den Preis der Stadt Wien für Publizistik. Er war ein Meister der kleinen Form und hat diese, wie auch die Theaterkritik, auf ein dichterisches Niveau gebracht. Von seinen Lustspielen, die oft gemeinsam mit Egon Friedell entstanden, seien erwähnt: „Goethe im Examen" (1908), „Soldatenleben im Frieden" (1910), „Die Defraudanten" (1931, auch verfilmt); von seinen Erzählungen: „Hiob" (1912), „Gestern und heute" (1922), „Begegnung im Zwielicht" (1951); von seinen kritischen und seinen kleineren Schriften: „An den Rand geschrieben" (1925), „Orchester von oben" (1926), „Ja und Nein", Schriften des Kritikers, 4 Bde. (1927), „Ich bin Zeuge" (1928), „Essays", 4 Bde. (1928–32), „Schwarz auf Weiß" (1929), „Bei dieser Gelegenheit" (1930), „In der Zwischenzeit" (1935), „Sekundenzeiger" (1936), „Handbuch des Kritikers" (1938), „Geschichten ohne Moral" (1948), „Anderseits" (1950), „Standpunkte" (1953), „Fensterplatz" (1959, aus dem Nachlaß). 1968 erschien „Auswahl". Prosa aus vier Jahrzehnten; 1970 „Bei Lichte betrachtet." Texte aus vier Jahrzehnten; 1975 „Die Mission des Luftballons"; 1977 „Die lila Wiese"; 1980 „Sperrsitz" und 1982 „Kleine Schriften".

Kirnig, H.: Alfred Kerr – A. P. Ein Vergleich. Diss. Wien (1950); Fritsche, G.: Die Kritiken A. P.s in der „Weltbühne" als Spiegel des Wiener Theaters 1906–1929. Diss. Wien (1964); Weinzierl, U.: A. P. Eine Biographie (1985)

POLITZER, Adam, * 1. 10. 1835 in Alberti (Ungarn), † 10. 8. 1920 in Wien, Ohrenarzt. Studierte in Wien, promovierte 1859 und vervollkommnete sich auf seinem Spezialge-

ALFRED POLGAR

„Marquis Prosa"

Alfred Polgar

„Ich habe ihm viel zu verdanken. Unter den deutschen Schriftstellern der Gegenwart ist er einer der bedeutsamsten. Die sprachliche Behutsamkeit habe ich von ihm gelernt. Ich gestehe, daß ich versucht habe, sie ihm abzulauschen; daß ich versucht habe, den Geheimnissen der deutschen Sprache nachzuspüren, so wie er unter wenigen es kann, dank seiner Gnade, zu hören und zu fühlen."

Joseph Roth, Für Alfred Polgar (1935)

„Polgar Alfred – heute Klassiker – von so provokant in sich gekehrter Sanftmut, daß dieses Piano seines Wesens die Tassen erklirren machte, spielte Tarock; es war aber nicht das Tarockspiel eines Bürgers, es war Buddhas Flucht ins Tarock; sah man ihn so stundenlang sitzen, dann war gewiß der Gedanke kaum unterdrückbar: ‚Herrgott, was könnte aus dem Mann werden, wenn er nicht stundenlang tarockspielend säße!' Diesethalben saß er und spielte."

Anton Kuh, Central und Herrenhof

„Er war ein Kritiker und Dichter. Er war Kritiker, wenn er über die großen und kleinen Dinge des Alltags seine großen Kleinigkeiten schrieb, verzweifelt um die sprachliche Form bemüht, deren Geschliffenheit niemals Selbstzweck war. Und er verzweifelte tausendfach, wenn es galt, die allzu frischen Eindrücke einer Premiere mit gleicher höchster Präzision von Form und Inhalt unter dem Diktat des Pressebetriebes über Nacht zu formulieren. Er war, wenn er kritisierte, ein Dichter, denn das Schreiben fiel ihm schwer. Er war ein Meister, denn er war mit sich ewig unzufrieden."

Hans Weigel, Der letzte Ritter des Feuilletons, in: Das tausendjährige Kind (1965)

biet in Paris und in London. 1863 entwickelte er ein neues Verfahren gegen Schwerhörigkeit, mit dem er ausgezeichnete Erfolge erzielte. 1871 wurde er a. o. Univ.-Prof., übernahm 1873 die Leitung der Universitätsklinik für Ohrenheilkunde und war 1894–1906 o. Univ.-Prof. in Wien. Er veröffentlichte mehrere fachwissenschaftliche Werke, darunter: „Beleuchtungsbilder des Trommelfells im gesunden und kranken Zustande" (1865), „Lehrbuch der Ohrenheilkunde", 2 Bde. (1878–82, 3. Aufl. 1893), „Die anatomische und histologische Zergliederung des menschlichen Gehörorgans im normalen und kranken Zustand" (1889), „Atlas der Beleuchtungsbilder des Trommelfells" (1896) und „Geschichte der Ohrenheilkunde", 2 Bde. (1907–13).

POLITZER, Heinz, * 31. 12. 1910 in Wien, † 30. 7. 1978 in Berkeley (Kalifornien), Schriftsteller und Literarhistoriker. Studierte ab 1929 deutsche und englische Philologie an den Universitäten Wien und Prag und erarbeitete 1933–35 gemeinsam mit Max Brod (s. d.) die ersten vier Bände der gesammelten Werke Franz Kafkas. 1938 emigrierte P. nach Palästina, ab 1947 lebte und lehrte er in den USA. P., der dem Prager Kreis nahestand, veröffentlichte u. a.: „Franz Kafka, Parable and Paradox" (1962, 1968 unter dem Titel „Franz Kafka, der Künstler"), „Franz Grillparzer oder Das abgründige Biedermeier" (1972).

POLL, Konrad, * um 1240 wahrscheinlich in Vöslau (NÖ), † um 1305/07 vermutlich in Wien, Bürgermeister. Sein Vater war in Vöslau ansässig und besaß ein Lehen in der Wachau. Von ihm selbst ist wenig bekannt. Eine Urkunde des Wiener Rates nennt ihn am 22. 8. 1282 „magister civium", also Bürgermeister – die erste urkundliche Nennung eines solchen in Wien. 1288–1305, wahrscheinlich mit Unterbrechungen, hatte er dieses Amt abermals inne. P. war auch unter jenen, die am 18. 2. 1288 in Klosterneuburg mit einem gesonderten „Treuebrief" Herzog Albrecht von Habsburg als Herrn anerkennen mußten. In seine Amtszeit fiel auch das neue, erste in deutscher Sprache abgefaßte Stadtrecht für Wien (12. 2. 1296).

Czeike, F.: Wien und seine Bürgermeister (1974)

POLLAK, Adolf M., von Rudin (seit 1869), * 15. 5. 1817 in Wscheraditz (Böhmen), † 1. 6. 1884 in Baden (NÖ), Unternehmer. Gründete 1840 gemeinsam mit J. Preshel in Wien eine Zündwarenfabrik. Bald darauf entwickelte er die Zündholz-Schiebeschachtel mit den seitlichen Reibflächen und baute einen Weltvertrieb auf. 1846 errichtete P. eine eigene Fabrikation, 1847 erfand er das Buntlackieren der Zündholzköpfe und sicherte sich und Ö. um die Mitte des 19. Jh.s ein Weltmonopol in der Zündwarenherstellung (die später auf Schweden überging). P. wurde durch sein Unternehmen sehr reich und errichtete zu Ehren des Kronprinzen Rudolf 1868 das „Rudolfinum", eine Stiftung für Studenten der Technik und Chemie. Am 1. 2. 1869 verlieh ihm Kaiser Franz Joseph I. das Prädikat „von Rudin" und nicht, wie P. sich erhofft hatte, „von Rudolfinum".

Granichstaedten-Cerva, R., Mentschl, J., und Otruba, G.: Altö. Unternehmer (1969)

POLLAK, Oscar, * 7. 10. 1893 in Wien, † 28. 8. 1963 in Hinterstoder (OÖ), sozialdemokratischer Journalist. Studierte an der Universität Wien Jus, war im Ersten Weltkrieg Offizier und promovierte 1919. Danach wandte er sich dem Journalismus zu und arbeitete gemeinsam mit seiner Frau Marianne (s. unten) 1923–26 unter Friedrich Adler (s. d.) im Sekretariat der Sozialistischen Internationale in London. Zusätzlich als Londoner Korrespondent der „Arbeiter-Zeitung" tätig, war er nach seiner Rückkehr bei diesem Blatt Redakteur und 1931–34 Chefredakteur. Als einer der Mitbegründer der „Revolutionären Sozialisten" arbeitete er ab 1936 für die Sozialistische Internationale in Brüssel, dann in Paris und schließlich ab 1940 in London, wo er auch die Auslandsorganisation der ö. Sozialdemokraten aufbaute. 1945 nach Wien zurückgekehrt, wurde er wieder Chefredakteur der „Arbeiter-Zeitung" und setzte sich neben einer demokratischen Berichterstattung auch gegen die Übergriffe der sowjetischen Besatzungsmacht, die er „die Unbekannten" nannte, ein. Maßgeblich verwendete er sich für den 1961 gegründeten „Presserat". Ihm wurden mehrere Ehrungen zuteil. Er veröffentlichte u. a.: „Das ABC der Internationale" (1928), „Farewell France" (1940), „Gegen den inneren Nazi" (1946), „Der Weg aus dem Dunkel" (1958), „Der neue Humanismus" (1962), „Kämpfer für Freiheit und Recht" (1964). Seine Gattin Marianne (* 29. 7. 1891 in Wien, † 30. 8. 1963 in Wien) war ebenfalls sozialistische Publizistin und Politikerin und setzte sich für die Arbeiter-Abstinenzler-Bewegung ein. Sie ging mit ihrem Mann 1938–45 in die Emigration und war 1945–59 Abgeordnete zum Nationalrat. Zwei Tage nach dem Tod ihres Gatten nahm sie sich in Wien das Leben.

POLLET, Johann, * 1814 in Prag, † 13. 9. 1872 in Wien, Berufsoffizier. Kam 1832 zur Artillerie und wurde 1844 Oberfeu-

Die heute noch gebräuchliche Zündholzschiebeschachtel mit seitlichen Reibflächen wurde um 1845 von Adolf M. Pollak entwickelt

erwerker. Er nahm an den Feldzügen und Kämpfen 1848/49 um Prag und in Ungarn teil und wurde 1860 als Hauptmann pensioniert. Berühmt wurde er durch seine Weigerung, während der Märzrevolution 1848 auf dem Wiener Michaelerplatz mit Kanonen auf die Volksmenge zu schießen. Seine Befehlsverweigerung wurde auch mehrfach literarisch behandelt.

Reschauer, H.: Das Jahr 1848. Geschichte der Wiener Revolution, Bd. 1 (1872)

POPOVICI, Aurel, * 16. 10. 1863 in Lugoj (Banat), † 9. 2. 1917 in Genf, politischer Schriftsteller. War Abgeordneter der Siebenbürger Rumänen und gehörte dem Kreis um Thronfolger Erzherzog Franz Ferdinand (s. d.) an. P. war ein unermüdlicher Vorkämpfer für ein föderalistisches „Groß-Österreich" zur Lösung der Nationalitätenfrage. 1906 veröffentlichte er sein programmatisches Werk „Die Vereinigten Staaten von Groß-Österreich". Darin entwickelte er die Idee einer bundesstaatlichen Erneuerung der Habsburger-Monarchie auf nationaler Grundlage und sah für die Völker der Monarchie 15 Nationalstaaten vor. Außerdem schlug er in diesem Buch als erster die Angliederung des Burgenlandes an Ö. vor.

POPP, Adelheid, * 10. 2. 1869 in Wien, † 7. 3. 1939 in Wien, sozialdemokratische Frauenführerin und Frauenrechtlerin. Arbeitete seit ihrem achten Lebensjahr in einer Fabrik und wurde 1889 Mitglied des Wiener Arbeiterinnen-Bildungsvereins. Als Journalistin kämpfte sie erfolgreich für die Gleichberechtigung der Frauen und die damit zusammenhängende Gesetzgebung. Seit 1894 mit dem Politiker Julius P. (s. d.) verheiratet, war sie auch Redakteurin der 1892 gegründeten „Arbeiterinnen-Zeitung". 1919–34 war sie Abgeordnete zum Nationalrat. Außerdem veröffentlichte sie: „Die Jugendgeschichte einer Arbeiterin" (1909), „20 Jahre ö. Arbeiterinnenbewegung" (1912) und „Der Weg zur Höhe" (1929).

Adelheid Popp 1929

POPP, Julius, * 5. 4. 1849 in Bölten (Mähren), † 18. 12. 1902 in Wien, sozialdemokratischer Politiker. Trat 1874 der Organisation der sozialistischen Schuhmacher bei und bemühte sich gemeinsam mit Viktor Adler (s. d.) um die Einigung der in einen rechten und einen linken Flügel zerfallenen Sozialdemokratischen Partei. Nach dem Einigungsparteitag 1889 (Hainfelder Parteitag) wurde P. zum Verwalter der „Arbeiter-Zeitung" bestellt. 1886–1902 war er Mitglied des Parteivorstands. Er war mit Adelheid P. (s. d.) verheiratet.

POPP, Lucia, * 12. 11. 1939 in Ungeraiden (Slowakei), Koloratursopranistin. Studierte 1959–63 an der Musikakademie in Preßburg und debütierte 1963 als Königin der Nacht an der Wiener Staatsoper. Tritt hier wie auch bei den Salzburger Festspielen auf. 1966 sang sie erstmals an der Covent Garden Opera in London, 1967 an der Metropolitan Opera in New York; tritt außerdem an allen großen Opernhäusern Westeuropas auf. Zu ihren Glanzrollen gehören: Konstanze, Königin der Nacht, Rosina, Gilda, Olympia, Zerbinetta, Sophie.

Lucia Popp als Pamina

KARL R. POPPER

Erkenntnistheorie beim sokratischen Tischlermeister

Es war einmal ein Tischlermeister, der hieß Adalbert Pösch. Von 1922 bis 1924 ging der Universitätsstudent Karl Popper bei ihm zur Lehre. „Es war ihm", erinnerte sich Popper in seinem autobiographischen Werk „Ausgangspunkte", „ein besonderes Vergnügen, mir eine historische Frage vorzulegen und sie selbst zu beantworten, wenn sich herausstellte, daß ich die Antwort nicht wußte." Und nachdem der Tischlermeister ein oder zwei schwierige Fragen gestellt und triumphierend selbst beantwortet hatte, pflegte er mit bescheidenem Stolz zu sagen: „Da können S' mi' frag'n, was Sie woll'n: ich weiß alles."
„Ich vermute", fährt Popper fort, „daß ich über Erkenntnistheorie mehr von meinem lieben, allwissenden Meister Pösch gelernt habe als von irgendeinem anderen meiner Lehrer. Keiner hat soviel dazu beigetragen, mich zu einem Jünger von Sokrates zu machen. Denn mein Meister lehrte mich nicht nur, daß ich nichts wußte, sondern auch, daß die einzige Weisheit, die zu erwerben ich hoffen konnte, das sokratische Wissen von der Unendlichkeit meines Nichtwissens war."

Karl Popper 1958

Diese und andere erkenntnistheoretischen Gedanken beschäftigten den jungen Popper, während er in der Tischlerwerkstätte an einem Schreibtisch arbeitete, dessen Qualität jedoch unter der philosophischen Beschäftigung des Lehrlings sehr gelitten hatte. 1937 begann Karl Popper erstmals an einer Universität zu unterrichten: „Ich war 35 Jahre alt und dachte, daß ich nun das Problem gelöst hätte, wie man an einem Schreibtisch arbeiten und sich gleichzeitig mit Erkenntnistheorie beschäftigen kann."

Nach: Karl R. Popper, Ausgangspunkte. Meine intellektuelle Entwicklung (dt. 1979)

POPPER, Karl Raimund, Sir (seit 1965), * 28. 7. 1902 in Wien, Philosoph. Studierte in Wien Mathematik, Physik, Psychologie und Philosophie und promovierte 1928 bei Karl Bühler (s. d.). Wurde zum Begründer des kritischen Rationalismus und entwarf in Auseinandersetzung mit dem logischen Positivismus des „Wiener Kreises" eine allgemeine wissenschaftstheoretische Methodenlehre. Mit seiner „Sozialtechnologie" nahm er am Positivismusstreit teil. 1937 erhielt er eine Dozentur in Neuseeland, 1947–69 lehrte er als Univ.-Prof. für Logik und wissenschaftliche Methodenlehre in London und leitete 1945–66 die Abteilung Philosophie, Logik und wissenschaftliche Methodenlehre an der London School of Economics. P. wurde 1965 von der englischen Königin geadelt. Seine wichtigsten Werke: „Logik der Forschung" (1934, über die Theorie der Falsifikation), „Die offene Gesellschaft und ihre Feinde" (1945, gegen Marxismus und Platonismus), „Der Zauber Platons" (1957), „Falsche Propheten" (1958), „Das Elend des Historismus" (1965), „Objektive Erkenntnis" (1972) und gemeinsam mit J. Eccles „Das Ich und sein Hirn" (1982).

Kreuzer, F.: Im Gespräch mit K. P. Offene Gesellschaft – offenes Universum (1982); Döring, E.: K. R. P. (1987)

FERDINAND PORSCHE
Der Konstrukteur des Volkswagens

PORSCHE, Ferdinand, * 3. 9. 1875 in Maffersdorf (Böhmen), † 30. 1. 1951 in Stuttgart, Autokonstrukteur. Noch als Spenglerlehrling baute er in seinem Geburtsort ein Miniatur-E-Werk. Besuchte 1890–93 die Gewerbeschule in Reichenberg und wurde 1898 von Ludwig Lohner (s. d.) in dessen Fabrik in Wien-Floridsdorf als Konstrukteur angestellt. 1899 konstruierte er hier den Radnabenmotor und das Elektromobil „Lohner-Porsche", das zu einer Sensation auf der Pariser Weltausstellung 1900 wurde. Zwei 2,5-PS-Nabenmotoren in der Vorderachse erbrachten eine Höchstleistung von 45 km/h. 1905 trennte sich P. von Lohner und war 1906–23 technischer Direktor der Austro-Daimler Motoren AG in Wiener Neustadt, wo er benzin-elektrische Automobile konstruierte. 1908 baute er auch Flugmotoren. 1910 erreichte er mit seinem in „Tulpenform" gebauten Wagen eine Geschwindigkeit von 140 km/h. 1912 baute er den sogenannten „Landwehrzug", dessen Generatorwagen an der Spitze einen 100-PS-Sechszylindermotor besaß, der die erzeugte Energie über Kabel an die Anhänger (die mit Radnabenmotoren ausgestattet waren) weitergab. Im Ersten Weltkrieg baute er schwere Zugwagen, die auch den 30,5-cm-Mörser der ö. Armee ziehen konnten. 1921 konstruierte er einen Sportwagen mit 1100 ccm Hubraum, „Typ Sascha", der 1922 bei einem Rennen auf Sizilien die ersten beiden Plätze errang. 1923 ging P. zu Daimler (ab 1926 Daimler-Benz) nach Stuttgart, wo er einen 2-Liter-Rennwagen mit Kompressormotor baute, der 1924 abermals auf Sizilien siegte. Ferner entwickelte er dort die „S"- und „SSK-Sportwagen" sowie Lastautos. 1929–31 war er Chefkonstrukteur in Steyr und konstruierte das Rohrrahmen-Fahrgestell mit Schwingachsen sowie den „Steyr 30" und den „Steyr 100". 1931 gründete er ein Konstruktionsbüro, die „Dr. Ing. h. c. Porsche G.m.b.H." in Stuttgart, erfand 1932 die Drehstabfederung und stellte 1933 den von ihm konstruierten „Volkswagen" vor. Am 12. 10. 1936 lief dessen Erprobungsprogramm an. Ab 1938 war P. „Betriebsführer" der VW-Werke in Wolfsburg. Während des Zweiten Weltkriegs konstruierte P. Panzer, 1945 wurde P.s Firma in den Porsche-Betrieb in Gmünd (K) verlagert. Nach Kriegsende wegen seiner Mitwirkung an der Rüstungsindustrie 22 Monate interniert. Konstruierte 1948/49 den ersten sogenannten „Porsche-Wagen". 1950 ging er wieder nach Stuttgart, wo er wenig später starb. P. wurde in Zell am See (S) begraben.

Quint, H. A.: P. (1951); Frankenberg, R.: P. macht Renngeschichte (1955); ders.: P-Wagen, P-Schlepper (1956); Müller, P.: F. P. (1965)

POPPER-LYNKEUS, Josef (eigtl. Popper), * 21. 2. 1838 in Kolin (Böhmen), † 22. 12. 1921 in Wien, sozialphilosophischer Schriftsteller, Techniker und Erfinder. Technikstudium in Prag und in Wien, danach Eisenbahnbeamter, beschäftigte sich mit technischen Problemen und sprach 1862 erstmals den Gedanken einer elektrischen Kraftübertragung aus. 1867 erfand er eine Dampfkesselreinigung, 1889 einen Oberflächenkondensator und 1891 einen Luftkühlapparat. Setzte sich auch mit flugtechnischen Problemen auseinander. Als sozialethischer Schriftsteller forderte er ein Existenzminimum für jedermann, das durch eine „Nährarmee" und eine „allgemeine Nährpflicht", anstelle der Wehrpflicht, gesichert werden sollte. P. stellte in seinen Schriften das Individuum über den Staat und lehnte daher jeden Zwang, wie den Kriegsdienst, konsequent ab. Von seinen Werken seien erwähnt: „Das Recht zu leben und die Pflicht zu sterben" (1878), „Flugtechnische Studien" (1896–99), „Phantasien eines Realisten" (1898), „Fundamente eines neuen Staatsrechtes" (1905), „Die allgemeine Nährpflicht als Lösung der sozialen Frage" (1912), „Krieg, Wehrpflicht und Staatsverfassung" (1921), „Selbstbiographie" (1917, 1924 als „Mein Leben und mein Wirken").

Ornstein, M.: Dem Andenken J. P.-L. (1923); Frankl, F.: Nährpflicht und Pan-Europa (1925)

PORAK DE VARNA, Waldemar, * 1880 in Galizien, † 26. 2. 1960 in Wien, Techniker und Erfinder. 1901 erfand er in Mödling (NÖ) eine „Helicoptere" (Hubschrauber), die bei 350 kg Eigengewicht 500 kg in die Luft heben konnte. Obwohl er darauf ein Patent erhielt, konnte die Erfindung aus finanziellen Gründen nicht genützt werden.

PORTISCH, Hugo, * 19. 2. 1927 in Preßburg, Journalist und Fernsehkommentator. Ging, nachdem er sein Philosophiestudium 1951 in Wien abgeschlossen hatte, 1953 nach New York, wo er bis 1955 im Informationsdienst des ö. Konsulats tätig war. 1955 Stellvertretender Chefredakteur des „Kurier", 1958–67 dessen Chefredakteur. Seit 1967 Chefkommentator des ORF; mehrere Fernsehdokumentationen wie „Friede durch Angst", „Englands Weg nach Europa" u. a.; seit 1980 beschäftigt sich P. intensiv mit der Geschichte der Zweiten Republik und gestaltete gemeinsam mit dem Film- und Kameraspezialisten Sepp Riff die umfangreiche dokumentarische Fernsehserie „Österreich II". P. veröffentlichte außerdem mehrere populäre Informationswerke, so u. a. in den Jahren 1962–67 die Bände „So sah ich . . ." (Sowjetunion, Afrika, Südamerika, China, Sibirien), „Friede durch Angst" (1970), „Kap der letzten Hoffnung" (1981), „Pilzesuchen ein Vergnügen" (1982) sowie „Österreich II" (Bd. 1 1985, Bd. 2 1986).

Hugo Portisch

POSCH, Isaac, † 1622 oder 1623 in Klagenfurt (?), Organist und Komponist. War seit 1614 Organist der Kärntner Stände und vermutlich in der Kirche

JOSEF POPPER-LYNKEUS
Phantasien eines Realisten

„Von dem Zusammentreffen mit (Poppers) Weisheit überwältigt, begann ich nun alle seine Schriften zu lesen . . . bis sich das Bild des schlichten großen Mannes, der ein Denker und Kritiker, zugleich ein gütiger Menschenfreund und Reformer war, klar vor meinem Blick aufbaute . . . Eine besondere Sympathie zog mich zu ihm hin, da offenbar auch er die Bitterkeit des jüdischen Lebens und die Hohlheit der gegenwärtigen Kulturidee schmerzlich empfunden."

Sigmund Freud, Meine Berührung mit Popper-Lynkeus

„Im Kapitel ‚Das Recht zu leben' wird mein Programm für die Lösung der sozialen Frage, und zwar speziell für die Magenfrage, entwickelt . . . Ich hebe nur den Grundgedanken hervor: Einführung der Institution einer allgemeinen Nährpflicht, also einer Nährarmee, die alles das produziert oder herbeischafft, was als Minimum einer gesunden und behaglichen Lebenshaltung notwendig ist, und Verteilung dieses Minimums an alle Staatsbürger ausnahmslos, von der Geburt bis zum Tode, und zwar nicht in Geldform, sondern in natura. Alles andre, was über das Notwendige hinausgeht, fällt in das Gebiet einer freien Privatwirtschaft, an der sich jeder nach Absolvierung seines Dienstes in der Nährarmee nach seinem Belieben beteiligen kann oder auch nicht."

Josef Popper-Lynkeus, Selbstbiographie (1917)

„Wenn irgendein selbst noch so unbedeutendes Individuum, das keines anderen Leben mit Absicht gefährdet, ohne oder gar wider seinen Willen aus der Welt verschwindet, so ist das ein ungleich wichtigeres Ereignis als alle politischen, religiösen oder nationalen Ereignisse und als sämtliche wissenschaftliche, künstlerische und technische Fortschritte aller Jahrhunderte und Völker zusammengenommen."

Josef Popper-Lynkeus, Das Individuum und die Bewertung menschlicher Existenz (1910)

St. Egyd in Klagenfurt tätig. Er hinterließ „Musicalische Ehrenfreudt", vierstimmige Suiten (1618), „Musicalische Tafelfreudt", fünfstimmige Suiten (1621) und „Harmonia concertans", ein- bis vierstimmige Concerti (1623), die in „Denkmäler der Tonkunst in Ö.", Band XXXVI, 2 (70. Band), enthalten sind.

Moser, H. J.: Die Musik im frühevangelischen Ö. (1954)

POSTL, Karl, s. Sealsfield, Charles

POTOČNIK, Hermann, * 22. 12. 1892 in Pola (Istrien), † 27. 8. 1929 in Wien, Raketentechniker. Trat früh in die ö. Armee ein und wurde Berufsoffizier und nach dem Ersten Weltkrieg Ingenieur. P. beschäftigte sich intensiv mit der Weltraumfahrt und entwarf sogenannte „stehende Satelliten" als Weltraum-Observatorien, die mit Sonnenenergie betrieben werden sollten. Seine Umlaufberechnungen wurden durch die modernen Erkenntnisse der Weltraumforschung bestätigt. 1929 veröffentlichte er das vielbeachtete Werk „Das Problem der Befahrung des Weltraums" (Pseud. H. Noordung).

PÖTZL, Eduard, * 17. 3. 1851 in Wien, † 21. 8. 1914 in Mödling (NÖ), Journalist und Lokalschriftsteller. Schrieb auch unter dem Pseud. Kleinpetz. Studierte zunächst Jus, wurde dann in Wien Beamter der Kaiser-Franz-Josephs-Bahn und wandte sich 1874 dem Journalismus zu. Zunächst Redakteur der „Wiener Neustädter Zeitung", später Feuilletonredakteur beim „Neuen Wiener Tagblatt", dem er bis zu seinem Tod angehörte. P. wurde zum Meister der Wiener Lokalskizze und zu einem pointenreichen Schilderer des Wiener Alltagslebens. Er schuf die typisch wienerische Figur des „Herrn Nigerl" und schrieb zum Teil im Wiener Dialekt. P. steht in der Wiener Feuilletontradition, die von Pezzl (s. d.) über Gräffer (s. d.) bis Schlögl (s. d.) reicht. Erwähnenswert von seinen Arbeiten: „Wiener Skizzen aus dem Gerichtssaal" (1884), „Jung Wien" (1885), „Wien", 3 Bde. (1885/86), „Die Leute von Wien" (1889), „Wiener von Heute" (1892), „Der Herr von Nigerl" (1892), „Hoch vom Kahlenberg", 3 Bde. (1898). 1906 erschien eine 18bändige Gesamtausgabe „Wiener Skizzen", 1947 eine Auswahl „Heuriges von dazumal".

Gause, E.: E. P. und die Wiener Skizze. Diss. Wien (1934)

PRACHATITZ, Peter von, † zwischen 15. und 19. 2. 1429 in Wien, Steinmetz und Baumeister. Stammte wahrscheinlich aus Prachatitz im Böhmerwald und ist vom 2. 8. 1404 bis 5. 2. 1429 als Baumeister des Wiener Stephansdoms urkundlich belegt. Aller Wahrscheinlichkeit nach von böhmischen Vorbildern, möglicherweise vom Prager Veitsdom angeregt, wurde er zu einem führenden Meister der Spätgotik. Ihm wird der entscheidende Entwurf für den (ausgebauten) Südturm von St. Stephan zugeschrieben. Auf Veranlassung des Wiener Bürgermeisters Vorlauf (s. d.) wurde 1409 sogar der schon bis etwa zur Dachhöhe fertiggestellte Turm teilweise wieder abgetragen, um den formvollendeten Plan P.s mit seiner kontinuierlichen Verjüngung ausführen zu können. Unter P.s Nachfolger Hans von Prachatitz, der als Baumeister 1429–39 in Wien urkundlich belegt ist, konnte der Stephansturm 1433 vollendet werden.

Tietze, H.: Geschichte und Beschreibung des Stephansdomes in Wien (1931); Zykan, M.: Der Stephansdom (1981)

PRACK, Rudolf, * 2. 8. 1902 in Wien, † 2. 12. 1981 in Wien, Bühnen- und Filmschauspieler. Finanzierte seine Schauspielerausbildung durch die Tätigkeit als Bankkaufmann und debütierte 1938 am Theater in der Josefstadt. Bereits 1939 verzeichnete er in „Mutterliebe" seinen ersten Filmerfolg, dem über 80 folgten, darunter „Grün ist die Heide", „Liebe nach Noten", „Kaiserwalzer", „Aus dem Tagebuch eines Frauenarztes" und „Der Jäger vom Fall". In Heimatfilmen war P. besonders erfolgreich.

PRADER, Georg, * 15. 6. 1917 in St. Pölten (NÖ), † 16. 3. 1985 in Wien, Landesbeamter und ÖVP-Politiker. Studierte in Wien Jus und wurde im Zweiten Weltkrieg als Oberleutnant schwer verwundet. 1943 studierte er weiter und promovierte 1946. Zunächst Beamter der nö. Landesregierung, war am Aufbau des Ö. Arbeiter- und Angestelltenbundes der ÖVP maßgeblich beteiligt und wurde Mitglied des Bundesvorstands. 1954–59 Mitglied des Bundesrats, ab 1959 Abgeordneter zum Nationalrat, 1964–70 Bundesminister für Landesverteidigung.

PRANDTAUER, Jakob, * 16. 7. 1660 (Tauftag) in Stanz bei Landeck (T), † 16. 9. 1726 in St. Pölten (NÖ), Baumeister. Der Sohn eines Maurermeisters trat 1677 beim Maurermeister Hans Georg Asam in Schnann im Stanzer Tal (T) in die Lehre ein. Nach Ende seiner Lehrzeit ging er 1680 in den bayerischen und den Salzburger Raum, wo er seine Fachkenntnisse erweiterte. 1689 nennt ihn die Verlassenschaftsurkunde seiner Mutter „Bildhauer bei St. Pölten in Ö.", was auf seine Tätigkeit im Schloß Thalheim (NÖ, Schloßkapelle) hinweisen dürfte. 1701 und 1704 hielt er sich für einige Zeit in Wien auf, arbeitete aber vorwiegend als einer der bedeutendsten Baumeister des ö. Barock in Nieder- und in Oberösterreich, wo er eine Vielzahl von Bauten, auch Umbauten, ausführte. Sein Hauptwerk ist das Stift Melk (NÖ), an dem er immer wieder von 1702 bis zu seinem Tod arbeitete. Sein Neffe Josef Munggenast (s. d.) vollendete in seinem Stil eine Reihe unfertig gebliebener Bauten. Von seinem umfangreichen Werk sind zu erwähnen: Pfarrhof in Haitzendorf (1694–1700), Zehenthof von Joching in der Wachau (1696), Schloß Ochsenburg bei St. Pölten (1698), Stift Melk (Baubeginn 1702), Umbau der Pfarrkirche von Weikendorf (1702–07), Wallfahrtskirche Sonntagberg (1706–18), Kuppel der Wallfahrtskirche Maria Taferl (1707–11), Karmeliterkirche und -kloster in St. Pölten (1708–12), Stiege, Saal und Gartentrakt des Stifts Garsten (1708–15), Wallfahrtskirche Christkindl (1708/09), Fortsetzung des Baus von Stift St. Florian (1708–26), Stift Herzogenburg (1714–26), Kremsmünsterer Hof (jetzt Bischofshof) in Linz (1719–26), Barockisierung des Langhauses und Bau des Chors vom St. Pöltner Dom (1721/22), Kirche in Ravelsbach (1721–26), Schloß Hohenbrunn bei St. Florian (1724–26) sowie mehrere Pfarr- und Gutshöfe. P. erarbeitete Entwürfe für folgende Stifte: Kremsmünster (1710), Klosterneuburg (1713, nicht ausgeführt), Seitenstetten und Herzogenburg (1714) sowie Göttweig (1719), ebenfalls nicht ausgeführt.

Hantsch, H.: J. P. (1926); Schikola, G.: Beiträge zu einer P.-Monographie, Diss. Wien (1959); Ausstellungskatalog J. P. und sein Kunstkreis (Melk 1960)

PRÄUSCHER, Hermann, * 22. 1. 1839 in Gotha, † 10. 6. 1896 in Bad Gleichenberg (St), Schausteller. Stammte aus einer Schaustellerfamilie und trat zunächst als Löwenbändiger im Wiener Prater auf. Von seinem Vater übernahm er schließlich eine etwa 2000 Exemplare umfassende Sammlung von Wachsfiguren und Kuriositäten, die er 1871 im Prater dem Publikum zugänglich machte. Für sein „Anatomisches Museum" erkaufte er sich auch das Versprechen noch lebender Personen, diese später ausstopfen und ausstellen zu dürfen. „P.s Panoptikum", eine der kuriosen Attraktionen des Wiener Praters, brannte im April 1945 nieder, nur wenige Exponate der Sammlung konnten von Familienangehörigen gerettet werden.

Pemmer, H., und Lackner, N.: Der Wiener Prater einst und jetzt (1935)

PRAVDA, Christian, * 8. 3. 1927 in Kufstein (T), Schirennläufer. Gewann 1952 in Oslo zwei Olympiamedaillen (Silber im Riesentorlauf, Bronze in der Abfahrt) und wurde 1954 in Aare Abfahrts-Weltmeister und Kombinations-Zweiter. Wegen eines Werbefotos 1956 für die Olympischen Spiele gesperrt, fuhr P. Profirennen und brachte es auch da zum Weltmeister.

PRAWY, Marcel (eigtl. Friedmann Ritter von Prawy), * 29. 12. 1911 in Wien, Kulturmanager und Musikschriftsteller. Studierte in Wien Jus, promovierte 1936 und beschäftigte sich durch ein Studium bei Egon Wellesz (s. d.) intensiv mit Musik. 1937 wurde er Sekretär von Startenor Jan Kiepura, der ihn in die USA mitnahm. 1946 nach Wien zurückgekehrt, führte er hier das Musical ein und machte es in Europa populär. 1955 Dramaturg an der Wiener Volksoper, später an der Wiener Staatsoper, wo er die beliebten „Einführungsmatineen" hält. Seit 1965 als „Opernführer" im ö. Fernsehen tätig, ist er auch Prof. an der Hochschule für Musik in Wien sowie Gastprof. an mehreren amerikanischen Universitäten. Von seinen Veröffentlichungen sind zu nennen: „Die Wiener Oper“ (1969), „Johann Strauß“ (1975), „Nun sei bedankt – Mein Richard-Wagner-Buch“ (1982).

PRAXMARER, Josef, * 19. 5. 1820 in Imsterberg (T), † 6. 4. 1883 in Kematen (T), Volkskundler. Wurde zunächst Polizeikommissär, entschloß sich jedoch später, Geistlicher zu werden. 1859 wurde er zum Priester geweiht. Neben seiner Tätigkeit in der Seelsorge beschäftigte er sich mit der Volkskunde seines Landes und schrieb auch zahlreiche in seiner Heimat verwurzelte Erzählungen. Noch heute von Bedeutung sind seine „Bilder aus dem Tiroler Volksleben“, 5 Bde. (1892–1906).

PRECHTL, Johann Josef Ritter von (seit 1849), * 16. 11. 1778 in Bischofsheim (Franken), † 29. 10. 1854 in Wien, Physiker, Naturforscher und Industrietechniker. Sein Vater war Vorsteher eines Eisenhüttenwerks. P. studierte Jus und Philosophie in Würzburg und kam 1801 nach Wien, um beim Reichshofrat zu praktizieren. Nahm dann den Posten eines Erziehers im Haus des Reichsfürsten Johann Taaffe in Brünn an und widmete sich dem Studium der Naturwissenschaften. 1804 veröffentlichte er eine Arbeit „Über die Physik des Feuers“, die von der Holländischen Gesellschaft der Wissenschaften in Haarlem preisgekrönt wurde. 1809 Direktor der Real- und Navigationsakademie in Triest, 1810 Lehrer an der Realakademie bei St. Anna in Wien; erhielt den Auftrag, einen Plan für die Errichtung eines Polytechnischen Instituts in Wien zu erstellen. Noch 1814 zum Direktor dieses Instituts ernannt, wurde es bereits am 16. 11. 1816 eröffnet (= ab 1872 Technische Hochschule, die heutige Technische Universität). Hier führte er gemeinsam mit J. Arzberger (s. Moritz A.) die erste öffentliche Beleuchtung mit Steinkohlengas ein. 1847 Mitbegründer der Akademie der Wissenschaften, war P. Ehren- bzw. korrespondierendes Mitglied von insgesamt 28 gelehrten oder gemeinnützigen Gesellschaften. 1846 wurde er Ehrenbürger von Wien und 1849 nobilitiert. Von 1819–39 gab er die Jahrbücher des Polytechnischen Instituts heraus, und 1830–35 leitete er die Herausgabe der 50bändigen „Technologischen Enzyklopädie“. Erwähnenswert sind noch „Praktische Dioptrik“ (1828) und „Untersuchungen über den Flug der Vögel“ (1846).

Jakob Prandtauers Stift Melk

Marcel Prawy

Knoll, F. (Hrsg.): Ö. Naturforscher, Ärzte und Techniker (1957)

PREGL, Fritz, * 3. 9. 1869 in Laibach (Krain, heute Jugoslawien), † 13. 12. 1930 in Graz, Chemiker und Mediziner. Studierte in Graz Medizin, habilitierte sich 1899 für Physiologie und war 1890–1904 Assistent für Physiologie und Histologie bei Prof. Rollett. Daneben beschäftigte er sich wissenschaftlich eingehend mit Chemie und betrieb Forschungen auf dem Gebiet der Mikroanalyse. Nach Studienreisen an die Universitäten Tübingen, Leipzig und Berlin kehrte er nach Ö. zurück und wurde Gerichtschemiker für Steiermark, Kärnten, Krain, Istrien und Dalmatien. Physiologische Experimente mit einer stetigen Verfeinerung der organischen Elementenanalysen brachten ihm immer exaktere Erkenntnisse. 1910–13 war er Univ.-Prof. in Innsbruck und arbeitete 1912 die quantitative organische Mikroanalyse aus, worüber er 1913 auf der Wiener Naturforscherversammlung einen vielbeachteten Vortrag hielt. Ab 1913 war er Univ.-Prof. in Graz und Direktor des medizinisch-chemischen Universitätsinstituts. 1914 erhielt er den Lieben-Preis, 1917 veröffentlichte er „Die quantitative organische Mikroanalyse“. Während des Ersten Weltkriegs erarbeitete er ein Verfahren zum Nachweis von Fermenten in kleinsten Serummengen. 1923 erhielt er den Nobelpreis für Chemie „für die von ihm entwickelte Mikroanalyse organischer Substanzen“. Seine Methoden der Analysen kleinster Substanzen, für die er die besonders empfindlichen Laboratoriumsgeräte oft selbst entwickelte, ermöglichten erst die umwälzenden Forschungen auf den Gebieten des Stoffwechsels, der Hormone und der Enzyme. Ein jodähnliches Desinfektionsmittel ist als „P.sche Jodlösung“ nach ihm benannt. P. stiftete den P.-Preis, der von der Akademie der Wissenschaften in Wien verwaltet wird.

Fritz Pregl

Knoll, F. (Hrsg.): Ö. Naturforscher, Ärzte und Techniker (1957); Hartmann, H.: Lexikon der Nobelpreisträger (1967)

P

Prehauser Gottfried · Preiml Baldur · Preminger Otto · Preradović Paula von · Preses Peter · Preu Niclas · Přibram Alfred Francis · Primisser Alois · Prix Johann · Probst Otto · Prohaska Felix · Prohaska Jaro · Prokesch von Osten Anton

PREHAUSER, Gottfried, * 8. 10. 1699 in Wien, † 29. 1. 1769 in Wien, Schauspieler und Komiker. Der Sohn eines Hausmeisters debütierte bei einer Wandertruppe, trat in Hirschnacks Marionettentheater auf der Freyung in Wien auf und wirkte dann als fahrender Komödiant in Süddeutschland und in Ö. 1720 kam er auf seinen Wanderungen zu Prinzipal Hilverding nach Salzburg, wo er als „Salzburgischer Hanswurst" bekannt wurde und 1725 die Witwe Hilverdings heiratete. Schon 1722 wieder unterwegs, wurde er 1725 als „Neuer Wienerischer Hanswurst" an das Kärntnertortheater in Wien berufen, um den alternden Josef Stranitzky (s. d.) abzulösen, und wurde einer der berühmtesten Interpreten dieser komischen Figur. Nach dem Tod Stranitzkys übernahm er die Führung der „Teutschen Comödianten". P. verhalf dem traditionsreichen Wiener Stegreiftheater zu einem nie dagewesenen Höhepunkt. In seinen Stegreifstükken trug er besonders gern die Tracht der Lungauer Sauschneider. Er war aber nicht nur ein vortrefflicher Darsteller in Stegreifstücken, sondern auch in „regelmäßigen" Stükken: sein schauspielerisches Talent unterstrich er auch als erster Wiener Just in Lessings „Minna von Barnhelm" und in „Miß Sara Sampson" als Norton, dem Bedienten des Mellefont. Außerdem verfaßte P. Lokalstücke und -possen und die beliebten satirisch-humoristischen „Neujahrswünsche".

Gugitz, G.: Der weiland Kasperl (1920)

PREIML, Baldur, * 8. 7. 1939 in Bruggen (K), Schispringer, Sportpädagoge. Belegte 1968 bei den Olympischen Spielen in Grenoble den dritten Platz (hinter Bachler, s. d.). Später Prof. am Stamser Schigymnasium und Trainer. Gilt als „Mann, der die österreichischen Adler das Fliegen lehrte". P. führte als erster moderne Trainingsmethoden (auch mentaler Art) und Materialverbesserungen ein. Auf seiner Arbeit und seinen Ideen basiert die heutige Spitzenstellung der österreichischen Schispringer.

PREMINGER, Otto, * 5. 12. 1906 in Wien, † 23. 4. 1986 in New York, Filmregisseur. Promovierte zum Dr. jur. 1923 war er bereits Assistent von Max Reinhardt (s. d.) bei den Salzburger Festspielen und bald auch Theaterdirektor in Wien, zuerst der Komödie und des Schauspielhauses und 1933–35 des Theaters in der Josefstadt, wo er auch als Regisseur große Erfolge hatte. 1935 ging er nach England und von dort 1938 in die USA, wo er in Hollywood bald zu den erfolgreichsten Filmregisseuren zählte. Zu seinen bedeutendsten Filmen gehören: „Laura" (1944), „Der Mann mit dem goldenen Arm" (1955), „Porgy and Bess" (1959) und „Anatomie eines Mordes" (1959).

Otto Preminger

PRERADOVIĆ, Paula von, * 12. 10. 1887 in Wien, † 25. 5. 1951 in Wien, Lyrikerin und Erzählerin. Ihr Großvater war der kroatische Nationaldichter Petar von P. (1818–1872), ihr Vater Marineoffizier und Forscher. Sie wuchs, da ihr Vater in Pola stationiert war, in Istrien und Dalmatien auf und verfaßte früh Gedichte in kroatischer Sprache. Ursprünglich wollte sie Krankenschwester werden, kehrte aber 1914 nach Wien zurück, wandte sich dem Schriftstellerberuf zu und heiratete den Diplomaten und Journalisten Dr. Ernst Molden (s. d.). Sie bekannte sich zu einem strengen Katholizismus und wurde bald als Lyrikerin bekannt. Wegen ihrer Einstellung von den nationalsozialistischen Machthabern unter Beobachtung gestellt, wurde sie, gemeinsam mit ihrem Gatten, 1944 von der Gestapo verhaftet und bis April 1945 gefangengehalten. 1940 hatte sie ihr erstes Prosawerk, den Roman „Pave und Pero", veröffentlicht, der unter Verwendung von hinterlassenen Briefen und Dokumenten ihres Großvaters und dessen erster Gattin entstanden war. 1947 wurde ihr Text „Land der Berge, Land am Strome" zum Text der ö. Bundeshymne. Sie veröffentlichte die Lyrikbände „Südlicher Sommer" (1929), „Dalmatinische Sonette" (1933), „Lob Gottes im Gebirge" (1935), „Ritter, Tod und Teufel" (1946), „Verlorene Heimat" (1951), „Schicksalsband" (1952), „Gott und das Herz", 3 Bde. (1951–53); die Prosawerke „Pave und Pero" (1940), „Königslegende" (1950), „Die Versuchung der Columba" (1951). Ihren begonnenen autobiographischen Roman nahm Ernst Molden in „P. v. P., Porträt einer Dichterin" (1955) unter dem Titel „Kindheit am Meer. Fragmente eines autobiographischen Romans" auf.

Vospernik, R.: P. v. P. Leben und Werk, Diss. Wien (1961)

PRESES, Peter, * 29. 10. 1907 in Wien, † 10. 7. 1961 in Wien, Dramatiker. Emigrierte 1938 nach England, später in die USA und lebte ab 1946 wieder in Wien. P. verfaßte 1946 gemeinsam mit Ulrich Becher (s. d.) das mehrfach verfilmte Schauspiel „Der Bockerer", au-

Paula von Preradović 1935

GOTTFRIED PREHAUSER
Der wienerische Hanswurst

„Als Prehausers Vater starb, wurde der junge Mensch Diener bey zween Schauspielern. So entstand bey ihm die Lust an der Schauspielerey, welche er bald hernach bey einer italiänischen Truppe am Mariahülfer-Grund ausübte. Seit ohngefähr vierundzwanzig Jahren stellet er nun den Hans Wurst dar. Nach einer Wanderzeit im deutschen Reich kam der junge Prehauser einstmalen zu Stranitzky, bey dem er sich anfangs mit vieler Mühe den Beyfall der Zuschauer erwarb. Dazu erzählte mir der acteur Müller eine hübsche Geschichte, so sich damalen zugetragen. Nicht lange vor dem Tode des Stranitzky fragte dieser einmal auf dem Theatro die Zuschauer, ob sie einem alten Mann, der so lange die Leute schon erlustige, eine Bitte gewähren wollten. Auf die allseitige Zustimmung holte er den jungen Prehauser hinter der scena hervor, und sagte ohngefähr: ‚Hier empfehl' ich Ihnen diesen jungen Menschen. Dulden Sie ihn, da mich mein Alter schwächet. Es gibt keinen Fähigeren, der mich ersetzen könnte.' Als es darauf hin stille war, kniete der junge Prehauser nieder und redete zum publico: ‚I bitt Sie um Gottes willen, lachen S' do über mi', worauf ein allgemeiner Beyfall losbrach."

Anonymer Brief vom 16. Mai 1764, aus: Rudolf Sienczynski, Altwiener Volkskomiker (1947)

ßerdem „Der Pfeifer von Wien“ (ebenfalls mit U. Becher, 1950) sowie „Das Spiel vom lieben Augustin“ (1950).

PREU, Niclas (auch Breu), * vor 1490, † ?, Maler. War der jüngere Bruder des Jörg P. d. Ä. (* um 1475 in Landshut [Bayern], † 1536 in Augsburg) und auch dessen Lehrling. Jörg P. war ein Meister der Donauschule, der zwischen 1498 und 1502 in Krems an der Donau (NÖ) arbeitete, 1501 den Hochaltar der ehemaligen Kartäuserkirche in Aggsbach (NÖ) und 1502 den Bernhardi-Altar in Zwettl sowie den ehemaligen Hochaltar von Melk schuf. Von Niclas P. ist wenig bekannt. Er war Schüler von Albrecht Altdorfer in Regensburg und wurde zum führenden Meister der späteren Donauschule in Wien und in NÖ. Wahrscheinlich sind von ihm auch die Federzeichnungen zu dem als Lehrbuch der Geschichte des Hauses Habsburg anzusprechenden Werk „Historia Friderici et Maximiliani“ (zwischen 1514 und 1516). Außerdem schuf er den Märtyreraltar des Stifts St. Florian (OÖ) um 1512, wahrscheinlich den Flügel der Altarstaffel des Heiligblutaltars der Kirche von Pulkau (NÖ, zwischen 1518 und 1522), Altäre in Lilienfeld (NÖ, zwischen 1530 und 1533) sowie einige Tafelbilder und Porträts.

Benesch, O., und Auer, E.: Der Meister der Historia Friderici et Maximiliani (1957)

PŘIBRAM, Alfred Francis, * 1. 9. 1859 in London, † 7. 5. 1942 in Cambridge, Historiker. Studierte in Wien Philosophie und Geschichte und war hier 1894–1930 Univ.-Prof. Er erwarb sich besondere Verdienste um die Herausgabe von Dokumentensammlungen aus dem Ö. Staatsarchiv, vor allem aus der jüngeren ö. Geschichte. 1939 emigrierte er nach England. Wichtige Veröffentlichungen: „Ö. und Brandenburg . . .“, 2 Bde. (1884/85), „Englisch-ö. Staatsverträge“, 2 Bde. (1907–13), „Urkunden und Akten zur Geschichte der Juden in Wien“, 2 Bde. (1918); außerdem war P. Mitherausgeber von „Ö.-Ungarns Außenpolitik 1908–1914“ (9 Bde.). International bekannt wurde er durch seine Studien über die Ursachen für den Ausbruch des Ersten Weltkriegs: „Die politischen Geheimverträge Ö.-Ungarns zwischen 1879 und 1914“ (1920).

PRIMISSER, Alois, * 4. 3. 1796 in Innsbruck, † 25. 7. 1827 in Wien, Germanist und Archäologe. War Sohn des Innsbrucker Univ.-Prof.s und Schloßhauptmanns von Ambras, Johann P. (* 23. 8. 1739 in Pradl/ Südtirol, † 4. 2. 1815 in Wien), der 1806 mit den geretteten Stücken der Ambraser Sammlung und seinem Sohn nach Wien kam. Alois P. studierte hier Philosophie und half seinem Vater bei der Aufsicht und Ordnung der Ambraser Sammlung. Nach dem Tod des Vaters wurde P. als Kustos am Antiken- und Münzkabinett angestellt; 1817 holte er die wertvollsten Stücke der noch verbliebenen Sammlung von Tirol nach Wien. Dabei entdeckte er die Sammelhandschrift mit dem Text des Gudrun-Versepos in der Ambraser Bibliothek.

PRIX, Johann, * 6. 5. 1836 in Wien, † 25. 2. 1894 in Rekawinkel (NÖ), Kommunalpolitiker. Studierte an der Universität Wien Jus, promovierte 1861 und arbeitete danach als Advokat. 1869 als Mitglied der Fortschrittlichen Partei in den Gemeinderat gewählt, war er 1889 bis zu seinem Tod 1894 Bürgermeister von Wien. In seiner Amtszeit wurde der Linienwall als Steuergrenze aufgehoben und die 43 Vororte in das neue Verzehrungssteuergebiet einbezogen. Damit war die Grundlage für die Großstadt Wien mit ihren nunmehr 19 Bezirken gelegt. 1891 wurden erstmals unter Beteiligung der Vorortebevölkerung Gemeinderatswahlen durchgeführt. Während seiner Amtszeit mußte sich P. der heftigen Angriffe der Lueger-Opposition erwehren.

Czeike, F.: Wien und seine Bürgermeister (1974)

Niclas Preu: Das Letzte Abendmahl. Altarblatt auf der Predella des Hochaltars der Heiligblutkirche in Pulkau, NÖ (um 1520)

PROBST, Otto, * 29. 11. 1911 in Wien, † 22. 12. 1978 in Wien, SPÖ-Politiker. Nach 1934 mehrmals in politischer Haft, 1939–43 im KZ Buchenwald. Seit 1945 Abgeordneter zum Nationalrat, seit 1946 Zentralsekretär der SPÖ. 1963–66 Verkehrsminister, 1970 Dritter Präsident des Nationalrats. Außerdem jahrzehntelang Obmann der SPÖ-Bezirksorganisation Wien-Favoriten.

PROHASKA, Felix, * 16. 5. 1912 in Wien, Dirigent. Sohn des Komponisten Carl P., studierte in Wien und war 1936–39 Korrepetitor und Musikpädagoge in Graz. 1939–41 Kapellmeister in Duisburg, 1941–43 in Straßburg, 1945–56 Erster Kapellmeister an der Wiener Staatsoper, Prof. am Wiener Konservatorium und an der Wiener Musikakademie (1945–50). 1956–61 Erster Kapellmeister der Frankfurter Oper. Danach 1961–75 Direktor der Musikhochschule in Hannover, Gastdirigent in Europa und Südamerika. Arbeitete vor allem über Bruckner; Mitherausgeber der Richard-Wagner-Gesamtausgabe.

PROHASKA, Jaro, * 24. 1. 1891 in Wien, † 28. 9. 1965 in München, Baßbariton. Studierte in Wien und trat ab 1920 als Konzertsänger auf. 1922 hatte er sein Bühnendebüt in Lübeck, war 1925–31 in Nürnberg, 1931–52 an der Berliner Staatsoper und 1947–59 als Gesangspädagoge in Westberlin tätig. 1933–44 Gast bei den Bayreuther Festspielen, hatte bedeutende Erfolge als Wotan, Telramund, Amfortas, Sachs, Holländer und Donner. P. gastierte auch bei den Salzburger Festspielen und unternahm eine erfolgreiche Südamerikatournee.

PROKESCH von Osten, Anton Graf (seit 1871), * 10. 12. 1795 in Graz, † 26. 10. 1876 in Wien, Diplomat, Historiker und Orientalist. War Sohn eines Beamten, trat 1813 in die ö. Armee ein, machte die Feldzüge

P

Prokop Liese · Proksch Anton · Prosl Robert Maria · Prunner Johann Michael · Prunner von Sonnenfeld Johann Dominikus · Prutscher Otto · Przibram Hans Leo · Psenner Ludwig · Puch Johann · Puchspaum Hans · Pürstinger Berthold · Purtscheller Ludwig · Purtscher Martin · Purtscher Nora

Anton Graf Prokesch von Osten. Lithographie von Franz Eybl (1834)

1813–15 mit und wurde Generalstabsoffizier. Als ausgezeichneter Kenner der Levante fand er 1828/29 im Vorderen Orient als Diplomat Verwendung, wo er sich bald für den Freiheitskampf der Griechen engagierte. 1831 ging er als Generalstabschef mit der Armee nach Bologna und war 1834–49 ö. Gesandter in Athen. 1845 Generalmajor, 1848 Feldmarschalleutnant, 1849–52 ö. Gesandter in Berlin und 1853/54 Bundespräsidialgesandter in Frankfurt am Main, wo er beim Deutschen Bund den ö. Standpunkt stets besonders unterstrich und dadurch in argen Gegensatz zu Bismarck geriet. 1855 Internuntius in Konstantinopel, 1867 Botschafter in Konstantinopel. Nach dem Sturz des Kabinetts Beust trat er von seinem Posten zurück. P. war ein angesehener Orientalist und Reiseschriftsteller und ein geschätztes Mitglied der Akademie der Wissenschaften in Wien und in Berlin. Er hinterließ einen umfangreichen Briefwechsel mit den bedeutendsten Politikern seiner Zeit, so mit Metternich (s. d.), Gentz (s. d.) und Erzherzog Johann (s. d.). Von seinen Werken, noch heute bedeutende Quellen zur Geschichte, sind zu nennen: „Erinnerungen aus Ägypten und Kleinasien", 3 Bde. (1829–31), „Denkwürdigkeiten und Erinnerungen aus dem Orient", 3 Bde. (1836/37), „Kleine Schriften", 7 Bde. (1842–44), „Geschichte des Freiheitskampfes der Griechen" (1845) und „Geschichte des Abfalls der Griechen vom türkischen Reiche . . .", 6 Bde. (1867).

Berger, A.: P., ein Leben aus Alt-Österreich (1921); Engel-Janosi, F.: Die Jugendgeschichte des Grafen P. (1938)

PROKOP, Liese, * 27. 3. 1941 in Tulln (NÖ), Leichtathletin, Politikerin. Akademische Weltmeisterin 1967 im Fünfkampf. Holte 1968 in Mexiko sensationell Olympia-Silber und stellte am 4./5. 10. 1969 mit 5352 Punkten in der gleichen Disziplin einen Weltrekord auf. Fünfkampf-Europameisterin 1969. P. ging nach Beendigung ihrer sportlichen Laufbahn in die Landespolitik (ÖVP/NÖ), wo sie sich als Landesrätin vor allem Familien- und Sportfragen widmet.

PROKSCH, Anton, * 21. 4. 1897 in Wien, † 29. 4. 1975 in Wien, sozialdemokratischer Politiker. Erlernte den Beruf des Schriftsetzers und kam früh mit der sozialdemokratischen Bewegung in Berührung. 1924–34 Jugendsekretär der Gewerkschaft, 1935/36 in politischer Haft. 1945–66 Abgeordneter zum Nationalrat, 1948–63 Generalsekretär des ÖGB, 1956–66 Bundesminister für Soziale Verwaltung. Veröffentlichte: „Aktuelle Gewerkschaftsfragen" (1950), „Handbuch des ÖGB" (1952), „Probleme der ö. Sozialpolitik" (1964).

PROSL, Robert Maria, * 14. 9. 1873 in Wien, † 11. 11. 1957 in Wien, Bühnenschriftsteller und Feuilletonist. War nach seiner Ausbildung als Schauspieler zunächst am Carltheater in Wien engagiert. Danach war er immer mehr als Bühnenschriftsteller und vor allem als Feuilletonist tätig. Schrieb u. a. das Opernlibretto „Der Müller und sein Kind" (nach Raupach, 1907) und das Lueger-Drama „Der Pumera" (1949). Außerdem veröffentlichte er: „Zur Geschichte des Bühnenwesens in NÖ" (1941), „50 Jahre Raimundtheater" (1943), „Die Hellmesberger" (1947), „Edmund Eysler" (1947).

PRUNNER, Johann Michael, * 4. 9. 1669 in Linz, † 26. 4. 1739 in Linz, Baumeister. Er wurde in Italien ausgebildet und schuf im Stil der großen ö. Barockbaumeister, vor allem stilistisch von Lukas von Hildebrandt (s. d.) beeinflußt, in OÖ zahlreiche Bauwerke. U. a.: Kalvarienbergkirche in Schenkenfelden (1712), Neubau der ehemaligen Spitalskirche in Wels (1712–14), Karmeliterinnenkirche (heute Barmherzige Brüder) in Linz (1713–16), Dreifaltigkeitskirche in Stadl-Paura (1714–24), die als sein Hauptwerk gilt, weiters: Klosterkirche in Spital am Pyhrn (1714–30), Minoritenkloster in Linz (1716), Umbau der Wollzeug-Fabrik in Linz (1722–26), Schloß Lamberg in Steyr (1727–31), Barockisierung des Turms der Stadtpfarrkirche von Freistadt (1735/36), Johann-Nepomuk-Kapelle der Stadtpfarrkirche von Linz (1736) sowie mehrere Profanbauten in Linz.

Grimschitz, B.: J. M. P. (1958)

PRUNNER von Sonnenfeld, Johann Dominikus, * 1654 in Klagenfurt, † 1719 in Klagenfurt, Privatgelehrter und Kanzleibeamter. War Sekretär der Kärntner Landstände und beschäftigte sich vornehmlich mit Archäologie. Er war der erste Ausgräber vor Virunum, der aus dem 1. Jh. stammenden römischen Provinzhauptstadt auf dem Kärntner Zollfeld. 1692 errichtete er im Ausgrabungsbereich eine Nischenkapelle, das sogenannte „P.-Kreuz", in das er zum überwiegenden Teil keltische und römische Inschriften- und Reliefsteine einmauerte.

PRUTSCHER, Otto, * 7. 4. 1880 in Wien, † 15. 2. 1949 in Wien, Architekt und Kunstgewerbler. War der Bruder des Architekten Hans P. (* 6. 12. 1873 in Wien, † 25. 1. 1959 in Wien) und Schüler des Malers Franz Matsch (s. d.) sowie von Josef Hoffmann (s. d.) an der Wiener Kunstgewerbeschule. P. wurde vor allem durch seine Inneneinrichtungen, Bucheinbände und Möbelentwürfe bekannt. Er war Mitarbeiter der „Wiener Werkstätte" und unterrichtete ab 1909 als Prof. an der Kunstgewerbeschule. Neben zahlreichen Kaffeehauseinrichtungen (u. a. „Heinrichhof") entwarf er u. a. auch die Gemeindebauanlagen „Heine-Hof" (1928) und „Eifler-Hof" (1929) sowie das Feinkostgeschäft „Piccini" (1934) auf dem Wiener Naschmarkt. 1947 erhielt er den Staatspreis der 1. Ö. Kunstausstellung Wien.

Weihsmann, H.: Das rote Wien (1985)

PRZIBRAM, Hans Leo, * 7. 7. 1874 in Lainz bei Wien, † 20. 5. 1944 im KZ Theresienstadt, Zoologe. Studierte in Wien, war 1903 Mitbegründer der biologischen Versuchsanstalt, dem „Vivarium" im Wiener Prater, und habilitierte sich an der Universität Wien. P. richtete im „Vivarium" eine vorbildliche Forschungsstätte für experimentelle Zoologie ein und übergab die Anstalt 1914 der Akademie der Wissenschaften (das „Vivarium" wurde 1945 zerstört). 1939 emigrierte P. nach Amsterdam, von wo aus er ins KZ verschleppt wurde. Wichtige Werke: „Experimental-Zoologie", 7 Bde. (1907–30) und „Die anorganischen Grenzgebiete der Biologie" (1926).

PSENNER, Ludwig, * 28. 5. 1834 in Bozen, † 5. 2. 1917 in Wien, Beamter und christlichsozialer Politiker. Kam nach Abschluß seines Jusstudiums 1858 nach Wien und wurde Beamter. 1882 begann er sich im antiliberalen und antisemitischen Reformverein politisch zu betätigen und war 1887 Mitbegründer des „Christlichsozialen Vereins in Wien", den er auch leitete. 1884–97 gab er das Organ des Reformvereins, „Ö. Volksfreund", heraus und beteiligte sich 1889–96 sehr aktiv an den sogenannten „Enten-Abenden". Das waren Diskussionsabende und Schulungskurse der christlichsozialen Bewegung, die im Wiener Hotel „Ente" stattfanden und von Karl Freiherr von Vogelsang (s. d.) zur programmatischen Bildung angeregt worden waren. P. veröffentlichte u. a.: „Das Christlichsoziale Programm" (1896), „Der Kernpunkt der sozialen Frage" (1897), „Christliche Volkswirtschaftslehre" (1907) und „Religion und Volkswohl" (1910).

Moritz, J.: L. P. Von der antisemitischen Volksbewegung zur christlichsozialen Reform. Diss. Wien (1962)

PUCH, Johann, * 27. 6. 1862 in Sakušak (heute St. Lorenzen) bei Pettau (Südsteiermark), † 19. 7. 1914 in Agram, Industrieller. Stammte aus ärmlichen Verhältnissen und erlernte ab 1876 in Radkersburg (St) das Schlosserhandwerk. Nach Absolvierung seiner Militärdienstzeit in Graz trat er dort in die Albelsche Mähmaschinen-, Walzmaschinen- und Fahrradfabrik als Schlossergehilfe ein, wurde, da man seine Fähigkeiten erkannt hatte, Fahrradmechaniker und schließlich Meister. 1889 gründete er eine eigene Werkstatt, bewarb sich auch um die Vertretung englischer Fahrräder, verkaufte aber im ersten Jahr nur zehn Stück. Schließlich gewann er Geldgeber und gründete die „Styria-Fahrradwerke“ in Graz, die den „Niederrädern“ mit Hinterradantrieb in Ö. zum Durchbruch verhalfen. P. hatte auch die Chance erkannt, durch Straßenrennen wirksame Werbung zu machen, und erzielte Erfolge durch einen dritten Platz bei einem Rennen Wien–Berlin und einen ersten Platz beim „Derby“ Bordeaux–Paris. Um seinen Betrieb nun rascher erweitern zu können, verkaufte er seine Firma an eine Bielefelder Maschinenfabrik und wurde Direktor seiner erweiterten Firma. Mit der deutschen Firmenleitung oft uneins, schied er 1897 aus dem Unternehmen und durfte zwei Jahre keine Fahrradfabrik gründen. Mit ihm schied auch der Werkmeister Werner aus dem Styria-Werk aus, der noch im selben Jahr die Firma „Werner & Co.“ gründete. P. trat 1899 an die Spitze dieses Unternehmens und führte es in kurzer Zeit als „Johann Puch AG“ zum erfolgreichen Großunternehmen empor. Nun wandte er sich dem Automobilbau zu, schließlich dem Motorradbau, mit dem er bald mehr Erfolg hatte. 1906 gewann sein Zweizylindertyp den „Coupe Internationale“ im südböhmischen Patzau. Ab nun entwickelte er auch Autos und war bis zu seinem Tod an 14 Modellen entscheidend beteiligt, darunter den berühmt gewordenen Alpenwagen Type VIII. Nach 1911 wandte er sich dem Flugzeugmotorenbau zu, mußte aber aus gesundheitlichen Gründen 1912 seine Stelle als Direktor zurücklegen. Sein Unternehmen produzierte zu diesem Zeitpunkt rund 15 000 Fahrräder jährlich. 1928 verschmolz das Unternehmen mit der Austro-Daimler AG, 1934 mit der Steyr-Werke AG zur Steyr-Daimler-Puch AG.

Firmenfestschrift „Puch 1899–1949“ (1949); Mentschl, J., und Otruba, G.: Ö. Industrielle und Bankiers (1965)

Johann Michael Prunners Pfarr- und Wallfahrtskirche in Stadl-Paura (1714–24)

Puch-Motorrad mit Beiwagen, zwischen 1905 und 1909

PUCHSPAUM, Hans (auch Buchsbaum), * um 1390, † um 1454/55 in Wien, Steinmetz und Baumeister. War wahrscheinlich schon 1413–17 als Steinmetz am Wiener Stephansdom beschäftigt. 1418 arbeitete er am Münster von Ulm mit, und 1432–54 ist er in Wien nachweisbar, wo er 1446 Baumeister von St. Stephan war. 1440–45 schuf er die Vorhalle des Singertores von St. Stephan, 1446 die Einwölbung des Langhauses, 1450 erfolgte die Grundsteinlegung zum Nordturm, und P. führte die Fundamente aus, sein Plan wurde aber erst ab 1467 verwirklicht. 1451 erbaute er auf dem Wienerberg die „Spinnerin am Kreuz“. 1443 dürfte er mit dem Entwurf der Stadtpfarrkirche von Steyr (OÖ) betraut worden sein und auch den Chor errichtet haben. P. lebt als Held einer bekannten Wiener Sage weiter.

Grimschitz, B.: H. P. (1947)

PÜRSTINGER, Berthold, * 1465 in Salzburg, † 16. 7. 1543 in Saalfelden (S), Bischof. War 1508–26 Bischof von Chiemsee. Hier verfaßte er 1519 die Flugschrift „Onus ecclesiae“, die große Beachtung fand. Anschließend Weihbischof und Generalvikar von Salzburg, verzichtete er 1533 auf seine Würden und gründete in Saalfelden eine Priesterbruderschaft. 1541 errichtete er hier auch ein Spital für alte Priester und für Arme. 1528 erschien seine „Tewtsche Theologey“.

Greinz, Ch.: Bischof von Chiemsee (1904)

PURTSCHELLER, Ludwig, * 6. 10. 1849 in Innsbruck, † 3. 3. 1900 in Bern (verunglückt), Alpinist. War ab 1872 Turnlehrer in Klagenfurt und ab 1877 in Salzburg. Er erstieg über 1700 Berggipfel, darunter mehrere Erstbesteigungen, so 1889 mit dem deutschen Forscher H. Meyer den Kilimandscharo und 1891 Gipfel im Kaukasus. P. gab die ersten Tourenbücher über die ö. Alpen heraus und war ein Pionier des führerlosen Bergsteigens. Veröffentlichungen: „Entwicklungsgeschichte des Alpinismus und der alpinen Technik“ (1895), „Der Hochtourist in den Ostalpen“, 2 Bde. (1894, 5. Aufl. 1926–30, 8 Bde., hrsg. von Barth) und „Über Fels und Firn“, hrsg. von H. Heß (1901).

PURTSCHER, Martin, * 12. 11. 1928 in Thüringen bei Bludenz (V), Industriemanager und ÖVP-Politiker. Sohn eines Landwirts, besuchte die Handelsakademie und wurde danach Buchhalter. Nebenher studierte er an der Universität Innsbruck Jus und promovierte 1953. Danach kaufmännischer Direktor, wurde 1966 Geschäftsführer und Generaldirektor des schweizerischen Jacobs-Suchard-Konzerns in Bludenz. Ab 1964 Abgeordneter zum Vorarlberger Landtag, 1966–87 Landtagspräsident. Seit 9. 7. 1987 als Nachfolger H. Kesslers (s. d.) Landeshauptmann von Vorarlberg.

PURTSCHER, Nora (geborene Gräfin Wydenbruck), * 15. 1. 1894 in Meiselding (K), † 28. 8. 1959 in London, Schriftstellerin und Malerin. War mit Rainer Maria Rilke (s. d.) befreundet und lebte ab 1926 in London. Veröffentlichte u. a.: „Das Dorf meiner Kindheit“ (1921), „Der Bettler von Imst“ (Drama,

Hans Puchspaums „Spinnerin am Kreuz“ auf dem Wienerberg

1921), „Treibhausblumen“ (Gedichte, 1923) und die historischen Romane „Doktor Mesmer“ (1947), „Meister Tilman Riemenschneider“ (1948), „Placidias Tochter“ (1953); außerdem „Die Weisheit der kleinen Theresia“ (= Theresia von Lisieux, 1948) und „Die Weisheit der großen Theresia“ (= Theresia von Avila, 1948).

PYRKER von Felsö-Eör, Johann Ladislaus, * 2. 11. 1772 in Nagy-Lángh (Ungarn), † 2. 12. 1847 in Wien, Kirchenfürst und Dichter. Studierte zunächst in Fünfkirchen Philosophie und Philologie, trat jedoch 1792 in Lilienfeld (NÖ) in den Zisterzienserorden ein und wurde 1796 zum Priester geweiht. 1807 Pfarrer von Türnitz, wurde 1812 Abt des Stifts Lilienfeld, 1818 Bischof von Zips, 1820 Patriarch von Venedig, 1821 Primas von Dalmatien und 1826 Erzbischof von Erlau (Ungarn) und Obergespan der Hevéser Gespanschaft. Neben seinen umfangreichen Amtsgeschäften war P. auch gemeinnützig tätig. So gründete er in Karlsbad und in Gastein (S) Kurhäuser für sieche Krieger und errichtete in Erlau ein Dorfschullehrerseminar, um dessen Fortgang er sich selbst kümmerte. P. war auch schriftstellerisch tätig und ein besonderer Förderer des jungen Franz Grillparzer (s. d.). Von seinen Heldenepen sind erwähnenswert: „Tunisias“ (1820), „Perlen der heiligen Vorzeit“ (1821) und „Rudolph von Habsburg“ (1825). War auch als Lyriker zu seiner Zeit sehr geschätzt; es erschienen u. a.: „Legenden der Heiligen auf alle Sonn- und Festtage des Jahres“ (1842), „Bilder aus dem Leben Jesu und der Apostel“ (1842) und „Lieder der Sehnsucht nach den Alpen“ (1845). 1832–34 erschienen seine „Sämtlichen Werke“ (3 Bde.).

Czigler, A.: J. L. P. (1937)

QUALTINGER, Helmut, * 8. 10. 1928 in Wien, † 29. 9. 1986 in Wien, Schauspieler, Kabarettist und satirischer Schriftsteller. Begann Medizin zu studieren, gestaltete aber schon 1946 gemeinsam mit Michael Kehlmann (s. d.) sein erstes Kabarettprogramm, „Die Grimasse“, und trat 1946/47 gemeinsam mit Carl Merz (s. d.) im „Lieben Augustin“ auf. 1950 kam Gerhard Bronner (s. d.) zu diesem Trio, das zunächst im Kellertheater in der Liliengasse und dann am Kärntnertortheater eine Glanzzeit des Wiener Kabaretts begründete. Hier wurden die schon legendären Kabarettprogramme „Brettl vorm Kopf“, „Glasl vorm Aug“, „Brettl vorm Klavier“ aufgeführt, außerdem die „Travnicek-Dialoge“, „Der Papa wird's scho richt'n“ u. a. Auch im Theater in der Josefstadt, im Fernsehen und in Filmrollen erfolgreich, zog er sich 1960 vom Kabarett zurück. In der Folge erschienen die mit Carl Merz verfaßten, durchwegs erfolgreichen Kabarettprogramme in Buchform: „Blattl vorm Mund“ (1959), „Glasl vorm Aug“ (1960). Weitere Veröffentlichungen: „Alles gerettet“ (1963), „Der Herr Karl“ (1964), „Die Hinrichtung“ (1964), „An der lauen Donau“ (1965), „Das letzte Lokal“ (1978), „Die rot-weiß-rote Rasse“ (1979), „Drei Viertel ohne Takt“ (1980) und „Heimat bist du großer Zwerge“ (1984). Qu.s Interpretation des Herrn Karl, des unverbesserlichen Mitläufers mit betont gemütlicher Fassade, wurde weit über Ö.s Grenzen hinaus bekannt. Qu. war auch ein ausgezeichneter Nestroy- und Horváth-Interpret und brillierte in Karl Kraus' „Die letzten Tage der Menschheit“ (auch als Alleinrezitator). Qu. hatte auch riesigen Erfolg mit seinen Lesungen aus Hitlers „Mein Kampf“.

QUARIN, Joseph Freiherr von (seit 1784), * 19. 11. 1733 in Wien, † 19. 3. 1814 in Wien, Arzt. Der Sohn eines Arztes promovierte bereits mit 15 Jahren zum Dr. phil. und studierte anschließend in Freiburg im Breisgau Medizin, wo er 1751 promovierte. Nach Wien zurückgekehrt, mußte er mehrere

HELMUT QUALTINGER

Die Ungemütlichkeit der Gemütlichkeit

„Ich war schon als Kind nicht sehr jung, daran hat sich bis heute nichts geändert.“

H. Qualtinger

„Immer wieder erfaßt er jenen gefährlichen Augenblick, in dem das goldene Wienerherz mit der Faust auf den Tisch schlägt. Die Brutalität der Süßigkeit, das Gefährliche an der Verbindlichkeit: das sind seine ewigen Themen.“

Otto. F. Beer

„Der ‚Herr Karl‘ wollte einem bestimmten Typus auf die Zehen treten, und ein ganzes Volk schreit Au.“

Hans Weigel

Helmut Qualtinger

„In den fünfziger Jahren machte die Familie Qualtinger gelegentlich Urlaub in Jugoslawien, wobei man sich einmal, via Adria, zu Schiff weiter nach Süden begab. Man kam, wie das so ist, mit anderen Reisenden ins Gespräch, unter denen es auch Österreicher gab – Wiener, die es im Ausland häufig drängt, ihre Sorgen und Befürchtungen mit Landsleuten zu teilen – eine euphemistische Umschreibung jener Tätigkeit, die man im Inland schlicht als Raunzen bezeichnet. Ein Herr tat sich dabei hervor, freilich ohne dadurch aufzufallen: Er beklagte sich über das fremdartige Essen, belegte es mit verächtlichen Bezeichnungen, gab seiner Sehnsucht nach kalten Wiener Schnitzeln mit Erdäpfelsalat Ausdruck und war im allgemeinen von der Tatsache negativ beeindruckt, daß die Einheimischen im Ausland Ausländer zu sein pflegen. Als ich mich nach Qualtingers Rückkehr wieder mit ihm traf, erzählte er von seinem Urlaub und so auch von jenem Herrn, er berichtete nicht nur von ihm, er kopierte ihn auch und improvisierte einige seiner Dialoge . . . Der ‚Travnicek‘ war geboren.“

Carl Merz

Prüfungen ablegen, um sich als praktischer Arzt niederlassen zu können. Bereits ab 1754 hielt er Vorlesungen über Anatomie, denen später Vorträge über die Arzneimittellehre folgten. 1758 wurde Qu. kaiserlicher Rat, Regierungs- und Sanitätsrat und Referent des Sanitätswesens bei der zuständigen nö. Landesstelle, bald darauf kaiserlicher Leibarzt. 1784 übertrug ihm Kaiser Joseph II. die Oberdirektion über das Allgemeine Krankenhaus in Wien, wo er sich große Verdienste um den vorbildlichen Ausbau des Krankenhauses erwarb und dem gesamten Gesundheitswesen neue Impulse gab. 1788 wurde auf seine Initiative hin ein Findelhaus errichtet.

QUESTENBERG, Gerhard Freiherr von, * um 1580 in Köln, † 1. 7. 1646 in Wien, Diplomat. Trat 1606 in ö. Dienste und stieg in der ö. Kriegskanzlei vom Sekretär bis zum Hofkriegsrat auf. Er wurde der engste Vertraute Wallensteins (s. d.) am Wiener Hof und versuchte die Spannungen zwischen Kaiser Ferdinand II. (s. d.) und dem entlassenen Feldherrn beizulegen. Qu. informierte Wallenstein über die Vorgänge am Wiener Hof und erreichte 1631 die erneute Betrauung Wallensteins mit dem Oberbefehl. Im Jänner 1634 überbrachte er Wallenstein Informationen, die zwar zum ersten Pilsner Schluß führten, dessen Untergang jedoch nicht verhindern konnten. 1636 führte Qu. in Vertretung des Kaisers die Regentschaft für die Länder ober und unter der Enns und für Ungarn.

QUINN, Freddy (eigtl. Franz Eugen Nidl-Petz), * 27. 9. 1931 in Niederfladnitz (NÖ), Schlagersänger. Bereiste als Schiffsjunge und Zirkusmusiker die ganze Welt, erhielt 1954 einen Ausbildungsvertrag bei einer Schallplattenfirma und besang 1956 seine erste Platte, „Heimweh", von der über zwei Millionen verkauft wurden. Spielte danach in zahlreichen Filmen und Musicals mit und trat in Fernsehshows auf.

QUIRIN, Theophil, * 18. 6. 1864 in Kirchberg am Wechsel (NÖ), † 11. 10. 1942 in Graz, Ingenieur und Feuerwehrfachmann. Wurde 1895 Branddirektor der Grazer Berufsfeuerwehr und Obmann des steiermärkischen Landesverbands für Feuerwehr und Rettungswesen. Der international anerkannte Feuerwehrfachmann erwarb sich große Verdienste um das Feuerwehrwesen. So organisierte er die Vereinheitlichung der Feuerwehrausrüstung und die Entwicklung mehrerer (nach ihm benannter) Löschbehelfe. Außerdem führte er den Wurfkübel und die Schlauchkiste ein. Gelten durch die moderne Technik auch viele seiner Neuerungen heute als überholt, so waren sie in seiner Zeit doch neue und wirksame Behelfe zur Brandbekämpfung.

RAAB, Julius, * 29. 11. 1891 in St. Pölten (NÖ), † 8. 1. 1964 in Wien, Staatsmann und ÖVP-Politiker. Der Sohn eines Baumeisters studierte an der Technischen Hochschule in Wien, absolvierte das Einjährig-Freiwilligen-Jahr und nahm im Ersten Weltkrieg an zehn Isonzoschlachten teil. Nach dem Zusammenbruch führte er als Oberleutnant seine 200 Mann starke Sappeurkompanie mit ihren Waffen und Geräten bis St. Pölten. 1922 erwarb er das Ingenieurdiplom und übernahm 1925 den väterlichen Betrieb. 1927 trat er der Heimwehr bei und war 1927–34 christlichsozialer Abgeordneter zum Nationalrat. 1928–30 Landesführer der Heimwehr von NÖ, wandte sich aber 1930/31 von der immer radikaler werdenden Bewegung ab und gründete eine eigene „Niederösterreichische Heimwehr", 1932 zog er sich kurzfristig aus der Politik zurück. 1934–38 Bundeswirtschaftsrat; war 1934 der Schöpfer der ersten einheitlichen Organisation des Gewerbes – des Ö. Gewerbebunds, dessen Obmann er auch wurde. Von 16. 2.–11. 3. 1938 Handelsminister, arbeitete er 1938–45 als Angestellter bei einer Wiener Baufirma. 1945 Staatssekretär für öffentliche Bauten, Mitbegründer der ÖVP, Gründer des ÖVP-Wirtschaftsbunds (Präsident bis 1961) und der Bundeskammer der gewerblichen Wirtschaft (Präsident ab 1947). 1945–61 Abgeordneter zum Nationalrat, 1952–60 Bundesparteiobmann der ÖVP, 1953–61 Bundeskanzler in vier Koalitionsregierungen. Von 4. 1.–22. 5. 1957 (nach dem Tod Th. Körners, s. d.) mit der Funktion des Bundespräsidenten betraut. R. förderte die Zusammenarbeit zwischen den beiden Großparteien und initiierte den Raab-Kamitz-Kurs, wodurch eine wirtschaftliche Konsolidierung Ö.s eintrat: die partnerschaftliche ö. Lösung der Frage der sozialen Marktwirtschaft. Die Krönung seiner Ära war der Abschluß des Ö. Staatsvertrags am 15. 5. 1955. Am 28. 12. 1961

Julius Raab

schloß R. als Präsident der Bundeskammer der gewerblichen Wirtschaft mit dem Präsidenten des ÖGB, Franz Olah (s. d.), ein wichtiges Abkommen, das Raab-Olah-Abkommen, das die Festigung der Sozialpartnerschaft zur Folge hatte. Bei der Bundespräsidentenwahl am 28. 4. 1963 unterlag R. als Kandidat der ÖVP mit 40,6 % der Stimmen dem amtierenden Bundespräsidenten Adolf Schärf (s. d.) (55,4 %). Charakteristisch für R. sind die folgenden zwei Aussprüche: „Meine jahrzehntelange Erfahrung hat mich gelehrt, daß in der Politik Ehrlichkeit und Wahrheit letzten Endes doch immer den Sieg davontragen" und „Nicht die Politik verdirbt den Charakter, sondern ein verdorbener Charakter verdirbt die Politik." 1964 erschien „Selbstporträt eines Politikers".

Julius Raab – Verantwortung für Ö. (1961); Schramm-Schießl, H.: J. R., Kanzler der Freiheit (1961); Jedlicka, L.: Vom alten zum neuen Ö. (1975); Ritschel, K. H.: J. R., der Staatsvertragskanzler (1975); Weissensteiner, F., und Weinzierl, E.: Die ö. Bundeskanzler (1983); Brusatti, A., und Heindl, G. (Hrsg.): J. R. (1986).

RABENLECHNER, Michael, * 12. 7. 1868 in Wien, † 27. 10. 1952 in Wien, Gymnasiallehrer und Literarhistoriker. Studierte in Wien, wurde Gymnasiallehrer und war in der „Wiener bibliophilen Gesellschaft" engagiert. 1912 gab er Robert Hamerlings sämtliche Werke heraus (16 Bde.). Außerdem veröffentlichte er u. a.: „Peter Rosegger" (1899), „Der Hernalser Kalvarienberg" (1927), „Streifzüge eines Bibliophilen" (1931), „Neue Streifzüge eines Bibliophilen" (1935) und „25 Jahre Wiener Bibliophilen-Gesellschaft" (1937).

RADETZKY von Radetz, Johann Joseph Wenzel Graf, * 2. 11. 1766 auf Schloß Třebnic südlich von Prag, † 5. 1. 1858 in Mailand, Feldmarschall. R.

JULIUS RAAB
Kanzler der Neutralität

„Ob Julius Raab ein großer Mann ist, mag die Nachwelt entscheiden. Aber daß er Format hat, ist unbestritten, und sofern er groß ist, besteht seine Größe nicht zuletzt darin, daß sie in maßstäblichem Einklang mit der Größe des von ihm repräsentierten Staates steht. Raab hat etwas von Cäsar und etwas von Churchill, aber beides reduziert, von Cäsar den einen Vornamen, von Churchill die Zigarre, die allerdings ein demonstrativ geringes Volumen aufweist, die ‚Virginier'; von Bismarck aber hat er das Selbstbewußtsein: Wo ich bin, ist immer oben."

Hans Weigel (1956)

„Das Bild des Staatsvertragskanzlers darf nicht die übrigen Leistungen Raabs verdrängen, und diese liegen auf verschiedensten Ebenen: Zunächst in der politischen Betätigung für das Land Niederösterreich unmittelbar nach dem Ersten Weltkrieg, im Aufbau eines gut organisierten Gewerbestandes in der Ersten Republik und im sogenannten Ständestaat, in der Fortsetzung dieser Aufgabe nach 1945 und schließlich als Krönung des Lebens die alle Bereiche des Staatlichen umfassende Tätigkeit als Kanzler auf dem Ballhausplatz."

Ludwig Jedlicka, Vom alten zum neuen Österreich (1975)

„Raab, das ist der alte österreichische Reserveoffizier aus St. Pölten, mit all seinen guten und schwachen Seiten . . . der k. u. k. Reserveoffizier hat sein Österreich nicht vor dem Zusammenbruch retten können – aber er hat nicht aufgegeben, als es zusammenbrach. Er hat dann, raunzend, bescheiden, aber recht ordentlich und zäh, etwas Neues aufgebaut. Er hinterläßt seinem Nachfolger nicht nur ein geordnetes Land, sondern auch eine Verpflichtung: das zu achten, was diese Leistung unseres Landes bewirkt hat und was allein sie weiterhin bewahren und die Zukunft sichern kann – die Zusammenarbeit."

„Arbeiter-Zeitung" nach dem Rücktritt Raabs als Bundeskanzler am 11. April 1961

R

Radetzky von Radetz Johann Joseph Wenzel · Radon Johann · Raffelsperger Franz · Raffl Franz · Rahl Carl · Rahner Hugo · Rahner Karl · Raimund Ferdinand

entstammte einer alten, bis ins 13. Jh. zurückreichenden Adelsfamilie. Besuchte 1781–84 das Theresianum und trat dann in das Kürassierregiment 2 als Kadett ein. 1788/89 war er Ordonnanzoffizier bei Feldmarschall Lacy (s. d.) im Krieg gegen die Türken und wurde 1790 Oberleutnant. 1793–96 nahm er an den Feldzügen in den Niederlanden und in Oberitalien teil und wurde 1799 Oberstleutnant und Adjutant von Feldmarschalleutnant Melas (s. d.). In den Schlachten an der Trebbia und bei Novi besonders bewährt, wurde R. für seinen Einsatz bei Novi zum Oberst befördert. Nach der Schlacht von Marengo am 14. 6. 1800 Kommandant eines Kürassierregiments, zeichnete R. sich in der Schlacht bei Hohenlinden am 3. 12. 1800 aus. 1805 Generalmajor und abermals in Italien stationiert, erhielt er 1809 für seine Leistungen, namentlich bei Wels, das Kommandeurkreuz des Maria-Theresien-Ordens und wurde Feldmarschallleutnant. 1813 Generalstabschef und Hofkriegsrat, entwarf den Feldzugsplan für die siegreiche Völkerschlacht bei Leipzig von 16.–19. 10. 1813. In den anschließenden Friedensjahren war er Kavalleriedivisionär in Ödenburg, danach in Ofen und dort 1821–28 Adlatus von Erzherzog Ferdinand (s. d.). 1829 General der Kavallerie und Festungskommandant von Olmütz, übernahm er 1831 den Oberbefehl der ö. Truppen (109 000 Mann) in Italien. Ab 1834 führte er auf den alten Schlachtfeldern Italiens Herbstmanöver durch, um die Armee auf den unvermeidlichen Krieg vorzubereiten. 1836 Feldmarschall, zog sich R. zu Beginn der italienischen Erhebung 1848 zuerst aus Mailand zurück, operierte jedoch dann so geschickt, daß er durch seinen glänzenden Sieg bei Custoza am 25. 7. 1848 die piemontesische Armee vollständig besiegte und am 6. 8. 1848 wieder in Mailand einziehen konnte. Im folgenden Waffenstillstand mußten die Italiener alle besetzten Plätze in der Lombardei aufgeben, und R. führte in Norditalien ein strenges Regiment. Am 10. 3. 1849 kündigte König Karl Albert von Sardinien den Waffenstillstand, doch errang R. am 23. 3. 1849 den entscheidenden Sieg bei Novara, durch den er Ö.s Herrschaft in Oberitalien und wenig später über Venedig wieder für einige Zeit sicherstellte. Als Generalgouverneur des Lombardo-Venetianischen Königreichs hielt R. mit harten, auch wirtschaftlich strengen Maßnahmen Ruhe und Ordnung aufrecht. Inzwischen Herr auf Neumarkt in Krain und auf Rzidko in Böhmen, erhielt er durch den Beschluß der Stände von Krain 1852 das Gut Thurn bei Laibach auf Lebenszeit. Am 28. 2. 1857 wurde er von Kaiser Franz Joseph (s. d.) der Würden eines Kommandierenden Generals der 2. Armee und des Generalgouverneurs enthoben, jedoch nicht pensioniert; er hatte 72 Jahre, 4 Monate und 23 Tage in der ö. Armee gedient. Als er am 28. 2. 1858 in der Villa reale in Mailand starb, ordnete der Kaiser nicht nur ein feierliches Begräbnis, sondern auch die Bestattung in der Kapuzinergruft an. Doch da erhob R.s Freund, der Heereslieferant Pargfrieder (s. d.), Einspruch, dem R. Jahre zuvor für geborgtes Geld gestattet hatte, nach seinem Tod den Leichnam auf dem Heldenberg bei Kleinwetzdorf (NÖ), eine von Pargfrieder errichtete Ruhmesstätte, bestatten zu dürfen. Kaiser Franz Joseph mußte daher von seinem Plan Abstand nehmen, empfing jedoch den Leichenkondukt vor den Toren Wiens und übernahm dessen Kommando. Auch in Kleinwetzdorf war der Kaiser anwesend. Mit R. starb nicht nur der beliebteste und populärste Feldherr der ö. Armee, sondern auch der am längsten gediente Soldat.

Haymerle, A. v.: J. Graf R. (1886); Krones, F. X.: R. (1891); Helfert, J. A. v.: Graf J. R. (1891); Hoettinger, F. F.: R. (1934); Wolf-Schneider v. Arno, O.: Der Feldherr R. (1934); Schmahl, E.: R. (1938); Kerchnawe, H.: R. (1944); Bibl, V.: R. (1955); Regele, O.: Feldmarschall R. (1957); Herre, F.: R. (1981)

FELDMARSCHALL RADETZKY

In seinem Lager war Österreich

Glück auf, mein Feldherr, führe den Streich!
Nicht bloß um des Ruhmes Schimmer,
In deinem Lager ist Österreich,
Wir andern sind einzelne Trümmer.

F. Grillparzer, Feldmarschall Radetzky, geschrieben Anfang Juni 1848

Noch ruht der Degen fest in meiner Hand, den ich durch 65 Jahre mit Ehre auf so manchem Schlachtfeld geführt . . . "

Radetzky, 1848

„Soldaten! Der Kampf wird kurz sein! Noch einmal folgt Eurem greisen Führer zum Sieg!"

Armeebefehl vom 12. März 1849

„Dem Willen des Allmächtigen hat es gefallen, den ältesten Veteranen Meiner Armee, ihren siegesgekrönten Führer, Meinen treuesten Diener, den Feldmarschall Grafen Radetzky, aus diesem Leben abzuberufen. Sein unsterblicher Ruhm gehört der Geschichte . . . "

Armeebefehl Kaiser Franz Josephs vom 5. Jänner 1858

Feldmarschall Graf Radetzky. Gemälde von G. Decker

RADON, Johann, * 16. 12. 1887 in Teschen (Böhmen), † 25. 5. 1956 in Wien, Mathematiker. Studierte in Wien und war hier 1912–19 an der Technischen Hochschule tätig, bis er als Univ.-Prof. nach Deutschland ging. 1945–47 war er Univ.-Prof. in Innsbruck, danach in Wien. Seine Spezialgebiete waren Mengenfunktionen, Variationsrechnung und Differentialgeometrie; lange Zeit war R. auch Herausgeber der „Monatshefte für Mathematik".

RAFFELSPERGER, Franz (auch Raffelsberger), * 22. 9. 1793 (Taufdatum) in Modenitz (Ungarn), † 14. 7. 1861 in Wien, Geologe und Topograph. Studierte in Wien, hatte detailreiche Kenntnisse über den Kaiserstaat durch umfangreiche Reisen gewonnen und erwarb sich große Verdienste um die Herausgabe bedeutender Karten und Werke, u. a.: „Postadressenbuch" (1821), „Reiseporträts", 3 Bde. (1830),

„Proben der ersten geographischen Typen“ (1838) und „Allgemeines geographisches Lexikon des ö. Kaiserstaates“, 10 Bde. (1846–58) sowie die Karten „Große Charte der Fahrposten“ (1826), „Postatlas“ (1830) und „Generalkarte von Europa, Kleinasien und dem nördlichen Afrika“ (1843).

RAFFL, Franz, * 10. 10. 1775 in Tall bei Meran, † 13. 2. 1830 in Reichertshofen (Bayern), Bauer. War ein herabgekommener Tiroler Bauer, der als „Judas von Tirol“ in die Geschichte einging. Er hatte das Versteck von Andreas Hofer (s. d.) auf der Pfandleralm durch Zufall entdeckt und an die Franzosen verraten, die den Tiroler Freiheitshelden am 28. 1. 1810 dort verhaften konnten. Der Kopfpreis von 1 500 Gulden machte R. jedoch nicht glücklich, er fand auch keine Arbeit und wurde wiederholt bedroht, so daß er bald darauf nach Bayern auswandern mußte.

RAHL, Carl, * 13. 8. 1812 in Wien, † 9. 7. 1865 in Wien, Maler. Erhielt seinen ersten Unterricht durch seinen Vater Karl Heinrich R. (* 11. 7. 1779 in Hoffenheim bei Sinzheim, † 12. 8. 1843 in Wien), der Kupferstecher war. 1827–32 studierte er an der Akademie der bildenden Künste in Wien und erhielt 1832 von dieser den Reichel-Preis. Nach ausgedehnten Studienreisen und langjährigen Aufenthalten in Rom war er 1850/51 Prof. für Malerei an der Vorbereitungsschule der Akademie und gründete 1851 zusammen mit 25 akademischen Malern eine Privatschule für Monumentalmalerei, aus der eine Reihe von bedeutenden Künstlern hervorging, so u. a. Romako (s. d.), Griepenkerl (s. d.), Eisenmenger (s. d.) und Bitterlich (s. d.). 1862 übernahm er als Nachfolger Kupelwiesers (s. d.) die Meisterschule an der Akademie und war bis zu seinem Tod Prof. R. gilt als Vorläufer Hans Makarts (s. d.) und übte durch seinen Eklektizismus großen Einfluß auf die Wiener Malerei aus. Neben zahlreichen Ölbildern, davon in Wien u. a. das Hochaltarbild der Piaristenkirche „Mariä Vermählung“, schuf er Decken- und Wandgemälde in Wiener Palais, wie die Fresken im Palais Todesco, sowie Entwürfe für den Vorhang und die Dekkengemälde der Wiener Oper, Fresken in der griechischen Kirche am Fleischmarkt und die sechs allegorischen Darstellungen in der Treppenhalle des Heeresgeschichtlichen Museums im Wiener Arsenal.

Carl Rahl. Stich nach einem Selbstporträt (1835)

George-Mayer, A.: Erinnerungen an K. R. (1882); Wagner-Rieger, R.: Wiens Architektur im 19. Jh. (1970)

RAHNER, Hugo, * 3. 5. 1900 in Pullendorf (Baden-Württemberg), † 21. 12. 1968 in München, Jesuit und Kirchenhistoriker. Älterer Bruder von Karl R. (s. d.). Trat 1919 in den Jesuitenorden ein und wurde zu einem bedeutenden Patristiker und Ignatius-Forscher. 1937–66 war er Prof. für Kirchengeschichte an der Universität Innsbruck. Er veröffentlichte eine Vielzahl von theologischen Werken, u. a.: „Abendländische Kirchenfreiheit“ (1943), „Ignatius von Loyola“ (1947), „Mariens Himmelfahrt“ (1951), „Der spielende Mensch“ (1952), „Himmelfahrt der Kirche“ (1961), „Kirche und Staat im frühen Christentum“ (1961), „Maria und die Kirche“ (1962), „Symbole der Kirche“ (1964); außerdem gab er ab 1958 „Forschungen zur Geschichte der Theologie und des innerkirchlichen Lebens“ heraus.

RAHNER, Karl, * 5. 3. 1904 in Freiburg im Breisgau, † 30. 3. 1984 in Innsbruck, Jesuit und Dogmatiker. Jüngerer Bruder von Hugo R. (s. d.). Trat 1922 in den Jesuitenorden ein und war 1949–64 Univ.-Prof. für Dogmatik in Innsbruck, 1964–67 für Christliche Weltanschauung und Religionsphilosophie in München, 1967–71 für Dogmatik in Münster in Westfalen und ab 1971 an der Hochschule für Philosophie in München. R. setzte sich in seiner Theologie vor allem mit der Existenzphilosophie Martin Heideggers auseinander und wollte menschliche Erfahrung und christlichen Glauben versöhnen. Außerdem wirkte er als einflußreicher Berater beim II. Vatikanischen Konzil. Zahlreiche Veröffentlichungen, u. a.: „Geist in Welt“ (1939), „Hörer des Wortes“ (1941), „Visionen und Prophezeiungen“ (1952), „Das freie Wort in der Kirche“ (1955), „Zur Theologie des Todes“ (1958), „Das Dynamische in der Kirche“ (1958), „Sendung und Gnade“ (1959), „Zur Theologie der Zukunft“ (1971), „Herausforderung des Christen“ (1975), „Toleranz in der Kirche“ (1977); sein erfolgreichstes Werk, „Worte ins Schweigen“, erreichte 1963 die 8. Auflage; sein Hauptwerk sind die „Schriften zur Theologie“, 13 Bde. (1954–78).

Röper, A.: K. R. als Seelsorger (1987)

FERDINAND RAIMUND

Der Zuckerbäcker in der Zauberwelt

„Ferdinand Raimund, eine ernste Natur, die es auch mit der Kunst ernsthaft nahm, hatte sich gelegentlich selbst in tragischen Rollen versucht . . . Längst ein berühmter Komiker und gefeierter Volksschauspieldichter, was aber seinem Ehrgeiz nicht genügte, wollte er durchaus noch immer tragisch dichten, tragisch spielen. – ‚Ich bin zum Tragiker geboren‘, sagte er mir einst in edler Aufwallung, ‚mir fehlt dazu nix als die G'stalt und 's Organ!‘“

Eduard Bauernfeld, Aus Alt- und Neu-Wien

„Zum Vorteile Raimunds wurde ein neues Stück von ihm gegeben, welches den Titel führt ‚Der Diamant des Geisterkönigs‘. Ein ungeheueres Gedränge machte uns den Eintritt ins Theater sehr schwer. Raimund hat mit dem ‚Diamant‘ seinen Ruhm vermehrt. Was für einen natürlichen und herzenswarmen Florian gab Raimund! Da ist nicht eine Nuance, mit der man tadelnd sagen könnte, daß sie übertrieben sei; kein witziger Lokaleinfall, den man sittenlos oder trivial nennen möchte. Dennoch – Stimmen hinter mir sagten ganz ohne Gêne und Scham: ‚Mir san nur wegen Korntheuer ins Theata ganga!‘ – Korntheuer ist zwar ein sehr komischer Schauspieler, aber doch mehr ein manierierter Spaßmacher. Man wird Korntheuer über kurz oder lang auf dieser Volksbühne gewiß sehr vermissen, aber dem Poeten Raimund werden die Herzen der Wiener nachklagen.“

Karl Ludwig Costenoble, Tagebucheintragung vom 17. Dezember 1824

„Man hat oft bedauert, daß es Ferdinand Raimund, dem beliebten Volksdichter, an Bildung fehle; wenn diese noch dazu gekommen wäre, stünde der leibhaftige Shakespeare noch einmal da. Ich glaube, es fehlt Raimund nicht sowohl an Bildung, als an der Fähigkeit, sich eine Bildung zunutze zu machen. Anderseits merken seine Bewunderer nicht, daß gerade dieser Zusammenstoß von Geahnet-poetischem und Gemein-unkultiviertem es ist, was den Hauptreiz von Raimunds Hervorbringungen ausmacht. Das Barocke ist sein Verdienst, aber sein großes Verdienst.“

Franz Grillparzer, Studien zur deutschen Literatur

RAIMUND, Ferdinand (eigtl. Ferdinand Jakob Raimann), * 1. 6. 1790 in Wien, † 5. 9. 1836 in Pottenstein (NÖ), Dramatiker und Schauspieler. Der Sohn eines Drechslermeisters wurde 1804 Zuckerbäckerlehrling und kam bald als Verkäufer von Süßigkeiten und Erfrischungen im Wiener Burgtheater mit der Bühnenwelt in Berührung. (Er war ein sogenannter „Numero“, wie man diese Verkäufer wegen einer Nummer, die sie am livrierten Frack trugen, nannte.) Bei Wandertruppen in Preßburg und Ödenburg bildete er sich ab 1808 zum Schauspieler heran. 1814 kam er an das Theater in der Josefstadt, 1817–30 war R. am Leopoldstädter Theater engagiert, wo er ab 1821 auch als Spielleiter und 1828–30 als Direktor wirkte. Dann gab er nur noch Gastspiele in Wien, Berlin, München und Hamburg und zog sich 1834 nach Gutenstein (NÖ) zurück. Dort lebte er, bald unter Depressionen leidend, gemeinsam mit seiner Jugendliebe Toni Wagner, deren vermögende Eltern 1819 eine Heirat verhindert hatten. Seine unglückliche Ehe mit der Soubrette Luise Gleich, der Tochter des Possendichters Joseph Alois Gleich (s. d.), war nach zwei Jahren, 1822, geschieden worden. Eine harmlose Verletzung an der Hand, die ihm ein Hund zugefügt hatte, versetzte R. in panische Angst vor Tollwut. Auf der Fahrt zum Arzt nach Pottenstein schoß er sich

R

Rainalter Erwin Herbert · Rainer Arnulf · Rainer Ferdinand, Erzherzog · Rainer Luise · Rainer Roland · Raitenau Wolf Dietrich · Ramek Rudolf · Ramus Pierre

Ferdinand Raimund. Lithographie von Josef Kriehuber (1829)

eine Kugel in den Mund und starb nach einer Woche qualvollen Leidens. R. war als Schauspieler zunächst in etwas veredelten komischen Rollen aufgetreten, bis er sich die Stücke selbst schrieb und 1823 mit dem „Barometermacher auf der Zauberinsel" gleich seinen ersten großen Erfolg als Bühnendichter feiern konnte. Die Ideale des Biedermeier – Treue, Dankbarkeit, Zufriedenheit und Maßhalten – sind die Grundgedanken seiner Werke, die Welt der Phantasie und der Boden der Heimat sind die Ebenen, auf denen sie spielen. In einer gewissen Rivalität zu dem um elf Jahre jüngeren Nestroy (s. d.) stehend, strebte er vergeblich die klassische Tragödie an, wurde aber zum Vollender des traditionsreichen Alt-Wiener Volksstücks und zum Klassiker des Märchen- und Zauberspiels, der Zauberposse mit Gesang. R.s sehnlichster Wunsch, seine Stücke am Wiener Burgtheater aufgeführt zu sehen, wurde ihm nicht erfüllt. Erst 1885 wurde sein „Verschwender" im Wiener Hofoperntheater von Schauspielern des Burgtheaters aufgeführt, und am 15. 2. 1918 spielte das Burgtheater erstmals seinen „Bauer als Millionär". Die Kompositionen für seine Werke schufen W. Müller (s. d.), J. Drechsler (s. d.) und K. Kreutzer (s. d.), doch einige besonders volkstümlich gewordene wie etwa „Brüderlein fein" stammen von R. selbst. Seine bedeutendsten Werke sind: „Der Barometermacher auf der Zauberinsel" (1823), „Das Mädchen aus der Feenwelt oder Der Bauer als Millionär" (mit „Brüderlein fein", 1826), „Der Alpenkönig und der Menschenfeind" (1828) und „Der Verschwender" (mit dem „Hobellied", 1834). Weiters schrieb er: „Der Diamant des Geisterkönigs" (1824), „Moisasurs Zauberfluch" (1827), „Die gefesselte Phantasie" (1828) und „Die unheilbringende Krone" (1829). Eine historisch-kritische Ausgabe seiner Werke gaben F. Brukner und E. Castle heraus: „Ferdinand Raimund. Sämtliche Werke", 6 Bde. (1924–34), von der 1954 eine Auswahl erschien; „R.s Dramatische Werke", 2 Bde. (1960) wurden von G. Pichler herausgegeben.

Smekal, R.: F. R. (1920); Vancsa, K.: F. R. (1936); Kindermann, H. H.: F. R. (1940); Rommel, O.: F. R. (1947); ders.: Alt-Wiener Volkskomödie (1952); Weigel, H., in: Flucht vor der Größe (1962); Wagner, R.: F. R. (1985)

RAINALTER, Erwin Herbert, * 6. 6. 1892 in Istanbul, † 29. 10. 1960 in Wien, Erzähler und Journalist. Entstammte einer alten Tiroler Familie, studierte in Wien Germanistik und lebte in Salzburg und in Wien als Schriftsteller und Journalist; war vorwiegend als Theaterkritiker tätig. Veröffentlichte zunächst „Gedichte" (1911), dann aber realistische Erzählungen, Novellen und Romane, die zum Teil in seiner Heimat spielen, zum Teil einen historischen Hintergrund haben. So u. a.: „Anno dazumal und heute" (1916), „Die Menagerie" (1920), „Der Einsatz" (1922), „Die verkaufte Heimat" (1928), „Heimkehr" (1931), „Sturm überm Land" (1932), „Der Sandwirt" (1935), „Das große Wandern" (1936), „Der getreue Knecht" (1936), „In Gottes Hand" (1937), „Mirabell" (1941), „Die Enkelinnen der Kleopatra" (1942), „Wiener Damenbrevier" (1948), „Der römische Weinberg" (1948), „Die einzige Frau" (1949), „Wolken im Frühling" (1950), „Arme schöne Kaiserin" (1954), „Hellbrunn" (1958) und „Kaisermanöver" (1960).

RAINER, Arnulf, * 8. 12. 1929 in Baden (NÖ), Maler. 1947–49 Besuch der Staatsgewerbeschule in Villach, studierte kurzzeitig an der Akademie der bildenden Künste und an der Akademie für angewandte Kunst in Wien und begann zunächst, angeregt durch den Kontakt mit Ernst Fuchs (s. d.) und Monsignore Otto Mauer (s. d.), mit surrealistischen Werken, um dann zu seinen „Übermalungen" und „Schwarzbildern" zu kommen. Eine eigenwillige Phase war durch Zeichnungen gekennzeichnet, die er in unter ärztlicher Aufsicht herbeigeführten Rauschzuständen schuf. Nach Körperbemalungen (erstmals 1967) und Photoüberzeichnungen wandte er sich der graphischen Umsetzung von Totenmaskenphotos zu. R. ist seit 1981 o. Prof. an der Akademie der bildenden Künste in Wien.

A. R. Totenmasken mit Texten von Werner Hofmann und A. R. (1985)

Erzherzog Rainer

RAINER FERDINAND, Erzherzog von Ö., * 11. 1. 1827 in Mailand, † 27. 1. 1913 in Wien. Sohn von Erzherzog Rainer Joseph Johann (* 30. 9. 1783 in Florenz, † 16. 1. 1853 in Bozen, siebenter Sohn Kaiser Leopolds II. [s. d.]) und Neffe von Kaiser Franz I. (II., s. d.). 1852 Oberst, wurde R. von Kaiser Franz Jo-

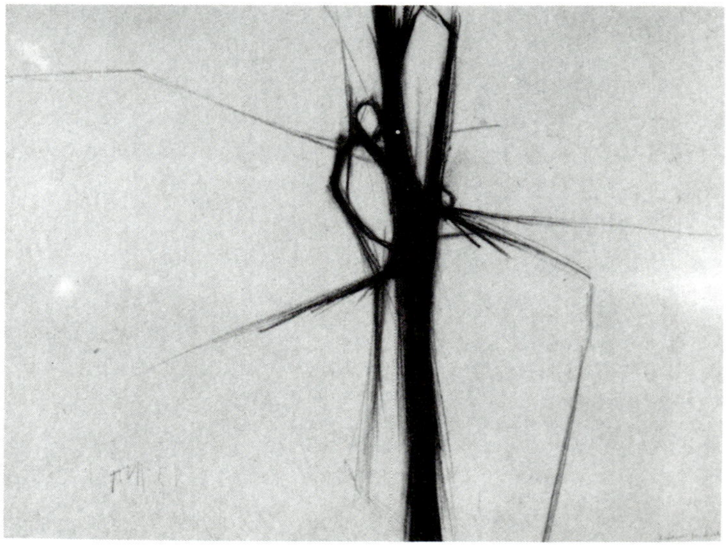

Arnulf Rainer: Zentralformation (1952)

seph (s. d.) 1857 als Präsident an die Spitze des ständigen Reichsrats gestellt und war 1861–65 als nomineller Ministerpräsident das Haupt des liberalen Kabinetts Schmerling sowie ab 1861 Feldmarschallleutnant. Als Förderer der Wissenschaft war R. ab 1861 Kurator der Akademie der Wissenschaften und ab 1863 Protektor des ö. Museums für Kunst und Industrie. Seit 1867 Mitglied des Herrenhauses, 1868–1906 Oberkommandierender der Landwehr, 1874 Feldzeugmeister. 1884 erwarb er eine wertvolle Papyrisammlung, die er später der Hofbibliothek (Ö. Nationalbibliothek) zum Geschenk machte.

RAINER, Luise, * 12. 1. 1912 in Wien, Schauspielerin. Trat bereits mit 16 Jahren bei M. Reinhardt (s. d.) auf und war später auch am Deutschen Volkstheater in Wien und am Burgtheater engagiert. 1934 ging sie nach Hollywood (USA), wo sie bald eine erfolgreiche Filmschauspielerin wurde und 1936 und 1937 mit dem „Oscar" ausgezeichnet wurde (u. a. für die weibliche Hauptrolle der Verfilmung von Pearl S. Bucks Roman „Die gute Erde"). 1939–42 lebte sie in England, 1945–56 in Deutschland und seither wieder in London.

RAINER, Roland, * 1. 5. 1910 in Klagenfurt, Architekt und Stadtplaner. Erwarb 1933 das Ing.-Diplom an der Technischen Hochschule in Wien und promovierte 1935 zum Dr. techn. 1953 Prof. an der Technischen Hochschule in Hannover, 1955 in Graz und 1956–80 Prof. an der Akademie der bildenden Künste in Wien. 1958–63 Stadtplaner der Stadt Wien. Er baute hier u. a. 1950 das Jugendgästehaus in Pötzleinsdorf und die Freilichtschule Siebenhirten, 1953–58 die Stadthalle, 1963 die Eigenheimsiedlung Maurerberg und das ORF-Zentrum auf dem Küniglberg. Darüber hinaus arbeitete er auch an internationalen Projekten mit, die ihm in- und ausländische Anerkennungen und Ehrungen einbrachten. Zusätzlich veröffentlichte R. mehrere vielbeachtete Bücher, u. a.: „Die Behausungsfrage" (1947), „Ebenerdige Wohnhäuser" (1948), „Städtebauliche Prosa" (1949), „Die gegliederte und aufgelockerte Stadt" (1950), „Anonymes Bauen Nordburgenland" (1961), „Planungskonzept Wien" (1962) und „Kriterien der wohnlichen Stadt" (1978). Mehrfach ausgezeichnet, erhielt er u. a. 1954 den Preis der Stadt Wien und 1962 den Großen Ö. Staatspreis für Architektur.

Luise Rainer (rechts) mit Helene Thimig in Jacques Devals „Mademoiselle". Theater in der Josefstadt 1932

RAITENAU, Wolf Dietrich von, s. Wolf Dietrich

RAMEK, Rudolf, * 12. 4. 1881 in Teschen (Ö.-Schlesien), † 24. 7. 1941 in Wien, Rechtsanwalt und christlichsozialer Politiker. Studierte in Wien Jus und promovierte 1907. 1913 eröffnete er in Salzburg eine Rechtsanwaltskanzlei und diente im Ersten Weltkrieg an der Italienfront, wo er zuletzt Hauptmann und Batteriekommandant beim 1. schweren Artillerieregiment war. Als Mitglied der Christlichsozialen Partei war er 1919–34 Abgeordneter zum Nationalrat. 1919/20 Staatssekretär für Justiz im Kabinett Renner III, 1921 im Kabinett Mayr II für zwei Monate Bundesminister für Inneres und Unterricht, 1924–26 Bundeskanzler in zwei aufeinanderfolgenden Regierungen, die das von Prälat Ignaz Seipel (s. d.) begonnene Sanierungskonzept zu Ende zu führen hatten. Außerdem fielen in diese kurze Zeitspanne die Probleme der Verwaltungsreform und die Bundesverfassungsnovelle vom Juli 1925 sowie – als wertvollstes Ergebnis davon – die Erstellung des Verwaltungsverfahrengesetzes. Ein Finanzskandal, in dem der Finanzminister Ahrer (s. d.) verwickelt war, und zu hohe Gehaltsforderungen der Beamten, über die keine Einigung erzielt wurden, führten zum Rücktritt R.s. 1930–33 Zweiter Präsident des Nationalrats, trat am 4. 3. 1933 gemeinsam mit Karl Renner (s. d.) und dem Dritten Nationalratspräsidenten Straffner zurück. Eine Ausschaltung des Parlaments hatte R. nicht gewollt, doch als die neue autoritäre ständische Verfassung am 30. 4. 1934 im Rumpfparlament „angenommen" wurde, führte er den Vorsitz und schloß diese letzte Sitzung der Ersten Republik. R. zog sich daraufhin aus der Politik zurück und ging in Salzburg seinem Beruf nach. Von den NS-Stellen wenig behelligt, arbeitete er als Berater kirchlicher Stellen.

Weissensteiner, F., und Weinzierl, E. (Hrsg.): Die ö. Bundeskanzler (1983)

Rudolf Ramek

Roland Rainer: Die Stadthalle in Wien (1953–58)

RAMUS, Pierre (eigtl. Rudolf Großmann), * 15. 4. 1882 in Wien, † 27. 5. 1942 (auf der Überfahrt nach Mexiko), anarchistischer Schriftsteller. Ging bereits 1895 nach New York und begann ab 1898 sozialistische Publikationen zu verfassen. Gründete als Achtzehnjähriger seine erste Zeitschrift, „Der Zeitgeist", und schrieb bis 1904 für J. Mosts anarchistisches Blatt „Freiheit". 1903 floh er nach London, kehrte 1907 nach Wien zurück und gab bis 1914 die Zeitschrift „Wohlstand für Alle" heraus. 1910–14 redigierte er auch das „Jahrbuch der freien Generation" und versuchte, die anarchistische Bewegung in Ö. zu organisieren. Nach Kriegsende gab R. die Zeitschrift „Erkenntnis und Befreiung" (ab 1927 „Der Anarchist") heraus. 1934 mußte er für die Propagierung alternativer Siedlungsgenossenschaften und antimilitärischer Aktionen eine Haftstrafe antreten, 1938 verließ er Ö. Er schrieb u. a.: „Das anarchistische Manifest" (1907), „Die Neuschöpfung der Gesellschaft durch den kommunistischen Anarchismus" (1921) und „Die Irrlehre des Marxismus im Bereich des Sozialismus und Proletariats" (1927).

Botz, G., Brandstetter, G., und Pollak, M.: Im Schatten der Arbeiterbewegung (1977)

RANFTL, Johann Matthias, * 20. 1. 1804 in Wien, † 1. 11. 1854 in Wien, Maler. War Schüler von A. Krafft, von dem er sich später jedoch abwandte. Er schuf eine Vielzahl von Historienbildern, Porträts, ländlichen Genrebildern, Rollenbildnissen (u. a. Nestroys) sowie zahlreiche Tierbilder und hier wiederum vor allem Hunde, weshalb er bald den Beinamen „Hunde-Raffael" erhielt.

RANK, Otto, * 22. 4. 1881 in Wien, † 31. 10. 1939 in New York, Psychoanalytiker. Studierte 1908–12 an der Universität Wien Germanistik und Philosophie und promovierte zum Dr. phil. War ein früher Mitarbeiter Sigmund Freuds (s. d.), wurde Sekretär der Wiener Psychoanalytischen Gesellschaft und 1912 Mitherausgeber der internationalen Zeitschrift für Psychoanalyse „Imago". Nach seinem Bruch mit Freud 1926 ging R. nach Paris und ließ sich 1936 in New York nieder, wo er auf dem Gebiet der Psychotherapie arbeitete. Er veröffentlichte u. a.: „Das Trauma der Geburt" (1924), „Entwicklungsziele der Psychoanalyse" (gemeinsam mit S. Ferenczi, 1924) und „Technik der Psychoanalyse" 3 Bde. (1926–36).

RAPF Kurt, * 15. 2. 1922 in Wien, Dirigent, Pianist und Komponist. Studium an der Akademie für Musik und darstellende Kunst in Wien, 1949 dort Prof. 1953–60 Musikdirektor von Innsbruck, seit 1960 freischaffender Komponist und Pianist (vor allem als Begleiter), seit 1970 Musikreferent der Stadt Wien. Werke für Orchester, u. a. „8 Miniaturen", „Aphorismen", ein Violinkonzert, Orgelstücke, Klavierwerke, Kammermusik.

RASCHKE, Rudolf, * 21. 6. 1923 in Penk (K), † 8. 4. 1945 in

Johann Matthias Ranftl: Bettelnde Kinder am Glacis (1852)

Wien (hingerichtet), Offizier und Widerstandskämpfer. War Oberleutnant in der deutschen Wehrmacht und ein aktives Mitglied der militärischen Widerstandsbewegung um Major Carl Szokoll (s. d.) gegen den Nationalsozialismus. Nach Verrat von der Gestapo gefangengenommen, wurde er gemeinsam mit Major Karl Biedermann (s. d.) und Hauptmann Alfred Huth (s. d.) in Floridsdorf Am Spitz von der SS durch Erhängen hingerichtet.

Vogl, F.: Widerstand im Waffenrock (1977); Luža, R.: Der Widerstand in Ö., 1938–1945 (1985)

RATSCHKY, Josef Franz von, * 21. 8. 1757 in Wien, † 31. 5. 1810 in Wien, Beamter, Lyriker und Dramatiker. Studierte in Wien Jus und wurde 1783 in der Hofkanzlei angestellt. 1804 wurde er nö. Regierungsrat, 1806 Hofrat und 1807 Staats- und Konferenzrat. Zu seiner Zeit war er ein sehr geschätzter Lyriker und Dramatiker, wobei er sich immer stärker zum Satiriker der Aufklärungszeit entwickelte. 1776–96 gab er den „Wiener Musenalmanach" heraus, mit dem er einen wesentlichen Beitrag zu Kultur und Geschmacksbildung in Ö. leistete. 1952 wurde „Der gepachtete Parnaß" von H. Kindermann und M. Dietrich herausgegeben.

RATZ, Erwin, * 22. 12. 1898 in Graz, † 12. 12. 1973 in Wien, Musiktheoretiker. Studierte 1918–22 Komposition bei A. Schönberg (s. d.) und A. Webern (s. d.) sowie Musikwissenschaft bei G. Adler (s. d.) an der Universität Wien und wurde 1945 Prof. für Formenlehre an der Wiener Musikakademie. Als Herausgeber der Gustav-Mahler-Gesamtausgabe war er auch Präsident der Internationalen Gustav-Mahler-Gesellschaft. Er veröffentlichte zahlreiche wissenschaftliche Arbeiten, die Fr. C. Heller 1975 als „Gesammelte Aufsätze" herausgegeben hat, sowie „Einführung in die musikalische Formenlehre" (1951, 3. Aufl. 1973) und „Erlebnis und Erkenntnis des musikalischen Kunstwerks" (1951).

RATZENBÖCK, Josef, * 15. 4. 1929 in Neukirchen am Walde (OÖ), Jurist und ÖVP-Politiker. Studierte in Wien Jus und promovierte 1952. Wurde Angestellter der ÖVP-Landesparteileitung OÖ und 1969 Landesparteisekretär, 1971 Landesrat; seit 1977 ist er ÖVP-Landesobmann und Landeshauptmann von OÖ.

RATZENHOFER, Gustav, * 4. 7. 1842 in Wien, † 8. 10. 1904 (auf einer Schiffsreise von Amerika nach Europa), Philosoph und Soziologe. War eigentlich Berufsoffizier, zuletzt Feldmarschalleutnant und Präsident des Militärobergerichts, beschäftigte sich aber vorwiegend mit philosophischen und soziologischen Fragen und Problemen. R. wollte die Politik als Wissenschaft betrieben sehen und setzte sich für eine wirksame Aussöhnung der Völker der Monarchie ein. Publikationen: „Wesen und Zweck der Politik", 3 Bde. (1893), „Positive Ethik" (1901) und das nach seinem Tod erschienene Werk „Soziologie" (1907). Schrieb auch unter dem Pseud. G. Renehr.

Granzow, O.: G. R. und seine Philosophie (1904)

RAUCH, Felizian d. Ä., * 19. 12. 1767 in Innsbruck, † 22. 8. 1832 in Innsbruck, Verleger. War 1809–14 Bürgermeister von Innsbruck und übernahm 1819 den von der Firma Trattner 1673 gegründeten Druckerei- und Verlagsbetrieb. Unter seinem Sohn Felizian R. d. J. (1804–84) wurde das Unternehmen zum bedeutendsten ö. Verlag für katholische Theologie. 1848 gründete R. d. J. in Innsbruck das „Volksblatt für Tirol und Vorarlberg", ab 1861 gab er das Tagblatt „Tiroler Stimmen" heraus (ab 1868 „Neue Tiroler Stimmen"). 1877 ging das Unternehmen auf dem Erbweg an die Regensburger Verlegerfamilie Pustet über.

Dörrer, A.: Das Innsbrucker Verlagshaus F. R. und seine Vorgänger 1673–1929 (1929)

RAUDASCHL, Hubert, * 26. 8. 1942 in Ried bei St. Wolfgang (S), Segler. Gewann 1959 seinen ersten Staatsmeistertitel und hat seit 1960 (Rom) an allen bisherigen (sieben) Sommerspielen aktiv teilgenommen. Erfolgsbilanz: zweimal Silber, weiters 2 Welt-, 4 Europa- und 15 heimische Meistertitel. Noch immer aktiv, beruflich international renommierter Segelmacher und Surfboard-Produzent.

Hubert Raudaschl

RAUSCHER, Joseph Othmar Ritter von, * 6. 10. 1797 in Wien, † 24. 11. 1875 in Wien, Erzbischof, Kirchenpolitiker. War der älteste Sohn eines Beamten, der 1808 in den Ritterstand erhoben worden war. R. wurde 1814 Praktikant der Cameralbuchhaltung, in der auch sein Vater tätig war, studierte 1816–20 Jus und anschließend, beeindruckt von Clemens Maria Hofbauer (s. d.), Theologie. 1823 zum Priester geweiht; war zunächst in der Seelsorge tätig, wurde 1826 Prof. für Kirchengeschichte und Kirchenrecht an der theologischen Fakultät der Universität Salzburg. 1832 wurde er zum Direktor der Orientalischen Akademie in Wien ernannt; da die Akademie der Staatskanzlei unterstand, fand Fürst Metternich an R.s umsichtiger Art bald Gefallen und berief ihn als Referent für kirchliche Fragen in die Staatskanzlei. 1844 Philosophielehrer von Thronfolger Erzherzog Franz Joseph (s. d.) und dessen jüngeren Brüdern Ferdinand Max

(s. d.) und Karl Ludwig (s. d.). 1849 wurde R. zum Fürstbischof von Seckau und 1853 zum Fürsterzbischof von Wien ernannt, 1855 Kardinal. 1860 Reichsratsabgeordneter, ab 1861 Mitglied des Herrenhauses und des nö. Landtags. R. hatte wesentlichen Anteil am Zustandekommen des Konkordats vom 18. 8. 1855 und vermittelte noch vor seinem Tod einen Frieden zwischen Kirche und Staat. Ihm ist zu danken, daß Ö. der unliebsame Kulturkampf Deutschlands erspart blieb. Während des I. Vatikanischen Konzils gehörte er 1870 zu jenen 88 Bischöfen, die gegen das Unfehlbarkeitsdogma des Papstes stimmten, sich aber dann doch der Konzilsentscheidung unterwarfen. 1829 veröffentlichte R. „Geschichte der Christlichen Kirche" (2 Bde.).

Wolfsgruber, C.: Kardinal R. (1888); Loidl, F.: Geschichte des Erzbistums Wien (1983); ders. und Krexner, M.: Wiens Bischöfe und Erzbischöfe (1983)

RAUTENSTRAUCH, Johann, * 10. 1. 1746 in Erlangen, † 8. 1. 1801 in Wien, Satiriker und Dramatiker. R. war Lizentiat der Rechte und danach Hofagent in Wien. Er galt als engagierter Verteidiger der Reformen Josephs II. (s. d.) und schrieb Lustspiele, Gedichte sowie die Sittenschilderungen: „Das Frauenzimmer im 19. Jh." (1780), „Über die Stubenmädchen in Wien" (1781) und „Die Schwachheiten der Wiener" (1784). Er publizierte auch unter den Pseud. Arnold, Ehrlich, Rittersheim, Rathsamhausen und Salzmann.

Schlesinger, E.: J. R. (1897)

RAUTER, Hanns Baptist, * 4. 2. 1895 in Klagenfurt, † 25. 3. 1949 in den Dünen der Walsdorper Flakte (Holland) erschossen, Heimwehrführer und Nationalsozialist. Studierte an der Technischen Hochschule Graz. Als Führer eines studentischen Corps nahm er am Kärntner Abwehrkampf teil, und im Februar 1919 war er gegen kommunistische Demonstrationen in Graz eingesetzt. Im April 1922 gründete er mit Walter Pfrimer (s. d.) und Josef Hertle den „Selbstschutzverband Steiermark". Wurde Hauptorganisator der steirischen Heimwehr und ö. Bundesstabsleiter. 1931 geriet er wegen des von Pfrimer ausgelösten Putsches, den er ablehnte, mit diesem in Konflikt, kommandierte aber dennoch jene Einheit, die die Stadt Graz zernieren sollte. Systematisch lenkte er den steirischen Heimatschutz in Richtung Nationalsozialismus und war im Juli 1934 Führer der SA-Brigade Kärnten. Flüchtete nach Deutschland und wurde Reichsführer des „Kampfringes der Deutschösterreicher im Reich". 1935 SS-Oberführer, 1938 Mitglied des Reichstags und Stabsführer des SS-Oberabschnitts Südost in Breslau. 1938 rückte er an der Spitze der „Ö. Legion" in Wien ein und war im selben Jahr maßgeblich an Ausschreitungen gegen die jüdische Bevölkerung Breslaus in der „Reichskristallnacht" beteiligt. 1940 wurde er Höherer SS- und Polizeiführer Nordwest und Generalkommissar für das Sicherheitswesen in den besetzten niederländischen Gebieten, danach SS-Obergruppenführer und General der Waffen-SS. Am 6. 3. 1945 schwer verletzt, lieferten ihn die Engländer an Holland aus. In einem Prozeß am 12. 1. 1949 vor allem wegen der Schuld am Tod von 231 000 Menschen, zum Tod verurteilt und am 25. 3. 1949 erschossen.

Wiltschegg, W.: Die Heimwehr (1985)

RECHBERG und Rothenlöwen, Johann Bernhard Graf, * 17. 7. 1806 in Regensburg, † 26. 2. 1899 in Kettenhof bei Schwechat (NÖ), Diplomat. Trat 1841 in ö. Dienste und wurde unter Fürst Metternich (s. d.) Diplomat, u. a. Gesandter in Schweden und in Brasilien. Im Juli 1848 ö. Bevollmächtigter bei der Nationalversammlung in Frankfurt am Main, 1850 Zivilkommissär des Deutschen Bundes bei den bayerischen Exekutionstruppen, die in Kurhessen einrückten, 1851 ö. Internuntius in Konstantinopel und 1853 Adlatus von Radetzky (s. d.) für die Zivilangelegenheiten des Lombardo-Venetianischen Königreichs. 1855 Bundespräsidialgesandter, wurde R. ab Mai 1859 Außenminister und zugleich von August 1859 bis Dezember 1860 Minister des kaiserlichen Hauses und Ministerpräsident. Seit 1861 Mitglied des Herrenhauses, versuchte er eine Bundesreform, mit der er aber auf dem Frankfurter Fürstentag 1863 scheiterte. Schließlich ließ er sich von Bismarck in den Deutsch-Dänischen Krieg mit hineinziehen und schied wegen Differenzen mit Anton Ritter von Schmerling (s. d.) im Oktober 1864 aus seinem Amt.

Engel-Jánosi, F.: Graf R. (1927)

ALFRED REDL

Eine Spionageaffäre am Vorabend des Weltkriegs

„Der Generalstabschef des Prager Armeekorps, Oberst Alfred Redl, hat sich in einem Anfall von Sinnesverwirrung das Leben genommen. Der hochbegabte Offizier, dem eine große Karriere bevorstand, hat in der letzten Zeit an Schlaflosigkeit gelitten."

Meldung des k. k. Telegraphen-Korrespondenzbüros am Morgen des 25. Mai 1913

„Leichtsinn und Leidenschaft haben mich vernichtet. Betet für mich! Ich büße mein Irren mit dem Tod – Alfred."

Abschiedsbrief Redls an seinen Bruder

„Im Jahre vor Beginn des Weltkrieges hat der erzwungene Selbstmord des Prager Korps-Generalstabschef Oberst Alfred Redl und die bald darauf bekannt gewordene Tatsache seiner Spionagetätigkeit beispielloses Aufsehen hervorgerufen, was durch die gespannte europäische Lage politisch und durch den Rang und den Wirkungskreis des Täters kriminalistisch begründet war. Gerüchte, Interpellationen, Beschuldigungen, Verdächtigungen und Kombinationen überstürzten sich bis in den Winter 1914, in welchem sich sowohl in Rußland als auch in Serbien der Aufmarsch der österreichisch-ungarischen Armee als mißglückt entschied."

E. E. Kisch, Der Fall des Generalstabschefs Redl, in: Prager Pitaval (1931)

REDL, Alfred, * 14. 3. 1864 in Lemberg (Galizien), † 25. 5. 1913 in Wien (Selbstmord), Berufsoffizier. Trat 1881 in die Kadettenschule ein und wurde 1887 Leutnant. Durch seine ausgezeichneten Qualifikationen erreichte er rasche Beförderungen: ab 1899 war er im Evidenzbüro des Generalstabs tätig, 1907 Stellvertreter des Chefs des Evidenzbüros und somit an Schlüsselstellen der ö. Spionageabwehr, war er zuletzt Oberst und Generalstabschef des VIII. (Prager) Korps. Wegen homosexueller Beziehungen zunehmend in finanzielle Schwierigkeiten geraten, wurde er ab 1906/07 von russischen Armeestellen erpreßt, denen er zahlreiche militärische Geheimnisse, darunter Teile des Aufmarschplans der k. u. k. Armee gegen Rußland und den Balkan, verriet. Der 1913 entdeckte Verrat R.s führte allerdings noch vor Kriegsausbruch zu einer Neubearbeitung der militärischen Pläne. Seine Tat schadete vor allem dem Evidenzbüro selbst, das die Spionagetätigkeit gegen Rußland vorübergehend einstellen mußte. Von Offizieren auf Befehl Conrad von Hötzendorfs (s. d.) dazu aufgefordert, erschoß sich R. in einem Zimmer des Hotels Klomser in der Bankgasse. Sein befohlener Selbstmord verhinderte eine genaue Befragung sowie die Ausforschung der Hintermänner. Wie R.s oftmals überschätzte Auswirkungen seines Verrats muß auch E. E. Kischs (s. d.) Rolle als Aufdekker der Spionageaffäre in Zweifel gezogen werden.

Kisch, E. E.: Der Fall des Generalstabschef R. (1924); ders.: Wie ich erfuhr, daß R. ein Spion war, in: Marktplatz der Sensationen (1942); Markus, G.: Der Fall R. (1984)

REDLICH, Hans Ferdinand, * 11. 2. 1903 in Wien, † 27. 11. 1968 in Manchester, Musikforscher. Sohn von Josef R. (s. d.), studierte Musikwissenschaft und promovierte 1931 in Frankfurt am Main mit der Arbeit „Das Problem des Stilwandels in Monteverdis Madrigalwerk", die noch 1931 im Druck erschien. 1924–29 war er Opernkapellmeister in Berlin und lebte ab 1931 als Musikschriftsteller in Mannheim. 1939 emigrierte er nach England, leitete 1941–55 die von ihm gegründete Choral and Orchestra Society in Letchworth, war ab 1955 Univ.-Prof. in Edinburgh und lehrte ab 1962 in Manchester. 1948–55 leitete er die Musikabteilung der Internationalen Hochschulwochen Alpbach und erhielt 1958 den Ö. Staatspreis. Abgesehen von der Herausgabe musikalischer Werke veröffentlichte er u. a.: „Gustav Mahler" (1939), „Richard Wagner" (1948), „Claudio Monteverdi" (1949), „Bruckner und Mahler" (1955) und „Alban Berg" (1957).

REDLICH, Josef, * 18. 6. 1869 in Göding (Mähren), † 12. 11. 1936 in Wien, Jurist und Politiker. Er studierte in Wien, Leipzig und Tübingen Geschichte und Jus und wurde zu einem international anerkannten Verwaltungsjuristen und Rechtshistoriker. 1907 a. o. Univ.-Prof. der Universität Wien, 1909–18 o. Prof. für Staatsrecht und Verwaltungslehre an der Technischen Hochschule. Politisch stammte er aus dem Kreis der Fabier, einer wenig einflußreichen Gruppe von Intellektuellen, die den Sozialismus durch schrittweise Aufklärung verbreiten wollten, Marxismus, Klassenkampf und Revolution aber grundsätzlich ablehnten. 1907 Reichsratsabgeordneter der Deutschen Fortschrittspartei, ab 1910 des Deutschen Nationalverbands, war er in der letzten Regierung der Monarchie Oktober/November 1918 Finanzminister und dann abermals im Kabinett Buresch (s. d.) von 20. 6.–5. 10. 1931. Ursprünglich deutschnational eingestellt, wurde er im Verlauf des Ersten Weltkriegs überzeugter Pazifist. 1926 lehrte er als Univ.-Prof. an der Harvard University in Cambridge (Mass.). Seine politischen Aufzeichnungen erschienen 1953/54 unter dem Titel „Schicksalsjahre Ö. 1908–19" (2 Bde.). Weitere Veröffentlichungen u. a.: „Englische Lokalverwaltung" (1901), „Das ö. Staats- und Reichsproblem", 2 Bde. (1920–26), „Ö. Regierung und Verwaltung im Weltkriege" (1925) und „Kaiser Franz Joseph von Ö." (1928).

Josef Redlich

Oswald Redlich. Zeichnung von Ludwig Michalek

REDLICH, Oswald, * 17. 9. 1858 in Innsbruck, † 20. 1. 1944 in Wien, Historiker. Studierte in Innsbruck und in Wien Geschichte, 1881 Dr. phil. 1882–1893 Beamter im Innsbrucker Statthaltereiarchiv, 1887 Privatdozent, 1893 a. o. Prof., 1897 o. Prof. der Geschichte von historischen Hilfswissenschaften an der Universität Wien. 1904–20 Redakteur der Mitteilungen des Instituts für Ö. Geschichtsforschung, 1926 dessen Vorstand. Als behördliche Organisation für den Archivschutz und die Archivpflege richtete er 1911/12 den Archivrat ein und war 1918/19 vorübergehend auch Leiter des Staatsarchivs. 1919 wurde er Präsident der Akademie der Wissenschaften, dankte aber nach der Machtübernahme der Nationalsozialisten 1938 ab. 1923 arbeitete er am Denkmalschutzgesetz mit und 1931 an der Verordnung zum Schutz der Schriftdenkmale. War wissenschaftlich auf dem Gebiet der Urkunden- und Archivforschung tätig und veröffentlichte mehrere bedeutende historische Werke, u. a.: „Rudolf von Habsburg" (1903), „Urkundenlehre", 2 Bde. (1907–11), „Ö. Großmachtbildung in der Zeit Kaiser Leopolds I." (1921), „Das Werden einer Großmacht, Ö. von 1700 bis 1740" (1938), „Über die Kunst und Kultur des Barocks in Ö." (1943); 1928 erschienen „Ausgewählte Schriften", gemeinsam mit Ottenthal (s. d.) gab er 1888–1912 „Regesten des Kaiserreichs, Habsburger Regesten, Archivberichte aus Tirol" (4 Bde.) heraus.

REDTENBACHER, Ferdinand, * 25. 7. 1809 in Steyr (OÖ), † 16. 4. 1863 in Karlsruhe, Maschinenbauingenieur. Studierte 1825–29 am Polytechnischen Institut in Wien und war anschließend hier Assistent. 1835 bereits Prof. für Mathematik an der höheren Industrieschule in Zürich, wandte sich dem Maschinenbau zu und wurde 1841 Prof. für Maschinenbau am Polytechnikum in Karlsruhe, 1857 dessen Direktor. Er war der Begründer des wissenschaftlichen Maschinenbaus und faßte 1857 die Grundlagen der Atomphysik als „Dynamiden-System" zusammen, das unter diesem Titel 1857 auch als Buch erschien. Außerdem veröffentlichte er u. a.: „Theorie und Bau der Turbinen und Ventilatoren" (1844), „Theorie und Bau der Wasserräder" (1846), „Resultate für den Maschinenbau" (1848, 6. Aufl. 1875), „Die kalorische Maschine" (1852), „Prinzipien der Mechanik und des Maschinenbaues" (1852), „Die Gesetze des Lokomotiv-Baues" (1855), „Die anfänglichen und gegenwärtigen Erwärmungszustände der Weltkörper" (1861); sein dreibändiges Werk „Der Maschinenbau" wurde nach seinem Tod vollendet (1862–65), außerdem erschien 1879 aus dem Nachlaß „Die geistige Bedeutung der Mechanik", mit einer Biographie.

REDTENBACHER, Josef, * 12. 3. 1810 in Kirchdorf (OÖ), † 5. 3. 1870 in Wien, Chemiker. Studierte in Wien, wo er auch den Bau des Chemischen Instituts durchsetzte und ab 1849 als Univ.-Prof. lehrte. R. war nicht nur ein hervorragender akademischer Lehrer, sondern auch ein hervorragender Wissenschaftler. Ihm gelang u. a. die Gärung des Glycerins durch Germ und die Untersuchung des Taurins. Seine größte Leistung war die Entdeckung des Acrolein und der Acrylsäure.

REHOR, Grete, * 30. 6. 1910 in Wien, † 28. 1. 1987 in Wien, Gewerkschafterin und ÖVP-Politikerin. War ab 1945 im ÖGB tätig und wurde stellvertretende Vorsitzende der Gewerkschaft der Textilarbeiter. 1949–70 Abgeordnete zum Nationalrat und 1966–70 im Kabinett Klaus II Bundesminister für soziale Verwaltung. Sie war der erste weibliche Minister in der Zweiten Republik.

REHRL, Franz, * 4. 12. 1890 in Salzburg, † 23. 1. 1947 in Salzburg, christlichsozialer Politiker. Nach dem Jusstudium in Wien (Promotion 1915) trat er in den Staatsdienst und schloß sich der christlichsozialen Bewegung an. 1922–38 war er Landeshauptmann von Salzburg. Große Verdienste erwarb er sich um die Entwicklung der Salzburger Festspiele und die Errichtung der Großglockner-Hochalpenstraße sowie um den Bau der Gaisbergstraße.

REICH, Theodor, * 23. 9. 1861 in Wien, † 17. 6. 1939 in Wien, Erfinder. Entstammte einer alten Wiener Brunnenmacherfamilie und wurde zunächst Maler, beschäftigte sich aber bald mit der drucktechnischen Entwicklung. Er arbeitete in Deutschland und in England und entwickelte dort die für den Rotationsdruck wichtige Kupferwalzenschleifmaschine. 1894 gelang es ihm, in London mit einem von ihm entwickelten Apparat bewegliche Lichtbilder zu projizieren, doch brannte ihm während einer Vorführung der Filmstreifen ab, und R. verzichtete auf weitere Versuche. Ein Jahr danach führte der Franzose Auguste Lumière die ersten kinematographischen Vorführungen erfolgreich durch. R. gab schließlich dem Drängen seiner Freunde nach und erwarb 1896 ein diesbezügliches englisches Patent, das erstaunlicherweise alle wesentlichen Konstruktionsprinzipien enthält, die heute noch gelten. Nach Wien zurückgekehrt, nützte er seine erworbenen Kenntnisse auf dem Gebiet des Tiefdrucks und war in leitender Position bei der Firma Elbemühl tätig.

Th. Reich, der Erfinder der Kinematographie, in: „Radiowelt", 1932, Heft 40; Gesierich, F.: Wiener Tiefdruck. Zur Ehrung Th. R.s (1946); Habacher, M.: Ö. Erfinder (1964)

REICH, Wilhelm, * 24. 3. 1897 in Dobrzcynica (Galizien), † 3. 11. 1957 in Lewisburg (USA), Psychoanalytiker. Studierte Medizin an der Universität Wien, trat 1920 der Psychoanalytischen Vereinigung bei und regte die Gründung eines psychoanalytischen „Technikseminars" an, dessen Leiter er auch wurde. In Berlin gründete er 1931 den Verlag Sexpol (Verlag für Sexualpolitik) und stieß damit bald auf politische Widerstände linker Kreise. Auch in Wien umstritten, wurde er 1930 aus der Sozialdemokratischen Partei ausgeschlossen. 1933 emigrierte er über Kopenhagen und Schweden nach Oslo. 1936 erschien sein auflagenstarkes Buch „Sexualität im Kulturkampf". Ab 1939 lebte er in den USA und lehrte an der New School for Social Research in New York. 1940 begannen seine Versuche mit dem Orgon-Akkumulator. Wenig später wurde eine Kampagne gegen R. gestartet, die schließlich zur gerichtlichen Vernichtung seiner Schriften und Bücher führte. 1956, in einem Prozeß wegen Mißachtung des Gerichtes zu einer Haftstrafe verurteilt, starb er im Gefängnis.

Boadella, D.: W. R. (1981)

Marx Reichlich: Heimsuchung Mariä

REICH, Willi, * 27. 5. 1898 in Wien, Musikkritiker und -schriftsteller. Studierte in Wien bei Alban Berg (s. d.) Komposition und an der Universität Musikwissenschaft, wo er 1934 promovierte. 1924–37 Musikreferent in Wien, machte er durch die 1932–37 herausgegebene Zeitschrift „23 – eine Wiener Musikzeitschrift" auf sich aufmerksam, in der bedeutende Aufsätze über neue Musik erschienen. 1938 emigrierte er in die Schweiz, wo er zunächst bis 1947 in Basel wirkte und danach für die „Neue Zürcher Zeitung" schrieb. Von seinen zahlreichen Veröffentlichungen seien erwähnt: „Alban Berg" (1937), „Bekenntnis zu Mozart" (1945), „Joseph Haydn" (1946), „Musik in romantischer Schau", 2 Bde. (1946/47), „Anton Bruckner" (1953), „Johann Sebastian Bach" (1957), „Wege zur neuen Musik" (1960), „Beethoven" (1963), „Arnold Schönberg" (1968).

REICHERT, Carl, * 26. 12. 1851 in Sersheim (Württemberg), † 13. 12. 1922 in Wien, Optiker. Absolvierte eine Mechanikerlehre in Heilbronn und wanderte durch Deutschland, Ö. und die Schweiz. Bei Ernst Leitz in Wetzlar arbeitete er ab 1872, heiratete die Schwägerin seines Arbeitgebers, zog aber wegen Differenzen 1876 nach Wien und eröffnete eine „Optisch-mechanische Werkstätte", mit der er rasch erfolgreich wurde. Er konstruierte neue Objektive (Apochromaten) und entwickelte Beleuchtungseinrichtungen für mikroskopische Apparate. 1878 errang er für seine Mikroskope bei der Pariser Weltausstellung die Große Goldene Medaille. Noch im selben Jahr vergrößerte er seine Werkstätte, und 1900 bezog die Firma ein neu errichtetes Fabriksgebäude in Wien-Hernals. 1909 konstruierte er ein Erhitzungsmikroskop und eines der ersten brauchbaren Mikroskope zur Untersuchung von Metallflächen. 1921 verlieh ihm die Universität Wien die Goldene Ehrenmedaille. In seinem Todesjahr beschäftigte die Firma 400 Mitarbeiter und verfügte über Verkaufsorganisationen in der ganzen Welt. Sein Sohn Karl (* 20. 8. 1883 in Wien, † 20. 12. 1953 in Wien), der zunächst gemeinsam mit seinem Bruder Otto das Unternehmen erfolgreich weiterführte, wirkte bahnbrechend auf dem Gebiet der mikroskopischen Apparate. Seine bedeutenden Leistungen waren die Weiterentwicklung der Dunkelfeld-Mikroskopie, die Konstruktion eines Fluoreszenzmikroskops (1911) und die Verbesserung der Metallmikroskopie, wodurch sich der Wissenschaftszweig der Metallographie entwickeln konnte.

Granichstaedten-Cerva, R., Mentschl, J., und Otruba, G.: Altö. Unternehmer (1969)

REICHLICH, Marx, * um 1460, † um 1520, Maler. Von ihm ist wenig bekannt, doch dürfte er wahrscheinlich aus Südtirol stammen und ein Schüler von Michael Pacher (s. d.) gewesen sein, der wahrscheinlich auch dessen Werkstätte weitergeführt hat. Um 1494 bis 1508 war er jedenfalls in Salzburg tätig. Seine „Anbetung der Könige" (1489) ist im Stift Wilten bei Innsbruck erhalten. Mehrere ihm zugeschriebene Werke befinden sich im Museum Ferdinandeum in Innsbruck, im Museum in Hall (T) und im Stift St. Peter in Salzburg.

REICHSTADT, Herzog von (eigtl. Napoleon Franz Joseph Karl), * 20. 3. 1811 in Paris, † 22. 7. 1832 im Schloß Schönbrunn bei Wien. War der einzige Sohn aus der Ehe Kaiser Napoleons I. mit Erzherzogin Maria Luise (s. d.); erhielt von seinem Vater bei der Geburt den Titel „König von Rom". 1814 von seiner Mutter nach Wien gebracht, wuchs er unter der Obhut seines Großvaters Kaiser Franz I. (II., s. d.) im Schloß Schönbrunn auf. 1815 hatte Napoleon I. zu seinen Gunsten abgedankt, was von den Siegermächten allerdings nicht anerkannt wurde. Dennoch bezeichnen ihn heute noch französische Royalisten als „Napoleon II.". Als seine Mutter im März 1816 die Regierung in Parma übernahm, blieb ihr Sohn in Wien. Der zwischen den Mächten vereinbarte Vertrag des Jahres 1817 nahm ihm das Erbrecht auf Parma, weshalb ihn Franz I. mit der Herrschaft Reichstadt in Böhmen belehnte, das Prädikat „Durchlaucht" verlieh und ihm den Rang unmittelbar nach den Prinzen des Kaiserhauses einräumte. An seinem zwölften Geburtstag erhielt er das Fähnrichspatent und wurde 1830

Der Herzog von Reichstadt als Knabe

zum Oberstleutnant befördert. Mit besonderem Eifer studierte er Kriegsgeschichte und beschäftigte sich eingehend mit den militärischen Taten seines Vaters. Im April 1832 stellte man bei ihm Lungenschwindsucht fest, die schließlich zu seinem Tod führte. In der Wiener Kapuzinergruft bestattet, wurde sein Leichnam auf Befehl Adolf Hitlers als „besondere Geste" am 14. 12. 1940 nach Paris übergeführt und an der Seite Kaiser Napoleons I. beigesetzt. 1925 wurde „Aus den Papieren des Herzogs v. R." veröffentlicht.

Wertheimer, E. v.: Der Herzog v. R. (2. Aufl. 1913); Aubry, O.: Der König von Rom (1935); Castelot, A.: Der Herzog v. R. (1960)

REIFFENSTEIN, Bruno, * 9. 8. 1868 in Wien, † 30. 4. 1951 in Wien, Photograph. Sein Vater besaß eine lithographische Anstalt in Wien, R. besuchte daher die Graphische Lehr- und Versuchsanstalt. Um die Jahrhundertwende gründete er ein Photoatelier und einen Verlag. Außerdem stellte er als einer der ersten Diapositive für Projektoren her. Es zählt zu R.s Hauptverdiensten, daß er vor allem Bauten und Denkmäler Wiens photographierte und diese Bilder nicht nur für die Darstellung der Baugeschichte Wiens von großem dokumentarischem Wert sind, sondern auch die Rekonstruktion durch Kriegseinwirkungen zerstörter Gebäude ermöglichten. 1981 erschien ein Auswahlband seiner Photos unter dem Titel „Ö. wie es war."

REIK, Theodor, * 12. 5. 1888 in Wien, † 31. 10. 1969 in New York, Psychoanalytiker. Studierte Psychologie und Philosophie und wurde einer der ersten Schüler Sigmund Freuds (s. d.). 1918–34 arbeitete er an den Psychoanalytischen Instituten in Wien und in Berlin. 1934 emigrierte er nach Holland, 1938 in die USA, wo er 1948 die National Psychological Association for Psychoanalysis gründete. R. verfaßte als Essayist auch Bücher über Schnitzler (1913) und Beer-Hofmann (1919).

REIL, Johann Anton, * 2. 2. 1773 in Ehrenbreitstein am Rhein, † 22. 7. 1843 in Wien, Schauspieler und Schriftsteller. Nach seinem Debüt in Brünn (1794) spielte er an den Bühnen von Laibach, Innsbruck und Regensburg. Von 1800–05 sowie 1809–31 war R. Mitglied des Wiener Burgtheaters, danach k. k. Saalkammerdiener. Daneben war er als Schriftsteller tätig und veröffentlichte Gedichte, Bühnenwerke und Reiseschilderungen, von denen „Der Wanderer im Waldviertel" (1823, Neuaufl. 1981) heute noch bekannt ist.

REIMMICHL (eigtl. Sebastian Rieger), * 28. 5. 1867 in St. Veit im Defreggen (Osttirol), † 2. 12. 1953 in Heiligkreuz bei Solbad Hall (T), Volksschriftsteller, katholischer Geistlicher. War Seelsorger in Tiroler Dorfgemeinden und schrieb eine Vielzahl von Erzählungen und Geschichten über das Tiroler Bauernleben. Von 1920 an gab er den äußerst populären „R.-Volkskalender" heraus, der noch heute erscheint. Weitere Werke: „Aus den Tiroler Bergen" (1898), „Bergschwalben" (1902), „Die schwarze Frau" (1909), „Weihnacht in Tirol" (1911), „Das Mädchen von St. Veit" (1923), „Der Tuifelemaler" (1924), „Ritter Namenlos" (1929), „Der Wetzsteinhans" (1947), „Der Gemsenhirt" (1948), „Die Zigeunerin" (1950) und „Das Lied der Königin" (1953).

REINHARDT, Heinrich, * 13. 4. 1865 in Preßburg, † 31. 1. 1922 in Wien, Operettenkomponist. Mit der Operette „Das süße Mädel" (1901) schlug er die Brücke von der klassischen zur modernen Wiener Operette. Sie wurde am 25. 10. 1901 im Wiener Carltheater uraufgeführt und erreichte en suite 200 Aufführungen. Bewußt wandte er sich vom Kostümstück ab und schlug erfolgreich den Weg zur Tanzoperette ein. In einem oft stark gefärbten Wiener Lokalton verwendete er vorwiegend gegenwartsnahe Stoffe. So komponierte er u. a.: „Der liebe Schatz" (1902), „Der Generalkonsul" (1904), „Krieg im Frieden" (1906), „Das Mädchen für Alles" (1908), „Die erste Frau" (1915), „Der Glückstrompeter". Er schrieb auch Instrumentalmusik und Opern.

Ausstellungskatalog „Fle Zi Wi Csá & CO" (Wien 1984)

REINHARDT, Max (eigtl. Goldmann), * 9. 9. 1873 in Baden (NÖ), † 31. 10. 1943 in New York, Schauspieler, Regisseur und Theaterleiter. War der Sohn eines Kaufmanns und wurde zunächst Lehrling in einer Bank, nahm nebenbei Schauspielunterricht und trat (unter dem Namen Reinhardt) bereits 1890 im Fürstlich Sulkowskyschen Eleventheater in Wien-Matzleinsdorf auf. Von dort kam er an das Neue Volkstheater Rudolfsheim und wurde 1894 von Otto Brahm an das Deutsche Theater in Berlin engagiert, wo er erstmals den naturalistischen Bühnenstil kennenlernte. 1901 gründete er in Berlin das literarische Kabarett „Schall und Rauch", das er zum „Kleinen Theater" ausbaute, und 1902 führte er erstmals in Berlin Regie, trat zu Jahresende aus dem Ensemble des Deutschen Theaters aus und hatte am 23. 1. 1903 einen Sensationserfolg im Kleinen Theater mit Gorkis „Nachtasyl". Kurz danach übernahm er auch die Direktion des Neuen Theaters (am Schiffbauerdamm), die er bis 1906 innehatte. Schon 1905 legte er die Direktion des Kleinen Theaters zurück und übernahm kurz darauf die Leitung des Deutschen Theaters, die er 25 Jahre innehatte und dessen Eigentümer er auch wurde. Seine Inszenierungen waren durchwegs große Bühnenerfolge, und manchem Werk verhalf er erst durch seine Aufführungen zum Erfolg. Unter seiner Mithilfe wurde am 26. 1. 1911 „Der Rosenkavalier" von Richard Strauss (s. d.) und Hugo von Hofmannsthal (s. d.) am Königlichen Opernhaus in Dresden uraufgeführt, und am 1. 12. 1911 fand unter seiner Regie die Uraufführung des „Jedermann" von Hofmannsthal im Zirkus Schumann in Berlin statt. R. gehörte zu den Mitbegründern der Salzburger Festspiele (1. 8. 1917), die am 22. 8. 1920 mit dem „Jedermann" auf dem Domplatz eröffnet wurden. 1924 baute er mit Hilfe des Mäzens Camillo Castiglioni das Theater in der Josefstadt auf prächtigste Weise

MAX REINHARDT

Theater zwischen Traum und Wirklichkeit

„. . . Ich bin auf der vierten Galerie geboren. Dort erblickte ich zum ersten Mal das Licht der Bühne, dort wurde ich genährt (für 40 Kr. altösterreichischer Währung pro Abend) mit den reichen Kunstmitteln des Kaiserlich-Königlichen Instituts und dort sangen an meiner Wiege die berühmtesten Schauspieler jener Zeit ihre klassischen Sprecharien."

Max Reinhardt über das Burgtheater

„Reinhardt, Max
Chef des Reinhardt-Konzerns, Präsident der Reinhardt-AG, Regisseur bei Max Reinhardt. Trotz so vieler Ehrenstellungen ist er in Blick und Haltung der Ehrfurchtsknabe geblieben, der er Anno 95 auf der vierten Galerie des Burgtheaters war."

Anton Kuh

„Als Künstler glaube ich, daß dieser Gang zu den Müttern, die Rückkehr zu den einfachen, volkstümlichen Formen des religiösen Spieles, das ‚Einmalige' bringen kann, das allein den Begriff ‚Festspiele' rechtfertigt. Das Mysterienspiel ist in diesem Boden gewachsen, und es gehört in diese Landschaft. Was Salzburg an Kunstwerken besitzt, ist auf Geheiß oder unter dem Schutz der Kirche entstanden."

Max Reinhardt

um und schuf Inszenierungen wie Goldonis „Diener zweier Herren", die als Höhepunkte des Regietheaters in die Theatergeschichte eingingen. Am 23. 4. 1929 eröffnete er im Schloß Schönbrunn die „Schauspiel- und Regieschule", das bald weltbekannte „Reinhardt-Seminar" (seit 1940 im Palais Cumberland untergebracht). 1930 erhielt er die Ehrendoktorwürden der Universitäten Frankfurt am Main und Kiel, den Prof.-Titel hatte ihm schon 1909 der Herzog von Sachsen-Coburg-Gotha verliehen. 1932 zog sich R. von der Leitung seiner Berliner Bühnen zurück, 1935 heiratete er in zweiter Ehe die Schauspielerin Helene Thimig (s. d.). Mit großem Erfolg wurde am 9. 10. 1935 sein „Sommernachtstraum"-Film, der in Hollywood gedreht worden war, in New York und London uraufgeführt. Am 5. 10. 1937 wurde im Theater in der Josefstadt Franz Werfels (s. d.) „In einer Nacht" uraufgeführt – R.s letzte Inszenierung auf europäischem Boden, danach übersiedelte er in die USA. R. hat der Bühnenkunst neue Wege gewiesen, wobei neben seiner Vorliebe für Massenszenen und Ausstattungs- und Beleuchtungseffekte ausschlaggebend war, daß er ein „vollkommener Visionär der Bühne" (Hugo von Hofmannsthal) gewesen ist. Nicht zuletzt hat er es auch verstanden, Schauspieler auszubilden und Talente zu fördern. 1975 gab H. Fetting „Schriften. Briefe, Reden, Aufzeichnungen, Interviews, Gespräche und Auszüge aus Regiebüchern" heraus.

Jacobsohn, S.: M. R. (1910, 5. Aufl. 1921); Epstein, M.: M. R. (1918); Stern, E. und Herald, H.: M. R. und seine Bühne (1921); Herald, H.: M. R. (1953); Hadamowsky, F.: R. und Salzburg (1963); Adler, G.: M. R. (1964); Kindermann, H.: M. R.s Weltwirkung (1969); Braulich, H.: M. R. (1969); Reinhardt, G.: Der Liebhaber (1973); Schwarz, H.: M. R. und das Seminar (1973); Thimig-Reinhardt, H.: Wie M. R. lebte (1973); Fiedler, L. M.: M. R. in Selbstzeugnissen und Bilddokumenten (1975)

REINING, Maria, * 7. 8. 1903 in Wien, Kammersängerin, Sopranistin. War ursprünglich Bankangestellte und debütierte 1931 an der Wiener Staatsoper, wo sie bis 1933 blieb. 1933–35 in Darmstadt, 1935–37 an der Münchner Staatsoper, kehrte 1937 an die Wiener Staatsoper zurück. Ab 1937 auch regelmäßig Gast bei den Salzburger Festspielen, vor allem als Eva, Marschallin und Arabella. Trat als Gast an der Covent Garden Opera in London, in der Mailänder Scala und in den USA auf. Seit 1962 war sie als Gesangspädagogin in Salzburg tätig.

REININGER, Robert, * 28. 9. 1869 in Linz, † 17. 5. 1955 in Wien, Philosoph. Studierte in Wien, wurde 1913 hier Univ.-Prof. R. war von der Philosophie Berkeleys beeinflußt und gehörte den sogenannten Nachkantianern an. Er versuchte mit möglichster Klarheit des kritischen Denkens die Grundprobleme der Philosophie zu lösen. In der Ethik kritisierte R. die objektivistische Werttheorie und stellte ihr seine eigene, auf dem subjektiven Wertfühlen gegründete Wertphilosophie entgegen. Wichtige Veröffentlichungen u. a.: „Kants Lehre vom inneren Sinn" (1900), „Das psycho-physische Problem" (1910), „Metaphysik der Wirklichkeit" (1931), „Wertphilosophie und Ethik" (1939); 1961 wurden seine „Nachgelassenen philosophischen Aphorismen" herausgegeben.

REININGHAUS, Johann Peter von (seit 1883), * 2. 10. 1818 in Isenburg (Nordrhein-Westfalen), † 7. 5. 1901 in Graz, Industrieller. Nach seiner Ausbildung zum Grobschmied studierte er 1838–41 Chemie an der Technischen Hochschule Berlin. Wurde Teilhaber einer chemischen Fabrik und kaufte 1853 die „Königshofersche" Brauerei in Baierdorf bei Graz. Bis 1901 stieg die Jahresproduktion auf 300 000 Hektoliter Bier, und der Export wurde bis nach Italien, der Türkei, Ägypten und Südamerika ausgedehnt. R. war der Schwiegersohn von A. I. Mautner Ritter von Markhof (s. d.) und förderte u. a. auch Peter Rosegger (s. d.).

Maria Reining. Salzburg 1937

REINISCH, Simon Leo, * 26. 10. 1832 in Osterwitz (St), † 24. 12. 1919 in Maria Lankowitz (St), Ägyptologe und Afrikanist. Studierte ab 1855 in Wien, promovierte 1859 und wurde 1868 a. o. und 1873 o. Univ.-Prof für Ägyptologie. Ab 1884 auch Mitglied der Akademie der Wissenschaften. Zwischen 1865 und 1880 unternahm er längere Reisen nach Ägypten und in die angrenzenden Länder, um die Sprachen zu studieren und zu erforschen. 1866 folgte er Kaiser Maximilian (s. d.) nach Mexiko und hielt sich dort bis 1867 auf. Er veröffentlichte u. a.: „Die ägyptischen Denkmäler in Miramar" (1865), „Aegyptische Chrestomathie", 2 Bde. (1873–75), „Sprachen von Nord-Ost-Afrika", 3 Bde. (1874–79), „Die Nuba-Sprache", 2 Bde. (1879), „Die Afar-Sprache", 3 Bde. (1886/87), „Die Bilin-Sprache", 2 Bde. (1883–87), „Die Saho-Sprache", 2 Bde. (1889/90) und „Die Somali-Sprache", 3 Bde. (1900–03).

REINMAR der Alte (auch R. von Hagenau), * um 1160 wahrscheinlich in Hagenau (Elsaß), † um 1207, ritterlicher Minnesänger. Lebte lange Zeit am Wiener Hof des Babenbergerherzogs Leopold V. (s. d.) und begleitete diesen auf dem Dritten Kreuzzug 1190/91. Auch um 1200 ist er am Wiener Hof nachweisbar, da Walther von der Vogelweide (s. d.) behauptet, von ihm „das singen und sagen" erlernt zu haben. Die beiden Minnesänger waren miteinander befreundet, doch zerstritten sie sich später. R. schuf Lieder der „Hohen Minne" mit einiger Formgewandtheit, doch überwiegend elegischen, oft traurigen Inhalts. Von ihm sind 262 Strophen in der Manessischen Handschrift erhalten. C. von Kraus veröffentlichte 1919 „Die Lieder R.s" (3 Teile).

REINMAR der Zweter, * um 1200 in Rheinfranken, † nach 1252, angeblich in Eßfelden (Franken) begraben, mittelalterlicher Spruchdichter und Minnesänger. Ritterlicher Abkunft, ist er wahrscheinlich in Ö. aufgewachsen und lebte lange Zeit am Hof der Babenbergerherzöge Leopold VI. (s. d.) und Friedrich II. (s. d.). R. war ein Schüler Walthers von der Vogelweide (s. d.) und führte nach 1241 ein unstetes Wanderleben. Seine Lieder sind überwiegend lehrhafter Natur und enthalten, das Element der Minne stark zurückdrängend, scharfe, auch satirische Angriffe auf die kirchlichen und politischen Zustände seiner Zeit sowie auf den Verfall der Sitten und des Rittertums. G. Roethe gab 1887 „Die Gedichte R.s" heraus.

Bonjour, E.: R. als politischer Dichter (1922)

REINTHALLER, Anton, * 14. 4. 1895 in Mettmach (Innviertel, OÖ), † 6. 3. 1958 in Mettmach, deutschnationaler, nationalsozialistischer und FPÖ-Politiker. Schloß sich schon in der Jugend der deutschnationalen Bewegung an und gehörte zu den Spitzen der illegalen Nationalsozialisten während des Ständestaats. In der sogenannten „R.-Aktion" verhandelte auch die Regierung mit ihm. Im Eintageskabinett Seyß-Inquart (s. d.) vom 12./13. 3. 1938 Landwirtschaftsminister, wurde er später Unterstaatssekretär in der Reichsregierung. 1950 zu drei Jahren Kerker verurteilt, war er ab 1956 Bundesobmann der FPÖ und schloß 1957 mit Bundeskanzler Ing. Julius Raab (s. d.) ein Parteienübereinkommen bezüglich des gemeinsamen Kandidaten W. Denk (s. d.) für die Bundespräsidentenwahl.

REISCH, Max, * 2. 10. 1912 in Kufstein (T), † 18. 1. 1985 in Kufstein, Geograph und Reiseschriftsteller, Kraftfahrzeugpionier. Wurde 1932, als er gemeinsam mit Herbert Tichy (s. d.) auf einem Puch-Motorrad (250 ccm) nach Indien fuhr – eine Pionierleistung des Motorradsports –, schlagartig bekannt. R. unternahm danach mehrere abenteuerliche Expeditionen, so eine Weltreise mit dem Auto und eine Fahrt mit einem Steyr 100 nach Schanghai. Er veröffentlichte darüber zahlreiche Bücher, u. a.: „Zwei Mann und 32 PS" (1936), „Transasien" (1939), „Indien – lockende Ferne" (1949), „Im Auto nach Kuweit" (1953), „Auf nach Afrika" (1957), „Siwa, Sinai und Sid" (1958), „Im Auto um die Erde" (1961), „Straße der Zehntausend" (1962), „Die Straße des Glaubens" (1965).

REISCH, Walter, * 23. 5. 1903 in Wien, † 28. 3. 1983 in Hollywood, Drehbuchautor und Regisseur. Schrieb anfangs in Deutschland gemeinsam mit Robert Stolz (s. d.) musikalische Filme und begründete den weltweiten Ruf dieses Genres in den zwanziger und dreißiger Jahren. R. verfaßte u. a. die Drehbücher zu: „Ein Walzer von Strauß" (1925), „Frauen aus der Wiener Vorstadt" (1925, gemeinsam mit W. Forst s. d.), „Leise flehen meine Lieder" (1933), „Maskerade" (1934, auch Regie), „Episode" (1935) und „Silhouetten" (1936). Für seinen Film „Titanic" wurde ihm 1952 der Oscar verliehen.

REISCHEK, Andreas sen., * 15. 9. 1845 in Linz, † 3. 4. 1902 in Linz, Naturforscher und Forschungsreisender. War Kustos am Linzer Museum und ein bedeutender Naturforscher seiner Zeit. Als Forschungsreisender war er in den Jahren 1877–89 insgesamt achtmal in Neuseeland und setzte dort die von Ferdinand von Hochstetter (s. d.) begonnenen Forschungen fort, vor allem über die Kultur der Maori, die ihn zu ihrem Stammeshäuptling ernannten. Bedeutend waren auch seine in Neuseeland betriebenen ornithologischen Studien. Seine mitgebrachte Vogel-Sammlung umfaßte 16 000 Stück. R.s Bücher: „Sterbende Welt" (1924) und „Cäsar, der Freund des Neuseelandforschers" (1928) wurden von seinem Sohn Andreas R. jun. (s. d.) herausgegeben.

Andreas Reischek sen.

REISCHEK, Andreas jun., * 11. 8. 1892 in Klosterneuburg bei Wien, † 13. 8. 1965 in Wien, Volks- und Völkerkundler. Angeregt durch die Forschungsergebnisse seines Vaters Andreas R. sen. (s. d.), wandte er sich nach dem Studium zunächst der Völkerkunde zu und beschäftigte sich ebenfalls mit den Maori, über die er auch Bücher veröffentlichte. Seine großen Erfolge erzielte er jedoch auf dem Gebiet der heimatlichen Volkskunde; er wurde zum Pionier des Hörberichts im ö. Rundfunk. Seit 1924 Mitarbeiter der RAVAG, gestaltete er höchst informative Beiträge, vor allem über Volksbräuche und alte Handwerksstätten. Im Mai 1945 begründete er den kurze Zeit existierenden „Freiheitssender Ausseerland". 1947 wurde er Programmdirektor von Studio Linz. Bekannt wurden R.s Kulturfilme und Hörspiele. Er veröffentlichte u. a.: „Ihaka Reiheke, der Maorihäuptling aus Ö." (1949) und „Weißer Häuptling der Maori" (1955).

REITER, Josef, * 19. 1. 1862 in Braunau am Inn (OÖ), † 2. 6. 1939 in Bayerisch-Gmain, Dirigent und Komponist. War 1908–11 Leiter des Mozarteums in Salzburg, 1918 Kapellmeister am Wiener Burgtheater. Da er mehrere Chorvereinigungen gegründet hatte, entstand 1899 ein J.-R.-Verein. Abgesehen von seinen kammermusikalischen Werken, schuf er Lieder, Männerchöre und geistliche Musik. Außerdem die Opern (nach Texten von M. Morold): „Der Bundschuh" (1897), „Der Totentanz" (1905), „Der Tell" (1917) sowie 1918 Bühnenmusik zu Ferdinand Raimunds „Der Bauer als Millionär".

Morold, M.: J. R. (1904); Etzmansdorfer, L.: J. R. (mit Werkverzeichnis, 1924)

REITHER, Josef, * 26. 6. 1880 in Langenrohr bei Tulln (NÖ), † 30. 4. 1950 in Tulln (NÖ), christlichsozialer Politiker und Bauer. 1912–24 war er Bürgermeister von Langenrohr und profilierte sich als demokratischer Bauernführer. 1928–38 Obmann des Nö. Bauernbunds sowie 1935–38 Führer des Reichbauernbunds, war er 1925–31 und 1931/32 Landeshauptmann-Stellvertreter und 1933–38 sowie 1945–49 Landeshauptmann von NÖ, in der Regierung Schuschnigg I von 29. 7. 1934–17. 10. 1935 zudem Landwirtschaftsminister. Auch vom politischen Gegner geschätzt, versuchte er nachhaltig zwischen der Regierung des Ständestaats und den Sozialdemokraten zu vermitteln. Am 1. 4. 1938 kam R. mit dem ersten Transport von Regimegegnern der Nationalsozialisten in das KZ Dachau. 1944/45 war er im KZ Ravensbrück sowie in Gefängnissen in Berlin inhaftiert.

REITHMANN, Christian, * 9. 2. 1818 in Moosbach bei Fieberbrunn (T), † 2. 7. 1909 in München, Uhrmacher und Erfinder. Von seinem Vater, der nicht nur Landwirt, sondern auch Uhrmacher und Mühlenmechaniker war, angeregt, bildete er sich auf technischem Gebiet als Autodidakt weiter, absolvierte eine Tischlerlehre in Salzburg, ging nach München und machte sich als Uhrmacher selbständig. In seiner Werkstatt konstruierte er Maschinen zur Herstellung von Uhrenbestandteilen und erfand manche Neuerung der Uhrenmechanik. Auf der Pariser Weltausstellung 1867 gewann er den ersten Preis mit einem freischwingenden Pendel für elektrische Normaluhren. 1873 errang er bei der Wiener Weltausstellung mit pneumatischen Uhren und pneumatischen Haustelegraphen große Beachtung. Außerdem stellte er die ersten Walzenspielwerke her. Seit 1852 beschäftigte er sich aber auch mit der Produktion von Motoren, die durch ein Gemisch von Luft und Knallgas eine Explosionswirkung erzeugten und als Antriebskraft dienten. So kam er auf einen elektromagnetischen Motor mit Bunsenelementen als Antrieb und stellte 1858 erstmals einen Zweitaktmotor her, der schließlich zu einem Viertaktmotor weiterentwickelt wurde. Zur gleichen Zeit erfand Nikolaus Otto (s. d.) den Viertaktmotor, der kommerziell verwertet wurde. R. hatte daran kein Interesse, wenngleich ihm die „Gasmotoren Fabrik Deutz" einen Eingriff in ihr Patentrecht vorgeworfen hat.

Seper, H.: Ch. R. und sein Viertaktmotor (Blätter der Technikgeschichte, Heft 22, 1959); Habacher, M.: Ö. Erfinder (1964)

REITHOFFER, Johann Nepomuk, * 13. 4. 1781 in Feldsberg (Mähren), † 6. 5. 1872 in Wien, Erfinder und Fabrikant. Erlernte das Schneiderhandwerk bei seinem Vater, ging aber bald auf Wanderschaft und kam bis nach Paris, wo er in den Tagen der Französischen Revolution mühsam sein Leben fristete. R. fand aber doch Zeit, an der Sorbonne Vorlesungen über Chemie zu besuchen. Nach seiner Rückkehr in die Heimat arbeitete er als Schneidergeselle in Nikolsburg und erwarb sich durch seine Gewandtheit – nicht zuletzt auch durch die französischen Sprachkenntnisse – einiges Ansehen. Die durch seine Heirat erworbene Mitgift von immerhin 5 000 Dukaten ermöglichte ihm, sich schließlich 1807 selbständig zu machen. Seine moderne Denkungsart ließ ihn an seiner Werkstatt ein Schaufenster installieren, in das er auch eine lebensgroße Puppe stellte, die seine Erzeugnisse trug, wodurch er den Konkurrenzneid seiner Kollegen erregte. Schließlich beschäftigte er sich damit, Stoffe wasserundurchlässig zu machen, und erhielt 1824 ein Privileg, „Wolltücher zu Kleidern wasserdicht zu machen". Da ihn seine Zunftgenossen bei der Verarbeitung boykottierten, übersiedelte er 1825 in die Wiener Vorstadt Roßau. Hier beschäftigte er sich mit dem Kautschuk und erhielt 1828 ein Patent für das Weben

Johann Nepomuk Reithoffers Gummiwarenfabrik in Wimpassing im Schwarzatal

von Kautschukfäden. Nach mühevoller Arbeit gelang es ihm gemeinsam mit seinem Sohn Eduard und dem Mitarbeiter August Purtscher, die Elastizität der Kautschukfäden zu mindern, um sie verweben zu können und ihnen danach einen Teil ihrer Spannkraft wieder zurückzugeben. 1831 erwarb er für 15 Jahre das Privileg der alleinigen Verarbeitung – die Geburtsstunde der Kautschukweberei und damit der Gummiindustrie. In Wimpassing (NÖ) kaufte er ein billiges Grundstück und errichtete dort seine Fabriksgebäude und ein Herrenhaus. 1843 erzeugte er hier bereits 60 000 Hosenträger, etwa 6 000 Paar wasserdichte Schuhe, 20 000 Bandagen und rund 4 000 Mieder. Zur Absatzförderung gründete er bald ein Verkaufsgeschäft im Zentrum Wiens und erhielt auf der Industrieausstellung 1845 für seine Erzeugnisse die Große Goldene Medaille. Die Kautschukindustrie nahm in Europa und in den USA einen gewaltigen Aufschwung, und um konkurrenzfähig zu bleiben, mußte R. seinen Betrieb erweitern. 1853 trat R. von der Leitung des Unternehmens zurück und überließ die Firma seinen Söhnen. Eduard führte das vom Amerikaner Goodyear erfundene Vulkanisieren ein, Ludwig übernahm die kaufmännische Leitung, und Rudolf und Moritz widmeten sich der Fabrikation. In R.s Todesjahr beschäftigte das Unternehmen 800 Arbeiter, verfügte über drei Dampfmaschinen mit insgesamt 120 PS und über eine gleich starke Wasserkraftanlage.

Reithoffer, L. und M.: J. N. R. (1894); Mentschl, J., und Otruba, G.: Ö. Industrielle und Bankiers (1965)

REITZER, Hermann, * 15. 11. 1891 in Wien, † 28. 12. 1959 in Wien, Jurist und Volkswirtschaftler. Studierte in Wien, wurde Generalsekretär des Donaueuropäischen Instituts und Chefredakteur des „Donaueuropäischen Informationsdienstes“. Lebte 1941–46 in der Emigration und veröffentlichte u. a.: „Die Novellen zum ö. Bürgerlichen Gesetzbuch“ (1918–26), „Erbrechtliche Probleme im Versicherungsrecht“ (1919), „Der Maklervertrag“ (1920), „Recht und Juristen in Abessinien“ (1946), „Der donaueuropäische Gedanke“ (1955).

RELIN, Veit, * 24. 9. 1926 in Linz, Schauspieler und Regisseur. Spielte nach seiner Ausbildung am Reinhardt-Seminar ab 1945 an mehreren Bühnen in Innsbruck, Linz und Wien, um anschließend nach Chur (Schweiz) zu gehen. 1950–52 war er an der Wiener Scala und in Salzburg engagiert, 1953–58 in der Bundesrepublik Deutschland und 1959–61 am Wiener Burgtheater. Als Regisseur und avantgardistischer Theaterleiter erzielte er bedeutende Erfolge mit dem Atelier-Theater am Naschmarkt. R. verwendete oft als Pseud. Josef Pichler. Er ist mit der Schauspielerin Maria Schell (s. d.) verheiratet.

RENDL, Georg, * 1. 2. 1903 in Zell am See (S), † 10. 1. 1972 in St. Georgen bei Oberndorf (S), katholischer Arbeiterdichter und Dramatiker. War zunächst Ziegeleiarbeiter, dann Glasbläser und schließlich Bienenzüchter, bis er zur Erzählkunst fand. U. a. veröffentlichte er: „Der Bienenroman“ (1931), „Vor den Fenstern“ (1932), „Die Glasbläser“ (Trilogie, 1935–37), „Ein fröhlicher Mensch“ (1939), „Der Eroberer Franz Xaver“ (1940), „Ein Mädchen“ (1953) und die Dramen „Elisabeth, Kaiserin von Ö.“ (1937), „Paracelsus“ (1938), „Bleiben Sie bei uns, Vianney!“ (1955), „Savonarola“ (1957) sowie die Mysterienspiele „Kain und Abel“ (1945), „Der Namenlose“ (1948) und „Die Frauen am Brunnen“ (1958). Seit 1984 wird der Georg-Rendl-Preis vergeben.

Georg Rendl

RENNER, Alexander, * 29. 5. 1892 in Reval (Estland), † 1. 3. 1966 in Graz, Flugpionier. Gemeinsam mit seinem Bruder Anatol (* 2. 1. 1890 in Minsk, † unbekannt) und seinem Vater Franz R. (1866–1912) baute er das erste lenkbare ö. Flugschiff, die „Estaric I“, und führte damit am 26. 9. 1909 in Graz den ersten erfolgreichen Flug in der Monarchie durch. Kurz darauf wiederholten die Brüder ihren Versuch vor Kaiser Franz Joseph. Im Ersten Weltkrieg war R. ein mehrfach dekorierter Kampfflieger.

KARL RENNER
Staatskanzler in der Ersten und Zweiten Republik

Karl Renner am 27. 4. 1945 nach der Anerkennung der Provisorischen Staatsregierung durch die Sowjets

„Das sind die Jahre meiner Kindheit und Jugend. Sie haben in persönlichen Erfahrungen den ganzen Querschnitt der bürgerlichen Gesellschaft durchmessen, in meiner Seele jedoch das geistige Leben der Zeit in seiner ganzen Spannweite aufgerollt, vom strengen Kirchenglauben bis zur freien Anschauung der Welt, von der kapitalistischen über die bürgerliche bis zur sozialistischen Denkweise, vom Weltbild der Antike bis zu jenem Goethes und Kants, Lassalles und Marx', vom nationalen Sondergeist und Eigendünkel bis zum weltbürgerlichen Internationalismus.“

K. Renner, An der Wende zweier Zeiten. Lebenserinnerungen (1946)

„. . . Ein weiterer Vorteil ist, daß ich als erster Kanzler der Republik Österreich mit den Modalitäten einer Staatsgründung wie mit der Einrichtung einer öffentlichen Verwaltung vertraut bin und daher mir zutrauen kann, das Werk der Wiedererweckung Österreichs aufzugreifen und anzubahnen. Ich habe es darum als absolute Pflicht betrachtet, meine Person voll und ganz in den Dienst dieser Sache zu stellen.“

Brief Renners an Josef Stalin, 15. April 1945

RENNER, Karl, * 14. 12. 1870 in Untertannowitz (Mähren), † 31. 12. 1950 in Wien, Staatsmann und sozialdemokratischer Politiker. Als Sohn einer verarmten Bauernfamilie geboren, gelang es ihm, durch Gelegenheitsarbeiten und als Privatlehrer seine Gymnasialzeit in Nikolsburg zu finanzieren. 1889/90 Einjährig-Freiwilliger, studierte er in Wien Jus (Promotion 1898) und wurde als wissenschaftliche Hilfskraft (1896 als Bibliothekar) in der Bibliothek des Reichsrats (heute Parlamentsbibliothek) angestellt. Schon während seines Studiums hatte sich R. der Weiterbildung sozial benachteiligter Schichten angenommen und war bei der Maifeier 1893 mit den führenden Persönlichkeiten der Sozialdemokratie in Berührung gekommen. In den folgenden Jahren veröffentlichte er seine ersten Werke, allerdings unter verschiedenen Pseud., da er als Staatsbeamter ohne ausdrückliche Genehmigung seiner Vorgesetzten publizistisch nicht tätig sein durfte. So entstanden unter Synopticus, Joseph Karner und Rudolf Springer: „Staat und Nation" (1899), „Staat und Parlament" (1901), „Der Kampf der Oe. Nationen um den Staat" (1902), „Grundlagen und Entwicklungsziele der Ö.-Ungarischen Monarchie" (1906). Seit 1905 in der sozialdemokratischen Genossenschaftsbewegung aktiv tätig, gehörte er dem rechten Parteiflügel an, war 1907–18 Reichsratsabgeordneter und 1911 Obmann des Zentralverbands ö. Konsumvereine. 1916/17 veröffentlichte er, nun unter dem Namen R., das dreibändige Werk „Ö.s Erneuerung", in dem er seine Auffassung über einen föderalistischen Umbau der Monarchie detailliert darlegte. Nach dem Zusammenbruch war R. (30. 10. 1918–15. 3. 1919) Leiter der Staatskanzlei und anschließend bis 7. 7. 1920 Staatskanzler. Von 26. 7. 1919 bis 22. 10. 1920 war R. auch Staatssekretär für Äußeres und Leiter der ö. Friedensdelegation bei den Verhandlungen zum Friedensvertrag von Saint-Germain. 1919–34 Abgeordneter zum Nationalrat, setzte er sich 1920 für die Beibehaltung der Regierungskoalition ein, konnte aber diesen Standpunkt in der eigenen Partei nicht durchsetzen. Nun widmete er sich dem Genossenschaftswesen, gründete 1923 die Arbeiterbank, um die Folgen der Inflation für die sozialdemokratischen Vereinigungen zu verringern, und wurde auch deren erster Präsident. 1923 veröffentlichte er „Ö.s Volkswirtschaft und die Sanierung" und 1924 „Die Wirtschaft als Gesamtprozeß und die Sozialisierung". 1931–33 Erster Präsident des Nationalrats, legte er am 4. 3. 1933 sein Amt auf Wunsch der Partei zurück und wurde 1934 wegen eines Hochverratsprozeßverfahrens von der Dollfuß-Regierung vorübergehend inhaftiert. Nach seiner Freilassung widmete er sich wissenschaftlichen Studien und lebte ab 1938 in seinem Haus in Gloggnitz (NÖ). Durch ein Interview, das am 3. 4. 1938 im „Neuen Wiener Tagblatt" erschien, erregte er einiges Aufsehen und auch Unverständnis in den patriotischen Kreisen Ö.s, da er darin (ebenso wie Wilhelm Miklas [s. d.] in einem Brief an Seyß-Inquart) erklärt hatte, daß er den „Anschluß" Ö.s an das Deutsche Reich billige und bei der bevorstehenden Abstimmung mit Ja votieren werde. (Zwar war der Anschlußgedanke in der ö. Sozialdemokratie seit 1918 immer wieder vertreten worden, doch dachten seine Befürworter dabei, wie schon 1848, an ein neues, demokratisches Deutschland.) Große Verdienste erwarb er sich in den Apriltagen 1945, als er von den Kommandostellen der sowjetischen Truppen eine schonende Behandlung der Bevölkerung verlangte. Diese Aktivität führte schließlich zu den Verhandlungen, die in der Aufforderung der sowjetischen Regierung nach einer Regierungsbildung gipfelten. Von 27. 4.–20. 12. 1945 war R. dann auch Staatskanzler der „Provisorischen ö. Staatsregierung" sowie Mitbegründer der SPÖ und veranlaßte die Unabhängigkeitserklärung der Republik Ö. Am 20. 12. 1945 zum ersten Bundespräsidenten der Zweiten Republik gewählt, blieb er bis zu seinem Tod in diesem Amt. Weitere Veröffentlichungen: „Die Krise des Dualismus" (1904), „Marxismus, Krieg und Internationale (1917), „Staatswirtschaft, Weltwirtschaft und Sozialismus" (1929), „Demokratie und Bürokratie" (1946), „An der Wende zweier Zeiten. Lebenserinnerungen" (1946), „Vom liberalen zum sozialen Staat" (1948), „Für Recht und Frieden" (Reden, 1950) und „Lyrisch-soziale Dichtungen" (1950); aus seinem Nachlaß gab A. Schärf 1953 „Ö. von der Ersten zur Zweiten Republik" heraus. 1954 erschien sein Epos „Die Welt der Moderne" und 1964 aus dem Nachlaß „Die Nation, Mythos und Wirklichkeit".

Kohlich, H.: Ernte eines politischen Lebens" (1946); Hannak, J.: K. R. und seine Zeit (1965); Weissensteiner, F. (Hrsg.): Die ö. Bundespräsidenten (1982); Nasko, S.: K. R. in Dokumenten und Erinnerungen (1982)

RENZ, Ernst Jakob, * 18. 5. 1815 in Böckingen (Baden-Württemberg), † 4. 4. 1892 in Berlin, Artist und Zirkusdirektor. Kam nach einer Ausbildung als Seiltänzer zu de Bach (s. d.) nach Wien und reiste anschließend jahrelang durch Deutschland. Seit 1842 selbständig, besaß er feste Zirkusbauten in Berlin, Hamburg, Breslau und Wien (in der Leopoldstadt, 1853 errichtet, 1883 umgebaut, 1944 zerstört). R. war schon zu Lebzeiten eine legendäre Figur, und sein Unternehmen wurde zum Inbegriff des Zirkus im 19. Jh.

Eberstaller, G.: Zirkus und Varieté in Wien (1974)

RESCH, Josef, * 28. 9. 1880 in Wien, † 6. 4. 1939 in Wien, Beamter und christlichsozialer Politiker. Studierte in Wien Jus und wurde Beamter der Arbeiterunfall-Versicherungsanstalt in Wien. 1918–20 Unterstaatssekretär im Staatsamt für soziale Fürsorge, 1919–23 Abgeordneter zum Nationalrat und mehrmals Minister für soziale Verwaltung, 1920/21, 1924–29 (in fünf Regierungen), 1930–33 (in

JOSEPH RESSEL

Unglücksfahrt der „Civetta"

RESSEL, Joseph, * 29. 6. 1793 in Chrudim (Böhmen), † 9. 10. 1857 in Laibach, Techniker und Erfinder. Studierte ab 1812 an der Universität Wien technische Fächer, mußte das Studium aber aus finanziellen Gründen aufgeben; ein kaiserliches Stipendium ermöglichte ihm den Besuch der Forstakademie in Mariabrunn bei Wien. Wurde zunächst Förster in Krain, 1820 Vizewaldmeister in Laibach und 1821, zur Verwaltung der Forste der ö. Kriegsmarine in Krain, Marine-Unterintendant in Triest. Seine Erfinderbegabung zeigte sich früh, und noch vor seiner epochemachenden Erfindung baute er eine Öl- und Weinpresse, eine Preßwalzmaschine, erfand ein Farbextraktionsverfahren, ein neues Rollen- und Kugellagersystem, ein verbessertes Pflugmodell, eine neue Methode des Sudvorgangs zur Salzgewinnung, Methoden zur Holzkonservierung und zum Biegen von Holz, eine Maschine zur Herstellung von Parkettbodenbrettern, einen Bühnenmechanismus und einen Straßenbahndampfwagen. Auch arbeitete R. ein Projekt für eine Rohrpostleitung von Wien nach Triest aus. Seine Idee, mit Hilfe einer durch eine Dampfmaschine getriebene Schraube Schiffe zu bewegen, beschäftigte ihn jedoch am meisten. 1827 erhielt er das Privileg für die Anwendung der Schraube am Hintersteven als Schiffsantrieb, und am 1. 7. 1829 fand die Probefahrt des Schraubendampfers „Civetta" statt. Ein geborstenes Dampfrohr, das die Verbindung zwischen der Dampfmaschine und dem Schraubenantrieb herstellte, machte dieser ersten Fahrt jedoch bald ein Ende. Das war auch der will-

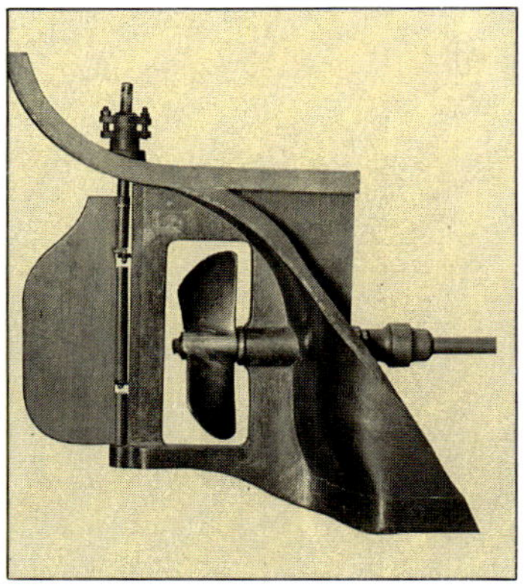

Joseph Ressels Schiffsschraube

kommene Anlaß für die Behörden und einen Raddampferunternehmer, die Verwendung des Schraubendampfers zu verbieten. R. mußte schließlich auch mit den Geldgebern der „Civetta" prozessieren; von den 3 000 Gulden blieben ihm nur 1 100 Gulden. Nun versuchte er sein Glück in Paris, wo man die Erfindung zwar begeistert zur Kenntnis nahm, R. aber nicht einmal mit einem Gewinnbeteiligungsvertrag bedachte. Schließlich mußte R. sogar sein Farbextraktionsverfahren verkaufen, um die Heimreise zu finanzieren. 1840 kam ein englischer Schraubendampfer nach Triest, und R. mußte erfahren, daß seine Erfindung erfolgreich genutzt worden war. Selbst eine von der britischen Admiralität ausgeschriebene Prämie von 20 000 Pfund Sterling für den wahren Erfinder erhielt er nicht, da (wie Erzherzog Ferdinand Max [s. d.] 1852 in London feststellte), R.s Unterlagen verlorengegangen waren.

Reitlinger, E.: J. R., der Erfinder des Schrauben-Dampfers (1863); J. R. Denkschrift (1893); Wess, A.: J. R., in: Blätter für Technikgeschichte, Heft 19 (1957); Eger, R.: Genie ohne Erfolg (1957); Habacher, M.: Ö. Erfinder (1964) vier Regierungen). 1934–38 Staatsrat, 1936–38 abermals Sozialminister in drei Regierungen. Er vollendete das von F. Hanusch (s. d.) begonnene soziale Aufbauwerk der Ersten Republik. R. veröffentlichte u. a. „Der gesetzliche Arbeiterschutz in Ö." (1911), „Die Unfallversicherung in Ö." (1917), „Die Krankenversicherung in Ö." (1925), „Die Arbeitslosenversicherung in Ö." (1926), „Grundzüge in der Sozialversicherung" (1934) und „Die gewerbliche Sozialversicherung" (1935).

RESETARITS, Lukas, * 14. 10. 1947 in Stinatz (B), Kabarettist. Studierte Psychologie und Philosophie in Wien und wurde Rocksänger, Bauhilfsarbeiter und Gammler. 1975 trat er in die Kabarettgruppe „Keif" (Wolfgang Teuschl und Erwin Steinhauer) ein und textete mehrere Programme. Im Oktober 1977 erfolgte sein erstes Soloprogramm mit dem Titel „Rechts, Mitte, Links", danach entstanden u. a.: „A Krise muaß her" (1978), „Haben schon gewählt?" (1979), „Nur kane Wellen" (1981), „Vorläufig ohne Titel" (1983), „Was nun" (1984), „I oder I" (1985) und als elftes Soloprogramm „Rekapituliere" (1987). R. spielte auch in zahlreichen TV-Filmen mit, so u. a. in der „Alpensaga" (Pevny/Turrini) und als Hauptdarsteller in der Serie „Kottan ermittelt" (H. Zenker, P. Patzak). Er erhielt 1981 den Nestroy-Ring, den Ö. Kleinkunstpreis (1981, 1983, 1984) sowie den Deutschen Kleinkunstpreis (1985).

RESL, Franz, * 3. 5. 1883 in Linz, † 6. 1. 1954 in Linz, humoristischer Schriftsteller und Vortragskünstler. Von Beruf Bahnbeamter; wurde durch seine volkstümlichen, humoristischen Kurzgeschichten und Situationskomiken bekannt, die er auch selbst nicht nur auf der Bühne, sondern in der Zwischenkriegszeit auch in Rundfunksendungen vorzutragen verstand. Er veröffentlichte diese in der Sammlung „Da is amal . . . da san amal . . . da hat amal", 6 Bde. (1924–34). Außerdem erschien von ihm: „Lachendes Land, lachende Leut'" (1932), „Aus meiner fröhlichen Werkstatt" (1934), „Humor im Alltag" (1936), „Was mir der Tag so bringt" (1939) und „Der unheilbare Optimist" (1950); 1963 erschien der Auswahlband „Das große F.-R.-Buch".

RÉTHY, Esther, * 22. 10. 1912 in Budapest, Kammersängerin, Sopranistin. Studierte in Budapest und Wien und debütierte in Budapest 1935. 1937–49 an der Wiener Staatsoper, danach an der Wiener Volksoper. War auch als Susanna und Sophie 1937–39 bei den Salzburger Festspielen erfolgreich. Bedeutende Erfolge errang sie als Operettensängerin.

RÉTI, Rudolf Richard, * 27. 11. 1885 in Užice (Serbien), † 7. 2. 1957 in Montclair (New York, USA), Pianist und Musiktheoretiker. Studierte Theorie und Klavier an der Wiener Musikakademie und brachte 1911 Arnold Schönbergs „Drei Klavierstücke" (op. 11) zur Uraufführung. 1922 war er der Initiator des Salzburger Musikfests, das schließlich zur Gründung der internationalen Gesellschaft für Neue Musik führte. 1930–38 war er Musikkritiker der Wiener Zeitung „Das Echo" und mußte 1938 Ö. verlassen. In den Vereinigten Staaten veröffentlichte er in englischer Sprache mehrere musiktheoretische Werke, in denen er die Analysenmethoden, die er von Schönbergs Reihentechnik abgeleitet hatte, auch auf die ältere Musik übertrug.

RETTENBACHER, Simon (auch Rettenpacher), * 19. 10. 1634 in Aigen bei Salzburg, † 10. 5. 1706 in Kremsmünster (OÖ), Benediktiner, Dichter und Dramatiker. Trat 1661 in den Benediktinerorden ein und wurde zum Hauptvertreter des benediktinischen Ordensdramas. Studierte in Rom orientalische Sprachen, wurde Leiter des Gymnasiums und der Stiftsbibliothek in Kremsmünster und war 1671–75 Prof. der Ethik und Geschichte in Salzburg. R. leitete auch das Salzburger Universitätstheater und schrieb seit 1672 lateinische Dramen, die zu den besten des barocken Ordensdramas gehören. Außerdem schuf er etwa 6000 lateinische Gedichte und patriotische Lyrik sowie 100 deutsche Reimgedichte, eine Art poetisches Tagebuch. Von seinen Dramen sind zu erwähnen: „Demetrius" (1672), „Atys" (1672), „Perseus" (1674), „Ulysses" (1680) und „Candor triumphans" (1699). 1683 erschien „Dramata selecta" und 1693 in lateinischer Sprache „Gedichte" (1930 in deutscher Übersetzung).

Lehner, T.: S. R. (1905); Newald, R.: S. R. (1930)

Esther Réthy als Lisa in Léhars „Das Land des Lächelns"

Jakob Reumann

REUMANN, Jakob, * 31. 12. 1853 in Wien, † 29. 7. 1925 in Klagenfurt, Bürgermeister von Wien, sozialdemokratischer Politiker. Der Sohn einer Arbeiterin wuchs in ärmlichen Verhältnissen auf und trat 1867 als Bildhauer-, danach als Drechslerlehrling in eine Meerschaumpfeifenfabrik ein. Nach seiner Gesellenprüfung (1871) gründete er die erste Gewerkschaft seines Berufsstands, den „Fachverband der Drechsler". Wegen seiner umfangreichen Aktivitäten von den Arbeitgebern auf die schwarze Liste gesetzt, mußte er nach München auswandern, wurde aber von Viktor Adler (s. d.) wieder nach Wien zurückgeholt. Nach dem Hainfelder Parteitag 1889 wurde er zum ersten Sekretär der nun geeinten Sozialdemokraten bestellt. Ab 1900 Wiener Gemeinderat, 1907–18 Reichsratsabgeordneter, wurde im provisorischen Gemeinderat von 1918 Vizebürgermeister und 1919–23 Bürgermeister von Wien – der erste sozialdemokratische Bürgermeister. In seine Amtszeit fielen nicht nur kommunale Maßnahmen gegen die große Not nach dem Ersten Weltkrieg, sondern auch die Trennung Wiens von NÖ, das mit 1. 1. 1922 ein selbständiges Bundesland wurde. Außerdem wurde mit 1. 2. 1923 die zweckgebundene Wohnbausteuer eingeführt und am 21. 9. 1923 das erste Wohnbauprogramm der Gemeinde Wien beschlossen.

Czeike, F.: Wien und seine Bürgermeister (1974)

R

Reutter Georg d. Ä. · Reutter Georg d. J. · Revertera Peter · Reyer Walter · Reznièek Emil Josef Nikolaus · Rezzori Gregor von · Rheticus Georg Joachim · Rhomberg Franz Martin · Rhomberg Lorenz · Ribi Johann · Richter Eduard · Richter Elise · Richter Ferdinand Tobias · Richter Hans · Richter Josef · Richter Paul · Ried Hans

REUTTER, Georg d. Ä., * 4. 11. 1656 (Tauftag) in Wien, † 29. 8. 1738 in Wien, Organist und Komponist. 1686–97 war R. Organist am Wiener Stephansdom, 1697–1703 Theorbist in der Hofkapelle (die Theorbe war eine Baßlaute und diente im 16.–18. Jh. als Fundamentinstrument im Generalbaßspiel) und ab 1700 Hof- und Kammerorganist. 1712 Zweiter, 1715 Erster Kapellmeister des Wiener Stephansdoms. R. schrieb kirchenmusikalische Werke, Messen und Orgelstükke. Sein Sohn Georg R. d. J. (s. d.) überflügelte ihn als Komponist in Qualität und Umfang des Musikschaffens.

REUTTER, Georg d. J. Edler von (seit 1740) (Johann Adam Joseph Karl Georg) * 6. 4. 1708 (Tauftag) in Wien, † 11. 3. 1772 in Wien, Organist und Komponist. Wurde vorerst von seinem Vater Georg R. d. Ä. (s. d.) und danach von A. Caldara unterrichtet. Nach einer Italienreise 1731 Hofkomponist und 1738 (als Nachfolger seines Vaters) Erster Domkapellmeister von St. Stephan. 1747 Zweiter Hofkapellmeister und mit der Leitung der gesamten Kirchenmusik in Wien betraut, übernahm 1751 die Funktion des Ersten Hofkapellmeisters und erhielt (nach dem Tod seines Vorgängers) 1767 auch den Titel. R. hatte somit alle wesentlichen Positionen des damaligen Wiener Musiklebens inne. War einer der fruchtbarsten Komponisten der Vorklassik, er schuf 677 Werke, darunter 80 Messen, sechs Requien, 41 Opern und dramatische Kompositionen sowie Chorwerke und Kammermusik. 1908 erschien in den „Denkmälern der Tonkunst in Ö." (XV, 2) eine Ausgabe seiner Werke.

Hofer, N.: Die beiden R. als Kirchenkomponisten. Diss. Wien (1915)

REVERTERA, Peter Graf, * 18. 3. 1893 in Paris, † 19. 4. 1966 in Helfenberg (OÖ), Heimwehrführer und Großgrundbesitzer. Entstammte einem alten italienischen Adelsgeschlecht, sein Vater war k. u. k. Legationsrat in Paris. 1914–17 Kriegsdienst in einem Husarenregiment, 1917 Rittmeister und Verbindungsoffizier zum königlich-preußischen Kriegsminister in Berlin. Ab 1920 an der Gründung der Heimwehr im Mühlviertel und am Aufbau derselben beteiligt sowie Kommandant der späteren „Jägerbrigade Fürst Starhemberg". 1934–38 Landesrat und Sicherheitsdirektor von OÖ, hatte er als einziger Sicherheitsdirektor in Ö. (im Einverständnis mit Landeshauptmann Dr. Gleißner [s. d.]) Kontakt zu allen illegalen Gruppen der Rechten und der Linken. 1938 von Hermann Göring ursprünglich als Gaujägermeister vorgesehen, von der NSDAP jedoch abgelehnt, lebte R. „gauverwiesen" in Neustadt an der Saale und in Augsburg, bis er 1944 von der Gestapo verhaftet wurde.

Wiltschegg, W.: Die Heimwehr (1985)

REYER, Walter, * 4. 9. 1922 in Hall (T), Kammerschauspieler. Kam bereits 1940 an die Exl-Bühne und war anschließend bis 1952 am Landestheater in Innsbruck engagiert. 1952–55 an den Vereinigten Bühnen in Graz tätig, kam er 1955 an das Theater in der Josefstadt in Wien und ist seit 1956 Mitglied des Wiener Burgtheaters. Neben seinen hervorragenden Leistungen als jugendlicher Held (Romeo, Prinz von Homburg, Don Carlos) und später als Charakterdarsteller war er auch im Film erfolgreich.

REZNIČEK, Emil Josef Nikolaus Freiherr von, * 4. 5. 1860 in Wien, † 2. 8. 1945 in Berlin, Komponist und Dirigent. Studierte zunächst in Wien Jus, dann Musik in Graz, 1881 am Leipziger Konservatorium. 1887 Militärkapellmeister in Prag, 1896 Hofkapellmeister in Weimar, 1896–99 in Mannheim, gründete 1902 die von ihm geleiteten Orchester-Kammerkonzerte in Berlin. Danach in London und in Warschau, 1909–11 Direktor der Komischen Oper in Berlin und 1920–26 Prof. für Komposition und Instrumentation an der Berliner Musikhochschule. War als Komponist Neuromantiker, seine Musik ist flüssig, einfallsreich und meisterhaft orchestriert. Die Ouvertüre zu seiner Oper „Donna Diana" (1894) wurde ein Welterfolg. Abgesehen von zahlreichen Kammermusikwerken, schuf er 1893 ein Requiem, 1898 eine Messe und das Ballett „Das goldene Kalb" (1935). Für seine Opern verfaßte er zum Großteil die Texte selbst: „Donna Diana" (1894), „Till Eulenspiegel" (1900), „Ritter Blaubart" (1918), „Holofernes" (1922), „Benzin" (1929), „Spiel oder Ernst?" (1930).

Chop, M.: E. N. v. R. Sein Leben und seine Werke (1920); Specht, R.: E. N. v. R., eine vorläufige Studie (1923); Rezniček, F. v.: Gegen den Strom. Leben und Werk von E. N. v. R. (mit L. Nowak, 1960)

REZZORI, Gregor von, * 13. 5. 1914 in Czernowitz (Bukowina), Schriftsteller. R. veröffentlichte u. a. den Roman „Ein Hermelin aus Tschernopol" (1957) und die Erzählungen „Maghrebinische Geschichten" (1952), „Ödipus siegt bei Stalingrad" (1953), „Idiotenführer durch die Deutsche Gesellschaft", 4 Bde. (1962/63); „Sherrytime" (1978). Seine Erinnerungen erschienen unter dem Titel „Memoiren eines Antisemiten" (1979).

RHETICUS (auch Rhaeticus), Georg Joachim (eigtl. G. J. von Lauchen), * 15. 2. 1514 in Feldkirch (V), † 4. 12. 1576 in Kaschau (Slowakei), Humanist, Astronom und Mathematiker. Er wirkte an den Universitäten von Wittenberg, Leipzig und Wien, war ein Mitarbeiter von N. Kopernikus (s. d.) und vertrat dessen Lehre. Seinem Betreiben ist es auch zu danken, daß dessen Werke gedruckt wurden. 1540 veröffentlichte er die Schrift „Narratio prima de libris revolutionum Copernici", in der er die Beobachtungen Kopernikus' zusammenfaßte und dadurch schlagartig bekannt wurde. 1550 folgte noch „Ephemeris ex fundamentis Copernici". R. stellte außerdem wichtige trigonometrische Berechnungen an, begann eine zehnstellige Tafel der geometrischen Funktionen und schuf bedeutende Vorarbeiten für die Logarithmentafeln, die dann 1611 erfunden wurden.

RHOMBERG, Franz Martin, * 15. 4. 1811 in Dornbirn (V), † 17. 5. 1864 in Dornbirn, Textilunternehmer. War zunächst Färber, ehe er 1832 das heute noch existierende Textilunternehmen F. M. Rhomberg gründete. Er konstruierte mechanische Flachsspinnmaschinen, die es ermöglichten, rationell und qualitätsvoll zu arbeiten. Neben diesem Unternehmen gründete er in Sill (T) die Tiroler Textilindustrie.

Nägele, H.: Zum 100jährigen Bestands-Jubiläum der Firma F. M. R. (1932)

RHOMBERG, Lorenz, * 24. 11. 1785 in Dornbirn, † 26. 5. 1851 in Dornbirn, Textilunternehmer. Da die Situation der Textilbetriebe durch die Kontinentalsperre in der Napoleonischen Ära besser zu werden versprach, gründete R. mit seinem Vetter Josef Anton R., der Teilhaber der 1795 gegründeten Firma Herrburger und Rhomberg war, 1805 ein Textilunternehmen. Als auslandserfahrenen Techniker nahmen sie den Mechaniker Michael Lenz auf und gründeten die Firma Rhomberg & Lenz. Die Dornbirner Ach lieferte die Wasserkraft für die von ihnen entwikkelte Flachsspinnmaschine, auf der 2016 Spindeln liefen. In einem zwölfstündigen Arbeitstag wurden 2993750 bayerische Ellen Garn (1 Elle = 60 cm) erzeugt, wozu 152 Pfund Flachs erforderlich waren. Als Josef Anton R. 1819 starb, trat Lorenz R. als Gesellschafter auch in die Firma Herrburger & Rhomberg ein. Da die Firmen immer mehr Rohstoff benötigten, kaufte R. in den Mittelmeerhäfen ein. Er wirkte auch im öffentlichen Leben, so kam auf Betreiben R.s 1821 der Regierungsauftrag zum Bau der Arlbergpaßstraße zustande.

Nägele, H.: Sechs Generationen im Dienste ihrer Textilfabriken (1949)

RIBI, Johann, s. Platzheim, Johann von

RICHTER, Eduard, * 3. 10. 1847 in Mannersdorf (NÖ), † 6. 2. 1905 in Graz, Geograph und Alpinist. Studierte in Wien und war ab 1886 Univ.-Prof. in Graz. Bahnbrechend in der Gletscherkunde und der historischen Geographie, war er auch der Begründer der „Gra-

Franz Martin Rhomberg

zer Geologischen Schule". Insbesondere beschäftigte er sich mit der Hochgebirgsmorphologie und der Seekunde, die er durch seine eigenen Erfahrungen als Alpinist untermauerte. Außerdem leitete er die Vorarbeiten für den „Historischen Atlas der ö. Alpenländer" und gab „Die Erschließung der Ostalpen", 3 Bde. (1892–94) heraus. Er veröffentlichte auch „Das Gletscherphänomen" (1877), „Die Gletscher der Ostalpen" (1888) und gemeinsam mit A. Penck „Atlas der ö. Alpenseen" (1896).

RICHTER, Elise, * 2. 3. 1865 in Wien, † 21. 6. 1943 im KZ Theresienstadt, Sprachforscherin. Studierte in Wien und erhielt 1907 als erste Frau in Ö. die Lehrberechtigung für romanische Philologie. 1922 wurde sie der erste weibliche Univ.-Prof. Sie leitete das Phonetische Institut der Universität Wien und erforschte die physiologischen und psychologischen Grundlagen der Sprache. 1903 veröffentlichte sie „Zur Entwicklung der romanischen Wortstellung aus der lateinischen Sprache" und 1919 „Grundlinien der Wortstellungslehre". 1922–30 Vorsitzende des Verbandes der akademischen Frauen Ö.s, wurde sie 1938 aus rassischen Gründen von der Universität entlassen.

RICHTER, Ferdinand Tobias, * um 1649, † 3. 11. 1711 in Wien, Komponist. War der einzige am Wiener Hof, abgesehen von Kaiser Leopold I. (s. d.), der deutschsprachige dramatisch-oratorische Werke schrieb. Außerdem schuf er Kirchenmusiken und Klavierkompositionen. Sein großes Verdienst liegt auch darin, daß er mehrere geistliche Schuldramen vertont hat. R. war der Wegbereiter der neuen Musik, die wenig später mit J. J. Fux (s. d.) und Kaiser Karl VI. (s. d.) begann. Eine Ausgabe seiner Werke findet sich in den „Denkmälern der Tonkunst Ö.s", Bd. XIII, 2. Sein Sohn Anton Karl R. (* um 1690 in Wien, † 10. 11. 1768 in Wien) war ebenfalls Komponist, doch reichte er an Leistung und Bekanntheitsgrad an seinen Vater nicht heran.

RICHTER, Hans, * 4. 4. 1843 in Raab (Ungarn), † 5. 12. 1916 in Bayreuth, Dirigent. Trat 1853 in die Wiener Hofkapelle als Chorknabe ein und studierte 1860–65 Komposition, Klavier und Waldhorn am Wiener Konservatorium. Bereits während seines Studiums war er 1862–65 Hornist am Kärntnertortheater in Wien. 1866/67 bei Richard Wagner in Luzern, war er, auf Empfehlung R. Wagners, 1867/68 Chordirektor an der Münchner Hofoper. 1870 leitete er die Uraufführung von Wagners „Lohengrin" in Brüssel und war 1871–75 Kapellmeister am Nationaltheater in Budapest. Nach einem außerordentlich erfolgreichen Orchesterkonzert in Wien 1875 war er 1875–1900 Erster Kapellmeister der Wiener Hofoper, bis 1898 auch Dirigent der Philharmonischen Konzerte in Wien und 1880–90 Konzertdirigent der Gesellschaft der Musikfreunde. R. begründete in kürzester Zeit den außerordentlichen Ruf der Wiener Philharmonischen Konzerte, da er sich dem Prinzip der Werktreue verpflichtet fühlte. 1876 leitete er die erste Gesamtaufführung von Wagners „Ring des Nibelungen" bei den Bayreuther Festspielen und wurde dort auch zu einem der Hauptdirigenten. 1877 leitete er, abwechselnd mit Richard Wagner, in London die großen „Wagner-Konzerte", 1903–10 die Wagner-Vorstellungen der Covent Garden Opera, 1879–97 die „Orchestral Festival Concerts", die später „Richter-Concerts" genannt wurden, 1885–1911 die Musikfeste in Birmingham und die Konzerte des Hallé Orchestra in Manchester, wo er ab 1897 auch lebte. R. war einer der bedeutendsten Dirigenten seiner Zeit und setzte sich für die Werke von R. Wagner und J. Brahms (s. d.) ein. 1912 zog er sich nach Bayreuth zurück.

Karpath, L.: Richard Wagner, Briefe an H. R. (1924); Kienzl, W., in: Neue Ö. Biographie, 7 (1931)

Hans Richter. Lithographie von O. Wodraschka (1873)

RICHTER, Josef (genannt „der Eipeldauer"), * 16. 3. 1749 in Wien, † 16. 6. 1813 in Wien, Journalist und Schriftsteller. Stammte aus dem Wiener Kleinbürgertum und erlernte den Beruf des Kaufmanns. 1774 veröffentlichte er einen Band „Gedichte" und gab im Fasching 1778 das erste Wiener Witzblatt, „Der Spaßvogel", heraus. 1779 und 1782 reiste er nach Paris und begann anschließend Zeitschriften herauszugeben, darunter 1783/84 „Die Brieftasche. Eine lokale Tagesschrift" und 1785 die „Wienerische Musterkarte, ein Beitrag zur Schilderung Wiens". R. war aber auch ein satirischer Zeitkritiker und veröffentlichte unter dem Pseud. F. A. Obermayer 1784 die „Bildergallerie katholischer Mißbräuche" und fast gleichzeitig anonym die „Bildergallerie klösterlicher Mißbräuche", unter dem Pseud. P. Hilarion folgte dann 1785 die „Bildergallerie weltlicher Mißbräuche". Schlagartig bekannt wurde R. jedoch durch die 1785 gegründete Schriftenreihe „Briefe eines Eipeldauers an seinen Herrn Vettern in Kakran über d' Wienstadt"; bis 1797 erschienen 37 Hefte. 1798 unterbrach er die Herausgabe des „Eipeldauers" und ließ „Die Wahrheit in Maske" erscheinen, deren zwölf Hefte jedoch wenig erfolgreich waren. So erschienen 1799–1801 „Briefe des wiederaufgelebten Eipeldauers". Die Eipeldauerbriefe sind heute noch ein wertvolles zeitgeschichtliches Dokument und eine Quelle der Wiener Lokal- und Kulturgeschichte. Weniger nachhaltigen Erfolg hatte er mit seinen Theaterstücken, antireligiösen Schriften und Pamphleten, von denen nur das 1787 erschienene „Warum wird Kaiser Joseph von seinem Volke nicht geliebt" von einiger Bedeutung ist. Durch seinen Wortwitz, seine wienerische Sprache und seinen Hang zur Satire kann er als Vorläufer von Johann Nepomuk Nestroy (s. d.) bezeichnet werden. 1813 erschienen „Sämtliche Schriften" (12 Bde.), 1917 „Die Eipeldauerbriefe" (2 Bde., hrsg. von E. Paunel).

Newald, J.: Aus den Briefen eines Eipeldauers (1905); Hirsch, F.: Die Briefe eines Eipeldauers und ihre Verwertung auf der Bühne (1905)

RICHTER, Paul, * 1. 4. 1895 in Wien, † 31. 12. 1961 in Wien, Schauspieler. War nach seiner Ausbildung an den Jarno-Bühnen und am Wiener Stadttheater engagiert. Ab 1920 war er fast ausschließlich als Filmschauspieler tätig, nachdem sein erster Film, in dem er die Hauptrolle spielte, „Das indische Grabmal", schon sehr erfolgreich war. In Fritz Langs (s. d.) legendärem Nibelungenfilm spielte R. den Siegfried.

RIED, Hans, † 1516, Kanzleischreiber. Von ihm ist wenig bekannt. Seit 1496 ist er urkundlich nachweisbar, war zunächst Schreiber in der Kanzlei von Erzherzog Sigmund in Tirol, dann Zollschreiber am Eisack bei Bozen. Zwischen 1504 und 1516 schrieb er im Auftrag Kaiser Maximilians I. (s. d.) das „Ambraser Heldenbuch", eine wichtige Sammelhandschrift mittelalterlicher Epen, die R. nach dem heute nicht mehr existierenden „Heldenbuch an der Etsch" anfertigte. Unter den 25 mittelhochdeutschen Dichtungen befinden sich die einzig hier überlieferten Werke: „Gudrunlied", „Biterolf-" und „Wolfdietrich-Epos", Hartmann von der Aues „Erec" und „Iwein", Wolfram von Eschenbachs „Titurel", Ulrich von Liechtensteins „Frauenbuch" und „Meier Helmbrecht" von Wernher dem Gartenaere. Seine Arbeit blieb bis 1806 auf Schloß Ambras, kam dann nach Wien und befindet sich seit 1936 in der Ö. Nationalbibliothek.

Gottlieb, Th.: Die Ambraser Handschriften (1900)

RIEDEL, Andreas Freiherr von (seit 1792), * 12. 9. 1748 in Wien, † 15. 2. 1837 in Paris, Schriftsteller und jakobinischer Politiker. Absolvierte 1770 die Theresianische Militärakademie und wurde dort 1774 Prof. 1779 wurde er in Florenz Mathematiklehrer und Erzieher der Söhne von Großherzog (später Kaiser) Leopold (II., s. d.): Franz, später Kaiser von Ö. (II., s. d.) und Ferdinand (s. d.). 1790 kehrte er nach Wien zurück, wo er einen Vorschlag zur Verfassungsreform der Länder der Monarchie und eine Wahlordnung ausarbeitete. Mit dem Tod Kaiser Leopolds II. (1792) begannen politische Spannungen mit seinem ehemaligen Schüler, dem nunmehrigen Kaiser Franz II. Nun sammelte R. Gleichgesinnte um sich, Wiener Jakobiner, die eine revolutionäre Veränderung der politischen und sozialen Verhältnisse der Monarchie anstrebten. 1794 verhaftet, wurde er zu 60 Jahren Kerker verurteilt. 1809, nach der Besetzung Brünns durch die Franzosen freigelassen, floh er nach Paris. R. gilt als bedeutendster Jakobiner Wiens, der versuchte, die Reformen Kaiser Josephs II. (s. d.) weiterzutreiben. Er veröffentlichte u. a.: „Das undankbare Wien . . ." (1791) und „Aufruf an alle Deutschen zu einem antiaristokratischen Gleichheitsbund" (1792).

Wangemann, E.: Von Joseph II. zu den Jakobinerprozessen (1966); Reinalter, H. (Hrsg.): Jakobiner in Mitteleuropa (1977)

RIEDEL, Josef Gottfried von, * 17. 1. 1803 in Friedland (Böhmen), † 7. 11. 1870 in Wien, Arzt. Studierte in Prag und wurde Sekundararzt an der dortigen Irrenanstalt, 1830 veröffentlichte er ein Buch über seine Eindrücke und Erlebnisse. R. wurde zum Reformator der Irrenpflege und setzte sich vor allem für die humane Behandlung von Geisteskranken ein. 1851 wurde er als Direktor der seit 1849 in Bau befindlichen Irrenanstalt nach Wien berufen. Den 1784 erbauten „Narrenturm" des Allgemeinen Krankenhauses gestaltete er in eine Pflegeanstalt um und gab ab 1858 „Ärztliche Berichte über die k. k. Irren-, Heil- und Pflegeanstalt zu Wien" heraus. Außerdem führte er in der Psychiatrie den klinischen Unterricht ein und verordnete als Therapie Gymnastik und künstlerisches Gestalten.

RIEDL, Jakob, * um 1790 in Fügen (T), † 3. 2. 1821 wahrscheinlich in Ried im Oberinntal, Freiheitskämpfer. War im Tiroler Freiheitskampf Adjutant von Josef Speckbacher (s. d.) und führte in den Bergisel-Schlachten selbst eine Einheit. Nach den Niederlagen von 1809 floh er aus Tirol nach Sachsen und war dann als Händler in Preußen tätig. Im Befreiungskrieg gegen Napoleon führte er eine Tiroler Scharfschützenkompanie des Lützowschen Freikorps. Sein älterer Bruder Sebastian (* 10. 1. 1782, † 7. 7. 1821), „Garber Wastl" genannt, war ebenfalls am Tiroler Freiheitskampf beteiligt.

RIEDL, Rupert, * 22. 2. 1925 in Wien, Zoologe und Meeresbiologe. Sohn des Wiener Bildhauers Franz R. Wurde nach der Matura zur deutschen Wehrmacht eingezogen und verwundet. 1945/46 studierte er zunächst auf Wunsch des Vaters bildende Künste, dann jedoch Medizin und schließlich Zoologie, Promotion 1951. Nach einigen Forschungsreisen war er 1948/49 Leiter der ersten ö. Nachkriegsexpedition, der „Unterwasser-Expedition Austria" in Sizilien. Er bildete sich an verschiedenen Meeresstationen weiter und leitete 1952 die „Ö. Tyrrhenia-Expedition", deren Ergebnisse er 1959 veröffentlichte. 1953 wissenschaftliche Hilfskraft am I. Zoologischen Institut der Universität Wien, habilitierte er sich 1960 für „Zoologie, mit besonderer Berücksichtigung der Morphologie und der Meeresbiologie" und wurde 1965 a. o. Univ.-Prof., 1967–71 Prof. an der University of North Carolina, 1971 als Vorstand des I. Zoologischen Instituts an die Universität Wien berufen. In kurzer Zeit richtete er hier Abteilungen für Meeresbiologie, Ultrastrukturforschung und für Theoretische Biologie ein. Als international anerkannter Fachmann arbeitete er an mehreren fachwissenschaftlichen Werken mit, verfaßte rund 100 Fachpublikationen und mehrere Veröffentlichungen, die durchwegs Anerkennung fanden und zum Teil in mehreren Auflagen und verschiedenen Sprachen erschienen sind: „Beiträge zur Kenntnis der Rhodope Veranii", 2 Bde. (1959/60), „Probleme und Methoden der Erforschung des litoralen Benthos" (1963), „Fauna und Flora der Adria" (1963), „Biologie der Meereshöhlen" (1966), „Die Ordnung des Lebendigen" (1975), „Die Strategie der Genesis" (1976), „Biologie und Erkenntnis" (1980), „Evolution und Erkenntnis" (1982), „Fauna und Flora des Mittelmeeres" (3. Aufl. 1983), „Die Spaltung des Weltbildes" (1985). R. erhielt 1985 den Donauland-Sachbuchpreis.

RIEDMILLER, Bernard, * 5. 6. 1757 in Illerbach (Bayern), † 11. 1. 1832 in Wien, Vorarlberger Freiheitskämpfer. In den Kämpfen von 1796 und 1799 war er Hauptmann der Bludenzer Schützen, und 1809 nahm er als Major an der dritten Bergisel-Schlacht (13. 8. 1809) teil, wurde im September 1809 von A. Hofer (s. d.) zum Kommandanten im Oberinntal ernannt und floh nach der Niederlage nach Wien.

Bilgeri, B.: Geschichte Vorarlbergs, Bd. IV (1982)

RIEGER, Sebastian, s. Reimmichl

RIEGGER, Joseph Anton Ritter von, * 13. 2. 1742 in Innsbruck, † 5. 8. 1795 in Prag, Staats- und Völkerrechtler. Sohn von Paul Joseph Ritter v. R. (s. d.); studierte in Innsbruck und Wien Jus und wurde 1764 Prof. für Kirchenrecht am Theresianum in Wien. 1765 wurde er o. Prof. an der Universität Freiburg im Breisgau und 1778 Gubernialrat, Studienreferent und Prof. für Staats- und Völkerrecht an der Universität Prag. Neben seinen juridischen Arbeiten beschäftigte er sich mit statistischer Landeskunde. Von diesen Veröffentlichungen sind erwähnenswert: „Materialien zur alten und neuen Statistik in Böhmen", 12 Teile (1787–99) und „Archiv der Geschichte und Statistik, insbesondere von Böhmen", 3 Bde. (1792–95).

RIEGGER, Paul Joseph Ritter von, * 29. 6. 1705 in Freiburg im Breisgau, † 2. 12. 1775 in Wien, Kirchenrechtler. Studierte Jus und promovierte 1730. Wurde Prof. für Natur- und Völkerrecht sowie für Deutsches Staatsrecht und für Reichsgeschichte an der Universität Innsbruck; 1749 erhielt er von Maria Theresia (s. d.) die Lehrkanzel für Staats- und kanonisches Recht an der Savoyschen Ritterakademie in Wien. Bald darauf übernahm er die Direktion über die gesamten juridischen Studien an der Akademie, wurde Zensor und Beisitzer der geistlichen und der Zensur-Hofkommission. 1753 Univ.-Prof. für kanonisches Recht in Wien. Sein berühmtestes Werk ist „Institutiones iurisprudentiae ecclesiasticae", 4 Bde. (4. Aufl. 1775–78). R. war auch Ratgeber von Maria Theresia und ebnete dem Staatskirchentum des Josephinismus den Weg.

RIEGL, Alois, * 14. 1. 1858 in Linz, † 17. 6. 1905 in Wien, Kunsthistoriker. Machte nach seinem Studium der Geschichte und Kunstgeschichte durch sein 1891 veröffentlichtes Werk „Altorientalische Teppiche" und 1893 durch „Stilfragen. Grundlegungen zu einer Geschichte der Ornamentik" auf sich aufmerksam. Ab 1897 war er o. Univ.-Prof. für Kunstgeschichte in Wien und ab 1902 Generalkonservator der k. k. Zentralkommission für Kunst- und historische Denkmale. R. wurde zum Begründer der neuen „Wiener Schule" der Kunstgeschichte und führte die streng entwicklungsgeschichtliche Kunstgeschichtsschreibung ein. Außer den genannten Werken veröffentlichte er u. a.: „Volkskunst, Hausfleiß und Hausindustrie" (1894), „Das holländische Gruppenporträt" (1902, 2. Aufl. 1931), „Der moderne Denkmalkultus" (1903), „Über altchristliche Basiliken" (1903) und „Die Entstehung der Barockkunst in Rom" (1908), hrsg. von A. Burda und M. Dvořak; 1929 erschienen R.s „Gesammelte Aufsätze", hrsg. von K. M. Swoboda.

RIEGLER, Josef, * 1. 11. 1938 in Judenburg (St), Agraringenieur und ÖVP-Politiker. Absolvierte die landwirtschaftliche Fachschule, 1956–60 die Höhere Bundeslehranstalt in Raberg und 1960–65 die Hochschule für Bodenkultur in Wien. 1965–71 Landwirtschaftslehrer an verschiedenen Schulen in der Steiermark, wurde 1971 Direktor der Landwirtschaftlichen Fachschule in

Stainz (St). 1972 Direktor des Steirischen Bauernbunds, 1980 des Ö. Bauernbunds, 1983 Landesrat der steiermärkischen Landesregierung. Seit 1976 ist R. Agrarsprecher der ÖVP, seit 20. 1. 1987 Landwirtschaftsminister in der Koalitionsregierung Vranitzky–Mock.

RIEHL, Joseph, * 31. 8. 1842 in Bozen, † 17. 2. 1917 in Innsbruck, Bauingenieur. Bruder des Philosophen Alois R. (* 27. 4. 1844, † 21. 11. 1924). Nach Studienende beschäftigte er sich intensiv mit dem Bau von Bergbahnen und Wasserkraftwerken, vor allem in Tirol und in Vorarlberg. So stammen von ihm u. a. die Zahnradbahn auf den Ritten bei Bozen, die Hungerburgbahn in Innsbruck und die Mittenwaldbahn (Nordtirol), die erste elektrische Linie in Ö. Weitere bedeutende Leistungen sind die Hafenanlagen bei Bregenz und die Dolomitenstraße in Südtirol.

RIEMERSCHMID, Werner, * 16. 11. 1895 in Maria Enzersdorf (NÖ), † 16. 4. 1967 in Wien, Schriftsteller. Studierte in Wien Jus und war 1921/22 unter der Direktion Anton Wildgans (s. d.) Sekretär am Wiener Burgtheater. 1928–60 vielseitig beim ö. Rundfunk tätig, als Sprecher und Reporter ebenso wie als Autor und Regisseur. R. schrieb mehrere Hörspiele und Dramen, so etwa: „Heimfahrt Ottos des Dritten" (1928), „Der Königsmacher" (1938); die Gedichtbände: „Das verzauberte Jahr" (1936), „Der Bote im Zwielicht" (1942), „Euer Ruhm ist nicht fein" (1962) und „Steinbrüche" (1965) sowie die Romane: „Das Buch vom lieben Augustin" (1930), „Die Frösche von Sumpach" (1938), „Schatten" (1947) und „Trakl" (1947); R. war auch Herausgeber der Anthologien „Italien im Gedicht" (1943) und „Ö. im Gedicht" (1948).

RIEPL, Franz Xaver, * 29. 11. 1790 in Graz, † 25. 4. 1857 in Wien, Techniker. Studierte zunächst Philosophie in Graz, ging aber dann an die Bergakademie in Schemnitz, wo er nach naturwissenschaftlichen Studien mit technologisch-bergmännischer Ausrichtung sein Studium abschloß. 1821 wurde er Prof. für Warenkunde und Naturgeschichte am Wiener Polytechnikum (heute Technische Universität). Nach seinen Angaben wurde 1826 in Witkowitz (Mähren) der erste Kokshochofen errichtet und das erste Puddelwerk unter ausschließlicher Verwendung von Steinkohle in Ö. erbaut. Ab 1828 befaßte sich R. mit der Errichtung einer Eisenbahnlinie von Wien in dieses böhmische Industriegebiet und konnte dafür den Bankier Salomon Baron Rothschild (s. d.) gewinnen. Ungeachtet der anfänglichen Schwierigkeiten wurde dann die Eisenbahnlinie von Wien nach Bochnia, die „Kaiser Ferdinands-Nordbahn" zwischen 1837 und 1856 erbaut. Auch war R. der erste, der die Anwendung der Dampfkraft für das Eisenbahnwesen empfahl. 1840 legte er seine Professur am Polytechnikum nieder und war bis zu seinem Tod technischer Konsulent der Nordbahn. R. entwarf den Plan eines die Monarchie umfassenden Eisenbahnnetzes, der später auch verwirklicht wurde.

Röll, V.: Encyklopädie des gesamten Eisenbahnwesens (1894)

RAINER MARIA RILKE

Weisen von Sehnsucht, Liebe und Tod

„Übrigens habe ich, zwei kurze Unterbrechungen abgerechnet, seit Wochen kein Wort gesprochen; meine Einsamkeit schließt sich endlich, und ich bin in der Arbeit wie der Kern in der Frucht."

3. August 1907

„. . . ich zöge es vor, auf dem hochgelegenen Kirchhof neben der alten Kirche zu Rarogne zur Erde gebracht zu sein. Seine Einfriedung gehört zu den ersten Plätzen, von denen aus ich Wind und Licht dieser Landschaft empfangen habe."

Testament, 27. Oktober 1925

„Rainer Maria Rilke war schlecht für diese Zeit geeignet. Dieser große Lyriker hat nichts getan, als daß er das deutsche Gedicht zum erstenmal vollkommen gemacht hat; er war kein Gipfel dieser Zeit, er war eine der Erhöhungen, auf welchen das Schicksal des Geistes über Zeiten wegschreitet . . . Er gehört zu den Jahrhundertzusammenhängen der deutschen Dichtung, nicht zu denen des Tages."

Robert Musil (1927)

Rainer Maria Rilke. Zeichnung von Emil Orlik

RILKE, Rainer Maria (René Karl Wilhelm Johann Josef Maria), * 4. 12. 1875 in Prag, † 29. 12. 1926 in Val-Mont bei Montreux (Schweiz), Lyriker. Sein Vater war Beamter einer Eisenbahngesellschaft. Trotz seiner deutsch-böhmischen Eltern hielt R. Kärnten für das Herkunftsland seines Geschlechts. Da der Vater an einer erstrebten Offizierslaufbahn gescheitert war, sollte nun der Sohn Offizier werden, und so besuchte R. 1886–91 die Militäranstalten in St. Pölten und in Mährisch-Weißkirchen, 1891/92 jedoch die Handelsschule in Linz; bis 1895 studierte er Kunst- und Literaturgeschichte sowie Jus in Prag, München und Berlin. 1897 lernte er die um 14 Jahre ältere Lou Andreas-Salomé kennen und entschloß sich zu einem selbständigen „Dichter-Dasein". Schon 1894 hatte er seinen ersten Gedichtband, „Leben und Lieder", veröffentlicht und auch gelegentlich kleinere Beiträge in Zeitungen und Journalen erscheinen lassen. Ab 1899 ausgedehnte Reisetätigkeit. 1900 besuchte er den Maler Heinrich Vogeler und ließ sich in der norddeutschen Künstler-Kolonie Worpswede nieder, wo er die Bildhauerin Clara Westhoff kennenlernte und sie 1901 heiratete. Diese Ehe hielt jedoch trotz der Geburt einer Tochter kaum zwei Jahre. 1892 lernte R. in Paris den Bildhauer Auguste Rodin kennen, reiste danach abermals durch Europa und war 1905 acht Monate Privatsekretär Rodins in Paris, überwarf sich aber mit ihm und ging abermals auf Reisen, die ihn bis Ägypten und Nordafrika führten. 1910–12 weilte er auf Schloß Duino bei Triest als Gast der Fürstin Marie von Thurn und Taxis und arbeitete an den „Duineser Elegien". Nach Militärdienst beim ö. Landsturm und im Kriegsarchiv in Wien lebte er ab Juli 1916 in München und ab 1919 in der Schweiz. 1921 stellte ihm Werner Reinhart, ein Gastfreund aus Winterthur, das Schlößchen Muzot bei Siders im schweizerischen Wallis zur Verfügung wo er 1922 die „Duineser Elegien" und „Sonette an Orpheus" vollendete. Im Dezember 1923 erstmals im Sanatorium Val-Mont, doch die seltene Art von Leukämie wurde erst drei Jahre später erkannt. R. war zum einflußreichsten deutschsprachigen Lyriker geworden und schuf in seinen wenigen Prosawerken eine neue Erzählform. Seine hohe Sprach- und Formkunst erreichten wenige nach ihm. Sein berühmtestes Werk, „Die Weise von Liebe und Tod des Cornets Christoph Rilke", hatte er bereits 1899 geschrieben, doch sein Verleger Axel Juncker lehnte die Urfassung ab; erst als eine bearbeitete Fassung im August 1904 in einer

Prager Zeitschrift erschien, druckte Juncker 1906 eine Ausgabe, von der knapp 50 Exemplare verkauft wurden. Als 1912 der Cornet als Nr. 1 der „Inselbücherei" erschien, begann der unvergleichliche Erfolg, der bis heute anhält und über eine Million Exemplare erreicht hat. Sein lyrisches Werk: „Leben und Lieder" (1894), „Wegwarten", 3 Hefte (1895/96), „Larenopfer" (1896), „Traumgekrönt" (1897), „Advent" (1898), „Mir zur Feier" (1899, 1902 unter dem Titel „Die frühen Gedichte" erschienen), „Buch der Bilder" (1902), „Stundenbuch" (1905, beinhaltet: „Vom mönchischen Leben", 1899, „Von der Pilgerschaft", 1901, und „Von der Armut und vom Tode", 1903), „Neue Gedichte" 2 Bde. (1907/09), „Requiem" (1909), „Erste Gedichte" (1913), „Das Marienleben" (1913), „Duineser Elegien" (1923), „Sonette an Orpheus" (1923), „Späte Gedichte" (1934) und „Gedichte 1909–26" (1953) sowie vier Gedichtbände in französischer Sprache; sein Prosawerk: „Am Leben hin" (1898), „Zwei Prager Geschichten" (1899), „Vom lieben Gott und anderes" (1900, 1904 als „Geschichten vom lieben Gott"), „Die Letzten" (1902), „Worpswede" (1903), „Auguste Rodin" (1903), „Die Aufzeichnungen des Malte Laurids Brigge", 2 Bde. (1910), „Erzählungen und Skizzen aus der Frühzeit" (1928), „Verse und Prosa aus dem Nachlaß" (1929) und „Ewald Tragy" (1944); sein dramatisches Werk: „Jetzt und in der Stunde unseres Absterbens" (1896), „Im Frühfrost" (1897), „Ohne Gegenwart" (1898), „Festspielszene" (1902), „Das tägliche Leben" (1902) und „Die weiße Fürstin" (1920); außerdem Briefe, Übersetzungen und Tagebücher; die Briefe erschienen 1929–37 (6 Bde.), aber auch in ausgewählten Ausgaben. „Gesammelte Werke", 6 Bde. (1927–32), „Ausgewählte Werke", 2 Bde. (1938), „Aus R.s Nachlaß", 4 Teile (1950), „Sämtliche Werke", 5 Bde., hrsg. vom R.-Archiv in Weimar (1955–63), „Gesammelte Gedichte" (1962).

Auswahl: Andreas-Salomé, L.: R. M. R. (1928); Sieber, C.: René R. (1932); Kippenberg, K.: R. (1935); Bassermann, D.: Der späte R. (1947); ders.: Der andere R. (1961); Kohlschmidt, W.: R. (1948); Wohltmann, H.: R. in Worpswede (1949); Schnack, I.: R. Leben in Werk und Bildern (1956); Cassirer-Schmitz, E.: R. M. R. (1957); Holthusen, H. E.: R. M. R. in Selbstzeugnissen und Bilddokumenten (1958); Peters, H. F.: R. (1960); Hettrich, E.: Die Philosophie und R. (1962); Mason, E.: R. M. R. (1964); Prater, D. A.: Ein klingendes Glas. Das Leben R. M. R.s (1986).

Jochen Rindt. Neben ihm Udo Jürgens (rechts)

RINDT, Jochen, * 18. 4. 1942 in Mainz, † 7. 9. 1970 in Monza (Italien), Autorennfahrer. Mit R. gelang erstmals einem Österreicher (genaugenommen einem Fahrer mit ö. Lizenz) der Durchbruch in der Formel I, der Königsklasse des Motorsports. 1970 gewann R. sechs Grand-Prix-Rennen und lag in der Fahrer-Weltmeisterschaft klar in Führung, als er bei einem Trainingslauf in der Parabolica-Kurve von Monza mit seinem Lotus tödlich verunglückte. 1965 siegte R. (mit dem Amerikaner Masten Gregory) bei den klassischen „24 Stunden von Le Mans". Löste in Österreich ein bis dahin ungekanntes Rennsportfieber aus, ohne sein Wirken wären die Karrieren eines Niki Lauda (s. d.) und in der Folge eines Gerhard Berger nicht denkbar.

RINGEL, Erwin, * 27. 4. 1921 in Temesvár (Rumänien), Neurologe und Psychiater. Als Sohn eines ö. Mittelschulprof. geboren, lebte er seit 1922 in Wien. Studierte Medizin an der Universität Wien und promovierte 1946. Ausbildung zum Facharzt für Psychiatrie und Neurologie. 1948 baute R. das erste Selbstmordverhütungszentrum der Welt auf, wurde 1954 Leiter der Frauenpsychiatrischen Station und schuf die erste psychosomatische Station Ö.s. 1960 gründete er den Internationalen Verein für Selbstmordverhütung und wurde dessen erster Präsident. 1961 Habilitation, 1968 a. o. Prof., 1981 o. Prof. für medizinische Psychologie. 1978 gründete R. die Ö. Gesellschaft für klinisch-psychosomatische Medizin. R. schrieb zahlreiche wissenschaftliche Arbeiten, vornehmlich über die Themen Selbstmordverhütung, Psychosomatik, Neurosenlehre und Sozialpsychologie. 1984 erschien sein großer Bucherfolg „Die ö. Seele".

RINGHOFFER, Franz, * 28. 4. 1817 in Prag, † 23. 3. 1873 in Smichow bei Prag, Großgrundbesitzer und Industrieller. Entstammte einer alten Prager Patrizierfamilie und gründete im Prager Vorort Smichow eine große Waggonfabrik, die über Europa hinaus bekannt wurde. Durch den ererbten Großgrundbesitz wurde er Abgeordneter im böhmischen Landtag. Außerdem errichtete R. in Smichow eine Gasanstalt und drei Wasserreservoirs und leitete einen großen Rettungseinsatz bei der verheerenden Überschwemmung in Prag 1863. Für diese persönliche Leistung erhielt er den Franz-Josephs-Orden verliehen, erlebte aber die Nachricht von der Erhebung in den Freiherrenstand nicht mehr. Sein Sohn Emanuel Freiherr von R. (* 7. 3. 1848 in Prag, † 17. 8. 1923 in Kamenitz, Böhmen) führte das Werk seines Vaters gemeinsam mit seinen Brüdern Franz und Viktor fort.

Granichstaedten-Cerva, R., Mentschl, J., und Otruba, G.: Altö. Unternehmer (1969)

RINTELEN, Anton, * 15. 11. 1876 in Graz, † 28. 1. 1946 in Graz, Jurist und christlichsozialer, dann nationalsozialistischer Politiker. Ab 1906 Univ.-Prof. für Zivilprozeßrecht in Prag, wo er in die Nationalitätenauseinandersetzungen verwickelt war, 1911 Univ.-Prof. in Graz. 1919–26 und 1928–33 Landeshauptmann der St., 1920–22 Bundesrat, 1923 sechs Monate Vorsitzender des Bundesrats, 1927–34 Abgeordneter zum Nationalrat, 1926 und 1932/33 Unterrichtsminister, dann Gesandter in Rom. R. förderte anfangs die Heimwehr und vermittelte ihr auch Waffen, wodurch der Pfrimer-Putsch (1931) (s. Pfrimer) ermöglicht wurde. War an den Vorbereitungen zum nationalsozialistischen Juliputsch 1934 beteiligt

Anton Rintelen (1928)

und wurde von den Putschisten auch zum Bundeskanzler ausgerufen. Nach dem Scheitern des Putsches verübte er einen Selbstmordversuch und wurde wegen Hochverrats zu lebenslänglichem Kerker verurteilt. Im Februar 1938 wurde R. von den Nationalsozialisten aus der Haft entlassen. 1941 veröffentlichte er „Erinnerungen an Ö.s Weg".

Der R.-Prozeß (1935)

RITTINGER, Peter Ritter von (seit 1863), * 23. 11. 1811 in Neutitschein (Mähren), † 7. 12. 1872 in Wien, Techniker und Erfinder. Aus ärmlichen Verhältnissen stammend und früh verwaist, war sein Ausbildungsgang von vielen Schwierigkeiten begleitet. Er studierte in Wien Jus, Mathematik und Physik und danach bis 1840 an der Bergakademie in Schemnitz. Ab 1840 war er hier Pochwerkdirektor (Leiter eines Stampfwerks zum Zerkleinern von Erz) und wurde durch seine Erfindungen zum Pionier der neuzeitlichen Erzaufbereitung. Abgesehen von seinen wissenschaftlich-praktischen Publikationen erfand er mehrere Neuerungen zur nassen Aufbereitung, so die Waschtrommel und den Spitzkastenapparat. 1849 Bergoberamtsvorsteher im böhmischen Joachimsthal, erfand er eine einachsige Pumpe, die erste Wassersäulenmaschine für Wasserhebung und -förderung, und einen kontinuierlich arbeitenden Stoßherd für die Schlammaufbereitung. 1850 als Sektionsrat in das Ministerium für Landwirtschaft und Bergwesen berufen, konnte er 1853 ein Patent für ein neues Abdampfsystem für Salzsudwerke anmelden. Mit dieser „Anlage zum Abdampfen der Salzsole mittels der aus Wasserdampf durch Wasserkraft reproduzierten Wärme" ist er der Schöpfer der Wärmepumpe. Ab 1854 gab er die „Erfahrungen im Berg-, Hütten- und Aufbereitungsfache" als Beilage der „Ö. Zeitschrift für Berg- und Hüttenwesen" heraus. Sein „Lehrbuch der Aufbereitungskunde in ihrer neuesten Entwicklung und Ausbildung, systematisch dargestellt" wurde zu einem Standardwerk und erhielt auf der Pariser Weltausstellung 1867 die Goldene Medaille. 1864 Ministerialrat im Finanzministerium, führte ab 1872 das Referat Bergbau und war Chef der Salinen-Verwaltung.

Habacher, M.: Ö. Erfinder (1964)

ROCHLEDER, Friedrich, * 15. 5. 1819 in Wien, † 5. 11. 1874 in Wien, Chemiker und Pflanzenphysiologe. Wurde nach seinem Studium in Wien 1845 Univ.-Prof. in Lemberg und in Prag und lehrte 1870–74 in Wien Chemie. 1847 veröffentlichte er das Werk „Beiträge zur Phytochemie" und ließ 1854 „Phytochemie" folgen. R. war ein Pionier der Pflanzenphysiologie, arbeitete über Glucoside und Gerbstoffe und beschäftigte sich eingehend mit den natürlichen Farbstoffen, wie Alizarin, Purpurin, Quercitrin und Lackmus. Außerdem entdeckte er die Beziehungen zwischen Coffein, Harnsäure und Kreatin. R. erstellte auch das Fundament für die moderne Pflanzen- und Strukturchemie.

ROCHOWANSKI, Leopold Wolfgang, * 3. 8. 1885 in Zuckmantel (Ö.-Schlesien), † 13. 9. 1961 in Wien, Kunstschriftsteller. Nach seinem Studium war er als Redakteur und später auch als Verlagsleiter tätig. Daneben schrieb er skurrile, auch expressionistische Lyrik, Dramen und Romane, die allerdings von geringerer Bedeutung waren. Seine Verdienste liegen auf dem Gebiet der Kunstschriftstellerei, wo er wertvolle Publikationen veröffentlichte, u. a.: „Der tanzende Schwerpunkt" (1922), „Psychopathische Künstler" (1923), „Der brennende Mensch" (über Hanak, 1923), „Wiener Keramik" (1923), „Die Wiener Jugendkunst" (1946), „Josef Hoffmann" (1950); ab 1946 gab er die Zeitschriften „Die schönen Künste" und „Die literarische Welt" heraus.

RÖCK, Friedrich, * 14. 7. 1879 in Imst (T), † 10. 11. 1953 in Linz, Völkerkundler. Durch sein umfassendes Wissen und die Gabe, selbst komplizierte Zusammenhänge einfach darstellen zu können, machte er die Völkerkunde in Ö. populär. Von 1927 an war er Direktor des Museums für Völkerkunde in Wien. Seine bedeutende wissenschaftliche Leistung ist die Entzifferung der Maya-Bilderschrift, die ihm durch das eingehende Studium des „Codex Vindobonensis Mexicanus" gelang.

RODA RODA, Alexander (eigtl. Sandór Friedrich Rosenfeld), * 13. 4. 1872 in Puszta Zdenci (Slawonien), † 20. 8. 1945 in New York, Humorist und Satiriker. War 1892–1902 ö. Offizier, wurde dann in München Mitarbeiter des „Simplicissimus" und trat in Wiener Kabaretts auf, so 1906 im „Nachtlicht", 1907 in der „Fledermaus" und ab 1912 im „Simpl". 1938 emigrierte er in die USA. Er schrieb eine Vielzahl von Humoresken, Schwänken, Anekdoten, Novellen, Lustspielen und Satiren, in denen das Milieu der k. u. k. Armee im Mittelpunkt steht. Mehrere seiner Werke wurden auch verfilmt. R. veröffentlichte u. a.: „Der Schnaps, der Rauchtabak und die verfluchte Liebe" (1908), „Schummler, Bummler, Rossetummler" (1908), „Von Bienen, Drohnen und Baronen" (1908), „500 Schwänke" (1913), „So jung und schon – " (1918), „Roda Rodas Roman" (1924), „Ein Mann von mittlerer Intelligenz" (1925), „Roda Roda erzählt" (1926), „Der Schlangenbiß" (1930), „Krokodiltränen" (1933), „Schenk ein, Roda" (1935), „Die Panduren" (1945); 1949 erschien „Das Große Roda-Roda-Buch". Theaterstücke: „Der Feldherrnhügel" (1910), „Der Sanitätsrat" (1912), „Liebeskommando" (1931).

Hackermüller, R.: R. R. Einen Handkuß der Gnädigsten (1986)

ROERICHT, Georg (auch Röhrig), s. Calaminus

ROESSLER, Arthur, * 20. 2. 1877 in Wien, † 20. 7. 1955 in Wien, Essayist und Kunstschriftsteller. Arbeitete als Publizist bei der „Arbeiter-Zeitung" und leitete nebenbei auch eine Galerie in Wien. Von seinen Veröffentlichungen als Kunstschriftsteller seien genannt: „Ferdinand Georg Waldmüller" (1907), „Rudolf von Alt" (1909), „Joseph Danhauser" (1911), „Kritische Frag-

RODA RODA

„Der Humorist der Militärgrenze"

„. . . Eines Abends drang Georg David Schulz bei mir ein. Ob ich denn heute nicht in den ‚Siebenten Himmel' käme? Er brauche mich dringend.
‚Mich?'
Ja. Molly, Mühsam, Gisela Bogenhardt und Kaschka seien ausgeblieben . . .
‚Und was soll ich?'
‚Auftreten.'
‚Du bist wohl verrückt, Georg David? Ich? Auftreten? Wie könnt ich das?'
‚Ganz einfach, Roda: du wirst auf dem Brettl erzählen, wie du uns immer erzählst – etwas aus deinem Leben oder Schwänke – die Sache von dem verwundeten Grenadier zum Beispiel . . .'
Ich weigerte mich, doch er ließ nicht nach. Ich mußte ihm willfahren. – Schließlich: warum nicht? Ich hatte schon als Soldat oft der Kameradenrunde vorgelesen – Gelegenheitsdichtungen, Verse und Prosa. Lampen-

Roda Roda. Karikatur von N. Weisgerber

fieber war mir fremd; ich fühlte mich vor Zuhörern nie anders denn vor der Front: ich oben kommandiere – sie unten haben stumm zu hören, zu gehorchen. – Und so debütierte ich denn im ‚Siebenten Himmel' als Sprecher. (. . .)

So trug ich denn oft und öfter vor, gab eigne Abende . . . in der Folge rief man mich sogar ins Varieté: den Berliner Wintergarten, das Hansatheater zu Hamburg; drei Monate war ich im Wiener ‚Apollo'. In das Varieté hat sich außer mir kein deutscher, wohl überhaupt kein Schriftsteller gewagt. Im Wintergarten, der unglückseligen Bahnhofhalle, fiel ich denn auch in einem Monat vierunddreißigmal durch: es gab Sonntags zwei Vorstellungen . . . – Einige Abende? Kaum eine Stadt zwischen Antwerpen, Brüssel und Konstantinopel – zwischen Basel und Königsberg, wo ich nicht gewesen bin. Ich habe in Sofia vorgetragen, viermal in Czernowitz in der Bukowina, wurde in Agram mit faulen Eiern beworfen . . . – oh, ich könnte viel erzählen, wenn ich wollte."

Roda Rodas Roman (1924)

mente" (1918), „Erinnerungen an Egon Schiele" (1922), „In memoriam Gustav Klimt" (1926), „Der Maler B. Beran" (1932), „Der unbekannte Stifter" (1946), „Der Maler Anton Faistauer" (1947), „Richard Teschner" (1947) und „Zur Kunst- und Kulturkrise der Gegenwart" (1947).

Felder, E.: A. R. (1917)

ROHRACHER, Andreas, * 31. 5. 1892 in Lienz (Osttirol), † 6. 8. 1976 in Altötting (Bayern), Erzbischof. Studierte in Innsbruck und wurde 1918 zum Priester geweiht. 1933 Weihbischof von Gurk, ab 10. 10. 1943 Erzbischof von Salzburg. Zog sich auf eigenen Wunsch am 1. 7. 1969 auf seinen Alterssitz im bayerischen Altötting zurück. R. war der letzte Träger des Titels „Primas Germaniae". Während der Zeit des Nationalsozialismus agierte er mit viel diplomatischem Gefühl; 1950 gründete er die Stiftung „Soziales Hilfswerk".

ROHRACHER, Hubert, * 24. 4. 1903 in Lienz (Osttirol), Psychologe. Cousin von Andreas R. (s. d.), wurde noch während seines Studiums durch die Veröffentlichung von „Persönlichkeit und Schicksal" (1926) bekannt. 1947–73 Univ.-Prof. in Wien; er vertrat die naturwissenschaftliche Richtung in der Psychologie und versuchte, die elektrochemischen Gehirnvorgänge mit den rein psychischen in Zusammenhang zu bringen. R. war Gründer und Präsident des Ö. Forschungsrats. Veröffentlichungen: „Kleine Charakterkunde" (12 Aufl.), „Einführung in die Psychologie" (11 Aufl.), „Die elektrochemischen Vorgänge im menschlichen Gehirn" (2. Aufl. 1942).

ROHS, Martha, * 2. 6. 1909 in Saarbrücken (Deutschland), † 27. 7. 1963 in Wien, Kammersängerin, Altistin. War 1937–49 Mitglied der Wiener Staatsoper und mehrmals bei den Salzburger Festspielen engagiert. Sie war mit Kammerschauspieler Fred Liewehr verheiratet.

ROKITANSKY, Karl Freiherr von (seit 1867), * 19. 2. 1804 in Königgrätz (Böhmen), † 23. 7. 1878 in Wien, Pathologe. Studierte 1818–22 an der Universität Prag Philosophie, dann bis 1824 Medizin, setzte sein Studium in Wien fort und promovierte 1828 zum Dr. med. Danach unbesoldeter Praktikant am Pathologisch-Anatomischen Institut, 1831 Assistent, 1834 a. o. und 1844 o. Univ.-Prof. für pathologische Anatomie. Die Zusammenarbeit mit dem Internisten J. Škoda (s. d.) und R.s eingehende Beobachtungen ließen ihn die pathologische Physiologie begründen; sein Institut wurde bald von Ärzten aus aller Welt besucht. Fußend auf einer genauen Beschreibung der Befunde, erarbeitete er mit Škoda ein noch heute gültiges System der Krankheiten. Er selbst beschrieb und klassifizierte Krankheitstypen und machte die experimentelle Pathologie und die pathologische Anatomie zum selbständigen Studienfach. Außerdem erkannte er, daß das Blut für lokalisierte organische und Allgemeinerkrankungen verantwortlich ist. 1848 erhielt R. das Ehrendoktorat der Universität Prag, die Akademie der Wissenschaften wählte ihn zu ihrem Mitglied, die Pariser Akademie der Wissenschaften und die Royal Medical Society in London ernannten R. zum Ehrenmitglied. 1850–78 Präsident der Gesellschaft der Ärzte, 1869–78 Präsident der Akademie der Wissenschaften, 1870–78 Präsident des obersten Sanitätsrats. 1867 Hofrat und Mitglied des Herrenhauses, 1874 Ehrenbürger von Wien. 1841–46 erschien sein bedeutendes „Handbuch der pathologischen Anatomie" (3 Bde.), 1855 „Lehrbuch der allgemeinen Pathologie und pathologischen Anatomie" und 1867 „Der selbständige Wert des Wissens".

Karl von Rokitansky

Heschl, R. L.: Aus dem Leben R.s (1900); Schönbauer, L.: Das medizinische Wien (1947); Lesky, E.: Die Wiener medizinische Schule im 19. Jh. (1965)

ROLLER, Alfred, * 2. 10. 1864 in Brünn (Mähren), † 21. 6. 1935 in Wien, Bühnenbildner, Maler und Graphiker. Als Sohn eines Malers und Radierers geboren, studierte er an der Akademie der bildenden Künste in Wien zuerst Architektur, wechselte aber bald zur Malerei über. 1897 zählte er zu den Gründungsmitgliedern der Wiener Secession und übernahm die Leitung der von den Secessionisten herausgegebenen Zeitschrift „Ver Sacrum". 1899 Prof. an der Kunstgewerbeschule in Wien und 1909 deren Direktor. 1903 holte ihn Gustav Mahler (s. d.) als Bühnenbildner an die Hofoper, wo die Neuinszenierung von „Tristan und Isolde" am 21. 2. 1903 zu einem epochalen Ereignis wurde, zu einem theatralischen Gesamtkunstwerk. Mahler engagierte ihn daraufhin als Ausstattungschef, und R. hatte nun Gelegenheit, seine Vorstellungen als bedeutendster Reformator der Szenenkunst seiner Zeit im deutschen Sprachraum zu verwirklichen. Mit Mahler zusammen schuf er in dessen Direktionsära 21 Operninszenierungen. Darunter war 1904 „Fidelio", ein Höhepunkt der Wiener Opernkunst, 1906 „Don Giovanni", mit seinen berühmt gewordenen fahrbaren und „mitspielenden" Ecktürmen, die eine ungewöhnlich rasche Verwandlung ermöglichten, und 1907 „Iphigenie in Aulis". Ab 1913 inszenierte er auch am Wiener Burgtheater, und 1918 kehrte er unter der Direktion Richard Strauss (s. d.) und Franz Schalk (s. d.) als Ausstattungschef an die Wiener Staatsoper zurück, die er 1909 nach dem Ausscheiden Mahlers ver-

Alfred Rollers Dekorationsentwurf zu Richard Strauss' „Elektra" (1909)

lassen hatte. Seine Zusammenarbeit mit Richard Strauss und Hugo von Hofmannsthal (s. d.) führte zu Theaterereignissen im Sinn eines Gesamtkunstwerks und stellte die Szenenkunst auf eine neue, moderne Grundlage. R. schuf für alle Strauss-Uraufführungen die Ausstattung, so für „Elektra" (1909), „Der Rosenkavalier" (1911), „Salome" (1918), „Frau ohne Schatten" (1919), „Die Josephslegende" (1922), „Intermezzo" (1927) und für „Die ägyptische Helena" (1928). Auch mit Max Reinhardt (s. d.) arbeitete er erfolgreich zusammen, schon am Deutschen Theater in Berlin und später bei den Salzburger Festspielen, deren Kunstrat er auch angehörte.

Kitzwegerer, L.: A. R. als Bühnenbildner. Diss. Wien (1959)

ROLLETT, Anton, * 2. 8. 1778 in Baden (NÖ), † 19. 3. 1842 in Baden, Arzt, Naturforscher und Sammler. Aus ärmlichen Verhältnissen stammend, konnte er nur die Grundschule besuchen und kam mit 13 Jahren in Baden bei einem Chirurgen „in die Lehre", der ihm die Anfangsgründe der Chirurgie beibrachte. Durch Empfehlung kam er 1795 an das Allgemeine Krankenhaus in Wien, wo er studieren konnte und schon im Jahr darauf seine Prüfungen in Chirurgie ablegte. 1798 folgten die Prüfungen in Geburtshilfe und Tierarzneikunde. 1799 etablierte er sich als Arzt in Piesting (NÖ), übersiedelte aber 1801 nach Baden, wo er sich neben seiner Arbeit intensiv mit den Naturwissenschaften beschäftigte, insbesondere mit Botanik und Mineralogie. Als Kurarzt rasch bekannt und beliebt geworden, arbeitete er auch unentgeltlich zwölf Jahre lang für das Marienspital. 1825 schenkte ihm der berühmte deutsche Mediziner Franz Joseph Gall seine sämtlichen Werke und die in Wien zurückgelassene phrenologische Schädel- und Büstensammlung. R.s naturwissenschaftliche Sammlertätigkeit war so systematisch und interessant, daß seine Sammlung, 1867 durch Schenkung an die Stadt Baden gekommen, als R.-Museum weiterlebt. Sie umfaßt ein Herbarium mit über 14 000 Pflanzenarten, alle Vögel Ö.s, verschiedene Tierarten, eine komplette Holz- und Samensammlung, alle Mineralien aus der Gegend um Baden, selbst Technologisches und eine Reihe von Handarbeiten sowie eine Bibliothek mit über 4 000 Bänden.

ROLLETT, Edwin, * 24. 1. 1889 in Graz, † 7. 12. 1964 in Wien, Schriftsteller. Sohn von Alexander R. (* 14. 7. 1834 in Baden [NÖ], † 1. 10. 1903 in Graz), Univ.-Prof. für Histologie und Physiologie in Graz. Studierte in Graz und in Wien und war 1921–37 und 1948–54 Redakteur bei der „Wiener Zeitung". 1938 war er Chefredakteur der „Volkszeitung", 1938–40 und 1945 in verschiedenen Konzentrationslagern inhaftiert. 1945–51 Präsident des Verbands demokratischer Schriftsteller und Journalisten Ö.s; 1949 erhielt R. den Ehrenring und 1957 den Publizistikpreis der Stadt Wien. Neben Novellen und literaturwissenschaftlichen Studien gab er 1923–25 gemeinsam mit A. Sauer (s. d.) Grillparzers gesammelte Werke heraus, 1946–49 die Buchreihe „Ewiges Wort"; weitere Veröffentlichungen: „Karl Kraus" (1934), „Ö. Gegenwartsliteratur" (1946), „Der Schriftsteller in der Demokratie" (1947).

Anton Romako: Kaiserin Elisabeth (1883)

ROLLETT, Hermann, * 20. 8. 1819 in Baden (NÖ), † 30. 5. 1904 in Baden, politischer Schriftsteller. Sohn von Anton R. (s. d.). Studierte in Wien und gehörte dem Kreis „Jung-Österreich" an, war mit Nikolaus Lenau (s. d.) und Johann Nepomuk Vogl (s. d.) bekannt und lebte 1845–54 in politischer Emigration in Deutschland (ab 1851 in der Schweiz). Nach Baden zurückgekehrt, wurde er Stadtarchivar und Kustos des Badener Museums. Er schrieb überwiegend politische Lyrik, u. a.: „Liederkränze" (1842), „Frühlingsboten aus Ö." (1846), „Republikanisches Liederbuch" (1848), „Metternich" (1848), „Kampflieder" (1848), „Das Lied von Robert Blum" (1848); 1851 veröffentlichte er „Dramatische Dichtungen" (3 Bde.), 1871 „Beethoven und Baden", 1903 „Begegnungen, Erinnerungsblätter 1819–1899".

Katscher, L.: H. R.s Leben und Werke (1894)

RÖLLIG, Leopold, * um 1745 in Wien, † 4. 3. 1804 in Wien, Musiker und Instrumentenbauer. Als Musiker nur von geringer lokaler Bedeutung, schuf er als Instrumentenmacher Bedeutendes. So verband er die Glasharmonika mit einer Tastatur und nannte sie „Tastenharmonika", die auch unter „Clavierharmonika" bekannt wurde. Außerdem konstruierte er 1795 die „Orphika", ein transportables Hammerklavier, und 1797 ein Bogenklavier, das er „Xänorphika" nannte.

ROLLINGER, Wilhelm, * 1450, † 1521 in Wien, Bildschnitzer und Leiter der Wiener Passionsspiele. 1484 wird er als Meister des Chorgestühls von St. Stephan genannt. Dieses 1476 begonnene Meisterwerk wurde 1486/87 vollendet, aber beim Brand des Stephansdoms 1945 völlig vernichtet. Das von ihm geschaffene Chorgestühl stellte Passionsreliefs dar, die auf Szenenbildern aus den Passionsspielen basieren. Zwischen 1486 und 1519 war R. nämlich auch „Regierer" (Spielleiter) des am Karfreitag und zu Fronleichnam stattfindenden „Spiels der Ausführung Christi". Als Verwalter der Wiener Tischlerbruderschaft nahm er 1498 die Fusion mit der neugegründeten Fronleichnamsbruderschaft bei St. Stephan vor. Bis 1521 ist R. in Wien urkundlich nachweisbar.

Kindermann, H.: W. R. (1950)

ROMAKO, Anton, * 20. 10. 1832 in Atzgersdorf bei Wien, † 8. 3. 1889 in Wien, Maler. Studierte in Wien bei Rahl (s. d.), in München bei Kaulbach und in Venedig, lebte bis 1876 in Italien, überwiegend in Rom, und danach, unterbrochen durch zahlreiche Reisen, in Wien. Gegen das theatralische Pathos und die Überladenheit Makarts (s. d.) konnte sich R. in Wien aber nicht durchsetzen, wenngleich man heute erkannt hat, daß er ein Vorläufer der Moderne war. Nach seinem Tod lange Jahre vergessen, wurde er erst 1905 anläßlich einer Kollektivausstellung in der renommierten Galerie Miethke neu entdeckt. Seine manchmal fahrig anmutende Art der Malerei stellte eine Brücke zwischen Impressionismus und Neuromantik dar und nahm den Frühexpressionismus bereits vorweg. Besonders deutlich zeigt sich dies in seinen Landschaftsbildern, etwa in seinen Ansichten von Rom, in seinen Bildern aus der Umgebung von Baden und in „Gasteiner Landschaften" (1877).

Seine Porträts, insbesondere „Mädchen mit Apfel" und „Kaiserin Elisabeth", sind psychologische Studien, in seinen Genre- und Historienbildern entfernte er sich vom Herkömmlichen. Deutlich zeigt sich dies in „Tegetthoff in der Schlacht bei Lissa", wo er verstand, spontan einen einmaligen Augenblick dynamisch zu erfassen, im Gegensatz zur herkömmlichen Richtung der Historienmalerei, die das Heroische und Theatralische bevorzugte.

Novotny, F.: Der Maler A. R. (1954); ders.: A. R. als Aquarellist (1956)

ROMER, Stephan, Edler von Kis-Enyitzke, * 26. 12. 1788 in Nagysáros (Ungarn), † 20. 7. 1842 in Wien, Pharmazeut und Erfinder des Zündholzes. Übersiedelte 1810 nach Wien und arbeitete in einer Apotheke. Daneben studierte er an der Universität Pharmazie und erwarb den Magistertitel. Ab 1830 stellte er Versuche zur Herstellung von Zündhölzern an und reichte am 30. 6. 1832 ein Gesuch zur Zuerkennung eines Privilegs zur „Herstellung von Reibzündhölzchen unter Verwendung von Phosphor" ein, das ihm am 4. 1. 1834 auf fünf Jahre zuerkannt wurde. Daraufhin errichtete er auf einem Teil des ehemaligen Starhembergschen Schloßgartens auf der Wieden eine Zündhölzchenfabrik. Das Unternehmen dürfte viel Geld gebracht haben, denn er gründete das St.-Josef-Kinderspital und beteiligte sich an der Gründung des Wiedner Krankenhauses. Kam durch einen Sturz von einem Baugerüst in seiner Fabriksanlage ums Leben. Durch die späte Zuerkennung des Privilegs an R. wird vielfach Johann Friedrich Kammerer aus Ludwigsburg in Württemberg als Erfinder des Zündhölzchens angegeben, der während einer Gefangenschaft auf Hohenasperg 1833 Reibzündhölzchen herstellte.

ROMMEL, Otto, * 12. 6. 1880 in Mährisch-Schönberg, † 6. 9. 1965 in Salzerbad (NÖ), Literar- und Theaterhistoriker. Studierte in Wien und wurde Mittelschullehrer, 1919–45 Direktor der Bundeserziehungsanstalt in Wien. Besondere Verdienste erwarb er sich um die Herausgabe historisch-kritischer Werkausgaben ö. Dichter und durch seine eingehenden Forschungen über die Alt-Wiener Volkskomödie. Die von ihm herausgegebenen Werkausgaben sind: „Ludwig Anzengrubers sämtliche Werke", 17 Bde., zusammen mit R. Latzke (1918–23), „Johann Nestroy", 15 Bde., zusammen mit F. Brukner (1924–30), 6 Bde. (1948/49), „Anton Wildgans", 6 Bde., gemeinsam mit Lilly Wildgans (ab 1948, unvollendet) und „Ferdinand Raimund" (1961 f.). 1908–14 gab er eine 60bändige deutsch-ö. Klassikerbibliothek heraus, 1935–39 publizierte er „Barocktradition im ö.-bayrischen Volkstheater", 4 Bde. Weitere Werke R.s: „Der ö. Vormärz" (1931), „Die großen Figuren der Alt-Wiener Volkskomödie" (1946), „Ferdinand Raimund" (1947), „Wiener Renaissance" (1947) und „Die Alt-Wiener Volkskomödie" (1952).

ROSAR, Annie, * 17. 5. 1888 in Wien, † 5. 8. 1963 in Wien, Schauspielerin. Stammte aus einfachen Verhältnissen, konnte aber die Akademie für darstellende Kunst in Wien und in Mailand besuchen. 1910 debütierte sie am Lustspieltheater in Wien unter Josef Jarno (s. d.), ging dann als jugendliche Heldin ans Münchner Künstlertheater und ans Münchner Schauspielhaus und war dann 1918–24 als Tragödin am Wiener Burgtheater engagiert, wo sie u. a. die Medea, Judith und Lady Macbeth spielte, aber auch schon in Volksstücken wie in Anzengrubers „Meineidbauer". 1925–38 am Theater in der Josefstadt engagiert, wo sie in modernen Gesellschaftsstükken auftrat. Max Reinhardt (s. d.) entdeckte hier auch ihr Talent fürs Komische, und in diesem Fach war sie 1939–42 am Volkstheater tätig. R., die in rund 130 Filmen mitwirkte, trat nach dem Krieg nur mehr in Gastrollen auf (wie z. B. in dem Einpersonenstück „Langusten"), wo sie als Darstellerin von Frauen aus dem Volk brillierte und sich immer mehr zu einer Nachfolgerin Hansi Nieses (s. d.) als Volksschauspielerin entwickelte. Auch ihre Darstellung in der Verfilmung von Franz Werfels (s. d.) „Veruntreutem Himmel" als Köchin Anna beweist das. Daneben gab R. über Jahrzehnte immer wieder Rezitationsabende mit den „Persern" von Aischylos und den „Troerinnen" von Euripides. 1958 erhielt sie die Ehrenmedaille der Stadt Wien.

ROSBAUD, Hans (Johann), * 22. 7. 1895 in Graz, † 19. 12. 1962 in Lugano (Schweiz), Dirigent. Studierte in Frankfurt am Main Komposition und Klavier und war 1928–37 Leiter der Musikabteilung und Erster Kapellmeister an der Frankfurter Rundfunkanstalt, 1937–41 Generalmusikdirektor in Münster in Westfalen, 1941–44 in Straßburg und 1945–48 bei den Münchner Philharmonikern. 1948 Chefdirigent des großen Orchesters des Südwestfunks in Baden-Baden; 1950–58 Dirigent der Zürcher Tonhalle und des Zürcher Stadttheaters. Darüber hinaus war er ständiger Dirigent der Donaueschinger Musiktage. Sein besonderes Verdienst liegt in der Pflege zeitgenössischer Kompositionen, von denen er mehrere uraufgeführt hat, so etwa Arnold Schönbergs „Moses und Aron", 1954 konzertant im NWDR und 1957 szenisch in Zürich.

Häusler, J.: H. R. – Wegbereiter der neuen Musik, in: Neue Musik in der Bundesrepublik Deutschland (1961)

RÖSCH, Otto, * 24. 3. 1917 in Wien, SPÖ-Politiker. War 1959–66 Staatssekretär im Ministerium für Landesverteidigung, 1970–77 Innenminister und 1977–83 Verteidigungsminister. Seither Obmann der SPÖ-Seniorenvereinigung.

ROSCHÉ, Felix, * 17. 12. 1883 in Wien, † 3. 6. 1966 in Wien, Tierschriftsteller und Naturforscher. War Magistratsbeamter in Wien und beschäftigte sich in seiner Freizeit mit Naturbeobachtung. Als Schriftsteller schuf er mehrere Hörspiele und eindrucksvolle, naturnahe Tierschilderungen, u. a.: „Mein Bergwald" (1937), „Auf freier Wildbahn" (1946), „Im Tierparadies der Stromau" (1947), „Wege zum Tier" (Jugendbuch, 1948) und „Der Kampf um den Wald" (1953).

ROSÉ, Arnold Josef, * 24. 10. 1863 in Jassy (Rumänien), † 25. 8. 1946 in London, Geiger. Studierte am Wiener Konservatorium und war 1881–1931 Konzertmeister der Wiener Philharmoniker. 1882 gründete er das bald weltbekannt gewordene R.-Quartett, eine Quartettvereinigung, die neben der Aufführung von Beethoven- und Brahms-Zyklen zahlreiche zeitgenössische Werke zur Uraufführung brachte. 1909–24 Prof. an der Wiener Musikaka-

Arnold Rosé (links) mit den Mitgliedern seines Quartetts (v. l. n. r.: Paul Fischer, Anton Walter, Anton Rusitska). Gemälde von Max Oppenheimer (1925)

demie, emigrierte 1938 nach London. R. war der Schwager von Gustav Mahler (s. d.). Seine Tochter Alma Maria R. (1906–1944) war nach dem Violinstudium als erfolgreiche Konzertsolistin in Wien tätig. Sie emigrierte 1938 nach Frankreich, wo sie nach Kriegsbeginn verhaftet und nach Auschwitz, dann nach Birkenau deportiert wurde. Auf Befehl der Lagerleitung stellte sie ein Mädchenorchester zusammen, das jeden Sonntag Lagerkonzerte gab. Nach deren Verbot durfte sie noch in kleinem Rahmen Konzerte dirigieren. Sie starb 1944 im KZ, vermutlich an Flecktyphus.

ROSEGGER, Peter (eigtl. Roßegger), * 31. 7. 1843 in Alpl bei Krieglach (St), † 26. 6. 1918 in Krieglach, Volksschriftsteller. Als Sohn eines armen Waldbauern auf dem unteren Kluppeneggerhof bei Alpl geboren, war er zunächst Hüterbub und kam wegen seiner körperlichen Schwäche 1858 zu einem Schneidermeister in die Lehre. Mit diesem zog er mehrere Jahre von Gehöft zu Gehöft. In dieser Zeit bildete er sich durch Bücher und Kalender, deren er habhaft werden konnte, autodidaktisch weiter, bis er schließlich selbst zu schreiben begann. Einiges schickte er an die „Tagespost" in Graz, und so wurde der Redakteur Svoboda auf ihn aufmerksam und vermittelte ihm den Besuch der Handelsakademie in Graz (1865–69). 1870 veröffentlichte er sein erstes Werk, Gedichte in steirischer Mundart, „Zither und Hackbrett", und gab, nun bereits freier Schriftsteller, ab 1876 die Monatsschrift „Der Heimgarten" heraus, in der er eine Vielzahl seiner Werke veröffentlichte. 1902 initiierte R. den Bau der Waldschule in Alpl und der katholischen Pfarrkirche in St. Kathrein am Hauenstein und 1905 der evangelischen Kirche in Mürzzuschlag. Bis 1894 verwendete er als Pseud. oft P. K. = Petri Kettenfeier. Vor allem seine kleineren Skizzen und kurzen Erzählungen wurden schließlich seine große Stärke. Seine schlichte, realistische und auch humorvolle Erzählart wurzelt tief im heimatlichen Brauchtum und Gedankengut, wobei volkserzieherische und religiöse Tendenzen nicht zu übersehen sind. Wichtige Erzählungen und Romane u. a.: „Waldheimat", 2 Bde. (1873), „Die Schriften des Waldschulmeisters", 2 Bde. (1875), „Heidepeters Gabriel" (1875), „Feierabende" (1880). „Am Wanderstabe" (1882), „Sonntagsruhe" (1883), „Dorfsünden" (1883), „Der Gottsucher" (1883), „Jakob der Letzte" (1888), „Martin der Mann" (1891), „Peter Mayr, der Wirt an der Mahr" (1893), „Erdsegen" (1900), „Als ich noch der Waldbauernbub war" (1902) und „I. N. R. I." (1904). Genauso bedeutend sind seine volkskundlichen Werke: „Das Volksleben in Steiermark", 2 Bde. (1875), „Die Älpler" (1882), „Stoansteirisch" (1885), „Allerhand Leute" (1888) und „Der Schelm aus den Alpen" (1890). 1894–96 erschienen „Schriften in steirischer Mundart" (4 Bde.), ab 1912 „Gesammelte Werke" (40 Bde.), 2. Aufl. 1922–24, 1964 wurde daraus eine Auswahl in vier Bänden publiziert. Sein Sohn Hans Ludwig R. (* 19. 8. 1880 in Krieglach [St], † 17. 2. 1929 in Graz) wurde ebenfalls Schriftsteller. Er schrieb Romane und Novellen mit zeitkritischer und sozialer Note, u. a.: „Die Verbrecherkolonie" (1907), „Der Golfstrom" (1913), und die Satire „O du mein Ö." (1920); über seinen Vater: „R., wie ich ihn kannte und liebte" (1923), „R.s Waldheimat einst und jetzt" (1924) und „P. R. und sein Heimatland" (1925).

Svoboda: P. K. R. (1886); Frankl, A.: P. R. (1914); Schlossar, A.: P. R. (1921); Enzinger, M.: P. R. (1928); Latzke, R.: Der junge R. (1943); ders.: Der ältere und der jüngere R. (1953)

PETER ROSEGGER
Dichter des steirischen Volkslebens

„Rosegger aber, der als einfallskecker, thymianduftiger Schnadahüpfl-Poet begann, ein Wanderbursch mit dem Schneiderränzl, zu Luftsprüngen froh geneigt und durch eine Schüchternheitsbrille in die derbe, laute Welt blickend, war ein Dichter."

Anton Kuh

„Natur als Lebenskraft, Natur als sittlicher Grundsatz, Natur als Stilgesetz, darnach hat Rosegger als Mensch und Dichter gelebt und geschaffen. Die Steiermark tritt mit diesem Dichter, dem unmittelbaren Fortsetzer Stifters und Postls, ebenbürtig neben die Wiener Erzähler Saar, Ebner-Eschenbach, Anzengruber."

Josef Nadler, Literaturgeschichte Österreichs (1951)

ROSEI, Peter, * 17. 6. 1946 in Wien, Schriftsteller, Erzähler. Studierte Rechtswissenschaften in Wien, 1968 Promotion. 1969–71 Sekretär bei Ernst Fuchs (s. d.). Nach Verlagstätigkeit arbeitet R. als freier Schriftsteller. Mitglied der „Grazer Autorenversammlung". Wurde 1972 mit „Landstriche" bekannt und veröffentlichte u. a. „Bei schwebendem Verfahren" (1973), „Wege" (Erzählungen, 1974), „Von hier nach dort" (1978), „Die Milchstraße" (1981), „Versuch, die Natur zu kritisieren" (Essays, 1982), „15 000 Seelen" (1985), „Die Wolken" (1986).

ROSENBERG, Emanuel, * 28. 11. 1872 in Wien, † 30. 3. 1962 in Bogotá, Elektromaschinenbauer und Erfinder. Studierte in Wien und wurde zum Wegbereiter des Elektromaschinenbaus. 1902 veröffentlichte er „Elektrische Starkstromtechnik" und erfand in der Folge wichtige elektrotechnische Einrichtungen, so u. a.: einen Dynamo für die elektrische Zugbeleuchtung, die Lichtbogenschweißung, Kinolampen und die Selbstsynchronisierung für Synchronmaschinen. 1928 veröffentlichte er „Die Gleichstrom-Querfeldmaschine". Im Jahr 1940 emigrierte er nach Kolumbien, wo er bis zu seinem Tod lebte.

ROSENTHAL, Friedrich, * 20. 8. 1885 in Wien, † nach 1939 wahrscheinlich in Marseille (Frankreich), Theaterhistoriker und Dramaturg. War bereits 1913 Dramaturg und Spielleiter am Deutschen Volkstheater in Wien sowie Dozent an der Akademie für Musik und darstellende Kunst. 1920 gründete er die erste staatliche Wanderbühne in Ö. und war 1932–38 Dramaturg am Wiener Burgtheater. 1938 emigrierte er. Er veröffentlichte u. a.: „Die Wanderbühne" (1922), „Unsterblichkeit des Theaters" (1924), „Theater in Ö." (1926) und „Theater im Aufruhr" (1932).

ROSS, Colin, * 4. 6. 1885 in Wien, † 29. 4. 1945 in Urfeld (St) (Selbstmord), Weltreisender und Reiseschriftsteller. Ab 1912 bereiste er große Teile der Welt, beschäftigte sich eingehend mit den bei seinen Reisen gewonnenen Erkenntnissen und veröffentlichte u. a.: „Südamerika, die aufsteigende Welt" (1922), „Das Meer der Entscheidungen" (1924), „Mit Kind und Kegel in die Arktis" (1934), „Das neue Asien" (1940) und „Umkämpftes Afrika" (1944).

ROSSA, Ludwig, * 7. 8. 1888 in Kleinriedenthal (NÖ), † 24. 1. 1952 in Wien, Polizeibeamter und Topograph. War bei der Wiener Sicherheitswache beschäftigt und wurde als Autodidakt zum Topographen der Stadt Wien. Als Ergebnis jahrzehntelanger Arbeit veröffentlichte er 1929 das erste „Straßenlexikon von Wien", in dem er die Herkunft der Straßennamen erläuterte (2. Aufl. 1947). 1964 gab Friedrich Javorsky eine Neuauflage des Werks in veränderter Form und unter dem Titel „Lexikon der Wiener Straßennamen" heraus.

RÖSSEL-MAJDAN, Hilde (Hildegard), * 30. 1. 1921 in Moosbierbaum bei Tulln (NÖ), Kammersängerin, Altistin. Studierte an der Wiener Musikakademie und war ab 1946 als Konzert- und Oratoriensängerin tätig. 1951 debütierte sie an der Wiener Staatsoper und wurde deren Mitglied. War auch oftmals erfolgreich als Gast bei den Salzburger Festspielen. Nach kurzer Lehrtätigkeit in Graz ist sie seit 1972 in Wien als Prof. für Gesang an der Wiener Musikhochschule tätig.

Hilde Rössel-Majdan als Meg Page in „Falstaff" von Giuseppe Verdi

ROSVAENGE, Helge Anton, * 29. 8. 1897 in Kopenhagen, † 17. 6. 1972 in München, Kammersänger, Tenor. Studierte zunächst an der Technischen Hochschule in Kopenhagen Chemie, ehe er in Kopenhagen und Berlin privat eine Gesangsausbildung erhielt. 1921 debütierte er als Don José in Neustrelitz, und auf dem Weg über Altenburg, Basel und Köln begann 1929 in Berlin seine glänzende Karriere. Ab 1930 Mitglied der Wiener Staatsoper, sang er erstmals 1932 bei den Salzburger Festspielen, wo er als Mozart-Tenor gefeiert wurde, und erhielt 1934 den Titel Kammersänger. Sang dann als Gast auch an fast allen großen Opernhäusern und kehrte 1945 an die Wiener Staatsoper zurück. Ab 1955 wieder Gast an mehreren europäischen Bühnen. Feierte auch als Interpret im lyrisch-dramatischen Fach der italienischen Oper Erfolge. Veröffentlichte 1953 unter dem Titel „Lache, Bajazzo" seine Lebenserinnerungen und 1962 „Mach es besser, mein Sohn" (3. Aufl. 1964).

Tassié, F.: H. R. (1975)

ROTH, Gerhard, * 24. 6. 1942 in Graz, Schriftsteller. Wurde mit seinem Erstlingswerk „Die Autobiographie des Albert Einstein" 1972 sofort bekannt; weitere Veröffentlichungen u. a.: „Der Ausbruch des ersten Weltkrieges" (1972), „Ein neuer Morgen" (1976), „Winterreise" (1978), „Menschen, Bilder, Marionetten" (1979) und „Circus Saluti" (1981). Sein Theaterstück „Erinnerungen an die Menschheit" wurde im Rahmen des „steirischen herbsts" 1985 (Bühnenbilder von G. Brus [s. d.]) uraufgeführt.

ROTH, Joseph, * 2. 9. 1894 in Brody (Galizien), † 27. 5. 1939 in Paris, Schriftsteller, Erzähler. Studierte Germanistik in Lemberg und in Wien und war 1916–18 Soldat. Arbeitete danach als Journalist für angesehene deutsche Zeitungen und unternahm zahlreiche Reisen. Ab 1933 lebte er überwiegend in Paris, wo er schließlich als Alkoholiker im Elend frühzeitig starb. Geistig hatte sich R. vom Skeptiker zum radikalen Katholiken gewandelt, literarisch war er ein hervorragender Stilist und ein Meister des geschliffenen Feuilletons. In seinen Werken setzte er sich kritisch mit der Gesellschaft auseinander, wobei die Situation der untergehenden ö.-ungarischen Monarchie und die Probleme des ostgalizischen Judentums oft im Mittelpunkt stehen. Seine Werke: „Die Rebellion" (1924), „Hotel Savoy" (1924), „Flucht ohne Ende" (1927), „Zipper und sein Vater" (1928), „Rechts und Links" (1929), „Hiob" (1930, auch verfilmt), „Panoptikum" (1930), „Radetzkymarsch" (1932, auch verfilmt und dramatisiert), „Tarabas" (1934), „Die hundert Tage" (1935), „Beichte eines Mörders" (1936), „Das falsche Gewicht" (1937), „Die Kapuzinergruft" (1938), „Geschichte der 1002. Nacht" (1939), „Die Legende vom heiligen Trinker" (1939); sowie die Essay-Bände „Juden auf Wanderschaft" (1927) und „Der Antichrist" (1934). Nach seinem Tod wurden veröffentlicht: „Leviathan" (1940), „Der stumme Prophet" (1966), „Das Spinnennetz" (1967), „Der neue Tag. Unbekannte politische Arbeiten 1919–27", hrsg. von I. Sültemeyer (1970), und „Briefe 1911–1939", hrsg. von H. Kesten (1970). Werke in drei Bänden, hrsg. von H. Kesten (1956), neue erweiterte Ausgabe in vier Bänden (1975/76).

Linden, H. (Hrsg.): J. R. Leben und Werk (1949); Forst de Battaglia, O.: J. R. (1952); Kesten, H.: Meine Freunde, die Poeten (1953); Bronsen, D.: J. R., eine Biographie (1975); Sültemeyer, I.: Das Frühwerk J. R.s 1915–1926 (1976); Katalog der J.-R.-Ausstellung der Deutschen Bibliothek (1979)

ROTHSCHILD, Albert Salomon Anselm Freiherr von, * 29. 10. 1844, † 11. 2. 1911 in Wien, jüngster Sohn von Anselm R. (s. d.), Enkel von Salomon R. (s. d.), Bankier. Studierte an der Universität in Bonn und unternahm zahlreiche kaufmännische Bildungsreisen. Seit 1872 leitete er das Wiener Bankhaus, beteiligte sich an allen staatlichen Finanzgeschäften, erwarb Grundbesitz und zwei Palais in Wien. 1887 gelang es ihm über Fürsprache des Königs von Sachsen, die Hoffähigkeit für sich und seine Gattin zu erlangen. Dennoch bereitete ihm der französische Bankier Bintoux, der das „katholische Kapital" gegen das „jüdische" organisieren wollte, eine Zeitlang Sorgen, denn Bintoux' Finanzgruppe hatte in Wien die Länderbank gegründet, die zur schärfsten Konkurrenz der R.schen Credit-Anstalt wurde. So kaufte R. jahrelang Papiere der Konkurrenz auf und verschleuderte sie günstig, wodurch die Aktien der Länderbank fielen. Nach dem frühen Tod seiner Gattin Bettina (1858–1892) zog er sich ins Privatleben zurück und widmete sich nur mehr seinen Kunstsammlungen, der Astronomie und der Photographie. Sozial engagiert, spendete er 35 Mio.

JOSEPH ROTH

Eine Welt von gestern

„Die Militärkapelle, die meine Marschkompanie zum Wiener Nordbahnhof begleitete, spielte ein Potpourri aus den Melodien von Lehár und Strauß, und der Pfiff der Lokomotive, die uns zum Schlachtfeld führen sollte, verlor sich in den verwehenden Klängen der zurückgebliebenen Trommeln und Trompeten, während unser Zug dem Tod entgegenglitt. Es war eine Woche nach dem Tode des alten Kaisers. In der funkelnagelneuen Felduniform, die wir bei der Abfahrt trugen, hatten wir bei seinem Begräbnis vor der Kapuzinergruft Spalier gebildet. Und es war, als schickte uns noch der tote Kaiser in den Tod."

Joseph Roth, Vorwort zu seinem Roman „Radetzkymarsch", Frankfurter Zeitung, 17. April 1932

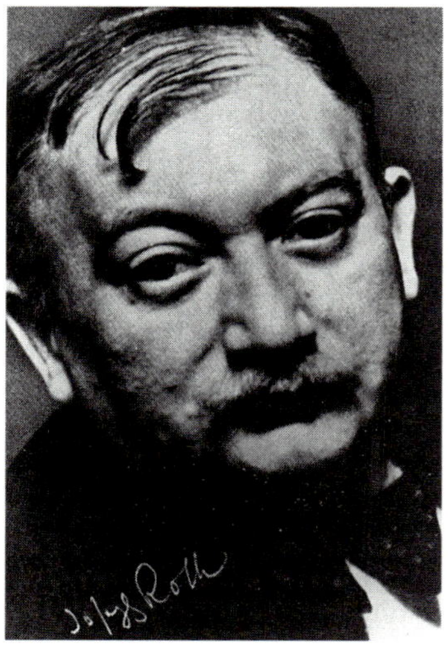

„In seinem größten Werk, dem ‚Radetzkymarsch', hatte Roth liebevoll ironisch und trauernd die Auflösung des österreichischen Greisenreiches dargestellt, in dem die Dinge sich bestenfalls in langsamer Behaglichkeit entwickelten. Der Autor selbst hatte mit verhaltener Ungeduld seinen eigenen Untergang beschleunigt und war noch nicht 45 Jahre alt, als er vom Leben Abschied nehmen mußte. Das alte Österreich, so dachte er während der Emigration, sei vorzeitig zusammengebrochen, es hätte noch viele Jahre dauern können. Auf seinen eigenen Tod hätte Roth jedoch nicht viel länger warten können, denn eine Internierung beim Einmarsch der Deutschen hätte er nicht überlebt. Der Tod sei ‚nicht vorzeitig, nicht rechtzeitig, sondern eher zu spät' gekommen, hat er über Grillparzer geschrieben. Es waren Worte der Einfühlung eines alter ego."

David Bronsen

Gulden der Bettina-Stiftung im Frauenspital, einer Waisenstiftung, dem Rothschildspital, der Sternwarte, dem Kunstgewerbemuseum und verschiedenen Künstlervereinigungen. Seine älteren Brüder hatten kein Interesse an den Bankgeschäften. Nathaniel Meyer R. (* 26. 10. 1836, † 12. 6. 1905) war kunstliebender Ästhet und Philanthrop, widmete sich der Blumenzucht in seinen Treibhäusern auf der Hohen Warte und stiftete 1890 Schloß Hinterleiten bei Reichenau (NÖ) als Erholungsheim für Offiziere. Ferdinand James R. (* 17. 12. 1839, † 17. 12. 1898) lebte in England und gehörte dem Freundeskreis um den späteren König Eduard VII. an.

DIE FAMILIE ROTHSCHILD

Die Industrialisierung Österreichs

Von der wohl mächtigsten und reichsten Bankierfamilie existierte auch ein ö. Zweig, deren wichtigste Vertreter die wirtschaftliche Entwicklung Europas mitprägten.

Corti, E. C. C.: Das Haus R. in der Zeit seiner Blüte, 2 Bde. (1927/28); Ravage, M. E.: Glanz und Niedergang des Hauses R. (1930); Schnee, H.: R. (1961); Morton, F.: Die R.s (1962)

Links: Salomon Meyer Freiherr von Rothschild. Lithographie von Robert Theer

Rechts: Louis Nathaniel Freiherr von Rothschild

ROTHSCHILD, Anselm Salomon Freiherr von, * 23. 1. 1803 in Frankfurt am Main, † 27. 7. 1874 in Wien, Bankier und Unternehmer, Sohn von Salomon Meyer R. (s. d.). Studierte an der Universität Berlin und war ab 1820 bei seinem Onkel James in Paris tätig. 1855–71 Leiter des Wiener Großhandlungshauses. Obwohl er 1847 zum Ehrenbürger der Stadt Wien ernannt worden war, hatte er es anfangs schwer, da ihn der junge Kaiser Franz Joseph I. (s. d.) zunächst ablehnte und er auf die Unterstützung Kübecks (s. d.) und des alten Metternichschen Freundeskreises angewiesen war. 1855 gründete er die „Ö. Credit-Anstalt für Handel und Gewerbe" und brachte den Großteil des Stammkapitals selbst auf. Im Verwaltungsrat blieb R. nur bis 1859 und widmete sich danach verstärkt der „Südbahngesellschaft". Diese mit Staatsgeldern erbaute Eisenbahnlinie (wie auch das lombardo-venetianische Eisenbahnnetz) war von ihm und den Pariser und Londoner Häusern gekauft worden. Die „Rothschild-Eisenbahngesellschaft" verfügte über ein Stammkapital von 120 Mio. Gulden. Für den Krieg von 1866 gaben die R.s weder Ö. noch Preußen Geld, denn Anselm war für unbedingten Frieden. Er wurde auch nicht vom Fieber der Gründerjahre angesteckt, denn er erkannte bald die Gefahren und stieß auch einen Großteil der Credit-Anstalt-Aktien ab. So schadete ihm der Börsenkrach 1873 nicht. R. war ein Kunstmäzen und sozial wohltätig, ließ das israelitische Krankenhaus in Wien erbauen und stiftete die Wiener israelitische Kultusgemeinde. Beteiligte sich finanziell an der Errichtung der Wiener Findelanstalt, des Blindeninstituts, der Taubstummenanstalt und des Wiener Hilfsvereins; der jüdischen Gemeinde Wiens vermachte er 1,2 Mio. Gulden.

ROTHSCHILD, Louis Nathaniel Freiherr von, * 5. 3. 1882 in Wien, † 15. 1. 1955 in der Karibik (Badeunfall), Bankier. Ab 1911 stand er dem Wiener Bankhaus vor, nach dem Aussterben des Frankfurter Zweigs übernahm er die Leitung der gesamten R.-Gruppe, zeitweilig sogar die R.-Banken in London und in Paris. 1917/18 Mitglied des Herrenhauses, gelang es ihm, unbeschadet die Wirren der Nachkriegs- und Inflationszeit zu überstehen. Da begann im Herbst 1929 die Allgemeine Ö. Bodencreditanstalt gewaltig zu wanken, und die damalige Regierung Schober trat an R., den Präsidenten des Verwaltungsrats der Credit-Anstalt und Generalrat der Oesterreichischen Nationalbank, mit der Bitte um Hilfe heran. R. stimmte einer Fusionierung der beiden Banken zu. Schließlich konnte die bald durch die Weltwirtschaftskrise eintretende katastrophale Lage der vereinigten Banken nur durch die „spontane Hilfe" des französischen Hauses (angeblich 30 Mio. Schilling) kurzfristig ausgeglichen werden. Schließlich mußte die Bank im Mai 1931 vom ö. Staat mit mehreren 100 Mio. Schilling saniert werden und Credit-Anstalt-Aktien übernehmen. Dies löste Unmut in der Bevölkerung, Lohnkürzungen und einen Eisenbahnerstreik aus. Im Nachspiel zu diesem Ausstand kam es zur historischen Sitzung des Parlaments am 4. Mai 1933, in der Dollfuß das Parlament auflöste – dies um so bereitwilliger, da die Credit-Anstalt-Stützungsgelder im Ausland („Lausanner Anleihe") aufgenommen werden mußten und mit politischen Auflagen, so dem Verbot einer Zollunion mit Deutschland, verbunden waren. Dagegen opponierten die Großdeutschen, so daß die Regierung Dollfuß zum Zeitpunkt der Parlamentsauflösung lediglich mit einer Mehrheit von zwei Stimmen vertreten war. Zu Beginn der dreißiger Jahre galt R. als der reichste Mann Mitteleuropas. Er soll mehr als die Hälfte des gesamten Finanz- und Industrievermögens der Ersten Republik besessen haben – etwa 2765 Mio. Schilling. Sein Privatvermögen einschließlich seines Grundbesitzes wurde damals auf 2 Mrd. Schilling geschätzt. Unter der Leitung bzw. Kontrolle des Hauses R. standen 8 Banken, 4 Hotels, 13 Baugewerbeunternehmen, 2 Glasindustrieunternehmen, 8 Gruben- und Hüttenwerke, 36 Maschinen- und Holzwarenfabriken, 13 Spirituosen- und 10 chemische Fabriken, 3 Lebensmittelbetriebe, 8 Elektrizitätswerke, 7 Holzindustriebetriebe, 8 Leder-, 7 Papier-, 25 Textil- und 3 Zuckerfabriken, 6 Versicherungsgesellschaften, 8 Speditionen, 1 Filmfabrik und 7 verschiedene Handelsunternehmungen. Über die heraufdämmernden Ereignisse des März 1938 war R. rechtzeitig informiert. Dennoch blieb er, um seine Firmen durch Mittelsmänner an das englische Haus R. übergehen zu lassen, in Wien. Die nationalsozialistischen Machthaber beschlagnahmten auch sofort die Creditanstalt und verhafteten R. Gegen das Lösegeld seines beschlagnahmten Wiener Besitzes (einschließlich aller Kunstschätze) und der Witkowitzer Stahlwerke wurde er freigelassen. Die Witkowitzer Stahlwerke gehörten jedoch bereits den englischen R.s. So mußte die Reichsregierung 2,9 Mio. Pfund Sterling als Ablöse zahlen. In sein Palais in der Wiener Prinz-Eugen-Straße zog daraufhin das „Amt Eichmann" ein. Seine weiteren Lebensjahre verbrachte R. meist auf Reisen. Seinem Letzten Willen entsprechend, wurde er in der Familiengruft auf dem Wiener Zentralfriedhof beigesetzt.

ROTHSCHILD, Salomon Meyer Freiherr von (seit 1822), * 9. 9. 1774 in Frankfurt am Main, † 27. 7. 1855 in Paris, Bankier. 1810 teilte der Vater Meyer Amschel R. mit einem Gesellschaftervertrag sein Vermögen von 800000 Gulden mit seinen vier Söhnen; Salomons Anteil betrug 185000 Gulden. Er war der Begründer der ö. Linie des Hauses R. Erste geschäftliche Erfolge in Ö. erzielte R. erst 1815; 1820 beteiligte er sich an der 20-Mio.-Gulden-Anleihe des Bankhauses Parish; von da an wohnte er im Hotel „Zum römischen Kaiser" in der Wiener Renngasse, denn als Jude konnte er nur mit einer besonderen Toleranzbestimmung ein Haus erwerben, was er ablehnte, da er Frankfurter Bürger bleiben wollte und auch viel auf Reisen war. Trotz scharfer Konkurrenz blieb er im Anleihegeschäft und verschaffte so dem Metternichschen Regime im Lauf der Zeit 200 Mio. Gulden, führte die Prämienlotterie ein und betätigte sich im Auftrag Metternichs (s. d.) als Bankier des Deutschen Bundes. R. war Bankier und Finanzberater Metternichs. 1831 verpfändete ihm der Staat die Quecksilbergruben von Idria, R. pachtete die Gruben von Almaden in Spanien dazu und errichtete in Europa ein Quecksilbermonopol. Schließlich wurde ihm mit einer Ausnahmeverfügung der Ankauf von Gütern und Grundstücken gestattet, worauf er zu einem der größten Grundbesitzer des Kaiserreichs wurde. 1835 erhielt er die Konzession zum Bau der Eisenbahnstrecke Wien – Bochnia, der nachmaligen Kaiser-Ferdinands-Nordbahn. Gemeinsam mit dem Bankier Johann Geymüller (s. d.) pachtete er das dem Olmützer Erzbistum gehörende Eisenwerk in Witkowitz, um von den englischen Eisenbahnschienen unabhängig zu werden. Bald gehörte das Witkowitzer Eisen- und Stahlwerk ihm allein, er errichtete den ersten Kokshochofen der Monarchie und verarbeitete 95 Prozent des mährischen Roheisens. Während der Oktoberrevolution floh er nach Frankfurt, kehrte 1849 vorübergehend nach Wien zurück, lebte aber bis zu seinem Tod meist bei seiner Tochter Betty in Paris.

Johann Michael Rottmayr: Kuppelfresko in der Karlskirche in Wien (1730)

Lothar Rübelt

RÜBELT, Lothar, * 8. 4. 1901 in Wien, Sportphotograph. Pionier der Kleinbildkamera. Machte 1936 bei den Olympischen Sommerspielen in Berlin Furore. R. war einer der ersten, die Bewegung als gestalterisches Element einsetzten. Für seine Bilder von den Spielen in Rom 1960 bekam R. vom IOC offiziell eine olympische Goldmedaille. (Bei diesen Spielen herrschte Photographierverbot – R. schoß alle seine Bilder vom Zuschauerraum aus.)

RUBIN, Marcel, * 7. 7. 1905 in Wien, Komponist und Musikkritiker. Studierte in Wien bei Franz Schmidt (s. d.) und war 1931–38 Sekretär der Konzerte „Musik der Gegenwart". 1938–47 lebte er in der Emigration in Mexiko und war nach seiner Rückkehr Mitarbeiter bei der Tageszeitung „Volksstimme" und Sekretär des Ö. Komponistenverbands. Er erhielt 1959 den Staatspreis und 1961 den Körner-Preis. Neben Liedern, Kammermusik und vier Symphonien schuf er u. a. das Tanzspiel „Musik der Großstadt" (1933) und „Oh ihr Menschen" (Der Heiligenstädter Psalm, 1977).

RUDIGIER, Franz Joseph, * 6. 4. 1811 in Partenen (V), † 29. 11. 1884 in Linz, Bischof. Wurde 1836 zum Priester geweiht und arbeitete kurze Zeit in der Seelsorge. 1839 war er Prof. in Brixen, 1845 Direktor des Frintaneums in Wien, 1848 Propst in Innichen (Südtirol),

JOHANN MICHAEL ROTTMAYR

Begründer der österreichischen Barockmalerei

ROTTMAYR, Johann Michael, von Rosenbrunn (seit 1704), * 11. 12. 1654 (Tauftag) in Laufen an der Salzach (S), † 25. 10. 1730 in Wien, Maler. Sohn des Laufener Organisten Friedrich R., dürfte das Malerhandwerk bei seiner Mutter gelernt haben. 1675 ging er nach Venedig zur Weiterbildung und kehrte 1688 nach Salzburg zurück, wo er ab 1689 zu einem sehr beschäftigten Maler wurde. So schuf er Fresken im Karabinierisaal der Residenz und Altarbilder für die Kajetaner-, die Franziskaner- und die Kollegienkirche. 1696 ging er nach Wien und malte hier Altarbilder für die Paulanerkirche und die Hietzinger Pfarrkirche sowie das Kuppelfresko der Peterskirche. 1704–06 arbeitete er für das Palais Liechtenstein in Wien, 1716–22 für die Stifte Heiligenkreuz und Melk (beide NÖ), 1725–30 war er wesentlich an den Fresken der Wiener Karlskirche beteiligt. Sein letztes Werk ist die Chorkuppel der Stiftskirche in Klosterneuburg (1729/30). Mehrere seiner Werke befinden sich heute nicht mehr in den seinerzeitigen Kirchen und Schlössern, sondern in Museen. R. galt als der angesehenste Maler des beginnenden Hochbarock in Ö. Er verband in seiner Kunst Elemente des italienischen Barock, vom langjährigen Venedigaufenthalt herkommend, mit solchen des flämischen Barock, (besonders der Koloristik von Rubens) und entwickelte ein geradezu ideales Raumkonzept.

Tietze, H.: J. M. R., in: Jahrbuch der Zentralkommission (1906)

1850 Domherr und Regens in Brixen und 1853 Bischof von Linz. Sehr verdient um das innerkirchliche Leben, gründete er mehrere Ordensniederlassungen und war ein Vorkämpfer gegen den kirchenfeindlichen Liberalismus. Im Zusammenhang mit den von Kaiser Franz Joseph I. (s. d.) am 25. 5. 1869 sanktionierten drei Kirchengesetzen, die eine große Einschränkung der Wirksamkeit des Konkordats von 1855 bedeuteten, geriet er in so starken Konflikt mit dem Staat, daß er vor Gericht gestellt wurde. Zu einer vierzehntägigen Gefängnisstrafe verurteilt, wurde er vom Kaiser allerdings begnadigt. R. initiierte den Bau des Linzer Doms, in dessen Unterkirche er begraben liegt.

Meindl, K.: Leben und Wirken des Bischofs F. J. R. von Linz. 2 Bde. (1891/92); Scherndl, J.: Bischof F. J. R. (2. Aufl. 1915)

RUDOLF I., deutscher König (als Graf von Habsburg R. IV.), * 1. 5. 1218 auf Schloß Limburg im Breisgau (Baden), † 15. 7. 1291 in Speyer. Sohn von Graf Albrecht IV. von Habsburg (s. d.). Von Kaiser Friedrich II. aus der Taufe gehoben, war R., wie sein Vater, ein treuer Anhänger der Staufer. 1239 erbte er den Besitz um die Habsburg im Schweizer Kanton Aargau, den er durch die Heirat mit Gräfin Gertrud (Anna) von Hohenberg zwischen 1253 und 1254 vergrößerte. 1264 kam der größte Teil der Erbschaft der Grafen von Kiburg dazu. Vom „armen Grafen von Habsburg", wie ihn der Böhmenkönig Ottokar II. (s. d.) nannte, kann keineswegs die Rede sein. Wenig initiativ war R. im Rahmen der Reichspolitik, wenngleich er wegen seiner Anhängerschaft zu den Staufern zweimal gebannt wurde. 1267 hatte er die Italienpolitik Konradins unterstützt, sich jedoch davon zurückgezogen, als er erkannte, daß das Risiko des Unternehmens zu groß war. Die Lage im Reich forderte aber eine Entscheidung; am 1. 10. 1273 wurde der energische Graf zum deutschen König gewählt, am 24. 10. erfolgte die Krönung in Aachen. R. sah seine Hauptaufgabe in der Wiedergewinnung des in den letzten Jahren entfremdeten Reichsgutes. Dies brachte ihn in Gegensatz zu König Ottokar II. Přemysl von Böhmen, der der Wahl ferngeblieben war. Auf dem Reichstag zu Nürnberg im November 1274 wurde R. ermächtigt, alle seit 1245 erledigten oder neu vergebenen Reichslehen zu bestätigen. Binnen „Jahr und Tag" sollte jeder Fürst um die Neubelehnung ansuchen, widrigenfalls er dieser Länder verlustig ginge. Beide Maßnahmen waren eindeutig gegen den Böhmenkönig gerichtet, der nicht nur die Huldigung ablehnte, sondern auch weder auf Acht noch Aberacht reagierte, so daß schließlich am 24. 6. 1276 der Reichskrieg gegen ihn erklärt wurde. R. zog bis vor Wien, das auf der Seite des Böhmenkönigs stand, doch wurde dieser von Teilen seines Heeres verlassen, auch der steirische und der Kärntner Adel erhoben sich gegen ihn. So mußte sich Ottokar schließlich am 21. 11. 1276 kampflos unterwerfen; König R. belehnte ihn mit Böhmen und Mähren, nachdem Ottokar auf die österreichischen Länder verzichtet hatte. Die verschiedenen Auslegungen des Friedens von 1276 führten zu einer neuen, diesmal militärischen Auseinandersetzung: Am 26. 8. 1278 verlor Ottokar zwischen Dürnkrut und Jedenspeigen im nö. Marchfeld Schlacht und Leben. 1282 erreichte R. die Zustimmung der Kurfürsten zur gemeinsamen Belehnung seiner Söhne Albrecht (s. d.) und Rudolf (s. d.) mit Ö., Steiermark und Krain; im Vertrag zu Rheinfelden (1. 6. 1283) wurde Albrecht allein mit der Landesherrschaft betraut. Zum Dank für die Hilfe gegen den Böhmenkönig wurde Meinhard II. von Görz-Tirol (s. d.) 1286 mit dem Herzogtum Kärnten belehnt. Der Unterstützung von R.s Reichspolitik dienten auch die Eheschließungen seiner Töchter; in den nördlichen Reichsgebieten war sein Einfluß eher gering, doch gelang es ihm 1289/90, den Landfrieden in Thüringen zu sichern. Die Wahl seines Sohnes Albrecht zum deutschen König konnte R. nicht durchsetzen; angesichts des nahenden Todes begab er sich nach Speyer, wo er am 15. 7. 1291 starb.

Redlich, O.: R. v. Habsburg (1903, Neuaufl. 1965); Rössler, H.: Ein König für Deutschland (1960); Görlitz, T. H.: R. v. Habsburg (1961); Gerlich, A.: Studie zur Landfriedenspolitik König R.s v. Habsburg (1963); Habsburg, O. v.: R. v. Habsburg – Festrede zum 700. Gedenktag der Krönung Rudolfs I. in Aachen (1973); Ausstellungskatalog „Die Zeit der frühen Habsburger 1279–1379" (Wiener Neustadt 1979); Franzl, J.: R. I. (1986)

RUDOLF I.
Stammvater des Hauses Habsburg

Rudolf I. Aus der Ambraser Porträtsammlung

Und rings erfüllte den hohen Balkon
Das Volk in freud'gem Gedränge,
Laut mischte sich in der Posaunen Ton
Das jauchzende Rufen der Menge.
Denn geendigt nach langem verderblichen Streit
War die kaiserlose, die schreckliche Zeit,
Und ein Richter war wieder auf Erden.
Nicht blind mehr waltet der eiserne Speer,
Nicht fürchtet der Schwache, der Friedliche mehr,
Des Mächtigen Beute zu werden.

Friedrich Schiller, Der Graf von Habsburg

„‚Er war groß von Gestalt, mit langen Beinen, feingliedrig, mit kleinem Kopf, blassem Gesicht und langer Nase, hatte nur wenige Haare, schmale und lange Hände, ein Mann, maßvoll in Speise und Trank und anderen Dingen, ein weiser und kluger Mann . . .', so schildert ein zeitgenössischer Chronist Erscheinung und Wesen Rudolfs von Habsburg. ‚Er war von Jugend auf kriegerisch, ein kluger und mächtiger und doch auch vom Glück begünstigter Mann, von hohem Wuchs, mit gebogener Nase, mit ernstem Gesicht, dessen Würde die Stärke des Charakters erkennen ließ', berichtet ein anderer. Mit diesen Beschreibungen stimmt das Bild der Grabplatte im Dom zu Speyer völlig überein. Es zeigt uns ein hageres Gesicht mit scharf geschnittener, kühn geschwungener Nase, hochgezogenen Augenbrauen und einem schmallippigen, in den Winkeln etwas herabgezogenen Mund. Energie und Zielstrebigkeit, wohl auch eine gewisse Härte, die mit der in zahlreichen Anekdoten und Erzählungen überlieferten Fähigkeit zu leutseligem Humor durchaus vereinbar scheint, mag man in diesem Gesicht erkennen."

Adam Wandruszka,
Das Haus Habsburg (1978)

RUDOLF II., Kaiser, König von Ungarn und Böhmen, * 18. 7. 1552 in Wien, † 20. 1. 1612 in Prag, Sohn Kaiser Maximilians II. (s. d.). Mit 14 Jahren wurden er und sein Bruder Ernst (s. d.) an den spanischen Hof geschickt, um nicht dem protestantischen Einfluß in Ö. zu erliegen. Unter Aufsicht ihres strengkatholischen Onkels König Philipp II. weitererzogen, konnten die Brüder erst nach sechs Jahren wieder zurückkehren. R. war hervorragend gebildet und beherrschte fünf Sprachen. Am 25. 9. 1572 wurde er in Preßburg zum König von Ungarn gekrönt, am 22. 9. 1575 im Prager Veitsdom zum König von Böhmen, am 27. 10. 1575 in Regensburg zum deutschen König gewählt und am 1. Dezember dort auch gekrönt. Damit hatte R. die Anwartschaft auf die Kaiserwürde erworben und trat nach dem Tod seines Vaters dessen Nachfolge an (12. 10. 1576). Er führte das ihm so vertraute spanische Hofzeremoniell ein und begann die Gegenreformation im rein habsburgischen Machtbereich mit großem Einsatz durchzusetzen. Diese starre Religionspolitik führte zur völligen Loslösung der Niederlande vom Reich, zur Erhebung des Stephan Bocskai in Ungarn (1604) sowie zur Bildung der beiden konfessionellen Lager, der protestantischen Union und der katholischen Liga. Wäre nicht König Heinrich IV. von Frankreich, der die deutschen Protestanten stark unterstützt hatte, gestorben, hätte es schon zu diesem Zeitpunkt einen Religionskrieg gegeben. Dabei war erst wenige Jahre zuvor die Türkengefahr gerade noch bereinigt worden. Außerdem nahm die Melancholie R.s zu, es gab sogar Anzeichen von Verfolgungswahn. Schon im November 1600 hatten sich die kaiserlichen Brüder Matthias, Maximilian und Ferdinand (s. diese) zu Gegenmaßnahmen entschlossen, doch gab es zu viele innere Probleme. Zu Beginn des Jahres 1606 beschäftigten sich auch die deutschen Reichsfürsten mit der Absetzung R.s, und am 25. April ernannten die habsburgischen Erzherzöge in Geheimverhandlungen Matthias zum Chef des Hauses. Der verhängnisvolle „Bruderzwist in Habsburg" begann. Im Vertrag von Lieben (bei Prag) vom 24. 6. 1608 verzichtete R. bis auf Böhmen, Tirol, die Vorlande und die Kaiserkrone zugunsten seines Bruders Matthias auf alle sonstigen Rechte, doch bestätigte er einerseits den von den Böhmen verlangten „Majestätsbrief" nur zögernd und rief andererseits seinen Neffen Leopold, den Bischof von Passau (s. d.), mit dessen „Passauer Kriegsvolk" zu Hilfe. Erzherzog Matthias zog erneut gegen Prag und wurde am 23. 5. 1611 mit der Krone Böhmens gekrönt. R. zog sich nun vollends auf den Hradschin zurück, wo er seit dem Frühsommer 1583 residierte. Sein Gesundheitszustand wurde zunehmend schlechter; er blieb unverheiratet, da er die geplante Ehe mit der Infantin Isabella, der Tochter König Philipps II. von Spanien, immer wieder hinausgeschoben hatte, bis sein Bruder Albrecht VII. (s. d.) sie 1599 heiratete. Sonst ein großer Förderer von Kunst und Wissenschaft (1602 ließ R. in der Hofwerkstatt von Prag die kunstvolle habsburgische Hauskrone anfertigen), war er von Natur aus abergläubisch und ein Freund des Okkultismus sowie der Geheimwissenschaften. Seine Haltung zur katholischen Kirche war von einer eigenartigen Unsicherheit gekennzeichnet.

Gindely, A.: R. II. und seine Zeit (1862); Sturmberger, H.: Aufstand in Böhmen (1959); Schwarzenfeld, G. v.: R. II., der saturnische Kaiser (1961); Evans, R. J. W.: R. II., Ohnmacht und Einsamkeit (1980); Vocelka, K.: R. II. und seine Zeit (1986)

Kaiser Rudolf II. Büste von Adriaen de Vries

RUDOLF II., Herzog von Ö. und Steiermark, * 1271 in Rheinfelden, † 10. 5. 1290 in Prag, zweiter Sohn König Rudolfs I. (s. d.). Gemeinsam mit seinem Bruder Albrecht (I., s. d.) wurde R. in den Reichsfürstenstand erhoben und auf dem Reichstag zu Augsburg im Dezember 1282 „zu gesamter Hand" mit Ö., Steiermark, Krain und der Windischen Mark belehnt, doch wurde Krain sogleich an Graf Meinhard II. von Görz-Tirol (s. d.) verpfändet. Am 27. 12. 1282 erfolgte die feierliche Beurkundung. Auf Betreiben der Stände, die diese im alemannischen Bereich erbliche Rechtsform der Belehnung für die österreichischen Länder als fremd empfanden, wurde am 1. 6. 1283 mit der „Rheinfelder Hausordnung" R. von der Regierung ausgeschlossen. Er sollte binnen vier Jahren mit einem Fürsten- oder Königtum bzw. mit einer Barsumme abgefunden werden. R. hielt sich in der Folge meist in seinen Stammlanden auf und leitete die Verwaltung der Hausgüter. 1290 starb er überraschend, ohne eine Entschädigung erhalten zu haben. Sein nachgeborener Sohn Johann „Parricida" (s. d.) wurde durch das Festhalten an diesen Ansprüchen zur Ermordung seines Onkels Albrecht verleitet.

Ausstellungskatalog „Die Zeit der frühen Habsburger 1279–1379" (Wiener Neustadt 1979)

RUDOLF III., Herzog von Ö. und Steiermark, König von Böhmen, * um 1281 in Wien, † 4. 7. 1307 in Horaždovice bei Prag, erster Sohn König Albrechts I. (s. d.). Er wurde gemeinsam mit seinen Brüdern am 21. 11. 1298 mit den Herzogtümern Ö. und Steiermark belehnt und übernahm deren Verwaltung. Am 29. 5. 1300 heiratete er in Paris Prinzessin Blanche (Blanka), eine Tochter König Philipps IV. von Frankreich, die aber bereits am 19. 3. 1305 starb. Nach dem Tod des letzten Přemysliden Wenzel III. (1306) sicherte sein Vater durch einen raschen Einmarsch in Böhmen die Anerkennung R.s als König. Zur Legitimierung seiner Ansprüche heiratete er am 16. 10. 1306 in Prag Elisabeth, die Stiefmutter Wenzels. Er verzichtete auf seine Herzogtümer und widmete sich mit Geschick der Festigung seiner Herrschaft, insbesondere der Konsolidierung der Finanzen. Während eines Unternehmens gegen aufständische Adelige starb R., wahrscheinlich an der Ruhr.

Ausstellungskatalog „Die Zeit der frühen Habsburger 1279–1379" (Wiener Neustadt 1979)

RUDOLF IV. der Stifter, Herzog von Ö., Steiermark, Kärnten, Markgraf (Herzog) von Krain und den Vorlanden, Graf von Tirol, * 1. 11.1339 in Wien, † 27. 7. 1365 in Mailand, Sohn Herzog Albrechts II. (s. d.). Bereits 1358 hatte er die Regierung der „gesamten Herrschaft zu Ö." übernommen. Seit 1353 war er mit Katharina von Luxemburg, der Tochter Kaiser

Herzog Rudolf IV. der Stifter. Gemälde (um 1360)

Karls IV., verheiratet. Da die Habsburger durch die „Goldene Bulle" von 1356 von der Kurwürde ausgeschlossen waren, suchte R. durch fünf falsche Urkunden seinen Rang zu erhöhen und die Unabhängigkeit seiner Länder vom Reich zu beweisen: Im Winter 1358/59 beauftragte er seine Kanzlei mit deren Herstellung. Unter diesen Falsifikaten befand sich auch das „Privilegium maius", eine Erweiterung des „Privilegium minus" von 1156, durch das Ö. zum Herzogtum erhoben worden war und den Babenbergern (s. Heinrich II. Jasomirgott) besondere Freiheiten und Rechte zugestanden worden waren. Das alte, „kleine" Privilegium hatte R. wohl selbst vernichtet; das „große" ging über die Rechte, welche die Goldene Bulle Karls IV. den Kurfürsten zugestand, weit hinaus. Dem Kaiser kamen die vorgelegten Schriftstücke einigermaßen phantastisch vor; er ließ sie durch den italienischen Humanisten Francesco Petrarca überprüfen, der die Unhaltbarkeit der meisten Behauptungen bestätigte. Als sich der kaiserliche Schwiegervater nun weigerte, die beanspruchten Vorrechte anzuerkennen, kam es fast zum Krieg, doch verzichtete R. 1361 auf die meisten angemaßten Rechte. Erst Kaiser Friedrich III. (s. d.) bestätigte 1442 und 1453 das Privilegium maius, womit es Reichsrecht wurde. Schon 1359 hatte R. das „Ungeld" eingeführt, eine zehnprozentige Abgabe auf alle in öffentlichen Gaststätten ausgeschenkten Getränke, dafür aber auf den jährlichen „Münzverruf" verzichtet. Am 7. 4. 1359 legte R. den Grundstein für den Südturm von St. Stephan, womit auch der Bau des Langhauses begann. Die Gründung eines ö. Landesbistums konnte er allerdings nicht erreichen. Am 2. 9. 1359 schloß er mit Margarete Maultasch (s. d.), Gräfin von Tirol, einen Erbvertrag, der bereits 1363 in Kraft trat. Da sie selbst auf ihren Regierungsanspruch verzichtete, kam Tirol an das Haus Habsburg, was Karl IV. im folgenden Jahr bestätigte. Damit wurde nicht nur die angestrebte Verbindung zu den Besitzungen im Westen hergestellt, sondern Ö. hatte nun auch die Schlüsselstellung in der Nord-Süd-Verbindung inne. 1364 kam es auch zu einer habsburgisch-luxemburgischen Erbeinigung; schon 1361 dürfte R. ein ähnliches Abkommen mit den ungarischen Anjou geschlossen haben. Ebenfalls 1364 wurde ein Erbvertrag mit dem Görzer Grafenhaus vereinbart. Mit seinen minderjährigen Brüdern schloß R. am 18. 11. 1364 einen grundlegenden Familienvertrag, die „Rudolfinische Hausordnung", in der vor allem die Unteilbarkeit der habsburgischen Besitzungen festgehalten wurde. Am 12. 3. 1365 gründete R. die Wiener Universität, die allerdings erst durch seinen Bruder Albrecht III. (s. d.) materiell abgesichert und zur Volluniversität erweitert wurde. Kurz vor seinem frühen Tod vermittelte R. noch die Heirat seines erst vierzehnjährigen Bruders Leopold (III., s. d.) mit Viridis Visconti, der Tochter des Herzogs von Mailand, womit er sich einen Bundesgenossen in Oberitalien sicherte und der Grundstein zur späteren Machtstellung des Hauses Habsburg in Italien gelegt wurde. Mit R., der sich zeit seines Lebens als Österreicher und Wiener fühlte, verlor das Land eine hervorragende Herrschergestalt, die es auch verstanden hatte, innenpolitisch fortschrittliche Maßnahmen zur Förderung des Bürgertums durchzuführen.

Kurz, F.: Ö. unter Herzog R. IV. (1821); Moshamer, J. A.: Herzog R. IV., der Stifter (1862); Huber, A.: Geschichte des Herzogs R. IV. von Ö. (1865); Winter, E. K.: R. IV. und Ö., 4 Bde. (1934–36); Lhotsky, A.: Privilegium maius (1957); Begrich, U.: Die fürstliche Majestät Herzogs R. IV. von Ö. (1965); Ausstellungskatalog „Die Zeit der frühen Habsburger 1279–1379" (Wiener Neustadt 1979)

RUDOLF, Erzherzog von Ö., Kronprinz, * 21. 8. 1858 im Schloß Laxenburg bei Wien, † 30. 1. 1889 im Schloß Mayerling bei Heiligenkreuz (NÖ), einziger Sohn Kaiser Franz Josephs I. (s. d.). Dank einer ausgezeichneten Erziehung besaß R. umfassende Bildung und begann sich früh mit Naturwissenschaften und dem Orient zu beschäftigen. Am 10. 5. 1881 heiratete er Prinzessin Stephanie von Belgien (s. d.). Die Ehe, der nur die Tochter Elisabeth Maria (s. d.) entstammte, war keine glückliche. Infolge seiner politischen und weltanschaulichen Ansichten geriet R. zunehmend in scharfen Gegensatz zu seinem Vater, der ihn auch nur selten zu Staatsgeschäften heranzog. R. stand den Deutschliberalen und den Ungarn politisch sehr nahe und war ein erklärter Gegner der allzu engen Zusammenarbeit

KRONPRINZ RUDOLF

Die Tragödie von Mayerling

„Spät abends war es, als wir alle schlafen gingen. Für Rudolf und Mary gab es aber keinen Schlaf mehr. Ich schlief wie gewöhnlich im Nebenzimmer, und Rudolf sagte mir beim schlafen gehen: ‚Sie dürfen niemand zu mir lassen, und wenn es der Kaiser ist!' . . . Vetsera erwartete Rudolf im Zimmer, wo sie auch das letzte Nachtmahl eingenommen hatte. Ich hörte die ganze Nacht über Rudolf und Vetsera in sehr ernstem Tone sprechen. Verstehen konnte ich es nicht. 5 Minuten vor ¼7 Uhr früh kam Rudolf ganz vollständig angezogen zu mir in das Zimmer heraus und befahl mir, einspannen zu lassen. Ich war noch nicht im Hofe draußen, als ich zwei Detonationen hörte, ich lief sofort zurück, der Pulvergeruch kam mir entgegen, ich stürmte zum Schlafzimmer, doch es war entgegen der Gewohnheit – sonst sperrte Rudolf das Zimmer nie ab – abgesperrt. Was nun machen, ich holte sofort Graf Hoyos, und mit einem Hammer bewaffnet schlug ich die Türfüllung ein, so daß ich gerade mit der Hand hineinkonnte, um die Tür von innen aufzusperren. Welch grauenhafter Anblick – Rudolf lag entseelt auf seinem Bette angezogen, Mary Vetsera ebenfalls auf ihrem Bette vollständig angekleidet. Rudolfs Armeerevolver lag neben ihm. Beide hatten sich überhaupt nicht schlafen gelegt. Beiden hing der Kopf herunter. Gleich beim ersten Anblick konnte man sehen, daß Rudolf zuerst Mary Vetsera erschossen hatte und dann sich selbst entleibte. Es fielen nur zwei wohlgezielte Schüsse. Die Anwesenheit einer dritten Person sowie daß Glasscherben im Kopfe Rudolfs steckten, ist wie so vieles über Rudolfs Tod frei erfunden."

Kammerdiener Johann Loschek in der Berliner Illustrirten Zeitung, 24. 4. 1932

mit dem Deutschen Reich. Militärisch nicht übermäßig interessiert, war er zuletzt Generalinspekteur der Infanterie und Vizeadmiral. Er hatte ständige Kontakte zu den bedeutendsten Naturwissenschaftlern seiner Zeit und war ein begeisterter Ornithologe. R. war auch als Schriftsteller tätig, verfaßte mehrere, zum Teil auch nichtgezeichnete Zeitungsartikel und regte das sogenannte „Kronprinzenwerk" an, „Die Ö.-ungarische Monarchie in Wort und Bild" (24 Bde., 1886–1902), das er bis zu seinem Tod herausgab und für das er fünf Artikel selbst schrieb. Wegen verstärkter Konflikte mit seiner Gattin und des oft unhaltbaren Zustands am väterlichen Hof ging er immer häufiger auf Jagden und hatte ständig Liebschaften. Die weltberühmt gewordene „Tragödie von Mayerling" ist, obwohl heute vielfach wissenschaftlich untersucht, nie restlos geklärt worden. Jedenfalls war R. am 28. 1. 1889 auf sein Jagdschloß Mayerling bei Heiligenkreuz gefahren, um mit seinem Schwager Prinz Philipp von Coburg und Graf Joseph Hoyos, einem seiner engsten Vertrauten, zu jagen. Am Morgen des 30. 1. fand man ihn und die knapp 18jährige Baronesse Mary Vetsera (s. d.) erschossen in ihren Betten. Spekulationen über die Gründe des Selbstmords sind reichlich angestellt worden und wurden unmittelbar danach vor allem dadurch genährt, daß man am Wiener Hof den „Skandal" vertuschen wollte und zuerst von einem Herzschlag sprach. Erst die Anordnung Kaiser Franz Josephs führte zur Bekanntgabe des Selbstmords. Um ein kirchliches Begräbnis zu ermöglichen, stellte eine Autopsie fest, daß die pathologischen Befunde am Gehirn R.s den Schluß zuließen, die Tat sei im Zustand geistiger Verwirrung geschehen. Dem Staatsbegräbnis lag demnach nichts im Weg – der Leichnam der jungen Baronesse wurde anfangs recht pietätlos an der Friedhofsmauer von Heiligenkreuz begraben und erst später in einer Gruft auf dem Friedhof bestattet. R.s Veröffentlichungen: „Fünfzehn Tage auf der Donau" (1878), „Allerlei gesammelte ornithologische Beobachtungen" (1880), „Eine Orientreise", 2 Bde. (1881), „Einige Jagdreisen in Ungarn" (1881), „Gesammelte ornithologische und jagdliche Skizzen" (1884), „Jagden und Beobachtungen" (1887) sowie die Broschüren „Der ö. Adel und sein constitutioneller Beruf" (gemeinsam mit Carl Menger [s. d.], 1878), „Einige Worte über den Spiritismus" (1882) und „Skizzen aus der ö. Politik der letzten Jahre" (1886). Wahrscheinlich auch „Ö.-Ungarn und seine Alliierten. Offener Brief an S. M. Kaiser Franz Joseph I. von Julius Felix", in Paris 1888 erschienen, sowie „Politische Briefe an einen Freund", hrsg. von J. Szeps (1922).

Kronprinz Rudolf. Miniatur von Friedrich Wailand

Mitis, F. v.: Das Leben des Kronprinzen R. (1928, 2. erw. Aufl. 1971); Weill, E.: Kronprinz R. (1936); Egger-Fabritius, F.: Kronprinz R. v. Ö. als Journalist und Schriftsteller. Diss. Wien (1955); Judtmann, F.: Mayerling ohne Mythos (1968); Hamann, B.: R., Kronprinz und Rebell (1978); Schiel, I.: Stephanie (1978); Hamann, B. (Hrsg.): Kronprinz Rudolf, Majestät, ich warne Sie . . . Geheime und private Schriften (1979); Holler, G.: Mayerling: Die Lösung des Rätsels (1980)

RUDOLF, Erzherzog von Ö., * 8. 1. 1788 in Florenz, † 23. 7. 1831 in Olmütz, jüngster Sohn Kaiser Leopolds II. (s. d.). Der musisch sehr begabte R. nahm ab 1803 (oder Anfang 1804) bei Ludwig van Beethoven (s. d.) Klavierunterricht und erhielt von diesem 1805–12 Unterweisungen in Musiktheorie und Komposition. Gemeinsam mit den Fürsten Lobkowitz und Kinsky gewährte er 1809 Beethoven eine Ehrenpension. Der Komponist widmete dem Erzherzog mehrere Werke, darunter die „Missa solemnis". R. wurde 1814 Koadjutor, 1819 Erzbischof von Olmütz und Kardinal. Er komponierte selbst mehrere kleine Musikstücke.

RUDOLF von Bregenz, † vor 1152, vielleicht zwischen 1143 und 1152, der Letzte der Grafen von Bregenz. Er stand in den zahlreichen Auseinandersetzungen seiner Zeit zunächst auf der Seite der Staufer, trat aber 1128 zu den Welfen über. 1127–29 bestand er eine Auseinandersetzung mit dem Bischof von Konstanz, in dessen Verlauf er die Stadt belagerte. Er hinterließ eine Tochter, so daß ein Erbschaftsstreit entstand, denn die Grafschaft Bregenz hatte sein Neffe Rudolf von Pfullendorf erhalten, die Grafschaft Churrätien sein Schwiegersohn Hugo von Tübingen. Erst in den Jahren 1168–70 kam es zwischen den beiden Rivalen zu einem Ausgleich.

Bilgeri, B.: Geschichte Vorarlbergs, Bd. 1 (1971)

RUDOLF von Ems, * um 1200 in Hohenems (V), † um 1254, begraben in Bruck an der Mur (St), Epiker. War ein Ministeriale der Herren von Montfort in Hohenems und verfaßte eine Reimbibel sowie mehrere novellenartige Dichtungen. Er selbst bezeichnete Gottfried von Straßburg als sein Vorbild. R. starb vermutlich in Italien im Gefolge Kaiser Konrads IV. Seine Werke zeichnen sich durch formale Meisterschaft und besondere sittliche Reinheit aus. „Der gute Gerhard", um 1225 entstanden, sein erstes und zugleich bestes Werk, ist eine Verherrlichung der Demut im christlichen Sinn. Ferner schrieb er „Barlaam und Josaphat" (um 1230), „Alexander" (unvollendet, 1230–35), „Willehalm von Orlens" (Wilhelm der Eroberer, um 1235) und „Weltchronik", unvollendet, zwischen 1250 und 1254 entstanden und Kaiser Konrad IV. gewidmet; sie reicht von der Schöpfung bis zu Salomons Tod. Außerdem sind noch einige Gedichte von R. überliefert.

Ehrismann, C.: Studien über R. v. E. (1919)

RUDOLF von Stadeck (auch Stadecke), steirischer Minnesänger. Er ist zwischen 1230 und 1261 urkundlich bezeugt und war ein Zeitgenosse Ulrichs von Liechtenstein (s. d.). R. entstammte einem Ministerialengeschlecht, das seine Stammburg Stadeck (nördlich von Graz) bis in das 15. Jh. hinein besaß und in der Steiermark eine führende Rolle innehatte. Von ihm sind lediglich drei Lieder in der Großen Heidelberger Liederhandschrift erhalten.

Weinhold, K.: Der Minnesänger Stadecke und sein Geschlecht (Wiener Sitzungsberichte der Akademie der Wissenschaften XXXV, 1861); Grünstein, L.: Minnelieder aus Ö. (1921); Ausstellungskatalog „Literatur in der Steiermark" (Graz 1976)

RUDOLF, Karl, * 22. 11. 1886 in Wien, † 22. 8. 1964 in Wien, katholischer Geistlicher. Wurde 1912 zum Priester geweiht. 1914–22 Subregens des Wiener Priesterseminars, ab 1919 auch Akademikerseelsorger, 1922 Domkurat, später Domkapitular und Prälat. Führend im Bund „Neuland“ tätig. R. war ein Pionier der modernen Seelsorge, gründete das Seelsorgeamt der Erzdiözese Wien, die Zeitschrift „Der Seelsorger“ und führte ab 1931 regelmäßig Seelsorgertagungen durch, die vor allem nach dem Zweiten Weltkrieg europäischen Rang erreichten. 1947 gründete er die katholische Filmkommission in Wien, führte 1949 die internationalen Festwochen des religiösen Films ein und wurde so auch zum Begründer der katholischen Filmarbeit.

Erzherzog Rudolf als Kardinal. Gemälde von Johann Baptist Lampi

RUDOLF, Leopold, * 3. 5. 1911 in Wien, † 4. 6. 1978 in Wien, Schauspieler. Nach seiner Ausbildung am Reinhardt-Seminar in Wien debütierte er in Salzburg und spielte an verschiedenen deutschen Bühnen. 1945 holte ihn Rudolf Steinboeck (s. d.) als Charakterdarsteller an das Theater in der Josefstadt, dem er als eines der profiliertesten Mitglieder bis zu seinem Tode angehörte. R. brillierte besonders als Darsteller feinnerviger und gebrochener Charaktere und verkörperte daher viele Schnitzler- und Pirandello-Rollen. 1965 wurde er mit der Kainz-Medaille ausgezeichnet.

RUHM, Franz, * 31. 7. 1896 in Brunn am Gebirge (NÖ), † 20. 3. 1966 in Purkersdorf (NÖ), Kochlehrer und Kochbuchautor. War gelernter Zuckerbäcker und wurde ab 1928 durch seine Vorträge über die Wiener und die ö. Küche im Rundfunk sehr bekannt. Von 1930–44 gab er die Monatshefte „Wiener Küche“ heraus, die ab 1948 als Viertelsjahreshefte weitergeführt wurden. 1933 veröffentlichte er sein Hauptwerk „Wiener Küche“, das seither immer wieder neu aufgelegt wird. Unter dem Pseud. Frank Raymon schrieb er auch einige Theaterstücke, die jedoch wenig Erfolg hatten.

RÜHM, Gerhard, * 12. 2. 1930 in Wien, studierte an der Wiener Musikakademie und dann in Beirut orientalische Musik. Nach ausgedehnten Reisen kehrte er nach Wien zurück und schloß sich als experimenteller Schriftsteller der „Wiener Gruppe“ an, die sich zwischen 1952 und 1955 gebildet hatte, mit der Sprache experimentierte und die Textmontage entwickelte. 1964 gab R. den Sammelband „Wiener Gruppe“ heraus. Außerdem veröffentlichte er u. a.: „konstellationen“ (1961), „farbengedicht“ (1965), „lehrsätze über das weltall“ (1965), „söbstmeadagraundz“ (1966), „daheim“ (1967), „rühm's schablone für zeitungsleser“ (1968), „knochenspielzeug“ (1970) und „mann und frau“ (1972). 1970 erschien „Gesammelte Gedichte und visuelle Texte“ und 1972 „Ophelia und die Wörter, Gesammelte Theaterstücke“.

Gerhard Rühm während einer Lesung in Wien

RUMMLER, Franz Ferdinand Freiherr von, * 28. 10. 1642 in Weyden (Oberpfalz), † 17. 3. 1716 in Wien, Fürstbischof. Studierte zunächst bei den Jesuiten in Ingolstadt Jus, Philosophie und Theologie und wurde 1677 zum Priester geweiht. Er hatte sich vor allem auf Reisen umfassend gebildet und beherrschte Französisch, Italienisch und Spanisch. 1684 bestellte ihn Kaiser Leopold I. (s. d.) zum Lehrer und Erzieher des Kronprinzen Joseph, des späteren Kaisers Joseph I. (s. d.). Er wurde nacheinander Bischof von Tinna, Propst von Ardagger und Breslau und 1706 Fürstbischof von Wien. R. entfaltete eine umfangreiche seelsorgliche Tätigkeit und förderte den Bau neuer Kirchen in den durch die Türkenbelagerung von 1683 vernichteten Vororten und Vorstädten von Wien, so 1709 in Matzleinsdorf, 1712 in Lichtental.

Loidl, F.: Geschichte des Erzbistums Wien (1983); ders. und Krexner, M.: Wiens Bischöfe und Erzbischöfe (1983)

RUMPLER, Edmund, * 4. 1. 1872 in Wien, † 7. 9. 1940 in Neufeld (Mecklenburg), Flugzeugkonstrukteur und Erfinder. Studierte in Wien und wandte sich der Entwicklung des Flugzeugbaus zu. 1908 gründete er in Berlin die erste deutsche Flugzeugfabrik und verwendete erstmals 1910 die von Etrich (s. d.) entwickelte Form der Taube, die er zur „Rumpler-Taube“ verbesserte und die zum besten deutschen Flugzeug der Vorkriegszeit wurde. R. baute auch das erste Kabinen- und das erste zweimotorige Flugzeug. Nach dem Ersten Weltkrieg wandte er sich der Autokonstruktion zu und entwickelte das stromlinienförmige „Tropfenauto“ mit Heckmotor und Schwingachsen. Außerdem baute er ein Auto mit Vorderradantrieb und entwickelte die erste Absorptionskältemaschine.

RUPERT, Heiliger (auch Hruodpert und Ruodpert), * um 650, † 24. 3. 716 (?) in Worms am Rhein. Er entstammte einem mit den Merowingern oder Karolingern verwandten begüterten fränkischen Adelsgeschlecht, das um Worms beheimatet war. Ob er Bischof von Worms war, ist nicht gesichert; Herzog Theodor II. von Bayern soll ihn gegen Ende des 7. Jh.s zur Missionierung seines Landes gerufen haben. Nach anderen Quellen soll er selbst gekommen sein. Jedenfalls wurde er am Herzoghof in Regensburg ehrenvoll aufgenommen. Um die Awaren zu bekehren, fuhr er auf der Donau bis Lorch, kehrte jedoch bald nach Seekirchen am Wallersee zurück. Von hier reiste er in die weitgehend zerstörte Römerstadt Juvavum (Salzburg), gründete 696 ein Kloster nach der Regel des Benedikt von Nursia, ließ eine Kirche erbauen und errichtete einen Bischofssitz, zu dem ihm der Herzog die Stadt und die Talsiedlung geschenkt hatte. Das Kloster St. Peter ist heute das älteste im gesamten deutschen Sprachraum. Für seine Nichte Ehrentrudis (s. d.) gründete er das Frauenkloster auf dem Nonnberg.

Wolfram, H.: Der hl. R. und die antikarolingische Adelsopposition, in: Mitteilungen des Instituts für ö. Geschichtsforschung, 80 (1972); Ausstellungskatalog „St. Peter in Salzburg“ (1982)

RUSCH, Paulus, * 4. 10. 1903 in München, † 31. 3. 1986 in Zams (T), Bischof. Um sein Studium finanzieren zu können, wurde er zunächst Bankbeamter und promovierte 1930 zum Dr. phil. Als Spätberufener 1933 zum Priester geweiht, promovierte er 1934 auch zum Dr. theol. Anschließend in der Seelsorge tätig, war 1938–64 Titularbischof und Apostolischer Administrator von Innsbruck-Feldkirch, 1964–81 der erste Diözesanbischof von Innsbruck. Am 25. 1. 1981 weihte er im Innsbrucker Dom seinen Nachfolger Reinhold Stecher (s. d.) zum Bischof. R. war der Vertreter der ö. Bischofskonferenz beim päpstlichen Bischofsrat und veröffentlichte u. a. „Wachstum im Geiste" (1949) und „Junger Arbeiter, wohin?" (1953).

RUSSEGGER, Josef Ritter von (seit 1852), * 18. 10. 1802 in Salzburg, † 20. 6. 1863 in Schemnitz (Slowakei), Montanist. Studierte an der Berg- und Forstakademie von Schemnitz, deren Direktor er später wurde. 1835 Leiter der ö.-ägyptischen Bergwerksexpedition, deren Aufgabe es war, die Erschließung der ägyptischen Bodenschätze zu erkunden. Bis 1841 hielt sich R. in Ägypten, Kleinasien, Syrien, am Sinai, in Nubien und in Kordofan auf und drang am Blauen Nil bis Fazogl vor. Er untersuchte Eisen- und Kohlevorkommen sowie Bleigruben und war auch in Europa von Griechenland bis Skandinavien tätig. In die Heimat zurückgekehrt, verfaßte er das Standardwerk „Reisen in Europa, Asien und Afrika", 6 Bde. (1843), das einen Atlas und seine naturwissenschaftlichen und geographischen Beobachtungen und Erkenntnisse zum Inhalt hatte.

Österreicher als Erforscher der Erde. Notring Jahrbuch 1956

RUSTICOCAMPUS, s. Bauernfeld, Eduard von

RYSANEK, Leonie, * 14. 11. 1926 in Wien, Kammersängerin, Sopranistin. Studierte am Wiener Konservatorium bei Alfred Jerger (s. d.) und Rudolf Grossmann und debütierte 1949 in Innsbruck. Über Saarbrücken kam sie 1952 an die Münchner Staatsoper, von da 1954 an die Wiener Staatsoper. Bereits 1951 feierte sie bei den

Leonie Rysanek als Senta. Bayreuth 1959

Bayreuther Festspielen einen bedeutenden Erfolg als Sieglinde und wurde zur international anerkannten Wagner- und Strauss-Interpretin. Ab 1953 war sie Gast an allen großen Opernhäusern der Welt, so auch an der Metropolitan Opera in New York, wo sie 1959 mit außergewöhnlichem Erfolg anstelle von Maria Callas die Lady Macbeth sang. Immer wieder auch bei den Salzburger Festspielen engagiert, trat auch erfolgreich als Konzertsängerin auf.

RYSANEK, Lotte, * 18. 3. 1928 in Wien, Kammersängerin, Sopranistin. Schwester der Sopranistin Leonie R. (s. d.). Studierte am Wiener Konservatorium und war 1951–55 am Opernhaus in Freiburg im Breisgau engagiert, ehe sie 1955 an die Wiener Staatsoper kam. Als Gast erfolgreich bei den Bayreuther Festspielen, in Japan und Kanada, ist vor allem als Verdi- und Puccini-Interpretin bekannt geworden.

Lotte Rysanek als Butterfly

SAAR, Ferdinand von, * 30. 9. 1833 in Wien, † 24. 7. 1906 in Wien (Selbstmord), Erzähler und Lyriker. Trat nach dem Besuch des Schottengymnasiums 1849 in die Armee ein und wurde 1854 Offizier. 1859 nahm er seinen Abschied, um als freier Schriftsteller zu leben. Die folgenden Jahre verbrachte er auf den Schlössern Blansko und Raitz in Mähren, aber auch auf Gutshöfen seiner Freunde und in der Villa Wertheimstein in Wien. Seine besondere Begabung erwies sich in Novellen und Erzählungen, in denen er meist die Wiener Gesellschaft, die Verfallserscheinungen der Monarchie und die k. u. k. Armee beschreibt. Psychologischer Scharfsinn und tiefempfundene Menschlichkeit zeichnen ihn dabei aus, wobei oft autobiographische Züge zu entdecken sind. Als Dramatiker konnte sich S. nicht durchsetzen. Seine Novellen, unter denen sich auch die erste Arbeiternovelle der deutschsprachigen Literatur, „Die Steinklopfer", befindet, gab er stets in Sammelbänden heraus, dennoch hier einige Einzeltitel: „Innocens", „Schloß Kostenitz", „Marianne", „Die Pfründner", „Die Parzen" und „Außer Dienst". „Novellen aus Ö."

Ferdinand von Saar

(1876), „Gedichte" (1882), „Drei neue Novellen" (1883), „Schicksale" (1889), „Frauenbilder" (1892), „Wiener Elegien" (1893), „Die Pincelliade" (Epos, 1895), „Herbstreigen" (1896), „Nachklänge" (Gedichte, Novellen, dramatische Fragmente, 1899), „Camera obscura" (1901), „Hermann und Dorothea" (Epos, 1902), „Tragik des Lebens" (1906). 1909 gab J. Minor „Dramen. Sämtliche Werke" (12 Bde.) heraus, seither erschienen lediglich Auswahlbände seiner Erzählungen und Novellen.

Minor, J.: F. v. S. (1898); Morold, M.: F. v. S. (1909); Lukas, M.: F. v. S. (1947); F. v. S. Ein Wegbereiter der literarischen Moderne. Festschrift zum 150. Geburtstag (1986)

SACHER, Anna Maria (geb. Fuchs), * 2. 1. 1859 in Wien, † 25. 2. 1930 in Wien, Hotelbesitzerin. Entstammte einer Wiener Fleischhauerfamilie und heiratete 1880 Eduard S. (s. d.),

FERDINAND VON SAAR

Trauerspiel im Arrest

Sein Vormund hatte den sechzehnjährigen Ferdinand von Saar kategorisch für den Militärdienst bestimmt, aber nach zwölfjähriger Dienstzeit quittierte er als Leutnant, fest entschlossen, sich ganz der Dichtkunst in die Arme zu werfen, zu der er elementare Neigung und Beruf fühlte. Noch aus seiner letzten Militärzeit findet sich ein Brief an seine Mutter, worin er ihr mitteilt, daß er es erreicht habe, einen militärischen Hausarrest zu bekommen, damit er ungestört an einem Drama arbeiten könne, was ihm inmitten des Berufs niemals gelungen wäre. „Leider", heißt es aber in diesem Brief dann weiter, „geht mein Arrest bald zu Ende und ich werde mein Trauerspiel vielleicht nicht ganz fertig machen können."

Nach: M. M. Rabenlechner, Neue Streifzüge eines Bibliophilen (1935)

den Besitzer eines Gastlokals. Nach dem Tod ihres Mannes führte sie das 1876 zu einem Hotel umgebaute „Sacher" zu jener Bekanntheit, das es heute noch besitzt. Das Hotel wurde, ebenso wie der „Sachergarten" im Wiener Prater, zu einem Treffpunkt der Hocharistokratie Europas und der vornehmen Gesellschaftsschicht aus aller Welt, aber auch von Politikern und Künstlern. Frau S. war eine ausgezeichnete Gastronomin und ein stadtbekanntes Original; ihr „Markenzeichen" war eine dicke Zigarre, die sie in aller Öffentlichkeit zu rauchen pflegte.

SACHER, Eduard, * 1843 in Zselic (Ungarn), † 22. 11. 1892 in Wien, Gastwirt und Hotelier. Sohn des Wein- und Delikatessenhändlers Franz S., der das berühmt gewordene Tortenrezept erdacht und erprobt haben soll. 1873 eröffnete Eduard S. in der Wiener Kärntner Straße ein Lokal, das er nach Pariser Muster mit Chambres séparées ausstattete und damit großen Erfolg erzielte. 1876 kam es zum Bau des Hotels S. hinter der Hofoper, etwa an jener Stelle, wo bis zu dessen Demolierung 1868 das Kärntnertortheater stand. Am 21. 2. 1880 heiratete er die Fleischhauerstochter Anna Fuchs (s. Sacher, A.), die das Haus durch ihre gepflegte Küche bald zu einem Anziehungspunkt der Wiener Gesellschaft machte. Der Bau der neuen Hofoper brachte dem Hotel viele angesehene Gäste und internationalen Ruf.

Seeliger, E.: Hotel S. in Wien (1939); Granichstaedten-Cerva, R., Mentschl, J., und Otruba, G.: Altö. Unternehmer (1969)

SACHER, Friedrich, * 10. 9. 1899 in Wieselburg (NÖ), † 22. 11. 1982 in Wien, Lyriker und Erzähler. War nach Lehrerausbildung und Philosophiestudium bis 1933 Hauptschullehrer in Klosterneuburg (NÖ)

Friedrich Sacher

Anna Sacher 1908. Photographie von d'Ora

und lebte dann als freier Schriftsteller in Wien. Er gilt als ein Meister der kleinen Form. S. war mit Josef Weinheber (s. d.) eng befreundet und edierte auch 1951 und 1961 dessen Gedichte. 1934 erhielt er den J.-Reich-Preis und 1960 den Kulturpreis des Landes NÖ. Von seiner Lyrik ist zu nennen: „Das große Suchen" (1921), „Straßen zu Gott" (1929), „Maß und Schranke" (1937), „Das Buch der Mitte" (1939), „Vom Kahlenberg" (1946), „Milder Mond" (1953) und „Spätlese" (1961); von seiner Prosa: „Die Ernte" (1938), „Der Guckkasten" (1940), „Die Wende" (1947), „Wiener Spieldose" (1947), „Die Silberkugel" (1948), „Die Schatulle" (1951), „Die Dame mit der Dogge" (1952), „Die Welt im Fingerhut" (1953), „Das Licht des Nachbarn" (1956), „Unterm Regenbogen" (1962) und „Die Unscheinbaren" (1978). 1932–34 erschienen „Gesammelte Schriften" (3 Bde.), 1964 „Ausgewählte Werke" (3 Bde.). Außerdem gab er die Lyrikanthologien „Die Gruppe" (1932), „Anthologie junger Lyrik aus Ö." (1935) und „Unsterbliches Lied" (1948) heraus.

SACHER-MASOCH, Alexander, * 18. 11. 1901 in Witkowitz (Mähren), † 30. 8. 1972 in Wien, Feuilletonist und Schriftsteller. Sohn von Artur Wolfgang S.-M. (s. d.). Lebte von 1938–45 in der Emigration und wurde 1947 Generalsekretär des Ö. P.E.N.-Clubs. 1946 veröffentlichte er den Gedichtband „Zeit der Dämonen"; Prosawerke: „Die Parade" (1946), „Beppo und Pule" (1947), „Die Zeit vergeht" (1947), „Abenteuer eines Sommers" (1948), „Die Ölgärten brennen" (1956). 1949 erschien „Piplatsch träumt", das 1953 in erweiterter Auflage unter dem Titel „Zigeunergeschichten" herausgegeben wurde.

SACHER-MASOCH, Artur Wolfgang, * 17. 12. 1875 in Graz, † 12. 2. 1953 in Wien, Schriftsteller. Verwendete manchmal Michael Zorn als Pseud. War ursprünglich Berufsoffizier und lebte ab 1935 in Wien. Vater von Alexander S.-M. (s. d.). Er veröffentlichte mehrere Romane, darunter: „Sturm auf den Ring" (1933), „Zwischen Strom und Steppe" (1936, wurde auch verfilmt), „Lawinenstein" (1943), „Eisen immerdar" (1948) und „Die Botschaft des Kublai Chan" (1956).

Leopold von Sacher-Masoch. Xylographie von Bury & Jeker

SACHER-MASOCH, Leopold Ritter von, * 27. 1. 1836 in Lemberg (Galizien), † 9. 3. 1895 in Lindheim (Hessen), Schriftsteller. War einige Zeit Privatdozent für Geschichte in Graz und lebte ab 1882 in Deutschland. In seinen höchst realistischen Romanen und Erzählungen schilderte S.-M. sehr oft erotische Grausamkeiten. Der Begriff „Masochismus" als sexualpathologische Haltung ist nach ihm benannt. Veröffentlichungen: „Eine galizische Geschichte" (1858, als „Graf Donski" 1864 erneut erschienen), „Kaunitz" (1865), „Venus im Pelz" (1870), „Die geschiedene Frau" (1870) und „Bühnenzauber" (1893) sowie die Sammelbände von Erzählungen: „Das Vermächtnis Kains", 4 Bde. (1870–77), „Die Ideale unserer Zeit", 4 Bde. (1873–78), „Liebesgeschichten aus verschiedenen Jahrhunderten", 3 Bde. (1874–77), „Die Messalinen Wiens", 3 Bde. (1874–86), „Polnische Ghettogeschichten" (1886); außerdem gab er „Die Gartenlaube für Ö." heraus. Manchmal verwendete er als Pseud. Charlotte Arand und Zoë von Rodenbach.

Schlichtegroll, K. F. v.: S.-M. und der Masochismus (1901); Federmann, R.: S.-M. oder die Selbstvernichtung (1961)

SAGAR, Maria Anna, * 24. 7. 1727 in Prag, † 4. 6. 1805 in Wien, Romanschriftstellerin. War die erste ö. Romanschriftstellerin und schuf 1774 den Gegenwartsroman „Karolinens Tagebuch".

SAGMEISTER, Otto, * 10. 1. 1906 in Gloggnitz (NÖ), † 23. 1. 1985 in Wien, SPÖ-Politiker und Genossenschaftler. War 1947–49 Minister für Volksernährung in der Regierung Figl I, 1955–75 Stellvertretender Obmann des Zentralverbands der ö. Konsumgenossenschaften, 1956–76 Generalrat der Oesterreichischen Nationalbank und Vorstandsmitglied der Bank für Arbeit und Wirtschaft (1950–61).

SAIKO, George Emmanuel, * 5. 2. 1892 in Seestadtl (Böhmen), † 23. 12. 1962 in Rekawinkel (NÖ), Schriftsteller und Privatgelehrter. Studierte Philosophie, Archäologie und Kunstgeschichte in Wien; seit 1939 war er an der Graphischen Sammlung Albertina beschäftigt und wurde 1945 ihr Leiter. Seit 1950 freier Schriftsteller. Von J. Joyce beeinflußt, war er ein typischer Vertreter des sogenannten magischen Realismus. Er schrieb gesellschaftskritische Romane in der ö. Erzähltradition. Seine eingehenden Seelenanalysen sind bezeichnend für seine Werke, die meist die Situation der Donauländer zwischen den beiden Weltkriegen als Hintergrund haben. 1955 erhielt er den Körner-Preis, 1959 den Preis der Stadt Wien und 1962 den Großen Staatspreis. Er verfaßte mehrere kunstkritische Essays und u. a.: „Auf dem Floß" (1948, neubearbeitet 1954), „Der Mann im Schilf" (1956), „Giraffe unter Palmen" (Erzählungen, 1962) und „Der Opferblock" (Erzählungen, 1963). 1986 erschien „Drama und Essays".

SALBURG, Edith (eigtl. Krieg-Hochfelden, geb. von Salburg-Falkenstein), * 14. 10 1868 in Leonstein (OÖ), † 3. 12. 1942 in Dresden, Schriftstellerin. Sie schrieb Gedichte, Dramen und zahlreiche Romane, in denen sie vor allem den Adel, die Hochfinanz und den Klerus angriff, so auch in ihren umfangreichen Memoiren „Erinnerungen einer Respektlosen", 3 Bde. (1927/28). Romane: „Die Exklusiven" (1888), „Wilhelm Friedhoff" (ein Tegetthoff-Roman, 1907), „Dynasten und Stände", 4 Bde. (1910–14), „Die Hochfinanz" (1926), „Conrad von Hötzendorf" (1935) und „Ludwig Spohr" (1936).

Beschließer, E.: Das epische Schaffen der Schriftstellerin E. S. Diss. Wien (1934)

SALCHER, Joseph, * 1861 in Harland bei St. Pölten (NÖ), † 7. 4. 1920 in Brunn-Harland, Industrieller. Sein Vater Matthias stammte aus Kärnten und ließ sich um die Mitte des 19. Jh.s in Harland nieder. 1858 erwarb er dort für seinen Sohn die Holzstiftefabrik Friedrich Blödtl und ließ Eisengarne erzeugen. 1869 wurde eine Fabrik in Schramm hinzugekauft und in eine Zwirnerei umgestaltet, 1877 folgte eine zweite in Harland. S. erhielt eine sorgfältige Ausbildung und wurde zur Vervollständigung seines fachlichen Wissens sogar nach Manchester geschickt. Günstige Absatzverhältnisse ließen die Harlander Zwirnerei ständig wachsen. 1891 begann S. sogar mit dem Bau einer Fabrik im nahen Ochsenburg, als die Preise für Baumwollzwirn und Stickwolle plötzlich derart fielen, daß S. seine Erzeugnisse um 25% unter den Gestehungskosten verkaufen mußte. Diese Situation, wie auch die Fertigstellung der neuen Fabrik, bedeutete fast den Zusammenbruch des Unternehmens. So wurde es mit Hilfe englischen Kapitals 1894 in eine AG umgewandelt. S. wurde Präsident des Verwaltungsrats der „Harlander Baumwollspinnerei und Zwirnfabrik AG". 1899 gründete er in Preßburg die „Preßburger Zwirnfabrik AG", an der sich ebenfalls die englischen Geldgeber beteiligten. Um eine Konzentration der Geschäftsführung zu erreichen und den Betriebsstätten Harland, Ochsenburg und Göblasbruck möglichst nahe zu sein, verlegte man 1910 die Leitung des Unternehmens von Wien nach St. Pölten und errichtete dort ein großes Lagerhaus. 1923 ging das Unternehmen schließlich zur Gänze in englischen Besitz über.

Granichstaedten-Cerva, R., Mentschl, J., und Otruba, G.: Altö. Unternehmer (1969)

TONI SAILER

Der schwarze Blitz aus Kitz

SAILER, Toni (Anton), * 17. 11. 1935 in Kitzbühel, Schirennläufer. Populärster und erfolgreichster heimischer Rennläufer aller Zeiten (7 WM- und 3 olympische Medaillen, davon 9mal Gold). Beherrschte die Olympischen Winterspiele 1956 in Cortina d'Ampezzo: „Tonai" gewann alle Bewerbe. Dies bedeutete 3mal Olympia- und 4mal WM-Gold. Bei der WM 1958 in Badgastein gewann S. noch 2 Goldmedaillen (Abfahrt und Riesentorlauf) und einmal Silber (Slalom). Lauberhorn-Sieger 1955, Hahnenkamm-Sieger 1956. S. war der erste wirkliche Star der Schigeschichte, und sein Ruhm ist bis heute nicht verblaßt. Er wirkte in 22 Filmen mit, hatte Erfolg als Schlagersänger und stand in Luzern („Der Tod des Handlungsreisenden") sogar auf der Bühne. Seine sportlichen Erfolge wurden bis heute nicht übertroffen. Nur Jean-Claude Killy schaffte auch den totalen Olympia-Triumph – in der Medaillen-Gesamtbilanz aber kann der Franzose nicht mithalten. S. wurde in Japan auf Grund seiner Erfolge fast gottähnlich verehrt. Nach Beendigung seiner Schauspielerkarriere stellte er sich wieder dem Schisport zur Verfügung (u. a. Technischer Direktor) und war auch Golffunktionär.

Toni Sailer auf seiner Siegesfahrt beim Riesentorlauf in Cortina 1956

SALIERI, Antonio, * 18. 8. 1750 in Legnano bei Venedig, † 7. 5. 1825 in Wien, Komponist. Der Sohn eines Kaufmanns verwaiste früh und wurde 1766 vom Kammerkomponisten F. Gassmann (s. d.) entdeckt und 1768 nach Wien mitgenommen. Gassmann sorgte auch für seine Ausbildung und unterrichtete ihn in Komposition. Gleich mit seiner ersten Komposition, der komischen Oper „Le donne letterate" (1770), hatte er Erfolg und wurde nach Gassmanns Tod 1774 dessen Nachfolger als „Hofkompositeur" und Direktor der italienischen Oper. 1778–80 in Italien, schrieb er für die Eröffnung der Mailänder Scala (1778) die Oper „Europa riconosciuta". 1788 zum kaiserlichen Kapellmeister ernannt, hielt er sich ab 1792 ständig in Wien auf. 1790 legte er die Leitung der Oper zurück und war nur noch als Dirigent der Hofsängerkapelle und als Komponist tätig. 1795–1818 leitete er die Konzerte der Tonkünstler-Sozietät und war 1813 ein Gründungsmitglied des Wiener Konservatoriums, dessen Direktion er 1817 übernahm, nachdem er seit 1813 die Chorübungen geleitet hatte. Viele große Musiker seiner Zeit waren seine Schüler, so Beethoven, Schubert, Liszt und Hummel. S.s Œuvre umfaßt 39 Opern, 1786 ein Divertimento, 1792 ein Te Deum für Kaiser Franz II. (s. d.), 5 Messen, Oratorien und Instrumentalwerke. Von seinen Opern sind u. a. zu nennen: „Armida" (1771), „Der Rauchfangkehrer", ein deutsches Singspiel (1781), „Il moro" (1796), „Falstaff" (1799) und „Die Neger" (1804).

Mosel, L. v.: Über das Leben und die Werke des A. S. (1827); Hermann, A. v.: A. S. (1897); Rabe, J.: A. S. (1927); Angermüller, R.: A. S., sein Leben und seine weltlichen Werke unter besonderer Berücksichtigung seiner „großen" Opern. 3 Bde. Diss. Salzburg (1970, I. und III. Teil gedruckt 1971)

SALIGER, Rudolf, * 1. 2. 1873 in Spachendorf (Ö.-Schlesien), † 31. 1. 1958 in Wien, Techniker. War bis 1943 Prof. an der Technischen Hochschule in Wien. 1906 veröffentlichte er sein Werk „Der Eisenbetonbau", das 1949 unter dem Titel „Stahlbetonbau" neu aufgelegt wurde. Mit diesem Werk wurde er zum Pionier des Eisenbetonbaus und setzte im Lauf der Zeit auch an anderen ö. Hochschulen Lehrkanzeln für Eisenbetonbau durch. 1927–34 war S. Bauberater der Gemeinde Wien. Von seinen Veröffentlichungen sind noch zu erwähnen: „Die neue Theorie des Stahlbetons" (1947) und „Fortschritte im Stahlbetonbau" (1950).

SALLINGER, Rudolf, * 3. 9. 1916 in Lassee (NÖ), Steinmetzmeister und ÖVP-Politiker. Sohn eines Tischlermeisters. War während seiner Lehrzeit als Maurer Werkstudent an der Technischen Lehranstalt und besuchte anschließend die Fachabteilung Architektur an der Technischen Hochschule in Wien. Mit der Baumeister- und Steinmetzprüfung schloß er seine Ausbildung ab und gründete 1943 in Wien-Margareten einen eigenen Betrieb. 1950 Innungsmeister und Obmann der Kammer der gewerblichen Wirtschaft. Nach dem Tod von Julius Raab (s. d.) wurde S. 1964 Präsident der Bundeskammer der gewerblichen Wirtschaft und seither immer wieder in seiner Funktion bestätigt. Seit 1966

ANTONIO SALIERI

Mozarts Rivale?

Antonio Salieri 1821. Lithographie von F. Rehberg

Am 9. Oktober 1790 wird in Frankfurt am Main Leopold II. zum Kaiser gekrönt. Mozart hatte sich bereits im März, kurz nach dem Regierungswechsel, bei Erzherzog Franz als Zweiter Hofkapellmeister empfohlen. Ergebnislos. Auch nach Frankfurt wird er nicht delegiert, sondern statt dessen Antonio Salieri. Dennoch will er auf die Reise nicht verzichten, glaubt an mögliche gewinnbringende gesellschaftliche Kontakte und bringt das ganze Silberzeug zum Pfandleiher, später auch noch die Möbel. Kurz zuvor, aus Berlin, hatte er bereits an seine Frau geschrieben: „du musst dich bey meiner Rückunft schon mehr auf mich freuen, als auf das gelde." Doch auch die Hoffnungen auf Frankfurt erfüllen sich nicht, die Leute seien hier, bemerkte er, „noch mehr Pfennigfuchser als in Wienn".

Im November 1791 wird Mozart bettlägrig. Über seine Krankheit ist viel spekuliert worden. In Wien sprach man von einer Vergiftung Mozarts durch Salieri, der sich seines unliebsamen Rivalen entledigen wollte. Bereits im Dezember 1791 meldete das Berliner „Musikalische Wochenblatt", daß man in Wien an eine Vergiftung glaube. Mozarts Angehörige bezeugen später, daß sich Mozart vergiftet gefühlt und Salieri verdächtigt habe. Auch kam das Gerücht auf, Salieri, der in geistiger Umnachtung starb, habe den Mord selbst zugegeben, jedenfalls wisse sein Beichtvater davon. Schließlich stellte auch Alexander Puschkins Drama „Mozart und Salieri", von Nikolai Rimski-Korsakow zur Oper verarbeitet, die Vergiftungsszene in den Mittelpunkt.

Das alles ist Legende. Mozarts Todeskrankheit wird heute von der Medizin als rheumatisches Entzündungsfieber diagnostiziert, doch da war der Hofkomponist Salieri, der sich stets kollegial zu Mozart verhielt, Lehrer von Beethoven und Liszt war und Schubert selbstlos in die Musik einführte, bereits als Rivale Mozarts in die Musikgeschichte eingegangen.

Abgeordneter zum Nationalrat, ist er ein Verfechter der Sozialpartnerschaft und der Stabilisierungspolitik für die Wirtschaft.

SALMHOFER, Franz, * 22. 1. 1900 in Wien, † 22. 9. 1975 in Wien, Komponist und Dirigent. Studierte in Wien Klarinette, Komposition und Musikwissenschaft und war 1929–45 Kapellmeister am Wiener Burgtheater. 1945–55 Direktor der Wiener Staatsoper im Ausweichquartier im Theater an der Wien und 1955–63 Direktor der Wiener Volksoper. Er schrieb zwei Symphonien, Kammermusik, Lieder, Schauspiel- und Filmmusik sowie die Ballette: „Das lockende Phantom" (1927), „Der Taugenichts in Wien" (1930), „Das Weihnachtsmärchen" (1931) und „Ö. Bauernhochzeit" (1933). Seine Opern: „Dame im Traum" (1935), „Iwan Tarassenko" (1938) und „Das Werbekleid" (1943). Außerdem vertonte er das „Heitere Herbarium" von Karl Heinrich Waggerl (s. d.).

SALM-REIFFERSCHEIDT, Franz Xaver Graf, * 1. 2. 1749 in Wien, † 19. 4. 1822 in Klagenfurt, Kardinal. Wurde bereits 1783 Fürstbischof von Gurk, kurz danach Kardinal. Er verlegte 1790 die Residenz der Diözese nach Klagenfurt, weshalb sie den Namen Gurk-Klagenfurt trägt. Abgesehen von seinem organisatorischen Wirken für die Kirche war S.-R. ein sehr verständnisvoller Kunst- und Naturfreund. Auf Betreiben seines Generalvikars Sigismund von Hohenwart (s. d.) organisierte er die Erstbesteigung des Großglockners und nahm auch an der ersten (bis 1806 insgesamt vier) „Expedition" im Jahr 1799 teil. Er ließ auf der Adlersruhe in 3 454 m Höhe eine Schutzhütte errichten, übrigens die höchste in Ö.

Tagebuch einer Reise auf den Großglockner . . . 1799 (Reprint 1982)

SALM-REIFFERSCHEIDT, Niklas Graf zu, oft nur Graf Salm genannt, * 1459 auf Obersalm in den Ardennen, † 4. 5. 1530 im Salmhof bei Marchegg (NÖ), Heerführer. Er kämpfte bereits 1476 in kaiserlichen Diensten gegen Karl den Kühnen bei Murten, 1483 im ö. Heer gegen die Türken und unter Maximilian I. (s. d.) 1488 in

Die Belagerung Wiens 1529. Türkische Buchmalerei, um 1588

NIKLAS GRAF SALM

Widerstand gegen die Türken 1529

„. . . die Thürme waren baufällig, die Palissaden fehlten gänzlich oder waren schwach und verfallen. Daher bedurfte es fast übermenschlicher Anstrengungen, um in der kurzen Zeit noch Sorge für Befestigung, Proviantirung und Geld zu tragen. Glücklicherweise war dafür ein Mann auf dem Platze, der allein ein Kriegsheer aufwog – der erprobte Kriegsheld Altgraf Niklas Salm (Besitzer eines Hauses auf dem heutigen Josefsplatz Nr. 5, alt 1155), der die Vertheidigungsanstalten leitete und in der Eile herstellen ließ, was hergestellt werden konnte.“

Moriz Beermann, Alt- und Neu-Wien (1880)

den Niederlanden. 1491 wurde er Oberster Feldhauptmann und nahm am Schweizer Krieg und am Landshuter Erbfolgekrieg teil. Ab 1509 kämpfte S.-R. unter Frundsberg in Italien, eroberte Istrien und zeichnete sich in den Feldzügen Maximilians in Italien aus. 1514 wurde er Statthalter und Feldhauptmann von Ober- und Unterösterreich. In der Schlacht bei Pavia am 24. 2. 1525 geriet er in eine persönliche Auseinandersetzung mit König Franz I. von Frankreich und war, trotz Verwundung, an dessen Gefangennahme beteiligt. Im Herbst 1525 schlug er auch den Bauernaufstand im steirischen Ennstal nieder und zerstörte dabei die Stadt Schladming. Im Kampf um die ungarische Krone ernannte ihn König Ferdinand I. (s. d.) zum Obersten Feldhauptmann und Oberbefehlshaber; in dieser Rolle hatte S.-R. wesentlichen Anteil am Sieg über den Gegenkönig Johann Zápolya in der Schlacht bei Tokai am 27. 9. 1527. Als Oberkommandierender von Wien während der ersten Belagerung durch die Türken von 25. 9.–14. 10. 1529 bewährte er sich, bereits 70 Jahre alt, einmal mehr. In letzter Minute, am 24. September, ließ er die Vorstädte niederbrennen und verteidigte dann die Stadt mit nur 1 000 Bürgern und 16 000 Landsknechten gegen die türkische Übermacht von rund 120 000 Mann. Beim letzten gewaltigen Ansturm der Türken am 14. Oktober in der Nähe des alten Kärntnerturms wurde er durch einen Stein schwer verwundet. S.-R. zog sich auf sein Schloß bei Marchegg zurück, wo er an den Folgen dieser Verletzung starb. Das ihm von Ferdinand I. gewidmete Hochgrab stand ursprünglich in der Dorotheerkirche, seit 1879 in der Wiener Votivkirche.

Newald, J.: Niklas Graf S. (1880); Hummelberger, W.: Wiens erste Belagerung durch die Türken. Militärhistorische Schriftenreihe 33 (1976)

SALTEN, Felix (eigtl. Siegmund Salzmann), * 6. 9. 1869 in Budapest, † 8. 10. 1945 in Zürich, Schriftsteller. Kam bereits als Kind nach Wien und begann mit 18 Jahren zu schreiben. 1890–92 Redakteur der „Allgemeinen Kunst-Chronik“, seit 1893 Burgtheaterreferent der „Wiener Allgemeinen Zeitung“, später u. a. Kulturredakteur der „Berliner Morgenpost“ und der „Frankfurter Allgemeinen Zeitung“. 1901 gründete er das erste Wiener Kabarett, „Jung-Wiener Theater zum lieben Augustin“. 1906–38 war er Leiter des Kulturteiles der „Neuen Freien Presse“. 1922 (Gründungsjahr) bis 1933 Präsident des Ö. P.E.N.-Clubs. 1938 emigrierte er zunächst in die USA, wo er nicht Fuß fassen konnte, und 1939 nach Zürich. Abgesehen von seinen Gesellschaftsromanen war S. ein ausgezeichneter Feuilletonist und Essayist und wurde durch seine Tierromane weltbekannt. Anonym erschien sein berüchtigter Roman „Josefine Mutzenbacher“. Für die Kulturgeschichte der Stadt Wien von einiger Bedeutung sind: „Wiener Adel“ (1905), „Wurstelprater“ (1911) und „Das Burgtheater“ (1922). Romane: „Herr Wenzel auf Rehberg und sein Knecht“ (1907), „Olga Frohgemut“ (1910), „Die klingende Schelle“ (1914), „Der Hund von Florenz“ (1921) und „Martin Overbeck“ (1927); Tierromane: „Bambi“ (1923), „Fünfzehn Hasen“ (1929), „Freunde aus aller Welt“ (1931), „Florian, das Pferd des Kaisers“ (1933), „Bambis Kinder“ (1940), „Die Jugend des Eichhörnchens Perri“ (1942) und „Djibi, das Kätzchen“ (1946); Essays: „Klimt“ (1903), „Das ö. Antlitz“ (1909) und der Kritikband „Schauen und Spielen“ (1921). 1928–32 erschienen „Gesammelte Werke“ (6 Bde.).

SALZER, Anselm, * 8. 10. 1856 in Waidhofen an der Ybbs (NÖ), † 24. 3. 1938 in Seitenstetten (NÖ), Literarhistoriker. Trat in den Benediktinerorden ein und wurde 1880 zum Priester geweiht. War am Stiftsgymnasium von Seitenstetten Prof. und ab 1918 dessen Direktor. Als Literarhistoriker betonte er den katholischen Anteil an der Literatur und veröffentlichte zunächst „Illustrierte Geschichte der deutschen Literatur“, 3 Bde. (1907–12), die später in erweiterter Ausgabe (5 Bde., 1926–32) erschien. Weitere Veröffentlichungen: 1883 „Otfrid“ und 1893 „Hymnenpoesie“.

SALZER, Matthäus, * 11. 1. 1799 in Wien, † 4. 1. 1878 in Wien, Unternehmer. Entstammte einer in der Herrschaft Krumau im Böhmerwald seit dem 17. Jh. nachweisbaren Familie. Sein Vater Kaspar S. lebte seit 1771 in Wien, hatte 1784 die Jahn'sche Universitätsbuchdruckerei in Wien erworben und 1798 die Papiermühle in Stattersdorf (NÖ) hinzugekauft. Kaspar S. († 20. 1. 1811) hinterließ 18 Kinder, Matthäus war das 17. Er lernte 1811–14 bei einem Kaufmann in Tulln, dann bei einem Sattlermeister in Wien. 1817 wurde er freigesprochen und blieb in diesem Betrieb als Geselle bis 1820 tätig. Da sein ältester Bruder,

FELIX SALTEN

Seitensprünge in der Literatur

So seitenspringen aus den Spalten
Die Zeitungleute von Kultur,
Wie beispielsweise Felix Salten,
Zeitweilig in die Literatur.

Er schreibt Romane, Dramen, Possen,
Er schildert Mensch und Tier mit Glück,
Der Wald ist seiner Kunst erschlossen,
Und ‚Bambi‘ heißt sein Meisterstück.

Julius Bauer (1928)

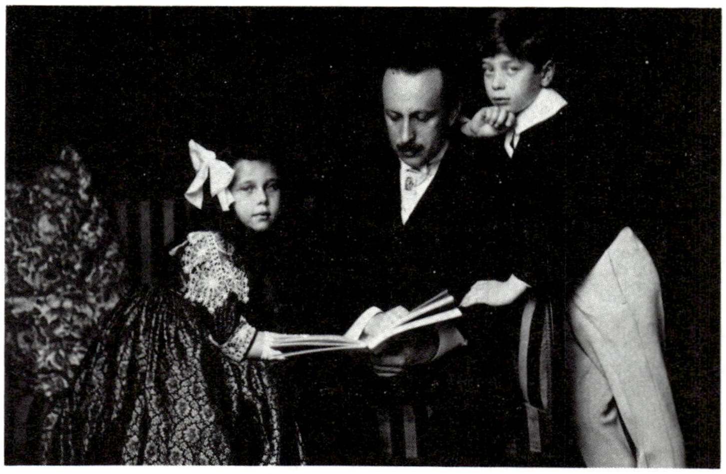

Felix Salten mit seinen Kindern

Matthäus Salzer

Franz, der die väterliche Papiermühle in Stattersdorf leitete, erkrankt war, half er diesem in der Buchhaltung und bei der Korrespondenz. 1824 zahlte ihm sein Bruder das Erbteil aus und beschäftigte ihn als Angestellten. Als sein Bruder Andreas, der am Wiener Stephansplatz eine „Nürnberger Warenhandlung" besaß, 1825 starb, schloß er mit dessen Witwe Apollonia einen Gesellschaftervertrag zur Weiterführung des Betriebs, heiratete sie 1826 und ließ die Firma „Matthäus Salzer" protokollieren. 1830 beteiligte er sich an der Papiermühle in Wiener Neustadt, 1840 an der in Ebenfurth, und 1843 erwarb er in Wien-Neubau ein Haus, das er durch einen Neubau ersetzen ließ. 1845 gründete er gemeinsam mit Leopold Mayr die Ebenfurther Baumwollspinnerei und erwarb von seiner verwitweten Schwägerin Theresia die Papiermühle in Stattersdorf, die inzwischen zum Hauptlieferanten für die Ö. Staatsdruckerei und für mehrere Behörden geworden war. 1857 erhielt er die „Landesfabriksbefugnis für Papier", und 1866 kaufte er die Carl Ueberreutersche Buchdruckerei und Schriftgießerei (ehemals Trattner [s. d.]). Er modernisierte den Betrieb und erhöhte den Letternvorrat auf 1 135 Zentner Schrift und 29 100 Matrizen. 1869 richtete er eine Papierstereotypie ein, 1871 eine Doppelschnellpresse zum gleichzeitigen Druck von vier Formatgrößen und eine zweite Letterngießmaschine. 1872 ließ er einen Pressensaal und ein Maschinenhaus für Dampfbetrieb errichten. 1875 beschäftigte er bereits 130 Arbeiter, denen er zahlreiche soziale Vorteile verschaffte; unverheiratete Beamte, Arbeiter und Lehrlinge wurden verköstigt und wohnten in einem eigenen Hochtrakt; übrigens auch seine Söhne, solange sie unverheiratet waren und im Betrieb mitarbeiteten. Die Arbeitszeit betrug nur 60 Wochenstunden, bei Krankheit gab es ungekürzte Lohnfortzahlung und einen bezahlten Erholungsurlaub von einer Woche. Jede Extrastunde wurde bezahlt, jede versäumte wurde abgezogen, 20 Kreuzer mußten in die Hauskrankenkasse abgeliefert werden.

Thiel, V.: Die Buchdrucker- und Papierfamilie S. (1938); Castle, E.: Geschichte einer Wiener Buchdruckerei 1548–1948 (1948); Carl Ueberreuter, Druck und Verlag. 100 Jahre im Besitz der Familie S. (1966)

SANDAUER, Heinz, * 9. 1. 1911 in Wien, † 5. 8. 1979 in Wien, Pianist, Kapellmeister und Komponist von Unterhaltungsmusik. Studierte in Wien und war bereits 1926 beim ö. Rundfunk (damals RAVAG) tätig. Dort wurde er später Dirigent des „Wiener Rundfunkorchesters" und war an mehreren Wiener Bühnen Kapellmeister. S. schrieb die Musik für 30 Filme sowie eine große Zahl von Liedern und Schlagern. S. war Prof. an der Wiener Musikakademie.

SANDROCK, Adele, * 19. 8. 1864 in Rotterdam (Holland), † 30. 8. 1937 in Berlin, Schauspielerin. Spielte nach Beendigung ihrer Ausbildung am Hoftheater Meiningen, von wo sie 1888 nach Wien ans Deutsche Volkstheater verpflichtet wurde. 1896–98 war sie als Tragödin am Burgtheater engagiert und trat 1904 abermals am Volkstheater auf. Sie verkörperte mit großem Erfolg klassische Rollen und vor allem dämonische Frauengestalten, war bei ihrer späteren Filmtätigkeit jedoch im komischen Fach erfolgreich. Auch in zahlreichen Wiener Filmen, wie in „Der Kongreß tanzt" (1931), wirkte sie mit. Obwohl keine gebürtige Österreicherin und auch in Berlin gestorben, wurde sie ihrem Wunsch gemäß am Wiener Matzleinsdorfer Friedhof begraben. 1940 erschienen ihre Memoiren „Mein Leben".

Adele Sandrock

MORITZ GOTTLIEB SAPHIR

Meister der Satire oder Stein des Anstoßes?

„Mein Leben ist mein Schreibzeug, mein Schreibzeug ist mein Leben! Wenn mich die Lumpen angegriffen, hab ich sie mit Papier besiegt. Wenn mir das Wasser an den Hals ging, hat mich die Tinte herausgezogen."

Saphir

„Sein Witz, der nur zu gern sich an Persönlichkeiten reibt und die Grenze der Zulässigkeit häufig überschreitet, hat ihm viele Feinde zugezogen und in Zensurbeziehung vielfach Anstoß erregt."

Wiens Polizeichef Graf Sedlnitzky (1854)

„Er legte dem Publikum keine Gedanken in den Weg und störte es durch keine Gesinnung."

Karl Kraus

„Ich kann keine Überschriften leiden, die den Inhalt des ganzen Aufsatzes vernichten wie dies z. B. bei Saphir der Fall ist, der bei einem fingerlangen ironischen Aufsatz vorher ausruft: ‚ironische und humoristische Betrachtungen auf dem Stoppelfelde der Satire und der Spiegelfechtereibahn der Persiflage und der abgelaufenen Jagd neu aufgewärmter Witze usw.' Was ist das für Ironie, die von Anfang herein uns sagt: Ich bin nicht die Wahrheit, sondern nur die Ironie der Wahrheit. Man glaubt nicht an die Sachen, es steht ja oben auf, daß sie nicht wahr sind. Was ist das aber für Ironie, die sich selber nicht als solche zu geben vermag, so daß man einen mit der Nase darauf stoßen muß?"

Adolf Glaßbrenner, Bilder und Träume aus Wien (1836)

SANDWIRT, volkstümliche Bezeichnung für Andreas Hofer (s. d.).

SANTIFALLER, Leo, * 24. 7. 1890 in Kastelruth (Südtirol), † 5. 9. 1974 in Wien, Historiker. Studierte in Innsbruck und war Univ.-Prof. in Breslau; anschließend lehrte er bis 1960 in Wien. 1945–54 Generaldirektor der ö. Staatsarchive und 1945–62 Vorstand des Instituts für Ö. Geschichtsforschung. S. war ein bedeutender Urkundenforscher und weit über Ö.s Grenzen hinaus bekannt. Ab 1931 gab er die „Historisch-diplomatischen Forschungen" (7 Bde.) und ab 1946 die „Mitteilungen des Instituts für Ö. Geschichtsforschung" heraus. Er veröffentlichte u. a.: „Urkundenforschung" (1937), „Über die Ostarrichi-Urkunde" (1948), „1 100 Jahre ö. und europäische Geschichte" (1949), „Das Institut für Ö. Geschichtsforschung" (1950) und „Austria sacra" (1951).

Festschrift für L. S. (1950)

SANTNER, Karl, * 26. 1. 1819 in Salzburg, † 19. 4. 1885 in Salzburg, Komponist. War Strafhausverwalter, Chorleiter und Sekretär des Mozarteums in Salzburg. Schuf vor allem Kirchenmusik und Musik für Männerchöre sowie Operetten. Außerdem veröffentlichte er „Musikalisches Gedenkbuch" (1865) und „Handbuch der Tonsetzkunst" (1866).

SAPHIR, Moritz Gottlieb (Moses), * 8. 2. 1795 in Lovas-Berény bei Budapest (Ungarn), † 5. 9. 1858 in Baden (NÖ), Journalist und satirischer Schriftsteller. Besuchte von 1806–14 die Talmudschule in Prag und widmete sich dann der Journalistik in seiner Heimatstadt. 1822–25 Hauptmitarbeiter bei Adolf Bäuerles (s. d.) „Theaterzeitung", war anschließend in Berlin, München und Paris als Journalist tätig. 1834 kehrte er wieder nach Wien zurück und war abermals bei der „Theaterzeitung" beschäftigt. 1837 gründete er die Zeitschrift „Der Humorist". Als Vortragskünstler beliebt, war er wegen seines Wortwitzes und seiner satirischen Schärfe gefürchtet. Veröffentlichungen: „Neueste Schriften", 3 Bde. (1832), „Humoristische Damenbibliothek", 6 Bde. (1838–41), „Fliegendes Album", 2 Bde. (1846), „Konversationslexikon für Geist, Witz und Humor", 5 Bde. (1851/52). 1862/63 erschienen seine „Gesammelten Schriften" (10 Bde.), 1887/88 „Sämtliche Werke" (26 Bde.).

K. Meyerstein gab eine vierbändige Auswahl heraus, die 1895 bereits in sechster Auflage erschien.

Kösterich, S.: S.s Prosastil. Diss. Frankfurt am Main (1934); Müller, I.: M. G. S. Diss. München (1940)

Moritz Gottlieb Saphir 1835. Lithographie von Josef Kriehuber

SARG, Carl, * 1831 in Frankfurt am Main, † 14. 3. 1895 in Wien, Großindustrieller. Sein Vater Friedrich Adalbert S. besaß in Frankfurt am Main das Hotel „Zum russischen Hof" und übersiedelte 1858 nach Wien. Von Carls Jugend und seiner Studienzeit ist wenig bekannt, wie auch sein genaues Geburtsdatum nicht zu eruieren ist. S.s Vater hatte von Gustave de Milly eine Kerzenfabrik in Liesing gekauft, und Carl studierte an der Universität Wien bei Justus von Liebig (s. d.). Gemeinsam mit dem Engländer Crookes arbeitete er an der Weiterverwertung des Nebenprodukts Glyzerin und entdeckte dabei dessen Kristallisationsvermögen. Schließlich stellten sie Glyzerinseifen und andere Produkte aus Glyzerin her. Ab 1860 führte S. im Wiener „Apollo-Werk" die Fettspaltung industriell durch und brachte durchsichtige Glyzerin-Toiletteseifen auf den Markt, die er durch seine Firma „Friedrich Adalbert Sarg's Sohn & Co." vertrieb. 1874 erfand S. das „Ceres-Speisefett", das heute noch erzeugt wird. Mehrere Jahre experimentierte er an der Herstellung einer neuen Zahncreme und brachte sie unter dem Namen „Kalodont" mit dem Vermerk „Sanitätsbehördlich geprüft, Wien 3. Juli 1887" auf den Markt. Erstmals stand damit ein Zahnputzmittel in einer haltbaren Tube zur Verfügung und nicht mehr in Schachteln als Pulver und in Dosen als Creme, wo sie bislang entweder austrockneten oder fest wurden. S. hatte Tube und Etikette selbst entworfen und eine geschickte Faltschachtel dafür entwickeln lassen. Als Schutzmarke meldete er sein „Kalodont" in allen Staaten der Welt an, trotzdem gab es bald Urheberrechtsprozesse sowie Erzeugnisse, die zumindest mit „dont" endeten. Mit enormem Werbeaufwand inserierte S. in Zeitungen sowie auf Litfaßsäulen und Hauswänden, ja sogar auf Theaterzetteln. Von da an widmete er sich nur noch dem Vertrieb und der Verbreitung seiner Waren und nicht mehr der Forschung. S. war auch als Verwaltungsrat in mehreren Großgesellschaften und in der Ö. Länderbank tätig. Sein Sohn führte den Betrieb nach dem Tod des Vaters erfolgreich weiter, doch der Enkel mußte 1925 an die Ö. Georg Schicht A. G. verkaufen.

Granichstaedten-Cerva, R., Mentschl, J., und Otruba, G.: Altö. Unternehmer (1969)

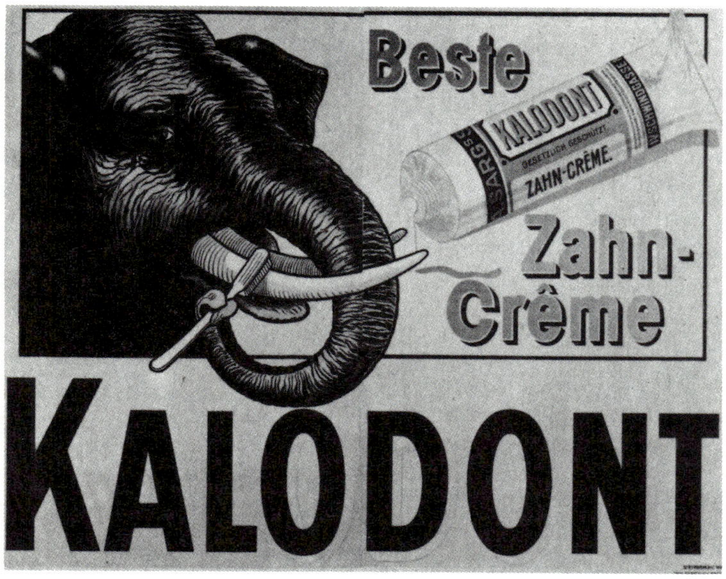

Plakat der ersten Zahncreme in Tuben, „Kalodont", die der Industrielle Carl Sarg 1887 auf den Markt brachte

SARTORI, Franz, * 7. 3. 1782 in Unzmarkt (St), † 31. 3. 1833 in Wien, Schriftsteller. Er erwarb sich umfassende Kenntnisse auf den Gebieten der Geographie und der historischen Topographie Ö.s und veröffentlichte mehrere einschlägige Handbücher. Ab 1807 gab er die von ihm gegründeten „Annalen der ö. Literatur und Kunst" heraus, ab 1813 die „Wiener allgemeine Literatur-Zeitung". Veröffentlichungen: „Naturwunder des ö. Kaiserthums", 4 Bde. (1807–21), „Länder- und Völker-Merkwürdigkeiten des ö. Kaiserthums", 4 Bde. (1809), „Neueste Reisen durch Ö." 3 Bde. (1811), „Pantheon denkwürdiger Wundertaten . . . des ö. Reiches", 3 Bde. (1816), „Die Burgvesten und Ritterschlösser der ö. Monarchie", 8 Bde. (1819/20), „Verzeichnis der in und um Wien lebenden Schriftsteller" (1820), „Die berühmtesten Badeörter und Gesundbrunnen des ö. Kaiserstaates", 2 Teile (1821) und „Historisch-ethnographische Übersicht der wissenschaftlichen Kultur . . . des ö. Kaiserthums" (1830, unvollendet).

SASSMANN, Hanns, * 17. 12. 1882 in Wien, † 8. 5. 1944 in Salzburg, Literaturkritiker und Schriftsteller. War ein vielseitig gebildeter Mann, beschäftigte sich eingehend mit der ö. Geschichte und war einer der geschätztesten Literaturkritiker seiner Zeit. Er schrieb mehrere Dramen, in deren Mittelpunkt die großen Persönlichkeiten der Geschichte standen: „Der Rebell" (1919), „Michael Kohlhaas" (1920), „Haus Rothschild" (1930), „Metternich" (1930), „1848" (1931), „Maria Theresia und Friedrich von Preußen" (1934) und „Prinz Eugen" (1934); Humoresken unter dem Titel „Wienerisch" (1935) und den Roman „Der liebe Augustin" (1941); sein heute noch bedeutendes Hauptwerk „Das Reich der Träumer" (1932) erschien 1935 in zweiter Auflage unter dem Titel „Kulturgeschichte Ö.s vom Urzustand bis zur Gegenwart".

SAS-ZALOZIECKY, Wladimir, * 10. 7. 1896 in Lemberg (Galizien), † 12. 10. 1959 in Graz, Kunsthistoriker und Byzantinist. Nach seinem Studium in Wien führte ihn seine wissenschaftliche Laufbahn an die Universitäten Prag, Lemberg und Wien, wo er 1947 Univ.-Prof. wurde und anschließend bis zu seinem Tod an der Universität Graz als o. Univ.-Prof. wirkte. Als Byzantinist hatte er einen Ruf, der weit über die Grenzen Ö.s hinausging. 1945 gründete er die Ö.-Byzantinische Gesellschaft und gab seit 1951 das „Jahrbuch der Ö.-Byzantinischen Gesellschaft" heraus, in dem wertvolle Forschungsergebnisse veröffentlicht wurden. Weitere Werke: „Geschichte der altchristlichen Kunst" (1934), „Byzanz und das Abendland im Spiegel ihrer Kunsterscheinungen"

(1936) und „Die byzantinische Baukunst" (1955).

Festschrift für W. S.-Z. (1956)

SATTLER, Jakob, * 27. 2. 1731 in St. Florian (OÖ), † 23. 10. 1783 in St. Florian, Bildhauer. War der Sohn von Leonhard S., der aus dem Allgäu stammte und jahrzehntelang für das Stift St. Florian als Bildhauer tätig war, wo er auch am 17. 10. 1744 starb. Er schuf dort u. a. das Hauptportal und mehrere Altarstatuen, aber auch Werke in Linz und in Seitenstetten (NÖ). Jakob trat in die Fußstapfen seines Vaters und war fast ausschließlich für das Stift St. Florian tätig, wo der Tabernakel der Stiftskirche und der Brunnen im Stiftshof seine Hauptwerke sind.

SAUBERER, Franz, * 20. 7. 1899 in Wien, † 24. 10. 1959 in Wien, Meteorologe und Klimatologe. Studierte als Werkstudent in Wien und war noch vor Abschluß seines Studiums wissenschaftliche Hilfskraft an der Zentralanstalt für Meteorologie und Geodynamik in Wien. 1942 dort Observator, wurde er 1945 mit der provisorischen Leitung betraut und gründete eine eigene bioklimatische Abteilung. 1950 gründete er am Institut für Wissenschaft und Kunst die bioklimatische Arbeitsgemeinschaft der Forschungsgemeinschaft für Großstadtprobleme. Über 90 Publikationen widmete er seinen Untersuchungsergebnissen über die Umweltforschung, insbesondere das 1959 erschienene, gemeinsam mit O. Härtel verfaßte Werk „Pflanze und Strahlung" war richtungweisend. Außerdem veröffentlichte er „Wetter, Klima und Leben" (1948) und „Grundzüge der Wetterkunde" (1948).

SAUER, August, * 12. 10. 1855 in Wiener Neustadt (NÖ), † 17. 9. 1926 in Prag, Literarhistoriker. Studierte in Wien und wurde Univ.-Prof. in Lemberg, 1883–86 in Graz und ab 1886 in Prag. Er war der Begründer der stammes- und landschaftskundlichen Methode der Literaturwissenschaft, die sein Schüler Josef Nadler (s. d.) weiter ausbaute. Begründete 1894 die Zeitschrift „Euphorion" und gab die Werke folgender Dichter heraus: F. Raimund (1881), A. Stifter (1901 ff.), F. Grillparzer (1909 ff.) und eine Sammlung von Grillparzers Gesprächen (1904 ff.). Weitere Veröffentlichungen: „Beiträge zur Geschichte der deutschen Literatur in Ö." (1884), „Otto Ludwig" (1893), „Friedrich Hölderlin" (1894), „Aus dem alten Ö." (1895), „Gesammelte Reden und Aufsätze zur Geschichte der Literatur in Ö. und Deutschland" (1902), „Goethe und Ö.", 2 Bde. (1902/03) und „Literaturgeschichte und Volkskunde" (1907).

Rosenbaum, A.: A. S. (1925)

SAUER, Emil, Ritter von Aichried (seit 1917), * 8. 10. 1862 in Hamburg, † 27. 4. 1942 in Wien, Pianist und Komponist. War 1879–81 Schüler von N. Rubinstein am Moskauer Konservatorium und danach von Franz Liszt in Weimar. Zwischen 1882–1936 gab er in ganz Europa und Amerika erfolgreiche Konzerte. S. unterrichtete auch am Wiener Konservatorium in den Jahren 1901–08, 1914–21 und ab 1931. Er war einer der besten Chopin- und Liszt-Interpreten. Seine berühmteste Schülerin war Elly Ney. Schuf mehrere klavierpädagogische Werke, Lieder und Klavierkonzerte und veröffentlichte 1901 „Meine Welt".

SAUER, Franz, * 11. 3. 1894 in Bielitz (Ö.-Schlesien), † 28. 10. 1962 in Salzburg, Organist. War ab 1914 Domorganist in Salzburg und Prof. am Mozarteum. 1923 erschien sein „Handbuch der Orgelliteratur".

SAUTER, Ferdinand, * 6. 5. 1804 in Werfen (S), † 30. 10. 1854 in Wien, Dichter. Sohn eines erzbischöflichen Rats. Besuchte einige Klassen Gymnasium in Salzburg und wandte sich dann dem kaufmännischen Beruf zu. 1825–39 arbeitete er in einer Wiener Papierhandlung. Führte danach das Leben eines Bohemiens, verfaßte in Gasthäusern und Vorstadtlokalen wie der „Blauen Flasche" schließlich gegen Bezahlung Stegreifgedichte und Gassenhauer. Auch eine von Gönnern ermöglichte Anstellung bei der Nö. Assekuranz-Gesellschaft änderte an seiner Lebensweise nichts. S. war mit A. Stifter (s. d.) befreundet. Als Meister der Stegreifdichtung verfaßte er eine große Zahl von politischen und volksliedhaften Gedichten, die meist von Schwermut gekennzeichnet waren. Nach seinem Tod wurden veröffentlicht: „Gedichte", hrsg. von J. von der Traun (1855), „Gedichte aus dem Nachlaß", hrsg. von O. Pfeiffer (1895), „Gesamtausgabe", hrsg. von W. Börner (1918), „Kritische Ausgabe mit Biographie", hrsg. von H. Deißinger und O. Pfeiffer (1927); eine Auswahl unter dem Titel „. . . und das Glück lag in der Mitten" erschien 1958.

Reischl, F.: Wien zur Biedermeierzeit (1921); Deißinger, H.: F. S. (1926)

SCALA, Arthur von, * 14. 12. 1845 in Wien, † 30. 9. 1909 in Lana bei Meran (Südtirol), Kunsthistoriker. Wurde zum großen Förderer und Reformer des ö. Kunstgewerbes und setzte sich nachhaltig für eine enge Verbindung der „hohen" Kunst mit dem Handwerk ein. Zunächst arbeitete er als Leiter des Orientalischen Museums in Wien und ab 1897 des Ö. Museums für Kunst und Industrie, wo er in Art und Gestaltung bahnbrechende Ausstellungen organisierte. 1875–1918 gab er die „Ö. Monatsschrift für den Orient" heraus und ab 1898 die Monatsschrift „Kunst und Kunsthandwerk", die als die bedeutendste Kunstzeitschrift Ö.s in diesen Jahren bezeichnet werden kann.

SCALA, Ferdinand (Eduard von), * 28. 5. 1866 in Bozen, † 3. 5. 1906 in Innsbruck, Kapuzinermönch und Volksschriftsteller. Trat in den Kapuzinerorden ein und verfaßte neben seiner seelsorgerischen Tätigkeit eine Vielzahl von Tiroler Volksschauspielen, die zu seiner Zeit sehr bekannt waren, u. a.: „Peter Mayr" (1896), „Andreas Hofer" (1902), „Josef Speckbacher" (1905); 1905 gab er „Kriegserlebnisse des Bauersmannes und Patrioten Lorenz Rangger in den Jahren 1797 bis 1814" heraus.

Sonntag, A.: F. v. S. (1908)

SCHACHERMEYR, Fritz, * 10. 1. 1895 in Linz, Historiker und Archäologe. War nach seinem Studium Univ.-Prof. in Jena und in Heidelberg, ab 1941 in Graz und 1952–65 in Wien. 1929 veröffentlichte er seine „Etruskische Frühgeschichte", durch die er in Fachkreisen großes Ansehen gewann. Auch beschäftigte er sich mit dem Werk Hugo Wolfs und war 1957 Initiator der Internationalen Hugo-Wolf-Gesellschaft sowie Mitherausgeber der kritischen Gesamtausgabe des Komponisten. Abgesehen von zahlreichen Aufsätzen veröffentlichte er u. a.: „Hethiter und Achaeer" (1935), „Alexander der Große" (1949), „Poseidon" (1950), „Die ältesten Kulturen Griechenlands" (1955), „Griechische Geschichte" (1960) und „Die minoische Kultur des alten Kreta" (1964); 1984 erschien seine Autobiographie „Ein Leben zwischen Wissenschaft und Kunst".

FERDINAND SAUTER

„Immer lustig lebt der Sauter . . ."

„Es soll eine der undankbarsten Aufgaben gewesen sein", schrieb der Wiener Lokalhistoriker Friedrich Reischl, „den Dichter Ferdinand Sauter zu Haus antreffen zu müssen." Mitten im fröhlichen Treiben der Vorstadtgasthäuser in meist ausgelassener Gesellschaft war er zu finden, eine ständige Figur in feuchtfröhlicher Runde, wo er seine originellen Stegreifdichtungen vortrug, in denen er auch sich selbst gerne verspottete. Das Leben war für ihn ein beständiger Wechsel zwischen Gast- und Kaffeehaus mit unangenehmen Unterbrechungen durchs „Polizzenschreiben" als karg belohnter Angestellter der Nö. Assekuranz-Gesellschaft. Fast allabendlich fand man ihn in der „Blauen Flasche", jenem Wirtshaus in Lerchenfeld, in dem ein Menschenalter zuvor auch Mozart gerne verkehrt hatte und wo Sauter oftmals seine ironische Selbstbiographie zum besten gab:

Immer lustig lebt der Sauter,
Treu ist sein Gemüt und lauter,
Tausend Hirngespinste baut er,
Und sich selbst nicht vertraut er,
Alles, was er hat, verhaut er,
Wie ein Vogel Strauß verdaut er,
Wenn oft Selchfleisch ißt mit Kraut er,
Schöne Mädchen gerne schaut er,
Wie ein Kater dann miaut er,
Leider aber schon ergraut er,
Immer mehr und mehr – versaut er.

Auf die „Blaue Flasche" hatte der Ahne der Wiener Heurigensänger in der Silvesternacht 1853/54 ein Gelegenheitsgedicht verfaßt, das mit den Wünschen für das neue Jahr endete: „Es möge niemand an der Seinen Bahr, um den Verlust von einem Herzen weinen." In jenem neuen Jahr ist Ferdinand Sauter an der Cholera gestorben. Der Tod hat ihn in seiner Wohnung angetroffen.

S

Karl Schäfer in Garmisch-Partenkirchen 1936

SCHÄFER, Karl, * 12. 5. 1909 in Wien, † 26. 4. 1976 in Wien, Eiskunstläufer. Unnachahmlicher Stilist und Ästhet, Generationen hindurch das große Eiskunstlaufvorbild. Erster EM-Titel 1929, en suite EM-Gold bis 1936. Weltmeister 1930–36, Olympiasieger 1932 (Lake Placid) und 1936 (Garmisch). Sch. war ein sportliches Multitalent. Er stellte u. a. auch mehrere Rekorde im Brustschwimmen auf. Später Revueläufer bei der US-Revue „Carnevals" (mit Partnerin Sonja Henie).

SCHAFFER, Franz, * 12. 4. 1876 in Mährisch-Schönberg, † 17. 4. 1953 in Wien, Geologe. Studierte in Wien und war hier bis 1946 Univ.-Prof. und Direktor des Naturhistorischen Museums. Er bildete sich auf mehreren Forschungsreisen weiter und besuchte Nordafrika, Vorder- und Ostasien, Indonesien und Nordamerika. Besondere Verdienste erwarb er sich um die Weiterentwicklung der Geologie Ö.s; Sch. veröffentlichte u. a.: „Geologie von Wien" (1904), „Lehrbuch der Geologie" (1916), „Geologische Geschichte der Umgebung Wiens" (1927), „Grundzüge der Geologie" (1928), „Der Bau der Erdrinde" (1931); er war auch Herausgeber von „Geologie von Ö." (1943, 2. Aufl. 1951).

SCHAFFERNAK, Friedrich, * 27. 4. 1881 in Windischgraz (Slowenien), † 12. 3. 1951 in Graz, Hydrologe. Studierte in Graz und in Wien und beschäftigte sich eingehend mit der Entwicklung des Wasserbaus. Wurde Prof. an der Technischen Hochschule in Wien und begründete hier die Wasserbau-Versuchsanstalt des Hydrographischen Zentralbüros, dessen Leiter er auch wurde. Der Ruf dieser Anstalt wuchs rasch, und so kamen schließlich laufend Untersuchungsaufträge aus dem Ausland. Sch. veröffentlichte u. a.: „Hydrographie" (1935) und „Grundriß der Flußmorphologie und des Flußbaues" (1949).

SCHALEK, Alice, * 21. 8. 1874 in Wien, † 6. 11. 1956 in New York, Schriftstellerin und Journalistin. Schrieb auch unter dem Pseud. Paul Michaely. Wegen ihrer Kriegsberichterstattung im Ersten Weltkrieg wurde sie von Karl Kraus (s. d.) heftig angegriffen. 1940 emigrierte sie in die USA. Von ihren Publikationen sind zu erwähnen: „Wann wird es tagen?" (1902), „Indienbummel" (1911), „Tirol in Waffen" (1915), „Am Isonzo" (1917), „In Buddhas Land" (1919) und „Japan" (1924).

SCHALK, Franz, * 27. 5. 1863 in Wien, † 3. 9. 1931 in Edlach (NÖ), Dirigent. Studierte in Wien bei A. Bruckner (s. d.) Komposition, bei J. Hellmesberger (s. d.) Violine und bei J. Epstein (s. d.) Klavier. 1888–90 hatte er sein erstes Engagement in Reichenberg, dann dirigierte er 1890–95 in Graz, 1895–98 in Prag, 1898/99 an der Metropolitan Opera in New York und 1899/1900 an der Königlichen Oper in Berlin. 1901 berief ihn Gustav Mahler (s. d.) an die Wiener Hofoper als Ersten Kapellmeister. 1904–21 Dirigent der Konzerte der Gesellschaft der Musikfreunde; Sch. leitete auch eine Dirigentenklasse an der Wiener Musikakademie. 1918–29 Direktor der Wiener Staatsoper, (1919–24 gemeinsam mit Richard Strauss [s. d.]). Die Höhepunkte seiner Direktion waren die Erstaufführungen von Pfitzners „Palestrina" am 1. 3. 1919 und von Richard Strauss' „Frau ohne Schatten" am 10. 10. 1919, die er beide selbst dirigierte, sowie die Interpretationen der Opern Mozarts, Wagners und vor allem von Beethovens „Fidelio" und Strauss' „Rosenkavalier". Als Konzertdirigent gelang ihm nicht nur die Erneuerung der Bach-Pflege, sondern auch die Interpretation und die Verbreitung des symphonischen Werks von Anton Bruckner. Am 21. 6. 1931 stand er in „Tristan und Isolde" das letzte Mal am Dirigentenpult der Wiener Staatsoper. 1955 gab seine Witwe Lili „Briefe und Betrachtungen" heraus.

Korn, J.: Die Wiener Oper unter Richard Strauss und F. Sch. Diss. Wien (1964)

SCHALK, Karl, * 16. 7. 1851 in Wien, † 8. 2. 1919 in Mödling bei Wien (Selbstmord), Historiker. Studierte in Leipzig und Wien, wo er 1874 promovierte. Ab 1880 publizierte Sch. Arbeiten zur Wirtschafts- und Sozialgeschichte, so daß er als Wegbereiter der ö. Wirtschaftsgeschichtsschreibung bezeichnet werden kann. Schließlich dehnte er seine Arbeiten auf die Gebiete der Verwaltungs-, Rechts- und Münzgeschichte Wiens und NÖ.s aus. 1884–90 an der Wiener Universitätsbibliothek beschäftigt, wechselte er dann in die Wiener Stadtbibliothek über. Sch. veröffentlichte eine Vielzahl von wichtigen Artikeln seines Fachs, die durchwegs in wissenschaftlichen Publikationen erschienen. Besonders hervorzuheben sind: „Der Münzfuß der Wiener Pfennige in den Jahren 1424–1480" in der „Wiener Numismatischen Zeitschrift" Nr.12/13 (1880/81) sowie „Aus der Zeit des ö. Faustrechts 1440–1463" in „Abhandlungen zur Geschichte und Quellenkunde der Stadt Wien" (1919).

Franz Schalk

SCHALLAUTZER, Hermes, * 1503 in Wien, † 21. 3. 1561 in Wien, Festungsbaumeister. Entstammte einer politisch und wirtschaftlich bedeutenden alten Wiener Familie, die mit mehreren Bürgermeisterfamilien verwandt war, der Humanist Wolfgang Lazius (s. d.) war sein Neffe. 1532 bereits Mitglied des Stadtrats, war er 1538 Bürgermeister von Wien und 1540–53 Stadtrichter. 1546 königlicher Rat, beauftragte ihn König (später Kaiser) Ferdinand I. (s. d.) 1547 mit der Bauleitung der seit 1532 geplanten Befestigungsanlagen Wiens. 1546 errichtete er das Arsenal, 1548 die Kärntner Bastion und anschließend die Löwelbastei; 1554 legte er einen umfassenden Bericht über die Wiener Befestigungsanlagen vor. Die bei seinen Arbeiten gefundenen römischen Inschriftensteine sammelte er in einem sogenannten „Lapidarium" in seinem Hausgarten.

Czeike, F.: Wien und seine Bürgermeister (1974)

SCHAMBECK, Herbert, * 12. 7. 1934 in Wien, Jurist und ÖVP-Politiker. Studierte Jus in Wien und promovierte 1958. 1959–64 Assistent an der Universität Wien, 1964 Dozentur. 1966 o. Univ.-Prof. in Innsbruck, seit 1967 Ordinarius für Staatsrecht in Linz. Seit 1975 Stellvertretender Vorsitzender des Bundesrats, in der ÖVP-Bundesparteileitung tätig.

SCHARANG, Michael, * 3. 2. 1941 in Kapfenberg (St), Schriftsteller. Studierte in Wien und promovierte zum Dr. phil. Veröffentlichte u. a.: „Verfahren eines Verfahrens“ (1969), „Schluß mit dem Erzählen und andere Erzählungen“ (1970), „Zur Emanzipation der Kunst“ (Essay, 1972), „Charly Traktor“ (1973), „Ein Verantwortlicher entläßt einen Unverantwortlichen“ (1974), „Der Lebemann“ (1979).

SCHÄRF, Adolf, * 20. 4. 1890 in Nikolsburg (Mähren), † 28. 2. 1965 in Wien, Jurist und SPÖ-Politiker. Als Sohn eines Glasbläsers geboren, kam Sch. mit seinen Eltern 1899 nach Wien, studierte hier die Rechte und promovierte 1914. 1915–18 leistete er Frontdienst als Offizier und war 1918–34 Sekretär des Präsidenten des Nationalrats. Seit seiner Studienzeit mit den führenden Persönlichkeiten der Sozialdemokratie bekannt, war Sch. 1933/34 Mitglied des Bundesrats. Bereits 1920 hatte er „Sozialdemokratie und Landvolk“ veröffentlicht; es folgten „Pächterrecht und Pächterschutz in Ö.“ (1925), „Die Frau im Spiegel des Rechts“ (1926) und „Die Wahrheit über das kriegswirtschaftliche Ermächtigungsgesetz“ (1934). 1934 verbrachte Sch. drei Monate in politischer Haft und legte dann die Rechtsanwaltsprüfung ab. 1938 und 1944 abermals längere Zeit in politischer Gefangenschaft, gehörte Sch. zu jenen Männern der Sozialdemokratie, die im April 1945 an den Wiederaufbau von Partei und Staat gingen. 1945–57 war er Abgeordneter zum Nationalrat und Vorsitzender der SPÖ, von April bis Dezember 1945 Staatssekretär im Bundeskanzleramt in der Provisorischen Staatsregierung, 1945–57 Vizekanzler und an den Verhandlungen zum ö. Staatsvertrag von 1955 beteiligt. 1957 wurde er zum Bundespräsidenten gewählt und gewann auch mit 55,4 % der Stimmen die Wiederwahl 1963. 1955 wurde Sch. Ehrenbürger der Stadt Wien. Er erhielt mehrere in- und ausländische Ehrungen und Auszeichnungen, darunter 1958 den europäischen Erasmus-Preis, dessen erster Träger er war. Außer den genannten Werken veröffentlichte Sch. noch: „Ö.s Appell an die Welt“ (1947), „April 1945 in Wien“ (1948), „Zwischen Demokratie und Volksdemokratie“ (1950), „Ö.s Erneuerung 1945–1955“ (1955), „Erinnerungen aus meinem Leben“ (1963). Er gab den Nachlaß von Karl Renner (s. d.) heraus. 1963 veröffentlichte J. Hannak (s. d.) unter dem Titel „Der Teil und das Ganze“ Sch.s Reden und Schriften.

Leithner, T.: Das Buch vom Dr. Sch. (1957); Migsch, A.: A. Sch. in seiner Zeit (1965); Zipperer, E.: Das war Bundespräsident Dr. A. Sch. (1965); Stadler, K. R.: A. Sch.: Mensch, Politiker, Staatsmann (1982); Weissensteiner, F. (Hrsg.): Die ö. Bundespräsidenten (1982)

ADOLF SCHÄRF

Politiker der Zusammenarbeit

„Österreich, wieder frei geworden, ging großen Gefahren entgegen. Es ist unbestreitbar und unbestritten, daß die wirtschaftliche und geistige Erneuerung Österreichs in den Jahren 1945 bis 1955 nur möglich war, weil die übergroße Mehrheit der Bevölkerung die Zusammenarbeit der beiden großen Parteien billigte. Die Fortführung dieser Zusammenarbeit stand nach dem Abschluß des Staatsvertrages und nach dem Abzug der Besatzungstruppen auf des Messers Schneide. Unter noch größeren Schwierigkeiten als in früheren Jahren fanden sich doch die Vertreter der beiden Parteien in den Jahren 1955 bis 1957 zur Lösung größerer Aufgaben zusammen, wodurch eine Weiterführung des Aufbauwerkes möglich wurde.“

Adolf Schärf, Österreich wieder in Freiheit: 1955 bis 1957. Unveröffentlichtes Manuskript, aus: Karl R. Stadler, Adolf Schärf, in: Die österreichischen Bundespräsidenten, hrsg. von F. Weissensteiner (1982)

Adolf Schärf am 20. 4. 1960 bei einer Feier anläßlich seines 70. Geburtstags. Links von ihm Bruno Pittermann, rechts Bundeskanzler Julius Raab

Hermes Schallautzer. Stich von H. S. Lautensack (1560)

SCHARF, Erwin, * 29. 8. 1914 in Trebon (Böhmen), Journalist und KPÖ-Politiker. War bereits 1934–38 Funktionär bei den Revolutionären Sozialisten und wurde 1938–40 von den nationalsozialistischen Machthabern in Haft genommen. 1944 als Partisan in Südkärnten, war er 1945–47 einer der Zentralsekretäre der SPÖ. 1945–48 Abgeordneter der SPÖ zum Nationalrat, trat nachhaltig für einen Zusammenschluß mit der KPÖ ein und wurde deshalb 1948 aus der SPÖ ausgeschlossen. Daraufhin gründete er 1949 die Partei der Linkssozialisten und war 1949–53 Abgeordneter der KPÖ zum Nationalrat. 1959 gliederte er seine Partei in die KPÖ ein und wurde Mitglied des Zentralkomitees und des Politbüros der KPÖ. 1957–65 war er Chefredakteur der kommunistischen Tageszeitung „Volksstimme“. 1948 veröffentlichte er das Buch „Ich darf nicht schweigen“.

SCHARFF, Anton, * 10. 6. 1845 in Wien, † 5. 7. 1903 in Brunn am Gebirge (NÖ), Kammermedailleur und Stempelschneider. War ab 1882 Leiter der Graveur-Akademie in Wien. Durch seinen Realismus und seine Ausdruckskunst verlieh er der ö. Medailleurkunst neues Ansehen und internationale Anerkennung. Er schuf u. a. auch 1892 die Münzen für die neue Kronenwährung. Sch. arbeitete auch viel für das Ausland; so schuf er u. a. die offizielle Widmungsmedaille anläßlich des Jubiläums der 50jährigen Regierung von Königin Viktoria.

Domanig, K.: A. Sch. (1895)

SCHATZ, Josef, * 3. 3. 1871 in Imst (T), † 23. 3. 1950 in Innsbruck, Literarhistoriker und Germanist. Beschäftigte sich fast ausschließlich mit den literarischen Erscheinungen in seiner Heimat und veröffentlichte u. a.: „Die Mundart von Imst“ (1897), „Die Gedichte Oswalds von Wolkenstein“ (1902), „Die tirolische Mundart“ (1903), „Althochdeutsche Grammatik“ (1927) und „Wörterbuch der Tiroler Mundarten“, 2 Bde. (1955/56).

S

Schatz Otto Rudolf · Schauenstein Adolf · Schaukal Richard von · Schauta Friedrich · Schebesta Paul · Scheicher Josef · Scheid Georg Adam · Scheimpflug Theodor · Schell Maria · Schell Maximilian · Schember Conrad · Schemerl Joseph · Schenk Erich · Schenk Johann Baptist · Schenk Otto

SCHATZ, Otto Rudolf, * 18. 1. 1900 in Wien, † 26. 4. 1961 in Wien, Maler und Graphiker. Studierte an der Kunstgewerbeschule in Wien bei O. Strnad (s. d.) und war 1924–38 Mitglied der Künstlervereinigung „Hagenbund". 1944/45 im KZ. Er schuf über 1 500 Holzschnitte mit sozialkritischem Inhalt, daneben aber auch Buchillustrationen (unter dem Namen J. Luitpold), Aquarelle, Städtebilder und Mappenwerke, Mosaike und Sgraffiti, vorwiegend an Bauten der Gemeinde Wien, sowie Wandgemälde im Schloß Weinberg in Kefermarkt (OÖ). 1925 erhielt er den Staatspreis und 1947 den Preis der Stadt Wien.

Daim, W.: O. R. Sch. (1978)

SCHAUENSTEIN, Adolf, * 4. 12. 1827 in Graz, † 16. 10. 1891 in Graz. Studierte in Graz Medizin und wurde 1863 der erste Prof. für Staats- und gerichtliche Arzneikunde an der Universität Graz. 1871 Vorsitzender des Landessanitätsrats in der Steiermark. Sch. erwarb sich besondere Verdienste um die forensische Toxikologie. 1862 veröffentlichte er ein vielbeachtetes „Lehrbuch der gerichtlichen Medizin", 1863 ein „Handbuch der öffentlichen Gesundheitspflege in Ö.".

SCHAUKAL, Richard von (seit 1917), * 27. 5. 1874 in Brünn (Mähren), † 10. 10. 1942 in Wien, Erzähler, Lyriker und Essayist. Studierte Jus in Wien, wurde Beamter im Verwaltungsdienst Mährens, ab 1903 in Wien tätig und hier zuletzt Präsidialchef im Arbeitsministerium, ab 1918 Sektionschef. Vom französischen Symbolismus beeinflußt, schuf er in hochstehender Form- und Sprachkultur Werke im Geist der Neuromantik. Neben seinem dichterischen Werk schuf er zahlreiche Essays sowie Übersetzungen von französischen und englischen Klassikern. Er gab die Werke Adalbert Stifters (s. d.) und E. T. A. Hoffmanns (s. d.) heraus. Lyrik: „Gedichte" (1893), „Meine Gärten" (1897), „Tristia" (1898), „Tage und Träume" (1899), „Sehnsucht" (1900), „Ausgewählte Gedichte" (1904), „Das Buch der Seele" (1908), „Neue Verse" (1912), „Kindergedichte" (1913), „Kriegslieder aus Ö." (1914–16), „Eherne Sonette" (1915), „Heimat der Seele" (1916), „Jahresringe" (1922), „Gezeiten der Seele" (1926), „Herbsthöhe" (1933), „Spätlese" (1943) und aus dem Nachlaß „Wie ganz bin ich dein eigen" (1960); Essays: „Zettelkasten eines Zeitgenossen" (1913), „Erlebte Gedanken" (1917), „Beiträge zu einer Selbstdarstellung" (1934), „Einsame Gedankengänge" (1947) und „Frühling eines Lebens" (1948); erzählerisches Werk: „Kapellmeister Kreisler" (1906), „Schlemihle" (1907), „Das Märchen von Hans Bürgers Kindheit" (1913).

Mayer, K.: R. v. Sch.s Weltanschauung. Diss. Wien (1959)

SCHAUTA, Friedrich, * 15. 6. 1849 in Wien, † 10. 1. 1919 in Wien, Gynäkologe. Studierte in Wien, Innsbruck und Würzburg Medizin und promovierte 1874 in Wien. 1881 Habilitation für Geburtshilfe und Gynäkologie; ging als supplierender Prof. nach Innsbruck, wo er 1884 Ordinarius wurde. 1887 Univ.-Prof. in Prag, ab 1891 in Wien, wo er sich vor allem für die Modernisierung der I. Frauenklinik im Allgemeinen Krankenhaus einsetzte. Zwei gynäkologische Operationsmethoden sind nach ihm benannt. 1885 veröffentlichte er „Grundriß der operativen Geburtshilfe" und 1889 (im Müllerschen Handbuch) den in der Fachwelt oft zitierten Beitrag „Die Beckenanomalien".

Friedrich Schauta

SCHEBESTA, Paul, * 20. 3. 1887 in Groß-Peterwitz (Schlesien), † 17. 9. 1968 in Mödling (NÖ), Völkerkundler und Forschungsreisender. War Mitglied der Steyler Missionsgesellschaft, wurde 1911 zum Priester geweiht und war bis 1916 Missionar in Moçambique, seit 1921 Prof. im Missionshaus St. Gabriel bei Mödling, von 1947–57 unterrichtete er an der Hochschule für Welthandel in Wien. In den Jahren 1924–55 erforschte er in sechs Expeditionen als einer der ersten systematisch die Pygmäen der Erde, so im Kongogebiet (die Ituri), auf den Philippinen und auf der Malayischen Halbinsel. Seine Veröffentlichungen fanden internationale Anerkennung, u. a.: „Bei den Urwaldzwergen von Malaya" (1927), „Orang-Utan" (1928), „Bambuti, die Zwerge vom Kongo" (1932), „Vollblutneger und Halbzwerge" (1934), „Der Urwald ruft wieder" (1936), „Menschen ohne Geschichte" (1947), „Die Bambuti-Pygmäen von Ituri", 4 Bde. (1938–50), „Der ewige Ruf" (1948), „Die Negritos Asiens", 3 Bde. (1952–57) und „Ursprung der Religion" (1961).

Festschrift für P. Sch. (1963)

SCHEICHER, Josef, * 18. 2. 1842 in Lichtenhof (St), † 28. 3. 1924 in Wien, katholischer Geistlicher und Sozialpolitiker. Wurde 1869 zum Priester geweiht, promovierte zum Dr. theol. und war 1878 Prof. für Moraltheologie in St. Pölten und 1894–1918 Reichsratsabgeordneter, wo er als scharfer Redner bekannt wurde. Als tatkräftiger Mitarbeiter von Karl Vogelsang (s. d.) gelang es ihm, den Klerus für die christlichsoziale Bewegung zu gewinnen; er war selbst ein wirkungsvoller Vorkämpfer dieser Partei. Sch. erwarb sich große Verdienste um die Standesorganisation des ö. Klerus und gab jahrelang das „Korrespondenzblatt für den katholischen Klerus" heraus. Wurde Prälat; 1907–12 veröffentlichte er „Erlebnisse und Erinnerungen" (6 Bde.).

David, H.: Prälat Sch. als Sozialpolitiker. Diss. Wien (1946)

SCHEID, Georg Adam, * 28. 7. 1838 in Schönau bei Heidelberg, † 3. 4. 1921 in Meran, Goldschmied. 1858 kam er als Goldschmiedegeselle nach Wien zu Michael Markowitsch, heiratete eine der Töchter des Meisters und gründete mit ihm 1864 eine Silberschmuckfabrik. 1884 errichtete er eine Edelmetall-Legier- und -Scheideanstalt, wo aus den Edelmetallabfällen Rohmaterial und Halbfabrikate wie Bleche und Drähte hergestellt wurden. Die Schmelzöfen der bis heute bestehenden Affinerie (Edelmetallreinigung) belieferten bald nicht nur die eigene Fabrik, sondern auch auswärtige Firmen. 1891 entstand ein Schwesterunternehmen in Budapest und 1920 eines in Prag. In der Blütezeit seiner Unternehmen beschäftigte Sch. rund 200 Arbeiter.

Granichstaedten-Cerva, R., Mentschl, J., und Otruba, G.: Altö. Unternehmer (1969)

SCHEIMPFLUG, Theodor, * 7. 10. 1865 in Wien, † 22. 8. 1911 in Wien, Luftbildkartograph, Erfinder. War zunächst Marineoffizier und wurde dann Mitarbeiter des Militärgeographischen Instituts in Wien. Nun widmete er sich ganz den Problemen der „Photokarte" und ihrer Entwicklung, wodurch er zum Begründer der Aerophotogrammetrie wurde. So schuf er als eine der wesentlichsten Voraussetzungen dafür das erste Entzerrungsgerät und erfand eine große Zahl von Apparaten für die Landvermessung aus der Luft, wie etwa Panoramakammer, Schichtenzeichner, Universalkomperator, Photoperspektograph und Doppelprojektor. Nach seinem frühen Tod wurde seine Arbeit vom „Institut Sch." weitergeführt, das sein Bruder Karl und dessen Mitarbeiter G. Kammerer leiteten. 1949 wurde in Wien das wertvolle „Sch.-Archiv" gegründet.

SCHELL, Maria (Margarete), * 5. 1. 1926 in Wien, Bühnen- und Filmschauspielerin. Trat nach ihrer Ausbildung zunächst auf Schweizer Bühnen und nach 1945 am Theater in der Josefstadt in Wien sowie bei den Salzburger Festspielen auf. Ihren ersten Filmerfolg hatte sie mit dem „Engel mit der Posaune" (1948), und daraufhin machte sie eine große Filmkarriere, zuerst im deutschsprachigen Film und dann auch international. Sie filmte in England, Frankreich, Italien und Hollywood. Sie wurde mehrfach bei Filmfestspielen ausgezeichnet, so für ihre Darstellung in Helmut Käutners „Die letzte Brükke" und für die Titelrolle in René Clements „Gervaise".

Weiters zählen zu ihren bedeutendsten Filmen: „Es kommt ein Tag" (1950), „Rose Bernd" (1956), „Weiße Nächte" (1957) und „Die Brüder Karamasow" (1957). Seit 1966 ist Sch. mit dem Regisseur Veit Relin (s. d.) verheiratet. Maximilian Sch. (s. d.) ist ihr jüngerer Bruder. 1985 veröffentlichte sie ihre Memoiren unter dem Titel „Die Köstlichkeit des Augenblicks".

SCHELL, Maximilian, * 8. 12. 1930 in Wien, Bühnen- und Filmschauspieler. Studierte zunächst Kunstgeschichte und Philosophie, wurde dann Schauspieler und trat an verschiedenen Schweizer und deutschen Bühnen auf. 1963 spielte er unter Gründgens den Hamlet und war jahrelang der „Jedermann" bei den Salzburger Festspielen. Daneben machte er auch als Filmschauspieler eine Weltkarriere. Sein erster Filmerfolg war „Kinder, Mütter und ein General" (1955), dem u. a. „Das Urteil von Nürnberg" (1961) (für seine Rolle als Naziverteidiger erhielt Sch. den „Oscar"), „Die Eingeschlossenen" (1962), „Topkapi" (1963) und „Das Schloß" (1968) folgten. In den Filmen „Erste Liebe" (1969), „Der Fußgänger" (1973), „Der Richter und sein Henker" (1978) und „Geschichten aus dem Wiener Wald" (1979) führte er auch Regie. Sch. veröffentlichte 1985 den Bild-Text-Band „Jedermann". Er ist der jüngere Bruder von Maria Schell (s. d.).

SCHEMBER, Conrad, * 1811 in Kassel, † 2. 2. 1891 in Wien, Unternehmer. Entstammte einer alten Pastorenfamilie und wurde Schlosser. Danach arbeitete er in der berühmten Maschinenfabrik John Cockerill in Seraing im Lokomotivbau und ließ sich, als in Ö. die Kaiser-Ferdinands-Nordbahn gebaut wurde, nach Wien als Lokomotivführer und Ausbilder verpflichten, wo er bald Oberwerkführer wurde. 1852 gründete er in Wien-Leopoldstadt eine Werkstätte zur Erzeugung von Brückenwaagen, aus der die „Hof-Brückenwaagen-Maschinenfabriken C. Schember & Söhne" hervorgingen, die dann auch Betriebe in Atzgersdorf bei Wien und in Pest errichteten. Aus den anfänglich drei Arbeitern waren bei seinem Tod mehrere hundert geworden. Für seine unternehmerische Tätigkeit hatte er den Franz-Josephs-Orden und das Goldene Verdienstkreuz mit der Krone erhalten.

Granichstaedten-Cerva, R., Mentschl J., und Otruba, G.: Altö. Unternehmer (1969)

Otto Rudolf Schatz: „Die Bußpredigt" (1923)

SCHEMERL (auch Schemmerl), Joseph Ritter von Leytenbach (seit 1811), * 1752 in Laibach (Krain), † 28. 1. 1844 in Wien, Architekt. Beschäftigte sich schon früh mit den Fragen des Wasser- und Straßenbaus und vervollständigte seine Kenntnisse 1769 durch eine zweijährige Studienreise nach Holland und an den Rhein. Danach wurde er „Cameral-Ingenieur" und Straßen-Inspektor für Krain. 1795–1803 wurde nach seinen Plänen der Wiener Neustädter Kanal erbaut und 1815–18 das Polytechnische Institut in Wien. Sch. wurde mehrfach ausgezeichnet und zum k. k. Hofbaudirektor ernannt. Er veröffentlichte verschiedene Werke über den Straßen- und Wasserbau, u. a.: „Abhandlung über die vorzüglichste Art an Flüssen und Strömen zu bauen" (1782, 2. Aufl. 1803), „Abhandlung über die Schiffbarmachung der Ströme" (1788), „Ausführliche Anweisung zur Entwerfung, Erbauung und Erhaltung dauerhafter und bequemer Straßen", 3 Teile (1807) und „Vorschläge zur Erleichterung und Erweiterung der inländischen Schiffahrt und des Handels in dem Erbkaiserthume Ö." (1810). Alle seine Werke sind mit höchst informativen Kupferstichen ausgestattet.

Das nach Plänen Joseph von Schemerls 1815–18 erbaute Polytechnische Institut (später Technische Hochschule) auf dem Karlsplatz in Wien

SCHENK, Erich, * 5. 5. 1902 in Salzburg, † 11. 10. 1974 in Wien, Musikwissenschaftler. Studierte in München und promovierte dort 1925 mit einer Arbeit über G. A. Paganelli (1928 gedruckt). Bereits 1929 habilitierte er sich an der Universität in Rostock und gründete dort 1936 als a. o. Univ.-Prof. das Musikwissenschaftliche Institut. 1938–71 Univ.-Prof. in Wien, baute das vorhandene Musikwissenschaftliche Institut zu einer modernen Forschungsstätte aus. Von seinen zahlreichen Veröffentlichungen seien erwähnt: „Johann Strauß" (1940), „Musik in Kärnten" (1941), „Beethoven zwischen den Zeiten" (1943), „950 Jahre Musik in Ö." (1946), „Kleine Wiener Musikgeschichte" (1947) und „Wolfgang Amadeus Mozart" (1955). Sch. war außerdem Herausgeber der „Denkmäler der Tonkunst Ö.s" und verfaßte dafür mehrere Beiträge, 1955 gab er die „Wiener musikwissenschaftlichen Beiträge" heraus.

Festschrift für E. Sch. (1962)

SCHENK, Johann Baptist, * 30. 11. 1753 in Wiener Neustadt (NÖ), † 29. 12. 1836 in Wien, Komponist. War Schüler von G. Ch. Wagenseil (s. d.) und wurde 1794 Musikdirektor des Fürsten Auersperg in Wien. 1792/93 nahm er bei L. van Beethoven (s. d.) Kontrapunktunterricht. Seine Singspiele sind an der italienischen Opera buffa orientiert und waren zu seiner Zeit sehr beliebt, u. a.: „Die Weinlese" (1785), „Die Weihnacht auf dem Lande" (1786), „Der Dorfbarbier" (1796), „Der Bettelstudent" (1796), „Die Jagd" (1799) und „Der Faßbinder" (1802). Außerdem schuf er Symphonien, Kammer- und Kirchenmusik.

Staub, F.: J. Sch. (1900); Rosenzweig-Römer, E.: J. Sch. als Opernkomponist. Diss. Wien (1921); Rieger, F. C.: J. Sch. (1944)

SCHENK, Otto, * 12. 6. 1930 in Wien, Schauspieler und Regisseur. Absolvierte 1948–51 das Reinhardt-Seminar, spielte anschließend in Kellertheatern wie dem Theater am Parkring und wurde dann an das Theater in der Josefstadt engagiert, 1963 wurde er Direktor des Theaters am Gärtnerplatz in München. Sch. entwickelte sich als Schauspieler und als Regisseur rasch zu einem Meister der Komödie. Seine Tätigkeit als Opernregisseur begann 1962 mit Alban Bergs „Lulu" in der Wiener Staatsoper, wo er 1965 auch zum Oberspielleiter bestellt wurde. Weitere große Regieerfolge waren u. a. „Der Rosenkavalier" in Frankfurt am

Otto Schenk

Main, „Die Zauberflöte" bei den Salzburger Festspielen (1963) und „Fidelio" an der Metropolitan Opera in New York. Bereits mehrfach geehrt, hat er 1975 die Goldene Kamera der Zeitschrift „Hör zu" und 1981 die Ehrenmedaille der Stadt Wien erhalten. Ab der Spielzeit 1988/89 wird Sch. die Leitung des Theaters in der Josefstadt übernehmen. Seine Gattin Renée, geb. Michaelis, war ebenfalls Schauspielerin und auch mehrmals seine Partnerin.

SCHENKER, Gottfried, * 14. 2. 1842 in Olten (Schweiz), † 26. 11. 1901 in Wien, Unternehmer. Mußte sein Jusstudium in Heidelberg 1862 abbrechen, da sein Vater, ein Schmiedemeister, in finanzielle Schwierigkeiten geraten war. In Mainz absolvierte er eine kaufmännische Lehre und wurde 1865 Beamter der Schweizer Central-Eisenbahn. Mit der Güterspedition beschäftigt, entwickelte er Reformpläne zum Ausbau des Transitwesens, die er in Wien zu verwirklichen hoffte. 1867 protokollierte er hier die „Offene Handelsgesellschaft Schenker & Cie.", die Geburtsstunde des internationalen Speditionsgewerbes in Ö. „Ich war alles in einer Person: Calculant, Correspondent, Rechnungsleger und Acquisiteur", schrieb er damals. 1874 übersiedelte er in ein Bürohaus und eröffnete die Filiale in Budapest. Das große Auslandsgeschäft entwickelte sich planmäßig, 1879 kamen die Filialen in Prag, Bukarest und Triest hinzu, 1880 die in London, Teschen und Sofia, 1882 Ableger in München, 1883 in Nürnberg, 1885 in Fiume, 1887 in Lindau, 1888 in Saloniki, 1890 in Konstantinopel, Belgrad, Adrianopel und Hamburg, 1891 in Mannheim, 1892 in Rotterdam, 1893 in Steinschönau und Eger, 1898 in Brüssel und Antwerpen, 1899 in Ala und Paris. Auch um die Schiffahrt erwarb sich Sch. große Verdienste, war 1880 Mitbegründer der Dampfschiffahrtsgesellschaft „Adria" und beteiligte sich 1895 an der Gründung der Dampferlinie Triest–Nordamerika, der „Vereinigten Schiffahrts AG Austro-Amerika", von der er 50% der Aktien besaß. Bereits 1873 hatte er durch den „Specialwagen Paris–Wien" den Sammelverkehr eröffnet, der den Export ö. Industrieartikel durch die Tarif- und Transporterleichterungen förderte. 1888 hatte er sein Haus auf der Hohen Warte bezogen, das zu einem Mittelpunkt der Wiener Gesellschaft wurde. Da sein Sohn als Zwanzigjähriger 1892 Selbstmord beging, adoptierte er (seinen angeblich unehelichen Sohn) Dr. August Angerer, der sein Teilhaber wurde. Sch. förderte mehrere gemeinnützige und künstlerische Einrichtungen und hinterließ ein Vermögen von 3,5 Mio. Kronen.

Granichstaedten-Cerva, R., Mentschl, J., und Otruba, G.: Altö. Unternehmer (1969)

SCHENKER, Heinrich, * 19. 6. 1867 in Podhajce (Galizien), † 13. 1. 1935 in Wien, Musiktheoretiker. Studierte am Wiener Konservatorium bei Anton Bruckner (s. d.) und promovierte 1890 an der Universität Wien zum Dr. jur. War Klavierlehrer in Wien, erforschte die „Urlinie" eines musikalischen Werks und führte in seiner „Schichtenlehre" die Kompositionen auf einen „Ursatz" zurück. Sch. war der Lehrer von Anthony van Hoboken. Sein international geschätztes Hauptwerk „Neue musikalische Theorien und Phantasien", 3 Teile (1906–34), wurde auch ins Englische übersetzt. Außerdem veröffentlichte er u. a.: „Beethovens neunte Symphonie" (1912), „Beethovens fünfte Symphonie" (1923) und „Das Meisterwerk in der Musik", 3 Bde. (1925–30).

Jonas, O.: Das Wesen des musikalischen Kunstwerks (1934); Federhofer, H.: Beiträge zur musikalischen Gestaltanalyse (1950); ders.: Zur neuesten Literatur über H. Sch. (1966)

SCHERER, Georg, * 30. 11. 1539 in Schwaz (T), † 26. 11. 1605 in Linz, Jesuit. Sch. trat früh in den Orden ein und wurde ein bekannter Prediger, der den Protestantismus besonders heftig bekämpfte. Er lebte auch mehrere Jahre in Wien, wo er Rektor des Jesuiten-Kollegs und Beichtvater am Kaiserhof war. Außerdem verfaßte er mehrere apologetische und asketische Schriften, die auch als „Gesammelte Schriften", 2 Bde. (1599–1603), erschienen sind.

Müller, P.: Ein Prediger wider die Zeit (1933); Hovorka, F.: G. Sch. (1934)

SCHERER, Rudolf von, * 11. 8. 1845 in Graz, † 21. 12. 1918 in Wien, katholischer Geistlicher. Studierte in Graz, wurde 1870 zum Priester geweiht und erhielt das an der Universität Graz 1876 neuerrichtete Ordinariat für Kirchengeschichte. 1899 wurde er als Ordinarius für Kirchengeschichte nach Wien berufen. Sch. war ein hervorragender Kirchenrechtler und veröffentlichte 1886–98 das „Handbuch des Kirchenrechts" (2 Bde.).

SCHERER, Wilhelm, * 26. 4. 1841 in Schönborn (NÖ), † 6. 8. 1886 in Berlin, Literarhistoriker. Studierte in Wien und in Berlin, habilitierte sich 1864 in Wien und wurde 1868 o. Univ.-Prof. für deutsche Sprache und Literatur. 1872 Berufung nach Straßburg, 1877 nach Berlin. Sein Ziel war die Anwendung der naturwissenschaftlichen Methode von Ursache und Wirkung auf die geisteswissenschaftliche Forschung, wodurch er die wissenschaftlich ausgerichtete Geschichtsforschung der deutschen Literatur begründete. Veröffentlichte eine große Zahl wissenschaftlicher Werke, u. a.: „Denkmäler deutscher Poesie und Prosa vom 8.–12. Jh." (gemeinsam mit Müllenhoff, 1864), „Jakob Grimm" (1865), „Zur Geschichte der deutschen Sprache" (1868), „Deutsche Studien", 3 Teile (1870–78), „Geistliche Poeten der deutschen Kaiserzeit", 2 Hefte (1874/75), „Vorträge und Aufsätze zur Geschichte des geistigen Lebens in Deutschland und Ö." (1874), „Geschichte der deutschen Dichtung im 11. und 12. Jh." (1875), „Geschichte der deutschen Literatur" (1883); aus seinem Nachlaß erschien: „Aufsätze über Goethe" (1886), „Poetik" (1888) und „Kleine Schriften", 2 Bde. (1893).

Schmidt, J.: Gedächtnisrede (1887)

SCHERZER, Karl Ritter von (seit 1860), * 1. 5. 1821 in Wien, † 19. 2. 1903 in Görz, Forschungsreisender. Stammte aus begütertem Haus und sollte Beamter werden, erlernte aber das Druckereigewerbe; als er 1843 in Wien eine Großdruckerei errichten wollte, scheiterte er jedoch an den Behörden. 1848 gründete er in Wien den „Gutenberg-Verein", eine Art Gewerkschaft für das graphische Gewerbe, und setzte sich für verbesserte Arbeitsbedingungen ein. 1852–55 bereiste er mit dem Geographen Moritz Wagner Nord- und Mittelamerika. Nach der Rückkehr wurde er von einem Kriegsgericht wegen der Vorkommnisse im Revolutionsjahr 1848 zu sechs Wochen Gefängnis verurteilt, jedoch zu Hausarrest begnadigt. Als der Oberkommandierende der ö. Marine, Erzherzog Ferdinand Max (s. unter Maximilian von Mexiko), die Weltumseglung der Fregatte „Novara" plante, ernannte er Sch. zum „Historiographen" und Leiter der wissenschaftlichen Kommission. Während dieser Expedition von 1857–59 betrieb Sch. in Peru wissenschaftliche Forschungen, die er in dem Werk „Reise der ö. Fregatte Novara um die Erde in den Jahren 1857, 1858, 1859 unter den Befehlen des Commodore B. v. Wüllerstorf-Urbair" zusammenfaßte; 1861/62 erschien der „beschreibende Teil", 3 Bde., und 1864 der „statistisch-kommerzielle Teil", 2 Bde. Beide Werke wurden ins Englische und ins Italienische übersetzt und erschienen auch in Volksausgaben (1864 bzw. 1867). 1869 begleitete Sch. die ö. Expedition nach Ostasien. Danach war er Generalkonsul in Smyrna 1872–75, in London 1875–78, in Leipzig 1878–84 und in Genua 1884–96. Außer zahlreichen Veröffentlichungen in Fachzeitschriften erschienen noch: „Reisen in Nordamerika", mit M. Wagner, 3 Bde. (1854), „Wanderungen durch die mittelamerikanischen Freistaaten" (1857), „Aus dem Natur- und Völkerleben im tropischen Amerika" (1864), „Fachmännische Berichte über die ö.-ungarische Expedition nach

Siam, China und Japan" (1872), „Smyrna" (1873), „Westindien" (1880) und „Das wirtschaftliche Leben der Völker" (1886).

Treffer, G. (Hrsg.): K. von Sch. Die Weltumseglung der „Novara" (1973)

SCHEU, Andreas, * 27. 1. 1844 in Wien, † 28. 8. 1927 in Rapperswil (Schweiz), Arbeiterführer. War in der Anfangszeit der ö. Arbeiterbewegung das Haupt der „Radikalen". Gegen Ende 1869 war er Redakteur der ab 1870 erscheinenden sozialdemokratischen Zeitschrift „Gleichheit" und wurde wegen seiner radikalen Äußerungen 1870 auch verhaftet. 1873 kam es endgültig zum Bruch zwischen ihm und den sogenannten „Gemäßigten"; 1874 führte er sogar einen Ehrenbeleidigungsprozeß gegen Heinrich Oberwinder, den aus Hessen stammenden Pionier der Arbeiterbewegung, der in der Folge die Spaltung der Bewegung bewirkte. Die Einheit der ö. Arbeiterbewegung wurde schließlich von V. Adler (s. d.) erreicht. Sch. war auch Arbeiterdichter und verfaßte mehrere sozialdemokratische Kampflieder, darunter „Die Arbeit hoch!". 1923 veröffentlichte er seine Autobiographie „Umsturzkeime".

SCHEU, Josef Franz Georg, * 15. 9. 1841 in Wien, † 12. 10. 1904 in Wien, Komponist. Da ein Musikstudium aus finanziellen Gründen nicht möglich war, trat er 1856 in das Orchester des Theaters an der Wien ein und studierte daneben am Konservatorium. 1860 gelangen ihm seine ersten kleineren Erfolge als Komponist, 1865 wurde er Hornist im Orchester des Burgtheaters, und 1868 gründete er eine Liedertafel im Arbeiterbildungsverein Gumpendorf. Anläßlich einer Lassalle-Feier wurde am 29. 8. 1868 in Zobels Odeongarten sein „Lied der Arbeit" uraufgeführt, wodurch er schlagartig bekannt wurde. Nun vertonte er mehrere Gedichte seines Bruders Andreas (s. d.), die von den Arbeitern als Kampflieder gesungen wurden. 1872 gründete er den „Wiener Musikbund", die erste ö. Gewerkschaft für Musiker, und 1878 den „Arbeiter-Sängerbund Wien". Wegen seiner politischen Tätigkeit vom Burgtheater 1881 zwangsweise pensioniert, wurde er 1882 auch zeitweilig in Haft gehalten. Ab 1895 war er Musikkritiker der „Arbeiter-Zeitung". Sch. schuf eine Vielzahl von Liedern und Chorwerken.

Steiner H.: Die Gebrüder Sch. (1968)

SCHEU, Robert, * 11. 7. 1873 in Schönau (NÖ), † 25. 1. 1964 in Wien, Journalist und Schriftsteller. Sohn von Josef Franz Georg Sch. (s. d.). Kam früh mit der sozialdemokratischen Bewegung in Berührung und wurde nach Abschluß seines Studiums Redakteur der „Arbeiter-Zeitung". Er entwickelte sich zu einem bedeutenden sozialistischen Wirtschafts- und Kulturpolitiker und prägte 1898 erstmals den Begriff „Kulturpolitik". Seine Anfangswerke, „Ware" (1897) und „Tote Götter" (1898), zwei Dramen, die er in Zusammenarbeit mit O. Stoessl (s. d.) verfaßt hatte, waren von der Zensur verboten worden. Sch. veröffentlichte zahlreiche Feuilletons und Kurzgeschichten sowie u. a.: „Kulturpolitik" (Essays, 1901), „Alltag eines Fröhlichen" (1913), „Schach der Dame" (Drama, 1924), „Das Herdfeuer" (Drama, 1925), „Der Weg zum Lebenskünstler" (1927), „Narrenpost" (1948), „Sonnentränen", 2 Bde. (Lyrik, 1960/61) und „Tausend Gedanken" (Aphorismen, 1962).

SCHEY, Friedrich, Freiherr von Koromla (seit 1863), * 5. 3.

Josef Scheu: „Lied der Arbeit", 1868. Eigenhändiges Manuskript

Friedrich von Schey-Koromla

1815 in Güns (Westungarn), † 15. 7. 1881 in Wien, Unternehmer. Neffe, Haupterbe und Mitarbeiter von Philipp Sch. (s. d.). Sch. gründete eine eigene Firma und betätigte sich auch als Bankier.

SCHEY, Philipp, Freiherr von Koromla (seit 1863), * 20. 9. 1798 in Güns (Westungarn), † 26. 6. 1881 in Baden (NÖ), Unternehmer, Großhändler. Entstammte einer Großhändlerfamilie aus Güns und verlegte seinen Wohnsitz nach Wien-Leopoldstadt, wo er eine rege Tätigkeit entwickelte und bald zu Ansehen und Vermögen kam.

Granichstaedten-Cerva, R., Mentschl, J., und Otruba, G.: Altö. Unternehmer (1969)

SCHICHT, Johann, * 8. 3. 1855 in Ringelshain (Böhmen), † 3. 6. 1907 in Aussig, Seifenfabrikant. 1848 hatte sein Vater eine kleine Seifensiederei errichtet. Nach einer harten kaufmännischen Lehre in Reichenberg war Sch. im Büro einer Fettwarenfabrik in Wien angestellt. Als Vater Georg Sch. 1878 seinen Söhnen Johann und Franz die Seifensiederei in Ringelshain übergab, war diese ein gut eingeführtes Unternehmen. Wohl eröffneten die Söhne bald in Reichenberg, Teplitz und Aussig Verkaufsfilialen, doch der abgelegene Ort Ringelshain schmälerte die Konkurrenzfähigkeit wegen der recht hohen Transportkosten. Johann ließ daher 1882 eine Seifenfabrik bei Obersedlitz, am rechten Ufer der Elbe gegenüber von Aussig, errichten. 1887 stellte er den ersten Autoklaven (Druckkessel) zur Gewinnung von Glyzerin und Fettsäure auf, und bald war, unterstützt durch eine geschickte Werbung, die „Schicht-Seife" in der ganzen ö.-ungarischen Monarchie bekannt. Die alte Seifensiederei in Ringelshain ließ er auf und gewann dort Speisefett aus Kokosnüssen und stellte alkoholfreie Getränke her. Wegen des Kapitalbedarfs des stets wachsenden Unternehmens wurde es 1907 in eine AG umgewandelt. Das Unternehmen hatte einen Jahresumsatz von 38 Mio. Kronen, beschäftigte an die 1900 Arbeiter und Angestellte und fertigte jährlich rund 19000 Waggons an Waren von der Eisenbahnstation Schrekkenstein-Schichtwerke ab.

Bernt, F.: J. Sch., sein Leben und Wirken (1909)

SCHICK, Paul, * 29. 3. 1904 in Wien, † 1. 4. 1975 in Wien, Essayist und Bibliothekar. Lebte 1931–47 in Frankreich und in den USA und arbeitete später als Bibliothekar in Wien. Er wurde vor allem durch seine Karl-Kraus-Forschungen bekannt und veröffentlichte u. a.: „Der Satiriker und der Tod" (1956) und „Karl Kraus" (Biographie, 1965).

SCHICKH, Joseph Kilian, * 7. 1. 1799 in Wien, † 22. 5. 1851 in Wien, Theaterdichter. War einer der Hauptvertreter der Zauberparodie im Wiener Vormärz und ein gefeierter Dichter des Wiener Vorstadttheaters. Er schuf etwa 70 Bühnenstücke, in denen er Elemente der mythologischen Karikatur mit der typischen Zauberspieltechnik seiner Zeit geschickt vereinte. Die Stücke wurden nur wenige Jahre über seinen Tod hinaus aufgeführt.

Großmann, W.: Der Volksdramatiker J. K. Sch. Diss. Wien (1948)

Plakat für Schicht-Seife, um 1895

SCHIELE, Egon, * 12. 6. 1890 in Tulln (NÖ), † 31. 10. 1918 in Wien, Maler und Zeichner. Als Sohn des Tullner Bahnhofsvorstands geboren, studierte er 1906–09 an der Akademie der

EGON SCHIELE

Expressionismus und Weltkrieg

„Seit das blutige Grauen des Weltkrieges über uns hereinbrach, sind wohl manche schon innegeworden, daß die Kunst mehr ist als eine Angelegenheit des bürgerlichen Luxus."

Egon Schiele, Brief an seinen Schwager Anton Peschka vom 2. März 1917

„Der Neukünstler ist und muß unbedingt (er) selbst sein . . . Eine Epoche zeigt der Künstler, ein Stück seines Lebens. Und immer durch ein großes Erlebnis im Sein der Künstlerindividualität beginnt eine neue Epoche . . ."

Egon Schiele, aus dem Manifest der „Neukunstgruppe" von 1909

Egon Schiele: Selbstporträt (1911). Öl auf Holz

bildenden Künste in Wien bei Christian Griepenkerl (s. d.), verließ die Akademie aber wegen künstlerischer Unstimmigkeiten vorzeitig. Bereits 1907 hatte er Gustav Klimt kennengelernt, unter dessen Einfluß er sich weiterbildete, und es entstand eine Art geistiges Vater-Sohn-Verhältnis. 1908 stellte er erstmals öffentlich aus, beteiligte sich 1909 an der „Internationalen Kunstschau" in Wien und gründete mit Gleichgesinnten die „Neukunstgruppe". Anfänglich noch unter dem Einfluß des Jugendstils, entwickelte er jedoch bald eine betont expressive Darstellungsweise von ganz persönlichem Gepräge. 1910 entwarf Sch. drei Postkarten für die Wiener Werkstätte. Er hatte nun schon zu seinem eigenwilligen und unverwechselbaren Stil gefunden und zählte bald gemeinsam mit Oskar Kokoschka (s. d.) zur Spitze der expressionistischen Avantgarde Wiens. Seine Neigung zur Erotomanie durchzieht sein ganzes Werk, und 1912 wurde er sogar zu einer Arreststrafe verurteilt und verbrachte 24 Tage im Gefängnis, da das Bezirksgericht Neulengbach (NÖ) seine Aktzeichnungen als „pornographische Blätter" bezeichnet und beschlagnahmt hatte. 1915 wurde er zum Kriegsdienst eingezogen, konnte aber weiter künstlerisch tätig sein, da er zum überwiegenden Teil im Wiener Heeresmuseum Dienst machte. Ab 1917 arbeitete er auch an der neugegründeten Zeitschrift „Der Anbruch" mit. Eine Kollektivausstellung im Rahmen der 49. Ausstellung der Secession (März 1918) brachte ihm endlich den ganz großen künstlerischen und finanziellen Erfolg. Aber ein halbes Jahr darauf wurde Sch. ein Opfer der in Wien grassierenden Spanischen Grippe und starb – drei Tage nach seiner Frau – 28jährig als Frühvollendeter. Sch. hinterließ trotz seines kurzen Lebens eine Vielzahl von Werken, allein seine Zeichnungen und Aquarelle werden auf 1 500 bis 2 000 Blätter geschätzt. 1921 gab A. Roeßler (s. d.) seine „Briefe und Prosa" heraus, und 1985 erschienen seine sämtlichen Gedichte unter dem Titel „Ich ewiges Kind".

Gütersloh, A. P.: E. Sch. (1911); Karpfen, F.: Das E.-Sch.-Buch (1921); Nirenstein, O.: E. Sch. (Werkverzeichnis, 1930); Künstler, G.: E. Sch. als Graphiker (1946); Rößler, J.: E. Sch. (1947); Benesch, O.: E. Sch. als Zeichner (1948); Mitsch, E.: E. Sch. (1961, 2. Aufl. 1975); E. Sch. Leben und Werk. Ausstellungskatalog (Historisches Museum der Stadt Wien, 1968); Leopold, R.: E. Sch. (1972); Mitsch, E.: E. Sch. (1974); Nebehay, Chr.: E. Sch. (1979); Arnold, M.: E. Sch. Leben und Werk (1984)

SCHIER, Wilhelm, * 12. 8. 1880 in Reşiţa (Banat), † 1. 12. 1956 in Melk, Benediktinermönch und Historiker. Sch. trat früh in den Orden ein, studierte Geschichte an der Universität Wien und wurde 1905 zum Priester geweiht. Er war im Stift Melk als Gymnasiallehrer und Konservator, in späteren Jahren als Direktor des Stiftsgymnasiums tätig. Abgesehen von seinen beiden lokalhistorischen Werken „Das Benediktinerstift Melk" (1928) und „Stift und Stadt Melk" (1928), gab Sch. ab 1934 mehrere Mittelschullehrbücher für Geschichte sowie den „Atlas zur allgemeinen und ö. Geschichte" (1935) heraus, der 1967 in 9. Auflage erschien.

SCHIFFMANN, Konrad, * 25. 8. 1871 in Grieskirchen (OÖ), † 12. 3. 1941 in Linz, katholischer Geistlicher und Landeshistoriker. Wurde 1896 zum Priester geweiht, war bis 1936 Gymnasialprof. in Linz sowie Direktor der Studienbibliothek. 1903–10 war er Herausgeber des „Archivs für die Geschichte der Diözese Linz" und veröffentlichte mehrere grundlegende Werke zur Geschichte des Landes OÖ., u. a.: „Die oö. Ortsnamen", 2 Bde. (1907/08), „Die mittelalterlichen Stiftsurbare des Landes Ö. ob der Enns", 4 Bde. (1912–25), „Das Land ob der Enns" (1922), „Historisches Ortsnamen-Lexikon des Landes OÖ.", 2 Bde. und ein Ergänzungsband (1935–42).

SCHIKANEDER, Emanuel (Johann Joseph), * 1. 9. 1751 in Straubing (Bayern), † 21. 9. 1812 in Wien, Schauspieler, Sänger, Regisseur, Theaterdichter und -leiter. Er begann 1773 bei einer Wandertruppe, wahrscheinlich der Moserschen Schauspielgesellschaft, als Komödiant und wurde dort 1778 Spielleiter. Mit dieser Truppe kam er 1780 auch nach Salzburg, wo er mit der Familie Mozart Freundschaft schloß.

Emanuel Schikaneders Villa („Schikaneder-Schlössel"). Später bewohnte Franz Lehár das Haus

1783 als Gast am Kärntnertortheater tätig, war er 1785/86 am Hofburgtheater engagiert. Dort fand 1791 auch die Uraufführung der „Zauberflöte" statt. Da ihm Kaiser Joseph II. (s. d.) die Bewilligung zur Errichtung eines Theaters auf dem Glacis versagt hatte, ging er nach Regensburg, von wo er 1789 nach Wien zurückkehrte und das Freihaustheater auf der Wieden eröffnete. Am 13. 6. 1801 eröffnete er dann das von ihm gegründete Theater an der Wien, das er, mit einer kurzen Unterbrechung, bis 1806 leitete und wo er auch als Schauspieler und als Hausdichter wirkte. 1807–09 führte er das Brünner Theater und kehrte schließlich 1811 über Steyr nach Wien zurück. Durch die Geldentwertung völlig verarmt, starb er hier in geistiger Umnachtung. Sch. wurde besonders bekannt als Librettist der „Zauberflöte", bei deren Uraufführung am 30. 9. 1791 er den Papageno gab. Er verfaßte insgesamt 44 Opern- und Singspiellibretti sowie 55 Sprechstücke (davon neun mit Musik) und schlug damit die Brücke vom Wiener Hanswurststück zur Bühnenwelt Raimunds (s. d.) und Nestroys (s. d.). Er vereinte das romantisch-phantastische Element mit dem derb-drastischen des Wiener Volks- und Lokalstückes, wobei er in erster Linie die bühnentechnischen Möglichkeiten wirkungsvoll auszunützen verstand. 1892 wurden „E. Sch.s sämmtliche theatralische Werke", 2 Bde., herausgegeben.

Komorzynski, E.: E. Sch. (1901, 3. Aufl. 1951); ders.: Der Vater der Zauberflöte (1948); Bauer, A.: Opern und Operetten in Wien (mit vollständigem Verzeichnis der Libretti Sch.s, 1955)

SCHIMMER, Karl August, * 7. 8. 1800 in Perchtoldsdorf (NÖ), † 2. 2. 1863 in Wien, Kulturhistoriker und Historiograph. Sollte ursprünglich Berufsoffizier werden und besuchte auch für kurze Zeit die Ingenieurakademie, wurde aber schließlich Kaufmann. Bald wandte Sch. sich aber der Schriftstellerei zu und wurde Mitarbeiter an der 1835–37 erscheinenden sechsbändigen „Ö. National-Encyklopädie", dem ersten ö. Lexikon. Seine Arbeiten zur Geschichte und Topographie Wiens sind heute noch von Bedeutung, so u. a.: „Neueste Gemälde von Wien" (1837), „Das Kaiserthum Ö. in seinen merkwürdigsten Städten" (1840–56), „Die große Maria Theresia", 2 Bde. (1845), „Wien seit 600 Jahren", 2 Bde. (1847), „Bilder aus der Heimat" (1853) sowie „Ausführliche Häuserchronik der inneren Stadt Wien mit einer geschichtlichen Übersicht sämtlicher Vorstädte und ihrer merkwürdigen Gebäude" (1849).

SCHINDLER, Anton Felix, * 13. 6. 1798 in Meedl bei Neustadt (Mähren), † 16. 1. 1864 in Bockenheim bei Frankfurt am Main, Dirigent und Musikschriftsteller. War von 1816 an ein Vertrauter Ludwig van Beethovens (s. d.) und bis zu dessen Tod sein „Geheimsekretär ohne Gehalt". 1822 wurde er Orchesterdirigent am Josefstädter Theater und führte 1823/24 Beethovens Symphonien auf. 1825 war Sch. Dirigent am Kärntnertortheater, 1831 ging er nach Deutschland. 1831–35 städtischer Musikdirektor und Domkapellmeister in Münster in Westfalen, 1935–37 in Aachen. Sch. hatte von Beethoven zahlreiche Handschriften, Briefe und rund 400 Konversationshefte erhalten, die er 1845 an die Königliche Bibliothek in Berlin verkaufte. Allerdings hatte er zuvor mehr als die Hälfte der Konversationshefte aus persönlichen Gründen vernichtet. Sch. war der erste Biograph Beethovens: „Biographie von Ludwig van Beethoven" erschien 1840 (5. Aufl. 1927); 1842 folgte „Beethoven in Paris".

Carl Schindler: „Der Wachtposten" (um 1840)

SCHINDLER, Carl, * 23. 10. 1821 in Wien, 22. 8. 1842 in Laab im Walde (NÖ), Maler und Aquarellist. Sohn von Johann Joseph Sch. (s. d.), von dem er auch unterrichtet wurde. Trotz seines kurzen Lebens wurde er ein bekannter Biedermeiermaler, der hauptsächlich Genrebilder aus dem Soldatenleben schuf, in denen er viel Sinn für Humor und eine feine, etwas versteckte Ironie zeigte. Besonders bekannt wurden „Die Rekrutierung (1838), „Der Wachtposten" (um 1840), „Der freigiebige Weingartenhüter" (1841) und „Heimfahrt von der Hochzeit".

Haberditzl, F., und Schwarz, H.: C. Sch. (1930)

EMANUEL SCHIKANEDER

Das neue Theater an der Wien

Noch bis zur Fertigstellung des neuen Hauses, des Theaters an der Wien, durfte der Schauspieler, Regisseur, Textdichter der Mozartschen „Zauberflöte" und „Direkteur" Emanuel Schikaneder im 1789 eröffneten Freihaustheater weiterspielen. Am 12. Juni 1801 schloß er dann die Bühne mit seinem Gelegenheitsstück „Thespis", in dem recht werbewirksam ein Genius dem griechischen Schauspieldirektor den Weg nach Athen weist, wo er sein Publikum wiedersehen werde. Athen war das neue Theater an der Wien, zu dessen Besuch Schikaneder die Wiener mit den Worten einlud: „Der Weg ist auch nicht weit / Der Fluß auch gar nicht breit / Ein Sprung und ihr seid da! / Nicht wahr, ihr saget ja."
Das neue Theater befand sich auf der Laimgrube, wo er die Realität Nummer 24 erworben hatte, die sich bis zum linken Wienufer erstreckte, wobei Schikaneder allerdings befürchtete, daß der üble Geruch von dem sehr nahen Wienfluß sich in sein Theater ziehen könne. Der Tag der Eröffnung, der 13. Juni 1801, wurde zu einem Triumph Schikaneders. Wien machte daraus einen Feiertag, und die „Allgemeine Musikzeitung" schrieb nach der Premiere: „Das neue Schauspielhaus ist das bequemste und vollkommenste in Deutschland, nach Schikaneders hervorragender Theaterkenntnis gebaut." – „Das eröffnete Theater fiel übereinstimmend mit allen seinen Teilen sehr geschmackvoll und schön aus, solchergestalt, daß es eine allgemeine Bewunderung und Zufriedenheit verursachte", war in der „Wiener Zeitung" zu lesen, und Ferdinand Ritter von Seyfried lobt in seinen Erinnerungen „Theaterleben Wiens seit den letzten fünfzig Jahren", 1864 erschienen: „Der Zuschauer bekam einen gar überraschenden Tiefblick und konnte an Sommertagen noch ein Stückchen blauer Luft und das grüne Laub der Bäume an der Mauer des Jesuitenhofes erblicken." Doch trotz allgegenwärtiger Geschäftstüchtigkeit Schikaneders, der selbst kleinste Verwaltungsmaßnahmen besorgte wie „daß man bey ainfallender übler Witterung im Theater-Haus mit Parapluie versehen werden kann", mußte er am 1. Juli 1802 das Privilegium an den Kaufmann Bartholomäus Zitterbarth verkaufen.

SCHINDLER, Emil Jakob, * 27. 4. 1842 in Wien, † 9. 8. 1892 in Westerland auf Sylt (Niedersachsen), Landschaftsmaler. Studierte an der Akademie der bildenden Künste in Wien bei Albert Zimmermann, von dem der spätromantische Einfluß herrührt. Er wurde als geistiger Erbe Waldmüllers (s. d.) zum Haupt der gemäßigten impressionistischen Wiener Landschaftsmalerei. Seine intimen Stimmungsbilder sind dem französischen Impressionismus stilverwandt. Ab 1885 lebte er in den Sommermonaten auf Schloß Plankenberg an der Großen Tulln (NÖ), wo er mehrere Landschaftsbilder schuf. Berühmt wurden seine Wachau-Bilder und Landschaftsmotive aus dem Wienerwald und dem Prater. Sch.s Tochter Alma wurde als A. Mahler-Werfel (s. d.) bekannt.

Moll, C.: E. J. Sch. (1930)

SCHINDLER, Franz Martin, * 25. 1. 1847 in Motzdorf (Böhmen), † 27. 10. 1922 in Wien, katholischer Geistlicher und Sozialpolitiker. Wurde 1872 zum Priester geweiht und war 1887–1917 Univ.-Prof. für Moraltheologie in Wien. 1892 Mitbegründer der ö. Leo-Gesellschaft, bis 1917 deren Generalsekretär und Herausgeber des Jahrbuchs. Der Bahnbrecher der christlichen Gesellschaftslehre wurde einer der Mitbegründer der christlichsozialen Bewegung und zum Programmatiker der Christlichsozialen Partei. Ab 1889 veranstaltete er mit den führenden Persönlichkeiten der Bewegung Diskussions- und Bildungsabende, die nach dem Ort der Zusammenkünfte, dem Hotel „Ente", „Enten-Abende" genannt wurden. 1894 schuf er zur Weiterbildung die sogenannten „Sozialen Kurse". Außerdem machte Sch. sich um die Förderung der christlichen Presse, namentlich der Tageszeitung „Reichspost", verdient und war ein Lehrer von Prälat Ignaz Seipel (s. d.). 1907–18 Mitglied des Herrenhauses. Ab 1896 gab er das zehnbändige Werk „Soziales Wirken der katholischen Kirche in Ö." heraus und veröffentlichte „Die soziale Frage der Gegenwart" (1905) sowie „Lehrbuch der Moraltheologie", 2 Bde. (1907–10).

Funder, F.: Aufbruch zur christlichen Sozialreform (1953)

SCHINDLER, Johann Joseph, * 28. 7. 1777 in St. Pölten (NÖ), † 22. 7. 1836 in Wien, Maler, Radierer und Lithograph. War Zeichenlehrer in Wien und schuf in der Tradition des Kremser Schmidt (s. Schmidt, Martin Johann) Landschafts- und Genrebilder sowie Altarbilder für die nö. Pfarrkirchen von St. Pölten, Türnitz, Wilhelmsburg, Raabs, Bergau und Reidling. Sch. war auch Mitarbeiter am großen Sammelwerk „Malerische Reise durch die schönsten Alpengegenden des ö. Kaiserstaates". Er war der Vater des Biedermeiermalers Carl Sch. (s. d.).

SCHINDLER, Julius Alexander (Pseud. Julius von der Traun), * 26. 9. 1818 in Wien, † 16. 5. 1885 in Wien, Schriftsteller. Wurde nach dem Jusstudium in Wien 1845 Justitiar des Fürstlich Lambergschen Herrschaftsamts in Steyr (OÖ) und veröffentlichte 1848 „Beiträge zum Verständnis der ständischen Bewegung in Ö.". 1850 trat er als Staatsanwaltssubstitut in kaiserliche Dienste, wurde aber 1854 wegen seiner früheren Veröffentlichungen entlassen. Danach in der Verwaltung des Grafen Henckel von Donnersmarck (s. d.) und bei der Staatsbahngesellschaft tätig, gelangte er durch die politische Wende 1861 in den nö. Landtag und war 1861–69 Reichsratsabgeordneter; Sch. wurde als schlagfertiger Redner gegen die Ultramontanen bekannt. Ab 1861 Notar in Wien, zog er sich 1870 aus dem politischen Leben zurück, um sich der Schriftstellerei zu widmen. Von seinen zahlreichen Veröffentlichungen sind zu nennen: „Die Rosenegger Romanzen" (1852, als „Gedichte" 2 Bde., 1871, 3. Aufl. 1876), „Die Geschichte vom Scharfrichter Rosenfeld und seinem Paten" (Novelle, 1852), „Unter den Zelten" (Soldatenlieder, 1853), „Theophrastus Paracelsus" (Drama, 1858), „Salomon, König von Ungarn" (Epos, 1873, 2. Aufl. 1876), „Der Schelm von Bergen" (Erzählung, 1879, 4. Aufl. 1885), „Oberösterreich" (1848, neuer Titel „Exkursionen eines Österreichers, 1840–1879", 2 Bde., 1881) und aus dem Nachlaß der Roman „Oberst Lumpus" (1888).

SCHIPPER, Emil, * 19. 8. 1882 in Wien, † 20. 7. 1957 in Wien, Opernsänger, Baßbariton. Studierte in Wien und promovierte zum Dr. jur., danach erst Gesangsausbildung in Mailand. Sch. debütierte 1904 als Telramund in Prag. War 1911 am Linzer Stadttheater, 1912–15 an der Wiener Volksoper, 1916–22 an der Münchner Staatsoper und 1922–40 an der Wiener Staatsoper engagiert. War ein sehr geschätzter Wagner-Interpret und gastierte auf zahlreichen Bühnen Europas, so 1924–30 regelmäßig an der Covent Garden Opera in London, 1922/23 und 1928 begab er sich auf eine erfolgreiche Südamerikatournee; 1928/29 gastierte er in Chicago, 1930 und 1935 bei den Salzburger Festspielen. Er war mit der Altistin Maria Olszewska (s. d.) verheiratet.

SCHISKE, Karl Hubert Rudolf, * 12. 2. 1916 in Raab (Ungarn), † 16. 6. 1969 in Wien, Komponist. Studierte an der Wiener Musikakademie und an der Universität Wien, wo er 1942 promovierte. 1952 Prof. für Komposition an der Wiener Musikakademie, Präsident der Gesellschaft der Freunde des Musikalischen Theaters in Wien. 1950 Preis der Stadt Wien, 1952 Staatspreis, erhielt 1960 den Theodor Körner-Preis und 1967 den Großen Ö. Staatspreis. Der Zwölftonmusiker Sch. schuf fünf Symphonien, ein Kammerkonzert, Streichquartette, Kammermusik, Klavier- und Orgelwerke, eine Messe sowie das Oratorium „Vom Tode" (1948).

Roschitz, K.: K. Sch. (1970)

SCHLAGER, Johann, * 22. 2. 1786 in Wien, † 18. 5. 1852 in Wien, Historiker und Topograph. Trat nach Abschluß des Philosophie- und des Jusstudiums 1806 in den Dienst des Wiener Magistrats und war 1826–46 Richter. Daneben beschäftigte sich Sch. – ohne fachwissenschaftliche Ausbildung – mit Archivforschungen, die er für seine kulturgeschichtlichen und topographischen Abhandlungen auswertete. Seine „Wiener Skizzen aus dem Mittelalter", 5 Bde. (1836–46), sind heute noch für die Lokalforschung von einiger Bedeutung.

Emil Schipper als Gunther

SCHLECHTA-WSSEHRD, Ottokar Maria Freiherr von (auch Wschehrd), * 20. 7. 1825 in Wien, † 18. 12. 1894 in Wien, Orientalist. Sohn des Dramatikers Franz Xaver Freiherr von Sch. (* 20. 10. 1796 in Wien, † 24. 3. 1875 in Wien, gehörte dem Freundeskreis um Franz Schubert [s. d.] an und war Sektionschef im Finanzministerium). Nach der Orientalischen Akademie trat er 1848 in den diplomatischen Dienst und war bis 1860 bei der ö. Internuntiatur in Konstantinopel tätig. 1861 Legationsrat und provisorischer Direktor der Orientalischen Akademie, 1870–74 Generalkonsul in Bukarest, wo er als Delegierter der europäischen Donaukommission Ö. vertrat; danach Außerordentlicher Gesandter und Bevollmächtigter Minister in Persien. Sch.-W. war ein hervorragender Kenner der persischen und der türkischen Literatur und besaß eine wertvolle Sammlung orientalischer Handschriften, die später in den Besitz der Hofbibliothek überging. Übersetzte aus dem Persischen und veröffentlichte u. a.: „Die osmanischen Geschichtsschreiber der neueren Zeit" (1856), „Feth Ali Schah und seine Thronrivalen" (1864), „Die Kämpfe zwischen Persien und Rußland in Transkaukasien seit 1804–1813" (1864), „Die Revolutionen in Konstantinopel in den Jahren 1807 und 1808" (1882). Besonders erwähnenswert ist sein in türkischer Sprache verfaßtes Werk „Darstellung des europäischen Völkerrechts", 2 Bde. (1847/48).

SCHLEGEL, Friedrich von, * 10. 3. 1772 in Hannover, † 12. 1. 1829 in Dresden, Beamter und Politiker. War der jüngere Bruder von August Wilhelm Sch. (1767–1845), der mit

Emil Jakob Schindler: Dampfschiffstation an der Donau bei Kaisermühlen, um 1872

seinen berühmt gewordenen Wiener „Vorlesungen über Dramatische Kunst und Literatur" 1808 entscheidend zum Entstehen des Romantikerkreises in der ö. Hauptstadt beitrug. Sch. war einer der Wortführer dieser katholischen Erneuerungsbewegung. Er trat 1808 zum katholischen Glauben über, wurde 1809 in den ö. Staatsdienst aufgenommen und verfaßte die Proklamation gegen Napoleon. Er leitete den „Ö. Beobachter", hielt 1810 und 1812 Vorlesungen über Geschichte und Literatur an der Universität Wien, redigierte 1809/10 die „Ö. Zeitung" („Ö. Beobachter") und 1820–23 die „Concordia".

SCHLEGEL, Josef, * 29. 12. 1869 in Schönlinde (Böhmen), † 27. 4. 1955 in Linz, Jurist und christlichsozialer Politiker. Studierte Jus und wurde Richter. 1901–18 Reichsratsabgeordneter, 1927–34 Landeshauptmann von OÖ. Sch. erwarb sich große Verdienste um den Ausbau der Elektrizität und den Kohlebergbau in OÖ. 1947–53 war Sch. Präsident des Rechnungshofs.

SCHLEINZER, Karl, * 8. 1. 1924 in St. Gertraud im Lavanttal (K), † 19. 7. 1975 in Bruck an der Mur (St) (Verkehrsunfall), Landwirt und ÖVP-Politiker. Wurde nach landwirtschaftlichen Studien in Königsberg (Ostpreußen) und in Stuttgart zur deutschen Wehrmacht eingezogen und war zuletzt Leutnant in einem Gebirgsjägerregiment. 1956 wurde er Kärntner Landtagsabgeordneter, 1959 Kärntner Landesparteiobmann der ÖVP, 1960 Landesrat für Land- und Forstwirtschaft, 1961–64 Verteidigungsminister, 1964–70 Landwirtschaftsminister, ab 1971 Bundesparteiobmann der ÖVP.

SCHLESINGER, Günther, * 20. 12. 1886 in Dürnkrut (NÖ), † 11. 4. 1945 in Wien (Selbstmord), Zoologe. Studierte in Wien und war ab 1923 Direktor der Nö. Landessammlungen. 1914 gründete und leitete er die „Blätter für Naturkunde und Naturschutz". Er war auch Präsident des Ö. Naturschutzverbands und veröffentlichte u. a.: „Unser Kronland im Wandel der Zeiten" (1913), „Naturkunde von NÖ" (1921), „Die Mastodonten" (1921), „Heimatkunde von NÖ", 2 Bde. (1921–25), „Mensch und Natur" (1926) und „Natur und Volk" (1940).

SCHLICK, Kaspar Reichsgraf (seit 1437), * um 1396 in Eger (Böhmen), † 15. 7. 1449 in Wien, Kanzler. Entstammte einer angesehenen Kaufmanns- und Ratsherrenfamilie und besuchte 1413/14 die Universität Leipzig. 1415 trat er als Schreiber in die Dienste König Siegmunds, wurde 1427 Protonotar und erhielt nach der Kaiserkrönung Siegmunds (1433) in Rom den Ritterschlag. Als erster Laie wurde er in diesem Jahr zum Obersten Kanzler ernannt und behielt diese Funktion auch unter den Nachfolgern Siegmunds, Albrecht II. (s. d.) und Friedrich III. (s. d.), bei. Schon früh mit diplomatischen Aufträgen betraut, führte Sch. die schwierigen Verhandlungen mit den Hussiten und mit den Vertretern Venedigs. Durch seine Vermittlung kam Enea Silvio Piccolomini (s. d.) 1442 an den Hof nach Wien, und gemeinsam übten beide auf die Politik Friedrichs III. einigen Einfluß aus. Sch. war ein sehr gebildeter Mann und hatte rege Beziehungen zu den großen italienischen Humanisten.

Hufnagel, O.: K. Sch. als Kanzler Friedrichs III., in: Mitteilungen des Instituts für Ö. Geschichtsforschung, 8. Erg.-Bd. (1909); Zechel, A.: Studien über Sch. (1939)

SCHLICK, Moritz, * 14. 4. 1882 in Berlin, † 22. 6. 1936 in Wien (ermordet), Philosoph. Entstammte väterlicherseits einer Familie, die einst den preußischen Adelstitel trug, unter den Vorfahren der Mutter findet sich auch der Dichter Ernst Moritz Arndt, dem Sch. seinen Vornamen verdankte. Seit 1922 lehrte er als Univ.-Prof. in Wien und war ein Vertreter der modernen Erkenntnistheorie positivistischer Prägung. „Die Philosophie", so schrieb er für Zie-

MORITZ SCHLICK

Mord auf der Philosophenstiege

Die Nacht zum Montag hatte er erneut schlaflos verbracht, in diesen Stunden war in ihm endgültig der Entschluß gereift, die Tat am kommenden Morgen zu vollbringen. Nun sitzt er seit neun Uhr vormittags im Universitätsgebäude am Seipel-Ring, auf einer Bank nächst der juridischen Fakultät, und wartet auf das Eintreffen seines Opfers. Um ihn herum geht jeder an sein Geschäft, und seines ist der Mord.
Wie jeden Morgen fährt der Mittfünfziger, der laut Beschreibung seines Schülers A. J. Ayer aussieht „wie ein amerikanischer Senator in einem Vorkriegsfilm", mit dem D-Wagen von seiner Wohnung zur Universität, wie immer erklimmt er energisch die Rampe, durcheilt die Aula und biegt rechts zur Philosophenstiege ab.
Für Johann Nelböck hat die Wartezeit ihr Ende gefunden. Als er den Erwarteten durch die Aula kommen sieht, folgt er ihm durch die Schwingtüre zur Stiege, überholt ihn am ersten Treppenabsatz, dreht sich drei Stufen höher rasch um und gibt vier Schüsse aus einem Browning ab. Der Getroffene taumelt mit einem Aufschrei zurück und fällt rücklings auf die Stufen. Der Täter stößt nunmehr, wie eine Zeugin später glaubhaft versichert, die Worte „So, Hund, du verfluchter, jetzt hast du es!" aus und läßt sich widerstandslos festnehmen. Durch das hohe Stiegenhaus gellen Schreie, eine Menschenmenge versammelt sich rasch am Tatort. „Das haben die Nazis getan!" schreit eine Frauenstimme, „Nein, das war Nelböck", korrigiert eine andere. Auf dem grünbespannten Konferenztisch im philosophischen Dekanat, den Kopf auf zwei Bücher gestützt, stirbt unterdessen im fünfundfünfzigsten Lebensjahr der führende Philosoph des „Wiener Kreises". 15 Minuten später wird die Tat im Unterrichtsministerium gemeldet, wo der Vorfall unter der Geschäftszahl 21506/1 routinemäßig vermerkt wird: „Gegenstand: Prof. Moritz Schlick, Ermordung".

Moritz Schlick 1927

genfuss' „Lexikon der Philosophie", „ist keine Wissenschaft, obwohl sie alle Wissenschaften durchdringt. Während nämlich diese aus Systemen wahrer Sätze bestehen und Erkenntnis enthalten, besteht die Philosophie in der Aufsuchung des Sinnes der Sätze und schafft Verständnis, das zur Weisheit führt." Sch. und mit ihm der „Wiener Kreis" gerieten mit ihrer liberalen, antimetaphysischen und aufklärerischen Haltung bald ins Schußfeld konservativer und deutschnationaler Professoren. Im Juni 1936 wurde er schließlich von seinem einstigen Schüler Johann Nelböck (1903–1954) auf der Philosophenstiege der Wiener Universität erschossen. 1937 wurde Nelböck zu zehn Jahren Gefängnis verurteilt, doch bereits im Oktober 1938 enthaftet, da er, wie er versicherte, „dem Nationalsozialismus einen Dienst erwiesen und wegen dieser Tat auch für den Nationalsozialismus gelitten habe". Sch. und der „Wiener Kreis" waren nach 1945 in Ö. vergessen, ihre Ideen wurden vor allem im anglo-amerikanischen Raum weiterentwickelt. Sch. veröffentlichte u. a.: „Lebensweisheit" (1908), „Raum und Zeit in der gegenwärtigen Physik" (1917), „Allgemeine Erkenntnislehre" (1918) und „Fragen der Ethik" (1930).

Sprecher-Bernegg, G.: Studien über den kritischen Realismus von M. Sch. Diss. Wien (1938); Spira, L. (Hrsg.): Attentate, die Ö. erschütterten (1981); Meneth, E.: Otto Neurath und der Wiener Kreis (1981); Stadler, F.: Vom Positivismus zur „Wissenschaftlichen Weltanschauung" (1982); McGuiness, B. (Hrsg.): Zurück zu Schlick (1985)

SCHLIESSMANN, Hans, * 6. 2. 1852 in Mainz, † 14. 2. 1920 in Wien, Zeichner und Karikaturist. Kam als Kind mit seinen Eltern nach Ö. und trat 1866 als Volontär in die Xylographische Anstalt Waldheim ein. Bald wurde er zum gefragten Zeichner von Wiener Typen und zum Karikaturisten. 1874 Mitarbeiter bei den „Humoristischen Blättern", 1880 beim „Kikeriki", war er 1881–90 bei der Wochenschrift „Wiener Luft", einer Beilage des „Figaro", und danach bei den „Fliegenden Blättern" in München tätig. 1886 lieferte er Abbildungen für den Band Wien des Werks „Die Ö.-ungarische Monarchie in Wort und Bild", 1889 erschien ein „Sch.-Album", 1892 „Wiener Schattenbilder" und nach seinem Tod 1928 „Dirigenten von Gestern und Heute".

SCHLÖGL, Friedrich Kilian, * 7. 12. 1821 in Wien, † 7. 10. 1892 in Wien, Feuilletonist und humoristischer Volksschriftsteller. Der Sohn eines Hutmachergesellen trat 1840 als Beamter in den Staatsdienst ein. Er schrieb für viele Zeitschriften Humoresken, Sittenbilder und kulturhistorische Aufsätze, in Roseggers „Heimgarten" ebenso wie im Witzblatt „Figaro" und im „Neuen Wiener Tagblatt". 1876 gründete und redigierte er die Beilage „Wiener Luft" zum „Figaro". Außerdem veröffentlichte er: „Wiener Blut" (1873), „Alte und neue Historien von Wiener Weinkellern, Weinstuben und vom Weine überhaupt" (1875), „Aus Alt- und Neu-Wien" (1882), „Ferdinand Sauter" (1884), „Vom Wiener Volkstheater" (1884), „Wien samt Führer" (1886); nach seinem Tod erschienen „Aus meinem Felleisen" (1893) und „Gesammelte Schriften", 3 Bde. (1893). 1947 wurde die Auswahl „Zu meiner Zeit" veröffentlicht.

Newald, J.: F. Sch. (1895); Negrini, F.: F. Sch. als Tagesschriftsteller. Diss. Wien (1958)

SCHLOM, Bankier, Geburtsdaten unbekannt, † 1196 in Wien (ermordet). Er war Münzmeister und der erste namentlich bekannte Jude Wiens. Im Zusammenhang mit der Errichtung der Wiener Münzstätte ernannte ihn Herzog Leopold V. (s. d.) zum Münzmeister, wodurch er einige Vorrechte erhielt; er besaß in Wien mehrere Grundstücke, auf denen die Synagoge errichtet wurde. Sch. wurde von einem Kreuzfahrer erschlagen, den der Herzog exemplarisch bestrafen ließ.

Bato, Y. L.: Die Juden im alten Wien (1928)

SCHLOSSAR, Anton, * 27. 6. 1849 in Troppau (Ö.-Schlesien), † 1. 8. 1942 in Graz, Volkskundler und Kulturhistoriker. Wurde durch seine Veröffentlichung „Ö. Kultur- und Literaturbilder" (1879) bekannt und leitete 1904–10 als Direktor die Grazer Universitätsbibliothek. Er war der Bahnbrecher für die steirische Volkskunde und veröffentlichte noch heute gültige Werke, u. a.: „Die Literatur der Steiermark" (1886), „Deutsche Volksschauspiele in Steiermark", 2 Bde. (1890), „100 Jahre deutsche Dichtung in Steiermark" (1893), „Vier Jahrhunderte deutsches Kulturleben in Steiermark" (1908), „Erzherzog Johann" (1908), „Peter Rosegger" (1921). Gemeinsam mit G. Gugitz (s. d.) gab er 1922 Pezzls „Skizze von Wien" heraus. 1923 erschien „Mein Lebenslauf". Ab 1929 war Sch. Herausgeber der „Bibliographie der Steiermark".

SCHLOSSER, Julius Ritter von, * 13. 9. 1866 in Wien, † 1. 12. 1938 in Wien, Kunsthistoriker. Studierte in Wien, war 1901–22 Direktor des Kunsthistorischen Museums und 1922–36 Univ.-Prof. Hatte sich große Verdienste um die Quellenkunde der Kunstgeschichte erworben. Unter dem Pseud. O. Hammer veröffentlichte er einige belletristische Werke. Von seinen fachwissenschaftlichen Publikationen seien u. a. genannt: „Werke der Kleinplastik in der Skulptursammlung des allerhöchsten Kaiserhauses", 2 Bde. (1910), „Materialien zur Quellenkunde der Kunstgeschichte", 10 Hefte (1914–20, 1924 als „Die Kunstliteratur" neu erschienen), „Die Kunst des Mittelalters" (1923), „Künstlerprobleme der Frührenaissance", 5 Bde. (1929–34), „Die Wiener Schule der Kunstgeschichte" (1934).

Julius von Schlosser

Festschrift für J. v. Sch. (1927)

SCHLUMBERGER, Robert, Edler von Goldeck (seit 1879), * 12. 9. 1814 in Stuttgart, † 13. 7. 1879 in Vöslau (NÖ), Sektfabrikant. Entstammt einer ursprünglich in Ulm ansässigen Familie und wurde in einer Champagnerfabrik in Reims (Frankreich) leitender Direktor. Aufgrund seiner dort gesammelten Erfahrungen baute er 1843 in Vöslau einen Komplex von Kellereien, den er „Goldeck" nannte. Durch seine geschickt geführten und ständig erweiterten Weingroßhandlungen und Sektkellereien wurde er zum Millionär und fünf Monate vor seinem Tod auch geadelt. Seine Nachkommen besitzen noch heute das Weingut „Goldeck".

SCHMAL-FILIUS, Adolf, * 18. 9. 1872 in Dortmund, † 28. 8. 1919 in Salzburg, Fechter und Radrennfahrer. Wohl die kurioseste Olympia-Laufbahn aller Zeiten. Startete bei den I. Olympischen Sommerspielen 1896 in Athen vorerst als Fechter. Nachdem er seine zwei schwersten Gegner bereits besiegt hatte und praktisch vor dem Olympiasieg stand, wurde das Turnier bei Erscheinen des griechischen Königs unterbrochen und nach Kampfrichterentscheid neu begonnen. Sch.-F. scheiterte in der Wiederholung, hielt sich aber als Radrennfahrer schadlos. Er überrundete in der Anfangsphase des 12-Stunden-Rennens alle Konkurrenten und hielt diese Runde Vorsprung bis ins Ziel. Zu dieser Goldmedaille holte er noch Bronze beim 333-m-Zeitfahren und über 10000 m.

SCHMARDA, Ludwig Karl von, * 23. 8. 1819 in Olmütz (Mähren), † 7. 4. 1908 in Wien, Zoologe und Mitbegründer der Tiergeographie. Studierte an der Universität Wien Medizin und Naturwissenschaften und promovierte zum Dr. med. et phil. Ab 1850 Prof. der Naturgeschichte an der Universität Graz, 1852 Prof. für Zoologie an der Prager Universität; unternahm 1853 eine vierjährige Weltreise, deren Beobachtungen er in dem noch heute als klassisch geltenden Werk „Die geographische Verbreitung der Tiere", 3 Bde. (1858), festhielt. Die von ihm erstellte Übersichtskarte ist noch immer von Bedeutung, da er 31 Reiche unterschied und sie „charakterisierte", wie etwa: „Indien oder Reich der Raubtiere und Columbiden", „Australien oder Reich der Beuteltiere und honigsaugenden Vögel", „Tropisch Stiller Ozean oder Reich der Korallen und Seewalzen". Von 1858 an war er Prof. für Zoologie an der Universität Wien.

Österreicher als Erforscher der Erde. Notring Jahrbuch 1959

SCHMEDES, Eric, * 27. 8. 1866 in Gjentofte bei Kopenhagen, † 21. 3. 1931 in Wien, Kammersänger, Tenor. Studierte in Berlin, Wien und Dresden und debütierte zunächst als Bariton 1891 in Nürnberg. 1894–97 war er als Heldentenor an der Dresdner Hofoper tätig und 1898–1924 in Wien, wo er schließlich seine künstlerische Heimat fand. Er gab zahlreiche Gastspiele als Wagner-Interpret, so bei den Bayreuther Festspielen, an der Covent Garden Opera in London, der Grand Opéra Paris, in Berlin, in München und in Prag sowie 1908/09 an der Metropolitan Opera in New York. Sch. war zuletzt in Wien als Gesangspädagoge tätig.

Eric Schmedes als Siegfried in „Götterdämmerung"

SCHMEIDEL, Hermann, * 20. 6. 1894 in Graz, † 10. 10. 1953 in Graz, Dirigent. Studierte in Graz und gründete und leitete den „Wiener Frauenchor". Sch. war auch Dirigent der Gesellschaft der Musikfreunde in Wien und des Wiener Schubertbundes; 1933–38 Leiter des Steiermärkischen Musikvereins und 1935–38 Landesmusikdirektor. 1938 emigrierte er nach Ankara, wo er ebenfalls als Dirigent tätig war. Nach seiner Rückkehr 1946 arbeitete Sch. als Dirigent am Salzburger Mozarteum.

SCHMELLER, Alfred, * 11. 3. 1920 in Erlangen (BRD), Kunsthistoriker, -kritiker und Journalist. Lebt seit 1943 in Wien und war Sekretär des Art Clubs. Danach Redakteur der Zeitschrift „Magnum", Landeskonservator für Wien und das Burgenland und von 1969–79 Direktor des Museums des 20. Jahrhunderts in Wien. Er veröffentlichte u. a.: „Französische Impressionisten und ihr Kreis" (1954), „Der Surrealismus" (1956), „Der Kubismus" (1956), „Das Burgenland" (1965).

SCHMELTZL, Wolfgang, * um 1500 in Kemnath (Oberpfalz), † nach 1560 in St. Lorenzen am Steinfelde (NÖ), Dichter und Schulmeister. War zunächst protestantischer Kantor in Amberg und kam über Nürnberg und Leipzig um 1540 nach Wien. Wechselte zum katholischen Glauben über und war von 1540 oder 1541 an Lehrer

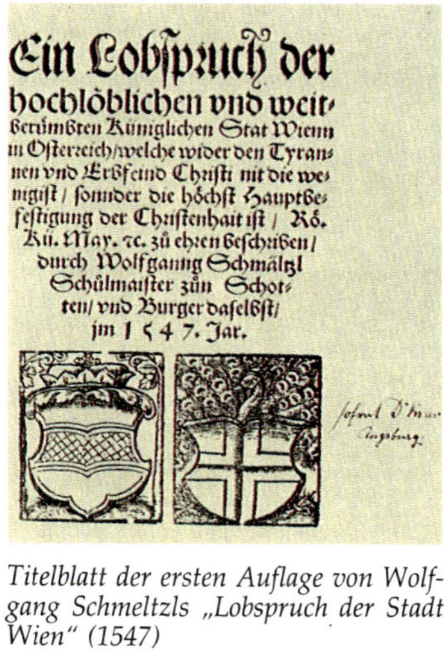

Ein Lobspruch der hochlöblichen vnd weitberümbten Küniglichen Stat Wienn in Österreich/welche wider den Tyrannen vnd Erbfeind Christi nit die weinigist / sonnder die höchst Hauptbefestigung der Christenhait ist / Rö. Kü. May. rc. zů ehren beschriben / durch Wolfganng Schmältzl Schůlmaister zůn Schotten/ vnd Burger daselbst/ jm 1 5 4 7. Jar.

Titelblatt der ersten Auflage von Wolfgang Schmeltzls „Lobspruch der Stadt Wien" (1547)

am Wiener Schottenstift. Bis 1551 brachte er hier jährlich eine Komödie (von denen nur sieben erhalten sind) nach biblischen Themen heraus und führte damit das deutschsprachige Schuldrama in Ö. ein. 1544 gab er eine Volksliedersammlung mit Noten heraus, das einzige vierstimmige Liederbuch der ersten Hälfte des 16. Jh.s, 1547 den „Lobspruch der Stadt Wien", in 1600 Knittelversen, der schon 1548 in einer zweiten Auflage erschien und heute noch für die Kulturgeschichte Wiens von Bedeutung ist. 1556 folgte das Epos „Zug in das Ungarland" über den Feldzug Erzherzog Ferdinands (s. d.), den Sch. mitgemacht hatte. 1915 erschien eine Auswahl seiner Werke.

Spengler, F.: W. Sch. (1883)

SCHMELZER von Ehrenruef, Johann Heinrich (auch Ehrenruff), * um 1623 in Scheibbs (NÖ), † zwischen 4. 2. und 20. 3. 1680 in Prag, Geiger und Komponist. 1649 ist er als „Hofinstrumentalist" nachweisbar, war also ein Mitglied der Wiener Hofkapelle. 1671 Vize-, 1679 Hofkapellmeister, bestimmte er zwischen 1660 und 1680 den Musik- und Aufführungsstil der Wiener Hofkapelle Kaiser Leopolds I. (s. d.), den er auch musikalisch beriet. Nach der niederländischen und der besonders dominanten italienischen Vorherrschaft setzte er als erster ö. Musiker das bodenständige Element durch. Sch. war ein Meister der altö. Geigenschule. 1667/68 schuf er die Ballette zu Cestis „Il pomo d'oro", außerdem mehrere Instrumentalwerke, Ballette und Sonaten.

Koczirz, A.: Zur Lebensgeschichte J. H. Sch.s (1964)

SCHMERLING, Anton Ritter von, * 23. 8. 1805 in Wien, 23. 5. 1893 in Wien, Jurist und deutschnational-liberaler Politiker. Sch. studierte in Wien die Rechte, trat 1829 in den Staatsdienst, wurde 1846 Appellationsrat, quittierte aber 1847 den Dienst, um sich der „freisinnigen" Politik zu widmen. Durch seine Teilnahme an der „Märzbewegung 1848" wurde er Mitglied der Frankfurter Nationalversammlung und übernahm ab Mai für die letzten Wochen deren Präsidium. Am 15. 7. 1848 von Erzherzog Johann (s. d.) zum Reichsminister ernannt, setzte Sch. sich ebenso energisch wie gewandt für den großdeutschen Standpunkt unter Führung Ö.s ein. Als Gegner der preußischen Hegemonie schuf er sich viele Feinde und trat im Dezember 1848 zurück. Nun als Bevollmächtigter bei der Frankfurter Zentralgewalt im Sinn Ö.s tätig, schied er, nachdem die preußische Partei die Oberhand gewonnen hatte, Ende April 1849 aus seiner Funktion. Nach Wien zurückgekehrt, wurde Sch. als Justizminister in das Kabinett Schwarzenberg (s. d.) berufen, wo er die Geschworenengerichte schuf, die Gerichtsverfassung reformierte und wesentlichen Anteil an der Durchführung der Grundentlastung hatte. Da er mit der herrschenden Politik nicht einver-

Anton Ritter von Schmerling

standen war, nahm er zu Beginn des Jahres 1851 seinen Abschied. Im Anschluß daran wurde er Senatspräsident des Obersten Gerichtshofs und 1858 Präsident des Oberlandesgerichts in Wien. Als das föderalistische Oktoberdiplom wenig Anklang fand, wurde Sch. im Dezember 1860 zum Staatsminister ernannt – offizieller Ministerpräsident war Erzherzog Rainer (s. d.). Seine zentralistische Verfassung vom 26. 2. 1861, das sogenannte Februarpatent, stellte eine undemokratische Verfassung dar, die sich auf die deutschliberale Minderheit im Abgeordnetenhaus stützte. Das Volk sprach vom „Schmerling-Theater", und sein Ausspruch „Wir können warten!" war nicht geeignet, der wachsenden ungarischen und slawischen Opposition wirksam entgegenzutreten. Wohl entstand in seiner Amtszeit 1861 das Protestantengesetz, 1862 ein Gesetz zum Schutz einiger Grundrechte, schließlich kam es auch zum Frankfurter Fürstentag von 1863, allerdings auch zur politisch unglücklichen Beteiligung am Deutsch-Dänischen Krieg von 1864. Ein geschickter Vorstoß der Ungarn 1865 sowie die Unzufriedenheit der Deutschliberalen, die sich von Sch. mehr erhofft hatten, führten zu seiner Demission (27. 7. 1865). Nun zum Präsidenten des Obersten Gerichtshofs ernannt, war Sch. 1861–67 Reichsratsabgeordneter, ab 1867 Mitglied des Herrenhauses und von 14. 2. bis 10. 8. 1871 dessen Präsident. 1891 trat er als Präsident des Obersten Gerichtshofs in den Ruhestand und widmete sich in den letzten Lebensjahren als Kuratoriumsvorsitzender der Theresianischen Ritterakademie. Sein Bruder Joseph Ritter von Sch., * 8. 12. 1806 in Wien, † 6. 9. 1884 in Bad Aussee, war Berufsoffizier, jahrelang ö. Militärbevollmächtigter in Frankfurt am Main, dann im Kriegsministerium, ab 1868 Mitglied des Herrenhauses. Er nahm als Feldzeugmeister 1878 seinen Abschied.

Arneth, A. v.: A. Ritter v. Sch. (unter Benützung eines Teils der unveröffentlichten Memoiren, 1895); Molisch, P.: A. v. Sch. und der Liberalismus in Ö. (1944); Slanecko, H.: Sch. und das Parlament. Diss. Wien (1954)

SCHMEYKAL, Franz, * 3. 12. 1826 in Böhmisch-Leipa, † 5. 4. 1894 in Prag, deutschnationaler Politiker. Studierte in Prag Jus und wurde Rechtsanwalt. Ab 1861 Abgeordneter im böhmischen Landtag und Führer der Deutschen in Böhmen. Für seine enorme Rednergabe bekannt, setzte er sich mit großem Eifer für das Deutschtum in Böhmen ein. Einen Vergleich mit den Tschechen konnte er sich nur auf dem Weg der nationalen Abgrenzung der beiden Völker vorstellen und wirkte in diesem Sinn auch bei den Ausgleichskonferenzen im Dezember 1889. Abgesehen davon, daß Sch. praktisch allen existierenden deutschnationalen Vereinigungen in Böhmen in irgendeiner Form angehörte, war er Mitglied des k. k. Staatsgerichtshofs und Ausschußmitglied der böhmischen Advokatenkammer.

Bendel, J.: F. Sch. Gedenkblätter (1895)

SCHMID, Aglaja, * 9. 8. 1926 in Scheibbs (NÖ), Kammerschauspielerin. Ausbildung am Reinhardt-Seminar. 1945 kam sie an das Theater in der Josefstadt. 1951 heiratete sie den Regisseur Rudolf Steinboeck (s. d.), mit dem sie dann an verschiedenen großen Bühnen in der BRD engagiert war. Seit 1956 am Wiener Burgtheater, wurde sie 1963 Kammerschauspielerin und erhielt 1977 das Ehrenkreuz für Wissenschaft und Kunst 1. Klasse. Auch bei Film und Fernsehen beschäftigt, verkörperte sie, abgesehen von ihren Rollen im Charakterfach, besonders eindrucksvoll damenhafte Gestalten wie die Helene Altenwyl in Hofmannsthals „Der Schwierige".

SCHMID, Heinrich, * 24. 6. 1885 in Waidhofen an der Ybbs (NÖ), † 2. 5. 1949 in Wien, Architekt. Studierte bei Otto Wagner (s. d.) an der Akademie der bildenden Künste in Wien. Schloß sich danach mit Hermann Aichinger zu einer Arbeitsgemeinschaft zusammen. Sie erbauten 1922 das Ö. Verkehrsbüro am Wiener Karlsplatz, als Mitarbeiter von Clemens Holzmeister (s. d.) das Funkhaus (RAVAG) in der Argentinierstraße (1936–38), weiters das Stadthaus „Bärenmühle" (1937) in der Operngasse, Ecke Wienzeile und mehrere Wohnanlagen der Gemeinde Wien, wie den „Matteottihof" oder „Am Fuchsenfeld".

Fuchsenfeldhof in der Längenfeldgasse in Wien-Meidling, erbaut 1922–24 von Heinrich Schmid und Hermann Aichinger

SCHMID, Heinrich Felix, * 14. 8. 1896 in Berlin, † 6. 2. 1963 in Wien, Historiker, Slawist. Wurde bald nach Beendigung seiner Studien 1923 Univ.-Prof. für slawische Philologie in Graz und übte diese Tätigkeit bis 1938 und dann 1945–47 aus. Ab 1938 Univ.-Prof. für osteuropäische Geschichte in Wien, war Sch. auch Leiter des Instituts für osteuropäische Geschichte und Südostforschung, ferner seit 1955 Präsident des Internationalen Historikerverbandes. Besondere Verdienste erwarb er sich um die Herausgabe des Wiener Archivs für Geschichte des Slawentums und Osteuropas.

Festschrift für H. F. Sch. (1956)

SCHMID, Hermann Theodor von, * 30. 3. 1815 in Waizenkirchen (OÖ), † 19. 10. 1880 in München, Volksschriftsteller und Dramatiker. Verarbeitete viele Stoffe aus Geschichte und dem Volksleben Tirols, lebte aber seit 1843 in München, wo er studiert hatte und bis 1850 im Staatsdienst tätig war. Berühmt und mehrmals neu aufgelegt wurde sein Roman „Der Kanzler von Tirol", 3 Bde. (1862), in dem er das Leben von Wilhelm Biener (s. d.) schilderte. Von seinen Dramen wurde „Der Tatzelwurm" (1873) sehr bekannt. 1867–84 erschienen seine „Gesammelten Schriften" (50 Bde.).

SCHMID, Josef, * 25. 12. 1785 in Au im Bregenzerwald (V), † 1851 in Paris, Mathematiker und Pädagoge. War Schüler und Mitarbeiter des Schweizer Pädagogen Johann Heinrich Pestalozzi und zudem ein hervorragender Mathematiker seiner Zeit. Er veröffentlichte mehrere fachwissenschaftliche Werke, darunter: „Die Elemente der Form und Größe", 3 Teile (1809–11), „Die Elemente des Zeichnens" (1809) und „Die Elemente der Algebra" (1810).

Halter, C. M.: J. Sch. Diss. Zürich (1943)

SCHMID, Matthias, * 14. 11. 1835 in See im Paznauntal (T), † 22. 1. 1923 in München, Maler und Illustrator. War 1853–56 bei einem Vergolder in München tätig und besuchte erst danach die Akademie der Künste. Sch. wandte sich anfangs der religiösen Malerei zu, fand aber erst Anerkennung, als er im Stile Defreggers (s. d.) ab 1869 Szenen aus dem Tiroler Volksleben und aus den Befreiungskriegen von 1809 malte. Besonders bekannt wurden: „Abgestürzt", „Auszug der Zillertaler Protestanten", „Der Herrgottschnitzer", „Der Sittenrichter", „Das Brautexamen", „Die Spielwarenhändlerin" und „Der Festredner". 1896 verlegte er seinen Wohnsitz nach Innsbruck, später wieder nach München, wo er auch starb.

SCHMID, Walter, * 18. 1. 1875 in Krainburg (Slowenien), † 24. 3. 1951 in Graz, Archäologe. Studierte in Graz und war hier 1912–45 Univ.-Prof. und Landesarchäologe der St. Er leitete mehrere Ausgrabungen, besonders die von Flavia Solva und Noreia, wobei es ihm gelang, die einheimische Bevölkerung auf die Bedeutung archäologischer Funde hinzuweisen. Sch. veröffentlichte heute noch gültige Werke, wie u. a.: „Norisches Eisen" (1932), „Der Kultwagen von Strettweg" (1934) und „Der Schild von Steier" (1945).

Gedenkheft W. Sch. (1953)

SCHMIDBERGER, Josef, * 4. 11. 1773 in Urfahr bei Linz (OÖ), † 10. 8. 1844 im Stift St. Florian (OÖ), Augustiner-Chorherr und Obstzüchter. Trat in das Stift St. Florian ein und wurde 1799 zum Priester geweiht. Arbeitete zuerst in der Seelsorge und wurde 1815 Gartenmeister des Stifts. Besonders intensiv beschäftigte er sich mit der Veredelung von verschiedenen Obstsorten und mit der Schädlingsbekämpfung. Seine Erfahrungen publizierte er u. a. in: „Leichtfaßlicher Unterricht von der Erziehung der Obstbäume" (1824) und „Beiträge zur Obstbaumzucht und zur Naturgeschichte der den Obstbäumen schädlichen Insekten", 4 Hefte (1828–36).

SCHMIDL, Adolf, * 18. 5. 1802 in Königswart (Böhmen), † 20. 11. 1863 in Ofen (Budapest), Topograph und Schriftsteller. Studierte Jus und Philosophie an der Universität Wien, wo er 1828 Supplentär an der Lehrkanzel für Philosophie wurde. 1832 trat er in das Bücherrevisionsamt ein und übernahm 1833 die Erziehung der Söhne des Fürsten Lobkowitz (s. d.). 1844 gründete er die wissenschaftlich fundierten „Ö. Blätter für Literatur, Kunst, Geschichte", die bis 1848 erschienen. 1848 mehrere Monate Redakteur der „Wiener Zeitung", war bis 1857 Aktuar der Akademie der Wissenschaften, anschließend Geographieprof. in Ofen. Neben wenig erfolgreichen Dramen verfaßte er mehrere Reisehandbücher, u. a.: „Wien wie es ist" (1833) und „Wiens Umgebungen auf 20 Stunden im Umkreis", 3 Bde. (1835–39). Sein geographisches Hauptwerk ist „Das Kaiserthum Ö.", 10 Bde. (1837–43).

Hubacek, H.: A. Sch. Diss. Wien (1950)

SCHMIDSEDER, Ludwig, * 24. 8. 1904 in Passau, † 21. 6. 1971 in München, Operettenkomponist. War zunächst Bankbeamter, studierte am Münchner Konservatorium und war 1931–35 Barpianist in Berlin. 1935 hatte er mit seiner Operette „Viola" seinen ersten Erfolg und lebte fortan als freischaffender Komponist, viele Jahre davon in Gmunden (OÖ). Er komponierte die Operetten „Linzer Torte" (1939), „Glück in Monte Carlo" (1948), „Walzerkönigin" (1948), „Abschiedswalzer" (1950) und „Wachauer Mädel" (1951), schrieb die Musik für zahlreiche Filme sowie über 500 Schlager, darunter „Ich hab' mich so an dich gewöhnt" (1934) und „Ich hab' die schönen Maderl net erfunden" (1938).

Friedrich von Schmidt: Rathaus in Wien (1872–83)

SCHMIDT, August, * 9. 2. 1808 in Wien, † 13. 10. 1891 in Wien, Musikschriftsteller. Besuchte das Wiener Konservatorium, wurde als Komponist weniger bekannt denn als Förderer des Wiener Musiklebens. So gründete er 1843 den Wiener Männergesang-Verein, schon 1842 war er einer der Mitbegründer der Wiener Philharmonischen Konzerte und der Wiener Singakademie. 1840–42 Herausgeber des musikalischen Jahrbuchs „Orpheus" und 1841–47 der „Allgemeinen Wiener Musik-Zeitung". Veröffentlichungen: „Denksteine" (Musikerbiographien, 1848), „Geschichte des Wiener Männergesang-Vereins" (1868) und „Monographie des Madrigals" (1890).

SCHMIDT, Franz, * 22. 12. 1874 in Preßburg, † 11. 2. 1939 in Perchtoldsdorf (NÖ), Komponist. Studierte 1890–96 bei Ferdinand Hellmesberger und auch kurze Zeit bei Anton Bruckner (s. d.) in Wien und war 1896–1911 als Violoncellist Mitglied des Hofopernorchesters. 1901–14 Violoncellolehrer an der Musikakademie in Wien, 1914–22 Prof. für Klavier, 1922–25 für Kontrapunkt und Komposition sowie 1925–27 Leiter der Musikakademie und 1927–31 Rektor der Fachhochschule für Musik und darstellende Kunst. Sch. komponierte in der Nachfolge von Anton Bruckner mehrere Werke für Orgel und für Klavier sowie Kammermusik und vier Symphonien. Außerdem die Opern „Notre Dame" (1914), von der das Vorspiel zum 3. Akt besonders bekannt geworden ist, und „Fredigundis" (1922) sowie das Oratorium „Das Buch mit sieben Siegeln" (1935–37). 1951 wurde zur Förderung seiner Musik die „F.-Sch.-Gemeinde" gegründet.

Franz Schmidt. Foto mit eigenhändiger Widmung

Ließ, A.: F. Sch. (1951); Nemeth, C.: F. Sch. (1957); Scholz, R.: Die Orgelwerke von F. Sch. Diss. Wien (1971); Tschulik, N.: F. Sch. (1973); Jirasek, A.: Erinnerungen an F. Sch. (1975)

SCHMIDT, Friedrich Freiherr von (seit 1886), * 22. 10. 1825 in Frickenhofen (Württemberg), † 23. 1. 1891 in Wien, Architekt und Baumeister. Nach dem Studium am Polytechnikum in Stuttgart trat er 1843 als Steinmetz in die Kölner Dombauhütte ein. Er beteiligte sich 1855 an der Konkurrenz um den Bau der Votivkirche, wo er den 1. Preis erhielt. 1857 ging er als Lehrer für Baukunst an die Akademie in Mailand und wurde 1859 Prof. für mittelalterliche Kunst an der Akademie der bildenden Künste in Wien, ab 1865 war er hier Leiter einer Spezialschule für Architektur und mehrmals Rektor und Prorektor der Akademie. Ab 1863 Dombaumeister von St. Stephan, vollendete er in kurzer Zeit die Erneuerung des abgetragenen Südturmhelms. Sch. wurde zu einem der Hauptmeister des nachempfundenen neugotischen Stils und errichtete in Wien die Lazaristenkirche (1860–63), das Akademische Gymnasium (1863–66), die Kirche St. Othmar (1866–69), die Brigittenauer Pfarrkirche (1867–73), Maria vom Siege (1868–75), das Sühnhaus (1882–85) und die Pfarrkirche Weinhaus (1883–89). Sein Hauptwerk ist jedoch das Neue Wiener Rathaus, bei dem er in gelungener Weise Formen der Gotik mit denen der Renaissance verband. Außerdem restaurierte Sch. die Stiftskirche in Klosterneuburg, baute Schloß Waidhofen an der Ybbs (NÖ) um und errichtete die Pfarrkirche von Jedenspeigen (NÖ) sowie in Vorarlberg die Kirchen von Frastanz, Silbertal und Weiler.

Lützow, C. v.: F. Sch. (1891); Neumann, E.: F. v. Sch. Diss. Wien (1953)

SCHMIDT, Guido, * 15. 1. 1901 in Bludenz (V), † 5. 12. 1957 in Wien, Diplomat und Politiker. Studierte Jus in Wien, in Bologna und in Berlin und promovierte 1924. Trat in den diplomatischen Dienst und war 1925–27 an der ö. Gesandtschaft in Paris tätig. Auf Wunsch von Prälat Ignaz Seipel (s. d.) wurde Sch. 1927 in die Kanzlei des Bundespräsidenten berufen, wo er bald zum Kabinettsvizedirektor aufstieg. Schließlich wurde er ein vertrauter Mitarbeiter von Bundeskanzler Schuschnigg und war, als Vertreter und Verfechter des „deutschen Kurses", am Zustandekommen des Juliabkommens mit dem Deutschen Reich 1936 wesentlich beteiligt. Danach Staatssekretär für Äußeres, begleitete er Bundeskanzler Schuschnigg auch zu den Gesprächen mit Adolf Hitler auf dem Obersalzberg am 12. 2. 1938 und war danach bis zum 11. 3. Außenminister. 1939 kurze Zeit Mitglied des Vorstands der Hermann-Göring-Werke in Linz, dann in der Privatindustrie tätig. 1945–47 wegen seiner umstrittenen Haltung in der ö. Außenpolitik der Jahre 1936–38 in Haft, mußte er sich ab 26. 2. 1947 wegen Hochverrats vor einem Volksgerichtshof in Wien verantworten. Der Prozeß endete am 12. 6. 1947 mit einem Freispruch mangels an Beweisen. Das Prozeßprotokoll und das Buch „Der Hochverratsprozeß gegen Dr. G. Sch." (1947) sind eine wichtige Quelle für die ö. Zeitgeschichte. Nach dem Freispruch war Sch. wieder in der Wirtschaft tätig.

Schirra, R.: Die öffentliche Meinung und das Juliabkommen 1936. Diss. Wien (1962); Das Juliabkommen von 1936. Veröffentlichungen der Wissenschaftlichen Kommission zur Erforschung der ö. Geschichte der Jahre 1927 bis 1938, Bd. 4 (1977)

SCHMIDT, Johann Georg, * 1694 in Plan (Böhmen), † 1. 9. 1765 in Prag (?), Barockmaler, wurde auch „Wiener Schmidt" genannt. Schuf seine Werke, Hochaltarbilder und Deckengemälde, fast ausschließlich in Ö. Sein Hauptwerk „Mariä Geburt" entstand 1727 in Stetteldorf am Wagram (NÖ); weitere Werke finden sich in Wien: in der Peters-, Anna-, Franziskaner- und Leopold-Kirche; in NÖ: in der Stadtpfarrkirche in Krems, in der Stiftskirche Altenburg, in den Pfarrkirchen von Klosterneuburg, Pottenbrunn, Maria Taferl, Lilienfeld, Langenzersdorf, Ebenfurth, Aspersdorf, St. Andrä an der Traisen, Pottendorf, Traiskirchen, Weitra, in der Stifts- und Pfarrkirche von Zwettl und im Schloß Prugg in Bruck an der Leitha; außerdem in der Seminarkirche in Linz.

SCHMIDT, Justus, * 15. 1. 1903 in Wien, Kunsthistoriker. Studierte in Wien und war Vorstand der Kunstsammlungen

Guido Schmidt (rechts) mit Bundeskanzler Schuschnigg bei der Abfahrt nach Italien zu Gesprächen mit Mussolini am 21. 4. 1937

des Landesmuseums in Linz. Er war Mitherausgeber des Bandes Wien der Dehio Kunsthandbücher und veröffentlichte eine Vielzahl von kunsthistorischen Aufsätzen sowie folgende Bücher: „Die alte Universität Wien und ihr Erbauer J. N. Jadot" (1929), „Wien" (Bildband 1938, 8. Aufl. 1950), „Kunst und Leben Raphael Donners" (1941), „St. Florian" (1944), „Linz an der Donau" (1944), „Alfred Kubin" (1947), „Linzer Kunstchronik", 3 Bde. (1951/52).

SCHMIDT, Leopold, * 15. 3. 1912 in Wien, Musikforscher und Ethnologe. Studierte in Wien und promovierte 1935. 1946 Habilitation in Wien; wurde 1952 Univ.-Prof. für Volkskunde und auch Direktor des Ö. Museums für Volkskunde. Ab 1952 Herausgeber des „Jahrbuchs des ö. Volksliedwerkes". Von seinen zahlreichen Veröffentlichungen seien genannt: „Das geistliche Volksschauspiel im Lande Salzburg" (1936), „Formprobleme der deutschen Weihnachtsspiele" (1937), „Wiener Volkskunde" (1940), „Wiener Schwänke und Witze der Biedermeierzeit" (1946), „Zwischen Bastei und Linienwall" (1946), „Das Volkslied im alten Wien" (1947), „Volkskunde als Geisteswissenschaft" (1948), „Geschichte der ö. Volkskunde" (1951), „Das deutsche Volksschauspiel in zeitgenössischen Zeugnissen" (1954), „Das ö. Museum für Volkskunde" (1960), „Die Volkserzählung" (1963), „Volkskunst in Ö." (1966), „Volkskunde von NÖ", 1. Bd. (1966), „Bauernmöbel aus Süddeutschland, Ö. und der Schweiz" (1967), „Historische Volkslieder aus Ö." (1971), „Volksmusik" (1974), „Werke der alten Volkskunst" (1979) und „Bauernmöbel im Alpenraum" (1982).

SCHMIDT, Martin Johann, genannt „Kremser Schmidt", * 25. 9. 1718 in Grafenwörth (NÖ), † 28. 6. 1801 in Stein an der Donau (NÖ), Maler und Radierer. War der Sohn des Malers und Bildhauers Johann Sch. (* 1689 in Frankfurt am Main, † 28. 6. 1761 in Mautern an der Donau [NÖ]). Zum überwiegenden Teil autodidaktisch gebildet, war Sch. ab 1743 auf Wanderschaft, wahrscheinlich 1745–47 in Venedig, und traf 1750 in Wien mit Paul Troger (s. d.) zusammen. 1755 erwarb er ein Haus in Stein an der Donau nahe Krems und erhielt 1756 seine ersten großen Aufträge, das Deckengemälde für die Stadtpfarrkirche in Krems und Altarbilder für die (heutige) Piaristenkirche in Krems. 1764 arbeitete er an der Ausstattung der Pfarrkirche Schwechat bei Wien, wo er auch mit Anton Maulbertsch (s. d.) zusammentraf. Ab 1770 häuften sich die Aufträge, so daß er schließlich über 1000 Altar- und Andachtsbilder, zudem noch zahlreiche Deckenfresken schuf. Typisch für seine Werke ist ein anheimelndes Helldunkel, in dem er seine Figuren agieren läßt. Hier zeigt sich der Einfluß von Rembrandts Kunst. Von seinen Deckengemälden seien noch erwähnt: die im Rathaus von Krems, im Refektorium des Klosters Dürnstein, in der Stiftskapelle von Herzogenburg und in der Krypta von Stift Göttweig; Altarblätter befinden sich u. a. in Krems, Stein, Melk, Seitenstetten, Dürnstein, Göttweig, Maria Taferl und Gresten in NÖ, in Salzburg in St. Peter, in OÖ in Spital am Pyhrn, in Wien in der Kapelle des Melker Hofes, der Karmeliterkirche, der Gumpendorfer Pfarrkirche und im Stephansdom „Mariä Himmelfahrt" auf dem Hauptaltar sowie die Bilder vom hl. Koloman und hl. Johann Nepomuk.

Garzarolli-Thurnlackh, K.: Das graphische Werk J. M. Sch.s (1924); Ausstellungskatalog J. M. Sch. (Wien 1951); Der Maler J. M. Sch. genannt „Der Kremser-Schmidt" 1718–1801 (1955)

SCHMIDT, Rudolf, * 24. 11. 1894 in Wien, † 19. 4. 1955 in Wien, Gewerke und Mitinhaber der Schmidt-Stahlwerke AG in Wien. Beschäftigte sich schon früh mit der Stahlbeton-Weiterentwicklung und stellte 1936 einen durch Torsion kaltverfestigten Bewehrungsstahl für Stahlbeton her. Dadurch erreichte er eine um 70 Prozent höhere Ausnützung des Stahls. Dieser TOR-Stahl setzte sich rasch durch und wird heute in über 20 Ländern in stets steigendem Ausmaß verwendet.

SCHMIDT, Wilhelm, * 16. 2. 1868 in Hörde (Westfalen), † 10. 2. 1954 in Freiburg (Schweiz), katholischer Geistlicher, Ethnologe und Religionswissenschaftler. Trat in den Orden der Steyler Missionare (SVD) ein und wurde 1892 zum Priester geweiht. 1896 Prof. am Missionshaus St. Gabriel bei Mödling und 1920–38 Univ.-Prof. in Wien. 1906 gründete er die internationale Zeitschrift „Anthropos", die bis 1938 in Ö. erschien und um die er eine „Wiener Schule" der Ethnologie entwickelte, aus der die anerkannten Wissenschaftler M. Gusinde (s. d.), W. Koppers (s. d.) und P. Schebesta (s. d.) stammen. 1927 wurde er Direktor des päpstlichen Missions- und Völkerkundemuseums in Rom und 1931 Direktor des Anthropos-Instituts in Mödling (NÖ). Ab 1938 lebte er in Freiburg in der Schweiz. Seine wichtigsten Veröffentlichungen: „Die moderne Ethnologie“ (1906), „Der Ursprung der Gottesidee“, 11 Bde. (1912 ff.), „Völker und Kulturen“ (1924), „Handbuch der vergleichenden Religionsgeschichte“ (1930), „Handbuch der Methode der kulturhistorischen Ethnologie“ (1937), „Rassen und Völker“, 3 Bde. (1946–49).

Festschrift für W. Sch. (1928)

SCHMIDT, Wilhelm, * 26. 12. 1891 in Dresden, † 26. 3. 1963 in Wien, Kammerschauspieler. Kam nach seiner Ausbildung und nach kleinen Zwischenstationen, darunter in Graz, bereits 1914 an das Wiener Burgtheater, dem er bis zu seinem Tod angehörte und wo er als Charakterdarsteller eine bewährte Stütze des Ensembles bildete. Als Bühnenschriftsteller verfaßte Sch. einige Komödien.

SCHMIED, Wieland, * 5. 2. 1929 in Frankfurt am Main, Kunstkritiker. Studierte Jus und Kunstgeschichte in Wien und promovierte zum Dr. jur. Von 1963–74 war er Direktor der Kestner-Gesellschaft in Hannover und verhalf mit großen Retrospektiven vor allem dem Wiener Phantastischen Realismus zum Durchbruch. Veröffentlichte zunächst Lyrik, später auch Übertragungen, so von Oswald von Wolkenstein (s. d., 1960), und kunstgeschichtliche und -kritische Werke, u. a.: „Das Poetische in der Kunst“ (1960), sowie Monographien über Hundertwasser (s. d.), Hausner (s. d.) und Kubin (s. d.).

SCHMIEGER, Willy, * 24. 4. 1887 in Wien, † 2. 10. 1950 in Wien, Sportreporter. Im Privatberuf Mittelschulprof., war Sch. ein Pionier der Sportreportage in den Anfangszeiten des Rundfunks. Sein „Schall zu Vogl, Vogl zu Schall – Tooor!“ aus der Wunderteam-Zeit (s. Sindelar) ist bis heute sprichwörtlich geblieben. Spielte 1901–1919 in der Fußballnationalmannschaft und war beim 1:6 der erste Österreicher, der gegen England ein Tor erzielte.

SCHMIER, Fritz, * 31. 10. 1680 in Grönenbach (Schwaben), † 22. 11. 1728 in Salzburg, Staats- und Kirchenrechtler. Wurde 1706 Prof. an der Universität Salzburg und war ab 1713 bis zu seinem Tod Rektor. Unter seiner Leitung erlangte die Universität Salzburg eine nie zuvor erreichte Hochblüte. Veröffentlichungen: „Iurisprudentia canonico-civilis“, 3 Bde. (1716) und „Iurisprudentia publica universalis“ (1722).

Martin Johann Schmidt („Kremser Schmidt“): „Mariae Verkündigung“ (1784)

SCHMITZ, Richard, * 14. 12. 1885 in Miglitz (Nordmähren), † 27. 4. 1964 in Wien, christlichsozialer Politiker. Nach juridischen und nationalökonomischen Studien in Wien und Innsbruck wandte Sch. sich dem Journalismus und der Politik zu. 1918–23 war er Wiener Gemeinderat und wirkte auch als Direktor der Zentralstelle des Volksbundes der Katholiken Ö.s. 1920–34 war Sch. Abgeordneter zum Nationalrat, 1922–24 und 1933/34 Sozialminister, 1926–29 Unterrichtsminister, 1930 Vizekanzler und 1934–38 eingesetzter Bürgermeister von Wien. Obwohl um eine Aussöhnung der Arbeiterschaft mit dem Ständestaat bemüht, war Sch. doch ein zu konsequenter Parteigänger von Prälat Ignaz Seipel (s. d.) und ein enger Vertrauter von Bundeskanzler Schuschnigg (s. d.). Die von ihm geplante Abwehrfront gegen den Nationalsozialismus kam daher nicht zustande. Auch wenn unter ihm der sozialdemokratische Wohnbau in Wien zum Stillstand kam, so fällt doch in seine Amtszeit der Bau der Reichsbrücke und der Wiener Höhenstraße. 1938 befand sich Sch. unter den ersten Verhafteten und war bis 4. 5. 1945 im KZ Dachau. Nach Wien zurückgekehrt, betätigte er sich nicht mehr politisch, leitete bis zu seinem Tod als Generaldirektor den Wiener Herold-Verlag und setzte sich für den Wiederaufbau des katholischen Pressewesens ein. Veröffentlichungen: „Das christlichsoziale Programm“ (1932), „Die berufsständische Ordnung in Ö.“ (1933) und „Reden“ (1936).

Till, R.: Unser Bürgermeister R. Sch. (1935); Braun, F.: Der politische Lebensweg des Bürgermeisters R. Sch. Diss. Wien (1968); Czeike, F.: Wien und seine Bürgermeister (1974)

SCHMITZ, Wolfgang, * 28. 5. 1923 in Wien, Jurist und ÖVP-Wirtschaftspolitiker. Studierte in Wien und war ab 1950 in der Wiener Handelskammer tätig. Als 1963 im Rahmen der Paritätischen Kommission der Wirtschaftsbeirat neu gegründet wurde, bestellte man ihn zum Ersten Vorsitzenden. 1964–68 Finanzminister, von 1. 2. 1968 bis 1. 2. 1973 Präsident der Oesterreichischen Nationalbank. Sch. schied nach Scheitern seiner Steuersenkungspläne bei der Umbildung des Kabinetts Klaus II aus dem Regierungsteam.

SCHMÖLZER, Jakob Eduard, * 9. 3. 1812 in Graz, † 9. 1. 1886 in Oberkindberg (St), Beamter und Komponist. Komponierte neben seinem Beruf als Beamter und war ein Virtuose auf der Flöte. Er schuf mehrere volkstümliche Lieder in steirischer Mundart und Volkslieder, u. a. nach Texten von Peter Rosegger, aber auch Männerchöre, mehrere Ouvertüren und eine Oper.

SCHMUTZER, Ferdinand, * 21. 5. 1870 in Wien, † 26. 10. 1928 in Wien, Graphiker, Radierer und Maler. War ein Nachkomme von Jakob Matthias Sch. (s. d.), sein Großvater Vinzenz Sch. (1798–1846) und sein Vater Ferdinand Sch. (1833–1915) waren Bildhauer. 1901 wurde er Mitglied der Wiener Secession und war in den Jahren 1914–17 auch ihr Präsident. Ab 1908 Prof. an der Akademie der bildenden Künste, 1922–24 auch Rektor. Er wurde bekannt durch seine großformatigen Bildnisradierungen und lebensgroßen Köpfe in Vernis-mou-Technik. Unter diesen rund 300 Porträts befinden sich namhafte Persönlichkeiten seiner Zeit, wie etwa Rudolf von Alt (s. d.) und Graf Latour (s. d.), aber auch eindrucksvolle Darstellungen wie „Professor Chrobak im Operationssaal“. Außerdem schuf er mehrere Landschaftsbilder und Interieurs.

Weixlgärtner, A.: Das radierte Werk von F. Sch. (mit Werkverzeichnis 1922); Martin, Ch. L.: F. Sch. (1958)

Ferdinand Schmutzer: Der Komponist Karl Goldmark. Zeichnung, 1902

SCHMUTZER, Jakob Matthias (auch Schmuzer), * 3. 4. 1733 in Wien, † 2. 12. 1811 in Wien, Kupferstecher und Maler. War der Sohn des Kupferstechers Andreas Sch., der bereits 1740 starb. Wenzel Fürst Liechtenstein (s. d.) ermöglichte Sch. die Ausbildung an der Akademie der bildenden Künste in Wien, Maria Theresia (s. d.) schickte ihn 1762 nach Paris zu J. G. Willes, dessen bester Schüler er bald wurde und der ihn auch mit der Leitung der Zeichenschule für deutschsprachige Künstler betraute. 1766 nach Wien zurückgekehrt, wurde er Direktor der Kupferstichsammlung der Wiener Akademie und mit der Gründung einer Schule für Kupferstechen beauftragt. 1767 wurde er zum Hofkupferstecher ernannt und die Schule 1768 unter seiner Direktion zur Akademie erhoben. Als im Rahmen der Schulreform in den Normalschulen auch das Zeichnen eingeführt wurde, ernannte man ihn 1771 zum Oberdirektor aller k. k. Zeichennormalschulen. 1772 wurde Sch.s Akademie mit der alten Maler-, Bildhauer- und Architektenakademie vereinigt. Sch., der eine Vielzahl von Porträtradierungen und Zeichnungen schuf, hat den Ruf der Wiener Reproduktionsgraphik begründet.

SCHMUTZER, Toni, * 3. 7. 1864 in Feldkirch (V), † 27. 5. 1936 in Feldkirch, Kirchenmusiker und Komponist. War ein geschätzter Kirchenmusiker und schuf überwiegend Lieder und Männerchöre. Von ihm stammt auch die Melodie zur Vorarlberger Landeshymne.

SCHNABEL, Artur, * 17. 4. 1882 in Lipnik (Galizien), † 15. 8. 1951 in Morschach (Schweiz), Pianist und Komponist. Studierte 1888–97 in Wien und war 1925–33 Prof. an der Berliner Musikhochschule. Konzertreisen als Pianist. Ab 1939 lebte er in New York und kehrte nach dem Zweiten Weltkrieg wieder nach Europa zurück. Sch. war ein bedeutender Interpret der Werke Ludwig van Beethovens, Franz Schuberts und Johannes Brahms'. Als Komponist schuf er unter dem Einfluß von Arnold Schönberg (s. d.) vorwiegend kammermusikalische Werke in einer eigenständigen atonalen Tonsprache. Er verfaßte auch einige musiktheoretische Werke in englischer Sprache. Seine Autobiographie erschien nach seinem Tod 1961 in englischer Sprache unter dem Titel „My Life and Music" in London, 1963 in New York.

SCHNABEL, Isidor, * 14. 11. 1842 in Neubydżow (Böhmen), † 4. 12. 1908 in Wien, Augenarzt. Sch. war einer der richtungweisenden Ophthalmologen seiner Zeit. 1877–87 Univ.-Prof. in Innsbruck, 1887–91 in Graz, 1891–95 in Prag; anschließend lehrte er bis zu seinem Tod in Wien. Er beschäftigte sich eingehend mit den Lehren vom Glaukom, der Kurzsichtigkeit und des Schielens und erzielte mit seinen neuen Methoden beachtliche Heilerfolge. Seine Spezialgebiete waren die Ophthalmoskopie und die optischen Fehler des Auges.

SCHNABL, Karl, * 8. 3. 1954 in Achomitz (K), Schispringer. Erster Österreicher, der im Schispringen olympisches Gold gewann (1976 in Innsbruck, vor Innauer, s. d.). Bronze 1974 bei der Junioren-EM, Olympia-Bronze auf der Normalschanze in Seefeld. Dritter bei der Vierschanzentournee 1975. Nach dem Ende seiner Karriere studierte er und arbeitet heute als Sportmediziner.

SCHNEEWEISS, Martin, * 10. 6. 1900 in ?, † 4. 10. 1947 in Graz, Motorradrennfahrer. Populärster heimischer Motorsportler der Zwischen- und Nachkriegszeit, 1932 Gewinner der Tourist-Trophy, Europameister im Speedway 1937. Dominierte nach dem Zweiten Weltkrieg bis zu seinem Todessturz alle Sandbahn- und Speedwayrennen.

SCHNEIDER, Anton, * 13. 10. 1777 in Weiler (V), † 16. 7. 1820 in Fidris (Graubünden, Schweiz), Jurist und Vorarlberger Freiheitskämpfer. Der Sohn eines Wundarztes studierte in Innsbruck die Rechte und wurde Advokat. Nachdem auch Vorarlberg in die kriegerischen Auseinandersetzungen mit den Franzosen hineingezogen wurde, diente Sch. als Offizier im Landsturm und war zuletzt in der Schlacht bei Zürich (25.–27. 9. 1799) mit dabei. Bei der Erhebung der Vorarlberger gegen die bayerisch-französische Herrschaft im Jahr 1809 wurde Sch. General-Commissär und damit Führer des Befreiungskampfs. Von knapp 400 Mann ö. Militär unterstützt, leistete er nicht nur Widerstand, sondern führte auch bedeutende Ausfälle nach Schwaben durch. Dem übermächtigen Feind unterlegen, mußte Sch. kapitulieren, tat dies jedoch so geschickt, daß er für das Land „Vergeben und vergessen" und für sich selbst die Freiheit zur Bedingung machte. Trotzdem wurde er von den Württembergern gefangengenommen, und Kaiser Napoleon I. verurteilte ihn von Wien aus zum Tode. Allerdings lieferte ihn der Kronprinz von Württemberg nicht aus, und Sch. erhielt durch den Frieden von Schönbrunn vom 14. 10. 1809 die Freiheit wieder. 1811 wurde er Appellationsrat in Wien. Als Mitarbeiter in Freiherr von Hormayrs (s. d.) „Alpenbund", der Widerstandsbewegung von 1810–13 gegen Napoleon, wurde Sch. im Auftrag des Fürsten Metternich (s. d.) auf Zeit in Haft genommen.

Bilgeri, B.: Geschichte Vorarlbergs, Bd. IV (1982)

SCHNEIDER, Hannes, * 24. 6. 1890 in Stuben am Arlberg (V), † 24. 4. 1955 in North Conway (USA), Schipionier. Gründete 1922 die Arlberg-Schischule. Rief gemeinsam mit dem Engländer Sir Arnold Lunn das Arlberg-Kandahar-Rennen ins Leben. Emigrierte 1938 in die USA. Enorme Lehrerfolge und Popularität in Japan, wo ihm sogar ein Denkmal gesetzt wurde.

SCHNEIDER, Othmar, * 27. 8. 1928 in Lech (V), Schirennläufer. Olympia- und WM-Gold 1952 in Oslo, Silber in der Abfahrt. Später Pistolenschütze, wo er auch zur Weltelite zählte (WM-Dritter 1974), aber wegen der Teilnahme an einigen Profi-Schirennen nicht bei Olympischen Spielen starten durfte. Ist heute Textilmanager und Hotelier.

SCHNEIDERHAN, Walter, * 9. 4. 1901 in Wien, † 21. 12. 1978 in Wien, Geiger und Komponist. Studierte am Wiener Konservatorium, war 1939–48 im Grazer Opernorchester tätig und wurde 1948 Erster Kon-

ROMY SCHNEIDER

Die ewige „Sissy"

Das „Sissy"-Kostüm der jungen Kaiserin blieb ein Leben lang an Romy Schneider kleben. „Wie Grießbrei", so empfand es die Schauspielerin, die in der zweiten Hälfte ihres insgesamt nur 43 Jahre währenden Lebens lediglich in Frankreich gefeiert wurde.

SCHNEIDER, Romy (eigtl. Rosemarie Albach), * 23. 9. 1938, † 29. 5. 1982 in Paris. Tochter des Schauspielerehepaars Magda Schneider und Wolf Albach-Retty (s. d.), Filmschauspielerin. Spielte ab 1953 in über 60 Filmen als Hauptdarstellerin. 1955 kam der große Erfolg mit den drei „Sissy"-Filmen, in denen sie die Kaiserin Elisabeth von Ö. (s. d.) verkörperte. Aber erst im französischen und im italienischen Film konnte sie in den siebziger Jahren ihr Talent voll entfalten. Unter bekannten Regisseuren, wie L. Visconti und C. Chabrol, gelangte Sch. zu überzeugenden schaupielerischen Leistungen. Zu ihren bedeutendsten Filmen zählen u. a. „Boccaccio" (1970), „Das Mädchen und der Kommissar" (1972), „César und Rosalie" (1973), „Le trio infernal" (1975).

zertmeister der Wiener Symphoniker sowie Lehrer am Wiener Konservatorium. 1949 gründete er mit dem Pianisten Bohnenstingl das Sch.-Duo. Er schuf Violin- und Cellokonzerte sowie Streichquartette und Lieder.

SCHNEIDERHAN, Wolfgang, * 28. 5. 1915 in Wien, Geigenvirtuose und Kammermusiker. Studierte bei O. Ševčik in Wien und war von 1932–37 Erster Konzertmeister der Wiener Symphoniker, danach bis 1949 der Wiener Philharmoniker. Daneben war er 1939–50 Prof. für Violine an der Wiener Musikakademie, 1938–56 auch am Mozarteum in Salzburg. Seit 1948 hielt er Meisterkurse in Salzburg und in Luzern (Schweiz) ab, wo er das Kammerorchester „Festival Strings Luzern" gründete. Ab 1937 Primarius des Sch.-Quartetts, dem er bis 1951 vorstand. Als Solist war Sch. vor allem als Mozart-Interpret geschätzt. Außerdem bildete er gemeinsam mit Edwin Fischer und Enrico Mainardi ein Klaviertrio. Sch. ist mit der Kammersängerin Irmgard Seefried (s. d.) verheiratet.

Faßbind, F.: W. Sch. – Irmgard Seefried (1960); W. Sch. zum 60. Geburtstag (1975)

SCHNEIDER-SIEMSSEN, Günther, * 7. 6. 1926 in Wien, Bühnenbildner. Studium an der Akademie für angewandte Kunst und an der Akademie für bildende Kunst sowie an der Opernschule in München, daneben praktische Ausbildung an der Münchner Staatsoper; studierte auch Theaterwissenschaften an der Universität München. 1951–54 Ausstattungschef am Landestheater Salzburg, 1954–62 am Staatstheater Bremen, 1952–85 ständiger Mitarbeiter des Salzburger Marionettentheaters, für das er die Inszenierungen für alle Welttourneen machte. 1960 erste Inszenierung mit Herbert von Karajan (s. d.) an der Wiener Staatsoper. 1964–75 Chefbühnenbildner der Wiener Staatsoper. 1965–85 bei den Salzburger Festspielen, 1969–83 an der Metropolitan Opera New York. Seit 1969 hat Sch.-S. einen Lehrauftrag für Bühnenbild an der Hochschule für darstellende Kunst in Wien.

SCHNELLER, Christian, * 5. 11. 1831 in Holzgau im Lechtal (T), † 5. 8. 1908 in Cornacaldo bei Rovereto (Italien), Lehrer und Volkskundeforscher. War zunächst Lehrer und wurde 1869 Landesschulinspektor in Tirol und Vorarlberg. Bedeutender Mundart- und Volkskundeforscher des Gebiets von „Welschtirol", veröffentlichte mehrere Werke, u. a.: „Märchen und Sagen aus Welschtirol" (1867), „Die romanischen Volksmundarten in Südtirol" (1870), „Skizzen und Kulturbilder aus Tirol" (1877), „Beiträge zur Ortsnamenkunde Tirols", 2 Bde. (1893/94), „Südtirolische Landschaften", 2 Bde. (1899/1900), „Aus alter und neuer Zeit" (1902), „Innsbrucker Namenbuch" (1905).

Günther Schneider-Siemssen: Modell für ein Bühnenbild

Prem, S. M.: Ch. Sch. (1913)

SCHNERICH, Alfred, * 22. 10. 1859 in Tarvis (damals K), † 29. 4. 1944 in Wien, Kunsthistoriker und Musikwissenschaftler. Studierte in Wien Theologie, Kunstgeschichte und Musikwissenschaft. 1889–1923 war er Referent für Musik und Kunst an der Wiener Universitätsbibliothek. Er wandte sich gegen die Reformbestrebungen des Cäcilianismus, trat für die Wiener Klassik bzw. die instrumentale Kirchenmusik ein und war ein bedeutender Haydn-Forscher. Er veröffentlichte u. a.: „Die Fragen der Reform der katholischen Kirchenmusik" (1901), „Geschichte der Musik in NÖ" (1921), „Wiens Kirchen und Kapellen in kunst- und kulturgeschichtlicher Darstellung" (1921), „Joseph Haydn" (1921); Herausgeber von „Denkmäler liturgischer Tonkunst" (1925) und „Die kirchliche Tonkunst" (1927).

SCHNEYDER, Werner, * 25. 1. 1937 in Graz, Schriftsteller und Kabarettist. Studierte Zeitungswissenschaften und Kunstgeschichte und promovierte 1965. War danach Werbetexter, Journalist, Theaterdramaturg, Sportreporter und arbeitet seither als freier Autor und Kabarettist. Seit 1973 Zusammenarbeit mit dem Münchner Kabarettisten Dieter Hildebrandt. Sch. spielt seit 1981 auch Soloprogramme, so: „Solo mit Trio" (1981), „Zwischentöne" (1982), „Satz für Satz" (1984). Seine Aphorismen, Gedichte und Erzählungen sind auch in Buchform erschienen, u. a.: „Gelächter aus dem Aus" (1980), „Schlafen Sie gut, Herr Tucholsky" (1983). Er veröffentlichte auch eine Biographie über Erich Kästner.

SCHNIFIS, Laurentius von, s. Laurentius von Schnifis

SCHNITZLER, Arthur, * 15. 5. 1862 in Wien, † 21. 10. 1931 in Wien, Arzt und Dichter. War der Sohn des Arztes und Kehlkopfspezialisten Johann Sch. (* 10. 4. 1835 in Nagy-Kanizsa [Ungarn], † 2. 5. 1893 in Wien), der ab 1878 Univ.-Prof. in Wien und Gründer und Leiter der Poliklinik war. Absolvierte das Akademische Gymnasium in Wien 1879 mit Auszeichnung und veröffentlichte im November 1880 in der Münchner klerikalen Zeitschrift „Der Freie Landesbote" sein erstes Werk, „Liebeslied der Ballerine". Vom Herbst 1879 an studierte er in Wien Medizin, absolvierte 1882/83 sein Einjährig-Freiwilligen-Jahr und promovierte 1885. 1885–88 Assistent und Sekundararzt am Allgemeinen Krankenhaus in Wien, 1888–93 bei seinem Vater an der Poliklinik tätig. Seit 1886 veröffentlichte er Gedichte und Aphorismen in verschiedenen Zeitschriften, kam ab 1890 mit der literarischen Bewegung „Jung Wien" in Berührung und lernte u. a. Hugo von Hofmannsthal (s. d.), Felix Salten (s. d.), Hermann Bahr (s. d.) und Richard Beer-Hofmann (s. d.) kennen. Nach dem Tod seines Vaters eröffnete er eine Privatpraxis, wandte sich jedoch zunehmend der Schriftstellerei zu. Am 14. 7. 1893 wurde am Stadttheater von Bad Ischl sein Einakter „Abschiedssouper" aus dem Zyklus „Anatol" uraufgeführt. Nachdem bereits 1894 seine Novelle „Die drei Elexiere. Sterben" in der „Neuen Deutschen Rundschau" erschienen war, gab S. Fischer sie 1895 als Buch („Sterben") heraus, wodurch Sch. als Erzähler bekannt wurde. Am 9. 10. 1895 wurde am Wiener Burgtheater das Schauspiel „Liebelei" uraufgeführt, und 1900 ließ Sch. „Als unverkäufliches Manuskript gedruckt" den „Reigen" in 200 Exemplaren auf eigene

ARTHUR SCHNITZLER

Das weite Land der Seele

„Ich meine, ich habe Sie gemieden aus einer Art von Doppelgängerscheu . . . Ihr Determinismus wie Ihre Skepsis – was die Leute Pessimismus heißen –, Ihr Ergriffensein von den Wahrheiten des Unbewußten, von der Triebnatur des Menschen, Ihre Zersetzung der kulturell-konventionellen Sicherheiten, das Haften Ihrer Gedanken an der Polarität von Lieben und Sterben, das alles berührte mich mit einer unheimlichen Vertrautheit . . . Ja ich glaube, im Grunde Ihres Wesens sind Sie ein psychologischer Tiefenforscher, so ehrlich unparteiisch und unerschrocken wie nur je einer war, und wenn Sie das nicht wären, hätten Ihre künstlerischen Fähigkeiten, Ihre Sprachkunst und Gestaltungskraft, freies Spiel gehabt und Sie zu einem Dichter weit mehr nach Wunsch der Menge gemacht."

Sigmund Freud an Schnitzler (1922)

Kosten erscheinen und verteilte ihn an seine Freunde. In der Weihnachtsnummer der „Neuen Freien Presse" vom 25. 12. 1900 erschien seine Novelle „Lieutenant Gustl", die großes Aufsehen erregte und zur Beschlagnahmung der Zeitung führte. Sch. wurde nach einem ehrenrätlichen Verfahren am 14. 6. 1901 wegen Beleidigung des „Ansehens der ö.-ungarischen Armee" die Offizierscharge „Oberarzt" aberkannt. Am 16. 3. 1904 wurde auch die Buchausgabe von „Der Reigen" in Deutschland verboten. Am 1. 2. 1921 wurde in den Kammerspielen des Deutschen Volkstheaters in Wien „Der Reigen" erstmals aufgeführt, nachdem die Uraufführung am 23. 12. 1920 am Kleinen Schauspielhaus in Berlin erfolgt war. Nach organisierten Tumulten während einer „Reigen"-Aufführung verbot die Wiener Polizei am 17. 2. 1921 weitere Vorstellungen „aus Gründen der öffentlichen Ruhe und Ordnung" (dieses Verbot wurde ein Jahr danach aufgehoben). Am 22. 2. erfolgte ein ähnlicher Skandal bei einer Aufführung in Berlin. Sch. wurde mehrfach geehrt, erhielt den Bauernfeld-Preis 1899 und 1903, den Grillparzer-Preis (1908), den Raimund-Preis (1915), den Volkstheaterpreis (1920) und den Burgtheaterring (1926). Ab 1921 wurden – als erstes „The Affairs of Anatol" in den USA – Sch.s Werke auch verfilmt. In seinem letzten Lebensjahrzehnt war Sch. auch mit Sigmund Freud (s. d.) befreundet. Sch. war Vertreter des Wiener Impressionismus und glänzte als Stilist und pointierter, skeptisch beobachtender Zeuge seiner Epoche. Seine Stücke orientieren sich an der französischen Konversationskomödie. Sch. schrieb 30 Einakter und 17 Bühnenwerke; er war der meistgespielte deutschsprachige Dramatiker vor dem Ersten Weltkrieg. Sein Prosawerk umfaßt 50 Novellen und Erzählungen. Neben seinem umfangreichen Briefwechsel, der zum Teil auch veröffentlicht wurde, erschienen die Ausgaben „Gesammelte Werke", 9 Bde. (1922–26), „Schriften", 6 Bde. (1928/29), „Gesammelte Erzählungen" (1950), „Meisterdramen" (1950), „Die erzählenden Schriften", 2 Bde. (1961), „Die dramatischen Werke", 2 Bde.

Arthur Schnitzler. Foto von d'Ora, 1908

(1962). 1968 erschien Sch.s Autobiographie „Jugend in Wien", von seinem Sohn Heinrich Sch. (s. d.) und Therese Nickl herausgegeben. Erwähnt seien von seinen Einakterzyklen und Bühnenwerken: „Anatol" (1893), „Das Märchen" (1894), „Liebelei" (1895), „Freiwild" (1896), „Paracelsus" (1899), „Der grüne Kakadu" (1899), „Der Reigen" (1900), „Der Schleier der Beatrice" (1900), „Lebendige Stunden" (1902), „Der einsame Weg" (1903), „Zwischenspiel" (1905), „Komtesse Mizzi" (1909), „Der junge Medardus" (1910), „Das weite Land" (1911), „Professor Bernhardi" (1912), „Komödie der Worte" (1915), „Fink und Fliederbusch" (1917), „Die Schwestern" (1919), „Der Gang zum Weiher" (dramatisches Gedicht, 1926); von seinen Novellen: „Sterben" (1895), „Leutnant Gustl" (1900), „Frau Bertha Garlan" (1901), „Der blinde Geronimo und sein Bruder" (1902), „Die griechische Tänzerin" (1904), „Dämmerseelen" (1907), „Frau Beate und ihr Sohn" (1913), „Casanovas Heimfahrt" (1918), „Fräulein Else" (1924), „Traumnovelle" (1925), „Flucht in die Finsternis" (1931), „Traum und Schicksal" (1931) sowie seine Romane: „Der Weg ins Freie" (1908) und „Therese" (1928).

Feigl, L.: A. Sch. und Wien (1911); Reik, T.: A. Sch. als Psycholog (1913); Körner, J.: A. Sch.s Gestalten und Probleme (1921); Specht, R.: A. Sch. (1922); Fuchs, A.: A. Sch. (1946); Singer, H.: Zeit und Gesellschaft im Werk A. Sch.s, Diss. Wien (1948); Polsterer, S.: Die Darstellung der Frau in A. Sch.s Dramen, Diss. Wien (1949); Jandl, E.: Die Novellen A. Sch.s, Diss. Wien (1950); Lantin, L.: Traum und Wirklichkeit in der Prosadichtung A. Sch.s (1958); Schnitzler, O.: Spiegelbild der Freundschaft (1962); Baumann, G.: A. Sch. (1965); Wagner, R., und Vacha, B.: Wiener Schnitzler-Aufführungen 1891–1970 (1971); Scheible, H.: A. Sch. in Selbstzeugnissen und Bilddokumenten (1976); Wagner, R.: A. Sch. (1981)

SCHNITZLER, Heinrich, * 9. 8. 1902 in Hinterbrühl (NÖ), † 12. 7. 1982 in Wien, Schauspieler und Regisseur, Sohn von Arthur Sch. (s. d.). War nach seiner Ausbildung 1922/23 am Wiener Raimundtheater, 1923–32 in Berlin und 1932–38 Schauspieler und Direktor des Deutschen Volkstheaters in Wien. Emigrierte 1938 in die USA, wo er 1942–56 als Prof. an der University of California in Berkeley und dann an jener von Los Angeles lehrte. Nach seiner Rückkehr nach Wien war er ab 1959 Vizedirektor des Theaters in der Josefstadt und Regisseur bei den Salzburger Festspielen. 1963 erhielt er die Kainz-Medaille. Sch. war Nachlaßverwalter der Werke seines Vaters sowie der von Karl Kraus (s. d.).

SCHNORR von Carolsfeld, Ludwig Ferdinand, * 11. 10. 1788 in Königsberg (Ostpreußen), † 13. 4. 1853 in Wien, Maler, Radierer und Lithograph. Zunächst Schüler seines Vaters Johann Veit, der Direktor der Leipziger Kunstakademie war. 1804 studierte er an der Akademie der bildenden Künste in Wien bei Friedrich Füger (s. d.) und wurde von Herzog Albert von Sachsen-Teschen (s. d.) sehr gefördert. 1821 trat er zum Katholizismus über und fand Anschluß an die katholischen Romantiker. Nach ausgedehnten Reisen durch Deutschland, Frankreich und die Schweiz wurde er 1843 Erster Kustos der Belvedere-Galerie in Wien. Er schuf mehrere Altarbilder und religiöse Gemälde, Szenen aus Dichtung und Sage sowie romantische Landschaften und Porträts und war ein gesuchter Buchillustrator für die Dichtungen der Romantiker (Tieck, Brentano, Fouqué). Moritz von Schwind (s. d.) war einer seiner Schüler; Sch. verkehrte auch im Freundeskreis von Franz Schubert (s. d.).

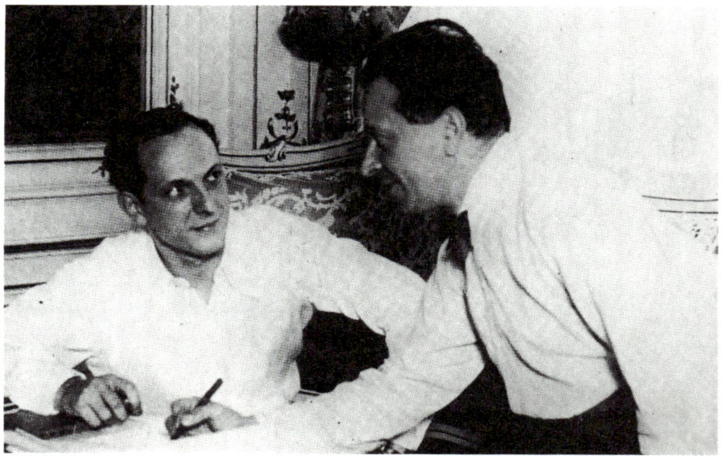

Heinrich Schnitzler (links) während einer Besprechung mit Rudolf Beer 1931

SCHOBER, Franz von, * 17. 5. 1796 in Torup bei Malmö (Schweden), † 13. 9. 1882 in Dresden, Kunstliebhaber und Schriftsteller. Kam mit 19 Jahren nach Wien und gehörte dem engeren Freundeskreis um Franz Schubert (s. d.) an. 1817 erwarb er hier ein lithographisches Institut und brachte u. a. auch die früheren Arbeiten von Moritz von Schwind (s. d.) heraus. Als Schriftsteller wenig bekannt geworden, schuf er überwiegend Lyrik, wovon 15 Gedichte und das Textbuch „Alfonso und Estrella" von Franz Schubert vertont wurden.

Ludwig Schnorr von Carolsfeld: „Am Neusiedler See" (1837)

SCHOBER, Johannes, * 14. 11. 1874 in Perg (OÖ), † 19. 8. 1932 in Baden (NÖ), Jurist und Politiker. Sein Vater, ein Veteran der Radetzky-Armee, war Kanzleibeamter in Perg. Sch. selbst verdiente sich sein Studium durch Stundengeben sowie als Hofmeister und promovierte 1898 zum Dr. jur. Anschließend war er Konzeptsbeamter bei der Polizei, wurde 1909 im Innenministerium beschäftigt und 1913 mit der Leitung der Staatspolizei betraut. Am 11. 6. 1918 erhielt Sch. die Führung der Polizeidirektion Wien und wurde am 25. 6. Polizeipräsident. Die junge Republik bestätigte Sch. nicht nur in seinem Amt, sondern betraute ihn am 3. 12. 1918 mit der Leitung des gesamten Diensts der öffentlichen Sicherheit. Im Oktober 1920 von den Großdeutschen und den Christlichsozialen vorübergehend mit der Kabinettsbildung betraut, war Sch. 1921/22 in zwei „Beamtenkabinetts" Bundeskanzler und gleichzeitig Außenminister, scheiterte jedoch am Einspruch der Großdeutschen, die seine Außenpolitik nicht billigten. Als anerkannter Fachmann wurde Sch. in der Folge an die Spitze der neugegründeten „Internationalen Kriminalpolizeilichen Kommission" (Interpol), mit Sitz in Wien, berufen und war während der Ereignisse um den Justizpalastbrand am 15. 7. 1927 Wiener Polizeipräsident. Nachdem Sch. den Schießbefehl gegeben hatte, eröffnete die Polizei das Feuer. Die 89 Toten bedeuteten einen Wendepunkt in der Nachkriegsgeschichte Ö.s. Karl Kraus (s. d.) prangerte das Vorgehen der Exekutive an und ließ im September 1927 in ganz Wien plakatieren: „An den Polizeipräsidenten von Wien / Johann Schober / Ich fordere Sie auf, abzutreten." Am 25. 9. 1929 war Bundeskanzler Streeruwitz (s. d.) von der Heimwehr und deren Verbündeten Rintelen (s. d.), Seipel (s. d.) und Sch. gestürzt worden. 1929/30 war Sch. erneut Bundeskanzler und bildete ein Kabinett, in dem auch parteiungebundene Persönlichkeiten mitarbeiteten, so der ehemalige Bundespräsident Michael Hainisch (s. d.) als Handelsminister, der Historiker Heinrich von Srbik (s. d.) als Unterrichtsminister, Univ.-Prof. Theodor Innitzer (s. d.), der spätere Kardinal, als Sozialminister und der Sektionschef im Finanzministerium Otto Juch (s. d.) als Finanzminister. Im Jänner 1930 gelang Sch. auf der Haager Konferenz die Aufhebung aller Reparationsverpflichtungen Ö.s. Sein Versuch, eine „innere Abrüstung" zu erreichen, brachte ihn immer mehr mit der Heimwehr in Konflikt; zusätzlich erhöhten sich die Spannungen mit den prominenten Führern der Christlichsozialen, besonders mit Prälat Seipel und seinem Vizekanzler Vaugoin (s. d.). Äußerer Anlaß von Sch.s Sturz war schließlich seine Weigerung, Dr. Franz Strafella zum Generaldirektor der Ö. Bundesbahnen zu ernennen. Für die Wahlen vom 9. 11. 1930 kandidierte er als Listenführer des

JOHANNES SCHOBER

„Der festeste Hort der Republik"

„. . . Dieser nicht hoch genug einzuschätzende Erfolg, dessen Bedeutung von allen staatsgetreuen Bürgern unseres Vaterlandes und überdies von den maßgebenden Faktoren des Auslandes anerkannt und auch in der Geschichte der Republik Österreich gebührend gewertet werden wird, ist auch darauf zurückzuführen, daß die Polizeidirektion in Wien sich abermals als der festeste Hort der staatlichen Ordnung bewährt hat."

Bundeskanzler Seipel nach den Ereignissen im Juli 1927

„Aus allen Kreisen der Bevölkerung und von zahlreichen Zeugen des heldenmütigen Verhaltens der Sicherheitswache kommen mir unausgesetzt Kundgebungen des Dankes und der Bewunderung für die Polizeibeamten zu. Ich selbst stehe schmerzvoll und reinen Herzens an der Bahre pflichtgetreuer Beamter und ich verspreche ihren Hinterbliebenen ihnen nach Kräften beizustehen . . ."

Aus dem Tagesbefehl des Polizeipräsidenten Schober

„Als das Anzünden begann, griff die Polizei zu dem Mittel des Salvenfeuers in die wahnsinnige Menge, zuerst mit Revolvern und dann mit Gewehren. Das letztere hatte schreckliche Wirkungen, insbesondere weil Geschosse mit weichen Spitzen verwendet wurden. Die Polizei, die über die ganzen Ereignisse offenherzig Mitteilungen machte, erklärte mir, daß sie in der schweren Notlage die Munition genommen habe, die gerade bei der Hand war, darunter auch die Geschosse mit Bleispitzen, die zum Scheibenschießen bestimmt sind."

Der englische Korrespondent G. E. R. Gedye

sogenannten „Schober-Blocks", des von den Großdeutschen und dem Landbund gebildeten „Nationalen Wirtschaftsblocks", und wurde 1930–32 Abgeordneter zum Nationalrat. Im Kabinett Ender (s. d.) und dem nachfolgenden Kabinett Buresch I (s. d.) war Sch. Vizekanzler und Außenminister (1930–32). Im März 1931 entwickelte er mit seinem deutschen Amtskollegen das Projekt einer deutsch-ö. Zollunion, scheiterte aber am massiven Einspruch Frankreichs und der Kleinen Entente. Schließlich klagte man ihn auch der Mitschuld am Zusammenbruch der Creditanstalt an und bootete ihn aus der Regierung aus, indem es im Jänner 1932 zu einer Scheindemission kam.

Kleinschmied, O.: Sch. (1930); Hannak, J.: J. Sch., Mittelweg in die Katastrophe (1966); J. Sch. Ein Leben für Ö. Festschrift zum 50. Todestag (1982); Ackerl, I.: J. Sch. – ein Mann der Mitte (in: Slapnicka, H.: Oberösterreicher II, 1982); Weissensteiner, F., und Weinzierl, E. (Hrsg.): Die ö. Bundeskanzler (1983)

SCHOELLER, Alexander Ritter von (seit 1862), * 12. 6. 1805 in Düren (Rheinland), † 11. 11. 1886 in Wien, Industrieller. Entstammte einer alten Tucherzeuger- und -händlerfamilie, die in Brünn für den Raum des ö. Kaiserstaats eine Niederlassung gegründet hatte. Von dort kam der junge Alexander nach Wien und gründete hier 1833 ein Großhandelsunternehmen. Neben dem Handel interessierte er sich für industrielle Beteiligungen und kam so mit Hermann Krupp (s. d.) in Verbindung, mit dem er 1843 die Berndorfer Metallwarenfabrik gründete. Nach einigen Rückschlägen und den Ereignissen des Jahres 1848 ging man an die galvanische Versilberung der Bestecke (als erste Fabrik in Ö.), und als „Alpaka-Silber" erreichten die Produkte internationale Anerkennung. In der Zwischenzeit hatte Sch. Güter in Böhmen erworben und diese für die landwirtschaftliche Industrie so genützt, daß die Rübenzuckerfabriken schließlich 1 Prozent der Zuckerweltproduktion erzeugten. 1853 erwarb er die Dampfmühle und die Rollgerstenfabrik in Ebenfurth (NÖ) und stattete diese mit den neuesten Maschinen aus, wodurch er in der Lage war, jährlich 400 000 Meterzentner Weizen zu verarbeiten. 1862 erwarb er das Walzwerk Ternitz des Freiherrn von Reichenbach, das zusammen mit einer Bessemerhütte zur Wiege der späteren Schoeller-Bleckmann-Stahlwerke AG. werden sollte. 1866 führte er für seine Arbeiter in Berndorf eine Unfallversicherung ein – 23 Jahre vor Einführung der Unfallpflichtversicherung. Ab 1867 war Sch. Mitglied des Herrenhauses.

Schoeller, A. V.: Geschichte der Familie Sch. (1894); Dumreicher, H.: 100 Jahre Haus Sch. (1934); Benedikt, H.: A. von Sch. (1958)

SCHOELLER, Paul, * 15. 6. 1853 in Wien, † 2. 11. 1920 in Wien, Großindustrieller. Trat 1884 in das Wiener Haus Sch. ein und erwarb in rascher Folge Hochöfen, Eisen-, Walz- und Hammerwerke in der Obersteiermark, so u. a. in Vordernberg, Trofaiach, Turrach, Murau und Unzmarkt. Schon 1887 konzentrierte er die Erzeugung in Ternitz im Unternehmen „Ternitzer Stahl- und Eisenwerke Schoeller & Co.". 1888 errichtete er die Zellulosefabrik in Hirschwang (NÖ), erwarb die Grünbacher Steinkohlebergwerke und betrieb die Hütteldorfer Brauerei. Zudem war er Präsident der Nö. Handels- und Gewerbekammer und der Börse für landwirtschaftliche Produkte. Außerdem gab er den entscheidenden Anstoß zur Errichtung einer ö. Luftflotte. 1902–18 war Sch. auch Mitglied des Herrenhauses.

Die Schoeller-Bleckmann-Werke in Ternitz (heute VEW), eine Gründung Paul Schoellers

SCHÖFFLER, Paul, * 15. 9. 1897 in Dresden, † 21. 11. 1977 in Amersham (England), Kammersänger, Baßbariton. Studierte in Dresden und Mailand und debütierte 1925 in Dresden, wo er bis 1937 blieb. Seit 1937 Mitglied der Wiener Staatsoper. Sein Repertoire reichte von Mozart über Wagner bis zu Richard Strauss und Hindemith. Sch.s Glanzrollen waren Jago, Hans Sachs und Holländer. Seine rege Gastspieltätigkeit führte ihn an alle großen Opernbühnen der Welt, zu den Salzburger und den Bayreuther Festspielen. Sch. sang 1947 die Titelpartie bei der Uraufführung von Einems (s. d.) „Dantons Tod" in Salzburg, 1952, ebenfalls in Salzburg, den Jupiter bei der Uraufführung von R. Strauss' (s. d.) „Liebe der Danae".

Christian, H.: P. Sch. (1967)

Paul Schöffler als Philipp

JOSEF SCHÖFFEL
Retter des Wienerwalds

SCHÖFFEL, Josef, * 29. 7. 1832 in Brünn (Mähren), † 7. 2. 1910 in Mödling (NÖ), Naturschützer. Wurde zum „Retter des Wienerwalds", da er durch eindrucksvolle, aufrüttelnde Reden und Publikationen im „Wiener Tagblatt" in den Jahren 1870–72 den bereits beschlossenen Verkauf des Wienerwalds an ein Holzschläger-Konsortium verhinderte. Er vertrat als einer der ersten die Idee des Heimat- und Naturschutzes und kämpfte um dessen praktische Verwirklichung. 1873–82 war er Bürgermeister von Mödling und veranlaßte den bedeutenden Anatomen Joseph Hyrtl (s. d.) zur Gründung des „Hyrtlschen Waisenhauses" in Mödling.

Glangl, M.: Dem Andenken von J. Sch. (1932)

SCHOISWOHL, Josef * 3. 1. 1901 in Guntramsdorf (NÖ), katholischer Geistlicher. Studierte in Wien und wurde 1935 zum Priester geweiht. Anschließend promovierte er zum Dr. theol. und war in der Seelsorge tätig. 1949 zum Apostolischen Administrator des Burgenlands bestellt, wurde er 1951 zum Bischof geweiht. 1954–68 Bischof der Diözese Graz-Seckau, wurde er 1968 von Papst Paul VI. in die „Kongregation für den Klerus" der Kurie berufen. Aus gesundheitlichen Gründen zog er sich am 31. 12. 1968 von seinem Bischofsamt zurück.

SCHOKOTNIGG, Joseph, * 11. 2. 1700 (Tauftag) in Graz, † 2. 8. 1755 (Begräbnistag) in Graz, Bildhauer. War der Sohn des Barockbildhauers Marx Sch. (s. d.) und wurde von seinem Vater unterwiesen. War bald sehr beliebt und wurde Vorstand der steirischen Maler- und Bildhauer-Konfraternität. Sch. schuf, ausschließlich in der Steiermark, zahlreiche Altarplastiken, so im Grazer Dom sein Hauptwerk, den Hochaltar mit prächtigen Figurengruppen, weiters in der Barmherzigenkirche, der Stadtpfarrkirche und der Wallfahrtskirche Maria Trost sowie in den Pfarrkirchen Mooskirchen, St. Georgen am Gasenbach, in Voitsberg und in der Dekanatskirche von Birkfeld.

SCHOKOTNIGG, Marx, * 25. 4. 1661 (Tauftag) in Oberburg (Südsteiermark, heute Jugoslawien), † 24. 8. 1731 (Begräbnistag) in Graz, Bildhauer. Lebte ab etwa 1692 ständig in Graz. Schuf Altarplastiken und einige Mariensäulen, alle ausschließlich in der Steiermark. Seine bedeutendsten Werke stehen im Grazer Dom und in den Grazer Kirchen St. Andrä, St. Leonhard, in der Franziskanerkirche und in der Wallfahrtskirche Maria Trost sowie in den Pfarrkirchen von Pöllau, Pöllauberg und im Stift Admont. Bedeutend sind seine Mariensäulen von Murau und von Voitsberg. Auch sein Sohn Joseph Sch. (s. d.) wurde Bildhauer.

SCHOLLUM, Robert, * 22. 8. 1913 in Wien, † 30. 9. 1987 in Wien, Komponist und Dirigent. Studierte bei J. Marx (s. d.) in Wien, trat zunächst als Konzertorganist und Pianist hervor. 1946 Städtischer Musikdirektor in Linz, gründete 1955 die „Musikalische Jugend OÖ.s". Seit 1959 Prof. an der Wiener Musikhochschule. War 1965–69 auch Präsident des Ö. Komponistenbunds. Er schuf neben zwei Opern vorwiegend kammermusikalische Werke, die sich vorerst am Neoklassizismus, danach immer mehr an der Dodekaphonik orientierten, und ist als werktreuer Dirigent geschätzt. Besonders erwähnenswert sind seine fünf Symphonien und die Kammeroper „Nacht der Verwandlung" (1952). Außerdem ist Sch. musikkritisch und -schriftstellerisch tätig. Er veröffentlichte u. a.: „Egon Wellesz" (1964), „Die Wiener Schule. Schönberg, Berg, Webern" (1969), „Das ö. Lied des 20. Jh.s" (1977).

SCHOLZ, Karl Roman, * 16. 1. 1912 in Mährisch-Schönberg, † 10. 5. 1944 in Wien (hingerichtet), Augustiner-Chorherr und Widerstandskämpfer. Seit 1930 Augustiner-Chorherr im Stift Klosterneuburg, wo er 1939 Prof. für Theologie und christliche Philosophie an der hauseigenen Lehranstalt wurde. Schon 1938 hatte er eine Gruppe junger Menschen um sich versammelt und die „Ö. Freiheitsbewegung" geschaffen, die er auch leitete. 1940 wurde er an die nationalsozialistischen Machthaber verraten und von der Gestapo verhaftet. Nach fast vier Jahren Haft wurde er im Wiener Landesgericht enthauptet. Seine letzten Worte waren: „Für Christus und Österreich." Sch. war auch schriftstellerisch tätig und veröffentlichte die Gedichtbände „Feine ferne Dinge" (1935) und „Spiel des Schicksals" (1936). In der Haft schrieb er den Roman „Goneril", der 1947 veröffentlicht wurde, und das Drama „Männer".

KARL ROMAN SCHOLZ

Die „Österreichische Freiheitsbewegung"

Am 23. 2. 1944 wird der Widerstandskämpfer Karl Roman Scholz zum Tod verurteilt. In seinem letzten Brief schreibt er an seinen Ordensoberen aus dem Gefängnis: „Was ich bis jetzt durchgemacht, war ein Purgatorium. Was jetzt bevorsteht, gibt der Hölle nicht viel nach. Ohne die Gnade Gottes wäre es nicht leicht zu tragen. In Ihm vermag man alles. Lebt also wohl! Euer Gebet und Gedenken wird mir die Kraft erflehen, weiter wie ein Mann und Christ zu dulden und auch das Schwierigste im Leben zustande zu bringen: Das rechte Sterben." Am 10. 5. 1944 um sechs Uhr abends wird Scholz mit zwanzig anderen österreichischen Freiheitskämpfern im Wiener Landesgericht mit dem Fallbeil hingerichtet.

Nach: Otto Molden, Der Ruf des Gewissens (1958)

Karl Roman Scholz

SCHOLZ, Wenzel, * 28. 3. 1787 in Brixen (Südtirol), † 5. 10. 1857 in Wien, Schauspieler und Komiker. War ursprünglich nicht für den Schauspielerberuf bestimmt, debütierte aber als Einspringer in der Wandertruppe seiner Mutter, wo er einige Jahre verblieb. 1815 wurde er an das Burgtheater engagiert, das er aber bald wieder verließ, da er sich zum Volkskomiker berufen fühlte. Er ging vorerst nach Graz (1819–26) und wurde dann an das Theater in der Josefstadt nach Wien geholt, wo ihm endlich der Durchbruch in der Rolle des Ratsdieners Klapperl in Meisls (s. d.) „Die schwarze Frau" gelang. Zusammen mit Johann Nestroy (s. d.), der ihm auch zahlreiche Rollen auf den Leib schrieb, bildete er das beliebteste Komikerduo des Wiener Volkstheaters seiner Zeit.

SCHÖNAUER, Marianne, * 31. 5. 1928 in Wien, Schauspielerin. Wurde nach ihrer Ausbildung an das Volkstheater in Wien engagiert, wo sie 1945–48 tätig war. 1948–50 am Raimundtheater, 1950 am Landestheater in Salzburg, war sie 1951–54 am Theater in der Josefstadt. Sie absolvierte zahlreiche Gastspiele und war in mehreren Filmrollen und im Fernsehen erfolgreich tätig.

SCHÖNBACH, Anton Emanuel, * 29. 5. 1848 in Rumburg (Böhmen), † 25. 8. 1911 in Schruns (V), Germanist. Studierte in Wien und in Berlin und habilitierte sich 1872 als Privatdozent in Wien, wurde 1873 a. o. und 1876 o. Univ.-Prof. in Graz. Beschäftigte sich vornehmlich mit der mittelalterlichen Literatur und der christlichen Kulturgeschichte. Er veröffentlichte u. a.: „Über die Marienklagen" (1875), „Mitteilungen aus altdeutschen Handschriften", fünf Teile (1876–92), „Vorauer Bruchstükke des Wigalois" (1877), „Über Lesen und Bildung" (1888, 4. Aufl. 1894), „Walther von der Vogelweide" (1890, 2. Aufl. 1895), „Über Hartmann von Aue" (1894), „Die Anfänge des Minnesangs" (1898) und „Gesammelte Aufsätze zur neueren Literatur" (1900); 1886–91 gab er „Altdeutsche Predigten" (3 Bde.) heraus.

SCHÖNBAUER, Leopold, * 13. 11. 1888 in Thaya (NÖ), † 11. 9. 1963 in Wien, Chirurg, Krebsforscher. Studierte in Wien Medizin und promovierte „sub auspiciis Imperatoris". 1919 Assistent, 1924 Privatdozent für Chirurgie und 1930 Leiter der chirurgischen Abteilung des Krankenhauses Lainz in Wien. 1933 a. o., 1939 o. Univ.-Prof. und bis 1961 Vorstand der I. chirurgischen Klinik sowie Leiter des Allgemeinen Krankenhauses und des Instituts für Geschichte der Medizin. Seit 1931 auch Leiter des Strahlentherapeutischen Instituts in Wien und Mitbegründer der Krebsberatungsstelle. 1959–62 war er zudem ÖVP-Abgeordneter zum Nationalrat. Er war der Schöpfer der Neurochirurgie in Ö. und publizierte über 200 vielbeachtete wissenschaftliche Arbeiten, u. a.: „Konservative Frakturbehandlung" (1928), „Hirnchirurgie" (gemeinsam mit Hans Hoff [s. d.] 1933), „Das medizinische Wien" (1944), „Die Bedeutung der ö. Chirurgie" (1948), „Lehrbuch der Chirurgie", 2 Bde. (1950), „Gesünder leben – län-

Marianne Schönauer in einer Filmszene mit Ewald Balser

Leopold Schönbauer als Rektor der Universität Wien

ger leben" (1954), „Das ö. Spital" (1959); ab 1948 war er Herausgeber der „Beiträge des Instituts für Geschichte der Medizin".

SCHÖNBERG, Arnold Franz Walter, 13. 9. 1874 in Wien, † 13. 7. 1951 in Los Angeles (USA), Komponist. War im wesentlichen Autodidakt und erhielt nur wenige Monate lang Unterricht in Kontrapunkt bei Alexander von Zemlinsky (s. d.). 1901–03 in Berlin als Dirigent im Kabarett „Überbrettl" von Ernst von Wolzogen und bis 1911 als Lehrer am Steirischen Konservatorium tätig. Ab 1914 wieder ständig in Wien, arbeitete hier als Dirigent, Komponist und Lehrer. In den Jahren 1915/16 und 1917 Militärdienst. Gründete Ende 1918 den „Verein für musikalische Privataufführungen", mit dem er einen neuen Proben- und Aufführungsstil verwirklichte. Neben seiner Lehrtätigkeit und seiner Beschäftigung als Dirigent entwickelte er in diesen Jahren seine Technik der „Komposition mit zwölf nur aufeinander bezogenen Tönen", zwischen denen es nur noch Quantitäten des Abstands, aber keine Qualitätsunterschiede mehr gibt. Jede Akkordfunktion ist ausgestaltet, die zwölf Töne erscheinen gleichberechtigt in einer Reihe, jeder nur einmal, die einmal festgesetzte Abfolge darf nicht verändert werden, kann jedoch in der Umkehrung, im Krebs (rückwärts), in der Umkehrung des Krebses und transponiert, auch nur teilweise, gebracht werden; nur rhythmische Verschiebungen sind erlaubt. Neben seinem Schaffen in der Zwölftontechnik ist Sch. immer wieder zur Tonalität zurückgekehrt. Zu Sch.s Schülern gehörten Alban Berg (s. d.), Anton von Webern (s. d.), Egon Wellesz (s. d.) u. a. In seinen theoretischen Werken förderte Sch. das Verständnis klassischer Werke. 1925–33 war Sch. Leiter einer Meisterklasse für Komposition an der Preußischen Akademie der Künste in Berlin, emigrierte im Mai 1933 über Frankreich in die USA, wo er 1936–44 Prof. für Musik an der University of California war. Sch.s umfangreiches kammermusikalisches Werk ist in drei Schaffensperioden einzuteilen: die spätromantische von 1899–1905, die expressionistische von 1906–21 und die Zwölftonperiode ab 1921. Werke u. a.: „Moses und Aron" (Oper, 1930–32), Gurrelieder (Oratorium, 1900–11), „Die Jacobsleiter" (Oratorium, 1917–22), „Pelleas und Melisande" (sinfonische Dichtung, 1903), „Verklärte Nacht" (Streichsextett, 1899), Kammermusik, Klavierstücke, Lieder. Musiktheoretische Schriften u. a.: „Harmonielehre" (1911), „Grundlagen der musikalischen Komposition" (1948).

Wellesz, E.: A. Sch. (1921); Stefan, P.: Sch. (1924); Adorno, T. W.: Philosophie der neuen Musik (1949); Stuckenschmidt, H. H.: A. Sch. (1951); Rufer, J.: Das Werk Sch.s (1959); Melichar, A.: Sch. und die Folgen (1960); Reich, W.: Sch. (1968); Freitag, E.: A. Sch. (1973); Kallir, J.: A. Sch.s Wien (1985)

ARNOLD SCHÖNBERG

„Spiel mit zwölf Bällen"

„Die Schönheit gibt es erst von dem Moment an, in dem die Unproduktiven sie zu vermissen beginnen. Früher existiert sie nicht, denn der Künstler hat sie nicht notwendig. Ihm genügt die Wahrhaftigkeit."

Arnold Schönberg, Harmonielehre (1911)

SCHÖNBURG-HARTENSTEIN, Alois Fürst, * 21. 11. 1858 in Karlsruhe, † 20. 9. 1944 in Hartenstein (Sachsen), Berufsoffizier. Er entstammte dem fränkisch-thüringischen Hochadel und war Sohn von Alexander Fürst Sch.-H., ö. Diplomat und 1855–59 Gesandter in Karlsruhe. Sch.-H. besuchte die Kadettenanstalt in Dresden, trat dann in den Dienst der ö.-ungarischen Armee, erhielt die Generalstabsausbildung und war Militärattaché in Berlin. Nach dem Tod seines Vaters (1. 10. 1896) widmete er sich der Bewirtschaftung der Familiengüter und wurde 1897 (bis 1918) Mitglied des Herrenhauses, dessen Vizepräsident er von 1903 an war. 1914 General und Kommandant der 6. Infanteriedivision, 1916 des Edelweiß-Korps, diente Sch.-H. zuletzt am Isonzo als Korpskommandant und als Generaloberst. Er wurde mehrfach ausgezeichnet, u. a. mit dem Militär-Maria-Theresien-Orden, und erlitt im Krieg schwere Verwundungen. Nach 1918 wurde er Präsident des Reichs-Kameradschafts- und Kriegerbunds, der Ö. Gesellschaft vom Roten Kreuz und der Vereinigung katholischer Edelleute. 1933 trat Sch.-H. dem Wiener Heimatschutz bei und war Staatssekretär im Landesverteidigungsministerium (21. 9. 1933 – 12. 3. 1934) sowie Bundesminister für Landesverteidigung (12. 3. – 10. 7. 1934). 1934/35 Staatsrat, trat Sch.-H. wegen der „Phönix-Affäre" (eines Versicherungszusammenbruchs mit politischem Hintergrund) zurück, wurde jedoch von einem Ehrengericht entlastet. Er starb auf dem Stammsitz der Familie in Sachsen.

Arnold Schönberg

Holub, E.: A. Sch.-H., Diss. Wien (1964); Wiltschegg, W.: Die Heimwehr (1985)

SCHÖNERER, Georg Ritter von, * 17. 7. 1842 in Wien, † 14. 8. 1921 in Rosenau (NÖ), Gutsbesitzer und deutschnationaler Politiker. Er war der Sohn von Matthias R. v. Sch. (s. d.) und lebte als Agronom in Rosenau im Waldviertel. 1873 als Liberaler in den Reichsrat gewählt, wandte Sch. sich bald dem extremen Deutschnationalismus zu und wurde zum Gegner der katholischen Kirche und des ö. Staatsgedankens. 1882 hatte er den „Deutschnationalen Verein" gegründet und ihm im „Linzer Programm" vom 1. 9. 1882, unter Heranziehung des „Linzer Programms" der Sozialdemokraten von 1880, mit starker Betonung des Deutschtums eine eigene ideologische Grundlage geschaffen. Die Bewegung wurde rasch radikal und war von einem deutlichen rassistischen Antisemitismus getragen. Am 8. 3. 1888 drang Sch. gewaltsam in die Redaktionsräume des „Neuen Wiener Tagblattes" ein und ging gegen die Redakteure tätlich vor, da diese frühzeitig den Tod des deutschen Kaisers Wilhelm I. gemeldet hatten. Am 5. 5. wurde er deswegen zu vier Monaten Kerker verurteilt, verlor auf fünf Jahre das aktive und das passive Wahlrecht sowie sein Reichsratsmandat, seinen Adelstitel und seinen Reserveoffiziersrang. 1897–1907 war Sch. wieder Reichsratsabgeordneter und wurde zu einem entschiedenen Vorkämpfer der „Los-von-Rom-Bewegung". Er trat zum Protestantismus über und kämpfte für einen Anschluß an das Deutsche Reich. Wenn auch weniger praktisch-politisch, so war Sch. um so mehr ideologisch tätig, wobei für ihn nur das Alldeutsch-Völkische Geltung hatte, welches auch den jungen Adolf Hitler (s. d.) besonders stark prägte. Ursprünglich hatte Sch. auch Dr. Karl Lueger (s. d.) sowie die Sozialdemokraten Viktor Adler (s. d.) und Engelbert Pernerstorfer (s. d.) beeinflußt, diese aber bald durch seinen Radikalismus abgestoßen. Vor allem Burschenschafter und Sudetendeutsche bildeten seine Anhängerschaft. 1890–1912 gab

Sch. als sein politisches Organ die Zeitschrift „Unverfälschte deutsche Worte" heraus; außerdem hatte er die Zeitungen „Alldeutsches Tagblatt" und „Grazer Wochenblatt" verlegt. Er veröffentlichte 1886 „Zwölf Reden" und 1891 „Fünf Reden".

Herwig, N.: G. Sch., 4 Bde. (1913–23, 2. Aufl. 6 Bde. 1938); Rudolf, E. V.: G. Sch. (1936); Whiteside, A. G.: G. Ritter v. Sch. (1981)

SCHÖNERER, Matthias Ritter von (seit 1860), * 9. 1. 1807 in Wien, † 30. 10. 1881 in Wien, Eisenbahntechniker. Entstammte einer bis 1679 nachweisbaren Kleinbauern- und Handwerkerfamilie aus Dietersdorf südlich von Graz, sein Vater war Maler- und Anstreichermeister. Studierte am Polytechnischen Institut in Wien und wurde, da sein Lehrer F. A. Gerstner (s. d.) als Leiter des Baus der Pferdeeisenbahnlinie Linz–Budweis, der ersten Schieneneisenbahn auf dem Kontinent, zurückgetreten war, bereits mit 21 Jahren verantwortlicher Bauleiter. Bis 1832 dauerte die Fertigstellung dieser Bahn. Danach errichtete Sch. 1834/35 die Pferdebahnstrecke Linz–Gmunden. 1838 bereiste er England und Amerika, traf mit Stephenson zusammen, kaufte die Modell-Frachtlokomotive „Philadelphia" an und ließ sie nach Ö. transportieren. 1839 errichtete er die erste ö. Eisenbahnwagen- und Lokomotivfabrik in Wien und baute ab 1840 mehrere Eisenbahnstrecken, so Wien–Gloggnitz, Mödling–Laxenburg, Wien–Bruck an der Leitha und Wien–Ödenburg. 1841–53 Betriebsdirektor der Bahn Wien–Gloggnitz, wurde er 1856 Direktor der Westbahn und 1860 durch die Verleihung des Ordens der Eisernen Krone dritter Klasse in den Ritterstand erhoben. Zu Wohlstand gekommen, erwarb er drei Sommervillen in Reichenau an der Rax, ein sechsstöckiges Wohnhaus in der Wiener Innenstadt und 1868 den 1,2 km² großen Besitz von Schloß Rosenau im Waldviertel. Das seinem Sohn Georg R. v. Sch. (s. d.) hinterlassene Vermögen soll jährlich 45 000 Gulden erwirtschaftet haben.

Röll, V.: Enzyklopädie des gesamten Eisenbahnwesens (1894)

SCHÖNFELD, Johann Ferdinand Ritter von, * 1750 in Prag, † 15. 10. 1821 in Wien, Hofbuchdrucker. Die Familie hieß Schönfeld von Trnowa und war 1646 in den böhmischen Ritterstand erhoben worden. In ihrem Besitz befand sich eine wertvolle Sammlung genealogisch-heraldischer Urkunden. Sch. studierte zunächst in Prag und erlernte wie sein Vater die Buchdruckerkunst. 1774 gründete er eine eigene Buchdruckerei und Buchhandlung in Prag, wurde 1792 Hofbuchdrucker, ging 1799 nach Wien und etablierte hier ebenfalls eine Buchdruckerei und Buchhandlung. Hier gründete er auch ein Technologisches Museum, in das er Bestände aus den ehemals Rudolfinischen Sammlungen in Prag einbrachte. Diese hatte er vor Jahren erworben, als Kaiser Joseph II. (s. d.) die Reste der Schatzkammer Kaiser Rudolfs II. (s. d.) öffentlich verkaufen ließ. Außerdem schuf Sch. auf Grund der in der Familie vererbten und stets vermehrten Urkundensammlung ein „diplomatisch-heraldisches Adelsarchiv". Als Freund der Stadt Baden (NÖ) trug er viel zu deren Verschönerung bei und erschloß auch das Helenental bei Baden.

SCHÖNHERR, Karl, * 24. 2. 1867 in Axams (T), † 15. 3. 1943 in Wien, Dramatiker. Sohn eines Lehrers, früh verwaist, studierte nach harter Jugend in Wien Medizin und wurde Arzt. Schrieb nebenbei humorvolle volkstümliche Gedichte und Erzählungen im Stil Anzengrubers (s. d.), wandte sich aber bald dem Drama zu. 1905 gab er seine Tätigkeit als Arzt auf und lebte als freier Schriftsteller. Für sein Drama „Erde" erhielt er 1908 den Bauernfeld-Preis, dem später der Schiller-, der Volkstheater- und der Grillparzer-Preis folgten. In seinen naturalistischen, durch Bindung an Landschaft und Tradition Tirols gekennzeichneten Problemstücken klagt er die Daseinsnot des Menschen an. Werke u. a.: „Inntaler Schnalzer" (Mundartgedichte, 1895), „Tiroler Marterln" (Mundartgedichte, 1895), „Allerhand Kreuzköpf" (Erzählungen, 1895); Dramen: „Der Judas von Tirol" (1897), „Die Bildschnitzer" (1900), „Sonnwendtag" (1902), „Karrnerleut" (1904), „Erde" (1907), „Glaube und Heimat" (1910), „Der Weibsteufel" (1914), „Volk in Not" (1915), „Frau Suitner" (1916), „Narrenspiel des Lebens" (1917), „Kindertragödie" (1919), „Der Kampf" (1920, unter dem Titel „Herr Doktor, haben Sie zu essen?" 1930), „Es" (1923), „Hungerblockade" (1924), „Der Armendoktor" (1927), „Passionsspiel" (1933), „Die Fahne weht" (1938); 1927 erschienen „Gesammelte Werke", 4 Bde., neu aufgelegt 1947.

Sedlmaier, R.: Sch. und das ö. Volksstück (1920); Lederer, M.: K. Sch. (1925); Bettelheim, A.: K. Sch. (1928); Paulin, K.: K. Sch. (1950)

SCHÖNHERR, Max, * 23. 11. 1903 in Marburg (Südsteiermark), † 14. 12. 1984 in Wien, Komponist und Kapellmeister. Studierte in Graz und war dort früh Kapellmeister am Opernhaus, danach an den Marischka-Bühnen in Wien und an der Wiener Volksoper. Seit 1931 dirigierte er das große Wiener Rundfunkorchester. Von seinen Kompositionen, Orchester- und kammermusikalischen Werken, darunter auch einer Oper, wurde lediglich das Ballett „Hotel Sacher" (1957) bekannt. Außerdem verfaßte er „Johann Strauß Vater" (mit Reinöhl, 1953, 1. Band des Werks „Das Jahrhundert des Walzers"). Sch. galt als fundierter Kenner der Werke der Strauß-Dynastie und der Wiener Unterhaltungsmusik überhaupt; von ihm stammen zahllose Bearbeitungen für Orchester und Salonorchester.

SCHÖNHERR, Otto J. M., * 7. 3. 1922 in Wien, Journalist. Studierte Geschichte und Publizistik, Promotion zum Dr. phil. 1948, Dkfm. 1951. War 1948–54 Redakteur der Wiener Tageszeitung „Presse", 1954–59 Chefredakteur der Grazer „Kleinen Zeitung" und danach Chefredakteur der „Austria-Presse-Agentur" (APA) in Wien (bis 1986).

GEORG VON SCHÖNERER

Dunkle Mythen aus dem Waldviertel

„Gerade weil ich unabhängig bin, habe ich es stets seit meiner ersten Kandidatur im Jahre 1873 als meine Pflicht und Schuldigkeit betrachtet, für mein von der korrupten Judenpresse bedrängtes einheimisches Volk jederzeit ohne Rücksicht auf meine Interessen einzutreten . . ."

Prozeßaussage 1888

„Das Abgeordnetenhaus hat den Ritter v. Schönerer, der mit einer Schaar Gleichgesinnter zur Nachtzeit in die Redactionsräume einer Wiener Zeitung eindrang und die mit ihrer Arbeit beschäftigten Redacteure mißhandelte, dem Landesgerichte ausgeliefert. Selbst diese Gewaltthat hat noch beredte Vertheidiger gefunden, und man hätte nach deren Darstellung glauben können, der Abgeordnete Schönerer ahme das Beispiel des berühmten Khalifen Harun-al-Raschid nach, und so wie dieser verkleidet nächtliche Wanderungen durch die Straßen von Bagdad unternahm, um die wirkliche Stimmung des Volkes kennen zu lernen, ziehe auch er in nachtschlafener Zeit, mit einem Schlagringe und einem Stocke mit Bleikopf maskirt, in den Redactionen der Volksblätter umher, um die Wahrheit zu erfahren. Der Abgeordnete Dr. Pattai stellte den nächtlichen Besuch als einen Act der Neugierde dar, und wenn man bedenkt, in welcher höchst gesundheitswidrigen Weise sich diese Neugierde bethätigte, sieht man endlich ein, wie begründet die so oft belächelte Maxime des österreichischen Generals Urban ist, welche dieser im Jahre 1848 in einer Proclamation zum Besten gab: ‚Der Gebildete ist nicht neugierig!' Herr Dr. Lueger wieder bezeichnete diesen Vorfall als eine ‚Dummheit', was allerdings nach der Ansicht eines französischen Staatsmannes, der einmal ausrief: ‚Es ist ärger als ein Verbrechen, es ist eine Dummheit!' ein sehr erschwerender Umstand wäre."

Daniel Spitzer, Wiener Spaziergänge, 25. 3. 1888

Georg Ritter von Schönerer

SCHÖNN, Alois, * 11. 3. 1826 in Wien, † 16. 9. 1897 in Krumpendorf (K), Maler, Radierer und Lithograph. Studierte ab 1846 an der Akademie der bildenden Künste in Wien bei Führich (s. d.), nahm 1848 am italienischen Feldzug teil und schloß sich auch 1849 dem kaiserlichen Heer in Ungarn an, wobei er mehrere Schlachtenszenen malte, durch die er bekannt wurde. Reisen durch die südlichen und östlichen Teile des Kaiserreichs sowie in den Orient machten aus ihm einen Spezialisten orientalischer Szenen und Landschaften. Ab 1877 war er Prof. an der Akademie in Wien. Zu seinen bekanntesten Werken zählen: „Türkisches Kaffeehaus", „Sklavenmarkt", „Gänsemarkt in Krakau", „Heimkehr der Fischer", „Markt in Tunis" und „Hauptplatz in Taormina".

Alois Schönn: Obstmarkt am Schanzel

SCHÖNPFLUG, Fritz, * 15. 6. 1873 in Wien, † 18. 2. 1951 in Wien, Karikaturist, Graphiker und Maler. Im wesentlichen Autodidakt, schuf eine Vielzahl von Blättern und wurde berühmt durch seine Militärkarikaturen und seine Wiener Typen, die er besonders wirklichkeitsnah darstellte, aber auch durch seine Pferdezeichnungen. 1905 war er Mitbegründer und bis 1941 Mitarbeiter der berühmten Zeitschrift „Muskete". Außerdem zeichnete er noch für die „Wiener Fliegenden Blätter", für die „Bombe" und den „Wiener Figaro" sowie für den Londoner „Sketch". Frühzeitig erkannte er den Wert der Reklame und schuf politische Wahlplakate sowie ab etwa 1910 Straßenbahnplakate. 1949 wurde ihm der Berufstitel Prof. zuerkannt.

SCHÖNTHAL, Otto, * 10. 8. 1878 in Wien, † 31. 12. 1961 in Wien, Architekt. Studierte in Wien und war Schüler, später Mitarbeiter von Otto Wagner (s. d.). 1923–25 Präsident der Wiener Künstlergenossenschaft und 1930–32 der Zentralvereinigung der Architekten Ö.s. 1938–45 lebte er in der Schweiz und in Jugoslawien in der Emigration. 1912 schuf er die Rennbahnanlage des Trabrennvereins im Wiener Prater, dann die Friedensbrücke in Wien (in Zusammenarbeit mit Emil Hoppe) und nach dem Ersten Weltkrieg mehrere Wohnhausanlagen der Gemeinde Wien, darunter die Anlage in Sandleiten.

SCHÖNTHAN, Franz, Edler von Pernwald, * 20. 6. 1849 in Wien, † 2. 12. 1913 in Wien, Schauspieler und Dramatiker. War neben seiner schauspielerischen Tätigkeit 1883/84 auch Regisseur am Wiener Stadttheater und verfaßte bühnenwirksame Lustspiele – diese vor allem gemeinsam mit seinem jüngeren Bruder Paul Sch. (* 19. 3. 1853 in Wien, † 4. 8. 1905 in Wien). Besonders bekannt davon wurden „Krieg und Frieden" (1880), „Der Raub der Sabinerinnen" mit der Paraderolle des Theaterdirektors Striese (1885), „Komtesse Gukkerl" (1895), „Die goldene Eva" (1896) und „Maria Theresia" (1903). Außerdem erschien von beiden „Kleine Humoresken", 4 Bde. (1882–96). Von Paul Sch. sind noch die Erzählbände „Welt- und Kleinstadtgeschichten" (1889), „Ringstraßenzauber" (1894) und „Wiener Luft" (1897) zu erwähnen.

SCHÖNWIESE, Ernst, * 6. 1. 1905 in Wien, Lyriker. Jahrzehntelang Leiter der Abteilung für Literatur und Hörspiel im ö. Rundfunk, setzte sich für die Förderung junger dichterischer Talente ein und gab mehrere literarische Zeitschriften, u. a. „Das Silberboot" (1935/36), und Anthologien, darunter „Patmos" (1935), „Die Fähre" (1947) und „Ö. Lyrik nach 1945" (1960), heraus. Sein lyrisches Werk ist in Form und Sprache der klassischen Tradition verpflichtet. Veröffentlichte u. a. die Lyrikbände: „Der siebenfarbige Bogen" (1947), „Ausfahrt und Wiederkehr" (1947), „Nacht und Verheißung" (1948), „Das Bleibende" (1950), „Das unverlorene Paradies" (1951), „Requiem in Versen" (1953), „Stufen des Herzens" (1956), „Der alte und der junge Chronos" (1957), „Baum und Träne" (1962), „Geheimnisvolles Ballspiel" (1964), „Odysseus und der Alchimist" (1968). Autor von Hörspielen und Übersetzer indischer, japanischer und chinesischer Lyrik.

SCHÖPF, Johann, * 30. 4. 1811 in Oberhofen (T), † 9. 6. 1895 in Silz (T), Volkserzähler. Wurde 1836 zum katholischen Priester geweiht und war danach in mehreren Tiroler Landgemeinden als Pfarrer tätig. Er verfaßte volkstümliche Dramen, gab 1856–63 den „Spiegelkalender" heraus und veröffentlichte u. a.: „Dorfgeschichten" (1857 und 1868), „Freuden und Leiden eines Landgeistlichen", 2 Bde. (1859/60), „Erzählungen aus dem Tiroler Volksleben" (1868).

SCHÖPF, Josef, * 2. 2. 1745 in Telfs (T), † 15. 9. 1822 in Innsbruck, Maler. Kam schon mit elf Jahren zu einem Maler nach Innsbruck in die Lehre, ging aber nach zwei Jahren nach Wien, danach nach Salzburg und kehrte 1765 nach Innsbruck zurück. 1775–83 bildete er sich in Rom weiter aus. Bekannt wurde er 1783 durch seine Deckenbilder in der Stiftskirche Aspach in der Nähe von Braunau am Inn, denen verschiedene kirchliche Fresken sowie Altarbilder folgten. In seine spätbarocken Darstellungen mischten sich bereits deutlich klassizistische Elemente. Abgesehen von St. Peter in Salzburg, befinden sich seine übrigen Werke alle in Tirol, so u. a. in Innsbruck in der Serviten-, Johannes- und Stadtpfarrkirche St. Jakob, in der Stiftskirche von Stams und in den Pfarrkirchen von Brixen im Thale, Wattens, Volders, Schwaz und St. Johann in Ahrn (Südtirol).

SCHÖPFER, Ämilian, * 29. 4. 1858 in Brixen (Südtirol), † 24. 3. 1936 in Innsbruck, katholischer Geistlicher und christlichsozialer Politiker. Wurde 1880 zum Priester geweiht und war 1886–1913 Prof. für Alttestamentliche Wissenschaft in Brixen. 1895–1922 Mitglied des Tiroler Landtags, 1897–1918 Reichsratsabgeordneter und 1919–27 Abgeordneter zum Nationalrat. Er war Mitbegründer und einer der maßgebenden Führer der Christlichsozialen Partei Tirols und ein umsichtiger Agrarpolitiker. Sch. gründete 1890 den

Katholischen Preßverein Tirols, 1892 den „Tiroler Volksboten", 1907 die Verlagsanstalt Tyrolia und 1913 den „Alpenländerboten". Daneben waren auch seine theologisch-wissenschaftlichen Werke von einiger Bedeutung, so u. a.: „Geschichte des Alten Testaments" (1893, 6. Aufl. 1923), „Bibel und Wissenschaft" (1896, 2. Aufl. 1932), „Verschuldungsfreiheit oder Schuldenfreiheit" (1904, 2. Aufl. 1906) und „Thomas von Aquin als Bahnbrecher der Wissenschaft" (1925).

Klotz, A.: Ä. Sch. (1936)

SCHOR, Bonaventura, * 12. 7. 1624 (Tauftag) in Innsbruck, † Jänner 1692 in Innsbruck, Maler. Sohn von Hans Sch. (s. Egid Sch.). Schuf u. a. Wandgemälde im Stift Stams (1662).

SCHOR, Egid (Ägydius), * 2. 9. 1627 (Tauftag) in Innsbruck, † 2. 7. 1701 in Innsbruck, Maler. Bedeutendster Vertreter dieser Tiroler Künstlerfamilie des Barock. Sohn von Hans Sch., der Hofmaler war und in Innsbruck am 6. 3. 1674 begraben wurde. Hans Sch. unterrichtete seinen Sohn Egid, der zu einem der Begründer der barocken Deckenmalerei in Tirol wurde. Egid Sch. war ausschließlich in Tirol bzw. Südtirol tätig und schuf Wandgemälde und Ölbilder, u. a. in der Mariahilferkirche in Innsbruck, in der Stiftskirche Wilten, in Stams, im Servitenkloster in Rattenberg am Inn (alle T) und in Neustift bei Brixen (Südtirol).

SCHOR, Johann Ferdinand, * 24. 6. 1686 (Tauftag) in Innsbruck, † 4. 1. 1767 in Prag, Maler und Ingenieur. Sohn von Egid Sch. (s. d.). War ab 1786 Prof. für Architektur am Polytechnikum in Prag.

SCHOR, Johann Paul (genannt Giovanni-Paolo Tedesco), * 27. 6. 1615 (Tauftag) in Innsbruck, † 6. 3. 1674 (Begräbnistag) in Rom, Maler. Sohn von Hans Sch. (s. Egid Sch.). Seit 1640 in Rom nachweisbar.

SCHOTT, Heinrich Wilhelm, * 7. 1. 1794 in Brünn, † 5. 3. 1865 in Wien, Botaniker. Kam früh nach Wien und wurde hier 1828 Hofgärtner, 1845 Hofgärten- und Menagerie-Direktor. 1852 gestaltete er den Schönbrunner Schloßgarten um, zum Teil nach englischem Vorbild. Sch. erforschte die Alpenflora und bereicherte die Wiener Hofgärten durch Sammlungen aus Brasilien. Außerdem verfaßte er mehrere wissenschaftliche Werke in lateinischer sowie zwei in deutscher Sprache: „Skizzen ö. Ranunkeln" (1852) und „Die Sippen der ö. Primeln" (1861).

Fenzl, K.: Lebensskizze Sch. (1865)

SCHOY, Johann Jakob, * 20. 7. 1686 (Tauftag) in Marburg, begraben 4. 4. 1733 in Graz, Bildhauer. Er ist ab 1713 in Graz nachweisbar und war der Lehrer von Joseph Thaddäus Stammel (s. d.). Sein Hauptwerk ist der 1730–33 entstandene Hochaltar des Grazer Doms. Zu seinen bedeutendsten Werken zählen weiters der Hochaltar in der Pfarrkirche Straßgang bei Graz, ein geschnitztes Vesperbild in der Außennische der Bürgerspitalkirche in Graz, die Johann-Nepomuk-Gruppe in den Arkaden des Zentralfriedhofs in Graz sowie die Dreifaltigkeitssäulen in Leoben und Vordernberg (St). Sch. gilt als der bedeutendste Bildhauer der Steiermark im ersten Drittel des 18. Jh.s und wurde zum inner-ö. Hofkammerbildhauer ernannt.

SCHRAFFL, Josef, * 13. 6. 1855 in Sillian (Osttirol), † 11. 1. 1922 in Innsbruck, Landwirt und christlichsozialer Politiker. War einige Zeit Bürgermeister in Sillian und Mitbegründer der Christlichsozialen Partei Tirols. 1901–18 Reichsratsabgeordneter, 1919/20 Abgeordneter zum Nationalrat, 1920–22 Mitglied des Bundesrats und 1917 bis zu seinem Tod Landeshauptmann von Tirol.

SCHRANTZ, Johann, * 1830 in Wien, † 1. 4. 1902 in Wien, Industrieller. Entstammte einer deutschsprachigen Familie aus Westungarn, hatte das Siebmacherhandwerk erlernt und war „Altgeselle" bei dem Siebmacher Michael Hutter, der 1824 in der Wiener Naglergasse eine eigene Werkstätte gegründet hatte. Sch. heiratete die einzige Tochter seines Meisters und bekam laut Ehekontrakt „sämtliche Requisiten, bestehend aus den Maschinen und Siebmacherwerkzeugen" und der „Siebmacher-Gerechtigkeit", als Aussteuer. Sch. begann die Industriebetriebe der Monarchie für die Erzeugnisse der Firma Hutter & Schrantz zu interessieren und hatte den übernommenen Betrieb bald so erweitert, daß in der Windmühlgasse eine kleine Fabrik errichtet werden konnte, der schließlich eine weitere Erzeugungsstätte in der Laxenburger Straße folgte. Geschickt nützte er die Bedürfnisse der stark anwachsenden Papierindustrie und erzeugte für sie die nötigen

JOHANN UND JOSEF SCHRAMMEL

Die Klassiker der Weaner Tanz

SCHRAMMEL, Johann, * 22. 5. 1850 in Wien, † 17. 6. 1893 in Wien, Geiger und Komponist. Schon früh mit der Musik vertraut gemacht, spielte er mit seinem Bruder Josef Sch. (s. d.), dem Vater Kaspar, der Klarinettist war, und einem Verwandten am 6. 1. 1861 im Gasthaus „Zum Goldenen Stuck" erstmals in der Öffentlichkeit. Dies war schließlich ausschlaggebend für die Ausbildung der Brüder am Wiener Konservatorium bei Georg (s. d.) und Joseph Hellmesberger (s. d.). Einige Zeit Militärmusiker und als Geiger am Harmonietheater und am Theater in der Josefstadt tätig, wandte sich Johann Sch. schließlich der Volksmusik zu. 1878 kam zunächst, auf Vorschlag von Josef Sch., mit dem Kontragitarristen Anton Strohmayer ein Terzett zustande, und bald schloß sich ihnen der Klarinettist Georg Dänzer an. Dänzer hatte selbst ein Terzett unterhalten, in dem Josef Sch. gespielt hatte, und dieser Meister des „picksüßen Hölzls", wie man die B-Klarinette nannte, behauptete in seinen Lebenserinnerungen, daß er seit 1878 mit den Schrammeln gespielt habe. Trotzdem ist das genaue Gründungsdatum des „Schrammel-Quartetts" nicht eindeutig feststellbar. (Das Jahr 1886, wie oft angegeben, ist sicher viel zu spät angesetzt.) Ähnlich verhält es sich mit der Umbesetzung der Klarinette, die 1891 durch die chromatische Harmonika ersetzt wurde. Durch den Tod Dänzers im Jahr 1893 ist diese Umbesetzung jedoch zur Dauereinrichtung geworden. Das Schrammel-Quartett unternahm zahlreiche Konzertreisen nach Deutschland und in die Länder der Monarchie. Johann Sch. wurde schließlich Direktor der Singspielhalle in Hernals und als Komponist sehr beliebt und bekannt. Er schuf rund 150 Lieder, Märsche und Walzer, darunter die bekannten „Wien bleibt Wien", „'s Herz von an echten Weana", „Weana Gmüath", „Der Nachwuchs". 1888 gab er „Alte ö. Volksmelodien bis 1860" heraus.

Mailler, H.: Sch.-Quartett (1943); Meißl, R. A.: Die Sch.-Dynastie (1943)

Die „Schrammeln" und ihre Sänger. Am Tisch von links nach rechts: Josef Schrammel, Johann Schrammel, Georg Dänzer, Anton Strohmayer

SCHRAMMEL, Josef, * 3. 3. 1852 in Wien, † 24. 11. 1895 in Wien, Geiger und Komponist. (Über seine Jugend und Ausbildung sowie über das Sch.-Quartett siehe unter Johann Sch.) Vor der Gründung des Sch.-Quartetts war er als Zweiter Geiger in Dänzers Terzett tätig. Nach dem Tod seines Bruders Johann übernahm er die Direktion der Singspielhalle in Hernals. Auch er komponierte – wenngleich in geringerem Umfang als sein Bruder – Walzer, Lieder und Märsche, die sehr beliebt und bekannt wurden, darunter u. a. „Die Nußdorfer" und „Vindobona, du herrliche Stadt".

Lit.: s. bei Johann Sch.

Papiermaschinensiebe, wodurch seine Firma zum Spezialbetrieb wurde. 1884 erwarb er die Anlagen der „Ersten Belgisch-Ö. Mechanischen Filztuchfabrik" in Wasenbruck. Hier stellte er eine besondere Art von Filztüchern her, die für die Papier- und Zellulosemaschinen als Bespannungsmaterial unerläßlich waren. Der einst defizitäre Betrieb warf unter seiner Leitung innerhalb kurzer Zeit beachtliche Gewinne ab. Das Zentralgebäude für das Unternehmen ließ Sch. um die Jahrhundertwende auf einem angrenzenden Grundstück in der Windmühlgasse errichten. Die Fertigstellung dieses ersten Betonskelettbaus in Wien erlebte er nicht mehr.

Festschrift: 125 Jahre Hutter und Schrantz A. G., Wien (1949)

SCHRANZ, Karl, * 18. 11. 1938 in St. Anton (T), Schirennläufer. Der „einsame Wolf vom Arlberg" war Österreichs tragischer Schiheld. Er gilt als Synonym für verhinderte Siege. Sein Siegeslauf beim Olympia-Slalom 1968 in Grenoble wurde unter anrüchigen Umständen annulliert, um Killy den dreifachen Olympiasieg (wie 1956 Sailer, s. d.) zu ermöglichen. Vier Jahre später gewinnt Schranz jede Abfahrt, darf jedoch in Sapporo nicht starten, da IOC-Boß Brundage unbedingt ein Exempel in Sachen Amateurstatus statuieren will. Seine Heimkehr wird in Wien zum Triumphzug, ja zum chauvinistischen Exzeß. Sch. bekam als einziger Rennläufer der Welt zweimal das diamantene Kandahar-Abzeichen, gewann 13 Weltcup-Einzelrennen und als bisher einziger Österreicher zweimal (1969, 1970) den Gesamt-Weltcup. Drei Weltmeistertitel, zweimal WM-Zweiter. Heute Mitglied der ÖSV-Rennsportkommission.

Karl Schranz auf der Wiener Ringstraße nach seiner Rückkehr von den Olympischen Spielen in Sapporo (Japan), wo er nicht starten durfte (8. 2. 1972)

SCHRATT, Katharina, * 11. 9. 1853 in Baden (NÖ), † 17. 4. 1940 in Wien, Schauspielerin. Statierte bereits mit 15 Jahren am Badener Stadttheater und erhielt danach ihre Ausbildung bei Alexander Strakosch. Ihr erstes Engagement führte sie 1872 an das Berliner Hoftheater, und 1873 wurde sie von Heinrich Laube (s. d.) an das Wiener Stadttheater geholt, wo sie als Käthchen von Heilbronn debütierte und bis zum Abgang Laubes (1880) blieb. Nach mehreren Gastspielen in Europa und Amerika wurde sie 1883 Mitglied des Wiener Burgtheaters und erhielt 1887 den Titel Hofschauspielerin. Mitte der achtziger Jahre wurde sie Vorleserin bei Kaiserin Elisabeth von Ö. (s. d.), wodurch sich bald eine Freundschaft zwischen der Schauspielerin und Kaiser Franz Joseph I. (s. d.) anbahnte. Diese Freundschaft wurde zu einem engen Vertrauensverhältnis, doch sind die vielfach angestellten Spekulationen einer Geheimehe zwischen den beiden weder nachweisbar noch wahrscheinlich. 1893 wurde Sch. zum lebenslänglichen Mitglied des Burgtheaters ernannt, schied aber 1900 von der Bühne. Als Schauspielerin hatte sie die Entwicklung von der Jugendlich-Naiven zur Salondame hervorragend gemeistert. Aber auch das Volksstück war ihre Domäne, wofür sie durch ihre Urwüchsigkeit und Resolutheit besonders geeignet war. J. de Bourgoing gab 1949 den Briefwechsel zwischen ihr und Kaiser Franz Joseph I. heraus.

Katharina Schratt um 1880. Gemälde eines unbekannten Malers

SCHREDER, Karl, * 28. 10. 1863 in Wien, † 22. 11. 1924 in Wien, Maler, Bühnen- und Kostümbildner. Sch. war auch als Kunst- und Musikkritiker tätig. Bekannt wurde er als „Wiener Märchenonkel", da er acht Märchenspiele verfaßte, zu denen er auch die Musik komponierte. Die beliebtesten davon waren „Der gestiefelte Kater", „Dornröschen" und „Rotkäppchen vom Wienerwald". Sch. war auch als Bühnen- und Kostümbildner an der Wiener Volksoper tätig.

SCHREIBER, Georg, * 12. 6. 1922 in Wiener Neustadt (NÖ), Schriftsteller und Lehrer. Studierte in Wien und wurde nach seiner Ausbildung Gymnasialprof. Als Schriftsteller verfaßte er Jugendbücher und Sachbücher mit meist geschichtlicher Thematik. Sch. erhielt u. a. 1955 den Preis der Stadt Wien und 1962 den Staatspreis. Von seinen Jugendbüchern seien u. a. genannt: „Der Weg des Bruders" (1954), „Bordfunker gesucht" (1955), „Die X. Legion" (1957), „Aquileja im Hunnensturm" (1959), „Schwert ohne Krone" (1962), „Ritt ins Hunnenland" (1964), „Fahrt zur Hohen Pforte" (1965), „Wokkio, König der Noriker" (1966); von seinen Sachbüchern: „Versunkene Städte" (1955), „Den Funden nach zu schließen" (1960), „Des Kaisers Reiterei" (1967), „Die Römer in Ö." (1974), „Der Krone Glanz und Last" (1978). Gemeinsam mit seinem Bruder Hermann Sch. (s. d.) verfaßte er: „Throne unter Schutt und Sand" (1957) und „Mysten, Maurer und Mormonen" (1956).

SCHREIBER, Hermann, * 4. 5. 1920 in Wiener Neustadt (NÖ), Schriftsteller. Bruder von Georg Sch. (s. d.), lebt seit mehreren Jahren in München als freier Schriftsteller und verfaßte eine Vielzahl von Unterhaltungsromanen und populären Sachbüchern aus mehreren Wissensgebieten. Von seinen Romanen seien genannt: „Sand über dem Meer" (1951), „Einbruch ins Paradies" (1954), „Auf den Flügeln des Windes" (1958), „Capitain Carpfanger" (1973), „Kaiserwalzer" (1979); von seinen Sachbüchern: „Wie wirklich ist die Welt?" (1959), „Sinfonie der Straße" (1959), „Land im Osten" (1961), „Die Zehn Gebote" (1962), „Vom Einbaum zum Düsenklipper" (1962), „Gastliche Erde" (1965), „Paris" (1967), „Die Hunnen" (1976), „Auf den Spuren der Goten" (1977), „Das Schiff aus Stein. Venedig und die Venezianer" (1979), „Auf den Spuren des frühen Menschen" (1980).

SCHREIBERS, Karl Franz Anton Ritter von, * 15. 8. 1775 in Preßburg, † 21. 5. 1852 in Wien, Naturwissenschaftler. Nach der Übersiedlung der Familie nach Wien studierte er Medizin und promovierte 1798. Schon immer an den Naturwissenschaften interessiert, war er neben seiner ärztlichen Praxis 1802–06 Assistent an der Lehrkanzel für spezielle Naturgeschichte. Von 1806 an war Sch. Direktor der nun zum Hof-Naturalien-Cabinet vereinigten zoologischen und mineralogischen Museen; er erweiterte diese Sammlungen und machte sie der wissenschaftlichen Forschung zugänglich. Sch. ist deshalb als der eigentliche Gründer des Naturhistorischen Museums in Wien anzusehen. Auch als wissenschaftlicher Publizist tätig, war er international geschätzt und gehörte als Mitglied der Königlichen Akademie der Wissenschaften in München, der Königlichen Gesellschaft der Wissenschaften in Göttingen, der Kaiserlichen Gesellschaft der Naturforscher in Moskau und der Akademie der Wissenschaften in Philadelphia an. Wurde 1823 Regierungsrat und 1835 Hofrat.

SCHREINER, Liselotte, * 19. 6. 1904 in Prag, Kammerschauspielerin. War nach ihrer Ausbildung an verschiedenen deutschsprachigen Bühnen tätig. 1937 wurde sie Mitglied des Wiener Burgtheaters und blieb dies bis zu ihrer Pensionierung 1973. Als hervorragende Charakterdarstellerin und Tragödin beherrschte sie eine Vielzahl von Rollen in klassischen, aber auch in modernen Dramen.

SCHREKER, Franz, * 23. 3. 1878 in Monaco, † 21. 3. 1934 in Berlin, Komponist. Kam schon 1888 nach Wien und studierte hier Komposition bei Robert Fuchs (s. d.) und Karl Graedener sowie Violine bei S. Bachrich und Arnold Rosé (s. d.). 1908 gründete er den Philharmonischen Chor, den er dann 1911–20 leitete. 1912–20 Prof. für Komposition an der Musikakademie, 1920–33 Direktor der Musikhochschule in Berlin, leitete 1932/33 eine Meisterklasse für Komposition an der Preußischen Akademie der Künste in Berlin. Einer seiner Schüler war Ernst Křenek (s. d.). Den ersten bedeutenden Erfolg als Komponist erreichte er 1902 durch eine Aufführung seines großen Chorwerks „Der 116. Psalm", das bei der Uraufführung im Jahr 1896 weit weniger Aufmerksamkeit erregt hatte. Seine Opern, deren Libretti er selbst verfaßte, verschafften ihm ab 1912 vollends die Anerkennung, und Sch. wurde in der Folge zum meistaufgeführten lebenden Opernkomponisten seiner Zeit. Er schuf u. a. die Opern: „Der ferne Klang" (1912), „Das Spielwerk und die Prinzessin" (1913), „Die Gezeichneten" (1918), „Der Schatzgräber" (1920), „Irrelohe" (1924), „Der singende Teufel" (1928), „Der Schmied von Gent" (1932). Daneben Kammermusik, Chorwerke, Lieder. Sch.s auf spätromantischen und impressionistischen Klangmitteln beruhende Musik zeichnet sich durch große Klangfülle aus. Sch. war mit Arnold Schönberg (s. d.) eng befreundet und brachte dessen „Gurrelieder" 1913 in Wien zur Uraufführung. Auch mit Alban Berg (s. d.) freundschaftlich verbunden, hat er diesen deutlich beeinflußt. 1920/21 erschienen seine „Dichtungen" (2 Bde.).

Bekker, P.: F. Sch. (1919); Hoffmann, R. St.: F. Sch. (1921); Neuwirth, G.: F. Sch. (1959)

Franz Schreker

SCHREYVOGEL, Joseph, * 27. 3. 1768 in Wien, † 28. 7. 1832 in Wien, Schriftsteller und Dramatiker. War der Sohn eines wohlhabenden Holzhändlers und studierte in Wien Jus, wo er 1790 promovierte. Als publizistischer Mitarbeiter politischer Zeitschriften wollte er antireaktionären Ideen zum Durchbruch verhelfen. Es drohte ihm deshalb Festungshaft, und er mußte ins Ausland gehen; er wählte Weimar und Jena, wo er auch Goethes und Schillers Weimarisches Theater studierte. 1797 wollte er, zurückgekehrt nach Wien, die „Wiener Zeitung" übernehmen und zu einem volkserzieherischen Organ machen, was ihm nicht erlaubt wurde. 1802–04 war er Hoftheatersekretär und gab ab 1807 die Zeitschrift „Sonntagsblatt" heraus, in der er unter dem Pseud. West auch seine eigenen Werke veröffentlichte. Bald wurde das „Sonntagsblatt" zu einem kritischen Diskussionsforum, in dem die Kämpfe zwischen Aufklärung, Klassik und Romantik ausgetragen wurden und das nicht nur auf das Wiener Geistesleben, sondern auch auf die ö. Dichtung, besonders auf Grillparzer (s. d.), einwirkte. Seine drei Jahrgänge sind daher heute noch eine wertvolle Quelle zur ö., speziell zur Wiener Geistesgeschichte. Ab 1814 war Sch. Burgtheatersekretär und wenig später dort auch Dramaturg, und das Burgtheater verdankt ihm seinen ersten Aufstieg zum Weltrang. Durch seine Spielplangestaltung im Sinn eines Welttheaters mit Shakespeare und Calderon und das zielstrebig aufgebaute Ensemble erreichte das Burgtheater ein besonders hohes künstlerisches Niveau, zu dem auch der von Sch. begründete ideal-realistische Bühnenstil beitrug. Trotz der großen Erfolge verschlechterte sich aber Sch.s Position, und er wurde 1832 zwangsweise pensioniert. Durch seine Tätigkeit als Kritiker beeinflußte Sch. die ö. Dichtung sehr stark. So erkannte er früh das Talent des jungen Franz Grillparzer (s. d.) und ebnete seinen Dramen den Weg ans Burgtheater. 1819–24 gab Sch. die Zeitschrift „Aglaja" heraus und führte daneben zahlreiche Dramenbearbeitungen vor allem Shakespeares und der spanischen Klassiker durch. Sch. verwendete auch die Pseud. Thomas West und Karl August West. 1829 erschienen Sch.s „Gesammelte Schriften", 4 Bde. (Neuaufl. 1836), weiters „Tagebücher 1810–1823", 2 Bde. (1903), und „Ausgewählte Werke" (1910).

Joseph Schreyvogel. Zeichnung von J. Mukarowsky

SCHREYVOGL, Friedrich, * 17. 7. 1899 in Mauer bei Wien, † 11. 1. 1976 in Wien, Schriftsteller. Urgroßneffe von Joseph Schreyvogel (s. d.). War nach seinem Studium anfänglich als Buchhändler und im Verlagswesen tätig und wirkte ab 1929 als Prof. am Reinhardt-Seminar in Wien. 1953/54 war er Chef-

Friedrich Schreyvogl

dramaturg am Theater in der Josefstadt, 1954–59 Vizedirektor des Burgtheaters und ab 1959 dort Chefdramaturg. Sch. verfaßte mehrere Gedichtbände und zahlreiche Romane, u. a.: „Der Antichrist" (1921), „Liebe kommt zur Macht" (1932), „Grillparzer" (1935, unter dem Titel „Sein Leben ein Traum" 1955), „Brigitte und der Engel" (1936), „Die Nibelungen" (1940), „Eine Schicksalssymphonie" (1941), „Der Friedländer" (1943), „Der Sohn Gottes" (1948), „Das fremde Mädchen" (1954), „Die Dame in Gold" (1957), „Venus im Skorpion" (1961), „Ein Jahrhundert zu früh" (1964), „Das Burgtheater" (1965); und u. a. die Dramen: „Der zerrissene Vorhang" (1920), „Karfreitag" (1920), „Auferstehung" (1921), „Das Mariazeller Muttergottesspiel" (1924), „Die Flucht des Kolumbus" (1926), „Der dunkle Kaiser" (1927), „Johann Orth" (1928, als „Habsburgerlegende" 1933), „Der Gott im Kreml" (1937), „Das Liebespaar" (1939), „Die kluge Wienerin" (1941), „Die weiße Dame" (1942), „Titania" (1943) „Der weiße Mantel" (1952), „Die Versuchung des Tasso" (1955), „Der Mann im Feuerofen" (1957). Außerdem arbeitete er als Übersetzer und schrieb Essays, Drehbücher und Operntexte.

Thalhammer, H.: F. Sch. (1932); Suchy, V.: F. Sch., ein ö. Dichter (1958)

SCHRÖDER, Sophie, * 1. 3. 1781 in Paderborn (Westfalen), † 25. 2. 1868 in München, Schauspielerin. Sie galt als eine der bedeutendsten Tragödinnen ihrer Zeit. Bereits 1798/99 erstmals auf Empfehlung Kotzebues an das Wiener Burgtheater engagiert, war sie später wieder 1815–29 und 1835–40 am Burgtheater, wo sie vor allem als Darstellerin der tragenden Frauenrollen in Grillparzer-Dramen, wie Sappho und Medea, in die Theatergeschichte eingegangen ist.

Sophie Schröder als Medea. Aquarell von Friedrich Gauermann

Schlenther, P.: S. Sch. (1891)

SCHRÖTTER, Anton, Ritter von Kristelli, * 26. 11. 1802 in Olmütz (Mähren), † 15. 4. 1875 in Wien, Chemiker. Studierte

ERWIN SCHRÖDINGER

Nobelpreis für die Entwicklung der Atomtheorie

„Meine Arbeit ist insofern nie ganz selbständig, als mein Interesse an einer Frage immer darauf beruht, daß andere eines daran nehmen. Mein Wort ist selten das erste, aber oft das zweite, mag auch hinterher die sinngemäße Weiterführung sich als weit wesentlicher herausstellen als der erste Widerspruch, der nur als Anknüpfung diente."

Erwin Schrödinger

Erwin Schrödinger

SCHRÖDINGER, Erwin, * 12. 8. 1887 in Wien, † 4. 1. 1961 in Wien, Physiker. Mitbegründer der „Wellenmechanik", erhielt 1933 den Nobelpreis. Studierte in Wien bei Friedrich Hasenöhrl (s. d.) und wurde 1920 Univ.-Prof. in Stuttgart. 1921 lehrte er kurze Zeit in Breslau, 1921–27 in Zürich und 1927–33, als Nachfolger von Max Planck, in Berlin. 1934/35 in Oxford Univ.-Prof., 1936–38 in Graz, emigrierte anschließend nach Dublin, wo er ebenfalls als Hochschullehrer tätig war. 1950/51 Gastprof. an der Universität Innsbruck, lebte ab 1955 wieder in Wien. Bereits 1920 hatte er den Hattinger-Preis der Akademie der Wissenschaften erhalten, 1926 seine Arbeit „Quantisierung als Eigenwertproblem" veröffentlicht. Die berühmte „Schrödinger-Gleichung", die in der nichtrelativistischen Näherung die Eigenwerte des Atoms richtig beschreibt, hat sich als Schlüssel zum Verständnis für die Vorgänge in der Mikrophysik erwiesen. Sch. hatte auf den Ansätzen von L. de Broglies Erkenntnissen über Materiewellen seine Theorie aufgebaut. Er schuf damit die einheitliche Grundlage für die Quanten- und Atomtheorie. Die Sch.-Gleichung wurde 1928 von Paul A. M. Dirac durch Anpassung an die Erkenntnisse der Relativitätstheorie geringfügig korrigiert. Beide erhielten 1933 den Nobelpreis für Physik „für die Entdeckung fruchtbarer Prinzipien zur Entwicklung der Atomtheorie". Sch.s Erkenntnisse bestätigten u. a. die von Einstein erkannte Doppelnatur des Lichts (Teilchen und Welle). Sch. wurden zahlreiche Ehrungen zuteil. Er veröffentlichte u. a.: „Abhandlung zur Wellenmechanik" (1927), „Vier Vorlesungen über Wellenmechanik" (1928), „Spezielle Relativitätstheorie" (1931), „Die moderne Atomtheorie" (1934), „What is Life" (1944, deutsch 1946), „Die Besonderheit des Weltbilds der Naturwissenschaft" (1948), „Naturwissenschaft und Humanismus" (1951), „Gibt es Quantensprünge?" (1952), „Nature and the Greeks" (1954, deutsch 1955), „Orientierung im Weltall" (1954), „Geist und Materie" (1958), „Meine Weltansicht" (1961), „Was ist ein Naturgesetz?" (1962).

Gerber, J.: Geschichte der Wellenmechanik, in: „Archive for History of Exact Sciences", 5 (1969)

in Wien und wurde 1830 Supplent und 1834 Univ.-Prof. am Grazer Joanneum. 1843 Prof. für technische Chemie, 1845 für allgemeine Chemie am Polytechnikum in Wien. 1851 Generalsekretär der Akademie der Wissenschaften, 1868 Direktor des Hauptmünzamts. Sch. stellte bei einer großen Zahl von Mineralien seltene Elemente (vor allem Metalle) fest und entdeckte 1847 die Bildung von rotem Phosphor durch Erhitzen des weißen in Abwesenheit von Sauerstoff, wodurch er der Zündholzindustrie zu einer neuen Grundlage für ihre Produktion verhalf. Auch als Organisator für Industrie und Wissenschaft tätig, war er Berater bei den Vorbereitungen zur Novara-Expedition und zur ö.-ungarischen Nordpolexpedition. Nach ihm ist das Mineral Schrötterit, das Schrötterhorn in der Ortler-Gruppe, das Schrötterjoch und Kap Sch. auf Franz-Josefs-Land benannt. Beachtung fanden auch seine Veröffentlichungen „Die Chemie in ihrem gegenwärtigen Zustande", 2 Bde. (1847–49) und „Über einen neuen allotropischen Zustand des Phosphors" (1849).

Bauer, A.: A. von Sch. (1917)

SCHRÖTTER, Franz Ferdinand, Ritter von Kristelli, * 13. 1. 1736 in Wien, † 3. 6. 1780 in Wien, Jurist und Historiker. Studierte in Wien und wurde Präses und Direktor der juridischen Fakultät der Universität Wien. Sch. wurde zum Schöpfer der Staatsrechtslehre in Ö. und veröffentlichte grundlegende Werke über diesen Themenbereich. Er veröffentlichte u. a.: „Abhandlungen aus dem ö. Staatsrechte" (1762), „Versuch einer ö. Staatsgeschichte" (1771), „Grundriß des ö. Staatsrechtes" (1775); von seiner „Ö. Geschichte" konnte er 1779 den 1. Band abschließen, den 2. Band vollendete A. Rauch.

SCHRÖTTER, Leopold, Ritter von Kristelli, * 5. 2. 1837 in Graz, † 22. 4. 1908 in Wien, Laryngologe. Sohn von Anton Sch. (s. d.). Studierte in Wien und promovierte 1861. Sch. war 1863–69 Assistent von Joseph Skoda (s. d.) und habilitierte sich 1869 auf dem Spezialgebiet der Laryngologie. Auf seine Initiative hin wurde er 1870 mit der Errichtung der Laryngologischen Klinik in Wien betraut und schuf auch eine Lehrkanzel, die erste dieser Art auf der Welt. 1871/72, nach dem Tod Johann Oppolzers (s. d.), leitete er vorübergehend die I. medizinische Klinik. 1875 a. o. Univ.-Prof. für Hals- und Brustkrankheiten, wurde er 1881 Primararzt im Allgemeinen Krankenhaus und las ab 1884 über das Gesamtgebiet der Medizin. 1893 o. Univ.-Prof., wurde er 1896 Hofrat. Ihm ist auch der Bau des ersten modernen Hörsaals mit entsprechendem Laboratorium zu danken. Durch seine Beschäftigung mit der Tuberkulose entwickelte er die klimatologische Behandlung dieser Krankheit in geschlossenen Anstalten und schuf 1896 die Lungenheilanstalt in Alland (NÖ). Abgesehen von mehreren Beiträgen in großen medizinischen Werken, war er Mitherausgeber der „Wiener klinischen Wochenschrift", der „Zeitschrift für klinische Medizin" und der „Monatsschrift für Ohrenheilkunde und Kehlkopfkrankheiten". Veröffentlichungen u. a.: „Vorlesungen über die Krankheiten des Kehlkopfes" (1887, 2. Aufl. 1893), „Vorlesungen über die Krankheiten der Luftröhre" (1896), „Erkrankungen der Gefäße" (1902) und „Hygiene der Lunge" (1903).

SCHROTT-FIECHTL, Hans, * 15. 7. 1867 in Kundl (T), † 19. 12. 1938 in Vomp (T), Erzähler. Studierte Landwirtschaft und war auch als landwirtschaftlicher Fachschriftsteller tätig. Bekannt wurde er durch seine Heimatromane, in denen er für den bäuerlichen Fortschritt plädierte. U. a.: „Ich zwing's" (1907), „Der Bauernprofessor" (1910), „Der Herrgottslupfer" (1912), „Wettertannen" (1913), „Das Federl am Hut" (1915), „Sonnseitige Menschen" (1918), „Der Bauernsegen" (1919), „Bergblüh" (1922), „Das linke Pfarrerle" (1925).

SCHUBA, Trixi (Beatrix), * 15. 4. 1951 in Wien, Eiskunstläuferin. Exzellente Pflichtläuferin, letzte ö. Olympiasiegerin (1972 Sapporo), wobei ihre Goldmedaille in den Wogen der Schranz-Affäre (s. Schranz) völlig unterging. Weltmeisterin 1971 (mit der weltweit besten Pflichtnote, die jemals vergeben wurde) und 1972. Später Revuestar bei „Holiday on Ice".

SCHUBERT, Ferdinand, * 18. (19.) 10. 1794 in Wien, † 26. 2. 1859 in Wien, älterer Bruder von Franz Sch. (s. d.), Schulmeister und Komponist. Er wirkte auch als Organist und komponierte eine Vielzahl kirchenmusikalischer Werke, von denen sich lediglich das Marienlied „Wunderschön Prächtige" bis heute erhalten hat. Sch. verfaßte auch mehrere Schulbücher, die zu seiner Zeit weit verbreitet waren.

FRANZ SCHUBERT

Kühnster Neuerer des Lieds

Franz Schubert. Ölgemälde von Wilhelm August Rieder

„Vor Schuberts Musik stürzt die Träne aus dem Auge, ohne erst die Seele zu befragen: so unbildlich und real fällt sie in uns ein. Wir weinen, ohne zu wissen, warum; weil wir so noch nicht sind, wie jene Musik es verspricht, und im unbenannten Glück, daß sie nur so zu sein braucht, dessen uns zu versichern, daß wir einmal so sein werden."

Theodor W. Adorno

„Natürlich, daß Schubert unter uns die Rolle des Krösus spielte und ab und zu in Silber schwamm, wenn er etwa ein paar Lieder an den Mann gebracht hatte oder gar einen ganzen Zyklus, wie die Gesänge aus ‚Walter Scott', wofür ihm Artaria 200 Gulden bezahlte, ein Honorar, mit welchem er höchlich zufrieden war, auch gut damit haushalten wollte, wobei es aber, wie stets bisher, beim guten Vorsatz blieb. Die erste Zeit wurde flott gelebt und traktiert, auch nach rechts und links gespendet – dann war wieder Schmalhans Küchenmeister! Kurz, es wechselte Ebbe und Flut!"

Eduard von Bauernfeld

„Wollte ich Liebe singen, ward sie mir zum Schmerz. Und wollte ich wieder Schmerz nur singen, ward es mir zur Liebe. So zerteilte mich die Liebe und der Schmerz."

Franz Schubert

Die Tonkunst begrub hier einen reichen Besitz,
Aber noch viel schönere Hoffnungen.

Franz Grillparzer,
Grabinschrift für Schubert

SCHUBERT, Franz Peter, * 31. 1. 1797 in Wien, † 19. 11. 1828 in Wien, Komponist. Als Sohn eines Schulmeisters geboren, war er während seiner Gymnasialzeit Sängerknabe in der Konviktsschule des Stephansdoms und erhielt vom Hofkapellmeister Antonio Salieri (s. d.) Unterricht im Generalbaß. 1810 entstand seine erste Komposition, eine „Fantasie in G-Dur" für Klavier zu vier Händen, 1812 sein erstes Streichquartett „in wechselnden Tonarten". 1813/14 besuchte er das Lehrerseminar und schuf 1813 seine erste Symphonie. 1814–18 war er Schulgehilfe bei seinem Vater, also Hilfslehrer, und schrieb 1814 seine erste Messe, die in F-Dur. 1815 entstand „Der Erlkönig", und gegen Ende dieses Jahres bewarb er sich vergeblich um die Stelle eines Lehrerpostens in Laibach. 1817 erhielt er einen einjährigen Urlaub und verließ gegen Ende des Jahres das Elternhaus, um fortan als „freier" Künstler zu leben. Sein Freund, der Schriftsteller und Kunstliebhaber Franz von Schober (s. d.), unterstützte ihn häufig und teilte auch mehrmals seine Wohnung mit Sch. Durch diesen wurde Sch. auch mit dem ehemaligen Hofoperntenor J. Michael Vogl (s. d.) bekannt, der der erste und wohl auch beste Interpret seiner Lieder wurde. Am 1. 3. 1818 trat Sch. erstmals als Komponist vor die Öffentlichkeit – mit der „Ouverture im italienischen Stil". Von September bis November 1818 lebte er auf Einladung des Grafen Johann Karl Esterházy auf dessen Landsitz Zseliz an der Gran (damals Ungarn, heute Tschechoslowakei) als Musiklehrer der Familie, was sich im Sommer 1824 wiederholte. Am 14. 1. 1820 wurde im Kärntnertortheater die Posse mit Gesang „Die Zwillinge" und ab 19. 8. im Theater an der Wien das Zauberstück „Die Zauberharfe" mit Sch.s Musik aufgeführt. Am 26. 3. 1828 gab er sein erstes und einziges größeres öffentliches Konzert im Wiener Musikverein, das zu einem großen künstlerischen und finanziellen Erfolg wurde. Der überwiegende Teil seiner Werke wurde aber nur im Rahmen von Hauskonzerten, den seit 1821 zur ständigen Einrichtung gewordenen „Schubertiaden", aufgeführt, die der Freundeskreis veranstaltete, dem vor allem Moritz von Schwind (s. d.), Johann Michael Vogl, Eduard von Bauernfeld (s. d.), Franz von Schober, Leopold Kupelwieser (s. d.), Anton von Spaun (s. d.) und Anselm Hüttenbrenner (s. d.) angehörten. Sch. starb in der Wohnung seines Bruders Ferdinand an einem „Nervenfieber" (wahrscheinlich Typhus). Er versuchte mehrmals, sich einen geregelten Lebensunterhalt zu verschaffen, doch schlugen all seine Bemühungen fehl, so auch 1826, als er sich um die Stelle des Vize-Hofkapellmeisters beworben hatte. Seine finanzielle Situation war daher stets dürftig, da die recht spärlichen Honorare für seine Werke stets nur für kurze Zeit reichten und im Freundeskreis ausgegeben wurden. Er hinterließ trotz seiner geringen Lebensspanne u. a. über 600 Lieder, acht Symphonien, sieben Messen, 17 Ouvertüren, 15 Streichquartette, Klaviersonaten, Violinsonatinen und Duos für Violine und Klavier, ein Klavierquintett, ein Streichquintett sowie zahlreiche Tänze und Klavierstücke. Zu Recht wird Sch. als „Liederfürst" bezeichnet, er hat dem Lied sowohl formal als auch im Klaviersatz und im Zusammenwirken von Musik und Wort neue Wege gewiesen. Die für Sch. immer wieder verwendeten Bezeichnungen „Klassiker der Romantik" oder „Romantiker der Klassik" charakterisieren seine Musik treffend. Sch. wurde am 21. 11. 1828 auf dem Währinger Ortsfriedhof, neben dem Grab Ludwig van Beethovens, zur letzten Ruhe bestattet. Etliche seiner Werke wurden erst viel später aus dem Nachlaß zutage gefördert, so das C-Dur-Streichquintett, wohl Sch.s bedeutendstes Kammermusikwerk überhaupt, und die h-Moll-Symphonie (die „Unvollendete"), deren Manuskript erst 1865 Schubert-Freund Hüttenbrenner an Herbeck (s. d.) übergab. 1874 gab G. Nottebohm ein „Thematisches Verzeichnis der im Druck erschienenen Werke von Franz Schubert" heraus, 1888–97 E. Mandyczewski in 21 Serien mit 40 Bänden die erste „Gesamtausgabe", die ab 1964 in acht Serien von der Internationalen Schubert-Gesellschaft neu ediert wurde. Seit 1951 Otto Erich Deutschs (s. d.) grundlegendes Werk „Schubert. Thematical catalogue of all his works in chronological order" erschien, werden Sch.s Werke nach der Numerierung des „Deutsch-Verzeichnisses" angegeben.

Kreißle von Hellborn, H.: F. Sch. (1865); Reissmann, A.: F. Sch. Sein Leben und seine Werke (1873); Heuberger, R.: F. Sch. (1902, 3. Aufl. 1920); Dahms, W.: Sch. (1912, mehrmals neu bis 1928); Deutsch, O. E.: F. Sch., Dokumente seines Lebens und Schaffens, 3 Bde. (1914, neu 1946); ders.: F. Sch., Briefe und Schriften (1919); Kobald, K.: F. Sch. (1922, 2. Aufl. 1928); Bie, O.: F. Sch. (1925); Friedlaender, M.: F. Sch. (1928); Kobald, K.: F. Sch. und seine Zeit (1928, mehrere Auflagen); Mies P.: Sch., der Meister des Liedes (1928); Stefan, P.: F. Sch. (1928); Petzoldt, R.: F. Sch. (1939); Jaspert, W.: F. Sch. (1941); Paumgartner, B.: F. Sch. (1943); Rehberg, W. und P.: F. Sch. (1946); Farga, F.: F. Sch. (1947); Einstein, A.: Sch. (1952); Marek, T.: Sch., 2 Bde. (1952/55); Vetter, W.: Der Klassiker Sch., 2 Bde. (1953); Goldschmidt, H.: F. Sch. (1954); Schneider, M.: F. Sch. in Selbstzeugnissen und Bilddokumenten (1958); Riezler, W.: Das Instrumentalwerk F. Sch.s (1967); Klein, R.: Schubertgedenkstätten (1972); Fröhlich, H. J.: Sch. (1978); Werba, R.: Sch. und die Wiener (1978); Osborne, Ch.: Sch., ein Leben in Wien (1986)

SCHUBERT, Hans (eigtl. Hans Morgenstern), * 17. 2. 1905 in Wien, † 22. 10. 1965 in Wien, Dramatiker. Schrieb vorwiegend Volksstücke, Lustspiele und Hörspiele. 1934 wurde er durch seine „Vorstadtkomödie" bekannt. Es folgten: „Stadtpark" (auch verfilmt), „Tingeltangel", „Mit besten Empfehlungen", „Gute Geschäfte". Seinen größten Erfolg erreichte er aber mit seiner von 1958 an (gemeinsam mit Fritz Eckhardt) verfaßten TV-Serie „Familie Leitner".

Die Pfarrkirche von Lichtental, wo Schubert getauft wurde und später als ausübender und schaffender Künstler wirkte, um 1850

SCHUCH, Karl (Charles), * 30. 9. 1846 in Wien, † 13. 9. 1903 in Wien, Maler. Studierte in Wien und lebte dann in München, Venedig und Paris, bis er 1894 wieder nach Wien zurückkehrte, wo er seine letzten Lebensjahre in geistiger Umnachtung verbrachte. Sch. war ein Vorläufer des Impressionismus und galt als Meister des großformatigen Stillebens und der Landschaftsmalerei. Sein Werk wurde erst nach seinem Tod bekannt.

Hagemeister, K.: K. Sch., sein Leben und seine Werke (1913)

SCHUCH, Ernst Edler von, * 23. 11. 1846 in Graz, † 10. 5. 1914 in Dresden, Dirigent. Studierte in Graz bei Otto Dessoff Violine, dann in Wien Jus, wo er zugleich auch als Violinvirtuose auftrat und zeitweilig in Baden (NÖ) das Orchester von Johann Strauß (s. d.) leitete. Bereits 1867 wurde er als Musikdirektor an Lobes Theater nach Breslau berufen und 1872, nach Stationen in Würzburg, Graz und Basel, an die Dresdner Hofoper verpflichtet. 1873 königlicher Kapellmeister, übernahm 1882 als Generalmusikdirektor die Direktion der Dresdner Hofoper und führte sie zur Weltgeltung, besonders durch die Uraufführungen der Richard-Strauss-Opern „Feuersnot" (1901), „Salome" (1905), „Elektra" (1909) und „Der Rosenkavalier" (1911), aber auch durch die Erstaufführungen der Wagner-Opern „Tristan und Isolde" (1884), „Siegfried" (1885) und „Götterdämmerung" (1886) sowie 1890 der Cornelius-Oper „Der Barbier von Bagdad". Große Verdienste erwarb er sich auch als Orchestererzieher und als Entdecker neuer Gesangstalente.

Sakolowsky, P.: E. von Sch. (1901); Schuch, F. v.: Richard Strauss, E. von Sch. und Dresdens Oper (2. Aufl. 1953)

Karl Schuch: Waldlichtung bei Purkersdorf (1872)

SCHUH, Franz, * 17. 10. 1804 in Scheibbs (NÖ), † 22. 12. 1865 in Wien, Chirurg. Studierte in Wien und wurde Univ.-Prof. 1840 gelang ihm die erste Punktion des Herzbeutels. Sch. führte die Äthernarkose in Ö. ein und gab zahlreiche Anregungen für die Entwicklung und Erzeugung medizinischer Instrumente und Herzbehelfe. 1854 veröffentlichte er „Pathologie und Therapie der Pseudoplasmen", 1867 „Abhandlungen auf dem Gebiet der Chirurgie und Operationslehre".

SCHUHMEIER, Franz, * 11. 10. 1864 in Wien, † 11. 2. 1913 in Wien (ermordet), sozialdemokratischer Arbeiterführer. Der Sohn eines Bandmachergesellen mußte seine Ausbildung zum Ziseleur wegen einer Augenverletzung aufgeben. Ab 1882 als Fabrikshilfsarbeiter tätig, wirkte er bald als Vertrauensmann der Sozialdemokratischen Partei. 1886 gründete er zur Weiterbildung und politischen Schulung den Rauchklub „Apollo", wurde deswegen 1888 verhaftet und schuf 1889 den Arbeiterbildungsverein „Apollo", der zur Keimzelle der Ottakringer Parteiorganisation wurde. 1889 arbeitete Sch. in der Redaktion der „Arbeiter-Zeitung" und entwickelte sich zu einem beliebten Redner, der Begeisterung zu wecken verstand. Ab 1891 gab er die „Volkstribüne" heraus, war 1896–98 „Reichsparteisekretär" und wurde 1900 Wiener Gemeinderat. Auf dem Grazer Parteitag der Sozialdemokraten 1900 stellte er die „Grundsätze für das Wirken der Sozialdemokraten in der Gemeinde" auf, die schließlich zur Grundlage des späteren sozialdemokratischen Kommunalprogramms wurden. 1901 Reichsratsabgeordneter; befaßte sich mit Bildungsfragen und hatte entscheidenden Anteil an der Durchsetzung des Wahlrechts von 1905. 1912 erzwang Sch. den Sturz von Bürgermeister Josef Neumayer. Aus diesem Grund und aus anderen politischen Motiven wurde er von Paul Kunschak, dem Bruder des christlichsozialen Arbeiterführers Leopold Kunschak (s. d.) in der Halle des Nordwestbahnhofs ermordet. Sch. war eine der markantesten und beliebtesten Persönlichkeiten der sozialdemokratischen Bewegung.

Schmidt-Czeike, H., und Czeike, F.: F. Sch. (1964); Spira, L. (Hrsg.): Attentate, die Ö. erschütterten (1981)

Franz Schuhmeier

SCHULHOF, Otto, * 9. 3. 1889 in Wien, † 16. 4. 1958 in Wien, Konzertpianist und Komponist. Studierte in Wien und wurde zu einem der beliebtesten und geschätztesten Begleiter großer Geiger und Cellisten. So absolvierte er u. a. mehrere Konzerttourneen mit dem Cellisten Pablo Casals. War auch Prof. an der Wiener Musikakademie und komponierte Klavierstücke, Lieder und kammermusikalische Werke.

SCHULLERN, Heinrich * 17. 4. 1865 in Innsbruck, † 16. 12. 1955 in Innsbruck, Arzt und Schriftsteller. Entstammte einer alten Tiroler Familie, studierte in Innsbruck, Graz und München Medizin und wurde praktischer Arzt. 1894 gab er seine Praxis auf und trat in die k. u. k. Armee ein, verbrachte den Ersten Weltkrieg an der Front sowie als Chefarzt an der Militärakademie und war zuletzt Generalstabsarzt. Ab 1918 pensioniert, lebte er als Schriftsteller in Innsbruck. In seinen zahlreichen Romanen behandelte er Landschaft, Menschen und Probleme seiner Heimat in Geschichte und Gegenwart: „Helldunkel" (1892), „Im Vormärz der Liebe" (1900), „Ärzte" (1902), „Katholiken" (1904), „Jungösterreich" (1910), „Vom Blühen und Verderben" (1912), „Berggenossen" (1914), „Vom Garten des Glaubens" (1919), „Kleinod Tirol" (1927), „Südtirols Vergangenheit" (1928), „Boccaccio auf Schloß Tirol" (1932), „Die Welt der Träume" (1932), „Erinnerungen eines Feldarztes aus dem Weltkrieg" (1934, Memoiren) und „Der Herzog mit der leeren Tasche" (1947); 1935 erschienen „Erzählungen und Gedichte".

Paulin, K.: H. Sch. und seine Zeit (1959)

SCHULMEISTER, Otto, * 1. 4. 1916 in Wien, Journalist und Kulturpolitiker. Studierte in Wien Staatswissenschaften und Nationalökonomie, wurde Mitherausgeber und Chefredakteur der katholisch-intellektuellen Monatsschrift „Wort und Wahrheit". Ab 1946 Redaktionsmitglied der Tageszeitung „Die Presse" und 1960–77 Chefredakteur; seither ist Sch. Herausgeber der „Presse". Als Kulturpolitiker war Sch. Mitherausgeber des historisch-soziologischen Sammelwerks „Spectrum Austriae" (1957) und des Standardbildbands „Imago Austriae" (1963). Weitere Publikationen: „Die Zukunft Österreichs" (1967), „Die Welt, die wir verlassen" (1970), „Die erschöpfte Revolution" (1978), „Der zweite Anschluß" (1979).

SCHULZE, Maja, * 8. 9. 1932 in Inzing (T), Weltklassesportlerin im Casting (Trockenfischen). Sammelte in einer kaum beachteten Sportart die meisten WM-Titel (18), die je ein heimischer Sportler errungen hat. Auch erfolgreiche Bogenschützin.

SCHUMPETER, Josef Alois, * 8. 2. 1883 in Triesch (Mähren), † 8. 1. 1950 in Taconic (USA), Volkswirtschaftler und Wirtschaftstheoretiker. Wurde bald nach Studienende 1909 Univ.-Prof. in Czernowitz, nachdem er 1908 durch seine Veröffentlichung „Das Wesen und der Hauptinhalt der theoretischen Nationalökonomie" (Neuaufl. 1950) auf sich aufmerksam gemacht hatte. 1911–21 Univ.-Prof. in Graz, von März bis Oktober 1919 auch Staatssekretär für Finanzen. 1925–32 war Sch. Univ.-Prof. in Bonn und ging dann nach Cambridge (USA). 1937–41 erster Präsident der „Econometric Society", 1948–50 der „American Economic Association". Von der Grenznutzenschule ausgehend, entwickelte er eine eigene Theorie der wirtschaftlichen Dynamik. Veröffentlichungen u. a.: „Theorie der wirtschaftlichen Entwicklung" (1912, 6. Aufl. 1964), „Zur Soziologie der Imperialismen" (1919), „Das deutsche Finanzproblem" (1928), „Capitalism, Socialism and Democracy", 1942 (dt. 1950).

Josef Alois Schumpeter

SCHUMY, Vinzenz, * 28. 7. 1878 in Saak (K), † 13. 12. 1962 in Wien, Agraringenieur und Landbund- bzw. ÖVP-Politiker. Nach seinem Studium in Zürich 1904–11 Leiter der landwirtschaftlichen Schule in Völkermarkt (K) und 1911–18 Landestierzuchtinspektor; einer der führenden Politiker des Landbundes. 1918–20 Leiter des Kärntner Heimatdiensts, 1921–34 Landtagsabgeordneter und 1923–27 auch Landeshauptmann von Kärnten. Von 4. 5. bis 25. 9. 1929 Vizekanzler in der Regierung Streeruwitz (s. d.), von 26. 9.1929 bis 30. 9. 1930 Innenminister in der Regierung Schober III (s. d.) und von 10. 5. bis 21. 9. 1933 unter Dollfuß (s. d.). Am 26. 9. 1945 wurde Sch. Staatssekretär für

Vermögenssicherung und Wirtschaftsplanung (bis 20. 12. 1945). 1945–49 Abgeordneter zum Nationalrat. Sch. veröffentlichte „Das ländliche Siedlungsproblem" (1947), „Genossenschaftswesen und Privatwirtschaft" (1949) und „Kampf um Kärntens Einheit und Freiheit" (1950).

Festschrift für V. Sch. (1958); Benedikt, U.: V. Sch., Diss. Wien (1965)

SCHUPPANZIGH, Ignaz, * 20. 11. 1776 in Wien, † 2. 3. 1830 in Wien, Geiger und Dirigent. Zunächst leitete er die Augartenkonzerte, die von bekannten Dilettantenmusikern bestritten wurden. Bereits 1794 war er Primarius des Sch.-Quartetts, das durch die Uraufführungen von Beethovens (s. d.) Streichquartetten rasch berühmt wurde. Sch. veranstaltete als einer der ersten öffentliche Quartettabende. Sein Quartett wurde 1794–99 von Fürst Lichnowsky unterhalten, 1808–16 spielte er als Primus in einem von Graf Rasumowsky gegründeten Quartett mit. 1816 ging Sch. auf eine sieben Jahre dauernde Konzertreise und trat 1824 in das Wiener Hoforchester ein. 1828 wurde er für die deutsche Oper Musikdirektor des Kärntnertortheaters.

SCHUPPEN, Johann Jakob van, * 26. 1. 1670 in Paris, † 29. 1. 1751 in Wien, Maler. Wurde 1716 nach Wien berufen und 1723 zum kaiserlichen Hofmaler ernannt. 1726 wurde er Direktor der Maler-, Bildhauer- und Baukunst-Akademie und hielt ab 1730 auch Vorträge auf populärwissenschaftlicher Basis, konnte aber nicht verhindern, daß die Akademie ab 1742 keinen ständigen Sitz mehr finden konnte. Er schuf zahlreiche Porträts und Altarbilder, so u. a. „Lukas, die hl. Madonna malend" in der Karlskirche, „Die Marter des hl. Bartholomäus" und „Judas Thaddäus" in der Hernalser Pfarrkirche sowie „Verkündigung" und „Anbetung des Kindes" in der Salesianerinnenkirche (alle in Wien).

SCHUSCHNIGG, Kurt von, * 14. 12. 1897 in Riva am Gardasee, † 18. 11. 1977 in Mutters bei Innsbruck, Jurist, christlichsozialer und Ständestaatpolitiker. Vater und Großvater waren Berufsoffiziere im Generalsrang; der Großvater war 1898 in den Adelsstand erhoben worden. Sch. besuchte das Jesuiteninternat „Stella Matutina" in Feldkirch (V), war im Ersten Weltkrieg Leutnant und geriet bei Kriegsende in italienische Gefangenschaft, von der er erst 1919 nach Innsbruck zurückkehrte. An der dortigen Universität absolvierte er das Jusstudium und wurde Rechtsanwalt. Schon als Student in der Innsbrucker CV-Verbindung „Austria" politisch tätig, wurde er 1927 der jüngste Abgeordnete zum Nationalrat – eine Position, die er bis 1934 innehatte. An der Reform der Bundesverfassung beteiligt, hatte Sch. auch einen Kommentar zum Bundesverfassungsgesetz von 1929 verfaßt. Im Dezember 1930 rief er die „Ostmärkischen Sturmscharen" ins Leben, die allerdings erst am 19. 6. 1932 anläßlich einer „Angelobung" in der Burgruine Mödling erstmals vor die Öffentlichkeit traten. 1932 im Kabinett Buresch II (s. d.) Justizminister, war er dies auch im Kabinett Dollfuß I (s. d.) 1932/33, ab 24. 5. 1933 auch Unterrichtsminister; eine Funktion, die er auch im Kabinett Dollfuß II bis 10. 7. 1934 innehatte. Im letzten Kabinett Dollfuß war Sch. der rangälteste Bundesminister beim Juliputsch von 1934 und wurde daher Nachfolger des ermordeten Bundeskanzlers. In insgesamt fünf Kabinetten behielt er den von seinem Vorgänger eingeschlagenen Kurs bei, obwohl es

Kurt von Schuschnigg

ihm nicht gelang, die erlassene ständisch-autoritäre Verfassung von 1934 in allen Einzelheiten zu verwirklichen. Er bekannte sich zu Ö. als einem „zweiten deutschen Staat", festigte die Bindungen zum faschistischen Italien und zeigte wenig Verständnis für eine Annäherung an das sozialdemokratische Lager, was zu einer zusätzlichen innenpolitischen Spaltung und Schwäche im Kampf gegen Hitler (s. d.) führte. Außerdem nahmen seine Differenzen zu seinem Vizekanzler Fürst Starhemberg (s. d.) und damit zur Heimwehr zu, bis letzterer 1936 aus der Regierung ausschied und Sch. auch die Leitung der Vaterländischen Front übernahm. Den Einfluß der Heimwehr hatte er zurückgedrängt, praktisch sogar beseitigt, doch dem wachsenden Nationalsozialismus und dem Druck des Deutschen Reiches unter Adolf Hitler konnte er nicht Herr werden. Das Juliabkommen von Berchtesgaden im Jahr 1936 brachte nur eine scheinbare und ganz kurze Entspannung des Verhältnisses zwischen Ö. und dem Deutschen Reich. Schließlich nahm die außenpolitische Isolierung Ö.s zu, und im „Berchtesgadener Abkommen" vom 12. 2. 1938 hatte Sch. eine Summe von erzwungenen Konzessionen Hitler gegenüber zu machen. Sch. meinte nun – nachdem er die verlangte Kabinettsumbildung durchgeführt und u. a. den Nationalsozialisten Dr. Seyß-Inquart zum Innenminister ernannt hatte –, die Verhältnisse in Ö. durch eine Volksbefragung klären zu können. Für den 13. 3. 1938 war vorgesehen, „für ein freies und deutsches, unabhängiges und soziales, für ein christliches und einiges Österreich" abzustimmen, wie Sch. am 9. 3. in einer Rede vor Amtswaltern der Vaterländischen Front in Innsbruck bekanntgab. Doch Hitler sah darin einen schweren Bruch des Abkommens, setzte Sch. erneut unter Druck, so daß dieser in den Abendstunden des 11. 3. zurücktrat. Die Teilnahmslosigkeit des Auslands trug deutlich zur Eskalierung der Situation bei. Nach dem Einmarsch der deutschen Wehrmacht in Ö. am 12. 3.

KURT SCHUSCHNIGG

„Gott schütze Österreich"

„Hitler griff mit heftigen Worten die vergangene und gegenwärtige Politik Österreichs an. Weiter teilte er mir mit, daß er, Hitler, entschlossen sei, ‚die österreichische Frage so oder so zu lösen, selbst wenn er unverzüglich militärische Gewalt anwenden müßte'. Nicht ein einziges Mal während der ersten beiden Stunden unserer Unterredung stellte Hitler irgendwelche präzise Forderungen oder Bedingungen, sondern fuhr während dieser ganzen Zeit fort, mich mit drohenden Worten als Verräter der österreichischen Politik hinzustellen. Mit besonderem Nachdruck teilte er mir mit, daß – seinem Wissen nach – Österreich nicht mehr länger mit der Unterstützung anderer europäischer Mächte rechnen könne und daß Österreich nun allein auf der ganzen Welt und auf sich selbst angewiesen sei."

Kurt Schuschnigg über die Berchtesgadener Unterredung vom 12. 2. 1938. Aus: Ein Requiem in Rot-Weiß-Rot (1946)

„Die Nachrichten, die in Österreich verbreitet wurden, daß Arbeiterunruhen gewesen seien, daß Ströme von Blut geflossen seien, daß die Regierung nicht Herrin der Lage sei und aus eigenem Antrieb nicht hätte Ordnung machen können, seien von A bis Z erfunden . . . So verabschiede ich mich in dieser Stunde von dem österreichischen Volk mit einem deutschen Wort und einem Herzenswunsch: Gott schütze Österreich."

Rundfunkansprache, 11. 3. 1938

1938 wurde Sch. von der Gestapo verhaftet und in verschiedenen KZ gefangengehalten. Von den Amerikanern in Südtirol (Lager am Pragser Wildsee) befreit, hielt er sich anschließend in Italien auf. Da politische Widerstände nach 1945 auch seine Bestellung zum Leiter des ö. Kulturinstituts in Rom verhinderten, ging Sch. 1948 in die USA, wo er bis 1967 an der Universität von St. Louis als Professor für Staatsrecht tätig war. Nach Ö. zurückgekehrt, lebte er bis zu seinem Tod sehr zurückgezogen in Mutters bei Innsbruck. 1936/37 erschienen seine Reden unter dem Titel „Ö.s Erneuerung" (3 Bde.), 1937 „Dreimal Ö.", 1946 „Ein Requiem in Rot-Weiß-Rot", 1969 „Im Kampf gegen Hitler".

Birk, B.: Kanzler Sch. (1934); Sheridon, R. K.: K. von Sch. (1942); Weissensteiner, F., und Weinzierl, E.: Die ö. Bundeskanzler (1983)

SCHUSELKA, Franz, * 15. 8. 1811 in Budweis (Böhmen), † 1. 9. 1886 in Heiligenkreuz (NÖ), Publizist und deutschnationaler Politiker. Sch. studierte zunächst in Wien die Rechte und wurde 1839 Journalist. Schwierigkeiten mit der Zensur zwangen ihn, 1842 nach Deutschland – erst nach Weimar, dann nach Jena – zu emigrieren. Wegen des Werks „Der Jesuitenkrieg gegen Ö. und Deutschland" (1845) abermals von der ö. Regierung polizeilich verfolgt, zog Sch. 1846 nach Hamburg, wo er 1847 „Österreichische Vor- und Rückschritte" veröffentlichte. In den Tagen der Märzrevolution von 1848 kehrte er nach Wien zurück und veröffentlichte nach dem Einrücken der Russen in Ungarn die Flugschrift „Deutsch oder Russisch?" (2. Aufl. 1849). Sch. war liberaler Wortführer im Fünfzigerausschuß und im Frankfurter Parlament, erklärte aber am 17. 8. 1848 seinen Austritt und wurde Mitglied des Reichstages von Kremsier. 1849 war Sch. Vorsitzender des Sicherheitsausschusses in Wien. 1850 verwies man ihn in sein Landhaus in Gainfarn (NÖ), wo er zwei Jahre in Zurückgezogenheit lebte und zum Protestantismus übertrat. 1861–65 war Sch. Reichsratsabgeordneter, ferner erster Präsident des Schriftstellerverbandes „Concordia". 1862 gründete er die liberale politische Zeitschrift „Die Reform", die er bis 1879 herausgab. Von seinen Publikationen sind zu erwähnen: „Karl Gutherz" (Roman, 1841), „Deutsche Worte eines Österreichers" (1841), „Ist Ö. deutsch?" (1843), „Ö. und Ungarn" (1843), „Die neue Kirche und die alte Politik" (1845, 2. Aufl. 1846), „Das provisorische Ö." (1850) und „Abfall und Rückkehr" (1852).

Fellner, F.: F. Sch. Ein Lebensbild. Diss. Wien (1948)

Johann Jakob van Schuppen: „Prinz Eugen als Türkensieger" (um 1720)

SCHUSTER, Franz, * 26. 12. 1892 in Wien, † 24. 7. 1972 in Wien, Architekt und Möbeldesigner. Studierte in Wien als Schüler von H. Tessenow und O. Strnad (s. d.) und war 1923–25 Chefarchitekt des Ö. Verbandes für Siedlungs- und Kleingartenwesen, 1933–36 Generalsekretär des Internationalen Verbandes für das Wohnungswesen und 1937–67 Prof. an der Akademie für angewandte Kunst in Wien. 1946–52 war er zudem Konsulent für Städtebau der Stadt Wien. 1947–51 erbaute er mit Eugen Wörle die „Per-Albin-Hansson-Siedlung". Neben seinem architektonischen Schaffen (Gemeindebauten, Schulen, Kindergärten, Bäder und Siedlungen) war Sch. der erste Möbeldesigner, der Aufbaumöbel entwarf. Sch. wurde mehrfach geehrt und ausgezeichnet. Er veröffentlichte u. a.: „Eine eingerichtete Kleinstwohnung" (1927), „Ein eingerichtetes Siedlungshaus" (1928), „Ein Möbelbuch" (1929), „Treppen" (1941, 2. Aufl. 1964), „Der Stil unserer Zeit" (1948) und „Balkonbuch" (1961).

SCHUSTER, Ignaz, * 20. 7. 1779 in Wien, † 6. 11. 1835 in Wien, Sänger, Schauspieler und Komponist. Wurde 1801 Sänger an der Hofoper, 1806 Hofkapellensänger, wechselte aber bald zur Sprechbühne, wo er am Leopoldstädter Theater am 13. 10. 1813 in Bäuerles (s. d.) „Die Bürger in Wien" in der Rolle des Parapluiemachers Christophorus Staberl debütierte, der noch zahlreiche „Staberliaden" folgen sollten. Mit der Staberl-Rolle, die bereits eine typisch wienerische Charakterkomik erforderte, wurde Sch. berühmt; und Bäuerle schuf für den kleinen buckligen Charakterkomiker noch viele Staberl-Stücke, da die Wiener die Bühnenfigur des Staberl als Spiegel ihres eigenen Wesens erkannt hatten, das Urbild des „kleinen Mannes". Ab 1817 stand Sch. in persönlicher Konkurrenz zu Ferdinand Raimund (s. d.) am Leopoldstädter Theater, aber die beiden waren in ihrer Komik von großer Gegensätzlichkeit. Sch. bissig-säuerlich und Raimund gemüthaft. Ein gemeinsames Auftreten der beiden kam erst 1830 in „Evakathel und Schnudi" zustande. Sch. war auch ein Meister des Couplets. Darüber hinaus schrieb er zahlreiche Bühnenmusiken für die Stücke von Bäuerle (s. d.), Perinet (s. d.), Gleich (s. d.) sowie Kirchenmusik.

Rommel, O.: Die großen Figuren der Alt-Wiener Volkskomödie (1946)

SCHUSTER, Leopold, * 24. 10. 1842 in St. Anna am Aigen (St), † 18. 3. 1927 in Graz, Fürstbischof, Kirchenrechtler. Studierte in Graz Kirchenrecht und wurde 1867 zum Priester geweiht. 1893 Fürstbischof von Seckau-Graz. Sch. war ein strikter Bekämpfer der

Die Per-Albin-Hansson-Siedlung in Wien-Favoriten, fertiggestellt 1951, eine Gemeinschaftsarbeit von Franz Schuster, Eugen Wörle, Friedrich Pangratz und Stephan Simony

von den Deutschnationalen ausgegangenen „Los-von-Rom-Bewegung". Er verfaßte neben kirchenhistorischen Werken auch heimatkundliche Abhandlungen.

SCHÜTTE-LIHOTZKY, Margarete, * 23. 1. 1897 in Wien, Architektin. Absolvierte 1919 als erste Frau in Ö. die Wiener Kunstgewerbeschule und arbeitete danach in Holland und ab 1920 beim Wiener Siedlungsamt, wo sie gemeinsam mit Adolf Loos (s. d.) die Kriegsinvalidensiedlung „Hirschstetten" (1921) und die Anlage „Lainzer Tiergarten" errichtete. 1926 wurde sie nach Frankfurt am Main an das Hochbauamt berufen und widmete sich dort besonders der Projektierung von Kindergärten und Kleinwohnungen. Als Ergebnis ihrer Arbeit entstand die später weltberühmte „Frankfurter Küche". 1930–32 errichtete sie zwei Doppelhäuser in der Wiener Werkbundsiedlung. 1930 war sie in die Sowjetunion eingeladen worden, 1934 folgte eine Studienreise nach China, 1938 emigrierte Sch.-L. nach Istanbul, wo an der dortigen Technischen Universität bereits Clemens Holzmeister (s. d.), Ernst Egli und Herbert Eichholzer lehrten. Wegen Widerstandstätigkeit und KPÖ-Mitgliedschaft wurde sie bei ihrer Rückkehr nach Wien 1941 verhaftet und bis Kriegsende inhaftiert. Ab 1947 lebte sie als freie Architektin in Wien und errichtete hier gemeinsam mit ihrem Mann Wilhelm Schütte im Auftrag der Gemeinde Wien einige Kindergärten und eine Sonderschule. Seit 1967 ist Sch.-L. freischaffende Publizistin.

Uhlig, G.: M. Sch.-L. zum 85. Geburtstag, in: Umbau 5, Wien (1981)

SCHUTTING, Jutta, * 25. 10. 1937 in Amstetten (NÖ), Lehrerin und Schriftstellerin. Nach ihrer Lehrerausbildung wurde sie 1965 Mittelschulprof. in Wien. In ihren Gedichten und Erzählungen zeigt sich eine Neigung zu Meditation und Verinnerlichung. Sie veröffentlichte u. a. die Gedichtbände „In der Sprache der Inseln" (1973), „Lichtungen" (1976) sowie die Prosawerke „Baum in O." (1973), „Parkmord" (1975), „Sisliana" (1977), „Am Morgen vor der Reise" (1978), „Der Wasserbüffel" (1981), „Hundegeschichte" (1986).

SCHÜTZ, Carl, * 2. 11. 1745 in Laibach (Krain), † 14. 3. 1800 in Wien, Zeichner und Kupferstecher. Studium ab 1764 an der Akademie in Wien, wo er sich besonders auf die Kupferstichkunst spezialisierte, doch daneben auch Architektur bei Ferdinand Hetzendorf von Hohenberg (s. d.) studierte. Daher wurde er auch 1772 als Architekt Mitglied der Akademie. Sein Schaffen war sehr vielfältig, es reichte vom Porträt über Album- und Modeblätter bis hin zu figurenreichen Szenen und Schlachtenbildern. Besonders zu erwähnen sind seine Wiener Ansichten, da Sch. es verstanden hat, korrekte Architekturzeichnungen mit äußerst detailreichen genrehaften Gruppierungen zu einer lebendigen Gesamtdarstellung zu vereinen. Ab 1779 erschien bei Artaria in Wien „Collection de 50 vues de la ville de Vienne".

Schwarz, I.: Wiener Straßenbilder im Zeitalter des Rokoko (1914); Nebehay, Ch. M. (Hrsg.): C. Sch., Johann Ziegler und Laurens Janscha. Die Wiener Ansichten (1981)

SCHÜTZ, Franz, * 15. 4. 1892 in Wien, † 19. 5. 1962 in Wien, Organist. Studierte in Wien und war nach dem Ersten Weltkrieg Prof. an der Wiener Musikakademie, 1938–45 auch deren Präsident. Sch. verfügte als Orgelvirtuose über ein äußerst umfangreiches Repertoire, von den alten Werken bis zur Gegenwart. Er war lange Zeit auch Präsident der Gesellschaft der Musikfreunde in Wien.

Carl Schütz: Der Stephansplatz 1792. Stich

SCHWAIGER, Rosl, * 5. 9. 1918 in Alm (S), † 19. 4. 1970 in München, Sängerin, Sopranistin. Studierte am Mozarteum in Salzburg und debütierte 1940 als Susanna am Salzburger Landestheater. 1942–45 an der Wiener Volksoper, 1945–52 an der Wiener Staatsoper, ab 1952 an der Münchner Staatsoper. Als Gast oft bei den Salzburger Festspielen. Sch. war eine hervorragende Mozart-Interpretin. 1954 unternahm sie eine erfolgreiche USA-Tournee.

SCHWANTHALER, Franz Jakob, * 2. 8. 1760 in Ried im Innkreis (OÖ), † 4. 12. 1820 in München, Bildhauer. Älterer Sohn von Johann Peter Sch. d. Ä. (s. d.). Wurde 1780 nach München berufen, wo er der führende Bildhauer des Frühklassizismus war. Seine Werke befinden sich vorwiegend im bayerischen Raum, viele seiner dekorativen Arbeiten in München sind im Zweiten Weltkrieg vernichtet worden. Als sein bedeutendstes plastisches Werk gilt die Marmorbüste der Königin Karoline von Bayern, die heute im Bayerischen Nationalmuseum in München zu sehen ist. Wichtige Werke in Ö. sind die Altäre in der Pfarrkirche St. Martin im Innkreis.

SCHWANTHALER, Johann Franz, * 16. 8. 1683 in Ried im Innkreis (OÖ), † 3. 7. 1762 in Ried, Bildhauer. Sohn von Thomas Sch. (s. d.), dessen Werkstatt er 1711 übernahm. Sein Hauptwerk ist der um 1730 entstandene Altar in der Pfarrkirche von Pötting. Von ihm stammen auch die „Beweinung Christi" in der Pfarrkirche von Mehrnbach, eine Schnitzgrup-

Margarete Schütte-Lihotzky, Häuser der Werkbundsiedlung Wien, 1932

FAMILIE SCHWANTHALER
Bildhauer aus Oberösterreich

Der Stammvater dieser bedeutenden ö. Bildschnitzer- und Bildhauerfamilie stammt aus dem schwäbischen Oberland und hieß ursprünglich Hans Schwabenthaler. 1632 ließ er sich auf der Flucht vor den Schweden in Ried im Innkreis (OÖ) nieder und gründete eine Werkstätte, die bis 1838 die Hauptwerkstatt der Familie blieb, denn die im 18. Jh. von Johann Georg Schwanthaler in Gmunden gegründete Werkstatt errang keine besondere Bedeutung.

pe in St. Thomas bei Ried und Statuen in den Pfarrkirchen von Ried, Gurten, Lohnsburg, Pram, Schildorn und Waldzell. Sein älterer Sohn Franz Mathias Sch. (* 20. 6. 1714 in Ried, † 16. 4. 1782 in Ried) schuf den Tabernakel und das Oratorium in der Pfarrkirche von Asperg, die Kreuzigungsgruppe in der Pfarrkirche von Hohenzell und die Hochaltäre in Lengau und in Waldzell. Sch.s jüngerer Sohn ist Johann Peter Sch. d. Ä. (s. d.).

SCHWANTHALER, Johann Peter d. Ä., * 20. 6. 1720 in Ried im Innkreis (OÖ), † 20. 7. 1795 in Ried, Bildhauer und Bildschnitzer. Wurde der Hauptmeister des Rokoko im Innviertel und schuf u. a. die Altäre in den Pfarrkirchen von Hohenzell und Tumeltsham, den Kreuzaltar in der Pfarrkirche Aspach, Tabernakel, Pietá und eine Schnitzgruppe in der Pfarrkirche von Ried, den Tabernakel in der Pfarrkirche Weilbach und Bildwerke in den Pfarrkirchen Mehrnbach und Mettmach. Sein Sohn Johann Peter Sch. d. J. (* 2. 7. 1762 in Ried, † 10. 6. 1838 in Ried) übernahm 1798 die väterliche Werkstatt und schuf u. a. das Krippenwerk in der Pfarrkirche in Pram (OÖ). Er war der jüngere Bruder von Franz Jakob Sch. (s. d.).

SCHWANTHALER, Ludwig von (seit 1844), * 26. 8. 1802 in München, † 14. 11. 1848 in München, Bildhauer. Sohn von Franz Jakob Sch. (s. d.), bei dem er die erste Ausbildung erhielt. Ging dann nach Rom, wo er sich fortbildete. Trotz seines kurzen Lebens hinterließ er bedeutende Werke, wie etwa das Kolossalstandbild der Bavaria in München (1837–1850), mehrere Standbildnisse von Fürsten und von Künstlern, das Mozart-Standbild in Salzburg (1842), das Goethe-Denkmal in Frankfurt am Main (1844). Sch. war der von König Ludwig I. bevorzugte Hauptmeister eines romantisch gestimmten Klassizismus.

SCHWANTHALER, Thomas, * 5. 6. 1634 in Ried im Innkreis (OÖ), † 13. 2. 1707 in Ried, Bildhauer. War der Sohn des aus dem schwäbischen Oberland zugewanderten Hans Sch. und der bedeutendste Künstler der Familie. 1656 übernahm er die Werkstätte seines Vaters und schuf als sein Hauptwerk 1675/76 den eindrucksvollen Doppelaltar in der Pfarrkirche von St. Wolfgang (OÖ) sowie u. a. Figuren am Hochaltar der Pfarrkirche von Ried (1663–65), Statuen in der Pfarrkirche von

Thomas Schwanthaler: Ölberggruppe. Holz, vor 1680. Stadtpfarrkirche Ried im Innkreis

Ungenach (1666–71), den Hochaltar in der Pfarrkirche Zell am Pettenfirst (1668), den Florianialtar in der Pfarrkirche von Ried (1669), den Hochaltar in der Pfarrkirche von Andorf (um 1672), die Taufgruppe in der Pfarrkirche von Mehrnbach (1675), Altarstatuen in der Pfarrkirche von Mattighofen (1676), den Altar in der Anna-Kapelle von Aspach (1676), die Schnitzgruppe des Hochaltars in der Pfarrkirche von Gmunden (1678), den Hochaltar der Pfarrkirche von Waldzell (1683), den Hochaltar der Pfarrkirche von Münsteuer (1686), Epitaphe und die eiserne St.-Michaels-Statue im Stift Reichersberg (1697), die Kanzel in der Pfarrkirche von Tumeltsham (1697) und die Ölberggruppe und das Chorgestühl in der Pfarrkirche von Ried (1699). Außerdem arbeitete er an drei Altären in der Kirche Maria Plain bei Salzburg mit.

SCHWANZER, Karl, * 21. 5. 1918 in Wien, † 20. 8. 1975 in Wien (Selbstmord), Architekt. Studierte an der Technischen Hochschule in Wien, erwarb 1940 das Ingenieursdiplom und 1941 den Dr. techn. Ab 1947 war er freischaffender Architekt in Wien und daneben 1947–51 Assistent an der Akademie für angewandte Kunst und ab 1959 Prof. an der Technischen Hochschule in Wien sowie Vorstand des Instituts für Gebäudelehre und Entwerfen. Sehr bald international anerkannt, war er auch Gastprof. an mehreren technischen Hochschulen, so 1964/65 in Dortmund, 1967 in Budapest und 1973 in Darmstadt und abermals in Budapest. 1958 schuf er den Ö.-Pavillon für die Weltausstellung in Brüssel, wofür er mit dem 3. Preis im baulichen Wettbewerb ausgezeichnet wurde. Im wesentlichen ist dieser Bau das jetzige „Museum des 20. Jh.s" im Schweizergarten in Wien, das am 20. 9. 1962 eröffnet wurde und im Volksmund bald „Zwanzgerhaus" genannt wurde. Bedeutende Bauten Sch.s sind auch die BMW-Zentrale in München und das Philips-Haus in Wien.

SCHWARTZ, Anton Maria, * 28. 2. 1852 in Baden (NÖ), † 15. 9. 1929 in Wien, Ordensgründer und Arbeiterpriester. Wurde 1877 zum Priester geweiht und widmete sich ausschließlich der Arbeiterseelsorge. 1882 gründete er den katholischen Lehrlingsverein „Fünfhaus", der Lehrstellen vermittelte und die Lehrlinge pädagogisch und seelsorglich betreute. 1886 rief er das Lehrlingsinstitut „Calasantinum" ins Leben; 1889 stiftete er den Orden der Kalasantiner, die „Kongregation vom hl. Joseph Calasanz", der 1926 approbiert wurde. Die Zeitschrift „Das christliche Handwerk", bereits 1888 von Sch. begründet und herausgegeben, erschien bis zu seinem Tod als Organ des Ordens. (Die „Kalasanz-Blätter" traten ab 1930 die Nachfolge an.)

Bruckner, J.: Der Wiener Arbeiterapostel P. A. M. Sch. (1935, Neuaufl. 1950)

SCHWARZ, David, * 20. 12. 1850 in Zalaegerszeg (Ungarn), † 13. 1. 1897 in Wien, Pionier der Luftschiffahrt und des Luftschiffbaus. Der Holzhändler aus Wien eignete sich durch intensives Selbststudium große Fachkenntnisse im Luftschiffbau an. 1892–94 baute er sein erstes Luftschiff, doch scheiterte der Aufstiegsversuch. Keineswegs entmutigt, konstruierte er 1895/96 als erster ein Ganzmetall-Lenkschiff aus Aluminium; die Probefahrt am 3. 11. 1897, die abermals mißglückte, erlebte er nicht mehr.

Karl Schwanzer: Museum des 20. Jh.s in Wien (ursprünglich Österreich-Pavillon bei der Weltausstellung in Brüssel 1958)

SCHWARZ, Helmut, * 31. 5. 1928 in Wien, Dramatiker. Wurde 1951 Dramaturg am Wiener Burgtheater und war seit 1960 Leiter des Reinhardt-Seminars in Wien, 1977 Rektor der Hochschule für Musik und darstellende Kunst in Wien. Er verfaßte mehrere Hör- und Fernsehspiele sowie Dramen: „Menschen in Not" (1951), „Seine letzte Berufung" (1952), „Arbeiterpriester" (1954), „Das Aushängeschild" (1959), „Die Beförderung" (1961), „Im Aschenregen" (1961), „Das Fehlurteil" (1966) und den Prosaband „Regie" (1965).

SCHWARZ, Vera, * 10. 7. 1889 in Agram (Kroatien), † 3. 12. 1964 in Wien, Kammersängerin, Sopranistin. Studierte in Wien und debütierte 1912 am Theater an der Wien. War 1914–17 in Hamburg, 1917–21 an der Berliner Staatsoper und 1921–38 an der Wiener Staatsoper engagiert. 1925–28 vorübergehend der Operette, vor allem der Franz Lehárs, zugewandt, ging sie 1938 in die USA. Gastspiele sowie Mitwirkung bei den Salzburger Festspielen und beim Festival in Glyndebourne. Ab 1948 Leiterin der Gesangskurse in Salzburg, lebte ab 1962 wieder in Wien.

SCHWARZ, Wolfgang, * 14. 9. 1947 in Wien, Eiskunstläufer. Verkörperte – im Gegensatz zu seinem Rivalen Danzer (s. d.) – den sportlichen Typ und war in dieser Auseinandersetzung der „ewige Zweite" (vier EM- bzw. WM-Silbermedaillen), ehe er Danzer 1968 in Grenoble die olympische Goldmedaille wegschnappen konnte.

SCHWARZENBERG, Anna Gräfin von, s. Neumann von Wasserleonburg

SCHWARZENBERG, Felix Ludwig Johann Fürst zu, * 2. 10. 1800 in Krumau (Böhmen), † 5. 4. 1852 in Wien, Staatsmann. Trat 1818 als Kadett in ein Kürassierregiment ein und avancierte bis zum Rittmeister. Auf Anregung des Fürsten Metternich (s. d.) ging er, ohne aus der Armee auszuscheiden, 1824 in den diplomatischen Dienst. Mit mehreren Missionen betraut, wurde Sch. 1846 Gesandter am Hof von Neapel und nach dem dortigen Märztumult 1848 Generalmajor

Ministerpräsident Felix Fürst zu Schwarzenberg

in der Armee Radetzkys (s. d.). Nachdem er sich bei Curtatone und Goito bewährt hatte, wurde er Feldmarschalleutnant und Gouverneur von Mailand. Nach der Oktoberrevolution in Wien wurde Sch. am 21. 11. 1848 der erste Ministerpräsident Franz Josephs I. (s. d.) und zugleich Außenminister; beide Funktionen hatte er bis zu seinem Tod inne. Er galt als „politischer Lehrmeister" des jungen Kaisers, der seinem Ministerpräsidenten großes Vertrauen schenkte; schließlich war es auch Sch. gewesen, der die Ablösung Kaiser Ferdinands I. (s. d.) durchgesetzt hatte. Er wahrte zunächst die Formen des Konstitutionalismus, ließ von seinem Justizminister Alexander Bach (s. d.) eine zentralistische Verfassung ausarbeiten (sogenannte Märzverfassung), die der Kaiser am 4. 3. 1849 sanktionierte. Am 7. 3. wurde diese oktroyierte Verfassung verkündet und der Kremsierer Reichstag – noch ehe dieser in der Lage war, seinen eigenen föderalistischen Verfassungsentwurf zu präsentieren – mit militärischer Gewalt aufgelöst. Weder der Kaiser noch Sch. gedachten diese Verfassung zu verwirklichen, zumal der Neoabsolutismus ihr gemeinsames Ziel war. Seine Realisierung wurde durch das „Silvesterpatent" von 1851 erreicht. Sch.s zentralistisch-autoritäre Regierung unterdrückte mit harter Hand die nationalen Emanzipationsbestrebungen, förderte aber andererseits durch eine umfassende Verwaltungsreform die wirtschaftlichen Initiativen des Großbürgertums. Außenpolitisch gelang Sch. durch die Olmützer Punktation die Wiederherstellung des deutschen Bundestages (23. 12. 1850), wodurch er für kurze Zeit die kleindeutsche Politik Preußens zurückdrängen konnte. Dennoch konnte er die ö. Hegemonie in Mitteleuropa nicht verwirklichen. Gestützt auf hervorragende Kabinettsmitglieder, hatte Sch. den durch die Revolution von 1848 erschütterten Vielvölkerstaat gefestigt, aber die künftigen Nationalitätenprobleme der Monarchie heraufbeschworen. Er starb nach einem Schlaganfall. Kaiser Franz Joseph I. schrieb tags darauf an seine Mutter: „Ein harter Schlag hat mich, hat uns alle getroffen . . ."

Berger, A. F.: Fürst F. zu Sch. (1853); Kiszling, R.: Fürst F. zu Sch. (1952)

FELIX SCHWARZENBERG

Die Mündigwerdung Franz Josephs

„Das große Werk, das uns im Einverständnis mit den Völkern obliegt, ist die Begründung eines neuen Bandes, das alle Länder und Stämme der Monarchie zu einem großen Staatskörper vereinigen soll. Das Ministerium will nicht hinter den Bestrebungen nach freisinnigen und volkstümlichen Einrichtungen zurückbleiben: es hält es vielmehr für seine Pflicht, sich an die Spitze dieser Bewegung zu stellen. Wir wollen die konstitutionelle Monarchie aufrichtig und ohne Rückhalt, Gleichheit aller Staatsbürger vor dem Gesetz, Gleichberechtigung aller Volksstämme, Offenheit in allen Zweigen der Verwaltung sollen die Stützpunkte des neuen Baues sein. Die Grundlage des freien Staates ist die freie Gemeinde!"

Schwarzenberg am 27. 11. 1848 vor dem Reichstag

„Der schwere Vorwurf, der hier erhoben werden muß, trifft ausschließlich einen Mann, der die Gefahren solcher Vollendung der praktischen Erziehung Franz Josephs zum Kaiser hätte voraussehen können. Dieser Mann war Fürst Felix Schwarzenberg, der Ministerpräsident und eigentliche Begründer der neuen Kaiserherrlichkeit Franz Josephs . . . Er war der Lenker der gesamten Politik des großen Reiches vom Tage der Bildung seines Ministeriums bis zu seinem Todestage. Allerdings war er auch der einzige Mann, der alles am Hofe beherrschte und auf den der Kaiser hörte, wie auf keinen anderen. Es fällt daher auf Schwarzenberg allein die historische Verantwortung, sowohl für die praktische Erziehung des jungen Herrschers als auch für die Rückwirkung, die von den politischen Aktionen des Ministerpräsidenten auf den Sinn des jungen Monarchen ausging. Dadurch, daß Fürst Schwarzenberg auf diese Weise sich als den eigentlichen Erzieher des kaiserlichen Jünglings zum Herrn darstellt, wird die Bedeutung seiner staatsmännischen Arbeit während der ihm noch beschiedenen dreieinhalb Jahre weit über die ohnedies große Tragweite ihrer Ergebnisse hinausgehoben."

Joseph Redlich, Kaiser Franz Joseph von Österreich (1928)

„Drei Monate, nachdem Franz Joseph sich zum Selbstherrscher erklärt hatte, starb Fürst Felix Schwarzenberg. Ein Schlaganfall raffte ihn hinweg, so daß der schnell herbeigeholte kaiserliche Jüngling nur noch den letzten Augenblicken seines politischen Erziehers beiwohnen konnte. Der junge Kaiser weinte bitterlich am Sterbelager des Retters seines Hauses. Dann fand er schnell seine Fassung, befahl das Arbeitsgemach des Fürsten zu versperren und nahm den Schlüssel an sich. Der Tod von Felix Schwarzenberg bedeutete die Mündigkeitserklärung des jungen Kaisers."

Ebenda

Karl Philipp Fürst zu Schwarzenberg (Mitte links zu Pferd) überbringt die Botschaft vom Sieg bei Leipzig über Napoleon 1813

SCHWARZENBERG, Friedrich Johann Joseph Fürst zu, * 6. 4. 1809 in Wien, † 27. 3. 1885 in Wien, Kardinal. Er war der jüngere Bruder von Felix Ludwig (s. d.) und wurde zunächst Kanonikus in Salzburg, 1835 Fürsterzbischof ebendort und 1842 Kardinal, ab 1849 Fürsterzbischof von Prag. Als Gegner des josephinischen Staatskirchentums führte Sch. 1852–59 eine Reform der ö. Klöster durch, die jedoch mißlang. Von 1861 an war er Mitglied des Herrenhauses. Sch. war ein eifriger Förderer des kirchlichen Lebens; er organisierte Volksmissionen und gründete katholische Vereine sowie kirchliche Bildunganstalten. Außerdem war er lange Zeit Führer der klerikalfeudalen Partei in Böhmen.

Wolfsgruber, C.: F. Kardinal Sch., 3 Bde. (1906–17)

SCHWARZENBERG, Friedrich Karl Fürst zu, * 30. 9. 1800 auf der Besitzung St. Mariathal bei Preßburg, † 6. 3. 1870 in Wien, Berufsoffizier und Schriftsteller. Ältester Sohn von Feldmarschall Karl Philipp Fürst Sch. (s. d.). Wurde Berufsoffizier und bestand im Revolutionskrieg in Neapel 1821 seinen ersten Waffengang. Da ihm der Garnisonsdienst zu langweilig wurde, kämpfte er an vielen militärischen Schauplätzen stets in der Überzeugung, für eine gute Sache einzutreten. Er wurde – und nannte sich auch selbst so – „der Landsknecht", auch „der Landsknecht des Legitimismus". Sch. kämpfte bis 1851 in Ungarn, in der Schweiz, in Italien, in Spanien und in Algerien, dann zog er sich, bereits Generalmajor, auf seine Besitzung St. Mariathal zurück. 1831–62 erschienen 17 Bände seiner Schriften: Erinnerungen, Reisebeschreibungen und Novellen. Ein bescheidener Auszug daraus wurde 1915 in der „Ö. Bibliothek", eine weitere Auswahl in „Viele Fahnen wehten über mir" 1957 veröffentlicht.

SCHWARZENBERG, Karl Philipp Fürst zu, * 15. 4. 1771 in Wien, † 15. 10. 1820 in Leipzig, Berufsoffizier, Heerführer. Trat 1788 als Leutnant in die ö. Armee ein, nahm 1789 am Türkenkrieg teil und wurde 1792 Major. Im Ersten Koalitionskrieg gegen Frankreich (1792–97) zeichnete er sich in der Schlacht bei Jemappes am 6. 11. 1792 aus und trug, bereits Oberst, durch einen kühnen Reiterangriff zum Sieg in der Schlacht bei Château-Cambrésis am 26. 4. 1794 bei. Auch weiterhin militärisch erfolgreich, erhielt Sch. mehrere Auszeichnungen und wurde 1796, mit 25 Jahren, Generalmajor. Im Zweiten Koalitionskrieg (1798–1802) Feldmarschalleutnant, deckte er nach der Niederlage von Hohenlinden am 3. 12. 1800 den Rückzug der ö. Armee hinter die Enns. 1805 Vizepräsident des Hofkriegsrats, wurde er im neuerlichen Waffengang mit den Franzosen in die Katastrophe von Ulm mit hineingezogen, konnte sich aber mit dem größten Teil der Kavallerie nach Eger durchschlagen. 1808 ging er als Botschafter nach St. Petersburg und übernahm zwei Tage vor der Schlacht bei Deutsch-Wagram die Führung eines Teils der ö. Kavallerie. Zum General der Kavallerie ernannt, war Sch. anschließend Botschafter in Paris und führte die Verhandlungen über die Vermählung Kaiser Napoleons mit Erzherzogin Maria Luise (s. d.). 1812 Kommandant des ö. Hilfskorps in der Armee Napoleons im Feldzug gegen Rußland, wurde er am 2. 10. 1812 zum Feldmarschall befördert und versuchte im April 1813 in Paris vergebens, einen Frieden zwischen Frankreich und Rußland zu vermitteln. Im August 1813 erhielt er den Oberbefehl über die Truppen der gegen Napoleon verbündeten Mächte. Abgesehen von seiner persönlichen Tapferkeit, besaß Sch. keine überragenden Feldherrenqualitäten; zudem mußte er die einander mehrfach widersprechenden Interessen der drei Monarchen zu koordinieren versuchen. Trotzdem gelang ihm, unterstützt von seinem umsichtigen Generalstabschef Radetzky (s. d.), der entscheidende Sieg über Napoleon in der Völkerschlacht bei Leipzig (16.–19. 10. 1813). Im anschließenden Feldzug von 1814 war seine ihm vorgeworfene zögernde Kriegführung weitgehend von der hinhaltenden Diplomatie des Fürsten Metternich (s. d.) beeinflußt. Nach der Rückkehr Napoleons von der Insel Elba erhielt Sch. 1815 abermals – doch nur nominell – den Oberbefehl und wurde anschließend zum Präsidenten des Hofkriegsrats ernannt. 1817 erlitt er einen Schlaganfall, der eine Lähmung der rechten Seite zur Folge hatte. Sch. starb auf der Reise zu einer Kur in Leipzig.

Kerchnawe, H., und Veltzé, A.: Feldmarschall Karl Fürst zu Sch. (1913); Novak, J. F.: Briefe des Feldmarschalls Fürsten Sch. an seine Frau (1913); Schwarzenberg, K.: Feldmarschall Fürst Sch. (1964)

SCHWARZKOPF, Elisabeth, * 9. 12. 1915 in Jarotschin bei Posen (Polen), Opern- und Konzertsängerin, Sopranistin. Studierte in Berlin und debütierte dort 1938 an der Städtischen Oper, wo sie bis 1942 blieb. Ab 1943 an der Wiener Staatsoper, begann nach 1945 mit weltweiter Gastspieltätigkeit, so 1948–51 an der Covent Garden Opera in London. 1971/72 nahm sie mit einer eigenen Vorstellungsserie in Brüssel Abschied von der Bühne. Sch. war eine hervorragende Richard-Strauss- und Mozart-Interpretin und wohl eine der bedeutendsten Lied- und Oratoriensängerinnen ihrer Zeit. Sie lebt jetzt in der Schweiz.

Gavoty, B.: E. Sch. (1957)

SCHWEIGER, Hans, * 7. 11. 1900 in Wien, Sänger (Bariton) und Maler. Studierte in Wien und war zunächst an mehreren Bühnen außerhalb Ö.s tätig. 1939 kam er an die Wiener Staatsoper. Als Maler Autodidakt, erhielt er 1937 die Große Staatsmedaille. Er schuf vorwiegend Holzschnitte und Por-

Elisabeth Schwarzkopf als Violetta mit Giuseppe Taddei als Germont in Verdis „La Traviata"

träts, darunter die von Karl Heinrich Waggerl (s. d.), Ewald Balser (s. d.) und Hilde Konetzni (s. d.).

SCHWEIGER, Heinrich, * 23. 7. 1931 in Wien, Schauspieler. Bereits seit 1949 am Wiener Burgtheater tätig, wo er sich zu einem der profiliertesten Charakterfachdarsteller entwickelte. Sein Repertoire reicht von Shakespeares Othello bis zu Raimund- und Schnitzler-Rollen. Auch bei den Salzburger Festspielen war Sch. oft beschäftigt.

SCHWERTSIK Kurt, * 25. 6. 1935 in Wien, Musiker und Komponist. Studierte an der Akademie für Musik und darstellende Kunst in Wien Horn und Komposition bei J. Marx (s. d.) und K. Schiske (s. d.). Seit 1955 Hornist beim Nö. Tonkünstlerorchester, seit 1968 bei den Wiener Symphonikern. 1958 Mitgründer (mit Friedrich Cerha, s. d.) des Ensembles für moderne Musik „die reihe". Verwendet in seinen Werken keltische, indische, japanische Volksmusik, Popmusik und alle Arten trivialer Unterhaltungsmusik; will nach eigener Aussage eine „eigene Volksmusik" schaffen. Stellt seine Musik (zusammen mit Heinz Karl Gruber und Otto M. Zykan, s. d.) in sogenannten „Salonkonzerten" vor. Ironisiert Klassiker und Zeitgenossen, was manche Titel seiner Werke andeuten: u. a. „Für Audifax und Abachum" für großes Orchester, „Proviant für Bläsersextett", „Querschnitt durch eine Operette" für Bläserquintett, „Draculas Haus- und Hofmusik". Seine Oper „Der lange Weg zur großen Mauer" wurde zugleich in Ulm und Luzern uraufgeführt (13. und 14. 5. 1975). Preis der Stadt Wien 1980.

SCHWIND, Moritz von, * 21. 1. 1804 in Wien, † 8. 2. 1871 in München, Maler und Zeichner. War der Sohn eines Beamten und besuchte nach einem abgebrochenen Universitätsstudium 1821–23 die Akademie der bildenden Künste in Wien, wo er Schüler von Johann Peter Krafft (s. d.) und Ludwig Schnorr (s. d.) war. Verkehrte im Freundeskreis um Franz Schubert (s. d.). 1828 ging er nach München, blieb jedoch weiterhin in engem Kontakt mit seinen Wiener Freunden. 1835 unternahm er eine Italienreise, war 1839–44 in Karlsruhe (wo er 1842 heiratete), 1844 in Frankfurt am Main und wurde 1847 in München Prof. an der Kunstakademie. Sch. arbeitete auch als Zeichner für Zeitschriften („Fliegende Blätter", „Münchner Bilderbogen") und Illustrator von Märchen- und Sagenbüchern („Aschenbrödel", „Rübezahl" und „Die schöne Melusine"). Als ein Meister der Spätromantik hat er auch gemütvolle Szenen aus dem Alltag des Biedermeier gemalt, so etwa „Landpartie auf den Leopoldsberg" und „Hochzeitsreise". In Wien schuf er außerdem 1840 die allegorischen Fresken im Stiegenhaus der Wertheimsteinvilla und 1866–68 im Foyer der Wiener Staatsoper den Zauberflötenzyklus (Wandgemälde), Deckengemälde (Amoretten) und in der Loggia Opernszenen in Lünetten. Darüber hinaus wirkte er auch am 1872 fertiggestellten Schubert-Denkmal in Wien mit.

Weigmann, O.: M. von Sch. (1906); Haack, F.: M. von Sch. (6. Aufl. 1924); Busch, H.: M. von Sch. (1949)

SEALSFIELD, Charles (eigtl. Karl Anton Postl), * 3. 3. 1793 in Poppitz bei Znaim (Mähren), † 26. 4. 1864 in Solothurn (Schweiz), Erzähler. Trat nach Abschluß des Gymnasiums 1811 in Prag in den Kreuzherrenorden ein, floh aber 1822 aus dem Kloster und ging 1823 über die Schweiz nach Nordamerika, wo er seinen englischen Namen annahm. 1826 nach Deutschland zurückgekehrt, veröffentlichte er 1827 das zweibändige Werk „Die Vereinigten Staaten von Nordamerika", ging daraufhin nach England und ließ dort 1828 anonym das Pamphlet „Austria as it is" erscheinen, das wegen seiner freimütigen Haltung in Ö. verboten wurde und in Wien erst 1919 publiziert werden konnte. Abermals in Amerika, bereiste er Nordamerika bis Texas und veröffentlichte in Philadelphia 1828 seinen ersten Roman, „Tokeah". Ab 1829 lebte er in New York als Mitarbeiter von Zeitungen und als Berichterstatter für Pariser und Londoner Blätter. 1832 kehrte er nach Europa zurück und ließ sich in der Schweiz nieder. Erst in seinem Testament enthüllte

MORITZ VON SCHWIND
Ein Maler des Schubertkreises

„Der Kunstfreund erblickt hier merkwürdige Titelblätter, gezeichnet von Herrn von Schwind aus Wien. Es möchte schwer sein, die guten Eigenschaften dieser Arbeiten in wenig Worte zu fassen. Sie sind als Vignetten zu betrachten, welche mit einem geschichtlichen Bildchen (aus 1001 Nacht) den Titel zieren, dann aber arabeskenartig an beiden Seiten herauf- und herabgehen, um ihn anmuthig einzufassen. Wie mannigfaltig bunt die 1001 Nacht selbst sein mag, so sind auch diese Blätter überraschend, abwechselnd, gedrängt ohne Verwirrung, räthselhaft aber klar, barock im Sinn, phantastisch ohne Karikaturen, wunderlich mit Geschmack, durchaus originell, so daß wir weder dem Stoff noch der Verhandlung nach etwas Ähnliches kennen."

Johann Wolfgang von Goethe, Kunst und Altertum

„Ich habe etwas gemacht, was gewissermaßen eine Illustration zu deinen ‚Briefen eines alten Wieners' vorstellen könnte. Es ist mir aber in der sorgenvollen Zeit über den Kopf gewachsen und ich habe es vorderhand mit dem Gesicht an die Wand gestellt, nonum prematur in annum. Es wäre ‚Schubert am Klavier', der alte Vogel singend und die ganze damalige Gesellschaft, Männlein und Weiblein darum herum."

Schwind an Bauernfeld, 29. 10. 1868, über seine wenige Wochen später fertiggestellte bekannte Sepiazeichnung „Ein Schubert-Abend bei Joseph von Spaun"

CHARLES SEALSFIELD
Der große Unbekannte

„Ein so vollendeter und raffinierter Absolutismus, wie der österreichische, hat vielleicht noch niemals in irgend einem zivilisierten Land bestanden. Wir bezweiflen, daß dieses System die erhofften Früchte zeitigen wird."

Charles Sealsfield, Österreich, wie es ist (1828)

„Es sollen vor allem ober dem Namen ‚Charles Sealsfield, Bürger der Vereinigten Staaten Nordamerikas' die Buchstaben C. P. angebracht werden", diktierte Karl Postl am 7. 3. 1864 für sein Testament. Da sein Freund Pfarrer Hemmann mit diesen Buchstaben nichts zu verbinden vermochte und fragte, erhielt er die heftige Antwort: „Das ist meine Signatur." Erst sein Letzter Wille, „drei Wochen nach meinem Tode zu eröffnen", ergab den Nachweis, daß Charles Sealsfield mit dem gebürtigen Mähren Karl Postl ident war.

Charles Sealsfield

er seine wahre Identität; S. starb auf seinem Gut „Unter den Tannen" bei Solothurn. S. war der erste Erzähler, der in seinen Romanen und Erzählungen die Siedlerzeit und das Volksleben der Neuen Welt in ihrer Gesamtheit darstellte. 1845/46 erschienen in 15 Bänden „Gesammelte Werke", eine siebenbändige Auswahl 1917 und eine achtbändige 1919–21. Außer den genannten Werken wurden in deutscher Sprache verlegt: „Der Legitime und die Republikaner" („Tokeah"), 3 Bde. (1833), „Der Virey und die Aristokraten", 2 Bde. (1834), „George Howards Brautfahrt", 2 Bde. (1834), „Lebensbilder aus beiden Hemisphären", 6 Bde. (1834–37), „Pflanzerleben unter den Farbigen", 2 Bde. (1836), „Sturm-, Land- und Seebilder", 3 Bde. (1838), „Deutsch-amerikanische Wahlverwandtschaften", 5 Bde. (1839/40), „Das Kajütenbuch", 2 Bde. (1841), „Süden und Norden", 3 Bde. (1842/43).

Soffée, E.: Postl-S. (1922); Castle, E.: Das Geheimnis des großen Unbekannten (1943, 2. Aufl. 1952); Heller, O., und Leon, T. H.: Bibliographie über S. (1939)

SEBESTYÉN, György, * 30. 10. 1930 in Budapest, Schriftsteller. Lebt seit 1956 in Wien und ist hier auch journalistisch tätig. Er schrieb Romane und Erzählungen, verfaßte Fernsehdrehbücher und übersetzte aus dem Ungarischen. Ist Herausgeber der Zeitschrift „Pannonia" und Chefredakteur der Zeitschrift „Morgen". Werke u. a.: „Die Türen schließen sich" (1957), „Der Mann im Sattel" (1961), „Die Schule der Verführung" (1964), „Thennberg oder Versuch einer Heimkehr" (1969), „Der Faun im Park" (1972), „Albino" (1984), „Die Werke der Einsamkeit" (1986). Drama: „Agnes und Johanna" (1972).

SECHTER, Simon, * 11. 10. 1788 in Friedberg (Böhmen), † 10. 9. 1867 in Wien, Musiktheoretiker und -pädagoge. Studierte in Wien bei Anton Koželuh (s. d.) und wurde 1824 Hoforganist. 1851 Prof. für Harmonie- und Kompositionslehre am Konservatorium der Musikfreunde. Veröffentlichte 1853/54 das dreibändige musikalische Werk „Die Grundsätze der musikalischen Komposition". Zu seinen Schülern zählte u. a. auch Anton Bruckner (s. d.). Komponierte Orgelstücke, Streichquartette, Messen.

Pohl, C. F.: S. S. (1868); Tittel, E.: S. S. als Kirchenkomponist. Diss. Wien (1935); Zeleny, W.: Die historischen Grundlagen des Theoriesystems von S. S., Diss. Wien (1938)

Moritz von Schwind: Anna, die Tochter des Künstlers (1860)

SEDLMAYR, Hans, * 18. 1. 1896 in Hornstein (B), † 9. 7. 1984 in Salzburg, Kunsthistoriker. Studierte in Wien und war hier 1936–45 Univ.-Prof. 1951–64 lehrte er in München und ab 1965 in Salzburg. S. wurde vor allem durch seine kritischen Untersuchungen und Stellungnahmen zur modernen Kunst bekannt. Er hat jedoch über alle Epochen der europäischen Kunstgeschichte gearbeitet und Vorlesungen gehalten. Er veröffentlichte u. a.: „Ö. Barockarchitektur" (1930), „Die Architektur Borrominis" (1930, 2. Aufl. 1939), „Michelangelo" (1940), „Die Entstehung der Kathedrale" (1950), „Die Revolution der modernen Kunst" (1955, 10. Aufl. 1961), „Johann Bernhard Fischer von Erlach" (1956, 2. Aufl. 1959), „Kunst und Wahrheit" (1958, 4. Aufl. 1961), „Epochen und Werke", 2 Bde. (1959/60, 2. Aufl. 1977), „Der Tod des Lichts" (1964). Sein 1948 erschienenes Buch „Verlust der Mitte" löste in den fünfziger Jahren in Ö. eine breite Debatte über moderne Kunst aus, in die neben anderen auch Monsignore Mauer (s. d.) eingriff.

SEDLNITZKY, Joseph Graf, * 8. 1. 1778 in Troplowitz (Ö.-Schlesien), † 21. 6. 1855 in Baden (NÖ), Verwaltungsbeamter, Polizeiminister. Trat in den Staatsdienst ein und wurde 1817 Präsident der Obersten Polizei- und Zensurhofstelle in Wien, also Polizeiminister. Als glühender Anhänger Metternichs führte er sein Amt im Sinn des „Metternichschen Systems" und baute das Zensur- und Spitzelwesen perfekt aus. Immer wieder kam es zu unliebsamen Eingriffen seiner Beamten, vor allem auf dem Gebiet der Literatur und des Theaters. Wurde in der Märzrevolution 1848 gestürzt.

JOSEPH SEDLNITZKY
Metternichs Polizeipräsident

„Graf Sedlnitzky wurde von Prag nach Wien berufen, um – wie man allgemein sagte – sich zu verteidigen, warum er dort die wichtigsten Geschäftsstükke so lange unerledigt ließ; und siehe da – er wurde zur Strafe (für uns) Polizei- und Zensurpräsident."

I. F. Castelli, Memoiren meines Lebens (1861)

Boshaft humoristisch bezeichnete Castelli seine beiden Hunde, „indem er einen Sedl und den andern Nitzky taufte und zum Gelächter seiner Gäste sie gemeinschaftlich zusammenrief".

L. A. Frankl, Erinnerungen (1910)

SEEBÖCK, Herwig, * 7. 12. 1939 in Wien, Schauspieler und Schriftsteller. Wurde durch den 1966 veröffentlichten Monolog „Häfenelegie" bekannt und entwickelte sich zum Satiriker und Zeitkritiker. Veröffentlichte u. a.: „Haushalt oder Die Sandhasen" (Theaterstück, 1966), „Fahrdienstleiter Smafts" (Monolog, 1968), „Der Selbstmord" (Einakter, 1970) und „Für mich sind sie Freie" (Theaterstück, 1970).

SEEFEHLNER, Egon, * 3. 6. 1912 in Wien, Theaterleiter. Studierte an der Universität Wien Jus, war 1946–61 Generalsekretär der Wiener Konzerthausgesellschaft und organisierte internationale Musikfeste der Stadt Wien. 1954–61 war er zudem stellvertretender Direktor der Wiener Staatsoper unter Karl Böhm (s. d.) und Herbert von Karajan (s. d.). 1961–72 stellvertretender Generalintendant der Deutschen Oper in Westberlin, deren Generalintendant er schließlich 1972–76 war. 1976 wurde er als Nachfolger von R. Gamsjäger (s. d.) Direktor der Wiener Staatsoper. Im Juni 1982 gab er das Direktorenamt an Lorin Maazel weiter. Nach dessen Rücktritt kehrte S. im September 1984 als Interimsleiter bis zur 1986 erfolgten Amtsübernahme durch Claus Helmut Drese noch einmal an die Staatsoper zurück. 1983 erschienen seine Erinnerungen unter dem Titel „Die Musik meines Lebens".

Egon Seefehlner

S

Seefried Irmgard · Seelig Ernst · Seelos Anton · Seelos Georg · Seemann Margarete · Seemüller Joseph · Seidel Hans · Seidl Johann Gabriel · Seidler Alma · Seidler von Feuchtenegg Ernst · Seilern Johann Friedrich von · Seiller Johann Kaspar · Seipel Ignaz

SEEFRIED, Irmgard, * 9. 10. 1919 in Köngetried (Bayern), Kammersängerin, Sopranistin. Studierte am Konservatorium in Augsburg und debütierte 1939 in Aachen. 1943 an die Wiener Staatsoper engagiert, blieb sie deren ständiges Mitglied. Ab 1946 auch regelmäßig als Gast bei den Salzburger Festspielen, sang sie an allen großen Opernbühnen Europas und 1953 auch an der Metropolitan Opera in New York. Sie war eine gefeierte Mozart-Sängerin und hatte auch als Liedsängerin große Erfolge auf zahlreichen Tourneen in Europa, den USA, in Indien und in Australien. Sie ist mit dem Geiger Wolfgang Schneiderhan (s. d.) verheiratet und auch als Gesangspädagogin tätig.

Fassbind, F.: Wolfgang Schneiderhan – I. S. (1960)

Irmgard Seefried als Komponist in Richard Strauss' „Ariadne auf Naxos"

SEELIG, Ernst, * 25. 3. 1895 in Graz, † 1. 11. 1955 in Wien, Strafrechtler. Studierte in Graz Jus und wurde zu einem der bedeutendsten Kriminologen und Strafrechtslehrer seiner Zeit. Er war Univ.-Prof. in Graz und lehrte kurze Zeit auch in Saarbrücken. Bedeutend ist noch heute sein „Handbuch der Kriminalistik", 2 Bde. (1938), sein „Lehrbuch der Kriminologie" (1951) und „Schuld, Lüge, Sexualität" (1955).

SEELOS, Anton (Toni), * 4. 3. 1911 in Seefeld (T), Schirennläufer. Revolutionierte mit seinem Parallelschwung den Schilauf. Noch heute ist das „Seelos-Tor" ein Begriff im Slalom-Rennsport. S. gewann bei den FIS-Wettkämpfen 1933 – die im nachhinein als erste Weltmeisterschaften anerkannt wurden – Slalom und Kombination. 1935 in Mürren Sieger der WM-Kombination.

SEELOS, Georg, Lauten- und Geigenbauer. Von ihm sind wenige Daten überliefert, er lebte um 1644 in Kaltern (Südtirol), heiratete 1647 in Innsbruck und war hier als Lauten- und Geigenbauer tätig. Über zwanzig Jahre lang diente er in seinem Beruf dem Innsbrucker Hof. Durch ihn und seine beiden Söhne wurde die Familie S. neben der Familie Tieffenbrukker zur bedeutendsten Geigenbauerfamilie Tirols. Sein Sohn Georg (geb. um 1650 in Innsbruck, gest. 1724 in Innsbruck) übernahm um 1681 das väterliche Unternehmen und führte es erfolgreich weiter. Dessen jüngerer Bruder Johann (geb. 1654 in Innsbruck, gest. 1715 in Linz) lebte ab 1679 in Linz und baute ebenfalls weithin geschätzte Instrumente.

SEEMANN, Margarete, * 26. 7. 1893 in Wien, † 6. 6. 1949 in Wien, Lehrerin und katholische Schriftstellerin. Verfaßte Erzählungen, Romane Märchen und Gedichte, die, mehrere davon öfters aufgelegt, einer tiefen Religiosität entsprangen und fest im katholischen Glauben wurzeln. U. a.: „Hörende Herzen" (1926), „Gabriel Selbtreu" (1928), „Zwei Kronen" (1928), „Deine Seele und meine" (1929), „Benedeite Erde" (1930), „Blühender Dorn" (1930), „Ihre Kinder" (1931), „Das Bettelkreuz" (1931), „Rund um den Adventkranz" (1931), „Berg Leben" (Roman-Trilogie, 1933 bis 1938), „Sprechstunde" (1934), „Der Winkelmatz" (1936), „Ein kleiner Strauß" (1946), „Gesegnete Brücken" (1947).

SEEMÜLLER, Joseph, * 15. 10. 1855 in Wien, † 20. 1. 1920 in St. Martin bei Klagenfurt, Germanist und Literarhistoriker. Studierte in Wien und war 1890–1905 Univ.-Prof. in Innsbruck, danach in Wien. Beschäftigte sich intensiv mit der Literatur des Mittelalters und gab „Willirams Paraphrase des Hohen Liedes" (1878), „Seifried Helbling" (1886) und „Ottokars Reimchronik" (1890–93) heraus. Außerdem verfaßte er eine „Literaturgeschichte der Stadt Wien 1300–1500" (1905), „Adolf Pichler" (1900) sowie „Zur Poesie Neidharts" (1908).

SEIDEL, Hans, * 14. 10. 1922 in Wien, Volkswirtschaftler. Studierte an der Hochschule für Welthandel in Wien 1940/41 und nach seiner Verwundung 1943/44 und erwarb 1944 das Diplom. Anschließend abermals bei der deutschen Wehrmacht, geriet er 1945 in amerikanische Kriegsgefangenschaft. Ab 1946 am Institut für Wirtschaftsforschung tätig, wurde er 1973 dessen Leiter. 1969 Lehrbeauftragter für Nationalökonomie und Honorarprof. an der Universität Wien. 1981–83 war S. Staatssekretär für Wirtschaftsfragen im Finanzministerium. Seit 1984 ist er Direktor des Instituts für Höhere Studien.

SEIDL, Johann Gabriel, * 21. 6. 1804 in Wien, † 18. 7. 1875 in Wien, Lyriker, Dialektdichter. War zunächst Gymnasialprof. in Cilli und wurde 1840 Kustos am Münz- und Antikenkabinett in Wien. Zusätzlich war er bis 1848 auch Zensor bei der Obersten Polizei- und Hofzensurstelle. Von 1850 bis zu seinem Tod arbeitete er als Redakteur der „Zeitschrift für ö. Gymnasien" und 1856–71 als Hofschatzmeister. Ab 1847 war er Mitglied der Akademie der Wissenschaften. Mit seinen dramatischen Werken hatte er keinen Erfolg, nur die beiden Lokalpossen „'s letzte Fensterln" (1876) und „Drei Jahrln nach'm letzten Fensterln" wurden mit Erfolg aufgeführt. Hingegen fand seine Lyrik reichlich Anklang, und einige seiner Lieder wurden von Franz Schubert (s. d.), Robert Schumann und Karl Loewe (darunter „Die Uhr") vertont. Außerdem stammt von ihm der abgeänderte Text „Gott erhalte" (1854) zur Haydnschen Kaiserhymne. Von S. erschienen, zum Teil in mehreren Auflagen, u. a.: „Dichtungen", 3 Bde. (1826–28), „Flinserln", 4 Hefte (Gedichte in nö. Mundart, 1828–37), „Bifolien" (1836, 5. Aufl. 1855), „Liedertafel" (1840), „Lieder der Nacht" (1851), „Natur und Herz" (1853) und die Prosabände „Wanderungen durch Tirol und Steiermark" (1840), „Laub und Nadeln", 2 Bde. (1842). 1877–81 erschienen „Gesammelte Schriften", 6 Bde. A. Schlossar (s. d.) gab 1881 S.s „Sagen und Geschichten aus der Steiermark" heraus.

Fuchs, K.: J. G. S. (1904); Hirth, F. E.: J. G. S. (1904)

SEIDLER, Alma (eigtl. S.-Eidlitz), * 8. 6. 1899 in Leoben (St), † 8. 12. 1977 in Wien, Kammerschauspielerin. Kam 1918 an das Burgtheater in Wien und wurde später auch zu dessen Ehrenmitglied ernannt. S. war eine der bedeutendsten Schauspielerinnen ihrer Zeit. Ihr Repertoire war schier unbegrenzt, sie spielte klassische wie moderne Rollen, Tragisches wie Komisches. Sie absolvierte auch zahlreiche erfolgreiche Gastspiele und wirkte des öfteren bei den Salzburger Festspielen mit. 1959 erhielt sie die Kainz-Medaille. S. war mit dem Regisseur K. Eidlitz verheiratet und die Tochter von Ernst Freiherr S. von Feuchtenegg (s. d.).

SEIDLER von Feuchtenegg, Ernst Freiherr (seit 1918), * 5. 6. 1862 in Schwechat bei Wien, † 23. 1. 1931 in Wien, Jurist und Staatsmann. Studierte in Wien Rechtswissenschaften, wurde Univ.-Prof. und später Sektionschef im Ackerbauministerium. Als Lehrer des späteren Kaisers Karl I. (s. d.) hielt S. dem jungen Erzherzog Vorträge über Nationalökonomie und Verwaltungsrecht. War kurze Zeit Ackerbauminister und von Juni 1917 bis Juli 1918 Ministerpräsident. Zunächst versuchte S. durch eine politische Amnestie vergebens, die Tschechen mit der Habsburgermonarchie auszusöhnen. Weiters beabsichtigte er, Böhmen in national abgegrenzte Kreise einzuteilen, was schließlich zu seinem Sturz führte. 1930 veröffentlichte er „Die sozialwissenschaftliche Erkenntnis".

SEILERN, Johann Friedrich Reichsgraf von, * 1645 in Ladenburg am Neckar, † 8. 1. 1715 in Wien, Diplomat. Wurde nach seinen juristischen und philosophischen Studien in Heidelberg, Orléans und Padua Sekretär des Kurfürsten Karl Ludwig von der Pfalz. 1675 fiel er in Ungnade und trat in ö. Dienste. Er nahm an den Friedensverhandlungen von Nimwegen (1679) teil und erwarb sich bei den Verhandlungen zum Frieden von Rijswijk 1697 erste große Verdienste. 1703 entwarf er das „Pactum mutuae successionis", welches das gegenseitige Erbrecht der beiden Kaiser Joseph I. (s. d.) und Karl VI. (s. d.) festlegte und die Vorstufe zur Pragmatischen Sanktion darstellte. 1705 zum Hofkanzler ernannt, hatte S. an der Formulierung der Pragmatischen Sanktion vom 19. 4. 1713 entscheidenden Anteil. Die Schwierigkeiten, die sich mit der Anerkennung dieses habsburgischen Hausgesetzes ergeben sollten, hat er nicht mehr erlebt.

Turba, G.: Reichsgraf S. (1923)

SEILLER, Johann Kaspar Freiherr von (ab 1860), * 20. 10. 1802 in Marburg, † 10. 2. 1888 in Wien, Jurist und konservativer Politiker. Der Sohn eines Rechtsanwalts mußte sich sein Jusstudium als Erzieher im Haus des Grafen Harrach selbst finanzieren, da sein Vater verarmt 1815 gestorben war. S. studierte zunächst in Graz, ab 1820 in Wien und promovierte 1826. 1831 zum Hof- und Gerichtsadvokaten ernannt, war S. nebenher in fast allen humanitären Vereinigungen Wiens aktiv tätig. Der im November 1848 neugewählte Wiener Gemeinderat ernannte S. am 11. 12. 1848 zu seinem Präsidenten, 1851 wurde er zum Bürgermeister gewählt. 1850 war Wien durch die Eingemeindung der 34 Vorstädte erweitert worden, doch kam es 1852 durch ein Verbot der öffentlichen Sitzungen des Gemeinderats zu beachtlichen Schwierigkeiten, denn S. mußte bis zur Publizierung des neuen Gemeindegesetzes weiterarbeiten. Um so erstaunlicher, daß er eine Reorganisation der Verwaltung zustande brachte und zahlreiche Verbesserungen, so des Schulwesens, der Armenpflege, der Wasserversorgung, der Uferschutzbauten des Wienflusses, des Marktwesens und der Gasbeleuchtung, durchsetzen konnte. 1861 lehnte er eine Wiederwahl ab und zog sich ins Privatleben zurück.

Urbanschütz, A.: Dr. J. K. S. Bürgermeister von Wien. Diss. Wien (1953); Czeike, F.: Wien und seine Bürgermeister (1974)

Johann Kaspar Freiherr von Seiller

SEIPEL, Ignaz, * 19. 7. 1876 in Wien, † 1. 8. 1932 in Pernitz (NÖ), katholischer Geistlicher und christlichsozialer Politiker. Als Sohn eines Fiakers geboren, studierte S. Theologie und wurde 1899 zum Priester geweiht. Zunächst als Seelsorger in NÖ und ab 1902 in Wien tätig, war er zusätzlich Religionsprof. an der Wiener Lehrerinnenbildungsanstalt. 1903 promovierte S. zum Dr. theol. und habilitierte sich 1908 als Privatdozent für Moraltheologie an der katholisch-theologischen Fakultät der Universität Wien. 1909–17 Univ.-Prof. für Moraltheologie in Salzburg, übernahm er 1917 diesen Lehrstuhl an der Universität Wien. Oktober/November 1918 war S. Minister für öffentliche Arbeiten und soziale Fürsorge im letzten kaiserlichen Kabinett des Ministerpräsidenten Lammasch (s. d.) und wurde nach dem Zusammenbruch Führer der Christlichsozialen Partei. 1919/20 war er Mitglied der Konstituierenden Nationalversammlung, ab 1919 Abgeordneter zum Nationalrat und ab 1921 Prälat. 1921–29 zum Obmann der Christlichsozialen Partei ernannt, wurde S. zum Gegenspieler des Sozialdemokraten Otto Bauer (s. d.). 1922–24 in drei Kabinetten Bundeskanzler, erreichte S. durch den Abschluß der Genfer Protokolle am 4. 10. 1922 eine Völkerbundanleihe, die die starke Nachkriegsinflation beendete und die „Sanierung" Ö.s einleitete, welche sich aber bald negativ auf die Sozial- und Wirtschaftspolitik auswirkte. Am 1. 6. 1924 verübte der 28jährige Hilfsarbeiter Karl Jaworek (auch Jawurek) in der Halle des Wiener Südbahnhofs ein Attentat auf S. 1926–29 hatte S. als Bundeskanzler abermals zwei Kabinette gebildet und durch die Organisierung des „Bürgerblocks" – eine Einheitsliste aller bürgerlichen Kräfte – für die Nationalratswahlen 1927 vergebens versucht, die Sozialdemokraten endgültig zurückzudrängen. Nach den Ereignissen um den Justizpalastbrand im Juli 1927 mußte er von seiten der Linken heftige Angriffe auf sich nehmen, die ihn – angelehnt an seine eigenen Worte – als „Prälat ohne Milde" apostrophierten. Auch der Heim-

IGNAZ SEIPEL

Otto Bauers Gegenspieler

„Was wäre natürlicher gewesen als, nachdem die Hitze des Wahlkampfes (1920) verraucht war, dieselbe Koalition nur mit verändertem Vorzeichen ... wieder aufzunehmen? ... Zwei Männer verlegten diesen Ausweg: Ignaz Seipel auf der einen und Otto Bauer auf der anderen Seite."

Karl Renner, Von der Ersten zur Zweiten Republik (1953)

„Der bei weitem bedeutendste Mann des österreichischen Bürgertums, der einzige Staatsmann europäischen Formats, den die bürgerlichen Parteien der Republik hervorgebracht haben, Dr. Ignaz Seipel, ist gestern gestorben ... Der Inhalt seines Lebens war sein Kampf gegen uns. Aber er hat diesen Kampf unzweifelhaft aus ehrlicher, innerer Überzeugung geführt. Er war von der Gerechtigkeit seiner Sache so überzeugt, wie wir von der Gerechtigkeit der unseren. Er war ein persönlich reiner Mensch; und so hart er als Kämpfer im öffentlichen Leben war, so gütig konnte er im persönlichen Verkehr sein. Von seinem Einkommen hat er einen Großteil immer an Arme verschenkt ... An seiner Bahre können auch wir von ihm sagen: er war ein Mann. Der Soldat verweigert dem gefallenen Feind die militärische Ehre nicht. So schicken auch wir dem großen Gegner drei Salven über die Bahre."

Otto Bauer, Arbeiter-Zeitung, 3. 8. 1932

wehr zugewandt, übte S. zunehmend Kritik am parlamentarischen Regierungssystem, womit er am Funktionieren der Demokratie zu zweifeln begann. Er neigte immer mehr zu einem autoritären System nach ständestaatlichem Prinzip. 1929 trat er überraschend zurück, wirkte aber hinter den Kulissen weiterhin bestimmend auf die Innenpolitik ein. Im zweimonatigen „Kurzkabinett" Vaugoins (s. d.), von September bis November 1930, war S. Außenminister; es handelte sich um seine letzte Funktion im Rahmen einer Bundesregierung. Nachdem die Nachfolgeregierung Ender (s. d.) im Juni 1931 ebenfalls gescheitert war, versuchte S. durch ein Koalitionsangebot an die Sozialdemokraten die Mehrheit zu erreichen, scheiterte aber an den von ihm gestellten Bedingungen. Die von ihm noch angestrebte Position des Bundespräsidenten erreichte er nicht, da sich sein eigener Parteirat im September 1931 gegen ihn und für Miklas (s. d.) entschied, wobei Engelbert Dollfuß (s. d.) eine maßgebende Rolle spielte. Im Frühjahr 1932 kehrte S. krank von einer Palästinareise zurück und erholte sich nicht mehr. Als Politiker wie als Wissenschaftler war er eine profilierte Persönlichkeit. Er veröffentlichte u. a.: „Die wirtschaftsethischen Lehren der Kirchenväter" (1907), „Nationalitätsprinzip und Staatsgedanke" (1915), „Nation und Staat" (1916, 2. Aufl. 1930), „Reden in Ö. und anderswo", hrsg. von J. Gessl (1926), „Der Kampf um die ö. Verfassung" (1930), „Der christliche Staatsmann" (1931), „Gespräche", hrsg. von A. M. Knoll (1932), „Der Friede" (1937) und „Im Dienste des Wortes", eine Predigtsammlung, hrsg. 1955.

Birk, B.: I. S. (1932); Thormann, W.: I. S., der europäische Staatsmann (1932); Blüml, R. (Hrsg.): I. S. Mensch, Christ, Priester in seinem Tagebuch (1933); Riedl, F.: Kanzler S. (1935); Schmitz, R.: I. S. (1946); Winter, E. K.: I. S. als dialektisches Problem (1966); Ladner, G.: S. als Überwinder der Staatskrise im Sommer 1922 (1964); Reimann, V.: Zu groß für Ö. (über S. und O. Bauer, 1968); Klemperer, K. v.: I. S. (1976); Rennhofer, F.: I. S. Mensch und Staatsmann (1978); Weissensteiner, F., und Weinzierl, E. (Hrsg.): Die ö. Bundeskanzler (1983)

SEISENBACHER, Peter, * 25. 3. 1960 in Wien, Judoka. Der erste Judo-Olympiasieger Österreichs (Los Angeles 1984); führte in der Folge diese Sportart zu großer Popularität. Weltmeister 1986. 1979 Dritter bei der Junioren-WM, 1980 WM-Silber, 1983 EM-Silber und WM-Fünfter, 1984 und 1987 EM-Bronze.

SEITZ, Karl, * 4. 9. 1869 in Wien, † 3. 2. 1950 in Wien, Volksschullehrer und sozialdemokratischer Politiker. Nach dem Tod seines Vaters wurde S. ab dem sechsten Lebensjahr im Waisenhaus aufgezogen und konnte durch einen Freiplatz das Lehrerseminar in St. Pölten (NÖ) besuchen. Als Volksschullehrer in Wien stand er früh der sozialdemokratischen Partei nahe und versuchte 1889 eine sozialdemokratische Lehrerorganisation zu gründen. 1897 als Vertreter der Lehrerschaft im Bezirksschulrat tätig, erhielt S. wegen seiner Parteitätigkeit einen Verweis. Als hervorragender Redner bekannt, wurde er 1901 Reichsratsabgeordneter und 1902 als erster Sozialdemokrat Abgeordneter im nö. Landtag. S. trat besonders intensiv für eine Aufhebung des Bildungsmonopols ein und war 1906 auch für einen Ministerposten vorgesehen, den er aber ablehnte. 1915 veröffentlichte er in der sozialdemokratischen Zeitschrift „Der Kampf" einen Artikel, in dem er sich programmatisch für eine Friedenspolitik einsetzte, die er bis 1918 unaufhörlich vertrat. 1918 Obmann der Sozialdemokratischen Partei, wurde S. im November 1918 einer der drei Präsidenten der Provisorischen Nationalversammlung. Am 3. 3. 1919 wählte ihn die Konstituierende Nationalversammlung zum Ersten Präsidenten; somit war S. bis 9. 12. 1920 das erste Staatsoberhaupt der Republik Deutschösterreich (nach dem 10. 9. 1919 „Österreich"). 1920–34 Abgeordneter zum Nationalrat und Obmann der sozialdemokratischen Partei, war er 1923–34 Bürgermeister von Wien und setzte die von seinem Vorgänger J. Reumann (s. d.) begonnenen Reformen erfolgreich fort. Das Fürsorge- und Gesundheitswesen wurde in seiner Amtszeit vorbildlich ausgebaut, das Schulwesen reformiert, drei Wohnbauprogramme mit über 63 000 Wohnungen verwirklicht, die Finanzpolitik konsolidiert und die Stadtbahn elektrifiziert (1925). 1929 wurde S. Ehrenbürger der Stadt Wien. Zu Beginn der Februarunruhen 1934 setzte man ihn gewaltsam ab und hielt ihn vorübergehend in Haft. Nach dem Attentat auf Adolf Hitler (s. d.) am 20. 7. 1944 wurde S. wegen seiner Verbindungen zur deutschen Widerstandsbewegung verhaftet und in das KZ Ravensbrück gebracht, später in Thüringen bis 1945 inhaftiert. Im Juni 1945 kehrte er schwer krank nach Wien zurück und wurde Ehrenvorsitzender der SPÖ. Vom November 1945 an war er bis zu seinem Tod Abgeordneter zum Nationalrat. Am 21. 3. 1946 richtete er in einer Parlamentsrede einen aufsehenerregenden Appell an die vier Besatzungsmächte, Ö. die Freiheit wiederzugeben und die Demokratie zu sichern. Veröffentlichungen: „Volksschule oder Pfaffenschule?" (1902), „Arbeiter oder Soldaten?" (1917) und „Die Schmach von Genf und die Republik" (1922).

Tesarek, A.: Unser S. (1949); ders.: K. S. Werk und Widerhall (1964); Weissensteiner, F. (Hrsg.): Die ö. Bundespräsidenten (1982)

SEKANINA, Karl, * 27. 10. 1926 in Wien, Werkzeugmacher, Gewerkschafter und SPÖ-Politiker. 1940–43 Werkzeugmacherlehrling, 1944/45 bei der deutschen Wehrmacht eingezogen. Nach dem Krieg in seinem Beruf und im ÖGB tätig, wurde er 1951 Betriebsrat und 1958 Bezirksobmann der Metallarbeitergewerkschaft, 1962–65 Zentralsekretär der Gewerkschaft Metall–Bergbau–Energie. 1963/64 Mitglied des Bundesrats und ab 1964 Abgeordneter zum Nationalrat. 1965–74 Obmann der Wiener Gebietskrankenkasse, 1977 bis 18. 2. 1985 Vorsitzender der Gewerkschaft Metall–Bergbau–Energie, seit 1979 Vizepräsident des ÖGB. 1972–85 Bezirksobmann der SPÖ Brigittenau, 1974–79 Vizepräsident des Hauptverbandes der ö. Sozialversicherungsträger in Wien, 1975–80 Vorsitzender der Fraktion sozialistischer Gewerkschafter im ÖGB, 1976–82 Präsident des Ö. Fußball-Bundes und von 5. 11. 1979 bis 22. 2. 1985 Bautenminister. Trat im Februar 1985 von allen seinen Ämtern zurück.

SELINKO, Annemarie, * 1. 9. 1914 in Wien, † 22. 7. 1986 in Kopenhagen, Journalistin, Erfolgsschriftstellerin. War zunächst als Journalistin tätig, ehe sie mit ihrem Roman „Ich war ein häßliches Mädchen" 1937 ihren ersten Erfolg hatte. Sie schrieb mehrere Unterhaltungsromane, die auch verfilmt wurden, darunter die Bestseller „Morgen ist alles besser" (1938), „Heute heiratet mein Mann" (1940). 1951 erschien ihr Welterfolg „Désirée". Sie war mit dem dänischen Diplomaten E. Kristiansen verheiratet und lebte in Kopenhagen.

SELLENY, Josef, * 2. 2. 1824 in Wien, † 22. 5. 1875 in der Irrenanstalt Inzersdorf bei Wien, Landschaftsmaler. Studierte an der Wiener Akademie bei T. Ender (s. d.) und vervollkommnete sich 1854/55 in Rom. 1857–59 begleitete er die Fregatte „Novara" auf ihrer Weltreise als Expeditionsmaler. Schuf eine große Zahl von Marinegemälden, entwarf den Schloßpark von Miramare bei Triest und fertigte für Stadtgartendirektor Sieböck eine Planskizze für die Anlage des Wiener Stadtparks (Eröffnung 1862) an. 1873 schuf er die Wanddekorationen für die Kaiservilla in Bad Ischl (OÖ).

Seligmann-Boyer v. Berghof: Der größte deutsche Marine- und botanische Maler (1924); Popelka, L.: Ein ö. Maler segelt um die Welt (1964)

IGNAZ SEMMELWEIS

Retter der Mütter

„An diesem Massaker sind Sie, Herr Professor, beteiligt. Das Morden muß aufhören, und damit das Morden aufhöre, werde ich Wache halten, und ein jeder, der es wagen wird, gefährliche Irrtümer über das Kindbettfieber zu verbreiten, wird an mir einen rührigen Gegner finden . . ."

Offener Brief Semmelweis' an Prof. Spaeth in Wien

SELYE, Hans, * 26. 1. 1907 in Wien, Mediziner. Studierte in Wien und wurde 1934 Prof. in Montreal (Kanada). Führte zahlreiche endokrinologische Untersuchungen durch, die u. a. zur Entdeckung einer unspezifischen, doch bei allen Krankheiten vorkommenden primären Umstellung bestimmter Drüsenleistungen führten. Er ist der Begründer der Lehre vom Streß (Anpassungs- oder Adaptationssyndrom). Außerdem prägte er den Begriff der Kalziphylaxie. S. verfaßte mehrere Werke in englischer Sprache, von denen u. a. auch in deutsch erschienen sind: „Einführung in die Lehre vom Adaptationssyndrom“ (1953), „Streß beherrscht unser Leben“ (1957), „Vom Traum zur Entdeckung. Vademecum eines Wissenschaftlers“ (1965).

SEMMELWEIS, Ignaz Philipp, * 1. 7. 1818 in Buda, † 13. 8. 1865 in Wien, Arzt und Geburtshelfer. Als Sohn eines Kaufmanns geboren, studierte er zwei Jahre Philosophie an der Universität Budapest und ab 1837 an der Universität Wien Jus, jedoch bald darauf Medizin. Nach einem Aufenthalt in Budapest kehrte er 1840 nach Wien zurück und promovierte hier 1844. Wenig später legte er das „Geburtshelfer-Jurament“ ab und erwarb 1845 das Doktorat der Chirurgie. 1846–49 Unterarzt an der Wiener Gebärklinik, erkannte er 1847 durch den Tod des Gerichtsmediziners Kolletschko, der nach einer Sektion an einer Blutvergiftung gestorben war, den Zusammenhang zwischen Blutvergiftung und Kindbettfieber. Das verheerende Kindbettfieber war für ihn eine Wundkrankheit – er wußte nicht, daß Bakterien die Schuld trugen –, weshalb er verlangte, daß bei jedem Eingriff bei einer Geburt Arzt und Hebamme ihre Hände mit Chlorkalk zu waschen hätten. Das war zugleich der Beginn der anti- und aseptischen Behandlung. Die überwiegende Zahl seiner Fachkollegen stellte sich gegen seine Erkenntnisse und Methoden, und die Venia legendi wurde ihm nach einer anfänglichen Verweigerung schließlich mit der Auflage erteilt, nur am Phantom Operationen lehren zu dürfen. Völlig verärgert ging er 1851 nach Budapest und arbeitete dort als unbesoldeter Honorarprimarius am Rochusspital; 1855 wurde er dort Univ.-Prof. für Geburtshilfe und arbeitete 1857–60 an seinem bedeutenden Werk „Die Aetiologie, der Begriff und die Prophylaxis des Kindbettfiebers“, das 1861 erschien. Zeichen einer beginnenden Geistesverwirrung veranlaßten seine Eltern, ihn nach Wien in eine Irrenanstalt zu bringen. Man kann es nur als eine Ironie des Schicksals bezeichnen, daß er an einer Blutvergiftung, hervorgerufen durch eine Operationsverletzung, starb – also genau an jener Krankheit, deren Bekämpfung er sein Leben gewidmet hatte. Erst nach seinem Tod erkannte die Wissenschaft den Wert seiner Erkenntnisse, und S. erhielt bald den ehrenden Namen „Retter der Mütter“. Erst 1905 wurden seine „Gesammelten Werke“ herausgegeben, die auch jene „offenen Briefe“ enthalten, mit denen er seine Lehre verteidigte.

Hegar, A.: I. Ph. S. und seine Lehre (1882); Grosse, J.: I. Ph. S. (1898); Schürer von Waldheim, F.: I. Ph. S. (1905); Malade, T.: S., der Retter der Mütter (Roman, 1924); Killian, H.: I. Ph. S. (1940); Silló-Seidl, G.: Die Affäre S. (1985)

Ignaz Semmelweis

Karl Seitz

SEMPER, Gottfried, * 29. 11. 1803 in Hamburg, † 15. 5. 1879 in Rom, Architekt und Kunsttheoretiker. Studierte zuerst an der Universität Göttingen Jus, dann Mathematik und ab 1825 in München Architektur. 1834–49 Prof. für Baukunst in Dresden, mußte er wegen Teilnahme am Maiaufstand 1849 Deutschland verlassen. 1849–51 lebte er in Paris, 1851–55 in London und 1855–71 in Zürich, wo er am Polytechnikum lehrte, und wurde von Kaiser Fanz Joseph I. (s. d.) 1871 zur Gestaltung des Forums am Ring nach Wien berufen. Bis 1876 wirkte er hier gemeinsam mit Karl Hasenauer (s. d.). Anfangs mit der Beurteilung der Pläne Hasenauers für die beiden Hofmuseen betraut, ergab sich, bedingt durch Kompetenzschwierigkeiten und Anfeindungen, eine nicht immer harmonisch verlaufende Gemeinschaftsarbeit der beiden Architekten, die jedoch zu hervorragenden Leistungen führte: Kunsthistorisches und Naturhistorisches Museum in Wien (1872–81), Burgtheater (1874–88); ab 1881 führte Hasenauer die Pläne S.s für die Neue Hofburg aus. Bei den beiden Museen liegt S.s Anteil vor allem in der Ausgestaltung, so der Kuppel und im Entwurf für den plastischen Schmuck. Semper zählte zu den bedeutendsten Architekten des 19. Jh.s, der die Formensprache der italienischen Renaissance mit der Zweckgerichtetheit des jeweiligen Baus verband. Nie schuf er – wie sonst im Historismus vielfach üblich – reine „Scheinarchitektur“. Er war darüber hinaus auch der Begründer des

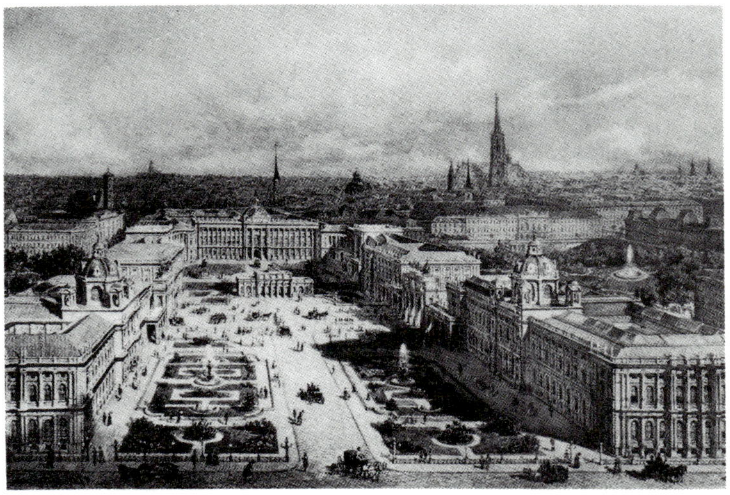
Gottfried Semper entwarf 1869 das „Kaiserforum“, wovon nur die beiden Museen im Vordergrund und die Neue Hofburg rechts und Mitte hinten verwirklicht wurden (veranschaulicht auf einem Gemälde von Franz v. Alt, 1873)

Gottfried Semper

modernen Theaterbau (Dresdener Oper). S. verfaßte auch bedeutende kunsttheoretische Schriften.

Semper, H. (Sohn): G. S. (1880); Leisching, J.: G. S. und die Museen (1903); Stockmeyer, E.: G. S.s Kunsttheorie (1939); Quitzsch, H.: Die ästhetischen Anschauungen G. S.s (1962)

SENEFELDER, Alois, * 6. 11. 1771 in Prag, † 26. 2. 1839 in München, Erfinder, Schauspieler und Theaterschriftsteller. War zunächst als Schauspieler und auch als Theaterschriftsteller tätig. Für die Herausgabe seiner Bühnenstücke suchte er nach einer möglichst vereinfachten Drucktechnik. Nach einigen Versuchen erfand er die sogenannte „chemische Druckerei", den Steindruck. Gemeinsam mit dem Münchner Hofmusikus Gleißner errichtete er eine Druckerei und erhielt 1799 in Bayern das Privileg zum Betrieb einer Steindruckerei. Mit dem Offenbacher Musikverleger André hatte er bereits ein Abkommen für eine Musikaliendruckerei getroffen, überwarf sich aber mit ihm und ging 1800 nach Wien, wo er in der Josefstädter Straße die erste Steindruckerei errichtete. 1806 kehrte er nach München zurück, um dort abermals eine Steindruckerei zu errichten, in der ihm 1826 der erste Mehrfarbendruck gelang. 1818 veröffentlichte S. sein „Vollständiges Lehrbuch der Steindruckerey". 1833 gelang es ihm auch erstmals, auf Stein reproduzierte Ölgemälde auf Leinwand zu drucken. Er verfaßte einige Schauspiele, so „Die Mädchenkenner" (1792) und „Mathilde von Altensteig" (1793).

Wagner, C.: A. S. (1914, 2. Aufl. 1943)

SENN, Franz, * 31. 1. 1831 in Neustift im Stubaital (T), † 31. 1. 1884 in Fulpmes (T), katholischer Geistlicher und Alpinist. Wurde 1856 zum Priester geweiht und war danach Pfarrer in mehreren Tiroler Bergdörfern, u. a. in Vent, Nauders und Neustift im Stubaital. Wegen seiner Bergbegeisterung und seiner Leistungen für den Alpinismus wurde er „Gletscherpfarrer" genannt. 1862 war er einer der Mitbegründer des Ö. Alpenvereins. S. gilt als der eigentliche Begründer des Tiroler Bergführer- und Bergrettungswesens. Die Franz-Senn-Hütte, am Fuß des Alpeinerferners (2 173 m), ist nach ihm benannt.

SENN, Johann, * 1. 4. 1795 in Pfunds (T), † 30. 9. 1857 in Innsbruck, Lyriker. War Berufsoffizier und verfaßte eine Vielzahl von Gedichten, überwiegend politischen Inhalts, was ihm einmal eine 15monatige Haftstrafe eintrug. War mit Franz Schubert befreundet; dieser vertonte zwei Gedichte von ihm. Besonders bekannt wurde sein Gedicht „Der rote Tiroler Adler", das in Tirol zum Volkslied wurde. S. schrieb auch unter dem Pseud. Bombastus Bebederwa. 1838 veröffentlichte er „Gedichte" und 1899, lange nach seinem Tod, erschienen „Echte Tiroler Lieder" (1899) sowie „Nachlese" (1900).

SENN, Karl, * 31. 1. 1878 in Innsbruck, † 26. 7. 1964 in Innsbruck, Komponist. Wurde nach seinem Studium Musikkritiker und war 1896–98 Chormeister des Akademischen Gesangsvereins, 1921–24 der Innsbrucker Liedertafel. Er schuf kammermusikalische Werke, Messen und Chormusik. Sein Sohn Walter (1904–81) studierte in Innsbruck und wurde dort Univ.-Prof und Direktor der Musikabteilung des Ferdinandeums. Er veröffentlichte u. a.: „Ö. Liederbuch" (1935), „J. Stainer" (1951), „Musik und Theater am Hof zu Innsbruck" (1954).

SESSELSCHREIBER, Gilg (Ägidius), * um 1460/65 in München, † nach 1520, Maler und Erzgießer. Kaiser Maximilian I. (s. d.) berief ihn 1502 als Hofmaler nach Innsbruck, wo er zum Hauptmeister der großen Standbilder des Maximiliangrabs in der Innsbrucker Hofkirche wurde. Er stellte die Entwürfe der Standbilder (der sogenannten „Eisernen Mander") her und leitete auch deren Guß. S. war ein typischer Künstler, er konnte mit dem Geld nicht umgehen und arbeitete nur sporadisch. Dies war auch der Grund, weshalb erst 1509 die erste Statue, Ferdinand von Portugal, fertiggestellt war. 1517, nach Vollendung der zehnten Statue, verließ er Innsbruck, obwohl er den eingegangenen Vertrag mit Kaiser Maximilian I. nicht ganz erfüllt hatte. Grund hiefür dürften die zahlreich gewordenen Gläubiger gewesen sein. Von S. stammen noch folgende Standbilder des Maximiliangrabs: Herzog Ernst der Eiserne, Philipp der Schöne, Rudolf von Habsburg, Maria von Burgund, Elisabeth von Kärnten, Cimburgis von Masowien, Kunigunde (Maximilians Schwester), Philipp der Gute von Burgund und Kaiser Friedrich III. Auch seine beiden Söhne arbeiteten in der Werkstatt mit.

Oberhammer, V.: Die Bronzestandbilder des Maximiliangrabs (1935); Weingartner, J.: G. S. (1947)

Gilg Sesselschreibers Bronzestatuen Ferdinands von Portugal und Herzog Ernsts des Eisernen (rechts Mitte) am Grabmal Maximilians I. in der Innsbrucker Hofkirche (1510–16)

SESTA, Rudolf (eigtl. Szestak), * 18. 3. 1906 in Wien, † 12. 7. 1974 in Wien, Fußballer. Der von ganz Fußball-Wien liebevoll „da Blade" genannte Austria- bzw. WAC-Verteidiger galt als „Caruso des Wunderteams". S. war berühmt für seine ausgezeichnete Stimme und galt als Alleinunterhalter auf dem Spielfeld. Sein Schmäh und seine oft grimmige Gangart waren gefürchtet. Als ihn anläßlich der als Sieg gefeierten 3:4-Niederlage des Wunderteams in Stamford Bridge gegen die damals in Heimspielen als unschlagbar geltenden Engländer der Herzog von Kent nach seinem Beruf fragte, antwortete S.: „Fleischhacker. Aber Ihna Hackn is a net schlecht, Herr Herzog." Insgesamt stand S. zwischen 1932 und 1945 44mal im Team.

SEUSENHOFER, Hans von (seit 1537) (auch Seussenhofer, Seyssenhofer), * 1470 in Augsburg (?), † 10. 5. 1555 in Innsbruck, Plattner. Wanderte mit seinem Bruder Konrad S. (s. d.) um 1490 von Augsburg nach Innsbruck ein. Gemeinsam errichteten sie eine Plattnerwerkstatt. Die Harnische waren künstlerisch gestaltet und daher bald sehr gefragt. 1516 wurde S. Wappenmeister Kaiser Maximilians I. (s. d.), später auch von Kaiser Ferdinand I. (s. d.).

SEUSENHOFER, Jörg (auch Seussenhofer, Seyssenhofer),

* 1516 in Innsbruck, † 30. 9. 1580 in Innsbruck, Plattner. Sohn von Konrad S. (s. d.). Kaiser Ferdinand I. (s. d.) ernannte ihn 1536 zum Wappen- und Harnischmeister. Nach dem Tod seines Onkels Hans S. (s. d.) übernahm er 1555 die väterliche Werkstatt und führte sie erfolgreich weiter. Die strengen Formen der Frührenaissance wurden von den bewegteren der Hochrenaissance abgelöst, wodurch die Harnische einen eleganteren Schnitt bekamen. S. war einer der bedeutendsten Plattner des 16. Jh.s, doch erlosch mit seinem Tod diese Handwerkskunst in der Familie.

SEUSENHOFER, Konrad (auch Seussenhofer, Seyssenhofer), * um 1450 (1460?) in Augsburg (?), † 30. 8. 1517 in Innsbruck, Plattner. Kam mit seinem jüngeren Bruder Hans von S. (s. d.) um 1490 von Augsburg nach Innsbruck und errichtete mit diesem eine Plattnerwerkstatt, die sehr bald regen Zuspruch erlangte. 1504 wurde S. zum Hofplattner ernannt und gründete die Hofplattnerei (heute Landhaus). Unter Verwendung von Kaiser Maximilians I. (s. d.) Anregungen verbesserte er die Harnischform und den Reiterharnisch. Er stellte die ersten Landsknechtharnische her und übernahm als erster das Motiv der „verhauten" Tracht in das Eisenkleid. S. war der bedeutendste Plattner der Frührenaissance in Mitteleuropa.

Konrad Seusenhofer: Knabenharnisch des späteren Kaisers Karl V. (1512–14)

Der heilige Severin. Gemälde von N. Kröll

SEVER, Albert, * 24. 11. 1867 in Agram, † 12. 2. 1942 in Wien, sozialdemokratischer Politiker. 1911–18 Reichsratsabgeordneter und 1919–34 Abgeordneter zum Nationalrat. 1918/19 gehörte er der Provisorischen Nationalversammlung an. 1919/20, als Landeshauptmann von NÖ (damals mit Wien verbunden), machte er von seinem Recht Gebrauch, „bestehende Ehen" zu dispensieren und Geschiedenen somit eine Wiederverheiratung zu ermöglichen. Nach dem bis 1938 in Ö. geltenden Ehegesetz konnten nämlich katholische Eheleute nur „von Tisch und Bett" getrennt werden. Von diesem gesetzlichen Recht machten auch andere Landeshauptleute Gebrauch, und man nannte diese Dispens-Ehen bald „Sever-Ehen". S. war einer der volkstümlichsten Politiker seiner Zeit. 1956 erschien seine Autobiographie „Ein Mann aus dem Volk".

SEVERIN, Heiliger, * um 410, † 8. 1. 482 in Favianis, wo er eine Klause hatte. Favianis ist der römische Name für Mautern (NÖ), doch trug auch ein Kastell in Wien (etwa im Gebiet von Heiligenstadt) diesen Namen, an dessen Mauern er seine Klause gehabt haben könnte. Er entstammte vermutlich einer vornehmen römischen Familie und war Einsiedler im Orient, bis er als Wandermönch in Ufernorikum auftauchte. Er wirkte um 453 (nach anderen Auffassungen nach 460) als Eremit in Asturis (= Klosterneuburg), dann in Comagenae (Tulln, NÖ). Außer im nö. Raum war er in Salzburg, in Kuchl (S) sowie in Passau und Künzing in Bayern missionarisch tätig. Immer wieder karitativ wirkend, besaß er laut Überlieferung auch seherische Fähigkeiten und gründete Klöster. In seinem Bereich auch als Kirchenpolitiker tätig, hatte er die Ablieferung des Zehnten eingeführt – die erste Kirchensteuer. S. war der erste Apostel von Ufernorikum. Als die römische und romanisierte Bevölkerung 488 von hier abzog, nahm sie den Leichnam S.s nach Italien mit. Um sein 1952 aufgefundenes angebliches Grab in der Heiligenstädter Jakobskirche entstand über dessen Echtheit ein bis heute nicht entschiedener wissenschaftlicher Streit. Sein Schüler Eugippius, Abt des Severinklosters in Lucullanum bei Neapel, verfaßte 511 eine Lebensbeschreibung seines Lehrers, die „Vita Sancti Severini", die wohl bedeutendste Quelle für die spätrömische Zeit in Ö.

Klaar, A.: Die Grundzüge der Siedellandschaft im ö. Donauraum (1937); Haberl, J.: Favianis, Vindobona und Wien (1976); Ausstellungskatalog „Severin", Enns (1982)

SEXL, Roman, * 19. 10. 1939 in Wien, † 10. 7. 1986 in Wien, Physiker. Studierte in Wien und promovierte 1961. Habilitierte sich 1967 und war seit 1971 o. Univ.-Prof. für Allgemeine Relativitätstheorie und Kosmologie sowie für Didaktik der Physik. International anerkannt, war er besonders wegen seiner Gabe, komplizierte Vorgänge der Physik verständlich darzustellen, geschätzt und bekannt. Er lehrte als Gastprof. in den USA und leitete von 1971–75 das Institut für Weltraumforschung an der Akademie der Wissenschaften. Abgesehen von einem sechsbändigen Lehrbuch der Physik für die allgemeinbildenden höheren Schulen, verfaßte er u. a.: „Relativitätstheorie" (1972), „Gravitation und Kosmologie" (1975, gemeinsam mit H. Urbantke), „Relativität, Gruppen, Teilchen" (1975, ebenfalls mit H. Urbantke).

SEYDLER, Ludwig Karl, * 8. 3. 1810 in St. Leonhard bei Graz, † 10. 5. 1888 in St. Leonhard, Komponist. Studierte in Graz und wurde dort Domorganist. Er schuf zahlreiche kirchenmusikalische Werke und volkstümliche Lieder, darunter „Hoch vom Dachstein an" (1844).

SEYRINGER, Nikolaus, * um 1360 in Matzen (NÖ), † 25. 12. 1425 in Wien, Benediktinermönch. Trat in den Benediktinerorden ein und studierte zunächst an der Universität Wien, wo er 1401 auch Rektor war. Danach Abt von Subiaco, wurde 1418 Abt des Benediktinerstifts Melk und verfaßte die „Melker Observanz". Die damit verbundene Melker Reform zur Erneuerung der benediktinischen Ordensregel brachte eine strenge Beobachtung der Fastenregeln und des Armengelübdes sowie eine Anhebung der klösterlichen Disziplin und des liturgischen Lebens mit sich. Dadurch wurden Ordenseintritte gefördert, die Verwaltung und die Bautätigkeit verbessert sowie Humanismus und Wissenschaft gepflegt. (Da sie auch von seinen Nachfolgern beibehalten wurde, wirkte die Reform nach Süddeutschland bis in die Schweiz und nach Ungarn sowie auf die Augustiner-Chorherrenstifte und stärkte die Widerstandskraft der ö. Klöster sogar noch in der Reformationszeit.) S. selbst reformierte eine Vielzahl von Benediktinerklöstern, darunter Kremsmünster, Kleinmariazell, Seitenstetten, Lambach, Garsten, Gleink und das Wiener Schottenstift. Gemeinsam mit dem Prior Petrus von Rosenheim machte er Melk zum Zentrum der Reformbewegung.

Vom Landesfürsten Herzog Albrecht V. von Ö., dem späteren König Albrecht II. (s. d.), wurden S.s Reformbestrebungen stark unterstützt.

Koller, G.: Princeps in ecclesia, in: Archiv für ö. Geschichte, 24 (1964)

SEYSS-INQUART, Arthur, * 22. 7. 1892 in Stannern bei Iglau (Mähren), † 16. 10. 1946 in Nürnberg (hingerichtet), Rechtsanwalt und nationalsozialistischer Politiker. Als Sohn eines Gymnasialdirektors geboren, studierte er in Wien Jura und promovierte 1917, daneben leistete er 1914–18 seinen Kriegsdienst ab. Von 1921 an als Rechtsanwalt in Wien tätig, war S.-I. Mitglied mehrerer nationaler Organisationen, in denen er meist eine führende Rolle spielte, so in der Deutschen Gemeinschaft, im Deutschen Klub, im Ö.-Deutschen Volksbund und im Steirischen Heimatschutz. Seine Aufgabe in diesen bestand ab 1934 vor allem darin, als Katholik Kontakte zum Ständestaat aufrechtzuerhalten. Als eine Folge des Juliabkommens 1936 mit dem Deutschen Reich wurde er von Bundeskanzler Schuschnigg (s. d.) am 17. 6. 1937 zum Staatsrat ernannt und mit der „Angelegenheit der Befriedung der nationalen Kreise" betraut, weswegen er auch „Befriedungskommissär" genannt wurde. Seine Tätigkeit bestand darin, die Verbindung zwischen Regierung und „nationaler Opposition" herzustellen. Obwohl S.-I. seit 1934 in engem Kontakt zur NSDAP stand, wurde er erst am 13. 3. 1938 Parteimitglied. Als Folge des

Arthur Seyß-Inquart

Berchtesgadener Abkommens mit dem Deutschen Reich wurde er am 15. 2. 1938 als Bundesminister für Inneres und Sicherheit in das Kabinett Schuschnigg aufgenommen und gegen Mitternacht des 11. 3. 1938 für 40 Stunden zum Bundeskanzler ernannt. Vom 15. 3. 1938 bis April 1939 war S.-I. Reichsstatthalter in Ö. und SS-General, vom Mai bis Oktober 1939 Reichsminister ohne Portefeuille, anschließend bis Mai 1940 stellvertretender Generalgouverneur von Polen und bis Kriegsende Reichskommissar für die besetzten Niederlande. Durch den direkten Einfluß der „Reichsregierung" machtpolitisch eingeschränkt, arbeitete er in den Niederlanden als gehorsamer „Vollzugsbeamter" des Nationalsozialismus. Adolf Hitler (s. d.) hatte ihn in seinem Testament 1945 als Außenminister vorgesehen. Im Nürnberger Prozeß wurde S.-I. zum Tod verurteilt. 1944 hatte er den Bericht „Vier Jahre in den Niederlanden" veröffentlicht.

Kwiet, K.: Reichskommissariat Niederlande (1968); Neumann, H. J.: A. S.-I. (1970); Rosar, W.: Deutsche Gemeinschaft. S.-I. und der Anschluß (1971)

SICCARD von SICCARDSBURG, August, * 6. 12. 1813 in Budapest, † 11. 6. 1868 in Weidling bei Wien, Architekt. Studierte in Wien und bildete sich 1839–43 auf Reisen in Italien und Frankreich weiter. 1843 Prof. für Architektur an der Akademie der bildenden Künste in Wien, assoziierte er sich mit seinem Freund Eduard van der Nüll (s. d.) zu einer Arbeitsgemeinschaft, in der er den technisch-geschäftlichen Teil, van der Nüll die künstlerische Planung und die ornamentale Gestaltung besorgte. Das Ständehaus in Budapest war das erste Ergebnis ihrer Zusammenarbeit. In Wien entstanden: 1843–46 der Schutzengelbrunnen auf der Wieden, 1846/47 das Sophienbad und das Carltheater, 1849–55 waren sie am Bau des Arsenals beteiligt, 1861–69 errichteten sie die Hofoper. Nach einer verständnislosen Kritik am Operngebäude hatte van der Nüll Selbstmord begangen, S. überlebte ihn nur um zwei Monate. Seit 1861 war S. auch erster Präsident des auf seine Initiative hin gegründeten Künstlerhauses, 1865–67 zudem Leiter

August Siccard von Siccardsburg

einer Spezialschule für Architektur an der Wiener Akademie.

SICKEL, Theodor Ritter von, * 18. 12. 1826 in Aken (Sachsen), † 21. 4. 1908 in Meran (Südtirol), Historiker. Studierte zunächst 1845/46 Theologie in Halle, dann bis 1850 Philologie und Geschichte in Berlin und 1850–52 in Paris. 1857 wurde er a. o., 1867 o. Univ.-Prof. für Geschichte in Wien und 1869 Direktor des Instituts für ö. Geschichtsforschung, 1874 Mitglied der Zentraldirektion der „Monumenta Germaniae historica". 1889 Mitglied des Herrenhauses, ging S. 1890 als Direktor des Ö. historischen Instituts nach Rom, das er 1881 gegründet hatte und bis 1901 leitete. S. erwarb sich besondere Verdienste um die Urkundenlehre, die er systematisch zu einer strengen historischen Spezialdisziplin erhob. Abgesehen von zahlreichen Aufsätzen in den Publikationen der ö. Akademie der Wissenschaften, hatte er 1880 mit der Herausgabe der „Mitteilungen des Instituts für Ö. Geschichtsforschung" begonnen. Von seinen vielen wissenschaftlichen Werken seien u. a. genannt: „Monumenta graphica medii aevi", 9 Teile (1859–69), „Jeanne d'Arc" (1860), „Beiträge zur Diplomatik", 8 Bde. (1861–82), „Zur Geschichte des Konzils von Trient", 3 Teile (1870–72), „Kaiserurkunden in Abbildungen", 11 Teile (1890/91, gemeinsam mit H. v. Sybel), „Römische Berichte", 5 Bde. (1895–1901). Außerdem gab S. mehrere Bände der „Monumenta Germaniae historica" heraus.

SIEBENBÜRGER, Martin (auch Capinius), * um 1475 vermutlich in Hermannstadt (Siebenbürgen), † 11. 8. 1522 in Wiener Neustadt (NÖ) (hingerichtet), Jurist. Sein Vetter Sigmund S. (gest. 1506) war in Wien 1491–93 Stadtrichter und 1494 sowie 1500/01 Ratsherr. So kam Martin S. früh nach Wien und begann 1491 an der Universität Jus zu studieren. 1503 wurde er Prokurator der ungarischen Nation. Als Universitätslehrer war er 1505, 1510 und 1516 Dekan der juridischen Fakultät und mit dem Humanisten Konrad Celtis (s. d.) befreundet. 1512 wurde S. Stadtrichter, 1513 Ratsherr. Nach dem Tod Kaiser Maximilians I. (s. d.) 1519 setzte er die Vertreibung des von Maximilian eingesetzten Beamtenregiments (Verwaltungsbehörde) durch die ö. Stände durch. Von Juni 1519 bis Februar 1520 war er mit einer Abordnung der Stadt Wien unterwegs, um bei Kaiser Karl V. in Spanien die Absetzung des Regiments durchzusetzen. Wieder in Wien, stärkte er die oppositionelle Partei der Stadt und der nö. Stände, wurde 1521 Bürgermeister von Wien und übte sogar Regierungsgewalt aus. S. bemächtigte sich der landesfürstlichen Einkünfte und ließ Münzen prägen. Sein Radikalismus fand allerdings nicht die Unterstützung aller ö. Stände, so wandten sich etwa die steirischen gegen ihn. Ab 1522 wirkte er wieder als Ratsherr. Erzherzog Ferdinand I. (s. d.), durch den Wormser Vertrag mit seinem älteren Bruder, Kaiser Karl V. (s. d.), seit 28. 4. 1521 Landesherr der „niederösterreichischen" Länder (NÖ, OÖ, St, K und Krain), war sofort mit den Forderungen der Stände konfrontiert worden. Am 7. 2. 1522 wurde Erzherzog Ferdinand I. durch den Vertrag von Brüssel Herrscher über den übrigen ö. Besitz der Habsburger und eröffnete am 10. 7. in Wiener Neustadt ein gerichtliches Verfahren gegen die oppositionellen Stände. Der Urteilsspruch vom 23. 7. 1522 fällte acht Todesurteile, darunter auch die Enthauptung S.s. Allerdings behielt seine Familie das Vermögen, und S.s Sohn stieg später in einige politische Ämter auf.

Lahoda, H.: Der Ständekampf in den ö. Erbländern nach dem Tod Maximilians I. bis zu seiner Beendigung im Blutgericht von Wiener Neustadt. Diss. Wien (1949); Czeike, F.: Wien und seine Bürgermeister (1974)

SIECZYNSKI, Rudolf, * 23. 2. 1879 in Wien, † 5. 5. 1952 in Wien, Schriftsteller und Liederkomponist. Studierte in Wien Jus und war Beamter in der Nö. Landesregierung. Er komponierte eine Vielzahl von Wienerliedern, zu denen er auch die Texte verfaßte, u. a.: „Wien, Wien, nur du allein" und „Wien, du Stadt meiner Träume". Aus seinem schriftstellerischen Schaffen seien genannt: „Sittengeschichte mit Humor" (1946), „Wiener Lied, Wiener Wein, Wiener Sprache" (1947), „Alt-Wiener Volkskomiker" (1947), „Seltsame Leute im einstigen Wien" (1949).

SIEGHART, Rudolf (eigtl. Singer), * 13. 3. 1866 in Troppau (Ö.-Schlesien), † 4. 8. 1934 in Wien, Finanzfachmann. Studierte in Wien und wurde 1900 Univ.-Dozent. Der in Finanzfragen äußerst versierte S. wurde zum Berater des Ministerpräsidenten Koerber (s. d.), der auf dem Gebiet des Finanzwesens kaum eine Entscheidung traf, ohne S.s Rat eingeholt zu haben. 1910–16 war er Gouverneur und ab 1919 Präsident der Bodencreditanstalt. 1932 veröffentlichte er „Die letzten Jahrzehnte einer Großmacht".

SIEGL, Otto, * 6. 10. 1896 in Graz, † 9. 11. 1978 in Wien, Komponist. Studierte in Graz und war 1922–26 Kapellmeister am Grazer Opernhaus. 1926–33 in Deutschland tätig, wurde 1933 Prof. für Theorie und Komposition an der Musikhochschule in Köln, wo er 1934 auch die Leitung des Gürzenich-Chors übernahm. 1948–67 Prof. für Komposition an der Wiener Musikakademie. S. schuf eine Vielzahl kammermusikalischer Werke und Vokalmusik, darüber hinaus Orgelwerke und vier Symphonien. Anfangs dem Atonalen zugewandt, verschrieb er sich Ende der zwanziger Jahre mehr einem an der Neuromantik orientierten musikantischen Stil.

Trienes, W.: O. S. (1956); Suppan, W.: O. S. (1966)

SIEGMUND FRANZ, Erzherzog von Tirol, * 27. 11. 1630 in Innsbruck, † 25. 6. 1665, Sohn von Erzherzog Leopold V. (s. d.), dem ehemaligen Bischof von Passau und Straßburg. Dieser hatte am 20. 4. 1626 auf seine geistlichen Würden verzichtet, Claudia von Medici geheiratet und somit die kurzlebige tirolisch-vorderösterreichische Linie des Hauses Habsburg begründet. Erzherzog Leopold starb am 17. 9. 1632, sein ältester Sohn Ferdinand Karl am 30. 12. 1662, worauf S. F. an die Regierung kam. Da er keine Erben hinterließ, erlosch mit ihm diese letzte regierende Seitenlinie des Hauses Habsburg, und Tirol fiel mit den Vorlanden an Kaiser Leopold I. (s. d.).

SIGISMUND „der Münzreiche" (auch Siegmund), Herzog von Tirol, * 26. 10. 1427 in Innsbruck, † 4. 3. 1496 in Innsbruck, Sohn von Herzog Friedrich IV. (s. d.) („Friedel mit der leeren Tasche"). Erst 1446 aus der Vormundschaft Kaiser Friedrichs III. (s. d.) entlassen, versuchte S., die Landesherrschaft in Tirol auszubauen. Er scheiterte zunächst am Widerstand des Bischofs von Brixen, Nikolaus von Cues (s. d.), wurde deswegen von Papst Pius II. 1460 gebannt, erhielt aber mit dem Vertrag von Wiener Neustadt 1464 die Landeshoheit über das Bistum Brixen bestätigt. Diese Situation hatten die Schweizer ausgenützt, sich des Thurgaus bemächtigt und S. in den Mühlhauser Krieg hineingezogen, der 1468 durch den Frieden von Waldshut zu S.s Ungunsten beendet wurde. 1474 schloß er mit den Eidgenossen die „Ewige Richtung" für einen dauerhaften Frieden. Im Anschluß daran erwarb er in Vorarlberg einen Teil der Stadt und der Herrschaft Bregenz sowie im Walgau die Herrschaft Sonnenburg. 1477 hatte S. die Münze von Meran (Südtirol) nach Hall bei Innsbruck verlegt, wo er 1486 den ersten Taler der Welt prägte, eine Silbergroßmünze, die man Haller Unzialis nannte. S. machte sich die Silbervorkommen Tirols zunutze und baute die Silberbergwerke aus, weshalb er schließlich zu seinem Beinamen „der Münzreiche" kam. 1487 ließ er sich in einen unüberlegten Krieg mit Venedig hineinziehen. S. war ein Förderer des geistigen und künstlerischen Lebens in Tirol; er erbaute sieben Burgen (darunter Sigmundskron bei Bozen) und führte einen verschwenderischen Lebenswandel, der ihn trotz hoher Einkünfte veranlaßte, Teile seiner Länder an die Wittelsbacher zu verpfänden. Die Tiroler Stände konnten rechtzeitig den Verkauf verhindern und eine Landesordnung erzwingen. 1490 mußte S. Tirol und die Vorlande an seinen Neffen zweiten Grades, Maximilian I. (s. d.), den späteren Kaiser, abtreten. Da er keinen legitimen Erben hinterließ – sein Sohn Wilhelm starb bei der Geburt gleichzeitig mit seiner Mutter Eleonore von Schottland, die S. am 12. 2. 1449 geheiratet hatte, und auch seine zweite Ehe, mit Prinzessin Katharina von Sachsen, war kinderlos geblieben –, erlosch mit S. die ältere Tiroler Linie des Hauses Habsburg.

Die unter Sigismund „dem Münzreichen" erbaute Zollfeste Sigmundseck bei Finstermünz am Inn

Stolze, O.: Geschichte des Landes Tirol, Bd. 1 (1955); Der Herzog und sein Taler. Ausstellungskatalog Hall (1986)

SIGL, Georg, * 13. 1. 1811 in Breitenfurt bei Wien, † 9. 5. 1887 in Wien, Industrieller. Früh verwaist, erlernte das Schlosserhandwerk, ging mit 17 Jahren auf Wanderschaft, die ihn bis Bayern, Württemberg und in die Schweiz führte. 1832 nach Wien zurückgekehrt, arbeitete in der Schnellpressenfabrik Hellwig und Müller. 1837 führte er in der Handpressenfabrik Dingler in Zweibrücken (Rheinpfalz) die Schnellpressenfabrikation ein und errichtete 1840 in Berlin eine eigene Schnellpressenfabrik. 1846 erbaute er in Wien eine Schnellpressenfabrik und konstruierte 1851 die erste Steindruckschnellpresse. Bis Ende 1860 hatte er 721 Schnellpressen, darunter 39 lithographische, hergestellt und allein nach Preußen und in die deutschen Länder 528 exportiert. Aber auch nach England, in andere Staaten Europas, nach Nordamerika und Abessinien lieferte er seine Produkte. 1851 war er mit seinem Unternehmen in die aufgelassene Lokomotivfabrik des Engländers Norris, nahe der Währinger Linie, übersiedelt. Hier begann er zunächst mit dem Bau stabiler Dampfmaschinen, baute 1857 die erste Dampflokomotive, die allerdings zwei Jahre auf einen Käufer warten mußte. Dann aber häuften sich die Aufträge, und S. erwarb 1861 die Günthersche Lokomotivfabrik in Wiener Neustadt (NÖ). Am 1. 1. 1861 war die 100. Lokomotive fertiggestellt, und zudem waren fünf Schiffsmaschinen für die Kriegsmarine mit jeweils 230 PS Leistung ausgeliefert worden. Schließlich betrug die Jahresleistung der Wiener Fabrik rund 179, der in Wiener Neustadt 62 Lokomotiven. Am 1. 3. 1870 war die 1000. Lokomotive im Wiener Werk fertig. S. wurde 1870 Ehrenbürger von Wien. Auf der Wiener Weltausstellung von 1873 übertraf S. noch seinen Pariser Ausstellungser-

Die Maschinenfabrik des Georg Sigl in der Währingerstraße in Wien-Alsergrund

folg vom Jahr 1867. Der wenige Tage nach der Eröffnung erfolgte Börsenkrach traf auch das Unternehmen S.s schwer. 1875 erwarb die Credit-Anstalt das Wiener Neustädter Werk (die erste Erwerbung eines Industrieunternehmens durch eine Bank) und führte es als Aktiengesellschaft weiter. 1879 wurde in den Räumen der Währinger Fabrik das Technologische Gewerbemuseum eröffnet, das als bekannte Schule danach 100 Jahre bestand.

Ö. Naturforscher und Techniker, hrsg. von der Ö. Akademie der Wissenschaften (1950); Mentschl, J., und Otruba, G.: Ö. Industrielle und Bankiers (1965)

SILBERBAUER, Fritz, * 4. 4. 1883 in Leibnitz (St), † 31. 12. 1974 in Graz, Maler und Graphiker. Studierte in Graz an der Landeskunstschule und anschließend als Schüler Ferdinand Schmutzers (s. d.) an der Akademie der bildenden Künste in Wien. Er gründete zusammen mit Thöny (s. d.) und Wickenburg (s. d.) 1923 die Grazer Secession. 1928–53 war S. Leiter der Landeskunstschule in Graz und Prof. für Freskomalerei. Er schuf Fresken, Mosaike, Glasmalereien und Gobelins. Sein Hauptwerk ist der Kreuzweg in der Jubiläumskreuzkirche Authal bei Graz (1933).

SILVA-TAROUCA, Amadeo, * 14. 7. 1898 in Pruhonitz (Böhmen), † 21. 11. 1971 in St. Agnes bei Völkermarkt (K), Philosoph. War 1949–69 Prof. für systematische Philosophie an der Universität Graz. Er vertrat eine an der christlich-abendländischen Metaphysik orientierte Philosophie, die er Onto-Phänomenologie nannte: die Verlebendigung philosophischen Denkens auf dem Grund persönlicher Gewissensentscheidung in allen Lebensbereichen. Wichtigste Veröffentlichungen: „Wirtschaftsnot und Christentum" (1935), „Weltgeschichte des Geistes" (1939), „Thomas heute" (1947), „Philosophie der Polarität" (1955), „Philosophie im Mittelpunkt, Entwurf einer Onto-Phänomenologie" (1957).

SILVA-TAROUCA, Emanuel Graf (eigtl. Don Manoel Tellez de Menezes e Castro, Herzog von Sylva [seit 1735], Graf von Tarouca), * 17. 9. 1696 in Lissabon, † 8. 3. 1771 in Wien, Staatsmann. Aus einem alten portugiesischen Adelsgeschlecht stammend, war S.-T. zunächst Soldat und kämpfte 1716/17 unter Prinz Eugen (s. d.) bei Peterwardein und Belgrad gegen die Türken. 1735 verlieh ihm Kaiser Karl VI. (s. d.) den niederländischen Herzogstitel, 1739 wurde er Geheimer Rat. S.-T. hatte nach dem Frieden von Wien (1735) die Armee verlassen und war in den diplomatischen Dienst übergewechselt, wo er vornehmlich in der Verwaltung der Ö. Niederlande tätig war. Maria Theresia setzte ihn 1740 als Präsident an die Spitze des niederländischen Rats. 1744 wurde S.-T. Hofbaudirektor und 1750 auch Präsident des italienischen Rats; angesichts der schwachen Finanzen verzichtete er auf einen Teil seiner Einkünfte. Sein korrektes Verhalten als Diener des Staats und seine uneingeschränkte Ergebenheit zu seiner Regentin Maria Theresia (s. d.) machten ihn schließlich zum loyalen Vertrauten und ehrlichen Berater Maria Theresias, wenngleich der Neider nicht wenige waren. Im Frühjahr 1757 trat er wegen der Differenzen, die zwischen der italienischen Provinzverwaltung und dem Wiener italienischen Rat aufgetreten waren, von seiner Funktion zurück. Der Regentin blieb er weiterhin ihr „Gewissensrat"; sie ließ sich von ihm auch etwaige Fehlentscheidungen vorhalten.

Walter, F.: Männer um Maria Theresia (1951)

SIMA, Hans, * 4. 6. 1918 in Saifnitz (K), SPÖ-Politiker. Erlernte ab 1933 den Beruf eines Lebensmittelkaufmanns und war danach arbeitslos. 1934 trat er der illegalen Sozialdemokratischen Partei bei und wurde als Siebzehnjähriger zu sechs Monaten Gefängnis verurteilt. 1956 Landesfinanzreferent, 1965–74 Landeshauptmann von Kärnten.

SIMMEL, Johannes Mario, * 7. 4. 1924 in Wien, Journalist, Schriftsteller. Absolvierte die Höhere Bundeslehr- und Versuchsanstalt für Chemie in Wien und wurde nach dem Zweiten Weltkrieg zunächst Journalist. 1948 veröffentlichte er, abgesehen von der 1947 erschienenen Novelle „Begegnung im Nebel", seinen ersten Roman, „Mich wundert, daß ich so fröhlich bin", doch erst mit „Es muß nicht immer Kaviar sein" gelang ihm 1960 sein erster großer Erfolg. S. ist seit 1963 als freier Schriftsteller tätig und zählt zu den erfolgreichsten Romanautoren des deutschsprachigen Raums. Seine Bücher wurden vielfach übersetzt und verfilmt und erreichten bisher eine Auflage von über 50 Mio. Exemplaren. Außer den genannten Romanen seien noch genannt: „Ich gestehe alles" (1953), „Die Affäre der Nina B." (1958), „Bis zur bitteren Neige" (1962), „Liebe ist nur ein Wort" (1962), „Alle Menschen werden Brüder" (1967), „Und Jimmy ging zum Regenbogen" (1970), „Der Stoff, aus dem die Träume sind" (1971), „Die Antwort kennt nur der Wind" (1973), „Niemand ist eine Insel" (1975), „Die im Dunkeln sieht man nicht" (1985), „Bitte laß die Blumen leben" (1986), „Doch den Clowns kamen die Tränen" (1987); erwähnenswert sind sein Drama „Der Schulfreund" (1960) und seine beiden Kinderbücher „Ein Autobus, groß wie die Welt" (1950) und „Meine Mutter darf es nie erfahren" (1951).

SIMON, Hugo, * 3. 8. 1942 in Krummwasser (heute ČSSR), Springreiter. Der geborene Deutsche wechselte vor den Olympischen Spielen 1972 ins rotweißrote Lager, da er sonst keine Startmöglichkeit sah. Seither zählt S. fast jedes Jahr zu den „Top Five", hat mit seinem Können dem heimischen Springsport enorme Impulse gegeben und diesen zu großen Höhen geführt. Herausragend unter seinen zahlreichen Erfolgen: Olympia-Vierter 1972, WM-Dritter 1974, EM-Dritter und Weltcup-Sieger 1979, 1981 und 1982 Weltcup-Dritter, 1983 Weltcup-Zweiter.

SIMONY, Friedrich, * 30. 11. 1813 in Hrochowteinitz (Böhmen), † 20. 7. 1896 in St. Gallen (St), Geograph und Alpenforscher. Studierte in Wien, erschloß das Dachsteingebiet und die Ostalpen und erstieg 1847 als erster den Dachsteingipfel im Winter. 1851–85 war S. Univ.-Prof. in Wien, wo er die Lehrkanzel für Geographie begründete. Er war mit Adalbert Stifter (s. d.) befreundet, dem S. als Vorbild für die Figur des Naturforschers Heinrich Drendorf in dessen Roman „Nachsommer" diente. Neben zahlreichen kleineren Arbeiten veröffentlichte er „Das Dachsteingebiet", 2 Bde. (1895). Die S.-Hütte am Dachstein in 2206 m Höhe und der S.-Gletscher im Franz-Josefs-Land sind nach ihm benannt.

SINA, Georg Simon, Freiherr von Hodos und Kisdia (seit 1832), * 20. 11. 1782 in Mazedonien (oder Bosnien ?), † 18. 5. 1856 in Wien, Bankier. Als Sohn des 1818 in den ungarischen Adelsstand erhobenen Ex- und Importeurs Simon S. geboren, widmete er sich vornehmlich dem Bankgeschäft und beteiligte sich ab 1830 neben Salomon Rothschild (s. d.) an allen Staatsanleihen. Durch seinen umfangreichen Herrschaftsbesitz in NÖ, Böhmen, Mähren und Ungarn galt er nach Rothschild als einer der reichsten Männer Ö.s. Beteiligt an mehreren wirtschaftlichen und finanziellen Unternehmungen, war Gouverneur-Stellvertreter der Oesterreichischen Nationalbank, Präsident der Staatseisenbahngesellschaft und Deputierter des Großhandlungsgremiums. 1839 erhielt er die Konzession für den Bau der Wien-Raaber Eisenbahn und war danach am Ausbau des ungarischen Eisenbahnnetzes beteiligt.

Granichstaedten-Cerva, R., Mentschl, J., und Otruba, G.: Altö. Unternehmer (1969)

SINA, Simon Georg, Freiherr von Hodos und Kisdia (seit 1832), * 15. 8. 1810 in Wien, † 15. 4. 1876 in Wien, Bankier. Sohn von Georg Simon S. (s. d.). Gründete eine Bank, führte die von seinem Vater begonnene Finanzpolitik weiter und vermehrte das bereits beträchtliche Vermögen seiner Familie. 1858 ließ er, als königlich griechischer Gesandter, durch Theophil Hansen (s. d.) am Wiener Fleischmarkt die Kirche der nichtunierten Griechen unter Benützung der alten Anlage im byzantinischen Stil neu bauen. 1864 finanzierte er den Rücktransport der ö. Truppen aus dem Deutsch-Dänischen Krieg. Ab 1874 war er Mitglied des Herrenhauses. Als Förderer der Wissenschaften und der Kunst war S. auch Mitglied des dirigierenden Senats der Ungarischen Akademie der Wissenschaften und der Akademie der bildenden Künste in Wien. S. gelang es, in seinen letzten Lebensjahren durch bedeutende Importe von Baumwolle aus der Türkei sein Vermögen zu vergrößern.

Granichstaedten-Cerva, R., Mentschl, J., und Otruba, G.: Altö. Unternehmer (1969)

Das von Theophil Hansen umgestaltete Palais Sina am Hohen Markt in Wien

SINDELAR, Matthias („Motzl"), * 10. 2. 1903 in Kozlau bei Iglau (Mähren), † 23. 1. 1939 in Wien, Fußballer. Der wohl bekannteste und genialste Fußballer, den Österreich je hervorgebracht hat. Eine sportliche Jahrhunderterscheinung – noch heute, rund 50 Jahre nach seinem Tod, ist sein Name jedem Fan geläufig. S. war wesentlich an der Umformung des heimischen Fußballstils – von der ungarisch-schottischen Spielweise hin zur sogenannten „Wiener Schule" – beteiligt. Der Austria-Mittelstürmer kam zu insgesamt 43 Teameinsätzen, in denen er 27 Treffer erzielte. S. widersprach allen gängigen Kicker-Klischees: Obwohl er ein begnadeter Techniker war, scheute er keinen Zweikampf; obwohl ihm ein gelungener Trick über alles ging, galt er als gefürchteter Torjäger. Die Umstände seines mysteriösen Todes (Selbstmord? – seine Lebensgefährtin war Jüdin) sind bis heute ungeklärt. Kein Geringerer als Friedrich Torberg (s. d.) („S. hatte kein System, geschweige denn eine Schablone. Er hatte – man wird diesen Eindruck gestatten müssen – Genie.") widmete dem toten S. ein Gedicht. Die erfolgreichste Zeit hatte S. als Mittelstürmer des legendären „Wunderteams". Dieser Ehrentitel gilt jener österreichischen Fußballnationalmannschaft unter Verbandskapitän Dr. Hugo Meisl (s. d.), dem die Wiener Sportjournalisten 1931 im Ring-Café das sogenannte „Schmieranski-Team" abrangen, das in der Folge einen einmaligen Siegeszug startete und bis heute die ruhmreichste Zeit des heimischen Fußballs verkörpert. Schottland wurde 5:0 besiegt, eine Woche später kam Deutschland in Berlin mit 6:0 unter die Räder und hatte auch im Wiener Retourspiel mit 5:0 keine Chance. Die Schweiz wurde in Basel mit 8:1 deklassiert, Frankreich in Paris 5:1. Herausragend noch das 8:2 über Ungarn, dem das bereits sagenumwobene 3:4 gegen Fußball-Lehrmeister England in Stamford Bridge (London) folgte, das in Festland-Europa wie ein Sieg gefeiert wurde. Ein 6:1 über Belgien und ein 4:0 über Frankreich waren die letzten Stationen dieser einzigartigen Serie. In 17 Länderspielen gab es nur eine Niederlage (auswärts gegen England) und zwei Unentschieden. Leider fiel dieser Siegeszug in einen Zeitraum, in dem keine Fußball-Weltmeisterschaft stattfand. Als 1934 in Italien die WM über die Bühne ging, waren die Glanzzeiten des Wunderteams bereits vorbei: Österreich belegte nur den vierten Platz. Paradestück des Wunderteams war die Angriffsreihe, die mit Zischek, Gschweidl, Sindelar, Schall und Vogl eine wahre Torfabrik darstellte. Im Tor standen Hiden (s. d.) bzw. Platzer, in Verteidigung und Läuferreihe spielten Schramseis, Blum, Sesta (s. d.), Braun, Smistik, Gall, Rainer und Nausch (s. d.).

MATTHIAS SINDELAR

Der „Papierene"

Das Wunderteam. (Matthias Sindelar hintere Reihe dritter von rechts.) Gemälde

Er spielte Fußball wie kein Zweiter,
Er stak voll Witz und Phantasie.
Er spielte lässig, leicht und heiter.
Er spielte stets, er kämpfte nie.
Bis eines Tags ein andrer Gegner
ihm jählings in die Quere trat,
ein fremd und furchtbar überlegener,
von dem's nicht Regel gab noch Rat.
Er war gewohnt zu kombinieren
und kombinierte jeden Tag.
Sein Überblick ließ ihn erspüren,
daß seine Chance im Gashahn lag.

Friedrich Torberg

SINELLI, Emmerich (Taufname Johann Anton), * 29. 6. 1622 in Komorn (Ungarn), † 25. 2. 1685 in Wien, Bischof. Studierte in Linz und Ingolstadt Theologie und trat 1644 in den Kapuzinerorden ein. Zunächst als Seelsorger tätig, wurde zur Missionierung der Protestanten in das nördliche NÖ geschickt. Siebenjährige Predigertätigkeit in Prag, dann 22 Jahre in der Wiener Schottenkirche, wo er auch Guardian des Kapuzinerkonvents wurde. Kaiser Leopold I. (s. d.) wollte ihn zum Nachfolger des verstorbenen Bischofs von Wien bestellen, doch weigerte sich der regeltreue Bettelmönch, das hohe Amt anzunehmen. Erst nachdem ihm Papst Innozenz XI. den ausdrücklichen Befehl dazu gab, beugte er sich und wurde am 11. 5. 1681 zum Bischof geweiht. Trotz eines schweren Gichtleidens erfüllte er die Bischofspflichten, wurde 1682 vom Kaiser zum Geheimen Rat und zum Ersten Minister ernannt, weshalb die Ministerkonferenzen im Bischöflichen Palais abgehalten wurden. In der schweren Zeit der Zweiten Türkenbelagerung übte er, unterstützt vom Wiener Neustädter Bischof Leopold Graf Kollonitsch (s. d.), tatkräftig sein Amt aus.

Loidl, F.: Geschichte des Erzbistums Wien (1983); ders. und Krexner, M: Wiens Bischöfe und Erzbischöfe (1983)

Emmerich Sinelli als Bischof um 1684

S

SINGER, Kassian, † 16. 1. 1759 in Kitzbühel (T), Baumeister und Stukkateur. Sein Vater Jakob S. baute vorwiegend Kirchen mit Flachkuppeln und lehnte sich an den Stil von Franz Penz (s. d.) an, darunter: Bau und Stuck der Pfarrkirchen von Kirchbichl, Ellmau, Leogang, Jochberg, Oberndorf und Fiecht (meist in Zusammenarbeit mit seinem Bruder Hans S.). S. schuf die Sebastiankirche in Salzburg (1749–53), die Lorettokapelle in St. Jakob am Thurn (1752), die Pfarrkirchen in Haus (1751), in Scheffau (1755), in Walchen (1755), in Waidring (1757), in Hopfgarten (1758) und in Strobl (1759).

SINGER, Peter, * 18. 7. 1810 in Häselgehr (T), † 25. 1. 1882 in Salzburg, Franziskanerpater und Kirchenkomponist. Trat in den Franziskanerorden ein und wurde 1835 zum Priester geweiht. Er lebte haupsächlich im Franziskanerkloster in Salzburg, wo er mehrere kirchenmusikalische Werke schuf. 1845 erfand er das „Pansymphonikon", ein mechanisches Harmoniumklavier mit 2 Pedalen und 42 Registern, die ein polyphones Spiel ermöglichten. Das Original befindet sich im P.-S.-Museum im Salzburger Franziskanerkloster.

SINGRIENER, Hans d. Ä., * um 1480 in Ötting (Bayern), † Ende 1545 in Wien, Buchdrucker. Er ist ab 1510 in Wien nachweisbar, wo er gemeinsam mit Hieronymus Vietor bis 1514 als Drucker und Verleger arbeitete. Aus dieser Zusammenarbeit sind etwa 80 Druckwerke bekannt. Ab 1514 arbeitete S. allein und stellte in seiner Offizin bis zu seinem Tod über 400 Druckwerke her, die wegen ihrer Typenvielfalt und sorgfältigen Ausführung weit über Wien hinaus bekannt wurden. 1518 druckte er erstmals mit griechischen Buchstaben, und 1540 erhielt er das Monopol für den Druck landesfürstlicher Verordnungen und Mandate.

Mayer, A.: Wiens Buchdrucker-Geschichte 1482–1882 (1883)

SINOWATZ, Fred, * 5. 2. 1929 in Neufeld an der Leitha (B), SPÖ-Politiker. Sein Vater war Maschinenschlosser. Ab 1948 studierte S. Geschichte, Germanistik und Zeitungswissenschaft an der Universität Wien und promovierte 1953. Seit 1948 Mitglied der SPÖ, trat nach seinem Studium in den Dienst der burgenländischen Landesregierung. 1956 im Landesarchiv tätig, wurde 1957 in seiner Heimatgemeinde in den Gemeinderat gewählt (bis 1969). 1961 Landtagsabgeordneter, 1962 Landesparteisekretär, 1966 Landesrat für Kultur. 1971–83 Bundesminister für Unterricht und Kunst, ab 1981 auch Vizekanzler und Stellvertretender Vorsitzender der SPÖ. Als Nachfolger von Bruno Kreisky (s. d.) wurde er 1983 Bundeskanzler und ging mit der FPÖ eine Koalitionsregierung ein. Ab Oktober 1983 auch Vorsitzender der SPÖ. Trat 1986 nach der Niederlage des SPÖ-Kandidaten Kurt Steyrer bei der Bundespräsidentenwahl zurück und designierte den Finanzminister Franz Vranitzky (s. d.) zum Bundeskanzler.

Weissensteiner, F., und Weinzierl, E. (Hrsg.): Die ö. Bundeskanzler (1983)

SINZENDORF, Philipp Ludwig Graf, * 26. 12. 1671 in Wien, † 8. 2. 1742, Diplomat. Als Sohn des Hofkammerpräsidenten Georg Ludwig Graf S. geboren, wurde er schon 1695 Reichshofrat und 1699 außerordentlicher Gesandter am französischen Hof. Die Gunst Kaiser Josephs I. (s. d.) erwarb sich S., als er diesen auf dem Feldzug gegen die Festung Landau begleitete (1702). Kaiser Karl VI. (s. d.) ernannte ihn 1714 zum ö. Hofkanzler. S. trat mehrmals für die Fortführung des Spanischen Erbfolgekriegs ein und agierte auch im Rahmen der Verhandlungen nach dem Polnischen Thronfolgekrieg als Diplomat nicht eben glücklich. 1740 scheiterte er mit seiner Kabinettspolitik zur Gänze.

SIOLY, Johann, * 26. 3. 1843 in Wien, † 8. 4. 1911 in Wien, Kapellmeister und Komponist. Studierte am Konservatorium der Gesellschaft der Musikfreunde in Wien und war vorübergehend Orchestermusiker. 1861 Pianist in einer Volkssängergesellschaft, für die er eine Vielzahl von Liedern vertonte. Schließlich wurde er Hauskomponist bei Edmund Guschelbauer (s. d.). Mit seinen rund 1 000 Liedern brachte er es zu keinen wirtschaftlichen Erfolgen und starb in bitterer Armut. Noch heute gesungen werden u. a.: „Weil i a alter Drahrer bin", „Das hat ka Goethe g'schrieb'n", „Heut' hab' i scho mei' Fahnl", „Die Mondscheinbrüder", „Der erste Schnee", „Die Deutschmeister sind da!".

SIR GALAHAD, s. Eckstein, Bertha Helene

SITTE, Camillo, * 17. 4. 1843 in Wien, † 16. 11. 1903 in Wien, Architekt und Stadtplaner. War der Sohn des Architekten Franz S. (* 8. 7. 1818, † 26. 6. 1879), studierte am Polytechnischen Institut in Wien bei Heinrich Ferstel (s. d.) und an der Akademie der bildenden Künste. Zusätzlich hörte er an der Universität Wien Vorlesungen über Kunstgeschichte, Archäologie und Medizin. 1871–73 leitete er den Neubau der Mechitaristenkirche. 1875–83 Direktor der von ihm gegründeten Staatsgewerbeschule in Salzburg, anschließend der gleichfalls von ihm gegründeten Staatsgewerbeschule in der Schellinggasse (Wien 1). S. beschäftigte sich intensiv mit Fragen des Städtebaus und veröffentlichte 1889 sein später berühmt gewordenes Werk „Der Städtebau nach seinen künstlerischen Grundsätzen", wodurch er mit seinen Ideen zu einem der Begründer des modernen Städtebaus wurde, wenngleich er damit zu seiner Zeit noch auf Unverständnis stieß. Man plante damals am Reißbrett unter maximaler Ausnutzung des Baulands und ohne Rücksicht auf topographische Gegebenheiten und hygienische bzw. verkehrstechnische Erfordernisse. S. hingegen forderte eine „Vereinigung aller technischen und bildenden Künste zu einem geschlossenen Ganzen". Von ihm stammt auch ein Bebauungsplan der Stadt Olmütz. S. wurde als Führer der romantisch-ästhetischen Richtung im Städtebau bezeichnet und fand erst in unserer Zeit die entsprechende Anerkennung. Mit Th. Goecke in Berlin gründete er die führende deutschsprachige Fachzeitschrift „Der Städtebau", die 1904–29 erschien.

Sitte, S.: C. S., eine Biographie (1929); Wagner-Rieger, R.: Wiens Architektur im 19. Jh. (1970)

CAMILLO SITTE

Ein Zwischenraum, um durchzuschaun

„Beim modernen Stadtbau kehrt sich das Verhältniss zwischen Verbauer und leerer Grundfläche gerade um. Früher war der leere Raum (Straßen und Plätze) ein geschlossenes Ganzes, von auf Wirkung berechneter Form; heute werden die Bauparcellen als regelmässig geschlossene Figuren ausgetheilt, was dazwischen übrig bleibt, ist Strasse oder Platz."

C. Sitte, Der Städtebau nach seinen künstlerischen Grundsätzen (1889)

SITTE, Siegfried, * 29. 4. 1876 in Salzburg, † 16. 4. 1945 in Unken (S), Architekt, Stadtplaner und Bodenreformer. Sohn von Camillo S. (s. d.), studierte in Wien und wandte sich, wohl nach dem Vorbild des Vaters, dem Städtebau und der Stadtplanung zu. S. vertrat eine zeitgemäße Bodenreform durch eine Bodenwertsteuer und forderte die Anpassung der Wohnungswirtschaft an die differenzierteren Wohnungsbedürfnisse der Zeit. Zusätzlich versuchte er, den Grundsätzen der modernen Stadtplanung durch die Ausarbeitung neuer Bauordnungen und Baugesetze eine rechtliche Basis zu geben. S. verfaßte mehrere Bebauungspläne, von denen der für Zell am See (1925) besondere Beachtung verdient. Er veröffentlichte u. a.: „Hauszinssteuer oder Bodenwertsteuer?" (1921), „Wirtschaftsbild und praktische Bodenreform" (1924), „Mieterschutz. Vorschlag für eine grundsätzliche Lösung" (1925), „Städtebau und Bauordnung" (1926).

SITTER, Karl, * 29. 1. 1825 in Wien, † 21. 5. 1884 in Wien, Beamter und Journalist. Studierte zunächst Medizin, trat aber bald in den Staatsdienst. 1848 gab er für kurze Zeit das Witzblatt „Schwefeläther" heraus und arbeitete in den frühen fünfziger Jahren für den „Wiener Punsch". Ab 1857 war er Redakteur des Witzblatts „Figaro", für das er höchst originelle Theaterkritiken schrieb. S. verfaßte auch einige Theaterstücke.

Schwub, E.: K. S., Diss. Wien (1950)

SKALNIK, Kurt, * 20. 2. 1925 in Wien, Journalist und Ministerialbeamter. War als Mittelschüler im „Studentenfreikorps", einer Vorfom der späteren Widerstandsbewegung, tätig. Nach dem Kriegsdienst studierte er an der Universität Wien Geschichte, Germanistik und Zeitungswissenschaft und promovierte 1948. Während seiner Studienzeit war S. stellvertretender Vorsitzender der Ö. Hochschülerschaft, Redakteur der Wochenschrift „Akademische Rundschau" und der Monatsschrift „Morgen"; 1949 trat er in die Redaktion der Wochenschrift „Die Furche" ein, deren Chefredakteur er 1957–67 war. 1969 wurde S. mit der Leitung der Presse- und Informationsstelle der Präsidentschaftskanzlei betraut; ist seit 1983 Sektionschef. 1974 wurde er einstimmig zum Präsidenten des Presseclubs Concordia gewählt. Veröffentlichungen u. a.: „Dr. Karl Lueger, der Mann zwischen den Zeiten" (1954) und, gemeinsam mit Erika Weinzierl, „Ö. Die zweite Republik" und „Ö. 1918–1938" (1983).

SKODA, Albin, * 29. 9. 1909 in Wien, † 22. 9. 1961 in Wien, Kammerschauspieler. War ein Schüler von R. Beer (s. d.) und profilierte sich bald als jugendlicher Held und Charakterdarsteller. Ab 1946 wurde er an das Wiener Burgtheater engagiert und wurde einer der wichtigsten Protagonisten. Er brillierte u. a. als Marc Anton, Mephisto, Richard II., aber auch als Cyrano von Bergerac. S. war ein exzellenter Sprecher und verfügte über eine sehr charakteristische metallische Stimme. Neben seiner Bühnentätigkeit war er auch in Filmen und im Rundfunk beschäftigt.

Albin Skoda

Fontana, O. M.: A. S. (1962)

ŠKODA, Joseph, * 10. 12. 1805 in Pilsen (Böhmen), † 13. 6. 1881 in Wien, Internist. Sohn eines Schlossers, lebte ab 1825 in Wien und studierte hier Medizin. 1831 promovierte er und kam nach kurzer Tätigkeit als Cholerabezirksarzt in Böhmen 1833 nach Wien zurück und wurde Sekundararzt am Allgemeinen Krankenhaus. 1839 publizierte er „Abhandlung über Percussion und Auscultation", und 1840 gelang ihm gemeinsam mit Franz Schuh (s. d.) die Punktion des Herzbeutels. 1841 Primararzt, 1846–71 Univ.-Prof. Auf therapeutischemn Gebiet war S. der erste moderne Kliniker und entwickelte die Perkussions- und Auskultationsmethode weiter; durch Vergleiche mit dem pathologisch-anatomischen Befund schuf er so die Grundlage der modernen Diagnostik. Besonders nachhaltig setzte er sich für das städtische Gesundheitswesen ein und machte nachdrücklich auf den gesundheitsschädigenden Staub und die zweckwidrig angewandten Desinfektionsverfahren in Wien aufmerksam. Setzte sich zur Typhusbekämpfung für den Bau einer Wiener Hochquellenwasserleitung ein. Mit Karl Freiherr von Rokitansky (s. d.) eng zusammenarbeitend, war er einer der wenigen, der für die Lehren des Ignaz Semmelweis (s. d.) nachhaltig eintrat. Aus gesundheitlichen Gründen trat er 1871 als Univ.-Prof. zurück und stiftete noch zu Lebzeiten sein nicht geringes Vermögen der Armenfürsorge sowie wohltätigen Institutionen in Wien. Š. war der Onkel von Emil von Š. (1839–1900), dem Leiter der 1866 gegründeten „Škodawerke".

Sternberg, M.: J. S. (1924); Knoll, F. (Hrsg.): Ö. Naturforscher, Ärzte und Techniker (1957); Schönbauer, L.: Das medizinische Wien (1947)

SKRAUP, Karl, * 31. 7. 1898 in Atzgersdorf bei Wien, † 2. 10. 1958 in München, Volksschauspieler. Er begann an der Universität Wien Jus zu studieren und nahm nebenher Schauspielunterricht, wurde Bühneninspizient und erst nach längerer Gastspielzeit in Basel, Straßburg und Brünn 1935 als Schauspieler an das Deutsche Volkstheater in Wien geholt, dessen Mitglied er bis zu seinem Tod blieb. Durch die exzellente Darstellung von Raimund- und Nestroy-Rollen wurde er zu einem beliebten Volksschauspieler, war aber auch als Charakterdarsteller, etwa als Pastor Manders in Ibsens „Gespenstern" erfolgreich. S. war auch in zahlreichen Filmen beschäftigt.

RUDOLF CARL SLATIN PASCHA

Gefangener des Mahdi

„Von den drei Exgouverneuren von Dar-Fur, Bahr-el-Ghazal und Äquatoria war Emin Pascha verschwunden und Lupton Bey gestorben; der dritte, Slatin Pascha, wurde vom Mahdi gefangengehalten. Von Geburt Österreicher und Katholik, hatte Slatin noch während seines letzten verzweifelten Widerstandes zu dem Hilfsmittel gegriffen, seine Bekehrung zum Islam öffentlich zu verkünden, um so das Vertrauen seiner eingeborenen Truppen zu gewinnen. Bei seiner Gefangennahme verschaffte ihm seine Bekehrung gewisse Erleichterungen, und wenn er auch hie und da unter den Launen seiner Gebieter zu leiden hatte, so war er doch bis dato der furchtbaren Strafe entgangen, die einige andere europäische Gefangene des Mahdi betroffen hatte – der Strafe schwerer Kerkerhaft im Gemeindezuchthaus. Er wurde gegenwärtig in einem der Lager in der Nähe von Khartum gefangengehalten. Es gelang ihm, einen Brief an Gordon durchzuschmuggeln, in dem er um Beistand bat für den Fall, daß es ihm gelingen sollte, zu entweichen. Diesen Brief beantwortete Gordon nicht. Slatin schrieb wieder und wieder; seine kläglichen Hilferufe, in nicht minder kläglichem Französisch abgefaßt, ließen das Herz des Generalgouverneurs ungerührt . . . Der unglückliche Slatin begriff sehr wohl die Ursache von Gordons Schweigen. Es half ihm nichts, daß er die Gründe zu seinem Glaubenswechsel darlegte und darauf hinwies, daß ihm dieser Schritt nur deswegen leichter geworden sei, weil er ‚vielleicht unseligerweise daheim keine strenge religiöse Erziehung genossen' habe. Gordon war unerbittlich. Slatin hatte ‚seinen Herrn verleugnet', und das genügte. Seine Verbindung mit Khartum wurde entdeckt, und er wurde in Ketten gelegt. Als Gordon davon hörte, notierte er die Tatsache grimmig in sein Tagebuch, ohne ein weiteres Wort . . ."

Giles Lytton Strachey, Geist und Abenteuer (1932)

SKRAUP, Zdenko Hanns von, * 3. 3. 1850 in Prag, † 10. 9. 1910 in Wien, Chemiker. Studierte in Prag und in Wien und wurde 1881 Prof. an der Wiener Handelsakademie. 1886 Prof. an der Technischen Hochschule in Graz, war er dort 1887–1906 Univ.-Prof. und ab 1906 in Wien ebenfalls als Universitätslehrer tätig. Er beschäftigte sich in erster Linie mit der Chemie der Pflanzenstoffe, wobei er sein Augenmerk auf die China-Alkaloide richtete. 1880 gelang ihm die synthetische Herstellung der Stickstoffverbindung Chinolin. 1886 erhielt S. den Lieben-Preis.

SLANAR, Hans, * 4. 8. 1890 in Wien, † 9. 8. 1955 in Wien, Lehrer und Geograph. Nach Studienende wurde er Gymnasialprof., später Schuldirektor. S. arbeitete an der Schulreform Otto Glöckels (s. d.) mit und verfaßte geographische Schulbücher, die Jahrzehnte hindurch verwendet wurden. 1945/46 war S. Leiter der Landesaufnahme und ab 1945 Dozent am Pädagogischen Institut und an der Universität Wien. Von seinen Schulbüchern sind zu nennen: „Wiener Atlas" (1928), „Atlas für Hauptschulen, Mittelschulen und verwandte Lehranstalten" (1928), „Arbeits- und Lehrbuch der Erdkunde", 7 Bde. (1929–37), „Ö. Vaterlandskunde" (1937), „Erdkunde", 4 Bde. (1947–49) und „Ö. Mittelschulatlas" (Neuausgabe des „Kozenn", 1951).

SLATIN, Rudolf Carl Freiherr von (genannt Slatin Pascha),

Rudolf von Slatin

* 7. 6. 1857 in Wien, † 4. 10. 1932 in Wien, Berufsoffizier. Mit 17 Jahren brach S. den Besuch der Handelsakademie in Wien ab und nahm eine angebotene Stelle in einer Kairoer Buchhandlung an. 1874/75 verbrachte er in Ägypten, leistete dann ab 1876 seine Wehrdienstpflicht in Ö. ab und wurde 1877 zum Leutnant befördert. 1878 nahm er am Okkupationsfeldzug in Bosnien teil; im Sommer dieses Jahres berief ihn der englische Generalgouverneur des ägyptischen Sudan, General Gordon, in seinen Stab. 1880 war S. General und englischer Militärgouverneur der Provinz Dar-Fur im ägyptischen Sudan. Er wurde zum besten europäischen Kenner des Landes und geriet während des Mahdi-Aufstandes 1883 nach heldenmütigem Kampf in die Gefangenschaft der Rebellen, aus der er sich erst 1895 durch eine höchst abenteuerliche Flucht befreien konnte. Hochdekoriert und geehrt, wurde S., dank seiner Schutzherrin Königin Viktoria von England, geadelt, zweimal zum Ritter geschlagen und ö. Freiherr; er durfte sich nun Generalleutnant Sir Rudolf Freiherr von Slatin Pascha nennen. 1910–14 war S. englischer Generalinspektor im Sudan und im Ersten Weltkrieg als Leutnant der k. u. k. Armee Leiter der Kriegsgefangenenhilfe des ö. Roten Kreuzes. In dieser Eigenschaft nahm er auch an den Verhandlungen zum Friedensvertrag von Saint-Germain teil. In den nächsten Jahren um die Anerkennung seiner Dienste für England bemüht, wurde ihm in seinem Todesjahr die Ehre zuteil, vom englischen König zum Diner empfangen zu werden. Anläßlich seines 75. Geburtstags ernannte ihn die Stadt Wien zu ihrem Ehrenbürger. 1896 erschien „Feuer und Schwert im Sudan", 2 Bde. (13 Aufl. 1922).

Brook-Shepherd, Gordon: S. P. (1972)

SLATKONIA, Georg von, * 21. 3. 1456 (?) in Laibach (Krain), † 26. 4. 1522 in Wien, Bischof, Humanist. Er studierte in Wien und bewarb sich nach der Priesterweihe auf Grund seines großen Interesses an der Musik um die Stelle eines Kantors an der Hofkapelle in Wien. Als König (später Kaiser) Maximilian I. (s. d.) 1498 die Hofmusikkapelle neu organisierte,

Grabmal des Georg von Slatkonia im Wiener Stephansdom

ernannte er S. zum „Singmeister" und 1501 zum obersten Kantor und Kapellmeister. S. machte aus der Hofkapelle in kurzer Zeit ein musikalisches Zentrum der Hauptstadt, nahm auch Nichtkleriker auf und erweiterte das Repertoire über die reine Kirchenmusik hinaus. Schließlich wurde er Domherr und Propst in Laibach, danach Bischof des kleinen Bistums Pedena (Piben) in Istrien. 1513 holte ihn der Kaiser nach Wien und erhob ihn zum ersten Residentialbischof von Wien. Seine musikalischen Dienste bei Hof versah S. weiter, war 1514–19 Rat des nö. Regiments und 1515 kaiserlicher Rat. Der Kirchenmusik widmete er sich ganz besonders und ließ 1517, zur Ergänzung der 1505 errichteten großen Orgel, im linken Seitenschiff des Stephansdoms eine kleine Orgel errichten. 1515 zelebrierte er anläßlich der berühmten habsburgischen Doppelhochzeit das Hochamt. S. war mehr Künstler als Seelsorger, nahm den immer stärker werdenden Protestantismus nicht ernst, weshalb er den ehemaligen Domprediger von Salzburg, Paul Speratus, im Herbst 1521 von der Kanzel des Stephansdoms predigen ließ.

Loidl, F.: Geschichte des Erzbistums Wien (1983); ders. und Krexner, M: Wiens Bischöfe und Erzbischöfe (1983)

SLAVIK, Felix, * 3. 5. 1912 in Wien, † 6. 10. 1980 in Wien, SPÖ-Politiker. 1935/36 und 1939–43 in politischer Haft, 1945 Stadtrat im Provisorischen Wiener Stadtsenat, 1946 Mitglied des Bundesrats, seit 1949 Abgeordneter zum Nationalrat, 1957 Wiener Stadtrat für Finanzen, 1959 Vizebürgermeister, 1970–73 Bürgermeister von Wien. 1977 Ehrenbürger der Stadt Wien.

SLEZAK, Leo, * 18. 8. 1873 in Mährisch-Schönberg, † 1. 6. 1946 in Rottach-Egern am Tegernsee (Bayern), Kammersänger, Tenor, Filmschauspieler. Da seine Eltern verarmten, wurde er zuerst Gärtner-, dann Schlosserlehrling. Nebenbei als Statist am Brünner Stadttheater tätig. Dort entdeckte der Heldentenor Adolf Robinson sein Talent und kümmerte sich um seine Ausbildung. 1895 debütierte S. als Lohengrin in Brünn und hatte einen beachtlichen Erfolg. 1898/99 an der Königlichen Oper in Berlin, 1899–1901 in Breslau. 1901 verpflichtete ihn Gustav Mahler an die Wiener Hofoper, nachdem er hier als Gast am 23. 1. den Arnold in „Wilhelm Tell" gesungen hatte. Am 15. 9. 1901 debütierte er bereits als Mitglied der Hofoper in der Rolle des Faust in „Margarethe". Er war 1901–12 und 1917–34 Mitglied der Wiener Hof- bzw. Staatsoper, seit 1905 Kammersänger, ab 1926 ihr Ehrenmitglied. 1909–12 feierte er überragende Erfolge als Gast an der Metropolitan Opera New York sowie auch an anderen großen Opernhäusern Europas und auf Konzerttourneen. S. beherrschte rund 60 Rollen, worunter die der Wagner- und Verdi-Opern zu seinen Glanzpartien zählten. Auch als Liedinterpret fand er große Anerkennung. 1932 ging S. zum Film und wurde, in Erfüllung seines Jugendtraums, Komiker. Als Partner von Paul Hörbiger (s. d.) und Hans Moser (s. d.) hatte er auch hier große Erfolge zu verzeichnen. Mehrere Auflagen erreichten seine Erinnerungsbücher „Meine gesammelten Werke" (1921), „Der Wortbruch" (1928) und „Der Rückfall" (1940); posthum erschien 1948 „Mein Lebensmärchen". Sein Sohn Walter S. (geb 1902) ging 1930 an den Broadway, 1942 nach Hollywood, wo er Erfolge als Filmschauspieler feierte. 1968 zog er sich von Bühne und Film zurück und starb am 21. 4. 1983 in Flower Hill durch Selbstmord.

Klinenberger, S.: L. S. (1910); Slezak, W.: Wann geht der nächste Schwan? (1964, in New York in englischer Sprache 1962)

LEO SLEZAK

„Wann geht der nächste Schwan?"

Der Gralsritter Lohengrin steht auf der Opernbühne und nimmt von seiner Elsa Abschied, nachdem diese die verhängnisvolle Frage nach seiner Herkunft an ihn gestellt hat. Schon nähert sich auf dem Fluß der von einem Schwan gezogene Nachen, der den Ritter wieder in die Gralsburg entführen soll. Lohengrin schreitet gravitätisch darauf zu, doch plötzlich bewegt sich das Gefährt und entschwindet stückwidrig in der Bühnengasse. Lohengrin-Slezak steht da und blickt verblüfft in die Flut. Danach fragt er die neben ihm stehenden Mannen: „Wann geht der nächste Schwan?"

Glaubt mir, daß ich keinen
Schmäh sag:
Der beste Sänger ist der Slezak.
Karl Farkas als Blitzdichter in den zwanziger Jahren

SMEKAL, Adolf Gustav, * 12. 9. 1895 in Wien, † 7. 3. 1959 in Graz, Physiker. Studierte in Wien und wurde hier 1927 Univ.-Prof., ab 1949 lehrte er in Graz. Auf Grund theoretischer Überlegungen sagte er bereits

1923 den von C. von Raman 1928 entdeckten sogenannten Smekal-Raman-Effekt voraus. S. arbeitete sehr erfolgreich auf den Gebieten der Röntgenspektroskopie, der Kristallphysik und der Quantentheorie. Er veröffentlichte u. a.: „Allgemeine Grundlagen der Quantenstatistik und Quantentheorie" (1926) und „Über Grenzflächenphysik" (1950).

SMOLKA, Franz, * 5. 11. 1810 in Kalusz (Galizien), † 4. 12. 1899 in Lemberg (Galizien), Jurist und Politiker. Studierte in Lemberg Jus und war hier ab 1840 Rechtsanwalt. Wegen seiner politischen Aktivitäten im Geheimbund „Jung-Polen" wurde er nach einer vierjährigen gerichtlichen Untersuchung zum Tode veruteilt, jedoch begnadigt. Im März 1848 stand er in Galizien an der Spitze der polnischen Bewegung, war 1848/49 Reichstagsabgeordneter und führte ab 12. 10. 1848 den Vorsitz im Wiener und dann bis 6. 3. 1849 im Kremsierer Reichstag. Danach arbeitete er in seinem Beruf, wurde aber 1861–63, 1867–77 und 1879–93 in den Reichsrat gewählt, wo er stets gegen den Zentralismus auftrat und zum Führer der polnischen Fraktion wurde. 1879 wurde er zum Ersten Vizepräsidenten und am 14. 3. 1881 zum Präsidenten des Abgeordnetenhauses gewählt. 1882 zum Geheimrat ernannt, legte er am 17. 3. 1893 aus Altersgründen das Präsidium und sein Abgeordnetenmandat nieder. Anschließend wurde er in das Herrenhaus berufen.

Widmann, J.: F. S. (1887)

SOLARI, Santino (auch Santin Solario), * 1576 in Verna bei Lugano (Schweiz), † 10. 4. 1646 in Salzburg, Baumeister und Bildhauer. Seit 1612 Hof- und Dombaumeister in Salzburg, arbeitete hier an den Befestigungsanlagen, errichtete 1613–19 das Schloß Hellbrunn und leitete nach Abänderungen 1614–28 den Bau des Salzburger Doms. S. verpflanzte das norditalienische Barock in den ö. Raum und errichtete weitere Kirchenbauten im Land Salzburg: die Pfarrkirche (Portal und drei Kapellen) Dürnberg (1616), die Franziskanerkirche in Wagrain (1616), die Kirche in Obertauern (1617) und die Pfarrkirche in Taxenbach (1640). Das Palais Lodron in Salzburg wurde ebenfalls nach seinen Entwürfen errichtet.

SÖLCH, Johann, * 16. 10. 1883 in Wien, † 10. 9. 1951 in Kitzbühel (T), Geograph. Studierte in Wien und war 1920–28 Univ.-Prof. in Innsbruck, 1928–35 in Heidelberg und ab 1935 in Wien. Er erforschte die eiszeitbedingte Geomorphologie der Alpen und hatte an der Universität Innsbruck ein Seminar für Alpengeographie eingerichtet. S. veröffentlichte u. a.: „Die Formung der Landoberfläche" (1914), „Geographischer Führer durch Nordtirol" (1924), „Die Auffassung der natürlichen Grenze" (1924), „Die Landformung der Steiermark" (1928), „Die Ostalpen und Ö." (1930), „Die Semmeringlandschaft" (1948), „Die Landschaften der britischen Inseln", 2 Bde. (1952).

Der Dom in Salzburg, dessen Fertigstellung nach seinen Plänen 1614–28 Hof- und Dombaumeister Santino Solari leitete

SOLIMAN, Angelo, s. Angelo Soliman

SONKA, Hugo, s. Sonnenschein

SONKLAR, Karl, Edler von Instätten, * 2. 12. 1816 in Weißkirchen (Banat), † 10. 1. 1885 in Innsbruck, Berufsoffizier und Geograph. Besuchte bis 1832 eine Militärschule, trat dann in die Armee ein und war 1839–48 Infanterieoffizier, 1848–57 Erzieher von Erzherzog Ludwig Viktor im Schloß Schönbrunn und 1857–72 Geographielehrer an der Militärakademie in Wiener Neustadt, von wo er als Generalmajor in den Ruhestand ging. S. entwickelte die kartographische Geländedarstellung durch Farbhelligkeitsabstufungen und gilt als Begründer der systematischen Orographie, wovon auch sein 1873 erschienenes Hauptwerk „Allgemeine Orographie. Lehre von den Reliefformen der Erdoberfläche" handelt. Außerdem legte er die ersten Niederschlagskarten an und erschloß Alpengipfel bergsteigerisch. Die S.-Spitze in den Stubaier Alpen ist nach ihm benannt.

SONNECK, der von (auch Souneck und Suneck), † vor 1255, mittelhochdeutscher Minnesänger. Er entstammte aller Wahrscheinlichkeit nach einem steirischen Geschlecht und dürfte mit jenem Konrad von S. identisch sein, der 1220–42 urkundlich nachweisbar ist. Auch Ulrich von Liechtenstein (s. d.) hat ihn erwähnt. Seine wenigen überlieferten Minnelieder sind in der Großen Heidelberger Liederhandschrift enthalten. Von seinem Leben ist allerdings nichts bekannt.

SONNENFELS, Joseph Freiherr von (seit 1746), * 1733 in Nikolsburg (Mähren), † 25. 4. 1817 in Wien, Jurist und Aufklärer. (Das oft angegebene Geburtsjahr 1732 ist falsch, belegt ist das Datum der Taufe am 18. 9. 1735 in der Wiener Schottenkirche.) Sein Vater war der Sohn eines preußischen Rabbiners, hieß Lipmann Perlin (oder Berlin), ließ sich mit seinen drei Söhnen in Wien taufen, nahm den Namen Aloys Wienner an, wurde 1745 Univ.-Prof. in Wien, schließlich 1746 als Edler von Sonnenfels geadelt. S. besuchte das Piaristeninternat in Wien und diente 1749–54 bei den Hoch- und Deutschmeistern, wo er in seiner Freizeit Französisch, Italienisch und Böhmisch lernte. 1755–57 absolvierte er sein Jusstudium an der Universität Wien. 1761–63 war er Fourier (Rechnungsführer) bei der Arcièren-Garde. Für den 44. Geburtstag Maria Theresias (13. 5. 1761) schrieb er ein kleines Schäferspiel, „Das Opfer", das von vier Kindern der Regentin aufgeführt wurde. Ein Jahr später hielt er vor der „Deutschen Gesellschaft" eine „Rede auf Maria Theresia", durch die er auf sich aufmerksam machte. 1763 wurde er Prof. für politische Wissenschaften an der Universität Wien, und seine Antrittsvorlesung „Von der Unzulänglichkeit der alleinigen Erfahrungen in den Geschäften der Staatswissenschaft" wurde 1765 gedruckt. Ebenfalls 1765 erschien der 1. Band seines mit

JOSEPH VON SONNENFELS

Der Mann ohne Vorurteil

„Ein aufgeklärtes Volk gehorchet, weil es will; ein durch Vorurtheile geblendetes, weil es muß. – Ein gezähmter Löwe liebkoset seinen Führer, ein gefesselter Löwe versuchet seine Kräfte von Zeit zu Zeit, die Ketten zu zerreißen: endlich zerreißt er sie und wütet am ersten gegen seinen Führer."

Aus „Der Mann ohne Vorurtheil" (1767)

„Wenn die Schauspiele eine ‚Schule der Sitten' werden sollen, so ist darauf zu sehen, daß solche Stücke aufgeführet werden, die diesem Endzwecke zusagen. Das Laster muß also in seiner scheuslichen Gestalt und mit der Strafe, als einer unabsonderlichen Folge, die Tugend mit allen ihren Reizungen, in ihrer liebenswürdigsten Gestalt, und wenigstens am Ende siegend erscheinen. Man kann daher zweifeln, ob die Trauerspiele, wo meistentheils das Gegentheil geschieht, wo die Tugend den Nachstellungen des Lasters unterliegt, in Ansehen der Sitten den Vorzug verdienen."

Grundsätze der Polizey-, Handlung- und Finanzwissenschaft (1765 ff.)

Joseph von Sonnenfels. Zeitgenössischer Stich

dem 3. Band 1776 abgeschlossenen Werks „Grundsätze der Polizey-, Handlung- und Finanzwissenschaft". S. wurde ein unermüdlicher Vorkämpfer des aufgeklärten Absolutismus, beeinflußte die ö. Reformen des 18. Jh.s wesentlich und trug durch seine Werke entschieden zur Neugestaltung des ö. Justiz- und Verwaltungswesens bei. Die Abschaffung der Folter in Ö. 1776 war nicht zuletzt seinem publizistischen Wirken (er hatte 1775 „Über die Abschaffung der Folter" veröffentlicht) zu danken. Durch die Trennung von der Nationalökonomie und der Finanzwissenschaft spezialisierte er die Staatswissenschaft und führte sie auf eine nie dagewesene Höhe. 1779 zum Hofrat der Hofkanzlei ernannt, war Mitglied aller wichtigen beratenden Kommissionen des Wiener Hofs. 1798 erschien sein „Handbuch der inneren Staatsverwaltung". 1810 wurde er Theaterzensor, 1811 Präsident der Akademie der bildenden Künste in Wien. Als Publizist führte S. einen systematischen Kampf gegen die gesellschaftlichen Mißstände der Zeit. War Förderer der Hochsprache und einer Reformierung des Theaters gegen den herrschenden „Hanswurst" und die Stegreifbühne. S. gab 1764 die Zeitschrift „Der Vertraute" heraus, danach 1765–67 und 1768–75 „Der Mann ohne Vorurtheil". 1783–87 erschienen „Gesammelte Schriften" (10 Bde.). S., auch einer der führenden Freimaurer seiner Zeit, wurde 1797 Reichsfreiherr, 1806 Ehrenbürger von Wien und war Mitglied mehrerer gelehrter Gesellschaften.

Müller, W.: J. Frh. v. S. (1882); Walter, F.: Männer um Maria Theresia (1951); Brosche, G.: J. v. S. und das Wiener Theater. Diss. Wien (1962); Osterloh, K.-H.: J. v. S. und die ö. Reformbewegung im Zeitalter des aufgeklärten Absolutismus (1970); Lindner, D.: Der Mann ohne Vorurteil (1983)

SONNENSCHEIN, Hugo, * 25. 5. 1890 in Gaya (Mähren), † 1953 in Mirov bei Prag, Lyriker und Essayist. Schrieb auch unter dem Pseud. Sonka. Lebte 1908–34 als Schriftsteller in Wien und wurde 1927 als Trotzkist aus der Kommunistischen Partei ausgeschlossen. 1934 emigrierte er nach Prag, wo er 1940 von der Gestapo verhaftet und nach Auschwitz deportiert wurde. Nach Kriegsende zog er wieder nach Prag, wurde dort verhaftet und starb im Gefängnis. Er veröffentlichte zahlreiche expressionistisch-revolutionäre Gedichtbände u. a.: „Slowakische Lieder" (1909), „Erde auf Erden" (1915), „Revolutionäre Auswahl" (1921), „Nichts als Brot und Freiheit" (1935), „Zeitgeister" (1935) sowie „Die Legende vom weltverkommenen Sonka" (1920), „Aufruhr und Macht der Freiheit" (1921), „Dem Bürger ins Gesicht" (1924), „Der Bruder Sonka und die allgemeine Sache" (1930). Seine Traumgedichte „Schritte des Todes " erschienen 1964.

SONNENTHAL, Adolf von, * 21. 12. 1834 in Pest (Budapest), † 4. 4. 1909 in Prag, Schauspieler. Trat 1854 in Graz auf, danach in Königsberg (Ostpreußen) und ab 1856 am Wiener Burgtheater. Hier war er auch 1870 Spielleiter, ab 1884 Oberspielleiter und 1887/88 sowie 1889/90 provisorischer Leiter. Als Helden- und Charakterdarsteller hatte er große Erfolge und galt auch als bester Konversationsschauspieler in Salonlustspielen; damit wurde S. zum Vorbild für den modebewußten, eleganten Herrn seiner Zeit. S. absolvierte auch mehrere Gastspiele in Amerika.

SONNLEITHNER, Joseph von, * 3. 3. 1766 in Wien, † 26. 12. 1835 in Wien, Schriftsteller und Beamter. 1787 war er Privatsekretär Kaiser Josephs II. (s. d.), dann Beamter im kaiserlichen Kabinett. 1804–14 Hoftheatersekretär, 1812 Mitbegründer der Gesellschaft der Musikfreunde und 1817 des Wiener Konservatoriums. S. verfaßte mehrere Lustspiele und war auch als Übersetzer tätig. 1794–96 gab er den „Wiener Theateralmanach" heraus, schrieb unter dem Titel „Leonore oder Der Triumph der ehelichen Liebe" 1806 die erste Fassung des Texts zu Beethovens „Fidelio", gab 1811 „Mundart der Ö. oder Kern ö. Phrasen und Redensarten von A – Z" heraus und 1812 die „Gesammelten Schriften Philipp Hafners". Seine Schwester Marie Anna war die Mutter von Franz Grillparzer (s. d.).

SONNLEITNER, Alois Theodor (eigtl. Alois Tlučhoř), * 25. 4. 1869 in Daschitz (Böhmen), † 2. 6. 1939 in Perchtoldsdorf bei Wien, Lehrer und Jugendbuchschriftsteller. Er studierte in Wien, promovierte zum Dr. phil und wurde Lehrer, schließlich Schuldirektor. Von seinen zahlreichen Jugendschriften wurden vor allem seine Romantrilogien bekannt, die mehrmals aufgelegt wurden: „Die Höhlenkinder" (1918–20), „Koja" (1921–25) und „Die Hegerkinder" (1923–26). Außerdem erwähnenswert sind die Märchen „Rübezahl und der Klöppel-Hannes" (1925) und „Der Zwerg am Steuer" (1927) sowie der Roman „Dr. Robin-Sohn" (1929).

SOPHIE Friederike, Erzherzogin von Ö., * 27. 1. 1805 in München, † 28. 5. 1872 in Wien, Tochter König Max' I. Joseph von Bayern. S. war seit 4. 11. 1824 mit Erzherzog Franz Karl (s. d.) verheiratet und Mutter des späteren Kaisers Franz Joseph I. (s. d.). Im Hintergrund war S. 1848 am Sturz des Fürsten Metternich (s. d.) und am Thronverzicht ihres Gatten beteiligt, so daß ihr 18jähriger Sohn Kaiser von Ö. wurde. Von dominierendem Charakter, übte sie vor allem in den ersten Regierungsjahren großen Einfluß auf den jungen Monarchen aus. Als dieser Elisabeth (s. d.), die Nichte seiner Mutter, ehelichte, dehnte S. ihre Herrschsucht auch auf die junge Sisi aus, die sie nicht nur bevormundete, sondern in ständigen Auseinandersetzungen quälte. Auch wenn ihr Einfluß auf Kaiser Franz Joseph in der Folgezeit abnahm, so versuchte sie doch immer wieder, wenigstens ihre Meinung nachdrücklich vorzubringen.

Corti, E. C. C.: Vom Kind zum Kaiser (1950); ders.: Mensch und Herrscher (1952); Herre, F.: Kaiser Franz Joseph von Ö. (1978); Hamann, B.: Elisabeth (1982)

Erzherzogin Sophie

SORBAIT, Paul Ritter von (seit 1685), * 1624 in Montblyart (Hennegau), † 29. 4. 1691 in Wien, Arzt. Studierte in Köln und in Paderborn, 1647 in Wien und abschließend in Padua. Er erwarb die Doktorate der Medizin und der Philosophie und kehrte 1652 nach Wien zurück, wo er 1654 Prof. der medizinischen Theorie, 1663 der medizinischen Praxis wurde. 1668 auch Rektor der Universität Wien. Wurde Leibarzt der Kaiserinwitwe Eleonore. Legte besonderen Wert auf den Botanik- und Anatomieunterricht der Studenten und richtete,

Paul von Sorbait. Stich von C. Massens (1669)

zum überwiegenden Teil aus eigenen Mitteln, die erste medizinische Bibliothek der Universität ein. 1678 erkannte er noch vor ihrem Ausbruch die ersten Anzeichen der Pest. Wurde während der Epidemie zum nö. Regimentsrat für das öffentliche Gesundheitswesen ernannt. 1679 Generalinquisitor in Pestangelegenheiten, revidierte die Wiener Pestordnung. 1681 legte er seine Professur nieder. Während der Türkenbelagerung von 1683 bewährte er sich als Obristwachtmeister und Kommandant der „Akademischen Legion". Von seinen medizinischen Werken ist sein „Consilium Medicum" (1679) erwähnenswert.

SÖRGEL, Konrad, Freiherr von Sorgenthal (seit 1795), * 1735 in Nürnberg, † 17. 10. 1805 in Wien, Industrieller. Erlernte im Elternhaus den Handel und trat während des Siebenjährigen Kriegs in die ö. Armee ein. Durch persönliche Tapferkeit zum Unterleutnant befördert, wurde er in der Schlacht bei Kunersdorf am 12. 8. 1759 so schwer verwundet, daß sein rechter Arm gelähmt blieb und er den Militärdienst aufgeben mußte. In den zivilen Staatsdienst übernommen, wurde er wegen seiner guten Kenntnisse der Wirtschaftsverhältnisse Kommerzialrat, übernahm die schwierige Aufgabe, die darniederliegenden „Ärarialfabriken" zu sanieren. Vor allem waren dies die Wiener Porzellanmanufaktur, die Spiegelfabrik in Neuhaus und die Metallwarenfabrik „Nadelburg" bei Wiener Neustadt, die er als erste vor dem Bankrott rettete. 1771 erhielt er den Auftrag, das noch größere Sorgenkind, die Linzer Wollzeugfabrik, vor dem drohenden Zusammenbruch zu bewahren. Schon 1773 stellten sich die ersten wirtschaftlichen Erfolge ein. Bis 1790 verdreifachte er das Vermögen der Fabrik auf rund dreieinhalb Mio. Gulden und hatte in dieser Zeit zusätzlich den gleichen Betrag an den Staat abgeliefert. 1773 war die Fabrik in Mährisch-Neustadt dem Zusammenbruch nahe, er vereinigte sie mit dem Linzer Unternehmen zu einer Art Kombinat und rettete so für 15 000 Menschen die Arbeitsplätze. 1782 übernahm er die Leitung der Wiener Porzellanmanufaktur, die seit Jahren zum Verkauf ausgeschrieben war. Nach einem „Räumungsverkauf" legte er bei der neuen Produktion großen Wert auf Qualität und künstlerische Gestaltung. Dafür hatte er eine eigene Kunstschule errichtet, die sich umgehend bewährte. In kürzester Zeit beschäftigte er über 500 Mitarbeiter, worunter sich allein 150 Porzellanmaler befanden. Im oö. Engelhartszell errichtete er eine Zweigniederlassung und beschäftigte hier bald über 60 Mitarbeiter, die Gebrauchsgeschirr herstellten. Auch mit der Spiegelfabrik in Neuhaus gelangen ihm ähnliche, wenn auch wesentlich kleinere Erfolge. S. sorgte auch für seine Arbeitnehmer und errichtete bei den beiden Großunternehmen sogenannte „Provisions-Institute", die in Not geratenen Arbeitern Unterstützungen gewährten.

Granichstaedten-Cerva, R., Mentschl, J., und Otruba, G.: Altö. Unternehmer (1969)

SORONICS, Franz, * 28. 7. 1920 in Eisenstadt, ÖVP-Politiker. Trat als Beamter in den Dienst der burgenländischen Landesregierung, wurde 1950 Stadtrat von Eisenstadt, 1954 Landesobmann des ÖAAB Burgenland und Vorsitzender der Gewerkschaft der öffenlich Bediensteten im Burgenland. 1956–59 Mitglied des Bundesrats, seit 1959 Abgeordneter zum Nationalrat. 1963–66 Staatssekretär im Innenministerium, 1966–68 im Sozialministerium; 1968–70 war S. Innenminister.

SOUCHES, Louis Ratuit de, Graf (seit 1666), * 1609 in La Rochelle (Frankreich), † 6. 8. 1683 in Brünn (Mähren), Heerführer. Entstammte einer verarmten hugenottischen Adelsfamilie und kam während des Dreißigjährigen Kriegs über Schweden als Oberstleutnant in das ö. Heer, wo er sich erstmals bei der Belagerung von Olmütz auszeichnete. 1645 verteidigte er als Kommandant von Brünn die Stadt erfolgreich gegen die schwedische Belagerung und wurde dafür zum Generalfeldwachtmeister befördert. 1646 Feldmarschalleutnant und Kriegskommandant von Brünn und Mähren, 1657–60 Oberbefehlshaber der kaiserlichen Hilfstruppen in Polen gegen die Schweden; kämpfte anschließend siegreich gegen die Türken. So gelang ihm 1664 die Einnahme Neutras in Oberungarn (2. 5.) und der wichtige Sieg bei Szent Benedek (19. 7.) gegen eine doppelt so starke Übermacht. 1666 wurde S. Geheimer Rat, Hofkriegsrat, Kommandant von Komorn, Stadtoberst von Wien und kämpfte noch 1673/74 im Krieg gegen Frankreich.

SOYFER, Jura, * 8. 12. 1912 in Charkow, † 16. 2. 1939 im KZ Buchenwald, Lyriker und Dramatiker. Kam 1921 nach Wien, wurde nach der Matura Journalist und schrieb sozialkritische Gedichte für die „Arbeiter-Zeitung". Im Ständestaat schloß er sich der illegalen KPÖ an und vertrat sein politisches Engagement nachhaltig in seinen satirischen Stücken, die an Wiener Kleinkunstbühnen zur Aufführung kamen. An Nestroy und Horváth geschult, schrieb er u. a. die Stücke „Weltuntergang oder Die Welt steht auf kein' Fall mehr lang" (1936), „Der Lechner-Edi schaut ins Paradies" (1936), „Astoria" (1937), „Vineta" (1937). 1938 von den Nationalsozialisten

Jura Soyfer

verhaftet, wurde er ins KZ Buchenwald deportiert, wo er an einer Typhuserkrankung starb. S. schrieb auch unter den Pseud. Georg Anders, Walter West, Norbert Noll, Jura und Fritz Feder. 1947 gab Otto Tausig (s. d.) eine Auswahl seiner Stücke unter dem Titel „Vom Paradies zum Weltuntergang" heraus; eine Gesamtausgabe veröffentlichte Horst Jarka 1980.

Herrmann, F.: J. S., Diss. Wien (1950)

SOYKA, Otto, * 9. 5. 1882 in Wien, † 2. 12. 1955 in Wien, Erzähler und Dramatiker. Verfaßte zahlreiche Romane und Novellen, oft mit kriminalistischem Handlungshintergrund. 1938–45 lebte er in Frankreich in der Emigration. S. verfaßte auch moralphilosophische Studien. Seine Romane u. a.: „Herr im Spiel" (1910), „Die Söhne der Macht" (1912), „Der entfesselte Mensch" (1919), „Im Joch der Zeit" (1920), „Der Seelenschmied" (1921), „Das heißere Leben" (1924), „Fünf Gramm Liebeszauber" (1931), „Der Menschenfilm" (1932). Komödien u. a.: „Revanche" (1912), „Geldzauber" (1913).

SPANN, Othmar, * 1. 10. 1878 in Altmannsdorf bei Wien, † 8. 7. 1950 in Neustift (B), Nationalökonom, Geschichtsphilosoph und Soziologe. Studierte ab 1898 in Wien, Zürich und Tübingen, wo er 1903 zum Doktor der Staatswissenschaften promovierte. Danach Mitarbeiter der „Zentrale für private Fürsorge" in Frankfurt am Main, habilitierte sich 1907 für Nationalökonomie an der Deutschen Technischen Hochschule in Brünn, wo er 1909 Prof. wurde. Nach dem Kriegsdienst im Ersten Weltkrieg war S. 1919–38 Ordinarius für Gesellschaftslehre und Nationalökonomie an der Universität Wien. In seinem 1921 erschienenen Werk „Der wahre Staat: Vorle-

Othmar Spann 1937

sungen über Abbruch und Neubau der Gesellschaft" (4. Aufl. 1938) formulierte er seine Volkswirtschafts- und Gesellschaftslehre. Als entschiedener Gegner des Marxismus vertrat er eine universalistisch-idealistische Gesellschaftslehre, wonach der einzelne nur als Glied der Ganzheit zu betrachten sei. Seine Staatslehre hat antimarxistische, antiliberale und antidemokratische Grundzüge und fordert die Neuordnung von Staat und Gesellschaft auf berufsständischer und föderalistischer Grundlage. Da zu seinen Schülern die einflußreichsten Ideologen der „konservativen Revolution" gehörten, beeinflußte er nicht nur die katholische und die nationale Studentenbewegung, sondern auch die Programme der Heimwehr und des Ständestaats von Engelbert Dollfuß (s. d.). 1938 von den nationalsozialistischen Machthabern verhaftet, erhielt er nach seiner Freilassung Lehrverbot. W. H. Riehl gab 1950 sein philosophisches Gesamtwerk im Auszug heraus, W. Heinrich edierte 1963 sein Gesamtwerk. Veröffentlichungen u. a.: „Die Haupttheorien der Volkswirtschaftslehre" (1910), „System der Gesellschaftslehre" (1914), „Vom Geist der Volkswirtschaftslehre" (1919), „Irrungen des Marxismus" (1928), „Hauptpunkte der universalistischen Staatsauffassung" (1929), „Geschichtsphilosophie" (1932), „Religionsphilosophie auf geschichtlicher Grundlage" (1947); außerdem gab er 1931–38 die Zeitschriften „Ständisches Leben" und „Zeitschrift für Volkswirtschaft" heraus.

Amtmann, R.: Die Geisteslehre O. S.s (1960); Hausmann, O.: O. S. und seine Schule. Diss. Wien (1962); Schneller, M.: Zwischen Romantik und Faschismus. Der Beitrag O. S.s zum Konservativismus in der Weimarer Republik (1971); Siegfried, K.-J.: Universalismus und Faschismus. Das Gesellschaftsbild O. S.s (1974)

SPANNOCCHI, Emil, * 1. 9. 1916 in Salzburg, Berufsoffizier, Armeekommandant. Entstammt einem alten italienischen Adelsgeschlecht und wurde 1934 im Bundesheer der Ersten Republik Offizier. Im Zweiten Weltkrieg bei der Panzerwaffe, zuletzt Major im Generalstab, war er am Wiederaufbau des ö. Bundesheers aktiv beteiligt. S. war zuerst Rittmeister in der B-Gendarmerie, dann Kommandant der Landesverteidigungsakademie, 1973 General der Panzertruppen und bis 1981 Armeekommandant. Als Taktiker war S. über die Grenzen Ö.s hinaus bekannt und vertrat für Ö.s Landesverteidigung die These der „Verteidigung ohne Selbstzerstörung", die sogenannte S.-Doktrin, ein Raumverteidigungskonzept, das er 1976 in dem Aufsatz „Verteidigung ohne Schlacht" veröffentlichte.

SPÄTH, Ernst, * 14. 5. 1886 in Bärn (Mähren), † 30. 9. 1946 in Zürich, Chemiker. Studierte in Wien und wurde hier Univ.-Prof. 1938–45 war er Generalsekretär und 1945/46 Präsident der Akademie der Wissenschaften. S. widmete sich vornehmlich der Erforschung von Alkaloiden und erklärte den molekularen Aufbau von mehr als 120 Pflanzenstoffen. War jahrelang Redakteur der „Monatshefte für Chemie" und veröffentlichte u. a. „Geschichte der Chemie in Ö." (1927).

SPAUN, Anton Ritter von, * 31. 5. 1790 in Linz, † 26. 6. 1849 in Kremsmünster, Literarhistoriker und Volkskundler. Ein Hauptvertreter der romantischen Bewegung und Pionier der Volkskundeforschung in OÖ. Machte sich auch um die Nibelungenlied-Forschung verdient. S. gehörte dem Kreis um Adalbert Stifter (s. d.), Ernst von Feuchtersleben (s. d.) und Moritz von Schwind (s. d.) an. Als Syndikus der oö. Stände gründete er 1833 den „Verein des vaterländischen Museums für Ö. ob der Enns". Veröffentlichungen u. a.: „Heinrich von Ofterdingen und das Nibelungenlied" (1840), „Der gegenwärtige Stand der Forschung über den Dichter des Nibelungenliedes" (1842), „Das ö. Volkslied" (1846); 1845 gab er „Ö. Volksweisen" heraus.

SPECKBACHER, Joseph, * 13. 7. 1767 in Gnadenwald (T), † 28. 3. 1820 in Hall (T), Tiroler Freiheitskämpfer, Bauer und Schützenhauptmann. S. wurde nach dem Hof seiner Frau der „Mann vom Rinn" genannt und kämpfte bereits 1797, 1800 und 1805 gegen die Franzosen. An der Seite von Andreas Hofer (s. d.) einer der führenden Köpfe des Tiroler Freiheitskampfs von 1809, nahm S. an drei Bergisel-Schlachten teil. Mit dem Kapuzinerpater Haspinger (s. d.) und mit Peter Mayr (s. d.) führte er die Tiroler in der „Sachsenklemme", einer Talenge bei Ladritsch, am 4. und 5. 6. 1809 so erfolgreich, daß sie eine gesamte sächsische Division, die innerhalb der Rheinbundarmee die Franzosen unterstützte, vernichteten. Geschickt abgelassene Steinlawinen waren dabei ausschlaggebend. Überhaupt war S. ein hervorragender Taktiker des Gebirgskriegs, der es verstand, das jeweilige Gelände durch eine völlig unkonventionelle Kriegführung maximal auszunützen, wobei er selbst mit kleinen Einheiten überlegene Gegner besiegte. In seiner Offensive gegen Salzburg stieß S. bis Unken und Melleck vor. Dort wurde er allerdings am 17. 10. 1809 geschlagen, konnte aber entkommen; sein zehnjähriger Sohn hingegen geriet in französische Gefangenschaft. S. floh daraufhin nach Wien und erhielt eine kaiserliche Gnadenpension zuerkannt. Hier bekam er auch den Auftrag, die Kolonie Königsgnad im Temesvarer Banat für ausgewanderte Tiroler einzurichten. 1813 nahm er, ohne allerdings hervorzutreten, an den Befreiungskriegen teil und wurde 1814 als Major pensioniert. S. lebte bis zu seinem Tod in Hall; 1858 wurden seine Gebeine nach Innsbruck übergeführt und an der Seite Andreas Hofers bestattet.

Lit. s. bei Andreas Hofer

Ludwig Speidel

SPEIDEL, Ludwig, * 11. 4. 1830 in Ulm, † 3. 2. 1906 in Wien, Journalist und Schriftsteller. Entstammte einer alten Ulmer Musikerfamilie und begann in München zu studieren. 1853 kam er nach Wien und arbeitete hier als Journalist. S. wurde der klassische Vertreter des Wiener Feuilletons und war auch als Kritiker des Burgtheaters und der Hofoper tätig. 1877–84 schrieb er ausschließlich für die „Neue Freie Presse". Obwohl nicht immer frei von Vorurteilen, waren seine Feuilletons wegen ihrer formvollendeten Sprache sehr geschätzt. 1866 veröffentlichte er „Das Wiener Schauspiel". Seine „Schriften" (4 Bde.) wurden 1910/11, seine „Kritischen Schriften" 1963 herausgegeben.

Hevesi, L.: L. S. (1910); Pinter, Ch.: L. S. als Musikkritiker. Diss. Wien (1949)

SPERBER, Manès, * 12. 12. 1905 in Zablotow (Ostgalizien), † 5. 2. 1984 in Paris, Schriftstel-

MANÈS SPERBER

All das Vergangene . . .

„Zwischen dem 23. April 1972 und dem 25. April 1977 habe ich – durch andere unaufschiebbare Arbeiten und viele Reisen häufig unterbrochen – meine besten Stunden dem Erinnerungsbuch ‚All das Vergangene. . .' gewidmet. Es gab Wochen und Monate, da mich die Vergangenheit so tyrannisch in Anspruch nahm, daß die Gegenwart zusammenzuschrumpfen drohte. Mehr als sonst wurde mir das Schreiben zum Inhalt des Lebens. Und nun, nun sollte ich mich endlich frei fühlen, frei von der Aufgabe, die ich auf mich genommen hatte, und in einem besonderen Sinne frei von ‚all dem Vergangenen'. Den schweren Sack, den ich so lange auf den Schultern trug, habe ich geleert und mich seiner endlich entledigt. Noch warte ich vergebens auf das Empfinden, daß ich ihn für immer losgeworden bin . . ."

M. Sperber, Bis man mir Scherben auf die Augen legt, Epilog (1977) ler und Essayist. Verbrachte seine Jugend in Wien und wurde hier Schüler, später Mitarbeiter von Alfred Adler (s. d.). 1927–33 lehrte er in Berlin Individualpsychologie. 1933 emigrierte er über Jugoslawien nach Frankreich und lebte ab 1934 in Paris, wo er Verlagsdirektor wurde. 1937 wandte er sich vom Kommunismus ab. Sein literarisches Werk umfaßt Essays zu Politik und Psychologie und den breitangelegten Gesellschaftsroman „Wie eine Träne im Ozean" (1961), eine Trilogie („Der verbrannte Dornbusch" [1949], „Tiefer als der Abgrund" [1950], „Die verlorene Bucht" [1955]), in der er sich mit dem Totalitarismus von rechts ebenso auseinandersetzt wie mit dem Kommunismus und der Stellung des Intellektuellen in der Gesellschaft des 20. Jh.s. Veröffentlichungen u. a.: „Alfred Adler" (1926), „Zur Analyse der Tyrannis" (1938, 2. Aufl. 1975), „Das Unglück, begabt zu sein" (Essay, 1938), „Die Achillesferse" (1957), „Zur täglichen Weltgeschichte" (1967), „Alfred Adler oder Das Elend der Psychologie" (1970), „Leben in dieser Zeit" (1972), „Individuum und Gemeinschaft" (1978), „Churban" (1979), „Der schwarze Zaun" (1986); 1974–77 erschien seine dreibändige Autobiographie „All das Vergangene". 1975 erhielt S. den Georg-Büchner-Preis der Deutschen Akademie für Sprache und Dichtung.

Manès Sperber

SPIEGEL, Sam, * 11. 11. 1903 in Jaroslav (Galizien), † 1985 in St. Martin (?), Filmproduzent. Verbrachte seine Jugend in Wien und ging 1927 in die USA. 1933 nach Wien zurückgekehrt, begann er hier sowie in London und Paris Filme zu produzieren. 1939 emigrierte er in die USA, wo er ab 1941 als selbständiger Produzent arbeitete. 1947 gründete er gemeinsam mit John Houston die Produktionsgesellschaft Horizon Pictures. Seine berühmtesten Filme: „African Queen", „The last Tycoon"; „Bridge on the River Kwai" sowie „Lawrence of Arabia" wurden mit dem Oscar ausgezeichnet.

SPIEL, Hilde, * 19. 10. 1911 in Wien, Schriftstellerin, Essayistin und Übersetzerin. Studierte in Wien, promovierte 1936 und lebte anschließend bis 1963 in England. Sie war nach ihrer Ehe mit dem Publizisten Peter de Mendelssohn mit dem Schriftsteller Hans Flesch-Brunningen (s. d.) verheiratet. War lange Zeit Generalsekretärin des Ö. P.E.N.-Clubs und wurde mehrfach geehrt und ausgezeichnet. Veröffentlichte u. a.: „Kati auf der Brücke" (1933), „Verwirrung am Wolfgangsee" (1935, als „Sommer am Wolfgangsee" 1961), „Flöte und Trommeln" (1949), „Laurence Olivier" (Essay, 1958), „Fanny von Arnstein oder Die Emanzipation" (1961), „Der Wiener Kongreß in Augenzeugenberichten" (1965), „Lisas Zimmer" (1965), „Verliebt in Döbling" (1966), „Rückkehr nach Wien" (Ein Tagebuch, 1968), „Städte und Menschen" (Essays, 1971), „Kleine Schritte. Berichte und Geschichten" (1976), „In meinem Garten schlendernd" (1981). Herausgeberin und Mitarbeiterin von „Die zeitgenössische Literatur Ö.s".

SPIESSHEIMER, Johannes, s. Cuspinian

SPINOLA, Christoph de Royas y, * um 1626 in Geldern (Niederlande), † 12. 3. 1695 in Wiener Neustadt (NÖ), Franziskanerpater und Diplomat. Entstammte einem alten spanischen Adelsgeschlecht, trat in den Franziskanerorden ein, absolvierte seine Lehrjahre in Köln, missionierte dann in den Niederlanden und wurde 1660 Beichtvater am Hof Kaiser Leopolds I. (s. d.) in Wien. S. trat für eine konfessionelle Aussöhnung zwischen Katholiken und Protestanten ein und war mit mehreren diplomatischen Missionen betraut. So bereiste er u. a. 1676 und 1682 die meisten deutschen Residenzen, um für die Unterstützung Ö.s gegen die Türkengefahr Verständnis zu erwecken. 1686 Bischof von Wiener Neustadt, entfaltete er eine umfangreiche seelsorgliche Tätigkeit. Auch an wirtschaftlichen Überlegungen interessiert, stand er mit allen bedeutenden Vertretern des Merkantilismus in Verbindung.

Bog, J.: S. und die deutschen Reichsstände, in: Jahrbuch für fränkische Landesforschung 14 (1954); Miller, S. J., und Spielmann, J. P.: C. R. y S. (1962)

SPITZER, Daniel, * 3. 7. 1835 in Wien, † 11. 1. 1893 in Meran, Rechtsanwalt und Schriftsteller. War zunächst Konzipist bei der nö. Handelskammer, später Rechtsanwalt. S. betätigte sich aber schon früh journalistisch und wurde besonders bekannt durch seine humoristisch-satirischen Feuilletons, die er „Wiener Spaziergänge" nannte. Diese erschienen 1865 erstmals in der Tageszeitung „Die Presse", danach in der „Deutschen Zeitung" und dann in der „Neuen Freien Presse", der er auch als Mitarbeiter angehörte. Ab 1869 wurden sie auch in Buchform veröffentlicht und mit dem sechsten Band 1886 abgeschlossen. Max Kalbeck gab dann ab 1912 „Letzte Wiener Spaziergänge", 4 Bde., heraus.

Speidel, L.: D. S. (1910)

DANIEL SPITZER

Der Wiener Spaziergänger

„Aber ein Gutes möchte ich jenen Feuilletons selbst nachrühmen, daß sie immer – kurz waren . . . und gerade diese Kürze hat man oft gerügt, als wenn ein Dolch so groß sein könnte wie ein Regenschirm."

Daniel Spitzer

„Nun existiert aber unter den Wiener Lesern ein Autoritätsglaube, wie ihn der römische Papst sich nicht besser wünschen könnte; ein Mensch, der Sonntags um zwölf Uhr noch nicht das Feuilleton des ‚Wiener Spaziergängers' gelesen und darüber in Entzücken geraten wäre, würde es nicht wagen, sich in einer anständigen Gesellschaft zu zeigen."

A. Mels

Daniel Spitzer um 1875. Xylographie

„Er ist der als Feuilletonist wiederauferstandene Nestroy. Der Witz, das Bonmot, die Malice werden zum Selbstzweck und sind gleich unerbittlich, ob sie sich gegen einen Minister, ein schlechtes Theaterstück oder gegen eine altbackene Semmel wenden. Seine Popularität war außerordentlich."

Jörg Mauthe, Wiener Meister-Feuilletons (1946)

SPITZMÜLLER, Alexander, * 12. 6. 1862 in Wien, † 5. 9. 1953 in Velden (K), Bankfachmann und Politiker. War 1909–12 Gouverneur der Ö.-Ungarischen Bank, 1910–15 Generaldirektor der Creditanstalt, 1915/16 Handelsminister, 1916/17 ö. Finanzminister und von September bis November 1918 k. u. k. Finanzminister. Sein Werk „. . . und hat auch Ursach, es zu lieben" erschien 1955 in vierter Auflage.

SPITZMÜLLER-HARMERSBACH, Alexander, * 22. 2. 1894 in Wien, † 17. 11. 1962 in Paris, Jurist und Komponist. Studierte zunächst in Wien Rechtswissenschaften und dann Komposition bei Alban Berg (s. d.). Ging 1928 nach Paris, wo er bis zu seinem Tod lebte. Dort war er auch lange Zeit Leiter der Rundfunksendungen für Ö. 1959 erhielt er den Preis der Stadt Wien. S. komponierte nach der Zwölftonmusik. Er schuf kammermusikalische Werke, Symphonien und Ballette, darunter „Das Tagebuch".

SPITZY, Hans, * 21. 12. 1872 in St. Leonhard (St), † 22. 7. 1956 in Wien, Orthopäde. Studierte in Graz und war dort 1906–13 Univ.-Prof., danach bis 1942 in Wien. 1923 wurde S. Direktor des Orthopädischen Spitals in Wien, zudem auch Dozent am Institut für Turnlehrerausbildung. Abgesehen von seiner orthopädischen Qualifikation, die vor allem den Kriegsinvaliden zugute kam, war er bahnbrechend auf dem Gebiet der körperlichen Erziehung des Kleinkindes. S. setzte sich auch für die Umgestaltung des Schulturnens ein und forderte eine Turnstunde täglich für Schüler. Er veröffentlichte u. a.: „Die körperliche Erziehung des Kindes" (1914), „Unsere Kriegsinvaliden" (1915) und „Die körperliche Entwicklung des Kindes" (1925).

SPITZY, Karl Hermann, * 10. 11. 1915 in Wien, Internist

und Chemotherapeut. Neben dem Studium der Medizin besuchte S. auch eine technische Fachschule und legte 1934 die Werkmeisterprüfung für Maschinenbau und Elektrotechnik ab; 1939 promovierte er zum Dr. med. Ab 1940 bei der deutschen Wehrmacht als Stabsarzt an der Ostfront. 1945/46 Chefarzt für Innere Medizin in Peine bei Hannover, kehrte er 1946 als Gastarzt an die 1. Medizinische Universitätsklinik in Wien zurück. 1956 Assistenzarzt, habilitierte sich 1962 und wurde Facharzt für Innere Medizin. 1967 erhielt er den Lehrauftrag für Chemotherapie an der Universität Wien, baute 1970 als a. o. Univ.-Prof. eine Lehrkanzel auf, 1973–85 o. Univ.-Prof. S. verfaßte rund 250 fachwissenschaftliche Arbeiten und schuf etwa 200 medizinische Filme, darunter bedeutende TV-Serien. S. war auch Herausgeber der Fachzeitschrift „Arzneimittelpraxis".

SPRENGER, Paul Wilhelm Eduard, * 20. 8. 1798 in Sagan (Schlesien), † 29. 10. 1854 in Wien, Architekt. Studierte an der Akademie der bildenden Künste in Wien als Schüler von Peter Nobile (s. d.) sowie am Polytechnischen Institut, wo er 1824 Assistent wurde. 1828 Prof. an der Akademie, ab 1842 Hofbaurat und maßgebender Leiter der staatlichen Bauten. 1849 wurde er Sektionsrat im Ministerium für Handel, Gewerbe und öffentliche Bauten, 1850 Vorsteher der Sektion für Architektur bei der Generalbaudirektion. S. war mehr Bautechniker als künstlerischer Gestalter, weshalb seine Bauten eher nüchtern und „trocken" wirken. 1830 baute er das Hofkammerarchiv um, 1835–38 errichtete er das Hauptmünzamt, 1839 begann S. mit der Abtragung des Turmhelms vom Südturm des Stephansdoms (den Friedrich Schmidt [s. d.] wieder aufbaute), 1840–44 errichtete er das Hauptzollamt, 1846–48 die Nö. Statthalterei, 1848 den Turm der Augustinerkirche; im gleichen Jahr organisierte er den Baubeginn (Unterbau) der Altlerchenfelder Pfarrkirche, 1852 schuf er die romanisierende Fassade der griechisch-unierten Kirche St. Barbara (alle Wien); 1852 das Hauptzollamt in Linz. Außerdem erbaute er in Budapest und in anderen Städten der Monarchie Bahnhöfe, die zum Vorbild für einige ähnliche Bauwerke wurden.

Wagner-Rieger, R.: Wiens Architektur im 19. Jh. (1970)

SPRINGENSCHMID, Karl, * 19. 3. 1897 in Sexten (Südtirol), † 5. 3. 1981 in Salzburg, Schriftsteller. Schrieb besonders erfolgreiche Romane aus der Tiroler Bergwelt, u. a. „Der Sepp" (1931), „Am Seil vom Stabeler Much" (1936), „Menschen, Leute und Tiroler" (1963), „Schicksal Südtirol" (2. Aufl. 1974), „Der Waldgänger" (1975).

Paul Sprenger: Hauptmünzamt in Wien (1835–38)

SPRINGER, Max Freiherr von (seit 1872), * 10. 11. 1807 in Ansbach (Bayern), † 13. 4. 1885 in Wien, Bankier und Unternehmer. Nach einer kaufmännischen Lehre in Frankfurt am Main kam er über Paris 1840 nach Wien. Durch geschickte Spekulationen und nicht zuletzt durch seine Ehe mit der Bankierstochter Amalia Todesco vermehrte er seine recht bescheidenen Mittel erheblich und erlangte eine beachtliche Stellung in der Wiener Gesellschaft. 1850 gründete er das Bankhaus „Max Springer". Wohlüberlegte Beteiligungen an industriellen Unternehmen – so brachte ihm etwa die Preßhefefabrik in Wien-Rudolfsheim ein Millionenvermögen ein – vergrößerten sein Vermögen und seinen Einfluß. S. war in der Leitung der Anglo-Ö. Bank, der Kohlenbergwerke von Jaworzno und der Porzellanfabrik in Elbogen (Böhmen) ebenso tätig wie beim Bau der Semmering-Bahn und der Bahnstrecke Preßburg–Tyrnau.

Granichstaedten-Cerva, R., Mentschl, J., und Otruba, G.: Altö. Unternehmer (1969)

SPUNDA, Franz, * 1. 1. 1890 in Olmütz (Mähren), † 1. 7. 1963 in Wien, Lehrer und Schriftsteller. Kam früh nach Wien und wurde nach Abschluß seiner Studien und nach der Teilnahme am Weltkrieg 1918 Mittelschulprof. Von Mystik und Gnostik stark beeinflußt, bekannte er sich in seinen philosophischen Werken zu einem „magischen Idealismus". Veröffentlichte u. a.: „Devachan" (Roman, 1921), „Eleusinische Sonette" (1923), „Der magische Dichter" (Essay, 1923), „Das ägyptische Totenbuch" (1924), „Paracelsus" (1925), „Minos oder Die Geburt Europas" (1931), „Tyrann Gottes" (1940), „Hellas' Fackel leuchtet!" (1952), „Giorgiones Liebeslied" (1955), „Herakleitos" (1957).

SRBIK, Heinrich Ritter von, * 10. 11. 1878 in Wien, † 16. 2. 1951 in Ehrwald (T), Historiker. S. studierte in Wien und wurde 1902 promoviert. 1907 habilitierte er sich als Privatdozent für ö. Geschichte in Wien, war 1912–22 Univ.-Prof. in Graz und 1922–45 in Wien. Seit 1919 Mitglied der Akademie der Wissenschaften, 1938–45 deren Präsident. 1929/30 war S. Unterrichtsminister und 1938–45 Mitglied des deutschen Reichstags in Berlin. Als einer der Hauptvertreter der „gesamtdeutschen" Geschichtsauffassung stand er – trotz seines historisch-politischen Konzepts vom „Reich" – der von den Nationalsozialisten durchgeführten „Gleichschaltung" nach dem „Anschluß" von 1938 reserviert gegenüber. S. veröffentlichte eine Vielzahl von bedeutenden Werken, u. a.: „Die Beziehungen von Staat und Kirche in Ö. während des Mittelalters" (1904), „Wallensteins Ende" (1920), „Metternich, der Staatsmann und der Mensch", 2 Bde. (1925), „Das ö. Kaisertum und das Ende des Hl. Römischen Reiches" (1927), „Quellen zur deutschen Politik Ö.s 1859–66", 5 Bde. (1934–38), „Deutsche Einheit", 4 Bde. (1935–42), „Aus Ö.s Vergangenheit" (1949) und „Geist und Geschichte vom deutschen Humanismus bis zur Gegenwart", 2 Bde. (1950/51).

Gesamtdeutsche Vergangenheit. Festschrift (1938); Wandruszka, A.: H. Ritter v. S. in: Mitteilungen des Instituts für Ö. Geschichtsforschung, Bd. 59, 1951; Kaehler, S.: S. als Geschichtsschreiber der deutschen Einheit (1951); Frühwald, H.: Großdeutsch und gesamtdeutsch bei H. v. S. Diss. Wien (1965)

STABIUS, Johannes (auch Stab, Stöberer), * um 1450 in Steyr (OÖ), † 1. 1. 1522 in Graz, Humanist, katholischer Geistlicher. War nach seinen Studien zunächst Prof. in Ingolstadt (Bayern) und ab 1497 an der Universität Wien. Er wurde Hofhistoriograph und Sekretär Kaiser Maximilians I. sowie 1502 Poeta laureatus. Umfassend humanistisch gebildet, war er als Geograph und Kartograph besonders bedeutend. So entwickelte er die erste flächentreue ebene Darstellung der Kugeloberfläche der Erde, die 1514 von J. Werner als „Stabius-Wernersche herzförmige Projektion" veröffentlicht wurde. Außerdem verfaßte St. eine Art Länderkunde Ö.s und eine Genealogie der Habsburger. Überdies schrieb er die Verse zur „Ehrenpforte", der Bilderfolge Albrecht Dürers für Kaiser Maximilian I.

JOHANN PHILIPP GRAF STADION

Im Kampf gegen Napoleon

STADION, Johann Philipp, Graf von Warthausen, * 18. 6. 1763 in Mainz, † 18. 5. 1824 in Baden (NÖ), Diplomat und Staatsmann. St. entstammte einem alten, ursprünglich schweizerischen, dann schwäbischen Adelsgeschlecht, das immer wieder in engen Beziehungen zum Haus Habsburg stand. Er hatte an mehreren deutschen Hochschulen eine umfangreiche Ausbildung erhalten und trat anschließend in den ö. Staatsdienst. 1788–90 ö. Gesandter in Stockholm, 1790–92 in London, 1793–1803 in Berlin und 1804 Botschafter in St. Petersburg, wurde St. 1805, nach dem Frieden von Preßburg, Außenminister. Hatte der erklärte Gegner Napoleons bereits wesentlichen Anteil an der Bildung der dritten Koalition gegen den Franzosenkaiser gehabt, so setzte St. seine Politik nun noch intensiver fort. 1806 unterzeichnete er die

Finanzminister Graf Stadion

Erklärung von Kaiser Franz II. (s. d.) über die Niederlegung der römisch-deutschen Kaiserkrone und bemühte sich unaufhörlich um einen wachsenden Patriotismus in Ö. Innere Reformen schienen St. dringend nötig, weshalb er die Volkserziehung förderte und eine Reorganisation des Heers veranlaßte, die 1808 in der Schaffung der Landwehr sichtbaren Ausdruck fand. St. bereitete auch den Krieg und die Erhebung von 1809 vor, weshalb er nach deren unglücklichem Ausgang seinen Posten Metternich (s. d.) überlassen mußte. Trotzdem hatte St. noch wesentlichen Anteil am Zustandekommen der Bündnisse von 1813 mit Rußland und mit Preußen. 1814, als Präsident der Hofkammer, und 1815 als Finanzminister widmete er sich in erster Linie den stark zerrütteten Staaatsfinanzen, führte eine Neuordnung des Steuerwesens durch und gründete 1816 zur Stabilisierung des Finanzwesens die Oe. Nationalbank.

Rössler, H.: Ö.s Kampf um Deutschlands Befreiung. 2 Bde. (2. Aufl. 1940); ders.: Graf J. Ph. St. (1966)

STADION, Franz Seraph, Graf von Warthausen, * 27. 7. 1806 in Wien, † 8. 6. 1853 in Wien, liberaler Politiker. Der zweite Sohn von Johann Philipp Graf St. (s. d.) trat in den Staatsdienst, entwickelte sich rasch zu einem Verwaltungsspezialisten und erwarb sich seine ersten Verdienste 1841–45 als Statthalter des Küstenlandes in Triest. In dieser Position 1846–48 in Galizien tätig, bewährte St. sich in äußerst kritischen Situationen als wohl konservativer, doch nötigen Reformen aufgeschlossener Staatsmann. In Galizien führte er auch die später vom Reichstag für die gesamte Monarchie beschlossene Grundentlastung durch. 1848/49 Innenminister im Kabinett des Fürsten Schwarzenberg (s. d.), setzte St. eine liberale Gemeindeordnung durch, die durch den Absolutismus allerdings wieder außer Kraft gesetzt wurde. St. mußte schon im Mai 1849 krankheitshalber zurücktreten.

Hirsch, F.: F. Graf St. (1861)

STADION, Friedrich Lothar, Graf von Warthausen, * 6. 4. 1761 in Mainz, † 9. 12. 1811 auf Chodenschloß (Böhmen), deutscher und ö. Diplomat. Der ältere Bruder von Johann Philipp Graf St. (s. d.), gehörte zunächst dem geistlichen Stand an und besaß die Dompfründe in Mainz und in Würzburg, wandte sich aber, nach der Säkularisation der Bistümer, wegen der immer stärker werdenden franzosenfreundlichen Politik im Reich von seinen bisherigen Aufgaben ab, war 1804 Gesandter für Böhmen beim Reichstag, ging 1806 nach Wien und wurde 1807 ö. Gesandter in München. Hier wirkte St. aktiv für die Erhebung gegen Napoleon 1809, zog sich aber nach deren enttäuschendem Verlauf und dem darauffolgenden Frieden von Schönbrunn auf seine Güter nach Böhmen zurück.

STADLER, Anton Paul, * 28. 6. 1753 in Bruck an der Leitha (NÖ), † 15. 6. 1812 in Wien, Klarinettist und Bassetthornspieler. Wurde um 1783 in Wien in die „Kaiserliche Harmonie" und 1787 in die Hofkapelle aufgenommen. Er erwarb sich besondere Verdienste um die technische Verbesserung der Klarinette bezüglich der Erweiterung ihres Tonumfangs nach unten und ergänzte das Bassetthorn um zwei Klappen. W. A. Mozart (s. d.) komponierte für ihn das Klarinettenquintett und das Klarinettenkonzert sowie Solopassagen in den Arien Nr. 9 und 23 der Oper „La Clemenza di Tito", die St. bei der Prager Uraufführung spielte.

STADLER, Irmgard, * 28. 3. 1941 in Michaelbeuren (S), Opernsängerin, Sopranistin. Studierte am Mozarteum in Salzburg und an der Wiener Musikakademie. 1963 debütierte sie erfolgreich als Micaela in Stuttgart, wo sie sofort Ensemblemitglied wurde. Außerdem als Gast bei den Salzburger Festspielen, dem Glyndebourne Festival und an den Opernhäusern von Wien, München, Berlin und Venedig. Besonders als Octavian, Eva, Elvira und Jenufa geschätzt.

STADLER, Maximilian (Johann Carl Dominic), * 7. 8. 1748 in Melk (NÖ), † 8. 11. 1833 in Wien, Organist und Komponist, Benediktinermönch. Trat in Melk in den Benediktinerorden ein und empfing 1772 die Priesterweihe. War im Stift Organist und wurde zu einem hervorragenden Kontrapunktiker. Ab 1816 lebte er in Wien. War mit Joseph Haydn und W. A. Mozart eng befreundet. Er schuf eine Vielzahl von kirchlichen Werken, vorwiegend Messen und Requien, und 1816 das Oratorium „Die Befreiung Jerusalems". St. ordnete den Nachlaß Mozarts und ergänzte bzw. vollendete mehrere seiner Kompositionen. Er überwachte die Drucklegung von Mozarts Requiem und bezog im Streit um dessen Echtheit mit der Schrift „Vertheidigung der Echtheit des Mozartschen Requiems" (1825, Nachtrag 1826) engagiert Stellung.

STADLMAIR, Hans, * 3. 5. 1929 in Neuhofen an der Krems (OÖ), Dirigent. Studierte in Linz, Wien und Stuttgart und wurde 1956 Chefdirigent des Münchner Kammerorchesters, mit dem er mehrere Welttourneen unternahm. Schuf einige kammermusikalische und Orchesterwerke.

STAINER, Jakob (auch Steiner), * 14. 7. 1617 in Absam (T), † Ende 1683 in Absam, Geigenbauer. Er lernte 1634–40 (?) vermutlich in Cremona den Geigenbau und wurde zum Gründer des Tiroler Geigenbaus. Er arbeitete ohne Gehilfen und ohne Schüler ab etwa 1640 in seiner Werkstätte in Absam und wurde 1669 Hofgeigenmacher. Seine Instrumente zeichnen sich durch einen hellen, silbrigen, aber doch tragenden Ton aus und sind den besten italienischen Meistergeigen ebenbürtig. Charakteristisch für seine Instrumente ist die große Boden- und Deckenwölbung. Als er einen Prozeß gegen einen Händler verlor und zudem wegen „Lesens lutherischer Schriften" kurze Zeit eingesperrt wurde, fiel er in Wahnsinn. Sein jüngerer Bruder Marcus St. (geb. um 1619, gest. 1680) arbeitete in Kufstein (T) und Laufen (Bayern) als Geigen- und Gambenmacher.

Senn, W.: J. St., der Geigenmacher zu Absam (1952)

STAINREUTER, Leopold, * um 1340 in Wien oder Steyr (OÖ), † um 1400 in Wien, Augustiner-Eremit und Geschichtsschreiber. Trat 1368 in den Wiener Augustiner-Eremiten-Konvent ein, war dort 1377/78 Prior, studierte an der Universität Wien und wurde 1378 Hofkaplan. 1386 erhielt er eine Altarpfründe im Himmelpfortkloster, 1392 in St. Stephan. Für Herzog Albrecht III. (s. d.) war er als Übersetzer tätig und verfaßte zwischen 1384 und 1395 eine ö. Landeschronik, „Chronik von den 95 Herrschaften", die viele historisch interessante Details beinhaltet.

Rupprich, H.: Das Wiener Schrifttum des ausgehenden Mittelalters (1954); Lhotsky, A.: Quellenkunde zur mittelalterlichen Geschichte Ö.s (1963)

STAMMEL, Joseph Thaddäus, * 9. 9. 1695 (Tauftag) in Graz, † 21. 12. 1765 im Stift Admont (St), Bildhauer und Holzschnitzer. Der Hauptvertreter der spätbarocken Holzplastik in Ö. hielt sich nach seiner Ausbildung für einige Zeit in Rom auf und war ab 1726 Stiftsbildhauer in Admont (St). Von der spätgotischen Tradition übernahm er die starke Bewegtheit und fügte eine volkstümliche Fabulierfreudigkeit hinzu. Seine Meisterschaft des Details zeigt sich besonders deutlich in seinen Hauptwerken: Hochaltar der Kirche St. Martin in Straßgang bei Graz (1738–40), Weihnachtskrippe in Kalwang (St) (1751) und die Bildwerke „Die vier letzten Dinge", Tod, Gericht, Himmel und Hölle, in der Stiftsbibliothek Admont (1760); außerdem befinden sich in Admont noch folgende Holzplastiken St.s: Rosenkranzgeheimnisse, Leichnam Christi und „Die vier Jahreszeiten". Ferner schuf St. ein Kruzifix in der Pfarrkirche von Strechau, den Kreuzaltar in der Wallfahrtskirche Frauenberg sowie Werke in den Kirchen von Gaishorn, Mautern, St. Gallen, Wildalpen, Öblarn und St. Bartholomä am Hohen Tauern (alle St.).

Mayr, A.: Die Werke des Plastikers J. Th. St. (1912); Krause, A.: Die Krippenkunst des J. Th. St. (1962)

Joseph Thaddäus Stammel: „Hölle". Lindenholz, 1760. Stiftsbibliothek Admont

STAMPFER, Simon von, * 28. 10. 1792 in Windisch-Matrei (Osttirol), † 10. 11. 1864 in Wien, Mathematiker und Geodät. Wurde nach seinem Studium 1816 supplierender Lehrer in Salzburg und beteiligte sich 1816–19 an den Vermessungsarbeiten zur Feststellung der Grenze zwischen Ö. und Bayern sowie anschließend an den Längengradmessungen zwischen München, Wien, Ofen und Prag. 1826–49 Prof. der praktischen Geometrie am Wiener Polytechnischen Intitut (heute Technische Hochschule bzw. Universität). 1832 erfand er das Laufbild, eine stroboskopische Scheibe, mittels der Bilder auf einer sich drehenden Scheibe durch Schaulöcher betrachtet wurden und so den Eindruck eines lebenden Bildes vermittelten. Außerdem veröffentlichte St. „Logarithmisch-trigonometrische Tafeln" (1822, 16. Aufl. 1895) und „Theoretisch-praktische Anleitung zum Nivellieren" (1845).

Herr, G.: S. St. (1865)

STAMPRECH, Franz, * 30. 5. 1906 in Wien, Journalist und Schriftsteller. Studierte in Wien und wurde Journalist. 1955–71 Chefredakteur der „Wiener Zeitung". Veröffentlichte u. a.: „Hans Kudlich" (Roman, 1947), „Frühlingsstimmen" (Novellen, 1948), „Dackel und Dackeline" (Kinderbuch, 1952), „Leopold Kunschak" (Essay, 1953), „Ignaz Castelli" (Essay, 1960), „Die älteste Tageszeitung der Welt" (o. J.), „175 Jahre Ö. Staatsdruckerei" (1979).

STARHEMBERG, Ernst Rüdiger Graf, * 12. 1. 1638 in Graz, † 4. 1. 1701 in Wesendorf (heute Vösendorf, NÖ, anderen Angaben zufolge in seinem Freihaus in Wien). Entstammte einem oö. Uradelsgeschlecht und trat nach ausgedehnten Studien in den Hofdienst. Bei der Krönung Kaiser Leopolds I. (s. d.) am 31. 7. 1658 fungierte er bereits als dessen Kämmerer. Da er mehr der militärischen Laufbahn zuneigte, machte er 1659 die Belagerung von Stettin mit und bewährte sich unter Montecuccoli (s. d.) im Kampf gegen die Türken, ganz besonders in der Schlacht von St. Gotthard an der Raab am 1. 8. 1664. 1674–76 kämpfte er gegen die Franzosen, war 1674 bereits Generalwachtmeister und wurde 1680 Stadtkommandant von Wien und Oberst der Wiener Stadtguardia. 1682 Feldzeugmeister, zeichnete sich St. vor allem während der zweiten Belagerung Wiens durch die Türken von 9. 7.–12. 9. 1683 aus. Mit rund 13 000 Mann regulären Truppen und etwa 8 000 Freiwilligen hielt er den Angriffen der rund 280 000 Mann starken türkischen Belagerungsarmee bis zum Eintreffen des Entsatzheers stand. Mehrmals verwundet und an Ruhr erkrankt, stach St. durch Umsicht und persönliche Tapferkeit hervor, wofür er nach der Befreiung Wiens zum Feldmarschall und Ritter des Goldenen Vlieses ernannt wurde und zahlreiche Ehrungen sowie Geschenke erhielt. St. durfte fortan den Stephansturm in seinem Wappen führen und bekam auch ein Dankschreiben von Papst Innozenz XI. Als Kommandant der kaiserlichen Infanterie nahm er an der Verfolgung der flüchtenden Türken teil und wurde bei der Belagerung Ofens 1686 schwer verwundet. Als Präsident des Hofkriegsrats (ab 1691) führte St. verschiedene Heeresreformen durch und erreichte die Ernennung Prinz Eugens (s. d.) zum Oberbefehlshaber der kaiserlichen Armee. Nach dem Frieden von Karlowitz (1699) wurden in seinem Palais die Verhandlungen mit dem türkischen Botschafter 1700 endgültig abgeschlossen.

Thürheim, A.: E. R. v. St. (1882); Gerhartl, G.: Belagerung und Entsatz von Wien 1683, Militärhist. Schriftenreihe 46 (1982); Ackerl, I.: Von Türken belagert – von Christen entsetzt (1983); Ausstellungskatalog „Die Türken vor Wien" (1983)

STARHEMBERG, Ernst Rüdiger Fürst, * 10. 5. 1899 in Eferding (OÖ), † 15. 3. 1956 in Schruns (V), Heimwehrpolitiker. Sein Vater war Rittmeister und Flügeladjutant zweier Kriegsminister gewesen, seine Mutter, eine geborene Gräfin Larisch-Moennich, war 1920–30 Mitglied des Bundesrats und 1931–34 Stellvertretende Vorsitzende der Christlichsozialen Partei. 1917 trat St. freiwillig in die k. u. k. Armee ein, bewährte sich an der Italienfront und wurde Fähnrich. Nach dem Zusammenbruch der Monarchie stellte er aus Gutsangestellten eine eigene „Schutztruppe" zusammen, die gegen Plünderer und Wilddiebe vorging. 1920

Die siegreiche Schlacht gegen die Türken am 12. 9. 1683 zum Entsatz der von Ernst Rüdiger Graf Starhemberg verteidigten Stadt Wien

begann er in Innsbruck Nationalökonomie zu studieren und trat dort dem deutschnationalen Corps „Rhaetia" bei. Gegen den Willen der Eltern ging St. 1921 zum „Freikorps Oberland" nach Oberschlesien, wo er gegen die polnischen Insurgenten kämpfte, und 1923 nach München, wo er von Adolf Hitler (s. d.) begeistert war und am nationalsozialistischen Novemberputsch teilnahm. Anschließend diente er als einfacher Soldat in der „Schwarzen Reichswehr" und kehrte 1926 nach OÖ zurück. Nach dem Tod seines Vaters (16. 11. 1927) wurde er Majoratsherr. Als einfaches Mitglied trat St. der im Aufschwung begriffenen Heimwehrbewegung bei, war 1929 bereits Landesführer von OÖ und 1930–36, mit kurzer Unterbrechung 1931, Bundesführer des Ö. Heimatschutzes. 1930 hatte St. erste Kontakte zu Benito Mussolini und dem ungarischen Minister Gyula Gömbös, sammelte die Radikalnationalen (denen der Fey-Kurs zu „schwarz" war) in einem eigenen „Jägerfreikorps Starhemberg" zusammen und wurde im Herbst 1930 Innenminister im Kurzkabinett Vaugoin (s. d.). Im November 1930 wurde er, an der Spitze des Heimatblocks stehend, Abgeordneter zum Nationalrat, hielt zwei überhebliche Reden gegen den Parlamentarismus und legte nach 66 Tagen sein Mandat zurück. Sein Verhalten im Rahmen des steirischen Pfrimer-Putsches ist nie vollständig geklärt worden, da er im September 1931 als Bundesführer der Heimwehr beurlaubt war. Immerhin dankte er später Pfrimer (s. d.) und dem Steirischen Heimatschutz für ihren Einsatz. In der Folge kam es zu einer intensiven Freundschaft mit Engelbert Dollfuß (s. d.). St. wurde 1933/34 Stellvertretender Führer der Vaterländischen Front. 1934–36 Vizekanzler und Führer der VF. Mit Schuschnigg (s. d.) immer mehr uneins und auch für einen „deutschen Kurs" eintretend, kam es am 13. Mai 1936 zu seiner Entlassung aus der Regierung und im Herbst zur Auflösung der Heimwehr. Im Dezember 1937 verließ St. Ö. und reiste in die Schweiz, Anfang 1940 trat er in die französische Armee ein, mit der er später nach England übersetzte. 1942 ging er nach Südamerika, von wo er im Dezember 1955 nach Ö. zurückkehrte. Nachdem St. von Altgräfin Marielies zu Salm-Reifferscheidt-Raitz, die er 1928 geheiratet hatte, ge-

Ernst Rüdiger Fürst Starhemberg

ERNST RÜDIGER GRAF STARHEMBERG

Verteidiger Wiens 1683

„Als sich der Großwesir in der Vorstadt aufhielt, ließ er nach den Vorschriften der erhabenen muhammedanischen Tradition ein Schreiben an den Giaurenkönig aufsetzen: ‚Entweder Islam oder Tribut – sonst wird die Entscheidung in unserem Streit dem Schwert überlassen! Nehmt es zur Kenntnis!' . . . Nun war aber der Giaurenkönig zehn Tage vor der Ankunft des islamischen Heeres vor Wien mit einer Anzahl seiner Leute nach Linz (einer Stadt an der Donau, sechzig Stunden von Wien) entflohen (und hatte als seinen Stellvertreter den deutschen Herzog Starhemberg eingesetzt, der sich in der Festung eingeschlossen hatte). Da also die Befehlshaber in der Festung auf den Brief keine entscheidende Antwort zu geben wußten, sandten sie folgenden Bescheid: ‚Uns sind seit zwei Tagen viele Leute umgekommen, und wir sind von Gram erfüllt. Jetzt geben wir auf dieses Schreiben keine Antwort.'"

Aus dem türkischen Tagebuch der Belagerung Wiens 1683, verfaßt vom Zeremonienmeister der Hohen Pforte, übersetzt von Richard F. Kreutel (1967)

„Die Bürgerwehr, nach den vier Jung- und vier Alt-Vierteln in acht Compagnien vertheilt, aus 1800 Mann bestehend, ferner die Studenten und Handwerker, gleichfalls in der Zahl von 1800 Mann, stellten sich unter das Commando Starhemberg's . . . An diesem Tage wurden die Vorstädte mit ihren Palästen und Kirchen niedergebrannt. Augenzeugen versichern, daß Troja's Brand nicht so schrecklich gewesen sein könne."

Karl Weiß, Geschichte der Stadt Wien, Band 2 (1883)

schieden worden war, heiratete er 1937 die Burgschauspielerin Nora Gregor (s. d.). St.s „Memoiren" erschienen posthum 1971.

Hannak, J.: Der Fürst, der sein Land verkaufte (1949); Berger, B.: E. R. Fürst St. Diss. Wien (1967); Jedlicka, L.: Vom alten zum neuen Ö. (1975); Wiltschegg, W.: Die Heimwehr (1985)

STARHEMBERG, Guido Graf von, * 11. 11. 1657 in Graz, † 7. 3. 1737 in Wien, Heerführer. Zunächst für den geistlichen Stand bestimmt, wurde St. von den Jesuiten in Graz erzogen, trat aber 1677 als Gemeiner in das Regiment seines Vetters Ernst Graf St. (s. d.) ein. Während der Belagerung Wiens 1683 war er Hauptmann und Adjutant seines Vetters; er verhinderte durch seinen Einsatz beim Brand des Schottenklosters in den ersten Tagen der Belagerung eine Katastrophe, als das Feuer auf das Pulverlager im nahen Zeughaus überzugreifen drohte. Bewährte sich 1684 bei Ofen und 1687 bei Mohács, wurde Oberst und nach der Belagerung von Belgrad 1688 Generalfeldwachtmeister. Im Kampf gegen die Türken mehrmals verwundet, folgte 1692 die Ernennung zum Felmarschalleutnant und zum Kommandanten der Festung Ehrenbreitstein. 1695 Generalfeldzeugmeister, kommandierte St. 1697 in der Schlacht bei Zenta erfolgreich den linken Flügel. 1698 Generalkommandant in Slawonien, zog er aber 1701 mit Prinz Eugen nach Italien und übernahm hier 1703 den Oberbefehl. Zum Feldmarschall befördert, erhielt St. 1706 das Kommando gegen die Rebellen in Ungarn, wurde 1708 Kommandant der nach Spanien entsandten Truppen, siegte bei Saragossa und nahm Madrid ein. 1711–13 war St. Generalstatthalter (Vizekönig) in Barcelona. 1717 kehrte er nach Wien zurück und wurde 1720 Landkomtur der Ballei (Provinz) Ö. des Deutschen Ordens, dem er seit 1692 angehörte.

Arneth, A. v.: Das Leben des Grafen G. v. St. (1853); Broucek, P., Hillbrand, E., und Vesely, F.: Prinz Eugen, Feldzüge und Heerwesen (1986)

STARIBACHER, Josef, * 25. 3. 1921 in Wien, SPÖ-Politiker. Wurde nach Abschluß seines Jusstudiums Sekretär der Wiener Arbeiterkammer und war 1961–70 Abgeordneter zum Nationalrat, 1970–83 Handelsminister. Danach Vorsitzender des Aufsichtsrats der ÖIAG.

STAUD, Johann, * 22. 5. 1882 in Rohožna-Poliska (Böhmen), † 2. 10. 1939 im KZ Flossenbürg (Deutschland), christlichsozialer Arbeiterführer. Von 1934–38 war er als Vorsitzender des Gewerkschaftsbunds auch Mitglied des Bundeswirtschaftsrats, einer der vier gesetzgebenden Körperschaften im Rahmen des Ständestaats. Wurde 1938 von den nationalsozialistischen Machthabern verhaftet und in das KZ Dachau gebracht, von dort in das KZ Flossenbürg, wo er auch starb.

STAUDACHER, Hans, * 14. 1. 1923 in St. Urban (K), Maler. Wandte sich als Autodidakt der abstrakten Malerei zu und wurde zu einem Vertreter der Aktionsmalerei. Mitglied der Wiener Secession, hatte auf mehreren internationalen Ausstellungen Erfolge. Unter seinen Werken befinden sich einige in Kunstharz-Ausführung. St. schuf auch Mosaike und Glasfenster.

STEBICH, Max, * 10. 5. 1897 in Wien, † 17. 5. 1972 in Wien, Lehrer und Schriftsteller. Schuf eine Vielzahl von Gedichten, Romanen und Sagenbüchern und erhielt mehrere Auszeichnungen, darunter 1940 den Adalbert-Stifter-Preis und 1964 den Staatspreis. U. a. Lyrik: „Präludien" (1930), „Melodie der Stadt" (1932), „Das helle Leuchten" (1939), „Blumenlieder" (1948), „O Herz in spätem Glück und Traum" (1957); Romane: „Komet über Rom" (1948, 1951 unter dem Titel „Der letzte Tribun"), „Fürstin Eboli" (1949), „Christian II." (1950), „Skandal im Königshaus" (1954); Sagen und Märchen: „Märchen aus Ö." (1955), „Märchen aus aller Welt" (1956), „Alpensagen" (1958), „Donausagen" (1958), „Das große Wiener Sagenbuch" (1960), „Von Schelmen und närrischen Leuten" (1961), „Aus Moor und Heide" (1964).

STECHER, Franz Anton, * 16. 8. 1814 in Nauders (T), † 19. 8. 1853 in Innsbruck, Maler. War ein Schüler von Kupelwieser (s. d.) und Führich (s. d.) an der Akademie der bildenden Künste in Wien, wo er schon mit dem Füger-Preis und dem Reichel-Preis ausgezeichnet wurde. St. war einer der letzten Vertreter der Nazarener in Ö. Trat in den Jesuitenorden ein und war 1839–43 im Jesuitenkolleg am Freinberg bei Linz tätig. 1848 ging er in die USA. Er schuf eine Vielzahl von religiösen Bildern, allein 29 sind im Jesuitenkolleg am Freinberg erhalten. Außerdem malte er Altarbilder in den Pfarrkirchen von Mals und Sterzing (Südtirol), in Gries im Sellrain und Nauders (T) und Tafelbilder in der Kapuzinerkirche in Linz. In den USA schuf er Fresken und Altarbilder in der Jesuitenkirche von Philadelphia und der Canisiuskirche in Buffalo.

STECHER, Reinhold, * 22. 12. 1921 in Innsbruck, Bischof. Studierte Theologie in Innsbruck und wurde 1947 zum Priester geweiht. 1951 promovierte er zum Dr. theol. Am 21. 12. 1980 von Papst Johannes Paul II. zum Bischof von Innsbruck ernannt, wurde er am 25. 1. 1981 im Innsbrucker Dom von seinem Vorgänger Paulus Rusch zum Bischof geweiht.

STEEB, Christian, * 11. 5. 1848 in Peterwardein (Serbien), † 1921 in Wien, Berufsoffizier und Kartograph. War von 1895–1901 Leiter des Militärgeographischen Instituts in Wien und Feldzeugmeister. St. war der eigentliche Begründer der modernen Balkan-Kartographie und begann 1896 die vierte große Landesaufnahme von Ö., wobei er die zeitraubende Wiederbegehung der Landschaft durch die sogenannte „Kartenrevision" ersetzte.

STEFAN, Joseph, * 24. 3. 1835 in St. Peter bei Klagenfurt, † 7. 1. 1893 in Wien, Physiker. Studierte ab 1853 an der Universität Wien. 1858 habilitierte er sich hier für mathematische Physik, wurde 1863 Univ.-Prof. und 1866 Direktor des Physikalischen Instituts. 1875–85 Sekretär der Mathematisch-Naturwissenschaftlichen Klasse der Akademie der Wissenschaften und ab 1885 Vizepräsident der Akademie. 1883 Präsident der internationalen wissenschaftlichen Kommission der elektrischen Ausstellung und 1885 Präsident der internationalen Stimmtonkonferenz. Lieferte wichtige Beiträge zu akustischen und optischen Problemen, zu Hydrodynamik und Elektrizitätstheorie. Seine bedeutendsten Leistungen waren

Guido Graf Starhemberg. Gemälde von J. G. Auerbach

die experimentelle Bestimmung des Wärmevermögens in Gasen mittels des „Diathermometers" sowie die Entwicklung des Gesetzes über die Intensität der Wärmestrahlung – dieses zählt zu jenen Strahlungsgesetzen, die von seinem Schüler Boltzmann (s. d.) weiterentwickelt wurden.

Obermayer, A. v.: Zur Erinnerung an J. St. (1893); Jäger, G.: Vortrag über St. (1935)

STEGER, Norbert, * 6. 3. 1944 in Wien, Jurist und FPÖ-Politiker. Studierte in Wien Jus und wurde Rechtsanwalt. 1979 Abgeordneter zum Nationalrat. Am 1. 3. 1980 mit 55,39 % der Delegiertenstimmen zum Bundesparteiobmann der FPÖ gewählt, seit 1983 Vizekanzler und Handelsminister in der SPÖ-FPÖ-Koalitionsregierung. Wurde 1986 als Bundesparteiobmann der FPÖ abgewählt, was Bundeskanzler Franz Vranitzky (s. d.) veranlaßte, das Koalitionsübereinkommen aufzukündigen und mit seiner Regierung zurückzutreten.

STEIDL, Melchior Matthias, * in Innsbruck, † 4. 8. 1727 in München, Maler. Seine Geburtsdaten sind unbekannt. Vorwiegend in OÖ tätig, wo er barocke Fresken und Altarbilder schuf. Zu den bedeutendsten seiner Werke gehören die Fresken in der Stiftskirche und der Sakristei von St. Florian (OÖ), in der Bibliothek und im Kaisersaal des Stifts Kremsmünster (OÖ) und in der Kirche, der Sommerabtei und der Bibliothek des Stifts Lambach (OÖ) sowie das Seitenaltarbild in der Servitenkirche in Rattenberg (T).

STEIDLE, Richard, * 20. 9. 1881 in Untermais bei Meran (Südtirol), † 30. 8. 1940 im KZ Buchenwald, Rechtsanwalt und Heimwehrpolitiker. Sohn württembergischer Einwanderer, studierte in Innsbruck Jus und wurde 1914, da zum Wehrdienst untauglich, Militär-Gerichtsakzessist, nach dem Ende des Ersten Weltkriegs Rechtsanwalt. 1919–34 Landtagsabgeordneter der Tiroler Volkspartei (Landesorganisation der Christlichsozialen Partei). Von 30. 10. 1918 bis 6. 6. 1921 und von 23. 3. 1933 bis 9. 11. 1934 Landesrat, 1922–31 Mitglied des Bundesrats. In der Heimwehr, der er seit Mai 1920 angehörte, Landesführer bis 1934. Vom April 1923 an Vorsitzender der Vereinigung der alpenländischen Selbstschutzverbände, 1926–30 erster Bundesführer der ö. Selbstschutzverbände und 1932–34 Stellvertretender Bundesführer. Bei der Großkundgebung der Heimwehr in Korneuburg (NÖ) am 18. 5. 1930 verlas er den berühmt-berüchtigten „Korneuburger Eid", der dem Parlamentarismus den Kampf ansagte. Am 11. 6. 1933 wurde er in Innsbruck durch mehrere Revolverschüsse eines Nationalsozialisten schwer verletzt. Von Oktober bis Dezember 1933 Sicherheitsdirektor für Tirol, richtete 1933 in Wien das neu geschaffene Amt des Bundeskommissärs für Propaganda ein und führte es bis 15. 7. 1934. Dann wurde er Generalkonsul in Triest. Wegen der unerbittlichen Härte, mit der er die illegalen Nationalsozialisten verfolgt hatte, wurde er 1938 von den nationalsozialistischen Machthabern verhaftet und in das KZ Buchenwald gebracht.

Joseph Stefan. Lithographie von P. Wodraschka (1893)

Hans Staudacher: „Ocker und rote Spuren" (1959)

Wiltschegg, W.: Die Heimwehr (1985)

STEIGENTESCH, August Ernst Freiherr von, * 12. 1. 1774 in Hildesheim, † 30. 12. 1826 in Wien, Berufsoffizier und Schriftsteller. Wurde als Sohn eines höheren Staatsbeamten geboren und trat 1789 in die ö. Armee ein. Wegen seines gewandten und geistreichen Auftretens war er sehr geschätzt, erwarb sich später auch die Gunst des Fürsten Metternich und wurde mehrfach in diplomatischen Missionen verwendet. 1813 Generaladjutant des Fürsten Karl Philipp zu Schwarzenberg (s. d.), avancierte bis zum Generalmajor und war dann bis 1820 ö. Militärbevollmächtigter beim deutschen Bundestag. Als Schriftsteller ebenfalls anerkannt, verfaßte er zahlreiche geistreich-graziöse Lustspiele, die mit Erfolg am Wiener Burgtheater aufgeführt wurden. 1813 erschienen sie gesammelt (3 Bde.). Erwähnenswert sind: „Die Versöhnung" (1795), „Das Landleben" (1802), „Der Reukauf" (1803). Seine „Gesammelten Schriften" erschienen 1820 (6 Bde.).

Eilers, W.: A. von St. (1905)

STEIGERWALD, Peter, * 12. 6. 1898, † 29. 6. 1961 in Wien, Filmdramaturg und Regisseur. Wurde vor allem bekannt durch mehrere ö. Kultur- und Dokumentarfilme und durch die Regiearbeit an der Fernsehserie „Der Fenstergukker". Besonders erwähnenswert sind seine Dokumentarfilme „Peter Roseggers Waldheimat", „Wien baut auf", „Tiroler Bergheimat", „20. Jahrhundert – Jahrhundert der Elektrizität" und „Cho-Oyu – Gnade der Götter" über die erfolgreiche Himalaja-Expedition von Herbert Tichy (s. d.).

STEIN, Leo (ursprünglich Rosenstein), * 25. 3. 1861 in Lemberg (Galizien), † 28. 7. 1920 in Wien, Librettist und Bühnenschriftsteller. Kam nach Wien und wurde Verfasser oder Mitautor zahlreicher Operettentextbücher. Von seinen Lustspielen sind nur „Die Fächersprache" (1889) und „Die Generalprobe" (1889) einigermaßen bekannt geworden. Wesentlich erfolgreicher war er als Librettist der Operetten „Wiener Blut" (1899), „Das süße Mädel" (1901), „Tausend und eine Nacht" (1904), „Der Göttergatte" (1904), „Die lustige Witwe" (1905), „Die Schützenliesel" (1905), „Künstlerblut" (1906), „Die geschiedene Frau" (1908), „Der Graf von Luxemburg" (1909), „Polenblut" (1913), „Die Csárdásfürstin" (1915), „Hollandweibchen" (1917), „Die blaue Mazur" (1920), „Mädi" (1923).

STEINBACH, Emil, * 11. 6. 1846 in Wien, † 26. 5. 1907 in Purkersdorf bei Wien, Jurist und Währungspolitiker. War 1891–93 ö. Finanzminister und führte 1892 eine Währungsreform und eine Reform der Personalsteuer durch. Außerdem trat er mehrmals für eine Erweiterung des bestehenden Wahlrechts ein. 1904 bis zu seinem Tod war er Präsident des Obersten Gerichtshofs.

STEINBERG-FRANK, Alfred, * 6. 5. 1888 in Wien, † 19. 11. 1953 in Wien, Wienerliederkomponist. Neben seiner Tätigkeit als Bankbeamter komponierte er etwa 350 Lieder, die zum Teil sehr populär wurden, darunter: „Da fängt der alte Stephansturm zum plaudern an", „Mei Alte sauft soviel wie i", „Mir is der Huat heut z'klan", „Auf der Lahmgrubn", „Wien, Weib, Wein", „Das war in Petersdorf". Seine Operette „Märchen aus Wien" (1937) hatte keinen besonderen Erfolg, dafür aber „Das Kaiserliebchen" (zusammen mit E. Decsey, 1930) und „Bojarenliebe" (gemeinsam mit H. Borutzky, 1932).

STEINBÖCK, Johann, * 12. 6. 1894 in Frauenhofen (NÖ), † 14. 1. 1962 in Wien, Landwirt und christlichsozialer Politiker. War 1932–38 Landtagsabgeordneter, 1934–38 und 1945–49 Landesrat. Seit 1949 bis zu seinem Tod Landeshauptmann von NÖ. Als Agrarpolitiker wie als Landeshauptmann sehr beliebt, verstand es, mit einfachen und bescheidenen Mitteln Krisensituationen zu meistern, so besonders in der schweren Zeit der Besetzung nach dem Zweiten Weltkrieg.

STEINBOECK, Rudolf, * 7. 8. 1908 in Baden (NÖ), Schauspieler, Regisseur und Theaterleiter. War nach Abschluß seiner Ausbildung 1938–45 am Theater in der Josefstadt engagiert und hier 1945–53 auch Direktor. 1946 gründete er an diesem Theater ein Filmstudio. Von 1957 an war St. Regisseur am Wiener Burgtheater und auch bei Rundfunk und Fernsehen tätig. St. galt als besonders subtiler Schnitzler-Regisseur und traf besonders gut den Kammerspielton. 1965 erhielt er die Kainz-Medaille. Er ist mit der Burgschauspielerin Aglaja Schmid (s. d.) verheiratet.

STEINBRECHER, Alexander, * 16. 6. 1910 in Brünn, † 6. 4. 1982 in Wien, Komponist. Studierte in Prag und Brünn. Seine Singspiele sind in der Tradition der Wiener Operette komponiert, wobei er grundsätzlich die Texte der Lieder auch selbst verfaßte. Am bekanntesten wurden von seinen Singspielen: „Die Gigerln von Wien" (1939), „Brillanten aus Wien" (1943) und „Meine Nichte Susanne" (1943). St. komponierte auch einige sehr populäre Lieder, u. a.: „Unter einem Regenschirm am Abend", das unmittelbar nach der Uraufführung zum Schlager wurde, „Ich kenn' ein kleines Wegerl im Helenental", „Zwischen Simmering und Favoriten". St. schrieb auch für viele Filme die Filmmusik.

STEINER, Herbert, * 3. 2. 1923 in Wien, Historiker. Emigrierte 1938 nach England, studierte nach seiner Rückkehr Geschichte und wurde Leiter des Dokumentationsarchivs der ö. Widerstandes. Er veröffentlichte u. a.: „Zum Tode verurteilt: Ö. gegen Hitler" (1964), „Geschichte der ö. Arbeiterbewegung 1867–1899" (1964), „Gestorben für Ö." (1968).

STEINER, Rudolf, * 27. 2. 1861 in Kraljević (Kroatien), † 30. 3. 1925 in Dornach (Schweiz), Religionsphilosoph, Anthroposoph und Schriftsteller. Der Sohn eines Beamten der Südbahngesellschaft studierte an der Technischen Hochschule in Wien und beschäftigte sich früh und sehr intensiv mit den Schriften Goethes. 1886 hielt er im Wiener Goethe-Verein den vielbeachteten Vortrag „Goethe als Vater einer neuen Ästhetik". Im Herbst 1890 übersiedelte er nach Weimar und wurde ständiger Mitarbeiter am Goethe- und Schiller-Archiv. 1891 promovierte er in Rostock zum Doktor der Philosophie. 1897 ging St. nach Berlin, wo er als Journalist und 1899–1904 als Lehrer an der Arbeiter-Bildungsschule tätig war. 1902 trat er in Berlin in die Theosophische Gesellschaft ein und gründete im Oktober die Sektion der deutschen Theosophischen Gesellschaft, deren Ausbau er ab 1905 intensiv betrieb. 1913 gründete er die „Anthroposophische Gesellschaft" und legte am 20. 9. in Dornach bei Basel den Grundstein zum ersten „Goetheanum", einer „Hochschule für Geisteswissenschaften" und zukünftiger Kult- und Lehrstelle der Gesellschaft. 1919 kam es zur ersten Gründung einer „Waldorf-Schule" in Stuttgart, in der St. seine pädagogischen Vorstellungen und Methoden verwirklichen konnte. (Der Name kommt von der Zigarettenfabrik Waldorf-Astoria her, da deren Direktor Emil Molt an St. herangetreten war, um bei einer Betriebsschulgründung mitzuwirken). Am 31. 12. 1922 wurde das Goetheanum in Dornach durch einen gelegten Brand völlig zerstört (den Neubau von 1928/29 hat St. nicht mehr erlebt). St. entfaltete in Europa eine ausgedehnte Vortragstätigkeit und suchte im Sinne des von ihm entwickelten Welt- und Menschenbildes alle Gebiete des Lebens und der Wissenschaften ganzheitlich zu deuten. Er vertrat u. a. eine biologisch-dynamische Wirtschaftsweise in der Landwirtschaft. Seit 1955 wird vom Rudolf-St.-Archiv in Dornach in einem eigenen Verlag die Gesamtausgabe von St.s Werk betrieben – sie umfaßt bereits 300 Bände. Als St.s Hauptwerke sind anzusehen: „Einleitung zu den naturwissenschaftlichen Schriften Goethes", 4 Bde. (1883–97), „Goethes Weltanschauung" (1897), „Das Christentum als mystische Tatsache" (1902), „Theosophie" (1904), „Wege zu einem neuen Baustil" (1914), „Allgemeine Menschenkunde" (1919), „Geisteswissenschaft und Medizin" (1920) sowie aus dem Nachlaß „Wendepunkt des Geisteslebens" (1927).

Rudolf Steiner

Rittelmeyer, F.: Vom Lebenswerk R. St.s (1921); Lauer, H. E.: R. St.s Lebenswerk (1926); Troberg, G.: R. St. und die Anthroposophie (1949); Poeppig, F.: R. St. (1960); Meyer, R.: Wer war R. St.? (1961); Hemleben, J.: R. St. in Selbstzeugnissen und Bilddokumenten (1970); Wehr, G.: C. G. Jung und R. St. (1972); Kugler, W.: R. St. und die Anthroposophie (1978)

STEINFELD, Franz, * 26. 5. 1787 in Wien, † 5. 11. 1868 in Pisek (Böhmen), Landschaftsmaler, Radierer und Lithograph. War der Sohn des Bildhauers Franz St. (* 1750, † 13. 4. 1832 in Wien), der Figuren für den Schloßpark von Schönbrunn geschaffen hatte. St. begann seine künstlerische Laufbahn ebenfalls als Bildhauer, wandte sich jedoch bald der Malerei zu. Sein 1824 entstandenes Bild „Hallstattlandschaft" gilt als Beginn der Biedermeiermalerei. 1850 wurde er Prof. an der Akademie der bildenden Künste in Wien, und aus seiner Schule gingen mehrere bedeutende Landschaftsmaler hervor. Er schuf auch eine beachtliche Anzahl von Miniaturen und Graphiken, blieb aber vor allem durch seine der Romantik verhafteten Biedermeier-Landschaftsbilder bedeutend.

STEINGRUBER, Ilona, * 8. 2. 1912 in Wien, † 10. 12. 1962 in Wien, Sängerin, Sopranistin. Studierte in Wien und war zunächst als Konzertsängerin und beim Rundfunk tätig. 1942 feierte sie ihr Debüt als Opernsängerin in Tilsit und absolvierte 1945–48 mehrere Konzertreisen. Ab 1948 an der Wiener Staatsoper, war auch Gast bei den Salzburger Festspielen sowie an den Opern von Prag und Brüssel. Ab 1951 war sie in Wien als Gesangspädagogin tätig.

STEINHAUER, Erwin, * 19. 9. 1951 in Wien, Schauspieler und Kabarettist. Studierte einige Semester Philosophie und war 1974 gemeinsam mit Wolfgang Teuschl und Erich Demmer Mitbegründer des Kabarettensembles „Keif". 1977 trat er im Wiener „Simpl", 1979 im Düsseldorfer „Kommödchen" auf. 1980 gründete er die „ARGE Kabarett", spielte Theater und trat in TV-Shows auf. 1982 entstand sein erstes Kabarett-Soloprogramm „Entlassen – Ein Arbeitsplatzkonzert", dem „Kopf hoch! Das Wasser steht uns bis zum Mund" (1983), „Cafe Plem-Plem" (1984) und „Ganz im Ernst" (1986) folgten. Seit 1982 Mitglied des Burgtheaters, verkörperte dort 1986 Merz-Qualtingers „Herrn Karl".

STEINITZ, Wilhelm, * 18. 5. 1836 in Prag, † 12. 8. 1900 in New York, Schachspieler. Inoffiziell seit 1866 Schach-Weltmeister (nach Sieg über den Deutschen Andersen), seit 1886 offiziell nach dem Sieg über J. H. Zukertort. Verteidigte dann acht Jahre mit Erfolg seinen Titel (darunter zweimal gegen den berühmten Russen Tschigorin), ehe er 1894 die höchste Schachkrone an Lasker (Deutschland) abgeben mußte. In seinen Veröffentlichungen,

u. a. „Modern chess instruction" (1889) und im von ihm gegründeten „International Chess Magazine" (1885–91), befaßte er sich vor allem mit dem Positionsspiel.

STEINL, Matthias (auch Steindl), * um 1644, † 18. 4. 1727 in Wien, Baumeister, Bildhauer und Elfenbeinschnitzer. War einer der vielseitigsten Künstler des ö. Barock, seine Hauptbedeutung liegt jedoch in seinem bauplastischen Schaffen. In Wien schuf er den Hochaltar der Pfarrkirche in Hietzing und die Kanzel, das alte Orgelgehäuse sowie eine Figurengruppe der Peterskirche. 1722 erbaute er Teile des Langhauses der Stiftskirche Zwettl (NÖ) sowie gemeinsam mit J. Munggenast (s. d.) die West- und die Turmfassade. 1725 wirkte er am Turmbau und den Reliefs am Tor der Stiftskirche von Dürnstein (NÖ) mit und errichtete mehrere Statuen. 1725–27 schuf er den Hochaltar und das Chorgestühl der Stiftskirche von Klosterneuburg und barockisierte den Augustinersaal. Weiters zählen zu seinen Werken: der Hochaltar des Stifts Vorau (St) und ein Wandbrunnen für das Stift Kremsmünster (OÖ).

Pauker, F.: Der Bildhauer und Ingenieur M. St. (1909); Pühringer-Zwanowetz, J.: M. St. (1965)

STEINLE, Eduard Ritter von (seit 1879), * 2. 7. 1810 in Wien, † 18. 9. 1886 in Frankfurt am Main, Maler und Zeichner. Studierte an der Akademie der bildenden Künste in Wien und war ein Schüler von L. Kupelwieser (s. d.), vervollkommnete sich bei einem Rom-Aufenthalt (1828–1834), lebte dann wieder in Wien und ging 1839 nach Frankfurt am Main, wo er 1850 erster Prof. für Historienmalerei am Städelschen Institut wurde. St. war der letzte Vertreter der Nazarener und schuf eine Vielzahl von Wand- und Tafelbildern religiösen und historischen Inhalts sowie Aquarelle und Zeichnungen aus Märchen und Legende. Seine Hauptwerke befinden sich in Frankfurt, in München und in Köln sowie in Straßburg. Bedeutend sind seine Fresken in den sieben Chornischen der Marienkirche von Aachen (1865/66). Er schuf auch die Entwürfe für die Glasfenster der Votivkirche in Wien.

Steinle, A. M.: E. von St., des Meisters Gesamtwerk in Abbildungen (1910)

STEJSKAL, Theodor, * 19. 12. 1876 in Wien, † 11. 7. 1945 in Wien, Pädagoge. Studierte in Wien und war 1919 in der Reformabteilung Glöckels (s. d.)

Franz Steinfeld: Attergaulandschaft

im Unterrichtsministerium tätig und wesentlich an der Neugestaltung des gesamten Volksschulwesens beteiligt. 1922 veröffentlichte er „Pädagogische Versuchsarbeit in Ö.". Gemeinsam mit E. Burger verfaßte er „Praxis und Theorie der Schulklasse" (1931).

STEKL, Konrad, * 21. 7. 1901 in Ragusa (Dubrovnik, Dalmatien), † 9. 5. 1979 in Graz, Komponist und Dirigent. Studierte in Graz, wo er auch Prof. am Konservatorium wurde. 1949–71 an der Kapfenberger Musikschule tätig, gründete in Graz das Ringorchester, das er auch leitete, sowie mehrere andere Musikschulen in der Steiermark, etwa in Judenburg, Fohnsdorf und Zeltweg. 1947 und 1953 erhielt er den Joseph-Marx-Preis, 1957 den Staatspreis und 1961 den Theodor-Körner-Preis. Neben Symphonien, Chor- und kammermusikalischen Werken schuf er auch Opern, u. a. „Der Rattenfänger", „Anna Ivanovna", „Der Kammerkavalier", „Marino Falieri".

STELZHAMER, Franz, * 29. 11. 1802 in Groß-Piesenham bei Ried im Innkreis (OÖ), † 14. 7. 1874 in Henndorf (S), Schriftsteller, einer der bedeutendsten Mundartdichter des bayerisch-oö. Raums. Sohn eines Kleinbauern. Studierte kurze Zeit in Salzburg, dann in Graz Jus, daraufhin besuchte er die Kunstakademie in Wien und studierte danach Theologie in Linz. Bald schloß er sich einer Wanderschauspielergruppe an und führte dieses unstete Leben bis zu seiner Heirat 1845. Bis zum Tod seiner ersten Frau (1856) lebte er in Ried im Innkreis, um danach sein Wanderleben wieder aufzunehmen. Schließlich befreiten ihn Unterstützungen des Landes OÖ von seinen ärgsten Sorgen und Nöten, worauf er mit seiner zweiten Frau im salzburgischen Henndorf lebte. Von St. stammte der Text der oö. Landeshymne, er verfaßte mehrere Gedichtbände in oö. Mundart, auch politischen Inhalts. 1844–68 erschienen „Gedichte in obderennsischer Volksmundart" (4 Bde.), denen 1876 der Gedichtband „Der Liebesgürtel" folgte. Epen: „Waldfräuerl", „Da Soldodnvöda", „D'Ahnl" (1851). Von seiner Prosa erschien 1845 eine dreibändige Sammlung sowie: „Heimgarten" (1846), „Jugend-Novellen" (1846), „Das bunte Buch" (1852), „Gambrinus" (ein humoristisches Taschenbuch, 1853); nach seinem Tod, 1875: „Aus meiner Studienzeit" und

Franz Stelzhamer. Lithographie von Gabriel Decker (1843)

das Sittenbild „Die Dorfschule". 1884 gab Peter Rosegger „Ausgewählte Dichtungen" (4 Bde.) heraus, L. Kober 1948 und H. Commenda 1955 eine Auswahl.

Burckhard, M.: F. St. (1905); Commenda, H.: F. St. (1952)

STEMOLAK, Karl, * 8. 11. 1875 in Graz, † 13. 4. 1954 in Wien, Bildhauer. Studierte in Wien und war 1914–39 Präsident des „Hagenbundes" und 1946/47 der Wiener Secession. 1954 erhielt er den Preis der Stadt Wien. St. schuf zahlreiche Bauplastiken an Wohnhausanlagen und öffentlichen Gebäuden in Wien, so u. a. am Justizpalast, an der Hochschule für Welthandel und am Amalienbad. Außerdem umfaßte sein Werk viele Bildnisbüsten, so von Ewald Balser, Lotte Medelsky und Erzherzog Eugen.

STEPHAN VIKTOR, Erzherzog von Ö., * 14. 9. 1817, † 19. 2. 1867 in Menton. Sohn Erzherzog Josephs (gest. 1847). St. V. wurde im Dezember 1843 Zivilgouverneur von Böhmen, nach dem Tod seines Vaters stellvertretender Palatin von Ungarn und im November 1847 durch die Wahl des Reichstags sowie durch Bestätigung des Kaisers definitiv mit dieser Würde betraut. Wegen der Ereignisse des März 1848 war seine Stellung problematisch geworden, obwohl man ihn am 22. 3. 1848 zum Vizekönig von Ungarn ernannt hatte. Am 2. 7. 1848 eröffnete er im Namen Kaiser Ferdinands I. (s. d.) den neugewählten ungarischen Reichstag, der ihm im September den Oberbefehl über die ungarische Armee (gegen Jellačić, s. d.) übertrug. Daraufhin legte St. V. am 24. 9. 1848 das Palatinamt nieder und zog sich auf seine Besitzungen in Nassau zurück.

Erzherzog St. V. von Ö., sein Leben und Wirken (1868)

STEPHANIE, Kronprinzessin von Ö., * 21. 5. 1864 auf Schloß Laeken (Belgien), † 23. 8. 1945 auf Schloß Oroszvár (Ungarn), Tochter König Leopolds II. von Belgien. Sie heiratete am 10. 5. 1881 in Wien Kronprinz Erzherzog Rudolf (s. d.). Dieser unglücklichen Ehe entstammte die Erzherzogin Elisabeth Marie (s. d.). Nach der Tragödie von Mayerling (30. 1. 1889) hatte St. eine tragisch endende heimliche Liebschaft mit dem polnischen Grafen Arthur Potocki. Ihre zweite Ehe mit Graf (später Fürst) Elemer Lonyay de Nagy-Lonya, den sie am 22. 3. 1900 heiratete, wurde dann außerordentlich glücklich.

Schiel, I.: St., Kronprinzessin im Schatten von Mayerling (1978)

STERN, Josef Luitpold, s. Luitpold, Josef

STERNBERG, Caspar Graf, * 6. 1. 1761 in Prag, † 20. 12. 1838 in Březina (Böhmen), Botaniker und Mineraloge. Entstammte einem alten böhmischen Adelsgeschlecht. Für den geistlichen Stand bestimmt, studierte er 1779–83 Theologie am deutschen Kolleg in Rom, wurde 1786 Domkapitular in Regensburg und 1787 in Freising. Immer wieder mit diplomatischen Missionen betraut, fand er dennoch Zeit, seinem Hang zu den Naturwissenschaften weiter nachzugehen. 1803 erwarb er einen Teil der alten Festungsanlagen der Stadt Regensburg und ließ einen botanischen Garten mit Glas- und Treibhäusern anlegen. Er hielt vielbeachtete Vorträge über Botanik und Mineralogie, regte die Gründung von Botanikergesellschaften und Museen an, auch des Nationalmuseums in Prag, worin seine paläontologische Sammlung untergebracht wurde. Er stand mit Goethe und Alexander von Humboldt in regem Kontakt und zählt zu den Mitbegründern der ö. Paläobotanik. St. veröffentlichte eine Vielzahl von Aufsätzen und mehrere Bücher. U. a.: „Über den gegenwärtigen Standpunkt der

Kronprinzessin Stephanie. Gemälde von Hans Makart

botanischen Wissenschaft, und die Notwendigkeit, das Studium derselben zu erleichtern" (1815), „Versuch einer geognostisch-botanischen Darstellung der Flora der Vorwelt", 6 Hefte mit zahlreichen Kupferstichen (1820–33), „Umriß einer Geschichte der böhmischen Bergwerke" (1836).

STERNBERG, Josef von (Jonas), * 29. 5. 1894 in Wien, † 22. 12. 1969 in Hollywood, Filmregisseur. Wuchs in Wien auf und begann seine Laufbahn als Regieassistent und Drehbuchautor in Hollywood. Drehte danach Filme mit Charlie Chaplin und 1930 für die UFA in Berlin „Der blaue Engel", für den er Marlene Dietrich verpflichtete. Mit ihr schuf St. anschließend eine Reihe von Erfolgsfilmen. Berühmt wurden auch seine Streifen „The Shanghai Gesture", „Macao" und „Anatahan".

STERNECK, Maximilian Freiherr von, s. Daublebsky von Sterneck zu Ehrenstein

STERNECK, Robert, * 7. 2. 1839 in Prag, † 1. 11. 1910 in Wien, Geodät und Astronom. Arbeitete nach seinem Studium in Wien 1862–1902 am Militärgeographischen Institut in Wien. Er wurde zum Begründer der angewandten Geophysik in Ö. und leistete viel für die Weiterentwicklung der Astronomie und Geodäsie. So entwickelte er u. a. eine Methode zur Beobachtung sogenannter Meridianzenitdistanzen, die „Sternecksche Methode". Außerdem erfand er das nach ihm benannte Halbsekundenpendel, einen Ableseapparat für Schweremessungen, mit dem er in ganz Ö. Schwerebestimmungen durchführte, und konstruierte einen Flutmesser (Mareograph).

STERZINGER, Martin, * 4. 3. 1664 in Imst (T), † 17. 5. 1721 (?) in Lana (Südtirol), Landrichter. Sein Vater war Landrichter (auch Pfleger genannt) von Landeck (T), er selbst 1689–99 Gutsbesitzer, Landrichter und Urbarschreiber in Naudersberg, dann – nach dem Tod seines Vaters – Landrichter von Landeck. Im Verlauf des Spanischen Erbfolgekriegs waren bayerische Truppen in Tirol eingefallen, St. organisierte das Tiroler Landesaufgebot und schlug am 1. 7. 1703 an der Pontlatzer Brücke (südwestlich von Landeck im Inntal) die Spitze eines bayerisch-französischen Streifkorps, das unmittelbar danach in Landeck und Zams vollständig aufgerieben wurde. Am 25. 6. 1710 verzichtete St. auf seinen Besitz und dürfte in Lana in ein Kloster eingetreten sein. Ab nun verliert sich seine Spur, und daher erscheint auch das überlieferte Todesdatum zweifelhaft.

Kirchmair, F.: Die Gefechte an der Pontlatzer Brücke 1703 und 1809. Militärhist. Schriftenreihe 48 (1983)

STEYRER, Kurt, * 3. 6. 1920 in Linz, Arzt und SPÖ-Politiker. Medizinstudium in Wien und Prag, Promotion 1945. Ausbildung zum Facharzt (Dermatologie), 1952–81 Betriebsarzt der SGP AG, 1975 Abgeordneter zum Nationalrat, 1981–86 Minister für Gesundheit und Umweltschutz. 1986 Präsidentschaftskandidat der SPÖ, unterlag am 8. 6. 1986 Kurt Waldheim (s. d.).

STICH-RANDALL, Teresa, * 24. 12. 1927 in West Hartford, Connecticut (USA), Kammersängerin, Sopranistin. Ist deutscher Herkunft und studierte an der Hartford School of Music und an der Columbia University. Sie debütierte in den USA als Konzertsängerin und

ADALBERT STIFTER

Das sanfte Gesetz

„Als der ‚Nachsommer' erschien, nannte man das darin Dargestellte altväterisch und beschränkt. Den Gestalten, sagte man, mangle es an Leidenschaft und Tatkraft; die Darstellung sei ohne Farbe und weitschweifig, und der innere Gehalt längst von der vorschreitenden Epoche überholt. Heute heben sich uns diese zartumrissenen Gestalten, die spiegelreine Bildung ihres Lebens zeitlos und doch als sehr nahe entgegen, und auf der geheimen Spirale, auf der sich europäisches Geistesleben bewegt – entgegen jener erhabenen Beharrung des Orients –, sind wir an den Punkt gelangt, wo uns die Lehre dieses Buches als eine nicht erschöpfte, kaum bald zu erschöpfende in die Seele dringt."

Hugo von Hofmannsthal 1925

„Was wird hier nicht alles weitläufig betrachtet und geschildert; es fehlt nur noch die Betrachtung der Wörter, womit man schildert, und die Schilderung der Hand, womit man diese Betrachtung niederschreibt, so ist der Kreis vollendet . . ."

Friedrich Hebbel über Stifters „Nachsommer", Leipziger Illustrierte Zeitung, 4. 9. 1858

„Es ist, als hätte sich die Natur in das unvergleichliche Phänomen Goethe so verliebt, daß sie's noch einmal wiederholen wollte, nur freilich mit einer gelinden Abwandlung, stiller, in kleineren Verhältnissen und mit einem Wechsel des Akzents, der dort auf den Dichter kommt, hier auf dem Maler bleibt."

Hermann Bahr, Adalbert Stifter (1919)

ging 1951 nach Europa. 1952 debütierte sie als Opernsängerin in der Rolle der Violetta an der Wiener Staatsoper und ist seither ihr Mitglied. Neben reger Gastspieltätigkeit an namhaften italienischen Opernbühnen, in Lissabon, in Chicago und an der Metropolitan Opera in New York (1961) hatte sie auch große Erfolge als Konzertsängerin.

STIFTER, Adalbert, * 23. 10. 1805 in Oberplan (Böhmen), † 28. 1. 1868 in Linz (Selbstmord), Dichter und Schulmann. Sohn eines Leinenwebers und -händlers, besuchte 1818–26 das Stiftsgymnasium in Kremsmünster (OÖ), um danach an der Universität Wien Jus zu studieren. Schließlich studierte er Mathematik, Naturwissenschaften und Geschichte, verließ aber 1830 aus Prüfungsangst ohne Abschluß die Universität. 1829 erschienen unter dem Namen „Ostade" seine ersten Gedichte im Linzer „Ö. Bürgerblatt für Verstand, Herz und gute Laune". 1832/33 bemühte er sich vergeblich um eine amtliche Lehrerstelle, bewarb sich 1837 ohne Erfolg an der Forstlehranstalt in Mariabrunn bei Wien. Am 15. 11. 1837 heiratete er die Offizierstocher Amalie Mohaupt, eine Modistin, mit der ihn allerdings nie eine besondere innige Beziehung verband. Als Maler war er 1839 mit fünf Gemälden auf der Wiener Akademie-Ausstellung vertreten. In der „Wiener Zeitschrift für Kunst, Literatur, Theater und Mode" erschien 1840 seine Erzählung „Der Condor", die Erzählung „Feldblumen" in „Iris", Almanach auf das Jahr 1841, den der Verleger Gustav Heckenast in Pest herausgab. Heckenast gewann St. 1841 auch als Herausgeber des Sammelbands „Wien und die Wiener", und in der „Iris" für 1842 erschien „Der Hochwald". Am 8. 7. 1842 beobachtete St. die totale Sonnenfinsternis und beschrieb sie für die „Wiener Zeitschrift für Kunst, Literatur, Theater und Mode". Von 1843 an Hauslehrer in verschiedenen adeligen Häusern; so unterrichtete er 1843–46 den Sohn von Staatskanzler Fürst Metternich in den Fächern Physik und Mathematik. Im Mai 1848 ging er nach Linz. 1849 zunächst als Redakteur der „Linzer Zeitung" und gelegentlich des „Wiener Boten" tätig, wurde er 1850 Schulrat und Landesschulinspektor. Ebenfalls 1850 erschienen der 5. und der 6. Band der unter dem Titel „Studien" zusammengefaßten Erzählungen; alle Rechte daran verkaufte St. an seinen

Adalbert Stifter: Der Saarstein

Verleger Heckenast, 1851 auch die Verlagsrechte an den „Bunten Steinen". 1852 hielt er den Vortrag „Über den geschnitzten Hochaltar in der Kirche zu Kefermarkt" und erreichte dadurch, daß dieses bedeutende Kunstwerk 1852–54 restauriert und damit gerettet wurde. Dies bewirkte auch 1853 seine Ernennung zum Konservator für OÖ. 1855 verschlimmerte sich ein Nervenleiden, 1857 kam eine Lebererkrankung hinzu. Schon 1856 war ihm die Inspektion der Linzer Realschule ent-

Adalbert Stifter. Letzte Aufnahme

zogen worden, ab Juli 1864 war er im Krankenurlaub, der verlängert wurde, bis man ihn am 25. 11. 1865 mit dem Titel Hofrat pensionierte. 1859 erkrankte er an einem Augenleiden, 1862/63 wurden seine nervösen und organischen Störungen immer häufiger. Zu alldem kamen finanzielle Sorgen, doch konnte er den „Nachsommer" vollenden, der 1857 (2 Bde.) veröffentlicht wurde. 1865 erschien der 1. Band des „Witiko", dem 1866 der zweite und 1867 der dritte folgten. Auch mehrere Kuraufenthalte besserten seinen Gesundheitszustand kaum, und er fürchtete den Selbstmord als Folge seiner „sinnverwirrenden Schmerzen". Im Dezember 1867 wurde er bettlägerig, sein Zustand hoffnungslos. Am 26. 1. 1868 fügte er sich mit einem Rasiermesser einen Schnitt an der Kehle zu und blieb bis zu seinem Tod am 28. 1. 1868 bewußtlos. St. ist oft als „klassischer Romancier" und auch als „Meister des klassischen Realismus" bezeichnet worden. Er war der größte Erzähler, an dem sich Generationen von Schriftstellern geschult haben und der sich nach romantischen Anfängen vom klassischen Bildungs- und Humanitätsideal leiten ließ. 1874 charakterisierte Peter Rosegger St.s Stil: „. . . er erzählt uns gleichsam mit dem Pinsel, er stellt uns ein Bild dar, das wir mit Augen sehen, aber es ist doch keine Malerei, es ist lebendig, verklärt, wie kein Maler malen kann – und so wie Stifter erzählt keiner." Johannes Aprent gab 1869 St.s Briefe (3 Bde.) heraus und 1870 „Vermischte Schriften" (2 Bde.). „Sämtliche Werke", historisch-kritische Ausgabe von A. Sauer, 24 Bde. (1901–60); die Gesamtausgabe, hrsg. von M. Stefl, 6. Bde. (1939–54), und 1952–60 (9 Bde.). Abgesehen von mehreren Auswahl-Ausgaben, erschienen noch: „Die Schulakten A. St.s, hrsg. von K. Vancsa (1955), „Pädagogische Schriften", hrsg. von T. Rutt (1960).

Hein, A. R.: A. St. (1904, 2. Aufl. 1952); Grolman, A. v.: St.s Romane (1926); Schaukal, R.: A. St. (1926); Novotny, F.: A. St. als Maler (2. Aufl. 1941); Staige, E.: St. (1943); Winterstein, A. v.: A. St. (1946); Kosch, W.: A. St. und die Romantik (1946); Böger, E.: A. St. und unsere Zeit (1947); Michels, J.: A. St. (3. Aufl. 1949); Kunisch, H.: A. St. (1950); Merker, E.: Das sanfte Gesetz (1959); Roedl, U.: St. in Selbstzeugnissen und Bilddokumenten (1956); Eisenreich, H.: Das kleine St.-Buch (1967); Großschopf, A.: A. St. (1967); Weippert, G.: St.s „Witiko" (1967); dazu die St.-Bibliographien von: Grünfeld, J. (1931); Kosch, W., und Stefl, M. (1952); Heck, W. (1954); Eisenmeier, E. (1964).

STIX, Alfred, * 22. 3. 1882 in Wien, † 29. 6. 1957 in Wien, Kunsthistoriker. Studierte in Wien und war 1923–33 Direktor der Albertina, 1933–38 des Kunsthistorischen Museums und der Ö. Gemäldegalerie. Ab 1949 Generaldirektor der staatlichen Kunstsammlungen in Wien. 1929–32 gab er die Kunstzeitschrift „Belvedere" heraus. Von seinen Veröffentlichungen sind u. a. zu nennen: „Handzeichnungen von Gustav Klimt" (1918), „H. F. Füger" (1925) und „Von Ingres bis Cézanne".

STÖBER, Franz, * 20. 2. 1795 in Wien, † 11. 4. 1858 in Wien, Radierer, Kupfer- und Stahlstecher. Als Sohn des in Wien bekannten Kupferstechers Joseph St. geboren, besaß er ein angeborenes Zeichentalent und verfertigte mit 13 Jahren seinen ersten Kupferstich. Wohl bedingt durch die frühe Ausbildung und Anleitung durch seinen Vater, errang er während des Studiums an der Wiener Akademie mehrere Auszeichnungen. 1829 schuf er als erster in Ö. einen Stahlstich, worauf er dafür auch ein Privileg erhielt, es aber bald zurücklegte. Ab 1844 war er Prof. an der Wiener Kunstakademie. St. erfand außerdem ein Verfahren des Farbdrucks mittels Kupfer- bzw. Stahlplatten. Abgesehen von seinen durch besondere Feinheit auffallenden Arbeiten, war er auch als Buchillustrator tätig.

STÖBER, Otto, * 18. 7. 1902 in Hermsdorf (Böhmen), Schriftsteller und Verleger. Gründete 1919 den „1. Esperantisten-Verein", 1921 die erste Buchgemeinschaft, „Bücherwurm", und 1929 die erste ö. amtliche Radioschule. Zudem initiierte er 1945 das Moorforschungsinstitut in Bad Neydharting (OÖ). Von seinen Romanen und Erzählungen erwähnenswert: „Jesus der Ketzer" (1924), „Ein deutscher Robinson" (1941), „Unser Robinson" (1946), „Wundersames Glas" (1947), „Gutenbergs schwarze Chronik" (1948), „Das schwarze Herz" (1954), „Abschied im Gewitter" (1956) und „Ewiges Neydharting" (1957).

STOCKERT-MEYNERT, Dora von, * 5. 5. 1870 in Wien, † 24. 2. 1947 in Wien, Schriftstellerin. War die Tochter des berühmten Psychiaters Theodor Meynert (s. d.) und veröffentlichte neben Gedichten, Erzählungen und Romanen das für die ö. Geistesgeschichte wertvolle Memoirenwerk „Th. Meynert und seine Zeit" (1930). Von ihren Romanen sind erwähnenswert: „Sabine" (1905), „Herr Palejuk" (1911), „Und sie gingen in ihr Königreich" (1912), „Das Bild der Ilje" (1928); von ihren Dramen wurden nur „Die Blinde" (1908) und „Prinzen ohne Land" (1932) bekannt.

Meinl-Kernstock, G.: D. von St.-M. Diss. Wien (1948)

STOESSL, Otto, * 2. 5. 1875 in Wien, † 15. 9. 1936 in Wien, Lyriker, Erzähler und Dramatiker. War ein formstrenger Lyriker und bevorzugte als stimmungsvoller Erzähler Motive aus dem alten Ö. Zusätzlich war er als Theaterkritiker tätig und schrieb auch einige Dramen und Märchenlustspiele sowie geistreiche Essays über ö. Dichter. Von seinen Romanen seien genannt: „Sonjas letzter Name" (1908), „Morgenroth" (1912), „Das Haus Erath" (1920) und „Sonnenmelodie" (1923).

Maetz, M.: O. St., Diss. Wien (1948); Mreule, H.: O. St.s spätere Schaffensperiode, Diss. Wien (1948)

STÖGER, Alfred, * 21. 7. 1900 in Möllersdorf (NÖ), † 12. 7. 1962 in Wien, Schauspieler, Filmregisseur und -produzent. Zunächst nach seiner Ausbildung als Schauspieler an verschiedenen Bühnen tätig, ab 1932 Filmregisseur und seit 1946 Produzent (Mundus-Film). Er wurde zum Initiator und Gestalter der Dokumentarfilme über Inszenierungen des Wiener Burgtheaters. Ab 1961 war er Lehrbeauftragter am Theaterwissenschaftlichen Institut der Universität Wien.

STÖGER, August Karl, * 19. 1. 1905 in Bad Ischl (OÖ), Lehrer und Schriftsteller. Wurde zunächst durch Romane und Novellen aus dem bäuerlichen Milieu bekannt, wandte sich aber dann dem Jugendbuch und dem Hör- und Fernsehspiel zu. Veröffentlichte u. a.: „Die Magd und andere Geschichten aus kleiner Welt" (1937), „Die Kranewittbrüder" (1938), „Der Knecht Tobias" (Novellen, 1942, 2. Aufl. 1949), „220 Millionen und Einer" (1951, als „Mann in Weiß" 1961), „Die harte Straße" (1952); die Jugendbücher: „Alle Feuer brennen" (1950), „Hunger nach Land" (1952), „Das Geheimnis des schwimmenden Hotels" (1954), „Tagebuch aus Kaprun" (1951).

STOLICZKA, Ferdinand, * 7. 7. 1838 in Bilan (Mähren), † 19. 6. 1874 in Kamp Murghi südlich des Karakorum, begraben in Leh (Kaschmir), Paläontologe. Studierte in Wien Paläontologie und war schon während seines Studiums wegen seiner außerordentlichen Begabung in der Geologischen Reichsanstalt tätig. 1863 gewann man ihn für den Geologischen Dienst für Indien in Kalkutta. Bedingt durch seine Vielseitigkeit, erstreckte sich sein Arbeitsgebiet von Tibet bis zum Äquator, das er in sechs ausgedehnten Reisen durchforschte. Auf dem Rückweg der (schon) 13 Monate dauernden Reise über die Pässe des westlichen Himalaja nach Ost-Turkestan starb er. Kurz vorher hatte er sein umfangreiches Werk (vier Atlasbände mit 176 Fossiltafeln) beenden können. Er erfaßte damit den reichen Fossilbestand der südindischen Kreideformation und schuf die Grundlage für heute noch gültige Vergleiche europäischer und indischer Gesteine.

Österreicher als Erforscher der Erde. Notring Jahrbuch 1959

STOLL, Joseph Ludwig, * 31. 3. 1777 in Wien, † 22. 6. 1815 in Wien, Theaterdichter und Privatgelehrter. Sohn von Maximilian St. (s. d.). War Regisseur am Wiener Burgtheater. Nach dem Vorbild von Schillers „Horen" gab er 1808/09 gemeinsam mit Seckendorff die Zeitschrift „Prometheus" heraus, in der sich auch Beiträge Goethes finden. Als Theaterdichter wenig erfolgreich, starb er in völliger Armut. Ludwig Uhland schrieb auf ihn das Gedicht „An einen verhungerten Dichter".

STOLL, Maximilian, * 12. 10. 1742 in Erzingen (Schwaben), † 23. 5. 1788 in Wien, Arzt. Als Sohn eines Wundarztes geboren, lernte er zunächst bei seinem Vater, wandte sich aber von der „Wundarznei" ab und trat 1761 in den Jesuitenorden ein. Dort als Lehrer tätig, entzweite er sich mit seinen Oberen und trat 1767 aus dem Orden aus. Danach studierte er in Straßburg und Wien Medizin, wo er 1772 promovierte. Zwei Jahre in Ungarn als Kreisphysikus tätig, kehrte krank nach Wien zurück und wurde hier 1776 Univ.-Prof. und Leiter der Medizinischen Klinik. Zudem auch Leibarzt des Fürsten Kaunitz und der Feldmarschälle Laudon und Hadik. Wurde bald wegweisend in der medizinischen Lehrmethode. Er schuf einen Krankheitsbegriff, den er in seinem erst nach seinem Tod erschienenen Werk „Ratio medendi", 7 Bde. (1788–94), auf Grund von Krankheitsgeschichten und Obduktionsbefunden umschrieb. Die nachfolgenden berühmten Vertreter der Wiener medizinischen Schule Škoda (s. d.) und Rokitansky (s. d.) bauten auf diesen Erkenntnissen auf.

STOLZ, Otto, * 31. 3. 1881 in Innsbruck, † 4. 11. 1957 in Innsbruck, Historiker. Studierte in Innsbruck und wurde zunächst Archivar, 1932 Oberstaatsarchivar und Leiter des Landesarchivs in Innsbruck. Zudem Univ.-Prof. Profilierte sich als Landeshistoriker. Veröffentlichte u. a.: Abschnitt „Tirol" im historischen Atlas der ö. Alpenländer (1910), „Die Ausbreitung des Deutschtums in Südtirol", 4 Bde. (1927–34), „Die Schwaighöfe in Tirol" (1930), „Politisch-historische Landesbeschreibung von Südtirol" (1937), „Rechtsgeschichte des Bauernstandes und der Landwirtschaft in Tirol und Vorarlberg" (1949), „Geschichte des Landes Tirol", 1. Bd. (mehr nicht erschienen, 1955); aus dem Nachlaß wurde 1960 „Wehrverfassung und Schützenwesen in Tirol von den Anfängen bis 1918" veröffentlicht.

STOLZ, Robert, * 25. 8. 1880 in Graz, † 27. 6. 1975 in Berlin, Operettenkomponist. Er war Schüler von R. Fuchs in Wien und von E. Humperdinck in Berlin und schon ab 1898 als Kapellmeister tätig. Ab 1905 Kapellmeister am Theater an der Wien, 1909 wurde seine erste Operette, „Die lustigen Weiber von Wien", uraufgeführt, womit er die Wiener Operettentradition fortsetzte. 1910 gelang ihm mit „Das Glücksmädel" der Durchbruch. 1919 schuf er mit „Salome" den ersten „europäischen" Foxtrott. 1938 emigrierte er in die USA und kehrte 1946 wieder nach Wien zurück. Hier wurde er Dirigent der Wiener Festwochen und musikalischer Ausgestalter der Wiener Eisrevue, absolvierte zahlreiche Auslandsgastspiele und wurde vielfach geehrt und ausgezeichnet. Er schuf über 60 Operetten, Singspiele, Musicals, Operetteneinakter und Ballette, die Musik für 25 Eisrevuen und 98 Tonfilme sowie etwa 2 000 Lieder, Konzertwalzer und Märsche. Kaum bekannt wurde seine einzige Oper, „Die Rosen der Madonna". Aus seinem umfangreichen Gesamtwerk seien genannt von den Operetten: „Der Favorit" (1916, daraus: „Du sollst der Kaiser meiner

Robert Stolz

Seele sein"), „Der Tanz ins Glück" (1920, neuer Titel 1958 „Hallo, das ist Liebe"), „Mädi" (1924), „Venus in Seide" (1932, daraus: „O mia bella Napoli"), „Der verlorene Walzer" (1933 nach dem Film „Zwei Herzen im Dreivierteltakt"), „Drei von der Donau" (1947, nach Nestroys „Lumpazivagabundus"); von den Liedern: „Servus Du", „Mein Liebeslied muß ein Walzer sein", „Die ganze Welt ist himmelblau", „Im Prater blühn wieder die Bäume", „Adieu, mein kleiner Gardeoffizier", „A klane Drahrerei", „Wien wird bei Nacht erst schön"; sein größter Filmerfolg war „Frühjahrsparade" mit dem Schlager „Frühjahrsparad' ist heut'".

Holm, G.: Im Dreivierteltakt durch die Welt (1948); Brümmel, W.-D., und van Booth, F.: R. St., Melodie eines Lebens (1967); Herbrich, O.: R. St., König der Melodie (1975); Ausstellungskatalog Fle Zi Wi Csá & Co, die Wiener Operette (1985)

STÖRCK, Anton Freiherr von (seit 1775), * 21. 2. 1731 in Sulgau (Württemberg), † 11. 2. 1803 in Wien, Arzt. Hatte früh seine Eltern verloren und wurde in einem Armenhaus in Wien erzogen. Schließlich ermöglichte man ihm das Studium der Medizin, das er in kurzer Zeit absolvierte. 1757 zum Doktor der Medizin promoviert, wurde er 1758 im sogenannten Bäckenhäusel (Versorgungsanstalt der Bäcker, ab 1656 eine Unterkunft für verarmte Wiener Bürger) Erster Physikus. 1766 k. k. Leibmedikus Maria Theresias und behandelte sie 1767, als sie an den Pocken erkrankte. 1771 zur Entlastung van Swietens (s. d.) Assessor der k. k. Studien- und Bücherrevisions-Hofkommission, 1773 Erster Leibarzt, Hofrat und Direktor der medizinischen Fakultät. Reformierte das ö. Medizinal- und Unterrichtswesen. Er verfaßte mehrere medizinische Werke in lateinischer Sprache.

STOSS, Franz, * 28. 5. 1909 in Wien, Schauspieler, Regisseur und Theaterleiter. War nach Jusstudium und Beendigung seiner Ausbildung an der Akademie für Musik und darstellende Kunst in Wien an mehreren Bühnen in Österreich und in Deutschland engagiert. 1945–51 leitete er das Wiener Bürgertheater, daneben auch 1949/50 das Wiener Stadttheater. 1953–58 hatte er gemeinsam mit Ernst Haeusserman (s. d.) die Direktion des Theaters in der Josefstadt inne, danach leitete er die Bühne allein. St. war immer wieder als Regisseur und als Schauspieler erfolgreich tätig; trat auch häufig in Film und Fernsehen auf.

STOWASSER, Joseph Maria, * 10. 3. 1854 in Troppau (Ö.-Schlesien), † 24. 3. 1910 in Wien, Gymnasialprof. und Altphilologe. Wurde nach seiner Ausbildung zunächst Lehrer in Freistadt (OÖ), dann in Wien. 1894 veröffentlichte er für den Gebrauch an Mittelschulen und Gymnasien sein später weitverbreitetes „Lateinisches Wörterbuch". St. übersetzte auch griechische Epigramme in den oö. Dialekt und oö. „Gstanzln" ins Griechische, 1903 als „Griechische Schnadahüpfeln" veröffentlicht.

STOWASSER, Otto Heinrich, * 21. 10. 1887 in Wien, † 19. 2. 1934 in Wien, Historiker. Sohn des bekannten Altphilologen Joseph Maria St. (s. d.). Studierte in Wien und absolvierte auch das Institut für Ö. Geschichtsforschung. Danach trat er in den Dienst des Haus-, Hof- und Staatsarchivs und wurde 1923 Direktor des Archivs der Stadt Wien. Daneben habilitierte er sich an der Universität Wien für historische Hilfswissenschaften und Geschichte des Mittelalters. Er begründete die „Studien aus dem Archiv der Stadt Wien", die er 1929–31 auch leitete, und veröffentlichte zahlreiche Fachaufsätze.

STRACHE, Hugo, * 10. 4. 1865 in Wien, † 4. 11. 1927 in Wien, Techniker. Studierte an der Technischen Hochschule in Wien und wurde dort Leiter der Versuchsanstalt für Brennstoffe, Feuerungsanlagen und Gasbeleuchtung. 1905 errichtete er die Wassergasanlage im Allgemeinen Krankenhaus in Wien und erfand das sogenannte „Doppelgas", ein im Gasometer erzeugtes Gemisch von Destillations- und Wassergas. Durch seine Spezialkenntnisse wurde die von ihm geleitete Versuchsanstalt international bekannt und mit Untersuchungen beauftragt.

STRAMPFER, Friedrich, * 23. 5. 1823 in Grimma (Sachsen), † 8. 4. 1890 in Graz, Schauspieler und Theaterdirektor. Debütierte 1845 als Schauspieler und wurde Mitglied des Hoftheaters in Weimar. Als Direktor einer Schmiere zog er danach durch Deutschland und Ö. und war 1862–69 Direktor des Theaters an der Wien. Er führte die Bühne zu großen Erfolgen, wurde Schöpfer des Ausstattungsstücks und brachte deutschsprachige Erstaufführungen von Offenbach-Operetten, die an Glanz und Erfolg jene von Paris übertrafen; Marie Geistinger (s. d.) und Josephine Gallmeyer (s. d.) waren die großen Stars. Ihm ist es letzten Endes zu verdanken, daß das Theater an der Wien bis in die dreißiger Jahre des 20. Jh.s die Führung als Operettentheater Wiens innehatte. St. hatte den Grundstein dafür gelegt. Für kurze Zeit zog er sich auf sein Gut „Wegscheidhof" am Fuß des Schneebergs zurück, erwarb aber schon 1870 ein Theater in der Tuchlauben und eröffnete es nach Adaptierungsarbeiten als „Strampfer-Theater". Doch das Theaterglück hatte ihn plötzlich verlassen. Nach anfänglichem Erfolg mußte er das Theater bald wieder schließen und den Konkurs ansagen. 1878 kurze Zeit Direktor der „Komischen Oper" (Ringtheater) und danach des Carltheaters, erlitt er abermals finanziellen Schiffbruch und ging deshalb 1881 nach Amerika. 1888 kehrte er zurück und übernahm 1889 in Graz die Leitung einer Theaterschule.

STRANITZKY, Joseph Anton, * 10. 9. 1676 in Graz (nach anderen Angaben in Knittelfeld, St), † 19. 5. 1726 in Wien, Schauspieler und Komödiendichter. Von Beruf „examinirter Zahn- und Mundarczt" sowie Weinhändler, wie er in Wien bezeugt ist. Seine schauspielerische Laufbahn begann er bei einer Wandertruppe, trat 1699 in München auf und kam 1705 nach Wien, wo er zunächst in einem Pawlatschentheater auf der Freyung auftrat. 1708 besaß

JOSEPH ANTON STRANITZKY

Der privilegierte Hanswurst

Joseph Anton Stranitzky als Hanswurst. Stich (18. Jh.)

„Im Jahre 1707 wurde ein neues Theater am Kärntnertor erbaut und dem berühmten Hanswurst jener Zeit, Josef Stranitzky, sowie der ‚sämtlichen deutschen Komödiantenbande' die Bewilligung erteilt, darin ihre Vorstellungen zu eröffnen. Somit war der Hanswurst offiziell anerkannt und gewissermaßen ‚privilegiert', ohne daß er jedoch damals schon einen ‚Hofratstitel' bekommen oder etwa den hohen Auftrag erhalten hätte, ein ‚Tagesblatt' herauszugeben. Für derlei Opportunitätsmaßregeln war die Bildung noch nicht weit genug vorgeschritten! Die Zeit der ernsten Hanswurste war noch nicht da! – Die Ära der Haupt- und Staatsaktionen und der halb improvisierten Komödien mit dem unvermeidlichen Hanswurst hielt sich durch eine geraume Zeit. Wie Molière, dem er sonst wenig glich, schöpfte auch Stranitzky seine Stoffe häufig aus den altitalienischen Komödien; ein theatralisches Programm wurde entworfen, einige ernsthafte Szenen, auch Lieder und Arien wurden aufgeschrieben, im übrigen hatte die Komik freies Spiel, laut der selbsteigenen Weisung des Komödienfabrikanten: ‚Hier kann der Hanswurst seine Lazzi und Foppereien nach Belieben machen.'"

Eduard Bauernfeld, Aus Alt- und Neu-Wien

Der Kupferstecher Elias Baeck aus Augsburg stellt Stranitzky 1705 in seiner charakteristischen Tracht vor: Die Haare sind auf der Mitte des Schädels zu einem kronenartigen Schopf gebunden, das Gesicht umrahmt ein schwarzer Vollbart, der allerdings die Mund- und Kinnpartie ziemlich frei läßt. Unter der losen, oben offenen Joppe mit engen Ärmeln trägt Stranitzky einen Brustfleck und unter diesem noch ein Hemd mit auffallender Halskrause. Die weiten Hosenbeine sind seitlich an den Nähten mit ornamentalen Linien verziert, die sich auch am unteren Ende der Hosen fortsetzen. Der spitze Hut mit der breiten Krempe, der auf diesem Bild in der linken Hand getragen wird, war wohl schon zu jener Zeit von grüner Farbe – denn dieser Hut sollte in der Folge zum bestimmenden Symbol der Hanswurstfigur werden.

Nach: W. Zitzenbacher, Hanswurst und die Feenwelt (1965)

er am Neuen Markt eine eigene Hütte, die Truppe hieß die „Teutschen Komödianten", aber wegen Feuergefahr geriet er mit dem Magistrat in Schwierigkeiten. Daraufhin erbat er sich von Kaiser Joseph I. (s. d.) die Bewilligung, in der Nähe des Kärntnertores ein „steinernes Theater" errichten zu dürfen. Bereits 1709 bezog er mit seiner Truppe das Kärntnertortheater, dessen Pächter er wurde. 1721 veröffentlichte St. „Hanns Wursts vermischte Gedanken über die vier Jahreszeiten". St. wurde als Hauptvertreter des Wiener Volksbarock der Schöpfer der Gestalt des wienerischen Hanswursts in Salzburger Bauerntracht und begründete eine bis zu Nestroy (s. d.) fortlaufende Tradition des Wiener Volkstheaters. Er hatte viele beliebte italienische Prunk- und Zauberopern zu Stegreifkomödien umgearbeitet und die Figur des Hanswurst, also der komischen Person, eingeführt. Neben dem Stegreiftheater hat er auch „regelmäßige" Stücke gespielt, die dem gehobenen bürgerlichen Lebensstil gerecht wurden. Die Autorschaft an den folgenden beiden Werken ist umstritten (möglicherweise stammen sie auch von Johann Valentin Neisser): „Ollapotrida", eine Sammlung von 77 komischen Spielszenen (1711), und „Lustige Reyß-Beschreibung aus Salzburg in verschiedene Länder" (1717). Eine Ausgabe seiner Werke erschien als „Wiener Haupt- und Staatsaktionen", 2 Bde. (1908–12), hrsg. von Payer-Thurn.

Schindler, B.: Kritische Untersuchungen des geistigen Eigentums in den Werken des J. A. St. Diss. Wien (1946); Rommel, O.: Die Alt-Wiener Volkskomödie (1952)

STRANSKY, Erwin, * 3. 7. 1877 in Wien, † 26. 1. 1962 in Wien, Neurologe und Psychiater. Studierte in Wien und war ein Schüler von Julius Wagner-Jauregg (s. d.). 1915–47 Univ.-Prof. in Wien, war er einer der Mitbegründer der heute noch gültigen Lehre der Schizophrenie.

STRASBERG, Lee, * 17. 11. 1901 in Buzdanow (Galizien), † 17. 2. 1982 in New York, Regisseur und Schauspiellehrer. Kam früh nach Wien und genoß hier eine Schauspielerausbildung. In den zwanziger Jahren ging er nach New York, wo er avantgardistische Theatergruppen gründete und leitete, so 1930 „The Group Theatre". 1948 gründete er das „Actor's Studio", ein auch Theaterlaboratorium genanntes Institut, wo er zusammen mit Elia Kazan eine von der Psychoanalyse beeinflußte Spielweise entwikkelte, die der Darstellung eine besondere Wahrhaftigkeit verlieh. Aus dem „Actor's Studio", das St. bis zu seinem Tod leitete, gingen zahlreiche Stars des internationalen Films hervor wie Marlon Brando und James Dean.

STRASSER, Arthur, * 13. 2. 1854 in Adelsberg (Krain), † 8. 11. 1927 in Wien, Bildhauer. Studierte 1871–75 an der Akademie der bildenden Künste in Wien als Schüler Viktor Tilgners (s. d.). 1875 arbeitete er im Atelier von Carl Kundmann (s. d.) und ging mit einem Stipendium 1881–83 nach Paris. 1897–99 zählte St. zu den Gründungsmitgliedern der Wiener Secession. Er schuf hauptsächlich lebensgroße Standbilder und Gruppen, wobei er unter dem Einfluß eines Ägyptenaufenthalts vielfach orientalische Themen bevorzugte. 1900 errichtete er im Auftrag der ö. Regierung für die Pariser Weltausstellung die patinierte Bronzegruppe „Triumphwagen des Marc Anton", die danach neben dem Gebäude der Wiener Secession aufgestellt wurde. 1899–1919 war St. Leiter einer Fachklasse für Bildhauerei an der Wiener Kunstgewerbeschule.

STRASSER, Joseph, * in Wien, † in Paris, Erfinder. Um die Mitte des 18. Jh.s erfand er den nach ihm benannten Straß-Schmuck („Pierres de Straß"), einen Schmuck aus Kunstedelsteinen, die aus einer Mischung von Kron- und Flintglas bestehen und ein hohes optisches Brechungsvermögen haben.

STRASSER, Peter, * 3. 7. 1917 in Jena (Sachsen), † 6. 6. 1962 in Wien, SPÖ-Politiker. War ausgebildeter Techniker und auch als Publizist tätig. 1945–54 Obmann der Sozialistischen Jugend Ö.s und Präsident der Sozialistischen Jugend-Internationale. Von 1949 bis zu seinem Tod Abgeordneter zum Nationalrat. Erwarb sich nach dem Krieg große Verdienste um die Jugendarbeit der SPÖ. Veröffentlichte u. a.: „Gefährliche Kraft" (1961), „Die sozialistische Initiative" (1963).

STRAUS, Oscar, * 6. 3. 1870 in Wien, † 11. 1. 1954 in Bad Ischl (OÖ), Kapellmeister und Operettenkomponist. Er studierte in Wien und bei Max Bruch in Berlin. Danach als Kapellmeister in Teplitz, Mainz und Berlin tätig, gründete er dort gemeinsam mit E. v. Wolzogen das Kabarett „Überbrettl". 1907 gelang ihm mit der Operette „Ein Walzertraum" (Libretto von F. Dörmann [s. d.]) ein durchschlagender Erfolg. 1927 nach Wien zurückgekehrt, emigrierte er 1938 zunächst nach Paris und 1940 in die USA, wo er mit Filmmusik erfolgreich war, so der Musik zum „Reigen" von Max Ophüls. 1948 kam er wieder nach Wien zurück und schuf noch drei Operetten. Abgesehen von einigen Orchesterwerken und Balletten, komponierte er auch drei Opern. Von seinen rund 30 Operetten seien noch erwähnt: „Der tapfere Soldat" (1908), „Rund um die Liebe" (1914), „Der letzte Walzer" (1920), „Eine Frau, die weiß, was sie will" (1932), „Drei Walzer" (1935), „Die Musik kommt" (1948), „Ihr erster Walzer" (1950), „Bozena" (1952).

Mailler, F.: Weltbürger der Musik (1985)

STRAUSS, Eduard, * 15. 3. 1835 in Wien, † 28. 12. 1916 in Wien, Kapellmeister und Komponist. Jüngster Sohn von Johann St. Vater (s. d.). Sollte sich eigentlich der diplomatischen Laufbahn widmen, erhielt aber auch eine musikalische Ausbildung in Violine und

Eduard Strauß

Oscar Straus am Klavier

Harfe. 1870 gründete er ein eigenes Orchester, mit dem er erfolgreiche Konzertreisen durch ganz Europa unternahm. Dann trat er in die Kapelle seines Bruders ein und übernahm nach dessen Rücktritt die Leitung der Hofbälle. Er wurde 1871 zum Hofballmusikdirektor ernannt. Mit seinem Orchester bereiste er die ganze Welt und löste es während eines Amerika-Aufenthalts 1902 auf. In großer Verbitterung vernichtete er das handschriftliche Notenarchiv seines Vaters und seiner Brüder. Er selbst schrieb, unter deutlichem Einfluß seines Bruders, 318 Tänze und Walzer.

STRAUSS, Johann (Vater), * 14. 3. 1804 in Wien, † 25. 9. 1849 in Wien, Kapellmeister und Komponist. Als Sohn eines Gastwirts, der ein kleines Lokal („Zum guten Hirten") am Donaukanal besaß, geboren, bewies er sein Talent bereits in der Schankkapelle, mußte aber das Buchbinderhandwerk erlernen. Gönner verschafften ihm Musikunterricht. 1819 trat er als Bratschist in die 3-Mann-Kapelle des Joseph Lanner (s. d.) ein, die nun zum Quartett wurde. 1824 teilte sich die Lannersche Kapelle, und St. wurde Hilfskapellmeister, trennte sich aber 1825 von Lanner und gründete eine eigene vierzehnköpfige Kapelle, mit der er rasch große Erfolge feierte. 1826 trat er mit seiner ersten Komposition, dem „Täuberl-Walzer", vor die Öffentlichkeit, ab 1833 unternahm er größere, stets erfolgreiche Konzertreisen und wurde 1834 Kapellmeister des 1. Wiener Bürgerregiments. 1835 zum Hofballmusikdirektor er-

Ein Abend bei Johann Strauß. Gemälde von Franz von Bayros (1894)

nannt, verließ er im selben Jahr endgültig seine Gattin, um mit der Modistin Emilie Trampusch eine Lebensgemeinschaft einzugehen. Ab 1844 erwuchs ihm in seinem Sohn Johann ein arger Konkurrent. St. starb an Scharlach und erhielt, unter Anteilnahme zahlreicher Persönlichkeiten, ein ehrenvolles Begräbnis. Er schuf insgesamt 251 Werke, darunter 152 Walzer, 32 Quadrillen, 28 Galopps, 16 Märsche und 14 Polkas. Besonders berühmt wurde sein „Radetzkymarsch". St. machte neben Lanner den aufkommenden Walzer hoffähig und zum beliebtesten Gesellschaftstanz der Zeit.

Lange, F.: Joseph Lanner und J. St. (1904, 2. Aufl. 1919); Jakob, E.: J. St. und das 19. Jh. (1937); Witeschnik, A.: Die Dynastie St. (1939); Farga, F.: Lanner und St. (1948); Schönherr, M., und Reinöhl, K.: J. St. Vater (1. Bd. von „Das Jahrhundert des Walzers", 1954)

STRAUSS, Johann (Sohn), * 25. 10. 1825 in Wien, † 3. 6. 1899 in Wien, Kapellmeister und Komponist, der „Walzerkönig" genannt. Sohn von Johann St. Vater (s. d.), der ihn von der Musik fernhalten wollte und ihn für die Beamtenlaufbahn bestimmt hatte. Heimlich ermöglichte ihm seine Mutter eine ausgezeichnete musikalische Ausbildung bei Generalbaßlehrer Hofmann. Er gründete eine 15 Mitglieder umfassende Kapelle, und bereits sein erster Auftritt, am 15. 10. 1844 in Dommayers Casino in Hietzing, war ein großer Erfolg. Rasch wurde er Konkurrent seines Vaters, übernahm nach des Vaters Tod dessen Kapelle und führte sie bis 1863 weiter. 1863 zum Hofballmusikdirektor ernannt, leitete er bis 1870 alle Hofbälle und bat dann um seine Enthebung. Bis 1871 hatte er sich ausschließlich der Komposition von Tanzmusik gewidmet und sich auf zahlreichen Konzertreisen den Namen „Walzerkönig" erworben, nun wandte er sich der Komposition von Operetten zu. Erklang bisher seine Musik in den Vorstadtgasthäusern ebenso wie in den Ballsälen der Hofburg, so eroberte er nun die Bühnen der Welt. Uraufführungen: „Indigo", 10. 2. 1871; „Carneval in Rom", 1. 3. 1873; „Die Fledermaus", 5. 4. 1874; „Cagliostro in Wien", 27. 2. 1875; „Prinz Methusalem", 3. 1. 1877; „Blindekuh", 18. 12. 1878; „Das Spitzentuch der Königin", 1. 10. 1880; „Der lustige Krieg", 25. 11. 1881; „Eine Nacht in Venedig", 3. 10. 1883; „Der Zigeunerbaron", 24. 10. 1885; „Simplicius", 17. 12. 1887; „Ritter Pasman", 1. 1. 1892; „Fürstin Ninetta", 10. 1. 1893; „Jabuka" (Das Apfelfest), 12. 10. 1894; „Waldmeister", 4. 12. 1895; „Die Göttin der Vernunft", 13. 3. 1897; „Wiener Blut", 25. 10. 1899 (unter Verwen-

JOHANN STRAUSS VATER

Begründer der Walzerdynastie

„Die Wundersage von Strauß ging von Mund zu Mund, man strömte scharenweise hin, man öffnete willig seinen Beutel, als der Mann mit dem Notenblatt und seinem ‚Bitt' für die Musik' vor uns stand. Strauß nahm diese gute Stimmung wahr und kam auf den klugen Gedanken, Eintrittspreise zu creiren, die bis auf den heutigen Tag noch bestehen. Lanner als Pfiffikus blieb nicht zurück und tat ein Gleiches. Von dieser Zeit an wurden Strauß und Lanner in besondere Gunst des Publikums genommen, sie vergrößerten ihre Orchester, wählten tüchtige Individuen. Ihr Talent wurde stärker angeregt, sie durften hohen und allerhöchsten Personen ihre Werke zueignen; und so haben sie sich hübsche Sümmchen und Geschenke ergeigt und wurden endlich das, was sie jetzt sind: die Seele aller öffentlichen Unterhaltung."

Franz Günzburg (1828)

„Kaum betrat dieser Mozart der Walzer, der Beethoven der Kotillons, der Paganini der Galoppe, der Rossini der Potpourris die Tribüne, als ein reißender Bergstrom von Applaus aus allen Ecken heranstürzte. Herr Strauß hatte mit ungewöhnlicher Erwartung zu kämpfen und siegte mit dem ersten Bogenstrich."

Adolf Bäuerle, Wiener Theaterzeitung, 16. 11. 1833

„Euer Majestät! Der alleruntertänigst Gefertigte wagt es, sich Eurer Majestät mit einer alleruntertänigsten Bitte zu nähern . . . unterfängt sich der alleruntertänigste Gefertigte, . . . alleruntertänigst zu bitten, daß Euer Majestät ihm diesen beneidenswerten Wirkungskreis huldreichst gewähren möchten. Eine allergnädigste Gewährung würde einen seiner heißesten Wünsche erfüllen und einen wesentlichen Teil seines Glükkes ausmachen, wobei er alle seine Kräfte aufbieten würde, sich dieser allerhöchsten Gunst nicht unwürdig zu machen.
Euer Majestät alleruntertänigster Johann Strauß Musikdirektor"

Gesuch an den Kaiser vom 7. 12. 1829, bei den Hofbällen mitwirken zu dürfen dung von Strauß-Musik, von Adolf Müller jun.). Dennoch nahm in seinem Schaffen der Walzer, den er vom bescheidenen Biedermeiertanz zum eindrucksvollen symphonisch instrumentierten Konzertwalzer mit Vorspielen entwickelte, einen besonderen Platz ein – auch in seinen Operetten. Unter seinen etwa 560 Musikstükken befinden sich allein 145 Walzer. Einem einzigen war anfänglich ein Mißerfolg beschieden, dem „Donauwalzer", der „zweiten ö. Bundeshymne". Er wurde am 15. 2. 1867 vom Wiener Männergesang-Verein im Dianasaal anläßlich der Faschingsliedertafel uraufgeführt und scheiterte an dem unmöglichen Text des Hausdichters Josef Weyl, der seinen Zeilen ein „politisches Couplet" zugrunde gelegt hatte. Der Text „Donau so blau" stammt erst aus dem Jahr 1890. Als beliebteste Walzer seien noch genannt: „Künstlerleben" (1867), „Gschichten aus dem Wienerwald" (1868), „Wiener Blut" (1871), „Rosen aus dem Süden" (1880), „Frühlingsstimmen" (1882) und der „Kaiserwalzer" (1888). Nicht weniger bekannt sind heute noch seine Quadrillen, Märsche, Galopps und Polkas, etwa „Tritsch-Tratsch", „Leichtes Blut" und die „Pizzikato-Polka". St. starb als „protestantischer Sachse", was man ihm besonders bei Hof sehr übelgenommen hat. Sein „Gesinnungswechsel" hing mit seiner letzten Ehe zusammen. 1878 war seine erste Frau (s. Treffz, Henriette) gestorben; St. heiratete eine um 25 Jahre jüngere Sängerin (Ernestine Dittrich), die ihm bald mit dem Direktor des Theaters an der Wien, Franz Steiner, durchging. 1882 wurde diese Ehe vom Wiener Landesgericht geschieden, doch nach katholischem Eherecht war eine Wiederverheiratung nicht möglich. St. nahm daher die Hilfe des Erzherzogs Johann Salvator (s. d.), des späteren Johann Orth, in Anspruch, der ihm den Weg zum Herzog von Sachsen-Coburg-Gotha ebnete. Dieser verlieh ihm am 24. 6. 1886 die Staatsbürgerschaft seines Herzogtums, nachdem am 8. 12. 1885 die nö. Statthalterei sein Ausscheiden aus dem Staatsverband der Monarchie bewilligt hatte. St. und Adele Deutsch traten daraufhin zum protestantischen Glauben über und konnten am 15. 8. 1887 nach sächsischem Recht getraut werden. St.s dritte Gattin war um 30 Jahre jünger und setzte sich nach St.s Tod sehr für seine Werke ein.

Titelblatt der gedruckten Ausgabe des 1867 dem Männergesang-Verein gewidmeten Donauwalzers

Schnitzer, I.: Meister Johann, 2 Bde. (1920); Decsey, E.: J. St. (1922); Schenk, E.: J. St. (1940); Weinmann, A.: Verzeichnis sämtlicher Werke von J. St. Vater und Sohn (1956); Witeschnik, A.: Die Dynastie St. (1939, Neuaufl. 1958); Eduard, J.: J. St. Vater und Sohn (1960); Weigel, H., in: Flucht vor der Größe (1960, Nachdruck 1970); Pahlen, K.: Der Walzerkönig J. St. (1961); Endler, F.: Das Walzerbuch (1975); Prawy, M.: J. St. (1975); Ausstellungskatalog Fle Zi Wi Csá & Co (1985)

STRAUSS, Josef, * 20. 8. 1827 in Wien, † 22. 7. 1870 in Wien, Dirigent und Komponist. Der zweitgeborne Sohn von Johann St. Vater (s. d.), der dem Wunsch des Vaters nachkam und das Studium der Technik in Wien abschloß, war auch Mathematiker und Erfinder. (Er erfand u. a. eine Straßenkehrmaschine). Nebenher erhielt er aber ausgezeichneten Violinunterricht und trat 1853 zum erstenmal auf. Schließlich vertrat er fallweise seinen Bruder Johann in der Leitung der Kapelle, konnte aber wegen seines sehr labilen Gesundheitszustands keinem geregelten Berufsleben nachgehen. Von einer Konzertreise nach Warschau kehrte er bereits todkrank nach Wien zurück und starb kurz danach. Dennoch hat er rund 250 Werke hinter-

Josef Strauß

JOHANN STRAUSS SOHN

Glücklich ist, wer vergißt . . .

In diesem Wien, das ein dreiviertel Jahr nach dem großen Börsenkrach noch immer verstört war, wo in jenen Tagen in den Zeitungen eine Notiz des Inhalts erschien: „Der für gestern Abend angekündigte Vortrag des Herrn Kasimir Mager über die Zustände in Österreich konnte nicht stattfinden, weil die Statthalterei die Abhaltung desselben nicht gestattete", in diesem Wien kam am 5. April 1874 das neue Werk von Johann Strauß zur Uraufführung, „Die Fledermaus".
Einhellig jubelten die Kritiker der Musik zu, geteilte Aufnahme fand wie so oft das Libretto. So schrieb das „Fremdenblatt": „Mit seinem Libretto hat Strauß wenig Glück gehabt . . . Wir sehen davon ab, die Handlung zu erzählen; sie spricht nicht einmal auf der Bühne an, und wie sollte sie auf dem Papier interessieren. Es ist nur die Vergoldung des Komponisten, welche dem Libretto Wert und Glanz verleiht." Das „Neue Fremdenblatt" entrüstete sich über Details: „Ein starkes Stück Frivolität muß man freilich mit in Kauf nehmen; wenn z. B. ein fremder Mann in Gegenwart der von ihm verehrten Frau den Rock auszieht und sich in den Schlafrock des ausgegangenen Hausherrn wirft, oder wenn ein ordentlicher Gentleman auf dem Maskenballe dicht an den Busen seiner Dulcinea geschmiegt, mit der Uhr ihre Herzschläge abzählt, so finden wir das mehr gemein als pikant."
In diesem Wien also, wo mit dem Herrscherhaus langsam kein Staat mehr zu machen war, fand die „Fledermaus" auch im Großbürgertum geteilte Aufnahme. Der Grund dafür, von den Librettisten Haffner und Genée eher unbeabsichtigt, war, daß ebendieser Gesellschaftsschicht ein Spiegel vorgehalten wurde. Dem Publikum dämmerte, daß die Geschichte des Herrn Eisenstein mehr war als nur die Operettenaffäre eines ertappten Lebemanns, es war das Leben und Treiben jener Spekulanten, wie man sie vor dem großen Börsenkrach 1873 gefeiert hatte. Es war die Moralgeschichte des neuen bürgerlichen Wien mit seinen Gründerzeitvätern, die da auf der Bühne sangen: „Glücklich ist, wer vergißt, was nicht mehr zu ändern ist."

RICHARD STRAUSS

Neuerer und Bewahrer

STRAUSS, Richard, * 1. 6. 1864 in München, † 8. 9. 1949 in Garmisch (Bayern), Dirigent und Komponist. Sohn des königlich bayerischen Kammermusikers Franz St. War durch seine enge Zusammenarbeit mit Hugo von Hofmannsthal (s. d.), Stefan Zweig (s. d.) und Joseph Gregor, die die meisten seiner Operntexte geschrieben haben, sowie durch seine Tätigkeit als Staatsoperndirektor eng mit Ö. verbunden. Er erhielt seine Ausbildung in München und trat 1886 in Meiningen die Nachfolge von Hans von Bülow an. 1889 Hofkapellmeister in Weimar, studierte hier 1892 den „Tristan" ein und betreute die Uraufführung von Humperdincks „Hänsel und Gretel". 1898 Hofkapellmeister in München, 1907 Gastdirigent der Wiener Philharmoniker, 1908 Generalmusikdirektor in Berlin, wo er 1917–20 eine Kompositionsklasse leitete. Erstes Auftreten als Komponist in Wien 1882 bei der Uraufführung seines Violinkonzerts im Bösendorfersaal. Mit der Wiener Oper kam er erstmals am 29. 11. 1902, als in seiner Anwesenheit die Oper „Feuersnot" uraufgeführt wurde, in Berührung. 1919–24 leitete er gemeinsam mit Franz Schalk (s. d.) die Wiener Staatsoper, wurde hier aber zunächst mit einigen Intrigen empfangen. Von der Presse über die Wiener Philharmoniker bis hin zum Opernpersonal waren alle gegen ihn eingestellt. Nur die Sängerinnen Maria Jeritza (s. d.) und Selma Kurz (s. d.) sowie Franz Schalk setzten sich nachdrücklich für ihn ein. Nach dem Abgang von der Wiener Staatsoper nur noch freischaffender Komponist. Leitete von 1933–35 als Präsident die Reichsmusikkammer, ging dann jedoch in Distanz zum nationalsozialistischen Regime. St. war eine der repräsentativsten Persönlichkeiten des Musiklebens der ersten Jahrzehnte des 20. Jh.s. Ausgehend von der Tonsprache Wagners und Liszts, schuf er durch Verfeinerung der Instrumentation und durch Eleganz, Humor und scharfe Charakterisierungskunst eine von Klangreichtum, Sinnenfreude und Leidenschaftlichkeit getragene Musik zwischen Spätromantik und Moderne. Vor allem aus seiner Zusammenarbeit mit dem Dichter Hofmannsthal entstanden die Meisterwerke der Opernliteratur („Elektra", 1909; „Der Rosenkavalier", 1911; „Ariadne auf Naxos", 1912 und 1916;

Richard Strauss. Zeichnung (1927)

„Die Frau ohne Schatten", 1919; „Die ägyptische Helena", 1928 und 1933; „Arabella", 1933). Weitere Opern u. a.: „Die schweigsame Frau" (St. Zweig, 1935), „Der Friedenstag" (J. Gregor, 1936), „Capriccio" (C. Krauss, 1941). St. schuf auch Symphonien, symphonische Dichtungen, Instrumentalkonzerte, Kammermusik und viele zum Teil sehr erfolgreiche Lieder.

Tenschert, R.: 3 x 7 Variationen über das Thema R. St. (1944); ders.: R. St. und Wien (1949); Kralik, H.: R. St. (1963); Hadamowsky, F.: R. St. und Salzburg (1964); Grasberger, F.: R. St. (1965); Schumann, K.: Das kleine R.-St.-Buch (1970); Prieberg, F. K.: Musik im NS-Staat (1982)

lassen, darunter die bekannten Walzer „Dorfschwalben aus Ö.", „Mein Lebenslauf ist Lieb und Lust", „Sphärenklänge", „Delirienwalzer". Seine Werke zeigen mehr Tiefe als die seiner Brüder und sind durch lyrischen Charakter gekennzeichnet.

STRAUSS, Sigmund, * 4. 1. 1875 in Znaim (Mähren), † 1942 in den USA, Physiker und Ingenieur. Studierte in Wien und wurde Mitarbeiter von Robert von Lieben (s. d.). St. wurde zum Wegbereiter der Radiotechnik, vor allem durch seine Erfindung des Rückkoppelungsprinzips (1912). Er erfand auch einen Widerstandsverstärker und einen Röntgendosiszähler, Megapion genannt.

STREERUWITZ, Ernst Streer Ritter von, * 23. 9. 1874 in Mies (Böhmen), † 19. 10. 1952 in Wien, Wirtschafts- und Finanzfachmann, christlichsozialer Politiker. Sohn des böhmischen Landtagsabgeordneten und Erbpostmeisters Georg Adolf St. v. St.; entstammte einer friesischen Familie, die in die Sudetenländer eingewandert und während des Dreißigjährigen Kriegs geadelt worden war. Er trat in die Theresianische Militärakademie in Wiener Neustadt ein und wurde 1895 Leutnant. 1899 war er an der Kriegsschule, erkrankte 1900 schwer und quittierte den Dienst. Ein Regimentskamerad

Ernst von Streeruwitz 1927

bot ihm den Posten eines technischen Konsulenten in seinen Unternehmen an, und St. wurde 1902 Betriebsleiter der Kattundruckerei in Cosmanos bei Josefsthal (Böhmen). Innerhalb kürzester Zeit reorganisierte er den technisch völlig veralteten Betrieb. 1904 wurde der Betrieb in eine AG umgewandelt und St. in seinen Agenden eingeschränkt. Er meldete sich 1914 freiwillig und wurde, da für den Frontdienst untauglich, im Kriegsministerium verwendet. Hier erwarb er sich große Verdienste um den Kriegsgefangenenschutz. Nach Kriegsende nahm er neuerlich den schon 1914 kurz innegehabten Posten eines Direktors der Neunkirchner Druckfabriks AG an. Nun trat er auch publizistisch vor die Öffentlichkeit und nahm Stellung gegen Streiks und Lohnkämpfe, da er in der Produktionssteigerung den einzigen Weg zur Sanierung der ö. Wirtschaft sah. 1923–34 Abgeordneter zum Nationalrat und auch in den Interessenvertretungen der Industrie führend tätig. 1927 wurde St. Vizepräsident der Wiener Handelskammer, 1930–35 deren Präsident. Unterstützte die Heimwehr, distanzierte sich aber bald wegen der zunehmenden Radikalisierung der Bewegung. Als 1929 Prälat Ignaz Seipel als Bundeskanzler zurücktrat, brachte St. nach einmonatigen Verhandlungen eine neue Bundesregierung zustande. Von 4. 5. bis 26. 9. 1929 war er Bundeskanzler, doch schließlich war es die Heimwehr, die ihn aus dem Kanzleramt drängte. Dem ständischen Gedanken zugeneigt, auch den Anschluß von 1938 begrüßend, zog er sich ins Privatleben zurück, nahm sein Studium an der Universität Wien (1900 unterbrochen) wieder auf und promovierte 1939 zum Doktor der Staatswissenschaften. Veröffentlichungen u. a.: „Ordnung und Aufbau der Weltwirtschaft" (1931), „Wie es war" (1934), „Springflut über Ö." (1937), „Die Friedenssicherung und ihre Methoden" (1937).

Dallamaßl, H.: Seipels Rücktritt und die Regierung St., Diss. Wien (1964); Baril, W.: E. v. St., ein ö. Politiker der ersten Republik, Diss. Wien (1965); Ackerl, I.: E. St., in: Die ö. Bundeskanzler, hrsg. von Weissensteiner, F., und Weinzierl, E. (1983)

STREFFLEUR, Valentin von, * 18. 2. 1808 in Wien, † 5. 7. 1870 in Purkersdorf bei Wien. Berufsoffizier und Kartograph. Er war der Gründer und Redakteur der „Ö. militärischen Zeitschrift" und wurde Generalkriegskommissär. 1858 war er an der Katasteraufnahme Wiens und ebenso an der Erstellung der „Hypsometrischen Schulkarte des ö. Kaiserstaates" wesentlich beteiligt.

STREICH, Rita, * 18. 12. 1920 in Barnaul (Sibirien), † 20. 3. 1987 in Wien, Kammersängerin, Koloratursopranistin. Studierte bei E. Berger, M. Ivogün und W. Domgraf-Faßbaender in Berlin. 1943 debütierte sie in Aussig, war 1946–50 an der Ber-

Rita Streich als Susanna („Figaro")

liner Staatsoper, 1950–53 an der Städtischen Oper Berlin, ab 1953 an der Wiener Staatsoper engagiert, der sie bis 1972 angehörte. Seit 1974 in Wien als Gesangspädagogin. Besonders erfolgreiche Gastspiele bei den Salzburger, Bayreuther und Glyndebourne Festspielen sowie an der Covent Garden Opera in London, der Metropolitan Opera in New York und in San Francisco. In Mozart- und Richard-Strauss-Partien besonders erfolgreich.

STREICHER, Johann Andreas, * 13. 12. 1761 in Stuttgart (Schwaben), † 25. 5. 1833 in Wien, Pianist und Klavierfabrikant. War ein Jugendfreund Schillers, mit dem er die Karlsschule besucht hatte und 1782 von Stuttgart nach Mannheim geflohen war. Zum Pianisten ausgebildet, war er als Klavierlehrer in Mannheim und München tätig und heiratete Nanette Stein, die Tochter des Augsburger Klavierfabrikanten Stein, eine bekannte Pianistin und Sängerin und mit Ludwig van Beethoven befreundet. 1793 gingen sie und Nanettes Bruder Matheus Stein nach Wien, wo Bruder und Schwester nach Erhalt des entsprechenden Privilegs (am 17. 1. 1794) die Klavierfabrik „Frère et sœur Stein" gründeten. Der damals schon in der ganzen Welt bekannte Firmenname Stein sollte in Wien einen noch besseren Ruf erhalten. 1802 trennte sich Nanette von ihrem Bruder, und das Ehepaar errichtete eine eigene Pianoforte-Fabrik. Bald wurde diese zu einem bekannten Unternehmen, da St. den „Hammerschlag von oben" erfand, wodurch die sogenannte „Wiener Mechanik" des Hammerklaviers erfunden war, die von Beethoven und Mozart sehr geschätzt wurde. 1812 erbaute er im Hoftrakt des „alten Streicherhofes" (Ungargasse 46) einen Saal, der nicht nur zu einem der beliebtesten Konzertsäle für Kammermusik und Solisten, sondern auch bald zu einem Zentrum des Wiener Musiklebens wurde. Hier wirkten auch Ludwig van Beethoven (s. d.) und Karl Czerny (s. d.). 1812 zählte St. auch zu jenen, die die Gründung der Gesellschaft der Musikfreunde anregten. Nanette St. kümmerte sich häufig um Ludwig van Beethoven und half ihm bei der Führung seines Haushalts. St. war aktiv für die evangelische Gemeinde in Wien tätig und setzte sich sehr für die Pflege der evangelischen Kirchenmusik ein. Nebenbei schrieb er auch und veröffentlichte u. a. „Schillers Flucht aus Stuttgart und Aufenthalt in Mannheim von 1782–1785". Sein 1795 geborener Sohn Johann Baptist St. führte das elterliche Unternehmen erfolgreich weiter.

Bolte, T.: Die Musikerfamilie Stein und St. (1917)

STREICHER, Rudolf, * 19. 1. 1939 in Wallsee an der Donau (NÖ), Industriemanager und SPÖ-Politiker. Wurde Werkzeugmacher bei der VOEST-Alpine, dann technischer Zeichner und 1957 Facharbeiter. Studierte an der Montanistischen Hochschule in Leoben Hüttenwesen und trat 1970 in die ÖIAG ein. Ab 1974 bei den Metallwerken Ranshofen-Berndorf, gelang St. als Generaldirektor die Sanierung des Unternehmens; im April 1986 zum Generaldirektor der Steyr-Werke bestellt. Ab 16. 6. 1986 Bundesminister für Verkehr und verstaatlichte Industrie; im Jänner 1987 von der Koalitionsregierung Vranitzky–Mock in seinem Amt bestätigt.

STREMAYR, Karl Edler von, * 30. 10. 1823 in Graz, † 22. 6. 1904 in Pottschach (NÖ), Jurist und Staatsmann. Studierte in Graz Jus und trat nach erfolgtem Abschluß in den Staatsdienst. 1848/49 Mitglied der Frankfurter Nationalversammlung, war danach Supplent für römisches Recht an der Grazer Universität und Staatsanwaltssubstitut in Graz. 1860–80 Reichsratsabgeordneter, ab 1868 Ministerialrat im Innenministerium, später Sektionschef. Von Februar 1870 bis Februar 1871 in zwei Kabinetten Unterrichtsminister, von November 1871 bis Februar 1879 erneut Leiter dieses Ressorts. Nach dem Rücktritt des Ministeriums Auersperg übernahm er am 15. 2. 1879 den Vorsitz des Ministeriums und wurde im neugebildeten Kabinett Taaffe (s. d.) im August 1879 Justizminister sowie mit der einstweiligen Verwaltung auch des Unterrichtsministeriums betraut, welche Tätigkeit er bis zu seinem Abschied 1880 ausübte. Aus dem politischen Leben ausgeschieden, wurde er zunächst Zweiter und 1893–99 Erster Präsident des Obersten Gerichtshofs. Ab 1889 war er zudem Mitglied des Herrenhauses. Als Unterrichtsminister führte er die Aufhebung des Konkordats durch und brachte im Reichsrat moderne Unterrichts- und Kirchengesetze zustande. Dennoch gelang es ihm, mit dem katholischen Klerus ein gutes Verhältnis aufrechtzuerhalten.

STRICKER, der (auch Strickäre), * um 1200, † um 1250, mittelhochdeutscher Dichter. Von seinem Leben ist kaum etwas überliefert. Er dürfte aus Rheinfranken stammen und hat in der ersten Hälfte des 13. Jh.s in Ö. gelebt und geschrieben. Er verfaßte den Versroman „Daniel vom blühenden Tal" (von G. Rosenhagen 1894 herausgegeben), „Karl der Große", eine Bearbeitung des Rolandliedes (von K. Bartsch 1857 herausgegeben), das Schwankbuch „Der Pfaffe Amis" (von G. F. Benecke in „Beyträge zur Kenntnis der altdeutschen Sprache und Litteratur", Bd. 1, 2. Abteilung, 1810–32 herausgegeben) und kleinere Erzählungen, Gleichnisse und Fabeln.

Schwab, U.: Die bisher unveröffentlichten geistlichen Beispielreden des St. (1959)

STRICKER, Salomon, * 1. 1. 1834 in Waag-Neustadtl (Slowakei), † 2. 4. 1898 in Wien, Physiologe und Histologe. Studierte in Wien, war ab 1868 Univ.-Prof. und Leiter des Instituts für allgemeine und experimentelle Pathologie. Er machte die ersten großen Entdeckungen über die Kontraktilität der Gefäßwände und die Diapedesis (Durchtritt durch eine Gefäßwand) der roten Blutkörperchen. Außerdem entwickelte er mehrere Apparate und führte die mikroskopische Demonstration mittels Projektionsapparats ein. 1871–73 gab er das „Handbuch der Lehre von den Geweben der Menschen und Tiere" heraus und veröffentlichte u. a. 1886 „Allgemeine Pathologie der Infektionskrankheiten".

STRNAD, Oskar, * 26. 10. 1879 in Wien, † 3. 9. 1935 in Bad Aussee (St), Architekt, Bühnenbildner und Kunsthandwerker. Studierte in Wien und wurde 1909 Lehrer für allgemeine Formenlehre an der Kunstgewerbeschule in Wien (heute Akademie für angewandte Kunst), an der er ab 1914 auch eine Architekturklasse übernahm. Ab 1918 war er als Bühnenbildner vorwiegend in Wien, Salzburg und Berlin, doch auch in anderen europäischen Städten tätig und begann ab 1924 eine enge Zusammenarbeit mit Max Reinhardt. Dieser schätzte ihn sehr und nannte ihn den „größten Inszenator aller Zeiten". Auch als Kunsttheoretiker von einiger Bedeutung, prägte den Lehrsatz, „daß die Baukunst nicht in der Lösung technischer Probleme besteht, sondern nach deren Lösung erst anfängt". St. errichtete in Wien mehrere Wohnbauten und Villen, so u. a.: Haus Wassermann auf dem Kaasgraben in Wien 19 (1914), Mittelbau des Winarskyhofs in Wien 20 (1924), Doppelhaus in der Werkbundsiedlung (1932), „Volkswohnhaus" in der Holochergasse in Wien 15 (1932) und Haus Raach in Gloggnitz (NÖ) (1916/17). Außerdem stammen von ihm mehrere Soldatengräber und Kriegsdenkmäler.

STROBACH, Josef, * 24. 12. 1852 in Wernstadt (Böhmen), † 11. 5. 1905 in Wien, christlichsozialer Politiker. Nachdem er in Prag im Postdienst tätig gewesen war und anschließend einige Reisen unternommen hatte, kam er 1872 nach Wien. Bald darauf in der christlichsozialen Bewegung tätig, wurde er in Wien-Margareten, wo er ein Haus besaß, Obmann des Hausherren-Vereins und Erster Präsident-Stellvertreter des Central-Verbandes der Wiener

Josef Strobach

Hausbesitzervereine und kandidierte für den Wiener Gemeinderat. 1893–1905 Gemeinderat, 1895 Stadtrat und während des Gemeinderatsprovisoriums 1895/96 Beirat; 1896/97 Bürgermeister von Wien. Als Dr. Karl Lueger 1897 endlich die kaiserliche Bestätigung als Bürgermeister erhalten hatte, trat St. am 31. 3. 1897 zurück. Bis zu seinem Tod blieb er Vizebürgermeister.

Czeike, F.: Wien und seine Bürgermeister (1974)

STROBL, Karl Hans, * 18. 1. 1877 in Iglau (Mähren), † 10. 3. 1946 in Perchtoldsdorf bei Wien, Schriftsteller. Als Sohn eines Kaufmanns geboren, studierte er 1894–98 in Prag Jus und trat dann in den Staatsdienst. Von 1901–13 als Theaterkritiker in Brünn tätig, schied 1913 aus dem Staatsdienst und wurde Herausgeber der Zeitschrift „Der Turmhahn". Im Ersten Weltkrieg Kriegsberichterstatter an fast allen Fronten, ließ sich danach in Perchtoldsdorf nieder und schrieb zahlreiche historische und phantastische Romane, u. a.: „Aus Gründen und Abgründen" (Skizzen, 1901), „Das Wirtshaus zum König Przemysl" (1913), eine Bismarck-Trilogie („Der wilde Bismarck", „Mächte und Menschen", „Die Runen Gottes", 1915–19), „Verlorene Heimat" (1920), die Freißleben-Trilogie („Die alten Türme", „Wir hatten gebaut", „Erasmus mit der Wünschelrute", 1921–26), „Geschichten um Mitternacht", 6 Bde. (1924), „Der Goldberg" (1926), „Die Fackel des Hus" (1929), „Prozeß Borowska" (1934), „Kaiser Rotbart" (1935), „Feuer im Nachbarhaus" (1938), „Das blaue Wunder" (1939), „Glückhafte Wanderschaft" (1942), „Dorf im Kaukasus" (1943), „Die Weltgeschichte und das Igelhaus" (1944).

STROHEIM, Erich von (eigtl. Erich Oswald St.), * 22. 9. 1885 in Wien, † 12. 5. 1957 auf Schloß Maurepas in Paris, Filmschauspieler und Regisseur. 1906 ging er in die USA, wo er zunächst in Varietés als Schauspieler, danach in Stummfilmen auftrat, und zwar erstmals 1914 unter der Regie von D. W. Griffith. 1918 führte er in „Blinde Ehegatten" erstmals selbst Regie. In der Folge drehte er zahlreiche amerikanische Stummfilme, wie etwa „Rummelplatz des Lebens" (1922), „Gier nach Geld" (1923), „Die lustige Witwe" (1925) und „Hochzeitsmarsch" (1926). Ab 1929 wirkte er nur mehr als Filmschauspieler und Drehbuchautor und hatte in „Die große Illusion" (1937) und in Billy Wilders (s. d.) „Sunset Boulevard" (1950) seine größten Erfolge.

STROHOFER, Hans, * 13. 7. 1885 in Wien, † 17. 5. 1961 in Wien, Maler und Graphiker. Studierte an der Kunstgewerbeschule in Wien und war 1908–10 Assistent von Kolo Moser (s. d.). Er schuf eine Vielzahl von Aquarellen und Zeichnungen, Ölporträts und Porträt-Steinzeichnungen, von denen die von Renner (s. d.), Colerus (s. d.) und Freiberg (s. d.) besonders bekannt wurden.

Hans Strohofer: Briefmarke aus der „Denkmäler"-Serie

Auf graphischem Gebiet war er als Buchillustrator und Schöpfer von Exlibris sehr beliebt und schuf besonders schöne Briefmarkenserien, so die „Blumen-", „Stephansdom-" und „Denkmäler"-Serie sowie Flugpostmarken.

H. St. Aquarelle, Zeichnungen, Briefmarken (1961)

STROTZKA, Hans, * 18. 11. 1917 in Wien, Tiefenpsychologe. Studierte ab 1937 an der medizinischen Fakultät in Wien und promovierte 1940. Von 1946–50 an der Nervenheilanstalt Rosenhügel in Wien tätig, dann Leiter des psychotherapeutischen Ambulatoriums der Wiener Gebietskrankenkasse. Seit 1969 ist er Lehranalytiker der Wiener Psychoanalytischen Vereinigung, seit 1971 Vorstand des Instituts für Tiefenpsychologie und Psychotherapie der Universität Wien. S. veröffentlichte zahlreiche fachwissenschaftliche Arbeiten und Bücher, so u. a.: „Einführung in die Sozialpsychiatrie" (1965), „Gesundheit für Millionen. Sozialpsychiatrie heute" (1972), „Psychotherapie und Tiefenpsychologie" (1982), „Fairneß, Verantwortung, Fantasie" (1983) und „Ein psychoanalytischer Essay" (1985).

STRUBER, Joseph, * 1770 in Stegenwald bei Werfen (S), † 19. 7. 1845 in Stegenwald, Freiheitskämpfer. Als Sohn des Sonnenwirts von Werfen, Thomas St., geboren, übernahm er mit seinem beträchtlichen Erbteil das Wirtshaus Stegenwald nahe dem Paß Lueg an der recht belebten Handelsstraße von Salzburg nach dem Süden. Seine gutgehende Gastwirtschaft machte ihn gemeinsam mit der daneben betriebenen Landwirtschaft zu einem der wohlhabendsten und angesehensten Männer des Salzburger Pongaus. Bedingt durch die Kriegsereignisse, die wiederholten Durchzüge von Truppen mit den damit verbundenen Plünderungen und Einquartierungen ab dem Jahr 1800, verschlechterte sich seine wirtschaftliche Lage zunehmend. In den Freiheitskämpfen von 1809 wirkte er als Schützenhauptmann erfolgreich an der Verteidigung des Paß Lueg mit und hatte bedeutenden Anteil an dem Sieg gegen die Franzosen und Bayern vom 25. 9. Pater Haspinger (s. d.) ernannte ihn daraufhin spontan zum Major, was auch Andreas Hofer (s. d.) kurz darauf bestätigte. Erst spät wurden ihm vom Herrscherhaus die verdienten Ehrungen zuteil. Am 28. 11. 1817 wurde ihm vom Kaiser die mittlere goldene Zivil-Ehren-Medaille verliehen, und ab 1833 erhielt er eine jährliche Gnadenrente von 300 Gulden. Bei jeder Durchreise des Kaisers oder eines Mitglieds des kaiserlichen Hauses ritt St. in seiner Schützenmajorsuniform und mit gezogenem Säbel der Wagenkolonne über den Paß Lueg voran.

Köfler, W.: Die Kämpfe am Paß Lueg im Jahre 1809. Militärhist. Schriftenreihe Nr. 41 (1980)

STRUDEL, Paul, Freiherr von St. und Vochburg (seit 1707) (auch Strudl), * 1648 in Cles (Südtirol), † 20. 11. 1708 in Wien, Bildhauer. Älterer Bruder von Peter St. (s. d.). Kam um 1680 nach Wien, wo er zunächst Modelle für den Guß mehrerer Skulpturen für die Dreifaltigkeitssäule (auch Pestsäule genannt) am Graben herstellte, u. a. für die Dreifaltigkeit, Kaiser Leopold I., die Gruppen Glauben, Pest und drei Inschriften tragender Engel, Engel mit Krone. 1696 erhielt er von Kaiser Leopold I. (s. d.) den Auftrag, lebensgroße Statuen der Habsburger als eine Art Ahnengalerie in weißem Marmor zu gestalten, die sich zum Teil jetzt im Prunksaal der Nationalbibliothek befinden. 1698 erhielt er auch einen Auftrag zur Errichtung eines

Marmorstatuen der Habsburger von Peter und Paul Strudel im Prunksaal der Nationalbibliothek in Wien

Altars in der Hofburgkapelle, der erst von seinem Bruder Peter 1712 fertiggestellt und auf Anordnung Kaiser Josephs II. (s. d.) 1787 in die nördliche Querschiffkapelle der Kapuzinerkirche übertragen wurde. Außerdem schuf er zahlreiche Marmorbüsten, darunter die von Leopold I., Joseph I. und Karl VI. als Knaben sowie von König Karl II. von Spanien, Kurfürst Lothar Franz von Schönborn und Eleonore von der Pfalz. St. hatte den pompösen, eindrucksvollen Stil des Italieners Bernini nach Ö. verpflanzt und war einer jener virtuosen Hofkünstler des Hochbarock, bei denen die dekorative Wirkung im Vordergrund stand.

STRUDEL, Peter, Freiherr von Strudendorff (seit 1701) (auch Strudl), * 28. 5. 1660 in Cles (Südtirol), † 4. 10. 1714 in Wien, Maler und Bildhauer. Jüngerer Bruder von Paul St. (s. d.), der vermutlich über Vermittlung der dritten Gattin Kaiser Leopolds I. (s. d.), Eleonore (s. d.), nach Ö. kam, obwohl sich dies aktenmäßig nicht belegen läßt. Jedenfalls reiste er 1686 nach Wien und wurde hier Hof- und Kammermaler, erwarb 1690 ein Areal in Wien (den sogenannten Strudelhof), richtete sich dort ein Atelier ein und brachte seine Gemäldesammlung unter. Zwei Gemälde bereits aus dem Jahr 1689 sind von ihm in der Wiener Rochuskirche erhalten, „Vertreibung der Pest über Fürbitte der Pestheiligen" und „Maria vor der Dreifaltigkeit". St. schuf zunächst eine große Zahl von Altarbildern für Wiener Kirchen, aber auch für die in Klosterneuburg, Garsten und Pottendorf. 1708 wurde er mit der Weiterführung der von seinem Bruder Paul begonnenen Habsburger-Ahnengalerie beauftragt, für die er bis zu seinem Tod 15 Statuen fertigstellte. Sein größtes Verdienst ist die von ihm auf seinem Strudelhof 1692 gegründete private Kunstschule, der Kaiser Leopold I. sehr wohlwollend gegenüberstand. Am 18. 12. 1705 wurde sie im sogenannten Schönbrunnerhaus unter den Tuchlauben neu eröffnet und von Kaiser Joseph I. (s. d.) bestätigt. Damit hatte sie öffentlichen Charakter, und St. wurde als Gründer ihr erster Leiter. Da sie als Vorgängerin der Akademie der bildenden Künste anzusehen ist, ist sie die älteste „Kunstakademie" im deutschsprachigen Raum bzw. in Mitteleuropa.

STRUNZ, Franz, * 15. 11. 1875 in Eger (Böhmen), † 28. 3. 1953 in Wien, Naturwissenschaftler und Wissenschaftshistoriker. Studierte in Wien und lehrte bis 1945 als Univ.-Prof. St. war Mitbegründer der Wiener Urania und 1910–38 deren wissenschaftlicher Direktor. Veröffentlichungen u. a.: „Die Chemie im klassischen Altertum" (1905), „Über die Vorgeschichte und die Anfänge der Chemie" (1906), „Geschichte der Naturwissenschaften im Mittelalter" (1910, Neuaufl. 1972), „Goethe als Naturforscher" (1917) und „Paracelsus" (1924).

STRUTZ, Herbert, * 6. 6. 1902 in Klagenfurt, † 9. 10. 1973 in Wien, Kapellmeister, Erzähler und Lyriker. Absolvierte zunächst ein Musikstudium und wurde Kapellmeister, dann Verlagsleiter in Wien und Musikkritiker. Seit 1945 freier Schriftsteller in Klagenfurt. Erhielt mehrere Preise, darunter 1934 den J.-Reich-Preis, 1940 den Kärntner Lyrikpreis und 1959 den Theodor-Körner-Preis. Veröffentlichte u. a. die Lyrikbände: „Wanderer im Herbst" (1932), „Gnade der Heimat" (1941), „Gesicht im Weiher" (1952), „Vor dem Dunkelwerden" (1958), „Der Mond hat keine gute Zeit" (1959), „Bogen der Jahre" (1965), „Bedrängtes Dasein" (1967); die Romane: „Die ewigen Straßen" (1933), „Tag für Tag" (1939).

STRZYGOWSKI, Josef, * 7. 3. 1862 in Biala (Galizien), † 2. 1. 1941 in Wien, Kunsthistoriker. Studierte in Wien und war 1892–1909 Univ.-Prof. in Graz und 1909–33 in Wien. An der Universität Wien gründete er das 1. Kunsthistorische Institut und 1933 die „Gesellschaft für vergleichende Kunstforschung". Als Begründer der vergleichenden Kunstforschung versuchte er seine Thesen, daß die indogermanische und die asiatische Kunst die Grundlage für die abendländische Kultur bilden, durch mehrere Froschungsreisen zu untermauern. St. veröffentlichte: „Byzantinische Denkmäler", 3 Bde. (1891–1903), „Kleinasien, ein Neuland der Kunstgeschichte" (1903), „Die Baukunst der Armenier in Europa", 2 Bde. (1918), „Krisis der Geisteswissenschaft" (1923), „Der Norden in der bildenden Kunst Westeuropas" (1926) und „Europas Machtkunst im Rahmen des Erdkreises" (1941).

J.-St.-Festschrift (1932)

STUBEL, Milli (Ludmilla Hildegard), * 11. 9. 1852 in Wien, † 1890, verschollen mit Johann Orth (Erzherzog Johann Salvator, s. d.), Balletteuse. Die eher durchschnittlich begabte Tänzerin kam nach einem kurzen Engagement am Theater an der Wien in das Hofopernballett, wo sie Erzherzog Johann Salvator kennenlernte. Nachdem dieses Verhältnis bereits Jahre gedauert hatte, verlangte Kaiser Franz Joseph (s. d.) vom Erzherzog 1873 die Beendigung der Liaison, worauf dieser seine Geliebte bei seiner Strafversetzung nach Krakau (er war damals Oberstleutnant) als „Beschließerin" mitnahm. Im Dezember 1889 schließlich heiratete er seine langjährige Gefährtin in England. Nach dem ersten Teil der Südamerikafahrt des Erzherzogs mit dem Segelschiff „St. Margaret" traf sie in der ersten Juliwoche 1890 in Buenos Aires ein, um die weitere Fahrt gemeinsam mit dem Erzherzog zu unternehmen.

Lit. s. unter Johann Salvator

STUBENBERG, Johann Wilhelm Graf, * 22. 4. (?) 1619 in Neustadt an der Mettau (Böhmen), † 12. 4. 1663 in Wien, Dichter. War Erbschenk von Steiermark, Herr auf Schloß Schallaburg und Sichtenberg, beschäftigte sich viel mit Literatur und übersetzte aus dem Italienischen und Französischen. 1643 wurde er als „der Unglückselige in zarter Jugend" Mitglied der „Fruchtbringenden Gesellschaft", einer 1617 gegründeten Vereinigung von überwiegend Adeligen, die sich besonders um die Pflege der deutschen Sprache annahm und gegen den fremdländischen Einfluß ankämpfte. St. schrieb mehrere Romane und „Abhandlungen", von denen „Norma seu regula armatorum recte instituendorum" (1662) bekannt wurde.

Rausch, Th.: J. W. v. St., Diss. Wien (1949)

STÜBER-GUNTHER, Fritz, * 22. 3. 1872 in Wien, † 15. 9. 1922 in Wien, Staatsbeamter und Schriftsteller. Sohn eines Beamten, wurde Finanzbeamter und stieg bis zum Rechnungsdirektor auf. Nebenbei war er als Schriftsteller tätig, wurde zunächst bekannter Wiener Lokalschilderer, dessen Wiener Skizzen im „Neuen Wiener Tagblatt" und in der „Volkszeitung" veröffentlicht wurden. Schließlich erschienen diese gesammelt in Buchform, so 1901 „Auf dem Küniglberg", dem noch u. a. folgten: „Wiener auf Reisen und daheim" (1903), „Bucklige Welt" (1905), „Der Stellwagen" (1908), „Wien, wie es war" (1916), „Herr und Frau Surrm" (1917), „Wiener Wandelbilder" (1922), „Wiener Kinder" (1922); aus dem Nachlaß folgten noch 1923 „Wiener Bilderbuch" und „Allerhand Leut' und Zuständ'". Abgesehen von einigen Lustspielen, veröffentlichte er noch volksnahe Romane, u. a.: „C. i." (1907, als „Das Band ist zerschnitten" 1947), „Schwiegersöhne" (1909), „Gottsmann, der Egoist" (1919, als „Der stille Freund" 1947), „Rappelkopf" (Raimund-Roman, 1921). 1910 wurde St.-G. der Bauernfeld-Preis verliehen. Schrieb auch unter dem Pseud. F. St. Gunther.

STÜLZ, Jodok, * 23. 2. 1799 in Bezau (V), † 28. 6. 1872 in Badgastein (S), Augustiner-Chorherr und Historiker. 1823 zum Priester geweiht, wurde St. Abt des Stifts St. Florian (OÖ). Er war ein angesehener Historiker und eines der ersten Mitglieder der Akademie der Wissenschaften in Wien. Seine bedeutendsten Veröffentlichungen sind: „Geschichte des regulierten Chorherrenstiftes St. Florian" (1835), „Geschichte des Zisterzienser-Klosters Wilhering" (1840) und „Urkundenbuch des Landes ob der Enns", 6 Bde. (1852–72).

Pailler, W.: J. St. (1876)

STUMMER, Viktor, * 22. 2. 1910 in Linz, † 19. 2. 1981 in Linz, Beamter und Mundartdichter. Abgesehen von seiner überwiegend mundartlichen Schriftstellertätigkeit, setzte er sich auch sehr für eine „gesamtdeutsche" Sprachpflege ein, was er vor allem in „Drükke ich mich immer richtig aus?"

(vier Hefte, 1960–65) dokumentierte. Von seinen anderen Veröffentlichungen seien u. a. genannt: „Harmonien und Dissonanzen" (1933), „Ernst und heiter" (1948), „Stille Stunde" (1950), „Losts ma zua!" (1952), „Abseits" (1953), „Fürn Feierabend" (1954), „Dreiklang" (1956), „G'spoaß und Ernst" (1957), „Leichtes Gepäck" (1961), „Zan Lacha und zan Denga" (1963).

STUMMVOLL, Josef, * 19. 8. 1902 in Baden bei Wien, † 22. 3. 1982 in Baden bei Wien, Technologe und Bibliothekar. Wurde zu einem international anerkannten Bibliotheksfachmann. 1925–33 und 1937–39 an der Deutschen Bücherei in Leipzig tätig, war in den Jahren dazwischen mit der Einrichtung und Leitung der Landwirtschaftlich-Tierärztlichen Hochschule in Ankara betraut. 1939–45 am Reichspatentamt in Berlin, ab 1946 an der Ö. Nationalbibliothek in Wien tätig, deren Generaldirektor ab 1949. 1952/53 als Experte der UNESCO für das Bibliothekswesen an der Universität Teheran, 1959–63 Direktor der Bibliothek des UN-Hauptquartiers in New York. 1949 war er der Herausgeber von „Die Ö. Nationalbibliothek" und ab 1953 der „Biblos-Schriften" (40 Bde). Abgesehen von zahlreichen Artikeln über Bibliothekswesen und einer Dokumentation und Geschichte der Technologie, veröffentlichte er u. a.: „Tagespresse und Technik" (1935), „Das Bibliothekswesen der neuen Türkei" (1939), „Die Dag-Hammerskjöld-Bibliothek der Vereinten Nationen" (1952), „Als Bibliotheksdirektor bei den Vereinten Nationen" (1959), „Bibliographie und Buchhandel" (1959).

Festschrift für J. St. (1952)

STUR, Karl, * 10. 2. 1840 in Wolfsberg (K), † 2. 6. 1905 in Wien, Maler und Karikaturist. War nach dem Gymnasium kurz Apothekerlehrling und besuchte dann 1857/58 die Akademie der bildenden Künste in Wien. War anschließend jedoch für kurze Zeit Schauspieler, um schließlich doch zur Malerei zurückzukehren. Als 1861 O. F. Berg (s. d.), mit dem er befreundet war, das Witzblatt „Kikeriki" gründete, holte ihn dieser als Zeichner, und St. entwickelte sich zum ausgezeichneten Karikaturisten. Bis 1872 war St. dort tätig, 1873–75 arbeitete er beim „Floh", und 1875–80 zeichnete er für die „Wiener Luft", um ab 1881 wieder für den „Floh" tätig zu sein. 1880/81 arbeitete er auch für den New Yorker „Puck", 1887/88 für die Berliner „Lustigen Blätter" und 1888 ausschließlich wieder für den „Floh". Daneben schuf St. Lithographien und mehrere Schauspieler-Rollenbildnisse, so von Josephine Gallmeyer (s. d.).

STÜRGKH, Karl Graf, * 30. 10. 1859 in Graz, † 21. 10. 1916 in Wien (ermordet), Jurist und Politiker. St. studierte in Wien die Rechte und promovierte 1881, dann trat er in den Staatsdienst. Neben der Bewirtschaftung seines Guts Schloß Halbenrain bei Radkersburg (St) widmete er sich der Politik; war 1891–95 sowie 1897–1907 Abgeordneter zum Reichsrat, wo er sich der Vereinigten Deutschen Linken anschloß. Ab 1907 war St. Mitglied des Herrenhauses, 1909–11 Unterrichtsminister, ab 1911 Ministerpräsident. Nachdem im Reichsrat die Obstruktion wieder eingesetzt hatte, schaltete er am 16. 3. 1914 das Parlament aus und vertagte den Reichsrat. St. regierte fortan autoritär mit Notverordnungen und bediente sich mit Beginn des Ersten Weltkriegs der „Ausnahmeverfügungen für den Kriegsfall". Er weigerte sich wiederholt, die Volksvertretung wiedereinzuberufen, und achtete sehr auf strenge Ausübung der mit dem Krieg verhängten Zensur. Dies waren auch die Gründe, weswegen ihn der Sozialdemokrat Friedrich Adler (s. d.), Sohn von Viktor Adler (s. d.), im Speisesaal des Hotels Meißl & Schadn in der Wiener Kärntner Straße erschoß.

Fussek, A.: Ministerpräsident K. Graf St. Diss. Wien (1959); Friedrich Adler vor dem Ausnahmegericht, hrsg. von J. W. Brügel (1967); Spira, L.: Attentate, die Ö. erschütterten (1981)

STURMINGER, Walter, * 10. 1. 1899 in Wien, † 14. 11. 1973 in Wien, Beamter und Historiker. Nach seinem Militärdienst im Ersten Weltkrieg studierte St. Jus an der Universität Wien und trat 1929 in die Bundespolizei ein. 1948 wechselte er ins Unterrichtsministerium, wo er Sektionschef wurde und im Rahmen der Hochschulsektion tätig war. Mehrfach geehrt, ging St. 1964 in den Ruhestand und beschäftigte sich intensiv mit den beiden Türkenbelagerungen Wiens, über die er eine fast vollständige Sammlung von Quellen und Abbildungen besaß. Von seinen Veröffentlichungen sind besonders zu erwähnen: „Bibliographie und Ikonographie der Türkenbelagerungen Wiens 1529 und 1683" (1955) und „Die Türken vor Wien in Augenzeugenberichten" (1968).

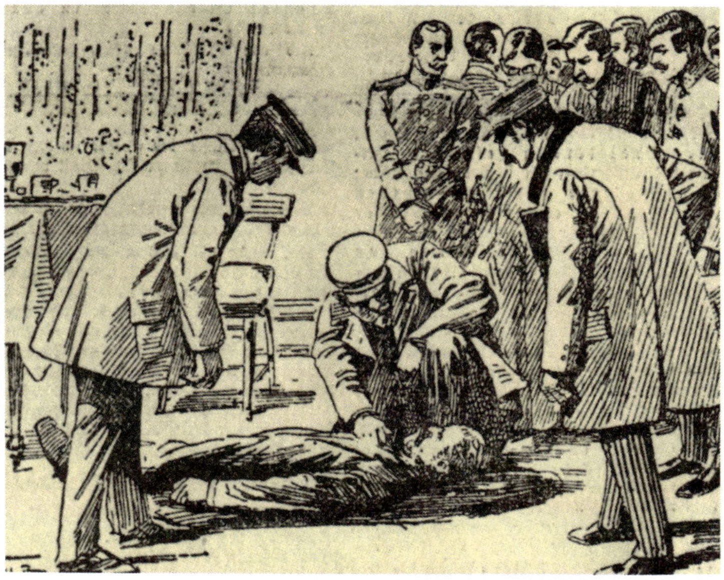

Nach dem tödlichen Attentat auf Karl Graf Stürgkh am 21. 10. 1916 im Wiener Hotel Meißl & Schadn. Szenenskizze im „Neuigkeiten-Weltblatt"

STÜRZER, Rudolf, * 19. 9. 1865 in Udine, † 5. 1. 1926 in Wien, Wiener Lokalschriftsteller. Mitarbeiter der Zeitschrift „Muskete", wurde zu einem der letzten bedeutenden Vertreter der feinsinnigen, humorvollen Wiener Lokaldichtung. Veröffentlichte u. a.: „Alles für die Katz und sechs andere Wiener Dummheiten" (1917), „Weaner und Wiener" (1917), „Die Lamplgasse" (1921), „Auf stolzen Rossen" (1922), „Der tote Hund" (1923), „Lustige Geschichten aus dem Wiener Leben" (1924), „Schwankende Gestalten" (1926); außerdem die Szenen „Durch die Kerkernacht zum Liebesglück" (Parodie, 1917) und „Engelszungen" (1924); 1942 erschien die Auswahl „Sehts Leutln, so war's", hrsg. von H. Greinz.

STUWER, Georg Johann (eigtl. Stubenrauch), * 1732 in Ingolstadt (Bayern), † 4. 1. 1802 in Wien, Kunstfeuerwerker. Erhielt von Maria Theresia ein Privileg zur Ausübung seiner Kunst, und Kaiser Joseph II. gestattete ihm, für ein Großfeuerwerk die Jesuitenwiese im Wiener Prater zu benützen (später wurde sie deshalb „Feuerwerkswiese" genannt). Seit 1771 war auf diesem Gebiet der Italiener P. P. Girandolini tätig, doch bestand St. am 27. 5. 1774 mit seiner Leistung diese Konkurrenz. Er verwendete vorwiegend Themen aus Mythologie und Bibel, nahm aber auch Schlachten zum Vorwurf und versuchte, ähnlich wie H. Löschenkohl (s. d.) auf seinen Bildern, aktuelle Begebenheiten darzustellen. Am 29. 9. 1799 verabschiedete er sich mit dem Feuerwerk „Tag der Dankbarkeit" von der Öffentlichkeit und übergab sein Unternehmen an seinen Sohn Caspar, von dem es nach dessen Tod am 10. 2. 1819 an den Enkel Anton überging. Dieser führte die „Wiener Pyrotechnik" auf einen vorher noch nie dagewesenen Stand und hatte mit seinen Darbietungen bedeutende Erfolge. Er starb am 5. 1. 1858 in Wien, worauf sein Sohn Anton das nun schon traditionsreiche Unternehmen weiterführte. Anton St. d. J. war, wenngleich nicht so erfolgreich wie sein Vater, um eine Weiterentwicklung bemüht; gab 1876 sein letztes Feuerwerk.

SUCHENWIRT, Peter (eigtl. Such-den-Wirt), * um 1325, † nach 1395 wohl in Wien, da er hier Hausbesitz hatte, ein Hauptvertreter der Heroldsund Wappendichtung sowie Liederdichter des Mittelalters. Zunächst ein Fahrender, dürfte er ein gebürtiger Ö. gewesen sein. Jedenfalls ist er seit 1372 in Wien ansässig gewesen und war am Wiener Herzogshof tätig. Mit Herzog Albrecht III. (s. d.) muß er ein enges Verhältnis gehabt haben, da er ihn 1377 auf dessen Kreuzfahrt nach Preußen begleitete. In Wien besaß er schon vor 1377 ein Haus und ab 1382 weitere zwei im Bereich der Seitzergasse, die er 1386 an Herzog Albrecht III. zur Errichtung des Karmeliterklosters abtrat. Die von ihm verfaßten „Ehrenreden" auf Adelige, in denen er deren Wappen allegorisch deutete, hatten ihn bekannt gemacht, doch verfaßte er auch religiöse Lehrgedichte, politische Zeitgedichte, vor allem über den Verfall des Rittertums, sowie Minne- und Abenteuerlieder. Besonders zu erwähnen sind seine Lehrgedichte „Die zehn Gebote" und „Vom jüngsten Gericht", aber auch das Zeitgedicht „Die Ratschläge des Aristoteles" (1394). Weitere Werke: „Von Herzog Albrechts Ritterschaft" (1377), „Von der Fürsten Teilung" (1379, über den Teilungsvertrag von Neuberg) und „Der umgekehrte Wagen" (1388). 1827 wurden von A. Primisser seine Werke herausgegeben und 1878 „5 unedierte Ehrenreden".

Rupprich, H.: Das Wiener Schrifttum des ausgehenden Mittelalters (1954); Lhotsky, A.: Quellenkunde zur mittelalterlichen Geschichte Ö.s (1963)

SUCHY, Viktor, * 28. 11. 1912 in Wien, Literarhistoriker und Publizist. Studierte in Wien und war schon während seiner Studienzeit in der katholischen Studentenbewegung tätig. Als Redakteur und Verlagslektor beschäftigte er sich besonders mit den literarischen und geistigen Strömungen der Gegenwart und erwarb sich große Verdienste um die „Dokumentationsstelle für neuere ö. Literatur". Er veröffentlichte, abgesehen von Gedichten und Hörspielen, u. a.: „Geistige Strömungen der Gegenwart im Lichte des Katholizismus" (1947), „Vom ö. Geist" (1948), „Kritik als diagnostische Kunst" (1960); außerdem war er Herausgeber der Taschenbuchreihe „Das ö. Wort" und von „Jahrbuch der Furche" sowie von Adalbert Stifters „Mappe meines Urgroßvaters" (1947).

SUESS, Eduard, * 20. 8. 1831 in London, † 26. 4. 1914 in Wien, Geologe und Paläontologe. Sohn eines Industriellen, kam mit seinen Eltern 1846 nach Wien und studierte an den technischen Hochschulen von Wien und Prag. 1848 wurde er wegen seiner politischen Betätigung vor ein Kriegsgericht gestellt, doch verhalf ihm Wilhelm von Haidinger (s. d.), der Direktor der Geologischen Reichsanstalt war und wohl schon sein Talent erkannt hatte, wieder zur Freiheit. 1852 Assistent am Mineralienkabinett des Naturhistorischen Hofmuseums, wurde er 1857 a. o. Prof. für Paläontologie. 1862 übernahm er die Lehrkanzel für Geologie und schied aus dem Museumsdienst aus. 1867 o. Univ.-Prof., schuf eine Schule der Geologie, die ihre Aufgabe in einer zusammenfassenden Betrachtungsweise sah. Dies dokumentierte er in seinem bedeutenden Hauptwerk „Das Antlitz der Erde" (3 Bde.), das 1883–1909 erschien. Seit 1860 Mitglied der Akademie der Wissenschaften, 1890–93 Generalsekretär, 1893–98 Vizepräsident und 1898–1911 Präsident. Er war auch Wegbereiter der sogenannten „Deckentheorie" (bezüglich der Entstehung der Kettengebirge) und erforschte das Dachsteingebiet und den Boden des Stadtgebiets von Wien. Trotz seiner umfangreichen wissenschaftlichen Tätigkeit war er auch in der Politik engagiert, wo er ebenfalls Bedeutendes leistete. 1863–73 und 1882–86 war er Wiener Gemeinderat und empfahl die Trinkwasserversorgung der Stadt aus dem Hochgebirge. Er setzte sich außerdem sehr für die Regulierung der Donau ein. 1869 in den nö. Landtag gewählt, war er 1873–97 Reichsratsabgeordneter und stand am linken Flügel der liberalen Verfassungspartei. Zudem war er Landesschulinspektor und strebte die Verwirklichung der Reform des Reichsvolksschulgesetzes an. 1873 wurde er Ehrenbürger von Wien. Weitere Veröffentlichungen u. a.: „Der Boden der Stadt Wien" (1862), „Die Entstehung der Alpen" (1875), „Die Beziehung der Erdrinde zu außerirdischen Himmelskörpern" (1907). Erst nach seinem Tod, 1916, erschienen seine „Erinnerungen".

Eduard Suess

Diener, C.: E. S. (1923); Ö. Naturforscher und Techniker, hrsg. von der Ö. Akademie der Wissenschaften (1951)

SUITNER, Otmar, * 16. 5. 1922 in Innsbruck, Dirigent. Studierte am Mozarteum in Salzburg bei Clemens Krauss (s. d.) und wurde 1952 städtischer Musikdirektor in Remscheid (BRD), 1957 Generalmusikdirektor des Pfalzorchesters Ludwigshafen, 1960 Generalmusikdirektor und Chef der Staatskapelle und der Staatsoper in Dresden (DDR). 1964–71 und ab 1974 Generalmusikdirektor der Deutschen Oper Berlin und Chef der Staatskapelle. Gastdirigent in ganz Europa und bei den Bayreuther Festspielen. Ist besonders als Dirigent der Werke von Richard Wagner und Richard Strauss hervorgetreten.

SULZER, Salomon, * 30. 3. 1804 in Hohenems (V), † 17. 1. 1890 in Wien, Kantor. Wurde bereits 1824 Oberkantor an der neuen Synagoge in Wien, was er bis 1881 blieb. Er war ein Reformator des jüdischen Kultusgesangs und bewirkte durch seine Kompositionen, die der Wiener Klassik, da vor allem dem Werk Franz Schuberts, nahestanden, eine nachhaltige Wirkung auf die Reformierung des jüdischen Tempelgesangs.

SUNNECK, der von (auch Suneck), s. Sonneck

SUNTHAIM, Ladislaus, * um 1440 in Ravensburg (Württemberg), † Ende Jänner 1513 in Wien, katholischer Geistlicher, Genealoge und Topograph. Studierte 1460–65 die freien Künste an der Universität Wien und wurde danach im Bistum Konstanz zum Priester geweiht. 1473 erhielt er zwei, 1483 eine dritte Meßpfründe im Wiener Stephansdom und 1504 einen Sitz im Wiener Domkapitel. Ab etwa 1470 befaßte er sich eingehend mit Genealogie und war bis zu seinem Lebensende für Kaiser Maximilian I. (s. d.) als Genealoge tätig. Um 1490 entstanden die S.-Tafeln, eine Genealogie der Babenberger, die 1491 als „Tabulae Claustroneoburgenses" gedruckt erschien und in der zum erstenmal die Beinamen der Babenberger aufscheinen. 1497 war S. Gründungsmitglied der von Konrad Celtis (s. d.) geschaffenen literarischen Gesellschaft „Sodalitas Danubiana". Um 1500 verfaßte er eine Landesbeschreibung von Süddeutschland, in der sich für die Forschung bedeutende topographische und volkskundliche Angaben über Ö. befinden. Zusätzlich sind von ihm mehrere Genealogien ö. Fürsten- und Adelshäuser überliefert. Nach seinem Tod eignete sich Johannes Cuspinian (s. d.) seinen wissenschaftlichen Nachlaß an.

Eheim, F.: L. Sunthaym, in: Mitteilungen des Instituts für Ö. Geschichtsforschung 67 (1959)

SUPPAN, Wolfgang, * 5. 8. 1933 in Irdning (St), Musikforscher. Studierte in Graz und promovierte 1959. 1971 habilitierte er sich an der Universität Mainz mit seiner unter dem Titel „Deutsches Liedgut zwischen Renaissance und Barock" 1973 gedruckten Arbeit und wurde 1974 Prof. für Musikethnologie an der Grazer Musikhochschule. Veröffentlichte u. a.: „Steirisches Musiklexikon" (1966), „Volkslied. Seine Sammlung und Erforschung" (1968), „Handbuch des Volksliedes" (1973 ff.), „Lexikon des Blasmusikwesens" (mit Fr. Thalen, 1973), „Alta musica" (mit E. Brixel, 1976 ff.), „Das große Steirische Blasmusikbuch" (1981).

SUPPÉ, Franz von (eigtl. Francesco Ezechiele Ermenegildo Cavaliere Suppé-Demelli), * 18. 4. 1819 in Spalato (Split, Dalmatien), † 21. 5. 1895 in Wien, Kapellmeister und Operettenkomponist. War ein Neffe des Opernkomponisten G. Donizetti, sein Vater war Belgier, seine Mutter Wienerin. Studierte zunächst Jus in Padua, wandte sich aber bald der Musik zu und komponierte 1834 seine erste Messe. 1839 kam er nach Wien und studierte am Konservatorium bei S. Sechter (s. d.) und I. Seyfried. Ab 1845 Kapellmeister am Theater in der Josefstadt. Schrieb 1846 die Ouvertüre zum Volksstück „Dichter und Bauer". 1848 entstand die Musik zu dem fünfaktigen Schauspiel „Der Bandit oder Ein Abenteuer in Spanien". Danach in Preßburg und Baden engagiert, war 1862–65 Kapellmeister am Theater an der Wien, anschließend bis 1882 am Carltheater. Am 24. 11. 1860 wurde im Carltheater seine einaktige Operette „Das Pensionat" uraufgeführt. Dieser Tag gilt als Geburtstag der „Wiener Operette". 1862 folgte „Die Kartenschlägerin", ebenfalls als Einakter, die aber 1864, als „Pique Dame" in Graz aufgeführt, eine zweiaktige Neufassung erhielt. 1862 folgte noch „Zehn Mädchen und kein Mann", und 1863 gelang ihm mit „Flotte Bursche" der erste

Franz von Suppé. Lithographie von Gabriel Decker (1851)

große Erfolg, an den sich nach drei weniger erfolgreichen Werken 1865 „Die schöne Galathee" reihte, die er „komisch-mythologische Oper" nannte. Nun ging es schlagartig weiter: 1866 „Leichte Kavallerie" und „Freigeister!", 1867 „Banditenstreiche", 1868 „Frau Meisterin" und „Tantalusqualen", 1869 „Isabella", 1870 „Die Jungfrau von Dragant", danach waren 1876 „Fratinitza", 1878 „Der Teufel auf Erden" und 1879 „Boccaccio" (mit „Hab' ich nur deine Liebe") große Erfolge. 1880 entstand die Oper „Donna Juanita". Die nachfolgenden sieben Operetten konnten die bisherigen Erfolge nicht mehr fortsetzen. Annähernd gelang ihm dies noch mit „Die Jagd nach dem Glücke" (1888). 1883 war er ans Theater an der Wien zurückgekehrt, und anläßlich des Friedenskongresses 1892 schuf er den vielbeachteten Chor „Die Waffen nieder". S. schuf auch einige Konzertstükke und Märsche, darunter den Marsch „O du mein Ö.". S.s Musik, in der Offenbach-Nachfolge, hob die neue Form des Singspiels zu gültiger Höhe und leitete den Siegeszug der Operette ein. S. war mit Nestroy (s. d.) befreundet und vertonte einige von dessen Texten.

Rieger, E.: Offenbach und seine Wiener Schule (1920); Kromer, J.: F. v. S. Leben und Werk. Diss. Wien (1941)

SÜSS, Vinzenz Maria, * 15. 1. 1802 in Weißenbach bei Strobl am Wolfgangsee (S), † 5. 5. 1868 in Salzburg, Lehrer, Beamter und Heimatforscher. S. gründete 1834 das Museum Carolino-Augusteum in Salzburg und wurde schließlich Landeskonservator von Salzburg. Ab 1844 gab er die für die Salzburger Heimatforschung bedeutenden „Musealberichte" heraus. Wichtige Veröffentlichungen: „Die Bürgermeister Salzburgs von 1433 bis 1840" (1840) und „Salzburger Volkslieder mit ihren Singweisen" (1865).

SUSSMANN, Heinrich, * 20. 11. 1904 in Tarnopol (Galizien), † 12. 12. 1986 in Wien, Maler, Graphiker und Innenarchitekt. Kam 1914 nach Wien, studierte 1925/26 in Paris an der Akademie „Grande Chaumière" und anschließend bei O. Strnad (s. d.) an der Wiener Kunstgewerbeschule. Er begann als Bühnenbildner und Karikaturist in Wien, 1929 ging er nach Berlin und arbeitete dort als Graphiker, Zeitschriftenherausgeber und Innenarchitekt. 1933 emigrierte er über Wien nach Paris, wo er im Widerstand tätig war. 1944 verhaftet, wurde er nach Auschwitz deportiert. S. wurde vor allem als antifaschistischer Graphiker und Karikaturist bekannt.

H. S. Ausstellungskatalog, Wien (1977)

SÜSSMAYR, Franz Xaver, * 1766 in Schwanenstadt (OÖ), † 16. 9. 1803 in Wien, Komponist und Hofkapellmeister. War 1779–87 Sängerknabe und Musiker im Benediktinerstift Kremsmünster (OÖ) und wurde 1788 in Wien Schüler von A. Salieri (s. d.) und 1790/91 von W. A. Mozart (s. d.). Ab 1792 Dirigent am Nationaltheater, wurde er 1794 Kapellmeister an der Wiener Hofoper. Nach Mozarts Tod vollendete er dessen Requiem. Abgesehen von mehreren kirchenmusikalischen und Chorwerken, schuf er zu seiner Zeit sehr beliebte Opern, u. a.: „Moses" (1792), „Der Spiegel von Arkadien" (1794, sein größter Erfolg), „Idris und Zenide" (1795) und „Soliman II." (1799).

Wlcek, W.: F. X. S. als Kirchenkomponist. Diss. Wien (1953); Hausner, H. H.: F. X. S. (1964); Plath, W.: Zur Echtheitsfrage bei Mozart. Mozart Jahrbuch 1971/72

SUTTINGER, Daniel, * 5. 12. 1640 in Penig (Sachsen), † 1690 in Dresden (Sachsen), Festungstechniker und Topograph. Lebte 1671–86 in Wien, stand zunächst in den Diensten der Stadt und war dann kaiserlicher Festungsingenieur. S. war an den Vorarbeiten zur geplanten Erneuerung der Wiener Festungsanlagen wesentlich beteiligt und schuf zudem mehrere künstlerische Ansichten und topographische Pläne Wiens. So auch 1675 einen wertvollen Grundriß, zwei Stadtprofile aus 1676 und eines aus 1678, einen Kupferstich von der Türkenbelagerung 1683 sowie einen Plan der Stadt von 1684, auf dem die Zerstörungen durch die Türken festgehalten sind, sowie einen Plan von 1687 nach dem Stand von 1683. Das von ihm 1680 angefertigte Holzmodell der Stadt Wien ist verschollen.

SUTTNER, Bertha Freifrau von, * 9. 6. 1843 in Prag, † 21. 6. 1914 in Wien, Pazifistin und Schriftstellerin. Tochter des Feldmarschalleutnants Franz Graf Kinsky; stammte mütterlicherseits aus der Familie des Freiheitsdichters Theodor Körner. Ihre Ausbildung zur Sängerin schlug fehl, und so wurde sie Erzieherin und Gesellschafterin im Haus des Freiherrn von S., wo sie ihren späteren Gatten kennenlernte. Nach einem kurzen Aufenthalt in Paris, als Sekretärin des Erfinders Alfred Nobel, kehrte sie zurück und heiratete heimlich und gegen den Willen ihrer Familie 1876 den Freiherrn Arthur Gundaccar von S., (* 21. 12. 1850 in Wien, † 10. 12. 1902 auf Schloß Harmannsdorf [NÖ]), der ebenfalls schriftstellerisch tätig war. Gemeinsam flohen sie nach Tiflis (Kaukasus), kehrten nach der Versöhnung mit der Familie 1885 zurück und ließen sich auf Schloß Harmannsdorf nieder. Bereits von pazifistischem Gedankengut durchdrungen, nahm sie 1887 Verbindung zur damals einzigen Friedensorganisation der Welt, der „International Arbitration and Peace Association" in London, auf. Nach Erscheinen etlicher Romane und Novellen kam 1889 ihr Hauptwerk „Die Waffen nieder! Eine Lebensgeschichte", 2 Bde., heraus. Dieser Roman erreichte bis 1896 14 Auflagen und wurde in fast alle Sprachen Europas übersetzt. Nicht nur brachte er der Verfasserin Weltruhm ein, sondern trug auch wesentlich zur Verbreitung und Popularisierung der Friedensidee und -bewegung in Europa und in Amerika bei. 1890 gründete sie die „Ö. Friedensgesellschaft" (seit 1964 S.-Gesellschaft). 1892–99 gab sie gemeinsam mit A. Fried (s. d.) die Monatsschrift „Die Waffen nieder" heraus, die dann Fried allein als „Die Friedens-Warte" weiterführte. Unermüdlich war sie nun für die Friedensidee tätig, verfaßte Essays, sprach auf internationalen Friedenskongres-

Heinrich Sussmann: Auschwitz. Bleistiftzeichnung, Februar 1945

BERTHA VON SUTTNER

„Die Waffen nieder!"

Bertha von Suttner um 1900

„Dieser Preis, Madame, ist Ihr Werk, denn Sie sind es, durch die Herr Nobel in die Friedensbewegung eingeweiht wurde, und auf Ihr Zureden erst hat er sich zu deren Förderer gemacht."

Der Begründer des Roten Kreuzes und erste Friedens-Nobelpreisträger Henri Dunant

„Ich habe die Lektüre Ihres bewundernswerten Meisterwerkes vollendet. Man sagt, es gäbe 2000 Sprachen – das scheint mir um 1999 zuviel –, aber sicherlich gibt es nicht eine, in die Ihr herrliches Werk nicht übersetzt, in der es nicht gelesen und besprochen werden sollte. Wie lange haben Sie gebraucht, um dieses Wunder zu schaffen? Sie werden es mir sagen, wenn ich das Glück und die Ehre haben werde, Ihre Hand zu drücken – diese Amazonenhand, die so tapfer Krieg gegen den Krieg führt."

Alfred Nobel

„Keiner wagte sich zu jener so vielverspotteten Idee zu bekennen, keiner an sie zu glauben oder gar die Hoffnung zu hegen, sie in absehbarer Zeit zur Anerkennung zu bringen."

Alfred Hermann Fried, Nachruf auf Bertha von Suttner

sen und interparlamentarischen Konferenzen. 1905 erhielt sie als erste Österreicherin den Friedenspreis, den A. Nobel auf ihr Einwirken hin gestiftet hatte. Sie starb während der Vorbereitungen eines Weltfriedenskongresses, den sie im August 1914 in Wien abhalten wollte, wenige Tage vor den Schüssen von Sarajevo. Von ihren Romanen, vorwiegend Gesellschaftsromane, sind zu nennen: „Inventarium einer Seele" (1883), „Ein schlechter Mensch" (1884), „High-life" (1884), „Daniela Dormes" (1885), „Eva Siebeck" (1892), „Vor dem Gewitter" (1893), „Einsam und arm" (1896), „Das Maschinenzeitalter" (1899), „Marthas Kinder" (1902, eine Fortsetzung von „Die Waffen nieder!"), „Der Menschheit Hochgedanken" (1911). Außerdem gab sie ihre gesammelten Vorträge, Glossen zur Zeitgeschichte und 1908 ihre Memoiren heraus. Ab 1906 erschienen ihre „Gesammelten Werke" (12 Bde.).

Fried, A.: B. v. S. (1908); Key, E.: Florence Nightingale und B. v. S. (1919); Kaut, H.: B. v. S. und die Anfänge der ö. Friedensbewegung (1950); Reicke, I.: B. v. S. (1952); Kempf, B.: B. v. S. (1964); Hamann, B.: B. v. S. (1986)

SWAROWSKY, Hans, * 16. 9. 1899 in Budapest, † 10. 9. 1975 in Salzburg, Dirigent. Studierte in Wien bei Arnold Schönberg (s. d.), Anton von Webern (s. d.) und Richard Strauss (s. d.) und wurde 1932 Kapellmeister in Hamburg. 1934–37 an der Berliner Staatsoper, 1937–40 Dirigent am Opernhaus in Zürich, 1940–44 Dramaturg bei den Salzburger Festspielen, 1944/45 Leiter der Krakauer Philharmonie, 1945–47 Chefdirigent der Wiener Symphoniker, 1947–50 Direktor des Grazer Opernhauses. War 1946–69 Prof. an der Wiener Musikakademie. 1957–59 in Glasgow tätig, ab 1959 Dirigent an der Wiener Staatsoper. Sein besonderes Interesse als Dirigent galt Richard Strauss und Gustav Mahler. Als Musikpädagoge gehörte er jahrelang zu den profiliertesten Dirigentenerziehern. Zu seinen Schülern zählten die weltberühmt gewordenen Dirigenten Claudio

GERHARD VAN SWIETEN

Begründer der Wiener medizinischen Schule

SWIETEN, Gerhard Freiherr van (seit 1758) (Gerard), * 7. 5. 1700 in Leiden (Niederlande), † 18. 6. 1772 im Schloß Schönbrunn bei Wien, Arzt. Studierte in Löwen und Leiden bei Boerhaave Medizin und promovierte 1725. 1736 habilitierte er sich in Leiden, wurde 1745 von Maria Theresia als Leibarzt nach Wien berufen und gleichzeitig zum Direktor der Hofbibliothek bestellt. In dieser Funktion errichtete er bald einen Lesesaal, wodurch die Bibliotheksbestände einem weiten Leserkreis zugänglich wurden. Zum Inspektor des medizinischen Unterrichts in Ö. ernannt, 1749–53 zudem Direktor der medizinischen Fakultät, reformierte er den Universitätsbetrieb, regte den Bau eines neuen Universitätsgebäudes (heute Akademie der Wissenschaften) an, den er 1755 auch eröffnete, richtete chemische und physikalische Labors ein, holte bedeutende Persönlichkeiten als Lehrer nach Wien und gründete die erste Wiener Schule für Tierärzte. Er reorganisierte aber auch Spitäler und Heilanstalten und richtete Hebammenschulen und Findelhäuser ein. Schließlich machte er die Chirurgie zu einem eigenen Lehrfach, lehrte selbst als erster Pathologie und Physiologie und führte das Sublimat zur Behandlung der Syphilis und neue Methoden in

Gerhard van Swieten. Stich von Noël Pruneau (1771)

der Blatternbekämpfung ein. Typisch für seine Methode war die genaue Erhebung der Anamnese und der Befunde. Als Leiter der Studien- und Bücherzensur-Hofkommission bewirkte er eine merkbare Lockerung der vorhandenen strengen Zensurbestimmungen. Von seinen Veröffentlichungen seien u. a. genannt: „Erläuterungen der Boerhaavischen Lehrsätze von Erkenntnis und Heilung der Krankheiten", 5 Bde. (1755–75), „Abhandlung von den Blattern" (1777), „Abhandlungen von venerischen Krankheiten" (1777), „Oratio de medicina simplici vera" (1779), „Epidemien und Krankengeschichten", 2 Bde. (1785).

Fournier, A.: G. van S. als Censor (1877); Müller, W.: G. van S. (1883); Lesky, E.: Die Wiener medizinische Schule im 19. Jh. (1965); Sigerist, H. E.: Große Ärzte (6. Aufl. 1970)

Abbado, Miltiades Caridis, Zubin Mehta, Giuseppe Sinopoli und Dimitri Kitaenko.

SWIETEN, Gottfried Bernhard Freiherr van, * 29. 10. 1733 in Leiden (Niederlande), † 29. 3. 1803 in Wien, Bibliothekswissenschaftler, Diplomat und Musikliebhaber. Sohn von Gerhard van S. (s. d.), mit dem er 1745 nach Wien kam. War nach seinen Studien 1755–77 Diplomat und vertrat 1770–77 Ö. in Berlin, 1777 Direktor der Hofbibliothek in Wien, erwarb er sich große Verdienste um deren Erweiterung und war zudem 1781–91 Leiter der Studien- und Bücherzensur-Hofkommission. S. dürfte auch in jungen Jahren Kompositionsstudien, vermutlich während seines Berliner Aufenthalts, betrieben haben, jedenfalls wurde er zu einem Kenner der Musik und zu einem Freund und Mäzen von W. A. Mozart und L. van Beethoven. Auch gründete er eine aus 24 Mitgliedern des Hochadels bestehende „Gesellschaft der Associierten", die Vorgängervereinigung der „Gesellschaft der Musikfreunde". In den Hauskonzerten dieser Gesellschaft förderte er die in Wien weniger bekannten Werke von F. Händel und J. S. Bach; Mozart verdankte diesem Umstand die Kenntnis dieser Musik. S. schuf auch Symphonien und komische Opern und übersetzte und bearbeitete für J. Haydn die Texte zu den Oratorien „Die Schöpfung" und „Die Jahreszeiten". Für den jungen Beethoven setzte er sich wiederholt ein, so daß dieser ihm seine 1. Symphonie widmete.

Beer, A.: Friedrich II. und van S. (1874); Baumgartner, P.: G. van S. als Textdichter von Haydns Oratorien. Diss. Wien (1930); Radlecker, K.: G. van S. Diss. Wien (1950)

SWOBODA, Erich, * 30. 8. 1896 in Wien, † 22. 11. 1964 in Graz, Archäologe. Studierte in Wien und war 1951–64 Univ.-Prof. in Graz. S. war Leiter mehrerer bedeutender Ausgrabungen, darunter der von Aguntum (Lienz), Lauriacum (Enns) und Carnuntum. Ab 1856 gab er „Römische Forschungen in NÖ" (Carnuntum-Jahrbücher) heraus und veröffentlichte u. a.: „Octavian und Illyricum" (1932), „Führer durch Aguntum" (1935), „Forschungen am obermoesischen Limes" (1939) und „Carnuntum" (1949, 4. Aufl. 1964).

SYLVESTER, Hans, * 30. 11. 1897 in Nickelsdorf (B), † 19. 1. 1939 im KZ Dachau, Landesbeamter und christlichsozialer Politiker. Wurde Landesbeamter, später Kammeramtsdirektor in Eisenstadt. 1932–34 Abgeordneter zum Nationalrat, 1934–38 Landeshauptmann des Burgenlands und Mitglied des Länderrats, einer gesetzgebenden Körperschaft im Ständestaat. Bald nach der Machtübernahme durch die Nationalsozialisten 1938 verhaftet, wurde S. in das KZ Dachau gebracht, wo er starb.

SZABO, Herma, * 22. 2. 1902 in Wien, Eiskunstläuferin, Tochter von Christine Szabo-Engelmann (s. Engelmann). Gewann insgesamt 7 Weltmeistertitel und 1924 das erste olympische Gold im Damen-Kunstlauf. Großes Aufsehen erregte sie auch dadurch, daß sie der Welt erste Läuferin war, die im Kurzrock startete. Neben ihren Einzeltiteln gewann S. noch mit Ing. Ludwig Wrede (später Präsident des Eislaufverbands, * 28. 10. 1894, † 1. 1. 1965 in Wien) zwei Paarlauf-WM-Titel (1925 und 1927). Nach einem bis dato einzigartigen Preisrichterskandal bei der Weltmeisterschaft 1927 in Norwegen – es „siegte" die Norwegerin Sonja Henie – zog sich S. vom Wettkampfsport zurück.

SZABO, Wilhelm, * 30. 8. 1901 in Wien, † 14. 6. 1986 in Wien, Lehrer, Lyriker und Essayist. Wurde nach dem Besuch der Lehrerbildungsanstalt in Wien Lehrer, später Hauptschuldirektor in Weitra (NÖ). Schrieb heimatverbundene Lyrik. Außerdem erwarb er sich große Verdienste um die 1960 veröffentlichten Nachdichtungen von Liedern Neidharts von Reuenthal unter dem Titel „Der große Schelm". Von seinen Lyrikbänden seien genannt: „Das fremde Dorf" (1933), „Im Dunkel der Dörfer" (1940), „Das Unbefehligte" (1947), „Herz in der Kelter" (1954), „Landnacht" (1965), „Schnee der vergangenen Winter" (1966). S. erhielt mehrere Preise, u. a. den Trakl-Preis 1954, den Theodor-Körner-Preis 1957, den Kulturpreis des Landes NÖ 1961 und den Preis der Stadt Wien 1962.

Wilhelm Szabo

SZEPS, Moritz, * 5. 11. 1835 in Buzk (Galizien), † 9. 8. 1902 in Wien, Journalist und Zeitungsherausgeber. Studierte zunächst in Lemberg Naturwissenschaften, dann ab 1854 in Wien Medizin, wandte sich aber seit 1855 ausschließlich dem Journalismus zu. 1855–67

Moritz Szeps

war er Chefredakteur der extrem liberalen und volkstümlichen „Morgenpost", eines Wiener Lokalblatts, an dem auch Friedrich Schlögl, Emil Kuh (s. d.) und Ludwig Anzengruber (s. d.) mitarbeiteten. Nach einer „Redaktionsrevolte" im Jahr 1867 verließen unter S.s Führung mehrere Mitarbeiter dieses Blatt und übernahmen am 13. 7. 1867 das „Neue Wiener Tagblatt", die seit kurzem erscheinende Nachfolgezeitung des vordem berühmten „Wiener Journals". Als die Steyrermühl AG gegründet wurde, war S. ab 1872 nicht mehr Eigentümer, sondern Herausgeber der Zeitung. 1886 kaufte er die abgewirtschaftete „Morgenpost" und führte sie in das „Wiener Tagblatt" über. Um neue naturwissenschaftliche Erkenntnisse allgemeinverständlich vermitteln zu können, hatte er auch das Blatt „Wissen für alle" gegründet.

Paupié, K.: Handbuch der ö. Pressegeschichte, Bd. 1 (1960)

SZOKOLL, Carl, * 15. 10. 1915 in Wien, Berufsoffizier. Wurde zum ö. Führer der militärischen Widerstandsbewegung gegen den Nationalsozialismus. S. war 1944 Hauptmann und direkter Kontaktmann zu Oberst Claus Graf Schenk von Stauffenberg, der am 20. 7. 1944 das Attentat auf Hitler verübte. S. war damals im Generalkommando XVII (im Gebäude des früheren Kriegsministeriums am Stubenring, heute Regierungsgebäude) tätig und hatte es geschafft, darin die wichtigsten Partei- und Gestapo-Funktionäre festzuhalten sowie das Gebäude selbst abzuriegeln und alle wichtigen Gebäude der Stadt von der Wehrmacht besetzen zu lassen. In Wien hatte der geplante Ablauf bis in die Abendstunden funktioniert, S. selbst konnte der anschließenden Verhaftungswelle durch die Gestapo entgehen. 1945 Major, konnte er am 2. April durch den Oberfeldwebel Ferdinand Käs (s. d.) Kontakt mit der Roten Armee zwecks einer kampflosen Übergabe der Stadt aufnehmen. 1985 erschien sein autobiographischer Roman „Der gebrochene Eid".

Jedlicka, L.: Der 20. Juli 1944 in Ö. (1965); Luža, R.: Der Widerstand in Ö. 1938–1945 (1983)

TAAFFE, Eduard Graf, * 24. 2. 1833 in Wien, † 29. 11. 1895 in Ellischau (Böhmen), Staatsmann. Entstammte einem irischen Adelsgeschlecht; sein Vater, Ludwig Patrick Graf T. (* 23. 12. 1791, † 21. 12. 1855), war 1848 Justizminister im Provisorischen Staatsministerium vom 21. 3. und anschließend Präsident des Obersten Gerichtshofs. T. wurde gemeinsam mit dem späteren Kaiser Franz Joseph I. (s. d.) erzogen, trat 1857 in den Staatsdienst und durchlief rasch die Beamtenlaufbahn. 1861 Statthaltereisekretär, Ende des Jahres bereits Statthaltereirat und Vorsitzender der Kreisbehörde in Prag. Im April 1863 Landeschef des Herzogtums Salzburg, im Jänner 1867 Statthalter von OÖ und im März Innenminister sowie provisorischer Leiter des Unterrichtsministeriums. Ab 1865 hatte er dem böhmischen Landtag als Abgeordneter angehört; ab April 1867 bis 1870

Eduard Graf Taaffe

T

Tabarelli Hans von · Taglioni Marie · Tandler Julius · Tanner Adam · der Tannhäuser · Tappeiner Franz von · Tartaruga Ubald · Tassilo III., Herzog von Bayern · Tauber Kaspar · Tauber Richard

Reichsratsabgeordneter und dann bis zu seinem Tod Mitglied des Herrenhauses. Als im Dezember 1867 (nach dem Ausgleich mit Ungarn) das erste cisleithanische (ö.) Ministerium (Regierung) gebildet wurde – das sogenannte „Bürgerministerium" –, ernannte man T. zum Stellvertretenden Ministerpräsidenten und zum Kriegsminister. Nach dem Rücktritt Carlos Auerspergs (s. d.) im Herbst 1868 bekleidete T. bis zum 15. 1. 1870 das Amt des Ministerpräsidenten. In seinen Bemühungen, einen Ausgleich mit den Tschechen und den Polen herbeizuführen, betrieb T. einen eher föderalistischen Regierungsstil. In der übernächsten Regierung war er von April 1870 bis Februar 1871 abermals Innenminister und im Anschluß daran bis 1893 Statthalter von Tirol. Im Februar 1879 wieder Innenminister, am 12. 8. erneut Ministerpräsident und blieb dies bis 12. 11. 1893, womit er der am längsten amtierende Ministerpräsident der Monarchie war. Bereits am 5. 12. 1879 bezeichnete er die „Versöhnung der Nationalitäten" als sein Ziel; er stützte sich dabei auf eine aus Katholisch-Konservativen, Tschechen und Polen gebildete Koalition, nachdem sein Versuch, eine Partei der Mitte zu bilden, gescheitert war. Diese als „Eiserner Ring" bezeichnete Gruppierung richtete sich zwar gegen die liberalen Deutschen, erwies sich dennoch lange Zeit als dauerhaft. Trotz Zugeständnissen konnte T. die slawischen Ansprüche nicht ganz befriedigen; in seine Ära fiel außerdem das Aufkommen der „Massenparteien" in Ö. Um so beachtlicher sind die Leistungen unter seiner Regierung, so die Einführung der Gewerbeinspektorate, der Arbeitszeitbegrenzung mit Sonntagsruhe, der Unfall- und Krankenversicherung sowie die Erweiterung der Anzahl der Wahlberechtigten durch Herabsetzung des Zensus von zehn auf fünf Gulden (1882). Der radikale Nationalismus – vor allem der Jungtschechen – und der dadurch bedingte geringe Rückhalt des sogenannten „böhmischen Ausgleichs" von 1890 führten zu einer starken Verringerung der Majorität der Rechten, weshalb T. im Jänner 1891 den Reichsrat auflöste. Um den nun eher unsicheren Mehrheitsverhältnissen im Parlament besser begegnen zu können, legte T. im Oktober 1893 ein Wahlreformgesetz vor, gegen das sich allerdings alle Parteien aussprachen. Darauf trat T. am 12. 11. zurück. 1922 gab A. Skedl T.s „Politischen Nachlaß" heraus.

Heller, E.: Zum Sturz des Ministeriums T., in: Historische Studien, A. F. Pribram dargebracht (1929); Ebert, K.: Die Tschechische Sozialgesetzgebung 1879–1885 (1975)

TABARELLI, Hans von, * 5. 7. 1898 in Innsbruck, † 29. 12. 1956 in Mauer bei Melk (NÖ), Schriftsteller. War als Redakteur und Verlagslektor tätig und veröffentlichte eine Vielzahl von Erzählungen und mehrere Sachbücher über Wien, wie etwa: „Altwiener Geschichten" (1943), „Altwiener Panoptikum" (1946), „Wiener Kostbarkeiten" (1946), „Wiener Theateralmanach" (1947), „Altwiener Scherenschnitte" (1947) und „Historische Miniaturen" (1947).

TAGLIONI, Marie, * 23. 4. 1804 in Stockholm, † 27. 4. 1884 in Marseille (Frankreich), Ballerina. Entstammte einer italienischen Tänzerfamilie, ihr Vater Philipp T. (1777–1871) hatte auch in Wien als Ballettmeister gewirkt. T. kam 1822 nach Wien und feierte hier ihre ersten großen Triumphe am Kärntnertortheater, dem damaligen Hofoperntheater. Von Wien ging sie an die Große Oper in Paris, dann nach Berlin; 1847 zog sie sich von der Bühne zurück. T. galt als berühmteste Ballerina ihrer Zeit.

TANDLER, Julius, * 16. 2. 1869 in Iglau (Mähren), † 25. 8. 1936 in Moskau, Anatom und sozialdemokratischer Kommunalpolitiker. Der Sohn eines Kaufmanns kam 1871 nach Wien, studierte Medizin und promovierte 1895. Zunächst Assistent bei dem berühmten Anatomen Emil Zuckerkandl (s. d.), habilitierte er sich 1899 und wurde 1910 Univ.-Prof. für Anatomie, zudem war T. 1914–17 Dekan der medizinischen Fakultät der Universität Wien. Vom Mai 1919 bis Oktober 1920 Unterstaatssekretär für Volksgesundheit, wurde er 1919 auch in den Wiener Gemeinderat gewählt und noch im selben Jahr Amtsführender Stadtrat für Wohlfahrtspflege. Er prägte den Stil der Gesundheits- und Fürsorgepolitik und erbrachte Leistungen, die weit über Ö.s Grenzen hinaus Beachtung fanden. T. reorganisierte das gesamte Gesundheits- und Fürsorgewesen, schuf Jugend- und Gesundheitsämter, bekämpfte Säuglingssterblichkeit und Tuberkulose und schuf Kindergärten, Mutterberatungsstellen, Schulzahnkliniken, 1925 die Kinderübernahmsstelle und 1927 das Kinderheim Wilhelminenberg. Auch das Schularztwesen wurde von ihm neu organisiert und ein Säuglingswäschepaket bei gleichzeitiger Gesundheitskontrolle der Mütter eingeführt. T. modernisierte das Krankenhauswesen, baute das Bürgerspital zu einem städtischen Entbindungsheim aus, übernahm private Kinderspitäler und erweiterte das Lainzer Krankenhaus, wo er einen Tuberkulosepavillon, Sonderabteilungen für Stoffwechselerkrankungen und für Strahlentherapie einrichtete. Außerdem ließ er Volksbäder (Amalienbad), Parkanlagen und Sportplätze errichten, u. a. das Wiener Stadion 1928–31. Als er nach einem Auslandsaufenthalt (China) aus Studienzwecken im Februar 1934 nach Wien zurückkehrte, wurde er seines Lehrstuhls für verlustig erklärt und war auch zeitweise inhaftiert. T. kehrte nach China zurück und folgte von dort, kurz vor seinem Tod 1936, einer Einladung in die Sowjetunion, wo er vor allem eine Reformierung des medizinischen Studiums durchführen und Spitäler reorganisieren sollte. T. war ab 1913 Mitherausgeber der „Zeitschrift für angewandte Anatomie und Konstitutionslehre" und verfaßte mehrere bedeutende wissenschaftliche Werke, u. a.: „Anatomie des Herzens" (1913), „Die biologischen Grundlagen der sekundären Geschlechtscharaktere" (1913), „Topographische Anatomie dringlicher Operationen" (1916, 2. Aufl. 1923), „Lehr-

JULIUS TANDLER
Einführung der Wohlfahrtspflege in Wien

„Jedes Mitglied der menschlichen Gesellschaft hat ein Anrecht auf Hilfe, die menschliche Gesellschaft hat sie pflichtgemäß zu leisten."

J. Tandler zur Einführung der kommunalen Wohlfahrtspflege in Wien 1919

„Forscher und Lehrer zu sein, war diesem Universitätsprofessor aber nicht genug. Der Elfenbeinturm des Fachgelehrtentums war ihm viel zu eng. Er faßte die Aufgabe des Arztes viel weiter auf, er wollte Krankheiten nicht nur heilen, sondern vor allem verhüten; und außerdem war er immer ein durch und durch politischer Mensch. Das drückte sich schon in seiner äußeren Erscheinung aus. Der breitkrempige schwarze Hut, die Schmetterlingsbinde, der buschige Schnauzbart, waren das nicht die ‚besonderen Kennzeichen', die steckbriefartig die politische Herkunft dieses Radikalen verrieten? Diese Merkmale seines Äußeren, wo kamen sie denn her? Vom breitrandigen Demokratenhut, von der flatternden Binde, vom Bart des Achtundvierziger-Revolutionärs natürlich."

Alfred Magaziner, Die Wegbereiter (1975)

buch der systematischen Anatomie", 4 Bde. (1918–29), „Anatomie für Zahnärzte" (1928), „Das Wohlfahrtsamt der Stadt Wien" (1931).

Lesky, E.: Die Wiener medizinische Schule im 19. Jh. (1964); Sablik, K.: J. T. (1983)

TANNER, Adam, * 14. 4. 1572 in Innsbruck, † 25. 5. 1632 in Unken (S), Jesuit und Dogmatiker. Trat in den Jesuitenorden ein, lehrte an den Universitäten von München, Prag und Wien und wurde zum bedeutendsten deutschsprachigen Theologen der Gegenreformation. T. bekämpfte die Hexenprozesse und hatte großen Anteil am Regensburger Religionsgespräch von 1601. 1617 veröffentlichte er „Richtschnur in Glaubenssachen" und 1626/27 sein Hauptwerk „Universa theologia scholastica" (4 Bde.).

Duhr, F.: Geschichte der Jesuiten (2. Bd. 1913); Lurz, W.: A. T. (1932)

TANNHÄUSER, der, * um 1200, † nach 1266, mittelhochdeutscher Lyriker. In den Handschriften belegt als „der Tannhûser". Stammte aus der bayerischen Oberpfalz, ging nach Nürnberg, nahm am Kreuzzug Kaiser Friedrichs II. (1228/29) teil und ist 1235–46 am Hof des Babenbergerherzogs Friedrichs II. des Streitbaren in Wien belegt, der ihm Lehen in und bei Wien gab. Seine anmutigen, mitunter derb-sinnlichen Minne- und Tanzlieder schildern vorwiegend das bäuerliche Leben. T. ging als Held in die Sage ein. Richard Wagner verschmolz in seiner Oper „Tannhäuser" die Gestalt T.s mit der des Heinrich von Ofterdingen. 1922 gab S. Singer T.s Texte heraus.

Siebert, J.: Der Dichter T., Leben, Gedichte, Sage (1934); Lang, M.: T. (1936)

TAPPEINER, Franz von, * 7. 1. 1816 in Laas (Südtirol), † 20. 8. 1902 in Obermais (Südtirol), Arzt und Anthropologe. Studierte in Innsbruck und wurde praktischer Arzt sowie ein angesehener Anthropologe. Er legte eine umfangreiche Schädelsammlung an und veröffentlichte u. a. „Der europäische Mensch und der Tiroler" (1896) und „Die Kapazität der Tiroler Schädel" (1899).

TARTARUGA, Ubald (eigtl. Ehrenfreund), * 12. 2. 1875 in Wien, † 21. 11. 1942 (1941?) im Konzentrationslager Dachau, Polizeibeamter und Schriftsteller. Trat in den Polizeidienst und wurde Oberpolizeirat, später Regierungsrat. 1938 von den nationalsozialistischen Machthabern verhaftet und ins KZ Dachau gebracht, wo er starb. Er veröffentlichte eine große Zahl von Erzählungen und Skizzen aus dem Polizeileben und 1913 den „Wiener Pitaval", 4 Bde. (2. erweiterte Aufl. 1924, 3 Bde.), in dem er Wiener Kriminalfälle von 1805 bis 1903 beschrieb. Sein Roman „Die Tochter des Milliardärs" erschien 1919.

Das Gunthergrab, um 1300, in der Stiftskirche von Kremsmünster; vollplastische Figur auf Steinplatte, auf der die Gründungssage festgehalten ist. (An dem Ort, an dem Baiernherzog Tassilos Sohn Gunther bei der Jagd durch einen wütenden Eber den Tod fand, soll Tassilo das Benediktinerstift gegründet haben.)

TASSILO III., Herzog von Baiern, * um 741, † nach 794 (an einem 11. 12.) im Kloster Lorsch (Hessen) in der Verbannung. T. stammte aus dem bairischen Geschlecht der Agilolfinger, dessen tatkräftige Stammesherzöge nach Unabhängigkeit vom fränkischen Königtum strebten. Ab 748 dehnte er seinen Herrschaftsbereich durch Kolonisation und Missionierung bis zum Norital, dem Eisacktal bis Klausen sowie dem Vintschgau in Südtirol aus. 757 leistete er dem fränkischen König Pippin den Vasalleneid. 769 bestätigte T. die Gründung des Klosters Innichen und schlug 772 einen heidnisch-slawischen Aufstandsversuch in Karantanien nieder. 777 gründete T. das Kloster Kremsmünster (OÖ), für das er und seine Gattin Liutbirga den ältesten erhaltenen Abendmahlkelch des bairisch-ö. Raumes (den sogenannten Tassilo-Kelch) stifteten. Die Niederlage seines Schwiegervaters, des Langobardenkönigs Desiderius, im Jahr 774 sowie die frankenfreundliche Politik des Papsttums isolierten T. außenpolitisch. 781 mußte er gegenüber Karl dem Großen den Vasalleneid erneuern. Seine Bestrebungen, mit den Awaren ein Bündnis gegen die fränkische Oberherrschaft einzugehen, führte 787 zu seiner Absetzung und Verurteilung. Karl der Große wandelte das gefällte Todesurteil in lebenslange Klosterhaft um. T.s Todesjahr ist unbekannt.

Der Tassilokelch, um 780. Vergoldetes Kupfer mit Medaillons (Christus und die Evangelistensymbole; am Fuß Heilige) in Niello-Technik

Wolfram, H.: Das Fürstentum T.s III., in: Mitteilungen der Gesellschaft für Salzburger Landeskunde, 108 (1968); Ausstellungskatalog „1200 Jahre Kremsmünster" (1977)

TAUBER, Kaspar, * unbekannt, † 19. 9. 1524 in Wien (hingerichtet), Kaufmann und Reformator. Seit 1511 in Wien nachweisbar, wurde T. 1519 als Tuchlaubenherr erwähnt. 1516–22 Mitglied der Fronleichnamsbruderschaft zu St. Stephan, aus der er wohl ausscheiden mußte, als er sich der Lehre Luthers zuwandte. Im März 1521 war in Wien die päpstliche Bannbulle gegen Martin Luther publiziert worden. Der 1523 zum Bischof von Wien ernannte Johann von Revellis ging scharf gegen die Lutheraner vor, und so wurde auch T. der Prozeß gemacht. Zunächst zum Widerruf seiner Konfession und zur öffentlichen Kirchenbuße verurteilt, bekannte sich T. öffentlich zu den Grundsätzen Martin Luthers und wurde daraufhin am 10. 9. 1524 zum Tod verurteilt und am 19. 9. enthauptet. T. war der erste Blutzeuge des Protestantismus in Wien.

Reingrabner, G.: Protestanten in Ö. (1981)

TAUBER, Richard, * 16. 5. 1891 in Linz, † 8. 1. 1948 in London, Sänger, Tenor. Sein eigentlicher Name war Denemy, nach dem Mädchennamen der Mutter. Bei seiner Geburt hieß sie Seiffert, welchen Namen er vorübergehend als Künstlernamen benützte. 1913 wurde er von seinem Vater, Anton Richard T., adoptiert. Studierte zunächst am Dr. Hoch'schen Konservatorium in Frankfurt am Main Dirigieren, dann Gesang in Freiburg in Sachsen. 1913 debütierte er in Chemnitz als Tamino so erfolgreich, daß er sofort an die Dresdner Hofoper engagiert wurde, wo er bis 1925 blieb. Ab 1919 auch an der Berliner Staatsoper, sang ab 1924 häufig Partien in Lehár-Operetten, 1926–38 Mitglied der Wiener Staatsoper, war als Mozart-Interpret auch Gast bei den Salzburger Festspielen. 1938 emigrierte er nach London, und erhielt 1940 die britische Staatsbürgerschaft. Nach 1945 trat er

RICHARD TAUBER

Tenor mit sinnlichem Timbre

„Die Welterfolge des späteren Lehár sind ohne Richard Tauber nicht denkbar. ‚Paganini', ‚Der Zarewitsch', ‚Friederike' und besonders ‚Das Land des Lächelns' sind vom sinnlichen Timbre dieser betörenden Tenorstimme kaum abzulösen. Tauber war um 20 Jahre jünger als Lehár. Mit 35 begegnete er zum ersten Mal dem Meister. Es war eine Liebe auf den ersten Blick. ‚Tauber und ich, wir sind Brüder, ohne den Luxus der Blutsverwandtschaft', stellte Lehár fest, und vom Organ des Sängers bekannte er: ‚. . . die Stimme, die ich beim Komponieren höre.'"

Alexander Witeschnik, Dort wird champagnisiert oder Vom ruinösen Charme der Operette (1971)

Richard Tauber als Don José in Georges Bizets Oper „Carmen"

an der Covent Garden Opera in London auf und unternahm Tourneen in die USA, nach Südafrika, Australien und Südamerika. Er war wegen seiner Atemtechnik und seines unverwechselbaren Timbres vor allem als Mozart-Tenor weltbekannt. T. war außerdem in Filmrollen erfolgreich. Er komponierte drei Operetten sowie Filmmusik und Lieder.

Ludwigg, H.: R. T. (1928); Napier-Tauber, D. (T.s zweite Gattin): R. T. (1949); Korb, W.: R. T. (1966)

TAUCHER, Franz, * 23. 11. 1909 in Eggenberg bei Graz, Schriftsteller, Essayist. Sohn eines Arbeiters, bildete sich im Selbststudium weiter und widmete sein episches Werk dem Arbeitermilieu. Nach ersten lyrischen Versuchen, „Gedichte vom Berg" (1935, 2. Aufl. 1942), wurde er 1939 in die literarische Redaktion der „Frankfurter Zeitung" berufen, wo er bis zu deren Verbot 1943 blieb. 1977 verfaßte er darüber seine Erinnerungen „Frankfurter Jahre". Danach kehrte er nach Wien zurück und gründete die „Wiener Bühne", deren Chefredakteur er wurde. Arbeitete auch für den Rundfunk. Veröffentlichte u. a. die Romane „Welt aus der Zeit" (1947), „Aller Tage Anfang" (1953), „Woher Du kommst. Dem Sohn erzählt" (1957) und die Essaybände „Die Heimat und die Welt" (1947), „Von Tag zu Tag" (1948), „Die wirklichen Freuden" (1958), „Von Landsleuten und anderen Menschen" (1973).

TAUCHER, Wilhelm, * 26. 5. 1892 in Fürstenfeld (St), † 18. 4. 1962 in Graz, Finanzfachmann. Studierte in Graz und war dort ab 1932 Univ.-Prof. 1936–38 Bundesminister für Handel und Verkehr, 1949–53 Beauftragter für ERP-Angelegenheiten und Präsident des Ö. Produktivitätszentrums. Ab 1954 gab T. die Zeitschrift „Austria" heraus. Er genoß internationales Ansehen als Finanzfachmann und veröffentlichte u. a.: „Gedanken zur Planwirtschaft" (1949) und „Beschäftigungspolitik" (1954).

TAUS, Josef, * 8. 2. 1933 in Wien, Wirtschaftsfachmann und ÖVP-Politiker. Studierte in Wien Rechts- und Staatswissenschaften, Promotion 1955. Wirtschaftsredakteur der „Wiener Zeitung", 1956–58 im Ö. Institut für Wirtschaftsforschung tätig. 1958–75 in der Girozentrale und Bank der ö. Sparkassen AG. Ab 1966 Abgeordneter zum Nationalrat, 1966/67 Staatssekretär im Bundesministerium für Verkehr und verstaatlichte Unternehmungen, 1967–75 Vorsitzender des Aufsichtsrats der ÖIAG, 1975–79 Bundesparteiobmann der ÖVP, seit 1979 geschäftsführender Gesellschafter der Constantia Industrieverwaltungsges.m.b.H.

TAUSCHEK, Gustav, * 29. 4. 1899 in Wien, † 14. 2. 1945 in Zürich, Erfinder. Sohn eines kleinen Weißwarenhändlers. Nach dem Ersten Weltkrieg (T. hatte an der Südfront gedient und war in italienische Gefangenschaft geraten) fehlten ihm die Mittel zum Studium. T. wurde Laufbursche bei der Oesterreichischen Nationalbank und erfand zunächst eine Guillochemaschine (zur Linienzeichnung auf Wertpapieren), auf die er ein Patent erhielt. Das Patent verkaufte er an die Bank und begann mit dem erhaltenen Geld auf dem Gebiet der automatischen Buchhaltung zu arbeiten. Da sich in Ö. keine Firma fand, seine Buchhaltungsmaschinen zu bauen, ging er nach Deutschland, wo zwar einige Prototypen gebaut, doch wiederum nicht ausgewertet wurden. So kam T. mit einer Abfertigung und mit diesen Maschinen nach Wien zurück und brachte sie ins Technische Museum. Nach anfänglicher Ablehnung (Bürotechnik war in diesem Museum noch nicht vertreten) wurden die Maschinen behalten, und T. kam mit dem Physiker des Museums, dem späteren Direktor Dr. Josef Nagler, in Kontakt. Dieser half ihm, seine patentierte Idee einer „Maschine mit Gesichtssinneffekt", also einer „lesenden" Maschine, zu verwirklichen. Im Jänner 1932 stellte er die erste lesende, schreibende und rechnende Maschine der Welt vor, die vor allem die Industrie aufhorchen ließ. Sie ist der Vorläufer der Klarschriftleser, ein wesentliches Hilfsgerät der Computer. Die Weltfirma I.B.M. kaufte von T. schließlich 168 Patente auf dem Sektor der Lochkartenbuchhaltung an, bezahlte ihm eine beachtliche Summe und verpflichtete ihn für fünf Jahre in die USA. T. ließ insgesamt 200 mechanische und elektromechanische Konstruktionen patentieren (durch Kriegsereignisse großteils verlorengegangen), so etwa Verbesserungen von Mähmaschinen, Rechenmaschinen, magnetische Speicheranlagen, Film-Entzerrungsmethoden und einen Chiffrierapparat. (Ö. blieben nur die ersten Buchungsmaschinen im Technischen Museum.) 1930 veröffentlichte er „Die Lochkarten-Buchhaltungsmaschinen meines Systems".

Nagler, J. W.: Erfindungen und Ideen aus Ö., in: Technische Rundschau, Sondernummer Ö. (Mai 1959); Habacher, M.: Ö. Erfinder (1964)

TAUSCHINSKI, Oskar Jan, * 8. 6. 1914 in Zaboruki (Galizien), Schriftsteller. Kam 1933 nach Wien, wurde Diplomkaufmann und Verlagslektor und ging 1938 nach Polen und kehrte um 1940 wieder nach Wien zurück. 1944 von der Gestapo verhaftet, war er nach Kriegsende zunächst als Keramiker tätig, wandte sich aber bald der Schriftstellerei zu und war als Übersetzer tätig. Ist Vorstandsmitglied des P.E.N.-Clubs, wurde ausgezeichnet und erhielt u. a. 1957 und 1962 den Ö. Staatspreis für Jugendliteratur, 1955 und 1961 den Theodor-Körner-Preis und 1962 den Jugendbuchpreis der Stadt Wien. Er veröffentlichte zahlreiche Jugendschriften, u. a.: „Wer ist diese Frau?" (über Madame Curie, 1955), „Zwielichtige Geschichten" (1957), „Die Liebenden sind stärker" (über Bertha von Suttner, 1962), „Der Jüngling im Baumstamm" (1969), „Der Spiegel im Brunnen" (1974), „Die bunten Flügel" (1979); Romane und Essays, u. a.: „Talmi" (1952), „Inventur" (Theaterstück, 1953), „Zwischen Wiental und Alsergrund" (1968), „Pension Glycinienvilla" (Hörspiel, 1981); T. arbeitete an Anthologien und

Oskar Jan Tauschinski

Tegetthoffs Seesieg bei Lissa am 20. 7. 1866. Rammstoß des k. k. Flaggschiffs „Erzherzog Ferdinand Max" gegen die k. italienische Panzerfregatte „Rè d'Italia". Ölbild von Carl Frederik Sörensen

Gemeinschaftsproduktionen mit und schuf Übersetzungen aus dem Polnischen und dem Amerikanischen.

TAUSIG, Otto, * 13. 2. 1922 in Wien, Schauspieler und Regisseur. Mußte 1938 die Schule verlassen und emigrierte nach England, wo er 1940–42 interniert war. Anschließend wurde T. Leiter einer Theatergruppe. Kehrte 1956 nach Wien zurück und arbeitete am Neuen Theater in der Scala mit. Ab 1956 spielte er in Berlin am Deutschen Theater und an der Volksbühne, ab 1960 in Münster und in Zürich. Seit 1971 ist T. Ensemblemitglied des Wiener Burgtheaters und Prof. am Reinhardt-Seminar.

TAUTENHAYN, Joseph d. Ä., * 5. 5. 1837 in Wien, † 3. 4. 1911 in Wien, Bildhauer und Medailleur. Studierte in Wien und war 1874–81 Leiter der Graveurakademie, 1881–1905 Prof. an der Akademie der bildenden Künste in Wien. 1874 erhielt er den Reichel-Preis, 1892 die Goldene Staatsmedaille. Er schuf vor allem Bauplastiken, und zwar zahlreiche Statuen und Giebelschmuck an Wiener Ringstraßenbauten, darunter u. a. die Allegorien am Pallas-Athene-Brunnen vor dem Parlament, sowie Porträtmedaillen, Gedenkmünzen und Briefmarken. Sein Sohn Joseph d. J. (* 10. 9. 1868 in Wien, † 9. 2. 1962 in Wien) war ebenfalls Bildhauer und Medailleur. War zuerst Schüler seines Vaters, studierte dann bei E. Hellmer (s. d.) an der Akademie der bildenden Künste und wurde dort später auch selbst Prof. für Medaillenkunst. Er schuf rund 800 Medaillen, Gedenktafeln, Ehrenmale, Porträtbüsten und Plaketten.

TAUTENHAYN, Karl, * 8. 8. 1871 in Wien, † 25. 11. 1949 in Wien, Bankbeamter und Komponist. Sohn von Joseph T. d. Ä. (s. d.). Neben seinem Beruf beschäftigte er sich eingehend mit Musik und komponierte kammermusikalische Werke und Unterhaltungsmusik. Bekannt wurde er mit dem von ihm gegründeten und geleiteten „Tautenhayn-Quartett", mit dem er im ö. Rundfunk auftrat und auch auf Tourneen erfolgreich war.

Finke, E.: Die T. (1965)

TAUTSCHER, Anton, * 17. 1. 1906 in Veitsch (St), † 13. 2. 1976 in Graz, Soziologe und Nationalökonom. Studierte in Graz und war hier 1951–76 Univ.-Prof. Veröffentlichungen u. a.: „Staatswirtschaftslehre des Kameralismus" (1947), „Geschichte der Volkswirtschaftslehre" (1950), „Die öffentliche Wirtschaft" (1953), „Wirtschaftsethik" (1957), „Grundsätze der modernen Sozialpolitik" (1961), „Lebensstandard und Lebensglück" (1963), „Die Wirtschaft als Schicksal und Aufgabe" (1965); 1961 gab er das „Handbuch der ö. Wirtschaftspolitik" heraus.

TEGETTHOFF, Wilhelm Freiherr von, * 23. 12. 1827 in Marburg (Südsteiermark, heute Jugoslawien), † 7. 4. 1871 in Wien, Marineoffizier, Admiral. T. entstammte einer alten Offiziersfamilie aus Paderborn in Westfalen, die von Maria Theresia (s. d.) 1765 in den erblichen Adelsstand erhoben worden war. Im Marinekollegium von Venedig erzogen, trat T. 1845 als Kadett in die ö. Marine ein. 1848/49 nahm er an der Blockade von Venedig teil, wurde 1851 Fregatten-, 1852 Linienschiffsleutnant, erhielt 1854 sein erstes selbständiges Kommando und wurde 1858 Korvettenkapitän. Auf Veranlassung Erzherzog Maximilians (s. d.) führte er eine Expedition an die Küsten des Roten Meeres durch und begleitete den Erzherzog 1859 auf dessen Reise nach Brasilien. 1860 Fregatten-, 1861 Linienschiffskapitän, war T. Eskaderkommandant des ö.-preußischen Geschwaders im Deutsch-Dänischen Krieg von 1864. Im Seegefecht bei Helgoland am 9. 5. errang er seinen ersten Seesieg, als die angeschlagene dänische Übermacht sich zurückzog und die Seeblockade dadurch endgültig gebrochen war. T. rettete sein schwer beschädigtes, brennendes Flaggschiff „Schwarzenberg" aus dem Gefecht und wurde zum Konteradmiral befördert. Am 20. 7. 1866 errang er in der Seeschlacht bei Lissa den entscheidenden Sieg über die italienische Flotte. Abgesehen von der zahlenmäßigen Unterlegenheit von 27 zu 34 Schiffen verfügte T. nur über 7 Panzerschiffe, die Italiener hingegen über 12, welche wesentlich schneller waren und deren Geschütze eine größere Reichweite hatten. In der knapp zehnstündigen Schlacht versenkte sein Flaggschiff „Erzherzog Ferdinand Max" durch einen Rammstoß das italienische Panzerschiff „Rè d'Italia". T. wurde zum Vizeadmiral befördert und mit dem Komturkreuz des militärischen Maria-Theresien-Ordens ausgezeichnet. Anschließend unternahm er Studienreisen nach Frankreich, England und in die USA; 1868 überführte er den Leichnam des erschossenen Kaisers Maximilian von Mexiko nach Europa. 1868 wurde T. Admiral, Generalinspekteur und Kommandant der Marine; er bemühte sich gegen manche Widerstände um eine sinnvolle Neuorganisation der ö.-ungarischen Kriegsmarine, die sich auch im Ersten Weltkrieg bewährte.

T

Teichner Heinrich der · Teimer Martin Rochus · Tencala Carpoforo · Tendler Johann · Tendler Matthias · Tendler Michael · Terramare Georg · Terzaghi Karl · Terzky Karl August von · Teschler Niklas · Teschner Richard · Teyber Anton · Teyber Franz · Thaler Andreas · Thaler Joseph · Thauren Johannes · Thausing Gertrud · Theiss Siegfried · Theiss Viktor · Thiede Oskar · Thiemo, Graf von Mödling

WILHELM VON TEGETTHOFF

Der Tag von Lissa: 20. Juli 1866

„Admiral Tegetthoff hat dem österreichischen Volk die Augen über die Tatsachen geöffnet, daß es eine Flotte, und noch dazu eine gar nicht verächtliche Flotte, besitzt, obwohl sie vom Kriegsministerium geleitet wurde, seit ihr Seemanns-Erzherzog sie verlassen hatte, um Kaiser zu werden . . ."

The Times, 20. August 1866

„Reif überlegt, klar und kühn im entworfenen Plan, tapfer in der Ausführung, hat die Schlacht von Lissa einen Glanz über die österreichische Flagge und Kriegsmarine verbreitet, der durch lange Zeiten strahlen wird und sie, wenn auch nicht in numerischer Stärke, jedoch im Kriegsruhm mit den größten Marinen der Welt gleichstellt . . ."

Vizeadmiral Hans Birch Freiherr von Dahlerup

„Es war ein schöner, ein freudiger Tag für Mich, als Ich die heldenmütige Flotte, der Ich Meine ganze Jugendkraft geweiht hatte, unter Ihrer Führung mit blutigem Griffel den 20. Juli 1866 in die Bücher der Seegeschichte verzeichnen sah, denn mit dem Seesiege von Lissa tritt die von Ihnen befehligte Flotte in die Reihe jener, deren Flagge das Symbol des Ruhmes ist, Ihr Name in die der Seehelden aller Zeiten . . ."

Kaiser Maximilian von Mexiko an Tegetthoff

Ebenfalls 1868 wurde T. zum Geheimen Rat und Mitglied des Herrenhauses auf Lebenszeit ernannt, wo er der liberalen Verfassungspartei angehörte. Der zurückgezogen lebende T. starb nach kurzer Krankheit an einer Lungenentzündung. 1882 veröffentlichte Adolf Beer (s. d.) „Aus W. von T.s Nachlaß".

Handel-Mazzetti, P., und Sokol, H. H.: W. von T. (1952); Schöndorfer, U.: W. von T. (1958); Wallisch, F.: W. von T. (1964); Sokol, H. H.: Seemacht Ö. (1972)

TEICHNER, Heinrich der, s. Heinrich

TEIMER, Martin Rochus Freiherr von Wildau (seit 1809), * 14. 8. 1778 in Schlanders (Südtirol), † 27. 9. 1838 auf der Herrschaft bei Wildau (St), Offizier und Anführer im Tiroler Freiheitskampf. Der Sohn eines einfachen Bürgers besuchte das Benediktinergymnasium in Meran und nahm schon mit 18 Jahren in der Malser Schützenkompanie an den Kämpfen an der Landesgrenze teil. Er zeichnete sich in mehreren Gefechten aus und studierte ab 1798 in Innsbruck die Rechte. 1799 war T. bereits Hauptmann in der Tiroler Landmiliz und übernahm 1805 in Klagenfurt die Leitung eines Tabakverlags. T. zählte zu den Vertrauten Erzherzog Johanns und reiste in dessen Auftrag immer wieder nach Tirol, um die Erhebung vorzubereiten. Gemeinsam mit Andreas Hofer (s. d.) unterzeichnete er am 8. 4. 1809 den Aufruf dazu; er selbst war Schützenmajor und Oberkommandant für das nördliche Tirol und den Vintschgau. Als Truppenführer auch in den ersten Bergisel-Schlachten bewährt, kommandierte T. in der dritten den linken Flügel der Tiroler und drängte den Gegner aus Hötting bei Innsbruck. Im Anschluß daran führte er erfolgreiche Ausfälle nach Schwaben und Bayern durch. Im Juli 1809 verließ er mit den letzten ö. Truppen Tirol, nachdem er zum k. k. Major befördert und geadelt worden war und von Kaiser Franz I. (II., s. d.) den militärischen Maria-Theresien-Orden erhalten hatte. Er erwarb eine Herrschaft bei Wildau (St), wo er auch starb.

Kirchmair, F.: Die Gefechte an der Pontlatzer Brücke 1803 und 1809, Militärhist. Schriftenreihe 48 (1983)

TENCALA, Carpoforo (auch Tencalla),* 1623 in Bissone am Luganer See, † 1685 (Ort unbekannt), Maler. Er erlernte die Öl- und Freskomalerei in Mailand und Verona und widmete sich dann im besonderen der Freskomalerei. Seine Hauptwirkungsstätte war Passau, daneben arbeitete er auch für die oö. Stifte Lambach und St. Florian und für Garsten (NÖ) sowie in Mähren, Ungarn und Wien. T. wurde schließlich Hofmaler bei Kaiserin Eleonore (s. d.), der Gattin Kaiser Ferdinands III. (s. d.), für die er 1667 ein Zimmer in der Hofburg mit Fresken ausschmückte. Auch an der Ausgestaltung der Karmeliterkirche Am Hof war er beteiligt und schuf 1676 die Deckengemälde und Szenen im Chor der Dominikanerkirche in Wien. Sein Schaffen war für die Entwicklung der ö., insbesondere aber der Wiener Barockmalerei wichtig. T. gilt als Erneuerer der Freskotechnik, da er seine Wand- und Deckengemälde mit der Stuckdekoration der Wandflächen organisch verbunden hat.

Kitlitschka, W.: Beiträge zur Erforschung der Tätigkeit C. T.s nördlich der Alpen, in: Wiener Jahrbuch für Kunstgeschichte, Bd. XXIII (1970)

TENDLER, Johann, * 14. 12. 1777 in Vorau (St) (Tauftag), † 27. 6. 1849 in Eisenerz (St), Maler und Bildschnitzer. Sohn von Matthias T. (s. d.). Er schuf 1804 die Fresken und 1805 das Hochaltarbild der Pfarrkirche Gams bei Hieflau (St), 1832 den Hochaltartabernakel der Pfarrkirche Langenwang (St) sowie mechanische Holzfiguren für Puppenspiele. Ihm ist es auch zu verdanken, daß sich im Ortsmuseum von Eisenerz zahlreiche Werke seiner Familie befinden. Sein Sohn Johann Max T. (* 23. 8. 1811 in Eisenerz, † 14. 4. 1870 in Leoben) war nach seinem Studium bei Führich (s. d.) an der Akademie der bildenden Künste in Wien als Maler tätig. Er schuf eine Vielzahl von Aquarellen und Historienbildern, aber auch Wandgemälde und Altarbilder, wie etwa das der Pfarrkirche von Trofaiach (St).

TENDLER, Matthias, * 15. 2. 1753 in Krieglach (St), † 28. 6. 1825 in Linz, Holzschnitzer. Sohn von Michael T. (s. d.). Er schuf Holzintarsienarbeiten und eine Vielzahl von selbstbeweglichen Figuren für Puppenspiele, mit denen er gemeinsam mit seinem Sohn Johann T. (s. d.) auf Reisen ging und Vorstellungen nicht nur in der Wiener Hofburg, sondern auch in Deutschland und in der Schweiz gab.

TENDLER, Michael, Lebensdaten unbekannt, Holzbildschnitzer. T. war in der ersten Hälfte des 18. Jh.s als Holzbildschnitzer in Krieglach (St) tätig und schuf eindrucksvolle Holzmosaike, so auch die der Sakristeikästen der Pfarrkirche von Krieglach. Sein Sohn Johann T. setzte in der zweiten Hälfte des 18. Jh.s die Tradition seines Vaters fort. Von ihm dürften die Hochaltartabernakel der Pfarrkirchen von Krieglach und von Wartberg (St) stammen. Sein Enkel Caspar T. (* 1784 in Krieglach, † 24. 12. 1841 in Kindberg [St]) war Maler und schuf 1832 die Hochaltarbilder in Heilbrunn (St) und 1836 in St. Kathrein an der Laming (St).

TERRAMARE, Georg (eigtl. Georg Eisler von T.), * 2. 12. 1889 in Wien, † 4. 4. 1948 in La Paz (Bolivien), Schriftsteller und Regisseur. Studierte zunächst in Wien Jus und, nach ausgedehnten Reisen, hier auch Germanistik. Er gehörte dem Kreis der Neuromantiker um Hugo von Hofmannsthal (s. d.) an und erneuerte 1922 die alten Wiener „Schottenspiele", deren Spielleiter er auch war. 1938 emigrierte er über Italien nach Bolivien. Abgesehen von mehreren Novellen und Legenden, veröffentlichte er schon 1905 das dramatische Gedicht „Brutus" sowie u. a. die Romane: „Die Stadt der Verheißung" (1908), „Der Liebesgral" (1913), „Die Magd von Domrémy" (1921), „Die Stimmen am Wege" (1924); die Legendenspiele: „Das Spiel von der Geburt des Herrn" (1920), „Spiel von den letzten Dingen" (1927); die Dramen: „Mutter Maria" (1916), „Erfüllung" (1925).

TERZAGHI, Karl, * 2. 10. 1883 in Prag, † 25. 10. 1963 in Winchester (USA), Techniker. Studierte in Prag und in Wien und lehrte 1925–29 und 1936 in den USA. 1929–38 Prof. an der Technischen Hochschule in Wien, emigrierte 1939 in die USA. T. war der Begründer der Bodenmechanik als selbständiger Ingenieurwissenschaft und veröffentlichte u. a.: „Erdbaumechanik auf bodenphysikalischer Grundlage“ (1925), „Erdbaumechanik und Baupraxis“ (1937) und „Theoretische Bodenmechanik“ (1954).

TERZKY, Karl August von (eigtl. Tersztyánszki von Nadas), * 1814 in Einsiedel (Slowakei), † 4. 6. 1870 in Wien, Journalist, Schriftsteller. Wurde 1846 durch seinen Roman „Der Zeitkrüppel“ bekannt; 1848 gab er die „Wiener Gassen-Zeitung“ heraus. Nach aktiver Teilnahme an der Revolution von 1848 war er einige Zeit interniert. Später lebte er als Journalist und freier Schriftsteller in Wien und schrieb auch unter dem Pseud. Anton Vilnay.

TESCHLER, Niklas, * um 1410 in Waldsee bei Ravensburg (Schwaben), † 1485 (zwischen 29. 7. und 23. 11.) in Wien, Tuchhändler und Bankier. Seit 1433 in Wien ansässig, hatte er durch Fernhandels- und Geldgeschäfte Reichtum erworben. Sein Wohnhaus, der „Regensburger Hof“ am Lugeck, war ein erstrangiges Hotel mit Repräsentationsräumen, in dem Kaiser Sigismund 1435 sowie später Kaiser Friedrich III., König Matthias Corvinus und Erzherzog Maximilian Gast waren. Von 1437 an gehörte T. dem „Kollegium der Genannten“ (von der Stadt bestellte, qualifizierte Zeugen) an und bekleidete höhere Ämter der Stadt. Von 1439 an war er insgesamt 28 Jahre hindurch Mitglied des Inneren Rats, 1443–45 Stadtrichter, 1453 und 1456/57 Bürgermeister, 1452/53 Hansgraf (Vorsitzender der Kaufmannschaft), 1456–62 Münzmeister, 1483–85 Kirchmeister zu St. Stephan und 1485 Stadtanwalt. Als Anhänger des Kaisers war er während des Bürgerkriegs von 1462/63 zeitweilig in Haft. 1483 ließ er bei St. Stephan den Heilthumsstuhl erbauen. 1485 gehörte er jener Delegation an, die die Kapitulationsverhandlungen mit König Matthias Corvinus führte (s. Matthias).

Perger, R.: N. T. und seine Sippe, in: Jahrbuch des Vereins für Geschichte der Stadt Wien, Bd. 23/25 (1967/69)

TESCHNER, Richard, * 22. 3. 1879 in Karlsbad (Böhmen), † 4. 7. 1948 in Wien, Bildhauer, Maler, Graphiker und Kunstgewerbler. Kam 1909 nach Wien und arbeitete für die Wiener Werkstätte. Daneben schuf er nach javanischen Vorbildern zuerst die Figurenbühne „Goldener Schrein“ und dann (1909) den noch berühmteren „Figurenspiegel“. Dieses Marionettentheater hatte einen kreisrunden Bühnenausschnitt und Figuren mit einem höchst komplizierten Mechanismus, der eine unvorstellbare Vielfalt zuließ. T. gestaltete auch die Handlungen seiner Stücke selbst, wobei das Skurril-Groteske einen thematischen Grundzug seiner Schöpfungen bildete. (Beide Figurenspiele befinden sich in der Theatersammlung der Ö. Nationalbibliothek). T. gilt als der bedeutendste Puppenspieler der ersten Hälfte des 20. Jh.s. Daneben schuf T. auch Plastiken, Gemälde, Radierungen, Plakate und Buchschmuck. 1926 erhielt er den Kunstpreis der Stadt Wien.

Roessler, A.: R. T. (1947); Hadamowsky, F.: R. T. und sein Figurenspiegel (1956); Mayerhöfer, J. (Hrsg.): R. T. (1970)

TEYBER, Anton, * 8. 9. 1754 in Wien, † 18. 11. 1822 in Wien, Hofkomponist und ab 1792 Cembalist an der Wiener Hofoper. Außerdem unterrichtete er ab 1793 die Kinder des Kaisers. Neben Messen und Oratorien schuf er auch Symphonien, kammermusikalische Werke und Lieder.

TEYBER, Franz, * 15.11. 1756 in Wien, † 22. 10. 1810 in Wien, jüngerer Bruder von Anton T. (s. d.). 1786 Dirigent des Schikanederschen Wandertheaters, später Musikdirektor des Theaters an der Wien, das 1801 mit seiner Oper „Alexander“ (Text: Emanuel Schikaneder, s. d.) eröffnet wurde. Außer Opern und Singspielen schrieb er auch Messen, Klaviersonaten und Tänze.

THALER, Andreas, * 20. 9. 1883 in Oberau (T), † 28. 6. 1939 in Dreizehnlinden (Brasilien), Landwirt und Bauernbundpolitiker. Der Christlichsoziale war 1926–29 in drei Regierungen und 1930/31 in zwei Regierungen Landwirtschaftsminister. 1933 gründete er mit Unterstützung der ö. Bundesregierung für verarmte Tiroler Bergbauernfamilien im Süden Brasiliens, im Staat Santa Catarina, eine ö. Siedlung und gab ihr den Namen Dreizehnlinden (Treze Tilias). Seit 1956 mit den inzwischen gegründeten Töchterdörfern Babenberg und Rosengarten zu einem eigenen Distrikt zusammengefaßt, zählte die ganze Siedlung rund 1 500 Einwohner.

Benesch, L.: Dreizehnlinden (4. Aufl. 1947)

THALER, Joseph, * 15. 10. 1798 in Ulten (Südtirol), † 27. 12. 1876 in Kains bei Meran (Südtirol), katholischer Geistlicher und Historiker. T. wurde 1823 zum Priester geweiht und beschäftigte sich neben seelsorgerischen Anliegen mit der Geschichte des Landes Tirol. Er war einer der ersten, der die Tiroler Ortsnamen erforschte. T. veröffentlichte u. a.: „Tirol“ (1852), „Geschichte Tirols“, 3 Teile (1854/55); ferner gab er 1866 das Werk „Der deutsche Anteil des Bistums Trient“ heraus. Er schrieb auch unter dem Pseud. Lertha.

THAUREN, Johannes, * 6. 11. 1892 in Bielefeld (Westfalen), † 4. 7. 1954 in Wien, Missionswissenschaftler. Trat in den Orden „Gesellschaft des Göttlichen Wortes“ ein und wurde 1922 zum Priester geweiht. Lehrer am Missionshaus St. Gabriel bei Mödling und Privatdozent an der Universität Wien. 1945 als Initiator der Wiener Katholischen Akademie deren Generalsekretär, wurde er auch Direktor des Missiologischen Instituts der Erzdiözese Wien. Als angesehener Fachmann war er auch der Initiator der internationalen akademischen Missionskongresse. Er veröffentlichte eine Vielzahl von Werken, u. a.: „Die Akkommodation“ (1926), „Die Missionen der Gesellschaft des Göttlichen Wortes“, 8 Bde. (1927–31), „Atlas der katholischen Missionsgeschichte“ (1932), „Kirche und Volkstum“ (1933), „Ö.s Missionsanteil“ (1935), „Der ö. Anteil der Orden am Missionswerk der Kirche“ (1950); 1951 gab er „Weltkrise und Weltmission“ heraus.

THAUSING, Gertrud, * 29. 12. 1905 in Wien, Ägyptologin und Afrikanistin. Studierte in Wien und war hier 1953–75 Univ.-Prof. Die international anerkannte Ägyptologin veröffentlichte mehrere Werke, u. a.: „Die Ausdrücke für ‚Ewig‘ im Ägyptischen“ (1934), „Ägyptische Ästhetik“ (1940), „Der Auferstehungsgedanke in ägyptisch religiösen Texten“ (1943), „Zum Sinn der Pyramiden“ (1948), „Ethik und Magie“ (1957), „Symbol der Spirale“ (1960), „Konstitutionen der menschlichen Persönlichkeit“ (1962) und „Der Tierkult der Ägypter“ (1963).

THEISS, Siegfried, * 17. 11. 1882 in Preßburg (Slowakei), † 24. 1. 1963 in Wien, Architekt. Studierte in Wien und ging mit Hans Jaksch 1907 eine Arbeitsgemeinschaft ein. Die beiden bauten mehrere Wohnhausanlagen, Spitäler und Bäder, gründeten 1920 die ö. Hochbaunormung und errichteten 1933 das erste Hochhaus, und zwar in der Wiener Herrengasse, sowie die Reichsbrücke (im Oktober 1937 eröffnet, stürzte am 1. 8. 1976 ein). 1919–31 Präsident der Zentralvereinigung Ö. Architekten, 1924–52 Prof. an der Technischen Hochschule in Wien.

THEISS, Viktor, * 11. 4. 1894 in Bruck an der Mur (St), † 2. 1. 1967 in Graz, Historiker und Volkskundler. Studierte in Graz und wurde später Kustos am Landesmuseum Joanneum. Abgesehen von zahlreichen Untersuchungen und Veröffentlichungen in Zeitschriften verfaßte er den Band Steiermark des Werks „Deutsche Volkskunst“ (1939) und beschäftigte sich eingehend mit dem Leben von Erzherzog Johann (s. d.): „Erzherzog Johann“ (1950) und „Leben und Wirken Erzherzog Johanns“ (1960).

THIEDE, Oskar, * 13. 2. 1879 in Wien, † 22. 11. 1961 in Wien, Bildhauer und Medailleur. Studierte an der Kunstgewerbeschule und an der Akademie der bildenden Künste in Wien als Schüler von E. Hellmer (s. d.) und Hans Bitterlich (s. d.). Er war seit 1915 Mitglied des Künstlerhauses und 1932–49 Prof. und Vorstand der Lehrkanzel für Architekturplastik an der Technischen Hochschule in Wien. T. schuf über 120 Kleinplastiken, vor allem Medaillen, und mehrere Reliefs, auch an Wohnhausbauten der Gemeinde Wien, 1928 den Tuchmacher-Brunnen und 1929 das Nestroy-Denkmal sowie die Pietà in der Lueger-Gedächtniskirche auf dem Zentralfriedhof in Wien. Neben zahlreichen anderen Auszeichnungen erhielt T. bei den Olympischen Spielen 1948 (London) und 1952 (Helsinki) jeweils die Silbermedaille für den Entwurf der Sportplaketten.

THIEMO, Graf von Mödling, Seliger, * um 1040 (1045?), † 28. 9. 1102 in Askalon (Palästina), Benediktinermönch. Wurde zu einem eifrigen Verfechter der Gregorianischen Reformen. 1077 Abt von St. Peter in Salzburg. Als Anhänger von Papst Gregor VII. gemeinsam mit Erzbischof Gebhard 1088 vertrieben, wurde T. 1090 dessen Nachfolger. Vom kaiserlichen Gegenbischof Berthold von Moosburg 1095 bei Saaldorf besiegt, floh er nach Kärnten, wurde aber doch gefangengenommen und 1100 befreit. Lebte dann als einfacher Klosterbruder in Schwaben, nahm 1101 an einem Kreuzzug teil und geriet in Palästina in die Gefangenschaft der Seldschuken, die ihn zu Tode marterten. (Seine Verehrung ist seit

1884 für das Stift Admont [St] und einige andere Benediktinerklöster erlaubt.)

THIMIG, Hans, * 23. 7. 1900 in Wien, Kammerschauspieler und Regisseur, Sohn von Hugo T. (s. d.). Trat bereits 1916 am Wiener Volkstheater auf, spielte 1918–24 und ab 1949 am Wiener Burgtheater. 1924–33 und 1935–43 wirkte er am Theater in der Josefstadt, 1939–42 zusätzlich auch als Schauspieldirektor. 1946 und 1959/60 leitete T. das Reinhardt-Seminar. Er hatte nicht nur beachtliche Erfolge als Charakterkomiker auf dem Theater, sondern auch in zahlreichen Filmrollen.

Lit. s. bei Hugo T.

THIMIG, Helene, * 5. 6. 1889 in Wien, † 7. 11. 1974 in Wien, Kammerschauspielerin, Tochter von Hugo T. (s. d.). Kam nach ihrer Ausbildung über Meiningen 1911 an das Königliche Schauspielhaus in Berlin, wirkte 1917–33 dort am Deutschen Theater unter Max Reinhardt (s. d.), ab 1924 auch am Theater in der Josefstadt in Wien. 1932 heiratete sie Max Reinhardt, mit dem sie 1937 in die USA (Los Angeles und New York) emigrierte. 1946 nach Wien zurückgekehrt, wirkte sie am Burgtheater und ab 1954 auch am Theater in der Josefstadt. 1948–54 und 1960 war T. Prof. an der Akademie für Musik und darstellende Kunst in Wien und hatte 1948–54 auch die Leitung des Reinhardt-Seminars inne. Zahlreiche Ehrungen wurden ihr zuteil, so 1953 der Renner-Preis, 1955 der Reinhardt-Ehrenring, 1962 die Kainz-Medaille.

Lit. s. bei Hugo T.

THIMIG, Hermann, * 3. 10. 1890 in Wien, † 7. 7. 1982 in Wien, Kammerschauspieler, Sohn von Hugo T. (s. d.). Nach seiner Ausbildung war T. 1911–14 in Meiningen engagiert, 1916–32 unter Max Reinhardt (s. d.) in Berlin und im Theater in der Josefstadt in Wien tätig; ab 1934 spielte er am Wiener Burgtheater. Dazwischen war T. auch in zahlreichen Filmen beschäftigt. T. brillierte vor allem in Raimund- und Nestroy-Rollen sowie in Stücken Molières und Goldonis. Er war ein legitimer Nachfolger seines Vaters in dessen Rollenfach als Charakterkomi-

Die Thimigs. Von links: Hans, Hermann, Hugo, Helene

ker. T. war mit Vilma Degischer (s. d.) verheiratet.

Lit. s. bei Hugo T.

THIMIG, Hugo, * 16. 6. 1854 in Dresden, † 24. 9. 1944 in Wien, Schauspieler. Kam nach seiner Ausbildung nach Wien und wirkte hier 1874–1917, 1921–23 und wieder ab 1936 am Burgtheater, wobei er 1912–17 auch dessen Direktor war. 1923–36 war er am Theater in der Josefstadt engagiert. T. galt als einer der bedeutendsten Charakterkomiker des deutschen Sprachraums. Zu seinen wichtigsten Rollen zählten Truffaldino, der Dorfrichter Adam im „Zerbrochenen Krug", Gogols „Revisor" u. v. a. T. besaß eine der größten Privatsammlungen von Theatralika, die später zum Grundstock der heutigen Theatersammlung der Ö. Nationalbibliothek wurden.

Kahane, A.: Die T.s (1930); Hadamowsky, F. (Hrsg.): H. T. erzählt von seinem Leben und dem Theater seiner Zeit (1962)

THIRRING, Hans, * 23. 3. 1888 in Wien, † 22. 3. 1976 in Wien, Physiker, Naturphilosoph und Pazifist. Studierte in Wien und machte 1921 durch sein Buch „Die Idee der Relativitätstheorie" auf sich aufmerksam. Später Univ.-Prof. in Wien, war er 1938–45 zwangspensioniert, doch unermüdlich für den Pazifismus tätig. 1957–66 Mitglied des Bundesrats, auch Mitglied der Ö. UNESCO-Kommission. 1921 erhielt er den Haitinger-Preis, 1947 den Ehrenring der Liga der Vereinten Nationen, 1952 den Karl-Renner-Preis und 1963 den Ehrenring der Stadt Wien. Er veröffentlichte u. a.: „Der Weltfriede als psychologisches Problem" (1946), „Die Geschichte der Atombombe" (1946), „Homo sapiens", 2 Bde. (1947–49), „Atomkrieg und Weltpolitik" (1948), „Die Kunst des menschlichen Zusammenlebens" (1952); gemeinsam mit H. Grümm „Kernenergie gestern, heute und morgen" (1963).

THOMA, Franz, * 30. 7. 1886 in Gröbming (St), † 10. 7. 1966 in Graz, Landwirt und ÖVP-Politiker. War in der Ersten Republik Landbundpolitiker und als solcher 1930–34 Abgeordneter zum Nationalrat. 1948 zunächst Mitglied der steiermärkischen Landesregierung, war T. 1956/57 und 1959–62 Abgeordneter zum Nationalrat sowie 1952–59 Landwirtschaftsminister.

THOMAS, Bruno, * 3. 2. 1910 in Wien, Kunsthistoriker. Nach dem Studium in Wien spezialisierte sich T. auf Waffenkunde. War 1958–75 Direktor der Waffensammlung des Kunsthistorischen Museums in Wien und erwarb sich um diese Sammlung große Verdienste. Er veröffentlichte u. a.: „Harnischstudien", 3 Bde. (1937–44), „Deutsche Plattnerkunst" (1944), „Harnische" (1947), „Die Ölberggruppe von Ried" (1949) und „Ars venandi in Austria" (1959).

THOMAS, Oswald, * 27. 7. 1882 in Kronstadt (Siebenbürgen), † 13. 2. 1963 in Wien, Astronom. Er studierte an den Universitäten von Heidelberg, Jena, Klausenburg und Berlin und war zunächst als Lehrer tätig. 1913 kam er nach Wien, war 1915–22 Leiter der Urania-Sternwarte und gründete 1923 das Astronomische Büro (Astronomische Zentrale), das er auch leitete, und das Wiener Planetarium. Danach Univ.-Prof., führte Meteorbahnen-Berechnungen durch und veröffentlichte u. a.: „Das Wiener Planetarium" (1927), „Himmel und Weltall" (1930), „Astronomie" (1934), „Sternzeiger" (1958) sowie gemeinsam mit R. Teschner (s. d.) den „Atlas der Sternbilder" (1945).

THOMAS von Villach (auch „Meister von Gerlamoos"), Fresken- und Tafelmaler der zweiten Hälfte des 15. Jh.s. Er war Schüler und Nachfolger des Friedrich von Villach (s. d.) und ist von 1467 bis 1493/94 nachweisbar, mehr ist von ihm nicht bekannt. In seinen Werken zeigt sich schon ein leichter italienischer Einfluß. Einige seiner Tafelbilder befinden sich in Villach, Klagenfurt und Bozen, seine bedeutendsten Fresken sind in der Pfarrkirche von Gerlamoos im Drautal (K) aus der Zeit um 1480 (nach diesem Werk ist er ursprünglich auch benannt worden) und in der Pfarrkirche von Thörl-Maglern (K); besonders bemerkenswert sind hier die Fresken am Sakramentshäuschen (um 1480), die ebenfalls als ein Hauptwerk T.s angesehen werden.

THONET, Michael, * 2. 7. 1796 in Boppard am Rhein, † 3. 3. 1871 in Wien, Techniker und Industrieller. Der Sohn eines Gerbers erlernte das Tischlerhandwerk und führte ab 1819 einen eigenen Betrieb. Seit 1830 versuchte er die Herstellung gebogener Möbelbestandteile und erhielt 1840 seine ersten Patente dafür. Fürst Metternich, der im Sommer immer wieder einige Zeit in seiner rheinischen Heimat verbrachte, wurde auf ihn aufmerksam und ermunterte ihn zur Übersiedlung nach Wien, was T. 1842 auch tat und ein Privileg der

k. k. allgemeinen Hofkammer erhielt, Holz „in beliebige Formen und Schweifungen zu biegen". Bis 1849 arbeitete er bei dem Tischlermeister Franz List in der Mariahilfer Straße, bis ihm der englische Architekt P. H. Desvignes durch finanzielle Unterstützung die Gründung einer eigenen Werkstätte ermöglichte, die er mit seinen Söhnen Hans (1820–98), Michael (1824–1902), August (1829–1910) und Josef (1830–87) betrieb. Das Café Daum bestellte die ersten Sessel und das Hotel „Zur Königin von England" in Budapest folgte mit 400 Bugholzsesseln. 1851 hatte er bei der Weltausstellung in London, wo seine Möbel unter der Bezeichnung „Vienna bentwood chairs" ausgestellt waren, großen Erfolg. 1852 erweiterte er seinen Betrieb und richtete eine Verkaufsniederlage in der Wiener Innenstadt ein. 1853 übergab er das Unternehmen seinen Söhnen, wobei er nun auch seinen noch minderjährigen Sohn Jakob (1841–1929) mit einbezog und vorerst vertrat; die Firma wurde als „Gebrüder Thonet" protokolliert, beschäftigte bereits 42 Arbeiter und installierte die erste Dampfmaschine. 1856 wurde das Zweigwerk in Koritschan (Mähren) errichtet und 1859 eines im mährischen Bistritz. Im gleichen Jahr wurde der T.-Sessel Nr. 14 mit über 50 Mio. Stück zum meistfabrizierten Möbelstück der Firma. 1865 kaufte das Unternehmen die Waldherrschaft Groß-Ugrócz in Ungarn, wo ein Sägewerk und eine Holzbiegerei errichtet wurden. 1867 folgten Betriebe in Hallenkau und in Saybusch in Galizien. Bereits 1860 hatte T. ein Rad konstruiert, das sogenannte T.sche Rad, das durch eine metallene Nabe das Auswechseln zerbrochener Speichen wesentlich erleichterte und ein Nacharbeiten überflüssig machte. Nach Ablauf seines Patents 1869 traten die ersten Konkurrenzfirmen auf; bei seinem Tod zählte das Unternehmen neben den vier Fabriken 18 Arbeitsfilialen und Verkaufshäuser in allen Großstädten Europas und beschäftigte 4 000 Arbeiter, um 1900 waren es rund 6 000, die täglich etwa 4 000 Möbelstücke erzeugten. 1918 wurde die Thonet A. G. gegründet. 1945 fiel das Thonet-Imperium auseinander.

M. T. Festschrift, hrsg. von seinen Söhnen und Enkeln (1896); Exner, W. F.: Das Biegen des Holzes (4. Aufl. 1922); Habacher, M.: Ö. Erfinder (1964); Mang, K. (Hrsg.): Das Haus T., Festschrift (1969); Bangert, A.: T.-Möbel (1979); Mang, K.: Thonet. Bugholzmöbel (1982)

THÖNY, Wilhelm, * 10. 2. 1888 in Graz, † 1. 5. 1949 in New York, Maler und Graphiker. Studierte in Graz und in München an der Akademie. 1923 war T. Mitbegründer der Grazer Secession. 1931–38 lebte er in Frankreich und ab 1938 in New York, wo bei einem Brand an die 1 000 seiner Bilder vernichtet wurden. Dennoch hinterließ er eine Vielzahl von Aquarellen, Ölbildern und Zeichnungen. Darüber hinaus war er auch als Buchillustrator tätig. Sein Werk ist im Stil des Spätimpressionismus mit expressionistischen Anklängen gehalten und umfaßt Landschaften, Veduten, Bildnisse, aber auch Kriegsbilder. 1953 erschien posthum seine autobiographische Veröffentlichung „. . . mit y". T. ist heute mit

Das Hierarchienbild des Thomas von Villach. Wandmalereien mit der Darstellung des „Lebenden Kreuzes". Pfarrkirche Thörl in Kärnten. Um 1475

Wilhelm Thöny: „Die Brücke" (um 1925)

MICHAEL THONET
Auf Biegen oder Brechen

Zwei Thonet-Stühle

„Michael Thonet hatte in erster Linie die Absicht, sich auf die Fabrication von Möbeln aus gebogenem Holze zu werfen und namentlich solcher, für welche ein grosser Absatz zu erzielen war. Die erste Sesselform, welche er in dieser Absicht entwarf und ausführte, war – wenn auch in etwas anderer Form – jene Type, welche noch heute als Sessel Nr. 4. des Thonetschen Möbelalbums erzeugt wird. Bei diesem Sessel wurde die Rückenlehne aus vier und der Sitzrahmen aus fünf Holzdicken gebogen. Das Verfahren war hiebei folgendes: Die Holztheile wurden in siedendem Wasser gekocht, in Formen gebogen und getrocknet; schliesslich wurden die einzelnen Fourniere zu completen Sesseltheilen zusammengeleimt."

Gedenkschrift zum 100. Geburtstag M. Thonets am 2. 7. 1896, verfaßt von seinen Söhnen.

WILHELM THÖNY

Verbranntes Lebenswerk

„Mit den fortschreitenden Jahren des Pariser Aufenthaltes lockert sich das Gefüge der Ölfarben, wird durchsichtig, gleich dem durchscheinenden Charakter des Aquarells, und er erlangt auch, in einer konsequenten Entwicklung, dessen Helligkeitsgrade. Thöny führt seine Palette zu einer ganz persönlichen, unverwechselbaren Physiognomie. Es ist das Blau, lichtdurchtränkt, bewegt und von einer ungewöhnlichen Suggestionskraft schwebender Weite, das zum Grundton der farbigen Erfindung erhoben wird. In das Blau bettet sich Grün ein, kühl wie das Blau, und der äußerste Farbenkontrast von Weiß und Schwarz . . ."

Bruno Grimschitz, Wilhelm Thöny (1950)

seinen Bildern nicht nur in Wiener, sondern auch in ausländischen Galerien und Sammlungen vertreten.

Grimschitz, B.: W. T. (1950); Neumann, E.: W. T. (1957); Koschatzky, W.: W. T. (1963); W. T. Bilder zur Passion (1965)

THUGUT, Franz Maria Freiherr von (seit 1772), * 31. 3. 1736 in Linz, † 28. 5. 1818 in Wien, Diplomat und Staatsmann. Entstammte einer bürgerlichen Familie, wurde 1752 in die Orientalische Akademie in Wien aufgenommen und 1754 als Sprachknabe (Dolmetschgehilfe) nach Konstantinopel entsandt, um für den diplomatischen Dienst an der Hohen Pforte ausgebildet zu werden. 1757 wurde er dort Dolmetsch und avancierte bald darauf zum Hofdolmetsch und Hofsekretär an der Wiener Staatskanzlei. 1766–69 war er geheimer Korrespondent am Hof König Ludwigs XV. von Frankreich, 1769 ö. Geschäftsträger in Konstantinopel, 1770 Resident und 1771 Internuntius ebendort. Für seine geschickte und verdienstvolle Tätigkeit als ö. Botschafter auf dem Friedenskongreß von Fokşani wurde T. 1772 in den Freiherrnstand erhoben und bewirkte 1776 durch einen Vertrag mit der Hohen Pforte die Abtretung der Bukowina an Ö. Nach seinen Einsätzen in Neapel, Versailles und Berlin als Diplomat wurde T. 1780 Gesandter in Warschau, 1787 in Neapel und 1788 Hofkommissar in der Moldau und Walachei, deren Verwaltung er bis 1790 innehatte. 1791 ging er nach Paris, um vor allem sein in französischen Staatspapieren angelegtes Vermögen ausbezahlt zu bekommen, was allerdings mißlang. Enttäuscht begab T. sich nach Brüssel und nach dem Ausbruch des Ersten Koalitionskrieges gegen Frankreich im Sommer 1792 nach Wien. Am 27. 5. 1793 wurde er zum Direktor der Auswärtigen Angelegenheiten unter Staatskanzler Fürst Kaunitz (s. d.) ernannt und nach dessen Tod im darauffolgenden Jahr sein Nachfolger. Zu seiner – schon wegen seines verlorenen Vermögens – entschiedenen Ablehnung Frankreichs kam auch eine ausgesprochene Feindschaft gegenüber Preußen hinzu, die noch dadurch genährt wurde, daß Preußen 1795 die Koalition gegen Frankreich verlassen hatte. Seine am 28. 9. 1795 zustande gebrachte Koalition zwischen Ö., England und Rußland stellte zwar eine bedeutende Leistung dar, erwies sich aber als nicht besonders wirksam, da Rußland bereits im Oktober 1799 aus dem Bündnis ausschied. Den Friedenskongreß von Rastatt von 1797–99 sabotierte T., zumal er annahm, daß es in Frankreich ohnehin zu einem Bürgerkrieg kommen werde. Seine außenpolitischen Fehleinschätzungen und „diplomatischen Gründe", durch die er militärische Entscheidungen immer wieder beeinflußte, führten zunehmend zu Differenzen, vor allem mit Erzherzog Karl (s. d.). Am 18. 9. 1800 wurde daher Johann Ludwig Graf Cobenzl (s. d.) Außenminister, doch führte T. wegen dessen Verhandlungen über den Frieden von Lunéville die Geschäfte bis 16. 1. 1801 weiter. Am 27. 3. zog er sich nach Preßburg in eine Art Verbannung zurück, ohne je wieder politischen Einfluß zu gewinnen. 1872 erschienen „Vertrauliche Briefe des Freiherrn von T." (2 Bde.).

Vivenot, A. v.: T., Clerfayt und Wurmser 1794–1797 (1869); ders.: T. und sein politisches System (1870)

THUMB, Christian, * um 1640 in Bezau (V), † 4. 6. 1726 in Au im Bregenzerwald, Baumeister. Bruder von Michael T. (s. d.) und sein Mitarbeiter, von dem er mehrere Bauten in der Schweiz und in Schwaben vollendete, wobei ihm teilweise F. Beer (s. d.) zur Seite stand.

THUMB, Martin, Lebensdaten unbekannt, Baumeister. Wirkte als Altarbauer im 18. Jh. vorwiegend in Tirol. Bedeutend sind seine Altarmensen und Kommunionbänke in der Abteikirche Fiecht (T) von 1744–60 und zwei Altäre in der Servitenkirche in Rattenberg am Inn (T) aus den Jahren 1770–73.

THUMB, Michael, † 19. 2. 1690 in Bezau (V), Baumeister. Bruder von Christian T. (s. d.), mit dem er zeitweise zusammenarbeitete. War auch Mitarbeiter von F. und M. Beer (s. d.). T. war der erste bedeutende Meister der Vorarlberger Schule und schuf 1682/83 mit seinem Hauptwerk, der Wallfahrtskirche auf dem Schönenberg bei Ellwanger (Schwaben), das gültige Vorbild der Vorarlberger Schule. Ein weiteres bedeutendes Bauwerk T.s ist das Dominikanerinnenkloster Thalbach bei Bregenz (1674–77).

THUMB, Peter, * 18. 12. 1681 in Bezau (V), † 4. 3. 1766 in Konstanz am Bodensee, Baumeister. War der Sohn von Michael T. (s. d.) und leitete die Vorarlberger Schule zum Rokoko über. Neben seinem Hauptwerk, der Wallfahrtskirche Birnau am Bodensee (1747–49), schuf er Bauten in Südwestdeutschland, in der Schweiz und im Elsaß.

Werneburg, R.: P. T. und seine Familie (1916); Lieb, N., und Dieth, F.: Die Vorarlberger Barockbaumeister (1960); Gubler, H.-M.: Der Vorarlberger Barockbaumeister P. T. (1972)

THUN-HOHENSTEIN, Franz Anton Graf von, Fürst (ab 1911), * 2. 9. 1847 in Tetschen (Böhmen), † 1. 11. 1916 in Tetschen, Großgrundbesitzer und Staatsmann. Er entstammte einem ö. Uradelsgeschlecht, das 1145 erstmals urkundlich mit seinem Stammsitz in Nonsberg (Südtirol) erwähnt wird, im 17. Jh. in Böhmen ansässig war und 1629 in den Reichsgrafenstand erhoben wurde. T.-H. war der älteste Sohn von Friedrich Graf T.-H. (s. d.), Abgeordneter des böhmischen Landtages, 1879–82 Reichsratsabgeordneter und – nach dem Tod seines Vaters – ab 1881 Mitglied des Herrenhauses. Als Verfechter feudaler und klerikaler Grundsätze trat er – trotz seines Bekenntnisses zum Deutschtum – als Gegner der Deutschliberalen auf und setzte sich für die Anerkennung des böhmischen Staatsrechts ein. 1889–96 und 1911–15 war er Statthalter von Böhmen. Wegen des Anwachsens der radikalen jungtschechischen Bewegung, die 1893 auch antidynastische Ausschreitungen in Prag organisiert hatte, befürwortete T.-H. die Verhängung des Ausnahmezustandes über die Stadt und deren Umgebung. Bei den Landtagswahlen von 1895 siegten die Jungtschechen über die konservativen Alttschechen. T.-H. zog daraus die Konsequenz und trat im Februar 1896 von seinem Amt als Statthalter zurück. 1898/99 war er Ministerpräsident und Innenminister. Er versuchte, Verhandlungen zu einem Ausgleich mit Böhmen sowie zu einer Versöhnung der beiden Nationen herbeizuführen, scheiterte aber an der totalen Obstruktion der deutschnationalen Parteien. Nach seinem Rücktritt widmete T.-H. sich der Verwaltung seines Besitzes, war aber 1911–15 wieder Statthalter von Böhmen.

Winter, E.: F. A. von T.-H. (Sudetendeutsche Lebensbilder 3, 1934)

THUN-HOHENSTEIN, Friedrich Graf von, * 8. 5. 1810 in Tetschen (Böhmen), † 24. 9. 1881 in Tetschen, Großgrundbesitzer und Diplomat (über die Familie s. bei Franz Anton T.-H.). Er trat früh in den diplomatischen Dienst, war Gesandter in Stockholm (1847), in München (1849) und bei dem am 9. 5. 1850 eröffneten Kongreß in Frankfurt am Main. Im reaktivierten deutschen Bundestag fungierte er als dessen Präsident und war 1852–57 außerordentlicher Gesandter sowie bevollmächtigter Minister am preußischen Hof. 1857–63 vertrat er Ö. als Gesandter in

St. Petersburg, schied aber dann aus dem diplomatischen Dienst. 1867 wurde T.-H. in den böhmischen Landtag gewählt und war ab 1879 erbliches Mitglied des Herrenhauses, in das ihm sein ältester Sohn, Franz Anton (s. d.), nachfolgte und wo er, gemeinsam mit seinem Bruder Leo (s. d.), die Interessen der feudalen Rechten vertrat.

THUN-HOHENSTEIN, Guido Graf von, * 19. 9. 1823 in Tetschen (Böhmen), † 7. 9. 1904 auf Schloß Oberliebich bei Leipa (Böhmen), Großgrundbesitzer und Diplomat (über die Familie s. bei Franz Anton T.-H.). 1859–63 war er ö. Geschäftsträger im Haag, 1863–65 in St. Petersburg, 1865/66 Gesandter am kaiserlichen Hof in Mexiko und 1866/67 bei den Hansestädten. 1867–70 vertrat er die verfassungstreuen böhmischen Großgrundbesitzer im böhmischen Landtag und im Reichsrat. Ab 1872 war er Mitglied des Herrenhauses. Außerdem bekleidete er die Würde eines Fürst-Grandprior des Johanniterordens.

THUN-HOHENSTEIN, Guidobald Graf von, * 16. 12. 1616, † 1. 6. 1668 in Wien, Erzbischof und Kardinal (über die Familie s. bei Franz Anton T.-H.). Er war 1654–68 Erzbischof von Salzburg, wo er als Landesfürst wie als Oberhirte die Verfügungen gegen die Protestanten schärfer zu handhaben begann. Seine Maßnahmen blieben allerdings ohne größere Wirkung, da er ab 1662 als kaiserlicher Prinzipalkommissar meist auf dem Regensburger Reichstag weilte, wo er die Hilfe des Reiches für den Türkenkrieg (1664) zu mobilisieren versuchte und schon damals dem Machtstreben Ludwigs XIV. von Frankreich einen Riegel vorschieben wollte. 1667 wurde er Kardinal. T.-H. war ein Förderer von Kunst und Wissenschaft; er errichtete 1656 an der Salzburger Universität den allerdings nicht lange bestehenden Lehrstuhl für Medizin.

Wodka, J.: Kirche in Ö. (1959)

THUN-HOHENSTEIN, Johann Ernst Graf von, * 3. 7. 1643 in Prag, † 20. 4. 1709 in Salzburg, Erzbischof (über die Familie s. bei Franz Anton T.-H.). Er war ein Stiefbruder von Guidobald Graf T.-H. (s. d.), wurde 1679 Bischof von Seckau und war ab 1687 Erzbischof von Salzburg. Durch die von ihm veranlaßte Bautätigkeit verlieh er der Stadt Salzburg ihr im wesentlichen heute noch barockes Aussehen („deutsches Rom"). Besonders stark förderte er Johann Bernhard Fischer von Erlach (s. d.), dessen zahlreiche Bauten (u. a. die Kollegienkirche und die Dreifaltigkeitskirche) ausnahmslos auf die Initiative T.-H.s zurückgehen.

Wodka, I.: Kirche in Ö. (1959)

THUN-HOHENSTEIN, Leo Graf von, * 7. 4. 1811 in Tetschen (Böhmen), † 17. 12. 1888 in Wien, Staatsmann (über die Familie s. bei Franz Anton T.-H.). Er war der jüngere Bruder von Friedrich Graf von T.-H. (s. d.), wurde 1845 Sekretär der nö. Landesregierung, 1847 Gubernialrat der galizischen Landesteile und von April bis Juli 1848 Gubernialpräsident in Prag. Schon zuvor hatte er durch drei Veröffentlichungen auf sich aufmerksam gemacht: „Die Notwendigkeit der moralischen Reform der Gefängnisse" (1836), „Über den gegenwärtigen Stand der böhmischen Literatur und ihre Bedeutung" (1842) sowie „Die Stellung der Slowaken in Ungarn" (1843). 1849 kam noch hinzu: „Betrachtungen über die Zeitverhältnisse, insbesondere im Hinblick auf Böhmen". 1849–60 war T.-H. Unterrichtsminister; er wurde zum Schöpfer des modernen Schulwesens in Ö. Die in seinem Ministerium ausgearbeiteten Gesetzesentwürfe zur grundsätzlichen Reform des Unterrichtswesens, vor allem für die Mittel- und Hochschulen, wurden von ihm im Ministerrat ebenso wie bei Kaiser Franz Joseph I. (s. d.) durchgesetzt. Sein persönliches Verdienst war die Neuordnung der juridischen Studien durch die 1855 erlassene Staatsprüfungsordnung. Das ebenfalls 1855 abgeschlossene Konkordat, an dem T.-H. großen Anteil hatte, gilt als Höhepunkt seines Wirkens. Durch das Oktoberdiplom von 1860 wurde sein Ministerium als Zentralstelle aufgelöst und T.-H. seines Amts enthoben. Ab 1861 war er Mitglied des Herrenhauses, 1861–71 Abgeordneter des böhmischen Landtags, doch trat er aus diesem nach dem Sieg der Verfassungspartei aus, wurde aber 1883 abermals in den Landtag gewählt. T.-H. war ein erklärter Gegner des Ausgleichs mit Ungarn sowie der Ehe- und Schulgesetze von 1868.

Frankfurter, S.: Graf L. T., F. Exner und H. Bonitz (1893); Meister, R.: Die Universitätsreform des Ministers Graf T. (1949); Thynen-Adlerflycht, C.: Graf L. T. im Vormärz (1967)

THUN-HOHENSTEIN, Paul Graf von, * 10. 11. 1884 in Prag, † 13. 9. 1963 in Wien, Lyriker und Essayist (über die Familie s. bei Franz Anton T.-H.). Er war zunächst Diplomat, widmete sich nach dem Ersten Weltkrieg ausschließlich der Schriftstellerei und lebte ab 1934 in Wien. Neben zahlreichen Übersetzungen verfaßte er vorwiegend formstrenge Gedichte und in der altö. Tradition verwurzelte Essays. Besonders erwähnenswert sind: „Sonette" (1925), „Gedichte" (1933) und die Essaybände „Ö. Lebensform" (1937) sowie „Wege des Lebens" (1946).

THÜRHEIM, Lulu Gräfin (Ludovika), verehel. Thirion, * 14. 3. 1788 in Tirlemont (Belgien), † 22. 5. 1864 in Wien, Schriftstellerin. Floh 1794 mit ihren Eltern vor der Französischen Revolution nach Ö. und heiratete 1832 heimlich Charles Thirion, den Sekretär ihres Schwagers Fürst Rasumofsky. Ihre in französischer Sprache geschriebenen Memoiren sind 1913/14 unter dem Titel „Mein Leben, Erinnerungen aus Ö.s großer Welt 1788–1819" (4 Bde.) in deutscher Sprache erschienen. Sie stellen ein wichtiges kultur- und geistesgeschichtliches Dokument, insbesondere für die Zeit des Wiener Kongresses, dar, zudem ein wenn auch etwas subjektives Quellenwerk zur Geschichte.

THURNHER, Eugen, * 18. 7. 1920 in Dornbirn (V), Literarhistoriker. Studierte in Innsbruck, seit 1953 dort Univ.-Prof. Veröffentlichte eine Vielzahl von Werken, darunter: „Josef Wichner" (1941), „Deutsche Erzähler der Gegenwart" (1944), „Wort und Wesen in Südtirol" (1947), „Probleme und Gestalten der Vorarlberger Dichtung" (1948), „Katholischer Geist in Ö." (1953), „Eichendorff und Stifter" (1961); zudem Herausgeber von „Meistererzählungen aus dem alten Ö." (Bd. 1, 1947), „Walther von der Vogelweide" (1953), „Südtiroler Anthologie", 2 Bde. (1956/57), „Laurentius von Schnifis" (1960), „Handbuch der Kulturgeschichte" (1963).

TICHTEL, Johannes, * um 1445/50 in Grein an der Donau (OÖ), † zwischen 1503 und 1506 in Wien, Arzt und Humanist. Studierte ab 1463 an der Universität Wien Medizin und wurde 1476 Doktor der Medizin. Danach praktischer Arzt und 1482–1500 Univ.-Prof., war zwischen 1482 und 1498 zehnmal Dekan der medizinischen Fakultät. 1492 beherbergte er in seinem Haus den Humanisten Konrad Celtis (s. d.) und war 1497 Gründungsmitglied der Humanistengesellschaft „Sodalitas Danubiana". Von 1472 bis 1495 führte er ein Tagebuch, das erhalten geblieben ist und eine wertvolle Quelle zur Geschichte und Kultur jener Zeit darstellt, insbesondere für die Zeit der ungarischen Besetzung Wiens und für das Leben des Adels und des Bürgertums in der Stadt.

Lhotsky, A.: Quellenkunde zur mittelalterlichen Geschichte Ö.s (1963); Kühnel, H.: Mittelalterliche Heilkunde in Wien (1965)

TICHY, Herbert, * 1. 6. 1912 in Wien, † 26. 9. 1987 in Wien, Geologe, Forschungsreisender und Bergsteiger. Studierte in Wien und unternahm 1933 gemeinsam mit Max Reisch (s. d.) auf einem Motorrad eine Fahrt bis in die Vorberge des Himalaja und nach Bombay. 1935/36

Herbert Tichy und der Sherpa Pasang nach der Erstbesteigung des Cho-Oyu (19. 10. 1954)

verfaßte er in Indien seine Dissertation und promovierte anschließend in Wien. Weitere Forschungsreisen führten ihn durch Indien und 1941 nach Thailand und China, wo er bis 1948 von der Umwelt abgeschnitten lebte. Nach chinesischem Recht war er 1943–48 mit der Französin Yvonne d'Anjou verheiratet. 1948 nach Ö. zurückgekehrt, bereiste er 1950/51 abermals Indien und das Himalajagebiet und durchquerte 1953 als erster Westnepal. Weltweites Echo erzielte seine am 19. 10. 1954 geglückte Erstbesteigung des 8 189 m hohen Himalajagipfels Cho-Oyu (mit nur 800 kg Ausrüstung und einer kleinen Mannschaft, trotz Erfrierungen an beiden Händen). T. unternahm weiterhin Forschungsreisen in asiatische und afrikanische Gebiete. Wichtigste Veröffentlichungen: „Zum heiligsten Berg der Welt" (1937), „Alaska" (1939), „Afghanistan" (1940), „Indien" (1942), „China ohne Mauer" (1948), „Die Verwandlung des Lotos" (1951), „Land der namenlosen Berge" (1954), „Cho-Oyu – Gnade der Götter" (1955), „Menschenwege – Götterberge" (1960), „Hongkong" (1961), „Heiße Erde – schwarze Hoffnung" (1964), „Himalaya" (1968), „TAU-TAU" (1973), „Auf fernen Gipfeln" (1976); von seinen Jugendbüchern seien u. a. genannt: „Flucht durch Hindustan" (1953), „Safari am Kamanga" (1957), „Unterwegs" (1962), „Der weiße Sahib" (1966), „Zweifach gejagt" (1971).

TIEFENBACH, Rudolf Freiherr von, * 1582, † 4. 3. 1653, Heerführer. Absolvierte nach einer protestantischen Erziehung ausgedehnte Bildungsreisen und trat dann in ö. Kriegsdienste. Bald zum Oberst befördert, wurde er 1613 Hofkriegsrat und 1619 Generalwachtmeister in Böhmen. Nach der Schlacht am Weißen Berg, am 8. 11. 1620, in der er sich auszeichnete, übernahm er die Führung der kaiserlichen Armee in Ungarn. Trat 1623 zum Katholizismus über, wurde 1624 Hofpfalzgraf, 1626 Generalfeldzeugmeister unter Wallenstein (s. d.) und 1631 Feldmarschall in Schlesien. Dort von König Gustav Adolf aus Frankfurt an der Oder vertrieben, fiel er anschließend in Sachsen ein. 1634 Geheimer Rat Kaiser Ferdinands III. (s. d.), lebte er bis zu seinem Tod auf seinen Gütern, die früher zum Teil im Besitz Wallensteins waren.

TIEFFENTHALER, Joseph, * 27. 4. 1707 in Salurn (Südtirol), † 5. 7. 1785 in Lakhnau (Indien), Jesuit und Missionar. T. trat früh in den Jesuitenorden ein und wurde 1734 zum Priester geweiht. 1740 ging er als Missionar nach Indien, wo er ab 1743 Rektor in Agra und 1747–65 auch in Narwar war. Als der Jesuitenorden 1773 aufgehoben wurde, war T. bis zu seinem Tod eine Stütze der dortigen Mission. Außerdem beschäftigte er sich unermüdlich mit geographischen, astronomischen, historischen, natur- und sprachwissenschaftlichen sowie religionskundlichen Studien, deren Ergebnisse er an europäische Gelehrte weitergab. Schließlich erarbeitete T. auch die erste zuverlässige Karte des Gangesgebiets, die 1784 veröffentlicht wurde. Nach seinem Tod erschien 1785–88 „Des Pater J. T. historisch-geographische Beschreibung von Hindustan" (3 Bde.).

Hassinger, H.: Ö.s Anteil an der Erforschung der Erde (1949)

TIETZE, Hans, * 1. 3. 1880 in Prag, † 11. 4. 1954 in New York, Kunsthistoriker. Studierte an der Universität Wien und war nach seiner Promotion 1905–19 Beamter der Zentralkommission für Kunst- und historische Denkmale. 1908 habilitierte er sich für Mittlere und Neuere Kunstgeschichte an der Universität Wien. 1907–31 war T. an der Erarbeitung der Ö. Kunsttopographie beteiligt und verfaßte allein zwölf Bände davon, darunter als Band XXIII „Geschichte und Beschreibung des Stephansdomes in Wien" (1931), eines seiner Hauptwerke und die bedeutendste Arbeit über den Stephansdom überhaupt. 1918 entwarf er ein Programm zur Neuordnung der staatlichen Museen und war 1919–25 Referent (zuletzt Ministerialrat) für museale Angelegenheiten im Unterrichtsministerium. Abgesehen von der von ihm durchgeführten grundlegenden Reform des ö. Musealwesens, verteidigte er erfolgreich ö. Kunstbesitz gegenüber Ansprüchen des Auslands. Die Gründung der „Gesellschaft zur Förderung der modernen Kunst" (1921) in Wien geht ebenfalls auf T. zurück. 1938 mußte er in die USA emigrieren, wo er in der Folge an der Columbia University wirkte. Neben einer Vielzahl von Aufsätzen in Fachzeitschriften veröffentlichte er u. a. sein zweites Hauptwerk, „Wien. Kultur, Kunst, Geschichte" (1931), sowie: „Die Methode der Kunstgeschichte" (1913), „Otto Wagner" (1922), „Albrecht Altdorfer" (1923), „Kritisches Verzeichnis der Werke Albrecht Dürers", 2 Bde. (gemeinsam mit seiner Gattin Erika Tietze-Conrat 1928–38), „Die Juden Wiens" (1933), „Tizian" (1936), „Tintoretto" (1948), „Toulouse-Lautrec" (1953) und „Die großen Nationalgalerien" (1954).

TILDEN, Jane, * 6. 11. 1910 in Aussig (Sudetenland), Bühnen- und Filmschauspielerin. Debütierte nach ihrer Ausbildung 1930 in Teplitz-Schönau und kam über mehrere Stationen,

Jane Tilden

so auch Prag, an das Theater in der Josefstadt in Wien, wo sie mit großem Erfolg das Fach der „komischen Jungen" perfektionierte. Bald auch vom Film entdeckt, war sie hier ebenso erfolgreich wie später beim Fernsehen. Nach 1945 war T. auch als Geschäftsfrau tätig. Ihre besten Interpretationen waren die Trafikantin in Ödön von Horváths „Geschichten aus dem Wiener Wald" und die Antoinette in Hofmannsthals Lustspiel „Der Schwierige".

TILGNER, Viktor, * 25. 10. 1844 in Preßburg, † 16. 4. 1896 in Wien, Bildhauer. Studierte

Viktor Tilgner

an der Akademie der bildenden Künste in Wien, wandte sich bald der Porträtbüste und -plastik zu, schuf Bauplastiken und Brunnen und wurde zum meistbeschäftigten Bildhauer des Wiener Ringstraßenstils. 1880 schuf er die Metallplastik „Triton mit Nymphe" für das Brunnenbecken im Volksgarten, wofür er den Reichel-Preis erhielt. 1883 wurde er ehrenhalber zum Prof. der Akademie der bildenden Künste ernannt, 1888 auch zum Ehrenmitglied. Neben seinen zahlreichen Proträtbüsten und Bauplastiken zählen zu seinen Hauptwerken das Mozart-, das Makart- und das Bruckner-Denkmal sowie das besonders veristische Werndl-Denkmal in Steyr. Plastische Brunnen wie der vor der Kaiservilla in Bad Ischl (OÖ) nehmen ebenfalls großen Raum im Schaffen T.s ein.

Hevesi, L.: V. T. Ausgewählte Werke (1897); Kapner, G.: Freiplastik in Wien (1970)

TILL, Alfred, * 18. 2. 1879 in Wien, † 23. 10. 1959 in Wien, Geologe und Bodenkundler. Studierte in Wien und war 1934–49 Prof. an der Hochschule für Bodenkultur. 1945 wurde er Vorstand des Instituts für Geologie und Bodenkunde. T. war der Organisator und der erste Leiter der landwirtschaftlichen Bodenaufnahme in Ö. Veröffentlichungen u. a.: „Mineralogisches Praktikum" (1913), „Petrographisches Praktikum" (1914), „Bodensystematik" (1923), „Ortsbodentypen" (1933), „Ö. Bodenkartierung" (1937) und „Bodenkundlicher Führer durch Ö." (1937).

TILL, Johann d. Ä., * 1800 in Hohenstadt (Mähren), † 23. 1. 1889 in Wien, Historienmaler. Mit seinen beiden Söhnen, Johann T. d. J. (* 19. 7. 1827 in Wien, † 21. 11. 1894 in Wien) und Leopold T. (* 8. 12. 1830 in Wien, † 10. 7. 1893 in Wien), schuf er in einer gemeinsamen Werkstatt ausnahmslos Historienbilder, deren Darstellungen wegen ihrer Ausdruckskraft und Wirklichkeitstreue geschätzt wurden. Ihre Werke befinden sich zum Großteil im Historischen Museum der Stadt Wien und in der Gemäldegalerie der Akademie der bildenden Künste in Wien.

TILL, Walter, * 22. 2. 1894 in Stockerau (NÖ), † 3. 9. 1963 in Herzogenburg (NÖ), Papyrologe und Koptologe. Studierte an der Universität Wien und wurde ein international anerkannter Koptologe. 1931–51 Vorstand der Papyrussammlung der Ö. Nationalbibliothek, war er 1939–51 Univ.-Prof. in Wien und lehrte 1951–59 in Manchester (England). Er veröffentlichte mehrere Werke seines Spezialgebiets, die durchwegs internationale Anerkennung fanden, u. a.: „Koptische Dialektgrammatik" (1931), „Koptische Heiligen- und Märtyrerlegenden", 2 Bde. (1935/36), „Die Arzneikunde der Kopten" (1951), „Koptische Grammatik" (1955), „Die koptischen Rechtsurkunden der Papyrus-Sammlung der Ö. Nationalbibliothek" (1958).

TILLY, Johann Tserklaes Graf (seit 1622), * Februar 1559 auf Schloß Tilly (Brabant), † 30. 4. 1632 in Ingolstadt (Bayern), Heerführer. T. entstammte einem alten brabantischen Adelsgeschlecht und wurde in den Jesuitenkollegien von Châtelet und Köln erzogen. Nach spanischen und lothringischen Kriegsdiensten trat er 1598 in die ö. Armee ein und bewährte sich als Oberstleutnant 1600 bei den Kämpfen gegen die Türken und Insurgenten in Ungarn. 1601 wurde er Oberst, dann Artilleriegeneral. Im habsburgischen Bruderzwist stand er auf der Seite Kaiser Rudolfs II. (s. d.), zog sich aber 1608 ins Privatleben zurück. Nach Gründung der Katholischen Liga (1610) organisierte T. deren Heer, wurde 1620 zum Feldmarschall ernannt und schlug am 8. 11. in der Schlacht am Weißen Berg bei Prag die aufständischen Böhmen. Neben unbedeutenden Mißerfolgen errang T. im Dreißigjährigen Krieg bedeutende Siege, so die bei Wimpfen am 6. 5. 1622, bei Höchst am 20. 6. 1622 (für den T. den Grafentitel verliehen erhielt), bei Stadtlohn am 6. 8. 1623 und bei Lutter am 27. 8. 1626. 1630 wurde T. Nachfolger des abgesetzten Wallenstein (s. d.) sowie Generalleutnant der kaiserlichen Truppen. Am 20. 5. 1631 eroberte er Magdeburg und am 16. 9. Leipzig, wurde aber am darauffolgenden Tag bei Breitenfeld vernichtend geschlagen. Ohne ausreichende Unterstützung versuchte T. nun den vordringenden Schweden hinhaltenden Widerstand entgegenzusetzen, eroberte noch Bamberg, erlitt aber am 5. 4. 1632 – als er die Schweden bei Rain am Übergang über den Lech hindern wollte – eine schwere Verwundung, an deren Folgen er im belagerten Ingolstadt starb. T. stellte unter den sonst eher brutalen Feldherren des Dreißigjährigen Kriegs eher eine Ausnahme dar; er versuchte immer wieder, Auswüchse zu vermeiden und wurde nicht zu Unrecht „Heiliger im Harnisch" genannt.

Klopp, O., und Villermont: T., 2 Bde. (1860); Gilardone, G.: Der Heilige im Harnisch (1932)

JOHANN TSERKLAES GRAF TILLY

Feldherr im Dreißigjährigen Krieg

„Während die großen Fürsten zagten, hatte die Stadt Magdeburg, an ihrem vom Kaiser verbliebenen Administrator Christian Wilhelm von Brandenburg hangend, mit Schweden den Bund geschlossen. Gegen diese Stadt zog jezt mit großer Macht Tilly, nunmehr der oberste Befehlshaber der kaiserlichen, wie der baierischen Truppen. Der König von Schweden, durch die schwierigen Verhältnisse mit Brandenburg und Sachsen gehindert, konnte keine zeitige Hilfe bringen; also ging die Stadt, nach sechswöchiger heldenmüthiger Vertheidigung, mit Sturm an den barbarischen Feind über (10. Mai). In dem Blute ihrer christlichen Bewohner löschten die Eroberer – die Soldaten eines christlichen Kaisers und der christkatholischen Ligue – ihren unmenschlichen Durst. Grausenvoller hatten nie Mongolen und Türken gehaust. Dreißigtausend unschuldige Menschen, unter ihnen Greise, Säuglinge, wehrlose Weiber und Jungfrauen, fielen als Opfer einer hohnlachenden Wuth, häufig unter Qualen oder nach erlittener Entehrung. Unter dem Getümmel brachen Flammen aus in mehreren Straßen; in ihr Geprassel tönte das Jammergeschrei der Sterbenden, der Geängstigten. Die ganze, herrliche, volkerfüllte Stadt, einige wenige Gebäude ausgenommen, sank in Asche; und noch die Brandtrümmer wurden durchwühlt von den gefühllosen Räubern; bis endlich am vierten Tage nach dem Sturme der Oberfeldherr seinen Einzug hielt, an der Schauerscene sein barbarisches Auge weidete, doch jezt Stillstand dem Morden und der Plünderung gebot."

Karl von Rotteck's Allgemeine Geschichte, siebenter Band (1854)

Johann Graf Tilly

DER FELDPREDIGER: Jetzt defilierens vor der hohen Leich.
MUTTER COURAGE: Mir tut so ein Feldhauptmann oder Kaiser leid, er hat sich vielleicht gedacht, er tut was übriges und was, wovon die Leut reden, noch in künftigen Zeiten, und kriegt ein Standbild, zum Beispiel er erobert die Welt, das ist ein großes Ziel für einen Feldhauptmann, er weiß es nicht besser. Kurz, er rackert sich ab, und dann scheiterts am gemeinen Volk, was vielleicht ein Krug Bier will und ein bissel Gesellschaft, nix Höheres. Die schönsten Plän sind schon zuschanden geworden durch die Kleinlichkeit von denen, wo sie ausführen sollten, denn die Kaiser selber können ja nix machen, sie sind angewiesen auf die Unterstützung von ihre Soldaten und dem Volk, wo sie grad sind, hab ich recht?

Bertolt Brecht, Mutter Courage und ihre Kinder, VI (über Tillys Begräbnis)

TISCHLER, Viktor, * 24. 6. 1890 in Wien, † 25. 2. 1951 in Beaulieu-sur-Mer (Frankreich), Maler und Graphiker. Studierte an der Akademie der bildenden Künste in Wien, wurde Präsident des Künstlerbundes „Neue Vereinigung 1918" und lebte ab 1930 in Frankreich. Von 1920 bis 1938 war T. eines der bedeutendsten Mitglieder des „Hagenbunds". Er malte Landschaftsbilder und veröffentlichte mehrere Mappenwerke, wovon das 1924 erschienene „Max Reinhardt und seine Schauspieler" das bekannteste und erfolgreichste wurde.

Roessler, A.: Der Maler V. T. (1924)

Viktor Tischler: „Erntezeit" (1944)

T

TITTEL, Ernst, * 26. 4. 1910 in Sternberg (Mähren), † 28. 7. 1969 in Wien, Organist und Komponist. Studierte in Wien und wurde 1937 Prof. an der Wiener Musikakademie. 1952 erhielt er den Ö. Staatspreis. War als Organist tätig, gab 1943 eine Orgelschule heraus und komponierte Messen, Orgelkonzerte und symphonische Musik. Veröffentlichte u. a.: „Lob Gottes in der Musik" (1940), „Lieder der Zeit" (1948), „Geschichte der katholischen Kirchenmusik" (1954), „Der neue Gradus", 2 Bde. (1959).

TOCH, Ernst, * 7. 12. 1887 in Wien, † 1. 10. 1964 in Los Angeles (USA), Komponist. Studierte zunächst Medizin und Philosophie, danach Klavier bei Willy Rehberg in Frankfurt am Main. 1913 wurde er Kompositionslehrer an der Mannheimer Musikhochschule und promovierte 1921 in Heidelberg. Seine Dissertation wurde 1923 unter dem Titel „Melodielehre" gedruckt. T. zog 1929 nach Berlin, mußte aber 1933 emigrieren und war dann Lehrer an der New School for Social Research in New York, ab 1936 Prof. an der University of Southern California in Los Angeles. 1940 wurde er amerikanischer Staatsbürger. Neben sieben Symphonien, kammermusikalischen Werken und Filmmusik schuf er auch einige Opern, u. a.: „Die Prinzessin auf der Erbse" (1927), „Der Fächer" (1930) sowie Chorwerke und Lieder. T. experimentierte auch mit mechanischer Musik. Verband romantisch-traditionelle Elemente mit Avantgardistischem.

Rutz, H.: E. T. (1951); ders.: E. T., mit Werkverzeichnis (1952)

TOMASELLI, Franz, * 14. 4. 1801 in Salzburg, † 19. 10. 1846 in Agram (Kroatien), Schauspieler und Komiker. War der Sohn des Hofkapellmeisters Joseph T. (gest. 1836 in Wien), der in Salzburg und in Wien tätig war. T. wandte sich dem Theater zu, wo er bald zu einem beliebten Darsteller des Wiener Volkstheaters wurde. Besondere Erfolge hatte er als Komiker am Leopoldstädter Theater in Wien, wo er einige Zeit engagiert war. Eine seiner besten Rollen war der Habakuk in Raimunds „Alpenkönig und Menschenfeind". T. war auch als Bühnenautor tätig und schuf mehrere Zauberspiele und Possen, die jedoch, wie etwa „Der geraubte Marmorkopf" (1830), bald nach seinem Tod von den Spielplänen wieder verschwanden.

TOMEK, Ernst, * 19. 10. 1879 in Wien, † 10. 9. 1954 in Wien, Kirchenhistoriker, katholischer Geistlicher. Studierte in Wien und wurde 1903 zum Priester geweiht. Danach bis 1906 als Kooperator in der Hinterbrühl bei Mödling tätig, 1906–10 Studienpräfekt am Wiener Priesterseminar. 1910 habilitierte er sich an der Universität Graz und war dort 1913–16 Prof. für Kirchengeschichte und Patrologie. 1919–50 Univ.-Prof. in Wien, wo er auch viermal der katholisch-theologischen Fakultät als Dekan und 1933/34 der Universität als Rektor vorstand. T. wurde durch seine umfangreichen Forschungen im Wiener Diözesanarchiv bekannt und veröffentlichte mehrere Werke, u. a.: „Das kirchliche Leben in Wien 1522–1740" (1914), „Geschichte der Diözese Seckau" (1917), „Spaziergänge durch Alt-Wien", 2 Bde. (1927 und 1948), „Kirchengeschichte Ö.s", 3 Bde. (1935, 1949 und 1959).

TONČIĆ-SORINJ, Lujo, * 12. 4. 1915 in Wien, Gutsbesitzer, Journalist und ÖVP-Politiker. Wurde 1946 Leiter der politischen Abteilung des Ö. Instituts für Wirtschaft und Politik in Salzburg und war bis 1949 Redakteur der Zeitschrift „Berichte und Informationen". 1949–66 Abgeordneter zum Nationalrat, ab 1952 Mitglied der parlamentarischen Vertretung Ö.s beim Europarat, 1962/63 dessen Vizepräsident und 1966 Turnuspräsident des Ministerrats der Konsultativversammlung des Europarats; 1966–68 Außenminister. Er veröffentlichte u. a.: „Blick nach Osten" (1957), „Politische Sonderformen im Südosten" (1959) und „Der völkerrechtliche Status Ö.s" (1961).

TOPITSCH, Ernst, * 20. 3. 1919 in Wien, Philosoph. Studierte in Wien und war hier 1956–61 Univ.-Prof., anschließend lehrte er in Heidelberg und seit 1969 in Graz. T. gehört dem Wiener Kreis des Neopositivismus an, vertritt eine „antimetaphysische Metaphysik" und hat sich vorwiegend als Sozialphilosoph einen Namen gemacht. Veröffentlichungen u. a.: „Vom Ursprung und Ende der Metaphysik" (1958), „Sozialphilosophie zwischen Ideologie und Wissenschaft" (1961), „Die Sozialphilosophie Hegels als Heilslehre und Herrschaftsideologie" (1962), „Die Freiheit der Wissenschaft und der politische Auftrag der Universität" (1968), „Mythos – Philosophie – Politik" (1969), „Ideologie" (1972), „Gottwerdung und Revolution" (1973), „Erkenntnis und Illusion" (1979).

TÖPPER, Andreas von (seit 1863), * 10. 11. 1784 in Schwanberg (St), † 27. 4. 1872 in Scheibbs (NÖ), Industrieller und Erfinder. Sein Vater war Hafnermeister, T. erlernte das Schmiedehandwerk. Nach Gesellenprüfung und Wanderjahren wurde T. Obermeister in einer Stainzer Zeugschmiede. Nach kurzer Tätigkeit als Werkführer in Weiz wurde er 1808 im Blechhammerwerk Veitter in Krems bei Lobming (St) als Werkführer aufgenommen. 1814 erhielt er von der Voitsberger Schmiedezunft den Meisterbrief. Für einen Papiermüller fertigte er präzise geschmiedete Pretspindeln an und für einen Goldarbeiter Drahtwalzen. Daraufhin machte er sich 1814 mit einem kleinen Werk in Gruben bei Leoben selbständig und wurde so bekannt, daß sogar Erzherzog Johann das kleine Walzwerk besichtigte. 1817 verkaufte er den Betrieb an seinen Schwager und erwarb 1818 ein kleines Hammerwerk in Neubruck bei Scheibbs (NÖ).

Andreas von Töpper

Dort errichtete er das erste Eisen-, Stahl- und Walzblechwerk Ö.s, das zwei Walzwerke und zwei Flammöfen mit Holzfeuerung umfaßte. Hier erfand er technische Verbesserungen der Eisengewinnung und -verarbeitung, die ihm viel Mißgunst einbrachten. Dank einer Privataudienz bei Franz I. (II., s. d.) bekam er die Zusicherung, ungestört weiterarbeiten zu können. Im Jänner 1821 erhielt er auf alle seine Erfindungen ein 15jähriges ausschließliches Privileg, und ab 1827 durfte er in seine Erzeugnisse den kaiserlichen Adler einprägen. Als 1836 seine Privilegien abgelaufen waren, erhielt er eine Landesfabriksbefugnis und ein ausschließliches Privileg auf die Erzeugung aller Gattungen von Streckeisen mittels Walzen sowie auf gepreßte Kopfnägel. Eine einzige seiner Maschinen verarbeitete damals täglich drei Zentner Erz zu 120 000 Stück Nägel. Das Roheisen wurde nun nicht mehr wie bisher in offenen Frischöfen umgeschmolzen, sondern in geschlossenen Öfen, wodurch die abziehenden Gase nicht mehr verlorengingen, sondern zu den Blech- und Streckflammöfen geleitet wurden. Da das Eisen in den Flammöfen nicht mehr unmittelbar mit dem Brennstoff in Berührung kam, sondern nur mehr mit der Gichtflamme, konnte an Stelle von Holz auch ein anderer Brennstoff verwendet werden. T. sparte damit jährlich 28 000 m³ Scheitholz. 1863 erhielt er das Ritterkreuz des Franz-Josephs-Ordens und wurde in den Adelsstand erhoben. Sein Unternehmen bestand nun aus einer Stahl-, Walzenblechnägel- und Gasröhrenfabrik in Neuberg bei Scheibbs, einer weiteren Gasröhrenfabrik im nahen Gaming (NÖ), einem Großhammerwerk und Puddlingswerken bei Linz sowie einem Steinkohlenbergwerk bei Gresten (NÖ). Er beschäftigte rund 220 Arbeiter und produzierte jährlich 12 000 bis 15 000 Zentner Frischeisenwaren. T. war auch humanitär tätig, jede seiner Fabriken besaß ein gut eingerichtetes Spitalszimmer, und wer 15 Jahre bei ihm gearbeitet hatte, konnte in der „Bruderlade" eine Altersversorgung beanspruchen. Sein Vaterhaus in Schwanberg hatte er in ein Armenhaus umbauen lassen. Nach seinem Tod zerfiel das Unternehmen.

Granichstaedten-Cerva, R., Mentschl, J., und Otruba, G.: Altö. Unternehmer (1969)

TÖPPER, Hertha, * 19. 4. 1924 in Graz, Opernsängerin, Altistin. Studierte am Grazer Konservatorium und debütierte am Grazer Opernhaus 1945, wo sie bis 1952 blieb. Danach an der Bayerischen Staatsoper in München. War auch Gast an den großen Opernhäusern Europas sowie bei den Bayreuther und den Salzburger Festspielen. 1961 ging sie an die Metropolitan Opera in New York. Besonders erfolgreich war sie in Partien von Mozart, Wagner und Richard Strauss, aber auch als Konzert- und Oratoriensängerin.

TORBERG, Friedrich (eigtl. Kantor-Berg), * 16. 9. 1908 in Wien, † 10. 11. 1979 in Wien, Schriftsteller, Essayist, Kritiker und Übersetzer. Veröffentlichte bereits 1929 den Lyrikband „Der ewige Refrain“ und hatte mit seinem Romanerstling „Der Schüler Gerber hat absolviert“ (1930), später als „Schüler Gerber“ mehrmals aufgelegt und verfilmt, einen außergewöhnlichen Erfolg. 1933 erhielt er den J.-Reich-Preis. 1938 emigrierte er in die USA und lebte 1941–51 in Hollywood und New York. 1951 nach Wien zurückgekehrt, arbeitete er als Theaterkritiker, beschäftigte sich mit der Herausgabe der Werke von Fritz von Herzmanovsky-Orlando (s. d.) und übersetzte Karl Čapek, Franz Molnár und den israelischen Satiriker Ephraim Kishon. 1954–65 gab er zudem die Zeitschrift „Forum“ heraus. Mehrfach ausgezeichnet, erhielt u. a. 1964 den Preis der Stadt Wien für Publizistik, 1968 das Ehrenkreuz für Wissenschaft und Kunst, 1973 die Goldene Ehrenmedaille der Stadt Wien, 1976 das Ehrenzeichen für Kunst und Wissenschaft und 1979 den Großen Ö. Staatspreis für Literatur. Außer den genannten Werken veröffentlichte er noch u. a.: „– und glauben, es wäre die Liebe“ (1932), „Die Mannschaft“ (1935), „Abschied“ (1937), „Hier bin ich, mein Vater“ (1948), „Die zweite Begegnung“ (1950), „Nichts leichter als das“ (Erzählungen, 1956), „Lebenslied“ (Gedichte, 1958), „P. P. P.“ (Pamphlete, Parodien, Post-Scripta, 1964), „Süßkind von Trimberg“ (1972), „Die Tante Jolesch“ (Satirische Erinnerungen, 1975), „Die Erben der Tante Jolesch“ (1978). Aus seinem Nachlaß erschienen: „Kaffeehaus ist überall (1982), „Auch das war Wien“ (1984) und „Auch Nichtraucher müssen sterben“ (1985). 1962–72 erschienen „Werke in Einzelausgaben“ (7 Bde.).

Friedrich Torberg 1936

TRAKL, Georg, * 3. 2. 1887 in Salzburg, † 3. 11. 1914 in Krakau (Galizien), Lyriker. Als Sohn eines Eisenwarenhändlers geboren, hatte er 1905 das Gymnasium verlassen und die Lehre in einer Apotheke begonnen. Schon 1904 begann er zu dichten und hatte 1906 zunächst mit dem Einakter „Totentag“ im Salzburger Stadttheater einen Achtungserfolg, hingegen fiel der nachfolgende Einakter „Fata Morgana“ im September durch. Wurde ab 1904 durch den beruflichen Umgang mit Rauschgiften süchtig. Studierte 1908–10 Pharmazie an der Universität Wien und absolvierte nach seiner Sponsion das Einjährig-Freiwilligen-Jahr. 1912–14 Militärapotheker in Innsbruck, befreundete sich 1912 mit Ludwig von Ficker (s. d.), der ihm durch seine Zeitschrift „Der Brenner“ den Weg in die Öffentlichkeit ebnete. Bis 1914 erschienen alle wesentlichen Dichtungen T.s im „Brenner“. Immer häufiger wurden seine Depressionen und Verzweiflungsanfälle, die ihn zunehmend drogenabhängig machten. Als Sanitätsleutnant (genauer: Medikamentenakzessist) an der galizischen Front eingesetzt, ertrug er den Anblick von Schwerverwundeten nach der Schlacht von Grodek nicht, erlitt nach einem Selbstmordversuch einen Nervenzusammenbruch und wurde am 27. 10. 1914 in das Krakauer Garnisonsspital eingeliefert, wo er sich am 3. 11. mit einer Überdosis Kokain den Tod gab. Ludwig von Ficker veranlaßte 1925 die Überführung seines Leichnams nach Mühlau bei Innsbruck. Außer mit Ficker war T. auch noch mit Karl Kraus (s. d.), Adolf Loos (s. d.) und Oskar Kokoschka (s. d.) befreundet. T.s Gedichte, formal schwer einer Richtung oder Schule zuzuordnen, unter dem Einfluß von Rimbaud und Dostojewski, sind von unverwechselbarer Bildkraft, bewegen sich in einer eigenen Denk- und Wortwelt und kreisen um die Themen Abend, Untergang, Herbst, Schmerz. T. veröffentlichte zu Lebzeiten: „Gedichte“ (1913), und „Sebastian im Traum“ (1914). Erst nach seinem Tod erschienen die Gedichtbände „Der Aufbruch“ (1915), „Der Herbst des Einsamen“ (1920), „Gesang des Abgeschiedenen“ (1933), „Aus goldenem Kelch“ (1939) sowie die Prosadichtungen unter dem Titel „Offenbarung und Untergang“ (1947, mit Zeichnungen von Alfred Kubin); 1917 erschienen „Dichtungen“, 1948/49 eine Gesamtausgabe seiner Werke in drei Bänden und 1969 eine historisch-kritische Ausgabe in zwei Bänden, hrsg. von W. Killy und H. Szklemar.

Georg Trakl

Buschbeck, E.: G. T. (1917); Barth, E.: G. T. (1937); Spoerri, T.: G. T. (1954); Focke, A.: G. T. Liebe und Tod (1955); Ritzer, W.: T. – Bibliographie (1956); Dietz, L.: Die lyrische Form G. T.s (1959); Killy, W.: Über G. T. (1960, 2. Aufl. 1962); Basil, O.: G. T. in Selbstzeugnissen und Bilddokumenten (1965); ders.: Konkordanz zu den Dichtungen G. T.s (1971); Saas, Ch.: G. T. (1974); Methley, W. (Hrsg.): Londoner T.-Symposion (1980)

TRAMIN, Peter (eigtl. Peter Richard Oswald Freiherr von

GEORG TRAKL

Verfall und Verfallenheit

Seine Augen standen ganz fern.
Er war als Knabe einmal schon im Himmel.
Darum kamen seine Worte hervor
Auf blauen und auf weißen Wolken.
Wir stritten über Religion,
Aber immer wie zwei Spielgefährten,
Und bereiteten Gott von Mund zu Mund.
Im Anfang war das Wort.
Des Dichters Herz, eine feste Burg,
Seine Gedichte: Singende Thesen.
Er war wohl Martin Luther.
Seine dreifaltige Seele trug er in der Hand,
Als er in den heiligen Krieg zog.
– Dann wußte ich, er war gestorben –
Sein Schatten weilte unbegreiflich
Auf dem Abend meines Zimmers.

Else Lasker-Schüler (1915)

Lieber, verehrter Freund!

Anbei übersende ich Ihnen die Abschriften der beiden Gedichte, die ich Ihnen versprochen. Seit Ihrem Besuch im Spital ist mir doppelt traurig zu Mute. Ich fühle mich fast schon jenseits der Welt. Zum Schlusse will ich noch beifügen, daß im Fall meines Ablebens, es mein Wunsch und Wille ist, daß meine liebe Schwester Grete, alles, was ich an Geld und sonstigen Gegenständen besitze, zu eigen haben soll. Es umarmt Sie, lieber Freund innigst

Ihr Georg Trakl

Brief an Ludwig von Ficker kurz vor seinem Tod

„. . . Die düster-prophetischen Prosavisionen lassen eine nun zerstörte Entwicklungsfähigkeit gewaltig ahnen. Aber man ließ diesen stillen Dichter, der mehr Suicid als Cid war, als Kriegsfreiwilligen auf das Mordfeld! Nun ist er ganz still geworden. In Salzburg geboren, in Krakau gestorben – dazwischen liegt das alte Österreich. Einige in Wien und Innsbruck und Berlin kannten ihn. Wenige wissen, wer er war; wenige wissen um sein Werk: daß keiner in Österreich je schönere Verse schrieb als Georg Trakl.“

Albert Ehrenstein, Den ermordeten Brüdern (1919)

Tschugguel zu Tramin), * 9. 5. 1932 in Wien, † 14. 7. 1981 in Wien, Schriftsteller, Erzähler. Studierte Rechts- und Wirtschaftswissenschaften und war Bankkaufmann. Wurde von Heimito von Doderer (s. d.) gefördert und war Delegierter Ö.s beim Internationalen P.E.N.-Club. Debütierte 1963 mit dem Roman „Die Herren Söhne". War in Erzählweise und ironischer Charakterzeichnung stark von Doderer beeinflußt. Weitere Veröffentlichungen: „Tür im Fenster" (1967), „Taschen voller Geld" (Erzählungen, 1970).

TRAPP, Maria Augusta, * 26. 1. 1905 in Wien, † 29. 3. 1987 in Vermont (USA), die zweite Frau des im Ersten Weltkrieg erfolgreichen ö. U-Boot-Kommandanten Georg Freiherr von T., der am 30. 5. 1947 starb. Sie gründete mit ihren sieben Töchtern und drei Söhnen (darunter sieben Stiefkinder) einen Chor und errang damit 1937 den ersten Preis des Musikwettbewerbs der Salzburger Festspiele. 1938 emigrierte die Familie in die USA, wo sie durch weltweite Konzertreisen als T.-Familie, auch „T. Family Singers", große Erfolge errang. 1950 nahm T. auch an den Salzburger Festspielen teil und veröffentlichte ihre Memoiren 1952 unter dem Titel „Gestern, heute und immerdar".

TRATTNER, Johann Thomas, Edler von Trattnern (seit 1764), * 11. 11. 1717 in Jahrmannsdorf bei Güns (Ungarn), † 31. 7. 1798 in Wien, Buchdrucker und Verleger. Der Sohn armer Landleute wurde mit zwei Jahren Vollwaise und von einer Verwandten in Wiener Neustadt erzogen. Hier ging er 1735–39 beim Buchdrucker Samuel Müller in die Lehre und war danach als Geselle, bald als Setzer bei dem Hofbuchdrucker Peter van Gehlen (auch Ghelen) in Wien tätig. Hier bildete er sich auch durch Selbststudium weiter und erwarb 1748 durch einen Kredit eines Freundes die heruntergekommene Jahnsche Buchdruckerei im Schottenhof. Den Gewinn seines ersten Drucks, eines Gebetszettels, verteilte T., der damals kaum Geld besaß, an die Armen, worauf die Geistlichkeit auf ihn aufmerksam wurde und in der Folge insbesondere die Jesuiten vieles bei ihm drucken ließen. 1750 heiratete er Maria von Retzenheim, die Tochter eines „Reichshofratsagenten", der ihm einige Protektionen und einflußreiche Bekanntschaften vermittelte. Durch den Hofphysikus Marci und den Leibarzt G. van Swieten (s. d.) erhielt er 1750 eine Audienz bei Maria Theresia (s. d.), der er die Situation des ö. Buchhandels darlegte und so überzeugend wirkte, daß man ihm im Zuge der Neuordnung des Unterrichtswesens die Druckaufträge für die erforderlichen neuen Lehrbücher erteilte. Der privilegierte Hofbuchdrucker T. vermehrte die Anzahl seiner Pressen auf 16 und bald auf 34 Stück und erhielt 1752 auch die Bewilligung, eine Buchhandlung in Wien zu eröffnen, der bald weitere sieben in wichtigen Städten der Monarchie folgten. Als, der Tradition des Hauses Habsburg entsprechend, Erzherzog Joseph (der spätere Kaiser Joseph II. [s. d.]) ein Handwerk erlernen sollte, tat er dies 1756/57 bei T. 1759 kaufte T. von Maria Theresia das ehemalige gräflich-dietrichsteinsche Gebäude auf dem alten Lerchenfeld und baute es zu einer Buchdruckerei, Schriftschneiderei und -gießerei, einer Kupferstecherei, Buchbinderei, Buchhandlung und einem Magazin um. 1767–69 baute er in Franzensthal, zur Liechtensteinschen Herrschaft Ebergassing gehörend, eine Papierfabrik, um entsprechend billiges Papier für seine Buchproduktion zur Verfügung zu haben (die spätere „Neusiedler AG für Papierfabrikation"). T.s Papierbedarf nahm durch seine ständig wachsende Tätigkeit als „Nachdrucker" zu (eigentlich „Raubdrucker", denn ohne Bewilligung druckte er fast jedes erfolgversprechende Buch des deutschen Sprachraums nach). So errichtete er 1786 auf dem Gut Ebergassing eine zweite Papierfabrik und kaufte 1787 die gesamte Herrschaft. Schon 1773 hatte er den alten Freisingerhof am Graben in Wien erworben, fünf kleinere Häuser dazugekauft und den eindrucksvollen Trattnerhof errichtet. Gegen Ende des 18. Jh.s veränderte sich die Verlagslandschaft, auch das Druckereiwesen, und der Umsatz des Großunternehmers T. ging zurück. Bei seinem Tod stand ein Drittel seiner Pressen still, und ein Teil seines Unternehmens war bereits verschuldet. Seine Druckerei und den Verlag erwarb schließlich der Geschäftsleiter Georg Ueberreuter.

Cloeter, H.: J. T. von T. (1952); Giese, U.: J. T. Edler von T. Archiv für Geschichte des Buchwesens, XXIII (1960); Mentschl, J., und Otruba, G.: Ö. Industrielle und Bankiers (1965)

JOHANN THOMAS VON TRATTNER

Wiens erster Raubdrucker

„Wenn Nachdruck ein Beweis patriotischer Gesinnung ist, so muß es Straßenraub, durch den fremde Waare, statt sie zu bezahlen, mit Gewalt genommen wird, nicht weniger seyn. Beydes erspart dem Staate den Ausfluß der Baarschaft und aller Unterschied liegt in der Förmlichkeit des Benehmens."

Joseph von Sonnenfels, Rundschreiben vom 3. 12. 1784

„Ich werde es mit meinen Grundsätzen von Recht und Billigkeit nie vereinigen können, Theil an einer Sache zu nehmen, die ich für eine Beeinträchtigung fremden Eigenthumes halte, so wie ich das Unternehmen, die Ausländer um ihr Eigenthum zu bringen, für die Ehre unseres Vaterlandes schlechterdings nicht patriotisch finden kann."

Ebenda

„Obschon der Nachdruck auswärtiger Bücher in den k. k. Staaten geduldet ist, so bin ich dennoch überzeugt, daß es eine unleugbare und den Fortgang der Wissenschaften höchst nachtheilige Ungerechtigkeit ist, einem Gelehrten oder auch nur einem Verleger sein rechtmäßig an sich gebrachtes Eigenthum durch Nachdruck zu rauben . . . Wenn Ew. Hochwohlgeboren die Sache genauer überlegen wollen, so werden Sie gewiß in meine Grundsätze einstimmen, und Ihre Rechtschaffenheit wird sich gegen den Elenden empören, der den Plan zu dieser unser Vaterland entehrenden Räuberey entworfen hat."

J. E. von Born an Trattner

„Gegen den nun von kaiserl. Maj. Baronisierten Buchhändler Trattner schützet kein Privilegium mehr! Von den Geldern des Hofes unterstützet, überschwemmt er ganz Deutschland, und scheuet sich nicht, in unßerm eignen Lande den Meister zu spielen . . ."

Der deutsche Buchhändler Philipp Erasmus Reich im November 1764

„Aufklärung ist unsere Absicht, und der Lohn, den wir sicher erwarten, ist, daß in einigen Jahren die Lektüre guter und nützlicher Bücher in den k. k. Staaten allgemein verbreitet seyn und reiche Früchte tragen wird."

Werbeblatt Trattners

TRAUN, Otto Ferdinand Graf von Abensberg und, * 27. 8. 1677 in Ödenburg (Ungarn), † 10. 2. 1748 in Hermannstadt (Siebenbürgen), Heerführer. Das Geschlecht entstammt dem oö. Uradel und wurde 1653 in den Reichsgrafenstand „von Abensberg und Traun" erhoben. Der einzige Sohn der damals sehr begüterten Familie erhielt eine besonders sorgfältige Erziehung, studierte in Halle die Rechte und Philosophie und wurde von seinem Vater für den Staatsdienst bestimmt. T. wandte sich aber dem Kriegshandwerk zu und trat 1697 in die ö. Armee ein. Im Spanischen Erbfolgekrieg (1701–14) bewährte er sich zunächst am Rhein, war 1709/10 Generaladjutant von Guido Graf Starhemberg (s. d.) und kämpfte als Regimentskommandant erfolgreich auf dem italienischen Kriegsschauplatz. 1719/20 bewährte er sich unter General Mercy (s. d.) bei der Besetzung Siziliens und wurde Feldzeugmeister. 1734 bekämpfte er geschickt einen Aufstand in Ungarn, worauf Karl VI. (s. d.) ihn zum Geheimen Rat ernannte. 1736 war T. Generalkommandant der Truppen und Interimsstatthalter von Mailand; 1737 wurde er dies auch in Mantua, Parma und Piacenza. Mit Rücksicht auf die erschöpften Staatsfinanzen verzichtete er auf die Hälfte der ihm zustehenden Einkünfte. 1740 wurde T. Feldmarschall und errang im Ö. Erbfolgekrieg am 8. 2. 1743 den glänzenden Sieg über die Spanier bei Camposanto am Panaro (Italien). 1744, als Kommandierender in Mähren, manövrierte er, ohne eine offene Schlacht zu riskieren, den Preußenkönig Friedrich II. aus Böhmen. Dieser bezeichnete T. als seinen Lehrmeister; er soll auch gesagt haben, er hätte gerne ein paar Feldzüge unter T. mitgemacht. 1745 ermöglichte T. durch seine Siege über die zahlenmäßig überlegenen Franzosen die Wahl Franz Stephans (s. d.) in Frankfurt am Main zum Kaiser. 1747 wurde er mit dem Generalkommando in Siebenbürgen betraut. T. war ein äußerst geschickter Taktiker, der es verstand, seine Gegner richtig einzuschätzen und seine eigenen Chancen maximal zu nützen. Seine Gerechtigkeit, auch dem unterlegenen Feind gegenüber, verschaffte ihm ein beträchtliches Ansehen.

Thürheim, A. v.: Feldmarschall O. F. Graf von A.-T. (1877)

TRAUTSON, Ern(e)st Graf von, Reichsgraf zu Falkenstein, Freiherr zu Sprechen und Schroffenstein, * 26. 12. 1633 in Wien, † 7. 1. 1702 in Wien, Bischof von Wien. T.s Vater war Geheimer Rat und Landmarschall von NÖ; er selbst studierte am Collegium Germanicum der päpstlichen Universität Gregoriana in Rom, erhielt Kanonikate in Salzburg und Straßburg und war Propst des Stifts Zwettl (NÖ). Am 24. 3. 1685 zum Fürstbischof von Wien ernannt, wurde er am 28. 10. im Stephansdom zum Bischof geweiht. Unter T. kamen 1690 die Trinitarier aus Spanien nach Wien, die man hier wegen ihres weißen Habits (und im Gegensatz zu den spanischen Benediktinern, die man „Schwarzspanier" nannte) als „Weißspanier" bezeichnete; 1696 folgten ihnen die Piaristen, deren Gesuch um Ansiedlung mit Rücksicht auf die Jesuiten von T.s Vorgänger abgelehnt worden war. 1697 wurde das Gnadenbild „Maria Pötsch", das vom ungarischen Dorf Pócs in der Diözese Erlau nach Wien gebracht worden war, im Stephansdom aufgestellt. T. beschäftigte sich neben seinen bischöflichen Aufgaben mit historischen und genealogischen Studien; er sammelte Wappen und Inschriften von Grab- und Denkmälern. Daraus entstand das sogenannte „Trautsonsche Manuskript", auch „Trautson-Codex" genannt, das heute noch eine bedeutende Quelle der Heraldik darstellt. 1701 traten bei T. Lähmungserscheinungen auf, weshalb er den Dompropst von Passau, Franz Anton Graf Harrach, zu seinem Koadjutor mit dem Recht der Nachfolge bestellte. Er starb jedoch, noch ehe dieser seinen Posten antreten konnte, worauf Harrach sofort Nachfolger T.s wurde.

Loidl, F.: Geschichte des Erzbistums Wien (1983); ders. und Krexner, M.: Wiens Bischöfe und Erzbischöfe (1983)

TRAUTSON, Johann Joseph Graf von, Reichsfürst zu Falkenstein, * 17. 7. 1707 in Falkenstein (NÖ), † 10. 3. 1757 in Wien, Erzbischof von Wien, Kardinal. T. entschloß sich aus religiöser Überzeugung für den geistlichen Stand – was bei Adeligen nicht immer selbstverständlich war –, erlernte während seiner Ausbildung die griechische und die hebräische Sprache und wurde zum Doktor der Theologie promoviert. Wie sein Verwandter Ern(e)st (s. d.) erhielt er zunächst ein Kanonikat in Salzburg, wurde dann Domherr in Passau und in Breslau, Propst von Stift Ardagger (NÖ) und Abt. Schließlich Passauer Offizial in Wien, ernannte ihn der alternde Kardinal Graf Kollonitsch (s. d.) 1750 zu seinem Koadjutor mit dem Recht der Nachfolge und weihte ihn zu Weihnachten 1750 zum Bischof. Am 17. 5. 1751 – Kollonitsch war am 12. 4. gestorben – bestätigte ihn Papst Benedikt XIV. als Fürsterzbischof von Wien. In seiner kurzen Amtszeit erließ T. zwei Hirtenbriefe. Im ersten griff er die Verweltlichung des Klerus scharf an und verordnete exakte Regeln für dessen Kleidung und Lebenswandel. Im zweiten wandte er sich sehr deutlich gegen den Aberglauben, der von den Geistlichen unterstützt wurde, „die wundertätigen Gnadenbilder aus allen Kräften anempfehlen und Christum, die Quelle aller Gnaden, hintansetzen". Daraufhin nannte man T. einen Aufklärer und geheimen Protestanten. 1753 ernannte ihn Maria Theresia (s. d.) zum Protektor der theologischen und philosophischen Wissenschaften an der Universität Wien und übertrug ihm die Aufsicht über den Bau des neuen Universitätsgebäudes (heute Akademie der Wissenschaften), der 1756 vollendet wurde. Kurz vor seinem Tod wurde T. noch 1756 zum Kardinal ernannt.

Reitbauer, K.: Erzbischof Johann Joseph T. Diss. Graz (1955); Loidl, F.: Geschichte des Erzbistums Wien (1983); ders. und Krexner, M.: Wiens Bischöfe und Erzbischöfe (1983)

Obersthofmeister Fürst Ferdinand Trauttmansdorff-Weinsberg in der kleinen Hofstaatsuniform, 1818

TRAUTTMANSDORFF, Ferdinand Graf, * 27. 6. 1825 in Wien, † 12. 12. 1896 auf Schloß Friedau bei St. Pölten (NÖ), Diplomat und Staatsmann. War der Sohn von Joseph Graf T., der lange Zeit ö. Gesandter in Berlin war. Auch T. wurde auf den diplomatischen Dienst vorbereitet. Zunächst war er Gesandtschaftssekretär in London, dann Legationsrat in Berlin, 1859 wurde er außerordentlicher Gesandter und Bevollmächtigter Minister am badischen Hof in Karlsruhe. Dort gelang es ihm, den Großherzog zur Teilnahme am Fürstentag von 1863 in Frankfurt am Main zu bewegen und 1866 den Krieg gegen Preußen zu unterstützen. 1867 war T. Gesandter in München, 1868–72 Botschafter beim Heiligen Stuhl. Als Mitglied des Herrenhauses seit 1870 legte er seinen Botschafterposten nieder, um Zweiter Vizepräsident werden zu können. Ab 1879 war T. Erster Präsident des Herrenhauses; 1884 ernannte ihn Kaiser Franz Joseph I. (s. d.) zum Oberstkämmerer.

TRAUTTMANSDORFF, Maximilian Graf (seit 1623), * 23. 5. 1584 in Graz, † 7. 7. 1650 in Wien, Diplomat (über die Familie s. bei Ferdinand Fürst T.-W.). T. hatte sich durch Studien und Reisen ein umfangreiches Wissen angeeignet und war zum Katholizismus übergetreten, wodurch er das Vertrauen und die Gunst Kaiser Ferdinands II. (s. d.) erlangte. Er wurde mit diplomatischen Missionen betraut, schloß 1619 das Bündnis Ferdinands mit Kurfürst Maximilian von Bayern und hatte an den Bündnisverhandlungen der Katholischen Liga ebenso entscheidenden Anteil wie an den Gesprächen mit dem Papst und dem spanischen Gesandten in Rom über die gemeinsame Führung des Kriegs. 1621 gelang es ihm, mit Fürst Bethlen Gábor von Siebenbürgen Frieden zu schließen. T. war einer der ersten, der Wallenstein (s. d.) beim Kaiser hochverräterischer Absichten bezichtigte. Nach der Schlacht von Nördlingen (1634) bewog er den Kurfürsten von Sachsen, sich von Schweden zu trennen, und schloß 1635 den Frieden von Prag. Bei den Verhandlungen von Münster und Osnabrück war T. kaiserlicher Prinzipalkommissar; er hatte wesentlichen Anteil am Zustandekommen des Westfälischen Friedens von 1648. Unter Kaiser Ferdinand III. (s. d.) war T. Erster Minister.

TRAUTTMANSDORFF-WEINSBERG, Ferdinand Fürst (seit 1805), * 12. 1. 1749 in Wien, † 27. 8. 1827 in Wien,

Diplomat. T.-W. entstammte einem steirischen Uradelsgeschlecht, das bei Gleichenberg ansässig war und 1623 in den Reichsgrafenstand erhoben wurde. Er bereitete sich sorgfältig auf die diplomatische Laufbahn vor, war ab 1787 kaiserlicher bevollmächtigter Minister und bis 1789 Präsident des niederländischen Guberniums sowie 1793/94 niederländischer Hofkanzler. 1801 Außenminister, wurde er 1805 in den Reichsfürstenstand erhoben und war ab 1807 erster Obersthofmeister von Kaiser Franz I. (II., s. d.), dem er bis zu seinem Tod treu zur Seite stand. 1902 wurde die „Geheime Korrespondenz Josephs II. mit seinem Minister in den Ö. Niederlanden F. Graf T." herausgegeben, die eine beachtliche Quelle für die Situation in den Ö. Niederlanden darstellt.

TREBITSCH, Siegfried, * 21. 12. 1868 in Wien, † 3. 7. 1956 in Zürich, Schriftsteller. Wurde besonders bekannt durch seine Übersetzungen der Theaterstücke von G. B. Shaw, so erschienen in T.s Übertragung 1911 Shaws „Dramatische Werke", 1926–31 folgte eine erweiterte Ausgabe (8 Bde.) und schließlich 1946–48 die „Gesammelten dramatischen Werke" (12 Bde.). Seine Übersetzungen waren nicht unumstritten, doch autorisierte Shaw sie immer wieder, da T. ihn früh im deutschen Sprachraum bekannt gemacht hatte. T. selbst schuf eine Vielzahl von Schauspielen, Novellen, Gedichten und Romanen, von denen einige Romane und Gedichtbände sehr erfolgreich wurden. Von den Romanen u. a.: „Genesung" (1901), „Das Haus am Abhang" (1905), „Spätes Licht" (1918), „Renate Aldringen" (1929), „Mord im Nebel" (1930), „Die Heimkehr des Diomedes" (1949); von den Lyrikbänden u. a.: „Wellen und Wege" (1913), „Aus verschütteten Tiefen" (1947), „Glück und Unglück wird Gesang" (1953). Lebenserinnerungen: „Chronik eines Lebens" (1951). Sein jüngerer Bruder Arthur T. (*17. 4. 1880 in Wien, † 26. 9. 1927 in Eggendorf bei Graz) schrieb unter dem Pseud. R. Stibert neben Lyrik und Novellen auch umstrittene Schriften über die Judenfrage. U. a.: „Geist und Judentum" (1919), „Deutscher

Siegfried Trebitsch

Geist oder Judentum" (1921), „Arische Wirtschaftsordnung" (1925).

TREFFZ, Henriette (eigtl. Chalupetzky), * 1./2. 7. 1818 in Wien, † 8. 4. 1878 in Wien-Hietzing, Sängerin, Soubrette. Früh wurde die Stimme der „Jetty" entdeckt, und ihr Vater ließ ihr dank seiner Verbindungen Gesangsunterricht beim komponierenden polnischen Fürsten Josef Poniatowski ge-

Henriette Treffz

ben. 1837 war sie Elevin am Kärntnertortheater, 1839 begann ihre Karriere in Dresden als Julia in Bellinis Oper „Romeo und Julia", und auf Wunsch des Königs von Sachsen wurde sie weiter ausgebildet. Über Brünn kam sie als arrivierte Künstlerin nach Wien und hatte 1841–44 beachtliche Erfolge am Kärntnertortheater sowie nach 1845 am Theater an der Wien. Nach der Revolution von 1848 trat sie häufig in England auf und war dort auch eine gefeierte Konzertsängerin. Sie war mit dem Millionärssohn und Bankier Moritz Ritter von Todesco liiert und soll von ihm zwischen 1841 und 1852 sieben Kinder gehabt haben, um die sie sich jedoch kaum kümmerte. Sie fungierte als „Hausfrau" im gastfreundlichen Salon Todescos, doch haben beide nie geheiratet, da er sich nicht taufen ließ und sie Katholikin bleiben wollte. In diesem Salon lernte sie der um sieben Jahre jüngere Johann Strauß Sohn (s. d.) kennen. Die beiden heirateten am 27. 8. 1862 in der Wiener Stephanskirche.

Jäger-Sunstenau, H.: Johann Strauß. Der Walzerkönig und seine Dynastie (1965); Prawy, M.: Johann Strauß (1975)

TREITSCHKE, Georg Friedrich, * 29. 8. 1776 in Leipzig, † 4. 6. 1842 in Wien, Librettist und Regisseur. War ursprünglich Kaufmann und kam nach Wien, wo er ab 1802 auch als Opernregisseur tätig war. 1811 wurde er Direktor des Theaters an der Wien. Er verfaßte Gedichte und eine Vielzahl von Singspiel- und Operntexten, u. a. auch das Libretto zu Ludwig van Beethovens „Fidelio". Für T.s Singspiele „Die gute Nachricht" und „Die Ehrenpforten" komponierte Beethoven die Schlußchöre.

TREITZ (auch Treutz, Treytz, Trewcs), Tiroler Plattnerfamilie aus Mühlau bei Innsbruck. Sie begründete im 15. Jh. eine bald sehr angesehene Plattnerwerkstatt, die fast 150 Jahre hindurch vornehmlich für den Innsbrucker Hof arbeitete. Genaue Lebensdaten der Familienmitglieder sind nicht überliefert. Konrad T. († 1469) gründete die Werkstatt und arbeitete mit seinen Söhnen Jörg T., (zwischen 1467 und 1497 urkundlich erwähnt) und Christian T. (um 1480–90 erwähnt) sowie Adrian T. (geb. um 1470, gest. 1517, Sohn von Jörg T. [Christian T. ?]), dem bedeutendsten Vertreter der Familie. Abgesehen von seinen künstlerischen Fähigkeiten, entwickelte er wichtige technische Verbesserungen, so das Härten der Harnischbruststücke und das gleichzeitige Formen von 30 Brust- und Rückenstücken.

TREITZSAURWEIN von Ehrentreiz, Marx (Markus), * um 1450 in Mühlau bei Innsbruck, † 6. 9. 1527 in Wiener Neustadt (NÖ). T. war viele Jahre Geheimschreiber von Kaiser Maximilian I. (s. d.) und begleitete ihn auf fast allen seinen Reisen. Gemeinsam mit dem Schreiber Pfintzing bearbeitete er den „Theuerdank" und den „Weißkunig" Maximilians.

TRENCK, Franz Freiherr von der, * 1. 1. 1711 in Reggio di Calabria (Italien), † 14. 10. 1749 auf dem Spielberg bei Brünn (Mähren), Heerführer, auch „T. der Pandur" genannt. Er wurde als Sohn des aus Ostpreußen stammenden kaiserlichen Oberstleutnants Johann Heinrich Freiherr von der T. geboren, der 1683 in ö. Dienste übergewechselt war und in Kalabrien in Garnison stand. T. trat 1728 als Fähnrich in die ö. Armee ein, aus der er wegen Disziplinlosigkeit am 1. 1. 1732 wieder entlassen wurde. 1737 war er als Rittmeister eines Husarenregiments in russischen Diensten, wurde 1739 Oberstwachtmeister (Major) und wegen Unbotmäßigkeit am 10. 1. 1740 zum Tode verurteilt, schließlich aber zu Strafarbeit und anschließender Ausweisung aus Rußland begnadigt. Darauf zog T. sich auf seine Güter in Slawonien zurück und erreichte Ende 1740 anläßlich einer Audienz bei Maria Theresia (s. d.) die Genehmigung, ein Pandurenkorps (1 000, später 5 000 Mann) aus dem Gebiet der Militärgrenze auf eigene Kosten aufzustellen. Am 27. 5. 1741 paradierte er damit vor Maria Theresia, übrigens erstmals von einer Art Militärkapelle begleitet. Im Ö. Erbfolgekrieg 1740–48 kämpfte Major T. mit seinen Panduren äußerst tapfer und verbreitete durch seine Tollkühnheit unter den Soldaten ebenso Schrecken wie unter der Zivilbevölkerung. Er stellte fast immer die Vorhut der ö. Armee und nahm, inzwischen Oberstleutnant ge-

FRANZ VON DER TRENCK

Gefangener des Spielbergs

„Ein merkwürdiger Gefangener des Spielberges war der k. k. Panduren-Oberst Franz Freiherr von Trenk. Bei dem Beginne des österr. Erbfolge-Krieges 1740 erlaubte ihm M. Theresia auf sein Anerbieten, ein Panduren-Regiment zu errichten, womit er in Baiern einbrach und als Parteigänger zwar manche nützliche Dienste leistete, jedoch mit Brennen, Morden und Plündern die furchtbarsten Unmenschlichkeiten beging. Durch Geldgeiz und Raub soll er sich ein Vermögen von beinahe 2 Millionen erpreßt haben, machte sich jedoch durch sein grausames Wüthen allgemein so verhaßt, daß er 1746 des Commando's enthoben, vor ein Kriegsgericht gestellt und zu lebenslänglicher Gefangenschaft auf dem Spielberge verurtheilt wurde, wo er auch den 4. (nicht 14.) Oktober 1749 starb. Er war ein schöner Mann, weit über das gewöhnliche Maß groß, von großer Gelehrsamkeit, sprach 7 Sprachen fertig, besaß unglaubliche Stärke und eine ungemeine Abhärtung gegen alle Beschwerden."

Christian d'Elvert, Beiträge zur Geschichte der königl. Städte Mährens, insbesondere der k. Landeshauptstadt Brünn (1860)

„Gewisser und kurtzer Bericht von dem Todt des General Trenk.
Weilen viel lugenhafter Mäuler den General Trenk in Leben wegen vielen Sachen unschuldig arguiret, Viel weniger werden Sie Ihn in der kühlen Kruft ruhen lassen; dessen Leben und Todt uns Kapuzinern zum Besten bewußt ist, und ich mein Lebens-Zeit von keinen Soldaten bin sowohl auferbauet worden, wie auch von keinen einen so glückseligen Todt erfahren, wie von gemeldten General Trenk. . . . worauf auch gleich die Confirmation erfolget, und zu seinem angebündt, daß der Trenk sich ein Quartier in der Stadt aussuche welches er in unseren Kloster noch Lebender hat nehmen wollen, allein Gott hat Ihn an seinem Nahmenstag mit dem Todt praeveniret, massen Er den 4. Octob. umb ¼ auf 1 Uhr bei der Nacht das Zeitliche mit dem ewigen vertauschet, und als Todter hat Er sein Quartier bei uns genommen, in diesem Tag auf die Nacht ½ 8 Uhr; und weilen Er verlangt hat, Von denen gefangenen in Banden und Ketten aus der Festung getragen zu werden, ist es auch also geschehen bis zu dem sogenanden Brüner Thor, hernach ist er auf einem wagen bis zu unseren Closter geführt worden, wo er von Uns empfangen und Von denen Layen-Brüdern zum grab getragen worden."

Aus den Annalen der böhmischen Kapuziner-Provinz vom Jahre 1751

worden, am 9. 9. 1742 die Stadt Cham (in der bayerischen Oberpfalz) ein, wobei er mit seinen Leuten derart unerbittlich plünderte, daß er von Maria Theresia hart gerügt wurde. Dennoch wurde er dank seiner vielen Erfolge 1744 zum Oberst ernannt. In der Nacht vom 21. auf den 22. 10. 1744 gelang ihm die Erstürmung von Budweis. Bei Neu-Kolin wurde T. am 14. 11. verwundet und sein Pandurenkorps am 17. 3. 1745 in ein reguläres Regiment umgewandelt. Vom April bis Dezember 1746 stand T. wegen Eigenmächtigkeiten und Ausschreitungen seiner Truppe vor einem Kriegsgericht und wurde – da er den Vorsitzenden tätlich angegriffen hatte – schließlich zum Tod verurteilt. 1747/48 lief das Revisionsverfahren, das das Urteil am 28. 8. in lebenslange Festungshaft umwandelte. Er verbüßte diese nicht allzu strenge Haft im Staatsgefängnis der Festung Spielberg bei Brünn. 1745 verfaßte er seine Autobiographie, die 1912 erschien (2 Bde.).

Wahrmann, T.: Leben, Daten, Abenteuer, Gefängnis und Tod des F. von der T. (1837); Teichmann, O.: Pandur T. (1928); Preradovich, N. v.: Das seltsame wilde Leben des Pandurenoberst F. von der T. (1980)

TRENKER, Luis, * 4. 10. 1892 in St. Ulrich im Grödner Tal (Südtirol), Bergsteiger, Schriftsteller, Filmschauspieler und Filmregisseur. War ursprünglich Architekt und hatte an der Italienfront den Ersten Weltkrieg mitgemacht. 1925 wandte er sich dem Film zu, lebte 1928–40 in Berlin und 1940–45 in Rom. Er verfaßte mehrere Romane, die zum überwiegenden Teil in den Bergen spielen und die auch von ihm verfilmt wurden; T. gab auch mehrere Bildbände heraus. In seinen Bergfilmen spielte er als passionierter Bergsteiger selbst die Hauptrolle, führte Regie und produzierte sie auch selbst. T. veröffentlichte u. a.: „Berge in Flammen" (1931), „Der Rebell" (1933), „Der verlorene Sohn" (1934), „Der Kaiser von Kalifornien" (1935), „Der Berg ruft" (1937), „Der Feuerteufel" (1939), „Heimat aus Gottes Hand" (1947), „Duell in den Bergen" (1951), „Glocken über den Bergen" (1952), „Schicksal am Matterhorn" (1956), „Das Wunder von Oberammergau" (1960), „Sein bester Freund" (1962).

Thalhammer, L.: L. T. (1933)

TRENTINI, Albert von, * 10. 10. 1878 in Bozen (Südtirol), † 18. 10. 1933 in Wien, Schriftsteller. Entstammte einer alten Trientiner Adelsfamilie und studierte Jus. Zunächst in Tirol im Staatsdienst tätig, arbeitete er später im Wiener Innenministerium. Der Neuromantik zugewandt, verfaßte er eine große Anzahl von zum Teil sehr gefühlvollen Stimmungsromanen, Novellen und einige Dramen. Veröffentlichte u. a.: „Der große Frühling" (1908), „Der Sieg der Jungfrau" (1910), „Comtessa Tralala" (1911), „Der letzte Sommer" (1913), „Candida" (1916), „Ehetag" (1920), „Deutsche Braut" (1921), „Goethe, der Roman von seiner Erweckung" (1923), „Die Geburt des Lebens" (1924), „Der Webstuhl" (1927); 1927/28 erschienen T.s „Gesammelte Werke" (3 Bde.).

TRESSLER, Otto (eigtl. Mayer), * 13. 4. 1871 in Stuttgart, † 27. 4. 1965 in Wien, Kammerschauspieler. Machte zunächst eine Buchhandelslehre und war

Otto Tressler

ein paar Jahre als Buchhandelsgehilfe tätig, ehe er zur Schauspielerei überwechselte. 1896 kam er ans Wiener Burgtheater, wurde Hofschauspieler, Oberregisseur und schließlich Ehrenmitglied. T. war ein Meister der Verwandlung und verstand es, seine Rollen von der Maske her zu entwickeln. Daneben war er auch bildhauerisch tätig und schuf mehrere Reliefs und Büsten. 1935 erhielt er den Burgtheaterring und 1936 sowie 1951 den Ehrenring der Stadt Wien. 1952 veröffentlichte T. seine Erinnerungen unter dem Titel „Vor und hinter den Kulissen".

TREU, Wolfgang, * vor 1488 in Wien, † 1540 in Wien, Ratsherr und Bürgermeister. War der Sohn des Ratsherrn Niklas T., der durch die Heirat mit der Tochter eines vermögenden Apothekers zu Reichtum gelangt war. T. wandte sich ebenfalls der Politik zu, erwarb ab 1512 in der Stadt Wien und in ihren Vorstädten einigen Haus- und Grundbesitz und wurde Ratsherr. 1528–30, 1532/33 und 1536/37 war er Bürgermeister von Wien. Während der Ersten Türkenbelagerung, 1529, leitete er mit Niklas Graf Salm (s. d.) die Verteidigung der Stadt. 1534 erwarb er sich große Verdienste durch seine Mitarbeit an der Neuordnung des Wiener Stadtarchivs.

Czeike, F.: Wien und seine Bürgermeister (1974)

TREUMANN, Karl, * 27. 7. 1823 in Hamburg, † 18. 4. 1877 in Baden bei Wien, Schauspieler und Schriftsteller. Er begann seine Schauspielerlaufbahn 1841 in Pest (Budapest) und kam 1847 an das Theater an der Wien, 1852 an das Carltheater, wo er gemeinsam mit Johann Nestroy (s. d.) und Wenzel Scholz (s. d.) auf der Bühne stand und als Gesangskomiker erfolgreich war. 1860 übernahm er die Leitung des Theaters und brachte sofort Offenbachs „Orpheus in der Unterwelt" mit Nestroy als Jupiter heraus, was zu einem beispiellosen Erfolg wurde und gleichzeitig den Grundstein für die Entwicklung der Wiener Operette legte. Im selben Jahr erbaute T. das Theater am Franz-Josephs-Kai (auch Kaitheater oder Treumann-Theater genannt) und eröffnete es am 1. 11. 1860. Als dieses Theater am 8./9. 6. 1863 durch einen Brand vernichtet worden war, kehrte T. abermals (bis 1866) als Direktor an das Carltheater zurück. T. hatte selbst in zahlreichen Possenrollen geglänzt und sich auch um die Operette große Verdienste erworben. Er übersetzte viele

Operettentexte und richtete sie für die Bühne ein, wodurch er speziell die Werke von Jacques Offenbach im deutschsprachigen Raum heimisch machte. Er schrieb auch Operettenlibretti, so etwa das zu „Methusalem" von Johann Strauß (s. d.), und Theaterwerke, die in der Sammlung „Neues Wiener Theater" 1872 erschienen.

TROJAN, Alexander, * 30. 3. 1914 in Wien, Kammerschauspieler. Kam nach einer sorgfältigen Schauspielerausbildung und einigen Engagements an kleineren Theatern 1938 an das Wiener Burgtheater, dem er während seiner ganzen Laufbahn treu blieb. Außerdem wirkte er häufig bei den Salzburger Festspielen mit und war auch viel beim Rundfunk beschäftigt. T. spielte eine Vielzahl von Rollen des Charakterfachs, von den Klassikern bis hin zur Moderne.

TROST, Andreas, * in Deggendorf (Bayern), † 8. 6. 1708 in Graz, Kupferstecher. Sein Geburtsdatum ist nicht bekannt, ab 1677 ist er jedenfalls in Graz nachweisbar. T. entwickelte sich zu einem sehr exakten Kupferstecher und arbeitete ab 1677 am „Steirischen Schlösserbuch" des G. M. Vischer (s. d.) mit. 1675–78 verfertigte er eine ausgezeichnete Karte der Steiermark in 12 Blättern und 1689 die „Topographia Carinthiae" mit einer großen Ansicht von Klagenfurt und weiteren 62 Stichen. Außerdem sind von ihm mehrere Ansichten der Stadt Graz sowie Andachtsbilder und Titelbilder für Bücher und Kalender erhalten.

TSCHABUSCHNIGG, Adolf Ritter von, * 20. 7. 1809 in Klagenfurt, † 1. 11. 1877 in Wien, Schriftsteller und liberaler Politiker. Widmete sich zunächst dem ererbten Grundbesitz und war daneben schriftstellerisch tätig. 1861–69 Reichsratsabgeordneter, ab 1870 Mitglied des Herrenhauses, 1870 Unterrichts- und 1870/71 Justizminister. 1875–77 erschienen „Gesammelte Werke" (6 Bde.). Romane u. a.: „Der moderne Eulenspiegel" (1846), „Die Industriellen" (1854, unter dem Titel „Fabrikanten und Arbeiter" 1876 neu aufgelegt), „Große Herren und kleine Leute" (1877). Außerdem verfaßte er Lyrik und Novellen.

TSCHADEK, Otto, * 31. 10. 1904 in Trautmannsdorf (NÖ), † 4. 2. 1969 in Wien, Rechtsanwalt und SPÖ-Politiker. Studierte in Graz Jus, promovierte 1931 und wurde 1941 Rechtsanwalt. Gehörte seit seiner Jugend der sozialdemokratischen Bewegung an; war 1934 für kurze Zeit in politischer Haft. Da er seinen Beruf nicht ausüben durfte, wurde er zur Marine eingezogen und Marinerichter in Kiel. 1945 wurde er dort Bürgermeister und später Oberbürgermeister (bis April 1946). Nach seiner Rückkehr nach Wien war T. 1946–60 Abgeordneter zum Nationalrat, 1949–52 und 1956–60 Justizminister, ab 1960 Stellvertretender Landeshauptmann von NÖ. Er veröffentlichte aus seinem Fachgebiet u. a. „Über die Grenzen der Gerechtigkeit" (1951) und „Gemeinderecht und Gemeindepolitik" (1965) sowie seine Erinnerungsbücher „Erlebtes und Erkanntes" (1962) und „Jahre der Freiheit" (1967).

Andreas Trost: Schloß Porcia (1688)

TSCHEBULL, Hans, * 17. 10. 1849 in Gutenstein (Slowenien), † 10. 2. 1930 in Villach (K), Jurist und Kärntner Dialektdichter. Lebte als Notar in Villach. Bekannt wurde er durch eine Vielzahl von Dialektgedichten, von denen mehrere Sammelbände erschienen: „Ohne Schneid ka Freud" (1894), „Lustig's Ollerhand aus'n Karntnerland" (1895), „Ernst und Scherz fürs Kärntnerherz" (1898) sowie der Erzählungsband „Der Karntner Lei Lei is mast lustig und frei" (1906).

TSCHERMAK-SEYSENEGG, Armin, * 21. 9. 1870 in Wien, † 9. 10. 1952 in Bad Wiessee (Bayern), Physiologe. Sohn von Gustav T.-S. (s. d.). Studierte in Wien und wandte sich der Physiologie zu. 1906 Prof. an der Tierärztlichen Hochschule in Wien, erwarb sich große Verdienste um deren Neuorganisation. 1913–39 war T. Univ.-Prof. in Prag. Seine Forschungstätigkeit erstreckte sich vor allem auf die Gebiete der Physiologie des Nervensystems, der physiologischen Optik und der Vererbungslehre. Von seinen wissenschaftlichen

PAUL TROGER

Meister der österreichischen Hochbarockmalerei

TROGER, Paul, * 30. 10. 1698 in Welsberg im Pustertal (Südtirol), † 20. 7. 1762 in Wien, Fresken- und Tafelmaler. Studierte in Venedig und fand bald zu den für ihn typischen illusionistischen Fresken und Hochaltarbildern, die von einem nach ihm benannten Blau und einer eindrucksvollen Licht-Farbe-Symbolik bestimmt waren. Richtunggebend war das 1727 geschaffene Hochaltarbild der Kajetanerkirche in Salzburg. 1728 kam er nach Wien, wo er bis zu seinem Tod seinen Wohnsitz hatte; er konnte sich aber gegen den Hofmaler Daniel Gran (s. d.) zunächst nicht recht durchsetzen und arbeitete häufig in nö. Stiften und Klöstern. 1751–59 war er Prof. für Malerei an der Akademie der bildenden Künste in Wien, der er 1754–57 auch als Rektor vorstand. Abgesehen von zahlreichen Altarbildern schuf er über 50 Freskenzyklen, die eine überragende Beherrschung aller technischen Mittel dokumentieren und die ö. Malerei des Hochbarock weit über die Grenzen des Landes hinaus bekannt machten. Das Hauptwerk der ö. Freskenmalerei des Hochbarock sind seine Fresken im Stift Altenburg (1732–34) in der Kirche, im Stiegenhaus, in der Bibliothek und im Prälatursaal. Weitere Fresken-Hauptwerke finden sich u. a. im Marmorsaal und in der Bibliothek des Stifts Melk (1731/32), im Marmorsaal des Stifts Geras (1738), im Stiegenhaus des Stifts Göttweig (1739), in der Wallfahrtskirche Maria Dreieichen (1752); außerdem noch in der Spitalskapelle in Röhrenbach bei Horn (NÖ), in der Pfarrkirche von St. Andrä an der Traisen (NÖ), im Dommuseum von St. Pölten (NÖ), im Marmorsaal und in der Bibliothek des Stifts Seitenstetten (NÖ) und in der Bibliothek des Stifts Zwettl (NÖ) sowie im Dom von Brixen (Südtirol). Von seinen Altarbildern seien erwähnt: in Wien in der Dominikanerkirche (drei), der Paulanerkirche, der Mariahilfer Kirche, der Neulerchenfelder Kirche und drei in der Schönbrunner Schloßkapelle sowie im Stift Melk, in der Stadtpfarrkirche von Baden (NÖ), im Stift Zwettl, in der Neuklosterkirche von Wiener Neustadt (NÖ), im Klagenfurter Dom und in Salzburg in der Kajetanerkirche, in der Bürgerspitalkirche und in der Müllner Kirche.

Jacobsen, R.: P. T. (1930); Aschenbrenner, W., und Schweighofer, P. G.: P. T. (1965); Schrenzel, M.: P. T. (1985)

Publikationen seien genannt: „Allgemeine Physiologie", 2 Bde. (1916–24), „Der exakte Subjektivismus in der neueren Sinnesphysiologie" (1921, 2. Aufl. 1932), „Einführung in die Physiologische Optik" (1942, 2. Aufl. 1947), „Leitfaden der Physiologie" (1949).

TSCHERMAK-SEYSENEGG, Erich, * 15. 11. 1871 in Wien, † 11. 10. 1962 in Wien, Botaniker und Vererbungsforscher. Sohn von Gustav T.-S. (s. d.). Studierte in Wien und war 1909–41 Prof. an der Hochschule für Bodenkultur in Wien. Er gründete den Lehrstuhl für Pflanzenzüchtung und schuf in Groß-Enzersdorf bei Wien eine Pflanzenzuchtstation. Sein großes Verdienst ist die Wiederentdeckung der Vererbungsgesetze von Gregor Mendel (s. d.). Von seinen wissenschaftlichen Publikationen sind zu nennen: „Über künstliche Kreuzung" (1900), „Die Theorie der Kryptomerie und des Kryptohybridismus" (1903), „Samenbildung ohne Befruchtung" (1949).

TSCHERMAK-SEYSENEGG, Gustav, * 19. 4. 1836 in Littau bei Olmütz (Mähren), † 4. 5. 1927 in Wien, Mineraloge. Studierte an der Universität Wien, Habilitation 1861. 1862 wurde T. Kustos am Hofmineralienkabinett, 1868–1906 war er Univ.-Prof., 1868–77 Direktor des Hofkabinetts. 1871 gründete er die „Mineralogischen Mitteilungen", die er bis 1877 herausgab und die ab 1878 als „Mineralogische und petrographische Mitteilungen" weitergeführt wurden. Er erforschte vor allem die Silikatminerale und Meteoriten und veröffentlichte eine große Zahl von wissenschaftlichen Werken, wovon sein „Lehrbuch der Mineralogie" von 1883 bereits 1897 in 5. Aufl. erschien. Weitere Werke: „Untersuchungen über das Volumgesetz flüssiger chemischer Verbindungen" (1859), „Die Feldspatgruppe" (1864), „Die Porphyrgesteine Ö.s" (1869), „Die Aufgaben der Mineralchemie" (1871), „Die Bildung der Meteoriten und der Vulkanismus" (1875), „Über den Vulkanismus als kosmische Erscheinung" (1877), „Die mikroskopische Beschaffenheit der Meteoriten" (1885).

TSCHERNEMBL, Georg Erasmus Freiherr von, * 26. 1. 1567 in Schwertberg (OÖ), † 18. 11. 1626 in Genf, oö. Protestantenführer. Er entstammte einem seit 1535 in OÖ ansässigen calvinistischen Adelsgeschlecht und war seit 1598 Mitglied der oö. Stände. Während des habsburgischen Bruderzwists nahm T. an den Friedensverhandlungen teil und knüpfte zur protestantischen Opposition in Deutschland Verbindungen an. Als Vertrauter der oö. Stände war er bei den Verhandlungen anwesend, die zum Abfall von Kaiser Rudolf II. (s. d.) führten, und trat nach der Krönung von König Matthias (s. d.) offen als Sprecher der protestantischen Opposition auf. T. erreichte 1609 in der Kapitulationsresolution des Königs einige wichtige Zugeständnisse in Religionsfragen. Als Vorkämpfer der ständischen Rechte gegen den landesfürstlichen Absolutismus unterstützte er im böhmischen Aufstand von 1620 die protestantische Partei und setzte sich für einen Anschluß OÖ.s an Böhmen ein. Nach dem Einmarsch General Tillys (s. d.) in OÖ mußte T. fliehen. Er gelangte über die Oberpfalz nach Württemberg, wo er anonym unter dem Namen Freiherr von Windeck in Vaihingen lebte. 1622 ging er nach Heidelberg, von wo er aber bei Eintreffen des ligistischen Heeres nach Genf floh.

Sturmberger, H.: G. E. von T. (1953)

Paul Troger: Der heilige Sebastian

TSCHIGGFREY, Hans, * 8. 3. 1904 in Nauders (T), † 30. 6. 1963 in Innsbruck, Landesbeamter und ÖVP-Politiker. Stand vor 1938 der christlichsozialen Bewegung nahe und wurde 1945 Leiter des Landeswirtschaftsamts für Tirol. War ab 1949 Mitglied der Tiroler Landesregierung sowie ab 1953 des Tiroler Landtags, 1957–63 Landeshauptmann von Tirol. T. erwarb sich Verdienste um den wirtschaftlichen und politischen Wiederaufbau von Tirol.

TSCHUGGMALL, Christian, * 5. 1. 1785 in Wenns (T), † 26. 11. 1854 in Michelstadt (Hessen), Mechaniker und Tiroler Freiheitskämpfer. Nahm aktiv am Tiroler Freiheitskampf von 1809 teil und zeichnete sich als Anführer kleinerer Schützeneinheiten mehrmals aus. Danach widmete er sich ausschließlich seinem Beruf als Mechaniker und bereiste mit selbsthergestellten automatischen Figuren ganz Europa.

TSCHURTSCHENTHALER, Paul, * 2. 7. 1874 in Bruneck (Südtirol), † 19. 12. 1941 in Bregenz, Jurist, Volkskundler und Schriftsteller. Er studierte in Innsbruck Jus und wurde Richter. Abgesehen von einigen Gedichtbänden, schuf er mehrere volkskundlich bedeutende Werke, u. a.: „Bozner Landschaften" (1926), „Gestalten aus dem Etschlande" (1930), „Das Land der Romantik" (1933), „Das Bauernleben im Pustertal" (1935), „Es lebt ein Volk" (1936); aus seinem Nachlaß erschien 1954 „Südtiroler Wanderbilder".

TUERCK, Ludwig, * 22. 7. 1810 in Wien, † 25. 2. 1868 in Wien, Neurologe und Laryngologe. Sohn eines Wiener Hofjuweliers. Studierte Medizin und promovierte 1836. Wurde Sekundararzt am Allgemeinen Krankenhaus und widmete sich neurologischen Forschungen. 1843 veröffentlichte er seine vielbeachtete „Abhandlung über Spinalirritation". 1844–46 studienhalber in Paris; nach seiner Rückkehr übernahm er eine Abteilung für Nervenkranke und wurde 1857 Primararzt. T. erforschte die Gehirn- und Rückenmarksbahnen, verbesserte die Anwendung des Kehlkopfspiegels und erbrachte bedeutende Erkenntnisse auf dem Gebiet der Neurologie. Außerdem beschrieb er als erster die Laryngitis sicca sowie die temporale Großhirn-Brückenbahn; 1861 wurde T. Dozent und 1864 Prof. an der Universität Wien. Von seinen wissenschaftlichen Veröffentlichungen sind zu nennen: „Praktische Anleitung zur Laryngoskopie" (1860), „Klinik der Krankheiten des Kehlkopfes und der Luftröhre", 2 Bde. (1866) und „Über Hautsensibilitätsbezirke der einzelnen Rükkenmarksnervenpaare" (1869).

Lesky, E.: Die Wiener medizinische Schule des 19. Jh.s (1965)

TUMLER, Franz, * 16. 1. 1912 in Gries bei Bozen (Südtirol), Lehrer und Schriftsteller. Nach pädagogischer Ausbildung war er lange Zeit Volksschullehrer in OÖ. Er schuf neben Lyrik mehrere Erzählungen und Romane und machte erstmals mit der Erzählung „Das Tal von Lausa und Duron" (1935) auf sich aufmerksam. Behutsame Sprache ist für T. charakteristisch, Thema sind meist menschliche Bindungen, die Schwierigkeit, sich in einer Beziehung zu verwirklichen. Weitere Werke: „Der Ausführende" (1937), „Die Wanderung zum Strom" (Gedichte und Erzählungen, 1937), „Der erste Tag" (1940), „Der alte Herr Lorenz" (1949), „Heimfahrt" (1950), „Ein Schloß in Ö." (1953), „Der Schritt hinüber" (1956), „Der Mantel" (1959), „Aufschreibung aus Trient" (1965), „Welche Sprache ich lernte" (1970), „Das Land Südtirol" (1971), „Landschaften und Erzählungen" (1974).

TUMLIRZ, Otto, * 27. 7. 1890 in Rosenberg (Böhmen), † 7. 1. 1957 in Graz, Jugendpsychologe. Studierte in Wien und wurde 1930 Univ.-Prof. in Graz. 1931–36 gab er die Zeitschrift für Jugendkunde heraus und veröffentlichte mehrere Werke zur Jugendpsychologie, die über Ö.s Grenzen hinaus bekannt wurden, u. a.: „Einführung in die Jugendkunde", 2 Bde. (1920/21), „Die Reifejahre", 2 Bde. (1924), „Pädagogische Psychologie" (1930), „Abriß der Jugend- und Charakterkunde" (1940), „Abriß der pädagogischen Psychologie" (1943), „Die Jugendverwahrlosung" (1952). Schrieb auch einige Musikdramen, wie 1920 „Die Rosen der Madonna", vertont von Robert Stolz (s. d.).

TUNNER, Peter von, * 10. 5. 1809 in Untergraden (St), † 8. 6. 1897 in Leoben (St), Technologe und Montanist. Studierte in Graz und wurde schon 1835 Prof. an der Montanistischen Fachschule in Graz, die 1840 nach Vordernberg verlegt wurde. 1849–74 war T. Direktor der Montanlehranstalt in Leoben, die er zum Mittelpunkt des ö. Bergbauwesens ausbaute. T. setzte sich für die Einführung des Bessemer- und des Siemens-Martin-Verfahrens zur Stahlgewinnung in Ö. ein. 1850–60 gab er das „Berg- und Hüttenmännische Jahrbuch" heraus. Abgesehen von mehreren Fachpublikationen, veröffentlichte er 1869 das bedeutende Werk „Die Zukunft des ö. Eisenwesens".

TUPPY, Hans, * 22. 7. 1924 in Wien, Biochemiker. Studierte Chemie von 1942–48 an der Universität Wien und bildete sich nach seiner Promotion bis 1950 an den Universitäten von Cambridge und Kopenhagen weiter. Seit 1958 Univ.-Prof. für Biochemie an der medizinischen Fakultät der Universität Wien, war er 1960 auch Gastprof. an der Yale-University in den USA. 1970–72 Dekan der medizinischen Fakultät der Universität Wien, 1974–82 Präsident des Fonds zur Förderung der wissenschaftlichen Forschung, 1983–85 Rektor der Universität Wien. Seit 1985 Präsident der Ö. Akademie der Wissenschaften, seit 20. 1. 1987 Bundesminister für Wissenschaft und Kunst in der Koalitionsregierung Vranitzky–Mock.

TURECEK-PEMER, Emilie (genannt „Fiaker-Milli"), * 30. 6. 1846 in Chotibor (Böhmen), † 13. 5. 1889 in Wien-Dornbach, Volkssängerin. Uneheliche Tochter der Anna Turecek und des Michael Pemer (die erst 1869 heirateten). Wandte sich früh dem Volkssängertum zu und ging nach Wien. Ihr Aussehen, ihr Temperament und ihr Lebenswandel riefen bei ihren Auftritten in den Wiener Vergnügungsstätten stets entsprechendes Aufsehen hervor. Ein Wäschermädel- oder Fiakerball ohne sie war kaum denkbar, und man sprach in Wien bald von einem „Milli-Kult". 1874 heiratete sie den Fiaker Ludwig Demel. Hugo von Hofmannsthal (s. d.) setzte ihr in seiner „Arabella" (1933 von Richard Strauss vertont) ein Denkmal, indem er sie bei einem Fiakerball als Sängerin auftreten läßt.

Koller, J.: Das Wiener Volkssängertum in alter und neuer Zeit (1931)

Emilie Turecek – die „Fiaker-Milli"

TÜRING, Gregor, † 1543 in Schwaz (T), Steinmetz und Stadtbaumeister. Sohn von Niklas T. d. Ä. (s. d.). T. wurde 1509 Meister und übernahm 1518 die väterliche Werkstatt, nachdem er schon vorher mit dem Vater gemeinsam gearbeitet hatte. Von ihm stammen mehrere mit plastischem Erkerschmuck ausgestattete Patrizierhäuser in Innsbruck, so etwa das Trautsonhaus (1541) und das Prechthaus.

TÜRING, Niklas d. Ä. (auch Düring, Thüring, Turing), † 1517 (1518?) in Innsbruck, Steinmetz und Baumeister. T. wird urkundlich ab 1488 bei der Errichtung von Hofbauten erwähnt und wurde 1497 Hofmaurer und später zum „Obersten Werkmeister" ernannt. 1497–1500 schuf er Architektur und Plastik des Goldenen Dachls und um 1500 die Statue am Burgriesenhaus. Gemeinsam mit seinem Sohn Gregor T. (s. d.) errichtete er 1515 die St.-Georgs-Kapelle der Burg Hasegg in Hall in Tirol. T. war der Begründer der Steinmetz- und Baumeisterfamilie, die um 1480 von Herzog Sigismund von Tirol (s. d.) aus Memmingen (vielleicht auch aus Füssen) nach Innsbruck berufen und hier ansässig wurde. Etwa ab 1515 entwickelte die Werkstatt der T. einen eigenwilligen Stil, der zwischen Gotik und Renaissance anzusiedeln ist.

TÜRING, Niklas d. J., † nach dem 4. 3. 1558, Sohn von Gregor T. (s. d.). War ab 1550 Hofsteinmetz in Innsbruck. Ab 1553 baute T. an der Innsbrukker Hofkirche und am Neuen Stift (heute Museum für Tiroler Volkskunst) mit. Weitere Bauten aus der T.schen Werkstatt sind der spätgotische Saal im Alten Regierungsgebäude in Innsbruck sowie der plastische Schmuck am Deutschordens-, am Helbling-, am Katzung- und am Schöpferhaus. Darüber hinaus dürften auch die Johanneskapelle in Matrei am Brenner (T) und die Bauplastik am Münzertor in Hall in Tirol aus der Werkstatt der T. stammen.

TÜRK, Johann Baptist, * 17. 8. 1775 in Innsbruck, † 30. 9. 1841 in Töltschach (K), Freiheitskämpfer. Angeregt durch die Vorbereitungen in Tirol, organisierte T. aus eigenem Antrieb 1809 den Landsturm in Kärnten

Johann Baptist Türk als Kommandant des Kärntner Landsturms 1809

und war auch dessen Oberkommandant. Obwohl es in Kärnten zu keinen bedeutenden Kämpfen gekommen war, wurde er „Kärntner Andreas Hofer" genannt. Ein nicht unbedeutendes Zeitdokument sind seine „Jugend- und Kriegserinnerungen", die erst 1902 von F. Khull herausgegeben wurden.

TÜRK, Wilhelm, * 2. 4. 1871 in Alt-Ebersdorf (Ö.-Schlesien), † 20. 5. 1916 in Wien, Internist und Hämatologe. Nach dem Studium in Wien wurde T. rasch zu einem der führenden Hämatologen. Bereits 1901 Univ.-Prof. in Wien, veröffentlichte er 1904–12 „Vorlesungen über klinische Hämatologie" (2 Bde.). Nach ihm sind die T.schen Reizformen und die T.sche Kammer benannt.

TÜRKHEIM, Ludwig Freiherr von, * 1777 in Wien, † 14. 4. 1846 in Wien, Arzt und Jurist. Hatte beide Studienrichtungen an der Universität Wien absolviert und war danach Arzt und Univ.-Prof., 1817–29 auch Rektor der Universität Wien. Als Vizedirektor des medizinisch-chirurgischen Studiums der Universität Wien und Referent der Studien-Hofkommission hatte T. bedeutenden Anteil an der Entwicklung und Organisation der Wiener medizinischen Schule.

TURRINI, Peter, * 26. 9. 1944 in Maria Saal (K), Dramatiker und Schriftsteller. Wurde 1971 mit dem Stück „rozznjogd" (1986 überarbeitet neu erschienen) bekannt und schrieb weitere avantgardistische Stücke,

u. a.: „Phonoptical“, „Deutschlandlied“, „Heil Dir“ und „Terror“, zusammengefaßt in „Vier Stücke“ (1971), „Sauschlachten“ (1971), „Zero Zero“ (1972), „Der tollste Tag“ (1972) sowie den Roman „Erlebnisse in der Mundhöhle“ (1972) und zwei Bände „T.-Lesebuch“, in denen er seinen Lesern auch eine ausführliche Dokumentation zu seinen Werken bietet. Weitere Veröffentlichungen: „Der Dorfschullehrer“ (1975), „Es ist ein gutes Land“ (1986). Großen Erfolg hatte T. mit der Fernsehserie „Die Alpensaga“, die er gemeinsam mit Wilhelm Pevny verfaßte.

TYROLT, Rudolf, * 23. 11. 1848 in Rottenmann (St), † 22. 6. 1929 in Gutenstein (NÖ), Schauspieler und Schriftsteller. War nach seiner Ausbildung 1873–84 am Wiener Stadttheater, 1884–88 am Burgtheater und danach am Wiener Volkstheater engagiert. Er war ein hervorragender Darsteller von Wiener Volkstypen. Als Schriftsteller veröffentlichte er u. a.: „Aus der Theaterwelt“ (1879), „Chronik des Wiener Stadttheaters“ (1889), „Aus dem Tagebuch eines Wiener Schauspielers (1848–1902)“ (1904), „Allerlei von Theater und Kunst“ (1909) und „Theater und Schauspieler“ (Aphorismen, 1927).

Rudolf Tyrolt

ÜBELEIS, Vinzenz, * 16. 8. 1889 in Gramastetten (OÖ), † 5. 4. 1967 in Wien, Beamter und SPÖ-Politiker. War 1945–53 Abgeordneter zum Nationalrat und 1945–49 Verkehrsminister. 1949–53 Staatssekretär im Bundesministerium für Verkehr und Verstaatlichte Betriebe. Ü. bemühte sich in den ersten Jahren nach dem Zweiten Weltkrieg sehr um den Wiederaufbau des zerstörten Eisenbahnnetzes in Ö.

ÜBELHÖR, Alfons, * 29. 6. 1905 in Wien, † 12. 4. 1967 in Wien, Volksbildner. Studierte in Wien, arbeitete in der Volksbildung und wurde schließlich Programmdirektor des Ö. Rundfunks. 1945–49 war Ü. Leiter der wissenschaftlichen Abteilung des Rundfunks, zudem Vizepräsident der Wiener Urania. 1949 gründete er die ö. Radio-Hochschule, mit der er erfolgreich in der Erwachsenenbildung tätig war. 1949–54 Mitglied des Bundesrats.

Das Goldene Dachl in Innsbruck, 1497–1500 von Niklas Türing d. Ä. geschaffen

UCHATIUS, Franz Freiherr von (seit 1875), * 20. 10. 1811 in Theresienfeld (NÖ), † 4. 6. 1881 in Wien (Selbstmord), Berufsoffizier, Waffentechniker und Erfinder. Auf Wunsch seines Vaters, der Lehrer an der Artillerieschule in Theresienfeld gewesen war, wurde er nach dem Besuch der Unterstufe des Gymnasiums Kaufmann, trat aber 1829 als Kadett-Unterkanonier in die ö. Armee ein. An der Schule des Bombardierkorps wurde U. Laborant für Chemie und Physik, besuchte einige Lehrgänge am Polytechnischen Institut (Technische Hochschule) in Wien und wurde Assistent für Chemie und Physik an seiner Schule. 1841 zum Feuerwerker befördert und in die Geschützfabrik versetzt, erfand er das „Friktionsbrandel“, das eine verstärkte Treffsicherheit beim Abfeuern der Geschütze ermöglichte. 1842 wurde U. Leutnant, 1848 Oberleutnant und erhielt den Auftrag, das im Aufbau befindliche Arsenal in Wien mit Artilleriewerkstätten auszustatten. Dazwischen entwickelte er ein besseres Verfahren für die Stahlerzeugung, das aber bald vom Bessemer-Verfahren übertroffen wurde. 1851 zum Hauptmann ernannt, wurde U. für seine Verdienste um den Aufbau des Arsenals 1857 mit dem Orden der Eisernen Krone 3. Klasse ausgezeichnet, was gleichzeitig die Erhebung in den Ritterstand bedeutete. Ab 1859 wurde unter seiner Leitung die Erneuerung der Artillerieausrüstung durchgeführt, und U. entwickelte erfolgreich ein Gerät zur „Pulverprobe“. 1861 wurde er Kommandant des Geschützzeugs-Artilleriekommandos, 1863 Oberstleutnant, 1867 Oberst, 1871 Kommandant der Artilleriezeugfabrik und 1874 Generalmajor. 1874 gelang ihm die Entwicklung einer Stahlbronze (auch U.-Stahlbronze und U.-Metall genannt), die sich durch außergewöhnliche Elastizität und Zähigkeit auszeichnete und für die Herstellung von Geschützrohren vorzüglich geeignet war. Mit dieser Erfindung erlangte er in kurzer Zeit Weltruf. 1875 erfand er die Ringgranaten. Aus seiner Stahlbronze stellte er bald 15- und 18-cm-Kanonen her, erlitt dabei aber einen Rückschlag, als ein schweres Küstengeschütz bei einem Versuch eine geringe Deformierung erlitt. Dies dürfte ihn derart entmutigt haben, daß die von Neidern vorgetragenen Angriffe zu psychischen Störungen führten, die möglicherweise Grund für seinen Selbstmord waren. 1879 wurde U. zum Feldmarschalleutnant befördert. Abgesehen von seinen geschütztechnischen Leistungen, hatte er sich schon sehr früh mit der Kinematographie beschäftigt und 1846 einen Bildwerfer für die Darstellung von beweglichen Bildern an der Wand – einen Laufbildprojektor – erfunden, ihn aber nie ausgewertet.

Lenz, A.: Lebensbild des Generals U., des Erfinders der Stahlbronzegeschütze (1904); Kurzel-Runtscheiner, E.: F. Frh. v. U., in: Blätter der Technikgeschichte 4 (1937); Habacher, M.: Erfinder (1964)

UDE, Johannes, * 28. 2. 1874 in St. Kanzian (K), † 7. 7. 1965 in Grundlsee (St), katholischer Geistlicher und Sozialethiker. Wurde 1900 zum Priester geweiht und erwarb danach noch drei Doktorgrade. 1910–36 Univ.-Prof. in Graz, wurde er 1939 aus Graz „ausgewiesen“ und wirkte danach als Pfarrer in Grundlsee (St). 1939 und 1944 wegen offener Kriegsgegnerschaft in politischer Haft, trat für den Frieden, für Abrüstung und die ö. Neutralität ein. U. rief auch eine rigorose Antialkoholbewegung ins Leben und vertrat einen strengen Antikapitalismus. Bei der ersten Bundespräsidentenwahl durch das Volk, 1951, kandidierte er als Parteiloser und erhielt 5 413 Stimmen. U. verfaßte eine Vielzahl von Büchern und Schriften, u. a.: „Monistische oder teleologische Weltanschauung“ (1907), „Ethik“ (1912), „Alkohol und Unsittlichkeit“ (1913, 7. Aufl. 1918), „Psychologie“ (1916), „Das Wirtschaftsideal des Volks- und Staatshaushaltes“ (1924), „Der ideale Staatsbürger und seine Wirtschaftsethik“ (1928), „Soziologie“ (1931), „Die Lösung der sozialen Frage durch Christus“ (1932), „Geld oder Gold?“ (1932), „Naturrecht, Christentum und Demokratie“ (1946), „Das Recht auf persönliche Freiheit“ (1947), „Du sollst nicht töten“ (1948) und „Willst du gesund sein?“ (1949).

Nonveiller, H.: J. U. (1948)

UHER, Bruno, * 12. 4. 1912 in Wien, † 31. 10. 1976 in Wien, Kapellmeister und Komponist. Studierte in Wien und wurde hier Theaterkapellmeister. Zunächst trat er mit erfolgreichen Operettenbearbeitungen hervor und komponierte dann vor allem Filmmusik, Schlager und Wienerlieder. Von letzteren besonders bekannt geworden: „Ich hab' mir für Grinzing an Dienstmann engagiert.“

UHL, Alfred, * 5. 6. 1909 in Wien, Komponist. Studierte an der Wiener Akademie bei Franz Schmidt. Wurde im Zweiten Weltkrieg schwer verwundet und war danach 1943–79 Prof. für Komposition an der Akademie für Musik und darstellende

Kunst in Wien. Mehrfach ausgezeichnet, erhielt er u. a. 1960 den Ö. Staatspreis. Er schuf kammermusikalische Werke sowie Orchester- und Filmmusik. Besonders bekannt wurden sein Oratorium „Gilgamesch" (1956) und seine heitere Kantate „Wer einsam ist, der hat es gut", nach Gedichten von Wilhelm Busch, Christian Morgenstern und Joachim Ringelnatz (1960).

Witeschnik, A.: A. U. (1966)

UHL, Eduard Ritter von (seit 1890), * 12. 12. 1813 in der Wiener Vorstadt Josefstadt, † 1. 12. 1892 in Wien, Privatier und liberaler Politiker. Sohn eines Arztes. Durfte sein naturwissenschaftliches Studium an der Universität Wien nicht fortsetzen und mußte Beamter werden. 1832 trat er in den Magi-

Eduard Uhl

stratsdienst ein, konnte aber ab 1840 durch das väterliche Erbe als Privatmann leben. 1848 Hauptmann in der Nationalgarde, wurde er wegen seiner liberalen Einstellung erst 1861 in den Gemeinderat gewählt. War an der Realisierung der Donauregulierung und der Hochquellenwasserleitung sehr interessiert und stellte für letztere sogar einen Teil seines privaten Vermögens zur Verfügung. Durch schlechte Anlageberatung verlor er beim Börsenkrach 1873 allerdings sein Vermögen. Der bei der Bevölkerung sehr beliebte U. wurde 1875 Zweiter, 1878 Erster stellvertretender Bürgermeister. Ab 1878 auch nö. Landtagsabgeordneter, wurde er 1882 Bürgermeister von Wien. War um einen Ausgleich mit der Opposition bemüht und erwarb sich durch die Reorganisierung des Feuerlöschwesens der Stadt große Verdienste; er ließ u. a. 1884 den Zentralviehmarkt St. Marx und 1888 das Schlachthaus Meidling ausbauen. Unter dem Druck der wachsenden Opposition trat er 1889 zurück.

Czeike, F.: Wien und seine Bürgermeister (1974)

UHL, Friedrich, * 14. 5. 1825 in Teschen (Ö.-Schlesien), † 20. 1. 1906 in Mondsee (OÖ), Schriftsteller, Kritiker und Feuilletonist. Kam früh nach Wien, studierte hier und wurde Mitarbeiter bedeutender Zeitungen. Bekannt wurde er durch das 1848 veröffentlichte Buch „Aus dem Banate, Landschaften und Staffagen". 1872 wurde er Chefredakteur der „Wiener Zeitung" und baute seinen Ruf als Theaterkritiker und geistvoller Essayist weiter aus. Von seinen Romanen seien genannt: „Die Botschafterin" (1880), „Farbenrausch" (1887). Außerdem veröffentlichte er mehrere Reisebücher und Märchen, 1908 erschien aus dem Nachlaß „Aus meinem Leben". U. war der Schwiegervater von August Strindberg.

Dittrich, T.: F. U. als Theaterkritiker (1950)

UHL, Fritz, * 2. 4. 1928 in Wien, Opernsänger, Tenor. Studierte an der Wiener Musikakademie und wurde zunächst Operettentenor. 1950 debütierte er an der Grazer Oper, war 1952–54 in Luzern, 1954–56 in Oberhausen engagiert und seit 1957 Mitglied der Münchner Staatsoper. Daneben seit 1961 auch als Gast an der Wiener Staatsoper und bei den Salzburger Festspielen tätig. Als Wagner-Interpret sehr geschätzt, hatte 1957–64 große Erfolge bei den Bayreuther Festspielen, insbesondere als Loge und als Erik.

UHLICH, Gottfried, * 16. 1. 1743 in St. Pölten (NÖ), † 30. 1. 1794 in Lemberg (Galizien), Piaristenpater, Historiker und Numismatiker. Trat in den Piaristenorden ein und wurde 1768 zum Priester geweiht. Ab 1785 war U. Univ.-Prof. in Lemberg, veröffentlichte mehrere bedeutende historische Werke und fand daneben noch Zeit, moralische Wochenschriften herauszugeben, Epen, Sing- und Schäferspiele, Tragödien und Gedichte zu schreiben. Von seinen historischen Werken sind zu nennen: „Abriß der Universalhistorie" (1778), „Geschichte des bayerischen Erbfolgekrieges" (1779), „Die historischen Hilfswissenschaften" (1780), „Das Leben Marien Theresiens" (1781), „Lebensgeschichte der Heiligen", 4. Bde. (1782), „Geschichte der 2. türkischen Belagerung Wiens" (1783), „Praelectiones Diplomaticae" (1785), „Praelectiones Numismaticae" (1785) und „Versuch einer Numismatik für Künstler" (1791).

UHLIRZ, Karl, * 13. 6. 1854 in Wien, † 22. 3. 1914 in Graz, Historiker. U. studierte in Wien, wurde hier Archivar und war ab 1903 Univ.-Prof. in Graz. Er erwarb sich große Verdienste um die Erforschung der ö. Geschichte und hinterließ einen umfangreichen wissenschaftlichen Nachlaß, der von seiner Tochter Mathilde (s. d.) zum Teil veröffentlicht wurde. Seine bedeutendsten Werke sind u. a.: „Geschichte des Erzbistums Magdeburg" (1887), „Das Gewerbe" (1901), „Jahrbücher des deutschen Reiches unter Otto II. und Otto III.; Bd. 1: Otto II." (1902), „Ö. Geschichte"; 2., vollständig umgearbeitete Auflage der Ö. Geschichte von F. von Krones, 2 Bde. (1907–10), „Handbuch der Geschichte Ö.s und seiner Nachbarländer Böhmen und Ungarn", 4 Bde., 1927–44 hrsg. und bearb. von Mathilde U.; 1. Bd. als „Handbuch der Geschichte Ö.-Ungarns" in 2. Auflage 1963 erschienen.

UHLIRZ, Mathilde, * 24. 4. 1881 in Wien, † 20. 4. 1966 in Graz, Historikerin. Tochter von Karl U. (s. d.), die aus dessen Nachlaß mehrere Manuskripte bearbeitete und herausgab. Sie studierte an den Universitäten Wien und Graz und war in Graz 1939–1951 Univ.-Prof. Abgesehen von der Herausgabe des „Handbuches der Geschichte Ö.s" ihres Vaters veröffentlichte sie u. a.: „Das Kloster Bobbio" (1931), „Forschungen und Vorarbeiten zu den Jahrbüchern und Regesten Kaiser Ottos III.", 3 Bde. (1951–57), „Jahrbücher des deutschen Reiches unter Otto II. und Otto III.", Bd. 2: Otto III. (1954), „Die Regesten des Kaiserreichs unter Otto III.", 2 Bde. (1956/57).

ULLMANN, Karl, * 27. 9. 1860 in Habern (Böhmen), † 1940 in Wien, Dermatologe. Studierte in Wien und wurde 1897 Privatdozent an der Universität Wien und an der Hochschule für Welthandel. Bedeutend waren seine Forschungen auf den Gebieten der Toxikologie und der Syphilis. Er veröffentlichte mehrere wissenschaftliche Werke, darunter: „Physikalische Therapie der Geschlechtskrankheiten" (1908), „Kommerzielle Hygiene" (1909), „Die Schädigung der Haut", 3 Bde. (1915–27, gemeinsam mit H. Oppenheim und J. Rille), „Diagnostisch-therapeutisches Vademekum der Geschlechtskrankheiten" (1934). Außerdem war U. Mitarbeiter an dem von J. Jadassohn ab 1927 herausgegebenen „Handbuch der Haut-

Luise Ullrich mit René Deltgen in dem Film „Nachtwache" (1949)

und Geschlechtskrankheiten", von dem er die Bde. 4 und 12 verfaßte.

ULLRICH, Luise, verehel. Gräfin zu Castell-Rüdenhausen, * 31. 10. 1911 in Wien, † 21. 1. 1985 in München. War nach kurzer Ausbildung bereits als Fünfzehnjährige am Wiener Volkstheater engagiert, dann in Berlin und München tätig. 1932 startete U. ihre große Filmkarriere und spielte Hauptrollen in über 40 Filmen, u. a. in: „Liebelei" (1933), „Vorstadtvarieté" (1935), „Nora" (1944), „Die Nachtwache" (1949). 1941 wurde sie bei der Biennale in Venedig als beste Schauspielerin ausgezeichnet. U. war auch schriftstellerisch tätig, sie veröffentlichte „Sehnsucht, wohin führst du mich? Mein südamerikanisches Tagebuch" (1941), den Roman „Ricarda" (1955) und ihre Memoiren „Komm auf die Schaukel, Luise" (1973).

ULRICH III., Herzog von Kärnten, † 27. 10. 1269 in Cividale (Friaul), seit 1256 auch Herr von Krain. Als Sohn des Spanheimers Herzog Bernhard hielt er sich 1234–46 in Mähren auf (seine Mutter Judith war die Tochter des Böhmenkönigs Přemysl Ottokar I.) und führte dort den Titel eines Fürsten von Lundenburg. Nachdem er die Andechserin Agnes, die geschiedene Frau Herzog Friedrichs II. von Ö. (s. d.), geheiratet hatte, stützte er sich auf die Macht dieser Familie und festigte seine Stellung in Kärnten und Krain, was allerdings zur Rivalität mit den Grafen von Görz führte. U. förderte Klöster und Städte, besonders St. Veit an der Glan und Laibach, gründete 1260 die Kartause Freudenthal in Krain sowie das Augustinerkloster Völkermarkt in Kärnten. Am 4. 12. 1268 setzte er seinen Vetter, König Přemysl Ottokar II. von Böhmen (s. d.), als Erben der spanheimischen Länder ein, der sich nach schweren Kämpfen mit den Ungarn schließlich durchsetzen konnte.

ULRICH II., Graf von Cilli, * um 1406, † 9. 11. 1456 in Belgrad (ermordet). U. war ein Neffe der Barbara von Cilli, der zweiten Gemahlin von König Sigismund, unter dem dieses Adelsgeschlecht eine bedeutende Machtposition in der Südsteiermark, in Kärnten und Krain errang. 1436 wurden die Grafen von Cilli in den Reichsfürstenstand erhoben. U. erwarb sich zunächst große Verdienste im Kampf gegen die vom böhmischen Söldnerführer Pankratz von Holitsch angeführten Streifscharen, welche seit zwei Jahren vor allem im nördlichen und östlichen NÖ brandschatzten und die er durch einen Kriegszug Anfang 1450 vernichtete. U. ließ 69 Spießgesellen hängen; Pankratz selbst konnte zu Johannes Hunyadi nach Ungarn flüchten. In der Folge spielte U. eine wichtige Rolle in den Auseinandersetzungen um die Vormundschaft über König Ladislaus Postumus (s. d.), den nachgeborenen Sohn König Albrechts II. (s. d.); er zählte zu den Führern der ständischen Opposition in Ö. gegen Friedrich III. (s. d.), mit denen er am 14. 10. 1451 das Mailberger Bündnis schloß. Nach dem Vergleich vom 1. 9. 1452 zwischen Friedrich III. und den Ständen übergab der Kaiser am 4. 9. 1452 Ladislaus an U.; der 13jährige Knabe wurde im Triumph nach Wien gebracht und regierte unter der Obhut U.s in der Wiener Burg. Im September 1453 gelang es jedoch Ulrich von Eytzing (s. d.), Ladislaus auf seine Seite zu ziehen; U. wurde unrechtmäßiger Handlungen bezichtigt. 1455 kam es zur Aussöhnung zwischen König Ladislaus und U., und als ersterer nach Ungarn ziehen mußte, setzte er U. im September 1456 als Verweser im Land ob und unter der Enns ein. Anfang November 1456 wurde U. zum „obersten Hauptmann von Ungarn" ernannt und im Auftrag von Ladislaus Hunyadi, einem Sohn des Johannes, ermordet. Da U. keine Nachkommen hatte, fiel Cilli an das Haus Ö.

Pirchegger, H.: Geschichte der Steiermark, Bd. II (1931)

ULRICH von Brixen (eigtl. Ulrich Putsch), * um 1360, † 29. 8. 1437 in Brixen (Südtirol), Bischof. U. war 1426 Pfarrer auf Schloß Tirol und ab 1427 Bischof von Brixen. Als bedeutender Theologe seiner Zeit übersetzte er 1426 das „Lumen animae", ein das gesamte damalige Wissen umfassendes Kompendium, in die deutsche Sprache. Besonders wertvoll als Quellenwerk sind seine Tagebücher mit vielen aufschlußreichen Nachrichten.

ULRICH von dem Türlin (auch Türlein), ein aus Kärnten (St. Veit an der Glan?) stammender Epiker der zweiten Hälfte des 13. Jh.s. Möglicherweise ist er mit Heinrich von dem Türlin (s. d.) verwandt. Zwischen 1261 und 1269 verfaßte er das höfische Epos „Willehalm", eine Vorgeschichte zum gleichnamigen unvollendeten höfischen Epos Wolframs von Eschenbach, denn es behandelt die Sage über die Entführung des Arabeles. S. Singer gab 1893 das Epos heraus (Nachdruck 1968).

Popp, E.: Die Sprache U.s (1937); Wildermuth, R.: U. Diss. Tübingen (1952)

ULRICH von Sachsendorf, mittelhochdeutscher Minnesänger aus der ersten Hälfte des 13. Jh.s. Entstammte einem ö. Ministerialengeschlecht, war Dienstmann der Kuenringer und Lehensmann der Abtei Zwettl. Er ist urkundlich 1230 und 1249 bezeugt. Außerdem erwähnt ihn Ulrich von Liechtensteins (s. d.) „Frauendienst". Überliefert sind von ihm nur sieben Minnelieder und ein Tanzlied, die allerdings von beachtlicher formaler Qualität sind. Sie sind enthalten in: C. von Kraus, „Deutsche Liederdichter des 13. Jh.s" (1951–55).

Kranner, E.: U. von S. (1944)

UMLAUF, Carl Ignaz Franz, * 19. 9. 1824 in Baden (NÖ), † 13. 2. 1902 in Wien, Zitherspieler. Studierte in Wien und wurde bald zu einem Virtuosen auf seinem Instrument. Er führte die sogenannte „Wiener Stimmung" der Zither ein. Hierbei sind zwei Griffbrettsaiten anders gestimmt als bei der üblichen Münchner Stimmung. U. veröffentlichte auch mehrere „Salon-Alben", die nicht nur seine eigenen Kompositionen enthalten, sondern auch Transkriptionen bekannter Opernmelodien und Lieder, mit denen er bei seinen Konzerten besondere Erfolge erzielte.

UMLAUF-LAMATSCH, Annelies, * 6. 3. 1895 in Hermsdorf

ULRICH VON LIECHTENSTEIN

Minnesänger im Herbst des Mittelalters

ULRICH von Liechtenstein (auch Lichtenstein), * um 1200, † zwischen 1274 und 1277, mittelhochdeutscher Minnesänger. Entstammte dem steirischen Dienstadel, sein Lieblingssitz war die 1248 erstmals urkundlich erwähnte Frauenburg oberhalb von Unzmarkt (St). Spielte im politischen Leben seiner Zeit eine bedeutende Rolle. 1241 war er Truchseß, ab 1245 Landrichter und Landeshauptmann des Herzogtums Steiermark. War ein treuer Parteigänger des letzten Babenbergers, Herzog Friedrichs II. des Streitbaren, später König Rudolfs von Habsburg. U. wurde auch „Don Quichotte der steirischen Ritterschaft" genannt, wohl weil er 1227, als Frau Venus verkleidet, eine Minne- und Turnierfahrt von Venedig aus durch Friaul, Kärnten, Steiermark, Ö. und Böhmen unternahm und 1240 eine „Artusfahrt" durch die

Ulrich von Liechtenstein. Miniatur in der Heidelberger Handschrift

Steiermark, Ö. und Böhmen. Von diesen Fahrten berichtete er in dem Versroman „Frauendienst" (1255). Im „Frauenbuch" (1257) beklagt er in einem Dialog zwischen einem Ritter und einer Dame den Verfall der höfischen Kultur. In seinen Minneliedern, von denen 57 sowie zwei Taglieder überliefert sind, ist er ein Nachfolger Walthers von der Vogelweide und zeichnet sich darin durch großes formales Können und durch Lebensnähe und Empfindsamkeit aus. Seinen „Frauendienst" machte erstmals Ludwig Tieck, teils in Bearbeitung, teils in Übersetzung, 1812 bekannt. Die wichtigsten Ausgaben seiner Werke sind die von K. Lachmann (1841), R. Bechstein, „U.s ‚Frauendienst'", 2 Bde. (1888). Die Lieder in: C. von Kraus, „Deutsche Liederdichter des 13. Jh.s" (1951–55).

Falke, K.: Geschichte des fürstlichen Hauses Liechtenstein, 1. Bd. (1868); Knorr L.: Über U. von L. (1875); Arens, H.: Untersuchungen über den höfischen Sprachstil. U.s „Frauendienst" (1939); Peters, U.: Frauendienst. Untersuchungen zu U. von L. (1971)

U

Umlauff Ignaz · Umlauff Michael · Ungar Leopold · Unger Carl · Unger Franz · Unger Joseph · Ungnad Hans · Unrest Jakob · Unterberger Franz Sebald · Unterberger Ignaz · Unterberger Michel Angelo · Unterkircher Franz Josef · Uray Ernst Ludwig · Uray Hilde · Urban Anton d. Ä. · Urbantschitsch Rudolf · Urbantschitsch Viktor · Uridil Josef · Ursinus Kaspar Velius

bei Dresden (Sachsen), † 18. 3. 1962 in Wien, Lehrerin und Kinder- und Jugendbuchautorin. War nach ihrer Ausbildung 1923–45 Lehrerin am Pädagogischen Institut in Wien. Sie verfaßte eine Vielzahl von Kinder- und Jugendbüchern, die fast durchwegs in mehreren Auflagen erschienen. U. a.: „Wiener Märchen", „Mein erstes Geschichtenbuch" (1927), „Die neun Kegel" (1931), „Die Heimat der Blumen" (1932), „Der kleine Peter in der Katzenstadt" (1961).

UMLAUFF, Ignaz (auch Umlauf), * 1746 in Wien, † 8. 6. 1796 in Mödling (NÖ), Kapellmeister und Komponist. Zunächst Singspielkomponist, dessen Melodien zu seiner Zeit sehr populär waren, wurde er 1789 Hofkapellmeister. Mit seinem Singspiel „Die Bergknappen" wurde im Jahr 1778 durch Kaiser Joseph II. das „National-Singspiel" in Wien initiiert. U.s erfolgreichsten Singspiele waren u. a.: „Die Insel der Liebe" (1772), „Die Apotheke" (1778), „Die schöne Schusterin" (1779), „Die Dorfdeputierten" (1780), „Das Irrlicht" (1782), „Die glücklichen Jäger" (1786), „Der Ring der Liebe" (1786); außerdem schrieb er Lieder und einige kirchenmusikalische Werke. „Die Bergknappen" gab R. Haas in den „Denkmälern der Tonkunst aus Ö.", Bd. XVIII, 1 (Bd. 36) 1911 heraus.

Wilsdorf, H.: Bericht über eine Aufführung des Singspiels „Die Bergknappen", in: Deutsches Jahrbuch für Volkskunde, XII (1966)

UMLAUFF, Michael, * 9. 8. 1781 in Wien, † 20. 6. 1842 in Wien, Dirigent und Komponist. Sohn von Ignaz U. (s. d.). Studierte in Wien und war 1810–25 Kapellmeister der Wiener Hoftheater. U. leitete die Erstaufführungen zahlreicher Werke Ludwig van Beethovens. Er schuf Klaviermusik, kammer- und kirchenmusikalische Werke, zwölf Ballette sowie das Singspiel „Der Grenadier" (1812) und die Oper „Das Wirtshaus in Granada".

UNGAR, Leopold, * 8. 8. 1912 in Wiener Neustadt (NÖ), katholischer Geistlicher. Studierte zunächst in Wien Jus und trat nach seiner Promotion in das Wiener Priesterseminar ein. In der Emigration in Frankreich setzte er das Theologiestudium

Prälat Leopold Ungar

fort und wurde dort 1939 zum Priester geweiht. Danach übersiedelte er nach England, wo er zunächst interniert wurde, doch nach einiger Zeit in der Seelsorge und wenig später in der Betreuung deutscher Kriegsgefangener arbeiten konnte. 1947 kehrte er nach Wien zurück und war hier als Kaplan tätig. 1948 Sekretär der Caritas der Erzdiözese Wien, wurde er 1950 Leiter dieser Einrichtung und Präsident der Ö. Caritas. U. ist unablässig gegen den Hunger in der Welt tätig, wodurch er weltweit bekannt wurde. 1987 erschien sein Buch „Die Weltanschauung Gottes".

UNGER, Carl, * 24. 8. 1915 in Wolframitzkirchen (Mähren), Maler und Graphiker. Studierte in Wien bei Herbert Boeckl (s. d.) und wurde 1950 Prof. an der Akademie für angewandte Kunst in Wien. 1952 erhielt er den Ö. Staatspreis und 1959 den Preis der Stadt Wien. Sein Werk umfaßt neben zahlreichen Bildern und Graphiken auch Entwürfe für Glasfenster und Glasmosaike (z. B. „Das visionäre Jerusalem"). U. gestaltete auch die Decke des neuen Festspielhauses in Salzburg.

UNGER, Franz, * 30. 11. 1800 auf dem Gut Amthof bei Leutschach (St), † 13. 2. 1870 in Graz, Arzt und Botaniker. Studierte in Graz, Wien und Prag zunächst Jus und dann Medizin. Ab 1827 praktischer Arzt in Stockerau (NÖ), dann in Kitzbühel (T), 1836 Prof. für Botanik an der Universität Graz und 1850–66 Univ.-Prof. für Pflanzenphysiologie in Wien. U. war der Begründer der Pflanzenpaläontologie, zeigte die Ähnlichkeit des pflanzlichen Protoplasmas mit dem der niederen Tiere auf und erkannte den geschlechtlichen Charakter der Spermatozoiden der Moose. Auch zeichnete er die ersten Blütendiagramme und lehrte die Veränderbarkeit und die genetische Verwandtschaft der Arten. Verschiedene Pflanzenarten tragen seinen Namen. Von seinen zahlreichen wissenschaftlichen Werken seien u. a. genannt: „Aphorismen zur Anatomie und Physiologie der Pflanzen" (1838), „Synopsis plantarum fossilium" (1845), „Iconographia plantarum fossilium" (1852), „Die Anatomie und Physiologie der Pflanzen" (1855), „Geologie der europäischen Waldbäume", 2 Teile (1869), „Botanische Streifzüge auf dem Gebiet der Kulturgeschichte", 9 Teile (1857–68).

Reyer, A.: Leben und Wirken des Naturhistorikers F. U. (1871)

UNGER, Joseph, * 2. 7. 1828 in Wien, † 2. 5. 1913 in Wien, Jurist und Rechtsgelehrter, liberaler Politiker. Studierte in Wien und habilitierte sich hier 1852 als Privatdozent. 1853 a. o. Univ.-Prof. für Zivilrecht an der Universität Prag, 1857 Berufung an die Universität Wien. Seit 1867/68 war U. Abgeordneter zum Reichsrat, ab 1869 Mitglied des Herrenhauses und 1871–78 Minister ohne Portefeuille, seit 1881 Präsident des Reichsgerichts. War ein hervorragender Redner, weshalb er auch „Sprechminister" genannt wurde. U. zählt zu den Begründern der modernen Rechtswissenschaft und stellte der positivistischen Rechtslehre, die im Gesetz die einzige Rechtsquelle sieht, eine historisch-philosophische Methode gegenüber. Von seinen Veröffentlichungen seien u. a. genannt: „Die Ehe in ihrer welthistorischen Entwicklung" (1850), „System des ö. allgemeinen Privatrechts" (1856–64), „Über die wissenschaftliche Behandlung des ö. gemeinen Privatrechts" (1853), „Die rechtliche Natur der Inhaberpapiere" (1857), „Die Verträge zu Gunsten Dritter" (1869), „Handeln auf eigene Gefahr" (1891), „Handeln auf fremde Gefahr" (1894); gemeinsam mit J. Glaser gab er 1859–92 die „Sammlung von zivilrechtlichen Entscheidungen des Obersten Gerichtshofes in Wien" heraus (26 Bde.).

200 Jahre Rechtsleben in Wien. Ausstellungskatalog (1985/86)

UNGNAD, Hans, Freiherr von Sonneck, * 1493, † 27. 12. 1564 in Wietritz (Böhmen), Förderer der Reformation. U. entstammte einem alten steirisch-kärntnerischen Geschlecht und war Sohn eines kaiserlichen Kammermeisters. Schon in jungen Jahren in landesfürstlichen Diensten, wurde er 1530 Landeshauptmann der Steiermark und – nach einigen Erfolgen gegen die Türken – als oberster Feldhauptmann der nö. sowie der windischen und kroatischen Lande mit der Organisation der Türkenabwehr betraut. Inzwischen war U. zum überzeugten Anhänger der Reformation geworden und legte, da er bei Ferdinand I. (s. d.) vergeblich um freie Religionsausübung eintrat, seine Ämter 1556 nieder. U. ging zunächst nach Wittenberg und erhielt 1558 von Herzog Ulrich von Württemberg das Stift Urach als Wohnsitz zugewiesen. Dort richtete er eine Druckerei ein und erreichte die Berufung des ihm gut bekannten Primus Truber, der in Krain erfolgreich als Reformator tätig war. So setzte U. erstmals die Drucklegung der Bibel und religiöser Bücher in südslawischen Sprachen durch. Nachdem U. auf einer Reise nach Böhmen gestorben war, zog der Kaiser das Inventar der Druckerei ein. 1620 schenkte Ferdinand II. (s. d.) das wertvolle Setzmaterial der Druckerei der Kongregation De propaganda fide in Rom.

UNREST, Jakob, * um 1430 wahrscheinlich in Kärnten, † um 1500 wohl auch in Kärnten, katholischer Geistlicher und Chronist. War zunächst Chorherr in Gurnitz, ab etwa 1466 Pfarrer in St. Martin am Techelsberg (K) und später noch an anderen Orten der Diözese Gurk. U. war Historiker und verfaßte Chroniken, die zu den letzten bedeutenden Quellenwerken der ö. Geschichtsschreibung des Mittelalters zählen. Seine in deutscher Sprache geschriebene „Kärntner Chronik" reicht von der Urzeit bis 1335 und enthält einen wertvollen Anhang über bereits ausgestorbene Adelsgeschlechter. Die „Ö. Chronik" behandelt hauptsächlich die Zeit Friedrichs III.; die einleitende „Alte Chronik“ ist leider verlorengegangen. Schließlich verfaßte er noch die erste Geschichte Ungarns in deutscher Sprache, die „Ungarische Chronik“, von der Urzeit bis 1161 reichend. Herausgeber seiner Werke war S. F. Hahn: Collectio monumentorum veterum et recentium ineditorum I: Chronicon Carinthiacum (1724); Krones, F. v.: Die ö. Chronik J. U.s (1872); ders.: J. U.s Bruchstück einer deutschen Chronik von Ungarn (1880); Großmann, K.: J. U.s Ö. Chronik (1957).

Neumann, W.: Bemerkungen zu J. U. und zu seiner Ö. Chronik (1959); Lhotsky, A., in: Quellenkunde zur mittelalterlichen Geschichte Ö.s (1963)

UNTERBERGER, Franz Sebald, * 1. 8. 1706 in Cavalese, † 23. 1. 1776 in Cavalese, Maler. Jüngerer Bruder von Michel Angelo U. (s. d.). Wirkte 40 Jahre hindurch als Maler in Brixen (Südtirol). Seine Altarbilder befinden sich in vielen Südtiroler Kirchen, aber auch in zahlreichen Kirchen Nordtirols: in der Franziskanerkirche in Schwaz, in der Pfarrkirche Gries am Brenner, in Kufstein und in Straß sowie in der Servitenkirche in Innsbruck.

Zimmeter, K.: Michel Angelo und F. S. U. (1902)

UNTERBERGER, Ignaz, * 24. 7. 1748 in Cavalese, † 4. 12. 1795 in Wien, Maler und Graphiker. Lebte ab 1776 in Wien, wo er 1795 kaiserlicher Hofmaler wurde. Daneben beschäftigte er sich auch mit Mechanik und erfand einige Maschinen, von denen insbesondere eine Schleifmaschine für Kupferplatten allgemeine Anerkennung fand. Altarbilder: „Himmelfahrt Mariae“ in der Pfarrkirche von Kaltern (Südtirol), „Maria Schnee“ in der Minoritenkirche in Wien. U. war auch als Stecher tätig.

UNTERBERGER, Michel Angelo, * 11. 8. 1695 in Cavalese, † 27. 6. 1758 in Wien, Maler. Älterer Bruder von Franz Sebald U. (s. d.). Wurde Prof. an der Akademie der bildenden Künste in Wien, wo er 1751–54 und 1757/58 auch Rektor war. Er schuf in erster Linie Altarbilder, aber auch einige Wandmalereien. Altarbilder in Wien in der Stephanskirche, der Augustiner- und der Michaelerkirche; in der Neuklosterkirche in Wiener Neustadt (NÖ), im Dom von Brixen (Südtirol) sowie in den Pfarrkirchen von Aurolzmünster (OÖ), Haselbach bei Korneuburg (NÖ), Bischofstetten (NÖ), Schärding (OÖ), Tienzens (T) und in Wilten (T).

Zimmeter, K.: M. A. und Franz Sebald U. (1902)

UNTERKIRCHER, Franz Josef, * 29. 9. 1904 in St. Jakob im Defereggen (Osttirol), Kunsthistoriker. War 1951–69 Direktor der Handschriftensammlung der Ö. Nationalbibliothek in Wien. Er erwarb sich große Verdienste um die Erhaltung und Erforschung des umfangreichen Bestands der Handschriftensammlung und veröffentlichte mehrere bedeutende Werke, u. a.: „Zu einigen Problemen der Eucharistielehre“ (1938), „La miniatura Austriaca“ (1953), „Inventar der illuminierten Handschriften, Inkunabeln und Frühdrucke der Ö. Nationalbibliothek“, 2 Bde. (1957–59), „Codex Epistolaris Carolinus“ (1962), „Kollektar-Pontifikale des Bischofs Baturich von Regensburg“ (1962), „Die Buchmalerei“ (1974); außerdem gab er 1962 „Die Wiener Biblia pauperum“ heraus.

URAY, Ernst Ludwig, * 26. 4. 1906 in Schladming (St), Komponist. Studierte in Wien und war hier 1939–46 Prof. an der Musikakademie, danach bis 1971 musikalischer Leiter von Radio Graz. Erhielt 1944 den Preis der Stadt Wien und 1954 den Ö. Staatspreis. Er ist der Bruder von Hilde U. (s. d.). U. schuf kammermusikalische Werke, Lieder, Kantaten, Orchester- und Chormusik und eine Symphonie.

URAY, Hilde, * 2. 10. 1904 in Schladming (St), Schwester des Komponisten Ernst Ludwig U. (s. d.), Bildhauerin und Graphikerin. Studierte als Schülerin von Hanak (s. d.) in Wien und wurde mehrfach ausgezeichnet. Neben Reliefs und Brunnenfiguren an und in Wiener Gemeindebauten umfaßt ihr Werk vor allem Terrakotta-Büsten, darunter die von Franz Schmidt (s. d.) und Karl Heinrich Waggerl (s. d.) sowie Denkmäler, wie das von Theodor Körner (s. d.) auf dem Wiener Rathausplatz. Auch als Graphikerin war sie sehr geschätzt.

URBAN, Anton d. Ä., * 6. 12. 1827 in Wien, † 5. 8. 1885 in Pörtschach (K), Fabrikant. Der Sohn eines Nagelschmieds erlernte das Handwerk seines Vaters und übernahm 1848 den kleinen Gewerbebetrieb. U. spezialisierte sich bald auf die Herstellung von Schrauben besonderer Präzision. Er erhielt so viele Aufträge, daß er den Betrieb bald zu einer Fabrik erweitern konnte. Gemeinsam

Die Fabrik Brevillier-Urban in Neunkirchen 1937

mit seinen Söhnen Anton d. J. (* 24. 12. 1852 in Wien, † 5. 9. 1906 in Wien) und Ludwig d. Ä. (* 4. 8. 1854 in Wien, † 22. 11. 1923 in Wien) führte er das Unternehmen unter der Bezeichnung A. Urban & Söhne erfolgreich bis zu seinem Tod. Danach übernahmen die beiden Brüder die Leitung des Unternehmens, verlegten es nach Floridsdorf bei Wien und vereinigten es 1899 mit der Firma Brevillier, Schraubenwerke in Neunkirchen (NÖ), die 1823 gegründet worden war und sich zu einem Musterbetrieb von Weltruf weiterentwickelt hatte.

Granichstaedten-Cerva, R., Mentschl, J., und Otruba, G.: Altö. Unternehmer (1969)

Pepi Uridil (links) bei einem Spiel Rapid–Slavia auf dem alten Rapid-Platz in Wien-Hütteldorf

URBANTSCHITSCH, Rudolf, * 28. 4. 1879 in Wien, † 18. 12. 1964 in Carmel, Kalifornien (USA), Psychologe. Studierte in Wien und ging dann in die USA. Von seinen fachwissenschaftlichen Werken sind zu nennen: „Innere Sekretion“ (1922), „Psychoanalyse“ (1924), „Moderne Kindererziehung“ (1925), „Probleme der Seele“ (1926), „Selbsterkenntnis mit Hilfe der Psychoanalyse“ (1926), „Praktische Lebenskunde“ (1931). Daneben schrieb er auch Dramen und Erzählungen.

URBANTSCHITSCH, Viktor, * 10. 9. 1847 in Wien, † 17. 6. 1921 in Wien, Ohrenfacharzt. Studierte in Wien, war 1903–17 Univ.-Prof. in Wien und wurde zu einem der bedeutendsten Mitbegründer der modernen Ohrenheilkunde. U. erwarb sich große Verdienste um die Taubstummenfürsorge. Von seinen Veröffentlichungen sind u. a. bedeutend: „Lehrbuch der Ohrenheilkunde“ und „Über subjektive Hörerscheinungen“ (1908).

URIDIL, Josef (Pepi), * 24. 12. 1895 in Wien, † 20. 5. 1962 in Wien, Fußballer. Legendäre Schußkanone von Rapid-Wien aus der Zeit nach dem Ersten Weltkrieg. Hermann Leopoldi widmete U. einen Schlager („Heute spielt der Uridil“), eine Limonaden- und eine Bonbonmarke waren nach ihm benannt, ein Stummfilm wurde gedreht. U. war zu seiner Zeit ein echter Volksheld.

URSINUS, Kaspar Velius (Bernhard?), * um 1493 in

Schweidnitz (Schlesien), † 1539 in Wien (Selbstmord), Humanist. Lebte ab 1515 fast ständig in Wien, wurde hier 1517 zum Dichter gekrönt und war ab 1524 als Nachfolger von Konrad Celtis (s. d.) Lehrer für Rhetorik an der Universität Wien. 1526 zum Hofhistoriographen ernannt, verfaßte er zahlreiche Werke zur Zeitgeschichte. U. war ein erklärter Gegner der Reformation und wurde, trotz der kurzen Zeit seines Wirkens, zum ersten und zugleich fruchtbarsten Vertreter der Hochrenaissance in Ö. Von seinen Werken sind zu nennen: „In divum Maximilianum Caesarem Epicedion" (1519), „De nuptiis . . . Ferdinandi" (1521), „Poematum libri quinque" (Gedichte, 1522) und „De Bello Pannonico", eine Geschichte Ferdinands I. bis 1531 (unvollendet, wurde erst 1762 herausgegeben).

URSULEAC, Viorica, * 26. 3. 1899 in Czernowitz (Bukowina), † 22. 10. 1985 in Ehrwald (T), Kammersängerin, Sopranistin. Studierte an der Wiener Musikakademie und bei Lilly Lehmann in Berlin. Debütierte 1924 in Frankfurt am Main und kam über Dresden nach Wien, wo sie 1929–34 Mitglied der Wiener Staatsoper war. 1933–45 an der Berliner Staatsoper, daneben 1936–44 auch an der Münchner Staatsoper und 1937–45 bei den Salzburger Festspielen. Gastauftritte in London, Mailand, Rom und Brüssel. Sie war eine hervorragende Richard-Strauss-Interpretin und wirkte bei den Uraufführungen von dessen Opern „Arabella", „Friedenstag" und „Capriccio" mit. U. war mit dem Dirigenten Clemens Krauss (s. d.) verheiratet und lebte nach dessen Tod (1954) in Tirol.

Viorica Ursuleac

URTEIL, Andreas, * 19. 1. 1933 in Gakovo (Jugoslawien), † 13. 6. 1963 in Wien, Bildhauer. Studierte in Wien und war ein Schüler von Fritz Wotruba (s. d.). Er wurde Dozent an der Akademie der bildenden Künste in Wien und erhielt den Theodor-Körner-Preis und den Ö. Staatspreis 1962. Seine stark dem Expressionismus verbundenen Werke schuf er teils in Stein, teils in Holz, aber auch in Metall. 1958 veröffentlichte U. „Imaginäre Figuren".

URZIDIL, Johannes, * 3. 2. 1896 in Prag, † 2. 11. 1970 in Rom, Dichter und Essayist. War im Ersten Weltkrieg Soldat, studierte danach in Prag Germanistik und Kunstgeschichte, mit Franz Kafka und Franz Werfel befreundet, bis 1933 Pressebeirat an der deutschen Gesandtschaft, daneben Redakteur der Zeitschrift „Das Silberboot". 1939 floh er nach England und von dort 1941 in die USA, wo er bis zu seinem Tod lebte. Er starb während einer Vortragsreise in Rom. Entwickelte sich vom expressionistischen Lyriker zum an Stifter orientierten sensiblen Erzähler. Erhielt 1964 den Großen Ö. Staatspreis. Von seinem umfangreichen Werk seien u. a. genannt von den Lyrikbänden: „Sturz der Verdammten" (1919), „Die Stimme" (1930), „Die Memnonsäule" (1957); von den Erzählungen: „Der Trauermantel" (1945), „Die verlorene Geliebte" (1956), „Denkwürdigkeiten von Gibacht" (1958), „Prager Triptychon" (1960), „Magische Texte" (1961), „Das Elefantenblatt" (1962), „Entführung und sieben andere Erzählungen" (1964); von seinen Essays: „Goethe in Böhmen" (1932, erweitert 1962), „Zeitgenössische Maler der Tschechen" (1936), „Wenceslaus Hollar, der Kupferstecher des Barock" (1936), „Da geht Kafka" (1965), „Literatur als schöpferische Verantwortung" (1966), „Die erbeuteten Frauen" (1966). 1969 erschienen seine Erinnerungen „Väterliches aus Prag und handwerkliches aus New York", nach seinem Tod 1972: „Neujahrsrummel", Erzählungen mit einem autobiographischen Nachwort sowie „Bekenntnisse eines Pedanten", Erzählungen und Essays.

Johannes Urzidil

Trapp, G.: Die Prosa J. U.s (1967)

VALIER, Max, * 9. 2. 1895 in Bozen (Südtirol), † 17. 5. 1930 in Berlin (bei Raketenversuchen verunglückt), Ingenieur und Astronom. Befaßte sich zunächst mit Astronomie und veröffentlichte bereits 1915 „Das astronomische Zeichen", wandte sich aber dann der Raketentechnik und der Weltraumfahrt zu. 1924 veröffentlichte er „Der Vorstoß in den Weltraum", das 1928 unter dem Titel „Raketenfahrt" erschien (3. Aufl.); gemeinsam mit F. Opel und F. W. Sander baute er 1928 das erste Raketenauto und 1929 einen mit Pulverraketen angetriebenen Schlitten. 1929/30 arbeitete er an der Konstruktion einer Flüssigkeitsrakete für den Flugzeugantrieb. V. war ein Pionier der Weltraumfahrt. Außerdem veröffentlichte er u. a.: „Die Entwicklung unseres Sonnensystems" (1923) und „Einführung in die Welteislehre" (1927).

VALKENAUER, Hans, * um 1448, † nach 1518 vielleicht in Salzburg, Bildhauer. War der Hauptmeister der spätgotischen Plastik in Salzburg und leitete mit seinem Schaffen bereits in Ansätzen zur Renaissance über. Sein Hauptwerk ist das 1515 entstandene Grabdenkmal für Erzbischof Leonhard von Keutschach (s. d.) in der Georgskirche der Festung Hohensalzburg. Bedeutende Grabdenkmäler existieren von ihm in der Dominikanerkirche von Friesach (K), der Stadtpfarrkirche von Braunau (OÖ) und in den Kärntner Pfarrkirchen von Maria Saal, Millstatt und Villach.

VALNEGRO, Pietro (auch Peter), † 25. 3. 1639 in Graz, Baumeister. Er ist seit 1589 in Graz nachweisbar und wurde 1600 zum Hofbaupolier ernannt. V. schuf hier mehrere bedeutende Bauwerke, darunter 1589–95 die Bergkirche in Straßgang bei Graz, 1607–11 die Maria-Hilf-Kirche bei Graz, 1625–35 das Schloß Eggenberg; 1633–38 vollendete er das Mausoleum für Ferdinand II.

JOHANNES URZIDIL

Prag, die verlorene Geliebte

„Meine halbverwaiste Kindheit war schwierig, als Knabe hatte ich in bedrängten Lebensverhältnissen allerlei Kämpfe um meinen Bestand zu führen, in meinen ersten Mannesjahren ging es mir leidlich gut, später zuweilen schlimm, ein Gemenge, das für viele Menschen zutrifft und in ihnen Skepsis und Zuversicht wohltätig miteinander gedeihen läßt."

„Neujahrsrummel", autobiographisches Nachwort

„Auch Urzidil hat sich ganz wundervoll entwickelt. Er ist in seinen Büchern ‚Prager Triptychon', ‚Das Elefantenblatt', ‚Da geht Kafka' (und in anderen epischen Kostbarkeiten) zum großen Troubadour jenes für immer versunkenen Prag geworden, das er in einem anderen Buchtitel ‚Die verlorene Geliebte' genannt hat und dem auch ich manche Träne berichtender Darstellung gewidmet habe."

Max Brod, Der Prager Kreis (1966)

VANCSA, Kurt, * 11. 4. 1904 in Wien, Literarhistoriker. Sohn des Historikers Max V. (s. d.). Studierte in Wien und war 1948–69 Direktor der Bundesstaatlichen Studienbibliothek in Linz. Er veröffentlichte mehrere wissenschaftliche Werke, u. a.: „Ferdinand Raimund" (1936), „Grillparzer-Bibliographie" (1937), „Franz Grillparzer. Bild und Forschung" (1941), „Enrica von Handel-Mazzetti" (1941), sowie mit K. Lechner „Alte Kulturstätten NÖ.s" (1935), mit F. Berger „Enrica von Handel-Mazzetti – Festschrift" (1946), mit Giebisch und Pichler „Kleines ö. Literaturlexikon" (1948). V. gab 1955 die „Schulakten Adalbert Stifters" und 1960 „Das Nibelungenlied" heraus.

VANCSA, Max, * 1. 10. 1866 in Wien, † 24. 7. 1947 in Wien, Landesarchivar und Historiker. Studierte in Wien und trat in den Dienst des nö. Landesarchivs ein. Er war einer der Mitbegründer des nö. Landesmuseums und veröffentlichte eine Vielzahl von wertvollen historischen Werken, u. a.: „Das erste Auftreten der deutschen Sprache in den Urkunden" (1895), „Politische Geschichte der Stadt Wien 1283–1522" (1901), „Über die Gründung des nö. Landesmuseums in Wien" (1904), „Geschichte Nieder- und Oberösterreichs", 2 Bde. (1905–27), „Wiener Geschichtsquellen und Geschichtsschreibung 1520–1740" (1909), „Die Anfänge des Hauses Habsburg in Ö." (1917); ab Bd. 6 (1903) redigierte er die „Topographie von NÖ".

Gedächtnisschrift M. V., 2 Bde. (1948–53)

VAN DER NÜLL, Eduard, s. Nüll

VAN SWIETEN, Gerhard, s. Swieten

VAN SWIETEN, Gottfried, s. Swieten

VAUGOIN, Carl, * 8. 7. 1873 in Wien, † 10. 6. 1949 in Krems an der Donau (NÖ), Landesbeamter und christlichsozialer Politiker. Als Sohn eines Juweliers und Wiener Stadtrats geboren, strebte V. nach seinem Jahr als Einjährig-Freiwilliger 1894 die Laufbahn eines Berufsoffiziers an, wurde aber für den Truppendienst untauglich befunden und 1899 außer Dienst gestellt. Seit 1898 im Rechnungsdienst der nö. Landesregierung tätig, trat er fast gleichzeitig der Christlichsozialen Partei bei, die er 1912–20 im Wiener Gemeinderat vertrat. Im Ersten Weltkrieg leitete V. nach kurzem Fronteinsatz zwei Etappen-Train-Werkstätten und war zuletzt Rittmeister. 1918–20 war er Wiener Stadtrat, 1920–33 Abgeordneter zum Nationalrat, 1921–33 (ausgenommen die Zeit von 7. 10. 1921 bis 30. 5. 1922) in insgesamt 15 Kabinetten Heeresminister, 1929/30 zugleich auch Vizekanzler und von September bis Dezember 1930 Bundeskanzler. 1930 wurde V. als Nachfolger von Ignaz Seipel (s. d.) Obmann der Christlichsozialen Partei. V. hatte unter Heranziehung des Bundesheers für die Ziele der bürgerlichen Regierung die Voraussetzung für den autoritären Kurs mitgeschaffen; er unterstützte vorerst den antiparlamentarischen Kurs der Regierung Dollfuß (s. d.) und war auch noch in dessen erster Regierung Heeresminister, mußte aber wegen seiner wachsenden Abneigung der Heimwehr gegenüber am 21. 9. 1933 aus der Regierung ausscheiden und wurde mit dem Posten des Präsidenten der Verwaltungskommission der ö. Bundesbahnen, den er bis 1936 innehatte, „abgefunden". 1933 legte V. auch die Position des Parteiobmanns nieder und war 1934–36 Mitglied des Staatsrats. 1938/39 von den nationalsozialistischen Machthabern inhaftiert, verbrachte er bis 1943 einen Zwangsaufenthalt in Süddeutschland und Thüringen. Ende 1943 kam V. als kranker Mann nach Ö. und wurde im „Ausweichspital" von Litschau (NÖ) behandelt. Er wohnte bis Kriegsende in Alt-Nagelberg und dann im Stift Dürnstein. Seit 1948 war er gelähmt.

Andreas Urteil: „Ikarus" (1963)

Carl Vaugoin

Jedlicka, L.: Ein Heer im Schatten der Parteien (1955); Staudinger, A.: Bemühungen C. V.s um Suprematie der Christlichsozialen Partei in Ö. 1930–33. Diss. Wien (1969); Weissensteiner, F., und Weinzierl, E. (Hrsg.): Die ö. Bundeskanzler (1983)

VEGA, Georg Freiherr von (seit 1800), * 23. 3. 1756 in Sagoritza (Krain), † 26. 9.1802 in Wien, Mathematiker und Artillerieoffizier. Studierte in Laibach und wurde Navigationsingenieur. Später wechselte er zur Artillerie, wurde 1780 Lehrer für Mathematik im 2. Feldartillerieregiment und 1787 Prof. im Bombardierkorps. Diente in den Feldzügen gegen die Türken und die Franzosen und war zuletzt Oberst. Er veröffentlichte eine Vielzahl von mathematischen Werken, gab 1783 die ersten Logarithmentafeln unter dem Titel „Logarithmische, trigonometrische und andere Tafeln" heraus (Neuaufl. 1797, 2 Bde., 1840 Neuaufl. von Hülße herausgegeben). Noch erfolgreicher war sein „Logarithmisch-trigonometrisches Handbuch", das 1793 erschien (75. Aufl. 1897). Weitere Werke: „Vorlesungen über die Mathematik", 4 Bde., (1786–1802), „Thesaurus logarithmorum completus" (1794), „Anleitung zur Zeitkunde" (1801); nach seinem Tod gab Kreil 1803 „Natürliches Maß-, Gewichts- und Münzsystem" heraus (Neuaufl. 1824).

Kaučič, L.: G. Frh. v. V., in: „Organ der militärwissenschaftlichen Vereine", Bd. 3 (1886)

VEITH, Johann Emanuel, * 10. 7. 1787 in Kuttenplan (Böhmen), † 6. 11. 1876 in Wien, Arzt und Redemptoristenpater, Schriftsteller. Studierte in Prag und Wien Philosophie und Medizin und promovierte 1812 zum Dr. med. 1816–20 war er Prof. und Direktor des Tierarznei-Instituts in Wien. Trat 1816 vom Judentum zum Christentum über. 1820 praktischer Arzt, trat er in den Redemptoristenorden ein und war ab 1830 Weltpriester, 1832–45 Domprediger von St. Stephan, 1847 Ehrendomherr von Salzburg. 1848 gründete er den Ö. Katholikenverein. V. war auch als Volksschriftsteller tätig, schuf Theaterstücke, Erzählungen und religiöse Schriften. 1814 wurde sein Singspiel „Die Rückfahrt des Kaisers" im Theater an der Wien uraufgeführt. Von seinen wissenschaftlichen Werken seien u. a. genannt: „Grundriß der allgemeinen Pathologie und Therapie" (1814), „Handbuch der Veterinärkunde" (1817, 4 Aufl. 1840), „Abriß der Kräuterkunde für Tierärzte und Ökonomen" (1831).

Loewe, J. H.: J. E. V. (1879); Innerkofler, A.: Dr. J. E. V. (1902)

VERDROSS-DROSSBERG, Alfred, * 22. 2. 1890 in Innsbruck, † 27. 4. 1980 in Innsbruck, Völkerrechtler und Rechtsphilosoph. 1921–24 Prof. an der Konsularakademie, 1924–61 Univ.-Prof. in Wien. Seit 1957 Mitglied des Schiedsgerichts in Den Haag und der internationalen Rechtskommission der UNO, 1958 Richter beim Europäischen Gerichtshof in Straßburg für Menschenrechte. V.-D. war ein Erneuerer der christlichen Völkerrechtslehre und Begründer einer katholischen rechtsphilosophischen Schule. Er veröffentlichte: „Die Einheit des rechtlichen Weltbildes" (1923), „Die Verfassung der Völkerrechtsgemeinschaft" (1926), „Völkerrecht" (1937, 5. Aufl. 1964), „Grundlinien der antiken Rechts- und Staatsphilosophie" (1946), „Abendländische Rechtsphilosophie" (1958), „Die immerwährende Neutralität der Republik Ö." (1958), „Statisches und dynamisches Naturrecht" (1971), „Die Quellen des universellen Völkerrechts" (1973). 1936–45 und ab 1951 Herausgeber der „Zeitschrift für öffentliches Recht".

Völkerrecht und rechtliches Weltbild (Festschrift für A. V.-D., 1960); Marčič, R. (Hrsg.): Internationale Festschrift für A. V.-D. (1971)

VERNALEKEN, Theodor, * 28. 1. 1812 in Volkmarsen (Hessen), † 27. 2. 1907 in Graz, Germanist, Volkskundler und Pädagoge. Lebte nach seinen Studien ab 1850 in Wien, ab 1877 in Graz. V. war mit Jakob Grimm und Ludwig Uhland befreundet, nahm sich sehr der Lehrerbildung in Ö. an und verfaßte einige Lehr- und Lesebücher für Schulen. Um das ö. Volksgut und Brauchtum bemüht, sammelte er auch ö. Sagen und Märchen. Veröffentlichte u. a.: „Literaturbuch", 3 Bde. (1850 ff., 1854–57 in 3. Aufl.), „Alpensagen" (1858), „Mythen und Bräuche des Volkes in Ö." (1859), „Deutsche Syntax", 2 Bde. (1861–63), „Kinder- und Hausmärchen aus Ö." (1864, Nachdruck o. J.), „Deutsche Sprachrichtigkeiten" (1900).

VEROSTA, Stephan, * 16. 10. 1909 in Wien, Völkerrechtler und Rechtsphilosoph. Studierte in Wien und wurde Richter. 1935–38 und ab 1945 im Außenamt tätig, 1951/52 Gesandter in Ungarn und 1956–61 Botschafter in Polen. Seit 1956 Mitglied des ständigen Schiedsgerichtshofs in Den Haag und 1963 Präsident der UN-Konferenz für konsulare Beziehungen, war V. bis 1979 Univ.-Prof. in Wien und Prof. an der Diplomatischen Akademie. V. veröffentlichte zahlreiche wissenschaftliche Werke, die internationale Anerkennung fanden, u. a.: „Richterliches Gewohnheitsrecht in Ö." (1935), „Die Satzung der Vereinten Nationen und das Statut des Internationalen Gerichtshofes" (1946), „Die internationale Stellung Ö.s" (1947), „Die geschichtliche Kontinuität des ö. Staates und seine europäische Funktion" (1954), „Johannes Chrysostomus" (1960), „Geschichte des Völkerrechts" (1964).

VESQUE von Püttlingen, Johann Freiherr, * 23. 7. 1803 in Opole (Westgalizien), † 29. 10. 1883 in Wien, Jurist, Diplomat und Komponist. Studierte in Wien Jus und war bis 1872 im diplomatischen Dienst tätig, zuletzt als Sektionschef. Er schlug im März 1848 als erster in Ö. im Staatsrat die Einführung des allgemeinen und gleichen Wahlrechts vor. Maßgebend für die Entwicklung des internationalen Privatrechts tätig, schuf er das musikalische Autorenrecht und gestaltete das Wiener Konservatorium um. Ab 1877 war er Mitglied des Herrenhauses. Von seinen juristischen Veröffentlichungen seien genannt: „Das musikalische Autorenrecht" (1848) und „Handbuch des in Ö.-Ungarn geltenden internationalen Privatrechtes" (1860, 2. Aufl. 1878). Nebenher hatte V. aber auch Musik studiert und wurde zu einem der namhaftesten Vertreter gesellschaftlicher Musikpflege im vormärzlichen Wien. Als spätromantischer Komponist verwendete er überwiegend das Pseud. Johann Hoven und schuf rund 300 Lieder und einige Opern. Unter seinem Liedwerk befindet sich der Zyklus „Heimkehr", in dem er 88 Gedichte aus Heinrich Heines „Reisebildern" vertonte. Von seinen Opern seien genannt: „Turandot" (1838), „Johanna d'Arc" (1840), „Liebeszauber" (1845), „Ein Abenteuer Karls II." (1852). H. Schultz gab 1932 „45 Lieder" (2 Bde.) heraus.

Schultz, H.: J. V. von P. (1931); Ibl, H.: Studien zu J. V. von P.s Leben und Opernschaffen. Diss. Wien (1949)

VETSERA, Mary Baronesse von (eigtl. Marie Alexandrine), * 19. 3. 1871 in Wien, † 30. 1. 1889 im Jagdschloß Mayerling bei Heiligenkreuz (erschossen). Ihr Vater Albin Freiherr von V. war 1887 gestorben, ihre Mutter Helene war eine geborene Freiin von Baltazzi. Mary schwärmte für den Kronprinzen Rudolf (s. d.) und trat angeblich 1888 durch einen Brief mit ihm in Kontakt. Nach einem Auslandsaufenthalt intensivierte sich die Verbindung ab November 1888, wobei ihr Marie Gräfin Larisch-Moennich, geborene Freiin von Wallersee (eine Nichte Kaiserin Elisabeths [s. d.]), behilflich war. Auch V. gegenüber muß Kronprinz Rudolf seine Selbstmordabsichten (s. a. Mizzi Caspar) geäußert haben. Bei ihrem Tod war M., wie behauptet wurde, etwa im vierten Monat schwanger. Nach der Tragödie von Mayerling wurde sie am Ortsfriedhof von Heiligenkreuz bestattet.

Lit. s. bei Rudolf (Kronprinz); ferner Swistun, H.: Mary V. – Gefährtin für den Tod (1983); Sokop, B.: Jene Gräfin Larisch. . . – Vertraute der Kaiserin, Verfemte nach Mayerling (1985)

Baronesse Mary Vetsera

VETTER, Emil, * 2. 12. 1878 in Voitsdorf (OÖ), † 15. 3. 1963 in Wien, Lehrer und Sprachforscher. Studierte in Wien und wurde Gymnasialprof., später Direktor einer Wiener Mittelschule. Beschäftigte sich intensiv mit der Sprache der Etrusker und war auch Mitherausgeber von „Corpus Inscriptionum Etruscarum". Veröffentlichte u. a.: „Etruskische Wortdeutungen" (1937), „Handbuch der italienischen Dialekte" (1953) und „Zu den lydischen Inschriften" (1959).

VETTERS, Hermann, * 1. 7. 1915 in Wien, Archäologe. Studierte in Wien und erwarb sich besondere Verdienste um die ö. Archäologie. Er nahm an den Ausgrabungen am Magdalensberg (K) und in Ephesos (Türkei) teil und war Leiter der Ausgrabungen von Lauriacum (OÖ) und am Salzburger Dom. V. fungierte ab 1953 als Mitherausgeber der „Forschungen in Lauriacum", veröffentlichte neben zahlreichen Beiträgen in Zeitschriften „Dacia ripensis" (1950) und – gemeinsam mit L. Klima – „Das Lageramphitheater von Carnuntum" (1953).

VIERTALER, Barthlmä (auch Firtaler), aus Innichen (Südtirol) stammender Baumeister in der ersten Hälfte des 16. Jh.s. Lebendaten sind nicht bekannt. War fast ausschließlich in Kärnten tätig; seine Bauwerke zeichnen sich durch eine phantasievolle und individuelle Gestaltung der Netzrippengewölbe aus. Er schuf die Wölbung der oberen Kapelle von Burg Stein (1505), die Filialkirche Laas (nördl. Kötschach), in der eine übertünchte Freskodarstellung des Baumeisters mit der Datierung 1535 erhalten ist (1510–36), die Pfarrkirchen von Kötschach (1518–27) und von Maria Luggau (1520–36).

VIERTEL, Berthold, * 28. 6. 1885 in Wien, † 24. 9. 1953 in Wien, Schriftsteller, Dramaturg und Regisseur. Früh mit K. Kraus (s. d.) und P. Altenberg (s. d.) bekannt geworden, erschienen seine ersten Veröffentlichungen 1910/11 in der „Fackel". Zwischen 1911 und 1914 Mitarbeiter bei der „Schaubühne", bei „Simplicissimus" und H. Waldens „Sturm". 1911 war er Mitbegründer und bis 1914 auch Dramaturg der „Wiener Volksbühne", danach Redakteur beim „Prager Tagblatt", wo er in Prag häufig mit F. Kafka (s. d.) und M. Brod (s. d.) verkehrte. 1918 heiratete V. die Schauspielerin Salomea Steuermann, die später als Salka Viertel bekannt wurde. 1923 gründete er in Berlin das expressionistische Theater „Die Truppe“, danach arbeitete er ab 1928 als Filmregisseur in Hollywood und London, von wo er 1949 nach Ö. zurückkehrte. V. war am Wiener Burgtheater, an mehreren deutschen Bühnen sowie bei den Salzburger Festspielen als Regisseur tätig. Seine legendären Inszenierungen der Dramen von Tennesse Williams in V.s eigener Übersetzung im Akademietheater waren echte Theaterereignisse. Ab 1948 leitete er das Schauspielhaus Zürich. Nach dem Zweiten Weltkrieg hatte V. auch mit dem Berliner Ensemble Bert Brechts (s. d.) zusammengearbeitet, der ihn einen „Fanatiker des Theaters“ nannte. V. veröffentlichte u. a. die Gedichtbände „Die Spur“ (1913), „Die Bahn“ (1921), „Noah in der Wüste“ (1926), „Der Lebenslauf“ (1946), die Komödie „Die schöne Seele“ (1925) und den Roman „Gnadenbrot“ (1927); eine Werkauswahl unter dem Titel „Dichtungen und Dokumente“ gab 1956 E. Ginsberg heraus, V.s „Schriften zum Theater“ 1970 von G. Heidenreich.

Viertel, S.: Das unbelehrbare Herz (1970)

BERTHOLD VIERTEL

Flamme und Fackelträger zugleich

„In Wien, wenn jemand erzählte, er kenne den berühmten So und So persönlich, fragen die Leute: ‚Sagen Sie, wie ist er im Leben?‘ Karl Kraus hat diese gebräuchliche Wendung zur Raserei gebracht. Es gab allerdings kaum eine gebräuchliche Wendung, die das nicht getan hätte. Im Falle Viertel läßt sich die Frage: ‚Wie ist er im Leben?‘ leicht beantworten: Genau so!“

Alfred Polgar, Wie ich ihn sehe

„Wir gingen ins Exil wie entthronte Könige. Einige von uns hausten tatsächlich wie solche an der Riviera. Andere würgten das Brot der Armut und der Knechtschaft. – Ich verließ kein Königreich. Meine Arbeit hatte bereits im Treibsand zerbröckelnder Verhältnisse begonnen. Sie blieb provisorisch und auf Abruf getan. Kein größeres Werk gelang mir. Keine geschlossene Abfolge meines Wirkens, auch nicht einmal der bleibende Ansatz einer Tradition, welche die mehr als sieben mageren Jahre überwintern konnte . . .“

B. Viertel, Exil

„. . . er hat sich in einer wilden Flamme verzehrt, war Flamme und Fackelträger zugleich und ist so durch die Jahrzehnte gerast, entzündet von Begeisterung und vernichtet von Enttäuschung, Kind und Philosoph, Greis und Jüngling, manchmal irrend im Urteil, immer aber sicher verwurzelt in der himmlischen Gabe, die ihm verliehen war, und die für ihn nur Wert hatte, wenn er sie sofort anderen weitergeben, andere damit beglücken konnte im Rat, im Gedicht, im Wort des Schauspielers . . .“

Heinrich Schnitzler, Worte des Gedenkens

Berthold Viertel

VIERTHALER, Franz Michael, * 25. 9. 1758 in Mauerkirchen (OÖ), † 3. 10. 1827 in Wien, Lehrer und Pädagoge. Als Vertreter der Aufklärungspädagogik setzte er sich für die sokratische Methode ein und war auch der Hauptträger der Salzburger Schulreform. 1790 Leiter des Lehrerseminars, ab 1807 Direktor des Wiener Waisenhauses. 1799–1807 gab er die „Salzburger Staatszeitung“ heraus und 1800/01 die „Literaturzeitung von Salzburg“. Sein Hauptwerk war die „Philosophische Geschichte der Menschen und Völker“, 7 Bde. (1787–1819); weiters veröffentlichte er: „Elemente der Methodik und Pädagogik“ (1791), „Geschichte des Schulwesens und der Kultur in Salzburg“ (1804); 1893 wurden „Schulbücher und Kinderschriften. Ausgewählte pädagogische Schriften“ herausgegeben.

Festschrift zum 200. Geburtstag (1958)

VIESÈR, Dolores (eigtl. Wilhelmine Aichbichler, geb. Wieser), * 18. 9. 1904 in Hüttenberg (K), Erzählerin und Romanschriftstellerin. In ihren Werken stark in der katholischen Geisteswelt verwurzelt. Werke u. a.: „Das Singerlein“ (1928), „Der Gurnitzer“ (1931), „Der Märtyrer und Lilotte“ (1934), „Die Heldenjungfrau“ (1936, unter dem Pseud. Maria Valdez), „Hemma von Gurk“ (1938), „In der Eisenwurzen“ (Erzählungen, 1947), „Aelia, eine Frau aus Rom“ (1952), „Licht im Fenster“ (1954), „Der Bänderhut“ (1956), „Die Trauermesse“ (1961), „Kleiner Bruder“ (1964), „Katzen in Venedig“ (1976).

VILLERS, Alexander von, * 12. 4. 1812 in Moskau, † 16. 2. 1880 in Neulengbach (NÖ), Diplomat und Schriftsteller. Sohn eines französischen Emigranten, war vorerst Buchdrucker in Deutschland und Paris, ehe er 1843 in den sächsischen Staatsdienst trat. V. lebte seit 1853 in Wien, wo er 1860–70 als Legationsrat Sachsen vertrat. Er war mit Liszt befreundet und veröffentlichte 1881 die kulturgeschichtlich interessanten „Briefe eines Unbekannten“ (2. Aufl. 1887, 2 Bde.). 1925 erschien ein Auswahlband.

VINAZER, Christian, * 1748 in St. Ulrich (Südtirol), † 21. 12. 1782 in Wien, Bildhauer und Kammermedailleur. V. war ursprünglich Holzbildhauer und studierte später an der Graveurschule in Wien. 1777 wurde er Mitglied der Wiener Kunstakademie. Er schuf eine Vielzahl von Porträtmedaillen von führenden Persönlichkeiten seiner Zeit, wie etwa von Kaiserin Maria Theresia, Kaiser Joseph II., Staatskanzler Fürst Kaunitz u. v. a.

VINAZER, Melchior, * 11. 11. 1622 in St. Christina (Südtirol), † 25. 5. 1689 in St. Ulrich (Südtirol), Holzschnitzer. V. war der Begründer der Holzschnitzkunst im Grödner Tal, die bis heute in zahlreichen Werkstätten und als Volkskunst weiterlebt. Er war auch der wichtigste Vertreter der Familie V. und schuf eine große Zahl von Figuren und Krippen.

VINTLER, Hans von, † 1419, mittelhochdeutscher Lehrdichter. Entstammte einem Bozener Patriziergeschlecht und war der Neffe jenes Nikolaus von V., († 1356), der die Burg Runkelstein wiederherstellen und mit Fresken ausgestalten ließ. V. wird urkundlich 1407 erstmals genannt, schrieb um 1411 in Bozen „Die Pluemen der Tugent“, eine Tugendlehre voll scharfer Kritik an den herrschenden Adelssitten (gedruckt 1486 unter dem Titel „Flores virtutum“). 1416 war er Amtmann von Herzog Friedrich von Tirol, 1417 Gesandter in Venedig. In I. V. Zingerles „Ältere Tiroler Dichtung“, Bd. II. (1874), ist sein Werk enthalten.

Sander, H.: H. von V. (1892)

VIRGIL (auch Virgilius), Heiliger, * um 700 in Irland, † 27. 11. 784 in Salzburg. Her-

Die 1973 beim Bau der U-Bahn freigelegte Virgilius-Kapelle (1304–1307) auf dem Stephansplatz in Wien

zog Odilo von Bayern beauftragte V. 747 mit der Leitung des Bistums Salzburg; er blieb aber bis 757 lediglich Administrator, da er sich erst nach dem Tod seines kirchenpolitischen und auch theologischen Widersachers Bonifatius zum Bischof weihen ließ. Als erfolgreicher Missionar der Alpenslawen wurde V. mit Recht „Apostel von Kärnten" genannt. Er ließ in seinem Einflußbereich mehrere Kirchen errichten, so auch den ersten Salzburger Dom, der am 24. 9. 774 geweiht wurde. Um 783 legte er das Salzburger Verbrüderungsbuch an, das bis ins 13. Jh. weitergeführt wurde und mit seinen über 8000 Namen eine wichtige historische und sprachgeschichtliche Quelle der bayerisch-ö. Geschichte in karolingischer Zeit darstellt. 1233 wurde V. heiliggesprochen.

Löwe, H.: Ein literarischer Widersacher des Bonifatius (1951); Schieffer, Th.: Winfried – Bonifatius (1954); Wodka, J.: Kirche in Ö. (1959); Brunhölzl, F.: Zur Kosmographie des Aethicus (Festschrift für M. Spindler, 1969)

VISCHER, Georg Matthäus, * 22. 4. 1628 in Wenns im Pitztal (T), † 13. 12. 1696 in Linz, Geograph, Topograph und Zeichner. Gehörte zunächst dem geistlichen Stand an und war ab 1666 Pfarrer in Leonstein (OÖ), entsagte aber 1669. 1680 ging er nach Wien, wo er 1684 Mathematiker am kaiserlichen Edelknabeninstitut wurde. Später lehrte er in Kremsmünster. Sein Lebenswerk war die kartographische und topographische Aufnahme großer Teile des damaligen Ö. Schon 1667 war V. von den Ständen des Landes ob der Enns beauftragt worden, eine neue Karte des Landes anzufertigen, die 1669 als Kupferstich fertig war. Es folgten die Karten von Unterösterreich (1670), von der Steiermark (1678) und von Ungarn (1685). Dazu schuf er über 1000 Ansichten von Städten, Klöstern, Burgen und Schlössern in NÖ, OÖ, St, in Mähren und in Ungarn, die wegen ihrer Exaktheit vor allem baugeschichtlich besonders wertvoll sind. Eine beachtliche Qualität besitzen auch seine „Topographien" (Landbeschreibungen), in denen er eine sinnvolle Vereinigung von kartographischen, landeskundlichen und zeichnerischen Aussagen erarbeitete, so 1672 die von NÖ,

Georg Matthäus Vischer

„Topographia Archiducatus Austriae inf. Modernae", mit 24 Karten und 514 Abbildungen (Neuausgabe 1920), 1674 von OÖ mit 222 Abbildungen (Neuausgabe 1933), 1675 von St mit 463 Abbildungen. 1675 schuf er auch den bekannten Südprospekt der Stadt Wien. V. war der bedeutendste ö. Geograph des 17. Jh.s; erreichte durch die perspektivische Darstellung der Orte auf seinen Karten besondere Plastizität.

Strassmayr, E.: G. M. V. (1923)

VITORELLI, Paul, * 9. 3. 1851 in Triest, † 20. 4. 1932 in Wien, Jurist. Studierte in Wien und wurde Richter. 1918 war er der letzte Justizminister der Monarchie, 1920–30 Präsident des Verfassungsgerichtshofs. Gemeinsam mit den Juristen Bloch und Fischböck gab er 1900 „Beispiele von Schriftsätzen in Zivilprozeß und Exekutionsverfahren", mit Bloch 1905 „Römische Rechtsgeschichte und System des römischen Privatrechts" heraus, 1928 folgte „Der Verfassungsgerichtshof".

VIVENOT, Rudolf Ritter von, * 3. 7. 1807 in Wien, † 30. 6. 1884 auf seinem Gut Berghof bei Lilienfeld (NÖ), Arzt. Studierte in Wien Medizin und promovierte 1830. Gemeinsam mit Julius von Zerboni de Sporetti gründete er 1848 den „Konstitutionell-monarchischen Verein", der die Gründung einer patriotischen ö. Partei zum Ziel hatte. Da eine Verwirklichung nicht möglich war, zog sich V. von seiner Gründung zurück. Besondere Verdienste erwarb er sich 1872, als er sich an die Spitze eines Komitees stellte, das das Vermächtnis des am 22. 11. 1856 verstorbenen Grafen Kenyon erfüllte, der sein Vermögen für eine Spitalsgründung gestiftet hatte. Das im Mai 1881 eröffnete Krankenhaus wurde nach Kaiser Franz Josephs Mutter Sophienspital genannt.

Lesky, E.: Die Wiener medizinische Schule im 19. Jh. (1965)

VOGEL, Adolf August, * 18. 8. 1897 in München, † 20. 12. 1969 in Wien, Opernsänger, Bassist. V. studierte in München bei A. Bahr-Mildenburg (s. d.) und debütierte als Daland 1923 in Klagenfurt. Über Heilbronn, Karlsruhe und Leipzig kam er an die Münchner Staatsoper, wo er 1930–37 tätig war. 1937 an der Wiener Staatsoper, wo er über zwei Jahrzehnte hindurch auftrat; außerdem lehrte er ab 1940 als Prof. an der Wiener Musikakademie. 1937–39 als Gast an der Metropolitan Opera in New York, trat auch in London, Amsterdam, Mailand, Rom und Buenos Aires auf.

VOGEL, Ernst, * 6. 5. 1871 in Gröningen (Magdeburg), † 23. 10. 1948 in Stockerau (NÖ), Techniker und Industrieller. Kam nach Wien und gründete 1909 in Stockerau eine Pumpenfabrik. V. wurde zum Pionier des modernen Pumpenbaus und entwickelte sein Unternehmen zur „Spezialfabrik moderner Pumpen". Sein Spezialgebiet waren automatische Pumpenanlagen für die selbständige Hauswasserversorgung. Außerdem entwickelte V. die ersten Großanlagen zur Wasserversorgung der Stadt Wien.

Firmenchronik (1949)

KARL VON VOGELSANG

Ein katholischer Sozialreformer

„Das Glück der Wiener Volksbewegung war, daß sie von früh an in Carl Freiherr von Vogelsang den großen Denker und Lehrer erhalten hatte."
Friedrich Funder, Vom Gestern ins Heute (1952)

„Der Erklärung der Menschenrechte, das heißt, der Erhebung des Prinzipes des Subjektivismus zum herrschenen Prinzipe der mordernen Zivilisation, folgte das Gesetz, das alle bestehenden Zünfte aufhob, jede Vereinigung von Handwerkern, alle Vereinskassen und Gewerbebehörden verbot, den Grundsatz der ‚Freiheit der Arbeit' proklamierte: Das ist die falsche subjektivistische Freiheit der Arbeit und damit in unausbleiblicher Konsequenz die Trennung des Besitzes von der Arbeit, ihre Unterjochung unter das Kapital, ihre Erniedrigung, ihre Entsittlichung, ihre Proletarisierung und damit ihre Revolutionierung . . .
Das christliche Mittelalter hatte das Sozialprinzip der differenzierten nationalen Arbeit durch seine Stände in eminent geistvoller Weise zu verwirklichen gewußt, und nicht zum kleinsten Teil ist es dies, dem wir die hohe Kulturblüte des Abendlandes zu verdanken haben . . .
Wenn wir nun den Liberalismus charakterisieren als das Prinzip des autonomen Individualismus im Gegensatze zu dem Prinzipe der heteronomen (in der Abhängigkeit von Gott in der Gehorsamspflicht gegen ihn und damit gegen das organisch Gewordene sich fühlende) Gesellschaft, so begreift es sich, daß, sobald das erstgenannte Prinzip zur Herrschaft gelangte, eine ganz neue Religions-, Staats-, Gesellschafts- und Wirtschaftsauffassung sich geltend machen mußte . . . Der Liberalismus mit seinem Grundsatze der Subjektivität als Ausgangspunkt des Denkens, des Rechtes und der Freiheit des Menschen führt notwendig zum Übergewicht des Egoismus in allen Handlungen der Menschen; zu einem rücksichtslosen Kampf ums Dasein . . ."
Die sozialen Lehren des Freiherrn von Vogelsang, hrsg. von Wiard von Klopp (2. Aufl. 1938)

VOGELSANG, Karl Freiherr von, * 3. 9. 1819 in Liegnitz (Schlesien), † 8. 11. 1890 in Wien (Verkehrsunfall), katholischer Sozialpolitiker und Publizist. V. studierte Rechtswissenschaft in Bonn, Berlin und Rostock, trat in den preußischen Staatsdienst, wandte sich aber – erschüttert über die Revolutionsereignisse von 1848 – von Preußen ab und kam 1850 über München nach Innsbruck, wo er zum katholischen Glauben übertrat. 1864 erwarb er ein Gut am Bisamberg bei Wien, ging 1872 nach Preßburg, wo er 1873 als Mitarbeiter bei der Zeitschrift „Der Katholik" tätig war. 1875 wurde er Redakteur der Wiener katholisch-konservativen Zeitung „Das Vaterland" und gründete 1879 die „Ö. Monatsschrift für Gesellschaftswissenschaft und Volkswirtschaft", die bald über Ö.s Grenzen hinaus eine Diskussionsgrundlage für die katholische Sozialreform bot. V. wurde zum geistigen Begründer der christlichsozialen Bewegung; er strebte eine christliche Sozialreform unter Einbeziehung berufsständischer Gesichtspunkte an. Gemeinsam mit E. Schneider veröffentlichte er 1884 die Schrift „Die materielle Lage des Arbeiterstandes in Ö.", die schließlich einen bedeutenden Einfluß auf die nachfolgende sozialpolitische Gesetzgebung ausübte. Sein sozialpolitisches Programm, wie auch V.s Antisemitismus, wurden von Dr. Karl Lueger (s. d.) übernommen. Auf dem Weg zu einem der von ihm ins Leben gerufenen „Entenabende" – einer nach dem Hotel „Ente" benannten Vortrags- und Diskussionsrunde – erlitt V. einen tödlichen Verkehrsunfall. Von seinen weiteren Veröffentlichungen seien genannt: „Die Bauernbewegung in den ö. Alpenländern" (1881), „Zins und Wucher" (1884) und „Gesammelte Aufsätze", 12 Hefte (1886).

Orel, A.: V. Leben und Lehren (1922, 2. Aufl. 1957); Klopp, W.: Leben und Wirken des Sozialpolitikers K. von V. (1930); Allmayer-Beck, J. Ch.: Vom Feudalismus zur Volksbewegung (1952); Silberbauer, G.: Ö.s Katholiken und die Arbeiterfrage (1966)

VOGL, Johann Michael, * 10. 8. 1768 in Ennsdorf bei Steyr (OÖ), † 20. 11. 1840 in Wien, Sänger, Bariton. War 1794–1822 an der Wiener Hofoper engagiert, wo er bedeutende Erfolge hatte. Als Freund von Franz Schubert erkannte er früh dessen musikalisches Genie und machte Schuberts Lieder durch seine Interpretation in der Öffentlichkeit bekannt, stand auch manchmal Schubert bei deren Entstehung mit dem Rat des Sängers zur Seite. Schuberts Lieder op. 6 sind V. gewidmet.

Liess, A.: J. M. V. (1954)

VOGL, Johann Nepomuk, * 7. 2. 1802 in Wien, † 16. 11. 1866 in Wien, Beamter, Lyriker und Erzähler. Sohn eines Kaufmanns, wurde Beamter der nö. Landstände. War auch journalistisch als Herausgeber verschiedener Zeitungen, Zeitschriften und Almanache tätig. Als Lyriker und Erzähler war er ein Vertreter der Wiener Spätromantik. Viele seiner Lieder und Balladen sind durch die Vertonungen von Carl Loewe bekannt geworden, etwa „Heinrich der Vogler" und „Das Erkennen". Große Verdienste erwarb er sich durch die Herausgabe der Werke von Ferdinand Raimund, 4 Bde. (ab 1837). Von seinen Veröffentlichungen seien u. a. genannt: „Balladen und Romanzen" (1835, 1837, 1841 als „Neue" bzw. „Neueste Folge" und 1845 als Gesamtausgabe wiederaufgelegt), „Novellen" (1838), „Klänge und Bilder aus Ungarn" (1839), „Erzählungen eines Großmütterchens" (1840), „Neuer Liederfrühling" (1841), „Neueste Dichtungen" (1843), „Trommel und Fahne" (1844), „Karthäusernelken" (1845), „Soldatenlieder" (1849), „Scherzhaftes" (1850), „Jägerbrevier" (1862), „Blumen der Heimat" (1863), „Aus dem alten Wien" (1865). 1834 gab er den Almanach „Ö. Wunderhorn" heraus. Die Sammlung „Ausgewählte Dichtungen" erschien 1911, hrsg. von R. Kleinecke.

Schmidt, A.: J. N. V. (1868); Blümml, E. K.: J. N. V. und das deutsche Volkslied (1908)

VOIGTLÄNDER, Christoph, * 1732 in Leipzig, † 27. 6. 1797 in Wien, Optiker und Mechaniker. Kam 1755 nach Wien und gründete hier 1756 eine Werkstatt für optische und feinmechanische Instrumente, in der er mehrere exakt ausgeführte mathematische Instrumente konstruierte und herstellte.

VOIGTLÄNDER, Johann Friedrich, * 21. 3. 1778 in Wien, † 28. 3. 1859 in Wien, Optiker. Sohn von Christoph V. (s. d.). 1808 eröffnete er in Wien eine Werkstätte für optische Instrumente und führte als erster die sogenannte englische Methode des Gläserschleifens in Ö. ein. 1823 entwickelte er das „Doppel-Theaterperspektiv", das Opernglas, mit dem er und sein Unternehmen rasch bekannt wurden. 1837 übergab er das Unternehmen seinem Sohn Peter Wilhelm (s. d.).

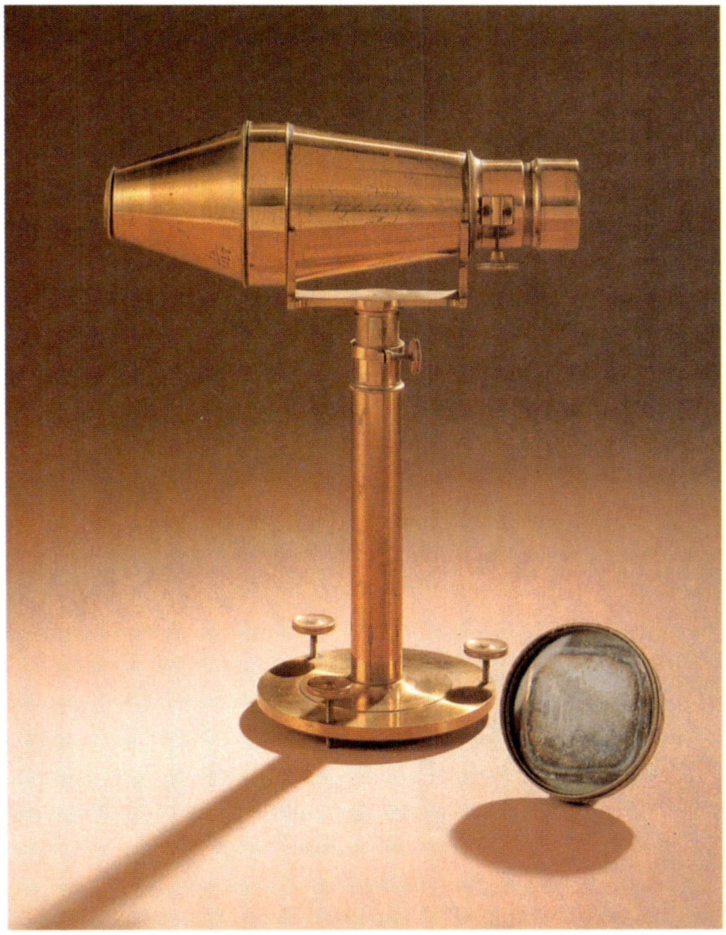

Eine der ersten Voigtländer-Kameras mit Petzval-Objektiv, gebaut von Peter Wilhelm Voigtländer um 1845

VOIGTLÄNDER, Peter Wilhelm Ritter von (seit 1850), * 17. 11. 1812 in Wien, † 8. 4. 1878 in Braunschweig, Optiker. Sohn von Johann Friedrich V. (s. d.). Besuchte das Polytechnische Institut in Wien und unternahm Studienreisen nach Deutschland, Frankreich und England. 1837 übernahm er den väterlichen Betrieb. Als 1839 an der Universität Wien das photographische Verfahren entwickelt wurde, wandte sich der Mathematiker und Univ.-Prof. Josef Petzval (s. d.) mit seinen theoretischen Berechnungen für ein lichtstärkeres Objektiv an den Optiker V., der nach diesen Angaben 1840 das erste berechnete Porträtobjektiv schuf. Die „Petzval-Linsen" erwiesen sich als vierzigmal stärker als die bisherigen und ermöglichten der Photographie Belichtungszeiten unter einer Minute, was der noch jungen Erfindung beträchtlichen Wert verlieh und V.s Unternehmen zu beachtlichem Aufschwung verhalf. 1842 konstruierte V. ein neues „Perspektiv" mit achromatischen Okularen und Objektiven, das insbesondere in England unter dem Namen „Voigtländer" im Theater und bei Rennen ebenso wie bei Heer und Marine rasch beliebt wurde. Dennoch blieb V. der Photographie weiter treu und entwickelte einen Photoapparat aus Messing, die erste Metallkamera der Welt. Sie war wesentlich handlicher als das unpraktische Holzgehäuse von Daguerre. 1842 verkaufte er davon bereits 600 Stück und hatte damit seinen kommerziellen Erfolg gesichert. 1860 erzeugte man das zehntausendste Exemplar. Der stark angewachsene Betrieb veranlaßte V. zur Gründung einer zweiten Erzeugungsstätte, und er wählte dazu, wohl wegen der Heimat seiner zweiten Frau, Braunschweig. Nach der 1852 erfolgten Genehmigung verlegte er 1856 seinen ständigen Wohnsitz dorthin. Das Interesse am Wiener Betrieb wurde auch deshalb geringer, weil es mit Petzval zu Streitigkeiten gekommen war; Petzval hatte sich rechtlich zuwenig abgesichert. Als daher V.s Geschäftsführer 1866 starb, entschloß sich V. 1868, den Betrieb aufzulösen. Den wirtschaftlichen Vorteil des Unternehmens erkannte man in Wien nicht, und V. zog sich nach einer Spende von 20000 Gulden an die Kronprinz-Rudolf-Stiftung endgültig nach Deutschland zurück.

Hartig, H.: Zur Geschichte der Familie V., ihrer Werkstätten und ihrer Mitarbeiter (1925); Mentschl, J.: Ö. Wirtschaftspioniere (1959); ders. und Otruba, G.: Ö. Industrielle und Bankiers (1965)

W

VOLTELINI, Hans von, * 31. 7. 1862 in Innsbruck, † 25. 6. 1938 in Wien, Jurist und Rechtshistoriker. Sohn eines Senatspräsidenten des Obersten Gerichtshofs. V. studierte Philosophie und Jus an den Universitäten Innsbruck und Wien, promovierte 1887 sub auspiciis Imperatoris zum Dr. phil. und 1892 zum Dr. jur. 1886 war er als Volontär ins Haus-, Hof- und Staatsarchiv eingetreten, habilitierte sich 1899 als Privatdozent für deutsches Recht und ö. Rechtsgeschichte an der Universität Wien, wurde 1900 a. o. Univ.-Prof., 1902 Univ.-Prof. für ö. Geschichte in Innsbruck. 1908 kehrte er nach Wien zurück, wo er Deutsche Rechtsgeschichte lehrte und 1934 emeritierte. Beschäftigte sich intensiv mit der Geschichte Wiens. Veröffentlichungen: „Acta Tirolensia II, Südtiroler Notariatsimbreviaturen" (1899), „Die ältesten Statuten von Trient" (1902), „Forschungen und Beiträge zur Geschichte des Tiroler Aufstandes im Jahre 1809" (1909), „Die Anfänge der Stadt Wien" (1913).

V.-Festschrift, hrsg. vom Verein für Geschichte der Stadt Wien (1932)

VONBUN, Franz Joseph, * 28. 11. 1824 in Laz (V), † 17. 3. 1870 in Schruns (V), Arzt und Volkskundler. War als praktischer Arzt tätig und beschäftigte sich daneben intensiv mit Volkskunde. V. sammelte Märchen und Sagen und war auch als Mundartdichter bekannt. 1847 veröffentlichte er „Volkssagen aus Vorarlberg", die 1858 unter dem Titel „Die Sagen Vorarlbergs" erschienen und 1950 von R. Beitl neu herausgegeben wurden. 1862 erschienen „Beiträge zur deutschen Mythologie" und 1910 „Alpenmärchen".

VORLAUF, Konrad, * um 1335, † 11. 7. 1408 in Wien (hingerichtet), Wiener Bürgermeister. V. war spätestens ab 1399 Mitglied des Inneren Rats der Stadt Wien, 1404 Bürgermeister, ging 1405 in den Inneren Rat zurück und war ab 1406 abermals Bürgermeister von Wien. In der Auseinandersetzung der Herzöge Leopold IV. (s. d.) und Ernst (s. d.) um das habsburgische Erbe unterstützte er – wie der gesamte Stadtrat, die Ratsbürger, die Studenten und Klöster – Herzog Ernst. Auf der Seite Leopolds hingegen standen die Handwerker und ärmeren Bürger der Stadt. Als sich die Heere der feindlichen Brüder im Jänner 1408 gegenüberstanden – Leopold in Korneuburg, Ernst in Klosterneuburg –, versuchten Leopolds Anhänger in der Stadt einen Aufstand anzuzetteln. V. ließ fünf Anführer, durchwegs Handwerker, am 5. 1. öffentlich hinrichten, doch schlossen die Herzöge am 14. 1. einen Waffenstillstand und zogen gemeinsam in Wien ein. Auf dem Rückweg von Beratungen in St. Pölten, zu denen ihn Herzog Leopold im April eingeladen hatte, wurde V. von Ritter Hans Laun von Grünau, einem Parteigänger Leopolds, überfallen und erst nach Zahlung eines Lösegelds wieder freigelassen. Mittlerweile hatte sich aber die Situation in Wien geändert, und die Handwerker verlangten energisch die Absetzung und Bestrafung V.s. Am 7. Juli wurde er verhaftet und am 11. gemeinsam mit den Ratsherren Hans Rock und Konrad Ramperstorffer auf dem Schweinemarkt (Lobkowitzplatz) durch das Schwert hingerichtet. Vor dem Friedrichsgrab im Südchor des Wiener Stephansdoms war zu seiner Erinnerung im Fußboden eine Marmorplatte eingelassen, die aber 1945 zerstört wurde.

Czeike, F.: Wien und seine Bürgermeister (1974)

VRANITZKY, Franz, * 4. 10. 1937 in Wien, Finanzfachmann und SPÖ-Politiker. Studierte an der Hochschule für Welthandel, 1960 Dkfm. und 1969 Dr. merc. 1961 begann er seine Berufslaufbahn im Rechnungswesen der Firma Siemens-Schuckert, wechselte aber noch im selben Jahr in die Oesterreichische Nationalbank (bis 1970). Im Dezember 1970 wirtschafts- und finanzpolitischer Berater von Finanzminister Androsch (s. d.), wurde V. im Juli 1976 Generaldirektor-Stellvertreter der Creditanstalt-Bankverein und übersiedelte in dieser Position im Februar 1981 in die Länderbank, die er, ab April 1981 als Generaldirektor, sanierte. Seit 10. 9. 1984 Finanzminister, wurde er von dem 1986 zurückgetretenen Fred Sinowatz (s. d.) zum Bundeskanzler designiert. Seit 16. 6. 1986 war V. Regierungschef einer umgebildeten Bundesregierung. Trat im September 1986 zurück und ist seit Jänner 1987 Bundeskanzler einer SPÖ-ÖVP-Koalitionsregierung.

WABER, Leopold, * 17. 3. 1875 in Wiener Neustadt (NÖ), † 12. 3. 1945 in Wien, Finanzbeamter und christlichsozialer Politiker. Studierte in Wien Jus und wurde Finanzbeamter. War 1911–18 Reichsratsabgeordneter, 1919–28 Abgeordneter zum Nationalrat und 1921/22 im ersten Kabinett Schober Innen- und Unterrichtsminister, 1922/23 im ersten Kabinett Seipel Justizminister und 1924–26 im ersten Kabinett Ramek Vizekanzler und mit dem Justizressort betraut.

WACHE, Karl, * 26. 4. 1887 in Wien, † 30. 4. 1973 in Wien, Bibliothekar, Literarhistoriker und Schriftsteller. Wurde nach Abschluß seines Studiums in Wien Staatsbibliothekar, beschäftigte sich nebenbei mit Literaturgeschichte und verfaßte Lyrik, Prosa und Dramen. Von seinen Veröffentlichungen seien u. a. genannt: „Die Künste" (1919), „Wiener Führer" (1922), „Das Geistesleben in Ö." (1926), „Der ö. Roman seit dem Neubarock" (1930), „Goethe" (1932), „Jahrmarkt der Wiener Literatur" (1966); von seinen Lyrikbänden: „Licht und Schwere, Farben und Töne" (1934), „Der Ring des Lebens" (1951), „Was euch gefällt" (1962); von seiner Prosa: „Meine Welt" (1918), „Roland" (1923, 2. Aufl. 1939), „Welt und Seele" (1923), „Agnes Ingwersen" (1923); von den Dramen: „Das Sanatorium L." (1935), „Baucis und Philemon" (1954), „Die Götter warten in Wien" (1964).

WACIK, Franz, * 9. 9. 1883 in Wien, † 15. 9. 1938 in Wien, Maler und Graphiker. Studierte zuerst als Schüler A. Rollers (s. d.) an der Kunstgewerbeschule und anschließend an der Akademie der bildenden Künste in Wien. Neben seinem malerischen Werk liegt das Hauptgewicht seines Schaffens jedoch auf dem Gebiet der Illustration. Er schuf auch die Deckenfresken in den Arkaden des Gemeindebaus am Vogelweidplatz (1928). In seinen Anfängen arbeitete W. auch für die humanistische Zeitschrift „Die Muskete", später gestaltete er zahlreiche Plakate und sogar Trickfilme. Auch als Bühnenbildner war W. tätig (u. a. am Burgtheater für G. Hauptmanns „Und Pippa tanzt"). 1934 erhielt er den Ö. Staatspreis.

WACKERNELL, Joseph Eduard, * 22. 11. 1850 in Göflan (Südtirol), † 6. 10. 1920 in Innsbruck, Literarhistoriker. Studierte in Innsbruck und wurde hier Univ.-Prof. Besondere Verdienste erwarb er sich durch die Herausgabe (gemeinsam mit J. Hirn) der „Quellen und Forschungen zur Geschichte, Literatur und Sprache Ö.s" (ab 1893) und die beiden Sammlungen „Altdeutsche Passionsspiele aus Tirol" (1897) und „Ältere Volkslieder und volkstümliche Lieder aus Tirol" (1906). Außerdem veröffentlichte er u. a.: „Walther von der Vogelweide in Ö." (1877), „Hugo von Montfort" (1881), „Beda Weber" (1903), „Pichler und Lenau" (1912), „Adolf Pichler" (1925).

WAECHTER, Eberhard, * 8. 7. 1929 in Wien, Kammersänger, Bariton. Studierte an der Wiener Musikakademie Klavier und Musiktheorie sowie Gesang. Er debütierte 1953 in Leoncavallos „Bajazzo" als Silvio an der Wiener Volksoper und wurde 1955 Mitglied der Wiener Staatsoper. War auch Gast an allen großen Bühnen Europas sowie an der Metropolitan Opera in New York und regelmäßig bei den Salzburger, Bayreuther, Edinburger und Glyndebourne-Festspielen. Zu seinen Glanzrollen zählten Don Giovanni, Graf Almaviva, Amfortas, Wolfram und Eisenstein. Seit September 1987 Direktor der Wiener Volksoper.

WAGENER, Hilde, * 26. 9. 1904 in Hannover, Kammerschauspielerin. Erhielt ihre Ausbildung in Berlin und kam 1924 an das Wiener Burgtheater, wo sie unzählige Hauptrollen in klassischen und modernen Stücken spielte und durch ihre besondere Charakterisierungskunst bedeutende Erfolge errang. Auch in zahlreichen Filmen und Fernsehspielen wirkte W. mit. 1949 gründete sie die Aktion „Künstler helfen Künstlern" für Bühnenangehörige, mit der viel Not gelindert werden konnte. Sie erhielt mehrere Auszeichnungen und Ehrungen, darunter 1953 den Karl-Renner-Preis und 1954 den Sonnenthal-Ring.

WAGENSEIL, Georg Christoph, * 15. 1. 1715 in Wien, † 1. 3. 1777 in Wien, Pianist und Komponist. Ab 1736 Hofscholar der Wiener Hofkapelle und Schüler von J. J. Fux (s. d.) und Matteo Palotta. Wurde Klavierlehrer von Maria Theresia (s. d.), ab 1739 kaiserlicher Hofkomponist und 1741–50 Organist in der Kapelle der Kaiserinwitwe Elisabeth Christine (s. d.), der Mutter Maria Theresias. W. war einer der bedeutendsten Vertreter der Vorklassik in Wien und beeinflußte durch sein Opernschaffen Christoph Willibald Gluck (s. d.). Er schuf 16 Opern, 3 Oratorien, Kantaten, Symphonien, Klavierkonzerte und Sonaten, Kirchenmusik und Orgelwerke.

Scholz-Michelitsch, H.: G. Ch. W. als Klavierkomponist. Diss. Wien (1967); Michelitsch, H.: Das Klavierwerk bzw. Das Orchester-und Kammermusikwerk von G. Ch. W., 2 Teile (1966–72)

WAGNER, Anton Paul, * 3. 7. 1834 in Königinhof (Böhmen), † 26. 1. 1895 in Wien, Bildhauer. Studierte zunächst in Prag und anschließend an der Akademie der bildenden Künste in Wien. 1866 schuf er hier als erstes Werk den Gänsemädchenbrunnen in Bronze (Mariahilfer Straße) sowie in weiterer Folge eine große Zahl von Statuen historischer Persönlichkeiten, aber auch allegorische Figuren als Fassadenschmuck für öffentliche Gebäude, so etwa für das Rathaus, das Parlament, die Universität, das Arsenal, das Künstlerhaus, das Burgtheater und für das Kunsthistorische Museum. Die Kolossalgruppen Asien und Afrika am Haupteingang des Naturhistorischen Museums zählen zu seinen wichtigsten Schöpfungen.

Kapner, G.: Freiplastik in Wien (1970)

Otto Wagners Hauptwerk, die Kirche Am Steinhof (Leopoldkirche) in Wien 14 (1904–07)

KARL HEINRICH WAGGERL

Wagrainer Geschichten

WAGGERL, Karl Heinrich, * 10. 12. 1897 in Badgastein (S), † 4. 11. 1974 in Schwarzach im Pongau (S), Erzähler und Heimatschriftsteller. Als Sohn eines Zimmermanns geboren, wuchs er in ärmlichen Verhältnissen auf, war Liftboy, Zeitungsverkäufer und Bergführer, ehe er ein Lehrerseminar besuchen konnte. Im Ersten Weltkrieg Offizier, anschließend in Kriegsgefangenschaft, danach einige Zeit Lehrer, lebte dann als freier Schriftsteller in Wagrain (S). In seinen Romanen und Erzählungen ebenso wie in seiner Kurzprosa schilderte er in lebensnaher, geschliffener Sprache das entbehrungsreiche bäuerliche Leben seiner Bergheimat, aber auch die kleinen Freuden des Lebens. Seine Lesungen erfreuten sich großer Beliebtheit. W. erhielt u. a. 1937 den Ö. Staatspreis, 1957 die Stifter-Medaille. U. a. veröffentlichte er die Romane „Brot" (1930), „Schweres Blut" (1931), „Das Jahr des Herrn" (1933, als „Kraft der Liebe" 1951 verfilmt), „Mütter" (1935); Erzählungen und Kleinprosa: „Du und Angela" (1933),Wagrainer Tagebuch" (1936), „Kalendergeschichten" (1937), „Feierabend" (1944), „Die Pfingstreise" (1946), „Fröhliche Armut" (1948), „Drei Erzählungen" (1950), „Wagrainer Geschichtenbuch" (1950), „Und es begab sich . . ." (1953), „Das ist die stillste Zeit im Jahr" (1956), „Die grünen Freunde" (1957), „Der Leibsorger" (1958), „Das Badgasteiner Jahr" (1958), „Die Kunst des Müßiggangs" (1959), „Lob der Wiese" (1960), „Der Lückenbüßer" (1961), „Die Traumschachtel" (1962); seine von ihm illustrierten Bücher: „Das Wiesenbuch (1932), „Heiteres Herbarium" (1950), „Liebe Dinge" (1956), „Kleine Münze" (1957), „Ein Mensch wie ich" (1963). 1948–50 erschienen W.s „Gesammelte Werke" (5 Bde.).

Bayr, R.: K. H. W. (1947); Willinger, M.: K. H. W. (1957); Arens, H.: Vagabund an der Leine (1962)

WAGNER, Leopold, * 4. 12. 1927 in Klagenfurt, Hauptschullehrer, SPÖ-Politiker. Wurde 1965 Landesparteisekretär der SPÖ, 1966 Bundesrat und 1970 Landesrat. Nach Führungswechsel in der Kärntner SPÖ wurde W. 1973 zunächst Landesparteiobmann und nach dem Rücktritt von Hans Sima (s. d.) am 19. 4. 1974 vom Kärntner Landtag zum Landeshauptmann gewählt.

WAGNER, Otto, * 13. 7. 1841 in Wien, † 11. 4. 1918 in Wien, Architekt. Besuchte 1857–59 die Architekturschule des Wiener Polytechnischen Instituts (heute Technische Universität), studierte anschließend 1860/61 an der Bauakademie in Berlin und 1861–63 als Schüler von August Siccard von Siccardsburg (s. d.) und Eduard van der Nüll (s. d.) an der Akademie der bildenden Künste in Wien. Beim Wettbewerb für den Kursalon im Wiener Stadtpark errang er den ersten Preis, erhielt aber keinen Bauauftrag. 1874 baute er gemeinsam mit Otto Thienemann den Grabenhof sowie mehrere Mietshäuser. Sein erster größerer Auftrag war 1883 das Gebäude der Länderbank und 1884 das der Bodenkreditanstalt sowie 1886 das der Assicurazione Generali und die russische Botschaft. W. wurde 1894 als Nachfolger Karl Hasenauers (s. d.) Prof. und Leiter einer Spezialklasse für Architektur an der Akademie der bildenden Künste in Wien. Hier wurde er zum Begründer der sogenannten Wagnerschule, aus der zahlreiche prominente und bahnbrechende Architekten hervorgingen, wie J. M. Olbrich (s. d.) und Josef Hoffmann (s. d.). Die Architekten der Wagnerschule bestimmten bis in die dreißiger Jahre den Charakter der ö. Baukunst. W. begann sich nun vom Historismus zu lösen und neue Wege zu suchen, indem er, der sozialen und technischen Entwicklung der Baukunst Rechnung tragend, einen von Zweck, Material und Konstruktion geprägten „Nutzstil" entwickelte. W. vertrat den Standpunkt, daß der Architekt dieses Stils dem Bautechniker und nicht dem

W

Wagner Otto · Wagner Robert · Wagner-Jauregg Julius · Wagner-Rieger Renate · Wagner von Wagenfels Hans Jakob · Wagula Hanns · Wahlberg Wilhelm Emil · Wahle Richard · Wahrmund Adolf · Wahrmund Ludwig · Waitz Sigismund · Waldbrunn Ernst

Otto Wagner. Lithographie von August Schubert

Künstler den Vorrang einzuräumen habe. Drei Perioden prägten sein Schaffen, wovon die erste noch dem Historismus zugeneigt war, doch den gewaltigen Generalsanierungsplan für die Stadt Wien von 1892/93 enthielt, wovon aber nur die Stadtbahn und die Regulierungsarbeiten an Donaukanal und Wienfluß verwirklicht wurden. Seine zweite Periode (um 1894 beginnend) war dem Jugendstil zugewandt. W. zählte auch zu den Hauptinitiatoren und Gründungsmitgliedern der Wiener Secession. In der dritten, nach 1904 anzusiedelnden Periode wandte er sich mit seiner ökonomischen Raumaufteilung und der Verwendung von Glas und Stahl der Moderne zu. Sein 1904–06 errichtetes Wiener Postsparkassenamt stellt eine der bedeutendsten Pionierleistungen der modernen Architektur des 20. Jh.s dar, ein mustergültiger „Zweckbau". In dieselbe Zeit fällt ein weiteres Meisterwerk W.s, die Kirche Am Steinhof (1904–07). Von seinen übrigen Bauten seien noch genannt: die Stadtbahn mit ihren Stationen und Brückenbauten (1894–1900), die Wehr- und Schleusenanlage des Donaukanals in Nußdorf (1894–98), die Wohnhäuser im 6. Bezirk, Linke Wienzeile 38 und 40 sowie Köstlergasse 3 (1898/99), die Kaianlagen am Donaukanal (1898–1908) mit dem sogenannten Schützenhaus (1906/07). Vergeblich bemühte er sich in den Jahren 1900–08 um eine Neugestaltung des Karlsplatzes, und seine nichtausgeführten Entwürfe mehrten sich zusehends. Seine ausgeführten Spätwerke, der Lupus-Pavillon im Wiener Wilhelminenspital (1910–13), zwei Mietshäuser im 7. Bezirk, Döblergasse 2 und 4 (1909–13), und die zweite „Wagner-Villa" in Hütteldorf (1912/13), kennzeichnen den reifen Altersstil W.s mit seinen strengen geometrischen Formen und dem weitgehenden Verzicht auf ornamentalen Schmuck. W. erhielt zahlreiche Ehrungen, u. a. die Titel Oberbaurat und Hofrat. Er hat verschiedene vielbeachtete Werke, programmatische Schriften zum Thema Architektur und Städtebau verfaßt, u. a.: „Moderne Architektur" (1895, 4. Aufl. unter dem Titel „Die Baukunst unserer Zeit", 1914, Neuaufl. 1979), „Zur Kunstförderung" (1909), „Die Großstadt" (1911), „Einige Skizzen, Projekte und ausgeführte Bauwerke", 4 Bde. (1890–1922).

Lux, J. A.: O. W. (1914); Tietze, H.: O. W. (1922); Pirchan, E.: O. W. (1956); Graf, O. A.: O. W. (1963); Geretsegger, H., und Peintner, M.: O. W. (1964)

OTTO WAGNER
Schönheit des Praktischen

„Die Aufgabe der Kunst, also auch der modernen, ist dieselbe geblieben, welche sie zu allen Zeiten war. Die moderne Kunst muß uns moderne, von uns geschaffene Formen bieten, die unser Können, unser Tun und Lassen repräsentieren."

„Alles modern Geschaffene muß dem neuen Material und den Anforderungen der Gegenwart entsprechen, wenn es zur modernen Menschheit passen soll, es muß unser eigenes besseres, demokratisches, selbstbewußtes, ideales Wesen veranschaulichen und den kolossalen technischen und wissenschaftlichen Errungenschaften sowie dem durchgehenden praktischen Zuge der Menschheit Rechnung tragen . . ."

„Etwas Unpraktisches kann nicht schön sein."

Otto Wagner, Moderne Architektur (1895)

WAGNER, Robert, * 20. 4. 1915 in Wien, Dirigent und Komponist. Studierte in Wien und war 1945–51 Dirigent des Mozarteumorchesters in Salzburg und ab 1947 auch Prof. am Mozarteum. 1951–60 Generalmusikdirektor in Münster (Westfalen), 1960–65 Musikdirektor in Innsbruck und ab 1965 Präsident des Mozarteums in Salzburg. Als Komponist schuf er kammermusikalische und symphonische Werke sowie Musik für Bläserchöre und Bühnenmusik.

WAGNER-JAUREGG, Julius Ritter von, * 7. 3. 1857 in Wels (OÖ), † 27. 9. 1940 in Wien, Psychiater. Der Sohn eines Finanzbeamten studierte in Wien und promovierte 1880. Bereits 1878 erschien seine vielbeachtete Arbeit „Ursprung und Funktion der beschleunigenden Herznerven". Ab 1883 in der Nö. Landesirrenanstalt tätig, wandte er sich ganz der Psychiatrie zu, habilitierte sich 1885 für Neurologie und 1887 für Psychiatrie und wurde 1889 a.o. Univ.-Prof. für Psychiatrie an der Universität Graz. 1893 o. Univ.-Prof. in Wien und Direktor der Psychiatrischen Klinik (bis 1928). Schon während seiner Tätigkeit in der Nö. Irrenanstalt beobachtete er, daß an unheilbaren Psychosen erkrankte Patienten durch zufällig aufgetretene fieberhafte Erkrankungen vorübergehend geheilt wurden. 1887 veröffentlichte er über die sogenannte „Fiebertherapie" die Schrift „Über die Einwirkung fieberhafter Erkrankungen auf Psychosen". 1917 wurde ein Soldat mit einer Nervenverletzung in seine Klinik eingeliefert, der auch an Malaria litt; das nahm W.-J. zum Anlaß, einige an progressiver Paralyse erkrankte Patienten mit Malaria zu impfen. Seine damit erzielten Heilerfolge publizierte er 1918 und erhielt 1927 den Nobelpreis „für die Entdeckung der therapeutischen Bedeutung der Malariaimpfung bei progressiver Paralyse". Abgesehen von diesem bahnbrechenden medizinischen Erfolg, war W.-J. auch auf anderen Gebieten der Medizin führend tätig. Auf dem internationalen medizinischen Kongreß in Budapest 1909 hatte er über eine kombinierte Tuberkulin-Quecksilber-Kur gegen Syphilis referiert, hatte die Behandlung von Schilddrüsenerkrankungen vorangetrieben, eine Prophylaxe gegen Kropf und Kretinismus entwickelt und aus eigenen Mitteln in Zeltweg (St) eine Anstalt zur Kropfforschung errichtet, in der er nachwies, daß durch die Verwendung von jodiertem Kochsalz (dessen Verkauf er stark förderte) der Mißbildung wesentlich vorgebeugt werden konnte. Er erwarb sich auch große Verdienste um die forensische Psychiatrie, den Ausbau der somatischen Symptomatologie und um die Pathogenese mehrerer Psychosen. Für seine Tätigkeit auf dem Gebiet der Gerichtsmedizin verlieh ihm 1937 die juridische Fakultät der Universität Wien das Ehrendoktorat. W.-J. war Ehrenmitglied der Ö. Akademie der Wissenschaften. Weitere wissenschaftliche Werke: „Beiträge zur Aetiologie und Pathologie des endemischen Kretinismus" (1910), „Myxödem und Kretinismus" (1912), „Lehrbuch der Organotherapie" (mit G. Bayer 1914), „Verhütung und Behandlung progressiver Paralyse durch Impfmalaria" (1931), „Mechanismus der Wirkung der Infektions- und Fiebertherapie" (1935) und „Über die menschliche Lebensdauer" (1941). 1950 gab L. Schönbauer (s. d.) u. a. W.-J.s „Lebenserinnerungen" heraus.

Lesky, E.: Die Wiener medizinische Schule des 19. Jh.s (1965); Gicklhorn, J. und R.: Die ö. Nobelpreisträger (2. Aufl. 1966); Hartmann, H.: Lexikon der Nobelpreisträger (1967)

WAGNER-RIEGER, Renate, * 10. 1. 1921 in Wien, † 11. 12. 1980 in Wien, Kunsthistorikerin. Studierte in Wien und war hier seit 1964 Univ.-Prof. für Kunstgeschichte. Ihr Spezialgebiet war die Geschichte der mittelalterlichen und der modernen Architektur. Sie veröffentlichte mehrere bedeutende kunstgeschichtliche Werke, u. a.: „Die italienische Baukunst zu Beginn der Gotik", 2 Bde. (1956/57), „Das Wiener Bürgerhaus des Barock und Klassizismus" (1957), „Das Schloß zu Spittal an der Drau in Kärnten" (1962), „Die Wiener Ringstraße. Bd. 1: Das Kunst-

JULIUS WAGNER-JAUREGG

„. . . Auf brüchigem Wissensgrunde"

„Herr Professor Wagner von Jauregg hat von den Rothschild und Coburg, hat für die Bereitwilligkeit, dort in der Eifersucht, hier in der Untreue ein Irrsinnssymptom zu erkennen, sicherlich keinen baren Gulden bekommen. Die Befleckung, die seinem gelehrten Namen geschah, als er sich für die Internierung des von ihm nie untersuchten, bloß durch einen bedenklichen Theaterarzt geschilderten Girardi aussprach, als die Gefahr, daß der geliebteste und gesündeste Geist des Wiener Kunstlebens sicherer Zerstörung überliefert werde, nur durch Zufall und Gnade abgewendet ward, – ein gewissenhafterer Kollege hätte sie sich mit einer Million vergüten lassen . . . Ich hasse das Handwerk, weil es auf brüchigem Wissensgrunde den Machtwahn des Individuums nährt und gleich dem Journalismus seinen Mißbrauch in sich trägt."

Karl Kraus, Irrenhaus Österreich, Die Fackel, 6. Oktober 1904

„In einer besonders traurigen Lage waren diejenigen Bedauernswerten, die ‚nur' ein Nervenleiden hatten. Denen klebte von vornherein der Makel des Simulantentums an, und bei vielen sogenannten Ärzten war nur das Bestreben vorhanden, sie zu ‚entlarven', nicht etwa ihr Leiden festzustellen und zu heilen. Eines der Mittel, das angewendet wurde, war die elektrische Behandlung mit Starkstrom, von der alle, die mit ihr beglückt wurden, sagen, daß die Schmerzen, die sie hervorruft, mit Worten nicht zu schildern sind. Es liegt der Verdacht mehr als nahe, daß diese Ströme überhaupt nicht zu Heilzwecken, sondern lediglich zu Folterzwecken angewendet wurden. Insbesondere wurde diese ‚elektrische Heilmethode' auf der Klinik Wagner v. Jaureggs angewendet . . ."

Der Freie Soldat, Ärzte und Folterknechte, 28. 2. 1919

„Diese in der deutschen Armee entstandene, in therapeutischer Absicht schmerzhafte Behandlung konnte gewiß auch in maßvoller Weise geübt werden. Wenn sie in den Wiener Kliniken angewendet wurde, so bin ich persönlich überzeugt, daß sie niemals durch die Initiative von Prof. Wagner-Jauregg ins Grausame gesteigert worden ist. Für andere Ärzte, die ich nicht kenne, will ich auch nicht einstehen."

Sigmund Freud, Gutachten vom 23. 2. 1920, zit. nach: K. R. Eißler, Freud und Wagner-Jauregg vor der Kommission zur Erhebung militärischer Pflichtverletzung (1979)

werk im Bild" (1969); zugleich war sie Herausgeber des gesamten Reihenwerks und Verfasserin mehrerer Bände von „Wiens Architektur im 19. Jh." (1970); außerdem Mitarbeiterin am Lehrbuch der Geschichte für die Oberstufe der Mittelschulen, 4 Bde. (1950–53) und an Reclams Kunstführer Ö.s, 2 Bde. (1961/62).

WAGNER von Wagenfels, Hans Jakob, † um 1702, Historiker. War der Geschichtslehrer des späteren Kaisers Joseph I. (s. d.) und hatte im Auftrag Kaiser Leopolds I. (s. d.) eine Geschichte Ö.s verfaßt, die dadurch Bedeutung erlangte, daß sie kein einziges Fremdwort enthält. Sehr bekannt wurde sein „Ehren-Ruff Teutschlands" (1691) und sein „Compendium Historiae Universalis", 3 Bde. (1692–95). Von seinem Werk „Allgemeine Geschichten von Erschaffung der Welt bis auff unsere Zeiten" erschien 1898 nur der 1. Teil.

WAGULA, Hanns, * 13. 7. 1894 in Graz, † 25. 2. 1964 in Graz, Maler und Graphiker. Studierte in Graz und begründete gemeinsam mit J. Binder die moderne Plakatkunst in Ö. Außerdem gestaltete er mehrere Kultur- und Dokumentarfilme und war ein gesuchter Graphiker. W. hat auch mehrere in- und ausländische Preise erhalten.

WAHLBERG, Wilhelm Emil, * 4. 7. 1824 in Prag, † 31. 1. 1901 in Wien, Jurist, Strafrechtsexperte. Studierte in Wien und wurde Mitglied des Staatsgerichtshofs in Wien; war hier auch Univ.-Prof. Er war maßgeblich an den Bemühungen um die Reform des ö. Strafgesetzbuchs beteiligt und veröffentlichte mehrere grundlegende juridische Werke, u. a.: „Die Ehrenfolgen der strafgerichtlichen Verurteilung" (1864), „Das Princip der Individualisierung in der Strafrechtspflege" (1869), „Kriminalistische und national-ökonomische Gesichtspunkte" (1872), „Gesammelte kleinere Schriften", 3 Bde. (1875–82).

WAHLE, Richard, * 14. 2. 1857 in Wien, † 21. 10. 1935 in Wien, Philosoph. Studierte in Wien, wurde Univ.-Prof. in Czernowitz und ab 1917 Dozent in Wien. War ein Vertreter des Positivismus und veröffentlichte mehrere Werke, u. a.: „Gehirn und Bewußtsein" (1884), „Das Ganze der Philosophie und ihr Ende" (1894), „Kurze Erklärung der Ethik von Spinoza" (1899), „Über den Mechanismus des geistigen Lebens" (1906), „Josua" (1912), „Die Tragikomödie der Weisheit" (1915), „Entstehung der Charaktere" (1928), „Grundlagen einer neuen Psychiatrie" (1931), „Fröhliches Register der paar philosophischen Wahrheiten" (1934).

WAHRMUND, Adolf, * 10. 6. 1827 in Wiesbaden, † 15. 5. 1913 in Wien, Orientalist. Studierte zunächst Theologie und Philosophie in Göttingen und wandte sich dann in Wien dem Studium orientalischer Sprachen zu. Arbeitete 1853–61 an der Hofbibliothek in Wien bei der Neukatalogisierung, wurde 1862 Dozent an der Universität Wien, 1870 auch an der Orientalischen Akademie, die er 1885–97 leitete. Wichtige Veröffentlichungen: „Praktisches Handbuch der neuarabischen Sprache", 3 Teile (1861, 3. Aufl. 1886), „Praktisches Handbuch der osmanisch-türkischen Sprache", 3 Teile (1869, 2. Aufl. 1884), „Praktische Grammatik der neupersischen Sprache (1875, 2. Aufl. 1889), „Handwörterbuch der neuarabischen und deutschen Sprache", 2 Teile (1874/77), „Babyloniertum, Judentum und Christentum" (1882); W. verfaßte auch Gedichte und Dramen.

WAHRMUND, Ludwig, * 21. 8. 1860 in Wien, † 10. 9. 1932 in Prag, Kirchenrechtslehrer. Sohn von Adolf W. (s. d.). Studierte in Wien und wurde Univ.-Prof. in Czernowitz, kam 1897 an die Universität Innsbruck. Wegen seines „Modernismus", vor allem wegen seiner antikatholischen Haltung in Ehe- und Schulfragen, die sogar zu parlamentarischen Auseinandersetzungen führten, geriet er zusehends mit den kirchlichen Stellen in Konflikt und wurde 1908 an die Universität Prag versetzt. Von seinen Veröffentlichungen sind u. a. zu nennen: „Das Kirchenpatronatrecht und seine Entwicklung in Ö.", 2 Bde. (1894–96), „Katholische Weltanschauung und freie Wissenschaft" (1908), „Ultramontan" (1908), „Lehrfreiheit?" (1909), „Bilder aus dem Leben der christlichen Kirche des Abendlandes", 2 Bde. (1921–28); außerdem gab er „Quellen zur Geschichte des römisch-kanonischen Prozesses im Mittelalter", 5 Bde. (1905–31), heraus.

Höttinger, M.: Der Fall W. Diss. Wien (1950)

WAITZ, Sigismund, * 29. 5. 1864 in Brixen (Südtirol), † 30. 10. 1941 in Salzburg, Erzbischof. Wurde 1886 zum Priester geweiht, war ab 1899 Prof. am Priesterseminar in Brixen. 1913 Weihbischof von Brixen und Generalvikar für Vorarlberg, 1925 Apostolischer Administrator und 1934 Bischof der Apostolischen Administratur Innsbruck-Feldkirch (bis 1938). Ab 1934 auch Erzbischof von Salzburg. Wirkte unermüdlich auf sozialem Gebiet und veröffentlichte 1925 den Hirtenbrief „Lehren und Weisungen der ö. Bischöfe über soziale Fragen der Gegenwart", mit dem er zum Wegbereiter der großen Sozialenzyklika „Quadragesimo anno" von Papst Pius XI. aus dem Jahr 1931 wurde. W. veröffentlichte außerdem: „Brixen 901–1901, zur Jahrtausendfeier" (1901), „Hauptfragen der christlichen Gesellschaftswissenschaft" (1910), „Christus und die Kranken" (1899, 3. Aufl. 1917), „Paulus", 6 Bde. (1931–38), „Der heiligste Dienst" (1933).

WALDBRUNN, Ernst, * 14. 8. 1907 in Krumau (Böhmen), † 22. 12. 1977 in Wien, Schauspieler und Kabarettist. War zunächst nach seiner Ausbildung als Schauspieler tätig und entwickelte sich zu einem besonders charakteristischen Komiker, der das Stottern als Kunstmittel einsetzte, und zu einem der bedeutendsten Kabarettisten Wiens. Er war im Theater in der Josefstadt engagiert und daneben hauptsächlich im Kabarett „Simpl" tätig, wo er in seinen Doppelconférencen mit Karl Farkas (s. d.) große Erfolge feierte. Darüber hinaus war er als Komiker in zahlreichen Filmen erfolgreich und häufig auch im Fernsehen beschäftigt.

Ernst Waldbrunn (rechts) mit Karl Farkas bei einer Doppelconférence im Kabarett „Simpl" (um 1960)

WALDBRUNNER, Karl, * 25. 11. 1906 in Wien, † 5. 6. 1980 in Wien, Elektrotechniker und SPÖ-Politiker. Studium an der Technischen Hochschule, Dipl.-Ing. 1930–37 in der Sowjetunion, 1937–45 leitender Ingenieur bei den Schoeller-Bleckmann Stahlwerken, seit 1945 Abgeordneter zum Nationalrat. 1945 wurde W. Unterstaatssekretär für Handel, Gewerbe, Industrie und Verkehr, 1945–49 Staatssekretär im Ministerium für Vermögenssicherung und Wirtschaftsplanung, 1949–56 Bundesminister für Verkehr und Verstaatlichte Betriebe, 1956–62 für Verkehr und Elektrizitätswirtschaft. 1962–70 Zweiter Präsident des Nationalrats, 1970/71 Erster Präsident; legte diese Funktion am 5. 11. 1971 zurück.

WALDBURGER, Hans, * um 1570 in Innsbruck, † vor dem 12. 8. 1630 in Salzburg, Bildhauer. Bereits 1610 in Salzburg nachweisbar, wurde aber landesverwiesen und kehrte erst 1614 zurück. Er entwickelte sich zum führenden Bildhauer des Manierismus nicht nur in Salzburg, sondern bis in den ganzen süddeutschen Raum. In Salzburg schuf er u. a.: den Susannabrunnen im Kurpark (um 1610), Gartenfiguren im Schloß Hellbrunn (1616), die Marmorfigur „Justitia" am Portal des Rathauses (1616), die Marienstatue in der Sebastianskirche (um 1620), den Hochaltar im Stift Nonnberg (1629, heute befindet sich dort nur mehr die Madonna, der Altar steht seit 1853 in Scheffau [S]); außerdem in der ehemaligen Stiftskirche von Mondsee (OÖ) den Hochaltar (1626) und in der Pfarr- und Wallfahrtskirche von St. Wolfgang (OÖ) das Orgelgehäuse (1629).

WALDE, Alfons, * 8. 2. 1891 in Oberndorf (T), † 11. 12. 1958 in Kitzbühel (T), Maler und Architekt. Als Maler schuf er eindrucksvolle Landschaftsbilder, die durch vereinfachte Zeichnung und kräftige Farbgebung gekennzeichnet sind, und Porträts, u. a. von G. Ambrosi (s. d.) und A. Petzold (s. d.) sowie in den Jahren 1920–38 auch international bekannt gewordene Plakate. Als Architekt erbaute er mehrere Landhäuser und führte den Umbau des Schlosses Mittersill (S) durch. Seit 1926 war W. Mitglied des Wiener Künstlerhauses.

WALDECK, Heinrich Suso (eigtl. Augustin Popp), * 3. 10. 1873 in Wscherau bei Pilsen (Böhmen), † 4. 9. 1943 in St. Veit im Mühlkreis (OÖ), Redemptoristenpater und Dichter. Entstammte einer alten Egerländer Bauernfamilie, war zunächst Bankbeamter in Dresden, dann Redakteur in Wien und trat 1895 in das Redemptoristenkloster in Eggenburg (NÖ) ein. 1900 zum Priester geweiht, war er als Kaplan in NÖ und in der Steiermark in der Seelsorge tätig, danach freier Schriftsteller und ab 1918 abermals Seelsorger und Religionslehrer. Seine Dichtungen wurzeln tief im religiösen Gedankengut und sind in einer einfachen, jedoch geschliffenen Sprache, die den Einfluß Georg Trakls (s. d.) erkennen läßt, verfaßt. Er schuf viele Balladen, Lieder und Märchen sowie u. a. die Gedichtbände: „Die Antlitzgedichte" (1927, 3. Aufl. 1930), „Die milde Stunde" (1933), „Rast im Dunkel" (aus dem Nachlaß); den Roman „Lumpen und Liebende" (1930) und das Märchen „Hildemichel" (1933); F. S. Brenner gab 1946 „Gesammelte Werke" heraus.

Brenner, F. S. (Hrsg.): Festschrift H. S. W. (1953)

WALDEMAR, Richard (eigtl. Kramer), * 3. 5. 1869 in Wien, † 27. 12. 1946 in Wien, Schauspieler. War nach der Mittelschule zunächst Eisenbahnbeamter, wandte sich aber bald dem Theater zu und trat sein erstes Engagement 1890 in Troppau an. Über München und Wiesbaden kam er 1893 nach Wien, wo sein Talent als Komiker entdeckt wurde und er dann auch bald bedeutende Erfolge errang. W. trat fast an allen Wiener Bühnen (außer dem Burgtheater) auf und hatte besonders in den Komikerrollen der Wiener Operette um die Jahrhundertwende und danach Riesenerfolge, so in „Wiener Blut", „Der Graf von Luxemburg", „Der Bettelstudent" und „Mein Annerl". Später war W. auch vielfach beim Stumm- und Tonfilm sowie im Rundfunk beschäftigt.

WALDHEIM, Kurt, * 21. 12. 1918 in St. Andrä-Wördern (NÖ), Politiker und Diplomat. Kam 1937 nach Wien, wo er nach Abschluß der Konsularakademie Jus studierte und 1944 promovierte. Seit 1945 im Dienst des Außenministeriums, 1948–51 Legationssekretär an der ö. Botschaft in Paris, 1951 Leiter der Personalabteilung im Außenministerium. 1955/56 Beobachter bei der UNO, 1956–60 Gesandter, später Botschafter in Kanada, 1964–68 Botschafter bei den Vereinten Nationen in New York, wo er ab 1965 auch Vorsitzender der Weltraum-Kommission war. 1968–70 Außenminister, 1970 abermals Botschafter bei den Vereinten Nationen. 1972–1982 war er zwei Amtsperioden hindurch Generalsekretär der Vereinten Nationen. Bei der Bundespräsidentenwahl 1971 unterlag der parteilose W. als Kandidat der ÖVP gegenüber dem amtierenden Bundespräsidenten Franz Jonas (SPÖ) mit 47,21% der abgegebenen Stimmen, gegenüber 52,79% für Jonas. Bei der Bundespräsidentenwahl 1986 war er abermals Kandidat der ÖVP und erreichte beim ersten Wahlgang am 4. 5. 1986 49,7% und bei der Stichwahl gegen Dr. Kurt Steyrer am 8. 6. 1986 53,9% der gültigen Stimmen. Am 8. 7. 1986 erfolgte seine Angelobung als Bundespräsident vor der Bundesversammlung. Er veröffentlichte u. a.: „Der ö. Weg" (1971), „Der schwierigste Job der Welt" (1978), „Im Glaspalast der Weltpolitik" (1985) und seine Memoiren „Im Zentrum des Sturms" (1986).

Kurt Waldheim

WALDINGER, Ernst, * 16. 10. 1896 in Wien, † 1. 2. 1970 in New York (USA), Lyriker. War ursprünglich Angestellter in einem Verlag, emigrierte 1938 in die USA und war dort ab 1947 Prof. in Saratoga Springs. 1958 erhielt er den Theodor-Körner-Preis, 1960 den Preis der Stadt Wien. Veröffentlichte mehrere Gedichtbände, u. a.: „Die Kuppel" (1934), „Der Gemmenschneider" (1937), „Die kühlen Bauernstuben" (1946), „Musik für diese Zeit" (1946), „Glück und Geduld" (1952), „Zwischen Hudson und Donau" (1958), „Gesang vor dem Abgrund" (1961, eine Auswahl), „Ich kann mit meinem Menschenbruder sprechen" (1965).

WALDMANN, Maria, * 1844 in Wien, † 6. 11. 1920 in Ferrara (Italien), Sängerin, Mezzosopranistin. Debütierte 1869 in Triest, gastierte 1870 in Moskau, 1871 an der Mailänder Scala, war in den siebziger Jahren eine gefeierte Verdi-Interpretin und ganz besonders als Amneris berühmt. W. sang 1875 unter G. Verdi auch in Wien sowie in zahlreichen Aufführungen von Verdis „Requiem", wodurch sie zusätzliche Berühmtheit erlangte. 1877 heiratete sie und zog sich von der Bühne zurück.

WALDMANN, Johann Joseph, * 14. 3. 1672 in Innsbruck, † 25. 10. 1712 in Innsbruck, Maler. Neffe von Kaspar W. (s. d.). Schuf Altarbilder und Fresken und war einer der Hauptvertreter der Tiroler Dekkenmalerei des Frühbarock. Hauptwerke: Fresken in der Schloßkapelle von Schloß Thurneck in Rotholz (1706), in der Servitenkirche von Rattenberg am Inn (1709–11) und in der Spitalskirche von Innsbruck (1700/01, wurden 1891/92 entfernt).

WALDMANN, Kaspar, * 15. 7. 1657 in Innsbruck, † 18. 11. 1720 in Innsbruck, Maler. Sohn von Michael W. (s. d.). Entwikkelte sich zum Hauptmeister der Nordtiroler Freskenmalerei seiner Zeit. Sein Stil hat eine ausgesprochen volkstümliche Note. Er schuf zahlreiche medaillonartige Deckengemälde in ganz Tirol: in der Innsbrucker Mariahilf-Kirche (1689), in der Kapelle der Servitenkirche von Volders (1697), in der Stiftskirche und im Stift Wilten (1702–07), in der fürsterzbischöflichen Burg zu Brixen (Südtirol, 1708), im Sommerhaus des Damenstifts von Hall (1716), in der Kapelle des Sternbach-Schlössels in Mühlau bei Innsbruck (um 1720).

WALDMANN, Michael d. Ä., * um 1605 nahe Freiburg im Breisgau (Baden-Baden), † 25. 3. 1658 in Innsbruck, Maler. W. ist ab 1629 in Innsbruck nachweisbar und wurde Hofmaler. War auch als Theatermaler und als Altarbildmaler tätig und schuf Altarbilder im Schloß Freundsberg bei Schwaz und in der Pfarrkirche von Wenns (T).

WALDMÜLLER, Ferdinand Georg, * 15. 1. 1793 in Wien, † 23. 8. 1865 in der Hinterbrühl bei Mödling (NÖ), Maler. Studierte 1807–13 an der Akademie der bildenden Künste in Wien und war Schüler von Maurer (s. d.) und Lampi (s. d.). Schließlich bildete er sich an den alten Meistern und mit dem Studium der Natur selbst weiter und begann seine Künstlerlaufbahn als Miniaturmaler. 1811–13 war er gräflicher Zeichenlehrer in Agram, hielt sich in Preßburg auf und war in Prag und Brünn bis 1817 Theaterdekorationsmaler. Ab 1817 blieb er ständig in Wien, wurde

Ferdinand Georg Waldmüller: „Am Fronleichnamsmorgen" (1857)

1829 Erster Kustos der Gemäldegalerie und Prof. an der Akademie der bildenden Künste, unterrichtete bis 1851 auch Historienmalerei und unterhielt bis 1854 eine vielbesuchte private Malschule. Zu seinen Schülern zählten u. a. Anton Romako (s. d.) und Hans Canon (s. d.). Schon 1846 hatte er gegen die Lehrweise der Akademie eine Streitschrift veröffentlicht und ließ 1857 eine zweite folgen, die sein Verhältnis zur Akademie endgültig beendete und er noch 1857 von seinem Posten suspendiert wurde. Kaiser Franz Joseph I. (s. d.) rehabilitierte ihn schließlich 1864. Im Kampf gegen den akademischen Klassizismus der Akademie malte er überwiegend in der freien Natur (Pleinairmalerei) und nahm durch seine Vorliebe für kurz vorherrschende Lichtwirkungen den Impressionismus vorweg. Er wurde zum Hauptvertreter der Biedermeiermalerei und mit seinen genau beobachteten Genrebildern zum Vorläufer des Realismus in der ö. Malerei. Viele seiner Werke befinden sich heute in der Ö. Galerie des 19. Jh.s im Schloß Belvedere, in der Galerie Liechtenstein (heute Vaduz) sowie im Historischen Museum der Stadt Wien. Seine berühmtesten Werke sind die Porträts: Rosina Wiser (1822), Selbstbildnisse (1828 und 1848), Bildnis der Mutter (1830), Familie Eltz (1835), Bildnis seiner zweiten Gattin (1850, die Modistin Anna Bayer, mit der er seit 1851 verheiratet und die um 33 Jahre jünger war); die Landschaften: Praterlandschaft (1830), Der Wolfgangsee (1835), Abendlandschaft mit Ziegen (1847), Ansicht von Mödling (1848), Ruine Liechtenstein (1848), Große Praterlandschaft (1849), Wienerwaldlandschaft mit Schloß Wildegg (1855), Blick auf Klosterneuburg (1863) und die Genrebilder: Perchtoldsdorfer Bauernhochzeit (1843), Der Notverkauf (1853), Reisigsammler im Wienerwald (1855), Am Fronleichnamsmorgen (1857), Die unterbrochene Wallfahrt (1859), Abschied der Braut vom Elternhaus (1860), Vorfrühling im Wienerwald (1864).

Roessler, A., und Pisko, G.: F. G. W., 2 Bde. (1908); Kosch, W.: F. G. W. (1916); Eberlein, K. K.: F. G. W. (1938); Grimschitz, B.: F. G. W. (1943); ders.: F. G. W. Œuvreverzeichnis (1957)

WALDSTEIN, Ferdinand Graf von, * 24. 3. 1762 in Wien, † 26. 5. 1823 in Wien, Gutsbesitzer und Komponist. War einer der bedeutendsten Förderer von Ludwig van Beethoven. Dieser widmete ihm seine Klaviersonate C-Dur, op. 53 („Waldstein-Sonate"). W.s musikalisches Schaffen (eine Symphonie, drei Solokantaten) entspricht dem typischen Stil seiner Zeit.

Heer, J.: Der Graf von W. und sein Verhältnis zu Beethoven (1933)

WALHEIM, Alfred, * 5. 11. 1874 in Ödenburg (Ungarn), † 21. 12. 1945 in Wien, Germanist und Landbundpolitiker. Studierte Germanistik in Wien und wurde Gymnasialprof. 1923/24 und 1931–34 Landeshauptmann von Burgenland, 1924/25 Mitglied des Bundesrats. Auf seinen Vorschlag hin erhielt das Burgenland seinen heutigen Namen, nachdem der ursprüngliche Vorschlag „Vierburgenland" (die vier westungarischen Komitate Preßburg, Wieselburg, Eisenburg und Ödenburg) gelautet hatte. W. übertrug „Der Wiener Meerfahrt" (1922) aus dem Mittelhochdeutschen und profilierte sich auch als politischer Dichter. Er veröffentlichte u. a.: „Balladen aus dem Burgenland" (1933), „Der Sachsenkürassier" (1935).

WALLACK, Franz Friedrich, * 24. 8. 1887 in Wien, † 31. 10. 1966 in St. Johann im Pongau (S), Techniker und Straßenbauer. Studierte an der Technischen Hochschule in Wien und wurde Ziviltechniker. Seine größte Leistung war die Planung und die Erbauung der Großglockner-Hochalpenstraße 1930–35. W. hatte sich ab 1924 mit der Lösung dieses Problems befaßt und schließlich eine ähnliche Route gewählt, die bereits 1889 für eine Eisenbahnstrecke geplant worden war. Er erbaute auch die Mühldorfer

Kraftwerke und die Seilschwebebahnen auf die Kanzelhöhe und in Obervellach und erstellte mehrere Projekte für Gebirgsstraßenbauten (darunter die Tauernstraße). 1949 veröffentlichte er „Die Großglockner-Hochalpenstraße“.

WALLENSTEIN, Albrecht Wenzeslaus Eusebius von, Herzog von Friedland und Mecklenburg, Fürst von Sagan (eigtl. Waldstein), auch „Der Friedländer“ genannt, * 24. 9. 1583 auf dem Gut Hermanič (Böhmen), † 25. 2. 1634 in Eger (Böhmen, ermordet), Heerführer. Entstammte der in Böhmen begüterten protestantischen Adelsfamilie „von Waldstein“ und erhielt eine vielseitige schulische Bildung. 1604 war er vermutlich Page von Markgraf Karl von Burgau (Sohn des Erzherzogs Ferdinand von Tirol und der Philippine Welser [s. d.]) in Innsbruck und trat – nachdem er schon mit 14 Jahren zum katholischen Glauben konvertiert war – in die militärischen Dienste Kaiser Rudolfs II. (s. d.). Nach Kriegserfahrungen gegen die Türken wurde W. Hauptmann und heiratete 1609 eine schon betagte Witwe, die ihm nach ihrem Tod (1614) ansehnliche Güter in Mähren hinterließ. Von seinem Onkel erbte W. weitere 14 Güter, so daß er zu einem bedeutenden Vermögen kam und mit einer eigenen kleinen Streitmacht am Krieg des Kaisers gegen Venedig (1617) teilnehmen konnte. Er trug zur Rettung der belagerten Festung Gradiska bei, wurde für seine Verdienste zum Obersten ernannt und anläßlich seiner Heirat mit der Gräfin Isabella Katharina von Harrach in den Grafenstand erhoben. Dem böhmischen und mährischen Aufstand von 1618 schloß W. sich nicht an; vielmehr entführte er die Kriegskasse der mährischen Stände aus Olmütz und erhielt von Kaiser Ferdinand II. (s. d.) das Kommando über ein von ihm angeworbenes Kürassierregiment. An der Verteidigung Wiens ebenso beteiligt wie an der Niederwerfung des böhmischen Aufstands 1619/20, erwarb W. über 50 Güter der geächteten aufständischen Adeligen. Angeblich sollen diese einen Wert von 5 Mio. Gulden gehabt haben, für die er kaum eineinhalb Mio. bezahlt hatte. 1623 wurde W. in den Pfalzgrafen- und Fürstenstand, 1625 zum Herzog von Friedland erhoben. In diesem Jahr stellte er auf eigene Kosten ein Heer von 40 000 Mann auf und erbat sich dafür vom Kaiser lediglich die Vollmacht, in den feindlichen Provinzen des Reiches Geld und Naturalien für die Erhaltung seiner Truppen eintreiben zu dürfen. Am 25. 7. 1625 zum Feldmarschall und Generalissimus ernannt, zog W. von Böhmen an die Elbe, errang am 25. 4. 1626 bei Dessau einen vollständigen Sieg über Ernst Graf von Mansfeld und verfolgte ihn bis Siebenbürgen. 1627 eroberte er Schlesien, vertrieb gemeinsam mit Tilly (s. d.) den Dänenkönig Christian IV. aus Norddeutschland, besetzte Mecklenburg und Pommern und drang bis Jütland vor. 1627 hatte W. auch das schlesische Herzogtum Sagan erworben und wurde 1628 zum „General des Baltischen und Ozeanischen Meeres“ ernannt. W. eroberte Pommern und war auch als Admiral in der Nord- und Ostsee erfolgreich, mußte aber die Belagerung von Stralsund nach vier Monaten unter großen Verlusten aufgeben. Nach dem Frieden von Lübeck erhielt W. am 16. 6. 1629 das Herzogtum Mecklenburg als kaiserliches Lehen. Die so entstandene gewaltige Machtfülle W.s führte – neben seiner grenzenlosen Anmaßung auch katholischen Fürsten gegenüber – auf dem Kurfürstentag von Regensburg (Juli bis November 1630) zur Entlassung W.s als kaiserlicher Feldherr. W. zog sich auf seine Güter in Böhmen zurück und übernahm erst nach langen Verhandlungen im Dezember 1631 wieder den Oberbefehl über das kaiserliche Heer, nachdem Schweden in den Krieg eingetreten und Tilly bei Breitenfeld (in der Nähe von Leipzig) geschlagen worden war. W. befreite Böhmen, schlug die wichtige, aber unentschieden endende Schlacht bei Lützen am 16. 11. 1632, in der König Gustav Adolf fiel, und besiegte die Schweden am 23. 10. 1633 bei Steinau an der Oder, wobei er 60 Geschütze erbeutete und 5 000 Mann gefangennahm. Dennoch warf man ihm – zum Teil wohl auch zu Recht – seine zögernde Kriegführung vor und interpretierte seine lang andauernden Verhandlungen mit Sachsen und Schweden als Verrat. W.s Gegner intrigierten am kaiserlichen Hof, das Mißtrauen Kaiser Ferdinands II. wuchs, und am 24. 1. 1634 wurde seine Absetzung beschlossen. Zwar hatte sich W. in Pilsen am 12. 1. 1634 durch eine Loyalitätserklärung („Pilsner Schluß“) der Treue seiner Obersten versichert, doch bezichtigte ein zweites kaiserliches Patent vom 18. 2. W. des Verrats und enthob seine Offiziere jeglicher Verpflichtung ihm gegenüber, was am 22. 2. unter Trommelwirbel öffentlich bekanntgegeben wurde. W. ging nun nach Eger, wo er am 25. 2. 1634 von Hauptmann Deveroux mit einer Partisane (Hellebarde) im sogenannten Stadthaus (Rathaus) erstochen wurde, nachdem kurz zuvor die ihm treu ergebenen Generäle Christian von Illo (s. d.), Graf von Terzka, Wilhelm Graf Kinsky sowie W.s Sekretär Rittmeister Heinrich Neumann in der Burg ermordet worden waren. Durch einen kaiserlichen Urteilsspruch wurden W.s Güter konfisziert und unter seine von ihm abgefallenen Generäle aufgeteilt. Außerdem veröffentlichte der kaiserliche Hof Akten, aus denen hervorging, daß W. Hochverrat begangen habe, wodurch seine Ermordung als gerechtfertigt erschien. W. hatte sich seit seiner Jugend mit Astrologie beschäftigt, und viele seiner Aktivitäten waren von astrologischen Voraussagen beeinflußt. 1609 hatte er sich von Johannes Kepler ein Horoskop erstellen lassen und später den Italiener Giovanni Battista Zenno (Seni) als Hofastrologen in seine Dienste genommen. F. Förster hat durch die Herausgabe der Briefe W.s aus den Jahren 1627–34 (3 Teile, 1828/29) versucht, die Grundlosigkeit der Anschuldigungen gegen W. zu beweisen.

Hallwich, H.: 5 Bücher Geschichte W., 3 Bde. (1910); Srbik, H. R. v.: W.s Ende (1920, 2. Aufl. 1952); Wagner, G.: W., der böhmische Condottiere (1958);

ALBRECHT VON WALLENSTEIN

Der tragische Friedländer

„Er scheiterte, indem er sich an den äußersten Rand spielen ließ; viele Feinde zuletzt und keine Freunde. Kaum war er tot, so fand er mehr Verteidiger als Ankläger; so geriet er noch einmal in den Mittelpunkt. In der blühenden Sprache Gualdo Prioratos, seines ersten Biographen: ‚Fama öffnete alsbald ihren Mund, diesen Tod zu verkünden; tausend Stimmen erhoben sich, sei es, um seine Toten zu verdammen, sei es, um seine Unschuld zu beschwören, seine Tugenden zu feiern. Von Pol zu Pol flog das Ereignis wie auf Flügeln des Windes, und es wetteiferten die Schriftsteller, sein Gedächtnis den Äonen zu überliefern.‘“

Golo Mann, Wallenstein

„Dieser, durch die Gerüchte aufgeschreckt, war schon von seinem Bette in einem linnen Unterkleid, des Podagras nicht achtend, nach dem Fenster gelaufen. Aber Ebrox, auf ihn zustürzend, schrie: ‚Oh, Ihr verräterischer Schelm! Gott selbst kommt jetzo Rache nehmen ob Eurer gottlosen Pläne und Verrätereien. Von dieser Hand empfanget Euren Lohn und verdiente Strafe!‘ Und also hat er ihm, ohne daß jener ein Wort gesprochen, die Hellebarde durch die Brust gestoßen . . . Nachdem all das geschehen war, haben sie den toten Körper des Herzogs in einen Teppich gewickelt und nach dem Kastell geführt. Als die anderen dazugebracht waren, ward sein Leichnam zu oberst, Illo und Terska ihm zu Füßen und Neumann zu Füßen der letzteren gelegt. Solches ist geschehen den 25. Februarii 1634 zwischen 9 und 10 Uhr nachts.“

Aus einer 1634 erschienenen Flugschrift, zitiert nach H. von Srbik, Wallensteins Ende

Wallensteins Ermordung in Eger. Zeitgenössischer kolorierter Kupferstich

Suvanto, P.: W. und seine Anhänger am Wiener Hof (1963); Diwald, H.: W. (1969); Mann, G.: W. (1971)

WALLER, Peter, * 21. 10. 1891 in Budapest, † 8. 9. 1971 in Wien, Berufsoffizier und Sozialutopist. Trat 1905 in die Infanterie-Kadettenschule in Preßburg ein und wurde 1913 Leutnant. Im Ersten Weltkrieg bewährte er sich als Kompanieführer einer Maschinengewehrabteilung und wurde 1916 Oberleutnant. 1918 zunächst Mitglied der Wiener Roten Garde, ging W. 1919 zum Freikorps Bamberg nach Bayern. 1920 kehrte er nach Wien zurück und trat im Mai 1924 durch die Herausgabe der „Asischen Miliz-Zeitung" mit dem Untertitel: „Einzige Zeitschrift der asischen Nation" wieder an die Öffentlichkeit, hatte jedoch keinen Erfolg zu verzeichnen. Daraufhin rief W. den Naturheilverein Lobau ins Leben, mit dem Versammlungsort an der Stürzellacke auf der Donauinsel Lobau, wo sich zahlreiche unterstandslose Arbeitslose „angesiedelt" hatten. Ende 1926 gründete er die „Wardanieri-Kompanie", um seine Staatsutopie zu verwirklichen. Er wollte das „Reich Mora" („Morgenland" um Rom, Jerusalem und Addis Abeba in Abessinien, heute Äthiopien) kolonisieren, versprach den Leuten Arbeit und Brot und nannte sich „Wodosch" als Stammesführer der Warden. Er organisierte einen Marsch in das vielversprechende Land, der am 3. 5. 1928 in Wien begann, dem 140 uniformierte Wardanieris mit Frauen und Kindern folgten und der nach zwei Monaten am Grenzübergang Arnoldstein in Kärnten endete. W. war nicht dabei, da er durch eine psychiatrische Behandlung in Wien festgehalten worden war. Nach diesem Mißerfolg wandte er sich nach Bayern, um seine Wardanieri-Idee dort zu verwirklichen (mehrere Bayern hatten den mißlungenen Marsch nach Abessinien mitgemacht). Nach drei Monaten wurde W. ausgewiesen und nach Ö. abgeschoben. Fristete als Bürodiener in einem Verlag notdürftig sein Leben und schrieb in der Freizeit an „Wallers Neues Testament". 1923 hatte W., noch während seiner „Roten-Garde"-Zeit, unter dem Namen Viktor Immanuel (Graf) Falkenstein 1929 „Das Buch der Wardanieri" veröffentlicht.

Thurner, J.: Auf der Suche nach neuem Heimatboden (1931); ders.: Der Weg zur Heimat- und Auslandssiedlung (1932); Kudrnofsky, W.: Der Messias von der Lobau (1983)

WALLISCH, Friedrich, * 31. 5. 1890 in Weißkirchen (Mähren), † ? 2. 1969 in Wien, Arzt und Schriftsteller. Wurde nach Abschluß seines Medizinstudiums in Wien Arzt. 1954 gründete er den „Schutzverband der ö. Schriftsteller", dessen Präsident er auch war. Neben anderen Ehrungen erhielt er 1960 den Ginzkey-Ring. Veröffentlichte u. a. die Romane: „Die Flammenfrau" (1921), „Die Gewalt" (1925), „Abenteuer in Afrika" (1937), „Vier Wochen Bad Ammer" (1948), „Der König" (1954), „Dschungel" (1962); die Erzählungen: „Die Geschichten vom weisen Kadi" (1961), „Himmelblaues Wiedersehen" (1966), „Sein Schiff hieß Novara" (1966); außerdem: „950 Jahre Ö." (1946), „Die Flagge Rot-Weiß-Rot" (2. Aufl. 1956).

Hohenlocher, K.: F. W. (1960); Mitringer, A.: F. W. (1960)

WALLISCH, Koloman, * 28. 2. 1889 in Lugosch (Ungarn), † 19. 2. 1934 in Leoben (St) (hingerichtet), sozialdemokratischer Parteisekretär. Absolvierte eine Maurerlehre, ging dann „auf die Walz" nach Ö. und nach Deutschland. Trat der Gewerkschaft bei und wurde 1921 Parteisekretär der Sozialdemokratischen Arbeiterpartei Ö.s in Bruck an der Mur (St). Wurde Landtagsabgeordneter und 1932–34 Abgeordneter zum Nationalrat. Als Führer des Schutzbunds in der Obersteiermark rief er am 12. 2. 1934 zum bewaffneten Kampf auf. Nach seiner Gefangennahme wurde W. in einem Prozeß in Leoben zum Tod verurteilt. 1935 veröffentlichte seine Frau Paula W. im tschechoslowakischen Exil das Erinnerungsbuch „Ein Held stirbt".

WALLMANN, Margarethe, * 22. 6. 1904 in Wien, Choreographin und Opernregisseurin. Studierte zuerst klassischen Tanz in Wien und Berlin sowie Ausdruckstanz bei Mary Wigman in Dresden, deren Methode sie 1928 in den USA bekannt machte. Bereits 1927 hatte sie in Berlin eine eigene Schule ge-

KOLOMAN WALLISCH

Ein Opfer des kalten Februar

„Koloman Wallisch wurde wie ein wildes Tier gejagt und in Eis und Schnee nahe der jugoslawischen Grenze zur Strecke gebracht, mit seiner Frau in seine Heimatstadt zurückgeschleppt und innerhalb weniger Stunden gehenkt . . . Das Grab von Koloman Wallisch wurde zu einer heimlichen Pilgerstätte der österreichischen Arbeiter."

Der englische Korrespondent G. E. R. Gedye über den Februar 1934, aus: Als die Bastionen fielen (1947)

Koloman Wallisch bei einer Kundgebung der Sozialdemokraten. Links hinter ihm Renner und Seitz

gründet, wandte sich aber 1932 vom expressionistischen Ausdruckstanz der Wigman-Schule ab und wieder mehr dem klassischen Ballett zu. 1931–39 arbeitete sie als unabhängige Choreographin bei den Salzburger Festspielen, an der Wiener Staatsoper und der Mailänder Scala. 1937–48 war sie Ballettdirektor in Buenos Aires. Ab 1952 arbeitete sie auch in der Opernregie, wo sie bedeutende Erfolge errang.

WALLMODEN, Ludwig Georg Thedel Graf, * 6. 2. 1769 in Wien, † 20. 3. 1862 in Wien, Heerführer. Trat zunächst in die hannoveranische Armee ein, diente ab 1790 in der preußischen und ab 1795 in der ö. Armee und wurde 1800 Oberst und Regimentskommandant. Er zeichnete sich in den Feldzügen von 1796–1801 sowie in der Schlacht bei Wagram 1809 aus und wurde 1810 zum Feldmarschalleutnant befördert. 1812 ließ er sich vom ö. Heerdienst beurlauben, um auf russischer Seite gegen Frankreich zu kämpfen. Als Befehlshaber der deutschen Legion war er mehrmals siegreich; 1815 trat er wieder in den Dienst der ö. Armee. 1817 erhielt W. den Oberbefehl über die in Neapel stehenden Truppen und befehligte 1821 den Hauptteil der gegen Neapel eingesetzten Einheiten. Im Juni 1821 besetzte er Sizilien (bis 1823). 1838 wurde er General der Kavallerie und Militärkommandant von Mailand.

Dürre, A.: Die Regesten des Geschlechtes W. (1892)

WALLNER, Joseph, * 9. 1. 1902 in Eibiswald (St), † 2. 3. 1974 in Leoben, Landwirt und ÖVP-Politiker. War ab 1934 Mitglied des st. Landtags, während der Zeit des Nationalsozialismus vorübergehend inhaftiert. 1945–61 Erster Präsident des st. Landtags, ab 1948 Präsident der st. Landwirtschaftskammer, ab 1949 Obmann des st. Bauernbunds, ab 1960 Präsident des Ö. Bauernbunds, ab 1961 Abgeordneter zum Nationalrat, 14. 2. 1962–31. 3. 1970 Dritter Präsident des Nationalrats.

WALLNÖFER, Eduard, * 11. 12. 1913 in Schluderns (Südtirol), Landwirt und ÖVP-Politiker. Wurde 1949 Abgeordneter des Tiroler Landtags, Obmann des Tiroler Bauernbunds und des Verbands der Landwirtschaftlichen Genossenschaften für Tirol. 1963–87 Landeshauptmann von Tirol, machte er sich um die wirtschaftliche Weiterentwicklung des Landes sowie um den Ausbau der Verkehrswege und des Fremdenverkehrs verdient.

WALTER, Bruno (eigtl. Bruno Walter Schlesinger), * 15. 9. 1876 in Berlin, † 17. 2. 1962 in Beverly Hills (USA), Dirigent. Studierte am Sternschen Konservatorium in Berlin, debütierte 1894 in Köln und kam nach mehreren Stationen als Opernkapellmeister, von Gustav Mahler (s. d.) engagiert, 1901 an die Wiener Hofoper. Ab 1911 leitete er hier auch die Singakademie. Dirigierte 1911 die Uraufführungen von Mahlers 9. Symphonie und des „Lieds von der Erde". Ging 1913 als Generalmusikdirektor nach München. War hier auch Leiter der Mozart- und Wagner-Festspiele. Ab 1922 bei den Salzburger Festspielen. Ab 1925 an der Städtischen Oper in Berlin, ab 1929 in Leipzig. Mußte 1933 Deutschland verlassen und war 1936–38 künstlerischer Leiter der Wiener Staatsoper. 1938 emigrierte er nach Frankreich und von dort 1940 in die USA. Gastdirigent großer Orchester und an der Metropolitan Opera in New York (1941–45, 1950/51, 1956/57). Ab 1951 wieder in Europa tätig. W. war ein hervorragender Mozart- und Mahler-Interpret und setzte sich für die Werke Bruckners (s. d.), Mahlers und Pfitzners ein. Betätigte sich auch als Komponist (Chorwerk „Das Siegesfest", zwei Symphonien und kammermusikalische Werke) und als Pianist. Von seinen Veröffentlichungen, zum Teil auch in englischer Sprache erschienen, seien u. a. genannt: „Von den moralischen Kräften der Musik" (1935), „Gustav Mahler" (1936), „Thema und Variationen" (1947, Autobiographie), „Vom Mozart der Zauberflöte" (1955), „Von der Musik und vom Musizieren" (1957).

Bruno Walter mit Arturo Toscanini (links)

Stefan, P.: B. W. (1936); Gavoty, B.: B. W. (1956); Holde, A.: B. W. (1960)

WALTER, Friedrich, * 18. 8. 1896 in Wien, † 30. 5. 1968 in Wien, Historiker. Nachdem W. am Akademischen Gymnasium mit Auszeichnung maturiert hatte, machte er den Ersten Weltkrieg als Offizier mit, wurde mehrmals verwundet und ausgezeichnet. Nach 1919 studierte er an der Universität Wien. Sein Hauptaugenmerk als Univ.-Prof. legte W. auf die Erforschung der ö. Verfassungs- und Verwaltungsgeschichte; Höhepunkt seiner wissenschaftlichen Tätigkeit ist die aus seinem Nachlaß von A. Wandruszka (s. d.) herausgegebene „Ö. Verfassungs- und Verwaltungsgeschichte von 1500–1955" (1972).

WALTER, Gustav, * 11. 2. 1834 in Bilin (Böhmen), † 30. 1. 1910 in Wien, Sänger, Tenor. War 1856–87 an der Wiener Hofoper engagiert und feierte hier als lyrischer Tenor bedeutende Erfolge. Zusätzlich war er auch ein beliebter Konzert- und Liedersänger, der besonders durch seine Schubertlieder-Interpretation sehr geschätzt war.

WALTHER von der Vogelweide, * um 1170, † 1230 in Würzburg (?), Ritter und Minnesänger. Exakte Lebensdaten sind nicht überliefert, man vermutet, daß er auf dem Vogelweidhof im Lajener Ried bei Bozen (Südtirol) geboren wurde, doch könnte der Beiname „von der Vogelweide" auch auf sein unstetes Wanderleben hinweisen. Sicher ist, daß er dem niederen Dienstadel entstammte und selbst bekannt hat, in Ö. „singen und sagen" gelernt zu haben. Den Herzog Leopold VI. (s. d.) nennt er einmal „unseren heimischen Fürsten". Um 1190 begann er Lieder der hohen Minne zu dichten und lebte wahrscheinlich schon zu dieser Zeit am Hof der Babenberger in Wien. Etwa 1195–98 nahm er bei Reinmar von Hagenau (s. d.), der in Wien als Hofsänger tätig war, Unterricht, wobei es sehr bald zu ersten Spannungen zwischen Lehrer und Schüler gekommen sein muß, denn ab 1197/98 schrieb W. Lieder gegen die „hohe Minne" und gegen Reinmar. W. verließ den Wiener Hof – mit den Babenbergerherzögen Leopold V. († 1194) und Friedrich I. († 1198) war er wohl eng verbunden, doch begünstigte ihn Herzog Leopold VI. weit weniger. Gehörte ab nun dem Hofgesinde mehrerer Fürsten an. Im Gefolge des Bischofs von Passau kam er anläßlich der Hochzeit Herzog Leopolds VI. 1203 wieder nach Wien. Vom 12. 11. 1203 stammt auch die einzige urkundliche Erwähnung W.s. In den Reiserechnungen des Bischofs scheint ein Betrag von fünf Solidi für einen Pelzmantel W.s auf. 1203 schrieb er das „Preislied", mit dem er Reinmar und die Wiener Hofgesellschaft brüskierte. 1208–15 gehörte er zum sogenannten „Ingesinde" des Landgrafen Hermann von Thüringen auf der Wartburg und begegnete dort auch Wolfram von Eschenbach. 1210 verfaßte er einen Nachruf auf Reinmar von Hagenau, dürfte auch für kurze Zeit wieder in Wien gewesen sein. 1213 oder 1216 begab er sich schließlich ins Lager König Friedrichs II., der ihm nach der Kaiserkrönung (22. 11. 1220) ein Lehen übertrug, das wahrscheinlich im Würzburger „Viertel im Sand" lag. 1228/29 verfaßte er anläßlich des Kreuzzugs von Kaiser Friedrich II. mehrere Kreuzzugslieder. W. sprengte durch seine sehr persönliche und gefühlstiefe Lyrik die herkömmlichen, überlieferten Schranken des Minnesangs. Von der hohen Minne wandte er sich der niederen Minne (Verehrung der nichthöfischen Frau) zu. Diese „Mädchenlieder" gehören zu seinen schönsten Gedichten. Als Spruchdichter bewies er beachtlichen politischen Weitblick und lebhafte Anteilnahme an den Geschehnissen seiner Zeit. In der Auseinandersetzung zwischen Kaiser und Papst nahm er stets Partei für das Reich. In seinen späten Lebensjahren findet sich in seiner Gedankenlyrik ein Zug zum Philosophischen, ja zur Verinnerlichung, was besonders in den Kreuzzugsliedern deutlich wird. 188 Lieder und Sprüche sind von ihm erhalten geblieben, und es besteht heute kein Zweifel, daß er der bedeutendste deutsche Minnesänger war. Als Sagengestalt tritt er im Wartburgkrieg auf, die Meistersinger zählten ihn zu ihren großen Vorbildern. Die wichtigsten Ausgaben seiner Werke sind die von K. Lachmann, 1827 (11. Aufl., hrsg. von C. v. Kraus 1950); von H. Paul, 1882 (10. Aufl. 1965); P. Stapf, 1955; H. Protze, 1963.

Abgesehen von der umfangreichen Sekundärliteratur, seien von den biographischen Werken genannt: Schönbach, A. E.: W. (1890, 4. Aufl. von H. Schneider 1923); Burdach, K.: W. (1906); Kraus, C. v.: W., Untersuchungen (1935); Naumann, H.: Das Bild W.s (1930); Kralik, D.: W. gegen Reinmar (1955); Klein, K. K.: Zur Spruchdichtung und Heimatfrage W.s (1952); Heger, H.: Das Lebenszeugnis W.s. Die Reiserechnungen des Passauer Bischofs Wolfger von Erla (1969); Rump, H.-U.: W. in Selbstzeugnissen und Bilddokumenten (1974)

Walther von der Vogelweide (Mitte) mit anderen Minnesängern. Manessische Handschrift (14. Jh.)

WALZEL, Camillo, * 11. 2. 1829 in Magdeburg, † 17. 3. 1895 in Wien, Feuilletonist und Librettist. Er lebte seit 1847 in Wien und schrieb auch unter dem Pseud. F. Zell. Ab 1871 schrieb er in Zusammenarbeit mit Richard Genée vorbildliche Libretti für Operetten der klassischen Ära. Abgesehen von heute wenig bekannten Lustspielen, verfaßte er die Libretti für Johann Strauß: „Cagliostro in Wien“ (1875), „Eine Nacht in Venedig“ (1883); für Franz von Suppé: „Fatinitza“ (1876), „Boccaccio“ (1879); für Karl Millöker: „Der Bettelstudent“ (1882) und „Gasparone“ (1884).

WALZEL, Leopold Matthias, * 29. 11. 1902 in Wien, † 9. 6. 1970 in Wien, Komponist. Studierte in Wien bei Ferdinand Rebay, war von 1924–64 Journalist und Musikkritiker in Wien. Erhielt 1954 den Ö. Staatspreis sowie in den Jahren 1956, 1958 und 1966 den Theodor-Körner-Preis. Er schuf im Rahmen einer erweiterten Tonalität kammermusikalische Werke, Orchesterwerke, Lieder (Zyklen „Kirschblütenlieder“, „Aus dem Leben des Vincent van Gogh“), vier Symphonien und die Oper „Salamis“.

WALZEL, Oskar, * 28. 10. 1864 in Wien, † 29. 12. 1944 in Bonn, Literarhistoriker. War der Sohn von Camillo W. (s. d.), studierte in Wien und wurde Univ.-Prof. in Bern, Dresden und Bonn, wo er schließlieh von 1921 bis zu seinem Tod lebte. Ab 1923 gab er das „Handbuch der Literaturwissenschaft“ heraus und veröffentlichte vielbeachtete Werke, u. a.: „Die deutsche Romantik“ (1908, 5. Aufl. 1923–26), „Das Wortkunstwerk“ (1926), „Gehalt und Gestalt im Kunstwerk des Dichters“ (1925, 2. Aufl. 1929), „Die deutsche Dichtung von Gottsched bis zur Gegenwart“, 2 Bde. (1929–32).

WANDER, Fred, * 5. 1. 1917 in Wien, Schriftsteller. War Lehrling und Hilfsarbeiter, flüchtete 1938 in die Schweiz und nach Frankreich und wurde nach Auschwitz und Buchenwald deportiert. Arbeitete danach als Journalist und Photoreporter in Wien. Lebte ab 1955 in der DDR, von wo er 1983 wieder nach Wien zurückkehrte. Schrieb u. a.: „Der siebente Brunnen“ (Erzählung, 1971, Neuaufl. 1985), „Taifun über den Inseln“ (Jugendbuch, 1958), „Doppeltes Antlitz. Pariser Impressionen“ (1966), „Ein Zimmer in Paris“ (1975) sowie die Theaterstücke „Josua läßt grüßen“ (1979) und „Der Bungalow“ (1979).

WANDRUSZKA, Adam, * 6. 8. 1914 in Lemberg (Galizien), Historiker. Als Sohn eines k. u. k. Offiziers geboren, studierte W. in Wien Geschichte, Kunstgeschichte und Germanistik. Im Zweiten Weltkrieg verwundet und in Kriegsgefangenschaft geraten, wurde er nach 1945 zunächst Journalist, erst bei der Wochenschrift „Die Furche“, dann bei der Tageszeitung „Die Presse“. 1955 war W. Dozent an der Universität Wien, 1959/60 Ordinarius für Mittlere und Neuere Geschichte an der Universität Köln und 1969–84 für Ö. Geschichte an der Universität Wien. Er wurde mehrfach geehrt und verfaßte eine Vielzahl von Werken zur ö. Geschichte, u. a.: „Nuntiaturberichte aus Deutschland“ (1953), „Ö.s politische Struktur“ (1954), „Reichspatriotismus und Reichspolitik zur Zeit des Prager Friedens von 1635“ (1955), „Das Haus Habsburg“ (1956, mehrmals aufgelegt, auch in den USA), „Geschichte einer Zeitung“ (über die „Presse“, 1958), „Ö. und Italien im 18. Jh.“ (1963), „Leopold II.“, 2 Bde. (1963–65, auch in italienischer Sprache), „Schicksalsjahr 1866“ (1966) sowie gemeinsam mit S. Furlani „Ö. und Italien“ (1973).

WASMANN, Erich, * 29. 5. 1859 in Meran, † 27. 2. 1931 in Valkenburg (Niederlande), Jesuitenpater, Entomologe und Tierpsychologe. Trat in den Jesuitenorden ein und wurde 1888 zum Priester geweiht. Wissenschaftlich unablässig tätig, schuf er den Zweig der Myrmekophilie (die Bindung verschiedener Tierarten an die Ameisen) in der Entomologie und wurde wegen seiner intensiven Erforschung der Biologie der Ameisen und Termiten „Ameisenpater“ genannt. Stand in scharfem Gegensatz zu Haeckel und bekämpfte dessen biologischen Monismus. W. verfaßte rund 300 wissenschaftliche Beiträge zur Kenntnis der Ameisen und Termiten, darunter: „Instinkt und Intelligenz im Tierreich“ (1897), „Vergleichende Studien über das Seelenleben der Ameisen“(1897), „Psychische Fähigkeiten der Ameisen“ (1899), „Moderne Biologie und Entwicklungstheorie“ (1904), „Menschen- und Tierseele“ (1904), „Haeckels Monismus eine Kulturgefahr“ (1914), „Eins in Gott“ (1919) und „Ameisenmimikry“ (1925). Nach W.s Tod gab R. Schmitz 1934 „Die Ameisen, die Termiten und ihre Gäste“ heraus und fügte eine Kurzbiographie bei.

WATZINGER, Carl Hans, * 7. 9. 1908 in Steyr (OÖ), Erzähler und Dramatiker. War in Linz als Techniker tätig und schuf (auch unter dem Pseud. Bernhard Stauffer) mehrere Dramen und Hörspiele sowie Erzählungen und Romane, die stark mit dem alpenländischen Brauchtum verknüpft sind. U. a. die Romane: „Wachet auf und rühmet!“ (1937), „Spiel in St. Agathen“ (1937), „Mensch aus Gottes Hand“ (Luther-Roman, 1938), „Die Pfandherrschaft“ (Roman um Stephan Fadinger, 1938), „Die Bauernhochzeit“ (1942), „Kaiser, Kurfürst, Herr und Bauer“ (1952), „Mit den Augen eines Vaters“ (1957), „Die Trennung“ (1957); die Erzählungen: „Die Heimkehr aus der Stadt“ (1940), „Das gute Jahr“ (1941), „Klaus und die Seinen“ (1941), „Der Bildschnitzer von Kefermarkt“ (1943), „Das Nikolospiel. Drei Erzählungen“ (1978); das Sachbuch „Steyr. Porträt einer 1000jährigen Stadt“ (1979).

WATZLAWICK, Paul, * 1921 in Villach, Kommunikationsforscher. Studierte in Venedig Psychologie und Sprachen, promovierte 1949. Danach am C. G. Jung-Institut in Zürich (1951–54), Analytik-Diplom 1954. 1957–60 Prof. für Psychotherapie in El Salvador, danach in den USA Forschungsbeauftragter am Institute for Mental Research in Palo Alto (Kalifornien) bis 1967, seit 1967 Lehrauftrag für Psychiatrie an der Stanford University. Veröffentlichungen u. a.: „Menschliche

WALTHER VON DER VOGELWEIDE
Ein Leben in Liedern

„Von keiner Urkunde erhellt liegt Walthers äußeres Leben geschichtlich im Dunkeln. Was man darüber wissen möchte, muß aus seinen Dichtungen erschlossen werden, und dieses Verfahren gleicht einer Rechnung mit vielen Unbekannten.“

Josef Nadler, Literaturgeschichte Österreichs (1951)

Kommunikation" (1969), „Wie wirklich ist die Wirklichkeit?" (1976), „Die Möglichkeit des Andersseins" (1977), „Gebrauchsanweisung für Amerika" (1978), „Anleitung zum Unglücklichsein" (1983), „Vom Schlechten des Guten oder Hekates Lösungen" (1986).

WAWRA, Karl, * 27. 7. 1924 in Wien, Lyriker und Erzähler. War zunächst Schauspieler, dann Angestellter. Mehrfach geehrt, erhielt 1957 den Alma-Johanna-Koenig-Preis, 1960 den Theodor-Körner-Preis, 1965 den Preis der Stadt Wien. Von seinen Lyrik-Bänden seien u. a. genannt: „Gärtchen in Moll" (1952), „Der Stufenbrunnen" (1956), „Die Boten jeder Stunde" (1961), „Die Auferstehung der Sonnenblume" (1969); von seinen Prosawerken: „Türme" (1957), „Kindern Eintritt verboten" (1959), „Peter verläßt das Paradies" (1961), „Quasi vom Himmel gefallen" (1962); sowie das Jugendbuch „Brigittes Probemonat" (1964).

WAYNA, Joseph Ritter von (seit 1837), * 1774 in Skalsko bei Münchengrätz (Böhmen), † 16. 3. 1848 in Wien, Gutsbesitzer und Bankier. Entstammte einer begüterten Iglauer Familie, kam nach Wien und trat in die Kavallerie ein. Er bewährte sich in den Kämpfen bei Rivoli 1797 und gründete nach seiner Rückkehr nach Wien eine kleine Handlung, erhielt jedoch schon 1802 ein Privileg als Großhändler. In den Kriegsjahren 1805 und 1809 barg er wertvolles „Ärarialgut", darunter allein aus dem „Wiener-Kanal" 346 Zentner Blei. Als Aktienzeichner bei der Gründung der Oesterreichischen Nationalbank wurde er vorerst in den großen, dann in den engeren Ausschuß der Notenbank berufen und arbeitete das von Kaiser Franz I. (II., s. d.) am 1. 6. 1816 angeordnete Statut aus. Wurde 1818 Prüfungskommissär für die kommerziellen Angelegenheiten des Polytechnischen Instituts, übernahm 1819–21 das zur Zerstörung bestimmte staatliche Münzkupfer und verkaufte es mit Gewinn, ohne damit dem ärarisch verwalteten Bergwerkskupfer Konkurrenz zu machen. Mit dem beachtlich angewachsenen Vermögen erwarb W. die Herrschaft Gloggnitz (NÖ), ließ dort auf eigene Kosten eine Schule erbauen. 1822 trat er als Liquidator des in Bankrott gegangenen Bankhauses J. M. Fries & Co. auf. Daneben betätigte er sich auch wissenschaftlich und erarbeitete als Mitglied der Hofkommission in Justizgesetzsachen den Entwurf für das ö. Handels- und Wechselgesetz von 1827.

Granichstaedten-Cerva, R., Mentschl, J., und Otruba, G.: Altö. Unternehmer (1969)

WAYSS, Gustav Adolf, * 16. 10. 1851 in Mühlhausen (Württemberg), † 19. 8. 1917 in Waidhofen an der Ybbs (NÖ), Konstrukteur und Stahlbautechniker. Studierte an der Technischen Hochschule in Stuttgart, beschäftigte sich mit Zementbauarbeiten und dem von dem Pariser Gärtner Joseph Monier entwickelten Zementmörtel für Gartengefäße. W. erwarb diese Patente, entwickelte den Werkstoff für das Bauwesen weiter und veröffentlichte 1887 in Wien „Das System Monier in seiner Anwendung auf das gesamte Bauwesen unter Mitwirkung namhafter Architekten und Ingenieure, hrsg. von G. A. Wayß". Von da nahm die Entwicklung des Stahlbetons ihren Ausgang und wurde durch die von W. gegründeten Firmen in der Praxis erprobt. In Ö. wurden u. a. die Laibacher Moorbrücke und die Verlängerung des Egydi-Tunnels bei Marburg an der Drau, die Zeller Hochbrücke bei Waidhofen an der Ybbs (NÖ) 1898, die 2 km lange Überdeckung der Donaukanal-Linie der Wiener Stadtbahn (1898/99) und das „Modellhaus für feuersicheres Theatergebäude aus bewehrtem Beton" auf seinem Wiener Werksgelände von W.s Firmen errichtet. 1907 veröffentlichte W. „Die Wayßschen Rohr-Zellen", 2 Teile.

Saliger, R.: Ingenieur G. A. W., ein Bahnbrecher des Stahlbetons (Blätter der Technikgeschichte 10, 1948); Habacher, M.: Ö. Erfinder (1964)

WEBER, Beda (Johannes), * 26. 10. 1798 in Lienz (Osttirol), † 28. 2. 1858 in Frankfurt am Main, Benediktiner und Volksschriftsteller. Erlernte zunächst das Schusterhandwerk, trat dann im Stift Marienberg im Vintschgau (Südtirol) in den Benediktinerorden ein und wurde nach seiner Priesterweihe 1826 Gymnasiallehrer in Meran. 1848 in die Frankfurter Nationalversammlung gewählt, wurde 1849 Domkapitular der Diözese Limburg und Stadtpfarrer von Frankfurt am Main. Er war einer der Begründer der Tiroler Volks- und Heimatkunde und veröffentlichte darüber, abgesehen von seinen Lyrikbänden „Lieder aus Tirol" (1842) und „Vormärzliche Lieder" (1850), mehrere Werke, u. a.: „Das Land Tirol", 3 Bde. (1837/38), „Tirol und die Reformation" (1841), „Handbuch für Reisende in Tirol" (1842, 2. Aufl. 1853), „Oswald von Wolkenstein und Friedrich mit der leeren Tasche" (1850), „Predigten ans Tiroler Volk" (1852), „Andreas Hofer und das Jahr 1809" (1852), „Charakterbilder" (1853). 1847 gab er die Gedichte des Oswald von Wolkenstein heraus.

Wackernell, L.: B. W. und die tirolische Literatur 1800–1846 (1903)

WEBER, Johann, * 26. 4. 1927 in St. Veit bei Graz, Bischof. Studierte in Graz, wurde 1950 zum Priester geweiht und war zunächst in der Seelsorge tätig. Am 11. 6. 1969 zum Diözesanbischof von Graz-Seckau ernannt, wurde er am 28. 9. 1969 im Grazer Dom zum Bischof geweiht.

WEBER, Ludwig, * 29. 7. 1899 in Wien, † 9. 12. 1974 in Wien, Kammersänger, Bariton. Studierte in Wien und debütierte 1920 an der Wiener Volksoper, wo er bis 1925 engagiert war. 1925–27 trat er in Wuppertal, 1927–30 in Düsseldorf, 1930–33 in Köln auf und war 1933–35 in München und ab 1946 an der Wiener Staatsoper tätig. W. wurde 1961 Prof. am Mozarteum in Salzburg. Feierte auch als Oratorien- und Liedersänger Erfolge. Seine erfolgreichsten Partien waren Hagen, Gurnemanz, Daland und Rocco. Außerdem absolvierte er erfolgreiche Gastspiele an der Covent Garden Opera in London, der Mailänder Scala, bei den Bayreuther Festspielen sowie in Buenos Aires, Amsterdam und Brüssel.

WEBER, Wilhelm, * 3. 6. 1916 in Wien, Nationalökonom und Finanzwissenschaftler. Studierte in Wien und war hier 1963–86 Univ.-Prof. Außerdem leitete er als Direktor das Univ.-Forschungsinstitut für Genossenschaftswesen. Veröffentlichungen: „Wirtschaftswissenschaft und Wirtschaftspolitik in Ö." (1949), „Wirtschaftswissenschaft von heute" (1953), „Theorie und Politik der Beschäftigung" (1954), „Ö. Energiewirtschaft" (1957), „Wirtschaftsethik am Vorabend des Liberalismus" (1959), „Ö. Wirtschaftsstruktur gestern – heute – morgen" (1961), „Ö. Finanzpolitik 1945–61" (1962), „Gemeinwirtschaft in Westeuropa" (1962), „Die Verstaatlichung in Ö." (1964).

WEBERN, Anton von, * 3. 12. 1883 in Wien, † 15. 9. 1945 in Mittersill (S), Komponist. Kam mit seinen Eltern 1902 von Klagenfurt nach Wien, wo er bei G. Adler (s. d.) an der Universität Musikwissenschaft zu studieren begann. 1904 kurze Zeit Kompositionsschüler bei Pfitzner in Berlin, 1904–08 Schüler von Arnold Schönberg (s. d.) und promovierte 1906. 1908–13 Theaterkapellmeister in Wien, Teplitz, Danzig und Stettin, 1917 Opernkapellmeister in Prag. 1918–22 wirkte W. in dem von Schönberg gegründeten und geleiteten „Verein für musikalische Privataufführungen" mit. 1921–26 Leiter des Mödlinger Männergesangvereins und Dirigent des Wiener Schubertbundes. 1922–34 Leiter und Dirigent der von der Stadt Wien und der sozialdemokratischen Kulturstelle betreuten Arbeiter-Symphoniekonzerte und ab 1923 auch des Wiener Arbeiter-Singvereins. Ab 1930 bei der RAVAG (Ö. Rundfunk) als Dirigent und Sachwalter der Neuen Musik tätig. Absolvierte Dirigentengastspiele in mehreren Ländern Europas und war auch als Privatlehrer tätig. 1924 und

Anton von Webern 1932

1932 erhielt er den Musikpreis der Stadt Wien. Die nationalsozialistischen Machthaber ächteten seine Werke. In den Kriegswirren im Frühjahr 1945 schlug er sich nach Mittersill durch und wurde vor dem Haus seines Schwiegersohns von einem amerikanischen Soldaten irrtümlich erschossen. W. begann im spätromantischen Stil zu komponieren, schwenkte zu expressionistischer Kompositionsweise um und folgte seit 1924 Schönbergs Methode der Komposition mit zwölf nur aufeinander bezogenen Tönen. Hierbei fand er zu knappster Form, höchstmöglicher Verdichtung. W. gilt nach anfänglicher Nichtbeachtung als eine der wichtigsten Persönlichkeiten der Musik des 20. Jh.s. Er schuf Lieder, Chor- und Orchesterwerke sowie Kammermusik. 1959 gab J. Polnauer seine Briefe heraus, 1960 W. Reich seine Vorträge unter dem Titel „Der Weg zur neuen Musik". 1955 veröffentlichte die Universal-Edition unter dem Titel „A. W. Dokumente – Bekenntnisse, Erkenntnisse – Analysen" einen Gesamtüberblick über W.s Werk.

Kolneder, W.: A. W. Einführung in Werk und Stil (1961); Reich, W.: A. W. (1961); Ringger, R. U.: A. W.s Klavierlieder (1968); Rexroth, D. (Hrsg.): Opus A. W. (1984)

WEBER-TYROL, Hans, * 31. 10. 1874 in Schwaz (T), † 14. 7. 1957 in Eppan (Südtirol), Maler. War ein Spätimpressionist und gründete 1933 die Tiroler Künstlervereinigung „Der neue Bund", die bis zum Umbruch 1938 existierte. W.-T.s Werk umfaßt Landschaftsbilder, überwiegend mit Motiven aus Südtirol, Tierbilder und Porträts. Darüber hinaus war er auch als Plakatkünstler tätig.

WECHNER, Bruno, * 1. 7. 1908 in Götzis (V), Bischof. Wurde 1933 zum Priester geweiht und erwarb den Dr. phil. und den Dr. jur. 1955 wurde er Generalvikar und Weihbischof. Mit der Erhebung Vorarlbergs zur Diözese wurde W. am 15. 12. 1968 Diözesanbischof.

WECHSBERG, Joseph, * 29. 8. 1907 in Mährisch-Ostrau, † 10. 4. 1983 in Wien, Journalist und Schriftsteller. Studierte Musik in Wien und Jus in Prag und Paris. War anschließend Abgeordneter der Jüdischen Partei im tschechoslowakischen Parlament und Journalist für das „Prager Tagblatt" und die „Vossische Zeitung". 1938 emigrierte er in die USA, wo er ständiger Mitarbeiter des „New Yorker" und ab 1949 dessen europäischer Korrespondent wurde. W. veröffentlichte mehrere feuilletonistische Bücher, u. a.: „Looking for a Bluebird" (1945), „The Best Things in Life" (1964), „Sounds of Vienna" (1968), „Verdi" (1975), „Schubert. Bildbiographie" (1978), „Forelle blau und schwarze Trüffel. Die Wanderungen eines Epikureers" (1979).

WECK, Peter, * 12. 8. 1930 in Wien, Schauspieler, Regisseur und Theaterdirektor. War Wiener Sängerknabe und studierte danach an der Wiener Musikakademie und am Reinhardt-Seminar. Er debütierte als Schauspieler in Klagenfurt und kam über Berlin nach Wien zurück, war elf Jahre am Wiener Burgtheater und 17 Jahre in Zürich tätig. 1954 hatte er mit seiner ersten Filmrolle in „Bruder Martin" auch seinen ersten Erfolg als Filmschauspieler und spielte daraufhin in rund 100 Tonfilmen. Besonders populär wurde er als Hauptdarsteller verschiedener Fernsehserien, wie „Ich heirate eine Familie". Seit 1982 ist W. Direktor des Theaters an der Wien und agiert dort mit außergewöhnlichem Erfolg, was die fünfjährige Laufzeit des Musicals „Cats" beweist. Ab 1987 übernahm er auch die Direktion von Raimundtheater und Ronacher, die mit dem Theater an der Wien in einem Theaterverband zusammengefaßt wurden.

WEDENIG, Ferdinand, * 10. 5. 1896 in Gurnitz (K), † 11. 11. 1975 in Klagenfurt, Verlagsdirektor und SPÖ-Politiker. War zunächst kaufmännischer Angestellter und schon in der Ersten Republik mit der Sozialdemokratischen Partei eng verbunden. 1934 in politischer Haft, 1944/45 im KZ Dachau. 1945–47 Abgeordneter zum Nationalrat, 1947–65 Landeshauptmann von Kärnten.

WEDL, Karl, * 14. 10. 1815 in Wien, † 21. 9. 1891 in Wien, Anatom und Histologe. Studierte in Wien und arbeitete danach als Arzt in Bad Ischl und in Salzburg, bis er in Wien Univ.-Prof. wurde und sich ausschließlich der Anatomie und der Histologie zuwandte. W. stiftete sein Vermögen der Ö. Akademie der Wissenschaften. Wichtigste Veröffentlichungen: „Grundzüge der pathologischen Histologie" (1854), „Atlas zur Pathologie der Zähne" (mit M. Heider 1868), „Der Aberglaube und die Naturwissenschaften" (1883), „Pathologische Anatomie des Auges" (mit E. Bock 1885).

WEGSCHEIDER, Rudolf, * 18. 10. 1859 in Nagybecskerek (Banat), † 8. 1. 1935 in Wien, Chemiker. Studierte in Wien und beschäftigte sich mit der Theorie der chemischen Reaktionsfähigkeit, die er weiterentwickelte. 1902–31 Univ.-Prof. in Wien, war er 1904–29 Präsident des „Vereins ö. Chemiker", danach Ehrenpräsident. Auf seine Initiative hin wurde das Chemische Institut der Universität Wien erbaut. W. war ein Wegbereiter der physikalischen Chemie und veröffentlichte eine große Zahl wissenschaftlicher Werke, u. a.: „Über Derivate und Constitution der Opiansäure und Hemipinsäure" (1882), „Über die Dissociation der Gase" (1899), „Über die allgemeine Form der Gesetze der chemischen Kinetik homogener Systeme" (1900), „Über radioaktive Substanzen" (1905), „Zur Kinetik der Reaktionen mit Elektrolyten" (1917).

R. W. Festschrift zum 70. Geburtstag (1929)

WEHLE, Peter, * 9. 5. 1914 in Wien, † 18. 5. 1986 in Wien, Komponist, Textdichter, Komponist und Kabarettist. Studierte zunächst Jus und entdeckte danach seine Neigung zur Kleinkunst. Gemeinsam mit Karl Farkas (s. d.) und Gerhard Bronner (s. d.) schuf er eine Vielzahl von Kabarettnummern und musikalischen Komödien, u. a.: „Klimbim" (1947, mit Farkas), „Ich und der Teufel" (1957, mit Bronner), „Das heiße Eisen" (1953, mit Bronner und Fritz Eckhardt) und „Die ruhige Kugel" (1963, mit Bronner). Er schrieb auch eine große Anzahl von Wienerliedern (u. a. „Steh auf, liebes Wien", „Ja, die ältern Herrn"), Chansons und Filmmusik und gestaltete Radio- und Fernsehsendungen. Auch als Schriftsteller erfolgreich. Veröffentlichte 1977 „Die Wiener Gaunersprache" (dem seine zweite Dissertation zugrunde liegt), 1980 das Erfolgsbuch „Sprechen Sie Wienerisch?", 1982 „Sprechen Sie Ausländisch?", 1986 „Singen Sie Wienerisch?".

WEIBEL, Peter, * 5. 3. 1945 in Odessa, Kunsttheoretiker und Medienkünstler. Studierte Medizin und Logistik. Seit der

Peter Weibel: „Europa(t)raum" (1983)

ALFRED WEGENER

Verschollen in Grönland

WEGENER, Alfred, * 1. 11. 1880 in Berlin, † Ende November 1930 in Grönland verschollen, Geophysiker, Meteorologe und Polarforscher. Studierte in Berlin und nahm an den Grönlandexpeditionen 1906–08 und 1912–17 teil. Ab 1924 war er Univ.-Prof. in Graz und leitete die Expedition zum Inlandeis Grönlands 1929, von der er nicht mehr zurückkehrte. W. war durch seine Kontinentalverschiebungstheorie bekannt geworden, die neuerdings durch Untersuchungen der Plattentektonik bestätigt wurde. Von seinen Veröffentlichungen seien genannt: „Thermodynamik der Atmosphäre" (1911, 3. Aufl. 1928), „Die Entstehung der Kontinente und Ozeane" (1915, 4. Aufl. 1929), „Mit Motorboot und Schlitten in Grönland" (1930). Kurt Wegener gab 1933–40 „Wissenschaftliche Ergebnisse der deutschen Grönland-Expedition" (7 Bde.) und Else Wegener 1931 „A. W.s letzte Grönlandfahrt" heraus.

Wegener, E.: A. W. (1960); Schwarzbach, M.: A. W. und die Drift der Kontinente (1980)

Mitte der sechziger Jahre hat er nahezu alle Avantgardebewegungen entweder mitbegründet, sich daran beteiligt, zumindest aber kommentiert. Er ist der Schöpfer der Begriffe „Wiener Aktionismus", „Wiener Formalfilm" und „Fotopolitik". Nach Gastprofessuren in Deutschland, Kanada und den USA ist er seit 1981 Prof. an der Hochschule für angewandte Kunst in Wien. Schrieb u. a.: „Kritik der Kunst – Kunst der Kritik" (1973), „Österreichs Avantgarde 1900–1938" (mit O. Oberhuber, 1976), „Digitale Kunst" (1984), „Grenzkunst" (1985).

WEICHSELBAUM, Anton, * 8. 2. 1845 in Schiltern (NÖ), † 22. 10. 1920 in Wien, Anatom und Bakteriologe. Studierte in Wien und beschäftigte sich dann intensiv mit Bakteriologie- und Tuberkuloseforschung. 1893–1916 Univ.-Prof. in Wien, initiierte die Gründung der ersten ö. Lungenheilstätte in Alland (NÖ). Er entdeckte den Erreger der Genickstarre und der Lungenentzündung und wies als erster Tuberkelbazillen im Leichenblut des Menschen nach; auch trug er wesentlich zur Weiterentwicklung der Geschwulstlehre und der Gelenk- und Knorpelpathologie bei; forschte intensiv auf dem Gebiet der Zuckerkrankheit und war ein verdienstvoller Bekämpfer des Alkoholismus. Wissenschaftliche Werke u. a.: „Grundriß der pathologischen Histologie" (1892), „Über die Entstehung und Bekämpfung der Tuberkulose" (1896), „Parasitologie" (1899), „Epidemiologie" (1899), „Über die Infektionswege der menschlichen Tuberkulose" (1907), „Über die Beziehungen zwischen Körperkonstitution und Krankheit" (1912).

WEIDINGER, Josef (Joschi), * 25. 4. 1923 in Wien, Boxer. Galt nach dem Zweiten Weltkrieg als weiße Schwergewichtshoffnung und belegte in seiner besten Zeit den dritten Platz in der Weltrangliste. 50 000 Zuschauer feierten am 3. 6. 1950 seinen Punktesieg im Wiener Stadion über den Franzosen Stefan Olek, der Weidinger den Europameistertitel einbrachte. W. verlor den EM-Gürtel am 27. 3. 1951 in London gegen den Engländer Jack Gardner.

WEIDMANN, Franz Karl, * 1. 2. 1790 in Wien, † 28. 1. 1867 in Wien, Schriftsteller. War ein Neffe von Paul W. (s. d.) und zunächst Schauspieler am Wiener Burgtheater. Zunehmend beschäftigte er sich mit der Topographie Ö.s und veröffentlichte auf diesem Gebiet mehrere bedeutende Werke. Seine Bühnenwerke und Gedichte, in „Sämtliche Werke", 3 Bde. (1821/22), enthalten, sind heute kaum noch bekannt. Von den topographischen Werken seien u. a. genannt: „Wegweiser auf Ausflügen durch Ö. und Steiermark" (1821), „Wiens malerische Umgebung" (1844), „Touristen-Handbuch auf Ausflügen in Salzburg" (1845), „Illustrierter Fremdenführer in Wien" (1853), „Handbuch für Reisende durch Tyrol und Vorarlberg" (3. Aufl. 1854).

WEIDMANN, Paul, * 10. 9. 1744 in Wien, † 9. 4. 1801 in Wien, Bühnendichter und Erzähler. Wurde bei den Jesuiten erzogen und schlug die Beamtenlaufbahn ein. 1777 war er Referendar bei der Böhmischen Hofkanzlei in Wien, 1785 in der dortigen geheimen Ziffernkanzlei Kanzlist. Als Bühnendichter war W. erstaunlich produktiv, die ohne Jahresangabe erschienenen „Sämtlichen theatralischen Werke" umfassen 8 Bände, darunter auch das Lieblingsstück von Maria Theresia, „Der Bettelstudent oder Das Donnerwetter" (1776). Bedeutsam ist, daß er das erste deutschsprachige Faust-Drama, „Johann Faust", im Jahr 1775 schuf. Außerdem den Text zum deutschsprachigen Singspiel „Die Bergknappen", zu dem Ignaz Umlauff (s. d.) die Musik schrieb. Es wurde zur Eröffnung des neugegründeten „National-Singspiels" im Wiener Burgtheater am 17. 2. 1778 uraufgeführt, am Vortag privat vor Kaiser Joseph II. gespielt.

Schram, L.: Das Bühnenwerk P. W.s, Diss. Wien (1943)

WEIGEL, Hans, * 29. 5. 1908 in Wien, Schriftsteller, Kritiker und Übersetzer. War zunächst bis 1938 Mitarbeiter an mehreren Wiener Kleinkunstbühnen und schuf für diese viele erfolgreiche Texte. 1938–45 lebte er in der Schweiz in der Emigration und kehrte als einer der ersten nach Ö. zurück, wo er sich neben seiner publizistischen Tätigkeit für die jungen ö. Autoren im Wien der Nachkriegszeit einsetzte. W. ist auch als Übersetzer, vor allem der Werke von Molière, bekannt geworden und verschaffte sich immer wieder als Kritiker von Theater und Literatur Gehör. Als Förderer der Altwiener Volkskomödie erwarb er sich besondere Verdienste um das Werk von Johann Nestroy. Aus seinem umfangreichen Schaffen seien die Bühnenwerke „Axel an der Himmelstür" (Operette, 1936), „Barabbas" (1946), „Angelica" (1948), „Die Erde" (1948), „Das wissen die Götter" (1950) sowie die Romane „Der grüne Stern" (1946), „Unvollendete Symphonie" (1951) und „Hölle oder Fegefeuer" (1954) genannt. Er veröffentlichte u. a. noch: „O du mein Ö." (1956), „Masken, Mimen und Mimosen" (1958), „Flucht vor der Größe" (1960), „Wien für Anfänger" (1960), „Tausendundeine Premiere" (1961), „Lern dies Volk der Hirten kennen" (1962), „Versuch über Josef Meinrad" (1962), „Blödeln für Anfänger" (1963), „Attila Hörbiger" (1963), „Tirol für Anfänger" (1964), „Apropos Musik" (1965), „Pünktlichkeit für Anfänger" (1965), „Das kleine Walzerbuch" (1965), „Das tausendjährige Kind" (1965), „Johann Nestroy" (1967), „Das Buch der Wiener Philharmoniker" (1967), „Karl Kraus oder Die Macht der Ohnmacht" (1968), „Vorschläge für den Weltuntergang" (1969), „Götterfunken mit Fehlzündung" (1971), „Die Leiden der jungen Wörter" (1974), „Gerichtstag vor 49 Leuten" (1981), „Man kann nicht ruhig darüber reden" (1986).

WEIGEL, Helene, * 12. 5. 1900 in Wien, † 6. 5. 1971 in Berlin (DDR), Schauspielerin und Theaterleiterin. Begann ihre Bühnenlaufbahn mit 16 Jahren, ging 1918 nach Frankfurt a. M. und danach an Max Reinhardts (s. d.) Deutsches Theater in Berlin. 1923 kam es zur ersten Zusammenarbeit mit ihrem späteren Ehemann Bert Brecht, mit dem sie über Prag, Paris, die Schweiz und Skandinavien in die USA emigrierte. Ab 1948 in Ostberlin, gründete sie dort gemeinsam mit Brecht das „Berliner Ensemble", dessen Leiterin sie auch bis zu ihrem Tod war. W. verkörperte auf der Bühne vor allem Brechts Frauengestalten, wie die Frau Carrar und die Mutter Courage, besonders eindrucksvoll.

Helene Weigel in Bert Brechts „Furcht und Elend des Dritten Reiches". Berliner Ensemble 1957

WEIGL, Joseph, * 28. 3. 1766 in Eisenstadt, † 3. 2. 1846 in Wien, Dirigent und Komponist. War Patenkind von Joseph Haydn (s. d.) und Schüler von J. G. Albrechtsberger (s. d.) und A. Salieri (s. d.), dessen Nachfolge als Dirigent der Wiener Hofoper er im Jahr 1791 antrat. Als solcher bis 1823 tätig, wurde er 1827 Vizehofkapellmeister. Abgesehen von kammer- und kirchenmusikalischen Werken, schuf er 22 Kantaten, 11 Messen, über 30 deutsche und italienische Opern, 18 Ballette und 2 Oratorien. Von den Opern sind besonders erwähnenswert: „La principessa d'Amalfi" (1794), „Cleopatra" (1807 für Mailand), „Il rivale di se stesso" (1808), „Das Waisenhaus" (1808), „Die Schweizerfamilie" (1809), „L'imbroscata" (1815).

WEIHS, Oskar, * 19. 4. 1911 in Wien, † 7. 2. 1978 in Wien, Techniker und SPÖ-Politiker, Dipl.-Ing. und Dr. techn. War in Graz bei der Arbeiterkammer tätig. Seit 1959 Abgeordneter zum Nationalrat, 1970–76 Landwirtschaftsminister.

WEIKHART, Eduard, * 21. 11. 1905 in Liesing bei Wien, † 25. 7. 1986 in Wien, kaufmännischer Angestellter und SPÖ-Politiker. Wurde 1945 Abgeordneter zum Nationalrat und war 1959–66 Staatssekretär im Handelsministerium in insgesamt sechs Koalitionsregierungen.

WEIL, Alexander, Ritter von Weilen, * 4. 1. 1863 in Wien, † 23. 7. 1918 am Böckstein (S) abgestürzt, Literatur- und Theaterwissenschaftler. War der Sohn von Joseph W. (s. d.) und studierte in Wien, wo er später auch Univ.-Prof. für Literaturgeschichte und Kustos der Hofbibliothek wurde. Sein Spezialgebiet war die Theaterwissenschaft; er veröffentlichte u. a. mehrere Werke zur Wiener Theatergeschichte: „Geschichte des Wiener Theaterwesens" (1899), „Zur Wiener Theatergeschichte" (1901), „Geschichte des k. k. Hofburgtheaters" (1902) und „Julie Rettich" (1909); außerdem war er Mitherausgeber der „Geschichte der Stadt Wien" und gab 1918 den Band VI heraus.

WEIL, Joseph, Ritter von Weilen (seit 1874), * 28. 12. 1828 in Tetin bei Prag, † 3. 7. 1889 in Wien, Schriftsteller. Als Sohn armer Eltern geboren, wurde er zunächst Wanderschauspieler, kam Anfang 1848 nach Wien und wurde Soldat. Schon im Dezember 1849 Offizier, beförderte man W. 1852 zum Lehrer für Geschichte und Geographie am Kadetteninstitut von Hainburg und 1854 zum Prof. für Geschichte an der Genieakademie in Znaim. 1861 wurde er Skriptor an der Wiener Hofbibliothek und Prof. für deutsche Literatur an der Kriegsschule. 1873 wurde W. am Konservatorium der Gesellschaft der Musikfreunde in Wien Direktor der von ihm (mit S. Mosenthal, [s. d.]) gegründeten Schauspielschule. Daneben verfaßte er eine Vielzahl von Bühnenstücken, von denen eine Ausgabe „Dramatische Dichtungen", 3 Bde, zwischen 1868–70 erschien. 1884 wurde ihm die Redaktion des von Kronprinz Rudolf ins Leben gerufenen großen 24bändigen Sammelwerks „Die Ö.-ungarische Monarchie in Wort und Bild" übertragen.

WEIL, Robert, * 4. 8. 1881 in Wien, † 5. 12. 1960 in New York, Schriftsteller und Kabarettist. Studierte an der Universität Wien und wandte sich als junger Dr. jur. und hoffnungsvoller Schriftsteller dem Wiener Kabarett zu, für das er nun regelmäßig zahlreiche Texte verfaßte, so die humoristischen Erzählungen „Aus meiner Werkstatt (1910–12), „Klingers" (1918), „Schulaufsätze des Poldi Huber", 12 Hefte (1913 ff.), letztere erzielten Millionenauflagen, und „Was einem passieren kann". W. schrieb auch einige Lustpiele und Dramen, ein Opernlibretto für Franz Salmhofer (s. d.) und Operettenlibretti, u. a. für Fritz Kreislers (s. d.) „Sissy", sowie den autobiographischen Roman „Rück näher, Bruder" (1920). W. publizierte auch unter den Pseud. Homunkulus und Gustav Holm.

WEILER, Max, * 27. 8. 1910 in Absam (T), Maler und Graphiker. Studierte an der Akademie der bildenden Künste in Wien, wo er dann von 1965–80 auch als Prof. wirkte. Neben zahlreichen anderen Auszeichnungen erhielt er 1961 den Ö. Staatspreis. Er schuf Landschaften, Stilleben und Porträts sowie Fresken, u. a. die im Hauptbahnhof von Innsbruck, im Stadtsaal und in der Hungerburg-Kirche in Innsbruck sowie in der Friedenskirche von Linz-Urfahr, außerdem Sgraffiti, Mosaike und Glasmalereien.

WEINBACHER, Jakob, * 20. 12. 1901 in Wien, † 15. 6. 1985 in Wien, Bischof. Studierte in Wien und wurde am 20. 7. 1924 zum Priester geweiht. Nach 1938 längere Zeit inhaftiert, wurde er 1945 Domkapitular von St. Stephan in Wien, war 1945–50 Leiter der Caritas, 1950–53 Generalvikar und 1952–61 Rektor der Anima in Rom, des Kollegs für in Rom studierende deutschsprachige Priester. 1961–69 war W. wieder Generalvikar, 1962 wurde er zum Weihbischof von Wien ernannt.

WEINBERGER, Charles (Karl Rudolf Michael), * 3. 4. 1861 in Wien, † 1. 11. 1939 in Wien, Operettenkomponist. Schuf rund 20 Operetten, 15 ernste Lieder, Quartette und Konzertwalzer sowie eine Oper, „Das Sonnenkind" (1929). Von seinen Operetten sind erwähnenswert: „Pagenstreiche" (1888), „Münchner Kindl" (1893), „Adam und Eva" (1899), „Die romantische Frau" (1910), „Der Frechling" (1913).

Robert Weil 1920

Max Weiler: Aus der Apokalypse (1956)

WEINBERGER, Lois (Alois), * 22. 6. 1902 in Markt Eisenstein (Böhmerwald), † 17. 3. 1961 in Wien, ÖVP-Politiker. War 1929–38 Sekretär bzw. Obmann der Angestellten-Gewerkschaft. 1945–53 Abgeordneter zum Nationalrat, 1945 Mitglied der Provisorischen Staatsregierung Renner und anschließend bis 1947 Bundesminister ohne Portefeuille im Kabinett Figl I. W. war auch stellvertretender Bundesparteiobmann der ÖVP und Bundesobmann des ÖAAB.1946–59 war W. Vizebürgermeister von Wien und 1945–50 Landesparteiobmann. 1948 veröffentlichte er „Tatsachen, Begegnungen und Gespräche".

WEINGARTNER, Felix Paul, Edler von Münzberg, * 2. 6. 1863 in Zara (Dalmatien), † 7. 5. 1942 in Winterthur (Schweiz), Dirigent, Komponist und Musikschriftsteller. War zunächst Kompositionsschüler von W. A. Remy in Graz, studierte 1881–83 an der Universität Leipzig und am dortigen Konservatorium. 1883 ging er zu Franz Liszt nach Weimar, der 1884 die Uraufführung von W.s erster Oper, „Sakuntala", veranlaßte. 1884 Kapellmeister in Königsberg, 1885–87 in Danzig, 1889–91 Hofkapellmeister in Mannheim, wurde er 1891 Kapellmeister an der Oper und der Symphoniekonzerte der Königlichen Kapelle in Berlin. 1908–11 als Nachfolger von Gustav Mahler Direktor der Wiener Hofoper sowie bis 1927 Leiter der Wiener Philharmonischen Konzerte. 1912–14 Gastdirigent am Stadttheater in Hamburg, 1914–19 Generalmusikdirektor in Darmstadt, 1919–24 Direktor der Wiener Volksoper. Ab 1927 leitete W. die Symphoniekonzerte der Allgemeinen Musikgesellschaft in Basel, wo er bis 1933 auch Direktor des Konservatoriums war. 1935/36 Musikdirektor der Wiener Staatsoper, übersiedelte 1936 nach Interlaken (Schweiz), wo er Sommerkurse für Dirigenten abhielt. Der Neuromantik verbunden, komponierte er in der Nachfolge Richard Wagners zahlreiche kammermusikalische Werke, sieben Symphonien und mehrere Opern nach eigenen Libretti, wovon „Dame Kobold" (1916) sehr bekannt wurde. Außerdem veröffentlichte er musikalische Fachwerke, u. a.: „Die Lehre von der Wiedergeburt und das musikalische Drama" (1895), „Über das Dirigieren" (1896), „Die Symphonie nach Beethoven" (1898, 4. Aufl. 1926), „Ratschläge für Aufführungen klassischer Symphonien", 3 Bde. (1906–23), „Akkorde, Gesammelte Aufsätze"

Felix Weingartner 1927

(1912), „Lebenserinnerungen", 2 Bde. (1923–29).

Krause, E.: F. W. als schaffender Künstler (1904); Jacob, W.: F. von W. (mit Werkverzeichnis, 1933)

WEINGARTNER, Josef, * 10. 2. 1885 in Dölsach (Osttirol), † 11. 5. 1957 in Meran (Südtirol), katholischer Geistlicher, Kunsthistoriker und Heimatforscher. Wurde 1907 zum Priester geweiht, studierte anschließend an der Universität Wien als Schüler von Max Dvořak (s. d.) Kunstgeschichte. Ab 1912 war er in Innsbruck beim Denkmalamt tätig und wurde 1920 Generalkonservator in Wien, 1921 Propst und Hauptstadtpfarrer in Innsbruck sowie ab 1947 dort auch Univ.-Dozent. W. erwarb sich große Verdienste um die Kunstdenkmäler in Tirol und veröffentlichte mehrere bedeutende Werke, u. a.: „Die Kirchen Innsbrucks" (1921, 2. Aufl. 1950), „Bozener Burgen" (1922, 3. Aufl. 1959), „Die Kunstdenkmäler Südtirols", 4 Bde. (1923–30, 3. Aufl., 3 Bde., 1959–63), „Um den Rosengarten" (1938), „Gilg Sesselschreiber" (1947), „Gotische Wandmalerei in Südtirol" (1948), „Tiroler Bildstöcke" (1948), „Südtirol" (1950, 2. Aufl. 1955, mit R. Zinner), „Tiroler Burgenkunde" (1950), „Unterwegs" (Lebenserinnerungen, 1951), „Berühmte Tiroler Wirtshäuser und Wirtsfamilien" (1956), „Meran und das Burggrafenamt" (1956, mit R. Zinner); nach seinem Tod erschienen „Die Kunstdenkmäler Osttirols" (1958) und „Tiroler Burgen" (1962).

WEININGER, Otto, * 3. 4. 1880 in Wien, † 4. 10. 1903 in Wien (Selbstmord), Philosoph. W. entwickelte eine Psychologie der Geschlechter und stellte die Theorie von der psychisch-physischen Bisexualität des Menschen auf. In seinem 1903 erschienenen Werk „Geschlecht und Charakter", das einiges Aufsehen erregte (28. Aufl. bereits 1947), stellte er die These von der seelischen und sittlichen Minderwertigkeit der Frau auf, die zu keiner geistig-sittlichen Orientierung und schöpferischer Produktivität fähig sei. Sein Buch, das sich auch gegen das Judentum wandte, wurde von seinen Zeitgenossen Karl Kraus (s. d.) und August Strindberg begeistert aufgenommen und beeinflußte auch das Werk Trakls (s. d.), Brochs (s. d.), Wittgensteins (s. d.) und Schönbergs (s. d.). Aus seinem Nachlaß erschienen noch: „Über die letzten Dinge" (1904), „Die Liebe und das Weib" (1917) und „Taschenbuch und Briefe an einen Freund" (1921).

Lucka, E.: O. W. (1905); Klaren, G.: O. W. (1924); Sachers, W.: Anton Wildgans und O. W. Diss. Wien (1954); Le Rider, J.: Der Fall O. W. (1985).

WEINZIERL, Erika, * 6. 6. 1925 in Wien, Historikerin. Studierte in Wien 1944/45 zunächst Medizin, danach Geschichte und Kunstgeschichte und promovierte 1948. Anschließend arbeitete sie bis 1964 als Archivar am Haus-, Hof- und Staatsarchiv in Wien. 1964–79 Vorstand des Instituts für kirchliche Zeitgeschichte an der Universität Salzburg, trat die Nachfolge von Univ.-Prof. Dr. Ludwig Jedlicka (s. d.) an. W. wurde 1979 o. Univ.-Prof. für Zeitgeschichte an der Universität Wien. Schon früh beschäftigte sie sich mit Teilproblemen der ö. Kirchengeschichte und des ö. Widerstands 1938–45 und veröffentlichte u. a.: „Geschichte des Benediktinerklosters Millstatt in Kärnten" (1951), „Die ö. Konkordate von 1855 und 1933" (1961), „Zu wenig Gerechte – Ö. und die Judenverfolgung 1938–1945" (1969), „Emanzipation?" (1975); gemeinsam mit K. Skalnik gab sie eine zweibändige „Geschichte der Zweiten Republik" (1972) heraus, die 1975 einbändig unter dem Titel „Das neue Ö." erschien, sowie „Ö. 1918–1938", 2 Bde. (1983); mit F. Weissensteiner (s. d.) gab sie 1983 „Die ö. Bundeskanzler" heraus.

WEINZIERL, Theodor Ritter von, * 1853 in Bergstadtl (Böhmen), † 24. 6. 1917 in Wien, Landwirtschaftsexperte. Studierte in Wien und promovierte 1881 zum Dr. phil. 1877–83 war W. Assistent an der Hochschule für Bodenkultur in Wien, ab 1886 Direktor der Samenkontrollstation der k. k. landwirtschaftlichen Gesellschaft, die unter seiner Führung wirtschaftlich wichtige Erfolge verzeichnen konnte. Außerdem verfaßte er zahlreiche Studien und Stellungnahmen zu den Problemen der Landwirtschaft und arbeitete an der Agrargesetzgebung mit.

Ideen aus Ö. Notring Almanach 1955

JOSEF WEINHEBER

„Zwischen Göttern und Dämonen"

WEINHEBER, Josef, * 9. 3. 1892 in Wien, † 8. 4. 1945 in Kirchstetten (NÖ, Selbstmord), Lyriker. Früh elternlos geworden, wuchs er im Mödlinger Waisenhaus auf und wurde Postbeamter. Ab 1932 freier Schriftsteller. 1920 veröffentlichte er seinen ersten Gedichtband, „Der einsame Mensch". 1925 erhielt er den Preis der Stadt Wien, 1936 den Mozart-Preis der Goethe-Stiftung, 1941 den Grillparzer-Preis. Die Nationalsozialisten gebrauchten ihn als ihren Paradeliteraten. Beim Herannahen der Truppen der Roten Armee beging er durch die Einnahme einer Überdosis Schlaftabletten Selbstmord. Unbestritten war W. einer der bedeutendsten deutschen Lyriker der ersten Hälfte des 20. Jh.s. Unter Verwendung hoher Formen wie der Ode oder der Hymne, aber auch des Sonetts oder des lied-

haften Gedichts schuf er Lyrik von großer Schönheit, bis hin zum die Wiener Atmosphäre meisterhaft einfangenden „Wien wörtlich". In seinen Romanen – „Das Waisenhaus" (1924), „Der Nachwuchs" (1927), „Gold außer Kurs" (aus dem Nachlaß) – schilderte er Erlebtes aus seiner tristen Jugend. Von seinen Lyrikbänden, die durchwegs mehrfach aufgelegt wurden, seien genannt: „Von beiden Ufern" (1923), „Boot in der Bucht" (1926), „Adel und Untergang" (1934), „Vereinsamtes Herz" (1935), „Wien wörtlich" (1935), „Späte Krone" (1936), „O Mensch, gib acht!" (1937), „Selbstbildnis" (1937), „Zwischen Göttern und Dämonen" (1939), „Kammermusik" (1939), „Dokumente des Herzens" (1944), „Hier ist das Wort" (1944). 1953–58 gaben J. Nadler und Hedwig Weinheber „Sämtliche Werke", 5 Bde., heraus (2. Aufl. 1963–70); F. Jenaczek edierte eine siebenbändige Ausgabe ab 1970.

Sacher, F.: Der Lyriker W. (1949); Zillich, H. (Hrsg.): Bekenntnis zu J. W. Erinnerungen seiner Freunde (1950); Nadler, J.: J. W. (1952); Bergholz, H.: J. W. (Bibliographie, 1953)

WEIRICH, August, * 15. 4. 1858 in Fugau (Böhmen), † 2. 3. 1921 in Wien, Kapellmeister und Komponist. Studierte in Wien und war hier 1902–21 Kapellmeister am Wiener Stephansdom. War einer der Hauptvertreter des Cäcilianismus. Schuf kirchliche Vokalmusik.

WEIS, Johann Baptist, * 12. 12. 1801 in Plan (Böhmen), † 20. 3. 1862 in Wien, Beamter und Schriftsteller. Seine Skizzen „Bilder aus Wiens unteren Volksklassen" (1833–37) und die „Briefe des Hans-Jörgel von Gumpoldskirchen an seinen Schwager in Feselau" (1837–50) sind auch heute noch von einiger Bedeutung für die Kultur- und Sittengeschichte des Vormärz.

WEISER, Karl, * 14. 7. 1911 in Salzburg, Maler und Graphiker. Nach seiner Ausbildung an der Akademie der bildenden Künste in Wien wurde er bereits 1936 mit der Goldenen Füger-Medaille ausgezeichnet. 1957 erhielt er den Salzburger Graphikerpreis. Neben Graphiken, Altarbildern und Fresken

OTTO WEININGER
Selbstmord in Beethovens Sterbehaus

„Glorreich war auch Otto Weininger. An der Schwelle dieses fragwürdigen Jahrhunderts steht er als Denkmal für die Realität des Geistes, dessen Starkstrom in ihm furchtbar genug ist, um den Jüngling, der eben die Rennbahn des Ruhmes betreten hatte, durch einen Kurzschluß zu töten."

Heimito von Doderer (1963)

„Weininger . . . hat in einem vielbemerkten Kapitel den Juden und das Weib mit der gleichen Feindschaft bedacht und mit den nämlichen Schmähungen überhäuft. Weininger stand als Neurotiker völlig unter der Herrschaft infantiler Komplexe; die Beziehung zum Kastrationskomplex ist das dem Juden und dem Weibe dort Gemeinsame."

Sigmund Freud

„Es war, in wenigen Worten, dieses bekannte Geheimnis, das Otto Weininger auszusprechen wagte; es war diese Entdeckung des Wesens und der Natur des Weibes, die er in seinem männlichen Buche über ‚Geschlecht und Charakter' mitteilte, und die ihm das Leben kostete. Ich lasse einen Kranz auf sein Grab legen, weil ich sein Gedächtnis ehre als das eines tapferen männlichen Denkers."

August Strindberg, 12. 10. 1903

„So habe ich, als ich das Werk am Tage nach seinem Erscheinen las, dem mir damals persönlich unbekannten Verfasser zugerufen, ‚ein Frauenverehrer stimme den Argumenten seiner Frauenverachtung begeistert zu'."

Karl Kraus über „Geschlecht und Charakter", Die Fackel, 23. 11. 1904

schuf er auch farbige Glasfenster und eindrucksvolle Rohrfederzeichnungen. In der Pfarrkirche von Weyregg am Attersee (OÖ) befinden sich nicht nur die Gewölbefresken mit dem Rosenkranzzyklus – eines seiner Hauptwerke –, sondern auch Altarbilder, Kreuzwegstationen und Glasfenster von ihm. Glasfenster entwarf er u. a. für die Kirchen von Pernitz (NÖ), Mühlbach am Hochkönig (S), Taxham (S) sowie für St. Andrä in Salzburg.

WEISKIRCHNER, Richard, * 24. 3. 1861 in Wien, † 30. 4. 1926 in Wien, Bürgermeister von Wien und christlichsozialer Politiker. Trat nach Abschluß seines juristischen Studiums an der Universität Wien 1883 in den Magistratsdienst der Stadt Wien. 1897–1911 Reichsratsabgeordneter, 1907–09 Präsident des Abgeordnetenhauses und 1898–1915 auch nö. Landtagsabgeordneter. 1903 Magistratsdirektor, schied er 1910 aus dem städtischen Dienst, da er in den Wiener Gemeinderat gewählt worden war. 1909–11 Handelsminister, 1912–19 Bürgermeister von Wien und 1917/18 Mitglied des Herrenhauses. 1919 wurde W. in die Konstituierende Nationalversammlung gewählt, war 1919–23 Abgeordneter zum Nationalrat und 1920–23 dessen Präsident. Abgesehen von seiner umfangreichen politischen Tätigkeit veröffentlichte er auch u. a.: „Ö. Städteordnungen" (1895), „Die Armenpflege einer Großstadt" (1896), „Kartellwesen vom Standpunkt der christlichen Wirtschaftsauffassung" (1896); im Amtsblatt der Stadt Wien publizierte er 1914–18 die Artikelserie „Wien während des Krieges".

Richard Weiskirchner

Harrer, K.: Dr. R. W., Diss. Wien (1950); Czeike, F.: Wien und seine Bürgermeister (1974)

WEISS, Edmund, * 26. 8. 1837 in Freiwaldau (Ö.-Schlesien), † 21. 6. 1917 in Wien, Astronom. Studierte in Wien und wurde 1869 hier Univ.-Prof. 1878 Direktor der Wiener Sternwarte und Präsident der ö. Gradmessungskommission. Er veröffentlichte 1883–1908 die „Annalen der Sternwarte in Wien". 1892 erschien sein „Bilderatlas der Sternwelt" (2. Aufl.).

WEISS, Ernst, * 5. 3. 1912 in Wien, Boxer. Exzellenter Techniker, holte in drei Gewichtsklassen (Fliegen 1936, Bantam 1939, Feder 1941) den Profi-Europameistertitel.

WEISS, Johann Baptist von, * 17. 7. 1820 in Ettenheim (Baden), † 8. 3. 1899 in Graz, Historiker. W. war 1853–91 Univ.-Prof. in Graz und veröffentlichte mehrere Werke zur ö. Geschichte. Großer Berühmtheit erfreute sich zu seiner Zeit das von ihm verfaßte „Lehrbuch der Weltgeschichte", 22 Bde. (1859–98), das Richard von Kralik (s. d.) fortsetzte und dessen Bände 23–28 er als „Allgemeine Geschichte der neuesten Zeit" (1914–23) verfaßte. Weitere bedeutende Werke W.' waren u. a.: „Geschichte des Herzogtums Steiermark" (1860), „Atlas ö. Werkzeuge für Holzarbeiter" (1861) und „Maria Theresia und der Ö. Erbfolgekrieg" (1863).

WEISS, Karl, * 13. 2. 1826 in Wien, † 23. 12. 1895 in Wien, Archivar und Historiker. W. besuchte 1843/44 den ersten Philosophie-Jahrgang der Universität Wien und trat 1843 in den Dienst des Magistrats der Stadt Wien. Auf seine Anregung hin bewilligte der Gemeinderat 1855 die Gründung der Wiener Stadtbibliothek. W. wurde 1863 Archivar, Bibliothekar und Chronist. 1874 Archiv- und Bibliotheksdirektor. Seit 1873 war er Leiter der städtischen Waffensammlung. Er veröffentlichte – zunächst auch unter dem Pseud. Karl Struve – bedeutende wissenschaftliche Werke zur Geschichte der Stadt Wien, so u. a.: „Die Octobertage Wiens" (1848), „Die Wiener Haupt- und Staatsaktionen" (1854), „Geschichte der öffentlichen Anstalten, Fonds und Stiftungen für die Armenversorgung in Wien" (1867), „Geschichte der Stadt Wien" (1872, 2 Bde. 1882/83). Außerdem war W. Herausgeber von „Alt- und Neu-Wien in seinen Bauwerken" (1864) und – gemeinsam mit B. Bucher – des „Wiener Baedeker" (1868).

WEISS, Ludwig, * 25. 8. 1902 in Klagenfurt, Techniker und ÖVP-Politiker. Studierte an der Technischen Hochschule in Wien und promovierte zum Dr. techn. Seit 1927 im Dienst der Ö. Bundesbahnen, wurde er 1951 Präsident der Bundesbahndirektion Villach. 1956–66 Abgeordneter zum Nationalrat, 1966–70 Verkehrsminister. Er war als Bundesminister um den weiteren Ausbau der Autobahnen und die Verbesserung des Eisenbahnnetzes bemüht. Zudem saß W. 1959–66 im Sozial- und 1960–66 im Kulturausschuß des Europarats.

WEISSEL, Georg, * 28. 3. 1899 in Wien, † 14. 2. 1934 in Wien, (standrechtlich hingerichtet), Feuerwehroffizier und Schutzbundführer. Seit seiner Gymnasialzeit mit der sozialdemokratischen Bewegung verbunden, trat er 1926 in den Dienst der Wiener Berufsfeuerwehr. Wurde 1931 Brandkommissär der Hauptfeuerwache Floridsdorf, war zugleich als Chemiker Gasoffizier der Wiener Feuerwehr. Ab 1927 Kommandant der Studentenabteilung („Akademische Legion") des Schutzbunds, zog sich W. nach dem Verbot des Schutzbunds vorerst von jeder politischen Tätigkeit zurück. Ende 1933 stellte er sich jedoch dem Floridsdorfer Schutzbund wieder zur Verfügung und führte ihn in den Februartagen 1934. Von Polizeieinheiten überwältigt, wurde er zum Tod durch den Strang verurteilt.

WEISSENBÄCK, Franz Andreas, * 26. 11. 1880 in St. Lorenzen am Wechsel (St), † 14. 3. 1960 in Wien, Augustiner-Chorherr, Musikwissenschaftler und Komponist. Trat 1899 in das Augustiner-Chorherrenstift Klosterneuburg ein und wurde 1904 zum Priester geweiht. Wurde Stiftskapellmeister sowie 1924 Prof. an der Wiener Musikakademie. Außerdem war er Leiter des von ihm gegründeten Wiener Kammerchors. Als Komponist schuf er kirchenmusikalische Werke, Lieder und Instrumentalmusik. W. war auch ein angesehener Glockenfachmann. Von seinen Veröffentlichungen seien genannt: „Thematisches Verzeichnis der Kirchenkompositionen von J. G. Albrechtsberger" (1913), „Sacra Musica, Lexikon der katholischen Kirchenmusik" (1937), „Tönendes Erz" (1961, gemeinsam mit J. Pfundner).

WEISSENBERG, Gerhard, * 9. 5. 1920 in Ybbs an der Donau (NÖ), † 1. 10. 1980 in Wien, SPÖ-Politiker. Seit 1949 Mitarbeiter im ÖGB, 1968 Präsident des Hauptverbands der ö.

Sozialversicherungsträger, ab 1. 10. 1976 Bundesminister für soziale Verwaltung.

WEISSENHOFER, J. Anselm, * 19. 8. 1883 in Ybbsitz (NÖ), † 14. 1. 1961 in Wien, Benediktinerpater und Kunsthistoriker. Trat in den Benediktinerorden ein und wurde 1908 zum Priester geweiht. Studierte dann an der Universität Wien Theologie und Kunstgeschichte bei Max Dvořak (s. d.) und promovierte 1919 zum Dr. phil. 1923 habilitierte er sich an der katholisch-theologischen Fakultät für kirchliche Kunst und wurde 1931 a.o. Univ.-Prof. 1924 auch Dozent an der Kunstgewerbeschule und 1947 an der Akademie der bildenden Künste. 1924–30 war er Schriftleiter der von der Leo-Gesellschaft herausgegebenen Zeitschrift „Kirchenkunst" und gleichzeitig Kustos der Gemäldegalerie des Wiener Schottenstifts, wo er, ebenso wie 1933–38 in der Burgkapelle, ein sehr beliebter Prediger war. Ab 1940 Direktor des Erzbischöflichen Dom- und Diözesanmuseums. Von seinen Veröffentlichungen seien u. a. genannt: „Die ältesten Ansichten der Stadt Wien" (1923), „Der Stephansdom und die Wiener" (1945), „Wiener Madonnen" (1946, 2. Aufl. 1947), „Liturgie und Kunst" (1948).

WEISSENKIRCHNER, Hans Adam (auch Weißkircher), * 10. 2. 1646 (Tauftag) in Laufen (S, heute Bayern), † 26. 1. 1695 (Begräbnistag) in Graz, Maler. War seit 1678 Hofmaler des Fürsten Johann Seyfried von Eggenberg in Graz und schuf seine Werke als Eklektiker, beeinflußt durch einen längeren Italienaufenthalt, stilistisch in einer Art Vorstufe zur bodenständigen ö. Barockkunst. Sein Hauptwerk sind die Deckengemälde, vor allem im Prunksaal, von Schloß Eggenberg. Neben einigen Historiendarstellungen schuf er auch mehrere Altarbilder, so u. a. im Mausoleum von Ehrenhausen (St), in Graz in der Stiegen-, der Ursulinen- und der Dominikanerkirche und in weiteren Kirchen der Steiermark, in Maria Lankowitz, Straßgang, Stainz, Übelbach und Bruck an der Mur. Über seinen älteren Bruder, Wolf W. d. J. (geb. 1639, gest. 1703 in Salzburg) sind keine genauen Daten bekannt. Er war Bildhauer in Salzburg und ein enger Mitarbeiter von Johann Bernhard Fischer von Erlach (s. d.). Seine bedeutendsten Werke sind die Atlantenthermen am Westportal des Hofmarstalls in Salzburg sowie Altarbilder in den salzburgischen Dorfkirchen von Holzhausen, Maria Plain, St. Margarethen und Unter- und Obereching.

Rosenberg-Gutmann, A.: H. A. W. (1925)

WEISSENSTEINER, Friedrich, * 25. 11. 1927 in Großpertholz (NÖ), Lehrer und Historiker. Studierte nach dem Kriegsdienst in Wien Geschichte und Anglistik, promovierte 1950 und wurde Gymnasialprof., ab 1974 Direktor eines Wiener Gymnasiums. Nach Mitarbeit an einigen Schulbüchern und im Schulfernsehen gab W. die Memoiren des Bundespräsidenten Michael Hainisch (s. d.) und des sozialdemokratischen Politikers Wilhelm Ellenbogen (s. d.) heraus und veröffentlichte die Biographien „Die rote Erzherzogin, das ungewöhnliche Leben der Tochter des Kronprinzen Rudolf" (1982), „Franz Ferdinand" (1982) und „Ein Aussteiger aus dem Kaiserhaus: Johann Orth" (1985); außerdem gab er 1982 „Die ö. Bundespräsidenten" und 1983 gemeinsam mit Erika Weinzierl „Die ö. Bundeskanzler" heraus.

WEISSENSTEINER, Raimund, * 14. 8. 1905 in Hoheneich (NÖ), katholischer Geistlicher und Kirchenkomponist. Studierte in Wien und war Schüler von Franz Schmidt (s. d.). 1930 zum Priester geweiht, war er 1943–45 in politischer Haft. Danach Prof. an der Wiener Musikakademie. Erhielt 1962 den Ö. Staatspreis und 1965 den Kulturpreis des Landes NÖ. Neben kirchenmusikalischen Werken komponierte er auch Oratorien, Symphonien, Orgelwerke und Kammermusik.

WEISSKOPF, Victor Frederick, * 19. 9. 1908 in Wien, Atomphysiker. Studierte in Wien und Göttingen Physik, promovierte 1931 bei Max Born. 1932–34 Forschungsassistent an der Universität Kopenhagen, 1934–37 arbeitete er an der Technischen Hochschule Zürich. Ging danach in die USA, wo er bis 1943 an der Universität Rochester forschte. Anschließend arbeitete er in Los Alamos am amerikanischen Atombombenprojekt mit. Seit 1946 Prof. am Massachusetts Institute of Technology und von 1961–65 Generaldirektor der Europäischen Kernforschungsorganisation (CERN) in Genf. Bereits 1937 hatte W. das Konzept der Temperatur zur Beschreibung von Kernanregung eingeführt und das optische Modell für Kernreaktoren entwickelt.

WEIXLGÄRTNER, Arpad, * 6. 4. 1872 in Wien, † 1961 in Göteborg (Schweden), Kunsthistoriker. Studierte an der Universität Wien und erwarb sich danach als Direktor der Gemäldegalerie des Kunsthistorischen Museums und der weltlichen und geistlichen Schatzkammer in Wien große Verdienste. Ab 1946 lebte er in Göteborg (Schweden). W. veröffentlichte mehrere Werke, darunter: „August Pettenkofen" (1916), „K. Sterrer" (1925), „Führer durch die weltliche Schatzkammer" (1926), „Führer durch die geistliche Schatzkammer" (1929), „Dürer und Grünewald" (1949), „Grünewald" (1962); außerdem gab er 1901–33 und 1935–41 die Zeitschrift „Die graphischen Künste" heraus.

WELDEN, Ludwig Freiherr von, * 16. 6. 1780 in Laupheim (Württemberg), † 7. 8. 1853 in Graz, Heerführer. W. trat 1798 in württembergische Dienste und nahm an den Feldzügen von 1799/1800 gegen Frankreich teil. Ab 1802 kämpfte er im ö. Heer, geriet 1809 in französische Gefangenschaft, wurde aber bald ausgetauscht. 1809 nahm W. als Major an der Schlacht bei Aspern teil und wurde 1812 Generalstabsoffizier im Hauptquartier des Fürsten K. Schwarzenberg (s. d.). 1814 zum Oberstleutnant befördert, zeichnete er sich in Italien aus, wurde 1815 Oberst und 1816 Brigadier des Pionierkorps. Dann war W. Direktor des topographischen Büros und im Feldzug gegen Piemont 1821 Chef des Generalstabs. Als Leiter der militärischen Landesbeschreibung veröffentlichte er 1824 „Der Monte Rosa". 1832–38 war W. ö. Bevollmächtigter bei der Militärzentralkommission des Deutschen Bundes in Frankfurt am Main und wurde 1836 zum Feldmarschalleutnant befördert. 1838 erhielt er das Divisionskommando in Graz, 1843 das Generalkommando von Tirol. 1848 sicherte er die Verbindung Radetzkys (s. d.) zu den Erblanden und leitete die Blockade Venedigs. Im September 1848 wurde er Zivil- und Militärstatthalter in Dalmatien; mit dem Ende der Oktoberrevolution übte er dieses Amt mit besonderer Härte in Wien aus. 1849, als Generalfeldzeugmeister, war W. Oberkommandant in Ungarn, kehrte aber nach der Einnahme Ofens durch die Ungarn wieder auf seinen Posten nach Wien zurück. 1851 wurde er in den Ruhestand versetzt und verbrachte seinen Lebensabend in Graz. W. veröffentlichte „Episoden aus meinem Leben" (3. Aufl. 1855) sowie militärgeschichtliche Werke über alle ö. Feldzüge der ersten Hälfte des 19. Jh.s.

Walter, F.: Von Windisch-Graetz über W. zu Haynau (1959)

WELITSCH, Ljuba (eigtl. Veličkova), * 10. 7. 1913 in Borissowo (Bulgarien), Kammersängerin, Sopranistin. Studierte in Sofia und Wien und debütierte 1936 in Graz, wo sie bis 1940 blieb. 1940–43 in Hamburg, 1943–46 in München, 1946–62 Mitglied der Wiener Staatsoper. 1958 unterbrach sie für kurze Zeit ihre Opernkarriere, um beim Film zu arbeiten. Erfolgreiche Gastspiele absolvierte sie u. a. an der Mailänder Scala und der Metropolitan Opera in New York. 1962 nahm sie Abschied von der Bühne.

Ljuba Welitsch als Manon

W. war eine der hervorstechendsten Erscheinungen im dramatischen Fach. Ihre Glanzrolle war die Salome. Hervorragend auch als Aïda, Musetta, Donna Anna und Amelia.

WELLEK, Albert Josef Oskar, * 16. 10. 1904 in Wien, † 27. 8. 1972 in Mainz, Psychologe und Musikforscher. Studierte an der Universität Wien und promovierte 1928. 1938 habilitierte er sich an der Universität Leipzig mit der vielbeachteten Arbeit „Typologie der Musikbegabung im deutschen Volke“, die 1939 veröffentlicht wurde. Ab 1943 Univ.-Prof. in Breslau, 1946–72 Ordinarius und Direktor des Psychologischen Instituts der Universität Mainz. War um die Fortführung der Ganzheitspsychologie, die er zu einer konkreten Charakterkunde weiterentwickelte, und um die Grundlegung einer Musikpsychologie bemüht. Veröffentlichte zahlreiche grundlegende Arbeiten, u. a.: „Das absolute Gehör und seine Typen“ (1938), „Die Polarität im Aufbau des Charakters“ (1950), „Die genetische Ganzheitspsychologie“ (1954), „Ganzheitspsychologie und Strukturtheorie“ (1955), „Musikpsychologie und Musikästhetik“ (1963), „Witz, Lyrik, Sprache“ (1970). Sein am 22. 8. 1903 in Wien geborener Bruder René W. wurde angesehener amerikanischer Literarhistoriker, der 1946–72 als Prof. für Vergleichende Literaturwissenschaft an der Yale University in New Haven lehrte. War 1961–64 Präsident der International Comparative Literature Association.

WELLESZ, Egon Joseph, * 21. 10. 1885 in Wien, † 9. 11. 1974 in Oxford (England), Komponist und Musikforscher. Studierte Musikwissenschaft bei G. Adler (s. d.) und Kontrapunkt bei A. Schönberg (s. d.) in Wien und promovierte 1908 mit der Dissertation „Die Opern und Oratorien G. Bonnos“, die 1909 als „G. Bonno“ auch gedruckt wurde. 1913 habilitierte er sich an der Universität Wien und war hier 1929–38 Univ.-Prof. 1931 gründete er an der Nationalbibliothek das Institut für Byzantinische Musik. 1938 emigrierte er nach England, wo er Univ.-Prof. in Oxford wurde. W. ist die Deutung der byzantinischen Neumenschrift des 13.–15. Jh.s zu danken. In seinen Kompositionen waren A. Schönberg und G. Mahler (s. d.) seine Vorbilder, doch gelangte er vor allem in den zwischen 1945 und 1971 entstandenen neun Symphonien zu einer archaischen Tonsprache. Er schuf Messen, kammermusikalische Werke, Chor- und Orchestermusik sowie die Opern „Die Prinzessin Girnara“ (1920, Text von Jakob Wassermann), „Alkestis“ (1923, Text von Hugo von Hofmannsthal), „Die Opferung des Gefangenen“ (1926), „Scherz, List und Rache“ (1928), „Die Bacchantinnen“ (1931), „Incognita“ (1951). Von seinen wissenschaftlichen Werken seien genannt: „Die Opern und Oratorien in Wien 1660–1708“ (1919), „Arnold Schönberg“ (1921), „Der Beginn des musikalischen Barock und die Anfänge der Oper in Wien“ (1922), „Aufgaben und Probleme auf dem Gebiete der byzantinischen und orientalischen Kirchenmusik“ (1923), „Byzantinische Kirchenmusik“ (1927), „Die neue Instrumentation“, 2 Bde. (1929); ab 1935 Mitherausgeber der „Monumenta Musicae Byzantinae“ und ab 1947 der „New Oxford History of Music“.

Schollum, R.: E. W. Eine Studie (1964)

Philippine Welser. Aus der Ambraser Sammlung

WELSER, Philippine, * 1527 in Augsburg, † 24. 4. 1580 auf Schloß Ambras bei Innsbruck, Gemahlin Erzherzog Ferdinands von Tirol (s. d.). Entstammte einer sehr angesehenen, bis in das 13. Jh. zurückreichenden Augsburger Patrizierfamilie, war hervorragend gebildet und galt als besondere Schönheit. W. war mit Erzherzog Ferdinand, dem zweiten Sohn des späteren Kaisers Ferdinand I. (s. d.), liiert und heiratete ihn 1557 heimlich. Ferdinand I. verzieh seinem Sohn erst 1561, nachdem dieser auf seine und der Nachkommen Erbrecht verzichtet und versprochen hatte, die Ehe geheimzuhalten. Der älteste Sohn aus dieser Verbindung, Andreas, wurde Bischof von Konstanz und Brixen und starb 1600 als Kardinal; der jüngere, Karl, zeichnete sich im Krieg gegen die Ungarn und Spanier aus, wurde zum Markgrafen von Burgau erhoben und starb 1618 ohne Erben.

Kleinschmidt, F.: Augsburg, Nürnberg und ihre Handelsfürsten (1881); Dolliner, E.: Ph. W. (1904)

WELTE, Adalbert, * 30. 6. 1902 in Frastanz (V), † 9. 7. 1969 in Bregenz, Landesbeamter und Schriftsteller. W. schrieb Romane, Novellen und Hörspiele und erhielt 1953 den Handel-Mazzetti-Preis, 1957 den Montfort-Preis und 1965 den J.-P.-Hebel-Preis. Erwähnenswert sind seine Romane „Das dunkle Erbe“ (1933), „Die große Flucht“ (1939), „Wer Wind sät“ (1949) und „Schatten überm Dorf“ (1953); ab 1945 gab er den Vorarlberger Volkskalender heraus.

WELWITSCH, Friedrich, * 25. 2. 1806 in Maria Saal (K), † 20. 10. 1872 in London, Botaniker und Naturforscher. Wurde nach Abschluß seiner Studien zunächst Arzt, ging 1839 nach Portugal und begann hier eine botanische Durchforschung der Pyrenäenhalbinsel. 1853–60 unternahm er Forschungsreisen durch Afrika und lebte dann in London. Seine umfangreichen Sammlungen übergab er Instituten in Wien und in Kärnten. Nach ihm ist die Wüstenpflanze Welwitschia mirabilis benannt. 1834 erschien „Beiträge zur kryptogamischen Flora Unter-Ö.s“.

Dolezal, H.: F. W. Diss. Wien (1953)

WELZ, Friedrich Maximilian, * 2. 11. 1903 in Salzburg, † 5. 2. 1980 in Salzburg, Kunsthändler und -verleger. Er übernahm 1934 die Kunsthandlung seines verstorbenen Vaters in Salzburg und eröffnete die Galerie Welz, wo er im besonderen Kubin (s. d.), Klimt (s. d.), Schiele (s. d.) und Kokoschka (s. d.) ausstellte. 1948 baute er seinen Kunstverlag auf und gründete 1953 gemeinsam mit Oskar Kokoschka in Salzburg die Internationale Sommerakademie für bildende Kunst „Schule des Sehens“, die er auch jahrzehntelang leitete. 1969 erhielt er den Berufstitel Prof. W. war der Stifter des 1982 eröffneten Salzburger Rupertinums.

WENDELBERGER, Gustav, * 29. 3. 1915 in Wien, Naturwissenschaftler, Botaniker. Studierte in Wien und war hier bis 1985 Univ.-Prof. (Lehrkanzel für Pflanzensoziologie und Vegetationskunde) sowie Leiter des Instituts für Naturschutz und Landschaftspflege. Er veröffentlichte zahlreiche wissenschaftliche Werke, u. a.: „Zur Soziologie der kontinentalen Halophytenvegetation Mitteleuropas“ (1950), „Steppen, Trockenrasen und Wälder des pannonischen Raumes“ (1954), „Die Restwälder der Parndorfer Platte im Nordburgenland“ (1955), „Die Waldsteppen des pannonischen Raumes“ (1958), „Die Reliktschwarzföhrenwälder des Alpenostrandes“ (1964).

WENDL, Ingrid, * 17. 5. 1940 in Wien, Eiskunstläuferin. Zweifache Europameisterin (1956 und 1958), dazu WM-Silber 1958 und Olympia-Bronze 1956. Heute erfolgreiche TV-Moderatorin.

WENGER, Leopold, * 4. 9. 1874 in Obervellach (K), † 21. 9. 1953 in Obervellach, Rechtshistoriker. Studierte in

Graz und in Wien und wurde Univ.-Prof. in Graz, ab 1935 in Wien, lehrte aber auch an deutschen Universitäten. W. arbeitete neben seinen rechthistorischen Forschungen auch auf den Wissensgebieten der Altphilologie und der Geschichte. Er veröffentlichte u. a.: „Zur Lehre von der actio iudicati" (1901), „Römische und antike Rechtsgeschichte" (1905), „Die Stellvertretung im Rechte der Papyri" (1906), „Institutionen des römischen Zivilprozeßrechts" (1925), „Der heutige Stand der römischen Rechtswissenschaft" (1927) und „Die Quellen des römischen Rechts" (1953).

WENTER, Josef, * 11. 8. 1880 in Meran (Südtirol), † 5. 7. 1947 in Rattenberg am Inn (T), Dramatiker und Erzähler. Studierte in Innsbruck Musik und promovierte zum Dr. phil. Im Ersten Weltkrieg Kaiserjägeroffizier, wandte sich nach dem Krieg der Schriftstellerei zu. In seinen zahlreichen Dramen bevorzugte er historische Stoffe, als Erzähler hat er vor allem Tierromane geschrieben. Dramen u. a.: „Saul" (1908, neu 1935), „Leonardo da Vinci" (1910), „Canossa" (1916), „Der deutsche Heinrich" (Heinrich IV., 1919), „Der sechste Heinrich" (1920, umgestaltet 1935 und 1938), „Aus tiefer Not" (1922), „Johann Philipp Palm" (1923, neu 1935), „Der Kanzler von Tirol" (1926), „Diktatur" (1927), „Hochstapler" (1928), „Hofball in Schönbrunn" (1930, Singspiel, Musik von A. Pepöck), „Die Landgräfin von Thüringen" (1936, neu 1947), „Im heiligen Land Tirol" (1936), „Die schöne Welserin" (1938), „Michael Geismair" (1941), „Maria Theresia" (1944); Prosa: „Monsieur, der Kuckuck" (1930), „Laikan" (1931), „Tiergeschichten" (1936), „Tiere und Landschaften" (1937), „Situtunga" (1938).

WENZL, Erwin, * 2. 8. 1921 in Annaberg (NÖ), Jurist und ÖVP-Politiker. Wurde nach der Matura 1940 zur deutschen Wehrmacht eingezogen, studierte nach dem Krieg in Innsbruck Jus und promovierte dort 1947. Ab 1955 als Landesrat im oö. Landtag, wurde 1966 Landeshauptmann-Stellvertreter und war 1971–77 Landeshauptmann von OÖ. Seit 1968 auch Landesparteiobmann der ÖVP OÖ. Ab 1977 Generaldirektor der OKA.

WERBA, Erik, * 23. 5. 1918 in Baden (NÖ), Pianist, Komponist und Musikschriftsteller. Studierte an der Wiener Musikakademie Klavier bei O. Dachs und Komposition bei J. Marx (s. d.) sowie an der Universität Wien, wo er 1940 promovierte. 1945 Leiter der Mozartgemeinde, seit 1949 Prof. an der Wiener Musikakademie. Besonders als Liedbegleiter bekannt geworden, absolvierte viele Konzerttourneen mit berühmten Sängern. Komponierte Bühnen- und Kammermusik und Lieder. Veröffentlichungen u. a.: „Richard Strauss" (1949), „Tenor- und Bariton-Album" (1951–53), „Josef Marx" (1964), „Hugo Wolf oder Der zornige Romantiker" (1971).

WERFEL, Franz, * 10. 9. 1890 in Prag, † 26. 8. 1945 in Beverly Hills (USA), Dichter, Lyriker. Studierte in Prag, Leipzig und Hamburg und war 1912–14 Verlagslektor in Leipzig. 1915–17 an der galizischen Front eingesetzt, war er anfangs vom Bolschewismus beeindruckt, hielt bei der Gründung der „Roten Garde" in Wien am 1. 11. 1918 einen Vortrag und trug in den Kasernen der Rotgardisten seine Gedichte vor. Danach lebte er in Wien und am Semmering als freier Schriftsteller und heiratete 1929 die Witwe Gustav Mahlers (s. Mahler-Werfel). 1938 emigrierte er nach Frankreich und von dort 1940 in die USA. (Am 21. 7. 1975

Franz Werfel

wurde sein Leichnam in einem Ehrengrab am Wiener Zentralfriedhof beigesetzt.) In Prag war er mit Franz Kafka und Max Brod befreundet. Als Lyriker war er einer der wichtigsten Vertreter des frühen Expressionismus in Ö., doch die eigentlichen Erfolge wurden ihm als Epiker und Dramatiker zuteil. Hier vertrat er einen psychologischen Realismus, und seine Romane behandelten vor allem das Schicksal gläubiger und leidender Menschen, ganz im Geist katholischer Frömmigkeit. Durch Textneufassungen trug er wesentlich zur Renaissance der Verdi-Opern bei. 1925 erhielt er den Grillparzer-Preis. Von seiner Lyrik seien u. a. genannt: „Der Weltfreund" (1911), „Wir sind" (1913), „Einander" (1914), „Gesänge aus den drei Reichen" (1917), „Beschwörungen" (1922), „Schlaf und Erwachen" (1935), „Zwischen Gestern und Morgen" (1942); von seinen Romanen: „Nicht der Mörder, der Ermordete ist schuldig" (1915), „Verdi, Roman der Oper" (1924), „Der Abiturententag" (1928), „Barbara oder die Frömmigkeit" (1929), „Die Geschwister von Neapel" (1931), „Die vierzig Tage des Musa Dagh" (1933, Auszug daraus als „Die Kämpfe der Schwachen", 1947), „Höret die Stimme" (Jeremias-Roman, 1937), „Das Lied der Bernadette" (1945, auch verfilmt) sowie posthum „Stern der Ungeborenen" (1946) und „Der veruntreute Himmel" (1948, auch verfilmt); von seinen Bühnenstücken: „Der Besuch aus dem Elysium" (1911), „Spiegelmensch" (1920), „Bocksgesang" (1921), „Paulus unter den Juden" (1926), „Das Reich Gottes in Böhmen" (1930), „Der Weg der Verheißung" (1937, unter „Die ewige Straße" von K. Weill vertont), „Jacobowsky und der Oberst" (1945, auch verfilmt). Es erschienen „Gesammelte Werke" 8 Bde. (1927–36), „Gesammelte Dramen" (1928), „Gedichte 1908–45" (1948) und „Gesammelte Werke", hrsg. von A. D. Klarmann (1948–67).

Berendt, H.: F. W. (1920); Specht, R.: F. W. (1926); Keller, E.: F. W. (1958), Braselmann, W.: F. W. (1960); Mahler-Werfel, A.: Mein Leben (1960); Foltin, L. B.: F. W. (1972)

WERNDL, Joseph, * 26. 2. 1831 in Steierdorf (OÖ), † 29. 4. 1889 in Steyr (OÖ), Büchsenmacher und Waffentechniker. Entstammte einer

FRANZ WERFEL
Vom Expressionismus zum Katholizismus

„Die Stimmung unter den Zuhörern schlug um, ich spürte, daß plötzlich etwas wie Wärme mir entgegenwehte, die Szene war noch nicht zu Ende, da sprang Werfel auf, rief: ‚Das ist nicht auszuhalten', drehte mir den Rücken zu und machte sich auf den Weg zur Tür, die aus dem Salon hinausführte. Ich hörte mit dem Lesen auf; schon in der Tür, wandte er sich mir wieder zu und rief: ‚So lassen Sie doch die Finger davon!' Diese letzte Beleidigung, die mich wie das Stück vernichten sollte, weckte das Mitleid der alten Frau Zsolnay und sie rief ihm laut nach: ‚Du mußt den Roman lesen, Franzl!' Er zuckte mit den Schultern, sagte: ‚Ja, ja', und ging."

Elias Canetti, Das Augenspiel. Lebensgeschichte 1931–1937 (1985)

„DAS WERFEL. Von kugeliger Runde besitzt das Werfel nicht wie der Igel dessen Fähigkeit, sich einzurollen, sondern eher auszubreiten. Aber es hat vom Igel dessen Stacheln. Nur sind diese ganz zart und weich und manchmal auch, das Tier schmerzend, nach innen gekrümmt mit der Spitze. Dieser Widerspruch zwischen dem Aussehen und dem Sein des Werfels machen das runde, weichmütige, etwas faule Tier zu einem heute sehr beliebten mondänen Schoßigel empfindsamer Seelen . . ."

Franz Blei, Das große Bestiarium der modernen Literatur (1922)

Die Gebäude der Waffenfabriksgesellschaft Werndl in Steyr. 1873

der ältesten Schmiedefamilien Steyrs, sein Vater Leopold W. stellte 1821 den ererbten Betrieb zur Werkzeugherstellung auf die Erzeugung von Waffenbestandteilen, vor allem Gewehrbestandteile, um. Nach der Schule erlernte W. in Wien das Büchsenmacherhandwerk und ging danach auf Wanderschaft; meldete sich freiwillig zum Militär, wo er in der k. k. Gewehrfabrik in Wien seine Fachkenntnisse erweiterte. Nach dem frühen Tod seines Vaters 1855 übernahm er den Betrieb und begann ihn umzuorganisieren. Auf einer Reise nach England und in die USA erweiterte er in der Remington-Waffenfabrik seine Kenntnisse für den Aufbau eines modernen Großunternehmens. Sein Modell eines Hinterladergewehrs verwirklichte er 1865 gemeinsam mit seinem Werkmeister Holub. Es zeichnete sich durch eine leichte Handhabung, durch Feuerschnelligkeit, Sicherheit und den berühmten Tabernakelverschluß gegenüber dem Remington-Modell aus, das man für die ö. Armee nach den bitteren Erfahrungen von 1866, dem verlorenen Krieg gegen Preußen, anschaffen wollte. Privileginhaber W. bot schließlich dem Militärärar das kostenlose Ausführungsrecht an, was wahrscheinlich ausschlaggebend für die Einführung des Werndl-Gewehrs in der ö. Armee wurde. Da kein bestehender Betrieb in der Monarchie in der Lage war, den Auftrag zu übernehmen, erhielt ihn W. zunächst in der Höhe von 100 000 und danach von weiteren 150 000 Stück. Aufträge aus europäischen und auch außereuropäischen Ländern begründeten bald seinen internationalen Ruf, und aus der Belegschaft von 500 Arbeitern zur Zeit seines Vaters wurden 9 000, die wöchentlich 8 000 Werndl-Gewehre herstellten. 1869 wandelte er das Unternehmen in die Ö. Waffenfabriks AG um und leitete diese als Generaldirektor. 1882 führte er das Mannlicher-Mehrladegewehr ein, wodurch er Steyr zum Mittelpunkt der europäischen Waffenerzeugung machte. Die Sozialleistungen des Unternehmens, vor allem die vorbildlichen Arbeitersiedlungen, förderten den Ruf W.s. Für die Stadt Steyr selbst hatte er ebenfalls bedeutende Verdienste erworben, so wurde durch seine Initiative 1884 eine elektrische Straßenbeleuchtung in Betrieb genommen – die erste in Europa –, die auch erstmals aus Wasserkraft gewonnene Energie verwendete.

Schützenhofer, V.: J. W., der Mann und sein Werk, in: „Blätter für Technikgeschichte", Heft 5 (1938); Mentschl, J.: Ö. Wirtschaftspioniere (1959); Habacher, M.: Ö. Erfinder (1964)

WERNER, Gregorius Joseph, * 29. 1. 1693 (Tauftag) in Ybbs an der Donau (NÖ), † 3. 3. 1766 in Eisenstadt, Kapellmeister und Komponist. Er wurde 1728 Kapellmeister beim Fürsten Esterházy in Eisenstadt und erhielt 1761 Joseph Haydn (s. d.) als Vizekapellmeister zur Seite gestellt. Seine Kompositionen stehen am Ausgang des Barock und umfassen kirchen- und kammermusikalische Werke, Symphonien, Oratorien, Orgel- und Klavierkonzerte. 1748 schuf er „Neuer und sehr curios-musicalischer Instrumental-Calender", etwas später „Zwey neue und extralustige musicalische Tafel-Stücke: Der Wiennerische Tandlmarckt und Die Bauern-Richters-Wahl".

Dopf, H.: Die Messenkompositionen G. J. W.s, Diss. Innsbruck (1956); Pausch, O.: Die Herkunft G. J. W.s (1975)

WERNER, Karl, * 8. 3. 1821 in Hafnerbach (NÖ), † 14. 4. 1888 in Wien, katholischer Geistlicher und Moraltheologe. Studierte in Wien, wurde 1845 zum Priester geweiht und war ab 1870 Univ.-Prof. in Wien, 1885 auch Propst von Stift Zwettl. Er erwarb sich große Verdienste um die Erforschung der theologischen Literatur und der Philosophie des Mittelalters. Veröffentlichungen u. a.: „System der christlichen Ethik", 3 Bde. (1850–1852), „Der hl. Thomas von Aquino", 3 Bde. (1859), „Geschichte der apologetischen und polemischen Literatur der christlichen Theologie", 5 Bde. (1861–67), „Suarez und die Scholastik", 2 Bde. (1861), „Die Scholastik des späteren Mittelalters", 5 Bde. (1881–87), „Philosophie des 19. Jh.s", 5 Bde. (1884–86).

Becker, J.: Die Religionsphilosophie K. W.s (1935); Spielleitner, J.: Untersuchungen zur neutestamentlichen Exegese K. W.s. Diss. Wien (1962)

WERNER, Oskar (eigtl. Josef Bschließmayer),* 13. 11. 1922 in Wien, † 23. 10. 1984 in Marburg (Hessen), Bühnen- und Filmschauspieler. Nahm nach seinem Realschulabschluß Unterricht in der Schauspielschule Helmuth Krauß in Wien und stand bereits mit 19 Jahren auf der Bühne des Wiener Burgtheaters, dem er 1941–49, 1951–55 und 1960/61 als Mitglied angehörte. 1950 spielte er am Theater in der Josefstadt und 1952–55 am Zürcher Schauspielhaus. Er brillierte in einer Vielzahl von klassischen und modernen Rollen und zählte zu den ganz großen Schauspielerpersönlichkeiten. Berühmt war insbesondere seine Darstellung des Hamlet, den er erstmals 1952 an den Städtischen Bühnen in Frankfurt am Main spielte. Als Filmschauspieler machte W. eine internationale Karriere. Zu seinen wichtigsten Filmen zählen: „Der Engel mit der Posaune" (1949), „Jules und Jim" (1961), „Das Narrenschiff" (1964), „Der Spion, der aus der Kälte kam" (1965) und „Fahrenheit 451" (1966). W. gründete eine eigene Schauspielertruppe, das O.-W.-Ensemble, und führte Regie. In seinen letzten Lebensjahren war W. häufig als Rezitator auf Tournee.

Mazura, M.: O. W. (1986)

WERNER, Zacharias, * 19. 11. 1768 in Königsberg, † 17. 1. 1823 in Wien, Dichter. Ab 1796 Beamter im preußisch verwalteten Warschau, wo er J. E. Hitzig und E. T. A. Hoffmann kennenlernte. 1801–04 als Privatmann in Königsberg, danach 1805–07 wieder Beamter in Berlin. Begann ein unstetes Wanderleben, dessen Stationen ihn über Weimar (Goethe) und Coppet (Frau von Staël) nach Rom führten. Trat in Rom 1810 zum Katholizismus über und wurde 1813 zum Priester geweiht. Seit 1814 als Kanzelredner in Wien, stand dem Romantikerkreis um Clemens Maria Hofbauer (s. d.) nahe. W. veröffentlichte Gedichte, Erzählungen sowie die Dramen „Das Kreuz an der Ostsee" (1806), „Martin Luther oder Die Weihe der Kraft" (1807), „Attila" (1808), „Die Weihe der Urkraft" (über Luther, als Gegenstück nach der Konvertierung 1814 verfaßt). Neu an seinen Dramen war deren Aufbereitung in loser Bilderfolge. Geistig standen sie mit ihrem schwärmerischen Mystizismus der Gedankenwelt Jakob Böhmes und Friedrich Schleiermachers nahe. Seine „Ausgewählten Schriften" wurden in 15 Teilen ab 1840 von J. v. Zedlitz herausgegeben.

WERNHER, Bruder, * um 1190, † um 1250, Fahrender und Spruchdichter. Von ihm ist wenig bekannt, doch ist mit großer Wahrscheinlichkeit anzunehmen, daß er in Ö. geboren wurde. 1217–19 beteiligte er sich am Kreuzzug Herzog Leopolds VI. und lebte längere Zeit am Hof des letzten Babenbergers, Herzog Friedrich II. des Streitbaren. Von W. sind 76 Strophen in der Nachfolge Walthers von der Vogelweide, zwischen 1217 und 1250 zu datieren, erhalten, die A. E. Schönbach 1904 als „Die Sprüche des Bruders Wernher" herausgab. W. war ein großes Vorbild der Meistersinger.

WERNHER der Gartenaere, mittelhochdeutscher Dichter. Von ihm ist wenig bekannt. Gesichert ist, daß er aus dem oö. Innviertel stammte. Er soll Guardian im bayerischen Kloster Ranshofen gewesen sein. Zwischen 1234 und 1250, nach anderen Auffassungen zwischen 1250 und 1282, verfaßte er in 1 922 Versen in bayerisch-österreichischer Sprache die Versnovelle „Meier Helmbrecht" (überliefert in der Berliner und der Ambraser Handschrift), die erste realistische Dorfgeschichte in deutscher Sprache, zugleich eine Satire auf einen haltlosen Bauernsohn, der nach frevelhaftem Leben und Treiben als Raubritter ein tragisches Ende findet. W. zeigte damit auch eindringlich die Auflösung der mittelalterlichen Ständeordnung und vermittelte ein eindrucksvolles Zeitbild. Ausgaben: F. Keinz (1865, 1924), F. Panzer (neu hrsg. von K. Ruh, 8. Aufl. 1968). Neuhochdeutsche Übertragungen in Versen: L. Fulda (1890), K. Schiffmann (1924); in Prosa: J. Hofmiller (1924).

WERTHEIM, Ernst, * 21. 2. 1864 in Graz, † 15. 2. 1920 in Wien, Bakteriologe und Gynäkologe. Studierte Medizin an der Universität Graz und promovierte 1888. Zunächst befaßte W. sich mit bakteriologischen Studien und der experimentellen Pathologie; sein chirurgisches Können erwarb er sich anschließend bei Theodor Billroth (s. d.) in Wien. 1897 wurde er Primarius des Bettina-Stiftungs-Pavillons, wo er die erste abdominale Radikaloperation des Gebärmutterhalskarzinoms erfolgreich durchführte.

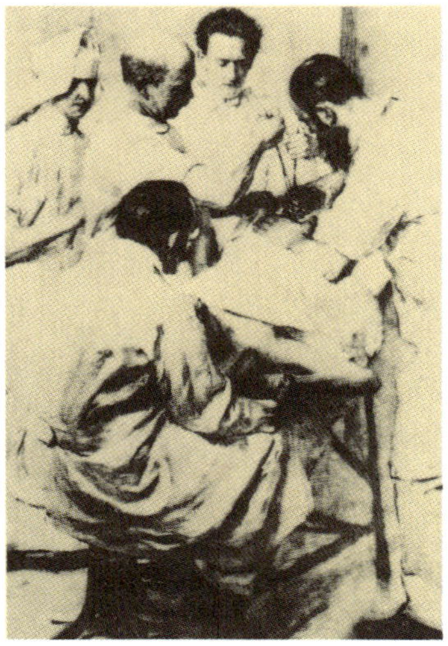

Ernst Wertheim bei einer Operation

Durch zahlreiche faschwissenschaftliche Aufsätze und neue Operationsmethoden in der Gynäkologie bekannt geworden, wurde er 1899 Tit. Prof. und 1910 o. Univ.-Prof. sowie Chef der II. Univ. Frauenklinik in Wien. W. nahm als erster die Fötusphotographie, wie überhaupt den Film, in seine neuen Unterrichtsmethoden auf. Weiters ließ er die Gynäkologische Klinik modernisieren sowie eine neue Röntgenstation und eine hydrotherapeutische Abteilung einrichten. Veröffentlichungen u. a.: gemeinsam mit H. Micholitsch „Die Technik der vaginalen Bauchhöhlen-Operation" (1906), „Die erweiterte abdominale Operation" (1911).

FRANZ VON WERTHEIM

Von der eisernen Kassa zur Eisernen Krone

WERTHEIM, Franz Freiherr von (seit 1871), * 12. 4. 1814 in Krems an der Donau (NÖ), † 3. 4. 1883 in Wien, Industrieller. Der Sohn eines wenig bemittelten Kaufmanns absolvierte eine Handelslehre und wanderte anschließend durch Deutschland, Frankreich und England. Nach Ö. zurückgekehrt, begann er einen Handel mit hochwertigen ausländischen Werkzeugen, schließlich erzeugte er in einer kleinen Kremser Werkstatt selbst Spezialwerkzeuge. 1842 erwarb er die Werkzeugschmieden des Industriellen Anton Gruber, die dieser in Wien und in Neuberg bei Scheibbs (NÖ) erbaut hatte. Bei der Gewerbe- und Produktenausstellung 1845 stellte er bereits eine so eindrucksvolle Werkzeugkollektion aus, daß ihm eine silberne Medaille zuerkannnt wurde, er den Titel „k. k. Hof- und Werkzeuglieferant" erhielt und das Polytechnische Institut in Wien (heute Technische Universität) seine Mustersammlung als wertvolles Anschauungsmaterial erwarb. Nachdem er 1847 die Tochter des Papierfabrikanten Wilhelm Knepper geheiratet hatte, beteiligte er sich am Unternehmen seines Schwiegervaters, den er auch veranlaßte, Zigarettenpapier herzustellen. Die erste Fabrikationsstätte dieser Art im Kaiserstaat erwies sich bald als höchst erfolgreich. Ein 1848 erfolgter Einbruch in seine Kassa, bei der ihm 6000 Gulden gestohlen wurden, brachte die Wendung in seiner Produktion. Auf der Londoner Weltausstellung 1851 beeindruckte ihn die Winkelkassa einer Magdeburger Firma, und er erwarb die Herstellungsrechte für Ö. In einer aufgelassenen Kerzenfabrik in Wien-Erdberg beschäftigte er 80 Arbeiter mit der Herstellung der neuen eisernen Kassen. Nach W.s Vorstellungen sollten sie jedoch nicht nur einbruchsicher, sondern auch feuerfest sein. Zwischen doppelte Eisenwände füllte er Holzasche als Isoliermaterial und erreichte damit die gewünschte Feuerfestigkeit. Äußerst moderner Werbemethoden bediente sich W., als er 1853 am Stadtrand von Wien (an der Belvedere-Linie) einen großen Scheiterhaufen entzünden ließ, auf dem drei seiner „Panzerschränke", gefüllt mit neuen Geldscheinen, standen. Das geglückte Experiment wurde nicht nur gebührend bestaunt, es brachte auch den erwarteten Geschäftserfolg. Bald standen in allen Steuerämtern, Banken und Geldinstituten sowie in größeren Betrieben „Wertheim-Kassen". Die Zeit, in der jedes Steueramt „kostspielig gemauerte Lokalitäten und einen eigenen Schildwachposten" hatte, war vorbei. Nach Deckung des Inlandsbedarfs zeigten sich Absatzschwierigkeiten, die W. dadurch löste, daß er in Konstantinopel seine bewährte „Feuerprobe" wiederholte, bei der sogar der Sultan anwesend war. Damit war der ganze Vordere Orient erschlossen, und W. mußte seinen Betrieb weiter ausbauen. Nun stellte sich aber heraus, daß man die Kassen leicht aufsperren konnte, weshalb W. vom Amerikaner Yale die Rechte eines Stechschlosses erwarb und abermals öffentlich, in Mailand und in Paris, die Sicherheit seiner neuen Produkte demonstrieren ließ. Daneben betrieb er Werkzeugerzeugung und -handel weiter und veröffentlichte 1869 die Fachschrift „Werkzeugkunde für Holzarbeiter". Mit einem großen Fest feierte er 1869 die Fertigstellung der 20000. Kassa, bei der die Josef-Strauß-Polka „Feuerfest" Premiere hatte. 1871 erhielt W. den Orden der Eisernen Krone II. Klasse. 1872 wandelte er das Unternehmen in eine AG um, konnte aber nach dem Börsenkrach 1873 die Aktien für wenig Geld zurückkaufen und aus der AG eine offene Handelsgesellschaft machen. 1876 stellte er die erste Stahlpanzerkasse her. 1863 hatte W. von H. Ferstel (s. d.) das Palais am Schwarzenbergplatz in Wien erbauen lassen. 1938 verließ die 100000. „Wertheim-Kassa" den inzwischen nach Favoriten verlegten Betrieb.

Leitich, H.: Hundert Jahre Wertheim (1952); Mentschl, J., und Otruba, G.: Ö. Industrielle und Bankiers (1965)

Die berühmte Feuerprobe der Wertheim-Panzerschränke am Stadtrand von Wien 1853

WERTHEIMER, Simson, * 1658 in Worms, † 6. 8. 1724 in Wien, Bankier und jüdischer Gelehrter. Kam mit seinem um 28 Jahre älteren Onkel Samuel Oppenheimer (s. d.) um 1680 nach Wien. Da seine Familie seit 1663 einen kaiserlichen Schutzbrief besaß, konnte er hier bald die Leitung des Kontors von seinem Onkel übernehmen. Immer häufiger mußte er für Oppenheimer einspringen, war maßvoll in der Berechnung von Zinsen und Gebühren und errang als „ausländischer Faktor" das Vertrauen Kaiser Leopolds I. (In einer Urkunde wird er 1688 „Simson Wertheimber Jud des Oppenheimbers Kayserl. factors bestelter" genannt.) Schon 1695 hatte der Kaiser W. für seine Verdienste sein Schutzprivileg auf 20 Jahre erneuert und ernannte ihn mit einem Hofdekret vom 24. 12. 1696 „zum privilegierten Rabbiner der Juden in seinen Erbkönigreichen und Ländern", denn W.s jüdische Gelehrsamkeit war unterdessen so bekannt geworden, daß man ihm in Palästina den Titel eines Fürsten von Safed verliehen hatte. Schließlich genoß er als Bankier des Hofes und des Adels eine Monopolstellung, so daß bis Mitte 1698 die Schuld des Kaisers auf 6,2 Mio. Gulden gestiegen war. 1703 starb Samuel Oppenheimer, und W. wurde als sein Nachfolger „Hoffaktor". Kaiser Joseph I. (der ihm übrigens persönlich bei seinem Tod 1711 noch 5 000 Speziesdukaten schuldete) erneuerte W.s Privileg; auch mit Kaiser Karl VI. setzte er seine Geschäfte fort, zog sich aber aus gesundheitlichen Gründen 1713 von den Bankangelegenheiten zurück und übergab das Unternehmen seinem Sohn Wolf, der es erfolgreich weiterführte.

Kaufmann, D.: S. W, der Oberfactor und Landesrabbiner und seine Kinder (1888); Mentschl, J. und Otruba, G.: Ö. Industrielle und Bankiers (1965)

WERTHEIMSTEIN, Franziska von, * 17. 8. 1844 in Wien, † 19. 2. 1907 in Wien. Die Tochter des Bankiers Leopold W. erhielt eine sorgfältige und umfangreiche Erziehung. Nachdem ihr Vater 1876 von den Erben Arthabers (s. d.) die Villa in Döbling erworben hatte, führte sie hier ein sehr repräsentatives gesellschaftliches Leben. Zum engsten Freundeskreis zählte auch der Dichter Ferdinand von Saar (s. d.). Nach dem Selbstmord des Dichters am 23. 7. 1906 zeigten sich bei W. Symptome einer beginnenden Geisteskrankheit, die schließlich zum Tod führte. W. war eine große Wohltäterin und vermachte ihren Besitz zum Wohl der Bevölkerung der Stadt Wien.

WESSELY, Josephine, * 8. 3. 1860 in Wien, † 12. 8. 1887 in Karlsbad (Böhmen), Schauspielerin. Besonders begabt, wurde sie bereits mit 16 Jahren nach dem Besuch des Konservatoriums in Wien nach Leipzig engagiert. Von 1879 an bis zu ihrem frühen Tod spielte sie mit viel Erfolg am Burgtheater in Wien alle Hauptrollen im Fach der jugendlichen Liebhaberin, wie die Luise Miller, Klärchen, Emilia Galotti und Gretchen. W. war eine Tante von Paula Wessely (s. d.).

Meiche, L.: Erinnerungen an J. W. (1887)

WESSELY, Karl, * 27. 6. 1860 in Wien, † 21. 11. 1931 in Wien, Linguist. Studierte in Wien und

Hof der Villa Wertheimstein in Wien-Döbling

wurde zu einem angesehenen Papyrusforscher, war auch Dozent an der Universität Wien. Schon 1895 hatte er als Herausgeber von „Corpus Papyrorum Raineri" die Fachwelt auf sich aufmerksam gemacht. Von 1901–24 gab er die „Studien zur Paläographie und Papyruskunde" heraus, in denen er wesentliche Erkenntnisse und Forschungsergebnisse veröffentlichte, die große Beachtung fanden. 1914 erschien sein Werk „Aus der Welt der Papyri".

WESSELY, Othmar, * 31. 10. 1922 in Linz, Musikforscher. Studierte in Wien und promovierte hier 1947. 1958 habilitierte er sich mit der Arbeit „Arnold von Bruck", die 1961 auch gedruckt erschien. 1963–71 war er Univ.-Prof. in Graz und seit 1971 ist er Ordinarius an der Universität Wien. Abgesehen von mehreren Artikeln in Fachpublikationen, veröffentlichte er u. a.: „Musik in OÖ." (1951), „Die Musikinstrumentensammlung des oö. Landesmuseums" (1952), „Johannes Brassicanus" (1954), „Über den Hoquetus in der Musik zu Madrigalen des Trecento" (1975).

WESSELY, Paula, * 20. 1. 1907 in Wien, Kammerschauspielerin. Ist eine Nichte von Josephine W. (s. d.) und kam nach einer sorgfältigen Ausbildung an das Deutsche Volkstheater in Wien, wo sie auch ihre ersten Erfolge hatte. Sie war danach in Prag engagiert, von wo sie Max Reinhardt (s. d.) an das Theater in der Josefstadt holte, war aber daneben auch an Reinhardts Deutschem Theater in Berlin tätig, und dort gelang ihr 1932 mit G. Hauptmanns Rose Bernd der ganz große Durchbruch. In Reinhardts legendärer „Faust"-Inszenierung bei den Salzburger Festspielen 1933 war sie das Gretchen. W. zählt zu den überragenden Menschendarstellerinnen des deutschsprachigen Theaters. 1936 trat sie erstmals am Burgtheater auf (in B. Shaws „Heiliger Johanna"); seit 1951 ist sie Mitglied des Burgtheaters. 1934 wurde sie von Willi Forst (s. d.) zum Film geholt und errang bereits mit ihrem ersten Film, „Maskerade", ihren größten Filmerfolg. Beim Filmfestival in Venedig wurde sie 1935 für ihre Leistung in „Episode" unter der Regie von Walter Reisch (s. d.) mit dem Volpi-Pokal ausgezeichnet. W.s bester Nachkriegsfilm ist „Der Engel mit der Posaune" nach dem Roman Ernst Lothars (s. d.), in dem sie ein Frauenschicksal vom jungen Mädchen bis zur alten Frau darstellen konnte. 1935 heiratete W. den Schauspieler Attila Hörbiger (s. d.). Dieser Ehe entstammen drei Töchter, die ebenfalls bekannte Schauspielerinnen geworden sind (Elisabeth Orth, Christiane und Maresa Hörbiger). Vielfach geehrt, erhielt W. u. a. 1949 den Reinhardt-Ring und 1960 die Kainz-Medaille der Stadt Wien.

Paula Wessely

WESSENBERG, Johann Philipp Freiherr von, * 28. 11. 1773 in Dresden (Sachsen), † 1. 8. 1858 in Freiburg im Breisgau (Baden), Diplomat und Staatsmann. Zur Zeit seiner Geburt war sein Vater Philipp Karl Freiherr von W. ö. Gesandter in Dresden. Nach Abschluß seiner Studien in Freiberg (Sachsen) und Straßburg trat W. 1797 in den ö. Staatsdienst, war 1803 Ministerresident in Frankfurt am Main, 1808–10 Gesandter in Berlin und 1811–13 in München. 1813 schloß er das Bündnis zwischen Ö. und England und wurde beim Zweiten Pariser Frieden sowie beim Wiener Kongreß mit mehreren wichtigen Funktionen betraut. Dem Metternichschen System abgeneigt, zog W. sich ins Privatleben zurück; 1830–35 war W. Gesandter am niederländischen Hof und Ö.s Vertreter bei den Londoner Verhandlungen. Im Juli 1848 Ministerpräsident und Außenminister, versuchte er zwischen den revolutionären und den reaktionären Kräften des Landes zu vermitteln, als einige Minister seines Kabinetts die Verbindung zur gegenrevolutionären Politik des Hofs in Olmütz herstellten. W. wurde von den Demokraten heftig angegriffen, weshalb er am 21. 11. 1848 sein Amt niederlegte und ins Privatleben zurückkehrte. Aufschlußreich sind seine 1877 veröffentlichten „Briefe von J. P. von W. aus den Jahren 1848–58 an Isfordink-Kostnitz, ö. Legationsrat", 2 Bde.

Arneth, A. v.: J. Frh. von W. (1898)

WETTSTEIN, Friedrich, Ritter von Westersheim, * 14. 6. 1895 in Prag, † 12. 2. 1945 in Trins (T), Botaniker. Kam mit seinen Eltern (s. Richard W.) 1899 nach Wien und studierte Botanik. Nach dem Ersten Weltkrieg war er Univ.-Prof. in Göttingen, dann in München und schließlich in Berlin. Er beschäftigte sich vor allem mit der botanischen Erbforschung und erkannte als einer der ersten die Bedeutung der verschiedenen Plasmateile der Zelle als Träger der Erbanlagen. W. veröffentlichte u. a.: „Morphologie und Physiologie des Formwechsels der Moose auf genetischer Grundlage" (1924) und „Über plasmatische Vererbung" (1930).

WETTSTEIN, Richard, Ritter von Westersheim, * 30. 6. 1863 in Wien, † 10. 8. 1931 in Trins (T), Botaniker. Studierte an der Universität Wien und promovierte 1884. 1886 habilitierte er sich auf dem Gebiet der systematischen Botanik und wurde 1892 als o. Univ.-Prof. nach

Prag berufen. 1899 holte man W. als Ordinarius nach Wien, wo er den Botanischen Garten neu gestaltete und 1905 ein Institutsgebäude und ein Museum errichten ließ. Seit 1900 Mitglied der Akademie der Wissenschaften, bereiste er von April bis November 1901 Südbrasilien. Mit seinem Sohn Friedrich (s. d.) unternahm er 1929/30 eine Forschungsreise nach Süd- und Ostafrika. Sein Hauptwerk, „Handbuch der systematischen Botanik", 2 Bde., erschien 1901–08. Weiters veröffentlichte er: „Grundzüge der geographisch-morphologischen Methode der Pflanzensystematik" (1898), „Botanik und Zoologie in Ö. 1850–1900" (1901), „Der Neo-Lamarckismus und seine Beziehungen zum Darwinismus" (1903).

Janchen, E.: R. W. (1933)

WETZLAR, Karl Abraham, Freiherr von Plankenstern (seit 1777),* 1715 oder 1716 in Offenbach am Main, † 3. 9. 1799 in Wien, Hofagent. Er entstammte einer alten jüdischen Familie aus Frankfurt am Main und kam schon als Knabe nach Wien, mußte aber die Stadt wegen seiner Konfession bald wieder verlassen. Während des Siebenjährigen Kriegs (1756–63) erwarb er als Naturalienlieferant der Reichsarmee ein Vermögen von rund fünf Mio. Goldgulden. 1761 kaiserlicher Hoffaktor, wurde er 1763 kaiserlicher Hofagent und ließ sich 1767 endgültig in Wien nieder. 1767–76 lieferte er Silber für die kaiserliche Münze und fusionierte sich 1770 mit dem Bankier Johann Reichsgraf von Fries (s. d.). 1770–75 war er zudem Teilhaber jener Gesellschaft, die die Einnahmen der Leibmaut von fremden Juden in Wien gepachtet hatte. 1770/71 führte er auch ein Lotteriegeschäft, den Beginn der Klassenlotterie in Ö. Am 17. 2. 1776 trat er zum katholischen Glauben über und ließ sich in der Wiener Stephanskirche auf den Namen Albrecht taufen. 1780 wurde ihm die Großhandlungsfreiheit erteilt, und W. kaufte große Herrschaften in NÖ und in Wien, darunter auch den von Joseph II. 1782–84 parzellierten Garten des Kapuzinerklosters. 1797 ließ er das „Dreilauferhaus" am Kohlmarkt Ekke Herrengasse erbauen.

Edel, K.: K. A. W. Freiherr von Plankenstern 1715(16)–1779. Diss. Wien (1969); Granichstaedten-Cerva, R., Mentschl, J., und Otruba, G.: Altö. Unternehmer (1969)

WEYPRECHT, Karl, * 8. 9. 1838 in König im Odenwald (Hessen), † 29. 3. 1881 in Michelstadt (Hessen), Seekartograph und Polarforscher. Trat 1856 als Seekadett in die ö. Kriegsmarine ein und wurde 1861 Offizier. Nach Reisen in den Orient, nach Westindien, Mexiko und Nordamerika führte er von 1869–71 die Küstenaufnahme Dalmatiens durch. 1871 leitete er gemeinsam mit Franz von Payer (s. d.) eine Vorexpedition in die Arktis, nach Spitzbergen und Nowaja Semlja, und führte dann 1872–74 die große ö.-ungarische Nordpolexpedition durch, die zur Entdeckung des Franz-Josef-Lands führte. 1875 regte er die Errichtung von Stationen für wissenschaftliche Erforschungen der Polarregion an, erlebte aber deren Verwirklichung nicht mehr. Veröffentlichungen u. a.: „Die Metamorphosen des Polareises" (1879), „Praktische Anleitung zur Beobachtung der Polarlichter und der magnetischen Erscheinungen in hohen Breiten" (1881).

Littrow, H. v.: K. W. Erinnerungen und Briefe (1881)

WEYR, Rudolf Ritter von (seit 1889), * 22. 3. 1847 in Wien, † 30. 10. 1914 in Wien, Bildhauer. Studierte 1864–72 an der Akademie der bildenden Künste in Wien und erhielt schon 1870 für seine Simson-und-Delila-Gruppe den Reichel-Preis. Danach besuchte er noch zwei Jahre das Polytechnische Institut (heute Technische Universität) und arbeitete gleichzeitig im Atelier des Bildhauers Joseph Cesar, wo die Architekten Semper (s. d.) und Hasenauer (s. d.) auf ihn aufmerksam wurden und ihn für den Entwurf von Bauplastiken für das Kunsthistorische Museum heranzogen. Neben Tilgner (s. d.) wurde W. zum führenden Bildhauer der Makartzeit und des Wiener Ringstraßenstils. Er schuf nicht nur Fassadenschmuck an Ringstraßenbauten, sondern auch zahlreiche Denkmäler. 1889 wurde er in den Ritterstand erhoben und 1891 mit der Silbernen Staatsmedaille ausgezeichnet. Seine bedeutendsten Werke sind das Denkmal für die Opfer des Ringtheaterbrandes auf dem Wiener Zentralfriedhof (1882), der Monumentalbrunnen „Herrschaft zur See" an der Fassade des Michaelertrakts der Hofburg (1895), die beiden Bronzelöwen auf den Mauerpfeilern der Nußdorfer Wehr, das Canon-Denkmal im Stadtpark (1905), das Relief Karls des Großen an der Wiener Peterskirche (1906), das Brahms-Denkmal am Karlsplatz (1908). Daneben schuf er noch zahlreiche Grabdenkmäler und Kleinplastiken.

Kapner, G.: Freiplastik in Wien (1970)

WEYR, Siegfried, * 21. 4. 1890 in Groß-Mosty (Galizien, heute Ukraine), † 21. 3. 1963 in Wien, Journalist und Schriftsteller. War der Neffe des Bildhauers Rudolf von W. (s. d.). Im Ersten Weltkrieg Frontoffizier. Danach beschäftigte er sich neben seinen schriftstellerischen Arbeiten auch als Maler und Graphiker. 1938–47 lebte W. in der Emigration in Großbritannien und den USA und wurde nach seiner Rückkehr Redakteur bei großen Wiener Tageszeitungen (u. a. „Wiener Kurier"). Besonders bekannt wurde er als Schilderer von Alt-Wien, dessen Artikelserien auch in Buchform veröffentlicht und mehrmals aufgelegt wurden. U. a.: „Wiener Schätze und Geheimnisse" (1951), „Von Lampelbrunn bis Hohenwarth" (1960), „Wiener Schatzkammern erzählen" (1960), „Wiener Gärten" (1960) sowie nach seinem Tod: „Wien – Magie der Inneren Stadt" (1968), „Wien – Zauber der Vorstadt" (1969), „Die Schätze Wiens" (1970), „Wien. Eine Stadt erzählt" (1984). W. schrieb auch epische Werke, u. a.: „Schattenbeschwörung" (1920), „Fallada" (1923), „Der keuschen Jungfrauen altes Recht" (Novellen, 1951), „Der zweite Augustus" (1953, Roman um Kaiser Joseph II.).

WEYS, Rudolf, * 30. 9. 1898 in Graz, † 4. 3. 1978 in Wien, Jurist, Journalist, Bühnenautor und Kabarettist. Absolvierte zunächst ein Jusstudium und wandte sich dann dem Journalismus, vor allem als Theaterkritiker, und der Schriftstellerei zu. Als blendender Satiriker fand er bald auch zum Kabarett und gründete 1933 gemeinsam mit F. W. Stein die Kleinkunstbühne „Literatur am Naschmarkt" und 1938 auch das „Wiener Werkel". Er verfaßte eine Vielzahl von Kabarettexten, Lustspielen und Operettenlibretti, u. a.: „Pratermärchen" (Volksstück, 1936), „Lisa, benimm dich" (Lustspiel, 1939), „Ringstraßenmelodie" (Revue, 1942), „Kleiner Schwindel in Paris" (Lustspiel, 1956), „Servus Amerika" (Lustspiel, 1961) und die Libretti: „Wochenend im Mai" (1940), „Höchste Eisenbahn" (mit J. Brantner, 1943), „Die Straußbuben" (mit H. Marischka, 1946). Über die Geschichte der Wiener Kleinkunst schrieb er „Literatur am Naschmarkt" (1947), „Cabaret und Kabarett in Wien" (1970) und „Wien bleibt Wien – und das geschieht ihm ganz recht" (1974).

WIBMER-PEDIT, Fanny, geb. Pedit, * 19. 2. 1890 in Innsbruck, † 30. 10. 1967 in Lienz (Osttirol), Volksschriftstellerin. Sie schrieb, abgesehen von einigen Jugendbüchern und Volksstücken, stark im katholischen Gedankengut verwurzelte Romane, u. a.: „Karl Müllers Lostag" (1929), „Die Hochzeiterin" (1930), „Der brennende Dornbusch" (1930), „Medardus Siegenwart" (1931), „Der Nußbaumer" (1931), „Vier Läuterbuben" (1933), „Die Pfaffin" (1934), „Ritter Florian Waldauf" (1936, 1960 als „Maximilians goldener Ritter"), „Eine Frau trägt die Krone" (1937, Maria-Theresia-Roman), „Der goldene Pflug" (1938), „Der Wieshofer" (1939), „Der erste Landsknecht" (1940, Kaiser-Maximilian-Roman), „Die Welserin" (1940), „Gewitter über Aldein" (1947), „Brüder im Joch" (1947), „Bauerntrilogie" (1949/50), „Der Perchtenstein" (1951), „Der heilige Berg" (1959).

WICHNER, Josef, * 23. 10. 1852 in Bludenz (V), † 13. 6. 1923 in Krems (NÖ), Lehrer und Volks- und Jugendschriftsteller. Wurde nach Abschluß seiner Studien Gymnasiallehrer und beschäftigte sich mit dem Brauchtum, besonders in der Wachau. Er veröffentlichte Jugendschriften, den Erinnerungsband „Im Studierstädtlein" (1896) sowie Romane, u. a.: „Im Schneckenhause" (1893), „An der Hochschule" (1900), „Bürger Gozzo" (1922) und die Heimatbücher „Die goldene Wachau" (1912),

„Wachausagen“ (1916), „Auf der Nibelungenstraße“ (1922). 1952 erschien ein Auswahlband seiner Erzählungen und Kurzgeschichten.

Landsteiner, K.: J. W. (1903); Schmidinger, J. M.: J. W. (1918); Thurnher, E.: J. W. (1941)

WICKENBURG, Albrecht Graf, * 4. 12. 1838 in Graz, † 17. 12. 1911 in Wien, Schriftsteller. Als Sohn des steirischen Statthalters Matthias Konstantin Graf W. geboren, kam 1856 nach Wien und war hier bis 1863 Staatsbeamter, danach freier Schriftsteller. Schrieb vor allem Lyrik, daneben auch Dramen und Erzählungen. Übersetzte Shelley, Swinburne, Tennyson und Augier. Von ihm erschienen die Lyrikbände „Eigenes und Fremdes“ (1874), „Mein Wien“ (1894), „Alt-Wiener Geschichten und Figuren“ (1896), „Fünfzig Wiener Gedichte“ (1911).

WICKENBURG, Alfred Graf, * 26. 7. 1885 in Gleichenberg (St), † 25. 12. 1978 in Graz, Maler und Graphiker. Studierte in München, in Paris (Academie Julian) und in Stuttgart. Gemeinsam mit W. Thöny (s. d.) und F. Silberbauer (s. d.) gründete er die „Grazer Secession“. 1935 wurde er Prof. an der Landeskunstschule in Graz. Er erhielt 1926, 1931 und 1957 den Ö. Staatspreis. In der Malerei entwickelte er den sogenannten plastischen Kubismus. Zu seinen bedeutendsten Werken zählen auch die Freskenzyklen im Theatersaal der ehemaligen Arbeiterkammer in Graz (1930) und im Knabenseminar Sachsenbrunn (NÖ, 1959) sowie Glasfenster in den steirischen Kirchen von Seckau, Tauplitz und Greith.

Alfred Wickenburg: Stilleben mit Krügen und Doppeladler (um 1930)

WICKENBURG, Erik Graf, * 19. 1. 1903 in Salzburg, Schriftsteller. Er schrieb auch unter dem Pseud. Robert Steinen. Ist der Enkel von Albrecht Graf W. (s. d.). War eine Zeitlang Redakteur und Feuilletonist. Von seinen vielen Veröffentlichungen seien genannt: „Farben zu einer Kinderlandschaft“ (1932, Roman), „Salzburger Gloria“ (1938), „Florian“ (1940, Roman), „Steingucker“ (1947, Roman), „Die Begleiterin“ (1948, Roman), „Kleine Geschichte Ö.s“ (1958), „Burgtheater und Oper“ (1960), „Schätze der Malerei in Wien“ (1960), „Schönbrunn“ (1960), „Barock und Kaiserschmarrn“ (1961), „Kleine Geschichte Wiens“ (1963), „Salzburg für Anfänger“ (1963), „Begegnung in Salzburg“ (1967), „Österreichisch, wie es nicht im Wörterbuch steht“ (1969), „Lauschet der Stille. Gedichte und Prosatexte“ (1978).

WICKHOFF, Franz, * 7. 5. 1853 in Steyr (OÖ), † 6. 4. 1909 in Venedig, Kunsthistoriker. Sohn des gleichnamigen Reichsratsabgeordneten, studierte in Wien, wurde 1880 Kustos am Ö. Museum für Kunst und Industrie und lehrte später als Univ.-Prof. in Wien für Kunstgeschichte. W. befaßte sich in grundlegenden Forschungen speziell mit der Kunst der Spätantike. Darüber hinaus wirkte er bahnbrechend für eine Universalgeschichte aller künstlerischen Probleme. Er gründete 1904 die „Kunstgeschichtlichen Anzeigen“ und war Mitherausgeber des 1905–17 erschienenen „Beschreibenden Verzeichnisses der illuminierten Handschriften in Ö.“, 7 Bde. 1894/95 verfaßte er Einleitung und Kommentar zur Ausgabe der „Wiener Genesis“. Nach seinem Tod erschienen seine „Gesammelten Schriften“, 2 Bde. (1912/13).

Franz Wiegele: „Gailtalerinnen“ (1940/41, unvollendet)

Dvořak, M.: F. W. (1929)

WICKI, Bernhard, * 28. 10. 1919 in St. Pölten (NÖ), Filmschauspieler und -regisseur. Er erhielt seine schauspielerische Ausbildung an der Staatlichen Schauspielschule Berlin und am Reinhardt-Seminar in Wien und bildete sich auf kunstwissenschaftlichem Gebiet sowie in der Photographie weiter. In den Anfängen seiner Karriere war er hauptsächlich als Bühnenschauspieler tätig und trat am Wiener Burgtheater, bei den Salzburger Festspielen und am Zürcher Schauspielhaus auf. Nach dem Zweiten Weltkrieg wandte er sich aber dann dem Film zu. Zunächst als Filmschauspieler u. a. erfolgreich in „Der fallende Stern“ (1950), „Die letzte Brücke“ (1954), „Es geschah am 20. Juli“ (1955) und „Die Nacht“ (1960), schuf er bald auch bedeutende Filme als Regisseur, wie: „Warum sind sie gegen uns?“ (1958), „Die Brücke“ (1959), „Das Wunder des Malachias“ (1960), „Der längste Tag“ (Co-Regie, 1961), „Der Besuch“ (nach F. Dürrenmatts „Besuch der alten Dame“, 1963), „Kennwort Morituri“ (1964) und „Die Eroberung der Zitadelle“ (1977).

WIED, Martina (eigtl. Alexandrine Martina Weisl, geb. Schnabl), * 10. 12. 1882 in Wien, † 25. 1. 1957 in Wien, Schriftstellerin und Lehrerin.

Martina Wied

Wurde nach ihren Studien Mittelschullehrerin und Mitarbeiterin an der literarischen Zeitschrift „Der Brenner“. 1939–48 lebte sie in Großbritannien. Sie erhielt u. a. 1924 den Preis der Stadt Wien und 1952 den Großen Staatspreis. 1919 veröffentlichte sie ihren ersten Gedichtband, „Bewegung“, danach Novellen, Erzählungen, Dramen und die erfolgreichen Romane „Rauch über St. Florian“ (1936), „Kellingrath“ (1950), „Das Krähennest“ (1951), „Geschichte des reichen Jünglings“ (1952) sowie den Gedichtband „Brücken ins Sichtbare“ (1952).

WIEGELE, Franz, * 14. 7. 1887 in Nötsch (K), † 17. 12. 1944 in Nötsch (bei einem Fliegerangriff), Maler. War einer der Hauptvertreter der Kärntner Malerei der ersten Hälfte des 20. Jh.s und hatte sich 1925 der von seinem späteren Schwager Anton Kolig (s. d.) gegründeten losen Malervereinigung „Nötscher Schule" angeschlossen. 1926 erhielt er den Ö. Staatspreis. Er schuf zahlreiche Frauenbildnisse, Akte, Stillleben und Zeichnungen, die eine den alten Meistern nahestehende Malkultur zeigen.

Endres, E.: F. W. Diss. Wien (1952)

WIELAND, Guido, * 18. 11. 1906 in Wien, Bühnen- und Filmschauspieler. Als Sohn eines Schauspielers und Regisseurs geboren, sollte er ursprünglich Bankkaufmann werden, wandte sich aber dem Theater zu und besuchte die Akademie für Musik und darstellende Kunst in Wien. Dann begann er seine Laufbahn als Operettenbuffo in der Provinz und kam 1929 über Bremen und Nürnberg an die Kammerspiele in Wien. Danach abermals auf Wanderschaft, war er zwischen 1938–1945 ohne Engagement. 1945–48 war er am Wiener Bürgertheater, 1948–50 am Raimundtheater engagiert und ist seit 1951 Mitglied des Theaters in der Josefstadt. Dazwischen immer wieder bei Film, Funk und Fernsehen tätig. Durch seine Mitwirkung zuerst in der Radio-, später in der Fernsehfamilie als „Onkel Guido" wurde W. besonders populär.

WIENER, Hugo, * 16. 2. 1904 in Wien, Kabarettist und Librettist. Nach seinem Musikstudium war er zunächst Schauspieler und trat im Raimundtheater, im Apollo und im Ronacher auf. 1928–38 war er Hausautor der Wiener „Femina" und schuf über 60 Revuen. 1937–45 lebte er in Kolumbien. Nach seiner Rückkehr war er 1948–74 Komponist und gemeinsam mit K. Farkas (s. d.) Hausautor des Wiener Kabaretts „Simpl". Für seine Gattin Cissy Kraner (s. d.) schrieb er eine Vielzahl sehr erfolgreicher Chansons (so u. a.: „Der Nowak läßt mich nicht verkommen"). Außerdem schuf er zahlreiche Filmmusiken, musikalische Lustspiele, Revuen und Operettenlibretti, u. a. „Der gütige Antonius". Seit Jahren veröffentlicht er jährlich einen Band mit seinen pointenreichen Dialogen und treffsicheren Satiren, wie etwa „Krokodile fliegen nicht" (1974), „Ich erinnere mich nicht" (1975), „Seid nett zu Vampiren" (1976), „Verliebt, Verlobt, Geheiratet" (1978), „Heiterkeit auf Lebenszeit" (1979), „Strichweise Sonne" (1981), „Zebras sind keine Elefanten" (1982), „Das sind ja schöne Geschichten" (1983), „Kleine Geschenke erhalten die Feindschaft" (1984), „Immer mit der Ruhe" (1985), „Beste Geschichten" (1987).

WIENER, Oswald, * 5. 10. 1935 in Wien, Schriftsteller. Studierte in Wien 1954–58, war 1952–59 Jazztrompeter und unternahm im Rahmen der „Wiener Gruppe" 1954 seine ersten Versuche als Schriftsteller. Beschäftigte sich ab 1956 mit der theoretischen und praktischen Kybernetik und war bis 1967 als Datenverarbeitungsfachmann tätig. 1969 erschien sein Roman „Die Verbesserung von Mitteleuropa" (1985 neu aufgelegt), in dem er fiktive Konsequenzen aus der Determiniertheit von Denken und Wahrnehmung durch den Sprachgebrauch zieht; außerdem veröffentlichte er „Achttagebuch" (1979), „Wir möchten auch vom Arno-Schmidt-Jahr profitieren" (1979). Seine frühen dichterischen Versuche erschienen in Sammelpublikationen der „Wiener Gruppe" und in literarischen Zeitschriften.

WIENER, Otto, * 13. 2. 1911 in Wien, Kammersänger, Bariton. Studierte zunächst Veterinärmedizin, dann bei Hans Duhan (s. d.) Gesang. Sein Konzertdebüt feierte er 1939, sein Bühnendebüt erst 1953 in Graz als Simon Boccanegra. 1956–59 in der Rhein-Oper in Düsseldorf, seit 1957 Mitglied der Wiener Staatsoper. 1960–70 auch an der Münchner Staatsoper engagiert, trat ebenso bei den Salzburger und Bayreuther Festspielen wie auch an der Mailänder Scala, der Covent Garden Opera in London und in Rom und Brüssel auf. Auch als Konzertsänger erfolgreich und gefeiert. Seine besten Partien Sachs, Holländer, Gunther.

WIESBERG, Wilhelm (eigtl. Bergamenter), * 13. 9. 1850 in Wien, † 25. 8. 1896 in Wien, Volkssänger und Bühnenschriftsteller. Spielte schon als Kind in Kinderkomödien im Theater in der Josefstadt mit. Bereits 1863, also mit 13 Jahren, war er externer Mitarbeiter der humoristischen Blätter „Figaro", „Kikeriki", „Zeitgeist" und „Floh". 1870 war er beim „Floh" angestellt und übersiedelte 1873 zu den neu gegründeten „Humoristischen Blättern". Schrieb für die Volkssänger Nagel (s. d.) und Amon Couplets, Duette und komische Szenen. Nach dem Börsenkrach von 1873 verlor er seine Stellung und war ab 1874 erfolgreicher Volkssänger. Innerhalb von vier Jahren schrieb er 72 Possen, über 30 Soloszenen und über tausend Lieder, darunter das noch heute sehr bekannte „Das hat ka Goethe g'schrieb'n, das hat ka Schiller 'dicht'". 1879 gründete er mit Wenzel Seidl eine eigene Gesellschaft, von der er sich wegen eines Augenleidens 1890 zurückzog.

WIESENTHAL, Grete, * 9. 12. 1885 in Wien, † 22. 7. 1970 in Wien, Tänzerin und Choreographin. War die Tochter des Malers Franz W. und kam schon 1895 in die Ballettschule der Wiener Hofoper, in die ein Jahr danach auch ihre Schwester Elsa eintrat. Beide wurden 1902 zur „Koryphäe" ernannt und waren damit Solotänzerinnen des Hofopernballetts. Auf Veranlassung von Alfred Roller (s. d.) und Gustav Mahler (s. d.) erhielt sie 1907 die Titelrolle in „Die Stumme von Portici", worauf Grete und Elsa aus dem Ballettkorps der Wiener Hofoper austraten und ein eigenes Programm entwickelten. Der erste große Erfolg war das Auftreten der Schwestern Grete, Elsa und Bertha im Kabarett „Fledermaus" am 14. 1. 1908. Hierauf berief Max Reinhardt (s. d.) die Schwestern nach Berlin, und es folgten erfolgreiche Tourneen durch Deutschland. 1910 heiratete sie den Ausstatter und Kostümbildner Erwin Lang, der in der Folge alle ihre Kostüme entwarf. Nun trennte sie sich von ihren Schwestern und begann eine besonders erfolgreiche selbständige Karriere, die sie bis Amerika und auch zum Film führte. Im Jänner 1914 hatte ihr erster Film, „Das fremde Mädchen", Premiere. 1919 gründete sie eine eigene Tanzschule in Wien und veröffentlichte ihre Autobiographie „Der

Grete Wiesenthal

Aufstieg – Aus dem Leben einer Tänzerin" (Neuaufl. 1947 unter dem Titel „Die ersten Schritte"). 1930–59 choreographierte sie für die Salzburger Festspiele. 1934–52 wirkte sie als Prof. an der Akademie für Musik und darstellende Kunst in Wien. Am 8. 1. 1938 stand sie gemeinsam mit Toni Birkmeyer in der Wiener Hofburg das letztemal auf der Bühne. Danach war sie ausschließlich als Lehrerin und Choreographin tätig. Vom Wiener Walzer ausgehend, hatte W. einen neuen, unklassischen Tanzstil entwickelt, der sie in der ganzen Welt bekannt gemacht hat. 1951 erschien ihr autobiographischer Roman „Iffi". Von 1930 bis in die sechziger Jahre hinein unterhielt sie einen vielbesuchten kulturellen Salon in ihrer Wohnung. W. schuf die pantomimischen Ballette „Die Bienenkönigin" (Musik von Franckenstein, 1916), „Der Geburtstag der Infantin" (von O. Wilde, Musik von Schreker, 1916), „Der Taugenichts von Wien" (1930).

Huber-Wiesenthal, R.: Die Schwestern W. (1934); Prenner, I.: G. W. Diss. Wien (1950); Fiedler, L. M., und Lang, M.: G. W. (1985); Die neue Körpersprache – G. W. und ihr Tanz. Ausstellungskatalog (Wien 1986)

WIESENTHAL, Simon, * 31. 12. 1908 in Buczacz (Galizien), Publizist. Studierte Architektur an den Universitäten in Prag und in Lemberg und wurde 1941 in Lemberg von der deutschen Besatzungsmacht verhaftet, war bis 1945 in zwölf verschiedenen Konzentrationslagern inhaftiert. In Massenvernichtungslagern hatte er seine ganze Familie verloren. 1947–54 baute er mit seiner Frau ein Dokumentationszentrum über das Schicksal der Juden in der Nazizeit auf und gründete 1961 in Wien das „Jüdische Dokumentationszentrum", das er seither auch leitet. Er soll etwa 1 200 ehemalige Nationalsozialisten, die an Verbrechen gegen Juden mitgewirkt haben, vor Gericht gebracht haben. Der größte Erfolg seiner Tätigkeit war die Entdeckung des SS-Führers Adolf Eichmann 1960 in Argentinien. Veröffentlichungen u. a.: „KZ Mauthausen", „Ich jagte Eichmann", „Die Mörder unter uns".

WIESER, Franz Ritter von, * 18. 10. 1848 in Kufstein (T), † 8. 4. 1923 in Innsbruck, Geograph und Kartenhistoriker. Studierte in Innsbruck und wurde dort Univ.-Prof., zudem 1888–1919 Direktor des Tiroler Landesmuseums. Er erwarb sich besondere Verdienste um die Erforschung alter Landkarten und veröffentlichte u. a.: „Die Magelhães-Straße" (1881), „Der verschollene Globus des J. Schöner von 1523" (1882), „Die Karte des B. Colombo" (1893) und „Die Weltkarte des Albertin de Virga" (1912).

F. Ritter v. W. – Gedenkschrift (1925)

WIESER, Friedrich, * 10. 7. 1851 in Wien, † 22. 7. 1926 in St. Gilgen (S), Nationalökonom. Studierte in Wien und war 1884–1903 Univ.-Prof. in Prag, danach in Wien. 1917/18 war er Handelsminister. W. war einer der Hauptvertreter der Grenznutzenschule, der sogenannten „Ö. Schule der Volkswirtschaft", und vertrat die Ansicht, daß die Wirtschaftslehre in engem Zusammenhang zur Gesellschaftswissenschaft stehe. Als Soziologe analysierte er die Gesetzmäßigkeiten der Machterscheinungen. Von seinen vielen Veröffentlichungen seien u. a. genannt: „Über den Ursprung und die Hauptgesetze des wirtschaftlichen Güterwertes" (1884), „Der natürliche Wert" (1889), „Über die gesellschaftlichen Gewalten" (1901), „Die Theorie der städtischen Grundrente" (1909), „Recht und Macht" (1910), „Theorie der gesellschaftlichen Wirtschaft" (1914), „Ö.s Ende" (1919), „Das Gesetz der Macht" (1926).

Menzel, A.: F. W. als Soziologe (1927)

WIESFLECKER, Hermann, * 27. 11. 1913 in Lienz (Osttirol), Historiker. Studierte in Graz und war dort Univ.-Prof. von 1948–83. Er beschäftigte sich besonders eingehend mit dem Leben und der Zeit Kaiser Maximilians I. (s. d.) und veröffentlichte dessen bisher umfangreichste Biographie mit zahlreichen neuen Forschungsergebnissen (4 Bde., 1971–81). Außerdem u. a.: „Die Regesten der Grafen von Görz und Tirol", 1. Bd. (1949), „Die Regesten der Grafen von Tirol-Görz, Herzöge von Kärnten", 2. Bd. (1952), „Meinhard der Zweite" (1955), „Erzherzog Johann" (1959).

WIESINGER, Alois, * 3. 6. 1885 in Magdalenaberg (OÖ), † 3. 1. 1955 in Schlierbach (OÖ), Zisterziensermönch und Sozialtheologe. Trat in den Zisterzienserorden ein und wurde 1905 zum Priester geweiht. Ab 1917 war W. Abt des Zisterzienserstifts Schlierbach; 1939–46 lebte er in Brasilien. W. war ein nonkonformistischer Sozialtheologe und veröffentlichte u. a.: „Innerlichkeit, Seele jeder karitativen Tätigkeit" (1921, 5. Aufl. 1947), „Okkulte Phänomene im Lichte der Theologie" (1947), „Der Operismus" (1948).

GRETE WIESENTHAL

Debüt mit dem Donauwalzer

„Schone deinen Verdauungsapparat, dieses Zentrum deiner Lebensenergien, aus freier Entschließung, wie eine kranke Wöchnerin es notgedrungen tun muß . . . und du wirst leicht und beweglich, fliegend und schwebend, tanzend und jauchzend bleiben! . . ."

Peter Altenberg, Brief an Grete Wiesenthal, die Tänzerin

„Als erste nach der Pause erschien die älteste Schwester, Grete Wiesenthal, in einem weiten Gewande aus grüner Seide. Das schöne goldbraune Haar des jungen Mädchens wehte aufgelöst um seine Schultern. Die Kindlichkeit dieser Erscheinung war rührend. Zugleich aber fühlte man deutlich eine große erotische Anziehungskraft. Die junge Künstlerin tanzte den Lieblingswalzer der Wiener, ‚An der schönen blauen Donau'. Wenn diese Musik allein schon die Herzen ergriff, so fesselte sie der Tanz noch mehr."

Helga Malmberg, Widerhall des Herzens (1961)

WIESNER, Friedrich Ritter von, * 27. 10. 1871 in Mariabrunn bei Wien, † 5. 11. 1951 in Wien, Diplomat. Sohn von Julius Ritter v. W. (s. d.). Trat nach Beendigung seiner Studien in den diplomatischen Dienst. Nach 1918 war er der Führer der legitimistischen Bewegung in Ö. Sein Bericht über das Attentat auf das Thronfolgerpaar in Sarajevo 1914, das sogenannte „Dokument W.", war die Grundlage für die Haltung des Wiener Kabinetts gegenüber Serbien. W. hatte eine Mitwisserschaft der serbischen Regierung am Plan und an der Ausführung des Attentats für „ausgeschlossen" gehalten.

WIESNER, Julius Ritter von (seit 1909), * 20. 1. 1838 in Tschechen bei Brünn (Mähren), † 9. 10. 1916 in Wien, Pflanzenanatom und -physiologe. Studierte in Brünn und in Wien und habilitierte sich 1861 als Privatdozent für physiologische Botanik am Polytechnischen Institut in Wien, wo er 1868 a.o. Prof. wurde. 1870 an der Forstakademie in Mariabrunn tätig, war er 1873–1909 Prof. für Anatomie und Physiologie der Pflanzen an der Universität Wien und Direktor des von ihm gegründeten pflanzenphysiologischen Instituts. Daneben hielt er bis 1880 Vorträge über technische Warenkunde an der Technischen Hochschule. Zunächst der technischen Mikroskopie und den pflanzlichen Rohstoffen zugewandt, förderte er durch seine äußerst exakten Forschungsmethoden die technische Rohstofflehre des Pflanzenreichs. Forschungsreisen nach Ägypten, Indien, Java, Sumatra, in die Arktis und nach Nordamerika vervollständigten seine umfangreichen Kenntnisse. Wichtige Veröffentlichungen: „Die Rohstoffe des Pflanzenreichs" (1873), „Die Entstehung des Chlorophylls in der Pflanze" (1877), „Die heliotropischen Erscheinungen im Pflanzenreich", 2 Bde. (1878–80), „Das Bewegungsvermögen der Pflanzen" (1881), „Elemente der wissenschaftlichen Botanik", 3 Bde. (1881–89), „Die Elementarstruktur und das Wachstum der lebenden Substanz" (1892), „Der Lichtgenuß der Pflanzen" (1907), „Natur, Geist, Technik" (1910), „Erschaffung, Entstehung, Entwicklung" (1916).

WILBRANDT-BAUDIUS, Auguste, * 1. 6. 1843 in Zwickau (Sachsen), † 30. 3. 1937 in Wien, Schauspielerin. Debütierte 1857 am Stadttheater Leipzig und wurde von Heinrich Laube (s. d.) 1861 an das Hofburgtheater verpflichtet, wo sie als Käthchen von Heilbronn einen glänzenden Erfolg errang. Unter Laubes Leitung erweiterte sie ihr Rollenrepertoire bis zur jugendlichen Salondame und in das Charakterfach. Später überwarf sie sich jedoch mit dem Laube-Nachfolger Franz von Dingelstedt (s. d.), verließ 1878 das Burgtheater und ging zuerst an das Theater an der Wien, von dort an das Deutsche Theater in Berlin und an das Hoftheater in Meiningen. 1893 kam sie an das neueröffnete Raimundtheater und von da 1898 wieder an das Burgtheater zurück, dem sie nun bis zu ihrem Tod angehörte und mit Erfolg reifere Frauen- und Mütterrollen verkörperte. Daneben war sie auch schriftstellerisch tätig. Sie schrieb Feuilletons für die „Neue Freie Presse", das „Neue Wiener Tagblatt" und den „Pester Lloyd" und gab ihre Erinnerungen „Aus Kunst und Leben" (1919) heraus. W.-B. war seit 1873 mit dem 1871 nach Wien gekommenen Adolf von Wilbrandt verheiratet, der Schriftsteller und Redakteur war (* 24. 8. 1837 in Rostock, † 10. 6. 1911 in Rostock). 1881–87 war Adolf von Wilbrandt Burgtheaterdirektor. Er schrieb zahlreiche Romane und Novellen sowie Dramen, in denen seine Gattin manche Rolle verkörperte. Für sein Trauerspiel „Gracchus" erhielt er 1875 den Grillparzer-Preis.

Klemperer, V.: A. W. (1907); Reimer-Haala, E.: A. W. und die letzten Jahre des alten Burgtheaters. Diss. Wien (1947)

WILCZEK, Hans Graf (Johann Nepomuk), * 7. 12. 1837 in Wien, † 27. 1. 1922 in Wien, Großgrundbesitzer. W. beschäftigte sich von früher Jugend an mit dem Anlegen von Sammlungen und mit Forschungsreisen. 1861–1918 war er Mitglied des Herrenhauses

Hans Graf Wilcek

und förderte tatkräftig Kunst und Wissenschaft. 1872 rüstete W. die Vorexpedition in das Nowaja-Semlja-Meer aus und unterstützte finanziell die ö.-ungarische Nordpolexpedition. Gemeinsam mit Hans Makart (s. d.) arrangierte er den berühmten Festzug von 1879, war 1881 Mitbegründer der „Wiener freiwilligen Rettungsgesellschaft" und richtete aus eigenen Mitteln 1882 die ö. Station auf der Insel Jan Mayen ein. 1894–1918 war W. im Kuratorium des Heeresgeschichtlichen Museums in Wien tätig, gründete 1900 die „Gesellschaft der Wiener Kunstfreunde" und gestaltete 1910 den historischen Teil der Wiener Jagdausstellung. Außerdem gründete er die Mensa der Wiener Universität und gemeinsam mit Billroth (s. d.) das Rudolfinerhaus. Seine bedeutendste Leistung war der Wiederaufbau und die Ausgestaltung der Ruine Kreuzenstein (1874–1908) zu einem anschaulichen Museum des Rittertums im Mittelalter. Abgesehen von romanischen und gotischen Bauteilen, die W. aus vielen europäischen Burgen zusammentrug, beherbergt die Anlage wertvolle Gegenstände des täglichen Lebens ebenso wie Waffen und Kunstgegenstände. W. wurde vielfach geehrt: von der Akademie der Wissenschaften und vom Kaiser, der ihn zum Ritter des Goldenen Vlieses ernannte. Er veröffentlichte u. a.: „Ein Eisbär auf Nowaja Semlja" (1872), „Polarexpedition nach Jan Mayen" (1882), „Erinnerungen eines alten Waffensammlers" (1903), „Meine Ansichten über Konservierung und Restaurierung alter Kunstwerke" (1908), „H. W. erzählt seinen Enkeln" (1933).

Spitaler, H.: J. N. Graf W. Diss. Wien (1951)

WILD, Joseph, * 24. 3. 1787 (1784?) in Steinegg bei Pforzheim (Baden-Baden), † 9. 4. 1848 in Wien, Kaufmann. Erlernte das Brauereigewerbe und ging 1807 auf Wanderschaft. Als Flößer kam er nach Ö. und fand Beschäftigung in Bierbrauereien. 1816 eröffnete er mit finanzieller Unterstützung seines Vaters in der Nähe des Wiener Kärntnertortheaters einen Handel mit Käse und Schmalz. 1834 übersiedelte er in besser gelegene Räume des Bürgerspitals und legte 1843 den Bürgereid ab. Nach seinem Tod übernahmen seine Söhne Josef (* 4. 3. 1815 in Wien, † 25. 6. 1884) und Dominik (* 26. 1. 1820 in Wien, † 20. 4. 1886 in Wien) den väterlichen Betrieb, änderten die Firmenbezeichnung in „Gebrüder Wild" und übersiedelten auf den Mehlmarkt (heute Neuer Markt), was einen raschen Aufstieg des Unternehmens mit sich brachte. 1890 wurden sie als erste ihrer Branche mit dem Titel „k. u. k. Hoflieferanten" ausgezeichnet.

Leb, J.: Das Haus W. in Wien (1936); Granichstaedten-Cerva, R., Mentschl, J., und Otruba, G.: Altö. Unternehmer (1969)

WILDBRUNN, Helene, * 8. 4. 1882 in Wien, † 10. 4. 1972 in Wien, Kammersängerin, Sopranistin. Studierte in Wien und debütierte 1908 in Dortmund als Altistin, wo sie bis 1914 blieb. 1914–18 in Stuttgart verpflichtet, vollzog sie den Übergang ins hochdramatische Sopranfach. 1918–25 an der Berliner Staatsoper, ab 1919 auch an der Wiener Staatsoper engagiert. 1925–32 an der Berliner Städtischen Oper. Als Gast, ausschließlich mit Wagner-Partien, an der Mailänder Scala, der Covent Garden Opera London, der Grand Opéra Paris sowie in Budapest, Buenos Aires, Zürich, Amsterdam, Rom und Brüssel. Ab 1932 nur noch Konzertsängerin. Unterrichtete an der Wiener Musikakademie.

WILDER, Billy (Samuel), * 22. 6. 1906 in Lemberg (Galizien), Filmregisseur. Wuchs in Wien auf und arbeitete hier als Journalist. 1929 wurde sein erstes Drehbuch, „Menschen am Sonntag", von der UFA verfilmt. Emigrierte 1933 über Paris in die USA, wo er 1942 mit der Regiearbeit begann und für „Lost Weekend" seinen ersten Oscar erhielt. W. ist als Regisseur sehr vielseitig. In „Sunset Boulevard" (1949) erwies er sich als Gesellschaftskritiker, der den Mythos Hollywoods demontierte, 1954 wandte sich W. erfolgreich der Filmkomödie zu, nun entstanden u. a. die Filme: „Das verflixte siebte Jahr" (1954), „Manche mögen's heiß" (1958), „Irma la Douce" (1963) und „Extrablatt" (1975). W. hat für Regie und Drehbuch insgesamt sechs Oscars erhalten.

WILDGANS, Friedrich, * 5. 6. 1913 in Wien, † 7. 11. 1965 in Mödling (NÖ), Klarinettist und Komponist. Sohn von Anton W. (s. d.). Er studierte an der Wiener Akademie und war ab 1934 Lehrer am Mozarteum in Salzburg und ab 1936 als Klarinettist Mitglied der Wiener Staatsoper. 1940–45 von den nationalsozialistischen Machthabern politisch verfolgt und mehrmals in längerer Haft. Von 1945 an Prof. an der Wiener Musikakademie und ab 1948 Präsident der Internationalen Gesellschaft für Neue Musik. Veröffentlichte zahlreiche musikwissenschaftliche Artikel. Als Komponist schuf er symphonische Werke, Klarinettenkonzerte sowie Film- und Bühnenmusiken. Außerdem die Operette „Der Diktator" (1933) und die Oper „Der Baum der Erkenntnis" (1935). W. war mit der Sopranistin Ilona Steingruber (s. d.) verheiratet.

WILHELM der Freundliche, Herzog von Ö., * um 1370 in Wien, † 15. 7. 1406 in Wien, ältester Sohn Herzog Leopolds III. (s. d.), des Begründers der Leopoldinischen Linie des Hauses Habsburg. W. war mit Hedwig, der Tochter König Ludwigs von Ungarn und Polen, verlobt, doch heiratete sie mit Einwilligung der Stände nach dem Tod ihres Vaters den Fürsten Jagello. Nachdem Leopold III. in der unglücklichen Schlacht bei Sempach am 9. 7. 1386 gefallen war, wurde dessen Bruder Herzog Albrecht III. (s. d.) von den Söhnen Leopolds als Vormund anerkannt. Nach dem Tod Albrechts (1395) kam es insofern zu Spannungen, als sich desssen Sohn Albrecht IV. (s. d.) und W. als Senior des Gesamthauses nicht gleich einigen konnten. Im Vertrag von Hollenburg an der Donau (22. 11. 1395) beschlossen die beiden, in allen Ländern gemeinsam zu regieren und die Einkünfte gleichmäßig aufzuteilen. Zusätzlich kam es zwischen W. und seinem jüngeren Bruder Leopold IV. (s. d.) zum Vertrag von Wien (30. 3. 1396), durch den Steiermark, Kärnten, Krain, die Besitzungen in Friaul und an der Adria an W. fielen, während Leopold Tirol und die Vorlande erhielt. Mit dem Vertrag von Bruck an der Mur (St) aus dem Jahr 1402 wurden in dieses Abkommen auch die jüngeren Brüder Ernst (der Eiserne, [s. d.]) und Friedrich IV. (s. d.) mit einbezogen. Trotz eines Schiedsspruchs im März 1404 hielten die Meinungsverschiedenheiten über Erbrecht und Regierungsbeteiligungen an; mit dem Tod W.s kam es zu einer neuerlichen Aufteilung der habsburgischen Länder.

WILHELM, Adolf, * 10. 9. 1864 in Tetschen (Böhmen), † 10. 8. 1950 in Wien, klassischer Philologe und Epigraphiker. Studierte in Wien, wurde 1898 Leiter des ö. Archäologischen Instituts in Athen. 1905–33 lehrte er als Univ.-Prof. in Wien und war ein international angesehener Epigraphiker. Veröffentlichte u. a.: „Urkunden dramatischer Aufführungen in Athen" (1906), „Beiträge zur griechischen Inschriftenkunde" (1908), die er als „Neue Beiträge . . ." ab 1911 fortsetzte, „Attische Urkunden" (ab 1911), „Griechische Grabinschriften aus Kleinasien" (1932), „Griechische Königsbriefe" (1943); gemeinsam mit J. Keil gab er 1931 „Denkmäler aus dem rauhen Kilikien" heraus. Er war der Bruder von Gustav W. (s. d.).

WILHELM, Gustav, * 8. 10. 1869 in Graz, † 23. 3. 1949 in Wien, Literarhistoriker. Nach seinen Studien in Graz und Wien wurde er Gymnasiallehrer und später Direktor eines Wiener Gymnasiums. Er leitete die Redaktion der kritischen Ausgaben der Werke von Adalbert Stifter und Franz Grillparzer und war ein angesehener Stifter-Forscher. Abgesehen von zahlreichen Zeitschriftenartikeln veröffentlichte W. u. a.: „Begegnung mit Stifter" (1943), „Adalbert Stifter" (1948). Er war der Bruder von Adolf W. (s. d.).

Jungmair, O.: G. W. (1956)

WILLE, Sepp, * 20. 8. 1926 in Landeck (T), SPÖ-Politiker und Gewerkschafter. Wurde Mechaniker und war bis 1956 als Werkzeugmacher tätig. 1957 Redakteur in der Metallarbeitergewerkschaft, 1961–72 leitender Redakteur der „Welt der Arbeit". 1965–80 Zentralsekretär und seit 1985 Vorsitzender der Gewerkschaft Metall–Bergbau–Energie. 1967–71 Aufsichtsrat der ÖIAG und 1968–71

ANTON WILDGANS

Sozialkritik und Zauber der Landschaft

WILDGANS, Anton, * 17. 4. 1881 in Wien, † 3. 5. 1932 in Mödling (NÖ), Lyriker und Dramatiker. Sohn eines hohen Beamten, verlor früh seine Mutter und studierte an der Universität Wien Jus. Nach seiner Promotion 1908 trat er in den Staatsdienst und war bis 1911 Gerichtspraktikant. Schon 1903 hatte er seinen ersten Gedichtband, „Vom Wege", veröffentlicht und lebte nach seinem Ausscheiden aus dem Staatsdienst als freier Schriftsteller. 1921/22 und 1930–32 war er Burgtheaterdirektor. Anfangs stand seine Lyrik unter dem Einfluß von Rainer Maria Rilke (s. d.) und Hugo von Hofmannsthal (s. d.), doch fand er bald zu einer eigenen, naturnahen Gedankenlyrik, die trotz der oft deutlichen Melancholie und der Hinneigung zum Pessimismus dem Zauber der Landschaft und der Liebe zu seiner Vaterstadt zugewandt war. Auch das Mitleid mit den Armen und Unterdrückten beschäftigte ihn. In seinen Dramen, die zuerst dem Naturalis-

mus eines Gerhart Hauptmann nahestanden, entwickelte er sich zum Expressionismus hin, stets als scharfer sozialkritischer Ankläger, der seine Charaktere eindrucksvoll zu schildern verstand. Er erhielt den Grillparzer- und den Volkstheater-Preis. Besonders erfolgreich sein Epos „Kirbisch" (1927, auch verfilmt), unvergessen bei vielen Österreichern seine „Rede über Ö.", die er am 1. 1. 1930 im ö. Rundfunk las. 1930 erschienen „Gesammelte Werke", 5 Bde., 1948–58 „Sämtliche Werke" 7 Bde., hrsg. von seiner Witwe Lilly W. und von O. Rommel, sowie 1947 „Ein Leben in Briefen", 3 Bde. Von den Werken seien u. a. genannt von seiner Prosa: „Musik der Kindheit (1928); von seiner Lyrik: „Herbstfrühling" (1909), „Und hättet der Liebe nicht" (1911), „Die Sonette an Ead" (1913), „Das große Händefalten" (1914), „Ö. Gedichte" (1915), „Mittag" (1917), „Dreißig Gedichte" (1917), „Sämtliche Gedichte" (1923), „Sonette aus dem Italienischen" (1924), „Wiener Gedichte" (1926), „Gedichte um Pan" (1928), „Das Buch der Gedichte" (1929), „Späte Ernte" (1937, eine Auswahl, neu aufgelegt 1947); von seinen Dramen: „In Ewigkeit Amen" (1913), „Armut" (1914), „Liebe" (1916), „Dies irae" (1918), „Kain" (1919), „Hippodameia" (1962, aus dem Nachlaß).

Soyka, J.: Das Buch um A. W. (1932); Satter, A.: A. W. (1949); Wildgans, L.: A. W. und das Burgtheater (1955); dies.: Der gemeinsame Weg (1960)

der ÖMV. Seit 1971 Abgeordneter zum Nationalrat und von 1983 bis Herbst 1986 Obmann des sozialistischen Parlamentsklubs.

WILLEMER, Marianne von (geb. Jung), * 20. 11. 1784 in Linz, † 6. 12. 1860 in Frankfurt am Main, Dichterin und Tänzerin. Kam 1798 mit einer Balletttruppe nach Frankfurt am Main und wurde 1800 von dem Bankier und späteren Vorstand des Frankfurter Theaters Johann Jakob W. als Pflegekind in sein Haus genommen. Nachdem dessen zweite Gattin gestorben war, heiratete er 1814 Marianne. J. W. von Goethe lernte die musikalisch und dichterisch begabte Frau 1814 im Haus seines Freundes Willemer kennen, woraus sich ein reger Briefwechsel und eine Liebes- und Freundschaftsbeziehung entwickelten. Kurz nach dem Tod Marianne von W.s gab K. Creizenach diesen Briefwechsel heraus (2. Aufl. 1878, neue Ausgabe von H. J. Weitz, 1963). Goethe setzte seiner Freundin als „Suleika" in seinem „Westöstlichen Divan" ein literarisches Denkmal und nahm auch Gedichte von ihr in dieses Werk auf, so „An den Ostwind" und „An den Westwind". 1943 erschien eine Ausgabe ihrer Gedichte.

Pyritz, H.: Goethe und M. von W. (1941, 3. Aufl. 1948); Zellweker, E.: M. W. (1949); Kahn-Wallerstein, C.: M. von W. (1961)

WILLMANN, Otto, * 24. 4. 1839 in Lissa (Posen), † 1. 7. 1920 in Leitmeritz (heute ČSSR), katholischer Philosoph und Pädagoge. Studierte in Prag und war 1863–72 Prof. am Lehrerseminar in Leipzig, anschließend Univ.-Prof. in Wien und Prag. W. gilt als Klassiker der Bildungs- und Erziehungswissenschaft, der einen Ausgleich zwischen Gemeinschaftserziehung und Persönlichkeitspflege herstellte und damit auf Erziehung und Bildung der Lehrerschaft Einfluß nahm. Von seinen Werken seien u. a. genannt: „Dialektik als Bildungslehre", 2 Bde. (1882–89), „Geschichte des Idealismus", 3 Bde. (1894–97).

WILLRAM, Bruder, s. Müller, Anton

WIMBERGER, Gerhard, * 30. 8. 1923 in Wien, Komponist. Studierte am Mozarteum in Salzburg bei Johann Nepomuk David (s. d.) Komposition und bei Clemens Krauss (s. d.) Dirigieren. 1948–51 Dirigent am Salzburger Landestheater, seit 1953 Leiter einer Dirigenten- und Kompositionsklasse am Mozarteum. Erhielt 1956 und 1967 den Staatspreis. Er schuf Orchester- und Kammermusik, Kantaten (u. a. „Heiratspost-Kantate"), Ballette („Der Handschuh", „König für einen Tag"), das Tanzdrama „Hero und Leander" (1963) sowie Opern („Schaubudengeschichte", 1954, „La battaglia oder Der rote Federbusch", 1960, „Dame Kobold", 1964).

WIMMER, Gottlieb August, * 20. 8. 1791 in Wien, † 12. 5. 1863 in Wien, evangelischer Geistlicher. War nach seiner Ausbildung 1818–48 Pastor in Oberschützen (B), wo er 1845 ein vierjähriges Lehrerseminar gründete, das erste dieser Art in der Monarchie. 1848 emigrierte er nach Nordamerika, wurde 1850 Prediger in Bremen und kehrte 1863 nach Wien zurück. Neben seiner erzieherischen Tätigkeit verfaßte er zahlreiche Reisebücher und religiöse Schriften.

Zimmermann, B.: G. A. W. (1965)

WIMMER, Josef, * 23. 1. 1834 in Wien, † 4. 12. 1903 in Wien, Lokal- und Volksschriftsteller. War Journalist und als Feuilletonist erfolgreich. Daneben schrieb er Volksstücke und Possen, darunter „Die Gigerln von Wien" (1888), später von Alexander Steinbrecher als Operettenstoff benützt (1939). Von seinen Possen außerdem erwähnenswert: „Der Grabenfiaker" (1889), „Groß-Wien" (1891); von seinen Volksstücken: „Die Wiener auf'm Land" (1892), „Wiener Feiertage" (1893).

WIMMER-WISGRILL, Eduard Josef, * 2. 4. 1882 in Wien, † 25. 12. 1961 in Wien, Innenarchitekt, Maler, Modekünstler und Bühnenbildner. Studierte in Wien bei A. Roller (s. d.), J. Hoffmann (s. d.) und K. Moser (s. d.) und gründete 1907 die Modeabteilung der Wiener Werkstätte, die er 1910–22 auch leitete. 1912/13, 1918–21 und 1925–53 war er als Lehrer an der Akademie für angewandte Kunst in Wien tätig und leitete die Fachklassse für Mode- und Textilarbeiten. 1923–25 in den Vereinigten Staaten, wo er am Art Institute in Chicago lehrte. 1955 erhielt er den Ö. Staatspreis. Neben Bildnissen und Aquarellen schuf er vor allem zahlreiche Entwürfe für die Wiener Werkstätte und für das von ihr gegründete „Kabarett Fledermaus". W. war auf dem Gebiet des Kunstgewerbes ebenso tätig wie als Modeschöpfer und Stoffdesigner. Außerdem entwarf er Wohnungseinrichtungen, Bühnenausstattungen und Kostüme.

Pott, G.: Die Spiegelung des Sezessionismus im österreichischen Theater (1975); Schweiger, W. J.: Die Wiener Werkstätte (1982)

WIMPFFEN, Maximilian Freiherr von, * 19. 2. 1770 in Münster (Westfalen), † 29. 8. 1854 in Wien, Heerführer. Entstammte einer alten, ursprünglich schwäbischen Familie, die 1555 in den Adelsstand erhoben wurde. Er trat schon 1786 in ein ö. Infanterieregiment ein, nahm ab 1787 als Fähnrich am Krieg gegen die Türken teil und kämpfte dann als Oberleutnant gegen Frankreich. 1801 wurde er Oberstleutnant, 1805 Oberst im Hofkriegsrat, 1806 Generaladjutant von Erzherzog Karl (s. d.), 1809 Generalmajor und Chef des Generalstabs der Großen Armee. 1813 führte W. als Feldmarschalleutnant erfolgreich eine Division in der Völkerschlacht bei Leipzig. 1816–19 war er Militärkommandant von Troppau, 1820–24 Generalkommandant von Venedig, ab 1824 Chef des Generalquartiermeisterstabs in Wien und 1830 Feldzeugmeister und Kommandierender General in NÖ. 1844 trat W. als Feldmarschall in den Ruhestand.

W

WINDHAGER, Franz, * 3. 12. 1879 in Wien, † 14. 6. 1959 in Wien, Maler und Graphiker. Studierte an der Akademie der bildenden Künste in Wien bei Griepenkerl (s. d.) und war 1914–18 Kriegsmaler im Kriegspressequartier der k. u. k. Armee. Seit 1909 Mitglied des Wiener Künstlerhauses, war W. auf zahlreichen internationalen Ausstellungen erfolgreich vertreten und erhielt verschiedene Auszeichnungen, darunter auch die Große Goldene Staatsmedaille und den Ö. Staatspreis. Er schuf über 400 Ölgemälde, Aquarelle, Radierungen und Sgrafitti und war auch Buchillustrator.

WINDISCH-GRAETZ, Alfred Fürst zu (auch Windischgrätz), * 11. 5. 1787 in Brüssel, † 21. 3. 1862 in Wien, Heerführer. Entstammte einem steirischen Uradelsgeschlecht, das erstmals um 1220 urkundlich genannt wird und 1804 von Kaiser Franz II. (s. d.) in den Reichsfürstenstand erhoben wurde. W.-G. trat 1804 als Oberleutnant in das Ulanenregiment Schwarzenberg ein und zeichnete sich später in der Völkerschlacht bei Leipzig aus, worauf er zum Oberst befördert wurde. 1814 führte er sein Kürassierregiment erfolgreich gegen die Franzosen, wurde 1826 Generalmajor und Brigadier in Prag, 1833 Feldmarschalleutnant und Divisionär. Bei Ausbruch der Märzrevolution 1848 war W.-G. zufällig in Wien, übernahm das militärische Kommando über die Stadt und ergriff strenge Maßnahmen, worauf ihn der Kaiser wieder nach Böhmen entsenden mußte. Während der Niederwerfung des Prager Pfingstaufstands wurde seine Gattin, eine geborene Prinzessin Schwarzenberg, durch einen Schuß aus der aufgebrachten Menge getötet und sein ältester Sohn tödlich verwundet. W.-G. marschierte – nachdem er vom Ausbruch der Oktoberrevolution in Wien erfahren hatte – mit allen verfügbaren Kräften gegen die Residenzstadt. Gemeinsam mit Jellačić (s. d.) belagerte er Wien, schlug einen Entsatzversuch der Ungarn zurück und rückte am 31. 10. 1848 in die Stadt ein. Hier hielt er ein strenges Strafgericht und ließ mehrere Führer des Aufstands, darunter Messenhauser (s. d.) und Robert Blum (s. d.), zum Tod verurteilen. Außerdem hatte er wesentlich an der Abdankung Kaiser Ferdinands I. (s. d.) Anteil und beeinflußte auch die Ernennung seines Schwagers Felix Schwarzenberg (s. d.) zum Ministerpräsidenten. Ab Mitte Dezember marschierte W.-G. mit 150 000 Soldaten gegen das aufständische Ungarn, besetzte Preßburg, Raab und am 5. 1. 1849 Budapest, unterschätzte aber den Gegner, der sich in Ruhe sammeln konnte und den ö. Truppen nacheinander mehrere Niederlagen bereitete. Am 12. 4. 1849 wurde W.-G. deswegen von seinem Posten abberufen; er zog sich auf seine Güter in Böhmen zurück. Da ihn nun auch sein Schwager nicht mehr unterstützte, nahm sein Einfluß beträchtlich ab. 1859 wurde er von Franz Joseph I. (s. d.) mit einer Mission nach Berlin betraut und als Gouverneur der Bundesfestung Mainz eingesetzt. 1861 ernannte ihn der Kaiser zum Mitglied des Herrenhauses.

Anonym: Der k. k. ö. Feldmarschall Fürst W. Eine Lebensskizze aus den Papieren eines Zeitgenossen (1885); Müller, P.: Feldmarschall Fürst W. (1934)

WINDISCH-GRAETZ, Alfred Fürst zu, * 31. 10. 1851 in Prag, † 23. 11. 1927 in Wien, Enkel des Feldmarschalls Alfred Fürst zu W.-G. (s. d.), Staatsmann, konservativer Politiker. Studierte in Bonn und Prag Rechtswissenschaft, trat dann in die k. u. k. Armee ein und wurde Hauptmann in der Landwehr. Nachdem sein Vater 1876 gestorben war, folgte er diesem 1879 als Mitglied des Herrenhauses auf Lebenszeit. Als konservativer Politiker wurde W.-G. 1883 von den Vertretern des böhmischen Großgrundbesitzes in den böhmischen Landtag entsandt. 1890 engagierte er sich sehr für die Verwirklichung des deutsch-böhmischen Ausgleichs und hielt auch dann noch daran fest, als der überwiegende Teil seiner Standesgenossen im böhmischen Landtag resigniert hatte. 1892 war W.-G. Vizepräsident des Herrenhauses, von November 1893 bis Juni 1895 Ministerpräsident des Koalitionsministeriums W.-G.–Plener. Wegen der Gründung eines slowenischen Gymnasiums in der deutschen Stadt Cilli hatte sich die parlamentarische Koalition aufgelöst; W.-G. demissionierte daraufhin mit seinem gesamten Ministerium (Regierung). 1897–1918 war er als letzter Präsident des Herrenhauses tätig und zog sich dann endgültig ins Privatleben zurück.

WINIWARTER, Georg Ritter von, * 1822 in Lemberg (Galizien), † 2. 7. 1902 in Graz, Fabrikant. Sohn von Joseph Ritter von W. (s. d.), studierte am Wiener Polytechnischen Institut und war dort mehrere Jahre als Privatdozent für konstruktive Mechanik tätig. 1851 schloß er mit seinem Bruder Joseph Max (der als Geldgeber fungierte) und mit Hermann Raphael Freiherr von Gersheim einen Gesellschaftervertrag zur Gründung der Firma W. & Gersheim in Gumpoldskirchen. Gersheim hatte dem Unternehmen seine Patente zur Verfügung gestellt, und in der Fabrik erzeugte man Perkussionszünder und „galvanisiertes Eisen und Eisenblech", also erstmals in Ö. verzinkte Bleche. W. erweiterte das Programm um die Fabrikation von Bleirohren, Bleiplatten und verzinkten Eisendrähten. 1859 schied Gersheim aus dem Unternehmen aus, die Firma hieß ab nun J. & G. Winiwarter und führte ein Büro in der Wiener Singerstraße. 1862 machte W. auf der Londoner Weltausstellung auf sein Unternehmen aufmerksam, indem er ein vollständig eingerichtetes feuer- und einbruchssicheres „Comptoir" in Form eines Häuschens aus verzinktem Eisenblech präsentierte. Außerdem veröffentlichte er Arbeiten über Lufterneuerung in geschlossenen Räumen, die in der Fachwelt große Anerkennung fanden.

Granichstaedten-Cerva, R., Mentschl, J., und Otruba, G.: Altö. Unternehmer (1969)

WINIWARTER, Joseph Ritter von, * 14. 4. 1780 in Krems an der Donau (NÖ), † 18. 1. 1848 in Wien, Jurist und Rechtsgelehrter. Studierte in Wien und wurde Univ.-Prof. in Lemberg und ab 1827 in Wien. Er war einer der bedeutendsten Rechtsgelehrten seiner Zeit und veröffentlichte für das ö. Recht wesentliche Werke, u. a.: „Handbuch der politischen und Justiz-Gesetzkunde für die Königreiche Galizien und Lodomerien", 2 Teile (1826–29), „Handbuch der Justiz- und politischen Gesetze und Verordnungen", 3 Bde. (1829), „Das ö. bürgerliche Recht", 5 Bde. (1831–38). Sein Sohn Joseph Max Ritter von W. war Hof- und Gerichtsadvokat sowie Abgeordneter zum Frankfurter Parlament. Außerdem beteiligte er sich finanziell an den Unternehmungen seines Bruders Georg (s. d.).

WINKELMANN, Hermann (auch Winckelmann), * 8. 3. 1848 in Braunschweig, † 18. 1. 1912 in Mauer bei Wien, Opernsänger, Heldentenor. Beschäftigte sich zunächst mit dem Klavierbau, dann erst mit Gesang und debütierte 1875 in Sondershausen. Über Altenburg, Darmstadt und Leipzig kam er 1878 nach Hamburg, wo er sich zum Wagner-Tenor entwickelte. 1882 sang er in Bayreuth bei den Festspielen den ersten Parsifal und war 1883–1906 an der Wiener Hofoper tätig. Er blieb nach seinem Abgang von der Bühne bis zu seinem Tod in Wien ansässig.

WINKELMEIER, Franz, * 27. 4. 1861 in Lengau (OÖ), † 24. 8. 1887 in Lengau, der „Riese von Lengau" genannt. Sohn eines Kleinbauern. Im Alter von 14 Jahren wuchs er noch immer sichtbar weiter, zwischen seinem 18. und 19. Geburtstag wurde er um einen weiteren halben Meter größer und war mit 21 Jahren 2,58 m (8 Fuß, 6 Zoll) groß, der größte Mensch seiner Zeit. Der schlaue „Klammerschneider" des Ortes bot sich schließlich als „Manager" an und begann ab etwa 1883 mit dem Riesen umherzuziehen. W. trat in fast allen Hauptstädten Europas auf, der berühmte Professor Virchow untersuchte und „maß" ihn in Berlin; W. zeigte sich in Paris in den „Folies Bergères" und wurde in London bestaunt. Als seine Mutter starb, an die er eine besonders starke Bindung hatte, kehrte er in die Heimat zurück und verschied wenige Monate nach ihr.

Mairhofer-Irrsee, H.: Der Riese von Lengau (1976)

WINKLER, Franz, * 20. 3. 1890 in Böhmisch-Leipa, † 16. 10. 1945 in Graz, Agrartechniker und Landbundpolitiker. Wurde nach Abschluß seines Studiums Agraringenieur, nahm am Ersten Weltkrieg teil, war dann im st. Bauernbund tätig und wurde schließlich einer der führenden Politiker des Landbunds. 1920–30 Mitglied der st. Landesregierung, war er 1930–34 Abgeordneter zum Nationalrat, 1930–32 Innenminister in den Regierungen Ender und Buresch I und 1932/33 in den Regierungen Buresch II und Dollfuß I Vizekanzler und mit dem Ressort Inneres bzw. Leitung der wirtschaftspolitischen Angelegenheiten betraut. Seit 1932 Obmann des Landbunds, gründete er 1933 die „Nationalständische Front“ als eine Art nationale Kampf- und Gesinnungsgemeinschaft auf ständischer Grundlage. Da er immer mehr mit dem heimwehrfreundlichen Kurs der Regierung kollidierte, ging W. 1934 nach Deutschland. Mit der Veröffentlichung seines Buchs „Die Diktatur in Ö.“ (1935) rechnete er mit dem Dollfuß-Regime ab.

Feldmann, A.: Landbund für Ö. Diss. Wien (1967)

WINTER, Ernst Karl, * 1. 9. 1895 in Wien, † 4. 2. 1959 in Wien, Soziologe und Wirtschaftshistoriker. Rückte vor Abschluß des Jusstudiums in Wien freiwillig ein und promovierte daher erst nach Kriegsende. Seine Habilitation scheiterte 1929, möglicherweise an seiner deutlich zum Ausdruck gebrachten ö.-monarchistischen Einstellung. Er gründete den Gsur-Verlag und veröffentlichte eine Reihe sozialpolitischer Schriften. Da er über gute Verbindungen zur Linken verfügte, berief ihn Bundeskanzler Dollfuß 1934 zum Dritten Vizebürgermeister von Wien. Seine „Aktion Winter“ sollte zu einer Versöhnung mit der Arbeiterschaft führen und diese für den Ständestaat gewinnen. W. versuchte eine Einheitsfront gegen Hitler zu bilden, wurde aber von Schuschnigg stark eingeengt und nach dem Juliabkommen 1936 mit Hitler ausgeschaltet. Mit seiner anschließend versuchten „Volksmonarchistischen Aktion“ hatte er keinen Erfolg. Emigrierte 1938 über die Schweiz in die Vereinigten Staaten, kehrte 1957 nach Wien zurück. Seit 1926 gab W. „Die heilige Straße“ heraus, ab 1933 die „Wiener politischen Blätter“ und die „Wiener soziologischen Studien“ und veröffentlichte mehrere Werke, u. a.: „Die Sozialmetaphysik der Scholastik“ (1929), „Das Soziologische in Platons Ideenlehre“ (1930), „Arbeiterschaft und Staat“ (1934), „Rudolf IV. von Ö.“, 2 Bde. (1934–36), „Monarchie und Arbeiterschaft“ (1936), „Christentum und Zivilisation“ (1956), „St. Severin, der Heilige zwischen Ost und West“, 2 Bde. (mit K. Kramert 1958/59); postum erschien: „Ignaz Seipel als dialektisches Problem“ (1966).

Alfred Fürst zu Windisch-Graetz

WINTER, Horst, * 24. 9. 1914 in Beuthen (Oberschlesien), Unterhaltungsmusiker, Sänger und Kapellmeister. Studierte an der Berliner Musikhochschule Violine und Klarinette und gründete 1930 seine erstes Tanzorchester. Feierte schon in den dreißiger Jahren Schallplattenerfolge. In der Kriegsgefangenschaft stellte er 1945 ein bescheidenes Orchester zusammen. 1946 ließ er sich als „Österreicher“ entlassen und gründete das „Wiener Tanzorchester“. Als Schlagersänger feierte er mit den Schlagern „Ein kleiner Bär mit großen Ohren“, „Laß Dein Herz bei mir zurück“ und „Es wird ja alles wieder gut“ große Erfolge. Nach dem Tod des fast zur Legende gewordenen Julius Herrmann (s. d.) übernahm er die traditionsreiche Hoch-und-Deutschmeister-Kapelle und führt sie mit Erfolg weiter.

WINTER, Max, * 9. 1. 1870 in Tarnok (Ungarn), † 10. 7. 1937 in Hollywood (USA), Journalist und Schriftsteller. Begann seine journalistische Laufbahn beim „Neuen Wiener Journal“ und arbeitete danach bis 1930 für die „Arbeiter-Zeitung“, wo er sich insbesondere sozialer Probleme annahm. 1911–18 Reichsratsabgeordneter, von 1925–33 Bundesrat. Er schrieb neben Dramen, Romanen und Erzählungen auch die Sozialreportagen „Im dunkelsten Wien“ (1904), „Das goldene Wiener Herz“ (1905), „Im unterirdischen Wien“ (1905) und „Höhlenbewohner in Wien“ (1927).

WINTERBURGER, Hans, * zwischen 1460 und 1465, † im Herbst 1519 in Wien, Buchdrucker. Er dürfte vermutlich zuerst in Ofen (Budapest) gearbeitet haben, seit 1492 ist er als Buchdrucker in Wien nachweisbar und somit der erste namentlich bekannte Buchdrukker Wiens. 1493 trägt ein Wiener Druck erstmals seinen Namen. Aus seiner Offizin stammen mindestens 105 Werke, meist religiösen und liturgischen Inhalts, und ab 1500 stattete er seine Werke auch mit Holzschnitten aus. Darunter das „Heilthumbuch“ (1502), die „Tabula Eclypsium“ des Georg von Peuerbach (s. d.) (1514), das „Missale Pataviense“ und die „Ars versificandi“ des Konrad Celtis (s. d.).

Mayer, A.: Wiens Buchdruckergeschichte 1482–1882. Bd. 1 (1883)

WINTERNITZ, Wilhelm, * 1. 3. 1834 in Josefstadt (Böhmen), † 22. 2. 1917 in Wien, Arzt. Studierte in Wien und wurde Univ.-Prof. Besondere Verdienste erwarb er sich um die wissenschaftliche Auswertung der Wasserheilkunde. 1865 gründete er in Kaltenleutgeben (NÖ) eine Wasserheilanstalt und die erste hydrotherapeutische Klinik in Wien. Veröffentlichungen u. a.: „Kaltenleutgeben und meine Wasserheilanstalt“ (1869), „Die Hydrotherapie auf physiologischer und klinischer Grundlage“, 2 Bde. (1877–80), „Wasserkur und natürliche Immunität“ (1917); 1891–1910 gab er die „Blätter für klinische Hydrotherapie und verwandte Heilmethoden“ heraus.

WIRER, Franz von, * 1771 in Korneuburg (NÖ), † 30. 3. 1844 in Wien, Arzt. Studierte in Wien Medizin und wurde hier zunächst Militärarzt, später Univ.-Prof. Besondere Verdienste erwarb er sich um Bad Ischl (OÖ), wo er die erste Solebadanstalt in Ö. errichtete. Er veröffentlichte u. a.: „Ischl und seine Solebäder“ (1826) und „Ischl und seine Heilanstalten“ (1842).

WITESCHNIK, Alexander, * 3. 3. 1909 in Wien, Musikschriftsteller und Erzähler. Wurde nach Abschluß seines Studiums (Germanistik, Musikwissenschaft) Verlagslektor. 1948 Generalsekretär, ab 1957 Vizepräsident des „Wiener Kulturkreises“. 1950–64 Kulturredakteur und Musikkritiker, 1965 Pressechef der Wiener Staatsoper. Veröffentlichte Jugendbücher und eine Reihe von Musiksachbüchern, u. a.: „Die Dynastie Strauß“ (1939), „Musik aus Wien“ (1943), „Franz Schubert“ (1944), „300 Jahre Wiener Operntheater“ (gemeinsam mit E. Pirchan und O. Fritz, 1953), „Wiener Opernkunst“ (1959), „Seid umschlungen, Millionen!“ (1960), „. . . diesen Kuß der ganzen Welt“ (1962), „Dirigenten“ (gemeinsam mit E. Hanak und W. Jakob, 1965), „Alfred Uhl“ (1966), „Dort wird champagnisiert oder Vom ruinösen Charme der Operette“ (1971), „Musica, du Portion vom Himmel oder Brevier für Musikfreunde“ (1973).

WITHALM, Hermann, * 21. 4. 1912 in Gaweinstal (NÖ), Jurist und ÖVP-Politiker. Studierte in Wien Jus und wurde Notar in Wolkersdorf (NÖ). 1953–71 Abgeordneter zum Nationalrat, 1956–59 Staatssekretär im Bundesministerium für Finanzen, 1960–70 ÖVP-Generalsekretär, 1960–68 Obmann des ÖVP-Parlamentsklubs und 1968–70 Vizekanzler. War an den Parteienverhandlungen nach den Nationalratswahlen 1970, bei denen die SPÖ erstmals die stärkste Partei wurde (SPÖ 81, ÖVP 79, FPÖ 5 Mandate), maßgeblich beteiligt; bei den Ressortverteilungsvorschlägen vertrat er einen unnachgiebigen Standpunkt. (Nach dem Scheitern der Verhandlungen bildete Bruno Kreisky [s. d.] sein erstes SPÖ-[Minderheits]-Kabinett.) 1970/71 war W. Bundesparteiobmann der ÖVP. Seit 1972 ist er Bundesobmann des ÖVP-Seniorenbunds. Er veröffentlichte u. a.: „Der katholische Mann in der Politik“ (1960), „Wege zu einem modernen Wirtschafts- und Sozialkonzept“ (1961), „Eigentumsstreuung und soziale Sicherheit“ (1962), „Ö. 1970 – Herausforderung und Antwort“ (mit K. Pisa, 1963), „Die freien Berufe in Gesellschaft, Wirtschaft und Politik“ (1967), „Aufzeichnungen“ (1973) und „Antworten“ (1974).

WITTEK, Heinrich Ritter von, * 29. 1. 1844 in Wien, † 9. 4. 1930 in Wien, Beamter und christlichsozialer Politiker. Trat nach Abschluß seines Jusstudiums in den Staatsdienst und wurde 1886 Sektionschef im Handelsministerium. Von 1897 bis 1905 war W. Eisenbahnminister, von Dezember 1899 bis Jänner 1900 auch Ministerpräsident, danach 1905–18 Mitglied des Herrenhauses und 1907–11 Reichsratsabgeordneter. W. erwarb sich große Verdienste um das ö. Eisenbahnwesen. Er förderte die Verstaatlichung ebenso wie den Ausbau der Staats- und der Lokalbahnen und führte eine Reihe von sozialen Reformen für die Eisenbahner durch, etwa die Gründung von Wohnbaugenossenschaften.

WITTGENSTEIN, Carl, * 9. 4. 1847 in Gohlis bei Leipzig, † 20. 1. 1913 in Wien, Techniker und Industrieller. Seine Familie übersiedelte 1851 nach Vösendorf bei Wien, und W. besuchte im Herbst 1867 die Technische Hochschule in Wien, praktizierte aber gleichzeitig in der Maschinenfabrik der Staatseisenbahngesellschaft. Dann als technischer Zeichner in verschiedenen Industrieunternehmen tätig, wurde er 1872 als Ingenieur im Teplitzer Walzwerk des Paul Kupelwieser angestellt. 1867 übernahm er die kommerziellen Belange des Unternehmens in Wien und wurde 1877 Generaldirektor. Durch seine geschickte Unternehmensführung wurde W. in kurzer Zeit Großaktionär. Ankäufe anderer Unternehmen, Beteiligungen und Fusionierungen ähnlicher Betriebe vergrößerten seinen Einfluß und sein Vermögen. Er besaß schließlich auch die St. Egyder Eisen- und Stahlindustriegesellschaft in NÖ, die Sensenwerke in Judenburg, in Kindberg und in Mürzzuschlag in der Steiermark sowie einen Teil der Aktien der Alpine-Montangesellschaft. 1899 zog er sich ins Privatleben zurück und erwarb am Hochreith in der Gemeinde Rohr im Gebirge (NÖ) umfangreichen Grund- und Waldbesitz und ließ sich dort im Jugendstil ein Schloß erbauen.

Granichstaedten-Cerva, R., Mentschl, J., und Otruba, G.: Altö. Unternehmer (1969)

WITTGENSTEIN, Ludwig, * 26. 4. 1889 in Wien, † 29. 4. 1951 in Cambridge (England), Philosoph. Sohn des Industriellen Carl W. (s. d.), studierte Technik und Mathematik in Berlin, ging 1908 nach England und wurde Schüler von B. Russell. 1913 zog er sich nach Norwegen zurück, um in der Einsamkeit sein Werk „Tractatus logico-philosophicus“ erarbeiten zu können, dessen Niederschrift er 1918 beendete. Für dieses Werk erhielt er 1929 in Cambridge den Doktortitel und beeinflußte damit nachhaltig den „Wiener Kreis“, das Buch wurde zur Bibel des Neopositivismus. (Abgesehen von einer kleineren Abhandlung, blieb der „Tractatus“ das einzige philosophische Werk, das zu seinen Lebzeiten gedruckt wurde.) Darüber hinaus beeinflußte er damit stark die Entwicklung der Logik und der Mathematik. W. verzichtete auf das ansehnliche Erbteil seines Vaters, war 1920–26 als Volksschullehrer in NÖ tätig und ging 1929 nach Cambridge, wo er 1939–47 als Univ.-Prof. den Lehrstuhl für Philosophie innehatte. 1947 legte er seine Professur zurück, um sich ausschließlich seinen Forschungen widmen zu können, die nun der Bedeutung und dem Gebrauch der Sprache gewidmet waren. Er versuchte „ein Licht

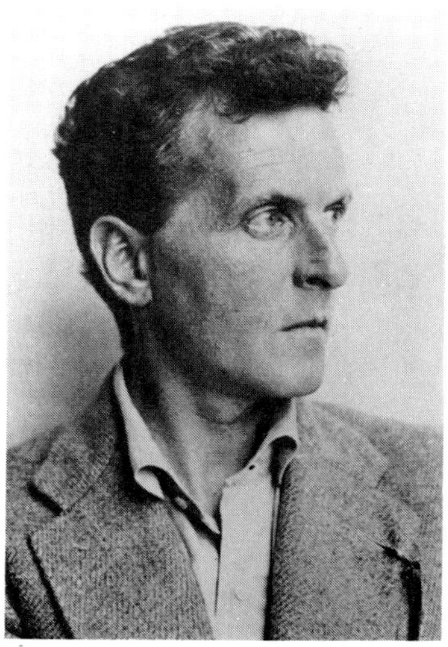

Ludwig Wittgenstein

in die Verhältnisse unserer Sprache“ zu bringen, hatte schon im „Tractatus“ die Folgerung gezogen, „wovon man nicht sprechen kann, darüber muß man schweigen.“ Grundgedanke seiner diesbezüglichen Theorie war, daß die Bedeutung der Worte durch die Art ihres Gebrauchs gegeben sei. Philosophie bleibt in erster Linie Sprachkritik. 1953 erschienen aus seinem Nachlaß die englische Ausgabe seines Werks „Philosophische Untersuchungen 1947–49“ und 1960–78 seine „Schriften“, 7 Bde., hrsg. von R. Rhees und B. F. McGuiness. Durch seinen maßgeblichen Einfluß auf die Entwicklung der beiden großen Philosophenschulen, des „Wiener Kreises“ mit seinem logischen Positivismus und der „Cambridge School“ mit ihrer analytisch-linguistischen Richtung, zählt W. zu den bedeutendsten Philosophen des 20. Jh.s.

Abgesehen von einer ständig anwachsenden Sekundärliteratur, seien u. a. genannt: Malcolm, N., und Wright, G. H. v.: L. W. (1961); Hartnack, J.: W. und die moderne Philosophie (1962); Burkhardt, J.: Die Bildtheorie der Sprache in W.s Tractatus logico-philosophicus und ihre ontologische Fundierung (1965); Pitcher, G.: Die Philosophie W.s (1967); Waismann, F.: W. und der Wiener Kreis (1967); Fann, K. T.: Die Philosophie L. W.s (1971); Shibles, W. A.: W. (1973); Wiggershaus, R. (Hrsg.): Materialien zu W. (1975); Wuchterl, K., und Hübner, A.: L. W. (1979); Kampits, P.: L. W. (1985); Malcolm, N.: Erinnerungen an W. (1987)

WITTGENSTEIN, Paul, * 5. 11. 1887 in Wien, † 3. 3. 1961 in New York, Klaviervirtuose. Sohn von Carl W. (s. d.). Unternahm Konzertreisen als Solist, verlor im Ersten Weltkrieg den rechten Arm. Große Komponisten schrieben für ihn Klavierkonzerte für die linke Hand, so u. a. Franz Schmidt, E. W. Korngold, Richard Strauss, Maurice Ravel und Benjamin Britten. 1930 verließ W. Ö. und lebte überwiegend in den Vereinigten Staaten.

WITTMANN, Hugo, * 16. 10. 1839 in Ulm, † 6. 2. 1923 in Wien, Journalist und Feuilletonist. Er war seit 1869 bei der „Neuen Freien Presse“ vornehmlich als Theaterkritiker tätig. Abgesehen von Bühnenstücken, die er gemeinsam mit Theodor Herzl (s. d.) verfaßte (u. a.: „Wilddiebe“, 1889, „Die Dame in Schwarz“, 1891), schrieb er, ebenfalls gemeinsam mit anderen Bühnenautoren, Operettenlibretti für Johann Strauß, Karl Millöcker und Charles Weinberger. Außerdem veröffentlichte er u. a.: „Musikalische Momente“ (1879), „Fabuliertes“ (1880). Nach seinem Tod erschienen seine Feuilletons (1925).

WITTOLA, Markus Anton, * 25. 4. 1736 in Kosel (Oberschlesien), † 23. 3. 1797 in Wien, katholischer Geistlicher und Theologe. 1760 zum Priester geweiht. Studierte Theologie (Dr. theol.), wurde 1774 Pfarrer in Probstdorf (NÖ) sowie Beirat der kaiserlichen Bücher-Zensurbehörde. 1784–90 gab er die „Wiener Kirchenzeitung“ heraus. W. war einer der Wortführer des Wiener Jansenistenkreises und des josephinischen Staatskirchentums und ein erklärter Gegner des Ordenswesens. Veröffentlichte u. a.: „Kurzgefaßte Geschichte des Alten Testamentes“, 10 Teile (1770/71), „Das Neue Testament“, 3 Bde. (1775/76), „Der Jansenismus“ (1776), „Neueste Beiträge zur Religionslehre und Kirchengeschichte“, 3 Jahrgänge (1790–92).

WITZMANN, Carl, * 26. 9. 1883 in Wien, † 30. 8. 1952 in Wien, Architekt, Innendekorateur und Bühnenbildner. Studierte an der Kunstgewerbeschule in Wien, wo er dann ab 1910 selbst Prof. wurde. W. war ein ungeheuer vielseitiger Künstler. Neben seinen vielen kunstgewerblichen Entwürfen, Bühnenbildern sowie Villen- und Wohnbauten in Wien erbrachte er hervorragende Leistungen auf dem Sektor des Theater- und Kinobaus; u. a. machte er für M. Reinhardt (s. d.) den Umbau des Theaters in der Josefstadt (1923/24). Er nahm den Umbau des Apollo-Theaters zum Apollo-Kino (1929), des Johann-Strauß-Theaters zur Scala (1931) vor, schuf den neuen Zuschauerraum bzw. den Umbau der Volksoper in Wien sowie des Theaters in Eindhoven in Holland (1936). In Wien, Innsbruck und Bad Ischl (OÖ) gestaltete er eine Anzahl von Kaffeehäusern und schuf die Neugestaltung der Repräsentationsräume im Wiener Rathaus (1930). Darüber hinaus erwarb W. sich einen großen internationalen Ruf als innenarchitektonischer Gestalter von Ausstellungen.

WLACH, Oskar, * 18. 4. 1881 in Wien, † 1963 in New York (USA), Architekt. Studierte 1898–1904 an der Technischen Hochschule in Wien und als Schüler O. Wagners (s. d.) an der Akademie der bildenden Künste. 1906 erwarb er an der Technischen Hochschule in Wien das Doktorat. Gemeinsam mit J. Frank (s. d.) gründete er 1925 das Einrichtungsgeschäft „Haus und Garten" und schuf zahlreiche Inneneinrichtungen, Bürohäuser, Villenbauten und Häuser für die Werkbundsiedlung. 1930 emigrierte er über die Schweiz in die USA, wo er völlig verarmt starb.

Gmeiner, A., u. Pirhofer, G.: Der ö. Werkbund (1985)

WLASSAK, Rudolf, * 27. 3. 1865 in Brünn (Mähren), † 10. 3. 1930 in Wien, Physiologe und Nervenarzt. Studierte in Wien und wurde 1922 Leiter der neugegründeten Trinkerheilstätte Am Steinhof; gab seit 1902 die Zeitschrift „Der Abstinent" heraus. W. erwarb sich große Verdienste um die Arbeiter-Abstinenzbewegung und verfaßte mehrere grundlegende Arbeiten über den Bau des Kleinhirns und zum Thema Sinnesphysiologie, vor allem der Raumempfindungen. Weitere Veröffentlichungen: „Gegen den Alkohol" (1897) und „Grundriß der Alkoholfrage" (1922).

WLCEK, Wenzel, * 1831 in Weirowitz bei Znaim (Südmähren), † 1909 in Graz, Schlossermeister und Erfinder. Er ließ sich 1861 in Graz als Schlossermeister nieder und beschäftigte bald acht Gehilfen und drei Lehrlinge. 1875 entwickelte er einen „Sicherheitsbriefkasten", der von unten zu öffnen war oder, wie es in seinem Text hieß: „von unten zu öffnender Behälter, der eine widerrechtliche Manipulation während des Entleerens verhindert". Dieser Briefkasten löste bald die bisher üblichen Holzkasten ab, und W. erhielt sogar Bestellungen aus Amerika und Afrika. Seine Erfindungen waren zahlreich, darunter befand sich auch ein Rollbalkenverschluß, der heute noch verwendet wird. W. nannte sich schließlich „Kunst-, Bau- und Maschinenschlosser, Postbriefkastenfabrikant und Hausbesitzer", geriet aber durch Fehlspekulationen in wirtschaftliche Bedrängnis und starb völlig verarmt.

Ideen aus Ö. Notring Almanach 1955.

WOBISCH, Helmut, * 25. 10. 1912 in Wien, † 20. 2. 1980 in Wien, Musiker. 1939–78 Mitglied der Wiener Philharmoniker. Gründete 1969 das Musikfest „Carinthischer Sommer". Erhielt die Nicolai-Medaille und den Ehrenring der Wiener Philharmoniker.

WODIANER, Moritz Freiherr von Kapriora (seit 1863), * 3. 12. 1810 in Szegedin (Ungarn), † 8. 7. 1885 in Baden (NÖ), Bankier. Kam nach Wien und war hier in Finanzgeschäften so erfolgreich tätig, daß er bereits 1849 das Bank- und Großhandelshaus Moritz Wodianer gründen konnte. Wurde schließlich Mitglied des Magnatenhauses, Präsident der Wiener Börsenkammer, der DDSG und der Staatseisenbahngesellschaft. Später Direktor der Oesterreichischen Nationalbank, war er in seinen letzten Lebensjahren auch Vizegouverneur der Ö.-Ungarischen Bank. Besondere Verdienste erwarb er sich durch den Verkauf von 40 Mio. Gulden 1860er Lose, wodurch dem Staat mehrere Mio. Gulden als Gewinn zuflossen.

Granichstaedten-Cerva, R., Mentschl, J., und Otruba, G.: Altö. Unternehmer (1969)

WÖDL, Harro, * 29. 4. 1927 in Perchtoldsdorf (NÖ), † 5. 10. 1977 in Aigen (St), Segelflieger. Fünffacher Staatsmeister, zahlreiche heimische Rekorde, Weltmeister 1968 in der offenen Klasse. Einziger österreichischer Segelflug-Weltmeister. Starb am Grimming den Fliegertod.

WOHLGEMUTH, Else, * 1. 1. 1881 in Berlin, † 30. 5. 1972 in Wien, Schauspielerin. War nach ihrer Ausbildung an mehreren deutschen Bühnen enga-

Else Wohlgemuth

LUDWIG WITTGENSTEIN

„Das Rätsel gibt es nicht."

„Jeder große Philosoph, so heißt es gelegentlich", schrieb der amerikanische Professor Walter Kaufmann, „weist der Philosophie eine neue Richtung, aber einzig Wittgenstein hat das zweimal vollbracht." Als Logiker und als Sprachphilosoph nämlich. Kein anderer Philosoph hat das anglo-amerikanische Denken ähnlich stark beeinflußt, kaum einer stärker den logischen Positivismus und die analytische Philosophie angeregt und mitbestimmt.

Im Herbst 1911 lernt Wittgenstein den Philosophen Bertrand Russell kennen und wird dessen Schüler, im Februar 1912 immatrikuliert er sich in Cambridge, im August 1914 meldet er sich freiwillig und vollendet während des Kriegs das Manuskript seiner „Logisch-Philosophischen Abhandlung", den „Tractatus logico-philosophicus". Man könne den Sinn des Buchs, heißt es im Vorwort, „etwa in die Worte fassen: Was sich überhaupt sagen läßt, läßt sich klar sagen; und wovon man nicht reden kann, darüber muß man schweigen." Die Probleme der Philosophie, so war Wittgenstein überzeugt, habe er „im Wesentlichen endgültig gelöst", doch, so fährt er im Tractatus fort, „wie wenig ist damit getan, daß die Probleme gelöst sind." „Wovon man nicht sprechen kann", so lautet der vielzitierte Schlußsatz seines Werkes, „darüber muß man schweigen", und Wittgenstein wendete sich in den folgenden Jahren von der Philosophie ab, verteilte sein beträchtliches Vermögen und wurde Lehrer im niederösterreichischen Trattenbach, das, wie er in einem Brief ein Jahr später schrieb, „ein besonders minderwertiger Ort in Österreich" sei. Erst 1929 kehrte er zur Philosophie und nach Cambridge zurück. Dort legte er, von Russell unterstützt, seinen Tractatus als Doktorarbeit vor. „Die Welt zerfällt in Tatsachen", hatte er darin erklärt, und diese seien Ausdruck von Sachverhalten, die durch „Elementarsätze" abgebildet werden. „Die Angabe aller wahren Elementarsätze beschreibt die Welt vollständig . . . Das Rätsel gibt es nicht", denn: „Wenn sich eine Frage überhaupt stellen läßt, so kann sie auch beantwortet werden."

Von der Antimetaphysik des „Wiener Kreises" hatte sich Wittgenstein zuvor schon abgesetzt, 1930 arbeitete er an einem Manuskript, das später unter dem Titel „Philosophische Bemerkungen" erschien und in dem sich Teile einer neuen Theorie finden. Seine nunmehrige Philosophie, die er in seinen Vorlesungen und in den „Philosophischen Untersuchungen" entwickelt, geht von der Unzulänglichkeit des Kriteriums der Wissenschaftlichkeit aus: Philosophie sei dort zu finden, wo es darum gehe, „den Sprachgebrauch der bestehenden Sprache zu klären". Fiel im Tractatus dem Philosophen noch die Aufgabe zu, kritisch metaphysischen Äußerungen entgegenzutreten, so verbietet Wittgenstein ihm nunmehr, Sprachspiele zu kritisieren oder analytisch zu werten. Diese Einmauerung in den Elfenbeinturm eines philosophischen Neutralismus behagte freilich nicht allen Denkern. „. . . ich kann einfach nicht verstehen", urteilte sein langjähriger Freund Russell über Wittgensteins „Philosophische Untersuchungen" in seinen Erinnerungen, „wieso eine ganze Philosophenschule in diesem Buch eine Quelle profunder Weisheiten erblickt."

Nach: W. W. Bartley: W., ein Leben (dt. 1984); M. Nedo und M. Ranchetti (Hrsg.): L. W. Sein Leben in Bildern und Texten (1984) giert, bis sie 1910 an das Wiener Burgtheater kam, wo sie 1913 den Titel „Hofschauspielerin" erhielt. Seit 1935 Ehrenmitglied des Burgtheaters, wurde sie 1938 von den nationalsozialistischen Machthabern gezwungen, Ö. zu verlassen, kehrte aber 1945 wieder nach Wien und an das Burgtheater zurück. Sie war eine hervorragende Interpretin des klassischen Repertoires und über lange Jahre die tragische Liebhaberin des Burgtheaters. Bei der Festaufführung anläßlich des 150-Jahr-Jubiläums des Burgtheaters 1926 gab sie, vielumjubelt, die Minna von Barnhelm. Unter M. Reinhardt (s. d.) trat sie auch bei den Salzburger Festspielen auf. W. war mit Emmerich Graf Thun-Hohenstein verheiratet.

WOHLLEBEN, Stephan Edler von (seit 1801), * 1751 in Wien, † 30. 7. 1823 in Wien, Magistratsbeamter und Bürgermeister. Sein Vater war Regimentsprofos. Nach dem frühen Tod seiner Eltern wurde er im Chaosschen Waisenhaus erzogen und im Baufach ausgebildet. 1771 trat er in das städtische Unterkammeramt ein und brachte es durch besondere Leistungen 1789 zum Magistratsrat. 1797 und 1800 Stabsoffizier des Bürgerregiments, kümmerte er sich um die Waffenübungen der Bürgerschaft ebenso wie um Beschaffung und Lagerung des Proviants. Daneben bemühte er sich um die Pflasterung der Straßen der Stadt und die Verschönerung des Glacis, wofür ihn Kaiser Franz II. (s. d.) zum Oberkämmerer ernannte. W. organisierte das Kreditwesen und baute Straßenbeleuchtung und Wasserversorgung weiter aus. 1804 wurde er Bürgermeister von Wien. Der sich steigernden Bevormundung der Stadt durch die nö. Landesregierung konnte er nichts entgegensetzen, da er in der Bevölkerung kaum auf Bundesgenossen hoffen konnte. Seit 1803 war W. auch Ehrenmitglied der Akademie der bildenden Künste.

Schmutzer, A.: St. Edler von W., der Bürgermeister des von den Franzosen besetzten Wien. Diss. Wien (1955); Czeike, F.: Wien und seine Bürgermeister (1974)

WOLF, Gerson, * 16. 7. 1823 in Holleschau (Mähren), † 29. 10. 1892 in Wien, Pädagoge und Historiker. Kam 1839 nach Wien, studierte hier, wurde Pädagoge und war 1884 Inspektor der Wiener israelitischen Religionsschulen. W. veröffentlichte u. a.: „Judentaufen in Ö." (1863), „Geschichte der k. k. Archive in Wien" (1871), „Geschichte der Juden in Wien 1156–1876" (1876), „Kaiser Joseph II." (1877).

Schmeiszer, H.: G. W. Diss. Wien (1956)

WOLF, Hugo, * 13. 3. 1860 in Windischgraz (Südsteiermark, heute Jugoslawien), † 22. 2. 1903 in Wien, Komponist. Unter dem Eindruck der Opernaufführungen des „Tannhäuser" und „Lohengrin" unter Richard Wagner im Jahr 1875 in Wien und des freundlichen Gesprächs, das der Komponist mit ihm geführt hatte, studierte der junge W. 1875–77 am Wiener Konservatorium, bildete sich danach aber autodidaktisch weiter. Von Freunden und Gönnern unterstützt, schuf er 1879/80 sein Streichquartett in d-Moll. 1881 war er für kurze Zeit Kapellmeister in Salzburg, und 1884–87 hatte er seine einzige feste Stellung als Musikkritiker bei der Wochenzeitung „Wiener Salonblatt". Durch seine konzessionslose Art zu kritisieren machte er sich viele Feinde. In äußerster Bedürfnislosigkeit, oft auch bei Freunden lebend, wechselte er ständig seinen Wohnsitz. (In den rund 22 Jahren seines Aufenthalts in Wien 36mal.) Im Jahr 1897, während seiner Arbeit am 1. Akt der unvollendet gebliebenen Oper „Manuel Venegas", traten die ersten Anzeichen einer progressiven Paralyse auf, und er mußte in eine Heilanstalt gebracht werden. 1898 entlassen, reiste er kurze Zeit durch Italien und Ö., mußte aber danach endgültig in eine Heilanstalt eingeliefert werden, wo er nach fünf Jahren starb. Trotz des kurzen Lebens hat W. 245 Lieder geschaffen und ist somit nach Franz Schubert einer der bedeutendsten Liedkomponisten. Seine Lieder zeichnen sich durch deutliche Rücksichtnahme auf das dichterische Wort aus. Jede Textnuance wird gesanglich wie auch durch die Tonsprache ausgeleuchtet: W. hat das Klavierlied auf neue, absolute Höhe geführt. Als Spätromantiker stand er unter dem Einfluß Richard Wagners, dessen Stil er aber auf persönliche Weise weiterentwickelt hat. Seine Liedkompositionen umfassen 20 Eichendorff-Lieder (1880–88), 53 Mörike-Lieder (1888) und 51 Goethe-Lieder (1889), außerdem „Spanisches" und „Italienisches Liederbuch" (1889–91). Noch sind erwähnenswert: die symphonische Dichtung „Penthesilea" (1883–85), „Italienische Serenade" für Streichquartett (1894), die Oper „Der Corregidor" (1895/96) sowie einige Chormusikwerke. 1911 erschienen „Musikalische Kritiken",

HUGO WOLF
Romantische Lieder, tragisches Leben

„Es war das fruchtbarste und deshalb auch glücklichste Jahr meines Lebens. In diesem Jahr komponierte ich bis zum heutigen Tag nicht weniger als 92 Lieder und Balladen, u. z. ist mir unter diesen nicht ein einziges mißlungen . . ."
Brief an die Mutter, Dezember 1888

„Meine Gemütsstimmung bei der jetzigen Verfassung schwankt zwischen äußerstem Unbehagen und drückendster Melancholie."
1894

„Offen gestanden graut es mir vor meiner ganzen Vergangenheit, abgesehen die seligen Stunden des Produzierens. Wie froh bin ich, alle meine bisherigen sogenannten ‚Freunde' durch mein Unglück losgeworden zu sein. Ach, wie freu ich mich auf mein kommendes Einsiedlerleben! Der Gedanke, ganz allein in der Welt zu stehen, beseeligt mich bis zum Schwindel. Keine Enttäuschungen mehr erleben, weil ich von der Welt nichts mehr erhoffe, welche Wonne!"
Aus der Heilanstalt 1897

Hugo Wolf. Pastell von Clementine von Wagner (1902)

die Ausgabe der „Nachgelassenen Werke“, hrsg. von R. Haas und H. Schultz 1936–40, blieb unvollständig. Ab 1960 wurde eine „Kritische Gesamtausgabe“, hrsg. von der Internationalen H.-W.-Gesellschaft, unter der Leitung von H. Jancik veröffentlicht.

Abgesehen von mehreren Briefausgaben und einer umfangreichen Sekundärliteratur, seien genannt: Decsey, E.: H. W. (1903–06, 2. Aufl. 1919); Haberlandt, M.: H. W. (1903, 2. Aufl. 1911); Hellmer, E.: H. W. (1921); Ehrmann, A. v.: H. W. Sein Leben in Bildern (1937); Orel, A.: H. W. (1947); Walker, F.: H. W. (mit Werkverzeichnis, 1951, 2. Aufl. 1974); Lindner, D.: H. W. (1960); Werba, E.: H. W. oder Der zornige Romantiker (1971)

WOLF DIETRICH von Raitenau (auch Wolfdietrich), * 26. 3. 1559 in Lochau (V), † 16. 1. 1617 in Salzburg, Fürsterzbischof von Salzburg. Der einer alten Allgäuer Adelsfamilie entstammende W. war schon früh mit mehreren geistlichen Pfründen ausgestattet worden und studierte in Pavia sowie am Collegium Germanicum in Rom. Seit 1585 Domherr in Salzburg, wurde er 1587 ebendort Erzbischof und entwickelte sich bald zum ersten absolutistischen Regenten des Erzstiftes. W. gestaltete sein Leben nach höchst eigenen Vorstellungen; sein Amt als geistlicher Hirte trat zugunsten des weltlichen Fürsten immer mehr in den Hintergrund. Dies wurde besonders deutlich, als W. seine Beziehungen zur schönen Salzburger Ratsherrentochter Salome Alt (s. d.), die er gewiß schon in seiner Zeit als Domherr kennengelernt hatte, weiter unterhielt und mit ihr (zwischen 1593 und 1607) zehn Kinder zeugte. Sein großartiges Kunstmäzenatentum, das die Salzburger Altstadt zur sogenannten Fürstenstadt um den Dom und St. Peter werden ließ, legte den Grundstein für das heutige barocke Antlitz der Stadt. Schon 1595 begann W. mit dem Bau der Residenz, dem der Abbruch von alten Bürgerhäusern vorangegangen war. Ebenso energisch war auch seine politische Tätigkeit: er beschränkte die Kompetenzen des Domkapitels, suspendierte die Landstände und zentralisierte Verwaltung und Rechtspflege. Auch nach außen hin betrieb W. eine unabhängige Politik, die im „Ewigen Statut“ von 1606 deutlich zum Ausdruck kam. Dadurch waren Habsburger und Wittelsbacher von der Besetzung des Salzburger Erzbischofsstuhls ausgeschlossen. W. lehnte den Beitritt zur Katholischen Liga ebenso ab wie die Mehrheitsbeschlüsse des

Wolf Dietrich von Raitenau im Alter von 30 Jahren. Gemälde aus dem Salzburger Museum Carolino Augusteum

Reichstags. Schließlich kam es immer häufiger zu Differenzen mit Bayern in Fragen der Territorialhoheit über Berchtesgaden sowie der Nutzung der Salinen im salzburgisch-bayerischen Grenzraum – nicht zuletzt deshalb, da W. immer höhere Geldmittel für seinen persönlichen Aufwand und seine Bautätigkeit benötigte, Steuern und Anleihen nicht mehr reichten und er sich von einem umfangreichen Salzgeschäft zusätzliche Einnahmen erwartete. 1611 kam es mit Bayern zum offenen Konflikt. W. besetzte Berchtesgaden militärisch und sperrte den Salzexport nach Bayern. Daraufhin rückte Herzog Maximilian von Bayern in Salzburg ein, nahm W. gefangen und zwang ihn 1612 mit Zustimmung des Papstes zur Resignation. Sein Nachfolger Markus Sittikus von Hohenems (s. d.), ein Bruder seiner Mutter, hielt W. bis zu seinem Tod auf der Festung Hohensalzburg gefangen. Von den baulichen Aktivitäten W.s sind noch zu erwähnen: der Sebastiansfriedhof (1595–1600); Schloß Altenau (später Mirabell) für Salome Alt (1606). 1611 hatte W. den Grundstein für den barocken Neubau des Salzburger Doms gelegt, nachdem der alte 1598 abgebrannt war.

Martin, F.: W. D. v. R., Erzbischof von Salzburg (1925); ders.: Salzburger Fürsten in der Barockzeit 1587–1771 (1949, 2. Aufl. 1952); Frisch, E. v.: W. D. von Salzburg im Lichte seiner Kunstsammlung (1947); Stahl, E.: W. D. von Salzburg, Weltmann auf dem Bischofsthron (1980); Ausstellungskatalog W. D. von R. – sein Leben und seine Zeit (Salzburg 1987)

WOLFGANG, Heiliger, * um 924 wahrscheinlich in Pfullingen (Schwaben), † 31. 10. 994 in Pupping (OÖ). W. erhielt in der Klosterschule auf der Insel Reichenau (Bodensee) und an der Würzburger Domschule seine Ausbildung. 956 kam er auf Veranlassung seines Freundes Heinrich, des Erzbischofs von Trier, als Lehrer an die Trierer Domschule. Nach dessen Tod (964) war W. einige Zeit in der Kanzlei des Erzbischofs Bruno von Köln tätig und trat 965 in das Benediktinerkloster Einsiedeln (Schweiz) ein, wo er die Klosterschule leitete und von Bischof Ulrich von Augsburg die Priesterweihe empfing. Ab Ende 971 wirkte W. als Missionar in Ungarn. Auf Veranlassung des Bischofs Pilgrim von Passau (s. d.) wurde er Ende 972 zum Bischof von Regensburg gewählt und im Jänner 973 inthronisiert. 975 veranlaßte W. die Trennung der Bischofswürde von der des Abtes von St. Emmeram und war sehr umsichtig in seiner Diözese tätig. Wohl aus politischen Gründen hielt er sich 976/77 im Kloster Mondsee (OÖ) auf, dessen Blütezeit er einleitete. Darauf geht wahrscheinlich auch die Legende von W.s Aufenthalt am Wolfgangsee zurück, wo er als Einsiedler gelebt und die erste Kirche erbaut haben soll. W. wurde bereits 1052 heiliggesprochen. Die Wallfahrt nach St. Wolfgang ist seit 1306 belegt; besondere Verehrung genießt W. in OÖ und in Salzburg.

Häfner, O.: Der hl. W. (1930); Wodka, J.: Kirche in Ö. (1959); Der heilige W. in Geschichte, Kunst und Kult. Ausstellungskatalog (1976)

WOLFGRUBER, Gernot, * 20. 12. 1944 in Gmünd (NÖ), Schriftsteller. Schildert in seinen Prosawerken die Arbeitswelt und ihre Probleme. Er war Lehrling und Hilfsarbeiter, bevor er, nach Externistenmatura und Studium, freier Schriftsteller wurde. 1975 erhielt er den Theodor-Körner-Preis. Er veröffentlichte u. a.: „Auf freiem Fuß“ (1975), „Herrenjahre“ (1976), „Der Jagdgast“ (1978), „Niemandsland“ (1978), „Verlauf eines Sommers“ (1981), „Die Nähe der Sonne“ (1985).

WÖLFL, Joseph (auch Wölffl), * 24. 12. 1773 in Salzburg, † 21. 5. 1812 in London, Pianist und Komponist. War ein Schüler von Michael Haydn (s. d.) und Leopold Mozart (s. d.), kam 1790 nach Wien und wurde durch seine Klavierwettkämpfe mit Ludwig van Beethoven bekannt. Unternahm danach Konzertreisen durch Deutschland, ließ sich 1801 vorübergehend in Paris nieder und wirkte ab 1805 in London als Konzertpianist und Musikpädagoge. Er schuf die Opern „Der Höllenberg“ (1795), „Das schöne Milchmädchen“ (1797), „Das trojanische Pferd“ (1799) sowie 7 Klavierkonzerte, 2 Symphonien, 2 Ballette, kammermusikalische Werke und Lieder.

Srb, M. M.: J. W., Diss. Wien (1930)

WÖLFLING, Leopold, * 2. 12. 1868 in Salzburg, † 4. 7. 1935 in Berlin, eigtl. Erzherzog Leopold Ferdinand Salvator, der älteste Sohn von Großherzog Ferdinand IV. von Toskana. Er hatte 1902 auf Titel und Rechte verzichtet und diesen bürgerlichen Namen angenommen. W. wurde durch seine 1920 veröffentlichten „Erinnerungen“ sowie durch sein Buch „Habsburger unter sich“ (1921) bekannt.

WOLFRAM, Aurel, * 16. 10. 1896 in Wien, † 12. 8. 1948 in Krems an der Donau (NÖ), Schriftsteller und Kulturphilosoph. Studierte in Wien Philosophie und lebte nach dem Studiumabschluß als freier Schriftsteller. W. beschäftigte sich in erster Linie mit Kulturphilosophie und Kulturpolitik und gründete 1947 den „Kreis des geistigen Lebens“ in Wien. Veröffentlichungen u. a.: „Glaube an Wien“ (1943, 2. Aufl. 1947), „Albert Schweitzer und die Krise des Abendlandes“ (1947), „Gesichte der Zeit“ (Vorträge, 1947); nach seinem Tod erschienen „Die Söhne“ (1950) und „Geist und Gesinnung des Burgtheaters“ (1951).

W

Wolfram Richard · Wolfrath Anton · Wolfsgruber Coelestin · Wolkan Rudolf · Wollek Karl · Wollmann Franz · Wolmuet Bonifaz · Wolter Charlotte · Wopfner Hermann · Wörndle August · Wörndle Edmund · Wöss Fritz · Wöss Kurt · Wotruba Fritz

WOLFRAM, Richard, * 16. 9. 1901 in Wien, Volkskundler. Studierte in Wien und war 1959–71 Univ.-Prof. in Wien sowie Vorstand des Instituts für Volkskunde. Seine großen Verdienste erwarb er sich um die Erforschung des Volkstanzes und die wissenschaftliche Belebung der Volkskunde in Ö. Er arbeitete am Ö. Volkskundeatlas mit und veröffentlichte, abgesehen von rund 180 wissenschaftlichen Publikationen in Fachzeitschriften, u. a.: „Ernst Moritz von Arndt und Schweden" (1933), „Schwertertanz und Männerbund", 3 Bde. (1936/37), „Die deutschen Volkstänze" (1937), „Die Volkstänze in Ö. und verwandte Tänze in Europa" (1951).

Festgabe zum 60. Geburtstag von R. W. (mit Werkverzeichnis, 1961)

WOLFRATH, Anton (auch Wolfradt), * 9. 7. 1581 in Köln am Rhein, † 1. 4. 1639 in Wien, Zisterzienserpater, später Benediktiner. Studierte am Collegium Germanicum in Rom, trat jedoch vor Abschluß seiner Studien in Clairvaux in den Zisterzienserorden ein. Von dort entsandte man ihn in das Stift Heiligenkreuz (NÖ), dessen Abt W.s Fähigkeiten erkannte und ihn sofort wieder nach Rom schickte, damit er seine Studien am Germanicum abschließen konnte. Zum Priester geweiht, gelangte W. auf der Rückreise in das Zisterzienserstift Rein bei Graz, wo ihm der dortige Abt die Betreuung der Pfarre Gratwein übergab. Nachdem W. Kardinal Khlesl (s. d.) kennengelernt hatte, machte dieser Kaiser Matthias (s. d.) auf ihn aufmerksam, der ihm 1612 die Leitung des Stifts Wilhering bei Linz anvertraute, wo W. zum Abt gewählt wurde. 1614 wählten ihn die Benediktiner von Kremsmünster zu ihrem Abt, und W. trat mit Bewilligung des Papstes in diesen Orden über. Seine besondere Begabung in Wirtschafts- und Verwaltungsangelegenheiten blieben auch Kaiser Ferdinand II. (s. d.) nicht verborgen, der ihn 1623 zum Präsidenten der Hofkammer (dem heutigen Finanzminister vergleichbar) ernannte. Nach dem Tod Khlesls wurde er dessen Nachfolger als Bischof von Wien; die Weihe erfolgte am 2. 8. 1631. Am Tag zuvor hatte ihn der Kaiser in den Reichsfürstenstand erhoben; von diesem Zeitpunkt an (bis zum Jahr 1918) wurden alle Bischöfe von Wien mit dieser Würde ausgezeichnet. W. versuchte durch die intensive Förderung der Seelsorge seine reformatorische Tätigkeit fortzusetzen; er vertrat den Standpunkt einer kontinuierlichen, aber milden Gegenreformation. 1636 berief er die Schwarzspanier (eigentlich Benediktiner Unserer Lieben Frau von Montserrat in Spanien) sowie die Serviten nach Wien und setzte den Bau des Bischofshofs fort, dessen Vollendung W. ebensowenig erlebte wie seine Ernennung zum Kardinal, die ihm bereits zugedacht gewesen war. Ihm wird auch das in Wien bekannte Sprichwort „Wenn der Herrgott nicht will, nützt es gar nichts" zugeschrieben, ohne daß dies belegt werden könnte.

Hopf, A., und Maurer, J.: A. W. (1891); Wodka, J.: Kirche in Ö. (1959); Loidl, F.: Geschichte des Erzbistums Wien (1983); ders. und Krexner, M.: Wiens Bischöfe und Erzbischöfe (1983)

WOLFSGRUBER, Coelestin, * 14. 5. 1848 in Großalm-Neukirchen (OÖ), † 26. 11. 1924 in Wien, Benediktinermönch und Kirchenhistoriker. Trat in den Benediktinerorden ein, wurde 1873 zum Priester geweiht und war dann Hofprediger in Wien. 1903–19 Univ.-Prof. in Wien. Gemeinsam mit A. Hübl veröffentlichte er „Abteien und Klöster in Ö." (1898–1902) und verfaßte mehrere Biographien, u. a. über Kardinal Rauscher, Kardinal F. Schwarzenberg, Kaiser Franz I. und Sigismund Graf Hohenwart. 1909 erschien seine „Kirchengeschichte Ö.-Ungarns".

Loidl, F.: C. W. (1959)

WOLKAN, Rudolf, * 21. 7. 1860 in Prelautsch (Böhmen), † 16. 5. 1927 in Wien, Literarhistoriker. Studierte in Wien und war hier seit 1908 Univ.-Prof. Besondere Verdienste erwarb er sich durch die Herausgabe des „Briefwechsels des Eneas Silvius Piccolomini", 4 Bde. (1909–18), und der „Wiener Volkslieder aus fünf Jahrhunderten", 2 Bde. (1920–26). Außerdem veröffentlichte er aus seinem Fachgebiet u. a.: „Böhmens Anteil an der deutschen Literatur des 16. Jh.s", 2 Bde. (1890–94), „Die Lieder der Wiedertäufer" (1903), „Deutsche Dichtung im Böhmerwald" (1919), „Geschichte der deutschen Literatur in Böhmen und den Sudetenländern" (1925).

Karl Wollek: Mozartbrunnen in Wien 4 (1905)

WOLLEK, Karl, * 31. 10. 1863 in Brünn (Mähren), † 8. 9. 1936 in Wien, Bildhauer und Medailleur. Studierte an der Kunstgewerbeschule in Wien und an der Münchner Akademie. Danach war er als Architekturplastiker in Berlin beim Neubau des Reichstagsgebäudes tätig. Studienreisen führten ihn nach Italien und Frankreich. 1896 ließ er sich in Wien nieder, wo er sich 1906 in Hietzing ein Atelierhaus erbaute. W. war seit 1898 Mitglied des Künstlerhauses. Er schuf zahlreiche Bauplastiken, Brunnen, Denkmäler und Porträtbüsten sowie Grabdenkmäler und Medaillen und Plaketten. Von seinen Denkmälern sind das Kneipp-Denkmal im Wiener Stadtpark (1902), der Mozart-Brunnen (1905) und das Julius-Ofner-Denkmal (1930) am bekanntesten.

WOLLMANN, Franz, * 12. 2. 1871 in Kreisdorf (Böhmen), † 23. 9. 1961 in Wien, Sprachforscher und Pädagoge. Wurde nach seiner Lehrerausbildung 1919 Landesschulinspektor für NÖ nördlich der Donau, war 1922–33 beim Landesschulrat für Wien tätig und 1922–35 auch Inspektor für das tschechische Schulwesen in Wien. Außerdem war er Mitbegründer des „Bundes Ö. Rechtschreibreformer", dessen erster Präsident er auch war. Abgesehen von der Mitarbeit an Schulbüchern, veröffentlichte er u. a.: „Der deutsche Sprachunterricht nach Grundsätzen R. Hildebrands" (1902), „Das Volksschulwesen der Stadt Wien" (1924), „Die Lehrbefähigungsprüfung für Fremdsprachen" (1931), „Deutsche Sprachkunde auf sprachwissenschaftlicher Grundlage" (1935), „Deutsche Sprachlehre auf sprachgeschichtlicher Grundlage" (1935), „Der neusprachliche Unterricht" (1938), „Zur Methodik des Rechtschreibunterrichts" (1947).

WOLMUET, Bonifaz, * in Überlingen (Baden), † wahrscheinlich 1575 in Wien, Steinmetz und Architekt. Von seinem Leben ist wenig bekannt, jedenfalls arbeitete er nach 1522 am Dom von St. Stephan mit, zwischen 1530 und 1546 an den Befestigungsanlagen Wiens und am Ferdinandeischen Bau der Wiener Burg, besonders am südlichen Hofflügel des Schweizertrakts. 1543 hatte er das Bürgerrecht der Stadt Wien erworben und scheint 1547, damals auch Steinmetz-Zunftmeister, unter den „behausten Bürgern" auf. Zunächst dem Kartographen und Festungstechniker Augustin Hirschvogel (s. d.) zur Erstellung seines Rundplans der Stadt Wien aus dem Jahr 1547 beigegeben, schuf er im selben Jahr auch einen eigenen Plan. 1549 wurde er „Kgl. Maj. Paumeister" genannt und war von Jänner 1559 bis April 1570 als kaiserlicher Baumeister Urheber und Mitschöpfer aller damals in Prag entstandenen Burgbauten. 1575 wurde er in Wien zum letztenmal urkundlich genannt.

WOPFNER, Hermann, * 21. 5. 1876 in Innsbruck, † 10. 5. 1963 in Natters (T), Historiker und Volkskundler. Studierte in Innsbruck und war hier 1909–46 Univ.-Prof. Er erwarb sich besondere Verdienste um die Volkskunde in Tirol und veröffentlichte u. a.: „Beiträge zur Geschichte der freien bäuerlichen Erbleihe Deutschtirols im Mittelalter" (1903), „Die Lage Tirols zu Ausgang des Mittelalters" (1908), „Beiträge zur Geschichte der älteren Markgenossenschaft" (1912), „Das Tiroler Bauernhaus" (1923), „Deutsche Siedlungsarbeit in Südtirol" (1926), „Tirolische Volkskunde" (1932), „Bergbauernbuch" (1951).

Festschrift zu Ehren H. W. (1948)

WÖRNDLE, August, von Adelsfried, * 22. 6. 1829 in Wien, † 26. 4. 1902 in Wien, Historien- und Freskenmaler. Studierte an der Akademie der bildenden Künste in Wien als Schüler J. v. Führichs (s. d.), dessen Tochter er 1872 heiratete. Als Spätnazarener schuf er Altarbilder und Fresken, von denen die bedeutendsten in der Schloßkapelle von Ambras (T) und in Wörgl (T), im Salzburger Dom und in Wien in der Votivkirche sind.

WÖRNDLE, Edmund, von Adelsfried, * 28. 7. 1827 in Wien, † 3. 8. 1906 in Innsbruck, Landschaftsmaler und Radierer. War der ältere Bruder von August von W. (s. d.) und lebte seit 1859 in Innsbruck. Neben graphischen Serien und historischen Landschaften mit biblischer Staffage schuf er Wachstemperabilder im Sitzungssaal der Innsbrucker Sparkasse (1877) und in Südtirol einen Parzival-Zyklus (zum Teil als Gobelins) im Vincentinum in Brixen, die Fresken mit Andreas-Hofer-Szenen in der Herz-Jesu-Kapelle in St. Leonhard im Passeier und die Landschaften in der Wandelhalle des Kurhauses in Meran.

Fritz Wotruba: Dreifaltigkeitskirche in Wien-Mauer (Einweihung 1976)

CHARLOTTE WOLTER

Ein Schrei am Burgtheater

WOLTER, Charlotte, * 1. 3. 1834 in Köln am Rhein, † 14. 6. 1897 in Wien, Hofschauspielerin. In ärmlichen Verhältnissen aufgewachsen, schloß sie sich mit 16 Jahren einer Wanderbühne an, kam bald danach nach Wien, wo sie Schauspielunterricht nahm und 1857 als Jane Eyre in „Die Waise von Lowood" in Budapest debütierte. Dann trat sie in kleinen Rollen an Nestroys (s. d.) Carltheater auf, wo Heinrich Laube (s. d.) sie entdeckte und vorerst nach Brünn schickte, damit sie dort ins tragische Fach hineinwachsen könne. Das Publikum war sofort von ihrer leidenschaftlichen Darstellungsweise begeistert. 1861 am Viktoria-Theater in Berlin, wurde sie über Nacht zur Berühmtheit und 1862 von Laube ans Burgtheater geholt. Mit ihrer Antrittsrolle als Iphigenie begann ein Siegeszug ohnegleichen. 35 Jahre hindurch spielte sie alle Heroinenrollen am Burgtheater. Zu ihren besten Rollen zählten neben der Iphigenie die Maria Stuart, Lady Macbeth, Adelheid im „Götz" und Messalina (von Hans Makart auch gemalt). Ihre elementar-leidenschaftliche Gestaltung – berühmt waren ihre Todesdarstellungen – machte sie zu einem Bühnenphänomen. Der „Wolterschrei" ging in die Theatergeschichte ein. Als berühmteste Tragödin des 19. Jh.s im deutschen Sprachraum ist ihre Leistung eng mit der Blütezeit des Wiener Burgtheaters verbunden. 1876 überreichte ihr Franz Joseph I. das Goldene Verdienstkreuz mit der Krone.

Ehrenfeld, M.: Ch. W., eine Künstlerlaufbahn (1887); Hirschfeld, L.: Ch. W. (1897); Niederle, B.: Ch. W. (1948)

Charlotte Wolter als Messalina. Gemälde von Hans Makart (1876)

WÖSS, Fritz (eigtl. Friedrich Weiß), * 19. 2. 1920 in Wien, Beamter und Schriftsteller. Wurde bekannt durch seine Kriegsromane, u. a.: „Hunde, wollt ihr ewig leben?" (1956), „Der Fisch beginnt am Kopf zu stinken" (1960), „Die Deutschen an die Front!" (1964).

WÖSS, Kurt, * 2. 5. 1914 in Linz, Dirigent. Studierte in Wien und war 1948–51 Chefdirigent des Nö. Tonkünstlerorchesters. 1951–54 Chefdirigent des NHK Symphony Orchestra Tokyo und 1956–60 des Symphony Orchestra Melbourne. 1961–68 Opernchef in Linz, 1968–74 Chefdirigent des Bruckner-Orchesters in Linz. Veröffentlichte „Ratschläge zur Aufführungspraxis der Symphonien Anton Bruckners".

WOTRUBA, Fritz, * 23. 4. 1907 in Wien, † 28. 8. 1975 in Wien, Bildhauer. Begann als Graveur und war dann 1925/26 Schüler von Anton Hanak (s. d.) an der

Wiener Kunstgewerbeschule, ab 1927 Mitglied der Wiener Secession, von 1929 an freischaffender Künstler. 1938 emigrierte er in die Schweiz. Nach seiner Rückkehr nach Ö. war er ab 1945 Prof. an der Akademie der bildenden Künste in Wien sowie Mitglied des Kunstsenats. W. fand von etwas gemäßigten naturalistischen Anfängen über eine archaisierende Phase nach 1945 zu seinem charakteristischen, blockartigen Stil und übte durch seine Lehrtätigkeit einen nachhaltigen Einfluß auf eine ganze Bildhauergeneration aus. Die Fertigstellung der nach seinem Entwurf erbauten Kirche zur Hl. Dreifaltigkeit auf dem Georgenberg in Wien-Mauer (auch W.-Kirche genannt) erlebte er nicht mehr (Einweihung am 24. 10. 1976). Seine Werke, Figuren, Gruppen und Reliefwände befinden sich in vielen öffentlichen Gebäuden des In- und Auslands. Daneben wirkte W. auch als Bühnenbildner und übertrug dabei seinen ganz spezifischen Stil von kubischen Blocksegmenten auf die Szene. W. wurde vielfach geehrt, u. a. erhielt er 1947 den Preis der Stadt Wien, 1956 den Großen Staatspreis und 1958 den Grand Prix der Weltausstellung in Brüssel.

Canetti, E.: F. W. (1955); F. W. in der Reihe „Die Plastik des 20. Jh.s" (1961); Breicha, O.: Um W. Schriften zum Werk (1967)

WRATISLAW, Johann Wenzel Graf (seit 1701), * 25. 1. 1669 in Prag, † 21. 12. 1712 in Wien, Diplomat. W. studierte an der Prager Universität Rechtswissenschaft, promovierte 1690, trat 1693 als Appellationsrat in Prag in den ö. Staatsdienst und wurde 1695 in die Hofkanzlei versetzt. 1700 war er Gesandter in England, bewährte sich bei Abschluß der Allianz von 1701 zwischen Ö. und den Seemächten und begleitete König Karl III. von Spanien (den späteren Kaiser Karl VI. [s. d.]) auf dessen Reisen durch Spanien und England. 1704 wurde W. oberster Landrichter in Böhmen; ab 1705 war er Kanzler von Böhmen und in wichtigen diplomatischen Missionen tätig, so auch bei den Verhandlungen, die zum Frieden von Szatmár (1711) führten. Außerdem setzte er sich für die Rückkehr Karls in die Erblande ein, harmonierte mit diesem aber nicht immer.

Redlich, O.: Das Werden einer Großmacht. Ö. 1700–1740 (1962); Broucek, P., Hillbrand, E., und Vesely, F.: Prinz Eugen, Feldzüge und Heerwesen (1986)

WÜHRER, Friedrich, * 29. 6. 1900 in Wien, † 29. 12. 1975 in Mannheim, Pianist. Studierte an der Wiener Musikakademie und leitete dort schon ab 1922 (bis 1932) Klavierklassen. 1934–36 an der Musikhochschule in Mannheim, 1936–39 an der Nordmarkschule Kiel, 1939–45 wieder in Wien, 1948–51 am Mozarteum in Salzburg, 1952–57 an der Musikhochschule in Mannheim, 1955–68 auch an der Münchner Musikhochschule. Gab die Klavierwerke von Franz Schmidt (s. d.), Frédéric Chopin und einiger alter Meister heraus. In seinem Repertoire als Solist bevorzugte er Werke der Romantik und der Moderne. 1966 veröffentlichte er „Meisterwerke der Klaviermusik".

WULFEN, Franz Xaver Freiherr von, * 5. 11. 1728 in Belgrad (Serbien), † 16. 3. 1805 in Klagenfurt, Alpenforscher, Botaniker, Mineraloge und katholischer Geistlicher. W. unternahm zahlreiche Forschungsreisen, insbesondere ins Alpengebiet. Zahlreiche von ihm entdeckte oder bestimmte Pflanzen tragen seinen Namen. Auch das von ihm entdeckte Gelbbleierz trägt den Namen „Wulfenit". Sein Hauptwerk, „Flora Norica phanerogama", wurde erst 1858 herausgegeben. Weitere Veröffentlichungen: „Abhandlung vom Kärntner Bleispate" (1785), „Plantae rariores descriptae" (1803) und „Cryptogama aquatica" (1803).

WÜLLERSTORF-URBAIR, Bernhard Freiherr von, * 29. 1. 1816 in Triest, † 10. 8. 1883 in Klobenstein bei Bozen (Südtirol), Marineoffizier. W.-U. trat 1833 in die ö. Marine ein und studierte ab 1837 in Wien Astronomie. 1839 ernannte man ihn zum Direktor der Marinesternwarte und zum Prof. an der Marineakademie in Venedig, deren Reorganisation er später als Direktor betrieb. 1851 wurde er Präsidialreferent des Marinekommandos, im Anschluß daran Kommodore und Befehlshaber der Weltumsegelung der Fregatte „Novara" (1857), nach deren Rückkehr 1859 er auch die Veröffentlichung der Reiseberichte leitete.

Bernhard Freiherr von Wüllerstorf-Urbair

1860 war W.-U. Festungskommandant und Hafenadmiral von Pola, 1863 Hafenadmiral von Venedig, 1864 Oberbefehlshaber eines Geschwaders in der Nordsee, das den Dänen die Westseeinseln entriß. 1865–67 Handelsminister, wurde W.-U. nach seinem Rücktritt Mitglied des Herrenhauses auf Lebenszeit und lebte ab 1869 in Graz. Er veröffentlichte mehrere Werke, u. a.: „Über das Verhalten und die Verteilung der Winde auf der Oberfläche der Erde" (1860), „Über die Wichtigkeit des Adriatischen Meeres für Ö." (1861), „Bemerkungen über die physikalischen Verhältnisse des Adriatischen Meeres" (1863), „Zur wissenschaftlichen Verwertung des Aneroids" (1871). Seine Witwe gab 1889 „Vermischte Schriften von B. von W." heraus.

Wallisch, F.: Sein Schiff hieß Novara. Bernhard von W. – Admiral und Minister (1966)

WULTINGER, Stephan, * um 1476, † vor 1520, Baumeister. Von ihm ist kaum etwas bekannt, er war wahrscheinlich obersteirischer oder niederbayerischer Herkunft. Von etwa 1476 bis um 1517 in OÖ und St. tätig, ist er 1516 im Admonter Hüttenbuch als „von Vöcklamarkt" eingetragen. Er baute überwiegend zweischiffige gotische Kirchen mit einer auffallend abwechslungsreichen Freipfeilergestaltung, so die oö. Pfarrkirchen von St. Georgen im Attergau (1496), Zell am Pettenfirst (um 1496), Vöcklamarkt (1512/13), Weißenkirchen im Attergau (1513/14); außerdem werden ihm noch die Kirchen in Vöcklabruck, Schörfling, Gampern und Frankenmarkt zugeschrieben.

WUNSCH, Ferry, * 27. 1. 1901 in Wien, † 3. 7. 1963 in Wien, Komponist, Kapellmeister und Pianist. War ein ausgezeichneter Pianist und Unterhaltungskapellmeister; schrieb etwa 150 Wienerlieder, von denen viele sehr bekannt wurden, u. a.: „Heut' kommen d' Engerln auf Urlaub nach Wean", „Mitten in Wien steht der Stephansturm drin", „Wia d' Weana Leut' san" und „Ewiges Wien".

WÜNSCH, Josef, * 30. 5. 1843 in Prag, † 19. 5. 1916 in Wien, Industrieller. Trat nach dem Gymnasium in das Großhandlungshaus seines Großvaters Anton Pietschmann in Prag ein und kam 1875 in die Brauerei seines Schwiegervaters C. W. Schwarz nach Wien-Währing, der er als Gesellschafter bis zum Verkauf des Unternehmens 1906 angehörte. W. war Präsident des Zentralverbands der Brauerei-Industriellen und Vizepräsident des Ö. Brauerbunds sowie 1879–90 Gemeinderat des Vororts Währing und 1891–95 Gemeinderat von Wien. Er hatte eine wertvolle Sammlung von Holzschnitten, Viennensia und Medaillen zusammengetragen. Ab 1910 veröffentlichte er wertvolle Arbeiten über seine Forschungsergebnisse.

WÜRFEL, Paul d. Ä., * um 1365 in Wien, † um 1437 in Wien, Kaufmann. W. entstammte einer weitverzweigten, begüterten Wiener Bürgerfamilie, die immer wieder hohe Ämter bekleidet hatte. Er war 1391–93 Stadtrichter, 1396 Münzanwalt, 1397, 1402 und 1405 Bürgermeister von Wien, seit 1398 oberster Amtmann von Herzog Wilhelm (s. d.), ab 1401 mehrmals Ratsherr und 1409–12 Münzmeister. W. war der erste Bürgermeister, der aufgrund des neuen Ratswahlprivilegs von 1396 nicht vom Inneren Rat und sogenannten „Genanntenkolleg", sondern von der gesamten Bürgerschaft der Stadt gewählt wurde. Sein Todesjahr ist nicht eindeutig feststellbar, da er 1436 noch erwähnt, 1438 jedoch als verstorben genannt wird.

Sailer, L.: Die Wiener Ratsbürger des 14. Jh.s (1931); Czeike, F.: Wien und seine Bürgermeister (1974)

WURMSER, Dagobert Siegmund Graf, * 7. 5. 1724 in Straßburg (Elsaß), † 22. 8. 1797 in Wien, Heerführer. Diente ab 1741 in der französischen Armee, trat 1762 in ö. Dienste und wurde 1763 Generalmajor. Später zum Feldmarschalleutnant ernannt, war er im Bayerischen Erbfolgekrieg Korpskommandant und zeichnete sich besonders am 18. 1. 1779 bei Habelschwerdt aus, als er mit seinem vorgeschobenen Korps die Preußen überfiel und zahlreiche Gefangene machte. 1779 Kommandierender General in Galizien, wurde W. 1787 General der Kavallerie. Im Ersten Koalitionskrieg hatte er am Oberrhein den Oberbefehl inne. Er kämpfte erfolgreich gegen die Franzosen, vereitelte deren Entsatzversuche von Mainz und eroberte am 13. 10. 1793 die Weißenburger Linien. Ende Dezember mußte W. mit seinem geschwächten Heer über den Rhein zurückgehen und wurde im Jänner 1794 abberufen. Im August 1795 übernahm er erneut den Oberbefehl am Oberrhein, schlug die Franzosen am 18. 10. vor Mannheim und eroberte diese Festung am 22. 11. 1795. Im Juni 1796 wurde W. zum Feldmarschall ernannt, erhielt den Oberbefehl über das ö. Heer in Italien und rückte erfolgreich zum Entsatz von Mantua vor. Nach den unglücklich verlaufenden Gefechten von Castiglione, Rovereto und Bassano, in denen W. sich dem militärischen Genie Napoleons nicht gewachsen zeigte, mußte er sich mit den Resten seiner Truppen in die Festung Mantua zurückziehen (13. 9. 1796), die nun von neuem durch die Franzosen belagert wurde. Trotz hervorragender Verteidigungmaßnahmen zwang ihn der Mangel an Lebensmitteln und Arzneien zur Kapitulation am 2. 2. 1797, worauf Napoleon ihm einen ehrenvollen Abzug gestattete. Das ihm anschließend übertragene Generalkommando in Ungarn konnte W. nicht mehr antreten.

Vivenot, A. v.: Thugut, Clerfayt und W. (1869)

WURZBACH von Tannenberg, Alfred, * 22. 7. 1846 in Lemberg (Galizien), † 18. 5. 1915 in Wien, Beamter und Kunsthistoriker. Als Sohn von Constant W. v. T. (s. d.) geboren, wurde er zunächst Beamter, entwickelte sich aber dann zu einem hervorragenden Kunsthistoriker und Schriftsteller. Schon 1870/71 machte er durch die Herausgabe seiner biographischen Skizzen „Zeitgenossen" (12 Hefte) auf sich aufmerksam. W. veröffentlichte noch u. a.: „Martin Schongauer" (1880), „Geschichte der holländischen Malerei" (1885), „Niederländisches Künstler-Lexikon", 3 Bde. (1904–11, Neudruck 1963).

WURZBACH, Constant, Ritter von Tannenberg (seit 1874), * 11. 4. 1818 in Laibach (Krain), † 17. 8. 1893 in Berchtesgaden (Bayern), Bibliothekar und Lexikograph. W. studierte in Graz Rechtswissenschaft, trat aber vor dem Studienabschluß in ein Infanterieregiment ein, wo er es bis zum Offizier brachte. 1843 promovierte er zum Dr. phil. und trat 1844 aus der Armee aus, um eine Anstellung als Skriptor an der Lemberger Universitätsbibliothek anzunehmen. 1849 wurde W. Vorstand der Administrativen Bibliothek des Innenministeriums in Wien, dann Ministerialsekretär im Staatsministerium. Nach seiner Erhebung in den Ritterstand ging er in Pension und lebte bis zu seinem Tod in Berchtesgaden. Sein Lebenswerk, „Das Biographische Lexikon des Kaisertums Ö.", 60 Bde., erschien 1856–91. Weitere Veröffentlichungen u. a.: „Die Volkslieder der Polen und Ruthenen" (1846), „Publizistische und parlamentarische Studien" (1848), „Die Sprichwörter der Polen" (1852), „Bibliographisch-statistische Übersicht der Literatur des ö. Kaiserstaates" (1853, 1855 und 1857), „Das Schillerbuch" (1859), „Historische Wörter, Sprichwörter und Redensarten" (1862), „Joseph Haydn und sein Bruder Michael" (1862), „Glimpf und Schimpf in Spruch und Wort" (1864), „Mozartbuch" (1868), „Franz Grillparzer" (1871), „Zur Salzburger Biographik" (1872), „Ein Madonnenmaler unserer Zeit: E. Steinle" (1879). Unter dem Pseud. W. Constant verfaßte W. außerdem einige lyrische und epische Werke, u. a.: „Mosaik" (1841), „Parallelen" (1849), „Gemmen" (1855), „Cameen" (1856), „Cyklamen" (1873) sowie „Aus dem Psalter eines Poeten" (1874).

WURZBACH von Tannenberg, Wolfgang, * 3. 6. 1879 in Wien, † 10. 2. 1957 in Wien, Romanist und Literarhistoriker. Sohn von Alfred W. v. T. (s. d.), studierte in Wien und war hier 1922–49 Univ.-Prof. für Romanistik. Besondere Verdienste erwarb er sich als Autographensammler und als Übersetzer aus dem Spanischen, vor allem der Werke von Cervantes und Calderon, sowie als Herausgeber der Werke von Gottfried August Bürger und Johann Gabriel Seidl. Von seinen Werken seien u. a. genannt: „Geschichte des französischen Romans" (1912), „Aus den Erinnerungen eines Sammlers" (1953), „Katalog meiner Autographen-Sammlung" (1954).

WUTTE, Martin, * 15. 12. 1876 in Obermühlbach (K), † 30. 1. 1948 in Klagenfurt, Historiker. W. wurde nach seiner Lehrerausbildung Gymnasialprof. in Klagenfurt und Direktor des Kärntner Landesarchivs. Abgesehen von der Mitarbeit am „Kärntner Heimatatlas" sowie am Teil „Kärnten" des „Historischen Atlasses der ö. Alpenländer" veröffentlichte er u. a.: „Deutsche und Slowenen in Kärnten" (1918), „Der Kärntner Freiheitskampf" (1922), „Landeskunde von Kärnten" (1923, mit V. Paschinger und F. Lex), „Der Kampf um Südkärnten" (1925), „Die Lage der Minderheiten in Kärnten und in Slowenien" (1926, mit O. Lobmeyr).

ZACH, Andreas, * 1737, † 16. 2. 1797 in Wien, Baumeister. War einer der ersten frühklassizistischen Baumeister in Ö., gestaltete ältere Bauten um oder stattete Innenräume neu aus, so u. a. die Festsäle des Starhemberg-Palais in Wien (heute Bundesministerium für Unterricht, Kunst und Sport). Außerdem baute er in Wien Wohnhäuser, u. a. Freyung 7 („Schubladkastenhaus"), sowie die Schottenfelder Kirche (1784–86). In NÖ führte er den Umbau des alten Schlosses in Waidhofen an der Thaya (um 1770) durch und errichtete u. a. die Pfarrkirche in Hoheneich (1776–78). Außerdem geht ein Teil des Neubaus der Residenz in Salzburg (1788) auf ihn zurück.

ZACH, Anton Freiherr von (seit 1801), * 14. 6. 1747 in Pest (Budapest), † 22. 11. 1826 in Graz, Berufsoffizier und Kartograph. Er trat 1760 in die Ingenieurakademie in Wien ein und wurde 1769 Offizier. In den Kriegen gegen Preußen mehrfach bewährt und dekoriert, wurde er 1783 Hauptmann, 1792 Major und zeichnete sich auch in den Feldzügen gegen Frankreich aus. 1798 Generalquartiermeister, wurde ihm die kartographische Aufnahme der neu erworbenen venezianischen Provinzen übertragen. Er führte sie mit jener trigonometrisch-astronomischen Methode durch, die er schon 1777 anzuwenden empfohlen hatte. Z. hatte auch die Repetitionskreise erfunden, die ein Vorläufer der Theodoliten (optisch-mechanisches Instrument für Winkelmessungen) waren. Auch in den nachfolgenden Feldzügen zeichnete er sich immer wieder aus, wurde 1805 Feldmarschalleutnant, 1806 Gouverneur von Triest und führte als Bevollmächtigter nach dem Frieden von Schönbrunn 1809 die Grenzberichtigung des an Frankreich abgetretenen Illyriens durch. 1813 Kommandant von Olmütz, 1825 Feldzeugmeister. Abgesehen von seinen Leistungen als Kartograph, veröffentlichte er auch militärwissenschaftliche Werke, u. a.: „Vorlesungen über Feldbefestigung, Verteidigung und Angriff, mit gestochenen Plänen" (1783, 3. Aufl. 1810), „Elemente der Manövrierkunst", 2 Teile (1812–14).

ZACHERL, Michael, * 1. 9. 1905 in Wien, Chemiker. Studierte in Wien, 1930–38 Assistent am medizinisch-chemischen Institut der Universität Graz, 1938–45 Chemiker bei IG Farben, 1946–75 Univ.-Prof. für medizinische Chemie an der Tierärztlichen Hochschule, 1959–62 auch Rektor. Seine besonderen Leistungen erbrachte er auf den Gebieten der organischen Mikroanalyse, der medizinischen Chemie und der Gerichtschemie. Neben zahlreichen wissenschaftlichen Publikationen war Z. auch Mitherausgeber des „Handbuchs der mikrochemischen Methoden" (1954).

ZACK, Viktor, * 13. 4. 1854 in Vordernberg (St), † 26. 1. 1939 in Graz, Lehrer und Volksliedforscher. Neben seiner Tätigkeit als Lehrer legte er eine Volksliedsammlung an und wurde schließlich zum bedeutendsten Volksliedforscher der Steiermark. Er verfaßte auch einige heute kaum noch gespielte Volksstücke und gab mehrere Liederbücher heraus, u. a.: „Steirisches Liederbuch für Volksschulen" (1917), „Alte Krippen- und Hirtenlieder" (1918), „Alpenlieder aus Deutsch-Ö." (1919), „Das Steyrer Kripperl" (mit V. Geramb 1919), „Volkslieder und Jodler aus dem obersteirischen Murgebiet" (1927).

ZADEK, Hilde, * 15. 12. 1917 in Bromberg (Polen), Kammersängerin, Sopranistin. Studierte in Jerusalem und Zürich und debütierte 1947 als Aida an der Wiener Staatsoper, wo sie bis 1971 Mitglied blieb. Seit 1964 ist sie in Wien als Gesangspädagogin tätig. Abgesehen von ihren Erfolgen in Wien, war sie auch auf mehreren Gastspielen erfolgreich, so u. a. bei den Salzburger und den Edinburger

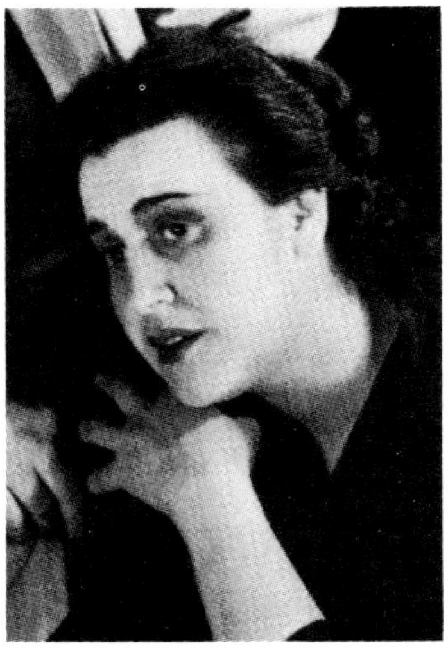

Hilde Zadek als Magda in Gian-Carlo Menottis „Der Konsul"

Festspielen, an der Mailänder Scala, der Covent Garden Opera in London, der Metropolitan Opera in New York sowie in Brüssel, Paris, Buenos Aires, Rom, München, Lissabon und in Holland.

ZAHLBRUCKNER, Johann, * 15. 2. 1782 in Wien, † 2. 4. 1851 in Graz, Botaniker. Der Sohn eines Gastwirts studierte in Wien Naturwissenschaft, lernte 1805 Erzherzog Johann (s. d.) kennen und trat 1808 als Privatsekretär in dessen Dienste. 1810 übernahm er die Leitung von Ökonomie und Verwaltung der erzherzoglichen Herrschaft Thernberg (NÖ) und führte diese erfolgreich bis 1818. Von da an war er der ständige Begleiter des Erzherzogs und erforschte während mehrerer Reisen die Alpenflora. Nach ihm sind einige Pflanzen benannt. Z. war auch Leiter der k. k. Landwirtschafts-Gesellschaft, eine Neugründung, die sich erfolgreich der Probleme der ö. Landwirtschaft annahm.

ZAHN, Joseph von, * 22. 10. 1831 in Großenzersdorf (NÖ), † 9. 8. 1916 in Baden-Baden, Historiker. Studierte in Graz und wurde zu einem bedeutenden Landeshistoriker der Steiermark. 1861 Vorstand des Joanneum-Archivs, gründete er das steiermärkische Landesarchiv und wurde dessen erster und langjähriger Leiter. Seine wichtigsten Veröffentlichungen sind „Urkundenbuch des Herzogtums Steiermark", 3 Bde. (1875–1903), „Ortsnamenbuch der Steiermark im Mittelalter" (1893), „Styriaca", 3 Bde. (1894–1905); gab 1880–85 die „Steiermärkischen Geschichtsblätter" heraus.

ZAHRADDNIK, Carl, * 17. 11. 1909 in Wien, † 10. 12. 1982 in Wien, Maler und Graphiker. Arbeitete nach der Matura in einem Architekturbüro, begann 1928 zu malen und stellte 1931 erstmals aus. 1937 Mitglied der von Otto Basil (s. d.) gegründeten Kulturzeitschrift „Pan". Er emigrierte 1938 über Dänemark nach Frankreich, wo er im Widerstand tätig wurde. Im Herbst 1945 kehrte er nach Wien zurück und war hier als Maler und Graphiker tätig.

C. Z. Ausstellungskatalog Wien (1974)

ŽAK, Franz, * 30. 6. 1917 in Niederedlitz (NÖ), Bischof. Wurde bald nach seiner Priesterweihe 1947 Vize-Offizial und Bistumssekretär in St. Pölten, 1956 Bischof-Koadjutor und 1961 Bischof von St. Pölten. War um den Wiederaufbau der Diözese St. Pölten sehr bemüht und erwarb sich auch große Verdienste um den Priesternachwuchs. 1955 veröffentlichte er „Dignitäten und Kapitel in den ehemaligen Kollegiatstiften der Diözese St. Pölten".

ZAMPIS, Anton, * 28. 2. 1820 in Wien, † 22. 12. 1883 in Wien, Zeichner und Lithograph. Künstlerisch war Z. Autodidakt, trat 1841 in den Dienst der Allgemeinen Hofkammer ein, mußte aber krankheitshalber 1857 in Pension gehen. Obwohl er schon einige Zeit hindurch humorvoll-satirische Szenen und Charakterfiguren aus dem Volksleben des Wiener Vormärz geschaffen hatte, wurde er erst durch seine „Erinnerungsbilder aus Wiens October-Tagen" (1848) in weiten Kreisen bekannt. Danach war er ein vielbeschäftigter Zeichner, der auch mehrere Bücher illustriert hat, so die „Satirische Chronik von Wien", 16 Bde., sowie Eduard von Bauernfelds (s. d.) „Wiener Einfälle und Ausfälle" (1854–77). Die kulturhistorische Treue seiner Zeichnungen macht sie zu wichtigen Bildquellen der Geschichte Wiens.

ZAND, Herbert, * 14. 11. 1923 in Knoppen bei Bad Aussee (St), † 14. 7. 1970 in Wien, Schriftsteller. Wurde 1953 durch seinen Roman „Letzte Ausfahrt" bekannt. 1952 erhielt er den Förderungspreis zum Ö. Staatspreis und 1957 den Preis der Stadt Wien sowie den Rosegger-Preis. Wichtigste Werke: „Die Sonnenstadt" (1947), „Die Glaskugel" (Gedichte, 1952), „Der Weg nach Hassi el Emel" (1956), „Erben des Feuers" (1961) sowie mehrere Übersetzungen aus dem Englischen und Französischen; 1971–73 gab Wolfgang Kraus „Gesammelte Werke", 5 Bde., heraus.

ZANG, August, * 2. 8. 1807 in Wien, † 4. 3. 1888 in Wien, Journalist und Geschäftsmann. Trat, ohne das Gymnasium abzuschließen, 1823 in das Pionierkorps ein und wurde 1832 Leutnant, 1836 nahm er seinen Abschied, da das von ihm erfundene Perkussionsgewehr zwar versuchsweise in der Armee eingesetzt, jedoch vom billigeren Zündstiftgewehr verdrängt worden war. Z. ging nach Paris und führte dort das recht schmackhafte Wiener Gebäck als „pain Viennois" ein. Der völlig Branchenunkundige ließ es maschinell herstellen und hatte bald bedeutenden Erfolg damit. Hier lernte er auch Emile de Girardin kennen, der 1836 die Tageszeitung „La Presse" gegründet hatte. Nach dem Sturz Metternichs im März 1848 und nach Aufhebung der Zensur in Ö. verkaufte Z. sein Pariser Unternehmen und kehrte nach Wien zurück. Er trat dem „Klub der Volksfreunde" bei und gründete die „Kleine Reichstagszeitung zur Belehrung des Volkes", die allerdings nur von 16.–20. 6. 1848 erschien. Nachdem er Leopold Landsteiner, den er in Paris als Korrespondenten deutschsprachiger Zeitungen kennengelernt hatte, für seine Ideen gewinnen konnte, gründete er mit diesem als verantwortlichem Redakteur die Tageszeitung „Die Presse", die erstmals am 3. 7. 1848 im epochemachenden Großformat erschien. Sie leitete das Zeitalter des modernen Journalismus in Ö. ein und wurde rasch zum bedeutendsten Presseorgan der Monarchie. Am 8. 12. 1848 wurde die Zeitung in Wien verboten, worauf sie Z. für kurze Zeit in Brünn weitererscheinen ließ. Streitigkeiten in der Leitung veranlaßten die besten Redakteure, Max Friedländer und Michael Etienne, auszuscheiden und eine eigene Zeitung zu gründen. Ab September 1864 erschien deren „Neue Freie Presse". Z. verkaufte 1867 seine Zeitung und gründete die „Vereinsbank" in Wien, an deren Spitze er bis 1872 tätig war. 1861 war Z. in den nö. Landtag und in den Wiener Gemeinderat gewählt worden, wo er für die Errichtung einer Zentralmarkthalle nach Pariser Muster eintrat und sich auch um die Wasserversorgung kümmerte. Wegen Meinungsverschiedenheiten in dieser Angelegenheit schied Z. 1863 aus dem Gemeinderat aus.

August Zang

Wandruszka, A.: Geschichte einer Zeitung (1958); Granichstaedten-Cerva, R., Mentschl, J., und Otruba, G.: Altö. Unternehmer (1969); Endler, F.: Ö. zwischen den Zeilen (1973)

ZANGERLE, Hans (Pseud. Hans von der Trisanna), * 1. 6. 1874 in See (T), † 4. 5. 1945 in Reutte (T), Lehrer und Volkskundler. Wurde Volksschullehrer und schließlich Volksschuldirektor. Er beschäftigte sich intensiv mit Volkskunde und veröffentlichte auf diesem Gebiet mehrere wertvolle Werke, u. a.: „Charaktergestalten aus der süddeutschen Bauernwelt" (1914), „Sagen rings um den Arlberg (1925), „Mir san die Kaiserjager" (1928), „Die alten Volkstänze in Tirol" (1935) und „Brauchtum in Tirol" (1935).

ZÄNGERLE, Roman Sebastian, * 20. 1. 1771 in Oberkirchberg bei Ulm (Schwaben), † 27. 4. 1848 in Graz, Benediktinermönch und Theologe. Trat in den Benediktinerorden ein und wurde 1795 zum Priester geweiht. Ab 1803 Univ.-Prof. in Salzburg, dann in Brünn, in Prag und 1813–24 in Wien. 1824 wurde Z. Fürstbischof der Diözese Seckau und Administrator von Leoben und als solcher zum „Reformator" dieser wichtigen ö. Kirchenprovinz.

Sentzer, B.: R. S. Z. (1901); Wintersberger, G.: R. S. Z. (1938)

ZANGL, Joseph Gregor, * 12. 3. 1821 in Stainach (T), † 6. 3. 1897 in Brixen (Südtirol), katholischer Geistlicher und Kirchenkomponist. Wurde 1845 zum Priester geweiht und war neben seiner seelsorglichen Tätigkeit ein begeisterter Musiker, zuletzt Domorganist in Brixen. 1856 gründete er einen Cäcilienverein, der zum Vorläufer des Allgemeinen Deutschen Cäcilien-Vereins wurde. Z. komponierte mehrere Messen, Orgelstücke sowie Chormusik und Lieder.

ZANUSI, Jakob (auch Jacopo Zanussi), † um 1755 vielleicht in Salzburg, Maler. Seine Herkunft ist weitgehend unbekannt, möglicherweise stammte er aus dem Trentino oder aus Südtirol. 1705 ist er in Salzburg als erzbischöflicher Hofmaler nachweisbar. Z. schuf eine Vielzahl von Altarbildern, die von der venezianischen Malerei beeinflußt scheinen, u. a. in der Kajetanerkirche und der Gabrielkapelle auf dem Sebastiansfriedhof in Salzburg und im Land Salzburg in den Pfarrkirchen Gnigl, Wagrain, St. Margarethen, St. Martin bei Lofer, Großgmain, der Kapuzinerkirche in Werfen und der Stiftskirche Mattsee; in Tirol: in Schwaz, Rattenberg am Inn und St. Johann; in OÖ: in Mondsee und in St. Wolfgang sowie in Gmünd (K).

ZAPLETAL, Joseph (Pseud. Stephan Moser), * 2. 1. 1839 in Trofaiach (St), † 3. 12. 1897 in Graz, katholischer Geistlicher und Journalist. Wurde 1863 zum Priester geweiht und durch seine Tätigkeit im Rahmen des katholischen Pressewesens „Apostel der katholischen Presse in der Steiermark" genannt. Er gab lange Zeit die Jahresgaben des Katholischen Pressvereins der Steiermark heraus und war Chefredakteur des „Grazer Volksblatts". Als Schriftsteller verfaßte er neben kirchengeschichtlichen Studien und biographischen Schriften, darunter das „Ehrenbuch der steirischen Priester" (1891–96), eine Vielzahl von Volkserzählungen und war ein hervorragender Schilderer vor allem des obersteirischen Volkslebens.

ZAPPERT, Bruno, * 28. 1. 1845 in Wien, † 31. 1. 1892 in Wien, Lokalschriftsteller. Er schrieb eine Vielzahl von Possen und Volksstücken, von denen zu seiner Zeit mehrere erstaunliche Serienerfolge erzielten. War viele Jahre Dramaturg am Wiener Carltheater. Erwähnenswerte Werke sind u. a.: „Ein Hochgeborener" (1877), „Ein Böhm in Amerika" (1880), „Pamperls Abenteuer" (1883), „Johann Nestroy" (1888).

ZARIBNICKY, Franz, * 28. 11. 1883 in Wien, † 6. 6. 1967 in Wien, Veterinärmediziner. Studierte an der Tierärztlichen Hochschule in Wien, wo er bis 1953 als Prof. lehrte. Ab 1920 Vorstand der Lehrkanzel für Milchhygiene und Lebensmittelkunde, 1935–37 Rektor. Als anerkannter Experte seines Fachs erwarb er sich Verdienste um das Zustandekommen und die Herausgabe des „Ö. Lebensmittelbuches".

ZASCHE, Theodor (Theo), * 18. 10. 1862 in Wien, † 15. 11. 1922 in Wien, Maler und Karikaturist. Studierte an der Kunstgewerbeschule in Wien und übernahm nach dem Tod seines Vaters (1881) dessen Werkstätte für Porzellanmalerei. Trotz seiner Jugend widmete er sich mit Erfolg der Weiterführung und Weiterentwicklung des übernommenen Unternehmens, vor allem auf dem Gebiet der Fayence- und Emailarbeiten. Nebenher zeichnete er regelmäßig für den „Floh" und das „Wiener Witzblatt" sowie für die Berliner „Lustigen Blätter", ab 1910 auch für die Münchner „Fliegenden Blätter" und ab 1920 für die „Wiener Luft". In seinen Karikaturen kommt Z.s Talent für die politische Satire deutlich zum Ausdruck. Er war auch ein hervorragender Kenner des Wiener Lebens und der Wiener Gesellschaft; in seinen Feder- oder Tuschezeichnungen gelang es ihm mit wenigen Strichen eine Porträttreue zu erzielen, die von einem liebenswürdigen Humor begleitet war.

ZAUNER, Franz Anton, Edler von Felpatan (seit 1807), * 5. 7. 1746 in Unterfelpatan (damals Untervalpatann, T), † 3. 3. 1822 in Wien, Bildhauer. War der Sohn armer Bauersleute und wurde ab 1756 beim Bildhauer Joseph Deutschmann, einem Bruder seiner Mutter, in Passau handwerklich ausgebildet. 1766 kam er nach Wien, wo er bei dem Raphael-Donner-Schüler Jakob Schletterer arbeitete. 1775 schuf er im Auftrag des Fürsten Kaunitz (s. d.) einen Brunnen für den Ehrenhof von Schloß Schönbrunn. Die Jahre 1776–81 verbrachte er zum Studium der Antike in Rom. 1782 wurde er Professoradjunkt und ab 1784

Franz Anton Zauners Reiterstandbild Kaiser Josephs II. auf dem Wiener Josefsplatz (1795–1807)

Prof. für Bildhauerei an der Akademie der bildenden Künste in Wien. Z., der als Erneuerer des Erzgusses anzusehen ist, entwickelte sich zum bedeutendsten Bildhauer des ö. Klassizismus. Er schuf Dachbekrönungen für Palais, Grabdenkmäler, wie etwa für Feldmarschall Laudon (s. d.) bei Hadersdorf (NÖ, 1790/91), für Graf Fries in Bad Vöslau (NÖ, 1793–95) und das Marmorhochgrab für Kaiser Leopold II. (s. d.) in der Wiener Augustinerkirche (1799). Sein Hauptwerk ist das Reiterstandbild Kaiser Josephs II. (s. d.) am Wiener Josefsplatz (1795–1807). 1806–15 war Z. Direktor der Wiener Maler- und Bildhauerakademie und widmete sich in diesen Jahren ausschließlich der Lehrtätigkeit.

Burg, M.: Der Bildhauer F. A. Z. und seine Zeit (mit vollständigem Werkverzeichnis, 1915); Kapner, F.: Freiplastik in Wien (1970); Wagner-Rieger, R.: Wiens Architektur im 19. Jh. (1970)

ZAUNER, Franz Salesius, * 11. 12. 1904 in Grieskirchen (OÖ), katholischer Geistlicher. Studierte in Linz und wurde 1928 zum Priester geweiht. 1946 wurde er Regens des Priesterseminars in Linz, 1949 Weihbischof und 1956 Bischof von Linz. 1968 wurde er vom Papst zum Mitglied der Ritenkongregation ernannt. 1980 legte Z. aus Altersgründen sein Amt nieder. Besondere Verdienste erwarb er sich um die Verbreitung der Volksliturgie.

ZAUNER, Judas Taddäus, * 16. 10. 1750 in Zaun (S), † 10. 5. 1815 in Salzburg, Historiker und Rechtsgelehrter. Z. studierte in Salzburg und wurde 1779 zum Hofratsadvokaten ernannt. Aufgrund seiner wissenschaftlichen Tätigkeit erhielt er 1803 die Doktorwürde und wurde Univ.-Prof. in Salzburg. Nachdem die Universität 1810 geschlossen worden war, wurde er Prof. und Bibliothekar am Salzburger Lyzeum. Veröffentlichungen: „Auszug der wichtigsten hochfürstlichen Salzburger Landesgesetze", 4 Bde. (1785–90), „Chronik von Salzburg", 7 Bde. (ab 1796, Bd. 8–11 von C. Gärtner 1826 abgeschlossen), „Beiträge zur Geschichte des Aufenthaltes der Franzosen im Salzburgischen", 3 Bde. (1802), „Sammlung der wichtigsten Salzburger Landesgesetze seit 1790" (1805).

ZAWINUL, Joe (Josef), * 7. 7. 1932 in Wien, Jazzmusiker. Studierte Musik in Wien und New York. Nach Engagements in zahlreichen Bands als Pianist, u. a. bei den „Austrian All Stars", ging er 1959 erneut in die USA, wo er Begleiter von

Z

Zdarsky Matthias · Zedlitz Joseph Christian · Zeemann Dorothea · Zehner Wilhelm · Zeidler Jakob · Zeiller Franz Anton · Zeiller Johann Jakob · Zeiller Martin · Zeillinger Gustav · Zeißberg Heinrich von · Zelinka Andreas · Zeller Carl · Zeman Walter · Zemanek Heinz · Zemlinsky Alexander von

Dinah Washington und Joe Williams wurde. Später spielte und komponierte er für Julian Cannonball Adderley's Band und schloß sich danach Miles Davis an. 1970 gründete er mit Wayne Shorter seine eigene Band, „Weather Report". Z. tritt auch (so 1986 gemeinsam mit Friedrich Gulda) in Wien auf.

ZDARSKY, Matthias, * 25. 2. 1856 in Iglau, † 20. 6. 1940 in St. Pölten, Lehrer und Schipionier. Entwickelte 1896 die „Lilienfelder Schibindung", die erstmals Steilabfahrten und auch Torläufe möglich machte. Z. brachte im gleichen Jahr das erste Schi-Lehrbuch, „Die Alpine Lilienfelder Skifahr-Technik", heraus und führte am 19. 3. 1905 am Lilienfelder Muckenkogel den ersten Riesentorlauf der Schigeschichte durch. Die von Z. propagierte Ein-Stock-Technik ermöglichte die Bewältigung aller Geländeformen, setzte sich aber nicht durch.

Matthias Zdarsky 1936

ZEDLITZ, Joseph Christian Freiherr von, * 28. 2. 1790 auf Schloß Johannisberg (Ö.-Schlesien), † 16. 3. 1862 in Wien, Lyriker und Dramatiker. Trat 1806 in ein Husarenregiment ein, wurde Oberleutnant und Ordonnanzoffizier und nahm an den Schlachten von Regensburg, Aspern und Deutsch Wagram 1809 teil. Auf Wunsch seiner Familie nahm er danach seinen Abschied, um die Bewirtschaftung der Güter in Ungarn zu übernehmen. Schuf 1836 den Text der Kaiserhymne auf Kaiser Ferdinand I. und wurde 1837 von Fürst Metternich als Publizist in den Dienst der Staatskanzlei berufen, wo er auch in diplomatischer Verwendung tätig war. Seine Dramen wurden mit Erfolg aufgeführt (4 Bde., 1830–46). Von seinen Balladen wurde „Die nächtliche Heerschau" (Napoleon) besonders bekannt, ebenso sein sentimental-pseudoromantisches Versepos „Das Waldfräulein" (1843). Sehr beliebt war auch sein Radetzkys Feldzug 1848 feierndes „Soldatenbüchlein", 2 Bde. (1848–50). 1909 gab O. Rommel „Ausgewählte Werke" heraus.

Hellmann, O.: J. C. Frh. v. Z. (1910); Ziffer, W.: J. C. Frh. v. Z., Diss. Wien (1935)

ZEEMANN, Dorothea, * 20. 4. 1909 in Wien, Schriftstellerin. Wurde anfangs von Egon Friedell (s. d.) gefördert. War mit dem Maler Rudolf Holzinger verheiratet und mit Heimito von Doderer (s. d.) befreundet. Von 1970–72 war sie Generalsekretärin des Ö. P.E.N.-Clubs. Sie schrieb u. a. die autobiographischen Romane „Einübungen in Katastrophen. Leben zwischen 1913 und 1945" (1979) und „Jungfrau und Reptil. Leben zwischen 1945 und 1972" (1982) sowie den Erzählband „Eine unsympathische Frau" (1983).

ZEHNER, Wilhelm, * 2. 9. 1883 in Bistritz (Siebenbürgen), † 10. 4. 1938 in Wien (ermordet), Berufsoffizier. Nach dem Besuch der Infanteriekadettenschule in Kamenitz bei Peterwardein diente Z. ab 1902 in der k. u. k. Armee, wurde 1913 Militärintendant, kämpfte im Ersten Weltkrieg als Hauptmann und wurde mehrfach ausgezeichnet. 1924 Bataillonskommandant im oö. Alpenjägerregiment, 1931 Oberst, 1933 Generalmajor und Brigadekommandant. 1934 wurde Z. von Bundeskanzler Dr. Engelbert Dollfuß (s. d.) als Staatssekretär in das Bundesministerium für Landesverteidigung berufen und im Oktober 1934 zum General der Infanterie befördert. In allen Regierungen des nachfolgenden Bundeskanzlers Schuschnigg (s. d.) blieb Z. Staatssekretär und führte systematisch die Modernisierung und Wiederaufrüstung des ö. Bundesheers durch. Die in der Literatur fast durchwegs vertretene These vom Selbstmord Z.s in der Nacht vom 11. auf den 12. 3. 1938 ist eine Version der nationalsozialistischen Machthaber, die auch von seiner Familie – unter Androhung entsprechender Repressalien – aufrecherhalten werden mußte. (Selbst im Ausstellungskatalog „Die Streitkräfte der Republik Ö. 1918–1968", Wien 1968, ist diese Angabe zu finden.) Tatsächlich war Z. in der Nacht vom 10. auf den 11. 4. 1938 in seiner Wohnung erschossen worden.

Jedlicka, L.: Ein Heer im Schatten der Parteien (1955); Ausstellungskatalog „Die Streitkräfte der Republik Ö. 1918–1968", Wien (1968)

ZEIDLER, Jakob, * 13. 9. 1855 in Wien, † 21. 8. 1911 in Mödling (NÖ), Lehrer und Literarhistoriker. War nach seiner Lehrerausbildung zunächst Gymnasiallehrer in Oberhollabrunn (NÖ), danach in Wien. Besondere Verdienste erwarb er sich durch die Erforschung der Theaterkultur des Barockzeitalters. Außerdem gab er mit J. W. Nagl die „Deutsch-ö. Literaturgeschichte" (Bd. 1, 1899, Bd. 2, 1914) heraus. Von seinen Veröffentlichungen seien u. a. genannt: „Studien und Beiträge zur Geschichte der Jesuitenkomödie und des Klosterdramas" (1891), „Wien als Literaturstätte" (1908); 1889 gab er mit K. Glossy die Tagebücher von C. L. Costenoble unter dem Titel „Aus dem Burgtheater" heraus (2 Bde.).

ZEILLER, Franz Anton Edler von, * 14. 1. 1751 in Graz, † 23. 8. 1828 in Wien, Jurist. Studierte Rechtswissenschaften in Wien und war ab 1778 Univ.-Prof. für Naturrecht. 1797 wurde Z. in die ö. Gesetzgebungskommission berufen, bearbeitete zunächst den von Matthias Wilhelm von Haan (s. d.) verfaßten Entwurf zum ersten Teil des Strafrechtsentwurfs (1803). Seine bedeutendste Leistung war die Schaffung des Allgemeinen Bürgerlichen Gesetzbuchs (ABGB) von 1811, vor allem die Kodifizierung war zum überwiegenden Teil sein alleiniges Werk. Der von ihm dazu verfaßte Kommentar, 4 Bde. (1811–13), galt lange Zeit als verbindlich. Das am 1. 1. 1812 in Kraft getretene Gesetz wurde zur Grundlage der Gesetzgebung Ö.s. Außerdem veröffentlichte er u. a.: „Das natürliche Privatrecht" (1802), „Jährlicher Beitrag zur Gesetzkunde und Rechtswissenschaft in den Ö. Erbstaaten", 4 Teile (1806–09).

Swoboda, E.: F. v. Z. (1931)

ZEILLER, Franz Anton, * 3. 5. 1716 in Reutte (T), † 4. 3. 1793 in Reutte. Z. war überwiegend Freskenmaler und nach einem Aufenthalt in Italien seit 1755 ausschließlich in Tirol tätig. 1768 wurde er bischöflicher Hofmaler in Brixen (Südtirol). Abgesehen von Fassadenmalereien an Häusern in Reutte, schuf er eine Vielzahl von Fresken in Tiroler Pfarrkirchen, so in Strassen bei Sillian (Osttirol, 1768), Ranggen (1778), Zell am Ziller (1779), Matrei in Osttirol (1783), Bichlbach (1785) und Wängle bei Reutte (1786).

ZEILLER, Johann Jakob, * 8. 7. 1708 in Reutte (T), † 8. 7. 1783 in Reutte. Vetter des Franz Anton Z. (s. d.). Wurde nach einem jahrelangen Studienaufenthalt in Rom und Neapel zu einem vielbeschäftigten Fresken- und Altarbildmaler, der auch zeitweilig mit Paul Troger (s. d.) zusammenarbeitete, so etwa an den Fresken in der Bibliothek von Stift Altenburg (NÖ) 1742. Seit 1735 war er in Wien und lebte dann ab etwa 1755 in seinem Geburtsort. Er arbeitete auch in Bayern, wo er u. a. das Deckenfresko in der barocken Stiftskirche von Ottobeuren (1763/64) schuf. Fresken von ihm befinden sich u. a. in OÖ in der Pfarrkirche von Suben (1768), in den Tiroler Pfarrkirchen von Elbigenalp (1776), Bichlbach und Breitenwang (um 1780) sowie in Vorarlberg in der Johanneskirche in Feldkirch (1778–85). Außerdem schuf Z. in Reutte zahlreiche Fassadenmalereien.

ZEILLER, Martin, * 17. 4. 1589 in Ranten (St), † 6. 10. 1661 in Ulm, Geograph und Topograph. Sein Vater Martin Z. war katholischer Pfarrer von Ranten, bekannte sich aber 1567 zum „neuen Glauben" des Protestantismus und heiratete eine begüterte Murauer Bürgerstochter. Wurde 1603 ausgewiesen, veräußerte seine Güter und floh, mit einer beträchtlichen Barschaft, mit seiner Familie nach Ulm. Durch das Erbe seines 1609 verstorbenen Vaters konnte sich Z. an mehreren Universitäten bilden und Reisen in die entferntesten Länder unternehmen. Wurde zu einem der angesehensten Gelehrten seiner Zeit und verfaßte eine Vielzahl von Topographien und geographischen Beschreibungen. Seine Topographien erschienen, ausgestattet mit Merian-Kupfern, 1642–73 in Frankfurt am Main in 32 Teilen. Veröffentlichte auch mehrere Reisebeschreibungen, die wegen der Genauigkeit der Darstellung äußerst geschätzt waren.

ZEILLINGER, Gustav, * 1. 2. 1917 in Wien, Jurist und FPÖ-Politiker. Studierte in Wien und wurde Rechtsanwalt in Salzburg. 1953–77 Abgeordneter zum Nationalrat, wurde er am 11. 5. 1977 einer der drei neuinstallierten Volksanwälte (bis 1982).

ZEISSBERG, Heinrich von, * 8. 7. 1839 in Wien, † 27. 5. 1899 in Wien, Historiker. Z. studierte in Wien und war bereits 1865 Univ.-Prof. in Lemberg, dann 1871 in Innsbruck. 1872–97 lehrte er in Wien. 1891 war er zudem Leiter des Instituts für Ö. Geschichtsforschung und 1896 Direktor der Hofbibliothek in Wien. Er regte die Herausgabe der „Regesta Habsburgica" an, gab die Bände 3–5 (1882–90) der „Quellen zur Geschichte der deutschen Kaiserpolitik Ö.s während der französischen Revolutionskriege" heraus und war Redakteur der „Ö.-ungarischen Monarchie in Wort und Bild" (1886–1902), des 24bändigen Monumentalwerks, das Kronprinz Rudolf (s. d.) angeregt hatte. Außerdem veröffentlichte er u. a.: „Arno, erster Erzbischof von Salzburg" (1863), „Thomas Ebendorfer als Geschichtsschreiber" (1864), „Zur Geschichte der Kartause Gaming" (1880), „Belgien unter der Generalstatthalterschaft Erzherzog Karls", 3 Teile (1893/94), „Erzherzog Karl von Ö." (1895).

ZELINKA, Andreas, * 23. 2. 1802 in Wischau (Mähren), † 21. 11. 1868 in Wien, Rechtsanwalt und Bürgermeister von Wien. Studierte 1821–25 an der Universität Wien Jus und promovierte 1829. Während der Choleraepidemie 1831 war er Sanitätskommissär, wurde 1832 zum Hof- und Gerichtsadvokaten ernannt, 1835 Wechselnotar. Z. war ein angesehener und beliebter Rechtsanwalt, 1843 wurde er auch Direktor der Nordbahn. 1848 in den Wiener Gemeinderat gewählt, 1851–60 Bürgermeister-Stellvertreter und 1861 Bürgermeister von Wien. Mit ihm begann die liberale Vorherrschaft im Wiener Gemeinderat. 1862 Mitglied des nö. Landtags, ab 1864 nö. Landmarschall-Stellvertreter und ab 1867 Mitglied des Herrenhauses. 1864 und 1867 wurde er abermals zum Bürgermeister gewählt. Z. war stets um einen Ausgleich der Meinungen bemüht und vertrat liberale Wirtschaftsprinzipien; so lehnte er die Einmischung der öffentlichen Hand in wirtschaftliche Belange ab. Unter ihm wurden die Planungen für die Hochquellenwasserleitung, die Regulierung der Donau und die Anlage des Zentralfriedhofs vorangetrieben.

Czeike, F.: Wien und seine Bürgermeister (1974)

Bibliothekssaal in Stift Altenburg mit den Fresken Paul Trogers und Johann Jakob Zeillers (1742)

Andreas Zelinka

ZELLER, Carl, * 19. 6. 1842 in St. Peter in der Au (NÖ), † 17. 8. 1898 in Baden (NÖ), Operettenkomponist. Wurde Sängerknabe an der Wiener Hofkapelle und erhielt vom Hoforganisten Simon Sechter (s. d.) Unterricht in Kompositionslehre. Nach Abschluß seines Jusstudiums wurde er 1873 Beamter im Unterrichtsministerium, wo er bis zum Hofrat und Leiter des Kunstreferats aufstieg. Seit 1868 war er kompositorisch tätig, und am 18. 3. 1876 wurde seine erste Operette, eigentlich eine Oper, „Joconde", im Theater an der Wien uraufgeführt. 1878 folgte in München die komische Oper „La Fornarina", 1880 die Operette „Die Carbonari" und 1886 „Der Vagabund". Erst die Operette „Der Vogelhändler", am 10. 1. 1891 im Theater an der Wien uraufgeführt, brachte ihm den verdienten Erfolg und wurde 49mal en suite gespielt. Der 1894 folgenden Operette „Der Obersteiger" war ein ähnlicher Erfolg mit 61 En-suite-Aufführungen beschieden. „Der Kellermeister" war bei Z.s Tod unvollendet, und Johann Brandl vollendete diese Operette, die dann 1900 uraufgeführt wurde.

Zeller, C. W.: Mein Vater C. Z. (1942); Ausstellungskatalog Fle Zi Wi Csá & Co, die Wiener Operette (1985)

ZEMAN, Walter, * 1. 5. 1927 in Wien, Fußballer. Heimische Tormannlegende nach dem Zweiten Weltkrieg, nach Hiden (s. d.) der wohl berühmteste österreichische Vertreter seines Fachs. Spielte für Rapid. Dank seiner katzenartigen Gewandtheit („Tiger von Glasgow") und Reaktionsschnelligkeit genoß Z. Weltgeltung. Gemeinsam mit Hanappi (s. d.) und Ocwirk (s. d.) stand Z. 1953 in jener Europa-Auswahl, die England im Londoner Wembley-Stadion mit 3:4 an den Rand der ersten Heimniederlage brachte.

ZEMANEK, Heinz, * 1. 1. 1920 in Wien, Computerfachmann. Studierte an der Technischen Hochschule in Wien und wurde 1944 Dipl.-Ing., 1951 promovierte er zum Dr. techn. Seit 1964 a.o. Prof. an der Technischen Universität in Wien. Durch seine rund 350 wissenschaftlichen Veröffentlichungen über Informatik, Algebra und Kalenderwissenschaft wurde er weltweit bekannt und gilt als einer der Computerpioniere der Welt.

ZEMLINSKY, Alexander von, * 14. 10. 1872 in Wien, † 16. 3. 1942 in Larchmont (USA), Kapellmeister und Komponist. Studierte in Wien und war 1899–1904 Kapellmeister am Wiener Carltheater, 1904–11 Erster Kapellmeister an der Volksoper, unterbrochen von den Jahren 1907/08, wo er an der Hofoper verpflichtet war. 1911–27 Opernleiter am Deutschen Landestheater in Prag, ab 1920 auch Leiter der Meisterklasse für Komposition an der deutschen Musikakademie in Prag. 1927–30 Kapellmeister an der Berliner Krolloper, 1930–33 Gastdirigent in Berlin und Lehrer an der Berliner Musikhochschule. Danach kehrte er nach Wien zurück und emigrierte 1938 nach den USA. Er war der Lehrer von Arnold Schönberg (s. d.), dessen Schwager er später wurde. Trotz seines beachtlichen Schaffens, das zwischen Spätromantik und Moderne anzusiedeln ist, hatte er keine durchschlagenden Erfolge. Abgesehen von Chorwerken, Klavier- und kammermusikalischen Werken, schuf er die Opern: „Sarema" (1897, Text von seinem Vater), „Es war einmal" (1900), „Kleider machen Leute" (1910), „Eine florentinische Tragödie" (1917), „Der Zwerg" (1921), „Der Kreidekreis" (nach Klabund, 1933), „König Kandaules" (um 1934,

Alexander von Zemlinsky

nach André Gide, Instrumentation nicht beendet) und das Ballett „Das gläserne Herz" (nach Hugo von Hofmannsthals „Triumph der Zeit", 1901). Die Oper „Der Traumgörge", Mahler wollte sie uraufführen, kam erst 1980 in Nürnberg an die Öffentlichkeit.

Gerlach, R. (Hrsg.): A. Z., Tradition im Umkreis der Wiener Schule (1976); Weber, H.: A. Z. (1977); Stephan, R.: A. Z. (1978)

ZENO, Apostolo, * 11. 12. 1668 in Venedig, † 11. 11. 1715 in Venedig, Opernlibrettist, Hofdichter und Hofhistoriograph. Er lebte von 1719–30 in Wien und beeinflußte durch seine Melodramen und Oratorien nachhaltig die Reform der italienischen Oper, da er in ihnen die Ideale der französischen klassischen Tragödie zu verwirklichen suchte. Außerdem minderte er die Derbheit der vor allem in der venezianischen Oper üblichen Texte. Z. verfaßte zahlreiche Opernlibretti für A. Scarlatti. Seine umfangreiche und wertvolle Münzensammlung wurde 1955 in Wien versteigert.

ZEPHAROVICH, Viktor Leopold von, * 13. 4. 1830 in Wien, † 24. 2. 1890 in Prag, Mineraloge. Studierte in Wien und war ab 1852 in der Geologischen Reichs-Anstalt in Wien tätig. Wurde Univ.-Prof. in Krakau, 1861–64 in Graz und ab 1864 in Prag. Er beschäftigte sich insbesondere mit der Mineralogie des ö. Raums und erarbeitete das „Mineralogische Lexikon für das Kaiserthum Ö." 3 Bde. (1859–93).

ZERNATTO, Guido, * 21. 6. 1903 in Treffen (K), † 8. 2. 1943 in New York, Lyriker und Schriftsteller, Politiker des Ständestaats. Sohn eines Landwirts und Kaufmanns. Er war noch Schüler des Stiftsgymnasiums St. Paul im Lavanttal, als er sich am Kärntner Abwehrkampf von 1919 beteiligte. Wurde Einkäufer einer Holzhandelsgesellschaft in Villach, später in Graz sowie Wanderlehrer des „Deutschen Schulvereins". 1925 gründete er die Kulturzeitschrift „Kärntner Monatshefte", deren Herausgeber er auch war, die aber nur ein Jahr existierte. 1926 übersiedelte er nach Wien, besuchte eine Maturaschule und studierte sechs Semester Jus. 1928 veröffentlichte er seinen ersten Lyrikband, „Mein Herz im Spiegel", und erhielt 1930 den Lyrikpreis der Dresdner Zeitschrift „Kolonne". Seit 1928 war er beim steirischen Heimatschutz in Wien, wurde 1929 Sekretär der Bundesführung und 1930/31 Sekretär der Zentralstelle des Heimatblocks. Z. war eher kulturpolitisch als politisch im Rahmen der Heimwehrbewegung tätig. 1934 Bundeskulturrat, als Vertreter der Abteilung Kunst, im Mai 1936 Staatssekretär für Angelegenheiten des Bundeskanzleramtes und Generalsekretär der Vaterländischen Front. Im Februar 1938 wurde er Minister ohne Portefeuille und stellvertretender Führer der VF. Bundeskanzler Kurt von Schuschnigg (s. d.) verwendete ihn häufig als Gesprächspartner bei Verhandlungen mit der NS-nahen sogenannten „Nationalen Opposition", so bei den vorbereitenden Gesprächen für das Juliabkommen mit dem Deutschen Reich 1936, beim Versuch der Einbindung der Nationalsozialisten in die VF im Rahmen der 1937 geschaffenen „Volkspolitischen Referate" und der mit Arthur Seyß-Inquart (s. d.) auszuhandelnden Gesprächsgrundlage für das Treffen mit Adolf Hitler (s. d.) auf dem Obersalzberg im Februar 1938. Unmittelbar vor dem Einmarsch der deutschen Truppen, am 11. 3. 1938, flüchtete Z. nach Preßburg und von dort nach Paris, wo er 1939 „Die Wahrheit über Ö." veröffentlichte. 1940 emigrierte er nach New York, wo er 1941 Assistant Research Prof. für Politische Wissenschaften an der Fordham University wurde.

Guido Zernatto

1966 gab Wolf in der Maur sein Werk „Vom Wesen der Nation" heraus und versah es mit einem ausführlichen Literaturverzeichnis. Z.s Lyrik bewegte sich theatralisch im bäuerlichen Lebenskreis seiner Kärntner Heimat. Veröffentlichungen u. a.: „Gelobt sei alle Kreatur" (1930), „Die Sonnenuhr" (1933); die Romane „Der Weg über den Berg" (1931), „Die sinnlose Stadt" (1934), „Der Mensch in seiner Krankheit (Erzählungen, 1930). Nach seinem Tod erschienen „Der Jahrmarkt" (Gedichte, 1946), „Gedichte" (Gesamtausgabe, 1950).

Zimmer, I. U.: G. Z. – Leben und dichterisches Werk (1970); dies: G. Z. Diss. Klagenfurt (1980); Drekonja, O.: Erinnerungen an G. Z. (1981)

ZESKA, Philipp, * 27. 4. 1896 in Wien, † 5. 8. 1977 in Wien, Kammerschauspieler, Regisseur und Schriftsteller. Sohn des Schauspielers Karl Z. (* 31. 10. 1862 in Hamburg, † 18. 7. 1938 in Wien). Nach seiner Ausbildung seit 1920 Mitglied des Wiener Burgtheaters, 1932–45 dort auch Regisseur. In den dreißiger Jahren leitete er gemeinsam mit K. Eidlitz das Burgtheaterstudio und war Präsident der Gesellschaft der Förderer neuer ö. Dramatik. Z. war auch schriftstellerisch tätig, er schrieb Lustspiele, Dramen, Filmdrehbücher und Hörspiele sowie Novellen und Gedichte, von denen sein Lyrikband „Unsterblicher Prater" (1947) besonders bekannt wurde.

ZEYMER, Fritz, * 7. 12. 1886 in Wien, † 3. 3. 1940 in Wien, Architekt, Kunstgewerbler und Illustrator. Besuchte die Kunstgewerbeschule in Wien als Schüler von A. Roller (s. d.) und J. Hoffmann (s. d.) und arbeitete dann als Kunstgewerbler für die Wiener Werkstätte und als Kostümbildner für das von den Künstlern der Wiener Werkstätte gegründete Kabarett „Fledermaus". Z. war mit seinen Arbeiten auf der Jubiläumsmöbelausstellung 1908, der Kunstschau (1908) und der Ausstellung Deutscher Kunst in Düsseldorf (1928) vertreten. Er baute mehrere Villen, machte Hotel- und Theaterumbauten (Raimundtheater) und schuf Inneneinrichtungen von Geschäften.

Schweiger, W. J.: Wiener Werkstätte (1982)

ZIAK, Karl, * 27. 1. 1902 in Wien, Schriftsteller und Volksbildner. Nach seinem Studium war Z. 1922–42 Volkshochschulsekretär. Am Ausbau der Büchergilde Gutenberg maßgeblich beteiligt, arbeitete er jahrzehntelang als Verlagslektor in Wien und schrieb mehrere Bücher, überwiegend Sachbücher, doch auch die Romane „Balmat oder Paccard" (1930, 2. Aufl. unter dem Titel „Der König des Mont Blanc", 1950), „Wien, Heldenroman einer Stadt" (1931) und „Kyselak" (1940). Heimatbücher: „Der Mensch und die Berge" (1936), „Erwanderte Heimat" (1940), „Urlaub in Ö." (1950), „Unvergängliches Wien" (Hrsg., 1947), „Berg und Mensch" (1949), „Wandern und Schauen", 2 Bde. (1951/52), „Ö., schöpferisch, schaffend, feiernd" (1952), „Das Alfons-Petzold-Buch" (Hrsg., 1957), „Unvergängliches Ö." (Hrsg., 1958), „Ö.-Panorama" (1962), „Von der Schmelz auf den Gallitzinberg" (1969).

ZIBERMAYR, Ignaz, * 2. 6. 1878 in St. Florian (OÖ), † 18. 10. 1966 in Linz, Historiker. Z. wurde nach Abschluß seines Studiums bereits mit 25 Jahren Leiter des oö. Landesarchivs in Linz und führte dieses von 1903–1947. 1922–38 Vorsitzender des Musealvereins in Linz. Er baute das Landesarchiv zum Zentralarchiv OÖ.s aus und machte es zu einer wirkungsvollen Forschungsstätte der Landesgeschichte. 1924–38 gab er das „Jahrbuch des oö. Musealvereins" heraus und veröffentlichte mehrere bedeutende Werke, u. a.: „Das oö. Landesarchiv in Linz" (1921, 3. Aufl. 1950), „St. Wolfgang" (1924, 2. Aufl. 1961), „Noricum, Baiern und Ö." (1944, 2. Aufl. 1956), „Aus meinem Leben" (1935).

Festschrift für I. Z. (1954)

ZIEGLER, Johann Andreas, * 11. 7. 1749 in Meiningen (Sachsen), † 18. 3. 1802 in Wien (Selbstmord), Vedutenzeichner und Kupferstecher. War der Sohn eines Schuhmachers, kam als Page in das Haus des Franz Joseph Graf Thun in Wien und studierte ab 1769 an der Akademie der bildenden Künste in Wien. Durch seinen Dienstherrn Graf Thun kam er bald in Kontakt mit den führenden Männern der Wiener Freimaurerlogen und avancierte selbst zum zweiten Sekretär der Freimaurerloge „Zur Eintracht". Berühmt wurde Z. durch seine Mitarbeit an der von Carl Schütz (s. d.) 1779–98 herausgegebenen Vedutenserie von Wien und seiner Umgebung, wobei Z. die Wiener Vorstädte zufielen. Seinen Tod klärte erst der Lokalhistoriker Gustav Gugitz (s. d.), der berichtete, daß ein Müllerjunge beobachtet haben will, wie sich Z. „außerhalb der Brücken" in den Wienfluß gestürzt hatte. Der Tag seines Selbstmordes ist nicht eindeutig gesichert.

Gugitz, G.: Die Künstlertragödie J. Z., in: Wiener Geschichtsblätter 5/1950

Johann A. Ziegler: Das Stift Gurk (nach 1795)

ZIEGLER, Julius, * 16. 10. 1863 in Rust (B), † 12. 4. 1945 in Wien, Betriebswirtschaftler. Studierte in Wien und war bis 1933 Prof. an der Hochschule für Welthandel. 1905 gründete er die „Ö. Handelsschulzeitung" und 1933 die „Verkehrswirtschaftliche Rundschau". 1924–30 war Z. Herausgeber der „Veröffentlichungen des Banktechnischen Instituts", 1929 der Schriftenreihe „Betriebswirtschaft" und ab 1930 der „Betriebswirtschaftlichen Blätter". Weitere Veröffentlichungen: „Lehr- und Übungsbuch der Buchhaltung" (1892), „Das Goldbilanzengesetz" (1925), „Bücher- und Bilanzrevision" (1929) und „Die organisierte Wirtschaft" (1933).

ZIEHRER, Carl Michael, * 2. 5. 1843 in der Wiener Vorstadt Schottenfeld, † 14. 11. 1922 in Wien, Militärkapellmeister und Komponist. Er erlernte zunächst das Hutmacherhandwerk und wurde durch Zufall vom Musikverleger Tobias Haslinger (s. d.) entdeckt, worauf ihn Simon Sechter (s. d.) in Harmonielehre unterrichtete. Bereits am 21. 11. 1863 trat er mit seinen „Wiener Tanzweisen" im Diana-Saal vor die Öffentlichkeit. 1870 Mitlitärkapellmeister beim Infanterieregiment Nr. 55. Seine Regimentskapelle begleitete bei Grillparzers Begräbnis (1872) den Kondukt. 1874–76 widmete er sich der Herausgabe der „Deutschen Kunst- und Musik-Zeitung". 1884–94 (offiziell allerdings erst 1904 entlassen) war er Regimentskapellmeister des Infanterieregiments Nr. 4, „Hoch- und Deutschmeister", dem traditionsreichen Wiener Hausregiment. Diese Kapelle führte er zu jenem Ruhm, der sie noch heute begleitet. 1893 konzertierte er mit ihr (die allerdings eher aus Berufsmusikern bestand) bei der Weltausstellung in Chicago in den altö. weißen Uniformen und erntete einen überragenden Erfolg, der sich auch dadurch manifestierte, daß nach seinem Vorbild in Amerika, England und Spanien Militärkapellen eingerichtet wurden. 1908–18 war er der vierte und zugleich letzte Hofballmusikdirektor. Ebenso erfolgreich war Z. als Komponist. Er schrieb 22 Operetten und rund 600 Märsche, Walzer und Tänze, die durchwegs rasch populär wurden, darunter die Märsche „Das ist der Zauber der Montur" und „Schönfeld-Marsch", die Walzer „Weana Madeln", „Wiener Bürger", „Hereinspaziert". Von seinen Operetten seien genannt: „König Jerôme" (1878), „Wiener Kinder" (1881), „Ein Deutschmeister" (1888), „Die Landstreicher" (1899, erlebte über 1 600 Aufführungen), „Die drei Wünsche" (1901), „Der Fremdenführer" (1902), „Der Schatzmeister" (1904), „Fesche Geister" (1905), „Der Liebeswalzer" (1908), „Ball bei Hof" (1910), „Fürst Kasimir" (1913), „Der Husarengeneral" (1913), „Das dumme Herz" (1914), „Die verliebte Eskadron" (1920). Zudem war Z. 1895 Anreger und Mitbegründer der noch heute existierenden „Gesellschaft der Autoren, Komponisten und Musikverleger", der „A. K. M.", die die Wahrung und Nutzbarmachung der Werke bei öffentlichen Aufführungen zu übernehmen hat. Im Oktober 1917 erlitt er einen Schlaganfall, von dem er sich nur zum Teil erholen konnte. Nach 1918 verarmte Z. Seine letzte Komposition, das Lied „Mein Herz bleibt in Wien zurück", wurde anläßlich der Erstaufführung des Films „C. M. Z., der letzte Walzerkönig" am 1. 10. 1922 uraufgeführt.

Carl Michael Ziehrer

Schönherr, M.: C. M. Z. (1974); Ausstellungskatalog Fle Zi Wi Csá & Co, die Wiener Operette, Wien (1985)

ZILK, Helmut, * 9. 6. 1927 in Wien, Lehrer, SPÖ-Politiker und Bürgermeister von Wien. War nach der Matura 1947–58 an Wiener Pflichtschulen als Lehrer tätig, daneben studierte er Philosophie, Psychologie, Pädagogik und Germanistik an der Universität und promovierte 1951. 1958–66 Prof. für Pädagogik an der Bundeslehrerbildungsanstalt, seit der Einführung des Fernsehens 1955 auch beim ORF tätig. Er gestaltete Fernsehserien, begründete das Schulfernsehen und 1962 die „Stadtgespräche", war 1967–74 ORF-Programmdirektor. 1974–79 als Ombudsmann in der „Neuen Kronen-Zeitung", 1979–83 Amtsführender Stadtrat für Kultur und Bürgerdienst, 1983/84 Unterrichtsminister und ist seit September 1984 Bürgermeister und Landeshauptmann von Wien. Seit 1946 Mitglied des Sozialistischen Lehrervereins, gehört er seit 1950 der SPÖ an. Er ist mit der Schauspielerin Dagmar Koller verheiratet.

ZIMMERMANN, Georg, * 18. 11. 1887 in Capo d'Istria (Istrien), † 17. 12. 1958 in Wien, Finanzfachmann. Studierte in Wien und errang in der Zwischenkriegszeit den Ruf eines angesehenen Finanzfachmanns. War in der Provisorischen Staatsregierung 1945 Staatssekretär für Finanzen (die Staatssekretariate übten die Funktionen von Ministerien aus) und 1945–49 im Kabinett Figl I Finanzminister. Ab 1950 Präsident des Statistischen Zentralamts in Wien; erwarb sich um dessen Wiederaufbau besondere Verdienste.

ZIMMERMANN, Joseph Andreas, * 2. 12. 1810 in Schäßburg (Siebenbürgen), † 18. 5. 1897 in Hermannstadt (Siebenbürgen), protestantischer Theologe und Jurist. Z. erwarb sich besondere Verdienste um die Organisation der protestantischen Kirche in der ö.-ungarischen Monarchie; wurde 1850 in das Kultusministerium berufen. 1861 Vorsitzender, 1867–74 Präsident des Evangelischen Oberkirchenrats A. B. und H. B. und maßgeblich an den Kirchenverfassungen beteiligt.

ZIMMERMANN, Robert von, * 2. 11. 1824 in Prag, † 31. 8. 1898 in Prag, Philosoph. Studierte in Prag und in Wien Philosophie, Mathematik und Naturwissenschaften und wurde 1847 Assistent an der Univ.-Sternwarte und 1849 Privatdozent für Philosophie an der Universität Wien. 1850 a.o. Univ.-Prof. in Olmütz, 1852

Z

Zimpel Julius · Zingerle Ignaz Vinzenz · Zinnemann Fred · Zischka Anton · Zita, Kaiserin von Ö. · Zoder Raimund · Zöhrer Eduard · Zoller Anton · Zoller Franz · Zoller Franz Karl · Zoller Joseph Anton · Zöllner Erich · Zsigmondy Emil · Zsigmondy Richard Adolf · Zsolnay Paul · Zuckerkandl Bertha

o. Prof. der Philosophie in Prag, lehrte 1861–95 in Wien. 1869 wurde Z. Mitglied der Akademie der Wissenschaften; er war der Schöpfer der Formästhetik und wird als „erster Geschichtsschreiber der Ästhetik" bezeichnet. 1890 gründete er gemeinsam mit E. Reich die „Grillparzer-Gesellschaft". Z. veröffentlichte mehrere bedeutende Werke, u. a.: „Philosophische Propädeutik" (1852), „Ästhetik", 2 Bde. (1858–65), „Philosophie und Erfahrung" (1861), „Studien und Kritiken zur Philosophie und Ästhetik", 2 Bde. (1870), „Anthroposophie" (1882).

Jodl, F.: R. von Z. (1916)

ZIMPEL, Julius, * 30. 8. 1896 in Wien, † 11. 8. 1925 in Wien, Maler und Kunstgewerbler. War ein Neffe von G. Klimt (s. d.) und besuchte die Kunstgewerbeschule in Wien, wo er Schüler von K. Moser (s. d.) und D. Peche (s. d.) war. Als Nachfolger von Peche wurde er 1923 künstlerischer Leiter der Wiener Werkstätte, für die er unermüdlich tätig war. Außerdem schuf er für mehrere Verlage Buchillustrationen und war auch Lehrer an der Fachlichen Fortbildungsschule für Buchbinder. So gehören auch rund 100 „originalgraphische" Bücher, die durchwegs in Handarbeit ausgeführt worden waren, eigenhändig geschrieben und mit Lithographien versehen, zu seinen besonderen Leistungen.

Schweiger, W. J.: Die Wiener Werkstätte (1982)

ZINGERLE, Ignaz Vinzenz, von Summersberg, * 6. 6. 1825 in Meran (Südtirol), † 17. 9. 1892 in Innsbruck, Volkskundler, Sprach- und Sagenforscher. Studierte in Trient und trat vorübergehend in das Benediktinerstift Marienberg ein. Wurde 1848 Gymnasialprof. in Innsbruck, 1858 Leiter der dortigen Univ.-Bibliothek und 1859–90 Univ.-Prof. für deutsche Sprache und Literatur. Daneben beschäftigte er sich intensiv mit heimatkundlichen Fragen und Volksbräuchen sowie mit dem Sammeln von Sagen. Er schrieb Erzählungen und Gedichte aus dem heimatlichen Lebensraum, aber auch aus seinem Fachbereich, so u. a.: „Sagen aus Tirol" (1850), „Tirols Volksdichtung und Volksbräuche", 2 Bde. (mit seinem Bruder Joseph Z., 1852–54), „Sitten, Bräuche und Meinungen des Tiroler Volkes" (1854), „Schildereien aus Tirol", 2 Bde. (1876, 1887); mit K. Th. Inama-Sternegg (s. d.) gab er „Die tirolischen Weistümer", 4 Bde. (1875–91) heraus.

ZINNEMANN, Fred, * 29. 4. 1907 in Wien, Filmregisseur. Beschäftigte sich früh mit dem Medium Film und war schon 1929 Mitautor bei dem deutschen Stummfilm „Menschen am Sonntag". Danach ging er nach Hollywood, wo er zuerst durch Dokumentarfilme bekannt wurde. Seine ersten Spielfilme sind von gesellschaftskritischem Engagement geprägt und stehen unter dem Einfluß des italienischen Neorealismus. Mit dem Western „High noon" („Zwölf Uhr mittags") schuf Z. einen Filmklassiker. Seine bedeutendsten Filme sind: „Das siebente Kreuz" (1944), „Die Gezeichneten" (1948), „Zwölf Uhr mittags" (1952), „Verdammt in alle Ewigkeit" (1953), „Oklahoma" (1955), „Geschichte einer Nonne" (1959), „Ein Mann zu jeder Jahreszeit" (1966), „Der Schakal" (1972) und „Julia" (1977). Z. lebt seit einigen Jahren in London.

ZISCHKA, Anton, * 14. 9. 1904 in Wien, Journalist und wirtschaftspolitischer Schriftsteller. Z. war 1924–29 Redakteur bei der „Neuen Freien Presse", unternahm danach zahlreiche Reisen und lebt seit 1935 auf der Insel Mallorca. Er veröffentlichte zahlreiche Bücher, u. a.: „Der Kampf um die Weltmacht Öl" (1934), „Der Kampf um die Weltmacht Baumwolle" (1935), „Asien, Hoffnung der neuen Welt" (1950), „Die Welt bleibt reich" (1952), „Welt in Angst und Hoffnung" (1955), „Lebendiges Europa" (1957), „Vom Treibrad zur Atomenergie" (1958), „Pioniere der Elektrizität" (1958), „Die Welt der Stahldämonen" (1963), „Welt ohne Analphabeten" (1964).

ZODER, Raimund, * 20. 8. 1882 in Wien, † 26. 3. 1963 in Wien, Lehrer, Volkslied- und Volkstanzforscher. Trat nach seiner Lehrerausbildung in den Schuldienst ein und war zuletzt Schuldirektor. 1931–59 war er Leiter des Volksliedarchivs für Wien und NÖ, 1945–53 zudem Lehrer an der Wiener Musikakademie. Er erwarb sich große Verdienste um die Volkstanzwie auch Volksliedforschung und veröffentlichte u. a.: „Das Traismaurer Krippenspiel" (1920), „Dorfmusik", 2 Teile (1931 und 1937), „Volkstänze aus Ö." (1935), „Volkslied, Volkstanz und Volksbrauch in Ö." (1950); außerdem war er Herausgeber von: „Bauernmusik", 2 Bde. (1919, 1925, 1948, gemeinsam mit R. Preiss), „Altö. Volkstänze", 4 Teile (1924–34, Neuausgabe als „Ö. Volkstänze", 1946–55), „Volkslieder aus dem Burgenland", 2 Hefte (mit K. M. Klier, 1927–31), „Volkslieder aus NÖ", 2 Hefte (mit K. M. Klier, 1932–35), „Spielmusik fürs Landvolk", 45 Hefte (1947–50), „Ö. Volksliederbuch", 3 Bde. (mit G. Kotek, 1948–54). Er veröffentlichte auch unter dem Pseud. Zeno Drudmair.

ZÖHRER, Eduard, * 7. 4. 1810 in Sarleinsbach (OÖ), † 15. 5. 1885 in St. Lambrechten (OÖ), Augustiner-Chorherr und Komponist. Trat in das Augustiner-Chorherrenstift Reichersberg am Inn (OÖ) ein und wurde 1834 zum Priester geweiht. Abgesehen von seinen Werken als oö. Mundartdichter, wurde er durch die Vertonung von Liedern Franz Stelzhamers (s. d.) bekannt. 1882–88 gab S. Fellöcker „Allälei christligö Gsánger und Gspiel", 3 Bde., heraus.

ZOLLER, Anton, * 21. 3. 1695 in Telfs (T), † 16. 4. 1768 in Hall

ZITA VON BOURBON-PARMA

Die letzte Kaiserin

ZITA, Kaiserin von Ö., * 9. 5. 1892 in der Villa Pianore bei Lucca (Italien), letzte Kaiserin von Ö. und Königin von Ungarn. Z. hatte am 21. 10. 1911 in Schwarzau am Steinfelde (NÖ) Erzherzog Karl von Habsburg-Lothringen geheiratet, den nachmaligen Kaiser Karl I. von Ö. (s. d.). Durch ihre Brüder, die Prinzen Sixtus und Xavier von Bourbon-Parma, kam es zu den als „Sixtus-Affäre" bekannt gewordenen Friedensbemühungen Kaiser Karls. Z. hatte nie Abdankungsdokumente unterzeichnet und nach dem Tod ihres Gatten (1. 4. 1922) mit fünf Söhnen und zwei Töchtern im Alter von ein bis zehn Jahren – zwei Monate später folgte noch eine Tochter – ein höchst unsicheres Leben auf sich genommen. Nach Aufenthalten in Portugal und Spanien lebte sie ab 1929 in Belgien, von wo aus sie 1940 über Frankreich, Spanien und Portugal in die USA emigrierte. In zahlreichen Vorträgen in vielen Städten, an Universitäten und Colleges warb Z. während des Zweiten Weltkriegs bei den Amerikanern um Verständnis für Ö. und organisierte in bedeutendem Umfang Care-Paket-Aktionen. In den fünfziger Jahren kehrte Z. nach Europa zurück; sie lebt im Johannesstift

Zita von Bourbon-Parma mit Kaiser Karl I.

Zizers in der Schweiz, nahe der ö. Grenze. 1982 hatte sie von der Bundesregierung die Erlaubnis erhalten, Ö. besuchen zu dürfen. Am 16. Mai 1982 reiste sie – das erstemal nach 63 Jahren – nach Ö.

Brook-Shepherd, G.: Um Krone und Reich (1968); Feigl, E. (Hrsg.): Kaiserin Zita, Legende und Wahrheit (1977, 2. Aufl. 1982); Cordfunke, E. H. P.: Z. Kaiserin von Ö. – Königin von Ungarn (1986)

in T., Maler. War zuerst Schüler des Innsbrucker Hofmalers F. M. Hueber, dem er bei der Ausmalung des Bernhardisaals in Stams (T) half. 1726–28 vervollständigte er seine Studien an der Akademie der bildenden Künste in Wien. Danach wirkte er bis 1753 in Klagenfurt und von 1754 an in Hall in Tirol. War der Vater von Franz Karl Z. (s. d.) und Joseph Anton Z. (s. d.). Er schuf Altarbilder, aber in der Hauptsache Dekken- und Wandmalereien. Von seinen Fresken in Kärnten seien die in der Kapelle und im Stiegenhaus von Schloß Trabuschgen in Obervellach (um 1730) und in St. Michael am Zollfeld genannt sowie in Tirol u. a. in den Pfarrkirchen von Telfs (1757), Schmirn (1757), Gschnitz (1759), Mutters (1759) und Obertilliach (1764), die letzten drei mit seinem Sohn Joseph Anton Z. sowie in Patsch (1767).

ZOLLER, Franz, * 10. 2. 1726 in Gufidaun (Südtirol), † 4. 3. 1778 in Wien. War ein Schüler von Paul Troger (s. d.) und wurde 1760 zum Mitglied der Wiener Akademie ernannt. Fresken von ihm befinden sich in NÖ in der Stiftskirche von Geras und in der Pfarrkirche von Blumau an der Wild sowie in der Lichtentaler Kirche in Wien (1772/73), für die er auch Altarbilder schuf.

ZOLLER, Franz Karl, * 4. 9. 1748 in Klagenfurt, † 18. 11. 1829 in Innsbruck, Topograph, Graphiker und Mundartdichter. War Jesuitenzögling in Hall (T), wandte sich dann der Kupferstecherei zu, die er in Wien bei Jakob Schmutzer (s. d.) erlernte. 1785 wurde er Regierungsbaudirektor in Innsbruck und erwarb sich große Verdienste durch die Veröffentlichung des „Alphabetisch-topographischen Verzeichnisses sämtlicher Graf- und Herrschaften . . . der gefürsteten Grafschaft Tirol und damit vereinigten Vorarlbergischen Landen" (1806). Im Tiroler Freiheitskampf von 1809 schrieb er mehrere Kampflieder, von denen das „Spingeser Schlachtlied" besonders bekannt wurde. Ebenfalls historisch wertvoll ist sein Werk „Geschichte und Denkwürdigkeiten der Stadt Innsbruck", 2 Teile (1816 und 1825). Darüber hinaus wirkte er auch als Mundartdichter und ist der Schöpfer des Tiroler Lokalstücks.

ZOLLER, Joseph Anton, * 11. 2. 1730 in Klagenfurt, † 21. 2. 1791 in Hall in Tirol, Freskenmaler. Sohn des Anton Z. (s. d.). Arbeitete zunächst, vom Vater unterwiesen, mit diesem zusammen, vor allem bei den Pfarrkirchen von Schmirn (1757), Mutters (1759), Gschnitz (1759) und Obertilliach (1764). Außerdem sind noch die Fresken in den Tiroler Pfarrkirchen von Abfaltern (um 1769), Neustift im Stubaital (1772), Absam (1780) sowie Altarbilder in der Pfarrkirche von Lienz (Osttirol) und in Ranggen, Absam und Weerberg zu nennen. Einige seiner Tafelbilder befinden sich im Museum Ferdinandeum in Innsbruck und in der Kunstsammlung von Stift Wilten.

ZÖLLNER, Erich, * 25. 6. 1916 in Wien, Historiker. Studierte in Wien und war hier 1953–86 Univ.-Prof. 1961 veröffentlichte er die zum Standardwerk gewordene „Geschichte Ö.s. Von den Anfängen bis zur Gegenwart" (7. Aufl. 1981). Von seinen weiteren Veröffentlichungen seien u. a. genannt: „Die angeblichen Memoiren Metternichs" (1946), „Die politische Stellung der Völker im Frankenreich" (1950), „Urkundenbuch zur Geschichte der Babenberger in Ö.", 2 Bde. (mit O. Mitis und H. Fichtenau, 1950 und 1955), „Das Werden Ö.s" (mit Th. Schüssel, 1964). Als Herausgeber betreute er die Werke: „Diplomatie und Außenpolitik Ö.s" (1977), „Das babenbergische Ö." (1978), „Öffentliche Meinung in der Geschichte Ö.s" (1979), „Ö.s Sozialstrukturen in historischer Sicht" (1980), „Revolutionäre Bewegungen in Ö." (1981), „Die Quellen der Geschichte Ö.s" (1982).

ZSIGMONDY, Emil, * 11. 8. 1861 in Wien, † 6. 8. 1885 (abgestürzt), Alpinist. Bruder des Chemie-Nobelpreisträgers Richard Z. (s. d.). War Pionier der Wiener Bergsteigerschule. Unternahm ungezählte Erstbegehungen in den Alpen, darunter etwa 100 Gipfel über 3000 m. Z. fand den Tod bei einer Besteigung der Meje-Südwand in den südlichen französischen Westalpen. Die Z.-Spitze in den Zillertaler Alpen ist nach ihm benannt.

ZSIGMONDY, Richard Adolf, * 1. 4. 1865 in Wien, † 23. 9. 1929 in Göttingen (Deutschland), Chemiker und Nobelpreisträger. Jüngerer Bruder des Bergsteigers Emil Z. (s. d.). Der Sohn eines Wiener Primararztes studierte in Wien Chemie und ging 1889 nach München, wo er Privatassistent von Prof. W. v. Miller wurde. Arbeitete 1890–92 in Berlin, wurde 1893 Assistent an der Technischen Hochschule in Graz, wo

Richard Zsigmondy

er sich habilitierte. Auf der Suche nach Glasfärbemitteln beschäftigte er sich mit dem Goldrubinglas, was ihn schließlich zur Kolloidchemie führte. 1897–1900 war er wissenschaftlicher Mitarbeiter bei den Glaswerken Schott in Jena, wo er das berühmt gewordene Jenaer Milchglas entwickelte und mehrere Patente erwarb. Anschließend lebte er bis 1907 als Privatgelehrter in Jena. In diese Zeit fallen seine ersten grundlegenden Arbeiten auf dem Gebiet der Kolloidchemie. Gemeinsam mit dem Physiker Siedentopf konstruierte er ein Ultramikroskop, das auf dem Dunkelfeldprinzip beruhte. 1908 wurde Z. Prof. und Direktor des Instituts für anorganische Chemie an der Universität Göttingen. 1913 gelang ihm die Verbesserung seines Mikroskops zum Immersions-Ultramikroskop, mit dem er Partikel in der Größe von einem Millionstel Millimeter noch sichtbar machen konnte. Danach stellte er ein System von drei Größenordnungen für die Zerteilung eines Stoffes in einem beliebigen Lösungsmittel auf: Mikronen, Ultramikronen und Amikronen für die allerkleinsten Teilchen, die er in seinem Mikroskop sehen konnte. Dafür entwickelte er die sogenannte „Keimmethode". Bahnbrechend waren in der Göttinger Zeit seine Untersuchungen über die Vorgänge bei der Koagulation (Ausflockung) von kolloiden Lösungen. 1918 erfand er das Membranfilter und das Ultrafeinfilter. 1926 erhielt er den Nobelpreis für Chemie „für die Aufklärung der heterogenen Natur kolloidaler Lösungen sowie für die dabei angewandten Methoden, die grundlegend für die moderne Kolloidchemie sind". Aus Z.s Forschungsresultaten ergab sich, daß das Protoplasma alle Merkmale und Veränderungen von kolloiden Lösungen aufweist, was vor allem für die Medizin und die Biologie von nachhaltiger Bedeutung ist. Veröffentlichungen u. a.: „Zur Erkenntnis der Kolloide" (1905), „Kolloidchemie mit besonderer Berücksichtigung der anorganischen Kolloide" (1907), „Kolloidchemie, ein Lehrbuch" (1912, 5. Aufl. 1925–27), „Über die technische Gasanalyse" (mit F. Jander, 1920), „Über das kolloide Gold" (mit A. Thiessen, 1925).

Z.-Festschrift (1925); Hartmann, H.: Lexikon der Nobelpreisträger (1967)

ZSOLNAY, Paul, * 12. 6. 1895 in Budapest, † 12. 5. 1961 in Wien, Verleger. Gründete in Wien 1923 einen belletristischen Verlag, der bald zur Heimstätte namhafter heimischer, aber auch ausländischer Schriftsteller wurde. 1938 emigrierte er nach England, wo er den Verlag Star Editions gründete. 1946 kehrte Z. nach Wien zurück und baute die P.-Z.-Verlag-Ges. m. b. H. mit Niederlassungen in Hamburg, Paris und London wieder auf.

25 Jahre P. Z. Verlag 1923–1948 (1948)

ZUCKERKANDL, Bertha, * 13. 4. 1864 in Wien, † 16. 10. 1945 in Paris, Schriftstellerin. Tochter des Zeitungszaren Moriz Szeps (s. d.). Heiratete den Anatomen Emil Z., und da sie journalistisch und schriftstellerisch tätig war, wurde das Haus Z. zu einem Treffpunkt der bekanntesten Persönlichkeiten der Kunst- und Kulturszene der damaligen Zeit. Gustav Klimt (s. d.), Gustav Mahler (s. d.) und Max Reinhardt (s. d.) gehörten ebenso dazu wie Arthur Schnitzler (s. d.), Hugo von Hofmannsthal (s. d.) und Karl Kraus (s. d.). Nicht zuletzt durch ihren Vater, der Eigentümer des „Neuen Wiener Tagblattes" war, war sie mit Kronprinz Rudolf bekannt geworden, ihre Schwester Sophie war mit Georges Clemenceau,

Bertha Zuckerkandl

Z

Zuckerkandl Emil · Zuckerkandl Otto · Zülow Franz von · Zumbusch Kaspar Clemens · Zur Mühlen Hermynia · Zürn, Familie · Zweig Stefan · Zwerenz Mizzi · Zwilling Ernst Alexander · Zykan Otto M.

dem französischen Politiker und späteren Ministerpräsidenten, dem „Tiger", verheiratet. Durch ihre verwandtschaftlichen Beziehungen hatte sie während und unmittelbar nach dem Ersten Weltkrieg versucht, in die Geschichte einzugreifen, und wurde in den Zwischenkriegsjahren unter Verwendung der Initialen „B. Z." nicht nur zu einer bedeutenden Journalistin Europas, sondern erhielt den Beinamen „Wiener Kassandra". Sie ging nach den Märztagen 1938 nach Paris. Z. veröffentlichte u. a.: „Dekorative Kunst und Kunstgewerbe, ein Beitrag zur Pflege der Kunst in Ö." (1900), „Zeitkunst, Wien" (1908), „Ich erlebte fünfzig Jahre Weltgeschichte" (1939), „Ö. intim. Erinnerungen 1892–1942" (posthum 1970, hrsg. von R. Federmann).

Meysels, L. O.: In meinem Salon ist Ö. B. Z. und ihre Zeit (1984)

ZUCKERKANDL, Emil, * 18. 9. 1849 in Raab (Ungarn), † 28. 5. 1910 in Wien, Anatom. Studierte ab 1867 in Wien und war Schüler von Joseph Hyrtl (s. d.), der seine Begabung bald erkannte und ihn schon 1869 zu seinem Demonstrator machte. 1870 kurze Zeit in Amsterdam, promovierte er in Wien 1874. 1873/74 bereits Assistent bei Karl Rokitansky (s. d.), anschließend bei Karl von Langer (s. d.) und wurde mit Rücksicht auf seine 58 bereits veröffentlichten Arbeiten ohne Habilitation 1879 zum a.o. Prof. ernannt. 1882 Univ.-Prof. in Graz, lehrte er nach Langers Tod ab 1888 in Wien, wo er das modernst eingerichtete Institutsgebäude für Anatomie übernahm. Er erwarb sich große Verdienste um die Entwicklung der topographischen und vergleichenden Anatomie sowie um die Morphologie. Sein Hauptwerk „Atlas der topographischen Anatomie des Menschen" erschien 1890–1900 in vier, 1900–1904 in fünf Bänden. Abgesehen von mehreren Beiträgen in einschlägigen Handbüchern, veröffentlichte er u. a.: „Zur Morphologie des Gesichtsschädels" (1877), „Über das Riechzentrum" (1877), „Über eine bisher noch nicht beschriebene Drüse in der regio suprahyoidea" (1879), „Normale und pathologische Anatomie der Nasenhöhle", 2 Bde. (1882–92). Z. war mit der Schriftstellerin Bertha Z. (s. d.) verheiratet.

ZUCKERKANDL, Otto, * 28. 12. 1861 in Raab (Ungarn), † 1. 7. 1921 in Wien, Urologe und Chirurg. Jüngerer Bruder von Emil Z. (s. d.), studierte ebenfalls Medizin. Seit 1896 Univ.-Prof. in Wien, arbeitete er an mehreren medizinischen Lehrbüchern mit und veröffentlichte 1897 „Atlas und Grundriß der chirurgischen Operationslehre" (6. Aufl. 1924). Außerdem gab er mit A. von Frisch das „Handbuch der Urologie", 3 Bde. (1903–05) heraus. Nach seinem Tod erschienen 1922 die mit J. Tandler (s. d.) verfaßten „Studien zur Anatomie und Klinik der Prostatahypertrophie".

ZÜLOW, Franz von, * 15. 3. 1883 in Wien, † 26. 2. 1963 in Wien, Maler, Graphiker und Kunstgewerbler. Besuchte die Graphische Lehr- und Versuchsanstalt, die Akademie der bildenden Künste als Schüler von Griepenkerl (s. d.) und 1903–06 die Kunstgewerbeschule in der Klasse C. O. Czeschkas (s. d.) in Wien. 1908 wurde er Mitglied der Klimt-Gruppe, später der Wiener Secession. 1920/21 wirkte er als Lehrer an der Keramischen Lehrwerkstätte in Gmunden (OÖ), 1949–53 an der Kunstgewerbeschule in Linz. 1955 wurde er Präsident der Mühlviertler Künstlergilde. Er wurde mehrfach geehrt und hat 1928, 1931, 1933 und 1935 den Ö. Staatspreis und 1956 den Preis der Stadt Wien erhalten. Sein malerisches und kunstgewerbliches Schaffen war sehr vielseitig, er arbeitete auch für die Wiener Werkstätte und erfand den bunten Schablonendruck. Sein Werk umfaßt zahlreiche Wandmalereien wie im Hotel Bräu in Lofer (S) und im Rathaussaal von Schärding am Inn (OÖ), aber auch den Entwurf für den Bühnenvorhang des Akademietheaters in Wien mit der Ansicht des Heldenplatzes und einen Wandteppich „Panorama von Ankara" für die Villa des türkischen Staatspräsidenten Kemal Atatürk.

Novotny, F.: F. Z. (1958); F. von Z. 1883–1963 (1980, Akademie der bildenden Künste in Wien); Schweiger, W. J.: Die Wiener Werkstätte (1982)

ZUMBUSCH, Kaspar Clemens Ritter von (seit 1888), * 23. 11. 1830 in Herzebrock (Westfalen), † 27. 9. 1915 in Rimsting bei Prien (Bayern), Bildhauer. Wirkte zuerst in München und zählte bereits zur Spitze der Monumentalplastiker, als er 1872 an die Akademie der bildenden Künste in Wien berufen wurde und hier bis 1901 als Prof. einer Spezialklasse für Bildhauerei tätig war. Ab 1908 lebte er am Chiemsee in Bayern. Er wurde zum bedeutendsten Bildhauer des Wiener Ringstraßenstils, schuf für viele Ringstraßengebäude Bauplastiken sowie eine Vielzahl von Porträtbüsten (u. a. in den Arkaden der Universität Wien) und Grabmälern. Seine Hauptwerke in Wien sind die Denkmäler für Beethoven (1880), Maria Theresia mit 24 Porträtfiguren und Reitergestalten der vier großen Heerführer (1888, zwischen den Museen am Ring), Radetzky (1891), Billroth (1895) und Erzherzog Albrecht (1898/99). Für das Maria-Theresia-Denkmal wurde er in den Ritterstand erhoben.

Bitterlich, J.: C. von Z. (1931); Kolisko, M.: C. von Z. (1931); Kapner, G.: Freiplastik in Wien (1970)

ZUR MÜHLEN, Hermynia, * 12. 12. 1883 in Wien, † 19. 3. 1951 in Radletts (England), Schriftstellerin und Übersetzerin. Ihr Vater, Victor Graf Crenneville, war ö.-ungarischer Gesandter, so lernte sie bereits in früher Jugend zahlreiche Länder Europas, Vorderasiens und Afrikas kennen. Schloß 1901 ihre Lehrerausbildung ab, arbeitete 1905 in einer Buchdruckerei in Frankfurt und heiratete 1907 den baltischen Gutsbesitzer Zur Mühlen, von dem sie sich aber bald trennte. 1919 zog sie nach Frankfurt und trat der KPD bei. Sie veröffentlichte zahlreiche sozialkritische Werke, so die Erzählung „Schupomann Karl Müller" (1924), für die sie des Hochverrats angeklagt wurde. 1933 emigrierte sie nach Wien, 1938 in die Tschechoslowakei und schließlich nach England. Sie schrieb u. a.: „Kleine Leute" (Erzählung, 1925), „Reise durch ein Leben" (autobiographischer Roman, 1933), „Fahrt ins Licht" (Autobiographie, 1936), „Als der Fremde kam" (1947), „Insel der Verdammnis" (1955). Sie übersetzte die Werke von Walpole, Sinclair und Llewellyn.

STEFAN ZWEIG

Ein Weltbürger des Geistes

„,Dieser ist sehr beliebt hier herum. Sehr einflußreich.'
,Das hat den Anschein. Und warum?'
,Weil er, höre ich, schon Aufsätze in der ,Neuen Freien Presse' veröffentlicht. Sogar in der ,Frankfurter Zeitung'. Auch Gedichte, in Hardens ,Zukunft'. Drüben, auf der Philosophischen, sagen sie, daß er als Lyriker, trotz seiner zwanzig, schon einen ziemlich geachteten Namen hat.'
,Ich traue es ihm zu. Er wirkt sehr reif und sehr . . . anziehend unreif zugleich. Wie heißt er denn?'
Jetzt kniff der Wasserkopf, durch Alkohol gehemmt, die Augen ein. ,Warte eine Sekunde', rief er. ,Ich habe es gewußt. Wie heißt er nur? Zweig, glaube ich, heißt er. Ja. Zweig. Stefan Zweig.'
Lebensbünde beginnen ohne scharf ergründbares Schwellengefühl. Es war der erste Takt einer langen, viersätzigen, schicksalhaft auf- und niederwogenden Symphonie."

Hans Müller-Einigen, Jugend in Wien (1948)

„,Heilung durch den Geist' nennt Zweig eines seiner Werke. Diese Worte sind das Leitmotiv seines Schaffens. Es besteht aus zwei Teilen: den Romanen und Novellen, und jenen Werken, die sich mit dem Wesen großer Menschen beschäftigen. Sie verkörpern sein Ideal vom Weltbürger.
Sein leidenschaftlicher Wille hat magische Wirkung. Es gibt kein noch so fernes Land, keine Rasse, keinen Stand, keine Sprache, die sein Werk nicht erreicht hätte. Stefan Zweig ist ein Symbol für Österreichs völkerverbindende Mission."

Bertha Zuckerkandl, Österreich intim, hrsg. von Reinhard Federmann (1970)

ZÜRN (auch Ziern, Zihrn, Zirn und Zörn), Bildhauerfamilie, die seit dem 16. Jh. in Württemberg und im Bodenseeraum und im 17. Jh. auch im Innviertel nachweisbar ist. Die für Ö. bedeutendsten Vertreter der Familie waren Martin Z. und Michael Z. d. Ä., die um das Jahr 1640, von Schwaben kommend, in OÖ eingewandert waren. Sie arbeiteten in einer gemeinsamen Werkstatt, die sie an verschiedenen Orten des Innviertels eingerichtet hatten, doch ist über sie sonst kaum etwas bekannt. Sie entwickelten sich in ihrem Stil vom Spätmanierismus zu einer hochbarocken Formensprache. Ihre bedeutendsten Werke befinden sich in den oö. Pfarrkirchen von Braunau, der ehemalige Hochaltar (1642) und andere Altäre; Burgkirchen, Hochaltar (1645) und Kreuzgruppe (1651); St. Georgen an der Mattig, drei Altäre (1645–50); Eggelsberg, Holzkruzifix (1648); Ried im Innkreis, Martinaltar (1656). Michael Z. d. J., * vor 1626 in Wasserburg am Inn (Bayern), † nach 1691 wahrscheinlich in OÖ. Er war zunächst in Italien tätig, dann in Olmütz (Mähren) und ab 1681 in Gmunden (OÖ). Er war ein Neffe der Brüder Martin und Michael Z., doch auch über ihn ist kaum etwas bekannt. Sein Hauptwerk sind die 16 überlebensgroßen Marmorengel für die Seitenaltäre der Stiftskirche Kremsmünster (OÖ), die 1682–86 entstanden und zu den besten Werken der Plastik in Ö. aus dieser Zeit gehören. Weitere Altarplastiken von ihm befinden sich in den oö. Pfarrkirchen von Grünau im Almtal, Vorchdorf, Altmünster und Gmunden (hier auch der Annenaltar).

Guby, R.: Die Bildhauer M. und M. Z. (1927)

Kaspar von Zumbusch: Denkmal Maria Theresias auf dem Maria-Theresien-Platz in Wien (Enthüllung 1888)

ZWEIG, Stefan, * 28. 11. 1881 in Wien, † 23. 2. 1942 (Selbstmord), in Petropolis bei Rio de Janeiro (Brasilien), Schriftsteller, Lyriker und Dramatiker. Studierte in Wien Philosophie, Germanistik und Romanistik und promovierte zum Dr. phil. Unternahm danach Reisen durch mehrere Kontinente. Als überzeugter Kriegsgegner verbrachte er die Jahre 1917/18 in der Schweiz (befreundet mit Romain Rolland) und lebte ab 1919 vorwiegend in Salzburg. Seit 1934 besaß er auch einen Wohnsitz in London, wohin er 1938 emigrierte. Über New York zog er 1940 nach Brasilien, wo er unter schweren Depressionen zu leiden begann und schließlich gemeinsam mit seiner zweiten Frau, Lotte Z., aus dem Leben schied. Als Lyriker begann er im Einflußbereich des Wiener Impressionismus, der Neuromantik und des französischen Symbolismus zu schreiben. Doch glänzte er später als Biograph und Essayist mehr durch formvollendete Sprache und einfühlsame Darstellung. Letzteres wohl durch den Einfluß Freuds. „Die Welt von Gestern" (1942) und das vorangegangene „Begegnung mit Menschen, Büchern, Städten" (1937) sind seine autobiographischen Werke, die wegen der Einbeziehung von Zeitgenossen und Ereignissen einen bedeutenden Quellenwert besitzen. Von seinen Biographien und Essays seien u. a. genannt: „Drei Meister" (über Balzac, Dickens und Dostojewski, 1920), „Romain Rolland" (1921), „Der Kampf mit dem Dämon" (über Hölderlin, Kleist und Nietzsche, 1925), „Sternstunden der Menschheit" (1927), „Drei Dichter ihres Lebens" (über Casanova, Stendhal und Tolstoi, 1928), „Joseph Fouché" (1929), „Die Heilung durch den Geist" (über Mesmer und Freud, 1931), „Marie Antoinette" (1932), „Triumph und Tragik des Erasmus von Rotterdam" (1934), „Maria Stuart" (1935), „Magellan" (1938), „Balzac" (hrsg. von R. Friedenthal 1946); von seinen Novellen seien u. a. erwähnt: „Amok" (1922), „Die Augen des ewigen Bruders" (1925), „Verwirrung der Gefühle" (1926), „Legenden" (1945); von seinen Romanen: „Ungeduld des Herzens" (1938) und „Rausch der Verwandlung" (1982); von seinen Dramen: „Das Haus am Meer" (1911), „Der verwandelte Komödiant" (1912), „Jeremias" (1918) und „Volpone" (1926); außerdem „Gesammelte Gedichte" (1924) und der Text zur Oper „Die schweigsame Frau" von Richard Strauss (1935). Z.s erste Frau, Friderike Maria (geb. Burger, verehel. v. Winternitz), * 4. 12. 1882 in Wien, † 18. 1. 1971 in Stamford (Connecticut), war ebenfalls schriftstellerisch tätig. So schrieb sie u. a. den Roman „Der Ruf der Heimat" (1914), den Essayband „Louis Pasteur, Forscher und Menschenfreund" (1939) und 1964 ihre Memoiren „Spiegelungen des Lebens".

Stefan Zweig

Rieger, E.: S. Z. (1928); Zweig, F. M.: S. Z., wie ich ihn erlebte (1947); dies.: S. Z., eine Bildbiographie (1961); Hellwig, H.: S. Z. (1948); Langer, N.: S. Z., der große Europäer (1956); Fitzbauer, E.: S. Z. (1959); Bauer, A.: S. Z. (1961); Arens, H. (Hrsg.): S. Z. im Zeugnis seiner Freunde (1968)

ZWERENZ, Mizzi (Maria Anna), * 13. 7. 1876 in Pöstyén (Ungarn, heute Piešťany, CSSR), † 14. 6. 1947 in Wien, Soubrette. Entstammte einer alten Schauspielerfamilie, studierte bei Rosa Papier (s. d.) Gesang und debütierte erfolgreich mit 18 Jahren in Baden (NÖ). Nach einer ebenfalls erfolgreichen Operettentournee in Rußland war sie in Berlin und 1901–16 am Wiener Carltheater engagiert. War eine der Lieblingspartnerinnen von Alexander Girardi (s. d.); ihr Name ist eng mit den Erfolgen der silbernen Operettenära verbunden. 1916 wechselte sie ins Apollo-Künstlertheater über, und 1934 holten sie Hubert Marischka (s. d.) und Wilhelm Karczag (s. d.) an ihre Operettenbühnen (Theater an der Wien und Stadttheater). 1937 nahm sie ihren Abschied von der Bühne.

ZWILLING, Ernst Alexander, * 25. 9. 1904 in Esseg (Slawonien), Afrikaforscher und Reiseschriftsteller. War 1928–38 als Pflanzer, Großwildjäger und Expeditionsleiter in Äquatorialafrika tätig. Nach seiner Rückkehr in die Heimat hielt er zahlreiche Lichtbildvorträge und veröffentlichte mehrere Reisebücher, u. a.: „Unvergessenes Kamerun" (1940), „Vom Urhahn zum Gorilla" (1949), „Großwildjäger in Afrika" (1954), Steppentage – Urwaldnächte" (1954), „Tropen, Urwald, Afrika" (1956), „Angola-Safari" (1958), „Sahara-Piste" (1959), „Tierparadies Ostafrika" (1959), „Wildes Karamoja" (1964).

ZYKAN, Otto M., * 29. 4. 1935 in Wien, Komponist und Pianist. Versucht als Komponist eine neue Art von Unterhaltungsmusik zu kreieren. Stellt seine Werke, gemeinsam mit Heinz Karl Gruber und Kurt Schwertsik (s. d.), in „Salonkonzerten" vor. Werke u. a.: „Singers Nähmaschine ist die beste" (Opernode, 1. Fassung 1966, 2. Fassung 1973), „Kammermusik für zwölf Instrumente und was daraus wird" (1967), „Polemische Arie" (1970, für vier Stimmen), Violoncellokonzert (1982), ferner Musik für Fernsehfilme.

BILDNACHWEIS

Akademie der bildenden Künste, Wien: 2 (Photobusiness 1, G. Trumler 1)
Graphische Sammlung Albertina, Wien: 3 (Photobusiness 1, G. Trumler 1)
Elfriede Broneder, Wien: 1
Helmut Butterweck, Wien: 2
Diözesanmuseum, Wien: 1 (Photobusiness)
Foto Fayer, Wien: 1
Foto Gabriel, Innsbruck: 1
Graf Harrachsche Familiensammlung: 1 (Photobusiness)
Elisabeth Hausmann, Wien: 2
Heeresgeschichtliches Museum, Wien: 7 (alle Photobusiness)
Historisches Museum der Stadt Wien: 35 (Photobusiness 29)
Foto Hofer, Bad Ischl: 1
Franz Hubmann, Wien: 5
Kärntner Landesgalerie, Klagenfurt: 4 (alle Photobusiness)
Kunsthistorisches Museum, Wien: 51 (alle Photobusiness)
Naturhistorisches Museum, Wien: 1 (alle Photobusiness)
Niederösterreichisches Landesmuseum, Wien: 2 (Photobusiness 1)
ORF-Archiv, Wien: 2
Österreichische Galerie, Wien: 26 (Photobusiness 22, G. Trumler 4)
Österreichische Nationalbibliothek, Wien, Bildarchiv: 215 (Photobusiness 36)
Österreichisches Staatsarchiv, Wien: 4 (Photobusiness 3)
Photobusiness, Leopoldsdorf bei Wien: 137
Lothar Rübelt, Wien: 5
Stadtmusem Krems: 1 (G. Trumler)
Stiftsmuseum Klosterneuburg: 6 (Photobusiness 5)
Foto Sündhofer: 6
Technisches Museum, Wien: 3 (Photobusiness 1)
Gerhard Trumler, Wien: 25
Fritz Vesely, Wien: 1
Foto Votava, Wien: 7
Alle übrigen Bilder stammen aus dem Archiv des Autors bzw. des Verlags.

Bei einem Werk wie dem vorliegenden, das zwangsläufig darauf angewiesen ist, Bildmaterial aus unzähligen Quellen zusammenzutragen und zu reproduzieren, ist es oft schwierig, mit Sicherheit festzustellen, ob eine bestimmte Illustration dem Copyright unterliegt, und wenn ja, wer der Inhaber des Copyrights ist. Sollten wir bei irgendeiner Reproduktion in diesem Buch unwissentlich das Copyright verletzt haben, so bitten wir, dieses Versäumnis zu entschuldigen.

Redaktion: Helga Zoglmann
Fotokoordination: Photobusiness, Leopoldsdorf bei Wien
Gestaltung und Herstellung: Franz Hanns
Repro: Schönwälder, Wien
Satz: datacon, Wien
Druck und Bindung: Wiener Verlag, Himberg bei Wien
ISBN 3 218 00455 1